MANUAL DE DIREITO CIVIL

O GEN | Grupo Editorial Nacional – maior plataforma editorial brasileira no segmento científico, técnico e profissional – publica conteúdos nas áreas de concursos, ciências jurídicas, humanas, exatas, da saúde e sociais aplicadas, além de prover serviços direcionados à educação continuada.

As editoras que integram o GEN, das mais respeitadas no mercado editorial, construíram catálogos inigualáveis, com obras decisivas para a formação acadêmica e o aperfeiçoamento de várias gerações de profissionais e estudantes, tendo se tornado sinônimo de qualidade e seriedade.

A missão do GEN e dos núcleos de conteúdo que o compõem é prover a melhor informação científica e distribuí-la de maneira flexível e conveniente, a preços justos, gerando benefícios e servindo a autores, docentes, livreiros, funcionários, colaboradores e acionistas.

Nosso comportamento ético incondicional e nossa responsabilidade social e ambiental são reforçados pela natureza educacional de nossa atividade e dão sustentabilidade ao crescimento contínuo e à rentabilidade do grupo.

MÔNICA QUEIROZ

MANUAL DE DIREITO CIVIL

7ª edição revista e atualizada

- A autora deste livro e a editora empenharam seus melhores esforços para assegurar que as informações e os procedimentos apresentados no texto estejam em acordo com os padrões aceitos à época da publicação, e todos os dados foram atualizados pela autora até a data de fechamento do livro. Entretanto, tendo em conta a evolução das ciências, as atualizações legislativas, as mudanças regulamentares governamentais e o constante fluxo de novas informações sobre os temas que constam do livro, recomendamos enfaticamente que os leitores consultem sempre outras fontes fidedignas, de modo a se certificarem de que as informações contidas no texto estão corretas e de que não houve alterações nas recomendações ou na legislação regulamentadora.

- Fechamento desta edição: *29.04.2022*

- A autora e a editora se empenharam para citar adequadamente e dar o devido crédito a todos os detentores de direitos autorais de qualquer material utilizado neste livro, dispondo-se a possíveis acertos posteriores caso, inadvertida e involuntariamente, a identificação de algum deles tenha sido omitida.

- **Atendimento ao cliente:** (11) 5080-0751 | faleconosco@grupogen.com.br

- Direitos exclusivos para a língua portuguesa
  Copyright © 2022 by
  Editora Forense Ltda.
  Uma editora integrante do GEN | Grupo Editorial Nacional
  Travessa do Ouvidor, 11 – Térreo e 6º andar
  Rio de Janeiro – RJ – 20040-040
  www.grupogen.com.br

- Reservados todos os direitos. É proibida a duplicação ou reprodução deste volume, no todo ou em parte, em quaisquer formas ou por quaisquer meios (eletrônico, mecânico, gravação, fotocópia, distribuição pela Internet ou outros), sem permissão, por escrito, da Editora Forense Ltda.

- Esta obra passou a ser publicada pela Editora Método | Grupo GEN a partir da 7ª edição.

- Capa: Aurélio Corrêa; adaptação por Rejane Megale

- **CIP – BRASIL. CATALOGAÇÃO NA PUBLICAÇÃO.
  SINDICATO NACIONAL DOS EDITORES DE LIVROS, RJ.**

  Q45m
  7. ed.

  Queiroz, Mônica
  Manual de direito civil / Mônica Queiroz. – 7. ed., rev. e atual. – Rio de Janeiro: Método, 2022.
  1264 p.; 23 cm.

  Inclui bibliografia
  ISBN 978-65-5964-532-9

  1. Direito civil – Brasil. 2. Serviço público – Brasil – Concursos. I. Título.

  22-77080　　　　　　　　　　　　　　　　　　　　　　　　　　　　　　　　　　　　　　　CDU: 347(81)

  Meri Gleice Rodrigues de Souza – Bibliotecária – CRB-7/6439

Ao Ulisses, por ter no seu colo o meu porto seguro. Ao Pedro, por me vocacionar a ser mãe, com todas as alegrias e aflições que essa condição humana possa proporcionar. Aos meus pais, Gualter e Flávia, por estarem ali, desde o primeiro dia.

NOTA DA AUTORA

Um livro, principalmente da área jurídica, nunca se mostra pronto e acabado. Bem como o ser humano que o redigiu, o livro passa por alterações, novas impressões, novas abordagens que, em certa medida, resultam em novas conclusões. Esta é a obra que aqui se apresenta, em sua 7ª edição. Nascido da reunião de notas, estudos, debates e elucubrações promovidos em sala de aula, objetivou-se um Manual. Sim, como o próprio nome diz, um livro para se ter às mãos, como consulta rápida, todavia, precisa. Sempre me fiei da possibilidade de transmitir determinado assunto com objetividade sem, contudo, prescindir do conteúdo e profundidade necessários para a compreensão do tema. Sói dizer que um Manual é a consolidação da obra acadêmica de um autor. Pode ser que sim, mas o que importa notar é que, sem dúvida, é impossível sair a mesma pessoa que começou o trabalho, depois de terminada a obra.

As lições de Direito Civil aqui abordadas – sem a pretensão de esgotar qualquer assunto – buscam alcançar desde o aluno que dá os primeiros passos na graduação até aquele que pretende enfrentar os mais rigorosos certames públicos, além daqueles que encaram a atividade jurídica cotidiana dos Tribunais. Para tanto, o livro está atualizado com a jurisprudência dos Tribunais Superiores e com os enunciados do Conselho da Justiça Federal aprovados até a VIII Jornada de Direito Civil, além das novas leis publicadas e oportunas ao estudo de parte do conteúdo aqui trabalhado. Os estudos, como o leitor poderá constatar, são sempre orientados sob a ótica do Direito Civil Contemporâneo, de modo que, neste trabalho, a Constituição Federal de 1988 promove a devida filtragem aos diversos assuntos civilísticos aqui abordados.

Na esperança de que esta obra possa ser útil ao leitor e sempre agradecida pela confiança depositada, aqui me despeço com as palavras do mestre Chico Xavier: "Conservar a certeza do que ensina, mas estudar sempre, a fim de ouvir com equilíbrio, ver com segurança, analisar com proveito e servir mais".

Belo Horizonte, janeiro de 2022.

Mônica Queiroz

Doutora e Mestre em Direito Privado pela Pontifícia Universidade Católica de Minas Gerais (PUC-MG). Professora em cursos de graduação e pós-graduação em Direito. Professora em cursos preparatórios para concursos públicos.

SUMÁRIO

INTRODUÇÃO E PARTE GERAL

CAPÍTULO 1 – CONSIDERAÇÕES INICIAIS 3

1. Direito objetivo e direito subjetivo 3
2. Direito natural e direito positivo 3
3. A divisão do direito e a constitucionalização do direto civil 4
4. A eficácia horizontal dos direitos fundamentais 6
5. As fontes do direito 8
   - 5.1. Fontes formais, diretas ou imediatas 8
     - 5.1.1. Fonte primária: a lei 8
     - 5.1.2. Fontes secundárias 8
   - 5.2. Fontes não formais, indiretas ou mediatas 9
6. A sistemática do Código Civil de 2002 e suas diretrizes básicas: eticidade, sociabilidade e operabilidade 9

CAPÍTULO 2 – LEI DE INTRODUÇÃO ÀS NORMAS DO DIREITO BRASILEIRO 13

1. Da LICC à LINDB: seus contornos iniciais 13
2. Natureza jurídica da LINDB 14
3. Classificação das leis 14
   - 3.1. Quanto à obrigatoriedade 14
   - 3.2. Quanto à sua natureza 14
   - 3.3. Quanto ao autorizamento (ou intensidade da sanção) 14
4. Vigência das leis 15
5. Vacância da lei ou *vacatio legis* 15
   - 5.1. Contagem da *vacatio legis* 16
6. Lei com incorreções ou erros materiais 16
7. Princípios informadores da eficácia das leis 16

7.1. Princípio da obrigatoriedade das leis	16
7.2. Princípio do *Iura Novit Curia*	17
7.3. Princípio da continuidade das leis	17
8. Revogação da lei	17
8.1. Espécies de revogação	17
9. Repristinação	18
10. Integração do ordenamento jurídico	19
10.1. Analogia	19
10.2. Costumes	20
10.2.1. Espécies de costumes	20
10.3. Princípios gerais de direito	21
10.4. Equidade	21
11. Interpretação das leis	22
11.1. Quanto à origem	22
11.2. Quanto aos métodos	23
11.3. Quanto ao resultado	23
12. Conflito de leis no tempo	24

CAPÍTULO 3 – DAS PESSOAS NATURAIS ... 27

1. Da personalidade jurídica	27
2. O início da personalidade	28
2.1. Teoria natalista	28
2.2. Teoria da personalidade condicional	29
2.3. Teoria concepcionista	29
3. A situação jurídica do embrião	33
4. O fim da personalidade	35
4.1. Morte real	36
4.2. Morte civil ou fictícia	36
4.3. Morte presumida	36
4.3.1. Morte presumida sem decretação de ausência	37
4.3.2. Morte presumida com decretação de ausência	37
5. Da ausência	38
5.1. Hipóteses que autorizam a abertura do procedimento da ausência	38
5.2. O porquê do instituto da ausência	38
5.3. Fases do procedimento de ausência	38
5.4. Reaparecimento do ausente	40
5.4.1. Do retorno do ausente que era casado	41
6. Comoriência	41
7. A dignidade no seio da morte	43
8. Atributos da personalidade	45
8.1. Nome civil	45
8.2. Hipóteses de alteração do nome civil	47

8.2.1.	Imotivada	47
8.2.2.	Motivada	47
	8.2.2.1. Obrigatória	47
	8.2.2.2. Facultativa	47

9. Estado civil 53
10. Capacidade 54
    10.1. Capacidade de direito/aquisição/gozo 54
    10.2. Capacidade de fato/exercício/ação 54
        10.2.1. Teoria das incapacidades 55
        10.2.2. Algumas premissas para o estudo das incapacidades 56
        10.2.3. O Estatuto da Pessoa com Deficiência (Lei nº 13.146/2015) e os seus efeitos na teoria das incapacidades 56
        10.2.4. Quem são os absoluta e os relativamente incapazes depois do Estatuto da Pessoa com Deficiência? 57
        10.2.5. Exceções à necessidade de assistência ao maior de 16 e menor de 18 anos 60
        10.2.6. Os idosos, os indígenas e os ausentes 60
        10.2.7. Ação de interdição e tomada de decisão apoiada 61
            10.2.7.1. Natureza jurídica da sentença de interdição 64
            10.2.7.2. Atos praticados pelo incapaz antes de sua interdição 65
        10.2.8. O panorama da doutrina após o Estatuto da Pessoa com Deficiência 66
        10.2.9. Formas de obtenção de capacidade 70
            10.2.9.1. Espécies de emancipação 71
            10.2.9.2. Prova de emancipação 74
            10.2.9.3. Efeito da emancipação 74
11. Registro e averbação 74
12. Dos direitos da personalidade 75
    12.1. A proteção aos direitos da personalidade 75
    12.2. Características dos direitos da personalidade 76
    12.3. A cláusula geral de tutela aos direitos da personalidade 77
    12.4. A relativização dos direitos da personalidade 78
    12.5. O direito ao esquecimento 80
    12.6. A proteção do Código Civil de 2002 a alguns direitos da personalidade 84
        12.6.1. Direito à integridade física 84
        12.6.2. Direito ao nome 91
        12.6.3. Direito à imagem 91
        12.6.4. Direito à privacidade 93
    12.7. A proteção à pessoa jurídica 95
13. Domicílio da pessoa natural 98
    13.1. Espécies de domicílio 98

CAPÍTULO 4 – DAS PESSOAS JURÍDICAS 101

1. Pessoa jurídica: definição e função social 101
2. Requisitos caracterizadores da pessoa jurídica 102
3. Natureza jurídica da pessoa jurídica 102
   - 3.1. Teoria negativista 102
   - 3.2. Teoria afirmativista 102
     - 3.2.1. Teoria da ficção legal 103
     - 3.2.2. Teoria da realidade objetiva 103
     - 3.2.3. Teoria da realidade técnica 103
     - 3.2.4. Teoria da realidade das instituições jurídicas 103
4. Classificação das pessoas jurídicas 103
   - 4.1. Quanto à nacionalidade 103
     - 4.1.1. Nacional 103
     - 4.1.2. Estrangeira 103
   - 4.2. Quanto à função 103
     - 4.2.1. Pessoas jurídicas de direito público 103
     - 4.2.2. Pessoas jurídicas de direito privado (art. 44, CC). A EIRELI: criação e extinção 104
   - 4.3. Quanto à estrutura 105
     - 4.3.1. Corporações (*universitas personarum*) 105
     - 4.3.2. Fundações (*universitas bonorum*) 105
5. Pessoas jurídicas de direito privado 106
   - 5.1. Sociedades 106
   - 5.2. Associações (arts. 53 a 61, CC) 106
   - 5.3. Fundações (arts. 62 a 69, CC) 108
     - 5.3.1. Fases para constituição de uma fundação 109
     - 5.3.2. Veladura das fundações 110
     - 5.3.3. Alteração do estatuto da fundação 110
     - 5.3.4. Extinção da fundação 110
   - 5.4. Organizações religiosas 111
   - 5.5. Partidos políticos 111
6. Quadro comparativo: associações, sociedades e fundações 111
7. Início da personalidade da pessoa jurídica 112
8. A possibilidade e a necessidade de realização de assembleias gerais por meios eletrônicos diante da Covid-19 e da Lei nº 14.195/2021 (Lei do Ambiente de Negócios) 113
9. Entes despersonalizados 115
10. Desconsideração da personalidade jurídica (*disregard doctrine*) 116
    - 10.1. Generalidades 116
    - 10.2. Teorias acerca da desconsideração da personalidade jurídica 119
      - 10.2.1. Teoria maior 119
      - 10.2.2. Teoria menor 119
    - 10.3. A desconsideração inversa da personalidade jurídica 120

10.4. A desconsideração da personalidade da pessoa jurídica no CPC de 2015 (arts. 133 ao 137) 121

10.5. A Lei da Liberdade Econômica (Lei nº 13.874/2019) e as alterações na sistemática da desconsideração da personalidade jurídica do Código Civil 122

    10.5.1. A autonomia da pessoa jurídica 123

    10.5.2. A desconsideração da personalidade da pessoa jurídica depois da entrada em vigor da Lei de Liberdade Econômica (Lei nº 13.874/2019) 124

    10.5.3. Síntese das conclusões extraídas da análise das modificações apresentadas pela Lei da Liberdade Econômica (Lei nº 13.874/2019) 128

11. Domicílio da pessoa jurídica 129
12. Extinção da pessoa jurídica 129

CAPÍTULO 5 – DOS BENS 131

1. Algumas distinções necessárias 131
2. Classificação dos bens 132

  2.1. Dos bens considerados em si mesmos 132

    2.1.1. Bens corpóreos ou incorpóreos 132

    2.1.2. Bens imóveis ou móveis 133

      2.1.2.1. Bens imóveis 133

      2.1.2.2. Bens móveis 134

    2.1.3. Bens fungíveis e infungíveis 136

    2.1.4. Bens consumíveis e inconsumíveis 136

    2.1.5. Bens divisíveis e indivisíveis 137

    2.1.6. Bens singulares e coletivos 137

  2.2. Dos bens reciprocamente considerados 138

    2.2.1. Os frutos 138

    2.2.2. Os produtos 139

    2.2.3. As pertenças 139

    2.2.4. As benfeitorias 140

  2.3. Dos bens quanto à titularidade de domínio 142

CAPÍTULO 6 – DO BEM DE FAMÍLIA 143

1. Notas introdutórias 143
2. O bem de família e a teoria do patrimônio mínimo 143
3. Natureza jurídica do bem de família 144
4. O bem de família no ordenamento jurídico brasileiro: dualidade de sistemas 145

  4.1. O bem de família legal (Lei nº 8.009/90) 145

    4.1.1. Objeto e limite 146

    4.1.2. Proteção destinada à entidade familiar 149

	4.1.3.	Efeito: a impenhorabilidade do bem	150
	4.1.4.	As exceções da Lei nº 8.009/90	150
4.2.	O bem de família convencional ou voluntário		156
	4.2.1.	Nova feição no Código Civil de 2002	156
	4.2.2.	Constituição do bem de família convencional	156
	4.2.3.	Indispensabilidade do registro	156
	4.2.4.	Objeto	157
	4.2.5.	Limite	157
	4.2.6.	Efeitos: impenhorabilidade e inalienabilidade	158
	4.2.7.	Duração temporal	158

CAPÍTULO 7 – DOS FATOS JURÍDICOS 159

1.	Classificação dos fatos jurídicos		159
2.	Dos atos jurídicos em sentido estrito ou atos jurídicos não negociais		160
3.	Dos negócios jurídicos		161
	3.1.	Classificação dos negócios jurídicos	161
		3.1.1. Quanto à manifestação de vontade das partes	161
		3.1.2. Quanto às vantagens oferecidas pelo negócio	161
		3.1.3. Quanto aos efeitos	161
		3.1.4. Quanto à existência do negócio	162
		3.1.5. Quanto à forma do negócio	162
		3.1.6. Quanto às características pessoais das partes	162
		3.1.7. Quanto ao momento do aperfeiçoamento	162
4.	Os três planos do negócio jurídico: existência, validade e eficácia		162
	4.1.	O plano da existência	162
	4.2.	O plano da validade	163
	4.3.	O plano da eficácia	163
	4.4.	A escada ponteana	163
5.	Os elementos do negócio jurídico		164
	5.1.	Os elementos essenciais de validade do negócio jurídico	164
		5.1.1. Agente capaz	164
		5.1.2. Objeto lícito, possível, determinado ou determinável	164
		5.1.3. Forma prescrita ou não defesa em lei	165
	5.2.	Elementos acidentais do negócio jurídico ou modalidades do negócio jurídico: condição, termo e encargo	166
		5.2.1. Condição (arts. 121 a 130, CC)	166
		5.2.1.1. Características da condição	166
		5.2.1.2. Espécies de condição	167
		5.2.1.3. Condições que invalidam o negócio jurídico	170
		5.2.1.4. Condições tidas por inexistentes	170
		5.2.1.5. Prerrogativas do titular do direito eventual (art. 130, CC)	170

	5.2.2.	Termo (arts. 131/135, CC)	171
		5.2.2.1. Características do termo	171
		5.2.2.2. Espécies de termo	171
		5.2.2.3. Prazo	172
	5.2.3.	Encargo ou modo (arts. 136 e 137, CC)	173

6. Interpretação dos negócios jurídicos 173
7. Da representação 178
   7.1. Conflito de interesses 179
   7.2. Contrato consigo mesmo ou autocontrato 180

CAPÍTULO 8 – DOS DEFEITOS DO NEGÓCIO JURÍDICO 181

1. Generalidades 181
   1.1. Vícios do consentimento ou da vontade 181
   1.2. Vícios sociais 181
2. Erro ou ignorância 181
   2.1. Conceito 181
   2.2. O erro substancial 182
   2.3. O falso motivo expresso como razão determinante 183
   2.4. O erro acidental 183
   2.5. Escusabilidade ou princípio da confiança? 183
   2.6. Meios interpostos 185
   2.7. Princípio da conservação do negócio jurídico 185
3. Dolo 185
   3.1. Dolo principal e dolo acidental 185
   3.2. Dolo ativo (dolo positivo) e dolo passivo (dolo negativo) 186
   3.3. *Dolus bonus* e *dolus malus* 186
   3.4. Dolo direto e dolo de terceiro 187
   3.5. O dolo do representante 187
   3.6. Dolo recíproco ou torpeza bilateral 188
4. Coação 188
   4.1. Coação física e coação moral 188
   4.2. A ameaça do exercício normal de um direito e o temor reverencial 189
   4.3. Apreciação da coação 189
   4.4. Efeitos da coação 190
   4.5. Coação de terceiro 190
5. Estado de perigo 190
   5.1. O dolo de aproveitamento 191
   5.2. Efeitos do estado de perigo 191
6. Lesão 192
   6.1. Lesão usurária, lesão enorme e lesão especial. Distinções 192
   6.2. Quadro comparativo: lesão usurária, lesão enorme e lesão especial .. 197

6.3.	Quadro comparativo: lesão e estado de perigo	197
7.	Fraude contra credores	197
7.1.	O princípio da responsabilidade patrimonial	197
7.2.	Conceito de fraude contra credores	198
7.3.	Manifestações da fraude contra credores	198
7.4.	O art. 164 do Código Civil e a teoria do patrimônio mínimo	198
7.5.	Requisitos para a configuração da fraude contra credores	199
7.6.	A ação pauliana ou revocatória	199
7.7.	Especificidades da ação pauliana ou revocatória	200
7.7.1.	Quem possui legitimidade ativa?	200
7.7.2.	Quem possui legitimidade passiva?	200
7.7.3.	Efeitos da ação pauliana	201
7.8.	Distinção entre fraude contra credores e fraude de execução	201
7.9.	Quadro comparativo: fraude contra credores e fraude de execução	202

CAPÍTULO 9 – DA SIMULAÇÃO 205

1.	A simulação e o seu novo regime no Código Civil de 2002	205
2.	Hipóteses de simulação	206
3.	Espécies de simulação	207
3.1.	Simulação absoluta	207
3.2.	Simulação relativa	207
4.	Simulação inocente e simulação maliciosa	208
5.	O terceiro de boa-fé	208
6.	A reserva mental	208

CAPÍTULO 10 – DA INVALIDADE DO NEGÓCIO JURÍDICO 211

1.	Nulidade (nulidade absoluta)	212
1.1.	Hipóteses de nulidade absoluta	212
1.2.	Peculiaridades do regime das nulidades	215
2.	Anulabilidade (nulidade relativa)	217
2.1.	Hipóteses de nulidade relativa	217
2.2.	Peculiaridades do regime das anulabilidades	218
3.	Algumas observações necessárias	220
3.1.	Exceção à regra de proteção ao menor: o *tu quoque*	220
3.2.	Impossibilidade de se reclamar a devolução da importância paga a um incapaz	221
3.3.	Princípio da incomunicabilidade das nulidades	221
3.4.	A invalidade do instrumento	222
4.	Quadro comparativo: nulidade x anulabilidade	222

CAPÍTULO 11 – DOS ATOS ILÍCITOS 225

1.	Notas introdutórias	225

2.	Espécies de atos ilícitos: subjetivo (art. 186, CC) e objetivo (art. 187, CC)..	225
3.	Excludentes de ilicitude	228

CAPÍTULO 12 – PRESCRIÇÃO E DECADÊNCIA 231

1.	Etapas para a compreensão da prescrição e da decadência	231
2.	Prescrição	235
	2.1. Prescrição extintiva e prescrição aquisitiva......................................	235
	2.2. Natureza jurídica da prescrição extintiva	235
	2.3. A prescrição da exceção (art. 190, CC)..	235
	2.4. Renúncia à prescrição	236
	2.5. Impossibilidade de alteração dos prazos prescricionais pela vontade das partes	237
	2.6. Suprimento de ofício pelo juiz...	238
	2.7. Momento de alegação da prescrição	239
	2.8. Continuação da prescrição..	240
	2.9. Responsabilização do representante da pessoa jurídica e do assistente do relativamente incapaz	240
	2.10. Causas impeditivas ou suspensivas da prescrição	240
	2.11. Com a Covid-19, mais uma causa impeditiva ou suspensiva da prescrição	245
	2.11.1. E agora? *Habemus* Covid	245
	2.11.2. Delimitação do alcance e da extensão da Lei do RJET ...	246
	2.11.3. A Lei do RJET e mais uma causa impeditiva ou suspensiva da prescrição	248
	2.12. Causas interruptivas da prescrição...	248
	2.13. O alcance da interrupção da prescrição..	253
	2.14. Os prazos de prescrição	253
	2.15. O início da contagem dos prazos prescricionais e a teoria da *actio nata*	256
	2.16. Os prazos de prescrição e o direito intertemporal	259
3.	Decadência ou caducidade	260
	3.1. Renúncia à decadência	260
	3.2. Momento de alegação	261
	3.3. Suprimento de ofício	261
	3.4. Causas impeditivas, suspensivas e interruptivas	261
	3.5. Prazos decadenciais..	262
4.	Quadro comparativo: prescrição x decadência	262
5.	Quadro comparativo: decadência legal x decadência convencional	262

DIREITO DAS OBRIGAÇÕES

CAPÍTULO 13 – CONSIDERAÇÕES INICIAIS.. 265

1. A relação jurídica obrigacional	265
2. O débito (*schuld*) e a responsabilidade (*haftung*)	266
3. A responsabilidade patrimonial do devedor. A problemática da prisão do depositário infiel	267
4. Distinções necessárias: dever jurídico, obrigação, ônus e estado de sujeição..	268
5. Fontes das obrigações	269
5.1. Fonte imediata	269
5.2. Fontes mediatas	269
6. A obrigação como um processo. A obrigação complexa	271
7. Obrigação *propter rem* ou real	271

CAPÍTULO 14 – DOS ATOS UNILATERAIS 273

1. Da promessa de recompensa	273
2. Da gestão de negócios	275
3. Do pagamento indevido	277
3.1. Conceito	277
3.2. Requisitos do pagamento indevido	277
3.3. Regras do pagamento indevido	278
3.4. Hipóteses em que não é possível a repetição	278
3.5. Frutos, acessões, benfeitorias e deteriorações supervenientes ao pagamento indevido	279
3.6. Alienação de imóvel dado em pagamento indevido	279
4. Do enriquecimento sem causa	280
4.1. Requisitos do enriquecimento sem causa	280
4.2. Efeitos do enriquecimento sem causa	281
4.3. A subsidiariedade do instituto	281

CAPÍTULO 15 – CLASSIFICAÇÃO DAS OBRIGAÇÕES 283

1. Classificação quanto ao conteúdo do objeto obrigacional	283
1.1. A obrigação de dar	283
1.1.1. A obrigação de dar coisa certa ou obrigação específica	283
1.1.1.1. Os acessórios da coisa certa	283
1.1.1.2. A perda da coisa certa	284
1.1.1.3. A deterioração da coisa certa	285
1.1.1.4. Melhoramentos na coisa ou cômodos obrigacionais	286
1.1.2. A obrigação de restituir	287
1.1.2.1. A perda da coisa na obrigação de restituir	287
1.1.2.2. A deterioração da coisa na obrigação de restituir ..	287
1.1.2.3. Melhoramento da coisa na obrigação de restituir ..	288
1.1.3. A obrigação de dar coisa incerta ou obrigação genérica ...	288
1.1.3.1. A escolha da coisa incerta	288

	1.1.3.2.	Momento em que a obrigação de dar coisa incerta se convola em obrigação de dar coisa certa	288
	1.1.4.	A impossibilidade de perda da coisa incerta	289
1.2.	A obrigação de fazer		289
	1.2.1.	Classificação da obrigação de fazer	290
	1.2.2.	Consequências do inadimplemento da obrigação de fazer ...	290
1.3.	A obrigação de não fazer		291
	1.3.1.	Consequências do inadimplemento da obrigação de não fazer	291
2.	Classificação das obrigações quanto à quantidade de elementos obrigacionais		292
2.1.	Análise das obrigações subjetivamente plurais.............................		292
	2.1.1.	Obrigações fracionárias..	292
	2.1.2.	Obrigações solidárias	293
	2.1.2.1.	Solidariedade. Conceito e espécies	293
	2.1.2.2.	Princípio da variabilidade da natureza da obrigação solidária	294
	2.1.2.3.	Incidência da solidariedade somente nas relações externas...	295
	2.1.2.4.	A solidariedade ativa	295
	2.1.2.5.	A solidariedade passiva	297
	2.1.3.	Obrigações divisíveis e indivisíveis	302
	2.1.3.1.	A indivisibilidade da obrigação e a pluralidade de devedores	303
	2.1.3.2.	A indivisibilidade da obrigação e a pluralidade de credores	303
	2.1.3.3.	Remissão da dívida na obrigação indivisível.......	304
	2.1.3.4.	Conversão da obrigação em perdas e danos.......	304
2.2.	Análise das obrigações objetivamente plurais...............................		305
	2.2.1.	Obrigações cumulativas ou conjuntivas	305
	2.2.2.	Obrigações alternativas ou disjuntivas	305
	2.2.2.1.	Impossibilidade superveniente da prestação na obrigação alternativa	306
	2.2.3.	Obrigações facultativas ou obrigações com faculdade alternativa de cumprimento	307
3.	Classificação quanto ao conteúdo		307
4.	Classificação quanto à liquidez		308
5.	Classificação quanto à dependência		308
6.	Classificação quanto ao momento de cumprimento		308
7.	Classificação quanto ao local do adimplemento		309
8.	Visão panorâmica das obrigações		309

CAPÍTULO 16 – DO ADIMPLEMENTO DAS OBRIGAÇÕES................... 311

1. Forma normal de se adimplir a obrigação: o pagamento 311

1.1.	Aspectos subjetivos	311
	1.1.1. Quem paga (O *solvens*)	311
	1.1.2. A quem pagar (O *accipiens*)	313
	1.1.2.1. O credor putativo	313
	1.1.2.2. O pagamento cientemente feito ao credor incapaz de quitar	315
	1.1.2.3. O pagamento realizado com a intimação da penhora	315
1.2.	Aspectos objetivos	316
	1.2.1. Princípio da pontualidade e princípio do nominalismo. Outros pontos relevantes	316
	1.2.2. A prova do pagamento	318
	1.2.2.1. A quitação	319
	1.2.2.2. A entrega do título	320
	1.2.3. Pagamento em quotas periódicas	320
	1.2.4. Despesas com o pagamento e quitação	321
	1.2.5. Pagamento por medida ou peso	321
1.3.	Do lugar do pagamento	321
	1.3.1. Aplicação da *supressio* (*verwirkung*)	322
1.4.	Do tempo do pagamento	323
2.	Formas especiais de se adimplir a obrigação	324
2.1.	Do pagamento em consignação	324
	2.1.1. Cabimento da consignação em pagamento	324
	2.1.2. Efeito da consignação	324
	2.1.3. Procedimento da consignação em pagamento	324
	2.1.3.1. Procedimento extrajudicial ou particular	325
	2.1.3.2. Procedimento judicial	325
	2.1.4. Despesas com o depósito	326
	2.1.5. Prestações vincendas	326
	2.1.6. O devedor de obrigação litigiosa	326
	2.1.7. Requerimento da consignação por parte de pretenso credor	326
2.2.	Do pagamento com sub-rogação	326
	2.2.1. Sub-rogação legal	328
	2.2.2. Sub-rogação convencional	328
	2.2.3. Pagamento parcialmente feito ao credor originário	328
2.3.	Da imputação do pagamento	329
	2.3.1. Elementos para a imputação do pagamento	329
	2.3.2. Objetivo da imputação do pagamento	329
	2.3.3. A imputação legal	329
2.4.	Da dação em pagamento	330
	2.4.1. Requisitos da dação em pagamento	330
	2.4.2. Aplicação supletiva das regras do contrato de compra e venda	330

2.4.3.	O título de crédito dado em pagamento	330
2.4.4.	Evicção da coisa dada em pagamento	331
2.4.5.	Diferença entre *datio pro soluto* e *datio pro solvendo*	331
2.5.	Da novação	331
2.5.1.	Requisitos para que ocorra a novação	332
2.5.2.	Espécies de novação	332
2.5.2.1.	Espécies de novação subjetiva passiva	332
2.5.3.	A insolvência do novo devedor	332
2.5.4.	Os acessórios e garantias da dívida primitiva	333
2.5.5.	A novação na dívida solidária	333
2.5.6.	A novação da obrigação principal e os seus reflexos no contrato de fiança	333
2.5.7.	A impossibilidade de se novar obrigações nulas ou extintas	334
2.6.	Da compensação	334
2.6.1.	Espécies de compensação	334
2.6.2.	Requisitos para que ocorra a compensação	334
2.6.3.	Compensação na fiança	335
2.6.4.	Os prazos de favor e a compensação	335
2.6.5.	A diferença de causa nas dívidas	336
2.6.6.	A compensação e as dívidas fiscais e parafiscais	336
2.6.7.	Cláusula excludente de compensação e renúncia à compensação	337
2.6.8.	A exigência da reciprocidade entre as dívidas	337
2.6.9.	A questão da compensação quando da cessão de um crédito	337
2.6.10.	A compensação de dívidas não pagáveis no mesmo lugar	338
2.6.11.	Aplicação das regras da imputação do pagamento quando da compensação	338
2.6.12.	A compensação e o direito de terceiro	338
2.7.	Da confusão	339
2.7.1.	Espécies de confusão	339
2.7.2.	A confusão e a dívida solidária	339
2.7.3.	O fim da confusão e o restabelecimento da obrigação	339
2.8.	Da remissão das dívidas	340
2.8.1.	Espécies de remissão	340
2.8.2.	A restituição do objeto empenhado	340
2.8.3.	A remissão a um dos codevedores na obrigação solidária	341
2.8.4.	Diferença entre renúncia e remissão	341

CAPÍTULO 17 – DO INADIMPLEMENTO DAS OBRIGAÇÕES ... 343

1.	Do inadimplemento relativo (da mora)	343
1.1.	Efeitos da mora	344
1.1.1.	Efeitos da mora do devedor	344

1.1.2.	Efeitos da mora do credor	346
1.2.	Espécies de mora do devedor	347
1.3.	A mora da obrigação decorrente de ato ilícito	349
1.4.	A purga ou emenda da mora	351
2.	Do inadimplemento absoluto	351
2.1.	Efeito do inadimplemento absoluto	352
3.	Das perdas e danos	353
4.	Dos juros legais	354
4.1.	Classificação dos juros	354
4.1.1.	Quanto à finalidade ou destinação	354
4.1.2.	Quanto à fixação da taxa	355
4.1.3.	Quanto à incidência	355
4.2.	A sistemática dos juros no Código Civil de 2002	355
4.3.	Limitação da taxa de juros convencionais	357
4.4.	A taxa de juros nas atividades bancárias	360
4.5.	Início da contagem dos juros de mora	361
4.6.	Desnecessidade de alegação de prejuízo	362
5.	Da cláusula penal	362
5.1.	Conceito e finalidades	362
5.2.	Espécies	363
5.3.	Cláusula penal moratória	363
5.4.	Cláusula penal compensatória	365
5.5.	Redução equitativa da cláusula penal	365
5.6.	Cláusula penal e obrigação indivisível	367
5.7.	Indenização suplementar	367
6.	Inadimplemento mínimo ou adimplemento substancial	367
7.	Violação positiva do contrato	369
7.1.	A doutrina do inadimplemento antecipado (*anticipatory breach of contract*)	370

CAPÍTULO 18 – DA TRANSMISSÃO DAS OBRIGAÇÕES ... 373

1.	Da cessão de crédito	373
1.1.	Conceito e partes	374
1.2.	Objeto da cessão	374
1.3.	Forma para a realização da cessão	375
1.4.	Desnecessidade de anuência do devedor e imprescindibilidade de notificação ao devedor	376
1.5.	Responsabilidade do cedente pela existência do crédito	376
1.6.	Responsabilidade do cedente pela solvência do devedor	377
2.	Da assunção de dívida	377
2.1.	Modalidades de assunção de dívida	377
2.1.1.	Por expromissão	377

SUMÁRIO **XXIII**

2.1.2.	Por delegação	378
2.2.	Efeitos da assunção de dívida	378
2.3.	Anulação da assunção de dívida	379
2.4.	Oposição de exceções pessoais	379

CAPÍTULO 19 – DAS ARRAS 381

1.	Espécies de arras	381
1.1.	Arras confirmatórias ou probatórias	382
1.2.	Arras penitenciais	383
2.	Diferença entre arras e cláusula penal	383
3.	Tópicos sinópticos para melhor fixação do tema	384

RESPONSABILIDADE CIVIL EXTRACONTRATUAL

**CAPÍTULO 20 – RESPONSABILIDADE CIVIL: NOÇÕES INTRODU-
TÓRIAS** 387

1.	Responsabilidade civil e penal	387
2.	Responsabilidade contratual e extracontratual	387
3.	Responsabilidade subjetiva e objetiva	389

CAPÍTULO 21 – A RESPONSABILIDADE SUBJETIVA 391

1.	Pressupostos da responsabilidade subjetiva	391
1.1.	A conduta humana antijurídica	391
1.2.	A culpa *lato sensu* ou culpa genérica	392
	1.2.1. Classificação da culpa *stricto sensu*	392
	1.2.1.1. Quanto à origem	393
	1.2.1.2. Quanto à atuação do agente	393
	1.2.1.3. Quanto à análise pelo estudioso do Direito	393
	1.2.1.4. Quanto ao grau de culpa	394
	1.2.1.5. Quanto à sua presunção	394
1.3.	O nexo causal	395
	1.3.1. Teorias explicativas do nexo causal	395
	1.3.1.1. Teoria da equivalência das condições ou condição "*sine qua non*"	395
	1.3.1.2. Teoria da causalidade adequada	396
	1.3.1.3. Teoria dos danos diretos e imediatos	398
	1.3.2. Excludentes do nexo causal	399
	1.3.2.1. O caso fortuito e a força maior. O fortuito interno e o fortuito externo	399
	1.3.2.2. Fato ou culpa exclusiva da vítima	403

	1.3.2.3. Fato de terceiro ou culpa exclusiva de terceiro ...	404
1.4.	O dano	405
	1.4.1. Dano material ou patrimonial: o dano emergente e o lucro cessante	406
	1.4.1.1. A perda de uma chance (*perte d'une chance*)	407
	1.4.2. Dano moral	410
	1.4.2.1. Pequena classificação acerca do dano moral	412
	1.4.3. Importantes notas sobre o dano reflexo ou por ricochete ...	415
	1.4.4. Dano estético	416
	1.4.5. Questões controvertidas atinentes à reparação do dano moral	417
	1.4.5.1. A natureza jurídica da reparação por dano moral: as funções do dano moral	417
	1.4.5.2. Responsabilidade pressuposta	418
	1.4.5.3. Critérios para a fixação da reparação pelo dano moral	418
	1.4.5.4. A pessoa jurídica e o dano moral	420
	1.4.5.5. O inadimplemento de um contrato e a possibilidade de reparação por dano moral	421
	1.4.5.6. O dano temporal	422
	1.4.5.7. Dano moral x dano existencial	423
	1.4.5.8. Os novos danos: dano moral coletivo e dano social	424

CAPÍTULO 22 – A RESPONSABILIDADE OBJETIVA

	CAPÍTULO 22 – A RESPONSABILIDADE OBJETIVA	427
1.	Noções preliminares da responsabilidade objetiva	427
2.	Responsabilidade por fato de terceiro	430
	2.1. A responsabilidade dos pais pelos atos dos filhos menores	431
	2.2. A responsabilidade dos tutores e curadores pelos atos dos pupilos e curatelados	433
	2.3. A responsabilidade do empregador ou comitente, por seus empregados, serviçais e prepostos	434
	2.4. A responsabilidade dos donos de hotéis, hospedarias, casas ou estabelecimentos onde se albergue por dinheiro, mesmo para fins de educação, pelos seus hóspedes, moradores e educandos	436
	2.5. A responsabilidade dos que gratuitamente houverem participado nos produtos do crime	438
3.	O ressarcimento daquele que houver pago: o direito regressivo	439
4.	A natureza da responsabilidade por fato de terceiro: solidária ou subsidiária? A responsabilidade do incapaz (art. 928, CC)	440
5.	Responsabilidade por fato de coisa	442
	5.1. Furto ou roubo de veículo	443
	5.2. Prejuízo decorrente de veículo emprestado	443
	5.3. Veículo alienado, mas não transferido no Detran	443

5.4.	A responsabilidade das empresas de *leasing* pela coisa arrendada ...	444
5.5.	A responsabilidade do dono ou detentor do animal	444
5.6.	A responsabilidade por danos causados em prédios em ruínas	446
5.7.	Responsabilidade por coisas caídas do prédio	447
5.8.	A responsabilidade dos empresários individuais e das empresas prevista no Código Civil de 2002	448
6.	A teoria do risco	451
7.	As várias concepções da teoria do risco	452
7.1.	Teoria do risco criado	452
7.2.	Teoria do risco integral	452
7.2.1.	Observações sobre o acidente de trabalho e a aplicação do art. 927, parágrafo único, do CC/2002	453
7.3.	Teoria do risco proveito	455
8.	A responsabilidade por abuso de direito	455
8.1.	Os limites ao exercício do direito	458

CAPÍTULO 23 – DAS EXCLUDENTES DE ILICITUDE 461

1.	A legítima defesa	461
2.	O exercício regular de um direito e o estrito cumprimento de um dever legal	462
3.	O estado de necessidade	463
4.	Outra excludente da responsabilidade: a cláusula de não indenizar	463

CAPÍTULO 24 – DA LIQUIDAÇÃO DE DANOS 465

1.	O princípio da reparação integral de danos	465
2.	Mudança de paradigma no Código Civil de 2002: o polêmico parágrafo único do art. 944 do CC	466
3.	Indenização em caso de homicídio	468
4.	Indenização em caso de lesão corporal	471
5.	Indenização em caso de lesão corporal que incapacite a vítima para o trabalho	472
6.	Indenização em caso de usurpação ou esbulho do alheio	474
7.	Indenização por injúria, difamação ou calúnia	474
8.	Indenização em caso de ofensa à liberdade pessoal	475
9.	Outras verbas incluídas no montante indenizatório	475
9.1.	Correção monetária	475
9.2.	Juros moratórios	477
9.3.	13º salário ou gratificação natalina	478
10.	Seguro obrigatório e indenização previdenciária. Compensação?	478
11.	Legitimados a postular a indenização	479
12.	Pessoas obrigadas a reparar o dano	480
13.	A prescrição da pretensão para a reparação civil	481

CAPÍTULO 25 – RESPONSABILIDADE CIVIL POR DEMANDA DE DÍVIDA VINCENDA OU DE DÍVIDA JÁ PAGA 483

1. A responsabilidade civil por demanda de dívida vincenda 483
2. A responsabilidade civil por demanda de dívida já paga 484
3. A necessidade de má-fé do credor. A Súmula nº 159 do STF 484
4. A natureza jurídica da responsabilidade oriunda dos arts. 939 e 940 do CC: subjetiva ou objetiva? 486
5. O afastamento das sanções por desistência da ação 486

CAPÍTULO 26 – PRINCÍPIO DA INDEPENDÊNCIA DA RESPONSABILIDADE CIVIL EM RELAÇÃO À PENAL 487

1. A relatividade da independência entre os juízos cível e criminal 487
2. Conclusões necessárias 488

CAPÍTULO 27 – RESPONSABILIDADE CIVIL NO TRANSPORTE DE PESSOAS 491

1. O contrato de transporte. Cláusula de incolumidade. Regras gerais 491
2. As dimensões da responsabilidade do transportador 493
3. O porquê da responsabilidade objetiva do transportador em relação aos passageiros 494
4. Excludentes de responsabilidade do transportador 495
5. O transporte gratuito. A "carona" 497
   5.1. O transporte aparentemente gratuito 497
   5.2. O transporte puramente gratuito 499
6. O transporte clandestino 500

CAPÍTULO 28 – A RESPONSABILIDADE CIVIL NAS RELAÇÕES JURÍDICAS DE CONSUMO 501

1. A relação jurídica de consumo. Notas introdutórias 501
2. O consumidor 502
   2.1. A corrente finalista ou subjetivista 503
   2.2. A corrente maximalista ou objetivista 504
   2.3. As duas correntes e o Superior Tribunal de Justiça 505
   2.4. O finalismo atenuado 505
   2.5. Outros consumidores pelo CDC: parágrafo único do art. 2º, art. 17 e art. 29 506
3. O fornecedor 508
4. O produto 510
5. O serviço 511
   5.1. As atividades de natureza bancária, financeira, de crédito e securitária 511
   5.2. A remuneração do serviço: direta ou indireta 512

5.3. Os serviços públicos	513
6. A natureza jurídica da responsabilidade civil nas relações de consumo ...	516
7. A responsabilidade civil pelo vício do produto ou serviço	517
8. A responsabilidade civil pelo fato do produto ou serviço. O acidente de consumo	518
9. Excludentes de responsabilidade no código de defesa do consumidor	519

TEORIA GERAL DOS CONTRATOS

CAPÍTULO 29 – NOÇÕES INTRODUTÓRIAS	523
1. O contrato como negócio jurídico	523
2. Conceito de contrato	523
3. O contrato como fonte das obrigações	524
4. A importância dos contratos	524
5. O diálogo das fontes: o Código Civil de 2002 e o Código de Defesa do Consumidor	525
6. A pretensa crise dos contratos	527

CAPÍTULO 30 – OS PRINCÍPIOS CONTRATUAIS	529
1. A principiologia clássica	529
2. A nova principiologia. A teoria preceptiva	530
2.1. O princípio da autonomia privada e os seus subprincípios: a liberdade contratual, o consensualismo e a relatividade dos efeitos dos contratos	530
2.1.1. A tutela externa do crédito	532
2.1.2. A autonomia privada e a autonomia existencial	534
3. A obrigatoriedade contratual (o *pacta sunt servanda*)	534
4. A função social dos contratos	535
4.1. A redação equivocada do art. 421 do CC, agora corrigida pela Lei nº 13.874/2019 (Lei da Liberdade Econômica)	538
4.2. O subprincípio da conservação ou preservação dos contratos	539
5. A boa-fé objetiva	540
5.1. Boa-fé objetiva e boa-fé subjetiva: uma distinção necessária	540
5.2. As funções da boa-fé objetiva	541
5.2.1. A função interpretativa da boa-fé objetiva	542
5.2.2. A função limitativa ou controle da boa-fé objetiva	542
5.2.3. A função integrativa da boa-fé objetiva	542
5.3. Teorias que decorrem da boa-fé objetiva	546
5.3.1. A *supressio (verwirkung)*	546
5.3.2. A *surrectio (erwikung)*	547

5.3.3.	O *venire contra factum proprium non potest* (teoria dos atos próprios)	548
5.3.4.	O *tu quoque*	549
5.3.5.	O *duty to mitigate the loss*	550
6.	A justiça contratual	551

CAPÍTULO 31 – A CLASSIFICAÇÃO DOS CONTRATOS 553

1.	Quanto ao momento do aperfeiçoamento do contrato	553
2.	Quanto às formalidades exigidas	553
3.	Quanto às obrigações das partes	554
4.	Quanto ao sacrifício patrimonial sofrido	554
5.	Quanto à previsão legal	554
6.	Quanto ao tempo de execução ou momento do cumprimento	555
7.	Quanto à pessoalidade	555
8.	Quanto à independência	556
9.	Quanto ao modo de elaboração ou discussão das partes acerca do conteúdo do contrato	556
10.	Quanto aos riscos	558
11.	Visão topográfica acerca da classificação dos contratos	559
	11.1. Quanto ao momento do aperfeiçoamento do contrato	559
	11.2. Quantos às formalidades exigidas	559
	11.3. Quanto às obrigações das partes	559
	11.4. Quanto ao sacrifício patrimonial sofrido	559
	11.5. Quanto à previsão legal	559
	11.6. Quanto ao momento do cumprimento do contrato	559
	11.7. Quanto à pessoalidade	560
	11.8. Quanto à independência	560
	11.9. Quanto ao modo de elaboração ou discussão das partes acerca do conteúdo do contrato	560
	11.10. Quanto aos riscos	560

CAPÍTULO 32 – REQUISITOS DE EXISTÊNCIA E VALIDADE DOS CONTRATOS 561

1.	Requisitos subjetivos	561
2.	Requisitos objetivos	562
3.	Requisitos formais	563

CAPÍTULO 33 – A FORMAÇÃO DOS CONTRATOS 565

1.	Das negociações preliminares ou fase da puntuação	565
2.	Fase da proposta	566
3.	Fase da aceitação	568
4.	Lugar de celebração do contrato	570

SUMÁRIO

CAPÍTULO 34 – O CONTRATO PRELIMINAR 571

1. Os requisitos do contrato preliminar 571
2. A ausência de cláusula de arrependimento 572
3. Espécies de contrato preliminar 572
4. O registro da promessa 573

CAPÍTULO 35 – EXCEÇÕES AO PRINCÍPIO DA RELATIVIDADE DOS EFEITOS 575

1. Estipulação em favor de terceiro 575
2. Promessa de fato de terceiro 576
   2.1. Os efeitos da promessa de fato de terceiro 577
3. Contrato com pessoa a declarar (arts. 467 a 471, CC) 577
   3.1. Cláusula *pro amico eligendo* 577
   3.2. A indicação do terceiro 578
   3.3. Efeito *ex tunc* da aceitação do terceiro 578

CAPÍTULO 36 – DOS VÍCIOS REDIBITÓRIOS 579

1. As sistemáticas existentes no Código Civil e no Código de Defesa do Consumidor 579
2. Um conceito genérico para os vícios redibitórios 579
3. Os vícios redibitórios pelo Código Civil 580
   3.1. O defeito na coisa 581
   3.2. Os efeitos do vício 581
   3.3. Prazo decadencial para o ajuizamento das ações edilícias 582
   3.4. Diferença entre vício redibitório e erro 585
4. Os vícios do produto ou serviço pelo Código de Defesa do Consumidor .. 585

CAPÍTULO 37 – DA EVICÇÃO 589

1. Compreendendo a evicção 589
2. As partes na evicção ou os elementos subjetivos da evicção 590
3. A exigência do contrato oneroso 590
4. A possibilidade da proteção incidente nas aquisições em hasta pública .. 591
5. As consequências da evicção 592
6. A evicção como causa impeditiva da prescrição 593
7. A cláusula de reforço, diminuição e exclusão da garantia. A cláusula de assunção ou ciência do risco 593
8. As manifestações da perda (total ou parcial) e as suas consequências 594
9. A deterioração ou benfeitoria no objeto da evicção 595
10. A denunciação da lide na evicção 595

CAPÍTULO 38 – EXTINÇÃO DOS CONTRATOS 597

1. Forma normal ou natural de extinção dos contratos 597

2. Extinção do contrato por fatos anteriores ou contemporâneos à sua celebração 598
   2.1. A invalidade contratual 598
   2.2. Cláusula resolutiva 598
   2.3. Cláusula de arrependimento 599
3. Extinção do contrato por fatos posteriores à sua celebração 599
4. Extinção do contrato por morte 601
5. As diversas acepções da palavra "rescisão" 601
6. A exceção do contrato não cumprido (*exceptio non adimpleti contractus*) 602
7. A *exceptio non rite adimpleti contractus* 603
8. A cláusula *solve et repete* 603
9. Visão topográfica das manifestações extintivas de um contrato 604

CAPÍTULO 39 – A REVISÃO DOS CONTRATOS NO CÓDIGO CIVIL DE 2002 E NO CÓDIGO DE DEFESA DO CONSUMIDOR 605

1. A cláusula *rebus sic stantibus* 605
2. Teorias aplicáveis quando da onerosidade excessiva 606
   2.1. A teoria da imprevisão 606
      2.1.1. Requisitos da teoria da imprevisão 607
      2.1.2. Os efeitos da teoria da imprevisão 609
      2.1.3. Críticas à teoria da imprevisão na moldura apresentada pelo CC/2002 610
      2.1.4. O art. 480 do Código Civil de 2002 611
   2.2. A teoria da quebra da base objetiva do negócio jurídico 612
3. Quadro comparativo 613
4. Notas sobre a Lei nº 14.010/2020 (Lei do RJET) e seus reflexos na revisão contratual 613

DOS CONTRATOS EM ESPÉCIE

CAPÍTULO 40 – DO CONTRATO DE COMPRA E VENDA 619

1. Noções introdutórias 619
2. Elementos do contrato de compra e venda 619
   2.1. As partes 619
   2.2. A coisa 620
   2.3. O preço 620
3. Natureza jurídica 621
4. Os riscos da coisa e do preço 621
5. O lugar em que deverá ocorrer a tradição 622
6. A venda por amostras, protótipos ou modelos 622
7. As coisas vendidas conjuntamente 622

8.	Classificação da venda de imóveis: *ad mensuram* e *ad corpus*	623
9.	Restrições à compra e venda	624
	9.1. Da venda de ascendentes a descendentes	625
	9.2. Da venda de bens sob administração	626
	9.3. Da venda de bens entre cônjuges	627
	9.4. Da venda de bens em condomínio	628
10.	Cláusulas especiais no contrato de compra e venda	630
	10.1. A retrovenda	630
	10.2. Da venda a contento e sujeita a prova	631
	10.3. Preempção ou preferência ou prelação convencional	631
	10.4. Da venda com reserva de domínio	633
	10.5. Da venda sobre documentos	635

CAPÍTULO 41 – DO CONTRATO DE TROCA OU PERMUTA 637

1.	Noções introdutórias	637
2.	Natureza jurídica	637
3.	Traços distintivos da permuta em relação à compra e venda	638

CAPÍTULO 42 – DO CONTRATO ESTIMATÓRIO 639

1.	Noções introdutórias	639
2.	As partes no contrato estimatório	639
3.	Natureza jurídica	639
4.	Caracteres jurídicos	640
5.	Distinções necessárias	640

CAPÍTULO 43 – DO CONTRATO DE DOAÇÃO 641

1.	Noções introdutórias	641
2.	Natureza jurídica	641
3.	Da aceitação da doação	642
4.	Classificação da doação quanto aos elementos acidentais	642
5.	Modalidades de doação	642
	5.1. Doação contemplativa...	642
	5.2. Doação remuneratória...	643
	5.3. Doação conjuntiva..	643
	5.4. Doação realizada a entidade futura...	643
	5.5. Doação sob a forma de subvenção periódica............................	643
	5.6. Doação em contemplação de casamento futuro ou doação *propter nuptias*	644
	5.7. Doação com cláusula de reversão...	644
	5.8. Doação manual	645
6.	Doações vedadas	645

6.1. Doação inoficiosa	645
6.2. Doação universal	646
6.3. Doação do cônjuge adúltero ao seu cúmplice	646
6.4. Doação dissimulada	647
6.5. Doação de bens alheios	647
7. Doações com ressalvas	647
7.1. Doação ao nascituro	647
7.2. Doação de ascendente a descendente	648
7.3. Doação entre cônjuges	648
8. Promessa de doação	649
9. Revogação da doação	649
9.1. Revogação por ingratidão do donatário	649
9.2. Revogação pelo descumprimento de um encargo	650

CAPÍTULO 44 – DO CONTRATO DE LOCAÇÃO

CAPÍTULO 44 – DO CONTRATO DE LOCAÇÃO	653
1. Noções introdutórias	653
2. As partes no contrato de locação	653
3. Natureza jurídica	653
4. Obrigações do locador	653
5. Obrigações do locatário	654
6. Perda ou deterioração da coisa durante a locação	654
7. Alienação da coisa durante a locação	655
8. Sobre a extinção do contrato de locação	655
9. Benfeitorias realizadas pelo locatário	655

CAPÍTULO 45 – DO CONTRATO DE EMPRÉSTIMO: MÚTUO E COMODATO

CAPÍTULO 45 – DO CONTRATO DE EMPRÉSTIMO: MÚTUO E CO-MODATO	657
1. Noções introdutórias	657
2. Espécies de contrato de empréstimo	657
3. Do contrato de comodato	657
3.1. As partes no contrato de comodato	658
3.2. Natureza jurídica	658
3.3. Aspectos subjetivos relevantes no contrato de comodato	658
3.4. Obrigações do comodatário e efeitos do contrato de comodato	659
3.5. Comodato com prazo determinado e indeterminado	660
4. Do contrato de mútuo	660
4.1. As partes no contrato de mútuo	661
4.2. Natureza jurídica	661
4.3. Da restituibilidade	661
4.4. O mútuo feito a menor	662
4.5. O mútuo feneratício	663

CAPÍTULO 46 – DO CONTRATO DE PRESTAÇÃO DE SERVIÇO 665

1. Noções introdutórias 665
2. Natureza jurídica 665
3. A retribuição 666
4. A temporariedade 667
5. O aliciamento do prestador de serviço e a tutela externa do crédito 668
6. A extinção do contrato de prestação de serviço 669

CAPÍTULO 47 – DO CONTRATO DE EMPREITADA 671

1. Noções introdutórias 671
2. As partes no contrato de empreitada 671
3. Distinção necessária: empreitada x prestação de serviço 671
4. Natureza jurídica 672
5. Classificação da empreitada 672
   - 5.1. Quanto à determinação da remuneração a ser paga 672
       - 5.1.1. Empreitada de preço fixo ou *marché a forfait* 672
       - 5.1.2. Empreitada por medida, *ad mensuram* ou *marché sur devis* .. 672
       - 5.1.3. Empreitada de valor reajustável 673
       - 5.1.4. Empreitada por preço máximo 673
       - 5.1.5. Empreitada por preço de custo 673
   - 5.2. Quanto ao modo de execução do trabalho 673
       - 5.2.1. Empreitada de lavor ou de mão de obra 673
       - 5.2.2. Empreitada mista ou global 673
6. Direitos e obrigações do empreiteiro 674
7. Direitos e obrigações do dono da obra 675

CAPÍTULO 48 – DO CONTRATO DE DEPÓSITO 677

1. Noções introdutórias 677
2. As partes no contrato de depósito 677
3. Distinções necessárias 677
4. Natureza jurídica 677
5. Modalidades de depósito 678
   - 5.1. Depósito convencional ou voluntário 678
   - 5.2. Depósito necessário ou obrigatório 678
       - 5.2.1. Depósito legal 678
       - 5.2.2. Depósito miserável 678
   - 5.3. Depósito do hospedeiro 679
   - 5.4. Depósito regular ou ordinário 679
   - 5.5. Depósito irregular 679
   - 5.6. Depósito judicial 679
6. Das obrigações e direitos do depositário 679

7. Sobre a extinção do contrato de depósito	680
8. A problemática da prisão do depositário infiel	681

CAPÍTULO 49 – DO CONTRATO DE MANDATO ... 683

1. Noções introdutórias	683
2. Partes no contrato de mandato	683
3. Natureza jurídica	683
4. Da procuração	684
5. Do substabelecimento	684
6. Modalidades do contrato de mandato	685
6.1. Quanto ao procurador	685
6.1.1. Mandato singular	685
6.1.2. Mandato plural	685
6.2. Quanto à extensão	686
6.2.1. Mandato geral	686
6.2.2. Mandato especial	686
6.3. Quanto ao conteúdo	686
6.3.1. Mandato em termos gerais	686
6.3.2. Mandato com poderes especiais	686
6.4. Quanto à finalidade	686
6.4.1. Mandato *ad negotia*	686
6.4.2. Mandato *ad judicia*	686
6.4.3. Mandato em causa própria (*in rem suam*)	687
7. Direitos e obrigações do mandante	687
8. Direitos e obrigações do mandatário	688
9. Sobre a extinção do contrato de mandato	688
9.1. A resilição unilateral do contrato de mandato: a revogação e a renúncia	689
9.2. A morte de uma das partes contratantes	689

CAPÍTULO 50 – DO CONTRATO DE COMISSÃO ... 691

1. Noções introdutórias	691
2. As partes no contrato de comissão	691
3. Natureza jurídica	691
4. A responsabilidade do comissário	691
5. Distinção necessária: contrato de comissão x contrato de mandato	692
6. A cláusula *del credere*	692
7. Direitos e obrigações do comissário	692
8. Direitos e deveres do comitente	693

CAPÍTULO 51 – DO CONTRATO DE AGÊNCIA ... 695

1. Noções introdutórias	695

2. As partes no contrato de agência	696
3. Natureza jurídica	696
4. Direitos e obrigações do agente	696
5. Direitos e obrigações do proponente	697

CAPÍTULO 52 – DO CONTRATO DE DISTRIBUIÇÃO ... 699

1. Noções introdutórias	699
2. As partes no contrato de distribuição	699
3. Natureza jurídica	699
4. O objeto do contrato de distribuição	699

CAPÍTULO 53 – DO CONTRATO DE CORRETAGEM ... 701

1. Noções introdutórias	701
2. As partes no contrato de corretagem	701
3. Natureza jurídica	701
4. A corretagem como obrigação de resultado	701
5. A remuneração do corretor	702
6. O negócio celebrado sem a intermediação do corretor	704
7. Aplicação de outras normas de legislação especial	704

CAPÍTULO 54 – DO CONTRATO DE TRANSPORTE ... 705

1. Noções introdutórias	705
2. As partes no contrato de transporte	706
3. Natureza jurídica	706
4. Cláusula de incolumidade: a obrigação de resultado	706
5. Legislação atinente ao contrato de transporte	707
6. Sobre o transporte de pessoas	708
6.1. As bagagens do passageiro	708
6.2. Direitos e obrigações do passageiro	708
6.3. Direitos e obrigações do transportador	709
6.4. As dimensões da responsabilidade do transportador	710
6.4.1. Em relação a terceiros	710
6.4.2. Em relação aos empregados	711
6.4.3. Em relação aos passageiros	711
6.5. O porquê da responsabilidade objetiva do transportador em relação aos passageiros	711
6.6. Excludentes de responsabilidade do transportador	711
6.7. O transporte gratuito. A "carona"	714
6.7.1. O transporte aparentemente gratuito	714
6.7.2. O transporte puramente gratuito	716
6.8. O transporte clandestino	717

7. Sobre o transporte de coisas 717
   7.1. Direitos e obrigações do expedidor 718
   7.2. Direitos e obrigações do transportador 718
   7.3. A interrupção no transporte 719

CAPÍTULO 55 – DO CONTRATO DE SEGURO 721

1. Noções introdutórias 721
2. As partes no contrato de seguro 721
3. Natureza jurídica 722
4. Caracteres jurídicos 722
   4.1. A apólice 722
   4.2. O cosseguro e o resseguro 723
   4.3. A boa-fé no contrato de seguro 724
   4.4. O valor da indenização: a vedação ao sobresseguro 725
   4.5. A aplicação de legislação especial 726
5. Do seguro de dano 726
6. Do seguro de pessoa 730
   6.1. O objeto do seguro de pessoa 730
   6.2. O capital segurado 731
   6.3. Seguro de vida: caso de morte ou caso de vida 732
   6.4. O suicídio do segurado 732
   6.5. A responsabilidade da seguradora em caso de morte do segurado em atividade arriscada 734
   6.6. A impossibilidade de sub-rogação da seguradora 735
   6.7. O seguro em grupo ou coletivo 735
   6.8. A irresponsabilidade da seguradora em relação a tratamentos médicos ou gastos hospitalares 735
7. Direitos e obrigações do segurador 735
8. Direitos e obrigações do segurado 736
9. Seguro x proteção veicular 737

CAPÍTULO 56 – DO CONTRATO DE CONSTITUIÇÃO DE RENDA 739

1. Noções introdutórias 739
2. A constituição de renda sob outro prisma 739
3. Natureza jurídica 740
4. A possibilidade de inserção de cláusulas restritivas de direito 740
5. A duração do contrato de constituição de renda 741
6. Efeitos jurídicos 742

CAPÍTULO 57 – DO CONTRATO DE JOGO E APOSTA 743

1. Noções introdutórias 743

2.	Natureza jurídica	743
3.	Classificação dos jogos	744
	3.1. Jogos proibidos	744
	3.2. Jogos tolerados	744
	3.3. Jogos permitidos	744
4.	A inexigibilidade do que foi emprestado para o jogo ou a aposta	746
5.	Contratos sobre títulos da bolsa, mercadorias e valores	746
6.	O sorteio para dirimir questões ou para dividir coisas comuns	747

CAPÍTULO 58 – DO CONTRATO DE FIANÇA 749

1.	Noções introdutórias	749
2.	Distinções necessárias	749
3.	Natureza jurídica	750
4.	As partes no contrato de fiança	751
5.	Espécies de fiança	752
6.	Do objeto da fiança	752
7.	Dos efeitos da fiança	753
	7.1. O benefício de ordem	753
	7.2. O afastamento do benefício de ordem	754
	7.3. Alguns direitos do fiador	754
	7.4. A pluralidade de fiadores: a fiança conjunta	754
	7.5. A relação existente entre o fiador e o devedor	755
8.	Da extinção da fiança	755
9.	Da (im)penhorabilidade do bem de família do fiador	757
10.	Prazo para o fiador cobrar o pagamento do devedor principal	757

CAPÍTULO 59 – DO CONTRATO DE TRANSAÇÃO 759

1.	Noções introdutórias	759
2.	Natureza jurídica	759
3.	Modalidades de transação	760
4.	Do objeto da transação	760
5.	Caracteres jurídicos	760
6.	A anulação da transação	762

CAPÍTULO 60 – DO CONTRATO DE COMPROMISSO 765

1.	Noções introdutórias	765
2.	Natureza jurídica	765
3.	Classificação do compromisso	765
4.	Do objeto do compromisso	766
5.	Distinções necessárias	766
6.	Da constitucionalidade da arbitragem	767

DIREITO DAS COISAS

CAPÍTULO 61 – INTRODUÇÃO AO ESTUDO DO DIREITO DAS COISAS 771

1. Polêmica terminológica: direito das coisas ou direitos reais? 771
2. Em busca de uma definição para os direitos reais 771
3. Teorias acerca dos direitos reais 772
   3.1. Teoria realista ou clássica 772
   3.2. Teoria personalista 772
4. Direitos reais x direitos pessoais de cunho patrimonial (direitos obrigacionais) 772
   4.1. Quanto ao sujeito 772
   4.2. Quanto ao objeto 772
   4.3. Quanto à eficácia 773
   4.4. Quanto à transitoriedade 773
   4.5. Quanto à possibilidade de perseguir a coisa (sequela) 773
   4.6. Quanto à taxatividade 774
   4.7. Quanto à preferência 775
5. Institutos de natureza híbrida 776
   5.1. Obrigação *propter rem* ou obrigação real 776
   5.2. Obrigações com eficácia real 776
   5.3. Ônus real 776
6. Uma classificação necessária acerca do direito das coisas 777

CAPÍTULO 62 – DA POSSE 779

1. Teorias explicativas da posse 779
   1.1. Teoria subjetiva da posse de Savigny 779
   1.2. Teoria objetiva da posse de Ihering 779
   1.3. Teorias sociológicas da posse 781
   1.4. Síntese das teorias explicativas da posse 783
2. Natureza jurídica da posse 783
3. Classificação da posse 784
   3.1. Desdobramento da posse: posse indireta e posse direta 784
   3.2. Posse exclusiva e composse 786
   3.3. Posse justa e posse injusta 788
   3.4. Posse de boa-fé e posse de má-fé 790
   3.5. Posse nova e posse velha 792
   3.6. Posse natural e posse civil ou jurídica 792
   3.7. Posse *ad interdicta* e posse *ad usucapionem* 792
4. Detenção 793
   4.1. Hipóteses de detenção 794

5. Aquisição da posse. O constituto possessório	800
6. Efeitos da posse	801
6.1. Direito aos frutos	801
6.2. Responsabilidade pela perda ou deterioração da coisa	802
6.3. Direito às benfeitorias	802
6.4. Direito à usucapião	804
6.5. Direito à autotutela ou autodefesa	804
6.6. Direito às ações possessórias	805
6.6.1. Das ações possessórias	805
6.6.2. Características das ações possessórias	806
6.6.3. Classificação das ações possessórias	806

CAPÍTULO 63 – DA PROPRIEDADE. NOÇÕES INTRODUTÓRIAS....

1. Conceituação e elementos constitutivos ação reivindicatória	809
2. A inafastável função social	811
3. A abrangência da propriedade	813
4. Espécies de propriedade	814
4.1. Propriedade plena ou alodial	814
4.2. Propriedade limitada ou restrita	814
4.3. Propriedade perpétua	814
4.4. Propriedade resolúvel ou revogável	815
5. Principais atributos ou características do direito de propriedade	815
5.1. Absolutismo	815
5.2. Exclusividade	815
5.3. Perpetuidade ou irrevogabilidade	815
5.4. Elasticidade	816
6. Desapropriação judicial indireta	816
7. Da descoberta	819
8. Modos aquisitivos da propriedade imóvel	820

CAPÍTULO 64 – DA USUCAPIÃO

1. Etimologia e conceito	821
2. Usucapião: modo originário de se adquirir a propriedade	823
3. A coisa hábil a ser usucapida (*res habilis*)	824
4. Modalidades de usucapião de bens imóveis	826
4.1. Usucapião extraordinária	826
4.2. Usucapião ordinária	828
4.3. Usucapião constitucional ou especial	830
4.4. Usucapião familiar ou usucapião por abandono de lar	836
4.4.1. Alguns aspectos processuais afetos à ação de usucapião especial por abandono de lar	842

4.4.2. Discussão acerca da constitucionalidade do art. 1.240-A do CC 844

4.5. Usucapião indígena 848

4.5.1. Observações importantes acerca da usucapião: 849

CAPÍTULO 65 – DO REGISTRO 859

1. Notas introdutórias 859
2. Sistemas afetos à aquisição da propriedade imobilária 860
   2.1. Sistema alemão 860
   2.2. Sistema francês.. 860
   2.3. Sistema romano 860
3. A presunção relativa de propriedade gerada pelo registro 860
4. Princípios que regem o ato registral 861
   4.1. Princípio da instância 861
   4.2. Princípio da constitutividade 861
   4.3. Princípio da territorialidade 862
   4.4. Princípio da especialidade ou especialização 862
   4.5. Princípio da publicidade 862
   4.6. Princípio da prioridade ou preferência 862
   4.7. Princípio da legalidade 864
   4.8. Princípio da força probante 864

CAPÍTULO 66 – DA ACESSÃO 867

1. Delimitando a acessão e suas modalidades 867
2. Acessão natural (arts. 1.249/1.252, CC) 867
   2.1. Formação de ilhas (art. 1.249, CC) 868
   2.2. Aluvião (art. 1.250, CC) 868
   2.3. Avulsão (art. 1.251, CC) 868
   2.4. Álveo abandonado (art. 1.252, CC) 868
3. Acessão artificial (arts. 1.253/1.259, CC) 869

CAPÍTULO 67 – MODOS AQUISITIVOS DA PROPRIEDADE MÓVEL .. 873

1. Da usucapião de bens móveis 873
   1.1. Usucapião extraordinária (art. 1.261, CC) 873
   1.2. Usucapião ordinária (art. 1.260, CC) 873
2. Da ocupação 873
3. Do achado de tesouro (arts. 1.264/1.266, CC) 874
4. Tradição (arts. 1.267/1.268, CC) 874
5. Especificação (arts. 1.269/1.271, CC) 874
6. Confusão/comistão/adjunção (arts. 1.272/1.274, CC) 875
7. Perda da propriedade 875

SUMÁRIO

CAPÍTULO 68 – DOS DIREITOS DE VIZINHANÇA 877
1. Notas introdutórias 877
2. Do uso anormal da propriedade 877
3. Árvores limítrofes 880
4. Da passagem forçada 880
5. Passagem de cabos e tubulações 881
6. Águas 881
7. Dos limites entre prédios e do direito de tapagem 885
8. Do direito de construir 886

CAPÍTULO 69 – DO CONDOMÍNIO GERAL 889
1. Classificação de condomínio 889
   1.1. Quanto à origem 889
   1.2. Quanto ao seu objeto 890
   1.3. Quanto à forma 890
   1.4. Quanto à transitoriedade 890
2. Espécies de condomínio disciplinadas no Código Civil 890
3. Direitos e deveres dos condôminos (arts. 1.314 a 1.320, CC) 890
4. Divisão do condomínio 891
5. Administração do condomínio (arts. 1.323 a 1.325, CC) 892

CAPÍTULO 70 – DO CONDOMÍNIO EDILÍCIO 893
1. Introdução 893
2. Natureza jurídica do condomínio edilício 894
3. Condomínio edilício. Caracterização 895
4. Instituição e constituição do condomínio 895
5. Direitos e deveres dos condôminos 898
6. Obras no condomínio 903
7. A Lei nº 14.309/2022 e a realização de assembleias virtuais em condomínios edilícios e sessão permanente de condôminos 904
8. O condomínio de lotes 905
9. O loteamento de acesso controlado 909
10. O condomínio urbano simples 910

CAPÍTULO 71 – DA MULTIPROPRIEDADE OU *TIME SHARING* 911
1. A Lei nº 13.777/2018 e a multipropriedade imobiliária 911
2. Disciplina legal e definição 912
3. Multipropriedade: direito real sobre coisa própria 913
4. Dos direitos e deveres do multiproprietário 913
5. A alienação da unidade periódica 914
6. O objeto da multipropriedade 915

7. A multipropriedade em unidade autônoma de condomínio edilício 915
8. Fração de tempo 917
9. A instituição e a administração da multipropriedade 917
10. A penhorabilidade da unidade periódica e a impenhorabilidade dos móveis que a guarnecem 919
11. Do inadimplemento das obrigações por parte do multiproprietário 919
12. A previsão de renúncia translativa na lei 920

CAPÍTULO 72 – DA INCORPORAÇÃO IMOBILIÁRIA E O DESFAZIMENTO DO CONTRATO PELA LEI Nº 13.786/2018 923

1. Noções de incorporação imobiliária 923
2. Exigência de quadro-resumo 923
3. Possibilidade de cláusula de tolerância 924
4. Desfazimento ou extinção do contrato 926
5. Direito de arrependimento 929
6. Afastamento das regras da Lei nº 4.591/64 930
7. Algumas notas sobre as alterações na Lei nº 6.766/79 promovidas pela Lei nº 13.786/2018 930

CAPÍTULO 73 – DA PROPRIEDADE FIDUCIÁRIA E DA PROPRIEDADE RESOLÚVEL 933

CAPÍTULO 74 – DA ENFITEUSE 937

CAPÍTULO 75 – DA SUPERFÍCIE 941

CAPÍTULO 76 – DAS SERVIDÕES 947

1. Compreendendo e delimitando as características da servidão 947
2. Modalidades de servidão 948
   2.1. Servidão urbana 948
   2.2. Servidão rural ou rústica 948
   2.3. Servidão positiva 948
   2.4. Servidão negativa 948
   2.5. Servidão aparente 948
   2.6. Servidão não aparente 949
   2.7. Servidão continua 949
   2.8. Servidão descontínua 949
3. Modos de constituição da servidão 949
4. Ações referentes às servidões 950
5. Extinção da servidão 950
6. Distinções necessárias: servidão de passagem x passagem forçada 951

SUMÁRIO

CAPÍTULO 77 – DO USUFRUTO 953

1. Os contornos do instituto. Características 953
2. Constituição do usufruto 954
3. Objeto do usufruto 955
4. Direitos e deveres do usufrutuário 955
5. Extinção do usufruto 956

CAPÍTULO 78 – DO USO 959

CAPÍTULO 79 – DA HABITAÇÃO 961

CAPÍTULO 80 – DIREITO REAL À AQUISIÇÃO: DO DIREITO DO PROMITENTE COMPRADOR 963

CAPÍTULO 81 – DOS DIREITOS REAIS DE GARANTIA 965

1. Distinções necessárias 965
2. Regras gerais 965
3. Efeitos do direitos reais de garantia 966
4. Vencimento antecipado da dívida 967
5. Vedação ao pacto comissório real 967
6. Garantia real prestada por terceiro 969
7. Penhor 969
   - 7.1. Espécies de penhor 970
   - 7.2. Direitos e deveres do credor pignoratício 972
   - 7.3. Extinção do penhor 973
8. Hipoteca 973
   - 8.1. Objeto da hipoteca 973
   - 8.2. Algumas espécies de hipoteca 973
   - 8.3. Alienação de bem hipotecado 974
   - 8.4. Pluralidade de hipotecas 974
   - 8.5. Direito de remição 975
   - 8.6. Extinção da hipoteca 977
9. Anticrese 977

CAPÍTULO 82 – DIREITO REAL DE LAJE 979

1. Introdução 979
2. Natureza jurídica 980
3. Características e efeitos 982
4. A aquisição do direito real de laje 984
5. A extinção da laje em virtude da ruína da construção-base 984

6. Reflexo no âmbito processual	985
7. Distinções necessárias	985

DIREITO DE FAMÍLIA

CAPÍTULO 83 – INTRODUÇÃO SOBRE O NOVIDADEIRO CONCEITO DE DIREITO DAS FAMÍLIAS E A FAMÍLIA CONSTITUCIONALIZADA ... 989

CAPÍTULO 84 – PRINCÍPIOS DO DIREITO DE FAMÍLIA ... 991

1. Princípio da dignidade da pessoa humana	991
2. Princípio da solidariedade	991
3. Princípio da pluralidade das entidades familiares	992
4. Princípio da igualdade entre cônjuges e companheiros	993
5. Princípio da igualdade entre os filhos	993
6. Princípio do melhor interesse da criança ou adolescente	993
7. Princípio da não intervenção ou proibição de interferência	993
8. Princípio da monogamia	994
9. Princípio da afetividade	995
10. Princípio da função social	996
11. Princípio da boa-fé objetiva	997

CAPÍTULO 85 – DO CASAMENTO ... 999

1. Introdução	999
2. A natureza jurídica do casamento	999
3. Causas impeditivas do casamento	1000
4. Causas suspensivas do casamento	1001
5. Pressupostos do casamento	1003
5.1. Do casamento nulo	1005
5.2. Do casamento anulável	1006
5.2.1. Da anulação por erro essencial quanto à pessoa do outro cônjuge	1009
5.3. O casamento do deficiente após a entrada em vigor do Estatuto da Pessoa com Deficiência	1011
6. Do casamento putativo	1013
7. Do processo de habilitação para o casamento	1014
8. Da celebração do casamento	1015
9. Da possibilidade de suspensão da celebração do casamento	1016
10. Formas especiais de realizar o casamento	1016
10.1. O casamento celebrado em caso de moléstia grave	1016

SUMÁRIO

10.2. O casamento nuncupativo 1017

10.3. O casamento por procuração 1018

11. Das provas do casamento 1019

12. Dos efeitos do casamento 1020

12.1. Os deveres conjugais 1021

CAPÍTULO 86 – DA DISSOLUÇÃO DA SOCIEDADE E DO VÍNCULO CONJUGAL 1025

1. Generalidades sobre a manutenção de um sistema dualista...................... 1025

2. Necessárias conclusões advindas com a EC nº 66/2010 1027

3. Comparação entre a separação e o divórcio 1029

3.1. Modalidades de separação 1031

3.1.1. Da separação por mútuo consentimento 1031

3.1.2. Da separação litigiosa 1032

3.1.2.1. Da separação por ruptura da vida em comum .. 1032

3.1.2.2. Da separação por grave doença mental 1032

3.1.2.3. Da separação-sanção 1033

4. A aceitação do divórcio: evolução histórica e social 1036

4.1. Com a chegada da Constituição de 1988 e a EC nº 66/2010 1040

4.2. O divórcio diante do Código Civil de 2002 1041

CAPÍTULO 87 – REGIME DE BENS 1043

1. Visão topográfica e relevantes premissas acerca do tema 1043

2. O regime de separação obrigatória de bens (regime da separação de bens legal ou cogente) 1047

2.1. A Súmula nº 377 do STF 1050

2.2. Diferenciando a separação obrigatória da separação convencional de bens 1051

2.3. A doação entre cônjuges casados sob o regime de separação obrigatória de bens 1052

3. O regime da separação convencional de bens 1053

4. O regime de comunhão parcial de bens 1053

4.1. Bens e obrigações que serão excluídos do regime de comunhão parcial 1053

4.2. O que se comunica no regime de comunhão parcial de bens 1057

4.3. Quanto à administração dos bens no regime de comunhão parcial 1057

5. O regime de comunhão universal de bens 1058

6. O regime de participação final nos aquestos 1059

7. Regras finais acerca dos regimes de bens 1062

8. A vênia conjugal 1063

9. A administração dos bens diante da impossibilidade de exercício por um dos cônjuges 1066

CAPÍTULO 88 – DA UNIÃO ESTÁVEL 1067

1. A união estável e o abandono de designações discriminatórias 1067
2. As Leis nº 8.971/94 e nº 9.278/96: Um difícil começo 1068
3. Parâmetros para a configuração da união estável 1069
4. Os efeitos da união estável 1074
5. A conversão da união estável em casamento 1075

CAPÍTULO 89 – DAS RELAÇÕES DE PARENTESCO 1077

1. O que é o parentesco e como ele se manifesta 1077
2. Da filiação 1079
3. Do reconhecimento dos filhos 1087
4. Da adoção 1090
   4.1. Classificação 1090
   4.2. O que é a adoção? 1092
   4.3. Requisitos para que ocorra a adoção 1092
   4.4. Estágio de convivência 1093
   4.5. Efeitos da adoção 1094
   4.6. As listas de adoção 1095

CAPÍTULO 90 – DO PODER FAMILIAR 1097

1. Notas introdutórias 1097
2. O conteúdo do poder familiar e a lei da palmada 1098
3. Da extinção, suspensão e perda do poder familiar 1100
4. Da alienação parental 1103

CAPÍTULO 91 – DOS ALIMENTOS 1107

1. Notas introdutórias 1107
2. A fixação dos alimentos e as partes envolvidas 1107
3. Características dos alimentos 1110
4. A possibilidade de levantamento de saldo de conta vinculada ao FGTS e a possibilidade de incidência de pensão alimentícia sobre o 13º salário e o terço de férias 1118
5. Alimentos gravídicos 1119
6. Classificações dos alimentos 1120
   6.1. Quanto à causa jurídica ou fonte 1120
   6.2. Quanto à natureza ou extensão 1120
   6.3. Quanto à finalidade 1121
   6.4. Quanto ao momento em que são reclamados 1121
   6.5. Quanto à forma do pagamento: 1122
7. A possibilidade de prisão civil do devedor de alimentos e a Súmula nº 309 do STJ. A possibilidade de inscrição do nome do devedor de alimentos em cadastro de proteção ao crédito 1122

SUMÁRIO
XLVII

8. A legitimidade do ministério público para ajuizar a ação de alimentos .. 1123
9. Extinção da obrigação de alimentos 1124

CAPÍTULO 92 – DA TUTELA, DA CURATELA, DA TOMADA DE DE-CISÃO APOIADA E DA GUARDA 1127
1. Da tutela 1127
   1.1. Formas ordinárias de tutela 1128
   1.2. Formas especiais de tutela 1129
   1.3. Daqueles que não podem ser tutores 1129
   1.4. Das pessoas dispensadas de prestar tutela 1130
   1.5. Do exercício da tutela 1130
   1.6. Da cessação da tutela 1134
2. Da curatela 1134
3. Da tomada de decisão apoiada 1140
4. Da guarda 1142

CAPÍTULO 93 – DO BEM DE FAMÍLIA 1147

CAPÍTULO 94 – DA RESONSABILIDADE CIVIL POR ABANDONO AFETIVO 1149
1. Introdução 1149
2. A questão dos princípios no pós-positivismo: a atribuição de qualidade normativa 1149
3. Afeto: princípio ou valor? Eis a questão... 1150
4. A pretensa adequação dos elementos da responsabilidade civil a um caso concreto de abandono afetivo paterno-filial 1151
5. Princípio da igualdade: uma proposição acerca da eficácia horizontal dos direitos fundamentais nas relações familiares 1153
6. Análise da decisão proferida no julgamento do Recurso Especial nº 1.159.242/SP: notada confusão semântica 1154

DIREITO DAS SUCESSÕES

CAPÍTULO 95 – VISÃO GERAL DO DIREITO SUCESSÓRIO 1161
1. Introdução 1161
2. Classificações de sucessão 1161
   2.1. Quanto à fonte do direito sucessório 1161
   2.2. Quanto aos efeitos da sucessão 1163
3. Sucessores 1164
   3.1. Herdeiros testamentários ou instituídos 1164

3.2.	Herdeiros legítimos	1164
3.3.	Legatários	1164
4.	A herança e seus limites	1165
4.1.	Características da herança	1165
4.2.	As forças da herança	1166
4.3.	Administração da herança	1167
5.	Abertura da sucessão	1167
5.1.	O *Droit de Saisine*	1167
5.2.	Local da abertura da sucessão	1168
5.3.	A lei que rege a sucessão aberta	1168
6.	Vocação hereditária	1169
6.1.	Hipóteses de falta de legitimidade para a sucessão testamentária ..	1170
7.	Aceitação da herança	1170
7.1.	Características da aceitação	1170
7.2.	Espécies de aceitação	1171
8.	Renuncia à herança	1172
8.1.	Modalidades de renúncia	1172
8.2.	Efeitos da renúncia	1172
9.	A possibilidade de inserção de cláusulas restritivas de direito em relação aos bens que compõem a legítima	1173

CAPÍTULO 96 – DA EXCLUSÃO POR INDIGNIDADE E DA DESERDAÇÃO ... 1175

1.	Da exclusão por indignidade	1175
2.	Da deserdação	1176

CAPÍTULO 97 – DA HERANÇA JACENTE E DA PETIÇÃO DE HERANÇA ... 1177

1.	Da herança jacente	1177
2.	Da petição de herança	1178

CAPÍTULO 98 – A SUCESSÃO LEGÍTIMA ... 1179

1.	Introdução	1179
2.	A sucessão dos descendentes	1179
3.	A sucessão dos ascendentes	1183
4.	A sucessão do cônjuge e do companheiro	1185
5.	A sucessão dos colaterais	1187

CAPÍTULO 99 – DA SUCESSÃO TESTAMENTÁRIA ... 1189

1.	Introdução	1189
2.	Modalidades de testamentos	1189

2.1.	Das formas ordinárias de testamento	1189
2.2.	Dos testamentos especiais	1191
3.	Codicilo	1192
4.	Da revogação do testamento	1192
5.	Do rompimento do testamento	1192

REFERÊNCIAS 1195

INTRODUÇÃO
E PARTE GERAL

CONSIDERAÇÕES INICIAIS

1. DIREITO OBJETIVO E DIREITO SUBJETIVO

De início, sobreleva-se a importância da distinção existente entre direito objetivo e direito subjetivo. O direito objetivo (*norma agendi*) diz respeito a um complexo de normas que regula as relações juridicamente relevantes com fixação em abstrato. Por exemplo, dentro do Código Civil de 2002, o art. 186 dispõe acerca do ato ilícito. Enquanto previsão legislativa, dizemos que se trata de direito objetivo.

Por outro lado, temos o direito subjetivo (*facultas agendi*), que surge da projeção do que estava em abstrato para o concreto, é dizer, propalam-se no mundo concreto poderes de seu titular para exigir ou pretender de alguém um comportamento específico. Já vimos que o art. 186 do CC trata do ato ilícito e, enquanto previsão abstrata, estamos no "mundo" do direito objetivo. Mas imaginemos que um sujeito embriagado invada a outra mão de direção em uma rua, vindo a abalroar-se com outro veículo de frente. O que acabou de acontecer foi a norma projetar-se para o mundo real das pessoas e surgir para o motorista do veículo atingido o poder de pleitear a indenização devida. Isso nada mais é do que o surgimento do direito subjetivo. Outro interessante exemplo é fornecido pelos professores Cristiano Chaves e Nelson Rosenvald:

> O art. 1.228 do Código Civil, ao estabelecer que o proprietário tem o direito de usar, gozar e dispor de seus bens, assim como de reavê-los de quem injustamente os possua ou detenha, cria para o dono de uma casa na Praia do Forte, no vasto litoral baiano, o direito subjetivo de vendê-la ou alugá-la, como bem entender. É verdadeiro direito subjetivo.[1]

2. DIREITO NATURAL E DIREITO POSITIVO

Outra relevante distinção que não podemos esquecer, mesmo porque ocupa o pensamento dos juristas desde a Antiguidade Clássica, é a do direito natural (jusnaturalismo) e do direito positivo (juspositivismo).

---

[1] FARIAS, Cristiano Chaves de; ROSENVALD, Nelson. *Curso de direito civil:* parte geral e LINDB. 13. ed. São Paulo: Atlas, 2015. p. 6.

Por direito natural tem-se um complexo de normas não escritas, não positivadas, que a todos submete. As referidas normas transcendem o ser humano, estando no âmbito do imponderável, do eterno e do imutável. Basicamente, atenta-se para uma justiça superior ao direito positivo vigente. Roberto Senise Lisboa ensina que a origem do jusnaturalismo:

> é controversa. Para os estóicos, essa origem seria a natureza cósmica (perfeição, ordem e equilíbrio do universo); para os teólogos medievais, Deus seria o princípio e o fim de todas as coisas; para os racionalistas, o jusnaturalismo seria o produto da razão humana.[2]

Já o direito positivo é um direito imposto pelos seres humanos, com possibilidade de sofrer mutação e perfeitamente definido e limitado no tempo e no espaço. Na dicção de Caio Mário da Silva Pereira:

> Costuma-se dizer que o direito positivo se opõe ao direito natural, aquele representando o regime de vida social corrente, este o conjunto de princípios ideais preexistentes e dominantes. Enquanto o direito positivo é nacional e contingente, o direito natural é universal e eterno. Não se poderá, entretanto, e em verdade, falar em contraposição e antinomia, pois que, se um é a fonte de inspiração do outro, não exprimem ideias antagônicas, mas, ao revés, tendem a uma convergência ideológica, ou, ao menos, devem procurá-la, o direito positivo amparando-se na sujeição ao direito natural para que a regra realize o ideal, e o direito natural inspirando o direito positivo para que este se aproxime da perfeição.[3]

3. A DIVISÃO DO DIREITO E A CONSTITUCIONALIZAÇÃO DO DIREITO CIVIL

O direito objetivo, para a doutrina tradicional, divide-se em direito público e direito privado. Há muito se entende que o direito público se prende aos interesses do Estado, e o direito privado aos interesses dos particulares. Entretanto, com a evolução do Direito, enfraqueceu-se a setorização estanque dos dois ramos, o que induz a fervorosas discussões ainda hoje, sobretudo com a constitucionalização do Direito Civil, ramo este que classicamente pertence ao direito privado.

Essencial tornou-se a releitura do Direito Civil com base nas diretrizes traçadas na Constituição. Somente o espírito da *Lex Fundamentallis* poderá ter o condão de promover uma interpretação razoável e condizente com os reais propósitos de um Estado Democrático de Direito.[4] Nessa linha de intelecção, Nelson Rosenvald salienta que:

---

[2] LISBOA, Roberto Senise. *Manual elementar de direito civil:* teoria geral do direito. São Paulo: Revista dos Tribunais, 2002. p. 37.

[3] PEREIRA, Caio Mário da Silva. *Instituições de direito civil.* v. 1. atual. Maria Celina Bodin de Moraes. Rio de Janeiro: Forense, 2005. p. 8-9.

[4] "Por constitucionalização do Direito Civil deve-se entender, hoje, que as normas de Direito Civil têm que ser lidas à luz dos princípios e valores consagrados na Constituição, a fim de se implementar o programa constitucional na esfera privada. A bem da verdade, não só as normas

Cap. 1 – CONSIDERAÇÕES INICIAIS

o Código Civil e a Constituição manterão intenso vínculo comunicativo, com repercussão material dos princípios que lhe são comuns. Consiste o chamado direito civil--constitucional justamente nesta reconstrução de direito privado mediante o envio dos valores aos princípios constitucionais e, posteriormente, do ingresso desses princípios no Código Civil pela "janela" das cláusulas gerais. Esse diálogo permite que o princípio cardeal da dignidade da pessoa humana possa ingressar no direito civil por diversas pontes e viadutos.[5]

Diante desse quadro, podemos dizer que as intangíveis e estanques posições ocupadas pelos ramos do direito público e do direito privado perderam a razão de ser diante da necessária compatibilização entre esses ramos.[6] Inaugurou-se um novo tempo para o direito privado, que carece de uma convivência complementar e harmoniosa com o direito público.

Todavia, não podemos deixar de, no presente trabalho, apontar a divisão: direito público e direito privado, que ainda sobrevém, tendo em vista os fortes caracteres metodológicos e didáticos, facilitando a compreensão da "teia jurídica", mormente pela visão topográfica fornecida, sem, é claro, nos descuidarmos da unicidade e harmonização que o sistema jurídico impõe.

Assim, temos que o direito público é aquele cujas relações envolvem a participação do Estado, como poder político soberano, com a observância de princípios próprios, como a legalidade, a impessoalidade, a moralidade, a eficiência, dentre outros.

O direito público divide-se em interno e externo. Alguns ramos pertencentes ao direito público interno são, a saber: o Direito Constitucional, o Direito Administrativo, o Direito Tributário, o Direito Econômico, o Direito Processual,

---

de Direito Civil devem receber leitura constitucionalizada, mas todas as normas do ordenamento jurídico, sejam elas de Direito Privado, sejam de Direito Público. Este é um ditame do chamado Estado Democrático de Direito, que tem na Constituição sua base hermenêutica, o que equivale a dizer que a interpretação de qualquer norma deverá buscar adequá-la aos princípios e valores constitucionais, uma vez que esses mesmos princípios e valores foram eleitos por todos nós, por meio de nossos representantes, como pilares da sociedade e, consequentemente, do Direito." FIUZA, César. *Contribuição para uma nova hermenêutica civil-constitucional*. Disponível em: <http://www.ambito-juridico.com.br/site/index.php?n_link=revista_artigos_leitura&artigo_id=5894>. Acesso em: 10 jun. 2016.

5   ROSENVALD, Nelson. *Dignidade humana e boa-fé no Código Civil*. São Paulo: Saraiva, 2005. p. 208.

6   Gustavo Tepedino ao apontar significativas conquistas estabelecidas na cultura jurídica pondera: "A segunda conquista da cultura jurídica contemporânea é a superação da rígida dicotomia entre o direito público e o direito privado. O surgimento de uma série de institutos, no âmbito das novas tecnologias, do direito bancário, da bioética e do biodireito, dizendo respeito à reprodução assistida, aos transplantes de órgãos, ao transexualismo e à engenharia genética, bem como os desafios relativos à responsabilidade civil, mostraram a insuficiência dos compartimentos antes previstos para a sua classificação, não se podendo afirmar, diante da realidade social emergente, que os novos institutos se situam exclusivamente no campo do direito público ou do direito privado". TEPEDINO, Gustavo. Constitucionalização do direito civil: perspectivas interpretativas diante do novo código. In: FIUZA, César; SÁ, Maria de Fátima Freire; NAVES, Bruno Torquato de Oliveira (Coords.). *Direito civil:* atualidades. Belo Horizonte: Del Rey, 2003. p. 120.

o Direito Penal, entre outros. Ao direito público externo integra o Direito Internacional Público.

Já o direito privado cuida das relações jurídicas dos particulares entre si ou entre os particulares e o Poder Público, quando este age como se fosse um particular também. Alguns ramos que o Direito Privado comporta, a saber: o Direito Civil, o Direito Empresarial[7] e o Direito Internacional Privado.

No que respeita ao Direito do Consumidor, não há manifestação uníssona na doutrina acerca do ramo a qual pertence. Isso porque há manifestação doutrinária no sentido de que o Direito do Consumidor pertence ao Direito Privado, em virtude de se importar com as relações travadas exclusivamente entre particulares, quais sejam, o fornecedor e o consumidor. De outro lado, existem autores que enquadram o Direito do Consumidor com pertencente ao Direito Público em razão do interesse público que se realça em decorrência da tutela destinada ao consumidor e aos fortes traços de intervenção estatal constatados. Em uma terceira via, ainda existem aqueles que entendem que o Direito do Consumidor não se subsume a nenhum dos dois ramos do Direito, mas, sim, a um *tertium genus* denominado de Direitos Sociais.[8]

4. A EFICÁCIA HORIZONTAL DOS DIREITOS FUNDAMENTAIS

Hodiernamente, viceja no ordenamento jurídico brasileiro a tese da eficácia horizontal dos direitos fundamentais.

É clara a noção de que os direitos fundamentais chegam a um ordenamento jurídico para se evitarem excessos do Poder Público em relação aos particulares. Isso seria a eficácia vertical dos direitos fundamentais, de tal modo a proteger os governados por abusos praticados pelos seus governantes.

Todavia, no pós-positivismo jurídico, essa questão se alarga. Diante do silêncio constitucional acerca de em face de quem os direitos fundamentais podem ser opostos, amplia-se a ideia de que tais direitos somente existiriam para proteger as liberdades individuais e proteger os particulares contra as ingerências estatais na vida privada. Atualmente, a ideia que prevalece é a de que os direitos fundamentais também poderão ser opostos aos próprios particulares, sejam pessoas naturais ou jurídicas, isto é, os direitos fundamentais devem ser aplicados às relações privadas.[9]

---

[7] José Jairo Gomes salienta que "atualmente, é corrente o emprego do termo Direito Empresarial, em prejuízo do clássico Direito Comercial ou Mercantil. Na verdade, raras vezes se fala em comerciante, tendo se tornado comum o emprego dos termos empresário e empresa; não mais se cogita de atos de comércio, senão de atividade empresária". GOMES, José Jairo. *Teoria geral do direito civil*. Belo Horizonte: Del Rey, 2009. p. 2.

[8] Nesse sentido, destaca-se o posicionamento de Werson Rêgo que esclarece que o Direito do Consumidor "não se encaixa em nenhum desses dois ramos do Direito que, assim, vê surgir uma nova categoria de direitos: os Direitos Sociais, baseados no conceito de força maior social como princípio equilibrador dos riscos sociais". RÊGO, Werson. *O Código de Defesa do Consumidor, a nova concepção contratual e os negócios jurídicos imobiliários:* aspectos doutrinários e jurisprudenciais. Rio de Janeiro: Forense, 2002. p. 2.

[9] Vale mencionar posicionamento de Bilbao Ubillos: *"El protagonismo o el éxito de los derechos fundamentales en la cultura jurídica actual radica en que las normas que los reconocem son de aplicación*

O reconhecimento da eficácia horizontal dos direitos fundamentais se deu, inclusive, pelo STF e dignas de menção são as decisões do RE 160.222 – 8, em que se concluiu como constrangimento ilegal a revista íntima de mulheres em uma fábrica de lingerie; do RE 158.215 – 4, que aborda a exclusão de associado sem direito de defesa; e do RE 161.243 – 6, que tratou da discriminação experimentada por empregado brasileiro em face de empregado francês na empresa aérea *Air France*, considerando que realizavam tarefas idênticas.

Questão intrincada manifesta-se no que tange, especificamente, à aplicação do direito fundamental da igualdade às relações privadas. Por meio de uma proposição, sintetizamos a ideia: seria possível exigir a igualdade, por exemplo, nas manifestações afetivas demonstradas por um pai em relação aos seus filhos?

O problema aqui é que admitir irrestritamente a tese da eficácia horizontal dos direitos fundamentais, de um modo específico a igualdade nas relações familiares, poderia inequivocamente conflitar com outros direitos fundamentais tais como a liberdade e a autonomia privada, pelo que se conclui que não há como se impor a igualdade nas relações afetivas, que são eminentemente íntimas. Assim, não se pode exigir que um pai ou uma mãe goste igualmente de todos os seus filhos, sob pena de se extirpar do seio familiar, seculares princípios como a autonomia privada e a liberdade nas relações privadas.

Nesse contexto, Martins e Fiuza se manifestam:

> Infelizmente, as preferências dos pais por um ou outro filho ocorrem mesmo. Fazem parte da humanidade. Não é o dinheiro que resolverá os traumas causados ao preterido e ao predileto, que, por vezes, sofre danos maiores que o preterido. O Código Civil, aliás, permite o tratamento hereditário desigual, na medida em que os pais possam atribuir a parte disponível da herança a apenas um dos filhos. Nada há de ilegítimo nisso, nem nada que os demais possam fazer. Se há relações desiguais por excelência, são elas as filiais. E aí está o risco de tornar jurídicas obrigações que são essencialmente morais. E aí reside o risco de tornar as relações familiares irreais ou inautênticas, relações que passariam a estar alicerçadas em falsos sentimentos de carinho e amor decorrentes muito mais do temor de um pai de ser futuramente condenado por ter deixado de amar seu filho, ou seja, tê-lo abandonado afetivamente, do que baseado em sentimentos reais e autênticos de amor, frutos da própria natureza e convivência humana.[10]

---

directa e imediata, pero tienen um contenido principal, um substrato muy aberto, por lo que tienden a expandirse, a penetrar impetuosamente en todos los intersticios del ordenamento.Y La impresión de que ésta es una dinâmica imparable: por um lado, son cada vez más frecuentes los conflitos entre particulares que se plantean ante los tribunales en estos términos, y por outro, los jueces tendem a buscar apoyo diretamente en um derecho fundamental como regla de decisión". UBILLOS, Juan Maria Bilbao. Eficacia horizontal de los derechos fundamentales: las teorias y la practica. In: TEPEDINO, Gustavo (Org.). *Direito civil contemporâneo:* novos problemas à luz da legalidade constitucional. São Paulo: Atlas, 2008. p. 224.

[10] FIUZA, César; MARTINS, Thiago Penido. A eficácia do direito fundamental à igualdade nas relações familiares: uma análise crítica da decisão proferida no julgamento do Recurso Especial nº 1.159.242-SP. In: OLIVEIRA, José Sebastião de; SANTIAGO, Mariana Ribeiro (Orgs.). *Direito de família.* Florianópolis: Fundação José Arthur Boiteux, 2012. p. 45.

É necessário constatar que, quando a CF/88 impõe a igualdade entre os filhos, decerto que não é no sentido afetivo equivalente a todos os filhos, mas, sim, com o propósito de que os filhos havidos fora do casamento não podem ser discriminados.

Todavia, há que se ressaltar que, quando se admite a possibilidade de tratamento desigual entre os filhos, não se quer dizer que se possa admitir tal diferenciação em relação ao dever de amparo ou de cuidado. É verdadeiramente abjeta a possibilidade de um genitor tudo dar a um filho, e ao outro tudo sonegar. Se o afeto é espontâneo, não é isso que se discute, mas, sim, a necessidade de provisão material igualitária a cada um dos filhos a se garantir o mínimo existencial já consagrado no pós-positivismo.

5. AS FONTES DO DIREITO

As fontes do Direito remetem-nos à origem do Direito e de onde ele emana. Saliente-se neste ponto que não há conformidade entre os doutrinadores em se tratando de uma eventual classificação atinente às fontes do Direito. Admitimos, entretanto, a seguinte classificação:

5.1. Fontes formais, diretas ou imediatas

5.1.1. Fonte primária: a lei

A lei é a principal fonte formal, uma vez que o direito brasileiro se submete ao sistema romano-germânico, cuja diretriz fundamental é a predisposição legislativa e posterior adequação do fato à norma. Opõe-se esse sistema ao da *common law* inglês, que resulta dos usos e costumes. Importante atentar que com a súmula vinculante consolidada em nosso ordenamento jurídico por meio da Emenda Constitucional nº 45, que introduziu o art. 103-A[11] à CF/88, precipita-se uma nova discussão, isto é, se o nosso ordenamento jurídico continua filiado ao sistema romano-germânico, ou tende a um sistema misto, aproximando-se da *common law*, inspirado em costumes e decisões do Poder Judiciário. A questão ainda não foi debatida de forma enfática pela comunidade jurídica.

5.1.2. Fontes secundárias

As fontes secundárias constam da lei e estão presentes no art. 4º da Lei de Introdução às normas do Direito Brasileiro. São elas, a saber: a analogia, os

---

[11] Art. 103-A da CF/88: "O Supremo Tribunal Federal poderá, de ofício ou por provocação, mediante decisão de dois terços dos seus membros, após reiteradas decisões sobre matéria constitucional, aprovar súmula que, a partir de sua publicação na imprensa oficial, terá efeito vinculante em relação aos demais órgãos do Poder Judiciário e à administração pública direta e indireta, nas esferas federal, estadual e municipal, bem como proceder à sua revisão ou cancelamento, na forma estabelecida em lei".

costumes e os princípios gerais do direito. As fontes secundárias do Direito serão analisadas adiante, quando do tratamento da Lei de Introdução às normas do Direito Brasileiro.

5.2. Fontes não formais, indiretas ou mediatas

As fontes não formais, indiretas ou mediatas são aquelas que por si só não geram a norma jurídica, mas contribuem para a sua elaboração. Não estão presentes na lei como fontes do Direito de forma expressa. Podem ser consideradas: a doutrina, a jurisprudência e a equidade, também analisadas no próximo Capítulo.

6. A SISTEMÁTICA DO CÓDIGO CIVIL DE 2002 E SUAS DIRETRIZES BÁSICAS: ETICIDADE, SOCIABILIDADE E OPERABILIDADE

O Código Civil de 2002 divide-se em duas partes: a geral e a especial, ambas divididas em livros. Além disso, há um livro complementar que trata das disposições finais e transitórias.

A parte geral é composta por três livros em que encontramos a previsão acerca das pessoas, dos bens e dos fatos jurídicos.

A parte especial, formada por cinco livros, contém o direito das obrigações, o direito de empresa, o direito das coisas, o direito de família e o direito das sucessões.

O mais importante, ao analisarmos o Código Civil de 2002 em uma visão global, é atentarmos para as diretrizes que orientam a nova codificação. As diretrizes são, a saber: eticidade, sociabilidade e operabilidade.

Por meio da eticidade buscou-se introduzir valores éticos no ordenamento jurídico. Percebeu-se que o apego à técnica conduzia apenas à segurança, o que não significava necessariamente o atendimento à justiça. Miguel Reale sustentou que:

> não obstante os méritos desses valores técnicos, não era possível deixar de reconhecer, em nossos dias, a indeclinável participação dos valores éticos no ordenamento jurídico, sem abandono, é claro, das conquistas da técnica jurídica, que com aqueles deve se compatibilizar. Daí a opção, muitas vezes, por normas genéricas ou cláusulas gerais, sem a preocupação de excessivo rigorismo conceitual, a fim de possibilitar a criação de modelos jurídicos hermenêuticos, quer pelos advogados, quer pelos juízes, para contínua atualização dos preceitos legais.[12]

---

[12] REALE, Miguel. Visão geral do novo Código Civil. In: TAPAI, Giselle de Melo Braga (Coord.). *Novo Código Civil brasileiro:* estudo comparativo com o Código Civil de 1916. São Paulo: Revista dos Tribunais, 2002. p. XIII.

Ou seja, os valores éticos penetraram nas relações civis por meio de aberturas proporcionadas pelas cláusulas gerais.[13] Como exemplos de cláusulas gerais podem ser mencionados os arts. 113, 187, 422 e 1.511 do Código Civil de 2002[14].

A socialidade vem em gritante oposição ao individualismo que impregnou o Código Civil de 1916. A codificação de 1916 foi feita para um Brasil eminentemente agrário (80% de sua população), ao revés, a de 2002 busca atender a um país urbano que não pode conviver mais com ideias agrárias, assim necessitando da exaltação à proteção social. Para tanto, basta conferirmos os arts. 421, 423, 2.035, parágrafo único, do Código Civil de 2002. De acordo com Carlos Roberto Gonçalves "o princípio da socialidade reflete a prevalência dos valores coletivos sobre os individuais, sem perda, porém, do valor *fundamental da pessoa humana*".[15]

Por fim, a operabilidade ultrapassa uma época de extremo apego à estética linguística para alcançar o verdadeiro desiderato da norma. Afasta-se das complexidades e busca-se a efetividade. De acordo com Miguel Reale:

---

[13] O Ministro do STJ, Ruy Rosado Aguiar Júnior, em palestra proferida em 11/4/2003 no seminário "EMERJ debate o Novo Código Civil" salientou: "Sabemos que a cláusula geral é uma norma que impõe ao juiz o dever de, no momento de fazer sua aplicação, determinar previamente qual a norma de conduta que deveria ter sido observada naquele caso. Em função da regra que ele cria para aquela situação, fará então a avaliação da conduta em exame. Se essa conduta estiver de acordo com a norma de dever assim criada para aquele caso concreto, ela será considerada lícita; se em desacordo, será então ilícita". Disponível em: <www.stj.gov.br/discursos>. Acesso em: 2 ago. 2005.

[14] Roberto Senise Lisboa apresenta importante ponderação sobre o tema: "As cláusulas gerais não se confundem com os conceitos legais indeterminados, vez que, nestes, identificado o significado no caso concreto, a solução encontra-se na norma". E adiante esclarece: "As cláusulas gerais e os conceitos legais indeterminados não podem ser confundidos com os princípios gerais de direito, como aqueles extraídos do direito romano: *honeste vivere, alterum non laedere, suum cuique tribuere* (viver honestamente, não causar dano a outrem e dar a cada um o que é seu). Por exemplo: a boa-fé não positivada é princípio geral de direito. Quando é exigida para aquisição da propriedade pela usucapião ordinária, passa a ser conceito legal indeterminado (Código Civil, art. 1.242), vez que, extraído o seu significado, a consequência jurídica já se encontra na norma (aquisição da propriedade, cumulada com demais requisitos). Por outro lado, a boa-fé é cláusula geral quando empregada como necessária nos contratos (Código Civil, art. 422)". E por fim diz: "Em suma, levando-se em conta a técnica legislativa, a cláusula geral e os conceitos jurídicos indeterminados nada mais são que dispositivos normativos que se valem de linguagem propositadamente 'aberta', 'fluída' ou 'vaga'". LISBOA, Roberto Senise. Dos contratos em geral. In: SCAVONE JR., Luiz Antônio; CAMILLO, Carlos Eduardo Nicoletti; TALAVERA, Glauber Moreno; FUJITA, Jorge Shiguemitsu. *Comentários ao Código Civil*. São Paulo: Editora Revista dos Tribunais, 2009. p. 767/769. Entendemos, na esteira da distinção apresentada, que enquanto no conceito jurídico indeterminado a dúvida ou questão reside no significado de determinado termo ou expressão utilizada pela lei, sem haver dúvida quanto às consequências de sua aplicação, já na cláusula geral, a dúvida reside tanto no significado do termo ou expressão quanto nas consequências de sua aplicação. Desse modo, a atuação e liberdade do julgador diante de uma cláusula geral é ampliada, pois será ele o definidor de seus efeitos, o que não ocorre diante de um conceito jurídico indeterminado.

[15] GONÇALVES, Carlos Roberto. *Principais inovações no Código Civil de 2002*. São Paulo: Saraiva, 2002. p. 5.

somente assim se realiza o direito em sua concretude, sendo oportuno lembrar que a teoria do Direito concreto, e não puramente abstrato, encontra apoio de jurisconsultos de porte de Engisch, Betti, Larenz, Esser e muitos outros, implicando maior participação decisória conferida aos magistrados. [...] a Comissão optou por uma linguagem precisa e atual, menos apegada a modelos clássicos superados.[16]

Nesse mote, é de citar-se o cuidado que teve o Código Civil de 2002 ao trazer critérios seguros para distinguir os institutos de prescrição e decadência.

---

[16] REALE, Miguel. Visão geral do novo Código Civil. In: TAPAI, Giselle de Melo Braga (Coord.). *Novo Código Civil brasileiro:* estudo comparativo com o Código Civil de 1916. São Paulo: Revista dos Tribunais, 2002. p. XVII.

LEI DE INTRODUÇÃO ÀS NORMAS DO DIREITO BRASILEIRO

1. DA LICC À LINDB: SEUS CONTORNOS INICIAIS

A Lei de Introdução às normas do Direito Brasileiro foi instituída pelo Decreto-lei nº 4.657/42[1], e desde a sua entrada em vigor até dezembro de 2010 era denominada de Lei de Introdução ao Código Civil, sendo que ficou conhecida pelas suas iniciais: LICC. Porém, com a entrada em vigor da Lei nº 12.376/2010, a referida lei passou a ser denominada de Lei de Introdução às normas do Direito Brasileiro (LINDB), adequando-se, ainda que tardiamente à realidade que a referida lei deveria alcançar que seria as normas do Ordenamento Jurídico Brasileiro como um todo, aplicando-se, pois, a todos os ramos do Direito e não apenas ao Direito Civil.

A LINDB é considerada norma de sobredireito ou de apoio, o que quer dizer que busca disciplinar a aplicação das normas. César Fiuza chama a atenção para a distinção existente entre lei e norma. Para o Professor, "norma é comando, regra de conduta. Expressa a vontade do Estado, por intermédio do legislador. Essa vontade é materializada na lei, que é, portanto, meio de expressão da norma. É a norma escrita".[2]

A LINDB trata, portanto, de critérios de vigência e eficácia das leis, do conflito de leis no tempo e no espaço, de critérios de integração do ordenamento jurídico e, ainda, de normas de direito internacional privado nos arts. 7º a 19. Este último ponto é assunto pertinente a uma disciplina própria, o Direito Internacional Privado.

A Lei nº 13.655/2018 inseriu na LINDB os arts. 20 a 30 apresentando regras sobre segurança jurídica e eficiência na criação e na aplicação do Direito Público, sendo que o art. 25 foi vetado. Portanto, os novos artigos dizem respeito a questões afetas ao Direito Público, como o Direito Administrativo, Financeiro, Orçamentário e Tributário, não sendo pertinentes ao Direito Privado.

---

[1] O Decreto-lei nº 4.657, de 4 de setembro de 1942, revogou a anterior Lei de Introdução ao Código Civil que foi promulgada simultaneamente com o Código Civil de 1916.
[2] FIUZA, César. *Direito civil:* curso completo. 9. ed. Belo Horizonte: Del Rey, 2006. p. 79.

2. NATUREZA JURÍDICA DA LINDB

É corrente dizer que a natureza jurídica da LINDB é de lei ordinária, uma vez que foi criada sob a forma de decreto-lei, espécie legislativa que, nos termos das Constituições que a admitiam, tinha força de lei ordinária. Posteriormente à entrada em vigor da LICC (atual LINDB), todas as leis que a alteraram foram leis ordinárias.

A Constituição Federal de 1988, ao estabelecer no parágrafo único do art. 59, que: "Lei complementar disporá sobre a elaboração, redação, alteração e consolidação das leis", não propugnou que a LICC (atual LINDB) se transmudava da categoria de lei ordinária para a de lei complementar. Tanto é que, posteriormente, foi editada a Lei Complementar nº 95, de 26 de fevereiro de 1998, que atendeu a tal desiderato constitucional, coexistindo com a LINDB.

3. CLASSIFICAÇÃO DAS LEIS

3.1. Quanto à obrigatoriedade

a) **Leis Cogentes ou Injuntivas**: são as leis de ordem pública, possuindo, por isso, caráter obrigatório. Possuem força cogente, isto é, que coage, que obriga ao seu cumprimento. Podem ser imperativas, pois impõem uma determinada conduta, ou proibitivas, por proibirem um determinado comportamento.

b) **Leis Dispositivas ou Supletivas:** são as leis que deixam ao alvedrio das partes as suas respectivas condutas. Assim, se as partes podem dispor em contrário, somente na hipótese de as partes não estipularem diversamente é que essas leis serão aplicáveis.

3.2. Quanto à sua natureza

a) **Leis Materiais ou Substantivas:** são as leis de fundo, de direito material. Exemplo: o Código Civil.

b) **Leis Processuais ou Adjetivas:** são as que disciplinam o processo. Exemplo: o Código de Processo Civil.

3.3. Quanto ao autorizamento (ou intensidade da sanção)

a) **Leis perfeitas:** a violação dessas leis autoriza a invalidade (nulidade ou anulabilidade) do ato jurídico apenas.

b) **Leis mais que perfeitas:** são as leis que em caso de violação autorizam a imposição da nulidade do ato e também a aplicação de uma pena criminal.

c) **Leis menos que perfeitas:** são as leis que em caso de violação autorizam a imposição de uma sanção ao transgressor, porém o ato será considerado válido.

Cap. 2 – LEI DE INTRODUÇÃO ÀS NORMAS DO DIREITO BRASILEIRO

d) Leis imperfeitas: são as leis que não autorizam qualquer sanção em hipótese de violação. Não são consideradas normas propriamente ditas, mas, sim, mera recomendação.

4. VIGÊNCIA DAS LEIS

A lei em seu próprio texto poderá trazer quando entrará em vigor, isto é, quando começará a produzir efeitos. Caso a própria lei não estipule, a LINDB em seu art. 1º, *caput,* estipula que: "Salvo disposição em contrário, a lei começa a vigorar em todo o País 45 (quarenta e cinco) dias depois de oficialmente publicada". Desse modo, se a lei não dispuser de prazo para a sua entrada em vigor, o prazo será de 45 dias contados de sua publicação, uma vez que toda lei deve ser publicada pela Imprensa Oficial.

No exterior, a obrigatoriedade da lei brasileira, quando admitida,[3] inicia-se 3 (três) meses depois de oficialmente publicada (art. 1º, § 1º, LINDB).

Importante perceber que o *caput* do art. 1º traz o sistema do prazo de vigência único ou sincrônico, ou simultâneo, pelo qual a lei entra em vigor de uma só vez em todo o país.[4]

O art. 1º da LINDB não foi revogado pelo art. 8º da LC nº 95/98, que estabelece: "A vigência da lei será indicada de forma expressa e de modo a contemplar prazo razoável para que dela se tenha amplo conhecimento, reservada a cláusula 'entra em vigor na data de sua publicação' para as leis de pequena repercussão". Por essa lei complementar, o legislador apenas demonstra o seu afeto pela forma expressa de constar prazo razoável para entrada em vigor da lei nova. Porém, se nada dispuser o legislador na lei nova, aplicar-se-á o prazo de 45 dias previsto na LINDB, essa é a razão de dizermos que o art. 1º da LINDB não foi revogado pelo art. 8º da LC nº 95/98.

5. VACÂNCIA DA LEI OU *VACATIO LEGIS*

Vacância da lei, também conhecida por *vacatio legis*, é o período entre a publicação da lei e a sua entrada em vigor.

O objetivo da *vacatio legis* é fazer com que os destinatários da lei tomem conhecimento da futura lei que entrará em vigor e com ela se familiarizem para bem cumpri-la.

Em regra, não é obrigatório que as leis possuam um prazo de *vacatio legis*. É possível, portanto, que as leis entrem em vigor na data de sua publicação. Existem, entretanto, duas hipóteses excepcionais que a Constituição Federal impõe a *vacatio legis* como obrigatória. São elas:

---

[3] Geralmente no que se refere às atribuições de ministros, embaixadores, cônsules, convenções de Direito Internacional etc.

[4] Este sistema adotado pela atual Lei de Introdução opõe-se ao sistema adotado pela Lei de Introdução primitiva, que era o sistema da vigência sucessiva ou progressiva, pelo qual a lei entrava em vigor em épocas diferentes a depender do local.

1ª) Lei que cria ou aumenta contribuição social para a Seguridade Social. Deve entrar em vigor somente 90 dias após a sua publicação (art. 195, § 6º, CF/88);

2ª) Lei que cria ou aumenta tributo. Só poderá entrar em vigor após 90 dias da data em que haja sido publicada (art. 150, III, *c*, CF/88).

5.1. Contagem da *vacatio legis*

Conforme o § 1º do art. 8º da LC nº 95/98: "A contagem do prazo para entrada em vigor das leis que estabeleçam período de vacância far-se-á com a inclusão da data da publicação e do último dia do prazo, entrando em vigor no dia subsequente à sua consumação integral". Importante salientar que, se o prazo se consumar em um sábado, domingo ou feriado, a lei entrará em vigor no dia seguinte.

6. LEI COM INCORREÇÕES OU ERROS MATERIAIS

Caso a lei tenha sido publicada, porém não tenha ainda entrado em vigor e tenha sido detectado alguma incorreção ou erro material, a lei poderá ser corrigida, sem necessidade de uma nova lei. Haverá nova publicação da lei e reiniciar-se-á o prazo da *vacatio legis*.[5] Essa possibilidade de republicação da lei só é admitida para as hipóteses de imperfeições ortográficas ou gramaticais. Em caso de mudança de conteúdo da lei, não é possível se prescindir de nova lei.

Se a lei já tiver entrado em vigor, ainda que a correção se volte apenas para erros materiais, mostra-se imprescindível a elaboração de uma nova lei – a lei corretiva –, que será publicada e entrará em vigor posteriormente.[6]

Por fim, vale lembrar o art. 18 da LC nº 95/98 que impõe: "Eventual inexatidão formal de norma elaborada mediante processo legislativo regular não constitui escusa válida para o seu descumprimento". Assim, ainda que a norma contenha imperfeições ortográficas ou gramaticais, nada disso justificará o afastamento ou a inaplicabilidade da norma.

7. PRINCÍPIOS INFORMADORES DA EFICÁCIA DAS LEIS

7.1. Princípio da obrigatoriedade das leis

Uma vez em vigor a lei, esta se torna obrigatória a todos os seus destinatários, os quais não poderão alegar o seu desconhecimento. O princípio da obrigatoriedade das leis está estampado na LINDB em seu art. 3º com a seguinte redação: "Ninguém se escusa de cumprir a lei, alegando que não a conhece".

---

[5] Art. 1º, § 3º, LINDB: "Se, antes de entrar a lei em vigor, ocorrer nova publicação de seu texto, destinada a correção, o prazo deste artigo e dos parágrafos anteriores começará a correr da nova publicação".

[6] Art. 1º, § 4º, LINDB: "As correções a texto de lei já em vigor consideram-se lei nova".

Cap. 2 – LEI DE INTRODUÇÃO ÀS NORMAS DO DIREITO BRASILEIRO

Ninguém discute a dificuldade de todos em conhecer o elevado número de leis existentes, o que se torna de todo impossível. Porém, de igual modo, não se pode discutir a necessidade de tal preceito constar na LINDB para fins de pacificação social e segurança jurídica.[7]

7.2. Princípio do *Iura Novit Curia*

O princípio do *Iura Novit Curia* estabelece que o juiz é conhecedor do Direito. Assim, não se faz necessário à parte interessada provar a existência de determinada lei. As exceções a esse princípio são: o direito estrangeiro, estadual, municipal e consuetudinário.

7.3. Princípio da continuidade das leis

Uma lei produz seus efeitos até que outra a revogue ou a modifique. O princípio da continuidade das leis está expresso no art. 2º da LINDB com os seguintes dizeres: "Não se destinando à vigência temporária, a lei terá vigor até que outra a modifique ou revogue". Por isso, só lei tem o condão de revogar lei. Não é possível a revogação da lei por desuso, decisão judicial ou ato administrativo. Exceção é feita no que diz respeito à lei temporária, ou seja, aquela lei que já traz em seu texto o prazo de sua vigência. Findo este, automaticamente a lei já estará revogada, não sendo necessário, neste caso, outra lei que a revogue. A título de exemplo lembramos a lei orçamentária, que estabelece a receita e a despesa nacional por um ano.

8. REVOGAÇÃO DA LEI

Revogação é o ato pelo qual se busca a cessação da vigência de uma lei, por intermédio de outra lei.

8.1. Espécies de revogação

a) Ab-rogação e derrogação

Ab-rogação é a revogação total da lei anterior pela nova lei. Derrogação é a revogação parcial da lei anterior pela nova lei, de modo que parte da lei anterior continuará em vigor.

---

[7] Conveniente mencionar as palavras de Carlos Alberto M. S. M. Violante, ao tratar do tema: "É sabido que o pleno conhecimento das leis não é uma verdade. O profissional do Direito tem imensa dificuldade de acompanhar a atualização legislativa, fruto da edição infindável de novas leis. Imaginem os leigos! No entanto, o preceito de que ninguém pode escusar-se de cumprir a lei alegando que não a conhece, é necessidade social e jurídica, para a garantia da efetiva aplicação das leis, da eficácia global do ordenamento jurídico. A lei é ordem geral e obrigatória e sua aplicação estaria comprometida se fosse permitido descumpri-la, sob a justificativa de seu desconhecimento". VIOLANTE, Carlos Alberto M. S. M. *Lei de introdução ao Código Civil*. São Paulo: Copola, 2000. p. 42.

b) Expressa e Tácita

A revogação expressa ocorre quando a nova lei expressamente dispõe quais são as leis anteriores ou os seus dispositivos que estão sendo revogados. Já a revogação tácita é aquela que ocorre quando a lei revogadora, embora não exponha expressamente quais são as leis ou os seus dispositivos que estão sendo revogados, o seu texto se mostra incompatível com o texto da lei anterior, ou então, regula inteiramente matéria tratada por outra lei.

A revogação expressa e a tácita estão dispostas no § 1º do art. 2º da LINDB: "A lei posterior revoga a anterior quando expressamente o declare, quando seja com ela incompatível ou quando regule inteiramente a matéria de que tratava a lei anterior".

Vale lembrar ainda, o disposto no art. 9º da LC nº 95/98: "Quando necessária a cláusula de revogação, esta deverá indicar expressamente as leis ou disposições legais revogadas". Diante de tal dispositivo aventou-se o fim da possibilidade de revogação tácita. Porém, estamos de acordo com Carlos Alberto Violante que, oportunamente, concluiu:

> Nem na imaginação o art. 9º da LC nº 95/98 acabou com a revogação tácita. Por mais criterioso que seja o legislador, é uma tarefa extremamente difícil apontar com precisão todas as leis e todos os dispositivos que eventualmente venham a ser revogados pela edição de nova lei. O princípio é bom, está em defesa da segurança jurídica, e o legislador, ao criar lei nova, deve fazer o máximo para apontar, precisamente, as leis ou artigos de leis que estão sendo revogados. Como essa tarefa nem sempre é possível com relação a todo o ordenamento jurídico, caberá ao aplicador do Direito interpretar as situações em que possa ter ocorrido revogação tácita.[8]

9. REPRISTINAÇÃO

Repristinação é a restauração da vigência de uma lei anteriormente revogada, em razão da revogação da lei anterior. Assim, César Fiuza conceitua a lei repristinadora como sendo "a lei que ressuscita outra já revogada".[9]

Admite-se, excepcionalmente, a repristinação em nosso ordenamento desde que seja mencionada expressamente. Consideremos o exemplo a seguir: A Lei 1 que tratava de determinada matéria foi revogada pela Lei 2. Posteriormente a Lei 2 foi revogada pela Lei 3. Em razão deste último fato, pergunta-se: a Lei 1, que foi revogada em virtude da Lei 2, voltará a viger? A resposta será sim, se a Lei 3 dispuser expressamente que a Lei 1 voltará a viger, caso contrário, se nada dispuser, a Lei 1 não voltará a viger, pois a repristinação tácita não é admitida. Assim, o § 3º do art. 2º da LINDB dispõe que: "Salvo disposição em contrário, a lei revogada não se restaura por ter a lei revogadora perdido a vigência".

---

[8] VIOLANTE, Carlos Alberto M. S. M. *Lei de introdução ao Código Civil*. São Paulo: Copola, 2000. p. 63.

[9] FIUZA, César. *Direito civil:* curso completo. 9. ed. Belo Horizonte: Del Rey, 2006. p. 86.

10. INTEGRAÇÃO DO ORDENAMENTO JURÍDICO

É absolutamente impossível que o legislador preveja todos os fatos que poderão ocorrer na vida das pessoas. Desse modo, não que o Direito seja lacunoso, pois o Direito não se manifesta apenas pela lei, mas a lei poderá assim ser considerada. Diante da possibilidade de o legislador não ter atentado para determinados fatos que poderão acontecer na vida de uma pessoa, o art. 4º da LINDB dispõe: "Quando a lei for omissa, o juiz decidirá o caso de acordo com a analogia, os costumes e os princípios gerais de direito".

Esse dispositivo decorre do princípio da indeclinabilidade da jurisdição, que impõe como dever do juiz decidir o caso concreto, ainda que não haja lei a respeito. Portanto, integrar é preencher lacunas eventualmente deixadas pelo legislador. Nessa esteira, o art. 140 do CPC/2015 também estabelece: "O juiz não se exime de decidir sob a alegação de lacuna ou obscuridade do ordenamento jurídico".

A LINDB traz como mecanismos de integração do ordenamento jurídico a analogia, os costumes e os princípios gerais de direito.

Analisaremos cada um desses mecanismos de integração a seguir.

10.1. Analogia

A analogia consiste em aplicar uma lei semelhante existente a um caso concreto que não possua lei disciplinadora específica. Flávio Augusto Monteiro de Barros chama a atenção para algumas hipóteses em que não se admite o emprego da analogia. São elas: leis restritivas de direito, leis excepcionais e leis administrativas.[10]

Maria Helena Diniz, didaticamente, traz a relação dos elementos necessários para a aplicação da analogia:

> 1) o caso *sub judice* não esteja previsto em norma jurídica; 2) o caso contemplado tenha, com o previsto, pelo menos uma relação de semelhança; 3) o elemento de identidade entre eles não seja qualquer um, mas, sim, essencial, ou seja, deve haver verdadeira semelhança e a mesma razão entre ambos.[11]

É comum a distinção entre *analogia legis* (analogia legal) e *analogia iuris* (analogia jurídica). Na primeira, impõe-se a aplicação de norma preexistente a caso semelhante que não possua norma específica. Na segunda, em não havendo norma específica para determinado caso, socorre-se não de uma lei semelhante, mas do sistema do ordenamento jurídico como um todo.

---

[10] BARROS, Flávio Augusto Monteiro de. *Manual de direito civil:* lei de introdução e parte geral. v. 1. São Paulo: Método, 2005. p. 39.

[11] DINIZ, Maria Helena. *Curso de direito civil brasileiro:* teoria geral do direito civil. 18. ed. São Paulo: Saraiva, 2002. p. 72.

10.2. Costumes

Segundo Flávio Augusto Monteiro de Barros, "costume é a repetição, de maneira constante e uniforme, em razão da convicção de sua obrigatoriedade".[12]

Do conceito de costume, linhas atrás exposto, extraímos dois requisitos: um de caráter objetivo, que é a repetição de um comportamento; e outro, de caráter subjetivo, que é a convicção social de sua obrigatoriedade.

O costume desempenha função mais relevante em determinados ramos do direito, como o Empresarial e o Internacional.

10.2.1. Espécies de costumes

Os costumes podem ser:

a) *Praeter legem*: é aquele aplicado subsidiariamente, em razão da omissão da lei. Essa é a espécie de costume prevista no art. 4º da LINDB. Exemplo: desconsideração do tipo criminal de emissão de cheque sem fundos, em se tratando de cheque pré-datado que, apresentado antes da data, encontra--se sem provisão de fundos;

b) *Secundum legem*: é aquele que é previsto na lei, admitindo a sua aplicação. Exemplos: arts. 569, II; 596; 597; 615, todos do CC.

c) *Contra legem*: é aquele contra a lei. Essa espécie de costume incita a não aplicação da lei pelo seu desuso, considerando-a letra morta. Por evidente que tal costume é amplamente repudiado pela doutrina, uma vez que pela própria LINDB, somente a lei pode revogar ou modificar outra (art. 2º). Assim, a aceitação do costume *contra legem* poderia conduzir ao caos social e à insegurança jurídica[13].

---

[12] BARROS, Flávio Augusto Monteiro de. *Manual de direito civil.* Lei de introdução e parte geral. v. 1. São Paulo: Método, 2005, p. 39.

[13] Não obstante o posicionamento da doutrina majoritária, Carlos Alberto Violante fornece exemplo de aplicação pela jurisprudência do costume *contra legem* encontrado nas RT nº 132/66 e RTJ nº 54/63, dizendo que "há acórdão do Tribunal de Justiça, que acabou por aplicar o costume *contra legem*. Ao verificar a existência de um costume local contrário à lei escrita passou a admiti-lo: 'Segundo os usos e costumes dominantes no mercado de Barretos, os negócios de gado, por mais avultados que sejam, celebram-se dentro da maior confiança, verbalmente, sem que entre os contratantes haja troca de qualquer documento. Exigi-lo agora seria, além de introduzir nos meios pecuaristas locais um fator de dissociação, condenar de antemão ao malogro, todos os processos judiciais que acaso se viesse a intentar relativos à compra e venda de gado'. Esta decisão desprezou o art. 141 do Código Civil, que deve ser entendido, atualmente, conforme o art. 401 do Código de Processo Civil, prescrevendo que só se admite prova exclusivamente testemunhal, nos contratos cujo valor não exceda o décuplo do maior salário-mínimo vigente no país, ao tempo em que foram celebrados". VIOLANTE, Carlos Alberto M. S. M. *Lei de introdução ao Código Civil.* São Paulo: Copola, 2000. p. 30. Nada obstante o exemplo ser bem ilustrativo, atente-se para o fato de que os dispositivos mencionados pelo autor se encontram em tecidos normativos já revogados: o Código Civil de 1916 e o Código de Processo Civil de 1973.

10.3. Princípios gerais de direito

Embora o art. 4º da LINDB mencione a aplicação dos princípios gerais do direito em último lugar, em tom que induz à conclusão de que tais princípios deverão ser aplicados somente em hipótese de esgotadas as possibilidades de uso da analogia e dos costumes – e esse é o entendimento da doutrina tradicional –, não se pode jamais esquecer que, na realidade, os princípios são a base de toda a construção e aplicação do ordenamento jurídico.

Desse modo, não há que se falar, com base no art. 4º da LINDB, que a aplicação de tal princípio se mostra pertinente somente como *ultima ratio*. A colmatação proposta, na verdade, não encontra nos princípios um mero "estepe", que, por vezes, pode se mostrar útil. Ao revés, os princípios são a base de todo o ordenamento jurídico e, por assim dizer, todo o sistema legal encontra assento nos princípios.[14]

Portanto, a base é a aplicação dos princípios gerais de direito como vetores a orientar a solução de todos os casos concretos, pois os princípios são as vigas mestras do ordenamento jurídico, as suas pilastras fundamentais.[15]

10.4. Equidade

A equidade, embora não mencionada no art. 4º da LINDB, vem como viés inolvidável quando se trata da integração do ordenamento jurídico. É certo que o ordenamento jurídico não dispõe da equidade para aplicação indistinta e desordenada, tanto é que o parágrafo único do art. 140 do CPC/2015 desponta: "O juiz só decidirá por equidade nos casos previstos em lei". Mas, de igual modo, a equidade é recurso fornecido ao julgador no exercício de sua atividade judicante.

---

[14] Sobre o tema, ver NUNES, Rizzatto. *O princípio constitucional da dignidade da pessoa humana*. São Paulo: Saraiva, 2002. p. 19-27.

[15] Cristiano Chaves de Farias e Nelson Rosenvald apresentam interessante posicionamento: "Muita atenção deve se ter para não confundir os princípios gerais de direito com os princípios fundamentais do sistema jurídico. Estes (os princípios fundamentais) são as normas jurídicas com conteúdo valorativo (axiológico), aberto, a ser preenchido no caso concreto, possuindo nítida força vinculante, normativa. Ou seja, os princípios fundamentais são normas jurídicas e obrigam, vinculam. É o exemplo do princípio da presunção de inocência do Direito Penal, do princípio da ampla defesa e do contraditório no Direito Processual ou da proteção do hipossuficiente no Direto do Trabalho. São, em palavras diretas, os valores adotados por um sistema jurídico, tendo força normativa e influenciando o sistema jurídico como um todo. Aqueles (os princípios gerais de direito) são meros mecanismos de preenchimento de lacunas, sem qualquer conteúdo valorativo e com características universais. Assim, os princípios gerais são os mesmos em qualquer sistema jurídico, inspirando métodos para colmatar vazios normativo. Nessa ordem de ideias, somente serão utilizados os princípios informativos quando houver um vazio normativo, isto é, quando não existir para um determinado caso concreto uma norma jurídica, seja uma norma-regra, seja uma norma-princípio. Trocando em miúdos, somente serão utilizados os princípios gerais quando ausente um princípio fundamental". FARIAS, Cristiano Chaves de; ROSENVALD, Nelson. *Curso de direito civil*: parte geral e LINDB. 13. ed. São Paulo: Atlas, 2015. p. 92.

A equidade nos induz a um raciocínio análogo ao de justiça. Segundo João Baptista de Mello e Souza Neto, referindo-se ao art. 127 do CPC/73 correspondente ao art. 140 do CPC/2015:

> a equidade quase coincide com um conceito teórico, abstrato, do que seria justo, independentemente de comando normativo legal. A equidade somente pode ser utilizada, segundo o art. 127 do CPC, quando a lei assim dispuser. Isso se explica, posto que se presume na lei o sentido de justiça da sociedade, que correria risco caso tivesse que se submeter a um (desconhecido) senso de justo arbitrário de uma única pessoa (o magistrado).[16]

Alguns exemplos de situações em que o magistrado poderá aplicar esse quarto mecanismo de integração – a equidade – dentro do Código Civil de 2002 estão nos arts. 413, 738, parágrafo único, e 944, parágrafo único.

Concluindo, o parágrafo único do art. 140 do CPC/2015, ao impor que o Juiz só decidirá por equidade nos casos em que a lei autoriza, busca-se, por meio de tal preceito, impedir a substituição da lei por critérios pessoais de justiça. É claro, contudo, que não se busca impedir o alcance da justiça no caso concreto, tendo em vista a relevância do art. 5º da LINDB,[17] que, de igual modo, dispõe que o juiz, ao aplicar a lei, deverá atender aos fins sociais e às exigências do bem comum, o que tangencia o ideal de justiça que deverá nortear as decisões.

11. INTERPRETAÇÃO DAS LEIS

Interpretar uma lei é buscar a sua real intenção e significado. É perquirir a *mens legis*[18] por meio de determinados métodos que são deferidos ao intérprete para alcance da justiça. A interpretação poderá ser:

11.1. Quanto à origem

a) **autêntica:** é aquela que é exercida pelo próprio órgão que editou a norma. Geralmente, quando uma lei é interpretada por outra lei. Por exemplo, o art. 327 do CP, que traz o conceito de funcionário público para a caracterização dos crimes praticados por este.

b) **judicial:** é a interpretação fornecida pelos juízes e tribunais diante do caso concreto que lhes foi posto à apreciação.

c) **doutrinária:** é a interpretação dada pelos estudiosos do Direito em livros, textos, pareceres etc.

---

[16] SOUZA NETO, João Baptista de Mello. *Direito civil: parte geral.* 5. ed. São Paulo: Atlas, 2004. p. 30.

[17] Art. 5º, LINDB: "Na aplicação da lei, o juiz atenderá aos fins sociais a que ela se dirige e às exigências do bem comum".

[18] *Mens legis* é expressão latina que significa *"intenção da lei".*

11.2. Quanto aos métodos

a) **gramatical ou linguística**: decorre da análise sintática, semântica ou ortográfica das palavras que constam do texto da lei.

b) **lógica**: a interpretação se dá por meios de critérios lógicos, raciocinando-se no plano de ideias manifestado pelo legislador. O exemplo é fornecido por César Fiuza:

> Em Direito Civil, sempre que uma pessoa, agindo com culpa, cause dano a outra, será obrigada a indenizá-la. Bem, se a Lei fala apenas em culpa, podemos, por interpretação lógica, deduzir que também aqueles que ajam dolosamente e causem prejuízo serão obrigados à indenização. Ora, se quem age com culpa tem que indenizar os prejuízos que causa, com muito mais razão, quem age com dolo terá que indenizar.[19]

c) **sistemática**: a interpretação se dá com a devida adequação da norma ao sistema em que ela se encontra. Desse modo, uma norma deve se coadunar com todas as outras que estão no mesmo contexto. Assim, por exemplo, a interpretação do Código de Defesa do Consumidor se dá em confronto com o Código Civil e a Constituição Federal.

d) **ontológica**: o intérprete busca a razão de ser da lei, perquirindo e alcançando a sua essência.

e) **teleológica**: o intérprete busca a finalidade e o objetivo da lei. Nesse ponto, devemos salientar que o art. 5º da LINDB menciona a finalidade a ser perseguida pelo juiz quando da aplicação da lei: "Na aplicação da lei, o juiz atenderá aos fins sociais a que ela se dirige e às exigências do bem comum".

f) **analógica**: o intérprete deve manusear o método comparativo, aplicando ao fato concreto preceitos que regulam situações similares[20].

g) **histórica**: perquirem-se os dados históricos que subsidiam a criação da norma para aclarar o sentido da lei atual.

h) **sociológica**: deve o intérprete conjugar a norma legal com elementos extraídos do meio social à época de elaboração da lei para alcançar a exata conjuntura que implicou a edição da lei.

11.3. Quanto ao resultado

a) **restritiva**: deve ser aplicada quando a norma diz mais do que deveria, implicando em razão disso a diminuição do alcance de sua interpretação.

---

[19] FIUZA, César. *Direito civil:* curso completo. 9. ed. Belo Horizonte: Del Rey, 2006. p. 90.

[20] Não podemos nos esquecer do velho brocardo latino: *Ubi eadem legis ratio, ibi eadem legis dispositio,* que quer dizer que "onde há a mesma razão da lei, deve-se aplicar a mesma disposição legal".

b) extensiva: deve ser aplicada quando a norma diz menos do que deveria, induzindo à ampliação de sua interpretação.

c) declarativa: quando a norma não carece de ser ampliada ou diminuída, posto que na medida certa o seu conteúdo foi expresso.

12. CONFLITO DE LEIS NO TEMPO

Caso um fato tenha ocorrido sob a égide de uma lei e, logo em seguida, entre em vigor outra lei, qual das duas leis (a da época do fato ou a que está em vigor) deverá ser aplicada se o fato está sendo discutido sob a égide da lei atual? Estamos diante de um caso típico de conflito de leis no tempo. Acerca do problema, a LINDB forneceu algumas instruções em seu art. 6º, que apresenta a seguinte redação: "A lei em vigor terá efeito imediato e geral, respeitados o ato jurídico perfeito, o direito adquirido e a coisa julgada". Em estreita sintonia com esse artigo da LINDB, a Constituição Federal de 1988 estabeleceu em seu art. 5º, XXXVI, que "a lei não prejudicará o direito adquirido, o ato jurídico perfeito e a coisa julgada".

O *caput* do art. 6º traz o princípio da irretroatividade, estabelecendo que, em se tratando de ato jurídico perfeito, direito adquirido e coisa julgada, não pode a lei nova retroagir. Urge compreender, então, o alcance das exceções.

O § 1º do art. 6º da LINDB estabelece que se reputa "ato jurídico perfeito o já consumado segundo a lei vigente ao tempo em que se efetuou". Por ato jurídico perfeito deve ser aplicada a interpretação mais ampla, a englobar tanto o ato jurídico em sentido estrito, como o negócio jurídico. E a palavra perfeito, conforme esclarece César Fiuza "é na verdade o particípio passado do verbo perfazer. É assim que a palavra deve ser entendida, e não como sinônimo de 'absolutamente sem defeitos'".[21]

O § 2º do art. 6º da LINDB dispõe que se consideram "adquiridos assim os direitos que o seu titular, ou alguém por ele, possa exercer, como aqueles cujo começo de exercício tenha término pré-fixo, ou condição preestabelecida inalterável, a arbítrio de outrem". Trata-se, em poucas palavras, dos direitos que já foram concretizados, pois seu titular atendeu a todos os requisitos exigidos para tanto, porém ainda não o desfrutou, não o usufruiu. Releva notar que não se pode confundir o *direito adquirido* com a *expectativa de direito*. Por esse último, o que há é uma esperança de que algo venha a se concretizar, mas ainda não sem concretizou efetivamente, resultando um fato aquisitivo incompleto e, por isso, não integrante do patrimônio de seu titular, sendo atingido pela nova lei.

Já o § 3º do art. 6º da LINDB estabeleceu que se chama "coisa julgada ou caso julgado a decisão judicial de que já não caiba recurso". Assim, a decisão em que já houve o trânsito em julgado não poderá ser atingida também pela lei nova.

Solucionando a questão, vale transcrever a conclusão de Cristiano Chaves e Nelson Rosenvald acerca do tema:

---

[21] FIUZA, César. *Direito civil:* curso completo. 9. ed. Belo Horizonte: Del Rey, 2006. p. 87.

é possível afirmar, seguramente, que as leis não têm retroatividade. Assim sendo, a lei nova é aplicável aos casos pendentes e futuros. Excepcionalmente, no entanto, admitir-se-á a aplicação da lei nova aos casos passados (a retroatividade) quando: i) houver expressa previsão na lei, determinando sua aplicação a casos pretéritos (ou seja, no silêncio da lei, prevalece a irretroatividade); e ii) desde que essa retroatividade não ofenda o ato jurídico perfeito, o direito adquirido e a coisa julgada.[22]

Em orquestração inevitável, é sempre positivo reiterar que o art. 6º da LINDB se respalda no art. 5º, XXXVI da CF/88, que é o que se espera de uma legislação infraconstitucional tendo em vista a interpretação mais adequada.

---

[22] FARIAS, Cristiano Chaves de; ROSENVALD, Nelson. *Curso de direito civil:* parte geral e LINDB. 13. ed. São Paulo: Atlas, 2015. p. 107.

DAS PESSOAS NATURAIS

1. DA PERSONALIDADE JURÍDICA

A pessoa natural é o ser humano, sem se exigir qualquer adjetivação quanto à raça, sexo, credo ou idade. Embora seja corrente o uso da expressão pessoa física para se designar o ser humano, atualmente, há certa preferência pela adoção do vocábulo pessoa natural em vez de pessoa física, pois denominar o ser humano de pessoa física apresenta forte cunho patrimonialista, além de não ser capaz de designar o ser humano em sua completude.

Ao tratar da pessoa natural, torna-se inexorável o estudo do rico conceito de personalidade jurídica ou civil. Cristiano Chaves de Farias e Nelson Rosenvald conceituam a personalidade jurídica como:

> uma aptidão genericamente reconhecida: toda pessoa é dotada de personalidade. É a possibilidade de ser titular de relações jurídicas e de reclamar o exercício da cidadania, garantida constitucionalmente, que será implementada (dentre outras maneiras) através dos direitos da personalidade.[1]

Agrada-nos o conceito proposto por apresentar de maneira bastante ampla o que seja a personalidade. Assim, dentro do conceito de personalidade vislumbramos a possibilidade que o ser humano possui de titularizar relações jurídicas, mas não apenas isso. Há um outro viés da personalidade que por longos anos ficou esquecido, que é a possibilidade, própria do ser humano, de exigir a tutela jurídica incidente sobre seus atributos fundamentais, que são conhecidos como os direitos da personalidade. O Código Civil de 2002, em capítulo específico, trata dos direitos da personalidade (arts. 11 a 21), direitos esses que serão abordados por nós oportunamente.

Por fim, não se pode limitar a noção de personalidade jurídica às fronteiras de sujeito de direito. Existem sujeitos de direito que não apresentam personalidade, tais como a massa falida, o espólio, entre outros. Assim, que se deixe claro, ter personalidade jurídica não se exaure na possibilidade de ser sujeito de direito. Como vimos, ter personalidade jurídica é bem mais do que isso.

---

[1] FARIAS, Cristiano Chaves de; ROSENVALD, Nelson. *Curso de direito civil*: parte geral e LINDB. 13. ed. São Paulo: Atlas, 2015. p. 136.

2. O INÍCIO DA PERSONALIDADE

Cientes do que seja a personalidade jurídica, resta saber quando se inicia para o ser humano a sua personalidade. Para responder a essa pergunta, existem três teorias que nos chamam a atenção: a natalista; a da personalidade condicional; e a teoria concepcionista.

2.1. Teoria natalista

Para os natalistas, a personalidade do ser humano inicia-se do nascimento com vida, não se exigindo mais nenhuma característica como a forma humana, viabilidade de vida ou tempo de nascido. Ademais, o subsequente registro no Cartório de Registro Civil das Pessoas Naturais possui natureza meramente declaratória, e não constitutiva. Portanto, para os adeptos dessa teoria basta o nascimento com vida. Como adeptos dessa teoria, podemos mencionar os clássicos Caio Mário da Silva Pereira e Sílvio Rodrigues.

Mas, resta-nos indagar: quando se daria o nascimento? E a vida?

O nascimento ocorreria com a separação do ventre da mãe; já a vida se daria com a primeira troca-oxicarbônica, ou seja, com a primeira respiração do bebê que acabou de nascer. A ciência apresenta-se evoluída no que toca à certeza se do nascimento decorreu a vida ou não. Recorre-se a um procedimento médico, denominado "docimasia hidrostática de Galeno", caso os sinais exteriores empíricos, como o choro do bebê ou o agitar convulsivo de suas pernas não permitam verificar se o nascimento se operou com vida ou não. É de suma relevância saber se o ente que nasceu chegou a respirar ou não, porque, se houve a respiração, terá adquirido personalidade jurídica para os natalistas e, por conseguinte, adquirido direitos sucessórios. Se não chegou a respirar, ao revés, não terá adquirido tais direitos. Por exemplo, imaginemos a situação em que um homem falece deixando sua namorada grávida. Se o filho nascer morto, a herança do *de cujus* será transmitida aos pais do falecido, se ainda forem vivos. Porém, se o filho nasce vivo, vindo a falecer logo em seguida, isso significou que o filho chegou a herdar o patrimônio de seu pai, vindo a transferi-lo para a sua mãe com a sua morte, de modo que os avós paternos nada poderão reclamar.

Neste momento, importante delimitar alguns conceitos, como o que seja natimorto e neomorto. Natimorto é aquele que nasceu morto, não adquirindo, portanto, personalidade. O registro do natimorto é feito no Cartório de Registro Civil das Pessoas Naturais em livro próprio denominado "C Auxiliar" (art. 53, § 1º, Lei nº 6.015/73). Neomorto é aquele que nasceu com vida, ou seja, nasceu, respirou, porém, logo em seguida veio a falecer. Nessa situação, diferentemente do natimorto, procede-se primeiro a um registro de nascimento e, posteriormente, a um registro de óbito, uma vez que chegou a ser, ainda que por breve instante, titular de personalidade, herdando e transmitindo os seus direitos sucessórios.

Nessa senda, é comum dizer que o Código Civil de 2002 adotou a teoria natalista na primeira metade do art. 2º: "A personalidade civil da pessoa começa do nascimento com vida; mas a lei põe a salvo, desde a concepção, os direitos do nascituro".

Em decorrência da redação que consta na segunda parte do art. 2º do CC, começou-se a indagar acerca da situação do nascituro. Primeiramente, urge saber que nascituro é o ser concebido, mas que ainda não nasceu. O nascituro não se confunde com a prole eventual ou concepturo que nem concebido foi.

Diante da redação fornecida pela segunda parte do art. 2º do CC, a doutrina começou a indagar sobre o porquê da proteção deferida ao nascituro, já que esse não havia, ainda, nascido com vida. Com essa digressão, surgiu uma segunda teoria chamada de teoria da personalidade condicional, a fim de explicar a segunda parte do art. 2º do CC, de que tratamos a seguir.

2.2. Teoria da personalidade condicional

A teoria da personalidade condicional, capitaneada por Washington de Barros Monteiro e Miguel Maria de Serpa Lopes, entende que a personalidade tem início com base na concepção, porém, condiciona-se ao nascimento com vida. Nas palavras de Arnoldo Wald, "a proteção do nascituro explica-se, pois há nele uma personalidade condicional que surge, na sua plenitude, com o nascimento com vida e se extingue no caso de não chegar o feto a viver".[2]

Sob a ótica de Maria Helena Diniz, é possível constatar a superveniência de um conceito de personalidade jurídica que se subdivide em formal e material, com os seguintes dizeres:

> Poder-se-ía até mesmo afirmar que na vida intra-uterina tem o nascituro e na vida extra-uterina tem o embrião, concebido *in vitro*, personalidade jurídica formal, no que atina aos direitos da personalidade, visto ter carga genética diferenciada desde a concepção, seja ela *in vivo* ou *in vitro*, passando a ter personalidade jurídica material, alcançando os direitos patrimoniais e obrigacionais, que se encontram em estado potencial, somente com o nascimento com vida. Se nascer com vida adquire personalidade jurídica material, mas se tal não ocorrer nenhum direito patrimonial terá.[3]

2.3. Teoria concepcionista

Para os concepcionistas, inspirados no Direito Francês, tais como Teixeira de Freitas, Silmara Chinellato, Rubens Limongi França, Franscisco Amaral, Renan Lotufo, Nelson Rosenvald, Cristiano Chaves, Pablo Stolze e Flávio Tartuce, a personalidade se adquire desde a concepção, e o nascituro já possui personalidade jurídica. Tanto é assim que os concepcionistas sugerem uma releitura do art. 2º do CC, entendendo que, na realidade, o que se adquire com o nascimento com vida é a capacidade e não a personalidade, de modo que os direitos de personalidade já estariam salvaguardados desde a concepção.

---

[2] WALD, Arnoldo. *Curso de direito civil brasileiro:* introdução e parte geral. 8. ed. São Paulo: RT, 1995. p. 120.

[3] DINIZ, Maria Helena. *Curso de direito civil brasileiro:* teoria geral do direito civil. 26. ed. São Paulo: Saraiva, 2009. p. 204.

Para fins práticos, muito se confunde em se tratando das teorias da personalidade condicional e concepcionista. É possível vislumbrar a diferença que existe entre elas se compreendermos que a teoria da personalidade condicional, embora reconheça direitos ao nascituro, aponta que a personalidade jurídica estaria sujeita a uma condição, qual seja, o nascimento com vida. Já os concepcionistas, além de reconhecerem direitos ao nascituro, admitem a personalidade jurídica desde a concepção, sem submetê-la a qualquer condição.

Vale lembrar que o enunciado nº 1, aprovado na I Jornada de Direito Civil, promovida pelo Centro de Estudos Judiciários do Conselho de Justiça Federal, demonstrando o seu afeto à teoria concepcionista, dispõe que: "A proteção que o Código defere ao nascituro alcança o natimorto no que concerne aos direitos de personalidade, tais como o nome, imagem e sepultura". Isso significa que não há dúvida quanto à garantia dos direitos da personalidade ao nascituro, estendendo--os, inclusive, ao natimorto. Além do que, o enunciado corrobora, não obstante a redação do art. 2º do CC, a aguda tendência da doutrina à teoria concepcionista.

Em verdade, os concepcionistas, nada obstante a confusa redação do art. 2º do CC, resguardam as suas convicções em outros dispositivos do próprio Código Civil. Devemos conferir, por exemplo, o art. 542 que admite a possibilidade de o nascituro ser donatário; o art. 1.609, parágrafo único, que admite a possibilidade de reconhecimento de paternidade em relação ao nascituro; o art. 1.779, que estabelece a nomeação de curador ao nascituro; o art. 1.798, que dispõe sobre a legitimidade para herdar do nascituro.[4] Além disso, caminhando por outros tecidos normativos, por exemplo, a Lei nº 8.069/90 (Estatuto da Criança e do Adolescente), em seu art. 8º, defere-se ao nascituro a garantia de nascer saudável;[5] e o Código Penal que, como regra geral, criminaliza o aborto, em seu art. 124, sendo considerado espécie de crime contra a pessoa.

Em 2008, foi sancionada a Lei nº 11.804, que ficou conhecida como lei de alimentos gravídicos. De acordo com o seu art. 2º, os alimentos de que trata essa lei compreenderão os valores suficientes para cobrir as despesas adicionais do período de gravidez e que sejam dela decorrentes, da concepção ao parto, inclusive as referentes a alimentação especial, assistência médica e psicológica, exames complementares, internações, parto, medicamentos e demais prescrições preventivas e terapêuticas indispensáveis, a juízo do médico, além de outras que o juiz considere pertinentes. A superveniência dessa Lei corrobora a ideia de concessão de direitos da personalidade deferidos ao nascituro, nada obstante

---

[4] Sílvio Rodrigues pertencente à cepa dos natalistas justifica o resguardo de tais direitos da seguinte forma: "Nascituro é o ser já concebido, mas que ainda se encontra no ventre materno. A lei não lhe concede personalidade, a qual só lhe será conferida se nascer com vida. Mas, como provavelmente nascerá com vida, o ordenamento jurídico desde logo preserva seus interesses futuros, tomando medidas para salvaguardar os direitos que, com muita probabilidade, em breve serão seus". RODRIGUES, Sílvio. *Direito civil:* parte geral. 26. ed. São Paulo: Saraiva, 1996. p. 38.

[5] Art. 8º, ECA: "É assegurado a todas as mulheres o acesso aos programas e às políticas de saúde da mulher e de planejamento reprodutivo e, às gestantes, nutrição adequada, atenção humanizada à gravidez, ao parto e ao puerpério e atendimento pré-natal, perinatal e pós-natal integral no âmbito do Sistema Único de Saúde". (Redação dada pela Lei nº 13.257, de 2016)

à inconveniência da denominação alimentos "gravídicos". Em oportuna crítica, Silmara Chinellato se manifestou:

> A recente Lei nº 11.804, de 5 de novembro de 2008, que trata dos impropriamente denominados "alimentos gravídicos" – desnecessário e inaceitável neologismo, pois alimentos são fixados para uma pessoa e não para um estado biológico da mulher – desconhece que o titular do direito a alimentos é o nascituro, e não a mãe, partindo de premissa errada, o que repercute no teor da lei.[6]

Cristiano Chaves e Nelson Rosenvald, nesse contexto, promovem oportuna ressalva:

> Essa proteção dedicada ao nascituro, entrementes, não obsta o reconhecimento da possibilidade de aborto do feto anencefálico, conforme o entendimento da Suprema Corte (STF, Tribunal Pleno, ADPF 54/ DF, Rel. Min. Marco Aurélio), uma vez que, além da falta de viabilidade potencial da vida humana, há de se preservar a integridade física e psíquica da gestante. Exige-se, para tanto, prova efetiva da anencefalia e, consequentemente, da inviabilidade humana.[7]

Na jurisprudência do Superior Tribunal de Justiça, reconhece-se o direito à reparação por dano moral ao nascituro, sendo forte a tendência concepcionista. Colacionamos o seguinte julgado:

> RESPONSABILIDADE CIVIL. ACIDENTE DO TRABALHO. MORTE. INDENIZAÇÃO POR DANO MORAL. FILHO NASCITURO. FIXAÇÃO DO *QUANTUM* INDENIZATÓRIO. *DIES A QUO* CORREÇAO MONETÁRIA. DATA DA FIXAÇÃO PELO JUIZ. JUROS DE MORA. DATA DO EVENTO DANOSO. PROCESSO CIVIL. JUNTADA DE DOCUMENTO NA FASE RECURSAL. POSSIBILIDADE, DESDE QUE NÃO CONFIGURDA A MÁ-FÉ DA PARTE E OPORTUNIZADO O CONTRADITÓRIO. ANULAÇÃO DO PROCESSO. INEXISTÊNCIA DE DANO. DESNECESSIDADE. Impossível admitir-se a redução do valor fixado a título de compensação por danos morais em relação ao nascituro, em comparação com outros filhos do *de cujus*, já nascidos na ocasião do evento morte, porquanto o fundamento da compensação é a existência de um sofrimento impossível de ser quantificado com precisão. Embora sejam muitos os fatores a considerar para a fixação da satisfação compensatória por danos morais, é principalmente com base na gravidade da lesão que o juiz fixa o valor da reparação (STJ. REsp 931.556-RS. Rel. Min. Nancy Andrighi. 3ª T. J. 17/6/2008).

Na decisão retromencionada, a Ministra Nancy Andrighi afirmou:

---

6   CHINELLATO, Silmara Juny. *Código Civil interpretado*. In: MACHADO, Costa (Org.). 3. ed. São Paulo: Manole, 2010. p. 29.
7   FARIAS, Cristiano Chaves de; ROSENVALD, Nelson. *Curso de direito civil:* parte geral e LINDB. 13. ed. São Paulo: Atlas, 2015. p. 262-263.

Maior do que a agonia de perder um pai é a angústia de jamais ter podido conhecê-lo, de nunca ter recebido dele um gesto de carinho, enfim, de ser privado de qualquer lembrança ou contato, por mais remoto que seja, com aquele que lhe proporcionou a vida.

No julgado subsequente, o Superior Tribunal de Justiça trata o nascituro como pessoa, impondo o pagamento do seguro obrigatório (DPVAT) em virtude de sua morte:

RECURSO ESPECIAL. DIREITO SECURITÁRIO. SEGURO DPVAT. ATROPELAMENTODE MU-LHER GRÁVIDA. MORTE DO FETO. DIREITO À INDENIZAÇÃO.INTERPRETAÇÃO DA LEI Nº 6.194/74. 1 – Atropelamento de mulher grávida, quando trafegava de bicicleta por via pública, acarretando a morte do feto quatro dias depois com trinta e cinco semanas de gestação. 2 – Reconhecimento do direito dos pais de receberem a indenização por danos pessoais, prevista na legislação regulamentadora do seguro DPVAT, em face da morte do feto. 3 – Proteção conferida pelo sistema jurídico à vida intrauterina, desde a concepção, com fundamento no princípio da dignidade da pessoa humana. 4 – Interpretação sistemático-teleológica do conceito de danos pessoais previsto na Lei nº 6.194/74 (arts. 3º e 4º). 5 – Recurso especial provido, vencido o relator, julgando-se procedente o pedido (STJ. REsp 1120676-SC. Rel. Min. Massami Uyeda. 3ª T. J. 7/12/2010).

Ainda nessa senda, o Superior Tribunal de Justiça volta a se manifestar no mesmo sentido, conforme decisão abaixo:

DIREITO CIVIL. INDENIZAÇÃO REFERENTE AO SEGURO DPVAT EM DECORRÊNCIA DE MORTE DE NASCITURO. A beneficiária legal de seguro DPVAT que teve a sua gestação interrompida em razão de acidente de trânsito tem direito ao recebimento da indenização prevista no art. 3º, I, da Lei nº 6.194/74, devida no caso de morte. O art. 2º do CC, ao afirmar que a personalidade civil da pessoa começa com o nascimento, logicamente abraça uma premissa insofismável: a de que personalidade civil e pessoa não caminham umbilicalmente juntas. Isso porque, pela construção legal, é apenas em um dado momento da existência da pessoa que se tem por iniciada sua personalidade jurídica, qual seja, o nascimento. Conclui-se, dessa maneira, que, antes disso, embora não se possa falar em personalidade jurídica segundo o rigor da literalidade do preceito legal, é possível, sim, falar-se em pessoa. Caso contrário, não se vislumbraria qualquer sentido lógico na fórmula a personalidade civil da pessoa começa, se ambas pessoa e personalidade civil tivessem como começo o mesmo acontecimento. Com efeito, quando a lei pretendeu estabelecer a existência da pessoa, o fez expressamente. É o caso do art. 6º do CC, o qual afirma que a existência da pessoa natural termina com a morte, e do art. 45, *caput*, da mesma lei, segundo o qual "Começa a existência legal das pessoas jurídicas de direito privado com a inscrição do ato constitutivo no respectivo registro". Essa circunstância torna eloquente o silêncio da lei quanto à existência da pessoa natural. Se, por um lado, não há uma afirmação expressa sobre quando ela se inicia, por outro lado, não se pode considerá-la iniciada tão somente com o nascimento com vida. Ademais, do direito penal é que a condição de pessoa viva do nascituro embora não nascida é afirmada sem a menor cerimônia. É que o crime de aborto (arts. 124 a 127 do CP) sempre esteve alocado no título referente a crimes contra a pessoa e especificamente no capítulo dos crimes contra a vida. Assim, o ordenamento jurídico como um todo (e não apenas o CC) alinhou-se mais à teoria concepcionista para a qual a personalidade jurídica se inicia com a concepção, muito embora alguns direitos só possam ser plenamente exercitáveis com o nascimento, haja vista que o nascituro é pessoa e, portanto, sujeito de direitos para a construção da situação jurídica do nascituro, conclusão enfaticamente sufragada pela majoritária doutrina contemporânea. Além disso, apesar de existir concepção mais restritiva sobre os direitos do nascituro, amparada pelas teorias natalista e da personalidade condicional, atualmente há de se reconhecer a titularidade de direitos da personalidade ao nascituro, dos quais o direito à vida é o mais importante, uma vez que, garantir ao nascituro expectativas de direitos, ou mesmo direitos condicionados ao nascimento, só faz sentido se lhe for garantido também o direito de nascer, o direito à vida, que é direito pressuposto a todos os demais. Portanto, o aborto causado pelo acidente de trânsito subsume-se ao comando normativo do art. 3º da Lei nº 6.194/74, haja vista que outra coisa não ocorreu, senão a morte do nascituro, ou o perecimento de uma vida intrauterina (STJ. REsp 1.415.727-SC. Rel. Min. Luis Felipe Salomão. 4ª T. J. 4/9/2014).

3. A SITUAÇÃO JURÍDICA DO EMBRIÃO

Existem duas espécies de embrião: o pré-implantatório e o excedentário. O embrião pré-implantatório é aquele ser que foi concebido *in vitro*, porém ainda não foi implantado no útero da mulher. Por embrião excedentário, entende-se aquele ser que remanesceu de uma fertilização na proveta.

A Lei de Biossegurança (Lei nº 11.105/2005)[8], em seu art. 5º, estabelece que é permitida, para fins de pesquisa e terapia, a utilização de células-tronco

---

[8] Em contundente crítica à Lei de Biossegurança, Judith Martins-Costa, Márcia Fernandes e José Roberto Goldim relatam: "Em primeiro lugar está a miscelânea de temas: conquanto destinada, em tese, a regulamentar o art. 225, § 1º, incisos II, IV e V da Constituição Federal, a Lei nº 11.105/2005 agrupa, qual colcha-de-retalhos jurídica, quatro relevantes matérias diversas – a pesquisa e a fiscalização dos organismos geneticamente modificados (OGM); a utilização de células-tronco embrionárias para fins de pesquisa e terapia; o papel, a estrutura, as competências e o poder da CTNBio; e, por fim, a formação do Conselho Nacional de Biossegurança – CNBS e sua organização, através de normas ora dispersas pelo texto integral da Lei, ora concentradas no capítulo II. (...) Conquanto o tema central da Lei sejam as pesquisas e fiscalização com os organismos geneticamente modificados – OGM, a Lei volta-se, repentinamente, a regulamentar a utilização de células-tronco embrionárias para fins de pesquisa e terapia. Dizemos 'repentinamente' porque esse tema não está sequer mencionado no art. 1º que define os objetivos da Lei (....). Porém, em que pese a relevância social do tema e a necessidade premente de legislação nesta área, observa-se que o legislador tratou da matéria de forma precária e deficiente, tudo sintetizando em breves passagens altamente criticáveis. No art. 5º pretende-se regulamentar a possibilidade de utilização de células-tronco embrionárias para pesquisa e terapia. Os embriões passíveis de utilização para tanto são os denominados embriões provenientes de fertilização in vitro. Porém, o art. 5º não menciona quais serão, especificamente, os embriões que poderão ser utilizados para a produção de células-tronco embrionárias, apenas determinando: 'Art. 5º É permitida, para fins de pesquisa e terapia, a utilização de células-tronco embrionárias obtidas de embriões humanos produzidos por fertilização in vitro e não utilizados no respectivo procedimento, atendidas as seguintes condições: I – sejam embriões inviáveis; ou, II – sejam embriões congelados há 3 (três) anos ou mais, na data da publicação desta Lei, ou que, já congelados

embrionárias obtidas de embriões humanos produzidos por fertilização *in vitro* e não utilizados no respectivo procedimento, atendidas as seguintes condições: I – sejam embriões inviáveis; ou II – sejam embriões congelados há 3 (três) anos ou mais, na data da publicação desta lei, ou que, já congelados na data da publicação desta lei, depois de completarem 3 (três) anos, contados a partir da data de congelamento. Em qualquer desses casos, exige-se o consentimento dos genitores.

A conclusão que se deve chegar é a de que a utilização para fins de pesquisa e terapia de células-tronco embrionárias deve ser considerada em caráter excepcional.

Após intensa discussão travada acerca da Lei de Biossegurança na ADIn 3.510/DF, em maio de 2008, o Supremo Tribunal Federal, por maioria de votos, manifestou-se por sua constitucionalidade com a autorização da pesquisa de células-troncos em nosso ordenamento jurídico. Favorável a essa decisão Flávio Tartuce afirmou:

> Apesar da filiação à tese concepcionista, este autor é favorável à constitucionalidade do comando em análise. Primeiro, porque a lei acaba trazendo uma presunção de morte do embrião, autorizando a utilização de suas células-tronco se eles forem inviáveis à reprodução. Segundo, porque a partir de uma ponderação de valores constitucionais, os interesses da coletividade quanto à evolução científica devem prevalecer sobre os interesses individuais ou de determinados grupos, sobretudo religiosos. A utilização de células-tronco para fins de terapia representa uma chama de esperança para inúmeras pessoas que enfrentam doenças e problemas de saúde. Por fim, insta repisar que os critérios para a utilização das referidas células são rígidos, o que traz a conclusão do seu caráter excepcional.[9]

Há quem entenda que o embrião deve ser equiparado ao nascituro, devendo, portanto, ocupar lugar no Código Civil. É certo, porém, que essa questão transita muito mais pelo âmbito do Biodireito do que propriamente pelo Direito Civil.

---

na data da publicação desta Lei, depois de completarem 3 (três) anos, contados a partir da data de congelamento'. É importante que se diga que não existe qualquer critério científico que embase o estabelecimento do período de 3 (três) anos. Acresce, novamente, a ausência de critérios relativos à coleta dos embriões, deixando-se em aberto a questão de saber o que são 'embriões inviáveis' e, se 'inviáveis', inviáveis para o quê. O parágrafo primeiro do art. 5º denota o descuido e o modo tecnicamente impreciso de tratar questões sérias que permeia toda a Lei. Aí se diz que 'é necessário o consentimento dos genitores' para a pesquisa com células-tronco embrionárias. Ao se supor que os embriões têm genitores se poderia ingressar num intrincado campo jurídico, que é o de estabelecer se os embriões são 'pessoas', tendo, portanto, ascendentes, pai e mãe. Abre-se campo, igualmente, para complicadas questões práticas: se os embriões não tiverem os seus 'genitores' a descoberto (como ocorre nos casos de doação de gametas), ou mesmo se estes tiverem desaparecido, dissolvido o vínculo conjugal ou simplesmente abandonado os embriões, como se resolverá a questão do consentimento? Deverá ser criada uma presunção de consentimento?". MARTINS-COSTA, Judith; FERNANDES, Márcia; GOLDIM, José Roberto. *Lei de biossegurança:* medusa legislativa? Disponível em: <www.ufrgs.br/bioetica/ibiosseg. htm>. Acesso em: 30 dez. 2006.

[9] TARTUCE, Flávio. *Manual de direito civil.* Volume único. 2. ed. São Paulo: Método, 2012. p. 76.

Tanto é assim que o Enunciado nº 2, aprovado na I Jornada de Direito Civil, estabeleceu que: "Sem prejuízo dos direitos de personalidade nele assegurados, o art. 2º do Código Civil não é sede adequada para questões emergentes da reprogenética humana, que deve ser objeto de um estatuto próprio".[10]

4. O FIM DA PERSONALIDADE

Visto o que seja personalidade e quando esta se inicia, urge compreender quando se verifica o seu término.

A personalidade da pessoa natural se extingue com a morte. É isso que nos informa o Código Civil, em seu art. 6º: "A existência da pessoa natural termina com a morte; presume-se esta, quanto aos ausentes, nos casos em que a lei autoriza a abertura da sucessão definitiva". Releva notar que, mesmo com a morte colocando fim à personalidade, perdura a proteção aos direitos de personalidade após o óbito numa projeção *post mortem*, como o direito à imagem, ao nome, à obra científica e literária.[11]

Além de colocar fim à personalidade, a morte espargirá seus efeitos sobre vários segmentos civis, tais como:

* na seara sucessória, implicará a abertura da sucessão, resultando na transmissão imediata do patrimônio aos herdeiros do falecido (art. 1.784, CC);

---

[10] Em 30/11/2016, o STF decidiu, por meio do *Habeas Corpus* nº 124.306, que a interrupção da gravidez até o terceiro de mês de gestação não implicaria crime de aborto. Lamentavelmente, a decisão de linhagem pertencente à seara criminal, esquece-se dos efeitos reflexos sobre o âmbito cível e as teorias respeitantes ao início da personalidade civil da pessoa natural.

[11] Os direitos da personalidade tanto se projetam após a morte, que o STJ admitiu no julgamento do REsp 1.693.718/RJ a manutenção do procedimento de criogenia ou criopreservação de um corpo no *Cryonics Institute*, localizado na cidade de Michigan (EUA), em virtude de o falecido, em vida, ter manifestado este desejo, nada obstante o procedimento da criogenia em seres humanos não possuir previsão legal em nosso ordenamento jurídico. A criogenia ou criopreservação é a técnica de congelamento do corpo humano morto, em baixíssima temperatura, com o intuito de reanimação futura da pessoa, caso sobrevenha alguma importante descoberta médica ou científica capaz de ressuscitar o indivíduo. De acordo com o STJ, "o ordenamento jurídico brasileiro, em casos envolvendo a tutela de direitos da personalidade do indivíduo *post mortem*, legitima os familiares mais próximos a atuarem em favor dos interesses deixados pelo *de cujus*". Na mesma decisão, mencionou-se: "Vale destacar que o corpo do genitor das litigantes já se encontra submetido ao procedimento de criogenia, no Cryonics Institute, localizado na cidade de Michigan (EUA), desde julho de 2012, isto é, há quase 7 (sete) anos. Tal fato deve ser levado em consideração na análise do presente caso, visto que, embora legítimo o interesse das recorridas em tentar sepultar o pai em território nacional, não se pode ignorar que a situação jurídica, de certa forma, já se consolidou no tempo. De fato, negar provimento ao presente recurso especial para que o corpo seja repatriado e, posteriormente, sepultado e enterrado no Rio de Janeiro/RJ, cidade na qual as recorridas nem sequer residem, não se mostra razoável, pois, além de restabelecer o difícil sentimento de perda e sofrimento já experimentado quando do falecimento, essa situação, certamente, não teria o condão de assegurar a pacificação social almejada pelo direito" (STJ, REsp 1.693.718/RJ, Rel. Min. Marco Aurélio Bellizze, 3ª T. julgado em 26/3/2019, *DJe* 4/4/2019). Em virtude dessa decisão, há quem entenda que o ordenamento jurídico brasileiro adotou o "testamento criogênico".

- no âmbito familiar, colocará fim ao casamento e à união estável, bem como extinguirá o poder familiar (art. 1.635, CC) e a prestação recíproca de alimentos entre ascendentes e descendentes (art. 1.697, CC);

- na esfera contratual, extinguirá os contratos personalíssimos e o direito de preferência (art. 520, CC);

- na seara dos direitos reais, o falecimento do usufrutuário extinguirá o usufruto, quando vitalício.

A morte poderá ser de três espécies, a saber: morte real, morte civil ou fictícia e morte presumida.

4.1. Morte real

A denominada morte real verifica-se quando há cessação total das atividades vitais do corpo humano e será comprovada pelo atestado de óbito,[12] que será levado a registro. Para fins de transplante, de acordo com a Lei nº 9.434/97, em seu art. 3º, basta a constatação da morte encefálica.

4.2. Morte civil ou fictícia

Há a morte civil ou fictícia quando uma pessoa, ainda viva, é considerada como se estivesse morta. Essa espécie de morte não é mais admitida em nosso ordenamento jurídico e, por mais assustador que possa parecer, já foi admitida em tempos remotos em relação aos escravos ou por razões políticas, religiosa, etc. O que temos hoje, podemos dizer, são reminiscências da morte civil que se manifestam no direito das sucessões quando da deserdação e da exclusão do herdeiro por indignidade (arts. 1.961 e 1.814, CC). Em ambas as situações, o sujeito, ainda vivo, é tratado como se morto fosse.

4.3. Morte presumida

A morte presumida ocorre quando não há um corpo. De acordo com Roberto Senise Lisboa, trata-se da "extinção da pessoa física declarada por sentença judicial decorrente da falta de indício de materialidade do fato, ou seja, pela ausência do cadáver".[13]

A morte presumida apresenta-se no Código Civil e em lei especial. O Código Civil de 2002 disciplina a morte presumida em duas situações: sem decretação de ausência (art. 7º) e com decretação de ausência (arts. 6º c/c 37 e 38). Em lei especial, vale lembrar a declaração de morte presumida em relação às pessoas que participaram de atividades políticas no período de 02 de setembro de 1961 a 05 de outubro de 1988, conforme o art. 3º da Lei nº 9.140/95.

---

[12] Ou o laudo de necropsia, a depender do caso.

[13] LISBOA, Roberto Senise. *Manual elementar de direito civil:* teoria geral do direito. São Paulo: Revista dos Tribunais, 2002. p. 226.

Adiante trabalhamos a morte presumida pelo Código Civil de 2002.

4.3.1. Morte presumida sem decretação de ausência

O art. 7º do CC apresenta em seus incisos duas situações de declaração de morte presumida sem haver a decretação de ausência. Ocorrerá quando for extremamente provável a morte de quem estava em perigo de vida. É o caso, por exemplo, das pessoas que falecem em virtude acidentes aéreos, sem ter os seus corpos encontrados.

Outra situação de morte presumida, sem decretação de ausência, é se alguém, desaparecido em campanha ou feito prisioneiro, não for encontrado em até dois anos após o término da guerra. Nesse caso, é necessário que a guerra já tenha acabado há no mínimo dois anos e o sujeito não tenha sido encontrado.

Nas duas situações retromencionadas, a declaração da morte, conforme o parágrafo único do art. 7º do CC, só poderá ser requerida depois de esgotadas as buscas e averiguações, sendo que a sentença judicial fixará a provável data do falecimento.[14]

Como o Código Civil de 2002 regulamentou a morte presumida sem decretação de ausência, mas não disciplinou os efeitos patrimoniais diante do retorno do presumivelmente morto nessa situação, na VIII Jornada de Direito Civil, foi aprovado o Enunciado nº 614, com o seguinte teor:

> Os efeitos patrimoniais da presunção de morte posterior à declaração da ausência são aplicáveis aos casos do art. 7º, de modo que, se o presumivelmente morto reaparecer nos dez anos seguintes à abertura da sucessão, receberá igualmente os bens existentes no estado em que se acharem.

Desse modo, será aplicado, por analogia, o art. 39 do CC à hipótese de retorno do presumivelmente morto sem decretação de ausência.

4.3.2. Morte presumida com decretação de ausência

A morte presumida com a decretação de ausência é a presunção de morte que se verifica no procedimento de ausência, quando da abertura da sucessão definitiva. Para compreendermos essa situação, devemos, antes, estudar o procedimento da ausência (arts. 22 a 39 do CC).

---

[14] De acordo com Carlos Eduardo Nicoletti Camillo: "A sentença será declaratória e, entendemos, produzirá efeitos *ex nunc*, já que deverá fixar a data provável do falecimento". CAMILLO, Carlos Eduardo Nicoletti. Da personalidade e da capacidade. In: SCAVONE JR., Luiz Antônio; CAMILLO, Carlos Eduardo Nicolleti; TALAVERA, Glauber Moreno; FUJITA, Jorge Shiguemitsu. *Comentários ao Código Civil*. 2. ed. São Paulo: Revista dos Tribunais, 2009. p. 118.

5. DA AUSÊNCIA

5.1. Hipóteses que autorizam a abertura do procedimento da ausência

Duas hipóteses autorizam a abertura do procedimento da ausência. São elas:

1ª) Quando uma pessoa desaparece de seu domicílio sem deixar vestígios ou procurador a quem caiba administrar-lhe os bens (art. 22, CC);

2ª) Quando uma pessoa desaparece de seu domicílio, porém deixa um mandatário que não quer ou não pode exercer ou continuar o mandato que lhe foi conferido, ou se os seus poderes forem insuficientes (art. 23, CC).

5.2. O porquê do instituto da ausência

O instituto da ausência existe por duas razões: uma de caráter solidarista, que visa à administração dos bens do ausente diante da possibilidade de seu eventual retorno, e outra atinente ao interesse da sociedade em dar uma destinação aos bens deixados pelo ausente. Diante dessas duas razões notamos que a importância da existência de tal instituto transita eminentemente pelo âmbito patrimonial. Excepcionalmente, verifica-se o ensejo do procedimento de ausência, mesmo quando o ausente não possua patrimônio, para fins previdenciários.

5.3. Fases do procedimento de ausência

O procedimento de ausência pode ser dividido em três fases:

1ª) Curadoria dos bens do ausente (arts. 22 ao 25, CC)

A curadoria dos bens do ausente ocorrerá no momento da constatação do desaparecimento da pessoa, quando algum interessado busca o Poder Judiciário informando o fato ocorrido. Nesse momento, ocorrerá a declaração da ausência e será nomeada pelo juiz uma pessoa que terá o *munus* público de administrar os bens do ausente, isso porque ainda há a possibilidade de retorno da pessoa desaparecida.

O curador deverá ser o cônjuge do ausente, sempre que não esteja separado judicialmente[15] e nem de fato por mais de dois anos antes da declaração da ausência.[16] Na falta do cônjuge, a curadoria será exercida pelos pais ou descendentes, nessa ordem, sendo que os mais próximos precederão aos mais remotos. Caso o

---

[15] A separação a ser considerada aqui é tanto a judicial quanto a extrajudicial, promovida no cartório.

[16] "Em regra, o cônjuge – ou o companheiro – do ausente será legítimo curador, salvo se houver separação judicial ou cartorária ou, ainda, se houver separação de fato há mais de dois anos. Em nosso viso, apesar da dicção do art. 25 do *Codex*, havendo separação de fato, independentemente de qualquer prazo, o cônjuge não mais será o curador. É que a simples ruptura da vida conjugal, independentemente de um prazo superior ou inferior a dois anos, já é suficiente para extinguir a afetividade existente entre eles e a mútua colaboração." FARIAS, Cristiano Chaves de; ROSENVALD, Nelson. *Curso de direito civil:* parte geral e LINDB. 13. ed. São Paulo: Atlas, 2015. p. 319.

ausente não seja casado, mas viva em união estável, o seu companheiro poderá ser nomeado como curador. É o que se depreende do Enunciado n° 97, aprovado na I Jornada de Direito Civil: "No que tange à tutela especial da família, as regras do Código Civil que se referem apenas ao cônjuge devem ser estendidas à situação jurídica que envolve o companheiro, como, por exemplo, na hipótese de nomeação de curador dos bens do ausente (art. 25 do Código Civil)". Ao curador aplicar-se-á, no que couber, as regras referentes à tutela e à curatela. Releva notar que a curadoria é para os *bens* do ausente, e não para a pessoa do ausente. Diante do Código Civil de 2002, o ausente, acertadamente, não é mais considerado incapaz, como no Código Civil de 1916. É fácil compreender isso a partir do momento que se entende que onde quer que se encontre o ausente, esse não apresenta causa incapacitante alguma.

2ª) Sucessão provisória (arts. 26 ao 36, CC)

Dentro de um ou três anos da arrecadação dos bens, os interessados dispostos no art. 27 do CC requererão a abertura da sucessão provisória. Será considerado o prazo de um ano diante da hipótese de desaparecimento da pessoa sem deixar representante, e de três anos se a pessoa desaparecida tiver deixado representante que não quer ou não pode exercer ou continuar o mandato. É o que dispõe o art. 26 do CC que estabelece: "Decorrido um ano da arrecadação dos bens do ausente, ou, se ele deixou representante ou procurador, em se passando três anos, poderão os interessados requerer que se declare a ausência e se abra provisoriamente a sucessão".

É nítida a contradição entre os arts. 22 e 26 do Código Civil, uma vez que ambos ordenam a declaração de ausência. Devemos, na realidade considerar que a declaração da ausência deverá ocorrer logo de início, como impõe o art. 22, de modo que o art. 26 deverá ser interpretado no sentido de uma mera confirmação da primeira declaração.

Há quem entenda que o art. 26 do CC foi revogado tacitamente pelo art. 745, § 1º do CPC/2015,[17] que estabelece:

Art. 745. Feita a arrecadação, o juiz mandará publicar editais na rede mundial de computadores, no sítio do tribunal a que estiver vinculado e na plataforma de editais do Conselho Nacional de Justiça, onde permanecerá por 1 (um) ano, ou, não havendo sítio, no órgão oficial e na imprensa da comarca, durante 1 (um) ano, reproduzida de 2 (dois) em 2 (dois) meses, anunciando a arrecadação e chamando o ausente a entrar na posse de seus bens.

§ 1º Findo o prazo previsto no edital, poderão os interessados requerer a abertura da sucessão provisória, observando-se o disposto em lei.

---

[17] Nesse sentido, Flávio Tartuce argumenta: "Como o CPC/2015 é norma posterior e trata inteiramente da matéria, a mim parece que houve revogação tácita do art. 26 do CC/2002 no que diz respeito ao prazo para a abertura da sucessão provisória. Assim, deve-se considerar o lapso temporal fixado no próprio edital, e não mais um ano da arrecadação dos bens do ausente, ou, se ele deixou representante ou procurador, passando-se três anos". TARTUCE, Flávio. *Manual de Direito Civil.* Volume único. 10. ed. São Paulo: Método, 2020. p. 129.

Assim, com base no mencionado dispositivo da lei processual, não seriam considerados os prazos do art. 26 do CC (1 ou 3 anos), mas, sim, "findo o prazo previsto no edital".

Logo que passe em julgado a sentença que determinar a abertura da sucessão provisória, o testamento será aberto, se existir, e ocorrerá o inventário e a partilha dos bens. Conforme o art. 28 do CC, a sentença que determinar a abertura da sucessão provisória só produzirá efeito 180 dias depois de publicada pela imprensa. Doravante, os herdeiros poderão imitir-se na posse dos bens do ausente, mediante garantia da restituição deles (penhores e hipotecas) em caso de reaparecimento do ausente. Entretanto, em se tratando de herdeiros necessários (ascendente, descendente e cônjuge), esses poderão entrar na posse dos bens do ausente, independente de garantia (art. 30, § 2º, CC). Ademais, os sucessores provisórios ficarão representando ativa e passivamente o ausente, correndo contra eles as ações pendentes e futuras (art. 32, CC).

3ª) Sucessão definitiva (arts. 37/38 do CC)

A sucessão definitiva poderá ocorrer em duas hipóteses, a seguir expostas:

1º) 10 anos após o trânsito em julgado da sentença que concede a abertura da sucessão provisória, os interessados poderão requerer a abertura da sucessão definitiva e o levantamento das cauções prestadas (art. 37, CC);

2º) se o ausente contar com oitenta anos de idade, e de cinco datarem as últimas notícias dele, ou seja, após cinco anos sem notícias de uma pessoa que, quando de seu desaparecimento, possuía no mínimo setenta e cinco anos. Nessa hipótese, a abertura da sucessão definitiva independerá da sucessão provisória (art. 38, CC).

Quando da abertura da sucessão definitiva é que ocorrerá a declaração de morte presumida (art. 6º, CC). Nesse momento, os sucessores deixam de ser provisórios e se tornam efetivos proprietários, com o consequente levantamento das cauções prestadas.

5.4. Reaparecimento do ausente

A depender do momento em que o ausente reaparecer, as soluções serão distintas:

- Se o ausente reaparecer após a sucessão provisória, mas antes da sucessão definitiva: os sucessores imitidos na posse deverão devolvê-la ao ausente que reapareceu. Em relação aos frutos e rendimentos obtidos, em se tratando de ser o sucessor provisório o descendente, ascendente e cônjuge, nada terão de restituir. Se o sucessor provisório não for descendente, ascendente e cônjuge, deverá restituir ao ausente metade dos frutos e rendimentos que já haviam sido capitalizados para esse fim. Entretanto, se ficar comprovada que a ausência foi voluntária e injustificada, o ausente que reapareceu perderá, em favor do sucessor, sua parte nos frutos e rendimentos (art. 33, CC).

- Se o ausente reaparecer em até dez anos após a sucessão definitiva: o ausente terá direito aos bens existentes no estado em que se encontrarem, os sub-rogados em seu lugar, ou o preço que os herdeiros e demais interessados houverem recebido pelos bens alienados depois daquele tempo (art. 39, CC).

- Se o ausente reaparecer após os dez anos mencionados no art. 39 do CC: não há solução legal para o caso em apreço. Há forte posicionamento doutrinário no sentido de que, como a lei se cala, a interpretação mais razoável seria a de que o ausente não teria direito a nada mais.

5.4.1. Do retorno do ausente que era casado

Vimos no item antecedente as soluções apresentadas para o caso de reaparecimento do ausente. Problema ainda maior surge quando o ausente que reaparece, quando do seu desaparecimento, ostentava o estado de casado.

O art. 1.571, § 1º do CC, nos informa que: "O casamento válido só se dissolve pela morte de um dos cônjuges ou pelo divórcio, aplicando-se a presunção estabelecida neste Código quanto ao ausente". Por essa disposição, o casamento do ausente, portanto, queda-se desfeito em virtude de sua ausência, de tal modo que o seu cônjuge livre estará para buscar novas núpcias.

O problema é que o Código Civil não esclarece o momento exato em que poderá haver a dissolução do casamento. Antes quando havia o prazo de dois anos para se requerer o divórcio, a tendência era de se orientar por esse prazo para o pedido do fim do vínculo conjugal. Depois da EC nº 66/2010, sabemos que não há mais prazo para o requerimento do divórcio direto. Então, a tendência é a de se aceitar que o casamento pode chegar ao fim mediante requerimento judicial e no momento da própria declaração de ausência.

Outra questão tormentosa é: e se por acaso, o ausente retorna, sendo que o seu ex-cônjuge já havia se casado novamente. O que acontecerá com esse segundo casamento?

Dois posicionamentos podem surgir:

1º) o casamento posterior deverá ser considerado nulo em virtude de seu contraente já ser casado (art. 1.521, VI, CC). Desse modo, afastar-se-ia a aplicação do art. 1.571, §1º, CC;

2º) o casamento posterior deverá ser considerado válido em respeito ao princípio da boa-fé objetiva que visa à proteção da parte que assim atua, muitas vezes, sendo vítima de uma conduta desidiosa de seu cônjuge que desapareceu. Por tudo o que move o Código Civil de 2002, estamos de acordo com esse posicionamento. Conclusão, o segundo casamento em nada poderá ser atingido.

6. COMORIÊNCIA

O fim da personalidade, como vimos, ocorrerá com a morte. Ainda nesse contexto, o Código Civil apresenta, em seu art. 8º, o instituto da comoriência, que podemos conceituar como a presunção *iuris tantum* de simultaneidade de mortes entre duas ou mais pessoas desde que herdeiras entre si. A necessidade de tal previsão no Código Civil decorreu da importância que se tem de saber ao certo, em determinadas situações, quem faleceu primeiro, para atribuição da devida ordem hereditária. Imaginemos um caso prático em que marido e mulher, que diante do CC, observadas determinadas premissas,[18] são herdeiros entre si, falecem em uma mesma ocasião.

Cumpre, em primeiro plano, recorrer-se aos meios de prova possíveis para verificar quem faleceu primeiro como, por exemplo, exame pericial, testemunhas etc. Se tais meios probatórios se apresentarem insuficientes, é que se recorrerá à presunção de simultaneidade de mortes. Assim, nenhum dos dois chegará a se tornar herdeiro um do outro, uma vez que ambos faleceram na mesma ocasião. Assim, se o marido e a mulher não possuíam nem ascendentes nem descendentes, possuindo ambos apenas irmãos, o que ocorrerá no caso em tela será que o patrimônio do casal será dividido em duas partes para ser entregue aos irmãos de cada cônjuge. Entretanto, se se conseguisse provar que o marido veio a falecer, por exemplo, cinco minutos depois de sua mulher, não teria havido a comoriência e, portanto, o marido, ainda que por um breve período de tempo, herdaria o patrimônio de sua mulher, vindo a transferi-lo integralmente aos seus irmãos, de modo que os irmãos da mulher a nada teriam direito. Aqui se encontra a importância de se verificar a ordem dos óbitos.[19]

Insta salientar que a comoriência é uma presunção que admite prova em contrário e só tem aplicabilidade se os sujeitos forem herdeiros entre si ou tenham entre si uma relação jurídica de transmissão de direitos, como um contrato de seguro de vida em que duas pessoas se beneficiem reciprocamente. Ademais, não se exige que as pessoas tenham falecido no mesmo acidente ou em virtude do mesmo evento danoso. O requisito que se exige é temporal: *"mesma ocasião"*. De acordo com o art. 8º do CC: "Se dois ou mais indivíduos falecerem **na mesma ocasião**, não se podendo averiguar se algum dos comorientes precedeu aos outros, presumir-se-ão simultaneamente mortos" (grifamos). Assim, por exemplo, se pai e filho morreram em cidades diferentes, por motivos diferentes, porém no mesmo momento, aplicar-se-á a regra da comoriência, embora ambos não tenham falecido no mesmo lugar.

Por fim, realça-se que é possível que ocorra a comoriência em se tratando de morte presumida e morte real simultaneamente. Imaginemos, então, que pai e filho faleçam em um acidente de avião e que seja encontrado o corpo do filho, não ocorrendo o mesmo em relação ao pai. Desse modo, a morte do filho será considerada real e a do pai, presumida, não havendo nenhum óbice para a configuração de comoriência.

---

[18] *Vide* arts. 1.829 e s. do CC.

[19] De acordo com Cristiano Chaves e Nelson Rosenvald: "Sendo de alta indagação o questionamento, o afastamento da presunção de simultaneidade de óbitos só pode ser discutido em ação autônoma (vias ordinárias), não cabendo a sua discussão nos estreitos limites do inventário". FARIAS, Cristiano Chaves de; ROSENVALD, Nelson. *Curso de direito civil:* parte geral e LINDB. 13. ed. São Paulo: Atlas, 2015. p. 317.

7. A DIGNIDADE NO SEIO DA MORTE

Fecunda discussão existe acerca do direito de morrer.[20] Invoca-se a dignidade, mesmo no momento da morte como corolário lógico do direito à vida digna agasalhado pela Constituição Federal. É evidente que tal discussão transcende à seara jurídica, habitando redutos éticos, religiosos e morais. No cerne dessa questão, surgem termos que assaltam o estudioso do tema, tais como, testamento vital, eutanásia, mistanásia, ortotanásia e distanásia.

Pelo testamento vital ou diretivas antecipadas[21], o paciente terminal poderá definir os limites da atuação médica em seu tratamento. Nas palavras de Marina Sillmann:

> O testamento vital é expressão da autonomia privada, pois garante o cumprimento da vontade de determinada pessoa em se submeter ou não a um tratamento referente a uma doença terminal ou estado vegetativo permanente quando este não for mais capaz.[22]

Importante notar que nesse caso o paciente se manifesta prévia e expressamente, homenageando a autonomia privada daquele que se manifesta.[23]

Quando se refere a eutanásia, em verdade, se aborda a questão da morte por comiseração buscando o fim do sofrimento do paciente. De acordo com Maria de Fátima Freire de Sá e Diogo Luna Moureira:

> Nos dias atuais, a nomenclatura eutanásia vem sendo utilizada como a ação médica que tem por finalidade abreviar a vida da pessoa. É a morte de pessoa – que se encontra em grave sofrimento decorrente de doença, sem perspectiva de melhora – produzida por médico, com o consentimento daquela. A eutanásia, propriamente dita, é a promoção do óbito. É a conduta, através da ação ou omissão do médico, que emprega, ou

---

[20] "O direito de matar e de morrer teve, em todas as épocas, defensores extremados. Sabe-se que entre os povos primitivos sacrificavam-se doentes, velhos e débeis e se o fazia publicamente numa espécie de ritual cruel e desumano. Na Índia antiga, os incuráveis de doenças eram atirados no Ganges, depois de terem a boca e as narinas vedadas com a lama sagrada. Os espartanos, do alto do Monte Taijeto, lançavam os recém-nascidos deformados e até os anciãos, sob a alegação de que não mais serviam para guerrear. Na Idade Média, dava-se aos guerreiros feridos um punhal afiadíssimo, denominado misericórdia, que lhes servia para evitar o sofrimento prolongado da morte e para não caírem nas mãos do inimigo. O polegar para baixo dos Césares era uma permissão à eutanásia, facultando aos gladiadores uma maneira de fugirem da morte agônica e desonra. Todavia, com a racionalização e humanização do direito moderno, tal efetivação tomou caráter criminoso." SÁ, Maria de Fátima Freire; MOUREIRA, Diogo Luna. *Autonomia para morrer:* eutanásia, suicídio assistido e diretivas antecipadas de vontade. Belo Horizonte: Del Rey, 2012. p. 87-88.

[21] Sobre o tema *vide* DADALTO, Luciana. *Testamento vital.* Rio de Janeiro: Lumen Juris, 2010.

[22] SILLMANN, Marina Carneiro Matos. *Direito de morrer:* diretivas antecipadas da vontade e o ordenamento jurídico brasileiro. Disponível em: <http://www.conpedi.org.br/ publicacoes/66fsl345/ xxfq3q05/Pm611gDdQRv5syxn.pdf>. Acesso em 15 jun. 2015.

[23] Vale conferir a Resolução nº 1.995/2012 do Conselho Federal de Medicina acerca do tema que impõe ao médico o acate às diretivas antecipadas do paciente.

omite, com consentimento da pessoa, meio eficiente para que emprega, ou omite, com consentimento da pessoa, meio eficiente para produzir a morte em paciente incurável e em estado grave de sofrimento, diferente do curso natural, abreviando-lhe a vida.[24]

Como não há regulamentação para a eutanásia em nosso ordenamento, quem com ela colabora poderá enquadrar em conduta tipificada no art. 121 do Código Penal, sendo considerado agente de homicídio doloso. Em virtude da finalidade humanística do ato é possível, todavia, a aplicação de causa de diminuição de pena prevista no § 1º do art. 121 do CP: "Se o agente comete o crime impelido por motivo de relevante valor social ou moral, ou sob o domínio de violenta emoção, logo em seguida a injusta provocação da vítima, o juiz pode reduzir a pena de um sexto a um terço".

Não se pode confundir a eutanásia com o suicídio assistido. De acordo com Luciana Dadalto, o suicídio assistido é o "resultado da própria ação do paciente que, com a ajuda de terceiros, provoca o resultado morte. O suicídio assistido difere-se da eutanásia porque aqui a ação que gera a morte é praticada pelo paciente".[25]

Aquele que colabora nesse sentido poderá ter enquadramento no crime de induzimento, instigação ou auxílio a suicídio, previsto no art. 122 do CP.[26]

Também não se pode confundir a eutanásia com a mistanásia,[27] sendo essa última resultado de grave problema social que ocorre quando em nosocômios públicos, o médico, diante da impossibilidade de atender a todos os pacientes, delibera qual atender primeiro. Trata-se de morte miserável e intempestiva.

Já a ortotanásia se traduz na eutanásia por omissão e se dá quando o médico não interfere no curso da morte, permitindo que ela se conclua, nas palavras de Cristiano Chaves e Nelson Rosenvald, a ortotanásia, "apenas é cometida pelo

---

[24] SÁ, Maria de Fátima Freire; MOUREIRA, Diogo Luna. *Autonomia para morrer:* eutanásia, suicídio assistido e diretivas antecipadas de vontade. Belo Horizonte: Del Rey, 2012. p. 88.

[25] DADALTO, Luciana. *Testamento vital.* Rio de Janeiro: Lumen Juris, 2010. p. 35.

[26] Bom de ver o posicionamento de Diaulas Costa Ribeiro: "Tanto na eutanásia quanto no suicídio assistido, deve ser observada a vontade do paciente, o seu consentimento. É a morte voluntária. Independente de ser espontânea – pode ser sugerida por terceiro, inclusive pelo médico, o que normalmente ocorre – o consentimento nesses casos deve ser reconhecido como excludente de ilicitude. É possível que se alegue até mesmo uma excludente de tipicidade – seja do crime de homicídio ou de participação em suicídio – porque o médico não passaria, nesses dois casos, de uma *longa manus* do paciente. Essa conclusão não valeria para a eutanásia porque é necessária a condição de médico para executá-la. Essa exigência que habilita o médico, e só ele, tem como consequência a imposição de um juízo técnico efetivo, e não apenas ético, que deve anteceder sua intervenção. No caso do suicídio, em que a participação do terceiro se faz como auxílio, normalmente na preparação das drogas a serem utilizadas, há a conveniência de que o partícipe seja também um médico. Mas poderia ser um farmacêutico ou uma enfermeira, de quem se exigiria juízos técnicos e éticos, como se exige do médico. Na Suíça, por exemplo, o suicídio assistido por não médicos não é ilegal, além de constituir uma prática institucionalizada. Nestes casos, em vez de exclusão de ilicitude, a assistência constituiria uma conduta atípica". RIBEIRO, Diaulas Costa. *Eutanásia:* viver bem não é viver muito. Disponível em: <www.diaulas.com.br/artigos.asp?id=209&p_ch=>. Acesso em: 15 jun. 2016.

[27] Também conhecida como eutanásia social.

médico que deixa de prolongar o inevitável processo de morte do paciente, por meios artificiais, que poderiam protrair aquela situação fática".[28]

Por fim, a distanásia representa o oposto da eutanásia, uma vez que, por ela objetiva-se prolongar ao máximo a vida humana, quando, por exemplo, médico ministra tratamentos absolutamente imprestáveis e desnecessários.

8. ATRIBUTOS DA PERSONALIDADE

8.1. Nome civil

O nome civil está regulado na Lei de Registros Públicos (Lei nº 6.015/73 – LRP) e no Código Civil, nos arts. 16 a 19.

O nome civil designa a pessoa, distinguindo-a, na sociedade, das demais e indicando a sua procedência familiar. Importante perceber que a natureza jurídica do nome civil é de direito da personalidade, tanto é que a sua localização no Código Civil é dentro do capítulo[29] atinente aos direitos da personalidade.

O ordenamento jurídico pátrio adota o nome composto formado pelo prenome e sobrenome[30] (art. 16, CC). O prenome, por sua vez, poderá ser simples (ex.: Pedro) ou composto (ex.: Pedro Henrique). Nesse último caso, a LRP designa como duplo prenome. Crianças gêmeas que possuírem o mesmo prenome, a LRP exige que deva ser necessariamente composto (art. 63). O sobrenome também poderá ser simples (ex.: Silva) ou composto (ex.: Vilas Boas). O prenome poderá ser escolhido livremente pelos pais, porém o Oficial do Cartório do Registro Civil de Pessoas Naturais poderá recusar o registro de nomes que exponham ao ridículo os seus portadores ou atentem contra a ordem pública (art. 55, parágrafo único da LRP). O nome é formado por elementos fixos (ou essenciais) e contingentes (ou secundários). Fixos são o prenome e sobrenome. Contingentes

---

[28] FARIAS, Cristiano Chaves de; ROSENVALD, Nelson. *Curso de direito civil.* Parte geral e LINDB. 13. ed. São Paulo: Atlas, 2015. p. 314. E ainda Marina Sillmann: "A ortotanásia representa a morte no tempo certo. Consiste na dispensa de tratamentos considerados fúteis, porém sem abandonar os cuidados paliativos, ou seja, aqueles necessários para amenizar a dor do paciente em estado terminal. É considerada como a realização de uma eutanásia de forma passiva". SILLMANN, Marina Carneiro Matos. *Direito de morrer:* diretivas antecipadas da vontade e o ordenamento jurídico brasileiro. Disponível em: <http://www.conpedi.org.br/publicacoes/66fsl345/xxfq3q05/Pm611gDdQRv5syxn. pdf>. Acesso em: 15 jun. 2015.

[29] No Código Civil de 2002: Parte Geral; Título I (Das Pessoas Naturais); Capítulo II (Dos Direitos da Personalidade).

[30] Sobrenome é o mesmo que "patronímico" e "apelido de família". Porém, o termo "patronímico" deve ser evitado, devido ao forte conteúdo machista que apresenta. Ressalte-se, também, que à exceção do infante exposto, toda pessoa necessariamente há de ter prenome e sobrenome. Segundo Flávio Augusto Monteiro de Barros infante exposto "é o recém-nascido abandonado pelos pais. Sendo estes desconhecidos, o registro do nascimento far-se-á apenas com o prenome, sem qualquer referência ao patronímico (art. 61 da LRP)". BARROS, Flávio Augusto Monteiro de. *Manual de direito civil.* Lei de introdução e parte geral. v. 1. São Paulo: Método, 2005. p. 93.

podem ser o agnome, a partícula e o vocatório.[31] Vejamos, a seguir, o significado de alguns elementos:

- Agnome: elemento secundário do nome que se presta a diferenciar pessoas de uma mesma família que possuem o mesmo nome (ex.: Neto, Filho, Júnior, Sobrinho etc.)
- Partícula: é a preposição "da", "de", "dos", entre outras.
- Vocatório: designação ampla pela qual a pessoa é conhecida no meio social em que vive (ex.: Pelé, Xuxa, Lula etc.). Não se aplica somente às pessoas que possuem notoriedade. A LRP admite a possibilidade de inserção do vocatório ao nome e até mesmo a substituição de um nome, por um vocatório (art. 58, LRP).
- Hipocorístico: trata-se de um designativo do nome derivado de sua própria raiz, destinado à expressão de afeto (ex.: Zeca, Fafá, Toninho, Chico etc.)
- Axiônimos: são os títulos de nobreza, eclesiásticos e qualificativos acadêmicos (ex.: barão, duque, bispo, mestre, doutor etc.).
- Cognome: para alguns trata-se de sinônimo de vocatório; para outros, é o mesmo que pseudônimo.
- Pseudônimo ou heterônimo: trata-se de designativo que identifica alguém em sua atividade profissional, geralmente, artística. Também é merecedor de proteção pela ordem jurídica (art. 19, CC). Vale lembrar que vocatório e pseudônimo são conceitos que podem ser confundidos e, não raro, existem autores que empregam um termo pelo outro. Porém, é bom destacar que vocatório é a designação pela qual a pessoa é conhecida no meio social, de uma maneira geral. Já o pseudônimo é a designação que a pessoa utiliza para o exercício de sua atividade profissional. Assim, por exemplo, o grande escritor Machado de Assis utilizou o pseudônimo "Victor de Paulo" em algumas crônicas que ele escreveu e que não queria se identificar. Muitos anos depois, ele reconheceu que foi ele quem havia produzido as crônicas sob o referido pseudônimo. O que gera confusão é que muitas vezes o pseudônimo toma uma proporção tal na vida da pessoa que passa a ser considerado um vocatório, que foi o que aconteceu com a atriz Fernanda Montenegro, cujo nome civil é Arlete Pinheiro e "Fernanda Montenegro", um pseudônimo que alcançou a categoria de vocatório.

É sabido por nós que, sem a devida autorização, não se pode usar o nome alheio em propaganda comercial (art. 18, CC). Ampliando o sentido do disposto em lei, o enunciado nº 278, aprovado na IV Jornada de Direito Civil, estabeleceu que: "A publicidade que venha a divulgar, sem autorização, qualidade inerentes a determinada pessoa, ainda que sem mencionar seu nome, mas sendo capaz de identificá-la, constitui violação a direito da personalidade".

Vigora no ordenamento jurídico pátrio o princípio da imutabilidade do prenome. Esse princípio encontra-se atenuado diante de motivos que se apresentem

---

[31] Alguns autores designam o vocatório de cognome.

Cap. 3 – DAS PESSOAS NATURAIS

como justos e desde que não cause prejuízos a terceiros, o que leva a muitos denominarem-no de princípio da inalterabilidade relativa do nome.

8.2. Hipóteses de alteração do nome civil

8.2.1. Imotivada

No primeiro ano após completada a maioridade, é possível a alteração do nome extrajudicialmente e sem que se tenha de apontar um motivo, desde que não prejudique os apelidos de família e não cause prejuízos a terceiros (art. 56, LRP[32]). Ultrapassado esse prazo decadencial de um ano, só será possível a retificação do nome civil se feita judicialmente e desde que devidamente motivada (art. 57, LRP[33]).

8.2.2. Motivada

Toda modificação judicial deverá ser motivada, podendo ser obrigatória ou facultativa.

8.2.2.1. Obrigatória

- Alteração de estado de filiação (ex.: reconhecimento de paternidade, voluntário ou judicial, sentença procedente em ação de investigação de paternidade, sentença procedente em ação negatória de paternidade);
- Sobrenome do adotado (art. 47, § 5º, ECA).

8.2.2.2. Facultativa

- Prenome do adotado;
- Erro de grafia evidente;
- Nome vexatório;
- Inserção de apelido público notório (vocatório): consagração do entendimento de que o nome de uso deve prevalecer sobre o nome de registro (Lei nº 9.708/98, que alterou o art. 58, LRP);
- Homonímia que cause prejuízo;
- Tradução de nome grafado em língua estrangeira;

---

[32] Art. 56, LRP: "O interessado, no primeiro ano após ter atingido a maioridade civil, poderá, pessoalmente ou por procurador bastante, alterar o nome, desde que não prejudique os apelidos de família, averbando-se a alteração que será publicada pela imprensa".

[33] Art. 57, LRP: "Qualquer alteração posterior de nome, somente por exceção e motivadamente, após audiência do Ministério Público, será permitida por sentença do juiz a que estiver sujeito o registro, arquivando-se o mandado e publicando-se a alteração pela imprensa".

- Proteção de vítimas e testemunhas de crimes que se encontram sob ameaça (Lei nº 9.807/99, que acrescentou o § 7º ao art. 57 da LRP);
- Realização de casamento (art. 1.565, § 1º, CC)[34];
- Dissolução de casamento: em caso de divórcio ou separação, não é mais obrigatória a perda do sobrenome. A supressão do sobrenome dependerá de requerimento do cônjuge inocente e não será possível diante das hipóteses de prejuízo (arts. 1.571, § 2º, e 1.578, ambos do CC)[35]. A outro

---

[34] O STJ reconheceu que "a tutela jurídica relativa ao nome precisa ser balizada pelo direito à identidade pessoal, especialmente porque o nome representa a própria identidade individual e o projeto de vida familiar, escolha na qual o Poder Judiciário deve se imiscuir apenas se houver insegurança jurídica ou se houver intenção de burla à verdade pessoal e social. Não se desconhece que a princípio, o propósito de alteração do sobrenome se revela mais apropriada na habilitação para o futuro casamento, quando o exercício do direito é a regra. Contudo, não há vedação legal expressa para que, posteriormente, o acréscimo de outro patronímico seja requerido ao longo do relacionamento, por meio de ação de retificação de registro civil, conforme arts. 57 e 109 da Lei nº 6.015/73 (Lei de Registros Públicos), especialmente se o cônjuge busca uma confirmação expressa de como é reconhecido socialmente, invocando, ainda, motivos de ordem íntima e familiar, como, por exemplo, a identificação social de futura prole. Ademais, o art. 1.565, § 1°, do Código Civil, não estabelece prazo para que o cônjuge adote o apelido de família do outro em se tratando, no caso, de mera complementação, e não alteração do nome. [...] Por consequência, as certidões de nascimento e casamento deverão averbar tal alteração, sempre respeitando a segurança jurídica dos atos praticados até a data da mudança" (REsp 1.648.858-SP, Rel. Min. Ricardo Villas Bôas Cueva, Terceira Turma, por unanimidade, julgado em 20/8/2019, *DJe* 28/8/2019. Informativo nº 655, STJ).

[35] Inclusive, o STJ reconheceu que, em ação de divórcio, ainda que haja revelia do réu, isso não implica aceitação tácita de supressão de sobrenome. Confira-se o inteiro teor da decisão: "Na hipótese em exame, o marido ajuizou a ação de divórcio em que foi pedido para que a esposa fosse obrigada a excluir o patronímico adquirido por ocasião do casamento, sem contestação. O fato de ex-cônjuge ter sido revel, todavia, não induz à procedência do pedido de exclusão do patronímico adotado anteriormente. De um lado, observe-se que litígio envolve direitos indisponíveis (art. 320, II, CPC/73), especialmente o direito ao nome, assim compreendido como o prenome e o patronímico, um dos elementos estruturantes dos direitos da personalidade e da dignidade da pessoa humana, uma vez que diz respeito à própria identidade pessoal do indivíduo, não apenas em relação a si mesmo, mas também no ambiente familiar e perante a sociedade em que vive. De outro lado, não se pode olvidar que a revelia produz seu mais relevante efeito tão somente sobre as questões de fato e, na hipótese, sequer foram deduzidas pelo recorrente como por exemplo, o hipotético uso do prestígio decorrente do patronímico após o rompimento do vínculo conjugal, com negativos reflexos patrimoniais ou morais. Assim, é inadmissível deduzir que a ausência de contestação da recorrida equivaleria a alguma espécie de aquiescência ou concordância tácita para com a pretensão de retorno ao nome de solteira, modificação para a qual se exige, indiscutivelmente, a sua manifestação expressa de vontade" (REsp 1.732.807-RJ, Rel. Min. Nancy Andrighi, por unanimidade, julgado em 14/8/2018, *DJe* 17/8/2018. Informativo nº 631, STJ). A outro giro, o mesmo Tribunal reconheceu a possibilidade de a viuvez ser considerada causa hábil à supressão do sobrenome, tanto quanto o divórcio. *Vide* a decisão: "Inicialmente, não se pode olvidar que o direito ao nome, assim compreendido como o prenome e o patronímico, é um dos elementos estruturantes dos direitos da personalidade e da dignidade da pessoa humana, uma vez que diz respeito à própria identidade pessoal do indivíduo, não apenas em relação a si mesmo, mas também no ambiente familiar e perante a sociedade em que vive. Nesse caminho, a despeito da inexistência de previsão legal específica acerca do tema (eis que a lei apenas versa sobre uma hipótese de retomada do nome de solteiro: pelo divórcio) e

giro, o CNJ padronizou, por meio do Provimento nº 82/2019, os procedimentos de averbação, no registro de nascimento e no de casamento dos filhos e a averbação da alteração do nome do genitor que poderá ser feita diretamente no Cartório, mediante a apresentação da respectiva certidão, independentemente de autorização judicial, sendo que a certidão de nascimento e a de casamento serão emitidas com o nome mais atual, sem fazer menção sobre a alteração ou o seu motivo. Além disso, também independentemente de autorização judicial, poderá ser requerida, perante o Oficial de Registro Civil competente, a averbação do acréscimo do patronímico de genitor ao nome do filho menor de idade, quando: I – Houver alteração do nome do genitor em decorrência de separação, divórcio ou viuvez; II – O filho tiver sido registrado apenas com o patronímico do outro genitor. Segundo o referido Provimento, se o filho for maior de dezesseis anos, o acréscimo do patronímico exigirá o seu consentimento. Por fim, somente será averbado o acréscimo do patronímico ao nome do filho menor de idade, quando o nome do genitor for alterado no registro de nascimento;

- Estabelecimento de união estável: é possível que o companheiro ou companheira adquira o sobrenome do outro, desde que haja impedimento para o casamento (ex.: pessoa separada judicialmente que vive em união estável) e haja consentimento por parte do outro. Não há exigência de prazo de duração da união estável ou de prole comum (art. 57, §§ 2º e 3º, LRP);

- Transexual: não há ainda previsão legal acerca do assunto, porém, acatando ao aceno da jurisprudência, foi aprovado o Enunciado nº 276, na IV Jornada de Direito Civil, com a seguinte redação: "O art. 13 do Código Civil, ao permitir a disposição do próprio corpo por exigência médica, autoriza as cirurgias de transgenitalização, em conformidade com os procedimentos estabelecidos pelo Conselho Federal de Medicina, e a consequente alteração do prenome e do sexo no Registro Civil". Nesse sentido, o STJ também se manifestou em dois julgados do ano de 2009. Assim, a 3ª Turma, em outubro de 2009, em decisão inédita, garantiu ao transexual a troca do nome e do gênero em registro, sem que se conste

---

da existência de interesse público estatal na excepcionalidade da alteração do nome civil (porque é elemento de constante identificação social), deve sobressair, à toda evidência, o direito ao nome enquanto atributo dos direitos da personalidade, de modo que este deverá ser o elemento preponderante na perspectiva do intérprete do texto legal, inclusive porque o papel identificador poderá ser exercido por outros meios, como o CPF ou o RG. Em síntese, sendo a viuvez e o divórcio umbilicalmente associados a um núcleo essencial comum – existência de dissolução do vínculo conjugal – não há justificativa plausível para que se trate de modo diferenciado as referidas situações, motivo pelo qual o dispositivo que apenas autoriza a retomada do nome de solteiro na hipótese de divórcio deverá, interpretado à luz do texto constitucional e do direito de personalidade próprio da viúva, que é pessoa distinta do falecido, ser estendido também às hipóteses de dissolução do casamento pela morte de um dos cônjuges" (REsp 1.724.718-MG, Rel. Min. Nancy Andrighi, por unanimidade, julgado em 22/5/2018, *DJe* 29/5/2018. Informativo nº 627, STJ).

a anotação no documento, constando apenas nos livros cartorários.[36] O mesmo se deu em decisão de novembro de 2009 pela 4ª Turma;[37]

---

[36] "ALTERAÇÃO. PRENOME. DESIGNATIVO. SEXO. O recorrente autor, na inicial, pretende alterar o assento do seu registro de nascimento civil, para mudar seu prenome, bem como modificar o designativo de seu sexo, atualmente constante como masculino, para feminino, aduzindo como causa de pedir o fato de ser transexual, tendo realizado cirurgia de transgenitalização. Acrescenta que a aparência de mulher, por contrastar com o nome e o registro de homem, causa-lhe diversos transtornos e dissabores sociais, além de abalos emocionais e existenciais. Assim, a Turma entendeu que, tendo o recorrente se submetido à cirurgia de redesignação sexual nos termos do acórdão recorrido, existindo, portanto, motivo apto a ensejar a alteração do sexo indicado no registro civil, a fim de que os assentos sejam capazes de cumprir sua verdadeira função, qual seja, a de dar publicidade aos fatos relevantes da vida social do indivíduo, deve ser alterado seu assento de nascimento para que nele conste o sexo feminino, pelo qual é socialmente reconhecido. Determinou, ainda, que das certidões do registro público competente não conste que a referida alteração é oriunda de decisão judicial, tampouco que ocorreu por motivo de redesignação sexual de transexual. REsp 1.008.398-SP, Rel. Min. Nancy Andrighi, julgado em 15/10/2009."

[37] "REGISTRO CIVIL. RETIFICAÇÃO. MUDANÇA. SEXO. A questão posta no REsp cinge-se à discussão sobre a possibilidade de retificar registro civil no que concerne a prenome e a sexo, tendo em vista a realização de cirurgia de transgenitalização. A Turma entendeu que, no caso, o transexual operado, conforme laudo médico anexado aos autos, convicto de pertencer ao sexo feminino, portando-se e vestindo-se como tal, fica exposto a situações vexatórias ao ser chamado em público pelo nome masculino, visto que a intervenção cirúrgica, por si só, não é capaz de evitar constrangimentos. Assim, acentuou que a interpretação conjugada dos arts. 55 e 58 da Lei de Registros Públicos confere amparo legal para que o recorrente obtenha autorização judicial a fim de alterar seu prenome, substituindo-o pelo apelido público e notório pelo qual é conhecido no meio em que vive, ou seja, o pretendido nome feminino. Ressaltou-se que não entender juridicamente possível o pedido formulado na exordial, como fez o Tribunal *a quo*, significa postergar o exercício do direito à identidade pessoal e subtrair do indivíduo a prerrogativa de adequar o registro do sexo à sua nova condição física, impedindo, assim, a sua integração na sociedade. Afirmou-se que se deter o julgador a uma codificação generalista, padronizada, implica retirar-lhe a possibilidade de dirimir a controvérsia de forma satisfatória e justa, condicionando-a a uma atuação judicante que não se apresenta como correta para promover a solução do caso concreto, quando indubitável que, mesmo inexistente um expresso preceito legal sobre ele, há que suprir as lacunas por meio dos processos de integração normativa, pois, atuando o juiz *supplendi causa*, deve adotar a decisão que melhor se coadune com valores maiores do ordenamento jurídico, tais como a dignidade das pessoas. Nesse contexto, tendo em vista os direitos e garantias fundamentais expressos da Constituição de 1988, especialmente os princípios da personalidade e da dignidade da pessoa humana, e levando-se em consideração o disposto nos arts. 4º e 5º da Lei de Introdução ao Código Civil, decidiu-se autorizar a mudança de sexo de masculino para feminino, que consta do registro de nascimento, adequando-se documentos, logo facilitando a inserção social e profissional. Destacou-se que os documentos públicos devem ser fiéis aos fatos da vida, além do que deve haver segurança nos registros públicos. Dessa forma, no livro cartorário, à margem do registro das retificações de prenome e de sexo do requerente, deve ficar averbado que as modificações feitas decorreram de sentença judicial em ação de retificação de registro civil. Todavia, tal averbação deve constar apenas do livro de registros, não devendo constar, nas certidões do registro público competente, nenhuma referência de que a aludida alteração é oriunda de decisão judicial, tampouco de que ocorreu por motivo de cirurgia de mudança de sexo, evitando, assim, a exposição do recorrente a situações constrangedoras e discriminatórias" (REsp 737.993-MG, Rel. Min. João Otávio de Noronha, julgado em 10/11/2009).

Cap. 3 – DAS PESSOAS NATURAIS

- Importante destacar que, posteriormente, o STJ (REsp 1.626.739-RS) e o STF (ADI 4.275) reconheceram a possibilidade de alteração do nome e do registro civil da pessoa transexual, independentemente de cirurgia de transgenitalização[38]. A alteração poderá ser feita por meio de decisão judicial ou diretamente no cartório;

- Após essas decisões, o CNJ regulamentou o procedimento nos cartórios por meio do Provimento nº 73/2018, que, em linhas gerais, reconhece que maiores de 18 anos podem requerer a alteração desses dados "a fim de adequá-los à identidade autopercebida". Além disso, o solicitante deverá ir ao cartório em que foi feito o seu primeiro registro para solicitar as alterações, sendo que as alterações não incluem o sobrenome da família e que poderão ser desconstituídas em vias administrativas ou judiciais. De acordo com o provimento, o procedimento será feito com base na autonomia do requerente, que deverá declarar sua vontade ao registrador, independente de autorização judicial prévia ou comprovação de cirurgia, sendo necessário declarar a inexistência de um processo judicial em andamento com o objetivo de alterar o nome ou o sexo do documento. Ademais, as informações sobre a alteração não serão divulgadas sem a vontade da pessoa ou da Justiça;

- Inserção do sobrenome do padrasto ou da madrasta. A Lei nº 11.924/2009, que ficou conhecida como "Lei Clodovil", inseriu no art. 57 da Lei nº 6.015/73 o § 8º, com a seguinte redação: "O enteado ou a enteada, havendo motivo ponderável e na forma dos §§ 2º e 7º deste artigo, poderá requerer ao juiz competente que, no registro de nascimento, seja averbado o nome de família de seu padrasto ou de sua madrasta, desde que haja expressa concordância destes, sem prejuízo de seus apelidos de família";

---

[38] Posteriormente, o STF reconheceu repercussão geral ao tema no RE 670.422, decorrendo a seguinte decisão: O Tribunal, por maioria e nos termos do voto do Relator, apreciando o tema 761 da repercussão geral, deu provimento ao recurso extraordinário. Vencidos parcialmente os Ministros Marco Aurélio e Alexandre de Moraes. Nessa assentada, o Ministro Dias Toffoli (Relator) reajustou seu voto para adequá-lo ao que o Plenário decidiu na ADI 4.275. Em seguida, o Tribunal fixou a seguinte tese: "i) O transgênero tem direito fundamental subjetivo à alteração de seu prenome e de sua classificação de gênero no registro civil, não se exigindo, para tanto, nada além da manifestação de vontade do indivíduo, o qual poderá exercer tal faculdade tanto pela via judicial como diretamente pela via administrativa; ii) Essa alteração deve ser averbada à margem do assento de nascimento, vedada a inclusão do termo 'transgênero'; iii) Nas certidões do registro não constará nenhuma observação sobre a origem do ato, vedada a expedição de certidão de inteiro teor, salvo a requerimento do próprio interessado ou por determinação judicial; iv) Efetuando-se o procedimento pela via judicial, caberá ao magistrado determinar de ofício ou a requerimento do interessado a expedição de mandados específicos para a alteração dos demais registros nos órgãos públicos ou privados pertinentes, os quais deverão preservar o sigilo sobre a origem dos atos". Vencido o Ministro Marco Aurélio na fixação da tese. Ausentes, neste julgamento, o Ministro Gilmar Mendes e, justificadamente, a Ministra Cármen Lúcia (Presidente). Presidiu o julgamento o Ministro Dias Toffoli (Vice-Presidente). Plenário, 15/8/2018.

- Supressão de sobrenome em virtude de abandono afetivo. O STJ decidiu no REsp 1.304.718-SP pela possibilidade de se suprimir o sobrenome paterno tendo em vista ser considerada justa causa o abandono pelo genitor. A seguir a ementa do julgado:

DIREITO CIVIL. EXCLUSÃO DOS SOBRENOMES PATERNOS EM RAZÃO DO ABANDONO PELO GENITOR. Pode ser deferido pedido formulado por filho que, no primeiro ano após atingir a maioridade, pretende excluir completamente de seu nome civil os sobrenomes de seu pai, que o abandonou em tenra idade. Nos termos da legislação vigente (arts. 56 e 57 da Lei nº 6.015/73 (Lei de Registros Públicos), o nome civil pode ser alterado no primeiro ano, após atingida a maioridade, desde que não prejudique os apelidos de família, ou, ultrapassado esse prazo, por justo motivo, mediante apreciação judicial e após ouvido o Ministério Público. A propósito, deve-se salientar a tendência do STJ à superação da rigidez do registro de nascimento, com a adoção de interpretação mais condizente com o respeito à dignidade da pessoa humana, fundamento basilar de um estado democrático. Em outras palavras, o STJ tem adotado posicionamento mais fle-xível acerca da imutabilidade ou definitividade do nome civil, especialmente quanto à possibilidade de alteração por justo motivo (hipótese prevista no art. 57), que deve ser aferido caso a caso. Com efeito, o princípio da imutabilidade do nome não é absoluto no sistema jurídico brasileiro. Além disso, a referida flexibilização se justifica pelo próprio papel que o nome desempenha na formação e consolidação da personalidade de uma pessoa (REsp 1.412.260-SP, Terceira Turma, *DJe* 22/5/2014). Desse modo, o direito da pessoa de portar um nome que não lhe remeta às angústias decorrentes do abandono paterno e, especialmente, corresponda à sua realidade familiar, sobrepõe-se ao interes-se público de imutabilidade do nome, já excepcionado pela própria Lei de Registros Públicos. Sendo assim, nos moldes preconizados pelo STJ, considerando que o nome é elemento da personalidade, identificador e individualizador da pessoa na sociedade e no âmbito familiar, conclui-se que o abandono pelo genitor caracteriza o justo motivo de o interessado requerer a alteração de seu nome civil, com a respectiva exclusão completa dos sobrenomes paternos. Precedentes citados: REsp 66.643-SP, Quarta Turma, *DJ* 21/10/1997; e REsp 401.138-MG, Terceira Turma, *DJ* 26/6/2003. REsp 1.304.718-SP, Rel. Min. Paulo de Tarso Sanseverino, julgado em 18/12/2014, *DJe* 5/2/2015.

- Exclusão de prenome da criança na hipótese em que o pai informou, perante o cartório de registro civil, nome diferente daquele que havia sido consensualmente escolhido pelos genitores. Em decisão, a 3ª Turma do STJ se manifestou no seguinte sentido:

Nomear o filho é típico ato de exercício do poder familiar, que pressupõe bilaterali-dade, salvo na falta ou impedimento de um dos pais, e consensualidade, ressalvada a possibilidade de o juiz solucionar eventual desacordo entre eles, inadmitindo-se, na hipótese, a autotutela. O ato do pai que, conscientemente, desrespeita o consenso prévio entre os genitores sobre o nome a ser dado ao filho, acrescendo prenome de forma unilateral por ocasião do registro civil, além de violar os deveres de lealdade e de boa-fé, configura ato ilícito e exercício abusivo do poder familiar, sendo motivação bastante para autorizar a exclusão do prenome indevidamente atribuído à criança. É irrelevante apurar se o acréscimo unilateralmente promovido pelo genitor por ocasião do registro civil da criança ocorreu por má-fé, com intuito de vingança ou com o propósito de, pela prole, atingir à genitora, circunstâncias que, se porventura verificadas, apenas servirão para qualificar negativamente a referida conduta (STJ, REsp 1.905.614-SP, Rel. Min. Nancy Andrighi, Terceira Turma, por unanimidade, julgado em 04/05/2021, *DJe* 6/5/2021. Informativo nº 695).

- Retorno ao nome de solteiro do cônjuge ainda na constância do vínculo conjugal. No caso, a parte, em virtude do sobrenome adotado ter se tornado o protagonista de seu nome civil em detrimento do sobrenome familiar, o que lhe causa dificuldades de adaptação, bem como no fato de a modificação ter lhe causado problemas psicológicos e emocionais, pois sempre foi socialmente conhecida pelo sobrenome do pai e porque os únicos familiares que ainda carregam o patronímico familiar se encontram em grave situação de saúde (REsp 1.873.918-SP, Rel. Min. Nancy Andrighi, Terceira Turma, por unanimidade, julgado em 02/03/2021, *DJe* 04/03/2021. Informativo nº 687).

9. ESTADO CIVIL

Por estado civil da pessoa natural, entende-se o conjunto de qualidades que indicam o modo de ser, a situação e posição do indivíduo na sociedade. O estado civil possui tripla aferição:

a) **Política**: busca-se saber quem é o indivíduo em relação ao país em que se encontra. Ex.: Estrangeiro, nacional (nato ou naturalizado) ou apátrida.

b) **Familiar**: busca-se saber quem é o indivíduo em relação ao parentesco ou casamento. Ex.: pai, filho, tio, sobrinho, avô (em relação ao parentesco); casado,[39] solteiro, viúvo, separado judicialmente, divorciado (em relação ao casamento).

c) **Individual**: busca-se saber quem é o indivíduo em relação a três aspectos: sexo (masculino ou feminino), sanidade (se a pessoa é sã ou insana) e idade (se a pessoa é maior ou menor de 18 anos).

O que releva notar diante do estudo do estado civil da pessoa natural é que qualquer manifestação em juízo tendente a atingir o estado da pessoa natural receberá o nome de ação de estado. São exemplos de ações de estado: ação de aquisição de nacionalidade, ação de investigação de paternidade, ação negatória de paternidade, ação de separação judicial, ação de divórcio, ação de redesignação sexual, ação de interdição, ação de emancipação etc. A consequência prática de compreendermos o que seja exatamente uma ação de estado é a aplicabilidade de regras existentes na lei adjetiva.

---

[39] A união estável não gera o estado civil de companheiro, convivente, amasiado, amigado, bem como a separação de fato não gera qualquer estado civil. A união estável e a separação de fato se prestam, sim, a outros efeitos.

10. CAPACIDADE

A capacidade, como já consagrada doutrinariamente, é a medida jurídica da personalidade, não se confundido, pois, com esta. Nesse diapasão, Cristiano Chaves e Nelson Rosenvald expõem:

> Conexo ao conceito de personalidade, porém sem que com ele se confunda, exsurge a ideia de capacidade. É que enquanto a personalidade tem alcance generalizante, dizendo respeito a um valor jurídico reconhecido a todos os seres humanos (e elastecido para alcançar também agrupamentos de pessoas), dizendo respeito a um valor jurídico reconhecido a todas as pessoas, a capacidade jurídica concerne à possibilidade de aqueles que são dotados de personalidade serem sujeitos de direitos de relações patrimoniais. (...) Enquanto que a personalidade tende aos exercícios das relações existenciais, a capacidade diz respeito ao exercício de relações patrimoniais.[40]

Além disso, a personalidade seria a aptidão jurídica para a titularidade de direitos e deveres (posição estática), ao passo que a capacidade seria a possibilidade de praticar atos com efeito jurídico (posição dinâmica), além do que, conforme Francisco Amaral salienta, "pode-se ser mais ou menos capaz, mas não se pode ser mais ou menos pessoa".[41]

A capacidade manifesta-se de duas formas: capacidade de direito (aquisição ou gozo) e capacidade de fato (exercício ou ação). Quando a pessoa natural apresentar as duas espécies de capacidade, devemos dizer que essa pessoa apresenta capacidade plena.

Adiante, analisaremos cada uma das manifestações de capacidade.

10.1. Capacidade de direito/aquisição/gozo

Todas as pessoas possuem capacidade de direito e trata-se da aptidão para adquirir direitos e contrair deveres. Assim, está prevista a capacidade de direito, aquisição ou gozo no art. 1º do CC, com a seguinte redação: "Toda pessoa é capaz de direitos e deveres na ordem civil".

Admitimos a possibilidade de uma criança ser proprietária de um apartamento, exatamente porque essa criança possui capacidade de direito que, aliás, todas as pessoas possuem.

10.2. Capacidade de fato/exercício/ação

Nem todas as pessoas possuem capacidade de fato, pois se trata da aptidão para praticar, pessoalmente, por si só, os atos da vida civil. Ou seja, embora a

---

[40] FARIAS, Cristiano Chaves de; ROSENVALD, Nelson. *Curso de direito civil*. Parte geral e LINDB. 13. ed. São Paulo: Atlas, 2015. p. 136.

[41] AMARAL, Francisco. *Direito civil*. Introdução. 5. ed. Rio de Janeiro: Renovar, 2003. p. 220.

Cap. 3 – DAS PESSOAS NATURAIS

55

pessoa tenha adquirido o direito que o ordenamento jurídico lhe concedeu, essa pessoa, se não apresentar capacidade de fato, não poderá exercê-lo sozinha.

A ausência de capacidade de fato poderá ser suprida por meio dos institutos da representação e da assistência, dependendo do grau de incapacidade. Desse modo, a falta de capacidade de fato comporta gradação, o que nos coloca diante da teoria das incapacidades, como veremos adiante.

Paralelamente ao conceito de capacidade, existe o de legitimação. Ambos não se confundem. Por vezes, pode ser que a pessoa, embora possuidora de capacidade de fato, não possua legitimação para praticar determinado ato. Assim, diante de determinadas situações a lei exige algo a mais, o que leva Cristiano Chaves de Farias e Nelson Rosenvald a concluírem que "legitimação é, portanto, um plus na capacidade. Trata-se de um requisito específico, extra, exigido para a prática de determinados atos específicos na vida civil".[42]

Imaginemos o seguinte exemplo: um pai de três filhos resolve vender um de seus apartamentos para o seu filho mais velho. Esse pai possui capacidade de direito (aliás, essa capacidade todos possuem), possui capacidade de fato (ele pode praticar sozinho os atos da vida civil), porém, para a prática desse ato que pretende (vender para um de seus filhos), ele não possui legitimação. Então, embora o pai seja o proprietário do bem e uma de suas faculdades seja exatamente a de poder dispor desse bem, nesse caso específico falta-lhe legitimação. Esse *plus* exigido pela lei ocorrerá com a anuência dos demais descendentes e do cônjuge, se o regime não for o de separação obrigatória (art. 496, CC).

Por fim, salientamos que não se pode confundir a legitimação, conceito esse de Direito Civil, com a legitimidade, conceito esse pertinente ao Direito Processual Civil, traduzindo-se, pois, em uma das condições da ação.[43] A confusão desses dois conceitos, em verdade, é obra da própria lei que, por vezes, vale-se de um pelo outro. É o que ocorre, por exemplo, no parágrafo único do art. 12 do CC quando relata: "Em se tratando de morto, terá legitimação para requerer a medida prevista neste artigo o cônjuge sobrevivente, ou qualquer parente em linha reta, ou colateral até o quarto grau". Nada obstante, a lei mencione "legitimação", é evidente que está a se referir à "legitimidade".

10.2.1. Teoria das incapacidades

Só é possível falar em incapacidade se nos estivermos referindo à falta de capacitação de fato. Isso porque a capacidade de direito, como vimos, todos a possuem, ao passo que a capacidade de fato, não.

---

[42] FARIAS, Cristiano Chaves de; ROSENVALD, Nelson. *Curso de direito civil.* Parte geral e LINDB. 13. ed. São Paulo: Atlas, 2015. p. 272.

[43] Para alguns autores não existem mais as condições da ação diante do CPC/2015, uma vez que para o estatuto processual tais elementos passaram a ser considerados como pressupostos processuais. *Vide* DIDIER JR, Fredie. *Curso de direito processual civil*: introdução ao direito processual civil, parte geral e processo de conhecimento. 17. ed. Salvador: JusPodivm, 2015. p. 304-307. No sentido de que as condições da ação permanecem, *vide* CÂMARA, Alexandre Freitas. *O novo processo civil brasileiro.* 6. ed. São Paulo: Atlas, 2020. p. 37.

10.2.2. Algumas premissas para o estudo das incapacidades

- A regra é a capacidade, e a incapacidade, exceção. Se considerarmos que a incapacidade é a exceção e o legislador tem por ímpeto dispor na lei acerca das exceções, por evidente que estará previsto na lei civil o rol dos incapazes (arts. 3º e 4º, CC) e não dos capazes.

- Conceito de incapacidade: é a restrição legal para a prática, por si só, de atos da vida civil. Por meio desse conceito, extraímos que somente o legislador poderá apontar quem são os incapazes, não sendo admissível a incapacidade negocial ou contratual.

- Conforme a doutrina clássica, o instituto da incapacidade existe para a proteção dos incapazes, repudiando qualquer manifestação que os avilte, humilhe ou rebaixe.

10.2.3. O Estatuto da Pessoa com Deficiência (Lei nº 13.146/2015) e os seus efeitos na teoria das incapacidades

A Convenção Internacional de Direitos da Pessoa com Deficiência, cujo Brasil foi signatário e que ocorreu em Nova Iorque em 2007, foi internalizada em nosso País por meio da Lei nº 13.146, de 6 de julho de 2015, que ficou conhecida como o Estatuto da Pessoa com Deficiência. A referida lei apresentou período de vacância de 180 dias, entrando em vigor em 3 de janeiro de 2016.

Não há dúvidas de que a entrada em vigor do Estatuto da Pessoa com Deficiência promoveu ampla alteração na teoria das incapacidades e promoveu a desconstrução de vários conceitos clássicos acerca das incapacidades outrora edificados.

A palavra que fundamenta o Estatuto é: inclusão! Almeja-se a inclusão da pessoa com deficiência na sociedade, de modo que, não mais é o deficiente que deve se adequar à sociedade, mas, sim, a sociedade é que deve se adequar a ele. A inclusão da pessoa com deficiência efetivamente na sociedade é que promoverá o respaldo necessário para o exercício de sua dignidade.

Nessa senda, importa saber: quem são consideradas pessoas com deficiência para a Lei nº 13.146/2015?

O art. 2º da referida Lei responde a questão esclarecendo que: Considera-se pessoa com deficiência aquela que tem impedimento de longo prazo de natureza física, mental, intelectual ou sensorial, o qual, em interação com uma ou mais barreiras, pode obstruir sua participação plena e efetiva na sociedade em igualdade de condições com as demais pessoas.[44]

---

[44] De acordo com Ana Paula Crosara de Resende e Flavia Maria de Paiva Vital, "a população com deficiência no Brasil tem crescido em decorrência do aumento na expectativa de vida da população, e da violência urbana (assaltos, violência no trânsito, entre outros motivos), alterando paulatinamente o perfil desta população que, anteriormente, era o de deficiências geradas por doenças. Apesar do Brasil, ser um dos poucos países, menos de 50 no mundo, que têm uma legislação específica para este expressivo contingente populacional, ampla e avançada em relação às demais, continuam as pessoas com deficiência a compor as percentagens mais elevadas das estatísticas de exclusão social". RESENDE, Ana Paula Crosara; VITAL, Flávia Maria de Paiva. *A convenção sobre*

Desse modo, aos olhos do legislador a inclusão da pessoa com deficiência ocorreria com a concessão de plena capacidade civil a ela. É o que se extrai do art. 6º da Lei nº 13.146/2015:

> Art. 6º A deficiência não afeta a plena capacidade civil da pessoa, inclusive para:
>
> I – casar-se e constituir união estável;
>
> II – exercer direitos sexuais e reprodutivos;
>
> III – exercer o direito de decidir sobre o número de filhos e de ter acesso a informações adequadas sobre reprodução e planejamento familiar;
>
> IV – conservar sua fertilidade, sendo vedada a esterilização compulsória;
>
> V – exercer o direito à família e à convivência familiar e comunitária; e
>
> VI – exercer o direito à guarda, à tutela, à curatela e à adoção, como adotante ou adotando, em igualdade de oportunidades com as demais pessoas.

Além disso, o art. 84 da Lei nº 13.146/2015 estabelece: "A pessoa com deficiência tem assegurado o direito ao exercício de sua capacidade legal em igualdade de condições com as demais pessoas".

Conceder a plena capacidade às pessoas com deficiência importou, por evidente, em promover alterações nos arts. 3º e 4º do CC, que apresentam os absoluta e os relativamente incapazes, respectivamente.

10.2.4. Quem são os absoluta e os relativamente incapazes depois do Estatuto da Pessoa com Deficiência?

Para que fiquem claras as alterações promovidas pelo Estatuto da Pessoa com Deficiência no âmbito da teoria das incapacidades, apresentamos, em princípio, um quadro comparativo da redação do art. 3º do CC antes do Estatuto da Pessoa com Deficiência e depois dele.

Absolutamente incapazes Art. 3º, CC (Antes da Lei nº 13.146/2015)	Absolutamente incapazes Art. 3º, CC (Depois da Lei nº 13.146/2015)
São absolutamente incapazes de exercer pessoalmente os atos da vida civil: I – os menores de dezesseis anos; II – os que, por enfermidade ou deficiência mental, não tiverem o necessário discernimento para a prática desses atos; III – os que, mesmo por causa transitória, não puderem exprimir sua vontade.	São absolutamente incapazes de exercer pessoalmente os atos da vida civil os menores de 16 (dezesseis) anos.

Ao que se tinha no art. 3º do CC, antes do advento da Lei nº 13.146/2015, e posteriormente ao seu advento, explicamos da seguinte maneira:

---

direitos das pessoas com deficiência comentada. Brasília: Secretaria Especial dos Direitos Humanos. Coordenadoria Nacional para Integração da Pessoa Portadora de Deficiência, 2008. p. 18.

- Os menores de 16 anos, também conhecidos como menores impúberes, situam-se no rol dos absolutamente incapazes em virtude de sobre eles pender presunção absoluta de imaturidade. Desse modo, independentemente de se aferir aspectos pessoais do indivíduo com pouca idade, a lei já afasta qualquer discussão impondo presunção absoluta de imaturidade. Notamos que após o Estatuto da Pessoa com Deficiência, o indivíduo com menos de 16 anos foi o único que remanesceu no rol dos absolutamente incapazes. Ao menor de 16 anos, então, caberá a devida representação que ocorrerá por meio de seus pais ou tutor. Importante perceber que, como os pais ostentam o poder familiar, eles jamais serão considerados tutores. Desse modo, o tutor somente será necessário diante da falta dos pais.

- No que respeitava aos que, por enfermidade ou deficiência mental, não tiverem o necessário discernimento para a prática dos atos da vida civil, considerava-se a total falta de discernimento para a prática dos atos da vida civil em virtude de algum sofrimento mental. Ressaltando que não bastava que a pessoa padecesse de um sofrimento mental. Apresentava-se como imprescindível a sentença que se manifestasse pela interdição do alienado. O ordenamento jurídico cível brasileiro nunca admitiu a teoria dos lúcidos intervalos adotada em outros países. A referida teoria presta-se a validar o ato praticado pelo absolutamente incapaz sob o argumento de que, no instante em que o praticou, o incapaz estava lúcido. Depois da entrada em vigor do Estatuto da Pessoa com Deficiência, a pessoa aqui mencionada foi retirada do rol dos incapazes absolutamente, ostentando, doravante, o estado de plenamente capaz.

- Também eram considerados absolutamente incapazes os que, mesmo por causa transitória, não pudessem exprimir sua vontade. O que havia aqui é a chamada incapacidade acidental. Na verdade, a pessoa não sofria de nenhuma patologia mental, mas, no momento da prática do ato, encontrava-se impossibilitada de manifestar a sua vontade de maneira sadia. Não se exigia, portanto, que a pessoa estivesse interditada. Ocorria em situações de embriaguez, hipnose, perda de memória, estado de coma etc. Depois da entrada em vigor do Estatuto da Pessoa com Deficiência, não se considera mais essa causa de incapacidade absoluta.

No que tange ao rol dos relativamente incapazes, as modificações também foram bruscas. Para analisá-las, comecemos com um quadro comparativo:

Relativamente incapazes (art. 4º, CC) (Antes da Lei nº 13.146/2015)	Relativamente incapazes (art. 4º, CC) (Depois da Lei nº 13.146/2015)
São incapazes, relativamente a certos atos ou à maneira de os exercer:	São incapazes, relativamente a certos atos ou à maneira de os exercer:
I - os maiores de dezesseis e menores de dezoito anos;	I – os maiores de dezesseis e menores de dezoito anos;
II – os ébrios habituais, os viciados em tóxicos, e os que, por deficiência mental, tenham o discernimento reduzido;	II – os ébrios habituais e os viciados em tóxico;
III – os excepcionais, sem desenvolvimento mental completo;	III – aqueles que, por causa transitória ou permanente, não puderem exprimir sua vontade;
IV – os pródigos.	IV – os pródigos.

Diante do quadro apresentado, continuam como relativamente incapazes *os maiores de 16 anos e menores de 18 anos*, também conhecidos por menores púberes. Essas pessoas serão assistidas por seus pais e, na falta destes, pelo tutor. Nesse ponto, acrescenta precisamente Flávio Monteiro de Barros:

A rigor, no dia do aniversário, o adolescente não é menor nem maior de 16 anos, pois nessa data, tem exatamente essa idade, e só será maior de 16 anos a partir do dia seguinte. A interpretação sistemática, porém, inspirada no art. 180 do CC, permite a adoção da exegese que o considera relativamente incapaz desde a data de seu aniversário de 16 anos.[45] Também continuam como relativamente incapazes *os ébrios habituais e os viciados em tóxicos*. Os alcoólatras e os toxicômanos são pessoas que não possuem a manifestação de vontade totalmente livre, uma vez que seus atos são sempre norteados pela necessidade de obtenção da substância química que lhes satisfaça o vício. Não se pode, nessas hipóteses prescindir da sentença de interdição. Antes do Estatuto da Pessoa com Deficiência também era considerado relativamente incapaz *aquele que por deficiência mental tivesse o discernimento reduzido*. Por tudo que move a novel legislação, com a sua entrada em vigor, essa pessoa adquire capacidade plena.

Antes da entrada em vigor do Estatuto da Pessoa com Deficiência, considerava--se como relativamente incapaz *o excepcional, sem desenvolvimento mental completo* como por exemplo, aqueles com Síndrome de Down e aqueles que tivessem o QI reduzido. Com a superveniência do Estatuto, é evidente que essas pessoas passam a ter capacidade plena. No inciso em que se situavam os excepcionais, o Estatuto insere uma nova categoria de pessoas que devem ser consideradas relativamente incapazes que são "aqueles que, por causa transitória ou permanente, não puderem exprimir sua vontade". Desse modo, percebemos que aquele que era considerado absolutamente incapaz no inciso III do art. 3º do CC migrou para o inciso III do art. 4º do CC, abandonando o estado de absolutamente incapaz e assumindo a índole de relativamente incapaz.

A encerrar o rol dos relativamente incapazes, situam-se os *pródigos* que são aquelas pessoas que gastam ou destroem desordenadamente o seu patrimônio. Para serem considerados relativamente incapazes há a exigência de interdição, sendo que essa sempre alcançou o pródigo somente nos atos de disposição patrimonial (ex.: transigir, dar quitação, inserir ônus real, alienar bens etc.).[46] Assim, os atos de mera administração, o pródigo poderá praticá-los sozinho, bem como os atos que não tenham repercussão na esfera patrimonial, como a autorização de filho(a) menor de 18 anos para o casamento ou o seu próprio casamento. No que diz respeito ao seu próprio casamento, o pródigo poderá se casar sem necessitar, por evidente, de assistência de seu curador, e o seu regime de bens será o da comunhão parcial. Não é correto dizer que o regime de bens imposto por lei ao pródigo seja o da separação obrigatória. As pessoas sujeitas a esse regime estão no art.

---

[45] BARROS, Flávio Augusto Monteiro de. *Manual de direito civil*. Lei de introdução e parte geral. v. 1. São Paulo: Método, 2005. p. 76.

[46] Art. 1.782, CC: "A interdição do pródigo só o privará de, sem curador, emprestar, transigir, dar quitação, alienar, hipotecar, demandar ou ser demandado, e praticar, em geral, os atos que não sejam de mera administração".

1.641 do CC[47], que deve ser interpretado restritivamente, e o pródigo por lá não se encontra. Porém, se o pródigo manifestar desejo de realizar pacto antenupcial, deverá fazê-lo conjuntamente com o seu curador.[48]

10.2.5. Exceções à necessidade de assistência ao maior de 16 e menor de 18 anos

Os maiores de 16 anos e menores de 18 anos, como relativamente incapazes que são, carecem, para a prática de atos na vida civil, de estar devidamente assistidos, como vimos linhas atrás. Porém, poderão praticar determinados atos sozinhos, e não serão passíveis de anulação. Alguns exemplos: ser testemunha (art. 228, I, CC), ser mandatário (art. 666, CC), fazer testamento (art. 1.860, parágrafo único, CC), exercer o direito de voto (art. 14, CF/88) e ajuizar ação popular (basta ser eleitor). Ademais, se o menor púbere tiver sido emancipado também não necessitará de assistência. As hipóteses de emancipação serão analisadas por nós adiante.

Afora as exceções observadas em linhas anteriores, a regra é que o maior de 16 anos e menor de 18 anos só poderá praticar os atos da vida civil devidamente assistido. E ratifique-se, caso pratique um ato da vida civil sem a assistência necessária, esse ato será anulável. Entretanto, se o menor púbere, ao praticar o ato, dolosamente ocultou a sua idade se inquirido sobre ela ou se, deliberadamente se declarou maior, esse ato praticado nessa circunstância será válido e plenamente exigível (art. 180, CC). Isso ocorre em decorrência da aplicação do princípio que impõe a impossibilidade de se tirar proveito da própria malícia. Temos aqui a aplicação da teoria do *tu quoque*, analisada no Capítulo 10, item 3.1, deste livro.

10.2.6. Os idosos, os indígenas e os ausentes

Uma observação deverá ser feita atinente à pessoa do idoso. Deve ficar claro que a velhice ou senectude, por si só, não induz ao enquadramento do idoso em qualquer categoria de incapacidade.[49] É evidente que a senilidade somente não é

---

[47] Art. 1.641: "É obrigatório o regime da separação de bens no casamento: I – das pessoas que o contraírem com inobservância das causas suspensivas da celebração do casamento; II – da pessoa maior de setenta anos; III – de todos os que dependerem, para casar, de suprimento judicial".

[48] Dúvida existe quanto à possibilidade de o pródigo fazer testamento. Como para a elaboração de testamento não há que se falar em assistência, duas conclusões são possíveis: 1ª) O pródigo não pode testar; 2ª) O pródigo pode testar, pois não está proibido pelo art. 1.782, CC.

[49] Não se pode confundir a capacidade que o idoso possui com a necessária proteção atribuída ao idoso por meio da Lei nº 10.741/2003 – o Estatuto do Idoso – que impõe especial proteção à pessoa maior de sessenta anos, garantindo-lhe, por exemplo, prioridade de atendimento, o que de fato, em um Estado Democrático de Direito que tem por princípio estruturador a dignidade da pessoa humana, não poderá ficar afastado. Por outro lado, o Código Civil em seu art. 1.641, II, impõe o regime de separação de bens, quando do casamento de pessoa maior de setenta anos, o que a doutrina, de maneira geral, tem repudiado diante dos ares de inconstitucionalidade apresentados pela norma.

Cap. 3 – DAS PESSOAS NATURAIS

capaz de retirar a capacidade de alguém. Ademais, as hipóteses de incapacidade (arts. 3º e 4º, CC) deverão ser interpretadas de maneira restritiva.

Porém, não nos olvidemos das situações em que, acompanhando a idade avançada, precipita-se alguma debilidade psicológica, como a esclerose ou o Alzheimer. Nesse caso, em havendo a devida interdição, o idoso poderá ser posto em moldura de relativamente incapaz, conforme a atual redação do art. 4º, III, do CC.

No que diz respeito à capacidade dos indígenas, há regulação em lei especial (Lei nº 6.001/73), ou seja, não serão aplicáveis as regras do Código Civil a eles.[50] É considerado nulo o ato praticado pelo índio não integrado e qualquer pessoa estranha à comunidade indígena quando não tenha havido assistência do órgão tutelar competente (art. 8º, Lei nº 6.001/73). Porém, o ato não será considerado nulo se o índio revelar consciência e conhecimento do ato praticado, desde que não lhe seja prejudicial, e da extensão de seus efeitos.

Por fim, fiquemos atentos à terminologia utilizada. É que no CC/16 utilizava-se o termo *silvícola* que passou a ter, posteriormente, conotação pejorativa, sendo substituído no CC/2002 por índio. Nessa senda, o termo índio, previsto no parágrafo único do art. 4º do CC/2002, com o Estatuto da Pessoa com Deficiência, é substituído por *indígena*.

Já o ausente que, no CC/16, integrava o rol de absolutamente incapazes, no CC/2002, adequadamente, é retirado desse rol. Nunca houve argumento lógico para a manutenção de sua presença como incapaz, e é fácil compreender isso com base no momento em que aceitamos que o ausente é plenamente capaz no eventual lugar em que se encontre.

10.2.7. Ação de interdição e tomada de decisão apoiada

Como vimos, em algumas hipóteses, o reconhecimento judicial da incapacidade de determinada pessoa se mostra essencial para a sua proteção. Tal reconhecimento judicial se dará por meio de uma ação designada, classicamente, de interdição, cujo procedimento é especial de jurisdição voluntária, a seguir a orientação prevista nos arts. 747 e s. do CPC/2015. A sentença, basicamente, reconhecerá uma situação jurídica que culminará na incapacidade jurídica, devendo haver a designação de um curador para a devida assistência do incapaz.

Ressalte-se que aqueles que possuem menos de 18 anos são incapazes (absoluta ou relativamente), não obstante interdição. A proteção é automaticamente imposta por lei, por meio de critério objetivo: a reduzida idade que induz à presunção absoluta de imaturidade da pessoa.

O Estatuto da Pessoa com Deficiência reconhece a possibilidade de nomeação de um curador ao deficiente, quando necessário, devendo a nomeação de curador ser considerada medida protetiva extraordinária, proporcional às necessidades e às circunstâncias de cada caso, e durará o menor tempo possível. Sendo que a curatela afetará tão somente os atos relacionados aos direitos de natureza patrimonial e negocial. Desse modo, a definição da curatela não alcança o direito ao

---

[50] Art. 4º, parágrafo único, CC: "A capacidade dos indígenas será regulada por legislação especial".

próprio corpo, à sexualidade, ao matrimônio, à privacidade, à educação, à saúde, ao trabalho e ao voto.[51]

Como não existe mais em nosso ordenamento pessoa maior de idade que seja absolutamente incapaz, a interdição não será absoluta, mas, sim, relativa.

Parece-nos que o Estatuto da Pessoa com Deficiência pretere a denominação *ação de interdição*, em virtude de seu forte caráter impeditivo e preconceituoso, sendo mais oportuno *ação de nomeação de curador*. Nada obstante, o CPC/2015 continua a se valer do termo *interdição* e, ao que parece, trata-se de termo que irá prevalecer.

Nesse mote, o que, de fato, representa novidade apresentada pelo Estatuto da Pessoa com Deficiência é a instituição em nosso ordenamento do procedimento denominado de tomada de decisão apoiada, absorvendo realidade já presente no ordenamento jurídico italiano. A tomada de decisão apoiada trata-se de um terceiro gênero de medida protetiva, além da curatela e da tutela.

Desse modo, o Estatuto da Pessoa com Deficiência insere no CC/2002 o art. 1.783-A.[52]

---

[51] Lei nº 13.146/2015 (Estatuto da Pessoa com Deficiência):

"Art. 84. A pessoa com deficiência tem assegurado o direito ao exercício de sua capacidade legal em igualdade de condições com as demais pessoas.

§ 1º Quando necessário, a pessoa com deficiência será submetida à curatela, conforme a lei.

§ 2º É facultado à pessoa com deficiência a adoção de processo de tomada de decisão apoiada.

§ 3º A definição de curatela de pessoa com deficiência constitui medida protetiva extraordinária, proporcional às necessidades e às circunstâncias de cada caso, e durará o menor tempo possível.

§ 4º Os curadores são obrigados a prestar, anualmente, contas de sua administração ao juiz, apresentando o balanço do respectivo ano.

Art. 85. A curatela afetará tão somente os atos relacionados aos direitos de natureza patrimonial e negocial.

§ 1º A definição da curatela não alcança o direito ao próprio corpo, à sexualidade, ao matrimônio, à privacidade, à educação, à saúde, ao trabalho e ao voto.

§ 2º A curatela constitui medida extraordinária, devendo constar da sentença as razões e motivações de sua definição, preservados os interesses do curatelado.

§ 3º No caso de pessoa em situação de institucionalização, ao nomear curador, o juiz deve dar preferência a pessoa que tenha vínculo de natureza familiar, afetiva ou comunitária com o curatelado.

Art. 86. Para emissão de documentos oficiais, não será exigida a situação de curatela da pessoa com deficiência.

Art. 87. Em casos de relevância e urgência e a fim de proteger os interesses da pessoa com deficiência em situação de curatela, será lícito ao juiz, ouvido o Ministério Público, de ofício ou a requerimento do interessado, nomear, desde logo, curador provisório, o qual estará sujeito, no que couber, às disposições do Código de Processo Civil".

[52] Art. 1.783-A, CC: "A tomada de decisão apoiada é o processo pelo qual a pessoa com deficiência elege pelo menos 2 (duas) pessoas idôneas, com as quais mantenha vínculos e que gozem de sua confiança, para prestar-lhe apoio na tomada de decisão sobre atos da vida civil, fornecendo-lhes os elementos e informações necessários para que possa exercer sua capacidade.

A tomada de decisão apoiada se traduz em um procedimento em que a pessoa com deficiência elege pelo menos duas pessoas idôneas, com as quais mantenha vínculos e que gozem de sua confiança, para prestar-lhe apoio na tomada de decisão sobre atos da vida civil, fornecendo-lhes os elementos e informações necessários para que possa exercer sua capacidade.

Como se trata de medida menos invasiva, a tomada de decisão apoiada terá prioridade em relação à interdição com a devida nomeação de um curador. Exatamente porque a tomada de decisão apoiada resguarda mais a autonomia privada do deficiente, esse procedimento terá prioridade sobre a ação de interdição, sendo considerada a interdição medida de natureza extraordinária.

De acordo com Nelson Rosenvald:

> A tomada de decisão apoiada é um modelo jurídico que se aparta dos institutos protetivos clássicos na estrutura e na função. (...) Na tomada de decisão apoiada, o beneficiário conservará a capacidade de fato. Mesmo nos específicos atos em que seja coadjuvado

---

§ 1º Para formular pedido de tomada de decisão apoiada, a pessoa com deficiência e os apoiadores devem apresentar termo em que constem os limites do apoio a ser oferecido e os compromissos dos apoiadores, inclusive o prazo de vigência do acordo e o respeito à vontade, aos direitos e aos interesses da pessoa que devem apoiar.

§ 2º O pedido de tomada de decisão apoiada será requerido pela pessoa a ser apoiada, com indicação expressa das pessoas aptas a prestarem o apoio previsto no *caput* deste artigo.

§ 3º Antes de se pronunciar sobre o pedido de tomada de decisão apoiada, o juiz, assistido por equipe multidisciplinar, após oitiva do Ministério Público, ouvirá pessoalmente o requerente e as pessoas que lhe prestarão apoio.

§ 4º A decisão tomada por pessoa apoiada terá validade e efeitos sobre terceiros, sem restrições, desde que esteja inserida nos limites do apoio acordado.

§ 5º Terceiro com quem a pessoa apoiada mantenha relação negocial pode solicitar que os apoiadores contra-assinem o contrato ou acordo, especificando, por escrito, sua função em relação ao apoiado.

§ 6º Em caso de negócio jurídico que possa trazer risco ou prejuízo relevante, havendo divergência de opiniões entre a pessoa apoiada e um dos apoiadores, deverá o juiz, ouvido o Ministério Público, decidir sobre a questão.

§ 7º Se o apoiador agir com negligência, exercer pressão indevida ou não adimplir as obrigações assumidas, poderá a pessoa apoiada ou qualquer pessoa apresentar denúncia ao Ministério Público ou ao juiz.

§ 8º Se procedente a denúncia, o juiz destituirá o apoiador e nomeará, ouvida a pessoa apoiada e se for de seu interesse, outra pessoa para prestação de apoio.

§ 9º A pessoa apoiada pode, a qualquer tempo, solicitar o término de acordo firmado em processo de tomada de decisão apoiada.

§ 10. O apoiador pode solicitar ao juiz a exclusão de sua participação do processo de tomada de decisão apoiada, sendo seu desligamento condicionado à manifestação do juiz sobre a matéria.

§ 11. Aplicam-se à tomada de decisão apoiada, no que couber, as disposições referentes à prestação de contas na curatela".

pelos apoiadores, a pessoa com deficiência não sofrerá restrição em seu estado de plena capacidade, apenas será privado de legitimidade para praticar episódicos atos da vida civil. Assim, esse modelo poderá beneficiar pessoas deficientes com capacidade psíquica plena, porém com impossibilidade física ou sensorial (*v.g.* tetraplégicos, obesos mórbidos, cegos, sequelados de AVC e portadores de outras enfermidades que as privem da deambulação para a prática de negócios e atos jurídicos de cunho econômico).[53]

As demais questões sobre o novidadeiro instituto pertine ao Direito das Famílias.

10.2.7.1. Natureza jurídica da sentença de interdição

A doutrina digladia-se ao tratar da natureza jurídica da sentença decorrente da ação de interdição. Há quem entenda pela natureza constitutiva positiva da referida sentença, uma vez que a sentença cria um novo estado jurídico – o de interdito – para uma pessoa que, até então, apenas padecia da toxicomania, por exemplo. Nessa senda, vale as palavras de Barbosa Moreira:

> Está fora de dúvida que a causa da incapacidade é a alienação mental, não a sentença de interdição. (...) Corretíssimamente se dirá, portanto, que a incapacidade não é gerada, mas apenas reconhecida pela sentença; ou seja, que aquela preexiste a esta. Daí não se infere, todavia, que a decretação da interdição seja ato meramente declaratório. Interditar uma pessoa não se reduz, em absoluto, a proclamar-lhe, pura e simplesmente, a incapacidade. Consiste, sim, em submetê-la a peculiar regime jurídico, caracterizado pela sujeição à curatela. "Decretada a interdição, fica o interdito sujeito à curatela", reza a parte inicial do art. 453 do CC. Decretando a interdição, ecoa o art. 1.183, parágrafo único, do CPC, "o juiz nomeará curador ao interdito". Nisso – e não no mero reconhecimento da incapacidade – é que reside o quid específico da sentença. Vistas as coisas por tal prisma, não se pode deixar de perceber no ato feição constitutiva. Se ele não cria a incapacidade, cria de certo, para o incapaz, situação jurídica nova, diferente daquela em que, até então, se encontrava. Considerar a sentença como "declaratória do estado anterior", é fruto de um desvio de perspectiva: olha-se para a incapacidade como se fosse o objeto do pronunciamento judicial, quando ela é apenas o fundamento da decisão. O que na realidade importa comparar com o "estado anterior" é a sujeição do interditando à curatela – e, aí, a inovação claramente ressalta.[54]

Dentro desse contexto, o Superior Tribunal de Justiça decidiu:

---

[53] ROSENVALD, Nelson. A tomada de decisão apoiada: primeiras linhas sobre um novo modelo jurídico promocional da pessoa com deficiência. In: QUEIROZ, Mônica; GUERRA, Carlos Henrique Fernandes; VIEIRA, Marcelo de Mello; SILLMANN, Marina Carneiro Matos (Orgs.). *Direito civil em debate:* reflexões críticas sobre temas atuais. Belo Horizonte: D'Plácido, 2016. p. 326.

[54] MOREIRA, José Carlos Barbosa. Eficácia da Sentença de Interdição por Alienação Mental. *Revista de Processo,* ano 11, n. 43, p. 14-18, jul.-set. 1986.

RECURSO ESPECIAL. CIVIL E PROCESSUAL CIVIL. AÇÃO DE INTERDIÇÃO. EFEITOS DA SEN-TENÇA DE INTERDIÇÃO SOBRE AS PROCURAÇÕES OUTORGADAS PELO INTERDITANDO A SEUS ADVOGADOS NO PRÓPRIO PROCESSO. NEGATIVA DE SEGUIMENTO À APELAÇÃO APRESENTADA PELOS ADVOGADOS CONSTITUÍDOS PELO INTERDITANDO. NÃO OCOR-RÊNCIA DA EXTINÇÃO DO MANDATO. A SENTENÇA DE INTERDIÇÃO POSSUI NATUREZA CONSTITUTIVA. EFEITOS *EX NUNC*. INAPLICABILIDADE DO DISPOSTO NO ART. 682, II, DO CC AO MANDATO CONCEDIDO PARA DEFESA JUDICIAL NA PRÓPRIA AÇÃO DE INTERDIÇÃO. NECESSIDADE DE SE GARANTIR O DIREITO DE DEFESA DO INTERDITANDO. RENÚNCIA AO DIREITO DE RECORRER APRESENTADA PELO INTERDITANDO. ATO PROCESSUAL QUE EXIGE CAPACIDADE POSTULATÓRIA. NEGÓCIO JURÍDICO REALIZADO APÓS A SENTENÇA DE INTERDIÇÃO. NULIDADE. ATOS PROCESSUAIS REALIZADOS ANTES DA NEGATIVA DE SEGUIMENTO AO RECURSO DE APELAÇÃO. PRECLUSÃO. 1. A sentença de interdição tem natureza constitutiva, pois não se limita a declarar uma incapacidade preexistente, mas também a constituir uma nova situação jurídica de sujeição do interdito à curatela, com efeitos *ex nunc*. 2. Outorga de poderes aos advogados subscritores do recurso de apelação que permanece hígida, enquanto não for objeto de ação específica na qual fique cabalmente demonstrada sua nulidade pela incapacidade do mandante à época da realização do negócio jurídico de outorga do mandato. 3. Interdição do mandante que acarreta automaticamente a extinção do mandato, inclusive o judicial, nos termos do art. 682, II, do CC. 4. Inaplicabilidade do referido dispositivo legal ao mandato outorgado pelo interditando para atuação de seus advogados na ação de interdição, sob pena de cerceamento de seu direito de defesa no processo de interdição. 5. A renúncia ao direito de recorrer configura ato processual que exige capacidade postulatória, devendo ser praticado por advogado. 6. Nulidade do negócio jurídico realizado pelo interdito após a sentença de interdição. 7. Preclusão da matéria relativa aos atos processuais realizados antes da negativa de seguimento ao recurso de apelação. 8. Doutrina e jurisprudência acerca do tema. 9. RECURSO ESPECIAL PARCIALMENTE PROVIDO (STJ. REsp 1.251.728/ PE. Rel. Min. Paulo de Tarso Sanseverino. 3ª T. J. 14/5/2013).

Entretanto, não é isso que o Código Civil dispõe em seu art. 1.773, que apresenta o seguinte teor: "A sentença que **declara** a interdição produz efeitos desde logo, embora sujeita a recurso" (grifo nosso). A literalidade da lei parece fazer concluir no sentido oposto, isto é, de que a natureza jurídica de sentença de interdição é de natureza declaratória.

Em verdade, parece-nos que o ideal seja concluir que a natureza jurídica da sentença de interdição é declaratória da incapacidade de uma pessoa, porém, constitutiva em seus efeitos. A importância disso será constatada no tópico adiante.

10.2.7.2. Atos praticados pelo incapaz antes de sua interdição

Com ficas no que foi dito no tópico anterior, a sentença de interdição não retroagirá atingindo ato anteriormente praticado pelo portador da causa justi-ficadora de incapacidade. Assim, tal sentença possui efeitos *ex nunc*, isto é, a partir de sua prolatação. Portanto, os atos praticados pelo incapaz antes de sua interdição permanecerão intactos. A explicação para isso é simples: busca-se proteger o terceiro de boa-fé e atender à segurança nas relações negociais. Caso contrário, todas as vezes em que estivéssemos celebrando um negócio teríamos que nos salvaguardar com um atestado, por exemplo, que informe que não há nenhuma causa transitória ou permanente que prejudique a livre manifestação de vontade, em razão da possibilidade de futura fulminação do ato por superveniente sentença de interdição.

Nessa linha de intelecção, não podemos esquecer que se torna possível a invalidação do ato praticado antes da sentença de interdição, por meio de uma ação própria ajuizada pelo interessado, em hipótese de notoriedade da causa justificadora da incapacidade, pois configurada estaria a má-fé do outro contratante. Concluindo, o que se persegue é a proteção do terceiro que, de boa-fé, negociou com o interditado antes de sua interdição.

10.2.8. O panorama da doutrina após o Estatuto da Pessoa com Deficiência

Como vimos, a entrada em vigor do Estatuto da Pessoa com Deficiência promoveu contundentes alterações na teoria das incapacidades e acabou por desconstruir conceitos clássicos já consagrados em nosso ordenamento. Diante disso, encontra-se na doutrina manifestações verdadeiramente entusiastas das modificações operadas pelo Estatuto convivendo com posicionamentos que repudiam as alterações ocorridas.

Aplaudem as inovações, por exemplo, Rodrigo da Cunha Pereira, Pablo Stolze, Flávio Tartuce, Paulo Luiz Netto Lobo e Nelson Rosenvald.

Reportamo-nos, então, às manifestações dos preditos autores para a clara compreensão do tema.

Rodrigo da Cunha Pereira, ao se referir à denominação "pessoas com deficiência" defende o seguinte:

A nova terminologia, para os então denominados de doentes mentais ou loucos, vem ajudar a desestigmatizar pessoas, e que no ambiente da psiquiatria são denominados de "portadores de sofrimento mental". É que as palavras, além de significados, veiculam também um significante, que é uma representação psíquica do som, tal como nossos sentidos o percebem com sua carga histórica e cultural (In: *Dicionário Brasileiro de Direito de Família e Sucessões* – Ilustrado – Ed. Saraiva, p. 645). Esta nova lei vem também reforçar aquilo que a doutrina jurídica, os tribunais e os movimentos sociais já haviam entendido, isto é, a interdição de alguém só se deve fazer como último recurso. A interdição e nomeação de curador, que é sempre através de processo judicial, traz sempre um sentido de expropriação de cidadania. Uma pessoa interditada, ou seja, declarada judicialmente que não tem capacidade para exercer os atos da vida civil é como se estivesse fora do laço social, simbolicamente é a sua morte civil.[55]

Nesse diapasão, Pablo Stolze Gagliano corrobora:

---

[55] PEREIRA, Rodrigo da Cunha. *Ampliação da capacidade civil*. Disponível em: <http://www.rodrigodacunha.adv.br/ampliacao-da-capacidade-civil/>. Acesso em: 16 jun. 2016.

Em verdade, o que o Estatuto pretendeu foi, homenageando o princípio da dignidade da pessoa humana, fazer com que a pessoa com deficiência deixasse de ser "rotulada" como incapaz, para ser considerada – em uma perspectiva constitucional isonômica – dotada de plena capacidade legal, ainda que haja a necessidade de adoção de institutos assistenciais específicos, como a tomada de decisão apoiada e, extraordinariamente, a curatela, para a prática de atos na vida civil.[56]

E, ainda, Flávio Tartuce pontifica:

Entre vários comandos que representam notável avanço para a proteção da dignidade da pessoa com deficiência, a nova legislação altera e revoga alguns artigos do Código Civil (arts. 114 a 116), trazendo grandes mudanças estruturais e funcionais na antiga teoria das incapacidades, o que repercute diretamente para institutos do Direito de Família, como o casamento, a interdição e a curatela.[57]

Já Paulo Luiz Netto Lobo vaticina que:

Não há que se falar mais de "interdição", que, em nosso direito, sempre teve por finalidade vedar o exercício, pela pessoa com deficiência mental ou intelectual, de todos os atos da vida civil, impondo-se a mediação de seu curador. Cuidar-se-á, apenas, de curatela específica, para determinados atos.[58]

Colacionados os posicionamentos linhas atrás mostrados, não podemos, entretanto, fazer ouvidos e olhos de mercador[59] à nova realidade que se apresenta. É que a concessão de capacidade civil plena às pessoas com deficiência pode, ao invés de protegê-las, deixá-las à deriva.

Para compreender o que estamos querendo dizer, imaginemos a figura de uma pessoa completamente inapta a exprimir a sua vontade livremente. A essa pessoa,

---

[56] GAGLIANO, Pablo Stolze. *O Estatuto da Pessoa com Deficiência e o sistema jurídico brasileiro de incapacidade civil.* Disponível em: <https://jus.com.br/artigos/41381/o-estatuto-da-pessoa-com-deficiencia-e-o-sistema-juridico-brasileiro-de-incapacidade-civil>. Acesso em: 16 jun. 2016.

[57] TARTUCE, Flávio. *Alterações do Código Civil pela lei 13.146/2015 (Estatuto da Pessoa com Deficiência).* Repercussões para o direito de família e confrontações com o novo CPC. Parte I. Disponível em: <http://www.migalhas.com.br/FamiliaeSucessoes/104,MI224217,21048Alteraco es+do+Codigo+Civil+pela+lei+131462015+Estatuto+da+Pessoa+com>. Acesso em: 16 jun. 2016.

[58] LÔBO, Paulo Luiz Netto. *Com avanços legais, pessoas com deficiência mental não são mais incapazes.* Disponível em: <http://www.conjur.com.br/2015-ago-16/processo-familiar-avancos-pessoas- -deficiencia-mental-nao-sao-incapazes>. Acesso em: 16 jun. 2016.

[59] Explicamos a razão da menção do dito popular "ouvidos de mercador": "Fazer ouvidos de mercador –*Significado:* No caso, fazer ouvidos de mercador é uma alusão a atitude desse algoz, sempre surdo às súplicas de suas vítimas. *Histórico:* Orlando Neves, autor do *Dicionário das Origens das Frases Feitas,* diz que a palavra mercador é uma corruptela de marcador, nome que se dava ao carrasco que marcava os ladrões com ferro em brasa, indiferente aos seus gritos de dor". Disponível em: <culturanordestina.blogspot.com. br/2009/06/o-verdadeiro-significado-de- -alguns.html>. Acesso em: 16 jun. 2016.

antes do Estatuto da Pessoa com Deficiência, cabia-lhe a nomeação de curador que a representaria na prática dos atos da vida civil. Após a nova lei, o máximo que se consegue fazer é enquadrar essa pessoa no inciso III do art. 4º do CC, de modo que não lhe caberia mais a representação, tão somente a assistência.[60] Mas como apenas assistir uma pessoa que não consegue exprimir nada de sua vontade? Nas palavras de José Fernando Simão, "com a vigência do Estatuto, tais pessoas ficam abandonadas à própria sorte, pois não podem exprimir sua vontade e não poderão ser representadas, pois são capazes por ficção legal".[61]

Outro ponto negativo que vislumbramos com as modificações promovidas pelo Estatuto da Pessoa com Deficiência diz respeito ao curso de prazos prescricionais e decadenciais que não correm contra os absolutamente incapazes (arts. 198 c/c 208, CC). Diante da redução do rol do art. 3º do CC, antes pessoas que eram protegidas com o impedimento ou suspensão do prazo prescricional ou decadencial agora, não mais o são. Imagine, então, um credor que seja uma pessoa com grave transtorno psicológico. Antes o prazo prescricional não corria contra essa pessoa para o ajuizamento da devida ação condenatória. Agora, o prazo corre. A nosso viso, isso representa extrema desvantagem para essa pessoa.

Outro ponto digno de críticas é o afastamento da aplicação do art. 310 do CC. Por esse dispositivo, "não vale o pagamento cientemente feito ao credor incapaz de quitar, se o devedor não provar que em benefício dele efetivamente reverteu". Assim, à medida que se concede capacidade plena ao deficiente, o pagamento feito a este será considerado perfeitamente válido. Mais uma manifestação legal que desempara o deficiente.

Além disso, no que respeita à responsabilidade civil o deficiente passa a responder pelos seus atos, quando antes da predita inovação, o deficiente somente poderia responder em caráter subsidiário, conforme preceitua o art. 928 do CC.

É José Fernando Simão que, ainda, pontua o seguinte problema:

> Sendo o deficiente, o enfermo ou excepcional pessoa plenamente capaz, poderá celebrar negócios jurídicos sem qualquer restrição, pois não se aplicam as invalidades previstas nos arts. 166, I e 171, I do CC. Isso significa que hoje, se alguém com deficiência leve, mas com déficit cognitivo, e considerado relativamente incapaz por sentença, assinar um contrato que lhe é desvantajoso (curso por correspondência de inglês ofertado na

---

[60] De acordo com Zeno Veloso: "Um deficiente mental, que tem comprometido absolutamente o seu discernimento, o que sofre de insanidade permanente, irreversível, é considerado relativamente incapaz. Bem como o que manifestou a sua vontade quando estava em estado de coma. Ou o que contratou, ou perfilhou, ou fez testamento, sendo portador do mal de Alzheimer em grau extremo. São casos em que não me parece que essas pessoas estejam sendo protegidas, mas, ao contrário, estão à mercê da sanha dos malfeitores, podendo sofrer consideráveis e até irremediáveis prejuízos". VELOSO, Zeno. *Estatuto da pessoa com deficiência:* uma nota crítica. Disponível em: <http://www.ibdfam. org.br/noticias/5998/Especialistas+questionam+capacidade+ civil+prevista+no+Estatuto+da+Pessoa+com+Defici%C3%AAncia%22>. Acesso em: 16 jun. 2016.

[61] SIMÃO, José Fernando. *Estatuto da Pessoa com Deficiência causa perplexidade* (Parte I). Disponível em: <http://www.conjur.com.br/2015-ago-06/jose-simao-estatuto-pessoa-deficiencia-causa-perplexidade>. Acesso em: 16 jun. 2016.

porta do metrô) esse contrato é anulável, pois não foi o incapaz assistido. Com a vigência do Estatuto esse contrato passa a ser, em tese, válido, pois celebrado por pessoa capaz. Para sua anulação, necessária será a prova dos vícios do consentimento (erro ou dolo) o que exigirá prova de maior complexidade e as dificuldades desta ação são enormes.[62]

Como disse o preclaro José Fernando Simão, a saída diante de problema dessa natureza seria se socorrer da tentativa de invalidação do negócio jurídico diante da constatação de um vício do consentimento. Em acréscimo, dizemos mais. Outro caminho poderia ser a tentativa de invalidação do negócio com base em violação ao princípio da boa-fé objetiva. Além disso, com cientificidade, Zeno Veloso, ainda propõe uma terceira via – a da inexistência do negócio jurídico, e não a sua invalidade –, em crítica ao que fora estatuído pela nova Lei:

> O que transmite a sua vontade tem de ter um mínimo de liberdade, compreensão, discernimento. E se tiver sido nomeado curador ao deficiente, não há intervenção do assistente que supra a questão principal de o agente não possuir vontade consciente, de não ter a mínima compreensão a respeito do significado, extensão, efeitos do negócio jurídico. Na falta de uma intervenção corretiva do legislador (que sempre é tardonha), minha primeira impressão sobre a questão que estou apresentando, é de que, para evitar graves distorções e evidentes injustiças, temos de invocar a teoria da inexistência, e privar de qualquer efeito negócios jurídicos cuja vontade foi extorquida e nem mesmo manifestada conscientemente. Para ser nulo ou anulável, é preciso que o negócio jurídico exista. A inexistência é uma categoria jurídica autônoma.[63]

Findando as críticas ora mencionadas, não podemos deixar de apresentar o desabafo de Vítor Frederico Kümpel e Bruno de Ávila Borgarelli:

> O eixo do sistema de *capacidade de fato* (ou *de agir*) da pessoa natural é a cognoscibilidade e a autodeterminação, de forma que é plenamente capaz para os atos da vida civil aquele que compreende e se autodetermina, e que, portanto, tem pleno poder de gerenciar sua vida, seus negócios e seus bens. O discernimento está na base desse instituto. Aquele que não compreende e nem se autodetermina precisa ser rigorosamente protegido, e até mesmo de si próprio. (...) A vulnerabilidade do indivíduo não pode nunca ser desconsiderada pelo ordenamento. Isso é óbvio. Porém, infelizmente, a Lei nº 13.146/2015, ao mutilar os arts. 3º e 4º do Código, desguarnece justamente aquele que não tem nenhum poder de autodeterminação. Trata-se de "autofagia legislativa". (...) Parece incrível o dispositivo legal. Aterrorizante, na verdade. O seu pretenso alvo de proteção é, ao mesmo tempo, sua maior vítima! (...) E, já não bastasse a gravidade do erro do legislador, a doutrina entrou a despejar impropriedades. Lendo alguns artigos

---

[62] SIMÃO, José Fernando. *Estatuto da Pessoa com Deficiência causa perplexidade* (Parte I). Disponível em: <http://www.conjur.com.br/2015-ago-06/jose-simao-estatuto-pessoa-deficiencia-causa-perplexidade>. Acesso em: 16 jun. 2016.

[63] VELOSO, Zeno. *Estatuto da pessoa com deficiência:* uma nota crítica. Disponível em: <http://flaviotartuce.jusbrasil.com.br/artigos/338456458/estatuto-da-pessoa-com-deficiencia-uma-nota-critica>. Acesso em: 16 jun. 2016.

de renomados autores sobre o assunto, chega a gerar perplexidade a maneira como o assunto é tratado. A lei é aplaudida explicitamente por criar uma suposta "inclusão" dos deficientes. De fato, ela os inclui, jogando-os no grupo dos capazes, isto é, daqueles que não recebem a proteção consubstanciada no sistema das incapacidades. Os inclui para desprotegê-los e abandoná-los a sua própria sorte. Façamos um esforço mínimo de racionalidade. As ideias mais funestas buscam se concretizar sob o manto da ética e moralidade. O diabo nunca se apresenta com chifres e tridente; normalmente aparece como um anjo de luz.[64]

10.2.9. Formas de obtenção de capacidade

Adquire-se a capacidade de fato quando a causa geradora da incapacidade deixe de existir. Por exemplo, quando cesse a prodigalidade. Evidentemente que a interdição deverá ser levantada quando cessar a causa que a determinou (art. 756, CPC/2015[65]).

Ocorre que, se o motivo da incapacidade for a imaturidade, ou seja, a pessoa é considerada incapaz por ser menor de idade, obter-se-á a capacidade quando completados 18 anos de idade (art. 5º, *caput*, CC[66]). Questão interessante é indagar se o alcance da maioridade representaria o fim da obrigação de um pai prestar alimentos ao seu filho. A resposta há de ser negativa. A obrigação alimentar continua, não será extinta automaticamente. A diferença é que, antes, a obrigação derivava do poder familiar, depois do alcance da maioridade, a prestação alimentar é devida em virtude da relação de parentesco. Nesse sentido, *vide* Súmula nº 358 do STJ: "O cancelamento de pensão alimentícia de filho que atingiu a maioridade está sujeito à decisão judicial, mediante contraditório, ainda que nos próprios autos".

---

[64] KUMPEL, Vítor Frederico; BORGARELLI, Bruno de Ávila. *As aberrações da Lei nº 13.146/2015*. Disponível em: <http://www.migalhas.com.br/dePeso/16,MI224905,61044-As+aberracoes+da+lei+131462015>. Acesso em: 16 jun. 2016.

[65] Art. 756, CPC/2015: "Levantar-se-á a curatela quando cessar a causa que a determinou. § 1º O pedido de levantamento da curatela poderá ser feito pelo interdito, pelo curador ou pelo Ministério Público e será apensado aos autos da interdição. § 2º O juiz nomeará perito ou equipe multidisciplinar para proceder ao exame do interdito e designará audiência de instrução e julgamento após a apresentação do laudo. § 3º Acolhido o pedido, o juiz decretará o levantamento da interdição e determinará a publicação da sentença, após o trânsito em julgado, na forma do art. 755, § 3º, ou, não sendo possível, na imprensa local e no órgão oficial, por 3 (três) vezes, com intervalo de 10 (dez) dias, seguindo-se a averbação no registro de pessoas naturais. § 4º A interdição poderá ser levantada parcialmente quando demonstrada a capacidade do interdito para praticar alguns atos da vida civil".

[66] Art. 5º, CC: "A menoridade cessa aos dezoito anos completos, quando a pessoa fica habilitada à prática de todos os atos da vida civil". Importante lembrar que a redução da maioridade que no CC/16 era 21 anos para 18 anos no CC/2002 não atingiu os benefícios previdenciários dos filhos dependentes até os 21 anos. É o que se extrai do Enunciado nº 3 do CJF: "a redução do limite etário para a definição da capacidade civil aos 18 anos não altera o disposto no art. 16, I, da Lei nº 8.213/91, que regula específica situação de dependência econômica para fins previdenciários e outras situações similares de proteção, previstas em legislação especial".

Entretanto, é possível que o menor de 18 anos obtenha capacidade plena para a prática de atos na vida civil, mediante a emancipação que, em qualquer das espécies que se manifeste, não admitirá a sua revogação.

10.2.9.1. Espécies de emancipação

a) Voluntária ou Negocial (art. 5º, parágrafo único, I, 1ª parte, do CC)

Os pais podem emancipar o filho, mediante instrumento público, independentemente de homologação judicial. A decisão deve ser tomada conjuntamente pelos pais ou, então, por um deles na falta do outro. Em caso de não haver o consentimento do pai ou da mãe, aquele que possuir interesse poderá requerer o suprimento judicial.

A emancipação voluntária deverá ser feita necessariamente por instrumento público, de modo que se considera revogado o art. 90 da LRP, que admitia o ato por instrumento particular. Para tanto, o menor deverá possuir no mínimo 16 anos.

Trata-se de faculdade dos pais e não é possível que haja revogação posterior.

Não há exoneração dos pais em caso de responsabilidade civil pelos danos causados pelo filho menor. Assim, dispõe o Enunciado nº 41, aprovado na I Jornada de Direito Civil: "A única hipótese em que poderá haver responsabilidade solidária do menor de 18 anos com seus pais é ter sido emancipado nos termos do art. 5º, parágrafo único, inc. I, do novo Código Civil". No Código Civil de 2002, em seu art. 928[67], vislumbra-se a responsabilidade subsidiária do incapaz por seus atos. Assim, como regra geral, o prejudicado voltar-se-á em face dos responsáveis pelo incapaz e, subsidiariamente, poderá se voltar contra o próprio incapaz. Quando há a emancipação voluntária operada pelos pais do menor, de acordo com a orientação de enunciado retromencionado é caso de responsabilidade solidária dos pais e dos filhos menores. Caso contrário, um pai espertamente que queira ver-se livre da responsabilidade pelos atos praticados pelo seu filho menor, simplesmente se socorreria da emancipação voluntária. Assim, afastando fraudes nesse sentido, surge o enunciado propondo a responsabilização solidária. Releva notar que, para as demais hipóteses de emancipação, a seguir analisadas, o enunciado não terá aplicação de tal modo que a responsabilidade será exclusivamente do menor que já obtivera capacidade plena em virtude de emancipação, sem ser aquela operada pelos pais.

Atentos às decisões do STJ, afeto ao tema, constata-se a seguinte manifestação:

DIREITO ADMINISTRATIVO. POSSE EM CARGO PÚBLICO POR MENOR DE IDADE. Ainda que o requisito da idade mínima de 18 anos conste em lei e no edital de concurso público, é possível que o candidato menor de idade aprovado no concurso tome posse no cargo de auxiliar de biblioteca no caso em que ele, possuindo 17 anos e 10 meses na data da sua posse, já havia sido emancipado voluntariamente por seus pais há 4

---

[67] Art. 928, CC: "O incapaz responde pelos prejuízos que causar, se as pessoas por ele responsáveis não tiverem obrigação de fazê-lo ou não dispuserem de meios suficientes".

meses. De fato, o STF consolidou sua jurisprudência quanto à constitucionalidade de limites etários na Súmula nº 683, segundo a qual "O limite de idade para a inscrição em concurso público só se legitima em face do art. 7º, XXX, da Constituição, quando possa ser justificado pela natureza das atribuições do cargo a ser preenchido". No caso em análise, o requisito da idade mínima de 18 anos deve ser flexibilizado pela natureza das atribuições do cargo de auxiliar de biblioteca, tendo em vista que a atividade desse cargo é plenamente compatível com a idade de 17 anos e 10 meses do candidato que já havia sido emancipado voluntariamente por seus pais há 4 meses. Além disso, o art. 5º, parágrafo único, do CC, ao dispor sobre as hipóteses de cessação da incapacidade para os menores de 18 anos – entre elas, a emancipação voluntária concedida pelos pais (caso em análise) e o exercício de emprego público efetivo –, permite o acesso do menor de 18 anos ao emprego público efetivo. REsp 1.462.659-RS, Rel. Min. Herman Benjamin, julgado em 1º/12/2015, *DJe* 4/2/2016 (Informativo nº 576).

b) Judicial (art. 5º, parágrafo único, I, 2ª parte, do CC)

A emancipação judicial é aquela que se opera, evidentemente, por meio de um ato judicial. É a hipótese em que o menor, com 16 anos completos, que esteja sob tutela, requer ao juiz a sua emancipação. O tutor, simplesmente, será ouvido pelo juiz para dar a sua opinião acerca do cabimento da emancipação. Importante perceber ainda, que o tutor não poderá requerer a emancipação do menor, porque a tutoria é um *munus* público do qual o tutor não se pode esquivar.[68]

Antes de analisar a próxima espécie de emancipação, insta salientar que é possível a desconstituição do ato emancipatório que tenha se constituído por meio de vício do consentimento. Nesse sentido, o Enunciado nº 397, aprovado na V Jornada de Direito Civil, que apresenta o seguinte teor: "A emancipação por concessão dos pais ou por sentença do juiz está sujeita à desconstituição por vício de vontade".

c) Legal (art. 5º, parágrafo único, II, III, IV e V, do CC)

A emancipação legal é aquela que decorre de lei, automaticamente, sem que a parte interessada tenha de tomar qualquer providência. Ocorre nas seguintes situações:

* **Pelo casamento**: um dos efeitos do casamento é a emancipação. Isso porque casar é um dos atos mais importantes da vida civil, e impõe-se como absolutamente incoerente a pessoa casada possuir as limitações decorrentes da incapacidade. A lei não exige, de forma expressa, idade mínima para essa hipótese de emancipação. Todavia, é possível perceber a exigência (idade mínima de 16 anos), de forma implícita, já que a idade

---

[68] César Fiuza apresenta um posicionamento diferenciado acerca do tema: "Será judicial a emancipação em dois casos. Primeiramente, quando um dos pais não concordar em emancipar o filho, contrariando a vontade do outro. Neste caso, só o juiz para decidir a pendência. Em segundo lugar, se o menor, com mais de 16 anos, estiver sob assistência de tutor. Ora, o tutor tem poderes para emancipar por si mesmo, pois que não detém o poder familiar ou parental. Neste caso, a emancipação deverá ser requerida pelo juiz". FIUZA, César. *Direito civil*. Curso Completo. 9. ed. Belo Horizonte: Del Rey, 2006. p. 135. Nesse mesmo sentido: TARTUCE, Flávio. *Manual de direito civil*. Volume único. 2. ed. São Paulo: Método, 2012. p. 83.

núbil, tanto para o homem quanto para a mulher, é de 16 anos.[69] Se houver a dissolução do casamento por separação ou divórcio, ou então, em caso de viuvez, a emancipação continuará a produzir efeitos. Assim, em relação a uma moça que, por exemplo, tenha se casado aos 16 anos e tenha se emancipado, caso seu marido venha a falecer antes de a viúva completar 18 anos, a emancipação continuará a produzir os seus efeitos. Entretanto, solução diferente é lembrada em caso de casamento nulo ou anulável, já que em relação a este devem ser aplicadas as regras da putatividade previstas no art. 1.561 do CC[70], de modo que ao cônjuge de boa-fé o casamento produzirá seus efeitos, dentre eles, a emancipação. Por fim, lembramos que por interpretação literal do art. 5º, parágrafo único, II do CC o que emancipa é o casamento e não a união estável. Isso porque, de todo impossível, verificar a data exata do início do estabelecimento da união estável. E mais, tradicionalmente, a interpretação incidente sobre o parágrafo único do art. 5º, do CC é de que as situações lá descritas são taxativas. Entretanto, se a tendência atual é exatamente a de equiparar a união estável ao casamento será, sim, caso de se ampliar a interpretação do referido inciso, estendendo-se aos casos de união estável.

- **Pelo exercício de emprego público efetivo**: há orientação da doutrina no sentido de que a emancipação também ocorrerá em se tratando de cargo público e função pública, embora o inciso não mencione tais hipóteses. As situações de emprego temporário ou cargo comissionado não estariam abarcadas nesse quadrante, poderiam, entretanto se enquadrar na previsão do inciso V do parágrafo único do art. 5º do CC, adiante analisada. Ademais, exige-se o efetivo exercício de emprego público, não bastando a simples aprovação em concurso ou mesmo a posse. Na prática, essa hipótese não tem aplicabilidade em razão da exigência de idade mínima de 18 anos para se prestar o concurso.

- **Pela colação de grau em curso de ensino superior**: não há exigência que seja em universidade pública. Na prática, também não se verifica por causa do quão extenso se apresenta o currículo escolar, ocorrendo, sim, em raríssimas hipóteses de crianças ou adolescentes com inteligência acima da média.

- **Pelo estabelecimento civil ou comercial, ou pela existência de relação de emprego, desde que em função deles, o menor com dezesseis anos completos tenha economia própria**: é o caso do menor que possui independência financeira em decorrência do estabelecimento civil ou comercial, ou então, relação de emprego. Para que se configure a causa emancipatória,

---

[69] Antes da Lei nº 13.811/2019 admitia-se o casamento antes dos 16 anos, excepcionalmente, em caso de gravidez. Situação que resultaria em inevitável hipótese de emancipação da pessoa que se casasse antes da idade legal exigida para o casamento.

[70] Art. 1.561. Embora anulável ou mesmo nulo, se contraído de boa-fé por ambos os cônjuges, o casamento, em relação a estes como aos filhos, produz todos os efeitos até o dia da sentença anulatória. § 1º Se um dos cônjuges estava de boa-fé ao celebrar o casamento, os seus efeitos civis só a ele e aos filhos aproveitarão. § 2º Se ambos os cônjuges estavam de má-fé ao celebrar o casamento, os seus efeitos civis só aos filhos aproveitarão.

há exigência de mínimo de idade, isto é, 16 anos. De acordo com Maria Alice Zaratin Lotufo, "por economia própria deve-se entender o estado econômico de independência do menor, advindo da poupança de recursos obtidos em empregos até eventuais, de trabalhos diversos na economia informal, quer dizer, de bens que o menor adquiriu com esforço próprio, não decorrente de herança, doação ou legado, administrados pelos seus representantes legais".[71]

Há que se lembrar ainda que a Lei nº 4.375/64 admite situação especial de emancipação operada em relação ao menor militar que completa 17 anos. É o que estabelece o art. 73 da referida Lei: "Para efeito do Serviço Militar, cessará a incapacidade civil do menor, na data em que completar 17 (dezessete) anos".

10.2.9.2. Prova de emancipação

A emancipação voluntária e a judicial serão comprovadas pelo registro público. Assim, a emancipação por outorga dos pais feita por instrumento público, bem como a sentença do juiz que conceder a emancipação, deverão ser levadas a registro em cartório especialmente designado a tal fim (art. 9º, II, CC, e art. 89, LRP).

Já nas hipóteses de emancipação legal, não há qualquer exigência de registro. Assim, será provada a emancipação por meio da certidão de casamento, do diploma de conclusão de curso superior, da carteira de trabalho etc.

10.2.9.3. Efeito da emancipação

Finalizamos o tema emancipação, lembrando que o seu principal efeito é o de que aquela pessoa, que ainda não tenha completado 18 anos, já pode praticar os atos da vida civil (por exemplo, celebrar um contrato) sem a necessidade de representação ou assistência, já que, embora menor, adquiriu capacidade plena por força da emancipação.

Entretanto, vale lembrar que mesmo emancipada não são todos os atos que essa pessoa poderá exercitar. Em virtude de regras especiais, por exemplo, aquela pessoa não poderá obter a carteira de habilitação, já que para o Código de Trânsito, a idade para tanto é de 18 anos. Nesse mote, foi aprovado o Enunciado nº 530, na VI Jornada de Direito Civil, com a seguinte redação: "A emancipação, por si só, não elide a incidência do Estatuto da Criança e do Adolescente".

11. REGISTRO E AVERBAÇÃO

A fim de se buscar publicidade, afora os aspectos de autenticidade e perpetuidade que são levados em consideração, de acordo com o art. 9º do CC, deverão ser registrados em Registro Público:

---

[71] LOTUFO, Maria Alice Zaratin. Das pessoas naturais. In: LOTUFO, Renan; NANNI, Giovanni Ettore (Coords.). *Teoria geral do direito civil*. São Paulo: Atlas, 2008. p. 233.

Cap. 3 – DAS PESSOAS NATURAIS

- os nascimentos, casamentos e óbitos;
- a emancipação por outorga dos pais ou sentença do juiz;
- a interdição por incapacidade absoluta ou relativa;
- a sentença declaratória de ausência e de morte presumida.

Não se confundindo com o registro, existe a averbação, que nada mais é do que um ato do registro, que deve ser feito à sua margem. Assim, de acordo com o art. 10 do CC, deverão ser averbados em Registro Público:

- as sentenças que decretarem a nulidade ou anulação do casamento, o divórcio, a separação judicial e o restabelecimento da sociedade conjugal;
- os atos judiciais ou extrajudiciais que declararem ou reconhecerem a filiação.

12. DOS DIREITOS DA PERSONALIDADE

12.1. A proteção aos direitos da personalidade

Os direitos da personalidade são os direitos que o ser humano possui sobre os seus atributos fundamentais (físicos, intelectuais, psíquicos e morais), tais como o direito à vida, à privacidade, à intimidade, à honra, ao nome, à imagem, à integridade física etc.

Os direitos da personalidade espraiam-se nos seguintes aspectos: físico, intelectual e moral. Assim sendo, conforme preleciona Leila Donizetti:

> No seu aspecto físico, destacam-se o direito à vida e ao próprio corpo. No aspecto intelectual, o direito à liberdade de pensamento, o direito à autoria científica, artística ou literária e, ainda, no aspecto moral, o direito à liberdade, à honra, ao recato, ao segredo, à imagem, à identidade, além do direito de exigir de terceiros o respeito a esses direitos. Em razão de estarem inseridos no rol dos direitos subjetivos, esses direitos conferem ao seu titular o poder de implementar atitudes com o objetivo de preservá-los.[72]

A Constituição Federal de 1988 refere-se aos direitos da personalidade em seu art. 5º, X, ao estabelecer que: "X – são invioláveis a intimidade, a vida privada, a honra e a imagem das pessoas, assegurado o direito a indenização pelo dano material ou moral decorrente de sua violação". Afora isso, o art. 1º, III, da CF/88, expõe a dignidade da pessoa humana[73] como princípio estruturador de todo o ordenamento jurídico e dispõe ainda, em seu art. 3º, III, como objetivo

---

[72] DONIZETTI, Leila. *Filiação socioafetiva e direito à identidade genética*. Rio de Janeiro: Lumen Juris, 2007. p. 65.

[73] Oportuna é a conclusão de Leila Donizetti, em obra ímpar, ao dizer que "a interpretação dos direitos da personalidade conduz à compreensão de que eles nada mais são do que a garantia dada pelo Direito Privado para afirmar a dignidade da pessoa humana". DONIZETTI, Leila. *Filiação socioafetiva e direito à identidade genética*. Rio de Janeiro: Lumen Juris, 2007. p. 64.

fundamental da República, a erradicação da pobreza e da marginalização e a redução das desigualdades sociais e regionais.

Embora já suficiente a imposição Constitucional, o Código Civil de 2002, não fugindo do norte indicado pela *Lex Fundamentallis*, disciplina em capítulo próprio os direitos da personalidade (arts. 11 ao 21), o que não fazia o velho Código de 1916.

12.2. Características dos direitos da personalidade

Os direitos da personalidade apresentam características próprias que os delimitam justa e perfeitamente. Desse modo, podemos dizer que os direitos da personalidade são:

a) **Absolutos:** por serem exigíveis e oponíveis a toda a sociedade, sendo, portanto, oponíveis *erga omnes*;

b) **Vitalícios:** por serem intransmissíveis por via sucessória, embora a proteção de alguns direitos da personalidade manter-se em uma projeção *post mortem*.

c) **Indisponíveis:** por não admitirem a alienação (art. 11, CC). Entretanto, excepcionalmente, alguns dos direitos da personalidade como, por exemplo, o direito à imagem, podem ter o seu exercício cedido temporariamente, bem como se impõe a obrigatoriedade de exposição de foto em documento de identidade por interesse social e admite-se a doação de órgãos dentro das limitações legais. Diante dessas exceções, alguns os denominam relativamente disponíveis. É evidente que essa possibilidade de disposição encontra limites no princípio da dignidade da pessoa humana. Nesse sentido, foi aprovado na I Jornada de Direito Civil, o Enunciado nº 4, com o seguinte teor: "O exercício dos direitos da personalidade pode sofrer limitação voluntária, desde que não seja permanente nem geral". A III Jornada de Direito Civil, de igual modo, aprovou o Enunciado nº 139, complementando a ideia iniciada anteriormente, dispondo: "Os direitos da personalidade podem sofrer limitações, ainda que não especificamente previstas em lei, não podendo ser exercidos com abuso de direito de seu titular, contrariamente à boa-fé objetiva e aos bons costumes". A conclusão que se deve alcançar é: a disposição de direito da personalidade é possível desde que não seja geral, permanente e, o mais importante, não atinja a dignidade da pessoa humana. De acordo com Cristiano Chaves e Nelson Rosenvald, "mesmo que alguém manifeste, expressamente a sua vontade, não será possível ceder o exercício de um direito da personalidade com afronta à sua dignidade (mínimo existencial). Seria o exemplo de uma pessoa que consente em participar de um programa de televisão em que a sua integridade física é aviltada. No caso, a sua aquiescência é irrelevante, pois atenta contra a sua dignidade".[74]

---

[74] FARIAS, Cristiano Chaves de; ROSENVALD, Nelson. *Curso de direito civil:* parte geral e LINDB. 13. ed. São Paulo: Atlas, 2015. p. 143.

Cap. 3 – DAS PESSOAS NATURAIS

d) Extrapatrimoniais: por não se circunscreverem à esfera econômico patrimonial, não sendo possível a sua aferição econômica. O que se admite, entretanto é, em caso de lesão ou ameaça, a estimação para uma eventual compensação.

e) Impenhoráveis: trata-se de corolário lógico do caráter extrapatrimonial dos direitos da personalidade, de modo que é curial saber que os direitos da personalidade não podem sofrer constrição judicial para a satisfação de dívidas.

f) Ilimitados: uma vez que não podem ser reduzidos a um rol taxativo de direitos previsto em lei.

g) Imprescritíveis[75]**:** o exercício de um direito da personalidade não está adstrito a prazos de qualquer espécie. A tutela deferida para a hipótese de violação de um direito da personalidade está sujeita a um prazo, mas o exercício de um direito da personalidade não.

12.3. A cláusula geral de tutela aos direitos da personalidade

O art. 12 do Código Civil estampa uma cláusula geral de tutela aos direitos da personalidade, informando-nos que: "Pode-se exigir que cesse a ameaça, ou a lesão, a direito da personalidade, e reclamar perdas e danos, sem prejuízo de outras sanções previstas em lei". Por esse artigo, vislumbra-se a possibilidade de manejar tanto preventivamente a tutela aos direitos da personalidade quanto repressivamente. A tutela preventiva será aventada pelo ameaçado ou pelos seus herdeiros diante da simples ameaça de lesão aos direitos da personalidade, sendo despiciendo socorrer-se de cautelares, uma vez que o art. 497 do CPC/2015 traz a possibilidade de tutela inibitória que visa justamente inibir a perpetração do ilícito.[76] Se a lesão já se configurou, deve-se recorrer à tutela repressiva para salvaguarda dos direitos da personalidade, transitando tanto cível (reparação por danos morais), quanto criminalmente, caso a lesão se traduza em um tipo penal.

Havendo a ameaça ou lesão a qualquer direito da personalidade, ainda que não discriminado nos arts. 11 ao 21 do Código Civil, nada impedirá a tutela do prejudicado diante da cláusula geral de tutela aos direitos da personalidade, além, é claro, da previsão constitucional de seu resguardo (art. 5º, X, CF/88).

O Código Civil dispõe que, em caso de morte, terá legitimidade para requerer as tutelas preventiva ou repressiva o cônjuge sobrevivente, ou qualquer parente em linha reta, ou na colateral até o quarto grau (art. 12, parágrafo único). A IV Jornada de Direito Civil também aprovou enunciado atinente ao tema com a seguinte redação: "O rol dos legitimados de que tratam os arts. 12, parágrafo

---

[75] A designação mais precisa seria dizer que os direitos da personalidade são perpétuos, como melhor analisado por nós em tópico específico.

[76] Nesse sentido, o Enunciado nº 140 foi aprovado na III Jornada de Direito Civil com o seguinte teor: "A primeira parte do art. 12 do Código Civil refere-se às técnicas de tutela específica, aplicáveis de ofício, enunciadas no art. 461 do Código de Processo Civil, devendo ser interpretada com resultado extensivo". O artigo mencionado é do CPC de 1973. No CPC de 2015, o seu correspondente se encontra no art. 497.

único, e 20, parágrafo único, do Código Civil também compreende o companheiro" (Enunciado nº 275, CJF). Além disso, na V Jornada de Direito Civil, foram aprovados mais três enunciados referentes ao parágrafo único do art. 12 e parágrafo único do art.20. São os seguintes:

- Enunciado nº 398, CJF: "As medidas previstas no art. 12, parágrafo único, do Código Civil podem ser invocadas por qualquer uma das pessoas ali mencionadas de forma concorrente e autônoma".

- Enunciado nº 399, CJF: "Os poderes conferidos aos legitimados para a tutela *post mortem* dos direitos da personalidade, nos termos dos arts. 12, parágrafo único, e 20, parágrafo único, do CC, não compreendem a faculdade de limitação voluntária".

- Enunciado nº 400, CJF: "Os parágrafos únicos dos arts. 12 e 20 asseguram legitimidade, por direito próprio, aos parentes, cônjuge ou companheiro para a tutela contra a lesão perpetrada *post mortem*".

12.4. A relativização dos direitos da personalidade

Atentemos, ainda, para o Enunciado nº 274, aprovado na IV Jornada de Direito Civil, promovida pelo Centro de Estudos Judiciários do Conselho de Justiça Federal, que estabeleceu que:

> Os direitos da personalidade, regulados de maneira não exaustiva pelo Código Civil, são expressões da cláusula geral de tutela da pessoa humana, contida no art. 1º, III, da Constituição (princípio da dignidade da pessoa humana). Em caso de colisão entre eles, como nenhum pode sobrelevar os demais, deve-se aplicar a técnica da ponderação.

O entendimento consolidado no referido enunciado nos remete à polêmica discussão que gira em torno da colisão entre direitos fundamentais. É de se aventar, por exemplo, o paciente que por convicções religiosas se recusa à intervenção médica por meio de procedimento de transfusão de sangue.[77] É claro que, nesse momento, dois direitos fundamentais estão a colidir: o direito à vida *versus* o direito à liberdade religiosa. Ou mesmo a hipótese corriqueira da liberdade de expressão do meio de comunicação se digladiar com a intimidade de determinada pessoa.[78]

---

[77] As opiniões de Pablo Stolze Gagliano e Rodolfo Pamplona Filho merecem ser levadas em consideração diante da problemática. Assim os doutrinadores se manifestam: "Nenhum posicionamento que se adotar agradará a todos, mas parece-nos que, em tais casos, a cautela recomenda que as entidades hospitalares, por intermédio de seus representantes legais, obtenham o suprimento da autorização pela via judicial, cabendo ao magistrado analisar, no caso concreto, qual o valor jurídico a preservar". GAGLIANO, Pablo Stolze; PAMPLONA FILHO, Rodolfo. *Novo curso de direito civil*: parte geral. v. 1. 10. ed. São Paulo: Saraiva, 2008. p. 156.

[78] Nesta hipótese, oportuno o entendimento consolidado no Enunciado nº 279 do CJF: "A proteção à imagem deve ser ponderada com outros interesses constitucionalmente tutelados, especialmente em face do direito de amplo acesso à informação e da liberdade de imprensa. Em caso de colisão, levar-se-á em conta a notoriedade do retratado e dos fatos abordados, bem como a veracidade destes e, ainda, as características de sua utilização (comercial, informativa,

Qual direito deverá prevalecer? A solução, decerto, oportuniza-se por meio da ponderação dos direitos fundamentais.[79]

Assim, em um Estado Democrático de Direito, fixando-se o caso concreto, torna-se possível a relativização de determinado direito da personalidade diante de outro.

Um exemplo de aplicação da técnica da ponderação pode ser analisado por meio do julgado a seguir apresentado:

> INDENIZAÇÃO. DANOS MATERIAIS E MORAIS. EXAME INVOLUNTÁRIO. Trata-se, na origem, de ação de reparação por danos materiais e compensação por danos morais contra hospital no qual o autor, recorrente, alegou que preposto do recorrido, de forma negligente, realizou exame não solicitado, qual seja, anti-HIV, com resultado positivo, o que causou enorme dano, tanto material quanto moral, com manifesta violação da sua intimidade. A Turma, ao prosseguir o julgamento, por maioria, entendeu que, sob o prisma individual, o direito de o indivíduo não saber que é portador de HIV (caso se entenda que este seja um direito seu, decorrente da sua intimidade) sucumbe, é suplantado por um direito maior, qual seja, o direito à vida longeva e saudável. Esse

---

biográfica), privilegiando-se medidas que não restrinjam a divulgação de informações". Temperando o conteúdo desse enunciado, na VIII Jornada de Direito Civil, foi aprovado o Enunciado nº 613 com o seguinte conteúdo: "A liberdade de expressão não goza de posição preferencial em relação aos direitos da personalidade no ordenamento jurídico brasileiro". Em justificativa ao enunciado relatou-se que: "direitos da personalidade, que colidem frequentemente com a liberdade de expressão, também possuem elevado 'peso abstrato', em razão de sua conexão direta e imediata com a dignidade da pessoa humana, verdadeiro fundamento da República. Assim, revela-se arbitrária qualquer tentativa apriorística de privilegiar algum desses direitos. A relação de prevalência deverá ser determinada à luz de elementos extraídos do caso concreto. Assim, não devem ser excluídos meios de tutela que possam se revelar adequados à proteção do direito da personalidade lesado. Isto inclui a possibilidade de interromper a circulação de informações (ex.: retirar das bancas revista que divulgue fotos íntimas de ator famoso) ou impedir sua publicação (ex.: biografia que retrate a vida do biografado de maneira desconectada da realidade, relatando fatos comprovadamente inverídicos). Em determinados casos, chega-se a propor a limitação dos remédios disponíveis ao lesado à solução pecuniária (indenização). É de se recordar, porém, que o que a Constituição assegura a todo cidadão não é o direito a ser indenizado por violações à privacidade; é o direito à privacidade em si".

[79] "Exemplo conhecido é o de *Monsieur Wackenheim*, que, na cidade francesa de *Morsang-sur--Orge*, protagonizava, mediante remuneração, a insólita modalidade de lazer intitulada *lancer de nain* (lançamento de anão). O Conselho de Estado manteve a proibição municipal emitida contra tal atividade com base na proteção à dignidade humana, embora o próprio *Wackenheim* alegasse que seu direito ao trabalho – parte integrante também de sua própria personalidade – não lhe vinha, na prática assegurado pelo mesmo Estado que agora pretendia desempregá-lo com a proibição daquela atividade. Das diversas premissas da decisão se extrai a necessidade de proteção do indivíduo contra si mesmo, contra os efeitos da sua liberdade, e especialmente da sua liberdade de contratar. O grandioso precedente, longe de esgotar a discussão, revela o antagonismo inerente aos *hard cases* dessa espécie, a revelar não raro aspectos conflitantes diante dos quais o jurista deve empregar o método ponderativo em sua mais genuína essência. No balanceamento de interesses contrapostos, há de identificar as circunstâncias relevantes a cada conflito, não podendo eximir-se aí de uma sensibilidade que se poderia dizer quase literária". SCHREIBER, Anderson. *Direito civil e constituição*. São Paulo: Atlas, 2013. p. 47-48.

direito somente se revelou possível ao autor da ação com a informação, involuntária é verdade, sobre o seu real estado de saúde. Logo, mesmo que o indivíduo não queira ter conhecimento da enfermidade que o acomete, a informação correta e sigilosa sobre o seu estado de saúde dada pelo hospital ou laboratório, ainda que de forma involuntária, tal como no caso, não tem o condão de afrontar sua intimidade, na medida em que lhe proporciona a proteção de um direito maior. Assim, a Turma, por maioria, negou provimento ao recurso. REsp 1.195.995-SP, Rel. originária Min. Nancy Andrighi, Rel. para acórdão Min. Massami Uyeda, julgado em 22/3/2011.

No caso da colisão entre o direito à vida e o direito à liberdade religiosa, muito nos agrada o posicionamento de que, em se tratando de paciente menor e/ou situação emergencial, deverá ser feita a transfusão de sangue. Em relação ao menor porque esse não tem ainda maturidade suficiente para se manifestar. E em caso de situação emergencial, diante da indisponibilidade do direito à vida. Desse modo, a ponderação teria cabimento somente para as situações não emergenciais.

Atualmente, existem duas ações judiciais em andamento no STF acerca da autodeterminação das pessoas Testemunha de Jeová: ADPF 618 e RE 1.212.272, *leading case* do Tema 1.069 da sistemática da repercussão geral sobre o direito de autodeterminação das testemunhas de Jeová de submeterem-se a tratamento médico realizado sem transfusão de sangue, em razão de sua consciência religiosa.

12.5. O direito ao esquecimento

O direito ao esquecimento deve ser considerado o direito da personalidade pelo qual a pessoa tem o direito de ser esquecida por todos, isto é, pela opinião pública e pela sociedade. Nessa senda, a lembrança dos comportamentos individuais não pode se perpetuar incessantemente de modo a eternizar fatos cujos envolvidos clamam pelo esquecimento.[80]

O direito ao esquecimento foi reconhecido pelo Enunciado nº 531, aprovado na VI Jornada de Direito Civil, com a seguinte redação: "A tutela da dignidade da pessoa humana na sociedade da informação inclui o direito ao esquecimento". A justificativa do enunciado merece ser transcrita:

Os danos provocados pelas novas tecnologias de informação vêm-se acumulando nos dias atuais. O direito ao esquecimento tem sua origem histórica no campo das condenações criminais. Surge como parcela importante do direito do ex-detento à ressocialização. Não atribui a ninguém o direito de apagar fatos ou reescrever a própria história, mas apenas assegura a possibilidade de discutir o uso que é dado aos fatos pretéritos, mais especificamente o modo e a finalidade com que são lembrados.

---

[80] De acordo com o filósofo e jurista francês François Ost: "Uma vez que, personagem pública ou não, fomos lançados diante da cena e colocados sob os projetores da atualidade – muitas vezes, é preciso dizer, uma atualidade penal –, temos o direito, depois de determinado tempo, de sermos deixados em paz e a recair no esquecimento e no anonimato, do qual jamais queríamos ter saído". OST, François. *O tempo do direito*. Trad. Élcio Fernandes. Bauru: Edusc, 2005. p. 160.

Cap. 3 – DAS PESSOAS NATURAIS

O referido enunciado chega em socorro à realidade atual apresentada pela facilidade e rapidez com as quais fatos pretéritos são desenterrados e divulgados com a velocidade e com a dimensão que, por vezes, os seus envolvidos não a pretendem. As mídias sociais e virtuais, na contemporaneidade, têm o condão de ignorar qualquer interesse pessoal de estar só, de ser deixado em paz. Diante disso, em proteção à dignidade da pessoa humana e o próprio direito à intimidade decorre o direito ao esquecimento.

No Superior Tribunal de Justiça, a novidadeira tese do direito ao esquecimento se fez notar em dois recursos especiais pelos quais os interessados se insurgiram contra reportagens divulgadas pela Rede Globo. Uma das decisões foi afeta a um dos envolvidos no processo, que apurou a Chacina da Candelária, ocorrida no Rio de Janeiro, em 1993, o qual posteriormente foi absolvido pelo ocorrido. Em um programa televisivo, a Rede Globo divulgou o nome do autor da ação como um dos partícipes do crime e mesmo mencionando que ele havia sido absolvido, o STJ entendeu que houve danos à sua honra, já que ele teve o direito de ser esquecido reconhecido, impondo a reparação moral devida.[81]

Em outro julgado do STJ, os ministros entenderam pelo direito ao esquecimento da família de Aída Curi, vítima de crime ocorrido em 1958, em Copacabana no Rio de Janeiro. A Rede Globo por meio de dramatização reavivou a tragédia experimentada pela família quando rememorou o lastimável fato ocorrido no passado. Nesse caso, embora o Tribunal tenha reconhecido o direito ao esquecimento, não impôs reparação por dano moral já que, ao sentir dos julgadores, o foco do programa se deu em relação ao crime, e não em relação à vítima.[82]

O grande desafio é conciliar o direito ao esquecimento com a liberdade de expressão. Nesse caso, mais uma vez, a técnica da ponderação se torna oportuna.[83]

---

[81] STJ. REsp 1.334.097-RJ, 2013.

[82] STJ. REsp 1.335.153-RJ, 2013.

[83] "Neste embate entre direitos fundamentais – direito individual à privacidade e intimidade em face do interesse coletivo a liberdade de expressão e informação – sem ponto pacífico, um caso emblemático acendeu a chama de um debate importantíssimo sobre o direito ao esquecimento nas Cortes Europeias em 2009. Dois irmãos condenados por homicídio na década de 90 pleitearam perante o Tribunal de Hamburgo o direito de obter ordem judicial para suprimir todas as referências aos seus nomes do sítio Wikipedia, fundamentando o pedido no fato de que, após mais de 20 anos de condenação e já em liberdade, não havia motivos para se manter tais informações na Internet. A Corte Alemã acatou a tese dos condenados e acolheu o pedido. Um outro caso real acabou voltando os olhos do mundo para o direito ao esquecimento e impulsionou a Comissão Europeia a propor uma reforma global para endurecer as regras sobre a proteção de dados pessoais. O estudante Max Schrems, baseando-se em lei européia, solicitou ao Facebook que fornecesse acesso a todas as informações relacionadas a sua pessoa. Para seu espanto, recebeu um CD com mais de mil documentos que incluíam conversas em salas de bate-papo, fotos, pedidos de amizade em sítios de relacionamento, eventos participados e atualização de status de seu perfil, a maioria que já havia sido, supostamente, apagada pelo estudante tempos atrás. Isso motivou a Comissão Europeia a apresentar uma proposta para enriquecer ainda mais a proteção de dados pessoais, já garantida aos cidadãos europeus em decorrência do Regulamento 95/46/CE relativo à proteção de dados pessoais e a esclarecer a viabilidade do direito ao esquecimento. A Comissão Europeia, partindo do princípio que a proteção de dados pessoais é um direito fundamental de todos, ressalta que há o 'direito de as pessoas impedirem a continuação

Importante lembrar que na VII Jornada de Direito Civil foi aprovado o Enunciado nº 576, com o seguinte teor: "O direito ao esquecimento pode ser assegurado por tutela judicial inibitória". Em decisão de 2018, corroborando a tese do direito ao esquecimento, o STJ reconheceu que, nada obstante entendimento reiterado no sentido de afastar a responsabilidade de buscadores da internet pelos resultados de busca apresentados, há, todavia, circunstâncias excepcionalíssimas em que é necessária a intervenção pontual do Poder Judiciário para fazer cessar o vínculo criado, nos bancos de dados dos provedores de busca, entre dados pessoais e resultados da busca, que não guardam relevância para interesse público à informação, seja pelo conteúdo eminentemente privado, seja pelo decurso do tempo.[84]

Em 2020, a 3ª turma do STJ negou a aplicação do direito ao esquecimento à mulher condenada pelo assassinato de Daniella Perez, filha da escritora Gloria Perez, ocorrido em 1992. Paula Thomaz foi condenada, junto com o ator Guilherme de Pádua, com quem era casada à época, pelo assassinato de Daniella, que tinha 22 anos e foi morta com 18 punhaladas. Paula, o atual marido e filhos ajuizaram ação em virtude de publicação, na revista *IstoÉ*, em outubro de 2012, de uma reportagem com informações acerca do rumoroso crime. A autora alegou

---

do tratamento dos respectivos dados e de os mesmos serem apagados, quando deixarem de ser necessários para fins legítimos'. Um dos objetivos da Comissão Europeia é criar o direito a ser esquecido na Internet, permitindo apagar definitivamente fotografias e comentários, desde que não existam motivos legítimos para a sua manutenção, impondo, assim, limites em relação ao tempo que os sítios e redes sociais podem armazenar informações dos usuários." NEVES, Kelli Priscila Angelini; DOMINGUES, Diego Sígoli. *Direito ao esquecimento:* possibilidades e limites na Internet. Disponível em: <https://politics.org.br/edicoes/direito-ao-esquecimento-possibilidades-e-limites-na-internet>. Acesso em: 26 jun. 2016.

[84] "No caso, pleiteia-se a desindexação do nome da recorrente, em resultados nas aplicações de busca na internet, de notícia sobre fraude em concurso público, no qual havia sido reprovada. Atualmente, o fato referido já conta com mais de uma década, e ainda hoje os resultados de busca apontam como mais relevantes as notícias a ela relacionadas, como se, ao longo desta década, não houvesse nenhum desdobramento da notícia nem fatos novos relacionados ao nome da autora. Quanto ao assunto, a jurisprudência desta Corte Superior tem entendimento reiterado no sentido de afastar a responsabilidade de buscadores da internet pelos resultados de busca apresentados, reconhecendo a impossibilidade de lhe atribuir a função de censor e impondo ao prejudicado o direcionamento de sua pretensão contra os provedores de conteúdo, responsáveis pela disponibilização do conteúdo indevido na internet. Há, todavia, circunstâncias excepcionalíssimas em que é necessária a intervenção pontual do Poder Judiciário para fazer cessar o vínculo criado, nos bancos de dados dos provedores de busca, entre dados pessoais e resultados da busca, que não guardam relevância para interesse público à informação, seja pelo conteúdo eminentemente privado, seja pelo decurso do tempo. Essa é a essência do direito ao esquecimento: não se trata de efetivamente apagar o passado, mas de permitir que a pessoa envolvida siga sua vida com razoável anonimato, não sendo o fato desabonador corriqueiramente rememorado e perenizado por sistemas automatizados de busca. Por outro vértice, aqueles que quiserem ter acesso a informações relativas a fraudes em concurso público, não terão seu direito de acesso impedido, porquanto as fontes que mencionam inclusive o nome da autora permanecerão acessíveis. Contudo, sua busca deverá conter critérios relativos a esse conteúdo, seja em conjunto com o nome da autora, seja de forma autônoma." REsp 1.660.168-RJ, Rel. Min. Nancy Andrighi, Rel.Acd. Min. Marco Aurélio Bellizze, por maioria, julgado em 8/5/2018, *DJe* 5/6/2018 (Informativo nº 628, STJ).

que a referida reportagem apresentou imagem atual, sem o seu consentimento, bem como expôs, de maneira sensacionalista, sua vida contemporânea e a de seus familiares, ocasionando danos à esfera íntima dos autores.[85] Em suma, a 3ª Turma do STJ, mesmo mantendo condenação por danos morais em virtude da publicação de indevida matéria jornalística, concluiu que proibir futuras reportagens sobre o crime configuraria censura prévia.[86]

Em verdade, as questões afetas ao direito ao esquecimento são bastante sensíveis, pois envolvem a dignidade da pessoa humana e proteção de seus direitos da personalidade, tais como honra, privacidade, intimidade e imagem de um lado e, do outro, a liberdade de expressão e comunicação, aliada à vedação da censura.

Tanto assim que, em fevereiro de 2021, no RE 1.010.606 – RJ, por maioria de votos[87], no caso Aída Curi, o STF decidiu que o direito ao esquecimento não é compatível com a Constituição Federal de 1988. Nessa decisão, de repercussão geral, a Corte Constitucional fixou a seguinte tese:

> É incompatível com a Constituição Federal a ideia de um direito ao esquecimento, assim entendido como o poder de obstar, em razão da passagem do tempo, a divulgação de fatos ou dados verídicos e licitamente obtidos e publicados em meios de comunicação social – analógicos ou digitais. Eventuais excessos ou abusos no exercício da liberdade de expressão e de informação devem ser analisados caso a caso, a partir dos parâmetros constitucionais, especialmente os relativos à proteção da honra, da imagem, da privacidade e da personalidade em geral, e as expressas e específicas previsões legais nos âmbitos penal e cível.[88]

Assim, para a Corte Máxima de nosso ordenamento jurídico, a divulgação de fatos verídicos com a respectiva obtenção de informações de forma lícita, não pode ser solapada com base em um direito ao esquecimento genérico e abstrato. Ressalva-se, todavia, casos de excessos ou de abusos no exercício da liberdade de expressão que deverão ser analisados isoladamente, mesmo que o direito ao esquecimento não tenha sido reconhecido como um direito geral e abstrato. Nessa toada, percebe-se que a decisão do STF foi coerente com a manifestação dessa mesma Corte, de junho de 2015, na ADin 4.815 em que se fez prevalecer a liberdade de expressão ao tornar inexigível a autorização do biografado, diante da publicação de sua biografia, em claro apreço à memória histórica dos fatos retratados e a vedação à censura.

---

[85] STJ nega direito ao esquecimento a condenada por morte de Daniella Perez. Disponível em: <https://www.migalhas.com.br/quentes/325700/stj-nega-direito-ao-esquecimento-a-condenada-por-morte-de-daniella-perez>. Acesso em: 22 jul. 2020.

[86] STJ. REsp 1.736.803-RJ. Rel. Min. Ricardo Villas Bôas Cueva, Terceira Turma, por unanimidade, julgado em 28/4/2020, *DJe* 4/5/2020.

[87] Foram vencidos o Ministro Edson Fachin e, em parte, o Ministro Marco Aurélio. Afirmou suspeição o Ministro Roberto Barroso.

[88] STF. RE 1.010.606-RJ. Rel. Min. Dias Toffoli. Tribunal Pleno. J. 11/2/2021. P. 25/5/2021.

12.6. A proteção do Código Civil de 2002 a alguns direitos da personalidade

O Código Civil trata de maneira exemplificativa de alguns direitos da personalidade. Nos arts. 13, 14 e 15 a atenção volta-se para a integridade física da pessoa humana. Nos arts. 16 a 19 protege-se o nome da pessoa. E nos arts. 20 e 21 protege-se, respectivamente, o direito à imagem e o direito à vida privada.

Repita-se, pois, que a proteção destinada pelo Código Civil aos direitos da personalidade não é taxativa.

12.6.1. Direito à integridade física

O *caput* do art. 13 dispõe que: "salvo por exigência médica, é defeso o ato de disposição do próprio corpo, quando importar diminuição permanente da integridade física, ou contrariar os bons costumes". O que se quer dizer é que a pessoa natural não pode dispor de seu corpo como senhor absoluto de sua vida, de modo a se mutilar ou diminuir sua integridade física. Somente excepcionalmente e por exigência médica é que se admite a intervenção cirúrgica que interfira na integridade física.

Diante de tal dispositivo, de início, poder-se-ia afastar qualquer possibilidade de aceitação da cirurgia de transformação plástico-reconstrutiva da genitália externa, interna e caracteres sexuais secundários de pessoa transexual[89] para adequação de seu corpo ao seu sexo psíquico. Porém, diante de convincentes elucubrações formuladas pela doutrina (como a possibilidade de alguém, independentemente de autorização judicial, proceder a cirurgias de lipoaspiração, ou então, de redução ou aumento de mama), indagações surgiram sobre a possibilidade de alguém que é absolutamente infeliz diante de seu sexo de origem perseguir a possibilidade de adequação de seus caracteres externos à sua realidade psicológica, para seu necessário bem-estar psíquico, como as pessoas que recorrem a uma cirurgia de lipoaspiração ou a qualquer cirurgia plástica.

Nessa senda, o Enunciado nº 6, aprovado na I Jornada de Direito Civil dispôs: "A expressão 'exigência médica' contida no art. 13 refere-se tanto ao bem-estar físico quanto ao bem-estar psíquico do disponente". Diante desse enunciado, vislumbra-se a possibilidade de se proceder às cirurgias de neocolpovulvoplastia e de neofaloplastia, para as situações de transexualidade. Além disso, a IV Jornada de Direito Civil, aprovou o enunciado nº 276, com a seguinte redação: "O art. 13

---

[89] É importante destacar que hoje deve prevalecer a terminologia homossexualidade e transexualidade, uma vez que o sufixo "dade" nos remete a comportamento, ao passo que o sufixo "ismo", à doença. Desde 1990 que a homossexualidade deixou de ser considerada doença mental na Classificação Internacional de Doenças (CID 10). Já a transexualidade, na nova edição da Classificação Internacional de Doenças (CID 11) – com entrada em vigor em 1º de janeiro de 2022 – passa a integrar um novo capítulo, deixando de ser "Transtorno de Identidade Sexual", passando a ser classificada como "incongruência de gênero". Nessa nova edição do CID, "a incongruência de gênero é caracterizada por uma incongruência acentuada e persistente entre o sexo experiente de um indivíduo e o sexo atribuído. Comportamento variante de gênero e preferências por si só não são uma base para atribuir os diagnósticos neste grupo".

do Código Civil, ao permitir a disposição do próprio corpo por exigência médica, autoriza as cirurgias de transgenitalização, em conformidade com os procedimentos estabelecidos pelo Conselho Federal de Medicina, e a consequente alteração do prenome e do sexo no Registro Civil".

As decisões do STJ seguem a esteira proposta pela doutrina. A seguir as duas decisões do STJ que marcaram um novo tempo para os transexuais:

ALTERAÇÃO. PRENOME. DESIGNATIVO. SEXO. O recorrente autor, na inicial, pretende alterar o assento do seu registro de nascimento civil, para mudar seu prenome, bem como modificar o designativo de seu sexo, atualmente constante como masculino, para feminino, aduzindo como causa de pedir o fato de ser transexual, tendo realizado cirurgia de transgenitalização. Acrescenta que a aparência de mulher, por contrastar com o nome e o registro de homem, causa-lhe diversos transtornos e dissabores sociais, além de abalos emocionais e existenciais. Assim, a Turma entendeu que, tendo o recorrente se submetido à cirurgia de redesignação sexual nos termos do acórdão recorrido, existindo, portanto, motivo apto a ensejar a alteração do sexo indicado no registro civil, a fim de que os assentos sejam capazes de cumprir sua verdadeira função, qual seja, a de dar publicidade aos fatos relevantes da vida social do indivíduo, deve ser alterado seu assento de nascimento para que nele conste o sexo feminino, pelo qual é socialmente reconhecido. Determinou, ainda, que das certidões do registro público competente não conste que a referida alteração é oriunda de decisão judicial, tampouco que ocorreu por motivo de redesignação sexual de transexual (REsp 1.008.398-SP, Rel. Min. Nancy Andrighi, julgado em 15/10/2009).

REGISTRO CIVIL. RETIFICAÇÃO. MUDANÇA. SEXO. A questão posta no REsp cinge-se à discussão sobre a possibilidade de retificar registro civil no que concerne a prenome e a sexo, tendo em vista a realização de cirurgia de transgenitalização. A Turma entendeu que, no caso, o transexual operado, conforme laudo médico anexado aos autos, convicto de pertencer ao sexo feminino, portando-se e vestindo-se como tal, fica exposto a situações vexatórias ao ser chamado em público pelo nome masculino, visto que a intervenção cirúrgica, por si só, não é capaz de evitar constrangimentos. Assim, acentuou que a interpretação conjugada dos arts. 55 e 58 da Lei de Registros Públicos confere amparo legal para que o recorrente obtenha autorização judicial a fim de alterar seu prenome, substituindo-o pelo apelido público e notório pelo qual é conhecido no meio em que vive, ou seja, o pretendido nome feminino. Ressaltou-se que não entender juridicamente possível o pedido formulado na exordial, como fez o Tribunal *a quo*, significa postergar o exercício do direito à identidade pessoal e subtrair do indivíduo a prerrogativa de adequar o registro do sexo à sua nova condição física, impedindo, assim, a sua integração na sociedade. Afirmou-se que se deter o julgador a uma codificação generalista, padronizada, implica retirar-lhe a possibilidade de dirimir a controvérsia de forma satisfatória e justa, condicionando-a a uma atuação judicante que não se apresenta como correta para promover a solução do caso concreto, quando indubitável que, mesmo inexistente um expresso preceito legal sobre ele, há que suprir as lacunas por meio dos processos de integração normativa, pois, atuando o juiz *supplendi causa*, deve adotar a decisão que melhor se coadune com valores maiores do ordenamento jurídico, tais como a dignidade das pessoas. Nesse contexto, tendo em vista os direitos e garantias fundamentais expressos da Constituição de 1988, especialmente os princípios da personalidade e da dignidade da pessoa humana, e levando-se em consideração o disposto nos arts. 4º e 5º da Lei de Introdução ao Código Civil, decidiu-se autorizar a mudança de sexo de masculino para feminino, que consta do registro de nascimento, adequando-se documentos, logo facilitando a inserção social e profissional. Destacou--se que os documentos públicos devem ser fiéis aos fatos da vida, além do que deve haver segurança nos registros públicos. Dessa forma, no livro cartorário, à margem do registro das retificações de prenome e de sexo do requerente, deve ficar averbado que as modificações feitas decorreram de sentença judicial em ação de retificação de regis-tro civil. Todavia, tal averbação deve constar apenas do livro de registros, não devendo constar, nas certidões do registro público competente, nenhuma referência de que a aludida alteração é oriunda de decisão judicial, tampouco de que ocorreu por motivo de cirurgia de mudança de sexo, evitando, assim, a exposição do recorrente a situações constrangedoras e discriminatórias (REsp 737.993-MG, Rel. Min. João Otávio de Noronha, julgado em 10/11/2009).

Posteriormente, o STJ reconheceu que o direito dos transexuais à retificação do prenome e do sexo/gênero no registro civil não é condicionado à exigência de realização da cirurgia de transgenitalização, tendo em vista o exame de direitos humanos (ou de personalidade) que guardam significativa interdependência, quais sejam: direito à liberdade, direito à identidade, direito ao reconhecimento perante a lei, direito à intimidade e à privacidade, direito à igualdade e à não discrimi-nação, direito à saúde e direito à felicidade (REsp 1.626.739-RS, Rel. Min. Luis Felipe Salomão, por maioria, julgado em 9/5/2017. Informativo nº 608). Também nesse sentido se manifestou o STF na ADI 4.275, o que resultou na edição do Provimento nº 73/2018 do CNJ, que versou sobre a averbação da alteração do prenome e do gênero nos assentos de nascimento e casamento de pessoa trans-gênero no Registro Civil das Pessoas Naturais. Posteriormente, o Plenário do STF deu provimento ao RE 670.422, com repercussão geral reconhecida, para autorizar a alteração do registro civil de pessoa transgênero, diretamente pela via administrativa, independentemente da realização de procedimento cirúrgico de redesignação de sexo, aplicando ao recurso o entendimento fixado anteriormente no julgamento da ADI 4.275.

A Resolução nº 2.265, de 20 de setembro de 2019, do Conselho Federal de Medicina (CFM), publicada no *Diário Oficial da União* de 9/1/2020, dispõe sobre o cuidado específico à pessoa com incongruência de gênero ou transgênero e revoga a Resolução CFM nº 1.955/2010. Ao passo que a Resolução anterior exigia prazo de dois anos de acompanhamento do interessado que tivesse, no mínimo, 21 anos, por equipe multidisciplinar para que houvesse a cirurgia de transgenitalização, a nova Resolução reduz o prazo de acompanhamento para um ano, sendo que o interessado deverá apresentar, no mínimo, 18 anos para submeter-se a um procedimento cirúrgico.

Outra questão instigante diz respeito aos *wannabes* ou apotemnófilos, que são pessoas que repudiam determinado membro do seu corpo, por exemplo, um braço, um dedo, e tem por desejo a sua extirpação. Trata-se, em verdade, de um patente desejo de automutilação que não se confunde com os desejos e a estru-tura biopsicológica de um transexual. Em princípio, a mórbida necessidade de

Cap. 3 – DAS PESSOAS NATURAIS

automutilação não se encontra agasalhada pela doutrina e jurisprudência pátria, de modo que prevalece o entendimento de que tal extirpação deve ser repelida pela sociedade.[90]

No cenário da autolesão, entretanto, reconhece-se que existem muitas situações que são socialmente admitidas, como explica Roxana Cardoso Brasileiro Borges:

> Ainda no que tange ao direito à integridade física, vale mencionar que, embora nosso ordenamento não trate diretamente da autolesão, há muitos exemplos socialmente admitidos, tolerados e até mesmo admirados, de pessoas e até mesmo de grupos que praticam a autolesão como forma de realização da própria personalidade ou que contam com a colaboração de terceiros na realização de condutas que, a princípio, poderiam apresentar-se lesivas. São exemplos as pessoas que fazem tatuagens em vasta superfície do corpo; outras fazem *piercings* em um ou vários pontos de sua pele; há relatos de pessoas com enormes brincos ou implantes inseridos em seus corpos; tem-se o exemplo, nos rituais de iniciação ao Candomblé, de cortes feitos nos rostos, braços e cabeças dos iniciados; os suplícios dos penitentes, movidos por razões religiosas, são conhecidos e praticados em diversas regiões de nosso país; além dos casos de greve de fome. Sua aceitação social, sua crescente difusão e a não punibilidade de tais atos sinalizam pela sua permissão, como ocorre com a prática de atividades desportivas arriscadas ou a apresentação de espetáculos perigosos, assim como o desenvolvimento de atividades profissionais que apresentam risco à integridade da pessoa, desde que as atividades se desenvolvam dentro das regras próprias de cada segmento.[91]

---

[90] "O procedimento aplicado aos casos de transexualidade no Brasil (acompanhamento pessoal por mais de dois anos e cirurgia, caso indicado) é fruto dos estudos e debates realizados pelos profissionais de saúde para aquele distúrbio específico, não havendo sido feito o mesmo trabalho para os casos dos *wannabes*. Apesar de não haver, em tese, obstáculos para a aplicação do acompanhamento bienal, a realização da cirurgia em seu caráter definitivo é questionável. Isso porque a cirurgia de transgenitalização é permitida por lei em razão da 'certeza' do sucesso do tratamento, 'certeza' embasada nos já mencionados estudos científicos. Destaque-se que a realização da citada cirurgia é uma exceção à disposição do próprio corpo, e como uma exceção, ela deve ser interpretada restritivamente. Já a apotemnofilia não possui tratamentos testados e comprovados, nem há estudos consistentes sobre esse distúrbio. Em segundo lugar, embora o tratamento cirúrgico do transtorno de identidade sexual importe em diminuição permanente da integridade física, como na hipótese de retirada do órgão genital masculino, ele não teria o condão de transformar aquele indivíduo em uma pessoa com deficiência como ocorreria com a cirurgia para a retirada de um membro. Havendo a amputação, o *wannabe* seria considerado uma pessoa com deficiência e, como tal, estaria sobre o amparo de um sistema protetivo e promocional criado a partir da ratificação da Convenção sobre os Direitos das Pessoas com Deficiência, que possui *status* de norma constitucional ante a aprovação do Congresso Nacional pelo procedimento previsto no art. 5º, § 3º da CRFB/88 e trabalhado no plano infraconstitucional pela Lei nº 13.146/2015." VIEIRA, Marcelo de Mello; ASSIS, Bráulio Lopes. *Autonomia privada e disposição do próprio corpo:* apotemnofilia em debate. Disponível em: <http://www.conpedi.org.br/publicacoes/66fsl345/ xxfq3q05/zY0fdznw6d6349S3.pdf>. Acesso em: 18 jun. 2016.

[91] BORGES, Roxana Carlos Brasileiro. Dos direitos da personalidade. In: LOTUFO, Renan; NANNI, Giovanni Ettore (Coords.). *Teoria geral do direito civil.* São Paulo: Atlas, 2009. p. 266-267.

Ainda sobre o art. 13 do CC, a V Jornada de Direito Civil aprovou o Enunciado nº 401, com a seguinte redação: "Não contraria os bons costumes a cessão gratuita de direitos de uso de material biológico para fins de pesquisa científica, desde que a manifestação de vontade tenha sido livre e esclarecida e puder ser revogada a qualquer tempo, conforme as normas éticas que regem a pesquisa científica e o respeito aos direitos fundamentais". Além disso, na VI Jornada de Direito Civil, foi aprovado o Enunciado nº 532: "É permitida a disposição gratuita do próprio corpo com objetivos exclusivamente científicos, nos termos dos arts. 11 e 13 do Código Civil". A justificativa para o enunciado foi:

> Pesquisas com seres humanos vivos são realizadas todos os dias, sem as quais não seria possível o desenvolvimento da medicina e de áreas afins. A Resolução CNS nº 196/96, em harmonia com o Código de Nuremberg e com a Declaração de Helsinque, dispõe que pesquisas envolvendo seres humanos no Brasil somente podem ser realizadas mediante aprovação prévia de um Comitê de Ética em Pesquisa – CEP, de composição multiprofissional, e com a assinatura do Termo de Consentimento Livre e Esclarecido – TCLE pelo participante da pesquisa, no qual devem constar informações claras e relevantes acerca do objeto da pesquisa, seus benefícios e riscos, a gratuidade pela participação, a garantia de reparação dos danos causados na sua execução e a faculdade de retirada imotivada do consentimento a qualquer tempo sem prejuízo para sua pessoa.

Prosseguindo, além da ressalva de se admitir o ato de disposição do próprio corpo por exigência médica, o parágrafo único do art. 13 abre outra ressalva para a possibilidade de transplante de órgãos, por ato *inter vivos*, isto é, o transplante de órgãos do corpo vivo, observada a forma estabelecida pela Lei nº 9.434/97. Por essa lei, é permitido à pessoa juridicamente capaz dispor gratuitamente de tecidos, órgãos e partes do próprio corpo vivo, para fins terapêuticos ou para transplantes em cônjuge ou parentes consanguíneos até o quarto grau, ou em qualquer outra pessoa, mediante autorização judicial, dispensada essa em relação à medula óssea (art. 9º). Ademais, é a própria lei que impõe que só é permitida a doação por ato *inter vivos*, quando se tratar de órgãos duplos, de partes de órgãos, tecidos ou partes do corpo cuja retirada não impeça o organismo do doador de continuar vivendo sem risco para a sua integridade e não represente grave comprometimento de suas aptidões vitais e saúde mental e não cause mutilação ou deformação inaceitável, e corresponda a uma necessidade terapêutica comprovadamente indispensável à pessoa receptora.

No que diz respeito ao transplante *causa mortis*, o art. 14 do CC admite ser *válida, com objetivo científico, ou altruístico, a disposição gratuita do próprio corpo, no todo ou em parte, para depois da morte*. Sendo possível, por evidente, a revogação do ato de disposição a qualquer tempo. Entretanto, releva notar que o art. 4º da Lei nº 9.434/97, diante da alteração promovida pela Lei nº 10.211/2001, impõe que, para que ocorra a doação de órgãos *post mortem*, é necessária a autorização do cônjuge ou parente, maior de idade, obedecida a linha sucessória, reta ou colateral, até o segundo grau inclusive. Tentando resolver a discussão existente na doutrina, acerca de se deve prevalecer a vontade do disponente ou de sua

Cap. 3 – DAS PESSOAS NATURAIS

família, foi aprovado na IV Jornada de Direito Civil o Enunciado nº 277, nos seguintes termos:

> O art. 14 do Código Civil, ao afirmar a validade da disposição gratuita do próprio corpo, com objetivo científico ou altruístico, para depois da morte, determinou que a manifestação expressa do doador de órgãos em vida prevalece sobre a vontade dos familiares, portanto, a aplicação do art. 4º da Lei nº 9.434/97 ficou restrita à hipótese de silêncio do potencial doador.

Discussões à parte, o certo é que, com a alteração do art. 4º da Lei nº 9.434/97 pela Lei nº 10.211/2001[92], o sistema de doação presumida foi afastado, e sobrelevou-se o chamado consenso afirmativo que exige a manifestação da pessoa que intenciona a disposição de seu corpo, depois de sua morte, para fins científicos ou terapêuticos.

O art. 15 do CC expressa que: "ninguém pode ser constrangido a submeter--se, com risco de vida, a tratamento médico ou a intervenção cirúrgica". Impõe-se aqui a necessidade do respeito à vontade do paciente, ou de seu representante, se incapaz. Vislumbra-se o princípio da autonomia que se estende também àquele que se encontra submetido a tratamento médico. Assim, exige-se o consentimento livre e informado do paciente que deve ter total ciência de seu estado de saúde para optar pela medida terapêutica a ser tomada. Acerca do art. 15 do CC, foi aprovado na V Jornada de Direito Civil, o Enunciado nº 403, com o seguinte teor:

> O Direito à inviolabilidade de consciência e de crença, previsto no art. 5º,VI, da Constituição Federal, aplica-se também à pessoa que se nega a tratamento médico, inclusive transfusão de sangue, com ou sem risco de morte, em razão do tratamento ou da falta dele, desde que observados os seguintes critérios: a) capacidade civil plena, excluído o suprimento pelo representante ou assistente; b) manifestação de vontade livre, consciente e informada; e c) oposição que diga respeito exclusivamente à própria pessoa do declarante.

Ainda sobre o art. 15 do CC, na VI Jornada de Direito Civil, foi aprovado o Enunciado nº 533 do CJF:

> O paciente plenamente capaz poderá deliberar sobre todos os aspectos concernentes a tratamento médico que possa lhe causar risco de vida, seja imediato ou mediato, salvo

---

[92] Redação original, antes de sua revogação, da Lei nº 9.434/97, art. 4º: "Salvo manifestação de vontade em contrário, nos termos desta Lei, presume-se autorizada a doação de tecidos, órgãos ou partes do corpo humano, para finalidade de transplantes ou terapêutica *post mortem*". Nova redação do art. 4º da Lei nº 9.434/97 determinada pela Lei nº 10.211/2001: "A retirada de tecidos, órgãos e partes do corpo de pessoas falecidas para transplantes ou outra finalidade terapêutica, dependerá da autorização do cônjuge ou parente, maior de idade, obedecida a linha sucessória, reta ou colateral, até o segundo grau inclusive, firmada em documento subscrito por duas testemunhas presentes à verificação da morte".

as situações de emergência ou no curso de procedimentos médicos cirúrgicos que não possam ser interrompidos.

A justificativa para o enunciado mencionado foi: o crescente reconhecimento da autonomia da vontade e da autodeterminação dos pacientes nos processos de tomada de decisão sobre questões envolvidas em seus tratamentos de saúde é uma das marcas do final do século XX. Essas mudanças vêm-se consolidando até os dias de hoje. Inúmeras manifestações nesse sentido podem ser identificadas, por exemplo, a modificação do Código de Ética Médica e a aprovação da resolução do Conselho Federal de Medicina sobre diretivas antecipadas de vontade. O reconhecimento da autonomia do paciente repercute social e juridicamente nas relações entre médico e paciente, médico e família do paciente e médico e equipe assistencial. O art. 15 deve ser interpretado na perspectiva do exercício pleno dos direitos da personalidade, especificamente no exercício da autonomia da vontade. O "risco de vida" será inerente a qualquer tratamento médico, em maior ou menor grau de frequência. Por essa razão, não deve ser o elemento complementar do suporte fático para a interpretação do referido artigo. Outro ponto relativo indiretamente à interpretação do art. 15 é a verificação de como o processo de consentimento informado deve ser promovido para adequada informação do paciente. O processo de consentimento pressupõe o compartilhamento efetivo de informações e a corresponsabilidade na tomada de decisão.

Em 2018, o STJ manifestou-se acerca da necessidade do consentimento livre e informado do paciente, de modo que, pelos critérios tradicionais dos regimes de responsabilidade civil, a violação dos deveres informativos dos médicos seria caracterizada como responsabilidade extracontratual.[93]

---

[93] "A controvérsia consiste em definir a responsabilidade civil decorrente da inobservância do dever de informação (falta ou deficiência) acerca de procedimento cirúrgico implementado em tratamento neurocirúrgico, que compromete o denominado consentimento informado – manifestação do direito fundamental de autodeterminação do paciente. Registre-se que, inexiste no ordenamento jurídico brasileiro qualquer norma que imponha o consentimento escrito do paciente, expresso em documento assinado. Diante da inexistência de legislação específica para regulamentação do dever de informação e do direito ao consentimento livre e informado na relação médico-paciente, o Código de Defesa do Consumidor é o diploma que reúne as regras capazes de proteger o sujeito em estado de vulnerabilidade e hipossuficiência, a partir de uma visão da relação contratual, com prevalência do interesse social. Nesse sentido, consoante dispõe o art. 6º, III, do CDC, caracterizada a relação de consumo, o dever de informar pode assumir caráter de direito básico, principal, denominado pela doutrina como dever instrumental, de conduta, dever de proteção ou deveres de tutela. Além disso, no âmbito do direito do consumidor, serão indenizados os danos causados por produto ou serviço defeituoso. A ausência do consentimento informado será considerada defeito tendo em vista a 'falta ou insuficiência de instruções sobre a correta utilização do produto ou serviço, bem como sobre riscos por ele ensejados'. A falta de segurança pode decorrer da falta de informação da periculosidade de serviço que o consumidor não tenha sido advertido dos riscos a serem suportados. Nesse rumo de ideias, de extrema importância esclarecer que o dano indenizável não é o dano físico, a piora nas condições físicas ou neurológicas do paciente. Todavia, este dano, embora não possa ser atribuído à falha técnica do médico, poderia ter sido evitado diante da informação sobre o risco de sua ocorrência, que permitiria que o paciente não se submetesse ao procedimento. O dano indenizável é, na verdade,

12.6.2. Direito ao nome

Os arts.16 ao 19 do CC tratam do direito ao nome. Desnecessária a análise por nós, nesse momento, desse direito da personalidade, uma vez que já abordado neste trabalho em tópico oportuno.

12.6.3. Direito à imagem

Para se ter noção da completude da imagem e da proteção devida é importante perceber que ela pode manifestar-se sob três feixes: imagem-retrato; imagem-atributo; e imagem-voz.

Por imagem-retrato, devemos atentar para o aspecto fisionômico de uma pessoa, seja estático (em uma fotografia), ou dinâmico (em um vídeo). Já a imagem-atributo se traduz na repercussão social da imagem. E, no que respeita à imagem-voz, a atenção volta-se para o timbre de voz de cada um capaz de promover também a individualização da pessoa humana.

De acordo com o art. 20 do CC:

> A divulgação de escritos, a transmissão da palavra ou a publicação, a exposição ou utilização da imagem de uma pessoa estão protegidas do uso não autorizado, podendo ser proibidas, a seu requerimento e sem prejuízo da indenização que couber, se lhe atingirem a honra, a boa fama ou a respeitabilidade, ou caso se destinem a fins comerciais, salvo se necessárias à administração da justiça ou à manutenção da ordem pública.

Vale lembrar o estabelecido por meio do Enunciado nº 279, aprovado na IV Jornada de Direito Civil:

> A proteção à imagem deve ser ponderada com outros interesses constitucionalmente tutelados, especialmente em face do direito de amplo acesso à informação e da liberdade de imprensa. Em caso de colisão, levar-se-á em conta a notoriedade do retratado e dos fatos abordados, bem como a veracidade destes e, ainda, as características de sua utilização (comercial, informativa, biográfica), privilegiando-se medidas que não restrinjam a divulgação de informações.

No julgado a seguir, percebemos os critérios apresentados pelo STJ para aplicação da técnica da ponderação:

---

a violação da autodeterminação do paciente que não pôde escolher livremente submeter-se ou não ao risco previsível. Deste modo, pelos critérios tradicionais dos regimes de responsabilidade civil, a violação dos deveres informativos dos médicos seria caracterizada como responsabilidade extracontratual." REsp 1.540.580-DF, Rel. Min. Lázaro Guimarães (Desembargador Convocado do TRF 5ª Região), Rel. Acd. Min. Luis Felipe Salomão, por maioria, julgado em 2/8/2018, *DJe* 4/9/2018 (Informativo nº 632, STJ).

O Min. Relator, com base na doutrina, consignou que, para verificação da gravidade do dano sofrido pela pessoa cuja imagem é utilizada sem autorização prévia, devem ser analisados: (i) o grau de consciência do retratado em relação à possibilidade de captação da sua imagem no contexto da imagem do qual foi extraída; (ii) o grau de identificação do retratado na imagem veiculada; (iii) a amplitude da exposição do retratado; e (iv) a natureza e o grau de repercussão do meio pelo qual se dá a divulgação. De outra parte, o direito de informar deve ser garantido, observando os seguintes parâmetros: (i) o grau de utilidade para o público do fato informado por meio de imagem; (ii) o grau de atualidade da imagem; (iii) o grau de necessidade da veiculação da imagem para informar o fato; e (iv) o grau de preservação do contexto originário do qual a imagem foi colhida (REsp 794.586-RJ. Rel. Min. Raul Araújo. J. 15/3/2012).

Diante dessa perspectiva, foi proposta pela Associação Nacional dos Editores de Livros (ANEEL) a ADIn 4.815, perante o STF, que almejou a declaração de inconstitucionalidade dos arts. 20 e 21 do CC. O STF, em junho de 2015, manifestou-se no sentido de promover a interpretação dos referidos artigos conforme a CF/88, declarando a inconstitucionalidade parcial dos dispositivos, sem redução de texto, de modo que se declarou inexigível a autorização prévia para a publicação de biografias.

Seguindo as pegadas do julgamento da ADIn 4.815, o STJ entendeu que em relação à divulgação de fatos históricos, não é exigível a autorização prévia dos envolvidos. O caso diz respeito ao rumoroso e trágico assassinato da atriz Daniella Perez em 1992. Vide as informações de inteiro teor a respeito:

Cinge-se a controvérsia a definir se a veiculação não autorizada da imagem da filha da autora em programa televisivo configura dano material e moral indenizável. Para tanto, cabe considerar o alcance do entendimento consolidado pela Segunda Seção do STJ, por meio do enunciado de Súmula nº 403, segundo o qual independe de prova do prejuízo a indenização pela publicação não autorizada de imagem de pessoa com fins econômicos ou comerciais, diante de fatos históricos de repercussão social. Em relação a esses, ressalta-se que o direito à memória intensificado pela mídia, assume o papel de guardião da memória social, porquanto permite que a vida social se desenvolva na continuidade de uma memória comum, cujos dados são permanentemente acessíveis a todos. Nesse sentido, ao resgatar um fato histórico de repercussão social, a atividade jornalística reforça a promessa em sociedade de que não queremos outros episódios de dor e sofrimento, de que precisamos superar, em todos os tempos, a injustiça e a intolerância. Eventual abuso na transmissão do fato, cometido, entre outras formas, por meio de um desvirtuado destaque da intimidade da vítima ou do agressor, deve ser objeto de controle sancionador. A razão jurídica que atribui ao portador da informação uma sanção, entretanto, está vinculada ao abuso do direito e não à reinstituição do fato histórico, afinal, o exercício regular do direito, não pode se subverter, ele mesmo, em uma transgressão à lei, na modalidade abuso do direito, desvirtuando um interesse aparentemente legítimo, pelo excesso. Ademais, importante ressaltar que o Plenário do STF (ADI 4.815), à unanimidade, estabeleceu interpretação conforme a Constituição ao art. 20 do CC/2002, para declarar inexigível autorização de pessoa biografada relativamente a obras biográficas literárias ou audiovisuais e pessoas retratadas como coadjuvantes – o que legitima, ainda mais, a análise por esta Corte sobre a necessidade de autorização prévia para divulgação de imagem vinculada a fato histórico de repercussão social. No caso, por meio da conjuntura fática cristalizada pelo acórdão recorrido, pode-se concluir que: i) a matéria jornalística possui cunho informativo, sem denotação vexatória ou que denigra a imagem da autora ou de sua filha; ii) não há destaque para a intimidade da vítima ou de sua mãe; iii) as imagens divulgadas na reportagem se limitam a noticiar o fato histórico de repercussão social; iv) o fato já foi ampla e notoriamente divulgado desde a sua ocorrência; v) não há exploração comercial na exibição do conteúdo informativo. Desse modo, não é possível extrair a consequência jurídica pretendida (REsp 1.631.329-RJ, Rel. Min. Ricardo Villas Bôas Cueva, Rel. Acd. Min. Nancy Andrighi, por maioria, julgado em 24/10/2017. Informativo nº 614).

12.6.4. Direito à privacidade

Além disso, a vida privada da pessoa natural possui a sua inviolabilidade também protegida, deferindo a legislação civil as providências que se mostrarem necessárias para sua tutela (art. 21, CC). É evidente que a proteção se faz notar também no ambiente da internet.

Destrinchando o tema, Marcelo de Mello Vieira e Bráulio Assis ressaltam:

Um dos exemplos é o direito à proteção da privacidade, previsto inclusive em meio virtual pela Lei nº 12.965/2014 (art. 3º, II). A mesma lei disciplina a inviolabilidade do sigilo das comunicações pela internet, salvo por ordem judicial (art. 7º, II), e a guarda e preservação da intimidade, privacidade e honra (art. 10). Como se percebe, a Lei nº 12.965/2014, ao regular efetivamente a questão da privacidade, protegeu também a própria personalidade.[94]

Na seara trabalhista, a questão, todavia, é relativizada. Isso porque o Tribunal Superior do Trabalho entende que se trata de exercício regular de direito à fiscalização promovida pelo empregador em relação ao seu e-mail corporativo. É evidente que a licitude atribuída ao comportamento do empregador somente se aplica ao e-mail corporativo do empregado, e não ao seu e-mail pessoal.[95]

Com o desenvolvimento da comunicação por meio da tecnologia digital, depara-se com uma sociedade incomodada com a possibilidade de divulgação de mensagens enviadas pelo aplicativo de mensagens WhatsApp. É comum – e desarrazoada – a prática do "*print* de tela" e exposição de conversa alheia pelo aplicativo. Em virtude disso, tendo em vista que o sigilo das comunicações é corolário da liberdade de expressão e, em última análise, visa a resguardar o direito à intimidade e à privacidade, consagrados nos planos constitucional (art.

---

[94] VIEIRA, Marcelo de Mello; ASSIS, Bráulio. Autonomia privada e disposição do próprio corpo: apotemnofilia em debate. *Revista de Gênero, Sexualidade e Direito*, v. 1, p. 40-55, 2015.

[95] RR 6132000-013-10-00.

5º, X, da CF/88) e infraconstitucional (arts. 20 e 21 do CC/2002), a 3ª Turma do STJ entendeu, por unanimidade, que a divulgação pelos interlocutores ou por terceiros de mensagens trocadas via WhatsApp pode ensejar a responsabilização por eventuais danos decorrentes da difusão do conteúdo.[96]

Por fim, afeto ao tema, na V Jornada de Direito Civil, foi aprovado o Enunciado nº 404 com a seguinte redação:

> A tutela da privacidade da pessoa humana compreende os controles espacial, contextual e temporal dos próprios dados, sendo necessário seu expresso consentimento para tratamento de informações que versem especialmente o estado de saúde, a condição sexual, a origem racial ou étnica, as convicções religiosas, filosóficas e políticas.

E, além disso, o Enunciado nº 405 do CJF: "As informações genéticas são parte da vida privada e não podem ser utilizadas para fins diversos daqueles que motivaram seu armazenamento, registro ou uso, salvo com autorização do titular".

Por fim, é bom lembrar que a ADIn 4.815, comentada alhures, também alcançou o art. 21 do CC, de modo que o dispositivo deve ser interpretado em conformidade com a CF/88, não se exigindo mais a autorização do biografado para a publicação de sua biografia.

---

[96] Confira-se as informações de inteiro teor da decisão: "No passado recente, não se cogitava de outras formas de comunicação que não pelo tradicional método das ligações telefônicas. Com o passar dos anos, no entanto, desenvolveu-se a tecnologia digital, o que culminou na criação da internet e, mais recentemente, da rede social WhatsApp, o qual permite a comunicação instantânea entre pessoas localizadas em qualquer lugar do mundo. Nesse cenário, é certo que não só as conversas realizadas via ligação telefônica, como também aquelas travadas através do WhatsApp são resguardadas pelo sigilo das comunicações. Em consequência, terceiros somente podem ter acesso às conversas de WhatsApp mediante consentimento dos participantes ou autorização judicial. Na hipótese em que o conteúdo das conversas enviadas via WhatsApp possa, em tese, interessar a terceiros, haverá um conflito entre a privacidade e a liberdade de informação, revelando-se necessária a realização de um juízo de ponderação. Nesse aspecto, há que se considerar que as mensagens eletrônicas estão protegidas pelo sigilo em razão de o seu conteúdo ser privado; isto é, restrito aos interlocutores. Dessa forma, ao enviar mensagem a determinado ou a determinados destinatários via WhatsApp, o emissor tem a expectativa de que ela não será lida por terceiros, quanto menos divulgada ao público, seja por meio de rede social ou da mídia. Essa expectativa advém não só do fato de ter o indivíduo escolhido a quem enviar a mensagem, como também da própria encriptação a que estão sujeitas as conversas. De mais a mais, se a sua intenção fosse levar ao conhecimento de diversas pessoas o conteúdo da mensagem, decerto teria optado por uma rede social menos restrita ou mesmo repassado a informação à mídia para fosse divulgada. Assim, ao levar a conhecimento público conversa privada, além da quebra da confidencialidade, estará configurada a violação à legítima expectativa, bem como à privacidade e à intimidade do emissor, sendo possível a responsabilização daquele que procedeu à divulgação se configurado o dano. Por fim, é importante consignar que a ilicitude poderá ser descaracterizada quando a exposição das mensagens tiver como objetivo resguardar um direito próprio do receptor. Nesse caso, será necessário avaliar as peculiaridades concretas para fins de decidir qual dos direitos em conflito deverá prevalecer" (REsp 1.903.273-PR, Rel. Min. Nancy Andrighi, Terceira Turma, por unanimidade, julgado em 24/8/2021, *DJe* 30/8/2021. Informativo nº 706).

12.7. A proteção à pessoa jurídica

O art. 52 do CC estende às pessoas jurídicas, naquilo que couber, a proteção dos direitos da personalidade da pessoa natural. A ressalva por meio da expressão *"no que couber"*, contida no artigo, é óbvia diante da própria estrutura biopsicológica que diferencia a pessoa natural da pessoa jurídica. Assim, seja recorrendo à tutela preventiva ou à tutela repressiva, pode a pessoa jurídica perquirir proteção ao seu nome comercial, à sua reputação e credibilidade no meio social etc. Não podemos nos esquecer, também, de que, bem antes do Código Civil de 2002, já se admitia o pleito de reparação por dano moral pela pessoa jurídica, sobretudo com fincas na Súmula nº 227 do STJ[97].

Contudo, mesmo diante da consolidada súmula do STJ e do art. 52 apresentado pelo Código Civil de 2002, a doutrina mais moderna[98] manteve a posição firme de se opor a tal ditame. É claro que a proteção à pessoa jurídica, encetada nos referidos preceitos, não surgiu do nada. Surgiu, sim, da clássica distinção entre honra objetiva e honra subjetiva.

A honra subjetiva ínsita está ao ser humano, posto que se constitui de sentimento em sua expressão mais fina, isto é, voltar o ser humano para dentro de si e buscar nessa imensidão conclusões, acerca de sua pessoa, producentes de sua autoestima. Já a honra objetiva, transcende ao que está dentro do ser humano e reside nos olhos e impressões alheios. Diante dessa distinção, comumente se passou a aceitar a possibilidade de a pessoa jurídica ter por ofendida a sua honra objetiva, traduzida pelo bom nome e credibilidade que goza no meio social. Ao passo que a honra subjetiva sempre se mostrou de todo incompatível com este ente criado pelo ser humano. Nessa distinção, repousou a justificativa para a proteção à pessoa jurídica.[99]

---

[97] Súmula nº 227 do STJ: "A pessoa jurídica pode sofrer dano moral".

[98] *Vide* TEPEDINO, Gustavo. A pessoa jurídica e os direitos da personalidade. In: *Temas de direito civil*. Rio de Janeiro: Renovar, 1999.

[99] Vale transcrever trecho do voto do Ministro Ruy Rosado de Aguiar, atento à distinção, mencionado por Danilo Doneda no texto "Os direitos da personalidade no código civil". In: TEPEDINO, Gustavo (Coord.) *A parte geral do novo Código Civil* – estudos na perspectiva civil-constitucional. Rio de Janeiro: Renovar, 2003, p. 56:"Quando se trata de pessoa jurídica, o tema da ofensa à honra propõe uma distinção inicial: a honra subjetiva, inerente à pessoa física, que está no psiquismo de cada um e pode ser ofendida com atos que atinjam a sua dignidade, respeito próprio, autoestima etc., causadores de dor, humilhação, vexame; (...) A pessoa jurídica, criação da ordem legal, não tem capacidade de sentir emoção e dor, estando por isso desprovida de honra subjetiva e imune à injúria. Pode padecer, porém, de ataque à honra objetiva, pois goza de uma reputação junto a terceiros, possível de ficar abalada por atos que afetem o seu bom nome no mundo civil ou comercial onde atua" (REsp 60.033-2, *DJ* 21/11/1995, p. 40893).

Sob a ótica do STJ, vale lembrar que a pessoa jurídica não pode sofrer dano moral *in re ipsa* (dano moral presumido)[100] e que, em tese, somente a pessoa jurídica de direito privado está sujeita a ele[101].

---

[100] "DANOS MORAIS. PESSOA JURÍDICA. NATUREZA *IN RE IPSA*. IMPOSSIBILIDADE. COMPROVAÇÃO NECESSÁRIA. O dano moral sofrido pela pessoa jurídica não se configura *in re ipsa*, o que não obsta, contudo, que sua comprovação ocorra por meio da utilização de presunções e regras de experiência no julgamento da controvérsia. Inicialmente, registre-se que a doutrina e a jurisprudência majoritária brasileira entendem que a pessoa jurídica é passível de sofrer danos morais – orientação esta consolidada por meio do enunciado sumular nº 227 do STJ. Vale ressaltar, todavia, que o dano moral de pessoa jurídica não é idêntico àquele sofrido por um indivíduo. Percebe-se que a expressão dano moral é usada como analogia, uma vez que envolvem direitos extrapatrimoniais, mas não são de natureza biopsíquica e tampouco envolve a dignidade da pessoa humana. Nessa hipótese, protege-se a honra objetiva da pessoa jurídica, sendo os danos causados em violação ao bom nome, à fama, à reputação. Essas distinções reclamam, por questão de isonomia, um tratamento jurídico diferente para cada situação. Esse tratamento distinto deve recair na questão da prova do dano moral. Sobre o ponto, a doutrina defende que a possibilidade de considerar o dano moral como *in re ipsa* decorre da existência de uma comunhão de valores éticos e sociais ou, ainda, de uma essência comum universal dos seres humanos. Nessa linha de raciocínio, e considerando a falta dessa 'essência comum', é impossível ao julgador avaliar a existência e a extensão de danos morais supostamente sofridos pela pessoa jurídica, sem qualquer tipo de comprovação. Disso não decorre, contudo, a impossibilidade da utilização de presunções ou regras de experiência no julgamento de pedidos de indenização por danos morais sofridos por pessoa jurídica" (REsp 1.564.955-SP, Rel. Min. Nancy Andrighi, Terceira Turma, por unanimidade, julgado em 6/2/2018, *DJe* 15/2/2018).

[101] "DIREITO CIVIL. INDENIZAÇÃO POR DANOS MORAIS A PESSOA JURÍDICA DE DIREITO PÚBLICO. A pessoa jurídica de direito público não tem direito à indenização por danos morais relacionados à violação da honra ou da imagem. A reparação integral do dano moral, a qual transitava de forma hesitante na doutrina e jurisprudência, somente foi acolhida expressamente no ordenamento jurídico brasileiro com a CF/88, que alçou ao catálogo dos direitos fundamentais aquele relativo à indenização pelo dano moral decorrente de ofensa à honra, imagem, violação da vida privada e intimidade das pessoas (art. 5º, V e X da CF). Por essa abordagem, no atual cenário constitucional, a indagação sobre a aptidão de alguém de sofrer dano moral passa necessariamente pela investigação da possibilidade teórica de titularização de direitos fundamentais. Ocorre que a inspiração imediata da positivação de direitos fundamentais resulta precipuamente da necessidade de proteção da esfera individual da pessoa humana contra-ataques tradicionalmente praticados pelo Estado. Em razão disso, de modo geral, a doutrina e jurisprudência nacionais só têm reconhecido às pessoas jurídicas de direito público direitos fundamentais de caráter processual ou relacionados à proteção constitucional da autonomia, prerrogativas ou competência de entidades e órgãos públicos, ou seja, direitos oponíveis ao próprio Estado, e não ao particular. Porém, em se tratando de direitos fundamentais de natureza material pretensamente oponíveis contra particulares, a jurisprudência do STF nunca referendou a tese de titularização por pessoa jurídica de direito público. Com efeito, o reconhecimento de direitos fundamentais – ou faculdades análogas a eles – a pessoas jurídicas de direito público não pode jamais conduzir à subversão da própria essência desses direitos, que é o feixe de faculdades e garantias exercitáveis principalmente contra o Estado, sob pena de confusão ou de paradoxo consistente em ter, na mesma pessoa, idêntica posição jurídica de titular ativo e passivo, de credor e, a um só tempo, devedor de direitos fundamentais. Finalmente, cumpre dizer que não socorrem os entes de direito público os próprios fundamentos utilizados pela jurisprudência do STJ e pela doutrina para sufragar o dano moral da pessoa jurídica. Nesse contexto, registre-se que a Súmula nº 227 do STJ ('A pessoa jurídica pode sofrer dano moral') constitui solução pragmática à recomposição de danos de ordem material de difícil liquidação.

Todavia, no REsp 1.722.423-RJ, a Segunda Seção do STJ decidiu, por unanimidade, que:

> pessoa Jurídica de Direito Público tem direito à indenização por danos morais relacionados à violação da honra ou da imagem, quando a credibilidade institucional for fortemente agredida e o dano reflexo sobre os demais jurisdicionados em geral for evidente.[102]

Entretanto, se claro fica que a pessoa jurídica precisa de proteção ao seu nome e credibilidade, não menos claro fica que a violação ao nome e ao crédito da pessoa jurídica não está no seio moral, mas, sim, no patrimônio desse ente que foi ofendido. É dizer que estender os direitos da personalidade à pessoa jurídica é acabar por desprestigiar os direitos da personalidade do ser humano, sendo que, em se tratando de pessoa jurídica, a bem da verdade, a ofensa encontra-se em sede patrimonial.

Danilo Doneda ensina que:

> uma extensão apriorística dos direitos da personalidade às pessoas jurídicas, o que infelizmente pode ser o resultado do art. 52, passaria ao largo de qualquer consideração a este respeito, podendo chegar a comprometer a tábua axiológica constitucional. A proteção dos interesses da pessoa jurídica através de direitos da personalidade, portanto, é algo que não se adapta à trajetória e à função dos direitos da personalidade no ordenamento jurídico (...).[103]

Diante de tais proposições doutrinárias, aprovou-se o Enunciado n° 286, na IV Jornada de Direito Civil, com o seguinte teor: "Os direitos da personalidade são direitos inerentes e essenciais à pessoa humana, decorrentes de sua dignidade, não sendo as pessoas jurídicas titulares de tais direitos".

Trata-se de resguardar a credibilidade mercadológica ou a reputação negocial da empresa, que poderiam ser paulatinamente fragmentadas por violações de sua imagem, o que, ao fim, conduziria a uma perda pecuniária na atividade empresarial. Porém, esse cenário não se verifica no caso de suposta violação da imagem ou da honra de pessoa jurídica de direito público." STJ, REsp 1.258.389-PB, Rel. Min. Luis Felipe Salomão, julgado em 17/12/2013.

[102] Informações de inteiro teor: "Cinge-se a controvérsia a determinar se é possível o INSS, pessoa jurídica de direito público, ser vítima de danos morais. Inicialmente, Também não afasta a pretensão reparatória o argumento de que as pessoas que integram o Estado não sofrem 'descrédito mercadológico'. O direito das pessoas jurídicas à reparação por dano moral não exsurge apenas no caso de prejuízos comerciais, mas também nas hipóteses, mais abrangentes, de ofensa à honra objetiva. Nesse plano, até mesmo entidades sem fins lucrativos podem se atingidas. Assim, não se pode afastar a possibilidade de resposta judicial à agressão perpetrada por agentes do Estado contra a credibilidade institucional da autarquia, a qual implica em dano reflexo sobre os demais segurados da Previdência e os jurisdicionados em geral é evidente, tudo consubstanciado por uma lesão de ordem extrapatrimonial" (STJ, REsp 1.722.423-RJ, Rel. Min. Herman Benjamin, Segunda Turma, por unanimidade, julgado em 24/11/2020, *DJe* 18/12/2020).

[103] DONEDA, Danilo. Os direitos da personalidade no código civil. In: TEPEDINO, Gustavo (Coord.). *A parte geral do novo Código Civil* – estudos na perspectiva civil-constitucional. Rio de Janeiro: Renovar, 2003. p. 57.

13. DOMICÍLIO DA PESSOA NATURAL

O domicílio da pessoa natural mostra-se relevante porque é fator de localização do indivíduo, sendo considerado o centro principal das relações da pessoa humana. O fundamento, portanto, é a segurança jurídica.

Para que se configure o domicílio da pessoa natural, dois requisitos são exigidos:

* requisito objetivo ou material: a residência;
* requisito subjetivo ou psíquico: a intenção de permanecer (*animus manendi*).

Por isso, o art. 70 do CC estabelece que o domicílio da pessoa natural é o lugar onde ela estabelece a sua residência com ânimo definitivo. Desse conceito legal extraímos os dois requisitos retromencionados.

É possível que a pessoa natural possua mais de um domicílio, e aí estaremos diante de uma pluralidade de domicílios ou do chamado domicílio plúrimo, que ocorrerá quando a pessoa natural tiver diversas residências, em que, alternadamente, viva. Além disso, se considerarmos como domicílio da pessoa natural, no que diz respeito às relações profissionais, o lugar onde estas são exercidas, se essa pessoa exercitar profissão em lugares diversos, cada um deles constituirá domicílio para as relações que lhe corresponderem.

A lei civil não se esqueceu daqueles que não preencham os requisitos para configuração do domicílio, posto encontrados cada época em um lugar diferente, como os ciganos, caixeiros-viajantes, artistas de circo e andarilhos. Assim, a lei solucionou o problema, estabelecendo que, para essas pessoas que não possuam residência habitual, o domicílio a ser considerado será o lugar onde forem encontradas. Assim, a doutrina o denomina de domicílio aparente ou ocasional (art. 73, CC).

13.1. Espécies de domicílio

Oportuna se mostra a presente classificação atinente ao domicílio:

a) **Domicílio voluntário:** é aquele escolhido livremente pela pessoa maior e capaz. Poderá ser alterado livremente também. Para tanto, basta a transferência da residência, com a intenção manifesta de o mudar, uma vez que o *animus* é sempre levado em consideração (art. 74, CC).

b) **Domicílio necessário ou legal:** é aquele imposto pela lei para determinadas pessoas em razão de seus caracteres pessoais (art. 76, CC). Possuem domicílio necessário:

* o incapaz (será o do representante ou assistente);
* o servidor público (será o lugar em que exercer permanentemente suas funções);
* o militar (se for do Exército será onde servir, e sendo da Marinha ou da Aeronáutica a sede do comando a que estiver imediatamente subordinado);

- o marítimo[104] (onde o navio estiver matriculado);
- e o preso[105] (o lugar em que cumprir a sentença ou pena).

c) **Domicílio de eleição ou contratual ou voluntário especial:** é aquele estabelecido pelas partes em contrato escrito, que se presta a fixar onde serão cumpridos os direitos e deveres decorrentes da convenção e possíveis litígios decorrentes da avença (art. 78, CC).

---

[104] A marinha mercante, responsável pelo transporte de passageiros e mercadorias, é composta por oficiais e tripulantes cujo domicílio é onde o navio esteja matriculado, e não, eventualmente, onde se encontrem quando o navio esteja ancorado.

[105] O preso aqui mencionado é aquele que tenha sentença com trânsito em julgado. Em relação ao preso que está em caráter provisório, o domicílio a ser considerado é o voluntário.

DAS PESSOAS JURÍDICAS

1. PESSOA JURÍDICA: DEFINIÇÃO E FUNÇÃO SOCIAL

Pessoa jurídica é o ente moral (entidade) criado pelo ser humano, ao qual o ordenamento jurídico atribui personalidade. O Código Civil de 2002 apresenta melhor sistematização acerca das pessoas jurídicas do que o Código antecessor.

Há evidentemente, quando se fala em pessoa jurídica, a exigência do cumprimento de sua função social, sem a qual não é possível se conceber a real situação da pessoa jurídica em um Estado Democrático de Direito.

Nessa esteira, o Enunciado nº 53, aprovado na I Jornada de Direito Civil, estabeleceu que "Deve-se levar em consideração o princípio da função social na interpretação das normas relativas à empresa, a despeito da falta de referência expressa".

Portanto, a pessoa jurídica deverá atender à função social, o que significa atribuir a ela responsabilidade social[1] e conteúdo ético aos seus atos.[2] Sem atenção a esse imperativo, a pessoa jurídica não fará jus à proteção que também lhe é deferida pelo ordenamento jurídico.

Nas palavras de Rodrigo Almeida Magalhães:

> Não se pode mais afirmar que o lucro seja o único objetivo da empresa. Ela passou a ser uma instituição social que pela sua importância, desenvolvimento e influência depende toda a humanidade. Nela, a maior parte da população possui alguma ligação,

---

[1] O Professor Rodrigo Almeida Magalhães distingue a função social da empresa da responsabilidade social, com os seguintes dizeres: "Seguindo o entendimento de que a função social somente está ligada ao objeto da empresa, surge o termo 'responsabilidade social'. (...) O empresário voluntariamente decide contribuir com objetos distintos de seu âmbito de atividades para fazer uma sociedade mais justa, contribuindo para o desenvolvimento social e ambiental do país". MAGALHÃES, Rodrigo Almeida. A autonomia privada e a função social da empresa. In: FIUZA, César; SÁ, Maria de Fátima Freire de; NAVES, Bruno Torquato de Oliveira. *Direito civil*: da autonomia privada nas situações jurídicas patrimoniais e existenciais. Atualidades II. Belo Horizonte: Del Rey, 2007. p. 346.

[2] Decorrência direta disso é a proibição de formação de cartéis, de "vendas casadas", de atos que lesem o meio ambiente etc. E paralelamente a tais proibições, vislumbra-se, também, a imposição de prestação de atividades sociais.

seja como sócio, seja como empregado ou como consumidor. É uma instituição social porque provém a grande maioria de bens e serviços da sociedade e, ainda, dá ao Estado grande parcela de suas receitas fiscais. Com isso, o empresário não pode mais agir pensando, exclusivamente, em seus interesses, terá que atuar sempre em benefício, também, da própria comunidade.[3]

2. REQUISITOS CARACTERIZADORES DA PESSOA JURÍDICA

Para que a pessoa jurídica possa existir e apresentar personalidade, alguns requisitos ou elementos se mostram essenciais:

a) **Vontade humana criadora:** somente o ser humano e sua vontade podem originar uma pessoa jurídica. Se uma pessoa jurídica existe é porque, antes disso, um ser humano intencionou a sua existência.

b) **Licitude de seus fins:** o fim perseguido com a criação da pessoa jurídica deverá estar de acordo com o ordenamento jurídico.

c) Um agrupamento de pessoas ou a destinação de um patrimônio afetado a um fim específico.

d) **O atendimento às formalidades legais.** Atender-se-á à principal formalidade legal com a inscrição do ato constitutivo da pessoa jurídica no respectivo registro, consoante impõe o art. 45 do CC e arts. 114 e ss. da Lei nº 6.015/73 (Lei de Registros Públicos).

3. NATUREZA JURÍDICA DA PESSOA JURÍDICA

Várias são as teorias que procuram explicar a natureza jurídica das pessoas jurídicas. De início podemos apontar duas:

3.1. Teoria negativista

Essa teoria nega a existência concreta da pessoa jurídica, visualizando, desse modo, a existência de um patrimônio sem sujeito.

3.2. Teoria afirmativista

Essa teoria propugna a existência verdadeira, autônoma e real das pessoas jurídicas. Essas são, portanto, portadoras de interesses próprios, que serão exercidos, como sujeitos de direito que são. O Código Civil se mostra adepto da teoria afirmativista, o que se infere de seus arts. 45 e 47. Dentro da teoria afirmativista vislumbram-se dissidências:

---

[3] MAGALHÃES, Rodrigo Almeida. A autonomia privada e a função social da empresa. In: FIUZA, César; SÁ, Maria de Fátima Freire de; NAVES, Bruno Torquato de Oliveira. *Direito civil:* da autonomia privada nas situações jurídicas patrimoniais e existenciais. Atualidades II. Belo Horizonte: Del Rey, 2007. p. 339.

Cap. 4 – DAS PESSOAS JURÍDICAS

3.2.1. Teoria da ficção legal

A pessoa jurídica existe, sim, porém como simples e arbitrária criação da lei. Isso porque, essencialmente, apenas o ser humano poderia ser capaz de titularizar relações jurídicas.

3.2.2. Teoria da realidade objetiva

A pessoa jurídica existe e sua vontade, patrimônio e personalidade são absolutamente diversos de seus membros. Eliminam-se, assim, toda e qualquer vontade humana.

3.2.3. Teoria da realidade técnica

A pessoa jurídica existe, e não como uma mera abstração. Sua personalidade e patrimônio não se confundem com os de seus membros, uma vez que a pessoa jurídica possui personalidade própria. Porém, sua personalidade é um expediente técnico que é conferido pelo Direito.

3.2.4. Teoria da realidade das instituições jurídicas

Essa teoria decorre da junção das duas primeiras teorias, uma vez que propugna pela existência da pessoa jurídica, com base na concessão de personalidade a outros entes, que não os seres humanos, mas oriundos da vontade humana.

As teorias da realidade técnica e da realidade das instituições jurídicas são as que têm prevalecido entre os doutrinadores modernos.

4. CLASSIFICAÇÃO DAS PESSOAS JURÍDICAS

4.1. Quanto à nacionalidade

4.1.1. Nacional

Trata-se da pessoa jurídica cuja personalidade foi concedida pela ordem jurídica brasileira.

4.1.2. Estrangeira

Trata-se da pessoa jurídica cuja personalidade advém de outro ordenamento jurídico, que não o brasileiro. Essas pessoas jurídicas obedecerão às leis de seu país de origem, entretanto, suas agências e filiais no Brasil devem atender à legislação brasileira, inclusive as regras atinentes à autorização para funcionamento.

4.2. Quanto à função

4.2.1. Pessoas jurídicas de direito público

São marcadas pela preponderância do Poder Público e se dividem em:

- **Pessoas Jurídicas de Direito Público Interno (art. 41, CC)**[4]: a União, os estados-membros, o Distrito Federal, os territórios, os municípios, as autarquias, inclusive as associações públicas e as demais entidades de caráter público criadas por lei.

- **Pessoas Jurídicas de Direito Público Externo (art. 42, CC):** são os Estados soberanos e aquelas regidas pelo Direito Internacional Público (Exemplos: ONU, Unesco, OMS, OEA, Santa Sé etc.) Vale lembrar que a União é pessoa jurídica de Direito Público Interno, porém, a República Federativa do Brasil deve ser considerada pessoa jurídica de Direito Público Externo.

4.2.2. Pessoas jurídicas de direito privado (art. 44, CC). A EIRELI: criação e extinção

São criadas para atender aos interesses particulares das pessoas que a criaram. São elas: as associações, as sociedades, as fundações, as organizações religiosas, os partidos políticos e as empresas individuais de responsabilidade limitada, conforme o art. 44 do CC. Porém, acerca desse artigo, foi aprovado na III Jornada de Direito Civil o Enunciado nº 144: "A relação das pessoas jurídicas de Direito Privado, constante do art.44, incs. I aV, do Código Civil, não é exaustiva". Desse modo, tende a prevalecer que o rol de pessoas jurídicas de direito privado previsto no art. 44 do Código Civil é meramente exemplificativo.

As empresas individuais de responsabilidade limitada, conhecidas como EIRELI´s, apresentam disciplina no art. 980-A do CC, cujo estudo pertine ao Direito Empresarial. Essa modalidade de pessoa jurídica é formada por apenas uma pessoa natural e surgiu em nosso ordenamento jurídico em 2011, com a Lei nº 12.441. Assim, com essa modalidade de pessoa jurídica, a personalidade e o patrimônio da pessoa jurídica não se confundiam com a personalidade e o patrimônio da pessoa natural que a compunham, havendo uma limitação dos riscos empresariais em benefício dos empreendedores individuais. O art. 980-A do CC (inserido nesse tecido normativo por força da Lei nº 12.441/2011) estabeleceu: "A empresa individual de responsabilidade limitada será constituída por uma única pessoa titular da totalidade do capital social, devidamente integralizado, que não será inferior a 100 (cem) vezes o maior salário-mínimo vigente no País".

A EIRELI, então, manifestar-se-ia com a presença de apenas uma pessoa natural, que seria o titular da totalidade do capital social, capital esse que deveria estar devidamente integralizado e que não poderia ser inferior a 100 (cem) vezes o salário mínimo. Ocorre que, com o advento da Lei nº 13.874/2019 (Lei

---

[4] O parágrafo único do art. 41 do CC dispõe que: "Salvo disposição em contrário, as pessoas jurídicas de direito público, a que se tenha dado estrutura de direito privado, regem-se, no que couber, quanto ao seu funcionamento, pelas normas deste Código". Para esclarecer esta disposição, sobreveio a aprovação do enunciado nº 141, na II Jornada de Direito Civil, com o seguinte teor: "A remissão do art. 41, parágrafo único, do CC às 'pessoas jurídicas de direito público, a que se tenha dado estrutura de direito privado', diz respeito às fundações públicas e aos entes de fiscalização do exercício profissional".

da Liberdade Econômica) e a criação da Sociedade Limitada Unipessoal, com a inserção dos §§ 1º e 2º no art. 1.052 do CC, a EIRELI perdeu o seu cabimento prático, sendo de todo esvaziada. Isso porque a nova modalidade de Sociedade – a Sociedade Limitada Unipessoal – também seria formada por uma única pessoa natural, porém prescindia da integralização do capital social que era exigido para a EIRELI.

Diante disso, a EIRELI deixou de ser aplicada na prática, e a Lei nº 14.195/2021 (Lei do Ambiente de Negócios) transformou as EIRELIs existentes em Sociedades Limitadas Unipessoais, de forma automática, isto é, independentemente de qualquer alteração no ato constitutivo da pessoa jurídica. Foi o que dispôs o art. 41 da Lei nº 14.195/2021:

> Art. 41. As empresas individuais de responsabilidade limitada existentes na data da entrada em vigor desta Lei serão transformadas em sociedades limitadas unipessoais independentemente de qualquer alteração em seu ato constitutivo.
>
> Parágrafo único. Ato do DREI disciplinará a transformação referida neste artigo.

O DREI (Departamento Nacional Empresarial de Registro e Integração) apresentou instruções de como essa alteração deveria ser feita por todas as Juntas Comerciais. Por fim, vale lembrar que a alteração do formato da pessoa jurídica implicará a alteração da razão social da empresa que deixará de ser EIRELI e passará a ser Ltda.

Nada obstante a Lei nº 14.195/2021 tenha convertido as EIRELI's em Sociedade Limitadas Unipessoais, a menção às EIRELI's permaneceu no Código Civil. Assim, a Medida Provisória nº 1.085, de 27 de dezembro de 2021, revogou expressamente o inciso VI, do art. 44 e o art. 980-A, ambos do Código Civil, corroborando o disposto na Lei do Ambiente de Negócios.

4.3. Quanto à estrutura

4.3.1. *Corporações (universitas personarum)*

Corporações são as entidades constituídas por um agrupamento de pessoas, unidas por um *affectio societatis*, objetivando um fim em comum. Podem ser: associações ou sociedades, sendo que as sociedades podem ser simples ou empresariais. As sociedades simples e as sociedades empresariais estão disciplinadas no Código Civil de 2002 no Livro II da Parte Especial, sob a denominação Direito de Empresa (arts. 966 e ss.). Além das associações e das sociedades, consoante a redação fornecida pela Lei nº 10.825/2003, os doutrinadores têm considerado como corporação também as entidades religiosas e os partidos políticos.

4.3.2. *Fundações (universitas bonorum)*

Fundações são as entidades decorrentes da personificação de um patrimônio, que perseguem um fim lícito.

5. PESSOAS JURÍDICAS DE DIREITO PRIVADO

5.1. Sociedades

As sociedades são as pessoas jurídicas de direito privado que objetivam o lucro com o intuito de reparti-lo entre os sócios. Podem ser simples ou empresariais. As sociedades simples são aquelas cujo objeto não diz respeito a uma atividade típica de empresário (arts. 997 a 1.038, CC), e as empresariais são aquelas cujo objeto se traduz em uma atividade empresarial (arts. 982 e 966, CC). Deve ser ressaltado que a sociedade por ações sempre será considerada empresarial, e a cooperativa sempre será considerada sociedade simples, independentemente de seus objetos.

A sociedade empresarial deverá se limitar necessariamente aos seguintes modelos: sociedade em nome coletivo; sociedade em comandita simples; sociedade limitada; sociedade anônima; e sociedade em comandita por ações. Já a sociedade simples poderá adotar qualquer um desses modelos, exceto o de sociedade por ações e, caso não se delimite em nenhum tipo, serão observadas as regras subsidiárias previstas para a sociedade simples (arts. 997 ao 1.038, CC). O estudo de todas essas modalidades se atém ao Direito Empresarial.

5.2. Associações (arts. 53 a 61, CC)

A associação é a pessoa jurídica de direito privado constituída pela união de pessoas que se organizam para a consecução de fins não econômicos, o que significa dizer que não há busca de divisão de resultados. Poderá haver a prática de atividade produtiva por parte da associação.[5] Não há entre os associados direitos e obrigações recíprocos. Os associados devem ter iguais direitos, mas o estatuto poderá instituir categorias com vantagens especiais.[6] Geralmente, as associações são constituídas com objetivos culturais, recreativos, desportivos, educativos, científicos etc.

O ato constitutivo da associação é denominado estatuto. Sob pena de nulidade, o estatuto das associações conterá, no mínimo: a denominação, os fins e a sede da associação; os requisitos para a admissão, demissão e exclusão dos associados;

---

[5] Na VI Jornada de Direito Civil, foi aprovado o Enunciado nº 534 com a seguinte redação: "As associações podem desenvolver atividade econômica, desde que não haja finalidade lucrativa". O referido enunciado apresentou a seguinte justificativa: "Andou mal o legislador ao redigir o *caput* do art. 53 do Código Civil por ter utilizado o termo genérico 'econômicos' em lugar do específico 'lucrativos'. A dificuldade está em que o adjetivo 'econômico' é palavra polissêmica, ou seja, possuidora de vários significados (econômico pode ser tanto atividade produtiva quanto lucrativa). Dessa forma, as pessoas que entendem ser a atividade econômica sinônimo de atividade produtiva defendem ser descabida a redação do *caput* do art. 53 do Código Civil por ser pacífico o fato de as associações poderem exercer atividade produtiva. Entende-se também que o legislador não acertou ao mencionar o termo genérico 'fins não econômicos' para expressar sua espécie 'fins não lucrativos'".

[6] Na VII Jornada de Direito Civil foi aprovado o Enunciado nº 577 com a seguinte redação: "A possibilidade de instituição de categorias de associados com vantagens especiais admite a atribuição de pesos diferenciados ao direito de voto, desde que isso não acarrete a sua supressão em relação a matérias previstas no art. 59 do CC".

Cap. 4 – DAS PESSOAS JURÍDICAS

os direitos e deveres dos associados; as fontes de recurso para a sua manutenção; o modo de constituição e funcionamento dos órgãos deliberativos; as condições para a alteração das disposições estatutárias e para a dissolução, a forma de gestão administrativa e de aprovação das respectivas contas (art. 54, CC, com redação determinada pela Lei nº 11.127/2005).

A exclusão de um associado é possível e só será admissível havendo justa causa, assim reconhecida em procedimento que assegure o direito de defesa e de recurso, nos termos previstos no estatuto.

Competirá privativamente à assembleia geral: destituir os administradores e alterar o estatuto. E de acordo com a redação dada pela Lei nº 11.127/2005 ao parágrafo único do art. 59, para essas deliberações será exigido deliberação da assembleia especialmente convocada para esse fim, cujo quórum será o estabelecido no estatuto, bem como os critérios de eleição dos administradores.

Em caso de dissolução da associação, o remanescente do patrimônio líquido poderá (art. 61, CC):

1. Ser destinado à entidade de fins não econômicos designada no estatuto;

2. Em caso de omissão no estatuto, ser, por deliberação dos associados, destinado à instituição municipal, estadual ou federal, de fins idênticos ou semelhantes. Sobre essa questão foi aprovado o Enunciado nº 407 do CJF, na V Jornada de Direito Civil:

A obrigatoriedade de destinação do patrimônio líquido remanescente da associação a instituição municipal, estadual ou federal de fins idênticos ou semelhantes, em face da omissão do estatuto, possui caráter subsidiário, devendo prevalecer a vontade dos associados, desde que seja contemplada entidade que persiga fins não econômicos.

3. Havendo cláusula no estatuto, ou no seu silêncio, por deliberação dos associados, ser destinado à percepção em restituição, em valor atualizado, as contribuições que tiverem prestado ao patrimônio da associação.

Na VIII Jornada de Direito Civil, foi aprovado o Enunciado nº 615, com o seguinte conteúdo: "As associações civis podem sofrer transformação, fusão, incorporação ou cisão". A justificativa para o enunciado foi:

É permitida a transformação, fusão, incorporação e cisão de associações civis pelo seguintes motivos: a) pelo princípio da preservação da pessoa jurídica, não faz sentido extinguir uma pessoa jurídica (que tem função social muito importante na sociedade) quando pode preservá-la, ainda que em outra roupagem; b) a dissolução de associações civis é extrema conforme exegese do art. 5º, XIX da Constituição Federal; c) inexiste proibição legal para transformar, cindir, fundir ou incorporar associação civil, o que faz incidir o art. 5º, II da Constituição Federal; d) grande parte da doutrina especializada prevê a possibilidade de cisão, fusão, incorporação e transformação de associação civil; e) o art. 1.113 e seguintes do Código Civil permite a transformação, fusão, incorporação e cisão sem fazer qualquer ressalva ou limitação no que tange às associações civis; f) na prática, tem-se conhecimento de várias associações que se transformaram, cindiram, incorporaram ou fundiram; g) a legislação tributária federal prevê as hipóteses de incorporação, fusão ou cisão das associações (alínea *g* do art. 12, art. 15 e parágrafo único do art. 16 da Lei nº 9.532, de 10 de dezembro de 1997); h) a portaria conjunta da Procuradoria-Geral da Fazenda Nacional e da Receita Federal do Brasil 1, de 20 de janeiro de 2010 (*DOU* 22/1/10), ao aprovar novos modelos de certidão negativa de débitos, refere-se expressamente aos casos de "cisão total ou parcial, fusão, incorporação, ou transformação de entidade ou de sociedade empresária ou simples".

5.3. Fundações (arts. 62 a 69, CC)

Fundação é a pessoa jurídica de direito privado que decorre da personificação de um patrimônio para a realização de fins determinados. Para tanto, o instituidor deverá, por escritura pública ou testamento, destinar parte de seu patrimônio, por meio de dotação especial de bens livres, para um determinado fim não econômico, podendo, ainda, estabelecer a maneira pela qual ela será administrada.

O parágrafo único do art. 62 do CC ao dispor acerca da finalidade pela qual a fundação deverá ser constituída sofreu intensa modificação pela Lei nº 13.151/2015, que estabeleceu:

A fundação somente poderá constituir-se para fins de:

I – assistência social;

II – cultura, defesa e conservação do patrimônio histórico e artístico;

III – educação;

IV – saúde;

V – segurança alimentar e nutricional;

VI – defesa, preservação e conservação do meio ambiente e promoção do desenvolvimento sustentável;

VII – pesquisa científica, desenvolvimento de tecnologias alternativas, modernização de sistemas de gestão, produção e divulgação de informações e conhecimentos técnicos e científicos;

VIII – promoção da ética, da cidadania, da democracia e dos direitos humanos;

IX – atividades religiosas.[7]

---

[7] No projeto da Lei que alterou o parágrafo único do art. 62 do CC havia um décimo inciso com a seguinte redação: "X – habitação de interesse social". O referido inciso foi vetado pela Presidente da República Dilma Roussef sob a seguinte justificativa: "Da forma como previsto, tal acréscimo de finalidade poderia resultar na participação ampla de fundações no setor de habitação. Essa extensão ofenderia o princípio da isonomia tributária e distorceria a concorrência nesse segmento, ao permitir que fundações concorressem, em ambiente assimétrico, com empresas privadas, submetidas a regime jurídico diverso".

Cap. 4 – DAS PESSOAS JURÍDICAS

Portanto, a antiga redação do parágrafo único do art. 62 nos informava que a fundação somente poderia ser constituída para fins religiosos, morais, culturais ou de assistência, se queda totalmente superada.

Antes da entrada em vigor da Lei nº 13.151/2015, o entendimento doutrinário que prevalecia era de que o rol previsto no parágrafo único do art. 62 do CC deveria ser considerado exemplificativo. Tanto assim que havia sido aprovado o Enunciado nº 8, na I Jornada de Direito Civil, com o seguinte teor: "a constituição de fundação para fins científicos, educacionais ou de promoção do meio ambiente está compreendida no CC, art. 62, parágrafo único". E, também, o Enunciado nº 9: "O art. 62, parágrafo único, deve ser interpretado de modo a excluir apenas as fundações com fins lucrativos".

5.3.1. Fases para constituição de uma fundação

1ª) Fase de afetação de bens livres por meio de dotação patrimonial: o instituidor separará um patrimônio que será afetado para composição da fundação. O instituidor deverá respeitar a legítima dos herdeiros necessários (art. 1.845, CC) e ressalvar o suficiente para viver com dignidade em analogia ao art. 548, CC. A separação do patrimônio será feita por ato *inter vivos* (por meio de escritura pública) ou *causa mortis* (por meio de testamento). Se os bens destinados para criação da fundação forem insuficientes e nada a esse respeito dispuser o instituidor, os bens separados serão incorporados a outra fundação que se proponha a fim igual ou semelhante (art. 63, CC).

2ª) Fase de elaboração dos estatutos: os estatutos conterão as regras e diretrizes básicas a serem observadas pela fundação. A elaboração dos estatutos poderá ocorrer pelo modo direto, quando é feita pelo próprio instituidor, ou pelo modo fiduciário, quando o instituidor indica um terceiro para desempenhar essa tarefa. Nessa última hipótese, se não houver prazo fixado pelo instituidor para que seja elaborado o estatuto, o prazo será de 180 dias, ou havendo o prazo, e este for desrespeitado, caberá ao Ministério Público a incumbência de elaborar o estatuto (art. 65, parágrafo único, CC).

3ª) Fase de aprovação dos estatutos: caberá ao Ministério Público aprovar os estatutos, exceto em caso de ter sido elaborado pelo próprio Ministério Público, o que, em caso contrário, mostrar-se-ia de todo ilógico e absurdo. Caberá ao Ministério Público a aprovação, uma vez que o art. 66 do CC estabelece que: "velará pelas fundações o Ministério Público do Estado onde situadas". Se o Ministério Público não aprovar o estatuto, ao verificar que os bens destinados são insuficientes para o cumprimento da finalidade indicada, caberá apreciação pelo Poder Judiciário com base no art. 5º, XXXV, da CF/88.

4ª) Fase de registro: ocorrerá no Cartório de Registro Civil das Pessoas Jurídicas (art. 114, Lei nº 6.015/73).

5.3.2. Veladura das fundações

De acordo com o art. 66 do CC a fiscalização das fundações caberá ao Ministério Público do estado onde situadas. Na redação original do § 1º desse artigo, havia a previsão de que se a fundação funcionasse no Distrito Federal ou Território caberia o encargo ao Ministério Público Federal. Porém, esse parágrafo foi declarado inconstitucional por meio da ADin 2.794-8, sob o fundamento de usurpação de competência. De fato, o encargo caberia, em verdade, ao Ministério Público do Distrito Federal e Territórios. A Lei nº 13.151/2015 simplesmente adéqua a redação do Código Civil a uma realidade já existente quando o § 1º do art. 66 desponta agora com a seguinte redação: "Se funcionarem no Distrito Federal ou em Território, caberá o encargo ao Ministério Público do Distrito Federal e Territórios".

Além disso, se a fundação estender a atividade por mais de um Estado, caberá o encargo, em cada um deles, ao respectivo Ministério Público (art. 66, § 2º, CC)

5.3.3. Alteração do estatuto da fundação

É possível a alteração do estatuto da fundação, para tanto, exige-se, de acordo com o art. 67 do CC, que:

- Seja deliberada por dois terços dos competentes para gerir e representar a fundação;
- Não contrarie ou desvirtue o fim da fundação;
- Seja aprovada pelo órgão do Ministério Público no prazo máximo de 45 (quarenta e cinco) dias, findo o qual ou no caso de o Ministério Público a denegar, poderá o juiz supri-la, a requerimento do interessado. Esse requisito, com o prazo apresentado, foi inserto na redação do art. 67 por força da Lei nº 13.151/2015.

Caso a alteração não tenha sido aprovada por votação unânime, os administradores da fundação, ao submeterem o estatuto ao órgão do Ministério Público, requererão que se dê ciência à minoria vencida para impugná-la, se quiser, em dez dias (art. 68, CC).

5.3.4. Extinção da fundação

A extinção da fundação poderá ocorrer nas seguintes hipóteses:

- quando se tornar ilícita, impossível ou inútil à finalidade a que visa;
- ou pelo vencimento do prazo de sua existência, se previsto no estatuto.

A extinção será promovida pelo órgão do Ministério Público ou pelos interessados (ex.: administradores ou sucessores do instituidor). O patrimônio remanescente da fundação, salvo disposição em contrário prevista no ato de dotação ou no estatuto, será incorporado a outra fundação designada pelo juiz, que se proponha a fim igual ou semelhante (art. 69, CC).

Cap. 4 – DAS PESSOAS JURÍDICAS

5.4. Organizações religiosas

As organizações religiosas foram acrescentadas ao rol do art. 44 do CC, por força da Lei nº 10.825/2003, que também acrescentou o § 1º no referido artigo com a seguinte redação: "São livres a criação, a organização, a estruturação interna e o funcionamento das organizações religiosas, sendo vedado ao Poder Público negar-lhes reconhecimento ou registro dos atos constitutivos e necessários ao seu funcionamento". Em virtude da ampla liberdade fornecida pelo referido parágrafo às organizações religiosas, oportunamente, foi aprovado na III Jornada de Direito Civil o Enunciado nº 143 com o seguinte teor: "A liberdade de funcionamento das organizações religiosas não afasta o controle de legalidade e legitimidade constitucional de seu registro, nem a possibilidade de reexame pelo Judiciário da compatibilidade de seus atos com a lei e com seus estatutos".

5.5. Partidos políticos

Segundo Maria Helena Diniz, os partidos políticos "são associações civis assecuratórias, no interesse do regime democrático, da autenticidade do sistema representativo e defensoras dos direitos fundamentais definidos na Constituição Federal".[8]

Os partidos políticos também foram acrescentados ao rol do art. 44 do CC, por força da Lei nº 10.825/2003, que também acrescentou o § 3º, com a seguinte redação: "Os partidos políticos serão organizados e funcionarão conforme o disposto em lei específica".

6. QUADRO COMPARATIVO: ASSOCIAÇÕES, SOCIEDADES E FUNDAÇÕES

Por meio dos quadros comparativos, podemos sintetizar a teoria acerca das pessoas jurídicas de direito privado da seguinte maneira:[9]

SOCIEDADES E ASSOCIAÇÕES	FUNDAÇÕES (arts. 62 a 69, CC)
Decorrem de um agrupamento de pessoas *(universitas personarum)*.	Decorrem da personificacao de um patrimônio *(universitas bonorum)*.
Preponderância de pessoas. O patrimônio possui função instrumental.	Preponderância de patrimônio. O patrimônio possui função genética.
Sociedades: possuem fins econômicos. Associações: não possuem fins econômicos.	Não podem ter fins econômicos.
Os fins podem ser alterados.	Os fins não podem ser alterados (art. 67, II, CC).
O ato constitutivo e elaborado *inter vivos*. Podendo ser por instrumento público ou particular.	O ato constitutivo pode se dar por ato *inter vivos* ou *causa mortis*, por meio de instrumento público ou testamento, respectivamente.

---

8   DINIZ, Maria Helena. Parte Geral. In: FIÚZA, Ricardo (Coord.). *Novo Código Civil comentado.* 4. ed. São Paulo: Saraiva, 2005. p. 57.

9   Atenção: nas fundações também existem estatutos, como nas associações. Porém, o ato que constitui a fundação é um instrumento público ou um testamento. O estatuto nas fundações, portanto, é fase subsequente. Já nas associações, o ato constitutivo é, realmente, o estatuto.

SOCIEDADES (arts. 981 e ss., CC)	ASSOCIAÇÕES (arts. 53 a 61, CC)
Possuem finalidade econômica.	Não possuem finalidade econômica.
Ato constitutivo: contrato social.	Ato constitutivo: estatuto.
Há, entre os sócios, direitos e obrigações recíprocos.	Não há, entre os associados, direitos e obrigações recíprocos (art. 53, parágrafo único, CC).

7. INÍCIO DA PERSONALIDADE DA PESSOA JURÍDICA

Ao estudarmos a pessoa natural, verificamos que a personalidade da pessoa natural se inicia, pela lei civil, do nascimento com vida (art. 2º, CC)[10]. É evidente que tal regra não se aplica às pessoas jurídicas, uma vez a pessoa jurídica não apresenta a estrutura biopsicológica inerente à pessoa natural.

Assim, no que respeita à pessoa jurídica de direito público, a sua personalidade atrela-se a uma norma jurídica. Se a pessoa jurídica for de direito privado, sua personalidade decorrerá do registro de seu ato constitutivo no órgão competente (art. 45, CC). Desse modo, serão registrados o contrato social da sociedade, o estatuto da associação, e a escritura pública ou o testamento da fundação. O art. 46 do CC traz os requisitos indispensáveis que o registro deverá conter. A lei civil concede, ainda, o prazo decadencial de três anos para anular a constituição das pessoas jurídicas de direito privado, por defeito do ato constitutivo, prazo que será contado da publicação de sua inscrição no registro (art. 45, parágrafo único, CC).

Onde deverá ser feito o registro da pessoa jurídica de direito privado?

*   Em se tratando de fundação, associação e sociedade simples: no Cartório do Registro Civil das Pessoas Jurídicas;
*   Em se tratando de sociedade empresária ou microempresa: na Junta Comercial.

Com base no registro, a pessoa jurídica passa a ser efetivamente um sujeito de direitos com personalidade e patrimônio diversos de seus membros, tendo inclusive, conforme a lei civil, a proteção concedida aos direitos de personalidade deferida às pessoas naturais, no que couber (art. 52, CC).

Com isso, percebemos que o registro da pessoa natural possui efeitos declaratórios, isto é, simplesmente declara uma personalidade que decorreu de um nascimento com vida. Ao revés, o registro da pessoa jurídica possui efeito constitutivo, uma vez que sem ele não há personalidade atribuível àquela pessoa jurídica.

Frise-se, pois, que o art. 45 do CC determina que, além do registro, determinadas pessoas jurídicas necessitariam previamente de autorização ou aprovação do Poder Executivo como as instituições financeiras, as administradoras de consórcio, as seguradoras etc. As fundações, por sua vez, necessitam de prévia aprovação dos seus estatutos pelo Ministério Público do estado onde estão situadas. Em todas

---

[10] É claro que não podemos nos esquecer das teorias concepcionista e da personalidade condicional estudadas anteriormente, que também buscam explicar quando se inicia a personalidade da pessoa humana.

essas situações, sem a autorização prévia, o registro não poderá ocorrer (art. 45, CC, c/c o art. 119, parágrafo único, Lei nº 6.015/73).

Por fim, chamamos a atenção para as sociedades simples de advogados ou sociedade unipessoal de advocacia que somente adquirem personalidade jurídica com o registro aprovado dos seus atos constitutivos no Conselho Seccional da OAB em cuja base territorial tiver sede, conforme art. 15, § 1º, da Lei nº 8.906/94, com redação dada pela Lei nº 13.247/2016. E, além disso, o art. 16 dessa mesma lei, em seu § 3º estabelece: "É proibido o registro, nos cartórios de registro civil de pessoas jurídicas e nas juntas comerciais, de sociedade que inclua, entre outras finalidades, a atividade de advocacia".

E se não houver o registro atributivo de personalidade à pessoa jurídica, qual é a consequência?

A consequência é que não será atribuída personalidade àquele ente. Assim, os membros que compõem aquela entidade responderão pessoalmente pelas obrigações assumidas. As atividades desenvolvidas pela sociedade que não possui o devido registro são da responsabilidade dos membros que a compõem, e essa sociedade será denominada sociedade de fato ou irregular, sendo aplicadas as regras previstas nos arts. 986 ao 990 do CC.

Em breves palavras, pode se dizer que será designada sociedade de fato, quando sequer houver ato constitutivo. E será designada sociedade irregular quando, não obstante a existência de um ato constitutivo, este não tenha sido registrado.

8. A POSSIBILIDADE E A NECESSIDADE DE REALIZAÇÃO DE ASSEMBLEIAS GERAIS POR MEIOS ELETRÔNICOS DIANTE DA COVID-19 E DA LEI Nº 14.195/2021 (LEI DO AMBIENTE DE NEGÓCIOS)

A Lei nº 14.010/2020 (Lei do RJET), originalmente, apresentou o seu art. 4º estabelecendo que "as pessoas jurídicas de direito privado referidas nos incisos I a III do art. 44 do Código Civil deverão observar as restrições à realização de reuniões e assembleias presenciais até 30 de outubro de 2020, durante a vigência desta Lei, observadas as determinações sanitárias das autoridades locais". O dispositivo seguiu o caminho do veto presidencial para, posteriormente, ser o mesmo veto derrubado pelo Congresso Nacional. Resultado: o dispositivo passou a valer irrestritamente no período de 12/06/2020 (entrada em vigor da Lei) até 30/10/2020 (termo final da Lei). Além disso, afeto ao tema, o art. 5º da mesma Lei estabeleceu:

> A assembleia geral, inclusive para os fins do art. 59 do Código Civil, até 30 de outubro de 2020, poderá ser realizada por meios eletrônicos, independentemente de previsão nos atos constitutivos da pessoa jurídica.

O art. 5º da Lei do RJET, sancionado pelo Presidente da República, autorizou que a assembleia geral, a qual compete, inclusive e privativamente, a destituição de administradores e alteração dos estatutos, de acordo com art. 59 do CC, seja realizada por meios eletrônicos até 30/10/2020, independentemente de previsão nos atos constitutivos da pessoa jurídica. Assim, por força do parágrafo único do art. 5º do RJET, a manifestação dos participantes poderá ocorrer por qualquer meio eletrônico indicado pelo administrador, que assegure a identificação do participante e a segurança do voto, e produzirá todos os efeitos legais de uma assinatura presencial.

Em verdade, o sancionado art. 5º da Lei do RJET dialogava bem com o art. 4º e – ao que parece –, o veto desse último artigo decorreu mais de vontade caprichosa do chefe supremo do executivo do que de qualquer violação ao interesse público ao gerar insegurança jurídica.

De volta ao resultado final da Lei, o administrador, então, nesse contexto, indicará o meio eletrônico a ser utilizado para fins de conformação da assembleia geral, sendo necessário que o meio escolhido assegure a identificação do participante e a segurança do voto, possibilitando a comunicação clara e direta entre os envolvidos para que esses possam expor suas diretrizes, sem comprometimento de seu real conteúdo. A Lei não exige assinatura eletrônica no âmbito do ICP-Brasil, cabendo, portanto, ao administrador elaborar a ata respectiva que informe a inclinação de seus participantes e, o máximo possível, resguardar os elementos probatórios de suas manifestações, tais como cópias de diálogos promovidos em *chat* ou, até mesmo, a própria gravação da assembleia que se der por videoconferência.

Como a experiência de consecução de assembleia por meios eletrônicos se mostrou proveitosa, a Lei nº 14.195/2021, conhecida como a Lei do Ambiente de Negócios, inseriu no Código Civil o art. 48-A com o seguinte teor:

Art. 48-A. As pessoas jurídicas de direito privado, sem prejuízo do previsto em legislação especial e em seus atos constitutivos, poderão realizar suas assembleias gerais por meios eletrônicos, inclusive para os fins do art. 59 deste Código, respeitados os direitos previstos de participação e de manifestação.

Em virtude de contratempos no desenrolar do procedimento legislativo da Lei nº 14.195/2021, deixando em dúvida a real inserção do art. 48-A no Código Civil, foi editada a Medida Provisória nº 1.085, de 27 de dezembro de 2021, que revogou o art. 48-A, inserido pela Lei do Ambiente de Negócios, e apresentou novo dispositivo em seu lugar com o seguinte conteúdo:

Art. 48-A. As pessoas jurídicas de direito privado, sem prejuízo do previsto em legislação especial e em seus atos constitutivos, poderão realizar suas assembleias gerais por meios eletrônicos, inclusive para os fins do disposto no art. 59, respeitados os direitos previstos de participação e de manifestação.

Sem dúvida que a inserção do dispositivo no Código Civil busca atribuir o caráter de definitividade ao expediente, não tendo cabimento apenas durante o período pandêmico. Desse modo, atualmente, as assembleias gerais por meios eletrônicos, mesmo para os fins do art. 59 do CC, são perfeitamente possíveis e legítimas.

9. ENTES DESPERSONALIZADOS

Os entes despersonalizados não se confundem com as pessoas jurídicas. Exatamente porque o que os distingue é a existência da personalidade nas pessoas jurídicas, o que não ocorre, como a própria designação indica, nos entes despersonalizados. Temos como exemplos de entes despersonalizados a massa falida, o espólio, a herança vacante, a herança jacente, a sociedade de fato e a sociedade irregular.

O que releva notar é que esses entes, embora desprovidos de personalidade, possuem capacidade judiciária, conforme o art. 75 do CPC/2015. É em função disso que esses entes podem ser sujeitos de direito para fins processuais.[11] Essa capacidade que é reconhecida aos entes despersonalizados é simplesmente judiciária, para sua atuação em juízo, e não se trata da capacidade de direito ou material vista alhures. Daí decorre a crítica dos estudiosos, que propugnam pela incoerência de tal situação, uma vez que a existência de capacidade para estar em juízo decorre da própria capacidade jurídica, portanto, impossível a existência daquela sem esta.

Controvérsia surge em se tratando do condomínio. Discute a doutrina se o condomínio é ente despersonalizado ou se possui personalidade jurídica própria. Há quem entenda que o condomínio edilício é pessoa jurídica, por isso mesmo, possuidor de inscrição no CNPJ (Cadastro Nacional de Pessoas Jurídicas).

Nessa esteira, também, manifestaram-se a I e III Jornadas de Direito Civil com a aprovação dos Enunciados nº 90 e nº 246.[12] Tal entendimento decorre também da conclusão de que o art. 44 do Código Civil, que trata das pessoas jurídicas de direito privado, não é taxativo, sendo, na verdade, exemplificativo.

Entretanto, a questão, como dito de início, não é pacífica, pois encontramos na doutrina forte corrente que propugna pela não personificação do condomínio, e há até aqueles que o definem como uma "quase pessoa jurídica".

A 3ª Turma do STJ entendeu que o condomínio deve ser considerado como ente despersonalizado. A consequência disso é que ele não é titular de honra objetiva, não sendo passível de sofrer dano moral.[13]

---

[11] De acordo com Fábio Ulhôa Coelho: "Os sujeitos de direito podem ser pessoas (personificados) ou não (despersonificados). No primeiro caso, ele recebe do direito uma autorização genérica para a prática dos atos e negócios jurídicos. A pessoa pode fazer tudo o que não está proibido. Já os sujeitos não personificados podem praticar apenas atos inerentes à sua finalidade (se possuírem uma) ou para os quais estejam especificamente autorizados". COELHO, Fábio Ulhôa. *Curso de direito civil.* v. 1. São Paulo: Saraiva, 2003. p. 139. Adotando uma posição diversa, Arnoldo Wald entende que esses entes seriam agrupamentos inseridos na classificação de bens contida no art. 91 do CC. Assim, seriam uma universalidade de direito, enquadrados na espécie de objeto de direito, não podendo, portanto, ser sujeito dele. WALD, Arnoldo. *Direito civil:* introdução e parte geral. 9. ed. São Paulo: Saraiva, 2002. p. 161.

[12] Enunciado nº 90, CJF: "Deve ser reconhecida personalidade jurídica ao condomínio edilício nas relações jurídicas inerentes às atividades de seu peculiar interesse". Enunciado nº 246, CJF: "Fica alterado o Enunciado nº 90, com supressão da parte final: 'nas relações jurídicas inerentes às atividades de seu peculiar interesse'. Prevalece o texto: 'Deve ser reconhecida personalidade jurídica ao condomínio edilício'".

[13] "AGRAVO INTERNO EM RECURSO ESPECIAL. AÇÃO DE OBRIGAÇÃO DE FAZER CUMULADA COM INDENIZAÇÃO POR DANOS MORAIS. NATUREZA JURÍDI-

10. DESCONSIDERAÇÃO DA PERSONALIDADE JURÍDICA (*DISREGARD DOCTRINE*)

10.1. Generalidades

Tendo em vista a existência de uma pessoa jurídica, a regra é que a sua personalidade jurídica não se confunda com a de seus membros, e, por conseguinte, óbvio fica que não se misturam os seus patrimônios. Então, o ponto de partida é a distinção das personalidades e dos patrimônios da pessoa jurídica e das pessoas naturais que a compõem, e assim dispunha o Código Civil de 1916, quando em seu art. 20 estabelecia: "As pessoas jurídicas têm existência distinta da dos seus membros".

A Lei nº 13.874/2019 inseriu o art. 49-A no CC/2002, que apresenta o seguinte teor: "A pessoa jurídica não se confunde com os seus sócios, associados, instituidores ou administradores". Desse modo, a pessoa jurídica é quem responderá em caso de uma eventual atribuição de responsabilidade.

Ocorre que tal expediente poderá ensejar fraudes, uma vez que se torna possível que os membros da pessoa jurídica se utilizem da personalidade que é deferida a esta como escudo ou véu para a prática de manobras ilícitas. Em razão disso, o Código Civil de 2002 trouxe a possibilidade de desconsideração da personalidade da pessoa jurídica para alcance do patrimônio dos seus membros. Trata-se, portanto, de instrumento de superação episódica da personalidade da pessoa jurídica diante de um caso concreto.

A desconsideração da personalidade jurídica está contemplada no Código de Defesa do Consumidor (art. 28), na Lei nº 12.529/2011 (art. 34), na Lei nº 9. 605/98 (art. 4º) e na Lei nº 12.846/2013 (art. 14).

O Código Civil de 2002 também contempla a teoria em seu art. 50. Para tanto, de acordo com o novel *Codex*, torna-se necessário o abuso da personalidade[14] da pessoa jurídica, que decorre do desvio de finalidade ou da confusão

---

CA DO CONDOMÍNIO. ENTE DESPERSONALIZADO. VIOLAÇÃO DA HONRA OBJETIVA. DANO MORAL NÃO CONFIGURADO. 1. O propósito recursal consiste em determinar a possibilidade jurídica do pedido de reparação de danos morais formulado por condomínio, antes a publicação de conteúdo potencialmente lesivo em redes sociais por moradores temporários. 2. No âmbito das Turmas que compõem a Segunda Seção do STJ, prevalece a corrente de que os condomínios são entes despersonalizados, pois não são titulares das unidades autônomas, tampouco das partes comuns, além de não haver, entre os condôminos, a *affectio societatis*, tendo em vista a ausência de intenção dos condôminos de estabelecerem, entre si, uma relação jurídica, sendo o vínculo entre eles decorrente do direito exercido sobre a coisa e que é necessário à administração da propriedade comum. 3. Caracterizado o condomínio como uma massa patrimonial, não há como reconhecer que seja ele próprio dotado de honra objetiva. Precedente. 4. Agravo interno não provido" (STJ. Agravo Interno no REsp 1837212-RJ. 3ª Turma. Min. Rel. Nancy Andrighi. J. 31/8/2020. *DJe* 3/9/2020)

[14] O Enunciado nº 282, aprovado na IV Jornada de Direito Civil, promovida pelo Centro de Estudos Judiciários do Conselho de Justiça Federal, estabeleceu que: "O encerramento irregular das atividades da pessoa jurídica, por si só, não basta para caracterizar abuso de personalidade jurídica". Assim decidiu o STJ: DIREITO CIVIL. LIMITES À APLICABILIDADE DO ART. 50 DO CC. O encerramento das atividades da sociedade ou sua dissolução, ainda que irregulares, não são causas, por si sós, para a desconsideração da personalidade jurídica a que se

patrimonial. Ocorrido qualquer um desses fatores, o juiz poderá determinar a desconsideração da personalidade jurídica da pessoa jurídica. O Enunciado nº 7 do CJF, aprovado na I Jornada de Direito Civil, já havia estabelecido: "Só se aplica a desconsideração da personalidade jurídica quando houver a prática de ato irregular, e, limitadamente, aos administradores ou sócios que nela hajam incorrido". Com a Lei nº 13.874/2019, que alterou o art. 50 do CC, deverão ser responsabilizados aqueles administradores ou sócios da pessoa jurídica beneficiados direta ou indiretamente pelo abuso.

Pelo disposto no Código Civil, não poderá ocorrer a desconsideração da personalidade *ex officio*, carecendo de requerimento da parte ou do Ministério Público, nos casos em que couber intervir. Outro aspecto importante é perceber que a desconsideração não se impõe apenas em caso de intencional prática, pelo sócio, do abuso da personalidade da pessoa jurídica, mas também pela simples situação de confusão patrimonial, independentemente da intenção dos sócios.

O Código Civil de 2002 adota uma concepção objetiva acerca da desconsideração da personalidade, uma vez que se torna necessária a verificação do desvio de finalidade ou de confusão patrimonial, independentemente da intenção dos sócios. Bastaria, por exemplo, a constatação de que a empresa pagou dívidas pessoais do sócio para proceder-se à desconsideração.

---

refere o art. 50 do CC. Para a aplicação da teoria maior da desconsideração da personalidade social – adotada pelo CC –, exige-se o dolo das pessoas naturais que estão por trás da sociedade, desvirtuando-lhe os fins institucionais e servindo-se os sócios ou administradores desta para lesar credores ou terceiros. É a intenção ilícita e fraudulenta, portanto, que autoriza, nos termos da teoria adotada pelo CC, a aplicação do instituto em comento. Especificamente em relação à hipótese a que se refere o art. 50 do CC, tratando-se de regra de exceção, de restrição ao princípio da autonomia patrimonial da pessoa jurídica, deve-se restringir a aplicação desse disposto legal a casos extremos, em que a pessoa jurídica tenha sido instrumento para fins fraudulentos, configurado mediante o desvio da finalidade institucional ou a confusão patrimonial. Dessa forma, a ausência de intuito fraudulento afasta o cabimento da desconsideração da personalidade jurídica, ao menos quando se tem o CC como o microssistema legislativo norteador do instituto, a afastar a simples hipótese de encerramento ou dissolução irregular da sociedade como causa bastante para a aplicação do *disregard doctrine*. Ressalte-se que não se quer dizer com isso que o encerramento da sociedade jamais será causa de desconsideração de sua personalidade, mas que somente o será quando sua dissolução ou inatividade irregulares tenham o fim de fraudar a lei, com o desvirtuamento da finalidade institucional ou confusão patrimonial. Assim é que o Enunciado nº 146, da III Jornada de Direito Civil, orienta o intérprete a adotar exegese restritiva no exame do art. 50 do CC, haja vista que o instituto da desconsideração, embora não determine a despersonalização da sociedade – visto que aplicável a certo ou determinado negócio e que impõe apenas a ineficácia da pessoa jurídica frente ao lesado –, constitui restrição ao princípio da autonomia patrimonial. Ademais, evidenciando a interpretação restritiva que se deve dar ao dispositivo em exame, a IV Jornada de Direito Civil firmou o Enunciado nº 282, que expressamente afasta o encerramento irregular da pessoa jurídica como causa para desconsideração de sua personalidade: "O encerramento irregular das atividades da pessoa jurídica, por si só, não basta para caracterizar abuso da personalidade jurídica". Entendimento diverso conduziria, no limite, em termos práticos, ao fim da autonomia patrimonial da pessoa jurídica, ou seja, regresso histórico incompatível com a segurança jurídica e com o vigor da atividade econômica. Precedentes citados: AgRg no REsp 762.555/SC, Quarta Turma, *DJe* 25/10/2012; e AgRg no REsp 1.173.067/RS, Terceira Turma, *DJe* 19/6/2012. EREsp 1.306.553-SC, Rel. Min. Maria Isabel Gallotti, julgado em 10/12/2014, *DJe* 12/12/2014 (Informativo nº 554).

Assim, o Código Civil afasta-se da concepção subjetiva que exigiria perquirições respeitantes à intencionalidade dos sócios de praticar o ato abusivo, o que se apresentaria como aspecto inviabilizador do êxito do credor, vez que deveras complicada a produção de tal prova.

A desconsideração prevista no CDC apresenta-se de maneira mais ampla. De acordo com o art. 28 do CDC poderá haver a desconsideração havendo, a saber: abuso de direito, excesso de poder, infração da lei, fato ou ato ilícito ou violação dos estatutos ou do contrato social. Sendo que também se daria a desconsideração em caso de falência, insolvência, encerramento ou inatividade da pessoa jurídica, provocados por má administração. E mais, o § 5º, do art. 28, autoriza a desconsideração em caso de a personalidade se impor como obstáculo ao ressarcimento de prejuízos causados aos consumidores. Tudo isso se justifica, em razão da situação de hipossuficiência e vulnerabilidade dos consumidores.

Entretanto, o que importa é que a superveniência de regramento no Código Civil de 2002 acerca da desconsideração da personalidade jurídica não atinge as regras já existentes sobre a teoria, como no CDC e na Lei nº 9.605/98. Todos os regramentos coexistirão harmoniosamente e serão aplicados a depender do caso concreto. Assim se entendeu no Enunciado nº 51, aprovado na I Jornada de Direito Civil: "A teoria da desconsideração da personalidade jurídica – *disregard doctrine* – fica positivada no novo Código Civil, mantidos os parâmetros existentes nos microssistemas e na construção jurídica sobre o tema".

A desconsideração da personalidade da pessoa jurídica não induz à anulação da personalidade ou despersonalização, tampouco a desfazimento do ato constitutivo da pessoa jurídica, mas tão somente ao desprezo episódico, temporário, eventual daquela personalidade jurídica que se prestou a encobrir a prática de atos abusivos.

Desse modo, poderá a pessoa jurídica voltar a funcionar quando oportuno. Portanto, a terminologia adequada a ser utilizada por nós é realmente "desconsideração da personalidade jurídica" e não "despersonalização" ou "despersonificação", que induziriam a outras conclusões.

Fechamos esse ponto com a transcrição do art. 50 do CC/2002 e a lembrança de que a teoria da desconsideração da personalidade jurídica da pessoa jurídica tem cabimento tanto para as sociedades como para as demais pessoas jurídicas de direito privado. Tal conclusão se infere da análise de dois termos presentes no art. 50: "sócios" e "administradores". A referência aos sócios nos remete às sociedades; já a referência a administradores, às demais pessoas jurídicas. Tanto é assim que o Enunciado nº 284 do CJF estabeleceu que "As pessoas jurídicas de direito privado sem fins lucrativos ou de fins não econômicos estão abrangidas no conceito de abuso da personalidade jurídica". Eis o art. 50 do CC: "Em caso de abuso da personalidade jurídica, caracterizado pelo desvio de finalidade ou pela confusão patrimonial, pode o juiz, a requerimento da parte, ou do Ministério Público quando lhe couber intervir no processo, desconsiderá-la para que os efeitos de certas e determinadas relações de obrigações sejam estendidos aos bens particulares de administradores ou de sócios da pessoa jurídica beneficiados direta ou indiretamente pelo abuso".

Por fim, na V Jornada de Direito Civil, foi o aprovado o Enunciado nº 406 do CJF com a seguinte redação: "A desconsideração da personalidade jurídica alcança os grupos de sociedade quando presentes os pressupostos do art. 50 do Código Civil e houver prejuízo para os credores até o limite transferido entre as sociedades".

10.2. Teorias acerca da desconsideração da personalidade jurídica

Existem duas teorias a justificar a desconsideração da personalidade da pessoa jurídica: a teoria maior e a teoria menor.

10.2.1. Teoria maior

De acordo com a teoria maior, para que haja a desconsideração da personalidade jurídica, exige-se o abuso da personalidade, que se evidencia por meio do desvio de finalidade ou da confusão patrimonial. O patrimônio do membro da pessoa jurídica responderá em caso de fraude ou abuso. Essa é a teoria adotada no art. 50 do CC. Saliente-se, contudo, que o Enunciado nº 281, aprovado na IV Jornada de Direito Civil, promovida pelo Centro de Estudos Judiciários do Conselho de Justiça Federal, estabeleceu que: "A aplicação da teoria da desconsideração, descrita no art. 50 do Código Civil, prescinde da demonstração de insolvência da pessoa jurídica".

10.2.2. Teoria menor

Para a teoria menor, ocorrerá a desconsideração diante do simples prejuízo sofrido pelo credor, independentemente da configuração do abuso da personalidade. Portanto, simplesmente, o membro da pessoa jurídica responderá pelas obrigações da pessoa jurídica. O ordenamento jurídico pátrio demonstra o seu afeto por essa teoria no CDC, art. 28, § 5º, e na Lei nº 9.605/98, art. 4º. A razão é óbvia: estamos, nessas situações, diante de interesses metaindividuais.

A Terceira Turma do STJ fixou o entendimento de que a aplicação da teoria menor prevista no CDC não atinge o administrador não sócio da empresa. Vale conferir a ementa a seguir:

RECURSO ESPECIAL. PROCESSUAL CIVIL. PERSONALIDADE JURÍDICA. DESCONSIDERAÇÃO. INCIDENTE. RELAÇÃO DE CONSUMO. ART. 28, § 5º, DO CDC. TEORIA MENOR. ADMINISTRADOR NÃO SÓCIO. INAPLICABILIDADE. CUMPRIMENTO DE SENTENÇA. POLO PASSIVO. EXCLUSÃO. 1. Recurso especial interposto contra acórdão publicado na vigência do Código de Processo Civil de 2015 (Enunciados Administrativos nºs 2 e 3/STJ). 2. Para fins de aplicação da Teoria Menor da desconsideração da personalidade jurídica (art. 28, § 5º, do CDC), basta que o consumidor demonstre o estado de insolvência do fornecedor ou o fato de a personalidade jurídica representar um obstáculo ao ressarcimento dos prejuízos causados. 3. A despeito de não exigir prova de abuso ou fraude para fins de aplicação da Teoria Menor da desconsideração da personalidade jurídica, tampouco de confusão patrimonial, o § 5º do art. 28 do CDC não dá margem para admitir a responsabilização pessoal de quem não integra o quadro societário da empresa, ainda que nela atue como gestor. Precedente. 4. Recurso especial provido (STJ. REsp 1.862.557. Rel. Min. Ricardo Villas Bôas Cueva. 3ª Turma. J. 15/6/2021. *DJe* 21/6/2021).

10.3. A desconsideração inversa da personalidade jurídica

Vimos até aqui que se desconsidera a personalidade da pessoa jurídica para alcançar o patrimônio de seus membros. O contrário também é possível de se aceitar, senão, vejamos um exemplo: uma pessoa casada que adquire bens e os transfere para a empresa, para evitar em um futuro processo de separação ou divórcio a divisão de tais bens com o seu cônjuge. Nessa situação, torna-se possível desconsiderar a personalidade da empresa para se alcançar tais bens e proceder à devida partilha. Isto é, busca-se a via inversa para se alcançar justiça. Nessa esteira, foi aprovado, na IV Jornada de Direito Civil, o Enunciado n° 283, *in verbis*: "É cabível a desconsideração da personalidade jurídica denominada 'inversa' para alcançar bens de sócio que se valeu da pessoa jurídica para ocultar ou desviar bens pessoais, com prejuízo a terceiros".[15]

---

[15] DIREITO CIVIL. LEGITIMIDADE ATIVA PARA REQUERER DESCONSIDERAÇÃO INVERSA DE PERSONALIDADE JURÍDICA. Se o sócio controlador de sociedade empresária transferir parte de seus bens à pessoa jurídica controlada com o intuito de fraudar partilha em dissolução de união estável, a companheira prejudicada, ainda que integre a sociedade empresária na condição de sócia minoritária, terá legitimidade para requerer a desconsideração inversa da personalidade jurídica de modo a resguardar sua meação. Inicialmente, ressalte--se que a Terceira Turma do STJ já decidiu pela possibilidade de desconsideração inversa da personalidade jurídica – que se caracteriza pelo afastamento da autonomia patrimonial da sociedade, para, contrariamente do que ocorre na desconsideração da personalidade jurídica propriamente dita, atingir o ente coletivo e seu patrimônio social, de modo a responsabilizar a pessoa jurídica por obrigações do sócio –, em razão de uma interpretação teleológica do art. 50 do CC/2002 (REsp 948.117-MS, *DJe* 3/8/2010). Quanto à legitimidade para atuar como parte no processo, por possuir, em regra, vinculação com o direito material, é conferida, na maioria das vezes, somente aos titulares da relação de direito material. Dessa forma, a legitimidade para requerer a desconsideração é atribuída, em regra, ao familiar que tenha sido lesado, titular do direito material perseguido, consoante a regra segundo a qual "Ninguém poderá pleitear, em nome próprio, direito alheio, salvo quando autorizado por lei" (art. 6° do CPC). Nota-se, nesse contexto, que a legitimidade para requerer a desconsideração inversa da personalidade jurídica da sociedade não decorre da condição de sócia, mas sim da condição de companheira do sócio controlador acusado de cometer abuso de direito com o intuito de fraudar a partilha. Além do mais, embora a companheira que se considera lesada também seja sócia, seria muito difícil a ela, quando não impossível, investigar os bens da empresa e garantir que eles não seriam indevidamente dissipados antes da conclusão da partilha, haja vista a condição de sócia minoritária. REsp 1.236.916-RS, Rel. Min. Nancy Andrighi, julgado em 22/10/2013 (Informativo n° 533). Vale conferir, também, a seguinte decisão: "Na origem, trata-se de ação de divórcio em que a cônjuge foi instada a emendar a inicial, com a finalidade de incluir sua irmã no polo passivo da demanda, em razão desta ter recebido, por parte de seu cunhado (marido da autora), a totalidade de cotas empresariais que seriam objeto da partilha de bens. Nesse contexto, a controvérsia central se limita a aferir a legitimidade passiva da sócia remanescente da empresa, cuja personalidade jurídica pode vir a ser desconsiderada, caso comprovada a ocorrência de fraude praticada entre esta e o ex-consorte da autora, com a intenção de esvaziar o patrimônio a ser partilhado entre o casal. Inicialmente, cabe lembrar que, na ação de divórcio, a pertinência subjetiva recai tão somente sobre os cônjuges varão e virago, possuindo notório caráter personalíssimo, segundo exegese do art. 1.582 do CC/2002. Também não se desconhece a possibilidade de cumulação de pedidos em demandas desta natureza, conforme o disposto no art. 1.581 do CC/2002 – o que efetivamente ocorrera na hipótese, na medida em que a autora, além da súplica de partilha de bens, requereu a declaração de ineficácia da alteração contratual que resultou na cessão de todas as cotas sociais do ex-cônjuge para a sócia remanescente. Saliente-se que, embora esse

Outra questão a ser destacada é que a novel legislação processual reconhece a possibilidade de desconsideração inversa em seu art. 133, § 2º, que apresenta a seguinte redação: "Aplica-se o disposto neste Capítulo a hipótese de desconsideração inversa da personalidade jurídica". Além disso, o art. 50, § 3º, do CC, por força da Lei nº 13.874/2019, assim admite: "O disposto no *caput* e nos §§ 1º e 2º deste artigo também se aplica à extensão das obrigações de sócios ou de administradores à pessoa jurídica". Assim, atualmente, o CC e o CPC admitem expressamente a desconsideração inversa.

10.4. A desconsideração da personalidade da pessoa jurídica no CPC de 2015 (arts. 133 ao 137[16])

Anteriormente ao Código de Processo Civil de 2015, as regras atinentes à desconsideração da personalidade jurídica da pessoa jurídica somente se faziam notar em leis de natureza material, isto é, a desconsideração não era regulada processualmente. Nesse contexto, Helena Guimarães Barreto constatou:

---

requerimento não tenha sido deduzido expressamente na peça inicial, decorre da interpretação lógico-sistemática da causa de pedir – procedimento amplamente amparado pela jurisprudência desta Corte Superior (REsp 1.654.980-MG, Rel. Min. Herman Benjamin, Segunda Turma, *DJe* 12/5/2017). No tocante ao cabimento da desconsideração da pessoa jurídica em ação de divórcio, a Terceira Turma do STJ, no julgamento do REsp 1.236.916-RS, de relatoria da Min. Nancy Andrighi, examinou situação análoga, ratificando ser "possível a desconsideração inversa da personalidade jurídica sempre que o cônjuge ou companheiro empresário valer-se de pessoa jurídica por ele controlada, ou de interposta pessoa física, a fim de subtrair do outro cônjuge ou companheiro direitos oriundos da sociedade afetiva". Na hipótese em análise, a pertinência subjetiva da sócia remanescente e, por conseguinte, a sua legitimidade para figurar no polo passivo da ação de divórcio é proveniente da relação jurídica de direito material existente entre ela e os ex-consortes, consubstanciada por eventual conluio no intuito de malograr a partilha de bens. Diante de tais premissas, firma-se o entendimento pela possibilidade de aplicação da medida, no caso concreto, desde que comprovados os requisitos legais previstos no art. 50 do CC, circunstâncias a serem analisadas pelo Magistrado de primeiro grau (REsp 1.522.142-PR, Rel. Min. Marco Aurélio Bellizze, por unanimidade, julgado em 13/6/2017. Informativo nº 606).

[16] No CPC de 2015: Art. 133. O incidente de desconsideração da personalidade jurídica será instaurado a pedido da parte ou do Ministério Público, quando lhe couber intervir no processo. § 1º O pedido de desconsideração da personalidade jurídica observará os pressupostos previstos em lei. § 2º Aplica-se o disposto neste Capítulo à hipótese de desconsideração inversa da personalidade jurídica. Art. 134. O incidente de desconsideração é cabível em todas as fases do processo de conhecimento, no cumprimento de sentença e na execução fundada em título executivo extrajudicial. § 1º A instauração do incidente será imediatamente comunicada ao distribuidor para as anotações devidas. § 2º Dispensa-se a instauração do incidente se a desconsideração da personalidade jurídica for requerida na petição inicial, hipótese em que será citado o sócio ou a pessoa jurídica. § 3º A instauração do incidente suspenderá o processo, salvo na hipótese do § 2º. § 4º O requerimento deve demonstrar o preenchimento dos pressupostos legais específicos para desconsideração da personalidade jurídica. Art. 135. Instaurado o incidente, o sócio ou a pessoa jurídica será citado para manifestar-se e requerer as provas cabíveis no prazo de 15 (quinze) dias. Art. 136. Concluída a instrução, se necessária, o incidente será resolvido por decisão interlocutória. Parágrafo único. Se a decisão for proferida pelo relator, cabe agravo interno. Art. 137. Acolhido o pedido de desconsideração, a alienação ou a oneração de bens, havida em fraude de execução, será ineficaz em relação ao requerente.

A ausência de previsão legal de um procedimento para a decisão do magistrado que decreta a desconsideração da personalidade da pessoa jurídica gerava insegurança jurídica e, em alguns casos, violação ao devido processo legal, tendo em vista a diversidade dos critérios adotados, inclusive com a decretação de ofício e sem a citação dos sócios.[17]

Com a entrada em vigor da novel lei adjetiva, o procedimento de desconsideração admite caráter de incidente processual, com a devida suspensão do processo, se não for requerida na petição inicial. Se, ao revés, o pedido da desconsideração se fizer presente nessa peça preambular, será observado o procedimento comum, não havendo qualquer suspensão.

No que respeita à legitimidade, o art. 133 do CPC/2015, em sintonia com o art. 50 do CC, estabelece que o pedido será formulado pela parte ou pelo Ministério Público, nos casos em que lhe couber intervir. Todavia, é evidente que o réu (no processo de conhecimento) ou o executado (no processo de execução) também terão legitimidade. Basta se imaginar, por exemplo, a situação em que o atual administrador da pessoa jurídica, pretendendo a devida responsabilização do administrador antecedente que atuou de forma abusiva da personalidade da pessoa jurídica, formula o devido requerimento de desconsideração da personalidade da pessoa jurídica. Tanto é assim que o Enunciado nº 285 do CJF estabeleceu que: "A teoria da desconsideração, prevista no art. 50 do Código Civil, pode ser invocada pela pessoa jurídica em seu favor".

10.5. A Lei da Liberdade Econômica (Lei nº 13.874/2019) e as alterações na sistemática da desconsideração da personalidade jurídica do Código Civil

A Lei nº 13.874, de 20 de setembro de 2019, que instituiu a Declaração de Direitos de Liberdade Econômica e ficou conhecida como Lei de Liberdade Econômica, foi oriunda da Medida Provisória nº 881, de 30 de abril de 2019, e promoveu contundentes modificações na sistemática da desconsideração da personalidade da pessoa jurídica no Código Civil de 2002.

A Lei cogitada trouxe uma polêmica inicial acerca de sua entrada em vigor, já que o seu art. 20 estabeleceu:

Esta Lei entra em vigor:

I – (VETADO);

II – na data de sua publicação, para os demais artigos.

---

[17] BARRETO, Helena Guimarães. A desconsideração da personalidade jurídica no novo CPC: aspectos procedimentais e o devido processo legal. In: QUEIROZ, Mônica; GUERRA, Carlos Henrique Fernandes; VIEIRA, Marcelo de Mello; SILLMANN, Marina Carneiro Matos (Orgs.). *Direito civil em debate:* reflexões críticas sobre temas atuais. Belo Horizonte: D'Plácido, 2016. p. 58.

Ocorre que, como se nota, o inciso primeiro desse dispositivo foi vetado, restando apenas o inciso II que dispôs sobre a entrada em vigor na data de sua publicação, "para os demais artigos". Acontece que não faz sentido menção aos "demais artigos", tendo-se em vista o veto aplicado ao inciso I. Desse modo, ao que parece, diante da falta de compatibilidade lógica do referido art. 20, o mais adequado seja aplicar a regra contida no art. 1º da LINDB que estabelece que: "Salvo disposição contrária, a lei começa a vigorar em todo o país quarenta e cinco dias depois de oficialmente publicada".

10.5.1. A autonomia da pessoa jurídica

O art. 20 do CC/16 estabelecia que: "As pessoas jurídicas têm existência distinta da dos seus membros". Por esse dispositivo, o velho Código Civil deixava bem claro que a personalidade da pessoa jurídica nada tinha a ver com a personalidade da pessoa natural que a compunha.

Ocorre que o CC/2002 não reproduziu o mesmo dispositivo, o que se fez, em princípio, suscitar alguma dúvida quanto à separação das personalidades, logo com o passar dos dias, tal dúvida restou superada diante da evidente autonomia da pessoa jurídica em relação às pessoas naturais que a formatavam. Todavia, embora clara a distinção de personalidade dos dois entes (pessoa natural e pessoa jurídica), a Lei da Liberdade Econômica (Lei nº 13.874/2019), então, incluiu, propositadamente, antes da disciplina da desconsideração da personalidade da pessoa jurídica, no Código Civil de 2002, o art. 49-A com o seguinte teor: "A pessoa jurídica não se confunde com os seus sócios, associados, instituidores ou administradores". E, ainda, inclui, um parágrafo único com a seguinte redação:

> A autonomia patrimonial das pessoas jurídicas é um instrumento lícito de alocação e segregação de riscos, estabelecido pela lei com a finalidade de estimular empreendimentos, para a geração de empregos, tributo, renda e inovação em benefício de todos.

Inicialmente, é bom notar que o *caput* do art. 49-A do CC não apresentou inovação jurídica alguma, já que a distinção das personalidades da pessoa jurídica e das pessoas naturais que a compõe nunca foi alvo de intensa discussão, desde a velha codificação. Nessa mesma toada, o seu parágrafo único também não apresentou nenhuma novidade e mais parece um dispositivo que, simplesmente, reforça a autonomia da pessoa jurídica e os efeitos de sua criação que é o estímulo a empreendimentos para a geração de empregos, tributo, renda e inovação corroborando, tão somente, um saudável diálogo com o princípio da função social da empresa. Logo, o que se percebe é que a inserção de tais dispositivos no CC/2002 almeja a menor intervenção do Estado no domínio econômico, já que a desconsideração da personalidade jurídica da pessoa jurídica deve ser tida como medida excepcional.

10.5.2. A desconsideração da personalidade da pessoa jurídica depois da entrada em vigor da Lei de Liberdade Econômica (Lei nº 13.874/2019)

A tendência de se regularizar o instituto da desconsideração da personalidade da pessoa jurídica já havia sido notada com o Código de Processo Civil de 2015, quando esse tecido normativo incluiu em sua redação cinco dispositivos (arts. 133 ao 137), apresentando aspectos relativos ao procedimento da desconsideração, bem como a necessidade de instauração de incidente próprio, a suspensão do processo principal enquanto em andamento o incidente, o reconhecimento da desconsideração inversa, entre outras questões.

Dentro dessa perspectiva, a Lei da Liberdade Econômica (Lei nº 13.874/2019) empenhada em lapidar o instituto da desconsideração da personalidade da pessoa jurídica, então, apresenta novos gargalos à sua aplicabilidade, já que o intuito da Lei é promover a diminuição do Estado no domínio econômico. É bom destacar que a referida lei resulta da conversão legislativa da MP nº 881, de 30 de abril de 2019.

A primeira relevante alteração é aquela que se encontra no *caput* do art. 50, quando define que, ao se aplicar a desconsideração, serão atingidos os bens particulares de administradores ou de sócios da pessoa jurídica beneficiados direta ou indiretamente pelos abusos. Veja no quadro a seguir a comparação da redação do *caput* do art. 50 do CC, antes e depois da Lei da Liberdade Econômica.

Art. 50 do CC/2002 antes da Lei nº 13.874/2019	Art. 50, *caput*, do CC/2002 depois da Lei nº 13.874/2019
Em caso de abuso da personalidade jurídica, caracterizado pelo desvio de finalidade, ou pela confusão patrimonial, pode o juiz decidir, a requerimento da parte, ou do Ministério Público quando lhe couber intervir no processo, que os efeitos de certas e determinadas relações de obrigações sejam estendidos aos bens particulares dos administradores ou sócios da pessoa jurídica.	Em caso de abuso da personalidade jurídica, caracterizado pelo desvio de finalidade ou pela confusão patrimonial, pode o juiz, a requerimento da parte, ou do Ministério Público quando lhe couber intervir no processo, **desconsiderá-la** para que os efeitos de certas e determinadas relações de obrigações sejam estendidos aos bens particulares de administradores ou de sócios da pessoa jurídica, **beneficiados direta ou indiretamente pelo abuso** (grifo nosso).

A previsão da necessidade de comprovação do abuso de personalidade que se caracterize pelo desvio de finalidade ou de confusão patrimonial continua a ser uma diretriz da desconsideração prevista na codificação civil, todavia, a Lei de Liberdade Econômica ao alterar o *caput* do art. 50 do CC, esclarece quem será atingida com a desconsideração. Se o Enunciado nº 07 do CJF já estabelecia que "só se aplica a desconsideração da personalidade jurídica quando houver a prática de ato irregular e, limitadamente, aos administradores ou sócios que nela hajam incorrido", a nova redação do art. 50 do CC, amplia essa perspectiva na medida em que alcança até mesmo quem se beneficie indiretamente do abuso.

Vale registar que o art. 50 do CC, mesmo depois das mudanças promovidas pela Lei da Liberdade Econômica, continua a se traduzir em aplicação da Teoria Maior, já que se exige a comprovação do abuso de personalidade para que haja a desconsideração. Inclusive, a Teoria Maior vai se manifestar sob duas vertentes: a subjetiva, quando há o desvio de finalidade; e a objetiva, quando há a confusão patrimonial.

Assim, a novidade no art. 50 do CC é que fica esclarecido em que se traduz o desvio de finalidade. É que a Lei da Liberdade Econômica inseriu um § 1º no art. 50 do CC/2002 com a seguinte informação: "Para os fins do disposto neste artigo, desvio de finalidade é a utilização da pessoa jurídica com o propósito de lesar credores e para a prática de atos ilícitos de qualquer natureza".

Quando o § 1º do art. 50 do CC estabelece em que se traduz o desvio de finalidade, parece que a interpretação mais adequada a ser dada ao dispositivo é de que "o propósito de lesar credores" deve ser visto sob a perspectiva objetiva, sem necessidade de aferições de aspectos subjetivos, já que a Lei da Liberdade Econômica, que representa a conversão da MP nº 881/2019, suprimiu do texto original a menção ao comportamento doloso.

Veja a seguir a comparação do § 1º do art. 50 do CC decorrente da MP nº 881/2019 com o § 1º do art. 50 do CC decorrente da Lei da Liberdade Econômica:

Art. 50, § 1º, CC, de acordo com a MP nº 881/2019	Art. 50, § 1º, CC, após a Lei da Liberdade Econômica
Para fins do disposto neste artigo, desvio de finalidade e a utilização **dolosa** da pessoa jurídica com o propósito de lesar credores e para a prática de atos ilícitos de qualquer natureza. (grifo nosso)	Para os fins do disposto neste artigo, desvio de finalidade e a utilização da pessoa jurídica com o propósito de lesar credores e para a prática de atos ilícitos de qualquer natureza.

A supressão da palavra "dolosa" quando da conversão da MP nº 881/2019 na Lei nº 13.784/2019 confirma esse posicionamento, isto é, de que o propósito (a finalidade) de lesar credores deve ser aferido de forma objetiva, e não subjetiva.

Além disso, a Lei de Liberdade Econômica introduz o § 5º no art. 50 do CC/2002, que estabelece que "não constitui desvio de finalidade a mera expansão ou a alteração da finalidade original da atividade econômica específica da pessoa jurídica". Sobre o referido § 5º, interessante crítica foi formulada por Pablo Stolze:

> Ao dispor que não constitui desvio de finalidade a "alteração da finalidade original da atividade econômica específica da pessoa jurídica", o legislador dificultou sobremaneira o seu reconhecimento: aquele que "expande" a finalidade da atividade exercida – como pretende a primeira parte da norma – pode não desviar, mas aquele que "altera" a própria finalidade original da atividade econômica da pessoa jurídica, muito provavelmente, desvia-se do seu propósito.[18]

Nesse mesmo tom, Nelson Rosenvald e Felipe Braga Netto explicam:

---

[18] STOLZE, Pablo. A Lei n. 13.874/2019 (liberdade econômica), a desconsideração da personalidade jurídica e o novo diploma. Disponível em: <https://jus.com.br/artigos/76698/a-lei-n-13--874-2019-liberdade-economica>. Acesso em: 12 jan. 2020.

Inicialmente, convém registrar que, de fato, a mera expansão da pessoa jurídica não constitui desvio de finalidade, algo alias óbvio. Porém, a questão da "alteração da finalidade original da atividade econômica específica da pessoa jurídica" é mais complexa. A alteração da finalidade da atividade econômica original da pessoa jurídica poderá, sob certos contextos, perfazer desvio de finalidade. A hipótese poderia, pelo menos em tese, fazer incidir a desconsideração. Seja como for, quaisquer que sejam as literalidades legislativas, o intérprete deverá buscar um sentido mais objetivo para o desvio de finalidade, à luz das práticas empresariais legítimas e funcionais.[19]

Superada a ideia de que o abuso de personalidade poderá ocorrer mediante desvio de finalidade e explicitado em que esse traduz, é chegada a hora de lembrar que o abuso de personalidade também poderá se dar com a confusão patrimonial.

Assim, a Lei da Liberdade Econômica inclui no art. 50 do CC, o § 2º que apresenta o seguinte teor:

§ 2º Entende-se por confusão patrimonial a ausência de separação de fato entre os patrimônios, caracterizada por:

I – cumprimento repetitivo pela sociedade de obrigações do sócio ou do administrador ou vice-versa;

II – transferência de ativos ou de passivos sem efetivas contraprestações, exceto os de valor proporcionalmente insignificante; e

III – outros atos de descumprimento da autonomia patrimonial.

Da análise do novidadeiro parágrafo, constata-se que o legislador se preocupou em deixar claro que confusão patrimonial é a promiscuidade dos patrimônios da pessoa jurídica e das pessoas naturais que a compõe e, indo além, o legislador apresenta, exemplificativamente, algumas hipóteses clássicas de situações em que não há a separação de fato dos patrimônios das pessoas citadas quando menciona:

- Cumprimento repetitivo pela sociedade de obrigações do sócio ou do administrador ou vice-versa;
- Transferência de ativos ou de passivos sem efetivas contraprestações, exceto os de valor proporcionalmente insignificante.

Evidente é que tais hipóteses são meramente exemplificativas, já que o legislador, ao final, menciona a elástica expressão:

- Outros atos de descumprimento da autonomia patrimonial.

Poderíamos mencionar, por exemplo, a hipótese em que a pessoa jurídica concede uma garantia real em contrato de mútuo que tenha sido realizado no interesse de um de seus sócios.

---

[19] ROSENVALD, Nelson. NETTO, Felipe Peixoto. *Código Civil comentado:* artigo por artigo. Salvador: JusPodivm, 2020. p. 141.

Outra interessante disposição da Lei nº 13.874/2019 encontra-se com a inserção do § 3º do art. 50 do CC, que confirma a possibilidade de desconsideração inversa desde que, constatado o abuso da personalidade da pessoa jurídica, seja por desvio de finalidade ou por confusão patrimonial. É o que preceitua o referido parágrafo: "O disposto no *caput* e nos §§ 1º e 2º deste artigo também se aplica à extensão das obrigações de sócios ou de administradores à pessoa jurídica".

Assim, se originariamente o CC/2002 não reconheceu a desconsideração inversa, tendo tal teoria tomado espaço por força da jurisprudência e do Enunciado nº 283 do CJF e, posteriormente, assumido formatação legal no art. 133, § 2º, do CPC/2015, agora, podemos dizer que a desconsideração inversa encontra guarida também no próprio Código Civil de 2002 de forma expressa.

Por fim, a Lei da Liberdade Econômica insere um § 4º no art. 50 do CC estabelecendo que: "A mera existência de grupo econômico sem a presença dos requisitos de que trata o *caput* deste artigo não autoriza a desconsideração da personalidade da pessoa jurídica". O referido parágrafo não apresenta grandes novidades, a não ser pela lembrança da chamada desconsideração indireta ao que Pablo Stolze explica da seguinte maneira:

> Se, por um lado, a mera existência de grupo econômico sem a presença dos requisitos legais não autoriza a desconsideração da personalidade da pessoa jurídica, por outro, nada impede que, uma vez observados tais pressupostos, o juiz decida, dentro de um mesmo grupo, pelo afastamento de um ente controlado, para alcançar o patrimônio da pessoa jurídica controladora que, por meio da primeira, cometeu um ato abusivo.[20]

Findamos esse assunto, fornecendo uma esperada comparação entre o art. 50 do CC/2002, originariamente, depois da MP nº 881/2019 e depois da Lei da Liberdade Econômica:

Art. 50 do CC/2002 (originariamente)	Art. 50 do CC/2002 depois da MP nº 881/2019	Art. 50 do CC/2002 depois da Lei nº 13.874/2019 (o que está em vigor)
Em caso de abuso da personalidade jurídica, caracterizado pelo desvio de finalidade, ou pela confusão patrimonial, pode o juiz decidir, a requerimento da parte, ou do Ministério Público quando lhe couber intervir no processo, que os efeitos de certas e determinadas relações de obrigações sejam estendidos aos bens particulares dos administradores ou sócios da pessoa jurídica.	Em caso de abuso da personalidade jurídica, caracterizado pelo desvio de finalidade ou pela confusão patrimonial, pode o juiz, a requerimento da parte, ou do Ministério Público quando lhe couber intervir no processo, desconsiderá-la para que os efeitos de certas e determinadas relações de obrigações sejam estendidos aos bens particulares de administradores ou de sócios da pessoa jurídica beneficiados direta ou indiretamente pelo abuso.	Em caso de abuso da personalidade jurídica, caracterizado pelo desvio de finalidade ou pela confusão patrimonial, pode o juiz, a requerimento da parte, ou do Ministério Público quando lhe couber intervir no processo, desconsiderá-la para que os efeitos de certas e determinadas relações de obrigações sejam estendidos aos bens particulares de administradores ou de sócios da pessoa jurídica beneficiados direta ou indiretamente pelo abuso.

---

[20] STOLZE, Pablo. *A Lei n. 13.874/2019 (liberdade econômica), a desconsideração da personalidade jurídica e o novo diploma.* Disponível em: <https://jus.com.br/artigos/76698/a-lei-n-13--874-2019-liberdade-economica>. Acesso em: 12 jan. 2020.

§ 1º Para fins do disposto neste artigo, desvio de finalidade e a utilização dolosa da pessoa jurídica com o propósito de lesar credores e para a prática de atos ilícitos de qualquer natureza.	§1º Para os fins do disposto neste artigo, desvio de finalidade e a utilização da pessoa jurídica com o propósito de lesar credores e para a prática de atos ilícitos de qualquer natureza.
§ 2º Entende-se por confusão patrimonial a ausência de separação de fato entre os patrimônios, caracterizada por:	§ 2º Entende-se por confusão patrimonial a ausência de separação de fato entre os patrimônios, caracterizada por:
I – cumprimento repetitivo pela sociedade de obrigações do sócio ou do administrador ou vice-versa;	I – cumprimento repetitivo pela sociedade de obrigações do sócio ou do administrador ou vice-versa;
II – transferência de ativos ou de passivos sem efetivas contraprestações, exceto o de valor proporcionalmente insignificante; e	II – transferência de ativos ou de passivos sem efetivas contraprestações, exceto os de valor proporcionalmente insignificante; e
III – outros atos de descumprimento da autonomia patrimonial.	III – outros atos de descumprimento da autonomia patrimonial.
§ 3º O disposto no *caput* e nos § 1º e § 2º também se aplica a extensão das obrigações de sócios ou de administradores a pessoa jurídica.	§ 3º O disposto no *caput* e nos §§ 1º e 2º deste artigo também se aplica a extensão das obrigações de sócios ou de administradores a pessoa jurídica.
§ 4º A mera existência de grupo econômico sem a presença dos requisitos de que trata o *caput* não autoriza a desconsideração da personalidade da pessoa jurídica.	§ 4º A mera existência de grupo econômico sem a presença dos requisitos de que trata o *caput* deste artigo não autoriza a desconsideração da personalidade da pessoa jurídica.
§ 5º Não constitui desvio de finalidade a mera expansão ou a alteração da finalidade original da atividade econômica específica da pessoa jurídica.	§ 5º Não constitui desvio de finalidade a mera expansão ou a alteração da finalidade original da atividade econômica específica da pessoa jurídica.

10.5.3. Síntese das conclusões extraídas da análise das modificações apresentadas pela Lei da Liberdade Econômica (Lei nº 13.874/2019)

- Manutenção da Teoria Maior para a aplicação da desconsideração da personalidade da pessoa jurídica para as relações civis e empresariais que são o alvo do art. 50 do CC. Nada obstante, a referida lei apresente de forma mais detalhada os critérios para a caracterização do abuso de personalidade, definindo em que se configura o desvio de finalidade e a confusão patrimonial.

- Demonstração do objetivo da desconsideração da personalidade da pessoa jurídica, isto é, alcançar aquelas pessoas naturais que direta ou indiretamente se beneficiaram do abuso da personalidade.

- Reconhecimento da desconsideração inversa no CC/2002, isto é, a possibilidade de se alcançar o patrimônio ocultado na pessoa jurídica em prejuízo a terceiros.

Cap. 4 – DAS PESSOAS JURÍDICAS

- Reafirmação do caráter excepcional da desconsideração da personalidade da pessoa jurídica, propósito esse em total consonância com a menor intervenção do Estado no domínio econômico.

11. DOMICÍLIO DA PESSOA JURÍDICA

No que diz respeito às pessoas jurídicas de direito público, conforme o art. 75 do CC, o domicílio será:

- da União: o Distrito Federal;
- dos Estados e territórios: as respectivas capitais;
- dos Municípios: o lugar onde funcionar sua administração. Quanto às outras pessoas jurídicas de direito público e às pessoas jurídicas de direito privado, o domicílio será:
- o lugar onde funcionarem as respectivas diretorias e administrações (a sede), ou onde elegerem domicílio especial no seu estatuto ou atos constitutivos.

Se a pessoa jurídica de direito privado possuir diversos estabelecimentos em lugares diferentes, cada um deles será considerado domicílio para os atos nele praticados.

Se a administração, ou diretoria, tiver a sede no estrangeiro, haver-se-á por domicílio da pessoa jurídica, no tocante às obrigações contraídas por cada uma das suas agências, o lugar do estabelecimento, sito no Brasil, a que ela corresponder.

12. EXTINÇÃO DA PESSOA JURÍDICA

Ressalvados os casos especiais dispostos na lei, a doutrina enumera as seguintes situações que podem ensejar o fim da pessoa jurídica:

a) as pessoas jurídicas de direito público, uma vez criadas por lei, terão o seu término pelo mesmo modo, isto é, por lei também;

b) as pessoas jurídicas de direito privado terão o seu término por meio das seguintes formas:

- natural: se existir um prazo de duração e este chegar a seu termo, ou pela morte de seus membros;
- convencional: quando a dissolução for deliberada pelos seus membros;
- legal: quando a lei determinar (ex.: falência);
- administrativa: quando a autorização para funcionar concedida pelo Poder Público for cassada, nas hipóteses em que se exige autorização;
- judicial: por provocação de interessados.

O cancelamento do registro colocando fim à pessoa jurídica não retroage, possuindo efeitos *ex nunc*, isso para não prejudicar interesse de terceiros que tenham negociado com a pessoa jurídica. Vale lembrar que o cancelamento do registro só ocorrerá depois de encerrada a liquidação (art. 51, § 3º, CC).

DOS BENS

Os bens representam os objetos do direito. No Código Civil, os bens são tratados no Livro II da Parte Geral, logo após a disciplina dedicada às pessoas naturais e jurídicas.

Conceituar o que seja bem jurídico não é tarefa fácil, posto que a doutrina não alcançou qualquer consenso acerca desse ponto. Então, o que temos para muitos é que bem é sinônimo de coisa. Para outros, coisa seria apenas uma espécie de bens (aqueles materiais), e, além disso, há também aqueles que acreditam no contrário, que bem e que é espécie de coisa, manifestando-se apenas onde houver valoração econômica.

Desse modo, o mais adequado e perquirimos um conceito de bem jurídico da maneira mais ampla possível. Bem jurídico seria, então, tudo aquilo que, ao existir fora do ser humano, material ou não, possuindo valoração econômica ou não, esteja sob o poder de seu titular.

1. ALGUMAS DISTINÇÕES NECESSÁRIAS

a) A coisa comum

A coisa comum, como por exemplo, o ar atmosférico e a água do mar, não pode ser objeto de direito, sendo, portanto, insusceptíveis de apropriação pelo homem.

b) A coisa não assenhorada ou res nullius

A coisa que não pertencer a ninguém como os animais soltos, os peixes, ao contrário da coisa comum, não é que não possa ser objeto de direito, mas, sim, ao passo que não assenhorada, não está objeto de direito. Caso alguém tome para si a *res nullius*, estaremos diante de um ato conhecido por ocupação, previsto no art. 1.263 do CC.

c) A coisa abandonada ou res derelicta

À coisa que foi alvo de derilição ou abandono por alguém, aplicamos o mesmo raciocínio em relação à coisa não assenhorada, isto é, não há impedimento para que seja objeto de direito, apenas, naquele momento em que se encontra em estado de abandono, não está objeto de direito. Do mesmo modo, caso alguém tome para si a coisa abandonada, ocorrerá o fenômeno da ocupação também.

d) A coisa perdida

Caso um sujeito tenha sido privado aleatoriamente de alguma coisa que possuía, esse sujeito terá sofrido uma perda. Quem encontrar essa coisa que foi perdida incidirá no ato denominado pela lei de descoberta[1] e estará obrigado a devolvê-la ao seu dono ou legítimo possuidor (arts. 1.233 ao 1.237, CC) sob pena de incidir em crime de apropriação de coisa achada previsto no Código Penal.[2] Caso o descobridor não saiba a quem devolver a coisa, deverá entregar a coisa achada à autoridade competente. Por outro lado, conseguindo devolver a coisa à pessoa certa, o descobridor fará jus a uma recompensa não inferior a cinco por cento do valor da coisa e mais ao que tiver gastado com a conservação e transporte da coisa, caso o dono não prefira abandoná-la. A essa recompensa dá-se o nome de achádego.

2. CLASSIFICAÇÃO DOS BENS

A classificação mais segura a ser adotada para o nosso estudo respeitante aos bens é a classificação que o próprio Código Civil faz. Assim, teremos:

a) os bens considerados em si mesmos;

b) os bens reciprocamente considerados;

c) os bens quanto à sua titularidade.

2.1. Dos bens considerados em si mesmos

Dentro dessa classe, busca-se a análise dos bens de maneira isolada, sem qualquer comparação com os demais. Assim, temos que os bens podem ser:

2.1.1. Bens corpóreos ou incorpóreos

Embora essa classificação não tenha sido adotada no Código Civil, não poderíamos deixar de fazer menção a ela, devido à sua relevância no estudo do tema.

Corpóreos são aqueles bens que existem material ou fisicamente (ex.: uma casa, um carro). Incorpóreos são os bens que não existem materialmente, existindo de forma meramente abstrata e ideal (ex.: os créditos, a sucessão aberta, os direitos autorais). Chamamos a atenção para que não se confunda a materialidade do título que comprova o crédito, por exemplo, com o próprio crédito, que em si é incorpóreo.

A importância de se saber ao certo se um bem é corpóreo ou incorpóreo existe na medida em que os bens corpóreos são transmitidos por meio de alienação; já

---

[1] No Código Civil de 1916, a "descoberta" era designada de "invenção".

[2] Art. 169, II, CP: "Quem acha coisa alheia perdida e dela se apropria, total ou parcialmente, deixando de restituí-la ao dono ou ao legítimo possuidor ou de entregá-la à autoridade competente, dentro no prazo de 15 (quinze) dias. Pena – detenção, de 1 (um) mês a 1 (um) ano, ou multa".

os incorpóreos não se sujeitam à alienação, mas, sim, à cessão, em razão disso é que falamos sempre em cessão de crédito, e não alienação de crédito. Ademais, importante lembrar que os bens incorpóreos não podem ser adquiridos por meio de usucapião.

2.1.2. Bens imóveis ou móveis

Várias são as consequências de se saber ao certo se estamos diante de um bem imóvel ou móvel. Senão, vejamos:

- a forma de alienação: de um bem imóvel acima de 30 vezes o salário mínimo será por escritura pública (art. 108, CC). Se for de um bem móvel, poderá ser por qualquer forma.

- a forma de aquisição: de um bem imóvel somente se admitirá a aquisição por meio do registro do título no registro imobiliário. Em se tratando de bem móvel, adquire-se a sua propriedade pela simples tradição.

- a vênia conjugal:[3] para a negociação de bem imóvel exige-se a autorização do outro cônjuge (art. 1.647, I, CC[4]). Em se negociando um bem móvel tal exigência não é imposta.

- prazos para a aquisição por meio de usucapião: se bem imóvel, prazos mais extensos,[5] se móvel, prazos menores.[6]

- direito real de garantia que poderá ser constituído: se bem imóvel, hipoteca. Em se tratando de bem móvel, em regra, caberá o penhor.[7]

- imposto incidente em caso de alienação: ao bem imóvel incidirá o ITBI. Em se tratando de bem móvel, o imposto será o ICMS.

2.1.2.1. Bens imóveis

Os bens imóveis, também conhecidos como bens de raiz, conforme o art. 79 do CC, serão "o solo e tudo quanto se lhe incorporar natural ou artificialmente". Assim, podemos dizer que os imóveis podem ser:

- por sua natureza: o solo e tudo o que se lhe incorporar naturalmente (ex.: subsolo, árvores, frutos pendentes, espaço aéreo);

---

[3] Vênia conjugal significa a autorização do outro cônjuge. A vênia conjugal se divide em **outorga uxória**, quando a autorização deva ser dada pela mulher, e **outorga marital**, quando a autorização deva ser dada pelo homem.

[4] Exceto se casados sob o regime de separação absoluta.

[5] Arts. 1.238 ao 1.242, CC.

[6] Arts. 1.260 ao 1.262, CC.

[7] Essa é a regra. Excepcionalmente, em se tratando de navios e aeronaves, embora bens móveis, o direito real de garantia que incidirá sobre ambos não será o penhor, mas sim a hipoteca (art. 1.473, VI e VII, CC).

- por acessão física, industrial ou artificial: a palavra acessão vem de acesso ou ingresso, assim, trata-se de tudo aquilo que o homem incorporar permanentemente a solo (ex.: sementes, plantações e construções);
- por determinação legal: trata-se de determinadas situações jurídicas que o legislador julgou por conveniente e em razão da segurança jurídica, destinar-lhes o tratamento a ser dado aos bens imóveis, embora *a priori* não pudéssemos enquadrá-los na classe de imóveis ou móveis, posto que incorpóreos. De acordo com o art. 80 do CC, são bens imóveis para os efeitos legais:

I – os direitos reais sobre imóveis e as ações que os asseguram (exemplos: a propriedade, a hipoteca, a ação reivindicatória); II – o direito à sucessão aberta. Em relação à sucessão aberta, releva notar que, ainda que os bens deixados pelo de cujus sejam todos bens móveis, o direito à sucessão aberta será considerado, ainda assim, como bem imóvel.

No Código Civil de 1916, existia uma quarta categoria de bens imóveis que eram os bens imóveis por acessão intelectual. Esses bens eram aqueles que, por destinação do proprietário, estavam imobilizados e prestavam à exploração industrial, aformoseamento ou comodidade (ex.: maquinários agrícolas, ar-condicionado). No Código Civil de 2002, não há mais essa classe de bens, uma vez que tais bens foram incorporados pela nova legislação como pertenças (art. 93, CC). Com esse mesmo entendimento, o Enunciado nº 11, aprovado na I Jornada de Direito Civil dispôs: "Não persiste no novo sistema legislativo a categoria dos bens imóveis por acessão intelectual, não obstante a expressão 'tudo quanto se lhe incorporar natural ou artificialmente', constante da parte final do art. 79 do CC".

Para afastar discussões, o Código Civil dispõe, ainda, que não perdem o caráter de imóveis as edificações que, separadas do solo, mas conservando a sua unidade, forem removidas para outro local (ex.: casas de madeira pré-fabricadas). E também os materiais provisoriamente separados de um prédio, para nele se reempregarem (art. 81, CC). Desse modo, um azulejo que no depósito de material de construção pronto para ser vendido, é bem móvel, imobiliza-se, isto é, torna-se imóvel, uma vez acedido à construção. E mais, caso a construção entre em reforma e tais azulejos sejam cuidadosamente separados, para depois serem reempregados, não perderão eles o seu caráter de imóveis, adquirido por ocasião da acessão. Isso tudo se justifica porque o aspecto levado em consideração é a finalidade da separação.

2.1.2.2. Bens móveis

Os bens móveis, por sua vez, também poderão ser:

- por sua natureza: de acordo com o art. 82 do CC, são os bens suscetíveis de movimento próprio (os semoventes), ou de remoção por força alheia, sem alteração da substância ou da destinação econômico-social (os móveis propriamente ditos).

- por determinação legal: o Código Civil dispõe em seu art. 83 que, embora incorpóreos, são móveis as energias que possuam valor econômico (ex.: luz); os direitos reais sobre objetos móveis e as ações correspondentes (exemplos: o penhor e a hipoteca de aeronaves e navios); e os direitos pessoais de caráter patrimonial e respectivas ações.

- por antecipação: são aqueles que, embora imobilizados, em razão de seu destino certo de serem mobilizados, já recebem de antemão o tratamento de bens móveis, para facilitar a sua negociação (ex.: uma safra pendente, árvores destinadas ao corte).

Sobre os animais (semoventes), em decisão de 2018, o STJ reconheceu, quando do fim da entidade familiar, a possibilidade de se estipular o direito de visitas a animal de estimação. Nessa decisão, o STJ se manifestou no sentido de que o fato de um animal receber afeto da entidade familiar não resulta na alteração da natureza jurídica que continuará a de ser um animal não humano, sendo considerado, entretanto, um ser senciente, isto é, dotado de sensibilidade, sentindo as mesmas dores e necessidades biopsicológicas dos animais racionais, de modo que o seu bem-estar deve ser considerado. O STJ entendeu, então, que

nessa linha, há uma série de limitações aos direitos de propriedade que recaem sobre os animais, sob pena de abuso de direito. Portanto, buscando atender os fins sociais, atentando para a própria evolução da sociedade, independentemente do *nomen iuris* a ser adotado, a resolução deve, realmente, depender da análise do caso concreto, mas será resguardada a ideia de que não se está diante de uma "coisa inanimada", sem lhe estender, contudo, a condição de sujeito de direito. Reconhece-se, assim, um terceiro gênero, em que sempre deverá ser analisada a situação contida nos autos, voltado para a proteção do ser humano, e seu vínculo afetivo com o animal. REsp 1.713.167/SP, Rel. Min. Luis Felipe Salomão, por maioria, julgado em 19/6/2018, *DJe* 9/10/2018 (Informativo nº 634, STJ).

A despeito do posicionamento do STJ acerca dos animais, vale sintetizar as quatro vertentes acerca do tema que se apresentam em nosso ordenamento jurídico atualmente:

1º Os animais são **coisas** ou **bens**, especificamente **bens móveis** (posicionamento adotado pelo Código Civil).

2º Os animais são **pessoas** e titulares de **personalidade jurídica** e **direitos da personalidade**.

3º Os animais não são pessoas, não possuem personalidade, embora sejam **sujeitos de direito**.

4º Os animais são **seres sencientes**, portadores de sensibilidade, representando um **terceiro gênero** (REsp 1.713.167/SP).

Por fim, insta salientar que os materiais destinados a alguma construção, enquanto não forem empregados, conservam sua qualidade de móveis e readquirem essa qualidade os provenientes da demolição de algum prédio. Isso é o que dispõe o art. 84 do CC em plena sintonia com o já comentado art. 81, II, do CC.

2.1.3. Bens fungíveis e infungíveis

A importância dessa classificação reside no fato de que o contrato de empréstimo referente ao bem fungível se denomina mútuo. Já o contrato de empréstimo do bem infungível é designado de comodato. No âmbito do direito obrigacional, afigura-se a necessidade de se verificar se o perecimento do bem conduzirá ao fim do vínculo obrigacional ou não, caso ele seja fungível ou infungível. Ademais, a compensação, modalidade especial de extinção das obrigações, só se verifica se as dívidas forem líquidas, vencidas e de coisas fungíveis (art. 369, CC).

Fungíveis são os bens móveis que podem ser substituídos por outros da mesma espécie, qualidade e quantidade (ex.: dinheiro). Em uma interpretação *a contrario sensu* do art. 85 do CC, que nos informa o conceito dos bens fungíveis, chegamos aos bens infungíveis, que são aqueles bens móveis tidos por suas características individuais e, em razão disso, insubstituíveis (ex.: um quadro de um pintor famoso). Além disso, vale lembrar que todo bem imóvel deve ser considerado infungível, já que o art. 85 do CC restringe o conceito de bens fungíveis aos móveis.

Importante perceber que a infungibilidade poderá decorrer não apenas da natureza do bem, mas da vontade das partes. Poderá ocorrer na hipótese de um bem que seja naturalmente fungível, por ocasião de um empréstimo, por exemplo, ficar convencionado que a devolução se fará pelo mesmo bem. Aqui estamos diante do chamado comodato *ad pompae vel ostentationes causa*.

Como exemplo de bem infungível por vontade da(s) parte(s), podemos citar a moeda nº 1 do Tio Patinhas em que, embora se trate de um bem por sua natureza fungível, é considerado por seu titular como bem infungível por lhe trazer sorte.

2.1.4. Bens consumíveis e inconsumíveis[8]

Os bens consumíveis dividem-se em de fato ou de direito. Os bens consumíveis de fato são os bens móveis cujo uso importa destruição imediata da própria substância (por exemplo: alimentos, cosméticos). Já os bens consumíveis de direito são aqueles destinados à alienação (por exemplo: um livro disponível para a venda em uma livraria). São denominados de consumíveis de direito, pois a alienação em relação a um determinado sujeito apenas uma vez poderá ocorrer.

Os bens inconsumíveis são aqueles que, em uma interpretação às avessas do art. 86 do CC, a sua utilização não importa destruição imediata da sua própria substância e não estão destinados à alienação. Não afastando, é claro, a

---

[8] Importante perceber que esta classificação não se confunde com a classificação presente no Código de Defesa do Consumidor em seu art. 26, que trata dos bens duráveis e dos não duráveis, envolvendo não a sua possibilidade de consumir-se, mas sim o tempo maior ou menor de consumo de determinado bem.

possibilidade de deterioração da coisa ao longo dos anos, isto é, trata-se de um bem inconsumível, e não de existência perpétua.

Temos, é verdade, que observar a conjuntura em que o bem se encontra. Por exemplo, um livro, em regra, não se destrói com a sua utilização, portanto, trata-se de um bem inconsumível. Porém, se esse mesmo livro estiver à venda em uma livraria, ele será considerado consumível de direito.

A importância de sabermos se estamos diante de um bem consumível ou não reside no fato de que apenas os bens inconsumíveis podem ser objeto de usufruto. Se, excepcionalmente, o usufruto incidir sobre um bem consumível, estaremos diante do chamado quase usufruto ou usufruto impróprio.[9]

2.1.5. Bens divisíveis e indivisíveis

De acordo com o art. 87 do CC, "bens divisíveis são os que se podem fracionar sem alteração na sua substância, diminuição considerável de valor, ou prejuízo do uso a que se destinam". Assim, indivisível o bem seria se considerássemos o contrário disposto no referido artigo.

A doutrina, de uma maneira geral, sugere uma classificação acerca da indivisibilidade, de tal modo que o bem poderá ser indivisível: fisicamente, quando materialmente o bem não pode ser dividido (por exemplo: um animal vivo); legalmente, quando a indivisibilidade é imposta por lei (por exemplo: a Lei nº 6.766/79 dispõe que o lote urbano não poderá ser inferior a 125 metros quadrados); convencionalmente, quando a indivisibilidade decorre de convenção feita entre as partes interessadas (por exemplo: em um condomínio em que os condôminos estipulam que a coisa ficará indivisa por determinado tempo);[10] e economicamente, quando a divisão do bem importar em redução considerável de seu valor econômico (por exemplo: se imaginarmos uma grande pedra de diamante, esta terá um valor, sem dúvida, muito maior, do que se a considerássemos fracionada em inúmeros pequeninos diamantes).

Importante salientar que, diante dessa subclassificação de indivisibilidade, aquele determinado bem que de início é fisicamente suscetível à divisão, por vezes, uma lei, ou a vontade das partes, ou mesmo motivos econômicos se mostrem como fatores impedientes de sua divisão.

2.1.6. Bens singulares e coletivos

Os bens singulares são aqueles que, segundo o art. 89 do CC, "embora reunidos, se consideram de *per se*, independentemente dos demais" (por exemplo:

---

[9] Art. 1.392, § 1º, CC: "Se, entre os acessórios e os acrescidos, houver coisas consumíveis, terá o usufrutuário o dever de restituir, findo o usufruto, as que ainda houver e, das outras, o equivalente em gênero, qualidade e quantidade, ou, não sendo possível, o seu valor, estimado ao tempo da restituição".

[10] Art. 1.320, § 1º, CC: "Podem os condôminos acordar que fique indivisa a coisa comum por prazo não maior de cinco anos, suscetível de prorrogação ulterior".

uma árvore, um livro). São, porém, coletivos os bens quando se traduzem nas chamadas universalidades.

As universalidades poderão ser de fato ou de direito.

A universalidade de fato ocorre quando há uma pluralidade de bens singulares que, pertinentes à mesma pessoa, tenham destinação unitária (por exemplo: uma floresta, uma biblioteca). Por universalidade de direito, deve-se entender o complexo de relações jurídicas de uma pessoa, dotadas de valor econômico (por exemplo: o espólio, o patrimônio, a massa falida).[11]

2.2. Dos bens reciprocamente considerados

Com essa classificação, temos de considerar os bens, não mais isoladamente, mas, sim, em comparação uns com os outros. Assim, os bens poderão ser principais ou acessórios.

Principal é o bem que existe sobre si, abstrata e concretamente (por exemplo: o solo).

Ao revés, o acessório não possui existência própria, de modo que a sua existência supõe a do principal (por exemplo: a árvore que depende do solo para existir).[12]

O que releva salientar, diante da existência de um bem principal e um acessório, é a aplicação do princípio da gravitação jurídica, que se traduz pela vetusta regra de que o acessório segue a sorte do principal (*accessorium sequitur suum principale*). No Código Civil de 1916, existia expressamente disposição acerca dessa regra, que não foi repetida no Código Civil de 2002.[13] É claro, todavia, que o princípio da gravitação jurídica continua existindo, uma vez que o bem principal atrai para a sua órbita o bem acessório, estendendo-lhe o seu próprio regime.[14] Os bens acessórios dividem-se em frutos, produtos, pertenças e benfeitorias.

2.2.1. Os frutos

Os frutos são as utilidades que nascem e renascem, ou seja, renovam-se a cada período, sem diminuir a substância do bem principal.

Quanto à origem, os frutos podem ser: naturais, industriais ou civis. Naturais são os frutos que decorrem da própria natureza (ex.: os frutos das árvores, as

---

[11] Acrescente-se, pois, o Enunciado nº 288, aprovado na IV Jornada de Direito Civil: "A pertinência subjetiva não constitui requisito imprescindível para a configuração das universalidades de fato e de direito".

[12] No estudo do Direito, é muito importante a compreensão do que seja principal e do que seja acessório. Por exemplo, um contrato de locação ou de compra e venda são o principal. A fiança ou a cláusula penal incidentes sobre eles serão acessórios.

[13] Art. 59, CC/16: "Salvo disposição especial em contrário, a coisa acessória segue a principal".

[14] Assim, em regra, o proprietário do bem principal também o será do bem acessório, salvo disposição expressa em contrário; o que acontecer ao bem principal estender-se-á também ao acessório; a natureza do acessório é a mesma do principal (ex.: a árvore tem natureza de imóvel, como o solo ao qual está fixada).

crias dos animais). Industriais são os frutos resultantes da intervenção humana (ex.: a lã de uma ovelha que se transforma em casaco). Civis ou rendimentos são os frutos que representam a remuneração que deverá ser paga a uma pessoa por ter concedido a posse a outrem (ex.: os juros e os aluguéis). Quanto ao estado, os frutos podem ser: colhidos, colhidos por antecipação, pendentes, percipiendos e estantes. Colhidos são os frutos que já foram percebidos, isto é, retirados da coisa principal. Colhidos por antecipação são os frutos que foram separados da coisa principal de maneira prematura. Pendentes são os frutos que ainda estão unidos à coisa que os produziu. Percipiendos são aqueles frutos que deveriam ter sido colhidos, mas não o foram. Estantes são os frutos que já foram separados e estão armazenados.[15]

2.2.2. Os produtos

Os produtos, diferentemente dos frutos, são as utilidades que são retiradas da coisa principal e não se renovam, isto é, não reproduzem periodicamente (ex.: pedras, metais, petróleo, retirados de determinada pedreira, mina ou poço).

2.2.3. As pertenças

As pertenças são os bens acessórios que, não constituindo partes integrantes do bem principal, destinam-se de modo duradouro ao uso, ao serviço ou ao aformoseamento do outro (art. 93, CC).

Para compreender o conceito de pertença, é necessário que saibamos ao certo o que sejam as partes integrantes. Para tanto, Maria Helena Diniz nos informa que as partes integrantes são os "acessórios que, unidos ao principal, formam com ele um todo, sendo desprovidos de existência material própria, embora mantenham sua identidade. P. ex.: lâmpada de um lustre e os frutos e produtos enquanto não separados da coisa principal".[16]

Assim, alcançaremos a pertença se excluirmos tudo o que seja parte integrante do bem principal (ex.: frutos, produtos, benfeitorias). Posto isso, o ar-condicionado que se encontra no interior de uma casa pode ser considerado pertença, já a porta dessa mesma casa não, uma vez que se trata de parte integrante da casa.[17]

---

[15] Essa terminologia se mostra relevante quando do estudo do Direito das Coisas, e é utilizada pelo Código Civil a partir do art. 1.214.

[16] DINIZ, Maria Helena. Parte Geral. In: FIÚZA, Ricardo (Coord.). *Novo Código Civil comentado*. 4. ed. São Paulo: Saraiva, 2005. p. 103.

[17] Acerca da pertença, foi aprovado o Enunciado nº 535, na VI Jornada de Direito Civil, com a seguinte redação: "Para a existência da pertença, o art. 93 do Código Civil não exige elemento subjetivo como requisito para o ato de destinação". A justificativa apresentada para o enunciado foi: "Parte da doutrina pátria tem sustentado que, para a qualificação de determinada coisa como pertença, é necessária a existência de requisito subjetivo. O requisito subjetivo existiria assentado em ato de vontade do titular da coisa principal ao destinar determinada coisa para atender a finalidade econômico-social de outra. Esse ato, chamado de ato de afetação, é classificado ou como ato jurídico *stricto sensu*, segundo alguns, ou como negócio jurídico. Entretanto, não se pode pensar o instituto das pertenças com os olhos voltados ao instituto dos imóveis por des-

O art. 94 do CC impõe que "os negócios jurídicos que dizem respeito ao bem principal não abrangem as pertenças, salvo se o contrário resultar da lei, da manifestação de vontade, ou das circunstâncias do caso". Com a leitura deste dispositivo chegamos a uma importante conclusão: a regra de que o acessório segue a sorte do principal em caso de alienação do bem principal, aplica-se às partes integrantes, não atingindo as pertenças. Então, embora a pertença seja também um bem acessório, a ela não se aplica o princípio da gravitação jurídica.

Nesse sentido, entendeu o STJ em um caso de ação de busca e apreensão em que os aparelhos de adaptação para condução veicular por deficiente físico foram considerados pertenças, tendo o devedor fiduciante direito de retirada das adaptações (REsp 1.305.183-SP, Rel. Min. Luis Felipe Salomão, por unanimidade, julgado em 18/10/2016).

De igual modo, o mesmo Tribunal entendeu como pertença o equipamento de monitoramento acoplado ao caminhão. Assim, o inadimplemento do contrato de empréstimo para aquisição de caminhão dado em garantia, a despeito de importar na consolidação da propriedade do mencionado veículo nas mãos do credor fiduciante, não conduz ao perdimento da pertença em favor deste (REsp 1.667.227-RS, Rel. Min. Marco Aurélio Bellizze, por unanimidade, julgado em 26/6/2018, *DJe* 29/6/2018).

2.2.4. As benfeitorias

As obras ou as despesas realizadas na coisa principal com a finalidade de conservá-la, melhorá-la ou, até mesmo, tão somente embelezá-la denominam-se de benfeitorias.

Do conceito abordado acima, depreendemos as três espécies de benfeitorias existentes: necessárias, úteis e voluptuárias.[18]

- **Necessárias (art. 96, § 3º, CC):** são aquelas que têm por objetivo a conservação do bem principal (ex.: a reforma de um telhado em uma casa);
- **Úteis (art. 96, § 2º, CC):** são aquelas que têm por fim melhorar o bem principal (ex.: a construção de um banheiro a mais em uma casa);

---

tinação, na forma como foi regrado no inc. III do art. 43 do Código Civil ab-rogado, em que era exigido do proprietário de coisa móvel o elemento intencional para que fosse concretizado o referido suporte fático. O legislador pátrio não impôs, ao tratar da pertença nos art. 93 e art. 94 do Código Civil, o elemento volitivo como requisito para configurar a destinação de certa coisa para atender a função econômico-social de coisa principal ou ser a destinação efetuada pelo proprietário. Pela concreção dos elementos do suporte fático do art. 93 do Código Civil, a relação de pertinência é tutelada de modo objetivo. Dessarte, sendo irrelevante a vontade de quem pratica o ato da destinação, importando tão somente o fato de submeter determinada coisa, de modo duradouro, ao fim econômico-social de outra, a destinação tem de ser classificada como ato-fato jurídico. Bastará à realização dessa destinação ter o destinador o poder fático de dispor da coisa principal e da coisa a ser pertença. Não é preciso que seja dono da coisa principal ou da coisa a ser pertença nem que as possua".

18 A importância dessa distinção encontra-se na possibilidade de o possuidor, quando da desocupação da coisa, se ver indenizado pelas benfeitorias que realizou. No Código Civil está nos arts. 1.219 e s. Na Lei de Locação (Lei nº 8.245/91), nos arts. 35 e 36.

- **Voluptuárias ou suntuárias (art. 96, § 1º, CC):** são aquelas que têm por objetivo o embelezamento do bem principal, destinando-se assim a mero recreio ou deleite (ex.: a construção de uma piscina em uma casa para lazer).

Diante de um caso concreto, se permanecer a dúvida acerca de qual categoria de benfeitoria está-se diante, terá cabimento o critério da essencialidade. Por esse critério, deve ser verificado o quão essencial é aquela determinada benfeitoria para o bem principal. Exemplo clássico é o da piscina, que, dependendo do local em que for construída, poderá se enquadrar em classificação distinta. Então, se uma piscina for construída em uma casa para lazer de seus moradores tratar-se-á de uma benfeitoria voluptuária. Entretanto, se essa piscina for feita em uma escola, considerar-se-á uma benfeitoria útil. E, ainda, se a piscina for construída em uma escola de natação, será considerada uma benfeitoria necessária.

Insta diferenciar benfeitoria de acessão. A benfeitoria importa a conservação, melhoramento ou embelezamento do bem principal, a ele se incorporando, não trazendo, por assim dizer, qualquer novidade ao bem principal. Já a acessão, que se manifesta por meio de construções e plantações (acessão artificial), apresenta um caráter essencialmente inovador, e por isso trata-se de modo aquisitivo de propriedade em que há exigência de averbação no respectivo registro (arts. 1.253 e s., CC).

No que diz respeito à acessão natural, o Código Civil aponta a distinção entre essa modalidade de acessão e benfeitoria, informando em seu art. 97 que "não se consideram benfeitorias os melhoramentos ou acréscimos sobrevindos ao bem sem a intervenção do proprietário, possuidor ou detentor". Assim, nessas hipóteses as regras a serem aplicadas serão as das acessões naturais que estão no Código Civil a partir do art. 1.249.

Por fim, lembramos que, afora tudo o que já foi dito, não se pode confundir pertença com benfeitoria. Isso porque, quando se fala em pertença, a incorporação é feita pelo próprio proprietário. Já na benfeitoria, a incorporação é feita por quem não é proprietário, ou pelo menos, só adquire relevância jurídica se assim o for. É em virtude disso, por exemplo, que a Lei de Locação nada fala de pertença, referindo-se apenas à benfeitoria.[19] Nessa linha de intelecção, Cristiano Chaves e Nelson Rosenvald esclarecem:

> Toda vez que o proprietário execute obras ou realize despesas no bem de sua titularidade, não haverá relevante utilidade em classificá-las dentro dos critérios introduzidos pelo art. 96, do Código Civil, como benfeitorias, em nenhuma de suas classes, simplesmente pelo fato de inexistirem consequências jurídicas na atuação de quem realiza esforços no que lhe pertence de direito.[20]

---

[19] Arts. 35 e 36, Lei nº 8.245/91.

[20] FARIAS, Cristiano Chaves; ROSENVALD, Nelson. *Direitos reais.* 2. ed. Rio de Janeiro: Lumen Juris, 2006. p. 99.

2.3. Dos bens quanto à titularidade de domínio

Neste momento, interessa saber quem é o titular de determinado bem. Assim, os bens podem ser públicos ou particulares. Conforme o art. 98 do CC, "são públicos os bens do domínio nacional pertencentes às pessoas jurídicas de direito público interno; todos os outros são particulares, seja qual for a pessoa a que pertencerem". Ampliando o entendimento fornecido por este artigo, foi aprovado o importante Enunciado nº 287, com seguinte teor: "O critério da classificação de bens indicado no art. 98 do Código Civil não exaure a enumeração dos bens públicos, podendo ainda ser classificado como tal o bem pertencente a pessoa jurídica de direito privado que esteja afetado à prestação de serviços públicos".

Os bens públicos, por sua vez, comportam três espécies:

- Bens públicos de uso comum do povo: trata-se dos bens que podem ser utilizados por todas as pessoas (ex.: rios, mares, estradas, ruas e praças). Ainda que a Administração Pública imponha alguma restrição por meio de cobrança para o uso, esse bem não se desnatura enquanto bem público (ex.: imposição de pedágio em trecho de rodovia). O art. 103 do CC nos informa que "o uso comum dos bens públicos pode ser gratuito ou retribuído, conforme for estabelecido legalmente pela entidade a cuja administração pertencerem".

- Bens públicos de uso especial: trata-se dos edifícios ou terrenos destinados a serviço ou estabelecimento da administração federal, estadual, territorial ou municipal, inclusive os de suas autarquias (ex.: um edifício em que funcione uma repartição pública ou um hospital público ou uma escola pública).

- Bens públicos dominicais: trata-se dos bens que constituem patrimônio das pessoas jurídicas de direito público. Sendo assim, trata-se de um bem público que não está afetado a um serviço público e nem é de uso comum do povo (ex.: imóveis que representam o patrimônio livre daquela pessoa jurídica de direito público, terras devolutas).

A característica principal dos bens públicos é a inalienabilidade. Entretanto, são inalienáveis somente os bens públicos de uso comum e os de uso especial. Já os dominicais, como correspondem a patrimônio livre de determinada pessoa jurídica de direito público, poderão ser alienados, observadas as exigências da lei (arts. 100 e 101, CC).

No que diz respeito à imprescritibilidade, essa característica atinge às três espécies de bens públicos, de modo que nenhum bem público estará sujeito à usucapião (art. 102 do CC e arts. 183, § 3º, e 191, parágrafo único, CF/88).

Vistos quais são os bens públicos, fica fácil saber agora quais são os particulares. O conceito de bens particulares se dá por exclusão. Assim, serão particulares todos os bens que não forem públicos.

DO BEM DE FAMÍLIA

1. NOTAS INTRODUTÓRIAS

De origem norte-americana, o bem de família ou *homestead*, conforme denominação original, chegou em um contexto de proteção familiar que logo se alastrou pelo resto do mundo. O ordenamento jurídico brasileiro consagrou o instituto pela primeira vez no Código Civil de 1916, sendo posteriormente revigorado no Código Civil de 2002. Nesse ínterim, entrou em vigor a Lei nº 8.009/90, que democratizou o bem de família, estendendo-o às mais diversas constituições familiares, independentemente de formalidades.

Harmonizando-se os ditames infraconstitucionais aos preceitos principiológicos da Constituição Federal de 1988, contemporaneamente, com o instituto do bem de família, tutela-se não apenas a família, mas também a pessoa humana, no intento real de se tornarem efetivas as propostas constitucionais de se proteger a moradia e, sobretudo, a dignidade da pessoa humana.

2. O BEM DE FAMÍLIA E A TEORIA DO PATRIMÔNIO MÍNIMO

O ordenamento jurídico brasileiro adota o princípio da responsabilidade patrimonial na seara da inadimplência obrigacional. Por esse princípio, responderão pelas dívidas contraídas pelo sujeito os seus bens. É nesse contexto que o art. 391 do CC preceitua que: "Pelo inadimplemento das obrigações respondem todos os bens do devedor".

Diante do dispositivo legal mencionado deve-se extrair duas conclusões: a primeira – e mais óbvia – é a de que diante do descumprimento de uma obrigação, a pessoa do devedor e o seu corpo não podem ser atingidos pelo inadimplemento obrigacional, de modo que a responsabilidade é apenas patrimonial, e não pessoal. A exceção que merece ser lembrada é referente ao injustificado descumprimento de obrigação alimentar que admite a prisão do devedor. A segunda conclusão – mais oculta – é a de que os bens do devedor devem responder por suas dívidas, porém, até determinado limite. É que um mínimo existencial deve ser preservado em prol da dignidade da pessoa devedora. Nessa senda, homenageia-se a teoria do patrimônio mínimo.

Tal teoria surge em um cenário de busca pela repersonalização e, consequente, despatrimonialização do Direito Civil. É a filtragem constitucional, a qual devemos submeter a legislação hierarquicamente inferior, que permite alcançar a conclusão de que a dignidade da pessoa humana, fundamento da República, insculpido no art. 1º, III da CF/88, espraia-se pelo Direito como um todo.

A criação da teoria do patrimônio mínimo é atribuída ao Professor Luiz Edson Fachin, o qual, na obra intitulada de Estatuto Jurídico do Patrimônio Mínimo, destaca, sob a perspectiva constitucional, a necessidade do devido resguardo ao patrimônio, mínimo que seja, de determinada pessoa, a fim de garantir proteção a sua dignidade. É da obra de Fachin que se extrai o seguinte trecho:

> Em certa medida, a elevação protetiva conferida pela Constituição à propriedade privada pode, também, comportar tutela do patrimônio mínimo, vale dizer, sendo regra de base desse sistema a garantia ao direito de propriedade não é incoerente, pois, que nele se garanta um mínimo patrimonial. Sob o estatuto da propriedade agasalha-se, também, a defesa dos bens indispensáveis à subsistência. Sendo a opção eleita assegurá-lo, a congruência sistemática não permite abolir os meios que, na titularidade, podem garantir a subsistência.[1]

O mínimo existencial é a base teórica que deve justificar várias manifestações legislativas como, por exemplo, a possibilidade de revogação de doação, quando da recusa à prestação de alimentos por parte do donatário à pessoa do doador; a vedação à doação de todos os bens do doador (doação universal); a imposição de cláusula de inalienabilidade testamentária; o resguardo à legítima dos herdeiros necessários; e entre tantos exemplos perfilados, a proteção ao bem de família do devedor.

3. NATUREZA JURÍDICA DO BEM DE FAMÍLIA

Traçar a natureza jurídica do bem de família não se mostrou tarefa fácil aos estudiosos do assunto. Tanto assim que várias são as conclusões respeitantes ao tema.

Villaça noticia que, para Antônio Marques dos Reis, o bem de família representa uma "transmissão de propriedade do instituidor para a entidade coletiva da família".[2] De acordo com Caio Mário da Silva Pereira, opondo-se a tal posicionamento, Serpa Lopes, o trata como um "singular condomínio".[3] Em visão oposta, Caio Mário da Silva Pereira, o relata de forma diferente, dispondo que se trata de "uma forma de afetação de bens a um destino especial que é ser a residência da família".[4]

---

[1]   FACHIN, Luiz Edson. *Estatuto jurídico do patrimônio mínimo.* Rio de Janeiro: Renovar, 2001. p. 232.

[2]   AZEVEDO, Álvaro Villaça. *Bem de família.* 6. ed. São Paulo: Atlas, 2010. p. 81.

[3]   PEREIRA, Caio Mário da Silva. *Instituições de direito civil:* direito de família. 14. ed. Rio de Janeiro: Forense, 2004. p. 557.

[4]   PEREIRA, Caio Mário da Silva. *Instituições de direito civil:* direito de família. 14. ed. Rio de Janeiro: Forense, 2004. p. 557.

Nada obstante, hoje a doutrina mais moderna tende a visualizar o bem de família como forma de afetação de bens a um destino especial, qual seja, assegurar a dignidade humana dos componentes do núcleo familiar.[5]

4. O BEM DE FAMÍLIA NO ORDENAMENTO JURÍDICO BRASILEIRO: DUALIDADE DE SISTEMAS

Coexistem, em nosso ordenamento jurídico, dois sistemas a regrar o bem de família: o convencional e o legal. O convencional é o sistema estatuído no Código Civil de 2002 nos arts. 1.711 a 1.722. O sistema legal[6] é regulamentado pela Lei nº 8.009/90, em todos os seus artigos.

4.1. O bem de família legal (Lei nº 8.009/90)

O bem de família legal – ou a impenhorabilidade do imóvel residencial – está previsto e disciplinado na Lei nº 8.009, de 29 de março de 1990.

Tratar do bem de família legal é lembrar, sobretudo, das razões motivadoras da criação de tal sistemática, que de início chegou até a ser taxada de inconstitucional. O bem de família legal existe independentemente de ato de vontade de seu titular, ou seja, de qualquer requisito formal a ser cumprido.

O que o justifica é exatamente a dignidade da pessoa humana, a solidariedade social e a igualdade substancial, princípios estruturadores de todo o ordenamento jurídico atual. Além dos princípios retromencionados, exsurge o direito social à moradia, inserido no art. 6º da CF/88, por força da EC nº 26/2000. Assim, tais razões bateram como um tiro de canhão em qualquer tentativa de se apontar a Lei nº 8.009/90 como inconstitucional por ferir a proteção ao crédito ou facilitar o descumprimento das obrigações. Inclusive, nessa esteira, o STF já se manifestou pela constitucionalidade da referida lei.

Vale lembrar ainda que a entrada em vigor da Lei nº 8.009/90 atingiu também os processos que estavam em andamento, chegando o STJ a propugnar pela sua retroatividade com a edição da Súmula nº 205, cujo teor é o seguinte: "A Lei nº 8.009/90 aplica-se à penhora realizada antes de sua vigência".

Ressalte-se que a proteção é imposta por lei, inadmitindo qualquer possibilidade de renúncia por parte do beneficiário, tendo em vista o seu caráter cogente, tratando-se, pois, de matéria de ordem pública a resguardar determinado direito fundamental. Assim, reiteradamente, já se manifestou o STJ. É o que se depreende da ementa a seguir, a qual grifamos:

---

[5] Nesse sentido, já se manifestaram OLIVEIRA, J. M. Leoni Lopes. *Teoria geral do direito civil.* Rio de Janeiro: Lumen Juris, 1999. p. 461 e FARIAS, Cristiano Chaves de; ROSENVALD, Nelson. *Curso de direito civil.* Parte geral e LINDB. 13. ed. São Paulo: Atlas, 2015. p. 453.

[6] Aqui denominamos de bem de família legal por uma questão didática. Em termos mais precisos, o bem de família legal, previsto na Lei nº 8.009/90, representa tão somente a impenhorabilidade do imóvel residencial.

PROCESSUAL CIVIL. EMBARGOS À EXECUÇAO. IMPENHORABILIDADE. LEI Nº 8.009/90. RENÚNCIA INCABÍVEL. PROTEÇÃO LEGAL. NORMA DE ORDEM PÚBLICA. IMPENHORÁVEIS OS BENS MÓVEIS QUE GUARNECEM A RESIDÊNCIA DOS DEVEDORES. ASSISTÊNCIA JUDICIÁRIA GRATUITA. DECLARAÇÃO DE POBREZA. RECURSO ESPECIAL PROVIDO. 1. A indicação do bem à penhora, pelo devedor na execução, não implica renúncia ao benefício conferido pela Lei nº 8.009/90, pois a instituição do bem de família constitui princípio de ordem pública, prevalente sobre a vontade manifestada. 2. O aparelho de televisão e outros utilitários da vida moderna atual, em regra, são impenhoráveis quando guarnecem a residência do devedor, exegese que se faz do art. 1º, § 1º, da Lei nº 8.009/90. 3. O benefício da assistência judiciária gratuita pode ser obtido pela simples afirmação do interessado de que não está em condições de pagar as custas do processo e os honorários de advogado, sem prejuízo de sua manutenção ou de sua família, não dependendo a sua concessão de declaração firmada de próprio punho pelo hipossuficiente. A presunção legal poderá ser elidida por prova em contrário, e também o magistrado, avaliando as alegações da parte interessada ou as circunstâncias da causa, examinará as condições para o seu deferimento. 4. Recurso especial provido (STJ, REsp 875.687-RS, Rel. Min. Luis Felipe Salomão, *DJe* 22/8/2011).

4.1.1. Objeto e limite

De acordo com o art. 1º da Lei nº 8.009/90:

O imóvel residencial próprio do casal, ou da entidade familiar, é impenhorável e não responderá por qualquer tipo de dívida civil, comercial, fiscal, previdenciária ou de outra natureza, contraída pelos cônjuges ou pelos pais ou filhos que sejam seus proprietários e nele residam, salvo nas hipóteses previstas nesta lei.

Nada obstante, a redação do referido artigo, não apenas o casal ou a entidade familiar se encontram protegidos pela impenhorabilidade da lei, o STJ entende que aquele que reside solitariamente em um imóvel também tem direito à proteção. Esse entendimento resultou na edição da Súmula nº 364, no ano de 2008, pelo referido Tribunal: "O conceito de impenhorabilidade de bem de família abrange também o imóvel pertencente a pessoas solteiras, separadas e viúvas". Diante disso, é de se questionar a consagrada denominação "bem de família", já que a constituição de uma família é despicienda para a constituição de intangibilidade do imóvel residencial.[7]

O objeto, portanto, é o imóvel que tenha por finalidade se prestar à residência de alguém. Não há limitações exigidas em lei, basta que o imóvel seja

---

[7] Nesse mote, Renata Almeida e Walsir Rodrigues Júnior sugerem que se adote a terminologia: "bem para tutela pessoal". A explicação dos Professores é a seguinte: "É inevitável questionar a adequação da terminologia. Visto que a proteção é de titularidade individual, persistir no uso da expressão bem de família apenas contribui para compreensão desordenada e confusa do instituto". ALMEIDA, Renata Barbosa; RODRIGUES JÚNIOR, Walsir Edson. *Direito civil:* famílias. 2. ed. São Paulo: Atlas, 2012. p. 522.

residencial. Além disso, conforme o parágrafo único do art. 1º: "A impenhorabilidade compreende o imóvel sobre o qual se assentam a construção, as plantações, as benfeitorias de qualquer natureza e todos os equipamentos, inclusive os de uso profissional, ou móveis que guarnecem a casa, desde que quitados".

Embora o imóvel residencial e os móveis que o guarnecem estejam protegidos pela lei, é expressa a possibilidade de haver penhora incidente sobre: veículos de transporte, obras de arte e adornos suntuosos (art. 2º, Lei nº 8.009/90).

No que diz respeito aos adornos suntuosos, muito se discutiu se dentro desta definição estariam televisores, teclado musical,[8] geladeiras, computadores, micro--ondas etc. O entendimento que prevalece hoje é o de que esses bens não seriam considerados adornos suntuosos, portanto, insuscetíveis de penhora, posto que tais bens sejam imprescindíveis para a sobrevivência com dignidade no mundo moderno. Nesse sentido, vale conferir a decisão do Tribunal de Justiça do Rio Grande do Sul abaixo colacionada:

> APELAÇÃO CÍVEL. DIREITO PRIVADO NÃO ESPECIFICADO. EXECUÇÃO. EMBARGOS DO DEVEDOR. IMPENHORABILIDADE. LEI Nº 8.009/90. *FREEZER*, FORNO DE MICROONDAS, MÁQUINA DE LAVAR ROUPAS, APARELHO DE SOM E DVD. A impenhorabilidade não recai apenas sobre os bens indispensáveis à vida familiar, mas, sim, sobre todos aqueles que, não se tratando de meros adornos suntuosos ou supérfluos, são normalmente encontrados em um lar comum. Atualmente, não se pode considerar o *freezer*, o forno de microondas, a máquina de lavar roupas e os aparelhos de som e tocador de DVD como adornos suntuosos, pois necessários à manutenção digna da família atual. Precedentes no STJ e desta Corte. Penhorabilidade, entretanto, do barzinho de madeira e do depurador de ar, pois não se apresentam indispensáveis ao lar, dado que não essenciais às atividades domésticas. Forno elétrico que, no caso concreto, apresenta-se penhorável, visto que existente forno convencional e forno de microondas na residência do executado. RECURSO PARCIALMENTE PROVIDO. UNÂNIME (Apelação Cível nº 70018069211, Décima Oitava Câmara Cível, Tribunal de Justiça do RS, Relator: Pedro Celso Dal Pra, julgado em 8/2/2007).

Importa salientar, entretanto, que se no imóvel existirem vários bens da mesma espécie (por exemplo, vários aparelhos de televisão) a proteção da lei incidirá em apenas um bem de cada espécie.[9] É o que se depreende do Julgado a seguir:

---

[8] Sobre o teclado musical, vale a lembrança de notável voto do Min. Sálvio de Figueiredo: "Parece--me mais razoável que, em uma sociedade marcadamente violenta como a atual, seja valorizada a conduta dos que se dedicam aos instrumentos musicais, sobretudo sem o objetivo de lucro, por tudo que a música representa, notadamente em um lar e na formação dos filhos, a dispensar maiores considerações. Ademais, não seria um mero teclado musical que iria contribuir para o equilíbrio das finanças de um banco" (STJ, 218.882/SP).

[9] Interessante exceção é constatada em se tratando de aparelhos climatizadores de ar. Tais aparelhos, por sua natureza, podem se apresentar em duplicidade em determinada residência e a impenhorabilidade recairá sobre todos eles. Veja-se a ementa a seguir apresentada: AGRAVO DE INSTRUMENTO. EXECUÇÃO FISCAL. PENHORA. PLURALIDADE DE BENS. CLIMATIZADORES DE AR. Bens cujas características não permite a aplicação da jurisprudência que preserva da constrição apenas uma unidade. Climatizadores instalados em residência

AGRAVO REGIMENTAL NO AGRAVO DE INSTRUMENTO. EXECUÇÃO. PENHORA. MÓVEIS QUE GUARNECEM A CASA EM DUPLICIDADE. BEM DE FAMÍLIA NÃO CONFIGURADO. REVISÃO. IMPOSSIBILIDADE. SÚMULA Nº 7/STJ. AGRAVO REGIMENTAL IMPROVIDO. I – A aferição da essencialidade do bem, para que seja considerado impenhorável, exigiria o reexame do conjunto fático exposto nos autos, o que é defeso ao Superior Tribunal de Justiça, nos termos da Súmula nº 7/STJ. II – Os bens encontrados em duplicidade na residência são penhoráveis de acordo com a jurisprudência do STJ. Agravo Regimental improvido (AgRg no Ag 821.452/PR, Rel. Ministro Sidnei Beneti, Terceira Turma, julgado em 18/11/2008, *DJe* 12/12/2008).

Por fim, a regra é que o imóvel que tenha por finalidade se prestar à residência de alguém é que merece proteção e, por conseguinte, os bens móveis que o guarnecem. Dúvida existia quanto à impenhorabilidade do imóvel que estivesse alugado para a subsistência da família. Prevaleceu o entendimento de que esse imóvel merece a proteção da impenhorabilidade. A consolidação desse entendimento se deu com a edição da Súmula nº 486 do STJ, que apresenta a seguinte redação: "Único imóvel residencial alugado a terceiros é impenhorável, desde que a renda obtida com o aluguel seja para subsistência do proprietário".[10]

---

que, não constituindo adornos suntuosos, hão de ser tidos como impenhoráveis, na forma da Lei nº 8.009/90. Nem calha a invocação de que apenas um climatizador mereceria ficar ao abrigo da impenhorabilidade, certo que, ao contrário de outros utilitários domésticos, a função objetivada com o climatizador não se realiza, necessariamente, com a presença de um único aparelho, nem sendo razoável pretender limitar, nos dias em que reclamada a sua utilização, os residentes no imóvel ao cômodo do prédio no qual se manteria a unidade ressalvada da penhora. Agravo não provido. Voto vencido (Agravo de Instrumento, TJRS nº 70058383621, Rel. Des. Marco Aurélio Heinz, 21ª Câmara Cível, j. 26/3/2014).

[10] DIREITO CIVIL. CARACTERIZAÇÃO COMO BEM DE FAMÍLIA DO ÚNICO IMÓVEL RESIDENCIAL DO DEVEDOR CEDIDO A FAMILIARES. Constitui bem de família, insuscetível de penhora, o único imóvel residencial do devedor em que resida seu familiar, ainda que o proprietário nele não habite. De fato, deve ser dada a maior amplitude possível à proteção consignada na lei que dispõe sobre o bem de família (Lei nº 8.009/90), que decorre do direito constitucional à moradia estabelecido no *caput* do art. 6º da CF, para concluir que a ocupação do imóvel por qualquer integrante da entidade familiar não descaracteriza a natureza jurídica do bem de família. Antes, porém, isso reafirma esta condição. Impõe-se lembrar, a propósito, o preceito contido no art. 226, *caput*, da CF – segundo o qual a família, base da sociedade, tem especial proteção do Estado –, de modo a indicar que aos dispositivos infraconstitucionais pertinentes se confira interpretação que se harmonize com o comando constitucional, a fim de assegurar efetividade à proteção a todas as entidades familiares em igualdade de condições. Dessa forma, tem-se que a Lei nº 8.009/90 protege, em verdade, o único imóvel residencial de penhora. Se esse imóvel encontra-se cedido a familiares, filhos, enteados ou netos, que nele residem, ainda continua sendo bem de família. A circunstância de o devedor não residir no imóvel não constitui óbice ao reconhecimento do favor legal. Observe que o art. 5º da Lei nº 8.009/90 considera não só a utilização pelo casal, geralmente proprietário do imóvel residencial, mas pela entidade familiar. Basta uma pessoa da família do devedor residir para obstar a constrição judicial. Ressalte-se que o STJ reconhece como impenhorável o imóvel residencial cuja propriedade seja de pessoas sozinhas, nos termos da Súmula nº 364, que dispõe: "O conceito de impenhorabilidade de bem de família abrange também o imóvel pertencente a pessoas solteiras, separadas e viúvas". Além do mais, é oportuno registrar que essa orientação se coaduna com a adotada pela Segunda Seção do STJ há longa data, que reconhece como bem de

4.1.2. Proteção destinada à entidade familiar

A proteção dirige-se ao casal ou à entidade familiar, conforme o art. 1º da Lei nº 8.009/90 preceitua. A expressão entidade familiar apresenta abrangência ampla. Há hoje um pluralismo familiar que inadmite a sua inobservância. Os arranjos familiares são inúmeros[11] e a todos eles destinam-se à proteção da impenhorabilidade do imóvel residencial. Em verdade, a constituição familiar se traduz em direito fundamental, sendo incontáveis, portanto, as famílias passíveis de projeção. Desse modo, Renata Almeida e Walsir Rodrigues Júnior esclarecem:

> Tornar efetivo o direito fundamental de constituir família requer, dentre outras providências, ao menos partir do pressuposto de que famílias possíveis são todas aquelas que forem eleitas autonomamente pelos envolvidos, sejam, ou não, já conhecidas juridicamente. Lembre-se de que, para proteção de tal direito, é dever do sistema jurídico – instrumento estatal – não impedir, em princípio, quaisquer formações familiares. Mesmo na incerteza, há que se tender para o reconhecimento destas. O paradigma há de ser: *in dubio pro familae.*[12]

---

família, inclusive, o único imóvel residencial do devedor oferecido à locação, de modo a garantir a subsistência da entidade familiar. EREsp 1.216.187-SC, Rel. Min. Arnaldo Esteves Lima, julgado em 14/5/2014 (Informativo nº 543). DIREITO CIVIL E PROCESSUAL CIVIL. HIPÓTESE DE IMPENHORABILIDADE DE IMÓVEL COMERCIAL. É impenhorável o único imóvel comercial do devedor quando o aluguel daquele está destinado unicamente ao pagamento de locação residencial por sua entidade familiar. Inicialmente, registre-se que o STJ pacificou a orientação de que não descaracteriza automaticamente o instituto do bem de família, previsto na Lei nº 8.009/90, a constatação de que o grupo familiar não reside no único imóvel de sua propriedade (AgRg no REsp 404.742-RS, Segunda Turma, *DJe* 19/12/2008; e AgRg no REsp 1.018.814-SP, Segunda Turma, *DJe* 28/11/2008). A Segunda Turma também possui entendimento de que o aluguel do único imóvel do casal não o desconfigura como bem de família (REsp 855.543-DF, Segunda Turma, *DJ* 3/10/2006). Ainda sobre o tema, há entendimento acerca da impossibilidade de penhora de dinheiro aplicado em poupança, por se verificar sua vinculação ao financiamento para aquisição de imóvel residencial (REsp 707.623-RS, Segunda Turma, *DJe* 24/9/2009). REsp 1.616.475-PE, Rel. Min. Herman Benjamin, julgado em 15/9/2016, *DJe* 11/10/2016 (Informativo nº 591).

[11] Paulo Lôbo reconhece que "várias áreas do conhecimento, que têm a família ou as relações familiares como objeto de estudo e investigação, identificam uma linha tendencial de expansão do que se considera entidade ou unidade familiar. Na perspectiva da sociologia, da psicologia, da psicanálise, da antropologia, dentre outros saberes, a família não se resumia à constituída pelo casamento, ainda antes da Constituição de 1988, porque não estavam delimitados pelo modelo legal, entendido como um entre outros". LÔBO, Paulo. *Direito civil:* famílias. São Paulo: Saraiva, 2008. p. 56. Nessa mesma senda, Giselle Groeninga destaca a família como um "caleidoscópio de relações que muda no tempo de sua constituição e consolidação em cada geração, que se transforma com a evolução da cultura, de geração para geração". GROENINGA, Giselle Câmara. Família: um caleidoscópio de relações. In: GROENINGA, Giselle Câmara; PEREIRA, Rodrigo da Cunha (Coords.). *Direito de família e psicanálise* – rumo a uma nova epistemologia. Rio de Janeiro: Imago, 2003. p. 125.

[12] ALMEIDA, Renata Barbosa; RODRIGUES JÚNIOR, Walsir Edson. *Direito civil:* famílias. 2. ed. São Paulo: Atlas, 2012. p. 62.

Assim, os efeitos da Lei nº 8.009/90 projetar-se-ão sobre toda e qualquer formação familiar. Assim posto, arranjos familiares dignos de menção vão para além do casamento, da união estável e da família monoparental – já reconhecidos exemplificativamente na CF/88 –, podendo ser lembradas ainda as famílias recompostas, anaparentais, homoafetivas, simultâneas, dentre outras.

O conceito amplo de família é empregado pelo STJ como se constata na ementa transcrita a seguir:

RECURSO ESPECIAL. DIREITO CIVIL. EXECUÇÃO. EMBARGOS DE TERCEIROS. PENHORA INCIDENTE SOBRE IMÓVEL NO QUAL RESIDEM FILHAS DO EXECUTADO. BEM DE FAMÍLIA. CONCEITO AMPLO DE ENTIDADE FAMILIAR. RESTABELECIMENTO DA SENTENÇA. 1. "A interpretação teleológica do Art. 1º, da Lei nº 8.009/90, revela que a norma não se limita ao resguardo da família. Seu escopo definitivo é a proteção de um direito fundamental da pessoa humana: o direito à moradia" (EREsp 182.223/SP, Corte Especial, Rel. Min. Humberto Gomes de Barros, *DJ* 6/2/2002). 2. A impenhorabilidade do bem de família visa resguardar não somente o casal, mas o sentido amplo de entidade familiar. Assim, no caso de separação dos membros da família, como na hipótese em comento, a entidade familiar, para efeitos de impenhorabilidade de bem, não se extingue, ao revés, surge em duplicidade: uma composta pelos cônjuges e outra composta pelas filhas de um dos cônjuges. Precedentes. 3. A finalidade da Lei nº 8.009/90 não é proteger o devedor contra suas dívidas, tornando seus bens impenhoráveis, mas, sim, reitera-se, a proteção da entidade familiar no seu conceito mais amplo. 4. Recurso especial provido para restabelecer a sentença (REsp 1.126.173-MG, Rel. Min. Ricardo Villas Bôas Cueva, 3ª Turma, *DJe* 12/4/2013).

4.1.3. Efeito: a impenhorabilidade do bem

A consequência de um determinado bem imóvel se traduzir em bem de família estatuído pela Lei nº 8.009/90, estampa-se na impenhorabilidade do imóvel residencial. Destarte, o imóvel residencial, inclusive os móveis que o guarnecem, serão protegidos contra eventual penhora.

Vale lembrar que aquele que, sabendo-se insolvente, adquire de má-fé imóvel mais valioso para transferir a residência familiar, independentemente de ter se desfeito ou não do imóvel anterior, não será protegido pela impenhorabilidade trazida pela lei (art. 4º, Lei nº 8.009/90). Nesse caso, poderá o juiz, na própria ação do credor, devolver a impenhorabilidade para a residência anterior, ou anular-lhe a venda, caso ela tenha sido vendida e liberar a mais valiosa para a penhora.

4.1.4. As exceções da Lei nº 8.009/90

O efeito da impenhorabilidade mencionado no item antecedente não deve ser considerado de forma absoluta, mas, sim, relativa. É que existem exceções contempladas em lei que admitem a penhora do imóvel residencial. É evidente que tais exceções devem ser consideradas restritivamente, como o faz o STJ na ementa a seguir transcrita:

Cap. 6 – DO BEM DE FAMÍLIA

> IMPENHORABILIDADE DE BEM DE FAMÍLIA. INTERPRETAÇÃO RESTRITIVA DE SUAS EXCE-
> ÇÕES. Não é possível a penhora do imóvel destinado à moradia de síndico em caso de
> indenização decorrente da prática de ilícito civil consistente na concessão pelo síndico
> de isenções de multas e encargos incidentes sobre contribuições condominiais em atraso,
> o que causou prejuízo ao condomínio. A Lei nº 8.009/90 institui a impenhorabilidade
> do bem de família como instrumento de tutela do direito fundamental à moradia da
> família e, portanto, indispensável à composição de um mínimo existencial para uma vida
> digna. Por ostentar esta legislação natureza excepcional, é insuscetível de interpretação
> extensiva, não se podendo presumir as exceções previstas em seu art. 3º. Precedentes
> citados: REsp 988.915-SP, *DJe* 8/6/2012; REsp 711.889-PR, *DJe* 1º/7/2010; e REsp 1.074.838-
> SP, Rel. Min. Luis Felipe Salomão, julgado em 23/10/2012.

Nesse mote, o art. 3º da Lei nº 8.009/90 dispõe, em rol taxativo, as obrigações que não estão protegidas sob o manto da impenhorabilidade.

In verbis, as exceções da Lei:

- Pelo titular do crédito decorrente do financiamento destinado à construção ou à aquisição do imóvel, no limite dos créditos e acréscimos constituídos em função do respectivo contrato. Essa hipótese se justifica como meio de evitar o enriquecimento ilícito daquele que construiu o imóvel se utilizando de recursos alheios.

- Pelo credor de pensão alimentícia. Quando o crédito alimentício decorrer de relações familiares, indiscutível sempre se mostrou a possibilidade de penhora do imóvel residencial do devedor. Porém, em se tratando de alimentos indenizatórios fixados por ocasião de reparação civil, a questão não se mostrava pacífica na doutrina. Para o STJ, em entendimento apresentado no REsp 1.186.225-RS, publicado no Informativo nº 503 desse Tribunal[13], coloca-se fim a tal discussão com base na ideia de que a lei não fez distinção ao se referir à pensão alimentícia, sendo cabível, portanto, a penhora seja se tratando de débito oriundo de relação familiar ou de responsabilidade civil. Importante lembrar ainda que o inc. III do art. 3º, da Lei nº 8.009/90 recebe nova redação com a entrada em vigor da Lei nº 13.144, de 6 de julho de 2015, de modo que se encontram resguardados os direitos, sobre o bem, do seu coproprietário que, com o devedor, integre união estável ou conjugal, observadas as hipóteses em que ambos responderão pela dívida.

- Para cobrança de impostos, predial ou territorial, taxas e contribuições devidas em função do imóvel familiar. Em relação às despesas condominiais,

---

[13] "PENSÃO ALIMENTÍCIA. IMPENHORABILIDADE DO BEM DE FAMÍLIA. A pensão alimentícia é prevista no art. 3º, III, da Lei nº 8.009/90 como hipótese de exceção à impenhorabilidade do bem de família. E tal dispositivo não faz qualquer distinção quanto à causa dos alimentos, se decorrentes de vínculo familiar ou de obrigação de reparar danos. Na espécie, foi imposta pensão alimentícia em razão da prática de ato ilícito – acidente de trânsito –, ensejando-se o reconhecimento de que a impenhorabilidade do bem de família não é oponível à credora da pensão alimentícia. Precedentes citados: EREsp 679.456-SP, *DJe* 16/6/2011, e REsp 437.144-RS, *DJ* 10/11/2003". REsp 1.186.225-RS, Rel. Min. Massami Uyeda, julgado em 4/9/2012.

a lei foi omissa. Assim, a conclusão mais acertada, em se tratando de rol taxativo e que deva ser interpretado restritivamente, é a de que a despesa condominial não é exceção que submete à penhora do imóvel residencial. Entretanto, não é isso que o STJ vem entendendo, sobretudo após a entrada em vigor do Código Civil de 2002, que admite a possibilidade de penhora do bem de família convencional para o pagamento de dívida condominial.[14] No que tange a pagamento de contribuições criadas por associações de moradores, o STJ entende que não se deve afastar a impenhorabilidade do bem de família.[15] O STJ decidiu, inclusive, que é possível a penhora de bem de família de condômino, na proporção de sua fração ideal, se inexistente patrimônio próprio do condomínio, para responder por dívida oriunda de danos a terceiros (REsp 1.473.484-RS, Rel. Min. Luis Felipe Salomão, por unanimidade, julgado em 21/6/2018).

- Para execução de hipoteca sobre o imóvel oferecido como garantia real pelo casal ou pela entidade familiar. Nessa hipótese, o bem foi dado voluntariamente em garantia pelos seus titulares para aquela dívida. Todavia, de acordo com o entendimento que prevalece no STJ, deve-se perquirir o motivo de o casal ou a entidade familiar ter dado o bem imóvel residencial em hipoteca, pois se a dívida foi contraída no interesse direto ou imediato do casal ou da entidade familiar, caberá a penhora do bem de família; ao contrário se bem foi dado em garantia, sem se tratar de dívida contraída para a satisfação de interesse direto ou imediato do

---

[14] "A jurisprudência das Turmas integrantes da 2ª Seção do Superior Tribunal de Justiça pacificou-se no sentido da possibilidade da penhora de imóvel que serve de residência à família do devedor para assegurar pagamento de dívida oriunda de despesas condominiais do próprio bem" (STJ, Ac. Unân., 4ª T., AgRg no Ag. 355.145-SP, Rel. Min. Aldr Passarinho Jr., j. 26.6.2001, *DJU* 19/11/2001. p. 286).

[15] DIREITO CIVIL. IMPENHORABILIDADE DO BEM DE FAMÍLIA. CONTRIBUIÇÃO CRIADA POR ASSOCIAÇÃO DE MORADORES. A impenhorabilidade do bem de família, conferida pela Lei nº 8.009/90, não pode ser afastada em cobrança de dívida fundada em contribuições criadas por associações de moradores. As taxas de manutenção criadas por associações de moradores não são devidas por morador não associado, pois não podem ser equiparadas, para fins e efeitos de direito, a despesas condominiais. A possibilidade de cobrança de taxa condominial decorre de lei, e tem natureza jurídica de dívida *propter rem*. O fundamento da cobrança de tal contribuição é, entre outros, a existência de áreas comuns, de propriedade de todos os condôminos, que obrigatoriamente devem ser mantidas pela universalidade de proprietários. O direito ao pagamento da taxa devida a associação de moradores é pessoal, derivado da vedação ao enriquecimento ilícito, assim não se pode enquadrar a verba no permissivo do art. 3º, IV, da Lei nº 8.009/90, que excepciona a impenhorabilidade do bem de família nas hipóteses de "cobrança de impostos, predial ou territorial, taxas e contribuições devidas em função do imóvel familiar". A orientação das hipóteses descritas nessa norma é claramente a de excepcionar despesas impositivas, como ocorre nos tributos em geral. Nesse sentido, a despesa condominial, por seu caráter *propter rem*, aproxima-se de tal natureza, daí a possibilidade de seu enquadramento nesse permissivo legal. A taxa associativa, de modo algum carrega essa natureza. Precedentes citados: EREsp 444.931-SP, *DJ* 1º/2/2006, e AgRg no REsp 1.125.837-SP, *DJe* 5/6/2012. REsp 1.324.107-SP, Rel. Min. Nancy Andrighi, julgado em 13/11/2012.

casal, ou então, para garantir dívida de terceiro, nesse caso aplicar-se-á a impenhorabilidade da lei.[16]

- Por ter sido adquirido com produto de crime ou para a execução de sentença penal condenatória a ressarcimento, indenização ou perdimento de bens. Neste ponto, a lei quer ressaltar que o patrimônio lícito é que é alvo de proteção pela lei. Além disso, vale notar a seguinte manifestação do STJ:

DIREITO PROCESSUAL CIVIL. EXCEÇÃO À IMPENHORABILIDADE DO BEM DE FAMÍLIA. No âmbito de execução de sentença civil condenatória decorrente da prática de ato ilícito, é possível a penhora do bem de família na hipótese em que o réu também tenha sido condenado na esfera penal pelo mesmo fundamento de fato. A Lei nº 8.009/90 institui a impenhorabilidade do bem de família como instrumento de tutela do direito fundamental à moradia. Por sua vez, o inciso VI do art. 3º desse diploma legal estabelece que "a impenhorabilidade é oponível em qualquer processo de execução civil, fiscal, previdenciária, trabalhista ou de outra natureza, salvo se movido por ter sido adquirido com produto de crime ou para execução de sentença penal condenatória a ressarcimento, indenização ou perdimento de bens". O legislador, ao registrar a exceção, não tratou do caso de execução de título judicial civil decorrente da prática de ato ilícito, ainda que devidamente apurado e cuja decisão tenha transitado em julgado. Nesse contexto, pode-se concluir que o legislador optou pela prevalência do dever do infrator de indenizar a vítima de ato ilícito que tenha atingido bem jurídico tutelado pelo direito penal e que nesta esfera tenha sido apurado, sendo objeto, portanto, de sentença penal condenatória transitada em julgado. Dessa forma, é possível afirmar que a ressalva contida no inciso VI do art. 3º da referida lei somente abrange a execução de sentença penal condenatória; ação civil *ex delicto*; não alcançando a sentença cível de indenização, salvo se, verificada a coexistência dos dois tipos, as decisões tiverem o mesmo fundamento de fato. Precedente citado: REsp 209.403-RS, Terceira Turma, *DJ* 5/2/2001 (REsp 1.021.440-SP, Min. Rel. Luis Felipe Salomão, julgado em 2/5/2013. Informativo nº 524).[17]

---

[16] STJ. REsp 1.022.735-RS. Min. Rel. Fernando Gonçalves. Quarta Turma. J. 15/12/2009. *DJe* 18/2/2010.

[17] "DIREITO CIVIL E PROCESSUAL CIVIL. EXCEÇÃO À IMPENHORABILIDADE DO BEM DE FAMÍLIA. Na execução civil movida pela vítima, não é oponível a impenhorabilidade do bem de família adquirido com o produto do crime, ainda que a punibilidade do acusado tenha sido extinta em razão do cumprimento das condições estipuladas para a suspensão condicional do processo. De acordo com o art. 3º da Lei nº 8.009/90, 'A impenhorabilidade é oponível em qualquer processo de execução civil, fiscal, previdenciária, trabalhista ou de outra natureza, salvo se movido: [...] VI – por ter sido adquirido com produto de crime ou para execução de sentença penal condenatória a ressarcimento, indenização ou perdimento de bens'. Especificamente acerca da exceção mencionada (inciso VI), infere-se que o legislador, entre a preservação da moradia do devedor e o dever de reparação dos danos oriundos de conduta criminosa, optou por privilegiar o ofendido em detrimento do infrator, afastando a impenhorabilidade do bem de família. Percebe-se que o legislador especificou duas hipóteses distintas de exceção à impenhorabilidade no mencionado inciso VI, quais sejam: a) bem adquirido com produto de crime; b) para execução de sentença penal condenatória a ressarcimento, indenização ou perdimento de bens. Com efeito, à incidência da norma inserta no inciso VI do art. 3º da

- Por obrigação decorrente de fiança concedida em contrato de locação. Essa possibilidade foi acrescentada pela Lei nº 8.245/91 e, na nossa opinião, apresenta-se de todo inconstitucional por ferir o princípio da isonomia. É fácil compreender isso com base no exemplo: João presta fiança em relação a um imóvel comercial que seu amigo Paulo está alugando. Depois de algum tempo, o imóvel comercial alugado por Paulo apresenta três aluguéis atrasados. O locador do imóvel poderá requerer até mesmo a penhora da casa em que João – o fiador – reside com sua família. Entretanto, por mais um desses absurdos legislativos, a casa em que reside Paulo (o locatário) estará plenamente protegida pela impenhorabilidade trazida pela Lei nº 8.009/90. Em poucas palavras, a residência do locatário responsável pela dívida estará protegida, mas a de seu fiador, não. Assim, o que temos é uma clara violação ao princípio da isonomia, posto que, neste ponto, o que a lei faz é tratar desigualmente duas obrigações que possuem um mesmo fundamento. Concluindo, inconcebível é um contrato acessório (a fiança) gerar mais obrigações do que o contrato principal (a locação). Porém, lamentavelmente, a questão não se mostra pacífica. Em 2005, o Min. Carlos Mário Velloso, manifestou-se, em decisão monocrática em Recurso Extraordinário no STF (RE 352.940/SP), que o inciso VII do art. 3º da Lei nº 8.009/90 havia "ferido de morte o princípio isonômico" e, adiante, expôs que o referido inciso não havia sido recebido pela EC nº 26 de 2000. Percebemos, de pronto, que a decisão do Min. Carlos Velloso abraçou impetuosa e arrojadamente um Direito Civil iluminado pela Constituição Federal de 1988, atentando para o direito à moradia, direito esse fundamental de segunda geração. No ano seguinte, em 2006, o plenário do STF decidiu por maioria de votos nos autos do Recurso Extraordinário 407.688, em que foi relator o Min. Cezar Peluso, pela constitucionalidade do referido inciso, atendo-se simplesmente a uma interpretação literal do dispositivo e ao pobre argumento de que a pessoa teria a plena liberdade de querer ou não assumir a condição de fiadora, além de mencionar que a lei é clara ao

---

Lei nº 8.009/90, isto é, da exceção à impenhorabilidade do bem de família em virtude de ter sido adquirido com o produto de crime, forçoso reconhecer a dispensa de condenação criminal transitada em julgado, porquanto inexiste determinação legal neste sentido. Afinal, caso fosse a intenção do legislador exigir sentença penal condenatória para a exceção prevista na primeira parte do inciso VI, teria assim feito expressamente, como o fez com a segunda parte do referido dispositivo. Logo, não havendo determinação expressa na lei no sentido de que a exceção (bem adquirido com produto de crime) exija a existência de sentença penal condenatória, temerário seria adotar outra interpretação, sob pena de malograr o propósito expressamente almejado pela norma, direcionado a não estimular a prática ou reiteração de ilícitos. Assim, o cometimento de crime e o fato de o imóvel ter sido adquirido com seus proveitos é suficiente para afastar a impenhorabilidade do bem de família. Na hipótese, a conduta ilícita praticada consubstancia-se no cometimento de crime, tanto que fora oferecida e recebida denúncia, bem assim ofertada proposta de suspensão condicional do processo, cujo pressuposto para sua concessão é a prática de crime em que a pena mínima cominada seja igual ou inferior a um ano (art. 89, *caput*, Lei nº 9.099/95)". REsp 1.091.236-RJ, Rel. Min. Marco Buzzi, julgado em 15/12/2015, *DJe* 1º/2/2016 (Informativo nº 575).

tratar como exceção à impenhorabilidade o bem de família do fiador. A ótica do Direito Civil Contemporâneo não nos permite concordar com essa última decisão que, esperamos, em breve se modifique, mesmo porque a decisão não foi unânime. Nada obstante, tentando colocar fim à discussão, o STJ, em outubro de 2015, edita a Súmula de nº 549, com o seguinte teor: "É válida a penhora de bem de família pertencente a fiador de contrato de locação". Nada obstante não haver distinção no inciso VII, do art. 3º, da Lei nº 8.009/90, se o dispositivo se refere à locação residencial ou comercial, em junho de 2018, a 1ª Turma do STF, por maioria de votos, decidiu que, apesar de existir precedentes judiciais que permitem penhorar bem de família do fiador na locação residencial, a penhora não se estende aos casos envolvendo inquilinos comerciais, pois a livre-iniciativa não pode colocar em detrimento o direito fundamental à moradia. Assim, é importante não confundir: se a locação for residencial, ainda prevalece o entendimento de que é possível a penhora do bem de família do fiador. Entretanto, se a locação for comercial, não é possível a penhora do bem de família do fiador, conforme decisão do STF.[18] Por fim, vale lembrar que a 3ª Turma do STJ entendeu que o bem de família oferecido como caução em contrato de aluguel é impenhorável. Isso com base na ideia de que a interpretação das ressalvas legais contidas no art. 3º da Lei nº 8.009/90 deve ser restrita, em especial pelo fato de que o legislador optou de forma expressa pela espécie (fiança), e não pelo gênero (caução).[19]

Até a Lei Complementar nº 150, de 1º de junho de 2015, que dispõe sobre o contrato de trabalho doméstico, havia mais uma exceção prevista no art. 3º, I, da Lei nº 8.009/90, que se manifestava em **razão de créditos de trabalhadores da própria residência e das respectivas contribuições previdenciárias**. Sob tal verbete se encontravam os trabalhadores da residência exclusivamente, tais como empregadas domésticas, governantas, copeiros e motoristas particulares. É que com a referida lei complementar, que entrou em vigor na data de sua publicação, revogou-se o art. 3º, I, da Lei nº 8.009/90. José Fernando Simão atento à questão intertemporal esclarece:

> Dúvidas não há que novas penhoras não mais poderão ser realizadas a partir da vigência da lei complementar. Contudo, o que ocorre com as penhoras já efetivadas? O efeito da nova lei complementar é evidente e imediato. Todas as penhoras efetivadas até o presente momento não podem mais subsistir, devem ser ineficacizadas, pois a lei complementar tem efeito imediato. A penhora, por si, não gera perda do direito de propriedade, nem perda do direito sobre o bem de família. Apenas se os imóveis (bens de família) já foram adjudicados ou arrematados é que o ato se esgotou e a penhora,

---

[18] STF, 1ª Turma, RE 605.709/SP, Rel. Min. Dias Toffoli, red. p/ ac. Min. Rosa Weber, julgado em 12/6/2018 (Informativo nº 906).

[19] STJ, REsp 1.873.203-SP. Rel. Min. Nancy Andrighi. Terceira Turma. J. 24/11/2020. *DJe* 1º/12/2020.

na realidade, já produziu todos seus efeitos. A adjudicação ou arrematação geram atos jurídicos perfeitos que têm o condão de retirar os direitos sobre o bem, ainda que a propriedade só se perca com o registro. A simples efetivação ou registro da penhora junto à matrícula do imóvel não a torna imune à nova disposição legal, perdendo sua eficácia a partir da vigência da Lei Complementar nº 150/2015.[20]

4.2. O bem de família convencional ou voluntário

4.2.1. Nova feição no Código Civil de 2002

O bem de família convencional é tratado no Código Civil de 2002 nos arts. 1.711 a 1.722. Houve um deslocamento da matéria que no Código Civil de 1916 era tratada na Parte Geral (arts. 70 a 73), e com o Código Civil de 2002 transmudou-se para o Livro IV (Do Direito de Família) da Parte Especial responsável pelas questões atinentes à família.

A novidade no Código Civil de 2002 acerca do bem de família voluntário não se reduz ao deslocamento topográfico do instituto, mas, antes, à ampliação de seu objeto que, atualmente, além de poder incidir sobre o imóvel residencial poderá também abranger valores mobiliários.

4.2.2. Constituição do bem de família convencional

Para se constituir um bem de família convencional, é necessário que os cônjuges ou a entidade familiar, mediante escritura pública ou testamento, destinem parte de seu patrimônio para instituir o bem de família. Releva notar que o terceiro poderá também instituir bem de família por meio de testamento ou doação.

Em síntese, é de se notar que o poder de constituição de um bem de família voluntário é atribuído aos cônjuges ou à entidade familiar – com a amplitude interpretativa que merece –, ou até mesmo, a um terceiro.

4.2.3. Indispensabilidade do registro

Para que a instituição de um bem de família convencional possa produzir seus efeitos é necessário que haja o registro de seu título no Registro de Imóveis[21], quer tenha sido instituído pelos cônjuges ou por terceiro (art. 1.714, CC). Nessa última hipótese, a eficácia do ato, além da exigência do registro, submete--se também à aceitação expressa de ambos os cônjuges ou da entidade familiar beneficiada (art. 1.711, parágrafo único, CC).

---

[20] SIMÃO, José Fernando. *Duas importantes alterações a respeito do bem de família legal.* Disponível em: <http://www.cartaforense.com.br/conteudo/colunas/duas-importantes-alteracoes-a-respeito-do-bem-de-familia-legal/15641>. Acesso em: 23 dez. 2015.

[21] O procedimento a ser observado encontra-se nos arts. 260 a 265 da Lei nº 6.015/73.

4.2.4. Objeto

O bem de família consistirá em prédio residencial urbano ou rural, com os seus acessórios. A novidade do Código Civil de 2002 é a possibilidade de se abranger valores mobiliários (por exemplo: ações, debêntures, títulos negociáveis) além do prédio residencial, cuja renda será aplicada na conservação do imóvel e no sustento da família, observadas as regras estabelecidas no art. 1.713 do CC.

A regra apresenta clara inovação ao afastar o caráter exclusivamente fundiário do instituto do bem de família. Problema surge quando se busca a definição do que seria considerado como valor mobiliário.

A Lei nº 6.385/76, que trata do mercado de valores mobiliários, estabelece em seu art. 2º, o que seria considerado valor mobiliário para efeitos da referida lei. Tais valores mencionados são considerados mobiliários exclusivamente para os fins da predita lei. Portanto, não encontraríamos aqui a definição de valores mobiliários para alcançar os contornos do bem de família. Por outro lado, importa notar que a interpretação do que seja valor mobiliário não pode ser tão extensiva a ponto de abarcar, por exemplo, um veículo automotor. Rodrigo Almeida Magalhães ressalta que:

> Ampliando muito o seu conceito, com a colocação do veículo automotor como valor mobiliário, os beneficiários do bem de família podem ficar prejudicados, pois os valores mobiliários podem facilmente se deteriorar, se perder, desvalorizar ou vencer e esta não é a função deles, já que deverão ser destinados à manutenção do imóvel e ao sustento da família.[22]

Desse modo, acertado se mostra o posicionamento que estabelece como valor mobiliário os títulos que geram rendimento, afastando-se de tal definição bens que não podem produzir capital.

4.2.5. Limite

O patrimônio reservado a título de bem de família não poderá exceder a um terço do patrimônio líquido da família existente à época de sua instituição.[23] Caso exceda a esse limite, a instituição não produzirá efeitos.[24] Em se tratando do bem de família abarcar também valores mobiliários, esses não poderão exceder o valor do prédio instituído em bem de família.

---

[22] MAGALHÃES, Rodrigo Almeida. Bem de família e direito de empresa. In: COELHO, Fábio Ulhoa; FÉRES, Marcelo Andrade (Orgs.). *Empresa familiar:* estudos jurídicos. São Paulo: Saraiva, 2014, v. 1, p. 100.

[23] Aqui é oportuno lembrar a crítica de Zeno Veloso relatando que com este limite imposto pela lei, o bem de família "só poderá ser utilizado pelos abastados, pelos ricos, pelos que forem donos de muitos prédios, pois o que for instituído como bem de família não pode ultrapassar um terço do patrimônio líquido. Quem possuir apenas um imóvel não poderá instituí-lo como bem de família" (VELOSO *apud* FONSECA, Antônio César Lima da. *O Código Civil e o novo direito de família.* Porto Alegre: Livraria do Advogado, 2004. p. 219).

[24] Não afastando, por evidente, a incidência do bem de família legal previsto na Lei nº 8.009/90.

4.2.6. Efeitos: impenhorabilidade e inalienabilidade

A grande consequência da instituição de um bem de família é que este ficará isento de execução por dívidas posteriores à sua instituição. Assim, a imunidade existirá somente em relação às dívidas surgidas posteriormente ao bem de família, de modo que, às dívidas anteriores, a proteção não incidirá. Insta salientar que existem duas exceções trazidas pela lei que, mesmo se tratando de dívidas posteriores à instituição do bem de família, o patrimônio reservado não estará protegido e, portanto, poderá ser alvo de execução.

As duas exceções são: os tributos relativos ao prédio (por exemplo: IPTU, ITR, contribuições de melhoria, taxas) e as despesas de condomínio. Havendo a execução por uma dessas duas hipóteses, o saldo remanescente será aplicado em outro prédio, como bem de família, ou em títulos da dívida pública, para sustento familiar, salvo se motivos relevantes aconselharem outra solução, a critério do juiz (art. 1.715, parágrafo único, CC).

Então, a primeira consequência da instituição do bem de família convencional, nós podemos reduzir a uma palavra: impenhorabilidade. Salvo em se tratando de dívidas anteriores ao bem de família e das duas exceções retromencionadas, aquele bem se torna impenhorável. Existe outra também importante consequência, que é a inalienabilidade. O bem de família, portanto, não poderá ser alienado. De acordo com Teresa Negreiros, "a impenhorabilidade e a inalienabilidade de que se trata não constituem um fim em si, mas um meio de atingir um objetivo, que é o de assegurar a residência do proprietário de um único imóvel, sendo este a residência de sua família".[25]

Para que haja a alienação do bem, tornar-se-á necessário o consentimento dos interessados e seus representantes legais, sendo ouvido o Ministério Público (art. 1.717, CC).

4.2.7. Duração temporal

A instituição do bem de família se prolonga enquanto viver um dos cônjuges ou, na falta destes, até que os filhos completem a maioridade (art. 1.716 c/c art. 1.722, ambos do CC).

Caso espontaneamente os interessados pretendam colocar fim ao bem de família instituído, deverão requerer ao juiz da Vara de Família, que, após ouvir o Ministério Público, apreciará a justificativa apresentada.

Insta lembrar que a dissolução da sociedade conjugal não é capaz de extinguir o bem de família. Se a dissolução da sociedade conjugal se der por falecimento de um dos cônjuges, o sobrevivente poderá requerer a desafetação daquele bem, e, por conseguinte, a extinção do bem de família, se for o único bem do casal (art. 1.721, CC).

---

[25] NEGREIROS, Teresa. *Teoria do contrato:* novos paradigmas. Rio de Janeiro: Renovar, 2002. p. 435.

DOS FATOS JURÍDICOS

O livro III da Parte Geral do Código Civil tem por título *"Dos Fatos Jurídicos"*. A importância dos fatos jurídicos sobreleva-se exatamente porque são eles os fatos relevantes no mundo jurídico e os seus efeitos se traduzem na aquisição, conservação, transferência, modificação e extinção de direitos.

1. CLASSIFICAÇÃO DOS FATOS JURÍDICOS

Os fatos jurídicos podem decorrer da natureza ou da atuação do homem.

Os fatos jurídicos que decorrem da natureza são conhecidos por fatos jurídicos em sentido estrito. Estes, por sua vez, poderão se dividir em ordinários e extraordinários.

Os fatos jurídicos em sentido estrito ordinários são aqueles que ocorrem previsível e corriqueiramente como a morte e o nascimento. Já os fatos jurídicos em sentido estrito extraordinários vinculam-se ao caso fortuito e à força maior, como um terremoto ou uma enchente.

Porém, como vimos, o evento poderá decorrer da atuação do homem. Todos sabem que o homem ao agir poderá perpetrar uma ação lícita ou ilícita. Às ações lícitas praticadas pelo homem dá-se o nome de ato jurídico em sentido amplo que, por sua vez, poderá ser um ato jurídico em sentido estrito ou um negócio jurídico. Já às ações ilícitas praticadas pelo homem dá-se o nome de atos ilícitos.

Há autores que entendem por bem acrescentar ao rol dos atos jurídicos em sentido amplo, uma terceira categoria, a do ato-fato jurídico, que seria exatamente o fato jurídico qualificado por uma atuação humana. De acordo com Carlos Roberto Gonçalves:

> No ato-fato jurídico, ressalta-se a consequência do ato, sem se levar em consideração a vontade de praticá-lo. Muitas vezes o efeito do ato não é buscado nem imaginado pelo agente, mas decorre de uma conduta e é sancionado pela lei, como no caso da pessoa que acha, casualmente, um tesouro. A conduta do agente não tinha por fim imediato adquirir-lhe a metade, mas tal acaba ocorrendo, por força do disposto no art. 1.264 do Código Civil, ainda que se trate de um absolutamente incapaz.[1]

---
[1] GONÇALVES, Carlos Roberto. *Direito civil esquematizado*. LENZA, Pedro. (Coord.). São Paulo: Saraiva, 2011. p. 251.

Filiamo-nos à corrente que propugna a desnecessidade e inconveniência dessa terceira categoria. Isso porque o chamado ato-fato jurídico, a depender da situação, poderá enquadrar-se na categoria de um ato jurídico em sentido estrito ou de um negócio jurídico, como veremos adiante.

Por meio de um esquema distinguimos:

Fatos Jurídicos em sentido amplo:

a) Decorrentes da natureza: **Fatos Jurídicos em sentido estrito**

- Ordinários (ex.: nascimento)
- Extraordinários (ex.: terremoto)

b) Decorrentes da atuação humana:

    b.1) Ações Lícitas:

- **Atos Jurídicos em sentido amplo**
- **Atos Jurídicos em sentido estrito (art. 185, CC)**
- **Negócios Jurídicos (arts. 104 a 184, CC)**

    b.2) Ações Ilícitas:

- **Atos Ilícitos (arts. 186 a 187, CC)**

2. DOS ATOS JURÍDICOS EM SENTIDO ESTRITO OU ATOS JURÍDICOS NÃO NEGOCIAIS

O ato jurídico em sentido estrito representa uma mera submissão do agente ao ordenamento jurídico. Nas palavras de Cristiano Chaves de Farias e Nelson Rosenvald, "percebe-se que a manifestação de vontade da pessoa dirige-se a efeitos jurídicos previamente desenhados pelo legislador, não havendo espaço para a atividade criadora do homem no plano da eficácia do ato".[2] Como exemplos de ato jurídico em sentido estrito podemos citar o reconhecimento de um filho, a adoção e a citação. Em todas essas hipóteses, os efeitos não decorrem da vontade do manifestante, mas da lei.

O legislador dedica o art. 185 do CC ao ato jurídico em sentido estrito, que possui a seguinte redação: "Aos atos jurídicos lícitos, que não sejam negócios jurídicos, aplicam-se, no que couber, as disposições do Título anterior". O Título anterior refere-se exatamente aos negócios jurídicos. Desse modo, o legislador impõe que, naquilo que tiver pertinência,[3] aplicam-se as regras do negócio jurídico ao ato jurídico em sentido estrito.

---

[2] FARIAS, Cristiano Chaves de; ROSENVALD, Nelson. *Direito das obrigações*. Rio de Janeiro: Lumen Juris, 2006. p. 64.

[3] A expressão *"no que couber"* prevista no art. 185 do CC quer exatamente realçar a impossibilidade de se aplicar os elementos acidentais do negócio jurídico (condição, termo e encargo) ao ato jurídico em sentido estrito. Assim, por exemplo, não se pode admitir que um pai reconheça a paternidade de seu filho sob alguma condição.

Cap. 7 – DOS FATOS JURÍDICOS   **161**

Então, resta-nos o estudo dos negócios jurídicos, ao qual procederemos no ponto seguinte.

3. DOS NEGÓCIOS JURÍDICOS

O Código Civil de 2002 dedica-se, nos arts. 104 a 184, a pormenorizar o negócio jurídico. Trata-se, pois, da manifestação da vontade que busca a produção de efeitos jurídicos. O que releva perceber é que esses efeitos jurídicos, ao revés dos efeitos dos atos jurídicos em sentido estrito, são aqueles pretendidos pelas partes, e não decorrentes da lei. Aqui, percebe-se o negócio jurídico como decorrente da autonomia privada. O exemplo comumente lembrado de negócio jurídico é o próprio contrato, em que as partes deixam transparecer as suas vontades e os efeitos exsurgem dali, da própria vontade das partes.

3.1. Classificação dos negócios jurídicos

3.1.1. Quanto à manifestação de vontade das partes

a) **Unilaterais:** a manifestação de vontade decorre de uma só pessoa. Ex.: o testamento, a promessa de recompensa e a emissão de um cheque.

b) **Bilaterais:** torna-se necessária a manifestação de mais de uma pessoa para que o ato se aperfeiçoe. Ex.: o contrato.

c) **Plurilaterais:** decorrem da manifestação de vontade de mais de uma pessoa. Porém, essas manifestações de vontade devem se orientar no mesmo sentido. Ex.: o contrato de sociedade e o contrato de consórcio.

3.1.2. Quanto às vantagens oferecidas pelo negócio

a) **Gratuitos:** são atos de liberalidade em que apenas uma das partes sofre sacrifício patrimonial. Ex.: o contrato de doação.

b) **Onerosos:** ambas as partes sofrerão sacrifícios patrimoniais e, ao mesmo tempo, beneficiar-se-ão com o negócio. Ex.: o contrato de locação e o contrato de compra e venda.

c) **Neutros:** são aqueles que, por não haver uma atribuição patrimonial predeterminada, não podem se enquadrar como gratuitos ou onerosos. Ex.: a instituição de um bem de família voluntário.

d) **Bifrontes:** são aqueles que podem ser gratuitos ou onerosos, a depender do que intencionam as partes. Ex.: o contrato de depósito em que, de início, é gratuito, nada impedindo que se convencione uma remuneração ao depositário.

3.1.3. Quanto aos efeitos

a) *Inter vivos:* produzem efeitos desde logo, isto é, em vida dos interessados. Ex.: a compra e venda.

b) *Causa mortis*: reservam seus efeitos para depois da morte de determinada pessoa. Ex.: o testamento.

3.1.4. Quanto à existência do negócio

a) Principais: subsistem por si próprios, independentemente de qualquer outro negócio. Ex.: o contrato de locação.

b) Acessórios: são aqueles que dependem de outro para existir. Ex.: o contrato de fiança.

3.1.5. Quanto à forma do negócio

a) Formais: são aqueles em que a lei pré-determina uma solenidade a ser seguida, sem a qual faltará ao negócio regularidade. Ex.: o testamento público e o casamento.

b) Informais: admitem a forma livre e representam a regra geral no Código Civil, conforme o art. 107. Ex.: a compra e venda de um bem móvel.

3.1.6. Quanto às características pessoais das partes

a) Personalíssimos ou *Intuitu personae*: levam em consideração as características pessoais de um dos agentes. Ex.: o contrato de fiança.

b) Impessoais: desconsideram as características pessoais de determinada pessoa, podendo ser cumprido por qualquer um. Ex.: o contrato de compra e venda.

3.1.7. Quanto ao momento do aperfeiçoamento

a) Consensuais: consideram-se formados e, portanto, geram seus efeitos simplesmente quando se dá o acordo de vontade entre as partes. Ex.: o contrato de compra e venda.

b) Reais: os efeitos do negócio só decorrerão doravante a entrega do objeto. Ex.: os contratos de depósito, comodato e mútuo.

4. OS TRÊS PLANOS DO NEGÓCIO JURÍDICO: EXISTÊNCIA, VALIDADE E EFICÁCIA

O negócio jurídico é formado por três planos, a saber:

4.1. O plano da existência

Aqui estariam os pressupostos fundamentais do negócio jurídico, sem os quais o negócio inexistiria. Esses pressupostos seriam assim considerados: o agente,

Cap. 7 – DOS FATOS JURÍDICOS

a vontade, o objeto e a forma. Em havendo tais substantivos, sem que se exija qualquer adjetivação, já podemos opinar pela existência de um negócio jurídico.

4.2. O plano da validade

Temos, pois, a considerar aqui a necessidade de fornecer adjetivação aos substantivos mencionados no plano da existência. Assim, em havendo a adjetivação devida, o negócio não simplesmente existirá, como também será válido.

Devemos perceber que só analisamos o plano de validade porque já ultrapassamos o plano da existência. Portanto, o agente deverá ser capaz; a vontade livre; o objeto lícito, possível, determinado ou determinável; e a forma prescrita ou não defesa em lei. O plano da validade se expressa no Código Civil por meio do art. 104, que traz os elementos essenciais de validade do negócio jurídico. A vontade livre, embora não prevista expressamente, depreendida será do agente capaz. Voltaremos a tratar desse plano mais adiante, no Capítulo 10.

4.3. O plano da eficácia

Neste plano, situa-se a questão do registro, da cláusula penal, dos juros etc. E, ainda, no plano da eficácia verifica-se a possibilidade de produção de efeitos do negócio jurídico de imediato ou a submissão a determinados elementos acidentais que podem implicar a perpetração dos efeitos ou a sua contenção.

4.4. A escada ponteana

A essa disposição dos referidos planos preconizada por Pontes de Miranda é comum denominar de *"Escada Ponteana"*, o que nos induz ao raciocínio de que o negócio deve existir e, após a sua existência, poderá ser considerado válido.

E, mais, em sendo existente e válido, produziria os seus regulares efeitos. Todavia, não devemos crer em tal premissa de maneira peremptória. O que se quer demonstrar é que os planos são independentes, podendo haver, sim, a manifestação de um, sem a manifestação de outro. Por exemplo, é perfeitamente possível que o negócio seja existente, inválido e, ao mesmo tempo, eficaz. É o caso, por exemplo, do casamento putativo em relação ao cônjuge de boa-fé.[4] Trata-se de um negócio nulo ou anulável que, porém, gera os seus efeitos em relação ao cônjuge de boa-fé. Lembremos também que é possível que o negócio exista, seja válido, porém ineficaz como o contrato celebrado sob condição suspensiva, sem que se tenha havido ainda o implemento da condição.

Por fim, lembremos que o Código Civil não atenta para o primeiro plano – o da existência –, tanto é que inicia o estudo do negócio jurídico do plano da validade em seu art. 104, sem fazer qualquer menção aos pressupostos para

---

[4] Art. 1.561, CC: "Embora anulável ou mesmo nulo, se contraído de boa-fé por ambos os cônjuges, o casamento, em relação a estes como aos filhos, produz todos os efeitos até o dia da sentença anulatória".

a existência do negócio. Ademais, não trata também das consequências da inexistência do negócio jurídico, tão somente das consequências da invalidade do negócio jurídico em seus arts. 166 ao 184.

5. OS ELEMENTOS DO NEGÓCIO JURÍDICO

5.1. Os elementos essenciais de validade do negócio jurídico

Conforme o art. 104 do Código Civil, os elementos essenciais para que o negócio jurídico seja válido são:

5.1.1. Agente capaz

Aqui se torna relevante o estudo da teoria das incapacidades. Assim, voltando-nos para os agentes que realizam o negócio jurídico, torna-se imprescindível que possuam capacidade plena. Desse modo, para que o absolutamente incapaz pratique um negócio jurídico válido, exige-se a devida representação. Para o relativamente incapaz, terá cabimento a devida assistência. Caso os absoluta e os relativamente incapazes pratiquem atos da vida civil, sem a devida representação e assistência, tais atos serão, respectivamente, nulos e anuláveis (art. 166, I, e art. 171, I, ambos do CC).

5.1.2. Objeto lícito, possível, determinado ou determinável

Voltando-nos para o objeto do negócio jurídico, a exigência é que este seja lícito, isto é, esteja de acordo com a ordem pública, a moral e os bons costumes. Por exemplo, é ilícito o objeto de um negócio jurídico de compra e venda de drogas. Mas não basta que o objeto seja lícito, ele também deverá ser possível. E a possibilidade que se exige é tanto física quanto jurídica. Por exemplo, não é possível fisicamente o contrato com uma pessoa para que esta preste o serviço de varrer toda a areia da praia. Como, também, não é possível juridicamente a venda de herança de pessoa viva (art. 426, CC).

No que diz respeito à necessidade de possibilidade jurídica, muitos autores apontam a redundância do legislador, uma vez que a imposição inicial do objeto lícito já implica a sua possibilidade jurídica.

Por fim, o objeto, além de lícito e possível, deverá ser determinado, ou, pelo menos, em algum momento, passível de determinação.

Caso o objeto do negócio jurídico padeça de qualquer um dos vícios, seja ilicitude, impossibilidade ou indeterminação, o negócio jurídico será nulo (art. 166, II, CC). Releva notar que a impossibilidade física do objeto poderá ser absoluta ou relativa. A impossibilidade física absoluta ocorre quando a ninguém é possível a realização do negócio. Já a relativa ocorre quando, embora não possível à determinada pessoa poderá sê-lo para outra. Somente a impossibilidade física absoluta torna o negócio nulo (art. 106, CC).

Cap. 7 – DOS FATOS JURÍDICOS

5.1.3. Forma prescrita ou não defesa em lei

Visto que o agente deverá ser capaz para a realização de um negócio jurídico e o seu objeto deverá ser lícito, possível, determinado ou determinável, urge a observância da forma do negócio, se a lei exigir alguma.

Caso não haja exigência em lei de forma alguma, deve se verificar se também a lei não proíbe determinada forma.

Exemplo importante de forma prescrita em lei está no art. 108 do CC, que impõe que "não dispondo a lei em contrário, a escritura pública é essencial à validade dos negócios jurídicos que visem à constituição, transferência, modificação ou renúncia de direitos reais sobre imóveis de valor superior a trinta vezes o maior salário-mínimo vigente no País".

Acerca do valor mencionado no referido art. 108 do CC, foi aprovada na IV Jornada de Direito Civil o Enunciado nº 289 com o seguinte teor:

> O valor de 30 salários-mínimos constante no art. 108 do Código Civil brasileiro, em referência à forma pública ou particular dos negócios jurídicos que envolvam bens imóveis, é o atribuído pelas partes contratantes e não qualquer outro valor arbitrado pela Administração Pública com finalidade tributária.

Todavia, o Superior Tribunal de Justiça caminha em sentido oposto. Pelo referido Tribunal, o parâmetro a ser considerado não é o valor atribuído pelas partes, mas, sim, o valor atribuído pelo Fisco.[5]

Por meio de uma interpretação *a contrario sensu* do art. 108 do CC, concluímos que em negociação referente a imóvel cujo valor seja inferior a 30 salários-mínimos, dispensa-se a escritura pública. Importante salientar que, em havendo ou não a escritura pública, não estão desonerados os interessados de procederem ao registro. Não se pode confundir a escritura pública com o registro. A escritura pública é, basicamente, o contrato que poderá ser feito em qualquer Cartório de Notas. Já

---

[5] DIREITO CIVIL. PREVALÊNCIA DO VALOR ATRIBUÍDO PELO FISCO PARA APLICAÇÃO DO ART. 108 DO CC. Para a aferição do valor do imóvel para fins de enquadramento no patamar definido no art. 108 do CC – o qual exige escritura pública para os negócios jurídicos acima de trinta salários mínimos –, deve-se considerar o valor atribuído pelo Fisco, e não o declarado pelos particulares no contrato de compra e venda. De fato, essa interpretação do art. 108 do CC é mais consentânea com a finalidade da referida norma, que é justamente conferir maior segurança jurídica aos negócios que envolvem bem imóveis. Ressalte-se ainda que o art. 108 do CC, ao prescrever a escritura pública como essencial à validade dos negócios jurídicos que objetivem a constituição, transferência, modificação ou renúncia de direitos reais sobre imóveis de valor superior a trinta salários mínimos, refere-se ao valor do imóvel e não ao preço do negócio. Assim, havendo disparidade entre ambos, é aquele que deve ser levado em conta para efeito de aplicação da ressalva prevista na parte final desse dispositivo legal. Destaque--se, finalmente, que a avaliação levada a termo pela Fazenda Pública para fins de apuração do valor venal do imóvel é baseada em critérios objetivos, previstos em lei, os quais admitem aos interessados o conhecimento das circunstâncias consideradas na formação do *quantum* atribuído ao bem. REsp 1.099.480-MG, Rel. Min. Marco Buzzi, julgado em 2/12/2014, *DJe* 25/5/2015 (Informativo nº 562). Já

o registro é que irá gerar a aquisição da propriedade imóvel, e esse deverá ocorrer no Cartório de Registro de Imóveis do local em que o bem esteja situado.

Pode ser também que a lei proíba determinada forma, como é o que ocorre na 2ª parte do art. 657 do CC, ao estabelecer que: "A outorga do mandato está sujeita à forma exigida em lei para o ato a ser praticado. Não se admite mandato verbal quando o ato deve ser celebrado por escrito".

O que nos deve nortear sempre é o princípio da liberdade das formas, que importa na possibilidade de se manejar qualquer forma, desde que a lei não imponha ou proíba determinado modo de ser do negócio. Assim, dispõe o art. 107 do CC: "A validade da declaração de vontade não dependerá de forma especial, senão quando a lei expressamente a exigir".

5.2. Elementos acidentais do negócio jurídico ou modalidades do negócio jurídico: condição, termo e encargo

Os elementos acidentais do negócio jurídico são assim chamados porque podem existir ou não, isto é, podem acidentalmente estar presentes ou não no negócio jurídico. São eles: a condição, o termo e o encargo.

Caso o negócio não contenha qualquer elemento acidental, ele será considerado puro ou simples. Por isso, dizemos, por exemplo, que se trata de uma doação pura. É dizer que, a referida doação não está submetida a nenhuma condição, termo ou encargo.

5.2.1. *Condição (arts. 121 a 130, CC)*

Condição é a cláusula que, derivando exclusivamente da vontade das partes, subordina os efeitos (a eficácia) ou o fim dos efeitos (a ineficácia) do negócio jurídico, oneroso ou gratuito, a evento futuro e incerto (art. 121, CC).

Desse conceito depreendemos as três características da condição: voluntariedade, futuridade e incerteza.

5.2.1.1. Características da condição

a) **Voluntariedade:** a condição deve derivar exclusivamente da vontade das partes, o que significa que não existe condição proveniente de lei. Desse modo, nada mais equivocado do que utilizar a expressão "condição legal".

b) **Futuridade:** a condição é necessariamente futura, projetando-se no tempo a possibilidade de vir a perpetrar-se.

c) **Incerteza:** a condição é sempre incerta, o que significa dizer que o evento futuro poderá ocorrer ou não.

Bem lembrado por Cristiano Chaves de Farias e Nelson Rosenvald que "em nosso sistema jurídico, alguns atos não admitem a sua subordinação à condição,

Cap. 7 – DOS FATOS JURÍDICOS

167

como o casamento, a adoção, o reconhecimento de filhos, a emancipação, a escolha do regime de bens do casamento, a aceitação e renúncia da herança, entre outros".[6]

O art. 129 do CC estabelece que:

> Reputa-se verificada, quanto aos efeitos jurídicos, a condição cujo implemento for maliciosamente obstado pela parte a quem desfavorecer, considerando-se, ao contrário, não verificada a condição maliciosamente levada a efeito por aquele a quem aproveita o seu implemento.

Não é permitido que ocorra a interferência de qualquer interessado para que se dê o implemento ou se impeça o implemento da condição, resultando aos olhos do legislador como se o contrário tivesse ocorrido. Vale o exemplo de João Baptista de Mello e Souza Neto:

> Dar-te-ei R$ 10.000,00 se o motorista não chegar até as 10 horas. Se o beneficiário aprisiona o motorista, interferindo no deslinde natural dos fatos, embora o evento futuro tenha ocorrido (o motorista não chegou no horário previsto), a lei determina seja considerado o episódio como realizado no sentido contrário ao pretendido pela parte que agiu com dolo. No caso, reputar-se-ia inocorrente a condição e inexistente, pois, a obrigação de pagar a soma em dinheiro.[7]

5.2.1.2. Espécies de condição

- *Quanto ao início ou término da produção de efeitos do negócio:*

a) **Condição Suspensiva (art. 125, CC):** é aquela que delibera a própria falta de efeitos da vontade manifestada inicialmente. Desse modo, quando há uma manifestação de vontade submetida a uma condição suspensiva, essa vontade não produz os seus efeitos, que só passarão a perpetrar-se com o implemento da condição. Assim, imprime-se "vida" ao negócio jurídico com o implemento da condição suspensiva.

O que releva notar é que, enquanto a condição não se verificar, o beneficiário não terá adquirido direito algum, tampouco poderá exercê-lo, possuindo apenas um direito eventual. Por isso, diz-se que a condição suspensiva impede a aquisição do direito. Por exemplo, doarei a Paulo um carro se Joana se casar. Significa que, por enquanto, Paulo possui apenas um direito eventual, que passará a ser um direito adquirido somente com o casamento de Joana, que é um evento futuro que poderá ocorrer ou não.

---

[6] FARIAS, Cristiano Chaves de; ROSENVALD, Nelson. *Curso de direito civil.* Parte geral e LINDB. 13. ed. São Paulo: Atlas, 2015. p. 539.

[7] SOUZA NETO, João Baptista de Mello. *Direito civil:* parte geral. São Paulo: Atlas, 2004. p. 118.

Ressalve-se que de acordo com o art. 126 do CC: "Se alguém dispuser de uma coisa sob condição suspensiva, e, pendente esta, fizer quanto àquelas novas disposições, estas não terão valor, realizada a condição, se com ela forem incompatíveis". Trata-se da hipótese em que, por exemplo, uma pessoa doa algo a outra sob condição suspensiva, porém, antes mesmo do implemento da condição, vende o bem a um terceiro. Pelo referido artigo, esse segundo negócio – a compra e venda – não terá valor.

b) **Condição Resolutiva (art. 127, CC):** sob essa condição, já há a produção de efeitos da vontade desde quando manifestada, porém, se a condição resolutiva se implementar implicará o fim daqueles efeitos. Então, ao revés da suspensiva, o implemento da condição resolutiva significará a "morte" daquele negócio jurídico. Para sermos mais precisos, poderíamos dizer que a condição resolutiva subordina a ineficácia da vontade manifestada a evento futuro e incerto. Por exemplo, Paulo poderá ficar utilizando o meu carro até que Joana se case. Nesse exemplo, a vontade manifestada inicialmente produziu seus efeitos normalmente, porém, se Joana se casar, cessará a produção de efeitos daquela vontade, de modo que o carro terá de ser devolvido.

Pela dicção do art. 128 do CC:

> Sobrevindo a condição resolutiva, extingue-se, para todos os efeitos, o direito a que ela se opõe; mas, se aposta a um negócio de execução continuada ou periódica, a sua realização, salvo disposição em contrário, não tem eficácia quanto aos atos já praticados, desde que compatíveis com a natureza da condição pendente e conforme aos ditames de boa-fé.

Como dito anteriormente, o implemento da condição resolutiva colocará fim aos efeitos produzidos pelo negócio. Porém, se estivermos diante de um negócio de execução continuada ou periódica, o implemento da condição resolutiva não atingirá os efeitos já produzidos. Vejamos o seguinte exemplo: permito que Paulo utilize o meu apartamento da maneira que bem lhe aprouver, isto é, residindo ou alugando-o, enquanto Joana não se case. Suponhamos que Paulo optasse por alugar o apartamento e auferisse aquela renda por alguns anos. Com o posterior casamento de Joana, Paulo teria de devolver o apartamento, pois se deu o implemento da condição. Entretanto, os aluguéis por ele já percebidos não teriam de ser devolvidos. Patente está o princípio da irretroatividade da condição resolutiva.

* *Quanto à licitude:*

a) **Condição lícita (art. 122, 1ª parte, do CC):** aquela que não é contrária à lei, à ordem pública ou aos bons costumes.

b) **Condição ilícita, proibida ou defesa (art. 122, 2ª parte, do CC):** poderá ser de duas espécies: perplexas ou potestativas puras.

Perplexas são aquelas que privam o negócio jurídico da produção de seus naturais efeitos. Por exemplo, vendo a você o meu carro se você não o utilizar. É claro que o efeito lógico buscado por uma pessoa que adquire algo é a sua utilização, que não será possível diante de tal condição.

Cap. 7 – DOS FATOS JURÍDICOS

As potestativas puras são aquelas cujo implemento se restringem, exclusivamente, ao alvedrio de uma das partes. Por exemplo, doarei a você o meu carro se amanhã eu sair de camisa branca. É claro que dependerá só de mim a escolha da cor da camisa que sairei amanhã, por isso, essa condição é proibida. Insta salientar que, se a condição for meramente ou simplesmente potestativa, não haverá qualquer ilicitude em seu emprego, sendo tal condição permitida. Isso porque na condição mera ou simplesmente potestativa não há a subordinação exclusiva ao alvedrio de uma das partes. Há, sim, dependência da vontade de uma das partes, mas não exclusivamente dessa parte. Por exemplo, se digo que se eu passar no vestibular que farei no domingo dar-te-ei um carro, trata-se de uma condição perfeitamente permitida por ser uma condição simples ou meramente potestativa. Isso porque dependerá de mim a aprovação no vestibular, mas não apenas de mim, também do mau aproveitamento nas provas dos demais candidatos.

A ilicitude da condição resulta na própria invalidação do negócio jurídico, conforme disposto no art. 123, II, do CC[8].

- *Quanto à fonte de onde deriva:*

a) **Condição Causal:** é aquela que depende exclusivamente do acaso, de evento fortuito. Por exemplo, dar-te-ei um carro se eu ganhar na loteria.

b) **Condição Potestativa:** trata-se da condição que, para que haja o seu implemento, depende-se de uma das partes.[9] Lembre-se de que, como dito na classificação anterior, somente a condição simples ou meramente potestativa é admitida, já a condição puramente potestativa é ilícita.

c) **Condição Mista:** trata-se da condição vinculada concomitantemente a um ato de vontade e a um evento da natureza. Por exemplo, "dar-te-ei R$ 20.000,00, se cantares amanhã sob um belo arco-íris".

- *Quanto à possibilidade de seu implemento:*

a) **Condições possíveis:** são aquelas cujo implemento é plenamente viável.

b) **Condições impossíveis:** podem ser físicas ou juridicamente impossíveis. Condição fisicamente impossível é aquela que não é concretizável materialmente como, por exemplo, "dar-te-ei um carro se você varrer toda a areia da praia ou se você tocar o céu com as mãos". Por condição juridicamente impossível, deve-se compreender como sendo aquela que colide com o ordenamento jurídico, por exemplo "doar-te-ei um carro se você matar determinada pessoa".

---

[8] Art. 123, CC: Invalidam os negócios jurídicos que lhes são subordinados: I – as condições física ou juridicamente impossíveis, quando suspensivas; II – as condições ilícitas, ou de fazer coisa ilícita; III – as condições incompreensíveis ou contraditórias.

[9] Maria Helena Diniz atenta para uma outra espécie de condição, que é a "promíscua", ao dizer que esta condição "se caracteriza no momento inicial como potestativa, vindo a perder tal característica por fato superveniente, alheio à vontade do agente, que venha a dificultar a sua realização. Por exemplo, 'dar-lhe-ei um carro se você, campeão de futebol, jogar no próximo torneio'. Essa condição potestativa passará a ser promíscua se o jogador vier a se machucar". DINIZ, Maria Helena. *Dicionário jurídico*. Tomo I. São Paulo: Saraiva, 2005. p. 902.

5.2.1.3. Condições que invalidam o negócio jurídico

O art. 123 do CC traz um elenco de condições que, se apostas ao negócio jurídico, resultarão em sua invalidade. São as seguintes condições:

- As condições física ou juridicamente impossíveis, quando suspensivas. O exemplo seria: dar-te-ei um carro se tocares o céu com as mãos. Percebemos que nesse caso o negócio restará inválido, já que nunca será possível se concretizar a condição. Importante salientar que se a condição de "tocar o céu com as mãos" fosse, ao invés de suspensiva, resolutiva, não induziria à invalidade do negócio jurídico, mas, sim, à inexistência da própria condição, sendo, pois, o negócio válido (art. 124, CC);

- As condições ilícitas ou de fazer coisa ilícita. Se admitíssemos o negócio válido mesmo com uma condição ilícita ou de fazer coisa ilícita, tal fato traduzir-se-ia em forma indireta de autorizar o descumprimento da lei;

- As condições incompreensíveis ou contraditórias. Exemplo interessante fornecido por Carlos Roberto Gonçalves: "Instituo a meu herdeiro universal, se B for meu herdeiro universal".[10]

5.2.1.4. Condições tidas por inexistentes

O art. 124 do CC apresenta as condições que, se apostas ao negócio jurídico, não induzirão a sua invalidação, sendo, pois, considerado válido. Porém, a consequência será a consideração da própria inexistência da condição. O negócio jurídico valerá, portanto, como incondicionado, sendo o negócio puro ou simples.

As condições tidas por inexistentes são:

- As condições impossíveis, quando resolutivas. Por exemplo, "você pode ficar utilizando o carro até conseguir tocar o céu com as mãos". Nesse caso, a condição impossível se apresenta como resolutiva, assim o negócio será válido, porém, a condição deverá ser tida por inexistente;

- As condições de não fazer coisa impossível. Em virtude da obviedade de não se poder cumprir aquilo que é impossível é que uma condição que assim preveja deve ser tida por inexistente, com o negócio jurídico sendo considerado válido e produzindo os seus regulares efeitos.

5.2.1.5. Prerrogativas do titular do direito eventual (art. 130, CC)

É reservado ao titular de um direito eventual, ou seja, aquele que aguarda o pretenso implemento da condição, a prática de atos destinados à conservação de seu direito. Pode, por exemplo, requerer inventário, pedir caução, repudiar atos de esbulho ou turbação etc.

---

[10] GONÇALVES, Carlos Roberto. *Direito civil brasileiro:* parte geral. v. I. 6. ed. São Paulo: Saraiva, 2008. p. 348.

5.2.2. Termo (arts. 131/135, CC)

O termo é a cláusula acessória que subordina os efeitos (a eficácia) ou fim dos efeitos (a ineficácia) do negócio jurídico a evento futuro e certo. Ao revés da condição, o termo não suspende a aquisição do direito, mas tão somente o seu exercício (art. 131, CC).

Do conceito expresso em linhas atrás, depreendemos as duas características do termo: a futuridade e a certeza, a seguir analisadas.

5.2.2.1. Características do termo

a) Futuridade: o termo é necessariamente futuro, projetando-se no tempo o seu implemento.

b) Certeza: o termo é sempre certo, o que significa dizer que o evento futuro necessariamente ocorrerá.

Observe-se que no termo não encontramos a característica *voluntariedade*, ínsita à condição. Isso porque o termo, ao revés da condição, poderá decorrer da vontade das partes, mas não somente desta, como também da lei. Tanto é assim que existem termos legais, ou seja, impostos por lei.

5.2.2.2. Espécies de termo

- *Quanto ao início ou término da produção de efeitos do negócio*

a) Inicial/Suspensivo/*Dies a quo***:** referente ao termo que suspende o início da eficácia do negócio.

b) Final/Resolutivo/*Dies ad quem***:** referente ao termo que faz findar a eficácia do negócio.

- *Quanto à determinação:*

a) Certo ou Determinado: ocorre quando a data já estiver preestabelecida, ainda que não numericamente. Por exemplo, o veículo será entregue dia 27 de fevereiro deste ano, no dia do seu aniversário do próximo ano, daqui a duas semanas etc.

b) Incerto ou Indeterminado: ocorre quando a data não está preestabelecida, porém há a certeza do acontecimento. Assim, sabe-se que haverá o evento, entretanto, não se sabe quando. Por exemplo, o veículo será entregue quando da morte de José. É evidente que José morrerá um dia, pois ínsita à vida está a morte. Entretanto, não se sabe previamente o dia em que tal fato ocorrerá.[11]

---

[11] Atente-se para a questão de que a morte geralmente é utilizada como exemplo de termo incerto. Porém, devemos deixar claro que é possível a morte como condição. Por exemplo: "dar-te-ei um carro se José morrer antes de Antônio". Nesse exemplo, a morte opera como condição e não termo, uma vez que José poderá ou não morrer antes de Antônio.

Tendo em vista a confusão que a classificação quanto à determinação do termo poderá gerar, Cristiano Chaves de Farias e Nelson Rosenvald sugerem o seguinte:

> Podendo ser certo ou incerto, a fim de evitar controvérsias e dúvidas, é preferível enxergar no termo um evento futuro e inevitável, ao invés de afirmar o evento submetido a termo como futuro e certo, uma vez que a data de sua ocorrência pode ser certa ou incerta.[12]

Devido à similitude dos institutos condição e termo, o art. 135 do CC impõe que "ao termo inicial e final aplicam-se, no que couber, as disposições relativas à condição suspensiva e resolutiva". Assim, as disposições previstas nos arts. 126 e 130 do Código Civil referentes às condições, já analisadas anteriormente, aplicam-se, de igual modo, ao elemento acidental termo.

5.2.2.3. Prazo

Não se pode confundir o termo – elemento acidental do negócio jurídico – com o prazo. Prazo é o lapso temporal que medeia o termo inicial e o termo final.

Acerca da contagem dos prazos, temos algumas regras:

- Computam-se os prazos excluindo-se o dia do início e incluindo-se o do fim, salvo disposição legal e convencional em contrário.
- Terminado o prazo em feriado prorroga-se para o dia útil subsequente.
- Meado considera-se em qualquer mês, o 15º dia.
- Os prazos em meses ou ano vencem no dia de igual número ao do início, ou no imediato, se faltar a exata correspondência.
- Os prazos fixados em horas contam-se minuto a minuto.
- Em se tratando de testamento, presume-se o prazo em favor do herdeiro. Assim, se houver prazo para a entrega de um legado ou o cumprimento de um encargo, há a presunção legal de que o prazo foi fixado em favor do herdeiro obrigado a pagar o legado e não em favor do legatário, o mesmo se dizendo do encargo. Portanto, não haverá qualquer problema caso o herdeiro queira pagar o legado ou cumprir o encargo antes do vencimento do prazo estabelecido no negócio.
- Em se tratando de contrato, presume-se o prazo em favor do devedor. Assim, se o devedor quiser pagar antes do vencimento, não há óbice para tanto. Salvo se o contrário foi estabelecido no contrato ou das circunstâncias se puder extrair que o prazo foi estabelecido em favor do credor ou de ambos os contratantes. Se em favor do credor, este poderá exigir o pagamento antes do vencimento. Se em favor de ambos os contratantes, somente por mútuo acordo, haverá o vencimento antecipado (art. 133, CC).

---

[12] FARIAS, Cristiano Chaves de; ROSENVALD, Nelson. *Curso de direito civil.* Parte geral e LINDB. 13. ed. São Paulo: Atlas, 2015. p. 541.

Cap. 7 – DOS FATOS JURÍDICOS

- A regra é a de que os negócios são instantâneos, somente admitindo a forma continuada se houver previsão em contrário, ou pela própria natureza do negócio, ou se tiver que ser cumprido em outra localidade (art. 134, CC).

5.2.3. Encargo ou modo (arts. 136 e 137, CC)

O encargo ou modo é a restrição que se impõe à vantagem obtida pelo beneficiário que estabelece uma obrigação para com o próprio instituidor, ou terceiro ou para com a coletividade. Por exemplo, "doarei ao Município um terreno para que se construa um hospital". Trata-se de uma doação com encargo, também conhecida como doação modal.

O encargo só ocorre nos negócios jurídicos gratuitos, isso porque nos onerosos, o que existe é uma contraprestação. Por exemplo, se lhe vendo o meu carro, devo a prestação de entregar o carro, ao passo que você deve a contraprestação de me entregar uma quantia em dinheiro correspondente ao valor do carro. Trata-se, portanto, de um negócio jurídico oneroso. Entretanto, se lhe dou o meu carro a fim de que você cuide dos meus cachorrinhos enquanto viajo, o que haverá será um negócio jurídico gratuito com um encargo.

Releva notar que o encargo não se confunde com a contraprestação, porém, também não se trata de um mero conselho. Aqui se vislumbra o caráter coercitivo do encargo. Tanto é que, em caso de descumprimento do encargo, duas opções são deferidas ao instituidor: revogar o negócio jurídico ou obrigar a outra parte ao cumprimento da prestação, se possível.

O encargo distingue-se da condição porque não suspende a aquisição do direito, e se distingue do termo, porque não suspende o seu exercício (art. 136, CC). Todavia, poderá o encargo vir no negócio jurídico expressamente como condição suspensiva. Nessa hipótese, a aquisição e o exercício do direito somente ocorrerão após o implemento do encargo.

Por fim, considera-se não escrito o encargo ilícito ou impossível (seja física ou juridicamente), salvo se constituir o motivo determinante da liberalidade, caso em que se invalida o negócio (art. 137, CC). Exemplo de encargo ilícito: "Dar-te-ei a minha casa a fim de que você assassine determinada pessoa". Tal encargo deve ser tido como não escrito. Diferente solução se apresentaria se o encargo ilícito se apresentasse como o motivo que determinou a liberalidade, caso em que o negócio deve ser invalidado. O exemplo é: "Dar-te-ei a minha casa para que você a utilize como cativeiro para aquele sequestro".

6. INTERPRETAÇÃO DOS NEGÓCIOS JURÍDICOS

Conforme César Fiuza ensina, "interpretar um ato jurídico é fazer dele leitura mais adequada, de modo a encontrar a melhor solução para o caso concreto que se estiver analisando".[13]

---

[13] FIUZA, César. Direito civil: curso completo. 9. ed. Belo Horizonte: Editora Del Rey, 2006. p. 252.

A parte geral do Código Civil trata da interpretação do negócio jurídico nos arts. 111 a 114. Entretanto, não podemos nos esquecer de que as regras interpretativas não se esgotam nessas disposições, sendo relevante mencionarmos, por exemplo, os arts. 423 e 424 do Código Civil.[14]

O vetor a nos orientar, em se tratando da interpretação do negócio jurídico, é a boa-fé objetiva, que impõe a lealdade das partes, sem nos esquecermos do atendimento aos usos do local em que o negócio jurídico foi celebrado.

Assim preleciona o art. 113 ao impor que "os negócios jurídicos devem ser interpretados conforme a boa-fé e os usos do lugar de sua celebração". Insta salientar que a boa-fé aqui mencionada é a boa-fé objetiva, que nos remete à probidade ínsita ao comportamento das partes. Além disso, vale lembrar o Enunciado nº 409, aprovado na V Jornada de Direito Civil: "Os negócios jurídicos devem ser interpretados não só conforme a boa-fé e os usos do lugar de sua celebração, mas também de acordo com as práticas habitualmente adotadas entre as partes".

Nota-se a importância da boa-fé sob a ótica objetiva, traduzindo, pois, em "um princípio cujas potencialidades são verdadeiramente inesgotáveis".[15] Não vamos nos antecipar. Deixemos os nossos estudos sobre a boa-fé objetiva para o Capítulo 30 deste Livro, oportunidade em que falaremos dos princípios contratuais.

Nesse momento, o que importa notar é que a Lei de Liberdade Econômica (Lei nº 13.874/2019) promove interessantes inserções no já mencionado art. 113 do CC em busca de se apresentar prismas interpretativos para o negócio jurídico.[16]

---

[14] Art. 423, CC: "Quando houver no contrato de adesão cláusulas ambíguas ou contraditórias, dever-se-á adotar a interpretação mais favorável ao aderente". Art. 424, CC: "Nos contratos de adesão, são nulas as cláusulas que estipulem a renúncia antecipada do aderente a direito resultante da natureza do negócio".

[15] ROSENVALD, Nelson; NETTO, Felipe Peixoto. *Código Civil comentado:* artigo por artigo. Salvador: JusPodivm, 2020. p. 200.

[16] "Fala-se (e escreve-se) muito, atualmente, sobre pós-positivismo, pós-modernidade, pós-estruturalismo e não faltou mesmo quem argumentasse, há alguns anos, de modo ingênuo, que a história havia acabado. Não há consenso nem sobre a terminologia empregada nem sobre o fato em si (se vivemos, mesmo, na pós-modernidade). Há quem afirme que o pós-modernismo representa uma volta dos direitos humanos e uma consagração dos direitos fundamentais em constituições abertas e democráticas. Há quem, em sentido semelhante, argumente que o pós-modernismo está relacionado ao processo de constitucionalização do direito civil e à valorização extrema da dignidade da pessoa humana. Há quem ache que é justamente o contrário de tudo isso. Enfim, estamos vivendo a chamada pós-modernidade ou estamos, ainda, no Brasil, na Modernidade? Luís Roberto Barroso afirma que nós, brasileiros, chegamos ao terceiro milênio 'atrasados e com pressa'. A crítica de muitos é esta: nós não podemos ser pós-modernos se não fomos modernos. De todo modo, é preciso sempre cuidado com importações apressadas de teorias formuladas sob outros contextos sociais. Podemos ler o ideário da Modernidade não de modo restrito, isto é, apenas como algo associado à visão do Estado liberal-burguês. Podemos, também, ler a Modernidade na sua versão social, como algo que valoriza, de modo particular, a pessoa humana, na linha das opções valorativas básicas da Constituição de 1988. Qualquer que seja a terminologia adotada, algo é certo: vivemos dias complexos e velozes, dias que parecem rejeitar a linearidade que, de certo modo, marcou a sociedade até o século XIX." ROSENVALD, Nelson; NETTO, Felipe Peixoto. *Código Civil comentado:* artigo por artigo. Salvador: JusPodivm, 2020. p. 198-199.

Assim, as inserções no art. 113 do CC foram:

§ 1º A interpretação do negócio jurídico deve lhe atribuir o sentido que:

I – for confirmado pelo comportamento das partes posterior à celebração do negócio;

II – corresponder aos usos, costumes e práticas do mercado relativas ao tipo de negócio;

III – corresponder à boa-fé;

IV – for mais benéfico à parte que não redigiu o dispositivo, se identificável; e

V – corresponder a qual seria a razoável negociação das partes sobre a questão discutida, inferida das demais disposições do negócio e da racionalidade econômica das partes, consideradas as informações disponíveis no momento de sua celebração.

Paulatinamente, explicamos cada inciso mencionado:

A interpretação do negócio jurídico deve lhe atribuir o sentido que:

- **for confirmado pelo comportamento das partes posterior à celebração do negócio** – em verdade, essa premissa interpretativa decorre da constatação de dinamicidade que a negociação assume e que é vedado o comportamento contraditório das partes, respaldado no *venire contra factum proprium, non potest"*.[17]

- **corresponder aos usos, costumes e práticas do mercado relativas ao tipo de negócio** – nesse item, reitera-se o que já fora previsto no *caput* do art. 113 do CC. A ideia é que cada tipo de negociação pode assumir contornos próprios ditados pelo tempo e reiteração dos atos dos envolvidos nela. Assim, existem usos, costumes e práticas próprias de pessoas que negociam, por exemplo, animais, obras de artes, determinados produtos etc. Vale a advertência de que o:

sentido das cláusulas contratuais não pode ser legitimamente construído a partir de usos e práticas ilícitas (os milicianos não podem – pelo menos juridicamente – exigir que moradores de determinada região pague todo dia 05 pelo serviço de TV a cabo que impuseram "porque sempre foi assim". Uma das sanções que o direito civil estabelece para os atos que agridem seus princípios e normas é a invalidade.[18]

- **corresponder à boa-fé** – mais uma vez, repisa-se o disposto pelo *caput* do art. 113 do CC. A boa-fé a que se refere o inciso é de natureza objetiva que vai integrar ao cumprimento da obrigação principal os deveres laterais ou anexos, tais como a informação, a proteção, a cooperação etc. Assim, ao longo de todo o negócio esses deveres deixarão a sua marca em busca da identificação do significado da realização do negócio.

---

[17] *Venire contra factum proprium, non potest*, em tradução literal, significa: ir contra fato próprio, não pode. Trata-se de teoria que decorre da boa-fé objetiva e que prestigia a coerência no comportamento das partes.

[18] ROSENVALD, Nelson; NETTO, Felipe Peixoto. *Código Civil comentado:* artigo por artigo. Salvador: JusPodivm, 2020. p. 202.

- **for mais benéfico à parte que não redigiu o dispositivo, se identificável** – trata-se do que se denomina de "interpretação contra o estipulador"[19] ou "interpretação mais favorável ao aderente". O legislador parte da ideia de que aquele que redigiu o dispositivo ocupava uma situação de privilégio, por isso, a interpretação não deve beneficiá-lo. O art. 423 do CC já estabelecia, referindo-se, exclusivamente, aos contratos de adesão que: "Quando houver no contrato de adesão cláusulas ambíguas ou contraditórias, dever-se-á adotar a interpretação mais favorável ao aderente". Com o inciso IV, do § 1º, do art. 113, do CC, ao que parece a orientação se estende para além dos contratos de adesão, isto é, até mesmo para os contratos paritários. Ademais, amplia-se a ideia do art. 423 do CC, que cogitava de tal interpretação apenas em se tratando de "cláusulas ambíguas e contraditórias". É evidente que no caso concreto será desafiador descobrir, no contrato paritário, qual das partes redigiu o conteúdo do dispositivo para que a interpretação seja contrária a ele, já que nos contratos paritários as cláusulas contratuais surgem de notada interlocução entre as partes.

- **corresponder a qual seria a razoável negociação das partes sobre a questão discutida, inferida das demais disposições do negócio e da racionalidade econômica das partes, consideradas as informações disponíveis no momento de sua celebração** – o dispositivo está em sintonia com os ideais que motivaram a Lei da Liberdade Econômica (Lei nº 13.874/2019), que é o incentivo à livre-iniciativa e ao livre exercício da atividade econômica. Nelson Rosenvald e Felipe Braga Netto criticam a expressão "qual seria a razoável negociação das partes sobre a questão discutida", já que as partes "em temas conflituosos, possivelmente terão visões distintas acerca do que seja 'a razoável negociação sobre a questão discutida'".[20] De todo modo, sobressai no dispositivo a expressão "racionalidade econômica das partes", que sob a ótica de Flávio Tartuce se trata de:

> mais uma cláusula geral, a ser preenchida pelo aplicador do Direito nos próximos anos, assim como ocorreu com a boa-fé objetiva e a função social do contrato nos últimos quinze anos de vigência da lei geral privada. Para tanto, a título de exemplo, devem ser considerados os comportamentos típicos das partes perante o mercado e em outras negociações similares, os riscos alocados nos negócios e as expectativas de retorno dos investimentos.[21]

Por fim, a Lei da Liberdade Econômica (Lei nº 13.874/2019) inseriu o § 2º no art. 113 do CC com a seguinte redação: "As partes poderão livremente pactuar

---

[19] Em latim, *interpretativo contra stipulatorem* ou *interpretativo contra proferentem*.

[20] ROSENVALD, Nelson; NETTO, Felipe Peixoto. *Código Civil comentado:* artigo por artigo. Salvador: JusPodivm, 2020. p. 203.

[21] TARTUCE, Flávio. *A "lei da liberdade econômica" (Lei nº 13.874/2019) e os seus principais impactos para o Direito Civil.* Segunda parte. Disponível em: <https://www.migalhas.com.br/dePeso/16,MI313017,21048-A+lei+da+liberdade+economica+lei+1387419+e+os+seus+principais>. Acesso em: 12 jan. 2020.

Cap. 7 – DOS FATOS JURÍDICOS

regras de interpretação, de preenchimento de lacunas e de integração dos negócios jurídicos diversas daquelas previstas em lei". Evidencia-se o prestígio que goza o princípio da autonomia privada. Porém, é evidente que tal orientação não deve ser considerada absoluta, já que as partes não podem estipular o afastamento de normas que sejam cogentes, sejam elas regras ou princípios. Desse modo, por exemplo, as partes jamais poderiam estipular que naquele contrato não se aplica o princípio da boa-fé objetiva.[22] A bem da verdade, o § 2º do art. 113 do CC em muito se aproxima do art. 421-A, também inserido por força da Lei da Liberdade Econômica, o qual será analisado em tópico oportuno. Duas são as teorias mais importantes que versam sobre a interpretação do ato negocial:

1ª) Teoria da vontade, subjetiva ou voluntarística: impõe que a intenção das partes deve prevalecer sobre a vontade manifestada no acordo celebrado.

2ª) Teoria objetiva ou da declaração: impõe a prevalência das palavras expostas no negócio, desprezando a real vontade interna dos declarantes.

O Código Civil de 2002 em seu art. 112 estabelece: "Nas declarações de vontade se atenderá mais à intenção nelas consubstanciada do que o sentido literal da linguagem". Com a análise detida de tal redação, parece-nos que o referido artigo adota uma posição intermediária entre as duas teorias retromencionadas, pois não se pode desprezar por completo o que está escrito no negócio, em virtude da palavra "consubstanciada".

Desvendando o conteúdo do art. 112 do CC, Nelson Rosenvald se manifesta:

> Com efeito, não se pode olvidar que o negócio jurídico possui dois elementos estruturais; um interno, que é a vontade, e outro externo, que é a declaração. Ambos se complementam em relação de causa e efeito, pois a declaração de vontade deve ser somada à vontade de declarar. O ato de interpretação é a reconstrução do significado da declaração e consiste em partir do "texto para o contexto".[23]

E nas palavras de Flávio Augusto Monteiro de Barros:

> O intérprete não pode simplesmente abandonar a declaração contida no negócio para buscar livremente a vontade interna dos declarantes, como sustenta a teoria subjetiva. Igualmente, não pode desprezar a vontade interna, procurando desvendar apenas o sentido frio das palavras como quer a teoria objetiva. O intérprete deve partir de dados objetivos consubstanciados no negócio jurídico, buscando-se, a partir daí, a real intenção dos declarantes, atento para a confiança que o conteúdo material do ato despertou no destinatário e na responsabilidade do declarante.[24]

---

[22] ROSENVALD, Nelson; NETTO, Felipe Peixoto. *Código Civil comentado:* artigo por artigo. Salvador: JusPodivm, 2020. p. 203.

[23] ROSENVALD, Nelson. Da interpretação do negócio jurídico. In: LOTUFO, Renan; NANNI, Giovanni Ettore (Coords.). *Teoria geral do direito civil.* São Paulo: Atlas, 2008. p. 415.

[24] BARROS, Flávio Augusto Monteiro de. *Manual de direito civil:* lei de introdução e parte geral. v. 1. São Paulo: Método, 2005. p. 217.

Filiando-se à teoria subjetiva, Flávio Tartuce informa:

> Pelo primeiro comando legal – art. 112 do CC –, nas declarações de vontade se atenderá mais à intenção das partes do que ao sentido literal da linguagem. Desse modo, o aplicador do direito deve sempre buscar o que as partes queriam de fato, quando celebraram o negócio, até desprezando, em certos casos, o teor do instrumento negocial. Esse art. 112 do CC relativiza a força obrigatória das convenções, o *pacta sunt servanda*. Traz ainda, em seu conteúdo, a teoria subjetiva de interpretação dos contratos e negócios jurídicos, em que há a busca da real intenção das partes no negócio celebrado.[25]

O art. 111 do CC preconiza que "o silêncio importa anuência, quando as circunstâncias ou os usos o autorizarem, e não for necessária a declaração de vontade expressa". O silêncio aqui consignado não pode ser confundido com a declaração de vontade tácita, uma vez que essa não se traduz necessariamente em um silêncio, podendo se dar de maneira grafada ou verbalizada. O silêncio, então, reduzir-se-ia à inércia propriamente dita do agente. Exemplo típico ocorre na doação pura ou simples. Ao observar as peculiaridades do caso concreto, podemos entender pela aceitação com o simples silêncio do donatário. Releva notar que o silêncio poderá importar em manifestação de vontade se não for necessária a declaração de vontade expressa, como ocorre no art. 539, CC: "O doador pode fixar prazo ao donatário, para declarar se aceita ou não a liberalidade. Desde que o donatário, ciente do prazo, não faça, dentro dele, a declaração, entender-se-á que aceitou, se a doação não for sujeita a encargo".

Portanto, o dito popular "quem cala consente" não tem força jurídica, salvo quando a lei o autoriza. Além disso, como bem lembra Roberto Senise Lisboa, "nas relações jurídicas de consumo, não há como se vincular o consumidor pelo seu simples silêncio, a fim de se exonerar ou atenuar a responsabilidade *ex lege* conferida ao fornecedor".[26]

A última regra da parte geral acerca da interpretação do negócio jurídico encontra-se presente no art. 114, que estabelece que "os negócios jurídicos benéficos e a renúncia interpretam-se estritamente". Isso significa que não se admite a interpretação ampliativa quando o foco for a renúncia ou os negócios jurídicos benéficos, como, por exemplo, ocorre nos contratos de doação e comodato.

7. DA REPRESENTAÇÃO

A representação se traduz no poder de agir em nome de um terceiro. Conforme o Código Civil, a representação poderá ser legal ou convencional. A representação legal é imposta por lei e atine aos incapazes, manifestando-se nos poderes que os pais, tutor e curador possuem para realizar os atos e os negócios jurídicos em nome e no interesse dos filhos menores, do pupilo e do curatelado, respectivamente.

---

[25] TARTUCE, Flávio. *Manual de direito civil*. Volume único. 10. ed. São Paulo: Método, 2020. p. 218.

[26] LISBOA, Roberto Senise. *Manual elementar de direito civil:* teoria geral do direito civil. v. 1. São Paulo: Revista dos Tribunais, 2002. p. 321.

Cap. 7 – DOS FATOS JURÍDICOS

Já a representação convencional ou voluntária é a que decorre de um mandato.[27] Levando-se em consideração essa distinção, é que o art. 115 do CC estabelece que "os poderes de representação se estabelecem por lei ou pelo interessado". Insta salientar que se por acaso a nomeação se der por meio de uma ação judicial, estaremos diante da chamada representação judicial, que poderá se manifestar sob uma ou outra forma.

Em havendo a manifestação do representante dentro dos poderes que lhe foram outorgados, os efeitos serão produzidos em relação ao representado. Para tanto, cabe ao representante a prova de sua qualidade e a extensão de seus poderes, podendo até mesmo ser responsabilizado civilmente pelos atos que excederem aos poderes que lhe foram concedidos.

7.1. Conflito de interesses

Pelo art. 8º do Código Civil de 1916[28] deu-se o fim do instituto do benefício da restituição, também conhecido por *restitutio in integrum*, que vigorava ao tempo das ordenações. Por esse instituto, tornava-se possível a anulação dos negócios jurídicos celebrados pelo representante que prejudicasse os interesses do incapaz. Tal regra, como dito, não se manteve no Código Civil de 1916.

No Código Civil de 2002, o que o art. 119 dispõe é que "é anulável o negócio concluído pelo representante em conflito de interesses com o representado, se tal fato era ou devia ser do conhecimento de quem com ele tratou". Tal disposição não faz ressuscitar o instituto da *restitutio in integrum*, mas, sim, atenta para a possibilidade de se anular o negócio jurídico quando o interesse do representante for oposto ao do representado. Entretanto, releva notar que a anulação só será admitida se o outro contratante sabia da real intenção do representante que se opunha à do representado, não se podendo, portanto, desconsiderar a boa-fé do outro contratante que acaba por validar o ato.

Se o outro contratante soubesse ou devesse saber do conflito de interesses, será possível a anulação do negócio jurídico no prazo decadencial de 180 dias a contar, na hipótese de representação legal, da cessação da incapacidade, ou a contar da conclusão do negócio jurídico, em se tratando de representação convencional (art. 119, parágrafo único, CC).

---

[27] Cristiano Chaves de Farias e Nelson Rosenvald atentam para o fato de que "não se pode imaginar que o contrato de mandato se confunde com a representação privada, sendo de bom alvitre separar os institutos (mandato e representação). (...) Isso porque é possível a existência de um mandato sem poderes de representação, bem como é admissível uma representação se mandato, evidenciando tratar-se de diferentes situações jurídicas. Note-se. O mandatário pode atuar em nome do mandante e com os necessários poderes representativos (é o chamado man-dato representativo). Nesse caso, há representação privada no contrato aludido. Lado outro, o mandatário, eventualmente, pode estar atuando em seu próprio nome (hipóteses denominadas mandato sem representação ou mandato em causa própria), não havendo qualquer concessão de poderes". FARIAS, Cristiano Chaves de; ROSENVALD, Nelson. *Curso de direito civil:* parte geral e LINDB. 13. ed. São Paulo: Atlas, 2015. p. 520.

[28] Art. 8º, CC/16: "Na proteção que o Código Civil confere aos incapazes não se compreende o benefício da restituição".

Por fim, insta lembrar que na hipótese de conflito de interesses entre o representante e o representado, para que os negócios sejam considerados válidos, eles deverão ser realizados por meio de um curador especial.

7.2. Contrato consigo mesmo ou autocontrato

O Código Civil, em seu art. 117, estabelece a vedação à figura do contrato consigo mesmo ou autocontrato ao impor que "salvo se o permitir a lei ou o representado, é anulável o negócio jurídico que o representante, no seu interesse ou por conta de outrem, celebrar consigo mesmo".

Assim, cabe anulação, por exemplo, se o representante de uma parte no contrato, for, concomitantemente, a outra parte no negócio. Salvo, se a lei o permitir ou o próprio representado autorizar. Para aqueles que dizem que o referido artigo atenta para a autocontratação, importa perceber que não há uma autocontratação perfeita, já que há, de todo modo, a dualidade de vontades. Na verdade, a ressalva nos remete a um negócio que se deu com uma pessoa celebrando em nome próprio e em seu próprio interesse de um lado e, do outro, essa mesma pessoa que celebra em nome próprio, porém no interesse de outrem. De clareza meridiana é o exemplo fornecido por César Fiuza:

> A vende a B um imóvel. No dia de assinar a escritura, A outorga procuração a B para assinar em seu nome. Assim, B assinará a escritura em seu próprio nome e em nome de A. Na escritura constará apenas a assinatura de B, o que levou a expressão de contrato consigo mesmo. Na verdade, porém, as partes são duas: A e B.[29]

Portanto, o negócio será válido.[30]

Na ausência de permissivo legal ou autorização do representante, o prazo para se requerer a anulação do negócio será o do art. 179 do CC (dois anos a contar da conclusão do negócio), uma vez que a lei não traz um prazo específico para a hipótese.

Em outro sentido, o Código de Defesa do Consumidor, em seu art. 51, VIII, traz como nula de pleno direito a cláusula contratual relativa ao fornecimento de produtos ou serviços que imponham representante para concluir ou realizar outro negócio jurídico pelo consumidor. Nessa esteira, foi editada pelo Superior Tribunal de Justiça a Súmula nº 60 que dispõe: "É nula a obrigação cambial assumida por procurador do mutuário vinculado ao mutuante, no exclusivo interesse deste".

---

[29] FIUZA, César. *Direito civil:* curso completo. 9. ed. Belo Horizonte: Editora Del Rey, 2006. p. 396.

[30] Flávio Augusto Monteiro de Barros lembra ainda que "a procuração em causa própria lavrada por escritura pública, contendo os requisitos da *res, pretium* e do *consensus*, tem o mesmo efeito da escritura pública de compra e venda, prescindindo-se da elaboração desta por ocasião do registro, isto é, a própria procuração pode ser diretamente transcrita no registro de imóveis". BARROS, Flávio Augusto Monteiro de. *Manual de direito civil:* lei de introdução e parte geral. v. 1. São Paulo: Método, 2005. p. 220.

DOS DEFEITOS DO NEGÓCIO JURÍDICO

1. GENERALIDADES

Se considerarmos que o negócio jurídico é uma manifestação de vontade que deverá estar de acordo com o ordenamento jurídico e que busca a produção de efeitos jurídicos pretendidos pelas partes, caso haja alguma ofensa, seja a manifestação de vontade (quando esta não corresponder à vontade real), seja porque, correspondendo a vontade real, ofende ao ordenamento jurídico, nós estaremos diante de situações em que o negócio jurídico será defeituoso. Doravante, detectamos os seguintes vícios:

1.1. Vícios do consentimento ou da vontade

Os vícios do consentimento, também conhecidos por vícios da vontade, perturbam a vontade de uma tal maneira que esta não corresponderá à vontade real do manifestante. São eles: erro, dolo, coação, lesão e estado de perigo.

1.2. Vícios sociais

Nos vícios sociais, a vontade manifestada não discrepa da vontade real da pessoa, porém ofende ao ordenamento jurídico. O vício social existente no Código Civil de 2002 e a fraude contra credores.

Tanto os vícios do consentimento quanto o vício social – fraude contra credores – conduzem a possibilidade de anulação do negócio jurídico (art. 171, II, CC). O prazo decadencial para propositura da ação é de 4 anos, a contar da celebração do negócio, exceto na hipótese de coação em que o prazo se conta de quando cessar a coação (art. 178, I e II, CC).

2. ERRO OU IGNORÂNCIA

2.1. Conceito

Erro é a percepção psíquica distorcida, em poucas palavras, o equívoco espontâneo. Já a ignorância é a total falta de percepção. Embora o erro e a ignorância não possuam o mesmo significado, o Código Civil entendeu por destinar a ambos o mesmo tratamento nos arts. 138 ao 144.

2.2. O erro substancial

Não é qualquer erro que conduz à consequência da anulação do negócio jurídico. Para tanto, o erro deverá ser, primeiramente, substancial ou essencial.

Por substancial, entende-se o erro em que, sem a sua existência, o negócio não se teria realizado, isto é, o negócio só se realizou porque o agente agiu em erro. O art. 139 traz o erro substancial dividido em cinco espécies:

- Erro *in negotti*: trata-se do erro relativo à natureza do negócio. Por exemplo, o intento do agente era realizar um contrato de compra e venda que por faltar-lhe o preço acabou por transmudar-se em um contrato de doação.

- Erro *in corpore*: trata-se do erro relativo ao objeto principal da declaração. Por exemplo, intencionava-se adquirir um relógio de ouro, porém adquire- -se um relógio inteiramente de latão amarelo.

- Erro *in substantia*: trata-se do erro relativo a alguma das qualidades essenciais do objeto. Por exemplo, a pessoa adquire um quadro com de- terminada gravura, somente porque julgava ser de um renomado pintor, depois vem a descobrir que era de uma pessoa desconhecida.

- Erro *in persona*: trata-se do erro relativo à identidade ou à qualidade es- sencial da pessoa. Por exemplo, contrata-se alguém para fazer determinado serviço e depois descobre-se que havia negociado com um homônimo.

- Erro de direito: trata-se do erro decorrente de má interpretação da nor- ma, sem, é claro, implicar recusa à aplicação da lei,[1] devendo ser o único e principal motivo do negócio. Assim, o Código Civil de 2002 traz a novidade da chance de arguição do erro de direito se a intenção da parte era exatamente cumprir a lei e não se furtar ao seu cumprimento. Escla- recedora é a situação aventada por Flávio Augusto Monteiro de Barros:

---

[1] O art. 3º da LINDB dispõe que: "Ninguém se escusa de cumprir a lei, alegando que a não conhece". Trata-se do princípio da obrigatoriedade ou inescusabilidade da lei. Em razão desse dispositivo, Roberto Senise Lisboa acena no seguinte sentido: "Entendo que o erro de direito não permite a anulação do ato ou do negócio jurídico, pois prevalece o princípio da inescu- sabilidade da lei". LISBOA, Roberto Senise. *Manual elementar de direito civil.* v. 1. São Paulo: Editora Revista dos Tribunais, 2002. p. 359. Em sentido contrário, Flávio Tartuce opina: "(...) a alegação de erro de direito estaria vedada pelo que consta no art. 3º da LICC que traz o princípio da obrigatoriedade, pelo qual ninguém pode deixar de cumprir a lei alegando não conhecê-la. Haveria, portanto, um suposto conflito de normas, antinomia ou lacuna de conflito. Para nós, deverá prevalecer a norma do Código Civil. Isso porque o art. 139, III, do CC é norma especial prevista para os negócios jurídicos. Por outro lado, o art. 3º da LICC é norma geral, aplicável para todos os institutos. Pelo critério da especialidade, portanto, deve ser aplicada a regra constante da nova norma". TARTUCE, Flávio. *Direito civil:* lei de introdução e parte geral. v. 1. São Paulo: Método, 2006. p. 295.

Se, por exemplo, o dono de uma casa contratar os serviços de um advogado para adaptar seu imóvel às leis municipais, vindo depois a constatar que este já se encontrava de acordo com as normas de posturas urbanas, torna-se perfeitamente possível a anulação desse contrato, com fundamento no erro de direito, pois o negócio foi celebrado com o objetivo de cumprir a lei.[2]

2.3. O falso motivo expresso como razão determinante

O Código Civil ainda se refere ao falso motivo como apto a anular o negócio jurídico, quando o motivo irreal for expresso como razão determinante do negócio jurídico (art. 140). Ressaltamos que o falso motivo por si só não é suficiente para anular um negócio, sendo admitida tal possibilidade de anulação apenas quando esse motivo falso for expresso como razão determinante do negócio jurídico celebrado.

Por exemplo, uma pessoa só realiza uma doação à outra em razão de esta última ter procedido ao salvamento de sua vida em um naufrágio, e assim faz constar na escritura de doação. Depois, o doador descobre que não foi o donatário que procedeu ao salvamento, mas, sim, outra pessoa. Nessa hipótese, o doador poderá anular a doação realizada com base na falsidade do motivo aventado como razão que determinou a doação.

2.4. O erro acidental

Além de verificar as hipóteses previstas no art. 139, poderíamos dizer que erro substancial é aquele que não é acidental. Erro acidental, portanto, é aquele que diz respeito a elementos ou características secundárias do negócio jurídico.

O Código Civil traz, exemplificativamente, duas hipóteses que não conduziriam à anulação do negócio jurídico por serem erros acidentais. A primeira é a situação do erro de indicação de pessoa ou de coisa a que se referir a declaração de vontade, se pelo contexto se puder identificar a coisa ou pessoa cogitada (art. 142). Essa hipótese é reproduzida no âmbito do direito das sucessões no art. 1.903 do CC. A outra situação, que não induz à anulação do negócio jurídico, mas apenas à retificação da declaração de vontade é o erro de cálculo (art. 143, CC).

2.5. Escusabilidade ou princípio da confiança?

O primeiro requisito exigido para a anulação do negócio praticado em erro é que o erro seja substancial, como vimos. Parte da doutrina[3] impõe outro requisito, ao exigir que, além de substancial, o erro deverá ser também escusável ou desculpável. Entretanto, o Enunciado nº 12, aprovado na I Jornada de Direito Civil,

---

[2] BARROS, Flávio Augusto Monteiro de. *Manual de direito civil.* v. 1. São Paulo: Método, 2005. p. 250.

[3] Com esse entendimento, Sílvio de Salvo Venosa, Caio Mário da Silva Pereira, Sílvio Rodrigues, Pablo Stolze Gagliano, Rodolfo Pamplona Filho, Carlos Roberto Gonçalves, entre outros.

estabelece que: "Na sistemática do art. 138 é irrelevante ser ou não escusável o erro, porque o dispositivo adota o princípio da confiança".

Na verdade, para compreender a questão da escusabilidade ou não do erro, não podemos deixar de proceder à análise do art. 138 do Código Civil, que dispõe: "São anuláveis os negócios jurídicos, quando as declarações de vontade emanarem de erro substancial **que poderia ser percebido por pessoa de diligência normal**, em face das circunstâncias do negócio" (grifamos).

Já advertimos, entretanto, que analisar tal artigo, antes de tudo, é caminhar em um terreno movediço. Isso porque a doutrina não chega a um consenso ao estudá-lo. Assim, posiciona-se Flávio Tartuce no sentido de que o Enunciado nº 12 do CJF coaduna-se perfeitamente com a redação do art. 138 do CC, dizendo que:

> em síntese, mesmo percebendo a pessoa que está agindo sob o vício do erro, do engano, a anulabilidade do negócio continua perfeitamente possível. Dessa forma, de acordo com esse mesmo art. 138, não interessa se o erro é escusável (justificável) ou não. Isso porque foi adotado pelo comando legal o princípio da confiança.[4]

Porém, para outros autores, a parte final do art. 138, não está, na verdade, dispensando o requisito da escusabilidade do erro que continua a existir, mas, sim, estaria tratando da cognoscibilidade do erro pela outra parte que celebra o negócio jurídico com aquele que está agindo em erro, ou seja, "que o terceiro que com a vítima do erro trata tenha condições de perceber que a última está manifestando erroneamente sua *vontade*"[5].

Nada obstante a fervorosa discussão acerca dos requisitos para a configuração do erro, o STJ na decisão do REsp 1.309.505/GO, manifestou-se no sentido de que o erro para a sua conformação como vício do consentimento deverá apresentar

---

[4] TARTUCE, Flávio. *Direito civil:* lei de introdução e parte geral. v. 1. São Paulo: Método, 2006. p. 294. Nesse mesmo sentido, Cristiano Chaves e Nelson Rosenvald esclarecem: "Na sistemática do Código Civil de 2002, no entanto, não há mais a exigência do requisito da escusabilidade para a caracterização do erro como defeito do negócio jurídico. É que se adotou o princípio da confiança, corolário da boa-fé objetiva nas relações jurídicas (proclamada como princípio interpretativo fundamental pelo art. 113 do Código vigente), pelo qual basta que o agente tenha se comportado eticamente, acreditando na situação fática que acobertou a sua declaração de vontade. Mais relevante que a cognoscibilidade (conhecimento) é a confiança que se desperta nas relações jurídicas como um todo. Dessa maneira, se um ourives adquiriu um relógio de bronze, acreditando ser de ouro porque quem lhe vendeu era um amigo ou alguém em quem depositava confiança, estará caracterizado o erro e o negócio será anulável". FARIAS, Cristiano Chaves de; ROSENVALD, Nelson. *Curso de direito civil:* parte geral e LINDB. 13. ed. São Paulo: Atlas, 2015. p. 545.

[5] SOUZA NETO, João Baptista de Melo e. *Direito civil:* parte geral. São Paulo: Atlas, 2004, p. 102. Nesse ponto, filiamo-nos ao posicionamento de que o art. 138, em sua parte final, está, sim, de acordo com o Enunciado nº 12 do CJF dispensando o requisito da escusabilidade, pois se admitíssemos o contrário, muito tênue seria a linha que separaria a cognoscibilidade da outra parte do dolo por omissão que adiante estudaremos.

Cap. 8 – DOS DEFEITOS DO NEGÓCIO JURÍDICO

três requisitos: a) substancialidade ou essencialidade; b) cognoscibilidade em relação ao destinatário da declaração; e c) escusabilidade para o emitente da declaração.[6]

2.6. Meios interpostos

Quando a vontade for transmitida por meios interpostos (internet, fax, televisão, rádio) e houver incorreções, na transmissão, procedentes do veículo utilizado, poderá haver a anulação do negócio como se este tivesse sido realizado por meio de declaração direta das partes, exatamente porque a vontade do emitente não chegou corretamente ao seu destinatário (art. 141, CC).

2.7. Princípio da conservação do negócio jurídico

Por fim, o art. 144 do CC consagra o princípio da conservação do negócio jurídico ao estabelecer que o negócio será válido, se a pessoa a quem a vontade se dirige se oferecer para executá-la na conformidade da vontade real do manifestante. É o caso da pessoa que somente adquire aquele relógio por entender que era de ouro, porém leva para casa um relógio de latão amarelo. Se, posteriormente, aquele que vendeu se manifestar no sentido da entrega de um verdadeiro relógio de ouro para o prejudicado será mantido o negócio, pois houve, assim, a conformação da vontade manifestada com a vontade real do declarante.

3. DOLO

O dolo se traduz na obtenção da vontade equivocada de alguém, por meio do emprego de manobras maliciosas ou ardis. Assim, pode-se dizer que, se no erro, vício do consentimento tratado anteriormente, o equívoco é espontâneo, no dolo há também um equívoco, porém este é induzido. Por exemplo, temos a hipótese em que alguém adquire um relógio, paga elevada quantia, somente porque o vendedor afiançara tratar-se de um relógio de ouro, sendo que não o era.

3.1. Dolo principal e dolo acidental

O dolo poderá ser principal ou acidental. Principal é o dolo que se traduz na causa pela qual se celebrou o negócio jurídico (art. 145, CC). Isto é, o negócio somente foi realizado porque alguém por meio de um processo malicioso obteve a vontade equivocada de outrem. Sem o processo malicioso empregado, o negócio não se teria realizado. Assim, o comprador somente adquiriu aquele relógio dourado e por ele pagou quantia elevada porque o vendedor lhe informou que era de ouro. Sem a informação deturpada – o dolo – o interessado em adquirir um relógio de ouro não teria comprado aquele relógio de material diverso. O dolo principal é o dolo que induz à anulação do negócio jurídico.

---

[6] STJ, Ag. Inst. no REsp 1.309.505-GO, 4ª Turma, Rel. Min. Luis Felipe Salomão, j. 19/3/2019.

Porém, o dolo poderá ser tão somente acidental. Nessa hipótese, também houve o emprego de manobras, ardis, porém, ainda que não tivesse havido o dolo, o negócio se teria celebrado também, embora por outro modo. É a hipótese em que uma pessoa já decidida a comprar determinado automóvel que lhe agradara desde o início indaga do vendedor qual seria o ano daquele veículo. O vendedor informa que o veículo é ano 2015, sendo que, na verdade, tratava-se de veículo ano de fabricação 2014, modelo 2015. Nesse caso, o vendedor também se utilizou de um ardil, porém, ainda que não tivesse utilizado, o negócio seria realizado, é claro que por um valor um pouco reduzido para o comprador, mas, se teria realizado, sim. Em se tratando de dolo acidental (art. 146, CC), não caberá anulação do negócio, procedendo tão somente ao direito a perdas e danos.

3.2. Dolo ativo (dolo positivo) e dolo passivo (dolo negativo)

O dolo ativo se traduz em um processo malicioso mais fácil de se visualizar, uma vez que decorre de uma atuação positiva por parte de quem age dolosamente. Isto é, o agente fez algo ou disse algo, por exemplo, ao afirmar que o objeto possuía determinada característica que não correspondia à realidade.

Já o dolo passivo, ao revés, decorre de uma atuação negativa do agente, de uma omissão que, se não tivesse ocorrido, o negócio não se teria realizado como, por exemplo, na hipótese em que alguém, ao realizar um contrato de seguro de vida, omite uma doença preexistente gravíssima[7] ou então, quando da realização da compra e venda de um apartamento, o vendedor omite a inexistência de vaga na garagem.

Não apenas o dolo ativo induz à anulação do negócio jurídico, mas de igual modo o dolo passivo, se este for principal; se o dolo passivo for acidental, caberá tão somente o direito a perdas e danos.

O dolo passivo também é conhecido por omissão dolosa ou reticência e está previsto no art. 147 do CC ao dispor que, "nos negócios jurídicos bilaterais, o silêncio intencional de uma das partes a respeito de fato ou qualidade que a outra parte haja ignorado, constitui omissão dolosa, provando-se que sem ela o negócio não se teria celebrado".

3.3. *Dolus bonus* e *dolus malus*

O *dolo bonus* – "dolo bom" – é aquele tido, em princípio, como aceitável em nossas relações sociais, haja vista traduzir-se em apenas uma exaltação ou exagero às qualidades da coisa a ser negociada (por exemplo: quando o vendedor se refere

---

[7] A Terceira Turma do STJ considerou que, sem a má-fé do segurado, a omissão de doença preexistente não impede a cobertura de seguro prestamista, sendo esse o seguro pelo qual a finalidade é a garantia de um contrato de mútuo, diferentemente de um contrato de seguro de vida (STJ. REsp 1.753.222-RS. Rel. Min. Paulo de Tarso Sanseverino. 3ª Turma. J. 23/3/2021. *DJe* 25/3/2021). Vale lembrar ainda a Súmula nº 609 do STJ: "A recusa de cobertura securitária, sob a alegação de doença preexistente, é ilícita se não houve a exigência de exames médicos prévios à contratação ou a demonstração de má-fé do segurado".

ao veículo que está vendendo como o "melhor da cidade"). O que não poderá haver, pois extrapolaria aos limites do tolerável, é a publicidade enganosa, prática abusiva vedada pelo Código de Defesa do Consumidor (art. 37, § 1º).

Já o *dolus malus* – "dolo mau" – é indutor de anulação do negócio jurídico ou pleito de indenização da parte lesada, pois se manifesta na utilização de artifícios maliciosos para obter a vontade equivocada de outrem. A distinção do *dolus bonus* e do *dolus malus* deverá ser feita à luz do caso concreto, sendo observadas todas as nuances do negócio celebrado, inclusive, as condições pessoais dos celebrantes.

3.4. Dolo direto e dolo de terceiro

Dolo direto é aquele que decorre da atuação da própria pessoa que irá se beneficiar do negócio, ou seja, da própria parte.

Porém, é plenamente possível o processo malicioso decorrer da atuação de um terceiro que não o próprio beneficiário. Nesse caso, estaremos diante do chamado dolo de terceiro. Caso típico é a situação em que uma pessoa, pretendendo vender um apartamento que lhe é próprio, contrata os serviços de um corretor de imóveis para que este promova a divulgação do bem. Imaginemos que, após um tempo, o corretor de imóvel tenha captado um comprador para o imóvel, e este, em verdade, apenas havia se interessado pelo bem em razão do emprego de artifícios maliciosos utilizados pelo corretor de imóveis. Realizado o negócio, o que temos é um comprador que foi ludibriado, não pela atuação do dono do imóvel (o beneficiário), mas, sim, pela atuação dolosa do corretor de imóveis (o terceiro). Pois bem. O que releva indagar é se esse negócio será anulado ou não. Duas hipóteses: o negócio será anulado se o beneficiário sabia, ou pelos menos, tinha como saber dos artifícios utilizados pelo corretor de imóveis. Porém, o negócio será mantido, posto que válido, se, em caso contrário, o beneficiário não sabia e nem tinha como saber da atuação dolosa empregada pelo terceiro. É claro que nessa última hipótese o comprador não restará de todo prejudicado, pois poderá voltar-se contra o terceiro pleiteando perdas e danos, conforme prevê o art. 148 do CC.

3.5. O dolo do representante

É possível ainda que o dolo tenha sido perpetrado pelo representante do beneficiário. Cumpre, em primeiro plano, saber que o representante poderá ser legal ou convencional (art. 115, CC). Representante legal é aquele cuja representação decorre de imposição legal, como, por exemplo, os pais, os tutores ou os curadores. A representação convencional, por sua vez, ocorre quando o representante for escolhido por livre ato do representado, aqui se encontra, por exemplo, o corretor de imóveis. Desse modo, se o dolo for praticado pelo representante legal de uma das partes, o representado tem sua responsabilidade pelas perdas e danos limitada pelo proveito que teve com o negócio jurídico, exatamente porque não houve escolha livre de seu representante.

Entretanto, se o dolo tiver sido praticado pelo representante convencional, ou seja, aquela pessoa escolhida livremente pelo representado, a responsabilidade pelas perdas e danos deste torna-se solidária com a de seu representante, conforme previsão do art. 149, CC. Então, voltando ao exemplo do dolo praticado pelo corretor de imóveis (dolo de terceiro), vimos que, se o beneficiário sabia ou tinha como saber do dolo do terceiro, o negócio será anulado. Além da anulação, o prejudicado poderá pleitear indenização por perdas e danos. Caso a indenização seja devida, uma vez que se trata de representação convencional, arcarão com as perdas e danos o beneficiário e o terceiro solidariamente.

3.6. Dolo recíproco ou torpeza bilateral

A reciprocidade dolosa verifica-se quando é possível vislumbrar a atuação dolosa de ambas as partes que deram azo ao negócio, o que resultará no dolo recíproco ou dolo enantiomórfico.

A ninguém é dado o direito de se arvorar ofendido pelo dolo produzido pela outra parte em um negócio, se de igual modo agia. Isto é, se em um negócio, ambas as partes utilizaram cada qual a sua quota de malícia indevida, nenhuma delas poderá requerer a anulação, nem pleitear indenização por perdas e danos (art. 150, CC).[8] Aqui tem guarida o brocardo de que ninguém pode alegar a torpeza do outro em cima de sua própria torpeza (*nemo proprium turpitudinem allegans*).

4. COAÇÃO

4.1. Coação física e coação moral

A coação manifesta-se por meio de pressão física ou moral incidente sobre o espírito do coagido que o induz na realização do negócio. Aquele que exerce a coação é o coator. E aquele que sofre a coação é o coato, coagido ou paciente.

Do conceito acima exposto extraímos duas espécies de coação. A coação física e a coação moral. A coação física (*vis absoluta*) implica violência física, e o que há é a total supressão da possibilidade de escolha da vítima, pois esta não tem opção, agindo apenas como um instrumento para o coator.

De acordo com Flávio Monteiro de Barros, "o coator, para realizar o negócio jurídico, coordena o movimento ou a passividade muscular do coagido".[9] Exemplo clássico citado pela doutrina é a situação em que alguém assina um contrato simplesmente porque o coator o segura a mão, obrigando-o. Ou então, na hipótese de espancamento da pessoa que, inconsciente, assina o contrato.

Na coação moral ou psicológica (*vis compulsiva*), a extorsão do consentimento se dá de maneira diversa. Não há o emprego de violência, mas, sim, o temor de

---

[8] Em sentido contrário, Flávio Tartuce se manifesta: "De toda sorte, se o dolo de ambos os negociantes causarem prejuízos de valores diferentes, pode ocorrer uma compensação parcial das condutas o que gera ao prejudicado em quantia maior o direito de pleitear perdas e danos da outra parte". TARTUCE, Flávio. *Manual de direito civil*. Volume único. 10. ed. São Paulo: Método, 2020. p. 242.

[9] BARROS, Flávio Augusto Monteiro de. *Manual de direito civil:* lei de introdução e parte geral. v. 1. São Paulo: Método, 2005. p. 260.

um mal injusto que o coator incute na vítima. Assim, a vítima chega a ter a possibilidade de escolha que não lhe é totalmente suprimida, porém a escolha da vítima se reduz a um dos dois males. Por exemplo, quando o coator fala à vítima que, se esta não assinar o contrato, terá o filho agredido.

O que releva notar é que, em caso de coação física, exatamente porque há a total ausência de vontade da vítima, o negócio é inexistente. Entretanto, em se falando de coação moral, o negócio existe, pois manifestação de vontade houve, porém esse negócio será anulável, porque a manifestação da vontade se deu de maneira diversa da vontade real do coagido.

O Código Civil dispõe apenas acerca da coação moral em seu art. 151: "A coação, para viciar a declaração de vontade, há de ser tal que incuta ao paciente fundado temor de dano iminente e considerável à sua pessoa, à sua família, ou aos seus bens".

Do artigo transcrito linhas atrás, vimos que a ofensa se dirige contra a própria pessoa coagida, ou à sua família, ou aos seus bens. Por família deve-se entender o cônjuge ou companheiro, os parentes e afins até o quarto grau. Embora o referido artigo não mencione, tem-se que, se a coação for dirigida contra o próprio coator, por exemplo, na hipótese em que alguém para obter a vontade de outrem diz "se não fizeres isso para mim, mato-me", há também a possibilidade de se requerer a anulação do negócio por coação.

Importante regra de solidariedade social foi inserta no parágrafo único do art. 151, que abre a possibilidade de se requerer a anulação do negócio, se este foi realizado para evitar uma ofensa a um terceiro.

4.2. A ameaça do exercício normal de um direito e o temor reverencial

O Código Civil, em seu art. 153, deixa claro que não se considera coação a ameaça do exercício normal de um direito e nem o simples temor reverencial. A ameaça do exercício normal de um direito como, por exemplo, quando um credor diz ao seu devedor "se você não me pagar até amanhã, protestarei este título", não configura coação, porque o mal prometido necessariamente deverá ser injusto. O simples temor reverencial também não caracteriza coação. O temor reverencial se traduz no receio de desagradar à pessoa que naturalmente se respeita. Por exemplo, o respeito que se tem pelos pais, pelos mais velhos, pelo padre, pelo empregador etc. Assim, a esposa não pode requerer a anulação do contrato de compra e venda da casa, alegando que o assinara apenas movida pelo receio de desagradar ao marido.

Releva notar que, não induz coação o "**simples**" temor reverencial. Isto é, se o respeito que move a atitude da pessoa for imposto por outros meios revelando-se em ameaça, haverá a coação passível de anulação.

4.3. Apreciação da coação

É claro que cada um de nós na sociedade possui graus de resistência diferentes diante dos infortúnios da vida. Assim, por vezes, o que não representa ameaça alguma a um homem pode representar a uma mulher e, do mesmo modo, aquilo que não atinge de maneira alguma a um jovem pode aterrorizar a um idoso. Tendo em vista que a tolerância humana varia de pessoa para pessoa, para se saber ao certo se a situação se circunscreve a um quadro de coação, deve-se levar em consideração o sexo, a idade, a condição, o temperamento do paciente e todas as demais circunstâncias que possam influir na gravidade da coação (art. 152, CC). Isso significa que, ao se apreciar a coação, deverá ser observado o critério do caso concreto, afastando-se do critério do homem médio. Conclui-se que, se a vítima não receia a ameaça, não se trata de hipótese de coação, sendo válido o negócio.

4.4. Efeitos da coação

Como defeito do negócio jurídico, que é a coação moral, enseja a anulação do negócio jurídico (art. 171, II, CC). Além disso, o coator terá de indenizar em perdas e danos o coagido. Na esfera criminal, a coação poderá configurar o crime de extorsão (art. 158, CP) ou constrangimento ilegal (art. 146, CP).

4.5. Coação de terceiro

É possível que o negócio se tenha celebrado somente porque um terceiro estranho à relação tenha ameaçado um dos celebrantes. Assim, nessa hipótese caberá anulação do negócio jurídico se o terceiro coator agia de maneira que o beneficiário sabia ou tivesse meios de saber. Além disso, o beneficiário arcará solidariamente com o terceiro com as perdas e danos. Ao revés, o negócio não será anulado, não obstante a ameaça perpetrada por terceiro, se o beneficiário não sabia ou não tivesse como saber da atuação do terceiro. Ressalvado, é claro, ao coagido o direito de pleitear indenização por perdas e danos do terceiro coator (arts. 154 e 155, CC).

5. ESTADO DE PERIGO

O estado de perigo pode ser conceituado como a assunção de uma obrigação excessivamente onerosa por uma razão humanitária, ou seja, para salvar uma vida.[10]

A vida a ser salva poderá ser tanto a da pessoa que se obriga, a de alguém de sua família, e em se tratando de pessoa não pertencente à família do declarante, o juiz decidirá segundo as circunstâncias do caso (art. 156, parágrafo único, CC).

O exemplo clássico é a pessoa que, afogando-se, oferece a outrem, que pode ajudá-la, uma quantia exorbitante. A hipótese proporciona a fácil visualização do instituto, porém podemos dizer que o Código Civil deu guarida ao estado de perigo, principalmente em razão das lamentáveis situações vividas por aqueles que estão com um parente em estado grave de saúde e para buscar o salvamento,

---

[10] Lembramos que não se deve confundir as expressões "estado de perigo" com "estado de necessidade". O estado de perigo é vício do consentimento que induz à anulação do negócio jurídico que sob ele foi realizado (art. 156 c/c art. 171, II, ambos do CC). Já o estado de necessidade prende-se ao campo da responsabilidade civil, afastando a ilicitude da conduta humana (art. 188, II, CC).

Cap. 8 – DOS DEFEITOS DO NEGÓCIO JURÍDICO

sem titubeios, obrigam-se ao que lhes for exigido, como, por exemplo, altíssimos honorários, fiança, aval e emissão de cheque para internação em hospitais. Acerca da emissão de cheque-caução, embora esse seja um exemplo clássico narrado por alguns autores como caso de estado de perigo[11], há quem entenda que a situação relatada não configura estado de perigo para fins de anulabilidade do negócio jurídico, mas, sim, seria caso de prática ou cláusula abusiva que, por envolver matéria de ordem pública, resulta em nulidade absoluta[12].

5.1. O dolo de aproveitamento

Para que se configure o estado de perigo é imprescindível o dolo de aproveitamento que se traduz na má-fé da parte que se beneficia do negócio ao saber da necessidade do declarante em salvar-se ou a alguém de sua família[13]. Encontra-se expresso o dolo de aproveitamento no art. 156 do CC, onde grifamos: "Configura-se o estado de perigo quando alguém, premido da necessidade de salvar-se, ou a pessoa de sua família, **de grave dano conhecido pela outra parte**, assume obrigação excessivamente onerosa".

Não havendo o conhecimento pelo beneficiário do estado de perigo, há quem argumente pela possibilidade de anulação do negócio com base no instituto da lesão que não exige o dolo de aproveitamento, como veremos adiante.

5.2. Efeitos do estado de perigo

Como vício do consentimento que é o estado de perigo induz à anulação do negócio (art. 171, II, CC). Assim, no caso da promessa do náufrago e das

---

[11] GONÇALVES, Carlos Roberto. *Direito civil brasileiro*: Parte Geral. São Paulo: Saraiva, 2012. p. 433.

[12] TARTUCE, Flávio. *Manual de direito civil*. Volume único. 10. ed. São Paulo: Método, 2020. p. 246.

[13] No mundo literário, verifica-se o dolo de aproveitamento na exposição genial de Machado de Assis, na obra "Quincas Borba", em seu capítulo CXVII, ao qual aqui rendemos loas: "A história do casamento de Maria Benedita é curta; e, posto Sofia a ache vulgar, vale a pena dizê-la. Fique desde já admitido que, se não fosse a epidemia das Alagoas, talvez não chegasse a haver casamento; donde se conclui que as catástrofes são úteis, e até necessárias. Sobejam exemplos; mas basta um contozinho que ouvi em criança, e que aqui lhes dou em duas linhas. Era uma vez uma choupana que ardia na estrada; a dona, – um triste molambo de mulher –, chorava o seu desastre, a poucos passos, sentada no chão. Senão quando, indo a passar um homem ébrio, viu o incêndio, viu a mulher, perguntou-lhe se a casa era dela.

— É minha, sim, meu senhor; é tudo o que eu possuía neste mundo.

— Dá-me então licença que acenda ali o meu charuto? O padre que me contou isto certamente emendou o texto original; não é preciso estar embriagado para acender um charuto nas misérias alheias. Bom Padre Chagas! – Chamava-se Chagas. – Padre mais que bom, que assim me incutiste por muitos anos essa ideia consoladora, de que ninguém, em seu juízo, faz render o mal dos outros; não contando o respeito que aquele bêbado tinha ao princípio da propriedade, – a ponto de não acender o charuto sem pedir licença à dona das ruínas. Tudo ideias consoladoras. Bom Padre Chagas!". ASSIS, Machado de. *Quincas Borba*. Rio de Janeiro: Editora Nova Aguilar, 1994. p. 235-236.

garantias concedidas ao hospital, a consequência inafastável é a anulação do negócio. Para a hipótese do médico ou hospital que cobra honorários exorbitantes pelo serviço prestado, o que deverá haver é, na realidade, uma revisão do negócio, e não a anulação, pois ao médico, por evidente, lhe são devidos os honorários, claro que os condizentes com o serviço prestado. Se aceitássemos a possibilidade de o médico nada receber, ou seja, a anulação, ao invés da revisão, estaríamos diante de uma situação de enriquecimento sem causa operada em favor daquele que realizou o negócio sob estado de perigo. Assim, socorremo-nos do Enunciado nº 148 do CJF, que impõe: "Ao estado de perigo (art. 156) aplica-se, por analogia, o disposto no § 2º do art. 157".[14]

6. LESÃO

6.1. Lesão usurária, lesão enorme e lesão especial. Distinções

Em nosso ordenamento jurídico, encontram-se presentes algumas espécies de lesão: a lesão usurária, a lesão enorme e a lesão especial.

A lesão usurária está prevista no art. 4º, *b*, da Lei nº 1.521/51, tipificada como crime contra a economia popular, com a seguinte redação:

> Constitui crime da mesma natureza a usura pecuniária ou real, assim se considerando: (...) *b* – obter, ou estipular, em qualquer contrato, abusando da premente necessidade, inexperiência ou leviandade, de outra parte, lucro patrimonial que exceda o quinto do valor corrente ou justo da prestação feita ou prometida.

---

[14] Bom de ver a decisão da 3ª Turma do STJ, de Relatoria da Min. Nancy Andrighi: "CIVIL. PROCESSUAL CIVIL. RECURSO ESPECIAL. PRESTAÇÃO DE SER VIÇOS MÉDICO-HOSPITALARES. AÇÃO DE COBRANÇA. ESTADO DE PERIGO. OCORRÊNCIA. O estado de perigo é vício de consentimento dual, que exige para a sua caracterização, a premência da pessoa em se salvar, ou a membro de sua família e, de outra banda, a ocorrência de obrigação excessivamente onerosa, aí incluída a imposição de serviços desnecessários, conscientemente fixada pela contraparte da relação negocial. O tão só sacrifício patrimonial extremo de alguém, na busca de assegurar a sua sobrevida ou de algum familiar próximo, não caracteriza o estado de perigo, pois embora se reconheça que a conjuntura tenha premido a pessoa a se desfazer de seu patrimônio, a depauperação ocorrida foi conscientemente realizada, na busca pelo resguardo da própria integridade física, ou de familiar. Atividades empresariais voltadas especificamente para o atendimento de pessoas em condição de perigo iminente, como se dá com as emergências de hospitais particulares, não podem ser obrigadas a suportar o ônus financeiro do tratamento de todos que lá aportam em situação de risco à integridade física, ou mesmo à vida, pois esse é o público-alvo desses locais, e a atividade que desenvolvem com fins lucrativos é legítima, e detalhadamente regulamentada pelo Poder Público. Se o nosocômio não exigir, nessas circunstâncias, nenhuma paga exagerada, ou impor a utilização de serviços não necessários, ou mesmo garantias extralegais, mas se restringir a cobrar o justo e usual, pelos esforços realizados para a manutenção da vida, não há defeito no negócio jurídico que dê ensejo à sua anulação. Recurso especial provido" (STJ. REsp 1.680.448-MG. 3ª Turma. Min. Rel. Nancy Andrighi. J. 22/8/2017. *DJe* 29/8/2017).

Além de crime, resta averiguar no âmbito cível as consequências dessa espécie de lesão: o contrato será passível de nulidade absoluta ou nulidade relativa? Para alguns, seria hipótese de nulidade absoluta, seja por ilicitude de seu objeto ou por aplicação analógica do art. 11 do Decreto-lei nº 22.626/33 (Lei da Usura), que prevê que o contrato celebrado com infração a esta lei é nulo de pleno direito. Porém, para outros, corrente à qual nos filiamos, trata-se, na realidade, de hipótese de nulidade relativa, tendo em vista o princípio da conservação dos contratos. O que releva notar é que, nesta espécie de lesão, há a exigência do dolo de aproveitamento da parte que se beneficia do negócio, que se traduz na má-fé daquele que realiza o negócio sabendo da necessidade ou inexperiência do outro contratante.

A lesão enorme encontra-se no Código de Defesa do Consumidor, em seu art. 39, V, que estabelece ser vedado ao fornecedor exigir do consumidor vantagem manifestamente excessiva. Nenhum requisito, além da desproporção nas prestações, é exigido em se tratando da lesão nas relações de consumo.

A lesão especial é a que, realmente, nos interessa para fins de estudo neste ponto. É tratada, pois, no Código Civil em seu art. 157, que expõe: "Ocorre a lesão quando uma pessoa, sob premente necessidade, ou por inexperiência, se obriga a prestação manifestamente desproporcional ao valor da prestação oposta". Do artigo citado, extraímos os dois requisitos para que ocorra a lesão prevista no Código Civil:

a) **requisito objetivo**: desarrazoada desproporção nas prestações, isto é, a prestação não se justifica de forma razoável. A quantificação da desproporção não foi preestabelecida pela lei, devendo o magistrado, no caso concreto, perquiri-la. Importa lembrar que a desproporção das prestações será apreciada segundo os valores vigentes ao tempo em que foi celebrado o negócio jurídico (art. 157, § 1º, CC). Assim, imaginemos a seguinte hipótese: um imóvel foi vendido no ano de 2015 pelo valor de R$ 400 mil; porém, à época o valor real do imóvel era de R$ 800 mil. No ano seguinte, foi construída uma penitenciária ao lado do imóvel, o que levou à sua desvalorização para o valor de R$ 400 mil. Em 2017, o anterior proprietário do imóvel, o qual foi ofendido pela lesão, resolve ajuizar ação para anulação do negócio. O pleito da anulação se mostra perfeitamente possível, e a parte que comprou o imóvel não poderá alegar a referida desvalorização, uma vez que a desproporção será avaliada segundo o valor do imóvel à época em que o negócio foi celebrado.

b) **requisito subjetivo**: o estado de premente necessidade ou inexperiência da parte lesada. A premente necessidade se traduz na inevitabilidade que incide sobre o espírito do contratante, da importância de se contratar naquele momento, por exemplo, quando se dá ensejo à venda de algo para obtenção de determinada quantia em dinheiro para impedir o protesto de um título ou um pedido de falência. Já a inexperiência deve ser entendida em sentido amplo, não incidente apenas sobre o "matuto" ou aquele que é inculto, mas sobre qualquer pessoa, isto é, trata-se da falta de habilidade ou fragilidade de conhecimentos para o ato da contratação em si.[15] Ainda sobre a inexperiência, vale lembrar o Enunciado nº 410, aprovado na V Jornada de Direito Civil:

> A inexperiência a que se refere o art. 157 não deve necessariamente significar imaturidade ou desconhecimento em relação à prática de negócios jurídicos em geral, podendo ocorrer também quando o lesado, ainda que estipule contratos costumeiramente, não tenha conhecimento específico sobre o negócio em causa.

Somente os dois requisitos dispostos linhas atrás são exigidos para que se configure a lesão do Código Civil. Não é necessário o dolo de aproveitamento nesta espécie de lesão, e tal entendimento foi corroborado pelo Enunciado nº 150, aprovado na III Jornada de Direito Civil: "A lesão de que trata o art. 157 do Código Civil não exige o dolo de aproveitamento".

Assim, havendo a premente necessidade ou inexperiência do contratante associado a prestações desproporcionais, poderá haver o requerimento da anulação do contrato (art. 171, II, CC).[16]

Entretanto, caso seja oferecido suplemento suficiente, ou se a parte favorecida concordar com a redução do proveito, não se decretará a anulação do negócio. Essa regra tem por supedâneo o princípio da conservação ou preservação dos contratos. É interessante para a sociedade que os contratos sejam mantidos, haja vista a circulação de riqueza, a geração de empregos e a distribuição de renda gerada pelo contrato.

Portanto, é perfeitamente admissível que o contratante, uma vez citado para ação anulatória, deposite a diferença em juízo e requeira a conservação do contrato. Nessa senda, o Enunciado nº 149, aprovado na III Jornada de Direito Civil:

> Em atenção ao princípio da conservação dos contratos, a verificação da lesão deverá conduzir, sempre que possível, à revisão judicial do negócio jurídico e não à sua anulação, sendo dever do magistrado incitar os contratantes a seguir as regras do art. 157, § 2º, do Código Civil de 2002.

---

[15] "O conceito de inexperiência é também passível de interpretações diferentes, dificuldade que já foi percebida na interpretação do conceito de hipossuficiente, que consta do art. 6º, VIII, do CDC, e que deu margem a diversas decisões conflitantes entre si. A hipossuficiência, como se afirma em Direito do Consumidor, pode ser econômica, financeira, política, social ou técnica, o que defere, pela Lei Consumerista, a decretação da inversão do ônus da prova. Afirmamos o mesmo quanto à lesão: a inexperiência poderá ser econômica, financeira, política, social ou técnica, servindo-nos, no momento, a interpretação do que seria 'hipossuficiência do consumidor', por regra analógica." TARTUCE, Flávio. *Direito civil:* lei de introdução e parte geral. v. 1. São Paulo: Método, 2006, p. 307.

[16] Acrescente-se, pois, o Enunciado nº 290, aprovado na IV Jornada de Direito Civil: "A lesão acarretará a anulação do negócio jurídico quando verificada, na formação deste, a desproporção manifesta entre as prestações assumidas pelas partes, não se presumindo a premente necessidade ou a inexperiência do lesado".

Cap. 8 – DOS DEFEITOS DO NEGÓCIO JURÍDICO

Ademais, pode o lesionado pleitear diretamente a revisão judicial do negócio. Entendimento esse firme no Enunciado nº 291, aprovado na IV Jornada de Direito Civil:

> Nas hipóteses de lesão previstas no art. 157 do Código Civil, pode o lesionado optar por não pleitear a anulação do negócio jurídico, deduzindo, desde logo, pretensão com vista à revisão judicial do negócio por meio da redução do proveito do lesionador ou do complemento do preço.

É comum encontrar nas obras clássicas a informação de que a lesão terá sede nos contratos comutativos e jamais nos contratos aleatórios. Inclusive, dentro desse quadrante, o Código Civil Italiano, em seu art. 1.448, expressamente afasta a aplicação da lesão aos contratos aleatórios.

Quando se menciona que o contrato poderá ser comutativo ou aleatório, em verdade ocupa-se de uma classificação contratual que atenta para o risco de negócio. Por contratos comutativos, têm-se os contratos que apresentem prestações predefinidas, não operando o risco em relação à existência ou quantidade das prestações. A revés, nos contratos aleatórios, os riscos fazem-se presentes tanto no que respeita à existência da prestação ou à quantidade dela[17].

Ao longo dos tempos, os estudiosos do instituto da lesão cunharam em suas obras que a lesão jamais poderia ser aplicada aos contratos aleatórios, aplicando-se tão somente aos contratos comutativos[18]. Todavia, tal premissa começa a ruir

---

[17] A classificação dos contratos quanto aos riscos se apresenta da seguinte maneira: a) Contratos Comutativos: as prestações de ambas as partes já são pré-estimadas, isto é, as prestações são certas e determinadas. Por exemplo, no contrato de compra e venda (em regra), no contrato de locação etc. b) Contratos Aleatórios: a prestação de uma das partes poderá ser devida ou não e, em sendo devida, a quantidade poderá variar a depender do fator sorte (álea). Desse modo, o Código Civil prevê duas formas de contratos aleatórios: b.1) Contrato aleatório *emptio spei* – um dos contratantes assume o risco relativo à própria existência da coisa ou fato, nada obstante o preço que será pago integralmente, mesmo que a coisa não venha a existir no futuro, desde que não haja dolo ou culpa da outra parte. Essa espécie de contrato aleatório está prevista no art. 458, CC com a seguinte redação: "Se o contrato for aleatório, por dizer respeito a coisas ou fatos futuros, cujo risco de não virem a existir um dos contratantes assuma, terá o outro direito de receber integralmente o que lhe foi prometido, desde que de sua parte não tenha havido dolo ou culpa, ainda que nada do avençado venha a existir". O exemplo comumente lembrado aqui é o seguro de acidente de veículo automotor. Em se tratando de contrato de compra e venda, que, excepcionalmente, poderá ser aleatório, utilizaremos a designação de "venda da esperança". b.2) Contrato aleatório *emptio rei speratae* – o risco se reduz à quantidade da coisa comprada, uma vez que um mínimo deverá ser apresentado. Essa previsão está no art. 459, CC com a seguinte previsão: "Se for aleatório, por serem objeto dele coisas futuras, tomando o adquirente a si o risco de virem a existir em qualquer quantidade, terá também direito o alienante a todo o preço, desde que de sua parte não tiver concorrido culpa, ainda que a coisa venha a existir em quantidade inferior à esperada". O exemplo é: a compra da safra de café de 2018. Nesse caso, podemos designá-lo de "venda da coisa esperada". Releva notar que, nessa hipótese, se nada vier a existir, não haverá alienação (art. 459, parágrafo único, CC/2002).

[18] Nesse sentido, por todos, vide PEREIRA, Caio Mário da Silva. *Lesão nos contratos*. 4. ed. Rio de Janeiro: Forense, 1993.

quando se começa a perceber que é possível a constatação da lesão em contratos aleatórios[19]. A própria jurisprudência nacional descortina a novidadeira possibilidade de aplicação da lesão nos contratos aleatórios, como se percebe no excerto a seguir transcrito:

> O instituto da lesão é passível de reconhecimento também em contratos aleatórios, na hipótese em que, ao se valorarem os riscos, estes forem inexpressivos para uma das partes, em contraposição àqueles suportados pela outra, havendo exploração da situação de inferioridade de um contratante. Ocorre lesão na hipótese em que um advogado valendo-se de situação de desespero da parte, firma contrato *quota litis* no qual fixa sua remuneração *ad exitum* em 50% do benefício econômico gerado pela causa (REsp 1.155.200/DF 2009/0169341-4. 3ª T. Rel. Ministro Massami Uyeda. J. 22/2/2011).

Desse modo, confira-se a explicação de Ana Luiza Maia Nevares no sentido de que:

> o contrato aleatório poderá ser lesivo se, ao se valorarem os riscos, estes forem inexpressivos para uma das partes, em contraposição àqueles suportados pela outra, havendo exploração da situação de inferioridade de um dos contratantes pelo outro, beneficiado no momento da celebração do negócio.[20]

---

[19] Vale conferir Fabrício Matiello: "Constituiria equívoco afirmar que a simples verificação de que se está diante de um contrato aleatório inviabiliza por completo e absolutamente a arguição da lesão como defeito capaz de gerar anulabilidade. Embora no mais das vezes a ausência de correlação entre as prestações seja suficiente para afastar a perspectiva da invocação do vício, não se pode olvidar do fato de que o quadro vislumbrado quando da manifestação de vontade pode indicar a ocorrência do problema. Isso porque se admite um determinado grau de álea, de risco assumido pelo celebrante, mas a ele podem juntar-se os elementos caracterizadores da lesão. Basta, para tanto, que no caso concreto seja patenteada a presença de vantagem exacerbada para uma das partes e em detrimento da outra, decorrente da comparação entre as prestações ajustadas, em que uma das quais é manifestamente desproporcional à devida pelo celebrante adverso. Percebe-se que mesmo nos contratos aleatórios exige-se uma relativa razoabilidade nas prestações. Até nos casos de álea total, em que um dos contraentes assume o risco integral de pagar o preço ainda que da coisa nada venha a existir, poderá haver lesão se na origem, quando da celebração do contrato, estiverem presentes os requisitos comuns do instituto. Nessa hipótese, a verificação dos pressupostos passa pela análise do quadro a partir da abstração da álea normalmente presente na modalidade contratual ajustada. Noutras palavras, se a álea normal daquela espécie de contrato for desconsiderada e ainda assim subsistirem os elementos da lesão, estará firmada a ideia de anulabilidade do negócio". MATIELLO, Fabrício Zamprogna. *Curso de direito civil*. Parte Geral. São Paulo: LTr, 2008. p. 257.

[20] NEVARES, Ana Luiza Maia. O erro, o dolo, a lesão e o estado de perigo no novo Código Civil. In: TEPEDINO, Gustavo (Coord.). *A parte geral no novo Código Civil* – estudos na perspectiva civil-constitucional. Rio de Janeiro: Renovar, 2002. p. 282.

6.2. Quadro comparativo: lesão usurária, lesão enorme e lesão especial

Lesão usurária	Lesão enorme	Lesão especial
Lei nº 1.521/51, art. 4º, *b*	CDC, art. 39, V	CC, art. 157
Requisitos: • premente necessidade ou inexperiência; • desproporção nas prestações; • dolo de aproveitamento.	Requisito: • desproporção nas prestações.	Requisitos: • premente necessidade ou inexperiência; • desproporção nas prestações.
Efeitos: • âmbito criminal: tipificação como crime; • âmbito cível: anulabilidade.	Efeito: • nulidade (art. 54, IV, CDC)	Efeito: • anulabilidade (art. 171, II).

6.3. Quadro comparativo: lesão e estado de perigo

Lesão (art. 157, CC)	Estado de perigo (art. 156, CC)
• a necessidade de celebrar o negócio surge para solucionar um problema econômico;	• a necessidade de celebrar o negócio surge para salvar uma vida[21];
• dispensa-se o dolo de aproveitamento;	• exige-se o dolo de aproveitamento;
• a parte beneficiária tem por obrigação um dar.	• a parte beneficiária tem por obrigação um dar ou um fazer.

7. FRAUDE CONTRA CREDORES

7.1. O princípio da responsabilidade patrimonial

O princípio da responsabilidade patrimonial nos orienta no sentido de que o patrimônio do devedor é que será responsável pela satisfação de suas dívidas. É claro que se impõem reservas a esse princípio como, por exemplo, o bem de família. Porém, a regra é que a responsabilidade do devedor por suas dívidas não extrapola à esfera patrimonial e os bens, que porventura possuir, responderão por suas dívidas (art. 391, CC). Assim, em regra, não há responsabilidade pessoal do devedor, apenas patrimonial.

---

[21] Urge salientar que a necessidade, de início, pode se apresentar para obtenção de uma determinada quantia em dinheiro para, na realidade, salvar uma vida. Neste caso, não há desnaturação do fato como estado de perigo, embora a necessidade *a priori* seja para obter recursos econômicos. Esclarecedor é o exemplo de Maria Helena Diniz, que traz à baila uma pessoa que teve um parente sequestrado e o valor do resgate teria sido fixado em R$ 10.000,00. Uma terceira pessoa conhecedora do sequestro propõe o pagamento de R$ 10.000,00 por uma joia de valor real de R$ 50.000,00. O contrato de compra e venda foi celebrado. No negócio, configurou-se o estado de perigo; e, portanto, anulável. DINIZ, Maria Helena. *Curso de direito civil brasileiro*. 18. ed. São Paulo: Saraiva, 2002. v. 1. p. 401.

7.2. Conceito de fraude contra credores

A fraude contra credores é o vício social que inquina o negócio jurídico que foi praticado pelo devedor, que se traduz na disposição patrimonial para frustrar, a futuro, recebimento de um crédito. O devedor, portanto, ciente de que o seu patrimônio será atingido em razão daquela dívida não satisfeita, promove a sua dilapidação.

7.3. Manifestações da fraude contra credores

Conforme o Código Civil, a fraude contra credores pode se manifestar sob quatro modalidades:

1) **a fraude a título gratuito (art. 158, CC):** ocorre quando o devedor pratica negócios jurídicos gratuitos, como, por exemplo, doação de bens, ou então quando o devedor procede à remissão de dívidas. A remissão de uma dívida consiste no perdão concedido pelo devedor a outro devedor que porventura possua. Já que o crédito é passível de penhora, o devedor que pretende prejudicar o seu credor prefere proceder ao perdão em relação ao seu devedor;

2) **a fraude a título oneroso (art. 159, CC):** ocorre quando o devedor pratica negócios jurídicos onerosos, por exemplo, vende os seus bens;

3) **pagamento de dívida vincenda (art. 162, CC):** nessa situação o devedor, tendo dívidas já vencidas, opta, exatamente, por pagar aquela ainda não vencida. Releva notar que, em caso contrário, se o devedor proceder ao pagamento da dívida já vencida, não há problema algum;

4) **concessão de garantias reais (art. 163, CC):** se o devedor, dentre os seus credores quirografários, elege a um deles e concede-lhe uma garantia real (hipoteca, penhor ou anticrese), tal ato será considerado em fraude contra os demais credores, uma vez que o devedor ao conceder a garantia beneficiou a um dos credores em detrimento dos demais.

7.4. O art. 164 do Código Civil e a teoria do patrimônio mínimo

Importante perceber, entretanto, que conforme ressalva do art. 164 do CC, não se configura a fraude contra credores quando o negócio jurídico praticado pelo devedor for indispensável à manutenção de estabelecimento mercantil, rural ou industrial, ou à sua subsistência e de sua família. Por exemplo, a disposição de estoque rotativo de pequeno comércio do devedor.

Fundamenta-se tal dispositivo na teoria do patrimônio mínimo[22], que propugna pela razoabilidade de tal ato de disposição patrimonial, tendo em vista a necessidade do devedor, que precisa ter, antes de tudo, a sua dignidade preservada,

---

[22] Sobre esta teoria *vide* FACHIN, Luis Edson. *Estatuto jurídico do patrimônio mínimo*. 2. ed. Rio de Janeiro: Renovar, 2006. Para Flávio Tartuce, transpondo a teoria do patrimônio mínimo para a seara das pessoas jurídicas, tratar-se-ia de "teoria do patrimônio mínimo empresarial". TARTUCE, Flávio. *Manual de direito civil*. Volume único. 10. ed. São Paulo: Método, 2020. p. 260.

uma vez que esta se encontra acima dos interesses dos credores. Assim, muitas vezes, o ato de disposição do patrimônio se mostra inevitável para garantir ao devedor um mínimo de sustento de sua pessoa e de seus familiares. Não podemos esquecer, entretanto, que a presunção de boa-fé estampada no art. 164 do CC é *iuris tantum*, admitindo, portanto, prova em contrário.

7.5. Requisitos para a configuração da fraude contra credores

Os requisitos exigidos para configuração da fraude contra credores são, a saber:

a) **Insolvência do devedor ou iminência de se tornar insolvente com o ato praticado**: a insolvência ocorre quando o patrimônio passivo é superior ao ativo. Neste ponto, não se pode confundir insolvência com inadimplência, uma vez que esta última se manifesta pelo não cumprimento de uma obrigação. Assim, é bem possível uma pessoa insolvente e adimplente, ou então, solvente e inadimplente.

b) *Eventus damni* **(elemento objetivo)**: trata-se do dano ou prejuízo sofridos pelo credor diante do ato praticado pelo devedor.

c) *Consilium fraudis* **ou** *scientia fraudis* **(elemento subjetivo)**: manifesta-se no conluio fraudulento entre aquele que dispõe do bem e aquele que o adquire. A prova desse requisito é dispensada em se tratando de fraude a título gratuito, pagamento de dívida não vencida e concessão de garantias reais, vez que nessas hipóteses há uma presunção *iure et de iure* de conluio entre as partes. Ao revés, o *consilium fraudis* deve ser provado diante da fraude a título oneroso. Assim, extrai-se do art. 159, no qual grifamos: "Serão igualmente anuláveis os contratos onerosos do devedor insolvente, quando a insolvência for notória, ou houver motivo para ser conhecida do outro contratante". A insolvência será notória quando conhecida de todos, por exemplo, em havendo títulos protestados ou publicações pela imprensa. Será, porém, presumida a insolvência quando houver motivos para ser conhecida pelo outro contratante, por exemplo, amizade íntima ou parentesco próximo entre o disponente do bem (o devedor) e o adquirente.

Cumpre ressaltar que, na hipótese de fraude a título oneroso, se o preço for aproximadamente o corrente, e o adquirente não tiver pagado ainda, poderá ele, para manter firme o negócio, ajuizar uma ação de consignação em pagamento, depositando o preço razoável em juízo, citando o alienante e os demais credores (art. 160, CC). Entretanto, se o preço apresentado for inferior ao corrente, o adquirente terá de depositar o preço que corresponda ao valor real da coisa se pretende conservar o negócio (art. 160, parágrafo único, CC). Essas possibilidades de manutenção do negócio são admitidas, tendo em vista que, em ambas as hipóteses ocorre o afastamento do *eventus damni*, uma vez que o negócio era de execução diferida e a fraude ainda não estava ultimada.

7.6. A ação pauliana ou revocatória

Por meio da ação pauliana ou revocatória busca-se a demonstração e o reconhecimento da fraude contra credores. O direito de se pleitear a anulação do negócio por meio da ação pauliana ou revocatória decai em quatro anos a contar da celebração do negócio (art. 178, II, CC). Indispensável se torna o ajuizamento da ação pauliana para atingir o ato praticado em fraude, confirmado isso pela Súmula nº 195 do STJ, que dispõe: "Em embargos de terceiro, não se anula ato jurídico, por fraude contra credores". Assim, se o bem tivesse sido alienado, poderia tão somente o credor requerer a penhora desse bem em poder de terceiro. Esse, por sua vez, apresentaria embargos de terceiro, e aqui se discutiria a fraude. Porém, a súmula retrocitada afasta totalmente essa possibilidade, não restando ao credor outra possibilidade que não o ajuizamento da ação pauliana.

7.7. Especificidades da ação pauliana ou revocatória

7.7.1. Quem possui legitimidade ativa?

Quem poderá ajuizar a ação pauliana será somente o credor quirografário, ou seja, aquele que não possui nenhuma garantia real (art. 158, *in fine*, CC). É lógica a conclusão, haja vista que o credor titular de uma garantia real não tem interesse de agir no que tange à referida ação. Isso porque, sendo titular de uma garantia, possui o direito de sequela sobre o bem que foi dado em garantia, podendo, simplesmente, pleitear a sua penhora mesmo que em mãos de terceiro, sendo despiciendo o ajuizamento da ação pauliana. Porém, devemos atentar para a novidade que o Código Civil de 2002 traz em seu art. 158, § 1º, ao admitir que o credor titular de uma garantia real poderá ajuizar a ação pauliana se o bem dado em garantia se tornar insuficiente para o pagamento da dívida. Acerca disso, o Enunciado nº 151, aprovado na III Jornada de Direito Civil, dispõe que: "o ajuizamento da ação pauliana pelo credor com garantia real (art. 158, § 1º) prescinde de prévio reconhecimento judicial da insuficiência da garantia". Por evidente que o credor, para ajuizar a ação pauliana, só poderá fazê-lo se já o era ao tempo do ato praticado em fraude (art. 158, § 2º, CC). Isto é, primeiro tornou-se credor e depois ocorreu o ato fraudulento. Assim, se uma pessoa dispôs de seu patrimônio e depois veio a contrair dívidas, os seus credores não poderão ajuizar a ação pauliana para atingir aqueles atos de disposição praticados antes de eles se tornarem credores. Vale lembrar também o Enunciado nº 292, aprovado na IV Jornada de Direito Civil: "Para os efeitos do art. 158, § 2º, a anterioridade do crédito é determinada pela causa que lhe dá origem, independentemente de seu reconhecimento por decisão judicial".

7.7.2. Quem possui legitimidade passiva?

Em se tratando do polo passivo da ação pauliana, impõe-se um litisconsórcio passivo necessário (art. 161, CC).[23] Assim, a ação deverá ser ajuizada contra o devedor insolvente, a pessoa que com ele celebrou a estipulação considerada

---

[23] Embora o art. 161 do CC ateste a expressão "poderá", devemos recebê-la como "deverá", isto é, não se trata de faculdade do credor em escolher contra quem pretende demandar, mas, sim, imposição de que deverá processar a todos envolvidos na fraude.

Cap. 8 – DOS DEFEITOS DO NEGÓCIO JURÍDICO

fraudulenta e o terceiro subadquirente que haja procedido de má-fé. Se esse último tiver adquirido de boa-fé, o negócio não será atingido, de modo que o de má-fé deverá repor o equivalente em dinheiro.

7.7.3. Efeitos da ação pauliana

Como defeito do negócio jurídico que é, a fraude contra credores comprovada em ação pauliana induz à anulação daquele negócio jurídico, conforme estabelece o art. 171, II, CC. Assim, tendo em vista um negócio praticado em fraude contra credores, o regime a ser aplicado é o da anulabilidade.

Porém, pende por parte respeitável da doutrina que a fraude contra credores induz, na realidade, à mera ineficácia do ato. Assim, o ato seria válido, porém ineficaz em relação ao credor que ajuizou a ação e obteve êxito. Isso significa que o credor poderá penhorar o bem que permanece no patrimônio do adquirente. Desse modo, se for efetuado o pagamento após a procedência da ação pauliana, a alienação antes realizada permanecerá incólume e o bem continuará no patrimônio do adquirente. Se, entretanto, o negócio tivesse sido anulado, havendo o pagamento, o adquirente, para ter o bem para si, teria de comprá-lo novamente. Outra razão existe para os que se manifestam pela ineficácia do ato, e não pela anulabilidade: alegam que se a fraude de execução, que é expediente muito mais grave, induz indubitavelmente à ineficácia, não haveria motivo para que a fraude contra credores – que é menos grave –, induza à anulação do negócio.

Entretanto, reiteramos que é induvidosa a opção legislativa pela anulabilidade do negócio, não apenas sua ineficácia, embora a doutrina e a jurisprudência se inclinem fortemente em favor da tese de ineficácia do ato. O art. 165 do CC, ainda, dispõe que, anulado o negócio praticado em fraude contra credores, a vantagem resultante reverterá em proveito do acervo sobre o qual se tenha de efetuar o concurso de credores. Assim, não será o bem destinado diretamente à satisfação patrimonial do credor que ajuizou a ação para anular o negócio, mas, sim, em benefício de todos os credores. E para a hipótese de fraude que se configurou pelo ato do devedor de conceder garantias reais a um credor quirografário, retirando-o dessa posição (credor quirografário), o parágrafo único do art. 165 do CC impõe que a invalidade do ato importará tão somente na anulação da preferência ajustada.

7.8. Distinção entre fraude contra credores e fraude de execução

Tanto na fraude contra credores quanto na fraude de execução, o devedor atua animado pelo mesmo intento: frustrar o recebimento de um crédito. Porém, ambos os institutos não podem ser confundidos, pois apresentam fortes diferenças estruturais. Senão, vejamos. A primeira e crucial distinção encontra-se no momento exato em que houve a disposição patrimonial. Assim, se a alienação ocorrer estando em andamento um processo, seja ele de conhecimento ou execução (desde que tenham caráter patrimonial), estaremos diante da chamada fraude de execução (art. 792, CPC/2015[24]). Se, porém, não havendo processo em andamento, mas tão somente a dívida, e o devedor dispõe dos seus bens, agora, sim, haverá a fraude contra credores.

A doutrina discute acerca do momento exato divisório entre a fraude contra credores e a fraude de execução: se do ajuizamento da ação ou se da citação. Os adeptos do primeiro posicionamento – será ato de fraude de execução a disposição patrimonial ocorrida após o ajuizamento da ação – alegam que não seria justo considerarmos a citação como marco, porque, senão, ajuizada a ação, o devedor mal intencionado e ciente da demanda sairia por aí dilapidando o seu patrimônio e incorreria tão somente em fraude contra credores porque ainda não havia sido citado. Porém, mesmo com esse forte argumento, tende a prevalecer que o ato de fraude de execução só se configura em havendo a disposição patrimonial após a citação.

Antes disso, configurada estaria tão somente a fraude contra credores. Assim, elaboramos a linha seguinte para melhor visualização:

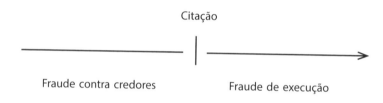

7.9. Quadro comparativo: fraude contra credores e fraude de execução

Doravante, podemos avaliar as consequências do ato de dilapidação patrimonial praticado antes ou depois da citação em um quadro esquemático:

---

[24] Art. 792, CPC/2015: A alienação ou a oneração de bem é considerada fraude à execução: I – quando sobre o bem pender ação fundada em direito real ou com pretensão reipersecutória, desde que a pendência do processo tenha sido averbada no respectivo registro público, se houver; II – quando tiver sido averbada, no registro do bem, a pendência do processo de execução, na forma do art. 828; III – quando tiver sido averbado, no registro do bem, hipoteca judiciária ou outro ato de constrição judicial originário do processo onde foi arguida a fraude; IV – quando, ao tempo da alienação ou da oneração, tramitava contra o devedor ação capaz de reduzi-lo à insolvência; V – nos demais casos expressos em lei. § 1º A alienação em fraude à execução é ineficaz em relação ao exequente. § 2º No caso de aquisição de bem não sujeito a registro, o terceiro adquirente tem o ônus de provar que adotou as cautelas necessárias para a aquisição, mediante a exibição das certidões pertinentes, obtidas no domicílio do vendedor e no local onde se encontra o bem. § 3º Nos casos de desconsideração da personalidade jurídica, a fraude à execução verifica-se a partir da citação da parte cuja personalidade se pretende desconsiderar. § 4º Antes de declarar a fraude à execução, o juiz deverá intimar o terceiro adquirente, que, se quiser, poderá opor embargos de terceiro, no prazo de 15 (quinze) dias.

Fraude contra credores	Fraude de execução
Instituto de Direito Civil (arts. 158/165, CC).	Instituto de Direito Processual Civil (art. 792, CPC/2015).
Ofende tão somente o credor prejudicado.	Ofende o credor prejudicado e o Poder Judiciário, posto ser ato atentatório à dignidade e à administração da Justiça.
Imprescindível o ajuizamento da ação pauliana para o seu reconhecimento.	Pode ser reconhecida na própria ação em andamento.
O efeito do reconhecimento previsto em lei é a anulação do ato (art. 171, II, CC), aproveitando a todos os credores anteriores ao ato fraudulento, já que o bem será revertido em proveito do acervo patrimonial (art. 165, CC).	O efeito do reconhecimento é a mera ineficácia do ato, aproveitando apenas ao requerente.
Requisitos: • *consilium fraudis ou scientia fraudis;* • *eventus damni.*	Requisito: • *eventus damni.* Tradicionalmente, sempre prevaleceu a presunção de conluio fraudulento. Todavia com a edição da Súmula nº 375 do STJ e com o art. 54 da Lei nº 13.097/2015, tal posicionamento se fragilizou. Inverteu-se a premissa e passou a valer a presunção de boa-fé do adquirente, pois a má-fé não poderia ser presumida. Desse modo, será o credor quem deverá provar a má-fé do adquirente. *Vide* Súmula nº 375, STJ: "O reconhecimento da fraude à execução depende do registro da penhora do bem alienado ou da prova de má-fé do terceiro adquirente". Nota-se com isso uma aproximação entre a fraude de execução e a fraude contra credores.

DA SIMULAÇÃO

1. A SIMULAÇÃO E O SEU NOVO REGIME NO CÓDIGO CIVIL DE 2002

A simulação configura-se na manifestação enganosa de vontade que visa ocultar algo verdadeiramente desejado pelas partes. O Código Civil de 2002 dá tratamento diverso à simulação, aplicando-lhe o regime das nulidades. Assim, para a novel legislação o negócio simulado não é mais anulável, mas, sim, nulo.

Tendo em vista essa nova disposição, há entendimento de que a simulação não mais seria defeito do negócio jurídico e mesmo vício social, pois todos os defeitos (erro, dolo, coação, lesão, estado de perigo e fraude contra credores) induzem à anulabilidade (art. 171, II, CC).

Porém, há quem entenda que a simulação continua, sim, vício social e defeito do negócio jurídico, e que o que o legislador do Código Civil de 2002 fez foi simplesmente apenar com mais severidade o ato simulado, impondo-lhe a nulidade. O art. 167 do CC dispõe que: "É nulo o negócio jurídico simulado, mas subsistirá o que se dissimulou, se válido for na substância e na forma". Esse dispositivo, para ser compreendido, deverá ser repartido em duas partes: a primeira, que nos informa que o negócio simulado é sempre nulo; e a segunda, que impõe a subsistência do negócio dissimulado se válido em sua substância e forma. Para alcançarmos o real sentido da disposição, precisamos aceitar que um negócio simulado é, na verdade, formado por dois negócios:

1º) Negócio dissimulado ou real: trata-se do negócio verdadeiramente desejado pelas partes, aquilo que elas realmente intencionavam, mas que por um motivo ou outro não puderam fazê-lo.

2º) Negócio simulado: é o negócio apresentado à sociedade. Representa, então, a máscara ou o véu utilizado pelas partes que não puderam apresentar à sociedade o seu real intento, por isso apresentam o simulado.

Assim, o negócio simulado esconde o negócio dissimulado, ou seja, aquilo que as partes realmente queriam. Por isso, dizemos que o negócio simulado é composto por dois negócios: um por fora (negócio simulado) e um por dentro, oculto (negócio dissimulado).

Vamos a um exemplo: o nosso ordenamento jurídico não admite que um homem casado doe bens à sua amante.[1] Daí que esse homem casado, procurando contornar a proibição, delibera por fazer então um contrato de compra e venda com a sua concubina. Nessa hipótese, temos uma simulação.

Dissecando o ato simulado, encontramos dois negócios: o negócio simulado, que foi o que ele apresentou a toda a sociedade, que foi a compra e venda; e um negócio dissimulado, que era o que o homem realmente queria: a doação.

Tendo em vista o art. 167 do CC, podemos dizer que a compra e venda será nula e que a doação, exatamente porque não é válida em sua substância, não subsistirá.

Por outro lado, podemos vislumbrar, sim, uma situação em que o negócio simulado será nulo (mesmo porque o negócio simulado sempre será nulo), porém o negócio dissimulado poderá subsistir. Para tanto, esse último deverá ser válido em sua substância e em sua forma, tanto é assim que o Enunciado nº 293, aprovado na IV Jornada de Direito Civil, estabeleceu: "Na simulação relativa, o aproveitamento do negócio jurídico dissimulado não decorre tão somente do afastamento do negócio jurídico simulado, mas do necessário preenchimento de todos os requisitos substanciais e formais de validade daquele". Por exemplo, as partes em uma escritura de compra e venda dispõem preço inferior ao real do imóvel para reduzir o valor do imposto de transmissão de bens. O negócio simulado é o valor forjado; esse, portanto, é nulo. Porém, o que temos por trás é uma compra e venda perfeitamente admitida pelo direito material e em que se observou a forma imposta pela lei que é a escritura pública. Nessa situação, a compra e venda subsiste; é claro que, no entanto, a Fazenda Pública poderá cobrar a diferença do imposto devido e não pago.

Assim, todo esse entendimento foi confirmado pelo Enunciado nº 153, aprovado na III Jornada de Direito Civil: "Na simulação relativa, o negócio simulado (aparente) é nulo, mas o dissimulado será válido se não ofender a lei nem causar prejuízo a terceiros".

O que justifica a segunda metade do art. 167 do CC, que traz a possibilidade de fazer subsistir o negócio dissimulado, é o princípio da conservação ou preservação do negócio jurídico.

2. HIPÓTESES DE SIMULAÇÃO

O § 1º do art. 167 estabelece em rol exemplificativo algumas hipóteses de simulação. São elas:

- Quando o negócio aparentar conferir ou transmitir direitos a pessoas diversas daquelas às quais realmente conferem, ou transmitem;
- Quando o negócio contiver declaração, confissão, condição ou cláusula não verdadeira;

---

[1] Art. 550, CC: "A doação do cônjuge adúltero ao seu cúmplice pode ser anulada pelo outro cônjuge, ou por seus herdeiros necessários, até dois anos depois de dissolvida a sociedade conjugal".

Cap. 9 – DA SIMULAÇÃO

- Quando os instrumentos particulares forem antedatados ou pós-datados.

Em relação a esta última hipótese, Itamar Gaino aponta que:

A pós-datação de cheque, que constitui prática comum, não caracteriza simulação, assumindo o caráter de promessa de pagamento, sem vincular o banco sacado, que pode honrar o saque em qualquer data. A apresentação do cheque ao banco antes da data marcada pode gerar, para o apresentante, responsabilidade pelos prejuízos causados ao emitente.[2]

3. ESPÉCIES DE SIMULAÇÃO

É corrente na doutrina a seguinte classificação acerca da simulação:

3.1. Simulação absoluta

A simulação absoluta ocorre quando aquele que pratica o ato fraudulento, não busca de sua atuação os efeitos normais do ato. Pode-se dizer que, na verdade, as partes não realizam nenhum negócio, apenas fingem praticá-lo. Por exemplo, o homem casado que antevendo o fim de seu casamento com sua esposa, emite títulos de crédito em favor de um amigo, para diminuir o futuro monte partível. Nesse ato, não são perseguidos pelo homem casado que o pratica os seus efeitos naturais, quais sejam, constituição de um credor e de um devedor, mas, sim, tão somente prejudicar a esposa quando do fim do casamento.

3.2. Simulação relativa

Na simulação relativa, busca-se a produção de efeitos no negócio praticado. É nesta espécie de simulação que encontramos os dois negócios tratados anteriormente: o negócio simulado (que é sempre nulo) e o negócio dissimulado (que poderá subsistir se válido for na sua substância e em sua forma). A simulação relativa divide-se em:

a) **Subjetiva**: é aquela que ocorre por interposição de alguém, assim, transferem-se direitos à pessoa diversa daquela à qual realmente se transmite. Aqui encontramos a figura do "laranja", "testa-de-ferro", "homem-de--palha", que apenas aparentemente receberá o direito. Por exemplo, um tutor, não podendo adquirir bens de seu tutelado, convoca um amigo para que o faça por ele.

b) **Objetiva**: aqui se pratica um negócio para encobrir outro, ou então, contém uma condição, declaração ou cláusula não verdadeira, ou mesmo, quando os instrumentos particulares forem antedatados ou pós-datados. Por exemplo, o homem que pretendendo doar bens à sua amante, não

---

[2] GAINO, Itamar. Invalidade do negócio jurídico. In: LOTUFO, Renan; NANNI, Giovanni Ettore (Coords.). *Teoria geral do direito civil.* São Paulo: Atlas, 2008. p. 662.

podendo, por encontrar óbice legal, celebra um contrato de compra e venda. Ou então, o sujeito que na escritura de compra e venda faz constar valor inferior ao real valor do imóvel para diminuir o imposto de transmissão incidente.

4. SIMULAÇÃO INOCENTE E SIMULAÇÃO MALICIOSA

Simulação inocente é aquela que não objetiva violar a lei ou prejudicar a terceiro. Exemplo clássico é o homem solteiro que por pudor ou timidez, ao esconder uma doação à sua amada, faz um contrato de compra e venda. Ao revés, simulação maliciosa ou fraudulenta é aquela que objetiva fraudar a lei ou prejudicar a terceiro.

O Código Civil de 1916 trazia dispositivo tratando da simulação inocente e reputando o negócio válido.[3] Porém, o Código Civil de 2002 não repetiu esse dispositivo.

Assim, não faz mais sentido a distinção ora comentada, de modo que a doutrina tende a apontar pela nulidade em uma ou outra hipótese. Reiterando esse posicionamento, o Enunciado nº 152, aprovado na III Jornada de Direito Civil, esclarece: "Toda simulação, inclusive a inocente, é invalidante".

5. O TERCEIRO DE BOA-FÉ

Insta salientar que, se uma das partes que praticou o negócio simulado depois celebra um contrato com um terceiro que nada sabe acerca da simulação, os interesses desse último deverão ser preservados. Portanto, há a inoponibilidade do negócio simulado perante terceiros de boa-fé. Assim, estabelece o § 2º do art. 167 do CC, em clara proteção ao terceiro de boa-fé: "Ressalvam-se os direitos do terceiro de boa-fé em face dos contraentes do negócio jurídico simulado".

Um exemplo seria o homem casado que simula um contrato de compra e venda com a sua amante. Posteriormente, a amante vende o bem a um terceiro que nada sabe de sua origem. O § 2º do art. 167 do CC – que protege o terceiro de boa-fé – informa que nada em relação a ele poderá ser reclamado. Assim, nesse caso, a única opção deferida à esposa prejudicada seria a de se voltar contra o marido e a sua amante exigindo a indenização cabível.

6. A RESERVA MENTAL

A reserva mental ocorre quando o declarante manifesta sua vontade com o intuito deliberado de não a cumprir, ocultando esse propósito mentalmente.

É óbvio que o negócio praticado em reserva mental subsiste.[4] A grande característica da reserva mental é que ela é sempre unilateral, ou seja, o outro

---

[3] Art. 103, CC/16: "A simulação não se considerará defeito em qualquer dos casos do artigo antecedente, quando não houver intenção de prejudicar a terceiros, ou de violar disposição de lei".

[4] Já é velho o adágio que diz que "coração do outro é terra de ninguém...".

declarante não toma conhecimento do real propósito da declaração de uma das partes. E é exatamente por isso que o negócio praticado em reserva mental é irrelevante e subsistirá.

Porém, os contornos da situação mudam se o declarante faz com que o declaratário tome conhecimento e consinta no propósito enganoso, porque nesse momento o que era unilateral se torna bilateral, adquirindo relevância jurídica. Daí que, se há consenso entre as partes, estamos diante de um ato simulado cuja consequência é a nulidade, como vimos anteriormente.

Assim preceitua o Código Civil de 2002 em seu art. 110: "A manifestação de vontade subsiste ainda que o seu autor haja feito a reserva mental de não querer o que manifestou, **salvo se dela o destinatário tinha conhecimento**". Onde grifamos no artigo da lei reside a simulação. Porém, não é pacífico na doutrina que, quando o declaratário toma conhecimento, o negócio será simulado, induzindo à nulidade. Há quem entenda pela inexistência do negócio, nessa hipótese de conluio entre as partes.[5]

Interessantes exemplos de atos praticados em reserva mental são: um estrangeiro em situação irregular no país, para evitar a sua expulsão, casa-se com uma mulher brasileira. Se esta não sabe do real motivo do casamento, este será válido. Porém, se a mulher sabe das reais razões e a elas anui, o casamento será nulo, em virtude da simulação operada. Ou, então, o autor de um livro declara que o produto da venda de seus livros será destinado a instituições de caridade, somente com o intuito de aumentar as vendas. Se os compradores têm conhecimento do artifício, a venda poderá ser declarada nula.

---

[5] Com esse entendimento, Carlos Roberto Gonçalves se manifesta: "Se o declaratário conhece a reserva, a solução é outra. No Código Civil português manda aplicar, nesse caso, o regime da simulação, considerando nula a declaração. No sistema do atual Código Civil brasileiro, porém, configura-se hipótese de ausência de vontade, considerando-se inexistente o negócio". GONÇALVES, Carlos Roberto. *Direito civil:* parte geral. São Paulo: Saraiva, 2005. p. 114-115.

DA INVALIDADE DO NEGÓCIO JURÍDICO

Importa perceber, primeiramente, que só se torna possível o plano da validade do negócio jurídico, uma vez já preenchidos os pressupostos para a sua existência (plano da existência).

Posto isso, estamos autorizados a atingir o plano da validade do negócio jurídico em que se perquire se o negócio jurídico está de acordo com as regras impostas pelo ordenamento jurídico. É de se considerar a afirmação de Antônio Junqueira de Azevedo ao dizer que "'válido' é adjetivo com que se qualifica o negócio jurídico formado de acordo com as regras jurídicas".[1]

Assim, os elementos essenciais de validade do negócio jurídico estão no art. 104 do CC e já foram analisadas nesta obra. No presente capítulo, trataremos exatamente da falta desses elementos, o que induziria, decerto, à invalidade do negócio jurídico.

A invalidade do negócio jurídico é gênero que engloba duas espécies: a nulidade e a anulabilidade. É dizer que o negócio poderá ser inválido porque é nulo ou porque é anulável. Em verdade, podemos dizer mais, expondo que a nulidade e a anulabilidade são sanções que incidem sobre um negócio jurídico inválido.

Conclusivamente, o estudo da invalidade do negócio jurídico comporta graus, admitindo:

- a nulidade, também conhecida por nulidade absoluta;
- e a anulabilidade, também conhecida por nulidade relativa.[2]

Antes de adentrarmos o estudo das espécies de invalidade, vale lembrar a ressalva feita por Cristiano Chaves e Nelson Rosenvald: "De qualquer modo, convém observar que o sistema de invalidade do casamento (CC, arts. 1.548 e 1.550), do processo civil (CPC, arts. 244 e ss.) e das relações de consumo (CDC,

---

[1] AZEVEDO, Antônio Junqueira de. *Negócio jurídico* – existência, validade e eficácia. 4. ed. São Paulo: Saraiva, 2002. p. 42.

[2] Caio Mário da Silva Pereira, atento à terminologia utilizada pelos doutrinadores, salienta que "(...) apura-se a ausência de uniformidade nos conceitos e nas classificações (...) as expressões nulidade absoluta e nulidade relativa, que para uns correspondem à ideia de nulidade e anulabilidade, para outros não têm o mesmo sentido e igual correspondência, uma vez que entendem 'relativa' aquela que não pode ser alegada por qualquer terceiro". PEREIRA, Caio Mário da Silva. *Instituições de direito civil*. Rio de Janeiro: Forense, 2005. v. 1. p. 645.

art. 51) escapa ao regime comum dos negócios jurídicos, submetendo-se a regras particulares, próprias".[3]

1. NULIDADE (NULIDADE ABSOLUTA)

A nulidade absoluta ou, simplesmente, nulidade é a sanção que se impõe ao negócio jurídico por conter um defeito grave. Assim, diz-se que o negócio contém um defeito grave exatamente por atingir a interesse público e ferir a pacificação social.

1.1. Hipóteses de nulidade absoluta

As hipóteses de nulidade absoluta estão minuciosamente previstas na parte geral do Código Civil, nos arts. 166 e 167. Assim, conforme o art. 166 é nulo o negócio jurídico quando:

I – celebrado por pessoa absolutamente incapaz

Os que são absolutamente incapazes estão previstos no art. 3º do CC e são os menores de dezesseis anos. O ato praticado por essas pessoas será nulo, se realizado sem a devida representação.

Oportunamente, José Jairo Gomes lembra que:

> Apesar disso, o rigor da teoria deve ser flexibilizado em certas situações. Não se pode esquecer que, muitos negócios concluídos por menores, são tolerados socialmente, sem que se cogite de nulidade. Veja-se, por exemplo, os casos de menores que realizam pequenas compras de guloseimas, discos, roupas ou mesmo concluem autênticos contratos de transporte ao ingressarem em ônibus urbano, trem ou metrô. São situações para as quais não se encontrou resposta satisfatória, mas a tolerância em relação a tais negócios e a necessidade do comércio jurídico social.[4]

II – o seu objeto for ilícito, impossível ou indeterminável

Ilícito será o objeto que não esteja de acordo com o ordenamento jurídico, significando, portanto, o mesmo que impossibilidade jurídica como, por exemplo, a compra e venda de drogas ou escravos. A impossibilidade física também invalida o negócio, porém, para tanto, deverá tratar-se de impossibilidade física absoluta, ou seja, estar-se diante de um negócio que nenhuma pessoa é capaz de cumprir, por exemplo, a compra e venda de lotes na Lua. Em se tratando de impossibilidade física relativa, aquela em que a prestação poderá ser realizada por outrem, embora não seja o devedor, não haverá nulidade. Por isso, o art. 106 do CC contempla: "A impossibilidade inicial do objeto não invalida o negócio se for

---

[3] CHAVES, Cristiano; ROSENVALD, Nelson. *Direito civil:* teoria geral. 4. ed. Rio de Janeiro: Lumen Juris, 2006. p. 414.

[4] GOMES, José Jairo. *Direito civil:* introdução e parte geral. Belo Horizonte: Del Rey, 2006. p. 451.

Cap. 10 – DA INVALIDADE DO NEGÓCIO JURÍDICO

relativa, ou se cessar antes de realizada a condição a que ele estiver subordinado". Já a indeterminação do objeto deverá ser peremptória para induzir à nulidade, isto é, se for possível, ainda que posteriormente à determinação do objeto, não haverá problema, sendo o objeto determinável plenamente aceitável pela lei civil.

III – o motivo determinante, comum a ambas as partes, for ilícito

O motivo que determinou a celebração do negócio jurídico se deixa transparecer pela finalidade sob a qual as partes celebraram o negócio jurídico. Assim, se essa finalidade for ilícita para ambas as partes o negócio será nulo.

Esclarece, ainda, Sílvio Venosa:

Quando um só dos partícipes estiver ciente da ilicitude, não há como nulificar o negócio sob pena de constante instabilidade no mundo jurídico. A ciência de ambas as partes quanto ao motivo determinante é matéria de prova; nem sempre fácil, por sinal.[5]

Como exemplos, temos a locação de um imóvel, em que locador e locatário estão cientes de que a finalidade é a exploração do lenocínio, ou então, a venda de um automóvel para a realização de um sequestro, quando o vendedor e o comprador sabem dessa finalidade. Em ambas as hipóteses, temos negócios – a locação e a compra e venda – que por si só são perfeitamente admitidos pelo Direito, porém serão nulos, pois os motivos que os determinaram foram ilícitos e as partes sabiam disso.

IV – não revestir a forma prescrita em lei

Existem determinados negócios jurídicos em que a lei impõe uma determinada forma que necessariamente deverá ser seguida pelas partes ao realizá-lo, por exemplo, quando o art. 108 do CC estabelece:

Não dispondo a lei em contrário, a escritura pública é essencial à validade dos negócios jurídicos que visem à constituição, transferência, modificação ou renúncia de direitos reais sobre imóveis de valor superior a trinta vezes o maior salário-mínimo vigente no País.

Nesse caso, se as partes, ao entabularem negócio previsto no art. 108 do CC, não acatarem a forma imposta pela lei – a escritura pública –, o negócio será nulo.

Ademais, vale lembrar que o art. 109 do CC dispõe: "No negócio jurídico celebrado com a cláusula de não valer sem instrumento público, este é da substância do ato". Isto é, se for prevista cláusula negocial impondo determinada forma do negócio a ser celebrado, esta deverá ser cumprida sob pena de invalidade do negócio. Isso porque a emissão de vontade deve ser respeitada em razão de seu poder criador.

V – alguma solenidade que a lei considere essencial para a sua validade for preterida

Para alguns, na realidade, essa hipótese estaria subsumida ao inciso anterior. Para outros, aqui se vai além da forma exigida em determinados negócios, pois

---

5   VENOSA, Sílvio de Salvo. *Teoria geral do direito civil.* 4. ed. São Paulo: Atlas, 2004. p. 590.

o que o legislador faz é exigir um verdadeiro "ritual" para a sua realização. Assim ocorre, por exemplo, em se tratando de um testamento público[6] em que vários são os requisitos trazidos pela lei e que, se esquecidos, fulminarão o negócio de nulidade.

VI – tiver por objetivo fraudar lei imperativa

A norma imperativa, cogente ou impositiva, é aquela que busca o resguardo da ordem pública, não podendo ser alterada pela vontade das partes. Diferentemente da lei dispositiva, que é aquela que deixa ao alvedrio dos destinatários à disposição diversa do que preceitua. Assim, a norma imperativa não poderá padecer de fraude, sob pena de nulidade.

Na realidade, essa hipótese de nulidade se apresenta como desnecessária, já que se subsume ao inciso II retroanalisado diante da ilicitude do objeto. Um exemplo seria a celebração de um contrato de compra e venda de um bem inalienável.

VII – a lei taxativamente o declarar nulo, ou proibir-lhe a prática, sem cominar sanção

Esse inciso deixa bem claro que o rol de nulidades é meramente exemplificativo e não taxativo. Assim, por vezes, a lei impõe a aplicação da sanção da nulidade quando traz a chamada nulidade expressa ou textual, ao utilizar as expressões: **"é nulo"**, **"sob pena de nulidade"** ou outra expressão equivalente.[7]

Porém é possível a nulidade virtual ou implícita disposta quando a lei proíbe a prática do ato, sem cominar sanção, manifestando-se quando o legislador diz **"não pode"**, **"é vedado"**, **"é defeso"**.[8]

Nesse mote, vale lembrar o alerta deixado por Sílvio Venosa ao esclarecer que:

> Em Direito qualquer afirmação peremptória é arriscada: poderão existir situações nas quais o negócio se apresenta aparentemente como nulo, mas a interpretação sistemática o faz entendê-lo como anulável. (...) Devemos ter em mente que a nulidade repousa sempre em causas de ordem pública, enquanto a anulabilidade tem em vista mais

---

[6] Art. 1.864, CC: "São requisitos essenciais do testamento público: I – ser escrito por tabelião ou por seu substituto legal em seu livro de notas, de acordo com as declarações do testador, podendo este servir-se de minuta, notas ou apontamentos; II – lavrado o instrumento, ser lido em voz alta pelo tabelião ao testador e a duas testemunhas, a um só tempo; ou pelo testador, se o quiser, na presença destas e do oficial; III – ser o instrumento, em seguida à leitura, assinado pelo testador, pelas testemunhas e pelo tabelião".

[7] Exemplos: arts. 548, 549 e 1.428, CC.

"Art. 548. É nula a doação de todos os bens sem reserva de parte, ou renda suficiente para a subsistência do doador.

Art. 549. Nula é também a doação quanto à parte que exceder à de que o doador, no momento da liberalidade, poderia dispor em testamento.

Art. 1.428. É nula a cláusula que autoriza o credor pignoratício, anticrético ou hipotecário a ficar com o objeto da garantia, se a dívida não for paga no vencimento".

[8] Exemplo: art. 426, CC: "Não pode ser objeto de contrato a herança de pessoa viva".

Cap. 10 – DA INVALIDADE DO NEGÓCIO JURÍDICO

acentuadamente o interesse privado. Essa perspectiva deve sempre estar presente no exame das nulidades.[9]

Além das hipóteses trazidas pelo art. 166 do CC, será também fulminado por nulidade absoluta o negócio praticado em simulação, conforme art. 167 do CC, já comentado por nós nesta obra.

1.2. Peculiaridades do regime das nulidades

a) Quanto aos efeitos

O negócio nulo não produz os efeitos que lhe são próprios. Isso em razão de que a sentença que declara a nulidade possui efeitos *ex tunc*, o que significa que ela retroage e fulmina tudo o que ficou para trás. Assim, o negócio nulo não chega a produzir efeitos nem mesmo entre a celebração do negócio e a prolatação da sentença que declarou a nulidade.

b) Quem poderá alegar

A nulidade, por ofender a interesse público, poderá ser alegada, conforme o art. 168 e seu parágrafo único, do CC, por qualquer interessado ou pelo Ministério Público, quando lhe couber intervir. Ademais, deverá o juiz pronunciá-la de ofício quando detectá-la no negócio jurídico.

Por ser a simulação causa de nulidade do negócio jurídico, não foi outro o entendimento consolidado no Enunciado nº 294, aprovado na IV Jornada de Direito Civil, que a simulação pudesse ser alegada por uma das partes contra a outra.

c) Possibilidade de confirmação

O negócio nulo não poderá ser confirmado pelos interessados, assim dispõe expressamente a primeira parte do art. 169 do CC. É evidente a manifestação da lei já que o negócio nulo atinge a interesse público.

d) Prazo decadencial para pleitear a nulidade

Não há prazo para se alegar a nulidade absoluta, o que significa que a todo tempo poderá ser alegada. Conclui-se, portanto, que a alegação de nulidade absoluta é perpétua, ou como preferem alguns, o ato nulo é "imprescritível". Portanto, quando a segunda metade do art. 169 preceitua que o negócio nulo "(...) nem convalesce com o decurso do tempo", isso significa dizer que, ainda que se passem muitos anos, o ato nulo não se restabelece, não se cura com o transcurso do tempo.[10]

---

[9] VENOSA, Sílvio de Salvo. *Teoria geral do direito civil*. 4. ed. São Paulo: Atlas, 2004. p. 591.

[10] Acerca dessa questão foi aprovado o Enunciado nº 536 do CJF com a seguinte redação: "Resultando do negócio jurídico nulo consequências patrimoniais capazes de ensejar pretensões, é possível, quanto a estas, a incidência da prescrição". A justificativa apresentada para o enunciado foi: "Parece preponderar na doutrina pátria, não sem discordância respeitável, o entendimento de que não há prescrição da pretensão ao reconhecimento de nulidade em negócio jurídico, embora os seus adeptos optem pela apresentação de fundamentos distintos. Nesse sentido, argumenta-se que a ação de nulidade é de natureza constitutiva e, quando não se encontra submetida a prazo

e) *Conversão do nulo ou conversão substancial dos negócios jurídicos*

O Código Civil de 2002 contempla a possibilidade de conversão do nulo. Como dito anteriormente, o ato nulo não pode ser confirmado pelas partes, porém é como se uma tábua de socorro fosse lançada em favor dos celebrantes do negócio nulo, quando estamos diante da possibilidade de sua conversão.

A conversão do nulo significa o aproveitamento dos elementos materiais do negócio nulo, para transposição e adequação em outro negócio que seja válido.

Excelente conceito nos é fornecido por Cristiano Chaves e Nelson Rosenvald quando que esclarecem que a conversão do nulo "(...) é o meio jurídico através do qual, respeitados certos requisitos, transforma-se um negócio jurídico inválido absolutamente (nulo) em outro, com o intuito de preservar a intenção das partes que declaram vontade".[11]

Assim, por exemplo, A e B celebram contrato de compra e venda de um imóvel de valor superior a 30 vezes o salário-mínimo por instrumento particular, preterindo a forma prescrita em lei para tal negócio, que é a escritura pública (art. 108, CC). Estamos, por evidente, diante de um negócio nulo (art. 166, IV, CC). Decerto que as partes não poderão confirmá-lo, porém não se encontram de todo à deriva. A solução para não perderem todo o negócio celebrado seria a conversão do nulo. É sabido que a promessa de compra e venda não precisa seguir a forma do contrato definitivo (art. 462, CC), podendo ser até mesmo por instrumento particular. Daí que a conversão do nulo consistirá em exatamente extrair do negócio nulo (o contrato de compra e venda) elementos que serão aproveitados em um outro negócio válido (a promessa de compra e venda).

A conversão do nulo está prevista no Código Civil de 2002 em seu art. 170, com a seguinte redação: "Se, porém, o negócio jurídico nulo contiver os requisitos de outro, subsistirá este quando o fim a que visavam as partes permitir supor que o teriam querido, se houvessem previsto a nulidade".

O princípio que inspira a conversão é o princípio da conservação ou preservação do negócio jurídico. No entanto, para que haja a conversão, mister o preenchimento de dois requisitos: um de caráter objetivo, que consiste na possibilidade de aproveitamento de elementos do negócio viciado, haja vista que o suporte fático dos dois negócios será o mesmo; e outro de caráter subjetivo,

---

decadencial específico, é imprescritível. Na direção contrária, sustenta-se que, quanto às nulidades, a ação manejável é a declaratória, insuscetível de prescrição ou decadência. O tema, na seara pretoriana, ainda não recebeu tratamento uniforme, havendo precedentes tanto pela sujeição à prescrição com a aplicação do prazo geral, quanto pela imprescritibilidade. A redação do art. 169 do Código Civil, ao explicitar que o negócio jurídico eivado de nulidade não subsiste pelo decurso do tempo, favorece a corrente da imprescritibilidade por qualquer dos raciocínios acima, principalmente diante do fato de que o art. 179, em complemento, somente estabelece o prazo genérico de decadência para as hipóteses de negócios anuláveis. Considerada como premissa a imprescritibilidade, deve-se proceder à diferenciação entre o pleito tendente unicamente ao reconhecimento da invalidade dos efeitos patrimoniais dela decorrentes. Quanto a estes, não se pode desconhecer a possibilidade de surgimento de pretensão, de modo a tornar inelutável a incidência da prescrição".

[11] FARIAS, Cristiano Chaves de; ROSENVALD, Nelson. *Curso de direito civil.* Parte geral e LINDB. 13. ed. São Paulo: Atlas, 2015. p. 531.

Cap. 10 – DA INVALIDADE DO NEGÓCIO JURÍDICO

que decorre da intenção das partes em converter o negócio. Tendo em vista o primeiro requisito, o Enunciado nº 13, aprovado na I Jornada de Direito Civil, ponderou: "O aspecto objetivo da conversão requer a existência do suporte fático no negócio a converter-se".

Por fim, releva notar que a conversão do nulo reclama reconhecimento judicial. Em estando presentes os dois requisitos, somente o juiz poderá proceder à conversão que poderá ser requerida pelas partes ou terceiros interessados, não se admitindo, em razão do requisito subjetivo exigido, que o juiz converta o negócio de ofício.

2. ANULABILIDADE (NULIDADE RELATIVA)

A anulabilidade ou nulidade relativa é a sanção que se impõe ao negócio jurídico por conter defeito leve ou menos grave. A ofensa, nesse caso, não atinge a interesses públicos, a proteção volta-se aos interesses privados.

2.1. Hipóteses de nulidade relativa

As hipóteses de nulidade relativa estão, na parte geral do Código Civil, no art. 171, de maneira exemplificativa, uma vez que o seu próprio *caput* traz a possibilidade de outros casos expressamente declarados em lei.[12] Assim, enseja a nulidade relativa, o negócio jurídico:

I – celebrado por relativamente incapazes

Os relativamente incapazes estão no art. 4º do CC e são eles: I – os maiores de dezesseis e menores de dezoito anos; II – os ébrios habituais e os viciados em tóxicos; III – os que por causa transitória ou permanente não puderem exprimir a sua vontade; e IV – os pródigos. O ato praticado por essas pessoas será anulável, se realizado sem a devida assistência.

II – celebrado por vício resultante de erro, dolo, coação, estado de perigo, lesão ou fraude contra credores

O negócio defeituoso por padecer de um vício do consentimento (erro, dolo, coação, lesão e estado de perigo) ou vício social (fraude contra credores) induz à possibilidade de anulação.

---

[12] Exemplos: arts. 496, 1.647 e 1.649, CC.

"Art. 496. É anulável a venda de ascendente a descendente, salvo se os outros descendentes e o cônjuge do alienante expressamente houverem consentido.

Art. 1.647. Ressalvado o disposto no art. 1.648, nenhum dos cônjuges pode, sem autorização do outro, exceto no regime da separação absoluta: I – alienar ou gravar de ônus real os bens imóveis; II – pleitear, como autor ou réu, acerca desses bens ou direitos; III – prestar fiança ou aval; IV – fazer doação, não sendo remuneratória, de bens comuns, ou dos que possam integrar futura meação.

Art. 1.649. A falta de autorização, não suprida pelo juiz, quando necessária (art. 1.647), tornará anulável o ato praticado, podendo o outro cônjuge pleitear-lhe a anulação, até dois anos depois de terminada a sociedade conjugal".

2.2. Peculiaridades do regime das anulabilidades

a) Quanto aos efeitos

O negócio jurídico anulável, para a doutrina tradicional, produz efeitos desde a sua celebração até a prolatação da sentença que decretou a anulação.

Assim, diz-se que essa sentença que decreta a anulação produz efeitos *ex nunc*. Esse posicionamento é justificado pelo art. 177 do CC, onde grifamos: "A anulabilidade não tem efeito antes de julgada por sentença, nem se pronuncia de ofício; só os interessados a podem alegar, e aproveita exclusivamente aos que a alegarem, salvo o caso de solidariedade ou indivisibilidade".

Entretanto, não há pacificidade na doutrina e na jurisprudência nesse ponto. É forte a corrente que entende o contrário, que a sentença da ação anulatória possui efeitos *ex tunc*, bem como a já cogitada sentença que declara a nulidade absoluta.[13] Esse entendimento encontra guarida no art. 182 do CC: "Anulado o negócio jurídico, restituir-se-ão as partes ao estado em que antes dele se achavam, e, não sendo possível restituí-las, serão indenizadas com o equivalente".

b) Quem pode alegar

Conforme o art. 177 do CC, somente os interessados podem alegar a anulabilidade e aproveita exclusivamente aos que a alegarem, salvo o caso de solidariedade e indivisibilidade. Assim, o juiz de ofício não poderá pronunciá-la, nem o representante do Ministério Público poderá suscitá-la.

c) Possibilidade de confirmação

O negócio anulável admite a confirmação pelas partes. É o que dispõe o art. 172 do CC, ressalvado o direito de terceiro. Sendo que a confirmação poderá ser de três espécies:

* Expressa: quando o ato de confirmação deve conter a substância de negócio celebrado e a vontade expressa de mantê-lo (art. 173, CC);
* Tácita: quando o negócio já foi cumprido em parte pelo devedor (art. 174, CC);

---

[13] Nesse sentido, interessante é a argumentação de Zeno Veloso: "O que o art. 177, primeira parte, enuncia é que o negócio anulável ingressa no mundo jurídico produzindo os respectivos efeitos e depende de uma ação judicial, da sentença, para ser decretada a anulação. Os efeitos do negócio anulável são precários, provisórios. Advindo a sentença anulatória, os efeitos que vinham produzindo o negócio inquinado são defeitos. Nada resta, nada sobra, nada fica, pois a desconstituição é retroativa, vai à base, ao começo, ao nascimento do negócio jurídico defeituoso e carente, o que, enfática e inequivocamente, afirma o art. 182, como já dizia no Código velho, o art. 158". VELOSO, Zeno. *Invalidade do negócio jurídico*. 2. ed. Belo Horizonte: Del Rey, 2005. p. 331. E, ainda, Leonardo de Andrade Mattietto salienta: "Logo, é equivocada a afirmação, tão comum, de que a sentença que declara que um ato é nulo produz efeitos *ex tunc*, ao passo que a sentença que decreta a anulação de um ato jurídico produz efeitos *ex nunc*. Ambas, na realidade, produzem efeitos *ex tunc*, pois, como prevê a lei civil, devem as partes retornar ao estado anterior. A eventual proteção de terceiros de boa-fé, diante dos efeitos da anulação, não infirma este raciocínio, nem obsta o reconhecimento da invalidade". MATTIETTO, Leonardo de Andrade. Invalidade dos atos e negócios jurídicos. In: TEPEDINO, Gustavo (Coord.). *A parte geral no novo Código Civil*. 2. ed. Rio de Janeiro: Renovar, 2003. p. 339-340.

Cap. 10 – DA INVALIDADE DO NEGÓCIO JURÍDICO

- Presumida: quando o interessado deixa transcorrer *in albis*[14] o prazo decadencial (arts. 178 e 179, ambos do CC) para reclamar a anulação.

Em havendo a confirmação do negócio, a consequência é que não mais se poderá anular o negócio, isso em razão do caráter irrevogável que possui a confirmação, que acabou por validar a obrigação em definitivo. Tanto é assim que o art. 175 do CC estabelece: "A confirmação expressa, ou a execução voluntária de negócio anulável, nos termos dos arts. 172 a 174, importa a extinção de todas as ações, ou exceções, de que contra ele dispusesse o devedor". Não importa analisar a conversão de um negócio anulável, como ocorre com o negócio nulo, haja vista a sua total desnecessidade diante da possibilidade de confirmação do negócio anulável.

d) Convalescimento do negócio por meio da obtenção de autorização

Admite-se o convalescimento do negócio jurídico, quando o motivo da anulabilidade decorrer da falta de autorização de um terceiro, caso esta seja obtida posteriormente (art. 176, CC). Caio Mario da Silva Pereira esclarece: "Partindo de que a autorização prévia ou simultânea é suficiente para a perfeição jurídica do ato negocial, estatui que, vindo a posteriori tem a força de afastar o motivo de anulabilidade".[15]

e) Prazo decadencial para pleitear a anulação

O prazo decadencial para alegação da anulabilidade do negócio jurídico será de quatro anos, com o início do prazo a depender do fator gerador da anulabilidade (art. 178, CC).

Em se tratando de coação, o prazo se inicia quando cessar a coação. Isso se apresenta como óbvio, uma vez que a vítima, enquanto coagida, não possui liberdade para pleitear a anulação do ato.

Se a causa geradora da anulação for o erro, o dolo, a fraude contra credores, o estado de perigo ou a lesão, a contagem se inicia do dia em que se realizou o negócio jurídico. E, na hipótese de ato de incapazes, ressalve-se que, relativamente incapazes, a contagem se inicia do dia em que cessar a incapacidade. Isso porque o incapaz não pode postular pessoalmente a anulação do negócio jurídico. Além das hipóteses descritas no art. 171 do CC, admite-se a anulação do negócio em outras situações, desde que expressamente declaradas em lei.

Nesse caso, o art. 179 do CC dispõe que: "Quando a lei dispuser que determinado ato é anulável, sem estabelecer prazo para pleitear-se a anulação, será este de dois anos, a contar da data da conclusão do ato". Importante enunciado foi aprovado na VI Jornada de Direito Civil, afeto ao art. 179 do CC: "No que diz respeito a terceiros eventualmente prejudicados, o prazo decadencial de que trata o art. 179 do Código Civil não se conta da celebração do negócio jurídico, mas da ciência que dele tiverem" (Enunciado nº 538, CJF).[16]

---

[14] A expressão latina *"in albis"* quer dizer "em branco, sem tomar providências".

[15] PEREIRA, Caio Mário da Silva. *Instituições de direito civil*. Rio de Janeiro: Forense, 2005. v. 1. p. 642.

[16] A justificativa para o Enunciado nº 538 do CJF foi: "O art. 178 do Código Civil, embora estabeleça o mesmo prazo decadencial para todos os casos de anulabilidade previstos, de forma

3. ALGUMAS OBSERVAÇÕES NECESSÁRIAS

3.1. Exceção à regra de proteção ao menor: o *tu quoque*

O art. 180 dispõe: "O menor, entre dezesseis e dezoito anos, não pode, para eximir-se de uma obrigação, invocar a sua idade se dolosamente a ocultou quando inquirido pela outra parte, ou se, no ato de obrigar-se, declarou-se maior". O que o referido artigo quer dizer é que, diante da malícia empregada pelo menor, o negócio será perfeitamente válido e exigível, não podendo o menor entre dezesseis e dezoito anos, depois de realizado o negócio, buscar a proteção da lei, se de início agiu esperta e maliciosamente, enganando a outra parte acerca de sua idade. O que há neste dispositivo é a aplicação da teoria do *"tu quoque"*. A expressão *"tu quoque"* deriva, em verdade, da famosa indagação de Júlio César, em 44 a.C., quando ao detectar dentre os seus assassinos, seu filho Marco Junio Bruto, questiona: *"Tu quoque, Brutus, tu quoque, fili mili?"*. Que em tradução significa: "Até tu, Brutus, até tu, meu filho?". Doravante, a indagação consagrou-se universalmente como sinônimo de espanto e decepção.

Não diferente entende o ordenamento jurídico que, decepcionado com o menor que se utiliza de malícia para fazer determinado negócio, a contrariar determinada regra, depois busca esteio e guarida na norma que inicialmente desprezou. Desse modo, se o menor entre dezesseis e dezoito anos ao celebrar um negócio oculta a sua idade ou declara-se maliciosamente maior, depois não poderá recorrer ao Judiciário pleiteando a anulação do negócio. E o negócio será válido e perfeitamente eficaz. Basicamente, aquele que não quer cumprir com os seus deveres não está autorizado a pleitear os seus direitos com base na norma violada.

Por fim, faz-se interessante a ressalva de Silvio Rodrigues ao dizer que para que se aplique a regra do art. 180 do CC é necessário:

---

agrupada, no art. 171, ou seja, 4 (quatro) anos, prevê termos iniciais distintos, a depender da hipótese versada. Assim é que, havendo erro, dolo, fraude contra credores, estado de perigo ou lesão, o prazo para pleitear a anulação se conta da celebração do negócio jurídico. Já na hipótese de coação, o prazo tem início no 'dia em que ela cessar', ao passo que, em se tratando de ato praticado por incapaz, o dies a quo é o da cessação da incapacidade. O art. 179, por seu turno, versando sobre os demais casos de anulabilidade dispersos pelo código, unifica não apenas o prazo para demandar a anulação – 2 (dois) anos –, mas também seu termo a quo, que coincidirá, em todas aquelas hipóteses, com a 'data da conclusão do ato', salvo disposição legal em contrário. Sucede que, entre as anulabilidades espalhadas pelo Código, há aquelas que resultam da proteção dispensada a interesses de terceiros não envolvidos na celebração do negócio jurídico. É o que ocorre, *v.g.*, na venda de ascendente a descendente sem a anuência dos demais descendentes do alienante (CC/2002, art. 496). Ora, exatamente porque os descendentes, enquanto vivo o autor da herança, não são credores dos respectivos quinhões (tendo, em relação a estes, apenas expectativa), não se pode exigir deles nenhuma postura de 'vigilância' sobre os atos de seus ascendentes. Daí não ser incomum que a celebração de compra e venda com infringência ao art. 496 do Código Civil apenas venha ao conhecimento dos prejudicados anos depois, quando da abertura da sucessão. Frustra-se, assim, por inação, que não se pode imputar a eventual desídia dos interessados, a finalidade da regra. Desse modo, a fim de resguardar a efetividade dos dispositivos legais a que se aplica o prazo decadencial previsto no art. 179 do Código Civil, é razoável e conveniente que se lhe dê a interpretação proposta".

Cap. 10 – DA INVALIDADE DO NEGÓCIO JURÍDICO

de um lado, que o menor tenha agido dolosamente e, de outro, que o erro a que foi conduzido o outro contratante seja escusável porque, se o menor agiu dolosamente, mentindo sobre a sua idade, mas se o outro contratante podia, pela aparência infantil daquele, desconfiar da mentira e conferir o alegado e não o fez, só deve atribuir à sua negligência o prejuízo sofrido, não merecendo que a lei proteja o seu interesse, que ele mesmo não soube proteger.[17]

3.2. Impossibilidade de se reclamar a devolução da importância paga a um incapaz

Como bem sabemos, em não havendo a malícia empregada pelo incapaz, estaremos diante da nulidade do ato (para os absolutamente incapazes) ou de sua anulabilidade (para os relativamente incapazes). No caso de nulidade, qualquer interessado poderá pleitear a nulidade e o juiz de ofício poderá pronunciá-la também. No caso de anulabilidade, somente o incapaz poderá pleiteá-la, e não aquele que com ele contratou (art. 105, CC).

Posto isso, o que é absoluta ou relativamente incapaz, diante da declaração de invalidade de seu ato, não terá a obrigação de restituir o que recebeu. A outra parte, para obter a restituição do que foi pago, deverá demonstrar que reverteu em proveito do incapaz a importância paga (art. 181, CC).

3.3. Princípio da incomunicabilidade das nulidades

A nulidade poderá ser total ou parcial. A nulidade total importará o alcance de seus efeitos em todo o negócio jurídico, é dizer, será todo ele atingido pelos efeitos fulminantes da nulidade. Entretanto, é possível que a nulidade seja parcial; de tal modo, apenas a parte do negócio maculada será atingida pela nulidade. Em sendo possível a cindibilidade da parte viciada do negócio de sua parte válida, devemos crer que a parte viciada não contaminará o negócio como um todo. Isso é a aplicação do princípio da incomunicabilidade das nulidades, ou a aplicação do brocardo latino *utile per inutile non vitiatur*.[18] Por exemplo, em se anulando um testamento por ter se invadido a legítima de herdeiros necessários, perdurará como válida a parte do negócio atinente ao reconhecimento do filho.

Nesse sentido, dispôs o legislador do Código Civil, na primeira parte do art. 184: "Respeitada a intenção das partes, a invalidade parcial de um negócio jurídico não o prejudicará na parte válida, se esta for separável; (...)".

A invalidade da obrigação principal induz a das obrigações acessórias, em razão da prevalência do princípio da gravitação jurídica ("o acessório segue o principal"). Por isso dispôs o CC, na segunda parte do art. 184: "(...) a invalida- de da obrigação principal implica a das obrigações acessórias, mas a destas não induz a da obrigação principal". Por exemplo, a nulidade da locação (contrato principal), atingirá a fiança (contrato acessório). Ressalvado que o contrário não

---

[17] RODRIGUES, Sílvio. *Direito civil:* parte geral. São Paulo: Saraiva, 1996. v. 1. p. 296-297.

[18] *Utile per inutile non vitiatur* é expressão latina que significa "o útil não é viciado pelo inútil".

pode prosperar, isto é, a nulidade da obrigação acessória não atinge a obrigação principal, exceto nas hipóteses das espécies de condição elencadas nos incisos do art. 123 do CC.[19]

3.4. A invalidade do instrumento

Nos negócios jurídicos pelos quais a lei impõe determinada forma – os negócios formais –, em havendo a sua inobservância, a consequência é a nulidade do ato (art. 166, IV, CC). Isso porque o instrumento funciona, em alguns casos, como requisito de validade. Assim, a invalidade do instrumento contamina o conteúdo do ato.

Porém, existem negócios em que a forma se mostra desnecessária – os negócios informais –, e se esses negócios se manifestarem por meio de um determinado instrumento, nessas hipóteses, o instrumento se apresenta apenas como meio de prova. São os negócios *ad probationem tantum*, isto é, que podem ser realizados pela forma livre, porém as partes resolvem celebrá-lo por escrito. Para esses negócios, a conclusão é a de que, se desnecessária determinada forma, na hipótese de sua adoção e de sua eventual invalidade, incólume permanecerá o ato que poderá ser provado por outro meio.

Por isso, dispõe o art. 183 do CC: "A invalidade do instrumento não induz a do negócio jurídico sempre que este puder provar-se por outro meio". Como exemplo, imaginemos que as partes que pretendem realizar um contrato de compra e venda de um bem móvel idealizem-no sob a forma de escritura pública. Decerto que a lei não impõe essa forma a esse tipo de contrato, porém assim as partes o quiseram fazer. Se a escritura pública se apresentar inválida por um vício qualquer, não será a compra e venda do bem móvel atingida, pois esta poderá ser comprovada por outro meio. É evidente que nesse caso deve prevalecer o princípio da conservação ou preservação do negócio jurídico.

4. QUADRO COMPARATIVO: NULIDADE X ANULABILIDADE

	Nulidade (Nulidade absoluta)	Anulabilidade (Nulidade relativa)
Fundamentação	Ordem pública.	Ordem privada.
Hipóteses	Arts. 166 e 167, CC.	Art. 171, CC.
Ação	Declaratória.	Desconstitutiva.
Efeitos da sentença	*Ex tunc.*	*Ex nunc* (corrente tradicional).

(continua)

---

[19] Art. 123, CC: "Invalidam os negócios jurídicos que lhes são subordinados: I – as condições física ou juridicamente impossíveis, quando suspensivas; II – as condições ilícitas, ou de fazer coisa ilícita; III – as condições incompreensíveis ou contraditórias".

	Nulidade (Nulidade absoluta)	Anulabilidade (Nulidade relativa)
Legitimação	Qualquer interessado ou Ministério Público, quando lhe couber intervir (art. 168).	Somente os interessados (art. 177, CC).
Arguição de ofício	Sim (art. 168, parágrafo único, CC).	Não (art. 177, CC).
Confirmação	Não há possibilidade (art. 169, 1ª parte, CC).	Há possibilidade (art. 172, CC), podendo ser expressa, tácita ou presumida.
Decadência	Não está sujeita a prazo decadencial (art. 169, 2ª parte, CC).	Está sujeita aos prazos decadenciais previstos nos arts. 178 e 179, CC.

DOS ATOS ILÍCITOS[1]

1. NOTAS INTRODUTÓRIAS

Existem atos ilícitos em diversas esferas do Direito: cível, penal, administrativa etc. Dentro da esfera cível, os atos ilícitos poderão dar-se dentro de uma figura contratual (ex.: a mora e o inadimplemento absoluto), de uma relação familiar (ex.: submeter o filho a maus-tratos), dos atos unilaterais de vontade (ex.: não cumprir com uma promessa de recompensa), do abuso de direito ou por meio de uma ação ou omissão dolosa ou culposa que cause dano a outrem.

Além disso, existe uma interessante classificação a depender dos efeitos decorrentes dos atos ilícitos. Desse modo, os atos ilícitos podem ser:

- Ilícitos indenizantes: o efeito é a indenização do dano causado (ex.: a prática de lesão corporal);
- Ilícitos caducificantes: o efeito é a perda de um direito para quem o praticou (ex.: a perda do poder familiar para o pai que submeteu o filho a castigo imoderado);
- Ilícitos invalidantes: o efeito é proporcionar a invalidação do ato praticado ilicitamente (ex.: um contrato assinado sob coação);
- Ilícitos autorizantes: o efeito é autorizar a vítima do ato ilícito a praticar um ato para amenizar o ato ilícito (ex.: autorização dada ao doador para revogar a doação em caso de ingratidão do donatário).

2. ESPÉCIES DE ATOS ILÍCITOS: SUBJETIVO (ART. 186, CC) E OBJETIVO (ART. 187, CC)

Os atos ilícitos estão presentes em dois artigos do Código Civil: arts. 186 e 187. O art. 186 do CC dispõe que "aquele que por ação ou omissão voluntária,

---

[1] Para alguns doutrinadores, os atos ilícitos são espécies de atos jurídicos por repercutirem na esfera jurídica. Assim, segundo César Fiuza: "os atos ilícitos, em que pesem doutas opiniões em contrário, são atos jurídicos por repercutirem na esfera jurídica, sendo regulados pelo Direito. Aliás, o adjetivo 'jurídico' pode ser empregado em dois sentidos. Num primeiro, enquanto algo que repercute no mundo do Direito, que diz respeito ao Direito; este o utilizado acima. Num segundo, enquanto algo que está conforme o Direito. É lógico que, neste segundo sentido, os atos ilícitos não seriam jurídicos, mas antijurídicos". FIUZA, César. *Direito civil:* curso completo. 9. ed. Belo Horizonte: Del Rey, 2006. p. 204.

negligência ou imprudência, violar direito e causar dano a outrem, ainda que exclusivamente moral, comete ato ilícito".

Essa espécie de ato ilícito prevista no art. 186 do CC denomina-se ato ilícito subjetivo, exatamente porque se deve aferir o aspecto anímico do sujeito que causou o dano a outrem. Assim, o referido artigo impõe a possibilidade do dolo ao utilizar a expressão **"voluntária"** e a possibilidade de culpa ao expressar **"negligência ou imprudência"**. Ademais, o ato ilícito poderá decorrer da ação ou omissão do agente, sem prescindir da existência de um dano.

Dano é a lesão ou diminuição sofrida pelo bem jurídico. O bem jurídico, por sua vez, poderá ser patrimonial ou moral. Em se tratando do bem jurídico patrimonial ofendido, estaremos diante do chamado dano material. Essa espécie de dano poderá compreender os danos emergentes (danos positivos) e os lucros cessantes (danos negativos). Se o bem jurídico ofendido for moral, estaremos diante do chamado dano moral. No que respeita ao dano material, conforme o art. 402 do CC, os danos emergentes se manifestam naquilo que a vítima **efetivamente perdeu** como, por exemplo, os gastos com o conserto do veículo e as despesas hospitalares e com medicamentos. Porém, é possível que o prejuízo experimentado pela vítima vá além disso e aí estaremos diante dos lucros cessantes que se traduzem naquilo que a vítima **razoavelmente deixou de lucrar** como, por exemplo, o período em que o taxista deixou de trabalhar, pois seu carro estava na oficina consertando-se.[2]

O dano também poderá ser moral e este se manifesta na ofensa aos direitos da personalidade da vítima. Segundo preceitua Sílvio Venosa: "Dano moral é o prejuízo que afeta o ânimo psíquico, moral e intelectual da vítima".[3] A possibilidade do pleito de reparação pelo dano moral, consolidou-se com a Constituição

---

[2] Entre os danos emergentes e os lucros cessantes, a doutrina mais moderna encontra uma terceira espécie de dano material oriunda do direito francês que se designa em "a perda de uma chance" (*perte d'une chance*). Nesta modalidade de dano o que ocorre é exatamente a perda de uma oportunidade como, por exemplo, o candidato que perde a prova do concurso porque o sistema de transportes falhou, ou mesmo, o advogado que perde o prazo de interposição do recurso, vindo a prejudicar o seu cliente. Nesses dois exemplos, estamos diante da nebulosa possibilidade da reparação pela perda de uma chance do candidato ao concurso de obter a sua aprovação e do cliente do advogado ineficiente que poderia ter obtido êxito com o recurso se este tivesse sido interposto oportunamente. Em nosso país, a jurisprudência sinaliza fortemente pelo acatamento a esta teoria, impondo reparações devidas. O que orienta a jurisprudência para a fixação do montante devido a título de indenização é o grau de probabilidade. Venosa ensina que: "No exame dessa perspectiva, a doutrina aconselha efetuar um balanço das perspectivas contra e a favor da situação do ofendido. Da conclusão resultará a proporção do ressarcimento. Na mesma senda do que temos afirmado, não se deve admitir a concessão de indenizações por prejuízos hipotéticos, vagos ou muito gerais. Se a possibilidade frustrada é vaga ou meramente hipotética, a conclusão será pela inexistência de perda de oportunidade. A 'chance' deve ser devidamente avaliada quando existe certo grau de probabilidade". VENOSA, Sílvio de Salvo. *Direito civil*: responsabilidade civil. 4. ed. São Paulo: Atlas, 2004. p. 245.

[3] VENOSA, Sílvio de Salvo. *Direito civil*: responsabilidade civil. 4. ed. São Paulo: Atlas, 2004. p. 39.

Federal de 1988,[4] embora a jurisprudência já o considerasse. O CC/16 não o havia contemplado. Já o CC/2002, na esteira da CF/88, estabeleceu-o expressamente em seu art. 186.

A teor da Súmula nº 37 do STJ são cumuláveis as indenizações por dano material e dano moral oriundos do mesmo fato. Assim, um mesmo fato poderá ensejar cumulativamente dano material e dano moral.[5]

É possível que sobrevenha também o chamado dano estético que, de acordo com Sérgio Cavalieri Filho:

> configura-se quando a vítima sofre ofensa corpórea que lhe deixa aleijão ou deformidade permanente. Tome-se como exemplo a deformação no rosto da atriz, manequim ou ator, bem como o aleijão decorrente da perda de um braço ou uma perna. Não se trata de uma terceira espécie de dano – além do dano material e o moral –, mas apenas um aspecto deste último. O que se indeniza a título de dano estético é a dor, o vexame, a humilhação decorrente da deformidade física, do aleijão, e isso nada mais é que um aspecto do dano moral.[6]

Assim, em princípio, concluiu-se pela impossibilidade de se pleitear cumulativamente reparação por dano moral e dano estético, uma vez que este se encontra subsumido àquele, sendo considerado como uma modalidade de dano moral. Todavia, atualmente a questão se pacificou com a edição da Súmula nº 387 do STJ, que admitiu plenamente a cumulação do dano moral com o dano estético.

Entre a ação ou omissão do agente e o dano sobrevindo, que como vimos poderá ser material ou moral, torna-se necessária a existência do nexo causal. Nexo causal é o liame que interliga a conduta do agente ao dano. À guisa de conclusão, o art. 186 do Código Civil estabelece que são necessários os seguintes elementos concomitantemente: "**1)** Conduta humana antijurídica: comissiva ou omissiva, que poderá ser dolosa ou culposa; **2)** Nexo causal; **3)** Dano: material e/ou moral".

A segunda e novidadeira espécie de ato ilícito prevista no Código Civil de 2002 está no art. 187 e se designa por ato ilícito objetivo ou por abuso de direito.

Vale a transcrição do art. 187 do Código Civil: "Também comete ato ilícito o titular de um direito que, ao exercê-lo, excede manifestamente os limites impostos pelo seu fim econômico ou social, pela boa-fé ou pelos bons costumes".

---

[4] Art. 5º, CF/88 (...): "V – é assegurado o direito de resposta, proporcional ao agravo, além da indenização por dano material, moral ou à imagem; X – são invioláveis a intimidade, a vida privada, a honra e a imagem das pessoas, assegurado o direito de indenização pelo dano material ou moral decorrente de sua violação".

[5] Enunciado nº 159, aprovado na III Jornada de Direito Civil: "O dano moral, assim compreendido todo o dano extrapatrimonial, não se caracteriza quando há mero aborrecimento inerente a prejuízo material".

[6] CAVALIERI FILHO, Sérgio. *Programa de responsabilidade civil*. São Paulo: Malheiros, 2000. p. 87.

A compreensão dessa espécie de ato ilícito parte da ideia de que todas as pessoas possuem direitos subjetivos e é dever de cada um exercitá-los dentro de determinados limites. Quais seriam esses limites? A finalidade econômica e social do direito subjetivo, a boa-fé objetiva e os bons costumes. Assim, caso o titular de um direito subjetivo, ao exercê-lo, extrapole esses limites, estará a praticar um ato ilícito, pois a conotação que se dá hoje a isso não é mais a do simples exercício de um direito subjetivo, mas, sim, a de um abuso de direito, o que para o Código Civil de 2002 é ato ilícito.[7] Recorremos a um exemplo: um sujeito compra um aparelho de som. Ao escutá-lo em plena madrugada, fá-lo em seu volume máximo a perturbar a vizinhança. Tal ato se configura na prática de um ilícito, pois o agente estava a exercer um direito subjetivo para além dos limites impostos pelo ordenamento jurídico. A consequência da prática de um ato ilícito é a imposição de indenização, seja um ato ilícito subjetivo (art. 186, CC), seja um ato ilícito objetivo ou por abuso de direito (art. 187, CC). Isso é o que impõe o *caput* do art. 927 do CC: "Aquele que, por ato ilícito (arts. 186 e 187), causar dano a outrem, fica obrigado a repará-lo".

Vale lembrar, por fim, que a denominação de "ato ilícito" mencionada no art. 187 do CC é merecedora de críticas. Já que a ilicitude induz à constatação de conduta culposa do agente, o que na realidade não é exigido em se tratando de abuso de direito. Aqui utilizamos a denominação de "ato ilícito" porque essa foi a opção topográfica legislativa para cuidar do instituto. Mas, tecnicamente, a responsabilidade pelo abuso de direito se situa no âmbito da responsabilidade civil objetiva, que prescinde, pois, da apreciação do elemento culpa. Nessa senda, foi aprovado o Enunciado nº 37 do CJF: "A responsabilidade civil decorrente do abuso de direito independe de culpa e fundamenta-se somente no critério objetivo-finalístico".

3. EXCLUDENTES DE ILICITUDE

Se o arts. 186 e 187 do CC se dedicam a definir as espécies de ato ilícito, o artigo subsequente – art. 188 – traz as excludentes de ilicitude: a legítima defesa, o estado de necessidade, o exercício regular de um direito e o estrito cumprimento de um dever legal. O que esse artigo pretende estabelecer é que, causado um dano sob o pálio de uma dessas excludentes, não se terá cometido ato ilícito.

Porém, não se deve esquecer que, excepcionalmente, embora não se tenha praticado ato ilícito é possível que seja devida indenização, diante da superveniência de algum dano a terceiro que não tenha causado a situação de perigo, conforme propugna o art. 929 do CC: "Se a pessoa lesada, ou o dono da coisa, no caso do inciso II do art. 188, não forem culpados do perigo, assistir-lhes-á direito à indenização do prejuízo que sofreram". Por exemplo, a hipótese em que o motorista de um carro, para evitar um atropelamento, invade uma propriedade, gerando prejuízos ao proprietário desta por destruir cerca e matar animais. Por

---

[7] Lembremos o velho dito popular: "o direito de um acaba, quando começa o direito do outro".

óbvio que o motorista agiu sob a excludente de ilicitude do estado de necessidade e, portanto, não praticou ato ilícito. Entretanto, deverá indenizar o proprietário pelos danos causados, por força do art. 929, CC. Ressalvado, é claro, ao motorista do carro, o direito de regresso contra o pedestre que causou o acidente, conforme impõe o art. 930: "No caso do inciso II do art. 188, se o perigo ocorrer por culpa de terceiro, contra este terá o autor do dano ação regressiva para haver a importância que tiver ressarcido ao lesado". E, ainda, o seu parágrafo único: "A mesma ação competirá contra aquele em defesa de quem se causou o dano (art. 188, inciso I)".

PRESCRIÇÃO E DECADÊNCIA

1. ETAPAS PARA A COMPREENSÃO DA PRESCRIÇÃO E DA DECADÊNCIA

Os institutos prescrição e decadência existem em razão da necessidade de tranquilidade social e segurança jurídica exigidas nas relações negociais.

O Código Civil de 1916, de maneira imprecisa, estabelecia em seu art. 178, cujo *caput* informava: "prescreve", na verdade, um rol de situações que não se reduziam apenas à prescrição, mas também à decadência. O Código Civil de 2002 estabeleceu uma nova dinâmica, acatando o critério científico para distinguir os institutos prescrição e decadência de Agnelo Amorim Filho.[1] Então, o que o novel *Codex* fez foi trazer um capítulo próprio para tratar da prescrição[2] e um outro capítulo para tratar da decadência,[3] o que se mostrou mais acertado tendo em vista que um dos princípios que orientam a codificação de 2002 é a operabilidade.

Identificar quando se trata de prescrição e quando se trata de decadência é um exercício de raciocínio, ao qual procederemos em etapas.

- *1ª etapa: Espécies de direitos*

Existem duas espécies de direitos:

1) **Direitos a uma Prestação:** aqueles que correspondem aos direitos de se obter um bem da vida. Assim, há um sujeito passivo obrigado a uma prestação de dar, fazer ou não fazer. Por exemplo: o direito de se receber uma determinada quantia em dinheiro.

2) **Direitos Potestativos:** traduzem-se na possibilidade que tem uma das partes de invadir a esfera jurídica alheia impondo um estado de sujeição. Reduzem-se a direitos sem prestação. Os direitos potestativos, por sua vez, podem ser exercidos de três formas, a saber:

   a) **mediante simples declaração de vontade:** basta a declaração de vontade de uma das partes para se exercitar o direito potestativo, por exemplo, dá-se quando em um contrato de mandato, uma das

---

[1] Brilhante texto de Agnelo Amorim Filho cujo título é *"Critério científico para distinguir a prescrição da decadência e para identificar as ações imprescritíveis"* encontra-se na RT 300/7 e 744/725.

[2] Arts. 189 ao 206, CC/2002.

[3] Arts. 207 ao 211, CC/2002.

partes – o mandante – delibera a revogação do mandato ou quando um herdeiro aceita a herança.

b) **mediante declaração receptícia de vontade:** não basta a declaração de vontade de uma das partes, torna-se necessário que essa vontade seja recebida pela outra parte, como, por exemplo, na hipótese em que os condôminos resolvem pela extinção do condomínio. Nessa hipótese, caso um dos condôminos não adira à vontade dos outros condôminos de colocar fim ao condomínio, somente mediante ação poder-se-á exercer esse direito potestativo (hipótese contida na letra c).

c) **mediante ação:** não basta simplesmente a declaração de vontade, ainda que aceita pela outra parte. Existem determinados direitos potestativos, como, por exemplo, o direito que tem um dos cônjuges de requerer o fim do vínculo conjugal, que só poderá ser exercitado mediante ação. No exemplo, a ação de divórcio. Aqui estamos diante das chamadas ações necessárias. Outros exemplos: anulação de um contrato feito sob vício do consentimento, negatória de paternidade, anulação de casamento etc.

- *2ª etapa: Classificação das ações, de Chiovenda*

Segundo a clássica divisão de Giuseppe Chiovenda,[4] três são as ações existentes: as ações condenatórias; as ações constitutivas; e as ações declaratórias. Cada qual se prestando a finalidades distintas.

1) **Ação Condenatória:** meio de proteção de um direito a uma prestação;
2) **Ação Constitutiva:** meio de exercício de um direito potestativo;
3) **Ação Declaratória:** meio de obtenção de uma certeza jurídica. Vale lembrar o art. 19 do CPC/2015: "O interesse do autor pode limitar-se à declaração: I – da existência, da inexistência ou do modo de ser de uma relação jurídica; II – da autenticidade ou da falsidade de documento".

- *3ª etapa: A possibilidade de violação*

Ao atentarmos para os direitos a uma prestação, é importante lembrar que esses direitos comportam a ideia de violação, de lesão. Assim, em havendo a violação a um direito a uma prestação, nascerá uma pretensão. A ação cabível para a proteção desse direito, como vimos, é a ação condenatória.

O interessado, porém, deverá ajuizar a ação dentro de um determinado prazo, pois um instituto chamado *prescrição* extinguirá a pretensão. Vejamos:

---

[4] CHIOVENDA, Giuseppe. *Instituições de direito processual civil.* Campinas: Bookseller, 2008.

Dessa forma, impõe o art. 189 do Código Civil: "Violado o direito, nasce para o titular a pretensão, a qual se extingue, pela prescrição, nos prazos a que aludem os arts. 205 e 206". Por meio de um exemplo, visualizamos: João deve a Paulo a quantia de R$ 1.000,00 com vencimento previsto para o dia 20 de agosto. Chegado o dia do vencimento, se João não proceder ao pagamento, isto é, se João violar o direito a uma prestação de Paulo de receber a quantia, surgirá para Paulo uma pretensão que se extinguirá por meio da prescrição. O Código Civil de 2002 foi certeiro ao esclarecer que o que se extingue pela prescrição é a pretensão, colocando fim à antiga e equivocada conclusão de que a prescrição colocava fim à ação. Por óbvio, não podemos nos manifestar pela possibilidade de se extinguir a **"ação"**, mas, sim, a **"pretensão"**, posto que ação é direito subjetivo público que não pode ser extinto. Explicamos, a ação condenatória pode ser ajuizada tardiamente, ainda que fadada ao insucesso, em virtude da perda da pretensão do credor.

Quando tratamos dos direitos potestativos, devemos esclarecer que essa categoria de direitos não comporta a ideia de violação, por isso trata-se de direitos sem pretensão. Assim, para que surja o direito potestativo de alguém, não é necessário que outrem o tenha violado. Portanto, basta que nasça o direito potestativo, para que o titular do direito possa manejar uma ação constitutiva, posto ser essa ação pela qual se exercita um direito potestativo.

Ocorre que a ação constitutiva deverá ser manejada dentro de um determinado lapso temporal, pois um instituto denominado **decadência**, também conhecido como **caducidade**, colocará fim a tal direito. Exemplificamos: João assinou um contrato porque Antônio lhe incutiu o temor de um mal injusto. O contrato assinado sob o vício do consentimento designado coação, como nós sabemos, está sujeito à anulação. Simplesmente, surge para João o direito potestativo de anular o contrato. Ocorre que deverá fazê-lo dentro do prazo de 4 (quatro) anos (art. 178, I, CC), pois, transcorrido o prazo *in albis*,[5] o direito potestativo de anular o contrato de João restará fulminado pela decadência. Observemos a linha do tempo a seguir:

- *4ª etapa: Conclusões*

Relacionando as 1ª, 2ª e 3ª etapas apresentadas anteriormente, chegamos às seguintes conclusões:

1) **Estão sujeitas à prescrição:** as ações condenatórias;

---

[5] A expressão latina *"in albis"* quer dizer "em branco, sem tomar providências".

2) Estão sujeitas à decadência: as ações constitutivas com prazo. Nesse ponto, urge salientarmos que as ações constitutivas – aquelas pelas quais se exerce um direito potestativo – poderão ser com prazo ou sem prazo. Exemplo de ação constitutiva com prazo, a ação anulatória (art. 178, CC). Exemplo de ação constitutiva sem prazo, a ação de divórcio (é claro que não há um prazo para que o cônjuge ajuíze a ação de divórcio para colocar fim ao vínculo conjugal). Por isso, dizemos que estão sujeitas à decadência as ações constitutivas com prazo;

3) São perpétuas[6] (isto é, não estão sujeitas a nenhum prazo prescricional ou decadencial)**:** as ações constitutivas sem prazo, já expostas anteriormente e as ações declaratórias, uma vez que essa modalidade de ação não causa intranquilidade social ou insegurança jurídica, pois objetiva tão somente a obtenção de uma certeza jurídica.

Se compreendemos os pontos conclusivos retrocitados, temos de nos posicionar pelo desuso e afastamento de determinadas súmulas editadas por Tribunais Superiores que atribuem a prescrição a determinados prazos que, na realidade, são decadenciais, posto que associados a direitos potestativos. Temos como exemplo a Súmula nº 494 do STF, cujo teor é: "A ação para anular a venda de ascendente a descendente, sem o consentimento dos demais, **prescreve** em vinte anos, contados da data do ato" (grifamos). Tendo em vista que o critério adotado pelo Código Civil de 2002 foi pela distinção científica da prescrição e da decadência, torna--se inadmissível a súmula citada, que se trai pelos próprios termos. O direito de anular é potestativo e, desse modo, se sujeito a prazo, esse prazo só poderá ser decadencial. Na hipótese da súmula lembrada, o prazo a ser aplicado é o prazo decadencial geral de 2 (dois) anos contados da celebração do ato, previsto no art. 179 do CC. E, ainda, Enunciado nº 545, CJF:

> O prazo para pleitear a anulação de venda de ascendente a descendente sem anuência dos demais descendentes e/ou do cônjuge do alienante é de 2 (dois) anos, contados da ciência do ato, que se presume absolutamente, em se tratando de transferência imobiliária, a partir da data do registro de imóveis.

---

[6] Alguns doutrinadores preferem a designação "imprescritível" para se referir às ações que não se sujeitam a nenhuma espécie de prazo. Não nos parece, porém, que essa designação seja adequada. Preferimos chamá-las de "perpétuas", pois ao designá-las de imprescritíveis, a impressão que se dá é que se estivessem sujeitas a um prazo, esse prazo seria necessariamente prescricional, o que não corresponde à verdade. Portanto, detectamos um equívoco cometido pelo nosso legislador no art. 1.601 do CC que dispõe: "Cabe ao marido o direito de contestar a paternidade dos filhos nascidos de sua mulher, **sendo tal ação imprescritível**" (grifamos). Decerto que, se tal direito se traduz em potestativo, caso a ação se sujeitasse a um prazo, esse prazo não seria prescricional, mas sim decadencial, pois estaríamos tratando de um direito potestativo. O mesmo se diga acerca da Súmula nº 149 do STF, que expõe que "é imprescritível a ação de investigação de paternidade, mas não o é a de petição de herança".

2. PRESCRIÇÃO

2.1. Prescrição extintiva e prescrição aquisitiva

De início, cabe diferenciar prescrição extintiva de prescrição aquisitiva. A prescrição extintiva[7] é a que nos interessa para fins de estudo do presente capítulo e se traduz na perda da pretensão[8] pela inércia da parte, transcorrido um lapso temporal. Importante perceber que o direito em si permanece íntegro, porém sem proteção jurídica. Por isso, aquele que deve o que já está prescrito, se quiser, pode pagar, e não há problema nenhum nisso. Nessa hipótese, exatamente porque o direito permanece é que aquele que pagou não pode pretender repetir o indébito por força do que dispõe o art. 882 do CC.[9]

Já a prescrição aquisitiva é o mesmo que usucapião, isto é, trata-se de modo aquisitivo da propriedade e outros direitos reais pelo decurso do tempo, observados os requisitos legais. A similitude das expressões existe porque em ambas as hipóteses se impõe o decurso de um prazo e a inércia de uma das partes. Ademais, o art. 1.244 do Código Civil estabelece que: "Estende-se ao possuidor o disposto quanto ao devedor acerca das causas que obstam, suspendem ou interrompem a prescrição, as quais também se aplicam à usucapião". Assim, as causas que impedem, suspendem ou interrompem a prescrição, previstas nos arts. 197, 198 e 199 do CC se aplicam ao transcurso do tempo em se tratando de usucapião.

2.2. Natureza jurídica da prescrição extintiva

A doutrina não chega a um consenso acerca de qual seria a natureza jurídica da prescrição extintiva, porém, dois posicionamentos se evidenciam:

1º) Trata-se de um fato jurídico em sentido estrito, por decorrer da natureza;

2º) Trata-se de ato jurídico em sentido estrito, por corresponder à mera submissão do agente ao ordenamento jurídico.

2.3. A prescrição da exceção (art. 190, CC)

O Código Civil de 2002 pôs fim à antiga discussão acerca da possibilidade de a exceção prescrever no mesmo prazo que a pretensão.

---

[7] Não se pode confundir a prescrição com a perempção, instituto de direito processual previsto no § 3º do art. 486, CPC/2015: "Se o autor der causa, por 3 (três) vezes, à sentença fundada em abandono da causa, não poderá propor nova ação contra o réu com o mesmo objeto, ficando--lhe ressalvada, entretanto, a possibilidade de alegar em defesa o seu direito".

[8] A vetusta tese de Clóvis Beviláqua, pela qual a prescrição implicaria a perda do direito de ação ou da própria ação, perdeu o seu sentido diante da clara redação do art. 189 do CC, que impõe que: "Violado o direito, nasce para o titular a pretensão, a qual se extingue, pela prescrição, nos prazos a que aludem os arts. 205 e 206".

[9] Art. 882, CC: "Não se pode repetir o que se pagou para solver dívida prescrita, ou cumprir obrigação judicialmente inexigível".

Certamente que o art. 190 do CC, ao dispor que "a exceção prescreve no mesmo prazo em que a pretensão" está a se referir ao sentido de **"defesa"** que a expressão possui. De acordo com Cristiano Chaves e Nelson Rosenvald, acerca da exceção substancial: "Trata-se da alegação feita pelo titular de um direito, sob a forma de defesa em um processo que foi iniciado contra si para discutir exatamente esse direito. É, pois, defesa indireta contra uma pretensão ajuizada".[10]

Desse modo, se não se pode mais alegar aquela pretensão via ação, também não se poderá alegá-la como matéria de defesa. Por exemplo, João é credor de Maria. Com o vencimento da dívida, nasce para João a pretensão que será extinta pela prescrição com decurso de um prazo pré-determinado. Se imaginarmos que, posteriormente, Maria se torne credora de João, por outra razão qualquer, temos que, chegado o vencimento da dívida, caso João não arque com a sua obrigação, por óbvio, nascerá para Maria uma pretensão. Imagine-se ainda que Maria, diligentemente, ajuíze a ação condenatória cabível dentro do prazo prescricional.

Diante desse quadro, seria possível a João alegar em sua defesa, operando-se em seu favor uma possível compensação, levando-se em consideração a anterior dívida já prescrita? Pelo Código Civil de 2002, decerto que não, uma vez que a defesa prescreve no mesmo prazo em que a pretensão, isto é, a pretensão não poderá ser alegada em matéria de defesa.

Esmiuçando o art. 190 do CC, aprovou-se o Enunciado nº 415 do CJF: "O art. 190 do Código Civil refere-se apenas às exceções impróprias (dependentes/não autônomas). As exceções propriamente ditas (independentes/autônomas) são imprescritíveis". Para exemplificar a exceção imprópria, podemos mencionar a compensação. Já como exemplo de exceção própria, citamos o pagamento direto.

2.4. Renúncia à prescrição

Para atentarmos à possibilidade de renúncia da prescrição, devemos visualizar primeiro a quem o implemento da prescrição favorece. Quando se extingue a pretensão, diante da inércia do credor, o devedor encontra-se desonerado da dívida. Assim, fica claro que a prescrição beneficia o devedor.[11]

Pois bem. Imaginemos que, não obstante o devedor se encontre desonerado da dívida, ele resolva honrar a obrigação e pagá-la. Isso se mostra plenamente possível e viável. Na verdade, o que está ocorrendo nessa hipótese é a renúncia à prescrição. Portanto, só poderá renunciar à prescrição quem se beneficia dela, e já sabemos que quem se beneficia dela é a figura do devedor. Porém, releva notar que, para que se admita a renúncia à prescrição, torna-se necessário o preenchimento de dois requisitos:

1º) Que o prazo prescricional já esteja consumado. É dizer que não se admite a renúncia prévia da prescrição, a renúncia de um prazo prescricional ainda

---

[10] FARIAS, Cristiano Chaves de; ROSENVALD, Nelson. *Curso de direito civil.* Parte geral e LINDB. 13. ed. São Paulo: Atlas, 2015. p. 634.

[11] Não podemos nos esquecer do velho brocardo latino *"Dormientibus non succurrit ius"*, que em tradução livre quer dizer: "O direito não socorre aos que dormem".

em curso. Não poderá, por exemplo, o credor entabular um contrato com o devedor pelo qual este último renuncia à prescrição tornando a dívida imprescritível e municiando o credor contra si próprio *ad infinitum*.[12] Agora, após ter se efetivado a prescrição, óbice nenhum há para que o devedor queira pagar o seu credor.

2º) **Que a renúncia não prejudique a terceiro.** Desse modo, não pode o devedor renunciar à prescrição, ainda que o prazo já esteja consumado, porém, em razão de sua insolvência, prejudicando a outros credores que eventualmente possua. Nesse caso, prevalecerá o interesse dos credores cuja dívida não esteja prescrita, de modo que a renúncia poderá ser anulada por estes, por meio de ação pauliana.

Nessa esteira, o art. 191 do CC engloba os dois requisitos com a seguinte redação: "A renúncia da prescrição pode ser expressa ou tácita, e só valerá, sendo feita, sem prejuízo de terceiro, depois que a prescrição se consumar, tácita é a renúncia quando se presume de fatos do interessado, incompatíveis com a prescrição".

Percebemos ainda que, preenchidos os dois requisitos já comentados, a renúncia à prescrição poderá ser expressa ou tácita. Será expressa, circunscrevendo-se a uma manifestação externada e idônea do devedor. Tácita seria a renúncia que decorresse de atos do credor que fossem compatíveis com o intento de se adimplir a dívida, por exemplo o pagamento total ou parcial da dívida que já estava prescrita.[13]

2.5. Impossibilidade de alteração dos prazos prescricionais pela vontade das partes

Os prazos prescricionais não podem ser alterados por vontade das partes (art. 192, CC). Esse raciocínio se amolda perfeitamente à impossibilidade de se renunciar previamente à prescrição, como demonstrado no ponto anterior. Desse modo, caso a lei admitisse a possibilidade de alteração dos prazos prescricionais por acordo feito entre as partes, alcançar-se-ia, por vias transversas, a renúncia prévia à prescrição, o que, repise-se, é vedado pela lei.

---

[12] A expressão *"ad infinitum"* significa "para todo o sempre, até o infinito".

[13] Por fim, vale acrescentar uma interessantíssima crítica formulada por Anderson Schereiber, acerca do tema tratado: "Outro dispositivo que merece revisão é o art. 191, que trata da 'renúncia à prescrição'. A simples possibilidade de que as partes renunciem à prescrição já colide com o caráter imperativo que o próprio Código Civil parece atribuir ao instituto em outros dispositivos, como no art. 192, que impede que os prazos prescricionais sejam alterados 'por acordo das partes.' Se não podem as partes estender o prazo prescricional por alguns anos, também não deveriam poder as partes renunciar à prescrição. O art. 191 acrescenta, ainda, que a tal 'renúncia' só valerá se 'feita, sem prejuízo de terceiro, depois que a prescrição se consumar'. Ora, por definição, ninguém renuncia a algo que já se consumou. O que o legislador pretendeu provavelmente esclarecer foi que, mesmo após o decurso do prazo prescricional, o devedor pode satisfazer espontaneamente o direito do credor. Não se tem aí qualquer 'renúncia', mas simples efeito da prescrição, que, como declara o próprio Código Civil, não atinge o direito, mas tão somente a pretensão". SCHEREIBER, Anderson. *Direito civil e constituição*. São Paulo: Atlas, 2013. p. 84.

2.6. Suprimento de ofício pelo juiz

O art. 194 do CC, que dispunha: "O juiz não pode suprir, de ofício, a alegação de prescrição, salvo se favorecer a absolutamente incapaz", foi revogado,[14] pela Lei nº 11.280/2006. Portanto, o quadro que se tem nos dias atuais é em sentido diametralmente oposto ao que se tinha. Se, antes, a regra era a de que o Juiz não poderia suprir de ofício a alegação de prescrição, salvo a hipótese de favorecimento a absolutamente incapaz, com a entrada em vigor da referida lei, o que temos é que a regra agora é que o Juiz deverá suprir de ofício a alegação de prescrição.

Não há, conclusivamente, artigo no Código Civil que trate da possibilidade ou impossibilidade de o juiz suprir a alegação de prescrição, com a revogação de seu art. 194. A Lei nº 11.280/2006 deixou para o CPC/73 tratar da referida hipótese, trazendo uma nova redação para o § 5º do art. 219 do velho Código Instrumental, que despontou com os seguintes dizeres: "O juiz pronunciará, de ofício, a prescrição". Com a revogação do CPC/73 e entrada em vigor do CPC/2015, o quadro se mantém no art. 332, § 1º, que apresenta a seguinte redação: "O juiz também poderá julgar liminarmente improcedente o pedido se verificar, desde logo, a ocorrência de decadência ou de prescrição". E, ainda, no inc. II do art. 487: "Haverá resolução de mérito quando o juiz: II – decidir, de ofício ou a requerimento, sobre a ocorrência de decadência ou prescrição". Em verdade, a questão é mais profunda do que se imagina e alcança ponto que gera intensa discussão doutrinária. Discutem os doutrinadores se a prescrição deve ser considerada matéria de ordem pública ou não.

O CPC/2015, na esteira da alteração promovida pela Lei nº 11.280/2006, ao admitir a possibilidade de o juiz pronunciar de ofício a prescrição, acaba enquadrando a questão como matéria de ordem pública e de acordo com esse posicionamento do legislador estão Maria Helena Diniz, Nelson Nery e Roberto Senise Lisboa.

Ao contrário, todavia, há forte posicionamento doutrinário no sentido de que a prescrição é, sim, matéria de ordem privada exatamente por envolver direitos patrimoniais e o Código Civil admitir a possibilidade de sua renúncia. Nesse sentido, podem ser mencionados Cristiano Chaves, Nelson Rosenvald,[15] Flávio Tartuce e José Fernando Simão.

---

[14] Com a revogação do art. 194 do CC, dois enunciados, que foram aprovados na III Jornada de Direito Civil, perderam a sua operabilidade: o Enunciado nº 154 ("o juiz deve suprir de ofício a alegação de prescrição em favor do absolutamente incapaz"); e o Enunciado nº 155 ("o art. 194 do Código Civil de 2002, ao permitir a declaração *ex officio* da prescrição de direitos patrimoniais em favor do absolutamente incapaz, derrogou o disposto no § 5º do art. 219 do CPC").

[15] "Observando, cuidadosamente, a natureza privada e disponível da prescrição (que, repita-se à saciedade, correlaciona-se com os direitos subjetivos patrimoniais), não se pode deixar de pontuar o lastimável equívoco do legislador em permitir que seja ela conhecida *ex offício* pelo juiz. Independentemente de qualquer justificativa com base na economia e celeridade processuais, é certo que a sua natureza privada e disponível não justificam o seu conhecimento de ofício". FARIAS, Cristiano Chaves de; ROSENVALD, Nelson. *Curso de direito civil*. Parte geral e LINDB. 13. ed. São Paulo: Atlas, 2015. p. 621.

Para que haja a conciliação dos dispositivos legais que impõe a declaração de ofício da prescrição pelo juiz e a possibilidade de renúncia à prescrição por parte do devedor, foi aprovado, na IV Jornada de Direito Civil, o Enunciado nº 295 com a seguinte redação: "A revogação do art. 194 do Código Civil pela Lei nº 11.280/2006, que determina ao juiz o reconhecimento de ofício da prescrição, não retira do devedor a possibilidade de renúncia admitida no art. 191 do texto codificado". Na mesma senda, vale lembrar que, na VII Jornada de Direito Civil, foi aprovado o Enunciado nº 581 nos seguintes termos: "Em complemento ao Enunciado nº 295, a decretação *ex officio* da prescrição ou da decadência deve ser precedida de oitiva das partes".

2.7. Momento de alegação da prescrição

O art. 193 do CC estabelece que "a prescrição pode ser alegada em qualquer grau de jurisdição, pela parte a quem aproveita". Por isso, a prescrição poderá ser alegada na contestação[16] ou até mesmo em grau de recurso, mesmo não tendo sido alegada inicialmente na contestação.

Releva salientar, entretanto, que, em se tratando de recurso extraordinário, especial e de revista interpostos, respectivamente, perante o Supremo Tribunal Federal, Superior Tribunal de Justiça e o Tribunal Superior do Trabalho, o que prevalece é que não há essa mesma possibilidade. Assim, não se pode alegar pela primeira vez, em grau de recurso extraordinário, especial e de revista, a prescrição, uma vez que esses recursos exigem o prequestionamento, o que significa dizer que se torna indispensável que a matéria alegada tenha sido ventilada e decidida na instância inferior, isto é, nas instâncias ordinárias.

Entretanto diante da assunção legislativa de que o juiz deve pronunciar a prescrição de ofício, o Tribunal também deverá conhecer de ofício a prescrição, e se assim não o fez, passível está de o acórdão, diante de sua omissão, ser submetido a embargos declaratórios que objetivem que o Tribunal decrete ou não a prescrição (ou mesmo a decadência legal, que, como veremos, também poderá ser arguida em qualquer grau de jurisdição) e, doravante, surgir a possibilidade do recurso extraordinário, especial ou de revista.

É de se lembrar também que se torna possível o manejo da ação rescisória com fincas no art. 966, V, do CPC/2015 após o trânsito em julgado da sentença em que não houve a manifestação do magistrado acerca da prescrição.

Há ainda uma questão que não pode passar desapercebida diante da redação do art. 193 do CC. Por esse artigo, "a prescrição pode ser alegada em qualquer grau de jurisdição, pela parte a quem aproveita". É evidente que a parte que colhe proveito da alegação da prescrição é o devedor. Todavia, a indagação que formulamos é: um terceiro prejudicado pela não arguição da prescrição poderia suscitá-la?

Dois posicionamentos são encontrados na doutrina:

---

[16] Se na contestação será alegada não como preliminar processual, mas, sim, como preliminar de mérito, uma vez que o cerne da questão tangencia o direito material.

1º) Um terceiro prejudicado pela não arguição da prescrição pode suscitá-la, pois a interpretação do art. 193 deve ser feita sistematicamente com o art. 191 do CC, que estabelece que a renúncia à prescrição não pode prejudicar a terceiros. Nesse sentido, Gustavo Tepedino.

2º) Um terceiro prejudicado pela não arguição da prescrição não pode suscitá-la, devendo a interpretação do art. 191 do CC ser restritiva. Nesse sentido, Humberto Teodoro.

2.8. Continuação da prescrição

Em havendo a transmissão da obrigação, seja por ato *inter vivos* ou *causa mortis*, a prescrição já iniciada continua a correr contra o seu sucessor. Assim está no art. 196 do Código Civil de 2002,[17] que amplia a redação correspondente ao Código Civil de 1916 ao substituir a expressão "herdeiro", que limitava a transmissão a se dar *causa mortis*, por "sucessor", que traz em si a possibilidade de a transmissão se dar por *causa mortis* (testamento ou legado), ou mesmo por ato *inter vivos* (ex.: compra ou sucessão de empresas). A conclusão a que se chega é a de que a morte não pode ser considerada causa impeditiva, suspensiva ou interruptiva da prescrição.

2.9. Responsabilização do representante da pessoa jurídica e do assistente do relativamente incapaz

O art. 195 do CC nos informa que "os relativamente incapazes e as pessoas jurídicas têm ação contra os seus assistentes ou representantes legais, que derem causa à prescrição, ou não a alegarem oportunamente". Este artigo deverá ser interpretado conjuntamente com o art. 186 do CC, isto é, para se demandar contra o representante é necessário que este tenha agido com dolo ou culpa.

2.10. Causas impeditivas ou suspensivas da prescrição

Os arts. 197, 198 e 199 do CC apresentam as causas impeditivas ou suspensivas da prescrição. As hipóteses previstas nos referidos artigos poderão ser eventualmente impeditivas, ou seja, impedem que a prescrição corra sem sequer iniciar-se, ou então, suspensivas, pois suspenderão a prescrição, estando ela já iniciada. Dependerá do caso concreto, como veremos adiante. O que importa perceber, em princípio, é que todas elas irão beneficiar o credor.

No art. 197 do CC, temos as causas subjetivas bilaterais. Recebem essa designação porque o fator que impede ou suspende a prescrição de correr é atinente às condições pessoais de ambas as partes envolvidas. Assim, não corre a prescrição:

---

[17] Art. 196, CC/2002: "A prescrição iniciada contra uma pessoa continua a correr contra o seu sucessor".

Art. 165, CC/16: "A prescrição iniciada contra uma pessoa continua a correr contra o seu herdeiro".

I) entre os cônjuges na constância da sociedade conjugal.[18] Leva-se em consideração o relacionamento existente entre o casal e a necessidade de não se criarem melindres dentro do lar conjugal. Por isso, inadmissível seria, por exemplo, o marido ao dever uma determinada quantia a sua esposa, esta tivesse que se apressar para ajuizar a ação contra o seu marido, pois sua pretensão poderia prescrever. Decerto que, se isso acontecesse, e a mulher ajuizasse a ação na constância da sociedade conjugal por receio de perder a sua pretensão, o relacionamento entre esse casal restaria conflagrado. Assim, o que a lei faz ao impedir de correr a prescrição nessa hipótese é exatamente deixar o cônjuge credor em uma situação confortável para evitar a ação judicial por medo de abalo no relacionamento, sem que com isso se perca a pretensão pelo decurso do tempo. Por essa mesma razão, atentemos para o Enunciado nº 296, aprovado na IV Jornada de Direito Civil: "Não corre a prescrição entre os companheiros, na constância da união estável". Salientemos que o que prevê o inc. I do art. 197 é que não corre a prescrição na constância da sociedade conjugal, o que significa que, terminada a sociedade conjugal, a prescrição, se já iniciada, volta a correr do ponto em que parou ou se nem havia começado a correr antes, pois a dívida sobreveio após o casamento, a prescrição começará a correr do zero com o fim da sociedade conjugal.[19]

---

[18] Flávio Tartuce opina no sentido de que "a separação de fato não impedirá a aplicação da regra, somente correndo a prescrição a partir do trânsito em julgado da sentença de separação judicial (consensual ou litigiosa) ou de divórcio direto". TARTUCE, Flávio. *Direito civil:* lei de introdução e parte geral. 2. ed. São Paulo: Método, 2006. p. 350. Em sentido contrário, isto é, no sentido de que a separação de fato por tempo razoável mitiga a regra do art. 197, I, do Código Civil de 2002, o STJ se manifestou em recente julgado. Seguem as informações de inteiro teor: "Inicialmente cumpre salientar que a interpretação literal dos artigos 197 e 1.571, ambos do Código Civil, de fato, conduzem ao entendimento de que a prescrição entre os cônjuges somente flui pela morte de um deles, pela nulidade ou anulação do casamento, pela separação judicial e pelo divórcio, ou seja, diante de uma das causas do término da sociedade conjugal, não abarcando a legislação em comento, a hipótese da separação de fato. Ocorre que tanto a separação judicial (negócio jurídico) como a separação de fato (fato jurídico), comprovadas por prazo razoável, produzem o efeito de pôr termo aos deveres de coabitação, de fidelidade recíproca e ao regime matrimonial de bens (elementos objetivos), e revelam a vontade de dar por encerrada a sociedade conjugal (elemento subjetivo). Apesar do art. 1.571 do CC/2002 não incluir nos seus incisos a separação de fato no rol das causas da dissolução da sociedade conjugal, dele consta a separação judicial, cujas consequências jurídicas são semelhantes. Assim, não subsistindo a finalidade de preservação da entidade familiar e do respectivo patrimônio comum, não há óbice em considerar passível de término a sociedade de fato e a sociedade conjugal. Por conseguinte, não há empecilho à fluência da prescrição nas causas envolvendo direitos e deveres matrimoniais" (STJ, REsp 1.777.769-SP, Rel. Min. Nancy Andrighi, Terceira Turma, por unanimidade, julgado em 5/11/2019, *DJe* 8/11/2019. Informativo nº 660). A mesma 3ª Turma do STJ decidiu que a separação de fato de um casal é suficiente para fazer cessar a causa impeditiva da fluência do prazo necessário ao reconhecimento da usucapião entre cônjuges (STJ, REsp 1.693.732-MG, 3ª Turma, Rel. Min. Nancy Andrighi, j. 5/5/2020, *DJe* 11/5/2020).

[19] "De qualquer maneira, com a nova redação do art. 1.240-A do Código Civil, com o texto emprestado pela Lei nº 12.424/2011, excepciona-se a regra geral de não fluência de prazos prescricionais entre cônjuges e companheiros. É que se estabeleceu a possibilidade de usucapião conjugal, entre cônjuges, companheiros e parceiros homoafetivos, durante a relação familiar, quando

II) entre ascendentes e descendentes, durante o poder familiar. A razão aqui é a mesma do inciso anterior, isto é, o receio de com o correr da prescrição, a pressa no ajuizamento da ação crie melindres familiares. Além disso, a preocupação do legislador também se deve em virtude das influências que os pais, em princípio, exercem sobre os seus filhos. Lado outro, findo o poder familiar, iniciar-se-á a contagem da prescrição do zero. Então, quando o filho alcançar a maioridade civil, começará a correr o prazo prescricional. De acordo com Cristiano Chaves e Nelson Rosenvald:

> Indo mais longe, é relevante anotar que sequer a emancipação autorizaria a fluência do prazo prescricional. Isso porque a emancipação não isenta os pais do menor emancipado das responsabilidades decorrentes do poder familiar. Em sendo assim, mantém-se o impedimento da fluência dos prazos prescricionais mesmo se houve emancipação voluntária do adolescente. Do contrário, os pais poderiam emancipar os seus rebentos com o intuito de permitir a fluência da prescrição, com evidente prejuízo para o menor.[20]

III) entre tutelados ou curatelados e seus tutores ou curadores, durante a tutela ou curatela. Mais uma vez, o legislador prima pelo bom convívio no âmbito das relações estreitas, como nesses institutos de direito assistencial (tutela e curatela). Assim, as relações pupilo-tutor e curatelado--curador não se veem ameaçadas com o decurso da prescrição. Findas essas relações, a prescrição começa a correr de quando parou, caso se tenha iniciado antes do surgimento da relação, ou inicia-se do zero, caso não tenha começado a correr.

Já no art. 198 do CC, encontramos as causas subjetivas unilaterais. Recebem essa designação porque o fator impeditivo ou suspensivo diz respeito às condições pessoais de uma das partes, que inviabiliza o transcurso da prescrição. Por isso, não corre a prescrição:

I) contra os incapazes de que trata o art. 3º do CC. Esse artigo considera como absolutamente incapazes os menores de 16 anos. A lei visa à evidente proteção do absolutamente incapaz. Importante salientar que não há essa mesma proteção em se tratando dos relativamente incapazes, dispostos no art. 4º do CC. Assim, o prazo só começará a fluir quando o incapaz completar 16 anos. Por exemplo, se o credor daquele crédito decorrente do aluguel de um apartamento for um menino de 14 anos, que celebrou um contrato de locação devidamente representado, não

---

houver abandono de lar pelo prazo mínimo de dois anos. Considerando que a usucapião nada mais é senão uma prescrição aquisitiva (submetida por lógica, a todas as regras norteadoras da prescrição extintiva), nota-se que se excepcionou a regra geral, admitindo-se a fluência do prazo prescricional aquisitivo (usucaptivo) durante a relação conjugal, quando há separação de fato pelo período mínimo de dois anos." FARIAS, Cristiano Chaves de; ROSENVALD, Nelson. *Curso de direito civil*. Parte geral e LINDB. 13. ed. São Paulo: Atlas, 2015. p. 624-625.

[20] FARIAS, Cristiano Chaves de; ROSENVALD, Nelson. *Curso de direito civil*. Parte geral e LINDB. 13. ed. São Paulo: Atlas, 2015. p. 625.

Cap. 12 – PRESCRIÇÃO E DECADÊNCIA

correrá prescrição contra ele, começando a correr, pois, quando completar 16 anos. Todavia, se o crédito se tratar de pensão alimentícia devida pelo pai ao filho, o prazo prescricional somente começará a correr quando o credor completar 18 anos. Isso porque, é caso de se aplicar o inc. II do art. 197 do CC, que nos informa que não correrá a prescrição entre ascendente e descendente durante o poder familiar. Vale lembrar que a prescrição a favor, ou seja, para beneficiar o absolutamente incapaz corre normalmente. Assim, caso o absolutamente incapaz seja o devedor, em face dele correrá a prescrição, que o beneficiará. Por fim, no que tange à prescrição aquisitiva – a usucapião – o art. 1.244 do CC impõe: "Estende-se ao possuidor o disposto quanto ao devedor acerca das causas que obstam, suspendem ou interrompem a prescrição, as quais também se aplicam à usucapião". Desse modo, se, por exemplo, o proprietário de um terreno é um menino de 14 anos, o lapso temporal para configuração de usucapião restará impedido de correr em face do possuidor que ali está, pois prejudicará o absolutamente incapaz, somente começando a correr quando ele completar 16 anos.

II) contra os ausentes do País em serviço público da União, dos Estados ou dos Municípios. Esse inciso existe em razão da própria dificuldade que aquele que está fora do país encontra para exercitar a sua pretensão devido ao seu distanciamento físico. Mas esse benefício de se impedir ou suspender o transcurso da prescrição só beneficia aquele que está fora do país em serviço público da União, dos Estados ou dos Municípios. Em relação ao ausente[21] estudado no Capítulo 3, item 5, embora o legislador do Código Civil não o tenha citado expressamente, há entendimento da doutrina, consolidado no Enunciado nº 156, aprovado na III Jornada de Direito Civil que "desde o termo inicial do desaparecimento, declarado em sentença, não corre a prescrição contra o ausente".

III) contra os que se acharem servindo nas Forças Armadas, em tempo de guerra. A justificativa encontrada neste ponto é semelhante à do inciso anterior, qual seja, a dificuldade de se exercitar a pretensão devido ao distanciamento físico.

Por fim, o art. 199 do CC traz as chamadas causas objetivas ou materiais. Na realidade, desnecessária a referência que o legislador faz a essas hipóteses, pois, como perceberemos, são situações em que, na verdade, nem pretensão há. Então, o art. 199 estabelece que não corre igualmente a prescrição:

I) pendendo condição suspensiva. Essa condição se traduz na cláusula que, derivando exclusivamente da vontade das partes, subordina os efeitos do negócio jurídico a evento futuro e incerto. Então, enquanto não se der o implemento da condição, não corre a prescrição.

II) não estando vencido o prazo. O prazo aqui exposto não é o prazo de prescrição, o que seria absurdo, mas, sim, o prazo fixado por lei ou pela

---

[21] Os arts. 22 a 39 do CC trazem a disciplina legal quanto ao ausente.

vontade das partes para o cumprimento da obrigação resultante do ato ou negócio jurídico.

III) pendendo ação de evicção. A evicção é perda da coisa em virtude de sentença judicial, ou mesmo apreensão administrativa, em favor de um terceiro, ao qual denominamos evictor ou evincente. Aquele que perde a coisa se designa evicto ou evencido. Assim, pendente esse processo judicial ou administrativo, em que um terceiro, por possuir direito anterior sobre a coisa a pleiteia, enquanto não lhe for deferida propriedade sobre a coisa, não corre o prazo para que o evicto se volte contra o alienante nos termos dos arts. 447 ao 457 do CC.

Após analisadas as causas impeditivas ou suspensivas da prescrição, importa lembrar que o Código Civil de 2002 faz constar em seu art. 200, redação não correspondente no Código Civil de 1916, que "quando a ação se originar de fato que deva ser apurado no juízo criminal, não correrá a prescrição antes da respectiva sentença definitiva". Portanto, trata-se de hipótese impeditiva ou suspensiva da prescrição também, pois, em chamas a apuração criminal, não correrá a prescrição até o seu trânsito em julgado. Ressalte-se que é do trânsito em julgado que se contará a prescrição, e não da data do fato.[22]

Acerca do tema, *vide* o julgado a seguir:

RESPONSABILIDADE CIVIL. PRESCRIÇÃO. SUSPENSÃO. ACIDENTE DE TRÂNSITO. A independência entre os juízos cíveis e criminais (art. 935 do CC) é apenas relativa, pois existem situações em que a decisão proferida na esfera criminal pode interferir diretamente naquela proferida no juízo cível. O principal efeito civil de uma sentença penal é produzido pela condenação criminal, pois a sentença penal condenatória faz coisa julgada no cível. Porém, não apenas se houver condenação criminal, mas também se ocorrerem algumas situações de absolvição criminal, essa decisão fará coisa julgada no cível. Entretanto, o CPC autoriza (art. 265, IV) a suspensão do processo, já que é comum as duas ações tramitarem paralelamente. Dessa forma, o juiz do processo cível pode suspendê-lo até o julgamento da ação penal por até um ano. Assim, situa-se nesse contexto a regra do art. 200 do CC, ao obstar o transcurso do prazo prescricional antes da solução da ação penal. A finalidade dessa norma é evitar soluções contraditórias entre os juízos cíveis e criminais, especialmente quando a solução do processo penal seja determinante do resultado do cível. Sendo assim, permite-se à vítima aguardar a solução da ação penal para, apenas depois, desencadear a demanda indenizatória na esfera cível. Por isso, é fundamental que exista processo penal em curso ou, pelo menos, a tramitação de inquérito policial até o seu arquivamento. *In casu*, cuidou-se, na origem, de ação de reparação de danos derivados de acidente de trânsito (ocorrido em 26/8/2002) proposta apenas em 7/2/2006, em que o juízo singular reconheceu a ocorrência da prescrição trienal (art. 206 do CC), sendo que o tribunal *a quo* afastou o reconhecimento da prescrição com base no art. 200 do CC, por considerar que deveria

---

[22] Há quem entenda pelo conflito existente entre o art. 200 e o art. 935, ambos do Código Civil, uma vez que o art. 935 exalta a independência entre as responsabilidades civil e criminal, e o art. 200 acaba por submeter uma à outra.

Cap. 12 – PRESCRIÇÃO E DECADÊNCIA

ser apurada a lesão corporal culposa no juízo criminal. Porém, segundo as instâncias ordinárias, não foi instaurado inquérito policial, tampouco iniciada a ação penal. Assim, não se estabeleceu a relação de prejudicialidade entre a ação penal e a ação indenizatória em torno da existência de fato que devesse ser apurado no juízo criminal como exige o texto legal (art. 200 do CC). Portanto, não ocorreu a suspensão ou óbice da prescrição da pretensão indenizatória prevista no art. 200 do CC, pois a verificação da circunstância fática não era prejudicial à ação indenizatória, até porque não houve a representação do ofendido e, consequentemente, a existência e recebimento de denúncia. Precedentes citados: REsp 137.942-RJ, *DJ* 2/3/1998; REsp 622.117PR, *DJ* 31/5/2004; REsp 920.582-RJ, *DJe* 24/11/2008, e REsp 1.131.125-RJ, *DJe* 18/5/2011. REsp 1.180.237-MT, Rel. Min. Paulo de Tarso Sanseverino, julgado em 19/6/2012.

Por fim, lembremos que, suspensa a prescrição em favor de um dos credores solidários, só se beneficiarão da suspensão da prescrição os outros credores, se a obrigação for indivisível (art. 201, CC). Assim, em havendo solidariedade ativa, não há extensão da suspensão aos demais credores, que só serão beneficiados se a obrigação for indivisível. Atine-se, portanto, para a natureza personalíssima da suspensão.

2.11. Com a Covid-19, mais uma causa impeditiva ou suspensiva da prescrição

2.11.1. E agora? Habemus *Covid...*

Em 2020, um microscópico vírus assolou o planeta Terra. Tendo origem na cidade chinesa de Wuhan, capital da província de Hubei, na China, o novo agente de coronavírus foi descoberto em 31/12/2019. Sua denominação decorre de sua visualização em formato de coroa por meio de estudos de microscopia e à doença que dele resulta deu-se o nome de Covid-19. A despeito de sua ínfima dimensão, o efeito de sua contaminação à espécie humana resultou em desolador cenário mundial, resultando na maior crise econômica e social experimentada pelas nações desde a 2ª Guerra Mundial e maior desafio enfrentado por esta geração.

O invisível inimigo viajou os continentes e, no Brasil, manifestou-se em fevereiro de 2020. No campo jurídico-legislativo, em 6/2/2020 foi sancionada a Lei nº 13.979, que dispôs sobre as medidas para enfrentamento da emergência de saúde pública de importância internacional decorrente do coronavírus.

Em paralelo, dentro das perspectivas estaduais e municipais, governadores e prefeitos editaram decretos pela restrição da circulação de pessoas e interrupção de diversas atividades econômicas. Em abril de 2020, na ADIn 6.341, em histórica e primeva sessão virtual, o plenário do STF reafirmou, por unanimidade, a **competência federativa comum entre União, Estados, Distrito Federal e Municípios** para **adotar medidas de polícia sanitária,** como isolamento social, quarentena, restrição de locomoção e definição de atividades essenciais, em razão da pandemia da **Covid-19.**

Inspirada em medidas adotadas por países europeus, surge, no Brasil, o Projeto de Lei nº 1.179/2020, que busca aplacar, na medida do possível, os efeitos da pandemia nas relações de Direito Privado, resultando, após consideráveis vetos do Presidente da República, na **Lei nº 14.010, de 10 de junho de 2020**, conhecida como **Regime Jurídico Emergencial e Transitório das relações jurídicas de Direito Privado (RJET)** no período da pandemia do novo coronavírus (Covid-19) ou simplesmente Lei da Pandemia. Em 20/8/2020, o Congresso Nacional "derruba" diversos vetos referentes ao RJET.

2.11.2. Delimitação do alcance e da extensão da Lei do RJET

Como vetor a orientar a aplicação da Lei nº 14.010/2020, o art. 1º desse tecido normativo estabelece que as normas nele contidas apresentam caráter transitório e emergencial para a regulação de relações jurídicas de Direito Privado em virtude da pandemia do novo coronavírus (Covid-19).

De acordo com a Lei, considera-se a data de 20 de março de 2020 como o termo inicial dos eventos derivados da pandemia do novo coronavírus (Covid-19), data da publicação do Decreto Legislativo nº 6, que reconheceu, para os fins do art. 65 da Lei Complementar nº 101, de 4 de maio de 2000 (Lei de Responsabilidade Fiscal), a ocorrência do estado de calamidade pública. Todavia, é importante notar que a referida lei entrou em vigor no dia 12 de junho de 2020, que foi a data de sua publicação. Assim, nota-se a menção de duas datas iniciais na Lei do RJET, que, diante de uma leitura açodada, pode gerar certa confusão. Desse modo, é importante deixar claro que a data de 20 de março de 2020 mencionada na lei é o termo inicial dos eventos derivados da pandemia. Já a data de 12 de junho de 2020 (data da publicação da lei) é o termo inicial para a aplicação dos efeitos da multicitada lei.

Por interpretação sistemática dos demais dispositivos da lei do RJET, encontra--se como perímetro temporal final dos efeitos da lei a data de 30 de outubro de 2020. Não se trata, vale notar, de uma lei transitória propriamente dita, pois não apresenta um termo final explícito, mas, sim, uma lei que apresenta disposições transitórias.

Assim, os efeitos dessa lei apresentam um ciclo vital previamente desenhado pelo legislador, não objetivando a revogação ou derrogação de qualquer dispositivo do Código Civil ou de qualquer outra lei. Não se criou ou extinguiu-se qualquer instituto ou categoria de Direito Privado. O objetivo é aplacar a preocupação dos cursos de prazos prescricionais e decadenciais, das dificuldades de promoção de assembleias gerais nas pessoas jurídicas de Direito Privado e assembleias em condomínios edilícios, da insegurança que o direito de arrependimento pode causar em determinadas hipóteses em relações jurídicas consumeristas, do curso de prazos para aquisição da propriedade imobiliária ou mobiliária, da prisão civil do devedor de alimentos que poderia comprometer a proteção de sua saúde e curso de prazo para instauração de processo de inventário e partilha.

Assim, a Lei do RJET espraia seus tentáculos sobre o Código Civil, o Código de Defesa do Consumidor, o Código de Processo Civil, a Lei de Locação, a Lei Geral de Proteção de Dados Pessoais e a Lei de Defesa da Concorrência. Mas, tudo isso, repise-se – à exceção do art. 65 da Lei nº 13.709/2018 (Lei

Geral de Proteção de Dados Pessoais) –, sem pretensão de revogar dispositivos das demais leis.

Inicialmente, ficou de fora do "guarda-chuva" da lei questões que, embora cogitadas pelo Projeto de Lei nº 1.179/2020, foram vetadas pelo Presidente da República Jair Bolsonaro, como as restrições à realização de reuniões e assembleias presenciais até 30/10/2020 pelas pessoas jurídicas de direito privado;[23] a delimitação de que as consequências, decorrentes da pandemia do novo coronavírus nos contratos, não teriam efeitos jurídicos retroativos e que não seriam considerados fatos imprevisíveis, para fins de aplicação da teoria da imprevisão, o aumento na inflação, a variação cambial, a desvalorização ou substituição do padrão monetário;[24] a não concessão de liminar para desocupação de imóvel urbano nas ações de despejo;[25] a concessão de poderes ao síndico para restringir a utilização de áreas comuns para evitar a contaminação do coronavírus.[26] Afora essa última disposição vetada – a de concessão de poderes ao síndico – os demais vetos foram "derrubados" pelo Congresso Nacional em 20/8/2020, de modo que seus dispositivos retornaram ao texto legislativo do RJET.

Considerando que o período de aplicação da Lei do RJET é de 12/6/2020 a 30/10/2020, incômodo inicial pode ser encontrado no que respeita a fenômenos abrangidos pela lei que, todavia, aconteceram antes do dia 12/6/2020. Embora, a determinação das datas tenha sido fruto exclusivamente da opção feita pelo legislador, seria possível estender os fenômenos reportados pela lei, não em desrespeito à irretroatividade dela em relação ao ato jurídico perfeito, ao direito adquirido e à coisa julgada, mas, sim, com base em princípios gerais de Direito Privado. Assim, por exemplo, imagine-se o inusitado caso de um credor que em março de 2020 se encontrava na cidade chinesa de Wuhan, impedido de retornar ao Brasil, em virtude da eclosão da pandemia. É evidente que este credor não tinha meios de tomar providências para a satisfação de seu crédito. Desse modo, embora a lei

---

[23] As razões para o veto foram: "A propositura legislativa contraria o interesse público ao gerar insegurança jurídica, uma vez que a matéria encontra-se em desacordo com a recente edição da Medida Provisória nº 931 de 2020, o que viola o art. 11, da Lei Complementar nº 95, de 1998. Ademais, o veto não pode abranger apenas parte do dispositivo, no caso a exclusão da menção às sociedades".

[24] As razões para o veto foram: "A propositura legislativa, contraria o interesse público, uma vez que o ordenamento jurídico brasileiro já dispõe de mecanismos apropriados para modulação das obrigações contratuais em situação excepcionais, tais como os institutos da força maior e do caso fortuito e teorias da imprevisão e da onerosidade excessiva".

[25] As razões para o veto foram: "A propositura legislativa, ao vedar a concessão de liminar nas ações de despejo, contraria o interesse público por suspender um dos instrumentos de coerção ao pagamento das obrigações pactuadas na avença de locação (o despejo), por um prazo substancialmente longo, dando-se, portanto, proteção excessiva ao devedor em detrimento do credor, além de promover o incentivo ao inadimplemento e em desconsideração da realidade de diversos locadores que dependem do recebimento de aluguéis como forma complementar ou, até mesmo, exclusiva de renda para o sustento próprio".

[26] As razões para o veto foram: "A propositura legislativa, ao conceder poderes excepcionais para os síndicos suspenderem o uso de áreas comuns e particulares, retira a autonomia e a necessidade das deliberações por assembleia, em conformidade com seus estatutos, limitando a vontade coletiva dos condôminos".

expressamente não o proteja, poderia este credor se valer do princípio *contra non valetem agere non currit praescriptio* para ter-lhe a proteção estendida. Trata-se de princípio, de linhagem romana, pelo qual "contra aquele não pode agir, não pode correr prazo prescricional a prejudicar lhe". Aliás, é esse princípio que justifica a possibilidade de as causas impeditivas, suspensivas e interruptivas descritas no Código Civil serem interpretadas de forma meramente exemplificativa.

2.11.3. A Lei do RJET e mais uma causa impeditiva ou suspensiva da prescrição

O que a Lei do RJET faz é apresentar mais uma hipótese de impedimento ou suspensão do prazo prescricional, informando em seu art. 3º que: "os prazos prescricionais consideram-se impedidos ou suspensos, conforme o caso, a partir da entrada em vigor desta Lei até 30 de outubro de 2020". Assim, trata-se de uma "janela de paralisação"[27] que deve ser considerada automaticamente no período aludido no dispositivo legal.

Não é difícil perceber que a pandemia do novo coronavírus criou dificuldades de diversas naturezas ao credor em busca da satisfação de seu crédito, seja em virtude da própria alteração no funcionamento dos Tribunais, na dificuldade de os advogados exercerem a sua atividade em razão da extensão dos efeitos do isolamento social que também lhes alcançaram, entre outras dificuldades inafastáveis.

Vale destacar que, todavia, o impedimento ou a suspensão do prazo prescricional em virtude da pandemia no período de 12/6/2020 a 30/10/2020, deverá ser aplicada apenas se outra causa, seja impeditiva, suspensiva (arts. 197, 198, 199, 200) e, até mesmo, interruptiva (art. 202) não estiver sendo aplicada dentro do mencionado período. Deixando claro o caráter supletivo ou subsidiário da paralisação do art. 3º, o § 1º, do mesmo dispositivo, da Lei do RJET estabeleceu: "Este artigo não se aplica enquanto perdurarem as hipóteses específicas de impedimento, suspensão e interrupção dos prazos prescricionais previstas no ordenamento jurídico nacional".

2.12. Causas interruptivas da prescrição

As causas interruptivas da prescrição, conforme dispõe o art. 202 do CC, só poderão ocorrer uma vez[28] e, ao revés das causas suspensivas – em que o prazo começa a correr de quando parou –, o prazo recomeça a contar do zero.

---

[27] Expressão cunhada por Pablo Stolze e Carlos Eduardo Elias de Oliveira no artigo "Comentários à Lei da Pandemia (Lei nº 14.010, de 10 de junho de 2020 – RJET)". Disponível em: <https://jus.com.br/artigos/46412/comentarios-a-lei-da-pandemia-lei-n-14-010-de-10-de-junho-de-2020--rjet/1>. Acesso em: 16 jun. 2020.

[28] A melhor doutrina sugere uma interpretação restritiva acerca de a interrupção só poder se dar uma vez. Isso porque seria ilógico, por exemplo, se uma pessoa procedesse ao protesto cambiário de um título, hipótese que ensejaria a interrupção, e, depois, quando fosse ajuizar a ação de execução não houvesse uma segunda interrupção, em face do despacho do juiz que ordenou a citação. Por isso, a doutrina aconselha que a regra de que a interrupção só poderá ocorrer uma

Cap. 12 – PRESCRIÇÃO E DECADÊNCIA

As causas interruptivas são:

I) O despacho do juiz, mesmo incompetente, que ordenar a citação, se o interessado a promover no prazo e na forma da lei processual. Com o Código Civil deve prevalecer que é o despacho do juiz que interromperá a prescrição, derrogando-se a regra prevista no *caput* do art. 219 do CPC/73,[29] que impunha a interrupção por meio da citação, e não do simples despacho. O mais acertado sempre foi proceder-se a uma interpretação sistemática. Assim, na medida em que o Código Civil dispõe em seu art. 202, I, que é o despacho do juiz que interrompe a prescrição, devíamos conjugar tal ditame com o § 1º do art. 219 do CPC/73, que estabelecia que "a interrupção da prescrição retroagirá à data da propositura da ação".[30] Tendo em vista a necessária interpretação sistemática, caiu em desuso a Súmula nº 106 do STJ, que dispunha que "proposta a ação no prazo fixado para o seu exercício, a demora na citação, por motivos inerentes ao mecanismo da Justiça, não justifica o acolhimento da arguição de prescrição ou decadência". O CPC/2015 resolve toda a problemática com a redação do § 1º do art. 240 do CC: "A interrupção da prescrição, operada pelo despacho que ordena a citação, ainda que proferido por juízo incompetente, retroagirá à data de propositura da ação".

II) O protesto promovido pela forma da lei processual. Aqui estamos diante do protesto previsto no CPC/2015 nos arts. 726 e ss.

III) O protesto cambial. Já este protesto é o cambiário, promovido perante o Cartório de Protesto de Títulos. O Código Civil ao assim dispor contempla novidade. Por isso, a Súmula nº 153 do STF, que dispunha que o simples protesto cambiário não interrompia a prescrição, depois da entrada em vigor do CC/2002, caiu em desuso.

IV) A apresentação de título de crédito em juízo de inventário ou em concurso de credores. Assim, diante dessa redação, basta a apresentação do título, independentemente da habilitação de crédito, realizada pelo credor em um processo de inventário ou eventual concurso de credores (falência, insolvência civil) importa interrupção da prescrição.

V) Qualquer ato judicial que constitua em mora o devedor. Aqui temos como exemplo o manejo de medidas cautelares. Importa salientar que o

---

vez se aplica somente aos incisos II a VI do art. 202. Em se interpretando literalmente a regra do *caput* do art. 202, ou seja, que a interrupção da prescrição só poderia ocorrer uma vez, estaria o legislador a incentivar a possibilidade de prescrição intercorrente, isto é, aquela que ocorre ao longo do processo.

[29] Art. 219, CPC/73: "A citação válida torna prevento o juízo, induz litispendência e faz litigiosa a coisa; e, ainda quando ordenada por juiz incompetente, constitui em mora o devedor e interrompe a prescrição".

[30] Nesse sentido, foi aprovado na V Jornada de Direito Civil o Enunciado nº 417 do CJF, fazendo menção aos artigos do CPC/73: "O art. 202, I, do CC deve ser interpretado sistematicamente com o art. 219, § 1º, do CPC, de modo a se entender que o efeito interruptivo da prescrição produzido pelo despacho que ordena a citação é retroativo até a data da propositura da demanda".

ato deverá ser judicial. Portanto, a simples notificação feita via cartório (extrajudicialmente) não induz à interrupção da prescrição.

VI) Qualquer ato inequívoco, ainda que extrajudicial, que importe reconhecimento do direito pelo devedor. Se todas as causas citadas anteriormente dependem de um ato do credor, esta última causa, na verdade, decorre de um ato do devedor, por exemplo, quando este procede ao pagamento parcial da dívida, à sua confissão ou parcelamento. Em complemento, vale lembrar o Enunciado nº 416, aprovado na V Jornada de Direito Civil: "A propositura de demanda judicial pelo devedor, que importe impugnação do débito contratual ou de cártula representativa do direito do credor, é causa interruptiva da prescrição".[31]

Após a análise do rol das causas interruptivas da prescrição, podemos concluir que elas se dividem em causas interpelativas (I, II, III, IV e V), uma vez que dependem de algum ato praticado pelo credor; e causa recognoscitiva (VI), pois depende de um ato praticado pelo próprio devedor.

E, para concluir, o parágrafo único do art. 202 do CC desponta com a informação de que "a prescrição interrompida recomeça a correr da data do ato que a interrompeu, ou do último ato do processo para a interromper". Assim, quando ocorre causa interruptiva, o prazo recomeça a correr do zero, diferentemente de quando há o implemento de uma causa suspensiva em que o prazo continua a contar de quando parou.

Explica Flávio Augusto Monteiro de Barros que:

> A prescrição interrompida por atos extraprocessuais (art. 202, II, III, V e VI, do CC) recomeça a correr da data do ato que a interrompeu. Assim, efetuado o protesto cambial, por exemplo, a prescrição se interrompe e se inicia novamente, a partir desse protesto. Tratando-se, porém, de interrupção por ato processual, vale dizer, a citação válida e apresentação do crédito no processo de falência ou insolvência, a prescrição só começa

---

[31] O STJ entendeu que o pedido de prazo para analisar documentos com o fim de verificar a existência de débito não tem o condão de interromper a prescrição. Confira o inteiro teor da decisão: "Nos termos do art. 202, VI, do CC/2002, é causa interruptiva do prazo prescricional 'qualquer ato inequívoco, ainda que extrajudicial, que importe reconhecimento do direito pelo devedor'. Ao interpretar esse dispositivo, o tribunal de origem entendeu pela incidência de causa interruptiva, porquanto o pedido de concessão de prazo para analisar os documentos apresentados poderia ser considerado como ato inequívoco que importasse em reconhecimento de débito (direito de receber) pelo devedor. Partindo-se de uma análise semântica, a doutrina entende que o termo 'ato inequívoco' é definido como 'ato jurídico praticado de modo claro e que se mostra perfeitamente indicativo do desejo efetivo do agente. Não está sujeito à impugnação por ser certo o seu objeto e pela insofismável manifestação de vontade nele expressa'. Nessas circunstâncias, o ato capaz de interromper a prescrição deve possuir tamanha clareza e ser exangue de qualquer dúvida que o simples pedido de prazo para análise da procedência do pedido não é capaz de interromper o lustro prescricional. O pedido de concessão de prazo para analisar os documentos apresentados apenas poderia ser considerado como ato inequívoco que importasse em reconhecimento de débito (direito de receber) se fosse destinado ao pagamento de valores, mas nunca para analisar a existência do próprio débito". REsp 1.677.895-SP, Rel. Min. Nancy Andrighi, por unanimidade, julgado em 6/2/2018 (Informativo nº 619, STJ).

Cap. 12 – PRESCRIÇÃO E DECADÊNCIA

a correr do último ato do processo, que é o trânsito em julgado, conforme se depreende do parágrafo único do art. 202 do CC.[32]

Nesse mote, interessante a análise promovida por Cristiano Chaves e Nelson Rosenvald:

> Diante disso, interrompida a prescrição, ela, somente, voltará a fluir do último ato do processo (quando se tratar de interrupção judicial) ou do próprio ato que a interrompeu (quando decorrer de uma causa não judicial), o que deixa absolutamente claro que enquanto não for dirimida a controvérsia pela decisão judicial, não correrá prazo prescricional. De fato, não seria justo que o particular, titular de uma pretensão, fosse severamente castigado pela demora do Poder Judiciário em dirimir a demanda. Essa regra, contudo, não pode ser admitida de modo absoluto e peremptório. É que, promovida a interrupção da prescrição por ato judicial (através do despacho do juiz, por exemplo), o autor da ação pode se manter inerte, abandonando o processo sem impulso – o que, a toda evidência, prejudicará o réu (devedor), pois não se permitirá que pratique o último ato do processo (sentença), extinguindo o feito e autorizando fluência do prazo prescritivo. Havendo, então, a inércia do autor (quando lhe cabia a prática de algum ato que deixou de ser realizado) durante prazo superior àquele fixado em lei para a prescrição da pretensão ocorrerá a chamada prescrição intercorrente.[33]

O CPC/2015 assume exatamente esse posicionamento doutrinário diante da previsão do art. 924, V, e do § 4º do art. 921.

Por prescrição intercorrente entende-se aquela que ocorre ao longo do processo. Assim, o CPC/2015, no art. 921, III, estabeleceu que a execução deve ser suspensa quando não for localizado o executado ou bens penhoráveis (art. 921, III, CPC, com redação dada pela Lei nº 14.195/2021) e que, nessas hipóteses, o juiz suspenderá a execução pelo prazo de 1 (um) ano, durante o qual se suspenderá a prescrição (art. 921, § 3º, CPC/2015). Começará a correr a prescrição da ciência da primeira tentativa infrutífera de localização do devedor ou de bens penhoráveis (art. 921, § 4º, CPC/2015). Doravante, consumando-se a prescrição intercorrente será extinta a execução (art. 924, V, CPC/2015).

Vale notar que, de acordo com a nova redação dada pela Lei nº 14.195/2021 ao § 4º do art. 921, CPC, o termo inicial da prescrição no curso do processo será a ciência da primeira tentativa infrutífera de localização do devedor ou de bens penhoráveis, e será suspensa, por uma única vez, pelo prazo máximo de um ano. E também o § 4º-A do art. 921 do CPC, inserido pela mesma lei, que estabelece que a efetiva citação, intimação do devedor ou constrição de bens penhoráveis interrompe o prazo de prescrição, que não corre pelo tempo necessário à citação e à intimação do devedor, bem como para as formalidades da constrição

---

[32] BARROS, Flávio Augusto Monteiro de. *Manual de direito civil:* lei de introdução e parte geral. São Paulo: Método, 2005. v. 1. p. 329.

[33] FARIAS, Cristiano Chaves de; ROSENVALD, Nelson. *Curso de direito civil.* Parte geral e LINDB. 13. ed. São Paulo: Atlas, 2015. p. 636.

patrimonial, se necessária, desde que o credor cumpra os prazos previstos na lei processual ou fixados pelo juiz.

Nota-se que os dispositivos mencionados se referem à execução de título extrajudicial. Todavia, o mesmo raciocínio deve ser aplicado no procedimento executivo de cumprimento de sentença, pois o art. 513 do CPC/2015 estabelece que as regras constantes no processo de execução de títulos extrajudiciais deverão ser aplicadas de forma subsidiária ao procedimento de cumprimento de sentença e, além disso, a Lei nº 14.195/2021, ao inserir o § 7º no art. 921, dispõe expressamente que o disposto neste artigo se aplica ao cumprimento de sentença. Assim, sobre a prescrição intercorrente, confira-se o esquema a seguir:

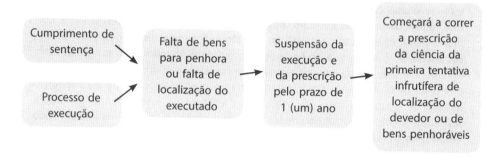

Mas a pergunta que permanece é: qual será o prazo que deverá ser considerado para a prescrição intercorrente?

A resposta, inicialmente, veio por meio da Súmula nº 150 do STF, que apresenta o seguinte teor: "Prescreve a execução no mesmo prazo de prescrição da ação". Assim, para verificar o prazo da prescrição intercorrente, devem-se perquirir os prazos prescricionais constantes nos arts. 205 e 206 do CC. Muitos anos depois da edição da Súmula do STF, a Lei nº 14.195/2021 (Lei do Ambiente de Negócios), em seu art. 43, tenta inserir no Código Civil o art. 206-A, com o seguinte teor:

A prescrição intercorrente observará o mesmo prazo de prescrição da pretensão, observadas as causas de impedimento, de suspensão e de interrupção da prescrição previstas neste Código e observado o disposto no art. 921 da Lei nº 13.105, de 16 de março de 2015 (Código de Processo Civil).

Todavia, em virtude de veto presidencial em relação ao *caput* do art. 43 da Lei nº 14.195/2021, o restante do dispositivo se quedou acéfalo e o conteúdo do artigo perdeu seu sentido. Então, a Medida Provisória nº 1.085, de 27 de dezembro de 2021, reacende o conteúdo do art. 43 da Lei do Ambiente de Negócios, fazendo reavivar o art. 206-A do CC. Desse modo, ante tudo o que foi relatado, chega-se a algumas conclusões sobre a prescrição intercorrente:

- A prescrição intercorrente atinge sempre a pretensão executiva;
- A prescrição intercorrente nem sempre se liga à ideia de inércia do credor;

Cap. 12 – PRESCRIÇÃO E DECADÊNCIA

- Os prazos para a prescrição intercorrente serão os mesmos da pretensão original.

2.13. O alcance da interrupção da prescrição

Quando ocorre o implemento de uma causa interruptiva, tal fato não se opera para beneficiar os demais credores e nem para prejudicar os demais devedores, exceto em se tratando de credores ou devedores solidários (art. 204, § 1º, CC). Detectamos na interrupção, bem como já visto na suspensão, o caráter personalíssimo do ato. Em sendo interrompida a prescrição contra um dos herdeiros do devedor solidário não se atingirão os outros herdeiros ou devedores, exceto quando se trate de obrigação indivisível. Isso porque não há solidariedade entre os herdeiros do devedor solidário.

Ressalte-se, também, que a interrupção contra o principal devedor prejudica o fiador (art. 204, § 3º, CC), consideração essa que decorre do princípio de que o acessório segue o principal. Assim, se o principal (o contrato principal) foi atingido pelos efeitos da prescrição, o acessório (o contrato de fiança) também o será. Tudo isso independe de o fiador ter a seu favor o benefício de ordem ou não, hipótese em que ele será devedor solidário.

Interessante indagar o contrário, isto é, se a interrupção operada contra o fiador atingira o devedor principal. Tendo em vista que é o acessório que acompanha o principal – e não o contrário –, a interrupção ocorrida contra o fiador não alcançará o devedor principal. Excepcionalmente, a interrupção em face do fiador poderá, sim, acabar prejudicando o devedor principal nas hipóteses em que a referida relação for reconhecida como de devedores solidários.[34]

2.14. Os prazos de prescrição

O art. 206 do CC apresenta prazos especiais de prescrição. Então, configuram situações específicas como, por exemplo, a pretensão para haver prestações alimentares, que prescreve em dois anos, com base na data em que se vencerem;[35]

---

[34] Foi isso que entendeu o STJ na decisão do REsp 1.276.778-MS, Rel. Min. Luis Felipe Salomão, por unanimidade, julgado em 28/3/2017.

[35] DIREITO CIVIL. PRAZO PRESCRICIONAL DA PRETENSÃO DE REEMBOLSO DE DESPESAS DE CARÁTER ALIMENTAR. Se a mãe, ante o inadimplemento do pai obrigado a prestar alimentos a seu filho, assume essas despesas, o prazo prescricional da pretensão de cobrança do reembolso é de 10 anos, e não de 2 anos. Realmente, se, na hipótese em análise, houvesse sub-rogação da pessoa que assumiu as despesas de caráter alimentar, essa pessoa, na qualidade de terceira interessada, substituiria, na condição de credor, o alimentado com todas as suas características e atributos (art. 349 do CC), e, apesar de propiciar a satisfação do credor originário, remanesceria o vínculo obrigacional anterior (agora, entre o terceiro adimplente e o devedor). Dessa maneira, havendo sub-rogação, o prazo prescricional a incidir na espécie seria o previsto no art. 206, § 2º, do CC: 2 anos para a pretensão de cobrança de prestações alimentares. Contudo, na situação aqui analisada, o credor não pode ser considerado terceiro interessado, não podendo ser futuramente obrigado na quitação do débito. Desse modo, não há falar em sub-rogação, porquanto não existe enquadramento a nenhuma das hipóteses previstas

ou a pretensão relativa a aluguéis de prédios urbanos ou rústicos que prescreve em três anos; ou a pretensão para a reparação civil, que também prescreve em três anos; ou a pretensão de cobrança de dívidas líquidas constantes de instrumento público ou particular e a pretensão dos profissionais liberais em geral, procuradores judiciais, curadores e professores pelos seus honorários, contado o prazo da conclusão dos serviços, da cessação dos respectivos contratos ou mandato, em que ambos prescrevem em cinco anos; dentre outras hipóteses previstas ao longo do referido artigo.[36]

---

no art. 346 do CC e, principalmente, porque o direito a alimentos é pessoal, não podendo sua titularidade ser transferida a outrem, tampouco os seus atributos. Nessa hipótese, está caracterizada a gestão de negócios, que ocorre quando uma pessoa, "sem autorização do interessado, intervém na gestão de negócio alheio", dirigindo-o "segundo o interesse e a vontade presumível de seu dono, ficando responsável a este e às pessoas com que tratar"(art. 861 do CC). Inclusive, no capítulo específico da gestão de negócios, há previsão especial atinente ao dever legal de alimentos àquele que os presta no lugar daquele que era realmente obrigado: "Quando alguém, na ausência do indivíduo obrigado a alimentos, por ele os prestar a quem se devem, poder-lhes-á reaver do devedor a importância, ainda que este não ratifique o ato" (art. 871 do CC). Nesse contexto, observa-se que a razão de ser do instituto, notadamente por afastar eventual necessidade de concordância do devedor, é conferir a máxima proteção ao alimentado e, ao mesmo tempo, garantir àqueles que prestam socorro o direito de reembolso pelas despesas despendidas, evitando o enriquecimento sem causa do devedor de alimentos. Dessa forma, reconhecida a ocorrência de gestão de negócios, deve-se ter, com relação ao reembolso de valores, o tratamento conferido ao terceiro não interessado, notadamente por não haver sub-rogação, nos termos do art. 305, *caput*, do CC, segundo o qual o "terceiro não interessado, que paga a dívida em seu próprio nome, tem direito a reembolsar-se do que pagar; mas não se sub-roga nos direitos do credor". Nesse sentido, aliás, a Terceira Turma do STJ (REsp 1.197.778-SP, *DJe* 1º/4/2014) já afirmou que "equipara-se à gestão de negócios a prestação de alimentos feita por outrem na ausência do alimentante. Assim, a pretensão creditícia ao reembolso exercitada por terceiro é de direito comum, e não de direito de família". Em razão disso, inclusive, é o entendimento do STJ pelo não cabimento da execução de alimentos e de seu rito especialíssimo por quem prestou alimentos no lugar do verdadeiro devedor (REsp 859.970-SP, Terceira Turma, *DJ* 26/3/2007). Apesar disso, não se pode deixar de destacar que há precedente antigo desta Quarta Turma do STJ que, aparentemente, está em sentido diverso, tendo-se pela ocorrência da sub-rogação: "Solvidas as prestações alimentícias (mensalidades e transporte escolares dos filhos menores) pela mãe (ex-mulher) e não pelo originariamente obrigado (o pai), o reconhecimento da sub-rogação em favor da primeira torna impróprio para a execução o rito do art. 733 do CPC, com o modo de coerção que lhe é inerente, a prisão, em face da inexistência de atualidade dos alimentos" (REsp 110.241-SP, *DJ* 19/12/2003). No entanto, no caso de um terceiro alheio à obrigação alimentar e que vem a pagar o débito, é o próprio legislador que assevera se tratar de gestão de negócios. Sendo assim, a prescrição a incidir na espécie não é a prevista no § 2º do art. 206 do CC, mas a regra geral prevista no art. 205 do CC, segundo o qual a "prescrição ocorre em dez anos, quando a lei não lhe haja fixado prazo menor". REsp 1.453.838-SP, Rel. Min. Luis Felipe Salomão, julgado em 24/11/2015, *DJe* 7/12/2015 (Informativo nº 574).

[36] Art. 206 do CC prescreve:

"§ 1º Em um ano:

I – a pretensão dos hospedeiros ou fornecedores de víveres destinados a consumo no próprio estabelecimento, para o pagamento da hospedagem ou dos alimentos;

II – a pretensão do segurado contra o segurador, ou a deste contra aquele, contado o prazo:

Cap. 12 – PRESCRIÇÃO E DECADÊNCIA

Entretanto, existem hipóteses que o art. 206 do CC não abarca.[37] Daí, devemos encontrar guarida no art. 205 do CC, que traz um prazo geral de prescrição

---

a) para o segurado, no caso de seguro de responsabilidade civil, da data em que é citado para responder à ação de indenização proposta pelo terceiro prejudicado, ou da data que a este indeniza, com a anuência do segurador;

b) quanto aos demais seguros, da ciência do fato gerador da pretensão;

III – a pretensão dos tabeliães, auxiliares da justiça, serventuários judiciais, árbitros e peritos, pela percepção de emolumentos, custas e honorários;

IV – a pretensão contra os peritos, pela avaliação dos bens que entraram para a formação do capital de sociedade anônima, contado da publicação da ata da assembleia que aprovar o laudo;

V – a pretensão dos credores não pagos contra os sócios ou acionistas e os liquidantes, contado o prazo da publicação da ata de encerramento da liquidação da sociedade.

§ 2º Em dois anos, a pretensão para haver prestações alimentares, a partir da data em que se vencerem.

§ 3º Em três anos:

I – a pretensão relativa a aluguéis de prédios urbanos ou rústicos;

II – a pretensão para receber prestações vencidas de rendas temporárias ou vitalícias;

III – a pretensão para haver juros, dividendos ou quaisquer prestações acessórias, pagáveis, em períodos não maiores de um ano, com capitalização ou sem ela;

IV – a pretensão de ressarcimento de enriquecimento sem causa;

V – a pretensão de reparação civil;

VI – a pretensão de restituição dos lucros ou dividendos recebidos de má-fé, correndo o prazo da data em que foi deliberada a distribuição;

VII – a pretensão contra as pessoas em seguida indicadas por violação da lei ou do estatuto, contado o prazo:

a) para os fundadores, da publicação dos atos constitutivos da sociedade anônima;

b) para os administradores, ou fiscais, da apresentação, aos sócios, do balanço referente ao exercício em que a violação tenha sido praticada, ou da reunião ou assembleia geral que dela deva tomar conhecimento;

c) para os liquidantes, da primeira assembleia semestral posterior à violação;

VIII – a pretensão para haver o pagamento de título de crédito, a contar do vencimento, ressalvadas as disposições de lei especial;

IX – a pretensão do beneficiário contra o segurador, e a do terceiro prejudicado, no caso de seguro de responsabilidade civil obrigatório.

§ 4º Em quatro anos, a pretensão relativa à tutela, a contar da data da aprovação das contas.

§ 5º Em cinco anos:

I – a pretensão de cobrança de dívidas líquidas constantes de instrumento público ou particular;

II – a pretensão dos profissionais liberais em geral, procuradores judiciais, curadores e professores pelos seus honorários, contado o prazo da conclusão dos serviços, da cessação dos respectivos contratos ou mandato;

III – a pretensão do vencedor para haver do vencido o que despendeu em juízo".

[37] Três enunciados referentes ao tema foram aprovados na V Jornada de Direito Civil. São eles:

Enunciado nº 418, CJF: "O prazo prescricional de três anos para a pretensão relativa a aluguéis aplica-se aos contratos de locação de imóveis celebrados com a administração pública".

com a seguinte redação: "A prescrição ocorre em dez anos, quando a lei não haja fixado prazo menor". Não há mais distinção de prazo em se tratando de ações reais[38] ou ações pessoais[39], como existia no art. 177 do CC/16[40].

Concluindo, o caminho a ser percorrido é o seguinte: primeiro, tenta-se localizar a pretensão no corpo do art. 206 do CC, que traz alguns prazos específicos, como vimos. Se tal pesquisa não se mostrar profícua, a saída é recorrer ao prazo geral – 10 anos –, previsto no art. 205 do CC.

Releva perceber que o Código Civil disciplina o assunto, regulando-o em dois artigos constantes na parte geral do Código (arts. 205 e 206), o que facilita em demasia o estudo.

Não podemos nos esquecer também do Enunciado nº 14, aprovado na I Jornada de Direito Civil, que nos orienta no seguinte sentido: "1) o início do prazo prescricional ocorre com o surgimento da pretensão, que decorre da exigibilidade do direito subjetivo; 2) o art. 189 diz respeito a casos em que a pretensão nasce imediatamente após a violação do direito absoluto ou da obrigação de não fazer".

2.15. O início da contagem dos prazos prescricionais e a teoria da *actio nata*

Sempre foi considerado que o curso do prazo prescricional deveria ter início com o nascimento da pretensão, ocasião em que surge a exigibilidade do direito a uma prestação para o credor. Tanto é assim que foi aprovado na I Jornada de Direito Civil o Enunciado nº 14 com o seguinte teor: "1) o início do prazo prescricional ocorre com o surgimento da pretensão, que decorre da exigibilidade do direito subjetivo; 2) o art. 189 diz respeito a casos em que a pretensão nasce imediatamente após a violação do direito absoluto ou da obrigação de não fazer".

Entretanto, é crescente na doutrina e na jurisprudência a teoria da *actio nata* que nos informa que a fluência do prazo prescricional ocorre não necessariamente do surgimento da pretensão, mas, sim, de quando o lesado tomar conhecimento da violação de seu direito.

Enunciado nº 419, CJF: "O prazo prescricional de três anos para a pretensão de reparação civil aplica-se tanto à responsabilidade contratual quanto à responsabilidade extracontratual".

Enunciado nº 420, CJF: "Não se aplica o art. 206, § 3º, V, do Código Civil às pretensões indenizatórias decorrentes de acidente de trabalho, após a vigência da Emenda Constitucional nº 45, incidindo a regra do art. 7º, XXIX, da Constituição da República". E na VII Jornada de Direito Civil, foi aprovado o Enunciado nº 580: "É de 3 anos, pelo art. 206, § 3º, V, do CC, o prazo prescricional para a pretensão indenizatória da seguradora contra o causador de dano ao segurado, pois a seguradora sub-roga-se em seus direitos".

[38] Ação real é a que se baseia em um direito real. Exemplo: a ação reivindicatória.

[39] Ação pessoal é aquela que objetiva o cumprimento de uma obrigação. Exemplo: a ação de cobrança.

[40] Art. 177, CC/16: "As ações pessoais prescrevem, ordinariamente, em 20 (vinte) anos, as reais em 10 (dez), entre presentes, e entre ausentes em 15 (quinze), contados da data em que poderiam ter sido propostas".

Cap. 12 – PRESCRIÇÃO E DECADÊNCIA

A referida teoria homenageia a boa-fé objetiva, à medida em que protege a parte lesada que muitas vezes não sabe que o foi.

O STJ manifesta a sua afeição à teoria da *actio nata* por meio da edição da Súmula nº 278, que apresenta a seguinte redação: "O termo do prazo prescricional, na ação de indenização, é a data em que o segurado teve ciência inequívoca da incapacidade laboral".

A pacificidade do posicionamento adotado pelo STJ pode ser constatada por meio dos julgados a seguir colacionados:

ERRO MÉDICO. PRESCRIÇÃO. TERMO *A QUO*. A Turma, na parte conhecida, deu provimento ao recurso especial da vítima de erro médico para afastar a prescrição reconhecida em primeira instância e mantida pelo tribunal de origem. *In casu*, a recorrente pleiteou indenização por danos morais sob a alegação de que, ao realizar exames radiográficos em 1995, foi constatada a presença de uma agulha cirúrgica em seu abdome. Afirmou que o objeto foi deixado na operação cesariana ocorrida em 1979, única cirurgia a que se submeteu. Nesse contexto, consignou-se que o termo *a quo* da prescrição da pretensão indenizatória pelo erro médico é a data da ciência do dano, não a data do ato ilícito. Segundo o Min. Relator, se a parte não sabia que havia instrumentos cirúrgicos em seu corpo, a lesão ao direito subjetivo era desconhecida, portanto ainda não existia pretensão a ser demandada em juízo. Precedente citado: REsp 694.287-RJ, *DJ* 20/9/2006. (REsp 1.020.801-SP, Rel. Min. João Otávio de Noronha, julgado em 26/4/2011.)

PROCESSUAL CIVIL. AGRAVO REGIMENTAL NO RECURSO ESPECIAL. RESPONSABILIDADE CIVIL DO ESTADO. PRESCRIÇÃO. TERMO INICIAL. MOMENTO DA CONSTATAÇÃO DAS CONSEQUÊNCIAS LESIVAS DECORRENTES DO EVENTO DANOSO. PRINCÍPIO DA *ACTIO NATA*. SÚMULA Nº 83/STJ. AGRAVO REGIMENTAL NÃO PROVIDO.

1. Na hipótese dos autos, o recorrente sustenta a prescrição desta ação ao asseverar que o prazo prescricional deve ser contado a partir do momento do evento danoso, independentemente da ciência dos efeitos das lesões.

2. Segundo a orientação jurisprudencial do Superior Tribunal de Justiça, o termo inicial do prazo prescricional das ações indenizatórias, em observância ao princípio da *actio nata*, é a data em que a lesão e os seus efeitos são constatados. Incidente, portanto, o óbice da Súmula nº 83/STJ.

3. Agravo regimental não provido (STJ, T2 – Segunda Turma, REsp 1.248.981/RN, Rel. Min. Mauro Campbell Marques, j. 6/9/2012, *DJe* 14/9/2012).

PROCESSUAL CIVIL E ADMINISTRATIVO. RECURSO ESPECIAL. APREENSÃO DE VEÍCULO REVERTIDA JUDICIALMENTE. DANOS EMERGENTES. PRESCRIÇÃO. TERMO INICIAL. PRINCÍPIO DA *ACTIO NATA*. AÇÕES INDENIZATÓRIAS AJUIZADAS CONTRA A FAZENDA PÚBLICA. PRAZO PRESCRICIONAL QUINQUENAL.

1. O curso do prazo prescricional do direito de reclamar inicia-se somente quando o titular do direito subjetivo violado passa a conhecer o fato e a extensão de suas consequências, conforme o princípio da *actio nata*. Precedentes.

2. No caso em questão, não há falar em ocorrência da prescrição, pois o recorrido somente tomou ciência dos danos ocorridos no veículo com sua devolução.

3. Esta Corte, no julgamento do REsp 1.251.993/PR, submetido ao rito dos recursos repetitivos, firmou entendimento no sentido de que mesmo nas ações indenizatórias ajuizadas contra a Fazenda Pública, se aplica o prazo prescricional quinquenal do art. 1º do Decreto nº 20.910/32.

4. Recurso especial não provido (STJ, T2 – Segunda Turma, REsp 1.257.387/RS, Rel. Min. Eliana Calmon, j. 5/9/2013, *DJe* 17/9/2013 – grifamos).

Vale lembrar ainda que o STJ decidiu que o termo inicial da prescrição da pretensão de obter o ressarcimento pela perda de uma chance decorrente da ausência de apresentação de agravo de instrumento é a data do conhecimento do dano reconhecendo claramente que, no caso em tela, o prazo prescricional não pode ter início no momento da lesão ao direito da parte, mas na data do conhecimento do dano, aplicando-se excepcionalmente a *actio nata* em sua vertente subjetiva.[41]

No Código de Defesa do Consumidor, a teoria da *actio nata* já era reconhecida na redação do art. 27: "Prescreve em cinco anos a pretensão à reparação pelos danos causados por fato do produto ou do serviço prevista na Seção II deste Capítulo, iniciando-se a contagem do prazo a partir do conhecimento do dano e de sua autoria".[42]

---

[41] Confiram-se as informações de inteiro teor da decisão: "O prazo prescricional é contado, em regra, a partir do momento em que configurada lesão ao direito subjetivo, sendo desinfluente para tanto ter ou não seu titular conhecimento pleno do ocorrido ou da extensão dos danos (art. 189 do CC/2002). Tal regra, contudo, é mitigada em duas situações: (i) nas hipóteses em que a própria legislação vigente estabeleça que o cômputo do lapso prescricional se dê a partir de termo inicial distinto (como ocorre, por exemplo, nas ações que se originam de fato que deva ser apurado no juízo criminal – art. 200 do Código Civil); e (ii) nas excepcionalíssimas situações em que possível constatar que, pela própria natureza das coisas, seria impossível ao autor, por absoluta falta de conhecimento de 'défice à sua esfera jurídica', adotar comportamento outro, que não o de inércia (o que ocorre, por exemplo, com pessoa que se submete a transfusão de sangue, vindo a descobrir, anos mais tarde, ter sido naquela oportunidade contaminada pelo vírus HIV). A primeira exceção mencionada não apresenta grandes dificuldades de aplicação, pois a regra jurídica explicita o diferenciado termo inicial do prazo prescricional. Por sua vez, a segunda deve ser admitida com mais cautela e vem sendo solucionada na jurisprudência desta Corte Superior a partir da aplicação pontual da chamada teoria da *actio nata* em seu viés subjetivo, que, em síntese, confere ao conhecimento da lesão pelo titular do direito subjetivo violado a natureza de pressuposto indispensável ao início do prazo de prescrição. No caso, não é razoável considerar como marco inicial da prescrição a data limite para a interposição do agravo de instrumento, haja vista inexistirem elementos nos autos - ou a comprovação por parte do causídico - de que o cliente tenha sido cientificado da perda de prazo para apresentar o recurso cabível. Isso porque a relação entre advogado e cliente se baseia na confiança recíproca e na legítima expectativa de que o profissional defenderá com zelo o mandato que lhe foi outorgado, conforme o art. 16 do Código de Ética e Disciplina da OAB, motivo pelo qual não se pode exigir do outorgante o conhecimento de eventual erro ou da negligência do patrono (outorgado) durante a tramitação do processo. Portanto, na hipótese, o prazo prescricional não pode ter início no momento da lesão ao direito da parte, mas na data do conhecimento do dano, aplicando-se excepcionalmente a *actio nata* em sua vertente subjetiva (STJ, REsp 1.622.450/SP, Rel. Min. Ricardo Villas Bôas Cueva, Terceira Turma, por unanimidade, julgado em 16/3/2021. Informativo nº 689).

[42] "RESPONSABILIDADE CIVIL. CONSUMIDOR. FATO DO PRODUTO. TABAGISMO. PRESCRIÇÃO QUINQUENAL. INÍCIO DA CONTAGEM DO PRAZO. CONHECIMENTO DO DANO. 1. A pretensão do autor, apoiada na existência de vícios de segurança,

Por fim, vale lembrar que na VII Jornada de Direito Civil foi aprovado o Enunciado nº 579 nos seguintes termos: "Nas pretensões decorrentes de doenças profissionais ou de caráter progressivo, o cômputo da prescrição iniciar-se-á somente a partir da ciência inequívoca da incapacidade do indivíduo, da origem e da natureza dos danos causados".

2.16. Os prazos de prescrição e o direito intertemporal

Nas disposições finais e transitórias do Código Civil (arts. 2.028 ao 2.046), encontramos uma regra de imensa relevância acerca dos prazos prescricionais. Eis o art. 2.028: "Serão os da lei anterior os prazos, quando reduzidos por este Código, e se, na data de sua entrada em vigor, já houver transcorrido mais da metade do tempo estabelecido na lei revogada".

O referido artigo procura dar solução aos prazos que foram reduzidos no Código Civil de 2002. Assim, os passos são os seguintes:

1º) Verifica-se o prazo previsto no Código Civil de 1916.

2º) Certifica-se se na entrada em vigor do Código Civil de 2002 – em 11/1/2003 – já decorrera mais da metade do prazo previsto no Código Civil de 1916.

3º) Conclui-se que: se tiver decorrido mais da metade do prazo do CC/16, o prazo orientador continua a ser o do CC/16; entretanto, se não tiver decorrido mais da metade do prazo previsto no CC/16, o prazo a ser aplicado será o do Código Civil de 2002.[43]

Assim, foi aprovado o Enunciado nº 299 na IV Jornada de Direito Civil com o seguinte teor:

Iniciada a contagem de determinado prazo sob a égide do Código Civil de 1916, e vindo a lei nova a reduzi-lo, prevalecerá o prazo antigo, desde que transcorrido mais de metade deste na data da entrada em vigor do novo Código. O novo prazo será contado

---

é de informação relativa ao consumo de cigarros - responsabilidade por fato do produto. 2. A ação de responsabilidade por fato do produto prescreve em cinco anos, consoante dispõe o art. 27 do Código de Defesa do Consumidor. 3. O prazo prescricional começa a correr a partir do conhecimento do dano. 4. Recurso especial conhecido e provido" (STJ, REsp 489895/SP, Rel. Ministro Fernando Gonçalves, Segunda Seção, julgado em 10/3/2010, *DJe* 23/4/2010).

43 Acerca da regra prevista no art. 2.028 do CC/2002, Anderson Schereiber promove a seguinte crítica: "A situação é, para dizer o mínimo, curiosa: a pretensão de reparação de um dano sofrido em 1996 prescreve antes daquela relativa a um dano ocorrido em 1992. Repara-se o dano velho, mas não o novo. O art. 2.028 representa um equívoco flagrante do legislador no campo da prescrição, talvez o ápice da confusão normativa nessa matéria. Não são poucas as injustiças que a aplicação do art. 2.028 tem gerado na prática e sua reforma só não se faz mais necessária e urgente por conta da progressiva redução do seu campo de incidência. À medida que a codificação de 1916 vai ficando para trás, vai decrescendo o número de casos que exigem a sua aplicação. Como norma transitória, o art. 2.028 tem essa única virtude: seu estrago diminui com o tempo". *Direito civil e Constituição*. São Paulo: Atlas, 2013. p. 87.

a partir de 11 de janeiro de 2003, desprezando-se o tempo anteriormente decorrido, salvo quando o não aproveitamento do prazo já decorrido implicar aumento do prazo prescricional previsto na lei revogada, hipótese em que deve ser aproveitado o prazo já decorrido durante o domínio da lei antiga, estabelecendo-se uma continuidade temporal.

Em se tratando do prazo para reparação civil, que foi imensamente reduzido no Código Civil de 2002 – de 20 anos para três anos –, se o prazo em questão não tiver alcançado a metade de 20 anos, ou seja, 10 anos, o prazo a ser aplicado será o da lei nova (três anos) a contar da entrada em vigor do Código Civil de 2002. Nesse mesmo sentido, o Enunciado nº 50, aprovado na I Jornada de Direito Civil, dispõe: "a partir da vigência do novo Código Civil, o prazo prescricional das ações de reparação de danos que não houver atingido a metade do tempo previsto no Código Civil de 1916 fluirá por inteiro, nos termos da nova lei (art. 206)".

Por exemplo, se na entrada em vigor do CC/2002, já tiver decorrido 11 anos, o prazo a ser aplicado será o de 20 anos. Entretanto, se o prazo transcorrido for de cinco anos, o prazo a ser aplicado será o de três, que deverá se contar da entrada em vigor do Código Civil de 2002 (11/1/2003).

Se, entretanto, o prazo CC/2002 tiver aumentado,[44] a interpretação mais sensata é a de que se aplicará o novo prazo, porém computado o tempo já decorrido na vigência do Código Civil de 1916.

3. DECADÊNCIA OU CADUCIDADE

Já sabemos que o instituto da decadência ou caducidade coloca fim ao direito potestativo que não foi exercido dentro de um determinado prazo por inércia de seu titular. Esse prazo, por sua vez, poderá ser estipulado pela lei ou pela vontade das partes. No primeiro caso, estaremos diante da chamada decadência legal e, no segundo, da decadência convencional.

Assim, ao revés da prescrição, cujos prazos decorrem sempre da lei, é possível o prazo decadencial por vontade das partes como, por exemplo, em um contrato em que as partes acordam a possibilidade de resilição de uma das partes dentro de um prazo de três meses.

3.1. Renúncia à decadência

A renúncia à decadência legal é inadmissível, uma vez que o art. 209 do CC dispõe que "é nula a renúncia à decadência fixada em lei". Por meio de uma

---

[44] Por exemplo, o art. 178, § 5º, V, do CC/16, que dispunha que prescrevia em seis meses "a ação dos hospedeiros, estalajadeiros ou fornecedores de víveres destinados ao consumo no próprio estabelecimento, pelo preço da hospedagem ou dos alimentos fornecidos; contado o prazo do último pagamento" e, pelo Código Civil de 2002, em seu art. 206, § 1º, I, esse prazo foi aumentado para um ano, com a seguinte redação: Prescreve em um ano "a pretensão dos hospedeiros ou fornecedores de víveres destinados a consumo no próprio estabelecimento, para o pagamento da hospedagem ou dos alimentos".

interpretação *a contrario sensu* do art. 209, concluímos que a renúncia à decadência convencional é plenamente possível.

3.2. Momento de alegação

O art. 211 do CC dispõe que "se a decadência for convencional, a parte a quem aproveita pode alegá-la em qualquer grau de jurisdição (...)". Se quanto à decadência convencional, que envolve interesses particulares, o Código Civil fez questão de estipular que poderá ser alegada em qualquer grau de jurisdição, com muito mais razão a decadência legal, que envolve a ordem pública e interesses da coletividade.

Vale a ressalva feita à prescrição de que não é possível a alegação pela primeira vez em grau de recurso extraordinário e recurso especial do instituto da decadência, uma vez que esses recursos clamam pelo prequestionamento (*vide* item 2.7 deste mesmo Capítulo).

3.3. Suprimento de ofício

Em se tratando de decadência legal, torna-se imperioso o suprimento de ofício por parte do Juiz, conforme imposição do art. 210: "Deve o juiz, de ofício, conhecer da decadência, quando estabelecida por lei". Por isso, o Juiz deve pronunciar a decadência legal de ofício, julgando o pedido improcedente com a resolução do mérito. O mesmo não acontece em se tratando de decadência convencional, haja vista que o instituto consagra interesses meramente particulares. Por tal razão, o art. 211, *in fine*, do Código Civil dispõe que "(...) mas o juiz não pode suprir a alegação".

3.4. Causas impeditivas, suspensivas e interruptivas

As causas impeditivas ou suspensivas previstas nos arts. 197 a 199 do CC e as causas interruptivas previstas no art. 202 do CC não se aplicam à decadência, salvo disposição legal em contrário (art. 207, CC). Um exemplo de disposição legal em contrário está no art. 208 do CC, que estabelece que "aplica-se à decadência o disposto nos arts. 195 e 198, inciso I". A conclusão a que chegamos é a de que a decadência, bem como a prescrição, já comentada anteriormente, não correm contra os absolutamente incapazes.

O § 2º, do art. 3º, da Lei nº 14.010/2020 (Lei do RJET) estende a paralisação aludida no *caput* aos prazos decadenciais. Assim, como se sabe, as causas impeditivas, suspensivas e interruptivas são próprias do prazo prescricional não sendo aplicadas aos prazos decadenciais, exceto por disposição expressa de lei. Essa ressalva consta do art. 207 do CC. Nesse mote, depara-se com a expressa admissão por parte da lei de aplicação de causa impeditiva ou suspensiva aos prazos decadenciais. É o que dispõe o art. 3º, § 2º, do RJET: "Este artigo aplica-se à decadência, conforme ressalva prevista no art. 207 da Lei nº 10.406, de 10 de janeiro de 2002 (Código Civil)".

3.5. Prazos decadenciais

Os prazos de decadência não se encontram concentrados na parte geral do Código Civil, como os de prescrição. Encontramos, sim, prazos de decadência na parte geral, nos arts. 178, 179 e no parágrafo único do art. 119. Os demais prazos estão espalhados pela parte especial do Código Civil. Então, o que o legislador do CC/2002 fez foi, ao apresentar o direito potestativo, a ele vinculado, atrelar o prazo atinente ao seu exercício.

4. QUADRO COMPARATIVO: PRESCRIÇÃO X DECADÊNCIA

	Prescrição	Decadência
Objeto	Extinção da pretensão (art. 189, CC).	Extinção do direito.
Alvo	Ações condenatórias.	Ações constitutivas com prazo.
Renúncia	É possível desde que o prazo já esteja consumado e não cause prejuízo a terceiros (art. 191 CC e Enunciado nº 295, CJF).	É nula a renúncia à decadência legal (art. 209, CC). À decadência convencional é possível.
Momento de alegação	Em qualquer grau de jurisdição (art. 193, CC).	Em qualquer grau de jurisdição (art. 211, CC).
Suprimento de ofício	O juiz deve suprir de ofício. (art. 194, CC – **Revogado pela Lei nº 11.280/2006**).	A decadência legal o juiz deve suprir o ofício (art. 210, CC); a convencional não (art. 211, *in fine*, CC).
Causas impeditivas ou suspensivas e interruptivas	Sujeita-se a causas impeditivas ou suspensivas e interruptivas (arts. 197, 198, 199 e 202).	A regra de não sujeição a causas impeditivas ou suspensivas e interruptivas, salvo previsão legal em contrário (art. 207).
Prazos	Somente podem decorrer da lei (arts. 205 e 206, CC).	Pode decorrer da lei (decadência geral) ou da vontade das partes (decadência convencional).

5. QUADRO COMPARATIVO: DECADÊNCIA LEGAL X DECADÊNCIA CONVENCIONAL

	Decadência legal	Decadência convencional
Renúncia	Não é possível (art. 209, CC).	É possível.
Momento de alegação	Em qualquer grau de jurisdição.	Em qualquer grau de jurisdição.
Suprimento de ofício	Deve o juiz conhecer de ofício (art. 210, CC).	Não pode o juiz conhecer de ofício (art. 211, CC).

DIREITO DAS OBRIGAÇÕES

CONSIDERAÇÕES INICIAIS

1. A RELAÇÃO JURÍDICA OBRIGACIONAL

A relação jurídica obrigacional ocorre quando há dois sujeitos, um ativo e um passivo. Sendo que ao primeiro se denomina credor, e ao segundo, devedor. Além disso, entre eles afigura-se um objeto que irá traduzir-se na prestação devida, que poderá ser positiva (dar ou fazer) ou negativa (não fazer). O elo que reunirá todos esses elementos em uma só estrutura se denomina vínculo jurídico.

A relação jurídica obrigacional resulta na obrigação que, em conclusão, é formada por sujeitos que serão o credor e o devedor. O objeto poderá constituir--se em prestações de dar, fazer ou não fazer.[1] E o vínculo jurídico é o liame que liga o credor, o devedor e o objeto. Assim, conforme conclusão de Sílvio Venosa:

> Para a existência de uma obrigação, há um mínimo necessário: um devedor, um credor, um vínculo adstringindo o primeiro ao segundo, por meio de um liame psicológico e jurídico. O objeto da obrigação é a prestação, que se transmuta em variadas formas.[2]

E, para que fique bem claro, vale mencionar ainda o conceito fornecido por Washington de Barros Monteiro, segundo o qual:

> Obrigação é a relação jurídica, de caráter transitório, estabelecida entre devedor e credor e cujo objeto consiste numa prestação pessoal econômica, positiva ou negativa, devida pelo primeiro ao segundo, garantindo-lhe o adimplemento através de seu patrimônio.[3]

---

[1] Conforme ressalta o prof. César Fiuza: "Cumpre não confundir o objeto da obrigação, que é uma prestação, com o objeto da própria prestação, que é a coisa devida. Por exemplo, o objeto da obrigação de um médico para com o seu cliente é prestação geradora de obrigação de fazer. Já o objeto dessa prestação é, por exemplo, a realização de uma cirurgia plástica". FIUZA, César. *Direito civil:* curso completo. 9. ed. Belo Horizonte: Del Rey, 2006. p. 293.

[2] VENOSA, Sílvio de Salvo. *Teoria geral das obrigações e teoria geral dos contratos.* 4. ed. São Paulo: Atlas, 2004. p. 203.

[3] MONTEIRO, Washington de Barros. *Curso de direito civil:* direito das obrigações. 32. ed. atual. Carlos Alberto Dabus Maluf. São Paulo: Saraiva, 2003. p. 8.

2. O DÉBITO (*SCHULD*) E A RESPONSABILIDADE (*HAFTUNG*)

Prevalece em nosso ordenamento a concepção imposta pela teoria dualista ou binária, de origem alemã, por meio da qual a obrigação é concebida por uma relação de débito e responsabilidade.

Por débito ou *schuld*, deve-se compreender a dívida e também o dever de a pagar. Caso haja o pagamento espontâneo da dívida, a obrigação se exaure aqui. Porém, se não houver o cumprimento da obrigação, exsurge um segundo elemento, que é a responsabilidade ou *haftung*. A responsabilidade repousará exatamente na possibilidade de o credor invadir o patrimônio do devedor para se satisfazer.

A obrigação que admite a existência desses dois rudimentos, o débito e a responsabilidade (por sinal, a maioria das obrigações), denomina-se obrigação civil ou perfeita. Isto é, há a dívida, o dever de adimpli-la e, caso não ocorra o adimplemento espontâneo da obrigação, o credor autorizado está a penetrar no patrimônio do devedor para seu ressarcimento. Por outro lado, é possível também a existência de uma obrigação em que somente o débito se faça presente. A esse tipo de obrigação se denomina obrigação natural ou imperfeita. Seria, por exemplo, o caso de uma dívida prescrita ou uma dívida de jogo,[4] hipóteses em que encontramos o dever de se pagar uma dívida que um dia se originou, porém, em não havendo este pagamento, outra saída não resta ao credor, não podendo, pois, invadir o patrimônio do devedor para a sua satisfação.

Ademais, ainda cabe lembrar a possibilidade de ser a obrigação portadora apenas de responsabilidade, ausente o débito. Essa é a obrigação decorrente dos contratos de fiança, por exemplo.

---

[4] A dívida de jogo mencionada pela doutrina como exemplo de obrigação natural diz respeito à dívida resultante de jogos proibidos (ex.: jogo do bicho) e de jogos tolerados (ex.: carteado). Já a dívida que resulte da prática de jogos permitidos se traduz em obrigação civil ou perfeita. A propósito, vale conferir a seguinte decisão do STJ: "DIREITO CIVIL. DÍVIDA DE JOGO CONTRAÍDA EM CASA DE BINGO. A dívida de jogo contraída em casa de bingo é inexigível, ainda que seu funcionamento tenha sido autorizado pelo Poder Judiciário. De acordo com o art. 814, § 2º, do CC, não basta que o jogo seja lícito (não proibido), para que as obrigações dele decorrentes venham a ser exigíveis, é necessário, também, que seja legalmente permitido. Nesse contexto, é importante enfatizar que existe posicionamento doutrinário, no sentido de que os jogos classificam-se em autorizados, proibidos ou tolerados. Os primeiros, como as loterias (Decreto-lei nº 204/67) ou o turfe (Lei nº 7.294/84), são lícitos e geram efeitos jurídicos normais, erigindo-se em obrigações perfeitas (art. 814, § 2º, do CC). Os jogos ou apostas proibidos são, por exemplo, as loterias não autorizadas, como o jogo do bicho, ou os jogos de azar referidos pelo art. 50 da Lei das Contravenções Penais. Os jogos tolerados, por sua vez, são aqueles de menor reprovabilidade, em que o evento não depende exclusivamente do azar, mas igualmente da habilidade do participante, como alguns jogos de cartas. Inclusive, como uma diversão sem maior proveito, a legislação não os proíbe, mas também não lhes empresta a natureza de obrigação perfeita. No caso, por causa da existência de liminares concedidas pelo Poder Judiciário, sustenta-se a licitude de jogo praticado em caso de bingo. Porém, mais do que uma aparência de licitude, o legislador exige autorização legal para que a dívida de jogo obrigue o pagamento, até porque, como se sabe, decisões liminares têm caráter precário. Assim, não se tratando de jogo expressamente autorizado por lei, as obrigações dele decorrentes carecem de exigibilidade, sendo meras obrigações naturais". REsp 1.406.487-SP, Rel. Min. Paulo de Tarso Sanseverino, julgado em 4/8/2015, *DJe* 13/8/2015 (Informativo nº 566).

3. A RESPONSABILIDADE PATRIMONIAL DO DEVEDOR. A PROBLEMÁTICA DA PRISÃO DO DEPOSITÁRIO INFIEL

Como visto linhas atrás, em não havendo o pagamento espontâneo da obrigação, em se tratando das obrigações civis ou perfeitas, surge para o credor a possibilidade de adentrar no patrimônio do devedor. Aqui vislumbramos a responsabilidade do devedor. Preceitua-se importante a leitura do art. 391 do CC que impõe: "Pelo inadimplemento das obrigações respondem todos os bens do devedor".

É importante perceber que tal responsabilidade se circunscreverá à esfera patrimonial do devedor. Em sendo assim, não há a responsabilidade pessoal do devedor em regra, só existindo excepcionalmente a possibilidade de prisão por dívida civil na hipótese de descumprimento voluntário e inescusável de obrigação alimentícia, conforme o inciso LXVII do art. 5º da CF/88 e a Convenção Americana sobre Direitos Humanos (o Pacto de São José da Costa Rica, em seu art. 7º, § 7º).

Quanto à prisão do depositário infiel, em decisão histórica[5], o STF colocou fim à sua possibilidade em 3/12/2008. É que o Plenário do STF, por maioria de votos, arquivou naquela data o RE 349.703 e, por unanimidade, negou provimento ao RE 466.343, que discutiam a prisão do alinenante depositário infiel. O Pacto de São José da Costa Rica, que só admite a prisão pelo descumprimento de pensão alimentícia, ratificado pelo Brasil em 1992, adquiriu *status* supralegal na referida decisão. No STF, podemos dizer em brevíssimas linhas, existiam basicamente duas correntes: a primeira de que os tratados que versam sobre os direitos humanos ratificados pelo Brasil apresentam caráter supralegal,[6] mas não constitucional; a segunda, a de que esses tratados apresentam caráter constitucional.[7] O posicionamento que prevaleceu, como dito, foi o primeiro.

Para que fique claro, dizer que os tratados que versam sobre direitos humanos possuem valor supralegal significa dizer que ocupam uma posição intermediária entre a Constituição Federal e a Lei Ordinária. Vale lembrar que, caso o Tratado conte com aprovação em quórum qualificado (com três quintos dos votos de cada Casa, em duas votações) conforme, § 3º do art. 5º da CF/88, aí, sim, ele tomará *status* de emenda constitucional. O Pacto de São José da Costa Rica

---

[5] "Convenhamos: nenhum jurista no Brasil pode ignorar a histórica decisão do STF de 3/12/2008: essa data tornou-se muito importante para nós. Não só porque acabou com a prisão civil do depositário infiel, senão, sobretudo, porque inaugurou um novo modelo de Estado, de Direito e de Justiça: o constitucional internacionalista." Explicando o que foi dito Luiz Flávio Gomes acrescenta: "Temos que admitir, por conseguinte, uma nova pirâmide jurídica no nosso país: no patamar inferior está a lei, na posição intermediária estão os tratados de direitos humanos (aprovados sem o *quorum* qualificado do § 3º do art. 5º da CF) e no topo está a constituição. Já não basta (para se conhecer o Direito) dominar as leis e os códigos (Estado legalista). Doravante só é jurista pleno quem também conta com razoável intimidade com a constituição (Estado constitucional de Direito) assim como com os tratados de direitos humanos (Estado constitucional internacionalista)". GOMES, Luiz Flávio. Decisão histórica do STF: fim da prisão civil do depositário infiel. *Jus Navigandi*, Teresina, ano 13, n. 1993, 15 dez. 2008. Disponível em: <http://jus2.uol. com.br/doutrina/texto.asp?id=12081>. Acesso em: 01 set. 2009.

[6] Posicionamento capitaneado pelo Min. Gilmar Mendes.

[7] Posicionamento capitaneado pelo Min. Celso de Mello.

não foi aprovado com esse *quorum*, daí atribuir-se a ele um caráter supralegal, e não constitucional.

Em resumo, qualquer lei ordinária que preveja a prisão do depositário infiel não terá validade, pois prevalecerá a norma supralegal, manifestada por meio do Tratado. Em relação à previsão de prisão do depositário infiel no inciso LXVII do art. 5º da CF/88 e o Pacto de São José da Costa Rica que a afasta, o que se deve fazer aqui não é aplicação do critério hierárquico para solucionar o problema, mas sim se valer do princípio *pro homine* que impõe que a norma a ser aplicada ao caso concreto deverá ser a mais favorável ao ser humano.

Lembramos, ainda, que a prisão por qualquer modalidade de depósito infiel, seja contratual ou judicial, portanto, não tem mais guarida em nosso ordenamento. Sobre a infidelidade depositária judicial, inclusive e coerentemente, foi revogada[8] a Súmula nº 619 do STF que estabelecia: "A prisão do depositário judicial pode ser decretada no próprio processo em que se constituiu o encargo, independentemente da propositura de ação de depósito".

Além disso, foi editada a Súmula Vinculante nº 25 do STF, que estabelece: "É ilícita a prisão civil de depositário infiel, qualquer que seja a modalidade de depósito". E, também, a Súmula nº 419 do STJ: "Descabe a prisão civil do depositário judicial infiel".

4. DISTINÇÕES NECESSÁRIAS: DEVER JURÍDICO, OBRIGAÇÃO, ÔNUS E ESTADO DE SUJEIÇÃO

Dever jurídico é conceito amplo que abarca o conceito de obrigação. Assim, por dever jurídico deve-se entender a imposição que sobre todos recai de acatar a determinados ditames, sob pena de se sujeitar a alguma sanção predeterminada. Os deveres jurídicos abarcam as relações obrigacionais, mas não apenas essas, espargindo os seus efeitos também no âmbito do Direito das Coisas, do Direito de Família, do Direito das Sucessões etc. Lembramos, como exemplo, a imposição de se respeitar a propriedade alheia ou de se cumprir com os deveres conjugais.

Se estreitarmos um pouco a perspectiva, alcançaremos o conceito de obrigação, que nada mais é do que o dever com conotação creditória (obrigacional). Não foi à toa que o Código Civil de 2002 alterou a redação do atual art. 1º estabelecendo nos seguintes termos: "**Toda pessoa** é capaz de direitos e deveres na ordem civil" (grifamos). Não fazia sentido mais manter a postura do Código Civil de 1916 que, no lugar da palavra "dever", fazia constar "obrigação",[9] restringindo-se ao âmbito creditório.

Ao conceito de obrigação de uma das partes corresponde o de direito subjetivo. Assim, da mesma forma que uma das partes está obrigada a prestar, a outra tem o direito subjetivo à prestação.

---

[8] Ao invés de se dizer revogada, para sermos precisos terminologicamente, o ideal é que se diga "caiu em desuso". Isso porque súmula não se revoga, apenas cai em desuso. Porém, no texto nos referimos à revogação porque foi esse o termo utilizado pelos Ministros do STF se referindo à questão.

[9] Art. 2º do CC/16: "Todo homem é capaz de direitos e obrigações na ordem civil".

Em relação ao ônus, o benefício decorrente da atuação da parte é dirigido ao próprio agente, e não a terceiros. Por isso é que a ofensa ao ônus atingirá somente aquele que o detém. Exemplo corriqueiro no âmbito processual é o ônus que tem a parte de provar o que alegou. Além disso, dando importância ao caráter de facultatividade do ônus, vale lembrar as palavras de Francisco Amaral, que muito bem distingue o ônus do dever:

> O ônus é, por isso, o comportamento necessário para conseguir-se certo resultado, que a lei não impõe, apenas faculta. No caso de dever, há uma alternativa de comportamento, um lícito (o pagamento, por exemplo) e outro ilícito (o não pagamento); no caso do ônus, também há uma alternativa de conduta, ambas lícitas, mas de resultados diversos.[10]

Quanto ao estado de sujeição, deparamos com o conceito de direito potestativo. Isso porque o direito potestativo se traduz na possibilidade que tem uma das partes de invadir a esfera jurídica alheia impondo um estado de sujeição. Assim, o estado de sujeição se manifestaria na observância e subordinação à vontade alheia. Com essa colocação, terminamos as distinções terminológicas imprescindíveis para a compreensão do Direito Civil, mormente, o Direito das Obrigações.

5. FONTES DAS OBRIGAÇÕES

As obrigações podem exsurgir das seguintes fontes:

5.1. Fonte imediata

A Lei.[11] O exemplo seria a obrigação alimentar decorrente da lei.

5.2. Fontes mediatas

- **Ato Jurídico *stricto sensu*:** representa uma mera submissão do agente ao ordenamento jurídico. Nas palavras de Cristiano Chaves de Farias e Nelson Rosenvald, "percebe-se que nos atos jurídicos não negociais (*stricto sensu*) a manifestação de vontade da pessoa dirige-se a efeitos jurídicos previamente desenhados pelo legislador, não havendo espaço para a atividade criadora do homem no plano da eficácia do ato".[12]

---

[10] AMARAL, Francisco. *Direito civil*: introdução. 5. ed. Rio de Janeiro: Renovar, 2004. p. 196.

[11] Há quem entenda que a lei sozinha não é capaz de originar obrigações. Nesse sentido, *vide* GOMES, Orlando. *Obrigações*. 16. ed. atual. por Edvaldo Brito. Rio de Janeiro: Forense, 2004, para quem, além da lei, torna-se necessária a presença de um fato jurídico. E também NORONHA, Fernando. *Direito das obrigações*. São Paulo: Saraiva, 2003, para quem, além da lei, é necessária a autonomia privada.

[12] FARIAS, Cristiano Chaves de; ROSENVALD, Nelson. *Curso de direito civil*: direito das obrigações. 9. ed. São Paulo: Atlas, 2015. p. 92.

Como exemplos de ato jurídico em sentido estrito podemos citar o reconhecimento de um filho, a adoção e a citação. Em todas essas hipóteses, os efeitos não decorrem da vontade do manifestante, mas da lei.

- **Negócio Jurídico:** traduz-se na manifestação da vontade que busca a produção de efeitos jurídicos. O que releva perceber é que esses efeitos jurídicos, ao revés dos efeitos dos atos jurídicos em sentido estrito, são aqueles pretendidos pelas partes, e não decorrentes da lei. Além disso, se a manifestação de vontade decorrer de apenas uma pessoa, estaremos diante de um negócio jurídico unilateral. Em rigor, o Código Civil de 2002 prevê expressamente os seguintes negócios jurídicos unilaterais, aos quais denomina atos unilaterais: promessa de recompensa (arts. 854 a 860); gestão de negócios (arts. 861 a 875); e o pagamento indevido (arts. 876 a 883). Por outro lado, se para que o negócio se aperfeiçoe há a exigência de manifestação de vontade de mais de uma pessoa, estaremos diante de um negócio jurídico bilateral. Aqui encontramos o contrato.

- **Atos Ilícitos:** o Código Civil de 2002 contempla duas espécies de atos ilícitos: o subjetivo (art. 186) e o objetivo ou por abuso de direito (art. 187). O art. 186 do CC dispõe que "aquele que por ação ou omissão voluntária, negligência ou imprudência, violar direito e causar dano a outrem, ainda que exclusivamente moral, comete ato ilícito". Essa espécie de ato ilícito prevista no art. 186 do CC denomina-se ato ilícito subjetivo, exatamente porque se deve aferir o aspecto anímico do sujeito que causou o dano a outrem. Assim, o referido artigo impõe a possibilidade do dolo ao utilizar a expressão "voluntária" e a possibilidade de culpa ao expressar "negligência ou imprudência". Ademais, o ato ilícito poderá decorrer da ação ou omissão do agente, sem prescindir da existência de um dano. A segunda e novidadeira espécie de ato ilícito prevista no Código Civil de 2002 está no art. 187 e se designa por ato ilícito objetivo ou por abuso de direito. Vale a transcrição do art. 187, CC: "Também comete ato ilícito o titular de um direito que, ao exercê-lo, excede manifestamente os limites impostos pelo seu fim econômico ou social, pela boa-fé ou pelos bons costumes". A compreensão dessa espécie de ato ilícito parte da ideia de que todas as pessoas possuem direitos e é dever de cada um exercitá-los dentro de determinados limites. Quais seriam esses limites? A finalidade econômica e social do direito, a boa-fé objetiva e os bons costumes. Assim, caso o titular de um direito, ao exercê-lo, extrapole a esses limites, estará a praticar um ato ilícito, pois a conotação que se dá hoje a isso não é mais a do simples exercício de um direito subjetivo, mas, sim, a de um abuso de direito, o que para o Código Civil de 2002 é ato ilícito.[13] Recorremos a um exemplo: um sujeito compra um aparelho de som. Ao escutá-lo em plena madrugada, fá-lo em seu volume máximo a perturbar a vizinhança. Tal ato configura-se na prática de um ilícito, pois o agente estava a exercer um direito para além dos limites impostos

---

[13] Embora não concordemos em designar o abuso de direito como ato ilícito, aqui assim o faremos, pois foi essa a opção do legislador do Código Civil de 2002 ao inserir no Capítulo referente a atos ilícitos o abuso de direito.

pelo ordenamento jurídico. Para concluir, o que importa perceber num primeiro momento é que a prática do ato ilícito, seja ele subjetivo ou objetivo, motiva o aparecimento de uma obrigação, qual seja, a de indenizar a vítima do dano (art. 927, CC).

6. A OBRIGAÇÃO COMO UM PROCESSO. A OBRIGAÇÃO COMPLEXA

A concepção de obrigação mais adequada a um Estado Democrático de Direito é a de que ela é, antes de tudo, um processo.[14] Um processo no sentido de que se trata de um conjunto de atos, todos eles permeados pela necessidade de colaboração recíproca entre as partes para alcance do seguinte resultado: maior satisfação ao credor e menor onerosidade ao devedor. Só assim é possível ter-se uma obrigação em que se resguardam os interesses patrimoniais das partes, sem deixar de lado os direitos da personalidade e o princípio da dignidade da pessoa humana.

É por isso que se diz que, hodiernamente, não se cumpre mais uma obrigação simplesmente adimplindo a prestação principal. A todo tempo, ladeando a obrigação principal, estão os deveres laterais ou anexos, que também deverão ser atendidos, por isso se trata de obrigações complexas. Por deveres laterais ou anexos, deve-se entender a proteção, a solidariedade, a informação, a cooperação, entre outros. Nesse diapasão, por exemplo, de nada adiantaria ao credor um negócio em que foi entabulada a compra e venda de uma padaria, não obstante o estabelecimento comercial em apreço tenha-lhe sido entregue, se o alienante poucos meses depois abre negócio semelhante, porém bem mais completo e aprumado, na mesma rua, em dois quarteirões à frente, tomando-lhe a freguesia antiga. No caso em tela, vimos o adimplemento da obrigação principal do alienante, qual seja, a entrega do estabelecimento, porém, ausente o cumprimento do dever lateral ou anexo de cooperação e lealdade diante do negócio realizado.

7. OBRIGAÇÃO *PROPTER REM* OU REAL

A obrigação *propter rem,*[15] designada também de real, reipersecutória ou ambulatória, é a que decorre do fato de a pessoa ser titular de um direito real como, por exemplo, a obrigação de pagar o IPTU ou despesa condominial. Na obrigação *propter rem*, o devedor não se obriga por sua vontade, mas, sim, por ser proprietário do bem.[16] Por isso, a Quarta Turma do STJ entendeu que o

---

[14] Muito mais sobre esse assunto, *vide* SILVA, Clóvis V. do Couto e. *A obrigação como processo.* Rio de Janeiro: Editora FGV, 2007.

[15] Conforme explica o prof. César Fiuza, *propter rem* quer dizer "por causa de uma coisa". FIUZA, César. *Direito civil:* curso completo. 9. ed. Belo Horizonte: Del Rey, 2006. p. 324.

[16] O STJ, ampliando essa perspectiva, entendeu que a ação de cobrança de cotas condominiais por ser ajuizada em desfavor da arrendatária do imóvel juntamente com o proprietário. Confira o inteiro teor da decisão: "A controvérsia posta nos presentes autos consiste em definir se a obrigação ao pagamento das despesas condominiais encerra-se, exclusivamente, na pessoa que é proprietária do bem ou se ela se estende a outras pessoas que tenham uma relação jurídica vinculada ao imóvel - que não o vínculo de propriedade -, a fim de determinar se está o con-

pagamento devido pelas **despesas** relativas à guarda e conservação de **veículo alienado fiduciariamente** em **pátio privado** em virtude de cumprimento de decisão judicial em ação movida pelo credor, por se tratar de **obrigação** *propter rem*, é de responsabilidade do credor fiduciário, quem detém a propriedade do **automóvel** objeto de contrato garantido por **alienação fiduciária**.[17]

Assim, decorre que o devedor poderá exonerar-se da obrigação se renunciar ao direito de propriedade ou abandonar a coisa e mais, que o sucessor a título singular assume automaticamente a dívida, ainda que não saiba de sua existência. Por fim, importa dizer que, quanto à natureza jurídica da obrigação *propter rem*, trata-se de instituto que ora tende para os direitos reais e, ora, para os direitos pessoais, não chegando a doutrina a um consenso, sendo certo, porém, que se trata de obrigação híbrida, constituindo ponto intermediário entre o direito real e o direito pessoal.

---

domínio credor autorizado a ajuizar a ação de cobrança de débitos condominiais não somente em face da empresa proprietária, mas também em desfavor da empresa arrendatária do ponto comercial. Inicialmente, vale lembrar que a obrigação pelo pagamento de débitos de condomínio possui natureza *propter rem*, como reconhece esta Corte. Com efeito, em julgamento de recurso repetitivo, a Segunda Seção deste Tribunal firmou a tese de que 'o que define a responsabilidade pelo pagamento das obrigações condominiais não é o registro do compromisso de compra e venda, mas a relação jurídica material com o imóvel, representada pela imissão na posse pelo promissário comprador, dependendo das circunstâncias de cada caso concreto' (REsp 1.345.331/RS, Min. Luis Felipe Salomão, *DJe* 20/4/2015). Na hipótese, a arrendatária exerce a posse direta sobre o imóvel e usufrui dos serviços prestados pelo Condomínio, não sendo razoável que não possa ser demandada para o pagamento de despesas condominiais inadimplidas. Ressalte-se, por fim, que não se está a falar de solidariedade entre proprietário e arrendatário para o pagamento dos débitos condominiais em atraso, até mesmo porque, como se sabe, a solidariedade decorre da lei ou da vontade das partes. O que se está a reconhecer é a possibilidade de a arrendatária figurar no polo passivo da ação de cobrança, haja vista que a ação pode ser proposta em face de qualquer um daqueles que tenha uma relação jurídica vinculada ao imóvel, o que mais prontamente possa cumprir com a obrigação". REsp 1.704.498-SP, Rel. Min. Nancy Andrighi, por unanimidade, julgado em 17/04/2018 (Informativo nº 624, STJ). De outro lado, o STJ entendeu que os honorários de sucumbência decorrentes de ação de cobrança de cotas condominiais não possuem natureza *propter rem* (REsp 1.730.651-SP, Rel. Min. Nancy Andrighi, por unanimidade, julgado em 9/4/2019, *DJe* 12/4/2019. Informativo nº 646, STJ).

[17] STJ. AgInt no REsp 1817294-SP. 4ª T. Rel. Min. Luis Felipe Salomão. Data de julgamento 19/4/2021.

DOS ATOS UNILATERAIS

"Atos unilaterais" é a designação fornecida pelo Código Civil para tratar dos atos jurídicos unilaterais ou declarações unilaterais de vontade, sendo que esses, como vimos no capítulo anterior, são considerados fontes do direito obrigacional também. Dividem-se em promessa de recompensa (arts. 854 a 860); gestão de negócios (arts. 861 a 875); e pagamento indevido (arts. 876 a 883).

Nos atos unilaterais o que há é que a obrigação surge da simples declaração de vontade de uma parte apenas. Caio Mário da Silva Pereira, sintetizando o tema, esclarece que a vontade unilateral "se concretiza como fato humano puro, dotado de poder criador, independentemente da adesão da outra parte".[1]

1. DA PROMESSA DE RECOMPENSA

A promessa de recompensa ocorre quando alguém por anúncios públicos se compromete a recompensar ou gratificar a quem preencha certa condição, ou desempenhe certo serviço.

Quem quer que preencha certa condição ou desempenhe determinado serviço já faz jus a receber a recompensa, independentemente de se atuou pelo interesse da promessa ou não, sabedor dela ou não (art. 855, CC).

À guisa de exemplo, lembremos a situação em que uma pessoa, ao ter o seu cachorro de estimação desaparecido, afixa em uma rua uma faixa oferecendo recompensar quem encontre e devolva o seu animal de estimação. Imaginemos que uma pessoa assim o faça, porém, independentemente de ter tomado conhecimento da promessa. Ainda assim, essa pessoa que encontrou o animal e o devolveu ao seu dono fará jus à recompensa oferecida.

É possível a revogação da promessa de recompensa, desde que preenchidos os seguintes requisitos:

- Que ainda não tenha sido prestado o serviço ou preenchida a condição;
- Que a promessa não tenha sido estipulada dentro de um prazo determinado; caso a promessa tenha sido estipulada dentro de um prazo determinado, a consequência é a impossibilidade de se revogar a promessa, dentro do

---

[1] PEREIRA, Caio Mário da Silva. *Instituições de direito civil:* contratos. 11. ed. atual. Regis Fichtner. Rio de Janeiro: Forense, 2004. v. III. p. 535.

prazo, em razão de se reputar a renúncia do promitente à revogação da promessa (art. 856, *in fine*, CC);

- E que a revogação seja feita pelo mesmo meio de publicidade que divulgou a promessa.

Importante lembrar que, se alguém de boa-fé tiver feito despesas para o desempenho da tarefa ou preenchimento da condição, terá o direito de ser reembolsado quanto a esses gastos, tendo em vista a promessa e sua posterior revogação (art. 856, parágrafo único, CC).

Caso o ato previsto na promessa seja desempenhado por várias pessoas, fará jus a primeira que o tenha desempenhado. Caso a execução tenha sido simultânea, a recompensa será dividida em partes iguais. Entretanto, se não for possível a divisão da recompensa, haverá sorteio que deferirá a recompensa a um dos participantes, cabendo a este que a recebeu dar ao outro o valor correspondente ao seu quinhão (arts. 857 e 858, CC).

O art. 859 do CC estipula que, para os concursos que se abrirem com promessa pública de recompensa, é condição essencial, para valerem, a fixação de um prazo, além de nomeação de pessoa como juiz para proferir decisões que obrigarão os interessados. Caso não seja nomeada pessoa para a função, entende--se que o promitente se reservou tal tarefa. Em hipótese de empate, aplicar-se-ão as regras mencionadas nos arts. 857 e 858 do CC, quais sejam, anterioridade, divisão e sorteio.

Segundo César Fiuza,

nos concursos públicos ou particulares que se abrem com promessa de contraprestação àqueles que obtiverem resultado mínimo, os candidatos aderem a suas cláusulas não podendo insurgir-se contra o resultado, a não ser que consigam provar dolo ou inob-servância de norma interna. Evidentemente que o candidato sempre poderá combater cláusulas ou decisões ilícitas ou abusivas, proferidas pela banca ou comissão.[2]

Por fim, o art. 860 do CC estabelece que: "As obras premiadas, nos con-cursos de que trata o artigo antecedente, só ficarão pertencendo ao promitente, se assim for estipulado na publicação da promessa". Isso significa que, se nada for estipulado no anúncio da promessa de recompensa, as obras premiadas não serão de propriedade do promitente, continuando a pertencer ao candidato. Vale mencionar o exemplo apresentado por Flávio Tartuce:

Em concursos de monografias jurídicas os trabalhos pertencem aos seus autores, em geral, aplicando-se as regras de proteção previstas na Lei de Direitos Autorais (Lei nº 9.610/98). Entretanto, é possível prever que os direitos patrimoniais de exploração da obra premiada passarão a pertencer àquele que idealizou o concurso. Vale mencionar

---

[2] FIUZA, César. *Direito civil:* curso completo. 9. ed. Belo Horizonte: Del Rey, 2006. p. 710.

que isso não inclui os direitos morais do autor, que são instransmissíveis e irrenunciáveis, pelo que prevê o art. 27 da Lei nº 9.610/98 e art. 11 do CC.[3]

2. DA GESTÃO DE NEGÓCIOS

Segundo preleciona Caio Mário da Silva Pereira,

às vezes, uma pessoa realiza atos no interesse de outra, como se fosse seu representante, embora não investido dos poderes respectivos, arrogando-se, assim, a qualidade de gestor de negócios alheios. Diz-se, então, que a gestão de negócios é a administração oficiosa de interesses alheios.[4]

E conforme César Fiuza acrescenta, uma pessoa (o gestor) "representa ou presta serviços à outra sem que esta o saiba".[5] Alguns exemplos de gestão de negócios são lembrados por Sílvio Rodrigues, aqui mencionados:

Quando alguém, presenciando em prédio alheio estragos capazes de o destruir, ajusta em nome do proprietário ausente, mas sem sua autorização, um empreiteiro para o reparar; ou quando o diretor de uma clínica chama oculista para cuidar de criança ali internada, sem estar autorizado pelos pais da criança; ou ainda quando, por ocasião de um incêndio o vizinho procura apagá-lo, faz remover os móveis, contrata o seu depósito, toma, enfim, todas as providências para salvaguardar os interesses do dono do prédio. Nas três hipóteses não está a pessoa, que assumiu a defesa do interesse de outrem, autorizada a fazê-lo. Não obstante a lei, tendo em vista o propósito altruísta que inspirou o ato, empresta-lhe efeitos, se for útil ao dono do negócio.[6]

Quando visualizamos a gestão de negócios, deparamos com duas partes: o gestor e o dono do negócio, sendo que o gestor deverá agir conforme a vontade presumível do dono do negócio, sob pena de responsabilização civil. Por isso, o art. 861 do CC afirma: "Aquele que, sem autorização do interessado, intervém na gestão de negócio alheio, dirigi-lo-á segundo o interesse e a vontade presumível de seu dono, ficando responsável a este e às pessoas com que tratar".

E mais, se a gestão for iniciada contra a vontade manifesta ou presumível do interessado, passará a ser considerado ato abusivo, e responderá o gestor até pelos casos fortuitos (art. 862, CC). Se os prejuízos resultantes da gestão excederem ao seu proveito, é lícito o dono do negócio exigir que o gestor restitua as coisas ao estado anterior ou indenize a diferença (art. 863, CC).

---

[3] TARTUCE, Flávio. *Direito das obrigações e responsabilidade civil*. São Paulo: Método, 2006. p. 41.

[4] PEREIRA, Caio Mário da Silva. *Instituições de direito civil*: contratos. 11. ed. atual. Regis Fichtner. Rio de Janeiro: Forense, 2004. v. III. p. 421.

[5] FIUZA, César. *Direito civil*: curso completo. 9. ed. Belo Horizonte: Del Rey, 2006. p. 711.

[6] RODRIGUES, Sílvio. *Direito civil*: dos contratos e das declarações unilaterais da vontade. 25. ed. São Paulo: Saraiva, 1997. v. 3. p. 294.

Inserto na gestão, deverá o gestor quando possível comunicar, ao dono do negócio, o andamento da gestão assumida, decorrente tal função da boa-fé objetiva e seu dever anexo de informação. Após levar ao conhecimento do dono do negócio a gestão, aguardará que este se manifeste pela continuidade ou interrupção da gestão já iniciada (art. 864, CC). Enquanto isso, velará o gestor pelo negócio. Em caso de falecimento do dono do negócio, pendente a gestão, esta continuará no aguardo das instruções dos herdeiros.

Ao longo de toda a gestão, deverá o gestor empenhar-se ao máximo com total cuidado e diligência na administração do negócio, ressarcindo ao dono o prejuízo resultante de qualquer culpa na gestão. O que deve ficar claro é que – afora quando a gestão é iniciada contra a vontade manifesta ou presumível do dono do negócio e na hipótese do art. 868, que será analisada mais à frente – o gestor só poderá ser responsabilizado se atuar com culpa, uma vez que a sua responsabilidade é subjetiva (art. 866, CC). Entretanto, releva notar que, se o gestor se fizer substituir por outra pessoa e essa cause prejuízo ao dono do negócio, ficará responsável pela indenização o gestor. Isso porque em tal hipótese a sua responsabilidade não será mais subjetiva, e sim objetiva em decorrência da aplicação por analogia dos arts. 932, III, 933 e 942, parágrafo único, todos do CC. Por isso, o art. 867 dispõe: "Se o gestor se fizer substituir por outrem, responderá pelas faltas do substituto, ainda que seja pessoa idônea, sem prejuízo da ação que a ele, ou ao dono do negócio, contra ela possa caber".

Ademais, em se tratando de gestão conjunta, o parágrafo único do art. 867 resolve apresentando hipótese de solidariedade legal: "Havendo mais de um gestor, solidária será a sua responsabilidade".

O gestor deverá agir de maneira prudente e moderada, não arriscando aquilo que não lhe pertence. E também não poderá preterir interesses do dono do negócio por evidenciar os seus interesses. Caso contrário, o gestor responderá mesmo pelo fortuito (art. 868, CC).

Com o retorno do dono do negócio, esse poderá aprovar a gestão ou desaprová-la. Na primeira hipótese, verificado que o negócio foi utilmente administrado, o dono do negócio ressarcirá ao gestor as despesas necessárias ou úteis que houver feito, com os juros legais, desde o desembolso, respondendo ainda pelos prejuízos que este houver sofrido por causa da gestão. Sendo que a ratificação pura e simples do dono do negócio retroage ao dia do começo da gestão, isto é, tem efeitos *ex tunc*, e produz todos os efeitos do mandato, assim passando a se regular como se desde o início fosse mandante e mandatário (art. 873, CC). Na hipótese de o dono do negócio desaprovar a gestão, importa perceber primeiro que só é lícito a ele tomar tal posicionamento, se conseguir provar que a atuação do gestor não se realizou conforme os seus interesses diretos e daí poderá exigir indenização do gestor até pelos casos fortuitos, podendo também exigir que o gestor restitua as coisas ao estado anterior (art. 874, CC).

Afora tudo já comentado, impende atentar também para o fato de que a indenização devida ao gestor não poderá exceder em importância as vantagens obtidas pelo dono do negócio com a gestão (art. 870, *in fine*, CC).

Ademais, o art. 871 do CC dispõe que: "quando alguém, na ausência do indivíduo obrigado a alimentos, por ele os prestar a quem se devem, poder-lhes-á reaver do devedor a importância, ainda que este não ratifique o ato", o que faz com que tal disposição legal torne por todo despicienda a necessidade de ratificação da gestão na presente hipótese. Tudo em razão da boa-fé objetiva e da dignidade da pessoa humana. Assim, aquele que prestou alimentos em lugar de outra pessoa poderá voltar-se contra esta, sendo certo que não haverá a possibilidade de se voltar contra aquele que recebeu os alimentos, já que os alimentos são irrepetíveis.[7]

O mesmo raciocínio se aplica em se tratando de despesas realizadas em razão de enterro. Assim, o art. 872 do CC pronuncia: "Nas despesas do enterro, proporcionadas aos usos locais e à condição do falecido, feitas por terceiro, podem ser cobradas da pessoa que teria a obrigação de alimentar a que veio a falecer, ainda mesmo que esta não tenha deixado bens". Importante ficar atento para o fato de que, tanto no cumprimento da obrigação alimentar quanto nas despesas oriundas de sepultamento, não haverá direito de reembolso se o gestor fizer tais despesas por mera liberalidade, com simples intento de bem-fazer (art. 872, parágrafo único, CC).

A última regra do Código Civil atinente à gestão de negócios está no art. 875, que dispõe: "Se os negócios alheios forem conexos ao do gestor, de tal arte que se não possam gerir separadamente, haver-se-á o gestor por sócio daquele cujos interesses agenciar de envolta com os seus". Trata-se de hipótese em que o negócio em que o gestor interveio não lhe é inteiramente alheio. Por isso, o gestor e o dono do negócio serão considerados sócios, aplicando-se as normas atinentes ao contrato de sociedade.

Por fim, atentamos para a chamada gestão imprópria, que nas palavras de César Fiuza:

> É a administração de negócio alheio na suposição de que seja próprio. O gestor que obtém proveito à custa do dono fica obrigado a ressarci-lo, com a aplicação dos princípios do enriquecimento sem causa. No caso de o gestor agir com dolo, sabendo não ser seu o negócio gerido, haverá perdas e danos, além da restituição do enriquecimento sem causa. O instituto não é regulamentado em nosso Direito Positivo, mas existe e pode ser invocado.[8]

3. DO PAGAMENTO INDEVIDO

3.1. Conceito

Ocorre o pagamento indevido quando o *solvens* paga à pessoa equivocada por engano, ou quando paga à pessoa correta, porém paga quantia ou coisa além do que esta tem direito.

3.2. Requisitos do pagamento indevido

Para que o pagamento indevido se configure, alguns requisitos são necessários:

---

[7] Os alimentos são irrepetíveis, isto é, não passíveis de se pedir de volta.

[8] FIUZA, César. *Direito civil:* curso completo. 9. ed. Belo Horizonte: Del Rey, 2006. p. 717.

a) a realização de um pagamento;

b) ausência de fundamento jurídico para o pagamento;

c) engano da parte que realizou o pagamento.

3.3. Regras do pagamento indevido

Do pagamento indevido decorrem duas importantes regras:

1ª) Quem paga mal, paga duas vezes. Quando uma pessoa paga indevidamente à outra, não se terá desonerado da obrigação, uma vez que terá de proceder ao pagamento novamente, porém agora em relação à pessoa certa.

2ª) Quem paga mal tem direito a repetir o indébito. Aquele que pagou à pessoa equivocada poderá pedir de volta o que houver pagado por engano. A referida regra decorre da vedação ao enriquecimento sem causa. Para tanto, caberá a ação de repetição de indébito (*actio in rem verso*),[9] sendo que àquele que voluntariamente pagou o indevido incumbe a prova de tê-lo feito por erro (art. 877, CC). Vale lembrar, ainda, que o pagamento indevido, além de ocorrer nas obrigações de dar, poderá ter por objeto a prestação consistente em fazer, ou poderá ser efetuado para se eximir de obrigação de não fazer. Nessas hipóteses, tem aplicabilidade o art. 881 do CC, que dispõe que: "Se o pagamento indevido tiver consistido no desempenho de obrigação de fazer ou para eximir-se da obrigação de não fazer, aquele que recebeu a prestação fica na obrigação de indenizar o que a cumpriu, na medida do lucro obtido".

3.4. Hipóteses em que não é possível a repetição

A regra é que aquilo que foi recebido como pagamento indevido deverá ser restituído. Porém, tal regra comporta exceções:

*   Art. 880, CC: "Fica isento de restituir pagamento indevido aquele que, recebendo-o como parte de dívida verdadeira, inutilizou o título, deixou prescrever a pretensão ou abriu mão das garantias que asseguravam seu direito; mas aquele que pagou dispõe de ação regressiva contra o verdadeiro devedor e seu fiador". Nesse caso, o devedor que paga mal não poderá exigir a restituição, mas terá direito de cobrar do devedor da pessoa a quem pagou por engano. Supondo que A, por engano, pague a B o que

---

[9] Conforme salienta Tartuce: "Ao contrário do que alguns possam pensar, no caso de pagamento indevido não cabe repetição em dobro do valor pago. Na realidade, por meio da *actio in rem verso* poderá o prejudicado, em regra, pleitear o valor pago atualizado, acrescido de juros, custas, honorários advocatícios e despesas processuais. Havendo má-fé da outra parte, essa gera a culpa, cabendo ainda reparação por perdas e danos. Entretanto, a lei prevê alguns casos em que cabe pleitear o valor em dobro. Inicialmente, o art. 940 da atual codificação (...). Outra regra importante consta do art. 42, parágrafo único, do CDC (...)". TARTUCE, Flávio. *Direito das obrigações e responsabilidade civil*. São Paulo: Método, 2006. p. 47.

deveria ter pagado a C, e B não terá de restituir o pagamento se rasgar a nota promissória que representava seu crédito junto a D, imaginando que o depósito feito em sua conta fora realizado por D, que lhe devia quantia igual à depositada por A.[10]

- Art. 882, CC: "Não se pode repetir o que se pagou para solver dívida prescrita, ou cumprir obrigação judicialmente inexigível". Em se tratando de pagamento de obrigação natural, isto é, aquelas em que há apenas o elemento débito, prescindindo do elemento responsabilidade, não se torna possível pedir de volta pelo que se pagou. Isso porque aquele que paga obrigação natural se entende na verdade cumpridor de obrigação a que estava subordinado, não se caracterizando liberalidade, portanto, e não cabendo o pleito de restituição *a posteriori*.

- Art. 883, CC: "Não terá direito à repetição aquele que deu alguma coisa para obter fim ilícito, imoral, ou proibido por lei".[11] Há aqui aplicação direta do brocardo *nemo auditur propriam turpitudinem allegans*, isto é, ninguém poderá ser ouvido alegando a sua própria torpeza. Assim, por exemplo, a quantia paga indevidamente para obtenção de drogas ou material pornográfico não poderá ser pedida de volta, sendo que o parágrafo único do mencionado artigo informa que "o que se deu reverterá em favor de estabelecimento local de beneficência, a critério do juiz".[12]

3.5. Frutos, acessões, benfeitorias e deteriorações supervenientes ao pagamento indevido

Caso à coisa dada em pagamento indevido tenham sobrevindo frutos, acessões, benfeitorias e deteriorações, as regras a serem aplicadas serão as previstas nos arts. 1.214 ao 1.222 do Código Civil, observando-se se de boa-fé ou má-fé estava o possuidor (art. 878, CC). E acerca das acessões aplicam-se as regras dos arts. 1.253 e seguintes do Código Civil.

3.6. Alienação de imóvel dado em pagamento indevido

Na hipótese daquele que recebeu um imóvel indevidamente em razão de pagamento que não deveria ter se operado e posteriormente o aliena a um terceiro, alguns pontos deverão ser analisados, conforme o art. 879 e seu parágrafo único:

---

[10] FIUZA, César. *Direito civil:* curso completo. 9. ed. Belo Horizonte: Del Rey, 2006. p. 721.

[11] Ressalta César Fiuza que nessa hipótese "não há, rigorosamente pagamento indevido a terceiro, por erro do devedor". FIUZA, César. *Direito civil:* curso completo. 9. ed. Belo Horizonte: Del Rey, 2006. p. 722.

[12] Mais uma crítica precisamente formulada por César Fiuza merece menção: "O parágrafo único do art. 883, que trata do pagamento efetuado para a obtenção de fins ilícitos ou imorais, apresenta regra um tanto quanto incompreensível. (...) Não vemos aplicabilidade para tal regra. Ora, se o devedor não tem direito à repetição, como será cobrado daquele que recebeu indevidamente, a fim de se reverter a soma a estabelecimento de beneficência?". FIUZA, César. *Direito civil:* curso completo. 9. ed. Belo Horizonte: Del Rey, 2006. p. 722.

- Se a alienação foi a título oneroso e se deu de boa-fé: terá de restituir apenas o valor do imóvel;

- Se a alienação foi a título oneroso e se deu de má-fé: terá de restituir o valor do imóvel acrescido das perdas e danos devidos.

Em ambas as hipóteses, o terceiro de boa-fé poderá reter o imóvel, não sendo prejudicado, tudo isso em razão de aplicação da teoria da aparência.

- Se a alienação foi a título gratuito, em qualquer caso ou a título oneroso, sendo que o terceiro adquirente agiu de má-fé: aquele que pagou por engano poderá reivindicar o imóvel e o terceiro que adquiriu gratuitamente, ou o terceiro que agiu de má-fé terá de restituir o imóvel.

4. DO ENRIQUECIMENTO SEM CAUSA

Enriquecimento sem causa significa é o mesmo que enriquecimento indevido ou enriquecimento ilícito.[13] A vedação ao enriquecimento indevido é princípio geral de Direito que se encontra positivado nos arts. 884 a 886 do CC, dentro do título que trata dos atos unilaterais. Isso porque a vedação ao enriquecimento sem causa é o princípio que fundamenta praticamente todas as obrigações derivadas dos atos unilaterais. Por isso, Sílvio Venosa diz que o enriquecimento sem causa e o pagamento indevido são "troncos da mesma cepa, ou melhor, o pagamento indevido pertence ao grande manancial de obrigações que surge sob a égide do enriquecimento ilícito".[14]

Por enriquecimento indevido, podemos, então, apontar todo aumento patrimonial que ocorra sem causa jurídica que o justifique.

4.1. Requisitos do enriquecimento sem causa

Quatro são os requisitos necessários apontados pela doutrina para que ocorra o enriquecimento sem causa:

1º) Diminuição patrimonial ou empobrecimento do lesado.

2º) Aumento patrimonial do beneficiado.

3º) Relação de causalidade entre o enriquecimento de um e o empobrecimento do outro.

4º) Ausência de causa jurídica que justifique o enriquecimento de um e o empobrecimento do outro.

---

[13] "A ideia geral de que ao direito não é admissível um acréscimo patrimonial às custas de outrem sem um fato jurídico idôneo a justificá-lo é traduzida tecnicamente como a vedação ao enriquecimento sem causa." KONDER, Carlos Nelson. Enriquecimento sem causa e pagamento indevido. In: TEPEDINO, Gustavo (Coord.). *Obrigações:* estudos na perspectiva civil-constitucional. Rio de Janeiro: Renovar, 2005. p. 369.

[14] VENOSA, Sílvio de Salvo. *Teoria geral das obrigações e teoria geral dos contratos.* 4. ed. São Paulo: Atlas, 2004. p. 201.

Embora sejam esses os requisitos apresentados pela doutrina tradicional para que se apresente o enriquecimento sem causa, relevante perceber que há forte tendência em se afastar ou atenuar o primeiro requisito, o que constatamos pela aprovação do Enunciado nº 35 na I Jornada de Direito Civil com o seguinte teor: "a expressão 'se enriquecer à custa de outrem' do art. 884 do novo Código Civil não significa, necessariamente, que deverá haver empobrecimento".

4.2. Efeitos do enriquecimento sem causa

O grande efeito do enriquecimento indevido está estampado no art. 884 do CC com os seguintes dizeres: "Aquele que, sem justa causa, se enriquecer à custa de outrem, será obrigado a restituir o indevidamente auferido, feita a atualização dos valores monetários". Se o objeto do enriquecimento se traduzir em uma coisa, esta deverá ser devolvida e, se não mais existir, a restituição se fará pelo valor do bem na época em que foi exigido.

Se de início houve causa jurídica a justificar o aumento patrimonial de um, porém, causa esta que deixou de existir, ainda assim a restituição é devida (art. 885, CC).

É reconhecido pela doutrina que o art. 884 do CC apresenta verdadeira cláusula geral do dever de restituição. Desse modo, essa cláusula geral abrangeria as duas modalidades de enriquecimento sem causa: o enriquecimento por prestação e o enriquecimento por intervenção. Esse último, também conhecido como lucro da intervenção, consiste na vantagem patrimonial concretamente auferida por uma pessoa com base na exploração não autorizada de bem ou direito alheio. Assim, na VIII Jornada de Direito Civil, aprovou-se o Enunciado nº 620, com o seguinte teor: "A obrigação de restituir o lucro da intervenção, entendido como a vantagem patrimonial auferida com base na exploração não autorizada de bem ou direito alheio, fundamenta-se na vedação do enriquecimento sem causa".

4.3. A subsidiariedade do instituto

A subsidiariedade do instituto do enriquecimento sem causa[15] está prevista no art. 886 do CC com o seguinte teor: "Não caberá a restituição por enriquecimento, se a lei conferir ao lesado outros meios para se ressarcir do prejuízo sofrido". Assim, se na lei existirem outros meios aptos a ressarcir o prejuízo sofrido pelo

---

[15] "A ideia de subsidiariedade do instituto tem origem no sistema francês (...) temia-se que *actio de in rem verso*, sugerida somente em doutrina, viesse a suplantar a aplicação de outras ações. Junte-se a isso, também a possibilidade de que a ação pudesse viabilizar o afastamento e a fraude de dispositivos imperativos ou beneficiar aquele que perde uma ação por erro ou negligência." KONDER, Carlos Nelson. Enriquecimento sem causa e pagamento indevido. In: TEPEDINO, Gustavo (Coord.). *Obrigações*: estudos na perspectiva civil-constitucional. Rio de Janeiro: Renovar, 2005. p. 392.

lesado, não é caso de pleito de restituição por enriquecimento indevido.[16] Nessa esteira, ressalta César Fiuza que:

> Não se deve, tampouco, confundir o princípio do enriquecimento sem causa com a ação de locupletamento dele oriunda. Esta só terá cabida na falta de outra ação específica, segundo o art. 886. Assim, no pagamento indevido, caberá ação de repetição de indébito (*condictio indebiti*) e não a ação de locupletamento, embora tenha ocorrido o enriquecimento sem causa. Não havendo outra ação mais específica, admite-se, então, a de locupletamento.[17]

---

[16] Enunciado nº 36, aprovado na I Jornada de Direito Civil: "o art. 886 do novo Código Civil não exclui o direito à restituição do que foi objeto de enriquecimento sem causa nos casos em que os meios alternativos conferidos ao lesado encontram obstáculos de fato".

[17] FIUZA, César. *Direito civil:* curso completo. 9. ed. Belo Horizonte: Del Rey, 2006. p. 708.

CLASSIFICAÇÃO DAS OBRIGAÇÕES

1. CLASSIFICAÇÃO QUANTO AO CONTEÚDO DO OBJETO OBRIGACIONAL

Segundo a classificação quanto ao conteúdo do objeto obrigacional, as obrigações poderão ser de dar, fazer ou não fazer. Sendo que as obrigações de dar e fazer são também conhecidas por obrigações positivas, e a obrigação de não fazer, por obrigação negativa.

1.1. A obrigação de dar

A obrigação de dar é aquela em que o devedor deverá entregar algo ao credor. Esse algo a que nos referimos poderá tanto ser uma coisa certa quanto uma coisa incerta.

1.1.1. A obrigação de dar coisa certa ou obrigação específica

Por meio da obrigação de dar coisa certa, a coisa a ser entregue ou restituída deverá ser algo perfeitamente individualizado ou especializado. Como exemplo, temos um contrato de compra e venda em que o devedor é o vendedor e o credor, o comprador. Isso porque o devedor é exatamente aquele que deve a entrega da coisa. No caso em tela, quem deve a coisa é o devedor.

Porém, nesse mesmo caso, não podemos nos esquecer que se focarmos a obrigação pecuniária, aí, sim, o devedor da quantia certa será o comprador e o credor, o vendedor.

É certo que, em se tratando de obrigação de dar coisa certa, o credor não é obrigado a receber prestação diversa da que lhe é devida, ainda que mais valiosa, por força do art. 313 do CC. Entretanto, pode o credor aceitar e aí estaremos diante do instituto da dação em pagamento (art. 356, CC), mais à frente comentado por nós.

1.1.1.1. Os acessórios da coisa certa

No que diz respeito aos acessórios da coisa certa, em decorrência do princípio de que o acessório segue o principal, é claro que os acessórios acompanharão a coisa certa, ainda que não mencionados, salvo se contrário resultar do título ou das circunstâncias do caso (art. 233, CC).

É evidente que o contrato poderá dispor em sentido contrário acerca do destino do acessório, isto é, que o acessório não acompanhará o principal. Além disso, é importante perceber que as próprias circunstâncias do caso poderão afastar o princípio de que o acessório segue o principal. Imaginemos o seguinte exemplo: uma pessoa aluga um apartamento e compra uma geladeira e um fogão para instalar no imóvel. Ao término do contrato de locação, essa pessoa tem a obrigação de restituir o apartamento, todavia, é claro que, pelas circunstâncias do caso, a geladeira e o fogão não acompanharão o imóvel.

1.1.1.2. A perda da coisa certa

Na hipótese de a coisa certa vir a se perder, é necessário averiguar se a coisa se perdeu antes ou depois da tradição, ou antes ou depois do implemento da condição suspensiva para aquelas obrigações subordinadas a uma condição suspensiva. Isso porque é com a tradição que ocorre a transferência da coisa móvel e é com o implemento da condição que surge a obrigatoriedade de transferência da coisa.

Partindo ainda da ideia de que a coisa se perde é para o seu dono (*res perit domino*), concluímos que: se a coisa se perder antes da tradição, ou pendente a condição suspensiva, o prejuízo pela perda da coisa será do seu dono, isto é, do devedor (alienante). Entretanto, se a perda se der depois da tradição, arcará com o prejuízo o credor (adquirente), já que este agora é o dono da coisa.

Porém, mais uma observação deverá ser feita. Se a coisa se perder antes da tradição, ou pendente a condição suspensiva, sabemos que o prejuízo será do devedor, porém devemos indagar se o devedor ao perdê-la agiu com culpa ou não. Isso para verificar se, além do prejuízo com a perda da coisa, o devedor deverá ainda arcar com uma indenização por perdas e danos ao credor. Assim, caso tenha obrado com culpa pela perda da coisa, além de sofrer o prejuízo pela perda da coisa, deverá arcar com uma indenização por perdas e danos ao credor. Caso contrário, ou seja, não havendo culpa de sua parte – e aqui, geralmente estaremos diante do caso fortuito ou de força maior –, simplesmente a obrigação será resolvida.[1] Essas regras estão no art. 234 do CC.

Vamos a um exemplo. Comprei um carro de João. João deveria me entregar esse carro, portanto ele é o devedor da obrigação. Entretanto, antes de me entregar a coisa, ela se perde sem que, para tanto, tenha havido qualquer culpa por parte de João. Nessa hipótese, simplesmente a obrigação será resolvida. E caso eu já tivesse adiantado alguma quantia a João, ele deveria me devolver o valor adiantado. O que importa é que a obrigação se resolveria e João ficaria com o prejuízo pela perda da coisa, porque ele era o seu dono à época da perda.

---

[1] Ao comentar o art. 234 do CC, Flávio Tartuce explica o significado da expressão "resolvida" utilizada no texto legal da seguinte maneira: "Vale lembrar que a expressão 'resolver' significa que as partes voltam à situação primitiva, anterior à celebração da obrigação, sem outras consequências". TARTUCE, Flávio. *Direito das obrigações e responsabilidade civil*. São Paulo: Método, 2006. p. 64.

Entretanto, imaginemos que a coisa se tenha perdido antes da tradição, porém por culpa de João. Nessa hipótese, ele teria de pagar o equivalente ao valor que eu já lhe havia pago e ainda teria de me indenizar por perdas e danos devido à coisa ter-se perdido por culpa sua.

Podemos formular a seguinte linha do tempo:

- **sem culpa:** a obrigação será resolvida. O devedor apenas deverá devolver ao credor o equivalente ao que eventualmente tenha recebido.
- **com culpa**: a obrigação também será resolvida. Porém, o devedor além de devolver o equivalente ao que, eventualmente, tenha recebido, terá de indenizar o credor em perdas e danos.

Existem, entretanto, hipóteses em que, se a perda da coisa se der mesmo sem culpa do devedor, isto é, por caso fortuito ou força maior, o devedor, além de sofrer o prejuízo da perda da coisa, arcará com as perdas e danos. São elas:

- Estando o devedor em mora (art. 399, CC), ou seja, a coisa se perdeu quando o devedor estava em mora;
- Se o devedor expressamente houver se responsabilizado pelos prejuízos decorrentes do caso fortuito e da força maior (art. 393, CC).

1.1.1.3. A deterioração da coisa certa

Por deterioração, temos uma perda parcial da coisa. Em havendo apenas a deterioração da coisa certa, é necessário, ainda, aferir se a deterioração se deu por culpa do devedor ou não.

Se a deterioração se der sem culpa do devedor, duas soluções se apresentam, conforme expõe o art. 235 do CC:

- Poderá o credor resolver a obrigação, sem direito a pleitear perdas e danos;
- Ou poderá ficar com a coisa, subtraindo do preço pago o valor que se perde.

Por outro lado, se a deterioração se der por culpa do devedor, as possibilidades do credor, conforme o art. 236 do CC, são, a saber:

- Exigir o equivalente, isto é, o valor da coisa mais uma indenização por perdas e danos;
- Ficar com a coisa deteriorada com um abatimento no preço, mais uma indenização por perdas e danos.

1.1.1.4. Melhoramentos na coisa ou cômodos obrigacionais

Na hipótese de a coisa se submeter a qualquer melhoramento ou acréscimo, aos quais é comum denominar-se de cômodos obrigacionais, também pertencerão eles ao dono. Assim, se o melhoramento ocorrer antes da tradição, pertencerá ao devedor da coisa, podendo, inclusive, em razão deles, exigir aumento no preço da coisa. Nada mais acertado diante da necessidade de se manter o equilíbrio nas prestações e se impedir o enriquecimento indevido do credor. E caso o credor não concorde em pagar pelo melhoramento, poderá o devedor resolver a obrigação (art. 237, CC). Aqui não é caso de se cogitar pelas perdas e danos.

O exemplo clássico é do animal que é vendido, porém, posteriormente, durante a negociação e a tradição entre em estado de prenhez. Outro exemplo é mencionado por Fábio Ulhôa Coelho, a seguir exposto:

> Um dos oitenta auto-retratos de Rembrandt, feito em 1634, foi alterado por um de seus assistentes (ao que consta, a pedido do próprio mestre, para tentar vender o quadro mais facilmente). O assistente pintou sobre o rosto do famoso pintor flamengo um bigodudo e encabelado nobre russo com um engraçado gorro vermelho. A tela foi, por cerca de três séculos, negociada como sendo da 'oficina de Rembrandt', evidentemente a preços menores do que o das pintadas pelo próprio Rembrandt. Nos anos 1930, descobriu-se o auto-retrato sob as camadas de tinta do assistente e, nos anos de 1980, elas foram removidas. A descoberta de que a tela tinha sido originariamente pintada por Rembrandt, representou um extraordinário melhoramento na coisa, pois, a partir de então atingiu preços consideravelmente maiores (em 2003, ela foi arrematada num leilão da Sotheby's por mais de 11 milhões de dólares). Se essa descoberta acontece, imagine-se, entre a constituição e a execução de obrigação de dar que tem a tela por objeto, sucede melhoramento que altera os direitos dos sujeitos nela vinculados.[2]

Firme nas lições de Sílvio Venosa:

> Deve ser lembrado, no entanto, que essa regra geral poderá comportar exceções: se o devedor promoveu o acréscimo ou melhoramento com evidente má-fé, para tumultuar o negócio, ou dele obteve maior proveito, é claro que o princípio, pela lógica, não poderá prevalecer.[3]

Por fim, o parágrafo único do art. 237 refere-se aos frutos da coisa. Como os frutos já eram esperados, os frutos já colhidos (percebidos) continuarão sendo do devedor, ao passo que os pendentes acompanharão a coisa, cabendo, portanto, ao credor.

---

[2] COELHO, Fábio Ulhôa. *Curso de direito civil:* obrigações e responsabilidade civil. 3. ed. São Paulo: Saraiva, 2009. v. 2. p. 48.

[3] VENOSA, Sílvio de Salvo. *Código Civil interpretado.* São Paulo: Atlas, 2010. p. 274.

1.1.2. A obrigação de restituir

A obrigação de restituir nada mais é do que espécie de obrigação de dar. Na obrigação de restituir, o devedor deverá devolver a coisa ao seu credor, que nesta obrigação é o dono da coisa.

1.1.2.1. A perda da coisa na obrigação de restituir

Se partirmos do princípio de que a coisa se perde para o seu dono (*res perit domino*) e na obrigação de restituir o dono é o credor, concluiremos que o prejuízo pela perda da coisa será do credor (o dono da coisa), caso o devedor não tenha agido com culpa. Porém, se o devedor tiver agido com culpa, o credor terá direito a receber o equivalente ao valor da coisa e ainda ser indenizado por perdas e danos.

Na hipótese de perda da coisa na obrigação de restituir sem culpa do devedor, vimos que o prejuízo será do credor, que é o dono da coisa. Entretanto, devemos ressaltar que até a data da tradição estão resguardados os direitos do credor. Por exemplo: João aluga um carro a Paulo. Paulo tem a obrigação de restituir o carro a João em determinada data. Porém, antes de seu advento, imaginemos que Paulo tenha o carro roubado, afastando-se, por absoluto, a sua culpa pelo evento danoso. João, que era o dono do carro e credor da obrigação de restituir, ficará com o prejuízo. Porém, os aluguéis devidos até a data da perda da coisa João terão direito a pleiteá-los (art. 238, CC).

Um detalhe interessante deve ser aventado: se, porventura, estivermos diante de um contrato de mútuo (e não comodato), isto é, aquele em que há um empréstimo de um bem fungível, de acordo com o art. 587 do CC, como se trata de um empréstimo em que se transfere a propriedade da coisa ao mutuário, este assumirá todos os riscos desde a tradição. A conclusão a que se chega é a de que se a coisa se perder por culpa ou sem culpa do mutuário, o seu equivalente sempre deverá ser devolvido. Trata-se, então, de uma situação excepcional.

1.1.2.2. A deterioração da coisa na obrigação de restituir

Se a coisa a ser devolvida sofrer alguma deterioração, caso não haja culpa por parte do devedor, o credor irá recebê-la do jeito que se encontre, sem qualquer direito à indenização. Entretanto, se a deterioração decorrer de culpa do devedor, o credor terá direito ao valor equivalente à coisa mais perdas e danos.

As soluções aqui comentadas estão no art. 240 do CC e, por sua literalidade, não é admitido ao credor pretender ficar com a coisa no estado em que se encontra, o que se apresenta de todo absurdo. Em razão disso, a I Jornada de Direito Civil aprovou o Enunciado nº 15, que assim dispõe: "as disposições do art. 236 do novo Código Civil também são aplicáveis à hipótese do art. 240, *in fine*". Portanto, além de o credor poder exigir o equivalente mais perdas e danos, pode ele optar por ficar com a coisa no estado em que se encontra mais perdas e danos.

1.1.2.3. Melhoramento da coisa na obrigação de restituir

Se a coisa que deverá ser restituída se submeter a qualquer melhoramento ou acréscimo, sem que para tanto o devedor tenha despendido qualquer gasto, o credor receberá a coisa com as suas melhorias, sem ser cabível qualquer indenização ao devedor (art. 241, CC).

Ao revés, se as melhorias decorrerem de trabalho ou dispêndio do devedor, aplicar-se-ão as regras atinentes às benfeitorias previstas no Código Civil nos arts. 1.219 ao 1.222.

Sobrevindo frutos da coisa restituível, serão aplicadas as regras previstas nos arts. 1.214 ao 1.216 do Código Civil.

1.1.3. A obrigação de dar coisa incerta ou obrigação genérica

A obrigação de dar coisa incerta, também conhecida por obrigação genérica, remete-nos à possibilidade de o objeto não estar determinado inicialmente, conforme admite o art. 104, III, do CC. Assim, chama-se obrigação de dar coisa incerta exatamente porque o objeto se encontra definido apenas pelo gênero e pela quantidade, sendo que, posteriormente, será indicada a sua qualidade. Por exemplo, João deve a Paulo 50 garrafas de vinho. Em algum momento futuro, definir-se-ão quais serão as garrafas.

1.1.3.1. A escolha da coisa incerta

Se se mostra necessária a escolha da coisa a ser entregue, a pergunta que se faz é: a quem caberá a escolha? Ao devedor ou ao credor? Mas, que fique claro que devedor é aquele que deve a coisa; e credor, aquele que tem direito ao seu recebimento. Para responder à pergunta inicialmente formulada, devemos recorrer ao título da obrigação, pois é ele que irá informar-nos. Porém, se o título nada informar, a escolha caberá ao devedor da entrega da coisa.

Em razão do princípio da equivalência das prestações, o devedor não poderá escolher a coisa pior, embora não esteja obrigado a prestar a melhor (art. 244, CC).

1.1.3.2. Momento em que a obrigação de dar coisa incerta se convola em obrigação de dar coisa certa

Conforme o art. 245 do CC, o momento exato em que a obrigação de dar coisa incerta se convola em obrigação de dar coisa certa é o da cientificação do credor. Então, não basta a escolha. É necessária a cientificação. Claro que o mais adequado seria o artigo em questão mencionar que é da cientificação da "outra parte". Isso porque, como vimos, a escolha poderá caber ao credor ou ao devedor. O art. 245 do CC quando fala em credor, apenas se lembra da possibilidade de a escolha ser feita pelo devedor.

A importância de se saber ao certo o momento em que a obrigação de dar coisa incerta se transforma em coisa certa cinge-se à necessidade de se saber quais, então, seriam as regras aplicáveis à obrigação em andamento. Assim, se obrigação de dar coisa certa, aplicar-se-iam as regras atinentes à obrigação de dar coisa certa (arts. 233 a 242, CC). Entretanto, se a obrigação ainda for a de dar coisa incerta, as regras, por óbvio, que seriam aplicadas, seriam as da obrigação de dar coisa incerta (arts. 243 a 246, CC).

Podemos formular a seguinte linha do tempo:

1.1.4. A impossibilidade de perda da coisa incerta

Em se tratando de obrigação de dar coisa incerta, não faz sentido o devedor alegar que a coisa se perdeu. Por isso, aqui tem aplicação o brocardo latino do *genus non perit*, isto é, o gênero não perece. Assim, o art. 246 do CC estipula: "Antes da escolha, não poderá o devedor alegar perda ou deterioração da coisa, ainda que por força maior ou caso fortuito".

O mais adequado seria, sem dúvida, o art. 246 do CC ao invés de utilizar a expressão **"antes da escolha"**, utilizar **"antes da cientificação da outra parte"**, já que é com esta que, conforme o art. 245 do CC, a obrigação de dar coisa incerta se transforma em obrigação de dar coisa certa. Embora o deslize legislativo, levemos do art. 246 do CC apenas a regra de que o gênero não perece.

Por fim, cumpre lembrar que a regra de que o gênero não perece tem aplicabilidade quando nos referimos às coisas pertencentes a gênero ilimitado, como se João deve a Paulo 50 garrafas de vinho, antes da cientificação de quais serão as garrafas entregues, não poderá alegar a perda das garrafas. Entretanto, se estivéssemos diante da chamada dívida de gênero limitado, plenamente cabível seria a possibilidade de perda da coisa. Isso porque se trata de obrigação quase genérica, como a entrega de colheita que se encontra em determinado depósito ou a entrega de vinhos de determinada safra. Nesses casos, admite-se a perda da coisa, sendo que o devedor arcará com perdas e danos somente na hipótese de ter obrado com culpa pela perda da coisa.

1.2. A obrigação de fazer

A obrigação de fazer também é modalidade de obrigação positiva, juntamente com a obrigação de dar, porém, com esta última não se confunde, embora muitas vezes estejam visceralmente ligadas. É o caso, por exemplo, de se encomendar de um artista a pintura de determinado quadro. O artista obriga-se, nesse caso, a cumprir com uma determinada elaboração: pintar o quadro.

Diferentemente seria se o quadro já estivesse pronto e o artista tão somente se subordinasse a entregar o quadro, hipótese essa que se configuraria dentro dos contornos de uma obrigação de dar.

Ao focarmos a obrigação de fazer encontramos uma obrigação em que o devedor se compromete a realizar uma tarefa ou uma atividade.

1.2.1. Classificação da obrigação de fazer

A obrigação de fazer poderá objetivar o desempenho de uma atividade física (por exemplo: a lavagem de um automóvel), ou de uma atividade intelectual (por exemplo: a elaboração de uma obra de arte ou atividade médica), ou até mesmo se reduzir a uma mera declaração de vontade (por exemplo: a outorga da escritura definitiva ao término do pagamento das prestações avençadas na promessa de compra e venda de um imóvel).

Além disso, a obrigação de fazer poderá ser: fungível ou infungível. Por fungível, entende-se aquela atividade que poderá ser prestada por outra pessoa que não seja especificamente o devedor. Por infungível, tem-se aquela atividade que somente o devedor poderá prestar em razão de seu caráter personalíssimo ou *intuitu personae.*

A infungibilidade poderá decorrer da própria natureza da obrigação quando, por exemplo, contrata-se uma determinada pessoa para pintar um quadro ou quando uma editora contrata determinado autor para escrever um livro. Porém, a infungibilidade poderá decorrer também da própria convenção.

Nessa hipótese, ainda que naturalmente a obrigação seja fungível ela se tornará infungível por força da convenção. Por exemplo, pintar o muro de uma casa configura, de início, a obrigação de fazer fungível, já que se mostra como atividade cujo sujeito é plenamente substituível. Todavia, se na convenção que dá azo à obrigação, as partes estipulam que somente aquela determinada pessoa poderá desempenhar a atividade, nota-se, claramente uma atividade que por sua natureza é fungível se transformar em infungível por força do contrato.

1.2.2. Consequências do inadimplemento da obrigação de fazer

Seja por se tratar de obrigação de fazer fungível ou infungível, o efeito do inadimplemento do devedor será o mesmo, qual seja:

- Se o descumprimento decorrer de culpa do devedor: o credor poderá pleitear perdas e danos pelo descumprimento;
- Se o descumprimento independer de culpa do devedor: simplesmente se resolverá a obrigação.

Essas regras estão estabelecidas no art. 248 do CC. Entretanto, precisamos dar um passo à frente e lembrar-nos de que o inadimplemento poderá ser de obrigação de fazer fungível ou infungível.

Assim, em se tratando do inadimplemento da obrigação de fazer infungível, caso o devedor se recuse ao cumprimento da prestação, o credor poderá pleitear indenização por perdas e danos (art. 247, CC). Por outro lado, em se tratando de descumprimento de obrigação de fazer fungível, abre-se ao credor mais uma possibilidade, que é a de se exigir que o fato seja executado por um terceiro à custa do devedor inadimplente, observado o procedimento estabelecido no Código de Processo Civil. E, é claro, sem se afastar a possibilidade de se pleitear indenização por perdas e danos concomitantemente, desde que haja culpa do devedor pelo inadimplemento e prova do prejuízo efetivo sofrido pelo credor (art. 249, *caput*, CC).

A grande novidade que surgiu com o Código Civil de 2002 neste ponto é a autoexecutoriedade ou autotutela das obrigações de fazer. O parágrafo único do art. 249 do CC apresenta a possibilidade de o próprio credor, em caso de urgência, independentemente de autorização judicial, executar ou mandar executar o fato, sendo depois ressarcido e sem prejuízo de futura indenização por perdas e danos. Mas, pelo referido artigo, só se torna possível a modalidade de "justiça com as próprias mãos" em caráter de urgência. Não se pode afastar também que, em havendo excessos ou abusos por parte do credor que, manejando a prerrogativa deferida pela lei civil, causa prejuízos ao devedor, torna-se perfeitamente possível que este último se veja indenizado pelos excessos do outro.

1.3. A obrigação de não fazer

Por meio da obrigação de não fazer, objetiva-se a abstenção do devedor. Por isso, o art. 390 do CC dispôs que: "Nas obrigações negativas o devedor é havido por inadimplente desde o dia em que executou o ato de que se devia abster".

A obrigação de não fazer traz em si a característica da infungibilidade. Sendo que, além disso, comporta também uma classificação. A obrigação de não fazer poderá ser:

- **Instantânea ou transeunte:** é aquela em que, havendo o inadimplemento da obrigação, impõe-se o seu fim, sendo de todo irreversível. Por exemplo: não violar segredo de empresa.

- **Permanente:** é aquela em que, havendo o inadimplemento da obrigação, não haverá necessariamente o fim da obrigação, havendo possibilidade de sua reversibilidade. Por exemplo: não estacionar o carro em determinada vaga de garagem do condomínio.

1.3.1. Consequências do inadimplemento da obrigação de não fazer

Para se saber as consequências do inadimplemento de uma obrigação de não fazer, é necessário indagar se o devedor inadimplente procedeu com culpa ou não. Caso tenha descumprido com a obrigação, porém sem culpa sua, simplesmente a obrigação será extinta (art. 250, CC). É o caso, por exemplo, da violação do segredo de empresa por causa de violência de um terceiro que pretendia tomar--lhe a informação. Nessa hipótese, o devedor que descumpre com sua obrigação de se calar, não arcará com nenhuma indenização por perdas e danos, uma vez que o inadimplemento se deu sem culpa sua.

Caso, entretanto, tenha havido culpa por parte do devedor inadimplente, aí, sim, poderá o credor pleitear indenização por perdas e danos. Sendo que, além disso, na hipótese de obrigação de não fazer permanente, ou seja, aquela em que é possível a reversibilidade do que foi feito, admite-se que o credor exija do devedor que o desfaça, sob pena de se desfazer à sua custa (art. 251, CC), observado o procedimento previsto no Código de Processo Civil.

Releva notar que o Código Civil de 2002 também traz a autoexecutoriedade ou autotutela para as obrigações de não fazer, quando no parágrafo único do art. 251, informa que: "Em caso de urgência, poderá o credor desfazer ou mandar desfazer, independentemente de autorização judicial, sem prejuízo do ressarcimento devido". São pertinentes aqui as mesmas observações formuladas para a autotutela das obrigações de fazer, a qual nos reportamos.

2. CLASSIFICAÇÃO DAS OBRIGAÇÕES QUANTO À QUANTIDADE DE ELEMENTOS OBRIGACIONAIS

Quanto à quantidade de elementos obrigacionais, existem as obrigações:

- **Simples:** aquelas em que existem apenas um credor, um devedor e um objeto.
- **Plurais, compostas ou complexas:** aquelas em que poderá haver multiplicidade de sujeitos ou objetos. Assim, as obrigações poderão ser subjetivamente plurais e/ou objetivamente plurais.

2.1. Análise das obrigações subjetivamente plurais

As obrigações subjetivamente plurais são aquelas em que há multiplicidade de sujeitos. São as obrigações: fracionárias, solidárias e divisíveis/indivisíveis.

2.1.1. Obrigações fracionárias

O art. 257 do CC nos informa que: "Havendo mais de um devedor ou mais de um credor em obrigação divisível, esta presume-se dividida em tantas obrigações, iguais e distintas, quantos os credores ou devedores". Trata-se de obrigação fracionária e, portanto, subjetivamente plural. Para visualizá-la, devemos imaginar vários sujeitos, sejam eles credores e/ou devedores. Além disso, essencial se mostra que a prestação seja divisível, pois assim alcançaremos a presunção de que cada credor ou cada devedor será credor e devedor apenas de sua fração ou cota-parte, aplicando, assim, a regra latina do *concursu partes fiunt*.[4] Cristiano Chaves de Farias e Nelson Rosenvald assim explicam:

---

[4] Tradução: "no concurso de partes, a obrigação fraciona-se".

Em outras palavras, cuida-se de regra que emana da natureza das coisas: cada credor só pede a sua parte e cada devedor só se obriga por sua parte, incidindo diversos vínculos jurídicos entre os sujeitos ativos e passivos da relação jurídica.[5]

Vejamos o seguinte exemplo: os devedores A, B e C devem a quantia de R$ 90,00 ao credor D. Temos vários devedores e uma prestação divisível. A presunção que incidirá é a de que cada um deve apenas a sua cota-parte, isto é, apenas R$ 30,00.

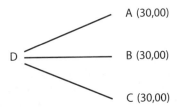

À conclusão diversa chegaríamos se estivéssemos diante de uma obrigação solidária ou indivisível, comentadas por nós a seguir.

2.1.2. Obrigações solidárias

2.1.2.1. Solidariedade. Conceito e espécies

A solidariedade ocorre quando na mesma obrigação concorrer mais de um credor ou mais de um devedor, com direito ou obrigado à dívida toda. Desse conceito fornecido pelo art. 264 do CC, extraímos as duas espécies de solidariedade: a ativa e a passiva.

Assim, a solidariedade ativa ocorre quando existem vários credores e um devedor, sendo que cada um deles poderá exigir a obrigação por inteiro. Já na solidariedade passiva, existem vários devedores e cada um deles é obrigado a pagar a dívida toda. Se por acaso, na mesma obrigação existirem vários credores solidários e vários devedores solidários, estaremos diante do que a doutrina denomina solidariedade mista.

A razão de um dos credores ter direito a receber a dívida toda ou de um dos devedores ser obrigado a pagar a dívida toda decorre de imposição legal ou da vontade das partes. Porque, se assim não fosse, estaríamos diante de uma obrigação fracionária em que cada um pode receber ou deve apenas a sua cota-parte. Assim, a conclusão que devemos extrair e que deverá de maneira intensa sobrepor-se ao nosso espírito todas as vezes que trabalhamos a obrigação solidária é a de que: a solidariedade não se presume! A solidariedade decorre da lei ou da vontade das partes. Essa regra está consolidada no art. 265 do CC.[6]

---

[5] FARIAS, Cristiano Chaves de; ROSENVALD, Nelson. *Curso de direito civil:* direito das obrigações. 9. ed. São Paulo: Atlas, 2015. p. 231.

[6] Acerca da impossibilidade de presunção de solidariedade, o STJ apresenta interessante decisão: "O propósito recursal consiste em definir se é possível a presunção de solidariedade passiva entre

2.1.2.2. Princípio da variabilidade da natureza da obrigação solidária

Embora a solidariedade gere o direito de um credor receber a dívida toda ou a obrigação de um devedor de pagar a dívida toda, é bom lembrar que a obrigação solidária pode ser pura e simples[7] para um dos cocredores ou codevedores, e condicional,[8] ou a prazo, ou pagável em lugar diferente, para o outro (art. 266, CC).[9] Aqui encontramos a aplicação do princípio da variabilidade da natureza da obrigação solidária. Além do que, não podemos nos esquecer do mencionado no Enunciado nº 347, aprovado na IV Jornada de Direito Civil: "A solidariedade

---

titulares de conta-corrente conjunta perante terceiros, à luz dos arts. 264 e 265 do CC/2002. Além disso, investiga-se o que acontece quando o titular não comprova os valores que integram o patrimônio de cada correntista. Para tanto, faz-se necessária a análise do contrato de conta-corrente, uma espécie contratual do ramo do Direito Bancário, o qual regula as operações de banco e as atividades daqueles que as praticam em caráter profissional, isto é, pelas instituições financeiras. Nessa senda, importa destacar a existência de duas espécies de conta-corrente bancária: a individual ou unipessoal e a coletiva ou conjunta. Esta última, por sua vez, classifica-se em fracionária ou solidária. A fracionária é aquela que é movimentada por intermédio de todos os titulares, isto é, sempre com a assinatura de todos. No que tange à conta conjunta solidária – objeto da discussão –, cada um dos titulares pode movimentar a integralidade dos fundos disponíveis, em decorrência da solidariedade ativa em relação ao banco. Aliás, sobre o ponto, a doutrina e a jurisprudência desta Corte convergem para o entendimento de que, nessa modalidade contratual, existe solidariedade ativa e passiva entre os correntistas apenas em relação à instituição financeira mantenedora da conta-corrente, de forma que os atos praticados por quaisquer dos titulares não afetam os demais correntistas em suas relações com terceiros. Com efeito, a solidariedade inerente à conta-corrente conjunta atua para garantir a movimentação da integralidade dos fundos disponíveis em conta bancária conjunta, e não para gerar obrigações solidárias passivas dos correntistas em face de terceiros. Salienta-se, porém, que, por força do disposto no art. 265 do CC/2002 e considerando que o contrato de conta-corrente é atípico (sem disposição em lei), a solidariedade na conta-corrente conjunta deve ser expressamente convencionada entre todas as partes. Diante dessas considerações, aos titulares da referida modalidade contratual é permitida a comprovação dos valores que integram o patrimônio de cada um, sendo certo que, na ausência de provas nesse sentido, presume-se a divisão do saldo em partes iguais. Logo, diante da ausência de comprovação de que a totalidade dos valores contidos na conta fossem de propriedade de um dos correntistas, a constrição não pode atingir a integralidade desse montante, mas somente a metade pertencente ao executado" (REsp 1.510.310-RS, Rel. Min. Nancy Andrighi, por unanimidade, julgado em 3/10/2017. Informativo nº 613).

[7] Diz-se pura e simples quando não está sujeita a nenhum elemento acidental como a condição, o termo e o encargo.

[8] Diz-se condicional quando está sujeita a alguma condição, isto é, a cláusula que, derivando exclusivamente da vontade das partes, subordina os efeitos do negócio jurídico a evento futuro e incerto (art. 121, CC).

[9] Flávio Tartuce chama a atenção para questão importante ao dizer que: "A obrigação solidária, assim, pode ser pura em relação a uma parte e condicional ou a termo em relação à outra, seja o sujeito credor ou devedor. O comando legal, contudo, não fala de obrigação solidária modal ou submetida a encargo. Fica a dúvida: seria a mesma possível? Entendemos que não há vedação para a mesma, diante da possibilidade de compatibilidade do encargo com uma obrigação solidária e pelo fato de não existir ilicitude ou contrariedade aos bons costumes a gerar eventual nulidade". TARTUCE, Flávio. *Direito das obrigações e responsabilidade civil*. São Paulo: Método, 2006. p. 90.

admite outras disposições de conteúdo particular além do rol previsto no art. 266 do Código Civil".

2.1.2.3. Incidência da solidariedade somente nas relações externas

Outro ponto relevante é guardar que a solidariedade só se manifesta nas relações externas. Por essa afirmação queremos dizer que é bem verdade que na solidariedade ativa um credor terá direito a cobrar a dívida toda, porém, após recebê-la deverá a cada um dos cocredores apenas a cota-parte respectiva.

O mesmo se diga em relação à solidariedade passiva. Se um dos devedores pagar a dívida toda, ele poderá se voltar contra os demais, cobrando apenas a cota-parte de cada um. A conclusão agora é a de que, se nas relações externas (credor – devedor) o que há é a solidariedade, nas relações internas (credor – credor ou devedor – devedor) o que ocorre é a fracionariedade.

2.1.2.4. A solidariedade ativa

Já sabemos que ocorre solidariedade ativa quando existem vários credores na mesma obrigação e cada um deles tem direito a exigir o valor integral da dívida (art. 267, CC).

Os dispositivos atinentes à solidariedade ativa no Código Civil estão nos arts. 267 a 274. Passamos a seguir à análise de cada um deles.

a) A prevenção judicial

Na solidariedade ativa, é lícito ao devedor escolher a qual credor ele pretende proceder ao pagamento. E é isso o que nos informa o art. 268 do CC ao estabelecer que: "Enquanto alguns dos credores solidários não demandarem o devedor comum, a qualquer daqueles poderá este pagar". Porém, por meio de uma interpretação *a contrario sensu* do presente dispositivo, concluímos que, caso o devedor seja demandado por algum dos credores, não mais lhe é deferida a possibilidade de escolher a quem pagar. A isso se dá o nome de prevenção judicial, que gerará ao devedor a obrigação de pagar exatamente àquele credor que o demandou.

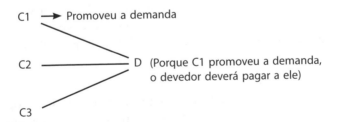

b) O pagamento parcial

Caso o devedor tenha operado um pagamento parcial a um dos credores solidários, a dívida será extinta apenas até o montante do que foi pago, continuando o devedor obrigado ao restante (art. 269, CC).

c) Falecimento de um dos credores

Na hipótese de um dos credores falecer deixando herdeiros, cada um deles não será considerado credor solidário, sendo que só terão direito à sua respectiva cota-parte (art. 270, CC). Exemplo: Em uma obrigação, as partes são: Credores A, B e C e Devedor D. O valor da dívida é de R$ 900,00. Imaginemos que o credor A venha a falecer, deixando dois herdeiros. Como o quinhão de cada um deles corresponde a R$ 150,00, os herdeiros só poderão cobrar esse valor cada um deles, e não a integralidade do débito, pois não são credores solidários. Diferentemente seria se o objeto da prestação se tratasse de um bem indivisível, por exemplo, um animal. Nessa hipótese, cada herdeiro do credor falecido poderia exigir a dívida inteira, isso porque seria de todo impossível, cada um exigir apenas a sua cota-parte diante da indivisibilidade da prestação. E, é claro, o herdeiro que receber o animal deverá prestar contas aos demais por suas respectivas cotas-partes.

d) Conversão da obrigação em perdas e danos

Imaginemos a hipótese em que vários credores possuem o direito de receber um animal de um devedor. Caso esse animal venha a morrer, é evidente que a obrigação continuará, porém a prestação agora será convertida em pecúnia, abrangendo as perdas e danos em caso de a perda ter ocorrido de forma culposa.

De acordo com o art. 271 do CC, "convertendo-se a prestação em perdas e danos, subsiste, para todos os efeitos, a solidariedade". O que o dispositivo está querendo informar é que se a coisa se perder, ainda assim, a solidariedade continuará. Assim, na situação mencionada linhas atrás, caso o animal não exista mais, o valor correspondente ao animal mais as perdas e danos (em caso de perda culposa) poderá ser cobrado integralmente por qualquer credor, pois a solidariedade perdurará.

e) Remissão do devedor

Já sabemos que, caso um dos credores receba o pagamento, deverá responder aos demais pelas suas respectivas cotas-partes. O mesmo se diga em um dos credores procedendo à remissão do devedor. Remissão é a modalidade de extinção de obrigação em que o credor perdoa a dívida do devedor.

Assim, se um dos credores perdoa a dívida do devedor, este ficará desonerado da obrigação. Porém, não seria justo que os demais credores arcassem também com essa liberalidade promovida pelo credor que remitiu ao devedor. Por isso é que, na hipótese em que o credor remite a dívida do devedor, o credor terá de responder aos demais credores, pagando-lhes a fração a que cada um teria direito (art. 272, CC).

f) Oposição de exceções

Em sendo o devedor demandado, é lícito defender-se, isto é, opor exceções. Mas as exceções que poderá opor não são ilimitadas. No que diz respeito à oposição de exceções, a regra que prevalece está no art. 273 do CC, que assim estabelece: "A um dos credores solidários não pode o devedor opor as exceções pessoais oponíveis aos outros". Por essa regra, concluímos que as exceções que poderão ser opostas somente serão aquelas que disserem respeito ao próprio credor que está demandando o devedor ou as exceções comuns a todos os credores.

Cap. 15 – CLASSIFICAÇÃO DAS OBRIGAÇÕES

Senão, vejamos um exemplo. Em uma obrigação as partes eram os credores A, B e C e o devedor D. A dívida era no valor de R$ 900,00. Se o credor A ajuíza uma ação cobrando a dívida do devedor D, sabemos que, pelo instituto da prevenção judicial, o devedor D ficará obrigado a pagar ao credor A. Entretanto, sobrevém à mente do devedor D que o credor C, por uma obrigação pretérita, devia-lhe a quantia de R$ 200,00. Logo, o devedor D aventa a possibilidade de proceder à eventual compensação, pagando ao credor A o valor restante de R$ 700,00. Pela regra vista anteriormente, o devedor D assim não poderá fazer, isto é, não poderá opor exceção pessoal que pertence a outro credor que não seja aquele que está demandando. Assim, se fosse o credor A que em razão de obrigação passada devesse a quantia de R$ 200,00, nessa hipótese poderia o devedor D opor essa exceção pessoal – a compensação – contra o credor A. Também poderia opor uma exceção comum a todos os credores, como a prescrição da dívida.

g) O julgamento na solidariedade ativa

O art. 274 do CC, com redação dada pelo CPC/2015, assim estabelece: "O julgamento contrário a um dos credores solidários não atinge os demais, mas o julgamento favorável aproveita-lhes, sem prejuízo de exceção pessoal que o devedor tenha direito de invocar em relação a qualquer deles".

A atual redação do art. 274 do CC representa um velho posicionamento de Fredie Didier Jr. que, certa vez, fora explanado da seguinte forma:

> a) se um dos credores vai a juízo e perde, qualquer que seja o motivo (acolhimento de exceção comum ou pessoal), essa decisão não tem eficácia em relação aos demais credores; b) se o credor vai a juízo e ganha, essa decisão beneficiará os demais credores, salvo se o(s) devedor(es) tiver(em) exceção pessoal que possa ser oposta a outro credor não participante do processo, pois, em relação àquele que promoveu a demanda, o(s) devedor(es) nada mais pode(m) opor.[10]

Em síntese, destrinchando o art. 274 do CC, podemos dizer:

1. A decisão contrária a um dos credores solidários, evidentemente, não poderá prejudicar os demais credores;

2. A decisão favorável, ao revés, será estendida a todos os demais credores;

3. A decisão favorável somente não será estendida a todos os demais credores, caso o devedor tenha uma defesa pessoal em relação a um dos credores. Nesse caso, a decisão que beneficiou a um credor não poderá beneficiar o credor ao qual foi apresentada a exceção pessoal do devedor.

2.1.2.5. A solidariedade passiva

A solidariedade passiva ocorre quando existem vários devedores e cada um deles se encontra obrigado a pagar a dívida integralmente. Aquele devedor que

---

[10] DIDIER JR., Fredie. *Regras processuais no novo Código Civil*. São Paulo: Saraiva, 2004. p. 76.

pagar a dívida integralmente poderá se voltar contra os demais, exigindo a cota--parte correspondente a cada um.

A solidariedade passiva está disciplinada nos arts. 275 a 285 do CC, os quais serão analisados a seguir.

a) A solidariedade passiva não implica litisconsórcio passivo necessário

Mesmo existindo a solidariedade passiva, é perfeitamente admissível o ajuizamento da ação contra um dos devedores ou contra todos eles conjuntamente.

O que devemos ter bem claramente é que o credor não é obrigado a demandar contra todos os devedores, já que a solidariedade passiva não induz necessariamente ao litisconsórcio passivo necessário. E mais, se o credor ajuíza a ação contra apenas um dos devedores ou alguns deles, não significa que estará renunciando à solidariedade dos demais (art. 275, parágrafo único, CC).

b) A existência de cláusula adicional

A aposição de qualquer cláusula, condição ou obrigação na relação obrigacional atinente a um dos devedores e o credor não poderá atingir os demais devedores. Salvo, se houver o consentimento dos demais (art. 278, CC).

c) Falecimento de um dos devedores

Na hipótese de um dos devedores vir a falecer durante a relação obrigacional e deixar herdeiros, estes não poderão ser considerados também como devedores solidários, sendo que só poderão ser cobrados em valor que corresponda ao seu quinhão hereditário. Assim, por exemplo, uma relação obrigacional em que existam três devedores solidários: A, B e C. A dívida é de R$ 900,00. Imaginemos que o devedor A venha a falecer, deixando dois herdeiros. Cada um desses herdeiros só poderá ser cobrado em R$ 150,00. Porque eles não são devedores solidários.

Entretanto, se o objeto da prestação for algo indivisível, por exemplo, um automóvel, aí, sim, o credor poderá cobrar de cada um dos herdeiros o automóvel. Isso diante da impossibilidade de se partir a coisa.

Aprendido que a regra é que cada um dos herdeiros do devedor falecido se responsabiliza apenas pelo seu quinhão hereditário, importa lembrar que, todavia, se houver o pagamento realizado por outro devedor, quando este se voltar contra os herdeiros do devedor A, esses serão considerados como devedores solidários em relação aos demais devedores. Assim, socorremo-nos a um exemplo. Três devedores solidários A, B e C. O valor devido é de R$ 900,00. Imaginemos que o devedor A venha a falecer, deixando dois herdeiros. O devedor C paga integralmente a dívida. Este devedor se voltará contra o devedor B cobrando R$ 300,00 e contra qualquer um dos herdeiros do devedor A, cobrando o valor de R$ 300,00 também. Isso porque os herdeiros do devedor falecido somente serão considerados como devedores solidários em relação aos demais devedores.

Encerramos o assunto, transcrevendo *in verbis* o art. 276 do CC:

> Se um dos devedores solidários falecer deixando herdeiros, nenhum destes será obrigado a pagar senão a quota que corresponder ao seu quinhão hereditário, salvo se a obrigação for indivisível; mas todos reunidos serão considerados como um devedor solidário em relação aos demais devedores.

Cap. 15 – CLASSIFICAÇÃO DAS OBRIGAÇÕES

d) A remissão obtida por um dos devedores

Vimos no item 2.1.2.4, letra *e*, deste mesmo capítulo que remissão significa perdão. Se, em havendo solidariedade passiva, um dos devedores for remitido (perdoado) de seu débito e doravante a sua aceitação, é evidente que esse devedor se encontrará desonerado em relação ao seu débito. Porém, deve ficar claro que essa remissão não importará uma sobrecarga aos demais devedores que não foram remitidos. Assim, o que ocorrerá é que será subtraída do valor total do débito a quota remitida (art. 277, CC). Por exemplo, a situação de três devedores solidários devendo R$ 900,00. Caso um dos devedores solidários seja remitido pelo seu débito, dos R$ 900,00 devemos subtrair R$ 300,00. De modo que, os devedores restantes serão agora responsáveis por R$ 600,00.

e) Renúncia à solidariedade

Não se pode confundir a remissão da dívida, estudada no ponto anterior, com a renúncia à solidariedade. Isso porque, quando há a remissão da dívida, o devedor perdoado se encontrará absolutamente desonerado da obrigação originária, retirando-se da relação obrigacional. Entretanto, não é isso o que ocorre quando há a renúncia à solidariedade. Nessa senda, foi aprovado na IV Jornada de Direito Civil o Enunciado nº 350, com o seguinte teor: "A renúncia à solidariedade diferencia-se da remissão, em que o devedor fica inteiramente liberado do vínculo obrigacional, inclusive no que tange ao rateio da quota do eventual codevedor insolvente, nos termos do art. 284".

Na renúncia à solidariedade, o credor abre mão apenas dos laços de solidariedade que existem entre o devedor beneficiado com a renúncia e os demais devedores. Assim, esse devedor beneficiado continuará devedor, porém, apenas de sua cota-parte. Isso representa vantagem a esse devedor, já que, agora, o credor não poderá cobrar-lhe a dívida integralmente, pois, embora continue devedor, ele não mais o é solidário.

Assim, bem como a remissão da dívida, a renúncia à solidariedade é plenamente possível. Tanto é assim que o art. 282 do CC estabelece: "O credor pode renunciar à solidariedade em favor de um, de alguns ou de todos os devedores".

Complementamos que, caso o credor renuncie à solidariedade em favor de todos os devedores, estaremos, por evidente, diante de uma obrigação integralmente fracionária, já que agora cada um dos devedores deverá apenas a sua cota-parte. Caso o credor renuncie à solidariedade de um ou mais devedores, a solidariedade dos demais subsistirá com a cota-parte do que se beneficiou com a renúncia subtraída do valor integral da dívida (art. 282, parágrafo único, CC). Por isso, impõe o Enunciado nº 349, aprovado na IV Jornada de Direito Civil:

> Com a renúncia da solidariedade quanto a apenas um dos devedores solidários, o credor só poderá cobrar do beneficiado a sua quota na dívida; permanecendo a solidariedade quanto aos demais devedores, abatida do débito a parte correspondente aos beneficiados pela renúncia.

E também o Enunciado nº 351, aprovado na mesma Jornada: "A renúncia à solidariedade em favor de determinado devedor afasta a hipótese de seu chamamento ao processo".

Por fim, bom de ver também o teor do Enunciado nº 348, aprovado na IV Jornada de Direito Civil, que assim dispõe: "O pagamento parcial não implica, por si só, renúncia à solidariedade, a qual deve derivar dos termos expressos da quitação ou, inequivocadamente, das circunstâncias do recebimento da prestação pelo credor".

f) A impossibilidade da prestação e os juros de mora

Diante da impossibilidade da prestação, a consequência será o pagamento de um valor equivalente. Por esse valor equivalente, todos os devedores solidários serão responsáveis. Entretanto, se também for devida a indenização por perdas e danos porque a coisa se impossibilitou por culpa de um dos devedores, somente este que obrou com culpa será responsável por ela (art. 279, CC).[11]

No que diz respeito aos juros de mora, todos os devedores responderão, ainda que a ação seja proposta somente contra um. Entretanto, o devedor culpado pelo acréscimo dos juros de mora responderá a todos os demais pelo prejuízo resultante (art. 280, CC).

g) A insolvência de um dos devedores

Como a solidariedade só se manifesta nas relações externas, o devedor que pagar integralmente a dívida terá o direito de se voltar contra os demais devedores, exigindo apenas a cota-parte de cada um. Caso um desses devedores seja insolvente, pela sua cota-parte todos os demais serão responsáveis. Por exemplo:

---

[11] A 3ª Turma do STJ decidiu, por unanimidade, que o devedor solidário responde pelo pagamento da cláusula penal compensatória, ainda que não incorra em culpa. Assim, nada obstante o art. 279 do CC estabelecer que para que o devedor solidário arque com as perdas e danos ele deva ter colaborado com culpa pelo descumprimento da obrigação, em relação à cláusula penal compensatória, todos os devedores solidários responderão, agindo com culpa ou não. Vale conferir as informações do inteiro teor: "O artigo 279 do Código Civil prevê que cabe ao devedor solidário pagar o equivalente à prestação pela qual se obrigou e que se tornou impossível, apenas o isenta de pagar as perdas e danos, visto que não deu causa ao descumprimento. Eis a redação do dispositivo: 'Impossibilitando-se a prestação por culpa de um dos devedores solidários, subsiste para todos o encargo de pagar o equivalente; mas pelas perdas e danos só responde o culpado'. No caso, a parte não se obrigou pela entrega da embarcação (obrigação que se tornou impossível), mas pelas obrigações pecuniárias decorrentes do contrato. No entanto, é oportuno assinalar que a cláusula penal compensatória tem como objetivo prefixar os prejuízos decorrentes do descumprimento do contrato, evitando que o credor tenha que promover a liquidação dos danos. Assim, a cláusula penal se traduz em um valor considerado suficiente pelas partes para indenizar o eventual descumprimento do contrato. Tem, portanto, caráter nitidamente pecuniário. Diante disso, como a parte se obrigou conjuntamente com outra empresa pelas obrigações pecuniárias decorrentes do contrato 'independente de causa, origem ou natureza jurídica', está obrigada ao pagamento do valor relativo à multa penal compensatória, cuja incidência estava expressamente prevista no ajuste. Cumpre assinalar, ainda, que os contratos devem ser interpretados de acordo com a sua finalidade econômica, isto é, com a necessidade econômica que buscavam satisfazer. No caso, como a cláusula penal está inserida em contrato empresarial firmado entre empresas de grande porte, tendo como objeto valores milionários, inexiste assimetria entre os contratantes que justifique a intervenção em seus termos, devendo prevalecer a autonomia da vontade e a força obrigatória dos contratos" (REsp 1.867.551-RJ, Rel. Min. Ricardo Villas Bôas Cueva, Terceira Turma, por unanimidade, julgado em 5/10/2021, *DJe* 13/10/2021. Informativo nº 713, STJ).

Cap. 15 – CLASSIFICAÇÃO DAS OBRIGAÇÕES

301

existem cinco devedores solidários (A, B, C, D e E) obrigados a uma dívida de R$ 1.000,00. Se o devedor A pagar a dívida integralmente ao credor, os demais devedores (B, C, D e E) deverão pagar a ele a importância de R$ 200,00 cada um deles. Porém, suponhamos que o devedor B seja insolvente. A solução será a seguinte: os R$ 200,00 devidos pelo devedor B serão rateados entre os outros quatro devedores solventes (A, C, D e E). Por isso, o art. 283 do CC dispõe:

> O devedor que satisfez a dívida por inteiro tem direito a exigir de cada um dos code-vedores a sua quota, dividindo-se igualmente por todos a do insolvente, se o houver, presumindo-se iguais, no débito, as partes de todos os codevedores.

Cumpre realçar que desse rateio que haverá entre os devedores solventes participará, inclusive, aquele que se tornou devedor fracionário por renúncia à solidariedade (art. 284 c/c 282, ambos do CC).

Vale conferir a redação do Enunciado nº 350, aprovado na IV Jornada de Direito Civil: "A renúncia à solidariedade diferencia-se da remissão, em que o devedor fica inteiramente liberado do vínculo obrigacional, inclusive no que tange ao rateio da quota do eventual codevedor insolvente, nos termos do art. 284".

h) Oposição de exceções

Vimos na letra *a*, deste item, que o credor poderá demandar contra qualquer um dos devedores e isso não importará renúncia à solidariedade dos demais. Caso o credor ajuíze a ação contra um dos devedores, esse devedor demandado poderá se defender, opondo as exceções comuns a todos (por exemplo: prescrição da dívida) ou as que lhe forem pessoais. Entretanto, as exceções pertencentes a outro devedor não poderão ser manejadas por esse que está sendo demandado (art. 281, CC).

i) A situação do fiador que paga a dívida como devedor solidário

O benefício de ordem é uma vantagem deferida ao fiador que lhe outorga a possibilidade de primeiramente ver executados os bens do devedor principal e somente subsidiariamente ser responsável pela obrigação (art. 827, CC). Porém, na maioria dos contratos de fiança, o que ocorre é que o fiador renuncia a esse benefício, o que o coloca na posição de devedor solidário (art. 828, CC). Caso o fiador que tenha renunciado ao benefício de ordem proceda ao pagamento inte-gral da dívida, poderá ele voltar-se contra o devedor principal recobrando o valor que pagou integralmente. Isso por disposição expressa do art. 285 do CC, que estabelece: "Se a dívida solidária interessar exclusivamente a um dos devedores, responderá este por toda ela para com aquele que pagar".

Trata-se, a bem da verdade, de exceção à regra de que a solidariedade só se manifesta nas relações externas. Assim, se, por exemplo, o fiador que demandado paga R$ 1.000,00, este poderá se voltar contra o locatário, embora fossem ambos devedores solidários, cobrando os R$ 1.000,00 pagos e não apenas os R$ 500,00, pois a dívida interessava exclusivamente a um dos devedores solidários, no caso o locatário.

2.1.3. Obrigações divisíveis e indivisíveis

Conforme o art. 258 do CC, a indivisibilidade da obrigação[12] poderá ocorrer quando a prestação tiver por objeto uma coisa ou fato não suscetíveis de divisão por:

- Sua própria natureza: quando fisicamente não é possível a sua divisão (por exemplo: um animal vivo, um automóvel, um apartamento que deve ser entregue a três credores);
- Motivo de ordem econômica: deve-se entender aqui pela indivisibilidade das coisas que só admitem interesse na negociação quando em grande quantidade (por exemplo, a venda de grampos. Em geral, não se vende a unidade de grampo, mas, sim, o cento de grampos) ou então quando diante da partição da coisa, ela perder muito em seu valor (por exemplo, uma pedra de diamante de grande dimensão tem um valor imensamente superior a essa mesma pedra dividida em fragmentos);
- Ou dada a razão determinante do negócio jurídico: as próprias partes entabularam pela impossibilidade do fracionamento da prestação.

Não havendo nenhum desses óbices, a obrigação será considerada como divisível. Ademais, devemos trabalhar as regras contidas no art. 258 em conjunto com as regras que estão no art. 87 do CC: "Bens divisíveis são os que se podem fracionar sem alteração na sua substância, diminuição considerável de valor, ou prejuízo do uso a que se destinam".

Cristiano Chaves de Farias e Nelson Rosenvald atentam para interessante questão acerca do tema:

> Discussão de grande atualidade nos domínios da indivisibilidade concerne à venda fracionada de medicamentos, atualmente uma faculdade do fornecedor desses produtos. Fracionar é um processo de manipulação de produtos farmacêuticos acabados que tem por objetivo principal otimizar a distribuição de medicamentos por dose individual/unitária devidamente embalados e identificados, garantindo a qualidade do produto até a administração ao paciente. Ao nosso viso a venda fracionada deve ser obrigatória em caso de venda de medicamentos de primeira necessidade e medicamentos tóxicos, seja pela tutela do mínimo existencial (no primeiro caso) e da proteção da saúde de sujeitos vulneráveis (no segundo caso) – crianças e portadores de transtornos mentais –, prestigiando-se nas duas hipóteses a salvaguarda do princípio da dignidade da pessoa humana.[13]

---

[12] Como bem explicam Cristiano Chaves e Nelson Rosenvald: "O objeto da prestação consistirá em bem divisível ou indivisível. Trata-se de esclarecimento fundamental, pois não é correto cogitar da indivisibilidade da obrigação, e sim da prestação". FARIAS, Cristiano Chaves de; ROSENVALD, Nelson. *Curso de direito civil:* direito das obrigações. 9. ed. São Paulo: Atlas, 2015. p. 234.

[13] FARIAS, Cristiano Chaves de; ROSENVALD, Nelson. *Curso de direito civil:* direito das obrigações. 9. ed. São Paulo: Atlas, 2015. p. 236.

Cap. 15 – CLASSIFICAÇÃO DAS OBRIGAÇÕES

2.1.3.1. A indivisibilidade da obrigação e a pluralidade de devedores

Por razões lógicas, havendo dois ou mais devedores e o objeto da prestação sendo indivisível, cada um dos devedores se torna responsável pela dívida toda. Importante realçar que nesse momento cada um dos devedores se torna obrigado pela dívida toda, não porque há a solidariedade, mas, sim, em razão da indivisibilidade do objeto.

Portanto, não é correta a ideia de se vincular necessariamente a indivisibilidade à solidariedade. É bem possível que haja a indivisibilidade da obrigação sem haver necessariamente solidariedade. Como também é possível que a obrigação seja indivisível e solidária ao mesmo tempo.

Estamos focando agora a obrigação indivisível e nessa, estando presentes dois ou mais devedores, cada um será obrigado à dívida toda. Sendo que o devedor que paga a dívida sub-roga-se no direito do credor em relação aos outros coobrigados (art. 259 e parágrafo único, CC).

2.1.3.2. A indivisibilidade da obrigação e a pluralidade de credores

Diante da indivisibilidade da prestação e da existência de vários credores, cada um desses poderá exigir a dívida inteira. Mas atente-se para o fato de que só lhes é lícita a exigência da totalidade da prestação porque o objeto da prestação é indivisível e não porque é hipótese de solidariedade ativa. Mais uma vez, chamamos atenção para que não se confunda a solidariedade com a indivisibilidade!

Para que o devedor se desonere da obrigação, ele deverá pagar:

• a todos os credores conjuntamente, obtendo deles a quitação da dívida;

• ou a um dos credores, desde que este apresente a caução de ratificação dos demais credores.

Por caução de ratificação, deve-se entender o documento pelo qual os outros credores autorizam que o pagamento seja feito a um credor determinado. Caso o devedor pague a um dos credores sem obter a caução de ratificação, os demais credores poderão cobrar novamente desse devedor que pagou mal, uma vez que inexistia a solidariedade entre os credores. Trata-se, na verdade, de hipótese de pagamento indevido.[14]

Na hipótese em que um dos credores recebe a prestação por inteiro, surgirá para os outros o direito de exigir em dinheiro a parte que lhes caiba no total da dívida. Vamos aos exemplos. A, B e C são credores de D. A prestação devida é uma vaca. D para obter a quitação deverá pagar a A, B e C, conjuntamente. Poderá, também, D pagar a um deles, por exemplo, a A, desde que este apresente documento (caução de ratificação) que comprove que os outros credores

---

[14] Caso o devedor tenha dificuldade de reunir a todos os credores e pagá-los conjuntamente ou não consiga obter a caução de ratificação ao tentar efetuar o pagamento a um deles, a saída mais segura que se apresenta é constituir os credores em mora e promover a consignação em pagamento pelo depósito da coisa devida.

(B e C) permitiram que o pagamento fosse feito a A. Se A receber o animal, deverá entregar em dinheiro a quantia correspondente à cota-parte de cada um dos demais credores (arts. 260 e 261 do CC).

2.1.3.3. Remissão da dívida na obrigação indivisível

Existindo vários credores e o objeto da prestação sendo indivisível, é possível que um dos credores proceda à remissão para com o devedor, isto é, é possível que um dos credores perdoe a dívida do devedor. Porém, diferentemente do que ocorre na remissão quando a obrigação é solidária, o devedor não se quedará desonerado da obrigação para com os outros credores, tendo que entregar o objeto indivisível aos demais credores. Qual seria a vantagem, então? A vantagem seria que, embora o devedor tenha de entregar a prestação aos demais credores, estes terão de devolver-lhe o valor correspondente à parte que foi remitida, ao que se denomina de fazer a torna.

Por exemplo, o devedor D deve uma vaca que vale R$ 900,00 aos credores A, B e C. Suponhamos que o credor A tenha remitido o devedor D. Doravante, o devedor D continua obrigado a ter de entregar a vaca aos credores B e C. Porém, esses credores ao receberem a vaca terão de devolver ao devedor a importância de R$ 300,00 correspondente à cota do credor A que procedeu à remissão.

Transcrevemos o art. 262 do CC que diz: "Se um dos credores remitir a dívida, a obrigação não ficará extinta para com os outros; mas estes só a poderão exigir, descontada a quota do credor remitente".

Vale a pena, no ensejo e para as devidas comparações, transcrevermos também o art. 272 do CC, que trata da remissão na solidariedade ativa: "O credor que tiver remitido a dívida ou recebido o pagamento responderá aos outros pela parte que lhes caiba".

É importante perceber que a remissão na solidariedade ativa induz à desoneração do devedor do vínculo obrigacional, não devendo ele mais nada a ninguém. Já na remissão na obrigação indivisível, o devedor não estará desonerado do vínculo obrigacional, devendo ainda aos demais credores.

2.1.3.4. Conversão da obrigação em perdas e danos

Se o objeto da obrigação indivisível se destruir, outra saída não resta que não seja a conversão da obrigação em perdas e danos. Assim, caso haja essa conversão, não existirá mais o caráter de indivisibilidade da obrigação. Isso porque as perdas e danos trazem em si a conotação de obrigação pecuniária que é por si só divisível.

A conclusão a que chegamos é a de que com base na conversão da obrigação em perdas e danos os credores deixam de ter direito sobre toda a obrigação e os devedores de terem obrigação de pagar integralmente a dívida. Por exemplo, os devedores A, B e C devem um animal ao credor D. Como o objeto da prestação é indivisível, de qualquer um dos devedores o credor poderá exigir o animal. Porém, esse animal vem a morrer, convertendo-se a obrigação em perdas e danos. Se o

Cap. 15 – CLASSIFICAÇÃO DAS OBRIGAÇÕES

valor do animal é de R$ 900,00, agora, cada um dos devedores fica obrigado a pagar apenas a sua cota-parte, qual seja, R$ 300,00.

Assim, o art. 263 do CC dispõe: "Perde a qualidade de indivisível a obrigação que se resolver em perdas e danos". Para o cotejo necessário, observemos o art. 271 do CC, que trata da conversão da obrigação solidária em perdas e danos: "Convertendo-se a prestação em perdas e danos, subsiste, para todos os efeitos, a solidariedade". E também o art. 279 do CC: "Impossibilitando-se a prestação por culpa de um dos devedores solidários, subsiste para todos o encargo de pagar o equivalente; mas pelas perdas e danos só responde o culpado".

Na obrigação solidária, quando ocorre a conversão da prestação em perdas e danos, nada muda, isto é, todos continuam devedores ou credores solidários de igual modo.

Reportando-nos para a conversão da obrigação indivisível em perdas e danos, vimos que com isso se extingue o caráter indivisível da obrigação. Resta comentar que, se a culpa pela perda do objeto da prestação pertencer a todos, todos os devedores responderão por partes iguais. Entretanto, se a culpa for de apenas um, todos continuam obrigados em partes iguais pelo equivalente, porém pelas perdas e danos somente o culpado responderá (art. 263, §§ 1º e 2º, CC). Foi nesse sentido que foi aprovado o Enunciado nº 540, na VI Jornada de Direito Civil: "Havendo perecimento do objeto da prestação indivisível por culpa de apenas um dos devedores, todos respondem, de maneira divisível, pelo equivalente e só o culpado, pelas perdas e danos".

2.2. Análise das obrigações objetivamente plurais

As obrigações objetivamente plurais são aquelas em que há multiplicidade de objetos. São as obrigações: cumulativas e alternativas.

2.2.1. Obrigações cumulativas ou conjuntivas

A obrigação cumulativa, também conhecida como obrigação conjuntiva, caracteriza-se pela existência de diversas prestações que deverão ser adimplidas concomitantemente. Lembramos aqui a partícula aditiva "e". Por exemplo, se o devedor tem a obrigação de entregar ao credor um carro e uma motocicleta.

Na obrigação cumulativa o devedor somente irá se desonerar se oferecer a totalidade das prestações avençadas, sendo que ao credor é lícita a recusa ao recebimento apenas de alguma das prestações. O Código Civil não regulamentou essa modalidade de obrigação, aplicamos, portanto, a elas o regime geral das obrigações.

2.2.2. Obrigações alternativas ou disjuntivas

As obrigações alternativas, também designadas de disjuntivas, encontram guarida nos arts. 252 a 256 do CC. Nessas obrigações também há uma pluralidade de prestações, porém, o que as distingue das obrigações cumulativas é que a obrigação será adimplida com a satisfação de apenas uma das prestações.

Lembramos aqui a partícula alternativa "ou". Por exemplo, o devedor deverá entregar um carro ou uma motocicleta. Se entregar o carro ou a motocicleta, desonerar-se-á de sua obrigação.

Quando nos atemos à obrigação alternativa, devemos ter em mente que associada a ela está a escolha, ou que a concentração lhe é inerente, isto é, em algum momento e por alguém deverá ser eleita a prestação que será entregue. A quem caberá essa escolha? Para responder a essa indagação, devemos recorrer ao título da obrigação. Caso este se apresente silente, o Código Civil, em seu art. 252, soluciona a questão, atribuindo ao devedor a escolha. Feita a escolha, é como se a obrigação, que de início era plural, se transformasse imediatamente em uma obrigação simples, isto é, com unicidade de objeto.

O Código Civil de 2002 inova trazendo a possibilidade de um terceiro escolher ou mesmo uma pluralidade de optantes. Em uma ou outra hipótese, caso não seja possível a escolha seja porque o terceiro não quer ou não pode, ou porque a pluralidade de optantes não alcança a um acordo unânime, poderão as partes recorrer ao Juiz a quem caberá a escolha (art. 252, §§ 3º e 4º, do CC).

Cumpre salientar que a obrigação alternativa é indivisível quanto à escolha e, se assim o é, não pode o devedor obrigar o credor a receber parte em uma prestação e parte em outra (art. 252, § 1º, CC). Por exemplo, se as prestações são dois apartamentos ou duas casas, não pode o devedor obrigar o credor a receber um apartamento e uma casa. Ainda acerca da escolha, caso a obrigação seja de prestações periódicas, isto é, de tempos em tempos (de semana em semana, de mês em mês...), o § 2º do art. 252 do CC admite a possibilidade de a opção ser exercida em cada período.

2.2.2.1. Impossibilidade superveniente da prestação na obrigação alternativa

No que diz respeito à impossibilidade de uma ou de todas as prestações nas obrigações alternativas, algumas são as hipóteses, a saber:

- Se uma das prestações se torna inexequível, sem a culpa do devedor, a obrigação continuará em relação à prestação subsistente (art. 253, CC);
- Se as duas prestações se tornam inexequíveis, sem culpa do devedor, a obrigação será extinta (art. 256, CC);
- Se uma das prestações se torna inexequível por culpa do devedor, as consequências serão distintas a depender da titularidade para a escolha:
  a) se a escolha couber ao credor: este terá o direito de escolher entre a prestação subsistente acrescida das perdas e danos ou o valor da prestação que se perdeu mais as perdas e danos (art. 255, 1ª parte, CC);
  b) se a escolha couber ao devedor: a prestação continuará sobre a prestação subsistente, sem qualquer acréscimo, aplicando-se a regra do art. 253, CC;
- Se ambas as prestações se tornam inexequíveis por culpa do devedor, as consequências serão distintas a depender da titularidade para a escolha:
  a) se a escolha couber ao credor: este poderá cobrar o valor de qualquer uma das prestações acrescido das perdas e danos (art. 255, 2ª parte, CC);

b) se a escolha couber ao devedor: este ficará obrigado a pagar o valor da que por último se impossibilitou acrescido das perdas e danos (art. 254, CC).

2.2.3. Obrigações facultativas[15] ou obrigações com faculdade alternativa de cumprimento

As obrigações facultativas ou com faculdade alternativa de cumprimento são, na verdade, obrigações simples e não plurais, isto é, não há pluralidade de sujeitos, nem de objetos.

Entretanto, remontamos a tais obrigações neste momento, para diferenciá--las das obrigações alternativas, que são aquelas em que há uma pluralidade de prestações. Nas obrigações facultativas, ao revés, há apenas uma prestação, porém há um direito potestativo do devedor de adimplir a obrigação de maneira diversa daquela que foi estipulada inicialmente. Assim, não decorrerá escolha, como na obrigação alternativa vista alhures. Chama-se facultativa ou de faculdade alternativa de cumprimento, pois o devedor tem a faculdade de, no momento do adimplemento, substituir a prestação por outra, previamente estabelecida no contrato. Concluímos que na obrigação facultativa não pode o credor exigir a prestação supletiva, já que esta é só mais uma opção deferida ao devedor. Não há no Código Civil disciplina referente à obrigação em comento.

3. CLASSIFICAÇÃO QUANTO AO CONTEÚDO

No que diz respeito ao conteúdo das obrigações, elas poderão ser: de meio, de resultado e de garantia.

a) **Obrigação de meio ou de diligência:** é aquela em que o devedor apenas se compromete a envidar os seus esforços para alcançar o resultado, ainda que este não seja obtido. Assim, trata-se da obrigação em que o devedor se obriga a empreender a sua atividade, sem, contudo, garantir o resultado. Sobre aquele que assume uma obrigação de meio incide uma responsabilidade civil subjetiva. É o caso dos profissionais liberais em geral (por exemplo: médicos, advogados etc.).

b) **Obrigação de resultado ou de fim:** é aquela em que o devedor se compromete a obter o resultado e o adimplemento da obrigação só será alcançado por meio dele (do resultado obtido). Sobre aquele que assume uma obrigação de resultado incide uma responsabilidade civil objetiva, ou seja, independente de culpa. É o caso, por exemplo, do cirurgião plástico estético e do transportador. Observação importante: o médico cirurgião plástico que possui obrigação de resultado é o estético; o médico cirurgião plástico reparador assume obrigação de meio.

---

[15] O termo "obrigação facultativa" é repudiado por muitos doutrinadores em razão de sua *contraditio in terminis*. Isso porque aquilo que é obrigatório não pode ser ao mesmo tempo facultativo. Assim, a terminologia mais adequada é "obrigação com faculdade alternativa de cumprimento".

c) Obrigação de garantia: é aquela em que uma pessoa assume a garantia de uma dívida de terceiro perante o credor. Por exemplo, a fiança. Observação importante: não se pode confundir o contrato de fiança com o penhor, a hipoteca ou a anticrese, que são direitos reais de garantia sobre coisa alheia. Nesses uma coisa é dada em garantia de uma dívida; na fiança, não, pois é a própria pessoa que garante a dívida.

4. CLASSIFICAÇÃO QUANTO À LIQUIDEZ

Quanto à liquidez, a obrigação poderá ser líquida ou ilíquida.

a) Obrigação líquida: é aquela que é certa quanto à existência e determinada quanto ao objeto e valor;

b) Obrigação ilíquida: é aquela que é incerta quanto à existência e indeterminada quanto ao objeto e valor.

5. CLASSIFICAÇÃO QUANTO À DEPENDÊNCIA

As obrigações quanto à necessidade de existência de uma outra obrigação e, por conseguinte, à sua dependência, podem ser principais ou acessórias. Aqui atentemos para a regra de que tudo que aconteça à obrigação principal atingirá a acessória, sendo que o contrário não é verdadeiro.

a) Obrigação principal: é aquela que independe da existência de qualquer outra, existe por si só (por exemplo: a obrigação assumida pelo locatário em um contrato de locação);

b) Obrigação acessória: é aquela que só existe em razão da existência de outra (por exemplo: a obrigação do fiador assumida em um contrato de fiança que só existe em razão de um outro contrato que pode ser, por exemplo, o de locação).

6. CLASSIFICAÇÃO QUANTO AO MOMENTO DE CUMPRIMENTO

No que diz respeito ao momento em que as obrigações deverão ser adimplidas, elas poderão ser: instantânea, de execução continuada ou de execução diferida.

a) Obrigação de execução instantânea: é aquela obrigação em que o cumprimento se dá logo em seguida à sua constituição. Ocorre, por exemplo, quando se compra à vista. Nesse tipo de obrigação, torna-se impossível a revisão judicial dos contratos (teoria da imprevisão e teoria da base objetiva do negócio jurídico);

b) Obrigação de execução continuada ou execução periódica ou de trato sucessivo: é aquela em que o cumprimento da obrigação se dá paulatinamente por meio de subvenções periódicas, isto é, ocorre o pagamento de parcelas. É possível nessa obrigação a revisão judicial do contrato, já que se trata de obrigação que se estende no tempo;

Cap. 15 – CLASSIFICAÇÃO DAS OBRIGAÇÕES

309

c) **Obrigação de execução diferida:** é aquela em que o cumprimento também ocorrerá no futuro, porém de uma só vez. É o que ocorre no chamado cheque pré-datado. Nessa obrigação, também se mostra possível a revisão judicial do contrato, tendo em vista que ele também se estende no tempo.

7. CLASSIFICAÇÃO QUANTO AO LOCAL DO ADIMPLEMENTO

Quanto ao local em que a obrigação deverá ser adimplida, ela poderá ser considerada *quérable* ou *portáble*.

a) **Obrigação *quérable* ou quesível:** é aquela em que o pagamento deverá ocorrer no domicílio do devedor. Como veremos adiante, essa é a regra do Código Civil, caso não haja disposição diversa no contrato (art. 327);

b) **Obrigação *portáble* ou portável:** é aquela em que o pagamento deverá ocorrer no domicílio do credor. Recebe essa designação de "portável" porque o devedor deverá portar a dívida até o domicílio do credor e efetuar o pagamento.

8. VISÃO PANORÂMICA DAS OBRIGAÇÕES

1ª) Quanto ao conteúdo do objeto obrigacional:
- obrigação de dar coisa certa ou dar coisa incerta
- obrigação de restituir
- obrigação de fazer
- obrigação de não fazer

2ª) Quanto à quantidade de elementos obrigacionais:
- Simples
- Plurais:
  a) obrigações subjetivamente plurais: fracionárias; solidárias; divisíveis/indivisíveis;
  b) obrigações objetivamente plurais: cumulativas ou conjuntivas; alternativas ou disjuntivas.

3ª) Quanto ao conteúdo:
- obrigação de meio ou de diligência
- obrigação de resultado ou fim
- obrigação de garantia

4ª) Quanto à liquidez:
- obrigação líquida
- obrigação ilíquida

5ª) Quanto à dependência:
- obrigação principal
- obrigação acessória

6ª) Quanto ao momento de cumprimento:
- obrigação instantânea
- obrigação de execução continuada ou execução periódica ou de trato sucessivo
- obrigação de execução diferida

7ª) Quanto ao local do adimplemento:
- obrigação *quérable* ou quesível
- obrigação *portáble* ou portável

DO ADIMPLEMENTO DAS OBRIGAÇÕES

O adimplemento da obrigação se dá com o seu cumprimento. Esse é o efeito que se deseja alcançar quando se cria uma obrigação e, quando houver o seu implemento, o devedor se encontrará desonerado do vínculo obrigacional.

O adimplemento poderá ocorrer pela forma normal, que é por meio do pagamento ou por meio de formas especiais sem que haja o pagamento, ao que alguns doutrinadores denominam de pagamento indireto (pagamento em consignação, pagamento com sub-rogação, imputação do pagamento, dação em pagamento, novação, compensação, confusão e remissão de dívidas).

1. FORMA NORMAL DE SE ADIMPLIR A OBRIGAÇÃO: O PAGAMENTO

Para visualizarmos exatamente o que seja o pagamento, é necessário voltarmos para o conteúdo do objeto da obrigação. Vimos, anteriormente, que o objeto da obrigação poderá ser um dar, um fazer ou um não fazer. Daí que o pagamento de uma obrigação de dar ocorre quando se entrega a coisa ao credor; o pagamento de uma obrigação de fazer ocorre quando se cumpre com a tarefa combinada; e o pagamento de uma obrigação de não fazer se dá quando há a abstenção do devedor em torno daquilo que ele se comprometeu a não realizar.

Estudar o pagamento é analisar quatro pontos relevantes: os aspectos subjetivos, os aspectos objetivos, o lugar do pagamento e o tempo do pagamento.

Aqui se perfaz o que a doutrina convencionou chamar de teoria do pagamento.

1.1. Aspectos subjetivos

Para que ocorra um pagamento, dois polos deverão existir necessariamente: quem paga (*solvens*) e a quem pagar (*accipiens*).

1.1.1. Quem paga (O solvens)

Quem procederá ao pagamento é obviamente quem deve, isto é, o devedor. Porém, é lícito que o pagamento seja operado pelo terceiro interessado e pelo terceiro não interessado.

Por terceiro interessado, deve-se entender todo aquele que, não sendo o devedor, possui um interesse jurídico na extinção da obrigação, sob pena de o seu próprio patrimônio vir a responder pelo inadimplemento da obrigação.

Aqui estamos diante da figura do fiador, do avalista, do herdeiro etc. Por isso, o art. 304 do CC estabelece: "Qualquer interessado na extinção da dívida pode pagá-la, usando, se o credor se opuser, dos meios conducentes à exoneração do devedor". Os meios conducentes à exoneração do devedor a que se refere o artigo é a consignação judicial ou extrajudicial (arts. 334, CC, e 539, CPC/2015).

Caso o terceiro interessado proceda ao pagamento da obrigação, doravante, ele se sub-rogará nos direitos do credor, o que significa dizer que automaticamente lhe serão transferidos os direitos do credor (ações e garantias). O que ocorre aqui é a chamada sub-rogação legal (art. 346, III, CC).

O terceiro não interessado é aquele que não possui um interesse jurídico na extinção da dívida, podendo, porém, possuir outros interesses de cunho moral, ético, afetivo, religioso... É o caso, por exemplo, do pai que paga a dívida de seu filho por sentir-se envergonhado com a sua existência.

Em se tratando do terceiro não interessado, duas são as possibilidades: o terceiro não interessado poderá pagar em nome do devedor e aí tal ato será tido como uma mera liberalidade; ou o terceiro não interessado poderá pagar em nome próprio. Nessa última hipótese, o terceiro não interessado não irá se sub-rogar nos direitos do credor, porém terá direito a um posterior reembolso, em razão de ser vedado o enriquecimento indevido (art. 305, CC). O pagamento operado antes do vencimento da dívida, por óbvio, só autorizará o reembolso quando de seu vencimento (art. 305, parágrafo único, CC).

Quando falamos em reembolso, não podemos confundir com a sub-rogação que ocorre com o terceiro interessado que paga, pois no reembolso não há transferência ao terceiro não interessado das ações e garantias que possuía o credor, além do que o terceiro não interessado terá de provar a existência da dívida e o seu pagamento.

O art. 306 do CC complementa ainda que "o pagamento feito por terceiro, com desconhecimento ou oposição do devedor, não obriga a reembolsar aquele que pagou, se o devedor tinha meios para ilidir a ação". O exemplo comumente lembrado pela doutrina aqui é o do terceiro não interessado que paga a dívida do devedor, sendo que este último poderia alegar a sua prescrição em eventual cobrança. Esse fato afastará o direito ao reembolso do terceiro não interessado que pagou.

Com o objetivo de vedar a alienação *a non domino*, isto é, por aquele que não era dono da coisa, o art. 307 do CC desponta: "Só terá eficácia o pagamento que importar transmissão da propriedade, quando feito por quem possa alienar o objeto em que ele consistiu". Assim, em poucas palavras, só poderá pagar com a entrega de uma coisa aquele que for efetivamente o dono da coisa. O Código Civil vai além e aventa a hipótese de ainda assim haver a entrega da coisa que pertence a outrem e de essa coisa ser consumível.

Nesse caso, o credor que a recebeu e de boa-fé a consumiu nada terá de responder, cabendo ao terceiro, dono da coisa, voltar-se contra o *solvens* que

Cap. 16 – DO ADIMPLEMENTO DAS OBRIGAÇÕES

313

entregou a coisa que não lhe pertencia para as devidas reparações. Vale a leitura do parágrafo único do art. 307 do CC: "Se se der em pagamento coisa fungível, não se poderá mais reclamar do credor que, de boa-fé, a recebeu e consumiu, ainda que o solvente não tivesse o direito de aliená-la". Entretanto, se o credor de má-fé a recebeu e a consumiu, também terá ele responsabilidade pelas reparações devidas. Nota-se, pela leitura do referido parágrafo único que há certa imprecisão em sua redação ao confundir os bens consumíveis com os fungíveis. Na verdade, o sentido que o parágrafo quer alcançar diz respeito apenas aos bens consumíveis.

1.1.2. A quem pagar (O accipiens)

A priori o pagamento deverá ser feito ao credor, pois é dele o direito de receber. Entretanto, não há óbice que alguém que represente o credor venha a receber por ele. Assim, o art. 308 do CC impõe: "O pagamento deve ser feito ao credor ou a quem de direito o represente, sob pena de só valer depois de por ele ratificado, ou tanto quanto reverter em seu proveito". Se o pagamento se der a um terceiro que não seja o próprio credor ou o seu representante, só poderá ser considerado válido se o próprio credor confirmar depois ou então se for provado pelo devedor que o pagamento se converteu em utilidade para o credor.

A representação do credor poderá ser expressa ou tácita. A representação expressa ocorre quando o credor outorga a determinada pessoa um instrumento de mandato. Já a representação tácita, que também é possível, ocorre quando o representante do credor, embora não possua um instrumento de mandato, é portador da quitação ou do título. Por isso o art. 311 do CC estabelece: "Considera-se autorizado a receber o pagamento o portador da quitação, salvo se as circunstâncias contrariarem a presunção daí resultante".

Uma outra pessoa poderá aparecer figurando no polo do recebimento: o credor putativo. Os desdobramentos disso serão analisados no item seguinte.

1.1.2.1. O credor putativo

Putativo, conforme De Plácido e Silva, deriva "do latim *putativus* (imaginário), de *putare* (reputar, crer, imaginar, considerar), é utilizado, na terminologia jurídica, na acepção de reputado ou de havido".[1] Assim, podemos dizer que credor putativo é aquele que se reputou credor, não o sendo porém. A todas as luzes, portava-se como credor, o que impressionou o devedor no sentido de este último efetuar o pagamento em seu favor. Esse pagamento, se efetuado pelo devedor de boa-fé, será tido como válido, ainda que provado depois que não era credor (art. 309, CC). Isso significa que o devedor, embora tenha pagado à pessoa equivocada, porque estava de boa-fé – e o falso credor a todos enganaria –, não se enquadrará

---

[1] DE PLÁCIDO E SILVA. *Vocabulário jurídico*. 15. ed. atual. Nagib Slaibi Filho e Geraldo Magela Alves. Rio de Janeiro: Forense, 1999. p. 662.

na regra de que quem paga mal paga duas vezes. Isso tudo em decorrência de aplicação da teoria da aparência.[2]

Não nos esqueçamos da vetusta regra do pagamento indevido de que "quem paga mal paga duas vezes". Porém, é que não é caso de aplicá-la. Socorremo-nos dos exemplos mencionados por Sílvio Venosa:

> O exemplo mais marcante é o caso do credor aparente. Contudo, muitas situações podem ocorrer. Suponhamos o caso de alguém que, ao chegar a um estabelecimento comercial, paga a um assaltante, que naquele momento se instalou no guichê de recebimentos, ou a situação de um administrador de negócio que não tenha poderes para receber, mas aparece aos olhos de todos como um efetivo gerente.[3]

Insta salientar que, salvaguarda-se, entretanto, o direito do verdadeiro credor de voltar-se contra aquele que se portou como putativo, por meio de ação de repetição de indébito (*actio in rem verso*)[4].

Por fim, atentemos para a manifestação do STJ, na decisão do REsp 1.044.673-SP, no sentido de que para que se considere, realmente, um caso de credor putativo é necessário que o erro ao qual o devedor deu ensejo seja de natureza escusável, isto é, desculpável.

---

[2] Conforme salienta Sílvio Venosa: "Já dissemos que o direito não pode prescindir da aparência. Quando chegamos ao caixa de um banco e efetuamos um pagamento, não temos necessidade de averiguar se a pessoa que recebe é funcionária da instituição financeira. Na verdade, a aparência é forma de equilíbrio de toda vida social". VENOSA, Sílvio de Salvo. *Teoria geral das obrigações e teoria geral dos contratos*. 4. ed. São Paulo: Atlas, 2004. p. 188.

[3] VENOSA, Sílvio de Salvo. *Teoria geral das obrigações e teoria geral dos contratos*. 4. ed. São Paulo: Atlas, 2004. p. 188.

[4] Além disso, vale conferir a decisão a seguir: "DIREITO CIVIL. APLICAÇÃO DA TEORIA DA APARÊNCIA EM PAGAMENTO DE INDENIZAÇÃO DO SEGURO DPVAT. É válido o pagamento de indenização do Seguro DPVAT aos pais – e não ao filho – do *de cujus* no caso em que os genitores, apresentando-se como únicos herdeiros, entregaram os documentos exigidos pela Lei nº 6.194/74 para o aludido pagamento (art. 5º, § 1º), dentre os quais certidão de óbito a qual afirmava que o falecido era solteiro e não tinha filhos. De antemão, esclareça-se que, de acordo com o art. 5º, § 1º, *a*, da Lei nº 6.194/74, que dispõe sobre seguro obrigatório de danos pessoais causados por veículos automotores de via terrestre, o segurador deverá efetuar o pagamento de indenização mediante simples prova do acidente e do dano decorrente, após a entrega dos seguintes documentos: certidão de óbito, registro da ocorrência policial e prova da qualidade de beneficiário. O art. 309 do CC, por sua vez, estabelece que o pagamento feito de boa-fé ao credor putativo é válido, mesmo que provado depois que não era ele credor. Nesse sentido, pela aplicação da teoria da aparência, é válido o pagamento realizado de boa-fé a credor putativo. De fato, para que o erro no pagamento seja escusável, é necessária a existência de elementos suficientes para induzir e convencer o devedor diligente de que o recebente é o verdadeiro credor. No caso aqui analisado, verifica-se que a indenização do Seguro DPVAT foi paga de boa-fé aos credores putativos. Além disso, não há previsão de obrigação da seguradora em averiguar a existência de outros beneficiários da vitima" (REsp 1.601.533-MG, Rel. Min. João Otavio de Noronha, julgado em 14/6/2016, *DJe* 16/6/2016. Informativo nº 585).

Cap. 16 – DO ADIMPLEMENTO DAS OBRIGAÇÕES

1.1.2.2. O pagamento cientemente feito ao credor incapaz de quitar

O devedor deverá pagar somente àquele que tem capacidade para dar a quitação.[5] Caso contrário, aquele que paga terá de pagar novamente, subsumindo-se aos contornos exatos do "quem paga mal paga duas vezes". Assim, por exemplo, o pai deverá pagar a pensão alimentícia do filho à mãe do menor ou depositá-la em conta destinada àquele fim, isso porque o filho não tem condições de dar quitação do pagamento, embora seja o credor da obrigação. Daí que, se o pagamento for feito de maneira consciente ao credor que é incapaz de dar a quitação, não será considerado válido. A única possibilidade de se fazer valer o pagamento é se o devedor conseguir provar que em favor do credor o pagamento efetivamente reverteu. Por isso, no exemplo mencionado linhas atrás, o pai, para não ser obrigado a ter de pagar novamente, posto que pagou a pensão diretamente ao filho, terá de comprovar que o menor efetuou o pagamento de sua escola. Assim, o art. 310 do CC: "Não vale o pagamento cientemente feito ao credor incapaz de quitar, se o devedor não provar que em benefício dele efetivamente reverteu".[6]

1.1.2.3. O pagamento realizado com a intimação da penhora

O art. 312 do CC estabelece que:

> Se o devedor pagar ao credor, apesar de intimado da penhora feita sobre o crédito, ou da impugnação a ele oposta por terceiros, o pagamento não valerá contra estes, que poderão constranger o devedor a pagar de novo, ficando-lhe ressalvado o regresso contra o credor.

De acordo com Mário Luiz Delgado Régis,

> o artigo versa sobre a hipótese em que o pagamento é feito ao verdadeiro credor, mas, mesmo assim, não tem eficácia, vez que o credor estava impedido legalmente de receber. A penhora retira o crédito da esfera de disponibilidade do credor, razão por que ele não pode recebê-lo.[7]

Suponhamos, então, a relação jurídica obrigacional entre o credor A e o devedor B. Entretanto, o credor A possui também um credor, C, isto é, ele é

---

[5] Conforme Venosa: "Certas pessoas, embora figurem na posição de credoras, são inibidas de receber, e quem paga a elas arrisca-se a pagar mal". VENOSA, Sílvio de Salvo. *Teoria geral das obrigações e teoria geral dos contratos.* 4. ed. São Paulo: Atlas, 2004. p. 190.

[6] Acerca dos arts. 308, 309 e 310 do CC que apresentam as palavras "valer", "válido" e "vale", respectivamente, foi aprovado o Enunciado nº 425, na V Jornada de Direito Civil, com a seguinte redação: "O pagamento repercute no plano da eficácia, e não no plano da validade, como preveem os arts. 308, 309 e 310 do Código Civil".

[7] RÉGIS, Mário Luiz Delgado. Do direito das obrigações. In: FIUZA, Ricardo (Coord.). *Novo Código Civil comentado.* 4. ed. São Paulo: Saraiva, 2005. p. 294.

devedor de um terceiro. O credor C procede à penhora ou impugnação do crédito referente à obrigação existente entre A e B. O devedor B é, por conseguinte, intimado da penhora havida. Assim, se o devedor, mesmo sabendo da impugnação a esse crédito, pagar ao credor A, esse pagamento não valerá, sendo que o credor C poderá constranger o devedor B a pagar novamente, em virtude de seu pagamento indevido.

Portanto, o que o devedor B deverá fazer para se desonerar da obrigação é depositar em juízo a prestação.

1.2. Aspectos objetivos

Nos aspectos objetivos do pagamento, o alvo é o objeto do pagamento e a sua prova (arts. 313 a 326, CC). Já comentamos anteriormente que o credor não é obrigado a receber prestação diversa da que foi convencionada. Mesmo que o devedor ofereça prestação mais valiosa, o credor não está obrigado a recebê-la (art. 313, CC). Não estando, por evidente, proibido de recebê-la.

Nessa mesma senda, se o objeto da prestação for divisível, também não será obrigado o credor a receber e nem o devedor a pagar por partes se assim não foi ajustado (art. 314, CC). O que há aqui é a aplicação do princípio da prestação integral ou da identidade física da prestação. Ainda que haja a divisibilidade, a prestação deverá ser cumprida de maneira integral, se de outra maneira não foi convencionado.

1.2.1. Princípio da pontualidade e princípio do nominalismo. Outros pontos relevantes

O princípio da pontualidade estabelece que o pagamento deve ocorrer quando de seu vencimento, impondo assim a pontualidade do devedor em cumprir com a sua obrigação.

Ademais, em se tratando das dívidas em dinheiro[8] esse pagamento deverá ser feito em moeda corrente. A moeda corrente em nosso país, de acordo com a Lei nº 9.069/95, é o real. Assim, o valor a ser considerado ao se efetuar um

---

[8] As obrigações pecuniárias poderão ser dívidas de dinheiro ou dívidas de valor. Conforme Mário Luiz Delgado Regis explica: "Dívidas em dinheiro são aquelas cujo objeto da prestação é a própria moeda, ou seja, o dinheiro em si, como se dá no mútuo. Diferem das dívidas de valor, aquelas em que o dinheiro serve apenas para medir ou valorar o objeto na prestação". RÉGIS, Mário Luiz Delgado. Do direito das obrigações. In: FIUZA, Ricardo (Coord.). *Novo Código Civil comentado*. 4. ed. São Paulo, Saraiva, 2005. p. 296.Vale lembrar também o apontamento de Villaça acerca do tema: "Dívida em dinheiro é a que se representa pela moeda considerada em seu valor nominal, ou seja, pelo seu importe econômico. Já a dívida de valor é paga em dinheiro, que visa medir o real valor do objeto da prestação. (...) Como exemplo de dívida em dinheiro, podemos citar o mútuo (...). Para figurar, exemplificativamente, a dívida de valor, basta que se atente à prestação de alimentos. O pagamento de pensão alimentícia é, tipicamente, dívida de valor, pois o devedor deve ao credor não determinada soma de dinheiro, mas a que for necessária à subsistência do credor dessa pensão". AZEVEDO, Álvaro Villaça. *Teoria geral das obrigações:* responsabilidade civil. 10. ed. São Paulo: Atlas, 2004. p. 148-149.

Cap. 16 – DO ADIMPLEMENTO DAS OBRIGAÇÕES

pagamento é o valor nominal da moeda, ou seja, o valor que nela está estampado. Isso é o princípio do nominalismo, que afasta a possibilidade de qualquer convenção particular ter a pretensão de modificar o valor da moeda.

Entretanto, o legislador, ao consagrar expressamente o princípio do nominalismo, não se esqueceu dos efeitos nefastos da inflação. Tanto é que o art. 315 do CC assim dispõe: "As dívidas em dinheiro deverão ser pagas no vencimento, em moeda corrente e pelo valor nominal, **salvo o disposto nos artigos subsequentes**"[9] (grifamos).

Os artigos subsequentes são: 316, 317 e 318, todos do Código Civil.

O art. 316 apresenta como lícita a inserção, em um instrumento obrigacional, da chamada cláusula de escala móvel ou cláusula de reajuste, que é a cláusula que prevê um reajustamento prévio e automático da prestação. O art. 316 estabelece: "É lícito convencionar o aumento progressivo de prestações sucessivas". Vale lembrar que a Lei nº 10.192/2001 declara nula de pleno direito qualquer estipulação de reajuste ou correção de periodicidade inferior a um ano.

Acerca do art. 316, Flávio Tartuce, em posicionamento ao qual nos filiamos, preleciona:

> Esse dispositivo, contudo, refere-se somente à correção monetária da obrigação. Entendemos que não houve qualquer revogação do Decreto-lei nº 22.626/33, a Lei da Usura, que para nós continua em vigor, já que o Código Civil consagra os princípios da função social da obrigação, da boa-fé objetiva e a vedação do enriquecimento sem causa. Dessa forma, continua sendo proibida a cobrança de juros abusivos (superiores ao dobro da taxa legal), bem como o anatocismo (juros sobre juros).[10]

Já que o art. 316 se refere apenas à correção monetária, cumpre saber, ao certo, no que essa correção se configura. Pois bem. Por correção monetária devemos entender o mecanismo econômico que visa à reposição e à atualização do valor nominal da moeda, apenas isso, nada além.

O art. 317, para muitos, consagra a teoria da imprevisão,[11] ao trazer a possibilidade de se colocar a obrigação para ser revista pelo Poder Judiciário, desde

---

[9] Conclui, então, TABET: "A teoria nominalista, todavia, não é absoluta, prevendo o próprio Código Civil exceções nos arts. 316 a 318". TABET, Gabriela. Obrigações pecuniárias e revisão obrigacional. In: TEPEDINO, Gustavo (Coord.). *Obrigações:* estudos na perspectiva civil-constitucional. Rio de Janeiro: Renovar, 2005. p. 338.

[10] TARTUCE, Flávio. *Direito das obrigações e responsabilidade civil.* São Paulo: Método, 2006. p.131-132.

[11] A teoria da imprevisão também se encontra presente no art. 478 do CC, que estabelece: "Nos contratos de execução continuada ou diferida, se a prestação de uma das partes se tornar excessivamente onerosa, com extrema vantagem para a outra, em virtude de acontecimentos extraordinários e imprevisíveis, poderá o devedor pedir a resolução do contrato. Os efeitos da sentença que a decretar retroagirão à data da citação". Vale a ressalva de TARTUCE: "Entretanto, recomendamos que não seja mais utilizada a expressão 'teoria', pois a revisão consta de forma expressa na nova norma civil codificada. Preferimos a utilização da expressão revisão

que, em se tratando de um contrato que seja de execução futura continuada ou diferida, um evento superveniente e imprevisível,[12] induza as parcelas a total desproporção, de tal modo a prejudicar uma das partes.

O grande mérito do artigo, além de perseguir a justiça contratual, é trazer expressamente a revisão do contrato e, não a sua açodada extinção. Acertada, então, a redação do art. 317, que desponta: "Quando, por motivos imprevisíveis, sobrevier desproporção manifesta entre o valor da prestação devida e o do momento de sua execução, poderá o juiz corrigi-lo, a pedido da parte, de modo que assegure, quanto possível, o valor real da prestação".

Já o art. 318 propugna pelo curso forçado da moeda nacional ao proibir as chamadas "cláusulas-ouro" e as "cláusulas moeda-estrangeira", e também a indexação em moeda estrangeira. Desse modo, o referido artigo informa que: "são nulas as convenções de pagamento em ouro ou em moeda estrangeira, bem como para compensar a diferença entre o valor desta e o da moeda nacional, excetuados os casos previstos na legislação especial".[13]

1.2.2. A prova do pagamento

Aspecto objetivo relevante que se sobressai quando fazemos o estudo do pagamento é exatamente a forma pela qual se prova que um pagamento se operou. Assim, duas são as formas de se provar o pagamento: por meio da quitação ou por meio da posse do título.

---

obrigacional ou contratual por imprevisibilidade (...)". TARTUCE, Flávio. *Direito das obrigações e responsabilidade civil.* São Paulo: Método, 2006. p. 132.

[12] Enunciado nº 17, aprovado na I Jornada de Direito Civil: "a interpretação da expressão 'motivos imprevisíveis', constante do art. 317 do novo Código Civil, deve abarcar tanto causas de desproporção não previsíveis como também causas previsíveis, mas de resultados imprevisíveis." O enunciado visa enfocar as consequências imprevisíveis do evento para a parte que se vincula.

[13] De acordo com a Lei nº 14.286, de 29/12/2021, com entrada em vigor um ano após a sua publicação oficial, em seu art. 13: "A estipulação de pagamento em moeda estrangeira de obrigações exequíveis no território nacional é admitida nas seguintes situações: I – nos contratos e nos títulos referentes ao comércio exterior de bens e serviços, ao seu financiamento e às suas garantias; II – nas obrigações cujo credor ou devedor seja não residente, incluídas as decorrentes de operações de crédito ou de arrendamento mercantil, exceto nos contratos de locação de imóveis situados no território nacional; III – nos contratos de arrendamento mercantil celebrados entre residentes, com base em captação de recursos provenientes do exterior; IV – na cessão, na transferência, na delegação, na assunção ou na modificação das obrigações referidas nos incisos I, II e III do *caput* deste artigo, inclusive se as partes envolvidas forem residentes; V – na compra e venda de moeda estrangeira; VI – na exportação indireta de que trata a Lei nº 9.529, de 10 de dezembro de 1997; VII – nos contratos celebrados por exportadores em que a contraparte seja concessionária, permissionária, autorizatária ou arrendatária nos setores de infraestrutura; VIII – nas situações previstas na regulamentação editada pelo Conselho Monetário Nacional, quando a estipulação em moeda estrangeira puder mitigar o risco cambial ou ampliar a eficiência do negócio; IX – em outras situações previstas na legislação. Parágrafo único. A estipulação de pagamento em moeda estrangeira feita em desacordo com o disposto neste artigo é nula de pleno direito.

1.2.2.1. A quitação

Chamamos de quitação o recibo que o devedor recebe do credor que lhe dá a exoneração do vínculo obrigacional perseguida. Segundo Sílvio Rodrigues, a quitação "consiste em um escrito no qual o credor, reconhecendo ter recebido o que lhe era devido, libera o devedor, até o montante do que lhe foi pago".[14]

Decerto que é direito do devedor ou de todo aquele que paga receber do credor a quitação necessária. Isso porque poderá correr o risco de ter de vir a pagar novamente, se mais uma vez cobrado, não puder apresentar prova de que o pagamento foi efetuado. Não sem razão que o art. 319 enfatizou: "O devedor que paga tem direito a quitação regular, e pode reter o pagamento, enquanto não lhe seja dada". O presente artigo, na verdade, traz a possibilidade de o devedor reter o pagamento diante da negativa do credor em lhe fornecer a quitação. Cumpre salientar que, em havendo a retenção, o devedor não estará em mora, pois esta, para que se configure, depende de ato culposo do devedor. Mas, sem dúvida, que a melhor saída para o devedor é a consignação em pagamento, analisada por nós em tópico posterior. Isso porque, com a consignação, o devedor posteriormente não terá de produzir prova de que não realizou o pagamento tempestivamente por recusa do credor em entregar a quitação, o que, a bem da verdade, apresenta--se de modo bem penoso. E sabemos que, sem a produção de tal prova, pode o devedor ser considerado intempestivo e incidir nos efeitos da mora.

Acerca da prova do pagamento, a I Jornada de Direito Civil aprovou o Enunciado nº 18, que admite nos contratos eletrônicos a quitação via e-mail, com o seguinte teor:

> a "quitação regular", referida no art. 319 do novo Código Civil, engloba a quitação dada por meios eletrônicos ou por quaisquer formas de "comunicação à distância", assim entendida aquela que permite ajustar negócios jurídicos e praticar atos jurídicos sem a presença corpórea simultânea das partes ou de seus representantes.

O Código Civil de 2002 afasta a dúvida que existia antes acerca da forma da quitação, ao esclarecer que a quitação sempre poderá se dar por instrumento particular. É que antes, como o Código Civil de 1916 era omisso, pairavam dúvidas acerca da obrigação que fosse constituída por instrumento público, se a quitação dessa obrigação, de igual modo, deveria se dar via instrumento público. O Código Civil de 2002 esclareceu dispondo que a quitação sempre poderá ser dada por instrumento particular, independentemente da forma pela qual a obrigação foi criada.

Ademais, a quitação designará o valor e a espécie da dívida quitada, o nome do devedor, ou quem por este pagou, o tempo e o lugar do pagamento, com a assinatura do credor, ou do seu representante (art. 320, CC). Releva notar que, ainda sem esses requisitos, a quitação será considerada válida se de seus termos pudermos extrair que o pagamento realmente foi efetivado em favor daquele credor

---

[14] RODRIGUES, Sílvio. *Direito civil:* parte geral das obrigações. 25. ed. São Paulo: Saraiva, 1997. v. 2. p. 142.

(art. 320, parágrafo único, CC). É o caso, por exemplo, de um demonstrativo de depósito bancário.

1.2.2.2. A entrega do título

A posse do título (duplicata, nota promissória, cheque etc.) também é prova de que o pagamento se operou. Isso porque o credor, em regra, só devolverá o título ao devedor, depois do pagamento. Assim, a entrega do título ao devedor gera uma presunção de que houve o pagamento (art. 324, CC).

Entretanto, é bem verdade que a posse do título pode ter se dado não porque tenha havido o pagamento, mas, sim, porque o devedor por algum meio o tomou para si. Não foi sem razão que o parágrafo único do art. 324 do Código Civil estabeleceu: "Ficará sem efeito a quitação assim operada se o credor provar, em sessenta dias, a falta do pagamento".

Como a posse do título é prova de pagamento, caso o credor tenha perdido o título, o devedor poderá exigir declaração do credor que inutilize o título desaparecido, e, enquanto não lhe for dada a declaração, poderá reter o pagamento (art. 321, CC). O dispositivo em análise tem por escopo proteger o devedor para que o título não seja cobrado *a posteriori*. Interessante a ressalva formulada por Mário Luiz Delgado Régis:

> A declaração de inutilização do título em que se fundamenta a dívida produz os mesmos efeitos da quitação regular, desde que ele seja intransferível. Isso porque nos títulos ao portador ou à ordem, que podem ser transferidos ou cedidos, se o título tiver sido transferido a terceiro de boa-fé, este poderá exigi-lo do devedor, que, mesmo de posse da declaração de inutilização, será obrigado a pagar novamente. A melhor solução para o devedor, nessas hipóteses, será o pagamento em Juízo, com citação editalícia dos terceiros, a fim de se evitar futura alegação de desconhecimento do pagamento realizado.[15]

1.2.3. Pagamento em quotas periódicas

Nas obrigações em que o pagamento deverá ser realizado em quotas periódicas, isto é, nas obrigações de trato sucessivo, o art. 322 do CC traz presunção em favor do devedor de que o pagamento da última estabelece a presunção de estarem solvidas as anteriores. Entretanto, importa lembrar que tal presunção é relativa, pois admite prova em contrário.

A título de exemplo, lembremos da pessoa que tem um carnê com três parcelas para pagamento de algum bem adquirido anteriormente. Essa pessoa, espertamente, paga a última parcela obtendo a quitação, sem, no entanto, pagar as anteriores. Pelo artigo em comento, presumir-se-ão pagas as parcelas anteriores. Entretanto, como se trata de presunção relativa, poderá o credor vir a provar que não recebeu as parcelas anteriores, fazendo jus a elas. A grande consequência é que, em

---

[15] RÉGIS, Mário Luiz Delgado. Do direito das obrigações. In: FIUZA, Ricardo (Coord.). *Novo Código Civil comentado*. 4. ed. São Paulo: Saraiva, 2005. p. 302.

Cap. 16 – DO ADIMPLEMENTO DAS OBRIGAÇÕES

razão do referido artigo, será o credor que terá de provar que não recebeu e não o devedor que terá de provar que pagou. Houve uma inversão no ônus da prova.

Assim, para afastar a incidência do artigo em comento, é comum a previsão expressa no recibo de que "o pagamento desta parcela, não significa a quitação das anteriores". Tal previsão é válida, pois visa afastar o art. 322 do CC, que é norma de ordem privada. Cumpre atentar para outra presunção que milita em favor do devedor. É a presunção que se afigura no art. 323 do CC ao estabelecer que se houver o pagamento do capital, sem se ressalvar se os juros foram pagos, esses se presumirão pagos. Como os juros são acessórios, concluímos que a presunção decorre do princípio de que o acessório segue o principal. Ressalte-se, no entanto, que se trata de presunção relativa, admitindo prova em contrário ou previsão contratual diversa.

Por fim, chama-se a atenção para inaplicabilidade da presunção prevista no art. 322 do CC, em se tratando de cotas condominiais, isso porque conforme decidiu o STJ, cada cota goza de autonomia em relação a outra, conforme EREsp 712.106-DF.

1.2.4. Despesas com o pagamento e quitação

Se o pagamento implicar dispêndio ao devedor, o Código Civil (art. 325) atribui a ele as referidas despesas (por exemplo: transporte, taxas bancárias). Entretanto, se as despesas acrescidas decorrerem de ato do credor, este responderá pelo prejuízo. É claro que não há óbice quanto à possibilidade de o contrato apresentar previsão diversa como, por exemplo, o rateio entre o credor e o devedor, das despesas supervenientes.

1.2.5. Pagamento por medida ou peso

O art. 326 do CC dispõe que: "Se o pagamento se houver de fazer por medida, ou peso, entender-se-á, no silêncio das partes, que aceitaram os do lugar da execução". É bem verdade que os sistemas de medidas e pesos podem variar de lugar para lugar. Assim, atentou o legislador para a obrigação baseada em medidas ou pesos variáveis a depender da localidade como, por exemplo, o alqueire ou a arroba, que a depender do lugar se expressam em valores distintos. Daí que, se as partes nada convencionarem, prevalecerá o valor correspondente ao do lugar da execução da obrigação.

1.3. Do lugar do pagamento

Perquirir o lugar do pagamento é procurar saber onde a obrigação deverá ser cumprida e, por conseguinte, determinar a competência do juízo onde a ação será proposta em caso de inadimplemento.

Antes de iniciarmos o estudo de onde deva ser realizado o pagamento, é necessário relembrarmos que as obrigações poderão ser quesíveis (*quérables*) ou portáveis (*portábles*).

Obrigação quesível ou *quérable* é aquela em que o pagamento deverá ocorrer no domicílio do devedor. Já a obrigação *portáble* ou portável é aquela em que o pagamento deverá ocorrer no domicílio do credor ou em domicílio de terceiro. Recebe essa designação de "portável" porque caberá ao devedor portar a dívida até o domicílio do credor e efetuar o pagamento.

O lugar onde deve ser efetuado o pagamento poderá decorrer da convenção, da lei, da natureza da obrigação ou das circunstâncias. Caso a convenção nada estipule, nem a lei, ou não se possa depreender da natureza da obrigação ou das circunstâncias onde deverá ocorrer o pagamento, a regra conforme o Código Civil é que as obrigações são quesíveis, isto é, o pagamento deverá ocorrer no domicílio do devedor (art. 327, CC).

Se a convenção designar dois ou mais lugares, caberá ao credor escolher entre eles (art. 327, parágrafo único, CC).

Regra especial a lei apresenta no que diz respeito às obrigações cujo pagamento consiste na entrega de imóvel ou em prestações relativas a um imóvel. Nessa hipótese, o pagamento deverá ocorrer no lugar onde está situado o bem (art. 328, CC).

Caso o lugar para se efetuar o pagamento já esteja predeterminado e, entretanto, tenha havido motivo grave a inviabilizar o cumprimento da avença, é lícito ao devedor fazê-lo em outro lugar, sem prejuízo para o credor, ou seja, se a mudança implicar qualquer acréscimo para o credor, arcará o devedor (art. 329, CC). A regra é interessante, pois em busca da função social dos contratos se permite a relativização do *pacta sunt servanda*. Ademais, a regra em comento traz uma cláusula geral com a expressão "motivo grave",[16] que permitirá maior flexibilidade diante do caso concreto.

1.3.1. Aplicação da supressio (verwirkung)

O art. 330 do CC estabelece que "o pagamento reiteradamente feito em outro local faz presumir renúncia do credor relativamente ao previsto no contrato".

O que o referido dispositivo apresenta, na verdade, é o instituto da *supressio*, que decorre diretamente da boa-fé objetiva, que deverá estar a todo tempo presente nas relações negociais.

A *supressio (verwirkung)*, basicamente, ocorre quando há a supressão de um direito subjetivo de uma das partes em razão de seu não exercício durante um lapso temporal. Ligado à *supressio* aparece a *surrectio (erwirkung)* ou surreição (surgimento) que implica o nascimento de um direito para um diante da extinção do direito do outro. Assim, voltando-nos para o art. 330 do CC, se, embora no contrato estivesse previsto um lugar para o cumprimento da obrigação, e o credor admitisse o pagamento durante um período considerável em outro lugar, não

---

[16] Seriam situações de "grave motivo", segundo Flávio Tartuce, a "greve no transporte público, calamidade pública, enchente, ataque terrorista, doença do devedor ou de pessoa de sua família, falta de energia elétrica, entre outros". TARTUCE, Flávio. *Direito das obrigações e responsabilidade civil.* São Paulo: Método, 2006. p. 140.

Cap. 16 – DO ADIMPLEMENTO DAS OBRIGAÇÕES

poderia o credor mover-se no sentido de pleitear o direito até então abandonado, pois, em razão da boa-fé objetiva, tal direito teria sido suprimido.

1.4. Do tempo do pagamento

O momento em que deverá ser realizado o pagamento é de extrema relevância, pois é a partir dele que surge a exigibilidade por parte do credor.

O princípio básico a nos nortear acerca desse assunto é o princípio da pontualidade, previsto no art. 315 do CC, por nós já comentado. Entretanto, mais duas observações devem ser feitas.

A primeira é a de que, por razões óbvias, se nada for estipulado em contrário, o pagamento deverá ser feito imediatamente (art. 331, CC). Portanto, a regra é a de que as obrigações são instantâneas. A segunda a de que, as obrigações subordinadas a qualquer tipo de condição, somente com o implemento dessa se tornam exigíveis pelo credor (art. 332, CC).

Por fim, releva notar que, da mesma forma que o devedor não poderá pagar após a data limite, ao credor não é lícito cobrar a dívida antes de seu vencimento se for estipulado em contrato ou antes do implemento da condição para as obrigações condicionais, sob pena de o credor incidir na responsabilidade estabelecida no art. 939 do CC, que assim informa: "O credor que demandar o devedor antes de vencida a dívida, fora dos casos em que a lei o permita, ficará obrigado a esperar o tempo que faltava para o vencimento, a descontar os juros correspondentes, embora estipulados, e a pagar as custas em dobro". Esse dispositivo será detalhado em capítulo adiante atinente à responsabilidade civil.

Com efeito, pela leitura do art. 939 do CC, percebemos que existem possibilidades trazidas por lei de o credor poder exigir o pagamento antecipadamente, são os casos de vencimento da obrigação antecipado e estão elencados nos três incisos do art. 333,[17] a saber:

I) no caso de falência do devedor, ou de concurso de credores;

II) se os bens, hipotecados ou empenhados, forem penhorados em execução por outro credor. Aqui se objetiva viabilizar o direito de preferência existente em decorrência de hipoteca ou penhor;

III) se cessarem, ou se se tornarem insuficientes, as garantias do débito, fidejussórias, ou reais, e o devedor, intimado, se negar a reforçá-las. Trata-se de hipótese mais simples que demonstra a má-vontade do devedor em reforçar a garantia infirmada, o que faz surgir para o credor o direito à cobrança antes do vencimento da dívida.

Nessas três hipóteses, se houver solidariedade passiva, isto é, vários devedores responsáveis pela integralidade da obrigação, a dívida não se considerará vencida em relação aos outros devedores que forem solventes (art. 333, parágrafo único, CC).

---

[17] Outras hipóteses de vencimento antecipado da dívida estão no art. 1.425 do CC.

2. FORMAS ESPECIAIS DE SE ADIMPLIR A OBRIGAÇÃO

2.1. Do pagamento em consignação

É direito do devedor ver-se livre de sua obrigação. Uma possibilidade, para tanto, é o depósito judicial ou extrajudicial (em estabelecimento bancário oficial) de quantia ou coisa devida. A isso se denomina pagamento em consignação, consignação em pagamento ou oferta real. Essa última designação decorre de a consignação consistir na entrega efetiva da coisa devida. Por isso, diz-se que o objeto da consignação em pagamento somente poderá ser uma obrigação de dar, não sendo possível falar-se em consignação em se tratando de obrigação de fazer ou não fazer.

O pagamento em consignação, na verdade, é instituto de natureza mista, vez que comporta regras de Direito Civil e de Processo Civil. No Código Civil, sob o título "Do Pagamento em Consignação" está disciplinado nos arts. 334 a 345. No Código de Processo Civil, sob o título "Da Ação de Consignação em Pagamento", está disposto nos arts. 539 a 549. Não podemos esquecer-nos também de que a consignação em pagamento referente a aluguéis e encargos de locação possui disciplina própria na Lei de Locação (Lei nº 8.245/91), nos arts. 58 e 67.

2.1.1. Cabimento da consignação em pagamento

Será possível a consignação em pagamento, conforme o art. 335 do CC, nas seguintes hipóteses:

I) se o credor não puder, ou, sem justa causa, recusar receber o pagamento, ou dar quitação na devida forma;

II) se o credor não for, nem mandar receber a coisa no lugar, tempo e condição devidos;

III) se o credor for incapaz de receber, for desconhecido, declarado ausente, ou residir em lugar incerto ou de acesso perigoso ou difícil;

IV) se ocorrer dúvida sobre quem deva legitimamente receber o objeto do pagamento;

V) se pender litígio sobre o objeto do pagamento.

2.1.2. Efeito da consignação

O efeito perseguido pela consignação é liberar o devedor do vínculo obrigacional, isentando-o dos riscos e de eventual obrigação de pagar os juros moratórios e a cláusula penal.

2.1.3. Procedimento da consignação em pagamento

O procedimento da consignação poderá ser judicial ou extrajudicial, em se tratando de obrigação de dar dinheiro. Nas demais obrigações, o procedimento será somente o judicial.

Cap. 16 – DO ADIMPLEMENTO DAS OBRIGAÇÕES

2.1.3.1. Procedimento extrajudicial ou particular

O devedor ou terceiro poderá depositar a quantia devida em estabelecimento bancário, oficial onde houver, situado no lugar do pagamento, em conta com correção monetária, cientificando o credor por carta com aviso de recebimento, assinando o prazo de 10 (dez) dias para a manifestação de recusa. Se, dentro desse prazo, nada reclamar o credor, o devedor será considerado liberado da obrigação, ficando a quantia depositada à disposição do credor.

Entretanto, se no referido prazo, o credor recusar o crédito, por instrumento escrito dirigido ao estabelecimento bancário, poderá o devedor propor a ação de consignação em pagamento em um mês, sendo que a petição inicial será instruída com a prova do depósito e da recusa do credor. Se em um mês o devedor não ajuizar a ação de consignação, ficará sem efeito o depósito, podendo levantá-lo o depositante.

2.1.3.2. Procedimento judicial

O lugar da propositura da ação é o do foro do pagamento, sendo que o autor, na petição inicial, requererá:

1) o depósito da quantia ou da coisa devida, a ser efetivado no prazo de 5 (cinco) dias contados do deferimento, exceto na hipótese em que a quantia já tenha sido depositada em estabelecimento bancário, uma vez que nele continuará;

2) a citação do réu para levantar o depósito ou oferecer contestação.

Ademais, vale lembrar que se o objeto da prestação for coisa indeterminada e a escolha couber ao credor, será este citado para exercer o direito dentro de 5 (cinco) dias, se outro prazo não constar de lei ou do contrato, ou para aceitar que o devedor o faça, devendo o juiz, ao despachar a petição inicial, fixar lugar, dia e hora em que se fará a entrega, sob pena de depósito.

Em caso de dúvida sobre quem deva legitimamente receber o pagamento, o autor requererá o depósito e a citação dos possíveis titulares do crédito para provarem o seu direito (art. 547, CPC/2015).

O réu poderá alegar na contestação que:

1) não houve recusa ou mora em receber a quantia ou coisa devida;

2) foi justa a sua recusa;

3) o depósito não se efetuou no prazo ou no lugar do pagamento;

4) o depósito não é integral, nesse caso devendo o credor indicar o montante devido.

Caso o credor não apresente contestação, ocorrerão os efeitos da revelia e o juiz julgará procedente o pedido, declarando extinta a obrigação e condenando o réu nas custas e honorários advocatícios.

2.1.4. Despesas com o depósito

As despesas com o depósito, quando julgado procedente, correrão às custas do credor, e, em caso de improcedência, às custas do devedor.

2.1.5. Prestações vincendas

Quanto às prestações em dinheiro que forem se vencendo no curso do processo, essas deverão ser depositadas pelo devedor, conforme estabelece o art. 541 do CPC/2015: "Tratando-se de prestações sucessivas, consignada uma delas, pode o devedor continuar a depositar, no mesmo processo e sem mais formalidades, as que se forem vencendo, desde que o faça em até 5 (cinco) dias contados da data do respectivo vencimento".

2.1.6. O devedor de obrigação litigiosa

O devedor de obrigação litigiosa exonerar-se-á mediante consignação, mas, se pagar a qualquer dos pretendidos credores, tendo conhecimento do litígio, assumirá o risco do pagamento.

2.1.7. Requerimento da consignação por parte de pretenso credor

A regra é que a consignação em pagamento é instrumento deferido à pessoa do devedor que diante de dificuldades apresentadas para o pagamento pretende se desonerar da obrigação.

Entretanto, há uma hipótese em que o instituto é posto à disposição do credor. A hipótese é a seguinte: se a dívida se vencer, pendendo litígio entre credores que se pretendem mutuamente excluir, poderá qualquer deles requerer a consignação (art. 345, CC).

2.2. Do pagamento com sub-rogação

Sub-rogação significa, resumidamente, substituição. No Direito, a sub-rogação poderá ser pessoal (subjetiva) ou real (objetiva). A sub-rogação pessoal ocorre quando há substituição de uma pessoa por outra. É essa espécie de sub-rogação que nos interessa para fins de estudo dos Direitos Obrigacionais. Já a sub-rogação real ocorre quando há a substituição de uma coisa por outra, tendo interesse quando do estudo do Direito de Família e Direito Sucessório.

A sub-rogação pessoal é tratada no Código Civil nos arts. 346 a 351, sendo que tal sub-rogação se dá no polo ativo, por isso, chamamos de sub-rogação pessoal ou subjetiva ativa. Assim, ocorre, basicamente, a substituição da pessoa do credor por outra que pagou a dívida, mantendo-se a relação obrigacional inicial. O elo jurídico entre o credor primitivo e o devedor se transfere para o terceiro que pagou a dívida e aquele que era o devedor. Portanto, o terceiro que paga a dívida passa a ocupar a posição do credor, tanto é que o art. 349, CC desponta: "A

Cap. 16 – DO ADIMPLEMENTO DAS OBRIGAÇÕES

sub-rogação transfere ao novo credor todos os direitos, ações, privilégios e garantias do primitivo, em relação à dívida, contra o devedor principal e os fiadores".[18]

A sub-rogação subjetiva ou pessoal poderá ser legal ou convencional.

---

[18] DIREITO CIVIL. PRAZO PRESCRICIONAL DA PRETENSÃO DE REEMBOLSO DE DESPESAS DE CARÁTER ALIMENTAR. Se a mãe, ante o inadimplemento do pai obrigado a prestar alimentos a seu filho, assume essas despesas, o prazo prescricional da pretensão de cobrança do reembolso é de 10 anos, e não de 2 anos. Realmente, se, na hipótese em análise, houvesse sub-rogação da pessoa que assumiu as despesas de caráter alimentar, essa pessoa, na qualidade de terceira interessada, substituiria, na condição de credor, o alimentado com todas as suas características e atributos (art. 349 do CC), e, apesar de propiciar a satisfação do credor originário, remanesceria o vínculo obrigacional anterior (agora, entre o terceiro adimplente e o devedor). Dessa maneira, havendo sub-rogação, o prazo prescricional a incidir na espécie seria o previsto no art. 206, § 2º, do CC: 2 anos para a pretensão de cobrança de prestações alimentares. Contudo, na situação aqui analisada, o credor não pode ser considerado terceiro interessado, não podendo ser futuramente obrigado na quitação do débito. Desse modo, não há falar em sub-rogação, porquanto não existe enquadramento a nenhuma das hipóteses previstas no art. 346 do CC e, principalmente, porque o direito a alimentos é pessoal, não podendo sua titularidade ser transferida a outrem, tampouco os seus atributos. Nessa hipótese, está caracterizada a gestão de negócios, que ocorre quando uma pessoa, "sem autorização do interessado, intervém na gestão de negócio alheio", dirigindo-o "segundo o interesse e a vontade presumível de seu dono, ficando responsável a este e às pessoas com que tratar" (art. 861 do CC). Inclusive, no capítulo específico da gestão de negócios, há previsão especial atinente ao dever legal de alimentos àquele que os presta no lugar daquele que era realmente obrigado: "Quando alguém, na ausência do indivíduo obrigado a alimentos, por ele os prestar a quem se devem, poder-lhes-á reaver do devedor a importância, ainda que este não ratifique o ato" (art. 871 do CC). Nesse contexto, observa-se que a razão de ser do instituto, notadamente por afastar eventual necessidade de concordância do devedor, é conferir a máxima proteção ao alimentado e, ao mesmo tempo, garantir àqueles que prestam socorro o direito de reembolso pelas despesas despendidas, evitando o enriquecimento sem causa do devedor de alimentos. Dessa forma, reconhecida a ocorrência de gestão de negócios, deve-se ter, com relação ao reembolso de valores, o tratamento conferido ao terceiro não interessado, notadamente por não haver sub-rogação, nos termos do art. 305, *caput*, do CC, segundo o qual o "terceiro não interessado, que paga a dívida em seu próprio nome, tem direito a reembolsar-se do que pagar; mas não se sub-roga nos direitos do credor". Nesse sentido, aliás, a Terceira Turma do STJ (REsp 1.197.778-SP, *DJe* 1º/4/2014) já afirmou que "equipara-se à gestão de negócios a prestação de alimentos feita por outrem na ausência do alimentante. Assim, a pretensão creditícia ao reembolso exercitada por terceiro é de direito comum, e não de direito de família". Em razão disso, inclusive, é o entendimento do STJ pelo não cabimento da execução de alimentos e de seu rito especialíssimo por quem prestou alimentos no lugar do verdadeiro devedor (REsp 859.970-SP, Terceira Turma, *DJ* 26/3/2007). Apesar disso, não se pode deixar de destacar que há precedente antigo desta Quarta Turma do STJ que, aparentemente, está em sentido diverso, tendo-se pela ocorrência da sub-rogação: "Solvidas as prestações alimentícias (mensalidades e transporte escolares dos filhos menores) pela mãe (ex-mulher) e não pelo originariamente obrigado (o pai), o reconhecimento da sub-rogação em favor da primeira torna impróprio para a execução o rito do art. 733 do CPC, com o modo de coerção que lhe é inerente, a prisão, em face da inexistência de atualidade dos alimentos" (REsp 110.241-SP, *DJ* 19/12/2003). No entanto, no caso de um terceiro alheio à obrigação alimentar e que vem a pagar o débito, é o próprio legislador que assevera se tratar de gestão de negócios. Sendo assim, a prescrição a incidir na espécie não é a prevista no § 2º do art. 206 do CC, mas a regra geral prevista no art. 205 do CC, segundo o qual a "prescrição ocorre em dez anos, quando a lei não lhe haja fixado prazo menor". REsp 1.453.838-SP, Rel. Min. Luis Felipe Salomão, julgado em 24/11/2015, *DJe* 7/12/2015 (Informativo nº 574).

2.2.1. Sub-rogação legal

A sub-rogação legal ocorre quando um terceiro paga uma dívida por ter interesse jurídico em sua extinção e daí, automaticamente (de pleno direito), se sub-roga na posição de credor. Essas hipóteses estão previstas no art. 346 do CC, a saber:

I) do credor que paga a dívida do devedor comum;

II) do adquirente do imóvel hipotecado, que paga a credor hipotecário, bem como do terceiro que efetiva o pagamento para não ser privado de direito sobre imóvel;

III) do terceiro interessado, que paga a dívida pela qual era ou podia ser obrigado, no todo ou em parte.

Conforme estabelece o art. 350 do CC: "Na sub-rogação legal o sub-rogado não poderá exercer os direitos e as ações do credor, senão até à soma que tiver desembolsado para desobrigar o devedor".

2.2.2. Sub-rogação convencional

A sub-rogação convencional ocorre quando um terceiro não interessado paga a dívida e passa a ocupar a posição do credor. O que há é uma convenção entre o devedor e um terceiro ou entre o credor e um terceiro para que ocorra a dita substituição. Ocorre nos casos previstos no art. 347 do CC, a saber:

I) quando o credor recebe o pagamento de terceiro e expressamente lhe transfere todos os seus direitos. Nessa hipótese, conforme impõe o art. 348 do CC serão aplicadas as regras da cessão de crédito (arts. 286 a 298 do CC), por exemplo, é necessária a notificação ao devedor, informando quem é o novo credor.

II) quando terceira pessoa empresta ao devedor a quantia precisa para solver a dívida, sob a condição expressa de ficar o mutuante sub-rogado nos direitos do credor satisfeito. O mútuo mencionado nessa hipótese se trata do empréstimo em dinheiro. Assim, mutuante é aquele que empresta o dinheiro.

2.2.3. Pagamento parcialmente feito ao credor originário

É possível que o terceiro pague integralmente ao credor, hipótese em que esse terceiro passa a ocupar o lugar do credor. Entretanto, é possível que o terceiro pague parcialmente ao credor, hipótese em que o credor originário continua com o direito de receber o restante da dívida e o terceiro adquire o direito de receber a parte que pagou. Assim, nesse último caso em que o credor originário e o terceiro concorrem cada qual para receber parte da dívida que a cada um é cabível, o art. 351 do CC estabelece que "o credor originário, só em parte reembolsado, terá preferência ao sub-rogado, na cobrança da dívida restante, se os bens do devedor não chegarem para saldar inteiramente o que a um e outro dever".

2.3. Da imputação do pagamento

A imputação do pagamento é instituto previsto no Código Civil nos arts. 352 a 355, que só faz sentido quando o devedor estiver obrigado perante o credor a vários débitos. Como imputar significa atribuir, apontar, indicar, em havendo vários débitos, o devedor poderá indicar a qual dos débitos corresponde o pagamento.

2.3.1. Elementos para a imputação do pagamento

Alguns elementos se apresentam necessários para que se possa dar oportunidade à imputação do pagamento. São eles:

- Identidade entre devedor e credor;
- Existência de dois ou mais débitos da mesma natureza;
- Liquidez e vencimento das dívidas.

2.3.2. Objetivo da imputação do pagamento

O que se objetiva por meio da imputação do pagamento é beneficiar o devedor, na medida em que a este é dada a possibilidade de escolher o débito que pretende extinguir com o seu pagamento. Por isso, o art. 352 do CC estipula: "A pessoa obrigada por dois ou mais débitos da mesma natureza, a um só credor, tem o direito de indicar a qual deles oferece pagamento, se todos forem líquidos e vencidos".

Por vontade das partes é possível mudar o sujeito a quem caberá imputação do débito, isto é, é possível que o instrumento obrigacional disponha diferentemente, atribuindo ao credor a escolha. Torna-se possível essa alteração, tendo em vista o caráter privado da norma. Inclusive, o art. 353 admite que: "Não tendo o devedor declarado em qual das dívidas líquidas e vencidas quer imputar o pagamento, se aceitar a quitação de uma delas, não terá direito a reclamar contra a imputação feita pelo credor, salvo provando haver ele cometido violência ou dolo".

2.3.3. A imputação legal

Caso nem o credor, nem o devedor atribuam o pagamento a determinada dívida, caberá a aplicação da imputação realizada pela lei, a qual denominamos imputação legal, cuja ordem, de acordo com os arts. 354 e 355 do CC, é a seguinte:

- Havendo capital e juros, o pagamento imputar-se-á primeiro nos juros vencidos, e depois no capital, salvo estipulação em contrário, ou se o credor passar a quitação por conta do capital;
- A imputação se fará nas dívidas líquidas e vencidas em primeiro lugar;
- Se as dívidas forem todas líquidas e vencidas ao mesmo tempo, a imputação far-se-á na mais onerosa.

2.4. Da dação em pagamento

O instituto da dação em pagamento, também designado de *datio pro soluto* ou *datio in solutum*, está disposto nos arts. 356 a 359 do Código Civil. A dação em pagamento se configura quando o credor consente em receber outra prestação, desde que não seja dinheiro,[19] em substituição à prestação que lhe era devida. Assim, o art. 356 do CC dispõe: "O credor pode consentir em receber prestação diversa da que lhe é devida". Essa substituição pode se dar da seguinte forma: dinheiro por bem móvel (*datio rem pro pecuni*), uma coisa por outra (*datio rem pro re*), de dinheiro por título, de fato por coisa, e outras combinações. Assim, concluímos que a dação em pagamento pode ter por objeto qualquer tipo de prestação, positiva (dar ou fazer) e negativa (não fazer), bens móveis e imóveis, etc.

2.4.1. Requisitos da dação em pagamento

Alguns requisitos são necessários para que se possa oportunizar a dação em pagamento. São eles:

* existência de uma dívida;
* consentimento do credor;
* entrega de coisa diversa da que foi convencionada;
* intenção ou animus de extinguir a obrigação.

2.4.2. Aplicação supletiva das regras do contrato de compra e venda

Conforme impõe o art. 357 do CC: "Determinado o preço da coisa dada em pagamento, as relações entre as partes regular-se-ão pelas normas do contrato de compra e venda". Segundo Mário Luiz Delgado Régis,

> o dispositivo só tem aplicação quando o objeto da dação consistir na entrega da coisa, móvel ou imóvel, corpórea ou incorpórea, e cujo preço seja passível de taxação. Não tem aplicação se a prestação for substituída por dinheiro ou por obrigação de fazer ou não fazer, ou ainda por coisa de valor inestimável.[20]

Portanto, uma vez fixado o preço, a dação será equiparada à compra e venda, regulando-se supletivamente por suas normas (arts. 481 a 504, CC).

2.4.3. O título de crédito dado em pagamento

Se o objeto a ser dado em pagamento consistir em título de crédito, serão aplicadas as regras da cessão de crédito, observando-se então as regras previstas

---

[19] É feita a ressalva "desde que não seja dinheiro" porque nessa hipótese, na verdade, não seria caso de dação em pagamento, mas sim de verdadeira indenização pelo valor da coisa devida.

[20] RÉGIS, Mário Luiz Delgado. Do direito das obrigações. In: FIUZA, Ricardo (Coord.). *Novo Código Civil comentado*. 4. ed. São Paulo: Saraiva, 2005. p. 327.

Cap. 16 – DO ADIMPLEMENTO DAS OBRIGAÇÕES

nos arts. 286 a 298 do CC. Em resumo, a transferência deverá ser notificada ao devedor e quem deu o título de crédito em pagamento se queda responsável pela existência do crédito. Em razão disso, o art. 358 estabelece: "Se for título de crédito a coisa dada em pagamento, a transferência importará em cessão".

2.4.4. Evicção da coisa dada em pagamento

Evicção é a perda da coisa em virtude de decisão judicial ou ato administrativo em favor de um terceiro portador da condição de legítimo dono. A evicção é regulada no Código Civil nos arts. 447 a 457.

Assim, é a hipótese em que o credor recebe coisa que lhe foi dada a título de pagamento e, logo depois, vem a perdê-la por evicção, em razão de o devedor que deu a coisa em pagamento não ser o legítimo dono da coisa. Diante da perda da coisa, há o restabelecimento da obrigação primitiva, ficando sem efeito a quitação dada, ressalvados os direitos de terceiros. Flávio Tartuce fornece o seguinte exemplo:

> Duas partes obrigacionais concordam em substituir um imóvel (objeto da prestação) por dois veículos. Em regra, se os veículos se perderem por evicção, retorna a obrigação de dar a casa. Mas se a mesma foi vendida pelo devedor a um terceiro, que agiu de boa-fé ao comprá-la, não haverá o mencionado retorno. Em suma, o credor (adquirente, evicto) terá que suportar os efeitos da evicção, tendo ação regressiva contra o devedor (alienante), conforme as regras constantes da teoria geral dos contratos.[21]

2.4.5. Diferença entre datio pro soluto e datio pro solvendo

Datio pro soluto é a dação em pagamento, instituto que acabamos de analisar. Já a *datio pro solvendo* ocorre quando o devedor assume nova obrigação para garantir o pagamento de outra. Como exemplo de *datio pro solvendo* temos a situação em que o devedor emite um cheque garantindo que pagará uma dívida preexistente. Caso ocorra o pagamento da obrigação inicial, extinta estará a segunda obrigação (a do cheque).

2.5. Da novação

O instituto da novação está disciplinado no Código Civil nos arts. 360 a 367, e podemos conceituá-lo como sendo o instituto que gera a extinção de uma obrigação porque, em verdade, outra a substitui, seja porque houve mudança dos sujeitos ou do objeto. Assim, diz-se que a novação possui caráter extintivo e gerador concomitantemente.

---

[21] TARTUCE, Flávio. *Direito das obrigações e responsabilidade civil.* São Paulo: Método, 2006. p. 162.

2.5.1. Requisitos para que ocorra a novação

Os requisitos para que ocorra a novação são:

* existência de uma obrigação anterior;
* surgimento de nova obrigação;
* capacidade das partes;
* *animus novandi*, isto é, a intenção de novar que se traduz na vontade inequívoca das partes em extinguir o vínculo obrigacional anterior, dando azo a um novo vínculo. Por isso, a redação do art. 361 do CC: "Não havendo ânimo de novar, expresso ou tácito mas inequívoco, a segunda obrigação confirma simplesmente a primeira".

2.5.2. Espécies de novação

Por meio do conceito visto acima, extraímos que a novação poderá ser:

* **Objetiva:** ocorre quando os mesmos sujeitos (credor e devedor) substituem a dívida anterior por uma nova dívida (art. 360, I, CC);
* **Subjetiva Passiva:** ocorre quando há substituição do devedor da obrigação por outro que entabula com o credor nova obrigação (art. 360, II, CC);
* **Subjetiva Ativa:** ocorre quando há substituição do credor primitivo por um novo credor, em virtude de nova obrigação, sendo que o devedor fica desonerado em relação ao credor primitivo (art. 360, III, CC).

2.5.2.1. Espécies de novação subjetiva passiva

A novação subjetiva passiva, por sua vez, comporta duas espécies:

* **por delegação:** ocorre quando o devedor consente com a sua retirada da relação obrigacional, sendo sucedido por outro devedor, que ele mesmo (o devedor primitivo) indicou;
* **por expromissão:**[22] ocorre quando a substituição do devedor se dá à revelia do devedor, isto é, sem o consentimento do devedor. Conforme o art. 362 do CC: "A novação por substituição do devedor pode ser efetuada independentemente de consentimento deste".

2.5.3. A insolvência do novo devedor

Quando ocorre a novação subjetiva passiva, diante da insolvência do novo devedor, a regra é que a dívida anterior não será restabelecida, salvo se o devedor

---

[22] Segundo a percepção de Mário Luiz Delgado Régis: "Essa espécie de novação perde o sentido prático no novo Código Civil em face da inserção do capítulo referente à assunção de dívida". RÉGIS, Mário Luiz Delgado. Do direito das obrigações. In: FIUZA, Ricardo (Coord.). *Novo Código Civil comentado*. 4. ed. São Paulo, Saraiva, 2005. p. 330.

Cap. 16 – DO ADIMPLEMENTO DAS OBRIGAÇÕES

primitivo tiver operado com má-fé pela substituição. Assim, o art. 363 do CC: "Se o novo devedor for insolvente, não tem o credor, que o aceitou, ação regressiva contra o primeiro, salvo se este obteve por má-fé a substituição". Vale notar que na novação ocorre diferentemente da dação em pagamento em que, em havendo a evicção, a obrigação inicial é restabelecida (art. 359, CC).

2.5.4. Os acessórios e garantias da dívida primitiva

Como a novação possui caráter extintivo, em razão de a obrigação primitiva se extinguir, é consequência lógica a extinção dos acessórios e garantias da dívida também. Por estipulação em contrário se mostra possível, embora tenha havido a novação, a manutenção dos acessórios e garantias decorrentes da dívida inicial. Entretanto, vale lembrar que, se a garantia se tratar de penhor, hipoteca e anticrese, a ressalva pela manutenção de garantia só será válida com o consentimento dos terceiros aos quais pertencem a coisa dada em garantia (art. 364, CC).

2.5.5. A novação na dívida solidária

Conforme estabelece o art. 365 do CC: "Operada a novação entre o credor e um dos devedores solidários, somente sobre os bens do que contrair a nova obrigação subsistem as preferências e garantias do crédito novado. Os outros devedores solidários ficam por esse fato exonerados". O que o artigo em comento faz é confirmar a necessidade do requisito *animus novandi* e corroborar que este é pessoal.

Assim, a responsabilidade patrimonial só poderá alcançar aquele que participou da substituição da dívida. Por isso, Mário Luiz Delgado Régis explica:

> Extinta a dívida anterior pela novação, é óbvio que a nova dívida não poderá vincular os devedores solidários da primeira, que não tomaram conhecimento da novação. Se todos os codevedores solidários participarem da novação, ficam mantidas as garantias e privilégios sobre os bens de cada um deles.[23]

2.5.6. A novação da obrigação principal e os seus reflexos no contrato de fiança

Caso ocorra a novação da obrigação principal, sem o consentimento do fiador, esse último será desonerado de sua obrigação. Isso porque, se a obrigação principal foi extinta, a obrigação acessória (a fiança) também o será. A fiança só não seria extinta se houvesse a anuência do fiador pela novação (art. 366, CC).

Em havendo a novação na obrigação acessória, isto é, no contrato de fiança, a consequência será distinta, uma vez que não será atingido o devedor da obrigação

---

[23] RÉGIS, Mário Luiz Delgado. Do direito das obrigações. In: FIUZA, Ricardo (Coord.) *Novo Código Civil comentado*. 4. ed. São Paulo: Saraiva, 2005. p. 331-332.

principal, que continuará vinculado pelo seu débito normalmente, independentemente de ter havido a novação na obrigação acessória.

2.5.7. A impossibilidade de se novar obrigações nulas ou extintas

As obrigações nulas ou extintas não são passíveis de novação. Isso porque um dos requisitos essenciais para que ocorra a novação é exatamente a existência de uma obrigação anterior que será extinta. Assim, se não existe a obrigação, não há o que se novar (art. 367, CC).

No que respeita à obrigação nula, essa também não admitirá a novação. Isso porque o negócio nulo não é susceptível de ser confirmado, conforme preceitua o art. 169 do CC. Assim, se fosse possível a novação estar-se-ia admitindo, por vias transversas, a sua confirmação.

Entretanto, vale lembrar que é plenamente possível a novação de obrigação anulável, sendo que tal ato se traduzirá em sua confirmação, o que é plenamente aceitável, conforme o art. 172 do CC.

Tende a prevalecer na doutrina que é possível a novação de uma dívida prescrita, já que o Código Civil, em seu art. 191, admite a possibilidade de renúncia à prescrição.

2.6. Da compensação

Ocorre a compensação quando duas pessoas são ao mesmo tempo credoras e devedoras uma da outra, sendo que as duas obrigações se extinguem, até onde se compensarem (art. 368, CC). Segundo Sílvio Venosa, "há uma forma indireta de extinção de obrigações, diferente de pagamento, que não existe. As obrigações extinguem-se por via oblíqua. Com a compensação evita-se uma dúplice ação; facilita-se, com ela, o adimplemento".[24]

2.6.1. Espécies de compensação

A compensação poderá ser legal ou convencional. A compensação legal é aquela que decorre da lei, não podendo ser recusada por qualquer das partes. É a que está presente no art. 368 do CC. Deve ser alegada pela parte, não podendo o juiz declarar de ofício. A compensação convencional é a que decorre de acordo entabulado entre as partes regulando sua aplicação e efeitos.

2.6.2. Requisitos para que ocorra a compensação

Para que ocorra a compensação, as dívidas deverão ser líquidas, vencidas e da mesma natureza, isto é, com prestações fungíveis (art. 369, CC). A dívida é líquida quando é certa, quanto à sua existência, e determinada, quanto à sua

---

[24] VENOSA, Sílvio de Salvo. *Teoria geral das obrigações e teoria geral dos contratos*. 4. ed. São Paulo: Atlas, 2004. p. 305.

Cap. 16 – DO ADIMPLEMENTO DAS OBRIGAÇÕES

quantia.[25] Vencidas são as dívidas que já podem ser exigidas. E fungíveis são as prestações que podem ser substituídas umas pelas outras.

Entretanto, ressalta o art. 370 do CC que: "Embora sejam do mesmo gênero as coisas fungíveis, objeto das duas prestações, não se compensarão, verificando-se que diferem na qualidade, quando especificada no contrato". Assim, não ocorrerá a compensação se, acerca das coisas, embora do mesmo gênero, o contrato estabelecer a qualidade delas diferentemente. Sílvio Venosa esclarece:

> Coisas compensáveis são aquelas da mesma natureza. Dinheiro compensa-se com dinheiro. Determinada mercadoria compensa-se com mercadoria da mesma espécie. Não se compensam objetos da mesma natureza, mas de qualidade diversa. Por exemplo, não se compensa gado de raças diferentes.[26]

2.6.3. Compensação na fiança

Caso o fiador seja convocado a arcar com a dívida do afiançado, o fiador poderá opor ao credor a compensação de eventual dívida que o credor possuía para com o devedor. Por exemplo, um locatário deve ao locador R$ 1.000,00. O locador recorre ao fiador para recebimento da quantia devida. Entretanto, o fiador toma conhecimento de que o locatário era credor do locador, por uma obrigação passada, tendo direito a receber R$ 300,00. Nessa hipótese, poderá o fiador opor ao locador a compensação dos R$ 300,00 sobre a dívida de R$ 1.000,00, de tal modo que o fiador terá de pagar ao locador apenas a importância de R$ 700,00.

Isso tudo ocorre porque, se a compensação poderia ocorrer entre o locador e o locatário que apresentam o lastro da obrigação principal, ela também poderia ser aplicada em relação à fiança, uma vez que essa é obrigação acessória.

Entretanto, o contrário não poderá acontecer, isto é, não poderá o afiançado (locatário) opor ao credor (locador) a dívida deste para com o fiador. Por isso, o art. 371 impõe: "O devedor somente pode compensar com o credor o que este lhe dever; mas o fiador pode compensar sua dívida com a de seu credor ao afiançado".

2.6.4. Os prazos de favor e a compensação

Prazo de favor é o nome que se dá ao prazo que o credor concede verbal e graciosamente ao devedor para adimplemento da obrigação. O prazo de favor não pode ser alegado pelo devedor para afastar a compensação sob o argumento de que a dívida ainda não se venceu. O art. 372 dispõe que: "Os prazos de favor, embora consagrados pelo uso geral, não obstam a compensação". O referido artigo simplesmente o que faz é consagrar a boa-fé objetiva nas relações negociais, estabelecendo que o devedor não pode valer-se da graça para afastar a compensação.

---

[25] Se a dívida estiver sendo discutida em juízo, não existe o requisito da liquidez.

[26] VENOSA, Sílvio de Salvo. *Teoria geral das obrigações e teoria geral dos contratos*. 4. ed. São Paulo: Atlas, 2004. p. 311.

2.6.5. A diferença de causa nas dívidas

Bem como os prazos de favor, a causa geradora da dívida não interessa e nem pode afastar a aplicação da compensação. Salvo em três hipóteses apontadas pelo art. 373 do CC:

I) se provier de esbulho, furto ou roubo. Isso em razão da ordem pública e da moral. Decerto que atos ilícitos não podem ser submetidos à compensação.

II) se uma se originar de comodato, depósito ou alimentos. No caso de comodato e depósito, porque esses contratos têm por objeto bens infungíveis, de modo que a obrigação só se extingue com a entrega de determinada coisa. Já a dívida alimentar também não pode ser compensada por dizer respeito a direito da personalidade e por imposição legal do art. 1.707 do CC.

III) se uma for de coisa não suscetível de penhora. Se admitíssemos a compensação de bens impenhoráveis, estaríamos dando azo à possibilidade de se burlar a impenhorabilidade incidente sobre o bem.

2.6.6. A compensação e as dívidas fiscais e parafiscais

O art. 374 do CC de 2002 previa que: "A matéria da compensação, no que concerne às dívidas fiscais e parafiscais, é regida pelo disposto neste capítulo". Entretanto, tal artigo foi revogado pela Medida Provisória nº 104/2003, posteriormente convertida na Lei nº 10.677/2003. Assim, a intenção de se revogar tal artigo é exatamente a de não se admitir o direito do contribuinte de opor compensação ao Estado. Assim, não é possível a compensação nos moldes dispostos pela Código Civil de compensação de dívidas fiscais e parafiscais.

Tanto é assim que, na I Jornada de Direito Civil, foi aprovado o Enunciado nº 19 com o seguinte teor: "a matéria da compensação, no que concerne às dívidas fiscais e parafiscais de Estados, do Distrito Federal e de Municípios, não é regida pelo art. 374 do Código Civil".

Entretanto, não poderíamos deixar de registrar o inconformismo de parte da doutrina diante da revogação do art. 374 do CC, com as oportunas palavras de Mário Luiz Delgado Régis:

> Será que contrariava o interesse público uma norma que protegia o contribuinte contra a sanha arrecadadora de um Estado leviatânico? O Governo Federal certamente não sabe a diferença entre interesse público e interesse das pessoas jurídicas de direito público, como é o caso da União Federal. Ainda pior quando o interesse desses entes públicos é o de retardar o quanto puderem o pagamento de seus débitos para com os cidadãos. (...) mesmo após a revogação do art. 374, a compensação legal de tributos obedeceria e seria regida pelo Código Civil, uma vez que a simples revogação do dispositivo não implicaria a repristinação do art. 1.017 do Código Civil de 1916, definitivamente extirpado do nosso ordenamento jurídico. E por haver desaparecido a proibição constante do Código anterior, a outra conclusão não há que se chegar, senão à de que as normas

Cap. 16 – DO ADIMPLEMENTO DAS OBRIGAÇÕES

gerais sobre a compensação, constantes de lei posterior (novo Código Civil), lei essa que regula completamente a matéria, revogando, pois, as anteriores no que com ela conflitarem, aplicar-se-ão, igualmente, às dívidas fiscais e parafiscais.[27]

2.6.7. Cláusula excludente de compensação e renúncia à compensação

O art. 375 do CC admite que: "Não haverá compensação quando as partes, por mútuo acordo, a excluírem, ou no caso de renúncia prévia de uma delas". Tal dispositivo gera inúmeras discussões e posicionamentos que se contrapõem.

Assim, há quem diga que a renúncia à compensação é plenamente possível em qualquer contrato, uma vez que se trata de matéria de ordem privada, estando no mundo da autonomia e da liberdade contratual. Trata-se de doutrina mais tradicional que assim afirma em razão de a compensação, por ser faculdade das partes, só se operar mediante alegação do interessado. Há quem diga também que a compensação não admite cláusula que a exclua, porque se trata de interesse público envolvido subsidiado pelo princípio da economia. Há, também, um terceiro posicionamento – ao qual nos filiamos – que propugna pela possibilidade de se admitir a cláusula excludente de compensação ou a sua renúncia somente quando houver uma igualdade material entre as partes.

Assim, nessa esteira, por exemplo, em um contrato de adesão não é possível cláusula com tal desiderato, mesmo porque o art. 424 do CC expressamente dispõe: "Nos contratos de adesão, são nulas as cláusulas que estipulem a renúncia antecipada do aderente a direito resultante da natureza do negócio".

2.6.8. A exigência da reciprocidade entre as dívidas

É essencial que as dívidas que darão azo à compensação sejam do mesmo credor e do mesmo devedor. Assim, um devedor só poderá pretender a compensação de uma dívida se ele for realmente credor dessa dívida. Explicamos por meio de um exemplo: suponhamos que um tutor possua um credor e esse, por sua vez, seja devedor do tutelado. Em razão da reciprocidade exigida, não poderá o tutor pretender compensar a sua dívida com base em um crédito que não pertence a ele, mas, sim, ao tutelado. Por isso, o art. 376 prevê: "Obrigando-se por terceiro uma pessoa, não pode compensar essa dívida com a que o credor dele lhe dever". Exceção a essa regra, é feita quando se trata do fiador (art. 371 do CC).

2.6.9. A questão da compensação quando da cessão de um crédito

A cessão de crédito é modalidade de transmissão de obrigação prevista nos arts. 286 a 298 do CC. Ocorre, basicamente, quando um credor (cedente) transfere

---

[27] RÉGIS, Mário Luiz Delgado. Do direito das obrigações. In: FIUZA, Ricardo (Coord.). *Novo Código Civil comentado*. 4. ed. São Paulo: Saraiva, 2005. p. 338-339. A redação do art. 1.017 do CC/16 era: "As dívidas fiscais da União, dos Estados e dos Municípios também não podem ser objeto de compensação, exceto nos casos de encontro entre a administração e o devedor, autorizados nas leis e regulamentos da Fazenda".

o seu crédito a um terceiro (cessionário). O referido ato, para que ocorra não exige a autorização do devedor, entretanto, mostra-se essencial a sua notificação para que a cessão seja considerada eficaz em relação à sua pessoa (art. 290, CC).

Daí que, quando da notificação do devedor, esse é o momento oportuno para que este oponha a compensação em face do cedente. Caso o devedor, ao ser notificado da cessão, nada o faça, isto é, não apresente a compensação à qual tinha direito em relação ao cedente, não poderá mais alegar em face do cessionário. Em razão disso, o art. 377 do CC estabelece:

> O devedor que, notificado, nada opõe à cessão que o credor faz a terceiros dos seus direitos, não pode opor ao cessionário a compensação, que antes da cessão teria podido opor ao cedente. Se, porém, a cessão lhe não tiver sido notificada, poderá opor ao cessionário compensação do crédito que antes tinha contra o cedente.

Bom de ver também o art. 294 do CC, que assim dispõe: "O devedor pode opor ao cessionário as exceções que lhe competirem, bem como as que, no momento em que veio a ter conhecimento da cessão, tinha contra o cedente".

2.6.10. A compensação de dívidas não pagáveis no mesmo lugar

O art. 378 do CC estabelece: "Quando as duas dívidas não são pagáveis no mesmo lugar, não se podem compensar sem dedução das despesas necessárias à operação". O dispositivo legal decorre da vedação do enriquecimento sem causa e da necessidade de se manter o equilíbrio obrigacional. Assim, por exemplo, se uma das partes tiver de se deslocar consideravelmente para operacionalizar a compensação, a despesa com o transporte deverá ser rateada entre os sujeitos obrigacionais.

2.6.11. Aplicação das regras da imputação do pagamento quando da compensação

Não há nenhum óbice para que se apliquem as regras da imputação de pagamento (arts. 352 a 355, CC) se uma mesma pessoa for obrigada por várias dívidas compensáveis (art. 379, CC). Assim, caberá ao devedor apontar a dívida que pretende compensar, se não o fizer, a escolha transfere-se ao credor.

2.6.12. A compensação e o direito de terceiro

A regra é clara: não se admite a compensação em prejuízo de terceiros. Essa regra quer alcançar a hipótese em que, suponhamos que o devedor João se torne credor de seu credor Manoel somente depois que um terceiro (Carlos) já tenha penhorado o crédito que Manoel tem em relação a João. Nessa hipótese, como a penhora foi anterior à superveniência de João ter se tornado também credor de Manoel, não será lícito a João opor a Carlos (o exequente) a compensação. A

Cap. 16 – DO ADIMPLEMENTO DAS OBRIGAÇÕES

compensação somente seria possível, gerando os seus efeitos e afastando a penhora, se João tivesse se tornado credor de Manoel antes da penhora.

Assim, vale a transcrição do art. 380 do CC que, em clara proteção à boa-fé objetiva, preleciona: "Não se admite a compensação em prejuízo de direito de terceiro. O devedor que se torne credor do seu credor, depois de penhorado o crédito deste, não pode opor ao exequente a compensação, de que contra o próprio credor disporia".

2.7. Da confusão

Ocorre a confusão quando na mesma pessoa se confundam as qualidades de credor e devedor (art. 381, CC). Sílvio Rodrigues comenta: "O encontro, em um só indivíduo, dessa dupla qualidade de credor e devedor é estranho, pois ninguém pode ser credor e devedor de si mesmo. De modo que, isso ocorrendo, a obrigação se extingue, por confusão".[28] É o caso, por exemplo, do filho único que devia certa quantia ao pai e, algum tempo depois, o pai vem a falecer, deixando a sua herança para esse filho. Nesse caso, o filho que inicialmente era devedor, adquire também a qualidade de credor, porém, de si próprio.

2.7.1. Espécies de confusão

A confusão poderá ser total, se disser respeito à dívida por completo, ou parcial, se disser respeito a parte da dívida (art. 382, CC). A relevância da distinção reside no que diz respeito à existência da solidariedade, analisada no item seguinte.

2.7.2. A confusão e a dívida solidária

É possível que ocorra a confusão em dívida em que exista a solidariedade. Por exemplo: três credores solidários (A, B e C) e um devedor (D). Entretanto, o devedor D é filho único do credor A e esse vem a falecer. O que ocorrerá com a dívida? Há sem dúvida hipótese de confusão, uma vez que o devedor, que é filho único de um dos credores, irá suceder-lhe, entretanto, trata-se de confusão parcial. Assim, os demais credores (B e C) continuam credores solidários com a cota do credor falecido descontada. É o que prevê o art. 383 do CC: "A confusão operada na pessoa do credor ou devedor solidário só extingue a obrigação até a concorrência da respectiva parte no crédito, ou na dívida, subsistindo quanto ao mais a solidariedade". Concluímos, então, que a confusão não atingiu a solidariedade que se manteve incólume.

2.7.3. O fim da confusão e o restabelecimento da obrigação

É possível que de início tenha se operado a confusão e, posteriormente, ela deixe de existir. Por isso, o art. 384 do CC dispõe que: "Cessando a confusão, para

---

[28] RODRIGUES, Sílvio. *Direito civil:* parte geral das obrigações. 25. ed. São Paulo: Saraiva, 1997. v. 2. p. 253.

logo se restabelece, com todos os seus acessórios, a obrigação anterior". Visando esclarecer o dispositivo em análise, Flávio Tartuce apresenta o seguinte exemplo:

> Pensemos no caso em que a empresa 'A' deve para a empresa 'B' um milhão de reais. Se a segunda empresa comprar a primeira, a dívida estará extinta. Trata-se de confusão total. Mas se essa venda é declarada nula judicialmente ou por um órgão administrativo, por ilicitude do objeto, volta a dívida a existir.[29]

2.8. Da remissão das dívidas

A remissão ocorre quando o credor graciosamente libera o devedor da obrigação. Remissão é, em suma, o perdão da dívida. Não podendo ser confundido com a remição, grafada com "ç", que significa resgate.

A remissão é instituto disciplinado no Código Civil nos arts. 385 a 388. Trata-se de negócio jurídico bilateral, uma vez que se exige a aceitação do devedor. Então, se o credor pretender remitir o devedor, esse deverá aceitar o perdão, desonerando-se da obrigação. Assim, o art. 385 do CC estabelece que "a remissão da dívida, aceita pelo devedor, extingue a obrigação, mas sem prejuízo de terceiro".

2.8.1. Espécies de remissão

A remissão poderá ser total ou parcial. A remissão total ocorre quando o credor perdoa a dívida por completo; e parcial, quando o perdão incide sobre parte da dívida.

A remissão também poderá ser expressa ou tácita. Expressa quando há manifestação expressa do credor no sentido de desobrigar o devedor; e, tácita, quando há a entrega voluntária do título da obrigação, quando constituída por escrito particular. Assim, o art. 386 do CC esclarece: "A devolução voluntária do título da obrigação, quando por escrito particular, prova desoneração do devedor e seus coobrigados, se o credor for capaz de alienar, e o devedor capaz de adquirir". O referido dispositivo se refere apenas aos instrumentos particulares, uma vez que a devolução de título de crédito se traduz em presunção de pagamento conforme o art. 324 do CC estabelece.

2.8.2. A restituição do objeto empenhado

A restituição do objeto empenhado apenas prova a renúncia à garantia real. Assim, se o que garante a obrigação é determinado objeto que foi empenhado, em havendo a restituição desse objeto, esta não implica o fim da obrigação principal, apenas a renúncia à garantia, sendo que a obrigação principal permanece intacta. Por isso, o art. 387 do CC ressalta: "A restituição voluntária do objeto empenhado prova a renúncia do credor à garantia real, não a extinção da dívida". Clara fica a

---

[29] TARTUCE, Flávio. *Direito das obrigações e responsabilidade civil.* São Paulo: Método, 2006. p. 178.

Cap. 16 – DO ADIMPLEMENTO DAS OBRIGAÇÕES

questão se aceitamos o penhor com a sua natureza acessória, não podendo, assim, atingir o principal que é a dívida.

2.8.3. A remissão a um dos codevedores na obrigação solidária

Na hipótese de solidariedade passiva, caso um dos devedores seja perdoado em sua obrigação, esse será liberado do vínculo obrigacional.

Entretanto, por causa da remissão a determinado devedor, os demais devedores não poderão ver-se prejudicados. Assim, embora perdure a solidariedade em relação aos codevedores não beneficiados com a remissão, eles somente estarão obrigados ao *quantum* subtraída a cota do devedor remitido. Desse modo, o art. 388 do CC impõe: "A remissão concedida a um dos codevedores extingue a dívida na parte a ele correspondente; de modo que, ainda reservando o credor a solidariedade contra os outros, já lhes não pode cobrar o débito sem dedução da parte remitida".

2.8.4. Diferença entre renúncia e remissão

Não se pode confundir renúncia com remissão, uma vez que a segunda é, na verdade, espécie da primeira. A renúncia pode incidir sobre determinados direitos pessoais (por exemplo: a renúncia ao nome feita pela mulher, na separação consensual) e é ato unilateral. Já a remissão está afeta aos direitos creditórios e é ato bilateral, como vimos. Se no caso de remissão, o devedor não a aceitar, ainda lhe resta a opção de ajuizar ação de consignação em pagamento. Já na renúncia, faltará interesse para a propositura dessa ação, uma vez que a obrigação será extinta independentemente da aquiescência do devedor.

Remissão	Renúncia
Ato bilateral.	Ato unilateral.
Limitada aos direitos creditórios.	Poderá atingir também aos direitos pessoais.

DO INADIMPLEMENTO DAS OBRIGAÇÕES

Inadimplir uma obrigação significa descumprir ou inexecutar a obrigação arranjada. Tal fato acarretará a chamada responsabilidade civil contratual estabelecida nos arts. 389 a 391 do CC. Ademais, surgirá, também, o dever de indenizar as perdas e danos decorrentes (arts. 402 a 404 do CC).

O descumprimento das obrigações poderá se dar por meio do inadimplemento relativo, do inadimplemento absoluto e da violação positiva do contrato.

1. DO INADIMPLEMENTO RELATIVO (DA MORA)

Inadimplemento relativo se manifesta por meio da mora. A mora ocorre todas as vezes em que o devedor não efetuar o pagamento ou o credor não quiser recebê-lo em tempo, lugar e forma previstos na lei ou na convenção (art. 394, CC).

Pelo conceito exposto, podemos concluir que a mora poderá ser do devedor (*solvens*) ou do credor (*accipiens*). À mora do devedor designa-se mora *solvendi*, *debitoris* ou *debendi*, sendo que essa, para a doutrina tradicional, impõe-se quando há culpa *lato sensu* por parte do devedor (art. 396, CC);[1] e à mora do credor designa-se mora *accipiendi*, *creditoris* ou *credendi*, lembrando que nessa não se discute a culpa do credor, bastando o mero atraso por sua parte. Nesse mote, Sérgio Cavalieri Filho explica:

> O elemento subjetivo culpa é dispensado na mora do credor, o que se depreende da associação dos arts. 394 e 396 do Código Civil. O primeiro cogita dos elementos objetivos da mora; o segundo, ao tratar do elemento subjetivo, só se refere ao devedor.[2]

Não é possível a mora concomitante do credor e do devedor ao que se denomina mora simultânea, já que, por óbvio, a existência de uma faz excluir a

---

[1] Respeitante ao assunto, foi aprovado na IV Jornada de Direito Civil o Enunciado nº 354, com o seguinte teor: "A cobrança de encargos e parcelas indevidas ou abusivas impede a caracterização da mora do devedor".

[2] CAVALIERI FILHO, Sérgio. *Programa de responsabilidade civil*. 7. ed. São Paulo: Atlas, 2007. p. 273.

outra. Todavia, é possível que uma suceda a outra, como lembrado por Giselda Hironaka e Renato Moraes:

> Em caso de uma dívida *portable* (portável), cujo cumprimento ocorre no domicílio do credor, o não comparecimento do devedor acarreta automaticamente a mora *debitoris*. Se, posteriormente, ele oferece a realização da prestação, juntamente com as penalidades cabíveis e há a recusa do credor, há mora *creditoris* substituindo a mora do devedor.[3]

1.1. Efeitos da mora

1.1.1. Efeitos da mora do devedor

Como efeitos ou consequências da mora do devedor, podemos apontar:

* A imposição de o devedor ter de assumir e arcar, conforme o art. 395 do CC, com os prejuízos que decorrerão de sua mora, além de juros, atualização dos valores monetários segundo índices oficiais regularmente estabelecidos e os honorários advocatícios. Sobre o referido artigo, algumas observações devem ser formuladas:

    1ª) Apresenta-se desnecessária a disposição do art. 395 já que o anterior art. 389 do CC já apresenta tais consequências, com os seguintes dizeres: "Não cumprida a obrigação, responde o devedor por perdas e danos, mais juros e atualização monetária segundo índices oficiais regularmente estabelecidos, e honorários de advogado".

    2ª) Os juros mencionados no artigo são os moratórios, e não os compensatórios, já que o caso é de configuração de um retardamento pelo cumprimento da obrigação.

    3ª) A atualização dos valores monetários se traduz naquilo que denominamos de correção monetária e busca tão somente ajustar o valor da moeda em caso de variação desta, não se confundindo, pois, com os juros que são, em verdade, frutos civis que representam um rendimento, um ganho real, um *plus* para o beneficiário. *Plus* esse não ocorrido tão somente com a correção monetária.

    4ª) Quanto aos honorários de advogado a que o artigo se refere, o STJ entende que se trata dos honorários convencionais ou contratuais.[4] Todavia, somos da opinião que se trata exatamente dos honorários de sucumbência (aqueles decorrentes de uma condenação judicial).

---

[3] HIRONAKA, Giselda M. F. Novaes; MORAES, Renato Duarte Franco de. *Direito civil:* direito das obrigações. São Paulo: Revista dos Tribunais, 2008. v. 2. p. 200.

[4] "CIVIL E PROCESSUAL CIVIL. VALORES DESPENDIDOS A TÍTULO DE HONORÁRIOS ADVOCATÍCIOS CONTRATUAIS. PERDAS E DANOS. PRINCÍPIO DA RESTITUIÇÃO INTEGRAL. 1. Aquele que deu causa ao processo deve restituir os valores despendidos pela outra parte com os honorários contratuais, que integram o valor devido a título de perdas e danos, nos termos dos arts. 389, 395 e 404 do CC/2002. 2. Recurso especial a que se nega provimento" (STJ. REsp. 1.134.725-MG. Rel. Min. Nancy Andrighi. j. 14/6/2016).

Os honorários convencionais, isto é, aqueles acordados entre o credor (cliente) e seu advogado correrão por conta e risco do credor que o contratou, honorários que sabemos, poderão admitir uma variação imensa a depender do profissional contratado.[5] Exceção encontramos caso o crédito cobrado seja atinente à taxa condominial atrasada, caso esse em que, como não resta configurada a relação de consumo, a cobrança de honorários advocatícios convencionais do condomínio poderá ser atribuída ao devedor inadimplente, se determinado na convenção do condomínio, posto que nesse tipo de relação o que há é o rateio de despesas comuns. Todavia, tal posicionamento não é uníssono na doutrina. Dentre os poucos que comentam sobre o melindroso assunto, em sentido contrário ao aqui colacionado encontramos a respeitável opinião de Luiz Antônio Scavone Jr. que se manifesta no sentido de que a referência do artigo é aos honorários convencionais e não de sucumbência, com os seguintes dizeres: "Nesse ponto surge uma constatação: os honorários advocatícios incluídos em condenação, segundo determina o art. 23 da Lei nº 8.906/94 (Estatuto da Advocacia), pertencem ao advogado. Se assim determina a lei especial, os honorários de que tratam os arts. 389, 395 e 404 do CC, evidentemente, não são aqueles decorrentes da Lei nº 8.906/94, arts. 22 e 23, mas os honorários pagos diretamente pelo credor ao advogado, que constituem um prejuízo (dano emergente) decorrente da mora e do inadimplemento."[6] Nesse mote, foi aprovado na V Jornada de Direito Civil o Enunciado nº 426, com a seguinte redação: "Os honorários advocatícios previstos no art. 389 do Código Civil não se confundem com as verbas de sucumbência, que, por força do art. 23 da Lei nº 8.906/94, pertencem ao advogado". Com efeito, independente da discussão se o artigo se refere aos honorários convencionais ou sucumbenciais, dúvida não há de que é imprescindível a atuação efetiva de pessoa regularmente inscrita nos quadros da Ordem dos Advogados do Brasil, conforme o Enunciado nº 161, aprovado na III Jornada de Direito Civil, que estabelece: "Os honorários advocatícios

---

[5] Em sentido contrário, isto é, de que artigo quando menciona os honorários advocatícios não se refere a verbas de sucumbência estão Cristiano Chaves de Farias, Luciano Figueiredo, Marcos Ehrhardt Júnior e Wagner Inácio Freitas Dias no Código Civil para Concursos, Salvador: JusPodivm, 2013. p. 330. E também Flávio Tartuce: "Ainda no que concerne aos honorários advocatícios, surgem dúvidas quanto à previsão do art. 389 do CC, sem prejuízo de outros dispositivos do Código que fazem menção a eles (cite-se, por exemplo, o art. 404 do CC). O principal questionamento é o seguinte: esses honorários são os sucumbenciais, previstos no CPC; ou são os contratuais, geralmente cobrados pelos advogados para ingresso da ação? Entendemos que tais honorários são os contratuais, pois não é à toa a previsão que consta do Código Civil, não se confundindo com os honorários de sucumbência, tratados pelo art. 20 do CPC (1973)". TARTUCE, Flávio. *Manual de direito civil*: volume único. 2. ed. São Paulo: Método, 2012. p. 398.

[6] SCAVONE JR., Luiz Antônio. Do inadimplemento das obrigações. In: SCAVONE JR., Luiz Antônio; CAMILLO, Carlos Eduardo Nicoletti; TALAVERA, Glauber Moreno; FUJITA, Jorge Shiguemitsu (Coords.). *Comentários ao Código Civil*: artigo por artigo. 2. ed. São Paulo: Revista dos Tribunais, 2009. p. 605.

previstos nos arts. 389 e 404 do Código Civil apenas têm cabimento quando ocorre a efetiva atuação profissional do advogado".

- Ainda como efeito da mora do devedor, vale lembrar que a obrigação se perpetuará no tempo, impondo ao devedor toda a responsabilidade diante de eventual perda da coisa. Vimos, anteriormente, que o devedor da obrigação de dar terá de responder pelo equivalente e, ainda, por perdas e danos, somente se a perda resultar de culpa sua. Se o devedor estiver em mora e a coisa se perder, ainda que sem emprego de culpa, isto é, ainda que a coisa tenha se perdido por caso fortuito ou força maior, o devedor terá de arcar com a indenização por perdas e danos, em decorrência do estado de mora em que se encontrava. É isso que dispõe a primeira parte do art. 399 do CC: "O devedor em mora responde pela impossibilidade da prestação, embora essa impossibilidade resulte de caso fortuito ou de força maior, se estes ocorrerem durante o atraso (...)". Temos até aqui, uma clara exceção à regra prevista no art. 393 do CC, que dispõe que: "O devedor não responde pelos prejuízos resultantes de caso fortuito ou força maior, se expressamente não se houver por eles responsabilizado". Entretanto, devemos lembrar que dois argumentos estão à disposição do devedor, para que este afaste a indenização a ele atribuída. São eles:

1º) ainda que a obrigação fosse cumprida tempestivamente, a perda se daria, isto é, mesmo estando a coisa em mãos do credor, a perda sobreviria. Vejamos um exemplo: um sujeito que vende um determinado quadro, mas não efetua a entrega no prazo, responde pelas perdas e danos, na hipótese de um incêndio destruir esse quadro durante o atraso. O devedor não será obrigado a indenizar na hipótese de o incêndio ter também atingido o lugar onde o credor iria guardar o sobredito quadro;[7]

2º) a culpa pelo atraso (e não pela perda da coisa!) pertence ao credor, ou seja, o devedor somente não conseguiu cumprir com a sua obrigação pois o credor não lhe deu meios para tanto.

A segunda metade do já mencionado art. 399, apresenta os dois argumentos: "(...) salvo se provar isenção de culpa, ou que o dano sobreviria ainda quando a obrigação fosse oportunamente desempenhada".

1.1.2. Efeitos da mora do credor

Quando se trata da mora *accipiendi*, os efeitos estão previstos no art. 400 do CC, assim:

A mora do credor subtrai o devedor isento de dolo à responsabilidade pela conservação da coisa, obriga o credor a ressarcir as despesas empregadas em conservá-la, e sujeita-o

---

[7] Exemplo fornecido pelo prof. Flávio Augusto Monteiro de Barros em seu *Manual de direito civil*: direito das obrigações e contratos. São Paulo: Método, 2005. v. 2. p. 169.

Cap. 17 – DO INADIMPLEMENTO DAS OBRIGAÇÕES

a recebê-la pela estimação mais favorável ao devedor, se o seu valor oscilar entre o dia estabelecido para o pagamento e o da sua efetivação.

Dissecamos as três consequências do mencionado artigo:

1º) afastar a responsabilidade do devedor pela conservação da coisa. Assim, caso a coisa se perca sem culpa sua, não terá o devedor nenhuma responsabilidade. Restando essa, apenas na hipótese de perda da coisa com o emprego de dolo por parte do devedor;

2º) impor ao credor a obrigação de indenizar o devedor pela conservação da coisa. O exemplo seria o custo com a vaga de garagem que o devedor chega a ter em virtude da recusa do credor em receber o veículo. É evidente que esse custo deverá ser ressarcido ao devedor pelo credor quando esse resolva receber a coisa;

3º) sujeitar o credor a receber a coisa pela estimação mais favorável ao devedor, se o seu valor oscilar entre o dia estabelecido para o pagamento e o da sua efetivação. Esse efeito terá cabimento para aquelas situações em que o valor da prestação sofra uma oscilação entre o dia que houve o efetivo cumprimento da obrigação e o dia anteriormente acordado. Por exemplo: A deve a B um determinado animal que no contrato foi avaliado em R$ 2.000,00. Porém, houve a recusa do credor em receber o animal que só veio a ser entregue efetivamente dois meses após a data prevista no contrato para a entrega. Ocorre que a essa altura o animal havia sofrido uma forte valorização no mercado que fez com que o seu valor aumentasse em R$ 800,00, culminando em um valor final de R$ 2.800,00. Quando da efetiva entrega deverá ser considerado o valor de R$ 2.800,00 (o valor mais favorável ao devedor) não obstante o valor no contrato seja outro. Isso porque a demora na entrega se deu por conta do credor, assim, em desfavor desse é que deve se operar a oscilação valorativa.

1.2. Espécies de mora do devedor

A mora do devedor poderá ser: mora *ex re* ou mora *ex persona*:

a) **Mora *ex re***: é a mora que tem cabimento nas obrigações com prazo determinado. Exige-se, ademais, que a obrigação seja positiva (dar ou fazer) e líquida (certa quanto à existência e determinada quanto ao valor). Assim, chegado o dia do vencimento e não tendo o devedor adimplido com a sua obrigação, automaticamente, já se encontrará em mora, tendo que nada fazer o credor para tanto. Aqui tem aplicabilidade o brocardo latino *"Dies interpellat pro homine"*.[8] A mora *ex re* está presente no *caput* do art. 397 do CC: "O inadimplemento da obrigação, positiva e líquida, no seu termo, constitui de pleno direito em mora o devedor".

---

[8] Tradução: "O dia interpelou pelo homem". O sentido aqui é de que nada tem que fazer o homem (o credor) para colocar o devedor em mora, sendo a chegada do dia do adimplemento e a sua inocorrência já suficiente.

Por exemplo, um contrato de comodato com prazo determinado. A mora surgirá quando do vencimento do prazo já preestabelecido e seu inadimplemento, independentemente de interpelação do comodante (credor) ao comodatário (devedor).

b) **Mora** *ex persona*: também conhecida por mora pendente, trata-se da mora que tem cabimento nas obrigações com prazo indeterminado. Desse modo, se a obrigação não está sujeita a prazo, o credor terá que se mover para colocar o devedor em mora. A atitude a ser tomada pelo credor é a interpelação ou notificação do devedor para que, dentro de prazo hábil, cumpra com a obrigação, adentrando, caso contrário, o devedor inadimplente nos efeitos da mora.[9] O parágrafo único do art. 397 do CC contempla a mora *ex persona*: "Não havendo termo, a mora se constitui mediante interpelação judicial ou extrajudicial".[10] Por exemplo, em um contrato de comodato com prazo indeterminado. Nesse caso, deverá o comodante, primeiramente, interpelar o comodatário para que este, em prazo razoável, devolva-lhe o bem. Caso o comodatário não cumpra com o prazo previsto na própria interpelação, incidirá em mora, cabendo a

---

[9] DIREITO CIVIL. TERMO INICIAL DOS JUROS DE MORA DE OBRIGAÇÃO POSITIVA, LÍQUIDA E COM TERMO CERTO. Em ação monitória para a cobrança de débito decorrente de obrigação positiva, líquida e com termo certo, deve-se reconhecer que os juros de mora incidem desde o inadimplemento da obrigação se não houver estipulação contratual ou legislação específica em sentido diverso. De início, os juros moratórios são os que, nas obrigações pecuniárias, compensam a mora, para ressarcir o credor do dano sofrido em razão da impontualidade do adimplemento. Por isso, sua disciplina legal está inexoravelmente ligada à própria configuração da mora. É importante destacar que, por se tratar de direito disponível, as partes podem convencionar o percentual dos juros de mora e o seu termo inicial, hipótese em que se fala em juros de mora contratual. Quando, porém, não há previsão contratual quanto a juros, ainda assim o devedor estará obrigado ao pagamento de juros moratórios, mas na forma prevista em lei (juros legais). Quanto ao aspecto legal, o CC estabelece, como regra geral, que a simples estipulação contratual de prazo para o cumprimento da obrigação já dispensa, uma vez descumprido esse prazo, qualquer ato do credor para constituir o devedor em mora. Aplica-se, assim, o disposto no art. 397 do CC, reconhecendo-se a mora a partir do inadimplemento no vencimento (*dies interpellat pro homine*) e, por força de consequência, os juros de mora devem incidir também a partir dessa data. Assim, nos casos de responsabilidade contratual, não se pode afirmar que os juros de mora devem sempre correr a partir da citação, porque nem sempre a mora terá sido constituída pela citação. O art. 405 do CC ("contam-se os juros de mora desde a citação inicial"), muitas vezes empregado com o objetivo de fixar o termo inicial dos juros moratórios em qualquer hipótese de responsabilidade contratual, não se presta a tal finalidade. Geograficamente localizado em Capítulo sob a rubrica "Das Perdas e Danos", esse artigo disciplinaria apenas os juros de mora que se vinculam à obrigação de pagar perdas e danos. Ora, as perdas e danos, de ordinário, são fixadas apenas por decisão judicial. Nesse caso, a fixação do termo inicial dos juros moratórios na data da citação se harmoniza com a regra implícita no art. 397, *caput*, de que nas obrigações que não desfrutam de certeza e liquidez, a mora é *ex persona*, ou seja, constitui-se mediante interpelação do credor. Precedentes citados: REsp 1.257.846-RS, Terceira Turma, *DJe* 30/4/2012; e REsp 762.799-RS, Quarta Turma, *DJe* 23/9/2010. EREsp 1.250.382-PR, Rel. Min. Sidnei Beneti, julgado em 2/4/2014 (Informativo nº 537).

[10] *Vide* art. 240, CPC/2015: "A citação válida, ainda quando ordenada por juízo incompetente, induz litispendência, torna litigiosa a coisa e constitui em mora o devedor, ressalvado o disposto nos arts. 397 e 398 da Lei nº 10.406, de 10 de janeiro de 2002 (Código Civil)".

Cap. 17 – DO INADIMPLEMENTO DAS OBRIGAÇÕES

devida ação de reintegração de posse.[11] Por fim, vale lembrar que, na V Jornada de Direito Civil, foi aprovado o Enunciado n° 427, com o seguinte teor: "É válida a notificação extrajudicial promovida em serviço de registro de títulos e documentos de circunscrição judiciária diversa da do domicílio do devedor". Além disso, na VIII Jornada de Direito Civil, foi aprovado o Enunciado n° 619, com o seguinte conteúdo: "A interpelação extrajudicial de que trata o parágrafo único do art. 397 do Código Civil admite meios eletrônicos como e-mail ou aplicativos de conversa *on-line*, desde que demonstrada a ciência inequívoca do interpelado, salvo disposição em contrário no contrato". A justificativa apresentada para o enunciado foi a seguinte: "O esclarecimento é fundamental diante do advento de novos meios eletrônicos de comunicação e do fato de alguns juristas entenderem que somente a notificação extrajudicial via Cartório de Registro de Títulos e Documentos seria adequada".

1.3. A mora da obrigação decorrente de ato ilícito

Conforme preceitua o art. 398 do CC: "Nas obrigações provenientes de ato ilícito, considera-se o devedor em mora, desde que o praticou". Segundo Orlando Gomes trata-se da mora presumida ou mora irregular.[12] Inova o Código Civil de 2002, na medida em que se estende aos atos ilícitos de uma maneira geral, uma vez que o Código Civil de 1916 somente previa a mora para as obrigações decorrentes de delito. Além disso, a novel codificação se ajusta à Súmula n° 54 do STJ, que prevê: "Os juros moratórios fluem a partir do evento danoso, em caso de responsabilidade extracontratual".

Fica fácil compreender o dispositivo, a partir do momento em que se aceita a ideia de que o ato ilícito também é fonte de obrigação. Desse modo, com a prática do ato ilícito resta, *a priori*, configurada a obrigação e a mora de seu devedor. Portanto, por exemplo, quando há um atropelamento, adiante, quando da sentença que condene o motorista do veículo a indenizar o pedestre, tal sentença deverá retrotrair já impondo os efeitos da mora desde a data do evento.

O disposto no art. 398 do CC deve ser aplicado quando existente uma única prestação pecuniária. Ao revés, considera-se a decisão do STJ a seguir colacionada:

DIREITO CIVIL.TERMO INICIAL DE JUROS MORATÓRIOS QUANDO FIXADA PENSÃO MENSAL A TÍTULO DE RESPONSABILIDADE CIVIL EXTRACONTRATUAL. Na responsabilidade civil extracontratual, se houver a fixação de pensionamento mensal, os juros moratórios deverão ser contabilizados a partir do vencimento de cada prestação, e não da data do evento danoso ou da citação. Inicialmente, cumpre fazer uma distinção entre o caso aqui analisado e os casos os quais se aplica a Súmula n° 54 do STJ, segundo a qual "Os

---

[11] Súmula 369 do STJ: "No contrato de arrendamento mercantil (*leasing*), ainda que haja cláusula resolutiva expressa, é necessária a notificação prévia do arrendatário para constituí-lo em mora".

[12] GOMES, Orlando. *Obrigações*. 16. ed. atual. Edvaldo Brito. Rio de Janeiro: Forense, 2004. p. 201.

juros moratórios fluem a partir do evento danoso, em caso de responsabilidade extra-contratual". Nos precedentes que ensejaram a criação dessa súmula, houve exaustivo debate a respeito do termo inicial dos juros de mora em casos de responsabilidade, contratual e extracontratual. De fato, firmou-se, nesse debate, a tese de que, em caso de responsabilidade extracontratual, os juros moratórios deveriam começar a correr a partir do ato danoso (ou, como se denominava à época, do delito civil), e não a partir da citação, como normalmente ocorre nas relações contratuais. Ocorre que, da *ratio decidendi* refletida na aludida súmula, infere-se que a fixação do valor indenizatório (sobre o qual incidirá os juros de mora, a partir do evento danoso) corresponde a uma única prestação pecuniária. É justamente neste aspecto – do *modus operandi* da prestação pecuniária – que reside a distinção entre o caso aqui analisado e os casos aos quais se aplica a referida Súmula nº 54 do STJ. No caso em análise, no qual há fixação de pensão mensal, embora se trate de relação extracontratual, observa-se que a prestação não é de cunho singular (pagável uma única vez), sendo, na verdade, obrigação de trato sucessivo. Dessa forma, os juros moratórios a serem acrescidos ao valor pago a título de pensão mensal não devem ser contabilizados a partir do ato ilícito (por não ser uma quantia singular), tampouco da citação (por não ser ilíquida). Com efeito, o art. 397, *caput*, do CC/2002 (art. 960 do CC/16) – segundo o qual "O inadimplemento da obrigação, positiva e líquida, no seu termo, constitui de pleno direito em mora o devedor" –, adotando o adágio *dies interpellat pro homine* (o termo interpela em lugar do credor), regula a mora *ex re*, na qual o mero advento do tempo, sem o cumprimento da obrigação positiva e líquida, constitui o devedor automaticamente em mora, haja vista que, sendo o devedor sabedor da data em que deve ser adimplida a obrigação líquida, descabe advertência complementar por parte do credor. Dessa maneira, havendo obrigação líquida e exigível a determinado termo (desde que não seja daquelas em que a própria lei afasta a constituição de mora automática), o inadimplemento ocorrerá no vencimento. Conforme entendimento doutrinário, o art. 397, *caput*, do CC/2002 – art. 960 do CC/16 – "refere-se à mora pelo não cumprimento de obrigação 'positiva e líquida', 'no seu termo'. A primeira expressão quer significar o débito exato, perfeitamente conhecido, 'líquido e certo', como prefere a doutrina. Por outro lado, o termo, a que se refere dito dispositivo legal, é o final, o *dies ad quem*, o vencimento. Realmente, pois, se a dívida, mesmo exata, não estiver vencida, não é suscetível de ser exigida pelo credor, ressalvadas as exceções contidas na lei (...) Isso quer dizer que nosso Código preferiu estabelecer, como regra geral, a *mora ex re* (em razão do fato ou da coisa), ou seja, dado o vencimento da obrigação, automaticamente se torna exigível o crédito". Portanto, no caso aqui analisado, os juros moratórios a serem acrescidos ao valor pago a título de pensão mensal devem ser, em relação às prestações vencidas, contabilizados a partir do vencimento de cada prestação. Além do mais, quanto às parcelas vincendas, não há razão para a contabilização de juros moratórios. Isso se deve ao fato de que tais parcelas carecem de um dos requisitos fundamentais para que haja a cobrança pelo credor, que é a exigibilidade da obrigação. No caso da pensão, por ser de trato mensal, ela somente passa a ser exigida a partir do seu vencimento, fator que, por óbvio, não foi alcançado pelas parcelas vincendas. Dessa forma, se não há como exigir uma prestação, por ela não ter se constituído, tampouco há falar em mora, pois ainda não há inadimplência do devedor. Aliás, se assim não fosse, o devedor estaria sendo rotulado como inadimplente antes mesmo de se constituir a obrigação. Em outras palavras, sem o perfazimento da dívida, não há como imputar ao devedor o estigma de inadimplente e o indébito da mora, notadamente se este for pontual no seu pagamento. REsp 1.270.983-SP, Rel. Min. Luis Felipe Salomão, julgado em 8/3/2016, *DJe* 5/4/2016 (Informativo nº 580).

1.4. A purga ou emenda da mora

Purgar ou emendar a mora significa sanar, colocar fim aos efeitos da mora.

a) A purga da mora do devedor

O art. 401, I, do CC preceitua que o devedor purgará a sua mora se oferecer a prestação mais a importância dos prejuízos decorrentes do dia da oferta. Esses prejuízos são aqueles já mencionados no art. 395 do CC: "Responde o devedor pelos prejuízos a que sua mora der causa, mais juros, atualização dos valores monetários segundo índices oficiais regularmente estabelecidos, e honorários de advogado".

b) A purga da mora do credor

O art. 401, II, do CC estabelece que o credor purgará a sua mora se oferecer-se para receber o pagamento e sujeitar-se aos efeitos da mora até a mesma data. Os efeitos da mora do credor estão situados no também já mencionado art. 400 do CC:

A mora do credor subtrai o devedor isento de dolo à responsabilidade pela conservação da coisa, obriga o credor a ressarcir as despesas empregadas em conservá-la, e sujeita-o a recebê-la pela estimação mais favorável ao devedor, se o seu valor oscilar entre o dia estabelecido para o pagamento e o da sua efetivação.

2. DO INADIMPLEMENTO ABSOLUTO

O inadimplemento absoluto poderá ser total ou parcial. Na dicção de Cristiano Chaves e Nelson Rosenvald: "O inadimplemento absoluto total ocorre quando a obrigação é completamente descumprida, em toda a sua extensão. Já o inadimplemento absoluto parcial tem lugar quando a prestação é entregue apenas em uma de suas partes, falhando quanto ao restante".[13]

As hipóteses que poderão ensejar o inadimplemento absoluto são:

- Quando houver total perda ou deterioração da coisa, em se tratando de obrigação de dar;

- Quando houver total recusa do devedor em cumprir com a obrigação, seja em se tratando de obrigação de fazer ou de não fazer. Atentado para essa última, o art. 390 do CC impõe: "Nas obrigações negativas o devedor é havido por inadimplente desde o dia em que executou o ato de que se devia abster";

---

[13] FARIAS, Cristiano Chaves de; ROSENVALD, Nelson. *Curso de direito civil:* direito das obrigações. 9. ed. São Paulo: Atlas, 2015. p. 487.

- Quando a prestação se tornar inútil ao credor. Nessa última hipótese, de início há simples mora, uma vez que ainda é possível o adimplemento da obrigação, entretanto, diante da inutilidade da prestação ao credor apresenta-se o inadimplemento absoluto. Por isso, o parágrafo único do art. 395 do CC preleciona: "Se a prestação, devido à mora, se tornar inútil ao credor, este poderá enjeitá-la, e exigir a satisfação das perdas e danos".[14] Exemplo interessante apresenta Cavalieri Filho:

> Se o *buffet* encomendado para a festa de aniversário não foi servido porque houve atraso da pessoa ou empresa contratada, esse retardamento já importa inadimplemento absoluto, porque a prestação tornou-se inútil para o credor (Código Civil, art. 395, parágrafo único). Dá-se a inutilidade quando a prestação não mais corresponde ao fim visado pelo autor.[15]

Quando há o inadimplemento absoluto total da obrigação, o credor poderá pleitear indenização substitutiva da prestação. Já em se tratando de inadimplemento absoluto parcial, poderá o credor receber a coisa no estado em que se encontra acrescida de uma indenização complementar ou simplesmente exigir a indenização substitutiva, já que conforme o art. 313 do CC o credor não é obrigado a receber prestação diversa da que lhe é devida.

Cumpre lembrar que, em se tratando de contratos benéficos, por exemplo, um contrato de comodato, em que apenas uma das partes se beneficia, essa parte, a quem o contrato beneficia, responderá por dolo ou pela simples culpa. Já a parte a quem o contrato não beneficia, para ter responsabilidade pelo descumprimento do contrato, terá de agir com dolo necessariamente.

No que tange aos contratos onerosos, isto é, contratos em que ambas as partes se beneficiarão, por exemplo, um contrato de compra e venda, por lógica, que elas responderão pelo dolo, como, também, pela simples culpa (art. 392, CC).

2.1. Efeito do inadimplemento absoluto

O principal efeito do inadimplemento absoluto da obrigação, por qualquer das hipóteses em que se apresentar, é a resolução do contrato.

---

[14] Enunciado nº 162, aprovado na III Jornada de Direito Civil: "A inutilidade da prestação que autoriza a recusa da prestação por parte do credor deverá ser aferida objetivamente, consoante o princípio da boa-fé e a manutenção do sinalagma, e não de acordo com o mero interesse subjetivo do credor". Além disso, valem as palavras de Cristiano Chaves e Nelson Rosenvald: "Em síntese, não basta uma diminuição do interesse do credor pela prestação, em face da infração ao combinado; fundamental é a completa perda da necessidade e utilidade da coisa em face do descumprimento. Temos o bom e tradicional exemplo do casamento, no qual o costureiro entrega o vestido da noiva no dia seguinte à data marcada para o evento. É evidente que a noiva não tem a menor intenção de receber a roupa naquela data". FARIAS, Cristiano Chaves de; ROSENVALD, Nelson. *Curso de direito civil*. Direito das Obrigações. 9. ed. São Paulo: Atlas, 2015. p. 489.

[15] CAVALIERI FILHO, Sérgio. *Programa de responsabilidade civil*. 7. ed. São Paulo: Atlas, 2007. p. 272.

Cap. 17 – DO INADIMPLEMENTO DAS OBRIGAÇÕES

Ademais, conforme o art. 389 do CC, que trata da responsabilidade civil contratual: "Não cumprida a obrigação, responde o devedor por perdas e danos, mais juros e atualização monetária segundo índices oficiais regularmente estabelecidos, e honorários de advogado". Nesse ponto, vale lembrar o Enunciado nº 161, aprovado na III Jornada de Direito Civil, que estabelece: "Os honorários advocatícios previstos nos arts. 389 e 404 do Código Civil apenas têm cabimento quando ocorre a efetiva atuação profissional do advogado".

Importa ressaltar, ainda, que é nesse momento que se faz presente o princípio da responsabilidade patrimonial, uma vez que, por esse princípio, deve-se entender que o patrimônio do devedor irá responder pelo inadimplemento da obrigação (art. 391, CC).

3. DAS PERDAS E DANOS

As perdas e danos estão dispostas nos arts. 402 a 404 do CC e representam um efeito tão relevante do inadimplemento absoluto, que preferimos tratar em um tópico próprio. O art. 402 do CC ao dispor que "salvo as exceções expressamente previstas em lei, as perdas e danos devidas ao credor abrangem, além do que ele efetivamente perdeu, o que razoavelmente deixou de lucrar" apresenta as duas manifestações das perdas e danos: os danos emergentes e os lucros cessantes.

Por danos emergentes ou danos positivos devemos entender a efetiva perda ou diminuição patrimonial já sofrida pela parte. E por lucros cessantes ou danos negativos, o lucro que a parte deixou de obter em razão do inadimplemento.

Além disso, o art. 403 do CC estabelece: "Ainda que a inexecução resulte de dolo do devedor, as perdas e danos só incluem os prejuízos efetivos e os lucros cessantes por efeito dela direto e imediato, sem prejuízo do disposto na lei processual".

O que o presente artigo busca é afastar a reparação de dano hipotético, eventual ou remoto. Assim, somente os prejuízos efetivos, diretos e imediatos são indenizáveis.

Por fim, importa atentar que nas obrigações pecuniárias, as perdas e danos são preestabelecidas e estão no art. 404, que assim desponta: "As perdas e danos, nas obrigações de pagamento em dinheiro, serão pagas com atualização monetária segundo índices oficiais regularmente estabelecidos, abrangendo juros, custas e honorários de advogado, sem prejuízo da pena convencional". Aqui aplica-se também o Enunciado nº 161, aprovado na III Jornada de Direito Civil, já mencionado anteriormente. Ademais, o parágrafo único do referido artigo traz a possibilidade de se pleitear indenização suplementar estabelecendo que: "Provado que os juros da mora não cobrem o prejuízo, e não havendo pena convencional, pode o juiz conceder ao credor indenização suplementar".

Por fim, reverenciamos a posição de Flávio Tartuce ao apontar que:

> Pertinente lembrar que as perdas e danos referenciadas na atual codificação privada apenas tratam dos danos materiais, não havendo qualquer referência a danos extrapatrimoniais,

caso dos danos morais. Diante dessa constatação, surge a indagação: no caso de responsabilidade civil contratual, não terá o prejudicado direito a tal reparação? Qual o fundamento jurídico para tanto? Sem dúvida que será possível ao prejudicado pleitear tais danos imateriais. Mas o fundamento jurídico para tanto não está no Código Civil. Engana-se quem entende que o fundamento é o art. 186 do CC, que trata do dano "exclusivamente moral". Como já dissemos, até de forma exaustiva, esse dispositivo deve ser aplicado aos casos de responsabilidade civil aquiliana ou extracontratual. Na verdade, deve-se utilizar o argumento sob o prisma civil-constitucional, apontando que a possibilidade de reparação moral está fundamentada no art. 5º, V e X, da CF/88, que já tratavam dessa reparabilidade.[16]

4. DOS JUROS LEGAIS

Os juros são espécies dos bens acessórios frutos, constituindo-se em frutos civis, também conhecidos por rendimentos.

4.1. Classificação dos juros

Impende, antes de analisarmos a sistemática dos juros, apontarmos as diversas classificações apontadas pela doutrina. Ressaltamos, ainda, a possibilidade de tais classificações se combinarem. Assim, por exemplo, os juros poderão ser moratórios legais ou convencionais.

4.1.1. Quanto à finalidade ou destinação

a) **Compensatórios ou remuneratórios:** são aqueles que têm por finalidade recompensar o uso do capital alheio, isto é, são devidos em razão da utilização de capital de outrem como ocorre, por exemplo, no mútuo feneratício, que é o empréstimo de dinheiro a juros. Portanto, ainda que se pague em dia, ainda assim, serão devidos os juros compensatórios ou remuneratórios (art. 591, CC);

b) **Moratórios:** são aqueles que têm finalidade indenizatória e somente terão incidência na hipótese de atraso no cumprimento da obrigação. Essa espécie de juros incide desde a constituição em mora da parte e independe de alegação e prova de qualquer prejuízo sofrido (art. 407, CC).[17]

---

[16] TARTUCE, Flávio. *Direito das obrigações e responsabilidade civil.* São Paulo: Método, 2006. p. 204-205.

[17] Art. 322, CPC/2015: "O pedido deve ser certo". § 1º "Compreendem-se no principal os juros legais, a correção monetária e as verbas de sucumbência, inclusive os honorários advocatícios." § 2º "A interpretação do pedido considerará o conjunto da postulação e observará o princípio da boa-fé." Súmula nº 254 do STF: "Incluem-se os juros moratórios na liquidação, embora omisso o pedido inicial ou a condenação".

Cap. 17 – DO INADIMPLEMENTO DAS OBRIGAÇÕES

4.1.2. Quanto à fixação da taxa

a) **Legais:** quando a taxa de juros é imposta ou limitada por lei;

b) **Convencionais:** quando a taxa de juros for fixada em convenção pelas partes.

4.1.3. Quanto à incidência

a) **Simples:** são os juros em que a base de cálculo se limita ao capital disponibilizado;

b) **Compostos:** são os juros em que a base de cálculo será o capital acrescido dos juros anteriores. É o chamado juros sobre juros, capitalização[18] ou anatocismo, expediente que, em princípio, é proibido em nosso ordenamento jurídico,[19] pois só será admitido em hipóteses expressamente autorizadas. Por exemplo, o art. 591 do CC dispõe a possibilidade de capitalização desde que anual: "Destinando-se o mútuo a fins econômicos, presumem-se devidos juros, os quais, sob pena de redução, não poderão exceder a taxa a que se refere o art. 406, permitida a capitalização anual". Vale lembrar, por fim, que não configura o anatocismo a cumulação de juros moratórios com juros compensatórios, já que apresentam finalidades distintas.[20]

4.2. A sistemática dos juros no Código Civil de 2002

Antes de adentrarmos às questões acerca dos juros legais com a entrada em vigor do Código Civil de 2002, importante lembrar como era no Código Civil de 1916. Assim, pela velha codificação, a taxa de juros legais moratórios, quando não convencionada pelas partes, seria de 6% ao ano, sendo que não se admitia a possibilidade de ultrapassar o percentual de 12%, limite este trazido pela Lei da Usura e, mais tarde, imposto pelo art. 192, § 3º, da CF/88.

Como sabido, o CC/16 foi revogado com a entrada em vigor do Código Civil de 2002 e também o art. 192, § 3º, da CF/88 foi revogado, posteriormente, pela EC nº 40/2003.[21]

---

[18] Os matemáticos informam, todavia, que capitalização seria um gênero que abarcaria juros simples e juros compostos. Desse modo, a classificação correta seria: quanto à capitalização os juros poderão ser simples ou compostos. Por essa interpretação o termo capitalização não representa sinônimo de juros compostos. Se pretendemos um sinônimo para os juros compostos o ideal seria "juros capitalizados de forma composta".

[19] Art. 4º do Decreto-lei nº 22.626/33 (Lei da Usura): "É proibido contar juros dos juros: esta proibição não compreende a acumulação de juros vencidos aos saldos líquidos em conta corrente de ano a ano". Súmula nº 121 do STF: "É vedada a capitalização de juros, ainda que expressamente convencionada".

[20] Súmula nº 102, STJ: "A incidência dos juros moratórios sobre os compensatórios, nas ações expropriatórias, não constitui anatocismo vedado em lei".

[21] Interessante crítica formulada por César Fiuza ao comentar a revogação do art. 192, § 3º, da CF/88, que aqui transcrevemos *in verbis*: "O engessamento da taxa de juros na Constituição

O Código Civil de 2002 apresenta nova sistemática em seu art. 406, que trata dos juros legais moratórios, com a seguinte redação: "Quando os juros moratórios não forem convencionados, ou o forem sem taxa estipulada, ou quando provierem de determinação da lei, serão fixados segundo a taxa que estiver em vigor para a mora do pagamento de impostos devidos à Fazenda Nacional".

Do dispositivo em comento, duas proeminentes posições surgiram:

- A primeira de que, com o Código Civil de 2002, não há mais taxa fixa a ser aplicada, sendo levada em consideração a chamada taxa SELIC (Sistema Especial de Liquidação e Custódia), que se traduz nos índices fixados periodicamente pelo Conselho Monetário Nacional e que já girou em torno do percentual de 1% ao mês, podendo superá-lo ou não;[22]

- A segunda de que, o critério a ser aplicado pelo Código Civil de 2002 é o que está previsto no art. 161, § 1º, do CTN que é de 1% ao mês.[23] Essa segunda posição, à qual nos filiamos, afasta a possibilidade de aplicação da taxa SELIC em razão de essa taxa já trazer em si conteúdo de correção monetária. Sabemos que juros e correção monetária não se confundem, uma vez que esta última o que visa é a atualização do valor monetário tão somente. Por isso, o mais acertado se manifestou por via do Enunciado nº 20, aprovado na I Jornada de Direito Civil, de conteúdo translúcido e esclarecedor, o qual transcrevemos: "A taxa de juros moratórios a que se refere o art. 406 é a do art. 161, § 1º, do Código Tributário Nacional, ou seja, 1% (um por cento) ao mês". A justificativa do enunciado foi a seguinte: "A utilização da taxa SELIC como índice de apuração dos juros legais não é juridicamente segura, porque impede o prévio conhecimento dos juros; não é operacional, porque seu uso será inviável sempre que se

---

não era mesmo de boa política legislativa. O que é de se estranhar, todavia, é que justo um governo do Partido dos Trabalhadores tenha promovido a revogação do § 3º do art. 192 da Constituição. De se estranhar, uma vez que historicamente, o PT e o próprio presidente Lula sempre se posicionaram contra a política de juros altos, batendo-se pela aplicação da regra constitucional". FIUZA, César. *Direito civil:* curso completo. 9. ed. Belo Horizonte: Del Rey, 2006. p. 312.

[22] Adepto desta posição encontra-se Mário Luiz Delgado Régis, com a seguinte afirmação: "Todavia, em face da revogação do § 3º do art. 192 da Carta Magna, pela Emenda Constitucional nº 40, de 29/5/2003, entendemos dever ser revisto o enunciado acima (referência ao Enunciado nº 20, aprovado na I Jornada de Direito Civil). Não obstante esteja a questão ainda a aguardar posição da jurisprudência, sustentamos a aplicação da taxa SELIC, até mesmo para que se atenda à intenção do legislador no sentido de reduzir o inadimplemento contratual, penalizando com mais rigor o devedor moroso". RÉGIS, Mário Luiz Delgado. Do direito das obrigações. In: FIUZA, Ricardo (Coord.) *Novo Código Civil comentado.* 4. ed. São Paulo: Saraiva, 2005. p. 363-364.

[23] Adeptos deste posicionamento Cristiano Chaves e Nelson Rosenvald na obra *Direito das obrigações*. Rio de Janeiro: Lumen Juris, 2006, p. 413. E também, Luiz Antônio Scavone Jr. Do inadimplemento das obrigações. In: SCAVONE JR., Luiz Antônio; CAMILLO, Carlos Eduardo Nicoletti; TALAVERA, Glauber Moreno; FUJITA, Jorge Shiguemitsu (Coords.). *Comentários ao Código Civil:* artigo por artigo. 2. ed. São Paulo: Revista dos Tribunais, 2009. p. 688. Além de Maria Helena Diniz na obra *Curso de direito civil brasileiro:* Teoria Geral das Obrigações. 24. ed. São Paulo: Saraiva, 2009. p. 418.

Cap. 17 – DO INADIMPLEMENTO DAS OBRIGAÇÕES

calcularem somente juros ou somente correção monetária; é incompatível com a regra do art. 591 do novo Código Civil, que permite apenas a capitalização anual dos juros, e pode ser incompatível com o art. 192, § 3º, da Constituição Federal, se resultarem juros reais superiores a 12% (doze por cento) ao ano".

O Superior Tribunal de Justiça apresenta julgados nos dois sentidos, isto é, pela aplicação da taxa SELIC e pela aplicação do art. 161, § 1º, do CTN. Entretanto, colocando fim à discussão no STJ, sobrelevou-se a decisão dos Embargos de Divergência no REsp 727.842-SP de relatoria do Min. Teori Albino Zavascki, em 8/9/2008, apresentando ementa com o seguinte teor:

CIVIL. JUROS MORATÓRIOS. TAXA LEGAL. CÓDIGO CIVIL, ART. 406. APLICAÇÃO DA TAXA SELIC.

1. Segundo dispõe o art. 406 do Código Civil, "Quando os juros moratórios não forem convencionados, ou o forem sem taxa estipulada, ou quando provierem de determinação da lei, serão fixados segundo a taxa que estiver em vigor para a mora do pagamento de impostos devidos à Fazenda Nacional".

2. Assim, atualmente, a taxa dos juros moratórios a que se refere o referido dispositivo é a taxa referencial do Sistema Especial de Liquidação e Custódia – SELIC, por ser ela a que incide como juros moratórios dos tributos federais (arts. 13 da Lei nº 9.065/95, 84 da Lei nº 8.981/95, 39, § 4º, da Lei nº 9.250/95, 61, § 3º, da Lei nº 9.430/96 e 30 da Lei nº 10.522/2002).

3. Embargos de divergência a que se dá provimento.

4.3. Limitação da taxa de juros convencionais

No que se refere à limitação da taxa de juros moratórios convencionais, diante da revogação do art. 192, §3º, da CF/88, pela EC nº 40/2003, que limitava a 12% ao ano a taxa de juros, há quem entenda que não há mais limite para a sua cobrança. Entretanto, não é a posição mais adequada diante do princípio da função social dos contratos e da justiça contratual. A nova redação do *caput* do art. 192 da CF/88 impõe que: "O sistema financeiro nacional, estruturado de forma a promover o desenvolvimento equilibrado do País e a servir aos interesses da coletividade, em todas as partes que o compõem, abrangendo as cooperativas de crédito, será regulado por **leis complementares** que disporão, inclusive, sobre a participação do capital estrangeiro nas instituições que a integram" (grifamos).

Assim, o art. 192 da CF/88 impõe a necessidade de regulação por leis complementares, leis essas que ainda não existem! Outra saída não resta então, que não seja, no desejo de perseguir a função social dos contratos e a justiça contratual, socorrermo-nos da limitação imposta pela Lei de Usura (Decreto-lei nº 22.626/33), que, a nosso ver, não foi revogada. A Lei da Usura em seu art. 5º estabelece: "Admite-se que pela mora dos juros contratados estes sejam elevados de 1% (um por cento) ao mês e não mais".

Em se tratando da taxa de juros compensatórios convencionais está expresso no art. 591 do CC o seguinte: "Destinando-se o mútuo a fins econômicos, presumem-se devidos juros, os quais, sob pena de redução, não poderão exceder a taxa a que se refere o art. 406, permitida a capitalização anual". Se nos inclinamos para o posicionamento de que o art. 406 do CC se refere à taxa de 1% ao mês do § 1º do art. 161 do CTN, claro fica que além de essa ser a taxa dos juros moratórios legais, esse é o limite para os juros compensatórios convencionais nos contratos de mútuo.

Para as outras situações que não se encontrem dentro dos contornos de um contrato de mútuo, como nos financiamentos, a limitação dos juros compensatórios convencionais será alcançada pela conjugação da Lei da Usura com o Código Civil de 2002. Assim, a teor do art. 1º da Lei de Usura: "É vedado, e será punido nos termos desta Lei, estipular em quaisquer contratos taxas de juros superiores ao dobro da taxa legal". Como vimos, se a interpretação mais adequada a ser dada ao art. 406 do CC é a da aplicação da taxa de 1% ao mês (art. 161, § 1º, do CTN), conjugando com o art. 1º da Lei de Usura, percebemos que os juros convencionais não podem ultrapassar o limite de 2% ao mês ou 24% ao ano.

Por meio de um esquema esclarecemos:

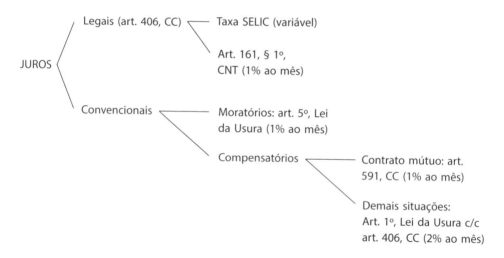

Em maio de 2009 foi aprovada pelo STJ a Súmula nº 382 com o seguinte verbete: "A estipulação de juros remuneratórios superiores a 12% ao ano, por si só, não indica abusividade". A súmula em comento parece trazer imensa insegurança ao meio social, já que exige que o prejudicado pelos elevados juros produza prova cabal da abusividade ocorrida.[24] Como se não bastasse a já aprovada Súmula nº

---

[24] Darci Norte Rebelo desvenda o conteúdo da súmula com as seguintes palavras: "O texto utiliza a fórmula de uma inequação, pois a expressão 'juros superiores a 12% ao ano não são necessariamente abusivos' engloba qualquer valor maior que 12% ao ano, ou seja, um número sem limite como uma terra sem horizonte, uma galáxia sem fronteiras. Superiores a 12% pode ser qualquer número próximo a 12 como pode ser um número virtual existente além da nossa imaginação. Qualquer número. A Súmula, portanto, nasce com o signo da desproporção e colide,

381 do STJ, em abril de 2009, com o seguinte conteúdo: "Nos contratos bancários, é vedado ao julgador conhecer, de ofício, da abusividade das cláusulas". E também a Súmula nº 379, STJ: "Nos contratos bancários não regidos por legislação específica, os juros moratórios poderão ser convencionados até o limite de 1% ao mês". Ante tudo o que foi exposto, nos reportamos ao excelente resumo oferecido por Luiz Antônio Scavone Jr. acerca da sistemática dos juros prevista no art. 406 do CC com as seguintes premissas que aqui transcrevemos:

a) o vertente dispositivo estabelece que os juros legais moratórios, ou seja, que os juros devidos em razão da mora, como sua consequência, independentemente de convenção (arts. 394 e 395, *caput*), correspondem aos juros devidos em razão da mora no pagamento dos tributos à Fazenda Nacional;

b) em virtude de leis ordinárias, essa taxa devida ao fisco seria a taxa Selic (Sistema Especial de Liquidação e Custódia), fixada pelo Comitê de Política Monetária do Banco Central do Brasil;

c) ocorre que o art. 161, §1.º, do CTN, recepcionado pela CF de 1988 como lei materialmente complementar (art. 34 do ADCT), fixa em 1% ao mês a taxa dos juros moratórios, devidos pelo atraso no pagamento de tributos;

d) por via de consequência, a taxa de juros legais moratórios do art. 406 do CC corresponde, em razão da hierarquia, à taxa de 1% ao mês do art. 161, §1.º, do CTN, e não à taxa Selic, a par de decisões divergentes no STJ;

e) como o art. 591 do CC circunscreve a possibilidade de pactuação dos juros convencionais compensatórios no contrato de mútuo para fins econômicos à taxa do art. 406, é evidente que, nesse contrato, as partes, sob pena de nulidade do excesso, não poderão pactuar juros acima de 1% ao mês;

---

frontalmente, com o princípio do devido processo legal substancial expresso no art. 5º, LIV e no princípio da defesa do consumidor do art. 170, V, ambos da Constituição. Essa forma estranha de criar uma súmula envolve, portanto, um não dito e encobre sentidos contrários ao ordenamento fundamental. A Súmula nº 382, na verdade, é uma cilada. Quando ela fala em 12% ao ano, a voz que se ouve tem remansos de inocência, lembrando a linguagem moderada do Código Civil quanto a juros de 1% ao mês ou 12% ao ano. Quando a Súmula utiliza os termos 'superiores a 12% ao ano', ela perde a mansidão e [des]oculta a face assustadora de um olhar sem limites. A leitura do REsp 1.061.530-RS, de 22 de outubro de 2008, indicado como uma das primeiras fontes recentes da Súmula, levanta o véu das origens da Súmula nº 382. 'As premissas básicas da Súmula foram lançadas no REsp 407.097-RS', lê-se no Acórdão do REsp. Quem voltar àquela fatídica tarde 12 de março de 2003 em que essas 'premissas' foram lançadas no REsp 407.097-RS e em outro, julgado na mesma oportunidade [REsp 420.111-RS], verá que a 2ª Seção do STJ discutia a abusividade de juros de 10,9% **ao mês** e ali se decidiu que a abusividade dependia de prova **cabal** a ser efetuada pela vítima do alegado abuso. Sobre os ombros combalidos do cidadão devedor o Tribunal da Cidadania pôs o pesado fardo desse oneroso encargo de provar que 10,9% ao mês não era necessariamente abusivo mesmo numa inflação de 5% ao ano. Nesses Recursos Especiais nºs 407.097/RS e 420.111-RS, precursores da Súmula nº 382, o CDC – Código de Defesa do Consumidor – saiu com o rosto de tal forma desfigurado que mais parecia um projeto transgênico gerador de um CDB ou Código de Defesa dos Bancos". REBELO, Darci Norte. O não dito e o encoberto na Súmula nº 382 do STJ. *Jus Navigandi*, Teresina, ano 13, n. 2190, 30 jun. 2009. Disponível em: <http://jus2.uol. com.br/doutrina/texto. asp?id=13069>. Acesso em: 13 dez. 2009.

f) nos demais casos, que não sejam contratos de mútuo, os juros convencionais compensatórios, ou seja, os juros pactuados pelo uso do capital, estão limitados ao dobro da taxa legal de juros (art. 1.º, *caput*, do Decreto 22.626/33). Sendo assim, nos contratos de financiamento de bens, por exemplo, as partes poderão prever juros compensatórios de até 2% ao mês pelo pagamento futuro. Esses juros não são automáticos como no contrato de mútuo para fins econômicos (art. 591 do CC). Pelo contrário, dependem de convenção;

g) os juros convencionais moratórios, ou seja, os juros que são convencionados em razão da mora, não estão liberados. Em verdade, encontram teto na Lei de Usura (Decreto 22.626/33), que, no seu art. 5º limita o pacto de juros moratórios a 1% ao mês;

h) portanto, sejam juros legais ou convencionais moratórios, a taxa é de 1% ao mês;

i) o CC deixou de estabelecer a taxa de juros legais compensatórios, que são os juros devidos em razão da lei sem que haja mora. São exemplos da necessidade de se aplicar uma taxa de juros legais compensatórios: o pacto de juros compensatórios sem taxa estipulada e os juros devidos pelo mandante ao mandatário em razão das despesas pelo desempenho do mandato (art. 677). Nesses casos, por analogia, aplica-se a mesma limitação dos juros legais moratórios do art. 406, ou seja, 1% ao mês. Igualmente no contrato de mútuo para fins econômicos, que, independentemente de pactuação pelas partes, nos termos do art. 591 deste CC, serão contados de acordo com a taxa do vertente artigo.[25]

4.4. A taxa de juros nas atividades bancárias

No que diz respeito às instituições financeiras, incluindo as empresas administradoras de cartão de crédito, existem ditames especiais a regular a taxa de juros. A primeira é a Lei nº 4.595/64 e a segunda, a Súmula nº 596 do STF, que estabelece que: "As disposições do Decreto nº 22.626/33 não se aplicam às taxas de juros e aos outros encargos cobrados nas operações realizadas por instituições públicas ou privadas, que integram o sistema financeiro nacional".

Ademais, a Súmula nº 283 do STJ estabeleceu que: "As empresas administradoras de cartão de crédito são instituições financeiras e, por isso, os juros remuneratórios por elas cobrados não sofrem as limitações da Lei de Usura".

Diante de tudo isso, forçoso reconhecer que as regras são absolutamente distintas em se tratando de limitação de taxas de juros nas atividades bancárias, e o que se mostra mais espantoso é saber que, conforme a Súmula nº 297 do STJ: "O Código de Defesa do Consumidor é aplicável às instituições financeiras".[26]

---

[25] SCAVONE JR., Luiz Antônio. Do inadimplemento das obrigações. In: SCAVONE JR., Luiz Antônio; CAMILLO, Carlos Eduardo Nicoletti; TALAVERA, Glauber Moreno; FUJITA, Jorge Shiguemitsu (Coords.). *Comentários ao Código Civil:* artigo por artigo. 2. ed. São Paulo: Revista dos Tribunais, 2009. p. 693-694.

[26] "Ninguém pode negar, portanto, que as instituições financeiras submetem-se às normas de consumo. Sendo a equidade a pedra angular do sistema protetivo, não existem razões plausíveis para que os bancos se afastem do CDC. Mesmo por um princípio de simetria e repúdio ao enriquecimento sem causa, não se pode entender como o consumidor paga escandalosos 10 ou 12% ao mês em razão de um empréstimo, e é remunerado em média com 1% ao mês pelas

Cap. 17 – DO INADIMPLEMENTO DAS OBRIGAÇÕES

Parecem-nos absurdamente incoerentes tais disposições, mas é o que se tem. Lamentavelmente, as regras atinentes a taxas de juros cobradas pelas instituições financeiras são especiais, a esquecer de toda a principiologia que move o Código Civil de 2002 e o Código de Defesa do Consumidor, máxime a função social dos contratos e a justiça contratual.

Sobre o anatocismo na atividade bancária, o que temos é que em 30/3/2000 foi publicada a Medida Provisória nº 1.963-17, que hoje vigora por força da Emenda Constitucional nº 32/2001 com redação dada pela Medida Provisória nº 2.170-36, de 23 de agosto de 2001 que estabeleceu em seu art. 5º: "Nas operações realizadas pelas instituições financeiras integrantes do Sistema Financeiro Nacional, é admissível a capitalização de juros com periodicidade inferior a um ano". Além disso, em junho de 2015 foi editada a Súmula nº 539 do STJ, com o seguinte teor: "É permitida a capitalização de juros com periodicidade inferior à anual em contratos celebrados com instituições integrantes do Sistema Financeiro Nacional a partir de 31/3/2000 (MP nº 1.963-17/2000, reeditada como MP nº 2.170-36/2001), desde que expressamente pactuada".

Por fim, acerca da prática dos juros pelas instituições financeiras, vale mencionar a Súmula nº 530 do STJ: "Nos contratos bancários, na impossibilidade de comprovar a taxa de juros efetivamente contratada – por ausência de pactuação ou pela falta de juntada do instrumento aos autos –, aplica-se a taxa média de mercado, divulgada pelo Bacen, praticada nas operações da mesma espécie, salvo se a taxa cobrada for mais vantajosa para o devedor".

4.5. Início da contagem dos juros de mora

O art. 405 – deslocado dentro do Código Civil, uma vez que situado no capítulo referente às perdas e danos – estabelece que: "Contam-se os juros de mora desde a citação inicial". O referido artigo do Código Civil encontra-se em plena sintonia com o art. 240 do CPC/2015, que dispõe: "A citação válida, ainda quando ordenada por juízo incompetente, induz litispendência, torna litigiosa a coisa e constitui em mora o devedor, ressalvado o disposto nos arts. 397 e 398 da Lei nº 10.406, de 10 de janeiro de 2002 (Código Civil)".

Assim, em suma, os artigos querem dizer que o início da contagem dos juros de mora ocorre quando da citação. Entretanto, essa regra só deverá ser aplicada quando a mora não tiver sido já constituída anteriormente por outro meio como, por exemplo, quando a obrigação decorre de ato ilícito em que a mora, conforme o art. 398 do CC, considera-se desde o dia em que o ato foi praticado, e também nas obrigações com prazo determinado, em que a chegada do prazo e o espontâneo descumprimento já são suficientes para constituir o devedor em mora (mora *ex re*), e até mesmo nas obrigações com prazo indeterminado em que decorrido o prazo estabelecido na interpelação e não havendo o adimplemento, constitui-se em mora o devedor (mora *ex persona*). Então, na verdade, o art. 405 do CC tem cabimento para as hipóteses em que a mora ainda não se constituiu

---

mesmas instituições, ao efetuar as suas aplicações." FARIAS, Cristiano Chaves de; ROSENVALD, Nelson. *Curso de direito civil.* Direito das obrigações. 9. ed. São Paulo: Atlas, 2015. p. 551.

por algum evento anterior. Assim, a confirmar tudo o que fora dito, na V Jornada de Direito Civil foi aprovado o Enunciado nº 428, com a seguinte redação: "Os juros de mora, nas obrigações negociais, fluem a partir do advento do termo da prestação, estando a incidência do disposto no art. 405 da codificação limitada às hipóteses em que a citação representa o papel de notificação do devedor ou àquelas em que o objeto da prestação não tem liquidez".

Nessa dicção, já havia sido aprovado na III Jornada de Direito Civil o Enunciado nº 163, que prevê: "A regra do art. 405 do novo Código Civil aplica-se somente à responsabilidade contratual, e não aos juros moratórios na responsabilidade extracontratual, em face do disposto no art. 398 do novo CC, não afastando, pois, o disposto na Súmula nº 54 do STJ". E atento ao direito intertemporal, nessa mesma Jornada de Direito Civil, foi aprovado o enunciado nº 164 com o seguinte teor: "Tendo a mora do devedor início ainda na vigência do Código Civil de 1916, são devidos juros de mora de 6% ao ano, até 10 de janeiro de 2003; a partir de 11 de janeiro de 2003 (data de entrada em vigor do novo Código Civil), passa a incidir o art. 406 do Código Civil de 2002".

4.6. Desnecessidade de alegação de prejuízo

Para que a parte faça jus ao direito de receber os juros de mora devidos, independe tal direito de alegação de prejuízo. Ademais, os juros de mora são devidos, independentemente da natureza da obrigação.[27] Em se tratando de obrigação pecuniária, os juros incidirão sobre o *quantum* devido. Se a obrigação for de outra natureza, os juros de mora incidirão sobre o valor aferido em sentença, arbitramento ou acordo entre as partes (art. 407, CC).

5. DA CLÁUSULA PENAL

5.1. Conceito e finalidades

A cláusula penal, também conhecida por pena convencional ou multa contratual, é obrigação de caráter acessório estipulada pelas partes que impõem o cumprimento da obrigação, sob pena de a parte inadimplente ter que arcar com uma indenização já prefixada. Assim, pode-se dizer que a cláusula penal possui duas finalidades:

a) de coerção, na medida em que impinge às partes o fiel cumprimento da obrigação;

b) de prefixação de perdas e danos, já que representa um valor já previamente fixado para a hipótese de mora, inadimplemento absoluto ou inexecução

---

[27] Vale ainda mencionar a observação de Cavalieri Filho: "O dano – tanto o emergente como o lucro cessante – depende de prova. Essa é a regra geral, que sofre exceção nos casos previstos em lei, como os juros de mora e a cláusula penal, hipóteses em que a prova do dano sofrido deixa de ser necessária. Os juros de mora são devidos ainda que não se alegue prejuízo, consoante o art. 407 do Código Civil. Constituem a indenização mínima, legalmente presumida, pelo retardamento do cumprimento da obrigação, pelo que são sempre devidos". CAVALIERI FILHO, Sérgio. *Programa de responsabilidade civil*. 7. ed. São Paulo: Atlas, 2007. p. 273-274.

Cap. 17 – DO INADIMPLEMENTO DAS OBRIGAÇÕES

de alguma cláusula especial do contrato. Assim, despicienda é a alegação e prova de qualquer prejuízo, diante da existência no contrato de uma cláusula penal. Além disso, exatamente porque a cláusula penal representa uma prefixação de perdas e danos, não se pode admitir a cumulação da cláusula penal com a indenização por perdas e danos. Isso é que o entende o STJ.[28]

A cláusula penal possui, como dito anteriormente, caráter de acessoriedade e, se assim o é, geralmente vem prevista em conjunto com a obrigação principal. Entretanto, a própria lei admite que possa ser estipulada em ato posterior, desde que, é claro, antecedentemente ao descumprimento da obrigação (art. 409, CC). Devemos atentar também para o fato de que, em razão do princípio de que o acessório segue o principal, caso a obrigação principal seja nula ou anulada, também o será a obrigação acessória, isto é, a cláusula penal. Entretanto, caso a obrigação acessória esteja inquinada de qualquer vício, é evidente que a obrigação principal não será atingida.

5.2. Espécies

A cláusula penal poderá ser moratória ou compensatória. A cláusula penal moratória tem aplicabilidade com a ocorrência da mora ou hipótese de inexecução de alguma cláusula do contrato. Já a cláusula penal compensatória terá cabimento em circunstância de inadimplemento absoluto. Ressalte-se, porém, que em ambas as hipóteses se exige que o devedor tenha agido culposamente para que lhe seja aplicável a pena convencional (art. 408, CC).

5.3. Cláusula penal moratória

Havendo uma situação de mora ou descumprimento de uma cláusula determinada no contrato, poderá a parte ofendida exigir, além do cumprimento da

---

[28] DIREITO CIVIL. PENA CONVENCIONAL E INDENIZAÇÃO POR PERDAS E DANOS. Não se pode cumular multa compensatória prevista em cláusula penal com indenização por perdas e danos decorrentes do inadimplemento da obrigação. Enquanto a cláusula penal moratória manifesta com mais evidência a característica de reforço do vínculo obrigacional, a cláusula penal compensatória prevê indenização que serve não apenas como punição pelo inadimplemento, mas também como prefixação de perdas e danos. A finalidade da cláusula penal compensatória é recompor a parte pelos prejuízos que eventualmente decorram do inadimplemento total ou parcial da obrigação. Tanto assim que, eventualmente, sua execução poderá até mesmo substituir a execução do próprio contrato. Não é possível, pois, cumular cláusula penal compensatória com perdas e danos decorrentes de inadimplemento contratual. Com efeito, se as próprias partes já acordaram previamente o valor que entendem suficiente para recompor os prejuízos experimentados em caso de inadimplemento, não se pode admitir que, além desse valor, ainda seja acrescido outro, com fundamento na mesma justificativa – a recomposição de prejuízos. Ademais, nessas situações sobressaem direitos e interesses eminentemente disponíveis, de modo a não ter cabimento, em princípio, a majoração oblíqua da indenização prefixada pela condenação cumulativa em perdas e danos. REsp 1.335.617-SP, Rel. Min. Sidnei Beneti, julgado em 27/3/2014 (Informativo nº 540).

obrigação principal, uma quantia a título indenizatório pré-estipulada por meio da cláusula penal moratória. Daí se diz que a cláusula penal moratória possui caráter complementar, uma vez que complementarmente à obrigação principal, será devida a cláusula penal além, é claro, dos juros moratórios e da correção monetária. Por isso, o art. 411 do CC estabelece: "Quando se estipular a cláusula penal para o caso de mora, ou em segurança especial de outra cláusula determinada, terá o credor o arbítrio de exigir a satisfação da pena cominada, juntamente com o desempenho da obrigação principal".

O limite para prefixação da cláusula penal moratória varia a depender da obrigação em análise.

Em se tratando de relações de consumo, o CDC, em seu art. 52, § 1º, estabelece que não poderá ultrapassar a 2% da obrigação principal. Com efeito, é oportuno lembrar que a Súmula nº 285 do STJ estabelece: "Nos contratos bancários posteriores ao Código de Defesa do Consumidor incide a multa moratória nele prevista". Aqui encontramos plena sintonia com o previsto em outra súmula do mesmo Tribunal: "O Código de Defesa do Consumidor é aplicável às instituições financeiras" (Súmula nº 297 do STJ).

No que diz respeito a despesas condominiais, o Código Civil estabelece limite também de 2% da obrigação principal (art. 1.336, § 1º). Para as demais obrigações que não tenham limite pré-definido em lei, prevalece o entendimento, inclusive na jurisprudência do STJ, de que não poderá ultrapassar a 10% do valor da obrigação principal, com fincas no art. 9º da Lei de Usura.[29]

---

[29] "DIREITO CIVIL E DO CONSUMIDOR. VALIDADE DO 'DESCONTO DE PONTUALIDADE' INSERIDO EM CONTRATO DE PRESTAÇÃO DE SERVIÇOS EDUCACIONAIS. O denominado 'desconto de pontualidade', concedido pela instituição de ensino aos alunos que efetuarem o pagamento das mensalidades até a data do vencimento ajustada, não configura prática comercial abusiva. Em relação à natureza jurídica, pode-se afirmar que o abono por pontualidade e a multa contratual possuem, como traço em comum, o propósito de instar a outra parte contratante a adimplir a sua obrigação, de garantir o cumprimento da obrigação ajustada. Porém, diversamente do desconto por pontualidade, a multa contratual, concebida como espécie de cláusula penal (no caso, cláusula penal moratória), assume um nítido viés coercitivo e punitivo, na medida em que as partes, segundo o princípio da autonomia privada, convencionam a imposição de uma penalidade na hipótese de descumprimento da obrigação, cujo limite, nos contratos civis, é de 10% sobre o valor da dívida (arts. 8º e 9º do Decreto nº 22.626/33); nas dívidas condominiais, de 2% (art. 1.336, § 1º, do CC); e nos contratos de consumo, de 2%. Por sua vez, o desconto de pontualidade, ainda que destinado a instar a outra parte contratante a adimplir a sua obrigação, como reverso da moeda, constitui um idôneo instrumento posto à disposição das partes, também com esteio na autonomia privada, destinado a encorajar, incentivar o contratante a realizar um comportamento positivo, almejado pelas partes e pela sociedade, premiando-o. Sob esse enfoque, e a partir de lições doutrinárias acerca do tema, pode-se afirmar, com segurança, que as normas que disciplinam o contrato (seja o CC, seja o CDC) comportam, além das sanções legais decorrentes do descumprimento das obrigações ajustadas contratualmente (de caráter coercitivo e punitivo), também as denominadas sanções positivas, que, ao contrário, têm por propósito definir consequências vantajosas em decorrência do correto cumprimento das obrigações contratuais. Ademais, na hipótese em que os serviços educacionais são devidamente contratados mediante o pagamento de um preço de anualidade certo, definido e aceito pelas partes (diluído em prestações nominais e taxa de matrícula) e os contratantes, com esteio na autonomia privada, ajustam entre si que, caso haja pagamento

5.4. Cláusula penal compensatória

A cláusula penal compensatória tem cabimento na hipótese de inadimplemento absoluto da obrigação. Nesse caso, como não há mais possibilidade de se exigir o cumprimento da obrigação principal, exige-se a pena convencional.

Daí se diz que a cláusula penal compensatória possui caráter substitutivo, uma vez que tende a substituir a obrigação principal. O art. 410 do CC expõe que: "Quando se estipular a cláusula penal para o caso de total inadimplemento da obrigação, esta converter-se-á em alternativa a benefício do credor".

A alternatividade trazida pelo artigo em comento, diz respeito à possibilidade de o credor exigir a cláusula penal ou o efetivo cumprimento da obrigação principal. Claro que essa segunda opção só terá cabimento se factível for o cumprimento da obrigação principal. De todo, deve se ter em mente que, em se tratando de cláusula penal compensatória, não é possível a cumulação da cláusula com o cumprimento da obrigação principal.

O limite da pena convencional para a hipótese de inadimplemento absoluto está previsto no art. 412 do CC, que assim dispõe: "O valor da cominação imposta na cláusula penal não pode exceder o da obrigação principal". Caso o valor fixado em cláusula penal ultrapasse o limite imposto em lei, poderá a parte ofendida requerer, por meio de ação própria, a redução da penalidade.

5.5. Redução equitativa da cláusula penal

O art. 413 do CC[30] estabelece que: "A penalidade deve ser reduzida equitativamente pelo juiz se a obrigação principal tiver sido cumprida em parte, ou

---

tempestivo, o adquirente do serviço faz jus a um desconto no valor contratado, o que, a um só tempo, facilita e estimula o cumprimento voluntário da obrigação ajustada, conferindo ao consumidor uma vantagem, no caso, de índole patrimonial, a tese de que o abono de pontualidade guarda, em si, uma espécie de aplicação dissimulada de multa, a extrapolar o patamar legal previsto no § 1º do art. 52 do CDC (de 2%), afigurar-se-á absolutamente insubsistente, pois partirá de premissa equivocada. Em verdade, compreensão contrária à ora registrada também propõe que o Estado, no bojo de uma relação privada e em substituição à parte contratante, estipule o 'preço ideal' pelos serviços por ela prestados, como se possível fosse mensurar todas as variáveis mercadológicas que o empresário/fornecedor leva em conta para definir o preço de seus serviços, em indevida intervenção no domínio econômico. Efetivamente, a proibição da estipulação de sanções premiais faria com que o redimensionamento dos custos do serviço pelo fornecedor (a quem cabe, exclusivamente, definir o valor de seus serviços) fossem repassados ao consumidor, indistintamente, tenha ele o mérito de ser adimplente ou não. Assim, além de o desconto de pontualidade significar indiscutível benefício ao consumidor adimplente – que pagará por um valor efetivamente menor que o preço da anualidade ajustado –, conferindo-lhe, como já destacado, isonomia material, tal estipulação corrobora com transparência sobre a que título os valores contratados são pagos, indiscutivelmente. Como se vê, a multa, que tem por propósito punir o inadimplemento, não exclui a possibilidade de se estipular a denominada 'sanção premial' pelo adimplemento, tratando-se, pois, de hipóteses de incidência diferentes, o que, por si só, afasta a alegação de penalidade *bis in idem*" (REsp 1.424.814-SP, Rel. Min. Marco Aurélio Bellizze, julgado em 4/10/2016, *DJe* 10/10/2016. Informativo nº 591).

30 Bom de ver também o Enunciado nº 165, aprovado na III Jornada de Direito Civil: "Em caso de penalidade, aplica-se a regra do art. 413 ao sinal, sejam as arras confirmatórias ou penitenciais".

se o montante da penalidade for manifestamente excessivo, tendo-se em vista a natureza e a finalidade do negócio".

Já de início, importa esclarecer dois pontos importantes acerca da possibilidade de redução equitativa da cláusula penal. O primeiro, de que não se pode confundir o excesso no valor da cláusula penal com a alteração das circunstâncias e a onerosidade excessiva. E o segundo é que a redução proposta no art. 413 do CC não será necessariamente idêntica ao percentual já adimplido.[31]

A possibilidade de redução possui aplicabilidade tanto para a cláusula penal compensatória, como para a moratória. Além do que, se traduz em dever do magistrado a redução da cláusula abusiva, sem necessidade de arguição pela parte, vez que norma de ordem pública. Sendo que também, de todo proibido o seu afastamento por via contratual. Nessa esteira, foi aprovado na IV Jornada de Direito Civil o Enunciado nº 355, com o seguinte teor: "Não podem as partes renunciar à possibilidade de redução da cláusula penal se ocorrer qualquer das hipóteses previstas no art. 413 do Código Civil, por se tratar de preceito de ordem pública". E também o Enunciado nº 356, aprovado na mesma Jornada: "Nas hipóteses previstas no art. 413 do Código Civil, o juiz deverá reduzir a cláusula penal de ofício".[32]

---

[31] Esses dois pontos importantes estão insertos nos Enunciados nº 358 e nº 359, ambos aprovados na IV Jornada de Direito Civil, respectivamente e *in verbis*: "O caráter manifestamente excessivo do valor da cláusula penal não se confunde com a alteração de circunstâncias, a excessiva onerosidade e a frustração do fim do negócio jurídico, que podem incidir autonomamente e possibilitar sua revisão para mais ou para menos". E "a redação do art. 413 do Código Civil não impõe que a redução da penalidade seja proporcionalmente idêntica ao percentual adimplido".

[32] DIREITO CIVIL E DO CONSUMIDOR. ABUSIVIDADE DE CLÁUSULA PENAL EM CONTRATO DE PACOTE TURÍSTICO. É abusiva a cláusula penal de contrato de pacote turístico que estabeleça, para a hipótese de desistência do consumidor, a perda integral dos valores pagos antecipadamente. De fato, não é possível falar em perda total dos valores pagos antecipadamente por pacote turístico, sob pena de se criar uma situação que, além de vantajosa para a empresa de turismo (fornecedora de serviços), mostra-se excessivamente desvantajosa para o consumidor, o que implica incidência do art. 413 do CC/2002, segundo o qual a penalidade deve obrigatoriamente (e não facultativamente) ser reduzida equitativamente pelo juiz se o seu montante for manifestamente excessivo. Ademais, o STJ tem o entendimento de que, em situação semelhante (nos contratos de promessa de compra e venda de imóvel), é cabível ao magistrado reduzir o percentual da cláusula penal com o objetivo de evitar o enriquecimento sem causa por qualquer uma das partes. Além disso, no que diz respeito à relação de consumo, evidencia-se, na hipótese, violação do art. 51, II e IV, do CDC, de acordo com o qual são nulas de pleno direito as cláusulas contratuais relativas ao fornecimento de produtos e serviços que subtraiam ao consumidor a opção de reembolso da quantia já paga, nos casos previstos neste código, ou que estabeleçam obrigações consideradas iníquas, abusivas, que coloquem o consumidor em desvantagem exagerada, ou sejam incompatíveis com a boa-fé ou a equidade. Nesse contexto, cabe ressaltar o disposto no art. 51, § 1º, III, do CDC: presume-se exagerada a vantagem que "se mostra excessivamente onerosa para o consumidor, considerando-se a natureza e conteúdo do contrato, o interesse das partes e outras circunstâncias peculiares do caso". Por fim, cabe afirmar, também, que o cancelamento de pacote turístico contratado constitui risco do empreendimento desenvolvido por qualquer agência de turismo, não podendo esta pretender a transferência integral do ônus decorrente de sua atividade empresarial a eventuais consumidores. REsp 1.321.655-MG, Rel. Min. Paulo de Tarso Sanseverino, julgado em 22/10/2013 (Informativo

5.6. Cláusula penal e obrigação indivisível

Acerca da indivisibilidade da obrigação e da incidência da cláusula penal, o art. 414 do CC dispõe que: "Sendo indivisível a obrigação, todos os devedores, caindo em falta um deles, incorrerão na pena; mas esta só se poderá demandar integralmente do culpado, respondendo cada um dos outros somente pela sua quota". Mário Luiz Delgado Régis, ao analisar o artigo comenta que:

> Quando a obrigação é indivisível e vários são os devedores, o inadimplemento de qualquer um deles determina a cominação de pena a todos. Como a pena é representada, em regra, por uma quantia em dinheiro, torna-se divisível e por isso deve ser exigida proporcionalmente a cada um dos devedores, admitindo o Código que seja exigida de forma integral apenas do culpado. É claro que se a cláusula penal se constituir também em obrigação indivisível ou se estiver estabelecido quanto a ela a solidariedade, poderá ser toda ela exigida de qualquer um dos codevedores, independentemente de culpa, sempre ressalvada a ação regressiva contra o culpado.[33]

5.7. Indenização suplementar

Para que se faça jus ao recebimento da cláusula penal, já que esta representa uma prefixação de perdas e danos, não é necessário que o credor alegue prejuízo algum. Caso o credor tenha sofrido prejuízo além do valor delimitado em cláusula penal, será lícito ao credor exigir uma indenização suplementar, desde que tal possibilidade esteja prevista no contrato e haja prova do prejuízo que excede ao valor da cláusula penal prevista no contrato (art. 416, parágrafo único, CC).

Por fim, importante lembrar que o STJ decidiu pela impossibilidade de se cumular a cláusula penal com as arras, já que ambos institutos apresentam natureza indenizatória (REsp 1.617.652-DF, Rel. Min. Nancy Andrighi, por unanimidade, julgado em 26/9/2017. Informativo nº 613). As arras serão estudadas no Capítulo 19 deste livro.

6. INADIMPLEMENTO MÍNIMO OU ADIMPLEMENTO SUBSTANCIAL

O inadimplemento mínimo, de acordo com Cristiano Chaves de Farias e Nelson Rosenvald:

---

nº 533). Em outra decisão: "Em que pese ser a cláusula penal elemento oriundo de convenção entre os contratantes, sua fixação não fica ao total e ilimitado alvedrio destes, porquanto o atual Código Civil introduziu normas de ordem pública, imperativas e cogentes, que possuem o escopo de preservar o equilíbrio econômico financeiro da avença, afastando o excesso configurador de enriquecimento sem causa de qualquer uma das partes" (REsp 1.447.247-SP, Rel. Min. Luis Felipe Salomão, por unanimidade, julgado em 19/4/2018. Informativo nº 627, STJ).

[33] RÉGIS, Mário Luiz Delgado. Do direito das obrigações. In: FIUZA, Ricardo (Coord.). *Novo Código Civil comentado*. 4. ed. São Paulo: Saraiva, 2005. p. 369.

É uma das formas de controle da boa-fé sobre a atuação de direitos subjetivos. Atualmente, é possível questionar a faculdade do exercício do direito potestativo à resolução contratual pelo credor, em situações caracterizadas pelo cumprimento de substancial parcela do contrato pelo devedor, mas em que, todavia, não tenha suportado adimplir uma pequena parte da obrigação.[34]

É sabido que diante do inadimplemento da obrigação várias opções são abertas ao credor, como a resolução do contrato com pleito de indenização por perdas e danos, ou a aplicação de cláusula penal ou a tutela específica quando for a prestação ainda possível e útil ao credor (art. 475, CC). Ao que chamamos de "opções" o nome técnico a ser dado é "direitos potestativos" do credor, que significam exatamente a possibilidade que tem o credor de invadir a esfera jurídica do devedor impondo-lhe um estado de sujeição.

Então, como mencionado pelos cultos professores que tratam brilhantemente do assunto, é possível atualmente a relativização desses direitos, sobretudo, do direito do credor de resolver o contrato quando o inadimplemento tiver sido muito pequeno ou mínimo.

Assim, em princípio, abrir-se-ia um leque de "opções" ao credor, dentre elas a resolução contratual. Entretanto, hodiernamente, o mais adequado e sensato é que o credor persiga a tutela cabível para recebimento da prestação faltante e não a açodada resolução do contrato.[35]

A teoria do inadimplemento mínimo sempre teve grande aplicabilidade em contratos de promessa de compra e venda e alienação fiduciária em que a maior parte da obrigação tenha sido realmente cumprida e pouquíssimas parcelas tenham sido inadimplidas. Entretanto, o STJ, em decisão ocorrida no dia 22/2/2017, manifestou-se pelo afastamento da referida teoria em contratos de alienação fiduciária, sob o fundamento de que o Decreto-lei nº 911/69 admite a busca e apreensão em caso de alienação fiduciária e que como a teoria do inadimplemento mínimo não está prevista expressamente em nenhuma lei, não teria a tese do adimplemento substancial o condão de afastar o disposto em lei especial acerca do tema.

A manifestação afastando a tese do adimplemento substancial ocorreu no julgamento do REsp 1.622.555-MG, em que o Banco Volkswagen tentava fazer a busca e apreensão de um carro financiado em 48 parcelas, das quais quatro não foram pagas. O STJ, mesmo diante do adimplemento de 92% do contrato,

---

[34] FARIAS, Cristiano Chaves de; ROSENVALD, Nelson. *Curso de direito civil*: direito das obrigações. 9. ed. São Paulo: Atlas, 2015. p. 495.

[35] "Enfim, podemos conceber uma alteração de paradigma, vazado na impossibilidade de dar-se eficácia a uma cláusula resolutória expressa, sem que o Poder Judiciário possa avaliar o grau de sacrifício de uma das partes, em cotejo ao que já foi objeto de cumprimento e à parcela restante. Não podemos mais cogitar de direitos absolutos ou da parêmia 'tudo o que não é proibido é permitido'. A relativização de direitos subjetivos ou potestativos é uma forma de acomodação das pretensões patrimoniais individuais ao respeito aos direitos da personalidade da contraparte." FARIAS, Cristiano Chaves de; ROSENVALD, Nelson. *Curso de direito civil*: direito das obrigações. 9. ed. São Paulo: Atlas, 2015. p. 496-497.

Cap. 17 – DO INADIMPLEMENTO DAS OBRIGAÇÕES

assustadoramente, manifestou-se pela possibilidade de busca e apreensão do veículo, prevalecendo o interesse do Banco.

A decisão é polêmica já que a multicitada teoria tem sólida base fornecida pelos princípios da função social e boa-fé objetiva.

Assim, vale lembrar o Enunciado nº 361, aprovado na IV Jornada de Direito Civil, que preceitua: "O adimplemento substancial decorre dos princípios gerais contratuais, de modo a fazer preponderar a função social do contrato e o princípio da boa-fé objetiva, balizando a aplicação do art. 475".

E também o Enunciado nº 586, aprovado na VII Jornada de Direito Civil: "Para a caracterização do adimplemento substancial (tal qual reconhecido pelo Enunciado 361 da IV Jornada de Direito Civil – CJF), levam-se em conta tanto aspectos quantitativos quanto qualitativos".

Por fim, vale lembrar que o STJ entendeu que a teoria do adimplemento substancial não tem incidência nos vínculos jurídicos familiares, sendo inadequada para solver controvérsias relacionadas a obrigações alimentares.[36]

7. VIOLAÇÃO POSITIVA DO CONTRATO

A terceira espécie de inadimplemento, ao lado da mora e do inadimplemento absoluto, nos é apresentada pela doutrina e jurisprudência e recebe a designação de violação positiva do contrato, também conhecida por "cumprimento inexato" ou "cumprimento defeituoso".

---

[36] "Trata-se de *habeas corpus* em que se discute a possibilidade de aplicação da teoria do adimplemento substancial em controvérsias relacionadas a obrigações de natureza alimentar. A par de encontrar um estreito espaço de aplicação no direito contratual – exclusivamente nas hipóteses em que o inadimplemento revela-se de escassa importância quando cotejado com a obrigação como um todo, ao lado de elementos outros cuja análise demanda uma avaliação qualitativa, casuística e aprofundada da avença, incompatível com o rito do *habeas corpus* –, a teoria do adimplemento substancial não tem incidência nos vínculos jurídicos familiares, menos ainda para solver controvérsias relacionadas a obrigações de natureza alimentar. Com efeito, trata-se de instituto que, embora não positivado no ordenamento jurídico brasileiro, está incorporado em nosso Direito por força da aplicação prática de princípios típicos das relações jurídicas de natureza contratual. Por sua vez, a obrigação alimentar diz respeito a bem jurídico indisponível, intimamente ligado à subsistência do alimentando, cuja relevância ensejou fosse incluído como exceção à regra geral que veda a prisão civil por dívida, o que evidencia ter havido ponderação de valores, pelo próprio constituinte originário, acerca de possível conflito com a liberdade de locomoção, outrossim um direito fundamental de estatura constitucional. Isso porque os alimentos impostos por decisão judicial guardam consigo a presunção de que o valor econômico neles contido traduz o mínimo existencial do alimentando, de modo que a subtração de qualquer parcela dessa quantia pode ensejar severos prejuízos a sua própria manutenção. Além disso, o julgamento sobre a cogitada irrelevância do inadimplemento da obrigação não se prende ao exame exclusivo do critério quantitativo, sendo também necessário avaliar sua importância para satisfazer as necessidades do credor alimentar. Ora, a subtração de um pequeno percentual pode mesmo ser insignificante para um determinado alimentando, mas possivelmente não para outro, mais necessitado. Tem-se que o critério quantitativo não é suficiente nem exclusivo para a caracterização do adimplemento substancial" (HC 439.973-MG, Rel. Min. Luis Felipe Salomão, Rel. Acd. Min. Antonio Carlos Ferreira, por maioria, julgado em 16/8/2018. Informativo nº 632, STJ).

Trata-se, em verdade, de hipótese em que a obrigação principal foi cumprida, porém de maneira não satisfatória ao credor. Isso porque hoje, como temos a boa-fé objetiva a nortear as relações negociais, não se permite separar da obrigação principal a ser cumprida pelo devedor os deveres laterais, anexos ou instrumentais, como proteção, informação e cooperação, lealdade etc. Se tal fato ocorre, estaremos diante de um adimplemento, porém, como a jurisprudência o denomina, um adimplemento ruim! O que na verdade equivale a um inadimplemento[37] gerador, portanto, de todas as consequências decorrentes de um inadimplemento como a resolução do negócio, indenização por perdas e danos etc.

Aqui estamos diante da chamada responsabilidade pós-contratual que ocorre, por exemplo, quando o fornecedor tem que manter peças de reposição e reparar defeitos do produto, ou quando o patrão tem que dar informações corretas sobre o ex-empregado idôneo, ou o advogado e o médico que terão que manter o dever de sigilo.[38]

7.1. A doutrina do inadimplemento antecipado (*anticipatory breach of contract*)

Há consenso doutrinário de que o inadimplemento antecipado, também conhecido como quebra antecipada do contrato, representaria mais uma manifestação de violação positiva, ao lado da ofensa aos deveres laterais ou anexos.

Na maior parte das vezes somente na data do vencimento da obrigação será possível aferir-se a ocorrência do inadimplemento, contudo, excepcionalmente ocorrerão situações por meio das quais haverá a certeza do não cumprimento antes da data do vencimento, é o chamado inadimplemento antecipado.[39]

Por inadimplemento antecipado, precipita-se a situação em que o devedor, antes do surgimento da exigibilidade por parte do credor, dá sinais de que não irá adimplir com a sua obrigação. Trata-se também de hipótese de violação positiva do contrato por haver clara ofensa ao princípio da boa-fé objetiva, consistindo em evidente frustração à expectativa da parte. De acordo com Guilherme Calmon Nogueira da Gama:

---

[37] Enunciado nº 24 do CJF: "em virtude do princípio da boa-fé, positivado no art. 422 do novo Código Civil, a violação dos deveres anexos constitui espécie de inadimplemento, independentemente de culpa".

[38] Exemplos fornecidos por Cavalieri Filho que, em sua obra Programa de Responsabilidade Civil, ainda menciona: "O mais ilustrativo exemplo nessa matéria, verdadeiro *leading case*, é um acórdão do Supremo Tribunal de Portugal, comentado pelo professor Menezes Cordeiro (Estudos de Direito Civil). Determinada construtora, ao lançar um empreendimento imobiliário de alto nível, anunciou que o prédio e os apartamentos teriam uma bela vista para o rio Tejo. Vendidas todas as unidades rapidamente, e construído o prédio, nem bem passados dois anos da construção do empreendimento, a mesma construtora adquiriu o terreno da frente e iniciou a construção de outro prédio com o mesmo atrativo do negócio – a bela vista para o rio Tejo". CAVALIERI FILHO, Sérgio. *Programa de responsabilidade civil*. 7. ed. São Paulo: Atlas, 2007. p. 277.

[39] BENACCHIO, Marcelo. Inadimplemento das obrigações. In: LOTUFO, Renan; NANNI, Giovanni Ettore (Coord.). *Obrigações*. São Paulo: Atlas, 2011. p. 554.

O inadimplemento antecipado se verifica quando, em razão das declarações do devedor ou de comportamentos por ele adotados dirigidos ao descumprimento do convencionado, o adimplemento se torna inviável.[40] Situação clássica mencionada pela doutrina de inadimplemento antecipado é aquela em que, após ser realizada promessa de compra e venda de imóvel na planta com a construtora, embora não tenha chegado o termo da entrega do imóvel, pouco tempo antes, a construtora demonstra que não irá adimplir com a sua prestação já que sequer iniciou a obra. Nesse caso não há motivos para o promitente comprador esperar mais já que forte prenúncio de inadimplemento já se manifesta. Nesse sentido, a parte prejudicada já poderá tomar providências tendentes ao pleito indenizatório e resolutório do negócio.

Nessa senda, aprovou-se o Enunciado nº 437 do CJF, com o seguinte teor: "A resolução da relação jurídica contratual também pode decorrer do inadimplemento antecipado".

Segundo Cristiano Chaves e Nelson Rosenvald,

No sistema da *common law*, há o instituto do *anticipatory breach* (ruptura antecipada), que permite ao contratante, que previamente saiba da intenção de inadimplemento do outro, ajuizar ação de resolução contratual, já a partir do momento em que se caracteriza a negativa do cumprimento.[41]

Em nosso ordenamento jurídico, embora reconhecimento por grande parte da doutrina da possibilidade do descumprimento antecipado da obrigação, não há previsão expressa dessa teoria em nossa legislação. Há quem propugne pela aplicação analógica do art. 477 do CC.[42] Decerto que a resistência legislativa em

---

[40] GAMA, Guilherme Calmon Nogueira da. *Direito civil:* obrigações. São Paulo: Atlas, 2008. p. 361.

[41] FARIAS, Cristiano Chaves de; ROSENVALD, Nelson. *Curso de direito civil:* direito das obrigações. 9. ed. São Paulo: Atlas, 2015. p. 519.

[42] Art. 477, CC: "Se, depois de concluído o contrato, sobrevier a uma das partes contratantes diminuição em seu patrimônio capaz de comprometer ou tornar duvidosa a prestação pela qual se obrigou, pode a outra recusar-se à prestação que lhe incumbe, até que aquela satisfaça a que lhe compete ou dê garantia bastante de satisfazê-la" (BRASIL, 2002). Nesse sentido, confira-se Anderson Schereiber: "À implícita recusa do devedor ao adimplemento futuro pode se equiparar qualquer situação em que se verifique risco efetivo de descumprimento da prestação. Melhor, todavia, que igualar tais hipóteses ao inadimplemento como sugere a simples importação acrítica da figura do *anticipatory breach of contract*, seria-lhes reservar a aplicação analógica do art. 477 do Código Civil (...). Não há dúvida de que o pressuposto expresso da norma, repetida de forma particular na disciplina de diversos contratos específicos (*e.g.*, arts. 495 e 590), consiste na diminuição superveniente do patrimônio de uma das partes. Cumpre, todavia, assegurar, por analogia, idêntico efeito também a outras situações de elevada probabilidade de inadimplemento. Tal construção parece oferecer, diferentemente da usual assimilação com o adimplemento – denunciada já na terminologia *anticipatory breach of contract,* ou seja, inadimplemento antecipado, e, portanto, espécie de inadimplemento –, a genuína vantagem de substituir o exercício do direito de resolução (consequência do inadimplemento) por um remédio menos drástico, e mais compatível com a situação de incerteza que ainda pende sobre o cumprimento da prestação no termo futuro, autorizando o contratante tão somente 'recusar-se à prestação que lhe incumbe,

consagrar tal manifestação de descumprimento repousa no princípio da conservação do contrato que tem seu sustentáculo na própria função social programada para ele. Todavia, não admitir a possibilidade de inadimplemento antecipado, quando está evidente um futuro e inevitável descumprimento obrigacional, é vendar a parte prejudicada ante a realidade que lhe assalta e atormenta. Não há por que deixar a parte prejudicada ao desabrigo, somente porque o termo contratual não foi alcançado ainda. Deve fazer parte da racionalidade humana a possibilidade de antever fatos inevitáveis que irão lhe ultrajar e, mais do que isso, alçar aprovisionamentos que lhe diminuam o prejuízo.

---

até que aquela satisfaça a que lhe compete ou dê garantia bastante de satisfazê-la'. A resolução ficaria, deste modo, reservada àqueles casos em que o cumprimento da obrigação no vencimento futuro se afigurasse, desde já, impossível (*e.g.*, construção do hospital em 15 dias); enquanto que, na mera improbabilidade do cumprimento (construção do hospital em seis meses), o efeito seria não a resolução, mas a aplicação, por analogia, do disposto no art. 477 do Código Civil". SCHREIBER, Anderson. *Direito civil e constituição*. São Paulo: Atlas, 2013. p. 105.

DA TRANSMISSÃO DAS OBRIGAÇÕES

A transmissão das obrigações poderá ocorrer de duas formas: por ato *inter vivos* ou *causa mortis*. A transmissão das obrigações em razão da morte de uma das partes da relação jurídica obrigacional é regida pelo Direito das Sucessões. Já a transmissão por ato *inter vivos* é a que nos interessa para fins de estudo do Direito Obrigacional e se manifesta por meio de dois institutos no Código Civil: a cessão de crédito e a assunção de dívida.

Basicamente, o que ocorre nesses dois institutos é uma substituição subjetiva, isto e, as partes serão outras pessoas que não as que inicialmente entabularam o negócio. Ademais, não haverá qualquer alteração nos outros elementos da obrigação, que continuam os mesmos. Por essa razão, não se pode confundir a modalidade de extinção das obrigações designada de novação subjetiva com as modalidades de transmissão das obrigações.

Por fim, vale lembrar ainda uma terceira modalidade de transmissão de obrigações que, embora o Código Civil não a regulamente especificamente, é admitida pela doutrina e pela jurisprudência. Essa terceira modalidade é a cessão de contrato ou cessão de posição contratual, em que na verdade o que ocorre é que o crédito e o débito são cedidos concomitantemente.

Pelo conceito de Flavio Tartuce:

> A cessão de contrato pode ser conceituada como sendo a transferência da inteira posição ativa ou passiva da relação contratual, incluindo o conjunto de direitos e obrigações de que é titular uma pessoa. A cessão de contrato quase sempre está relacionada com um negócio cuja execução ainda não foi concluída.[1]

1. DA CESSÃO DE CRÉDITO

O crédito, por integrar o patrimônio do sujeito, poderá ser transmitido. Por se tratar de bem incorpóreo, a essa transmissão não se dá o nome de alienação, que é para bens corpóreos, mas sim de cessão. Daí o instituto cessão de crédito.

---

[1] TARTUCE, Flavio. *Direito das obrigações e responsabilidade civil*. São Paulo: Método, 2006. p. 250.

1.1. Conceito e partes

Cessão de crédito é o negócio jurídico bilateral em que o credor transfere a um terceiro, a título oneroso[2] ou gratuito, os seus direitos na relação jurídica obrigacional. Como preleciona Sílvio Venosa: "Nesse negócio, o crédito é transferido intacto, tal como contraído; mantém-se o mesmo objeto da obrigação. Há apenas uma modificação do sujeito ativo".[3] Assim, teremos: o credor (cedente); o devedor (cedido); e o terceiro que recebe o crédito (cessionário).

A cessão de crédito, como negócio jurídico que é, exige a capacidade plena do cedente, sob pena de invalidade. E se referir à transmissão de bem imóvel, por exemplo, a cessão de direito hereditário (art. 80, II, CC), exige-se a vênia conjugal, conforme art. 1.647 do CC.

1.2. Objeto da cessão

De acordo com o art. 286 do CC,[4] em regra, qualquer crédito poderá ser objeto de cessão, salvo se a isso se opuser:

---

[2] "Exemplo típico em que ocorre a cessão de crédito onerosa é o contrato de *factoring*. Nesse contrato, o faturizado transfere ao faturizador, no todo ou em parte, créditos decorrentes de suas atividades empresárias mediante pagamento de uma remuneração, consistente no desconto sobre os respectivos valores, de acordo com os montantes dos créditos. Nesse contrato, os títulos de crédito são vendidos por valores menores. O contrato em questão é atípico, sendo regulamentado somente por resoluções do Bacen e do Conselho Monetário Nacional." TARTUCE, Flávio. *Direito das obrigações e responsabilidade civil*. São Paulo: Método, 2006. p. 244.

[3] VENOSA, Sílvio de Salvo. *Teoria geral das obrigações e teoria geral dos contratos*. 4. ed. São Paulo: Atlas, 2004. p. 342.

[4] "DIREITO CIVIL. CESSÃO DE CRÉDITO RELATIVO AO SEGURO DPVAT. É possível a cessão de crédito relativo à indenização do seguro DPVAT decorrente de morte. Isso porque se trata de direito pessoal disponível, que segue a regra geral do art. 286 do CC, que permite a cessão de crédito se a isso não se opuser a natureza da obrigação, a lei ou a convenção com o devedor. Assim, inexistindo, na lei de regência do DPVAT (Lei nº 6.194/74), óbice à cessão dos direitos sobre a indenização devida, não cabe ao intérprete impor restrições ao titular do crédito. Cabe ressaltar que o legislador, quando quis, vetou expressamente a possibilidade de cessão de crédito decorrente do seguro DPVAT, mas o fez apenas em relação à hipótese de reembolso de despesas médico-hospitalares (art. 3º, § 2º, da Lei nº 6.194/74, incluído pela Lei nº 11.945/2009)" (REsp 1.275.391-RS, Rel. Min. João Otávio de Noronha, julgado em 19/5/2015, *DJe* 22/5/2015, Informativo nº 562).

Cap. 18 – DA TRANSMISSÃO DAS OBRIGAÇÕES

a) **a natureza da obrigação:** existem determinados créditos que são ínsitos a determinada pessoa e, por isso, não admitem transferência como, por exemplo, as obrigações alimentares e os créditos oriundos de salários.

b) **a lei:** ocorre quando a impossibilidade de cessão do crédito decorra de imposição legislativa, como se dá, por exemplo, em se tratando de créditos já penhorados, após a ciência, pelo credor, da penhora (art. 298, CC).

c) **a convenção com o devedor:** é possível que o instrumento da obrigação contemple cláusula que proíba a cessão (*pactum de non cedendo*).

Nesse caso, a cláusula proibitiva da cessão não poderá ser oposta ao cessionário de boa-fé, se não constar do instrumento da obrigação.

Importante lembrar também que, havida a cessão de determinado crédito, em virtude do princípio de que o acessório segue o principal, salvo disposição em contrário, todos os acessórios do crédito o seguirão como, por exemplo, os juros, a multa e as garantias em geral (art. 287, CC). Assim, podemos dizer que os acessórios foram cedidos por força legal.

1.3. Forma para a realização da cessão

Não há, em lei, forma predeterminada para a validade da cessão de crédito. Todavia, sempre que a cessão tiver por objeto direitos que necessitam de escritura pública para a transmissão, o mesmo será necessário em se tratando de cessão. Assim, por exemplo, a cessão de direito hereditário deverá ser feita por escritura pública e, de igual modo, a transferência de crédito hipotecário, sendo que nesse último caso, tem o cessionário direito de fazer averbar a cessão no registro de imóveis, conforme o art. 289 do CC.

Além disso, o art. 288 do CC estabelece: "É ineficaz, em relação a terceiros, a transmissão de um crédito, se não celebrar-se mediante instrumento público, ou instrumento particular revestido das solenidades do § 1º do art. 654". O art. 654, § 1º, do CC traz os requisitos exigidos pela lei para a procuração.

Foi aprovado na VIII Jornada de Direito Civil, o Enunciado nº 618, com o seguinte teor: "O devedor não é terceiro para fins de aplicação do art. 288 do Código Civil, bastando a notificação prevista no art. 290 para que a cessão de crédito seja eficaz perante ele". A justificativa relativa ao enunciado foi:

> Ainda há enorme controvérsia na doutrina acerca da necessidade, ou não, de que a cessão de crédito, para que haja eficácia em face do cedido, tenha que ser registrada na forma no art. 288. Caio Mário da Silva Pereira, por exemplo, entre outros, defende a necessidade do registro, o que se consubstanciaria em uma formalidade excessiva para total eficácia da cessão perante o cedido. Tendo em vista que o art. 290 trata, especificamente, da hipótese envolvendo o devedor, trata-se de norma específica, que afasta a aplicabilidade do art. 288 para o caso.

Quanto à necessidade de registro, o art. 221 do CC desponta que: "O instrumento particular, feito e assinado, ou somente assinado por quem esteja na livre disposição e administração de seus bens, prova as obrigações convencionais de qualquer valor; mas os seus efeitos, bem como os da cessão, não se operam, a respeito de terceiros, antes de registrado no registro público".[5] Portanto, embora o art. 287 do CC nada mencione acerca da necessidade de registro, este se mostra indispensável no que diz respeito à produção de efeitos em relação a terceiros pelo art. 221 do CC.

1.4. Desnecessidade de anuência do devedor e imprescindibilidade de notificação ao devedor

Para que o credor transfira a sua posição na relação jurídica obrigacional a um terceiro, não é necessária a autorização do devedor cedido. Entretanto, para que a cessão produza os seus naturais efeitos é imprescindível a notificação ao devedor. Sendo que essa notificação poderá ser judicial ou extrajudicial.

A razão é óbvia: o devedor deverá estar a par de quem agora é o novo credor e efetuar o devido pagamento a ele. Assim, se não houver a notificação ao devedor e este efetuar o pagamento em relação ao credor primitivo, válido será o pagamento, uma vez que a cessão não foi eficaz em relação ao devedor em razão da ausência de notificação. Por outro lado, caso tenha havido a notificação comunicando ao devedor a cessão e este, indevidamente, paga ao credor primitivo, não se desobrigará de sua obrigação tendo que pagar ao novo credor a quantia devida, em virtude da aplicação da regra do pagamento indevido de que "quem paga mal, paga duas vezes" (arts. 290 c/c 292, ambos do CC).[6]

Vale lembrar o que dispõe a segunda parte do art. 290 do CC: "(...) por notificado se tem o devedor que, em escrito público ou particular, se declarou ciente da cessão feita". Trata-se da chamada notificação presumida, que surtirá os mesmos efeitos da notificação já mencionada.

Assim, com a notificação ao devedor, esse passará a ter ciência da cessão, e ela produzirá seus efeitos em relação ao devedor. Ademais, é no momento que o devedor toma ciência da cessão que se mostra oportuna a apresentação de defesas pessoais que porventura o devedor tenha contra o cedente, como, por exemplo, a compensação. Sendo que as defesas que possua em relação ao novo credor – o cessionário – a todo tempo, poderão ser opostas (art. 294 c/c art. 377, ambos do CC).

1.5. Responsabilidade do cedente pela existência do crédito

Como vimos, a cessão poderá ser feita a título oneroso ou a título gratuito. Se a cessão se der a título oneroso, a regra é que há a responsabilidade do cedente quanto à existência do crédito, isto é, de sua qualidade de credor e existência

---

[5] *Vide* também o art. 129, item 9º, da Lei nº 6.015/73.

[6] "A citação na ação de cobrança ajuizada pelo credor-cessionário é suficiente para cumprir a exigência de cientificar o devedor acerca da transferência do crédito" (EAREsp 1.125.139-PR, Rel. Min. Laurita Vaz, Corte Especial, por maioria, julgado em 6/10/2021).

da obrigação. Sendo que tal responsabilidade é imposta por lei e inafastável por vontade das partes (art. 295, CC).

Se a cessão se der a título gratuito, a responsabilidade do cedente pela existência do crédito só existirá se tiver procedido de má-fé, isto é, se conscientemente sabedor da inexistência daquele crédito o transmite a alguém.

1.6. Responsabilidade do cedente pela solvência do devedor

No que diz respeito à responsabilidade do cedente pela solvência do devedor, a regra é que esta não se opera. E a esse tipo de cessão, dá-se o nome de cessão *pro soluto*, isto é, a cessão em que os riscos da insolvência do devedor são do cessionário.

Entretanto, é possível que o cedente tenha assumido tal responsabilidade expressamente, caso em que estaremos diante da cessão *pro solvendo*. Assim, cessão *pro solvendo* é aquela em que o cedente assume a responsabilidade pela solvência do cedido. Releva notar, porém, que tal responsabilidade não poderá ir além do que o cedente recebeu, com os respectivos juros, sendo que deverão ser ressarcidas as despesas da cessão e as que o cessionário houver feito com a cobrança (art. 297, CC).[7]

2. DA ASSUNÇÃO DE DÍVIDA

A assunção de dívida, também conhecida por cessão de débito, é modalidade de transmissão de obrigação em que o devedor da relação jurídica obrigacional é substituído por outra pessoa que assume o débito, exonerando ou não o devedor primitivo de sua responsabilidade.

2.1. Modalidades de assunção de dívida

2.1.1. Por expromissão

Ocorre quando há um contrato entre o credor e o terceiro que passa a assumir a posição do devedor, sem que para tanto este tenha que consentir.

---

[7] "É válida a cláusula contratual inserida em contrato de cessão de crédito celebrado com um FIDC (Fundo de Investimento em Direitos Creditórios) que consagra a responsabilidade do cedente pela solvência do devedor (cessão de crédito *pro solvendo*)" (STJ, REsp 1.909.459 – SC. Terceira Turma. Rel. Min. Nancy Andrigui, julgado em 18/5/2021, Informativo nº 697). Solução diferente caberia se a questão envolvesse uma empresa de *factoring*. Confira-se a decisão a seguir: "O contrato de *factoring* não se subsume a uma simples cessão de crédito, contendo, em si, ainda, os serviços prestados pela faturizadora de gestão de créditos e de assunção dos riscos advindos da compra dos créditos da empresa faturizada. O risco advindo dessa operação de compra de direitos creditórios, consistente justamente na eventual inadimplência do devedor/sacado, constitui elemento essencial do contrato de *factoring*, não podendo ser transferido à faturizada/cedente, sob pena de desnaturar a operação de fomento mercantil em exame. A natureza do contrato de *factoring*, diversamente do que se dá no contrato de cessão de crédito puro, não dá margem para que os contratantes, ainda que sob o signo da autonomia de vontades que regem os contratos em geral, estipulem a responsabilidade da cedente (faturizada) pela solvência do devedor/sacado" (STJ, REsp 1.711.412-MG. 3ª Turma. Rel. Min. Marco Aurélio Bellizze, julgado em 4/5/2021, Informativo nº 695).

2.1.2. Por delegação

Ocorre quando o terceiro assuntor assume o débito por acordo realizado entre ele e o devedor primitivo. Assim, o devedor primitivo seria o delegante e o terceiro, o delegatário. Para que a delegação seja válida é imprescindível a anuência do credor pela substituição do polo passivo. Essa anuência deverá ser expressa, exceto na hipótese prevista no art. 303 do CC.[8]

2.2. Efeitos da assunção de dívida

Seja a assunção por expromissão ou por delegação, poderá ela ter caráter liberatório ou cumulativo, a depender de seus efeitos.

Por liberatória, entende-se a assunção em que ocorre a liberação do devedor primitivo da obrigação, o qual fica desonerado em relação ao credor. Com base nessa possibilidade, o legislador do Código Civil de 2002 tratou do instituto nos arts. 299 a 303.

Entretanto, é plenamente possível a assunção de dívida cumulativa também designada de coassunção, embora não expressa no Código Civil.

Vale lembrar o Enunciado nº 16, aprovado na I Jornada de Direito Civil: "O art. 299 do Código Civil não exclui a possibilidade da assunção cumulativa da dívida quando dois ou mais devedores se tornam responsáveis pelo débito com a concordância do credor". Assim, será cumulativa quando a assunção da dívida por um terceiro não liberar o devedor primitivo, servindo, então, para reforçar a obrigação. Haverá na hipótese solidariedade passiva, se houver deliberação no contrato nesse sentido.

Não se pode confundir a assunção de dívida cumulativa com a fiança, uma vez que nessa assume-se a responsabilidade por uma dívida alheia, enquanto naquela a dívida passa a ser própria.

Cumpre salientar, também, atentos aos efeitos da assunção da dívida que, conforme estabelece o art. 300 do CC: "Salvo assentimento expresso do devedor primitivo, consideram-se extintas, a partir da assunção da dívida, as garantias especiais por ele originariamente dadas ao credor". Desse modo, em regra, com a assunção da dívida ocorrerá a extinção do penhor, da hipoteca, da anticrese e de outros direitos reais de garantia especiais. Bom de ver, então, o disposto no Enunciado nº 352, aprovado na IV Jornada de Direito Civil: "Salvo expressa concordância dos terceiros, as garantias por eles prestadas se extinguem com a

---

[8] Art. 303, CC: "O adquirente de imóvel hipotecado pode tomar a seu cargo o pagamento do crédito garantido; se o credor, notificado, não impugnar em trinta dias a transferência do débito, entender-se-á dado o assentimento". A propósito da questão, foi aprovado na IV Jornada de Direito Civil, o Enunciado nº 353, com o seguinte teor: "A recusa do credor, quando notificado pelo adquirente de imóvel hipotecado, comunicando-lhe o interesse em assumir a obrigação, deve ser justificada". Nesse mote, ainda vale lembrar o Enunciado nº 424, aprovado na V Jornada de Direito Civil: "A comprovada ciência de que o reiterado pagamento é feito por terceiro no interesse próprio produz efeitos equivalentes aos da notificação de que trata o art. 303, segunda parte".

Cap. 18 – DA TRANSMISSÃO DAS OBRIGAÇÕES

assunção de dívida; já as garantias prestadas pelo devedor primitivo somente são mantidas no caso em que este concorde com a assunção". Além disso, na V Jornada de Direito Civil, foi aprovado o Enunciado nº 422 que dispõe: "A expressão 'garantias especiais' constante do art. 300 do CC/2002 refere-se a todas as garantias, quaisquer delas, reais ou fidejussórias, que tenham sido prestadas voluntária e originariamente pelo devedor primitivo ou por terceiro, vale dizer, aquelas que dependeram da vontade do garantidor, devedor ou terceiro para se constituírem".

2.3. Anulação da assunção de dívida

Caso o negócio de assunção de dívida venha a ser anulado, restaurado será o débito, com todas as suas garantias, salvo as garantias prestadas por terceiros como, por exemplo, aval e fiança. Assim, o negócio ressurgirá sem as garantias iniciais prestadas por terceiros. Entretanto, poderá ressurgir o negócio com as garantias iniciais prestadas por terceiros se esses tinham conhecimento do vício que inquinava a assunção (art. 301, CC[9]).

O Enunciado nº 423, aprovado na V Jornada de Direito Civil, ressalva que o art. 301 do CC se aplica não somente ao caso de anulabilidade, mas também de nulidade e, além disso, com precisão terminológica esclarece que a obrigação não será restaurada, mas sim continuará a existir, já que ela nunca deixou de sê-lo. Eis a sua redação: "O art. 301 do CC deve ser interpretado de forma a também abranger os negócios jurídicos nulos e a significar a continuidade da relação obrigacional originária em vez de 'restauração', porque, envolvendo hipótese de transmissão, aquela relação nunca deixou de existir".

2.4. Oposição de exceções pessoais

O novo devedor – o assuntor – não poderá opor ao credor as exceções pessoais que competiam ao devedor primitivo (por exemplo: a compensação). Todavia, as defesas ínsitas à relação jurídica poderão ser opostas a todo tempo pelo novo devedor (por exemplo: a nulidade da dívida).

---

[9] Art. 301, CC: "Se a substituição do devedor vier a ser anulada, restaura-se o débito, com todas as suas garantias, salvo as garantias prestadas por terceiros, exceto se este conhecia o vício que inquinava a obrigação".

DAS ARRAS

As arras ou sinal é a quantia em dinheiro ou outro bem fungível que é entregue por uma das partes da relação jurídica obrigacional à outra, a fim de garantir o adimplemento da obrigação. Se assim o é, daí percebemos a sua natureza de pacto acessório.

Remontando à origem do instituto, Dilvanir José da Costa explica:

> Arra vem do grego, significando anel, garantia. Tem origem no anel que o noivo oferecia à noiva, como sinal, penhor ou garantia do casamento. Daí foi transportada para o direito das obrigações, como reforço do contrato.[1]

1. ESPÉCIES DE ARRAS

Existem duas espécies de arras: as confirmatórias, também designadas de probatórias, e as penitenciais. Em se tratando de uma ou outra espécie, poderá haver a redução das arras, por aplicação do art. 413 do CC, em decorrência do entendimento firmado no Enunciado nº 165, aprovado na III Jornada de Direito Civil, que assim dispõe: "Em caso de penalidade, aplica-se a regra do art. 413 ao sinal, sejam as arras confirmatórias ou penitenciais". Além do que, vale aqui consignar a opinião de Flávio Tartuce que defende: "Também dando às arras uma função social, entendemos que o seu limite é o mesmo da cláusula penal moratória, ou seja, 10% (dez por cento) do valor da dívida, aplicação analógica da Lei de Usura".[2]

Sob a ótica do STJ, importante conferir a seguinte decisão:

> DIREITO CIVIL. DESPROPORÇÃO ENTRE A QUANTIA PAGA INICIALMENTE E O PREÇO AJUSTADO. Se a proporção entre a quantia paga inicialmente e o preço total ajustado evidenciar que o pagamento inicial englobava mais do que o sinal, não se pode declarar a perda integral daquela quantia inicial como se arras confirmatórias fosse, sendo

---

[1] COSTA, Dilvanir José da. *Sistema de direito civil à luz do novo Código Civil*. Rio de Janeiro: Forense, 2003, p. 111.
[2] TARTUCE, Flávio. *Direito das obrigações e responsabilidade civil*. São Paulo: Método, 2006. p. 226.

legítima a redução equitativa do valor a ser retido. Quanto às arras, deve-se destacar que elas têm duas funções: a) confirmatória (principal); e b) penitencial (secundária). As arras confirmatórias podem significar princípio de pagamento, na medida em que o negócio efetivamente se concretizar. Marcam, portanto, o início da execução do negócio. Convém esclarecer que o valor dado a título de arras confirmatórias deve ser integralmente perdido, ou seja, quando a parte que deu as arras não executar o contrato, não terá direito à devolução do "sinal" por ter dado causa à rescisão. Mas, se o valor do pagamento inicial englobava mais do que o sinal, o percentual de retenção deve ser reduzido. Isso porque não é razoável o entendimento de que todo o referido valor inicial pago seja enquadrado como sinal ou arras confirmatórias e, em consequência, sujeite-se ao perdimento em prol do vendedor. Entender de forma diversa implicaria onerar excessivamente a parte que deu as arras, ainda que a ela tenha sido atribuída culpa pela rescisão do contrato, e beneficiar a parte que as recebeu. Em outras palavras, seria uma fonte de enriquecimento desproporcional. Observe-se que a orientação jurisprudencial do STJ é no sentido de que a fixação das arras confirmatórias se dá em percentual inferior a 20% do valor do bem, variando, mais precisamente, entre 10% e 20% (AgRg no REsp 1.013.249-PE, Quarta Turma, *DJe* de 8/6/2010; e REsp 355.818MG, Quarta Turma, *DJ* 13/10/2003). Nessa linha intelectiva, convém mencionar o Enunciado nº 165 da III Jornada de Direito Civil do CJF: "Em caso de penalidade, aplica-se a regra do art. 413 ao sinal, sejam as arras confirmatórias ou penitenciais". Esclareça-se que o art. 413 do CC estabelece que "a penalidade deve ser reduzida equitativamente pelo juiz se a obrigação principal tiver sido cumprida em parte, ou se o montante da penalidade for manifestamente excessivo, tendo-se em vista a natureza e a finalidade do negócio" (REsp 1.513.259-MS, Rel. Min. João Otávio de Noronha, julgado em 16/2/2016, *DJe* 22/2/2016, Informativo nº 577).

1.1. Arras confirmatórias ou probatórias

As arras confirmatórias ou probatórias são aquelas que têm por principal função confirmar o contrato. Além disso, servirão como antecipação de pagamento, na medida em que quando do cumprimento da obrigação principal aquilo que foi dado a título de arras será computado na prestação devida (art. 417, CC). Releva notar, porém, que essa função de desconto só terá aplicação, independentemente de disposição expressa no contrato, se aquilo que foi dado a título de arras for do mesmo gênero que a prestação principal. Por exemplo se, quando do contrato de promessa de compra e venda de uma casa de R$ 500.000,00, para confirmar o negócio, dei como arras R$ 50.000,00, quando for celebrar a escritura de compra e venda, terei que entregar apenas R$ 450.000,00. Entretanto, se no mesmo negócio tivesse sido dado um automóvel no valor de R$ 50.000,00, quando da celebração da escritura de compra e venda, o automóvel seria restituído, e o pagamento deveria ser feito em sua integralidade. Para que, nessa segunda hipótese, as arras tivessem função de desconto, seria necessário que o contrato de promessa de compra e venda estabelecesse tal função expressamente.

Como visto inicialmente, dadas as arras, não poderão as partes unilateralmente desistir do negócio inicialmente entabulado. Caso uma das partes desista do negócio, as consequências, a depender de quem foi o desistente, estão dispostas no art. 418 do CC. Assim:

a) se o desistente foi quem deu as arras: perdê-las-á em benefício da outra parte;

b) se o desistente foi quem recebeu as arras: terá que devolvê-las mais o seu equivalente, isto é, terá que devolvê-las em dobro com atualização monetária segundo índices oficiais regularmente estabelecidos, juros e honorários de advogado.[3]

Caso o valor recebido como indenização pela desistência de uma das partes seja insuficiente para cobrir todo o prejuízo gerado, é lícito à parte prejudicada pleitear uma indenização suplementar desde que comprove o prejuízo excedente. Além disso, poderá a parte inocente exigir a execução do contrato, se isso for possível, acrescido das perdas e danos (art. 419, CC).

1.2. Arras penitenciais

Quando se trata de arras penitenciais, de igual modo, uma quantia em dinheiro ou outra coisa fungível será entregue por uma das partes à outra. Porém, essa espécie de arras só tem cabimento nos contratos em que há expresso o direito de arrependimento. Por isso se diz que essa espécie de arras é secundária, pois admitir o arrependimento é algo que só será possível excepcionalmente, por toda a incerteza que envolve a relação. Por isso salienta Caio Mário da Silva Pereira: "A arra penitencial deve ser objeto de estipulação. Na falta desta última, prevalece o caráter confirmatório".[4]

As arras penitenciais exercem função unicamente indenizatória. Assim, se quem se arrependeu do negócio foi quem entregou as arras, este as perderá.

Entretanto, se quem se arrependeu for quem recebeu as arras, terá que devolvê-las mais o seu equivalente. Em qualquer hipótese, exatamente porque era permitido o direito de se arrepender de celebrar o negócio, não poderá ser exigida nenhuma indenização suplementar, ainda que o prejuízo tenha sido superior ao que foi recebido a título de indenização por via das arras (art. 420, CC).

Vale lembrar, por fim, a advertência de Mário Luiz Delgado Régis ao analisar o art. 420 do CC: "Se o contrato não se concretizar por caso fortuito ou força maior, não incidirá o disposto neste artigo. Quem deu as arras as receberá de volta, acrescidas apenas da atualização monetária pertinente".[5]

2. DIFERENÇA ENTRE ARRAS E CLÁUSULA PENAL

As arras e a cláusula penal representam uma prefixação de perdas e danos. Entretanto, trata-se de institutos que possuem naturezas diferentes. Assim, as arras

---

[3] STJ, REsp 1.927.986-DF, Rel. Min. Nancy Andrighi, Terceira Turma, por unanimidade, julgado em 22/6/2021, *DJe* 25/6/2021 (Informativo nº 702).

[4] PEREIRA, Caio Mário da Silva. *Instituições de direito civil:* teoria geral das obrigações. v. II. 20. ed. atual. Luiz Roldão de Freitas Gomes. Rio de Janeiro: Forense, 2004. p. 358.

[5] RÉGIS, Mário Luiz Delgado. Do direito das obrigações. In: FIUZA, Ricardo (coord.) *Novo Código Civil comentado.* 4. ed. São Paulo: Saraiva, 2005. p. 373.

possuem natureza real e se manifestam pela entrega de algo. Já a cláusula penal possui caráter consensual, não se exigindo a entrega prévia de nada.

Além disso, Flávio Augusto Monteiro de Barros ressalta:

> Nas arras, o sinal é dado antecipadamente, isto é, no momento da conclusão do negócio, ao passo que a cláusula penal é paga somente após a violação do contrato. Nas arras, o sinal é princípio de pagamento, imputando-se-lhe no preço da prestação devida; a cláusula penal não é princípio de pagamento, mas uma forma de indenização.[6]

Embora existam diferenças entre as arras e a cláusula penal, ambos os institutos apresentam caráter indenizatório. Desse modo, o STJ se manifestou pela impossibilidade de cumulação dos dois institutos, afastando, assim, um indevido *bis in idem* (REsp 1.617.652-DF, Rel. Min. Nancy Andrighi, por unanimidade, julgado em 26/9/2017, Informativo nº 613).

3. TÓPICOS SINÓPTICOS PARA MELHOR FIXAÇÃO DO TEMA

Arras:

1ª) confirmatórias ou probatórias (arts. 417/419, CC)

- **Funções:**
  - Confirmar o contrato;
  - Antecipar pagamento ("função de desconto").

2ª) penitenciais (art. 420, CC)

- **Função:**
  - Prefixar indenização. Não admite pleito de indenização suplementar.

---

[6] BARROS, Flávio Augusto Monteiro. *Manual de direito civil:* direito das obrigações e contratos. v. 2. São Paulo: Método, 2005. p. 187.

RESPONSABILIDADE CIVIL EXTRACONTRATUAL

RESPONSABILIDADE CIVIL: NOÇÕES INTRODUTÓRIAS

1. RESPONSABILIDADE CIVIL E PENAL

A ilicitude ocupa lugar em qualquer ramo do Direito, uma vez que ilicitude é a contrariedade entre a conduta do agente e o Direito. Assim, estaremos diante de um ilícito penal se a contrariedade se der no âmbito das normas penais, que são de Direito Público. Em relação ao ilícito civil, a contrariedade se dá entre a conduta do agente perante as normas de Direito Civil que são normas cunhadas em Direito Privado.

Os diversos ramos do Direito são independentes e autônomos, de modo que com uma mesma conduta pode-se contrariar tanto a norma penal quanto a norma civil. Nessa hipótese, o agente será responsabilizado em ambas as esferas.

2. RESPONSABILIDADE CONTRATUAL E EXTRACONTRATUAL

O dever jurídico de uma pessoa pode decorrer de uma relação jurídica obrigacional preexistente (relação contratual) ou de um preceito geral de Direito. No primeiro caso, a violação ao dever jurídico ocasionará a responsabilidade contratual, também chamada de ilícito relativo; no segundo caso, a violação ao dever jurídico ocasionará a responsabilidade extracontratual, também chamada de aquiliana[1] ou ilícito absoluto. Tanto a responsabilidade contratual quanto a extracontratual são espécies de responsabilidade civil.[2]

---

[1] A denominação "aquiliana" decorre da *Lex Aquilia*, aprovada no final do séc. III a.C. que apresentou a possibilidade de a vítima do dano receber uma indenização pela lesão sofrida extracontratualmente, pondo fim à ideia de retribuição pelo mesmo mal causado, prevista na anterior Lei das XII Tábuas (pena de Talião) que se baseava na máxima do "olho por olho, dente por dente".

[2] "Em nosso sistema a divisão entre responsabilidade contratual e extracontratual não é estanque. Pelo contrário, há uma verdadeira simbiose entre esses dois tipos de responsabilidade, uma vez que regras previstas no Código para a responsabilidade contratual (arts. 393, 402 e 403) são também aplicadas à responsabilidade extracontratual". CAVALIERI FILHO, Sérgio. *Programa de responsabilidade civil*. 7. ed. São Paulo: Atlas, 2007. p. 16.

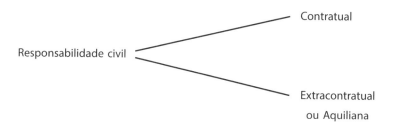

A responsabilidade contratual está disposta nos arts. 389 e ss. do CC. Sendo esse assunto atinente ao Direito das Obrigações. Já a responsabilidade extracontratual ou aquiliana está prevista nos arts. 927 e ss. do CC.

Vale notar, inclusive, de acordo com o STJ, que o prazo prescricional irá variar a depender de a responsabilidade ser contratual ou extracontratual. Na primeira, o prazo a ser considerado será o do art. 205 do CC, isto é, de 10 anos; ao revés, em se tratando de responsabilidade extracontratual, o prazo, em princípio, será o do art. 206, § 3º, V, do CC que é de 3 anos.[3]

Importa perceber de início que é comum as pessoas utilizarem a designação "responsabilidade civil" somente se referindo à responsabilidade civil extracontratual ou aquiliana, objeto de estudo nesta parte do livro.

---

[3] "O acórdão embargado, da Quarta Turma, aplicou o prazo decenal (art. 205 do CC/2002), enquanto os acórdãos paradigmas, da Terceira Turma, aplicaram o prazo trienal (art. 206, § 3º, V, do CC/2002). Inicialmente, registre-se que, nas hipóteses de inadimplemento contratual, ao credor é permitido exigir do devedor o exato cumprimento daquilo que foi avençado. Se houver mora, além da execução específica da prestação, o credor pode pleitear eventuais perdas e danos decorrentes da inobservância do tempo ou modo contratados (arts. 389, 394 e 395 do CC/2002). Na hipótese de inadimplemento definitivo (art. 475 do CC/2002), o credor poderá escolher entre a execução pelo equivalente ou, observados os pressupostos necessários, a resolução da relação jurídica contratual. Em ambas as alternativas, poderá requerer, ainda, o pagamento de perdas e danos eventualmente causadas pelo devedor. Assim, há três pretensões potenciais por parte do credor, quando se verifica o inadimplemento contratual, todas interligadas pelos mesmos contornos fáticos e pelos mesmos fundamentos jurídicos, sem qualquer distinção evidente no texto normativo. Tal situação exige do intérprete a aplicação das mesmas regras para as três pretensões. Considerando a logicidade e a integridade da legislação civil, por questão de coerência, é necessário que o credor esteja sujeito ao mesmo prazo para exercer as três pretensões que a lei põe à sua disposição como possíveis reações ao inadimplemento. Nesse sentido, o art. 205 do CC/2002 mantém a integridade lógica e sistemática da legislação civil. Assim, quando houver mora, o credor poderá exigir tanto a execução específica como o pagamento por perdas e danos, pelo prazo de dez anos. Da mesma forma, diante do inadimplemento definitivo, o credor poderá exigir a execução pelo equivalente ou a resolução contratual e, em ambos os casos, o pagamento de indenização que lhe for devida, igualmente pelo prazo de dez anos. Por observância à lógica e à coerência, portanto, o mesmo prazo prescricional de dez anos deve ser aplicado a todas as pretensões do credor nas hipóteses de inadimplemento contratual, incluindo o da reparação de perdas e danos por ele causados" (EREsp 1.280.825-RJ, Rel. Min. Nancy Andrighi, por maioria, julgado em 27/6/2018 (Informativo nº 632, STJ). Nesse mesmo sentido, EREsp 1.281.594 – SP, Rel. Min. Benedito Gonçalves, Corte Especial, 15/5/2019. Informativo nº 649, STJ).

3. RESPONSABILIDADE SUBJETIVA E OBJETIVA

Quando o fundamento do dever de indenizar decorrer de **culpa** *lato sensu*, estaremos diante da chamada **responsabilidade subjetiva**. Isto é, avalia-se e considera-se o elemento anímico do agente causador do dano para poder responsabilizá-lo.

A **responsabilidade objetiva**, ao revés, é aplicável independentemente da aferição de culpa do agente causador do dano. Assim, basta a superveniência do **dano** para a sua responsabilização. Baseada na teoria do risco surgida no final do séc. XIX, a fim de assegurar a indenização àqueles casos em que a produção de prova da culpa seria extremamente difícil, a responsabilização objetiva chegou exatamente em um contexto em que se ansiava por colocar fim a situações de impunidade. Exatamente porque na sociedade moderna nem sempre a aferição de culpa é possível, a objetivação da responsabilidade, afastando-se do elemento psicológico da conduta do agente (dolo ou culpa) e voltando-se apenas para o dano causado, acenou no sentido de solucionar muitos casos que até então se quedavam irresponsabilizáveis.

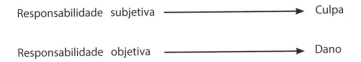

A RESPONSABILIDADE SUBJETIVA

Se analisarmos o *caput* do art. 927 conjugado com o art. 186, ambos do Código Civil de 2002, depararemos com a responsabilidade subjetiva. Dissecando os referidos artigos encontramos os pressupostos da responsabilidade subjetiva, a seguir analisados.

1. PRESSUPOSTOS DA RESPONSABILIDADE SUBJETIVA

A doutrina, de uma maneira geral, apresenta como pressupostos da responsabilidade subjetiva os seguintes elementos:

- conduta humana antijurídica;
- culpa *lato sensu*;
- nexo causal;
- dano.

1.1. A conduta humana antijurídica

Para que surja a responsabilidade, devemos compreender que é a conduta humana que ocasiona o prejuízo. Essa conduta humana pode ser tanto uma ação (atuação positiva) como uma omissão (atuação negativa). A atuação positiva é fácil de ser visualizada. Já a atuação negativa, nem sempre. Para tanto, é necessário que o agente tenha a obrigação de atuar de determinada forma, e não atua, fazendo com que a sua omissão gere um dano a alguém.

Ademais, não podemos parar na simples ação ou omissão que cause um dano a outrem. É necessário que essa ação ou omissão seja, necessariamente, antijurídica. Por vezes, podemos praticar determinado ato que prejudique uma outra pessoa, entretanto, desse ato – se ele não for antijurídico – não decorrerá responsabilidade. Por exemplo, imaginemos que uma pessoa seja proprietária da única padaria em seu bairro. E essa situação perdure durante anos. Ocorre que, em um belo dia, um sujeito chega a este bairro e resolve montar o seu próprio estabelecimento, uma padaria também. Plenamente viável, uma vez que a Constituição Federal lhe garante a livre-iniciativa. E o novo comerciante não para por aí, resolve, então, vender os produtos a preços bem mais reduzidos do que os da antiga padaria do bairro. Nessa situação, temos claramente que uma pessoa causou danos à outra por meio de sua conduta. Ocorre que, como essa não foi antijurídica, não terá o dever de indenizar o prejudicado.

Importa perceber que, para que haja a responsabilização, é necessário que a conduta humana viole um dever jurídico, havendo, outrossim, a ofensa ao vetusto princípio geral de direito do *neminem laedere*. Tal axioma decorre do Direito Romano, gerando a imposição de que a ninguém é dado o direito de lesar ninguém.

1.2. A culpa *lato sensu* ou culpa genérica

As formas psicológicas pelas quais a pessoa humana poderá agir antijuridicamente, positiva ou negativamente, são: o dolo e a culpa *stricto sensu*.

O dolo ocorre quando o agente deliberadamente, intencionalmente, atua no sentido de violar o dever jurídico. Por outro lado, a culpa *stricto sensu* decorre da inobservância de um dever de cuidado e claro fica que não há intencionalidade por parte do agente que, apenas quer a conduta, não almejando, porém, o resultado. A culpa *stricto sensu* poderá se operar pelas seguintes modalidades: negligência, imprudência ou imperícia.

- A negligência se manifesta pela falta de um cuidado necessário como, por exemplo, um motorista que dirige o seu carro à noite com os faróis queimados ou utiliza o seu veículo sem freios.
- A imprudência ocorre quando o agente assume um risco desnecessariamente como, por exemplo, quando o agente avança um sinal fechado, vindo a colidir com outro veículo em razão disso.
- A imperícia decorre da falha técnica daquele que em tese possuía a habilitação necessária. O exemplo clássico é o do médico que emprega técnica equivocada em cirurgia, sobrevindo o falecimento do paciente.

Releva notar que o Direito Civil não se preocupa com a nítida separação existente entre o dolo e a culpa *stricto sensu*, de modo que os trata como modalidades do gênero culpa *lato sensu*.[1] Assim, não importa se o agente agiu com dolo ou culpa *stricto sensu*, o resultado será o mesmo: a reparação ou a indenização dos danos.

$$
\text{Culpa } \textit{lato sensu} \text{ ou genérica} \left\{ \begin{array}{l} \text{Dolo} \\ \\ \text{Culpa } \textit{stricto sensu} \end{array} \right. \left\{ \begin{array}{l} \text{Negligência} \\ \\ \text{Imprudência} \\ \\ \text{Imperícia} \end{array} \right.
$$

1.2.1. Classificação da culpa stricto sensu

De uma maneira geral, a doutrina classifica a culpa no seguinte padrão:

---

[1] Para alguns doutrinadores a terminologia "culpa *lato sensu*" é sinonímia de dolo, e não gênero que englobaria o dolo e a culpa *stricto sensu*.

1.2.1.1. Quanto à origem

a) **culpa contratual ou** *in contrahendo*: é a culpa que decorre da violação de um dever preexistente consignado em um contrato, ou da violação aos deveres laterais ou anexos que, na pós-modernidade, se vinculam à obrigação principal por meio do princípio da boa-fé objetiva. Vale lembrar que a boa-fé objetiva atua integrando à obrigação principal os deveres laterais ou anexos como a proteção, a informação, a cooperação, a solidariedade etc., de tal modo que a violação a tais deveres poderá ensejar a responsabilidade pré-contratual, contratual ou pós-contratual, a depender do momento da violação;

b) **culpa extracontratual ou aquiliana:** é a culpa que decorre da violação a um preceito geral de Direito.

1.2.1.2. Quanto à atuação do agente

a) **culpa** *in comittendo*: decorre de uma atuação positiva do agente. Liga-se, assim, à ação ou comissão por parte do agente e ao conceito de imprudência acima analisado. Por exemplo: o agente que avança determinado sinal de trânsito causando um atropelamento;

b) **culpa** *in omittendo*: decorre de uma atuação negativa do agente, ligando-se, assim, à omissão por parte do agente e à sua negligência. Por exemplo, a enfermeira que se esquece de ministrar remédio ao paciente que vem a falecer em razão disso, ou o médico que esquece material cirúrgico dentro do organismo do paciente.

1.2.1.3. Quanto à análise pelo estudioso do Direito

a) **culpa** *in concreto*: o estudioso do Direito deverá analisar a conduta do agente diante do caso concreto e todas as suas peculiares;

b) **culpa** *in abstrato*: o estudioso do Direito deverá levar em consideração a postura do homem médio, do homem ideal ou da pessoa natural comum.[2] Ele precavidamente evita o mal porque diligentemente o prevê.

Nesta classificação, os dois critérios apontados deverão, em realidade, interagir, de tal modo que deverão ser analisadas as especificidades do caso concreto, sem se esquecer o padrão de comportamento que tangencia a normalidade.

---

[2] Flávio Tartuce propugna pela expressão "pessoa natural comum" em substituição à antiga expressão "homem médio" tendo em vista que "o art. 1º do CC prefere pessoa a homem (art. 2º do CC/16) afastando qualquer discriminação na utilização da expressão no masculino". TARTUCE, Flávio. *Direito civil:* direito das obrigações e responsabilidade civil. 2. ed. São Paulo: Método, 2006. p. 308.

1.2.1.4. Quanto ao grau de culpa

a) **culpa grave ou *lata*:** ocorre quando a negligência, a imprudência ou a imperícia do agente se dá de forma grosseira, crassa. Em razão disso, para muitos, a culpa expressa nesse grau se aproxima ou se equipara ao dolo,[3] por exemplo, o avançar de um sinal fechado durante o dia.

b) **culpa leve ou média:** ocorre quando a conduta do agente se desenvolve sem a atenção normalmente devida. Trata-se da culpa intermediária.

c) **culpa levíssima:** é aquela em que a conduta danosa só poderia ter sido evitada diante de diligência, atenção e cautela extraordinárias do agente.

De início, importa perceber que, embora existente a classificação retrocitada, para o Direito Civil não importa, em regra, o grau de culpa com que o agente desenvolveu sua conduta danosa, de modo que, mesmo tendo agido com um grau de culpa levíssimo,[4] ainda sim será responsabilizado pela extensão dos danos experimentados pela vítima, salvo nas hipóteses de culpa concorrente da vítima e do novidadeiro parágrafo único do art. 944 do CC, analisado mais à frente.

1.2.1.5. Quanto à sua presunção

As hipóteses abaixo mencionadas são manifestações de culpa presumida, que poderão variar em: *vigilando*, *custodiendo* ou *eligendo*. Assim, se hipóteses de culpa, são, em verdade, situações de responsabilidade subjetiva, uma vez que presente está o elemento culpa, ainda que presumida.

a) **culpa *in vigilando*:** é aquela que decorre da falha no dever de vigiar pessoas, por exemplo, a culpa do pai pelo ato danoso de seu filho menor que acaba por gerar a responsabilização do primeiro.

b) **culpa *in custodiendo* ou custodiando:** é aquela que decorre da falha no dever de vigiar coisas ou animais. Por exemplo, a culpa do dono do animal que causa dano a alguém.

c) **culpa *in eligendo*:** é a culpa que decorre da má escolha, da má eleição. É o caso do empregador que se vê responsabilizado por ato danoso de seu empregado, uma vez que este foi mal escolhido pelo primeiro quando da contratação.

No que tange à culpa presumida, para muitos, com o Código Civil de 2002, esse instituto desapareceu, de modo que, não faz mais sentido falar-se em presunção de culpa, uma vez que a teoria da culpa cedeu espaço à teoria do risco, na

---

[3] É velho o brocardo *culpa lata dolus equiparatur*, que, em tradução simples, significa "a culpa grave equipara-se ao dolo". Em razão desse entendimento, há quem entenda que quando um dispositivo legal responsabilizar o agente por dolo, será hipótese de responsabilidade também por culpa grave. Por exemplo, *vide* art. 392, CC que desponta com a seguinte redação: "Nos contratos benéficos, responde por simples culpa o contratante, a quem o contrato aproveite, e por dolo aquele a quem não favoreça. Nos contratos onerosos, responde cada uma das partes por culpa, salvo as exceções previstas em lei".

[4] *In lege Aquilia levíssima culpa venit* que em tradução simples quer dizer "Na lei Aquilia calcula--se também a culpa levíssima".

Cap. 21 – A RESPONSABILIDADE SUBJETIVA

qual não se perquire a culpa do agente, recaindo a responsabilidade apenas pela ocorrência do dano a terceiros. Assim, para os adeptos dessa posição, o legislador tratou como de responsabilidade objetiva os casos de danos cometidos por atos de terceiros ou atos de coisas, conforme os arts.932, 936, 937 e 938 do CC/2002. Por essa doutrina não faz mais sentido a classificação da culpa em *eligendo*, *vigilando* e *custodiendo*, uma vez que todas essas hipóteses no Código Civil de 2002 são de responsabilidade objetiva e não mais subjetiva por culpa presumida em qualquer uma de suas modalidades. Em sentido contrário, há quem diga que o art. 936 do Código Civil continua a tratar da culpa presumida (tratando-se, portanto, de responsabilidade subjetiva), e ainda existem outros que dão a denominação responsabilidade objetiva imprópria para a presunção de culpa, mesclando ambos os institutos.[5] Concordamos com o posicionamento pelo qual a classificação acima está em franca decadência, tendendo ao desaparecimento.

1.3. O nexo causal

Não seria possível atribuir-se a reparação de um dano a alguém, se entre a violação do dever jurídico – a conduta – e o dano não existisse uma relação de causalidade. O que significa dizer que, para que haja a responsabilização pela prática de um ato ilícito, é necessária a configuração de relação de causa e efeito entre a violação do dever jurídico e o dano.

A necessidade do nexo causal está expressa no art. 186 do Código Civil por meio do verbo **"causar"**. Desse modo, quando não for a conduta do agente que causar o dano, estará rompido o nexo causal e, por conseguinte, inexistirá a obrigação de indenizar.

1.3.1. Teorias explicativas do nexo causal[6]

1.3.1.1. Teoria da equivalência das condições ou condição *"sine qua non"*

Por esta teoria, toda e qualquer circunstância envolvida no desenrolar dos fatos é considerada causa. Qualquer ato praticado durante a cadeia que ocasione

---

[5] Flávio Augusto Monteiro de Barros apresenta a seguinte subdivisão de responsabilidade objetiva: a) própria ou pura: é a baseada na teoria do risco, dispensando-se qualquer discussão acerca da culpa; b) imprópria ou impura: é aquela em que a lei presume a culpa, invertendo-se o ônus da prova. Exemplo: o art. 936 do CC presume a culpa do dono do animal que causa dano a outrem. BARROS, Flávio Augusto Monteiro de. *Manual de direito civil:* direito das coisas e responsabilidade civil. São Paulo: Método, 2005. p. 206.

[6] Antes de apresentarmos as teorias mais respeitadas em se tratando de nexo causal, bom de ver o desabafo de Sérgio Cavalieri Filho acerca do tema: "(...) é forçoso concluir que, não obstante as teorias existentes sobre o nexo causal e tudo quanto já se escreveu sobre o tema, o problema da causalidade, como ressaltamos, não encontra solução numa fórmula simples e unitária, válida para todos os casos. Na minha experiência de magistrado tenho constatado que este é um ponto onde se registra o maior número de divergências entre os julgadores de todos os graus. E assim é porque esta ou aquela teoria fornece apenas um rumo a seguir, posto que a solução do caso concreto sempre exige do julgador alta dose de bom senso prático e da justa relação das coisas; em suma, é imprescindível um juízo de adequação, a ser realizado com base na lógica do razoável". CAVALIERI FILHO, Sérgio. *Programa de responsabilidade civil.* 7. ed. São Paulo: Atlas, 2007, p. 52.

o resultado danoso é considerado uma condição sem a qual o evento danoso não teria sido perpetrado.

A teoria da equivalência das condições é extremamente criticada pela doutrina por conduzir a absurdos como no exemplo clássico de se responsabilizar o fabricante da arma que fora utilizada para o homicídio. Tal crítica se traduz naquilo que é designado de *regressus ad infinitum*, isto é, ao perquirirmos todas as causas que induziram ao evento danoso, iremos regressar até o infinito o que se apresenta de todo absurdo.

A teoria da equivalência das condições é prevalecente na esfera criminal.[7] Pablo Stolze e Rodolfo Pamplona Filho explicam que tal teoria é adotada por grande parte dos penalistas porque sustentam:

> A análise do dolo ou da culpa do infrator poderia limitá-la, vale dizer, os agentes que apenas de forma indireta interferiram na cadeia causal, por não terem a necessária previsibilidade (dolo ou culpa) da ocorrência do dano, não poderiam ser responsabilizados. O fabricante da arma, por exemplo, ao produzi-la, não poderia imaginar a utilização criminosa do seu produto.[8]

1.3.1.2. Teoria da causalidade adequada

Por esta teoria, a causa responsável pelo evento danoso será aquela que melhor se adequar ao resultado, o que significa dizer que uma pessoa só será obrigada a indenizar se o dano decorrer adequadamente de sua conduta.

De acordo com Flávio Monteiro de Barros "a teoria da causalidade adequada preconiza que a causa é apenas o comportamento idôneo a produzir o resultado"[9] ou, na linguagem de Flávio Tartuce, "somente aquelas condutas relevantes para o evento danoso podem acarretar o dever de indenizar".[10] E, ainda, conforme ensina Sérgio Cavalieri Filho:

> Esta teoria, elaborada por Von Kries, é a que mais se destaca entre aquelas que individualizam ou qualificam as condições. Causa, para ela, é o antecedente não só necessário mas, também, adequado à produção do resultado. Logo, se várias condições concorreram

---

[7] *Vide* art. 13 do CP: "O resultado, de que depende a existência do crime, somente é imputável a quem lhe deu causa. Considera-se a causa a ação ou omissão sem a qual o resultado não teria ocorrido".

[8] GAGLIANO, Pablo Stolze; PAMPLONA FILHO, Rodolfo. *Novo curso de direito civil:* responsabilidade civil. 6. ed. São Paulo: Saraiva, 2008, p. 10. Os referidos autores ainda advertem que "a teoria da equivalência das condições, a despeito de ser tradicionalmente adotada no Direito brasileiro, tem sofrido duras críticas nas últimas décadas, especialmente a partir dos ensinamentos de Claus Roxin".

[9] BARROS, Flávio Augusto Monteiro de. *Manual de direito civil:* direito das coisas e responsabilidade civil. São Paulo: Método, 2005. p. 245.

[10] TARTUCE, Flávio. *Direito civil:* direito das obrigações e responsabilidade civil. 2. ed. São Paulo: Método, 2006. p. 312.

para determinado resultado, nem todas serão causas, mas somente aquela que for mais adequada à produção do evento.[11]

Nítida fica a aplicação da teoria no seguinte exemplo: "A" devidamente habilitado, porém, completamente embriagado, ao dirigir o seu veículo, invade a contramão da direção, vindo a colidir de frente com o veículo de "B", que dirigia dentro da velocidade regulamentar, na mão de direção devida, porém sem a habilitação necessária para tanto. Nessa situação, a responsabilidade civil, aplicando-se a teoria da causalidade adequada, recairá sobre o motorista "A", embora habilitado. Isso porque foi de sua conduta que decorreu adequadamente o acidente. Assim, o motorista "B" não incidirá em responsabilidade civil, podendo, todavia, incidir em responsabilidade penal por conduzir veículo sem a carteira de habilitação. A teoria da causalidade adequada é aceita por parte da doutrina para explicação do nexo causal na órbita cível.

Por fim, lembremos o Enunciado nº 47 do CJF, aprovado na I Jornada de Direito Civil, que atenta para o art. 945 do CC,[12] apresentando a seguinte redação: "O referido artigo (art. 945), que não encontra correspondente no Código Civil de 1916, não exclui a aplicação da teoria da causalidade adequada". A aprovação do referido enunciado surge de retoques e aperfeiçoamentos na teoria norte-americana da causa próxima (*the last clear chance*). Pela referida teoria norte-americana, a parte que por último teve a oportunidade de evitar o dano, embora patente a atuação culposa da outra, é que responderá pelo dano. Avaliando tal teoria sob outra ótica, evolui-se para a compreensão de que, ao invés de se perquirir quem teve a última oportunidade de evitar o dano, deve-se atentar para quem estava em melhores condições de evitá-lo. Esse, portanto, atrairá para si toda a responsabilidade pelo evento danoso.

Esclarecedor se mostra o seguinte exemplo de Antônio José Silveira Paulilo, em justificativa ao referido enunciado:

> Não há razão, efetivamente, para que o causador do dano responda, se sua conduta foi inócua para a concorrência do evento danoso. Suponhamos o exemplo de um motorista que trafegue, em excesso de velocidade, a 110 quilômetros horários onde a velocidade máxima permitida é de 100 quilômetros por hora – com violação, pois, do Código de Trânsito Brasileiro e, consequentemente, com manifesta imprudência –, por rodovia dotada de via dupla, com quatro faixas de rolamento em cada pista e com suas laterais externas protegidas por muretas que impeçam, como regra, o ingresso de quem quer que seja. Imagine-se, ainda, que, em lugar ermo, ciclista, aproveitando-se de exíguo espaço em ambas as muretas, deixado para fins de engenharia, transponha uma das pistas, correndo em sua bicicleta, surpreendendo por completo o motorista que sequer tivera a oportunidade de vê-lo antes, dado que escondido pela mureta, e

---

[11] CAVALIERI FILHO, Sérgio. *Programa de responsabilidade civil.* 7. ed. São Paulo: Atlas, 2007. p. 48.

[12] Art. 945 do CC: "Se a vítima tiver concorrido culposamente para o evento danoso, a sua indenização será fixada tendo-se em conta a gravidade de sua culpa em confronto com a do autor do dano".

que veio a colhê-lo causando-lhe danos pessoais além dos danos materiais na bicicleta. É evidente que a culpa do ciclista por si só causou o acidente porquanto tanto fazia ao motorista transitar a 110 Km/h ou 100Km/h que o evento ocorreria de qualquer forma e com danos na mesma intensidade. Em termos de gravidade de culpas, o ciclista foi imprudente e negligente em altíssimo grau. Sabia que jamais poderia atravessar a rodovia naquele lugar; sabia que poderia ser colhido por um automóvel; sabia que seu ingresso na pista não seria pressentido; sabia que motoristas poderiam estar acima do limite de velocidade; sabia que é muito difícil calcular a velocidade de um automotor de frente. Como, pois, responsabilizar o motorista pelos seus 10 quilômetros a mais por hora absolutamente inócuos?[13]

Basicamente, o que o Enunciado nº 47 do CJF propõe é que, mesmo em situações de aparente culpa concorrente (art. 945, CC), é preciso perquirir a causa adequada que ensejou o resultado para que haja a correta responsabilização.

1.3.1.3. Teoria dos danos diretos e imediatos

Não obstante o que foi dito no item anterior, há quem aponte que a teoria adotada pelo Código Civil é a chamada teoria dos danos diretos e imediatos com fincas na redação do art. 403 do CC que dispõe: "Ainda que a inexecução resulte de dolo do devedor, as perdas e danos só incluem os prejuízos efetivos e os lucros cessantes por efeito dela direto e imediato, sem prejuízo do disposto na lei processual". Nesse sentido, *vide* os respeitáveis Carlos Roberto Gonçalves, Flávio Augusto Monteiro de Barros, Pablo Stolze Gagliano e Rodolfo Pamplona Filho.

A teoria dos danos diretos e imediatos propugna que só serão indenizados os danos decorrentes diretamente da conduta do agente, não cabendo indenização pelos danos remotos oriundos de outras causas, as chamadas concausas.

Vale a pena solucionar o exemplo mencionado por Flávio Augusto Monteiro de Barros, aplicando cada uma das três teorias, cada qual a seu tempo. O exemplo é: "A" desfere um soco leve na cabeça de "B", causando-lhe fratura do crânio, em razão de fraqueza óssea. Para a teoria da equivalência das condições, subsiste a obrigação de indenizar, pois a conduta de "A" foi a causa do resultado. Já para a teoria da causalidade adequada, não há a responsabilidade civil, porquanto a conduta de "A", analisada abstratamente, não se reveste de idoneidade para, por si só, produzir o resultado, salvo se "A" soubesse da precariedade óssea de B. Pela teoria dos danos diretos ou imediatos, o agente é responsável pela indenização, pois o traumatismo craniano emanou diretamente de sua conduta.[14]

Entretanto, temos para nós que tende a prevalecer a observação formulada por Sérgio Cavalieri Filho ao comentar o art. 403 do CC:

---

[13] PAULILO, Antônio José Silveira. *Jornada de direito civil.* AGUIAR JR., Ruy Rosado. (Org.) Brasília: CJF, 2003. p. 281.

[14] BARROS, Flávio Augusto Monteiro de. *Manual de direito civil:* direito das coisas e responsabilidade civil. São Paulo: Método, 2005. p. 245/246.

Cap. 21 – A RESPONSABILIDADE SUBJETIVA

De se ressaltar que a expressão "efeito direto e imediato" não indica a causa cronologi-camente mais ligada ao evento, temporalmente mais próxima, mas sim aquela que foi a mais direta, a mais determinante segundo o curso natural e ordinário das coisas. Com frequência a causa temporalmente mais próxima do evento não é a mais determinante, caso em que deverá ser desconsiderada, por se tratar de mera concausa.[15]

Daí, a inclinação pela teoria da causalidade adequada.

1.3.2. Excludentes do nexo causal

As causas excludentes do nexo causal e, portanto, da responsabilização são: o caso fortuito e a força maior; o fato ou culpa exclusiva da vítima; e o fato ou culpa exclusiva de terceiro. Tais causas se apresentam com especial importância se partirmos do pressuposto de que uma pessoa não poderá responder por determinada situação a que não tenha dado causa. Examinamos, a seguir, cada uma das excludentes.

1.3.2.1. O caso fortuito e a força maior. O fortuito interno e o fortuito externo

O art. 393, parágrafo único, do CC apresenta o mesmo conceito para o caso fortuito e a força maior, como em sendo o fato necessário, cujos efeitos não se pode evitar ou impedir. Há, porém, ontologicamente, diferença entre o caso fortuito e a força maior. Embora eventos inevitáveis, no caso fortuito há a imprevisibilidade do evento; já na força maior, a previsibilidade. Porém, como notado, o Direito Civil não se preocupa em distinguir um e outro conceito, tratando-os como sinônimos.

É claro que, para cada excludente do nexo causal alegada, deve-se atentar detidamente para as circunstâncias do caso concreto. Entretanto, grosso modo, podemos dizer que um pequeno inseto que entre no ouvido do motorista do veículo, desnorteando-o e, consequentemente, vindo a provocar um acidente, é hipótese de exclusão de responsabilização do motorista por exclusão do nexo causal em virtude de caso fortuito ou força maior. De igual modo, exclui-se a responsabilidade do cirurgião estético por rejeição de prótese do paciente e a responsabilidade do transportador por assalto a mão armada no interior do transporte coletivo.[16]

Ao contrário, em relação ao defeito mecânico de um veículo envolvido em acidente, a jurisprudência tende a dizer que não se enquadra nos contornos de tais excludentes do nexo causal. Isso porque é possível detectá-lo e, portanto, impedi-lo por meio de periódica e adequada manutenção. O mesmo vale lembrar em se tratando de derrapagens em dia chuvoso, ante a possibilidade de sua previsão e impedimento.

---

[15] CAVALIERI FILHO, Sérgio. *Programa de responsabilidade civil.* 7. ed. São Paulo: Atlas, 2007. p. 50.

[16] Diferente é a hipótese em que há assalto à mão armada no interior de estabelecimento bancário. Nesse caso não há exclusão da responsabilidade do estabelecimento bancário por exclusão do nexo causal. Isso porque é dever da instituição zelar pela segurança de seus clientes e correntistas.

Ainda sobre o caso fortuito, vale lembrar que doutrinadores modernos o distinguem em: fortuito interno e fortuito externo. Há nas duas hipóteses a imprevisibilidade já aventada. Porém, no fortuito interno o fato imprevisível está conexo à organização e atuação da empresa, por exemplo, o infarto sofrido pelo motorista do ônibus que poderia ser detectado em exames periódicos de saúde do empregado da empresa. Já em se tratando de fortuito externo, há a imprevisibilidade do fato que, todavia, não está conexo à organização e atuação da empresa. Aqui deparamos com os fenômenos da natureza, como tempestades e enchentes. Assim, muitos doutrinadores apresentam como sinônimas as expressões fortuito externo e força maior, em virtude da inerente inevitabilidade.

Tal classificação do caso fortuito (interno e externo) se torna oportuna na visualização da responsabilidade do transportador, que só não terá o dever de indenizar diante do fortuito externo.[17]

O STJ entendeu que o disposto na Súmula nº 130 do STJ não alcança as hipóteses de crime de roubo a cliente de lanchonete, praticado mediante grave ameaça e com emprego de arma de fogo, ocorrido no estacionamento externo e gratuito oferecido pelo estabelecimento comercial, por ser caso que se situa nos perímetros do fortuito externo.[18]

---

[17] Art. 734, CC: "O transportador responde pelos danos causados às pessoas transportadas e suas bagagens, salvo motivo de força maior, sendo nula qualquer cláusula excludente da responsabilidade". O referido artigo atenta para a força maior apenas que, como vimos, se traduz no fortuito externo.

[18] "A matéria devolvida ao conhecimento do STJ se limita a definir se há responsabilidade de lanchonete por roubo de motocicleta ocorrido nas dependências do estacionamento mantido pelo estabelecimento, quando o consumidor retornava a seu veículo após a refeição. Sobre o tema, cumpre salientar que, a teor da Súmula nº 130/STJ 'A empresa responde, perante o cliente, pela reparação de dano ou furto de veículo ocorridos em seu estacionamento'. Ocorre, porém, que o caso em apreço não se amolda à orientação expressada no aludido enunciado sumular, porquanto não se trata aqui de simples subtração (furto) ou avaria (dano) da motocicleta pertencente ao autor, mas da subtração desta mediante grave ameaça dirigida por terceiros contra sua pessoa, ou seja, verificou-se a ocorrência do crime de roubo, que foi praticado, inclusive, com emprego de arma de fogo, o que evidencia ainda mais a inevitabilidade do resultado danoso. Como consabido, o art. 393 do Código Civil de 2002 elenca a força maior e o caso fortuito como causas excludentes do nexo causal e, por consequência, da própria responsabilidade civil. O parágrafo único do mencionado dispositivo, por sua vez, dispõe que ambos se configuram na hipótese de fato necessário, cujos efeitos se revelem impossíveis de evitar ou impedir. A ideia que subjaz é, por isso mesmo, a de que o 'agente' não deve responder pelos danos causados na hipótese em que não lhe era possível antever e, sobretudo, impedir o acontecimento. Destaca-se também que não se pode comparar a situação em apreço com a de estacionamentos privados destinados à exploração direta de tal atividade ou a daqueles indiretamente explorados por grandes *shopping centers* e redes de hipermercados. Nesse aspecto, cumpre observar que, no primeiro caso – relativo a demandas indenizatórias promovidas em desfavor de empresas voltadas especificamente à exploração do serviço de estacionamento –, esta Corte Superior tem afastado a alegação defensiva de ocorrência de força maior por considerar configurado fortuito interno, haja vista serem inerentes à atividade comercial explorada, nessa hipótese, os riscos oriundos de seus deveres de guarda e segurança que constituem, em verdade, a própria essência do serviço oferecido e pelo qual demanda contraprestação. No segundo caso – em que figuram no polo passivo de demandas análogas hipermercados ou *shopping centers* –, a responsabilidade tem sido reconhecida pela aplicação da teoria do risco (risco-proveito) conjugada com o fato de se

Por fim, vale lembrar a Súmula nº 479 do STJ que apresenta a seguinte redação: "As instituições financeiras respondem objetivamente pelos danos gerados por fortuito interno relativo a fraudes e delitos praticados por terceiros no âmbito de operações bancárias".

A 3ª Turma do STJ reconheceu a possibilidade de responsabilidade civil da transportadora em virtude de ato libidinoso praticado contra passageira no interior do trem tendo em vista a constatação de fortuito interno, pois a ocorrência do assédio sexual apresenta conexidade com os serviços prestados pela concessionária. Posteriormente, a 4ª Turma do STJ decidiu em sentido contrário, isto é, que a concessionária de transporte ferroviário não responde por ato ilícito cometido por terceiro e estranho ao contrato de transporte por se caracterizar como fortuito externo.[19]

---

vislumbrar, em situações tais, a frustração de legítima expectativa do consumidor, que termina sendo levado a crer, pelas características do serviço agregado (de estacionamento) oferecido pelo fornecedor, estar frequentando ambiente completamente seguro. No caso concreto, nenhuma dessas circunstâncias se faz presente. Afinal, pelo que se pode facilmente colher dos autos, o autor foi vítima de assalto na área de estacionamento aberto, gratuito, desprovido de controle de acesso, cercas ou de qualquer aparato que o valha, circunstâncias que evidenciam que nem sequer se poderia afirmar ser a lanchonete responsável por eventual expectativa de segurança criada pelo consumidor (REsp 1.431.606-SP, Rel. Min. Paulo de Tarso Sanseverino, Rel. Acd. Min. Ricardo Villas Bôas Cueva, por maioria, julgado em 15/8/2017. Informativo nº 613). Vale mencionar, ainda, decisão publicada no Informativo nº 648 do STJ com o seguinte teor: "O acórdão embargado da Terceira Turma reconheceu que a prática do crime de roubo, com emprego inclusive de arma de fogo, de cliente de lanchonete *fast-food*, ocorrido no estacionamento externo e gratuito por ela oferecido, constitui verdadeira hipótese de caso fortuito (ou motivo de força maior) que afasta do estabelecimento comercial proprietário da mencionada área o dever de indenizar (art. 393 do Código Civil)'. Em contrapartida, o aresto paradigma, da Quarta Turma, entende que não deve ser afastado o dever de indenização, quando o roubo à mão armada ocorre nas dependências de estacionamento mantido por estabelecimento comercial, em razão de não configurar caso fortuito. O Superior Tribunal de Justiça, conferindo interpretação extensiva à Súmula nº 130/STJ, entende que estabelecimentos comerciais, tais como grandes *shoppings centers* e hipermercados, ao oferecerem estacionamento, ainda que gratuito, respondem pelos assaltos à mão armada praticados contra os clientes quando, apesar de o estacionamento não ser inerente à natureza do serviço prestado, gera legítima expectativa de segurança ao cliente em troca dos benefícios financeiros indiretos decorrentes desse acréscimo de conforto aos consumidores. No entanto, nos casos em que o estacionamento representa mera comodidade, sendo área aberta, gratuita e de livre acesso por todos, o estabelecimento comercial não pode ser responsabilizado por roubo à mão armada, fato de terceiro que exclui a responsabilidade, por se tratar de fortuito externo" (EREsp 1.431.606-SP, Rel. Min. Maria Isabel Gallotti, Segunda Seção, por maioria, julgado em 27/3/2019, *DJe* 2/5/2019).

[19] "De início, registre-se que o Supremo Tribunal Federal, em julgamento de recurso extraordinário representativo da controvérsia, determinou que a pessoa jurídica de direito privado, prestadora de serviço público, ostenta responsabilidade objetiva em relação a terceiros usuários ou não usuários do serviço público, nos termos do art. 37, § 6º, da Constituição da República de 1988 (RE 591.874/MS, publicado no *DJe* de 21/11/2008). Em reforço à responsabilidade objetiva do transportador, não se pode olvidar que a legislação consumerista preceitua que o fornecedor de serviços responde pela reparação dos danos causados, independentemente da existência de culpa, decorrente dos defeitos relativos à prestação destes serviços, nos termos do art. 14, §§ 1º e 3º, do CDC. Ademais, a cláusula de incolumidade é ínsita ao contrato de transporte, implicando obrigação de resultado do transportador, consistente em levar o passageiro com conforto

Diante das decisões díspares, a 2ª Seção do STJ, no EAREsp 1.513.560, se manifestou no sentido de fazer prevalecer a decisão da 4ª Turma do Tribunal. Confira-se a ementa da decisão:

> PROCESSO CIVIL E CIVIL. EMBRAGOS DE DIVERGÊNCIA EM AGRAVO EM RECURSO ESPECIAL. RESPONSABILIDADE CIVIL DO TRANSPORTADOR. DANOS MORAIS. PASSAGEIRA VÍTIMA DE ASSÉDIO SEXUAL E ATO LIBIDINOSO NO INTERIOR DE VAGÃO DE TREM METROPOLITANO. AUSÊNCIA DE RESPONSABILIDADE DA TRANSPORTADOR. FATO EXCLUSIVO DE TERCEIRO E ESTRANHO AO CONTRATO DE TRANSPORTE. FORTUITO EXTERNO. JURISPRUDÊNCIA

---

e segurança ao seu destino, salvo se demonstrada causa de exclusão do nexo de causalidade, notadamente o caso fortuito, a força maior ou a culpa exclusiva da vítima ou de terceiro. O fato de terceiro, conforme se apresente, pode ou não romper o nexo de causalidade. Exclui-se a responsabilidade do transportador quando a conduta praticada por terceiro, sendo causa única do evento danoso, não guarda relação com a organização do negócio e os riscos da atividade de transporte, equiparando-se a fortuito externo. De outro turno, a culpa de terceiro não é apta a romper o nexo causal quando se mostra conexa à atividade econômica e aos riscos inerentes à sua exploração, caracterizando fortuito interno. Por envolver, necessariamente, uma grande aglomeração de pessoas em um mesmo espaço físico, aliados à baixa qualidade do serviço prestado, incluído a pouca quantidade de vagões ou ônibus postos à disposição do público, a prestação do serviço de transporte de passageiros vem propiciando a ocorrência de eventos de assédio sexual. Em outros termos, mais que um simples cenário ou ocasião, o transporte público tem concorrido para a causa dos eventos de assédio sexual. Em tal contexto, a ocorrência desses fatos acaba sendo arrastada para o bojo da prestação do serviço de transporte público, tornando-se assim mais um risco da atividade, a qual todos os passageiros, mas especialmente as mulheres, tornam-se vítimas. Conclui-se que, se a ocorrência do assédio sexual guardar conexidade com os serviços prestados pela concessionária e, tratando-se de fortuito interno, a transportadora de passageiros permanece objetivamente responsável pelos danos causados" (REsp 1.662.551-SP, 3ª Turma, Rel. Min. Nancy Andrighi, por maioria, julgado em 15/05/2018. Informativo nº 628, STJ). Posteriormente, o mesmo Tribunal entendeu em sentido diverso, isto é, que a concessionária de transporte ferroviário não responde por ato ilícito cometido por terceiro e estranho ao contrato de transporte por se caracterizar como fortuito externo. Sobre o REsp 1.748.295-SP, seguem as informações de inteiro teor: "Inicialmente, no que concerne ao transporte de pessoas, a jurisprudência do Superior Tribunal de Justiça, à luz do ordenamento jurídico, estabelece a responsabilidade civil objetiva do transportador, o qual deverá responder pelos danos causados às pessoas transportadas e suas bagagens, salvo a existência de alguma excludente de responsabilidade, como motivo de força maior, caso fortuito, culpa exclusiva da vítima ou de terceiro. Também restou consolidado na jurisprudência do STJ que é dever da transportadora preservar a integridade física do passageiro e transportá-lo com segurança até o seu destino. No entanto, há entendimento consolidado, no âmbito da Segunda Seção do STJ, no sentido de que o ato de terceiro que seja doloso ou alheio aos riscos próprios da atividade explorada, é fato estranho à atividade do transportador, caracterizando-se como fortuito externo, equiparável à força maior, rompendo o nexo causal e excluindo a responsabilidade civil do fornecedor. Assim, a prática de crime (ato ilícito) – seja ele roubo, furto, lesão corporal, por terceiro em veículo de transporte público, afasta a hipótese de indenização pela concessionária, por configurar fato de terceiro. Não pode haver diferenciação quanto ao tratamento da questão apenas à luz da natureza dos delitos. Todos são graves, de forma que o STJ deve manter ou afastar a excludente de responsabilidade contratual por delito praticado por terceiro em todos os casos, independentemente do alcance midiático do caso ou do peso da opinião pública, pois não lhe cabe criar exceções" (REsp 1.748.295-SP, 4ª Turma, Rel. Min. Luis Felipe Salomão, Rel. Acd. Min. Marco Buzzi, por maioria, julgado em 13/12/2018, *DJe* 13/2/2019. Informativo nº 642, STJ).

UNIFORMIZADA NA SEGUNDA SEÇÃO. EMBARGOS DE DIVERGÊNCIA ACOLHIDOS. 1. O aresto embargado julgou que "o assédio sexual ou ato libidinoso praticado por um passageiro contra outro dentro de vagão de composição férrea constitui fortuito interno passível de indenização". 2. Os acórdãos paradigmas adotaram a tese de que o fato doloso e exclusivo de terceiro, quando não guardar conexão com a atividade de transporte, caracteriza fortuito externo e afasta a responsabilidade do transportador. 3. No mesmo sentido dos acórdãos paradigmas, a jurisprudência da Segunda Seção está definida no sentido de que, "nos contratos onerosos de transporte de pessoas, desempenhados no âmbito de uma relação de consumo, o fornecedor de serviços não será responsabilizado por assédio sexual ou ato libidinoso praticado por usuário do serviço de transporte contra passageira, por caracterizar fortuito externo, afastando o nexo de causalidade" (REsp 1.833.722/SP, Rel. Min. Raul Araújo, julgado em 3/12/2020, *DJe* de 15/3/2021). 4. Embargos de divergência acolhidos para negar provimento ao recurso especial (STJ, EAREsp 1.513.560/SP. Rel. Min. Raul Araújo. Segunda Seção, julgado em 9/6/2021, p. 25/6/2021).

1.3.2.2. Fato ou culpa exclusiva da vítima

O fato ou a culpa exclusiva da vítima[20] não encontra previsão no Código Civil. Entretanto, é pacífico que quando a vítima é responsável exclusivamente pelo evento danoso haverá excludente da responsabilidade do agente, pelo rompimento do nexo causal e não apenas exclusão de sua culpa. Por exemplo, pessoa que, desvairadamente, tentando o suicídio, se joga em frente a um veículo que se deslocava dentro da velocidade regulamentar; ou a situação do "surfista ferroviário" que chega ao óbito em razão de sua queda da composição ferroviária.

Neste ponto, releva perceber que, para que haja a aplicação da referida excludente do nexo causal é imprescindível que a culpa seja exclusiva da vítima. Isso porque, se a culpa da vítima for simplesmente concorrente com a culpa do agente, não se configurará hipótese de excludente de responsabilidade, mas sim de redução de indenização, haja vista a redação do art. 945 do Código Civil que prevê "se a vítima tiver concorrido culposamente para o evento danoso, a sua indenização será fixada tendo-se em conta a gravidade de sua culpa em confronto com a do autor do dano".[21]

---

[20] Vale lembrar a advertência de Sérgio Cavalieri Filho no que tange à terminologia: "A boa técnica recomenda falar em fato exclusivo da vítima, em lugar de culpa exclusiva da vítima. O problema, como se viu, desloca-se para o terreno do nexo causal, e não da culpa". CAVALIERI FILHO, Sérgio. *Programa de responsabilidade civil*. 7. ed. São Paulo: Atlas, 2007. p. 64.

[21] Segundo Heloísa Helena Barboza "embora haja referência à culpa da vítima, a melhor doutrina entende cuidar-se, em verdade, não de concorrência de culpa, mas de concorrência de causas ou de responsabilidade". Significa que "a vítima, ainda que agindo com culpa, pode não ter interferido na produção do resultado danoso. Assim, não haverá redução da indenização, sendo o agente o único responsável pela reparação do dano". BARBOZA, Heloísa Helena. *Código Civil anotado*. Porto Alegre: Síntese, 2004. p. 636. Esse entendimento está em plena sintonia com o Enunciado nº 47 do CJF que dispõe: "O art. 945 do Código Civil, que não encontra correspondente no Código Civil de 1916, não exclui a aplicação da teoria da causalidade adequada".

Concluindo, trata-se de hipótese de concorrência de culpas que não é considerada excludente do nexo causal, tão somente causa hábil a diminuir a indenização. Por exemplo, quando a vítima ao atravessar a via o faz em local totalmente proibido para a passagem de pedestre, e o motorista do veículo que a atropela só dá azo ao evento danoso em razão de sua velocidade acima dos limites permitidos. Nessa hipótese, houve a chamada culpa recíproca ou concorrente, que não excluirá a responsabilidade do motorista, tão somente ocasionará uma redução na indenização devida.

1.3.2.3. Fato de terceiro ou culpa exclusiva de terceiro

O fato de terceiro ou a culpa exclusiva de terceiro exclui o nexo causal, vez que o aparente agente foi apenas um instrumento para a causação do dano. É necessário para tanto que a causa se constitua em conduta totalmente estranha à conduta do agente. Assim, por terceiro considera-se aquele que não seja o aparente agente e nem a vítima.

Devido à dificuldade de sua operacionalização, o fato de terceiro como excludente do nexo causal encontra entraves em sua aplicação pelos Tribunais, e a tendência é ser admitida apenas excepcionalmente. Para Sílvio de Salvo Venosa, "essa posição jurisprudencial denota a tendência marcante de alargar a possibilidade de indenização sempre que possível". E mais adiante, complementa: "(...) na maioria das vezes, em se tratando de fato de terceiro, para o qual há ação regressiva, raramente esta ocorre, porque geralmente esse terceiro não é identificado. De qualquer modo, é muito rara a admissão do fato de terceiro como excludente na jurisprudência nacional".[22]

Nada obstante, na seara dos acidentes de trânsito, quando da aplicação do fato de terceiro denomina-se Teoria do Corpo Neutro que afasta, outrossim, o nexo de causalidade. Em viés prático, confira-se a ementa da decisão da 4ª Turma do STJ acerca do tema:

> CIVIL. RECURSO ESPECIAL. RESPONSABILIDADE CIVIL. AÇÃO DE INDENIZAÇÃO. ACIDENTE DE TRÂNSITO. DANOS MATERIAIS. CULPA EXCLUSIVA DE TERCEIRO. TEORIA DO CORPO NEUTRO. AUSÊNCIA DE COMPORTAMENTO VOLITIVO DO CONDUTOR DO VEÍCULO TAMBÉM ABALROADO. RECURSO ESPECIAL DESPROVIDO. 1. Não há responsabilidade civil atribuível ao condutor de veículo que, atingido por outro, perde o controle e roda na pista, vindo a colidir com um terceiro automóvel, causando ao proprietário deste prejuízos materiais. 2. No contexto descritivo, o prejuízo experimentado pelo dono do último carro abalroado não guarda relação de causalidade com atuação volitiva, de índole dolosa ou culposa, do condutor do segundo veículo também colidido a ensejar para este o dever de reparação dos danos. 3. Afinal, tanto quanto o proprietário do terceiro auto acidentado, o titular da segunda viatura prejudicada no acidente foi involuntariamente envolvido na ocorrência como mero instrumento (corpo neutro) e também vítima da

---

[22] VENOSA, Sílvio de Salvo. *Direito civil:* responsabilidade civil. 4. ed. São Paulo: Atlas, 2004. p. 57.

antecedente conduta ilícita do verdadeiro causador dos danos, o guiador do veículo ofensor que trafegava na contramão da via e realizava manobra de ultrapassagem em local proibido. 3. Recurso especial a que se nega provimento.[23]

O que importa é que, em sendo o evento danoso determinado por atuação de um terceiro, a esse caberá a responsabilização. Atentemos ainda, ao esclarecimento fornecido por Sérgio Cavalieri Filho: "Em casos tais, o fato de terceiro, segundo opinião dominante, equipara-se ao caso fortuito ou força maior, por ser uma causa estranha à conduta do agente aparente, imprevisível e inevitável".[24]

Insta salientar que a excludente fato de terceiro não tem aplicação em se tratando da responsabilidade do transportador em virtude do art. 735 do CC que apresenta posicionamento já consolidado na Súmula nº 187 do STF: "A responsabilidade contratual do transportador, pelo acidente com o passageiro, não é ilidida por culpa de terceiro, contra o qual tenha ação regressiva".

1.4. O dano

Dano é a lesão sofrida pelo bem jurídico. Se esse bem jurídico for um bem patrimonial, estaremos diante de um dano material; entretanto, se esse bem jurídico se tratar de bem moral – em que na expressão "moral" subsumem-se três planos: físico, psíquico e moral –, eis o dano moral e a valorização dos direitos da personalidade.

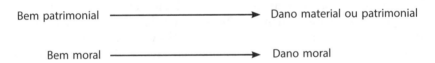

É importante perceber que, em regra, não podemos cogitar de responsabilidade civil sem a configuração do elemento dano,[25] caso contrário, estaremos diante de uma situação de enriquecimento indevido. Assim, por exemplo, ainda que um sujeito ao assumir a direção de um veículo avance todos os sinais da via, se dessa conduta não sobrevier nenhum dano (uma colisão, um atropelamento...) esse sujeito não terá responsabilidade civil por tal ato, não afastando, é claro, a sua responsabilidade em outras esferas. Portanto, concluímos que é possível, sem a superveniência do dano, a responsabilização na esfera criminal,[26] o que não será admitido na esfera cível.

---

[23] STJ, REsp 1.796.300/PR. Rel. Min. Luis Felipe Salomão, julgado em 2/3/2021, *DJe* 6/8/2021.
[24] CAVALIERI FILHO, Sérgio. *Programa de responsabilidade civil*. 7. ed. São Paulo: Atlas, 2007. p. 65.
[25] Encontramos exceção a essa regra na hipótese de responsabilização em razão de demanda por dívida já paga em que o autor da ação deverá pagar ao devedor o dobro da quantia cobrada (art. 940, CC).
[26] Tanto é assim que existem os crimes de mera conduta.

1.4.1. Dano material ou patrimonial: o dano emergente e o lucro cessante

Dano material ou patrimonial é aquele que decorre da ofensa ao patrimônio da vítima. Por patrimônio, a doutrina é assente em conceituá-lo como o conjunto de relações jurídicas de uma pessoa, apreciáveis em dinheiro. Em se tratando de um dano material ou patrimonial, este possui duas formas de se manifestar: o dano emergente e o lucro cessante.

Por dano emergente ou dano positivo compreende-se a ideia do patrimônio imediato e efetivamente perdido pela vítima. Portanto, sem maiores dificuldades de se aferir. O lucro cessante vai além disso. O lucro cessante, também conhecido por dano negativo, configura-se pelo patrimônio que poderia ter sido adquirido pela vítima e não o foi em razão da eclosão do evento danoso. Em termos mais simples, aquilo que a vítima deixou de ganhar em razão da conduta do agente.[27]

Exemplo clássico lembrado é o do taxista que teve seu veículo de trabalho abalroado. O dano emergente sofrido pelo taxista consistiria no conserto do veículo, nas despesas hospitalares e medicamentos. Já os lucros cessantes decorreriam das corridas perdidas pelo taxista em virtude do evento danoso. Assim, procede-se a uma média diária de ganhos para fixar a indenização devida, levando-se em consideração, inclusive, a época em que a paralisação do trabalho se deu. Se em época de grande procura, por exemplo, carnaval no Rio de Janeiro, período em que aumentam os turistas e, por conseguinte, as corridas, é claro, que haverá consideração desse acréscimo quando da fixação da indenização.

A equação dos danos emergentes e dos lucros cessantes resultam naquilo que se designa de perdas e danos.[28] Nessa linha de intelecção, o Código Civil apresenta o art. 402 com a seguinte redação: "Salvo as exceções expressamente previstas em lei, as perdas e danos devidas ao credor abrangem, além do que ele efetivamente perdeu, o que razoavelmente deixou de lucrar". A expressão "o que razoavelmente deixou de lucrar" deve ser compreendida no seguinte sentido aventado por Agostinho Alvim: "... até a prova em contrário, admite-se que o

---

[27] "A prova do dano emergente é bastante simples, porque pode ser feita mediante a juntada de notas fiscais, orçamentos, recibos de pagamento etc. A dos lucros cessantes apresenta maior dificuldade. Malgrado constitua o reflexo futuro do ato ilícito sobre o patrimônio da vítima, é apurado, em regra, com base em fatos pretéritos, isto é, naquilo que vinha ocorrendo anteriormente, não se confundindo com o dano meramente hipotético. Assim, no exemplo retrocitado do ônibus abalroado culposamente, apura-se o lucro cessante mediante perícia ou demonstrativo contábil do lucro que o referido veículo proporcionou à empresa, em média, nos últimos meses". GONÇALVES, Carlos Roberto. *Direito das obrigações:* responsabilidade civil. 3. ed. São Paulo: Saraiva, 2006. p. 95-96.

[28] O Código Civil Francês designa "as perdas e danos" como "danos e interesses". Sem dúvida que a expressão adotada pela legislação francesa é mais adequada a exprimir a extensão da expressão que abarca não somente os danos emergentes, como também os lucros cessantes. Isso porque se nos prendermos ao significado exato da palavra perda e da palavra dano, tomaremos ambas como sinônimas e restritas aos danos emergentes. Daí dizermos que a expressão adotada pela legislação francesa é mais precisa, pois bem claro fica que por "danos" remete-se aos danos emergentes e "interesses" aos lucros cessantes.

Cap. 21 – A RESPONSABILIDADE SUBJETIVA

credor haveria de lucrar aquilo que o bom senso diz que lucraria". E esclarece ainda, referindo-se ao advérbio "razoavelmente", que este:

> Não significa que se pagará aquilo que for razoável (ideia quantitativa) e sim que se pagará se se puder, razoavelmente, admitir que houve lucro cessante (ideia que se prende à existência mesma do prejuízo). Ele contém uma restrição, que serve para nortear o juiz acerca da prova do prejuízo em sua existência, e não em sua quantidade.[29]

O STJ entendeu pela necessidade de indenização por lucros cessantes no caso de atraso na entrega de imóvel, em virtude de prejuízo presumido que se constata. É o que se percebe no seguinte *decisum*:

> A Segunda Seção do STJ, em apreciação aos embargos de divergência, pacificou o entendimento que encontrava dissonância no âmbito das Turmas responsáveis pelas matérias relativas a Direito Privado, se o prejuízo decorrente do atraso na entrega do imóvel depende de prova, ou, ao contrário, se deve ser presumido. O acórdão embargado (AgRg no REsp 1.341.138-SP, Rel. Min. Sidnei Beneti, Terceira Turma, *DJe* 7/6/2013), embora aplicando a Súmula nº 7/STJ, apreciou o mérito da controvérsia e entendeu que há necessidade de prova de que o apartamento, cuja entrega excedeu o prazo contratual, seria destinado à obtenção de renda. Já o acórdão paradigma (AgRg no Ag 1.036.023-RJ, Rel. Min. Aldir Passarinho Junior, Quarta Turma, *DJe* 3/12/2010) entendeu que "há presunção relativa do prejuízo do promitente-comprador pelo atraso na entrega de imóvel pelo promitente-vendedor, cabendo a este, para se eximir do dever de indenizar, fazer prova de que a mora contratual não lhe é imputável". Sobre o tema, prevalece nessa Corte o entendimento esposado no paradigma de que descumprido o prazo para a entrega do imóvel objeto do compromisso de compra e venda, é cabível a condenação da vendedora por lucros cessantes, havendo a presunção de prejuízo do adquirente, ainda que não demonstrada a finalidade negocial da transação (EREsp 1.341.138-SP, Rel. Min. Maria Isabel Gallotti, por unanimidade, julgado em 9/5/2018. Informativo nº 626, STJ).

1.4.1.1. A perda de uma chance (*perte d'une chance*)

Há aceno de aguda tendência doutrinária que coloca o instituto da perda de uma chance (*perte d'une chance*), de origem francesa, como um terceiro gênero ao lado dos danos emergentes e dos lucros cessantes.[30] Por exemplo, pessoa que

---

[29] ALVIM, Agostinho. *Da inexecução das obrigações e suas consequências.* 5. ed. São Paulo: Saraiva, 1980.

[30] Sílvio de Salvo Venosa lembra de forte corrente doutrinária que vê a chance perdida como uma modalidade a meio caminho entre o dano emergente e o lucro cessante. VENOSA, Sílvio de Salvo. *Direito civil:* responsabilidade civil. 4. ed. São Paulo: Atlas, 2004. p. 34. Entretanto, Sérgio Savi, em obra específica sobre o tema, considera o dano por perda de uma chance como uma subespécie de dano emergente. SAVI, Sérgio. *Responsabilidade civil por perda de uma chance.* São Paulo: Atlas, 2006. p. 90. Já Cavalieri Filho, aponta certa relação entre a chance perdida e o lucro cessante. CAVALIERI FILHO, Sérgio. *Programa de responsabilidade civil.* 7. ed. São Paulo:

sofre um acidente de trânsito dentro de um ônibus no momento em que estava indo prestar um concurso. Nessa hipótese, cabe à empresa de ônibus indenizar a vítima pela perda da oportunidade de fazer a prova e, por conseguinte, de ser aprovada no concurso?

A perda de uma chance tem se constituído em verdadeira problemática para o ordenamento jurídico brasileiro.[31] Isso porque traçar a linha que separa a efetiva perda patrimonial oriunda da perda de uma oportunidade de uma situação de mera expectativa não é tarefa fácil. A mera expectativa e as esperanças subjetivas de uma pessoa não seriam, pois, indenizáveis. Ao revés, a perda de uma oportunidade efetiva, real e séria ensejaria a indenização.[32] Para se avaliar esta situação, é claro que estamos diante da grande possibilidade de incerteza do dano, então o critério que poderia ser aventado para que os danos sejam integralmente reparados pela vítima – igualmente a perda de uma chance –, seria o grau de probabilidade de obtenção de êxito, solução que faria concluir pelo montante da indenização.[33]

Atlas, 2007. p. 74. Além do que, vale lembrar, não raro encontramos julgados em que a perda de uma chance fora absorvida pela figura do dano moral.

[31] Flávio Tartuce questiona a viabilidade da tese da perda de uma chance com a entrada em vigor do novo Código Civil, com os seguintes dizeres: "Fica a dúvida se a tese será bem aceita com a entrada em vigor do art. 186 do CC, que utiliza a expressão aditiva 'e' (...) Acreditamos que não". TARTUCE, Flávio. *Direito civil:* direito das obrigações e responsabilidade civil. 2. ed. São Paulo: Método, 2006. p. 342.

[32] "DIREITO CIVIL.APLICABILIDADE DA TEORIA DA PERDA DE UMA CHANCE NO CASO DE DESCUMPRIMENTO DE CONTRATO DE COLETA DE CÉLULAS--TRONCO EMBRIONÁRIAS. Tem direito a ser indenizada, com base na teoria da perda de uma chance, a criança que, em razão da ausência do preposto da empresa contratada por seus pais para coletar o material no momento do parto, não teve recolhidas as células-tronco embrionárias. No caso, a criança teve frustrada a chance de ter suas células embrionárias colhidas e armazenadas para, se eventualmente fosse preciso, fazer uso delas em tratamento de saúde. Não se está diante de situação de dano hipotético – o que não renderia ensejo a indenização – mas de caso claro de aplicação da teoria da perda de uma chance, desenvolvida na França (*la perte d'une chance*) e denominada na Inglaterra de *loss-of-a-chance*. No caso, a responsabilidade é por perda de uma chance por serem as células-tronco, cuja retirada do cordão umbilical deve ocorrer no momento do parto, o grande trunfo da medicina moderna para o tratamento de inúmeras patologias consideradas incuráveis. É possível que o dano final nunca venha a se implementar, bastando que a pessoa recém-nascida seja plenamente saudável, nunca desenvolvendo qualquer doença tratável com a utilização das células-tronco retiradas do seu cordão umbilical. O certo, porém, é que perdeu, definitivamente, a chance de prevenir o tratamento dessas patologias. Essa chance perdida é, portanto, o objeto da indenização" (REsp 1.291.247-RJ, Rel. Min. Paulo de Tarso Sanseverino, julgado em 19/8/2014. Informativo nº 549).

[33] Interessante decisão decorreu do famoso julgamento do STJ apreciando o caso do "Show do Milhão" no ano de 2006. Tratava-se de programa de televisão que formulava perguntas ao candidato que, se obtivesse êxito em todas as suas respostas ganharia um milhão de reais. Até a penúltima pergunta formulada a candidata havia acertado a todas as respostas, acumulando até então R$ 500.000,00. Teria, doravante, a opção de responder a última pergunta e, se acertasse, ganharia R$ 1.000.000,00, se errasse a resposta, perderia todo o já acumulado, ou poderia, então, desistir permanecendo com os R$ 500.000,00. No caso concreto, a candidata diante de pergunta inusitada desiste da resposta restando com os R$ 500.000,00. Entretanto, inconformada com a formulação de pergunta sem resposta plausível, se socorreu do Poder Judiciário em pedido indenizatório. O caso alcançou o STJ que produziu o precedente por meio do REsp 788.459-BA,

Assim, se a probabilidade for vaga ou pequena, teríamos apenas um prejuízo hipotético, não passível de ser indenizado.[34]

Sob o viés da atividade médica, Sérgio Cavalieri Filho lembra que "a teoria ficou conhecida como teoria da perda de uma chance de cura ou de sobrevivência, em que o elemento que determina a indenização é a perda de uma chance de resultado favorável no tratamento. O que se perde, repita-se, é a chance da cura e

---

Rel. Fernando Gonçalves, *DJU* 13/3/2006, a seguir transcrito: "RECURSO ESPECIAL. IN-DENIZAÇÃO. IMPROPRIEDADE DE PERGUNTA FORMULADA EM PROGRAMA DE TELEVISÃO. PERDA DA OPORTUNIDADE. 1. O questionamento, em programa de perguntas e respostas, pela televisão, sem viabilidade lógica, uma vez que a Constituição Federal não indica percentual relativo às terras reservadas aos índios, acarreta, como decidido pelas instâncias ordinárias, a impossibilidade da prestação por culpa do devedor, impondo o dever de ressarcir o participante pelo que razoavelmente haja deixado de lucrar, pela perda da oportunidade. 2. Recurso conhecido e, em parte, provido". A sentença de primeira instância acolheu a teoria da responsabilidade civil pela perda da chance e concedeu o pedido de R$ 500.000,00. Entretanto, o valor indenizatório foi modificado no STJ aplicando, corretamente, a probabilidade de a candidata acertar a questão que seria, em verdade, de 25% se a pergunta tivesse sido formulada de maneira correta. Eis os fundamentos apresentados pelo Min. Fernando Gonçalves: "Na hipótese dos autos, não há, dentro de um juízo de probabilidade, como se afirmar categoricamente – ainda que a recorrida tenha, até o momento em que surpreendida com uma pergunta, no dizer do acórdão, sem resposta, obtido desempenho brilhante no decorrer do concurso – que, caso fosse o questionamento final do programa formulado dentro de parâmetros regulares, considerando o curso normal dos eventos, seria razoável esperar que ela lograsse responder corretamente à 'pergunta do milhão'.... Destarte, não há como concluir, mesmo na esfera da probabilidade, que o normal andamento dos fatos conduziria ao acerto da questão. Falta, assim, pressuposto essencial à condenação da recorrente no pagamento da integralidade do valor que ganharia a recorrida caso obtivesse êxito na pergunta final, qual seja, a certeza – ou a probabilidade objetiva – do acréscimo patrimonial apto a qualificar o lucro cessante. Não obstante, é de se ter em conta que a recorrida, ao se deparar com a questão mal formulada, que não comportava resposta efetivamente correta, justamente no momento em que poderia sagrar-se milionária, foi alvo de conduta ensejadora de evidente dano. Resta, em consequência, evidente a perda da oportunidade pela recorrida... Quanto ao valor do ressarcimento, a exemplo do que sucede nas indenizações por dano moral, tenho que ao tribunal é permitido analisar com desenvoltura e liberdade o tema, adequando-o aos parâmetros jurídicos utilizados, para não permitir o enriquecimento sem causa de uma parte ou o dano exagerado da outra. A quantia sugerida pela recorrente (R$ 125.000,00) – equivalente a um quarto do valor em comento, por ser uma 'probabilidade matemática' de acerto da questão de múltipla escolha com quatro itens, reflete as reais possibilidades de êxito da recorrida".

[34] Bom de ver, ainda, o acórdão a seguir transcrito: "Responsabilidade civil de advogado – Indenização por danos causados em virtude de perda de prazo para interpor recurso por falta de preparo – Dano consistente em perda de uma chance – Indenização devida – Tendo o mandatário deixado de realizar o preparo do recurso que foi julgado deserto, deve indenizar os danos do mandante consistentes, além de gastos com sucumbência e outros, daqueles relativos à perda de uma chance – Recurso adesivo da autora provido – Recurso do réu improvido" (TJRS Ap. Cível 70000958868, 16ª Câmara Cível – Rel. Ana Beatriz Iser). Nesse ponto, formulamos uma ressalva: somos da opinião de que se o advogado perde prazo para recurso de matéria já pacificada no STF ou STJ, não será tão somente hipótese de chance perdida, mas sim de lucro cessante, vez que existente a certeza de êxito em grau de recurso e não apenas a sua probabilidade. E é exatamente isso que faz distinguir a perda de uma chance dos lucros cessantes. No primeiro, há apenas a probabilidade. No segundo, há certeza.

não a continuidade da vida".[35] Assim, caso o médico faça diagnóstico equivocado indicando caminho enganado ao tratamento, a chance de cura ou de sobrevivência do paciente se afigura perdida. Por isso, realçamos a amplitude da perda de uma chance para a perda da possibilidade de se conseguir uma vantagem ou de se evitar um prejuízo.

1.4.2. Dano moral

O bem jurídico ofendido também podem ser os direitos de personalidade[36] e aí estaremos diante de um dano moral.[37] O dano moral pode se manifestar sob os aspectos físico, psíquico e moral. Ou seja, não se tutela apenas o âmbito moral – dor, tristeza, sofrimento –, mas sim a todos os bens ligados à personalidade, como a honra, a liberdade, a integridade física, a intimidade, o nome, a imagem etc. Portanto, a tutela tem por escopo não só aquilo que é moral, mas sim imaterial. Daí algumas pessoas entenderem, por ser mais adequada, a denominação que o Direito português dá ao dano moral, como dano imaterial ou dano não patrimonial.

O dano moral foi semeador de dissonâncias jurídicas ao longo dos tempos. Em princípio, relutou-se quanto à possibilidade de sua reparação. Sérgio Cavalieri Filho, com maestria, comenta a sua evolução:

> Numa primeira fase negava-se a ressarcibilidade ao dano moral, sob fundamento de ser ele inestimável. Chegava-se, mesmo, ao extremo de se considerar imoral estabelecer um preço para a dor. Aos poucos, entretanto, foi sendo evidenciado que esses argumentos tinham por fundamento um sofisma, por isso que não se trata de um *pretium doloris*, mas de simples compensação, ainda que pequena, pela tristeza injustamente afligida à vítima. Com efeito, o ressarcimento do dano moral não tende à *restitutio integrum* do dano causado, tendo mais uma genérica função satisfatória, com a qual se procura um

---

[35] CAVALIERI FILHO, Sérgio. *Programa de responsabilidade civil.* 7. ed. São Paulo: Atlas, 2007. p. 75.

[36] "Em suma, os direitos da personalidade podem ser realizados em diferentes dimensões e também podem ser violados em diferentes níveis. Resulta daí que o dano moral, em sentido amplo, envolve esses diversos graus de violação dos direitos da personalidade, abrange todas as ofensas à pessoa, considerada esta em suas dimensões individual e social, ainda que sua dignidade não seja arranhada". CAVALIERI FILHO, Sérgio. *Programa de responsabilidade civil.* 7. ed. São Paulo: Atlas, 2007. p. 77.

[37] "DIREITO CIVIL. POSSIBILIDADE DE ABSOLUTAMENTE INCAPAZ SOFRER DANO MORAL. O absolutamente incapaz, ainda quando impassível de detrimento anímico, pode sofrer dano moral. O dano moral caracteriza-se por uma ofensa, e não por uma dor ou um padecimento. Eventuais mudanças no estado de alma do lesado decorrentes do dano moral, portanto, não constituem o próprio dano, mas eventuais efeitos ou resultados do dano. Já os bens jurídicos cuja afronta caracteriza o dano moral são os denominados pela doutrina como direitos da personalidade, que são aqueles reconhecidos à pessoa humana tomada em si mesma e em suas projeções na sociedade. A CF deu ao homem lugar de destaque, realçou seus direitos e fez deles o fio condutor de todos os ramos jurídicos. A dignidade humana pode ser considerada, assim, um direito constitucional subjetivo – essência de todos os direitos personalíssimos –, e é o ataque a esse direito o que se convencionou chamar dano moral" (STJ, REsp 1.245.550-MG, Rel. Min. Luis Felipe Salomão, julgado em 17/3/2015, *DJe* 16/4/2015. Informativo nº 559).

bem que recompense, de certo modo, o sofrimento ou a humilhação sofrida. Substitui-se o conceito de equivalência, próprio do dano material, pelo de compensação, que se obtém atenuando, de maneira indireta, as consequências do sofrimento.[38]

Superada a fase inicial de relutância em se aceitar uma compensação pelo dano moral, admitiu-se, então, a possibilidade de sua reparação. Entretanto, desde que autonomamente, ou seja, indenizava-se pelo dano material ou reparava-se pelo dano moral. Isso porque, para alguns, a reparação pelo dano material já abrangeria a do dano moral. Despautério, vez que os bens jurídicos ofendidos em sendo distintos, evidentemente, distintas reparações produziriam. É o que se entende hoje pacificamente.

O art. 5º, V e X, da Constituição Federal de 1988[39] admite expressamente a reparabilidade do dano moral. O Código de Defesa do Consumidor, em seu art. 6º, VI e VII[40], ao tratar dos direitos básicos do consumidor, também não foge a essa posição. Assim, findou-se a resistência à cumulação do dano material e do dano moral, culminando na Súmula nº 37 do Superior Tribunal de Justiça.[41] Hoje, o Código Civil de 2002 fez questão de reiterar este entendimento no *caput* do art. 948, ao tratar da liquidação de danos em caso de homicídio com a expressão **"sem excluir outras reparações"** referindo-se, desse modo, ao dano moral.

Na III Jornada de Direito Civil foi aprovado o Enunciado nº 159, com a seguinte redação: "O dano moral, assim compreendido todo dano extrapatrimonial, não se caracteriza quando há mero aborrecimento inerente a prejuízo material". Em justificativa ao enunciado, Maria Isabel Diniz Gallotti Rodrigues afirmou em crítica contundente:

> Via de regra, um prejuízo material resulta em aborrecimento, qualquer que seja a causa: uma batida de carro, uma operação financeira malsucedida, o erro cometido pelo banco, etc. Porém, o dano moral não pode ser considerado um apêndice necessário de todo dano patrimonial. (...) Para que o dano material possa, em tese, gerar um dano moral autônomo, deve ser alegado e comprovado algum prejuízo sofrido, na época, em decorrência do prejuízo econômico, como, por exemplo, ter a vítima deixado de fazer um tratamento médico próprio ou de um filho, ter tido o seu nome inscrito em cadastro

---

[38] CAVALIERI FILHO, Sérgio. *Programa de responsabilidade civil*. 7. ed. São Paulo: Atlas, 2007. p. 78.

[39] Art. 5º, CF/88: "V – é assegurado o direito de resposta, proporcional ao agravo, além da indenização por dano material, moral ou à imagem; X – são invioláveis a intimidade, a vida privada, a honra e a imagem das pessoas, assegurado o direito a indenização pelo dano material ou moral decorrente de sua violação".

[40] Art. 6º, CDC: "São direitos básicos do consumidor: VI – a efetiva prevenção e reparação de danos patrimoniais e morais, individuais, coletivos e difusos; VII – acesso aos órgãos judiciários e administrativos com vistas à prevenção ou reparação de danos patrimoniais e morais, individuais, coletivos ou difusos, assegurada a proteção Jurídica, administrativa e técnica aos necessitados".

[41] Súmula nº 37 do STJ: "São cumuláveis as indenizações por dano material e dano moral oriundos do mesmo fato".

de inadimplentes ou cheque devolvido por insuficiência de fundos. Deve haver prova de que, em razão daquele dano patrimonial, houve um prejuízo moral autônomo.[42]

Importante perceber que, em se tratando de dano moral, decorrerá o direito a uma reparação, e não, indenização ou ressarcimento.[43] Isso porque os termos **indenização** e **ressarcimento** nos remetem ao dano material, uma vez que indenização significa tornar indene ou tornar perfeito, íntegro. Assim, o valor que se recebe a título de indenização por um dano material sofrido objetiva retornar ao *statu quo ante*, tornando a situação perfeita. Porém, em se tratando de dano moral, isso não se torna possível. O valor recebido em razão do dano moral visa, sobremaneira, a compensar o prejuízo sofrido pela vítima, não sendo possível o retorno ao estado anterior ao dano.

1.4.2.1. Pequena classificação acerca do dano moral

Para fins didáticos, urge apresentar uma pequena classificação respeitante ao dano moral. O dano moral poderá ser:

Quanto à sua estrutura:

a) **dano moral próprio:** trata-se do dano moral que causa na pessoa lástima, infortúnio, tristeza e angústia.

b) **dano moral impróprio:** trata-se do dano moral que decorra de qualquer lesão aos direitos da personalidade, como à liberdade, à integridade física, à imagem etc.

Quanto à necessidade de produção probatória:

a) **dano moral presumido, objetivo ou *in re ipsa*:** trata-se do dano configurado independentemente de prova,[44] como o dano decorrente de um

---

[42] RODRIGUES, Maria Isabel Diniz Gallotti. *Jornada de direito civil.* AGUIAR JR., Ruy Rosado. (Org.) Brasília: CJF, 2003. p.144/145.

[43] Especificando, ainda mais o tema, Carlos Roberto Gonçalves salienta: "Alguns autores estabelecem distinções entre as expressões 'ressarcimento', 'reparação' e 'indenização'. Ressarcimento é o pagamento de todo o prejuízo material sofrido, abrangendo o dano emergente e os lucros cessantes, o principal e os acréscimos que lhe adviriam com o tempo e com o emprego da coisa. Reparação é a compensação pelo dano moral, a fim de minorar a dor sofrida pela vítima. E a indenização é reservada para a compensação do dano decorrente de ato lícito do Estado, lesivo do particular, como ocorre nas desapropriações. A Constituição Federal, contudo, usou-a como gênero, do qual o ressarcimento e a reparação são espécies, ao assegurar, no art. 5º, V e X, a indenização por dano material e moral". GONÇALVES, Carlos Roberto. *Responsabilidade civil.* 8. ed. São Paulo: Saraiva, 2003. p. 532.

[44] "DIREITO CIVIL. DANO MORAL DECORRENTE DE DIVULGAÇÃO DE IMAGEM EM PROPAGANDA POLÍTICA. Configura dano moral indenizável a divulgação não autorizada da imagem de alguém em material impresso de propaganda político-eleitoral, independentemente da comprovação de prejuízo. O STJ há muito assentou que, em se tratando de direito à imagem, a obrigação da reparação decorre do próprio uso indevido do direito personalíssimo, não havendo de se cogitar da prova da existência concreta de prejuízo, uma vez que o dano se apresenta *in re ipsa*. Ademais, destaca-se ser irrelevante o fato de a publicação

protesto indevido de um título ou a morte de um filho. Vale conferir o Enunciado nº 587, aprovado na VII Jornada de Direito Civil:

O dano à imagem restará configurado quando presente a utilização indevida desse bem jurídico, independentemente da concomitante lesão a outro direito da personalidade, sendo dispensável a prova do prejuízo do lesado ou do lucro do ofensor para a caracterização do referido dano, por se tratar de modalidade de *dano in re ipsa*.

Evidentemente tal presunção apresentar-se-á de maneira relativa, isto é, admitindo prova em contrário. Isso porque é bem possível que o autor do dano consiga provar que, embora a existência da conduta, esta não implicou ofensa às condições pessoais da vítima, como no caso da mãe que quer se ver reparada pela morte do filho, o qual abandonara, em tenra idade, na porta de casa alheia. Ou então, o devedor contumaz, notoriamente mau pagador, que teve cheque indevidamente protestado, não poderá exigir reparação por um pretenso dano moral que não o atingiu. Nessa esteira, inclusive, foi editada, em junho de 2009, a Súmula nº 385 do STJ, com o seguinte teor: "Da anotação irregular em cadastro de proteção ao crédito, não cabe indenização por dano moral, quando preexistente legítima inscrição, ressalvado o direito ao cancelamento".[45]

b) dano moral provado ou subjetivo: trata-se do dano que necessita, para a sua configuração, da devida produção probatória.

---

da fotografia não denotar a existência de finalidade comercial ou econômica, mas meramente eleitoral" (REsp 1.217.422MG, Rel. Min. Ricardo Villas Bôas Cueva, julgado em 23/9/2014. Informativo nº 549).

[45] "DIREITO DO CONSUMIDOR. HIPÓTESE EM QUE A INSCRIÇÃO INDEVIDA EM CADASTRO DE INADIMPLENTES NÃO ENSEJA INDENIZAÇÃO POR DANO MORAL. RECURSO REPETITIVO (ART. 543-C DO CPC/73 E RES. STJ Nº 8/2008). TEMA 922. A inscrição indevida comandada pelo credor em cadastro de proteção ao crédito, quando preexistente, legítima inscrição, não enseja indenização por dano moral, ressalvado o direito ao cancelamento. A Súmula nº 385 do STJ prevê que: 'Da anotação irregular em cadastro de proteção ao crédito, não cabe indenização por dano moral, quando preexistente legítima inscrição, ressalvado o direito ao cancelamento'. O fundamento dos precedentes da referida súmula – 'quem já é registrado como mau pagador não pode se sentir moralmente ofendido por mais uma inscrição do nome como inadimplente em cadastros de proteção ao crédito' (REsp 1.002.985-RS, Segunda Seção, *DJe* 27/8/2008) –, embora extraídos de ações voltadas contra cadastros restritivos, aplica-se também às ações dirigidas contra supostos credores que efetivaram inscrições irregulares. Ressalte-se, todavia, que isso não quer dizer que o credor não possa responder por algum outro tipo de excesso. A anotação irregular, já havendo outras inscrições legítimas contemporâneas, não enseja, por si só, dano moral. Mas o dano moral pode ter por causa de pedir outras atitudes do suposto credor, independentemente da coexistência de anotações regulares, como a insistência em uma cobrança eventualmente vexatória e indevida, ou o desleixo de cancelar, assim que ciente do erro, a anotação indevida. Portanto, na linha do entendimento consagrado na Súmula nº 385, o mero equívoco em uma das diversas inscrições não gera dano moral indenizável, mas apenas o dever de suprimir a inscrição indevida" (REsp 1.386.424-MG, Rel. Min. Paulo de Tarso Sanseverino, Rel. para acórdão Min. Maria Isabel Gallotti, Segunda Seção, julgado em 27/4/2016, *DJe* 16/5/2016. Informativo nº 583).

Em receio ao que se denomina "indústria do dano moral", propugnou-se a necessidade da produção probatória do dano moral sofrido quase que em regra geral[46]. Entretanto, consolida-se jurisprudencialmente o posicionamento de ampliação da desnecessidade de produção de provas do dano moral, em virtude da dignidade da pessoa humana (art. 1º, III, da CF/88), princípio estruturador de todo o ordenamento jurídico. Um exemplo disso, foi a edição da Súmula nº 370 do STJ: "Caracteriza dano moral a apresentação antecipada de cheque pré-datado". É sabido que o cheque se trata de ordem de pagamento à vista, isto é, vencível imediatamente com a sua emissão. Porém, se tornou corrente em nossa sociedade a utilização dos chamados cheques pré-datados ou pós-datados com o intuito de prolongar a data do vencimento da obrigação. Todavia, pode ocorrer de o credor inobservar a data pactuada e apresentar o cheque à instituição financeira antes da data acordada. Tal fato, de alguma maneira, gerará prejuízos ao correntista, desde o constrangimento da devolução do cheque ao emitente, encerramento de conta ou inscrição de seu nome nos serviços de proteção ao crédito. Desse modo, independentemente de prova, se ocorrer a apresentação do título ao banco antes da data avençada, restará configurado o dano moral, sendo passível, pois, de reparação. Outra súmula do STJ que apresenta a caracterização do dano moral independente de produção probatória, se apresenta nos seguintes termos: "A simples devolução indevida de cheque caracteriza dano moral" (Súmula nº 388, STJ). O intuito de seu conteúdo é fomentar a diligência das instituições financeiras para que não oportunizem constrangimentos aos seus correntistas por devolução de cheque indevida. Na enxurrada das súmulas do STJ que fazem prescindir de produção probatória para a configuração do dano moral, encontramos, ainda, a Súmula nº 403: "Independe de prova do prejuízo a indenização pela publicação não autorizada de imagem de pessoa com fins econômicos ou comerciais".

Quanto à pessoa lesada:

a) **dano moral direto:** trata-se do dano que tem por alvo a própria pessoa. Esta, portanto, pleiteará a reparação devida.

---

[46] Nesse sentido, *vide* a decisão a seguir: "A jurisprudência do STJ, em casos específicos, concluiu pela possibilidade de compensação de danos morais independentemente da demonstração de dor, traduzindo-se, pois, em consequência *in re ipsa*, intrínseca à própria conduta que injustamente atinja a dignidade do ser humano. Todavia, a caracterização do dano moral *in re ipsa* não pode ser elastecida a ponto de afastar a necessidade de sua efetiva demonstração em qualquer situação. Isso porque ao assim proceder se estaria a percorrer o caminho diametralmente oposto ao sentido da despatrimonialização do direito civil, transformando em caráter meramente patrimonial os danos extrapatrimoniais e fomentando a já bastante conhecida 'indústria do dano moral'. Nesse sentido é importante assinalar que, em casos de acidente automobilístico sem vítima, não há *a priori* a configuração de dano moral. Ao contrário, em casos tais, o comum é que os danos não extrapolem a esfera patrimonial e ensejem indenização por danos materiais, eventualmente, sob as modalidades de lucros cessantes e ressarcimento de despesas correlacionadas. De outro prisma, certamente haverá casos em que as circunstâncias que o envolvem apontem para um dano que extrapole os limites do mero aborrecimento e que, portanto, deverão ser compensados por meio de indenização que logre realizar o princípio do ressarcimento integral da vítima. Nota-se, portanto, que o dano moral decorrente de acidente de trânsito não corresponde ao dano *in re ipsa* por vezes reconhecido nesta Corte Superior" (REsp 1.653.413-RJ, Rel. Min. Marco Aurélio Bellizze, por unanimidade, julgado em 5/6/2018. Informativo nº 627, STJ).

Cap. 21 – A RESPONSABILIDADE SUBJETIVA

b) dano moral indireto, reflexo ou por ricochete: trata-se do dano que tem por alvo determinada pessoa, porém, de maneira reflexa atinge também a outrem, como, por exemplo, a morte de um filho. Aqui se encontra a legitimidade do lesado indireto para pleitear a reparação.

1.4.3. Importantes notas sobre o dano reflexo ou por ricochete

Se ricochetear representa a colisão de algo em algum corpo de tal modo a precipitar-se e atingir a outro corpo, temos que o dano causado a alguém poderá reflexamente incidir sobre outra pessoa. Vimos no item anterior que a classificação respeitante ao dano moral assume a forma de indireto, reflexo ou por ricochete.

Indiscutivelmente a morte do pai atinge energicamente o sentimento do filho desgostado diante de tal infortúnio. Entendemos aqui que não deverá haver limitação peremptória ao pleito da reparação pelo dano moral reflexo. Não conseguimos visualizar aqui qualquer hierarquização no direito postulatório dos lesados. Isto é, opinamos que não serão aplicáveis ao caso em apreço regras de sucessão hereditária ou previdenciária no pleito da reparação.

Entretanto, o vetor que nos irá orientar diante da insegurança eventualmente apresentada será, sem dúvida, o princípio da razoabilidade, que deve ser aplicado ao caso concreto. Assim, diante das distorções do sentimento humano, enquanto pessoa sem qualquer ligação com a vítima possa sofrer em demasia com o seu perecimento, pessoa com próximo vínculo consanguíneo poderá celebrar o seu infortúnio. Causa-nos pasmo, mas, indubitavelmente é da natureza humana... Portanto, impor critérios e definir a quem a dor atingirá poderá apresentar-se como critério perigoso. Exsurge, assim, o princípio da razoabilidade iluminando o rastro de condolência deixado pelo dano causado.[47]

Vimos o dano por ricochete manifestando-se na esfera do dano moral. Porém, importa saber: o dano por ricochete é afeto ao dano patrimonial? Por exemplo, pessoa que negligentemente dirige carro sem freios que vem a bater na traseira de outro no horário de intenso trânsito causando prejuízo material a centenas de pessoas que perdem o trabalho, a aula, o avião etc., etc., etc. ... Fica claro que não apenas o motorista do carro abalroado sofreu algum prejuízo material. Não menos claro é que, em princípio, todo dano é indenizável. Entretanto, o óbice que encontramos repousa nos limites de tal responsabilização.

Enxergamos que o ato negligente do sujeito causou prejuízo a centenas de pessoas. Entretanto, nossa ótica não alcança como operacionalizar o processo indenizatório. Claro também fica que, quando uma pessoa é morta por outra, os

---

[47] O Código Civil em seu art. 12 dispõe: "Pode-se exigir que cesse a ameaça, ou a lesão, a direito da personalidade, e reclamar perdas e danos, sem prejuízo de outras sanções previstas em lei". E em seu parágrafo único: "Em se tratando de morto, terá legitimação para requerer a medida prevista neste artigo o cônjuge sobrevivente, ou qualquer parente em linha reta, ou colateral até o quarto grau". Nada obstante a redação legal apresentada, como dissemos acima, acreditamos que não há ordem a ser seguida para pleito da indenização. Todavia, é comum encontrarmos na doutrina posicionamento no sentido de que a ordem apresentada no parágrafo único do art. 12 é subsidiária e sucessiva.

credores do falecido, por exemplo, quedar-se-ão prejudicados com o óbito. Todavia, aquele que matou seria responsável por mais esta indenização: a dos credores do falecido? Assim, pensamos que o dano reflexo ou por ricochete, embora exista, devido à dificuldade de sua delimitação não pode ser em regra pleiteado se não apresentar caráter direto e intrinsecamente ligado ao dano. Portanto, é necessário um eixo contratual ou extracontratual a justificar a indenização pelo dano. Assim, sabemos que, por vezes, embora causemos danos a outras pessoas, não necessariamente caberá indenização, se outros elementos (conduta humana antijurídica, nexo causal etc.) não forem observados. Portanto, a regra no que diz respeito ao dano por ricochete na esfera patrimonial é a de que terceiros não envolvidos na relação contratual ou extracontratual não poderão pleitear a indenização. Vale lembrar, porém, que evidente exceção a essa regra foi posta expressamente no art. 948, II do CC[48] para afastar qualquer discussão nesse ponto. Nada obstante, tentando ampliar essa perspectiva, o Enunciado nº 560, CJF estabeleceu: "No plano patrimonial, a manifestação do dano reflexo ou por ricochete não se restringe às hipóteses previstas no art. 948 do Código Civil".[49]

Por fim, indicando a autonomia do dano reflexo, a 4ª Turma do STJ, na decisão do REsp 1.734.536, se manifestou no sentido de que o dano moral reflexo prescinde de morte da vítima direta do evento danoso.[50]

1.4.4. Dano estético

Se o bem jurídico ofendido for o conjunto de qualidades externas de uma pessoa, ou seja, o seu aspecto físico, estaremos diante de um dano estético. Essa

---

[48] Art. 948 do CC: "No caso de homicídio, a indenização consiste, sem excluir outras reparações: I – no pagamento das despesas com o tratamento da vítima, seu funeral e o luto da família; II – na prestação de alimentos às pessoas a quem o morto os devia, levando-se em conta a duração provável da vida da vítima".

[49] A justificativa para o enunciado foi a seguinte: "A possibilidade de reconhecimento do ressarcimento de dano patrimonial reflexo em situações que destoam das hipóteses previstas no art. 948 do Código Civil pode ser notada no ordenamento brasileiro. Existem hipóteses defendidas pela mais abalizada doutrina, como ocorre com o caso positivado no art. 945 do Código Civil português, admitido pelo Ministro Paulo de Tarso Sanseverino. Outras hipóteses foram recepcionadas pela jurisprudência nacional, a exemplo do que ocorreu no interessante caso julgado pelo Superior Tribunal de Justiça em que uma empresa de promoções artísticas pleiteava o dano patrimonial por ricochete sofrido pelo extravio das bagagens de um maestro que contratara para participar de espetáculos artísticos" (REsp 753.512, julgado em 2/3/2010, relator para o acórdão Ministro Luis Felipe Salomão). A mesma linha de pensamento encontramos em recente decisão do Tribunal de Justiça de São Paulo que se refere a demanda condenatória ajuizada pelo Estado de São Paulo visando a indenização por danos patrimoniais, tendo em vista que o fardamento utilizado por um dos bombeiros integrantes de seus quadros encontrava-se dentro de veículo que fora furtado no estacionamento de instituição de ensino particular em que estudava o soldado em questão. Do voto da relatora se extrai que, "na hipótese, o evento redundou na subtração, por via oblíqua, do fardamento de bombeiro que estava no interior do veículo furtado do pátio do estacionamento oferecido pela Instituição de Ensino de Marília. O nexo etiológico está presente. Considere-se que não cabem disceptações sobre a existência de relação jurídica entre a Universidade e o Estado. O dano ocorreu em ricochete".

[50] STJ, REsp 1.734.536. 4ª Turma. Min. Rel. Luis Felipe Salomão. j. 6/8/2019.

Cap. 21 – A RESPONSABILIDADE SUBJETIVA

categoria de dano na realidade subsume-se ao dano moral, sendo considerada uma espécie dessa ordem. Assim, conclui-se pela impossibilidade de cumulação do dano moral e do dano estético, vez que, caso contrário, incidir-se-ia em um indevido *bis in idem*.

Tanto assim que, no IX Encontro dos Tribunais de Alçada do Brasil, foi aprovada, por unanimidade, a seguinte orientação: "O dano moral e o dano estético não se cumulam, porque ou o dano estético importa em dano material ou está compreendido no dano moral". O STJ inicialmente corroborou essa orientação, decidindo pela impossibilidade de cumulação. Porém, posteriormente veio a vingar o posicionamento contrário, isto é, pela possibilidade de cumulação de dano moral e dano estético quando aferíveis distintamente, visualizando-se assim um dano moral autonomamente e separando a ofensa estética da ofensa psíquica sofrida pela vítima, embora decorrentes de um mesmo fato.[51] Consequência inevitável disso foi a edição da Súmula nº 387, com o seguinte teor: "É lícita a cumulação das indenizações de dano estético e dano moral".

1.4.5. Questões controvertidas atinentes à reparação do dano moral

1.4.5.1. A natureza jurídica da reparação por dano moral: as funções do dano moral

Não há unanimidade quanto à natureza jurídica da reparação por dano moral, existindo na doutrina e na jurisprudência três correntes – a depender da função desempenhada pelo dano moral –, a seguir expostas:

1ª) Caráter compensatório ou meramente reparatório: a reparação pelo dano moral destinada à vítima apresenta finalidade de estritamente amenizar o seu sofrimento e a sua angústia. Focaliza-se a pessoa da vítima, não pretendendo nenhum viés punitivo incidente sobre o autor do dano.

2ª) Caráter punitivo: a reparação por dano moral teria por fito exclusivo a punição do agente causador do dano, gerando, assim, a prevenção a futuros danos em razão do desestímulo produzido. Em razão disso, essa tese é denominada "teoria do desestímulo" com forte incidência nos Estados Unidos, sob a denominação *punitives damages*.

3ª) Caráter compensatório e punitivo: a reparação pelo dano moral teria a função principal de compensar os dissabores experimentados pela vítima. Porém, como função acessória exsurge o caráter de punir o autor do dano,

---

[51] Vejamos o acórdão a seguir descrito: "A jurisprudência do STJ tem admitido a indenização pelo dano moral e pelo dano estético, cumulativamente, se além dos danos estéticos, a vítima sofre outras lesões que impliquem em dor moral ou física" (STJ, Ag. 312.702-SP, 3ª Turma, Rel. Ary Pargendler, 16/10/2000). E também: "Nos termos em que veio a orientar-se a jurisprudência das Turmas que integram a seção de Direito Privado deste Tribunal, as indenizações pelos danos moral e estético podem ser cumuladas, se inconfundíveis suas causas e passíveis de apuração em separado. A amputação traumática das duas pernas causa dano estético que deve ser indenizado cumulativamente com o dano moral, neste considerados os demais danos à pessoa, resultantes do mesmo fato ilícito" (STJ, REsp 116.372-MG, 4ª Turma, Rel. Sálvio de Figueirêdo Teixeira, 2/2/1998).

perseguindo, assim, a prevenção para a prática de outros danos. Eis o que se pode designar de "teoria do desestímulo mitigada".

O entendimento jurisprudencial dominante inclina-se para a terceira corrente, isto é, como principal tem-se a reparação da vítima e, acessoriamente, a punição do agente. Nessa esteira vale, inclusive, mencionar o Enunciado nº 379, aprovado na IV Jornada de Direito Civil: "O art. 944, *caput*, do Código Civil não afasta a possibilidade de se reconhecer a função punitiva ou pedagógica da responsabilidade civil".

1.4.5.2. Responsabilidade pressuposta

Aqui lembramos a inovação conceitual apresentada por Giselda Hironaka que, inspirada na obra do jurista belga Geneviève Schamps, nos apresenta à chamada responsabilidade pressuposta. Para alcançar tal conceito, é necessário voltarmos para a evolução histórica da responsabilidade civil – que resultou no extremo da indenização independente de culpa – e compreender que qualquer efeito da responsabilidade civil deve se basear no princípio da dignidade da pessoa humana. Desse modo, primeiro atenta-se para a vítima e em seguida para a figura do ofensor, buscando-se o desestímulo de sua conduta. Admitindo-se além da prevenção, o caráter repressivo da responsabilidade civil. Assim, será possível garantir os pressupostos da responsabilidade civil.

Em brevíssimas linhas, pela tese da responsabilidade pressuposta, quem causa dano a outrem deverá indenizar, independentemente de culpa, de risco e, até mesmo, de excludentes do nexo causal, pois a responsabilidade é pressuposta no sistema.[52]

1.4.5.3. Critérios para a fixação da reparação pelo dano moral

Indenizar guarda o sentido etimológico de tornar indene, que significa tornar íntegro, perfeito, incólume. A palavra **indenização** deriva do adjetivo latino *indemnis*, sendo formado pela partícula negativa *in* mais o substantivo *damnum*.

Para aferir-se a indenização pelo dano material, o julgador não encontra maiores dificuldades. O que não acontece com a reparação pelo dano moral. Não há na lei critérios para se quantificar a reparação pelo dano moral.

Assim, existem dois sistemas para se quantificar a reparação devida pelo agente causador do dano moral. São eles: o sistema fechado e o sistema aberto.

O sistema fechado baseia-se no estabelecimento de tarifas prévias. Na verdade, constitui-se em um tabelamento. Antes da Constituição Federal de 1988 – e até depois –, várias leis apresentavam este critério, como o Código Brasileiro de Telecomunicações (Lei nº 9.472/97, art. 84, § 1º) e a Lei de Imprensa (Lei

---

[52] Muito mais sobre o tema *vide* HIRONAKA, Giselda Maria Fernandes Novaes. *Responsabilidade pressuposta*. Belo Horizonte: Del Rey, 2005.

nº 5.250/67, arts. 51 e 52[53]). Ocorre que, com a Constituição Federal de 1988, não tem mais valia tal critério, sendo de todo inconstitucional, uma vez que a Constituição Federal não traça limites, tampouco tabelas para o arbitramento do *quantum* devido. O que a Constituição Federal faz é apenas propugnar pela reparação integral dos danos. Se o Judiciário se apoia no demasiado número de demandas para optar pelo sistema fechado, a bem da verdade, por comodismo, procura aplicar a justiça com instrumentos absolutamente injustos. É claro que a perda de uma mão para um cantor, não pode ser aferida na mesma "tabela" que a perda da mão para um pianista. Em virtude desse entendimento, a matéria foi sumulada no STJ, sob o verbete nº 281, que apresenta a seguinte redação: "A indenização por dano moral não está sujeita à tarifação prevista na Lei de Imprensa." Além disso, na VI Jornada de Direito Civil foi aprovado o Enunciado nº 550, com a seguinte redação: "A quantificação da reparação por danos extrapatrimoniais não deve estar sujeita a tabelamento ou a valores fixos".

O sistema aberto é o mais plausível e aceitável, tendo em vista que não existem limites prefixados. Avaliar-se-á a extensão do dano e as condições pessoais da vítima (a mágoa, o sofrimento, a dor gerada). Apenas esses dois elementos, tendo-se em vista que a reparação pelo dano moral se presta apenas a fins compensatórios, uma vez que retornar ao *statu quo ante* seria impossível. Entretanto, a tendência dos Tribunais hoje, como vimos no tópico anterior ao analisar as funções do dano moral, está em não apenas compensar os danos, mas também punir o agente causador deles. Assim, invadindo-se a esfera punitiva, própria do Direito Penal, os julgadores, além da extensão do dano e das condições pessoais da vítima, avaliam também o grau de culpa do ofensor e suas condições econômicas.[54] Assim se faz na busca de inibir a proliferação das ofensas, ou seja, o sentido é profilático, preventivo.

Terminamos esse ponto com a advertência formulada por Sérgio Cavalieri Filho:

> Após a Constituição de 1988 não há mais nenhum valor legal prefixado, nenhuma tabela ou tarifa a ser observada pelo juiz na tarefa de fixar o valor da indenização pelo dano moral, embora deva seguir, em face do caso concreto, a trilha do bom senso, da moderação e da prudência, tendo sempre em mente que se, por um lado, a indenização deve ser a mais completa possível, por outro, não pode tornar-se um lucro indevido. (...) o juiz não pode se afastar dos princípios da proporcionalidade e da razoabilidade, hoje tidos como princípios constitucionais.[55]

---

[53] Em sessão de abril de 2009, na ADPF nº 130, por maioria, o Supremo Tribunal Federal declarou que a Lei de Imprensa (Lei nº 5250/67) é incompatível com a atual ordem constitucional.

[54] Enunciado nº 588, CJF: "O patrimônio do ofendido não pode funcionar como parâmetro preponderante para o arbitramento de compensação por dano extrapatrimonial". Enunciado nº 589, CJF: "A compensação pecuniária não é o único modo de reparar o dano extrapatrimonial, sendo admitida a reparação *in natura*, na forma de retratação pública ou outro meio".

[55] CAVALIERI FILHO, Sérgio. *Programa de responsabilidade civil*. 7. ed. São Paulo: Atlas, 2007. p. 91.

1.4.5.4. A pessoa jurídica e o dano moral

Neste ponto, em razão das inúmeras dissonâncias que tangenciam o tema, transcrevemos, *in verbis*, o que já foi dito alhures:

> O art. 52 do CC estende às pessoas jurídicas, naquilo que couber, a proteção dos direitos da personalidade da pessoa natural. A ressalva por meio da expressão "no que couber" contida no artigo é óbvia diante da própria estrutura biopsicológica que diferencia a pessoa natural da pessoa jurídica. Assim, seja recorrendo à tutela preventiva ou à tutela repressiva, pode a pessoa jurídica perquirir proteção ao seu nome comercial, à sua reputação e credibilidade no meio social etc. Não podemos nos esquecer, também, de que, bem antes do Código Civil de 2002, já se admitia o pleito de reparação por dano moral pela pessoa jurídica, sobretudo com fincas na Súmula nº 227 do STJ.[56]

Contudo, mesmo diante da consolidada súmula do STJ e do art. 52 apresentado pelo Código Civil, a doutrina mais moderna[57] manteve a posição firme de se opor a tal ditame. É claro que a proteção à pessoa jurídica, encetada nos referidos preceitos, não surgiu do nada. Surgiu, sim, da clássica distinção entre honra objetiva e honra subjetiva.

A honra subjetiva ínsita está ao ser humano, posto que se constitui de sentimento em sua expressão mais fina, isto é, voltar o ser humano para dentro de si e buscar nessa imensidão conclusões acerca de sua pessoa producentes de sua autoestima. Já a honra objetiva, transcende ao que está dentro do ser humano e reside nos olhos e impressões alheios. Diante dessa distinção, comumente passou-se a aceitar a possibilidade de a pessoa jurídica ter por ofendida a sua honra objetiva, traduzida pelo bom nome e credibilidade que goza no meio social. Ao passo que a honra subjetiva sempre se mostrou de todo incompatível com este ente criado pelo ser humano. Nessa distinção repousou a justificativa para a proteção à pessoa jurídica.[58]

Entretanto, se claro fica que a pessoa jurídica precisa de proteção ao seu nome e credibilidade, não menos claro fica que a violação ao nome e ao crédito da pessoa jurídica não está no seio moral, mas sim no patrimônio desse ente que

---

[56] Súmula nº 227 do STJ: "A pessoa jurídica pode sofrer dano moral".

[57] *Vide* TEPEDINO, Gustavo. "A pessoa jurídica e os direitos da personalidade". In: *Temas de direito civil*. Rio de Janeiro: Renovar, 1999.

[58] Vale transcrever trecho do voto do Ministro Ruy Rosado de Aguiar atento à distinção, mencionado por Danilo Doneda no texto "Os direitos da personalidade no Código Civil". In: TEPEDINO, Gustavo (coord.) *A parte geral do novo Código Civil:* estudos na perspectiva civil-constitucional. Rio de Janeiro: Renovar, 2003. p. 56: "Quando se trata de pessoa jurídica, o tema da ofensa à honra propõe uma distinção inicial: a honra subjetiva, inerente à pessoa física, que está no psiquismo de cada um e pode ser ofendida com atos que atinjam a sua dignidade, respeito próprio, autoestima etc., causadores de dor, humilhação, vexame; (...) A pessoa jurídica, criação da ordem legal, não tem capacidade de sentir emoção e dor, estando por isso desprovida de honra subjetiva e imune à injúria. Pode padecer, porém de ataque à honra objetiva, pois goza de uma reputação junto a terceiros, possível de ficar abalada por atos que afetem o seu bom nome no mundo civil ou comercial onde atua" (REsp 60.033-2, *DJ* 21/11/1995, p. 40893).

foi ofendido. É dizer que estender os direitos da personalidade à pessoa jurídica é acabar por desprestigiar os direitos da personalidade do ser humano, sendo que, em se tratando de pessoa jurídica, a bem da verdade, a ofensa se encontra em sede patrimonial.

Diante de tais proposições doutrinárias, aprovou-se o Enunciado nº 286, na IV Jornada de Direito Civil, com o seguinte teor: "Os direitos da personalidade são direitos inerentes e essenciais à pessoa humana, decorrentes de sua dignidade, não sendo as pessoas jurídicas titulares de tais direitos".

Acerca da possibilidade de a pessoa jurídica de direito público sofrer dano moral, a Segunda Turma do STJ decidiu que a "pessoa jurídica de direito público tem direito à indenização por danos morais relacionados à violação da honra ou da imagem, quando a credibilidade institucional for fortemente agredida e o dano reflexo sobre os demais jurisdicionados em geral for evidente".[59]

Constatado que é reconhecida pelos Tribunais a possibilidade de a pessoa jurídica sofrer dano moral, vale destacar que esse não se manifesta de forma presumida, sendo afastado o dano moral *in re ipsa* em relação à pessoa jurídica, conforme se manifestou o STJ.[60]

1.4.5.5. O inadimplemento de um contrato e a possibilidade de reparação por dano moral

O mero inadimplemento – seja ele absoluto ou relativo – de um contrato não será capaz de, por si só, atingir a esfera de dignidade da vítima, o que afastaria, portanto, o pleito de reparação por dano moral. Isso porque, os prejuízos se mantiveram dentro da esfera patrimonial a ensejar, tão somente, o ressarcimento por perdas e danos.

---

[59] STJ, REsp 1.722.423-RJ, Rel. Min. Herman Benjamin, Segunda Turma, por unanimidade, julgado em 24/11/2020, *DJe* 18/12/2020.

[60] "Inicialmente, registre-se que a doutrina e a jurisprudência majoritária brasileira entendem que a pessoa jurídica é passível de sofrer danos morais – orientação esta consolidada por meio do Enunciado Sumular nº 227 do STJ. Vale ressaltar, todavia, que o dano moral de pessoa jurídica não é idêntico àquele sofrido por um indivíduo. Percebe-se que a expressão dano moral é usada como analogia, uma vez que envolvem direitos extrapatrimoniais, mas não são de natureza biopsíquica e tampouco envolve a dignidade da pessoa humana. Nessa hipótese, protege-se a honra objetiva da pessoa jurídica, sendo os danos causados em violação ao bom nome, à fama, à reputação. Essas distinções reclamam, por questão de isonomia, um tratamento jurídico diferente para cada situação. Esse tratamento distinto deve recair na questão da prova do dano moral. Sobre o ponto, a doutrina defende que a possibilidade de considerar o dano moral como *in re ipsa* decorre da existência de uma comunhão de valores éticos e sociais ou, ainda, de uma essência comum universal dos seres humanos. Nessa linha de raciocínio, e considerando a falta dessa 'essência comum', é impossível ao julgador avaliar a existência e a extensão de danos morais supostamente sofridos pela pessoa jurídica, sem qualquer tipo de comprovação. Disso não decorre, contudo, a impossibilidade da utilização de presunções ou regras de experiência no julgamento de pedidos de indenização por danos morais sofridos por pessoa jurídica" (REsp 1.564.955-SP, Rel. Min. Nancy Andrighi, por unanimidade, julgado em 6/2/2018. Informativo nº 619, STJ).

Hipótese outra vislumbramos quando o inadimplemento contratual vai para além dos contornos do dano material, do prejuízo econômico, como na clássica hipótese do buffet de festa contratado para o evento que se apresenta verdadeiramente como um fiasco, produzindo resultado desairoso a constranger os anfitriões da festa. Ou então, no caso da companhia aérea que frustra o adimplemento da obrigação, não promovendo a viagem e deixando os passageiros à deriva pela madrugada adentro em fria instalação aeroportuária. É evidente que, em tais hipóteses, o inadimplemento contratual foi apenas a mola propulsora a gerar prejuízos outros no espírito da vítima. Daí a possibilidade da reparação por dano moral.

1.4.5.6. O dano temporal

Considerando a vida com seus limites finais predeterminados pela morte, o tempo irá apresentar contornos de bem jurídico escasso e finito. Nessa perspectiva, a lesão ao tempo resultaria no que se denomina dano temporal.

É o que se verifica, por exemplo, quando uma pessoa, na seara consumerista, constate o seu tempo se esvaindo injustificadamente seja na espera para um atendimento em uma agência bancária que, embora ostente formalmente oito guichês para tanto, de fato, apresente apenas dois em funcionamento, ou o consumidor que diante de uma cobrança excessiva e injustificada, perca toda uma tarde envolto em atendimentos telefônicos que nunca findam e apenas fazem remeter a outro "ramal" sustentando uma esperança tola e inútil de resolução do problema. Ou até mesmo a reincidência de vícios em um produto que, categoricamente, não são sanados, nada obstante a reiterada apresentação do produto à assistência técnica.

Nos casos relatados, não há dúvida de que a perda do tempo ultrapassa os lindes do mero aborrecimento e é importante advertir que o tempo perdido poderia ter se traduzido em tempo útil ou, até mesmo, em tempo ocioso cuja destinação caberia ao seu titular definir. Afinal de contas, tendo-se em vista a autodeterminação do ser humano, o tempo que lhe fora subtraído poderia ter sido destinado a uma gama de atividades que só a ele caberia atribuir. Nota-se, então, que, nas situações mencionadas acima, fatores externos lhe subtraíram a oportunidade de destinação adequada de seu tempo.

É importante registrar que a ideia abstrata e incorpórea atribuída ao tempo não poderá ter o condão de reduzir o seu valor ou transmiti-lo a outra pessoa que não seja o seu próprio senhor.

Não é difícil constatar a possibilidade de superveniência de um dano temporal. Todavia, traçar os contornos dessa espécie danosa de modo a delimitar a sua natureza é o que se apresenta como tarefa complexa. Isso porque, a depender da lente que se empregue para focalizar o dano temporal, a doutrina consegue visualizá-lo sob três perspectivas:

a) **a de subsunção ao dano moral** *lato sensu*: sob essa perspectiva, o dano temporal seria apenas mais um fato gerador do dano moral. Em várias manifestações decisórias, o STJ situou a lesão ao tempo na seara do dano moral como se constata no AREsp nº 1.132.385-SP, AREsp nº 1.260.458-SP, REsp nº 1.634.851-RJ, AREsp nº 1.241.259-SP. Marcos

Dessaune, autor da **Teoria do Desvio Produtivo**, na primeira edição de sua obra, se inclinou nesse sentido[61]

b) **a de dano existencial:** com a lapidação de seus estudos sobre o tema, Marcos Dessaune lança, então, a segunda edição de sua obra, agora, intitulada **Teoria Aprofundada do Desvio Produtivo**. Nessa toada, o autor distingue o dano moral do dano existencial, admitindo assim, ser o dano temporal manifestação de dano existencial, já que o que ocorre é uma lesão antijurídica às atividades existenciais de uma pessoa.[62]

c) **a de dano autônomo:** sob essa perspectiva, reconhece-se que o dano temporal se traduz em um verdadeiro dano autônomo, caminhando paralelamente ao dano moral e não subjacente a ele. Nessa perspectiva, verdadeiro *leading case* foi produzido sob a pena do Juiz de Direito Fernando Antônio de Lima, na Comarca de Jales, município do estado de São Paulo. É que ao decidir um caso em que um consumidor havia esperado dentro de uma agência bancária o absurdo lapso temporal de 3 horas e 2 minutos para sanar equívoco ao qual não deu azo, o magistrado categoriza o dano temporal sofrido pelo consumidor como dano autônomo merecedor da devida reparação civil. No referido marco decisório, o magistrado, inclusive, defendeu que ao se considerar o dano temporal como dano autônomo, é possível, inclusive a cumulação de dano moral com o dano temporal, posicionamento com o qual concordamos.[63]

1.4.5.7. Dano moral x dano existencial

Tanto o dano moral, quanto o dano existencial se traduzem em lesão à esfera extrapatrimonial do ofendido. Pode-se, entretanto, diferenciar o dano moral do dano existencial na medida em que, enquanto no primeiro há ofensa a um direito da personalidade, no segundo, há ofensa à sua própria existência comprometendo o escopo de felicidade e bem-estar almejado por qualquer ser humano.

O dano existencial pode ser detectado mais nitidamente no ambiente de trabalho quando, por exemplo, se impõe ao empregado jornada excessiva de trabalho, sem descanso ou férias, ceifando o sentido da vida para essa pessoa, pois lhe impede de exercer plenamente a sua vida pessoal, social e afetiva.

---

[61] DESSAUNE, Marcos. *Desvio produtivo do consumidor:* o prejuízo do tempo desperdiçado. São Paulo: RT, 2011.

[62] DESSAUNE, Marcos. *Teoria aprofundada do Desvio Produtivo do Consumidor:* o prejuízo do tempo desperdiçado e da vida alterada. 2. ed. Vitória: Edição Especial do Autor, 2017.

[63] Fácil perceber isso a partir de um exemplo cogitado na própria sentença: "Imaginemos que um consumidor tenha, injustamente, seu nome encaminhado a órgãos de proteção ao crédito. Foi vítima dos danos morais. Imagine que, nessa mesma situação, o consumidor ligou várias vezes ao fornecedor, procurou órgãos de proteção ao consumidor, e a violação permaneceu. Houve, portanto, duas violações: à honra; e ao tempo produtivo ou útil". (SÃO PAULO. Juizado Especial Civil e Criminal. Processo 0005804-43.2014.8.26.0297. Juiz de Direito: Fernando Antônio de Lima. Comarca de Jales. *Diário de Justiça Eletrônico*, São Paulo, 4 set. 2014.)

Mas não apenas na esfera trabalhista pode ser visualizado o dano existencial, já que esse se traduz na frustação do próprio projeto de vida de uma pessoa que não tem o direito de exercício de sua autonomia privada na condução de seus propósitos resultando em vazio existencial que merece ser reparado. Tem-se, por exemplo, o dano existencial experimentado pelos pais que perdem o filho vítima de acidente automobilístico, ou a pessoa que tem a autoestima ofendida em virtude da prática do *bullying* na escola ou no trabalho, ou, até mesmo, a mulher que perde a capacidade reprodutiva em virtude de erro médico. É importante perceber que a violação aqui é dirigida ao projeto de vida da pessoa, seja ele estampado na figura de um filho que morreu ou que não se pode ter, ou na imagem que a pessoa tem de si própria que foi destruída em virtude de reiterados aviltamentos sofridos.

1.4.5.8. Os novos danos: dano moral coletivo e dano social

É tênue a linha que separa o dano moral coletivo do dano social. O dano moral coletivo foi reconhecido pelo STJ em caso de humilhação a criança em programa de rádio sobre investigação de paternidade[64]; no caso de infidelidade de bandeira praticada por posto de combustível[65]; e, também, em caso de tráfego de veículos com excesso de peso em que o dano moral coletivo consiste no agravamento dos riscos à saúde e à segurança de todos[66]. O STJ em um caso que ficou conhecido como "Um Drink no Inferno", em razão do nome de um filme que foi exibido pela Emissora Band fora do horário recomendado, entendeu que "é possível, em tese, a condenação da emissora de televisão ao pagamento de indenização por danos morais coletivos, quando, ao exibir determinada programação fora do horário recomendado, verificar-se uma conduta que afronte gravemente os valores e interesse coletivos fundamentais".[67] Desse modo, vislumbra-se o dano moral coletivo quando são atingidos os direitos da personalidade de várias pessoas determinadas ou determináveis, sendo ele mencionado de forma expressa no Código de Defesa do Consumidor, no art. 6º, VI. São atingidos os direitos individuais homogêneos e os direitos coletivos em sentido estrito. Em tese, a indenização deve ser destinada às vítimas.

Já quando se cogita do dano social, trata-se daquele que resulta na lesão à sociedade seja por diminuição na sua qualidade de vida ou por rebaixamento de seu patrimônio moral.[68] Tem-se como exemplo o pedestre que joga papel no chão

---

[64] STJ, REsp 1.517.973, Quarta Turma, Rel. Min. Luis Felipe Salomão, julgado em 16/11/2017, *DJe* 1º/2/2018.

[65] STJ, REsp 1.487.046, Quarta Turma, Rel. Min. Luis Felipe Salomão, julgado em 27/3/2017, *DJe* 16/5/2017.

[66] STJ, REsp 1.574.350-SC, Rel. Min. Herman Benjamin, por unanimidade, julgado em 3/10/2017, *DJe* 6/3/2019.

[67] STJ, REsp 1.840.463-SP, Terceira Turma. Rel. Min. Marco Aurélio Bellizze, julgado em 19/11/2019.

[68] AZEVEDO, Antônio Junqueira de. Por uma nova categoria de dano na responsabilidade civil: o dano social. In: AZEVEDO, Antônio Junqueira de. *Novos estudos e pareceres de direito privado*. São Paulo: Saraiva, 2009. p. 378.

ou o passageiro que atende celular no avião, ou, até mesmo, a pessoa que fuma próximo a um posto de gasolina. São atingidos aqui direitos difusos, sendo a vítima indeterminada. Desse modo, a indenização deve ser destinada a um fundo de proteção relacionado aos direitos atingidos.

Veja a comparação resumida no quadro abaixo:

Dano moral coletivo	Dano social
É aquele que atinge os direitos da personalidade de várias pessoas determinadas ou determináveis. Reside necessariamente na esfera moral.	É aquele que resulta na lesão à sociedade seja por diminuição na qualidade de vida ou por rebaixamento em seu patrimônio moral. Pode residir na esfera moral ou material.
Exemplos: • humilhação a crianças em programas de rádio sobre investigação de paternidade; • infidelidade de bandeira praticada por posto de gasolina.	Exemplos: • pedestre que joga papel no chão; • passageiro que atende celular dentro do avião; • pessoa que fuma próximo ao posto de gasolina.
Atinge direitos individuais homogêneos e direitos coletivos em sentido estrito.	Atinge interesses difusos.
Vítima determinada ou determinável.	Vítima indeterminada: é a sociedade.
Indenização destina-se à vítima.	Indenização destina-se a um fundo de proteção relacionado aos direitos atingidos.

A RESPONSABILIDADE OBJETIVA

1. NOÇÕES PRELIMINARES DA RESPONSABILIDADE OBJETIVA

A responsabilidade civil extracontratual ou aquiliana baseada no risco tem sua origem no Direito francês, nas interpretações de Saleilles e Josserand, conforme explica Caio Mário da Silva Pereira, com as seguintes palavras:

> Uma corrente, dita objetivista, procurou desvincular o dever ressarcitório de toda ideia de culpa. Saleilles, que se fez campeão desta equipe, insurgiu-se contra a culpa, e assentou a indenização no conceito material do fato danoso. Josserand (*De la responsabilité du Fait de Choses Inanimées*) procurou conciliar a responsabilidade objetiva com o Código Napoleão, muito embora permanecesse este jungido à teoria subjetivista.[1]

Patente estava a necessidade de adequar a responsabilidade civil às grandes mudanças no mundo social.[2] Assim, os demais ordenamentos jurídicos começaram a aceitar a ideia de que "quem aufere o bônus, arca com o ônus". No Brasil, não foi diferente.

---

[1] PEREIRA, Caio Mário da Silva. *Instituições de direito civil:* contratos. v. III. Rio de Janeiro: Forense, 2004. p. 561.

[2] Sérgio Cavalieri Filho explicando a evolução da responsabilidade objetiva ensina: "Costuma-se apontar, em apertada síntese, a revolução industrial do século passado, o progresso científico e a explosão demográfica que nele ocorreu como sendo os principais fatores que ensejaram a nova concepção de responsabilidade civil (...) Foi no campo dos acidentes de trabalho que a noção de culpa, como fundamento da responsabilidade, revelou-se primeiramente insuficiente. Na medida em que a produção passou a ser mecanizada, aumentou vertiginosamente o número de acidentes, não só em razão do despreparo dos operários mas, também, e principalmente, pelo empirismo das máquinas então utilizadas, expondo os trabalhadores a grandes riscos. O operário ficava desamparado diante da dificuldade – não raro, impossibilidade – de provar a culpa do patrão. A injustiça que esse desamparo representava estava a exigir uma revisão do fundamento da responsabilidade civil. Algo idêntico ocorreu nos transportes coletivos, principalmente trens, na medida em que foram surgindo. Os acidentes multiplicaram-se, deixando as vítimas em situação de desvantagem. Como iriam provar a culpa do transportador por um acidente ocorrido a centenas de quilômetros de casa, em condições desconhecidas para as vítimas ou seus familiares?". CAVALIERI FILHO, Sérgio. *Programa de responsabilidade civil.* São Paulo: Atlas, 2007. p. 127.

Ao passo que o *caput* do art. 927 c/c o art. 186 do Código Civil nos apresenta a teoria subjetiva, o parágrafo único do mesmo artigo apresenta a teoria objetiva da responsabilidade civil com a seguinte redação: "Haverá obrigação de reparar o dano, independentemente de culpa, nos casos especificados em lei, ou quando a atividade normalmente desenvolvida pelo autor do dano implicar, por sua natureza, risco para os direitos de outrem".

Por esta redação temos que, o fato gerador da responsabilidade objetiva será a própria atividade do causador do dano – quando esta se traduzir em risco – ou leis que impusessem a responsabilização objetiva. Quais leis, portanto, seriam essas? Evidentemente que seriam aquelas já existentes à época da publicação do novo estatuto civil (por exemplo, a Lei de Acidentes de Trabalho; o Código Brasileiro de Aeronáutica; a Lei nº 6.453/77 – que estabelece a responsabilidade do operador de instalação nuclear –; dentre outras[3]). Mas não só essas já existentes, como também as hipóteses previstas no próprio Código Civil (por exemplo, em seu art. 933).

O parágrafo único do art. 927 ao tratar da responsabilidade objetiva não se esgota no fato gerador legal, mas acrescenta também que se aplicará a responsabilidade objetiva às hipóteses em que a atividade do causador dos danos se traduza em risco. Releva perceber que, desse modo, estamos diante de uma cláusula geral, uma vez que caberá ao prudente arbítrio do julgador a aferição do que seja ou não uma atividade que implique risco.[4] Mais à frente aprofundaremos a ideia do risco.

É claro que para se chegar ao atual estágio constatado no Código Civil de 2002, grandes passos foram dados, discussões e, sobretudo, desencontros conceituais, que existem até hoje ao se tratar da responsabilidade civil aquiliana, ocuparam o cenário jurídico na busca da melhor solução.

Na tendência de se aplicar a responsabilidade objetiva para superar situações de injustiça, o Direito Civil brasileiro, como mencionado anteriormente, adotou com o Código Civil de 1916, uma posição intermediária entre a doutrina subjetiva e a objetiva, através do conceito de culpa presumida em alguns de seus artigos. Por assim dizer, o elemento culpa continuava a existir, entretanto tratava-se de uma culpa presumida, que ocasionava a inversão do ônus da prova (por exemplo, arts. 1.521[5]

---

[3] O Decreto-lei nº 2.681/12, que regulava a responsabilidade objetiva das estradas de ferro, esteve em vigor por todo o séc. XX, sendo revogado pelo Código Civil de 2002.

[4] O Enunciado nº 38 foi aprovado na I Jornada de Direito Civil com o seguinte teor: "A responsabilidade fundada no risco da atividade, como prevista na segunda parte do parágrafo único do art. 927 do novo Código Civil, configura-se quando a atividade normalmente desenvolvida pelo autor do dano causar a pessoa determinada um ônus maior do que aos demais membros da coletividade". Ao comentá-lo Flávio Tartuce expõe: "Na realidade, o enunciado não esclarece muita coisa, pois não há dúvidas de que para a configuração do que seja 'atividade de risco' deverão ser analisadas as condutas das partes, bem como o meio social ao qual pertencem (função social da responsabilidade civil)". TARTUCE, Flávio. *Direito civil:* direito das obrigações e responsabilidade civil. 2. ed. São Paulo: Método, 2006. p. 363.

[5] Art. 1.521 do CC/16: "São também responsáveis pela reparação civil: I – os pais, pelos filhos menores que estiverem sob seu poder e em sua companhia; II – o tutor e o curador, pelos pupilos e curatelados, que se acharem nas mesmas condições; III – o patrão, amo ou comitente, por seus empregados, serviçais e prepostos, no exercício do trabalho que lhes competir, ou

Cap. 22 – A RESPONSABILIDADE OBJETIVA

e 1.527 a 1.529,[6] que falavam da responsabilidade por atos de terceiros e pela guarda da coisa ou do animal). Assim, não caberia à vítima a prova de culpa do autor do dano, pois a culpa já estava presumida. Caberia, entretanto, ao autor do dano a prova de que não atuou com culpa.

Com o Código Civil de 2002 ocorreram modificações consideráveis. Como dito anteriormente, o art. 927 e seu parágrafo único consagram as duas doutrinas: a subjetiva e a objetiva. A tendência dominante é dizer que a regra sobre a responsabilidade civil continua a ser de ordem subjetiva, de modo que a responsabilidade objetiva somente seria aplicada excepcionalmente. Em que pesem doutas opiniões em sentido contrário – como as de Nelson Nery Júnior e Rosa Maria de Andrade Nery, que afirmam que tanto a responsabilidade subjetiva como a objetiva têm a mesma importância no sistema do Código Civil, não havendo predominância de uma sobre a outra, o que configuraria impertinência ao falar--se em regra e exceção[7] –, verifica-se a dificuldade que o ordenamento jurídico brasileiro tem de aceitar uma responsabilidade civilista que não seja subjetivista como regra. O que realmente importa é que o risco e a culpa se conjugam e se dinamizam, devendo conviver ambos harmonicamente, cada qual com a sua aplicação específica.

No que tange à culpa presumida, para muitos, com o Código Civil de 2002 esse instituto desapareceu. De modo que não faz mais sentido falar-se em presunção de culpa, uma vez que a teoria da culpa cedeu espaço à teoria do risco ou à mera imposição legal, na qual não se perquire a culpa do agente, recaindo a responsabilidade apenas pela ocorrência do dano a terceiros. Assim, para os adeptos dessa posição, o legislador tratou como de responsabilidade objetiva os casos de danos cometidos por fatos de terceiros ou de coisas, conforme os arts. 932, 936, 937 e 938. Em sentido contrário, há quem diga que o art. 936 do CC/2002 continua a tratar da culpa presumida (tratando-se, portanto, de responsabilidade subjetiva), e ainda existem outros que dão a denominação de responsabilidade objetiva imprópria para a presunção de culpa, mesclando ambos os institutos.

---

por ocasião dele (art. 1.522); IV – os donos de hotéis, hospedarias, casas ou estabelecimentos, onde se albergue por dinheiro, mesmo para fins de educação, pelos seus hóspedes, moradores e educandos; V – os que gratuitamente houverem participado nos produtos do crime, até à concorrente quantia".

6   Art. 1.527 do CC/16: "O dono, ou detentor, do animal ressarcirá o dano por este causado, se não provar: I – que o guardava e vigiava com cuidado preciso; II – que o animal foi provocado por outro; III – que houve imprudência do ofendido; IV – que o fato resultou de caso fortuito, ou força maior". Art. 1.528 do CC/16: "O dono do edifício ou construção responde pelos danos que resultarem de sua ruína, se esta provier da falta de reparos, cuja necessidade fosse manifesta". Art. 1.529 do CC/16: "Aquele que habitar uma casa, ou parte dela, responde pelo dano proveniente das coisas que dela caírem ou forem lançadas em lugar indevido".

7   NERY JÚNIOR, Nelson; NERY, Rosa Maria Andrade. *Código Civil anotado*. 2. ed. São Paulo: Revista dos Tribunais, 2003. p. 488. E também Cavalieri Filho: "Tudo ou quase tudo em nossos dias tem a ver com o consumo, de sorte que não haverá nenhuma impropriedade em se afirmar que hoje a responsabilidade objetiva, que era exceção, passou a ter campo de incidência mais vasto do que a própria responsabilidade subjetiva". CAVALIERI FILHO, Sérgio. *Programa de responsabilidade civil*. São Paulo: Atlas, 2007. p. 132.

Percebemos, assim, que longe estão de se pacificar as posturas doutrinárias no que diz respeito à responsabilidade civil aquiliana no ordenamento jurídico brasileiro. Manifestamo-nos, porém, pela aplicação da responsabilidade objetiva nos arts. 932, 936, 937 e 938, como explicaremos a seguir.

Antes de avançarmos para o próximo tópico, vale deixar bem claro que, em regra, as pessoas são responsáveis apenas pelos seus próprios atos. Porém, embora a premissa, excepcionalmente, uma pessoa poderá ser responsabilizada por um ato de um terceiro ou pelo ato de uma coisa. Tais hipóteses, como dissemos, são excepcionais e são, em verdade, no nosso sentir, manifestações de responsabilidade objetiva imposta por lei. Assim, apresentam-se a responsabilidade por fato de terceiro e a responsabilidade por fato de coisa. É o que tratamos a seguir.

2. RESPONSABILIDADE POR FATO DE TERCEIRO[8]

É possível que uma pessoa seja responsabilizada por um fato de outrem, não obstante a regra seja de que uma pessoa só é responsável pelos seus próprios atos.

As hipóteses de responsabilidade por fato de terceiro estão previstas no art. 932 do CC e são elas:

I – os pais, pelos filhos menores que estiverem sob sua autoridade e em sua companhia;

II – o tutor e o curador, pelos pupilos e curatelados, que se acharem nas mesmas condições;

III – o empregador ou comitente, por seus empregados, serviçais e prepostos, no exercício do trabalho que lhes competir, ou em razão dele;

IV – os donos de hotéis, hospedarias, casas ou estabelecimentos onde se albergue por dinheiro, mesmo para fins de educação, pelos seus hóspedes, moradores e educandos;

V – os que gratuitamente houverem participado nos produtos do crime, até a concorrente quantia.

Em todas essas hipóteses o que ocorre é a responsabilidade objetiva em razão da responsabilidade por fato de terceiro. Não cabendo, portanto, conforme a doutrina mais avisada, aplicarmos a regra da culpa presumida (*in eligendo, in vigilando...*). Isso porque o art. 933, CC é expresso ao estabelecer: "As pessoas indicadas nos incisos I a V do artigo antecedente, ainda que não haja culpa de sua parte, responderão pelos atos praticados pelos terceiros ali referidos".

É importante perceber que, para que a vítima consiga a responsabilização objetiva de qualquer das pessoas apontadas no art. 932 do CC, é imprescindível que se prove a culpa daqueles que agiram[9]. Desse modo, por exemplo, para que

---

[8] Também designada de responsabilidade por fato de outrem ou responsabilidade objetiva indireta.

[9] "De onde se conclui que na responsabilidade pelo fato de outrem há, na realidade, o concurso de duas responsabilidades: a do comitente ou patrão e a do preposto. A do primeiro é objetiva, porque o comitente é garantidor das consequências danosas dos atos do seu agente; a do segundo é subjetiva, porque, embora desnecessária a culpa do civilmente responsável (comitente), é indispensável em relação ao agente, autor do fato material (preposto, agente etc.). Destarte, só indiretamente se pode dizer que a responsabilidade por fato de outrem repousa na culpa".

se obtenha a indenização do pai pelo ato praticado pelo filho, é necessário que se comprove que o filho atuou com culpa ao causar o dano.

Se já estamos convictos da superação da responsabilidade subjetiva por culpa presumida pela responsabilização objetiva, isto é, independente de culpa, com vagar, analisamos cada um dos incisos do art. 932.

2.1. A responsabilidade dos pais pelos atos dos filhos menores

O art. 932, I, do CC impõe que os pais são responsáveis pelos atos dos filhos menores que estiverem sob sua autoridade e em sua companhia. Impõe o referido inciso que os pais, para serem considerados responsáveis pelos atos de seus filhos, deverão estar atuando sob o **poder familiar**. Assim é claro que, inexistente o **poder familiar**, os pais não serão responsáveis pelos atos de seus filhos. Vale mencionar, ainda, o Enunciado nº 590, aprovado na VII Jornada de Direito Civil:

> A responsabilidade civil dos pais pelos atos dos filhos menores, prevista no art. 932, inc. I, do Código Civil, não obstante objetiva, pressupõe a demonstração de que a conduta imputada ao menor, caso o fosse a um agente imputável, seria hábil para a sua responsabilização.

Dissonância surge diante da expressão **"e em sua companhia"** apresentada no final do inciso I do art. 932, CC. Por interpretação literal, concluímos que somente será responsável aquele que detiver a guarda do filho. Assim, se os pais são separados e o filho permanecer sob a guarda de sua mãe, apenas essa será responsável pelo evento danoso causado pelo filho. Nesse caso, o pai, portanto, não teria responsabilidade.[10] E mais, se o filho estiver sob a guarda de um terceiro, este é que seria o responsável.[11] Note-se que é esse o entendimento ostentado pelo STJ, conforme a decisão abaixo colacionada:

> DIREITO CIVIL. HIPÓTESE DE INEXISTÊNCIA DE RESPONSABILIDADE CIVIL DA MÃE DE MENOR DE IDADE CAUSADOR DE ACIDENTE. A mãe que, à época de acidente provocado

---

CAVALIERI FILHO, Sérgio. *Programa de responsabilidade civil*. 7. ed. São Paulo: Atlas, 2007. p. 175.

[10] Com essa opinião, os autores: Sérgio Cavalieri Filho; Carlos Roberto Gonçalves; Flávio Augusto Monteiro de Barros; Heloísa Helena Barboza, Gustavo Tepedino, Flávio Tartuce e Rogério Marrone de Castro Sampaio.

[11] Sergio Cavalieri Filho esclarece: "Se, de maneira contínua e fora do domicílio paterno, o menor é confiado à guarda dos avós, de educador, de estabelecimento de ensino, ou trabalha para outrem, a estes caberá a responsabilidade durante o período em que exercerem o poder de direção sobre o menor, e assim por diante". E mais a frente acrescenta: "(...) nem toda delegação de vigilância transfere a responsabilidade dos pais; somente aquela que tem caráter de substituição, permanente ou duradoura, e feita juridicamente a quem tem condições de exercer responsavelmente o poder de direção sobre o menor. O simples afastamento da casa paterna, por si só, não elide a responsabilidade dos pais". CAVALIERI FILHO, Sérgio. *Programa de responsabilidade civil*. 7. ed. São Paulo: Atlas, 2007. p. 177-178.

por seu filho menor de idade, residia permanentemente em local distinto daquele no qual morava o menor – sobre quem apenas o pai exercia autoridade de fato – não pode ser responsabilizada pela reparação civil advinda do ato ilícito, mesmo considerando que ela não deixou de deter o poder familiar sobre o filho. A partir do advento do CC/2002, a responsabilidade dos pais por filho menor (responsabilidade por ato ou fato de terceiro) passou a embasar-se na teoria do risco, para efeitos de indenização. Dessa forma, as pessoas elencadas no art. 932 do CC/2002 respondem objetivamente (independentemente de culpa), devendo-se, para tanto, comprovar apenas a culpa na prática do ato ilícito daquele pelo qual os pais são legalmente responsáveis. Contudo, nos termos do inciso I do art. 932, são responsáveis pela reparação civil "os pais, pelos filhos menores que estiverem sob sua autoridade e em sua companhia". A melhor interpretação da norma se dá nos termos em que foi enunciada, caso contrário, bastaria ao legislador registrar que os pais são responsáveis pelos filhos menores no tocante à reparação civil, não havendo razão para acrescentar a expressão "que estiverem sob sua autoridade e em sua companhia". Frise-se que "autoridade" não é sinônimo de "poder familiar". Esse poder é um instrumento para que se desenvolva, no seio familiar, a educação dos filhos, podendo os pais, titulares desse poder, tomar decisões às quais se submetem os filhos nesse desiderato. "Autoridade" é expressão mais restrita que "poder familiar" e pressupõe uma ordenação. Assim, pressupondo que aquele que é titular do poder familiar tem autoridade, do inverso não se cogita, visto que a autoridade também pode ser exercida por terceiros, tal como a escola. No momento em que o menor está na escola, os danos que vier a causar a outrem serão de responsabilidade dela, e não dos pais. Portanto, o legislador, ao traçar que a responsabilidade dos pais é objetiva, restringiu a obrigação de indenizar àqueles que efetivamente exercem autoridade e tenham o menor em sua companhia. Nessa medida, conclui-se que a mãe que não exerce autoridade de fato sobre o filho, embora ainda detenha o poder familiar, não deve responder pelos danos que ele causar (REsp 1.232.011-SC, Rel. Min. João Otávio de Noronha, julgado em 17/12/2015, *DJe* 4/2/2016. Informativo nº 575).

Porém, como dissemos, o assunto não está resolvido na doutrina. Há forte corrente doutrinária que propugna pela responsabilidade independente da guarda. Isto é, porque perdura e prevalece o **poder familiar** e são responsáveis pela educação dos filhos ambos os pais, não será possível a responsabilização de apenas um deles, ainda que somente um apresente a guarda.[12]

Outra discussão reside na questão do fundamento da responsabilidade dos pais por ato dos filhos, e até mesmo, da responsabilidade do tutor e curador pelos atos dos pupilos e curatelados analisada no tópico seguinte. Há quem propugne que, em ambas as situações, o que há é uma responsabilidade objetiva fundada na teoria do risco. Com tal posicionamento não concordamos. Por tal base teríamos que concluir que ser pai se traduz em risco, o que se apresenta de todo absurdo. Tampouco haveria risco em ser tutor ou curador, porque o que ocorre nessas situações é o exercício de um múnus público. Na verdade, a responsabilização nessas hipóteses surge do dever de vigilância preponderante em tais situações.

---

[12] Defendendo essa posição estão Maria Berenice Dias e Giselda Hironaka.

Por fim, lembremos a emancipação. A emancipação se traduz em forma de obtenção de capacidade para a prática dos atos da vida civil do menor de 18 anos em qualquer uma das hipóteses apresentadas no parágrafo único do art. 5º do Código Civil. Basicamente, a emancipação poderá ser voluntária ou negocial, que é aquela que é operada pelos pais que espontaneamente emancipam o filho por meio de um instrumento público; poderá ser judicial, que é aquela operada pelo juiz, quando o menor esteja sob a tutela de alguém; ou poderá ser legal, nas hipóteses impostas por lei (casamento, exercício de emprego público efetivo, colação de grau em curso de ensino superior e pelo estabelecimento civil ou comercial, ou pela existência de relação de emprego).

Em havendo a emancipação por ato voluntário e espontâneo dos pais (emancipação voluntária ou negocial), não haverá desoneração da responsabilidade por ato de seus filhos menores. Isso para evitar a prática de fraudes. Nessa esteira foi aprovado o Enunciado nº 41, na I Jornada de Direito Civil, com a seguinte redação: "A única hipótese em que poderá haver responsabilidade solidária do menor de 18 anos com seus pais é ter sido emancipado nos termos do art. 5º, parágrafo único, inc. I, do novo Código Civil". Diante de qualquer outra hipótese de emancipação, os pais estarão desobrigados da responsabilidade pelos atos dos seus filhos que, ainda menores, já obtiveram a capacidade plena para a prática dos atos da vida civil. Do mesmo modo, vale concluir que os pais não são responsáveis pelos atos dos filhos maiores, ainda que esses morem com os pais, salvo, é claro, se se tratar de incapaz.

Por fim, vale lembrar que o STJ entendeu que, aquele que sofre um dano causado por incapaz deve buscar a reparação ajuizando ação em face do responsável pelo incapaz, pois a responsabilidade desse último é subsidiária. Nada impede, entretanto, que o lesado proponha ação em face do responsável pelo incapaz e também em face do próprio infante, se assim desejar e for de sua conveniência. Assim, não há um litisconsórcio passivo necessário, mas sim facultativo (REsp 1.436.401-MG, Rel. Min. Luis Felipe Salomão, por unanimidade, julgado em 2/2/2017).

2.2. A responsabilidade dos tutores e curadores pelos atos dos pupilos e curatelados

A responsabilidade dos tutores e curadores pelos atos dos pupilos e curatelados, também de cunho objetivista, se pauta na mesma base da responsabilidade dos pais por atos dos filhos menores, isto é, o dever de vigilância que emerge da relação tutor/pupilo e curador/curatelado.

O tutor exerce a representação do menor cujos pais faleceram, foram declarados ausentes ou decaíram do **poder familiar**.[13] Já o curador é o representante legal do maior incapaz,[14] por exemplo, a pessoa que apresente 25 anos de idade e que, por algum motivo, tenha sido interditada.

---

[13] Art. 1.728, CC: "Os filhos menores são postos em tutela: I – com o falecimento dos pais, ou sendo estes julgados ausentes; II – em caso de os pais decaírem do poder familiar".

[14] Art. 1.767, CC: "Estão sujeitos a curatela: I – aqueles que, por causa transitória ou permanente, não puderem exprimir sua vontade; II – (Revogado); III – os ébrios habituais e os viciados em tóxico; IV – (Revogado); V – os pródigos".

Ainda quando da vigência do Código Civil de 1916, vários doutrinadores sugeriam que, em razão de a tutela e a curatela se traduzirem em um múnus público, a responsabilidade do tutor e do curador pelos atos dos pupilos e curatelados deveria ser mitigada ou atenuada, sobretudo porque muitas vezes a tutela e a curatela eram exercidas sem qualquer remuneração e, imposta essa responsabilidade, haveria um desestímulo ao desempenho de tal encargo. Ademais, pela sistemática do Código Civil de 1916, o que havia era a culpa presumida do tutor e do curador, de tal modo que se tornava possível a ampliação das possibilidades de afastamento dessa culpa. Porém, diante da entrada em vigor do Código Civil de 2002, que impõe, peremptoriamente, a objetivação dessa responsabilidade (art. 933), afastando a culpa presumida, impede-se a possibilidade de atenuação da responsabilidade dos tutores e curadores.

Por fim, lembremos que o inciso II do art. 932 do CC, ao mencionar "curadores", não alcança o curador do pródigo, isso porque este tem a sua atuação limitada aos atos que importem disposição patrimonial, conforme o art. 1.782 do CC. E também, por evidente, a responsabilidade do curador nos casos do art. 932, II, do CC é transferida ao sanatório, quando o curatelado é internado para tratamento, sendo considerada ineficaz a cláusula excludente de responsabilidade do estabelecimento prevista em seu regulamento ou em contrato assinado entre o nosocômio e o curador.

2.3. A responsabilidade do empregador ou comitente, por seus empregados, serviçais e prepostos

É importante perceber de início que a responsabilidade do empregador ou comitente, por seus empregados, serviçais e prepostos passou por largo caminho de mudanças e evoluções. De início, pelo Código Civil de 1916, a responsabilidade do empregador pelo ato do empregado era subjetiva, na modalidade de culpa presumida (culpa *in eligendo*). Assim, o empregador poderia afastar a sua responsabilidade provando que não havia escolhido mal o empregado, o que, no mais das vezes, acontecia. Diante de situações de indevido irressarcimento em virtude de afastamento de responsabilidade do empregador, tal presunção de culpa que antes era relativa, passou a ser absoluta. Nessa esteira, veio a Súmula nº 341 do STF, com a seguinte redação: "É presumida a culpa do patrão ou comitente pelo ato culposo do empregado ou preposto". Ocorre que com o Código Civil de 2002, tal súmula restou superada. Isso porque, para a nova codificação, a responsabilidade do empregador é objetiva (art. 932, III, c/c art. 933), e não mais subjetiva por culpa presumida relativa, ou mesmo, absoluta.

Compreendido isso, vale dizer que a incidência do art. 932, III, do CC acaba por se manifestar de maneira tímida e de forma subsidiária. Explicamos: é que ladeando tal regra, existem outras que deverão ser aplicadas com prioridade e precedência. Assim, temos o art. 37, § 6º, da CF/88 que dispõe: "As pessoas jurídicas de direito público e as de direito privado prestadoras de serviços públicos responderão pelos danos que seus agentes, nessa qualidade, causarem a terceiros, assegurado o direito de regresso contra o responsável nos casos de dolo ou culpa". Ademais, não nos esqueçamos do art. 14 do CDC que desponta: "O fornecedor de serviços responde, independentemente da existência de culpa, pela reparação dos danos causados aos consumidores por defeitos relativos à prestação dos serviços, bem como por informações insuficientes ou inadequadas sobre sua fruição e riscos". E também o próprio parágrafo único do art. 927 do CC/2002, que impõe responsabilidade civil a todos aqueles que desempenham atividade de risco. Por esses artigos retromencionados, o que temos é uma responsabilidade objetiva e direta do Estado (art. 37, § 6º, da CF/88), de todos os fornecedores de serviços (art. 14, CDC) e daquele que desempenha atividade de risco (art. 927, parágrafo único, CC). E não hipóteses de responsabilidade objetiva indireta ou por fato de outrem! Assim, concluímos que o campo de incidência do art. 932, III, do CC é muito restrito e limitado, sendo aplicado de maneira subsidiária, quando as demais normas não se fizerem suficientes, por exemplo, na situação de um empregado doméstico ou de um motorista particular.

Dinamizando a explanação, fornecemos o seguinte exemplo: um motorista de uma empresa de ônibus, no exercício do seu trabalho, atropela alguém. Incidirá de imediato a responsabilização objetiva da empresa de ônibus, sendo que essa responsabilização se dá, não em razão de fato de outrem – do motorista –, mas sim uma responsabilização direta da empresa de ônibus. Isso porque se impõe a aplicação do art. 37, § 6º, da CF/88 que apresenta a responsabilidade objetiva e direta dos prestadores de serviços públicos.

Focando no art. 932, III, CC, urge salientar que apenas haverá responsabilidade do empregador ou comitente se o dano ocorrer no exercício da atividade laboral,[15] exigindo por base a existência de um vínculo de subordinação ou preposição. Assim, Rogério Marrone Sampaio conceitua: "Considera-se empregado, serviçal ou preposto a pessoa que executa um serviço, trabalho ou função, sob as ordens de outra pessoa, ora considerada como patrão, empregador ou comitente".[16] Não importa também se o trabalho ou serviço é desempenhado a título oneroso ou gratuito, o que se exige, como se disse, é a subordinação.

Para que haja a responsabilidade do empregador com fincas no art. 932, III, do CC, é essencial que o empregado, preposto ou serviçal tenha agido com culpa. Posto isso, vislumbra-se a responsabilidade do empregador ou comitente, independente da culpa deste.

Acerca da expressão que consta na redação do art. 932, III, do CC **"ou em razão dele"**, na explicação de Carlos Roberto Gonçalves, essa deve ser interpretada de modo amplo. Em suas palavras e reportando-se a um julgado:

---

[15] Não haverá responsabilidade do empregador se o dano decorrer fora da atividade laboral, por exemplo, durante o estado de greve do empregado.

[16] SAMPAIO, Rogério Marrone de Castro. *Direito civil:* responsabilidade civil. 3. ed. São Paulo: Atlas, 2003. p. 57. E ainda, Carlos Roberto Gonçalves especifica: "Serviçal é o que realiza trabalhos domésticos. Preposto é o que cumpre ordens de outrem, seja ou não assalariado". GONÇALVES, Carlos Roberto. *Direito das obrigações:* responsabilidade civil. 3. ed. São Paulo: Saraiva, 2006. p. 35.

Para a caracterização da responsabilidade do empregador pouco importa que o ato lesivo não esteja dentro das funções do preposto. Basta que estas facilitem a sua prática. Assim, a circunstância de ter o acidente ocorrido num domingo, fora do horário de trabalho é irrelevante. O que é decisivo é que o motorista tenha acesso ao veículo causador do evento danoso, em razão do vínculo empregatício existente (RT, 493:57).[17]

Caso o empregado atue com abuso ou desvio de suas funções, ainda assim o empregador será responsável,[18] a menos que a vítima soubesse do excesso, o que afastaria a sua boa-fé. Isso em observância da teoria da aparência. Assim, a vítima não tem obrigação e nem condições de saber os limites de atuação do empregado, reputando tais atos excessivos como legítimos, em razão, como dissemos, da teoria da aparência.[19]

Por fim, atentamos para o Enunciado nº 191, aprovado na III Jornada de Direito Civil que preceitua: "A instituição hospitalar privada responde, na forma do art. 932, III, do CC, pelos atos culposos praticados por médicos integrantes de seu corpo clínico". O que se quer concluir por meio de tal enunciado é que, em não havendo culpa por parte do médico, o hospital não terá responsabilidade (art. 14, § 4º, CDC).

2.4. A responsabilidade dos donos de hotéis, hospedarias, casas ou estabelecimentos onde se albergue por dinheiro, mesmo para fins de educação, pelos seus hóspedes, moradores e educandos

O art. 932, IV, do CC apresenta mais uma responsabilidade objetiva indireta ou por fato de terceiro com a seguinte redação: "São também responsáveis pela reparação civil: os donos de hotéis, hospedarias, casas ou estabelecimentos onde se albergue por dinheiro, mesmo para fins de educação, pelos seus hóspedes, moradores e educandos". A melhor interpretação do dispositivo nos induz a dizer que há responsabilidade de tais estabelecimentos pelos danos causados por seus hóspedes, moradores e educandos a terceiros.

---

[17] GONÇALVES, Carlos Roberto. *Direito das obrigações:* responsabilidade civil. 3. ed. São Paulo: Saraiva, 2006. p. 36.

[18] "DIREITO CIVIL. RESPONSABILIDADE CIVIL DE INSTITUIÇÃO FINANCEIRA POR DANOS MATERIAIS DECORRENTES DE DESVIOS DE VALORES POR GERENTE DE CONTA BANCÁRIA. A instituição financeira deverá restituir os valores desviados por gerente que, conquanto tivesse autorização do correntista para realizar aplicações financeiras, utilizou-se das facilidades de sua função para desviar em proveito próprio valores constantes da conta bancária do cliente. De fato, tendo o gerente se utilizado das facilidades da função para desviar valores da conta do cliente, deve o banco, como empregador, responder pelos danos materiais causados, visto que, conforme o inciso III do art. 932 do CC, serão também responsáveis pela reparação civil 'o empregador ou comitente, por seus empregados, serviçais e prepostos, no exercício do trabalho que lhes competir, ou em razão dele'" (REsp 1.569.767-RS, Rel. Min. Paulo de Tarso Sanseverino, julgado em 1º/3/2016, *DJe* 9/3/2016. Informativo nº 578).

[19] Cavalieri Filho explica a teoria da aparência da seguinte maneira: "A teoria da aparência equipara o estado de fato ao estado de direito em certas circunstâncias e em atenção a certas pessoas". CAVALIERI FILHO, Sérgio. *Programa de responsabilidade civil.* 7. ed. São Paulo: Atlas, 2007. p. 186.

Assim, por esse dispositivo, deparamos, a título de exemplo com a seguinte situação: caso um menino, aluno da escola, atire uma pedra na vidraça de um ônibus que passava em frente ao estabelecimento de ensino, vindo a destruí-la e a atingir um passageiro que lá estava, a escola será responsável. Perceba-se que nessa situação estamos diante de um absolutamente incapaz que causa um dano a um terceiro. Pela regra contemplada no art. 932, I, do CC, a responsabilidade seria objetiva dos pais. Porém, no caso em tela a responsabilidade dos pais fora afastada, sendo transferida à escola. O que temos é a transmudação do art. 932, I, para o art. 932, IV, ambos do Código Civil.

A base que justifica tal disposição é o dever de vigilância dos donos de hotéis, hospedarias, casas ou estabelecimentos onde se albergue por dinheiro pelos seus hóspedes moradores e educandos. Em se tratando de educandos maiores conclui Carlos Roberto Gonçalves que "nenhuma responsabilidade cabe ao educador ou professor, pois é natural pensar que somente ao menor é que se dirige essa responsabilidade, porquanto o maior não pode estar sujeito à mesma vigilância que se faz necessária a uma pessoa menor".[20]

Importa ressaltar também que, em se tratando de escolas públicas, a responsabilidade caberá ao Estado (art. 37, §6º, CF/88).

Outro ponto relevante é dizer que, no referido dispositivo, contempla-se não apenas o educador, mas também os donos de hotéis, hospedarias, casa ou estabelecimentos onde se albergue[21] e embora mencione "por dinheiro", há posicionamento na doutrina que não se obstaculiza o dever de reparar, mesmo em situação de gratuidade.[22] Ademais, o estabelecimento não se encontrará desobrigado de tal responsabilidade com o simples afixar de avisos estabelecendo que não se responsabiliza por eventuais danos aos hóspedes, valores ou bagagens.[23] Tal expediente, na verdade, se manifesta em cláusula de não indenizar unilateralmente que, por fim, se reputa em abusividade prevista no art. 51, I, do CDC.[24]

---

[20] GONÇALVES, Carlos Roberto. *Direito das obrigações:* responsabilidade civil. 3. ed. São Paulo: Saraiva, 2006. p.37.

[21] O exemplo lembrado aqui é o do hóspede que, indisciplinado, agride fisicamente a outrem, ou então, desatentamente, colide com seu veículo no pátio de estacionamento do hotel.

[22] Nesse sentido *vide* Aguiar Dias. Em sentido contrário, apegados à interpretação literal do art. 932, IV, do CC, Serpa Lopes, Pontes de Miranda e Flávio Monteiro de Barros. Esse último ressalta: "O dono de hotel ou hospedaria responde objetivamente pelos danos causados por seus hóspedes ou moradores, quando a hospedagem for onerosa. Tratando-se de hospedagem gratuita, subsiste a responsabilidade, mas de forma subjetiva, nos moldes do art. 186 do CC". BARROS, Flávio Augusto Monteiro de. *Manual de direito civil:* direito das coisas e responsabilidade civil. São Paulo: Método, 2005. p. 227.

[23] Em se tratando de furto ou desaparecimento de bagagens de hóspedes no interior do hotel, a solução se encontra nos arts. 649 e 650 do CC. Trata-se, pois, de depósito necessário que se estabeleceu entre o hotel e o hóspede.

[24] Art. 51, CDC: "São nulas de pleno direito, entre outras, as cláusulas contratuais relativas ao fornecimento de produtos e serviços que: I – impossibilitem, exonerem ou atenuem a responsabilidade do fornecedor por vícios de qualquer natureza dos produtos e serviços ou impliquem renúncia ou disposição de direitos. Nas relações de consumo entre o fornecedor e o consumidor-pessoa jurídica, a indenização poderá ser limitada, em situações justificáveis;".

Por fim, explicamos que a incidência do art. 934, IV, do CC encontra-se esvaziada diante do art. 14 do CDC, que traz responsabilidade objetiva dos fornecedores de serviços por defeitos na prestação dos serviços. Com esse artigo o que se deve concluir é que, quando o próprio estabelecimento (hotel ou escola) causa danos aos seus hóspedes ou educandos, o que há é hipótese de responsabilidade objetiva direta,[25] e não indireta por fato de outrem. Afasta-se, portanto, a aplicação do art. 932, IV, do CC, incidindo, pois, a responsabilidade objetiva direta do art. 14 do CDC.[26] Entretanto, o art. 932, IV, do CC terá cabimento na hipótese em que o hóspede ou educando cause dano a outrem dentro do estabelecimento, sendo situação de responsabilidade objetiva indireta.

Visto isso, lembremos que, na hipótese do art. 932, IV, do CC o que há é a previsão da responsabilidade do dono do hotel, hospedaria ou escola pelo dano causado por um terceiro ao hóspede ou educando. Caso esses venham a sofrer danos, não por terceiros, mas por empregados do próprio hotel ou escola, o que devemos fazer é nos socorrer do art. 14 do CDC que terá aplicação exata aos contornos do evento.

Por fim, vale lembrar que não parece terminologicamente correto o art. 932, inc. IV, mencionar "os donos de hotéis, hospedarias, casas ou estabelecimentos onde se albergue por dinheiro, mesmo para fins de educação...". Fazendo assim, o referido inciso faz confundir a pessoa natural com a pessoa jurídica, isto é, por exemplo, confunde-se o dono do hotel (pessoa natural) com o hotel (pessoa jurídica). Desse modo, o ideal seria a menção ao próprio hotel, hospedaria, escola etc.

2.5. A responsabilidade dos que gratuitamente houverem participado nos produtos do crime

A responsabilidade dos que gratuitamente houverem participado nos produtos do crime está prevista no art. 932, V, do CC e se apresenta em bases absolutamente distintas das demais hipóteses contempladas nos incisos anteriores.

De início, importa perceber que a pessoa mencionada no referido inciso não é o coautor que encontra disciplina própria no *caput* do art. 942, CC.[27] O inciso se refere àquele que gratuita e, ainda que, inocentemente tenha participado nos produtos do crime. O que se busca é a proteção ao princípio da vedação do enriquecimento indevido. Assim, por exemplo, a mulher que recebeu as joias furtadas da joalheria deverá devolvê-las, independentemente de saber ou não do propósito criminoso de seu marido, pessoa que as furtou. Perceba-se que não há

---

[25] Súmula nº 595, STJ: "As instituições de ensino superior respondem objetivamente pelos danos suportados pelo aluno/consumidor pela realização de curso não reconhecido pelo Ministério da Educação, sobre o qual não lhe tenha sido dada prévia e adequada informação".

[26] Afastar-se-á a responsabilidade do hotel ou escola somente nas excludentes do § 3º do art. 14 do CDC, isto é, que o defeito inexiste ou que houve culpa exclusiva do consumidor ou de terceiro.

[27] Art. 942, CC: "Os bens do responsável pela ofensa ou violação do direito de outrem ficam sujeitos à reparação do dano causado; e, se a ofensa tiver mais de um autor, todos responderão solidariamente pela reparação".

Cap. 22 – A RESPONSABILIDADE OBJETIVA

fundamentação de dever de vigilância, mas sim, repita-se, vedação ao enriquecimento indevido. Concluímos, então, que tal regra se apresenta de certa maneira deslocada do todo que o art. 932 propugna. Nessa linha de intelecção vale a crítica de Pontes de Miranda: "Trata-se de um caso de *in rem verso* que não dependeria de texto especial, que só tem os efeitos de lembrar um dos casos a mais".[28]

Por fim, lembramos que, no exemplo mencionado as joias que foram furtadas é que deverão ser devolvidas. Isso porque a lei menciona "os produtos do crime" e não "o proveito do crime". Assim, por "produto do crime" tem-se o que foi obtido de maneira ilícita, já o "proveito do crime" seria, por exemplo, o sustento por ele gerado. Assim, se as joias já não existem mais porque foram vendidas para o sustento da família do assaltante, a mulher não terá o que devolver. Afastando--se, portanto, a incidência do dispositivo.

3. O RESSARCIMENTO DAQUELE QUE HOUVER PAGO: O DIREITO REGRESSIVO

Analisadas as situações de responsabilidade objetiva indireta ou por fato de outrem expostas no art. 932 do CC, importa saber que aquele que paga a indenização poderá voltar-se contra o causador do dano buscando o seu ressarcimento. É o chamado direito regressivo que será exercido por meio da ação *in rem verso*. Essa é a regra prevista no art. 934 do CC que desponta com a seguinte redação: "Aquele que ressarcir o dano causado por outrem pode reaver o que houver pago daquele por quem pagou, salvo se o causador do dano for descendente seu, absoluta ou relativamente incapaz". Assim, por exemplo, o empregador arcará com a indenização, porém, poderá voltar-se contra o empregado.[29] Nessa esteira, lembre-se do Enunciado nº 44, aprovado na I Jornada de Direito Civil: "Na hipótese do art. 934, o empregador e o comitente somente poderão agir regressivamente contra o empregado ou preposto se estes tiverem causado dano com dolo ou culpa".

Releva notar que o referido artigo apresenta a exceção de que o ascendente não poderá voltar-se contra descendente seu, absoluta ou relativamente incapaz. O propósito da exceção reside em razões de ordem moral e organização familiar.

---

[28] MIRANDA, Pontes. Tratado de direito privado, v. 53/161 *apud* CAVALIERI FILHO, Sérgio. *Programa de responsabilidade civil.* 7. ed. São Paulo: Atlas, 2007. p. 190.

[29] Carlos Roberto Gonçalves salienta que "com relação ao direito de regresso dos patrões contra os empregados, formou-se jurisprudência, fundada no art. 462, § 1º, da Consolidação das Leis do Trabalho, no sentido de que somente se deve admiti-lo em caso de ocorrência de dolo ou culpa grave do empregado, e não em caso de culpa leve ou levíssima. Estabelece o aludido dispositivo que o patrão, em caso de dano causado pelo empregado, pode efetuar o desconto em seu salário, desde que tenha ocorrido dolo de sua parte. E a culpa grave, segundo princípio corrente, ao dolo se equipara". GONÇALVES, Carlos Roberto. *Responsabilidade civil.* 8. ed. São Paulo: Saraiva, 2003. p. 227. Acrescenta, porém, Rogério Marrone de Castro Sampaio que: "No entanto, tal orientação não tem sido adotada pelo STJ que, por sua vez, limita a aplicação do referido artigo da CLT à possibilidade de desconto no salário do empregado causador do dano. Todavia, em aplicação ao art. 934 do Código Civil de 2002, resta o direito regressivo, a ser exigido por remédio processual adequado, em face do preposto causador do dano por simples culpa". SAMPAIO, Rogério Marrone de Castro. *Direito civil:* responsabilidade civil. 3. ed. São Paulo: Atlas, 2003. p. 68.

Saliente-se que na situação em que a responsabilidade dos pais foi transferida ao estabelecimento de ensino, este, após o ressarcimento da vítima, não poderá voltar-se contra os pais.[30] Poderá sim, o estabelecimento de ensino se voltar contra o próprio incapaz com fincas na novidadeira regra do art. 928 do CC, que apresenta a responsabilidade civil do incapaz, a seguir analisada.

4. A NATUREZA DA RESPONSABILIDADE POR FATO DE TERCEIRO: SOLIDÁRIA OU SUBSIDIÁRIA? A RESPONSABILIDADE DO INCAPAZ (ART. 928, CC)

O parágrafo único do art. 942 do CC impõe responsabilidade solidária entre todos aqueles presentes nos incisos do art. 932 do CC, quando desponta com a seguinte redação: "São solidariamente responsáveis com os autores os coautores e as pessoas designadas no art. 932".

Porém, em sentido oposto, manifesta-se o art. 928 da mesma codificação ao estabelecer: "O incapaz responde pelos prejuízos que causar, se as pessoas por ele responsáveis não tiverem obrigação de fazê-lo ou não dispuserem de meios suficientes". O que se tem com essa redação é uma responsabilidade subsidiária, e não solidária.

Diante dessa confusão, o que se deve fazer é buscar uma interpretação harmônica entre os dois dispositivos. Assim, concluímos:

- Nas hipóteses dos incs. I e II do art. 932: há responsabilidade subsidiária (pelo art. 928 do CC), isto é, a vítima deverá primeiramente voltar-se contra os responsáveis do incapaz e somente se esses não tiverem condições, ou não tiverem obrigação de indenizar, é que poderão recorrer ao incapaz. É possível que o incapaz tenha condições e os seus representantes, não. Como também é possível que o pai não tenha a obrigação de indenizar quando há, por exemplo, destituição do poder familiar.

- Nas hipóteses dos incs. III, IV e V do art. 932: há responsabilidade solidária (pelo 942, parágrafo único, do CC), de modo que a vítima poderá escolher contra quem pretende cobrar a indenização (ex.: se contra o empregado ou contra o empregador).

Ainda sobre a novidade do art. 928 do CC, vale lembrar que tal dispositivo, embora de acordo com as legislações mais modernas no mundo (Cód. Civil francês, BGB alemão, Cód. Civil português), sofre profundas críticas formuladas pela doutrina, pois o que o referido artigo faz, em poucas linhas, é apresentar a responsabilidade civil do incapaz, pessoa essa que, como sabido, não apresenta capacidade plena para responder.

---

[30] Flávio Monteiro de Barros apresenta precedente jurisprudencial do STF em sentido contrário, isto é, admitindo ação regressiva contra os pais (RJTJSP 25/611). BARROS, Flávio Augusto Monteiro de. *Manual de direito civil:* direito das coisas e responsabilidade civil. São Paulo: Método, 2005. p. 226. Tal precedente é criticado por Sérgio Cavalieri Filho em sua obra *Programa de responsabilidade civil,* 7. ed., São Paulo: Atlas, 2007. p. 189.

Cap. 22 – A RESPONSABILIDADE OBJETIVA

Forte inclinação pela responsabilidade subsidiária do incapaz, e não solidária, encontramos no Enunciado n° 40, aprovado na I Jornada de Direito Civil, com a seguinte redação:

> O incapaz responde pelos prejuízos que causar de maneira subsidiária ou excepcionalmente, como devedor principal, na hipótese do ressarcimento devido pelos adolescentes que praticarem atos infracionais, nos termos do art. 116 do Estatuto da Criança e do Adolescente, no âmbito das medidas socioeducativas ali previstas.

E, ainda, o Enunciado n° 41, aprovado na mesma Jornada: "A única hipótese em que poderá haver responsabilidade solidária do menor de 18 anos com seus pais é ter sido emancipado nos termos do art. 5°, parágrafo único, inc. I, do novo Código Civil". Em relação a esse enunciado, reportamo-nos ao que já foi falado sobre emancipação neste mesmo capítulo, item 2.1.

Devemos perceber, outrossim, que o art. 928 do CC apenas menciona "incapaz", não distinguindo se absoluta ou relativamente incapaz. Por isso, não é oportuno aplicar o velho entendimento doutrinário e jurisprudencial no sentido de que a responsabilidade do absolutamente incapaz seria subsidiária em relação ao seu representante, enquanto a do relativamente incapaz seria solidária.[31]

Lembremos outra inovação do Código Civil de 2002 contida no parágrafo único do art. 928: "A indenização prevista neste artigo, que deverá ser equitativa, não terá lugar se privar do necessário o incapaz ou as pessoas que dele dependem". Tal dispositivo tem lugar em reverência à teoria do patrimônio mínimo,[32] que propugna pela necessidade de se resguardar um mínimo de patrimônio para que se viva com dignidade, dando eficácia, assim, ao art. 1°, III, da CF/88. Oportuno lembrar também o Enunciado n° 39, aprovado na I Jornada de Direito Civil:

> A impossibilidade de privação do necessário à pessoa, prevista no art. 928, traduz um dever de indenização equitativa, informado pelo princípio constitucional da proteção à dignidade da pessoa humana. Como consequência, também os pais, tutores e curadores serão beneficiados pelo limite humanitário do dever de indenizar, de modo que a passagem ao patrimônio do incapaz se dará não quando esgotados todos os recursos do responsável, mas se reduzidos estes ao montante necessário à manutenção de sua dignidade.[33]

---

[31] Entendendo pela responsabilidade subsidiária do absolutamente incapaz e solidária do relativamente incapaz, está Roberto Senise Lisboa (*Manual de direito civil:* obrigações e responsabilidade civil. 3. ed. São Paulo: Revista dos Tribunais, 2004).

[32] Sobre o assunto *vide* FACHIN, Luis Edson. *Estatuto jurídico do patrimônio mínimo.* 2. ed. Rio de Janeiro: Renovar, 2006.

[33] Transcrevemos, *in verbis*, a justificativa do enunciado: "Ao tratar da responsabilidade subsidiária do incapaz, o novo Código Civil exige, por meio do parágrafo único do art. 928, que a indenização seja equitativa, não podendo privar 'do necessário o incapaz ou as pessoas que dele dependem'. Embora a redação e a posição topográfica do dispositivo pudessem indicar sua incidência restrita às hipóteses de responsabilidade do incapaz, é preciso reconhecer que a norma consagra um limite humanitário ao valor das indenizações, informada pelos valores constitucionais. Tem,

5. RESPONSABILIDADE POR FATO DE COISA

É possível que uma pessoa seja responsabilizada por um fato de uma coisa. Para que haja essa responsabilização é necessário que a coisa que cause o dano esteja sob a guarda de alguém. Ademais, deve-se perceber que é a coisa que dá causa ao evento sem, para tanto, a conduta direta do dono. Cavalieri Filho lembra os seguintes exemplos: a explosão de um transformador; o elevador que, por mau funcionamento, abre a porta indevidamente, acarretando a precipitação da vítima no vazio; a escada rolante que prende a mão ou o pé de uma criança; o automóvel abandonado na via pública sem sinalização ou sem estar devidamente travado.[34]

Notamos, é claro, que não é a coisa que age sozinha. Se a coisa causa algum prejuízo, certamente derivou do descuido de alguém. Em verdade, a coisa é um mero instrumento causador de prejuízo. Porém, mesmo sabedores disso, continuamos a utilizar a expressão "responsabilidade por fato de coisa", por já estar consagrada na doutrina e na jurisprudência.

Impende perceber que a responsabilidade é do guarda da coisa! Porém, quem seria o guarda da coisa? *A priori*, o guarda presumido da coisa, aquele que tem o seu poder de comando ou de direção, é o seu proprietário. Então, este será responsabilizado pelo dano. Todavia, existem hipóteses em que a guarda poderá ser transferida por motivo de força maior ou juridicamente a outrem, como nos casos de comodato, locação, depósito, penhor etc.

Encontramos a responsabilidade por fato de coisa no Código Civil de 2002 nos arts. 936, 937 e 938. Todos analisados a seguir. Porém, é evidente que as hipóteses de responsabilidade por fato de coisa não se reduzem a essas previsões, e o Código Civil de 2002, portanto, se queda omisso.

Em virtude de tal omissão, a discussão que surge é se a responsabilidade por fato de coisa se manifesta por meio de culpa presumida do guardião (portanto, responsabilidade subjetiva) ou se enquadra nos contornos da responsabilidade objetiva. A doutrina não é pacífica. Porém, preferimos acreditar que, em virtude da forte inclinação que o Código Civil de 2002 apresenta à responsabilidade objetiva, como veremos nos arts. 936, 937 e 938, não será diferente nas demais hipóteses de responsabilidade por fato de coisa. Seria de todo ilógico e incoerente propugnarmos pela responsabilidade objetiva do dono do animal (art. 936, CC), por exemplo, e não entender do mesmo modo para as demais situações.[35]

---

portanto, aplicação ampla, de modo a constituir-se em imperativo da responsabilidade civil contemporânea. (...) Como consequência, também os pais, tutores e curadores serão beneficiados pelo limite humanitário do dever de indenizar, de modo que a passagem ao patrimônio do incapaz se dará não quando esgotados todos os recursos do responsável, mas quando reduzidos estes ao montante necessário à manutenção de sua dignidade. Essa a interpretação que deve ser atribuída à expressão 'não dispuserem de meios suficientes' contida no *caput* do art. 928". TEPEDINO, Gustavo. SCHREIBER, Anderson. *Jornada de direito civil.* AGUIAR JR., Ruy Rosado. (Org.) Brasília: CJF, 2003. p. 268.

[34] CAVALIERI FILHO, Sérgio. *Programa de responsabilidade civil.* 7. ed. São Paulo: Atlas, 2007. p. 193.

[35] Apesar dos comentários formulados acima, lembramos, após detida análise à jurisprudência dos Tribunais do País, que os casos de responsabilidade por fato de coisa são, sobremaneira, decididos com fincas na culpa presumida. Posição essa que, esperamos, o tempo deva modificar.

Cap. 22 – A RESPONSABILIDADE OBJETIVA

Por fim lembramos que, se o dano acontecer envolto em uma relação de consumo, deverão ser aplicadas as regras do Código de Defesa do Consumidor, que também impõem responsabilidade objetiva.

5.1. Furto ou roubo de veículo

No que diz respeito ao furto ou roubo de veículo automotor, o proprietário não será responsabilizado por este veículo que vem a causar dano a outrem. Isso porque o bem já lhe saiu da esfera de guarda. Porém, vale ressaltar que a jurisprudência tem admitido a responsabilidade do proprietário que tem seu veículo furtado vindo a causar dano a outrem, se ele age desleixado e negligentemente a ponto de perder o seu veículo com extrema facilidade, como no caso do proprietário que deixa o veículo em via pública com as portas destravadas e a chave na ignição pronto para ser levado por qualquer um.

5.2. Prejuízo decorrente de veículo emprestado

O mesmo raciocínio acerca do furto ou roubo do veículo deve ser aplicado em se tratando de empréstimo do veículo a parente ou amigo. O comodatário, isto é, aquele que tomou por empréstimo a coisa, não poderá ser considerado preposto. Assim, em caso de dano a outrem, o proprietário do carro (o comodante) não poderá ser responsabilizado. Assim, a responsabilidade será do comodatário porque houve a transferência jurídica da guarda do bem. Todavia, caberá responsabilização do proprietário caso esse venha a emprestar o bem a pessoa notoriamente despreparada para o exercício da direção como, por exemplo, pessoa inabilitada, pessoa que tem por hábito a ingestão de bebidas alcoólicas antes de assumir a direção etc.

Nada obstante o que foi dito, para o STJ, a tese dominante, nesse ponto, é a de que há, independentemente de qualquer análise, a responsabilidade solidária do dono do automóvel e aquele que o dirigia quando do acidente em razão de presunção de culpa do proprietário (culpa *in vigilando* ou *in eligendo*).

5.3. Veículo alienado, mas não transferido no Detran

Outra situação que deve ser lembrada e que é fonte de inúmeros desentendimentos é aquela em que um veículo foi negociado e entregue a outrem já se consumando o contrato, sem, contudo, haver a transferência no Detran, e nesse interregno sobrevém acidente. A quem caberá a responsabilidade: ao antigo dono que ainda tem seu nome no cadastro do Detran respeitante àquele veículo ou ao novo proprietário que ocasiona o dano?

Respondemos a essa indagação partindo de regras elementares do Direito Civil. Pois bem. Como todos sabem, os bens móveis são transferidos por meio da tradição (a entrega da coisa). Já para alteração da titularidade dos bens imóveis, é exigido o registro do título no Cartório de Registro de Imóveis. No caso em tela temos um veículo, portanto, um bem móvel. Com a simples tradição, aquele bem já alterou de titularidade, sendo responsável por ele o novo proprietário, independentemente da transferência operada no Detran ou do registro do contrato no Cartório de Registro de Títulos e Documentos, uma vez que tais atos têm apenas o condão de dar publicidade ao ato e proporcionar um controle administrativo.

Nessa esteira, a Súmula nº 132 do STJ dispõe: "A ausência de registro da transferência não implica a responsabilidade do antigo proprietário por dano resultante do acidente que envolva veículo alienado". Assim deve ser entendido. Os problemas que poderão surgir no âmbito probatório não podem afastar a premissa de que a coisa móvel se transfere com a tradição. Portanto, o proprietário anterior deverá apresentar prova inequívoca de que a alienação do veículo efetivamente se realizou antes do acidente. Caso contrário, incidirá presunção de propriedade contra aquele cujo nome consta nos registros do Detran.

Acerca da possibilidade de venda simulada, Cavalieri Filho lembra: "Mera declaração do suposto comprador, prova oral ou, mesmo, recibo particular com data suspeita não bastam para elidir essa presunção, devendo prevalecer o registro constante no Detran".[36]

5.4. A responsabilidade das empresas de *leasing* pela coisa arrendada

Leasing ou arrendamento mercantil é o contrato por meio do qual uma pessoa jurídica adquire um bem e arrenda-o a um terceiro (pessoa natural ou jurídica), por um prazo determinado. Sendo deferida ao terceiro (arrendatário) a opção de adquirir o bem arrendado ao término do contrato, mediante o pagamento de um valor residual.

Desse modo, o arrendador (a pessoa jurídica que adquiriu o bem) não tem a posse direta da coisa, não tendo, portanto, responsabilidade pelos danos causados a terceiros. Tem o arrendador a propriedade resolúvel da coisa. Embora isso e a presunção de que o proprietário é o guarda da coisa, sabemos que a sua responsabilidade será elidida em razão de o poder de direção sobre a coisa ter sido transferido juridicamente a outrem.

Por fim, saliente-se que não há cabimento, em se tratando da responsabilidade das empresas de *leasing* pela coisa arrendada, na aplicação da Súmula nº 492 do STF[37] que remonta, em verdade, à responsabilidade das locadoras de veículos.

5.5. A responsabilidade do dono ou detentor do animal

Conforme relatado em nova redação trazida pelo art. 936 do CC/2002: "O dono, ou detentor, do animal ressarcirá o dano por este causado, se não provar culpa da vítima ou força maior." Trata-se de mais uma situação de responsabilidade objetiva apresentada pelo CC/2002. Em relação a tal fato, o Código Civil

---

[36] CAVALIERI FILHO, Sérgio. *Programa de responsabilidade civil*. 7. ed. São Paulo: Atlas, 2007. p. 205.

[37] Súmula nº 492, STF: "A empresa locadora de veículos responde, civil e solidariamente com o locatário, pelos danos por este causados a terceiro, no uso do carro locado".

Cap. 22 – A RESPONSABILIDADE OBJETIVA

de 1916 apresentava solução mais ampla com inclinação para a responsabilidade subjetiva por culpa presumida diante da seguinte redação do art. 1.527:

> O dono, ou detentor, do animal ressarcirá o dano por este causado, se não provar:
>
> I – que o guardava e vigiava com cuidado preciso;
>
> II – que o animal foi provocado por outro;
>
> III – que houve imprudência do ofendido;
>
> IV – que o fato resultou de caso fortuito, ou força maior.

Por essa redação já revogada, percebemos que outras saídas se apresentavam ao dono ou detentor do animal para se eximir de sua responsabilidade, inclusive que guardava o animal e vigiava-o com cuidado preciso, o que demonstra que se tratava de responsabilidade subjetiva por culpa presumida (a chamada culpa *in custodiendo*). No Código Civil de 2002 não! No novo Código, por disposição expressa, apenas afasta-se a responsabilidade do dono ou detentor[38] do animal, a culpa da vítima e a força maior, havendo, assim, a imposição de responsabilidade objetiva,[39] uma vez que não adianta mais provar que o dono ou detentor do animal guardava o animal e vigiava-o com o cuidado preciso.

Mencionamos, então, a síntese apresentada por Heloísa Helena Barboza acerca do assunto:

> A doutrina diverge quanto ao fundamento da obrigação de reparar o dano causado por animal: presunção de culpa (responsabilidade subjetiva) ou teoria do risco (responsabilidade objetiva). A responsabilização sem culpa parece mais adequada à orientação adotada pelo Código.[40]

---

[38] "O dispositivo em exame não atribui a responsabilidade exclusivamente ao dono porque, como já visto, pode ele ter transferido juridicamente a guarda do animal a outrem, como no caso de locação, comodato etc., ou tê-la perdido em razão de furto ou roubo. Por isso o Código atribui também responsabilidade ao detentor do animal, isto é, àquele que, embora não sendo o dono, tinha o efetivo controle dele, o poder de direção, podendo, assim, guardá-lo com o cuidado necessário e preciso para que ele não cause dano a outrem". CAVALIERI FILHO, Sérgio. *Programa de responsabilidade civil.* 7. ed. Atlas: São Paulo, 2007. p. 206.

[39] Em sentido contrário, *vide* Regina Beatriz Tavares da Silva que comenta: "Trata-se de típica responsabilidade indireta, com presunção de culpa do dono ou detentor do animal, presunção *juris tantum* por admitir prova em contrário, referente à culpa da vítima e à força maior. (...) Muito debatida foi essa espécie de responsabilidade civil, que em princípio deve caber àquele que causa o dano; mas, no caso, é exatamente a pessoa que concorre para o dano, porque não cuidou, como devia, do animal que lhe pertence. Essa é a chamada culpa *in custodiendo*, na modalidade da culpa *in vigilando*, que se presume, já que a pessoa descuida do animal que tem sob sua guarda, ou seja, não o vigia com o devido cuidado". SILVA, Regina Beatriz Tavares da. Da responsabilidade civil. In: FIUZA, Ricardo (coord.) *Novo Código Civil comentado.* São Paulo: Saraiva, 2005. p. 848. Pela culpa presumida, também *vide* GONÇALVES, Carlos Roberto. *Responsabilidade civil.* 8. ed. São Paulo: Saraiva, 2003. p. 267/268.

[40] BARBOZA, Heloísa Helena. Da responsabilidade civil. In: PEREIRA, Rodrigo da Cunha (coord.) *Código Civil anotado.* Porto Alegre: Síntese, 2004. p. 628.

Entendemos também que afastará a responsabilidade do dono ou detentor do animal o caso fortuito, uma vez que, como consolidado doutrinária e jurisprudencialmente, caso fortuito e força maior são sinônimos. E, ainda que não entendêssemos assim, basta lembrarmos que o caso fortuito seria um evento mais grave do que a força maior, posto que imprevisível.

Vale mencionar, ainda, outra situação que é a do adestrador do animal, que por descuido e imprevidência sobre o animal, este vem a causar dano a outrem. Nesta situação, ao aplicarmos os arts. 932, III, 933, 936 e 942, parágrafo único, todos do Código Civil, haverá responsabilidade solidária entre o dono do animal e o adestrador. Cumpre, outrossim, diferenciarmos: a responsabilidade do adestrador é objetiva por fato do animal prevista no art. 936, CC. Já a do dono é objetiva indireta, desde que, é claro, comprovada a culpa do seu preposto (o adestrador), em aplicação do art. 932, III, conjugado com o art. 933, ambos do Código Civil.

Por fim, lembramos que se deve aplicar a regra contida no Código de Defesa do Consumidor, ao invés do art. 936 do CC, nas hipóteses de danos causados em circos, parques de diversões, hotéis-fazenda que disponibilizam animais para lazer ou recreação, o que induzirá à responsabilidade objetiva do prestador de serviço. E no que respeita ao animal que invade a rodovia vindo a perpetrar-se acidente, em se tratando de trecho sob a responsabilidade de concessionária administradora de estrada de rodagem, também não haverá aplicação do art. 936 do CC, mas sim do art. 37, § 6º, da CF/88, que também apresenta responsabilidade objetiva.

5.6. A responsabilidade por danos causados em prédios em ruínas

O art. 937 do CC impõe que: "O dono de edifício ou construção responde pelos danos que resultarem de sua ruína, se esta provier de falta de reparos, cuja necessidade fosse manifesta". Tal dispositivo quer atribuir responsabilidade ao dono do edifício ou da construção em virtude da queda ou desabamento do prédio como um todo[41] ou de parte dele, como marquises, telhas, lustres, vidros de janelas etc.

Urge de início atentar para a fervorosa discussão: Trata-se de hipótese de responsabilidade subjetiva por culpa presumida do proprietário ou responsabilidade objetiva?

Filiamo-nos à corrente que propugna pela responsabilidade objetiva do proprietário, isso porque este é o guardião do edifício ou da construção, é aquele que tem o dever de segurança. Não acreditamos que seja possível afastar a responsabilidade objetiva do proprietário simplesmente pela expressão contida no artigo "... se esta provier da falta de reparos, cuja necessidade fosse manifesta". A interpretação literal conduziria sim a apenas uma presunção de culpa, portanto, responsabilidade subjetiva. Porém, cremos que dois relevantes aspectos devem ser levados em consideração: o primeiro de que concordamos com a doutrina consolidada de Aguiar Dias de que "praticamente, a prova de necessidade de reparos não pode ser feita fora desta proposição: tanto necessitava de reparos,

---

[41] Lembremos o triste episódio que ficou conhecido como "A Queda do Palace-II". Em 22 de fevereiro de 1997, um prédio de 22 andares desabou na cidade do Rio de Janeiro, causando inúmeras mortes e perdas de ordem moral e material inestimáveis.

que caiu. Muito mais rara, quase impossível, é a hipótese de cair edifício que não necessitasse de reparos".[42] E o segundo é que, se aceitamos a responsabilidade do dono ou detentor do animal como objetiva, seria aqui incoerente entendermos em sentido diverso, posto que a vigilância seja muito mais difícil em se tratando de animal (bem móvel) do que de um bem imóvel. Assim, em ambas as situações vislumbramos manifestações de responsabilidade objetiva. Por isso, ao revés de interpretação literal, adotamos a interpretação sistemática com o art. 936 do CC.[43] Na VI Jornada de Direito Civil, foi aprovado o Enunciado nº 556, com a seguinte redação: "A responsabilidade civil do dono do prédio ou construção por sua ruína, tratada pelo art. 937 do CC, é objetiva".

Concluindo, pelo art. 937 do CC, o responsável é o proprietário, em responsabilidade objetiva. Poderá, posteriormente, o proprietário se voltar, por meio de ação regressiva, contra o causador do dano (o construtor, o empreiteiro, o inquilino). Tem a jurisprudência admitido a possibilidade de condenação solidária do empreiteiro ou construtor, em sendo litisconsorte. Diferente da hipótese em que o prejudicado com a ruína é o próprio proprietário. Aqui não se aplica o art. 937 do CC, mas sim o art. 618 do CC,[44] que, embora traga regras de empreitada, a doutrina e a jurisprudência estendem mesmo a casos de não empreita. Por fim, vale lembrar que, se a relação se desenhar dentro dos contornos de uma relação de consumo, a indenização deverá ser pleiteada com fincas nos arts. 12 ou 14 do CDC.

5.7. Responsabilidade por coisas caídas do prédio

Em havendo a queda ou o lançamento de coisas sólidas ou líquidas que venham a causar dano a alguém, a doutrina é tranquila em dizer que se trata de responsabilidade objetiva daquele que habita o prédio ou parte dele.[45] É a regra que se extrai do art. 938 do CC: "Aquele que habitar prédio, ou parte dele, responde pelo dano proveniente das coisas que dele caírem ou forem lançadas em lugar indevido".

---

[42] AGUIAR DIAS, José de. *Da responsabilidade civil.* 6. ed. DIAS, Rui Berford (atual.) Rio de Janeiro: Renovar, 2006. p. 631.

[43] Bom de ver, ainda, a ilustre opinião de Sérgio Cavalieri Filho: "Temos, então, nesse art. 937 uma presunção de responsabilidade do dono do edifício, e não mera presunção de culpa; responsabilidade objetiva, coerente com a teoria da guarda, e não subjetiva, que só poderá ser excluída por uma das causas de exclusão do próprio nexo causal – caso fortuito, força maior, fato exclusivo de terceiro ou da própria vítima". CAVALIERI FILHO, Sérgio. *Programa de responsabilidade civil.* 7. ed. São Paulo: Atlas, 2007. p. 213.

[44] Art. 618, CC: "Nos contratos de empreitada de edifícios ou outras construções consideráveis, o empreiteiro de materiais e execução responderá, durante o prazo irredutível de cinco anos, pela solidez e segurança do trabalho, assim em razão dos materiais, como do solo. Parágrafo único. Decairá do direito assegurado neste artigo o dono da obra que não propuser a ação contra o empreiteiro, nos cento e oitenta dias seguintes ao aparecimento do vício ou defeito".

[45] Sérgio Cavalieri Filho esclarece: "Temos aqui uma das mais antigas hipóteses de responsabilidade pelo fato da coisa, pois no Direito Romano o morador do prédio já respondia pelos danos decorrentes de coisas lançadas ou caídas dos edifícios de habitação, coisas sólidas ou líquidas, por meio de *actio de effusis et dejectis*". CAVALIERI FILHO, Sérgio. *Programa de responsabilidade civil.* 7. ed. São Paulo: Atlas, 2007. p. 214.

Cumpre em primeiro plano a distinção desse artigo, com a hipótese prevista no art. 937, analisada anteriormente. Nessa, como vimos, a responsabilidade existe em virtude de parte do próprio prédio que desabou porque em ruínas. Naquela, o que cai ou é lançado em lugar indevido é o que não faz parte do prédio como vasos de flores, cinzeiros, rojões e foguetes, etc.

Como dito inicialmente, não importa se o que caiu ou foi lançado, se manifeste no estado sólido (*dejectis*) ou líquido (*effusis*). Ademais, atente-se para o fato de que o referido artigo não menciona "proprietário", mas sim, refere-se ao habitante. Assim, responsabiliza-se o possuidor direto (locatário, comodatário, usufrutuário etc.), independentemente de se proprietário do bem ou não. Portanto, será responsável o morador, pois ele é o guardião das coisas que ali estão. Ademais, vale a lembrança de Sérgio Cavalieri Filho: "Eventualmente, o morador terá que responder pelo fato de outrem se pessoas estranhas à sua família lançarem ou deixarem cair quando estiverem em casa, como visitas, amigos numa festa etc.".[46]

Dificuldade muitas vezes surge na responsabilização em se tratando de queda de coisa de condomínio horizontal ou edilício (prédio de apartamentos) em que não se possa identificar de qual unidade autônoma decorreu o objeto. A solução para muitos[47] repousa na responsabilização solidária de todos os moradores, sendo que a jurisprudência vem admitindo a exclusão da responsabilidade dos moradores que não pertençam à ala de onde o objeto tenha caído. Nessa esteira, evoluiu-se para a responsabilização do próprio condomínio.[48] Aqui se vislumbra, a todo custo, a necessidade premente de se promover a ressarcibilidade da vítima. Nesse caminho, foi aprovado o Enunciado nº 557: "Nos termos do art. 938 do CC, se a coisa cair ou for lançada de condomínio edilício, não sendo possível identificar de qual unidade, responderá o condomínio, assegurado o direito de regresso". Por fim, vale lembrar ainda que a jurisprudência ampliou a incidência do art. 938 do CC ao aplicar a responsabilidade objetiva às construtoras pelos danos decorrentes da queda de objetos em veículos estacionados nos arredores.

5.8. A responsabilidade dos empresários individuais e das empresas prevista no Código Civil de 2002

O art. 931 do CC estabelece que: "Ressalvados outros casos previstos em lei especial, os empresários individuais e as empresas respondem independentemente de culpa pelos danos causados pelos produtos postos em circulação".

---

[46] CAVALIERI FILHO, Sérgio. *Programa de responsabilidade civil.* 7. ed. São Paulo: Atlas, 2007. p. 215.

[47] Nesse sentido Sérgio Cavalieri Filho; Aguiar Dias e Pontes de Miranda. Em sentido contrário, manifesta-se Flávio Monteiro de Barros: "Discordamos desse entendimento, pois a solidariedade não se presume, só podendo resultar da lei ou da vontade das partes (art. 265 do CC). A nosso ver, a responsabilidade de todos os moradores da ala em que o objeto caiu deve ser divisível, rateando-se o prejuízo entre eles". BARROS, Flávio Augusto Monteiro de. *Manual de direito civil:* direito das coisas e responsabilidade civil. São Paulo: Método, 2005, p. 231.

[48] Manifestando-se pela impossibilidade de responsabilização do condomínio, os mestres Sílvio Rodrigues e Caio Mário da Silva Pereira, que propugnam pela necessidade de a vítima provar a unidade autônoma responsável pela queda do objeto.

Muito se discute acerca do referido dispositivo e, como não poderia deixar de ser, mencionamos dois dos posicionamentos existentes.

O primeiro, que aplaude o referido artigo, diz que, com ele, se estendeu ao âmbito civil regra semelhante à do art. 12 do CDC,[49] que era restrita à relação de consumo. Assim, o art. 931 do CC trata apenas da circulação de produtos, não abarcando os fornecedores, que são mencionados no CDC. Seria, portanto, em virtude de tal artigo, possível a responsabilização de uma multinacional que forneça fornos micro-ondas a outra multinacional, em caso de algum acidente. Isso porque, como não se trata de relação de consumo, o socorro residirá no CC/2002, em seu art. 931. Inclusive, nessa esteira, foi aprovado o Enunciado nº 378 na IV Jornada de Direito Civil, com a seguinte redação: "Aplica-se o art. 931 do Código Civil, haja ou não relação de consumo".

O segundo posicionamento, d`outra banda, vislumbra a desnecessidade de tal dispositivo no Código Civil. Não se encontra novidade nele, uma vez que tal disposição já existia no Código de Defesa do Consumidor. A verdade é que, quando do projeto inicial do Código Civil, que foi aprovado em 2002, não existia ainda o Código de Defesa do Consumidor. Com a sua superveniência em 1990, surgiu a lei destinada especificamente a atender as relações consumeristas. Daí que o art. 931 do CC/2002, ao invés de ser excluído do corpo codificado, lá se manteve, razão pela qual a doutrina discute a sua aplicação. De maneira bem didática Carlos Alberto Menezes Direito e Sérgio Cavalieri Filho explanam:

> Depreende-se desse elemento histórico que o art. 931 foi introduzido no novo Código Civil com a finalidade específica de proteger o consumidor. Entretanto, antes que ele entrasse em vigor (o projeto tramitou no Congresso por quase trinta anos) foi editado o Código de Defesa do Consumidor, cujo art. 12 disciplinou a matéria. Portanto, tal como no parágrafo único do art. 927 (já examinado), também aqui temos áreas comuns entre o novo Código Civil e o Código de Defesa do Consumidor. Áreas, todavia, que se integram e se harmonizam, o que torna perfeitamente possível utilizar a disciplina do art. 12 do Código do Consumidor, inquestionavelmente mais avançada e aprimorada, na interpretação e aplicação deste art. 931 do novo Código Civil. A expressa ressalva que ele faz aos "outros casos previstos em lei especial" torna certa a harmonia e integração entre os dois diplomas legais, afastando qualquer possibilidade de conflitos entre eles, e por mais forte razão de revogação.[50]

Os adeptos desse segundo posicionamento criticam a aprovação do Enunciado nº 42 do CJF que estabelece: "O art. 931 amplia o conceito de fato do

---

[49] Art. 12, CDC: "O fabricante, o produtor, o construtor, nacional ou estrangeiro, e o importador respondem, independentemente da existência de culpa, pela reparação dos danos causados aos consumidores por defeitos decorrentes de projeto, fabricação, construção, montagem, fórmulas, manipulação, apresentação ou acondicionamento de seus produtos, bem como por informações insuficientes ou inadequadas sobre sua utilização e riscos".

[50] DIREITO, Carlos Alberto Menezes. CAVALIERI FILHO, Sérgio. *Comentários ao Novo Código Civil.* v. XIII. TEIXEIRA. Sálvio de Figueirêdo (Coord.). Rio de Janeiro: Editora Forense, 2004. p. 182.

produto existente no art. 12 do Código de Defesa do Consumidor, imputando responsabilidade civil à empresa e aos empresários individuais vinculados à circulação dos produtos". Assim, filiando-se ao segundo posicionamento, Rui Stoco se manifesta: "O art. 931 contém disposição que nasce superada e sem aplicação prática", eis que "essa disposição é redundante e sem qualquer força ou efetividade, pois a responsabilidade do fabricante, produtor, construtor e importador, seja pelo fato do produto ou do serviço, está integralmente disciplinada no estatuto que realmente deveria estar, ou seja, no Código de Defesa do Consumidor". E, criticando o referido enunciado, propugna que:

> No Código do Consumidor, o conceito de fornecedor de produtos ou serviços, bem como de fabricante, produtor, construtor, importador é amplo e abrangente, abarcando tanto a pessoa física como jurídica, seja ela empresa individual ou empresa sob qualquer outro regime jurídico (associação, cooperativa, sociedade limitada, sociedade anônima, em conta de participação e outras).[51]

Aqueles que se manifestam pela inutilidade do art. 931 do CC ainda se lembram do art. 17 do CDC que estabelece: "Para os efeitos desta Seção, equiparam-se aos consumidores todas as vítimas do evento".

Por fim, lembramos os Enunciados nº 190 e nº 43 aprovados na III e I Jornadas de Direito Civil, respectivamente. O Enunciado nº 190 prevê: "A regra do art. 931 do novo CC não afasta as normas acerca da responsabilidade pelo fato do produto previstas no art. 12 do CDC, que continuam mais favoráveis ao consumidor lesado".[52] E o Enunciado nº 43 que dispõe: "A responsabilidade civil

---

[51] STOCO, Rui. A responsabilidade civil. In: FRANCIULLI NETTO, DOMINGOS; MENDES, Gilmar Ferreira. MARTINS FILHO, Ives Gandra da Silva (Coords.) *O Novo Código Civil*: estudos em homenagem ao Prof. Miguel Reale. São Paulo: Editora LTr, 2003, p. 817/819.

[52] O autor da proposta que ensejou o Enunciado nº 190, Paulo de Tarso Vieira Sanseverino, Desembargador do TJRS, apresenta a seguinte justificativa, *in verbis*: "A regra do art. 931, ao consagrar a responsabilidade pelo fato do produto no seio do novo Código Civil, tem suscitado perplexidade na doutrina. O motivo principal reside na falta de exigência expressa da ocorrência de defeito do produto para a responsabilização do empresário que o colocou no mercado. Dispensando o defeito do produto como pressuposto da responsabilidade pelo fato do produto, estaria derrogado o art. 12 do CDC, que faz expressa menção ao defeito do produto (danos causados por produtos defeituosos). Na realidade, a norma do art. 931 não pode ser interpretada na sua literalidade, sob pena de inviabilização de diversos setores da atividade empresarial (v.g., fabricantes de facas). A mais razoável é uma interpretação teleológica, conforme preconiza Sérgio Cavalieri Filho (*Programa de responsabilidade civil*. São Paulo: Malheiros, 2003. p. 187.), conjugando a norma do art. 931 do novo CC com a do § 1º do art.12 do CDC sobre o defeito do produto: o produto é defeituoso quando não oferece a segurança que dele legitimamente se espera (...). Com essa interpretação do at. 931 do novo CC, necessária para evitar exageros, verifica-se que o sistema de responsabilidade pelo fato do produto (acidentes de consumo) constante do CDC continua mais favorável ao consumidor lesado. Em primeiro lugar, o CDC acolhe o princípio da reparação integral do dano sofrido pelo consumidor, art. 6º, VI, sem qualquer restrição. Isso impede a aplicação do art. 944, parágrafo único, do novo CC, que permite a redução da indenização na medida da culpabilidade. Segundo, o prazo de prescrição do CDC continua sendo de cinco anos (art. 27), enquanto o do CC foi reduzido

pelo fato do produto, prevista no art. 931 do novo Código Civil, também inclui os riscos do desenvolvimento". Tal enunciado quer estender aos fornecedores a responsabilidade pelos danos tardios, que não existiam quando o produto foi criado ou colocado no mercado. Antônio Herman de Vasconcellos e Benjamin conceitua o risco do desenvolvimento como sendo:

> O risco que não pode ser cientificamente conhecido no momento do lançamento do produto no mercado, vindo a ser descoberto somente após um certo período de uso do produto e do serviço. É defeito que, em face do estado da ciência e da técnica à época da colocação do produto ou serviço em circulação, era desconhecido e imprevisível.[53]

Aqui encontramos a polêmica de danos causados no futuro por medicamentos ou mesmo o caso da soja transgênica. Se no futuro sobrevierem prejuízos às pessoas que os utilizaram, por tal enunciado o fornecedor não poderá afastar a sua responsabilidade alegando a eximente do risco do desenvolvimento.

6. A TEORIA DO RISCO

Vimos que o parágrafo único do art. 927 do CC apresenta duas fontes para a responsabilidade objetiva: a lei (e aqui encontramos algumas situações de responsabilidade por fato de terceiro e responsabilidade por fato de coisa) e a atividade que se traduza em risco.

Em verdade, é a chamada teoria do risco que fundamenta a responsabilidade objetiva. Por risco devemos entender a probabilidade do dano, o perigo. Em virtude disso, a conclusão imposta é a de que aquele que exerce atividade de risco deverá assumir a responsabilidade sobre essa atividade, independente de culpa. Assim, dispensa-se apenas a culpa, sendo relevantes as mesmas observações acerca do nexo causal[54] e do dano elaboradas nesta obra por ocasião da explicação da responsabilidade subjetiva.

---

para apenas três anos nas ações de reparação de danos (art. 206, § 3º, V). Em terceiro lugar, o sistema de responsabilidade por acidentes de consumo do CDC (arts. 12 a 17), que inclui o fato do produto e o fato do serviço, apresenta-se mais completo na proteção do consumidor do que aquele constante do Código Civil, de que são exemplos a limitação das hipóteses de exoneração da responsabilidade civil (§ 3º do art. 12) e a ampliação do conceito de consumidor para abranger todas as vítimas de acidentes de consumo. Portanto, essas breves considerações denotam que o regime de responsabilidade pelo fato do produto do CDC continua mais vantajoso ao consumidor do que o do novo CC". SANSEVERINO, Paulo de Tarso Vieira. In: AGUIAR JR., Rui Rosado de. (Org.) III Jornada de Direito Civil. Brasília: CJF, 2005. p. 229-230.

[53] BENJAMIN, Antônio Herman de Vasconcellos e. *Comentários ao Código de Proteção do Consumidor.* OLIVEIRA, Juarez (coord.). São Paulo: Saraiva, 1991. p. 67.

[54] Em sentido contrário, César Fiuza se manifesta: "Há quem afirme que o caso fortuito e a força maior excluiriam a responsabilidade objetiva, uma vez que romperiam o nexo causal. Ora, que nexo causal? O nexo entre a conduta culpável e o dano não pode ser, dado que não se cogita de culpa na responsabilidade objetiva. Na verdade, o nexo que deve existir é bastante objetivo. O dano deve resultar da simples atividade ou do simples fato objetivo do responsável: exercer

7. AS VÁRIAS CONCEPÇÕES DA TEORIA DO RISCO

Da teoria do risco aperfeiçoamentos e estreitamentos conceituais foram sendo produzidos, o que originou as teorias do risco criado, do risco integral e do risco proveito, a seguir analisadas.

7.1. Teoria do risco criado

Pela teoria do risco criado, a responsabilidade incide sobre aquele que criou o risco. Assim, basta o exercício da atividade que se manifesta em risco que, caso sobrevenha um dano, caberá àquele que desenvolveu a atividade a reparação do dano.

7.2. Teoria do risco integral

A teoria do risco integral trata da exacerbação da primitiva teoria do risco. Leva-se a teoria do risco às últimas consequências, alcançando o extremo de dizer que, nas hipóteses orientadas por tal teoria, o dever de indenizar subsistirá até mesmo nos casos de exclusão do nexo causal. Isto é, mesmo nos casos de caso fortuito ou força maior, culpa exclusiva da vítima ou fato de terceiro, haverá a obrigação de reparar.

A teoria do risco integral é aplicada excepcionalmente em nosso ordenamento jurídico nos casos de indenização por acidente de trabalho, de seguro obrigatório – o DPVAT – (em que se garante à vítima uma indenização mínima[55]), de danos causados ao meio ambiente, de danos nucleares etc.

Acerca da indenização por acidente de trabalho lembramos da clara noção fornecida por Cavalieri Filho:

A partir de 1967 a reparação do dano decorrente de acidente de trabalho vem sendo coberta por um seguro coletivo a cargo do empregador, pelo que se transfere para o segurador – no caso o INSS – o encargo de efetuar a indenização, independentemente de qualquer decisão sobre culpa. O empregado apenas tem que provar a relação de emprego, o dano decorrente do acidente e que o mesmo ocorreu no trabalho ou por ocasião em que para ele ia ou dele vinha. A Constituição de 1988 tratou do acidente de trabalho no inciso XXVIII do seu art. 7º, sendo que, atualmente, a matéria está

---

o transporte aéreo, ter filhos, ser tutor ou curador, ter empregados, exercer atividade perigosa etc.". FIUZA, César. *Direito civil:* curso completo. 9. ed. Belo Horizonte: Del Rey, 2006. p. 740.

[55] Vale lembrar a Súmula nº 257 do STJ, que estabelece: "A falta de pagamento do prêmio do seguro obrigatório de danos pessoais causados por veículos automotores de vias terrestres (DPVAT) não é motivo para a recusa do pagamento da indenização". E ainda referente ao tema, a Súmula nº 405 do STJ: "A ação de cobrança do seguro obrigatório (DPVAT) prescreve em três anos". O STJ entendeu que é indevida a indenização relativa ao seguro obrigatório – DPVAT, na hipótese em que o acidente de trânsito que vitimou o segurado tenha ocorrido no momento de prática de ilícito penal doloso realizado pela própria vítima (REsp 1.661.120-RS, Rel. Min. Nancy Andrighi, por unanimidade, julgado em 9/5/2017).

Cap. 22 – A RESPONSABILIDADE OBJETIVA

453

disciplinada pela Lei nº 8.213, de 24 de julho de 1991, regulamentada pelo Decreto nº 2.172, de 5 de março de 1997.[56]

Vale lembrar ainda que, é possível que a vítima do acidente de trabalho, além da indenização do INSS – fundada na teoria do risco integral –, poderá pleitear indenização do empregador em caso de dolo ou culpa deste.[57] Assim, eis duas indenizações a que o empregado fará jus, sendo ambas autônomas e cumuláveis.

7.2.1. Observações sobre o acidente de trabalho e a aplicação do art. 927, parágrafo único, do CC/2002

Não resta dúvida de que a indenização, financiada pelo empregador, mas paga pelo INSS é aferida independentemente da conduta do empregado, não tendo cabimento nenhuma excludente do nexo causal, posto ser manifestação da teoria do risco integral. É nesse mote – a compreensão da reparação decorrente de acidente de trabalho – que nos voltamos para a indenização que eventualmente será devida pelo empregador.

Conforme sabemos, o art. 7º, XXVIII, da CF/88 estabelece como direito dos trabalhadores o "seguro contra acidentes de trabalho, a cargo do empregador, sem excluir a indenização a que este está obrigado, quando incorrer em dolo ou culpa". Salta aos olhos a impressão de necessidade da constatação de dolo ou culpa do empregador para que este tenha que indenizar o empregado, conduzindo, portanto, à primeira vista, a uma responsabilidade subjetiva do empregador. Porém, não é questão tão simples assim. Depois da entrada em vigor do Código Civil de 2002 com a redação do parágrafo único do art. 927, abaladas ficaram as diretrizes retromencionadas. É que o referido parágrafo único apresenta a imposição de responsabilidade objetiva quando a atividade normalmente desenvolvida pelo autor do dano implicar, por sua natureza, risco para os direitos de outrem.

Diante do exposto, agora estamos diante de tormentosa questão: Será a responsabilidade do empregador, em virtude de acidente de trabalho com seu empregado, sempre subjetiva decorrente de imposição com dignidade constitucional (art. 7º, XXVIII, CF/88)? Ou será que a responsabilidade do empregador se torna objetiva, em virtude de o parágrafo único do art. 927 do CC/2002, quando o empregado exerça atividade de risco,[58] sendo esta explorada pelo empregador?

---

[56] CAVALIERI FILHO, Sérgio. *Programa de responsabilidade civil*. São Paulo: Atlas, 2007. p. 133.

[57] O art. 7º, CF/88 estabelece: "São direitos dos trabalhadores urbanos e rurais, além de outros que visem à melhoria de sua condição social: XXVIII – seguro contra acidentes de trabalho, a cargo do empregador, sem excluir a indenização a que este está obrigado, quando incorrer em dolo ou culpa". A jurisprudência do STJ já se pacificou no sentido de que a Súmula nº 229 do STF que dispunha que "a indenização acidentária não exclui a do direito comum, em caso de dolo ou culpa grave do empregador" resta superada, uma vez que basta a culpa, ainda que leve, para que haja a responsabilização do empregador.

[58] Para José Cairo Júnior devem ser consideradas atividade de risco apenas aquelas com presença de elementos de insalubridade e de periculosidade. CAIRO JÚNIOR, José. *O acidente do trabalho e a responsabilidade civil do empregador*. 2. ed. São Paulo: LTr, 2004.

A questão não é pacífica na doutrina. Há quem entenda que não deve ser aplicado o parágrafo único do art. 927 do CC/2002 já que frontalmente colidente com expressa previsão da CF/88, norma fundamental, que deve prevalecer.

De outro lado, há quem propugne ser aplicável a previsão do CC/2002 uma vez que o art. 7º da CF/88 que prevê os direitos dos trabalhadores é meramente exemplificativo, já que o seu *caput* estabelece que "são direitos dos trabalhadores urbanos e rurais, além de outros que visem à melhoria de sua condição social", cabendo ademais aplicação do princípio da unidade da Constituição Federal de modo que o inciso XXVIII deve ser interpretado conforme o seu *caput*. Ainda, os adeptos desse segundo posicionamento, se manifestam no sentido de que a norma favorável ao trabalhador é que deve prevalecer, sendo aplicável, por conseguinte o princípio da proteção que objetiva concretizar o princípio da dignidade da pessoa humana. Sobre a questão, e nitidamente favorável à aplicação do parágrafo único do art. 927 do CC/2002, Rodolfo Pamplona Filho, que relatou em interessante artigo:

> Poder-se-ia defender que, a partir do momento em que a Carta Constitucional exigiu, expressamente, a comprovação de culpa ou dolo do empregador para impor-lhe a obrigação de indenizar, optou por um núcleo necessário, fundado na responsabilidade subjetiva, do qual o legislador infraconstitucional não se poderia afastar. Ademais, uma lei ordinária não poderia simplesmente desconsiderar requisitos previamente delineados em norma constitucional, a qual, além de se situar em grau superior, serve como o seu próprio fundamento de validade. Se o constituinte quisesse reconhecer a responsabilidade objetiva, seria explícito, a exemplo do tratamento dispensado à responsabilidade civil do Estado, no art. 37, § 6º. Não sendo assim, remanesce o princípio da culpa. Todavia, a questão não é assim tão direta. De fato, não há como se negar que, como regra geral, indubitavelmente a responsabilidade civil do empregador, por danos decorrentes de acidente de trabalho, é subjetiva, devendo ser provada alguma conduta culposa de sua parte, em alguma das modalidades possíveis, incidindo de forma independente do seguro acidentário, pago pelo Estado. Todavia, parece-nos inexplicável admitir a situação de um sujeito que: – por força de lei, assume os riscos da atividade econômica; – por exercer uma determinada atividade (que implica, por sua própria natureza, em risco para os direitos de outrem), responde objetivamente pelos danos causados; – ainda assim, em relação aos seus empregados, tenha o direito subjetivo de somente responder, pelos seus atos, se os hipossuficientes provarem culpa... A aceitar tal posicionamento, vemo-nos obrigados a reconhecer o seguinte paradoxo: o empregador, pela atividade exercida, responderia objetivamente pelos danos por si causados, mas, em relação a seus empregados, por causa de danos causados justamente pelo exercício da mesma atividade que atraiu a responsabilização objetiva, teria um direito a responder subjetivamente...[59]

O Enunciado nº 377, aprovado na IV Jornada de Direito Civil, estabeleceu: "O art. 7º, inc. XXVIII, da Constituição Federal não é impedimento para a

---

[59] PAMPLONA FILHO, Rodolfo. Responsabilidade civil nas relações de trabalho e o novo Código Civil brasileiro. *Jus Navigandi*, Teresina, ano 9, nº 677, 13 maio 2005. Disponível em: <http://jus2.uol.com.br/doutrina/texto.asp?id=6723>. Acesso em: 23 dez. 2008.

aplicação do disposto no art. 927, parágrafo único, do Código Civil quando se tratar de atividade de risco". Nessa toada, o STF no RE 828.040, julgado em 12/3/2020, por maioria, fixou a seguinte tese de repercussão geral:

> O art. 927, parágrafo único, do Código Civil é compatível com o art. 7º, XXVIII, da Constituição Federal, sendo constitucional a responsabilização objetiva do empregador por danos decorrentes de acidentes de trabalho, nos casos especificados em lei, ou quando a atividade normalmente desenvolvida, por sua natureza, apresentar exposição habitual a risco especial, com potencialidade lesiva e implicar ao trabalhador ônus maior do que aos demais membros da coletividade.[60]

7.3. Teoria do risco proveito

Com base nessa teoria, aquele que obtém vantagem ou proveito da atividade danosa deverá reparar o dano causado. Aqui encontramos a conexão dessa teoria com a responsabilização objetiva que há no Código de Defesa do Consumidor. Dúvida surge na delimitação dos contornos exatos do que seria proveito. De acordo com Sérgio Cavalieri Filho:

> Quando se pode dizer que uma pessoa tira proveito de uma atividade? Será necessário obter um proveito econômico, lucro, ou bastará qualquer tipo de proveito? Se o proveito tem o sentido de lucro, vantagem econômica, a responsabilidade fundada no risco-proveito ficará restrita aos comerciantes e industriais, não sendo aplicável aos casos em que a coisa causadora do dano não é fonte de ganho. Ademais, a vítima teria que provar a obtenção desse proveito, o que importaria o retorno ao complexo problema da prova.[61]

Perceba-se, aqui, que a teoria do risco proveito tem incidência mais restrita, mais específica do que a teoria do risco criado, posto que nessa independe de o fato decorrer de um proveito auferido, enquanto naquela há o requisito da vantagem ou proveito.

8. A RESPONSABILIDADE POR ABUSO DE DIREITO

Já vimos que pelo Código Civil de 2002 a responsabilidade objetiva decorrerá de uma atividade de risco ou da própria lei (ex.: art. 933, CC). Por fim, importa salientar que a responsabilidade objetiva poderá apresentar um terceiro fato gerador: o abuso de direito.

A novidadeira espécie de ato ilícito está prevista no Código Civil de 2002 no art.187 e se designa por ato ilícito objetivo ou por abuso de direito.[62]

---

[60] STF, RE 828.040, Tribunal Pleno, Rel. Min. Alexandre de Moraes. j. 12/3/2020, *DJe* 26/6/2020.

[61] CAVALIERI FILHO, Sérgio. *Programa de responsabilidade civil.* São Paulo: Atlas, 2007. p. 129.

[62] Há quem vislumbre uma *contradictio in terminis* na expressão "abuso de direito", pois não seria possível fazer uso de um direito e ao mesmo abusar dele. É como se a ideia de exercício de

Vale a transcrição do art. 187 do CC: "Também comete ato ilícito o titular de um direito que, ao exercê-lo, excede manifestamente os limites impostos pelo seu fim econômico ou social, pela boa-fé ou pelos bons costumes".

O artigo retrocitado, ao mencionar "excede manifestamente", quer justamente evitar o subjetivismo dos juízes, já que tal disposição já se apresenta como uma cláusula geral. Portanto, ainda lembremos que o abuso de direito, do modo pelo qual está previsto no CC/2002, poderá incidir em todas as áreas do Direito.[63]

Como visto alhures, a compreensão do abuso de direito[64] parte da ideia de que todas as pessoas possuem direitos, e é dever de cada um exercitá-los dentro de determinados limites. Quais seriam esses limites? A finalidade econômica e social do direito, a boa-fé objetiva e os bons costumes. Assim, caso o titular de um direito subjetivo, ao exercê-lo, extrapole esses limites, estará a praticar um ato ilícito, pois a conotação que se dá hoje a isso não é mais a do simples exercício de um direito, mas sim a de um abuso de direito, o que para o Código Civil de 2002 é ato ilícito. Recorremos a um exemplo: um sujeito compra um aparelho de som. Ao escutá-lo em plena madrugada, o faz em seu volume máximo a perturbar a vizinhança. Tal ato configura-se na prática de um ilícito, pois o agente estava a exercer um direito para além dos limites impostos pelo ordenamento jurídico. Há nessa hipótese responsabilidade objetiva do sujeito que adquiriu o som.[65]

Para alcançarmos a ideia exata de abuso de direito devemos compreender que, embora a conduta do sujeito esteja em conformidade com a lei, está a ofender os seus valores éticos, sociais e econômicos. Nelson Rosenvald salienta que:

---

um direito não fosse consentânea com a ideia de abuso. Porém, consagrada já está a expressão "abuso de direito".

[63] A teoria da desconsideração da personalidade jurídica da pessoa jurídica, estudada na Parte Geral deste livro, nada mais é do que manifestação de aplicação do princípio geral da vedação ao abuso do direito. No âmbito da propriedade encontramos também o art. 1.228, § 2º, do CC/2002, que estabelece: "São defesos os atos que não trazem ao proprietário qualquer comodidade, ou utilidade, e sejam animados pela intenção de prejudicar outrem". Aqui também encontra-se aplicação da vedação ao abuso de direito do proprietário que não pode fazer o que bem entender em sua propriedade, simplesmente pelo fato de ser proprietário. O que merece comentários nesse ponto é que pela redação do art. 1.228, § 2º, do CC/2002, há colisão com o art. 187 do mesmo Código, uma vez que naquele artigo exige-se a "intenção de prejudicar outrem", o que demonstra inclinação por um abuso de direito subjetivista, o que não acontece no art. 187. Manifestamo-nos pela falha na redação do art. 1.228, § 2º, do CC/2002, e que o art. 187 do CC/2002 deverá prevalecer haja vista o seu porte de cláusula geral.

[64] Dizemos que o abuso de direito se manifesta como espécie de ato ilícito em atenção à sua posição topográfica no Código. Porém, estamos totalmente de acordo com a doutrina que critica a confusão das figuras do ato ilícito e do abuso de direito, que são, em verdade, absolutamente autônomos. Explicamos, porém, que da disposição apresentado pelo Código Civil acerca dos referidos institutos devemos concluir que o efeito do ato ilícito e do abuso de direito é o mesmo: a reparação.

[65] "O STJ entendeu que caracteriza abuso de direito ou ação passível de gerar responsabilidade civil pelos danos causados a impetração do *habeas corpus* por terceiro com o fim de impedir a interrupção, deferida judicialmente, de gestação de feto portador de síndrome incompatível com a vida extrauterina" (REsp 1.467.888-GO, Rel. Min. Nancy Andrighi, por unanimidade, julgado em 20/10/2016, *DJe* 25/10/2016).

Aqui, alguém aparentemente atua no exercício de um direito subjetivo. O agente não desrespeita a estrutura normativa, mas ofende a sua valoração. Conduz-se de forma contrária aos fundamentos materiais da norma, por negligenciar o elemento ético que preside a sua adequação ao ordenamento.[66]

O Código Civil de 2002, ao contemplar expressamente o abuso de direito como espécie de ato ilícito, caminhou na esteira do Código Civil português e do Código Civil grego, que já se manifestavam pela possibilidade do abuso de direito. O art. 187 do CC/2002 não encontrava correspondência no Código Civil de 1916.[67]

Vale sublinhar a índole objetiva[68] – e não subjetiva – do abuso de direito contido no art. 187 do CC. Desse modo, o referido artigo não exige a consciência de se excederem a determinados limites ao se exercitar o direito subjetivo. Basta que tais limites sejam excedidos! Tanto é assim que, oportunamente, aprovou-se na I Jornada de Direito Civil, promovida pelo Centro de Estudos Judiciários do Conselho da Justiça Federal, o Enunciado nº 37 com a seguinte redação: "A responsabilidade civil decorrente do abuso de direito independe de culpa e fundamenta-se somente no critério objetivo-finalístico". Ainda mais clara fica a questão diante da justificativa apresentada por João Maria Lós quando da elaboração do enunciado:

> (...) apesar de, topograficamente, incluído no título reservado ao ato ilícito, fica evidente a sua autonomia em relação a essa figura. Primeiro porque, ao definir o ato ilícito no art. 186, como já o fazia no vigente art. 159, o legislador atrelou sua configuração à noção de culpa *lato sensu*. Todavia o mesmo não fez no concernente ao abuso de direito. (...) Melhor teria feito se tivesse consagrado o instituto em título próprio. Entretanto, do modo que está posto, estampa-se um progresso, em consonância com a moderna doutrina que trata do assunto. Desse modo, tem-se que o abuso de direito prescinde da noção de culpa, ou seja, não se indaga se o agente agiu intencionalmente, ou se foi imprudente ou negligente ou imperito.[69]

---

[66] ROSENVALD, Nelson. *Dignidade humana e boa-fé no Código Civil.* São Paulo: Saraiva, 2005. p.123.

[67] Oportuno lembrar apontamento formulado por Nelson Rosenvald: "Não é correto desprezar o abuso de direito na vigência do Código Beviláqua. Ele era referido na leitura, *a contrario sensu*, do art. 160, I: 'Não constituem atos ilícitos: I – os praticados em legítima defesa ou no exercício regular de um direito reconhecido'. Mas a inserção da matéria no ordenamento fora tímida, pois reconhecendo-se o exercício irregular de um direito, consequentemente surgiria o ato ilícito". ROSENVALD, Nelson. *Dignidade humana e boa-fé no Código Civil.* São Paulo: Saraiva, 2005. p. 121.

[68] Rui Stoco, na célebre obra *Abuso de direito e má-fé processual*, se posiciona em sentido contrário, sendo adepto da subjetivação. STOCO, Rui. *Abuso de direito e má-fé processual.* São Paulo: Revista dos Tribunais: 2002. p. 72.

[69] LÓS, João Maria. *Jornada de direito civil.* AGUIAR JR., Ruy Rosado. (Org.) Brasília: CJF, 2003. p. 276.

Em 2019, o STJ reconheceu, no REsp 1.817.845-MS, que embora não seja da tradição do direito processual civil brasileiro, é admissível o reconhecimento da existência do ato ilícito de abuso processual, tais como o abuso do direito fundamental de ação ou de defesa, não apenas em hipóteses previamente tipificadas na legislação, mas também quando configurada a má utilização dos direitos fundamentais processuais. Foi reconhecido, então, que o ajuizamento reiterado de ações judiciais desprovidas de fundamentação traduziu-se em abuso de direito. Constata-se, então, o que se denomina de *Sham Litigation* que de acordo com Rogério Corrêa trata-se de prática conhecida nos Estados Unidos, que se manifesta por meio de uma "litigância simulada". De acordo com o autor:

> Trata-se de ação ou conjunto de ações promovidas junto ao Poder Judiciário, que não possuem embasamento sólido, fundamentado e potencialidade de sucesso, com o objetivo central e disfarçado de prejudicar algum concorrente direto do impetrante, causando-lhe danos e dificuldades de ordem financeira, estrutural e reputacional.[70]

8.1. Os limites ao exercício do direito

Atentemos agora para os limites do direito, extraídos da redação do art. 187 do CC. São eles:

- a função econômica do direito;
- a função social do direito;
- a boa-fé objetiva;
- os bons costumes.

Para Sérgio Cavalieri Filho por fim econômico entende-se "o proveito material ou a vantagem que o exercício do direito trará para o seu titular, ou a perda que suportará pelo seu não exercício (...). Esse fim econômico tem grande relevância principalmente no Direito Obrigacional".[71] Com tal afirmação, o respeitado autor chama-nos a atenção para o contrato como sendo, antes de tudo, um fenômeno econômico e lembra como exemplos de abuso de direito na seara contratual a dispensa de empregado para evitar que complete o tempo de serviço necessário à obtenção de certos direitos e a recusa de estabelecimento de ensino em conceder a documentação necessária à transferência do aluno em atraso com as mensalidades escolares.

Embora linhas tênues separem a função econômica da função social, uma não deve ser confundida com a outra. É fácil entender que nem todo direito apresenta finalidade econômica, como acontece na seara do Direito de Família. Assim, por exemplo, porque há o **poder familiar**, não significa que um pai poderá castigar imoderadamente um filho ou privá-lo da liberdade sem justificativa plausível. Portanto, se a socialidade é uma das diretrizes do CC/2002, vislumbramos outro

---

[70] CORRÊA, Rogério. Você sabe o que é *Sham Litigation*. Disponível em: <https://sollicita. com. br/Noticia/?p_idNoticia=13665>. Acesso em: 22 dez. 2019.

[71] CAVALIERI FILHO, Sérgio. *Programa de responsabilidade civil*. São Paulo: Atlas, 2007. p.147.

exemplo: a livre concorrência é essencial para o melhor atendimento da sociedade, porém não se admite a concorrência desleal, posto que manifestação abusiva.

No que diz respeito à boa-fé objetiva, César Fiuza se manifesta: "A boa-fé objetiva baseia-se em fatos de ordem objetiva. Baseia-se na conduta das partes, que devem agir com correção e honestidade, correspondendo à confiança reciprocamente depositada".[72]

Assim, o princípio da boa-fé objetiva, bastante festejado no CC/2002, possui três funções, quais sejam: integrativa, interpretativa e controle. A primeira procura, através da boa-fé objetiva, o efetivo cumprimento dos deveres laterais ou anexos de uma obrigação, não mais atendendo aos anseios da sociedade o cumprimento apenas da obrigação principal, uma vez que, para a doutrina contemporânea, a obrigação é um processo (art. 422, CC); a segunda função busca a interpretação dos negócios jurídicos, feita com base na boa-fé objetiva (art. 113, CC); a terceira função – que é a que nos interessa para fins deste estudo –, procura delimitar o exercício do direito, através da boa-fé objetiva, para que o exercício desse direito não se configure em abuso de direito. Portanto o direito deve ser exercido dentro dos contornos estabelecidos pelo modelo de comportamento imposto pela honestidade e confiança inafastável para a perfeita convivência social. Eis a função controle da boa-fé objetiva.[73] A ilustrar essa questão, vale conferir o seguinte julgado:

> DIREITO CIVIL. RESPONSABILIDADE CIVIL DE INSTITUIÇÃO DE ENSINO PELA EXTINÇÃO DE CURSO SUPERIOR. É cabível indenização por danos morais ao aluno universitário que fora compelido a migrar para outra instituição educacional pelo fato de a instituição contratada ter extinguido de forma abrupta o curso, ainda que esta tenha realizado convênio, com as mesmas condições e valores, com outra instituição para continuidade do curso encerrado. De fato, é possível a extinção de curso superior por instituição educacional, no exercício de sua autonomia universitária, desde que forneça adequada e prévia informação de encerramento do curso (art. 53 da Lei nº 9.394/96 – Lei de Diretrizes e Bases da Educação). Partindo-se desta premissa (legalidade no agir do instituto educacional), é necessário verificar se houve ou não excesso no exercício desse direito, em consonância com o enunciado normativo do art. 187 do CC, que regulou de forma moderna e inovadora o instituto do abuso de direito no sistema jurídico como autêntica cláusula geral. O exercício desse direito de extinção deve ater-se aos limites impostos pela ordem jurídica, especialmente o balizamento traçado pelo princípio da boa-fé objetiva. Exige-se, portanto, a necessidade de oferta de alternativas ao aluno, com iguais condições e valores, de forma a minimizar os prejuízos advindos com a frustração do aluno em não poder mais cursar a faculdade escolhida. Na situação em análise, todavia, a instituição educacional, ao extinguir de forma abrupta o curso oferecido, agiu com excesso no exercício do direito, dando ensejo à reparação pelos danos

---

[72] FIUZA, César. *Direito civil:* curso completo. 8. ed. Belo Horizonte: Del Rey, 2004. p. 381.

[73] Sérgio Cavalieri Filho lembra que "antigos institutos jurídicos, qualificados por locuções latinas – *venire contra factum próprio*, a *supressio*, a *surrectio* –, já apontavam para essa função de controle da boa-fé, que passou a ter extrema relevância no Código Civil de 2002". CAVALIERI FILHO, Sérgio. *Programa de responsabilidade civil.* São Paulo: Atlas, 2007. p. 152.

morais sofridos. REsp 1.341.135-SP, Rel. Min. Paulo de Tarso Sanseverino, julgado em 14/10/2014 (Informativo nº 549).

Vale lembrar ainda que o STJ entendeu que configurou abuso de direito a denúncia imotivada pelo cliente de contrato de prestação de serviços advocatícios firmado com cláusula de êxito antes do resultado final do processo, salvo se houvesse estipulação contratual que a autorizasse ou se ocorresse fato superveniente que a justificasse.[74]

Se por bons costumes temos a reiteração de maneira constante de determinadas regras de convivência, em virtude da convicção de sua obrigatoriedade, o exercício do direito também não poderá contrariar os bons costumes, vez que esses já são hábitos aceitos e consagrados na sociedade, transpirando a honestidade e a correção daqueles que os praticam.[75]

---

[74] "Inicialmente, impende destacar que o contrato de prestação de serviços advocatícios firmado com cláusula de êxito está ancorado numa verdadeira relação de confiança, na medida em que, se os riscos inicialmente assumidos pelas partes estão atrelados ao resultado final do julgamento, há uma expectativa legítima de que o vínculo entre elas perdure até a extinção do processo, o que, evidentemente, pressupõe um dever de fidelidade estabelecido entre o advogado e o seu cliente. Nessa linha, a resilição unilateral e injustificada do contrato, conquanto aparentemente lícita, pode, a depender das circunstâncias concretas, constituir um ato antijurídico quando, ao fazê-lo, a parte violar o dever de agir segundo os padrões de lealdade e confiança previamente estabelecidos, assim frustrando, inesperadamente, aquela justa expectativa criada na outra parte. Nesse caminho, salvo quando houver estipulação contratual que a autorize ou quando ocorrer fato superveniente que a justifique, inclusive relacionado à atuação do profissional, a denúncia imotivada, pelo cliente, do contrato de prestação de serviços advocatícios firmado com cláusula de êxito, antes do resultado final do processo, configura abuso do direito, nos termos do art. 187 do CC/2002. Isso porque o cliente cria, para o advogado, um prejuízo potencial, na medida em que subtrai dele a possibilidade de se valer de todas as medidas judiciais cabíveis para obter o acolhimento da pretensão deduzida em juízo e, em consequência, de auferir a remuneração pactuada. Ao assim fazê-lo, portanto, o cliente excede manifestamente os limites impostos pela boa-fé objetiva, porque o seu comportamento inesperado contradiz os deveres de lealdade e confiança previamente assumidos, frustrando, injustamente, aquela expectativa legítima do advogado de que o pacto inicialmente realizado seria preservado até o julgamento definitivo. Com esse comportamento, o cliente impõe infundado obstáculo ao implemento da condição – êxito na demanda – estipulada no contrato de prestação de serviços advocatícios, impedindo que o advogado faça jus à devida remuneração" (REsp 1.724.441-TO, Rel. Min. Nancy Andrighi, por unanimidade, julgado em 19/2/2019, *DJe* 06/3/2019. Informativo nº 643, STJ).

[75] Para ilustrar esse ponto, Sérgio Cavalieri Filho em sua obra, lembra do "caso de nobre que expulsou do seu castelo o filho, com o qual brigara. Tempos depois faleceu a mulher do nobre e, como de costume, foi sepultada nos domínios do castelo. Quando o filho manifestou desejo de visitar o túmulo da mãe, o pai (nobre) não permitiu, o que tornou necessário a busca da justiça. Esta repeliu a oposição do nobre com base no abuso do direito contrário aos bons costumes". CAVALIERI FILHO, Sérgio. *Programa de responsabilidade civil.* São Paulo: Atlas, 2007. p. 153.

DAS EXCLUDENTES DE ILICITUDE

As excludentes do ato ilícito estão previstas no art. 188 e são elas: a legítima defesa, o estado de necessidade, o exercício regular de um direito e o estrito cumprimento de um dever legal. O que este artigo pretende estabelecer é que, causado um dano sob o pálio de uma dessas excludentes, não se terá cometido ato ilícito. Assim, diante dessas figuras, embora haja uma conduta humana causadora de danos, tem-se o afastamento da conotação ilícita do ato. Analisamos a seguir cada uma dessas excludentes.

1. A LEGÍTIMA DEFESA

O conceito de legítima defesa é o mesmo residente na esfera penal, por isso nos socorremos do Código Penal, em seu art. 25, quando conceitua: "Entende-se em legítima defesa quem, usando moderadamente dos meios necessários, repele injusta agressão, atual ou iminente, a direito seu ou de outrem". Ladeando tal artigo, sob o prisma civil, caminha o art. 188, I do CC, em sua primeira parte, que determina: "Não constituem atos ilícitos: I – os praticados em legítima defesa (...)". Compreender que o ato praticado em legítima defesa afasta o caráter ilícito da conduta é necessário para esvaziamento do pesado fardo que induz à pecha da ilicitude.

Em havendo a conduta praticada sob o manto da legítima defesa não caberá, por evidente, indenização em favor do agressor. Caso seja atingido outrem que não o ofensor, será devida a indenização, podendo o agente causador do dano se voltar contra o terceiro agressor. Por exemplo, se Pedro ao reagir a uma agressão perpetrada por Lucas, atinge a João causando-lhe danos, Pedro deverá indenizar João, podendo se voltar, por meio de ação regressiva, contra Lucas.

Em se tratando de legítima defesa putativa que é aquela que opera quando o agente reage à agressão imaginária criada por si próprio, a vítima também deverá ser indenizada. Caberá indenização, outrossim, se houver excesso no ato praticado em legítima defesa, porém, nesse caso, aplicar-se-á a proporcionalidade a dosar a indenização. Assim, perceba-se que o excesso não será considerado lícito, daí o cabimento da indenização.

2. O EXERCÍCIO REGULAR DE UM DIREITO E O ESTRITO CUMPRIMENTO DE UM DEVER LEGAL

No que diz respeito ao exercício regular de um direito, Cezar Roberto Bitencourt ensina que:

> O exercício de um direito, desde que regular, não pode ser, ao mesmo tempo, proibido pelo direito. Regular será o exercício que se contiver nos limites objetivos e subjetivos, formais e materiais, impostos pelos próprios fins do Direito. Fora desses limites, haverá o abuso de direito e estará, portanto, excluída essa causa de justificação.[1]

O Código Civil de 2002 em seu art. 188, I, segunda metade, revela, outrossim, como excludente de ilicitude, o exercício regular de um direito. Aqui lembramos o protesto do título não pago no vencimento e o condomínio que divulga o número da unidade inadimplente na prestação de contas dada aos condôminos.[2] São atos lícitos, em razão da aplicação da excludente em apreço.

Para compreendermos o que seja o estrito cumprimento de um dever legal nos socorremos do penalista Romeu de Almeida Salles Jr., que assim esclarece:

> A excludente de ilicitude denominada estrito cumprimento do dever legal assenta-se no exercício de determinadas atividades que, embora provoquem a realização de condutas típicas, afastam a antijuridicidade delas. O carrasco que executa o condenado, embora tire a vida de uma pessoa, pratica conduta definida em lei. A ilicitude fica afastada por determinação da própria lei, que considera o seu comportamento amparado pela excludente em estudo.[3]

---

[1] BITENCOURT, Cezar Roberto. *Manual de direito penal:* parte geral. São Paulo: Saraiva, 2002. p. 271.

[2] Outro exemplo mencionado por Flávio Tartuce: "O Tribunal Superior do Trabalho entendeu que o empregador tem o direito de fiscalizar o endereço eletrônico colocado à disposição do seu empregado (e-mail corporativo), o que pode até ser concebido como um exercício regular de direito do patrão". TARTUCE, Flávio. *Direito civil:* direito das obrigações e responsabilidade civil. 2. ed. São Paulo: Método, 2006. p. 450. Vale conferir ainda a seguinte decisão do STJ, ilustrando o tema: "DIREITO CIVIL. AUSÊNCIA DE RESPONSABILIDADE CIVIL POR GASTOS DECORRENTES DE ELEIÇÃO SUPLEMENTAR. O candidato ao cargo de prefeito que obtém o deferimento do registro de sua candidatura no juízo eleitoral de primeiro grau, mas, depois de eleito, tem o registro indeferido pelo TSE, não deve indenização à União por gastos decorrentes de eleição suplementar. O art. 188 do CC, ao estipular as causas excludentes de ilicitude, admite hipóteses em que o dano experimentado pela vítima não será indenizado, porquanto a conduta do agente estará abonada pela lei. Uma dessas situações, descrita no inciso I do mencionado artigo, será aquela em que o agente tenha agido "no exercício regular de um direito reconhecido". Assim, ainda que o indeferimento do registro da candidatura – proferido a destempo pelo TSE – tenha dado causa à eleição suplementar do Prefeito, não se configura a ilicitude da conduta do candidato eleito, capaz de ensejar o ressarcimento pecuniário almejado pela União, visto que exerceu regularmente o direito de invocar a tutela jurisdicional para garantir presença no pleito, tendo alcançado, inclusive, inicial deferimento do registro de candidatura pelo juízo eleitoral de primeira instância" (REsp 1.596.589-AL, Rel. Min. Sérgio Kukina, julgado em 16/6/2016, *DJe* 27/6/2016. Informativo nº 586).

[3] SALLES JR., Romeu de Almeida. *Código Penal interpretado*. São Paulo: Saraiva, 1996. p. 52/53.

Aqui nos remetemos ao bombeiro atuando em um incêndio e ao policial envidando esforços para combater o crime. O Código Civil, embora não mencione expressamente o estrito cumprimento do dever legal como excludente de ilicitude, a doutrina depreende da própria redação da segunda metade do inc. I do art. 188.

Importa perceber que, no exercício regular de um direito e no estrito cumprimento do dever legal, residem causas que excluirão a ilicitude.

Lembramos, ainda, que o dano decorrente do estrito cumprimento do dever legal deverá ser indenizado pelo Estado ou pela pessoa jurídica de direito privado prestadora de serviço público, se sobrevier de desempenho de serviço público, ainda que por delegação. Isso por imposição do que preceitua o art. 37, § 6º, da CF/88, a estabelecer a responsabilidade objetiva do Estado. Porém, releva notar que o Estado não terá ação regressiva contra o agente causador do dano, exatamente em virtude da excludente de ilicitude.

3. O ESTADO DE NECESSIDADE

O art. 188, II, do CC estabelece que não constitui ato ilícito "a deterioração ou destruição da coisa alheia, ou a lesão a pessoa, a fim de remover perigo iminente". Quem assim age, age em estado de necessidade, afastando a lei a ilicitude do ato.

Porém, nesse caso, não se deve esquecer que, embora não se tenha praticado ato ilícito, é possível que seja devida indenização, uma vez que sobreveio algum dano, conforme propugna o art. 929 do CC: "Se a pessoa lesada, ou o dono da coisa, no caso do inciso II do art. 188, não forem culpados do perigo, assistir-lhes-á direito à indenização do prejuízo que sofreram". Por exemplo, na hipótese em que o motorista de um carro, para evitar um atropelamento, invade uma propriedade, gerando prejuízos ao proprietário desta por destruir cerca e matar animais. Por óbvio, que o motorista agiu sob um estado de necessidade e, portanto, não praticou ato ilícito. Entretanto, deverá indenizar o proprietário, se esse não tiver sido culpado pelo perigo, pelos danos causados, por força do art. 929, CC. Ressalvado, é claro, ao motorista do carro, o direito de regresso contra o pedestre que causou o acidente, conforme impõe o art. 930: "No caso do inciso II do art. 188, se o perigo ocorrer por culpa de terceiro, contra este terá o autor do dano ação regressiva para haver a importância que tiver ressarcido ao lesado". Visto isso, concluímos que é importante perceber que é possível a responsabilidade civil incidente sobre a prática de um ato lícito!

4. OUTRA EXCLUDENTE DA RESPONSABILIDADE: A CLÁUSULA DE NÃO INDENIZAR

Embora a cláusula de não indenizar não trate de excludente de ilicitude, achamos oportuno mencioná-la neste capítulo, vez que acaba por afastar a responsabilidade, como algumas excludentes de ilicitude.

Também conhecida por cláusula de exclusão de responsabilidade ou cláusula de irresponsabilidade, a cláusula de não indenizar se manifesta por meio da previsão contratual que afasta totalmente a responsabilidade do contratante em caso de dano. Evidentemente, tal cláusula só terá cabimento no âmbito da responsabilidade civil contratual, e não da responsabilidade civil extracontratual ou aquiliana.

Para maior esclarecimento, se mostra completo o conceito de cláusula de não indenizar de Rogério Marrone Sampaio:

> Consiste na estipulação, inserida no contrato, por meio da qual uma das partes declara, com a anuência da outra, que não será responsável pelos prejuízos decorrentes do inadimplemento, absoluto ou relativo, da obrigação ali contraída.[4]

Grande rejeição surge por parte da doutrina que se manifesta pela nulidade desta cláusula em virtude de interesses sociais e públicos que podem ser atingidos. De outra banda, há quem se posicione por sua validade em clara afeição à autonomia privada. O que importa, todavia, é que se filiando a um ou outro posicionamento, deve-se ter bem claro que não há possibilidade desta cláusula por receio de ofensa à função social dos contratos em determinadas situações. As situações aqui lembradas, sobremaneira, são:

a) as relações regidas pelo Código de Defesa do Consumidor em virtude dos arts. 25[5] e 51, I,[6] ambos do CDC e, também, do próprio art. 424 do CC[7] (por exemplo, nula será considerada a cláusula que exclui a responsabilidade do estacionamento por danos ao veículo ou perda de objetos em seu interior, independentemente de se tratar de estacionamento gratuito ou oneroso);

b) nos contratos de transporte, em virtude do art. 734 do CC[8] e da Súmula nº 161 do STF.[9]

Desse modo, pode-se concluir que a cláusula de não indenizar ou limitativa da indenização deverá ter cabimento apenas nas relações que sejam paritárias, isto é, relações regidas exclusivamente pelo Código Civil.[10]

---

[4] SAMPAIO, Rogério Marrone de Castro. *Direito civil:* responsabilidade civil. 3. ed. São Paulo: Atlas, 2003. p. 94.

[5] Art. 25, CDC: "É vedada a estipulação contratual de cláusula que impossibilite, exonere ou atenue a obrigação de indenizar prevista nesta e nas Seções anteriores".

[6] Art. 51, I, CDC: "São nulas de pleno direito, entre outras, as cláusulas contratuais relativas ao fornecimento de produtos e serviços que: I – impossibilitem, exonerem ou atenuem a responsabilidade do fornecedor por vícios de qualquer natureza dos produtos e serviços ou impliquem renúncia ou disposição de direitos. Nas relações de consumo entre o fornecedor e o consumidor-pessoa jurídica, a indenização poderá ser limitada, em situações justificáveis;".

[7] Art. 424, CDC: "Nos contratos de adesão, são nulas as cláusulas que estipulem a renúncia antecipada do aderente a direito resultante da natureza do negócio".

[8] Art. 734, CC: "O transportador responde pelos danos causados às pessoas transportadas e suas bagagens, salvo motivo de força maior, sendo nula qualquer cláusula excludente da responsabilidade".

[9] Súmula nº 161 do STF: "Em contrato de transporte, é inoperante a cláusula de não indenizar".

[10] Nessa esteira, foi aprovado o Enunciado nº 631, na VIII Jornada de Direito Civil, com a seguinte redação: "Como instrumento de gestão de riscos na prática negocial paritária, é lícita a estipulação de cláusula que exclui a reparação por perdas e danos decorrentes do inadimplemento (cláusula excludente do dever de indenizar) e de cláusula que fixa valor máximo de indenização (cláusula limitativa do dever de indenizar)".

DA LIQUIDAÇÃO DE DANOS

Uma vez definida a obrigação de indenizar, resta identificar o *quantum* devido, o que será feito por meio da liquidação de danos.

O processo de liquidação de danos sempre se fará presente, em se tratando de responsabilidade civil extracontratual. Isso porque o *quantum debeatur* não derivou do livre consenso das partes, como ocorre em uma obrigação decorrente de um contrato.

As diretrizes que orientam a fixação do *quantum* devido pelo ofensor estão fixadas na própria lei (como ocorre, por exemplo, nos arts. 948 a 954 do CC[1]) e muitas decorrem de manifestação jurisprudencial. Afora isso, como manto de fundo existe o princípio da reparação integral de danos a nortear todo o processo de liquidação, o qual analisamos no item a seguir.

1. O PRINCÍPIO DA REPARAÇÃO INTEGRAL DE DANOS

A reparação integral de danos é o princípio que serve de sustentáculo a todo o arcabouço teórico da responsabilidade civil. Tal princípio defende que a vítima de danos injustos deve ser reparada na íntegra, de tal modo que a reparação do dano deva consistir na reconstituição específica do bem lesado, na recomposição *in integrum*, para que a vítima venha a encontrar-se em uma situação tal como se o evento danoso não tivesse ocorrido.

A ideia de tornar indene a vítima se confunde com o anseio de devolvê-la ao estado em que se encontrava antes do ato ilícito. Todavia, em numerosíssimos casos é impossível obter-se tal resultado, porque do acidente resultou consequência irremovível. Nessa hipótese há que se recorrer a uma situação postiça, representada pelo pagamento de uma indenização em dinheiro. É um remédio nem sempre ideal, mas o único de que se pode lançar mão.[2]

---

[1] Assim, além da regra norteadora estabelecida no art. 402 do CC que predispõe acerca das perdas e danos (englobando os danos emergentes e lucros cessantes), o legislador especifica alguns outros parâmetros a serem levados em consideração a depender do ato ilícito praticado.

[2] RODRIGUES, Sílvio. *Direito civil:* responsabilidade civil. 19. ed. São Paulo: Saraiva, 2002. p. 186.

A necessidade de se obrigar o agente a reparar o ofendido de maneira integral repousa no mais elementar sentimento de justiça. É curial que se restabeleça o equilíbrio rompido entre o agente e a vítima com a eclosão do evento danoso. Daí, imperar-se, em se tratando de responsabilidade civil, o princípio da *restitutio in integrum*, ou seja, deve-se repor a vítima ao estado anterior da lesão.

Portanto, a bússola a orientar a reparação é o próprio dano. A indenização deve ser a mais completa e abrangente possível, compreendendo todos os danos à pessoa, que abrangem as lesões físicas, os patrimoniais sofridos pelo ofendido, envolvendo todas as perdas e danos (o que efetivamente perdeu e o que razoavelmente deixou de ganhar), sem olvidar-se da reparação pelo dano moral. Compreendido isso, percebe-se que a palavra-chave é o dano, independentemente do grau de culpa do agente causador do dano. Seja porque agiu com culpa grave, leve ou levíssima, o agente deve arcar com todo o prejuízo experimentado pela vítima.[3]

Assim, ao longo dos tempos imperou essa postura de voltar-se as costas para o grau de culpa, contemplando apenas a extensão do dano, em busca da mais justa indenização.[4]

2. MUDANÇA DE PARADIGMA NO CÓDIGO CIVIL DE 2002: O POLÊMICO PARÁGRAFO ÚNICO DO ART. 944 DO CC

O Código Civil de 2002, inelutavelmente, consagra expressamente o princípio da reparação integral dos danos no *caput* de seu art. 944. Esse é o paradigma. Entretanto, com o advento do parágrafo único do mesmo art. 944, que nos informa que "se houver excessiva desproporção entre a gravidade da culpa e o dano, poderá o juiz reduzir, equitativamente, a indenização", o sentido modificou-se. Com esse dispositivo, o Código Civil de 2002 abala toda a lógica jurídica utilizada até então para se aferir o *quantum* indenizatório, qual seja, o dano. Trata-se, em verdade, de critério baseado no juízo de equidade do julgador, em que se busca aplicar a proporcionalidade àqueles casos em que há um total desnível entre o grau de culpa do agente causador do dano e o prejuízo causado. Não são raros os casos em que o dano perpetrado se apresenta gigantesco, entretanto acompanhado por uma culpa mínima do agente. Foi este tipo de situação – em que a indenização,

---

[3] Essa concepção deriva da *Lex Aquilia*, onde se dizia que *in Lex Aquilia et levíssima culpa venit*. Como explicado por César Fiuza: "Por volta do final do século III a.C., um Tribuno da Plebe de nome Aquilius, dirigiu uma proposta de lei aos Conselhos da Plebe, com vistas a regulamentar a responsabilidade por atos intrinsecamente ilícitos. Foi votada a proposta e aprovada, tornando-se conhecida pelo nome de *Lex Aquilia*. A *Lex Aquilia* era na verdade plebiscito, por ter origem nos Conselhos da Plebe. É lei de circunstância, provocada pelos plebeus que, desse modo, se protegiam contra os prejuízos que lhes causavam os patrícios, nos limites de suas terras. Antes da Lei Aquília imperava o regime da Lei das XII Tábuas (450 a.C.), que continha regras isoladas". FIUZA, César. *Direito civil*: curso completo. 8. ed. Belo Horizonte: Del Rey, 2004. p. 260.

[4] Pizarro afirma que indenizar pela metade é responsabilizar a vítima pelo resto. PIZARRO, Ramón Daniel. *Daño moral*. Buenos Aires: Hamurabi, 2000. p. 55. Em outras palavras, se a reparação não abranger a totalidade do dano, impor-se-á à vítima que suporte o resto dos prejuízos não indenizados.

Cap. 24 – DA LIQUIDAÇÃO DE DANOS

por se basear estritamente no dano, acabava por gerar uma situação de injusta penúria ao agente que agiu com levíssima culpa –, que conduziu o legislador a inserir tal dispositivo, que acaba por mitigar o princípio da reparação integral de danos, sedimentado ao longo dos tempos em se tratando de responsabilidade civil. O princípio da reparação integral de danos impunha a indenização absoluta, circunscrita aos exatos limites do dano, ainda que a culpa operada tenha sido a levíssima, ou seja, aquela culpa que apenas com uma diligência extraordinária poder-se-ia evitar.[5]

A sensível inovação apresentada no Código Civil de 2002 no parágrafo único do art. 944, embora duras críticas, chega apenas para consolidar a evolução da Responsabilidade Civil – fenômeno social – que busca a obtemperança ao princípio constitucional de proteção à Dignidade da Pessoa Humana, viés inolvidável diante do Direito Civil-Constitucional.

Correta a posição adotada na I Jornada de Direito Civil, realizada em Brasília, em setembro de 2002, pelo Conselho da Justiça Federal, sob a coordenação do Superior Tribunal de Justiça, que culminou no Enunciado de nº 46, com o seguinte teor:

---

[5] Atenuar a aplicação do princípio da reparação integral de danos, por vezes, constitui-se, a bem da verdade, em negá-lo peremptoriamente. Ater-se, agora, ao grau de culpa, quando este só interessava em situações de culpa concorrente (art. 945 do Código Civil), é realmente causar perplexidade aos operadores do Direito ao abalar as estruturas do multissecular princípio da reparação integral de danos. Pablo Stolze e Pamplona Filho se manifestam: "Trata-se de um retrocesso paradoxal no novo sistema, uma vez que, se a tendência é a responsabilidade civil objetiva, como, após a delimitação da responsabilidade, ter-se que discutir o elemento culpa?" GAGLIANO, Pablo Stolze; PAMPLONA FILHO, Rodolfo. *Novo curso de direito civil:* responsabilidade civil. 6. ed. São Paulo: Saraiva, 2008. p. 372. O desabafo dos doutrinadores não para por aí. Alvaro Villaça aponta: "Assim, se a culpa for levíssima, poderá o Juiz reduzir o valor indenizatório, sempre de modo equitativo, o que pode, mesmo desse modo, configurar injustiça irreparável, pois o lesado não terá o dano, que lhe foi causado, devidamente reparado. Seu patrimônio sofrerá um desfalque. Desse modo, se houver, por exemplo, o incêndio de um veículo caríssimo, causado por uma simples negligência, poderá não restar o dano coberto integralmente. Seria de perguntar-se: quem pagará a diferença? Um fundo público, o Estado? O CC não responde a essa pergunta". AZEVEDO, Alvaro Villaça. *Teoria geral das obrigações.* 10. ed. São Paulo: Atlas, 2004. p. 205. A doutrina, verdadeiramente, se divide. Há quem repudie e desmereça a nova regra, mas há também quem, festeje e elogie, sem conceber a questão como uma mera desnaturação do princípio da reparação integral de danos. Assim, pela mitigação do princípio da Reparação Integral de Danos, situam-se Martins-Costa que salienta que "trata-se aí da concreção, no campo da responsabilidade civil, do princípio da proporcionalidade que domina o ordenamento jurídico em sua integralidade, apresentando-se mais propriamente como dever de proporcionalidade". MARTINS-COSTA, Judith. *Diretrizes teóricas do novo Código Civil brasileiro.* São Paulo: Saraiva, 2002. p. 128. Acrescenta Sílvio Venosa que: "Por outro lado, não se pode apenar o ofensor a tal ponto de, com a satisfação da indenização, levá-lo à penúria, criando mais um problema social para o Estado. Assim, embora as decisões nada mencionem a esse respeito, há elevado grau de equidade na fixação da indenização. Lembre-se, a propósito, de que o juiz apenas pode decidir por equidade quando autorizado por lei, daí porque há rebuços nas decisões desse jaez". VENOSA, Sílvio de Salvo. *Direito civil:* responsabilidade civil. 4. ed. São Paulo: Atlas, 2004. p. 246.

A possibilidade de redução do montante da indenização em face do grau de culpa do agente, estabelecida no parágrafo único do art. 944 do novo Código Civil, deve ser interpretada restritivamente, por representar uma exceção ao princípio da reparação integral do dano, não se aplicando às hipóteses de responsabilidade objetiva.

Vale lembrar, porém, que adiante foi aprovado o Enunciado nº 380, na IV Jornada de Direito Civil, com o seguinte teor: "Atribui-se nova redação ao Enunciado nº 46 da I Jornada de Direito Civil, com a supressão da parte final: não se aplicando às hipóteses de responsabilidade objetiva". Com este último enunciado, a conclusão que se chega é a de que o parágrafo único do art. 944 do CC também poderá ser aplicado às situações de responsabilidade objetiva. Parece-nos que a conclusão que devemos alcançar é a de que, embora o sítio da responsabilidade objetiva seja lugar em que não se verifique culpa para a responsabilização, ainda assim, a culpa poderia ser chamada à baila para a quantificação da indenização.

É evidente que a possibilidade de mitigação do princípio da reparação integral de danos deve ser aceita temperada *cum granum salis*,[6] sobretudo pelo julgador que tem, agora, sua responsabilidade aumentada diante da possibilidade da equidade. Até esse novo panorama, o juiz que entendesse que a indenização representaria castigo excessivo para culpa tão insignificante teria que julgar improcedente o pedido. O que não conviria. Sem imiscuir-se na seara do Direito Penal, é necessário, em casos de evidente desproporção, recorrer-se, por meio da aferição do grau de culpa, a um juízo de ponderação. Sendo que, em verdade, é o que se espera de todos aqueles que realizam o Direito, no inefável ideal de se buscar a justiça.

3. INDENIZAÇÃO EM CASO DE HOMICÍDIO

Acerca da indenização em caso de homicídio, merece destaque o art. 948 do CC que preceitua:

No caso de homicídio, a indenização consiste, sem excluir outras reparações:

I – no pagamento das despesas com o tratamento da vítima, seu funeral e o luto da família;

II – na prestação de alimentos às pessoas a quem o morto os devia, levando-se

em conta a duração provável da vida da vítima.

Dentro da expressão **"sem excluir outras indenizações"**, vislumbramos a possibilidade de se pleitear a reparação pelos danos morais.

Ademais, o ofensor deverá arcar com todas as despesas suportadas pela família[7] da vítima como, despesas médico-hospitalares, gastos com funeral, sepultura etc.

---

[6] A expressão "temperada *cum granum salis*" significa, em tradução livre, "temperada com um grão de sal", que apresenta a conotação de prudência, comedimento, sensatez.

[7] Embora mencionemos "família", vale a ressalva de Rogério Marrone: "Constata-se, até de maneira intuitiva, que tais verbas deverão ser pagas àquele que, comprovadamente, arcou com tais despesas, independentemente de guardar ou não parentesco com o falecido". SAMPAIO, Rogério Marrone de castro. *Direito civil:* responsabilidade civil. 3. ed. São Paulo: Atlas, 2003. p. 111.

Cap. 24 – DA LIQUIDAÇÃO DE DANOS

Quanto aos alimentos a quem o morto os devia – que se traduz no lucro cessante ou pensionamento –, releva notar que deve ser levada em consideração a expectativa de vida provável daquele que faleceu. Esse é o critério que tem sido aplicado pelos Tribunais. Porém, não há um padrão, sendo que há variação na jurisprudência dos Tribunais estaduais. No Tribunal de Justiça de Minas Gerais, há o entendimento de que o limite de vida da vítima a se considerar é de 65 anos. No TJSP, o limite seria de 70 anos. No TJRS, em razão do entendimento de que as condições de vida melhoraram, o limite cresceu para 72 anos. Assim, podemos entender que o limite deve variar de 65 a 72 anos. Se o falecido apresentar idade para além do limite adotado, deve-se fazer um cálculo de sobrevida que pode variar entre 2 e 5 anos a depender das condições pessoais da vítima. Nesse mote, confira-se a decisão abaixo:

DIREITO CIVIL.TERMO FINAL DE PENSÃO MENSAL POR ATO ILÍCITO COM RESULTADO MORTE. O fato de a vítima de ato ilícito com resultado morte possuir, na data do óbito, idade superior à expectativa média de vida do brasileiro não afasta o direito de seu dependente econômico ao recebimento de pensão mensal, que será devida até a data em que a vítima atingiria a expectativa de vida prevista na tabela de sobrevida (Tábua Completa de Mortalidade) do IBGE vigente na data do óbito, considerando-se, para os devidos fins, o gênero e a idade da vítima. Na jurisprudência nacional, é assente o entendimento de que, nos casos em que há acidente com morte, cabe, como forma de reparar o dano material sofrido, entre outras medidas, a fixação de pensão mensal a ser paga ao dependente econômico da vítima. Nos casos em que a vítima é jovem, a orientação do STJ é a de que referida obrigação deve perdurar até a data em que a vítima vier a atingir a idade correspondente à expectativa média de vida do brasileiro na data do óbito (REsp 1.201.244- RJ, Terceira Turma, *DJe* 13/5/2015; REsp 1.325.034-SP, Terceira Turma, *DJe* 11/5/2015; AgRg nos EDcl no AREsp 119.035-RJ, Quarta Turma, *DJe* 19/2/2015; e AgRg nos EDcl no REsp 1.351.679-PR, Quarta Turma, *DJe* 16/10/2014). No entanto, este mesmo critério não pode ser utilizado como forma de obstar o direito daquele que é dependente econômico de vítima cuja idade era superior à expectativa média de vida do brasileiro na data do falecimento, na medida em que representaria a adoção do entendimento segundo o qual, quando a vítima tivesse superado a expectativa média de vida do brasileiro, o seu dependente econômico direto simplesmente não teria direito ao ressarcimento material representado pelo pensionamento, o que não seria razoável. O direito à pensão mensal surge exatamente da necessidade de reparação por dano material decorrente da perda de ente familiar que contribuía com o sustento de quem era economicamente dependente até o momento do óbito. Nesse contexto, o fato de a vítima já ter ultrapassado a idade correspondente à expectativa média de vida do brasileiro, por si só, não é óbice ao deferimento do benefício, pois muitos são os casos em que referida faixa etária é ultrapassada. Por isso, é conveniente a utilização da tabela de sobrevida (Tábua Completa de Mortalidade correspondente ao gênero da vítima) do IBGE em vigência na data do óbito para melhor valorar a expectativa de vida da vítima e, consequentemente, para fixar o termo final da pensão (REsp 1.311.402-SP, Rel. Min. João Otávio de Noronha, julgado em 18/2/2016, *DJe* 7/3/2016. Informativo nº 578).

Além disso, para fixarmos os valores que devem ser pagos aos dependentes[8] da vítima, deve-se cogitar de 2/3 do ganho mensal da vítima. Isso porque o terço faltante deveria dizer respeito ao falecido e suas despesas pessoais. Assim, multiplicam-se os 2/3 do ganho mensal da vítima pelo número de meses até que se alcance a idade limite mencionada acima.[9]

Embora o art. 948 do CC estabeleça que deve ser levada em consideração a vida provável daquele que faleceu, tal critério não deve ser tido como peremptório. Assim, a depender do caso poder-se-á considerar o limite de idade de 24 anos do dependente. Deve-se considerar o limite que se alcançar primeiro. Para melhor visualizar levemos em consideração o seguinte exemplo: um pai de 50 anos de idade falece deixando um filho de 15 anos de idade. Considerando o limite de vida do falecido, de 70 anos, o pensionato seria devido pelos próximos 20 anos. Entretanto, se considerarmos o limite de 24 anos do dependente, o pensionato se dará por 9 anos. A conclusão que devemos chegar é a de que, se há o princípio que veda o enriquecimento indevido, não há outra saída, no caso mencionado, que não seja optar pelo segundo critério, isto é, pelo limite de idade do dependente de 24 anos. Por isso, ratificando: considera-se o critério que acontecer primeiro, seja o do limite de idade do falecido ou o do limite de 24 anos do dependente.

Outra questão que deve ser considerada é a hipótese de a vítima se constituir em filho menor, se é cabível o pedido de lucros cessantes pelos pais. A solução reside na Súmula nº 491 do STF que preleciona: "É indenizável o acidente que causa a morte de filho menor, ainda que não exerça trabalho remunerado".[10] A disposição sumulada deve ser levada em consideração, sobretudo, em famílias de baixa renda. Já que nessas, o trabalho do menor se apresenta quase como uma imposição para auxílio, ou mesmo, sustento do lar. Assim, fixa-se o pensionamento com base em 2/3 do salário mínimo desde os 16 anos de idade até os 25 anos da vítima, idade em que se supõe que outra família seria constituída.[11] Acrescentando, é claro, a reparação pelos danos morais.

Havendo o inadimplemento de indenização alimentar decorrente de responsabilidade civil, a jurisprudência é uníssona em se manifestar pela impossibilidade de prisão do devedor. E, ainda, vale lembrar que para salvaguarda dos interesses do credor, foi editada a Súmula nº 313 do STJ: "Em ação de indenização, procedente o pedido, é necessária a constituição de capital ou caução fidejussória para garantia de pagamento da pensão, independentemente da situação financeira do demandado".

---

[8] Em se tratando de o dependente ser o cônjuge, a jurisprudência é tranquila em se manifestar que, caso a viuvez chegue ao fim, o pensionamento não será mais devido.

[9] A tal valor deverão ser acrescidas férias, 13º salário, FGTS, quando devidos se o morto estivesse vivo. Esse é o entendimento que prevalece na jurisprudência.

[10] Há entendimento moderno pelo desuso dessa súmula tendo em vista o art. 403 do CC/2002, que veda o ressarcimento dos danos hipotéticos ou eventuais e da proibição do enriquecimento indevido positivada no art. 884 do CC/2002. Assim, somente caberia a reparação pelos danos morais.

[11] Há forte jurisprudência que, desconsiderando o fim do auxílio pelo filho aos pais quando da constituição de nova família, estende até a idade limite de vida de 65 anos do falecido.

Cap. 24 – DA LIQUIDAÇÃO DE DANOS

Além disso, o STJ entendeu que a demora na busca da compensação por dano moral, quando justificada pela interrupção prescricional da pretensão dos autores – menores à época do evento danoso – não configura desídia apta a influenciar a fixação do valor indenizatório.[12] Ainda atentos às decisões do STJ, o Tribunal da Cidadania decidiu que "não se aplica o rito excepcional da prisão civil como meio coercitivo para o adimplemento dos alimentos devidos em razão da prática de ato ilícito". HC 523.357-MG, Quarta Turma, Rel. Min. Maria Isabel Gallotti, por unanimidade, julgado em 1º/9/2020, *DJe* 16/10/2020.

4. INDENIZAÇÃO EM CASO DE LESÃO CORPORAL

O art. 949 do CC dispõe:

> No caso de lesão ou outra ofensa à saúde, o ofensor indenizará o ofendido das despesas do tratamento e dos lucros cessantes até ao fim da convalescença, além de algum outro prejuízo que o ofendido prove haver sofrido.

Tal dispositivo contempla tanto a lesão corporal de natureza grave quanto a lesão corporal de natureza leve. Sendo que o Direito Civil, ao mencionar a gradação da lesão, não guarda perfeita semelhança de conceitos com o Direito Penal. Assim, para o Direito Civil, por lesão corporal de natureza grave deve se entender como aquela que deixa marca permanente e definitiva na vítima, sem haver, portanto, possibilidade de recuperação. Já por lesão corporal de natureza leve tem-se como aquela passageira, transitória, que não implicará sequelas, admitindo, assim, a sua total recuperação.

---

[12] "Cinge-se a controvérsia, entre outros pontos, a definir se o transcurso de mais de 17 anos entre o fato danoso e a propositura da ação indenizatória ajuizada por filhas de vítima fatal de acidente automobilístico – absolutamente incapazes à época do evento –, é fator relevante na fixação do quantum indenizatório. Com efeito, a orientação jurisprudencial dominante nesta Corte Superior indica que 'a demora na busca da reparação do dano moral é fator influente na fixação do quantum indenizatório, a fazer obrigatória a consideração do tempo decorrido entre o fato danoso e a propositura da ação' (EREsp nº 526.299-PR, Rel. Min. Hamilton Carvalhido, Corte Especial, *DJe* de 5/2/2009). Tal entendimento, todavia, não se aplica ao caso em espécie. Cumpre salientar que no ordenamento jurídico brasileiro inexiste previsão legal de prescrição gradual da pretensão. Desse modo, ainda que ajuizada a demanda no dia anterior ao término do prazo prescricional, o autor faz jus ao amparo judicial de sua pretensão por inteiro. Dessa forma, a redução do montante indenizatório em virtude do grande lapso temporal havido entre o fato danoso e a dedução, em juízo, do correspondente pedido indenizatório só se justifica quando tal circunstância tiver o condão de revelar verdadeira desídia da parte autora, que eventualmente possa ser tomada, por isso, como indicador de que os danos morais por ela efetivamente suportados não tenham a dimensão que teriam em regulares condições. Na hipótese vertente, não se justifica a redução do montante indenizatório pelo simples fato do grande lapso temporal havido entre a data do evento danoso e a data do ajuizamento da ação indenizatória analisada, afinal, ao tempo do acidente, as autoras eram menores de 16 anos e, por isso, contra elas não corria o prazo de prescrição, a teor do que expressamente dispunha o art. 169, inciso I, do CC/16 (art. 198, inc. I, do CC/2002)" (REsp 1.529.971-SP, Rel. Min. Ricardo Villas Bôas Cueva, por unanimidade, julgado em 12/9/2017).

No art. 949 do CC fica clara a menção que se faz à indenização pelos danos materiais, englobando aqui os danos emergentes (despesas de tratamento) e os lucros cessantes, como também a reparação devida em virtude de dano moral sofrido ("... além de algum outro prejuízo que o ofendido prove haver sofrido").

5. INDENIZAÇÃO EM CASO DE LESÃO CORPORAL QUE INCAPACITE A VÍTIMA PARA O TRABALHO

Se o art. 949 do CC se refere à indenização para a hipótese de lesão corporal de maneira ampla, no artigo subsequente (950) encontramos a previsão para a situação em que da lesão corporal decorra a consequência de diminuição ou supressão de capacidade da vítima para o trabalho.[13] Assim, o art. 950 do CC estabelece:

> Se da ofensa resultar defeito pelo qual o ofendido não possa exercer o seu ofício ou profissão, ou se lhe diminua a capacidade de trabalho, a indenização, além das despesas do tratamento e lucros cessantes até ao fim da convalescença, incluirá pensão correspondente à importância do trabalho para que se inabilitou, ou da depreciação que ele sofreu.

Vislumbramos no dispositivo que, além de indenização pelos danos materiais (danos emergentes e lucros cessantes), impõe-se o pagamento de uma pensão à vítima, que corresponda ao ganho do trabalho que não poderá ser mais desempenhado ou ao ganho equivalente à diminuição de sua produção laboral.

Em se tratando de pessoa idosa que não mais exercia atividade laboral, a pensão não será devida. Entretanto, em se tratando de pessoa que, embora idosa, continuasse a desempenhar seu trabalho, é evidente, que a pensão teria cabimento.

No que diz respeito à vítima que ainda jovem não exerce atividade laborativa, a jurisprudência não afasta a imposição do pensionamento, que deverá ser contado a partir dos 16 anos da vítima, idade em que o menor está autorizado por lei a exercer atividade remunerada.

O CC de 2002 inova ao estabelecer a possibilidade de se fixar a indenização em um valor único, quando no parágrafo único do art. 950 indica: "O prejudicado, se preferir, poderá exigir que a indenização seja arbitrada e paga de uma só vez". A substituição da execução continuada, por execução em ato único, conforme estabelecido na lei, ficará ao alvedrio do prejudicado. Nessa esteira, foi aprovado o Enunciado nº 48 do CJF: "O parágrafo único do art. 950 do novo Código Civil institui direito potestativo do lesado para exigir pagamento da indenização de uma só vez, mediante arbitramento do valor pelo juiz, atendidos os arts. 944 e 945 e a possibilidade econômica do ofensor".

---

[13] Acerca desses artigos foi aprovado na III Jornada de Direito Civil o Enunciado nº 192, com a seguinte redação: "Os danos oriundos das situações previstas nos arts. 949 e 950 do Código Civil de 2002 devem ser analisados em conjunto, para o efeito de atribuir indenização por perdas e danos materiais, cumulada com dano moral e estético".

Porém, temperando tal posicionamento, foi aprovado na IV Jornada de Direito Civil o Enunciado nº 381, com o seguinte teor:

O lesado pode exigir que a indenização, sob a forma de pensionamento, seja arbitrada e paga de uma só vez, salvo impossibilidade econômica do devedor, caso em que o juiz poderá fixar outra forma de pagamento, atendendo à condição financeira do ofensor e aos benefícios resultantes do pagamento antecipado.

Então, é importante perceber que o direito de se exigir o pagamento em uma única parcela não pode ser considerado de forma absoluta. Nesse sentido, o STJ se manifestou:

DIREITO CIVIL. FORMA DE PAGAMENTO DE PENSÃO FIXADA NOS CASOS DE RESPONSABI-LIDADE CIVIL DERIVADA DE INCAPACITAÇÃO DA VÍTIMA PARA O TRABALHO. Nos casos de responsabilidade civil derivada de incapacitação para o trabalho (art. 950 do CC), a vítima não tem o direito absoluto de que a indenização por danos materiais fixada em forma de pensão seja arbitrada e paga de uma só vez, podendo o magistrado avaliar, em cada caso concreto, sobre a conveniência da aplicação da regra que autoriza a estipulação de parcela única (art. 950, parágrafo único, do CC), a fim de evitar, de um lado, que a satisfação do crédito do beneficiário fique ameaçada e, de outro, que haja risco de o devedor ser levado à ruína. Assim dispõe o art. 950 do CC: "Se da ofensa resultar defeito pelo qual o ofendido não possa exercer o seu ofício ou profissão, ou se lhe diminua a capacidade de trabalho, a indenização, além das despesas do tratamento e lucros cessantes até ao fim da convalescença, incluirá pensão correspondente à importância do trabalho para que se inabilitou, ou da depreciação que ele sofreu". O parágrafo único do referido artigo, por sua vez, prescreve que "O prejudicado, se preferir, poderá exigir que a indenização seja arbitrada e paga de uma só vez". Embora a questão não seja pacífica, tem prevalecido na doutrina e na jurisprudência o entendimento de que a regra prevista no parágrafo único não deve ser interpretada como direito absoluto da parte, podendo o magistrado avaliar, em cada caso concreto, sobre a conveniência de sua aplicação, considerando a situação econômica do devedor, o prazo de duração do pensionamento, a idade da vítima etc., para só então definir pela possibilidade de que a pensão seja ou não paga de uma só vez, antecipando-se as prestações vincendas que só iriam ser creditadas no decorrer dos anos. Ora, se a pensão mensal devida em decorrência de incapacidade total ou parcial para o trabalho é vitalícia, como então quantificar o seu valor se, a princípio, não se tem o marco temporal final? A propósito, a Terceira Turma do STJ, em caso versando sobre pagamento de pensão a aluna baleada em campus universitário que ficou tetraplégica, decidiu que, "no caso de sobrevivência da vítima, não é razoável o pagamento de pen-sionamento em parcela única, diante da possibilidade de enriquecimento ilícito, caso o beneficiário faleça antes de completar sessenta e cinco anos de idade" (REsp 876.448-RJ, DJe 21/9/2010). Cumpre ressaltar, por fim, que o ordenamento jurídico cuidou de pro-teger o credor da pensão dos riscos decorrentes de uma futura insolvência do ofensor, mediante o mecanismo da constituição de capital com a possibilidade de prestação de garantia, conforme o atual art. 475-Q do CPC, orientação que já havia sido consolidada pela Súmula nº 313 do STJ, de seguinte teor: "Em ação de indenização, procedente o pedido, é necessária a constituição de capital ou caução fidejussória para a garantia de pagamento da pensão, independentemente da situação financeira do demandado". Desse modo, ainda que não estejam presentes os elementos que recomendem que a pensão deva ser paga em parcela única, a fim de assegurar o efetivo pagamento das prestações mensais estipuladas, nada impede, a depender do caso, a constituição de verba para esse fim, nos termos da Súmula nº 313 do STJ. Precedente citado: REsp 1.045.775-ES, Terceira Turma, *DJe* de 4/8/2009" (REsp 1.349.968-DF, Rel. Min. Marco Aurélio Bellizze, julgado em 14/4/2015, *DJe* 4/5/2015. Informativo nº 561).[14]

Por fim, vale ressaltar que, conforme estabelece o art. 951 do CC:

O disposto nos arts. 948, 949 e 950 aplica-se ainda no caso de indenização devida por aquele que, no exercício de atividade profissional, por negligência, imprudência ou imperícia, causar a morte do paciente, agravar-lhe o mal, causar-lhe lesão, ou inabilitá-lo para o trabalho.

Projeta-se aqui a responsabilidade civil do médico, dentista, farmacêutico ou quem quer que, ao exercer determinada atividade ou profissão, cause prejuízo a paciente sob os seus cuidados. Consentâneo está o art. 951 do CC com a regra de responsabilidade subjetiva já prevista no art. 14, §4º do CDC.[15]

6. INDENIZAÇÃO EM CASO DE USURPAÇÃO OU ESBULHO DO ALHEIO

Em havendo a usurpação ou o esbulho de coisa alheia, impõe-se, primeiramente que a coisa seja restituída. Em seguida deve-se o ressarcimento das deteriorações sofridas pela coisa, acrescido dos lucros cessantes eventualmente devidos (art. 952, CC).[16] Na hipótese de a coisa não mais existir, paga-se o valor equivalente à coisa, considerando-se, inclusive, o valor de afeição, sendo que este não poderá ultrapassar o valor ordinário do bem (art. 952, parágrafo único, CC).

7. INDENIZAÇÃO POR INJÚRIA, DIFAMAÇÃO OU CALÚNIA

De acordo com a doutrina penalista de Cezar Roberto Bitencourt, injúria "é essencialmente uma manifestação de desprezo e de desrespeito suficientemente

---

[14] "DIREITO CIVIL. FORMA DE PAGAMENTO DE PENSÃO POR INDENIZAÇÃO DECORRENTE DE MORTE. Os credores de indenização por dano morte fixada na forma de pensão mensal não têm o direito de exigir que o causador do ilícito pague de uma só vez todo o valor correspondente. Isso porque a faculdade de 'exigir que a indenização seja arbitrada e paga de uma só vez' (parágrafo único do art. 950 do CC) é estabelecida para a hipótese do *caput* do dispositivo, que se refere apenas a defeito que diminua a capacidade laborativa da vítima, não se estendendo aos casos de falecimento. Precedentes citados: REsp 1.230.007-MG, Segunda Turma, *DJe* 28/2/2011; REsp 1.045.775-ES, Terceira Turma, *DJe* 4/8/2009" (REsp 1.393.577-PR, Rel. Min. Herman Benjamin, julgado em 20/2/2014. Informativo nº 536).

[15] Art. 14, § 4º, do CDC: "A responsabilidade pessoal dos profissionais liberais será apurada mediante a verificação de culpa".

[16] Enunciado nº 561, CJF: "No caso do art. 952 do Código Civil, se a coisa faltar, dever-se-á, além de reembolsar o seu equivalente ao prejudicado, indenizar também os lucros cessantes".

Cap. 24 – DA LIQUIDAÇÃO DE DANOS

idônea para ofender a honra da vítima no seu aspecto interno."[17] E, acerca da difamação e calúnia, o mesmo autor esclarece: "Difamação é a imputação a alguém de fato ofensivo à sua reputação. Imputar tem o sentido de atribuir, acusar de. O fato, ao contrário da calúnia, não precisa ser falso nem ser definido como crime".[18]

Em havendo qualquer desses tipos penais, o Código Civil é sintético ao preceituar em seu art. 953 que: "A indenização por injúria, difamação ou calúnia consistirá na reparação do dano que delas resulte ao ofendido". Ademais, aventa a lei civil que, se o ofendido não puder provar prejuízo material, caberá ao juiz fixar, equitativamente, o valor da indenização, na conformidade das circunstâncias do caso (art. 953, parágrafo único, CC).

8. INDENIZAÇÃO EM CASO DE OFENSA À LIBERDADE PESSOAL

Algumas manifestações de ofensa à liberdade pessoal poderão ocorrer mediante: I – o cárcere privado; II – a prisão por queixa ou denúncia falsa e de má-fé; III – a prisão ilegal (nessa última hipótese, vislumbra-se, inclusive, a prisão por erro judiciário, *máxime* sob a previsão constitucional do art. 5º, LXXV).

O art. 954 do CC preceitua: "A indenização por ofensa à liberdade pessoal consistirá no pagamento das perdas e danos que sobrevierem ao ofendido, e se este não puder provar prejuízo, tem aplicação o disposto no parágrafo único do artigo antecedente". Orientando-se pelo já mencionado parágrafo único art. 953 do CC, o que se propõe é que a reparação deva ser fixada de maneira equitativa e conforme as circunstâncias do caso.

9. OUTRAS VERBAS INCLUÍDAS NO MONTANTE INDENIZATÓRIO

Analisadas as situações específicas mencionadas pelo Código Civil (arts. 948 a 954), devemos lembrar que a ofensa, ainda que não mencionada nos referidos artigos, gera o direito a indenização, porque em tese todo dano é reparável. Ademais, consideram-se dentro do montante indenizatório outras verbas como a correção monetária, os juros moratórios, 13º salário etc.

9.1. Correção monetária

A correção monetária[19] se traduz na atualização do valor monetário devido. Assim, induvidosamente, se a correção monetária visa tão somente a preservar o poder aquisitivo da moeda, deverá ela incidir automaticamente (independente de pedido expresso na petição inicial) na indenização decorrente de responsabilidade

---

[17] BITENCOURT, Cezar Roberto. *Manual de direito penal:* parte especial. v. 2. São Paulo: Saraiva, 2002. p. 362.

[18] BITENCOURT, Cezar Roberto. *Manual de direito penal:* parte especial. v. 2. São Paulo: Saraiva, 2002. p. 350.

[19] A correção monetária está prevista no art. 395 do CC que apresenta a seguinte redação: "Responde o devedor pelos prejuízos a que sua mora der causa, mais juros, atualização dos valores monetários segundo índices oficiais regularmente estabelecidos, e honorários de advogado".

civil. Atente-se, por oportuno, para a Súmula nº 43 do STJ: "Incide correção monetária sobre dívida por ato ilícito a partir da data efetiva do prejuízo".[20] Outra observação deverá ser formulada em se tratando de ação regressiva. Nesse caso, como a vítima já foi ressarcida, a correção monetária deverá incidir no desembolso.[21]

Não obstante o previsto na já mencionada Súmula nº 43 do STJ, a Corte Especial do STJ aprovou a Súmula nº 362, que apresenta a seguinte redação: "A correção monetária do valor da indenização do dano moral incide desde a data do arbitramento". Assim, o reajuste das reparações por dano moral deverá ser aplicado da data em que o valor foi definido na sentença e não da data em que a ação foi proposta ou do efetivo prejuízo. É como se a Súmula nº 362 do STJ apresentasse uma exceção à regra da Súmula nº 43 do STJ. Essa se refere ao reajuste nas indenizações de uma maneira geral (a correção conta-se do evento danoso); aquela se refere ao reajuste nas reparações por dano moral (a correção conta-se do arbitramento). A Súmula nº 362 apresenta entendimento já consolidado no STJ, tendo em vista que a Súmula nº 43 do STJ dispõe expressamente sobre o ato ilícito, sendo afastada em se tratando de dano moral e, ademais, quando da fixação do valor reparatório o magistrado considera a expressão atual de valor da moeda. Assim, caso o termo inicial da correção fosse contado da data do evento danoso ou do ajuizamento da ação, haveria, em verdade, uma correção do que já estaria atualizado.

Por fim, lembremos da Súmula nº 490 do STF que estabelece: "A pensão, correspondente à indenização oriunda de responsabilidade civil, deve ser calculada com base no salário mínimo vigente ao tempo da sentença e ajustar-se às variações ulteriores". De acordo com Sérgio Cavalieri Filho: "No tocante à correção monetária, cumpre observar que, se a pensão é fixada em salário mínimo, não haverá o que corrigir. A pensão estará automaticamente corrigida sempre que o salário for corrigido".[22]

Nada obstante o explanado pelo magnífico mestre, lembramos que a redação da velha súmula decorreu de precedentes do STF de 1967 e 1968. Hoje o que temos é o art. 7º, IV, da CF/88 que dispõe:

> São direitos dos trabalhadores urbanos e rurais, além de outros que visem à melhoria de sua condição social: (...)
>
> IV – salário mínimo, fixado em lei, nacionalmente unificado, capaz de atender a suas necessidades vitais básicas e às de sua família com moradia, alimentação, educação, saúde, lazer, vestuário, higiene, transporte e previdência social, com reajustes periódicos que lhe preservem o poder aquisitivo, sendo vedada sua vinculação para qualquer fim;

---

[20] Essa orientação suplantou a regra prevista na Lei nº 6.899/81, art. 1º, § 2º, que estabelecia que as parcelas pleiteadas em quantia fixa deveriam ser corrigidas a partir do ajuizamento da ação. Assim, prevalece a Súmula nº 43 do STJ.

[21] É o caso da seguradora que, por meio de ação regressiva, se volta contra o autor do dano. Nesse caso, a correção monetária incidirá a partir do desembolso.

[22] CAVALIERI FILHO, Sérgio. *Programa de responsabilidade civil*. São Paulo: Atlas, 2007. p. 110.

Surge, então, a seguinte reflexão: fixar o pensionamento de alimentos em salário mínimo não afrontaria à Constituição Federal de 1988?

Estamos com os doutrinadores que propõem uma nova reflexão acerca do tema. É que, na realidade, os ganhos daqueles que prestam a pensão não acompanham a evolução do salário mínimo. O Desembargador Luiz Felipe Brasil Santos, em decisão no TJRS, esclareceu que "o salário mínimo, de 1994 a 2006, teve variação de 440% – passando de R$ 64,79 para R$ 350,00 –, ao passo que, no mesmo período, o índice do IGP-M foi de 265%, e o do INPC, 203%".[23] Assim, somos da opinião de que a fixação do pensionamento, seja oriunda de parentesco ou de ato ilícito, deverá se dar em valor certo cabendo correção anualmente, por meio de indexador determinado, por exemplo, o IGP-M.[24]

9.2. Juros moratórios

Os juros moratórios também são devidos, independentemente de pedido expresso na inicial. Lembremos, então, a Súmula nº 254 do STF: "Incluem-se os juros moratórios na liquidação, embora omisso o pedido inicial ou a condenação".

Tais juros serão devidos desde o dia em que fora praticado o ato danoso, conforme preceito do art. 398 do CC, já consolidado na Súmula nº 54 do STJ.[25] Afasta-se, portanto, a aplicação do art. 405 do CC.

Os juros moratórios poderão ser simples ou compostos. Por juros simples se entende aqueles cuja base de cálculo se reduza ao capital considerado. Já juros compostos são aqueles em que a base de cálculo se manifesta pelo capital considerado mais os juros que já incidiram. Portanto, os juros compostos são os conhecidos "juros sobre juros".

O art. 1.544 do Código Civil de 1916 apresentava a possibilidade da cobrança de juros compostos, com a seguinte redação: "Além dos juros ordinários, contados proporcionalmente ao valor do dano, e desde o tempo do crime, a satisfação compreende os juros compostos". Assim, seriam possíveis os juros compostos quando o ilícito cível fosse ao mesmo tempo ilícito penal, com a utilização da palavra "crime". Entretanto, como tal dispositivo não foi repetido no Código Civil de 2002, afasta-se de todo a aplicação dos juros compostos em se tratando de responsabilização extracontratual.[26] Somente caberão os juros simples ou ordinários.

---

[23] Em sessão de julgamento ocorrida em 2/8/2006 na 7ª Câmara Cível do TJRS. Processo nº 70015627979. Comarca de Porto Alegre.

[24] IGP-M significa Índice Geral de Preços do Mercado.

[25] Interessante o exemplo de Carlos Roberto Gonçalves: "Se o ônibus, por exemplo, atropela o transeunte (responsabilidade extracontratual), os juros incidem sobre o valor da indenização a partir do evento. No entanto, se a vítima é passageira do coletivo (responsabilidade contratual), os juros são computados somente a partir da citação". GONÇALVES, Carlos Roberto. *Direito das obrigações:* responsabilidade civil. 3. ed. São Paulo: Saraiva, 2006. p. 100.

[26] Em desuso, portanto, a Súmula nº 186 do STJ que previa: "Nas indenizações por ato ilícito, os juros compostos somente são devidos por aquele que praticou o crime".

9.3. 13º salário ou gratificação natalina

Em se tratando de indenização fixada em forma de pensão, será cabível a incidência de valor respeitante ao 13º salário, uma vez que tal verba, em verdade, também é manifestação dos lucros cessantes. Discussão surge se a vítima quando do evento danoso não mantinha vínculo empregatício. Há manifestação jurisprudencial que, em virtude disso, não seria cabível agregar à pensão o 13º salário. Porém, concordamos com a orientação de que tal fato não significaria que a vítima em momento algum de sua vida teria condições de se empregar e fazer jus ao 13º salário, direito de todo trabalhador. Os vetores aqui são a razoabilidade, a equidade e o bom senso.

10. SEGURO OBRIGATÓRIO E INDENIZAÇÃO PREVIDENCIÁRIA. COMPENSAÇÃO?

O valor do seguro obrigatório deverá ser subtraído do valor da indenização comum.[27] Portanto, se o valor do seguro obrigatório corresponder hipoteticamente a 15 mil reais, e a indenização comum for fixada em 120 mil reais, será devido pelo ofensor à vítima o valor de 105 mil reais. Eis a compensação entre o seguro obrigatório e a indenização comum, para afastamento do *bis in idem*. Isso porque o prêmio do seguro obrigatório é pago pelo próprio dono do veículo e tem por

---

[27] "DIREITO CIVIL. DEDUÇÃO DO DPVAT DO VALOR DE INDENIZAÇÃO POR DANOS MORAIS. O valor correspondente à indenização do seguro de danos pessoais causados por veículos automotores de via terrestre (DPVAT) pode ser deduzido do valor da indenização por danos exclusivamente morais fixada judicialmente, quando os danos psicológicos derivem de morte ou invalidez permanente causados pelo acidente. De acordo com o art. 3º da Lei nº 6.194/74, com a redação dada pela Lei nº 11.945/2009, os danos pessoais cobertos pelo seguro obrigatório compreendem 'as indenizações por morte, por invalidez permanente, total ou parcial, e por despesas de assistência médica e suplementares'. Embora o dispositivo especifique quais os danos passíveis de indenização, não faz nenhuma ressalva quanto aos prejuízos morais derivados desses eventos. A partir de uma interpretação analógica de precedentes do STJ, é possível concluir que a expressão 'danos pessoais' contida no referido artigo abrange todas as modalidades de dano – materiais, morais e estéticos –, desde que derivados dos eventos expressamente enumerados: morte, invalidez permanente e despesas de assistência médica e suplementares. Nesse aspecto, 'a apólice de seguro contra danos corporais pode excluir da cobertura tanto o dano moral quanto o dano estético, desde que o faça de maneira expressa e individualizada para cada uma dessas modalidades de dano extrapatrimonial' (REsp 1.408.908-SP, Terceira Turma, *DJe* de 19/12/2013). De forma semelhante, o STJ também já decidiu que 'a previsão contratual de cobertura dos danos corporais abrange os danos morais nos contratos de seguro' (AgRg no AREsp 360.772-SC, Quarta Turma, *DJe* de 10/9/2013). Acrescente-se que o fato de os incisos e parágrafos do art. 3º da Lei nº 6.194/74 já fixarem objetivamente os valores a serem pagos conforme o tipo e o grau de dano pessoal sofrido não permite inferir que se esteja excluindo dessas indenizações o dano moral; ao contrário, conclui-se que nesses montantes já está compreendido um percentual para o ressarcimento do abalo psicológico, quando aplicável, como é o caso da invalidez permanente que, indubitavelmente, acarreta à vítima não apenas danos materiais (decorrentes da redução da capacidade laboral, por exemplo), mas também morais (derivados da angústia, dor e sofrimento a que se submete aquele que perde, ainda que parcialmente, a funcionalidade do seu corpo)" (REsp 1.365.540-DF, Rel. Min. Nancy Andrighi, julgado em 23/4/2014. Informativo nº 540).

finalidade a reparação de danos decorrentes de acidentes de trânsito. A compensação foi consolidada por meio da Súmula nº 246 do STJ que preceitua: "O valor do seguro obrigatório deve ser deduzido da indenização judicialmente fixada".

Ao revés, não haverá compensação em se tratando da indenização comum e eventual indenização decorrente de vinculação a sistema previdenciário ou securitário, que deverão ser calculadas autonomamente. Isso porque a indenização previdenciária seria paga ainda que o contribuinte tivesse falecido de morte natural. Assim, não poderá o autor do evento danoso tentar obter vantagem diminuindo a sua indenização, imposta pelo direito comum, por meio da indenização de natureza previdenciária a que a vítima eventualmente fará jus.

11. LEGITIMADOS A POSTULAR A INDENIZAÇÃO

A indenização poderá ser postulada pela própria vítima. Na hipótese do falecimento desta, aqueles que dependiam economicamente da vítima poderão pleitear o pensionamento previsto no art. 948, II, do CC. A dependência econômica será presumida em se tratando de filhos menores. Demais pessoas que, porventura, dependiam da vítima como irmãos, pais e filhos adultos, deverão provar que dependiam da vítima financeiramente, para fazer jus ao pensionamento. No que diz respeito àquele que vivia em união estável, a orientação mais consentânea com a CF/88 – que elevou à categoria de entidade familiar a união estável – é a de que o companheiro ou companheira que dependia economicamente da vítima também fará jus ao pensionato.

No que diz respeito ao pleito de dano moral, hipótese interessante é aquela em que a vítima do evento danoso ajuíza a devida ação de reparação civil e, no curso do processo, vem a falecer. Seria possível que os seus herdeiros continuassem com a ação já ajuizada? Três posicionamentos podem ser aventados:

1º) Como os direitos da personalidade são intransmissíveis, os herdeiros não teriam sequer o direito de continuar com a ação que foi ajuizada em vida pelo prejudicado. Essa corrente é minoritária tanto na doutrina, quanto nas decisões judiciais.

2º) Embora os direitos da personalidade apresentem a característica da intransmissibilidade, o direito à reparação por dano moral pode ser transmitido aos herdeiros, caso a ação já tenha sido ajuizada em vida pelo prejudicado e esse tenha falecido posteriormente.

3º) Embora os direitos da personalidade sejam intransmissíveis, o direito à reparação do dano moral pode ser transmitido aos herdeiros, independentemente de a ação ter sido ajuizada em vida pelo prejudicado e esse tenha falecido posteriormente. Esse posicionamento se funda na redação do art. 943 do CC que estabelece: "O direito de exigir a reparação e a obrigação de prestá-la transmitem-se com a herança". Nesse sentido, foi aprovado o Enunciado nº 454, CJF com o seguinte teor: "O direito de exigir reparação a que se refere o art. 943 do Código Civil abrange inclusive os danos morais, ainda que a ação não tenha sido iniciada pela vítima". Em 2020, o Superior Tribunal de Justiça editou a Súmula nº 642: "O direito à indenização por danos morais transmite-se com o falecimento do titular, possuindo os herdeiros da vítima legitimidade ativa para ajuizar ou prosseguir a ação indenizatória". Todas as decisões que resultaram na edição da mencionada súmula mencionaram que a legitimidade cogitada atribuir-se-ia aos herdeiros ou ao espólio. Porém, a Súmula nº 642 do STJ não menciona a legitimidade do espólio, permanecendo a dúvida se a intenção do STJ era excluir a legitimidade ativa do espólio na questão mencionada ou não. Em princípio, o posicionamento mais adequado é de que o espólio não tem legitimidade ativa para pleitear reparação por dano praticado contra a vítima que faleceu, por se tratar de ação reparatória de natureza pessoal, em que os titulares devem demonstrar o dano sofrido.

12. PESSOAS OBRIGADAS A REPARAR O DANO

A responsabilidade civil, em regra, é individual. E nesses termos é comum dizer que uma pessoa só poderá ser responsabilizada pelos próprios atos. Ademais, é possível que um consórcio de pessoas cause o dano. Hipótese tal em que haverá responsabilidade solidária entre os causadores do dano por imposição legal (art. 942, *caput*, CC).

Entretanto, embora uma pessoa seja responsável pelos próprios atos, excepcionalmente poderá ter que responder por ato de terceiro ou de uma coisa, como acontece, por exemplo, nas hipóteses consignadas no art. 932 do CC, conforme analisado anteriormente. Por ocasião do estudo do tema, concluímos que, em se tratando dos incs. III, IV e V, há também imposição de responsabilidade solidária em razão do parágrafo único do art. 942. Porém, tendo em vista o dano oriundo de ato de incapazes (incs. I e II), o que haverá é uma responsabilidade subsidiária deste, por força de regra especial contida no art. 928 do CC.

Lembremos também a solidariedade existente entre a empresa de veículos e o locatário. Essa orientação ficou consolidada na Súmula nº 492 do STF[28] que preceitua: "A empresa locadora de veículos responde, civil e solidariamente, com o locatário, pelos danos por este causados a terceiros, no uso do carro locado".

Por fim, analisando as pessoas obrigadas a reparar o dano, não poderíamos deixar de mencionar o art. 943 do CC que estabelece: "O direito de exigir reparação e a obrigação de prestá-la transmitem-se com a herança". E também, o

---

[28] Em comentário à Súmula nº 492 do STF, Sérgio Cavalieri Filho comenta: "A rigor, seria do locatário a responsabilidade pelo acidente envolvendo veículo alugado. Não se pode falar, nessa hipótese, em responsabilidade pelo fato de coisa porque a locação transfere a posse direta da coisa do veículo para o locatário, de sorte que o locador não mais detém sua guarda, nem material, nem intelectual; tampouco se pode falar em responsabilidade pelo fato de outrem, por não ser o locatário preposto do locador – não há entre eles qualquer subordinação. Mas, em busca de uma situação mais segura para a vítima, visualizou a jurisprudência uma responsabilidade direta do locador de veículos fundada no fato de que a utilização do automóvel alugado se faz no interesse do locador e do locatário. A vítima ficaria ao desamparo se o locatário, após causar o acidente culposamente, simplesmente desaparecesse ou não tivesse patrimônio para garantir a reparação do dano". CAVALIERI FILHO, Sérgio. *Programa de responsabilidade civil.* São Paulo: Atlas, 2007. p. 187.

art. 5º, XLV, da CF/88: "Nenhuma pena passará da pessoa do condenado, podendo a obrigação de reparar o dano e a decretação do perdimento de bens ser, nos termos da lei, estendidas aos sucessores e contra eles executadas, até o limite do valor do patrimônio transferido". Não se pode esquecer, neste ponto, que, em se tratando do sucessor a título universal, a indenização alcançará o patrimônio deixado até os limites das forças da herança (art. 1.792, CC). Já em se tratando de sucessor a título singular, não se cogitará da incidência de responsabilização.

13. A PRESCRIÇÃO DA PRETENSÃO PARA A REPARAÇÃO CIVIL

A pretensão para a reparação civil prescreve em 3 anos, conforme regra apresentada no art. 206, § 3º, V, do CC. Então, não se aplica o prazo genérico de 10 anos previsto no art. 205 do CC, uma vez que há previsão especial no já mencionado art. 206.

Deve-se lembrar que o prazo de 3 anos, em se tratando de fato que deva ser apurado no juízo criminal, não correrá antes da respectiva sentença definitiva (art. 200, CC).

Ademais, o prazo previsto no art. 206, § 2º, do CC de 2 anos para haver prestações alimentares não tem cabimento em se tratando de alimentos decorrentes da reparação civil. Tal artigo é atinente apenas aos alimentos oriundos de relações familiares, e nada tem a ver com os alimentos fixados por meio de pensões periódicas decorrente de responsabilidade civil.

Por fim, acerca do Direito Intertemporal, encontramos no art. 2.028 do CC a seguinte regra: "Serão os da lei anterior os prazos, quando reduzidos por este Código, e se, na data de sua entrada em vigor, já houver transcorrido mais da metade do tempo estabelecido na lei revogada". No que tange a pretensão para a reparação civil, em se tratando do prazo para reparação civil que foi imensamente reduzido no novo Código Civil de 20 anos para 3 anos, se o prazo em questão não tiver alcançado a metade de 20 anos, ou seja, 10 anos, o prazo a ser aplicado será o da lei nova (3 anos) a contar da entrada em vigor do novo Código Civil. Nesse mesmo sentido, o Enunciado nº 50, aprovado na I Jornada de Direito Civil, dispõe: "A partir da vigência do novo Código Civil, o prazo prescricional das ações de reparação de danos que não houver atingido a metade do tempo previsto no Código Civil de 1916 fluirá por inteiro, nos termos da nova lei (art. 206)". Por exemplo, se na entrada em vigor do novo Código, já tiver decorrido 11 anos, o prazo a ser aplicado será o de 20 anos. Entretanto, se o prazo transcorrido for de 5 anos, o prazo a ser aplicado será o de 3, que deverá se contar da entrada em vigor do Código Civil de 2002 (11/1/2003).

RESPONSABILIDADE CIVIL POR DEMANDA DE DÍVIDA VINCENDA OU DE DÍVIDA JÁ PAGA[1]

1. A RESPONSABILIDADE CIVIL POR DEMANDA DE DÍVIDA VINCENDA

O art. 939 do CC preceitua:

> O credor que demandar o devedor antes de vencida a dívida, fora dos casos em que a lei o permita, ficará obrigado a esperar o tempo que faltava para o vencimento, a descontar os juros correspondentes, embora estipulados, e a pagar as custas em dobro.

Este artigo apresenta a responsabilidade civil do credor que se precipita e cobra antes do momento oportuno. Como sanções ao credor, o dispositivo apresenta:

- Ampliação do vencimento da dívida (por exemplo, se a demanda for ajuizada dois meses antes do vencimento, a partir do vencimento serão fornecidos ao devedor mais dois meses para o pagamento);
- Desconto dos juros correspondentes (trata-se dos juros compensatórios, aqueles que são devidos em razão do uso do capital alheio, e não juros moratórios, por não haver configuração de mora);
- Pagamento em dobro das custas processuais.

Para que ocorra a imposição das sanções, é imprescindível, por depreensão do próprio artigo, que tenha havido o ajuizamento de uma ação. Isso em razão de o dispositivo legal mencionar a expressão "demandar". Porém, concordamos com o posicionamento de Rogério Marrone de Castro Sampaio, que preleciona: "Parece razoável o entendimento segundo o qual, independentemente do ajuizamento de demanda, há possibilidade de o devedor ressarcir de danos, quer materiais quer morais, que tiver suportado em razão de cobrança indevida por parte do credor, isto com fundamento no próprio art. 186 do Código Civil".[2]

---

[1] Analisamos neste capítulo o disposto nos arts. 939 e 940, ambos do Código Civil. Porém, releva notar que em se tratando de relação de consumo devemos nos socorrer de regra análoga prevista no art. 42 do CDC que apresenta a seguinte redação: "Consumidor cobrado em quantia indevida tem direito à repetição do indébito, por valor igual ao dobro do que pagou em excesso, acrescido de correção monetária e juros legais, salvo hipótese de engano justificável".

[2] SAMPAIO, Rogério Marrone de Castro. *Direito civil:* responsabilidade civil. 3. ed. São Paulo: Atlas, 2003. p. 41.

Outra observação relevante é dizer que é possível, em situações excepcionais, como, por exemplo, as do art. 333 do CC,[3] a cobrança da dívida antes do seu vencimento, hipóteses que, por evidente, não ensejarão a aplicação das penalidades do art. 939 do CC.

2. A RESPONSABILIDADE CIVIL POR DEMANDA DE DÍVIDA JÁ PAGA

Já o art. 940 do CC apresenta a responsabilidade do credor que demanda dívida já paga ou pede mais do que lhe é devido, com a seguinte redação:

Aquele que demandar por dívida já paga, no todo ou em parte, sem ressalvar as quantias recebidas ou pedir mais do que for devido, ficará obrigado a pagar ao devedor, no primeiro caso, o dobro do que houver cobrado e, no segundo, o equivalente do que dele exigir, salvo se houver prescrição.

Assim, as consequências são:

- Se cobrar dívida já paga: o credor é obrigado a devolver ao devedor o dobro do que dele cobrou (por exemplo, se cobrou 20 mil reais, será obrigado a pagar 40 mil reais);
- Se cobrar mais do que lhe era devido: o credor é obrigado a pagar ao devedor o equivalente ao que exigir (por exemplo, se a dívida era de 20 mil reais e são cobrados 25 mil reais, o credor deverá pagar ao devedor 5 mil reais).

3. A NECESSIDADE DE MÁ-FÉ DO CREDOR. A SÚMULA Nº 159 DO STF

Convém lembrar que, as sanções previstas nos arts. 939 e 940 do Código Civil, por serem tão gravosas, só terão cabimento diante da má-fé do credor, o que para muitos se apresenta de forma presumida. Assim, mesmo antes do Código Civil de 2002, já existia súmula do STF nos seguintes termos: "A cobrança excessiva, mas de boa-fé, não dá lugar às sanções do art. 1.531" (Súmula nº 159, STF). O art. 1.531 do Código Civil de 1916 a que a súmula se refere equivale ao art. 940 do Código Civil de 2002.[4]

---

[3] Art. 333, CC: "Ao credor assistirá o direito de cobrar a dívida antes de vencido o prazo estipulado no contrato ou marcado neste Código: I – no caso de falência do devedor, ou de concurso de credores; II – se os bens, hipotecados ou empenhados, forem penhorados em execução por outro credor; III – se cessarem, ou se se tornarem insuficientes, as garantias do débito, fidejussórias, ou reais, e o devedor, intimado, se negar a reforçá-las. Parágrafo único. Nos casos deste artigo, se houver, no débito, solidariedade passiva, não se reputará vencido quanto aos outros devedores solventes".

[4] "DIREITO CIVIL E PROCESSUAL CIVIL. VIA PROCESSUAL ADEQUADA PARA SE REQUERER SANÇÃO POR COBRANÇA JUDICIAL DE DÍVIDA JÁ ADIMPLIDA. RECURSO REPETITIVO (ART. 543-C DO CPC E RES. STJ Nº 8/2008). TEMA 622. A aplicação da sanção civil do pagamento em dobro por cobrança judicial de dívida já adimplida

Cap. 25 – RESPONSABILIDADE CIVIL POR DEMANDA DE DÍVIDA VINCENDA OU DE DÍVIDA JÁ PAGA **485**

(cominação encartada no art. 1.531 do CC/16, reproduzida no art. 940 do CC/2002) pode ser postulada pelo réu na própria defesa, independendo da propositura de ação autônoma ou do manejo de reconvenção, sendo imprescindível a demonstração de má-fé do credor. Da análise do art. 1.531 do CC/16 (art. 940 do CC/2002), extrai-se que a existência de dívida já paga constitui tanto defesa do réu (caracterizando objeção de ordem material), quanto fato gerador da pretensão indenizatória a ser exercida em face do autor da demanda. Portanto, o mesmo fato gera pedidos diversos por parte do réu. Os pedidos de improcedência da demanda e de pagamento em dobro, consequentemente, caracterizam-se como pretensões conexas formuladas pelo réu, uma vez que são oriundas da mesma causa de pedir (a existência de dívida já paga). Desse modo, observada a função social do Direito – princípio estruturante do ordenamento jurídico, não se revela razoável o rigor da exigência do manejo simultâneo de contestação e de reconvenção (ou posterior ajuizamento de ação autônoma) para deduzir os aludidos pedidos conexos. Outrossim, em hipóteses como esta, a parte demandada, a rigor, não está apresentando em juízo, quando da contestação, um pedido acerca de um direito material preexistente ao advento da ação contra si proposta, como se fosse um pleito do réu contra o autor, resultante de alguma injunção por este último não observada, de tal modo que a referida pretensão pudesse se constituir em objeto de uma lide própria. Pelo contrário, em episódios como este ora em evidência, o acontecimento fundante do pleito reclamado pelo acionado somente se verifica por ocasião do surgimento da petição inicial contra ele deflagrada. Antes disso, o requerido sequer tem condições de deduzir, de inferir que contra ele o autor irá pedir pecúnia já paga. Assim, o objeto ora sob mira não nasce preponderantemente da interação dos litigantes preliminarmente à ação, mas reflete, sim, apanágio de relevância muito maior, interesse de ordem pública, pois é o Estado que, além de não tolerar, não consentir, utiliza-se da sua força de império para reprimir e impor pena ao litigante que pede coisa já recebida. Além disso, a pena em comento é sanção que a lei determina à jurisdição impingir e, pois, sua cominação não está à mercê do animus dos litigantes, nem do talante do próprio juiz, visto que resulta da lei. Ademais, dada a complementaridade entre a sanção civil em tela e a penalidade processual por litigância de má-fé – ainda que possuam natureza jurídica distinta – verifica-se que ambas são voltadas à punição dos demandantes que se utilizam do processo judicial para consecução de objetivo ilegal, afigurando-se coerente a exegese no sentido da aplicação analógica da regra disposta no *caput* do art. 18 do CPC ('O juiz ou tribunal, de ofício ou a requerimento, condenará o litigante de má-fé a pagar multa não excedente a um por cento sobre o valor da causa e a indenizar a parte contrária dos prejuízos que esta sofreu, mais os honorários advocatícios e todas as despesas que efetuou'). Nessa ordem de ideias, resguardando a boa-fé nas relações jurídicas e o interesse público de garantia da dignidade da justiça, incumbirá ao juiz, inclusive de ofício, a condenação do autor (imbuído de má-fé) ao pagamento em dobro ou do equivalente exigido a maior em virtude da conduta ilícita descrita no art. 1.531 do CC/16 (art. 940 do CC/2002). De fato, em que pese a aludida sanção estar inserida em norma de direito material, constata-se que sua transgressão se dá por meio de um exercício abusivo do direito de ação, assim como ocorre em algumas das condutas tipificadas nos arts. 16 e 17 do CPC, o que autoriza a interpretação analógica acima destacada, a despeito da diversidade dos objetos jurídicos tutelados. Por derradeiro, no que tange a uma visão sistemática do ordenamento jurídico brasileiro, salienta-se que o réu está autorizado a formular o chamado 'pedido contraposto' no bojo da contestação. Assim ocorre no rito sumário (art. 278, §1º, do CPC), no procedimento dos Juizados Especiais Cíveis (art. 31 da Lei nº 9.09995) e nas ações possessórias (art. 922 do CPC). Inclusive, neste último caso, admite-se que o réu, na contestação, pleiteie a indenização pelos prejuízos resultantes da turbação ou do esbulho cometido pelo autor. Essa hipótese, em razão da natureza da pretensão deduzida, é deveras assemelhada à sanção civil do art. 1.531 do CC/16 (art. 940 do CC/2002). Por fim, apesar de o art. 1.532 do CC/16 não fazer menção à demonstração de má-fé do demandante, é certo que a jurisprudência desta Corte, na linha da exegese cristalizada na Súmula nº 159 do STF, reclama a constatação da prática de conduta maliciosa ou reveladora do perfil de deslealdade do credor para fins de aplicação da sanção civil

4. A NATUREZA JURÍDICA DA RESPONSABILIDADE ORIUNDA DOS ARTS. 939 E 940 DO CC: SUBJETIVA OU OBJETIVA?

Importa perceber também que a doutrina não chega a um consenso se tais responsabilidades se circunscrevem a responsabilização subjetiva, dependente de comprovação de culpa, ou se permeiam a objetivação. Assim, parte da doutrina entende que, em se tratando dos arts. 939 e 940, é imprescindível para a imposição das sanções a presença de culpa do credor, uma vez que se trata de responsabilidade subjetiva.[5] Já para outros,[6] aos quais nos filiamos, trata-se de responsabilidade objetiva, isto é, independente de culpa, pois o credor age em abuso de direito e já sabemos que, conforme preceitua o Enunciado nº 37 do CJF: "A responsabilidade civil decorrente do abuso do direito independe de culpa e fundamenta-se somente no critério objetivo-finalístico".

5. O AFASTAMENTO DAS SANÇÕES POR DESISTÊNCIA DA AÇÃO

Por fim, o art. 941 do CC lança em favor do credor uma última oportunidade de se safar das sanções com os seguintes dizeres: "As penas previstas nos arts. 939 e 940 não se aplicarão quando o autor desistir da ação antes de contestada a lide, **salvo ao réu o direito de haver indenização por algum prejuízo que prove ter sofrido**".

O trecho do artigo que grifamos, que não havia em seu correspondente do Código Civil de 1916 (art. 1.532), nos induz à conclusão de que, para que haja incidência do credor nas sanções dos arts. 939 e 940, não é necessária a produção de prova de qualquer prejuízo sofrido pelo devedor. Ao revés, havendo a desistência da ação antes da contestação, o devedor só fará jus a uma indenização, caso comprove algum prejuízo sofrido.

---

em debate. Essa orientação explica-se à luz da concepção subjetiva do abuso do direito adotada pelo Codex revogado" (REsp 1.111.270-PR, Rel. Min. Marco Buzzi, Segunda Seção, julgado em 25/11/2015, *DJe* 16/2/2016. Informativo nº 576).

[5] Com esse posicionamento encontramos Mário Luiz Delgado e Jones Figueirêdo Alves no *Código Civil Anotado*, São Paulo: Método, 2005.

[6] *Vide* TARTUCE, Flávio. *Direito civil:* direito das obrigações e responsabilidade civil. 2. ed. São Paulo: Método, 2006. p. 422-423.

PRINCÍPIO DA INDEPENDÊNCIA DA RESPONSABILIDADE CIVIL EM RELAÇÃO À PENAL

1. A RELATIVIDADE DA INDEPENDÊNCIA ENTRE OS JUÍZOS CÍVEL E CRIMINAL

O art. 935 do CC preceitua: "A responsabilidade civil é independente da criminal, não se podendo questionar mais sobre a existência do fato, ou sobre quem seja o seu autor, quando estas questões se acharem decididas no juízo criminal".

O que o dispositivo quer dizer é que a ação de indenização pelos danos poderá ser ajuizada no âmbito cível independentemente da ação penal, que também seria cabível ao caso. Entretanto, é o próprio artigo que apresenta duas exceções em que a decisão no âmbito criminal afetará o âmbito cível. São elas: a inexistência de fato e negativa de autoria. Corroborando esse posicionamento, eis o Enunciado nº 45, aprovado na I Jornada de Direito Civil: "No caso do art. 935, não mais se poderá questionar sobre a existência do fato ou sobre quem seja o seu autor se essas questões se acharem categoricamente decididas no juízo criminal". Ao comentar o enunciado, Nelson Nery Júnior e Rosa Maria de Andrade Nery esclarecem: "Embora o enunciado não fale em coisa julgada, na verdade somente depois de transitada em julgado a sentença penal é que as questões terão sido 'categoricamente decididas' no juízo criminal".[1]

Diante das exceções apontadas, é preferível dizer pela independência relativa entre os juízos cível e criminal.

Outras regras sobre o assunto se encontram no Código de Processo Penal que transcrevemos *in verbis*:

> Art. 65. Faz coisa julgada no cível a sentença penal que reconhecer ter sido o ato praticado em estado de necessidade, em legítima defesa, em estrito cumprimento do dever legal ou no exercício regular do direito.
>
> Art. 66. Não obstante a sentença absolutória no juízo criminal, a ação civil poderá ser proposta quando não tiver sido, categoricamente, reconhecida a inexistência material do fato.

---

[1] NERY JÚNIOR, Nelson. NERY, Rosa Maria Andrade. *Código Civil anotado*. 2. ed. São Paulo: RT, 2003. p. 492.

Art. 67. Não impedirão igualmente a propositura da ação civil:

I – o despacho de arquivamento do inquérito ou das peças de informação;

II – decisão que julgar extinta a punibilidade;

III – a sentença absolutória que decidir que o fato imputado não constitui crime.

2. CONCLUSÕES NECESSÁRIAS

Alcançamos as seguintes conclusões, que podemos extrair do já exposto acima acerca da relação entre o juízo cível e o criminal:

1ª) As esferas de responsabilidade (civil, penal, administrativa) são independentes. Assim, com uma única conduta, poderá o agente adentrar todas as esferas de responsabilidade, sendo responsabilizado no âmbito civil, penal e administrativo.

2ª) O Código Civil, no art. 935, impõe a independência das esferas ou instâncias de responsabilidade. Se ajuizada a ação penal e se dela decorrer sentença absolutória, em regra, não há óbice quanto ao ajuizamento da ação na esfera cível. Entretanto, se ajuizada ação penal e sua sentença absolutória se fulcrar em inexistência de fato ou negativa de autoria não poderá mais haver o ajuizamento de ação no âmbito cível.

3ª) Um dos efeitos da sentença penal condenatória é tornar certa a obrigação de indenizar o dano causado pelo crime (art. 91, I, CP).

4ª) A sentença absolutória que se baseia em estado de necessidade, em legítima defesa, em estrito cumprimento do dever legal ou no exercício regular do direito, de acordo com o art. 65 do CPP, faz coisa julgada no cível. Todavia, não podemos esquecer que haverá obrigação de indenizar conforme arts. 929 e 930 do Código Civil.

5ª) Se a absolvição se der com base em insuficiência de provas quanto à existência do crime ou da autoria, não haverá óbice quanto à propositura da ação cível.

6ª) Em caso de despacho de arquivamento do inquérito ou das peças de informação, não haverá impedimento para o ajuizamento da ação cível.

7ª) De igual modo, a decisão que julgar extinta a punibilidade não impede a propositura da ação cível.

8ª) A sentença absolutória que decidir que o fato imputado não constitui crime também não impede a propositura da ação cível de indenização. Isso porque, embora o fato não se constitua em ilícito criminal, poderá se constituir em ilícito cível passível de reparação.

9ª) A ação cível poderá ser proposta antes ou no curso da ação penal, já que são independentes. Porém, conforme o parágrafo único do art. 64 do CPP: "Intentada a ação penal, o juiz da ação civil poderá suspender o curso desta, até o julgamento definitivo daquela".

10ª) No que tange à contagem do prazo prescricional para ajuizamento da ação de reparação civil, em se tratando de fato que deva ser apurado na

Cap. 26 – PRINCÍPIO DA INDEPENDÊNCIA DA RESPONSABILIDADE CIVIL EM RELAÇÃO À PENAL **489**

esfera criminal, a prescrição somente correrá a partir da sentença definitiva (art. 200, CC). Mais uma vez aqui, mitiga-se a regra da independência das instâncias.

Por fim chamamos atenção para a redação do art. 63, parágrafo único, e do art. 387, IV, ambos do Código de Processo Penal, fornecida pela Lei nº 11. 719, de 20 de junho de 2008, com entrada em vigor 60 dias após a data de sua publicação. A nova redação dos referidos artigos, transcrevemos *in verbis*:

> Art. 63, parágrafo único, CPP: Transitada em julgado a sentença condenatória, a execução poderá ser efetuada pelo valor fixado nos termos do inciso IV do *caput* do art. 387 deste Código sem prejuízo da liquidação para a apuração do dano efetivamente sofrido.
>
> Art. 387, CPP: O juiz, ao proferir a sentença condenatória: (...)
>
> IV – fixará valor mínimo para reparação dos danos causados pela infração, considerando os prejuízos sofridos pelo ofendido; (...)

Parece-nos que com a nova redação a inclinação é de se tornar despiciendo o ajuizamento da ação cível para apurar os prejuízos causados pelo delito, uma vez que a própria sentença condenatória fixará o valor mínimo para a reparação de danos. Entretanto, o parágrafo único do art. 63 do CPP sinaliza no sentido de que se o prejuízo experimentado pela vítima for para além do já constatado na ação penal, não há óbice quanto à liquidação para a apuração do dano efetivamente sofrido.

Em meio a tantas polêmicas que decorreram dos dispositivos retrocitados do Código de Processo Penal, acrescentamos interessantes esclarecimentos formulados por Paulo César Freitas, a seguir expostos:

> A ação civil *ex delicto*, como se sabe, é aquela que tem como objetivo a reparação do dano decorrente de infração penal. No Brasil, adotamos o sistema da separação das instâncias, embora esta separação seja apenas parcial já que a sentença criminal possui em muitos casos reflexos diretos na seara civil e vice-versa. Caso a vítima suporte prejuízo material ou moral decorrente de uma infração penal tem diante de si duas alternativas: **a) aguardar o trânsito em julgado da sentença penal condenatória e executá-la, na seara civil; b) ajuizar desde logo a ação civil para a reparação dos danos.** Pela sistemática vigente antes da Lei nº 11.719/2008, caso a vítima optasse pela primeira alternativa, ou seja, abrir mão do longo e tormentoso processo civil de conhecimento para simplesmente executar a sentença penal condenatória dispunha ela, apesar da aparente facilidade, de um título executivo ilíquido. Ou seja, a sentença penal condenatória possibilitava ao ofendido suprimir o processo de conhecimento civil para obter a indenização. Todavia, como a sentença penal não cuidava da questão civil, antes da execução o título executivo judicial (sentença penal) precisava ser submetido ao processo de liquidação. Com a reforma, restaram modificados os arts. 63 e 387 do CPP. Segundo os novos comandos legais, o Juiz Criminal, ao sentenciar, fixará valor mínimo para a reparação dos danos causados pela infração. O que significa, em linhas gerais, que a sentença penal condenatória entregará ao ofendido um título executivo

líquido, que poderá ser executado no juízo civil diretamente, independentemente de qualquer procedimento de liquidação. Importante observar, todavia, que a indenização fixada na sentença penal condenatória nem sempre será a definitiva. O juiz criminal, com os elementos de prova de que dispõe fixará um *quantum debeatur*. Todavia, não satisfeito com estes *quantum*, o ofendido poderá executá-lo diretamente e ingressar com o procedimento de liquidação da sentença criminal e, posteriormente, com a execução do restante da indenização devida. Imagine o seguinte exemplo: o juiz dispõe de provas de que em um homicídio tentado a vítima suportou prejuízo material de R$ 30.000,00 quando, na realidade, o montante seria de R$ 50.000,00. A vítima poderá executar diretamente no juízo civil a sentença na parte em que é líquida e promover a liquidação do restante, nesta hipótese produzindo prova de que suportou dano de mais R$ 20.000,00. Importante não olvidar, outrossim, que a sentença penal condenatória, a partir da reforma, conterá um capítulo criminal e um capítulo civil e ambos poderão ser objeto de recurso das partes isoladamente. Assim, se o acusado recorrer apenas da parte civil, o Juiz deverá expedir carta de guia para a execução da parte criminal transitada em julgado. Caso a parte recorra, todavia, do capítulo condenatório da sentença, entendemos que nesse caso não poderá a parte civil ser executada, uma vez que a indenização civil é corolário lógico da condenação que pode, ainda, ser objeto de modificação pelos Tribunais.[2]

---

[2] FREITAS, Paulo César. *Reforma do CPP (Parte I)*: ação civil *ex delicto*. Disponível em: <http://blogdopaulofreitas.blogspot.com/2008/07/reforma-do-cpp-i-ao-civil-ex-delicto.html>. Acesso em 20 set. 2008.

RESPONSABILIDADE CIVIL NO TRANSPORTE DE PESSOAS

O Código Civil de 2002 disciplina o contrato de transporte de pessoas e coisas nos arts. 730 ao 756. Sendo que nos arts. 734 a 742, alude ao transporte de pessoas e nos arts. 743 a 756, ao transporte de coisas. Devemos perceber, em princípio, que em ambas as situações, o que teremos é uma responsabilidade contratual, haja vista a configuração de um verdadeiro contrato, e objetiva, isto é, independentemente de culpa do transportador, conforme lapidações de interpretações referentes ao tema que conferiremos mais adiante. Lembramos ainda que, neste capítulo, analisaremos apenas a responsabilidade civil pelo transporte de pessoas.

1. O CONTRATO DE TRANSPORTE. CLÁUSULA DE INCOLUMIDADE. REGRAS GERAIS

Configura-se o contrato de transporte[1] quando alguém se obriga, mediante retribuição, a transportar, de um lugar para o outro, pessoas ou coisas.

Trata-se de contrato consensual, vez que basta o consenso entre as partes para que ele se aperfeiçoe; informal, por independer de qualquer formalidade prévia, sendo que o bilhete ou a passagem não são imprescindíveis para a configuração do contrato; bilateral, por gerar obrigações para ambas as partes contratantes; oneroso, já que ambas as partes sofrem sacrifícios patrimoniais; e comutativo, diante da inexistência do fator risco entre as prestações.

---

[1] Vale conferir a opinião crítica de Sergio Cavalieri Filho: "De todos os contratos, nenhum terá maior relevância social e jurídica na atualidade do que o contrato de transporte. Milhões e milhões de pessoas são transportadas diariamente de casa para o trabalho e vice-versa, principalmente nos grandes centros urbanos, gerando um grande número de problemas sociais e jurídicos, alguns deles até insolúveis. Pode-se dizer que o transporte coletivo urbano tornou-se instrumento fundamental para o cumprimento das funções sociais e econômicas do Estado moderno. Mas, lamentavelmente, a sua dívida social neste campo é enorme, porquanto o transporte coletivo em nosso País se torna cada vez mais deficiente e desumano". E em outro trecho: "Não obstante essa relevância econômica, social e jurídica, o contrato de transporte não mereceu sequer uma referência no Código de 1916. Por que isso? Já se ressaltou que o Projeto do Código de 1916 foi elaborado por Clóvis Beviláqua na última década de 1800, quando o transporte coletivo era ainda incipiente, sequer existente. A história do transporte coletivo começou literalmente no tempo da 'Maria-Fumaça' – as locomotivas a vapor, que foram os primeiros meios de transporte". CAVALIERI FILHO, Sérgio. *Programa de responsabilidade civil*. 7. ed. São Paulo: Atlas, 2007. p. 282/283.

Ademais, implícita está no contrato de transporte a cláusula de incolumidade, pela qual o transportador se obriga a conduzir o passageiro até o destino desejado, sem qualquer interferência prejudicial. Que fique claro que a obrigação do transportador não é de meio, mas sim de resultado. De acordo com Rogério Marrone de Castro Sampaio:

> Importante, ainda, fixar o marco inicial dessa responsabilidade civil. Ora, se vinculada à atividade exercida pelo transportador, sua responsabilidade civil inicia-se com a efetiva execução do contrato de transporte, o que se dá, por exemplo, com o embarque do passageiro no veículo do transportador. Importante não confundir com o momento do aperfeiçoamento do contrato de transporte que, por ser consensual, se verifica com o simples consenso entre as partes. Evidente, portanto, que se o transportado, já com a passagem em seu poder – o que denota o aperfeiçoamento do contrato –, sofre algum infortúnio no trajeto rodoviária visando ao embarque, não há que se falar em responsabilidade civil do transportador.[2]

Formatado o contrato de transporte, serão aplicados os artigos já mencionados anteriormente, previstos no Código Civil, sem prejuízo de preceitos constantes na legislação especial e de tratados e convenções internacionais. Desse modo, se o contrato de transporte se encontrar dentro dos limites desenhados por uma relação de consumo – o que acontece na maioria das vezes –, deverão ser aplicadas as regras do Código de Defesa do Consumidor (Lei nº 8.078/90). No que tange à responsabilidade civil no transporte aéreo interno, há disciplina específica no Código Brasileiro de Aeronáutica (Lei nº 7.565/86) e, em se tratando de transporte internacional, deve ser aplicada a Convenção de Varsóvia, alterada posteriormente, pelos Protocolos de Haia e de Montreal.[3]

Menção deve ser feita ao Decreto-lei nº 2.681/12 – a Lei das Estradas de Ferro –, pioneiro na responsabilização dos eventos danosos acontecidos nas estradas de ferro e que acabou por ter sua aplicação ampliada, solucionando, outrossim, acidentes provenientes do transporte rodoviário de pessoas.

O referido Decreto-lei, em seu art. 17, dispôs que "as estradas de ferro responderão pelos desastres que, nas suas linhas sucederem os viajantes e de que resulte a morte, ferimento ou lesão corpórea". E ainda: "A culpa será presumida, só se admitindo em contrário alguma das seguintes provas: I – caso fortuito ou de força maior; II – culpa do viajante, não concorrendo culpa da estrada". Por uma interpretação literal, temos que a situação era de responsabilidade subjetiva com culpa presumida. Porém, prevaleceu o entendimento de que a responsabilidade do transportador, em verdade, era objetiva, sendo, de igual modo, aplicado a qualquer transporte terrestre de pessoas. Na explicação de Cavalieri Filho:

---

[2] SAMPAIO, Rogério Marrone de Castro. *Direito civil:* responsabilidade civil. 3. ed. São Paulo: Atlas, 2003. p. 131.

[3] Os Protocolos são de nºs 1, 2 e 4, sendo o Brasil signatário de todos eles, ratificando-os por meio do Decreto Legislativo nº 22, de 28 de maio de 1979. O Protocolo nº 3 não adquiriu vigência internacional.

Cap. 27 – RESPONSABILIDADE CIVIL NO TRANSPORTE DE PESSOAS

Essa extensão é plenamente justificável com base na analogia. Diante de dois casos semelhantes, um dos quais regulado na lei e o outro não, a própria lei ordena ao juiz aplicar a analogia, meio de integração do Direito. O contrato de transporte celebrado com uma companhia de estrada de ferro é, em tudo e por tudo, semelhante ao contrato de transporte celebrado com uma empresa de ônibus ou bonde. As características dos contratos são as mesmas, idênticas as suas finalidades; diferente é apenas o meio de transporte, tudo a justificar, portanto, serem-lhes aplicáveis as mesmas regras legais.[4]

Acerca de tal decreto – que representou inegável avanço em se tratando de responsabilidade civil no transporte de pessoas –, opinamos que fora ele revogado com a entrada em vigor do Código Civil de 2002.[5]

2. AS DIMENSÕES DA RESPONSABILIDADE DO TRANSPORTADOR

Para evitar confusões, de início importa notar que a responsabilidade civil do transportador poderá espraiar-se em três distintas dimensões: em relação a terceiros; em relação aos empregados; e em relação aos passageiros.

a) **Em relação a terceiros:** atente-se, por exemplo, para o atropelamento de um pedestre perpetrado por um ônibus coletivo urbano. Nesse ponto, a responsabilidade da empresa de ônibus é extracontratual. A conclusão é óbvia, em virtude de não haver entre o pedestre atropelado e a empresa de ônibus qualquer relação jurídica oriunda de um contrato. A referida responsabilidade extracontratual ou aquiliana é objetiva em virtude do art. 37, § 6º, da CF/88[6]. É que se trata de pessoa jurídica de direito privado prestadora de serviço público. Nessa hipótese, a responsabilidade do transportador somente poderá ser afastada em havendo alguma excludente do nexo causal: caso fortuito ou força maior; culpa exclusiva da vítima; ou culpa ou fato de terceiro. Além da CF/88, aplica-se também ao caso em comento o Código de Defesa do Consumidor. Primeiro o art. 14, que impõe responsabilidade objetiva ao fornecedor de serviços. E segundo o art. 17, que equipara ao consumidor todas as vítimas do evento (os *bystanders*), de modo que, estão autorizadas a pleitear indenizações a vítimas do evento, com base no acidente de consumo. Nesse mote, esclarece

---

[4] CAVALIERI FILHO, Sérgio. *Programa de responsabilidade civil*. 7.ed. São Paulo: Atlas, 2007. p. 288.

[5] Com o mesmo entendimento, *vide* Flávio Tartuce: "O contrato de transporte ganha agora tratamento especial no Código Civil de 2002, passando a ser contrato nominado e típico. Desse modo, entendemos que está revogado o Decreto-lei nº 2.681/12, que previa a responsabilidade das empresas de estradas de ferro e, por analogia, sempre foi aplicado a todas as formas de transporte terrestre. Também estão revogados os dispositivos do Código Comercial que tratavam do assunto". TARTUCE, Flávio. *Direito das obrigações e responsabilidade civil*. São Paulo: Método, 2006. p. 423/424. Outrossim, pela revogação do referido decreto-lei, *vide* CAVALIERI FILHO, Sérgio. *Programa de responsabilidade civil*. 7. ed. São Paulo: Atlas, 2007. p. 284.

[6] Art. 37, § 6º, da CF/88: "As pessoas jurídicas de direito público e as de direito privado prestadoras de serviços públicos responderão pelos danos que seus agentes, nessa qualidade, causarem a terceiros, assegurado o direito de regresso contra o responsável nos casos de dolo ou culpa".

Cavalieri Filho que "nada mudou o Código de Defesa do Consumidor quanto à natureza dessa responsabilidade porque já era objetiva a partir da Constituição de 1988; mudou-se, entretanto, a sua base jurídica. Não mais necessitamos agora do mecanismo da responsabilidade pelo fato de terceiro porque o transportador não responde pelo fato do preposto (art. 932, III, do Código Civil, que corresponde ao art. 1521, III, Código de 1916), mas sim por fato próprio – o defeito do serviço".[7]

b) **Em relação aos empregados:** atente-se, por exemplo, para o motorista ou o trocador que se feriram em virtude do acidente acontecido com o ônibus coletivo urbano, no qual ambos trabalhavam. Há aqui responsabilidade decorrente de acidente de trabalho, vislumbrada a relação contratual trabalhista entre a empresa de ônibus e os seus empregados. Será devida indenização pelo INSS e caso tenha havido dolo ou culpa do empregador, este poderá ser cobrado em indenização na Justiça Comum, conforme art. 7º, XXVIII, CF/88.[8]

c) **Em relação aos passageiros:** atente-se, por exemplo, para o passageiro que se machuca dentro do ônibus urbano coletivo que se envolve em acidente. Aqui está a responsabilidade contratual do transportador oriunda do contrato de transporte. E, além disso, tal responsabilidade se manifesta como objetiva, como esclarecemos posteriormente.

3. O PORQUÊ DA RESPONSABILIDADE OBJETIVA DO TRANSPORTADOR EM RELAÇÃO AOS PASSAGEIROS

Embora não haja previsão expressa de que a responsabilidade do transportador em relação aos passageiros seja considerada objetiva, tal fato deve ser considerado em virtude de quatro importantes vetores:

---

[7] CAVALIERI FILHO, Sérgio. *Programa de responsabilidade civil*. 7. ed. São Paulo: Atlas, 2007. p. 285. E mais adiante esclarece: "Na medida em que o Código de Defesa do consumidor, em seu art. 17, equiparou ao consumidor todas as vítimas de acidente de consumo, ainda que estranhas a uma relação contratual, ficou aqui superada a clássica dicotomia entre responsabilidade contratual e extracontratual. Vale dizer, a distinção estabelecida pelos juristas franceses nos primórdios da responsabilidade do transportador para ensejar-lhe uma responsabilidade mais severa em relação ao passageiro, perdeu a sua razão de ser com o Código do Consumidor. A responsabilidade nas relações de consumo ficou submetida a uma disciplina única, tendo em vista que o fundamento da responsabilidade do fornecedor, em qualquer hipótese, é o defeito do produto ou serviço lançado no mercado e que vem a dar causa a um acidente de consumo. Não se tratando de prestador de serviço público, nem de relação de consumo, a responsabilidade extracontratual do transportador (de pessoas ou coisas) deverá ser enquadrada no parágrafo único do art. 927 do Código Civil". CAVALIERI FILHO, Sérgio. *Programa de responsabilidade civil*. 7. ed. São Paulo: Atlas, 2007. p. 285.

[8] Art. 7º, XXVIII, CF/88: "São direitos dos trabalhadores urbanos e rurais, além de outros que visem à melhoria de sua condição social: (...) XXVIII – seguro contra acidentes de trabalho, a cargo do empregador, sem excluir a indenização a que este está obrigado, quando incorrer em dolo ou culpa".

Cap. 27 – RESPONSABILIDADE CIVIL NO TRANSPORTE DE PESSOAS

1º) O transportador assume uma obrigação de resultado, e não apenas de meio. Aqui se projeta a cláusula de incolumidade;

2º) Assim sempre foi o tratamento dado à questão tanto em sede doutrinária quanto em sede jurisprudencial;

3º) Pela possibilidade de enquadramento nos exatos contornos de uma relação de consumo em que há a expressa imposição de responsabilidade objetiva (art. 14, CDC[9]);

4º) Pela previsão de nulidade da cláusula de não indenizar, prevista no art. 734 do CC que desponta com a seguinte redação: "O transportador responde pelos danos causados às pessoas transportadas e suas bagagens, salvo motivo de força maior, sendo nula qualquer cláusula excludente da responsabilidade".[10] O repúdio à referida cláusula já estava consignada na Súmula nº 161 do STF: "Em contrato de transporte é inoperante a cláusula de não indenizar". Releva notar que é lícito, entretanto, ao transportador exigir a declaração do valor da bagagem a fim de fixar o limite da indenização (art. 734, parágrafo único, CC).

4. EXCLUDENTES DE RESPONSABILIDADE DO TRANSPORTADOR

Em se tratando de responsabilidade objetiva, devemos considerar, em princípio, as excludentes do nexo causal que são: caso fortuito e força maior, culpa exclusiva da vítima e fato ou culpa de terceiro. Porém, prezado leitor, não pare nessas linhas, pois outras observações relevantíssimas acerca do tema deverão ser formuladas.

A primeira, de que os doutrinadores mais modernos dividem o caso fortuito em fortuito interno e fortuito externo. E, conforme já assinalamos alhures, há nas duas hipóteses a imprevisibilidade já aventada. Porém, no fortuito interno o fato imprevisível está conexo à organização e atuação da empresa, por exemplo, o infarto sofrido pelo motorista do ônibus que poderia ter sido detectado em exames periódicos de saúde do empregado da empresa. Já, em se tratando de fortuito externo, há a imprevisibilidade do fato que, todavia, não está conexo à organização e atuação da empresa. Aqui nos deparamos com os fenômenos da natureza, como tempestades e enchentes. Assim, muitos doutrinadores apresentam como sinônimas as expressões fortuito externo e força maior, em virtude da inerente inevitabilidade. Percebemos, então, que o transportador só não terá o dever de indenizar diante do fortuito externo. Desse modo, lembremos da redação do art. 734 do CC: "O transportador responde pelos danos causados às pessoas transportadas e suas bagagens, salvo motivo de força maior, sendo nula qualquer cláusula excludente da responsabilidade". O referido artigo atenta para a força

---

[9] Art. 14 do CDC: "O fornecedor de serviços responde, independentemente da existência de culpa, pela reparação dos danos causados aos consumidores por defeitos relativos à prestação dos serviços, bem como por informações insuficientes ou inadequadas sobre sua fruição e riscos".

[10] Embora o art. 734 do CC, que veda a cláusula de não indenizar, se refira ao transporte de pessoas, não há óbice para que tal proibição seja estendida ao transporte de coisas também por analogia a tal artigo, ou mesmo em virtude da Súmula nº 161 do STF, que não apresenta a limitação ao transporte de pessoas.

maior apenas que, como vimos, se traduz no fortuito externo. Observando a sistemática do Código de Defesa do Consumidor, em seu art. 14, § 3º, dentre as excludentes de responsabilidade do fornecedor não há referência ao caso fortuito e à força maior, daí concluímos que, mais uma vez, apenas o fortuito externo será causa hábil a afastar o dever de indenizar.

A segunda observação por nós formulada nesse eixo é a de que a culpa exclusiva da vítima, aqui o viajante, também se apresenta como causa excludente da responsabilidade do transportador, por se tratar de excludente do nexo causal, embora não haja previsão expressa a esse respeito no Código. O que há é o *caput* do art. 738 do CC que dispõe:

> A pessoa transportada deve sujeitar-se às normas estabelecidas pelo transportador, constantes no bilhete ou afixadas à vista dos usuários, abstendo-se de quaisquer atos que causem incômodo ou prejuízo aos passageiros, danifiquem o veículo, ou dificultem ou impeçam a execução normal do serviço.

Ademais, o seu parágrafo único preleciona: "Se o prejuízo sofrido pela pessoa transportada for atribuível à transgressão de normas e instruções regulamentares, o juiz reduzirá equitativamente a indenização, na medida em que a vítima houver concorrido para a ocorrência do dano". O que há aqui é a possibilidade de redução de indenização diante da culpa concorrente da vítima. Ao avançar nesse raciocínio, se é possível a aplicação da teoria da culpa concorrente a autorizar a redução da indenização, de igual modo é possível a exclusão da responsabilidade do transportador por culpa exclusiva do transportado, como, por exemplo, ocorre no caso dos "surfistas ferroviários". No que respeita aos ditos "pingentes", que são aquelas pessoas que se penduram nos veículos durante o transporte, a jurisprudência dominante se manifesta no sentido de que não se trata de culpa exclusiva da vítima, haja vista a imposição de o transportador exercer a vigilância devida ao longo do transporte e ser constatado no mais das vezes que tal fato se deve, em verdade, ao estado de superlotação do meio de transporte e à manutenção das portas abertas do veículo com este em deslocamento.

A terceira e importante observação que deve ser feita é que, embora a culpa ou fato de terceiro seja, em regra, excludente do nexo causal, não poderá, todavia ser alegada para afastar a responsabilidade do transportador. É o que prevê expressamente o Código Civil em seu art. 735 com a seguinte redação: "A responsabilidade contratual do transportador por acidente com o passageiro não é elidida por culpa de terceiro, contra o qual tem ação regressiva". Tal dispositivo, em verdade, consubstancia o já disposto na Súmula nº 187 do STF que estabelecia: "A responsabilidade contratual do transportador, pelo acidente com o passageiro, não é elidida por culpa de terceiro, contra o qual tem ação regressiva". O que há em verdade é a aplicação do fortuito interno que, como vimos, não exclui a responsabilidade do transportador. Atentemos para o fato de que tanto a súmula quanto o artigo se referem à culpa de terceiro, sem mencionar, entretanto, o dolo de terceiro. Nessa linha de intelecção Cavalieri Filho explica que, em se tratando de fato doloso de terceiro:

Cap. 27 – RESPONSABILIDADE CIVIL NO TRANSPORTE DE PESSOAS

Este não pode ser considerado fortuito interno porque, além de absolutamente imprevisível e inevitável, não guarda nenhuma ligação com os riscos do transportador; é fato estranho à organização de seu negócio, pelo qual não pode responder. Por isso, a melhor doutrina caracteriza o fato doloso de terceiro, vale dizer, o fato exclusivo de terceiro, como fortuito externo, com o que estamos de pleno acordo. Ele exclui o próprio nexo causal, equiparável à força maior, e, por via de consequência, exonera de responsabilidade o transportador.[11]

É do raciocínio já desenvolvido acima que as hipóteses de assaltos aos transportes coletivos ou arremesso de objetos contra o veículo transportador se moldam aos limites do fortuito externo, estranhos à atividade da empresa e, portanto, desonerantes da responsabilidade do transportador. O problema aqui reside na Segurança Pública que, notoriamente, deixa a sociedade à deriva. Se impuséssemos ao transportador o ônus de indenizar os vitimados nessas ocasiões, estaríamos a propugnar e a aplicar a teoria do risco integral, que é de todo descabida nos casos em apreço. Entretanto, por evidente, em casos em que o transportador contribua para a eclosão desse tipo de evento danoso, quando, por exemplo, indevidamente faz o trajeto de portas abertas a proporcionar o alcance da pedra atirada contra o passageiro ou quando o trecho percorrido é notoriamente conhecido pelos riscos apresentados e a empresa não toma qualquer precaução para impedir a eclosão do evento danoso, nítida restará a responsabilidade do transportador.

Fechamos este tópico apontando as seguintes excludentes de responsabilidade do transportador:

- o fortuito externo ou a força maior;
- a culpa ou fato exclusivo da vítima;
- e o fato doloso de terceiro.

5. O TRANSPORTE GRATUITO. A "CARONA"

Quando se fala em transporte gratuito, de início se torna importante um esclarecimento fundamental: o transporte poderá ser aparentemente gratuito ou puramente gratuito. A seguir explicamos.

5.1. O transporte aparentemente gratuito

Transporte aparentemente gratuito é aquele que apenas deixa transparecer a gratuidade, não sendo gratuito porém. Isso porque o transportador aufere sim vantagens nesse tipo de transporte, ainda que indiretamente. Alguns exemplos merecem ser lembrados: quando o transportado se oferece para pagamento do pedágio, divisão do gasto com o combustível ou pagamento de refeição ao transportador; quando os donos das lojas oferecem transporte aos turistas; quando a empresa fornece o transporte aos empregados para o transcurso da residência ao trabalho;

---

[11] CAVALIERI FILHO, Sérgio. *Programa de responsabilidade civil.* 7. ed. São Paulo: Atlas, 2007. p. 295.

quando o corretor de imóveis conduz o cliente ao imóvel que está disponível para venda ou aluguel; e até mesmo o transporte que as empresas de ônibus devem prestar aos maiores de 65 anos por disposição da Constituição Federal de 1988 (art. 230, § 2o[12]). Nesse último caso, o transporte é apenas aparentemente gratuito, pois o seu pagamento está, em verdade, embutido no valor global da tarifa ou em vantagens que a empresa transportadora irá receber do Poder Público concedente. Nos demais casos mencionados, sem maior esforço de raciocínio, percebemos que o transportador está sim a receber vantagens do transportado ainda que indiretamente. Que fique claro, portanto: em todas essas hipóteses o transporte não é gratuito! Constatado isso, releva perceber que deverão ser aplicadas as regras até aqui já mencionadas. Isto é, trata-se de responsabilidade contratual e objetiva do transportador, somente podendo ser afastada nas hipóteses de fortuito externo, culpa exclusiva da vítima e fato doloso de terceiro. Daí, transcrevemos o parágrafo único do art. 736 do CC: "Não se considera gratuito o transporte quando, embora feito sem remuneração, o transportador auferir vantagens indiretas".

Nesse ponto, vale lembrar ainda a ressalva formulada por Flávio Tartuce que amplia a perspectiva, esclarecendo-nos que:

> Compreendemos que tal regra tem aplicação imediata a elevadores e escadas rolantes localizados em lojas, *shopping centers*, supermercados, hotéis e similares, eis que também são meios de transporte de menor amplitude espacial. Mesmo não havendo remuneração, tais meios de transporte acabam trazendo vantagens indiretas aos fornecedores e prestadores. Fica claro, também, que é possível invocar as normas do Código de Defesa do Consumidor para apontar a responsabilidade objetiva.[13]

Ao transporte que denominamos aparentemente gratuito, Pablo Stolze e Rodolfo Pamplona Filho designam de "transporte interessado, sem remuneração direta". Os ilustres autores aventam ainda a seguinte proposição:

> Para não ser considerado gratuito, o referido "interesse" do condutor deve ser econômico? Uma carona motivada por interesse sexual, por exemplo, descaracterizaria a cortesia, fazendo incidir as regras do contrato de transporte, e, por conseguinte, da responsabilidade objetiva? Em nosso sentir, segundo uma interpretação teleológica, desde que não seja por amizade ou mera cortesia (art. 736, *caput*), o transporte motivado por qualquer interesse do condutor justificaria a descaracterização do transporte gratuito (art. 736, parágrafo único). Ademais, a lei não refere que o interesse do transportador deva ser necessariamente pecuniário. Assim, uma carona dada apenas para fins sexuais (a famosa "cantada em ponto de ônibus") autorizaria, em nosso entendimento, a incidência das regras do contrato de transporte, por força da "vantagem indireta" experimentada pelo condutor, nos termos do mencionado parágrafo único do art. 736. Destarte, deverá

---

[12] Art. 230, § 2o, CF/88: "Aos maiores de sessenta e cinco anos é garantida a gratuidade dos transportes coletivos urbanos".

[13] TARTUCE, Flávio. *Direito das obrigações e responsabilidade civil*. São Paulo: Método, 2006. p. 426.

observar a cláusula implícita de segurança, podendo ser compelido a indenizar a outra parte sem aferição de culpa. Advertimos, apenas, que a incidência dessas regras, mais severas para o transportador, não decorre da circunstância de estarmos diante de um contrato de transporte típico, pelo simples fato de a prestação sexual não ser licitamente admitida. Todavia, apenas para o efeito de facilitar a responsabilização do condutor – que atuou com segundas intenções –, concluímos que o legislador cuidou de determinar a aplicação das regras do contrato de transporte, afastando a alegação de mera cortesia, visando, dessa forma, facilitar a reparação da vítima.[14]

5.2. O transporte puramente gratuito

O transporte puramente gratuito é aquele que é realizado por mera liberalidade do transportador e no interesse exclusivo do transportado. É o caso, por exemplo, da carona oferecida a um conhecido ou no socorro que se presta a alguém ferido na via pública conduzindo-o ao hospital.

É nesse momento que a doutrina se digladia acerca da responsabilidade do transportador, em se tratando de transporte puramente gratuito, diante de evento danoso que ofenda ao transportado.

Dois posicionamentos são apresentados:

1º) Deverá ser aplicada a regra do art. 392 do CC que assim dispõe: "Nos contratos benéficos, responde por simples culpa o contratante, a quem o contrato aproveite, e por dolo aquele a quem não favoreça. Nos contratos onerosos, responde cada uma das partes por culpa, salvo as exceções previstas em lei." Aplicando-se esse artigo ao transporte puramente gratuito, conclui-se que o transportador responderá apenas por dolo ou mesmo por culpa grave, que a ele se equipara. Foi desse raciocínio que veio a lume a Súmula nº 145 do STJ com a seguinte redação: "No transporte desinteressado, de simples cortesia, o transportador só será civilmente responsável por danos causados ao transportado quando incorrer em dolo ou culpa grave".[15]

2º) Não se trata de contrato benéfico, por isso descabida a aplicação do art. 392 do CC que deve sim ser aplicado a contratos de doação pura e comodato, por exemplo. Também não se trata de contrato de transporte, uma vez que, conforme salienta Cavalieri Filho: "aquele que oferece gratuitamente o transporte não pretende se vincular a uma vigilância tão severa quanto a daquele que presta o transporte remunerado; nem quem o aceita ou solicita pode exigir do transportador de cortesia os rigores da cláusula de incolumidade. O carona assume os riscos da viagem. Basta lembrar que o prestador do transporte gratuito não poderá ser acionado,

---

[14] GAGLIANO, Pablo Stolze; PAMPLONA FILHO, Rodolfo. *Novo curso de direito civil:* responsabilidade civil. 6. ed. São Paulo: Saraiva, 2008. p. 299.

[15] Enunciado nº 559, CJF: "Observado o Enunciado nº 369 do CJF, no transporte aéreo, nacional e internacional, a responsabilidade do transportador em relação aos passageiros gratuitos, que viajarem por cortesia, é objetiva, devendo atender à integral reparação de danos patrimoniais e extrapatrimoniais".

com base no contrato, se não cumprir a promessa de transportar, ou se deixar de levar o carona ao seu destino em virtude de avaria no seu veículo, que o impediu de prosseguir viagem".[16] Nessa esteira, inclusive, a redação do art. 736, *caput* do CC: "Não se subordina às normas do contrato de transporte o feito gratuitamente, por amizade ou cortesia". Daí que, se não há contrato benéfico, tampouco contrato de transporte, a solução reside no afastamento da responsabilidade contratual e objetiva. Desse modo, outra saída não resta que não seja aplicar a responsabilidade extracontratual ou aquiliana com fincas no art. 186 do CC. Seria esse o posicionamento mais adequado, ao qual nos filiamos. Sobremaneira, em virtude de elucubrações outras que devem ser feitas, como, por exemplo, a situação em que ocorre um acidente em que o motorista por negligência atropela a um pedestre e acaba por ferir o seu "carona". Se aplicarmos o art. 392 do CC, o pedestre seria ressarcido posto a aplicação da responsabilidade extracontratual. Já o carona, não se veria indenizado uma vez que o motorista não operou com dolo ou culpa grave. Nesse momento, atentamos para a situação jurídica desfavorável do "carona" em relação ao pedestre, já que somente esse último seria indenizado.

Fechamos a discussão levando em consideração a respeitável opinião de Flávio Tartuce ao analisar a Súmula nº 145 do STJ:

> Entendemos que a súmula merece nova leitura, eis que não há necessidade de a culpa ser grave ou da presença de dolo. Presente a culpa, em qualquer grau, responderá aquele que deu a carona. O grau de culpa apenas serve para a fixação da indenização, inclusive por danos morais (arts. 944 e 945 do CC, teoria da causalidade adequada e teoria do risco concorrente, respectivamente).[17]

6. O TRANSPORTE CLANDESTINO

Há o transporte clandestino quando o passageiro ingressa às escondidas no transporte, em virtude de ludibriar a vigilância do transportador. Poder-se-ia, em caso de evento danoso, forçar a uma situação de transporte gratuito aplicando-se as suas consequências. Entretanto, é que não é o caso! Em verdade, o que houve foi culpa exclusiva da vítima, fato esse gerador da exclusão do nexo causal e, por conseguinte, da responsabilidade do transportador. Culpa exclusiva da vítima! Esse é o argumento para que o transportador afaste a sua responsabilidade. Não se configura, pois, o transporte gratuito, tampouco, o transporte contratual. A clandestinidade, evidentemente, deverá ser provada por aquele que a alega, no caso, o transportador. Vale lembrar, outrossim, que poderá exsurgir a responsabilidade do transportador caso esse tenha agido com omissão injustificável, caso esse de culpa concorrente.

---

[16] CAVALIERI FILHO, Sérgio. *Programa de responsabilidade civil*. 7. ed. São Paulo: Atlas, 2007. p. 303/304.

[17] TARTUCE, Flávio. *Direito das obrigações e responsabilidade civil*. São Paulo: Método, 2006. p. 426.

A RESPONSABILIDADE CIVIL NAS RELAÇÕES JURÍDICAS DE CONSUMO

1. A RELAÇÃO JURÍDICA DE CONSUMO. NOTAS INTRODUTÓRIAS

Se nos propomos a trabalhar a responsabilidade civil nas relações de consumo, cumpre em primeiro plano identificar o que seja a relação jurídica de consumo. Como já sabemos, relação jurídica é termo utilizado para designar a ligação entre as pessoas sob um vínculo jurídico, produzindo direitos e deveres para as partes. A relação jurídica de consumo ocorrerá quando os sujeitos interligados forem o consumidor e o fornecedor, ambos transacionando produtos e serviços.

Estudar a relação jurídica dentro do contexto consumerista é da mais alta relevância uma vez que encontramos aqui o ponto central de todo o estudo do Direito do Consumidor. Esse ponto central nos orientará em todos os sentidos que devem ser tomados para se solucionar uma questão controversa. Assim, se uma relação jurídica é tutelada pelo Direito, temos que definir de antemão se se trata de uma relação jurídica de consumo ou não. Exatamente porque, em se tratando da relação jurídica de consumo, essa será tutelada de forma especial pelo Direito. Assim, conclui-se que, para a relação jurídica de consumo, o estatuto legal a ser utilizado será o Código de Defesa do Consumidor, e observada será a base principiológica própria da relação consumerista, afastando-se assim a aplicação do Código Civil, de tal modo que este somente será aplicado em caráter subsidiário quando a norma nele contida for mais favorável ao consumidor do que a norma do Código de Defesa do Consumidor. Na esteira da doutrina mais moderna, não nos esquecemos, é claro, do Diálogo das Fontes, tese que se traduz exatamente na aproximação principiológica entre o Direito Civil e o Código de Defesa do Consumidor, com a entrada em vigor do novo Código Civil em janeiro de 2003. Tanto é assim, vale lembrar o Enunciado nº 167, aprovado na III Jornada de Direito Civil:

> Com o advento do Código Civil de 2002, houve forte aproximação principiológica entre esse Código e o Código de Defesa do Consumidor, no que respeita à regulação contratual, uma vez que ambos são incorporadores de uma nova teoria geral dos contratos.

Lembramos, ainda, das sábias palavras de Cavalieri Filho:

> O Código Civil de 2002 consagra os mesmos princípios editados pelo Código de Defesa do Consumidor. Onde pois, a colidência? Como falar em conflito ou em revogação? Pelo

contrário, agora temos uma ordem jurídica mais em harmonia com o Código do Consumidor do que antes; agora o Código do Consumidor encontra menos resistência à sua aplicação porque temos uma ordem jurídica mais consentânea com os princípios por ele consagrados. (...) Na área da responsabilidade civil também não há colisão, porque o Código Civil segue a mesma sistemática do CDC – prevalência da responsabilidade objetiva fulcrada no risco criado pela atividade e pelo produto (arts. 927, parágrafo único, e 931).[1]

O CDC, ante a necessidade premente do conceito exato dos sujeitos da relação jurídica de consumo para diferenciá-la de qualquer outra relação jurídica, definiu o que seria consumidor e fornecedor. Tal ato lhe rendeu algumas críticas por parte da doutrina, talvez porque a maioria das legislações estrangeiras que têm por objeto as relações de consumo abstenha-se de conceituar os sujeitos de tal relação. Ou mesmo porque sabemos que definir é sempre algo perigoso, uma vez que se corre o risco de restringir demais determinadas situações ou não acompanhar a evolução da sociedade. Entretanto, andou bem o CDC com as suas definições que abarcam as situações plausíveis de sua proteção, sendo que, ainda sim, sempre que surgir alguma controvérsia respeitante a algum conceito, não há óbice algum em socorrer-se da doutrina e da jurisprudência que procuram solucionar o problema.

2. O CONSUMIDOR

O conceito de consumidor encontra-se espargido pelo CDC nos arts. 2º, 17 e 29. Inicia-se no *caput* do art. 2º um conceito de consumidor mais restrito, individual e concreto. Ao passarmos pelo art. 17, deparamos com o conceito de consumidor equiparado. E, por fim, terminamos no art. 29 com um consumidor visto sob a ótica generalista, de maneira abstrata. Esse percurso a que o CDC nos conduz tem por objetivo abarcar as diversas situações em que se pode encontrar um consumidor, desde um consumidor real, objetivo e palpável, até um consumidor imaginário e ideal.

O *caput* do art. 2º do CDC dispõe que "consumidor é toda pessoa física ou jurídica que adquire ou utiliza produto ou serviço como destinatário final". Por pessoa física entende-se, obviamente, a pessoa natural, independentemente de apresentar capacidade de fato ou não. No que tange à pessoa jurídica, sua classificação encontra-se no art. 40 do Código Civil, de modo que as pessoas jurídicas podem ser de direito público, interno ou externo, e de direito privado. As pessoas jurídicas de direito público interno estão previstas no art. 41 do Código Civil, e com a redação fornecida pela Lei nº 11.107/2005 são: a União, os Estados, o Distrito Federal, os Territórios, os Municípios, as autarquias, inclusive as associações públicas, e as demais entidades de caráter público criadas por lei. As pessoas jurídicas de direito público externo, pelo art. 42 do Código Civil, são os Estados estrangeiros e todas as pessoas que forem regidas pelo Direito Internacional Público. As pessoas jurídicas de direito privado são as associações, as sociedades,

---

[1] CAVALIERI FILHO, Sérgio. *Programa de direito do consumidor*. São Paulo: Atlas, 2008. p. 22.

Cap. 28 – A RESPONSABILIDADE CIVIL NAS RELAÇÕES JURÍDICAS DE CONSUMO

as fundações, e com a redação fornecida pela Lei nº 10.825/2003 ao art. 44 do Código Civil, as organizações religiosas e os partidos políticos. Assim, o art. 2º do CDC quando utiliza a expressão "toda", em princípio, quer se referir a todo tipo de pessoa jurídica encontrada por meio da dissecação dos artigos supracitados do Código Civil. Então, a pessoa jurídica consumidora poderá ser, por exemplo, uma microempresa, uma multinacional etc. Essas são algumas proposições iniciais que deverão ser consideradas em sintonia com o critério máximo orientador para se definir o consumidor que é a sua vulnerabilidade. Somente com um dos polos da relação jurídica sendo vulnerável pode-se detectar uma relação de consumo. Em decorrência dessa premissa, alguns doutrinadores entendem que o CDC ao definir consumidor não poderia abarcar as pessoas jurídicas.[2]

O art. 2º do CDC menciona os termos **"adquire"** e **"utiliza"**. Adquirir significa obter por compra e utilizar significa fazer uso ou empregar utilmente. Com isso, o legislador ampliou o conceito de consumidor, pois este não se esgota naquele que apenas obtém o produto ou serviço, mas também naquele que faz uso do produto ou serviço, sem sequer adquiri-lo. A exemplo disso temos o fato de uma dona de casa ter adquirido alimentos para a sua família, e sua filha acabar por ingerir um dos alimentos que se encontrava deteriorado. Eis a dona de casa como consumidora e também a sua filha, pois essa última, não obstante não tenha adquirido o produto, utilizou-o e acabou por se tornar consumidora também.

Até aqui não surgem maiores problemas com o conceito de consumidor. Entretanto, quando deparamos com a expressão **"destinatário final"** contida no art. 2º do CDC é que surgem as grandes controvérsias, pois, para se verificar exatamente quem é o consumidor, polo vulnerável da relação de consumo, deve--se compreender a amplitude da expressão **"destinatário final"**. Se consumidor, pela lei, é aquele que age como destinatário final, o que é ser destinatário final? Por exemplo, a lanchonete que adquire insumos alimentares para fazer os lanches que serão vendidos é destinatária final? E, quando essa mesma lanchonete utiliza esses insumos alimentares para servir aos seus próprios empregados nos horários de intervalo, é neste caso destinatária final e, portanto, consumidora?

Existem duas grandes tendências do consumerismo ao se interpretar o art. 2º do CDC: os finalistas e os maximalistas. A seguir trabalhamos cada uma delas.

2.1. A corrente finalista ou subjetivista

Para os finalistas, o art. 2º do CDC quando impõe o "destinatário final" quer significar destinação final econômica, isto é, para que a pessoa se configure nos exatos contornos do consumidor a aquisição do bem ou de serviço deverá

---

[2] Assim, Arnold Wald ao explicar a situação das pessoas jurídicas no art. 2º do CDC esclarece que o referido artigo tratou de "certas pessoas jurídicas de direito civil sem caráter empresarial, como as fundações e as associações, ou admitiu que as pessoas jurídicas de direito comercial também pudessem invocar a proteção da lei especial, mas, tão somente, nos casos nos quais a contratação de bens ou serviços de consumo não tivesse vinculação alguma com a sua atividade produtiva ou empresarial, não se tratando de bens ou serviços utilizados, ou utilizáveis, direta ou indiretamente , na produção ou comercialização". WALD, Arnold. O direito do consumidor e suas repercussões em relação às instituições financeiras. *RT* 666/14 abr. 1991.

atender, portanto, a uma necessidade pessoal do adquirente ou utente. Não será, assim, consumidor, a pessoa que adquire o produto para incremento de sua atividade profissional ou negocial. Não haveria nessa hipótese, para os adeptos do finalismo, consumo final, mas sim intermediário, não sujeito, assim, às regras do CDC. Para ilustrar ainda mais, Cláudia Lima Marques, explica:

> Para os finalistas, pioneiros do consumerismo, a definição de consumidor é o pilar que sustenta a tutela especial, agora concedida aos consumidores. Esta tutela só existe porque o consumidor é a parte vulnerável nas relações contratuais no mercado, como afirma o próprio CDC no art. 4º, inc. I. Logo, convém delimitar claramente quem merece esta tutela e quem não a necessita, quem é o consumidor e quem não é. Propõem, então, que se interprete a expressão "destinatário final" do art. 2º de maneira restrita, como requerem os princípios básicos do CDC, expostos nos arts. 4º e 6º.[3]

2.2. A corrente maximalista ou objetivista

Para a corrente maximalista ou objetiva, o art. 2º do CDC deve ser interpretado de maneira abrangente, de tal modo que, para que a pessoa seja considerada consumidora, basta a configuração de um ato de consumo. Não se deve buscar a finalidade do ato de consumo, se para atender a necessidades pessoais ou profissionais etc. Trata-se apenas de uma situação de uma pessoa natural ou jurídica, que dá ao bem ou ao serviço uma destinação final fática, importa-se, portanto, com a vulnerabilidade técnica, jurídica ou socioeconômica. Desse modo, já há um consumidor e toda a tutela da lei consumerista. Assim, o exemplo clássico é: se jovem advogado ou grande escritório de advocacia adquirem cada qual um computador, não importa a posição de cada um. Para a corrente maximalista ambos devem ser considerados consumidores.

Acerca dessa corrente, Cláudia Lima Marques esclarece, mais uma vez:

> O CDC seria um Código geral sobre o consumo, um Código para a sociedade de consumo, o qual institui normas e princípios para todos agentes do mercado, os quais podem assumir papéis ora de fornecedores, ora de consumidores. A definição do art. 2º deve ser interpretada o mais extensivamente possível, segundo esta corrente, para que as normas do CDC possam ser aplicadas a um número cada vez maior de relações de mercado. Consideram que a definição do art. 2º é puramente objetiva, não importando se a pessoa física ou jurídica tem ou não fim de lucro quando adquire um produto ou utiliza um serviço. Destinatário final seria o destinatário fático do produto, aquele que retira do mercado e o utiliza, o consome; por exemplo, a fábrica de celulose que compra carros para o transporte dos visitantes, o advogado que compra uma máquina de escrever para o seu escritório, ou mesmo o Estado quando adquire canetas para uso nas repartições e, é claro, a dona de casa que adquirir produtos alimentícios para a família.[4]

---

[3] MARQUES, Cláudia Lima. *Contratos no Código de Defesa do Consumidor:* o novo regime das relações contratuais. 4. ed. São Paulo: Revista dos Tribunais, 2002. p. 253.

[4] MARQUES, Cláudia Lima. *Contratos no Código de Defesa do Consumidor:* o novo regime das relações contratuais. 4. ed. São Paulo: Revista dos Tribunais, 2002. p. 255.

Cap. 28 – A RESPONSABILIDADE CIVIL NAS RELAÇÕES JURÍDICAS DE CONSUMO

2.3. As duas correntes e o Superior Tribunal de Justiça

A dicotomia sugere que para os finalistas será consumidor apenas aquele que utiliza o produto ou serviço em proveito próprio ou de sua família, sendo o não profissional. Já para os maximalistas, para ser consumidor não é preciso que necessariamente a pessoa faça uso do produto ou serviço para atender a uma necessidade pessoal, podendo ser também consumidor aquele que utilize o produto para a revenda ou para acrescentar à cadeia produtiva.

O Superior Tribunal de Justiça, em princípio, inclinou-se para a corrente maximalista, ampliando assim a incidência do CDC. Porém, o referido Tribunal, posterior e recentemente, muda de direção, aplicando a corrente finalista, conforme julgamento do REsp 541.867/BA, Rel. Min. Barros Monteiro.[5]

2.4. O finalismo atenuado

Mesmo diante dessas duas correntes, é possível que nos detenhamos diante de uma determinada situação em que a aplicação de quaisquer das duas correntes conduza a uma situação de flagrante injustiça. Então, em razão disso, deparamos com uma terceira corrente, mais moderna, sem dúvida, que prega um posicionamento finalista atenuado com válvula de escape no art. 29 do CDC que equipara aos consumidores aqueles que forem vítimas de práticas abusivas, o que estudaremos adiante com mais vagar. Essa nova corrente entende que o ponto orientador para se designar um consumidor é realmente a vulnerabilidade daquele que adquire ou utiliza produtos ou serviços como destinatário final. Entretanto, pode ser que, por exemplo, um profissional liberal ou uma pessoa jurídica, não obstante situarem-se em posição de intermediários do ciclo de produção, estejam ao mesmo tempo em posição de vulnerabilidade, necessitando ambos, portanto, do manto de proteção fornecido pela legislação consumerista, desde que provem que foram vítimas de práticas abusivas. O acórdão transcrito abaixo ilustra bem a postura de vanguarda adotada pela corrente finalista atenuada:

> CÓDIGO DE DEFESA DO CONSUMIDOR ART. 2º – DESTINATÁRIO FINAL – DOUTRINA FINALISTA – VERTENTE MODERNA – VULNERABILIDADE – Lei nº 9.298/96 – Redução da multa a 2% – Aditivo contratual posterior – Aplicabilidade. A doutrina que melhor interpreta o art. 2º da Lei nº 8.078/90, e que vem sendo adotada pela maioria dos tribunais, inclusive pelo STJ, é a finalista, em sua vertente mais moderna, que não

---

[5] "COMPETÊNCIA. RELAÇÃO DE CONSUMO. UTILIZAÇÃO DE EQUIPAMENTO E DE SERVIÇOS DE CRÉDITO PRESTADO POR EMPRESA ADMINISTRADORA DE CARTÃO DE CRÉDITO. DESTINAÇÃO FINAL INEXISTENTE. A aquisição de bens ou a utilização de serviços, por pessoa natural ou jurídica, com o escopo de implementar ou incrementar a sua atividade negocial, não se reputa como relação de consumo e, sim, somo uma atividade de consumo intermediária. Recurso especial conhecido e provido para reconhecer a incompetência absoluta da Vara especializada de Defesa do Consumidor, para decretar a nulidade dos atos praticados e, por conseguinte, para determinar a remessa do feito a uma das Varas Cíveis da Comarca" (REsp 541.867/BA, 2ª Seção do STJ, Rel. Min. Barros Monteiro, julgado em 10/11/2004, *DJ* 16/5/2005, p. 227).

restringe o conceito de consumidor apenas àqueles que retiram definitivamente o bem ou serviço da cadeia produtiva, estendendo-o também aos que se encontram em situação de evidente vulnerabilidade fática, econômica ou técnica. No caso dos autos, fica claro que os embargados, produtores rurais de pequeno porte que necessitavam urgentemente do empréstimo, encontravam-se totalmente vulneráveis frente ao banco, instituição financeira de reconhecido poderio econômico. Aplica-se, portanto, o CDC, não se podendo olvidar, inclusive, que o contrato é de adesão, havendo supressão da liberdade contratual dos embargados. A Lei nº 9.298/96, que reduziu a multa para 2%, nos casos de contratos de financiamento sobre os quais incide o CDC, aplica-se ao caso dos autos, pois, embora a cédula de crédito tenha sido pactuada antes da entrada em vigor da lei, o aditamento do contrato se deu depois (TAMG, EI 0330615-6/01, Sacramento, 5ª C. Cív., Rel. Juiz Mariné da Cunha, julgado em 22/11/2001).

Na mesma esteira, o STJ não desconhece a possibilidade de mitigação da corrente finalista e, no julgamento abaixo, negritamos:

RESPONSABILIDADE CIVIL. CONCESSIONÁRIA DE TELEFONIA. SERVIÇO PÚBLICO. INTERRUPÇÃO. INCÊNDIO NÃO CRIMINOSO. DANOS MATERIAIS. EMPRESA PROVEDORA DE ACESSO À INTERNET. CONSUMIDORA INTERMEDIÁRIA. INEXISTÊNCIA DE RELAÇÃO DE CONSUMO. RESPONSABILIDADE OBJETIVA CONFIGURADA. CASO FORTUITO. EXCLUDENTE NÃO CARACTERIZADA. ESCOPO DE PACIFICAÇÃO SOCIAL DO PROCESSO. RECURSO NÃO CONHECIDO.

1. No que tange à definição de consumidor, a Segunda Seção desta Corte, ao julgar, aos 10/11/2004, O REsp 541.8567/BA, perfilhou-se à orientação doutrinária finalista ou subjetiva, de sorte que, de regra, o consumidor intermediário, por adquirir produto ou usufruir de serviço com o fim de, direta ou indiretamente, dinamizar ou instrumentalizar seu próprio negócio lucrativo, não se enquadrar na definição constante no art. 2º do CDC. **Denota-se, todavia, certo abrandamento na interpretação finalista, na medida em que se admite, excepcionalmente, a aplicação das normas do CDC a determinados consumidores profissionais, desde que demonstrada, *in concreto*, a vulnerabilidade técnica, jurídica ou econômica.**

2. A recorrida, pessoa jurídica com fins lucrativos, caracteriza-se como consumidora com o intuito único de viabilizar sua própria atividade produtiva, consistente no fornecimento de acesso à rede mundial de computadores (internet) e de consultorias e assessoramento na construção de homepages, em virtude do que se afasta da existência de relação de consumo. Ademais, a eventual hipossuficiência da empresa em momento algum foi considerada pelas instâncias ordinárias, não sendo lídimo cogitar-se a respeito nesta seara recursal, sob pena de indevida supressão de instância" (REsp 660.026/RJ, Quarta Turma, Rel. Jorge Scartezzini).

2.5. Outros consumidores pelo CDC: parágrafo único do art. 2º, art. 17 e art. 29

O parágrafo único do art. 2º do CDC equipara ao consumidor a coletividade de pessoas, ainda que indetermináveis, que haja intervindo nas relações de consumo.

Isso significa dizer que o CDC dá um salto da esfera particular e individual de cada um e adentra a possibilidade de se perceber um consumidor mesmo que não corporificado que traz consigo a potencial aquisição de produtos e serviços. Então, tem-se aqui a proteção à coletividade de pessoas, ampliando-se o conceito de consumidor individual e de sua aquisição efetiva já prevista no *caput* do art. 2º. Entretanto, releva notar que esse parágrafo protege a coletividade de pessoas sem que essa ainda tenha sofrido danos. Porque, quando isso ocorre, é caso de se recorrer ao art. 17 do CDC. É a regra do parágrafo único do art. 2º que justifica a propositura das ações coletivas previstas no art. 81 do CDC para a defesa de direitos coletivos e difusos.

Quando o parágrafo único do art. 2º nos apresenta como consumidor a coletividade de pessoas, indetermináveis ou não, temos que aqui se encontra a universalidade ou conjunto de pessoas que, mesmo sem se constituir em pessoa jurídica, será tida como consumidora. Como, por exemplo, o condomínio e a massa falida. A decisão transcrita abaixo, ilustra o caso:

> LEGITIMIDADE ATIVA *AD CAUSAM* – AÇÃO CIVIL PÚBLICA – Impetração pelo Ministério Público visando a fixação e o pagamento de mensalidades escolares – Admissibilidade – Direitos e interesses que podem ser considerados coletivos ou se considerados individuais homogêneos seus titulares são consumidores – Inteligência do art. 2º, parágrafo único, da Lei nº 8.078/90 (STF – *RT* 752/116).

O art. 17 do CDC prevê que se equiparam aos consumidores todas as vítimas do evento. Isso significa dizer que são consumidores também, as vítimas do acidente de consumo. São aquelas pessoas que, sem ser consumidoras diretas, foram atingidas pelo evento danoso. Em razão desta previsão legal foi que, com a tragédia ocorrida no "Plaza Shopping Osasco" em 1996, a proprietária e administradora do *shopping* foi condenada pelo Tribunal de Justiça de São Paulo a indenizações por danos materiais e morais sofridos pelas vítimas do acidente. Uma explosão provocada por acúmulo de gás no espaço livre entre o piso e o solo matou 40 pessoas no *shopping* de Osasco. Com a ação civil pública proposta pelo Ministério Público, ocorreu a condenação do *shopping* em reparar os danos morais e patrimoniais sofridos por todas as vítimas, aproximadamente 300 pessoas, com indenização a ser definida em liquidação de sentença. A administradora do *shopping* alegou em tese apresentada na defesa que o "simples passante não pode ser considerado consumidor do *shopping*, porque evidentemente não adquire ou utiliza produto e nem contrata serviço como destinatário final". Entretanto, tal alegação foi rejeitada tendo por fundamento o CDC que em seu art. 17 equipara aos consumidores todos aqueles que foram atingidos pelo evento danoso.

Outro caso bastante divulgado que se justifica na redação do art. 17 do CDC é a condenação da companhia aérea em que um de seus aviões se acidentou em área rural, atingindo rebanho de um fazendeiro, que foi indenizado pelos prejuízos sofridos. Nesse caso, é claro que a relação jurídica de consumo direta se estabeleceu entre os passageiros do avião e a companhia aérea, entretanto, o art. 17 do CDC estendeu a indenização ao fazendeiro que, não obstante não ter adquirido bilhete aéreo para realizar a viagem, teve prejuízos sofridos em decorrência de acidente de consumo, equiparando-se, dessa forma, aos consumidores diretos e recebendo todas as garantias legais estatuídas no CDC.

Ao evoluirmos no conceito de consumidor, deparamos com o art. 29 do CDC que dispõe: "Para os fins deste Capítulo e do seguinte, equiparam-se aos consumidores todas as pessoas determináveis ou não, expostas às práticas neles previstas". Para compreendermos essa nova categoria de consumidor, primeiro é necessário situar o artigo descrito topograficamente ante o CDC. O art. 29 encontra-se iniciando o capítulo V do CDC, que tem como título "Das Práticas Comerciais". Assim, quando o legislador equipara ao consumidor todas as pessoas determináveis ou não expostas a qualquer prática comercial, tem por escopo alcançar todo um leque de pessoas que serão tidas necessariamente como consumidoras, uma vez que estão diante de e expostas às práticas comerciais. Então, o CDC não exaure o conceito de consumidor apenas em um consumidor corporificado, mas também, um consumidor difuso, que se apresentará, por exemplo, diante de uma publicidade enganosa. Diante disso, ainda que nenhum consumidor pretenda sublevar-se contra tal prática, isso não implicará a impossibilidade de um órgão de defesa do consumidor insurgir-se contra tal conduta. Portanto, um potencial consumidor é, em verdade, um consumidor, uma vez que sobre ele pende toda a proteção prevista no CDC.

Após analisarmos o art. 29, temos subsídios suficientes para entender a relação jurídica de consumo, que difere de qualquer outra relação jurídica. Pois bem. Vimos em início que ocorrerá a relação jurídica de consumo quando em um dos polos houver um consumidor e, no outro polo, um fornecedor. Entretanto – e aqui se encontra a magnitude do sistema das relações de consumo – a relação jurídica de consumo não se esgota nessa possibilidade apenas. É possível evidenciarmos outra hipótese de relação de consumo quando a prática comercial puder vir tão somente a se tornar relação de consumo, não se concretizando ainda. Então, temos que é possível um controle abstrato e prévio da relação jurídica, por exemplo, quando o consumidor nem chegue a contratar ainda, como se percebe no controle da publicidade enganosa.

3. O FORNECEDOR

O CDC traz em seu art. 3º o conceito do outro polo da relação de consumo que é o fornecedor. Assim, entende o CDC que:

> Fornecedor é toda pessoa física ou jurídica, pública ou privada, nacional ou estrangeira, bem como os entes despersonalizados, que desenvolvem atividades de produção, montagem, criação, construção, transformação, importação, exportação, distribuição ou comercialização de produtos ou prestações de serviços.

Nesse ponto, releva notar que o CDC, quando se refere a fabricante, comerciante, produtor, importador ou construtor, na realidade está se referindo às espécies do gênero fornecedor. Desse modo, quando o CDC quer dizer respeito a todas elas, apenas prevê a expressão "fornecedor".

O conceito de fornecedor estabelecido pelo CDC é extremamente amplo e genérico. Assim, são considerados fornecedores todas as pessoas naturais e jurídicas sem exclusão, e além desses, os entes despersonalizados, como, por exemplo, a massa falida. Com isso, a lei mantém a responsabilidade do fornecedor que foi à bancarrota e que, nada obstante, ainda possui seus produtos no mercado sendo utilizados pelos consumidores ou ainda perduram as consequências dos serviços prestados. Essa proteção existe exatamente porque o consumidor, ao adquirir um produto ou contratar um serviço, não tem como prever ou saber a possibilidade de um fornecedor falir e, se o soubesse, não adquiriria o produto ou contrataria o serviço.

O fornecedor pode ser a pessoa natural ou jurídica. A pessoa natural fornecedora poderá ser um profissional liberal, isto é, aquele que desenvolve atividade de nível superior eminentemente técnica ou intelectual sem possuir vínculo hierárquico. Exatamente porque se trata desse tipo de atividade – técnica ou intelectual – é que o CDC, embora não exclua da condição de fornecedor o profissional liberal, impõe uma responsabilidade diversa da regra prevista para o fornecedor que não é profissional liberal. Assim, enquanto para os demais fornecedores a responsabilidade é objetiva, aquela que independe da aferição de culpa, para o profissional liberal a responsabilidade é subjetiva dependendo, assim, da análise da culpa.[6]

A outra categoria de pessoa natural que é considerado fornecedor é aquele que presta serviço sem ser um profissional liberal. Neste caso, reitera-se que a responsabilidade a ser aferida é objetiva, diferentemente da do profissional liberal. Poderá, ainda, ser considerada fornecedora a pessoa natural que desenvolva atividade eventual ou rotineira de venda de produtos.

O art. 3º do CDC, ao conceituar fornecedor, indica que esse deverá desenvolver as atividades mencionadas no referido artigo. A expressão **atividade** ocorre no sentido de ação. Assim, pode ser uma ação eventual ou típica. A prática da ação típica ocorre quando o comerciante estabelecido regularmente exerce a atividade típica descrita em seu estatuto. A prática da ação eventual de um fornecedor ocorre quando uma pessoa natural pratica atos de comércio de maneira eventual ou atípica. É o caso, por exemplo, da pessoa que vende joias, esporadicamente, para auxiliar no sustento da família. Essa atividade – vender joias esporadicamente – não é uma atividade típica desenvolvida pela pessoa, mas mesmo assim sobre ela incidirá o CDC. A atividade eventual também poderá ocorrer com a pessoa jurídica quando essa imprimir uma certa regularidade à venda de determinados produtos. Então, por exemplo, quando uma padaria vende seu aparelho de cortar frios para que possa adquirir outro mais moderno, não está praticando com isso uma atividade sequer eventual de relação de consumo. Entretanto, se a mesma padaria começa de maneira regular a vender tais aparelhos, neste caso, estabelecida estará a relação de consumo.

Esclarecedor é o caso da pessoa que vende seu automóvel para trocá-lo por outro mais novo, ou simplesmente porque necessita de dinheiro. Aqui não haverá uma relação de consumo porque a pessoa que está fazendo a venda não

---

[6] Art. 14, § 4º, CDC: "A responsabilidade pessoal dos profissionais liberais será apurada mediante a verificação de culpa".

se insere no rol dos fornecedores do CDC, embora esteja "vendendo" um bem de sua propriedade, exatamente porque esta pessoa que vende o automóvel não pratica de maneira eventual, tampouco de maneira típica, a venda de automóveis. Entretanto, se essa mesma pessoa, com uma certa frequência, começar a comprar automóveis para revendê-los, nesse caso, estabelecer-se-á uma relação de consumo, pois há a prática eventual de uma determinada atividade que se traduz em relação de consumo.

Daí a importância de se verificar a atividade exercida pela pessoa para, estabelecida aquela determinada relação, se apontar qual o estatuto jurídico incidente sobre a relação – se o civil ou o consumerista. Se se trata de uma atividade típica ou eventual exercida pela pessoa natural ou jurídica que se traduz em atos de comércio, incidirá toda a proteção prevista no CDC. Caso contrário aplicar-se-á a lei civil, porque no outro polo da relação não se configurou o fornecedor.

O que chama a atenção da doutrina é que o legislador ao conceituar o fornecedor no art. 3º, especifica a pessoa jurídica que será fornecedora em pública ou privada, nacional ou estrangeira, enquanto o art. 2º do CDC ao conceituar consumidor não adjetiva e nem especifica, de modo que surge a indagação se o art. 2º estaria falando menos do que deveria e seria mais restrito do que o art. 3º. Na realidade, tal indagação é desnecessária, uma vez que tanto o art. 2º como o art. 3º trazem o adjetivo "toda" o que significa dizer que não se pode deixar nenhuma pessoa jurídica de fora. Assim, no art. 3º, o legislador nem precisava especificar como o fez.

4. O PRODUTO

No início deste capítulo, verificamos que a relação jurídica de consumo ocorrerá quando os sujeitos interligados forem o consumidor e o fornecedor, ambos transacionando produtos e serviços.

Visto quem são os sujeitos da relação jurídica de consumo, torna-se pertinente neste momento buscarmos o significado do que será objeto da transação entabulada entre os sujeitos da relação de consumo, que são os produtos e os serviços.

Pelo § 1º do art. 3º do CDC "produto é qualquer bem, móvel ou imóvel, material ou imaterial". Em razão da presença do pronome "qualquer", devemos interpretar a previsão de produto da maneira mais ampla possível. Assim, será considerado produto o bem móvel ou imóvel. A conceituação jurídica de bem móvel e imóvel encontra-se no Código Civil. Bem material é o bem corpóreo o que significa dizer que se trata daquele bem susceptível de apropriação material. Já o bem imaterial é o bem incorpóreo, não sendo susceptível de apropriação materialmente. Assim, poderíamos citar como bem material um apartamento, um automóvel ou uma geladeira, por exemplo. Como bem imaterial, teríamos, por exemplo, o direito real de usufruto ou o direito relativo a um crédito.

Embora o § 1º do art. 3º do CDC traga apenas as categorias de bens móveis e imóveis, materiais e imateriais, não nos poderíamos olvidar dos produtos duráveis e não duráveis que estão previstos no art. 26 presente na seção IV do capítulo IV do CDC que trata dos prazos de decadência e prescrição, distinguindo os produtos duráveis dos não duráveis. Portanto, em razão de uma interpretação sistemática não podemos afastar esta outra categoria de bens que são os duráveis e os não duráveis.

Bens duráveis são aqueles que se conservam em um determinado estado, com as mesmas qualidades, não significando, entretanto, que ficarão eternos nesta condição. É o caso de um eletrodoméstico ou um automóvel. Já os bens não duráveis são aqueles que com a simples utilização se extinguem, como os alimentos e os cosméticos. A importância da distinção repousa na aplicação de prazos decadenciais para a reclamação por vícios do produto ou serviço duráveis, distintos dos não duráveis, conforme art. 26 do CDC.

5. O SERVIÇO

O outro objeto da transação entre consumidor e fornecedor, além do produto, é o serviço. O conceito de serviço está previsto no § 2º do art. 3º do CDC, que dispõe como serviço qualquer atividade fornecida no mercado de consumo, mediante remuneração, inclusive as de natureza bancária, financeira, de crédito e securitária, salvo as decorrentes das relações de caráter trabalhista.

5.1. As atividades de natureza bancária, financeira, de crédito e securitária

Quando o CDC informa que as atividades de natureza bancária, financeira, de crédito e securitária são serviços, apenas o faz a título de exemplificação e também para ressaltar que tais atividades, ainda que se tente não as considerar como serviço, na verdade o são. Isso porque já se previa que a elite econômica, patenteada nesses serviços, buscaria evadir-se à aplicação do CDC e, por conseguinte, de seus princípios.

Essa discussão fervilhou realmente quando a Confederação Nacional do Sistema Financeiro (CONSIF) impetrou perante o STF a ADIn nº 2.591, em dezembro de 2001, pleiteando a inconstitucionalidade do CDC, no que tange ao § 2º do art. 3º. Entretanto tal ação foi julgada improcedente, por dez votos a um. Decisão coerente com os princípios de um Estado Democrático de Direito, a proteger o consumidor quando em confronto com as poderosas instituições financeiras.

Para o Superior Tribunal de Justiça, especialmente por sua Segunda Seção, especializada em Direito Privado, o CDC é suficientemente claro ao definir o que sejam consumidores e fornecedores de produtos ou serviços, enquadrando expressamente nesses conceitos as instituições financeiras e seus clientes. O objetivo do CDC é estabelecer um mínimo de equilíbrio na relação contratual, preservando a necessidade de adequada informação, de cláusulas equitativas, de harmonia na relação de consumo, políticas estas impostas na Constituição Federal de 1988. Esse posicionamento resultou na súmula 297 deste Tribunal, com a seguinte redação: "O Código de Defesa do Consumidor é aplicável às instituições financeiras".

Entretanto, a relutância em se aceitar como serviços aqueles de natureza bancária continua imensa de parte da elite econômica. Em decorrência disso, a doutrina não se cala, como se percebe no desabafo de Augusto Zenun:

O § 2º traz-nos a definição de serviços, a qual é abrangente, pois incluídos estão os de natureza bancária, financeira, de crédito e securitária, o que é louvável, embora não realizável, porque até hoje, as entidades respectivas são ditadoras da ordem econômica no Brasil, onde se praticam abusos e arbitrariedades inomináveis, sem qualquer punição, pois, começando pelos contratos cujas cláusulas só são preenchidas muito depois de o cliente ter aposto a sua assinatura, incluindo-se condicionantes extorsivas. Então, se o Código de Defesa do Consumidor for aplicado seriamente e sem tergiversações, não mais veremos, nos diversos contratos, junto a bancos, financeiras, creditícias e seguradoras, cláusulas exorbitantes e as inelegíveis e, se os fizerem serão punidos e responsabilizados na proporção dos danos ou prejuízos causados, em quaisquer casos e circunstâncias, vez que o Código repele a teoria da culpa para ficar com a teoria do risco.[7]

Com o emprego do pronome "qualquer" o CDC procura ser, novamente, o mais amplo possível ao definir o que seja serviço. Excluindo, como expresso, por razões óbvias, as atividades decorrentes das relações de caráter trabalhista.

Terminamos esse item com a lúcida opinião de Cavalieri Filho a esse respeito:

A realidade mostra que, de modo geral, nas atividades bancárias, securitárias, de financiamento e de crédito, abusos de toda ordem são cometidos, com graves lesões aos consumidores, decorrentes, sobretudo, da desigualdade de poder entre estes e as instituições financeiras e equiparadas. Não por acaso, as primeiras leis protetivas do consumidor versavam sobre atividades relacionadas ao fornecimento de crédito – no Brasil, por exemplo, a Lei de Usura e Lei de Economia Popular. Nada, portanto, justificaria a exclusão das citadas instituições da submissão, nas suas relações com os consumidores, de seus produtos e de seus serviços ao sistema do Código de Defesa do Consumidor.[8]

5.2. A remuneração do serviço: direta ou indireta

O CDC ao definir serviço estabelece que se trata de uma atividade que necessariamente é prestada mediante remuneração. A recompensa devida ao prestador de serviço é exatamente a remuneração de que trata a lei. Entretanto, essa remuneração, embora cobrada, pode ser que não venha de maneira clara e evidente a ser repassada ao prestador de serviços. Desse modo, ainda que não haja a manifestação evidente de um pagamento, não significa que não se trate de uma prestação de serviço sujeita as regras do CDC. O que se conclui é que podem ocorrer dois tipos de prestação de serviço: a remunerada e a não remunerada. A prestação de serviço não remunerada ocorre quando um prestador de serviço pratica uma atividade por mera liberalidade. Por exemplo, um médico ao socorrer uma pessoa acidentada na rua sem cobrar consulta, trata-se, aí, de uma prestação de serviço não remunerada. Exatamente porque o médico não auferiu qualquer recompensa pelo serviço prestado. Assim, o médico não estará sujeito às

---

[7] ZENUN, Augusto. *Comentários ao Código do Consumidor.* 4. ed. Rio de Janeiro: Forense, 1999. p. 6/7.

[8] CAVALIERI FILHO, Sérgio. *Programa de direito do consumidor.* São Paulo: Atlas, 2008. p. 75.

Cap. 28 – A RESPONSABILIDADE CIVIL NAS RELAÇÕES JURÍDICAS DE CONSUMO

regras impostas pelo CDC. Entretanto, quando se utiliza um estacionamento de um *shopping center* ou um supermercado, partindo do mesmo raciocínio anterior, tem-se a impressão de que não se paga diretamente por aquele serviço, portanto, tal serviço também é prestado de maneira gratuita, o que elide a aplicação do CDC. Ocorre que tal conclusão é absolutamente equivocada, uma vez que, embora não se acerte um valor predefinido por aquele serviço, na realidade há o pagamento embutido nas mercadorias adquiridas pelos clientes do *shopping center* ou do supermercado. Daí, que o estabelecimento tem total responsabilidade pelos veículos parados em seu estacionamento, porque se trata de prestação de serviço mediante cobrança de remuneração, ainda que cobrada indiretamente.

5.3. Os serviços públicos

Os serviços podem ser prestados por particulares ou pelo Estado. O serviço prestado pelo particular é o serviço privado, e o prestado pelo Estado é o serviço público.[9] Como a lei não distingue, ambos os serviços estão sob a égide do CDC. Ademais, o art. 22 do CDC prevê que os órgãos públicos por si ou suas empresas, concessionárias, permissionárias ou sob qualquer outra forma de empreendimento são obrigados a fornecer serviços adequados, eficientes, seguros e, quanto aos essenciais, contínuos.

Assim, o *caput* do art. 3º do CDC ao dizer que é fornecedor a pessoa física ou jurídica, pública ou privada e, ao acrescentar o art. 22 tratando dos órgãos públicos, afasta qualquer tentativa de não querer aplicar-se o CDC sobre as relações estabelecidas de maneira consumerista entre o Estado e seus consumidores. Ressalte-se que o art. 22 do CDC, quando cita apenas "órgãos públicos", em verdade, incide em erro por imprecisão terminológica, pois o serviço público não é prestado apenas por órgãos públicos, mas também por pessoas jurídicas que, desse modo, possuem personalidade jurídica, o que as habilita a serem sujeitos passivos na demanda. Então, sujeitam-se ao CDC os órgãos que prestam serviço público, as autarquias e fundações que são pessoas jurídicas de direito público e as empresas públicas e sociedades de economia mista – embora sejam pessoas jurídicas de direito privado – enquanto prestam serviços públicos também.

A Lei nº 8.987/95, que dispõe sobre o regime de concessão e permissão da prestação de serviços públicos previsto no art. 175 da Constituição Federal em seu art. 6º estabelece que a concessão ou permissão pressupõe a prestação de serviço adequado ao pleno atendimento dos usuários, e seu § 1º conceitua o serviço adequado como aquele que satisfaz as condições de regularidade, continuidade, eficiência, segurança, atualidade, generalidade, cortesia na sua prestação e modicidade das tarifas.

---

[9] Cumpre apontar outra distinção: os serviços públicos podem ser remunerados por tributos ou tarifas (preços públicos). A doutrina se divide: para alguns doutrinadores, somente estaria sob a égide do CDC os serviços públicos remunerados por tarifa. Nesse sentido, os doutrinadores Sérgio Cavalieri Filho, Cláudio Bonatto e Paulo Valério Dal Pai Moraes. Também, posição prevalecente no STJ (*vide* REsp 525.520/Al. Rel. Min. Eliana Calmon). Não obstante, para Adalberto Pasqualotto e Cláudia Lima Marques, o CDC deverá ser aplicado para serviços públicos remunerados por tributos ou tarifas.

A lei supracitada, neste mesmo art. 6º, porém no § 3º, apresenta duas hipóteses de interrupção que não são consideradas como descontinuidade do serviço público: quando a interrupção for motivada por razões de ordem técnica ou de segurança das instalações; e quando a interrupção decorrer de inadimplemento do usuário, considerando o interesse da coletividade. A Lei nº 9.427/27, que criou a Aneel (Agência Nacional de Energia Elétrica) e disciplinou o regime de concessão e permissão dos serviços de energia elétrica prevê também expressamente a possibilidade de corte.

Se a interrupção do serviço público se efetivar por razões de ordem técnica ou de segurança das instalações, embora prevista tal possibilidade em lei, percebe-se que ocorrerá clara ofensa ao princípio da eficiência inserido no art. 37, *caput*, da Constituição Federal de 1988 pela Emenda Constitucional nº 19/98. A Lei nº 9.784/99 também faz referência ao princípio da eficiência no *caput* do seu art. 2º. E, além disso, reitera-se o princípio da eficiência no art. 22 do CDC. Desse modo, a possibilidade de interrupção do serviço público – o que ofende o referido princípio – pela Lei nº 8.987/95 não pode ser admitida, pois se constitui em flagrante inconstitucionalidade. Assim, qualquer dano material ou moral decorrente da interrupção do serviço público por ordem técnica ou de segurança das instalações, deverá ser indenizado pelo Estado. Tal regra está prevista no parágrafo único do art. 22 do CDC reiterando a responsabilidade do Estado que é objetiva no que diz respeito aos danos causados pelos seus agentes no exercício do serviço público como previsto no art. 37, § 6º, da Constituição Federal de 1988.

Se a interrupção do serviço público decorrer de inadimplemento do usuário, mais gritante se torna o desrespeito à nossa Lei Maior, uma vez que a ofensa se dá a vários princípios de dignidade constitucional. Imaginemos o seguinte exemplo: uma pessoa com três filhos que possui uma renda mensal de dois salários mínimos, em um certo dia é demitida de seu emprego e não consegue, doravante, arcar com as despesas decorrentes de suas necessidades básicas. Com o atraso no pagamento da conta de água, a empresa responsável pelo fornecimento de água na região, sob os auspícios do inciso II do § 3º do art. 6º da Lei nº 8.789/95, delibera o corte no fornecimento do serviço de água para aquela determinada família que, se já se encontrava em um estado periclitante, depois da medida, quedou-se na mais absoluta penúria.

O exemplo acima demonstra claramente os resultados nefastos que podem advir da inconsequência, intolerância e visão estreita do legislador infraconstitucional. Se tal estipulação legal tem por fim a proteção da coletividade, acaba por, na realidade, onerar ainda mais a própria sociedade. Isso porque a família desfavorecida, se recebe tal punição, acabará por, no mínimo, ter seus entes adoecendo, o que, evidentemente, implicará um custo para o Estado, que terá que estear esta família na rede de saúde pública, o que custará mais do que o próprio fornecimento gratuito do serviço.

Ademais, afora tudo isso, o princípio estruturador de todo o ordenamento jurídico, que é o princípio da dignidade da pessoa humana, não pode ser suplantado simplesmente pelo direito de crédito da prestadora do serviço público. É muito claro o completo desnivelamento do direito à vida e à saúde do devedor e o direito de crédito da prestadora do serviço público.

Exatamente em decorrência da importância da prestação dos serviços públicos é que o legislador estabeleceu no art. 22 do CDC que o serviço público deve ser prestado de forma contínua. Então, não é possível coadunar tal regra com outra regra que em determinadas hipóteses autorize a interrupção do mesmo serviço.

Por fim, razão que impede terminantemente a interrupção do fornecimento do serviço público ao usuário inadimplente é a proibição de se expor o consumidor inadimplente ao ridículo, ameaça ou constrangimento prevista no art. 42 do CDC e, ainda tipificada como crime no art. 71 do CDC. Ora, não há maneira maior de se expor ao ridículo ou constranger e ameaçar o usuário do serviço do que cortando o fornecimento da prestação, o que indubitavelmente implicará grave ofensa à saúde física e à moral do consumidor que, no caso, é o usuário do serviço público.

Os acórdãos transcritos abaixo trazem as justificativas de vanguarda que denotam a impossibilidade de se interromper o fornecimento de serviço público pelo inadimplemento do usuário:

DIREITO DO CONSUMIDOR – SUSPENSÃO NO FORNECIMENTO DE ÁGUA – SERVIÇO PÚBLICO CONTÍNUO, DE NATUREZA ESSENCIAL E ININTERRUPTA – VIOLAÇÃO AO DIREITO FUNDAMENTAL DE DEFESA DO CONSUMIDOR, À VIDA, À SAÚDE E AO PRINCÍPIO FUNDAMENTAL DA DIGNIDADE DA PESSOA HUMANA – COBRANÇA ABUSIVA – ADOÇÃO DE AMEAÇA E CONSTRANGIMENTO PARA RECEBIMENTO DE TARIFAS COM PAGAMENTO EM ATRASO – PRÁTICA VEDADA PELOS ARTS. 22 E 42 DA LEI Nº 8.078/90 – PRECEDENTES DOUTRINÁRIOS E JURISPRUDENCIAIS DO STJ – SENTENÇA CONFIRMADA EM REEXAME NECESSÁRIO – O ATO DE SUSPENSÃO DE FORNECIMENTO DE ÁGUA PRATICADO PELA EMPRESA PRESTADORA DE SERVIÇO PÚBLICO DE ÁGUA, ESGOTO E SANEAMENTO DE SETE LAGOAS – SAAE – É ilegal, reprovável e desumano. Não se pode admitir que a prestação de um serviço público tão essencial à vida e à dignidade da pessoa humana, como é o caso de fornecimento de água, seja suspenso somente pelo fato de o consumidor estar em atraso com o pagamento de algumas tarifas. A conduta da impetrada não é admitida pelo Código de Defesa do Consumidor, visto que, além de violar o art. 22, que determina que os serviços públicos essenciais sejam contínuos, macula o art. 42, que proíbe a adoção de constrangimento ou ameaça ao consumidor na cobrança de débitos. Para receber os seus créditos, tem a impetrada os meios legais e próprios, não podendo fazer justiça privada, já que os litígios são compostos pelo poder judiciário e não pelo particular. A água é bem essencial e indispensável, subordinado ao princípio da continuidade, sendo impossível a sua interrupção e, muito menos, por atraso no pagamento de sua tarifa (Precedente do STJ: REsp nº 201.112 SC).

Um bem maior como a vida, a saúde e a dignidade do consumidor do serviço público de fornecimento de água não pode ser sacrificado em função do direito de crédito (um bem menor) do prestador de serviço de público (TJMG – AC 000.267.813-4/00, 5ª C. Cív., Rel. Des. Maria Elza, julgado em 24/10/2002).

ADMINISTRATIVO – AGRAVO REGIMENTAL – RECURSO ESPECIAL – ENERGIA ELÉTRICA – SERVIÇO PÚBLICO ESSENCIAL – CORTE DE FORNECIMENTO – CONSUMIDOR INADIMPLENTE

> – IMPOSSIBILIDADE – I – Esta Corte vem reconhecendo ao consumidor o direito da utili-zação dos serviços públicos essenciais ao seu cotidiano, como o fornecimento de energia elétrica, em razão do princípio da continuidade (CDC, art. 22). II – O corte de energia, utilizado pela Companhia para obrigar o usuário ao pagamento de tarifa, extrapola os limites da legalidade, existindo outros meios para buscar o adimplemento do débito. III – Precedentes. IV – Agravo regimental improvido (STJ, AGREsp 471.757-MT, Primeira Turma, Rel. Min. Francisco Falcão, *DJU* 9/6/2003, p. 183).

Poder-se-ia indagar, então, que tal indulgência estatal acabaria por acobertar certamente pessoas possuidoras de má-fé que, cientes da condescendência da lei, a utilizariam para se evadir de suas responsabilidades econômicas. É claro que isso aconteceria. Entretanto, a solução para se evitar essa distorção do verdadeiro intuito da lei seria realmente interromper o fornecimento do serviço público quando do inadimplemento do usuário, após ajuizamento da competente ação que comprovasse a deliberada má-fé do usuário que, apresentando sinais exteriores de riqueza, não arca com suas dívidas para com as empresas prestadoras de serviço público. Percebemos que realmente continuaria possível a interrupção do serviço público mediante inadimplemento do usuário, mas somente nesta hipótese em que o usuário tem condições de pagar pelo serviço e não o faz. Adotando-se tal postura, resguardado estaria o princípio da dignidade da pessoa humana, princípio este estruturador de todo o Estado Democrático de Direito.

Fechamos esse item lembrando que, no entanto, a jurisprudência do STJ não é uníssona. Há entendimento nesse Tribunal pela assunção da possibilidade do corte do serviço, desde que havendo aviso prévio, o consumidor se quede inerte e inadimplente.[10]

6. A NATUREZA JURÍDICA DA RESPONSABILIDADE CIVIL NAS RELAÇÕES DE CONSUMO

Configurada a relação de consumo, estamos aptos agora a ingressar no tema responsabilidade civil atinente a esse tipo de relação. Inegavelmente, o tema é de extrema importância, posto que hoje a maior parte das relações se manifesta como de consumo. Basta lembrar a consulta que se faz a um médico e que se traduz em uma prestação de serviço, as compras feitas em um supermercado, a compra de um carro na concessionária, as relações entre os correntistas e as instituições financeiras etc.

Em havendo a superveniência de dano ao consumidor, o Código de Defesa do Consumidor, no art. 6º, VI,[11] impõe o princípio da reparação integral de danos que, basicamente, se traduz na necessidade de se reparar a vítima do dano em sua integralidade.

---

[10] Nesse sentido, *vide* julgamento do REsp 363.943/MG.

[11] Art. 6º, CDC: "São direitos básicos do consumidor: (...) VI – a efetiva prevenção e reparação de danos patrimoniais e morais, individuais, coletivos e difusos".

Cap. 28 – A RESPONSABILIDADE CIVIL NAS RELAÇÕES JURÍDICAS DE CONSUMO

Em regra, o Código de Defesa do Consumidor impõe a responsabilidade civil objetiva e solidária[12] dos fornecedores e prestadores de serviço na hipótese de dano causado ao consumidor. Salvo exceção expressa no art. 14, § 4º,[13] que apresenta a necessidade de aferição de culpa (responsabilidade subjetiva) em se tratando dos prestadores de serviço que sejam profissionais liberais.[14] Atente-se, todavia, para o caso de profissionais liberais que, embora enquadrados em tal categoria, a doutrina e jurisprudência dominantes têm entendido que entabulam obrigação de resultado, e não de meio, e que estão sujeitos à responsabilidade objetiva, como se dá, por exemplo, com o médico cirurgião plástico estético e o dentista estético.

A responsabilidade civil pelo Código de Defesa do Consumidor poderá se constituir em: responsabilidade pelo vício do produto ou serviço e responsabilidade pelo fato do produto ou serviço, todas que a seguir tratamos.

7. A RESPONSABILIDADE CIVIL PELO VÍCIO DO PRODUTO OU SERVIÇO

A responsabilidade civil pelo vício do produto ou serviço está situada a partir do art. 18 do CDC e ocorre quando o produto apresenta defeito oculto ou aparente que o torne impróprio ao uso ou prejudique o seu valor. Por exemplo, imaginemos o caso de um consumidor que adquire uma televisão que apresente defeito que impede a perfeita visualização das imagens. Haverá ainda vício do produto quando este não corresponder às especificações do rótulo, da embalagem, do informe publicitário etc.

Na hipótese de vício do produto ou serviço, o consumidor poderá, em virtude da solidariedade imposta aos responsáveis, demandar o fabricante ou o comerciante, como bem entender. Deverá fazê-lo no prazo decadencial de 30 dias para produtos ou serviços não duráveis e 90 dias para produtos ou serviços duráveis quando o vício for aparente, isto é, de fácil constatação, ambos contados da entrega do produto ou do término da execução do serviço. Diante de dúvida se se trata de produto ou serviço durável ou não, somos da opinião de que deverá ser aplicado o prazo de 90 dias em virtude do princípio de que na dúvida, *pro consumidor*, isto é, a interpretação deverá ser a mais favorável ao consumidor. Em se tratando de vícios ocultos, os prazos serão os mesmos, porém contados da descoberta do vício.[15]

---

[12] Art. 7º, parágrafo único, CDC: "Tendo mais de um autor a ofensa, todos responderão solidariamente pela reparação dos danos previstos nas normas de consumo".

Art. 34, CDC: "O fornecedor do produto ou serviço é solidariamente responsável pelos atos de seus prepostos ou representantes autônomos".

[13] Art. 14, § 4º, CDC: "A responsabilidade pessoal dos profissionais liberais será apurada mediante a verificação de culpa".

[14] Nessa linha de intelecção a jurisprudência tem se inclinado, inclusive, pelo afastamento da regra da inversão do ônus da prova em se tratando de profissional liberal.

[15] Art. 26, CDC: "O direito de reclamar pelos vícios aparentes ou de fácil constatação caduca em:

I – trinta dias, tratando-se de fornecimento de serviço e de produtos não duráveis;

II – noventa dias, tratando-se de fornecimento de serviço e de produtos duráveis.

Apresentando regra anômala em se tratando de prazos decadenciais, o CDC traz a possibilidade de se obstar tais prazos nas seguintes hipóteses:[16]

a) reclamação comprovadamente formulada pelo consumidor perante o fornecedor de produtos e serviços até a resposta negativa correspondente, que deve ser transmitida de forma inequívoca;

b) instauração de inquérito civil pelo Ministério Público até seu encerramento.

Dentro dos prazos aludidos, o consumidor poderá optar livremente dentre as opções apresentadas pelos arts. 18, 19 e 20 do CDC, que aqui sintetizamos:

1ª) a substituição do produto viciado por outro da mesma espécie, em perfeitas condições de uso ou a reexecução do serviço;

2ª) a complementação do peso ou da medida;

3ª) o abatimento proporcional do preço.

4ª) a restituição imediata da quantia paga, monetariamente atualizada, sem prejuízo de eventuais perdas e danos, ocasionando assim a rescisão do negócio.

Vale lembrar que, antes de optar por uma dessas opções, será dado prazo de 30 dias ao fornecedor para que resolva o problema, sendo que tal prazo poderá variar entre 7 e 180 dias a critério das partes (art. 18, § 2º, CDC). Entretanto, esse prazo poderá ser inobservado, de modo que o consumidor poderá diretamente lançar mão de uma das opções sempre que, em razão da extensão do vício, a substituição das partes viciadas puder comprometer a qualidade ou características do produto, diminuir-lhe o valor ou se tratar de produto essencial (art. 18, § 3º, CDC).

8. A RESPONSABILIDADE CIVIL PELO FATO DO PRODUTO OU SERVIÇO. O ACIDENTE DE CONSUMO

Pode ser que o dano do produto ou serviço extrapole os seus próprios limites. Explicamos melhor: quando mencionamos exemplo de vício do produto, lembramos a televisão que não apresentava as imagens adequadamente nítidas. Entretanto, se tal televisão explodisse em pleno uso de tal modo a causar danos

---

§ 1º Inicia-se a contagem do prazo decadencial a partir da entrega efetiva do produto ou do término da execução dos serviços.

(...)

§ 3º Tratando-se de vício oculto, o prazo decadencial inicia-se no momento em que ficar evidenciado o defeito".

[16] Art. 26, § 2º, CDC: "Obstam a decadência:

I – a reclamação comprovadamente formulada pelo consumidor perante o fornecedor de produtos e serviços até a resposta negativa correspondente, que deve ser transmitida de forma inequívoca;

II – (Vetado).

III – a instauração de inquérito civil, até seu encerramento".

Cap. 28 – A RESPONSABILIDADE CIVIL NAS RELAÇÕES JURÍDICAS DE CONSUMO

aos que a ela assistiam, tal situação seria de fato do produto e não apenas de vício do produto. Tal situação seria um acidente de consumo.

A responsabilidade pelo fato do produto ou serviço encontra-se no CDC no art. 12 e seguintes. O art. 12 estabelece:

> O fabricante, o produtor, o construtor, nacional ou estrangeiro, e o importador respondem, independentemente da existência de culpa, pela reparação dos danos causados aos consumidores por defeitos decorrentes de projeto, fabricação, construção, montagem, fórmulas, manipulação, apresentação ou acondicionamento de seus produtos, bem como por informações insuficientes ou inadequadas sobre sua utilização e riscos.

Da leitura deste artigo, sentimos a exclusão, em princípio da responsabilidade solidária do comerciante. É verdade. E daí que o art. 13 do CDC apresenta a responsabilidade subsidiária do comerciante quando: I – o fabricante, o construtor, o produtor ou o importador não puderem ser identificados; II – o produto for fornecido sem identificação clara do seu fabricante, produtor, construtor ou importador; III – não conservar adequadamente os produtos perecíveis.

Em se tratando, todavia, de fato do serviço (exemplo clássico de serviço mal prestado por uma instituição financeira que insere o nome do consumidor no cadastro de inadimplentes de maneira indevida), não há responsabilidade subsidiária do prestador mediato que responderá solidariamente com o prestador imediato.

O prazo para se pleitear a indenização por dano material e reparação por dano moral é prescricional[17] e será de 5 anos contados do conhecimento do dano e de sua autoria (art. 27, CDC). Releva notar que tal prazo extrapola o prazo de 3 anos previsto no art. 206, § 3º, do CDC, aplicado à reparação de danos não decorrente das relações de consumo.

9. EXCLUDENTES DE RESPONSABILIDADE NO CÓDIGO DE DEFESA DO CONSUMIDOR

As excludentes de responsabilidade na relação consumerista estão nos arts. 12, § 3º, e 14, § 3º, do CDC, as quais sintetizamos:

1ª) que o produto não tenha sido colocado no mercado;

2ª) que, embora o produto haja sido colocado no mercado, ou tenha sido prestado o serviço, o defeito inexiste;

3ª) a culpa exclusiva do consumidor;

4ª) a culpa exclusiva de terceiro.

---

[17] Na percepção de Flávio Tartuce: "Com todo respeito em relação a eventual posicionamento em contrário, entendemos que poderão ser aplicadas às situações de acidente de consumo as regras relacionadas com a suspensão e interrupção da prescrição previstas no Código Civil brasileiro (arts. 197 a 204)". TARTUCE, Flávio. *Direito das obrigações e responsabilidade civil*. São Paulo: Método, 2006. p. 384.

Mencionadas as excludentes pelo CDC, dois pontos restam incitando discussões: o primeiro acerca da possibilidade de se aplicar o caso fortuito e a força maior como excludentes da responsabilidade nas relações de consumo; o segundo, se é possível a aplicação da culpa concorrente apta a reduzir a indenização em tal tipo de responsabilização.

O caso fortuito e a força maior não são mencionados pela lei consumerista quando da exclusão da responsabilidade. Daí, a dúvida: Devem ser aplicados ou não? Três posicionamentos devem ser considerados:

1º) Não devem ser aplicados ao CDC o caso fortuito e a força maior, em virtude de não haver menção expressa na lei. E nem caberá aplicação subsidiária da sistemática do Código Civil ao CDC, uma vez que as regras restritivas de direito devem ser interpretadas declarativa e estritamente;

2º) Devem ser aplicados ao CDC o caso fortuito e a força maior, pois posicionamento em contrário induziria à imposição da teoria do risco integral;

3º) O caso fortuito se divide em fortuito interno e fortuito externo. O fortuito interno estaria vinculado às atividades desenvolvidas pelo fornecedor, portanto não excluiria responsabilidade deste. Por exemplo, o fornecedor ou prestador do serviço deverá manter o estabelecimento em adequado estado de segurança evitando e protegendo os consumidores de assaltos. Assim, caso um cliente seja assaltado dentro do estabelecimento, o fornecedor ou o prestador de serviço será responsável pelo infortúnio. Entretanto, em se tratando de fortuito externo, aquele que não está ligado à atividade desenvolvida pelo fornecedor ou prestador de serviço, haverá exclusão da responsabilidade destes. É o caso, por exemplo, do tremor de terra que atinge o estabelecimento vindo a ferir o cliente que cai ao chão e se machuca. Em suma, o fortuito interno não seria excludente da responsabilidade, já o fortuito externo seria.

Por fim, quanto à possibilidade de aplicação da culpa concorrente do fornecedor ou prestador de serviço e do consumidor, somos da opinião de que seja plenamente possível. Embora muitos doutrinadores apontem que por ser a responsabilidade imposta pelo CDC objetiva e, portanto, sendo despicienda a análise de culpa, lembramos que, todavia, é possível a excludente de responsabilidade com base na culpa exclusiva da vítima por menção expressa na lei. Assim, se plenamente possível excluir a responsabilidade do fornecedor ou prestador de serviço por culpa exclusiva da vítima, não vemos óbice para que tal responsabilidade seja reduzida diante da contribuição negativa do cliente. Tal propósito não passa da velha parêmia de que "quem pode o mais, pode o menos".

TEORIA GERAL
DOS CONTRATOS

NOÇÕES INTRODUTÓRIAS

1. O CONTRATO COMO NEGÓCIO JURÍDICO

Por negócio jurídico deve-se entender o ato jurídico lícito que decorre da autonomia privada das partes e que busca a produção de efeitos pretendidos pelas próprias partes. Os negócios jurídicos poderão ser unilaterais ou bilaterais.

No negócio jurídico unilateral, a manifestação de vontade decorre de uma só pessoa. Como exemplo, temos o testamento, a promessa de recompensa e a emissão de um cheque.

Já no negócio jurídico bilateral, torna-se necessária a manifestação de mais de uma pessoa para que o ato se aperfeiçoe. Aqui nos deparamos com a figura jurídica do contrato.

2. CONCEITO DE CONTRATO

O Código Civil de 2002, na esteira do velho Código brasileiro de 1916, do Código alemão e do Código suíço, não conceitua o que seja o contrato, deixando para a doutrina a missão de definir tal instituto. Essa tarefa não se mostrará difícil se partimos dos vetores orientadores do referido instituto. Assim, vale lembrar que a natureza jurídica do contrato é de negócio jurídico bilateral como constatado no item anterior. Nessa linha de intelecção, exige-se a alteridade em sua elaboração, o que significa dizer que é necessária a presença de pelo menos duas pessoas quando da contratação. Vislumbrando o porquê do instituto, lembramos, em linhas gerais, dos objetivos de se criar, modificar ou extinguir direitos e deveres com eminente viés patrimonial. Claro que tudo isso só poderá progredir e alcançar a sua perfeita programação se houver a colaboração recíproca dos contratantes e um ambiente social incitando a contratação mais adequada ao Estado Democrático de Direito.

Sinteticamente, podemos conceituar o contrato como sendo o negócio jurídico bilateral ou plurilateral que visa à criação, modificação ou extinção de direitos e deveres com conteúdo patrimonial, em perfeita colaboração recíproca das partes contratantes.

Vale dizer ainda que reverenciamos a definição fornecida por César Fiuza:

Contrato é ato jurídico lícito, de repercussão pessoal e socioeconômica, que cria, modifica ou extingue relações convencionais dinâmicas, de caráter patrimonial, entre duas ou mais pessoas, que, em regime de cooperação, visam atender necessidades individuais ou coletivas, em busca da satisfação pessoal, assim promovendo a dignidade da pessoa humana.[1]

Concluímos, lembrando que, se as partes, em virtude de sua autonomia, podem criar regramentos para si próprias, tal atitude será implementada por meio da figura jurídica denominada contrato. Assim, o contrato conterá regras específicas e particulares, ao revés da lei que se apresenta em caráter geral e abstrato.

Por fim, atentamos para a advertência formulada por Flávio Tartuce no sentido de que:

> Deve ficar claro que o instituto contrato não se confunde com o instrumento contrato. Existem institutos que são instrumentalizados por contratos, mas não assumem a feição do instituto. Podem ser citados, para ilustrar, o penhor e a hipoteca, que não são contratos como institutos, mas direitos reais.[2]

3. O CONTRATO COMO FONTE DAS OBRIGAÇÕES

Ao lado da imponência da lei como fonte direta ou imediata das obrigações, ao viajarmos pelas lições de vários doutrinadores, encontramos as seguintes fontes indiretas ou mediatas das obrigações: o negócio jurídico, o ato jurídico em sentido estrito e os atos ilícitos. Desse modo, impossível não visualizar o contrato como figura precursora de obrigações. Não raras são as vezes em que surge a relação jurídica obrigacional por força de um contrato. Eis, portanto, a conclusão de que o contrato é primordial instituto e também pilar do Direito Privado, ao lado da família, da propriedade e da empresa.

4. A IMPORTÂNCIA DOS CONTRATOS

Não raro se ouve dizer que residimos no "mundo dos contratos". A afirmação decorre da atenta percepção de encontrar, em verdade, a figura de um contrato desde singelos gestos cotidianos, a grandes negociações entabuladas. Desse modo, sem muito esforço, lembramos que quando acordamos pela manhã ao acendermos a luz, escovar os dentes, tomar banho, ler os jornais, tomar o café, pegar o próprio carro ou a condução devida até o local de trabalho ou estudo e até mesmo o porquê de nos dirigirmos até esses locais, tudo isso repousa na mais elementar noção de contratação.

---

[1] FIUZA, César. Por uma redefinição da contratualidade. In: FIUZA, César. SÁ, Maria de Fátima Freire de. NAVES, Bruno Torquato de Oliveira Naves. (coords.) *Direito civil:* da autonomia privada nas situações jurídicas patrimoniais e existenciais. Atualidades II. Belo Horizonte: Del Rey, 2007. p. 261.

[2] TARTUCE, Flávio. *Manual de direito civil:* volume único. 5. ed. São Paulo: Método, 2015. p. 471.

O que queremos dizer é que a luz do seu quarto só foi possível ser acesa em virtude do contrato que você celebrou com a companhia prestadora de energia elétrica. O mesmo lembramos acerca do banho e da água para se fazer o café, que somente estão ali em virtude da celebração de um contrato com a companhia prestadora de água. Ademais, a maioria dos insumos, senão todos, utilizados no seu café da manhã decorreram de um contrato de compra e venda celebrado com a padaria ou o supermercado. Os jornais também decorreram de contrato de compra e venda, porém feito com a banca de jornal. O seu carro também está em sua garagem em virtude daquela compra e venda realizada, ou então, na sua ausência, você pode se socorrer do transporte coletivo que estará a sua disposição, é claro, mediante a celebração de um contrato. Ademais, urge lembrar que você se dirige àquele local de trabalho ou estudo, porque certamente há um contrato de trabalho ou um contrato de prestação de serviços da escola. Por fim, apontamos que as flores que você entrega a sua namorada em um dia especial, não passam de um contrato de doação... Resta ainda alguma dúvida de que vivemos no "mundo dos contratos"?!

5. O DIÁLOGO DAS FONTES: O CÓDIGO CIVIL DE 2002 E O CÓDIGO DE DEFESA DO CONSUMIDOR

Antes se propugnava por um efetivo afastamento entre a velha legislação civil de 1916 e o Código de Defesa do Consumidor, ambos orientados por ideais absolutamente distintos. O primeiro, individualista, paritário e norteado por princípios clássicos. Já o segundo, atento à proteção dos vulneráveis e à sua socialidade imanente.

Decerto que, na pós-modernidade, temos um Direito Civil absolutamente iluminado pelos princípios constitucionais do solidarismo social e da dignidade da pessoa humana. Entender o Direito Civil assim é que dá azo ao chamado Direito Civil-Constitucional. O Código Civil de 2002 foge das premissas orientadoras do velho Código Civil de 1916 ao contemplar uma série de princípios e possibilidades existentes, até então, somente nas relações consumeristas.

O que queremos mostrar é que o Código Civil de 2002 em muito se aproximou do Código de Defesa do Consumidor e a tese do afastamento desses dois sistemas já não mais se justifica. Há, portanto, hoje, na pós-modernidade, uma verdadeira cumplicidade entre o CC/2002 e o CDC, daí a proposição de um real "diálogo" entre essas duas fontes. Vale lembrar que quase todos os princípios que inspiram o CDC agora penetram no ânimo do CC de 2002.[3]

---

[3] Em virtude disso, Paulo Luiz Netto Lôbo profetiza: "Os princípios sociais adotados aproximam, muito mais do que se imaginava, os dois códigos. A tendência, portanto, é o desaparecimento progressivo da distinção dos regimes jurídicos dos contratos comuns e dos contratos de consumo, ao menos no que concerne a seus princípios e fundamentos básicos". LÔBO, Paulo Luiz Netto. Princípios sociais dos contratos no CDC e no novo Código Civil. *Jus Navigandi*, Teresina, ano 6, nº 55, mar. 2002. Disponível em: <http://jus2.uol.com.br/doutrina/texto. asp?id=2796>. Acesso em: 7 mar. 2009.

A doutrinadora e grande defensora da tese do diálogo das fontes, Cláudia Lima Marques, ilustra:

> Parece-me que o CDC tende a ganhar com a entrada em vigor do CC/2002, pois seus princípios básicos são quase os mesmos. Como vimos, quatro são os princípios básicos do CDC que afetam diretamente o novo direito obrigacional brasileiro: o princípio da vulnerabilidade, o da confiança, o da boa-fé e o do equilíbrio contratual. O primeiro tem reflexo direto no campo de aplicação do CDC, isto é, determina quais relações contratuais estarão sob a égide desta lei tutelar e de seu sistema de combate ao abuso. O segundo estabelece as bases da garantia legal de produtos e serviços, e possibilita a imputação de uma responsabilidade objetiva para toda a cadeia de fornecimento. O terceiro princípio é basilar de toda a conduta contratual, mas aqui deve ser desta-cada uma função limitadora da liberdade contratual. O quarto princípio tem maiores reflexos no combate à lesão ou à quebra da base do negócio, mas pode ser aqui destacada a sua função de manutenção da relação no tempo. Note-se que, à exceção do princípio especial da vulnerabilidade, que dá sustento à especialidade do CDC, os outros três princípios do CDC encontram-se hoje incorporados no sistema geral do direito privado, pois presentes no novo Código Civil, como vimos. (...) A convergência de princípios e cláusulas gerais entre o CDC e o CC/2002 e a égide da Constituição Federal de 1988 garantem que haverá diálogo e não retrocesso na proteção dos mais fracos na relação contratual.[4]

Vale atentar ainda para o Enunciado nº 167, aprovado na III Jornada de Direito Civil, com a seguinte redação:

> Com o advento do Código Civil de 2002, houve forte aproximação principiológica entre esse Código e o Código de Defesa do Consumidor, no que respeita à regulação contra-tual, uma vez que ambos são incorporadores de uma nova teoria geral dos contratos.

Nesse mote, de acordo com Flávio Tartuce:

> Por esse caminho metodológico e científico é possível aplicar a determinado contrato tanto o CDC quanto o CC ao mesmo tempo, desde que isso não prejudique o consumidor vulnerável. Desse modo, é de se concordar plenamente com a apregoada aproximação principiológica entre as duas leis, o que gera adesão imediata à teoria do diálogo das fontes, que decorre substancialmente dos princípios contratuais encampados pela nova codificação, quais sejam a função social dos contratos e a boa-fé objetiva.[5]

---

[4] MARQUES, Cláudia Lima. *Comentários ao Código de Defesa do Consumidor.* São Paulo: RT, 2004. p. 52.

[5] TARTUCE, Flávio. *Manual de direito civil:* volume único. 5. ed. São Paulo: Método, 2015. p. 479.

6. A PRETENSA CRISE DOS CONTRATOS

Diante da inexorável intervenção do Estado no domínio econômico que resultou naquilo que se denomina dirigismo estatal, aventou-se a fragilidade do instituto do contrato e uma pretensa crise pela qual essa figura jurídica enfrentaria e que poderia, inclusive, resultar na sua extinção.

Todo o exposto trata-se de obra do direito comparado, a qual repudiamos. Somos adeptos da opinião de que aquilo que muitos denominam "crise" não passa de uma remodelação do contrato enquanto instituto jurídico e a sua revisitação diante da realidade de que o contrato deve ser visto sob a ótica da personalização do Direito Civil e a consequente conclusão de que o contrato não se exaure em seu viés patrimonialista e meramente circulador de riquezas, mas antes, na promoção da dignidade das pessoas envolvidas direta ou indiretamente no ato da contratação.

Concordamos com as palavras de Eugênio Kruchewsky:

> De toda sorte, ao contrário do que afirma predominante doutrina, não se pode falar em uma crise ou decadência dos contratos em face do acentuado dirigismo estatal sobre ele incidente, mas do surgimento de um contrato renovado, adaptado e revigorado pelas condicionantes atuais. Em verdade, a grande adaptabilidade do instituto às demandas impostas pela contemporaneidade revela a sua eficácia, a sua vocação de perenidade, e dá testemunho do seu apogeu.[6]

---

[6] KRUCHEWSKY, Eugênio. *Teoria geral dos contratos civis.* Salvador: JusPodivm, 2006. p. 4-5.

OS PRINCÍPIOS CONTRATUAIS  30

Para compreendermos como se manifesta a realidade contratual contemporânea, faz-se necessário que recorramos o longo caminho percorrido pelas diversas concepções em torno do fenômeno da contratação. É que partimos de um modelo principiológico clássico, para alcançar o atual modelo que inspira o Código Civil de 2002. A nova teoria contratual baseada na constitucionalização do Direito Civil é que é a perspectiva alcançada. Façamos, então, um breve apanhado histórico a justificar a evolução principiológica que hoje viceja por se apresentar iluminada pela dignidade da pessoa humana e pelo solidarismo social.

1. A PRINCIPIOLOGIA CLÁSSICA

O modelo clássico de contratação tem por base a forma tradicional de contratar que significa justamente as partes contratantes em igualdade de condições e que discutem cada um dos pontos do contrato.

Importa lembrar, ainda, que nessa situação, tão somente a igualdade formal satisfazia os interesses da sociedade. Por igualdade formal, tem-se, basicamente, uma mera pressuposição de igualdade, passando longe da efetiva igualdade. Sob o primado da vontade, a igualdade formal seria alcançada.

Os princípios que tangenciam a clássica contratação são: a autonomia da vontade, a obrigatoriedade contratual e a relatividade dos efeitos.

A autonomia da vontade se baseia na ampla liberdade que têm as partes contratantes de deliberar se querem contratar ou não, podendo ainda escolher o conteúdo do contrato e o outro contratante.

A obrigatoriedade contratual impunha o cumprimento do contrato dentro de seus exatos contornos. Traduzindo-se na vetusta regra latina do *pacta sunt servanda*, a obrigatoriedade contratual estabelecia o contrato como verdadeira lei formulada pelas partes e que por elas deveria ser cumprida, não importando que tal exacerbação conduzisse uma das partes à verdadeira ruína. As partes contratantes eram, pois, servas do contrato.

Pelo princípio da relatividade dos efeitos tinha-se que as consequências de um contrato deveriam repercutir estritamente entre as partes contratantes. Assim, somente esses seriam atingidos pelos efeitos do contrato realizado entre eles, sendo de todo indiferente à sociedade o conteúdo acordado.

2. A NOVA PRINCIPIOLOGIA. A TEORIA PRECEPTIVA

O prodigioso desenvolvimento da sociedade com a urbanização e o fortalecimento do capitalismo resultou em estrondoso abalo nas estruturas do que se entendia como contrato e do ato da contratação em si. Afasta-se, doravante, do paradigma liberal, do individualismo e surge uma nova ordem a conduzir a contratação que ora se encontrava massificada. No mais das vezes, não era possível a discussão de cada uma das cláusulas do contrato, a contratação em massa já não permitia mais isso, tanto é que tiveram origem os contratos de adesão. Nesse momento, é a teoria preceptiva que passa a orientar os contratos.

De acordo com a teoria preceptiva não é possível mais se conceber o contrato como fenômeno exclusivamente decorrente da vontade das partes, mas sim como um fenômeno econômico-social. Nas lúcidas palavras de César Fiuza:

> Os contratos passam a ser concebidos em termos econômicos e sociais. Nasce a Teoria Preceptiva. Segundo essa teoria, as obrigações oriundas dos contratos valem não apenas porque as partes as assumiram, mas porque interessa à sociedade a tutela da situação objetivamente gerada, por suas consequências econômicas e sociais.[1]

Alguns valores, como a liberdade, a justiça, a segurança e a dignidade humana, fornecem agora o lastro para os novos princípios que exsurgem ou velhos princípios que são redesenhados. Assim, temos: a autonomia privada, a função social dos contratos, a boa-fé objetiva e a justiça contratual. Desfiaremos esses princípios a seguir.

2.1. O princípio da autonomia privada e os seus subprincípios: a liberdade contratual, o consensualismo e a relatividade dos efeitos dos contratos

O princípio da autonomia privada chega em substituição à velha autonomia da vontade que apresenta forte carga individualista e liberal.

Pela autonomia da vontade o ser humano criaria as suas próprias regras oriundas, por conseguinte, de sua plena vontade que deveria imperar de todo livre e insubordinada. Com a evolução de concepções políticas e sociais, alterações de paradigmas e acatamento à teoria preceptiva, não se compadece com o Estado Democrático de Direito o império da vontade a qualquer custo.

Assim, o princípio da autonomia da vontade foi revisitado recebendo nova roupagem tornando-se, pois, autonomia privada. Sob a ótica de Karl Larenz, autonomia privada:

---

[1] FIUZA, César. Por uma redefinição da contratualidade. In: FIUZA, César; SÁ, Maria de Fátima Freire de; NAVES, Bruno Torquato de Oliveira Naves (coords.) *Direito civil:* da autonomia privada nas situações jurídicas patrimoniais e existenciais. Atualidades II. Belo Horizonte: Del Rey, 2007. p. 261.

Cap. 30 – OS PRINCÍPIOS CONTRATUAIS

É a possibilidade, oferecida e assegurada aos particulares, de regularem suas relações mútuas dentro de determinados limites por meio de negócios jurídicos, em especial mediante contratos.[2]

Além disso, vale mencionar as palavras de Francisco Amaral:

A autonomia privada é o poder que os particulares têm de regular, pelo exercício de sua própria vontade, as relações que participam, estabelecendo-lhe o conteúdo e a respectiva disciplina jurídica. Sinônimo de autonomia da vontade para grande parte da doutrina contemporânea, com ela, porém não se confunde, existindo entre ambas sensível diferença. A expressão "autonomia da vontade" tem uma conotação subjetiva, psicológica, enquanto a autonomia privada marca o poder da vontade no direito de um modo objetivo, concreto e real.[3]

E, com clareza, Cristiano Chaves de Farias e Nelson Rosenvald asseveram:

Em sede de autonomia privada, admite-se a vontade como suporte fático, porém acrescida à regulamentação legal, a fim de que realize interesses dignos de tutela. Cuida-se da funcionalização do contrato. Vale dizer, sendo o direito um meio de promoção de determinadas finalidades, o negócio jurídico somente terá juridicidade e justificativa social quando o concreto interesse das partes realizar os fins a que se propõe o direito, basicamente a harmônica convivência entre justiça, segurança jurídica e dignidade da pessoa humana.[4]

Do princípio da autonomia privada decorrem três subprincípios: a liberdade contratual, o consensualismo e a relatividade dos efeitos do contrato. Por liberdade contratual deve-se entender como a faculdade de escolha e determinação do conteúdo do contrato, que não pode ser confundida com a expressão "liberdade de contratar" que se traduz na faculdade de contratar ou não, de entabular o contrato ou não. A liberdade de contratar não sofre limitações, o que não acontece com a liberdade contratual diante de outro princípio que é a função social dos contratos.

Pelo princípio do consensualismo, encontraremos a regra geral de que, quanto à forma do contrato, esta deve ser tida como livre, salvo estipulação em contrário. Trata-se de corolário lógico do princípio da liberdade das formas que, repousando no art. 107,[5] deve ser conjugado ainda com o art. 104, III,[6] todos do Código

---

[2] LARENZ, Karl. *Derecho civil:* parte general. Trad. Madrid, Editoriales de Derecho Reunidas, 1978. p. 55.

[3] AMARAL, Francisco. *Direito civil:* introdução. 5. ed. Rio de Janeiro: Renovar, 2003. p. 347.

[4] FARIAS, Cristiano Chaves de; ROSENVALD, Nelson. *Curso de direito civil:* contratos. 5. ed. São Paulo: Atlas, 2015. p. 121.

[5] Art. 107 do CC: "A validade da declaração de vontade não dependerá de forma especial, senão quando a lei expressamente a exigir".

[6] Art. 104, CC: "A validade do negócio jurídico requer: I – agente capaz; II – objeto lícito, possível, determinado ou determinável; III – forma prescrita ou não defesa em lei".

Civil. Destarte, basta o consenso para que se criem as avenças negociais, isto é, o consenso já é suficiente para obrigar as partes.[7] O princípio do consensualismo chega se opondo ao formalismo do Direito Romano que impunha em quase todos os contratos determinada forma a ser seguida, fosse a manifestação de expressões solenes, a entrega da coisa ou a inscrição em livro próprio.[8]

Por fim, pelo princípio da relatividade dos efeitos do contrato tem-se como premissa que o contrato vinculará apenas as partes que o celebraram, isto é, o contrato produz efeitos em relação às partes que contrataram, de modo que, um terceiro estranho à relação não está vinculado uma vez que não se obrigou. Exceções ao princípio da relatividade dos efeitos dos contratos encontram-se nos institutos da estipulação em favor de terceiro, na promessa de fato de terceiro e no contrato com pessoa a declarar, todos eles analisados por nós mais adiante.

Ademais, é importante lembrar que diante de toda a evolução jurídica acontecida, o princípio da relatividade dos efeitos do contrato também foi revisitado, o que ocasionou a sua mitigação. Assim, decerto que o contrato espargirá seus efeitos sobre aqueles que o celebraram, entretanto, exsurge a função social com poderes para relativizar tal princípio. Se o bom e regular desenvolvimento do contrato interessa à sociedade, é claro que terceiros poderão se opor a certas estipulações que no seu desenrolar o prejudiquem como acontece, por exemplo, por força do instituto da fraude contra credores. E do mesmo modo, terceiros não poderão de todo ignorar a contratação realizada entre outras pessoas com o fito de impedir o seu cumprimento ou aliciar a um dos contratantes. Nesse momento é que nos deparamos com a chamada tutela externa do crédito, a seguir relatada.

2.1.1. A tutela externa do crédito

A premissa é a de que, embora o contrato diga respeito *a priori* aos contratantes e apenas em relação a eles produza os seus efeitos, não poderá ficar esquecido que a terceiros não é dado o direito de atingir aquela relação contratual anteriormente entabulada.

---

[7] Com percepção ímpar Fernando Noronha lembra: "Atualmente, porém, não há como negar que se assiste a um verdadeiro 'renascimento' de formalismo, às vezes devido a imposições legais (e geralmente ligadas à necessidade de proteção das partes mais fracas, em contratos de adesão, ou a necessidades da chamada 'ordem pública econômica'), mas sobretudo imposto no tráfico jurídico por exigências ligadas à segurança das transações e à padronização dos contratos. As exigências práticas não afetam, é claro, o alcance do princípio legal, que continua sendo o do consensualismo, mas fazem com que este, no tráfico jurídico, esteja deixando de ser a regra. Na prática, só encontramos contratos consensuais nas transações de menor importância econômica e, ainda assim, apenas naquelas que sejam cumpridas no mesmo instante em que se celebrem". NORONHA, Fernando. *O direito dos contratos e seus princípios fundamentais:* autonomia privada, boa-fé, justiça contratual. São Paulo: Saraiva, 1994. p. 118-119.

[8] No Direito Romano existiam três categorias a serem seguidas: *Verbis* (impunha a manifestação de expressões orais); *Re* (impunha a entrega efetiva da coisa); e *Litteris* (impunha a inscrição material no livro do credor). Os contratos, portanto, deveriam seguir uma dessas três formas. Apenas os contratos de compra e venda, locação, mandato e sociedade é que poderiam ser celebrados consensualmente, isto é, com simples manifestação de vontade, determinados, portanto, como contratos *solo consensu.*

O Enunciado nº 21 do CJF, aprovado na I Jornada de Direito Civil, estabelece que:

A função social do contrato, prevista no art. 421 do novo Código Civil, constitui cláusula geral, a impor a revisão do princípio da relatividade dos efeitos do contrato em relação a terceiros, implicando a tutela externa do crédito.

Por meio deste enunciado, devemos entender que se permanecermos vinculados a uma concepção individualista do contrato, não será possível a responsabilização de terceiro que porventura desvia um dos contratantes da rota desejada quando da avença. O que se quer propor por meio desse enunciado é exatamente a responsabilização do terceiro que perturba a relação jurídica obrigacional primitiva em virtude do aliciamento a um dos contratantes. Eis a aplicação da teoria da tutela externa do crédito.

Em justificativa ao Enunciado nº 21 do CJF, Gustavo Tepedino e Teresa Negreiros – seus autores – esclarecem:

É possível, com apoio na função social do contrato, propor uma releitura do princípio da relatividade que abandone os quadros individualistas em que tal princípio se situa e de acordo com os quais o direito de crédito (em oposição aos direitos reais) se encontra encapsulado, isto é, inserido num vínculo entre credor e devedor que afasta de sua órbita quaisquer terceiros. No limite, essa concepção assim restrita do princípio da relatividade tem levado a negar ao credor cujo crédito haja sido frustrado em razão de um sucessivo contrato celebrado entre o devedor e um terceiro ação de ressarcimento em face deste terceiro; somente em face do devedor inadimplente, que é parte do contrato, poderia o credor pleitear a reparação pelos danos decorrentes do descumprimento da obrigação. (...) A função social do contrato dá substrato à teoria da tutela externa do crédito, permitindo a responsabilização, a título extracontratual, do terceiro que participa juntamente com o devedor, através da celebração do contrato sucessivo e incompatível, da lesão a um crédito alheio. Tal contrato, porque celebrado pelo terceiro que tinha ciência de sua incompatibilidade (material ou jurídica) com um contrato anterior, configura hipótese de abuso de direito, especificamente de abuso da liberdade de contratar, a ser coibida com fundamento no art. 421.[9]

Em aplicação ao acima exposto, lembramos de caso de repercussão nacional, ocorrido entre o cantor Zeca Pagodinho e as cervejarias Schincariol e Brahma. Em breve resumo do tumultuado acontecido foi divulgado pela mídia que Zeca Pagodinho havia recebido um milhão de reais para veicular a sua imagem à divulgação de nova cerveja lançada no mercado, a "Nova Schin". Poucos meses depois, o mesmo "garoto-propaganda" cedeu o exercício de sua imagem à cervejaria Brahma, sob o valor, do que comentam, de nove milhões de reais, com o produto do concorrente em mãos e alegando que o que teria acontecido anteriormente não

---

[9] TEPEDINO, Gustavo; NEGREIROS, Teresa; AGUIAR JR., Ruy Rosado de (Org.). *Jornada de Direito Civil*. Brasília: CJF, 2003. p. 205.

passava de "um amor de verão..."Tal conduta, inevitavelmente, repercutiu atingindo o contrato anteriormente entabulado entre o cantor e a cervejaria Schincariol.

De fato, não nos interessa as preferências alcoólicas do "garoto propaganda", atentamos apenas para o fato de que um contrato inicialmente celebrado entre as partes Zeca Pagodinho e a Cervejaria Schincariol foi atingido por um terceiro que é a cervejaria Brahma. Sabemos que, embora existente o princípio da relatividade dos efeitos do contrato, tal princípio foi mitigado pela função social. Resultado: a "infidelidade" do cantor e o aliciamento proporcionado pela cervejaria Brahma oportunizaram uma disputa judicial de proporções gigantescas exatamente em virtude das elevadas quantias envolvidas.[10]

2.1.2. A autonomia privada e a autonomia existencial

A noção de autonomia privada costuma ser aplicada no seio patrimonial, máxime, contratual. Porém, se expandirmos a autonomia privada, alcançando a seara existencial, propõe-se uma nova nomenclatura, qual seja: autonomia existencial. Nesse caminho, Cristiano Chaves e Nelson Rosenvald explicam:

> Sim, a autonomia privada transcende o perímetro dos negócios jurídicos patrimoniais, pois, em uma ordem pós-positivista, afirma-se como exercício de liberdade e instrumento de concretização do princípio da dignidade da pessoa humana. Quer dizer, a autonomia privada não se reduz ao espaço normativo em que o sujeito realiza a atividade econômica (art. 170, CF), sendo também localizada sempre que o ser humano manifesta situações jurídicas da personalidade, concretizando os seus projetos espirituais (art. 1º, III, CF). Aqui, afirma-se a "autonomia existencial".[11]

3. A OBRIGATORIEDADE CONTRATUAL (O *PACTA SUNT SERVANDA*)

O Princípio da Obrigatoriedade Contratual, que se traduz na vetusta regra latina do *pacta sunt servanda* (o contrato faz lei entre as partes), quer dizer que uma vez entabulado o negócio as partes se obrigam a cumpri-lo. Tal princípio já existente na principiologia clássica continua a existir diante na nova principiologia. Isso porque o valor jurídico da segurança não pode se afastar das relações negociais. Embora não haja previsão expressa no Código Civil de 2002 de tal

---

[10] Afora tudo o já mencionado, vale lembrar da redação do art. 608 do CC que, ao positivar a tutela externa do crédito, se aplica como uma luva ao caso em questão. O art. 608 do CC apresenta a seguinte redação: "Aquele que aliciar pessoas obrigadas em contrato escrito a prestar serviço a outrem pagará a este a importância que ao prestador de serviço, pelo ajuste desfeito, houvesse de caber durante dois anos".

[11] E continuam os autores: "Destarte, as duas grandes viradas 'copernicanas' dos últimos 50 anos em sede de autonomia privada são: (a) a imposição de limites à autonomia contratual em prol da funcionalização da igualdade substancial, da solidariedade e da justiça contratual; (b) a ampliação da incidência dos atos da autonomia, que passa a ter trânsito igualmente nas situações subjetivas existenciais". FARIAS, Cristiano Chaves de; ROSENVALD, Nelson. *Curso de direito civil:* contratos. 5. ed. São Paulo: Atlas, 2015. p.125.

Cap. 30 – OS PRINCÍPIOS CONTRATUAIS

princípio, sabedores somos de que há título próprio nesta lei versando sobre o inadimplemento das obrigações e suas consequências (*vide* arts. 389 e ss.).

Assim, embora não seja correto dizer que na nova Codificação o *pacta sunt servanda* já não mais existe, é importante conceber a ideia de que tal princípio não encontra mais a imponência antes vislumbrada. É que é bem verdade que outros princípios redesenham o velho princípio impondo nova concepção. É em razão disso que institutos como a lesão (art. 157, CC), o estado de perigo (art. 156, CC), a redução equitativa da cláusula penal (art. 413, CC), a teoria da imprevisão (art. 478, CC), dentre outros, tiveram guarida no Código Civil de 2002. Então, para que fique claro: o princípio da obrigatoriedade contratual continua a existir, porém, atenuado diante de determinados institutos e princípios.

4. A FUNÇÃO SOCIAL DOS CONTRATOS

Várias são as funções ou finalidades desempenhadas pelo contrato. Não raro a doutrina menciona as funções econômica, regulatória, pedagógica e social. Na realidade, essa última função resulta da combinação de todas as anteriores. Isso porque o contrato faz circular riqueza e promove a difusão de bens, gera empregos e faz distribuir renda, por isso, o que se deve buscar ao seu cabo é que o seu exercício deverá alcançar e promover os interesses sociais.

Sob a obtusa ótica individualista não era possível conceber o contrato com a repercussão social que ele encerra. Porém, hodiernamente, tem-se o contrato como fenômeno econômico-social, assim, é interesse de toda a sociedade que os contratos se firmem e produzam os seus regulares efeitos. Nas palavras de Flávio Tartuce:

> O contrato não pode ser mais visto como uma bolha, que isola as partes do meio social. Simbolicamente, a função social funciona como uma agulha, que fura a bolha, trazendo uma interpretação social dos pactos. Não se deve mais interpretar os contratos somente de acordo com aquilo que foi assinado pelas partes, mas sim levando-se em conta a realidade social que os circunda.[12]

No parágrafo único do art. 2.035 do CC está disposto: "Nenhuma convenção prevalecerá se contrariar preceitos de ordem pública, tais como os estabelecidos por este Código para assegurar a função social da propriedade e dos contratos".

Ademais, o princípio da função social está expresso no art. 421 do CC, com redação fornecida pela Lei nº 13.874/2019 (Lei da Liberdade Econômica), que impõe: "A liberdade contratual será exercida nos limites da função social do contrato".

Ao comentar o art. 421 do CC, Mônica Yoshizato Bierwagen esclarece:

> Assumindo a forma de cláusula geral, a expressão função social insculpida no art. 421 deve ter seu conteúdo desvendado segundo as circunstâncias e peculiaridades do caso

---

[12] TARTUCE, Flávio. *Manual de direito civil*: volume único. 5. ed. São Paulo: Método, 2015. p. 485.

concreto. O dispositivo não impõe uma definição previamente estabelecida; não conceituando o que é função social e não lhe fixando limites, deixa a cargo do intérprete reconhecer, caso a caso, os limites da liberdade contratual, cujos contornos surgem da justa observância dos interesses sociais afetados pelo contrato. Contudo, é importante assinalar que, embora a busca pelo significado e extensão da função social seja atribuída ao juiz, isso não quer dizer que este possa, livremente, segunda sua noção pessoal de justiça, dar este ou aquele conteúdo ao princípio. Na medida que o ordenamento constitui um todo harmônico, a noção de justiça deve se inferir do ajustamento lógico e razoável de outros comandos que regem a matéria, além de, como dito, acomodar-se a uma situação concreta, que também deverá fornecer elementos para a aferição do seu sentido.[13]

Releva notar que é possível ainda vislumbrar a função social em suas manifestações interna e externa. A função social interna é aquela que produz efeitos *inter partes*, e é aqui que encontramos a aplicação dos arts. 157, 413, 478, dentre outros do Código Civil. Nesse mote, foi aprovado o Enunciado nº 360, na IV Jornada de Direito Civil: "O princípio da função social dos contratos também pode ter eficácia interna entre as partes contratantes".

Já a função social externa é aquela que produz efeitos para além das partes. É como buscar "o contrato para além do contrato".[14] É aqui que encontra realce a tutela externa do crédito. Flávio Tartuce ainda se lembra de outras situações, como o contrato que se manifesta perfeitamente equilibrado entre as partes, sem onerosidade excessiva, mas se revele ruim para a sociedade. É o caso, por exemplo, de um contrato que causa dano ambiental ou de um contrato celebrado entre uma empresa e uma agência de publicidade, veiculando a última uma publicidade abusiva.[15]

Poder-se-ia confundir a função social interna do contrato com a boa-fé objetiva. Tal possibilidade, todavia, deve ser refutada de pronto, já que é possível que se preze a boa-fé objetiva, ofendendo-se, entretanto, a função social interna. Tudo isso em virtude da "quebra de consonância à utilidade social que ele (o contrato)

---

[13] BIERWAGEN, Mônica Yoshizato. *Princípios e regras de interpretação dos contratos no novo Código Civil.* 3. ed. São Paulo: Saraiva, 2007. p. 71.

[14] Expressão cunhada por Teresa Negreiros na obra *Teoria do contrato:* novos paradigmas. Rio de Janeiro: Renovar, 2002. p. 205.

[15] TARTUCE, Flávio. *Direito civil:* teoria geral dos contratos e contratos em espécie. São Paulo: Método, 2006. p. 93. Afeto ao tema, vale a lembrança de Cristiano Chaves de Farias e Nelson Rosenvald: "Mesmo nas situações prosaicas da vida, a função social do contrato se apresenta em tutela da coletividade. Rubens Barrichello estava a uma reta da vitória em uma corrida da fórmula 1 (GP – Áustria – 12/5/2002) quando foi alertado pela Ferrari, da cláusula contratual que lhe conferia a posição de 2º piloto. Culminou por ceder passagem ao alemão companheiro de equipe, em respeito à liberdade contratual. Daí se questiona: Trata-se de campeonato mundial de pilotos ou de equipes? Fatalmente, sobejou lesada a desportividade da competição para mais de 500 milhões de fiéis ao esporte pelo mundo. A função social do contrato foi negligenciada". FARIAS, Cristiano Chaves de; ROSENVALD, Nelson. *Curso de direito civil:* contratos. 5. ed. São Paulo: Atlas, 2015. p. 194-195.

deveria ostentar".[16] Clareie-se toda essa informação com o exemplo fornecido por Cristiano Chaves e Nelson Rosenvald:

> A título ilustrativo, basta "zapearmos" com nossos controles remotos pelas várias produções televisivas que sujeitam cidadãos às mais ridículas e preconceituosas "pegadinhas" ou *reality shows*. Pessoas submetidas ao escárnio pela sua identidade sexual, ou baixa escolaridade e nível de cultura, gincanas oferecendo prêmios para aquele que resistir mais tempo a sete palmos se alimentando de minhocas, ou pior, não se alimentando. Curiosamente todas estas pessoas celebram contratos de cessão de imagem, prestigiando a autonomia negocial. Ademais, sentem-se felizes com a exposição e "reconhecimento" perante amigos e público em geral. Curiosamente, muitos destes negócios jurídicos são praticados com resguardo ao princípio da boa-fé objetiva, em um clima de cooperação, sendo o contratante perfeitamente esclarecido de todas as nuances e repercussões da obrigação. Mas, até onde vai a liberdade do ser humano de fazer tudo que queira, quando não proibido por lei? O limite é a dignidade da pessoa humana. A liberdade é um valor pessoal; a dignidade, um valor universal. (...) A dignidade da pessoa humana é irrenunciável, bem como os seus atributos da personalidade (art. 11, CC). Por mais que se contrarie a vontade de seu titular, não pode a pessoa ser premida em sua própria fragilidade. A função social do contrato é pedagógica, pois nos remete à nossa condição racional, de componentes da civilização humana.[17]

Em virtude das diversas conformações ofensivas resultantes da violação à função social do contrato foi aprovado o Enunciado nº 430 do CJF, com o seguinte teor: "A violação do art. 421 conduz à invalidade ou à ineficácia do contrato ou de cláusulas contratuais". Isso porque a invalidade somente se manifesta na origem da negociação, inexistindo, pois, invalidade que seja superveniente. Para a ofensa à função social que seja superveniente ao nascimento do contrato, a sanção que se mostra adequada é exatamente a ineficácia contratual.

Por fim, lembramos a importante conclusão de Roberto Senise Lisboa:

> Logo, em razão da função social, os pactos devem respeitar imediatamente o benefício colimado pelas partes e mediatamente o interesse público, levando-se em conta a constitucionalização do direito privado, com a aplicação do que determina o § 4º do art. 173 da Constituição, que exige, em qualquer negócio jurídico, a ausência do abuso do poder econômico que vise a dominação dos mercados, à eliminação da concorrência e ao aumento arbitrário dos lucros.[18]

---

[16] FARIAS, Cristiano Chaves de; ROSENVALD, Nelson. *Curso de direito civil:* contratos. 5. ed. São Paulo: Atlas, 2015. p. 189.

[17] FARIAS, Cristiano Chaves de; ROSENVALD, Nelson. *Curso de direito civil:* contratos. 5. ed. São Paulo: Atlas, 2015. p. 190.

[18] LISBOA, Roberto Senise. Dos contratos em geral. In: SCAVONE JR., Luiz Antônio; CAMILLO, Carlos Eduardo Nicoletti; TALAVERA, Glauber Moreno; FUJITA, Jorge Shiguemitsu. *Comentários ao Código Civil*. São Paulo: Editora Revista dos Tribunais, 2009. p. 775.

4.1. A redação equivocada do art. 421 do CC, agora corrigida pela Lei nº 13.874/2019 (Lei da Liberdade Econômica)

Originariamente, a redação do art. 421 do CC relatava: "A liberdade de contratar será exercida em razão e nos limites da função social do contrato". Dois equívocos eram encontrados pela doutrina quando da análise do referido artigo. O primeiro que, em lugar da expressão "liberdade de contratar" o precisamente técnico seria a utilização de "liberdade contratual". Isso porque a liberdade de contratar se traduz na faculdade de contratar, o que para tanto, em princípio, não esbarra em quaisquer limites. Já por liberdade contratual, atentamos para a liberdade afeta ao conteúdo do contrato. E essa última liberdade é que será, portanto, limitada pela função social do contrato.

O segundo equívoco estava na impertinente adoção do vocábulo "razão" no corpo do artigo. É que, em verdade, a liberdade contratual não é exercida em razão da função social do contrato, mas sim em razão da autonomia privada, sendo que é desse último princípio que ela decorre, como analisado neste Capítulo.

A Lei nº 13.874/2019 (Lei da Liberdade Econômica) corrigiu o art. 421 do CC que passa a ter a seguinte redação: "A liberdade contratual será exercida nos limites da função social do contrato".

Além disso, a mesma lei inseriu um parágrafo único no art. 421 do CC, com o seguinte teor: "Nas relações contratuais privadas, prevalecerão o princípio da intervenção mínima e a excepcionalidade da revisão contratual." O que o legislador faz aqui é afirmar um posicionamento ideológico de que o Estado deve intervir o mínimo possível nas relações entre os particulares, sendo a revisão contratual aplicada de forma estritamente excepcional, o que lhe rendeu algumas críticas da doutrina.[19]

Sem terminar por aqui, a Lei nº 13.874/2019 (Lei da Liberdade Econômica) ainda insere no Código Civil de 2002 o art. 421-A, apresentando as seguintes orientações:

Art. 421-A. Os contratos civis e empresariais presumem-se paritários e simétricos até a presença de elementos concretos que justifiquem o afastamento dessa presunção, ressalvados os regimes jurídicos previstos em leis especiais, garantido também que:

---

[19] Anderson Schreiber ao analisar o referido parágrafo único nota que, se a intenção da lei "foi evitar que revisões judiciais de contratos resultem em alterações excessivas do pacto estabelecido entre as partes, empregou meio inadequado: afirmar que a revisão contratual deve ser excepcional nada diz, porque não altera as hipóteses em que a revisão se aplica, as quais são expressamente delimitadas no próprio Código Civil". SCHREIBER, Anderson. *Código Civil comentado*: doutrina e jurisprudência. Rio de Janeiro: Forense, 2019. p. 246. E, ainda, Nelson Rosenvald e Felipe Braga Netto: "Contudo, quando se decide pela incidência preferencial de um pretenso 'princípio' da intervenção mínima, o legislador negligencia que no amplo território 'relações contratuais privadas' existem assimetrias que – se não justificam a criação de um estatuto contratual diverso como o CDC – merecem atenção especial do ordenamento jurídico e exigem atuação estatal sobremodo quanto aos standards de aplicação direta dos direitos fundamentais na resolução de litígios privados [...]". ROSENVALD, Nelson; NETTO, Felipe Peixoto. Código Civil Comentado: artigo por artigo. Salvador: JusPodivm, 2020. p. 524.

I – as partes negociantes poderão estabelecer parâmetros objetivos para a interpretação das cláusulas negociais e de seus pressupostos de revisão ou de resolução;

II – a alocação de riscos definida pelas partes deve ser respeitada e observada; e

III – a revisão contratual somente ocorrerá de maneira excepcional e limitada.

O primeiro aspecto que deve ser observado no dispositivo mencionado é a unicidade de tratamento dirigido aos contratos, sejam eles civis ou empresariais, tendo como norte uma presunção relativa de que esses contratos são paritários e simétricos. Como a presunção é relativa, é possível a prova em sentido contrário. Porém, tal ônus recairá sobre a parte mais fraca. Logo, por uma interpretação às avessas do dispositivo, se os contratos forem de adesão justifica-se a proteção destinada nos arts. 113, § 1º, IV, 423 e 424, todos do Código Civil. De toda sorte, ao fazer assim, o art. 421-A do CC afasta a aplicação do Código de Defesa do Consumidor que se destina aos consumidores que são, notadamente, vulneráveis.

Nos incisos do art. 421-A do CC, logo se constata que as partes podem estabelecer parâmetros objetivos para a interpretação das cláusulas (por exemplo, destacando uma cláusula como a mais importante e vetor de todo o contrato) e de seus pressupostos de revisão ou resolução (por exemplo, definindo um *quantum* do que será considerado desproporção para fins de revisão ou de resolução), o que está em sintonia com o art. 113, § 2º, do CC. Além disso, o dispositivo em comento chama a atenção de seu intérprete para a observância da alocação de riscos definida pelas partes que deve ser respeitada e, aqui, se visualiza o investimento feito pelas partes para o negócio desenvolvido e a expectativa que as partes têm de reavê-lo. E, repisando, o que fora dito no *caput* do art. 421 do CC, apresenta a revisão contratual como medida excepcional.

O que se percebe, a todo tempo, é que a inserção do art. 421-A no Código Civil homenageia o princípio da autonomia privada e da obrigatoriedade dos contratos. Todavia, é bom destacar que, nada obstante a positivação de tais orientações, é evidente que tais princípios não devem ser considerados de forma absoluta, já que outros princípios (função social, boa-fé objetiva e equilíbrio dos contratos) também são estandartes da contratação na contemporaneidade, sob pena de se retroceder em nosso ordenamento jurídico em matéria de teoria contratual.

4.2. O subprincípio da conservação ou preservação dos contratos

Cientes de que o contrato acarreta consequências nas esferas econômica e social, e de todo o conteúdo vantajoso para o desenvolvimento econômico-social, devemos entender que os contratos deverão ser preservados. Com isso, queremos dizer que não é diante de qualquer problema, aresta ou instabilidade verificados em um contrato que iremos buscar a sua extinção. Isso em virtude da importância da figura contratual no seio da sociedade. Portanto, não raro encontramos espalhados no Código Civil de 2002 artigos inspirados na necessidade de conservação dos contratos como, por exemplo, os arts. 144; 157, § 2º, e 167, *in fine*.

Concluímos que a necessidade de conservação dos contratos decorre da função social que estes desempenham. Ademais, lembramos o Enunciado nº 22, aprovado na I Jornada de Direito Civil, que evidencia a importância da subprincípio: "A função social do contrato, prevista no art. 421 do novo Código Civil, constitui cláusula geral, que reforça o princípio de conservação do contrato, assegurando trocas úteis e justas".

5. A BOA-FÉ OBJETIVA

Alguns Códigos presentes na pós-modernidade apresentam a boa-fé em sua manifestação objetiva. Lembramos, pois, o BGB alemão, o Código Civil português e o Código Civil italiano. O Código Civil brasileiro de 2002 segue essa esteira apresentando em diversos dispositivos a boa-fé objetiva, como veremos adiante. Nas palavras de Gisele Leite:

> No fundo, o princípio da boa-fé assenta-se na cláusula geral da tutela da pessoa humana inserida no art. 1º da CF/88, que ao lado da cidadania compõe a atual tábua axiológica praticada pelo Direito Civil Contemporâneo. Derrubando-se os muros de Berlim existentes outrora entre a órbita privada e órbita pública.[20]

Concluímos, pois, a superposição da boa-fé objetiva às relações negociais, uma vez que uma das diretrizes orientadoras da nova Codificação é justamente a eticidade. Para que fique clara a noção acerca desta diretriz lembramos as palavras do Ministro José Delgado:

> O típico de Ética buscado pelo novo Código Civil é o defendido pela corrente kantiana: é o comportamento que confia no homem como um ser composto por valores que o elevam ao patamar de respeito pelo semelhante e de reflexo de um estado de confiança nas relações desenvolvidas, quer negociais, quer não negociais. É, na expressão kantiana, a certeza do dever cumprido, a tranquilidade da boa consciência.[21]

5.1. Boa-fé objetiva e boa-fé subjetiva: uma distinção necessária

Importa, de início, que façamos a perfeita distinção entre boa-fé objetiva e subjetiva. Boa-fé subjetiva é um estado anímico do agente que age acreditando que as coisas estão dentro de sua normalidade e correndo da maneira adequada. Trata-se da convicção íntima do agente que atua acreditando que a sua conduta se desenvolve sem nenhum vício e da forma correta. Há forte carga psicológica nesta manifestação de boa-fé. Em virtude disso, surge a dificuldade de sua aferição. O que podemos constatar, todavia, é que o oposto de boa-fé subjetiva é exatamente a má-fé. Assim, quando o agente não apresenta boa-fé subjetiva, ele estará de má-fé. A boa-fé subjetiva está presente no Código Civil de 2002 no

---

[20] LEITE, Gisele. *Roteiro sobre o princípio da boa-fé objetiva.* Disponível em: <www.boletimjuridico. com.br/doutrina/texto.asp?id=1530> Acesso em: 28 nov. 2008.

[21] DELGADO, José. A ética e a boa-fé no novo Código Civil. In: *Questões controvertidas do novo Código Civil.* São Paulo: Editora Método, 2003. p. 177.

art. 309,[22] quando trata do devedor de boa-fé que paga ao credor putativo; no art. 1.242,[23] ao estabelecer os requisitos da usucapião ordinária; e no art. 1.561,[24] que versa sobre o casamento putativo.

Já a boa-fé objetiva, que é a que nos interessa para fins contratuais, é padrão de comportamento, é modelo de conduta que impõe às partes uma atuação honesta. Essa é a boa-fé contratual e quando não presente, não significa que, necessariamente, tenha havido a má-fé.[25]

Com a didática necessária Fernando Noronha sintetiza da seguinte maneira:

> Mais do que duas concepções da boa-fé, existem duas boas-fés, ambas jurídicas, uma subjetiva e outra objetiva. A primeira, diz respeito a dados internos, fundamentalmente psicológicos, atinentes diretamente ao sujeito, a segunda a elementos externos, a normas de conduta, que determinam como ele deve agir. Num caso, está de boa-fé quem ignora a real situação jurídica; no outro, está de boa-fé quem tem motivos para confiar na contraparte. Uma é boa-fé estado, a outra boa-fé princípio.[26]

Além disso, no que respeita à boa-fé objetiva, de acordo com Cristiano Chaves de Farias e Nelson Rosenvald:

> Para descobrir a boa-fé no caso concreto, objetiva-se a situação – livrando-a dos aspectos subjetivos – indagando-se: Qual seria a conduta confiável e leal conforme os padrões culturais incidentes no tempo e no lugar? Diante da resposta, cumpre observar se os contratantes observaram ou não o aludido padrão.[27]

5.2. As funções da boa-fé objetiva

A boa-fé objetiva desempenha três importantes funções ou finalidades no Código Civil de 2002: interpretativa (art. 113); limitativa ou controle (art. 187); e integrativa (art. 422).

---

[22] Art. 309, CC: "O pagamento feito de boa-fé ao credor putativo é válido, ainda provado depois que não era credor".

[23] Art. 1.242, CC: "Adquire também a propriedade do imóvel aquele que, contínua e incontestadamente, com justo título e boa-fé, o possuir por dez anos".

[24] Art. 1.561, CC: "Embora anulável ou mesmo nulo, se contraído de boa-fé por ambos os cônjuges, o casamento, em relação a estes como aos filhos, produz todos os efeitos até o dia da sentença anulatória".

[25] Acerca da boa-fé objetiva foi aprovado na V Jornada de Direito Civil, o Enunciado n° 432, com a seguinte redação: "Em contratos de financiamento bancário, são abusivas cláusulas contratuais de repasse de custos administrativos (como análise do crédito, abertura de cadastro, emissão de fichas de compensação bancária, etc.), seja por estarem intrinsecamente vinculadas ao exercício da atividade econômica, seja por violarem o princípio da boa-fé objetiva".

[26] NORONHA, Fernando. *O direito dos contratos e seus princípios fundamentais*: autonomia privada, boa-fé, justiça contratual. São Paulo: Saraiva, 1994. p. 132.

[27] FARIAS, Cristiano Chaves de. ROSENVALD, Nelson. *Curso de direito civil*: contratos. 5. ed. São Paulo: Atlas, 2015. p. 146.

5.2.1. A função interpretativa da boa-fé objetiva

O art. 113 do Código Civil estabelece que: "Os negócios jurídicos devem ser interpretados conforme a boa-fé e os usos do lugar de sua celebração". O que tal dispositivo pretende fazer é apresentar a boa-fé como instrumento útil ao intérprete para que se perquira o sentido das estipulações negociais. De acordo com Nelson Rosenvald:

> O recurso interpretativo ao princípio da boa-fé será a forma pela qual o operador do direito preservará a finalidade econômico-social do negócio jurídico e determinará o sentido do contrato em toda a sua trajetória, preservando a relação cooperativa, mesmo que a operação hermenêutica contrarie a vontade contratual.[28]

Além disso, é bom lembrar que a Lei nº 13.874/2019 (Lei da Liberdade Econômica) promove interessantes inserções no art. 113 do CC, o que já foi analisado por nós quando do estudo da interpretação do negócio jurídico, no Capítulo 7 desta obra, ao qual remetemos o leitor.

5.2.2. A função limitativa ou controle da boa-fé objetiva

Atualmente o exercício dos direitos subjetivos não se encontra de todo livre, senão limitado pela função econômica e social do direito, pelos bons costumes e pela boa-fé objetiva. Tal afirmação decorre, em verdade, de expressa imposição presente no art. 187 do Código Civil.[29] Assim, a boa-fé objetiva atua como fator limitador do exercício do direito subjetivo para que esse não se transforme em abuso de direito.

Portanto, o direito deve ser exercido dentro dos contornos estabelecidos pelo modelo de comportamento imposto pela honestidade e confiança inafastável para a perfeita convivência social. Eis a função controle da boa-fé objetiva.

5.2.3. A função integrativa da boa-fé objetiva

A boa-fé objetiva também visa a integrar à obrigação principal os deveres laterais, anexos ou satelitários. Esses deveres se manifestam por meio da proteção, da informação, da cooperação, da lealdade e da solidariedade que deverão existir a nortear a relação negocial. É por isso que se diz que, hodiernamente, não se cumpre mais uma obrigação simplesmente adimplindo à prestação principal. A todo tempo, ladeando a obrigação principal estão os deveres laterais ou anexos que também deverão ser atendidos. Clóvis do Couto e Silva já dizia não bastar

---

[28] ROSENVALD, Nelson. *Dignidade humana e boa-fé no Código Civil.* São Paulo: Saraiva, 2005. p. 90.

[29] Art. 187 do CC: "Também comete ato ilícito o titular de um direito que, ao exercê-lo, excede manifestamente os limites impostos pelo seu fim econômico ou social, pela boa-fé ou pelos bons costumes".

Cap. 30 – OS PRINCÍPIOS CONTRATUAIS

que a parte contratante cumpra a prestação principal: "as partes devem observar outras condutas que também se constituem em deveres".[30]

Importa notar que, tais deveres terão incidência e deverão ser cumpridos independente de disposição expressa no contrato. Em virtude disso, Pablo Stolze e Rodolfo Pamplona Filho os designam de **"deveres invisíveis"**, ainda que juridicamente existentes.[31]

A função integrativa da boa-fé objetiva repousa no art. 422 do CC que apresenta o seguinte texto: "Os contratantes são obrigados a guardar, assim na conclusão do contrato, como em sua execução, os princípios de probidade e boa-fé".[32] Atentando para esse artigo percebemos a sua insuficiência. Isso porque é sabido que a visão pós-moderna da contratualidade impõe uma contratação não apenas exaurindo-se em único momento. Não é à toa, então, que se fala em fases pré-contratual, contratual e pós-contratual. Eis, basicamente, a visão da obrigação como um processo. Repisamos, portanto: a concepção de obrigação mais adequada a um Estado Democrático de Direito é a de que ela é, antes de tudo, um processo. Um processo no sentido de que se trata de um conjunto de atos, todos eles permeados pela necessidade de colaboração recíproca entre as partes para alcance do seguinte resultado: maior satisfação ao credor e menor onerosidade ao devedor. Só assim é possível se ter uma obrigação em que se resguardam os interesses patrimoniais das partes, sem deixar de lado os direitos da personalidade e o princípio da dignidade da pessoa humana.

Se conscientes do contrato se desenvolvendo por meio de fases, é evidente que todas essas deverão ser iluminadas pelos deveres laterais ou anexos. Desse modo, foi aprovado na I Jornada de Direito Civil o Enunciado nº 25: "O art. 422 do Código Civil não inviabiliza a aplicação, pelo julgador, do princípio da boa-fé nas fases pré e pós-contratual". Depois, nessa mesma esteira sobreveio a aprovação do Enunciado nº 170, na III Jornada: "A boa-fé objetiva deve ser observada pelas partes na fase de negociações preliminares e após a execução do contrato, quando tal exigência decorrer da natureza do contrato".

A boa-fé objetiva na fase pré-contratual se manifesta quando, mesmo nas negociações preliminares, há a imposição de acatamento à postura cooperativa entre as partes. Nesse momento, torna-se fácil a sua visualização por meio do dever de informação atribuído as partes. Lembramos as palavras de Maurício Jorge Mota, em excelente artigo:

---

[30] SILVA, Clóvis V. do Couto e. *A obrigação como processo*. Rio de Janeiro: Editora FGV, 2007. p. 42.

[31] GAGLIANO, Pablo Stolze; FILHO PAMPLONA, Rodolfo. *Novo curso de direito civil:* contratos. Tomo I. v. IV. São Paulo: Saraiva, 2008. p. 70.

[32] Para Flávio Tartuce, a expressão "boa-fé" contida no art. 422 do CC é a boa-fé subjetiva. O Professor explica da seguinte maneira: "Como se sabe, o dispositivo do Código Civil em análise consagra o princípio da boa-fé objetiva. Essa seria, para nós, a soma de uma boa-fé intenção com a probidade e com a lealdade. Desse modo, a expressão e que consta da norma, conjunção aditiva por excelência, serve como partícula de soma entre uma boa-fé relacionada com intenção (boa-fé subjetiva) e a probidade". TARTUCE, Flávio. *Direito civil:* teoria geral dos contratos e contratos em espécie. São Paulo: Método, 2006. p. 103.

Assim, na fase pré-contratual, das negociações preliminares à declaração de oferta, os contraentes devem agir com lealdade recíproca, dando as informações necessárias, evitando criar expectativas que sabem destinadas ao fracasso, impedindo a revelação de dados obtidos em confiança, não realizando rupturas abruptas e inesperadas das conversações.[33]

A jurisprudência brasileira apresenta como julgado que tomou maior notoriedade de responsabilidade por ruptura nas negociações preliminares o do "caso dos tomates", ocorrido no Rio Grande do Sul. O fato se deu da seguinte maneira: a CICA (Companhia Industrial de Conservas Alimentícias), após distribuir sementes de tomates a pequenos agricultores do município de Canguçu no Rio Grande do Sul, não adquiriu a plantação da safra de 1987/1988, como de habitual fazia. Os agricultores frustrados e com as plantações perdidas ajuizaram ação em face da CICA com pedido indenizatório em virtude das expectativas geradas. O processo chegou ao TJRS, tendo como Relator Ruy Rosado de Aguiar Júnior que na oportunidade proferiu interessante voto, com trecho a seguir transcrito:

Tanto basta para demonstrar que a ré, após incentivar os produtores a plantar a safra de tomate – instando-os a realizar despesas e envidar esforços para plantio, ao mesmo tempo em que perdiam a oportunidade de fazer o cultivo de outro produto – simplesmente desistiu da industrialização do tomate, atendendo aos seus exclusivos interesses, no que agiu dentro do seu poder decisório. Deve, no entanto, indenizar aqueles que lealmente confiaram no seu procedimento anterior e sofreram o prejuízo. (...) Confiaram eles lealmente na palavra dada, na repetição do que acontecera em anos anteriores...[34]

Compreendido que a boa-fé deverá estar presente na fase pré-contratual (ou fase das tratativas ou das negociações preliminares) importa lembrar que, também, quando do fim da execução do contrato a boa-fé deverá perdurar e é aqui que surgem os deveres *post pactum finitum*. Assim, mesmo com a fase contratual propriamente dita já terminada, as partes devem ainda atuar no sentido de colaboração recíproca. Por oportuno lembramos, a título de exemplo, a necessidade de produção de peças de reposição de máquinas já vendidas, a retirada do nome

---

[33] MOTA, Maurício Jorge. *Problemas de direito civil-constitucional.* TEPEDINO, Gustavo. (coord.) Rio de Janeiro, Renovar, 2001. p. 195-196.

[34] Julgado pela 5ª Câmara Cível do TJRS, tendo como relator o Des. Ruy Rosado de Aguiar Jr. Ap. Cív. nº 591028295. Outro julgado bastante popular a esse respeito: "Reparação de danos materiais e morais. Responsabilidade pré-contratual. Princípio da boa-fé objetiva dos contratos negociações preliminares a induzir os autores a deslocaram-se até o Rio de Janeiro para aquisição de veículo seminovo da ré, na companhia de seu filho, ainda bebê, gerando despesas. Deslealdade das informações prestadas, pois oferecido como uma joia de carro impecável gerando falsas expectativas, pois na verdade, o veículo apresentava pintura mal feita, a revelar envolvimento em acidente de trânsito. Omissão no fornecimento do histórico do veículo. Danos materiais, relativos às passagens aéreas, e estadia e danos morais decorrentes do sentimento de desamparo, frustração e revolta perante a proposta enganosa formulada. Sentença confirmada por seus próprios fundamentos" (TJRS, Recurso Cível 71000531376, 2ª Turma Recursal Cível, Turmas Recursais, JEC, Rel. juiz Ricardo Torres Hermann, julgado em 8/9/2004).

Cap. 30 – OS PRINCÍPIOS CONTRATUAIS

do devedor que paga a dívida de rol de inadimplentes, a guarda de documentos, as referências prestadas pelo patrão acerca de ex-empregados idôneos, o dever de sigilo do médico e do advogado etc.

Cavalieri Filho, na obra *Programa de responsabilidade civil*, ainda lembra:

> O mais ilustrativo exemplo nessa matéria, verdadeiro *leading case*, é um acórdão do Supremo Tribunal de Portugal, comentado pelo professor Menezes Cordeiro (*Estudos de Direito Civil*). Determinada construtora, ao lançar um empreendimento imobiliário de alto nível, anunciou que o prédio e os apartamentos teriam uma bela vista para o rio Tejo. Vendidas todas as unidades rapidamente, e construído o prédio, nem bem passados dois anos da construção do empreendimento, a mesma construtora adquiriu o terreno da frente e iniciou a construção de outro prédio com o mesmo atrativo do negócio – a bela vista para o rio Tejo.[35]

Em conclusão, viceja esclarecer que caso a prestação principal seja adimplida, sem o devido cumprimento dos deveres laterais ou anexos terá havido aquilo que se designa de violação positiva do contrato, também conhecida por "adimplemento ruim", "cumprimento inexato" ou "cumprimento defeituoso". Trata-se, em verdade, de terceira espécie de inadimplemento, que ocupa lugar ao lado da mora e do inadimplemento absoluto.

Se a obrigação hoje é vista como um processo, com um antes, um durante e um depois – sendo todas essas fases iluminadas pelo princípio da boa-fé objetiva, o que gera a chamada obrigação complexa ou contemporânea –, decerto que a violação positiva do contrato ensejará todas as consequências decorrentes de um inadimplemento como a resolução do negócio, indenização por perdas e danos etc. Nessa esteira foi aprovado o Enunciado nº 24 do CJF com a seguinte redação: "Em virtude do princípio da boa-fé, positivado no art. 422 do novo Código Civil, a violação dos deveres anexos constitui espécie de inadimplemento, independentemente de culpa".

Acerca de tudo o que fora exposto, vale conferir a seguinte decisão do STJ:

> DIREITO CIVIL. NECESSIDADE DE COMUNICAÇÃO AO EMPREGADO ACERCA DO DIREITO DE OPTAR PELA MANUTENÇÃO NO PLANO DE SAÚDE EM GRUPO. O empregado demitido sem justa causa deve ser expressamente comunicado pelo ex-empregador do seu direito de optar, no prazo de 30 dias a contar de seu desligamento, por se manter vinculado ao plano de saúde em grupo, desde que assuma o pagamento integral. De início, esclareça-se que o art. 30 da Lei nº 9.656/98, com a redação dada pela MP nº 2.177-44/2001, dispõe: "Ao consumidor que contribuir para produtos de que tratam o inciso I e o § 1º do art. 1º desta Lei, em decorrência de vínculo empregatício, no caso de rescisão ou exoneração do contrato de trabalho sem justa causa, é assegurado o direito de manter sua condição de beneficiário, nas mesmas condições de cobertura assistencial de que gozava quando da vigência do contrato de trabalho, desde que assuma o seu

---

[35] CAVALIERI FILHO, Sérgio. *Programa de responsabilidade civil*. 7. ed. São Paulo: Atlas, 2007. p. 277.

pagamento integral". Por seu turno, o art. 35-A da mesma lei criou o Conselho de Saúde Suplementar (Consu), com competência para "estabelecer e supervisionar a execução de políticas e diretrizes gerais do setor de saúde suplementar". Assim, o Conselho, ao regulamentar o art. 30 da Lei nº 9.656/98, por meio da Resolução nº 20/99, dispôs em seu art. 2º, § 6º: "O exonerado ou demitido de que trata o art. 1º, deve optar pela manutenção do benefício aludido no *caput*, no prazo máximo de trinta dias após seu desligamento, em resposta à comunicação da empresa empregadora, formalizada no ato da rescisão contratual". A melhor interpretação da norma é no sentido de que o prazo de trinta dias é razoável, mas o empregador deve comunicar expressamente o ex-empregado sobre o seu direito de manter o plano de saúde, devendo o mesmo formalizar a opção. Trata-se de aplicação do dever de informação, nascido do princípio da boa-fé objetiva, expressamente acolhido pelo ordenamento pátrio no art. 422 do CC. De fato, a boa-fé objetiva constitui um modelo de conduta social ou um padrão ético de comportamento, impondo, concretamente, a todo cidadão que atue com honestidade, lealdade e probidade. As múltiplas funções exercidas pela boa-fé no curso da relação obrigacional, desde a fase anterior à formação do vínculo, passando pela sua execução, até a fase posterior ao adimplemento da obrigação, podem ser vislumbradas em três grandes perspectivas, que foram positivadas pelo CC: a) interpretação das regras pactua-das (função interpretativa); b) criação de novas normas de conduta (função integrativa); e c) limitação dos direitos subjetivos (função de controle contra o abuso de direito). A função integrativa da boa-fé permite a identificação concreta, em face das peculiaridades próprias de cada relação obrigacional, de novos deveres, além daqueles que nascem diretamente da vontade das partes (art. 422 do CC). Ao lado dos deveres primários da prestação, surgem os deveres secundários ou acidentais da prestação e, até mesmo, deveres laterais ou acessórios de conduta. Enquanto os deveres secundários vinculam-se ao correto cumprimento dos deveres principais (v.g. dever de conservação da coisa até a tradição), os deveres acessórios ligam-se diretamente ao correto processamento da relação obrigacional (v.g. deveres de cooperação, de informação, de sigilo, de cuidado). Decorre, portanto, justamente da função integradora do princípio da boa-fé objetiva, a necessidade de comunicação expressa ao ex-empregado de possível cancelamento do plano de saúde caso este não faça a opção pela manutenção no prazo de 30 dias. E mais, não pode a operadora do plano de saúde proceder ao desligamento do beneficiário sem a prova efetiva de que foi dada tal oportunidade ao ex-empregado. Por fim, desta-que-se que o entendimento aqui firmado encontra guarida na Resolução Normativa nº 279 da ANS, de 24/11/2011, que "Dispõe sobre a regulamentação dos arts. 30 e 31 da Lei nº 9.656, de 3 de junho de 1998, e revoga as Resoluções do Consu nºs 20 e 21, de 7 de abril de 1999" (REsp 1.237.054-PR, Rel. Min. Paulo de Tarso Sanseverino, julgado em 22/4/2014. Informativo nº 542).

5.3. Teorias que decorrem da boa-fé objetiva

5.3.1. A supressio (verwirkung)

A *supressio* ocorre quando o sujeito tem um direito suprimido em virtude do seu não exercício. Desse modo, havida a reiterada e constante omissão do sujeito diante de um direito que estava a sua disposição, a consequência será a expectativa gerada nos outros do seu não exercício. Assim, a conduta negativa do

Cap. 30 – OS PRINCÍPIOS CONTRATUAIS

sujeito, a sua omissão quanto ao exercício de um determinado direito, acabará por fazer suprimir esse direito, de modo que, a tentativa do exercício tardio do direito restará frustrada. Manifestação da *supressio*, a título de exemplo, é encontrada no art. 330 do CC que apresenta a seguinte redação: "O pagamento reiteradamente feito em outro local faz presumir renúncia do credor relativamente ao previsto no contrato". Aqui o que temos é um credor que reiteradamente admite que o pagamento seja feito em local que não aquele estabelecido no contrato, gerando a expectativa no devedor de que nunca exercerá tal direito. Em respeito à boa-fé objetiva, orientadora das relações negociais, tal direito acaba por ser suprimido. [36]

É importante que não se confunda a teoria da *supressio* com os institutos da prescrição e decadência. É que esses institutos estão previstos na lei, com os seus contornos perfeitamente delimitados. Ademais, na prescrição e na decadência o que há é simplesmente a extinção da pretensão ou do direito potestativo, respectivamente, a depender da fluência de prazo preestabelecido. Na *supressio*, não. Exige-se mais. Exige-se, além da fluência do tempo e a concomitante omissão do sujeito, que a boa-fé reprove a conduta de um sujeito que tardiamente resolveu exercer determinado direito, a despeito da expectativa gerada na outra parte em sentido contrário.

5.3.2. A surrectio (erwikung)

A *surrectio* quer dizer surreição, e é teoria que caminha lado a lado com a *supressio*. A razão é óbvia: diante da supressão do direito de um, viceja o nascimento,

---

[36] "Cinge-se a controvérsia a definir a obrigação do ex-empregador em manter, com base na proteção da confiança (*supressio*), o plano de saúde oferecido ao ex-empregado, transcorridos mais de 10 anos do rompimento do vínculo empregatício. Com efeito, não se nega que o art. 30, § 1º, da Lei nº 9.656/98 permite que o ex-empregado demitido e seu grupo familiar se mantenham no plano de saúde coletivo empresarial, após o rompimento do vínculo empregatício, pelo período de um terço do tempo de permanência como beneficiários, com um mínimo assegurado de seis meses e um máximo de vinte e quatro meses. (...) A responsabilidade pela confiança constitui, portanto, uma das vertentes da boa-fé objetiva, enquanto princípio limitador do exercício dos direitos subjetivos, e coíbe o exercício abusivo do direito, o qual, no particular, se revela como uma espécie de não-exercício abusivo do direito, de que é exemplo a *supressio*. A *supressio*, por usa vez, indica a possibilidade de se considerar suprimida determinada obrigação contratual na hipótese em que o não exercício do direito correspondente, pelo credor, gerar no devedor a legítima expectativa de que esse não exercício se prorrogará no tempo. Sob essa ótica, verifica-se que o ex-empregado e sua esposa se mantiveram vinculados ao contrato de plano de saúde por 10 anos, superando – e muito – o prazo legal que autorizava a sua exclusão, o que, evidentemente, despertou naqueles a justa expectativa de que não perderiam o benefício oferecido pelo ex-empregador. (...) E, de fato, o exercício reiterado dessa liberalidade, consolidado pelo decurso prolongado do tempo, é circunstância apta a criar a confiança na renúncia do direito de excluir o ex-empregado e seu grupo familiar do contrato de plano de saúde, de tal modo que, esse exercício agora, quando já passados 10 anos, e quando os beneficiários já contavam com idade avançada, gera uma situação de desequilíbrio inadmissível entre as partes, que se traduz no indesejado sentimento de frustração. Diante desse panorama, o princípio da boa-fé objetiva torna inviável a exclusão do ex-empregado e sua esposa do plano de saúde coletivo empresarial" (STJ, REsp 1.879.503-RJ, Rel. Min. Nancy Andrighi, Terceira Turma, por unanimidade, julgado em 15/9/2020, *DJe* 18/9/2020).

a surreição do direito de outro. Assim, podemos dizer que, a outra face da *supressio* é exatamente a *surrectio*. No exemplo do art. 330 do CC já mencionado, percebemos que a supressão do direito do credor resultou em direito para o devedor.[37]

5.3.3. O venire contra factum proprium non potest *(teoria dos atos próprios)*

Em tradução literal *venire contra factum proprium non potest* quer dizer "ir contra fato próprio, não pode". Por essa teoria há o repúdio à contradição. Significa dizer que ninguém pode contrariar atos próprios. Assim, se o sujeito se posicionou em um determinado sentido, não poderá depois assumir postura diversa à anteriormente adotada, exatamente por ferir a lealdade e a confiança decorrentes da boa-fé objetiva. Exemplificando o *venire contra factum proprium* lembramos de clássica situação extraída de jurisprudência alemã em que o empregador assegura ao seu empregado que não irá dispensá-lo, convencendo-lhe de não sair da empresa, e um mês depois, dispensa-o sob a alegação de má situação financeira da empresa.

Em interessante decisão, a 3ª Turma do STJ entendeu pela validade de um contrato de franquia, ainda que não assinado pela franqueada, quando o comportamento das partes demonstrou a aceitação tácita. Conclui-se que a exigência legal de forma especial é questão atinente ao plano da validade do negócio (art. 166, IV, do CC/2002). Todavia, a alegação de nulidade poderia se revelar abusiva por contrariar a boa-fé objetiva na sua função limitadora do exercício de direito subjetivo ou mesmo mitigadora do *rigor legis*. A seguir as informações de inteiro teor da decisão:

> A proibição à contraditoriedade desleal no exercício de direitos manifesta-se nas figuras da vedação ao comportamento contraditório (*nemo potest venire contra factum proprium*) e de que a ninguém é dado beneficiar-se da própria torpeza (*nemo auditur propriam turpitudinem allegans*). A conservação do negócio jurídico, nessa hipótese, significa dar primazia à confiança provocada na outra parte da relação contratual. No particular, a franqueadora enviou à franqueada o instrumento contratual de franquia. Esta, embora não tenha assinado e restituído o documento àquela, colocou em prática os termos contratados, tendo recebido treinamento, utilizado a sua marca e instalado as franquias. Inclusive, pagou à franqueadora as contraprestações estabelecidas no contrato. Assim, a alegação de nulidade por vício formal configurou-se como comportamento contraditório com a conduta praticada anteriormente. Por essa razão, a boa-fé tem força para impedir a invocação de nulidade do contrato de franquia.[38]

---

[37] No REsp 1.789.667-RJ, o STJ decidiu que a "obrigação alimentar extinta, mas mantida por longo período de tempo por mera liberalidade do alimentante não pode ser perpetuada com fundamento no instituto da *surrectio*" (STJ, REsp 1.786.667-RJ, Rel. Min. Paulo de Tarso Sanseverino, julgado em 12/2/2019, *DJe* 14/2/2019).

[38] STJ, REsp 1.881.149-DF, Rel. Min. Nancy Andrighi, Terceira Turma, por unanimidade, julgado em 1º/6/2021 (Informativo nº 699).

Cap. 30 – OS PRINCÍPIOS CONTRATUAIS

É inclusive com base no *venire contra factum proprium* que Tereza Ancona Lopes entende que o consumidor de cigarros que assim o fez durante anos em decorrência de sua autonomia privada não poderá reclamar pelas consequências nefastas do tabagismo, em razão de clara ofensa ao padrão imposto pela boa-fé.[39]

De início poderíamos vislumbrar a similitude entre os institutos do *venire contra factum proprium* e a *supressio*. Entretanto, ambos merecem distinção diante de dois critérios:

1º) No *venire*, há uma conduta comissiva em um sentido, seguida de uma conduta também comissiva em contradição com a primeira; já na *supressio*, há uma longa omissão seguida do exercício tardio de um direito;

2º) Embora em ambos o que se nota é a geração de expectativa do não exercício de um direito, a diferença reside na ideia de que, enquanto na *supressio* o direito é transferido a outrem, no *venire*, gera-se a expectativa de seu não exercício sem, contudo, transmiti-lo.

5.3.4. O tu quoque

A expressão *tu quoque* passou a ser consagrada universalmente como sinônimo de decepção, depois que, o Imperador Romano Júlio César, em 44 a. C, a proferiu quando detectou dentre os seus assassinos o seu filho Marco Júnio Bruto. O Imperador assim gritou: *"Tu quoque, Brute, tu quoque brute fili mili"* que, em tradução literal, significa "Até tu Brutus, até tu, Brutus, filho meu". De acordo com Anderson Schreiber:

---

[39] Ancona Lopez ainda preleciona: "O grande problema é que as vítimas do fumo sabiam e previam os possíveis riscos desse tipo de produto; mesmo assim abusaram de seu consumo e durante longo período de tempo. Além de ser de conhecimento notório que o uso excessivo do tabaco, do álcool, da comida, do chocolate, pode causar dano e, no caso do tabaco, há informação detalhada em cada maço adquirido. Portanto, apesar de estarmos nessa matéria informados pela teoria do risco, sabendo que o risco integral não é acolhido em nosso sistema (...), o nexo causal nem se forma, pois no caso de culpa do fumante que assumiu o risco, não há como se imputar responsabilidade ao fabricante". LOPEZ, Tereza Ancona. Nexo causal e produtos potencialmente nocivos: a experiência brasileira do tabaco. São Paulo: Quartier Latin, 2008. p.159. Bom de ver, também, julgado do STJ, aplicando a teoria do *Venire*: "PROMESSA DE COMPRA E VENDA. CONSENTIMENTO DA MULHER. ATOS POSTERIORES. *VENIRE CONTRA FACTUM PROPRIUM*. BOA-FÉ. PREPARO. FÉRIAS. 1. Tendo a parte protocolado seu recurso e, depois disso, recolhido a importância relativa ao preparo, tudo no período de férias forenses, não se pode dizer que descumpriu o disposto no art. 511 do CPC. Votos vencidos. 2. A mulher que deixa de assinar o contrato de promessa de compra e venda juntamente com o marido, mas depois disso, em juízo, expressamente admite a existência e validade do contrato, fundamento para a denunciação de outra lide, e nada impugna contra a execução do contrato durante mais de 17 anos, tempo em que os promissários compradores exerceram pacificamente a posse sobre o imóvel, não pode depois se opor ao pedido de fornecimento de escritura definitiva. Doutrina dos atos próprios. Art. 132 do cc. 3. Recurso conhecido e provido" (STJ, REsp 95.539/SP, Rel. Min. Ruy Rosado de Aguiar, Quarta Turma, julgado em 3/9/1996, *DJ* 14/10/1996).

Juridicamente, o *tu quoque* vem referido como o emprego, desleal, de critérios valorativos diversos para situações substancialmente idênticas. Trata-se da fórmula jurídica de repressão ao que, no vernáculo, se resume como "dois pesos, duas medidas". Assim, é comum encontrar-se alusões ao *tu quoque* naqueles casos em que uma parte, após violar uma norma, pretende exercer uma posição jurídica que esta mesma norma lhe assegura. Tome-se como exemplo a decisão do Supremo Tribunal de Justiça português, que impediu o comprador de um automóvel de alegar, em ação de cobrança do preço, a nulidade por falta de assinatura, tendo em vista a prova de que o próprio comprador deixara de devolver o instrumento enviado para assinatura pela sociedade vendedora.[40]

Desse modo, haverá aplicação do *tu quoque* sempre que a parte que viola a norma jurídica pretenda, posteriormente, a sua aplicação em benefício próprio. Por isso, é comum dizer que não se deve fazer ao outro o que não faria a si mesmo. Aplicação claríssima do *tu quoque* encontramos na locução do art. 180 do CC: "O menor, entre dezesseis e dezoito anos, não pode, para eximir-se de uma obrigação, invocar a sua idade se dolosamente a ocultou quando inquirido pela outra parte, ou se, no ato de obrigar-se, declarou-se maior". O que o referido artigo quer dizer é que diante da malícia empregada pelo menor, o negócio será perfeitamente válido e exigível, não podendo o menor entre dezesseis e dezoito anos, depois de realizado o negócio, buscar a proteção da lei, se de início agiu esperta e maliciosamente enganando a outra parte acerca de sua idade.

5.3.5. O duty to mitigate the loss

Por *duty to mitigate the loss* devemos entender o dever que tem o sujeito de mitigar a sua própria perda. Explicamos. É que o próprio credor da relação jurídica obrigacional tem o dever de atenuar o seu próprio prejuízo. Fica fácil vislumbrar a aplicação do *duty to mitigate the loss* tendo como pano de fundo o dever de colaboração que deve existir entre as partes contratantes. Lembramos dois interessantes exemplos: o locador do imóvel que diante da inadimplência dos aluguéis pelo locatário se queda inerte sem ajuizar a devida ação de despejo aguardando o crescimento da dívida; e a instituição financeira que diante do inadimplemento do cliente nada manifesta deixando a dívida alcançar montantes astronômicos. A referida teoria ainda se manifesta nas redações dos arts. 769 e 771 do Código Civil, respeitantes ao contrato de seguro.

Caso o credor não atenue o seu próprio prejuízo, diante da teoria do *duty to mitigate the loss*, oriunda da boa-fé objetiva, será cabível a redução do próprio crédito do credor. Por fim, lembramos que a teoria se evidenciou por meio do

---

[40] Schereiber relata ainda acerca da proximidade dos institutos *venire contra factum proprium* e *tu quoque* explicando que: "Como se vê, à semelhança do que ocorre no *venire contra factum proprium*, há no núcleo do *tu quoque* uma ideia de contradição, uma incoerência, aí todavia mais específica, porque relacionada à utilização de critérios valorativos diferentes para situações objetivamente muito similares ou idênticas. É possível, portanto, classificar o *tu quoque* como uma subespécie de *venire contra factum proprium*". SCHREIBER, Anderson. *A proibição do comportamento contraditório:* tutela da confiança e *venire contra factum proprium*. 2. ed. Rio de Janeiro: Renovar, 2007. p. 184.

Cap. 30 – OS PRINCÍPIOS CONTRATUAIS

Enunciado nº 169, aprovado na III Jornada de Direito Civil, que apresenta a seguinte redação: "O princípio da boa-fé objetiva deve levar o credor a evitar o agravamento do próprio prejuízo".[41]

6. A JUSTIÇA CONTRATUAL

Pelo princípio da justiça contratual busca-se o equilíbrio na relação contratual, sendo que esse equilíbrio deverá estar presente tanto na origem do contrato como ao longo de sua execução, em se tratando de contratos de execução futura. Antônio Junqueira de Azevedo denomina este princípio de Princípio do Equilíbrio Econômico do Contrato[42]. Já Paulo Luiz Netto Lôbo o designa de Princípio da Equivalência Material e esclarece que, por meio de tal princípio, se:

> Busca realizar e preservar o equilíbrio real de direitos e deveres no contrato, antes, durante e após sua execução, para harmonização dos interesses. Esse princípio preserva a equação e o justo equilíbrio contratual, seja para manter a proporcionalidade inicial dos direitos e obrigações, seja para corrigir os desequilíbrios supervenientes (...) O princípio clássico *pacta sunt servanda* passou a ser entendido no sentido de que o contrato obriga as partes contratantes nos limites do equilíbrio dos direitos e deveres entre elas.[43]

Por isso se diz que se exige que o equilíbrio seja não apenas genético (na origem do contrato), mas também funcional (ao longo de sua execução).

Caso o equilíbrio genético seja ofendido, a solução será se socorrer dos institutos da lesão (art. 157, CC) e do estado de perigo (art. 156, CC) que induzirão à anulação do negócio (art. 171, II, CC). O estudo da lesão e do estado de perigo é pertinente à parte geral do Direito Civil. No presente Capítulo, todavia, destacamos a possibilidade de o equilíbrio funcional ser atingido. Aqui, a solução é se socorrer da tentativa de revisão do contrato, tema que se apresentou mundialmente tormentoso ao longo dos séculos. Esse tema será trabalhado, minuciosamente, no Capítulo 39 deste livro.

---

[41] O STJ reconheceu o *duty to mitigate the loss* no REsp 758.518-PR, publicado no Informativo nº 439. E também no REsp 1.862.902-SC, publicado no Informativo nº 697, em que a Terceira Turma do STJ reconheceu que no art. 27 da Lei nº 9.514/97 há um fundamento de boa-fé objetiva, especificamente concretizada no preceito *duty to mitigate the loss*.

[42] AZEVEDO, Antônio Junqueira de. Princípios do novo direito contratual e desregulamentação do mercado, direito de exclusividade nas relações contratuais de fornecimento, função social do contrato e responsabilidade aquiliana do terceiro que contribui para inadimplemento do contratual. *Revista dos Tribunais*, n. 750. São Paulo: Revista dos Tribunais, abr. 1998, p. 113-120.

[43] LÔBO, Paulo Luiz Netto. Princípios sociais dos contratos no CDC e no novo Código Civil. *Jus Navigandi*, Teresina, ano 6, nº 55, mar. 2002. Disponível em: <http://jus2.uol.com.br/doutrina/texto.asp?id=2796>. Acesso em: 7 mar. 2009.

A CLASSIFICAÇÃO DOS CONTRATOS 31

A compreensão da classificação dos contratos torna-se importante instrumento para aferição da natureza jurídica de determinado contrato. A seguir, apresentamos as diversas classificações acerca dos contratos.

1. QUANTO AO MOMENTO DO APERFEIÇOAMENTO DO CONTRATO

a) **Consensuais:** são aqueles contratos que se perfazem com o simples acordo de vontade das partes. Com a análise do princípio do consensualismo, verificamos que a regra é que os contratos são consensuais. Por exemplo, o contrato de compra e venda,[1] a locação, a doação etc.

b) **Reais:** são aqueles contratos em que não basta o acordo de vontades para se formarem, exigindo, pois, a entrega da coisa. São contratos reais o depósito, o comodato, o mútuo e o contrato estimatório. Nesses contratos, antes da entrega da coisa o que há é apenas uma promessa de contratar.

2. QUANTO ÀS FORMALIDADES EXIGIDAS

a) **Formais:** são aqueles contratos em que não basta a manifestação de vontade das partes, para se formarem exige-se o cumprimento de uma formalidade, por exemplo, a compra e venda de bem imóvel de valor superior a 30 vezes o salário mínimo que deverá ser feita por meio de escritura pública (art. 108, CC).

b) **Informais:** são aqueles contratos em que não há a exigência de formalidades. Por exemplo, a compra e venda de bem móvel.

Neste ponto, cumpre observar que embora seja comum apresentar como sinonímia de contrato formal o contrato solene, estamos com os autores que entendem que não deve haver confusão entre formalidade e solenidade. É que o primeiro seria gênero e o segundo espécie. Assim, como vimos, se contrato

---

[1] Em se tratando de compra e venda, a tradição da coisa ou o registro exigido não servem para aperfeiçoar o contrato que já se formou. É que a tradição e o registro estão no plano da eficácia (dos efeitos) do contrato de compra e venda.

formal é aquele que deverá acatar à determinada forma prevista em lei, se essa forma for a escritura pública haverá uma solenidade, além da formalidade. Então, podemos dizer que o contrato de compra e venda de imóvel de valor superior a 30 vezes o salário mínimo porque deve ser feito por instrumento público é um contrato formal e ao mesmo tempo solene. Mas, note-se que, nem sempre o contrato formal será solene, sendo considerado assim somente se a forma exigida for a escritura pública.

3. QUANTO ÀS OBRIGAÇÕES DAS PARTES

a) **Unilaterais:** são aqueles contratos em que apenas uma das partes assume obrigação. Como exemplo temos, em regra, a doação, o mandato, o mútuo, o comodato e o depósito.

b) **Bilaterais ou sinalagmáticos:** são aqueles contratos em que ambas as partes assumem obrigações. Exemplos são a compra e venda, a locação, a troca, a prestação de serviços etc.

É importante não confundir: um negócio jurídico pode ser unilateral ou bilateral. O contrato é exatamente um exemplo de negócio jurídico bilateral. Quando focamos no contrato, este, por sua vez, poderá ser unilateral ou bilateral, conforme classificação apresentada acima.

4. QUANTO AO SACRIFÍCIO PATRIMONIAL SOFRIDO

a) **Onerosos:** são os contratos em que ambas as partes sofrem sacrifício patrimonial. Exemplos: a compra e venda, a locação.

b) **Gratuitos ou benéficos:** são aqueles contratos em que apenas uma das partes sofre sacrifício patrimonial. Exemplo: a doação.

Importante atentar para o seguinte: geralmente, os contratos onerosos são bilaterais e os gratuitos, unilaterais. Porém, é possível que um contrato gratuito seja bilateral, por exemplo, a doação com encargo.

Flávio Tartuce, acerca dos contratos onerosos, lembra:

> Esta onerosidade não pode ser excessiva de forma a gerar o enriquecimento sem causa de uma parte em relação à outra. Rompido o ponto de equilíbrio, o ponto estrutural da proporcionalidade ou sinalagma, a base do negócio jurídico, justifica-se a revisão do negócio jurídico, à luz da função social dos contratos e da boa-fé objetiva.[2]

5. QUANTO À PREVISÃO LEGAL

a) **Típicos:** são os contratos que apresentam disciplina mínima em lei. Por exemplo, a compra e venda, a doação, o seguro etc.

---

[2] TARTUCE, Flávio. *Direito civil:* teoria geral dos contratos e contratos em espécie. São Paulo: Método, 2006. p. 38.

Cap. 31 – A CLASSIFICAÇÃO DOS CONTRATOS

b) **Atípicos:** são os contratos que não foram regulados pela lei. Por exemplo, o contrato de cessão de clientela e os contratos eletrônicos, em geral. No que respeita aos contratos atípicos, o art. 425 do CC preceitua: "É lícito às partes estipular contratos atípicos, observadas as normas gerais fixadas neste Código". Desse modo, na VII Jornada de Direito Civil foi aprovado o Enunciado nº 582, com a seguinte redação: "Com suporte na liberdade contratual e, portanto, em concretização da autonomia privada, as partes podem pactuar garantias contratuais atípicas".

Estamos com os autores que apontam pela inconveniência de apresentar como sinonímia de típico o termo "nominado", e de atípico o termo "inominado". É que o correto é apontar que será o contrato típico quando apresenta a sua estrutura mínima regulada em lei como, por exemplo, o contrato de doação. Não bastaria, portanto, o legislador, mencionar o nome doação sem, contudo, regulá-lo. Se assim o fosse, o contrato de doação seria apenas nominado por apresentar uma designação, porém, atípico. Para que fique claro, lembremos de um exemplo crível: o contrato de garagem ou estacionamento é mencionado no art. 1º, parágrafo único, da Lei nº 8.245/91, sem haver, todavia, a sua regulamentação. Nesse caso, o contrato de garagem ou estacionamento é contrato nominado, porém, atípico. Portanto, contrato típico é aquele que apresenta uma regulação legal mínima, já contrato nominado é aquele que simplesmente apresenta um *nomen juris*.

6. QUANTO AO TEMPO DE EXECUÇÃO OU MOMENTO DO CUMPRIMENTO

a) **Contrato de execução instantânea ou imediata:** trata-se do contrato em que o cumprimento se dá logo em seguida a sua constituição. Por exemplo, uma compra e venda com pagamento estipulado para que seja à vista.

b) **Contrato de execução futura continuada:** trata-se do contrato em que o seu cumprimento se dá paulatinamente por meio de subvenções periódicas, isto é, ocorre o pagamento de parcelas. Por exemplo, a compra e venda com pagamento estipulado por meio de parcelas quinzenais, mensais, trimestrais etc.

c) **Contrato de execução futura diferida:** trata-se do contrato em que o cumprimento também ocorrerá no futuro, porém de uma só vez. Por exemplo, a compra e venda com pagamento efetuado por meio de um cheque pós-datado.

7. QUANTO À PESSOALIDADE

a) **Impessoais:** são os contratos em que se desconsideram as características pessoais do contratante, podendo ser cumprido por qualquer um. Por exemplo, o contrato de compra e venda.

b) **Pessoais ou personalíssimos ou *intuitu personae*:** são os contratos em que se levam em consideração as características pessoais de um dos contratantes. Por exemplo, o contrato de fiança. Tanto é assim que, na fiança, quando do falecimento do fiador o que há é a extinção do contrato, transferindo-se aos herdeiros do fiador apenas eventuais débitos já vencidos, dentro das forças da herança, e não a condição de fiador (art. 836, CC[3]).

8. QUANTO À INDEPENDÊNCIA

a) **Principais:** são aqueles contratos que subsistem por si próprios, independentemente de qualquer outro contrato. Por exemplo, o contrato de locação.

b) **Acessórios:** são aqueles que dependem de outro para existir. Por exemplo, o contrato de fiança.

A importância desta classificação reside em exatamente atentar para a relação entre o acessório e o principal. Já sabemos muito bem que tudo o que acontece ao principal repercute em relação ao acessório. Desse modo, se, por exemplo, for detectada alguma nulidade no contrato principal, o contrato acessório também será fulminado por ela. Que fique claro que o contrário não é verdadeiro. Assim, se o contrato acessório for atingido por algum vício, não haverá repercussão no principal.

9. QUANTO AO MODO DE ELABORAÇÃO OU DISCUSSÃO DAS PARTES ACERCA DO CONTEÚDO DO CONTRATO

a) **Paritário:** aquele em que as cláusulas são fixadas livremente pelas partes, após debate entre elas.

b) **De adesão:** aquele que foi elaborado exclusivamente por umas das partes (o estipulante), que possui o monopólio do negócio. Por exemplo, o contrato de fornecimento de água ou eletricidade.

c) **Por adesão:** aquele que foi elaborado exclusivamente por uma das partes (o estipulante), mas não há o monopólio sobre o negócio. As cláusulas são predeterminadas, sem possibilidade de modificação, debate e transigência entre as partes.

Seguindo a orientação do Código de Defesa do Consumidor e do Código Civil de 2002, que apenas mencionam "contrato de adesão", preferimos entender que as figuras do contrato por adesão e do contrato de adesão representam, em verdade, sinônimas e, daí que mencionaremos, doravante, apenas a designação contrato de adesão de maneira ampla, sugerindo, ainda, o seguinte conceito: contrato de adesão é a figura negocial pela qual o conteúdo é imposto unilateralmente por uma das partes ou até mesmo por um terceiro, sem haver manifestação de debate ou transigência entre as partes acerca do conteúdo contratual, restando a outra

---

[3] Art. 836, CC: "A obrigação do fiador passa aos herdeiros; mas a responsabilidade da fiança se limita ao tempo decorrido até a morte do fiador, e não pode ultrapassar as forças da herança".

Cap. 31 – A CLASSIFICAÇÃO DOS CONTRATOS

parte apenas a possibilidade de anuir a ele ou rechaçá-lo. Englobamos, assim, o contrato por adesão e aquelas variações designadas de contrato formulário ou tipo, sendo, esses últimos aqueles que são vendidos já prontos, por exemplo, em papelarias e bancas de jornais.

Não obstante ao já relacionado, trazemos à baila o conceito de contrato de adesão previsto no art. 54 do CDC: "Contrato de adesão é aquele cujas cláusulas tenham sido aprovadas pela autoridade competente ou estabelecidas unilateralmente pelo fornecedor de produtos ou serviços, sem que o consumidor possa discutir ou modificar substancialmente o seu conteúdo". E na sequência os seus parágrafos, que auxiliam na compreensão do tema:

§ 1º A inserção de cláusula no formulário não desfigura a natureza de adesão do contrato.

§ 2º Nos contratos de adesão admite-se cláusula resolutória, desde que a alternativa, cabendo a escolha ao consumidor, ressalvando-se o disposto no § 2° do artigo anterior.

§ 3º Os contratos de adesão escritos serão redigidos em termos claros e com caracteres ostensivos e legíveis, cujo tamanho da fonte não será inferior ao corpo doze, de modo a facilitar sua compreensão pelo consumidor (Redação dada pela Lei nº 11.785, de 2008).

§ 4º As cláusulas que implicarem limitação de direito do consumidor deverão ser redigidas com destaque, permitindo sua imediata e fácil compreensão.

Paralelo a tal tratamento já dispensado aos contratos de adesão na Lei Consumerista, encontramos previsão, ainda, no Código Civil de 2002, nos arts. 423 e 424, a seguir transcritos:

Art. 423, CC: Quando houver no contrato de adesão cláusulas ambíguas ou contraditórias, dever-se-á adotar a interpretação mais favorável ao aderente.

Art. 424, CC: Nos contratos de adesão, são nulas as cláusulas que estipulem a renúncia antecipada do aderente a direito resultante da natureza do negócio.[4]

Fizemos questão de apresentar as estruturas do Código Civil de 2002 e do Código de Defesa do Consumidor respeitantes aos contratos de adesão para já logo realçar que não podemos confundir a figura do contrato de adesão com o contrato de consumo. É que nem sempre porque há uma, necessariamente existirá a outra. O que queremos dizer é que, por vezes, há um contrato de consumo e não há contrato de adesão, do mesmo modo que poderá haver contrato de adesão sem se tratar de relação de consumo.

O contrato de consumo surge da relação jurídica de consumo. Podemos concluir, após breve análise dos arts. 2º e 3º do CDC, que haverá contrato de

---

[4] Nesse mote, vale mencionar o Enunciado nº 433 do CJF, aprovado na V Jornada de Direito Civil: "A cláusula de renúncia antecipada ao direito de indenização e retenção por benfeitorias necessárias é nula em contrato de locação de imóvel urbano feito nos moldes do contrato de adesão".

consumo quando fornecedor e consumidor transacionam produtos e serviços. Daí que, se essa negociação se der com conteúdo imposto unilateralmente por uma das partes, cabendo a outra apenas anuir a ele ou não, estaremos diante de um contrato de consumo e de adesão. Porém, nem sempre isso acontece. Sendo que, é bem possível que pessoas que se encontram no mesmo nível, não havendo relação de consumo, entabulem negócio por meio de um contrato de adesão. Caso em que, nada obstante a existência de um contrato de adesão, não subjaz por trás dele uma relação consumerista.

Propugnando por afastar a confusão existente entre contrato de adesão e contrato de consumo, foi aprovado na III Jornada de Direito Civil o Enunciado nº 171 com o seguinte teor: "O contrato de adesão, mencionado nos arts. 423 e 424 do novo Código Civil, não se confunde com o contrato de consumo". E ainda, corroborando tal entendimento o Enunciado nº 172, também aprovado na mesma Jornada: "As cláusulas abusivas não ocorrem exclusivamente nas relações jurídicas de consumo. Dessa forma, é possível a identificação de cláusulas abusivas em contratos civis comuns, como, por exemplo, aquela estampada no art. 424 do Código Civil de 2002".

10. QUANTO AOS RISCOS

a) **Comutativos:** as prestações de ambas as partes já são pré-estimadas, isto é, as prestações são certas e determinadas. Por exemplo, no contrato de compra e venda (em regra), no contrato de locação etc.

b) **Aleatórios:** a prestação de uma das partes poderá ser devida ou não e, em sendo devida, a quantidade poderá variar a depender do fator sorte (álea). Desse modo, o Código Civil prevê duas formas de contratos aleatórios:

  b.1) **Contrato aleatório *emptio spei*:** um dos contratantes assume o risco relativo à própria existência da coisa ou fato, nada obstante o preço que será pago integralmente, mesmo que a coisa não venha a existir no futuro, desde que não haja dolo ou culpa da outra parte. Essa espécie de contrato aleatório está prevista no art. 458, CC, com a seguinte redação: "Se o contrato for aleatório, por dizer respeito a coisas ou fatos futuros, cujo risco de não virem a existir um dos contratantes assuma, terá o outro direito de receber integralmente o que lhe foi prometido, desde que de sua parte não tenha havido dolo ou culpa, ainda que nada do avençado venha a existir". O exemplo comumente lembrado aqui é o seguro de acidente de veículo automotor. Em se tratando de contrato de compra e venda, que, excepcionalmente, poderá ser aleatório, utilizaremos a designação de "venda da esperança".

  b.2) **Contrato aleatório *emptio rei speratae*:** o risco se reduz à quantidade da coisa comprada, uma vez que um mínimo deverá ser apresentado. Essa previsão está no art. 459, CC: "Se for aleatório, por serem objeto dele coisas futuras, tomando o adquirente a si o risco de virem a existir em qualquer quantidade, terá também

Cap. 31 – A CLASSIFICAÇÃO DOS CONTRATOS

direito o alienante a todo o preço, desde que de sua parte não tiver concorrido culpa, ainda que a coisa venha a existir em quantidade inferior à esperada". O exemplo é: a compra da safra de café do próximo ano. Nesse caso, podemos designá-lo de "venda da coisa esperada". Releva notar que, nessa hipótese, se nada vier a existir, não haverá alienação (art. 459, parágrafo único, CC).

11. VISÃO TOPOGRÁFICA ACERCA DA CLASSIFICAÇÃO DOS CONTRATOS

Importância: perquirir a natureza jurídica do contrato.

11.1. Quanto ao momento do aperfeiçoamento do contrato

- Consensuais
- Reais

11.2. Quantos às formalidades exigidas

- Formais
- Informais

11.3. Quanto às obrigações das partes

- Unilaterais
- Bilaterais ou sinalagmáticos

11.4. Quanto ao sacrifício patrimonial sofrido

- Oneroso
- Gratuito ou benéfico

11.5. Quanto à previsão legal

- Típico
- Atípico

11.6. Quanto ao momento do cumprimento do contrato

- Instantâneo ou execução imediata
- Execução futura continuada
- Execução futura diferida

11.7. Quanto à pessoalidade

* Impessoais
* Pessoais ou personalíssimos ou *intuitu personae*

11.8. Quanto à independência

* Principal
* Acessório

11.9. Quanto ao modo de elaboração ou discussão das partes acerca do conteúdo do contrato

* Paritário
* De adesão
* Por adesão

11.10. Quanto aos riscos

* Comutativos
* Aleatórios
    - *emptio spei*
    - *emptio rei speratae*

REQUISITOS DE EXISTÊNCIA E VALIDADE DOS CONTRATOS

Para alcançarmos os requisitos que orientam a existência e a validade dos contratos, basta visualizar o contrato como um negócio jurídico. Doravante, lembramos que os negócios jurídicos, como analisado alhures, apresentam três planos: existência, validade e eficácia.

No plano da existência do negócio jurídico, perquirem-se quais são os pressupostos fáticos para a própria existência do negócio jurídico. No plano da validade, são buscados os elementos essenciais sem os quais o negócio será considerado inválido, seja porque nulo ou anulável. E por fim, no plano da eficácia é verificado se o negócio produzirá efeitos desde a manifestação de vontade ou se foi aposto qualquer elemento para conter a produção desses efeitos.

Lembrada a estrutura de planos do negócio jurídico proposta por Pontes de Miranda, a qual se tornou comum designar de "Escada Ponteana", nessa mesma linha de intelecção, neste Capítulo, analisaremos quais são os requisitos de existência e validade do contrato, já que este é, antes de tudo, um negócio jurídico. Podemos dizer que os requisitos podem ser divididos em: subjetivos, objetivos e formais.

1. REQUISITOS SUBJETIVOS

O contrato somente poderá existir se houver pluralidade de partes. Assim duas ou mais pessoas (naturais ou jurídicas) é que entabularão o contrato. Eis aquilo que se designa de necessidade de alteridade. Por alteridade deve-se entender a necessidade de duas ou mais pessoas realizando o contrato.

A conclusão a que se chega é pela impossibilidade do autocontrato ou do contrato consigo mesmo. É nesse mote que lembramos da duvidosa redação apresentada pelo art. 117 do CC/2002: "Salvo se o permitir a lei ou o representado, é anulável o negócio jurídico que o representante, no seu interesse ou por conta de outrem, celebrar consigo mesmo". Por uma interpretação às avessas, muitos chegam a entender que o que a lei faz é admitir a possibilidade de autocontratação desde que autorizada pelo representado ou pela lei. O exemplo seria a situação em que "A" outorga poderes a "B" para que este, no dia acordado, vá até o Cartório de Notas e outorgue a escritura pública de venda do imóvel a si próprio, uma vez que "A" estará impossibilitado de tal comparecimento. Com essa escritura assinada duas vezes por "B", o que temos é "B" contratando com "A" a compra do imóvel e ao mesmo tempo "B" representando "A" quando da formalização do negócio. Com as vênias de estilo, entendemos que o que há no caso em tela não é hipótese de autocontratação perfeita, uma vez que presente está o requisito da alteridade.[1]

Outro requisito de caráter subjetivo exigido é a capacidade das partes. A capacidade que se exige é tanto a capacidade de fato (para todos os contratos) que se manifestará em não estando o contratante no rol dos absoluta ou relativamente incapazes quanto a capacidade negocial ou legitimação para determinados contratos, que se manifesta, por exemplo, quando há a necessidade de se obter a autorização do outro cônjuge para a realização do negócio. No Código Civil de 2002 as hipóteses em que são exigidas a vênia conjugal[2] estão no rol do art. 1.647.[3] Oportuno lembrar ainda que o contrato de locação não exige vênia conjugal, exceto se ajustado em prazo igual ou superior a dez anos (art. 3º, Lei nº 8.245/91). Em não se atendendo ao requisito subjetivo capacidade, o contrato será inválido por ser nulo ou anulável a depender da hipótese.

Por fim, o último requisito de caráter subjetivo que lembramos é o livre consentimento. O contrato surge do livre consentimento dado pelas partes. Caso contrário, em havendo erro, dolo, coação por *vis compulsiva*, lesão ou estado de perigo, o contrato poderá ser invalidado por anulabilidade (nulidade relativa) conforme preceitua o art. 171, II, CC.

Em suma, são requisitos subjetivos: a pluralidade de partes, a capacidade das partes e o livre consentimento.

2. REQUISITOS OBJETIVOS

Por meio dos requisitos objetivos do contrato, voltamo-nos para o conteúdo ou objeto deste.

Primeiro lembramos a possibilidade do objeto. E mais, o objeto do contrato deverá ser possível tanto física quanto juridicamente. É em virtude desse requisito que dizemos que não é possível fisicamente a venda de lotes na lua e não é possível juridicamente a venda de cocaína. Assim, um contrato de compra e venda de lotes na lua ou de cocaína será considerado inválido porque eivado de nulidade absoluta.

Na sequência, devemos atentar para a determinação do objeto. Caso o objeto não seja determinado de início, não haverá problema se a qualquer momento for

---

[1] Nesse mesmo sentido, *vide* TARTUCE, Flávio. *Direito civil:* teoria geral dos contratos e contratos em espécie. São Paulo: Método, 2006. p. 24.

[2] Vênia conjugal é expressão genérica que abarca as espécies de **outorga marital** (quando o que se exige é a autorização do marido) e **outorga uxória** (quando o que se exige é a autorização da mulher).

[3] Art. 1.647, CC: "Ressalvado o disposto no art. 1.648, nenhum dos cônjuges pode, sem autorização do outro, exceto no regime da separação absoluta: I – alienar ou gravar de ônus real os bens imóveis; II – pleitear, como autor ou réu, acerca desses bens ou direitos; III – prestar fiança ou aval; IV – fazer doação, não sendo remuneratória, de bens comuns, ou dos que possam integrar futura meação. Parágrafo único. São válidas as doações nupciais feitas aos filhos quando casarem ou estabelecerem economia separada".

Cap. 32 – REQUISITOS DE EXISTÊNCIA E VALIDADE DOS CONTRATOS

passível de determinação. O problema surge se o objeto do contrato for para todo o sempre indeterminado. Hipótese essa de invalidação do contrato em virtude de sua nulidade absoluta.

Além disso, o último requisito objetivo que lembramos é a economicidade. É necessário que o objeto de um contrato apresente conteúdo econômico, passível de avaliação em dinheiro, caso contrário, a mera avença sem qualquer conteúdo patrimonial não será tida como contrato. Lembramos o exemplo fornecido por César Fiuza de que o acordo feito entre duas pessoas de se abraçarem todas as manhãs não se configura em contrato, em virtude de seu objeto estar despido de conteúdo econômico.[4]

3. REQUISITOS FORMAIS

A forma pela qual o contrato se apresenta é importante uma vez que ela é o modo de veiculação da vontade, é o modo pelo qual a vontade se exterioriza, que por sua vez, não pode ser confundido com a prova que se traduz na demonstração do negócio.

Opondo-se ao velho formalismo do Direito Romano, o que temos hoje é o consensualismo, isto é, as partes podem livremente eleger a forma pela qual querem celebrar o contrato. Eis a liberdade das formas positivada no art. 107 do CC.[5] Entretanto, é importante perceber que se a lei proibir determinada forma, ela não poderá ser adotada. E se a lei impuser determinada forma, necessariamente ela deverá ser seguida. Temos como exemplo a compra e venda de imóvel de valor superior a 30 vezes o salário mínimo que deverá ser feita necessariamente por escritura pública, por força do art. 108 do CC;[6] e o contrato de doação que quando o seu valor for expressivo deverá ser realizado por escrito, conforme art. 541 do CC.[7]

---

[4] FIUZA, César. *Direito civil:* curso completo. Belo Horizonte: Del Rey, 2006. p. 399.

[5] Art. 107, CC: "A validade da declaração de vontade não dependerá de forma especial, senão quando a lei expressamente a exigir".

[6] Art. 108, CC: "Não dispondo a lei em contrário, a escritura pública é essencial à validade dos negócios jurídicos que visem à constituição, transferência, modificação ou renúncia de direitos reais sobre imóveis de valor superior a trinta vezes o maior salário mínimo vigente no País".

[7] Art. 541, CC: "A doação far-se-á por escritura pública ou instrumento particular. Parágrafo único. A doação verbal será válida, se, versando sobre bens móveis e de pequeno valor, se lhe seguir *incontinenti* a tradição".

A FORMAÇÃO DOS CONTRATOS

Os contratos se formam perpassando-se por fases que na maioria das vezes se misturam e se interpenetram, sendo, muitas vezes, difícil a sua identificação de forma individualizada. O Código Civil de 2002 disciplina a formação dos contratos nos arts. 427 ao 435. As fases de formação dos contratos são: negociações preliminares, proposta e aceitação, a seguir analisadas.

1. DAS NEGOCIAÇÕES PRELIMINARES OU FASE DA PUNTUAÇÃO

Por negociações preliminares devem ser entendidas as conversas iniciais, as sondagens, as tratativas acerca do futuro contrato a ser celebrado. Essa fase também se denomina fase da puntuação em virtude de orientação italiana ao lançar a informação de que este é o momento em que são discutidos os pontos (*puntos*) principais e periféricos do futuro contrato, eis então a etapa da *puntuazione*.

Neste momento surge a minuta contratual que é a redução a termo dos pontos do futuro negócio a ser celebrado. Assim, a minuta contratual é basicamente o esboço do contrato.

Em regra, as tratativas não geram vinculação ou obrigatoriedade entre as partes. De acordo com Carlyle Popp:

> A principal característica desta fase de negociações preliminares é a não obrigatoriedade. Isto porque realizar negociações é um direito concedido pelo ordenamento, de natureza constitucional, que autoriza a livre celebração de negócios jurídicos. Optar pela celebração ou não é um direito que assiste a cada um dos negociantes. Este direito, volta-se a dizer, é cada vez mais limitado, limitação esta diretamente proporcional ao incremento da boa-fé objetiva nas relações jurídicas. Não celebrar o negócio jurídico é um direito que assiste ao tratante, desde que haja dentro dos limites da boa-fé e não viole a confiança alheia.[1]

Nessa senda, lembramos que, excepcionalmente, porém, em respeito ao princípio da boa-fé objetiva encontramos julgados no sentido de as negociações preliminares

---

[1] POPP, Carlyle. *Responsabilidade civil pré-negocial:* o rompimento das tratativas. Curitiba: Juruá, 2002. p. 230.

terem vinculado as partes por gerarem excessiva expectativa de contratação, de modo que a não contratação origina o direito de indenização à parte prejudicada.

Para que fique claro, é importante notar, entretanto, que acerca da responsabilização na fase das negociações preliminares, duas podem ser as argumentações:

1ª) Não poderá haver responsabilidade civil contratual, uma vez que não há contrato formado ainda. Poderá haver responsabilidade civil extra-contratual ou aquiliana por força do art. 186 conjugado com o art. 927, ambos do Código Civil. Assim, se na fase das tratativas, uma parte com uma conduta antijurídica, movida por culpa ou dolo, causa dano, ainda que exclusivamente moral, a outra, poderá haver pedido de indenização. E também por ofensa aos deveres laterais ou anexos que também estão presente na fase pré-contratual e, por conseguinte, ofensa ao princípio da boa-fé objetiva. Com este pensamento encontramos o mestre Caio Mário da Silva Pereira com os seguintes dizeres:

> Não obstante faltar-lhe obrigatoriedade, pode surgir responsabilidade civil para os que participam das negociações preliminares, não no campo da culpa contratual, porém da aquiliana, somente no caso de um deles induzir no outro a crença de que o contrato será celebrado, levando-o a despesas ou a não contratar com terceiro etc. e depois recuar, causando-lhe dano.[2]

2ª) Poderá haver responsabilidade civil contratual com fincas na ofensa aos deveres laterais ou anexos que estão integrados à obrigação por força do princípio da boa-fé objetiva. Sendo que tais deveres laterais ou anexos decerto deverão estar presentes em todas as fases da contratação (pré-contratual, contratual e pós-contratual). Sendo que o que há é a configuração de responsabilidade contratual e objetiva, diante de tal fato se constituir em abuso de direito, em conformidade com o art. 187 do CC e do Enunciado nº 37 do CJF. Ademais, não podemos esquecer o Enunciado nº 24, aprovado na I Jornada de Direito Civil, com a seguinte redação: "Em virtude do princípio da boa-fé, positivado no art. 422 do novo Código Civil, a violação dos deveres anexos constitui espécie de inadimplemento, independentemente de culpa".[3]

2. FASE DA PROPOSTA

A fase da proposta, também conhecida por oferta ou policitação, é de primordial importância, uma vez que é nesta fase que as partes são intituladas de:

---

[2] PEREIRA, Caio Mário da Silva. *Instituições de direito civil:* contratos. Rio de Janeiro: Forense, 2004. v. III. p. 37-38. Nesse mesmo sentido, *vide* GONÇALVES, Carlos Roberto. *Direito civil brasileiro.* 5. ed. São Paulo: Saraiva, 2008. p. 49-50. E também, Maria Helena Diniz no *Curso de direito civil brasileiro.* São Paulo: Saraiva, 2009. v. III. p. 42.

[3] Nesse mote, temos a científica opinião de Flávio Tartuce na obra *Direito civil:* teoria geral dos contratos e contratos em espécie. São Paulo: Método, 2006. p. 130.

proponente ou policitante (que é o autor da proposta) e oblato ou policitado (o destinatário da proposta).

Proponente ou policitante
(autor da proposta)

————————————>

Oblato ou policitado
(destinatário da proposta)

Insta salientar que a minuta contratual assinada por uma das partes poderá ser considerada proposta gerando todos os efeitos dessa.

Conforme o art. 427 do CC, o proponente ou policitante se vincula àquilo que oferecer. A proposta não obriga o oblato, tão somente o proponente. Desse modo, a proposta se traduz na manifestação séria e precisa do proponente no sentido de contratar, apresentando os pontos essenciais do futuro negócio, trata-se, em verdade, de declaração unilateral e receptícia de vontade.

A proposta poderá ser realizada entre presentes, que é quando as partes podem se comunicar imediatamente, e aqui se considera a proposta feita por telefone, ou entre ausentes que ocorre quando as partes não podem se comunicar imediatamente.

Como há a vinculação do proponente, uma vez realizada a proposta não poderá ser revogada ou modificada,[4] salvo as hipóteses do art. 428 do CC, abaixo transcritas:

I – se, feita sem prazo a pessoa presente, não foi imediatamente aceita. Considera-se também presente a pessoa que contrata por telefone ou por meio de comunicação semelhante; [Aqui há o chamado contrato com declaração consecutiva.]

II – se, feita sem prazo a pessoa ausente, tiver decorrido tempo suficiente para chegar a resposta ao conhecimento do proponente; [Trata-se do chamado "prazo moral", após o seu decurso o proponente estará desvinculado, gerando o que se chama de contrato com declaração intervalada.]

III – se, feita a pessoa ausente, não tiver sido expedida a resposta dentro do prazo dado;

IV – se, antes dela, ou simultaneamente, chegar ao conhecimento da outra parte a retratação do proponente.

A retratação da proposta, conforme art. 428, IV, do CC, poderá ocorrer desde que a faça chegar ao conhecimento do oblato antes da própria proposta (por exemplo, quando o proponente envia a proposta por carta e antes que a carta chegue às mãos do oblato, lhe telefona se retratando) ou pelo menos concomitantemente a ela.

Se o oblato aceitar fora do prazo que lhe foi dado, ou com adições, restrições, ou modificações, tal fato importará nova proposta ou contraproposta (art.

---

[4] De acordo com Eugênio Kruchewsky "tal fato se dá como alerta acerca da seriedade do ato de propor, que não pode ser transformado em joguete de incautos". KRUCHEWSKY, Eugênio. *Teoria geral dos contratos civis*. Salvador: JusPodivm, 2006. p. 39.

431, CC). Assim, nessa hipótese, os papéis se modificarão: o oblato se tornará proponente e esse, por sua vez, se tornará oblato.

3. FASE DA ACEITAÇÃO

Ocorre a aceitação quando o oblato adere à proposta. Nesta fase surge a vinculação por parte do oblato que agora se torna obrigado ao contrato, sendo possível a retratação da aceitação, conforme o art. 433 do CC, se o oblato fizer chegar a retratação da aceitação ao conhecimento do proponente antes da própria aceitação ou, pelo menos, ao mesmo tempo.

A aceitação poderá ocorrer entre presentes (quando as partes podem se comunicar imediatamente) ou entre ausentes (quando as partes não podem se comunicar imediatamente).

É com a aceitação que se considera que houve a formação do contrato. E neste momento surgem algumas indagações importantes que devem ser formuladas:

- Qual o momento de formação do contrato quando a aceitação se dá entre presentes? Resposta: Com a manifestação de vontade por parte do oblato no sentido de aderir à proposta.
- Qual o momento de formação do contrato quando a aceitação se dá entre ausentes?

Duas teorias procuram explicar essa última situação: a teoria da cognição e a teoria da agnição.

Por meio da teoria da cognição, o contrato será considerado formado quando a aceitação chegar ao conhecimento do proponente.

Já pela teoria da agnição, é dispensável a exigência de a aceitação chegar ao conhecimento do proponente. Essa teoria se subdivide em subteorias:

- a da declaração propriamente dita;
- a da expedição;
- a da recepção.

Pela subteoria da declaração propriamente dita, o contrato seria formado no momento da elaboração ou redação da aceitação. De acordo com a subteoria da expedição, o contrato deverá ser considerado formado quando da expedição da aceitação. E, por fim, por meio da subteoria da recepção, o contrato estará perfeito com a recepção da aceitação, independentemente de sua leitura.

A teoria adotada em nosso ordenamento jurídico é a teoria da agnição, na subteoria da expedição. Assim, considera-se formado o contrato quando a aceitação se der entre ausentes, quando do envio ou da postagem da aceitação (art. 434, 1ª parte, CC: "Os contratos entre ausentes tornam-se perfeitos desde que a aceitação é expedida..."). Essa é a regra. Porém, trata-se de teoria relativa e a regra comportará exceções, de tal modo que o contrato não produzirá os seus efeitos, não terá eficácia. Isso ocorrerá nas seguintes hipóteses:

Cap. 33 – A FORMAÇÃO DOS CONTRATOS

- no caso de retratação da aceitação (art. 433, CC);[5]
- se o proponente houver se comprometido a esperar a resposta. Assim, somente quando a aceitação chegar às mãos do proponente é que o contrato passará a produzir os seus efeitos;
- se a resposta não chegar no prazo convencionado.

Nas três exceções acima, o que há é o Código Civil de 2002 demonstrando a sua afeição pela teoria da agnição, na subteoria da recepção. Assim, concluímos, por segurança, diante de indagações acadêmicas, que preferimos crer que a regra adotada no Código Civil de 2002 é realmente a teoria da agnição, na subteoria da expedição, em virtude de menção expressa na primeira parte do art. 434 do CC. E que a subteoria da recepção chega em caráter excepcional nas hipóteses retromencionadas.

Porém, não poderíamos deixar de mencionar aqui as respeitáveis opiniões em sentido contrário de Pablo Stolze Gagliano e Rodolfo Pamplona Filho quando ao comentar o art. 433 do CC entendem que:

> Atente-se para essa expressão: "se antes dela ou com ela CHEGAR ao proponente a retratação do aceitante". Ora, ao fazer tal referência, o próprio legislador acabou por negar a força conclusiva da expedição, para reconhecer que, enquanto não tiver havido a RECEPÇÃO, o contrato não se reputará perfeito, pois, antes do recebimento da resposta ou simultaneamente a esta, poderá vir o arrependimento do aceitante.[6]

Nesse mesmo mote, ainda está Carlos Roberto Gonçalves ao trabalhar os incisos do art. 434 do CC, quando diz:

> Observa-se que o novo diploma estabeleceu três exceções à regra de que o aperfeiçoamento do contrato se dá com a expedição da resposta. Na realidade, recusando efeito à expedição se tiver havido retratação oportuna, ou se a resposta não chegar ao conhecimento do proponente no prazo, desfigurou ele a teoria da expedição. Ora, sempre é permitida a retratação antes de a resposta chegar às mãos do proponente, e se, ainda, não se reputa concluído o contrato na hipótese de a resposta não chegar no prazo convencionado, na realidade o referido diploma filiou-se à teoria da recepção, e não à da expedição.[7]

No que diz respeito ao contrato realizado pela internet, cada caso merece detida observação. Isso porque entendemos que se o contrato for realizado via eletrônica por meio de e-mail será hipótese de contratação entre ausentes. Todavia,

---

5   O art. 433 do CC estabelece: "Considera-se inexistente a aceitação, se antes dela ou com ela chegar ao proponente a retratação do aceitante".

6   GAGLIANO, Pablo Stolze; FILHO PAMPLONA, Rodolfo. *Novo curso de direito civil:* contratos. 4. ed. São Paulo: Saraiva, 2008. p. 95.

7   GONÇALVES, Carlos Roberto. *Direito civil brasileiro:* contratos e atos unilaterais. 5. ed. São Paulo: Saraiva, 2008. v. III. p. 59-60.

se o contrato for celebrado em *chat* ou videoconferência, tratar-se-á de contratação entre presentes, em virtude da instantaneidade das informações trocadas. Acerca desse assunto há o Enunciado nº 173 do CJF aprovado na III Jornada de Direito Civil com a seguinte redação: "A formação dos contratos realizados entre pessoas ausentes, por meio eletrônico, completa-se com a recepção da aceitação pelo proponente". O enunciado, portanto, ao revés da teoria adotada, em regra, pelo CC/2002, adota a teoria da agnição, na subteoria da recepção para os contratos realizados entre ausentes por meio eletrônico.

Vale lembrar ainda sobre a formação dos contratos que, caso o oblato venha a falecer ou tornar-se incapaz depois da expedição da aceitação, o contrato já estará formado.

Por fim, falemos sobre a resposta tardia. Caso a aceitação, por circunstância imprevista, chegue tardiamente às mãos do proponente, isto é, após ter transcorrido o prazo da proposta, o art. 430 do CC[8] soluciona a questão dizendo que o proponente deverá imediatamente comunicar ao oblato (aceitante) que já contratou com terceiros ou que não deseja mais contratar para que não responda por perdas e danos. É claro que assim deve ser entendido, em reafirmação ao princípio da boa-fé objetiva, consagrado pela nova teoria contratual.

4. LUGAR DE CELEBRAÇÃO DO CONTRATO

De acordo com o art. 435 do CC considera-se celebrado o contrato no lugar em que foi proposto.[9] A importância dessa informação reside em se saber o foro competente e a legislação aplicável ao contrato.

Para aqueles que entendem que o Código Civil de 2002 adotou a teoria da expedição em regra, conforme expresso na primeira metade do art. 434, o disposto no art. 435 apresenta-se de forma incoerente. A outro giro, para aqueles que entendem que o Código Civil de 2002 o que faz é reverenciar a teoria da recepção, o art. 435 de nada destoa.

Vale lembrar, ainda que, o art. 9º, § 2º, da Lei de Introdução às Normas do Direito Brasileiro, preceitua: "A obrigação resultante do contrato reputa-se constituída no lugar em que residir o proponente". Tal dispositivo encontra importância quando os contratantes residirem em países diferentes. Assim, por exemplo, se o policitante e o oblato residem na Espanha e no Brasil, respectivamente, sendo o contrato proposto na Espanha, a legislação aplicável será a espanhola.

---

[8] Art. 430, CC: "Se a aceitação, por circunstância imprevista, chegar tarde ao conhecimento do proponente, este comunicá-lo-á imediatamente ao aceitante, sob pena de responder por perdas e danos".

[9] Art. 435, CC: "Reputar-se-á celebrado o contrato no lugar em que foi proposto".

O CONTRATO PRELIMINAR 34

Contrato preliminar é o mesmo que pré-contrato, compromisso, *pactum de contrahendo*, contrato preparatório ou promessa e está disciplinado no Código Civil nos arts. 462 a 466.

O contrato preliminar é, antes de tudo, um contrato – e não uma fase de sua formação[1] – por meio do qual as partes se obrigam a futuramente celebrar outro contrato que será considerado definitivo ou principal. Portanto, o contrato preliminar encerra em si a promessa de contratar futuramente.

O contrato preliminar é um negócio cujo objeto é um outro futuro contrato que será designado de definitivo. Por exemplo, é comum as partes, por não interessar ou não ser conveniente, não celebrar de início o contrato definitivo. É a situação em que uma pessoa pretendendo comprar um apartamento e não tendo o valor integral para o pagamento, para "amarrar o negócio", faz contrato de promessa de compra e venda com o vendedor em que se estipula o pagamento de parcelas e que, ao término do pagamento dessas, o vendedor deverá outorgar-lhe a escritura definitiva do imóvel, que nada mais é do que o contrato principal de compra e venda. O que há é que enquanto se pagava as parcelas não havia contrato de compra e venda, tão somente um contrato de promessa de compra e venda.

```
Promessa de
compra e venda ou       ──────▶    Contrato definitivo
contrato preliminar                 de compra e venda
de compra e venda
```

1. OS REQUISITOS DO CONTRATO PRELIMINAR

Se o objetivo do contrato preliminar é a celebração do contrato definitivo, o contrato preliminar deverá seguir os mesmos requisitos do contrato definitivo, exceto no que diz respeito à forma. Assim, exige-se a mesma capacidade das partes

---

[1] Muitos doutrinadores entendem que o contrato preliminar seria uma fase da formação contratual, porém, fase não obrigatória.

– inclusive a vênia conjugal,[2] caso necessário para o contrato definitivo – e o mesmo objeto do contrato definitivo. Porém, a forma não. Por exemplo, se vou comprar um imóvel de valor superior a 30 vezes o salário mínimo, o contrato de compra e venda (contrato definitivo) deverá ser feito por escritura pública que é a forma imposta pelo art. 108 do CC.[3] Entretanto, se antes pretendo fazer um contrato preliminar, posso fazê-lo por meio de instrumento particular, pois a forma do contrato preliminar não precisa ser a mesma do contrato definitivo. Releva notar que, como se trata de promessa de compra e venda de um bem imóvel, a promessa também deverá apresentar a vênia conjugal, exceto se o regime for de separação absoluta, conforme art. 1.647 do CC.

2. A AUSÊNCIA DE CLÁUSULA DE ARREPENDIMENTO

Para que o contrato preliminar obrigue à celebração do contrato definitivo é necessário que dele não conste cláusula de arrependimento.

Estando cumprida a obrigação de uma das partes do contrato preliminar (por exemplo, o pagamento de todas as parcelas avençadas) – e desde que não conste cláusula de arrependimento –, poderá esta parte exigir a celebração do contrato definitivo, fornecendo um prazo para que a outra o efetive (art. 463, CC). Caso a outra parte se quede inativa, duas consequências poderão advir:

1ª) A execução forçada do contrato preliminar: ocorre quando uma das partes requer ao juiz que supra a vontade da parte inadimplente, atribuindo caráter definitivo ao contrato preliminar (art. 464, CC);

2ª) Caso se trate de obrigação infungível ou personalíssima, a parte prejudicada poderá pleitear ao juiz indenização por perdas e danos (art. 465, CC).

3. ESPÉCIES DE CONTRATO PRELIMINAR

Embora, na maioria das vezes, visualizemos o contrato preliminar obrigando as duas partes envolvidas nele como no exemplo visto anteriormente, é possível que o contrato preliminar gere obrigação para apenas uma das partes. É dessa dicotomia que classificamos o contrato preliminar em duas espécies: bilateral e unilateral.

---

[2] Art. 1.647 do CC: "Ressalvado o disposto no art. 1.648, nenhum dos cônjuges pode, sem autorização do outro, exceto no regime da separação absoluta: I – alienar ou gravar de ônus real os bens imóveis; II – pleitear, como autor ou réu, acerca desses bens ou direitos; III – prestar fiança ou aval; IV – fazer doação, não sendo remuneratória, de bens comuns, ou dos que possam integrar futura meação. Parágrafo único. São válidas as doações nupciais feitas aos filhos quando casarem ou estabelecerem economia separada".

Art. 3º, Lei nº 8.245/91: "O contrato de locação pode ser ajustado por qualquer prazo, dependendo de vênia conjugal, se igual ou superior a dez anos. Parágrafo único. Ausente a vênia conjugal, o cônjuge não estará obrigado a observar o prazo excedente".

[3] Art. 108, CC: "Não dispondo a lei em contrário, a escritura pública é essencial à validade dos negócios jurídicos que visem à constituição, transferência, modificação ou renúncia de direitos reais sobre imóveis de valor superior a trinta vezes o maior salário mínimo vigente no País".

Cap. 34 – O CONTRATO PRELIMINAR

- **contrato preliminar bilateral:** ocorre quando ambas as partes se obrigam a celebrar o contrato definitivo;

- **contrato preliminar unilateral (também conhecido por contrato de opção):** ocorre quando apenas uma das partes está obrigada a celebrar o contrato definitivo, enquanto a outra terá a opção de escolher se pretende celebrá-lo ou não. Por exemplo, a reserva de mesa em um restaurante. O restaurante é obrigado a celebrar o contrato definitivo, porém, a pessoa que fez a reserva poderá comparecer ou não ao restaurante e efetivar o contrato definitivo. O contrato preliminar unilateral está previsto no art. 466 do CC com a seguinte redação:

> Se a promessa de contrato for unilateral, o credor, sob pena de ficar a mesma sem efeito, deverá manifestar-se no prazo nela previsto, ou, inexistindo este, no que lhe for razoavelmente assinado pelo devedor.

4. O REGISTRO DA PROMESSA

Conforme dispõe o parágrafo único do art. 463, o contrato preliminar deverá ser levado ao registro. Entretanto, a doutrina opina no sentido de que tal registro só tem necessidade em relação a terceiros. Tanto é assim que foi aprovado na I Jornada de Direito Civil, o Enunciado nº 30, com o seguinte teor: "A disposição do parágrafo único do art. 463 do novo Código Civil deve ser interpretada como fator de eficácia perante terceiros". Desse modo, a imposição do "deverá", na verdade, deve ser interpretada como "poderá".[4]

Cumpre esclarecer que, em se tratando de promessa de compra e venda de imóvel, caso tenha havido o registro na matrícula do imóvel, afastada estará a figura do campo obrigacional para alcançar-se um direito real à aquisição previsto nos arts. 1.417 e 1.418 do CC.[5] Explicamos: é que se o contrato de promessa não for registrado na matrícula do imóvel, estaremos apenas no mundo do Direito das Obrigações; caso contrário, haverá um direito real à aquisição do promitente-comprador com todos os efeitos dos Direitos Reais como, por exemplo, a sequela. Desse modo, se há a promessa de compra e venda registrada na matrícula do imóvel, caso o imóvel seja transferido a um terceiro pelo promissário vendedor, o promitente comprador poderá tomá-lo das mãos deste terceiro. Entretanto, caso não tenha havido o registro e o imóvel tenha sido transferido a um terceiro, porque tão somente no mundo do Direito das Obrigações, o promitente comprador terá apenas o direito a pleitear indenização por perdas e danos.

---

[4] Enunciado nº 435, CJF: "O contrato de promessa de permuta de bens imóveis é título passível de registro na matrícula imobiliária".

[5] Art. 1.417, CC: "Mediante promessa de compra e venda, em que se não pactuou arrependimento, celebrada por instrumento público ou particular, e registrada no Cartório de Registro de Imóveis, adquire o promitente-comprador direito real à aquisição do imóvel".

Art. 1.418, CC: "O promitente-comprador, titular de direito real, pode exigir do promitente vendedor, ou de terceiros, a quem os direitos deste forem cedidos, a outorga da escritura definitiva de compra e venda, conforme o disposto no instrumento preliminar; e, se houver recusa, requerer ao juiz a adjudicação do imóvel".

EXCEÇÕES AO PRINCÍPIO DA RELATIVIDADE DOS EFEITOS

Ao estudarmos o princípio da relatividade dos efeitos, verificamos que os contratos só vinculam e produzem efeitos *inter partes*, isto é, entre as partes que contrataram. Entretanto, tal princípio comporta exceções. Situações em que os efeitos do contrato espargirão sobre terceiros. São elas: a estipulação em favor de terceiro, a promessa de fato de terceiro e o contrato com pessoa a declarar.[1]

1. ESTIPULAÇÃO EM FAVOR DE TERCEIRO

A estipulação em favor de terceiros, prevista nos arts. 436 a 438 do CC, é tida como exceção ao princípio da relatividade dos efeitos, embora saibamos que para que se alcance o terceiro é necessário que ele anua à estipulação.

A estipulação em favor de terceiros se desenvolve em dois momentos:

1º) quando uma das partes (o estipulante) estipula com a outra (o promitente) a reversão de certo benefício patrimonial em favor de um terceiro (o beneficiário). Nesse momento, o terceiro se encontra totalmente alheio ao negócio que é feito à sua revelia;

2º) ocorrido o fato propulsor da transferência da vantagem ao terceiro, este é convocado para que consinta pelo recebimento do benefício.

O exemplo clássico de estipulação em favor de terceiro é o seguro de vida. O estipulante estabelece com o promitente que certa vantagem patrimonial deverá reverter em favor de uma determinada pessoa em caso de seu falecimento. Com o falecimento do estipulante, surge a conexão entre o promitente (a seguradora) e o terceiro (beneficiário), para que este último consinta no recebimento da indenização. Outro exemplo seria uma doação que é realizada em favor de determinada pessoa, porém, tendo esta que cumprir com um determinado encargo (doação modal).

---

[1] Flávio Tartuce lembra outra exceção ao princípio da relatividade dos efeitos dos contratos analisando os arts. 17 e 29 do CDC. Assim, o professor comenta: "Por tais dispositivos, aplicáveis em matéria de responsabilidade civil e contratual consumerista, respectivamente, todos os prejudicados pelo evento, mesmo não tendo relação direta de consumo com o prestador ou fornecedor, podem ingressar com ação fundada no Código consumerista, visando à responsabilização objetiva destes". TARTUCE, Flávio. *Direito Civil:* teoria geral dos contratos e contratos em espécie. São Paulo: Método, 2006. p. 115-116.

Releva notar que o beneficiário não precisa ter capacidade contratual, ao contrário das outras partes. É necessário perceber que, além disso, os efeitos do contrato projetam-se de dentro para fora, isto é, são exógenos, alcançando a terceiro.

A engrenagem da estipulação em favor de terceiro ocorre da seguinte forma:

Desse modo, o art. 436 do CC estipula: "O que estipula em favor de terceiro pode exigir o cumprimento da obrigação". E seu parágrafo único: "Ao terceiro, em favor de quem se estipulou a obrigação, também é permitido exigi-la, ficando, todavia, sujeito às condições e normas do contrato, se a ele anuir, e o estipulante não o inovar nos termos do art. 438".

O art. 438 do CC traz exatamente a possibilidade de o estipulante substituir o beneficiário, sem que para tanto precise de sua anuência. Essa substituição poderá ocorrer por ato *inter vivos* ou *causa mortis*. O exemplo seria um marido que faz seguro de vida em benefício de sua mulher. Depois de algum tempo, sobrevém o término de seu casamento. O marido poderá alterar o beneficiário do seguro, independentemente do consentimento de sua ex-mulher e da seguradora.

Por fim, se o estipulante tiver deferido a possibilidade de o beneficiário reclamar os seus direitos, o estipulante não mais poderá liberar o promitente de sua obrigação. Trata-se, em verdade, de cláusula de irrevogabilidade da estipulação (art. 437, CC). Se tal direito não for deferido ao beneficiário, o estipulante poderá desobrigar o devedor ou até mesmo substituir o beneficiário, conforme vimos anteriormente.

2. PROMESSA DE FATO DE TERCEIRO

A promessa de fato de terceiro, prevista nos arts. 439 e 440 do CC, é negócio celebrado entre duas partes capazes, cujo objeto se delimita em uma prestação ou fato a ser realizado por um terceiro estranho à relação inicialmente entabulada. O exemplo seria uma pessoa (promitente) que promete a outra que o cantor Roberto Carlos (terceiro) irá cantar em sua festa.

2.1. Os efeitos da promessa de fato de terceiro

Se o terceiro não anuir em cumprir o estabelecido no contrato, ele não terá obrigação nenhuma, hipótese em que as perdas e danos serão devidas pelo promitente. Assim, o art. 439 do CC estabelece: "Aquele que tiver prometido fato de terceiro responderá por perdas e danos, quando este o não executar". Porém, é o próprio parágrafo único do art. 439 que afasta a indenização se o terceiro for o cônjuge do promitente, dependendo da sua anuência o ato a ser praticado, e desde que, pelo regime do casamento, a indenização, de algum modo, venha a recair sobre os seus bens. Na realidade, ao se afastar a responsabilização nesta hipótese busca-se o respeito à boa-fé objetiva ao proteger o cônjuge (que era o terceiro que não anuiu) de ser atingido e responsabilizado, por vias transversas, por promessa realizada pelo seu consorte.

O terceiro irá se obrigar apenas a partir do momento em que se vincular ao cumprimento do fato. Caso o terceiro não cumpra com a obrigação, este responderá por perdas e danos, e nada deverá o promitente que, em razão da aderência ao negócio por parte do terceiro, foi exonerado da relação. Por isso, o art. 440: "Nenhuma obrigação haverá para quem se comprometer por outrem, se este, depois de se ter obrigado, faltar à prestação".

Compreendida a exposição, nota-se que em se tratando da promessa de fato de terceiro o que há é que os efeitos são endógenos, já que a atuação do terceiro estranho ao contrato repercutirá neste.

3. CONTRATO COM PESSOA A DECLARAR (ARTS. 467 A 471, CC)

O contrato com pessoa a declarar é negócio que se estabelece entre duas partes, sendo que uma delas se reserva o direito de oportunamente indicar a um terceiro para que esse assuma todos os direitos e obrigações dele decorrentes.

Vejamos um exemplo: João pretende adquirir o terreno ao lado de sua casa, que pertence a Paulo. Como somente interessa a João o terreno de Paulo, este, sabendo que João fará o negócio, impõe preço bem acima do valor de mercado do imóvel para a venda a João. João recorre então a Francisco, seu amigo, para que faça o negócio com Paulo, porém, se reserve o direito de oportunamente indicar quem assumirá os direitos e obrigações decorrentes daquele contrato. Eis que no momento oportuno é indicado João. Perceba-se que tal negócio é permitido pela lei, sobretudo, para evitar a especulação de Paulo e promover o princípio da ampla circulação de riqueza. Ademais, a figura contratual se mostra interessante na medida em que se evita uma segunda escritura com todos os seus custos e encargos.

Basicamente: o negócio é realizado entre duas partes e, posteriormente, uma delas indica outra pessoa que assumirá a sua posição.

3.1. Cláusula *pro amico eligendo*

Em um contrato com pessoa a declarar, se mostra imprescindível a denominada cláusula *pro amico eligendo* que significa, exatamente, a previsão contratual que defere o direito a uma das partes de indicar uma terceira pessoa para assumir os direitos e obrigações.

3.2. A indicação do terceiro

O prazo para a indicação do terceiro estará previsto no contrato. Caso o contrato seja omisso, a lei estipula que deverá haver a indicação no prazo de 5 dias da conclusão do contrato, conforme preceito do art. 468 do CC.

Ademais, a aceitação da pessoa nomeada só produzirá efeitos se se revestir da mesma forma utilizada para o contrato (art. 468, parágrafo único, CC).

3.3. Efeito *ex tunc* da aceitação do terceiro

A partir da aceitação do nomeado, os efeitos do contrato retroagirão em relação a sua pessoa desde o dia em que o contrato foi celebrado, e não do dia de sua nomeação (art. 469, CC). E é claro, o contratante originário será liberado dos efeitos do negócio. Entretanto, excepcionalmente, perdurarão os efeitos do contrato em relação aos contratantes originários nas seguintes hipóteses:

- caso não haja a indicação no prazo determinado ou em 5 dias conforme previsão legal (art. 470, I, CC);
- caso haja a indicação, porém o nomeado não a aceite (art. 470, I, CC);
- caso haja a indicação de pessoa insolvente, e a outra pessoa o desconhecia no momento da indicação (art. 470, II c/c art. 471, CC);
- caso haja a indicação de pessoa incapaz para contratar (art. 471, CC).

DOS VÍCIOS REDIBITÓRIOS

1. AS SISTEMÁTICAS EXISTENTES NO CÓDIGO CIVIL E NO CÓDIGO DE DEFESA DO CONSUMIDOR

Dois sistemas existem em nosso ordenamento jurídico para tratar dos vícios redibitórios: o do Código Civil e o do Código de Defesa do Consumidor. Na sistemática do Código de Defesa do Consumidor o nome que se dá é de "vício do produto ou serviço". Assim, cumpre de início identificar o tipo de relação (se relação regida pelo Código Civil ou relação de consumo) para sabermos qual enquadramento jurídico será dado diante do caso concreto.

Em se tratando de vício redibitório existente em coisa transmitida oriunda de uma relação jurídica civil deverão ser aplicadas as regras do Código Civil (arts. 441 a 446). Ao revés, se o vício se manifestar no produto ou serviço objeto de uma relação jurídica de consumo o estatuto cabível é o Código de Defesa do Consumidor (arts. 18 e ss.).

2. UM CONCEITO GENÉRICO PARA OS VÍCIOS REDIBITÓRIOS

Um conceito amplíssimo que poderíamos aventar acerca do vício redibitório, que abarcaria as duas sistemáticas já mencionadas, seria:

> Vício redibitório é o defeito oculto ou aparente que contém a coisa, produto ou serviço, objeto de contrato comutativo, oneroso e bilateral que a torne imprópria ao uso ou prejudique o seu valor.

Um exemplo de vício redibitório encontraríamos na seguinte situação: comprei um carro do meu vizinho que apresenta grave defeito oculto que o torna impróprio ao uso, uma vez que impossível o uso contínuo do veículo diante de reiterados enguiços, ou diante do defeito apresentado avulta-se grande desvalorização da coisa. Devemos perceber nesse exemplo que o contrato aventado – a compra e venda – se enquadra nos contornos de um contrato comutativo (prestações previamente estabelecidas pelas partes, sem a incidência de qualquer risco), oneroso (ambas as partes contratantes sofreram sacrifícios patrimoniais) e bilateral (gerando obrigações para ambas as partes). Ademais, afastada está a relação de consumo, já que não vislumbramos um consumidor de um lado e um fornecedor de outro transacionando produtos e serviços. Nessa situação, devemos aplicar os regramentos do Código Civil respeitantes ao vício redibitório detectado. Se alterássemos o exemplo e vislumbrássemos a aquisição do mesmo veículo, porém, em uma concessionária, teríamos também uma situação de vício redibitório – ou como preferem alguns, vício do produto – sendo cabível, todavia, a aplicação do Código de Defesa do Consumidor.

Importa notar que em ambas as situações exemplificadas o adquirente terá uma proteção legal prevista no respectivo estatuto. Ademais, a proteção destinada ao adquirente decorre, em verdade, da concepção de que obrigação deve ser vista como um processo, formado, portanto, por um conjunto de atos, sendo que em todos esses atos deverão ser permeados de colaboração recíproca decorrentes do princípio da boa-fé objetiva, de modo que, nos exemplos citados, a obrigação não se exaure com a simples entrega da coisa.

Não nos esqueçamos, é claro, da velha premissa do Direito das Obrigações de que "a coisa se perde para o seu dono" ou, em latim, *res perit domino*. É que, em verdade, não é o caso de aplicá-la. Basta compreendermos que a boa-fé objetiva, que deverá estar presente a nortear as relações obrigacionais, afasta, no caso, a vetusta premissa.

Encerrando o assunto, acerca da natureza jurídica dos vícios redibitórios, Sílvio Venosa esclarece que "participando da natureza de certas obrigações emergentes dos contratos, fundam-se, sem dúvida, no inadimplemento contratual e nas regras de boa-fé".[1]

3. OS VÍCIOS REDIBITÓRIOS PELO CÓDIGO CIVIL

A principal regra acerca dos vícios redibitórios está presente no art. 441 do CC que preceitua: "A coisa recebida em virtude de contrato comutativo pode ser enjeitada por vícios ou defeitos ocultos, que a tornem imprópria ao uso a que é destinada, ou lhe diminuam o valor".

Note-se que o contrato que originou a relação deverá ser comutativo e oneroso. Em princípio, a noção de contrato aleatório é incompatível com o instituto. Todavia, foi aprovado na VII Jornada de Direito Civil o Enunciado nº 583, com o seguinte teor: "O art. 441 do Código Civil deve ser interpretado no sentido de abranger também os contratos aleatórios, desde que não inclua os elementos aleatórios do contrato". Ademais, se a coisa for recebida em virtude de contrato gratuito (por exemplo, uma doação) não caberá a garantia legal dos vícios redibitórios.[2] Entretanto, nada impede que mesmo em se tratando de contrato gratuito as partes convencionem expressamente a garantia.

Ademais, atentemos para uma importante exceção: se a doação for com encargo, também conhecida por doação modal a qual o Código Civil chama de doação "onerosa" aplicam-se as regras da garantia legal dos vícios redibitórios

---

[1] VENOSA, Sílvio de Salvo. *Direito civil:* teoria geral das obrigações e teoria geral dos contratos. 4. ed. São Paulo: Atlas, 2004. p. 560.

[2] É velha a parêmia que diz: "Cavalo dado não se olha os dentes".

Cap. 36 – DOS VÍCIOS REDIBITÓRIOS

(art. 441, parágrafo único). Portanto, se recebi um carro que me foi doado com o encargo de conduzir os filhos do doador à escola pelos próximos seis meses, poderei diante do vício detectado, manejar a proteção dos vícios redibitórios.

3.1. O defeito na coisa

Para que se configure o vício redibitório de acordo com o Código Civil, o defeito deverá ser oculto. Por defeito oculto devemos entender como aquele que não poderia ter sido facilmente detectado pelos sentidos humanos. Assim, concluímos desde já que o defeito aparente ou de fácil constatação não estará sob o manto da proteção dos vícios redibitórios pelo Código Civil.

Assim, uma pessoa que não é mecânica de automóveis não tem o dever de detectar defeito no motor de veículo que adquire com um simples exame elementar da coisa. Ademais, não se mostra cabível a exigência de que o adquirente deverá ter ao seu lado, acompanhando-o no desenrolar do negócio, técnico especialista a amparar-lhe na escolha. Em resumo vale a explicação de José Fernando Simão de que "vício oculto é aquele defeito cuja existência nenhuma circunstância pode revelar, senão mediante exames e testes".[3]

Vale lembrar ainda que, se na aquisição da coisa, o adquirente foi advertido de eventual vício na coisa, o que frequentemente acontece nas denominadas "compras no estado", não caberá reclamação posterior aventando-se responsabilidade do alienante.

Na configuração do vício redibitório, é importante perceber que quando da transmissão, tal defeito já deveria existir. E é exatamente esse defeito que deverá tornar a coisa imprópria ao uso ou diminuir-lhe o valor. Vale lembrar o esclarecedor exemplo de Sílvio Venosa:

> Quem compra um cavalo de corridas portador de uma moléstia respiratória que o impede de correr, recebe o semovente com vício oculto que o torna impróprio para o uso pretendido. Quem compra um animal para abate, por outro lado, não pode ver nessa moléstia um vício redibitório.[4]

3.2. Os efeitos do vício

Diante do vício constatado dentro dos contornos retromencionados, o adquirente terá duas opções ao seu alvedrio:

- ação redibitória: visa a rescindir o contrato, devolvendo a coisa e recebendo de volta o valor que foi pago por ela. Além disso, poderá nessa ação haver pleito de indenização por perdas e danos se o alienante conhecia do vício ou defeito da coisa (art. 443, CC);

---

[3] SIMÃO, José Fernando. *Vícios do produto no novo Código Civil e no Código de Defesa do Consumidor*. São Paulo: Atlas, 2003. p. 62.

[4] VENOSA, Sílvio de Salvo. *Direito civil:* teoria geral das obrigações e teoria geral dos contratos. 4. ed. São Paulo: Atlas, 2004. p. 561.

- ação estimatória ou *quanti minoris* (art. 442, CC): visa a tão somente um abatimento no preço. Se já tiver havido o pagamento, o que se requer, por óbvio, é uma restituição proporcional do valor pago.

Essas ações são denominadas ações edilícias. Em ambas as ações será possível que o adquirente pleiteie indenização por perdas e danos, mediante comprovação do prejuízo sofrido. Essa é a orientação geral. Além disso, caberá pleito de indenização por perdas e danos se o alienante conhecia do vício ou defeito da coisa (art.443, CC). Aqui, vislumbra-se a culpa do alienante que transfere a coisa sabedor de seu vício sem, contudo, alertar o adquirente. Diante disso, aplica-se a premissa do Direito das Obrigações que impõe o dever de indenizar por perdas e danos tendo em vista a culpa existente.

Escolher qual das duas ações ajuizar é opção do adquirente. Entretanto, caso o adquirente tenha procedido a transformações na coisa, somente restará a ele a ação estimatória ou *quanti minoris*.

De acordo com o art. 444 do CC, ainda que a coisa já não mais exista, perdura a responsabilidade do alienante. Para afastamento de sua responsabilidade, o alienante poderá alegar:

- já haver transcorrido o prazo decadencial para a reclamação;
- a renúncia do adquirente à garantia legal, o que se mostra plenamente possível diante da autonomia privada do adquirente;[5]
- que o adquirente já conhecia do vício antes da aquisição da coisa;
- que o defeito se originou supervenientemente à aquisição da coisa.

3.3. Prazo decadencial para o ajuizamento das ações edilícias

Em se tratando de bens móveis, o prazo para o ajuizamento da ação redibitória ou da ação estimatória será de 30 dias a contar da entrega efetiva da coisa. Já para os bens imóveis, o prazo a ser considerado será de 1 ano a contar também da entrega efetiva da coisa.

Se o adquirente já estava na posse da coisa (por exemplo: o locatário que decide comprar o apartamento e depois da aquisição vem a descobrir a excessiva umidade no imóvel em virtude de vazamento de tubulação anterior a aquisição da coisa) os prazos serão reduzidos pela metade, porém a contagem iniciar-se-á da alienação. Assim, para os bens móveis, o prazo será de 15 dias a contar da alienação; e para os bens imóveis, 6 meses também a contar da alienação. Para Pablo Stolze e Rodolfo Pamplona Filho a justificativa seria a seguinte:

> Uma vez que o adquirente já estava na posse do bem, o legislador entendeu que ele já disporia de tempo maior para a detecção do defeito, razão pela qual o prazo seria contado pela metade. (...) Segundo o dispositivo em comento, basta a simples "posse"

---

[5] Vale lembrar que, na dúvida, deverá prevalecer o entendimento de que não houve renúncia ao direito.

da coisa, anterior à tradição, para que se proceda à redução do prazo. E, uma vez que não se estipulou critério objetivo para contagem desse lapso temporal, um breve período que seja, anterior à alienação, já justificaria a sua perda pela metade. Tal situação não nos parece justa, e deve, em nosso sentir, ser devidamente aferida pelo juiz, caso a caso, segundo o bom senso que se espera do julgador cauteloso.[6]

O Código Civil ainda cogita da situação em que o vício, por sua natureza, só puder ser conhecido mais tarde. Um exemplo dessa situação encontramos no animal que foi adquirido já portador de doença que, em virtude do período de incubação, os sintomas só apareceram mais tarde. Nesse caso, o prazo será o mesmo, isto é, 30 dias para bens móveis e 1 ano para bens imóveis, porém serão contados da descoberta do vício, não podendo ultrapassar cento e oitenta dias, em se tratando de bens móveis; e de um ano, para os imóveis (art. 445, §1º, CC).[7] Aqui lembramos o exemplo fornecido por César Fiuza:

> Paulo compra uma televisão com um defeito que só vem a ser descoberto 90 dias após a tradição. Seu prazo normal seria de 30 dias. Como o defeito era de fato oculto, só vindo a se manifestar 90 dias após a entrega, terá mais 30 dias contados da manifestação do defeito; 30 mais 90 somam-se 120 dias. No entanto, se o defeito tivesse sido descoberto depois de 170 dias da tradição, Paulo só teria mais 10 dias para se manifestar. O mesmo raciocínio se aplica aos imóveis, tendo em vista o prazo máximo de um ano.[8]

Sustentando essa explicação para o § 1º do art. 445 do CC, encontramos o Enunciado nº 174 do CJF: "Em se tratando de vício oculto, o adquirente tem os prazos do *caput* do art. 445 para obter redibição ou abatimento de preço, desde que os vícios se revelem nos prazos estabelecidos no parágrafo primeiro, fluindo, entretanto, a partir do conhecimento do defeito".[9]

O STJ confirma esse posicionamento na decisão a seguir apresentada:

> DIREITO CIVIL. VÍCIO REDIBITÓRIO E PRAZO DECADENCIAL. Quando o vício oculto, por sua natureza, só puder ser conhecido mais tarde (art. 445, § 1º, CC) o adquirente de bem móvel terá o prazo de trinta dias (art. 445, *caput*, do CC), a partir da ciência desse defeito, para exercer o direito de obter a redibição ou abatimento no preço, desde que

---

[6] GAGLIANO, Pablo Stolze; FILHO PAMPLONA, Rodolfo. *Novo curso de direito civil:* contratos. 4. ed. São Paulo: Saraiva, 2008. p. 191.

[7] É claro que neste ponto, o Código teria sido muito mais técnico se adotasse a distinção já existente no Código de Defesa do Consumidor de vícios ocultos e vícios aparentes (de fácil constatação). Sendo que o *caput* do art. 445 teria cabimento para os vícios aparentes e o seu § 1º para os ocultos. Porém, assim, a legislação civilista não o fez.

[8] FIUZA, César. *Direito civil:* curso completo. Belo Horizonte: Del Rey, 2006. p. 460.

[9] Em sentido contrário ao que foi exposto, Flávio Tartuce se posiciona: "Mesmo respeitando o teor do enunciado, com ele não concordamos, pois o mesmo é confuso e pode gerar implicações de ordem prática no caso de sua aplicação. Com todo o respeito, entendemos que os dois comandos legais previstos na ementa do enunciado não se complementam". TARTUCE, Flávio. *Teoria geral dos contratos e contratos em espécie.* São Paulo: Método, 2006. p. 182.

o conhecimento do vício ocorra dentro do prazo de cento e oitenta dias da aquisição do bem. O prazo decadencial para exercício do direito de obter a redibição ou abatimento no preço de bem móvel é o previsto no *caput* do art. 445 do CC, isto é, trinta dias. O § 1º do art. 445 do CC apenas delimita que, se o vício somente se revelar mais tarde, em razão de sua natureza, o prazo de 30 dias fluirá a partir do conhecimento desse defeito, desde que revelado até o prazo máximo de 180 dias, com relação aos bens móveis. Desse modo, no caso de vício oculto em coisa móvel, o adquirente tem o prazo máximo de cento e oitenta dias para perceber o vício e, se o notar neste período, tem o prazo de decadência de trinta dias, a partir da verificação do vício, para ajuizar a ação redibitória. Nesse sentido, o Enunciado nº 174 do CJF dispõe que: "Em se tratando de vício oculto, o adquirente tem os prazos do *caput* do art. 445 para obter redibição ou abatimento do preço, desde que os vícios se revelem nos prazos estabelecidos no parágrafo primeiro, fluindo, entretanto, a partir do conhecimento do defeito" (REsp 1.095.882-SP, Rel. Min. Maria Isabel Gallotti, julgado em 9/12/2014, *DJe* 19/12/2014. Informativo nº 554).

A considerar a parte final do § 1º do art. 445 do CC haverá regra que se apresenta de todo inócua, eis que o prazo inicial para se reclamar por vício redibitório em bem imóvel é de um ano (art. 445, *caput*) e o § 1º do art. 445 informa que se o vício se manifestar mais tarde será contado esse mesmo prazo não podendo ultrapassar o prazo de um ano. Basicamente, de todo vazia se mostra a redação final do § 1º do art. 445 do CC.

A garantia à qual nos referimos no presente capítulo se trata de uma garantia legal, vez que decorrente de lei. Entretanto é plenamente possível a existência de garantia convencional. Caso exista uma garantia convencional, os prazos da garantia legal somente serão contados após o transcurso do prazo dado em garantia convencional. Porém, é o próprio art. 446 do CC que estabelece que o adquirente deve denunciar o defeito ao alienante nos trinta dias seguintes ao seu descobrimento, sob pena de decadência. Assim, para que fique claro: o prazo de garantia fornecido pelo alienante (garantia convencional) atua como uma causa impeditiva para o início do prazo decadencial do *caput* do art. 445 do CC. Todavia, o adquirente deverá denunciar o defeito ao alienante nos trinta dias seguintes ao seu descobrimento, isto é, deverá comunicar ao alienante o defeito para que este tome as providências cabíveis. Não se trata, pois, de prazo para ingresso da ação, tão somente, como dissemos, comunicação ao alienante. Transcorrido o prazo da garantia dada pelo alienante é que se inicia o prazo da garantia legal. Caso o adquirente não tenha tomado a providência de denunciar o defeito no prazo de trinta dias ocorrerá, embora o art. 446 mencione "decadência", a perempção, já que como bem explica Sílvio Venosa:

> Não efetivando essa denúncia, o que ocorre nessa situação melhor se denomina perempção, pois estará tolhida a ação judicial. Nesse caso não há mais que se falar em decadência, cujo prazo nem se iniciara.[10]

---

[10] VENOSA, Sílvio de Salvo. *Direito civil:* teoria geral das obrigações e teoria geral dos contratos. 4. ed. São Paulo: Atlas, 2004. p. 570.

Há, ainda, regra específica para tratar do vício redibitório em animais no § 2º do art. 445 do CC. Menciona o referido parágrafo:

> Tratando-se de venda de animais, os prazos de garantia por vícios ocultos serão os estabelecidos em lei especial, ou, na falta desta, pelos usos locais, aplicando-se o disposto no parágrafo antecedente se não houver regras disciplinando a matéria.

Quando o parágrafo se refere à "lei especial", lembramos logo do exemplo do animalzinho que foi adquirido em um *pet shop*. É claro que nessa situação, configurada está a relação de consumo e, portanto, cabível a aplicação de lei especial, qual seja, o Código de Defesa do Consumidor. O § 2º do art. 445 do CC ainda traz a possibilidade de aplicação dos usos locais, o que o coloca em plena sintonia com o art. 113 do CC e a necessidade de se interpretar o contrato conforme o contexto da sociedade em que ele se encontra. Exauridas as duas opções – lei especial e os usos locais – deverá ser aplicado o prazo de 180 dias previsto no § 1º do art. 445 do CC, uma vez que os animais são bens móveis semoventes.

Por fim, lembramos que tais prazos são evidentemente decadenciais pois tangenciam a noção de exercício de direito potestativo. Tanto é assim que o Enunciado nº 28 do CJF estabelece: "O disposto no art. 445, §§ 1º e 2º, do Código Civil reflete a consagração da doutrina e da jurisprudência quanto à natureza decadencial das ações edilícias".

3.4. Diferença entre vício redibitório e erro

Não se pode confundir o erro com o vício redibitório. Isso porque no primeiro, o vício repousa na vontade, isto é, houve uma falsa percepção do adquirente; já no segundo, o vício está presente na própria coisa objeto da aquisição. No erro o adquirente toma para si coisa que, em verdade, não pretendia, mas só o fez porque se enganou, adquirindo, portanto, uma coisa por outra. No vício redibitório, ao revés, o adquirente obtém coisa que realmente queria, porém, essa coisa se apresenta com defeito. Vale o exemplo elucidativo de Venosa:

> Quem compra um quadro falso, pensando que é verdadeiro, incide em erro. Quem compra um quadro que apresenta fungos invisíveis, e, após a aquisição vem, a mofar, estará perante um vício redibitório. A distinção é importante, visto que gera consequências diversas, a começar por diferentes prazos de decadência.[11]

4. OS VÍCIOS DO PRODUTO OU SERVIÇO PELO CÓDIGO DE DEFESA DO CONSUMIDOR

O vício do produto ou serviço está situado a partir do art. 18 do CDC e ocorre quando o produto adquirido ou serviço prestado apresenta defeito oculto

---

[11] VENOSA, Sílvio de Salvo. *Direito civil:* teoria geral das obrigações e teoria geral dos contratos. 4. ed. São Paulo: Atlas, 2004. p. 562.

ou aparente (de fácil constatação) que o torne impróprio ao uso ou prejudique o seu valor. Por exemplo, imaginemos o caso de um consumidor que adquire uma televisão e que esse produto apresente um certo defeito que impeça a perfeita visualização das imagens. Haverá ainda vício do produto quando este não corresponder às especificações do rótulo, da embalagem, do informe publicitário etc. Perceba-se, desde já, que pela estrutura do Código de Defesa do Consumidor não se fala em coisa, é que o objeto que padecerá do vício será o produto ou o serviço.

Na hipótese de vício do produto ou serviço, o consumidor poderá, em virtude da solidariedade imposta aos responsáveis, demandar o fabricante ou o comerciante, como bem entender. Deverá fazê-lo no prazo decadencial de 30 dias para produtos ou serviços não duráveis e 90 dias para produtos ou serviços duráveis, em ambos os casos quando o vício for aparente, isto é, de fácil constatação. Os referidos prazos deverão ser contados da entrega do produto ou do término da execução do serviço. Diante de dúvida se se trata de produto ou serviço durável ou não, somos da opinião de que deverá ser aplicado o prazo de 90 dias em virtude do princípio de que na dúvida, *pro consumidor*, isto é, a interpretação deverá ser a mais favorável ao consumidor. Em se tratando de vícios ocultos, os prazos serão os mesmos, porém contados da descoberta do vício.[12]

Apresentando regra anômala em se tratando de prazos decadenciais, o CDC traz a possibilidade de obstação de tais prazos nas seguintes hipóteses[13]:

a) reclamação comprovadamente formulada pelo consumidor perante o fornecedor de produtos e serviços até a resposta negativa correspondente, que deve ser transmitida de forma inequívoca;

b) instauração de inquérito civil pelo Ministério Público até seu encerramento.

Dentro dos prazos aludidos, o consumidor poderá optar livremente entre as opções apresentadas pelos arts. 18, 19 e 20 do CDC que aqui sintetizamos:

1ª) a substituição do produto viciado por outro da mesma espécie, em perfeitas condições de uso ou a reexecução do serviço;

2ª) a complementação do peso ou da medida;

3ª) o abatimento proporcional do preço;

4ª) a restituição imediata da quantia paga, monetariamente atualizada, sem prejuízo de eventuais perdas e danos, ocasionando assim a rescisão do negócio.

---

[12] Art. 26, CDC: "O direito de reclamar pelos vícios aparentes ou de fácil constatação caduca em: I – trinta dias, tratando-se de fornecimento de serviço e de produtos não duráveis; II – noventa dias, tratando-se de fornecimento de serviço e de produtos duráveis. § 1º Inicia-se a contagem do prazo decadencial a partir da entrega efetiva do produto ou do término da execução dos serviços. (...) § 3º Tratando-se de vício oculto, o prazo decadencial inicia-se no momento em que ficar evidenciado o defeito".

[13] Art. 26, § 2º, CDC: "Obstam a decadência: I – a reclamação comprovadamente formulada pelo consumidor perante o fornecedor de produtos e serviços até a resposta negativa correspondente, que deve ser transmitida de forma inequívoca; II – (*Vetado*); III – a instauração de inquérito civil, até seu encerramento".

Vale lembrar que, antes de optar por uma dessas opções, será dado prazo de 30 dias ao fornecedor para que se resolva o problema, sendo que tal prazo poderá variar entre 7 e 180 dias a critério das partes (art. 18, § 2º, CDC). Entretanto, esse prazo poderá ser inobservado, de modo que o consumidor poderá diretamente lançar mão de uma das opções sempre que, em razão da extensão do vício, a substituição das partes viciadas puder comprometer a qualidade ou características do produto, diminuir-lhe o valor ou se tratar de produto essencial (art. 18, § 3º, CDC).

Caso tenha sido fornecido prazo de garantia pelo fornecedor ou prestador de serviço – a chamada a garantia convencional – a solução é análoga ao já verificado no Código Civil. Conforme o art. 50 do Código de Defesa do Consumidor: "A garantia contratual é complementar à legal e será conferida mediante termo escrito".

Encerramos o assunto com o disposto no art. 25 do CDC, que apresenta a seguinte redação: "É vedada a estipulação contratual de cláusula que impossibilite, exonere ou atenue a obrigação de indenizar prevista nesta e nas seções anteriores". Desse modo, caso haja no contrato de consumo a referida cláusula vedada pela lei, configurar-se-á hipótese de abusividade, conforme dispõe o art. 51, I, CDC.[14]

---

[14] Art. 51, CDC: "São nulas de pleno direito, entre outras, as cláusulas contratuais relativas ao fornecimento de produtos e serviços que: I – impossibilitem, exonerem ou atenuem a responsabilidade do fornecedor por vícios de qualquer natureza dos produtos e serviços ou impliquem renúncia ou disposição de direitos. Nas relações de consumo entre o fornecedor e o consumidor pessoa jurídica, a indenização poderá ser limitada, em situações justificáveis".

DA EVICÇÃO

37

1. COMPREENDENDO A EVICÇÃO

Evicção[1] é a perda da coisa em virtude de sentença judicial ou ato administrativo[2] que a atribui a terceiro que possuía direito anterior sobre ela. Por exemplo: João compra um carro de Paulo. Posteriormente, Manuel ajuíza ação reivindicatória em face de João pleiteando o carro, sob o fundamento de que lhe pertencia e havia sido-lhe furtado. A decisão obriga João a entregar o carro a Manuel.

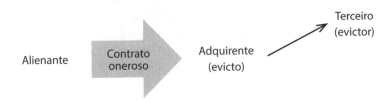

A disciplina da evicção se encontra no Código Civil nos arts. 447 a 457. Se no capítulo anterior estudamos os vícios redibitórios e vimos que há proteção

---

[1] "O termo vem de *evincere, ex vincere*, vencer, colocar de lado, excluir. Nossa língua apresenta o verbo evencer, com sentido técnico. Evictor é o que vence, o vencedor que fica com a coisa; evicto é o que se vê despojado dela, o excluído, o perdedor". VENOSA, Sílvio de Salvo. *Direito civil:* teoria geral das obrigações e teoria geral dos contratos. 4. ed. São Paulo: Atlas, 2004. p. 580.

[2] A possibilidade de evicção decorrente de ato administrativo mencionada no conceito é decorrente de maciça jurisprudência nesse sentido. Lembremos de julgado extraído da obra *Novo Código Civil comentado*, selecionado por Jones Figueirêdo Alves: "Evicção. Apreensão de veículo pela autoridade administrativa. Precedentes da Corte. 1. Precedentes da Corte assentaram que a 'existência de boa-fé', diante dos termos do art. 1.107 do Código Civil, não afasta a responsabilidade pelo fato de ter sido o veículo negociado apreendido pela autoridade administrativa, não sendo exigível prévia sentença judicial (STJ, Quarta Turma, REsp. 33.803-SP, Rel. Min. Aldir Passarinho Júnior, *DJ* 27/3/2000)". ALVES, Jones Figueirêdo. *Novo Código Civil comentado.* FIUZA, Ricardo (Coord.). 4. ed. Saraiva: São Paulo, 2005. p. 402. Nada obstante, César Fiuza se manifesta em sentido contrário: "A perda há de ser em virtude de sentença judicial, pelo simples fato de que, em última instância, ninguém será obrigado a dar, fazer ou deixar de fazer algo a não ser em virtude de sentença". FIUZA, César. *O direito civil e o novo CPC*. Belo Horizonte: Editora D'Plácido, 2016. p. 233.

deferida por lei ao adquirente, aqui estudaremos a evicção que também representará uma garantia ao adquirente que perde a coisa para um terceiro.

A grande diferença é que nos vícios redibitórios protege-se contra um defeito de fato da coisa; já na evicção, protege-se o adquirente contra um defeito de direito.

Vale destacar que, o STJ reconheceu, ainda, como caracterização de evicção a inclusão de gravame capaz de impedir a transferência livre e desembaraçada de veículo objeto de negócio jurídico de compra e venda.[3]

2. AS PARTES NA EVICÇÃO OU OS ELEMENTOS SUBJETIVOS DA EVICÇÃO

As partes envolvidas na evicção são: o alienante, que é aquele que transferiu a coisa onerosamente, o adquirente, que perde a coisa e passa a se denominar evicto, e o terceiro a quem é atribuída a coisa e que será denominado evictor.

3. A EXIGÊNCIA DO CONTRATO ONEROSO

O art. 447 do CC cuida do tema evicção com a seguinte redação: "Nos contratos onerosos, o alienante responde pela evicção. Subsiste esta garantia ainda que a aquisição se tenha realizado em hasta pública".

Percebemos que, logo de início, a lei exige, para deferir a proteção, que o contrato realizado entre o alienante e o adquirente seja oneroso. Por contrato

---

[3] "Trata-se de ação de cobrança, ajuizada por intermediadora de negócio jurídico em face do proprietário do bem, em que pretende o ressarcimento dos danos sofridos, por intermediar a compra e venda de automóvel com terceiro, entregue em consignação pelo proprietário, e que foi bloqueado por ordem judicial, impossibilitando a transferência da propriedade e ensejando a resolução do contrato pelo adquirente. Nesse contexto, cinge-se a controvérsia a analisar a ocorrência de evicção. Inicialmente, cumpre destacar que sobre a garantia de evicção, afirma a doutrina que ela representa um sistema especial de responsabilidade negocial, que impõe ao alienante, dentre outras consequências, a obrigação de reparar as perdas e os danos eventualmente suportados pelo adquirente evicto (arts. 450 e ss. do CC/2002), tendo em vista o não cumprimento do dever de lhe transmitir o direito sem vícios não consentidos. Dessa forma, a doutrina ressalta que o ordenamento jurídico protege o adquirente, garantindo-lhe a legitimidade jurídica do direito que lhe é transferido por meio da regulamentação de direitos, deveres, ônus e obrigações decorrentes do rompimento da sinalagmaticidade das prestações. A evicção, portanto, não se estabelece com a 'perda da coisa' em si, como se lê ordinariamente, mas com a privação de um direito que incide sobre a coisa; direito esse que paira não apenas sobre a propriedade como igualmente sobre o direito à posse. E, considerando que essa privação do direito pode ser total ou parcial, exemplificam os doutrinadores que haverá evicção na hipótese de inclusão de um gravame capaz de reduzir a serventia do bem. Na hipótese, conquanto tenha o adquirente se mantido na posse do veículo por determinado período de tempo, o fato de ter sido em seguida constituído o gravame, tornando necessário o ajuizamento de embargos de terceiro para que ele pudesse obter a respectiva liberação para efetuar o registro, evidencia o rompimento da sinalagmaticidade das prestações, na medida em que se obrigou o alienante a promover a transferência livre e desembaraçada do bem à adquirente, sob pena de responder pela evicção" (REsp 1.713.096-SP, Rel. Min. Nancy Andrighi, por unanimidade, julgado em 20/2/2018. Informativo nº 621, STJ).

oneroso tem-se aquele em que ambas as partes que realizam o negócio sofrem sacrifícios patrimoniais. Assim, para que se possa reclamar por eventual evicção sofrida é necessário que o contrato tenha sido oneroso. Dessa forma, se a relação decorrer de um contrato gratuito, por exemplo, uma doação, o donatário que venha a perder a coisa para um terceiro nada poderá reclamar, porque em verdade, a perda não é representativa de prejuízo, traduzindo-se apenas na perda de um ganho. É claro, entretanto, que não há óbice quanto à possibilidade de as partes estipularem tal proteção quando da elaboração de um contrato gratuito. Mas perceba-se que, automaticamente, a lei não defere a garantia.

4. A POSSIBILIDADE DA PROTEÇÃO INCIDENTE NAS AQUISIÇÕES EM HASTA PÚBLICA

Na segunda metade do art. 447 do CC apresenta-se grande novidade, a qual grifamos: "Nos contratos onerosos, o alienante responde pela evicção. Subsiste esta garantia ainda que a aquisição se tenha realizado em hasta pública".

Somos da opinião de que o trecho grifado quer dizer respeito às alienações que podem ocorrer em hasta pública decorrentes de procedimento de jurisdição voluntária, como por exemplo, a venda de bens de incapazes. É que nesta hipótese, embora ocorra a hasta pública, não se afasta o caráter negocial da alienação, uma vez que nítido se apresenta um negócio jurídico de direito privado tendo, entretanto, como exigência para a sua validade e eficácia a presença do Estado. E se, como sabemos, a garantia da evicção alcança os contratos onerosos e somente esses, coerente dizer que há nessa hipótese a garantia em caso de evicção.

Diferente é a situação da arrematação em hasta pública resultante de processo executivo. Tal situação não guarda qualquer relação com o negócio jurídico, isto é, não apresenta caráter contratual, tão somente se reduz a um ato expropriatório forçado do bem. Perceba-se que é possível que haja o fato da evicção, se há a perda do bem arrematado em favor de um terceiro com direito anterior sobre ela, porém, não se pode afirmar, peremptoriamente, pela garantia contra a evicção neste caso.[4] Entretanto, solução deverá ser dada à situação em que se arremata um bem em hasta pública decorrente de um processo executivo e depois sucede a sua perda. Decorre, pois, a seguinte indagação: Quem será responsabilizado nesse caso?

Entendemos que a responsabilidade será do executado, uma vez que foi ele que se beneficiou com a hasta pública concluída, uma vez que ela representou a extinção de sua obrigação. Subsidiariamente serão responsáveis o exequente e o Estado, nessa ordem. Não vislumbramos solidariedade entre as partes do processo e o Estado, uma vez sabedores que a solidariedade não pode ser presumida, resultando apenas de lei ou da vontade das partes.[5]

---

[4] Não se pode confundir o fato da evicção com a garantia contra a evicção.

[5] Nesse mesmo sentido manifesta-se Alexandre Freitas Câmara com os seguintes dizeres: "Em primeiro lugar, afirma-se não haver propriamente garantia contra a evicção quando o bem é arrematado em hasta pública efetivada em processo executivo (caso em que há o fato da evicção mas não a garantia contra a evicção). Nesta hipótese, por não haver a garantia da evicção, mas por não se poder aceitar que o evicto fique com um prejuízo irreparável, admite-se a responsabilidade

5. AS CONSEQUÊNCIAS DA EVICÇÃO

O evicto (adquirente) diante da evicção, poderá voltar-se contra o alienante. Entretanto, devem ser observados dois aspectos:

- Se o evicto estava de boa-fé (se adquiriu a coisa do alienante sem saber que ela pertencia a um terceiro ou que sobre ela pendia disputa judicial): terá direito a receber de volta o valor pago pela coisa e ainda uma indenização pela evicção. Assim, deverá ser considerado o art. 450 do CC que estabelece: "Salvo estipulação em contrário, tem direito o evicto, além da restituição integral do preço ou das quantias que pagou: I – à indenização dos frutos que tiver sido obrigado a restituir; II – à indenização pelas despesas dos contratos e pelos prejuízos que diretamente resultarem da evicção; III – às custas judiciais e aos honorários do advogado por ele constituído".

- Se o evicto estava de má-fé (se adquiriu a coisa do alienante sabendo que a coisa pertencia a um terceiro ou que sobre ela pendia disputa judicial): aqui surge um problema a ser enfrentado. É que a redação do art. 457 do CC informa: "Não pode o adquirente demandar pela evicção, se sabia que a coisa era alheia ou litigiosa". A questão é, diante de tal ditame, significa que o evicto que estava de má-fé nada poderá pleitear em face do alienante ou poderá pleitear apenas o valor pago pela coisa? Dois posicionamentos poderão nos surpreender: o primeiro que sugere que o adquirente (evicto) possa pelo menos pleitear o valor pago pela coisa

---

do executado e, subsidiariamente, e nesta ordem, a do exequente e a do Estado. Em segundo lugar, afirma-se haver garantia contra a evicção, na forma do art. 447, *in fine*, do Código Civil de 2002, quando o bem é alienado através de um contrato oneroso, ainda que esta alienação se realize em hasta pública, o que só pode ocorrer em procedimentos de jurisdição voluntária, caso em que a alienação não perde natureza contratual". CÂMARA, Alexandre Freitas. Evicção do bem arrematado em hasta pública. Disponível em: <www.flaviotartuce.adv.br/secoes/artigosf/CAMARA_arrematacao.doc>. Acesso em: 28/9/2008. Em sentido contrário, isto é, manifestando-se pela solidariedade existente, Araken de Assis na obra *Manual do processo de execução*. 8. ed. São Paulo: RT, 2002. p. 742. Em um terceiro posicionamento, encontramos Pablo Stolze e Rodolfo Pamplona que entendem: "A possibilidade de se reconhecer legitimidade passiva ao credor/exequente, na demanda regressiva proposta pelo evicto, e mesmo ao Estado nos parece exagerada. No primeiro caso, apenas admitiríamos a sua condição de réu se estivesse agindo ardilosamente. Caso não houvesse procedido de forma insidiosa, a sua boa-fé seria, em nosso sentir, justificativa suficiente para excluí-lo da lide, mormente porque, em toda arrematação existe, para o arrematante, uma álea de risco semelhante ou maior à ocorrente nos contratos em geral. Para o credor/exequente pouco importa qual é o bem que irá ser expropriado para satisfazer seu crédito, pois é a relação jurídica obrigacional (que o vinculava ao devedor) que quer ver cumprida, e foi justamente pelo inadimplemento do réu que teve de se valer do aparato judicial para receber sua prestação. Na mesma linha, também não admitimos a responsabilidade do Estado, mormente em se considerando a hipótese de todo o trâmite processual – da constrição (penhora) à hasta pública – tiver sido devidamente obedecido e conduzido. Afinal, nada mais fez o Estado do que cumprir um dever constitucionalmente imposto, que é o de apreciar toda a lesão ou ameaça de lesão ao direito (art. 5º, XXXV, da CF/88)". GAGLIANO, Pablo Stolze; FILHO PAMPLONA, Rodolfo. *Novo curso de direito civil:* contratos. São Paulo: Saraiva, 2008. tomo I, v. IV, p. 205.

Cap. 37 – DA EVICÇÃO

de volta. Pois, caso contrário, restaria configurada situação de enriquecimento indevido em prol do alienante; o segundo posicionamento indica
que o adquirente (evicto) de má-fé nada poderá pleitear. Nem o valor
pago pela coisa. É que tal fato não deve ser enquadrado nos contornos
do enriquecimento indevido, uma vez que é o próprio Código Civil de
2002 que no seu art. 883 estabelece: "Não terá direito à repetição aquele
que deu alguma coisa para obter fim ilícito, imoral, ou proibido por lei".
Assim, por exemplo, se João adquire de Carlos um carro, sabedor que era
produto de furto, devolverá o carro ao verdadeiro dono e nada poderá
pleitear em face de Carlos.

6. A EVICÇÃO COMO CAUSA IMPEDITIVA DA PRESCRIÇÃO

A prescrição da pretensão do evicto de se voltar contra o alienante, evidentemente somente começará a correr quando do trânsito em julgado da sentença
a ser prolatada em ação em que a evicção é discutida, sendo deferido o bem
ao evictor. Por isso, o art. 199, III do CC estabelece: "Não corre igualmente a
prescrição: (...) III – pendendo ação de evicção".

7. A CLÁUSULA DE REFORÇO, DIMINUIÇÃO E EXCLUSÃO DA GARANTIA. A CLÁUSULA DE ASSUNÇÃO OU CIÊNCIA DO RISCO

As partes (alienante e adquirente) podem, por cláusula expressa, reforçar,
diminuir ou excluir a responsabilidade pela evicção (art. 448, CC).

Ao haver o reforço da responsabilidade, tal cláusula, evidentemente, beneficiará o adquirente que poderá exigir algo além do que a lei já impõe. Somos da
opinião que, em virtude do princípio da função social dos contratos, da justiça
contratual, da boa-fé objetiva e, ainda, da vedação do enriquecimento indevido, a
cláusula de reforço não poderá ultrapassar ao dobro do valor da coisa.

É ainda possível que seja estipulada a cláusula de diminuição da responsabilidade ou até mesmo exclusão da responsabilidade do alienante em caso de
evicção, hipóteses que serão benéficas ao alienante.

Releva notar que, em se tratando de cláusula que exclua a responsabilidade
do alienante – cláusula de *non praestanda evictione ou* cláusula de irresponsabilidade –, tal cláusula, cinge-se a excluir a responsabilidade do alienante pela
indenização decorrente da evicção, todavia, mesmo assim o valor pago pela coisa
terá de ser devolvido ao adquirente. Para que o alienante tenha a sua responsabilidade integralmente excluída, isto é, para que ele não tenha que arcar com a
indenização decorrente da evicção e nem mesmo com o valor pago pela coisa,
é necessário que o contrato preveja a cláusula de exclusão de responsabilidade
do alienante e também a chamada cláusula de assunção ou ciência do risco por
parte do adquirente.

Em suma, para que haja o integral afastamento da responsabilidade do alienante são necessárias as duas cláusulas: a cláusula de exclusão e a cláusula de
assunção ou ciência do risco. Caso esteja presente no contrato apenas a cláusula
de exclusão, o alienante estará desonerado apenas de indenizar o adquirente

(evicto) pela evicção, estando, entretanto, ainda, obrigado a devolver-lhe o valor que foi pago pela coisa. O raciocínio decorre da interpretação dos dois artigos que abaixo transcrevemos:

> Art. 448, CC: Podem as partes, por cláusula expressa, reforçar, diminuir ou excluir a responsabilidade pela evicção.
>
> Art. 449, CC: Não obstante a cláusula que exclui a garantia contra a evicção, se esta se der, tem direito o evicto a receber o preço que pagou pela coisa evicta, se não soube do risco da evicção, ou, dele informado, não o assumiu.

8. AS MANIFESTAÇÕES DA PERDA (TOTAL OU PARCIAL) E AS SUAS CONSEQUÊNCIAS

O fenômeno da evicção que implica a perda da coisa por parte do adquirente (evicto) poderá se manifestar de duas maneiras: total e parcial.

Ocorre a perda total quando o adquirente for completamente despojado da coisa. Por exemplo: o adquirente perde o carro integralmente ao evictor, porque este tinha direito a todo ele.

Ocorre, entretanto, a perda parcial quando o adquirente for parcialmente despojado da coisa. Por exemplo: o adquirente perde apenas o rádio do carro, uma vez que apenas este cabia ao evictor.

Na hipótese de evicção parcial, ainda devemos observar se a perda parcial foi considerável ou não, uma vez que as consequências serão distintas. Por perda parcial considerável devemos atentar para aquela perda que atinge o todo, sendo a não considerável, o contrário. A partir daí, as consequências serão:

- Se tiver havido a perda parcial considerável:[6] o evicto poderá optar entre a rescisão do contrato realizado com o adquirente, exigindo, nesse caso, os valores constantes do art. 450 do CC, já que a coisa não mais lhe serve diante da perda parcial considerável ou, então, permanecer com a coisa exigindo uma indenização pelo desfalque sofrido;
- Se a perda parcial não for considerável: o evicto somente terá a opção de pedir uma indenização pelo desfalque sofrido, tendo que permanecer com a coisa.

As conclusões decorrem do art. 455 do CC: "Se parcial, mas considerável, for a evicção, poderá o evicto optar entre a rescisão do contrato e a restituição da parte do preço correspondente ao desfalque sofrido. Se não for considerável, caberá somente direito a indenização".

Acerca do preço da coisa, vale lembrar que, em se tratando de perda total, deverá ser considerado o valor da coisa à época em que evenceu e, em sendo

---

[6] Há discussão na doutrina acerca do que seja perda parcial considerável. Há quem entenda que será considerável se ultrapassar a metade do valor da coisa. Nos parece claro, entretanto, que deverão ser consideradas as circunstâncias do caso concreto.

Cap. 37 – DA EVICÇÃO

perda parcial, a indenização será proporcional ao desfalque sofrido (art. 450, parágrafo único, CC).

9. A DETERIORAÇÃO OU BENFEITORIA NO OBJETO DA EVICÇÃO

Caso a coisa objeto da evicção tenha sofrido alguma deterioração, tal fato não será suficiente para reduzir o preço da coisa a ser restituído ou a indenização em virtude da evicção, uma vez que a responsabilidade do alienante subsiste. Todavia, se a deterioração decorrer de emprego de dolo do adquirente ou se o adquirente tiver auferido vantagens das deteriorações,[7] tais fatos deverão ser levados em consideração para a redução da indenização devida. É o que se extrai dos arts. 451 e 452 do CC. De acordo com Jones Figueirêdo Alves: "A previsão legal é a de produzir a equalização dos interesses, abatendo o proveito do adquirente, com o restabelecimento do *status quo*".[8]

Acerca das benfeitorias, importa lembrar que se trata de todas as obras ou despesas realizadas na coisa com finalidade de conservação, melhoramento ou embelezamento. Aquelas que visam à conservação do bem se denominam necessárias; ao melhoramento do bem, úteis; e ao embelezamento ou mero deleite dos interessados, voluptuárias.

O art. 453 do CC preceitua que: "As benfeitorias necessárias ou úteis, não abonadas ao que sofreu a evicção, serão pagas pelo alienante". Assim, caso o adquirente tenha realizado benfeitorias necessárias ou úteis na coisa e venha a perdê-la, sem ter sido indenizado em virtude das benfeitorias, poderá exigir o *quantum* devido do alienante. O dispositivo está em sintonia com o art. 1.219 do CC que impõe indenização ao possuidor de boa-fé que tenha realizado benfeitorias necessárias ou úteis na coisa. Todavia, caso as benfeitorias tenham sido realizadas pelo próprio alienante, de acordo com Jones Figueiredo Alves, "compete ao alienante, perante o reivindicante (art. 1.222 do NCC), indenizar-se das benfeitorias por ele feitas e abonadas ao evicto, ou, perante este, deduzir do preço a devolver o valor das referidas benfeitorias".[9]

10. A DENUNCIAÇÃO DA LIDE NA EVICÇÃO

O art. 456 do CC – que foi revogado pelo CPC/2015 –, estabelecia:

> Para poder exercitar o direito que da evicção lhe resulta, o adquirente notificará do litígio o alienante imediato, ou qualquer dos anteriores, quando e como lhe determinarem as leis do processo.

---

[7] Por exemplo, o adquirente vende os materiais de construção decorrentes da demolição da coisa.

[8] ALVES, Jones Figueirêdo. *Novo Código Civil comentado*. FIUZA, Ricardo (Coord.). 4. ed. Saraiva: São Paulo, 2005. p. 406.

[9] ALVES, Jones Figueirêdo. *Novo Código Civil comentado*. FIUZA, Ricardo (Coord.). 4. ed. Saraiva: São Paulo, 2005. p. 407.

Tal notificação ocorria por meio da modalidade de intervenção de terceiro denominada denunciação da lide. A primeira indagação que surgia era se a denunciação da lide seria obrigatória para que o evicto obtivesse o valor pago pela coisa perdida. Para o processualista Vicente Greco Filho, seria imprescindível que houvesse a denunciação da lide ao adquirente, sob pena de o evicto perder o seu direito.[10] Entretanto, o posicionamento prevalecente, inclusive com espeque na jurisprudência do STJ, era o de que a denunciação não seria obrigatória, sendo plenamente cabível ação regressiva autônoma. Nesse sentido, inclusive, foi aprovado o Enunciado nº 434 do CJF, com o seguinte teor: "A ausência de denunciação da lide ao alienante, na evicção, não impede o exercício de pretensão reparatória por meio de via autônoma".

Além disso, o art. 456 do CC admitia a denunciação por saltos. Por denunciação por saltos ou *per saltum* entende-se aquela em que fica ao alvedrio do evicto denunciar da lide qualquer um dos alienantes envolvidos na cadeia, sem ter que, necessariamente denunciar da lide o alienante imediato. Assim, a denunciação *per saltum* chegou a ser reconhecida no Enunciado nº 29 do CJF que apresenta a seguinte redação: "A interpretação do art. 456 do novo Código Civil permite ao evicto a denunciação direta de qualquer dos responsáveis pelo vício".

Todavia, o art. 456 do CC, que apresentava tal modalidade de denunciação, foi revogado pelo CPC/2015, em seu art. 1.072, II. Atente-se para o fato de que a denunciação de lide ainda é o caminho adequado a ser seguido pelo evicto. O que se afasta com a revogação do referido artigo é a possibilidade de promover a denunciação por saltos.[11] De acordo com o art. 125, I, CPC/2015: "É admissível a denunciação da lide, promovida por qualquer das partes: ao alienante imediato, no processo relativo à coisa cujo domínio foi transferido ao denunciante, a fim de que possa exercer os direitos que da evicção lhe resultam".

Por fim, atentemos para o fato de que o CPC/2015 admite, ainda, expressamente a via da ação autônoma para a satisfação do evicto, conforme preceitua o § 1º do art. 125: "O direito regressivo será exercido por ação autônoma quando a denunciação da lide for indeferida, deixar de ser promovida ou não for permitida".

---

[10] GRECO FILHO, Vicente. *Intervenção de terceiros*. 3. ed. São Paulo: Saraiva, 1991.

[11] Acerca da revogação do art. 456 pelo CPC/2015, Flávio Tartuce se manifestou da seguinte maneira: "Com o devido respeito, a retirada da categoria do Código Civil de 2002 e o seu afastamento pelo novo Código de Processo Civil nos parece um retrocesso. Sempre vimos a denunciação da lide por saltos como mais uma opção de demanda ao evicto prejudicado, tutelando mais efetivamente o Direito material. Os efeitos contratuais eram ampliados, além da primeira relação jurídica estabelecida, o que representava aplicação da eficácia externa da função social do contrato, da tutela externa do crédito (art. 421 do CC/2002)". TARTUCE, Flávio. *O novo CPC e o direito civil*: impactos, diálogos e interações. São Paulo: Método, 2015. p. 277.

EXTINÇÃO DOS CONTRATOS

O contrato, como negócio jurídico que é, ostenta um ciclo de vida, isto é, ele nasce, vive e morre. É chegada a hora de comentar acerca do fim ou da extinção dos contratos. Trabalhar esse tema é sempre assunto melindroso, já que, definitivamente, a doutrina não chega a um consenso acerca dos fundamentos extintivos dos contratos e, tampouco, acerca da terminologia a ser aplicada. Feita essa advertência inicial, informamos que neste Capítulo trabalharemos, com base na doutrina mais avisada, as diversas formas de se extinguir um contrato.

Por extinção de contrato, deve-se entender, simplesmente, como o seu fim. As formas extintivas de um contrato podem ser subdivididas da seguinte maneira:

a) extinção normal ou natural;
b) extinção por fatos anteriores ou contemporâneos à celebração do contrato;
c) extinção por fatos posteriores à celebração do contrato;
d) extinção por morte.

Adiante, adentramos a cada uma dessas categorias.

1. FORMA NORMAL OU NATURAL DE EXTINÇÃO DOS CONTRATOS

A forma normal pela qual se extingue um contrato se dá com a sua execução (seja instantânea ou futura) que significa, exatamente, o seu adimplemento ou cumprimento. Este por sua vez poderá ocorrer por meio do pagamento (arts. 304 a 333, CC) ou por meio de formas especiais previstas nos arts. 334 a 388 do Código Civil que são: o pagamento em consignação; o pagamento com sub-rogação; a imputação de pagamento; a dação em pagamento; a novação; a compensação; a confusão; e a remissão de dívidas. O estudo de cada uma dessas manifestações remete ao Direito das Obrigações.

Porém, é possível que o contrato não consiga cumprir o programa pelo qual foi designado, desse modo, poderá haver o seu fim, seja por fatos anteriores ou posteriores à sua celebração, que é o que analisaremos a seguir.

2. EXTINÇÃO DO CONTRATO POR FATOS ANTERIORES OU CONTEMPORÂNEOS À SUA CELEBRAÇÃO

2.1. A invalidade contratual

A extinção do contrato por fato anterior ou contemporâneo à sua celebração se manifestará por meio de sua invalidação, que ocorre quando há nulidade ou anulabilidade do contrato.

A nulidade, também conhecida por nulidade absoluta, ocorre nas situações não taxativas dos arts. 166 e 167 do CC. Assim, por exemplo, um contrato celebrado por um absolutamente incapaz sem a devida representação será extinto em virtude de nulidade apresentada, conforme o inc. I do art. 166 do CC. Ou então, um contrato celebrado em simulação também será extinto porque nulo. Releva notar que a nulidade absoluta procura proteger o interesse público e pode ser alegada a todo tempo, sem admitir, por conseguinte, a possibilidade de sua confirmação (art. 169, CC). Como a nulidade absoluta objetiva a proteção de interesse público, a sentença que a declarar produzirá efeitos *ex tunc*, ou seja, retroagirá no tempo e aniquilará tudo o que tenha ficado para trás.

Já a anulabilidade, também conhecida por nulidade relativa, ocorre nas situações não taxativas do art. 171 do CC. Assim, por exemplo, um contrato celebrado por um relativamente incapaz sem a devida assistência poderá ser extinto em virtude da anulabilidade apresentada, bem como um contrato feito em erro, ou sob dolo, coação, lesão, estado de perigo e fraude contra credores. Nas situações de nulidade relativa o que se procura proteger é um interesse particular do prejudicado, daí que há prazo de 4 ou 2 anos, conforme arts. 178 e 179 do CC, para se reclamar a extinção do contrato por anulação. Admite-se aqui a possibilidade de confirmação do contrato de acordo com o art. 172 do CC. Para parte da doutrina, os efeitos da sentença que se manifesta pela anulabilidade são *ex nunc* (com base no art. 177, 1ª parte, CC); de outro lado, há quem se manifeste pelo caráter retroativo de tal sentença (com base no art. 182 do CC).

Lembramos que as hipóteses de nulidade e anulabilidade do contrato são, em resumo, hipóteses de invalidade contratual. Assim, a invalidade contratual gera a extinção do contrato por fato anterior ou contemporâneo à sua celebração. Mas lembramos que, também representam a extinção por fato anterior à celebração do contrato a cláusula resolutiva expressa e a cláusula de arrependimento. Essas cláusulas aqui mencionadas decorrem de previsão contratual sendo, portanto, manifestação da autonomia privada das partes e por isso aqui consideradas como fatores de extinção anteriores à celebração do contrato.

2.2. Cláusula resolutiva

A previsão da cláusula resolutiva está no Código Civil no art. 474 que estabelece: "A cláusula resolutiva expressa opera de pleno direito; a tácita depende de interpelação judicial". Assim, a cláusula resolutiva poderá ser expressa ou tácita. A expressa é a cláusula por meio da qual as partes, de antemão, estabelecem que não será interessante para qualquer delas criar situações dificultosas ao cumprimento do contrato. Um exemplo de cláusula resolutiva expressa é aquela que se

Cap. 38 – EXTINÇÃO DOS CONTRATOS

insere no corpo do contrato com o seguinte teor: "O descumprimento de qualquer cláusula prevista no presente contrato autoriza a sua automática resolução pela parte prejudicada pelo inadimplemento, independentemente de notificação judicial ou extrajudicial". Entretanto, cumpre lembrar que a previsão da cláusula resolutiva expressa não faz prescindir da intervenção judicial e a sentença terá efeito meramente declaratório e *ex tunc*, já que a resolução já se operou de pleno direito, isto é, automaticamente, diante do inadimplemento.[1] Nesse sentido, *vide* Enunciado nº 436, CJF: "A cláusula resolutiva expressa produz efeitos extintivos independentemente de pronunciamento judicial".

Já a cláusula resolutiva tácita está implícita em todo contrato bilateral e autoriza a parte prejudicada a pleitear a resolução do contrato com a indenização por perdas e danos cabível. De acordo com o art. 475 do CC: "A parte lesada pelo inadimplemento pode pedir a resolução do contrato, se não preferir exigir-lhe o cumprimento, cabendo, em qualquer dos casos, indenização por perdas e danos". Como na cláusula resolutiva expressa, também haverá intervenção judicial, sendo que, por se tratar de cláusula resolutiva tácita, a sentença não será meramente declaratória, mas sim desconstitutiva.

2.3. Cláusula de arrependimento

A cláusula de arrependimento se traduz na previsão contratual pela qual, de antemão, se delibera pela possibilidade de as partes colocarem fim à avença com a perda das arras dadas ou a sua devolução em dobro, conforme o art. 420 do CC[2] preceitua.

3. EXTINÇÃO DO CONTRATO POR FATOS POSTERIORES À SUA CELEBRAÇÃO

A extinção por fatos posteriores à celebração do contrato poderá ocorrer por meio da resolução ou resilição do contrato.

---

[1] Para Flávio Tartuce: "O exemplo típico de cláusula resolutiva expressa é o pacto comissório contratual, instituto que estava tratado pelo art. 1.163 do Código Civil de 1916 como cláusula especial de compra e venda. Estaria permitida a sua previsão no contrato, como cláusula resolutiva expressa ou haveria vedação, por suposta ilicitude de seu conteúdo? Estamos inclinados a afirmar que não há vedação para a sua previsão, inclusive porque os seus efeitos são os mesmos da exceção de contrato não cumprido, prevista para os contratos bilaterais. Concluímos que o pacto comissório contratual enquadra-se no art. 474 do CC. De qualquer forma, não se pode confundir essa figura negocial com o pacto comissório real, vedado no art. 1.428 do CC, pelo qual é nula a cláusula que autoriza o credor de um direito real de garantia (penhor, hipoteca ou anticrese) a ficar com o bem dado em garantia sem levá-lo à excussão (ou execução)". TARTUCE, Flávio. *Direito civil:* teoria geral dos contratos e contratos em espécie. São Paulo: Método, 2006. p. 207-208.

[2] Art. 420, CC: "Se no contrato for estipulado o direito de arrependimento para qualquer das partes, as arras ou sinal terão função unicamente indenizatória. Neste caso, quem as deu perdê-las-á em benefício da outra parte; e quem as recebeu devolvê-las-á, mais o equivalente. Em ambos os casos não haverá direito a indenização suplementar".

A resolução ocorrerá em caso de inexecução do contrato. Ao avaliarmos a inexecução, constataremos que ela poderá ter ocorrido sem culpa do contratante, em hipótese então de caso fortuito ou de força maior, caso em que não caberá pleito de indenização por perdas e danos; ao revés, em se tratando de inexecução por culpa do contratante, será devida indenização por perdas e danos ao prejudicado pelo inadimplemento.

O termo **resolução** também é aplicável por força de previsão do art. 478 do CC quando da extinção do contrato por onerosidade excessiva. Lembramos que o referido artigo contempla a chamada teoria da imprevisão estabelecendo quatro requisitos para o alcance da resolução do contrato. São eles: 1º) contrato de execução futura continuada ou diferida; 2º) acontecimento de evento superveniente e extraordinário que conduza uma das partes à situação de onerosidade excessiva; 3º) que este acontecimento seja imprevisível; 4º) que gere extrema vantagem para a outra parte. A possibilidade de revisão do contrato – solução mais adequada de acordo com o princípio da função social e do seu subprincípio da preservação ou conservação do contrato – não é de todo afastada pelo Código Civil. Porém, tal possibilidade somente se torna factível se houver pedido do réu no sentido da revisão e não da resolução do contrato, de acordo com o art. 479 do CC. A teoria da imprevisão será melhor detalhada no Capítulo seguinte.

Já a expressão resilição deverá ser aplicada na hipótese em que o término do contrato é alcançado por força da vontade. Assim, a resilição poderá ser:

- Bilateral: quando ambas as partes decidem colocar fim ao contrato. Dá-se por meio do distrato que deverá ser feito pela mesma forma utilizada para o contrato (art. 472, CC[3]). Assim, o distrato nada mais é do que o seu ato contrário. Ademais lembramos que a exigência de o distrato acontecer pela mesma forma exigida para o contrato deve ser interpretada temperada com *grano salis*. O que queremos dizer é que, é claro que em se tratando de um contrato que foi celebrado por escritura pública, o seu distrato, evidentemente, deverá ser feita por escritura pública também. Mas, se o contrato, por exemplo, foi celebrado por instrumento particular, o distrato poderá ser feito por instrumento particular ou até mesmo por meio de instrumento público. Em virtude da aplicação do brocardo de que "quem pode o mais, pode o menos". Nesse sentido, foi aprovado o Enunciado nº 584 na VII Jornada de Direito Civil: "Desde que não haja forma exigida para a substância do contrato, admite-se que o distrato seja pactuado por forma livre".

- Unilateral: quando apenas uma das partes decide por sua vontade colocar fim ao contrato. Ocorre em hipóteses excepcionais previstas em lei expressa ou implicitamente, como nos contratos de locação, mandato, depósito, comodato etc. A resilição unilateral tomará corpo com a denúncia[4]

---

[3] Art. 472, CC: "O distrato faz-se pela mesma forma exigida para o contrato".

[4] Roberto Senise Lisboa nos informa que: "A resilição unilateral decorre da manifestação de vontade de uma das partes e se opera mediante a denúncia, cuja denominação poderá variar conforme o negócio jurídico celebrado (nos contratos de prestação de serviço, por exemplo, a denúncia recebe a denominação de despedida)". LISBOA, Roberto Senise. Dos contratos em

Cap. 38 – EXTINÇÃO DOS CONTRATOS

notificada à outra parte (art. 473, CC[5]). São manifestações de resilição unilateral a denúncia, a revogação e a renúncia. Vale lembrar ainda que o parágrafo único do art. 473 do CC orientado pela função social dos contratos e pela boa-fé objetiva dispõe: "Se, porém, dada a natureza do contrato, uma das partes houver feito investimentos consideráveis para a sua execução, a denúncia unilateral só produzirá efeito depois de transcorrido prazo compatível com a natureza e o vulto dos investimentos".

O STJ, na decisão do REsp 1.555.202, se manifestou no sentido de que a rescisão unilateral deve ser feita de forma responsável e conforme o voto do Ministro Luis Felipe Salomão: "A existência da cláusula contratual que previa a possibilidade de rescisão desmotivada por qualquer dos contratantes não tem relevância, por si só, para afastar e justificar o ilícito de se rescindir unilateralmente e imotivadamente um contrato que vinha sendo cumprido a contento, com resultados acima dos esperados, alcançados pela parte contratada".[6]

4. EXTINÇÃO DO CONTRATO POR MORTE

Em se tratando de contratos personalíssimos ou *intuitu personae*, em havendo o falecimento da parte, o contrato se extinguirá por razões evidentes. É o caso, por exemplo, de um contrato de fiança em que há o falecimento do fiador. É claro que as obrigações já vencidas respeitantes ao fiador serão transferidas aos seus herdeiros, mas a posição contratual ocupada pelo fiador que faleceu, não. Vale lembrar o art. 836 do CC que apresenta a seguinte redação: "A obrigação do fiador passa aos herdeiros; mas a responsabilidade da fiança se limita ao tempo decorrido até a morte do fiador, e não pode ultrapassar as forças da herança".

5. AS DIVERSAS ACEPÇÕES DA PALAVRA "RESCISÃO"

A doutrina nacional se digladia em relação ao exato significado e ideal emprego da palavra **rescisão**. Trata-se, em verdade, de termo multifacetado. Isso porque "rescisão" é muitas vezes utilizada como gênero que abarca as hipóteses de resolução e resilição. Desse modo a ação de rescisão contratual englobaria as hipóteses de pedido de resolução ou de resilição. Entretanto, a outro giro, há quem restrinja o termo **rescisão** para as hipóteses em que o vício se dá na origem, como na evicção e no vício redibitório. Um terceiro posicionamento surge ainda atribuindo o manejo da palavra **rescisão** aos casos de extinção do contrato por se configurar situação de lesão ou estado de perigo. Decerto que, com esse último posicionamento não podemos concordar já que a lesão e o estado de perigo são

---

geral. In: SCAVONE JR., Luiz Antônio; CAMILLO, Carlos Eduardo Nicoletti; TALAVERA, Glauber Moreno; FUJITA, Jorge Shiguemitsu. *Comentários ao Código Civil*. São Paulo: Editora Revista dos Tribunais, 2009. p. 805.

5 Art. 473, CC: "A resilição unilateral, nos casos em que a lei expressa ou implicitamente o permita, opera mediante denúncia notificada à outra parte".

6 STJ, REsp 1.555.202-SP, Quarta Turma, Min. Rel. Luis Felipe Salomão, julgado em 13/12/2016, *DJe* 16/3/2017.

institutos que induzem à invalidade contratual, em sua modalidade de nulidade relativa, conforme art. 171, II do CC, configurando, então, fonte extintiva anterior ou contemporânea à celebração do contrato.

6. A EXCEÇÃO DO CONTRATO NÃO CUMPRIDO (*EXCEPTIO NON ADIMPLETI CONTRACTUS*)

O art. 476 do CC estabelece que: "Nos contratos bilaterais, nenhum dos contratantes, antes de cumprida a sua obrigação, pode exigir o implemento da do outro". O referido dispositivo trata daquilo que, em termos clássicos, se denomina *exceptio non adimpleti contractus*. A palavra **exceção** aqui utilizada se refere à defesa.[7] Assim, quando uma das partes exige o cumprimento da obrigação, a outra poderá muito bem se defender alegando que a obrigação do pleiteante ainda não foi cumprida. É claro que só faz sentido a aplicação do instituto, em se tratando de contratos bilaterais, que são aqueles que geram obrigações para ambas as partes contratantes. Senise Lisboa, por meio de um julgado, se lembra de interessante exemplo dizendo que: "É o caso do aluno que não paga a sua mensalidade e fica impedido de efetuar a matrícula (*RT* 795/240), a teor do que dispõem os arts. 5º e 6º, § 1º, da Lei nº 9.870/99".[8]

Decerto que, na realidade, a previsão do instituto no capítulo respeitante à extinção dos contratos não foi de todo precisa pelo legislador do Código Civil de 2002. Isso porque a exceção do contrato não cumprido não é fator gerador necessariamente de sua extinção.

Por fim, lembramos que, dúvida poderá surgir sobre a ordem das prestações a ser observada. Iluminando o assunto, César Fiuza esclarece:

> Muitas vezes, o legislador soluciona a questão, como, por exemplo, na compra e venda, em que o comprador deverá adimplir sua obrigação de pagar o preço, em primeiro lugar. Outras vezes, será o raciocínio lógico que dará cabo ao problema, como no caso

---

[7] Nada obstante, oportuno consignar aqui o esclarecimento de Flávio Tartuce: "A exceção do contrato não cumprido, num caso de descumprimento total, sempre foi tida como forma de defesa. Entretanto, sendo a mesma uma cláusula resolutiva tácita para os contratos bilaterais, é possível alegá-la em sede de petição inicial, com o objetivo de interpelar judicialmente a outra parte visando à extinção contratual, nos termos do art. 474 do CC". TARTUCE, Flávio. *Direito civil:* teoria geral dos contratos e contratos em espécie. São Paulo: Método, 2006. p. 210.

[8] E adiante o autor esclarece: "Importante verificar que a regra de não exigir o cumprimento da obrigação de uma parte enquanto a outra não cumpra a sua não se aplica às obrigações não contratuais, como aquelas decorrentes do pagamento de condomínio, que têm natureza institucional normativa e não contratual, fazendo com que o condômino tenha que pagar a sua contribuição, ainda que alegue que o condomínio não cumpre alguma de suas obrigações. Por outro lado, títulos de crédito circulam livres desta exceção, em razão da autonomia que os cerca, ainda que decorrentes de contrato em que se verifique o não cumprimento do credor, apto a autorizar o descumprimento pelo devedor (*RT* 659/150)". LISBOA, Roberto Senise. Dos contratos em geral. In: SCAVONE JR., Luiz Antônio; CAMILLO, Carlos Eduardo Nicoletti; TALAVERA, Glauber Moreno; FUJITA, Jorge Shiguemitsu. *Comentários ao Código Civil.* São Paulo: Editora Revista dos Tribunais, 2009. p. 810-811.

Cap. 38 – EXTINÇÃO DOS CONTRATOS

do empréstimo de dinheiro, em que, pela força da lógica, incumbirá a quem empresta prestar em primeiro lugar, sob pena de nem existir o contrato. Só tendo emprestado, poderá ele exigir o pagamento da prestação de quem tomou emprestado. Não sendo o caso de solução legal, ou lógica, o juiz deverá analisar detidamente as circunstâncias do caso, para concluir a favor de um ou de outro contratante.[9]

7. A *EXCEPTIO NON RITE ADIMPLETI CONTRACTUS*

A *exceptio non rite adimpleti contractus* é previsão que está no art. 477 do CC com a seguinte redação:

Se, depois de concluído o contrato, sobrevier a uma das partes contratantes diminuição em seu patrimônio capaz de comprometer ou tornar duvidosa a prestação pela qual se obrigou, pode a outra recusar-se à prestação que lhe incumbe, até que aquela satisfaça a que lhe compete ou dê garantia bastante de satisfazê-la.

O dispositivo terá cabimento para aquelas situações em que uma das partes gera na outra a insegurança quanto ao cumprimento da obrigação em virtude de sua instabilidade financeira. Assim, a parte que se situa na posição de insegurança poderá exigir que a outra cumpra a sua obrigação por receio de pretenso inadimplemento. Como exemplo mencionamos: uma pessoa adquire determinada coisa de outra sob o pagamento de 24 parcelas em determinado valor e com a entrega da coisa estipulada para o início. Porém, o credor das parcelas e devedor da coisa vem a descobrir que o devedor das parcelas, há muito, não cumpre outros compromissos que assumiu com outras pessoas, o que o faz crer que não honrará a obrigação assumida para com ele também. Nesse caso, o credor receoso do não recebimento das parcelas poderá se recusar a entregar a coisa antes do recebimento do preço ou de concessão de garantia suficiente para o seu adimplemento.

Respeitante ao art. 477 do CC foi aprovado na V Jornada de Direito Civil, o Enunciado nº 437, com o seguinte teor: "A exceção de inseguridade, prevista no art. 477, também pode ser oposta à parte cuja conduta põe manifestamente em risco a execução do programa contratual".

8. A CLÁUSULA *SOLVE ET REPETE*

A expressão *solve et repete* vem do latim e significa "pague e depois reclame". Por essa cláusula há a renúncia ao manejo da *exceptio non adimpleti contractus* e da *exceptio non rite adimpleti contractus*.

Quando há a inserção em um contrato da cláusula *solve et repete* o que ocorre são os efeitos contrários aos propostos pela *exceptio*. Desse modo, a parte não poderá se socorrer do instituto da *exceptio*.

Somos da opinião que, em se tratando de contrato de consumo não terá cabimento a cláusula *solve et repete*, caso contrário, será considerada nula, por

---

[9] FIUZA, César. *Direito civil:* curso completo. 9. ed. Belo Horizonte: Del Rey, 2006. p. 470.

força do que dispõe o art. 51, I, do CDC. O mesmo se diga em se tratando de contrato de adesão em virtude da redação do art. 424 do CC. Devemos nos manifestar assim em razão da eticidade, diretriz orientadora das relações negociais.

9. VISÃO TOPOGRÁFICA DAS MANIFESTAÇÕES EXTINTIVAS DE UM CONTRATO

1ª) Normal ou natural:

- adimplemento das obrigações (pagamento e formas especiais).

2ª) Por fatos anteriores ou contemporâneos à celebração do contrato:

- invalidade contratual (nulidade ou anulabilidade);
- cláusula resolutiva;
- cláusula de arrependimento.

3ª) Por fatos posteriores à celebração do contrato:

- Resolução: inadimplemento culposo ou não culposo e onerosidade excessiva.
- Resilição: por vontade da(s) parte(s), podendo ser unilateral ou bilateral.

4ª) Por morte.

Extinção dos contratos

A REVISÃO DOS CONTRATOS NO CÓDIGO CIVIL DE 2002 E NO CÓDIGO DE DEFESA DO CONSUMIDOR

Se no Capítulo anterior tratamos da extinção dos contratos, é chegada a hora de, em respeito aos já comentados princípios da justiça contratual, da função social e de seu subprincípio, a conservação ou preservação do contrato, analisarmos as possibilidades de revisão do contrato. Para tanto, verificaremos como a questão se apresenta no Código Civil e no Código de Defesa do Consumidor e a interpretação mais adequada para satisfazer a base principiológica almejada.

1. A CLÁUSULA *REBUS SIC STANTIBUS*

Muitos doutrinadores noticiam que a cláusula *rebus sic stantibus* já existia quando da Idade Média com o intuito de buscar o equilíbrio nos contratos. A denominação da cláusula decorre de abreviação do antiguíssimo brocardo latino *contractua qui haben tractum sucessivum et dependentiam de futuro, rebus sic stantibus intelligentur*, que queria dizer que os contratos de execução futura deveriam ser cumpridos como quando celebrados, desde que permanecendo assim as coisas.

Assim, não obstante a existência do *pacta sunt servanda* a vincular as partes, os simpatizantes desta cláusula propugnavam que o *pacta sunt servanda* só teria aplicação desde que fosse mantido o equilíbrio existente entre as partes quando da realização do contrato. Isto é, se houvesse, nos contratos de execução que se estendessem ao longo do tempo, qualquer modificação, que conduzisse qualquer das partes à situação de penúria, o contrato não deveria ser cumprido em seus exatos termos, afastando-se o absolutismo do *pacta sunt servanda* em prol da justiça contratual.

Entretanto, por receio de a cláusula gerar insegurança nas relações negociais, a referida cláusula foi afastada e caiu em desuso. Com os efeitos trágicos da 1ª Guerra Mundial, a cláusula *rebus sic stantibus* voltou a ser aplicada. Em didática exposição, Pablo Stolze Gagliano relata:

> O Direito Romano não cuidou de sistematizar regras que conferissem ao pretor um poder de revisão do contrato. Na Idade Média, sob o influxo do Direito Canônico, consagrou-se a cláusula *rebus sic stantibus*, segundo a qual, por imperativo de equidade, a subsistência de uma relação contratual estaria na dependência de persistirem as circunstâncias existentes no momento da conclusão do contrato. Em fins do século

XVIII, com a ascensão do individualismo liberal, a cláusula entra em franca decadência, não merecendo, inclusive, nenhuma referência no Código de Napoleão. Aniquilada, a cláusula *rebus sic stantibus* veio a ressurgir em nosso século após a Primeira Grande Guerra Mundial, ao tempo em que a economia europeia encontrava-se desequilibrada e vulnerável. Conforme noticiamos acima, as transformações imprevistas e imprevisíveis ditadas pela Guerra foram de tal ordem que, a manterem-se rigidamente os contratos comutativos de trato sucessivo ou de execução continuada, sem qualquer revisão, chegar-se-ia a intoleráveis situações, de enorme e injusto enriquecimento de um dos contratantes à custa da ruína total, ou quase total, do outro. Nesse contexto, surge a primeira lei francesa de revisão dos contratos: a Lei Failliot de 21 de maio de 1918. Com nova roupagem jurídica, a cláusula *rebus sic stantibus* desponta sob a denominação de teoria da imprevisão – consistente no reconhecimento de que a ocorrência de acontecimentos novos, imprevisíveis pelas partes e a elas não imputáveis, refletindo sobre a economia ou na execução do contrato, autorizam sua revisão, para ajustá-lo às circunstâncias supervenientes.[1]

Em nosso ordenamento jurídico, diante de retoques ao mencionado instituto, encontramos a aplicação da matéria no Código de Defesa do Consumidor e no Código Civil de 2002. Em suma, podemos dizer que, a cláusula *rebus sic stantibus*, com novas e distintas feições, a depender da legislação em tela (se CC ou CDC), passou a ser aplicada em nosso ordenamento diante de situações em que uma das partes contratantes fosse conduzida a uma situação de excessiva onerosidade.

Por fim, nessas notas introdutórias, é bom lembrar que a revisão contratual deve ser aplicada de forma excepcional, intenção essa devidamente inserta pelo legislador no art. 421, parágrafo único, e no art. 421-A, III, ambos do Código Civil, por força da Lei nº 13.874/2019 (Lei de Liberdade Econômica). O que não se tratou de novidade, já que a teoria da imprevisão, na forma como foi colocada no Código Civil (art. 478), apresenta entraves insuperáveis ao prejudicado pelo desequilíbrio, como veremos oportunamente.

2. TEORIAS APLICÁVEIS QUANDO DA ONEROSIDADE EXCESSIVA

Os institutos cabíveis quando da onerosidade excessiva se manifestam por meio de duas teorias: a teoria da imprevisão e a teoria da base objetiva do negócio jurídico.

2.1. A teoria da imprevisão

A teoria da imprevisão, também conhecida por teoria da pressuposição, é a manifestação moderna de aplicação da cláusula *rebus sic stantibus* no Código Civil de 2002 em seu art. 478 que apresenta a seguinte redação:

---

[1] GAGLIANO, Pablo Stolze. Algumas considerações sobre a teoria da imprevisão. *Jus Navigandi*, Teresina, ano 5, nº 51, out. 2001. Disponível em: <http://jus2.uol.com.br/ doutrina/texto. asp?id=2206>. Acesso em: 7 mar. 2009.

Nos contratos de execução continuada ou diferida, se a prestação de uma das partes se tornar excessivamente onerosa, com extrema vantagem para a outra, em virtude de acontecimentos extraordinários e imprevisíveis, poderá o devedor pedir a resolução do contrato. Os efeitos da sentença que a decretar retroagirão à data da citação.[2]

De acordo com Mônica Yoshizato Bierwagen:

A cláusula *rebus sic stantibus*, dessarte, nada mais é senão uma disposição implícita, presente em todos os contratos de execução continuada ou diferida, que permite a sua revisão ou resolução em virtude de eventos imprevisíveis e extraordinários.[3]

2.1.1. Requisitos da teoria da imprevisão

Para que se torne possível a proposição do art. 478 do CC, dissecando-o, encontraremos os quatro requisitos para manejo da teoria. São eles:

1) Contrato de execução futura continuada ou diferida. Esse contrato é aquele em que a sua execução irá se protrair ao longo do tempo, seja por meio de pagamento de parcelas (execução continuada) ou de uma só vez no futuro (execução diferida). Esse é o contrato que se opõe ao contrato de execução instantânea, que é aquele em que o seu cumprimento se dá de imediato, isto é, após o seu aperfeiçoamento. É evidente que a aplicação da teoria da imprevisão somente fará sentido em se tratando de um contrato que perdure ao longo do tempo, isso porque somente esse poderá sofrer os efeitos e abalos de um superveniente desequilíbrio contratual.

2) Acontecimento de evento extraordinário e superveniente que coloque uma das partes em situação de onerosidade excessiva, isto é, que conduza uma das partes à ruína. Aqui o que há é a ofensa à comutatividade existente na contratação. É comum dizer que a teoria da imprevisão somente terá cabimento em se tratando de contratos comutativos, que são aqueles contratos em que não há risco, já que as prestações de ambas as partes já são pré-estimadas,[4] se opondo, portanto, aos contratos aleatórios. Todavia, importante atentar para o Enunciado nº 440, CJF que apresenta a seguinte redação: "É possível a revisão ou resolução por excessiva onerosidade em contratos aleatórios, desde que o evento superveniente, extraordinário

---

[2] Enunciado nº 439, CJF: "A revisão do contrato por onerosidade excessiva fundada no Código Civil deve levar em conta a natureza do objeto do contrato. Nas relações empresariais, observar--se-á a sofisticação dos contratantes e a alocação de riscos por eles assumidas com o contrato".

[3] BIERWAGEN, Mônica Yoshizato. *Princípios e regras de interpretação dos contratos no novo Código Civil*. 3. ed. São Paulo: Saraiva, 2007. p. 98-99.

[4] A comutatividade que se busca preservar, para muitos autores, basta que seja a comutatividade subjetiva, o que se traduz na equivalência das prestações decorrentes das próprias expectativas dos contratantes, isto é, não se exige a comutatividade objetiva que seria aquela que se manifestaria pela exata equivalência entre as prestações.

e imprevisível não se relacione com a álea assumida no contrato".[5] Na medida em que o evento extraordinário e superveniente conduz uma das partes a uma situação de penúria, manifesta-se o desequilíbrio contratual, tornando, assim a execução do contrato inviável economicamente. Releva notar que, não basta simplesmente que o acontecimento seja superveniente e extraordinário, deverá, pois, conduzir uma das partes à posição de sacrifício absurdo para adimplemento da obrigação. Assim, por exemplo, se para o cumprimento de um determinado contrato, um alfaiate, em virtude da falta de determinado tecido no mercado, vem a adquirir outro similar que onere o seu custo em 3%, não significará tal fato apto à aplicação da cláusula *rebus sic stantibus*, uma vez que, embora extraordinário e superveniente, não tenha conduzido o alfaiate a uma situação de excessiva onerosidade.

3) Que esse acontecimento extraordinário e superveniente seja imprevisível. De acordo com Mônica Yoshizato Bierwagen, "trata-se de fatos incomuns, inesperados e impossíveis de serem previstos pelas partes. Assim, não constitui fato idôneo a autorizar a aplicação da cláusula *rebus sic stantibus* o descumprimento de prazos de entrega no contrato de transporte em virtude de congestionamento habitual do trânsito; todavia, em se tratando de uma situação particular, causada pela inesperada queda de uma ponte, obrigando o transportador a cumprir uma jornada mais longa e demorada, temos a situação extraordinária e imprevisível a que a teoria alude".[6]

Quanto à imprevisibilidade do evento superveniente e extraordinário, é importante, para que a teoria encontre eficácia, que a imprevisibilidade do evento não seja apurada do ponto de vista do mercado, mas sim sob a ótica da parte. Isso porque se aplicarmos o instituto voltados para a imprevisibilidade aventada pelo mercado, quase nada será imprevisível, o que dificultará, sobremaneira, a aplicação da teoria. Nessa esteira, Flávio Tartuce comenta que, "apesar do conhecimento pacífico e da aceitação da teoria, infelizmente poucos casos vêm sendo enquadrados por nossos Tribunais como imprevistos, realidade que se espera mudar com o advento do novo Código Civil. Isso porque a nossa melhor jurisprudência sempre considerou o fato imprevisto tendo como parâmetro o mercado, não a parte contratante. A partir dessa análise, em termos econômicos, nas sociedade pós-moderna globalizada, nada é imprevisto, tudo se tornou previsível. Não seriam imprevisíveis, a escala inflacionária, o aumento do

---

[5] Flávio Tartuce explica a questão da seguinte forma: "Como se sabe os contratos aleatórios têm uma parte comutativa, como é o caso do prêmio pago nos contratos de seguro. Nesse sentido, é possível rever a parte comutativa desses contratos, diante da presença da onerosidade excessiva. Os Tribunais brasileiros têm entendido dessa maneira, ao determinar a revisão dos contratos de plano de saúde". TARTUCE, Flávio. *Manual de direito civil:* volume único. 2. ed. São Paulo: Método, 2012. p. 570.

[6] BIERWAGEN, Mônica Yoshizato. *Princípios e regras de interpretação dos contratos no novo Código Civil.* 3. ed. São Paulo: Saraiva, 2007. p. 100.

Cap. 39 – A REVISÃO DOS CONTRATOS NO CC/2002 E NO CDC

dólar ou o desemprego, não sendo possível a revisão contratual motivada por tais ocorrências".[7]

Em virtude desse tipo de constatação foi aprovado o Enunciado nº 176 do CJF visando à ampliação da aplicação da teoria: "A menção à imprevisibilidade e à extraordinariedade, insertas no art. 478 do Código Civil, deve ser interpretada não somente em relação ao fato que gere o desequilíbrio, mas também em relação às consequências que ele produz".

4) Que gere extrema vantagem para uma das partes. Tal fato se traduz no aumento patrimonial expressivo da outra parte contratante. Há aqui, também, manifestação de um desequilíbrio contratual.[8]

2.1.2. Os efeitos da teoria da imprevisão

O principal efeito apresentado pelo Código Civil de 2002 para a aplicação da teoria da imprevisão, conforme previsão expressa do art. 478, é a resolução do contrato, sendo que os efeitos da sentença que a decretar retroagirão à data da citação. É induvidosa a opção legislativa pela extinção do contrato, diante da verificação dos requisitos apresentados.

---

[7] TARTUCE, Flávio. *Direito civil:* teoria geral dos contratos e contratos em espécie. São Paulo: Método, 2006. p. 160.

[8] Apresentados os requisitos para manejo da teoria da imprevisão, cumpre verificar a aplicação prática da teoria e suas dificuldades por meio de uma decisão do STJ: "DIREITO CIVIL. MAXIDESVALORIZAÇÃO DO REAL EM FACE DO DÓLAR AMERICANO E TEORIAS DA IMPREVISÃO E DA ONEROSIDADE EXCESSIVA. Tratando-se de relação contratual paritária – a qual não é regida pelas normas consumeristas –, a maxidesvalorização do real em face do dólar americano ocorrida a partir de janeiro de 1999 não autoriza a aplicação da teoria da imprevisão ou da teoria da onerosidade excessiva, com intuito de promover a revisão de cláusula de indexação ao dólar americano. Com efeito, na relação contratual, a regra é a observância do princípio *pacta sunt servanda*, segundo o qual o contrato faz lei entre as partes e, por conseguinte, impõe ao Estado o dever de não intervir nas relações privadas. Ademais, o princípio da autonomia da vontade confere aos contratantes ampla liberdade para estipular o que lhes convenha, desde que preservada a moral, a ordem pública e os bons costumes, valores que não podem ser derrogados pelas partes. Desse modo, a intervenção do Poder Judiciário nos contratos, à luz da teoria da imprevisão ou da teoria da onerosidade excessiva, exige a demonstração de mudanças supervenientes das circunstâncias iniciais vigentes à época da realização do negócio, oriundas de evento imprevisível (teoria da imprevisão) e de evento imprevisível e extraordinário (teoria da onerosidade excessiva), que comprometam o valor da prestação, demandando tutela jurisdicional específica, tendo em vista, em especial, o disposto nos arts. 317, 478 e 479 do CC. Nesse passo, constitui pressuposto da aplicação das referidas teorias, a teor dos arts. 317 e 478 do CC, como se pode extrair de suas próprias denominações, a existência de um fato imprevisível em contrato de execução diferida, que imponha consequências indesejáveis e onerosas para um dos contratantes. A par disso, o histórico inflacionário e as sucessivas modificações no padrão monetário experimentados pelo País desde longa data até julho de 1994, quando sobreveio o Plano Real, seguido de período de relativa estabilidade até a maxidesvalorização do real em face do dólar, ocorrida a partir de janeiro de 1999, não autorizam concluir pela inexistência de risco objetivo nos contratos firmados com base na cotação da moeda norte-americana, em se tratando de relação contratual paritária (REsp 1.321.614-SP, Rel. originário Min. Paulo de Tarso Sanseverino, Rel. para acórdão Min. Ricardo Villas Bôas Cueva, julgado em 16/12/2014, *DJe* 3/3/2015. Informativo nº 556).

Porém, em segundo plano, se apresenta o art. 479 do CC possibilitando a revisão, e não a extinção do contrato, desde que o réu se ofereça a modificar as condições do contrato. Diante disso, a conclusão a que muitos autores chegam é a de que para se viabilizar a revisão do contrato, seria imprescindível a formulação por parte do réu de um pedido contraposto.

2.1.3. Críticas à teoria da imprevisão na moldura apresentada pelo CC/2002

Em razão do princípio da função social dos contratos (art. 421, CC) e do subprincípio da conservação ou preservação dos contratos que do primeiro decorre, o coerente seria que o manejo da teoria da imprevisão, *a priori*, conduzisse à revisão do contrato e não à sua resolução.[9] Em virtude disso, foi aprovado o Enunciado nº 176 na III Jornada de Direito Civil com o seguinte teor: "Em atenção ao princípio da conservação dos negócios jurídicos, o art. 478 do Código Civil de 2002 deverá conduzir, sempre que possível, à revisão judicial dos contratos e não à resolução contratual".

Nesse mote, César Fiuza aduz o seguinte exemplo:

Uma empresa comercializa certo produto. Em determinado momento, ocorrem circunstâncias imprevisíveis que levam os compradores do produto a pedirem a revisão de seus contratos. Se a única alternativa for a resolução dos contratos com a restituição do produto e do preço já pago, a empresa fornecedora poderá ir à falência, bem como o próprio fabricante, gerando desemprego e mais quebras. É óbvio, portanto, que, com base no princípio da conservação dos contratos, a solução no exemplo acima, não poderá ser a simples resolução dos contratos. O princípio da função social é, normalmente, invocado em benefício de terceiros. Tal é o caso do exemplo dado acima, em que o princípio teve por finalidade proteger uma fonte de empregos e de riqueza. No entanto, é possível visualizar alguns casos em que o princípio da função social pode ser invocado em favor de uma das partes. Exemplo seria um contrato de financiamento da casa próprias, cujas prestações se elevassem desmesuradamente, tornando-se impagáveis. Ora, o contrato de mútuo para a aquisição ou construção da moradia desempenha relevante função social, promovendo a dignidade humana.[10]

---

[9] Em desabafo, eis a opinião de Mônica Bierwagen: "Uma interpretação inflexível do art. 478, considerando a resolução como única via para o contrato excessivamente oneroso, seria induvidosamente o mesmo que acolher a socialidade do Código pela metade: por um lado, esta é admitida, permitindo a interferência estatal para que se imiscua (supervenientemente) na expressão da liberdade de contratar e possa chegar até a medida extrema do desfazimento do vínculo; contudo, por outro, nega-se essa mesma intervenção na liberdade contratual, atribuindo absoluta prioridade à vontade ao submeter a possibilidade de revisão ao arbítrio e às conveniências da outra parte. Essa lógica, no entanto, vai contra o sentido palmilhado pela principiologia moderna dos contratos, para a qual a liberdade de contratar deve ao máximo possível ser ilimitada, devendo a liberdade contratual, esta, sim, sofrer mitigações e limitações". BIERWAGEN, Mônica Yoshizato. *Princípios e regras de interpretação dos contratos no novo Código Civil*. 3. ed. São Paulo: Saraiva, 2007. p. 104-105.

[10] FIUZA, César. *Direito civil:* curso completo. 9. ed. Belo Horizonte: Del Rey, 2006. p. 408-409.

Cap. 39 – A REVISÃO DOS CONTRATOS NO CC/2002 E NO CDC

Como vimos, por exposição literal do Código Civil de 2002, a revisão seria possível somente se o réu a quisesse, conforme a redação do art. 479 que é: "A resolução poderá ser evitada, oferecendo-se o réu a modificar equitativamente as condições do contrato". Em resumo, é como se o Código trouxesse para o autor uma única opção, qual seja, a de solicitar a resolução do contrato porque em onerosidade excessiva para si. Já ao réu, duas opções são deferidas: acatar à resolução do contrato ou solicitar a sua revisão. Causa-nos pasmo o CC/2002 abrir um leque de opções ao réu, enquanto a parte prejudicada somente teria a obtusa saída da resolução.

Ademais, quando o art. 479 do CC chega trazendo a possibilidade de revisão do contrato, mais uma vez a imprecisão toma conta, uma vez que pela redação do referido artigo não é possível saber acerca da atuação do magistrado. Assim, seria o artigo autorizador da revisão projetada pelo juiz? Ou somente o artigo autorizaria a revisão por parte do juiz se já apresentados os limites exatos pelo próprio réu? Somos da opinião que, não necessariamente a revisão deverá ser traçada dentro dos exatos limites impostos pelo réu. O que queremos dizer é que pelo art. 479 do CC, não só o réu pode solicitar a revisão, almejando, portanto, o afastamento da resolução, mas, também, o juiz deverá traçar as diretrizes para o aparo das arestas.

Outra crítica formulada pela doutrina é a de que a imposição do quarto requisito ("que gere extrema vantagem para uma das partes") acaba por dificultar, senão, inviabilizar a aplicação do instituto, uma vez que a realidade comprova que muitas vezes uma das partes é conduzida à total ruína em razão do evento superveniente, porém, não necessariamente a outra parte obtém extrema vantagem. O exemplo seria o importador que, em virtude de imprevisível aumento do imposto de importação, se vê impossibilitado de cumprir com o contrato. Nessa situação, não houve o surgimento de vantagem excessiva para a outra parte, não obstante a excessiva onerosidade enfrentada pelo importador.

2.1.4. O art. 480 do Código Civil de 2002

O art. 480 do Código Civil de 2002 apresenta a duvidosa redação: "Se no contrato as obrigações couberem a apenas uma das partes, poderá ela pleitear que a sua prestação seja reduzida, ou alterado o modo de executá-la, a fim de evitar a onerosidade excessiva". O texto da lei transcrito conduz a posicionamentos distintos ofertados pela doutrina. Há quem interprete o art. 480 do CC como expressão de contratos unilaterais, isto é, aqueles em que as obrigações cabem exclusivamente a uma das partes do contrato. De outro lado, há quem propugne que o referido artigo, em verdade, se refere aos contratos que já foram cumpridos por uma das partes, enquanto pela outra ainda não.

Pois bem, independentemente de qual posicionamento se adote, o que há é que o art. 480 do CC apresenta a possibilidade de o próprio autor perseguir tão somente a revisão, ao invés de lhe ser impingida a resolução de imediato conforme o art. 478 do CC. Assim, a revisão torna-se possível independentemente da solicitação do réu. A questão que, porém, permanece é se o dispositivo contempla essa possibilidade apenas para os contratos unilaterais, conforme a primeira corrente mencionada, ou se estende-se aos contratos bilaterais cujo cumprimento das obrigações de uma parte já tenha se operado e o da outra, ainda não, por exemplo, a compra de um automóvel financiada, cujo carro já tenha sido entregue e o comprador ainda esteja pagando as prestações.

2.2. A teoria da quebra da base objetiva do negócio jurídico

O Código de Defesa do Consumidor também é incorporador dos princípios da justiça contratual e da função social dos contratos. Desse modo, há também manifestação da possibilidade de revisão do contrato nesse Código. Nele encontraremos a chamada teoria da quebra da base objetiva do negócio jurídico prevista no art. 6º, V, do CDC com caracteres distintos da teoria da imprevisão que tem sede no Código Civil de 2002.

Assim, quando o contrato, decorrente de uma relação jurídica de consumo, se tornar excessivamente oneroso para uma das partes, a solução será apresentada pela teoria da quebra da base objetiva do negócio jurídico.

O art. 6º, V, do CDC estabelece como direito básico do consumidor "a modificação das cláusulas contratuais que estabeleçam prestações desproporcionais ou sua revisão em razão de fatos supervenientes que as tornem excessivamente onerosas".

Sem suores, verificamos que a referida teoria, expressa no artigo mencionado, em total coerência com o princípio da função social dos contratos e o seu subprincípio da conservação dos contratos, propõe a revisão do contrato, e não a sua extinção.

Para tanto, os requisitos exigidos são apenas dois:

1) Contrato de execução futura continuada ou diferida. É evidente que somente poderá surgir o desequilíbrio superveniente em se tendo em tela um contrato que irá se protrair ao longo do tempo. E aqui nos reportamos a tudo que já foi dito acerca dessa classificação contratual.

2) Acontecimento de evento extraordinário e superveniente que coloque uma das partes em situação de onerosidade excessiva, isto é, que conduza uma das partes à ruína. Vislumbra-se aqui o desequilíbrio contratual que deve ser rechaçado.

Interessantes esclarecimentos apresenta o trecho do julgado a seguir colacionado:

DIREITO CIVIL E DO CONSUMIDOR. HIPÓTESE DE INAPLICABILIDADE DA TEORIA DA BASE OBJETIVA OU DA BASE DO NEGÓCIO JURÍDICO. A teoria da base objetiva ou da base do negócio jurídico tem sua aplicação restrita às relações jurídicas de consumo, não sendo aplicável às contratuais puramente civis. A teoria da base objetiva difere da teoria da imprevisão por prescindir da imprevisibilidade de fato que determine oneração excessiva de um dos contratantes. Pela leitura do art. 6º, V, do CDC, basta a superveniência de fato que determine desequilíbrio na relação contratual diferida ou continuada para que seja possível a postulação de sua revisão ou resolução, em virtude da incidência da teoria da base objetiva. O requisito de o fato não ser previsível nem

Cap. 39 – A REVISÃO DOS CONTRATOS NO CC/2002 E NO CDC

extraordinário não é exigido para a teoria da base objetiva, mas tão somente a modificação nas circunstâncias indispensáveis que existiam no momento da celebração do negócio, ensejando onerosidade ou desproporção para uma das partes. Com efeito, a teoria da base objetiva tem por pressuposto a premissa de que a celebração de um contrato ocorre mediante consideração de determinadas circunstâncias, as quais, se modificadas no curso da relação contratual, determinam, por sua vez, consequências diversas daquelas inicialmente estabelecidas, com repercussão direta no equilíbrio das obrigações pactuadas. Nesse contexto, a intervenção judicial se daria nos casos em que o contrato fosse atingido por fatos que comprometessem as circunstâncias intrínsecas à formulação do vínculo contratual, ou seja, sua base objetiva. Em que pese sua relevante inovação, a referida teoria, ao dispensar, em especial, o requisito de imprevisibilidade, foi acolhida em nosso ordenamento apenas para as relações de consumo, que demandam especial proteção. Ademais, não se admite a aplicação da teoria do diálogo das fontes para estender a todo direito das obrigações regra incidente apenas no microssistema do direito do consumidor. De outro modo, a teoria da quebra da base objetiva poderia ser invocada para revisão ou resolução de qualquer contrato no qual haja modificação das circunstâncias iniciais, ainda que previsíveis, comprometendo em especial o princípio *pacta sunt servanda* e, por conseguinte, a segurança jurídica. Por fim, destaque-se que, no tocante às relações contratuais puramente civis, quer dizer, ao desamparo das normas protetivas do CDC, a adoção da teoria da base objetiva, a fim de determinar a revisão de contratos, poderia, em decorrência da autuação jurisdicional, impor indesejáveis prejuízos reversos àquele que teria, em tese, algum benefício com a superveniência de fatos que atinjam a base do negócio (REsp 1.321.614-SP, Rel. originário Min. Paulo de Tarso Sanseverino, Rel. para acórdão Min. Ricardo Villas Bôas Cueva, julgado em 16/12/2014, *DJe* 3/3/2015. Informativo nº 556).

3. QUADRO COMPARATIVO

Teoria da imprevisão	Teoria da quebra da base objetiva do negócio jurídico
Código Civil: arts. 478, 479 e 480	Código de Defesa do Consumidor, art. 6º, V
Requisitos: • contrato de execução futura continuada ou diferida; • acontecimento de evento extraordinário e superveniente que coloque uma das partes em situação de onerosidade excessiva, isto é, que conduza uma das partes à ruína; • que esse acontecimento seja imprevisível; • que gere extrema vantagem para uma das partes.	Requisitos: • contrato de execução futura continuada ou diferida; • acontecimento de evento extraordinário e superveniente que coloque uma das partes em situação de onerosidade excessiva, isto é, que conduza uma das partes à ruína.
Efeitos: • resolução (art. 478); • revisão (art. 479: a pedido do réu).	Efeito: • revisão.

4. NOTAS SOBRE A LEI Nº 14.010/2020 (LEI DO RJET) E SEUS REFLEXOS NA REVISÃO CONTRATUAL

O Projeto de Lei nº 1.179/2020, que resultou na Lei nº 14.010, de 10 de junho de 2020 (que dispôs sobre o Regime Jurídico Emergencial e Transitório das relações jurídicas de Direito Privado – RJET – no período da pandemia do coronavírus), se manifestava, originariamente, com o seu art. 6º que dispunha: "As consequências decorrentes da pandemia do coronavírus (Covid-19) nas execuções dos contratos, incluídas as previstas no art. 393 do Código Civil, não terão efeitos jurídicos retroativos".

O referido dispositivo foi vetado pelo Presidente da República. A doutrina criticou fortemente o veto, em virtude de o dispositivo lançar luzes à insegurança jurídica estabelecida na seara contratual em virtude da pandemia viral pontuando que os instrumentos aventados, para que fossem utilizados nos casos concretos de turbulência negocial, incluindo-se o caso fortuito e a força maior, não deveriam retrotrair no tempo de modo a alcançar intempéries que acometeram contratos anteriormente que não fossem em decorrência da pandemia da Covid-19.

Também foi vetado o art. 7º do Projeto de Lei que estabelecia que "não se consideram fatos imprevisíveis, para os fins exclusivos dos arts. 317, 478, 479 e 480 do Código Civil, o aumento da inflação, a variação cambial, a desvalorização ou a substituição do padrão monetário". Esse dispositivo do Projeto vinha na esteira do que já entendia a maciça jurisprudência nacional, afastando-se da cepa de aplicação da teoria da imprevisão a inflação, a variação cambial, a desvalorização ou a substituição do padrão monetário. Assim, tais fatos não adentrariam aos contornos do requisito da imprevisibilidade do evento para fins de aplicação da teoria da imprevisão.

Como parágrafos do vetado art. 7º do Projeto de Lei[11] encontravam-se dois nortes bem lançados em nosso sistema: o primeiro de que os pressupostos da revisão contratual talhados no Código Civil não se confundiam com os pressupostos da revisão contratual estabelecidos no Código de Defesa do Consumidor (Lei nº 8.078/90) e na Lei de Locação (Lei nº 8.245/91). O segundo de que as normas de proteção ao consumidor não alcançam as relações civis comuns que devem ser regidas pelo Código Civil de 2002, bem como aquelas estabelecidas entre empresas ou empresários.[12]

Os vetos aos arts. 6º e 7º do Projeto de Lei nº 1.179/2020 ocorreram com base nas seguintes razões: "A propositura legislativa, contraria o interesse público, uma vez que o ordenamento jurídico brasileiro já dispõe de mecanismos apropriados para modulação das obrigações contratuais em situação excepcionais, tais como os institutos da força maior e do caso fortuito e teorias da imprevisão e da onerosidade excessiva". As razões do veto, é bem verdade, não foram claras, uma vez que não se pode compreender, seja em exame superficial ou aprofundado, a noção de "interesse público" externado no conteúdo do veto; bem como a menção ao vocábulo "modulação"– bem mais utilizado em sede de controle de

---

[11] Art. 7º, § 1º, Projeto de Lei nº 1.179/2020: "As regras sobre revisão contratual previstas na Lei nº 8.078, de 11 de setembro de 1990 (Código de Defesa do Consumidor), e na Lei nº 8.245, de 18 de outubro de 1991, não se sujeitam ao disposto no *caput* deste artigo".

[12] Art. 7º, § 2º, Projeto de Lei nº 1.179/2020: "§ 2º Para os fins desta Lei, as normas de proteção ao consumidor não se aplicam às relações contratuais subordinadas ao Código Civil, incluindo aquelas estabelecidas exclusivamente entre empresas ou empresários".

constitucionalidade com referência pela Lei nº 9.868/99, em seu art. 27[13] não explica o porquê de se afastar dispositivos que buscavam apenas trazer segurança jurídica ao que já estava consolidado na jurisprudência nacional e afastar comportamentos oportunistas que poderiam se revelar em razão da pandemia viral.

Já navegava em águas calmas a jurisprudência nacional ao afastar a inflação e a variação cambial dos lindes do pressuposto de imprevisibilidade da revisão contratual prevista no Código Civil de 2002, em seu art. 478. Se o dispositivo – que fora vetado – almejava a segurança jurídica, ao que parece, o veto caminhou em sentido oposto, pois em imprudente interpretação, poder-se-ia alcançar a equivocada conclusão de que a inflação e a variação cambial seriam agora eventos que se enquadrariam em manifestações imprevisíveis para se aplicar a teoria da imprevisão.

Em 20/8/2020, o Congresso Nacional apreciou e rejeitou os vetos do Presidente da República mencionados acima. Assim, os dispositivos acima foram recuperados e com a devida promulgação, retornaram ao texto da Lei nº 14.010/2020.

Diante da "derrubada" dos vetos, dúvida poderia surgir em relação à vigência e eficácia dos dispositivos retrocitados. Todavia, vale a solução apresentada por Guilherme Calmon Nogueira da Gama e Thiago Ferreira Cardoso Neves:

> Uma vez afastado o veto pelo Congresso, com a posterior promulgação presidencial, aqueles dispositivos outrora inexistentes passam a existir e ter eficácia, inclusive retroativa, como se tivessem sido promulgados juntamente com a lei, uma vez que a rejeição ao veto não importa na criação de uma nova lei composta apenas pelas disposições anteriormente vetadas.[14]

Resultado, os arts. 6º e 7º da Lei nº 14.010/2020 entraram em vigor e produziram os seus regulares efeitos.

---

[13] Art. 27, Lei nº 9.868/99: "Ao declarar a inconstitucionalidade de lei ou ato normativo, e tendo em vista razões de segurança jurídica ou de excepcional interesse social, poderá o Supremo Tribunal Federal, por maioria de dois terços de seus membros, restringir os efeitos daquela declaração ou decidir que ela só tenha eficácia a partir de seu trânsito em julgado ou de outro momento que venha a ser fixado".

[14] GAMA, Guilherme Calmon Nogueira da; NEVES, Thiago Ferreira Cardoso. *A correção dos equívocos dos vetos na lei da pandemia nas relações privadas*. Disponível em: <http://genjuridico. com.br/2020/08/21/lei-da-pandemia-equivocos-vetos/>. Acesso em: 29 ago. 2020.

DOS CONTRATOS EM ESPÉCIE

DO CONTRATO DE COMPRA E VENDA

1. NOÇÕES INTRODUTÓRIAS

A **conceituação** do contrato de compra e venda está expressa no art. 481 do CC, quando este nos informa que o referido contrato ocorre quando "um dos contratantes se obriga a transferir o domínio de certa coisa, e o outro, a pagar--lhe certo preço em dinheiro".

É comum dizer que a compra e venda se trata de **contrato translativo**, no sentido de gerar para o vendedor a obrigação de transmitir a propriedade. Mas, de início, é importante frisar que, conforme as diretrizes gerais do Direito Civil, a coisa móvel se transfere é com a tradição, enquanto a coisa imóvel, com o registro do ato translativo no Cartório de Registro de Imóveis. Assim, repetimos que o que o contrato de compra e venda faz é gerar no vendedor a obrigação de transferir a propriedade seja com a tradição ou com o registro, a depender do caso.

2. ELEMENTOS DO CONTRATO DE COMPRA E VENDA

Os elementos que compõem a compra e venda são as **partes**, a **coisa** (*res*) e o **preço** (*pretium*), a seguir analisados.

2.1. As partes

As partes envolvidas na compra e venda são o **comprador** e o **vendedor**. As partes deverão ser capazes sob pena de invalidade contratual, por nulidade ou anulabilidade.

Ademais, por vezes, pode ser que a capacidade de fato não seja suficiente. É o caso da compra e venda de bem imóvel que, de acordo com o art. 1.647, I, do CC, exige-se legitimação por meio da vênia conjugal, isto é, a autorização do cônjuge. Em não obtida a vênia conjugal, poderá haver a invalidação do contrato se o outro cônjuge lhe pleitear a anulação, até dois anos depois de terminada a sociedade conjugal (art. 1.649, CC). Devemos lembrar também que a vontade manifestada pelas partes deverá ser de todo livre, sem qualquer vício.

2.2. A coisa

A coisa é o objeto do contrato de compra e venda e esse deverá ser, evidentemente, lícito, possível, determinado ou, pelo menos, passível de determinação.

Decerto que a coisa, ademais, deverá ser alienável. Assim, a venda de coisa inalienável, por exemplo, um bem gravado com cláusula de inalienabilidade, conduzirá à nulidade do contrato por ilicitude do seu objeto (art. 166, II, CC).

A coisa poderá ser atual ou futura. A possibilidade de coisa futura nos remete às chamadas vendas sob encomenda. De acordo com o art. 483 do CC: "A compra e venda pode ter por objeto coisa atual ou futura. Neste caso, ficará sem efeito o contrato se esta não vier a existir, salvo se a intenção das partes era de concluir contrato aleatório".

2.3. O preço

O preço se traduz na remuneração paga pelo comprador ao vendedor. Essa remuneração deverá se orientar pelas diretrizes do art. 315 do CC que disciplina as obrigações cujo pagamento consista em dinheiro. O referido artigo estabelece que as dívidas em dinheiro deverão ser pagas quando do vencimento, eis o **princípio da pontualidade**; que deverão ser pagas em moeda corrente, o real; e pelo seu valor nominal, **princípio do nominalismo**. Ademais o preço não pode ser fixado em moeda estrangeira ou em ouro, o que faz vedar, em regra, a cláusula moeda estrangeira e ouro, de acordo com o art. 318 do CC.

Porém, vale lembrar que é admitida pelo Código Civil a fixação do preço em função de índices ou parâmetros, desde que suscetíveis de objetiva determinação. Assim, poderá haver a cotação do preço, por exemplo, em dólar, desde que haja o valor correspondente em real, que é a nossa moeda corrente conforme a Lei nº 9.069/95. Ademais, poder-se-á deixar a fixação do preço à taxa de mercado ou de bolsa, em certo e determinado dia e lugar.

Quem arbitrará o preço poderá ser as partes ou até mesmo um terceiro designado pelas partes. Caso o terceiro não aceite a incumbência, ficará sem efeito o contrato, salvo quando acordarem os contratantes em designar outra pessoa.

Acerca da venda sem fixação de preço ou de critérios para a sua determinação, o Código Civil no seu art. 488 estabelece que deve ser observado o tabelamento oficial e caso esse inexista, a conclusão é a de que as partes se sujeitaram ao preço fixado pelo vendedor como de costume. E ainda, o parágrafo único do art. 488 do CC estabelece que em não havendo acordo, deverá prevalecer o termo médio. Ocorre que, para se evitar abusividades, o **Enunciado nº 441 do CJF** complementa: "Na falta de acordo sobre o preço, não se presume concluída a compra e venda. O parágrafo único do art. 488 somente se aplica se houverem diversos preços habitualmente praticados pelo vendedor, caso em que prevalecerá o termo médio".

Por fim, acerca do preço, o Código Civil em seu art. 489 atenta para o fato de ser nula a compra e venda quando se deixa ao arbítrio exclusivo de uma das partes a fixação do preço. Não podemos confundir a disposição mencionada com o

Cap. 40 – DO CONTRATO DE COMPRA E VENDA

preço porventura aventado em um contrato de adesão por uma das partes. Decerto que não foi o escopo da lei alcançar o contrato de adesão. A interpretação que deve ser aplicada ao artigo é no sentido de se repudiar a cartelização dos preços, prática que caracteriza nítido abuso do poder econômico.

Em resumo, o preço deverá ser pago pelo comprador ao vendedor, sendo fixado por eles ou por um terceiro, de modo que, não sendo a venda a crédito, o vendedor não é obrigado a entregar a coisa antes de receber o preço, eis a disposição contida no art. 491 do CC que, a todas as luzes, segue a esteira da previsão do art. 476 do CC que retrata a exceção do contrato não cumprido.

Ainda sobre o preço, não podemos confundi-lo com eventuais despesas decorrentes da contratação. Nesse mote, ficarão as despesas de escritura e registro a cargo do comprador, enquanto a cargo do vendedor, as despesas decorrentes da tradição. Essa é a regra do art. 490 do CC. Porém, tal regra, evidentemente, poderá ser afastada por disposição em sentido contrário das partes.

3. NATUREZA JURÍDICA

Delimitam as feições da compra e venda, os seguintes caracteres: bilateralidade, onerosidade e comutatividade (em regra). Desse modo, o contrato de compra e venda será: **bilateral ou sinalagmático**: por gerar obrigações para ambas as partes; **oneroso**: por ambas as partes se sujeitarem a sacrifícios patrimoniais; **comutativo**: porque as prestações das partes já são pré-estimadas. Excepcionalmente, o contrato de compra e venda poderá se enquadrar na categoria de aleatório na modalidade *emptio spei* (quando o risco se limita à própria existência de coisa ou fato futuro) ou *emptio rei speratae* (quando o risco se limitar a quantidade da coisa comprada); **formal ou informal**, a depender do objeto. Em se tratando de venda de coisa móvel, o contrato será informal. Se o objeto for coisa imóvel de valor igual ou superior a 30 vezes o salário mínimo, contrato será considerado formal, diante da exigência do art. 108 do CC da escritura pública, sendo também considerado, além de formal, **solene**; **consensual**, uma vez que basta o consenso das partes para o aperfeiçoamento do contrato. Tanto é que o art. 482 do CC estipula que: "A compra e venda, quando pura, considerar-se-á obrigatória e perfeita, desde que as partes acordarem no objeto e no preço". Assim, a entrega da coisa ou o registro dizem respeito apenas ao cumprimento do contrato, que já teve o seu aperfeiçoamento com o consenso entre as partes; **típico**: já que apresenta disciplina em lei.

4. OS RISCOS DA COISA E DO PREÇO

Seguindo a vetusta premissa do Direito Obrigacional de que a coisa se perde para o seu dono, é evidente que os riscos da coisa até a tradição serão do vendedor. Vale lembrar, todavia, duas exceções em que os riscos da coisa passarão ao comprador:

1ª) em se tratando de casos fortuitos, ocorrentes no ato de contar, marcar ou assinalar coisas, que comumente se recebem, contando, pesando, medindo ou assinalando, e que já tiverem sido postas à disposição do comprador (§1º, art. 492, CC);

2ª) em havendo a mora do comprador para receber a coisa posta à sua disposição (§ 2º, art. 492, CC). Em perfeita sintonia está a previsão com o já estipulado no art. 400 do CC que traz os efeitos da mora do credor.

Vale resumir que, pela regra geral, os riscos da coisa até a tradição serão do vendedor e, de igual modo, os riscos do preço serão do comprador.

Ademais, apesar de haver um termo já definido para o pagamento, se antes da tradição o comprador cair em insolvência, o vendedor poderá sobrestar na entrega da coisa, até que o comprador lhe dê caução de pagar no tempo ajustado. Tal previsão se encontra no art. 495 do CC. Devemos depreender que o contrário, isto é, se foi o vendedor que caiu em insolvência, de igual modo, resguardado está o comprador de reter o pagamento até que lhe seja dada a coisa ou caução seja prestada. Com tal conclusão, de nada fugimos da *exceptio non rite adimpleti contractus* prevista no art. 477 do CC.

5. O LUGAR EM QUE DEVERÁ OCORRER A TRADIÇÃO

O lugar para o qual a coisa, objeto do contrato de compra e venda, deverá ser expedida deverá ser estipulado expressamente. Caso não haja essa estipulação, a tradição da coisa deverá ocorrer no lugar onde ela se encontrava, ao tempo da venda.

Caso haja estipulação de outro lugar a ser entregue a coisa mediante especificações do comprador, esse restará responsável pelos riscos de eventual entrega equivocada em virtude de informações distorcidas prestadas pelo comprador, salvo, evidentemente, se as orientações dadas estiverem corretas e tiver sido o vendedor que as inobservou (art. 494, CC).

6. A VENDA POR AMOSTRAS, PROTÓTIPOS OU MODELOS

Caso a venda tenha sido realizada com base em amostras, protótipos ou modelos, em respeito à orientação imposta pela **boa-fé objetiva** o vendedor deverá assegurar que a coisa conterá as qualidades apresentadas na amostra, protótipo ou modelo. Se a coisa descrita no contrato destoar do apresentado na amostra, protótipo ou no modelo, deverá prevalecer a descrição desses últimos (art. 484, CC). Nota-se, claramente que a boa-fé objetiva, mais uma vez, ameniza a dureza do *pacta sunt servanda,* princípio clássico que impunha a obrigatoriedade contratual.

7. AS COISAS VENDIDAS CONJUNTAMENTE

É possível que a venda se refira a um conjunto de coisas. Nesse caso, constatado o **defeito oculto** em uma delas, tal fato não terá o condão de fulminar a contratação por completo. Nesse mote, não diferente poderia ser a redação do art. 503 do CC: "Nas coisas vendidas conjuntamente, o defeito oculto de uma não autoriza a rejeição de todas".

Cap. 40 – DO CONTRATO DE COMPRA E VENDA

Vale o exemplo de Cristiano Chaves de Farias e Nelson Rosenvald:

Assim, se alguém compra trinta garrafas de um vinho de safra rara e uma delas é visivelmente imprestável para o consumo, somente aquela será rejeitada e não as demais. Seguramente, esta interpretação não se mostra equivocada, até mesmo porque o vício não desvaloriza ou inutiliza os demais objetos adquiridos.[1]

8. CLASSIFICAÇÃO DA VENDA DE IMÓVEIS: *AD MENSURAM* E *AD CORPUS*

É possível que a venda de um imóvel seja *ad mensuram* ou *ad corpus*.

Na **venda *ad mensuram***, também denominada venda por medida ou extensão as partes celebram o negócio atentos ao tamanho da área mencionada. É a venda, por exemplo, de um terreno levando em consideração os seus exatos 800m^2.

Já na **venda *ad corpus***, as medidas são meramente enunciativas, uma vez que a coisa foi negociada como um corpo certo e determinado.

As disposições respeitantes às duas modalidades de compra e venda de imóveis estão nos arts. 500 e 501 do CC. A seguir, passamos à explicação.

Em se tratando da venda *ad mensuram*, se a área apresentada não corresponder às dimensões dadas, o comprador poderá exigir o **complemento da área** e, caso isso não seja possível, poderá exigir o **abatimento proporcional no preço** ou a **resolução do contrato**. Embora muitos doutrinadores se refiram às consequências como opções deferidas ao comprador, em observância ao princípio da conservação ou preservação do contrato, a possibilidade de resolução do contrato deve ser encarada como a *ultima ratio*.

Vale lembrar que, mesmo em se tratando de venda *ad mensuram* devemos considerar que se a variação não superar a 1/20 (5%) da área vendida, opera-se a **presunção de tolerância** do comprador em relação a tal variação, não cabendo qualquer das três opções antes aventadas. Porém, tal presunção se apresenta de forma relativa, admitindo prova em contrário. Assim, o comprador poderá lançar mão das opções se conseguir provar que mediante a variação do tamanho do terreno, o negócio não se teria realizado.

No que respeita a venda *ad corpus*, como o imóvel foi vendido como corpo certo e determinado, ainda que tal referência de tamanho conste expressamente do contrato, não caberá qualquer reclamação afeta à complementação de área, abatimento no preço ou resolução do contrato.

Em breve síntese, podemos atentar para o seguinte quadro comparativo:

---

[1] FARIAS, Cristiano Chaves de; ROSENVALD, Nelson. *Direito dos contratos*. Rio de Janeiro: Lumen Juris, 2011. p. 667-668.

Venda *ad mensuram*	Venda *ad corpus*
Interessa o exato tamanho mencionado da área quando da realização do negócio. O preço corresponde à exata medida de extensão apresentada do imóvel.	As medidas são meramente enunciativas, uma vez que a coisa foi negociada como um corpo certo e determinado.
Havendo variação na área, o comprador poderá exigir: • complementação da área (ação *ex empto*); • abatimento no preço (ação *quanti minoris*); • resolução do contrato (ação redibitória). Poderá haver pleito de indenização por perdas e danos se comprovada a má-fé do vendedor, em razão de manifestação da sua culpa. **Observação:** se a variação não for superior a 1/20 da área, ou seja, 5% de seu tamanho, presume-se a tolerância do comprador, salvo prova em contrário.	Havendo variação na área, o comprador nada poderá exigir.

Se ao invés de falta, houver **excesso de tamanho** na área apresentada, quem restará prejudicado no contexto será o vendedor. Desse modo, decorrerão os seguintes efeitos: a **complementação do valor correspondente ao preço ou a devolução da área excedente**. Caberá ao comprador a escolha dentre as opções apresentadas. É claro que esta situação se configura nos moldes da venda *ad mensuram*, porque se a venda tiver sido *ad corpus* o vendedor nada poderá pleitear.

O **prazo decadencial** que o comprador ou o vendedor tem para reclamar os seus direitos é de **um ano** e será contado a partir do registro do título.[2]

Todavia, se a imissão na posse não se der concomitantemente ao registro do título, em virtude de atraso atribuível ao alienante, o prazo contar-se-á da imissão na posse por parte do comprador. Vislumbramos aqui, hipótese excepcional de impedimento do curso de prazo decadencial em correspondência ao previsto no art. 207 do CC.

9. RESTRIÇÕES À COMPRA E VENDA

O Código Civil apresenta as seguintes restrições ao contrato de compra e venda: de bens entre ascendentes a descendentes; de bens sob administração; de bens entre os cônjuges; e de bens em condomínio. Essas restrições, a seguir estudadas, corroboram a ideia de que a **autonomia privada** conforma-se dentro de **limitações** impostas por outros princípios relevantes.

---

[2] "Na hipótese em que as dimensões de imóvel adquirido não correspondem às noticiadas pelo vendedor, cujo preço da venda foi estipulado por medida de extensão (venda *ad mensuram*), aplica-se o prazo decadencial de 1 (um) ano, previsto no art. 501 do CC/2002, para exigir o complemento da área, reclamar a resolução do contrato ou o abatimento proporcional do preço" (STJ, REsp 1.890.327/SP, Rel. Min. Nancy Andrighi, Terceira Turma, por maioria, julgado em 20/4/2021. Informativo nº 693).

9.1. Da venda de ascendentes a descendentes

A regra é a de que o ascendente não poderá vender bens aos seus descendentes. Tal fato justifica-se no receio de fraude em relação aos demais descendentes e cônjuge não envolvidos no contrato. Se assim o é, tornar-se-á perfeitamente possível a venda de ascendente a descendente desde que os demais descendentes e o cônjuge, a depender do regime de bens, consintam em sua celebração. É que a obtenção da autorização outorga **legitimação** para que o ascendente proceda à venda a qualquer descendente sem receio de embaraços no futuro.

A professora Maria Helena Diniz salienta que: "Se entre os descendentes houver menor de idade, será preciso a intervenção do curador especial". E em outro trecho: "Os descendentes, cuja anuência se exige, são os herdeiros necessários do alienante ao tempo da celebração do contrato; logo, se a venda se deu antes do reconhecimento da filiação, o reconhecido não poderá invalidá-la (*RT*: 606:231), por não ter consentido naquele negócio".[3]

De acordo com o art. 220 do CC, "a anuência ou a autorização de outrem, necessária à validade de um ato, provar-se-á do mesmo modo que este, e constará, sempre que se possa, do próprio instrumento". Desse modo, caso a venda seja de um bem imóvel de valor superior a trinta vezes o salário mínimo, a autorização deverá ser feita por meio de escritura pública, conforme art. 108 do CC.

O art. 496 do CC preceitua que: "É anulável a venda de ascendente a descendente, salvo se os outros descendentes e o cônjuge do alienante expressamente houverem consentido". O seu parágrafo único acrescenta: "Em ambos os casos, dispensa-se o consentimento do cônjuge se o regime de bens for o da separação obrigatória".

O referido parágrafo aponta a desnecessidade de obtenção de autorização do cônjuge caso o regime de bens seja a separação obrigatória. A separação obrigatória enquadra-se nas situações em que a lei impõe tal regime. As situações estão descritas no art. 1.641 do CC. Vale lembrar ainda que a interpretação dada ao art. 496 do CC é restritiva não sendo necessária, portanto, a **outorga convivencial** em caso de união estável.

Releva notar a imprecisão técnica que consta do parágrafo único do art. 496 do CC quando menciona: "Em ambos os casos...". Resta saber, quais seriam esses casos? Na verdade, o caso é apenas um: a venda de ascendente a descendente. Então, por que a expressão "em ambos os casos"? Trata-se tão somente de um erro material da lei.

É que, quando da redação original do projeto do Código Civil, havia a restrição não apenas para a venda de ascendente a descendente, mas também o contrário, de descendente a ascendente. Porém, com o desenvolvimento do projeto restou excluída a segunda restrição (de descendente a ascendente), não sendo, contudo, alterado o seu parágrafo único. Daí o desencontro entre o *caput* do artigo e o seu parágrafo único. Para resolver o problema, a saída é apenas uma: a desconsideração da expressão "em ambos os casos", inserta no parágrafo

---

[3] DINIZ, Maria Helena. *Curso de direito civil brasileiro:* teoria das obrigações contratuais e extracontratuais. 25. ed. São Paulo: Saraiva, 2009. p. 184.

único. Note que a solução mais adequada se distancia da premissa de que a lei não apresenta expressões inúteis.

Há inclusive o **Enunciado nº 177 do CJF**, aprovado na III Jornada de Direito Civil, nesse sentido: "Por erro de tramitação, que retirou a segunda hipótese de anulação de venda entre parentes (venda de descendente para ascendente), deve ser desconsiderada a expressão 'em ambos os casos', no parágrafo único do art. 496".

Caso ocorra a venda sem a obtenção da autorização imposta no referido artigo, a consequência será a **anulabilidade** do contrato. O prazo a ser considerado para tanto será de **dois anos** conforme aplicação do art. 179 do CC. Devemos concluir, portanto, depois da entrada em vigor do Código Civil de 2002 pelo desuso da Súmula nº 494 do STF que apresentava a seguinte redação: "A ação para anular venda de ascendente a descendente, sem consentimento dos demais, prescreve em vinte anos, contados da data do ato, revogada a Súmula nº 152". Essa Súmula já pecava por imprecisão quando mencionava que se tratava de prazo prescricional para a anulação, quando, na realidade, o prazo é de natureza decadencial. Aliás, com esse mesmo propósito foi aprovado o **Enunciado nº 368 do CJF** com o seguinte teor: "O prazo para anular venda de ascendente para descendente é decadencial de dois anos (art. 179 do Código Civil)". E, ainda, o Enunciado nº 545, CJF:

> O prazo para pleitear a anulação de venda de ascendente a descendente sem anuência dos demais descendentes e/ou do cônjuge do alienante é de 2 (dois) anos, contados da ciência do ato, que se presume absolutamente, em se tratando de transferência imobiliária, a partir da data do registro de imóveis.

Encerramos este item lembrando que a doação de bens de ascendente a descendente não exige a mencionada autorização do art. 496 do CC. Isso porque quando há a doação de ascendente a descendente, posteriormente, quando do falecimento do doador, o donatário deverá levar o bem à colação para que se iguale as legítimas. Em caso de compra e venda, não existe tal colação, daí a exigência da obtenção de autorização dos demais descendentes e do cônjuge, exceto no regime de separação obrigatória. O STJ entendeu que o reconhecimento de paternidade *post mortem* não invalida a alteração de contrato social com a transferência de todas as cotas societárias realizada pelo genitor a outro descendente. Isso porque, embora seja certo que o reconhecimento da paternidade constitua decisão de cunho declaratório de efeito *ex tunc*, é verdade que não poderá alcançar os efeitos passados das situações de direito definitivamente constituídas (REsp 1.356.431-DF, Rel. Min. Luis Felipe Salomão, por unanimidade, julgado em 8/8/2017).

9.2. Da venda de bens sob administração

O Código Civil também apresenta restrições incidentes sobre os bens que se encontram sob a administração alheia. Tal fato decorre da imposição de preceitos éticos em tais situações, além da devida satisfação ao princípio da moralidade na Administração Pública. Desse modo, o art. 497 do CC estabelece:

Cap. 40 – DO CONTRATO DE COMPRA E VENDA

Sob pena de nulidade, não podem ser comprados, ainda que em hasta pública:

I – pelos tutores, curadores, testamenteiros e administradores, os bens confiados à sua guarda ou administração;

II – pelos servidores públicos, em geral, os bens ou direitos da pessoa jurídica a que servirem, ou que estejam sob sua administração direta ou indireta;

III – pelos juízes, secretários de tribunais, arbitradores, peritos e outros serventuários ou auxiliares da justiça, os bens ou direitos sobre que se litigar em tribunal, juízo ou conselho, no lugar onde servirem, ou a que se estender a sua autoridade;

IV – pelos leiloeiros e seus prepostos, os bens de cuja venda estejam encarregados. Parágrafo único. As proibições deste artigo estendem-se à cessão de crédito.

Assim, havendo a compra e venda ou a cessão de crédito em tais hipóteses, a consequência será a **nulidade absoluta** do negócio jurídico.

9.3. Da venda de bens entre cônjuges

É perfeitamente admitida a compra e venda entre os cônjuges dos bens excluídos da comunhão (art. 499, CC). Assim, se percorrermos os diversos regimes de bens alcançaremos as seguintes conclusões:

- No regime da separação de bens, a possibilidade de compra e venda entre os cônjuges será ampla, já que nesse regime são todos os bens excluídos da comunhão.

- No regime da comunhão parcial de bens, poderão ser vendidos os bens adquiridos antes do casamento ou aqueles que são excluídos da comunhão e os demais bens conforme o art. 1.559, além do art. 1.661, ambos do Código Civil.

- No regime da comunhão universal de bens, como a comunicabilidade dos bens é amplíssima, a venda será restrita aos poucos bens que não participam da comunhão, conforme art. 1.668 do CC. A dúvida que surge aqui é quanto ao inciso I deste artigo que dispõe que são excluídos da comunhão os bens gravados com cláusula de incomunicabilidade. A questão é: Será que esses bens – os gravados com cláusula de incomunicabilidade – podem ser vendidos ao outro cônjuge? Para responder a tal indagação surgem dois posicionamentos:

  1º) não poderá haver a venda por representar burla à própria incomunicabilidade apresentada pela cláusula (art. 1.848, CC);

  2º) poderá haver a venda já que a incomunicabilidade não implica inalienabilidade do bem. Na realidade, a inalienabilidade do bem é que geraria a sua incomunicabilidade (art. 1.911, CC). Em ocorrendo a venda, evidentemente, cessariam os efeitos da cláusula de incomunicabilidade.

Vale lembrar ainda que, em se tratando de venda entre cônjuges casados sob o regime de comunhão parcial ou total de bens, a compra por um dos cônjuges faz perdurar a propriedade do outro quanto à metade do bem por força do próprio regime que impõe a comunicação de tais aquisições. Já no regime de separação de bens, a venda faz gerar a propriedade exclusiva do cônjuge adquirente em virtude das regras orientadoras de tal regime que impedem a comunicação do bem.

Em síntese: admite-se a venda de bens entre os cônjuges, desde que tais bens não façam parte da comunhão. Caso haja a venda de bem pertencente à comunhão, tal venda deverá ser considerada nula por força da impossibilidade de seu objeto, conforme art. 166, II, do CC.

No que respeita à união estável, se tal entidade familiar se orienta pelo regime da comunhão parcial de bens (art. 1.725, CC), não vemos óbice quanto à venda dos bens que sejam excluídos da comunhão, em interpretação analógica ao já comentado.

9.4. Da venda de bens em condomínio

O condomínio surge quando há uma propriedade em comum. O condomínio poderá acontecer de dois modos:

*   quando cada condômino apresenta apenas uma fração ideal da coisa, isto é, não há divisão no plano fático do bem. Esse condomínio se denomina *pro indiviso*;
*   quando cada condômino apresenta uma parte delimitada da coisa, havendo, pois, a divisão física da coisa. Eis o condomínio *pro diviso*.

Em se tratando de um **condomínio *pro indiviso***, caso qualquer dos condôminos pretenda a venda de sua fração deverá oferecer aos demais condôminos. Desse modo, não pode um condômino em coisa indivisível vender a sua parte a estranhos, se outro consorte a quiser, tanto por tanto. Caso haja a venda a estranhos, sem a comunicação aos demais condôminos, poderá o interessado, no prazo de 180 dias, requerer a coisa para si, depositando o preço. Ademais, em havendo vários condôminos interessados, deverá ser observada a seguinte ordem de preferência:

*   existindo benfeitorias, ao condômino que as possuir de maior valor;
*   não existindo benfeitorias, ao condômino de quinhão maior;
*   se os quinhões forem iguais, em observância à anterioridade, terá preferência aquele que primeiro depositar judicialmente o preço.

Em se tratando de **condomínio *pro diviso*** – aquele perfeitamente dividido no plano físico – não há a obrigatoriedade de um condômino oferecer aos demais, podendo vender a terceiros estranhos ao condomínio, como acontece nas unidades autônomas dos condomínios edilícios.

A restrição objeto deste tópico, portanto, incide apenas sobre o condomínio *pro indiviso* e em relação aos condôminos e terceiros, conforme previsão do art. 504 do CC e entendimento do STJ.[4] Inclusive, esse posicionamento foi corroborado

---

[4] "DIREITO CIVIL. INAPLICABILIDADE DO DIREITO DE PREFERÊNCIA EM CONTRATO DE COMPRA E VENDA CELEBRADO ENTRE CONDÔMINOS. O

Cap. 40 – DO CONTRATO DE COMPRA E VENDA

pela doutrina com a aprovação do Enunciado nº 623, na VIII Jornada de Direito Civil: "Ainda que sejam muitos os condôminos, não há direito de preferência na venda da fração de um bem entre dois coproprietários, pois a regra prevista no art. 504, parágrafo único, do Código Civil, visa somente a resolver eventual concorrência entre condôminos na alienação da fração a estranhos ao condomínio". A essa imposição de que um condômino deverá oferecer a parte que pretende a venda aos demais condôminos dá-se o nome de **prelação legal, preempção legal ou preferência legal**, instituto esse que não deve ser confundido com a preempção convencional (arts. 513 a 520 do CC), a ser estudada oportunamente, e com a preferência do locatário (art. 33 da Lei nº 8.245/91).

---

direito de preferência previsto no art. 504 do CC aplica-se ao contrato de compra e venda celebrado entre condômino e terceiro, e não àquele ajustado entre condôminos. O art. 504 do CC enuncia que: 'Não pode um condômino em coisa indivisível vender a sua parte a estranhos, se outro consorte a quiser, tanto por tanto. O condômino, a quem não se der conhecimento da venda, poderá, depositando o preço, haver para si a parte vendida a estranhos, se o requerer no prazo de cento e oitenta dias, sob pena de decadência. Parágrafo único. Sendo muitos os condôminos, preferirá o que tiver benfeitorias de maior valor e, na falta de benfeitorias, o de quinhão maior. Se as partes forem iguais, haverão a parte vendida os comproprietários, que a quiserem, depositando previamente o preço'. Partindo-se da literalidade do previsto nesse artigo, infere-se que o direito de preferência deve ser observado apenas nos casos em que a alienação se pactue entre consorte e estranho, e não entre consortes. Efetivamente, o *caput* do aludido dispositivo é bastante claro quanto à incidência da preempção apenas nas hipóteses de negócio jurídico envolvendo terceiro/estranho ao condomínio. Aliás, necessário destacar que a *ratio* da positivação da referida norma sobre o direito de prelação se cinge justamente à conciliação dos objetivos particulares daquele que pretende alienar sua fração com a (possível) manutenção da comunidade de coproprietários, até porque, conforme entendimento doutrinário, '[...] a função social recomenda ser mais cômodo manter a propriedade entre os titulares originários, evitando desentendimento com a entrada de um estranho no grupo'. A referida preocupação está inserida, outrossim, no parágrafo único do art. 1.314 do CC, segundo o qual: 'Nenhum dos condôminos pode alterar a destinação da coisa comum, nem dar posse, uso ou gozo dela a estranhos, sem o consenso dos outros'. Com efeito, a alienação de frações ideais entre condôminos refoge à finalidade intrínseca ao direito de preferência, uma vez que não se tratará de hipótese de ingresso de terceiro/estranho à comunhão. Pelo contrário, serão mantidos os consortes, apenas com alterações no percentual da parte ideal daquele que adquiriu a parcela de outrem. Esse entendimento, aliás, já foi adotado por esta Corte, em antigo precedente da Terceira Turma (REsp 19.538-SP, *DJ* 17/5/1993), no qual analisado o art. 1.139 do CC/16 – norma correspondente ao atual art. 504 do CC. Além disso, não é cabível o argumento de que o parágrafo único do art. 504 do CC, ao enunciar que: 'Sendo muitos os condôminos, preferirá o que tiver benfeitorias de maior valor e, na falta de benfeitorias, o de quinhão maior. Se as partes forem iguais, haverão a parte vendida os comproprietários, que a quiserem, depositando previamente o preço', teria estendido o direito de preempção às hipóteses de alienação entre consortes. Em verdade, o referido parágrafo único apenas complementa a norma enunciada no *caput*, estabelecendo o procedimento a ser adotado caso mais de um condômino venha manifestar o seu direito de preferência, por ocasião da alienação de fração ideal à terceiro alheio à comunhão. Ademais, tratando-se de restrição à liberdade de contratar, o instituto em comento – direito de preferência – deve ser interpretado de forma restritiva. Assim, se a lei de regência (art. 504 do CC) apenas o institui em relação às alienações a estranhos, não cabe ao intérprete, extensivamente, aplicar essa norma aos casos de compra e venda entre consortes" (STJ, REsp 1.137.176-PR, Rel. Min. Marco Buzzi, julgado em 16/2/2016, *DJe* 24/2/2016. Informativo nº 577).

10. CLÁUSULAS ESPECIAIS NO CONTRATO DE COMPRA E VENDA

As cláusulas especiais que poderão existir em um contrato de compra e venda são denominadas pactos adjetos e representam pactos acessórios. Essas cláusulas somente terão aplicabilidade se constarem **expressamente** no contrato. O Código Civil apresenta como tais: a retrovenda, a venda a contento, a venda sujeita a prova, a preempção ou preferência, a venda com reserva de domínio e a venda sobre documentos, todas elas a seguir analisadas.

10.1. A retrovenda

A retrovenda é cláusula acessória em contrato de compra e venda de **bem imóvel** que estabelece que o vendedor de coisa pode reservar-se o direito de recobrá-la no prazo máximo de decadência de **três anos**, restituindo o preço recebido e reembolsando as despesas do comprador, inclusive as que, durante o período de resgate, se efetuaram com a sua autorização escrita, ou para a realização de benfeitorias necessárias (art. 505, CC).

Ressalte-se que a retrovenda somente poderá incidir em se tratando de venda de bem imóvel, o que faz com que o adquirente tenha uma **propriedade resolúvel**. Note que fica ao alvedrio do vendedor querer a coisa de volta, isto é, exigir o direito de retrato ou não, dentro do prazo estipulado.

Se o comprador se recusar a receber as quantias a que faz jus, o vendedor, para exercer o direito de resgate, as depositará judicialmente (art. 506, CC). No valor a ser pago, o titular do direito de retrato arcará apenas com as benfeitorias necessárias, não se responsabilizando pelas úteis e voluptuárias, que só deverão ser pagas se houver estipulação contratual em sentido contrário.

Com base no princípio da ampla circulação de riquezas, o Código Civil admite em seu art. 507 a possibilidade de cessão por ato *inter vivos* do direito de retrato, sendo, além disso, transmissível aos herdeiros e legatários.

Saliente-se, ainda, que o bem onerado com a cláusula de retrovenda poderá ser alienado, porém, o direito de retrato poderá ser exercido contra o terceiro adquirente. Tal direito, evidentemente, somente poderá ser exercitado se a cláusula de retrovenda constar do registro do imóvel, sob pena de se prejudicar a terceiro de boa-fé.

Se, anteriormente, houvesse um condomínio sobre o bem e esse fosse alienado com a referida cláusula, posteriormente, se um dos condôminos pretender o resgate, poderá o comprador intimar os outros para nele acordarem, prevalecendo o pacto em favor de quem haja efetuado o depósito, contanto que seja integral (art. 508, CC). A conclusão é que não é possível o resgate de parte ideal, devendo o bem ser retomado em sua integralidade por todos aqueles que tiverem interesse.

Se a coisa susceptível de resgate se perder por caso fortuito ou força maior, resultará extinta a retrovenda. Se, entretanto, a coisa se perder por culpa do comprador, a questão se resolverá em perdas e danos.

Se o comprador estabelecer sobre o imóvel qualquer direito real como, por exemplo, hipoteca, usufruto, servidão, dentre outros, havendo o resgate do bem, todos os direitos reais serão cancelados por força do art. 1.359 do CC que estabelece:

Resolvida a propriedade pelo implemento da condição ou pelo advento do termo, entendem-se também resolvidos os direitos reais concedidos na sua pendência, e o proprietário, em cujo favor se opera a resolução, pode reivindicar a coisa do poder de quem a possua ou detenha.

10.2. Da venda a contento e sujeita a prova

É do magistério de Flávio Tartuce que extraímos a distinção entre a venda a contento e a venda sujeita a prova:

A diferença básica primordial entre venda a contento e sujeita a prova é que no primeiro caso o comprador não conhece ainda o bem que irá adquirir, havendo uma aprovação inicial. Na venda sujeita a prova, a coisa já é conhecida. O comprador somente necessita da prova de que o bem a ser adquirido é aquele que ele já conhece, tendo as qualidades asseguradas pelo vendedor e sendo idôneo para o fim a que se destina.[5]

Tanto a venda a contento quanto a venda sujeita a prova são manifestações contratuais subordinadas a uma **condição suspensiva**. Isso significa que com a entrega da coisa não se opera ainda a transferência de propriedades, sendo necessário que o comprador manifeste o seu agrado para que isso ocorra. Assim, enquanto o comprador não manifestar o seu agrado, como ainda não pode ser considerado proprietário, as suas obrigações são de mero comodatário (art. 511, CC).

Não havendo prazo estipulado para a declaração do comprador, o vendedor terá direito de intimá-lo, judicial ou extrajudicialmente, para que o faça em prazo improrrogável (art. 512, CC).

10.3. Preempção ou preferência ou prelação convencional

A preempção convencional, também conhecida como preferência ou prelação convencional, é a obrigação que tem o comprador de, ao pretender vender o bem adquirido, ter que em primeiro lugar oferecer ao vendedor que o alienou para ele.

O vendedor ao exercitar a sua preferência deverá pagar, em condições iguais, o preço encontrado, ou o ajustado, conforme preceitua o art. 515 do CC.

Essa obrigação que o comprador ao vender tem de oferecer ao vendedor opera-se em um prazo que não poderá exceder a **cento e oitenta dias se a coisa for móvel**, e **dois anos, em se tratando de imóvel** (art. 513, parágrafo único, CC).

Quanto à possibilidade de variação desse prazo via contratual, a doutrina se manifesta de duas maneiras:

1ª) há quem entenda que, por interpretação literal do parágrafo único do art. 513 do CC, é possível a alteração do prazo no sentido de sua diminuição,

---

[5] TARTUCE, Flávio. *Teoria geral dos contratos e contratos em espécie*. São Paulo: Método, 2006. p. 242.

não se admitindo o seu aumento, observado o limite apresentado no referido artigo;

2ª) de outro lado, existem aqueles que dizem que os prazos são exatamente aqueles mencionados no parágrafo único do art. 513 do CC, não se admitindo a sua redução ou ampliação, uma vez que são manifestações de decadência legal.

Se o vendedor tomar conhecimento de que o comprador irá vender a coisa, ele mesmo poderá se manifestar acerca de sua preferência intimando o comprador (art. 512, CC).

Quando é o próprio comprador que notifica o vendedor para que este exercite o seu direito de preferência, o vendedor deverá se manifestar no prazo de **3 dias contados da notificação, se a coisa for móvel,** ou em **se tratando de imóvel, o vendedor deverá se manifestar em sessenta dias, também contados da notificação**. Isso tudo se não existir prazo maior definido na própria notificação (art. 516, CC).

Devemos ficar atentos para que não haja confusão entre os prazos do art. 513, parágrafo único, e do art. 516. O quadro abaixo ajuda a esclarecer:

Prazos de duração do direito de preferência contados a partir da tradição da coisa (art. 513, parágrafo único, CC)	Prazos de manifestação do vendedor, após ser notificado (art. 516, CC)
Para bens móveis: 180 dias	Para bens móveis: 3 dias
Para bens imóveis: 2 anos	Para bens imóveis: 60 dias

O direito à preferência deve ser considerado como **direito indivisível**. É que o art. 517 do CC estabelece:

Quando o direito de preempção for estipulado a favor de dois ou mais indivíduos em comum, só pode ser exercido em relação à coisa no seu todo. Se alguma das pessoas, a quem ele toque, perder ou não exercer o seu direito, poderão as demais utilizá-lo na forma sobredita.

Perceba-se com a redação do referido artigo que a preferência não poderá ser exercida sobre cota ideal do bem, incidindo apenas sobre a sua integralidade.

Se for desrespeitado o direito de preferência do vendedor na aquisição do imóvel, o vendedor não poderá exigir a anulação da compra e venda, podendo exigir apenas **indenização por perdas e danos**, inclusive do adquirente que responderá solidariamente se tiver obrado de má-fé (art. 518, CC). Note-se que a solução aqui é diferente da prelação legal imposta pelo art. 504 do CC, existente entre condôminos e que admite a anulação do negócio.

Promovendo a devida diferenciação da prelação convencional e do instituto da retrovenda já trabalhado anteriormente, Tartuce aduz:

Cap. 40 – DO CONTRATO DE COMPRA E VENDA

Justamente porque os seus efeitos são *inter partes,* gerando o dever de pagar perdas e danos, é que a cláusula de preempção também se diferencia da cláusula de retrovenda. Ademais as estruturas e as decorrências práticas dos institutos são completamente diversas, inclusive quanto às suas caracterizações.[6]

O direito de prelação convencional é **personalíssimo,** desse modo, o art. 520 do CC prevê expressamente que o "o direito de preferência não se pode ceder e nem passa aos herdeiros".

Deixamos para o final o problemático art. 519 do CC: "Se a coisa expropriada para fins de necessidade ou utilidade pública, ou por interesse social, não tiver o destino para que se desapropriou, ou não for utilizada em obras ou serviços públicos, caberá ao expropriado direito de preferência, pelo preço atual da coisa".

Trata o artigo de uma situação de **tredestinação** que ocorre quando há um desvio de finalidade incidente sobre o bem objeto de desapropriação. Quando isso ocorre o expropriante terá direito à **retrocessão,** isto é, tomar de volta para si aquilo que havia perdido em desapropriação.

O que se depreende por interpretação rasa do referido artigo é que há uma "preferência legal" do anterior proprietário para readquirir a coisa desapropriada. Porém, realçamos que o que há em questão é o direito à retrocessão. Como se trata de matéria afeta eminentemente ao direito público, percebemos que o assunto se apresenta completamente deslocado dentro do estatuto civil, merecendo maiores digressões na seara do Direito Administrativo.

10.4. Da venda com reserva de domínio

A reserva de domínio é o pacto acessório ao contrato de compra e venda pelo qual o vendedor se reserva a propriedade do **bem móvel** vendido, enquanto não houver o pagamento integral da coisa. É comum a inserção da cláusula de reserva de domínio nas vendas a crédito, sobretudo, as atinentes a aquisição de veículos.

A transferência de propriedade ao comprador ocorrerá no exato momento em que o preço esteja integralmente pago. Todavia, pelos riscos da coisa responde o comprador, a partir de quando lhe foi entregue (art. 524, CC). Desse modo, ainda não se constituindo como proprietário da coisa, o adquirente é responsável por ela. Trata-se de clara exceção à regra de que a coisa se perde para o seu dono (*res perit domino*), havendo, no caso, a aplicação da regra de que a coisa se perde para o comprador (*res perit emptoris*).

A cláusula de reserva de domínio será estipulada por escrito e depende de registro no domicílio do comprador para valer contra terceiros (art. 522, CC). O registro mencionado é o de títulos e documentos previsto no art. 129, item 5º, da Lei nº 6.015/73.

Ademais, vale lembrar que não pode ser objeto de venda com reserva de domínio a coisa insuscetível de caracterização perfeita, para estremá-la de outras

---

6   TARTUCE, Flávio. *Teoria geral dos contratos e contratos em espécie.* São Paulo: Método, 2006. p. 246.

congêneres (art. 523, CC). Assim, conclui-se que o objeto deverá ser **móvel e infungível.**

Havendo a **mora do comprador,** o vendedor, de acordo com o art. 526 do CC, terá duas opções: ajuizar ação de cobrança das prestações vencidas e vincendas e o mais que lhe for devido; ou recuperar a posse da coisa vendida.

Para que o vendedor possa recuperar a posse da coisa não será cabível a ação de reintegração de posse, mas sim a **ação de busca e apreensão.**

Pelo que estabelece o art. 525 do CC o vendedor somente poderá executar a cláusula de reserva de domínio após constituir o comprador em mora, mediante protesto do título ou interpelação judicial.

É claro que em relação às parcelas já vencidas não há que se falar em interpelação judicial para a constituição em mora do devedor, já que nesse caso como havia termo predeterminado, a mora se operou de pleno direito, conforme art. 397, *caput*, CC, ao que se denomina de mora *ex re*.

Para o caso de aplicação da busca e apreensão do bem e a consequente perda do bem por parte do comprador, a segunda metade do art. 527 preceitua que é facultado ao vendedor reter as prestações pagas até o necessário para cobrir a depreciação da coisa, as despesas feitas e o mais de direito que lhe for devido. O excedente será devolvido ao comprador; e o que faltar lhe será cobrado, tudo na forma da lei processual.

Interessante perceber que se já houver o pagamento de grande parte das parcelas devidas, restará afastada a possibilidade extinção do contrato e recuperação da posse da coisa vendida, por força de aplicação da **teoria do adimplemento substancial ou inadimplemento mínimo.** Por essa teoria como houve o cumprimento considerável da obrigação, o credor apenas poderá exigir o pagamento das parcelas vencidas e vincendas, não cabendo ação de busca e apreensão. Tal teoria chega em nítida homenagem aos princípios da **boa-fé objetiva,** da **função social** e da **preservação dos contratos.**

Por fim, o art. 528 do CC estabelece:

> Se o vendedor receber o pagamento à vista, ou, posteriormente, mediante financiamento de instituição do mercado de capitais, a esta caberá exercer os direitos e ações decorrentes do contrato, a benefício de qualquer outro. A operação financeira e a respectiva ciência do comprador constarão do registro do contrato.

A doutrina constatou erro material na redação do artigo o que culminou na aprovação do **Enunciado nº 178 do CJF,** com a seguinte redação: "Na interpretação do art. 528, devem ser levadas em conta, após a expressão 'a benefício de', as palavras 'seu crédito, excluída a concorrência de', que foram omitidas por manifesto erro material".

Conciliando a redação do art. 528 do CC e o Enunciado nº 178 do CJF, podemos conceber o seguinte texto ideal para o referido artigo: "Se o vendedor receber o pagamento à vista, ou, posteriormente, mediante financiamento de instituição do mercado de capitais, a esta caberá exercer os direitos e ações

Cap. 40 – DO CONTRATO DE COMPRA E VENDA

decorrentes do contrato, a benefício **de seu crédito, excluída a concorrência** de qualquer outro. A operação financeira e a respectiva ciência do comprador constarão do registro do contrato". Pronto! Assim, fica mais fácil entender a ideia que o legislador pretendia passar.

Por fim, ainda que brevemente, lembramos que a venda com reserva de domínio não pode ser confundida com a alienação fiduciária em garantia, tampouco com o *leasing* ou arrendamento mercantil.

Como visto, a reserva de domínio constitui cláusula contratual em que o vendedor do bem reserva a sua propriedade enquanto não houver o adimplemento da obrigação por parte do comprador. Trata-se, portanto, de cláusula especial do contrato de compra e venda disciplinada nos arts. 521 a 528 do CC.

Ao revés, a **alienação fiduciária em garantia** é direito real de garantia sobre coisa própria prevista nos arts. 1.361 a 1.368 do CC, em que o devedor fiduciante compra o bem de um terceiro e imediatamente o aliena, transferindo a propriedade ao credor fiduciário, porém, permanecendo com a posse da coisa.

Já o *leasing*, também conhecido como **arrendamento mercantil**, constitui-se em um verdadeiro contrato atípico que se manifesta por meio de uma locação com opção de compra com o pagamento do valor residual garantido (VRG), que pode ser diluído no valor das parcelas ou pago integralmente ao final do contrato (Súmula nº 293, STJ).

Na venda com reserva de domínio a coisa, como vimos, poderá ser reavida com o manejo de ação de busca e apreensão nos moldes do CPC. Já para a alienação fiduciária, a coisa será reavida, também mediante ação de busca e apreensão observando os contornos previstos no Decreto-lei nº 911/69. No que diz respeito ao *leasing* ou arrendamento mercantil, a ação cabível será a de reintegração de posse. Saliente-se que em todos os casos não caberá prisão civil do devedor.

10.5. Da venda sobre documentos

A venda sobre documentos, também conhecida como venda contra documentos ou *trust receipt*, encontra o ápice de sua importância e utilidade no comércio exterior, agilizando, sobremaneira, as negociações internacionais.

Na venda sobre documentos, a tradição da coisa é substituída pela entrega do seu título representativo e dos outros documentos exigidos pelo contrato ou, no silêncio deste, pelos usos (art. 529, CC).

É do escólio de Tartuce que extraímos o seguinte exemplo:

Uma empresa brasileira compra de uma empresa belga uma máquina industrial. Inserida a cláusula e, sendo o contrato celebrado no Brasil, a empresa vendedora vem até o país para a entrega do documento correspondente à propriedade. A partir de então, a empresa brasileira é proprietária, respondendo pelos riscos e despesas referentes à coisa.[7]

---

[7] TARTUCE, Flávio. *Teoria geral dos contratos e contratos em espécie*. São Paulo: Método, 2006. p. 254.

Note que no caso o que ocorre é uma manifestação de **tradição ficta ou presumida** com a entrega do documento representativo da coisa. Achando-se a documentação em ordem, não pode o comprador recusar o pagamento, a pretexto de defeito de qualidade ou do estado da coisa vendida, salvo se o defeito já houver sido comprovado (art. 529, parágrafo único, CC).

Não havendo estipulação em contrário, o pagamento deve ser efetuado na data e no lugar da entrega dos documentos (art. 530, CC). E se entre os documentos entregues ao comprador figurar apólice de seguro que cubra os riscos do transporte, correm estes à conta do comprador, salvo se, ao ser concluído o contrato, tivesse o vendedor ciência da perda ou avaria da coisa (art. 531, CC).

Se o pagamento por intermédio de estabelecimento bancário, caberá a este efetuá-lo contra a entrega dos documentos, sem obrigação de verificar a coisa vendida, pela qual não responde. Eis a disposição do art. 532 do CC que se opõe ao art. 7º, parágrafo único, do CDC pelo qual o estabelecimento bancário responderia solidariamente com o vendedor, já que as instituições financeiras devem acatar ao disposto no Código de Defesa do Consumidor.

Há quem diga que a regra contida no art. 532 do CC deverá prevalecer por seu caráter específico, posicionamento que tem prevalecido na doutrina. De outro lado encontram-se aqueles que propugnam pela regra contida no CDC em virtude de seu caráter principiológico. A questão, portanto, não se afigura pacífica.

DO CONTRATO DE TROCA OU PERMUTA

1. NOÇÕES INTRODUTÓRIAS

O contrato de troca ou permuta é sem dúvida um dos negócios jurídicos mais antigos da humanidade. Por meio da troca ou permuta um contratante assegura ao outro um bem em lugar de outro que lhe será destinado.

Trata-se de contrato que em muito se assemelha ao contrato de compra e venda. Portanto, seus caracteres, natureza jurídica e regras tangenciam ao que já foi falado sobre a compra e venda no capítulo anteriormente trabalhado.

Nesse contexto, noticia Silvio Rodrigues:

> Sua índole é a mesma da compra e venda e difere desse contrato apenas porque nele a prestação de uma das partes consiste em dinheiro, o que não se dá na troca, em que as prestações dos permutantes são em espécie. Essa identidade de natureza decorre do fato de o contrato de compra e venda ser espécie do contrato de troca. Aquele é posterior a este, pois o surgimento da compra e venda só se tornou possível a partir do momento em que apareceu a moeda. É certo, entretanto, que, com o aparecimento da moeda, o contrato de compra e venda quase tornou obsoleto o de troca, dada a sua maior difusão.[1]

2. NATUREZA JURÍDICA

Procedendo à apresentação dos contornos de um contrato de troca ou permuta importa dizer que tal contrato é **oneroso**, já que ambas as partes sofrem sacrifício patrimonial; é **bilateral**, por gerar obrigações para ambas as partes; é **típico**, por apresentar disciplina mínima em lei (art. 533, CC); é **consensual**, já que se aperfeiçoa com o mero consenso entre as partes; e, por fim, **formal ou informal**, a depender do seu objeto.

---

[1] RODRIGUES, Sílvio. *Direito civil:* dos contratos e das declarações unilaterais da vontade. v. 3. 25. ed. São Paulo: Saraiva, 1997. p. 183.

3. TRAÇOS DISTINTIVOS DA PERMUTA EM RELAÇÃO À COMPRA E VENDA

Tudo até agora mencionado acerca da natureza jurídica da permuta se assemelha ao contrato de compra e venda. Porém, dois pontos fazem distanciar a permuta daquele contrato. A seguir apresentamos:

1º) enquanto na **compra e venda**, salvo cláusula em contrário, ficam as despesas de escritura e registro a cargo do comprador, e a cargo do vendedor as da tradição (art. 490, CC), na **permuta**, salvo disposição em contrário, cada um dos contratantes pagará por metade as despesas com o instrumento da troca (art. 533, I, CC);

2º) enquanto na **compra e venda** para que o ascendente possa vender bens ao descendente se mostra necessária a autorização dos demais descendentes e do cônjuge, a depender do regime de bens; na **permuta**, o ascendente necessitará da autorização dos demais descendentes e do cônjuge apenas se a troca versar sobre bens de valores desiguais, sob pena de anulabilidade (art. 533, II, CC).

DO CONTRATO ESTIMATÓRIO

1. NOÇÕES INTRODUTÓRIAS

Pelo contrato estimatório, o **consignante** coloca à disposição do **consignatário** bem **móvel** para que este seja alienado pelo primeiro e pago o preço ao segundo ou, se preferir, restitui-lhe a coisa consignada. Ex. 1: A Livraria "A" (consignatário) obtém 20 unidades de um determinado livro da Editora "B" (consignante). A Livraria "A" poderá vender os livros e pagar a Editora "B" o valor ajustado ou então devolver aqueles livros que não foram vendidos. Ex. 2: "A", pessoa que promove eventos festivos, adquire de uma distribuidora de bebidas 200 garrafas de determinada bebida alcoólica para o consumo em uma festa. Caso as garrafas sejam consumidas, "A" pagará à distribuidora de bebidas o valor combinado, caso contrário as garrafas remanescentes e não consumidas serão devolvidas à distribuidora.

O contrato estimatório é comumente designado de **venda por consignação**. Sintetizando o contrato estimatório, vale conferir a redação do Enunciado nº 32 do CJF: "No contrato estimatório (art. 534, CC), o consignante transfere ao consignatário, temporariamente, o poder de alienação da coisa consignada com a opção de pagamento do preço de estima ou sua restituição ao final do prazo ajustado".

2. AS PARTES NO CONTRATO ESTIMATÓRIO

As partes neste contrato são o consignante e o consignatário. **Consignante** é aquele que disponibiliza o bem. **Consignatário** é aquele que recebe o bem com a missão de vendê-lo e pagar o preço ajustado ao consignante ou restituí-lo.

3. NATUREZA JURÍDICA

O contrato estimatório é **oneroso**, na medida em que ambas as partes sofrem sacrifícios patrimoniais; é **bilateral**, uma vez que ambas as partes apresentam obrigações; é **típico**, por apresentar disciplina mínima em lei (arts. 534 a 537, CC); é **informal**, por não apresentar forma prevista em lei.

No que diz respeito ao seu aperfeiçoamento, a natureza jurídica do contrato estimatório não é aferida com pacificidade. É que para parte da doutrina, o contrato estimatório deve ser considerado como um contrato real, na medida em que se perfaz com a entrega da coisa ao consignatário. De outro lado, para outros, não faz sentido dizer que se trata de contrato real, pois o legislador em momento algo informa que o contrato estimatório se perfaz com a entrega do bem, de modo que, o mais razoável seria dizer que se trata de contrato consensual, formando-se com o simples consenso das partes e a entrega do bem repousaria no plano dos efeitos do negócio jurídico.

4. CARACTERES JURÍDICOS

Caso o **bem móvel** disponibilizado para a venda venha a **perecer**, ainda que sem culpa do consignatário, deverá este indenizar ao consignante. Trata-se de clara exceção à regra de que a coisa se perde para o seu dono (*res perit domino*). Quando há o contrato estimatório o dono continua a ser o consignante, porém, se a coisa se perder arcará o consignatário com o prejuízo (art. 535, CC). Ex.: "A" adquiriu bebidas de uma distribuidora de bebidas para utilização em uma recepção. Ocorre que um convidado absolutamente embriagado invade a cozinha do evento e vem a destruir dezenas de garrafas. Note-se que houve a perda das garrafas sem culpa do consignante e mesmo assim ele será responsável por esse prejuízo devendo pagar ao consignatário o valor devido.

Caso o consignatário possua credores, estes não poderão promover a penhora ou o sequestro dos bens objetos de contrato estimatório, enquanto não findo o contrato e pago integralmente o preço (art. 536, CC). Essa disposição é evidente na medida em que o contrato estimatório não transfere a propriedade do bem ao consignatário.

Como o bem objeto do contrato estimatório apresenta um caráter de indisponibilidade, enquanto não findo o contrato, o consignante não poderá dispor da coisa enquanto não lhe seja restituída ou comunicada a restituição (art. 537, CC).

5. DISTINÇÕES NECESSÁRIAS

O contrato estimatório, embora apresente elementos dos contratos de compra e venda e de depósito, em muito deles se distancia.

Enquanto na compra e venda a obrigação do comprador é a de pagar o preço ajustado, no contrato estimatório, o consignante pode pagar o preço ajustado ou então restituir a coisa objeto do contrato.

No que tange ao depósito, o depositário é obrigado à devolução da coisa, já no contrato estimatório, tal devolução pode não ocorrer.

DO CONTRATO DE DOAÇÃO

43

1. NOÇÕES INTRODUTÓRIAS

Por meio do contrato de doação, alguém denominado **doador** se obriga a transferir graciosamente bens de sua propriedade a outrem que será chamado de **donatário**. Note-se que o doador apenas se obriga a transferir a titularidade do bem, o que ocorrerá posteriormente por meio da tradição em se tratando de bens móveis e do registro em sendo imóveis.

Desse modo, percebemos que a redação do art. 538 do CC não se apresenta de todo perfeita na medida em que informa: "Considera-se doação o contrato em que uma pessoa, por liberalidade, transfere do seu patrimônio bens ou vantagens para o de outra". A transferência, como já relatado, é ato posterior à avença.

2. NATUREZA JURÍDICA

O contrato de doação, quanto ao sacrifício patrimonial sofrido, trata-se de um contrato **gratuito**, na medida em que apenas uma das partes sofrerá sacrifício patrimonial.

Quanto às obrigações geradas pelas partes, o contrato de doação poderá ser considerado como **unilateral**, em regra, uma vez que apenas ao doador impõe-se obrigação. Excepcionalmente, o contrato de doação poderá ser considerado bilateral quando na doação se impuser um encargo. Encargo é o elemento acidental do negócio jurídico que impõe à outra parte o cumprimento de um ônus. Ex.: Dar-te-ei um carro a fim de que você leve os meus filhos ao colégio pelos próximos três meses. Nesse caso, o donatário deverá cumprir com o encargo. Daí dizer-se que se trata de contrato bilateral. Caso o donatário não cumpra com o encargo, o contrato poderá ser revogado (*vide* art. 553, CC). Ademais, se o encargo for em benefício da coletividade o Ministério Público poderá exigir sua execução, depois da morte do doador, se este não tiver feito.

No que tange ao modo de aperfeiçoamento o contrato de doação se apresenta como **consensual**, bastando apenas o consenso das partes para que se aperfeiçoe. Lembre-se de que a transferência da titularidade, por meio da tradição ou do registro, ocupa lugar no plano da eficácia do negócio, representando ato superveniente ao seu aperfeiçoamento. Por isso, o contrato de doação deve ser considerado como um contrato consensual e não como um contrato real.

Em regra, o contrato de doação deve ser considerado como um **contrato formal**, já que há a imposição pelo legislador de forma que deve ser observada. Assim, conforme previsão do art. 541 do CC, a doação deverá ser feita por escrito. Será utilizada escritura pública, se referir-se a bem imóvel de valor superior a 30 vezes o salário mínimo (art. 108, CC); será utilizado o instrumento particular, em se tratando de bens móveis. Importante notar, porém, que se a doação se referir a bens móveis de pequeno valor poderá ser feita pela forma verbal devendo se seguir da tradição imediata (art. 541, parágrafo único, CC).

3. DA ACEITAÇÃO DA DOAÇÃO

O doador poderá estabelecer prazo para que o donatário aceite a liberalidade. Se, decorrido o prazo estabelecido, o beneficiário não se manifestar, considerar--se-á que a doação foi aceita. Entretanto, em se tratando de doação com encargo, aquela em se impõe um ônus à pessoa do donatário, o silêncio do donatário não poderá ensejar a presunção de aceitação (art. 539, CC).

Se o donatário se tratar de pessoa absolutamente incapaz, a aceitação será dispensada desde que se trate de doação pura, isto é, aquela em que não há imposição de um encargo. Essa é a redação do art. 543 do CC. Note-se que tal artigo refere--se apenas ao absolutamente incapaz. Conclui-se, então, que não há dispensa da aceitação em se tratando de relativamente incapaz. E coadunando com o que fora dito anteriormente, o silêncio do donatário importará, em regra, em sua aceitação.

4. CLASSIFICAÇÃO DA DOAÇÃO QUANTO AOS ELEMENTOS ACIDENTAIS

No que tange aos elementos acidentais, uma doação poderá ser: pura ou simples, condicional, a termo ou com encargo.

- Por **doação pura ou simples** deve se entender aquela que não se submete a nenhuma condição, termo ou encargo.
- Já a **doação condicional ou sob condição** é aquela em que a liberalidade se submete ao implemento de um evento futuro e incerto (art.121, CC). Ex.: Dar-te-ei um carro se Maria se casar.
- Por outro lado, **doação a termo** é aquela em que a liberalidade se submete a um evento futuro e certo (art. 131, CC). Ex.: Dar-te-ei um carro no dia 27 de fevereiro do próximo ano.
- Por fim, **doação com encargo ou modal** é aquela em que o donatário deverá cumprir com um ônus imposto pelo doador (art. 136, CC). Ex.: Dar-te-ei esta casa para que cuide do seu jardim.

5. MODALIDADES DE DOAÇÃO

5.1. Doação contemplativa

Trata-se da doação em que o objetivo é homenagear ou contemplar merecimento alheio. Ex.: "A" doa R$ 100 mil a "B" em virtude de este último ter-lhe

Cap. 43 – DO CONTRATO DE DOAÇÃO

salvo a vida. Importa notar que esta manifestação de doação não perde o seu caráter de liberalidade, conforme preleciona a primeira parte do art. 540 do CC.

5.2. Doação remuneratória

Trata-se de expressão de gratidão do doador que pretende retribuir um serviço que lhe foi prestado. Essa modalidade de doação também não perde o seu caráter de liberalidade. Ex.: "A" contrata "B" para que este último lhe dê aulas particulares em sua casa. "A" satisfeito com sua aprovação em um concurso público paga ao professor "B" dez vezes mais do que fora combinado.

5.3. Doação conjuntiva

É a doação feita a mais de uma pessoa. Se nada for determinada quanto à fração de cada um dos donatários, presume-se que a cada um caberá o mesmo valor. Se a doação conjuntiva for feita a marido e mulher, caso um deles venha a falecer, caberá ao outro cônjuge sobrevivente a sua cota. Isso por disposição expressa do parágrafo único do art. 551. Nota-se que tal disposição faz afastar peremptoriamente qualquer regra de sucessão hereditária distinta. Desse modo, imagine-se que "A" seja casado com "B" e ambos receberam uma doação no valor de um milhão de reais. Em princípio ao donatário "A" pertence 500 mil reais e ao donatário "B", os outros 500 mil reais. Posto isso, "B" vem a falecer dois anos depois da doação. Embora "B" tenha um filho de outra relação conjugal, esse filho, no que tange a doação, a nada terá direito, pois toda a cota da doação feita a "B" agora pertencerá a "A". A conclusão a que se chega é que não há, em regra, direito de acrescer entre os donatários, salvo disposição em sentido contrário no contrato, ou no caso de os donatários serem cônjuges.

5.4. Doação realizada a entidade futura

É possível que a doação seja feita em benefício de uma pessoa jurídica que ainda não foi constituída. Trata-se, em verdade, de uma doação condicional, pois está a depender da criação de uma pessoa jurídica para que esta venha a merecer a liberalidade. Caso a entidade não seja constituída regularmente em um período de dois anos, a doação caducará (art. 554, CC).

5.5. Doação sob a forma de subvenção periódica

Trata-se do estabelecimento de uma obrigação de trato sucessivo para o doador. Ex.: "A" durante 5 anos entregará mensalmente a "B" a quantia de 5 mil reais. Nessa doação, caso o doador venha a falecer extingue-se a obrigação, salvo estipulação em sentido contrário no contrato em que os herdeiros do doador tornar-se-ão responsáveis pelo cumprimento da obrigação, mas, claro, considerando--se as forças da herança. No que tange ao falecimento do donatário, tal doação jamais poderá se projetar adiante, isto é, os herdeiros do donatário não farão jus à doação. Isso se fundamenta na ideia de que a doação sob a forma de subvenção periódica chega com intuito de auxiliar a mantença de alguém, apresentando, evidentemente, forte caráter alimentar e personalíssimo.

5.6. Doação em contemplação de casamento futuro ou doação *propter nuptias*

Trata-se de doação subordinada ao implemento de uma condição, qual seja, que o donatário se case com pessoa predeterminada pelo doador. O ato da aceitação é despiciendo por parte do donatário nesse tipo de doação (art. 546, CC).

5.7. Doação com cláusula de reversão

Ocorre quando o doador estabelece que o bem doado retorne ao seu patrimônio em caso de falecimento do donatário. O donatário será considerado um proprietário resolúvel, portanto, podendo apenas usar e fruir do bem. Caso o doador faleça antes do donatário os bens doados incorporar-se-ão em definitivo ao patrimônio do donatário. O parágrafo único do art. 547 do CC estabelece que: "Não prevalece cláusula de reversão em favor de terceiro". Desse dispositivo poderão decorrer pelo menos duas interpretações:

1ª) a reversão pré-estipulada somente funcionará em relação ao próprio doador, nunca em relação a terceiro por ele designado que seria a pessoa beneficiada, sob pena de configuração de pacta corvina vedado pelo art. 426 do CC;

2ª) quando é feita uma doação com cláusula de reversão nada impede de o donatário dispor deste bem para um terceiro, o qual não terá que acatar a reversão futura ao doador. A impossibilidade de disposição do bem para o terceiro apenas surgiria se além da cláusula de reversão, houvesse também uma cláusula de inalienabilidade do bem.

O CC/16, embora admitisse a cláusula de reversão em favor do doador, nada informava acerca da reversão em favor de terceiro, que no CC/2002 foi, expressamente, proibida. Questão afeta ao direito intertemporal apresentou-se na situação de contrato de doação entabulado sob a vigência do CC/16 com previsão de reversão em favor de terceiro em que o implemento da condição teria ocorrido sob a vigência do CC/2002. Para a 3ª Turma do STJ, é válida e eficaz a cláusula de reversão em favor de terceiro, aposta em contrato de doação celebrado à luz do CC/16, ainda que a condição resolutiva se verifique apenas sob a vigência do CC/2002, seja por se tratar de verdadeiro direito adquirido, seja por estar cristalizado direito expectativo em favor dos herdeiros beneficiados (STJ, REsp 1.922.153-RS, Rel. Min. Nancy Andrighi, Terceira Turma, por unanimidade, julgado em 20/4/2021. Informativo nº 693).

É do magistério de Venosa que decorre outra questão:

Cap. 43 – DO CONTRATO DE DOAÇÃO

Pergunta-se também se essa cláusula pode ser aposta estipulando reversão antes da morte do donatário. A resposta é afirmativa. Cuida-se de aplicar o princípio geral que admite os negócios a termo. Institui-se, por vontade negocial, propriedade resolúvel. A questão refoge do alcance do artigo sob enfoque.[1]

5.8. Doação manual

É a doação em que se exige imediatamente a entrega do bem doado. Aplica-se às doações de bens móveis e de pequeno valor. Para essa manifestação de doação, o Código Civil libera o devedor da formalidade de realizar a doação por escrito. Basta, portanto, que haja a entrega imediata da coisa. Daí o nome doação manual (art. 541, parágrafo único, CC). Na VIII Jornada de Direito Civil foi aprovado o Enunciado nº 622, com o seguinte teor: "Para a análise do que seja bem de pequeno valor, nos termos do que consta do art. 541, parágrafo único, do Código Civil, deve-se levar em conta o patrimônio do doador". Desse modo, em se tratando de pessoa abastada, mesmo algo de elevado valor pode ser considerado, no caso concreto, objeto de doação manual.

6. DOAÇÕES VEDADAS

Existem doações que não poderão se consumar, pois esbarram em impedimentos impostos pela lei, o que acaba por limitar a autonomia privada do doador. A seguir, pormenorizamos.

6.1. Doação inoficiosa

Quando o doador apresentar **herdeiros necessários**, somente poderá ser doada parte disponível de seu patrimônio para que não ofenda a legítima dos herdeiros necessários.

Doação inoficiosa, portanto, é nome que se dá à doação que excede à parte disponível do patrimônio do doador, isto é, a doação que supere a 50% do patrimônio do doador, caso este apresente herdeiros necessários.

A doação inoficiosa é considerada como nula, por força do que dispõe o art. 549 do CC. Importa notar que será nula apenas quanto à parte que exceder à legítima dos herdeiros necessários e essa avaliação deverá ser feita considerando-se a época da liberalidade.

Acerca da legitimidade para pleitear a declaração de nulidade em doação inoficiosa, o STJ entendeu que:

DIREITO CIVIL E PROCESSUAL CIVIL. LEGITIMIDADE PARA PLEITEAR DECLARAÇÃO DE NU-LIDADE EM DOAÇÃO INOFICIOSA. O herdeiro que cede seus direitos hereditários possui legitimidade para pleitear a declaração de nulidade de doação inoficiosa (arts. 1.176 do

---

[1] VENOSA, Sílvio de Salvo. *Código Civil interpretado*. São Paulo: Atlas, 2010. p. 563-564.

CC/16 e 549 do CC/2002) realizada pelo autor da herança em benefício de terceiros. Isso porque o fato de o herdeiro ter realizado a cessão de seus direitos hereditários não lhe retira a qualidade de herdeiro, que é personalíssima. De fato, a cessão de direitos hereditários apenas transfere ao cessionário a titularidade da situação jurídica do cedente, de modo a permitir que aquele exija a partilha dos bens que compõem a herança (STJ, REsp 1.361.983-SC, Rel. Min. Nancy Andrighi, julgado em 18/3/2014. Informativo nº 539).

6.2. Doação universal

Por doação universal deve-se entender a doação de todo o patrimônio de uma pessoa. Daí que, por mais generosa que uma pessoa seja ela não está autorizada a dispor de todo o seu patrimônio a título de liberalidade. Se tal fato ocorrer, a doação será considerada como nula.

Funda-se a vedação legal no fato de que é dever do Estado impedir que uma pessoa pratique um ato que conduza à sua própria miséria, tornando-se mais um fardo para o Estado. Ademais, há a **teoria do patrimônio mínimo** que impõe que todas as pessoas deverão ter um mínimo essencial de patrimônio para que seja preservada a sua dignidade de pessoa humana, imperativo esse de natureza constitucional (art. 1º, III, CF/88).

Nessa senda, o STJ decidiu:

> A doação remuneratória, caracterizada pela existência de uma recompensa dada pelo doador pelo serviço prestado pelo donatário e que, embora quantificável pecuniariamente, não é juridicamente exigível, deve respeitar os limites impostos pelo legislador aos atos de disposição de patrimônio do doador, de modo que, sob esse pretexto, não se pode admitir a doação universal de bens sem resguardo do mínimo existencial do doador, tampouco a doação inoficiosa em prejuízo à legítima dos herdeiros necessários sem a indispensável autorização desses, inexistente na hipótese em exame (REsp 1.708.951-SE, Rel. Min. Nancy Andrighi, Terceira Turma, por unanimidade, julgado em 14/5/2019, *DJe* 16/5/2019. Informativo nº 648, STJ).

Para que não haja ofensa à teoria do patrimônio mínimo, o que se admite é que o doador, por exemplo, faça a doação de todos os seus bens com reserva de usufruto vitalício, pois assim resguardada estaria a renda para a sua subsistência, já que seria transferida ao donatário a nua propriedade e ao doador se reservaria o usufruto.

6.3. Doação do cônjuge adúltero ao seu cúmplice

Uma pessoa casada que mantenha um relacionamento extraconjugal não poderá fazer doações ao seu cúmplice. É o que dispõe o art. 550 do CC. A sanção para a prática do ato é a anulabilidade. A anulação poderá ser promovida por qualquer herdeiro necessário ou pelo cônjuge no prazo de até 2 anos depois de dissolvida a sociedade conjugal. Note-se, pois, que o referido artigo

Cap. 43 – DO CONTRATO DE DOAÇÃO

apresenta uma causa obstativa ao curso do prazo decadencial de 2 anos que é o próprio casamento.

6.4. Doação dissimulada

A doação dissimulada ocorreria quando alguém impossibilitado de praticar a doação, a dissimula (a esconde), praticando outro ato em seu lugar. Ex.: Homem casado que não podendo doar bens a amante, por vedação expressa do art. 550 do CC, resolve em seu lugar celebrar um contrato de compra e venda. A compra e venda praticada representa o ato simulado, o qual deve ser considerado como nulo, por força do que dispõe o art. 167 do CC. Em relação à doação, que se trata do ato dissimulado, isto é, aquele que se escondeu, não caberá a sua subsistência posto que inválido na sua substância. Vale a leitura do art. 167 do CC: "É nulo o negócio jurídico simulado, mas subsistirá o que se dissimulou, se válido for na substância e na forma".

6.5. Doação de bens alheios

É evidente que apenas poderá doar bens quem seja o titular deles. Caso contrário terá havido aquilo que se denomina **doação** *a non domino*. Como faltou o agente que detinha poderes para a realização da doação, tal contrato deverá ser considerado como inexistente, havendo, portanto, ofensa ao plano da existência do negócio jurídico.

Se, todavia, o doador, posteriormente, vier a adquirir a propriedade do bem, o contrato de doação passará e a ter existência considerável e a alienação se convalidará, conforme art. 1.268, § 1º, CC.

7. DOAÇÕES COM RESSALVAS

Algumas doações poderão ocorrer, porém, deverão ser observadas algumas restrições. A seguir, relatamos.

7.1. Doação ao nascituro

Nascituro é o ser que foi concebido, mas que ainda não nasceu, isto é, o ser que se encontra no ventre materno.

Quanto ao fato de o nascituro apresentar personalidade jurídica ou não, a doutrina não encontra pacificidade. É que existem manifestações no sentido de que a personalidade se inicia logo na concepção (teoria concepcionista) e, a outro giro, encontram-se posicionamentos, com base na redação literal do art. 2º do CC, de que a personalidade se inicia é do nascimento com vida (teoria natalista). Dúvida, entretanto, não há quanto a questão de o Código Civil autorizar a doação ao nascituro.

Para que a doação ao nascituro se torne possível é necessário o preenchimento de dois requisitos: a aceitação do representante legal e que o nascituro venha a nascer com vida (art. 542, CC).

7.2. Doação de ascendente a descendente

O ascendente poderá fazer doação em benefício de um descendente seu, sem necessidade de qualquer autorização. Tal ato, entretanto, configurará adiantamento de legítima (art. 544, CC). Destarte, o beneficiário, quando do falecimento do ascendente deverá levar os bens recebidos a título de doação à colação (art. 2.002, CC). Somente não será necessário levar os bens à colação se o doador tiver dispensado de tal ato (art. 2.006, CC), o que poderia ocorrer caso a doação se referisse à metade disponível da herança.

O STJ decidiu que o valor da colação dos bens doados deverá ser aquele atribuído ao tempo da liberalidade, corrigido monetariamente até a data da abertura da sucessão.[2]

7.3. Doação entre cônjuges

Um cônjuge poderá doar bens ao outro, desde que se trate de bens particulares. O bem doado também deverá ser colacionado, aplicando-se a regra vista anteriormente em relação à doação de ascendente a descendente à doação entre cônjuges (art. 544, CC).

---

[2] "De início, verifica-se a ocorrência de antinomia entre o Código Civil de 2002 – visto que, no capítulo IV, 'Da Colação', o art. 2.004, *caput*, estabelece que os bens doados serão trazidos à colação pelo valor atribuído no ato de liberalidade – e o Código de Processo Civil de 1973, no Capítulo IX, Seção VI, denominada 'Das Colações' – em que o art. 1.014, parágrafo único, determina que os bens recebidos em doação deverão ser calculados pelo valor que tiverem ao tempo da abertura da sucessão. Essa contradição deve ser solucionada com observância do princípio de direito intertemporal *tempus regit actum*. Assim, nas hipóteses de abertura da sucessão após o início da vigência do Código Civil de 2002, deve ser aplicada a regra prevista nesse diploma. Dessa forma, consoante se extrai do texto do art. 2.004 do CC/2002, o valor de colação dos bens deverá ser aquele atribuído ao tempo da doação. Todavia, apesar da ausência de previsão expressa, o valor dos bens doados deverá ser corrigido monetariamente até a data da abertura da sucessão para preservar a igualdade dos quinhões legitimários. Cabe ressaltar que, se o valor atribuído aos bens no ato de liberalidade não corresponder ao valor que efetivamente possuía à época, é cabível a realização de avaliação dos bens através de perícia técnica. Ademais, a interpretação do art. 2.004 do CC/2002 apresentada na I Jornada de Direito Civil promovida pelo Conselho da Justiça Federal (Enunciado nº 119), no sentido de que, 'para evitar o enriquecimento sem causa, a colação será efetuada com base no valor da época da doação, nos termos do *caput* do art. 2004, exclusivamente na hipótese em que o bem doado não mais pertença ao patrimônio do donatário. Se, ao contrário, o bem ainda integrar seu patrimônio, a colação se fará com base no valor do bem na época da abertura da sucessão, nos termos do art. 1.014 do CPC, de modo a preservar a quantia que efetivamente integrar a legítima quando esta se constituiu, ou seja, na data do óbito (resultado da interpretação sistemática do art. 2004 e seus parágrafos, juntamente com os arts. 1.832 e 884 do Código Civil)', não se coaduna com as regras estabelecidas no Código Civil de 2002 sobre a matéria, bem como afronta o princípio de direito intertemporal *tempus regit actum*" (REsp 1.166.568-SP, Rel. Min. Lázaro Guimarães, Desembargador convocado do TRF da 5ª Região. Informativo nº 617, STJ).

8. PROMESSA DE DOAÇÃO

A promessa de doação seria o contrato por meio do qual o promitente doador se obrigaria a futuramente celebrar um contrato de doação com o promissário donatário. A doutrina não é uníssona no que tange à possibilidade de se fazer uma promessa de doação. Há quem entenda que o compromisso de doar não pode ser realizado, pois um ato de liberalidade não compadece com a noção de obrigatoriedade. Assim, uma promessa de doação deveria ser considerada como nula.

De outro lado, existem aqueles que não veem óbice nenhum na prática de uma promessa de doação, já que o *animus donandi* já fora manifestado quando da celebração do contrato preliminar de doação. Desse modo, caso houvesse o não cumprimento da doação – o contrato definitivo –, tal ato resultaria na possibilidade de execução específica ou pleito de perdas e danos.

9. REVOGAÇÃO DA DOAÇÃO

Sob a denominação revogação da doação, o Código Civil se refere à possibilidade de extinção da doação em duas situações:

* ingratidão do donatário;
* descumprimento de encargo.

9.1. Revogação por ingratidão do donatário

Por razões de ordem moral o Código Civil não admite que o beneficiário da doação pratique atos em total contradição com o sentimento de gratidão que se espera daquele contemplado com alguma liberalidade. A ingratidão que autorizaria ao desfazimento do contrato de doação poderá se manifestar de diversas maneiras, sendo elas, a seguir analisadas:

I) se o donatário atentar contra a vida do doador ou cometer crime de homicídio doloso contra ele. Nesse caso não há a exigência de sentença no âmbito criminal com trânsito em julgado, bastando tão somente a prática do ato;

II) se o donatário cometer contra o doador ofensa física. Por ofensa física abarca-se tanto a lesão corporal como as vias de fato para a caracterização da ingratidão;

III) se o donatário injuriou gravemente ou caluniou o doador. Vislumbra-se aqui qualquer ofensa moral em face do doador;

IV) se o donatário, podendo ministrar alimentos ao doador que deles necessitava, se recusou a fazê-lo. Para que essa situação se configure será necessário, além da presença do binômio necessidade do doador e possibilidade do donatário em prestar os alimentos, que se constate que nenhum parente teria condições de fazê-lo.

As hipóteses mencionadas acima estão previstas no art. 557 do CC. Deve-se considerar que elas também se aplicam caso o ofendido seja o cônjuge, o ascendente, o descendente, ainda que adotivo, ou irmão do doador, conforme art. 558

do CC. Além disso, devemos lembrar o previsto no **Enunciado nº 33 do CJF**, que apresenta o rol mencionado acima como meramente **exemplificativo** com a seguinte redação: "O novo Código Civil estabeleceu um novo sistema para a revogação da doação por ingratidão, pois o rol legal previsto no art. 557 deixou de ser taxativo, admitindo, excepcionalmente, outras hipóteses".

Por meio da revogação o doador exercita um **direito potestativo, intransmissível e personalíssimo**. Portanto, somente ao doador caberá a possibilidade de manejo de uma ação desconstitutiva objetivando a extinção da doação, salvo na hipótese de homicídio do doador sem que tenha havido o seu perdão. Nesse caso, o herdeiro terá legitimidade para o ajuizamento da ação (art. 561, CC).

Importa notar que o direito de se revogar a doação diante de uma causa de ingratidão não pode ser renunciado antecipadamente pelo doador.

O **prazo** para a revogação da doação será de **um ano** contado de quando chegue ao conhecimento do doador o fato que a autorizar, e de ter sido o donatário o seu autor (art. 559, CC).

O direito de terceiro permanece resguardado diante de eventual pleito de revogação. Assim, caso o bem doado já tenha sido alienado para um terceiro, ao terceiro nada se impinge, cabendo apenas ao donatário a obrigação de pagar ao doador a metade do valor do bem, conforme art. 563, CC. Ex.: "A" doa a "B" um carro no valor de R$ 50 mil. "B" vende o referido carro para "C". Alguns anos depois, "B" em uma discussão com "A" em virtude de um jogo de futebol, desfere um golpe em sua cabeça, machucando-lhe gravemente. No que "A" pleiteia a revogação da doação dentro do prazo decadencial previsto em lei, essa não será possível já que o bem já havia saído da esfera dos poderes de "B". Desse modo, o resultado será: "B" deverá pagar a "A" R$ 25 mil corrigidos monetariamente.

Por fim, lembre-se que o direito à revogação restará afastado nas seguintes hipóteses:

I) em se tratando de doações puramente remuneratórias;

II) as doações oneradas com encargo já cumprido;

III) as doações que se fizerem em cumprimento de obrigação natural (Ex.: uma doação feita com o fito de pagar uma dívida prescrita ou uma dívida de jogo);

IV) as doações feitas para determinado casamento.

Repise-se que nos casos mencionados acima, ainda que haja a prática de um ato de ingratidão não poderá haver o desfazimento da doação (art. 564, CC).

9.2. Revogação pelo descumprimento de um encargo

Vimos que o encargo é o ônus que deverá ser cumprido pelo donatário. O encargo não se reduz a mero conselho ou sugestão dados ao donatário. Tanto é assim que, feita a doação, se não houver o cumprimento do encargo por parte do donatário e esse, doravante, incidir em mora, a doação poderá ser revogada.

Caso não se tenha prefixado termo no contrato de doação para o cumprimento do encargo, o doador deverá notificar judicialmente o donatário concedendo-lhe prazo para o cumprimento do encargo.

Ao doador, diante do descumprimento do encargo por parte do donatário, além da opção de se exigir a revogação da doação, surge a possibilidade de exigir o cumprimento do encargo.

Se o encargo for a benefício da coletividade (Ex.: "A" doou a "B" um terreno a fim de que ali fosse construído um hospital), havendo a morte do doador surge a legitimidade para o Ministério Público exigir o seu cumprimento (art. 553, parágrafo único, CC).

Quanto ao prazo para que o doador exija o desfazimento da doação ou o cumprimento do encargo, a doutrina não chega a um consenso. Para alguns autores a redação do art. 559 do CC, que apresenta o prazo de 1 ano, se refere às hipóteses de ingratidão do art. 557 do CC. A outro giro, existem aqueles que entendem que o prazo de 1 ano deverá ser aplicado tanto para a revogação em caso de ingratidão do donatário como para o caso de descumprimento de encargo.

DO CONTRATO DE LOCAÇÃO

1. NOÇÕES INTRODUTÓRIAS

A locação em nosso ordenamento está sistematizada em duas leis distintas: o Código Civil (Lei nº 10.406/2002) e a Lei do Inquilinato (Lei nº 8.245/91).

No Código Civil (arts. 565 a 578) encontramos a disciplina para **a locação de coisas**, enquanto a Lei do Inquilinato cuida especificamente da **locação de imóveis urbanos**, com algumas exceções. Neste livro, será trabalhada apenas a locação disciplinada pelo Código Civil.

Por contrato de locação tem-se a avença negocial em que um dos contratantes se obriga a disponibilizar determinada coisa infungível a outrem para o seu uso e gozo, por um lapso temporal, mediante certa retribuição que será denominada aluguel.

2. AS PARTES NO CONTRATO DE LOCAÇÃO

Aquele que disponibiliza a coisa será denominado **locador**, enquanto aquele que detém o seu uso e gozo, mediante o pagamento de certa retribuição, é denominado **locatário**.

3. NATUREZA JURÍDICA

O contrato de locação deve ser considerado como um contrato **oneroso**, já que ambas as partes envolvidas sofrem algum sacrifício patrimonial. Além disso, a locação é **informal**, sem imposição de forma previamente estipulada em lei; é **consensual**, se aperfeiçoando com o simples consenso entre as partes; é contrato de **execução futura continuada**, já que há o seu cumprimento no futuro por meio do pagamento de subvenções periódicas. Por fim, vale lembrar que o contrato de locação é **bilateral** diante do surgimento de obrigações para ambas os contratantes. As obrigações de cada um são relatadas a seguir.

4. OBRIGAÇÕES DO LOCADOR

Dentre as obrigações do locador, podemos mencionar:

a) entregar ao locatário a coisa alugada, com suas pertenças, em estado de servir ao uso a que se destina, e a mantê-la nesse estado, pelo tempo do contrato, salvo cláusula expressa em contrário (art. 566, I, CC);

b) garantir-lhe, durante o tempo do contrato, o uso pacífico da coisa (art. 566, II, CC);

c) resguardar o locatário dos embaraços e turbações de terceiros, que tenham ou pretendam ter direitos sobre a coisa alugada (art. 568, CC);

d) responder pelos vícios da coisa, ou defeitos, anteriores à locação (art. 568, CC);

e) havendo prazo ajustado no contrato, não exigir a coisa do locatário antes do seu término, sob pena de indenizá-lo por perdas e danos. Nesse caso, inclusive, surge para o locatário o direito de reter a coisa enquanto não devidamente indenizado (art. 571, CC).

5. OBRIGAÇÕES DO LOCATÁRIO

Enquanto o locador deve cumprir as obrigações mencionadas no item anterior, ao locatário caberá:

a) servir-se da coisa alugada para os usos convencionados ou presumidos, conforme a natureza dela e as circunstâncias, bem como tratá-la com o mesmo cuidado como se sua fosse, caso contrário poderá o locador rescindir o contrato e, ainda, exigir indenização por perdas e danos (art. 569, I, CC);

b) pagar pontualmente o aluguel nos prazos ajustados, e, em falta de ajuste, segundo o costume do lugar (art. 569, II, CC);

c) levar ao conhecimento do locador as turbações de terceiros, que se pretendam fundadas em direito (art. 569, III, CC);

d) restituir a coisa, finda a locação, no estado em que a recebeu, salvas as deteriorações naturais ao uso regular (art. 569, IV, CC);

e) havendo prazo ajustado, não devolver a coisa antes de seu término, sob pena de ter que arcar com o pagamento proporcional da multa prevista no contrato (art. 571, CC).

6. PERDA OU DETERIORAÇÃO DA COISA DURANTE A LOCAÇÃO

Se a coisa dada em locação vier a se perder ou sofrer alguma deterioração, deverá ser avaliado o comportamento do locatário no que tange ao ocorrido.

É que se a coisa tiver sofrido o evento danoso sem culpa do locatário, esse nada terá que responder. Além disso, poderá exigir uma redução proporcional do aluguel ou até mesmo a rescisão do contrato se a coisa não lhe servir mais (art. 567, CC).

Entretanto, se o evento danoso ocorrer estando em mora o locatário, este deverá indenizar o locador em perdas e danos, ainda que o evento danoso tenha se dado sem culpa sua, isto é, por caso fortuito ou força maior (art. 575, CC).

Por fim, se houver a perda ou deterioração por culpa do locatário, este deverá indenizar o locador pelas perdas e danos sofridos.

7. ALIENAÇÃO DA COISA DURANTE A LOCAÇÃO

Com o contrato de locação, o locador continua a ser proprietário do bem. Desse modo, de todo possível se mostra a sua alienação, mesmo durante o contrato de locação.

Nesse caso, o adquirente não ficará obrigado a respeitar o contrato, se nele não for consignada a **cláusula de sua vigência no caso de alienação**, e não constar de registro.

O registro exigido por lei variará a depender do bem locado. Em se tratando de bem móvel, o registro será o de Títulos e Documentos do domicílio do locador. Se imóvel, será o Registro de Imóveis da respectiva circunscrição.

Se o bem locado for um imóvel, o adquirente que não esteja obrigado a respeitar o contrato de locação, para reaver a coisa, deverá notificar o locatário concedendo-lhe um prazo de noventa dias para que o desocupe.

8. SOBRE A EXTINÇÃO DO CONTRATO DE LOCAÇÃO

Em se tratando de contrato de locação com **prazo determinado**, como visto alhures, é obrigação do locador e do locatário respeitar o seu termo. Importa notar que, nesse caso, findo o prazo estipulado, de pleno direito se exaure a locação sem necessidade de notificação por parte do locador para a constituição em mora do locatário.

Se corrido o lapso temporal e o locador não manifestar oposição pela permanência da locação, o contrato se protrairá, com base no aluguel já fixado, agora com prazo indeterminado.

Caso o contrato de locação seja por **prazo indeterminado**, originário ou superveniente, será necessária a manifestação do locador por meio de uma notificação ao locatário no sentido do exaurimento do contrato.

Na hipótese de **falecimento do locador ou do locatário**, urge salientar que a locação será transferida aos seus herdeiros, em se tratando de locação por prazo determinado. Para a locação por prazo indeterminado, admite-se o rompimento do contrato.

9. BENFEITORIAS REALIZADAS PELO LOCATÁRIO

Benfeitorias são as obras ou despesas realizadas na coisa com a finalidade de sua conservação, melhoramento ou embelezamento. Respectivamente, a depender de sua finalidade, as benfeitorias são nominadas de necessárias, úteis e voluptuárias (art. 96, CC).

Se no contrato de locação, o locatário promover tais benfeitorias, merecerá ele a devida **indenização** e, ainda, gozará do **direito de retenção** em se tratando de benfeitorias necessárias ou úteis, se estas houverem sido feitas com expresso consentimento do locador (art. 578, CC). Para o caso de benfeitorias voluptuárias, o locatário terá o direito de levantá-las se o locador não quiser pagar por elas. O levantamento da benfeitoria voluptuária será possível, evidentemente, desde que a sua retirada não cause dano à coisa.

DO CONTRATO DE EMPRÉSTIMO: MÚTUO E COMODATO

1. NOÇÕES INTRODUTÓRIAS

O contrato de empréstimo é aquele em que uma pessoa disponibiliza algo para outra, aguardando a devida devolução. Na percepção de Cristiano Chaves de Farias e Nelson Rosenvald: "De fato, a natural impossibilidade de uma pessoa obter todas as satisfações materiais que pretende justifica, de certo modo, o empréstimo, como um mecanismo de permitir o acesso a bens que, ordinariamente, não se poderia ter".[1]

2. ESPÉCIES DE CONTRATO DE EMPRÉSTIMO

A depender do que será emprestado o contrato de empréstimo poderá ser considerado de **comodato** ou de **mútuo**.

Contrato de **comodato** é o empréstimo de um **bem infungível**, também denominado **empréstimo de uso**, já que o bem a ser devolvido será exatamente o bem emprestado. Já o contrato de **mútuo** se trata do empréstimo de um **bem fungível**, sendo também chamado de **empréstimo de consumo**, uma vez que o bem a ser devolvido não precisará ser exatamente o bem emprestado. A seguir, analisaremos cada um deles.

3. DO CONTRATO DE COMODATO

Etimologicamente, comodato vem do latim *commodum datum* que quer dizer dar comodidade a alguém. Com aperfeiçoamentos jurídicos inevitáveis, por comodato hoje se tem o negócio pelo qual se empresta um bem infungível, seja móvel ou imóvel, a outrem para que seja devolvido exatamente o mesmo bem àquele que o emprestou.

Excepcionalmente, é possível enquadrar na figura contratual de comodato o empréstimo de um bem fungível em que as partes por força da convenção estipularão exatamente a devolução daquele mesmo bem. A esse comodato dá-se

---

[1] FARIAS, Cristiano Chaves de. ROSENVALD, Nelson. *Direito dos contratos*. Rio de Janeiro: Lumen Juris, 2011. p. 843.

o nome de **comodato** *ad pompa vel ostentationis causa*. Ex.: O empréstimo de objetos para ornamentação ou enfeite.

3.1. As partes no contrato de comodato

As partes em um contrato de comodato são o **comodante** e o **comodatário**. O comodante é aquele que disponibiliza o bem a outrem, é aquele que o empresta. O comodatário é aquele que recebe o bem com a obrigação de restituí-lo.

3.2. Natureza jurídica

O contrato de comodato deve ser considerado como um contrato **unilateral**, uma vez que apenas uma das partes arcará com uma obrigação. Essa parte é o comodatário que tem a obrigação de devolver o bem emprestado. O comodante não terá obrigação alguma. Colocar o bem à disposição do comodatário não pode ser considerado como obrigação do comodato, já que tal ato apenas constitui a causa de formação do contrato.

Há quem entenda que o contrato de comodato deveria ser considerado como um contrato bilateral imperfeito, já que o comodante não pode exigir a coisa antes do prazo. Esse posicionamento não encontra acerto, porém, uma vez que o respeito ao prazo deve ser aplicado a todo e qualquer contrato.

O contrato de comodato trata-se de contrato **gratuito**, já que apenas uma das partes – o comodante – sofrerá sacrifício patrimonial. Isso porque o comodatário não apresenta qualquer obrigação de pagamento de aluguéis ao comodante. Se houvesse a imposição de pagamento de aluguéis ao comodante, mudar-se-ia a categoria negocial para contrato de locação e não de comodato. Lembre-se, ademais, que a imposição de o comodatário ter que arcar com tributos ou despesas condominiais, não desnatura a natureza do contrato de comodato como gratuito.

Trata-se o contrato de comodato de contrato **real**, uma vez que, por disposição expressa do art. 579 do CC, o comodato se perfaz com a entrega da coisa. Assim, não basta o consenso para que esse contrato se aperfeiçoe, é imprescindível a tradição do objeto.

O contrato de comodato é **típico** diante da apresentação de disciplina mínima em lei (arts. 579 a 585, CC) e, além disso, **informal** já que não há imposição legal de forma para a realização do contrato.

3.3. Aspectos subjetivos relevantes no contrato de comodato

O comodante não precisa necessariamente ser o proprietário, basta que tenha a posse direta da coisa. Tanto é assim que o usufrutuário e superficiário podem dar bens em comodato a terceira pessoa.

Em se tratando de locatário, de acordo com o art. 13 da Lei nº 8.245/91, ele só poderá dar o bem locado em comodato mediante consentimento prévio e escrito por parte do locador.

Cap. 45 – DO CONTRATO DE EMPRÉSTIMO: MÚTUO E COMODATO

O Código Civil em seu art. 580 estabelece a impossibilidade de concessão de um bem em comodato pelos tutores, curadores e administradores em geral.

Aos tutores cabe a administração dos bens dos menores incapazes na falta dos pais (art. 1.741, CC). Aos curadores cabe a administração dos bens dos maiores incapazes (art. 1.781, CC). Essas pessoas não poderão dar em comodato os bens confiados à sua guarda. O mesmo se diga em relação aos administradores em geral, como, por exemplo, um síndico. Todas essas pessoas, se pretenderem a celebração de um contrato de comodato, deverão obter um alvará judicial para tanto.

3.4. Obrigações do comodatário e efeitos do contrato de comodato

1ª) O comodatário, já que tem a posse direta da coisa, deverá conservá-la como se sua fosse. Desse modo, deverá empregar a diligência que o próprio proprietário emprega na administração e conservação de seus bens. Ademais, o comodatário deverá utilizar a coisa dando a ela a finalidade compatível com a sua natureza ou convencionada no contrato, sob pena de responder por perdas e danos.

2ª) O comodatário não poderá cobrar do comodante as despesas feita com o uso e gozo da coisa, podendo exigir apenas as despesas extraordinárias porventura necessárias. Ex.: "A" deu em comodato a sua casa de praia a "B". As despesas que "B" tiver com o consumo de água e de luz não poderão ser cobradas de "A", porém, o conserto que "B" teve que fazer no telhado que desmoronava, esse poderá ser cobrado.

3ª) Se o contrato estipular prazo, em havendo o seu término, o comodatário deverá restituir a coisa. Ao contrário, se o contrato for por prazo indeterminado, a devolução da coisa será imperiosa após o curso do lapso temporal previsto na notificação feita pelo comodante ao comodatário para a devolução da coisa. Caso não haja a devolução, o art. 582 do CC estabelece que o comodatário deverá arcar com o pagamento de um aluguel. Há manifestação doutrinária criticando a redação desse artigo quando da menção da palavra "aluguel", o que acaba por passar a impressão de que o contrato de comodato seria convertido automaticamente em contrato de locação, o que deveras não será possível. Assim, a interpretação adequada é no sentido de que, embora o referido artigo mencione aluguel ele quer se referir a uma multa que será fixada tendo por base o valor de um aluguel, caso se tratasse de um contrato de locação (art. 582, CC e Enunciado nº 180, CJF). Caso não haja a devolução do bem, caberá, em se tratando de bem imóvel, o manejo de ação de reintegração de posse; e em se tratando de bem móvel, caberá ação de busca e apreensão.

4ª) Em regra, se a coisa dada em comodato vier a se perder, aplica-se a regra *res perit domino*, isto é, a coisa se perde para o seu dono (o comodante), salvo na hipótese de a coisa vir a se perder por culpa do comodatário, caso em que o comodatário deverá pagar ao comodante o equivalente ao valor da coisa e, ainda, indenizá-lo por perdas e danos (arts. 238 e 239, CC).

5ª) Se a coisa dada em comodato correr risco de se perder ou deteriorar, o comodatário deverá protegê-la e salvá-la com prioridade. Assim, ainda que o risco envolva bens próprios do comodatário e o objeto do comodato, o comodatário deverá em primeiro lugar salvaguardar o que lhe foi dado em comodato, caso contrário responderá o comodatário, ainda que a coisa tenha se perdido por caso fortuito ou força maior (art. 583, CC).

6ª) Sendo duas ou mais pessoas comodatárias de um bem, todas serão consideradas responsáveis solidariamente pelo bem, conforme disposição expressa do art. 585 do CC. Trata-se claramente de hipótese de solidariedade por imposição de lei.

3.5. Comodato com prazo determinado e indeterminado

Como dito alhures, o contrato de comodato poderá ser realizado com prazo determinado ou indeterminado. No primeiro caso, observar-se-á o prazo previamente estipulado para que após o seu transcurso surja para o comodante o direito de exigir a coisa de volta. Exceção aventa-se em caso de necessidade imprevista e urgente por parte do comodante que poderá exigir a coisa antes do término do prazo estabelecido no contrato. Ex.: "A" empresta uma casa a "B" por um prazo de 8 meses. Porém, 3 meses após a celebração do contrato a outra casa que "A" possuía e residia com a sua família é tomada por um incêndio vindo a destruir--se totalmente. "A", agora sem lugar para abrigar a sua família, pode pretender a devolução da casa que havia dado em comodato a "B".

Em se tratando de contrato com prazo indeterminado, devem ser observados dois aspectos: primeiro, o cumprimento da finalidade a que a coisa se destinava (ex.: se empresto uma casa a "A" para que realize nela um festival de inverno, findo o inverno, já poderei exigir a casa de volta); e segundo, se a coisa não foi emprestada com finalidade alguma, premente se torna a necessidade de notificação judicial ou extrajudicial ao comodatário, manifestando o desejo do comodante de retomar a coisa. Caso o prazo dado na notificação tenha corrido e não tenha havido a devolução da coisa, adentrará o comodatário aos efeitos da mora, inclusive com a imposição de indenização pela não devolução da coisa.

4. DO CONTRATO DE MÚTUO

Contrato de mútuo é a figura negocial por meio da qual alguém transfere a propriedade de uma coisa fungível e consumível a outra, e essa se obriga a devolver outra da mesma espécie, qualidade e quantidade.

Por fungível tem-se o bem móvel que pode ser substituído por outro da mesma espécie, qualidade e quantidade (art. 85, CC). Quando além de fungível, menciona-se que o bem deverá ser consumível, deve ser percebido que a noção de fungibilidade é mais ampla do que a de consuntibilidade, isto é, a definição de bem fungível abarcaria a de bem consumível. Muitas vezes, exatamente porque o bem se destruiu, impõe-se a necessidade de sua substituição por outro da mesma espécie, qualidade e quantidade.

Cap. 45 – DO CONTRATO DE EMPRÉSTIMO: MÚTUO E COMODATO

Ressalte-se que, embora o contrato de mútuo também seja uma modalidade de contrato de empréstimo, não se pode confundi-lo com o comodato, pois nesse último o que se empresta é um bem infungível e inconsumível. Portanto, de início, atentemos para o quadro comparativo abaixo:

Mútuo	Comodato
Objeto: bem fungível e consumível.	Objeto: bem infungível e inconsumível.
Transfere-se a propriedade do bem.	Transfere-se a posse direta do bem.
Empréstimo de consumo.	Empréstimo de uso.

4.1. As partes no contrato de mútuo

Como partes no contrato de mútuo se encontram o **mutuante** e o **mutuário**.

- **Mutuante** é aquele que empresta a coisa, transferindo a propriedade do bem fungível a outrem.

- **Mutuário** é aquele que recebe a coisa e assume a obrigação de devolver outra da mesma espécie, qualidade e quantidade. Havendo o falecimento do mutuário essa obrigação será transmitida aos herdeiros deste dentro das forças da herança.

4.2. Natureza jurídica

O contrato de mútuo se manifesta como **típico**, uma vez que disciplinado no Código Civil nos arts. 586 a 592. Além disso, trata-se de contrato **real**, constituindo-se somente após a entrega da coisa, não bastando, portanto, o simples consenso das partes.

Apresenta-se, outrossim, como contrato **unilateral**, já que apenas o mutuário tem a obrigação de devolver o que tomou a título de empréstimo. Ademais, em regra, o contrato de mútuo se manifesta como contrato **gratuito,** posto o sacrifício patrimonial se manifestar apenas para o mutuante que disponibiliza o bem. Contudo, ressalte-se que a gratuidade existe apenas em regra. É que excepcionalmente é possível que o contrato de mútuo se apresente como oneroso, como ocorre com o empréstimo de dinheiro a juros, também chamado de mútuo feneratício.

4.3. Da restituibilidade

Como dito alhures, no contrato de mútuo há a translatividade do domínio da coisa para o mutuário, ou seja, é característica desse contrato a transferência da propriedade da coisa ao mutuário. Porém, é comum dizer que a propriedade transferida não é de todo definitiva já que se impinge ao mutuário a restituição do equivalente ao que foi recebido.

Conforme disposto no art. 590 do CC, o mutuante pode exigir garantia da restituição, se antes do vencimento o mutuário sofrer notória mudança em sua situação econômica.

A restituição se dará no prazo avençado no contrato, todavia, se o contrato for silente em tal ponto, observar-se-ão as seguintes regras, previstas no art. 592 do CC:

I) até a próxima colheita, se o mútuo for de produtos agrícolas, assim para o consumo, como para semeadura;

II) de trinta dias, pelo menos, se for de dinheiro;

III) do período de tempo que declarar o mutuante, se for de qualquer outra coisa fungível.

4.4. O mútuo feito a menor

A pessoa do mutuário deverá apresentar capacidade de fato para contrair algo a título de empréstimo. Caso contrário, deverá estar devidamente representado ou assistido quando da celebração do contrato.

Estreitando a perspectiva, não poderá ser exigida a restituição do que se deu a título de empréstimo quando a pessoa a quem se deu o bem for um menor, sem a autorização de quem lhe tem a guarda (pais ou tutor).

A regra está prevista no art. 588 do CC com a seguinte redação: "O mútuo feito a pessoa menor, sem prévia autorização daquele sob cuja guarda estiver, não pode ser reavido nem do mutuário, nem de seus fiadores". Ex.: Se "A" empresta a "B" – um menino de 12 anos –, sem autorização dos pais de "B", a quantia de R$ 1.000,00, posteriormente nada poderá ser exigido de "B" e nem algum fiador que porventura exista.

Entretanto, existem algumas exceções previstas no art. 589 do CC que autorizarão a cobrança por parte do mutuante. São elas:

I) se a pessoa, de cuja autorização necessitava o mutuário para contrair o empréstimo, o ratificar posteriormente. A lei aqui aventa a possibilidade de ratificação superveniente.

II) se o menor, estando ausente o guardião, se viu obrigado a contrair o empréstimo para os seus alimentos habituais. Nessa hipótese, a lei não poderia deixar à deriva o mutuante que diante do caráter emergencial do pleito do menor, forneceu-lhe o socorro necessário.

III) se o menor tiver bens ganhos com o seu trabalho. Mas, em tal caso, a execução do credor não lhes poderá ultrapassar as forças. Essa hipótese nem merecia ser cogitada pelo legislador. É que a bem da verdade, se o menor tiver bens ganhos com o seu trabalho, certamente terá ocorrido fator abonador da emancipação previsto no art. 5º, V, CC e, desse modo, automaticamente, o menor já terá capacidade plena.

IV) se o empréstimo reverteu em benefício do menor. A possibilidade retromencionada se refere à situação em que, em virtude do mútuo, o menor obteve algum ganho patrimonial. Aqui, protege-se o mutuante que pode exigir o equivalente ao que se emprestou de volta, pois, caso contrário, ocorreria um indevido enriquecimento em favor do menor, o que é vedado no Código Civil (arts. 884 a 886).

Cap. 45 – DO CONTRATO DE EMPRÉSTIMO: MÚTUO E COMODATO

V) se o menor obteve o empréstimo maliciosamente. Essa última hipótese se reporta ao menor que oculta a sua idade ou se declara maior no ato de obrigar-se de tal modo a enganar a pessoa do outro contratante se fazendo passar por uma pessoa plenamente capaz para a prática dos atos da vida civil. Como ninguém poderá se beneficiar de sua própria torpeza, a restituição do que foi emprestado poderá ser exigido pelo mutuante. A hipótese está em total sintonia com a previsão ao art. 180 do CC que tem respaldo no princípio da boa-fé objetiva.

4.5. O mútuo feneratício

Mútuo feneratício é a denominação que se emprega para o empréstimo de dinheiro a juros. Quando o mutuante empresta dinheiro ao mutuário, há a presunção de que os juros terão incidência automaticamente.

Para que se compreenda como esses juros se manifestam é importante notar a seguinte classificação dos juros quanto à sua finalidade:

* **Juros compensatórios ou remuneratórios:** são aqueles que têm por finalidade recompensar o uso do capital alheio, isto é, são devidos em razão da utilização de capital de outrem, como ocorre, por exemplo, no mútuo feneratício, que é o empréstimo de dinheiro a juros. Portanto, ainda que se pague em dia serão devidos os juros compensatórios ou remuneratórios (art. 591, CC).

* **Juros moratórios:** são aqueles que têm finalidade indenizatória e terão incidência na hipótese de atraso no cumprimento da obrigação. Essa espécie de juros incide desde a constituição em mora da parte e independem de alegação e prova de qualquer prejuízo sofrido.

Apresentadas as espécies de juros, adentremos nesse momento à leitura do art. 591, CC: "Destinando-se o mútuo a fins econômicos, presumem-se devidos juros, os quais, sob pena de redução, não poderão exceder a taxa a que se refere o art. 406, permitida a capitalização anual".

Algumas conclusões devemos extrair do referido artigo:

* os juros ali mencionados são os compensatórios;

* há uma presunção da incidência de tais juros, isto é, eles terão cabimento independente de expressa previsão contratual. Vale lembrar a redação do **Enunciado nº 34 do CJF:** "No novo Código Civil, quaisquer contratos de mútuo destinados a fim econômicos presumem-se onerosos (art. 591) ficando a taxa de juros compensatórios limitada ao disposto no art. 406, com capitalização anual";

* o dispositivo legal admite a cobrança de juros compostos, prática também denominada anatocismo. Vale lembrar que em regra o anatocismo é vedado em nosso ordenamento, sendo admitido excepcionalmente em hipóteses expressamente autorizadas, como a que ocorre no artigo;

* no silêncio do contrato os juros compensatórios serão calculados em seu limite máximo considerando a taxa já prevista no art. 406 do CC que se refere aos juros moratórios. Tal artigo expõe que:

Quando os juros moratórios não forem convencionados, ou o forem sem taxa estipulada, ou quando provierem de determinação da lei, serão fixados segundo a taxa que estiver em vigor para a mora do pagamento de impostos devidos à Fazenda Nacional.

Dúvida que surge é em relação a que taxa está se referindo o art. 406. Para explicá-lo existem dois posicionamentos, a seguir expostos:

1º) Com o Código Civil de 2002 não há mais taxa fixa a ser aplicada, sendo levada em consideração a chamada taxa SELIC (Sistema Especial de Liquidação e Custódia), que se traduz nos índices fixados periodicamente pelo Conselho Monetário Nacional.

2º) O critério a ser aplicado pelo Código Civil de 2002 é o que está previsto no art. 161, § 1º, do CTN, que é de 1% ao mês. Aqui, remetemos o leitor ao Direito Obrigacional, especificamente, ao estudo dos juros, já abordado nesta obra.

DO CONTRATO DE PRESTAÇÃO DE SERVIÇO

1. NOÇÕES INTRODUTÓRIAS

A prestação de serviço é gênero enorme que a depender de caracteres próprios pode ser regida pelo Código Civil, por leis especiais ou por leis trabalhistas.

Evidentemente que a prestação de serviço que será trabalhada neste livro é aquela que se encontra no Código Civil nos arts. 593 a 609. De acordo com Sílvio Venosa ao se referir ao Código Civil:

> No corrente diploma continuam a ser parcos os dispositivos sobre o tema, mas há que se compreender que essa disciplina é residual, destinada a um espectro mais restrito de negócios jurídicos. O grande universo de prestação de serviço é regulado pela legislação trabalhista.[1]

Desse modo, qualquer pessoa pode se obrigar a desempenhar determinada atividade para outrem mediante uma retribuição. Perceba que para que as regras aplicáveis sejam as do Código Civil é imprescindível que não haja qualquer subordinação hierárquica do prestador de serviço em relação à outra parte que o toma. Desse modo, se contrato uma pessoa para cantar músicas em minha festa, o cantor escolherá as músicas que bem entender e as cantará na ordem que quiser. Note que não há a administração ou ordem de quem o contratou.

2. NATUREZA JURÍDICA

O contrato de prestação de serviço é **oneroso**, sendo que ambas as partes contratantes sofrerão sacrifícios patrimoniais. Todavia, na VI Jornada de Direito Civil foi aprovado o Enunciado nº 541, com o seguinte teor: "O contrato de prestação de serviço pode ser gratuito".

Além disso, trata-se de contrato **bilateral**, já que as duas partes terão obrigações a cumprir, realçando que a obrigação do prestador de serviço se traduz no desempenho de uma atividade, isto é, uma obrigação de fazer, enquanto a

---

[1] VENOSA, Sílvio de Salvo. *Código Civil interpretado*. São Paulo: Atlas, 2010. p. 597.

prestação da outra parte se limitará a um dar na medida em que deverá haver o pagamento da retribuição devida.

O contrato de prestação de serviço é também **consensual** já que se aperfeiçoa com o simples consenso das partes, podendo ser **pessoal ou impessoal** a depender da natureza da obrigação ou da estipulação contratual.

Por fim, deve ser percebido que o contrato de prestação de serviço é **informal**, sem que o Código Civil exija qualquer forma para a sua celebração. Nada obstante, há previsão no art. 595 do CC no sentido de que quando qualquer das partes não souber ler, nem escrever, o instrumento poderá ser assinado a rogo e subscrito por duas testemunhas. É importante notar que isso não implica a imposição de forma escrita, tanto é assim que muitos contratos de prestação de serviços são celebrados verbalmente.[2]

3. A RETRIBUIÇÃO

A retribuição representa a contraprestação que deverá arcar aquele que toma o serviço. Sobre ela, não se tendo estipulado, nem chegado a acordo as partes, fixar-se-á por arbitramento, segundo o costume do lugar, o tempo de serviço e sua qualidade.

A retribuição só pode ser exigida pelo prestador de serviço após a prestação de serviço, se nada foi estipulado em sentido contrário no contrato, ou então, se por força de costume não houver de ser adiantada, ou paga em prestações.

Geralmente, a retribuição se materializa em dinheiro, porém, não há óbice que seja dada em espécie.

Caso o serviço tenha sido prestado por pessoa inabilitada para o desempenho da atividade ou que não satisfaça requisitos outros estabelecidos em lei, não poderá ser exigido pelo prestador do serviço a remuneração. Esta será devida, todavia, se a outra parte **se beneficiar da prestação de serviço** e se o prestador de serviço tiver atuado com **boa-fé**, cabendo-lhe uma compensação razoável, sob pena de configuração de indevido enriquecimento em favor de outra parte. Ex.: Uma parteira, sem habilitação fornecida pelo Conselho de Medicina, em pequenina cidade do interior, na noite de Natal, realiza o parto de uma criança, posto não haver médicos obstetras disponíveis no momento para a realização do parto. É evidente que a parteira merecerá tal retribuição.

A retribuição somente não poderia ser exigida se a proibição da prestação de serviço resultar de lei de ordem pública. Essa é a previsão do parágrafo único

---

[2] Sobre o art. 595 do CC, a Terceira Turma do STJ se manifestou no sentido de que a incidência desse dispositivo, "na medida em que materializa o acesso à informação imprescindível ao exercício da liberdade de contratar por aqueles impossibilitados de ler e escrever, deve ter aplicação estendida a todos os contratos em que se adote a forma escrita, ainda que esta não seja exigida por lei. A aposição de digital não se confunde, tampouco substitui a assinatura a rogo, de modo que sua inclusão em contrato escrito somente faz prova da identidade do contratante e da sua reconhecida impossibilidade de assinar" (STJ, REsp 1.868.099-CE, Rel. Min. Marco Aurélio Bellizze, Terceira Turma, por unanimidade, julgado em 15/12/2020, *DJe* 18/12/2020. Informativo nº 684).

do art. 606 do CC que nos remete a diversas dúvidas. Nessa senda, Pablo Stolze Gagliano e Rodolfo Pamplona Filho cogitam:

> O que é uma "lei de ordem pública"? Será que a mencionada previsão constitucional de imprescindibilidade de concurso para acesso a cargo público não seria uma "lei de ordem pública"? Será que a habilitação específica para o exercício da profissão de advogado, médico ou engenheiro não seria também uma "lei de ordem pública"? Trata-se, portanto, de um conceito aberto que deverá ser colmatado pela jurisprudência. Se a exegese que prevalecer for ampla demais, não duvidaremos da sua inconstitucionalidade, por negar eficácia ao valor social do trabalho e da livre iniciativa (lembre-se que a premissa é a atuação de boa-fé do prestador, com real benefício do tomador!), princípio fundamental da República Federativa do Brasil, na forma do art. 1º, IV, da Constituição Federal.[3]

4. A TEMPORARIEDADE

O contrato de prestação de serviços é eminentemente **temporário**, ou seja, cinge-se a um lapso temporal em que o prestador do serviço deverá desempenhar a sua atividade. Com base nisso e para que se evite a possibilidade de abuso da parte mais forte no contrato em detrimento da parte mais fraca, o Código Civil em seu art. 598 estipula que a prestação de serviço não se poderá convencionar por mais de **quatro anos**. Caso ocorra o alcance dos quatro anos e o serviço não tiver acabado será necessário a elaboração de um novo contrato.

Excepcionalmente, mesmo para os contratos com prazo inferior a quatro anos, tem-se verificado a possibilidade de redução do prazo equitativamente pelo juiz, em clara relativização do *pacta sunt servanda* e observância aos princípios da boa-fé objetiva e da função social.

No prazo do contrato não se considerará o tempo em que o prestador de serviço, por culpa sua, deixou de servir. Ex.: "A" contrata um pedreiro durante um período de 3 meses para a construção de um barracão. Porém, desses 3 meses, 15 dias o pedreiro ficou afastado por participar de festejos regionais em sua cidade natal. É evidente que esses 15 dias não serão considerados para o cômputo do prazo.

Se o contrato for celebrado com **prazo indeterminado**, qualquer das partes poderá pretender colocar fim ao contrato mediante aviso prévio a outra parte que deverá se manifestar da seguinte forma:

I) com antecedência de oito dias, se o salário se houver fixado por tempo de um mês, ou mais;

II) com antecipação de quatro dias, se o salário se tiver ajustado por semana, ou quinzena;

III) de véspera, quando se tenha contratado por menos de sete dias.

---

[3] GAGLIANO, Pablo Stolze; PAMPLONA FILHO, Rodolfo. *Novo curso de direito civil:* contratos. v. IV. Tomo II. São Paulo: Saraiva, 2008. p. 246.

O **aviso prévio** se mostra inafastável para proteção de ambas as partes. Para o prestador de serviço, para que este possa procurar outra atividade e para o tomador do serviço, para que esse possa buscar um substituto para o desempenho da atividade. A parte que violar o aviso prévio arcará com indenização por perdas e danos.

Se o contrato de prestação de serviço for por **prazo determinado** ou por **realização de obra determinada**, o prestador do serviço não poderá se ausentar, ou despedir, sem justa causa, antes de preenchido o tempo, ou concluída a obra. Caso venha a se despedir sem justa causa, terá direito à retribuição vencida, mas responderá por perdas e danos. O mesmo dar-se-á, se despedido por justa causa (art. 602, CC).

Se o prestador de serviço for despedido sem justa causa, a outra parte será obrigada a pagar-lhe por inteiro a retribuição vencida, e por metade a que faltar até o término do contrato (art. 603, CC).

5. O ALICIAMENTO DO PRESTADOR DE SERVIÇO E A TUTELA EXTERNA DO CRÉDITO

O art. 608 do CC contempla regra que, em verdade, tem por supedâneo o princípio da **boa-fé objetiva** ao esclarecer:

> Aquele que aliciar pessoas obrigadas em contrato escrito a prestar serviço a outrem pagará a este a importância que ao prestador de serviço, pelo ajuste desfeito, houvesse de caber durante dois anos.

De fato, a realidade contratual que se manifesta atualmente se inclina pela atenuação do princípio da relatividade dos contratos. Por esse princípio o contrato somente produziria efeitos em relação aos contratantes envolvidos. Hodiernamente, o contrato produz efeitos em relação às partes envolvidas, mas também se mostra espraiando os seus efeitos por toda a sociedade em virtude da função social que deve desempenhar.

A premissa é a de que, embora o contrato diga respeito *a priori* aos contratantes e apenas em relação a eles produz os seus efeitos, não poderá ficar esquecido que a terceiros não é dado o direito de atingir aquela relação contratual anteriormente entabulada.

O **Enunciado nº 21 do CJF**, aprovado na I Jornada de Direito Civil, estabelece que: "A função social do contrato, prevista no art. 421 do novo Código Civil, constitui cláusula geral, a impor a revisão do princípio da relatividade dos efeitos do contrato em relação a terceiros, implicando a tutela externa do crédito".

Por meio deste enunciado, devemos entender que se permanecermos vinculados a uma concepção individualista do contrato, não será possível a responsabilização de terceiro que porventura desvia um dos contratantes da rota desejada quando da avença. O que se quer propor por meio desse enunciado é exatamente a responsabilização do terceiro que perturba a relação jurídica obrigacional primitiva em virtude do aliciamento a um dos contratantes. Eis a aplicação da **teoria da tutela externa do crédito**.

6. A EXTINÇÃO DO CONTRATO DE PRESTAÇÃO DE SERVIÇO

São várias as possibilidades de um contrato de prestação de serviços se extinguir:

a) quando houver a morte de qualquer das partes, para o contrato de prestação de serviços pessoal;

b) pelo escoamento do prazo;

c) pela conclusão da obra;

d) pela rescisão do contrato mediante aviso prévio;

e) por inadimplemento de qualquer das partes;

f) pela impossibilidade da continuação do contrato, motivada por força maior;

g) pelo distrato.

O art. 604 do CC ainda prevê que findo o contrato, o prestador de serviço tem direito a exigir da outra parte a declaração de que o contrato está findo. Igual direito lhe cabe, se for despedido sem justa causa, ou se tiver havido motivo justo para deixar o serviço.

Por fim, deve ser lembrado que se a prestação de serviços se opera em prédio agrícola, havendo a alienação do referido prédio, tal fato não importará a rescisão do contrato, salvo ao prestador opção entre continuá-lo com o adquirente da propriedade ou com o primitivo contratante (art. 609, CC). Em conclusão, Paulo Luiz Netto Lôbo aduz: "Na hipótese de prestação de serviços rurais, o vínculo dá-se com a atividade no imóvel, independentemente de seu titular".[4]

---

[4] LOBO, Paulo Luiz Netto. Das várias espécies de contratos. In: PEREIRA, Rodrigo da Cunha (coord.). *Código Civil anotado*. Porto Alegre: Síntese, 2004. p. 374.

DO CONTRATO DE EMPREITADA

1. NOÇÕES INTRODUTÓRIAS

Oportuno lembrar, de início, que no **Direito Romano**, a locação comportava a seguinte classificação:

- locação de coisas;
- locação de serviços, hoje denominado prestação de serviço;
- locação de obra, hoje denominado contrato de empreitada, objeto de estudo no presente capítulo.

O contrato de empreitada é aquele por meio do qual um dos contratantes se obriga, sem qualquer relação de subordinação, a realizar determinada obra para outrem, mediante o pagamento de uma remuneração integral ou proporcional ao trabalho desempenhado.

2. AS PARTES NO CONTRATO DE EMPREITADA

Aquele que se obriga à realização da obra se denomina **empreiteiro**; a outra parte responsável pelo pagamento da remuneração é denominado **dono da obra ou comitente**.

3. DISTINÇÃO NECESSÁRIA: EMPREITADA X PRESTAÇÃO DE SERVIÇO

Comum é a confusão entre os contratos de prestação de serviço e de empreitada. Com precisão cirúrgica, Vitor Frederico Kümpel promove excelente distinção:

> Muito difícil distinguir a prestação de serviços da empreitada. Em ambos os contratos há uma atividade pessoal em favor de outrem e o objeto poderá ser uma obra. A diferença está no critério finalístico, visto que na empreitada busca-se a obra perfeita e acabada, tendo destaque o fim desta. Enquanto na prestação de serviços o destaque está na atividade do obreiro, não que não seja importante o fim da obra. A empreitada é uma obrigação de resultado, ao passo que a prestação de serviços é uma obrigação de meio. O empreiteiro está comprometido com a entrega da obra concluída, enquanto

o prestador de serviços está comprometido com suas atividades, em cada uma de suas etapas, sendo que em cada uma delas encerra o cumprimento de uma obrigação.[1]

4. NATUREZA JURÍDICA

O contrato de empreitada trata-se de contrato **oneroso**, já que ambas as partes sofrem sacrifícios patrimoniais; se apresenta como **bilateral** diante das obrigações de ambas as partes (um realiza a obra, o outro paga a remuneração); é **típico**, já que disciplinado no Código Civil nos arts. 609 a 626; é **consensual**, uma vez que se aperfeiçoa com o simples consenso das partes; e é **informal**, já que a lei não exige nenhuma forma para a sua realização, ressalve-se, todavia, a necessidade de forma escrita apenas para a situação de exigência de acréscimo no preço, caso haja modificações no plano da obra, conforme dispõe o art. 619, CC.

Finalmente, o contrato de empreitada poderá ser **pessoal ou impessoal**, a depender se a atividade somente poderá ser desempenhada pelo empreiteiro ou por outrem. Se o contrato for impessoal, poderá haver a **subempreitada**, que se trata de um contrato acessório decorrente do contrato de empreitada em que o empreiteiro delega sua atividade a terceiros, continuando, porém, responsável integralmente perante o dono da obra.

Vale lembrar ainda que em se tratando de contrato de empreitada impessoal, havendo a morte do empreiteiro, não se extinguirá o contrato devendo os herdeiros do empreiteiro responder por suas obrigações dentro das forças da herança. O mesmo se diga se o falecimento for do dono da obra (art. 626, CC).

5. CLASSIFICAÇÃO DA EMPREITADA

5.1. Quanto à determinação da remuneração a ser paga

5.1.1. *Empreitada de preço fixo ou* marché a forfait

É aquela por meio do qual se fixa uma remuneração previamente pela execução da obra inteira, sem qualquer fracionamento. Essa modalidade se subdivide em empreitada de preço fixo absoluto e relativo.

a) **Empreitada de preço fixo absoluto:** nessa modalidade não se admite qualquer variação no preço, não importando o que foi gasto com a execução da obra, seja de material ou de mão de obra.

b) **Empreitada de preço fixo relativo:** é aquela em que se admite eventual variação no preço da execução da obra, em razão de fatos ainda não constatados.

5.1.2. *Empreitada por medida,* ad mensuram *ou* marché sur devis

Por meio dessa modalidade, constata-se uma maior flexibilidade no contrato de empreitada. É que aqui a obra será fracionada, comportando as chamadas

---

[1] KUMPEL, Vítor Frederico. *Direito dos contratos*. São Paulo: Saraiva, 2005. p. 209.

Cap. 47 – DO CONTRATO DE EMPREITADA

medições. De acordo com o art. 614 do CC, se a obra constar de partes distintas, ou for de natureza das que se determinam por medida, o empreiteiro terá direito a que também se verifique por medida, ou segundo as partes em que se dividir, podendo exigir o pagamento na proporção da obra executada. Há ainda a presunção de que tudo o que foi pago resultou da verificação do dono da obra (art. 614, § 1º, CC). Além disso, o que se mediu presume-se verificado se, em trinta dias, a contar da medição, não forem denunciados os vícios ou defeitos pelo dono da obra ou por quem estiver incumbido da sua fiscalização (art. 614, § 2º, CC).

5.1.3. Empreitada de valor reajustável

É aquela em que as partes preveem um reajustamento prévio e automático do valor das prestações.

5.1.4. Empreitada por preço máximo

É aquela em que é apresentado ao empreiteiro o montante máximo que poderá ser gasto com a obra.

5.1.5. Empreitada por preço de custo

É aquela em que o empreiteiro fornece os materiais mais a mão de obra, sendo-lhe assegurado aquilo que foi gasto com o custo da obra, além de um lucro pré-estimado.

5.2. Quanto ao modo de execução do trabalho

5.2.1. Empreitada de lavor ou de mão de obra

É aquela em que o empreiteiro disponibiliza apenas a sua força de trabalho. Nesta modalidade de empreitada, o empreiteiro somente assume uma obrigação de fazer.

5.2.2. Empreitada mista ou global

É aquela em que são disponibilizados a força de trabalho e os materiais necessários para a consecução da obra. Aqui amplia-se a obrigação do empreiteiro que deve o cumprimento de uma obrigação de fazer e, também, uma obrigação de dar, mediante o fornecimento dos materiais necessários.

A regra, conforme art. 610, § 1º, CC, é que a empreitada seja de lavor, pois a empreitada mista não se presume, resultando apenas da lei ou da vontade das partes.

O Código Civil estabelece em seu art. 620 que havendo a diminuição no preço do material superior a um décimo do preço global, é possível que o dono da obra solicite a **revisão do contrato**, em clara afeição à vedação a onerosidade excessiva e ao princípio da justiça contratual.

6. DIREITOS E OBRIGAÇÕES DO EMPREITEIRO

Os direitos do empreiteiro podem ser resumidos aos itens seguintes:

a) receber a remuneração convencionada;

b) não ser obrigado a executar a obra ou fiscalizá-la quando tiver sido contratado para apenas elaborar o seu projeto;

c) exigir a aceitação da obra se ela tiver sido concluída de acordo com o ajuste, ou o costume do lugar;

d) exigir a medição das partes concluídas em se tratando de empreitada por medida, podendo exigir o pagamento de tais partes, conforme previsão do art. 614, CC;

e) ceder o contrato de empreitada, desde que sua atividade seja impessoal, dando origem ao que se denomina subempreitada, continuando, porém, responsável pelo resultado da obra;

f) suspender a obra nas seguintes situações:

- por culpa do dono, ou por motivo de força maior;

- quando, no decorrer dos serviços, se manifestarem dificuldades imprevisíveis de execução, resultantes de causas geológicas ou hídricas, ou outras semelhantes, de modo que torne a empreitada excessivamente onerosa, e o dono da obra se opuser ao reajuste do preço inerente ao projeto por ele elaborado, observados os preços;

- se as modificações exigidas pelo dono da obra, por seu vulto e natureza, forem desproporcionais ao projeto aprovado, ainda que o dono se disponha a arcar com o acréscimo de preço.

No que tange às obrigações do empreiteiro, são elas:

a) executar a obra conforme o que foi contratado;

b) quando fornecer os materiais, ser responsável pelos riscos até o momento da entrega da obra, a contento de quem a encomendou, se este não estiver em mora de receber. mas se estiver, por sua conta correrão os riscos;

c) pagar os materiais que recebeu, se por imperícia ou negligência os inutilizar;

d) responder, em se tratando de empreitada mista, durante o prazo irredutível de cinco anos pela solidez e segurança do trabalho, assim em razão dos materiais, como do solo, nos contratos de empreitada de edifícios ou outras construções consideráveis. Para que o dono da obra exerça o seu direito de responsabilizar o empreiteiro neste caso, ele deverá ajuizar a ação no prazo de cento e oitenta dias ao aparecimento do vício ou defeito, conforme previsão do art. 618, p. ú., CC. Acerca desse dispositivo, vale conferir o **Enunciado nº 181 do CJF**: "O prazo referido no art. 618, parágrafo único, do CC refere-se unicamente à garantia prevista no caput, sem prejuízo de poder o dono da obra, com base no mau cumprimento do contrato de empreitada, demandar pelas perdas e danos";

Cap. 47 – DO CONTRATO DE EMPREITADA

e) arcar com indenização por perdas e danos em relação ao dono da obra se suspender a obra sem justa causa.

7. DIREITOS E OBRIGAÇÕES DO DONO DA OBRA

Como direitos do dono da obra, podemos mencionar:

a) acompanhar o desenvolvimento da obra;

b) rejeitar a obra concluída se o empreiteiro se afastou das instruções recebidas e dos planos dados, ou das regras técnicas em trabalhos de tal natureza. Ou então, nesse caso, receber a obra com um abatimento no preço;

c) suspender a obra, desde que pague ao empreiteiro os valores previstos no art. 623 do CC. Trata-se de nítida hipótese de resilição unilateral autorizada por lei;

d) exigir o pagamento dos materiais que se perderam por imperícia ou negligência do empreiteiro;

e) exigir a revisão da remuneração se ocorrer diminuição no preço do material ou da mão de obra superior a um décimo do preço global convencionado.

Dentre as obrigações do dono da obra, lembramos:

a) pagar a remuneração contratada;

b) não promover modificações no projeto por ele aprovado, sem anuência de seu autor, ainda que a execução seja confiada a terceiros, a não ser que, por motivos supervenientes ou razões de ordem técnica, fique comprovada a inconveniência ou a excessiva onerosidade de execução do projeto em sua forma originária;

c) ser responsável por todos os riscos da obra, se o empreiteiro tiver fornecido apenas a mão de obra;

d) pagar ao empreiteiro as despesas e lucros relativos aos serviços já feitos, mais indenização razoável se optar por suspender a obra.

DO CONTRATO DE DEPÓSITO

1. NOÇÕES INTRODUTÓRIAS

O contrato de depósito é aquele por meio do qual uma das partes entrega a outra um bem móvel para que esta segunda a guarde até que a primeira a reclame.

Como haverá a guarda de um bem, esta será deferida com base na **confiança** que se tem na outra pessoa que desempenhará tal desiderato, daí, inclusive, a denominação depósito, que deriva de *depositum*, que significa confiança.

2. AS PARTES NO CONTRATO DE DEPÓSITO

Àquele a quem se designará a guarda do bem é denominado **depositário**, enquanto a outra parte que a outorga, denomina-se **depositante**.

3. DISTINÇÕES NECESSÁRIAS

O contrato de depósito em muito se assemelha a outras figuras negociais como a locação, o comodato e o mandato. Porém, a pedra de toque que faz afastar o contrato de depósito desses outros contratos é exatamente o **dever de custódia** que chega como traço preponderante desse tipo contratual. Não que nos outros contratos não haja a presença desse traço, há sim, porém, tal manifestação se dá em caráter absolutamente secundário, diversamente do contrato de depósito, que tem na guarda da coisa o principal objetivo do contrato.

4. NATUREZA JURÍDICA

O contrato de depósito é, em regra, **unilateral**, já que apenas uma das partes apresenta obrigação a ser cumprida. Essa parte é exatamente o depositário que tem o dever de restituir o objeto posto em sua guarda.

Além disso, trata-se, em regra, de contrato **gratuito**, já que o depositante nada terá que pagar ao depositário. Nessa esteira, o art. 628 do CC determina: "O contrato de depósito é gratuito, exceto se houver convenção em contrário, se resultante de atividade negocial ou se o depositário o praticar por profissão".

Assim, em caráter excepcional, o depósito poderá ser remunerado, caso em que o contrato tornar-se-á **bilateral** e **oneroso**.

É ainda, o contrato de depósito considerado como **real**, uma vez que se aperfeiçoa somente com a entrega da coisa.

Como o contrato de depósito é inspirado pela confiança que uma parte tem na outra, tal contrato deve ser considerado como **pessoal** ou *intuitu personae*. Excepcionalmente, pode-se vislumbrar a impessoalidade nesse contrato, máxime nos contratos de depósito bilaterais e onerosos.

Em regra, o contrato de depósito é **informal**, uma vez que não há determinada forma prevista em lei para a sua elaboração. Porém, vale lembrar que, em se tratando de depósito voluntário, estabelece o art. 646 do CC, que ele será provado por escrito.

5. MODALIDADES DE DEPÓSITO

5.1. Depósito convencional ou voluntário

É aquele que não é imposto por lei, dependente, portanto, da vontade das partes. A pessoa do depositário é livremente escolhida pelo depositante. Como dito alhures, é provado por escrito, podendo ser feito por escritura pública ou instrumento particular.

5.2. Depósito necessário ou obrigatório

É aquele que independe da vontade das partes e está previsto nos arts. 647 a 652 do CC. O depósito necessário não é presumido como gratuito. Essa modalidade de depósito se subdivide em depósito legal e depósito miserável.

5.2.1. Depósito legal

É aquele que se faz em desempenho de obrigação legal. Ampliando o sentido, complementam Cristiano Chaves e Nelson Rosenvald: "O depósito legal é consequente ao desempenho de uma obrigação imposta pela norma jurídica (não necessariamente a lei, podendo ser, por exemplo, um decreto ou um regulamento)". E adiante mencionam como exemplo: "aquele que encontra coisa móvel alheia perdida é obrigado a guardá-la para devolução ao proprietário ou, não sendo conhecido, à autoridade pública (CC, art. 1.233)".[1]

5.2.2. Depósito miserável

É aquele que se efetua por ocasião de alguma calamidade, como um incêndio, uma inundação, um naufrágio ou um saque.

---

[1] FARIAS, Cristiano Chaves de. ROSENVALD, Nelson. *Direito dos contratos.* Rio de Janeiro: Lumen Juris, 2011. p. 991.

5.3. Depósito do hospedeiro

É aquele que é realizado pelo hospedeiro em relação às bagagens dos viajantes ou hóspedes nas hospedarias onde estiverem. Nessa espécie de depósito os hospedeiros responderão como depositários assim como pelos furtos e roubos que perpetrarem as pessoas empregadas ou admitidas nos seus estabelecimentos, salvo se os hospedeiros provarem que os fatos prejudiciais aos viajantes ou hóspedes não podiam ter sido evitados. Nessa espécie de depósito, a remuneração está incluída no preço da hospedagem.

5.4. Depósito regular ou ordinário

É a aquele em que o objeto depositado é coisa perfeitamente individuada, infungível e inconsumível, devendo, portanto, ser devolvido exatamente o mesmo bem.

5.5. Depósito irregular

É aquele em que o objeto depositado é coisa fungível e consumível, podendo ser devolvido outra da mesma espécie, qualidade e quantidade. O depósito irregular será regido pelas regras do contrato de mútuo (arts. 586 a 592 do CC), já estudado por nós. Embora ao depósito irregular devam ser aplicadas as regras do mútuo, não poderá haver confusão entre os dois contratos. É que no mútuo o que foi emprestado poderá ser exigido pelo mutuante de volta apenas depois do curso do prazo avençado, enquanto no depósito, o depositante pode a todo tempo exigir a coisa de volta, ainda que o contrato seja com prazo determinado.

5.6. Depósito judicial

É aquele que decorre de ordem judicial em que um terceiro é designado para guardar e conservar a coisa litigiosa até que a demanda seja decidida. O art. 635 do CC apresenta uma possibilidade de depósito judicial com a seguinte redação:

> Ao depositário será facultado, outrossim, requerer depósito judicial da coisa, quando, por motivo plausível, não a possa guardar, e o depositante não queira recebê-la.

6. DAS OBRIGAÇÕES E DIREITOS DO DEPOSITÁRIO

Dentre as principais obrigações do depositário podemos mencionar:

a) o depositário é obrigado a ter na guarda e conservação da coisa depositada o cuidado e diligência que costuma ter com o que lhe pertence;

b) o depositário é obrigado a restituir a coisa com todos os frutos e acrescidos, quando o exija o depositante;

c) se o depósito se entregou fechado, colado, selado, ou lacrado, o depositário não poderá praticar atos que subvertam o estado inicial em que a coisa foi apresentada;

d) se a coisa tiver se perdido por força maior e houver a obtenção de outra em seu lugar, o depositário é obrigado a entregar essa ao depositante e ceder-lhe as ações que no caso tiver contra o terceiro responsável pela restituição da primeira;

e) salvo os casos previstos nos arts. 633 e 634, não poderá o depositário furtar-se à restituição do depósito, alegando não pertencer a coisa ao depositante, ou opondo compensação, exceto se noutro depósito se fundar;

f) não poderá o depositário se servir da coisa depositada, nem a dar em depósito a outrem, sob pena de responder por perdas e danos;

g) o depositário responderá pela perda ou deterioração da coisa, salvo hipótese de caso fortuito ou força maior.

Quanto aos direitos do depositário, o Código Civil estabelece:

a) exigir do depositante as despesas com a restituição da coisa;

b) não responder pelos casos de força maior;

c) exigir do depositante o pagamento das despesas feitas com a coisa e os prejuízos que do depósito provierem;

d) reter o depósito até que se lhe pague a retribuição devida, o líquido valor das despesas ou dos prejuízos que do depósito provierem, provando imediatamente esses prejuízos ou essas despesas. Se essas dívidas, despesas ou prejuízos não forem provados suficientemente, ou forem ilíquidos, o depositário poderá exigir caução idônea do depositante ou, na falta desta, a remoção da coisa para o depósito público, até que se liquidem.

7. SOBRE A EXTINÇÃO DO CONTRATO DE DEPÓSITO

Dentre outras causas extintivas de um contrato, o depósito poderá chegar ao fim pela **resilição unilateral**, isto é, ainda que o contrato tenha sido estipulado com prazo determinado, poderá chegar ao fim caso o depositante exija a coisa de volta.

Importante conferir a redação do art. 633 do CC:

> Ainda que o contrato fixe prazo à restituição, o depositário entregará o depósito logo que se lhe exija, salvo se tiver o direito de retenção a que se refere o art. 644, se o objeto for judicialmente embargado, se sobre ele pender execução, notificada ao depositário, ou se houver motivo razoável de suspeitar que a coisa foi dolosamente obtida.

Vale lembrar ainda outra peculiaridade sobre a extinção do contrato de depósito que é a existência em lei de prazo máximo para a duração desse contrato que é de vinte e cinco anos estabelecido no art. 1º da Lei nº 2.313/54. Nesse caso, o contrato será automaticamente extinto e se a coisa não for reclamada, será recolhida ao Tesouro Nacional.

Cap. 48 – DO CONTRATO DE DEPÓSITO

8. A PROBLEMÁTICA DA PRISÃO DO DEPOSITÁRIO INFIEL

Depositário infiel é aquele que frustra a devolução da coisa que lhe foi confiada em guarda. Pelo art. 652 do CC, seja o depósito voluntário ou necessário, o depositário que não o restituir quando exigido será compelido a fazê-lo mediante prisão não excedente a um ano, e ressarcir os prejuízos.

Em decisão histórica, o STF colocou fim à possibilidade de prisão do depositário infiel em 3/12/2008. É que o Plenário do STF, por maioria de votos arquivou naquela data o RE 349.703 e, por unanimidade negou provimento ao RE 466.343, que discutiam a prisão do alienante depositário infiel.

O Pacto de São José da Costa Rica, que só admite a prisão pelo descumprimento de pensão alimentícia, ratificado pelo Brasil em 1992, adquiriu *status* supralegal na referida decisão.

No STF, podemos dizer em brevíssimas linhas, existiam basicamente duas correntes: a primeira de que os tratados que versam sobre os direitos humanos ratificados pelo Brasil apresentam caráter supralegal, mas não constitucional; a segunda, a de que esses tratados apresentam caráter constitucional. O posicionamento que prevaleceu, como dito, foi o primeiro. Para que fique claro, dizer que os tratados que versam sobre direitos humanos possuem valor supralegal significa dizer que ocupam uma posição intermediária entre a Constituição Federal e a lei ordinária.

Vale lembrar que, caso o tratado conte com aprovação em quórum qualificado (com três quintos dos votos de cada Casa, em duas votações) conforme § 3º do art. 5º da CF/88, aí sim ele tomará *status* de emenda constitucional. O Pacto de São José da Costa Rica não foi aprovado com esse quórum, daí atribuir-se a ele um caráter supralegal, e não constitucional.

Em resumo, qualquer lei ordinária que preveja a prisão do depositário infiel não terá validade, pois prevalecerá a norma supralegal, manifestada por meio do tratado. Em relação à previsão de prisão do depositário infiel no inciso LXVII do art. 5º da CF/88 e o Pacto de São José da Costa Rica que a afasta, o que se deve fazer aqui não é aplicação do critério hierárquico para solucionar o problema, mas sim se valer do princípio *pro homine* que impõe que a norma a ser aplicada ao caso concreto deverá ser a mais favorável ao ser humano.

Lembramos, ainda, que a prisão por qualquer modalidade de depósito infiel, seja contratual ou judicial, portanto, não tem mais guarida em nosso ordenamento. Sobre a infidelidade depositária judicial, inclusive e coerentemente, foi revogada a Súmula nº 619 do STF que estabelecia: "A prisão do depositário judicial pode ser decretada no próprio processo em que se constituiu o encargo, independentemente da propositura de ação de depósito".

Com tudo isso foi editada a Súmula Vinculante nº 25 do STF, como o seguinte teor: "É ilícita a prisão civil de depositário infiel, qualquer que seja a modalidade de depósito". E também a Súmula nº 419 do STJ: "Descabe a prisão civil do depositário judicial infiel".

DO CONTRATO DE MANDATO

1. NOÇÕES INTRODUTÓRIAS

Contrato de mandato é aquele por meio do qual uma das partes outorga poderes à outra para que pratique atos ou administre interesses em nome da primeira.

A base do contrato de mandato repousa na figura da representação, instituto afeto à Parte Geral do Direito Civil (arts. 115 a 120). É que o mandato ensejará aquilo que se denomina **representação convencional**, não se confundindo com a representação legal que é aquela operada pelos pais, tutores e curadores.

2. PARTES NO CONTRATO DE MANDATO

No contrato de mandato as partes serão o **mandante**, aquele que outorga poderes; e o **mandatário**, aquele que se compromete a praticar atos ou administrar interesses do mandante.

Quanto à figura do mandatário, o art. 666 do CC estabelece: "O maior de dezesseis e menor de dezoito anos não emancipado pode ser mandatário, mas o mandante não tem ação contra ele senão de conformidade com as regras gerais, aplicáveis às obrigações contraídas por menores". Parece contraditória a redação do dispositivo, já que quem não tem capacidade para gerir interesses próprios não terá também para gerir interesses alheios. Porém, o que se deve atentar é que a incapacidade é instituto protetivo do incapaz, de modo que assim nada impede de ele ser mandatário de alguém. De acordo com Venosa:

> Justifica-se a exceção legal na medida em que os bens do incapaz não são colocados em risco. O risco é do mandante, ao admitir mandatário nessa condição, não podendo alegar a incapacidade, para anular o ato. Destarte, nessa hipótese, não responderá o mandatário por perdas e danos em face de má execução do mandato.[1]

3. NATUREZA JURÍDICA

O contrato de mandato pode se manifestar como contrato **unilateral ou bilateral**. Será unilateral se for um mandato não remunerado, caso em que apenas ao

---

[1] VENOSA, Sílvio de Salvo. *Código Civil interpretado*. São Paulo: Atlas, 2010. p. 644-645.

mandatário caberá o cumprimento da obrigação de representar o mandante. Será, entretanto, bilateral quando for estipulada alguma remuneração para o mandatário. Desse modo, caberá ao mandante pagar a remuneração ao mandatário e a esse, por sua vez, caberá a obrigação de representar o mandante.

Além disso, o mandato poderá ser considerado um contrato **gratuito ou oneroso**, dependerá, mais uma vez, se foi estipulada remuneração a ser paga pelo mandante ao mandatário.

O contrato de mandato é **consensual**, já que se aperfeiçoa com o simples consenso das partes. Ademais, trata-se de contrato **pessoal ou *intuitu personae*** já que realizado com determinada pessoa exatamente em virtude da confiança que lhe é creditada. Certamente que uma pessoa somente outorgará poderes à outra em razão da confiança que lhe deposita.

4. DA PROCURAÇÃO

A **procuração**, conforme preceitua a parte final do art. 653 do CC, é o **instrumento do mandato**. Não se pode confundir a procuração com o mandato. O mandato é o contrato, enquanto a procuração o modo pelo qual o contrato se instrumentaliza.

Como o mandato é um contrato, há nele um acordo de vontades. Já a procuração não é um contrato, sendo apenas um negócio jurídico unilateral, pois contém apenas a vontade do mandante. A procuração é um ato dispensável, já que o mandato pode ocorrer até mesmo tacitamente (art. 659, CC).

Todas as pessoas capazes são aptas para dar procuração mediante instrumento particular, que valerá desde que tenha a assinatura do outorgante (art. 654, CC). Desse modo, os absoluta e os relativamente incapazes, desde que representados e assistidos, respectivamente, poderão outorgar mandato, desde que seja por escritura pública.

Quanto ao instrumento particular, este deverá conter a indicação do lugar onde foi passado, a qualificação do outorgante e do outorgado, a data e o objetivo da outorga com a designação e a extensão dos poderes conferidos. Sendo que o terceiro com quem o mandatário tratar poderá exigir que a procuração traga a firma reconhecida.

5. DO SUBSTABELECIMENTO

O substabelecimento ocorre quando o mandatário transfere os poderes que lhe foram outorgados a um terceiro, podendo manter-se como mandatário ou afastar-se de tal condição.

O art. 655 do CC preceitua: "Ainda quando se outorgue mandato por instrumento público, pode substabelecer-se mediante instrumento particular". Acerca desse dispositivo o **Enunciado nº 182 do CJF** esclarece: "O mandato outorgado por instrumento público previsto no art. 655 do CC somente admite substabelecimento por instrumento particular quando a forma pública for facultativa e não integrar a substância do ato".

Quando há o substabelecimento surgirão duas partes no ato: o **substabele-cente**, aquele que transfere os poderes; e o **substabelecido**, aquele que absorve os poderes.

O substabelecimento poderá ocorrer com ou sem reserva de poderes. Se houve o substabelecimento **com reserva de poderes**, tal ato significará a conservação dos poderes ao substabelecente ao mesmo tempo em que é transferido poderes ao substabelecido.

Se o substabelecimento for **sem reserva de poderes**, o substabelecente se retirará da representação transferindo por completo os poderes ao substabelecido.

Compreendido o fenômeno do substabelecimento, importa notar que ele poderá se manifestar de três maneiras:

- **Se o contrato de mandato for silente quanto à possibilidade de substa-belecimento**: o substabelecimento poderá ocorrer, porém o substabelecente se responsabilizará por qualquer ato culposo do substabelecido (art. 667, *caput*, CC).

- **Se o contrato de mandato vedar o substabelecimento**: caso ocorra o substabelecimento, tal ato representará violação contratual, podendo ser exigido pelo mandante indenização por todos os prejuízos ocorridos sob a gerência do substituto, embora provenientes de caso fortuito, salvo provando que o fato teria sobrevindo, ainda que não tivesse havido substabelecimento (art. 667, § 1º, CC).

- **Se o contrato de mandato autorizar o substabelecimento**: caso ocorra o substabelecimento e o substabelecido venha a causar prejuízo ao mandante, este somente poderá exigir indenização do substabelecente se tiver agido com culpa na escolha do substabelecido ou nas instruções dadas a ele (art. 667, § 2º, CC). Trata-se de culpa presumida, na modalidade *in eligendo*, aquela que resulta da má escolha.

6. MODALIDADES DO CONTRATO DE MANDATO

Algumas classificações quanto ao contrato de mandato devem ser lembradas:

6.1. Quanto ao procurador

6.1.1. Mandato singular

Os poderes são dados a um único procurador.

6.1.2. Mandato plural

Os poderes são conferidos a mais de um procurador. Poderá se manifestar das formas adiante descritas:

a) **mandato conjunto:** os procuradores somente poderão agir conjuntamente, isto é, os atos serão praticados por todos os procuradores;

b) **mandato solidário:** os procuradores poderão agir isoladamente em nome de todos;

c) **mandato fracionário:** cada procurador tem uma fração de poder e atuação perfeitamente delimitada;

d) **mandato sucessivo:** deve ser observada uma ordem de nomeação para que os procuradores possam agir.

6.2. Quanto à extensão

6.2.1. Mandato geral

É o mandato que envolve todos os negócios do mandante.

6.2.2. Mandato especial

É o mandato que envolve determinado negócio do mandante.

6.3. Quanto ao conteúdo

6.3.1. Mandato em termos gerais

É aquele em que os poderes são outorgados para a prática de atos genéricos de administração (art. 661, *caput*, CC).

6.3.2. Mandato com poderes especiais

É aquele em que são outorgados poderes para alienar, hipotecar, transigir, ou praticar outros quaisquer atos que exorbitem a administração ordinária (art. 661, § 1º, CC).

6.4. Quanto à finalidade

6.4.1. Mandato ad negotia

É aquele em que o mandatário atuará fora da esfera judicial.

6.4.2. Mandato ad judicia

É aquele em que o mandatário atuará dentro da esfera judicial. De acordo com o art. 692 do CC: "O mandato judicial fica subordinado às normas que lhe dizem respeito, constantes da legislação processual, e, supletivamente, às estabelecidas neste Código".

6.4.3. Mandato em causa própria *(in rem suam)*

É aquele em que o mandatário age para si próprio, podendo celebrar um negócio com ele mesmo.[2] É do escólio dos Professores Cristiano Chaves de Farias e Nelson Rosenvald que extraímos:

> É o exemplo de um mandato concedido pelo promitente-vendedor de um imóvel, em um contrato de promessa de compra e venda cujo valor já foi integralmente pago, para que o promitente adquirente atue em seu nome (alienante), celebrando o contrato definitivo e providenciando o registro junto ao cartório.[3]

7. DIREITOS E OBRIGAÇÕES DO MANDANTE

Dentre as obrigações do mandante, podemos aduzir:

a) satisfazer todas as obrigações contraídas pelo mandatário, na conformidade do mandato conferido, e adiantar a importância das despesas necessárias à execução dele, quando o mandatário lho pedir (art. 675, CC);

b) pagar ao mandatário a remuneração ajustada e as despesas da execução do mandato, ainda que o negócio não surta o esperado efeito, salvo tendo o mandatário culpa (art. 676, CC);

c) pagar juros pelas despesas desembolsadas pelo mandatário (art. 677, CC);

d) ressarcir ao mandatário as perdas que este sofrer com a execução do mandato, sempre que não resultem de culpa sua ou de excesso de poderes (art. 678, CC);

e) ainda que o mandatário contrarie as instruções do mandante, se não exceder os limites do mandato, ficará o mandante obrigado para com aqueles com quem o seu procurador contratou; mas terá contra este ação pelas perdas e danos resultantes da inobservância das instruções (art. 679, CC).

Quanto aos direitos do mandante, lembramos:

a) exigir do mandatário o cumprimento de todas as obrigações pelas quais se vinculou;

---

[2] "Em síntese, à procuração em causa própria não pode ser atribuída a função de substituir, a um só tempo, os negócios jurídicos obrigacionais (p. ex. contrato de compra e venda, doação) e dispositivos (p. ex. acordo de transmissão) indispensáveis, em regra, à transmissão dos direitos subjetivos patrimoniais, notadamente do direito de propriedade. É imperioso observar, portanto, que a procuração em causa própria, por si só, não produz cessão ou transmissão de direito pessoal ou de direito real, sendo tais afirmações frutos de equivocado romanismo que se deve evitar. De fato, como cediço, também naquele sistema jurídico, por meio da procuração *in rem suam* não havia verdadeira transferência de direitos" (STJ, REsp 1.345.170-RS, Rel. Min. Luis Felipe Salomão, Quarta Turma, por unanimidade, julgado em 4/5/2021. Informativo n° 695).

[3] FARIAS, Cristiano Chaves de. ROSENVALD, Nelson. *Direito dos contratos*. Rio de Janeiro: Lumen Juris, 2011. p. 1.043.

b) proibir o substabelecimento;

c) exigir a prestação de contas do mandatário.

8. DIREITOS E OBRIGAÇÕES DO MANDATÁRIO

As obrigações do mandatário são:

a) aplicar toda sua diligência habitual na execução do mandato, e a indenizar qualquer prejuízo causado por culpa sua ou daquele a quem substabelecer, sem autorização, poderes que devia exercer pessoalmente (art. 667, CC);

b) dar contas de sua gerência ao mandante, transferindo-lhe as vantagens provenientes do mandato, por qualquer título que seja (art. 668, CC). Em se tratando de mandato em causa própria, o mandatário estará liberado dessa obrigação;

c) não compensar os prejuízos a que deu causa com os proveitos que, por outro lado, tenha granjeado ao seu constituinte (art. 669, CC);

d) pagar juros ao mandante pelas somas que devia entregar a ele ou recebeu para despesa, mas empregou em proveito seu (art. 670, CC);

e) entregar a coisa comprada, em nome próprio, com os fundos ou crédito do mandante (art. 671, CC);

f) concluir o negócio já começado se houver perigo na demora, embora ciente da morte, interdição ou mudança de estado do mandante (art. 674, CC).

Os direitos do mandatário são os a seguir lembrados:

a) exigir do mandante o pagamento de todas as despesas afetas ao exercício do mandato;

b) exigir o pagamento da retribuição devida, se convencionada;

c) promover substabelecimento, salvo se houver cláusula proibitiva no contrato;

d) reter a coisa de que tenha a posse em virtude do mandato, até ser reembolsado do que no desempenho do encargo despendeu (art. 681, CC).

9. SOBRE A EXTINÇÃO DO CONTRATO DE MANDATO

O contrato de mandato poderá ser extinto nas seguintes hipóteses:

I) pela revogação ou pela renúncia;

II) pela morte ou interdição de uma das partes;

III) pela mudança de estado que inabilite o mandante a conferir os poderes, ou o mandatário para os exercer;

IV) pelo término do prazo ou pela conclusão do negócio.

9.1. A resilição unilateral do contrato de mandato: a revogação e a renúncia

Como o contrato de mandato tem por supedâneo um padrão de **confiabilidade** que há de existir entre as partes contratantes, é possível que qualquer uma delas pretenda extinguir o contrato por vontade própria. Para a resilição por parte do mandante, dá-se o nome de **revogação**. Se a resilição for por parte do mandatário, o nome será **renúncia**.

Existem situações excepcionais em que não se admitirá a revogação. São elas:

- se no contrato de mandato houver cláusula proibitiva da resilição, isto é, cláusula de irrevogabilidade;

- quando a cláusula de irrevogabilidade for condição de um negócio bilateral, ou tiver sido estipulada no exclusivo interesse do mandatário;

- no caso em que o mandato foi outorgado em causa própria;

- quando contiver no mandato poderes de cumprimento ou confirmação de negócios encetados, aos quais se ache vinculado.

Quando houver a revogação, ela deve ser notificada ao mandatário e aos terceiros que com ele estejam fazendo negócios. Isso porque se houver notificação da revogação apenas em relação ao mandatário, essa revogação não poderá ser oposta ao terceiro de boa-fé (art. 686, CC).

Quanto à renúncia, esta deverá ser comunicada ao mandante, que, se for prejudicado pela sua inoportunidade, ou pela falta de tempo, a fim de prover à substituição do procurador, será indenizado pelo mandatário, salvo se este provar que não podia continuar no mandato sem prejuízo considerável, e que não lhe era dado substabelecer.

9.2. A morte de uma das partes contratantes

A morte de qualquer uma das partes contratantes colocará fim ao contrato.

Serão considerados válidos, a respeito dos contratantes de boa-fé, os atos com estes ajustados em nome do mandante pelo mandatário, enquanto este ignorar a morte do mandante.

Se quem falecer for o mandatário, os seus herdeiros, tendo ciência do mandato, avisarão o mandante, e providenciarão medidas conservatórias e continuarão os negócios pendentes que se não possam demorar sem perigo, regulando-se os seus serviços dentro desse limite, pelas mesmas normas a que os do mandatário estão sujeitos.

DO CONTRATO DE COMISSÃO

1. NOÇÕES INTRODUTÓRIAS

O contrato de comissão é aquele por meio do qual uma das partes, em troca de uma remuneração, adquire ou vende bens em seu próprio nome, à conta e por ordem de outra pessoa.

Comissão é a denominação que se dá tanto para o **contrato**, como para a **remuneração** que será recebida por aquele que pratica a atividade objeto do contrato.

2. AS PARTES NO CONTRATO DE COMISSÃO

Aquele que adquire ou vende os bens em seu próprio nome será denominado **comissário**. Note que o comissário ou comissionário receberá a comissão. Aquele que ordena e por conta do qual é praticada a atividade será denominado **comitente**.

3. NATUREZA JURÍDICA

O contrato de comissão se aperfeiçoa simplesmente com o consenso das partes, desse modo, deve ser considerado como um contrato **consensual**.

Além disso, trata-se de contrato **bilateral**, já que ambas as partes contratantes deverão cumprir com as suas respectivas obrigações: o comissário deverá adquirir ou vender os bens; o comitente deverá pagar a remuneração devida pela prática da atividade.

Nesse mote, o contrato também será **oneroso**, importando sacrifício patrimonial para as partes contratantes.

O contrato de comissão é, ainda, **personalíssimo**, uma vez que envolto pela noção de confiança recíproca existente entre as partes.

Por fim, trata-se de contrato **típico** que apresentará uma disciplina mínima em lei nos arts. 693 a 709 do Código Civil.

4. A RESPONSABILIDADE DO COMISSÁRIO

De fato, o comissário age por ordem e conta do comitente. E essa noção faz parte da própria conceituação fornecida ao contrato. Porém, deve ser ressaltado que o comissário assumirá uma responsabilidade própria para com aquelas pessoas que contratar, sem que essas possam se voltar contra o comitente.

Do mesmo modo, o comitente também não terá ação contra as pessoas que contratarem com o comissário, salvo, é claro, na hipótese em que o comissário ceda os seus direitos ao comitente.

5. DISTINÇÃO NECESSÁRIA: CONTRATO DE COMISSÃO X CONTRATO DE MANDATO

Eventualmente, poderão surgir confusões entre os contratos de comissão e mandato, as quais afastaremos agora.

Em ambos os contratos, temos uma pessoa que age por ordem de outra. Porém a grande diferença é que no contrato de mandato, o mandatário acata as ordens e age em nome do mandante. Já no contrato de comissão, o comissário ou comissionário, acata as ordens do comitente, porém age em **nome próprio**. Tanto é assim que, como vimos no tópico anterior, a responsabilidade por sua atuação será do próprio comissário.

Ademais, o contrato de comissão é figura negocial mais ágil e prática do que o contrato de mandato, já que o comissário agirá sem necessidade de qualquer procuração dada pelo comitente.

Por fim, vale lembrar que é tanta a similitude do contrato de comissão e do contrato de mandato que o art. 709 do CC preceitua que, naquilo que couber, serão aplicáveis ao contrato de comissão as regras do contrato de mandato (arts. 653 e ss.). Nota-se, portanto, o caráter subsidiário do contrato de mandato.

6. A CLÁUSULA *DEL CREDERE*

Quando há no contrato de comissão a previsão da cláusula *del credere*, haverá um **aumento da responsabilidade do comissário**, na medida em que este tornar--se-á também responsável caso haja a insolvência do terceiro com quem tratou.

Portanto, diante da estipulação de tal cláusula, ocorrerá a transferência da responsabilidade pela insolvência do terceiro, que antes era do comitente, ao comissário que a assume. Surge então uma **responsabilidade solidária** entre o comissário e o terceiro com quem tratou.

Nesse caso, a remuneração a que fará jus o comissário será maior, já que o seu ônus é maior (art. 698, CC).

7. DIREITOS E OBRIGAÇÕES DO COMISSÁRIO

Devem ser consideradas as seguintes obrigações do comissário:

a) agir de conformidade com as ordens e instruções do comitente, devendo, na falta destas, não podendo pedi-las a tempo, proceder segundo os usos em casos semelhantes;

Cap. 50 – DO CONTRATO DE COMISSÃO

b) agir com cuidado e diligência, não só para evitar qualquer prejuízo ao comitente, mas ainda para lhe proporcionar o lucro que razoavelmente se podia esperar do negócio;

c) ter responsabilidade perante terceiros;

d) responder, salvo motivo de força maior, por qualquer prejuízo que, por ação ou omissão, ocasione ao comitente;

e) responder solidariamente com as pessoas com que houver tratado em nome do comitente, se no contrato de comissão constar a cláusula del credere, analisada no item 6, *supra*;

f) responder pelas consequências da dilação de prazo concedida, se houver no contrato proibição do comitente;

g) responder caso não dê ciência ao comitente dos prazos concedidos e quem é o seu beneficiário.

Como direitos do comissário, devem ser lembrados:

a) receber a remuneração avençada pelo cumprimento do contrato. Caso não tenha sido estipulada previamente no contrato a remuneração, será ela arbitrada segundo os usos correntes no lugar;

b) receber a remuneração proporcional aos trabalhos realizados, bem como os seus herdeiros, caso por motivo de seu falecimento ou por força maior não puder concluir o contrato;

c) receber a remuneração pelos serviços úteis prestados ao comitente, ainda que tenha dado motivo à dispensa;

d) ser remunerado pelos trabalhos prestados, bem como ser ressarcido pelas perdas e danos resultantes de sua dispensa, se for despedido sem justa causa;

e) reter os bens e valores em seu poder, enquanto não receber o reembolso pelas despesas feitas e pelas comissões devidas. Devendo ser lembrado que o crédito do comissário, relativo a comissões e despesas feitas, goza de privilégio geral, no caso de falência ou insolvência do comitente;

f) não responder pela insolvência das pessoas com quem tratar, exceto em caso de culpa ou se houver previsão no negócio de cláusula *del credere*;

g) receber estipulação mais elevada, se houver no contrato a cláusula del credere, para que haja a compensação do ônus assumido. Esse direito somente será afastado se houver no contrato estipulação em sentido contrário;

h) conceder dilação do prazo para pagamento, na conformidade dos usos do lugar onde se realizar o negócio, se não houver instruções diversas do comitente.

8. DIREITOS E DEVERES DO COMITENTE

Quanto às obrigações do comitente, lembramos:

a) pagar ao comissário as despesas realizadas em virtude do contrato, bem como a remuneração devida;

b) pagar juros ao comissário, pelos adiantamentos feitos por esse para o cumprimento de suas ordens;

Dentre os direitos do comitente, podem ser mencionados:

a) exigir do comissário a indenização pelos prejuízos sofridos na hipótese de dispensa do comissário por este ter dado motivo;

b) alterar as instruções dadas ao comissário a qualquer tempo, salvo estipulação em sentido contrário. As alterações, inclusive, valerão em relação aos negócios pendentes;

c) não ser responsabilizado perante terceiros pelos atos praticados pelo comissário, já que a responsabilidade será integralmente deste;

d) exigir a devida reparação, caso o comissário lhe cause prejuízos, inclusive, a devida percepção dos juros caso o comissário tenha dado ensejo à mora na entrega dos fundos devidos ao comitente.

DO CONTRATO DE AGÊNCIA

1. NOÇÕES INTRODUTÓRIAS

O contrato de agência foi disciplinado no Código Civil conjuntamente com o contrato de distribuição. Neste Capítulo trataremos do contrato de agência, para, no próximo, analisarmos o contrato de distribuição.

Por meio do contrato de agência uma pessoa assume, em caráter não eventual e sem vínculos de dependência, a obrigação de promover, à conta de outra, mediante retribuição, a realização de certos negócios, em zona determinada.

Para alguns doutrinadores o contrato de agência seria o mesmo que contrato de representação comercial. Para outros, existem diferenças entre esses contratos. Capitaneando esse segundo posicionamento, citamos as palavras de Adalberto Simão Filho, ao explicar o art. 710 do CC:

> Na forma como foi estabelecida a descrição do que vem a ser o contrato de agência, o mesmo não deverá se confundir com o contrato de representação comercial, na medida em que houve a ampliação do escopo de sua abrangência, de modo a possibilitar a caracterização da agência para um sem-número de negócios jurídicos. É de se notar que, na citada lei de representação comercial, o âmbito de atuação do representante se restringia à realização de negócios mercantis, enquanto o artigo em análise atribui a possibilidade de realização de certos negócios, sem, contudo, discipliná-los ou reduzi--los ao âmbito mercantil. Trata-se, portanto, de um contrato mais amplo do que o de representação comercial quando visto pelo seu objeto.[1]

Serão aplicadas ao contrato de agência as regras concernentes ao mandato e à comissão e as constantes de lei especial, conforme art. 721 do CC. Para os que vislumbram sinonímia ao se tratar do contrato de agência e o de representação comercial, a lei especial relacionada é a Lei nº 4.886/65 com as alterações promovidas pelas Leis nº 8.420/92 e nº 12.246/2010.

---

[1] SIMÃO FILHO, Adalberto. Da Agência e Distribuição. In: SCAVONE JR., Luiz Antônio; CAMILLO, Carlos Eduardo Nicoletti; TALAVERA, Glauber Moreno; FUJITA, Jorge Shiguemitsu. (Coords.) *Comentários ao Código Civil:* artigo por artigo. 2. ed. São Paulo: Revista dos Tribunais, 2009. p. 1003.

2. AS PARTES NO CONTRATO DE AGÊNCIA

As partes envolvidas no contrato de agência são o **agente** e o **proponente**, de tal modo que o primeiro agenciará interesses do segundo em determinada região.

3. NATUREZA JURÍDICA

O contrato de agência é **bilateral,** na medida em que o agente irá realizar as operações em nome do proponente, a quem caberá o pagamento da remuneração devida.

Também se apresenta como contrato **oneroso** diante do sacrifício patrimonial sofrido pelas partes envolvidas na avença e é considerado **consensual**, já que decorre do simples consenso entre as partes.

O contrato de agência se apresenta ainda como **personalíssimo,** já que o traço da confiança se mostra preponderante na figura negocial.

4. DIREITOS E OBRIGAÇÕES DO AGENTE

Ao agente caberão as seguintes obrigações:

a) não assumir o encargo de em determinada zona tratar de negócios do mesmo gênero, à conta de outros proponentes;

b) agir com toda diligência, atendo-se às instruções recebidas do proponente;

c) arcar com todas as despesas com a agência. Dentre os direitos do agente, poderão ser mencionados:

- ter exclusividade de atuação em uma determinada zona;

- exercitar a sua atividade sem qualquer subordinação ao proponente;

- receber remuneração correspondente aos negócios concluídos dentro de sua zona, ainda que sem a sua interferência, salvo ajuste em sentido contrário;

- receber remuneração quando o negócio deixar de ser realizado por fato imputável ao proponente;

- receber remuneração pelos serviços prestados ao proponente, ainda que dispensado por justa causa;

- receber a remuneração até então devida, inclusive sobre os negócios pendentes, além das indenizações previstas em lei especial se for dispensado sem culpa sua;

- receber a remuneração correspondente aos serviços realizados, cabendo esse direito aos herdeiros no caso de morte, se o agente não puder continuar o trabalho por motivo de força maior;

- receber indenização se o proponente, sem justa causa, cessar o atendimento das propostas ou reduzi-lo tanto que se torne antieconômica a continuação do contrato;

Cap. 51 – DO CONTRATO DE AGÊNCIA

- extinguir o contrato a qualquer tempo mediante aviso prévio de 90 dias ao proponente, em se tratando de contrato por prazo indeterminado.

5. DIREITOS E OBRIGAÇÕES DO PROPONENTE

Ao proponente caberão as seguintes obrigações:

a) arcar com todas as remunerações previstas em lei;

b) respeitar a autonomia do agente, sem ingerências em sua atividade;

c) respeitar a exclusividade do agente em determinada área de atuação.

Quanto aos direitos do proponente, poderão ser mencionados:

a) dar poderes ao agente para que este o represente na conclusão dos contratos;

b) exigir indenização por perdas e danos pelos prejuízos causados pelo agente;

c) em se tratando de contrato por prazo indeterminado, extinguir o contrato a qualquer tempo desde que transcorrido prazo compatível com a natureza e o vulto do investimento exigido do agente, prestigiando-se o princípio da boa-fé objetiva e da função social, mediante aviso prévio de 90 dias.

DO CONTRATO DE DISTRIBUIÇÃO

1. NOÇÕES INTRODUTÓRIAS

A distribuição apresenta um perfil parecido com o contrato de agência, porém, enquanto na agência o agente apenas intermedeia o negócio que será feito entre o proponente e o consumidor, no contrato de distribuição, o próprio distribuidor adquire o bem do fabricante para repassá-lo ao consumidor por conta própria. O contrato de distribuição se materializa comumente na atividade das concessionárias de veículos e nas distribuidoras de combustíveis.

As regras disciplinadoras do contrato de distribuição ocupam o mesmo espaço no Código Civil dedicados ao contrato de agência.

2. AS PARTES NO CONTRATO DE DISTRIBUIÇÃO

De um lado, atuará o **concedente** que seria o fabricante do bem e, de outro, estaria o **concessionário** que seria o distribuidor responsável por sua revenda. É de se notar que na distribuição, deve ser vislumbrada uma venda sucessiva: o fabricante (concedente) venderá para o concessionário (distribuidor) e esse, por sua vez, revenderá para um terceiro (o consumidor).

Com essa ideia repisamos a distinção do contrato de distribuição para o contrato de agência já que nesse último a venda é feita diretamente entre o fabricante e o consumidor.

3. NATUREZA JURÍDICA

Como o contrato de agência, o perfil do contrato de distribuição também se respaldará em sua **bilateralidade** e **onerosidade.** Sendo, além disso, um contrato **típico** uma vez que portador de disciplina mínima apresentada em lei. A lei aqui a ser mencionada é o próprio Código Civil e a Lei nº 6.729/79 com suas alterações posteriores, sendo essa última atinente à concessão comercial entre produtores e distribuidores de veículos automotores de via terrestre.

4. O OBJETO DO CONTRATO DE DISTRIBUIÇÃO

Para relacionarmos o objeto do contrato de distribuição apresentamos as palavras certeiras de Vitor Frederico Kümpel:

O contrato tem por objeto a colocação de produto no mercado consumidor, transferindo a mercadoria do fabricante para o distribuidor e deste ao consumidor. O produto adquirido pelo distribuidor presta-se apenas à revenda, não podendo ter nenhuma outra finalidade, nem servir de matéria prima ou uso do concessionário. O distribuidor pode manter um estoque com a única finalidade de satisfazer a clientela. O contrato nada mais é do que uma compra e venda sucessiva, sendo livre o preço da venda do concessionário ao consumidor. O concedente apenas precisa ter um preço fixo para os seus concessionários.[1]

---

[1] KÜMPEL, Vítor Frederico. *Direito dos contratos*. São Paulo: Saraiva, 2005. p. 254.

DO CONTRATO DE CORRETAGEM

1. NOÇÕES INTRODUTÓRIAS

No contrato de corretagem uma pessoa obriga-se a obter para outra um ou mais negócios, conforme as instruções recebidas. Nessa figura negocial, as partes não estão vinculadas em virtude de um mandato, de prestação de serviços ou de qualquer relação de dependência.

2. AS PARTES NO CONTRATO DE CORRETAGEM

O contrato de corretagem é celebrado entre duas pessoas: o **corretor** e o **comitente**. A obrigação do corretor é exatamente a de conectar um terceiro ao comitente para que com este faça determinado negócio jurídico.

3. NATUREZA JURÍDICA

O contrato de corretagem é **bilateral** diante do surgimento de obrigações para ambas as partes contratantes. É **oneroso**, já que ambas as partes sofrem sacrifícios patrimoniais para o seu adimplemento.

Além disso, é contrato **acessório**, pois a sua base repousa em outro contrato que deverá ser realizado, denominado contrato principal, surgindo assim o direito à remuneração por parte do corretor.

O contrato de corretagem é **consensual** já que se aperfeiçoará com o simples consenso entre as partes.

Por fim, o contrato de corretagem é tido como **aleatório** uma vez que, ainda que o corretor empregue toda a diligência possível, se outro contrato não for celebrado entre o comitente e um terceiro, não lhe caberá remuneração alguma.

4. A CORRETAGEM COMO OBRIGAÇÃO DE RESULTADO

Viés inolvidável no contrato de corretagem é a percepção de que não importa o tamanho do trabalho ou dispêndio empregado pelo corretor para o cumprimento de sua obrigação. O papel do corretor é exatamente o de ligar duas pessoas para que essas possam celebrar um futuro contrato. Portanto, quanto o corretor empregou de sacrifício para o cumprimento do contrato não vem ao caso, fazendo jus, portanto, à remuneração apenas após a celebração daquele segundo contrato. Desse modo, a corretagem não pode ser vislumbrada como obrigação de meio, mas sim de resultado ou fim.

5. A REMUNERAÇÃO DO CORRETOR

Ao corretor caberá a obrigação de executar a mediação com diligência e prudência, e a prestar ao cliente, espontaneamente, todas as informações sobre o andamento do negócio. Além disso, sob pena de responder por perdas e danos, o corretor prestará ao cliente todos os esclarecimentos acerca da segurança ou do risco do negócio, das alterações de valores e de outros fatores que possam influir nos resultados da incumbência (art. 723, CC).

Em contrapartida, diante da celebração de outro contrato entre o comitente e um terceiro, surgirá para o corretor o direito de receber a remuneração que se não estiver fixada em lei e nem tiver sido ajustada entre as partes, será arbitrada segundo a natureza do negócio e os usos locais.

Releva notar que a remuneração será devida em outra situação também: caso o contrato entre o comitente e o terceiro não seja realizado em virtude do arrependimento das partes. Vale a leitura da redação do art. 725 do CC, realçando a sua parte final:

A remuneração é devida ao corretor uma vez que tenha conseguido o resultado previsto no contrato de mediação, ou ainda que este não se efetive em virtude de arrependimento das partes.

A redação mencionada não pode levar à conclusão de que o contrato de corretagem seja de meio, e não de resultado. Na verdade, quando o artigo suscita a possibilidade de arrependimento das partes, trata-se daquele **arrependimento injustificável**. É que, de fato, o corretor não pode, após a aproximação das partes e a conclusão do negócio, se responsabilizar por um injustificado arrependimento de uma delas. Nesse caso, ainda assim, merecerá a remuneração devida.

Todavia, se o arrependimento se fundar em alguma causa plausível, por exemplo, as informações passadas ao terceiro pelo corretor sobre o negócio não forem correspondentes à realidade o que culminou em seu arrependimento, nesse caso não caberá a remuneração ao corretor.

Portanto, em breve síntese pode ser dito: se o arrependimento de uma das partes for justificável, não será cabível a remuneração ao corretor; se o arrependimento, não for justificável e se manifestar por vontade caprichosa de uma das partes, será cabível a remuneração ao corretor.

Outro viés que deve ser lembrado é que o direito à remuneração por parte do corretor se mostra tão amplamente assegurado que, se houver a dispensa do corretor e, posteriormente, um negócio vier a ser celebrado pelo comitente e um terceiro que se conectaram exatamente em virtude dos trabalhos do corretor, também será devida a remuneração a este. Afinal de contas, temos que o pressuposto

Cap. 53 – DO CONTRATO DE CORRETAGEM | 703

para a realização do negócio foi a aproximação das partes e isso somente ocorreu fruto do esforço do corretor. Portanto, afastando em definitivo eventual má-fé do comitente, expõe o art. 727 do CC:

Se, por não haver prazo determinado, o dono do negócio dispensar o corretor, e o negócio se realizar posteriormente, como fruto da sua mediação, a corretagem lhe será devida; igual solução se adotará se o negócio se realizar após a decorrência do prazo contratual, mas por efeito dos trabalhos do corretor.

Se a aproximação das partes contratantes se der por obra de vários corretores a todos eles caberá a remuneração que lhes será paga em partes iguais, salvo estipulação em sentido contrário.

Acerca do pagamento da comissão de corretagem, vale mencionar a seguinte decisão do STJ:

DIREITO CIVIL. OBRIGAÇÃO PELO PAGAMENTO DE COMISSÃO DE CORRETAGEM. Inexistindo pactuação dispondo em sentido contrário, a obrigação de pagar a comissão de corretagem é daquele que efetivamente contrata o corretor. Na forma do art. 722 do CC, o contrato de corretagem é aquele por meio do qual alguém se obriga a obter para outro um ou mais negócios de acordo com as instruções recebidas. Essa relação não pode existir em virtude de mandato, de prestação de serviços ou de qualquer relação de dependência. A pessoa que contrata o serviço do corretor é denominada de comitente. Observe-se que, no mercado, há hipóteses em que é o proprietário (vendedor) do imóvel que busca alguém para comprá-lo. Em outras, o contrário ocorre, ou seja, é o comprador que busca a aquisição de imóvel. Em qualquer dos casos, a partir do momento em que o corretor é chamado para ingressar na relação entre comprador e devedor, passa a ser devida a sua comissão. O encargo, pois, do pagamento da remuneração desse trabalho depende, em muito, da situação fática contratual objeto da negociação, devendo ser considerado quem propõe ao corretor nela intervir. Independentemente dessas situações, existindo efetiva intermediação pelo corretor, as partes podem, livremente, pactuar como se dará o pagamento da comissão de corretagem. Há, porém, casos em que tanto o comprador quanto o vendedor se acham desobrigados desse encargo, pois entendem que ao outro compete fazê-lo. Há casos ainda em que essa pactuação nem sequer existe, porquanto nada acordam as partes a respeito, daí surgindo a interpretação que se ampara no art. 724 do CC. Em face dessas dúvidas ou omissões e em virtude da proposta dirigida inicialmente ao corretor, conforme acima exposto, é justo que a obrigação de pagar a comissão de corretagem seja de quem efetivamente contrata o corretor, isto é, do comitente, que busca o auxílio daquele, visando à aproximação com outrem cuja pretensão, naquele momento, está em conformidade com seus interesses, seja como comprador ou como vendedor. Ressalte-se ainda que, quando o comprador vai ao mercado, pode ocorrer que seu interesse se dê por bem que está sendo vendido já com a intervenção de corretor. Aí, inexistindo convenção das partes, não lhe compete nenhuma obrigação quanto à comissão de corretagem, pois o corretor já foi anteriormente contratado pelo vendedor. Diferente é a hipótese em que o comprador, visando à aquisição de bem, contrate o corretor para que, com base em seu conhecimento de mercado, busque bem que lhe interesse. Nessa situação, a tratativa inicial com o corretor foi do próprio comprador (STJ, REsp 1.288.450-AM, Rel. Min. João Otávio de Noronha, julgado em 24/2/2015, *DJe* 27/2/2015. Informativo nº 556).

Ainda sobre a comissão de corretagem, o STJ entendeu ser ela devida ainda que o resultado útil da intermediação imobiliária seja negócio de natureza diversa da inicialmente contratada.[1]

6. O NEGÓCIO CELEBRADO SEM A INTERMEDIAÇÃO DO CORRETOR

É evidente que, ainda que haja um corretor constituído, se o negócio for feito entre o comitente e o terceiro sem a intermediação do corretor, não lhe caberá remuneração alguma.

Mas, atenção: se no contrato de corretagem houver previsão de **exclusividade** em relação ao corretor, e o contrato tiver sido celebrado entre o comitente e o terceiro, ainda que sem a intermediação do corretor, caberá a este a remuneração avençada. É o que consta do art. 726 do CC.

7. APLICAÇÃO DE OUTRAS NORMAS DE LEGISLAÇÃO ESPECIAL

O Código Civil deixa bem claro que, além dos arts. 722 a 729 aplicáveis ao contrato de corretagem, outras leis especiais poderão ser chamadas à baila, como, por exemplo a Lei nº 6.530/78, que regulamenta a profissão de corretor de imóveis e disciplina o funcionamento de seus órgãos de fiscalização.

Nada obstante, lembremos que o pano de fundo da corretagem também se respalda nos princípios que orientam a contratação na pós-modernidade, máxime a **boa-fé objetiva** e a **função social dos contratos**.

---

[1] "Trata-se, inicialmente, da celebração de contrato de comissão por intermediação para venda de uma gleba de terras. Entretanto, entre a proprietária do imóvel e terceiro restou pactuado um contrato diverso de compromisso de parceria para loteamento urbano, em razão da atuação da corretora. Nesse cenário, ainda que as partes não tenham celebrado contrato escrito quanto à alteração da atividade da corretora, a jurisprudência do Superior Tribunal de Justiça tem admitido a validade do contrato verbal de corretagem. No caso, é inegável o benefício patrimonial obtido com a parceria realizada, pois a gleba de terra rural, sem uso e benfeitorias, foi transformada em um empreendimento imobiliário de grande porte. Assim, em razão desse resultado útil, é devida a comissão de corretagem por intermediação imobiliária, porquanto o trabalho de aproximação 107 realizado pelo corretor resultou, efetivamente, no consenso das partes quanto aos elementos essenciais do negócio" (STJ, REsp 1.765.004-SP, Rel. Min. Ricardo Villas Bôas Cueva, Rel. Acd. Min. Paulo de Tarso Sanseverino, por maioria, julgado em 27/11/2018, *DJe* 5/12/2018. Informativo nº 640).

DO CONTRATO DE TRANSPORTE 54

1. NOÇÕES INTRODUTÓRIAS

Configura-se o contrato de transporte quando alguém se obriga, mediante retribuição, a transportar, de um lugar para o outro, pessoas ou coisas.

O Código Civil disciplina o contrato de transporte de pessoas e coisas nos arts. 730 ao 756. Sendo que nos arts. 734 ao 742, alude ao transporte de pessoas e nos arts. 743 ao 756, ao transporte de coisas. Devemos perceber, em princípio, que em ambas as situações, o que teremos é uma responsabilidade contratual, haja vista a configuração de um verdadeiro contrato, e objetiva, isto é, independentemente de culpa do transportador, conforme lapidações de interpretações referentes ao tema que conferiremos mais adiante.

Sobre a importância do contrato de transporte, vale conferir a sagaz crítica de Sergio Cavalieri Filho:

> De todos os contratos, nenhum terá maior relevância social e jurídica na atualidade do que o contrato de transporte. Milhões e milhões de pessoas são transportadas diariamente de casa para o trabalho e vice-versa, principalmente nos grandes centros urbanos, gerando um grande número de problemas sociais e jurídicos, alguns deles até insolúveis. Pode-se dizer que o transporte coletivo urbano tornou-se instrumento fundamental para o cumprimento das funções sociais e econômicas do Estado moderno. Mas, lamentavelmente, a sua dívida social neste campo é enorme, porquanto o transporte coletivo em nosso País se torna cada vez mais deficiente e desumano. (...) Não obstante essa relevância econômica, social e jurídica, o contrato de transporte não mereceu sequer uma referência no Código de 1916. Por que isso? Já se ressaltou que o Projeto do Código de 1916 foi elaborado por Clóvis Beviláqua na última década de 1800, quando o transporte coletivo era ainda incipiente, sequer existente. A história do transporte coletivo começou literalmente no tempo da "Maria-Fumaça" – as locomotivas a vapor, que foram os primeiros meios de transporte.[1]

---

[1] CAVALIERI FILHO, Sérgio. *Programa de responsabilidade civil*. 7. ed. São Paulo: Atlas, 2007. p. 282-283.

2. AS PARTES NO CONTRATO DE TRANSPORTE

No **contrato de transporte de pessoas** estarão presentes duas partes contratantes: o **transportador**, pessoa que tem a obrigação de conduzir outra ao seu destino final, e o **transportado ou passageiro**, pessoa que será conduzida ao local convencionado. Em se tratando de **contrato de transporte de coisas**, os contratantes serão o **transportador** e o **expedidor**.

3. NATUREZA JURÍDICA

Trata-se de contrato **consensual**, vez que basta o consenso entre as partes para que ele se aperfeiçoe; **informal**, por independer de qualquer formalidade prévia, sendo que o bilhete ou a passagem não são imprescindíveis para a configuração do contrato; **bilateral**, por gerar obrigações para ambas as partes contratantes; **oneroso**, já que ambas as partes sofrem sacrifícios patrimoniais; **comutativo**, diante da inexistência do fator risco entre as prestações; **de execução futura**, uma vez o seu cumprimento não se dá de imediato, se protraindo no tempo; **de adesão**, uma vez que o conteúdo é imposto unilateralmente por uma das partes cabendo a outra anuir a ele ou não; e **típico**, uma vez que disciplinado em lei.

4. CLÁUSULA DE INCOLUMIDADE: A OBRIGAÇÃO DE RESULTADO

Implícita está no contrato de transporte a cláusula de incolumidade, pela qual o transportador se obriga a conduzir o passageiro até o destino desejado, sem qualquer interferência prejudicial, isto é, dentro do contrato de transporte repousa cláusula que impõe ao transportador conduzir o transportado ao seu destino e fazê-lo chegar são e salvo. Com isso, que fique claro que a obrigação do transportador não é de meio, mas sim de resultado.

Dúvida poderia surgir quanto ao momento em que se inicia a responsabilidade do transportador. Com total clarividência, Rogério Marrone de Castro Sampaio esclarece:

> Importante, ainda, fixar o marco inicial dessa responsabilidade civil. Ora, se vinculada à atividade exercida pelo transportador, sua responsabilidade civil inicia-se com a efetiva execução do contrato de transporte, o que se dá, por exemplo, com o embarque do passageiro no veículo do transportador. Importante não confundir com o momento do aperfeiçoamento do contrato de transporte que, por ser consensual, se verifica com o simples consenso entre as partes. Evidente, portanto, que se o transportado, já com a passagem em seu poder – o que denota o aperfeiçoamento do contrato –, sofre algum infortúnio no trajeto rodoviária visando ao embarque, não há que se falar em responsabilidade civil do transportador.[2]

---

[2] SAMPAIO, Rogério Marrone de Castro. *Direito civil:* responsabilidade civil. 3. ed. São Paulo: Atlas, 2003. p. 131.

5. LEGISLAÇÃO ATINENTE AO CONTRATO DE TRANSPORTE

Ao contrato de transporte serão aplicados os artigos já mencionados anteriormente, previstos no Código Civil, sem prejuízo de preceitos constantes na legislação especial e de tratados e convenções internacionais.

Desse modo, se o contrato de transporte se encontrar dentro dos limites desenhados por uma relação de consumo – o que acontece na maioria das vezes –, deverão ser aplicadas as regras do Código de Defesa do Consumidor (Lei nº 8.078/90). Tanto é assim que vale conferir a redação do **Enunciado nº 369 do CJF**:

> Diante do preceito constante no art. 732 do Código Civil, teleologicamente e em uma visão constitucional de unidade do sistema, quando o contrato de transporte constituir uma relação de consumo, aplicam-se as normas do Código de Defesa do Consumidor que forem mais benéficas a este.

No que tange à responsabilidade civil no transporte aéreo interno, há disciplina específica no Código Brasileiro de Aeronáutica (Lei nº 7.565/86) e, em se tratando de transporte internacional, deve ser aplicada a Convenção de Varsóvia, alterada posteriormente, pelos Protocolos de Haia e de Montreal. Os Protocolos são de nºs 1, 2 e 4, sendo o Brasil signatário de todos eles, ratificando-os por meio do Decreto Legislativo nº 22, de 28 de maio de 1979. O Protocolo nº 3 não adquiriu vigência internacional.

Menção deve ser feita ao Decreto-lei nº 2.681/12 – a Lei das Estradas de Ferro –, pioneiro na responsabilização dos eventos danosos acontecidos nas estradas de ferro e que acabou por ter sua aplicação ampliada, solucionando, outrossim, acidentes provenientes do transporte rodoviário de pessoas.

O referido decreto-lei, em seu art. 17, dispôs que "as estradas de ferro responderão pelos desastres que, nas suas linhas sucederem os viajantes e de que resulte a morte, ferimento ou lesão corpórea". E ainda: "a culpa será presumida, só se admitindo em contrário alguma das seguintes provas: I – caso fortuito ou de força maior; II – culpa do viajante, não concorrendo culpa da estrada".

Por uma interpretação literal, temos que a situação era de responsabilidade subjetiva com culpa presumida. Porém, prevaleceu o entendimento de que a responsabilidade do transportador, em verdade, era objetiva, sendo, de igual modo, aplicado a qualquer transporte terrestre de pessoas.

Na explicação de Cavalieri Filho:

> Essa extensão é plenamente justificável com base na analogia. Diante de dois casos semelhantes, um dos quais regulado na lei e o outro não, a própria lei ordena ao juiz aplicar a analogia, meio de integração do Direito. O contrato de transporte celebrado com uma companhia de estrada de ferro é, em tudo e por tudo, semelhante ao contrato de transporte celebrado com uma empresa de ônibus ou bonde. As características dos contratos são as mesmas, idênticas as suas finalidades; diferente

é apenas o meio de transporte, tudo a justificar, portanto, serem-lhes aplicáveis as mesmas regras legais.[3]

Acerca de tal decreto – que representou inegável avanço em se tratando de responsabilidade civil no transporte de pessoas –, opinamos que fora ele revogado com a entrada em vigor do Código Civil de 2002. Com o mesmo entendimento, valem as palavras de Flávio Tartuce:

> O contrato de transporte ganha agora tratamento especial no Código Civil de 2002, passando a ser contrato nominado e típico. Desse modo, entendemos que está revogado o Decreto-lei nº 2.681/12, que previa a responsabilidade das empresas de estradas de ferro e, por analogia, sempre foi aplicado a todas as formas de transporte terrestre. Também estão revogados os dispositivos do Código Comercial que tratavam do assunto.[4]

6. SOBRE O TRANSPORTE DE PESSOAS

6.1. As bagagens do passageiro

O contrato de transporte de pessoas abrangerá a condução de suas bagagens. As bagagens do transportado poderão ser conduzidas no próprio compartimento em que é transportada a pessoa ou em compartimentos apartados destinados a tal fim. Nesse caso, será dado determinado documento à pessoa do transportado para que ao término do transporte possa retirar as suas bagagens. Tal documento pode ser denominado nota de bagagem.

Nota-se com isso, na verdade, a presença de dois contratos: um principal, transportar a pessoa; e o outro, acessório, transportar as bagagens.

Caso as dimensões ou o peso das bagagens extrapolem as limitações previamente definidas, será lícito ao transportador exigir um *plus* sobre sua retribuição.

Inclusive, vale lembrar que o transportador, uma vez executado o transporte, tem direito de retenção sobre a bagagem de passageiro e outros objetos pessoais deste, para garantir-se do pagamento do valor da passagem que não tiver sido feito no início ou durante o percurso.

Além disso, é lícito ao transportador exigir a declaração do valor da bagagem a fim de fixar o limite de eventual indenização.

6.2. Direitos e obrigações do passageiro

Quanto aos direitos do passageiro, vale lembrar:

a) ser transportado de maneira segura até o local determinado;

---

[3] CAVALIERI FILHO, Sérgio. *Programa de responsabilidade civil.* 7. ed. São Paulo: Atlas, 2007. p. 288.

[4] TARTUCE, Flávio. *Teoria geral dos contratos e contratos em espécie.* São Paulo: Método, 2006. p. 470.

Cap. 54 – DO CONTRATO DE TRANSPORTE

b) ser reparado pelo transportador diante de qualquer evento danoso, ainda que causado por terceiro estranho a relação contratual;

c) ocupar determinado assento, se predefinido no bilhete, ou qualquer outro;

d) rescindir o contrato antes de iniciada a viagem, sendo-lhe restituído o valor da passagem, desde que a comunicação da desistência tenha sido dada a tempo de o transportador renegociar a passagem com outra pessoa;

e) desistir do transporte, mesmo depois de iniciada a viagem, sendo-lhe devida a restituição do valor correspondente ao trecho não utilizado, desde que provado que outra pessoa haja sido transportada em seu lugar.

Em relação às obrigações do passageiro, devem ser citadas:

a) pagar a remuneração convencionada pelo transporte;

b) apresentar o bilhete de viagem sempre que for solicitado;

c) sujeitar-se às normas estabelecidas pelo transportador, constantes no bilhete ou afixadas à vista dos usuários, abstendo-se de quaisquer atos que causem incômodo ou prejuízo aos passageiros, danifiquem o veículo, ou dificultem ou impeçam a execução normal do serviço.

6.3. Direitos e obrigações do transportador

Em relação aos direitos do transportador, lembramos:

a) exigir a remuneração combinada pelo transporte;

b) reter a bagagem ou outros objetos pessoais do passageiro, caso esse não proceda ao pagamento do transporte realizado;

c) exigir que o passageiro cumpra com todas as normas necessárias para que o transporte se finalize de maneira segura para o transportado e os demais;

d) reter até cinco por cento da importância a ser restituída ao passageiro, a título de multa compensatória, caso o passageiro rescinda o contrato antes de iniciada a viagem;

e) exigir do passageiro a declaração do valor de sua bagagem a fim de fixar o limite de eventual indenização.

Dentre as obrigações do transportador, devem ser mencionadas:

a) conduzir o transportado e suas bagagens com total diligência e zelo para que cheguem ao destino final incólumes;

b) acatar aos horários e itinerários previstos, sob pena de responder por perdas e danos, salvo motivo de força maior;

c) não recusar passageiros, salvo os casos previstos nos regulamentos, ou se as condições de higiene ou de saúde do interessado o justificarem;

d) se a viagem se interromper por qualquer motivo alheio à sua vontade, ainda que em consequência de evento imprevisível, ficará obrigado a concluir o transporte contratado em outro veículo da mesma categoria, ou, com a anuência do passageiro, por modalidade diferente, à sua custa, correndo também por sua conta as despesas de estada e alimentação do usuário, durante a espera de novo transporte;

e) ser responsável em relação ao passageiro por qualquer acidente, não podendo tentar afastar a sua responsabilidade alegando culpa de terceiro. Sobre a responsabilidade civil do transportador, dissecaremos a questão no item seguinte.

6.4. As dimensões da responsabilidade do transportador[5]

Para evitar confusões, de início, importa notar que a responsabilidade civil do transportador poderá espraiar-se em três distintas dimensões: em relação a terceiros; em relação aos empregados; e em relação aos passageiros.

6.4.1. Em relação a terceiros

Atente-se, por exemplo, para o atropelamento de um pedestre perpetrado por um ônibus coletivo urbano. Nesse ponto, a responsabilidade da empresa de ônibus é extracontratual. A conclusão é óbvia, em virtude de não haver entre o pedestre atropelado e a empresa de ônibus qualquer relação jurídica oriunda de um contrato. A referida responsabilidade extracontratual ou aquiliana é objetiva em virtude do art. 37, § 6º, da CF/88. É que se trata de pessoa jurídica de direito privado prestadora de serviço público. Nessa hipótese, a responsabilidade do transportador somente poderá ser afastada em havendo alguma excludente do nexo causal: caso fortuito ou força maior; culpa exclusiva da vítima; ou culpa ou fato de terceiro. Além da CF/88, aplica-se também ao caso em comento o Código de Defesa do Consumidor. Primeiro o art. 14 que impõe responsabilidade objetiva ao fornecedor de serviços. E segundo o art. 17 que equipara ao consumidor todas as vítimas do evento (os *bystanders*), de modo que, estão autorizadas a pleitear indenizações a vítimas do evento, com base no acidente de consumo. Nesse mote, esclarece Cavalieri Filho que:

> Nada mudou o Código de Defesa do Consumidor quanto à natureza dessa responsabilidade porque já era objetiva a partir da Constituição de 1988; mudou-se, entretanto, a sua base jurídica. Não mais necessitamos agora do mecanismo da responsabilidade pelo fato de terceiro porque o transportador não responde pelo fato do preposto (art. 932, III, do Código Civil, que corresponde ao art. 1.521, III, Código de 1916), mas sim por fato próprio – o defeito do serviço.[6]

---

[5] Apenas com o intuito de prover o presente trabalho de completude e perfeita sistematização, reproduziremos neste tópico até o tópico 6.8 questões que já foram abordadas em virtude do estudo da responsabilidade civil extracontratual nesta mesma obra.

[6] CAVALIERI FILHO, Sérgio. *Programa de responsabilidade civil.* 7. ed. São Paulo: Atlas, 2007. p. 285.

Cap. 54 – DO CONTRATO DE TRANSPORTE

6.4.2. Em relação aos empregados

Atente-se, por exemplo, para o motorista ou o trocador que se feriram em virtude do acidente acontecido com o ônibus coletivo urbano, no qual ambos trabalhavam. Há aqui responsabilidade decorrente de acidente de trabalho, vislumbrada a relação contratual trabalhista entre a empresa de ônibus e os seus empregados. Será devida indenização pelo INSS e caso tenha havido dolo ou culpa do empregador, este poderá ser cobrado em indenização na Justiça Comum, conforme art. 7º, XXVIII, CF/88.

6.4.3. Em relação aos passageiros

Atente-se, por exemplo, para o passageiro que se machuca dentro do ônibus urbano coletivo que se envolve em acidente. Aqui está a responsabilidade contratual do transportador oriunda do contrato de transporte. E, além disso, tal responsabilidade se manifesta como objetiva, como esclarecemos adiante.

6.5. O porquê da responsabilidade objetiva do transportador em relação aos passageiros

Embora não haja previsão expressa de que a responsabilidade do transportador em relação aos passageiros seja considerada objetiva, tal fato deve ser considerado em virtude de quatro importantes vetores:

1º) o transportador assume uma obrigação de resultado, e não apenas de meio. Aqui se projeta a cláusula de incolumidade;

2º) assim sempre foi o tratamento dado à questão tanto em sede doutrinária quanto em sede jurisprudencial;

3º) pela possibilidade de enquadramento nos exatos contornos de uma relação de consumo em que há a expressa imposição de responsabilidade objetiva (art. 14, CDC);

4º) pela previsão de nulidade da cláusula de não indenizar, prevista no art. 734 do CC que desponta com a seguinte redação: "O transportador responde pelos danos causados às pessoas transportadas e suas bagagens, salvo motivo de força maior, sendo nula qualquer cláusula excludente da responsabilidade". O repúdio à referida cláusula já estava consignada na Súmula nº 161 do STF: "Em contrato de transporte é inoperante a cláusula de não indenizar". Repisamos, porém, que é lícito ao transportador exigir a declaração do valor da bagagem a fim de fixar o limite da indenização (art. 734, parágrafo único, CC).

6.6. Excludentes de responsabilidade do transportador

Em se tratando de responsabilidade objetiva, devemos considerar, em princípio, as excludentes do nexo causal que são: caso fortuito e força maior, culpa exclusiva da vítima e fato ou culpa de terceiro. Porém, prezado leitor, não pare nessas linhas, pois outras observações relevantíssimas acerca do tema deverão ser formuladas.

A primeira, de que os doutrinadores mais modernos dividem o caso fortuito em fortuito interno e fortuito externo. E, conforme já assinalamos alhures, há nas duas hipóteses a imprevisibilidade já aventada. Porém, no fortuito interno o fato imprevisível está conexo à organização e atuação da empresa, por exemplo, o infarto sofrido pelo motorista do ônibus que poderia ter sido detectado em exames periódicos de saúde do empregado da empresa. Já, em se tratando de fortuito externo, há a imprevisibilidade do fato que, todavia, não está conexo à organização e atuação da empresa. Aqui nos deparamos com os fenômenos da natureza, como tempestades e enchentes. Assim, muitos doutrinadores apresentam como sinônimas as expressões fortuito externo e força maior, em virtude da inerente inevitabilidade.

Percebemos, então, que o transportador só não terá o dever de indenizar diante do fortuito externo. Desse modo, lembremos da redação do art. 734 do CC: "O transportador responde pelos danos causados às pessoas transportadas e suas bagagens, salvo motivo de força maior, sendo nula qualquer cláusula excludente da responsabilidade". O referido artigo atenta para a força maior apenas que, como vimos, se traduz no fortuito externo. Observando a sistemática do Código de Defesa do Consumidor, em seu art. 14, § 3º, dentre as excludentes de responsabilidade do fornecedor não há referência ao caso fortuito e à força maior, daí concluímos que, mais uma vez, apenas o fortuito externo será causa hábil a afastar o dever de indenizar.

A segunda observação por nós formulada nesse eixo é a de que a culpa exclusiva da vítima, aqui o passageiro, também se apresenta como causa excludente da responsabilidade do transportador, por se tratar de excludente do nexo causal, embora não haja previsão expressa a esse respeito no Código. O que há é o *caput* do art. 738 do CC que dispõe: "A pessoa transportada deve sujeitar-se às normas estabelecidas pelo transportador, constantes no bilhete ou afixadas à vista dos usuários, abstendo-se de quaisquer atos que causem incômodo ou prejuízo aos passageiros, danifiquem o veículo, ou dificultem ou impeçam a execução normal do serviço". Ademais, o seu parágrafo único preleciona: "Se o prejuízo sofrido pela pessoa transportada for atribuível à transgressão de normas e instruções regulamentares, o juiz reduzirá equitativamente a indenização, na medida em que a vítima houver concorrido para a ocorrência do dano". O que há aqui é a possibilidade de redução de indenização diante da culpa concorrente da vítima. Ao avançar nesse raciocínio, se é possível a aplicação da teoria da culpa concorrente a autorizar a redução da indenização, de igual modo é possível a exclusão da responsabilidade do transportador por culpa exclusiva do transportado, como, por exemplo, ocorre no caso dos "surfistas ferroviários".

No que respeita aos ditos "pingentes", que são aquelas pessoas que se penduram nos veículos durante o transporte, a jurisprudência dominante se manifesta no sentido de que não se trata de culpa exclusiva da vítima, haja vista a imposição de o transportador exercer a vigilância devida ao longo do transporte e ser constatado no mais das vezes que tal fato se deve, em verdade, ao estado de superlotação do meio de transporte e à manutenção das portas abertas do veículo com este em deslocamento.

A terceira e importante observação que deve ser feita é a de que, embora a culpa ou fato de terceiro seja, em regra, excludente do nexo causal, não poderá, todavia, ser alegada para afastar a responsabilidade do transportador. É o que prevê expressamente o Código Civil em seu art. 735 com a seguinte redação: "A responsabilidade contratual do transportador por acidente com o passageiro não é elidida por culpa de terceiro, contra o qual tem ação regressiva". Tal dispositivo, em verdade, consubstancia o já disposto na Súmula nº 187 do STF que estabelecia: "A responsabilidade contratual do transportador, pelo acidente com o passageiro, não é elidida por culpa de terceiro, contra o qual tem ação regressiva". O que há em verdade é a aplicação do fortuito interno que, como vimos, não exclui a responsabilidade do transportador. Atentemos para o fato de que tanto a súmula quanto o artigo se referem à culpa de terceiro, sem mencionar, entretanto, o dolo de terceiro.

Nessa linha de intelecção Cavalieri Filho explica que em se tratando de fato doloso de terceiro:

> Este não pode ser considerado fortuito interno porque, além de absolutamente imprevisível e inevitável, não guarda nenhuma ligação com os riscos do transportador; é fato estranho à organização de seu negócio, pelo qual não pode responder. Por isso, a melhor doutrina caracteriza o fato doloso de terceiro, vale dizer, o fato exclusivo de terceiro, como fortuito externo, com o que estamos de pleno acordo. Ele exclui o próprio nexo causal, equiparável à força maior, e, por via de consequência, exonera de responsabilidade o transportador.[7]

É do raciocínio já desenvolvido acima que as hipóteses de assaltos aos transportes coletivos ou arremesso de objetos contra o veículo transportador se moldam aos limites do fortuito externo, estranhos à atividade da empresa e, portanto, desonerantes da responsabilidade do transportador. O problema aqui reside na segurança pública que, notoriamente, deixa a sociedade à deriva. Se impuséssemos ao transportador o ônus de indenizar os vitimados nessas ocasiões, estaríamos a propugnar e a aplicar a teoria do risco integral, que é de todo descabida nos casos em apreço. Entretanto, por evidente, em casos em que o transportador contribua para a eclosão desse tipo de evento danoso, quando, por exemplo, indevidamente faz o trajeto de portas abertas a proporcionar o alcance da pedra atirada contra o passageiro ou quando o trecho percorrido é notoriamente conhecido pelos riscos apresentados e a empresa não toma qualquer precaução para impedir a eclosão do evento danoso, nítida restará a responsabilidade do transportador.[8]

---

[7] CAVALIERI FILHO, Sérgio. *Programa de responsabilidade civil*. 7. ed. São Paulo: Atlas, 2007. p. 295.

[8] "Discute-se, no caso em tela, a responsabilidade civil de empresa de transporte aéreo que cancelou o voo contratado, não sendo disponibilizado, ainda, a possibilidade de realocação dos passageiros em outro voo, mas, sim, apenas em via terrestre, mediante ônibus fretado, cujo percurso durou mais de 14h (quatorze horas), ocasião em que o passageiro foi roubado e agredido por meliantes.

Fechamos este tópico apontando as seguintes excludentes de responsabilidade do transportador:

- o fortuito externo ou a força maior;
- a culpa ou fato exclusivo da vítima;
- e o fato doloso de terceiro.

6.7. O transporte gratuito. A "carona"

Quando se fala em transporte gratuito, de início se torna importante um esclarecimento fundamental: o transporte poderá ser aparentemente gratuito ou puramente gratuito. A seguir explicamos.

6.7.1. O transporte aparentemente gratuito

Transporte aparentemente gratuito é aquele que apenas deixa transparecer a gratuidade, não sendo gratuito, porém. Isso porque o transportador aufere sim vantagens nesse tipo de transporte, ainda que indiretamente. Alguns exemplos merecem ser lembrados: quando o transportado se oferece para pagamento do pedágio, divisão do gasto com o combustível ou pagamento de refeição ao transportador; quando os donos das lojas oferecem transporte aos turistas; quando a empresa fornece o transporte aos empregados para o transcurso da residência ao trabalho; quando o corretor de imóveis conduz o cliente ao imóvel que está disponível para venda ou aluguel; e até mesmo o transporte que as empresas de ônibus devem prestar aos maiores de 65 anos por disposição da Constituição Federal de 1988 (art. 230, § 2º). Nesse último caso, o transporte é apenas aparentemente gratuito, pois o seu pagamento está, em verdade, embutido no valor global da tarifa ou em vantagens que a empresa transportadora irá receber do

---

No que concerne ao transporte de pessoas, o art. 734 do Código Civil estabelece a responsabilidade civil objetiva do transportador, o qual deverá responder pelos danos causados às pessoas transportadas e suas bagagens, salvo a existência de alguma excludente de responsabilidade, como motivo de força maior, caso fortuito, culpa exclusiva da vítima ou de terceiro. Em relação ao fato de terceiro, todavia, a teor do que dispõe o art. 735 do Código Civil, a responsabilidade só será excluída se ficar comprovado que a conduta danosa era completamente independente em relação à atividade de transporte e aos riscos inerentes à sua exploração, caracterizando-se, nesse caso, como fortuito externo. Nessa linha de entendimento, a jurisprudência do STJ reconhece que o roubo dentro de ônibus configura hipótese de fortuito externo, por se tratar de fato de terceiro inteiramente independente ao transporte em si, afastando-se, com isso, a responsabilidade da empresa transportadora por danos causados aos passageiros. Não obstante essa seja a regra, o caso em análise guarda peculiaridade que comporta solução diversa. Com efeito, a alteração substancial e unilateral do contrato firmado – de transporte aéreo para terrestre –, acabou criando uma situação favorável à ação de terceiros (roubo), pois o transporte rodoviário é sabidamente muito mais suscetível de ocorrer crimes dessa natureza, ao contrário do transporte aéreo. Dessa forma, a conduta da transportadora concorreu para o evento danoso, pois ampliou significativamente o risco de ocorrência desse tipo de situação, não podendo, agora, se valer da excludente do fortuito externo para se eximir da responsabilidade" (REsp 1.728.068-SP, Rel. Min. Marco Aurélio Bellizze, por unanimidade, julgado em 5/6/2018. Informativo nº 627, STJ).

Poder Público concedente. Nos demais casos mencionados, sem maior esforço de raciocínio, percebemos que o transportador está sim a receber vantagens do transportado ainda que indiretamente. Que fique claro, portanto: em todas essas hipóteses o transporte não é gratuito!

Constatado isso, releva perceber que deverão ser aplicadas as regras até aqui já mencionadas. Isto é, trata-se de responsabilidade contratual e objetiva do transportador, somente podendo ser afastada nas hipóteses de fortuito externo, culpa exclusiva da vítima e fato doloso de terceiro. Daí, transcrevemos o parágrafo único do art. 736 do CC: "Não se considera gratuito o transporte quando, embora feito sem remuneração, o transportador auferir vantagens indiretas".

Nesse ponto, vale lembrar ainda a ressalva formulada por Flávio Tartuce que amplia a perspectiva, esclarecendo-nos que:

> Compreendemos que tal regra tem aplicação imediata a elevadores e escadas rolantes localizados em lojas, *shopping centers*, supermercados, hotéis e similares, eis que também são meios de transporte de menor amplitude espacial. Mesmo não havendo remuneração, tais meios de transporte acabam trazendo vantagens indiretas aos fornecedores e prestadores. Fica claro, também, que é possível invocar as normas do Código de Defesa do Consumidor para apontar a responsabilidade objetiva.[9]

Ao transporte ao qual denominamos aparentemente gratuito, Pablo Stolze e Rodolfo Pamplona Filho o designam de "transporte interessado, sem remuneração direta". Os ilustres autores aventam ainda a seguinte proposição:

> Para não ser considerado gratuito, o referido "interesse" do condutor deve ser econômico? Uma carona motivada por interesse sexual, por exemplo, descaracterizaria a cortesia, fazendo incidir as regras do contrato de transporte, e, por conseguinte, da responsabilidade objetiva? Em nosso sentir, segundo uma interpretação teleológica, desde que não seja por amizade ou mera cortesia (art. 736, *caput*), o transporte motivado por qualquer interesse do condutor justificaria a descaracterização do transporte gratuito (art. 736, parágrafo único). Ademais, a lei não refere que o interesse do transportador deva ser necessariamente pecuniário. Assim, uma carona dada apenas para fins sexuais (a famosa "cantada em ponto de ônibus") autorizaria, em nosso entendimento, a incidência das regras do contrato de transporte, por força da "vantagem indireta" experimentada pelo condutor, nos termos do mencionado parágrafo único do art. 736. Destarte, deverá observar a cláusula implícita de segurança, podendo ser compelido a indenizar a outra parte sem aferição de culpa. Advertimos, apenas, que a incidência dessas regras, mais severas para o transportador, não decorre da circunstância de estarmos diante de um contrato de transporte típico, pelo simples fato de a prestação sexual não ser licitamente admitida. Todavia, apenas para o efeito de facilitar a responsabilização do condutor – que atuou com segundas intenções –, concluímos que o legislador cuidou de determinar a

---

[9] TARTUCE, Flávio. *Teoria geral dos contratos e contratos em espécie*. São Paulo: Método, 2006. p. 426.

aplicação das regras do contrato de transporte, afastando a alegação de mera cortesia, visando, dessa forma, facilitar a reparação da vítima.[10]

6.7.2. O transporte puramente gratuito

O transporte puramente gratuito é aquele que é realizado por mera liberalidade do transportador e no interesse exclusivo do transportado. É o caso, por exemplo, da carona oferecida a um conhecido ou no socorro que se presta a alguém ferido na via pública conduzindo-o ao hospital. É nesse momento que a doutrina se digladia acerca da responsabilidade do transportador, em se tratando de transporte puramente gratuito, diante de evento danoso que ofenda ao transportado. Dois posicionamentos são apresentados:

1º) Deverá ser aplicada a regra do art. 392 do CC que assim dispõe: "Nos contratos benéficos, responde por simples culpa o contratante, a quem o contrato aproveite, e por dolo aquele a quem não favoreça. Nos contratos onerosos, responde cada uma das partes por culpa, salvo as exceções previstas em lei". Aplicando-se esse artigo ao transporte puramente gratuito, conclui-se que o transportador responderá apenas por dolo ou mesmo por culpa grave, que a ele se equipara. Foi desse raciocínio que veio a lume a Súmula nº 145 do STJ com a seguinte redação: "No transporte desinteressado, de simples cortesia, o transportador só será civilmente responsável por danos causados ao transportado quando incorrer em dolo ou culpa grave".

2º) Não se trata de contrato benéfico, por isso descabida a aplicação do art. 392 do CC que deve sim ser aplicado a contratos de doação pura e comodato, por exemplo. Também não se trata de contrato de transporte, uma vez que, conforme salienta Cavalieri Filho:

Aquele que oferece gratuitamente o transporte não pretende se vincular a uma vigilância tão severa quanto a daquele que presta o transporte remunerado; nem quem o aceita ou solicita pode exigir do transportador de cortesia os rigores da cláusula de incolumidade. O carona assume os riscos da viagem. Basta lembrar que o prestador do transporte gratuito não poderá ser acionado, com base no contrato, se não cumprir a promessa de transportar, ou se deixar de levar o carona ao seu destino em virtude de avaria no seu veículo, que o impediu de prosseguir viagem.[11]

Nessa esteira, inclusive, a redação do art. 736, *caput*, do CC: "Não se subordina às normas do contrato de transporte o feito gratuitamente, por amizade ou cortesia". Daí que, se não há contrato benéfico, tampouco contrato de transporte,

---

[10] GAGLIANO, Pablo Stolze; PAMPLONA FILHO, Rodolfo. *Novo curso de direito civil*: contratos. Tomo II. São Paulo: Saraiva, 2008. p. 299.

[11] CAVALIERI FILHO, Sérgio. *Programa de responsabilidade civil*. 7. ed. São Paulo: Atlas, 2007. p. 303-304.

a solução reside no afastamento da responsabilidade contratual e objetiva. Desse modo, outra saída não resta que não seja aplicar a responsabilidade extracontratual ou aquiliana com fincas no art. 186 do CC. Seria esse o posicionamento mais adequado, ao qual nos filiamos. Sobremaneira, em virtude de elucubrações outras que devem ser feitas, como, por exemplo, a situação em que ocorre um acidente em que o motorista por negligência atropela a um pedestre e acaba por ferir o seu "carona". Se aplicarmos o art. 392 do CC, o pedestre seria ressarcido posto a aplicação da responsabilidade extracontratual. Já o carona, não se veria indenizado uma vez que o motorista não operou com dolo ou culpa grave. Nesse momento, atentamos para a situação jurídica desfavorável do "carona" em relação ao pedestre, já que somente este último seria indenizado.

Fechamos a discussão levando em consideração a respeitável opinião de Flávio Tartuce ao analisar a Súmula nº 145 do STJ:

> Entendemos que a súmula merece nova leitura, eis que não há necessidade de a culpa ser grave ou da presença de dolo. Presente a culpa, em qualquer grau, responderá aquele que deu a carona. O grau de culpa apenas serve para a fixação da indenização, inclusive por danos morais (arts. 944 e 945 do CC, teoria da causalidade adequada e teoria do risco concorrente, respectivamente).[12]

6.8. O transporte clandestino

Há o transporte clandestino quando o passageiro ingressa às escondidas no transporte, em virtude de ludibriar a vigilância do transportador. Poder-se-ia, em caso de evento danoso, forçar uma situação de transporte gratuito aplicando-se as suas consequências. Entretanto, não é o caso! Em verdade, o que houve foi culpa exclusiva da vítima, fato gerador da exclusão do nexo causal e, por conseguinte, da responsabilidade do transportador. Culpa exclusiva da vítima! Esse é o argumento para que o transportador afaste a sua responsabilidade. Não se configura, pois, o transporte gratuito, tampouco, o transporte contratual. A clandestinidade, evidentemente, deverá ser provada por aquele que a alega, no caso, o transportador. Vale lembrar, outrossim, que poderá exsurgir a responsabilidade do transportador caso este tenha agido com omissão injustificável, hipótese de culpa concorrente.

7. SOBRE O TRANSPORTE DE COISAS

O transporte de coisas em muito se assemelha ao transporte de pessoas, a diferença é o que será transportado. No transporte de coisa, o **transportador** se compromete a conduzir a determinado destino bens de uma pessoa denominada **expedidor ou remetente**, mediante o pagamento de determinada retribuição que será chamada de **frete**.

---

[12] TARTUCE, Flávio. *Teoria geral dos contratos e contratos em espécie*. São Paulo: Método, 2006. p. 426.

7.1. Direitos e obrigações do expedidor

Dentre os direitos do expedidor ou remetente, se encontram:

a) ter a coisa ou mercadoria entregue ao destinatário exato, no prazo avençado;

b) até a entrega da coisa, desistir do transporte e pedir a coisa de volta, ou ordenar seja entregue a outro destinatário, pagando, em ambos os casos, os acréscimos de despesa decorrentes da contraordem, mais as perdas e danos que houver;

c) ser indenizado em caso de perda, perecimento, avaria da coisa ou mercadoria entregue, bem como pelo injustificado atraso. Em havendo vários transportadores, o chamado transporte cumulativo, todos os transportadores responderão **solidariamente** pelo dano causado perante o remetente, ressalvada a apuração final da responsabilidade entre eles, de modo que o ressarcimento recaia, por inteiro, ou proporcionalmente, naquele ou naqueles em cujo percurso houver ocorrido o dano (art. 756, CC).

Quanto aos deveres do expedidor ou remetente, podemos mencionar:

a) caracterizar pela sua natureza, valor, peso e quantidade, e o que mais for necessário a coisa entregue ao transportador para que não se confunda com outras, e indicar ao menos pelo nome e endereço;

b) pagar a retribuição (o frete) devida para o transporte.

7.2. Direitos e obrigações do transportador

Quanto aos direitos do transportador, lembramos:

a) exigir que o remetente lhe entregue, devidamente assinada, a relação discriminada das coisas a serem transportadas, em duas vias, uma das quais, por ele devidamente autenticada, ficará fazendo parte integrante do conhecimento;

b) em caso de informação inexata ou falsa descrição no documento dada pelo expedidor, receber indenização pelo prejuízo que sofrer, devendo a ação respectiva ser ajuizada no **prazo de cento e vinte dias**, a contar daquele ato, sob pena de decadência;

c) recusar a coisa cuja embalagem seja inadequada, bem como a que possa pôr em risco a saúde das pessoas, ou danificar o veículo e outros bens;

d) desembarcadas as mercadorias, não dar aviso ao destinatário da chegada da coisa, se assim não foi convencionado, dependendo também de ajuste a entrega a domicílio. Constarão do conhecimento de embarque as cláusulas de aviso ou de entrega a domicílio.

Quanto às obrigações do transportador, importa notar:

a) ao receber a coisa a ser transportada, emitir conhecimento com a menção dos dados que a identifiquem, obedecido o disposto em lei especial;

Cap. 54 – DO CONTRATO DE TRANSPORTE

b) recusar **obrigatoriamente** a coisa cujo transporte ou comercialização não sejam permitidos, ou que venha desacompanhada dos documentos exigidos por lei ou regulamento;

c) conduzir a coisa ao seu destino, tomando todas as cautelas necessárias para mantê-la em bom estado e entregá-la no prazo ajustado ou previsto;

d) solicitar imediatamente instruções ao remetente e zelar pela coisa, se o transporte não puder ser feito ou sofrer longa interrupção. Mais detalhes sobre os efeitos da interrupção do transporte serão tratados no item seguinte.

7.3. A interrupção no transporte

Já sabemos que se o transporte não puder ser feito ou sofrer longa interrupção, o transportador imediatamente entrará em contato com o expedidor solicitando as instruções necessárias.

Se o impedimento continuar sem culpa do transportador e o expedidor não se manifestar quanto ao que deve ser feito, duas opções são abertas ao transportador: depositar em juízo a coisa ou vendê-la obedecidos os preceitos legais e regulamentares, ou os usos locais, depositando o valor.

Caso o impedimento para o transporte seja atribuível ao próprio transportador, diante da omissão do expedidor quanto ao que fazer acerca da guarda e conservação da coisa, o transportador poderá depositar a coisa em juízo por sua conta e risco, isto é, o depósito ocorrerá às suas expensas e somente poderá vendê-la se perecível.

Se o transportador mantiver a coisa depositada em seus próprios armazéns, continuará a responder pela sua guarda e conservação, sendo-lhe devida, porém, uma remuneração pela custódia, a qual poderá ser contratualmente ajustada ou se conformará aos usos adotados em cada sistema de transporte.

DO CONTRATO DE SEGURO

1. NOÇÕES INTRODUTÓRIAS

Por meio do contrato de seguro, uma parte se obriga a garantir interesse legítimo de outra, relativo à pessoa ou coisa, contra riscos predeterminados, mediante o pagamento de determinada retribuição que será denominada prêmio (art. 757, CC).

Em relação à menção aos riscos predeterminados o **Enunciado nº 370 do CJF** complementa: "Nos contratos de seguro por adesão, os riscos predeterminados indicados no art. 757, parte final, devem ser interpretados de acordo com os arts. 421, 422, 424, 759 e 799 do Código Civil e 1º, inc. III, da Constituição Federal".

Em explicação cristalina, Vítor Kümpel esclarece:

> Analisando o conceito, observa-se que o seguro é um contrato de garantia contra os riscos previstos, de forma que o segurado não os está transferindo para o segurador. Parte da doutrina alega que no seguro o segurado, mediante o pagamento de um prêmio, transfere à seguradora os riscos de uma determinada atividade, porém, não há essa transferência, uma vez que o segurado continua com a eventualidade de sofrer o sinistro, de forma que ninguém quer que aconteça o evento danoso. O interesse está no pagamento dos prejuízos. O objetivo fundamental é a cobertura.[1]

2. AS PARTES NO CONTRATO DE SEGURO

Aquele que assume a responsabilidade tendo que pagar a indenização em decorrência de evento futuro e incerto é denominado **segurador**. Por exigência legal, somente pode ser parte, no contrato de seguro, como segurador, entidade para tal fim legalmente autorizada (art. 757, parágrafo único, CC). Nada obstante, vale conferir o Enunciado nº 185 do CJF: "A disciplina dos seguros do Código Civil e as normas da previdência privada que impõem a contratação exclusivamente por meio de entidades legalmente autorizadas não impedem a formação de grupos restritos de ajuda mútua, caracterizados pela autogestão".

---

[1] KÜMPEL, Vítor Frederico. *Direito dos contratos*. São Paulo: Saraiva, 2005. p. 270.

A pessoa que tem o seu interesse garantido e a quem caberá o pagamento do prêmio é chamada de **segurado**.

3. NATUREZA JURÍDICA

O contrato de seguro é **consensual** por ter o seu nascedouro com o simples consenso das partes; é **bilateral**, já que ao segurador cabe a obrigação de garantir interesse legítimo do segurado e a este cabe a obrigação de pagar o prêmio; é **oneroso** diante do sacrifício patrimonial sofrido por ambas as partes; é **de adesão**, uma vez que as cláusulas são impostas unilateralmente por uma das partes cabendo a outra anuir a ele ou rechaçá-lo; e **aleatório**, uma vez que a prestação do segurador somente deverá ser cumprida se houver o sinistro em desfavor do segurado. Tanto é assim que, salvo disposição especial, o fato de não se ter verificado o risco, em previsão do qual se faz o seguro, não exime o segurado de pagar o prêmio.

4. CARACTERES JURÍDICOS

4.1. A apólice

A comprovação do contrato de seguro se dá com a exibição da **apólice** ou do **bilhete do seguro**, e, na falta deles, por documento comprobatório do pagamento do respectivo prêmio. Nesse sentido, o STJ se manifestou:

DIREITO CIVIL. DISPENSABILIDADE DA EMISSÃO DA APÓLICE PARA O APERFEIÇOAMENTO DO CONTRATO DE SEGURO. A seguradora de veículos não pode, sob a justificativa de não ter sido emitida a apólice de seguro, negar-se a indenizar sinistro ocorrido após a contratação do seguro junto à corretora de seguros se não houve recusa da proposta pela seguradora em um prazo razoável, mas apenas muito tempo depois e exclusivamente em razão do sinistro. Isso porque o seguro é contrato consensual e aperfeiçoa-se tão logo haja manifestação de vontade, independentemente da emissão da apólice, que é ato unilateral da seguradora, de sorte que a existência da relação contratual não poderia ficar a mercê exclusivamente da vontade de um dos contratantes, sob pena de se ter uma conduta puramente potestativa, o que é vedado pelo art. 122 do CC. Ademais, o art. 758 do CC não confere à emissão da apólice a condição de requisito de existência do contrato de seguro, tampouco eleva esse documento ao degrau de prova tarifada ou única capaz de atestar a celebração da avença. Além disso, é fato notório que o contrato de seguro é celebrado, na prática, entre corretora e segurado, de modo que a seguradora não manifesta expressamente sua aceitação quanto à proposta, apenas a recusa ou emite a apólice do seguro, enviando-a ao contratante juntamente com as chamadas condições gerais do seguro. A propósito dessa praxe, a própria SUSEP disciplinou que a ausência de manifestação por parte da seguradora, no prazo de quinze dias, configura aceitação tácita da cobertura do risco, conforme dispõe o art. 2º, *caput* e § 6º, da Circular Susep nº 251/2004. Com efeito, havendo essa prática no mercado de seguro, a qual, inclusive, recebeu disciplina normativa pelo órgão regulador do setor, há de ser aplicado o art. 432 do CC, segundo o qual, "se o negócio for daqueles em que

Cap. 55 – DO CONTRATO DE SEGURO

não seja costume a aceitação expressa, ou o proponente a tiver dispensado, reputar-se-á concluído o contrato, não chegando a tempo a recusa". Na mesma linha, o art. 111 do CC preceitua que "o silêncio importa anuência, quando as circunstâncias ou os usos o autorizarem, e não for necessária a declaração de vontade expressa". Assim, na hipótese ora analisada, tendo o sinistro ocorrido efetivamente após a contratação junto à corretora de seguros, se em um prazo razoável não houver recusa da seguradora, há de se considerar aceita a proposta e plenamente aperfeiçoado o contrato. De fato, é ofensivo à boa-fé contratual a inércia da seguradora em aceitar expressamente a contratação, vindo a recusá-la somente depois da notícia de ocorrência do sinistro (STJ, REsp 1.306.364-SP, Rel. Min. Luis Felipe Salomão, julgado em 20/3/2014. Informativo nº 537).

A apólice somente será emitida após a realização de uma proposta escrita com a declaração dos elementos essenciais do interesse a ser garantido e do risco. A apólice ou o bilhete do seguro poderá ser nominativo, à ordem ou ao portador, sendo que deverão ser mencionados os riscos assumidos, o prazo de sua validade, o limite da garantia e o prêmio respectivo, e, quando for o caso, o nome do segurado e o do beneficiário.

- A **apólice nominativa** é aquela que apresenta o nome de todas as partes envolvidas e pode ser transmitida via cessão (art. 785, § 1º, CC).

- A **apólice à ordem** é transmitida por endosso preto, datado e assinado pelo endossante e pelo endossatário (art. 785, § 2º, CC).

- A **apólice ao portador** é transmitida por simples tradição. Em se tratando de seguro de pessoas, a apólice ou o bilhete não podem ser ao portador. Em explicação a essa regra, Adrianna de Alencar aduz que nesse caso:

Evita-se, portanto, a movimentação dos documentos representativos de seguros como se fossem moeda, na tentativa de coibir a prática de ilícitos que têm como mola mestra a negociação de apólices ou bilhetes de seguro. Por esta razão, os documentos devem ser nominativos, com a indicação do nome do beneficiário do seguro.[2]

4.2. O cosseguro e o resseguro

O **cosseguro** ocorre quando várias seguradoras assumem a obrigação de cumprir com a garantia, cada qual respondendo por uma parte previamente determinada. Nesse caso, diante da presença de várias seguradoras, poderão existir várias apólices ou apenas uma na qual será indicada a seguradora que administrará o contrato e representará as demais seguradoras.

Não se pode confundir o cosseguro com o **resseguro**. O resseguro chega para absorver os riscos que ultrapassam a possibilidade assecuratória do segurador. Em nosso País, o órgão ressegurador é o Instituto de Resseguros do Brasil que é uma

---

[2] SANTOS, Adrianna de Alencar Setúbal. Do seguro. In: SCAVONE JR., Luiz Antônio; CAMILLO, Carlos Eduardo Nicoletti; TALAVERA, Glauber Moreno; FUJITA, Jorge Shiguemitsu (Coords.). *Comentários ao Código Civil:* artigo por artigo. 2 ed. São Paulo: Revista dos Tribunais, 2009. p. 1.056.

sociedade de economia mista. Assim, também não se pode confundir o seguro com o resseguro. São figuras autônomas. O que ocorrerá é que o ressegurador receberá um percentual daquilo que foi pago ao segurado. Kümpel esclarece que:

> O segurador é responsável perante o segurado, consistindo o resseguro na transferência de parte ou de toda a responsabilidade do segurador para o ressegurador, preservando--se a estabilidade da empresa seguradora. É o trespasse do risco de uma seguradora para outra, total ou parcialmente.[3]

4.3. A boa-fé no contrato de seguro

Traço preponderante do contrato de seguro é a **boa-fé** tanto objetiva quanto subjetiva, que deve orientar as partes contratantes. Tanto é assim que o art. 765 do CC estabelece: "O segurado e o segurador são obrigados a guardar na conclusão e na execução do contrato, a mais estrita boa-fé e veracidade, tanto a respeito do objeto como das circunstâncias e declarações a ele concernentes".

Nesse mote, dois enunciados do CJF devem ser mencionados:

> Enunciado n° 542, CJF: A recusa de renovação das apólices de seguro de vida pelas seguradoras em razão da idade do segurado é discriminatória e atenta contra a função social do contrato.

> Enunciado n° 543, CJF: Constitui abuso do direito a modificação acentuada das condições do seguro de vida e de saúde pela seguradora quando da renovação do contrato.

A **veracidade** também se mostra como princípio basilar na figura negocial ora tratada. Destarte, é imprescindível que as informações prestadas pelo segurado sejam corretas, claras e precisas. Embora, o art. 765 do CC mencione a necessidade de boa-fé apenas nas fases de conclusão e execução do contrato, complemente-se, todavia, que a boa-fé deverá estar presente nas fases pré-contratual, contratual e pós-contratual.

Com sagacidade, acerca da necessidade de presença de boa-fé objetiva no contrato de seguro, Jones Figueiredo comenta:

> Observa-se daí que o segurado e o segurador estão obrigados a preservar a boa-fé, a lealdade e a veracidade, assim a respeito do objeto como das circunstâncias e declarações a ele concernentes; todos os contratos, desenganadamente, devem respaldar-se na boa-fé e na honestidade, mas, no de seguro, sobreleva a importância desse elemento, porque, em regra, funda-se precipuamente nas mútuas afirmações das próprias partes contratantes.[4]

Em complemento, o artigo subsequente (art. 766, CC) impõe:

---

[3] KÜMPEL, Vítor Frederico. *Direito dos contratos*. São Paulo: Saraiva, 2005. p. 274.

[4] ALVES, Jones Figueirêdo. *Novo Código Civil comentado*. FIUZA, Ricardo (Coord.). 4. ed. São Paulo: Saraiva, 2005. p. 702.

Se o segurado, por si ou por seu representante, fizer declarações inexatas ou omitir circunstâncias que possam influir na aceitação da proposta ou na taxa do prêmio, perderá o direito à garantia, além de ficar obrigado ao prêmio vencido.

Percebe-se com o dispositivo o nítido caráter punitivo incidente sobre o segurado que vilipendia o comportamento exigido pela boa-fé, tanto objetiva quanto subjetiva, imprimindo grave represália ao segurado. Ex.: "A" vai celebrar um contrato de seguro de vida e omite doença preexistente gravíssima. Esse é o exemplo comumente mencionado nesse sentido. Em torno dele, surgiram discussões interessantes que culminaram na aprovação do **Enunciado nº 372**, na IV Jornada de Direito Civil: "Em caso de negativa de cobertura securitária por doença preexistente, cabe à seguradora comprovar que o segurado tinha conhecimento inequívoco daquela".

É o próprio parágrafo único do referido artigo que complementa o fito sancionador do legislador ao estabelecer: "Se a inexatidão ou omissão nas declarações não resultar de má-fé do segurado, o segurador terá direito a resolver o contrato, ou a cobrar, mesmo após o sinistro, a diferença do prêmio". Ainda que o segurado não tenha agido com má-fé na transmissão das informações equivocadas, mesmo assim, o segurador terá direito a extinguir o contrato ou a cobrar, mesmo após o sinistro, a diferença do prêmio.

Acerca da boa-fé presente no contato de seguro, imposta tanto ao segurado quanto ao segurador, vale mencionar decisão do STJ a respeito:

DIREITO CIVIL. REAJUSTE DO VALOR DO PRÊMIO NOS CONTRATOS DE SEGURO DE VIDA. A cláusula de contrato de seguro de vida que estabelece o aumento do prêmio do seguro de acordo com a faixa etária mostra-se abusiva quando imposta ao segurado maior de 60 anos de idade e que conte com mais de 10 anos de vínculo contratual. Com efeito, embora se mostre abusiva a cláusula que prevê fatores de aumento diferenciados por faixa etária, uma vez que oneram de forma desproporcional os segurados na velhice e possuem, como objetivo precípuo, compelir o idoso à quebra do vínculo contratual, afrontando, dessa maneira, a boa-fé que deve perdurar durante toda a relação contratual, há que se ressaltar que, em relação aos contratos de seguro de vida, a jurisprudência do STJ segue no sentido de se declarar abusivos somente aqueles reajustes diferenciados do prêmio incidentes após o implemento da idade de 60 anos do segurado e desde que já conte ele com mais de 10 anos de vínculo contratual. Isso se dá pela aplicação analógica das regras que incidem sobre os contratos de plano de saúde (art. 15, parágrafo único, da Lei nº 9.656/98). Precedentes citados: EDcl no AgRg no REsp 1.453.941-RS, Terceira Turma, *DJe* 4/12/2014; e AgRg no AREsp 586.995-RS, Terceira turma, *DJe* 7/4/2015 (REsp 1.376.550-RS, Rel. Min. Moura Ribeiro, julgado em 28/4/2015, *DJe* 12/5/2015. Informativo nº 561).

4.4. O valor da indenização: a vedação ao sobresseguro

Outra questão interessante é lembrar que o **valor da indenização** não pode ultrapassar o do bem assegurado. Caso contrário, constituir-se-ia uma situação de

sobresseguro, o que, em regra, é vedado. Tudo isso para que se evite o enriquecimento indevido do segurado. Com base nisso, eis a redação do art. 778 do CC:

> Nos seguros de dano, a garantia prometida não pode ultrapassar o valor do interesse segurado no momento da conclusão do contrato, sob pena do disposto no art. 766, e sem prejuízo da ação penal que no caso couber.

Em se tratando de seguro de vida, a questão recebe enquadramento diverso. Como a vida não tem preço, tal regra não faria sentido. Assim, conforme o art. 789 do CC: "Nos seguros de pessoas, o capital segurado é livremente estipulado pelo proponente, que pode contratar mais de um seguro sobre o mesmo interesse, com o mesmo ou diversos seguradores".

4.5. A aplicação de legislação especial

Insta salientar que existem vários seguros que são regidos por lei especial. Diante disso, não é outra a redação do art. 777 do CC: "O disposto no presente Capítulo aplica-se, no que couber, aos seguros regidos por leis próprias".

Algumas leis especiais podem ser lembradas: Lei nº 4.518/64 (cuida do seguro social dos funcionários da Caixa Econômica Federal); Lei nº 6.194/74 (cuida do seguro obrigatório de danos pessoais causados por veículos automotores de via terrestre, ou por sua carga, a pessoas transportadas ou não – DPVAT); Lei nº 6.367/76 (cuida do seguro de acidente de trabalho a cargo do INSS); Lei nº 9.656/98 (cuida dos planos de saúde e seguros privados de assistência à saúde).

Vale lembrar ainda que, havendo relação de consumo, deverão ser aplicadas as regras do Código de Defesa do Consumidor (Lei nº 8.078/90).

5. DO SEGURO DE DANO

O Código Civil disciplina o seguro de dano nos arts. 778 a 788. Como dito alhures, a garantia prometida não poderá ultrapassar o valor do interesse segurado no momento da conclusão do contrato (art. 778, CC). Evidencia-se aqui a necessidade de se afastar a possibilidade de enriquecimento ilícito por parte do segurado. Note-se, porém, que a responsabilidade do segurador é ampla e abrangente, uma vez que o art. 779 preceitua que "o risco do seguro compreenderá todos os prejuízos resultantes ou consequentes, como sejam os estragos ocasionados para evitar o sinistro, minorar o dano, ou salvar a coisa". A norma é protetiva ao segurado. Vale acrescentar que, pelo art. 783 do CC, "salvo disposição em contrário, o seguro de um interesse por menos do que valha acarreta a redução proporcional da indenização, no caso de sinistro parcial".

O art. 784 do CC apresenta uma causa excludente da garantia ao estabelecer que "não se inclui na garantia o sinistro provocado por vício intrínseco da coisa segurada, não declarado pelo segurado". O parágrafo único do referido artigo conceitua o que deve ser considerado como vício intrínseco: "Entende-se por vício intrínseco o defeito próprio da coisa, que se não encontra normalmente em outras da mesma espécie".

No que tange a coisas transportadas, a vigência da garantia, começa no momento em que as coisas são recebidas pelo transportador, e cessa com a sua entrega ao destinatário (art. 780, CC).

O art. 781 do CC estabelece que: "A indenização não pode ultrapassar o valor do interesse segurado no momento do sinistro, e, em hipótese alguma, o limite máximo da garantia fixado na apólice, salvo em caso de mora do segurador". A explicação do artigo pode se dar por meio de um exemplo: "A" faz um contrato de seguro para garantir o seu veículo contra danos. O valor do veículo à época em que o contrato foi celebrado é de 35 mil reais. Vimos que o valor consignado de proteção consubstanciado na apólice não poderá ultrapassar aos 35 mil reais, conforme art. 778 do CC. O prazo de validade do seguro é de dois anos. Ao final do segundo ano, "A" se envolve em um acidente, isto é, ocorre o sinistro. Porém, nesse momento o carro já não vale mais os 35 mil reais consignados na apólice. Em virtude de ter saído de fabricação o modelo do veículo, o seu valor caiu vertiginosamente, o que resultou, ao cabo de dois anos, que o carro agora estava valendo 22 mil reais. A indenização a ser paga será de 22 mil reais e não de 35 mil, por força do art. 781 do CC.

Jones Figueiredo Alves aduz interessante observação acerca do referido artigo:

> Mas é preciso admitir e ponderar que, vindo o valor da indenização a ser menor do que aquele mensurado ao tempo do ajuste e fixado na apólice, o prêmio pago será superior ao aqui estabelecido pelo valor do interesse segurado no momento do sinistro, caso em que terá de ser reduzido, com a diferença acrescida ao pagamento indenizatório. Essa conciliação de interesses afigura-se corolário do princípio da eticidade que timbra o novo Código Civil, pois nenhuma das partes deve obter vantagem indevida em detrimento do patrimônio da outra.[5]

A pluralidade de seguros incidentes sobre uma mesma coisa somente poderá ocorrer se cada um dos seguros entabulados não abranger integralmente o bem. Assim, se a coisa já está segurada em sua inteireza não poderá haver a celebração de novo seguro sobre o mesmo bem, sob pena de violação à limitação contida no art. 778 do CC. Ao revés, se o bem não é garantido em sua integralidade outros seguros poderão ser estabelecidos até que se alcance a totalidade do bem. Será, então, um caso de **cosseguro**.

Nessa situação, o segurado deverá acatar o que diz o art. 782, CC:

> O segurado que, na vigência do contrato, pretender obter novo seguro sobre o mesmo interesse, e contra o mesmo risco junto a outro segurador, deve previamente comunicar sua intenção por escrito ao primeiro, indicando a soma por que pretende segurar-se, a fim de se comprovar a obediência ao disposto no art. 778.

---

5 ALVES, Jones Figueirêdo. *Novo Código Civil comentado*. FIUZA, Ricardo (Coord.). 4. ed. São Paulo: Saraiva, 2005. p. 719.

Ocorrido o sinistro deve ser paga pela seguradora a devida indenização ao segurado. Porém o efeito seguinte é que, diante disso, a seguradora se sub-roga na posição do segurado, tomando para si todas as ações e direitos que o segurado tinha contra o causador do dano, nos limites do que foi pago a título indenizatório (art. 786, CC). Restará afastada a sub-rogação se o causador do dano for o cônjuge do segurado, seus descendentes ou ascendentes, consanguíneos ou afins, desde que não tenha havido emprego de dolo por parte destes (art. 786, § 1º, CC). Se outra fosse a solução legal, isto é, se o segurador pudesse se voltar contra essas pessoas, haveria uma clara ofensa ao patrimônio da família do segurado, em clara contradição ao que o contrato de seguro inicialmente propunha.

Como o segurador se sub-roga na posição do segurado, qualquer ato do segurado no sentido de afastar essa sub-rogação será considerado ineficaz por força do art. 786, § 2º, CC. Nesse contexto é importante conferir o seguinte posicionamento do STJ:

DIREITO CIVIL. DIREITO DE O SEGURADOR SER RESSARCIDO EM AÇÃO REGRESSIVA DAS DESPESAS COM REPARO OU SUBSTITUIÇÃO DE BEM SINISTRADO. A despeito de o segurado ter outorgado termo de quitação ou renúncia ao causador do sinistro, o segurador terá direito a ser ressarcido, em ação regressiva contra o autor do dano, das despesas havidas com o reparo ou substituição do bem sinistrado, salvo se o responsável pelo acidente, de boa-fé, demonstrar que já indenizou o segurado pelos prejuízos sofridos, na justa expectativa de que estivesse quitando, integralmente, os danos provocados por sua conduta. Quando o segurado opta por acionar a garantia contratada com o segurador, exigindo-lhe que indenize ou repare o dano realizado no bem segurado, não lhe cabe firmar, com o causador do dano, nenhum tipo de transação que possa importar na extinção ou diminuição do direito de regresso do segurador. Se o fizer, o ato será absolutamente ineficaz em relação ao segurador, como peremptoriamente determina o art. 786, § 2º, do CC/2002. Em verdade, dada a importância social do contrato de seguro, as normas insertas no art. 786, *caput* e § 2º, do CC/2002, ao assegurarem a sub-rogação do segurador nos direitos que competirem ao segurado contra o autor do dano, independentemente da vontade daquele, revestem-se de caráter público, não havendo como um ato negocial do segurado excluir a prerrogativa outorgada por lei ao segurador. Quanto ao tema, não se olvida da discussão relacionada à autonomia outorgada ao autor do dano de, espontaneamente, indenizar integralmente a parte lesada dos danos decorrentes do acidente – recebendo, em troca, termo de quitação – e, mesmo assim, o segurado acionar a garantia do seguro para conserto do veículo, em evidente ato de má-fé contratual. Nessa específica hipótese, é de se admitir que o terceiro, se demandado em ação regressiva pelo segurador, exima-se do ressarcimento das despesas com o bem sinistrado, basta que, a teor do disposto no art. 333, II, do CPC/73 (com correspondência no art. 373, II, do CPC/2015), prove que já realizou a reparação completa dos prejuízos causados, apresentando o recibo assinado pelo segurado ou eventuais documentos que comprovem o custeio das despesas relacionadas à reparação e(ou) substituição do bem envolvido no acidente. A hipótese seria, então, de improcedência do pedido regressivo e restaria ao segurador a alternativa de demandar contra o próprio segurado, por locupletamento ilícito, tendo em vista que, em evidente ato de má-fé contratual, requereu, indevidamente, a cobertura securitária, posto que já

Cap. 55 – DO CONTRATO DE SEGURO

indenizado diretamente pelo autor do dano. Ressalte-se, por fim, que não se desconhece a existência de julgados do STJ em sentido contrário ao ora apontado, a exemplo dos REsp 76.952-RS (Terceira Turma, *DJ* 1º/7/1996), 127.656-DF (Quarta Turma, *DJ* 25/3/2002), 274.768-DF (Quarta Turma, *DJ* 11/12/2000) e 328.646-DF (Quarta Turma, *DJ* 25/2/2002). Todavia, observa-se que os referidos julgamentos ocorreram sob a ótica do CC/16, o qual não disciplinava, especificamente, a sub-rogação operada em relação ao seguro de dano, como o faz o art. 786 e parágrafos do atual código. Assim, com amparo no princípio da especialidade, e considerando a necessidade de resguardar o direito de ressarcimento das despesas do segurador perante o causador do dano, segundo os novos paradigmas acerca do mercado securitário, deve ser privilegiada a aplicação do art. 786, *caput* e § 2º, do CC/2002, em detrimento das regras gerais do instituto do pagamento com sub-rogação (arts. 346 a 351 do CC/2002) (REsp 1.533.886-DF, Rel. Min. Nancy Andrighi, julgado em 15/9/2016, *DJe* 30/9/2016. Informativo nº 591).

O Código Civil disciplina o **seguro de responsabilidade civil** em seu art. 787. Tal seguro se presta a garantir o ressarcimento de danos causado pelo segurado em relação a terceiros nos moldes dos arts. 186 e 187, CC.[6] Para que haja o ressarcimento pago pela seguradora é necessário que o segurado tão logo saiba das consequências de seu ato, suscetível de lhe acarretar a responsabilidade incluída na garantia, comunique o fato ao segurador (§ 1º, art. 787).

O art. 787, § 2º, do CC estabelece: "É defeso ao segurado reconhecer sua responsabilidade ou confessar a ação, bem como transigir com o terceiro prejudicado, ou indenizá-lo diretamente, sem anuência expressa do segurador".[7] O presente dispositivo é severamente criticado por Tartuce que argumenta:

> Realmente esse dispositivo tem redação complicada no que tange à prática contratual. Primeiro porque afasta a possibilidade do segurado reconhecer a existência de culpa, o que é um direito personalíssimo, inafastável e intransmissível, nos termos do art. 11 do CC e do art. 1º, III, da CF/88. Parece que foi descuido do legislador prever que esse reconhecimento depende da seguradora. Outro problema refere-se ao poder de transigir, o que é um direito inerente ao segurado. Sendo o contrato de adesão ou de consumo, há como afastar essa regra pois a parte contratual está renunciando a um direito que lhe é inerente, havendo infringência ao princípio da função social dos contratos em casos tais (art. 412 do CC), princípio este fundamentado na função social da propriedade (art. 5º, XXII e XXIII, da CF/88). A mesma tese vale para a indenização direta, paga pelo segurado ao ofendido. Ora, trata-se, também, de um direito pessoal do segurado que não pode ser afastado.[8]

---

6   Enunciado nº 544: "O seguro de responsabilidade civil facultativo garante dois interesses, o do segurado contra os efeitos patrimoniais da imputação de responsabilidade e o da vítima à indenização, ambos destinatários da garantia, com pretensão própria e independente contra a seguradora".

7   Enunciado nº 546, CJF: "O § 2º do art. 787 do Código Civil deve ser interpretado em consonância com o art. 422 do mesmo diploma legal, não obstando o direito à indenização e ao reembolso".

8   TARTUCE, Flávio. *Teoria geral dos contratos e contratos em espécie*. São Paulo: Método, 2006. p. 516.

Ainda sobre o § 2º do art. 787 do CC, foi aprovado o Enunciado nº 373 do CJF com o seguinte teor: "Embora sejam defesos pelo § 2º do art. 787 do Código Civil, o reconhecimento da responsabilidade, a confissão da ação ou a transação não retiram ao segurado o direito à garantia, sendo apenas ineficazes perante a seguradora".

Uma vez ajuizada ação contra o segurado, este deverá dar ciência ao segurador da lide (art. 787, § 3º, CC), o que será feito por meio de denunciação da lide. Caberá, ainda, se não manejada a denunciação da lide, uma ação de regresso contra a seguradora por parte do segurado.

Caso o segurador caia em insolvência, subsistirá a responsabilidade do segurado (art. 787, § 4º, CC). A regra em questão tenta promover, a todo o custo, a reparação do dano sofrido pela vítima.

É possível que o seguro de responsabilidade civil seja obrigatório como acontece, por exemplo, com o DPVAT. Nesse caso o seguro será pago diretamente pelo segurador ao segurado, conforme preceitua o art. 788 do CC. Note que, ainda que o segurado não tenha pago o prêmio, o segurador demandado pela vítima, não poderá opor a exceção do contrato não cumprido pelo segurado prevista no art. 476 do CC. Isto é, se o segurador for demandado pela vítima, não poderá se esquivar do pagamento sob a alegação de que o segurado causador do dano não pagou o prêmio. Nesse mote, o parágrafo único do art. 788 dispõe: "Demandado em ação direta pela vítima do dano, o segurador não poderá opor a exceção de contrato não cumprido pelo segurado, sem promover a citação deste para integrar o contraditório". A parte final do dispositivo apresenta certa imprecisão técnica que gera confusões. Em verdade, a parte final do dispositivo não deveria ter mencionado "**citação deste para integrar o contraditório**". O que caberia ao segurador seria a denunciação da lide em face do segurado para exercitar o direito de regresso.

6. DO SEGURO DE PESSOA

6.1. O objeto do seguro de pessoa

No seguro de pessoa protege-se o ser humano, a sua vida, a sua saúde e as suas capacidades. O seguro de pessoa é disciplinado no Código Civil nos arts. 789 a 802. Aqui se encontra, por exemplo, o seguro-saúde praticado pelos planos de saúde e regulados pela Lei nº 9.656/98 (Lei dos Planos de Saúde).

Como o valor da vida é inestimável, no seguro de pessoa o capital segurado é livremente estipulado pelo proponente que pode até contratar mais de um seguro sobre o mesmo interesse (art. 789, CC). Diferentemente do seguro de dano visto alhures.

Se a vida protegida pelo proponente for de um terceiro, deverá o segurado justificar o motivo de tal interesse. Há presunção *iuris tantum*, porém, de interesse de salvaguardar a vida alheia em se tratando de cônjuge, ascendente ou descendente do proponente (art. 790, parágrafo único, CC). A essas informações acresça-se o estabelecido no **Enunciado nº 186 do CJF**: "O companheiro deve ser considerado implicitamente incluído no rol das pessoas tratadas no art. 790, parágrafo único, por possuir interesse legítimo no seguro da pessoa do outro companheiro".

É lícito ao segurado a modificação do beneficiário por ato unilateral de vontade, se não tiver renunciado a tal direito. Havendo a substituição do beneficiário, deverá ocorrer a imediata comunicação ao segurador, sob pena de ser considerado válido o pagamento feito ao beneficiário primitivo (art. 791, CC).

No seguro de vida o segurado deverá escolher a quem ele pretende que venha receber o capital segurado. O segurado está livre para proceder a esta escolha, não estando adstrito à ordem de vocação hereditária, podendo, inclusive, preterir parentes muito próximos.

Porém, pode ser que o segurado não proceda a essa nomeação de início, fazendo-o no futuro. Se o beneficiário não nomeia ninguém ou então indicando determinada pessoa, por algum motivo não prevalecer tal nomeação, o capital segurado será pago por metade ao cônjuge não separado judicialmente, e o restante aos herdeiros do segurado, obedecida a ordem da vocação hereditária. Na falta dessas pessoas, serão beneficiários os que provarem que a morte do segurado os privou dos meios necessários à subsistência (art. 792, CC).

Inclusive, é válida a instituição do companheiro como beneficiário, se ao tempo do contrato o segurado era separado judicialmente, ou já se encontrava separado de fato (art. 793, CC). A disposição mencionada, por evidente, homenageia a união estável como forma de constituição familiar e caminha em sintonia com a previsão constitucional.

6.2. O capital segurado

O capital segurado é impenhorável, sendo assim, não pode responder pelas dívidas do segurado. Então, quando o segurado falecer, ainda que deixe dívidas, estas dívidas não poderão ser satisfeitas com o capital segurado.

Ademais, o capital segurado não pode ser considerado como herança. É o que dispõe o art. 794, CC.

Ao comentar a disposição, Jones Figueiredo Alves preleciona:

> Trata-se de previsão legítima e razoável, ou, por que não dizer, inteiramente lógica. Ora, a inclusão do montante, estipulado no seguro, no acervo hereditário, colocando o beneficiário, quanto a essa estipulação, em igualdade de condições com os demais herdeiros, representaria um verdadeiro contrassenso. É que, se o segurado almeja privilegiar o beneficiário, com a antedita estipulação, este passaria a repousar numa situação assaz desvantajosa, à medida que concorreria com todos os herdeiros do segurado para receber o prêmio, desvirtuando, por completo, a essência da doação.[9]

---

[9] ALVES, Jones Figueirêdo. *Novo Código Civil comentado*. FIUZA, Ricardo (Coord.). 4. ed. São Paulo: Saraiva, 2005. p. 732.

Uma vez falecido o segurado, de maneira alguma poderá haver negociações entre a seguradora e o beneficiário que promovam a redução de pagamento do capital segurado ao beneficiário. Qualquer disposição nesse sentido será considerada nula de pleno direito. Isso porque é absolutamente inconcebível a pretensão de se modificar as regras do jogo com o jogo em andamento. Em conclusão, o que foi acordado entre a seguradora e o segurado deverá ser cumprido. Nesse mote, o art. 795 do CC preceitua: "É nula, no seguro de pessoa, qualquer transação para pagamento reduzido do capital segurado".

Prêmio é a contraprestação que o segurado paga à seguradora para que garanta o pagamento de indenização ao beneficiário. O pagamento do prêmio poderá ser feito durante um prazo determinado ou por toda a vida do segurado, caso em que será considerado vitalício.

O Código Civil autoriza o desfazimento do vínculo contratual, caso haja o inadimplemento em relação ao prêmio, com a restituição da reserva já formada, ou a redução do capital garantido proporcionalmente ao prêmio pago (art. 796, parágrafo único, CC).

6.3. Seguro de vida: caso de morte ou caso de vida

O seguro de vida poderá ser feito para o caso de morte ou para o caso de vida. Tal informação parece uma contradição, a qual explicamos a seguir. Será para o caso de morte quando o beneficiário somente vier a merecer a indenização em virtude do falecimento do segurado. De outro lado, quando dizemos que o seguro de vida também poderá se dar para o caso de vida, aventamos a questão de o segurado, por exemplo, sofrer algum acidente ou incapacidade e permanecer vivo. Note que é a sobrevivência do segurado que justifica o pagamento da indenização.

Para o seguro de vida para o caso de morte, o art. 797 do CC estabelece que é lícito estipular-se um **prazo de carência**, durante o qual o segurador não responde pela ocorrência do sinistro. A disposição é claramente protetiva ao segurador e a razão é óbvia. Tenta-se aqui evitar que a má-fé do segurado respaldada em eventos premeditados, consuma com a sua própria vida em benefício de outrem que viria a receber a indenização. Assim, o prazo de carência seria um período pelo qual, ainda que sobrevenha o falecimento do segurado, a seguradora não estaria obrigada a pagar a indenização ao beneficiário. É claro que, todavia, seria devida restituição ao beneficiário do montante da reserva técnica que já foi formada (art. 797, parágrafo único, CC).

6.4. O suicídio do segurado

Tema da mais alta complexidade no contrato de seguro é afeto à questão do **suicídio do segurado**.

Até a entrada em vigor do Código Civil de 2002, prevalecia quanto ao tema o disposto em duas súmulas editadas pelos Tribunais Superiores, a seguir transcritas:

Súmula nº 61, STJ: O seguro de vida cobre morte por suicídio não premeditado.

Súmula nº 105, STF: Salvo se tiver havido premeditação, o suicídio do segurado no período contratual de carência não exime o segurador do pagamento do seguro.

Quando as súmulas se referiam à premeditação do suicídio, elas estavam a se referir à situação em que o sujeito contratava o seguro com a intenção de se suicidar. Na cátedra de Pablo Stolze Gagliano e Rodolfo Pamplona Filho encontramos a seguinte explicação:

A premeditação a que se refere a jurisprudência, em nosso sentir, é dotada de maior dimensão, ou seja, implica a existência de um plano prévio de suicídio que insere a pactuação do seguro como um dos seus elementos de realização: celebra-se o contrato já visando a permitir o amparo das pessoas vinculadas afetiva ou economicamente ao suicida.[10]

Com a entrada em vigor do Código Civil de 2002, tenta-se afastar a discussão quanto à premeditação do suicida com o seguinte dispositivo: "O beneficiário não tem direito ao capital estipulado quando o segurado se suicida nos primeiros dois anos de vigência inicial do contrato, ou da sua recondução depois de suspenso, observado o disposto no parágrafo único do artigo antecedente" (art. 798, CC).

O dispositivo é claro e protege as seguradoras diante da **morte voluntária do segurado** nos primeiros dois anos de contrato. Note que nesse caso, não será devida indenização ao beneficiário. Entretanto, se o **suicídio** ocorrer após o decurso do lapso temporal citado, o beneficiário fará jus sim ao pagamento da indenização, sendo nula qualquer cláusula contratual que afaste esse preceito (art. 798, parágrafo único, CC).

Ampliando a questão, exsurge o Enunciado nº 187 do CJF com o seguinte teor: "No contrato de seguro de vida, presume-se, de forma relativa, ser premeditado o suicídio cometido nos dois primeiros anos de vigência da cobertura, ressalvado ao beneficiário o ônus de demonstrar a ocorrência do chamado 'suicídio involuntário'".

Em explicação ao enunciado podemos dizer que o **suicídio involuntário** é aquele que se opõe ao **suicídio premeditado**. Considerando assim, o referido enunciado, amplia a questão, trazendo a possibilidade de o beneficiário vir a receber a indenização mesmo para o caso de suicídio ocorrido no lapso temporal dos dois anos iniciais do contrato, desde que o beneficiário consiga provar que o seguro foi celebrado, mas sem nenhuma intenção por parte do seguro de suprimir a sua vida, o que se deu em momento posterior de desespero que o levou a praticar o suicídio.[11]

---

[10] GAGLIANO, Pablo Stolze; PAMPLONA FILHO, Rodolfo. *Novo curso de direito civil:* contratos. v. IV. Tomo II. São Paulo: Saraiva, 2008. p. 538.

[11] "DIREITO CIVIL. DEVOLUÇÃO DA RESERVA TÉCNICA EM SEGURO DE VIDA NO CASO DE SUICÍDIO PREMEDITADO. Se o segurado se suicidar dentro dos dois primeiros anos de vigência de contrato de seguro de vida, o segurador, a despeito de não ter que pagar o valor correspondente à indenização, será obrigado a devolver ao beneficiário o montante da reserva técnica já formada, mesmo diante da prova mais cabal de premeditação do

6.5. A responsabilidade da seguradora em caso de morte do segurado em atividade arriscada

Outro ponto relevante é lembrar que o segurador não pode eximir-se ao pagamento do seguro, ainda que da apólice conste a restrição, se a morte ou a incapacidade do segurado provier da utilização de meio de transporte mais arriscado, da prestação de serviço militar, da prática de esporte, ou de atos de humanidade em auxílio de outrem (art. 799, CC). Exemplo oportuno é apresentado por Tartuce:

> Nelson celebra um contrato de seguro de vida inteira constando a sua esposa, Maria, como beneficiária. O segurado é lutador de capoeira, dedicando-se à prática do esporte três vezes por semana. Um certo dia, por um acidente, Nelson recebe um chute na cabeça vindo a falecer. Mesmo nesse caso, haverá responsabilidade da seguradora pelo sinistro devendo a indenização ser paga a Maria.[12]

O art. 768 do CC estabelece que "o segurado perderá o direito à garantia se agravar intencionalmente o risco objeto do contrato". O STJ amplia a interpretação do referido dispositivo decidindo que não é devida a indenização securitária decorrente de contrato de seguro de automóvel quando o causador do sinistro – preposto da empresa segurada – estiver em estado de embriaguez, salvo se o segurado demonstrar que o infortúnio ocorreria independentemente dessa circunstância (REsp 1.485.717-SP, Rel. Min. Ricardo Villas Bôas Cueva, por unanimidade,

---

suicídio. Realmente, conforme a redação do art. 798, *caput*, do CC/2002, o 'beneficiário não tem direito ao capital estipulado quando o segurado se suicida nos primeiros dois anos de vigência inicial do contrato [...], observado o disposto no parágrafo único do artigo antecedente'. Por sua vez, o parágrafo único do art. 797 do CC/2002 estabelece que, se o segurado se suicidar dentro do prazo de carência do seguro, o beneficiário – conquanto não tenha direito ao capital estipulado (art. 798, *caput*) – terá direito ao ressarcimento do 'montante da reserva técnica já formada'. Ao contrário do CC/16, não há, no CC/2002, previsão acerca do caráter premeditado ou não do suicídio, visto que a intenção do novo Código é precisamente evitar a dificílima prova da premeditação e da sanidade mental e capacidade de autodeterminação no momento do suicídio. Percebe-se, portanto, que o art. 798 do CC/2002 adotou critério objetivo temporal para determinar a cobertura relativa ao suicídio do segurado, afastando o critério subjetivo da premeditação. Nesse contexto, deve-se ressaltar o fato de que a Súmula nº 105 do STF ('salvo se tiver havido premeditação, o suicídio do segurado no período contratual de carência não exime o segurador do pagamento do seguro') foi formada, antes do CC/2002, a partir de precedentes nos quais se invalidava a cláusula de exclusão de cobertura simplesmente porque não havia previsão legal, na época, para esta cláusula. Posteriormente a essa súmula, surgiu a Súmula nº 61 do STJ ('o seguro de vida cobre o suicídio não premeditado'), em data também anterior ao CC/2002, em uma época em que o pressuposto de todos os precedentes tanto da mencionada súmula do STF quanto da referida súmula do STJ era a ausência de previsão legal que autorizasse a estipulação de cláusula que eximisse a seguradora da cobertura por suicídio não premeditado, o contrário do que sucede hoje, quando a lei expressamente estabelece que o de suicídio durante os primeiros dois anos de vigência da apólice é um risco não coberto (art. 798, *caput*)" (STJ, REsp 1.334.005-GO, Rel. originário Min. Paulo de Tarso Sanseverino, Rel. para acórdão Min. Maria Isabel Gallotti, julgado em 8/4/2015, *DJe* 23/6/2015. Informativo nº 564).

[12] TARTUCE, Flávio. *Teoria geral dos contratos e contratos em espécie.* São Paulo: Método, 2006. p. 522.

Cap. 55 – DO CONTRATO DE SEGURO

julgado em 22/11/2016). Ao contrário, em se tratando de contrato de seguro de vida, o Tribunal da Cidadania entendeu que é vedada a exclusão de cobertura do seguro de vida na hipótese de sinistro ou acidente decorrente de atos praticados pelo segurado em estado de embriaguez (REsp 1.665.701-RS, Rel. Min. Ricardo Villas Bôas Cueva, por unanimidade, julgado em 9/5/2017 e, também, EREsp 973.725-SP, Rel.Min. Lázaro Guimarães (Desembargador Convocado do TRF 5ª Região), por unanimidade, julgado em 25/4/2018.

6.6. A impossibilidade de sub-rogação da seguradora

Ao revés do seguro de danos, a seguradora não poderá se sub-rogar nos direitos e ações do segurado, ou do beneficiário, contra o causador do sinistro (art. 800, CC). É evidente que o direito de acionar o causador do sinistro, deve permanecer nas mãos do segurado ou beneficiário, não sendo transferido à seguradora.

6.7. O seguro em grupo ou coletivo

É possível que seja realizado o chamado **seguro em grupo ou coletivo**. Para essa modalidade de seguro o art. 801 do CC estabelece: "O seguro de pessoas pode ser estipulado por pessoa natural ou jurídica em proveito de grupo que a ela, de qualquer modo, se vincule".

Nesse caso, para que haja a modificação da apólice em vigor será necessária a anuência expressa de segurados que representem três quartos do grupo, conforme prevê o § 2º do art. 801 do CC. O que se objetiva aqui é preservar a estabilidade contratual. Mas, vale asseverar o que propugna o Enunciado nº 375 do CJF: "No seguro em grupo de pessoas, exige-se o quórum qualificado de 3/4 do grupo, previsto no § 2º do art. 801 do Código Civil, apenas quando as modificações impuserem novos ônus aos participantes ou restringirem seus direitos na apólice em vigor".

Nesse contrato participará a seguradora, o estipulante e os segurados. Assim, embora o estipulante seja o único responsável para com o segurador pelo cumprimento de todas as obrigações contratuais, ainda assim, o estipulante não poderá ser demandado pelos segurados uma vez que ele não representa o segurador.

6.8. A irresponsabilidade da seguradora em relação a tratamentos médicos ou gastos hospitalares

Por fim, ressalte-se que não se compreende dentre as obrigações da seguradora a de arcar com o pagamento de despesas hospitalares ou de tratamento médico, nem o custeio das despesas de luto e de funeral do segurado (art. 802, CC). É que a interpretação do contrato deverá ser restritiva, não obrigando a seguradora a arcar com despesas não avençadas no instrumento contratual.

7. DIREITOS E OBRIGAÇÕES DO SEGURADOR

Dentre as obrigações do segurador, podemos enumerar:

a) ocorrendo o sinistro, indenizar o segurado no prazo de 10 a 30 dias da entrega de toda a documentação necessária. A mora do segurador em pagar o sinistro obriga à atualização monetária da indenização devida segundo índices oficiais regularmente estabelecidos, sem prejuízo dos juros moratórios;

b) arcar com as despesas de salvamento consequente ao sinistro, até o limite do prazo fixado no contrato;

c) pagar em dinheiro o prejuízo resultante do risco assumido, salvo se convencionada a reposição da coisa;

d) não expedir a apólice se souber que o risco de que o segurado pretende se cobrir não mais existe. Nesse caso, se, mesmo assim, o segurador expedir a apólice deverá pagar em dobro o prêmio estipulado ao segurado (art. 773, CC). Isso se justifica uma vez que a boa-fé exigida deverá ser de ambas as partes contratantes.

Quanto aos direitos do segurador, podem ser enumerados:

a) receber o prêmio ajustado na data avençada;

b) não ter o prêmio reduzido se houver redução do risco durante o contrato, salvo estipulação em sentido contrário ou se a redução for considerável;

c) no seguro à conta de outrem, o segurador pode opor ao segurado quaisquer defesas que tenha contra o estipulante, por descumprimento das normas de conclusão do contrato, ou de pagamento do prêmio. Nota-se claramente uma atenuação ao princípio da relatividade dos efeitos de um contrato, uma vez que ao segurador é dado o direito de alcançar a pessoa do segurado, uma vez presentes quaisquer defesas contra o estipulante;

d) se houver agravamento do risco comunicado ao segurador, esse poderá nos quinze dias seguintes ao recebimento do aviso de agravamento do risco sem culpa do segurado, resolver o contrato dando ciência por escrito ao segurado de sua decisão (art. 769, § 1º, CC). Sendo que, a resolução só será eficaz trinta dias após a notificação ao segurado, devendo ser restituída pelo segurador a diferença do prêmio. Note que o referido artigo utiliza o termo "resolver", quando o mais adequado seria "resilir", uma vez que não houve inadimplemento contratual por nenhuma das partes.

8. DIREITOS E OBRIGAÇÕES DO SEGURADO

As obrigações do segurado são:

a) prestar informações claras, precisas e exatas;

b) cumprir com o pagamento do prêmio na data avençada, uma vez que não terá direito a indenização o segurado que estiver em mora no pagamento do prêmio, se ocorrer o sinistro antes de sua purgação (art. 763, CC). Acerca dessa consequência Flávio Tartuce promove a seguinte crítica: "Ora, a norma entra em conflito com a tese do adimplemento substancial (*substancial performance*), que vinha normalmente sendo aplicada pelos nossos Tribunais, inclusive pelo STJ, nos casos de pagamento quase integral pelo segurado".[13] É evidente que a aplicação do art. 763 do CC sem os devidos temperamentos conduzirá a situações de clara injustiça. Imagine a situação em que o seguro parcele o prêmio a pagar em cinco prestações. Pagas as quatro parcelas iniciais, estando em mora em relação à quinta parcela, ocorre o sinistro. Se aplicássemos secamente a redação do art. 763, CC, o segurado não teria direito a nada. É isso que propõe o art. 763 do CC pela sua literalidade. Porém, não é assim que os Tribunais têm decidido, em clara homenagem à **teoria do adimplemento substancial,** ao princípio da **função social dos contratos** e ao princípio da **boa-fé objetiva.** Além disso, vale concluir a questão com o **Enunciado nº 371 do CJF**: "A mora do segurado, sendo de escassa importância, não autoriza a resolução do contrato, por atentar ao princípio da boa-fé objetiva". Em verdade, a resolução do contrato somente poderia ocorrer diante de prévia interpelação (**Enunciado nº 376 do CJF**);

c) não agravar o risco objeto do contrato, sob pena de perder o direito à garantia;

d) comunicar ao segurador, logo que saiba, todo incidente suscetível de agravar consideravelmente o risco coberto, sob pena de perder o direito à garantia, se provar que silenciou de má-fé;

e) comunicar o sinistro ao segurador, logo que o saiba, e tomar as providências imediatas para minorar-lhe as consequências, sob pena de perder o direito a garantia (art. 771, CC). A disposição está em plena sintonia com a **teoria *duty to mitigate the loss*,** decorrente da **boa-fé objetiva,** que preceitua que é dever do credor atenuar o seu prejuízo (**Enunciado nº 169, CJF**).

Quanto aos direitos do segurado, podem ser mencionados:

a) havendo o sinistro, receber em dinheiro o prejuízo resultante do risco assumido, salvo se convencionada a reposição da coisa;

b) salvo estipulação em sentido contrário, se a redução do risco for considerável, o segurado poderá exigir a revisão do prêmio, ou a resolução do contrato. Embora o artigo mencione o termo "resolução" que fique claro que a terminologia correta não seria resolução, já que não houve inadimplemento, mas sim resilição.

9. SEGURO X PROTEÇÃO VEICULAR

Quando uma pessoa adquire um veículo, é comum que se preocupe com eventual proteção em caso de algum sinistro. Logo surgem ofertas de seguro para o veículo ou aquilo que se denomina simplesmente proteção veicular. É bom perceber que não se deve confundir o seguro com a proteção veicular.

---

[13] TARTUCE, Flávio. *Teoria geral dos contratos e contratos em espécie.* São Paulo: Método, 2006. p. 499.

O seguro trata-se de contrato que foi analisado neste capítulo, de modo que a responsabilidade diante de algum dano é transmitida à empresa seguradora. Já a proteção veicular se formata com a associação de pessoas que se unem com o objetivo de assumir as responsabilidades e os riscos de eventual sinistro.

Além disso, enquanto o seguro é fiscalizado pela Susep (Superintendência de Seguros Privados), a proteção veicular não se sujeita a nenhuma fiscalização. Acrescente-se a isso a ideia de que o contrato de seguro quando realizado se submete ao Código de Defesa do Consumidor, ao passo que o estabelecimento de proteção veicular não induz à conclusão de que os associados serão considerados consumidores, o que afastará a proteção da legislação consumerista. Por fim, vale lembrar ainda que no seguro existe a apólice, instrumento esse inexistente na proteção veicular.

DO CONTRATO DE CONSTITUIÇÃO DE RENDA

1. NOÇÕES INTRODUTÓRIAS

No Código Civil de 1916, a constituição de renda era tratada como contrato e como direito real sobre coisa alheia. No Código Civil de 2002, há um afastamento do instituto da esfera dos direitos reais, atribuindo-lhe natureza meramente contratual.

O contrato de constituição de renda é a figura negocial pela qual uma pessoa, denominada rendeira, censuária, censatária ou devedora se obriga ao pagamento de determinada renda periódica a outra, que será chamada de instituidor, censuísta, censuente ou credora, durante um lapso temporal ou vitaliciamente.

2. A CONSTITUIÇÃO DE RENDA SOB OUTRO PRISMA

O conceito mencionado no item anterior decorre da breve leitura do art. 803 do CC. É importante perceber, porém, que tal conceituação se refere ao contrato de constituição de renda realizado de forma gratuita. Ex.: "A" se obriga perante "B" a mensalmente pagar a este a importância de R$ 2.000,00, pelos próximos dois anos. Trata-se, por evidente, de contrato gratuito, uma vez que apenas "A", que é a figura do rendeiro, sofrerá sacrifício patrimonial.

A outro giro, é possível visualizar a constituição de renda de outra maneira. Imagine que uma pessoa transfira um bem seu a outra para que esta última se obrigue ao pagamento de uma importância mensal ao primeiro ou a um terceiro. Note que nesse caso também houve a constituição de renda, porém, esta se manifestou de maneira onerosa, já que é fácil perceber que ambas as partes estão sofrendo sacrifícios patrimoniais.

Exemplificando a constituição de renda onerosa, vale o texto do mestre Sílvio Venosa:

> O perfil da previdência privada em nosso país, tendo em vista a insuficiência dos planos oficiais, abre novas possibilidades à constituição de renda vitalícia, colocando à disposição de um segmento específico da população esse contrato mediante a entrega prévia de um capital. Em vez de o interessado contribuir periodicamente durante certo

tempo para usufruir ao final uma pensão, pode optar pela consignação de um capital, usufruindo imediatamente o benefício vitalício.[1]

Compreendido que a constituição de renda poderá ocorrer a título oneroso, oportuna se torna a redação do art. 809, CC: "Os bens dados em compensação da renda caem, desde a tradição, no domínio da pessoa que por aquela se obrigou".

É de se notar que quando o instituidor transfere bens ao rendeiro, este último se torna proprietário de tais bens. Além disso, quando o referido dispositivo menciona a palavra "tradição", a interpretação deverá se dar de maneira ampla a abarcar tanto a tradição propriamente dita, que se opera em relação aos bens móveis, como a tradição solene, que se traduz no registro, aplicável aos bens imóveis.

Em se tratando de contrato oneroso, nada impede que o instituidor venha a exigir do rendeiro que lhe preste garantia, que poderá ser real ou fidejussória (art. 805, CC). Como o instituidor sofreu grave sacrifício patrimonial, a lei lhe faculta a possibilidade de exigir ampla proteção para si. Tal proteção se materializará por meio da constituição de certa garantia. Esta poderá ser de cunho real, quando, por exemplo, o rendeiro hipoteca determinado bem para a garantia do cumprimento contratual ou então a garantia poderá ser fidejussória, que se trata de garantia de natureza pessoal, quando, por exemplo, o rendeiro, disponibiliza alguém que afiance ao credor o cumprimento da obrigação.

3. NATUREZA JURÍDICA

O contrato de constituição de renda, como explanado no item anterior, poderá ser **gratuito** ou **oneroso**. De igual modo, poderá ser **unilateral** ou **bilateral**. Ademais, trata-se de contrato de **execução futura continuada**, uma vez que o seu cumprimento ocorrerá no futuro por meio de subvenções periódicas.

Por fim, ressalte-se que o contrato de constituição de renda deve ser considerado **formal**, na medida em que o art. 807 do CC impõe que a constituição de renda requer escritura pública. Todavia, a questão não é pacífica. Para Flávio Tartuce, "esse dispositivo somente será aplicado para os casos envolvendo bens imóveis com valor superior a trinta salários mínimos, diante do que consta do art. 108 do CC".[2]

4. A POSSIBILIDADE DE INSERÇÃO DE CLÁUSULAS RESTRITIVAS DE DIREITO

Sobre a forma gratuita de celebração do referido contrato, o art. 813 do CC preceitua: "A renda constituída por título gratuito pode, por ato do instituidor, ficar isenta de todas as execuções pendentes e futuras".

---

[1] VENOSA, Sílvio de Salvo. *Código Civil interpretado*. São Paulo: Atlas, 2010. p. 734.
[2] TARTUCE, Flávio. *Teoria geral dos contratos e contratos em espécie*. São Paulo: Método, 2006. p. 528.

Cap. 56 – DO CONTRATO DE CONSTITUIÇÃO DE RENDA

O referido artigo cuida inegavelmente de **cláusula de impenhorabilidade** que pode ser constituída pelo instituidor. É evidente, porém, que para que tal cláusula assuma força contra terceiros é imprescindível o seu registro. Inclusive, se já houver penhora que objetive a excussão do bem, o registro da cláusula superveniente não terá o condão de abater a penhora já existente.

Dúvida remanesce, entretanto, quanto à possibilidade de inserção de **cláusula de inalienabilidade** ou de **incomunicabilidade**, uma vez que o referido artigo faz menção apenas à possibilidade de inserção de cláusula de impenhorabilidade. Iluminando a questão Glauber Moreno Talavera esclarece:

> Não obstante o artigo não colacionar a possibilidade de instituição de cláusula de inalienabilidade, é possível que o instituidor se utilize dela, tornando o imóvel, além de impenhorável, também inalienável, porquanto a cláusula de inalienabilidade é mais ampla do que a de impenhorabilidade, abarcando os efeitos próprios desta e, nesses termos, suprimindo a necessidade de cumulação de cláusulas instituídas sobre um mesmo imóvel. Nesse mister, havemos de considerar, ainda, a possibilidade de instituição de cláusula de incomunicabilidade a incidir sobre o bem.[3]

5. A DURAÇÃO DO CONTRATO DE CONSTITUIÇÃO DE RENDA

A concessão de renda ao credor será operada durante determinado lapso temporal previsto no contrato. Pode ser ainda que o contrato estipule que a concessão de renda seja vitalícia em benefício do credor ou de um terceiro. Essa última manifestação é chamada por alguns como constituição de renda vidual.

Caso haja o falecimento do rendeiro – o devedor –, a obrigação se estende em relação aos seus herdeiros, dentro das forças da herança, e não foi sem razão que o art. 806 do CC estabeleceu que o contrato de constituição de renda poderia ultrapassar a vida do devedor.

O limite há de se notar, no entanto, é a **vida do credor**, seja ele o próprio contratante (o instituidor) ou um terceiro. É que se trata de contrato eminentemente **personalíssimo**.

Posto isso, vale a leitura do art. 806, CC: "O contrato de constituição de renda será feito a prazo certo, ou por vida, podendo ultrapassar a vida do devedor, mas não a do credor, seja ele o contratante, seja terceiro".

Ademais, é nula a constituição de renda em favor de pessoa já falecida, ou que, nos trinta dias seguintes, vier a falecer de moléstia que já sofria, quando foi celebrado o contrato (art. 808, CC). Trata-se de imposição de nulidade absoluta expressa.

Não se pode confundir o que fora dito, com a situação de falecimento do credor (o instituidor) e o desconhecimento do óbito por parte do devedor (o

---

[3] TALAVERA, Glauber Moreno. Da constituição de renda: da fiança. Da transação. In: SCAVONE JR., Luiz Antônio; CAMILLO, Carlos Eduardo Nicoletti; TALAVERA, Glauber Moreno; FUJITA, Jorge Shiguemitsu (Coords.). *Comentários ao Código Civil*: artigo por artigo. 2 ed. São Paulo: Revista dos Tribunais, 2009. p. 1083.

rendeiro). Nesse caso, a constituição de renda foi válida e produziu seus regulares efeitos até o óbito do credor. Com a morte do credor, se outrem veio a receber as rendas, restará constituída clara situação de pagamento indevido que resultará na devolução ao rendeiro dos valores que foram pagos indevidamente.

Voltando à redação do art. 808 do CC é importante perceber que se for celebrado o contrato e o credor vier a falecer de moléstia que já sofria nos próximos trinta dias, será caso de nulidade. Ressalte-se que, por interpretação literal do dispositivo, a nulidade restará configurada somente se a pessoa vier a falecer em virtude de patologia já preexistente. O que queremos dizer é que se o contrato tiver sido celebrado e, posteriormente, houver o falecimento do credor por doença superveniente não será caso de nulidade. Do mesmo modo, não será caso de nulidade se o falecimento se der por outro motivo, por exemplo, velhice, acidente ou um funesto parto.

6. EFEITOS JURÍDICOS

Uma vez celebrado o contrato de constituição de renda, o rendeiro se torna obrigado ao cumprimento de prestações periódicas em relação ao instituidor ou em relação a um terceiro.

O credor que poderá ser o próprio instituidor ou um terceiro que será designado de beneficiário. O credor adquirirá o direito à renda dia a dia, se a prestação não houver de ser paga adiantada, no começo de cada um dos períodos prefixos. Essa é a previsão do art. 811 do CC. Trata tal artigo de determinar a partir de quando surge a exigibilidade do credor.

Se o rendeiro, ou censuário, deixar de cumprir a obrigação estipulada, poderá o credor da renda acioná-lo, tanto para que lhe pague as prestações atrasadas como para que lhe dê garantias das futuras, sob pena de rescisão do contrato (art. 810, CC).

Se a renda tiver sido constituída em benefício de duas ou mais pessoas, sem determinação da parte de cada uma, entende-se que os seus direitos são iguais; e, salvo estipulação diversa, não adquirirão os sobrevivos direito à parte dos que morrerem (art. 811, CC). Revela-se nesse caso a vedação ao direito de acrescer. É que se não houver disposição expressa no contrato em sentido contrário, um beneficiário não poderá adquirir o direito à renda do outro beneficiário em razão de seu falecimento.

DO CONTRATO DE JOGO E APOSTA

1. NOÇÕES INTRODUTÓRIAS

O Código Civil cuida do jogo e da aposta em um mesmo capítulo, nos arts. 814 a 817. Porém, deve-se salientar que existe diferença entre esses dois contratos.

No jogo, duas ou mais pessoas se dedicam a uma mesma atividade, buscando cada qual a obtenção do êxito. Aquela que conseguir vencer as demais receberá uma determinada retribuição.

Na aposta, duas ou mais pessoas com opiniões diversas se vinculam a pagar determinada retribuição àquela cuja opinião sobressair.

2. NATUREZA JURÍDICA

Tanto o jogo como a aposta são considerados contratos **bilaterais** e **onerosos**. Esse é o entendimento que prevalece na doutrina. Porém, em sentido contrário, vale conferir a percuciente opinião de Kümpel:

> Muito embora existam duas vontades, só há, em princípio, prestação para o perdedor, que deve efetuar o pagamento. Não há sacrifício patrimonial para ambas as partes, já que apenas uma cumpre encargo. Pode ocorrer, no caso do jogo, uma bilateralidade, na medida em que o jogador venha a pagar um determinado preço para ter ou não a contraprestação da outra parte, como nos casos das loterias. Embora parte da doutrina entenda que contrato é sempre bilateral, o entendimento acima exarado parece ser o mais razoável.[1]

Além disso, os contratos de jogo e aposta são aleatórios, uma vez que o risco é inerente a sua essência. Chegar a tal conclusão, não é problema. O problema, na verdade, é preexistente a isso. Esclarecemos. É que, embora o Código Civil tenha situado o jogo e aposta no título que cuida das várias espécies de contrato, ainda paira dúvidas se o jogo e a aposta seriam realmente contratos.

Capitaneando posicionamento no sentido de que o jogo e a aposta não devem ser considerados contratos, encontra-se Sílvio Rodrigues com as seguintes palavras:

---

[1] KÜMPEL, Vítor Frederico. *Direito dos contratos*. São Paulo: Saraiva, 2005. p. 288.

Se o jogo e a aposta fossem um contrato, seriam espécie do gênero ato jurídico, gerando, por conseguinte, os efeitos almejados pelos contratantes. Se isso ocorresse, seria justa a sua disciplinação entre os contratos. Todavia, tanto o jogo ilícito quanto a aposta não são atos jurídicos, visto que a lei lhes nega efeitos dentro do campo do direito. Assim, não podem ser enfileirados entre os negócios jurídicos e, por conseguinte, entre os contratos.[2]

Entretanto o que prevalece na doutrina é o posicionamento contrário, no sentido de que o jogo e a aposta possuem sim natureza contratual. O argumento preponderante é que a limitação dos efeitos não pode ser considerada elemento capaz de desnaturar tais figuras como contratos, já que a base necessária que é o acordo de vontades com fincas na autonomia privada de cada um, essa é irrefutável. Portanto, são contratos sim!

3. CLASSIFICAÇÃO DOS JOGOS

Um jogo pode se manifestar no cenário jurídico existente de três maneiras:

3.1. Jogos proibidos

São os jogos ilícitos, aqueles em que prepondera o azar. Infringem a Lei de Contravenção Penal (Decreto-lei nº 3.688/41), em seu art. 50. Exs.: o jogo de bicho, a roleta etc.

3.2. Jogos tolerados

São aqueles que a lei não proíbe expressamente. Na verdade, embora não sejam proibidos não são bem-vistos pela sociedade como um todo. Trata-se de jogo que depende de sorte e também da habilidade do jogador. Ex.: a prática do carteado entre amigos.

3.3. Jogos permitidos

São aqueles autorizados por lei e que de alguma maneira apresentam algum interesse para a sociedade, seja porque trazem algum benefício a quem os pratica ou para o próprio Estado. Exs.: jogos promovidos por loterias oficiais, como a loteria esportiva.

Diante da classificação aventada, urge conhecer os **efeitos jurídicos** da prática de cada um daqueles jogos.

Para os **jogos proibidos** e para os **tolerados**, as dívidas decorrentes de sua prática não obrigam ao pagamento. Portanto, ainda que se aufira algum êxito, por exemplo, em um jogo que seja tolerado, o ganhador não poderá exigir do perdedor qualquer pagamento. Trata-se daquilo que se convencionou chamar de

---

[2] RODRIGUES, Sílvio. *Direito civil:* dos contratos e das declarações unilaterais da vontade. v. 3. 25. ed. São Paulo: Saraiva, 1997. p. 364.

Cap. 57 – DO CONTRATO DE JOGO E APOSTA

obrigações naturais ou imperfeitas. Nessas obrigações, existe apenas o elemento débito ou *schuld*, prescindindo do elemento responsabilidade ou *haftung*.[3]

Explicamos. É que prevalece em nosso ordenamento a concepção imposta pela teoria dualista ou binária, de origem alemã, por meio da qual a obrigação é concebida por uma relação de débito e responsabilidade.

Por débito ou *schuld* deve-se compreender a dívida e também o dever de a pagar. Caso haja o pagamento espontâneo da dívida, a obrigação se exaure aqui. Porém, se não houver o cumprimento da obrigação, exsurge um segundo elemento que é a responsabilidade ou *haftung*. A responsabilidade repousará exatamente na possibilidade de o credor invadir o patrimônio do devedor para se satisfazer.

A obrigação que admite a existência desses dois rudimentos, o débito e a responsabilidade (por sinal, a maioria das obrigações), denomina-se obrigação civil ou perfeita. Isto é, há a dívida, o dever de adimpli-la e, caso não ocorra o adimplemento espontâneo da obrigação, o credor autorizado está a penetrar no patrimônio do devedor para seu ressarcimento. Por outro lado, é possível também a existência de uma obrigação em que somente o débito se faça presente. A esse tipo de obrigação se denomina obrigação natural ou imperfeita. Seria, por exemplo, o caso de uma dívida prescrita ou uma dívida de jogo tolerado, hipóteses em que encontramos o dever de pagar uma dívida que um dia se originou, porém, em não havendo este pagamento, outra saída não resta ao credor, não podendo, pois, invadir o patrimônio do devedor para a sua satisfação.

Note ainda que, se há pagamento espontâneo de uma dívida de jogo, não poderá ser exigida a devolução de tal pagamento, exatamente em virtude da existência do elemento débito. Trata-se de clara previsão de **irrepetibilidade**.

Duas serão as exceções a essa regra:

a) se o jogo tiver sido ganho por dolo do jogador. É que o artifício malicioso do jogador afasta a álea, elemento inerente a qualquer jogo. Desse modo, aquele que pagou pode reaver o que houver pago;

b) se o perdedor é menor ou interdito. Mais uma vez a legislação civil não descura do devido cuidado destinado àqueles que precisam. Se o jogador for um incapaz, se ele tiver procedido ao pagamento, pode também reaver aquilo que pagou.

A inexigibilidade de cobrança de pagamento das dívidas de jogos proibidos e tolerados estende-se a todos os negócios afeto à dívida do jogo, como uma novação ou a configuração fiança. Na verdade, a celebração de tais negócios, remeteriam ao vício de simulação, uma vez que há a prática de um negócio para encobrir outro, sendo assim, seriam considerados negócios nulos.

Evidente, porém, que como **terceiros de boa-fé** não têm conhecimento da origem viciada do crédito, a eles não poderá ser oposta tal nulidade. Essa informação

---

[3] O STJ entendeu que a cobrança de dívida de jogo contraída por brasileiro em cassino que funciona legalmente no exterior é juridicamente possível e não ofende a ordem pública, os bons costumes e a soberania nacional (REsp 1.628.974-SP, Rel. Min. Ricardo Villas Bôas Cueva, por unanimidade, julgado em 13/6/2017).

está presente na parte final do § 2º do art. 814 do CC que se encontra em plena sintonia com o § 2º do art. 167 do CC.

Confira, então, a redação do *caput* do art. 814, CC: "As dívidas de jogo ou de aposta não obrigam a pagamento; mas não se pode recobrar a quantia, que voluntariamente se pagou, salvo se foi ganha por dolo, ou se o perdente é menor ou interdito". E o seu § 1º: "Estende-se esta disposição a qualquer contrato que encubra ou envolva reconhecimento, novação ou fiança de dívida de jogo; mas a nulidade resultante não pode ser oposta ao terceiro de boa-fé".

Em se tratando de **jogos permitidos**, é evidente que assiste ao vencedor o direito de exigir o que lhe cabe. Como se trata de jogo autorizado por lei, a atividade do jogador se torna digna de tutela, diferente da atividade do jogador de jogos proibidos ou tolerados, já que ambos são malvistos pelo ordenamento jurídico.

4. A INEXIGIBILIDADE DO QUE FOI EMPRESTADO PARA O JOGO OU A APOSTA

O art. 815 do CC estabelece que: "Não se pode exigir reembolso do que se emprestou para jogo ou aposta, no ato de apostar ou jogar". O artigo trata exatamente da situação em que o jogador envolvido e inebriado pela jogatina, solicita empréstimo do outro jogador para dar continuidade ao seu infortúnio. É claro que nesse caso, aquele que procedeu ao empréstimo nada poderá exigir da outra parte.

Não se pode confundir o que foi descrito acima e o próprio art. 815 do CC, com a situação em que uma pessoa pede a outra dinheiro emprestado e, posteriormente, vem a se envolver com o jogo ou a aposta. Há de se notar que nesse caso a dívida contraída é preexistente e aquele que emprestou irá merecer o pagamento.

De igual modo, qualquer quantia obtida a título de empréstimo para o pagamento de dívidas de jogo ou aposta, também deverão ser pagas e podem ser exigidas judicialmente. Nesse caso, o jogador, obteve o empréstimo depois de consumado o infortúnio no jogo ou na aposta e não no ato de apostar ou jogar.

5. CONTRATOS SOBRE TÍTULOS DA BOLSA, MERCADORIAS E VALORES

As regras jurídicas até aqui mencionadas em relação ao contrato de jogo e aposta não são extensíveis aos contratos sobre títulos da bolsa, mercadorias e valores, embora todos os casos estejam envolvidos pela álea inerente ao negócio. É o que dispõe o art. 816 do CC:

As disposições dos arts. 814 e 815 não se aplicam aos contratos sobre títulos de bolsa, mercadorias ou valores, em que se estipulem a liquidação exclusivamente pela diferença entre o preço ajustado e a cotação que eles tiverem no vencimento do ajuste.

Conforme bem explica Carvalho de Mendonça:

Não se consideram de azar as operações da Bolsa que poderão ser totalizadas pela efetiva entrega dos títulos e pagamento do preço ou pela prestação da diferença entre a cotação da data do contrato e a época da liquidação.[4]

6. O SORTEIO PARA DIRIMIR QUESTÕES OU PARA DIVIDIR COISAS COMUNS

É comum a utilização do sorteio para a resolução de questões ou para a divisão de coisas comuns. Nasceu o sorteio de manifestações costumeiras para satisfazer as partes quando estas não chegavam a um acordo por outro meio. Quando uma pessoa se socorre de tal recurso – o sorteio –, buscando a solução necessária, importa notar que nesse caso ela não adentrará aos exatos contornos do jogo ou da aposta. O fundamento é óbvio, é que em tais situações não se aventa nem o lucro e nem a perda. Exemplificando a juridicidade que está presente no ato do sorteio, Vítor Kümpel informa:

Pode utilizar o juiz, para estabelecer a partilha de bens, do sorteio entre os herdeiros, para resolver o problema de quinhões em que haja paridade econômica, implicando transação entre as partes. No processo penal, a escolha dos jurados, componentes do Tribunal do Júri, será procedida mediante sorteio de sete dentre vinte [e] uma pessoas a fim de constituir o conselho de sentença. Também o direito militar autoriza o sorteio entre jovens de 18 anos para compor o serviço militar obrigatório.[5]

Se o objetivo é dirimir questões, será caso de manifestação do contrato de transação que adiante será estudado. Se, entretanto, o objetivo é a divisão de coisas comuns, estaremos diante de uma situação de partilha. Desse modo, eis a redação do art. 817 do CC: "O sorteio para dirimir questões ou dividir coisas comuns considera-se sistema de partilha ou processo de transação, conforme o caso".

---

[4] MENDONÇA, Manuel Inácio Carvalho de. *Contratos no direito civil brasileiro*. Tomo II. 4. ed. Rio de Janeiro: Forense, 1957. p. 367.

[5] KÜMPEL, Vítor Frederico. *Direito dos contratos*. São Paulo: Saraiva, 2005. p. 289-290.

DO CONTRATO DE FIANÇA

1. NOÇÕES INTRODUTÓRIAS

O contrato de fiança é aquele por meio do qual uma das partes se compromete a cumprir obrigação assumida por terceiro, caso este não a cumpra.

A fiança é uma espécie de garantia. É que a garantia dada a um credor poderá ser real, quando a base garantidora é um bem, por exemplo, a hipoteca, ou então a garantia poderá ser pessoal, em que o garante é o patrimônio de uma pessoa. Aqui encontramos a fiança, trata-se, portanto, de garantia pessoal ou fidejussória.

No contrato de fiança, nas palavras de Tartuce:

> O contrato é celebrado entre o fiador e o credor, assumindo o primeiro uma responsabilidade sem existir um débito propriamente dito (Haftung sem Schuld ou, ainda, *obligatio sem debitum*).[1]

Etimologicamente, a palavra **fiança** vem de *fidis*, palavra latina, que significa "ter confiança". Assim, no contrato de fiança confia-se que alguém poderá cumprir a obrigação assumida pelo devedor.

2. DISTINÇÕES NECESSÁRIAS

Tanto a **fiança** quanto o **aval** são manifestações de garantia fidejussória que, porém, não podem ser confundidas.

O aval deve ser considerado como mera declaração unilateral de vontade, ao revés da fiança que se configura em verdadeiro contrato.

O aval é regulado pelos princípios cambiários e tem por finalidade garantir o pagamento de um título de crédito. Nota-se uma aplicação mais restrita em se tratando da figura do aval. Já a fiança é ampla, incidindo e garantindo qualquer espécie de obrigação, seja convencional, legal ou judicial.

---

[1] TARTUCE, Flávio. *Teoria geral dos contratos e contratos em espécie*. São Paulo: Método, 2006. p. 355.

Como o aval se submete aos princípios do direito cambiário, é importante notar que o avalista é garante que assume responsabilidade em caráter solidário com o devedor principal. Contrariamente, no contrato de fiança, o fiador em regra assume uma responsabilidade subsidiária, só podendo ser solidária se de alguma maneira for convencionado.

Outro instituto que não pode ser confundido com a fiança é a **assunção de dívida**. A assunção de dívida é modalidade de transmissão de obrigação disciplinada no Código Civil nos arts. 299 a 303. Na assunção de dívida, há verdadeira substituição no polo passivo da obrigação, na medida em que o terceiro assuntor assume dívida de alguém. Desse modo, no contrato de fiança, assume-se a responsabilidade por uma dívida alheia, enquanto na assunção de dívida, a dívida passa a ser própria.

3. NATUREZA JURÍDICA

O contrato de fiança é **consensual** por se formar a partir do simples consenso entre as partes. É também contrato **acessório**, uma vez que a sua própria existência se subordina à existência de outro contrato que poderá ser, por exemplo, um contrato de locação ou mútuo.

Trata-se, ainda, de contrato **unilateral**, já que apenas ao fiador caberá o cumprimento da obrigação. E é também contrato **gratuito** já que apenas uma das partes, o fiador, sofrerá sacrifício patrimonial.

Nesse mote, vale lembrar que a fiança **não admitirá interpretação extensiva** (art. 819, CC), não se podendo em hipótese alguma ampliar as obrigações assumidas pelo fiador. Assim, na esteira desse raciocínio, foi editada a Súmula nº 214 do STJ, com a seguinte redação: "O fiador não responde por obrigações resultantes de aditamento ao qual não anuiu".[2] Se por acaso, o contrato de fiança não tiver delimitado até exatamente onde alcança a responsabilidade do fiador, vale a aplicação do art. 822 do CC: "Não sendo limitada, a fiança compreenderá todos os acessórios da dívida principal, inclusive as despesas judiciais, desde a citação do fiador".[3]

---

[2] Enunciado nº 547, CJF: "Na hipótese de alteração da obrigação principal sem o consentimento do fiador, a exoneração deste é automática, não se aplicando o disposto no art. 835 do Código Civil quanto à necessidade de permanecer obrigado pelo prazo de 60 (sessenta) dias após a notificação ao credor, ou de 120 (cento e dias) dias no caso de fiança locatícia".

[3] "A discussão trazida nos autos restringiu-se em saber se os honorários advocatícios estão ou não incluídos no conceito de 'despesas judiciais' previsto no art. 822 do Código Civil, o qual dispõe que, 'não sendo limitada, a fiança compreenderá todos os acessórios da dívida principal, inclusive as despesas judiciais, desde a citação do fiador'. Com efeito, mais importante que definir se os honorários advocatícios são ou não espécie do gênero 'despesas judiciais' – o que poderia alterar o desfecho da lide em função da opção doutrinária a ser seguida – considerou-se essencial perquirir, com vistas à adequada solução da causa, sobre os limites da responsabilidade decorrente de fiança limitada. Tem-se, da literalidade do art. 822 do CC, que a fiança pode ser ilimitada, caso em que alcançará a integralidade da obrigação, inclusive, com os acessórios da dívida principal (multa contratual, juros de mora e atualização monetária), ou, então, limitada,

Cap. 58 – DO CONTRATO DE FIANÇA

Excepcionalmente, podemos encontrar o contrato de fiança se manifestando de maneira **bilateral** e **onerosa**, como por exemplo, o que ocorre com as fianças prestadas por instituições financeiras.

O contrato de fiança é **formal** uma vez que a lei claramente impõe a forma escrita para a sua celebração, conforme redação do art. 819 do CC. A fiança não admite a forma verbal para a sua celebração e lembre-se que a fiança jamais poderá ser presumida, isto é, ainda que uma pessoa pague a dívida de outrem, não se pode presumir que uma seja fiadora da outra, se a obrigação não estiver formalizada por escrito.

Por fim, vale assinalar que a fiança é um contrato eminentemente **personalíssimo**, já que é celebrado exatamente em virtude dos caracteres do fiador, havendo todo um conteúdo de confiança que será depositado nele.

4. AS PARTES NO CONTRATO DE FIANÇA

O contrato de fiança é celebrado entre o **fiador**, pessoa que assume a responsabilidade pelo cumprimento da obrigação do devedor, e o **credor**. Note bem que a figura do devedor não participará do contrato de fiança. Tanto é assim que a fiança pode ser estipulada sem o consentimento do devedor e ainda que seja contra a sua vontade (art. 820, CC). Conclua por bem, então, a existência de dois contratos: um entre o credor e o devedor e outro entre o credor e o fiador.

O que certamente o credor exigirá do fiador é a sua idoneidade moral e financeira. Tanto é assim que o art. 825 do CC estabelece:

> Quando alguém houver de oferecer fiador, o credor não pode ser obrigado a aceitá-lo se não for pessoa idônea, domiciliada no município onde tenha de prestar a fiança, e não possua bens suficientes para cumprir a obrigação.

Nas palavras de Flávio Tartuce:

---

isto é, quando as partes estipulam, por meio de contrato, sobre que parcela da obrigação o fiador irá se responsabilizar, em caso de inadimplemento do afiançado. Como contrato benéfico que é (CC, art. 114), 'a fiança dar-se-á por escrito, e não admite interpretação extensiva' (CC, art. 819), devendo ser interpretada da maneira mais favorável ao fiador. Também quanto aos limites quantitativos da fiança, decorre do art. 823 que a garantia pode ser pactuada para produzir efeitos sobre valor inferior ao da obrigação principal, já que lhe é acessória, além de ser possível ser contraída, inclusive, em condições menos onerosas. Considerando, ainda, a natureza secundária do contrato de fiança, o qual, além de ser constituído de forma acessória é, por essência, subsidiário, para que o fiador assuma o lugar do devedor principal quando a obrigação não for cumprida, inclusive no que se refere aos honorários advocatícios, haverá a necessidade de previsão indene de dúvida nesse sentido. A responsabilidade do fiador, portanto, restringe-se aos termos do que for pactuado no contrato, não havendo nenhuma obrigação de que a fiança tenha que corresponder, necessariamente, à integralidade da dívida" (REsp 1.482.565-SP, Rel. Min. Marco Aurélio Bellizze, por unanimidade, julgado em 6/12/2016. Informativo nº 595).

Na prática, essa idoneidade é provada pela ausência de protestos, de inscrição em cadastro de inadimplentes, pela existência de bens móveis ou imóveis, pela inexistência de demandas em geral.[4]

Inclusive, pelo art. 826 do CC, se o fiador se tornar insolvente ou incapaz, poderá o credor exigir que seja substituído. Se o fiador for casado sob qualquer regime de bens, exceto o de separação absoluta de bens, será necessária a **vênia conjugal**, pelo que impõe o art. 1.647, III, do CC. Caso uma pessoa casada se obrigue em contrato de fiança sem a autorização do cônjuge, será caso de anulabilidade que poderá ser requerida pelo cônjuge que não deu a outorga, ou seus herdeiros, se já falecido. O prazo será de até dois anos depois de terminada a sociedade conjugal (art. 1.649, CC).

Ao que foi dito deve ser acrescentada a **Súmula nº 332 do STJ** que apresenta o seguinte teor: "A anulação de fiança prestada sem outorga uxória implica a ineficácia total da garantia".

5. ESPÉCIES DE FIANÇA

A fiança ocupa lugar no mundo do Direito Civil e do Direito Penal.

Na esfera criminal, a fiança garante, nas palavras de Pablo Stolze Gagliano e Rodolfo Pamplona Filho, "o direito à liberdade do acusado, na efetivação da presunção de inocência até o trânsito em julgado do processo penal correspondente".[5]

No âmbito civil, encontramos a chamada fiança **convencional** que é aquela que decorre de livre acordo feito entre as partes, objeto de estudo neste capítulo.

Insta salientar que a **fiança civil** ainda poderá ser **legal** ou **judicial**. Evidentemente, que por fiança legal tem-se aquela imposta por lei como, por exemplo, a fiança prevista no arts. 1.400 e 1.745, parágrafo único, do CC. Já a fiança judicial surge por imposição do juiz, de ofício ou a requerimento da parte.

6. DO OBJETO DA FIANÇA

Como o contrato de fiança se manifesta de maneira acessória ao contrato principal, decerto que o seu objeto esbarrará em algumas limitações. É o próprio art. 823 do CC que limita o objeto da fiança estabelecendo que ela poderá ser de valor igual ou inferior ao da obrigação principal. Desse modo, se houver um excesso na fiança que extrapole os limites impostos pela própria obrigação principal, caberá o decote do indevido. Eis a redação do indigitado art. 823, CC: "A fiança pode ser de valor inferior ao da obrigação principal e contraída em condições menos onerosas, e, quando exceder o valor da dívida, ou for mais onerosa que ela, não valerá senão até ao limite da obrigação afiançada".

---

[4] TARTUCE, Flávio. *Teoria geral dos contratos e contratos em espécie*. São Paulo: Método, 2006. p. 360.

[5] GAGLIANO, Pablo Stolze; PAMPLONA FILHO, Rodolfo. *Novo curso de direito civil:* contratos. v. IV. Tomo II. São Paulo: Saraiva, 2008. p. 599.

Ademais, quanto ao objeto da fiança, importa notar que poderá haver a garantia de dívidas atuais e também de dívidas futuras, sendo que quanto a essa última possibilidade, o fiador não será demandado senão depois que se fizer certa e líquida a obrigação do principal devedor (art. 821, CC).

Ainda dentro do viés de acessoriedade, cumpre sedimentar que se a obrigação principal for nula, resultará nula também a fiança. É evidente que o contrário não tem aplicabilidade: se nula for a fiança, não será nula a obrigação principal.

Como o acessório segue o principal, as obrigações nulas não são susceptíveis de fiança. Porém, tal regra comportará uma exceção: se a nulidade decorrer de incapacidade pessoal do devedor, ainda assim permanecerá hígida a fiança, conforme art. 824 do CC. Tal exceção não incidirá no caso de mútuo feito a pessoa menor, de acordo com o parágrafo único do referido artigo. Note que essa informação caminha em plena sintonia com o disposto no art. 588 do CC que estabelece que o mútuo feito a menor, sem autorização de seu representante, não poderá ser reavido nem do mutuário nem de seus fiadores, tema que já tivemos a oportunidade de trabalhar nesta obra.

7. DOS EFEITOS DA FIANÇA

7.1. O benefício de ordem

É direito do fiador demandado, primeiro, ver executados os bens do devedor. Eis o benefício de ordem, que se traduz exatamente na vantagem que tem o fiador de ser cobrado subsidiariamente (art. 827, CC).

Com exatidão Glauber Moreno Talavera esclarece:

Sobre a subsidiariedade da imputação de responsabilidade ao fiador, pelo inadimplemento levado a efeito pelo devedor principal, havemos que delinear que é prerrogativa do fiador valer-se do direito de exigir que os bens do devedor principal sejam excutidos antes dos seus, expressão do benefício de ordem, cujos delineamentos abalizam o direito do fiador de ter os seus bens excutidos apenas quando os do devedor principal já o tenham sido completamente; ou seja, há uma hierarquização da responsabilidade, que é desdobrada em principal, que é a do devedor principal, e subsidiária, também nominada "reflexa", que é a do fiador.[6]

Uma vez manifestado pelo fiador o benefício de ordem, caberá a ele nomear bens do devedor sitos no mesmo município, livres e desembargados, quantos bastem para solver o débito.

---

[6] TALAVERA, Glauber Moreno. Da constituição de renda. Da fiança. Da transação. In: SCAVONE JR., Luiz Antônio; CAMILLO, Carlos Eduardo Nicoletti; TALAVERA, Glauber Moreno; FUJITA, Jorge Shiguemitsu (Coords.). *Comentários ao Código Civil*: artigo por artigo. 2 ed. São Paulo: Revista dos Tribunais, 2009. p. 1111.

7.2. O afastamento do benefício de ordem

O benefício de ordem é uma prerrogativa do fiador, como vimos anteriormente. Porém, existem situações excepcionais em que tal prerrogativa será afastada e o fiador deixará de ser responsável subsidiariamente, podendo ter os seus bens excutidos em primeiro plano.

As causas que afastarão o benefício de ordem estão previstas no art. 828 do CC e são:

a) se o fiador renunciar expressamente ao benefício de ordem no contrato de fiança;

b) se o fiador se obrigou como principal pagador ou como devedor solidário;

c) se o devedor for insolvente ou falido. Nesse caso, é evidente que uma pessoa insolvente ou falida não possui robustez financeira para arcar com qualquer obrigação e a alegação do benefício de ordem representaria tão somente um ato meramente protelatório à satisfação do credor.

7.3. Alguns direitos do fiador

É pesado o fardo que incide sobre as costas da pessoa do fiador. A posição de garantir a outrem decerto que não se mostra confortável para ninguém. Todavia, além do benefício de ordem, outros dois direitos devem ser apresentados a favor do fiador:

1º) quando o credor, sem justa causa, demorar a execução iniciada contra o devedor, poderá o fiador promover-lhe o andamento (art. 834, CC). Note-se que a própria lei, municia o fiador contra o devedor, diante da desídia do credor;

2º) uma vez demandado, o fiador poderá opor ao credor as exceções que lhe forem pessoais, e as extintivas da obrigação que competem ao devedor principal, se não provierem simplesmente de incapacidade pessoal, salvo o caso do mútuo feito a pessoa menor, exceção sintonizada com o art. 588 do CC.

7.4. A pluralidade de fiadores: a fiança conjunta

É possível que várias pessoas assumam a obrigação de adimplir a obrigação principal, situação essa em que haverá a chamada fiança conjunta. Por força de lei, haverá entre os fiadores **responsabilidade solidária**, conforme imposição do art. 829 do CC. A solidariedade apenas poderá ser afastada se os fiadores no contrato de fiança se reservarem o **benefício da divisão**, isto é, o *quantum* que a cada um caberá arcar. Conclua-se, por oportuno, que o benefício da divisão não é presumido.

A pluralidade de fiadores não pode ser confundida com a possibilidade de existência da figura de um **abonador**. O abonador é um terceiro que garante a obrigação do fiador, isto é, se o fiador não cumprir com sua obrigação, o abonador

Cap. 58 – DO CONTRATO DE FIANÇA

arcará com ela. É como se fosse o fiador do fiador. Situação que alguns denominam **subfiança**. No Código Civil de 1916 era expressa a menção à figura do abonador no art. 1.482 que trazia a seguinte redação: "Se o fiador tiver quem lhe abone a solvência, ao abonador se aplicará o disposto neste Capítulo sobre fiança". O atual Código Civil não repetiu tal artigo. Desse modo, há quem se manifeste no sentido de que o instituto desapareceu do nosso ordenamento. Porém, de outro lado e de maneira prevalecente, tem-se posicionamento que tal instituto ainda existe no meio contratual e que não há nenhuma ilicitude em sua prática.

7.5. A relação existente entre o fiador e o devedor

Vimos alhures que o contrato de fiança é celebrado entre o fiador e o credor, sendo o devedor – o afiançado –, figura totalmente alheia ao enlace contratual. Tanto é assim que não é necessário o consentimento do devedor para a celebração do contrato de fiança e este, inclusive, pode ser celebrado contra a vontade do devedor.

Porém, importa notar que se o fiador cumpre com o pagamento da obrigação, inexoravelmente nascerá uma relação entre o fiador e o devedor. Essa relação se delineia da seguinte maneira: é que o fiador se sub-rogará na posição de credor em relação ao devedor. Isto significa que o fiador que pagou passará a ocupar o lugar do credor com todos os seus direitos e ações.

Se existiam vários fiadores e um deles procedeu ao pagamento integral, ele poderá se voltar contra os demais exigindo a fração com que cada um havia se responsabilizado. Se um dos fiadores for insolvente, a sua quota de responsabilidade se diluirá entre os demais fiadores que a assumirão em proporções iguais.

Ainda na relação entre o fiador e o devedor, importa notar que este responderá perante aquele por todas as perdas e danos que o primeiro pagar, bem como pelas perdas e danos que sofrer em razão da fiança.

Sobre o valor que o fiador poderá exigirá do devedor, incidirá uma taxa de juros que será exatamente a que for fixada no contrato. Porém, se o contrato for silente neste ponto, incidirá a taxa legal de juros de mora prevista no art. 406 do CC (art. 833, CC).

8. DA EXTINÇÃO DA FIANÇA

O contrato de fiança poderá chegar ao seu fim de diversas maneiras. Aventaremos algumas:

1ª) pelo próprio cumprimento da obrigação principal. Uma vez extinta a obrigação principal, como a fiança traz em si o caráter de acessoriedade, extinta será a fiança;

2ª) pelo término do prazo estabelecido no contrato ou, se a fiança tiver sido estabelecida por prazo indeterminado, pela manifestação do fiador de se lhe colocar fim, mediante notificação ao credor (art. 835, CC). Nesse caso, o fiador continuará responsável pela fiança pelos próximos sessenta dias após a notificação;

3ª) pela morte do fiador. Como a fiança se trata de contrato personalíssimo, é evidente que com o falecimento do fiador extingue-se o contrato de fiança. Porém, deve-se salientar que os herdeiros ficarão responsáveis pelas obrigações já vencidas a cargo do fiador, dentro das forças da herança. É isso o que se deve entender quando o art. 836 do CC preceitua: "A obrigação do fiador passa aos herdeiros; mas a responsabilidade da fiança se limita ao tempo decorrido até a morte do fiador, e não pode ultrapassar as forças da herança";

4ª) pelo implemento das seguintes hipóteses:

- se, sem consentimento do fiador, o credor conceder moratória ao devedor;

- se, por fato do credor, for impossível ao fiador a sub-rogação nos seus direitos e preferências. Aqui nos socorremos da exemplificação fornecida por Tartuce: "O caso em que o credor renuncia a eventual preferência sobre coisa que detinha, em decorrência de direito real de garantia, hipótese em que não interessará a sub-rogação ao fiador";[7]

- se o credor, em pagamento da dívida, aceitar amigavelmente do devedor objeto diverso do que este era obrigado a lhe dar, ainda que depois venha a perdê-lo por evicção. Trata-se de hipótese de dação em pagamento, caso em que o credor consente em receber prestação diversa da que lhe é devida (art. 356, CC);

- se for invocado o benefício da excussão, isto é, o benefício de ordem e o devedor, retardando-se a execução, cair em insolvência, ficará exonerado o fiador que o invocou, se provar que os bens por ele indicados eram, ao tempo da penhora, suficientes para a solução da dívida afiançada (art. 839, CC). Nesse caso a desídia do credor não pode onerar a pessoa do fiador, que se desonerará da fiança em virtude disso. Indo além no raciocínio, Talavera ao explicar a redação do art. 839 do CC, complementa:

> Em outras palavras, esse dispositivo pune o ardil do devedor, ou mesmo o conluio sedimentado entre o devedor e credor, a fim de prejudicar o fiador, imputando-lhe injustamente responsabilidade por dívida que haveria de ter sido solvida pelo devedor que, quando da penhora, apresentava situação patrimonial que comportava a solução da dívida.[8]

---

[7] TARTUCE, Flávio. *Teoria geral dos contratos e contratos em espécie.* São Paulo: Método, 2006. p. 368.

[8] TALAVERA, Glauber Moreno. Da constituição de renda. Da fiança. Da transação. In: SCAVONE JR., Luiz Antônio; CAMILLO, Carlos Eduardo Nicoletti; TALAVERA, Glauber Moreno; FUJITA, Jorge Shiguemitsu (Coords.). *Comentários ao Código Civil:* artigo por artigo. 2 ed. São Paulo: Revista dos Tribunais, 2009. p. 1127.

9. DA (IM)PENHORABILIDADE DO BEM DE FAMÍLIA DO FIADOR

A questão mais polêmica no universo da fiança, sem dúvida, se manifesta quanto à possibilidade de penhora do bem de família do fiador em virtude do inadimplemento do afiançado.

É que o art. 3º da Lei nº 8.009/90 apresenta as exceções em que se admite a penhora do bem de família, dentre elas o inciso VII acrescentado por força da Lei nº 8.245/91, trazendo a possibilidade de penhora do bem de família do fiador.

Em nossa opinião, tal inciso se apresenta de todo inconstitucional por ferir o princípio da isonomia. É fácil compreender isso a partir do exemplo: "A" presta fiança em relação a um imóvel comercial que seu amigo "B" está alugando. Depois de algum tempo, o imóvel comercial alugado por "B" apresenta três aluguéis atrasados. O resultado diante do indigitado inciso é que o locador do imóvel poderá requerer até mesmo a penhora da casa em que "A" – o fiador – reside com sua família. Entretanto, por mais um desses absurdos legislativos, a casa em que reside "B" (o locatário) estará plenamente protegida pela impenhorabilidade trazida pela Lei nº 8.009/90.

Em poucas palavras, a residência do locatário responsável pela dívida estará protegida, mas a de seu fiador, não. Assim, como dito alhures, o que temos é uma clara violação ao princípio da isonomia posto que, neste ponto, o que a lei faz é tratar desigualmente duas obrigações que possuem um mesmo fundamento.

Concluindo, inconcebível é um contrato acessório (a fiança) gerar mais obrigações do que o contrato principal (a locação). Porém, lamentavelmente, a questão não se mostra pacífica. Explicamos. Em 2005, o Min. Carlos Mário Velloso, se manifestou, em decisão monocrática em Recurso Extraordinário no STF (RE 352.940/SP), que o inciso VII do art. 3º da Lei nº 8.009/90 havia "ferido de morte o princípio isonômico" e, adiante, expôs que o referido inciso não havia sido recebido pela EC nº 26, de 2000. Percebemos, de pronto, que a decisão do Min. Carlos Velloso abraçou impetuosa e arrojadamente um Direito Civil iluminado pela Constituição Federal de 1988, atentando para o direito à moradia, direito fundamental de segunda geração.

No ano seguinte, em 2006, o plenário do STF decidiu por maioria de votos nos autos do Recurso Extraordinário 407.688, em que foi relator o Min. Cezar Peluso, a constitucionalidade do referido inciso, atendo-se simplesmente a uma interpretação literal do dispositivo e ao pobre argumento de que a pessoa teria a plena liberdade de querer ou não assumir a condição de fiadora.

Por fim, seguindo a esteira do STF, o STJ editou a Súmula nº 549 com o seguinte teor: "É válida a penhora de bem de família pertencente a fiador de contrato de locação".

10. PRAZO PARA O FIADOR COBRAR O PAGAMENTO DO DEVEDOR PRINCIPAL

Caso ocorra o pagamento da dívida pelo fiador, este irá se sub-rogar na posição de credor em relação ao devedor principal. Com a sub-rogação o fiador passa a ocupar o lugar do credor primitivo com todos os seus direitos, ações, garantias e privilégios (art. 346, III, c/c art. 349, CC). Vale notar que o prazo prescricional para o fiador se voltar contra o devedor será o mesmo a ser considerado em relação à obrigação primitiva. Desse modo, se, por exemplo, tratava-se de um contrato de locação, sendo a dívida paga pelo fiador, este deverá se voltar contra o devedor no prazo de 3 anos, já que este é o prazo para a cobrança de aluguéis, previsto no art. 206, § 3º, I, do CC.[9]

---

[9] Nesse sentido, REsp 1.432.999-SP, Rel. Min. Marco Aurélio Bellizze, por unanimidade, julgado em 16/5/2017.

DO CONTRATO DE TRANSAÇÃO

1. NOÇÕES INTRODUTÓRIAS

A doutrina não é assente quanto à natureza exata da transação. Há quem situe a transação como uma forma de pagamento indireto, colocando-a, desse modo, como modalidade extintiva de uma obrigação. Assim, o era no Código Civil de 1916. Outros, em sintonia com o que preleciona o Código Civil de 2002, tratam a transação como manifestação contratual.

Certo é que o termo **transação** é utilizado no dia a dia no sentido de avença ou negociação. Daí se diz transação bancária, transação comercial etc. Do magistério de Caio Mário da Silva Pereira extraímos a seguinte informação:

> Embora haja acentuada tendência para imprimir ao vocábulo transação variada conotação semântica, estendendo-a a qualquer negócio jurídico, em verdade, e na sua acepção técnica tem sentido específico. Designa um determinado negócio jurídico, de cunho contratual, que se realiza por via de um acordo de vontades, cujo objeto é prevenir ou terminar litígio, mediante concessões recíprocas das partes.[1]

Acompanhando o conceito fornecido pelo Código Civil de 2002, temos a transação com o contrato em que as partes envolvidas, por meio de concessões recíprocas, extinguem litígios ou os previnem de acontecer.

2. NATUREZA JURÍDICA

A transação é contrato **bilateral**, já que gera obrigações de não fazer para ambas as partes, uma vez concluem o negócio por meio de concessões mútuas.

Trata-se de contrato **oneroso**, diante do sacrifício experimentado pelas partes.

A depender de seu objeto poderá ser considerado contrato **formal** ou **informal**.

---

[1] PEREIRA, Caio Mário da Silva. *Instituições de direito civil:* contratos. v. III. FICHTNER (rev., atual.) 11. ed. Rio de Janeiro: Forense, 2004. p. 507.

3. MODALIDADES DE TRANSAÇÃO

A transação é marcada pelo seu forte traço de **reciprocidade de concessões**. É que as partes envolvidas envidarão esforços de tal modo a fazer concessões uma para com a outra com a finalidade de prevenir litígios ou extingui-los.

A transação poderá ser judicial ou extrajudicial.

A **transação judicial** é realizada no curso do processo. Poderá ser feita por instrumento público (quando a lei exigir) ou a termo nos autos. Nesse último caso dependerá de homologação judicial.

A **transação extrajudicial** apresentará nitidamente caráter preventivo tendo por escopo evitar e prevenir litígio.

4. DO OBJETO DA TRANSAÇÃO

O objeto da transação se restringe aos **direitos patrimoniais de caráter privado** (art. 841, CC). Desse modo, não poderão ser objeto de transação questões que versem sobre direitos da personalidade, ações de estado, direito de família (relações de parentesco, validade de casamento, guarda de filhos, deveres conjugais etc.). De igual modo, não poderão ser objeto de transação bens que sejam considerados fora do comércio, uma vez que são indisponíveis.

Ademais, está expresso no art. 846 do CC que a transação concernente a obrigações resultantes de delito não extingue a ação penal pública. Nessa senda, ainda que as partes transacionem sobre direitos patrimoniais emergentes da prática do ilícito, tal fato não repercutirá na esfera criminal a ponto de afastar iminente ação civil pública. O que não se pode confundir é a transação, figura negocial ora tratada, com a transação penal que impede o curso da ação para os casos de delito de menor potencial ofensivo prevista na Lei nº 9.099/95.

5. CARACTERES JURÍDICOS

Como na transação as partes mutuamente abrem mão de seus direitos para definir determinada situação, a **interpretação** mais adequada a ser dada é a **restritiva**.

Na transação, insta salientar, não são transferidos direitos, os quais serão apenas declarados ou reconhecidos. Nessa senda, Talavera esclarece:

> A transação, que se caracteriza pelo fato de as partes fazerem concessões recíprocas entre si, implica renúncia de direitos, motivo pelo qual não pode estar sob a égide de interpretação extensiva, devendo ser interpretada restritivamente, vez que sua natureza é meramente declaratória ou recognitiva. Em outras palavras, não é possível abarcar questões outras, que não foram explicitamente convencionadas pelas partes, na seara da transação havida, pois a transação não é modalidade de ato aquisitivo de direitos, ou seja, consoante acima já afirmado, é ato de natureza meramente declaratória ou recognitiva, haja vista que os ex adversos sopesam a reciprocidade

Cap. 59 – DO CONTRATO DE TRANSAÇÃO

de suas razões, reconhecendo direitos preexistentes na transação, visando firmar os seus próprios.[2]

Outro aspecto importante é que a transação produzirá **efeitos *inter partes***, ou seja, apenas aqueles que participaram da avença serão alcançados com os efeitos da transação, ainda que diga respeito à coisa indivisível (art. 844, CC). Portanto, uma vez encetada a transação, não espargirão seus efeitos sobre terceiros, salvo algumas exceções, a seguir relatadas:

1ª) se for concluída entre o credor e o devedor, desobrigará o fiador. Como dito alhures, a eminente acessoriedade existente entre o contrato de fiança e o contrato principal, faz concluir que se sobre o contrato principal incidirão os efeitos da transação, tais efeitos também alcançarão o contrato de fiança;

2ª) se entre um dos credores solidários e o devedor, extingue a obrigação deste para com os outros credores ou se entre um dos devedores solidários e seu credor, extingue a dívida em relação aos codevedores. Explica Caio Mário da Silva Pereira que:

> Sendo solidária a obrigação, a transação concluída entre o credor e um dos devedores solidários desobriga os demais codevedores, porque a transação tem efeito liberatório do pagamento, e a realização deste por um beneficia a todos os codevedores solidários. Igualmente, na solidariedade ativa, concluída a transação entre o devedor e um dos credores solidários, desobriga-o em relação a estes, pela mesma equiparação entre o efeito extintivo da transação e do pagamento.[3]

Se por acaso aquilo que foi dado em cumprimento da transação vier a ser objeto de **evicção**, a obrigação extinta com a transação não renascerá, salvaguardando é claro ao evicto, parte prejudicada, o direito de se voltar contra a outra exigindo a devida indenização por perdas e danos (art. 845, CC).

Nesse mote, Vítor Kümpel explica que:

> Tendo em vista o mero efeito declaratório da transação, a coisa evicta já se encontra no patrimônio do evictor (pessoa declarada dono), presumindo-se nunca ter estado no patrimônio daquele que reconheceu o domínio, não se considerando responsável pela evicção. O legislador, para não dar azo ao absurdo de deixar impune a evicção, admite que o evicto reclame indenização.[4]

---

[2] TALAVERA, Glauber Moreno. Da constituição de renda. Da fiança. Da transação. In: SCAVONE JR., Luiz Antônio; CAMILLO, Carlos Eduardo Nicoletti; TALAVERA, Glauber Moreno; FUJITA, Jorge Shiguemitsu (Coords.). *Comentários ao Código Civil:* artigo por artigo. 2 ed. São Paulo: Revista dos Tribunais, 2009. p. 1132.

[3] PEREIRA, Caio Mário da Silva. *Instituições de direito civil:* contratos. v. III. FICHTNER (rev., atual.) 11. ed. Rio de Janeiro: Forense, 2004. p. 511.

[4] KUMPEL, Vítor Frederico. *Direito dos contratos.* São Paulo: Saraiva, 2005. p. 302.

No contrato de transação é admitida a inserção de **pena convencional** caso haja o inadimplemento de qualquer das partes contratantes (art. 847, CC), seja pelo total descumprimento de sua obrigação ou pela incursão em um estado de mora. Valem as regras acerca da pena convencional, também denominada cláusula penal ou multa contratual, estabelecidas no Código Civil nos arts. 408 a 416. Ressalte-se que como o Código Civil de 2002 já havia disciplinado a transação como um contrato, em verdade, a autorização para a inserção de pena convencional se apresenta de todo despicienda.

A **indivisibilidade** é outro caractere forte a delimitar os contornos jurídicos da transação. É que o art. 848 do CC estabelece que: "Sendo nula qualquer das cláusulas da transação, nula será esta". Há que se notar que o referido preceito acaba por se distanciar do princípio da conservação dos contratos (**Enunciado nº 22, CJF**), na medida em que ordena a fulminação de toda a transação diante da nulidade de uma das cláusulas contratuais. Exceção é aberta na redação de seu parágrafo único: "Quando a transação versar sobre diversos direitos contestados, independentes entre si, o fato de não prevalecer em relação a um não prejudicará os demais".

Por fim, lembre-se que na V Jornada de Direito Civil, foi aprovada diretriz protetiva ao advogado. Trata-se do **Enunciado nº 441 do CJF** com o seguinte teor: "A transação, sem a participação do advogado credor dos honorários, é ineficaz quanto aos honorários de sucumbência definidos no julgado".

6. A ANULAÇÃO DA TRANSAÇÃO

Uma vez entabulada a transação, essa passa a produzir os seus regulares efeitos entre as partes contratantes como vimos anteriormente. Porém, será possível cogitar-se da anulação do contrato de transação com fincas na alegação de dolo, coação ou erro essencial quanto à pessoa ou coisa incontroversa. Essa é a redação do art. 849, *caput*, do CC, sendo que o seu parágrafo único estabelece que: "A transação não se anula por erro de direito a respeito das questões que foram objeto de controvérsia entre as partes".

Diante do que fora apresentado, a doutrina se queda em cólicas buscando a interpretação mais adequada ao assunto. É que na verdade quando se procede ao estudo da teoria geral dos negócios jurídicos, vários são os vícios apresentados pelo legislador no Código Civil em sua parte geral. Não apenas se faz menção ao erro, ao dolo e a coação. O Código Civil também apresenta como vícios capazes de promover a invalidação de um negócio, a lesão, o estado de perigo, a fraude contra credores e, também, a simulação, este último, inclusive, com sanção mais gravosa que os primeiros, uma vez que o negócio simulado no CC/2002 não é anulável, mas sim nulo.

Cogita a doutrina, então, de duas possibilidades:

1ª) seria realmente intenção do legislador restringir os vícios ensejadores da anulação especificamente para o contrato de transação;

2ª) o art. 849 do CC é resultado de equívoco legislativo, não havendo óbice quanto à aplicação dos demais vícios relacionados na parte geral do Código

Civil. Porém, um ponto importante deve ser observado. Mesmo aqueles que se filiam a esse posicionamento, deixam claro que a ressalva apresentada no parágrafo único do art. 849 deve ser respeitada. É que realmente, o erro de direito (art. 139, III, CC) não poderá ser alegado em se tratando de questões que foram objeto de controvérsias entre as partes. Trata-se de clara homenagem ao princípio da obrigatoriedade das leis, previsto no art. 3º da Lei de introdução às normas do direito brasileiro.

Por fim, estabelece o art. 850 do CC que: "É nula a transação a respeito do litígio decidido por sentença passada em julgado, se dela não tinha ciência algum dos transatores, ou quando, por título ulteriormente descoberto, se verificar que nenhum deles tinha direito sobre o objeto da transação". O exemplo seria: "A" e "B" disputam determinado terreno. Após ampla discussão, chegam a um acordo quanto ao terreno, procedendo a concessões mútuas, por meio de um instrumento de transação. Depois, sobrevém a realidade de que o terreno disputado não pertencia a nenhuma das partes transatoras. É evidente que a transação se quedará nula, por disposição expressa de lei.

DO CONTRATO DE COMPROMISSO

1. NOÇÕES INTRODUTÓRIAS

O compromisso foi inicialmente tratado no Código Civil de 1916 nos arts. 1.037 a 1.048. Posteriormente, tais artigos foram revogados pela Lei nº 9.307/96. O Código Civil de 2002 volta a tratar do instituto nos arts. 851 a 853. Porém, sem retirar a força da referida lei especial. Tanto é assim que vale a leitura do art. 853, CC: "Admite-se nos contratos a cláusula compromissória, para resolver divergências mediante juízo arbitral, na forma estabelecida em lei especial".

Topograficamente, o compromisso é figura negocial que no Código Civil de 2002 se situa entre os contratos e assim será tratado por nós, embora tal conclusão não seja assente em sede doutrinária.

O compromisso é o contrato pelo qual as partes se comprometem a confiar a um árbitro a decisão de seus conflitos de interesse de cunho patrimonial. Há que se notar que quando as partes entabulam tal negócio, eles subtraem do Poder Judiciário a demanda, transportando-a para uma forma alternativa de solução de conflito denominada **arbitragem**.

2. NATUREZA JURÍDICA

O contrato de compromisso é **consensual** por se formar a partir do mero consenso entre as partes; é **bilateral** por gerar obrigações para as partes de se submeterem ao juízo arbitral; é **oneroso**, por onerar a ambas as partes; e é **formal**, uma vez que há imposição prévia de forma a ser observada por imposição de lei.

3. CLASSIFICAÇÃO DO COMPROMISSO

O compromisso poderá ser judicial ou extrajudicial.

Será **judicial** quando as partes celebrarem o compromisso no bojo de um processo em trâmite no Poder Judiciário. Deverá ser reduzida a termo nos autos, ocasião em que a participação do Judiciário chega ao fim naquela demanda e as "batutas" são transferidas a um árbitro.

Será, todavia, **extrajudicial** se as partes, embora o conflito já existente, celebrarem o compromisso fora do Poder Judiciário. Deverá ser feito por escritura público ou por instrumento particular e assinado pelas partes perante duas testemunhas, conforme art. 9º, § 2º, da Lei nº 9.307/96.

4. DO OBJETO DO COMPROMISSO

O objeto do compromisso se limitará a questões eminentemente de cunho **patrimonial**, não se aplicando às questões afetas aos direitos da personalidade, ao estado civil ou a questões pessoais de Direito de Família. Desse modo, o art. 852 do CC estabelece: "É vedado compromisso para solução de questões de estado, de direito pessoal de família e de outras que não tenham caráter estritamente patrimonial".

5. DISTINÇÕES NECESSÁRIAS

Não se pode confundir o **compromisso** com a **cláusula compromissória**. O **compromisso** é o contrato em que as partes se vinculam a se submeter à decisão de um árbitro. Já a **cláusula compromissória**, nada mais é do que um contrato preliminar em que as partes se vinculam a celebrar o contrato definitivo que será o contrato de compromisso, caso surjam questões duvidosas supervenientes. Assim, sobre tal cláusula o art. 4º da Lei nº 9.307/96 preceitua: "A cláusula compromissória é a convenção através da qual as partes em um contrato comprometem-se a submeter à arbitragem os litígios que possam vir a surgir, relativamente a tal contrato".

A cláusula compromissória gerará vinculação para partes uma vez que se constitui em verdadeiro contrato. No entanto, deve ser feita uma ressalva quando essa cláusula estiver prevista em um contrato decorrente de **relação de consumo**. É que o art. 51, VII, do CDC estabelece que será considerada como nula, em virtude de seu conteúdo abusivo, a cláusula que determine a utilização compulsória de arbitragem.

Quanto à presença da cláusula nos **contratos de adesão**, ela só terá eficácia se o aderente tomar a iniciativa de instituir a arbitragem ou concordar, expressamente, com a sua instituição, desde que por escrito em documento anexo ou em negrito, com a assinatura ou visto especialmente para essa cláusula (art. 4º, § 2º, Lei nº 9.307/96).

Flávio Tartuce chama a nossa atenção também para que não haja confusão entre a **arbitragem** e a **mediação**, e o faz com as seguintes palavras:

> Na arbitragem o(s) árbitro(s) nomeados(s) decide(m) questões relativas a uma obrigação de cunho patrimonial. Na mediação, o(s) mediador(es) busca(m) a facilitação do diálogo entre as partes para que elas mesmas se componham. A mediação pode estar relacionada com direitos personalíssimos, como aqueles decorrentes do Direito de família.[1]

---

[1] TARTUCE, Flávio. *Teoria geral dos contratos e contratos em espécie*. São Paulo: Método, 2006. p. 540.

Por fim, salientamos para que não haja confusão quanto às expressões **compromisso** e **arbitragem**, embora caminhem unidas umbilicalmente. É que o compromisso é o contrato, enquanto a arbitragem é o mecanismo de solução de conflitos eleito no referido contrato para solucionar o conflito.

6. DA CONSTITUCIONALIDADE DA ARBITRAGEM

Muito se questionou se a possibilidade do compromisso e a própria arbitragem não seriam, pois, manifestações inconstitucionais diante da possibilidade de ofensa ao art. 5º, XXXV, da CF/88 que apresenta o princípio da inafastabilidade da jurisdição. Porém, o STF já reconheceu a constitucionalidade da Lei nº 9.307/96, o que pôs fim a diversas discussões (*Vide* STF, AgR SE 5.206, *DJ* 30/4/2004).

DIREITO
DAS COISAS

INTRODUÇÃO AO ESTUDO DO DIREITO DAS COISAS

1. POLÊMICA TERMINOLÓGICA: DIREITO DAS COISAS OU DIREITOS REAIS?

O Direito das Coisas está espalmado no Código Civil de 2002 no Livro III da parte especial, nos arts. 1.196 a 1.510. Esta é a terminologia adotada pelo legislador: Direito das Coisas! Entretanto, não é uníssona tal denominação entre os estudiosos do tema. É que alguns preferem denominar a disciplina civilista, não de Direito das Coisas, mas sim de Direitos Reais.

Dúvida não há de que as denominações Direito das Coisas e Direitos Reais apresentam caracteres diferentes, embora os clássicos apresentem as expressões como sinônimas.

Quando se cogita da expressão Direito das Coisas deve-se percebê-la como um gênero, o qual abarcaria como espécie os Direitos Reais. Isso porque o Código Civil quando disciplina o Direito das Coisas aborda a posse (instituto cuja natureza jurídica é questionada) e os Direitos Reais propriamente ditos. Desse modo, o Direito das Coisas não se reduziria ao estudo dos Direitos Reais, mas também à análise de outros institutos como, por exemplo, a posse e até mesmo os direitos de vizinhança.

2. EM BUSCA DE UMA DEFINIÇÃO PARA OS DIREITOS REAIS

Se pesquisarmos na doutrina pátria uma definição para os Direitos Reais, perceberemos que os estudiosos do tema partem de ponto relativamente simples, na medida em que apresentam os contornos dos Direitos Reais com base em uma relação jurídica cujo objeto sejam as coisas passíveis de apropriação pelo homem. Assim, na fina expressão de Clóvis Beviláqua, os Direitos Reais representariam o "complexo de normas reguladoras das relações jurídicas referentes às coisas suscetíveis de apropriação pelo homem".[1]

Partindo do alinhamento apresentado por Orlando Gomes ao estabelecer que os Direitos Reais "regulam o poder dos homens sobre os bens e os modos de sua utilização econômica"[2] e com as mudanças de paradigmas encetadas pelo

---

[1] BEVILÁCQUA, Clóvis. *Direito das coisas*. 5. ed. Rio de Janeiro: Forense, 1956. p. 11.
[2] GOMES, Orlando. *Direitos reais*. 19. ed. Rio de Janeiro: Forense, 2004. p. 7.

Estado Democrático de Direito, carregaremos conosco a ideia de que os Direitos Reais regulam a relação entre a pessoa e os bens, porém, perfeitamente atenta aos ditames perpetrados pela função social.

3. TEORIAS ACERCA DOS DIREITOS REAIS

3.1. Teoria realista ou clássica

Traduz os Direitos Reais consistindo em um poder imediato que a pessoa tem sobre a coisa, isto é, há apenas um sujeito e um objeto, sendo despiciendo a existência de um sujeito passivo.

3.2. Teoria personalista

Opondo-se à teoria realista ou clássica, situa-se a teoria personalista que propugna que os Direitos Reais se traduzem em relações entre pessoas, todavia, intermediadas por coisas. Desse modo, haveria um sujeito ativo, um sujeito passivo e, entre eles, um objeto. O sujeito passivo mencionado nos Direitos Reais seria indeterminado e universal.[3] Nos direitos pessoais, também haveria um sujeito ativo e um sujeito passivo. Porém, aqui, o sujeito seria pessoa certa e determinada, isto é, o devedor.

4. DIREITOS REAIS X DIREITOS PESSOAIS DE CUNHO PATRIMONIAL (DIREITOS OBRIGACIONAIS)

Partindo da teoria realista ou clássica, que parece prevalecer em nosso ordenamento, exsurge a diferença entre os Direitos Reais e os Direitos Pessoais.

Fácil entender isso, a partir do momento em que se percebe que, nos Direitos Reais, a relação se dá entre uma pessoa e uma coisa, já nos direitos pessoais, a relação se dá entre pessoas.

Posto isso, é necessário atentar para as seguintes diferenças:

4.1. Quanto ao sujeito

Enquanto nos Direitos Reais, há apenas um sujeito ativo, nos direitos pessoais patrimoniais, existem o sujeito ativo e o sujeito passivo.

4.2. Quanto ao objeto

O objeto dos Direitos Reais é uma coisa, ao passo que objeto dos Direitos Pessoais patrimoniais é uma prestação.

---

[3] Para Caio Mário da Silva Pereira a teoria personalista deve prevalecer, pois do ponto de vista moral não há explicação satisfatória que justifique relações entre pessoas e coisas, eis que todo direito se constitui entre humanos, pouco importando a indeterminação subjetiva. PEREIRA, Caio Mário da Silva. *Instituições de direito civil:* direito reais. v. IV. Atualizado por Carlos Edison do Rêgo Monteiro Filho. 18. ed. Rio de Janeiro: Forense, 2004. p. 4.

Cap. 61 – INTRODUÇÃO AO ESTUDO DO DIREITO DAS COISAS

4.3. Quanto à eficácia

Os Direitos Reais apresentam eficácia contra todos, respaldada no princípio do absolutismo. Costuma-se dizer que os Direitos Reais são absolutos, uma vez que são oponíveis *erga omnes*. Nesse mote, vale a lembrança das sábias palavras de Cristiano Chaves de Farias e Nelson Rosenvald:

> Fundamental, para início de abordagem, é perceber que o absolutismo dos direitos reais não decorre do poder ilimitado de seus titulares sobre os bens que se submetem a sua autoridade. Há muito, a ciência do direito relativizou a sacralidade da propriedade. Como qualquer outro direito fundamental o ordenamento jurídico a submete a uma ponderação de valores, eis que em um Estado Democrático de Direito marcado pela pluralidade, não há espaço para dogmas.[4]

No que tange aos Direitos Pessoais de cunho patrimonial, apresenta-se a relatividade. São os Direitos Pessoais relativos, na medida em que o credor somente poderá exigir o cumprimento da obrigação de seu devedor. Esse posicionamento tradicional deve, na pós-modernidade, ser temperado com a ideia, já esposada por nós neste trabalho, de que a obrigação hoje também esparge os seus efeitos em relação a terceiros, de modo que a estes não é dado o direito de perturbar a obrigação previamente entabulada, o que se traduz na tese denominada tutela externa do crédito.

4.4. Quanto à transitoriedade

Tradicionalmente, aponta-se a transitoriedade presente nos Direitos Pessoais patrimoniais e, de outro lado, a permanência nos Direitos Reais. Vale notar, entretanto, que atualmente há forte tendência à atenuação da referida distinção. É que hoje existem os contratos cativos de longa duração, na expressão cunhada por Cláudia Lima Marques,[5] que se traduzem em contratos com notada longevidade como, por exemplo, os contratos de seguro de vida e plano de saúde.

4.5. Quanto à possibilidade de perseguir a coisa (sequela)

Nos Direitos Reais, o seu titular possui a denominada sequela que se traduz na prerrogativa que tem de perseguir a coisa, respondendo esta onde quer que se encontre. Isso tudo porque o Direito Real adere à coisa e a acompanha, eis o princípio da aderência. Por exemplo, no caso de um bem dado a título de garantia hipotecária, caso haja o inadimplemento da obrigação do devedor, ainda que o bem tenha sido vendido a um terceiro, o credor poderá perseguir o bem para que haja a sua satisfação, sendo declarada ineficaz a venda feita ao terceiro.

---

[4] FARIAS, Cristiano Chaves; ROSENVALD, Nelson. *Curso de direito civil:* reais. 11. ed. São Paulo: Atlas, 2015. p. 10.

[5] MARQUES, Cláudia Lima. *Contratos no Código de Defesa do Consumidor.* 5. ed. São Paulo: Revista do Tribunais. p. 92.

Já em se tratando de Direitos Pessoais patrimoniais, em caso de inadimplemento culposo do devedor, ao credor restará apenas pedido indenizatório. Assim, se há um contrato que estipula entre João e Paulo a obrigação de este último entregar um determinado carro a João, se Paulo vender esse carro a Antônio, João não poderá exigi-lo de Antônio, pois esse último nada tinha a ver com o negócio entabulado entre João e Paulo. João apenas poderá exigir de Paulo uma indenização cabível.

4.6. Quanto à taxatividade

Os Direitos Reais, exatamente porque são bastante peculiares, aparecerão em nosso ordenamento jurídico de maneira taxativa, isto é, somente a lei poderá definir quais são os direitos que serão considerados reais. Daí é comum dizer que os Direitos Reais se manifestam em *numerus clausus*,[6] eis o princípio da tipicidade. No Código Civil, os Direitos Reais estão elencados no art. 1.225.[7] Ao revés, os Direitos Pessoais de cunho patrimonial não se limitam a um rol taxativo previsto em lei, daí se dizer que são *numerus apertus*.[8] Tanto é assim, que em nosso ordenamento, é perfeitamente lícita a celebração de contratos atípicos, isto é, aqueles contratos que não apresentem disciplina mínima em lei. Desse modo, o art. 425 do CC preceitua: "É lícito às partes estipular contratos atípicos, observadas as normas gerais fixadas neste Código".

Nada obstante a tudo o que foi relatado acima acerca da taxatividade dos direitos reais, posicionamento que tende a prevalecer, há na contemporaneidade posicionamento diverso de alguns autores que percebem uma certa elastização no rol dos Direitos Reais. Nesse sentido se manifesta Flávio Tartuce:

---

[6] A expressão *numerus clausus* significa número fechado.

[7] Art. 1.225, CC: "São direitos reais:

I – a propriedade;

II – a superfície;

III – as servidões;

IV – o usufruto;

V – o uso;

VI – a habitação;

VII – o direito do promitente comprador do imóvel;

VIII – o penhor;

IX – a hipoteca;

X – a anticrese.

XI – a concessão de uso especial para fins de moradia;

XII – a concessão de direito real de uso.

XIII – a laje".

[8] A expressão *numerus apertus* significa número aberto.

Sabe-se que a autonomia privada, conceituada como o direito que a pessoa tem de regulamentar os próprios interesses, é tida como um dos principais regramentos do Direito Civil Contemporâneo. A influência da autonomia privada para o Direito das Coisas, do mesmo modo, pode trazer a conclusão de que o rol constante do art. 1.225 do CC não é taxativo, mas exemplificativo, eis que a vontade humana pode criar novos direitos reais. Isso está de acordo com o próprio espírito da atual codificação privada, que adota um sistema aberto, baseado em cláusulas gerais e conceitos legais indeterminados, o que fundamenta o princípio da operabilidade, na busca de um Direito Civil mais concreto e efetivo.[9]

4.7. Quanto à preferência

Os direitos reais de garantia permitem o exercício do direito de preferência. Todos sabemos que, em um eventual concurso de credores, isto é, diante de uma execução coletiva, há determinada ordem de credores, estabelecida em lei, que deve ser acatada para o recebimento dos créditos. Desse modo, o credor titular de garantia real apresenta localização privilegiada na ordem legal dos credores. O bem que foi dado em garantia é excluído da execução coletiva para que, após a sua disposição em hasta pública, o seu valor seja destinado ao credor titular da garantia real. Se o seu valor for insuficiente para a satisfação do crédito, o credor transmuda-se em credor quirografário e aguarda o valor complementar nessa condição. Se o valor do bem exceder ao crédito devido, o restante será dividido entre os demais credores.

QUADRO COMPARATIVO	
Direitos reais	**Direitos pessoais de caráter patrimonial (direito das obrigações)**
Existência de apenas um sujeito ativo (teoria clássica ou realista).	Existência de dois sujeitos: um ativo e outro passivo.
Objeto: a coisa.	Objeto: a prestação.
Absolutos: o titular poderá opor o Direito Real contra toda e qualquer pessoas (*erga omnes*).	Relativos: o credor só poderá cobrar a prestação de seu devedor.
Caráter permanente.	Caráter transitório.
Há sequela: aptidão que possui o titular do Direito Real para perseguir a coisa.	Não há sequela. Em caso de inadimplemento, caberá pedido indenizatório.
Numerus clausus. São taxativos: só são direitos reais aqueles que a lei determina. No CC o rol dos direitos reais se encontra no art. 1.225.	*Numerus apertus*. Não se limitam à conformação legal. Tanto é assim que é possível a realização de contratos atípicos (art. 425, CC).
Há preferência: privilégio que possui o titular de um direito real de, em um eventual concurso de credores, receber com prioridade.	Não há preferência.

---

[9] TARTUCE, Flávio. *Manual de direito civil*. Volume único. 2. ed. São Pulo: Método, 2012. p. 795.

5. INSTITUTOS DE NATUREZA HÍBRIDA

5.1. Obrigação *propter rem* ou obrigação real

Como dito alhures, a obrigação *propter rem*, real, reipersecutória ou ambulatória é a que decorre do fato de a pessoa ser titular de um direito real. Trata-se de obrigação jungida à coisa que irá acompanhá-la onde quer que ela esteja, nas mãos de quem quer que esteja.

Tal obrigação nasce não da vontade do devedor, mas sim por ser este o titular de um direito real. Desse modo, o devedor somente se vê livre dela se abandonar a coisa ou aliená-la, de modo que, o seu sucessor assumirá a obrigação ainda que não a conheça. Exemplos clássicos são as obrigações de pagar IPTU ou a taxa condominial. Pablo Stolze Gagliano e Rodolfo Pamplona Filho mencionam outros exemplos: "a (obrigação) dos vizinhos de proceder à demarcação das divisas de seus prédios (art. 1.297 do CC/2002 e art. 569 do CC/16), em que a obrigação decorre de direito real, transmitindo-se com a transferência de titularidade do bem. Também era a hipótese, prevista no art. 678 do CC/16 (sem correspondência no CC/2002), da obrigação do enfiteuta de pagar o foro".[10]

Tende a prevalecer, quanto à natureza jurídica de uma obrigação *propter rem*, que se trata de instituto a meio caminho do direito pessoal e do direito real.

5.2. Obrigações com eficácia real

Se o legislador atribuir a um contrato efeitos reais, *erga omnes*, sem se tratar da constituição de novo direito real, conclui-se, então, que se trata de uma obrigação com eficácia real. É o caso, por exemplo, do art. 33 da Lei nº 8.245/91 (Lei de Locação).[11] Por esse dispositivo havendo a averbação do contrato de locação nos seus moldes, surge o direito de preferência do locatário na aquisição do bem, sendo oponível, inclusive, contra terceiros.

5.3. Ônus real

De acordo com a Professora Daniela Rosário o ônus real constitui "modalidade de direitos que mesclam regras dos direitos reais e pessoais".[12] Ainda de acordo com a Professora: "Esta figura tem em seu conteúdo uma restrição constituída contra aquele que é titular de um direito real. A restrição ocasiona uma limitação

---

[10] GAGLIANO, Pablo Stolze; PAMPLONA FILHO, Rodolfo. *Novo curso de direito civil:* obrigações. 13. ed. São Paulo: Saraiva, 2012. p. 48.

[11] Art. 33, Lei nº 8.245/91: "O locatário preterido no seu direito de preferência poderá reclamar do alienante as perdas e danos ou, depositando o preço e demais despesas do ato de transferência, haver para si o imóvel locado, se o requerer no prazo de seis meses, a contar do registro do ato no cartório de imóveis, desde que o contrato de locação esteja averbado pelo menos trinta dias antes da alienação junto à matrícula do imóvel. Parágrafo único. A averbação far-se-á à vista de qualquer das vias do contrato de locação desde que subscrito também por duas testemunhas".

[12] RODRIGUES, Daniela Rosário. *Direito civil:* direito das coisas. 3. ed. São Paulo: Rideel, 2010. p. 18.

ao exercício do direito real e vincula o bem à própria obrigação".[13] Como exemplos de ônus reais pode-se citar qualquer direito real sobre coisa alheia (hipoteca, penhor, usufruto etc.). Note-se, entretanto, que nem todo ônus real é um direito real. Haja vista o contrato de constituição de renda[14] que se trata de ônus real, já que obriga ao proprietário o pagamento de prestações periódicas, não sendo considerado, no CC/2002, direito real.

A diferença entre uma obrigação *propter rem* e o ônus real repousa na responsabilidade, já que na obrigação *propter rem* o devedor responde com o seu patrimônio pessoal e no ônus real, o devedor responde apenas com o bem onerado.[15]

6. UMA CLASSIFICAÇÃO NECESSÁRIA ACERCA DO DIREITO DAS COISAS

É necessário ter, em princípio, uma visão topográfica do que se propõe estudar quando nos inclinamos sobre o Direito das Coisas. Três são os pontos relevantes:

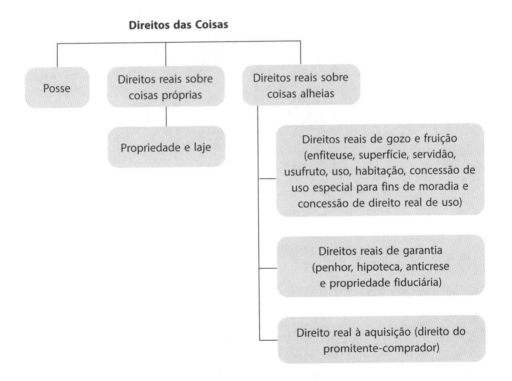

---

[13] RODRIGUES, Daniela Rosário. *Direito civil:* direito das coisas. 3. ed. São Paulo: Rideel, 2010. p. 18.
[14] No Código Civil de 1916 a constituição de renda era tida como direito real, o que não se verifica no Código Civil de 2002.
[15] KÜMPEL, Vitor Frederico. *Direito civil:* direito das coisas. São Paulo: Saraiva, 2005. p. 6.

Vale lembrar que, a enfiteuse e as rendas expressamente constituídas sobre imóveis, que eram contempladas no CC/16 como Direitos Reais, não mais o são no CC/2002. Admite-se apenas a enfiteuse dos terrenos da marinha que será regulada por lei especial (art. 2.038, § 2º, CC/2002).

No que tange à concessão de uso especial para fins de moradia e à concessão de direito real de uso, ambos direitos reais incluídos no rol do art. 1.225 do CC por força da Lei nº 11.481/2007, são institutos que se quedam à margem do Direito Privado, devendo ser analisados pelo Direito Administrativo.[16]

---

[16] "Nos dois casos, deve ficar bem claro que os institutos constituem alternativas de regularização fundiária possível, eis que não se pode adquirir as citadas áreas públicas por usucapião (art. 183, § 3º, e 191, parágrafo único, da CF/88). Espera-se, por questão de justiça e democrática distribuição das terras, que os institutos tenham a efetiva concreção prática". TARTUCE, Flávio. *Manual de direito civil.* Volume único. 2. ed. São Paulo: Método, 2012. p. 985.

DA POSSE 62

1. TEORIAS EXPLICATIVAS DA POSSE

Existem teorias que tentam explicar o significado da posse. A importância dessas teorias, que serão analisadas a seguir, se traduz na necessidade de se aferir se, diante de um caso concreto, os contornos da questão induzem à situação de posse ou de mera detenção. Isso porque visualizada a posse, merecerá ela especial proteção, diferentemente da detenção cujos traços se afastam da noção possessória e, por conseguinte, de sua proteção. Duas teorias ocuparam enfaticamente o cenário jurídico na busca de uma definição para a posse. São elas: a Teoria Subjetiva da posse de Savigny e a Teoria Objetiva da posse de Ihering.

1.1. Teoria subjetiva da posse de Savigny

Friedrich Karl Von Savigny, em 1803, delineou a posse por meio de dois elementos: o *corpus* e o *animus domini*. Por *corpus*, entende-se o poder físico sobre a coisa e o total controle material sobre ela. Agregado a esse primeiro elemento, Savigny, ainda, exigia para a conformação da posse um segundo elemento denominado *animus*, elemento de caráter psicológico que se manifestaria por meio da intenção daquele que tem o controle físico sobre a coisa de tê-la para si, desejando-a ardentemente como se proprietário fosse. Para Savigny, a existência desse segundo elemento (o *animus*) é que traçaria a diferença entre a posse e a detenção. Assim, se houvesse a presença do elemento anímico, estar-se-ia diante de um caso de posse, merecedor, portanto, de toda a proteção possessória. Daí, inclusive, a denominação teoria subjetiva da posse, por elevar a patamar bastante relevante para a configuração da posse, o elemento volitivo (o *animus*).

Ao revés, ausente o *animus*, seria de se considerar mero caso de detenção, prescindindo, portanto, da devida proteção possessória. Por essa teoria, um locatário de um apartamento não poderia ser considerado possuidor, uma vez que não possui *animus domini*.

1.2. Teoria objetiva da posse de Ihering

Em sentido oposto à teoria subjetiva de Savigny, encontra-se a teoria objetiva da posse apresentada por Rudolf Von Ihering que, em linhas gerais, prescinde do elemento volitivo de maneira autônoma para a delineação da posse. Para Ihering, bastaria a presença do *corpus*, independentemente de aferição de *animus domini* para que restasse configurada a posse, pois, em verdade, esse elemento restaria subsumido ao *corpus* já que implícito no poder de fato exercido sobre a coisa. O elemento subjetivo exigido por Ihering para a configuração da propriedade não seria o *animus domini*, mas sim o *affectio tenendi*. Bom de ver as precisas palavras de Adriano Stanley:

> Enquanto o elemento subjetivo na teoria de Savigny era ter a coisa como sua (*animus domini*), para Jhering a conceituação desse elemento subjetivo seria bem mais branda, não sendo necessário que se tivesse a coisa como sua. Bastaria "cuidar da coisa como se fosse sua" (*affectio tenendi*). Há uma grande diferença entre "ter (uma coisa) como sua" e "cuidar (da coisa) como se fosse sua". No primeiro caso, o agente toma algo como se fosse seu patrimônio. No segundo caso, o agente pode apenas estar tomando algo de forma cuidadosa, empregando-lhe zelo. Enfim, cuidando daquela coisa com os mesmos cuidados que o próprio dono lhe empregaria.[1]

A teoria objetiva de Ihering busca na noção de propriedade o seu alicerce para a construção de um conceito possessório. Isso porque, para Ihering, o elemento *corpus* seria a visibilidade de propriedade, isto é, posse seria a exteriorização de atos de propriedade. A partir do momento em que uma pessoa praticasse atos de propriedade, por exemplo, simplesmente usasse a coisa, ela já poderia ser considerada possuidora, sem haver a preocupação de se aferir se essa pessoa ao usar a coisa desejava ser dona dela ou não. Assim, quando vemos uma pessoa dirigir um carro, independente de essa pessoa ser a proprietária desse veículo, pela teoria de Ihering, já podemos concluir que essa pessoa é, pelo menos, possuidora do carro.

Fazendo-se um contraponto com a já estudada teoria subjetiva de Savigny, enquanto para essa um locatário, por não ser portador do *animus domini* não poderia ser considerado possuidor, para a teoria objetiva da posse de Ihering, um locatário é considerado possuidor sim, independentemente de desejar a coisa como dono.

Conclui-se, diante de todo o exposto que, a teoria adotada pelo Código Civil de 2002 foi exatamente a teoria objetiva da posse de Ihering, uma vez que o seu art. 1.196 preceitua que: "Considera-se possuidor todo aquele que tem de fato o exercício, pleno ou não, de algum dos poderes inerentes à propriedade".[2] Nada obstante, em um único momento, o Código flerta com a teoria de Savigny, demonstrando sua afeição por ela, ao dispor acerca da usucapião, instituto esse que, para que se configure, exige que a posse seja legitimada pelo *animus domini* do usucapiente.

---

[1] STANLEY, Adriano. *Direito das coisas*. Belo Horizonte: Del Rey, 2009. p. 12.

[2] Há quem diga que, diante da constatação da posse-social, verificada em alguns artigos do CC/2002 (art. 1.238, parágrafo único; art. 1.242, parágrafo único; art. 1.228, §§ 4º e 5º), esse Código não adota puramente a teoria de Ihering, havendo forte inclinação para as teorias sociológicas. Nesse sentido, *vide* TARTUCE, Flávio. *Manual de direito civil*. Volume único. 2. ed. São Paulo: Método, 2012. p. 805.

Apesar de a teoria de Ihering apresentar grande avanço em relação à teoria de Savigny, é importante perceber que a posse é sempre considerada algo inferior à propriedade. Pela própria ordem de apresentação dos institutos pelo Código Civil, nota-se que a posse é apresentada por essa lei antes da propriedade, como se a posse fosse mera sentinela da propriedade. Desse modo, é de se constatar que na pós-modernidade, tanto a teoria de Savigny quanto a teoria de Ihering são insuficientes para a delineação da posse no Estado Democrático de Direito e diante da teoria dos Direitos Fundamentais. É em virtude dessa crítica que surgem as teorias sociológicas da posse.

1.3. Teorias sociológicas da posse

Sob a denominação teorias sociológicas da posse, no início do século passado, surgiram as teorias que vislumbram a posse, não como um detalhe em relação à propriedade, mas muito mais do que isso. Por essas avançadas teorias, visualiza-se a posse tendo por base a sua função social, de modo que a posse não poderia ser considerada hierarquicamente inferior à propriedade.

Como defensores da função social da posse estão Silvio Perozzi, na Itália, Antônio Hernandez Gil, na Espanha, e Raymond Saleilles, na França. Em nosso país, vários nomes se inclinam pela função social da posse e aqui mencionamos trecho da obra de Marco Aurélio Bezerra de Melo:

A densidade axiológica da posse, mormente em uma sociedade que oscila entre a pobreza e a miséria e que adota como modelo tradicional para a aquisição de bens a compra e venda e o direito hereditário, a posse deve ser respeitada pelos operadores do direito como uma situação jurídica eficaz a permitir o acesso à utilização dos bens de raiz, fato visceralmente ligado à dignidade da pessoa humana (art. 1º, III, da CRFB) e ao direito constitucionalmente assegurado à moradia (art. 6º da CRFB). Importa, por assim dizer, ao lado do direito de propriedade, se reconheça a importância social e econômica do instituto.[3]

As teorias sociológicas da posse fundamentam-se no caráter econômico e na função social da posse que, em verdade, aparece diante do próprio reconhecimento pela CF/88 da função social da propriedade (art. 5º, XXIII). Com isso fortalece-se a posse, admitindo-se até mesmo, em algumas situações, a sua prevalência sobre a própria propriedade.

Ao sentir dos Professores Nelson Rosenvald e Cristiano Chaves têm-se que:

(...) as teorias sociológicas da posse procuram demonstrar que a posse não é um apêndice da propriedade, ou a sua mera aparência e sombra. Muito pelo contrário, elas reinterpretam a posse de acordo com valores sociais nela impregnados, como um poder fático de ingerência socioeconômica sobre determinado bem da vida, mediante a utilização

---

[3] MELO, Marco Aurélio Bezerra de. *Direito das coisas*. Rio de Janeiro: Lumen Juris, 2007. p. 23-24.

concreta da coisa. A posse deve ser considerada como fenômeno de relevante densidade social, com autonomia em relação à propriedade e aos direitos reais. Devemos descobrir na própria posse as razões para o seu reconhecimento.[4]

Essas teorias, em nosso país, se sedimentam aos poucos, em sede legal, jurisprudencial e doutrinária. Ganham força tais teorias, de modo a abalar as manifestações históricas de Savigny e Ihering.

Em sede legal, importa notar o Projeto de Lei nº 699/2011 que propõe novidadeira redação ao art. 1.196 do CC: "Considera-se possuidor todo aquele que tem poder fático de ingerência socioeconômica, absoluto ou relativo, direto ou indireto, sobre determinado bem da vida, que se manifesta através do exercício ou possibilidade de exercício inerente à propriedade ou outro direito real suscetível de posse".

Na jurisprudência, não raro os Tribunais reconhecem e legitimam a posse com base em sua função social, apresentando, pois, a função social da posse como princípio implícito no Código Civil de 2002, quando esse Código valoriza a chamada "posse-trabalho" em alguns de seus artigos.[5] É o que se extrai da ementa transcrita abaixo, a qual grifamos:

PROCESSO CIVIL. AÇÃO DE REINTEGRAÇAO DE POSSE. ART. 927 DO CPC. REQUISITOS NÃO DEMONSTRADOS. ALEGAÇÃO DE DOMÍNIO. INADMISSIBILIDADE. ART. 1.210 DO CÓDIGO CIVIL. PROVA DA OCUPAÇÃO DO IMÓVEL PELA APELADA. FUNÇÃO SOCIAL DA POSSE. PRINCÍPIO IMPLÍCITO. DEPOIMENTOS DAS TESTEMUNHAS. RECURSO A QUE SE NEGA PROVIMENTO. 1. Para a procedência da ação de reintegração de posse, os autores devem demonstrar a existência dos requisitos legais previstos no art. 927 do CPC, ou seja, a posse, o esbulho, a data do esbulho e a perda da posse. 2. Não configurado o esbulho por parte da apelada, a improcedência da ação possessória é medida que se impõe. 3. Nos termos do art. 1.210 do Código Civil, é vedada a discussão sobre o domínio em ação possessória. Precedentes. 4. As provas produzidas nos autos conduziram à conclusão no sentido de que a apelada ocupava o imóvel com a autorização da sua proprietária e tolerância dos próprios apelantes, tendo estabelecido a sua moradia no mesmo, dando cumprimento à função social da posse. 5. O princípio da função social da posse encontra-se implícito no Código Civil, principalmente pela valorização da posse-trabalho, conforme estipulam os seus arts. 1.238, parágrafo único; 1.242, parágrafo único; e 1.228, §§ 4º e 5º. Recurso conhecido e improvido (Apelação Cível: APL 19366920068070005 DF 0001936-69.2006.807.0005, TJDF, Rel. Alfeu Machado, 4ª Turma Cível, julgado em 1º/4/2009, *DJ* 20/4/2009 p. 149).

---

[4] FARIAS, Cristiano Chaves; ROSENVALD, Nelson. *Curso de direito civil. Reais.* 11. ed. São Paulo: Atlas, 2015. p. 47.

[5] É diante da consagração da posse-trabalho no Código Civil de 2002, que o Professor Flávio Tartuce, com percuciência, esclarece que: "(...) tendo a propriedade uma função social reconhecida no Texto Maior, o mesmo deve ser dito em relação à posse. Desse modo, é mais correto afirmar que o CC/2002 não adota a tese de Ihering pura e simplesmente, mas sim a tese da posse-social, sustentada por Perozzi, Saleilles e Hernandez Gil". TARTUCE, Flávio. *Manual de direito civil.* Volume único. 2. ed. São Pulo: Método, 2012. p. 805.

Por fim, vale destacar que, na doutrina, o reconhecimento da função social da posse concretizou-se por meio do Enunciado nº 492, aprovado na V Jornada de Direito Civil, sob a seguinte redação: "A posse constitui direito autônomo em relação à propriedade e deve expressar o aproveitamento dos bens para o alcance de interesses existenciais, econômicos e sociais merecedores de tutela". Nesse contexto, o Professor Marcelo de Mello Vieira conclui:

> O Direito brasileiro sempre assegurou proteção autônoma à posse. Pouco se discutiu qual seria o fundamento dessa proteção. No atual contexto civil constitucional democrático, a função social do instituto é suficiente para garantir a autonomia de sua proteção. Como já trabalhado, essa função da posse constitui o atendimento de uma necessidade humana ligada à efetivação de um direito fundamental, especialmente de moradia ou trabalho, sendo por si só motivo suficiente para justificar a proteção autônoma do instituto.[6]

1.4. Síntese das teorias explicativas da posse

Teoria subjetiva da posse	Teoria objetiva da posse	Teorias sociológicas da posse
Idealizador: Savigny	Idealizador: Ihering	Idealizador: Perozzi, Hernandez Gil e Saleilles
Elementos: Objetivo: *corpus* (poder físico sobre a coisa) Subjetivo: *animus domini* (intenção de ter a coisa como sua) Adotada pelo CC/2002 em caráter excepcional, ao disciplinar a usucapião, já que para que esta se configure exige-se o *animus domini*.	Elementos: Objetivo: *corpus* (visibilidade de domínio) Subjetivo: *affectio tenendi* (intenção de cuidar da coisa como sua) Adotada pelo CC/2002 como regra geral (art. 1.196).	A posse não pode ocupar lugar inferior ao da propriedade. A posse se legitima a partir de seu caráter econômico e de sua função social. Adotada pelo CC/2002 timidamente ao estabelecer a posse-trabalho como requisito para algumas modalidades de usucapião (art. 1.238, p.ú., art. 1.242, p.ú., e ao disciplinar a desapropriação judicial indireta (art. 1.228, §§ 4º e 5º). Insculpida no Enunciado nº 492, CJF: "A posse constitui direito autônomo em relação à propriedade e deve expressar o aproveitamento dos bens para o alcance de interesses existenciais, econômicos e sociais merecedores de tutela".

2. NATUREZA JURÍDICA DA POSSE

As controvérsias são inúmeras na tentativa de se aferir a natureza jurídica da posse. Aqui apresentaremos, em apertada exposição, as três correntes doutrinárias que, neste tópico, sobressaem.

---

[6] VIEIRA, Marcelo de Mello. A posse e sua interpretação no atual direito civil brasileiro. In: POLI, Leonardo Macedo. SÃO JOSÉ, Fernanda (Orgs.) *Direito civil na contemporaneidade*. Belo Horizonte: D´Plácido, 2016. p. 21.

- **1ª Corrente: A posse é um fato.**

Os adeptos desta corrente fundamentam a afirmação de que a posse deve ser vista como um fato com base no princípio da tipicidade, orientador dos direitos reais. Com base neste princípio, os direitos reais apenas poderiam nascer de lei, de modo que somente o legislador teria o condão de criar os direitos reais. Assim, no Código Civil os direitos reais estão taxativamente elencados no art. 1.225, não se detectando ali a figura da posse. Com base nisso, os doutrinadores partidários desse posicionamento concluem que a posse não pode ser considerada como um direito real, posto não estar presente no rol taxativo do art. 1.225 do CC. Filiando-se a esse posicionamento situam-se Windscheid, Trabucchi, Donnellus e, no Brasil, Clóvis Beviláqua.

- **2ª Corrente: A posse é um direito real.**

Os adeptos desta segunda corrente respaldam a afirmação de a posse ser considerada como um direito real na possibilidade de aplicação de algumas características dos direitos reais à posse também como, por exemplo, a oponibilidade *erga omnes*. Ademais, nos dizeres do mestre Orlando Gomes, "na posse a sujeição da coisa à pessoa é direta e imediata. Não há um sujeito passivo determinado".[7] Como adeptos dessa corrente podem ser citados Ihering,[8] Cogliolo e, no Brasil, Teixeira de Freitas, Orlando Gomes e Caio Mário da Silva Pereira.

- **3ª Corrente: A posse é concomitantemente fato e direito.**

Os que se filiam a essa manifestação afirmam que a posse é um fato quando considerada em si mesma, porém, sob o ponto de vista de seus efeitos, a posse deve ser considerada como um direito na medida em que pode resultar na usucapião e enseja o manejo de ações possessórias. Posicionando-se assim, encontramos Savigny e, no Brasil, Tito Fulgêncio.

3. CLASSIFICAÇÃO DA POSSE

A depender de diversos fatores, tais como, a forma pela qual foi adquirida, o *animus* com que o possuidor a exerce, a manifestação sucessória, dentre outros, a posse poderá apresentar distintas classificações, que serão a seguir analisadas.

3.1. Desdobramento da posse: posse indireta e posse direta

Quando, por exemplo, uma pessoa é proprietária de um apartamento – posto figurar no registro imobiliário como proprietária dele –, e ademais reside nele,

---

[7] GOMES, Orlando. *Direitos reais*. Atualizado por Luiz Edson Fachin. 19. ed. Rio de Janeiro: Forense, 2004. p. 43.

[8] "(...) o direito junta na posse um elemento formal: a proteção jurídica, e assim apresentam-se todas as condições jurídicas de um direito. Se a posse, como tal, não estivesse protegida não constituiria, na verdade, senão uma pura relação de fato sobre a coisa; mas a partir do momento em que é protegida, reveste-se do caráter de relação jurídica, o que equivale a um direito". IHERING, Rudolf Von. *Teoria simplificada da posse*. Tradução de Pinto Aguiar. Bauru: Edipro, 1998. p. 45.

Cap. 62 – DA POSSE

deve-se dizer que essa pessoa apresenta a chamada propriedade plena ou alodial, isto é, em suas mãos concentram-se as quatro faculdades deferidas ao proprietário (usar, gozar, dispor e reaver a coisa).

Todavia, é possível que essa pessoa se desprenda de alguma faculdade, transferindo-a a um terceiro. É o que ocorre, por exemplo, quando essa pessoa aluga esse apartamento para um terceiro. No momento em que isso ocorre, terá havido o que se denomina desdobramento da posse. Isso porque claro fica que agora duas posses existem: a do locador (posse indireta) e a do locatário (posse direta).

Repare que o possuidor indireto continua a possuir a coisa, porém de maneira mediata. É por isso que se diz que a posse direta não deverá anular a posse indireta. Ambas coexistirão. É por isso que em uma situação de desdobramento da posse, não se torna possível ao possuidor direto o pleito de usucapião.

O desdobramento da posse é o que ocorre quando é feito um contrato de comodato, em que surge a figura do comodante (possuidor indireto) e do comodatário (possuidor direto); quando é instituído um usufruto, em que se apresentam o nu-proprietário (possuidor indireto) e o usufrutuário (possuidor direto), dentre outras relações jurídicas que poderiam ser citadas.

Com os exemplos citados acima, percebe-se que o desdobramento de posse poderá derivar de direito pessoal ou de direito real. De direito pessoal, seria aquele desdobramento que ocorresse, por exemplo, em virtude de um contrato de locação ou comodato. De direito real, seria o desdobramento que ocorresse, por exemplo, em virtude da constituição de um usufruto.

Ademais, importante salientar que a estrutura originada decorrente do desdobramento da posse, será sempre temporária, não se perpetuando infinitamente no tempo. A exceção a essa regra fica por conta da enfiteuse, direito real presente no CC/16 e que pelo CC/2002 não pode mais ser constituído,[9] em que o direito real da enfiteuse poderia ser transmitido aos seus sucessores, havendo, portanto, perpetuidade da posse do foreiro.

Constatado que ambos são possuidores, deve ser frisado que a ambos é deferida a tutela possessória. Desse modo, caso seja necessário, um pode manejar interdito possessório em desfavor do outro ou de um terceiro. Vejam os três exemplos abaixo:

- **1º exemplo**: João empresta a sua casa de praia para Maria ocupá-la por dois anos. Nesse caso, foi celebrado um contrato de comodato. Ocorre que, nem bem passados seis meses do empréstimo, João (comodante e possuidor indireto) a seu bel-prazer invade o referido imóvel expulsando Maria. Nada obstante, João seja o proprietário da casa, a posse direta de Maria está tutelada pela lei. Assim, nesse caso Maria poderá ajuizar ação de reintegração de posse em face de João, para ter a sua posse direta de volta.

---

[9] O CC/2002 em seu art. 2.038, § 2º, somente admite a constituição de enfiteuse em relação aos terrenos da marinha.

- **2º exemplo**: João empresta a sua casa de praia para Maria ocupá-la por dois anos. Passam-se os dois anos e o contrato chega ao fim. Maria não desocupa a casa, tornando-se possuidora precária. João (comodante e possuidor indireto) poderá ajuizar ação de reintegração de posse em desfavor de Maria para retomar-lhe o imóvel.

- **3º exemplo**: João empresta a sua casa de praia para Maria. Antônio invade a casa, expulsa Maria e passa a ocupar o imóvel. Tanto João quanto Maria, poderão, autonomamente, ajuizar ação possessória contra Antônio, sem necessidade de constituição de um litisconsórcio ativo necessário.

É o art. 1.197 que estabelece o desdobramento da posse, com a seguinte redação: "A posse direta, de pessoa que tem a coisa em seu poder, temporariamente, em virtude de direito pessoal, ou real, não anula a indireta, de quem aquela foi havida, podendo o possuidor direto defender a sua posse contra o indireto".

Percebe-se que o artigo citado, em sua parte final, apenas cita a possibilidade de o possuidor direto ajuizar ação possessória contra o indireto. Ocorre que o contrário também se faz verdade, como vimos no segundo exemplo mencionado acima. Com isso, foi aprovado o Enunciado nº 76 do CJF com a seguinte redação: "O possuidor direto tem direito de defender a sua posse contra o indireto, e este contra aquele (art.1.197, *in fine*, do novo Código Civil)".

Por fim, apresentemos as expressões sinônimas de desdobramento da posse. Ao surgimento das posses indireta e direta, também se costuma denominar "posses paralelas" e "bipartição da posse". À expressão bipartição da posse, restam oportunas críticas. É que quando se refere à "bipartição", o sentido transmitido pelo vocábulo é de uma divisão que apenas poderá resultar em duas manifestações necessariamente. Ocorre, entretanto, que o desdobramento da posse poderá se dar para além de apenas dois planos. É possível, por exemplo, que um proprietário alugue o seu apartamento para uma pessoa e essa o subloque para um terceiro. Nesse caso, o proprietário e o primeiro locatário serão considerados ambos possuidores indiretos, diante da sublocação ocorrida. Assim, o sublocatário é quem será o possuidor direto. Nesse caso, praticamente, deu-se uma "tripartição da posse". Assim, conclui-se que incorreta é a afirmação de que somente o proprietário pode ser considerado possuidor indireto.

3.2. Posse exclusiva e composse

A posse exclusiva é aquela que se constitui por apenas um titular, sendo, pois, considerada a regra. Excepcionalmente, é possível que ocorra a composse ou compossessão.

Por composse ou compossessão deve-se entender a posse exercida por duas ou mais pessoas sobre um mesmo bem.

Há classificação doutrinária no sentido de que a composse poderia ser considerada *pro indiviso* ou *pro diviso*. A composse *pro indiviso* seria aquela em que a ocupação de cada possuidor não estaria perfeitamente delimitada, possuindo cada um apenas uma fração ideal do bem. Ao revés, a composse *pro diviso*

Cap. 62 – DA POSSE

manifestar-se-ia quando a ocupação de cada um fosse previamente definida no plano fático.[10]

Ocorre que muitos criticam a classificação anteriormente mencionada. Isso porque a composse está prevista no art. 1.199 do CC e tal artigo exige para a configuração da composse a indivisão do bem.[11] É o que diz o referido artigo: "Se duas ou mais pessoas possuírem coisa indivisa, poderá cada uma exercer sobre ela atos possessórios, contanto que não excluam os dos outros compossuidores".

Não se permita confundir a composse com o instituto de posses paralelas, já estudado por nós. Na composse, as posses se manifestam no mesmo plano, diversamente das posses paralelas (posse indireta e posse direta) que se apresentam em planos distintos. Desse modo, valem os ensinamentos de Carlos Roberto Gonçalves:

> A posse exclusiva se contrapõe não à posse desdobrada em direta e indireta, porém à composse. Na primeira, seja ela direta ou indireta, um só possuidor exerce os poderes de fato inerentes à propriedade. Na composse, porém, há vários compossuidores que têm, sobre a mesma coisa, posse direta ou indireta.[12]

Também, não se permita confundir a composse com o condomínio. Se na composse apresenta-se a posse em comum, no condomínio, o que há é uma propriedade em comum. Então, pergunta-se: sempre que há composse há condomínio? Não necessariamente. É possível que haja composse sem condomínio, outrossim, é possível que haja condomínio sem composse, e é possível até mesmo que os institutos coexistam. Confiram-se os exemplos:

*   **1º exemplo:** Os pais de João e Maria faleceram e deixaram o único apartamento que tinham para os seus dois filhos. João e Maria são condôminos e ao mesmo tempo compossuidores, já que ambos residem no mesmo apartamento.

---

[10] Apresentando esta classificação, *vide* DINIZ, Maria Helena. *Curso de direito civil brasileiro:* direito das coisas. 24. ed. São Paulo: Saraiva, 2009. p. 58. GONÇALVES, Carlos Roberto. *Direito civil brasileiro:* direito das coisas. 3. ed. São Paulo: Saraiva, 2008. p. 65. FRANÇA, Rubens Limongi. *A posse no Código Civil.* São Paulo: Bushatsky, 1964. p. 18. MONTEIRO, Washington de Barros. *Curso de direito civil.* 37. ed. v. 3. atual. MALUF, Carlos Alberto Dabus. São Paulo: Saraiva: 2003. p. 76.

[11] Nesse sentido: "A composse é uma situação que apenas verifica-se na comunhão *pro indiviso*. Ou seja, nas situações em que várias pessoas exercem simultaneamente ingerência fática sobre um bem, sem que as partes sejam localizadas, contando cada possuidor com uma fração ideal sobre a posse, que lhes concede a fruição indistinta de todas as suas partes, sem que de nenhuma delas possam ser excluídos pelos outros compossuidores ou terceiros. Ilustrativamente, é a situação de um vasto grupo de pessoas que ocupa um imóvel abandonado. Todos são compossuidores da área total, sem discriminação de partes reservadas. Todavia, se os possuidores pactuaram no sentido de reservar áreas específicas e perfeitamente delimitadas para a atuação fática individual e pacífica sobre a sua fração concreta, desaparecerá o estado de composse e surgirão várias posses *pro diviso*". FARIAS, Cristiano Chaves; ROSENVALD, Nelson. *Curso de direito civil:* reais. 11. ed. São Paulo: Atlas, 2015. p. 90.

[12] GONÇALVES, Carlos Roberto. *Direito civil brasileiro:* direito das coisas. 3. ed. São Paulo: Saraiva, 2008. p. 64.

- **2º exemplo:** Os pais de João e Maria faleceram e deixaram o único apartamento que tinham para os seus dois filhos. João não reside no apartamento, apenas Maria o ocupa atualmente. Nesse caso, os irmãos são condôminos, mas não compossuidores, já que há posse exclusiva por parte de Maria.
- **3º exemplo:** Várias pessoas ocuparam um terreno abandonado no interior do estado de Minas Gerais. Essas famílias são compossuidoras, todavia, não são condôminas.

No que tange ao exercício dos atos possessórios no caso de composse, importa notar que, cada compossuidor poderá praticá-los desde que não excluam os dos outros compossuidores. Nesse mote, como na composse cada compossuidor possui uma fração ideal da coisa, isso já basta para que se autorize o manejo de ação possessória contra outro compossuidor que pretenda o exercício de posse exclusiva sem autorização do demais ou contra terceiro. Com isso, vale a leitura do art. 1.199 do CC: "Se duas ou mais pessoas possuírem coisa indivisa, poderá cada uma exercer sobre ela atos possessórios, contanto que não excluam os dos outros compossuidores".

3.3. Posse justa e posse injusta

De acordo com o art. 1.200 do CC, justa é a posse que não for violenta, clandestina ou precária. Permita-nos, de início, uma ligeira correção na redação legislativa para que possamos melhor compreender o que sejam as posses justa e injusta. Em verdade, posse justa é aquela que não foi **adquirida** mediante violência, clandestinidade ou precariedade. *A contrario sensu*, posse injusta seria aquela **adquirida** mediante violência, clandestinidade e precariedade. Isso porque, por meio de interpretação sistemática, ao nos socorrermos da parte final do art. 1.208 do CC, perceberemos que enquanto houver violência ou clandestinidade, não há um estado de posse, mas sim de mera detenção. A posse apenas iniciar- se-á a partir do momento de cessada a violência ou a clandestinidade e tal posse, importa notar, será considerada injusta.

Posto isso, indaga-se: O que é violência, clandestinidade e precariedade?

Violência, clandestinidade e precariedade são os três vícios objetivos que podem inquinar uma posse. São considerados vícios de caráter objetivo, pois dispensam a aferição de aspectos anímicos para a sua constatação. Não há necessidade de adentrar ao espírito do agente que age em violência, clandestinidade ou precarie- dade, para, realmente, se ter certeza que os vícios se manifestaram. A violência, a clandestinidade ou a precariedade uma vez perpetradas "saltam aos olhos" de qualquer um, prescindindo de avaliação psicológica de seu agente.

Antes de analisar cada um desses vícios, deve ser frisado que se tratam de vícios relativos, isto é, dizem respeito apenas ao ofendido. Em relação a tercei- ros, a posse de alguém, mesmo adquirida mediante violência, clandestinidade ou precariedade contra o possuidor originário, produzirá seus efeitos normais. Veja o exemplo: João agride fisicamente Antônio e o expulsa de sua casa, passando a ocupá-la. Em relação a Antônio, João tem uma posse injusta, em relação a Manoel, que nada tem a ver com o ocorrido anteriormente, a posse de João é justa produzindo seus efeitos normalmente, inclusive, no que tange às ações possessórias.

Concluindo, nas palavras de Sílvio de Salvo Venosa: "Essa posse justa é relativa aos envolvidos na relação jurídica. A posse pode ser justa em relação a um sujeito e ser injusta com relação a outro. Tudo dependerá da relação existente entre os envolvidos".[13]

A seguir explicamos cada um dos vícios objetivos da posse.

A violência ocorre quando há o emprego de força ou ameaça para tomar a posse de alguém, seja o proprietário, o possuidor ou o detentor. A violência deve se dirigir contra a pessoa, e não contra a coisa para que se configure o vício. Assim, o mero arrombamento de porta, destruição de cerca ou cadeado, por si só, não implicam violência. Agora, se mais do que isso o agente armado com espingarda dirige-se ao dono da casa e o expulsa dali, nítida está a violência. Importante destacar ainda que, nesse exemplo, se o possuidor agredido em sua posse reage dentro dos contornos do art. 1.210, § 1º, do CC, enquanto houver a violência, não haverá posse, tão somente detenção. A posse injusta iniciar-se-á a partir do momento em que o possuidor agredido cede à agressão, não resistindo mais.

A clandestinidade é vício que ocorre quando o agente às ocultas, às escondidas, sub-repticiamente, toma a coisa para si. Interessantes exemplos são a invasão de uma casa de praia fora de temporada de férias ou alteração de marcos que realizem a divisa entre dois imóveis.[14]

Vimos que, de acordo com a parte final do art. 1.208 do CC, enquanto permanecer a clandestinidade, não será caso de posse, mas sim de detenção. Nesse momento, poderá surgir uma interessante questão no que tange a configuração da usucapião. Destrinchando a problemática, com excelência, os Professores Nelson Rosenvald e Cristiano Chaves esclarecem:

> De fato, caso prevalecesse a tese de que a clandestinidade só cessa com a inequívoca ciência do ato por parte do desapossado, entraríamos no campo da subjetividade e praticamente reduziríamos a nada o instituto da usucapião, pois o proprietário sempre alegaria em defesa o desconhecimento do exercício da posse pelo usucapiente, objetivando a prevalência da mera detenção, que não conduz à posse. A título ilustrativo, caso A tenha de viajar ao exterior por um longo período, a invasão de seu imóvel por parte de B não será considerada ato de clandestinidade, se as circunstâncias demonstrarem que funcionários, parentes e amigos de A poderiam tomar conhecimento do fato e levá-lo ao conhecimento do desapossado. O mesmo não se infere quando da inexistência das referidas pessoas em localidade isolada, encontrando-se A em situação de completa ignorância com relação à ocupação.[15]

---

[13] VENOSA, Sílvio de Salvo. *Código Civil interpretado*. São Paulo: Atlas, 2010. p. 1.055.

[14] FARIAS, Cristiano Chaves. ROSENVALD, Nelson. *Curso de direito civil*. Reais. 11. ed. São Paulo: Atlas, 2015. p. 107.

[15] FARIAS, Cristiano Chaves. ROSENVALD, Nelson. *Curso de direito civil*. Reais. 11. ed. São Paulo: Atlas, 2015. p. 107-108.

Por precariedade, tem-se o vício que se configura quando uma pessoa tem a obrigação de devolver alguma coisa e não a devolve. Perceba-se que, de início, essa pessoa detinha a coisa ou a possuía de maneira justa, mas ao não a devolver adentrou a um estado de injustiça da posse. A posse injusta, na precariedade, surge, embora, anteriormente, a detenção tenha sido legítima ou a posse justa. Um exemplo seria: Um caseiro (detentor), que morava no sítio, é despedido por seu patrão. Ao invés de o caseiro deixar os seus aposentos na casa do sítio, ele ali continua sem a autorização de seu ex-empregador. Outro exemplo: João faz um contrato de comodato com Paulo, emprestando-lhe a sua casa por dois anos. Passados os dois anos, findo o contrato de comodato, Paulo, ao invés de desocupar o imóvel, nele continua transmudando a sua posse que era justa em injusta.

Se somos conhecedores de que os vícios objetivos da posse são a violência, a clandestinidade e a precariedade, é comum neste ponto da matéria fazer-se um comparativo com o Direito Penal para a melhor compreensão do tema. É que os vícios mencionados se equipararijam, respectivamente, ao roubo (art. 157, CP), ao furto (art. 155, CP) e à apropriação indébita (art. 168, CP) na seara criminal.

Os contornos da importância desta classificação se manifestam diante das modalidades de usucapião e para o ajuizamento de ações possessórias, conforme veremos adiante.

3.4. Posse de boa-fé e posse de má-fé

Quando classificamos a posse como de boa-fé ou de má-fé, ao revés, da classificação anteriormente apresentada, atenta-se para os aspectos psicológicos do possuidor.

Se o possuidor não sabe do vício que inquina a aquisição de sua posse, trata-se de posse de boa-fé. Nessa senda, o art. 1.201 do CC preceitua: "É de boa-fé a posse, se o possuidor ignora o vício, ou o obstáculo que impede a aquisição da coisa".[16] Ao contrário, se o possuidor sabe de vícios que possam macular a aquisição de sua posse e, mesmo assim, ali se mantém, trata-se de posse de má-fé. Nas palavras do mestre Caio Mário da Silva Pereira, "considera-se de má-fé aquele que possui na consciência da ilegitimidade de seu direito".[17]

Um exemplo de posse de boa-fé seria a situação em que um sujeito compra um terreno de um exímio estelionatário, acreditando, porém, se tratar do verdadeiro dono. É importante perceber que para que a posse seja considerada como

---

[16] Em plena sintonia com a ordem de pensamento do Direito Civil Contemporâneo, os Professores Nelson Rosenvald e Cristiano Chaves de Farias acrescentam: "Com base no princípio da função social da posse e no direito fundamental à moradia, acreditamos que a boa-fé também está presente na conduta daquele que exerce poder de fato sobre bem abandonado, concedendo-lhe destinação econômica. Se a posse foi adquirida por ato de ocupação e não de invasão, qualificar a atuação do possuidor como de má-fé pela ausência de título seria considerar que só existe ética no direito de propriedade e que toda situação fática que dela não fosse emanada seria contrária ao ordenamento". FARIAS, Cristiano Chaves; ROSENVALD, Nelson. *Curso de direito civil.* Reais. 11. ed. São Paulo: Atlas, 2015. p. 116-117.

[17] PEREIRA, Caio Mário da Silva. *Instituições de direito civil:* direitos reais. Atualizado por Carlos Edison do Rêgo Monteiro Filho. 18. ed. Rio de Janeiro: Forense, 2004. p. 30.

de boa-fé, é importante que o engano seja desculpável. Desse modo, se, diferentemente, a aquisição do terreno se deu em relação à pessoa com grave e aparente distúrbio psicológico, não se pode nesse caso atribuir um estado de boa-fé, pois o engano aqui não há de ser considerado escusável.

A dificuldade desta classificação repousa exatamente em ter que se adentrar ao mais íntimo do sentimento humano para se averiguar se a posse era, realmente, de boa-fé ou de má-fé. Como tal tarefa se mostra muitas vezes insólita, o parágrafo único do art. 1.201 do CC, apresenta uma presunção que pode auxiliar a desvendar o espírito do adquirente da posse, quando preceitua que: "O possuidor com justo título tem por si a presunção de boa-fé, salvo prova em contrário, ou quando a lei expressamente não admite esta presunção". É claro que tal presunção há de ser considerada relativa (*iuris tantum*), admitindo, portanto, prova em sentido contrário.

Das lições de Carlos Roberto Gonçalves, extraímos:

> Justo título, em suma, é o que seria hábil para transmitir o domínio e a posse se não contivesse nenhum vício impeditivo dessa transmissão. Uma escritura de compra e venda, devidamente registrada, por exemplo, é um título hábil para a transmissão do imóvel. No entanto, se o vendedor não era o verdadeiro dono (aquisição *a non domino*) ou se era um menor não assistido por seu representante legal, a aquisição não se perfecciona e pode ser anulada. Porém a posse do adquirente presume-se ser de boa-fé, porque estribada em justo título.[18]

Importante perceber que esta classificação nada tem a ver com a classificação anterior. É um equívoco acreditar que toda posse justa é de boa-fé e toda posse injusta é de má-fé. É possível, portanto, que a posse seja injusta e de boa-fé, por exemplo: João compra uma coisa de um bandido, que havia sido objeto de roubo, sem sabê-lo. Nesse caso a posse é de boa-fé, pois João não sabe do vício que macula a sua aquisição, todavia, será uma posse injusta, pois esse caráter decorre de sua própria origem, valendo a leitura do art. 1.203 do CC: "Salvo prova em contrário, entende-se manter a posse o mesmo caráter com que foi adquirida".

A relevância de se constatar se o adquirente se encontrava de boa-fé ou não, reside nos efeitos da posse, isto é, no que tange aos frutos (arts. 1.214 a 1.216, CC), benfeitorias (arts. 1.219 e 1.220, CC) e na responsabilidade pela perda ou deterioração da coisa (arts. 1.217 e 1.218, CC), que será analisado posteriormente.

Ressalte-se, por fim, que é possível a transformação do espírito do possuidor em relação à sua posse. É que é permitido vislumbrar possuidor que, de início, age de boa-fé, transmudando-se essa em má-fé. Dúvida surge quanto ao momento exato em que isso se daria. Buscando resposta para a indagação encontramos o art. 1.202 do CC que apresenta a seguinte redação: "A posse de boa-fé só perde este caráter no caso e desde o momento em que as circunstâncias façam presumir que o possuidor não ignora que possui indevidamente". Parece óbvia a redação

---

[18] GONÇALVES, Carlos Roberto. *Direito civil brasileiro:* direito das coisas. 3. ed. São Paulo: Saraiva, 2008. p. 78.

do presente artigo, porém, as dúvidas não param aqui. Para fins práticos, a partir de quando devemos considerar essa transmudação? As respostas caminham pela propositura da ação, pela citação e até mesmo pela contestação da lide.

É claro que delimitar o momento exato por um meio apriorístico engessará sobremaneira a solução do problema. Portanto, ideal seria a análise detida de caso a caso. Nada obstante, a jurisprudência é forte em dizer que o momento em que a posse de boa-fé se transforma em de má-fé é exatamente quando da citação, pois neste momento o réu da ação recebe a contrafé (a cópia da petição inicial) e ali se informa de que não possui a coisa legitimamente. Todavia, de acordo com Carlos Roberto Gonçalves, nesse caso "nada impede, entretanto, que o interessado prove outro fato que demonstre que a parte contrária, mesmo antes da citação, já sabia que possuía indevidamente".[19]

3.5. Posse nova e posse velha

O critério aventado na presente classificação é a idade da posse. Dessarte, será posse nova aquela em que a pessoa se encontre há menos de um ano e um dia; ao contrário, será a posse velha, quando o seu titular nela se encontrar há um ano e um dia ou mais.

Não se pode confundir o aludido critério classificatório com a classificação das ações possessórias em sendo de força velha ou de força nova. Aqui o que se considera não é a idade da posse, mas sim o tempo decorrido do esbulho ou da turbação até o ajuizamento da ação.

3.6. Posse natural e posse civil ou jurídica

A posse natural é aquela que decorre do exercício dos poderes de fato sobre a coisa, prescindindo de qualquer negócio jurídico que a legitime. Não há, portanto, relação jurídica, entre o proprietário ou possuidor anterior e o novo possuidor. Traduz-se, portanto, em um modo originário de aquisição da posse.

Diversamente, a posse civil ou jurídica é aquela que se lastreia em um negócio jurídico, havendo nítido vínculo entre o possuidor ou proprietário anterior e o novo possuidor, tratando-se, portanto, de um modo aquisitivo da posse derivado.

3.7. Posse *ad interdicta* e posse *ad usucapionem*

Posse *ad interdicta* é aquela que admite proteção possessória. Para tanto, a posse deverá estar despida dos vícios objetivos, quais sejam, a violência, a clandestinidade e a precariedade. Em conclusão, poderá haver o ajuizamento de uma ação possessória para a proteção de determinada posse, desde que essa se trate de uma posse justa.

---

[19] GONÇALVES, Carlos Roberto. *Direito civil brasileiro:* direito das coisas. 3. ed. São Paulo: Saraiva, 2008. p. 81.

Já a posse *ad usucapionem* é aquela que reúne em si os elementos legais para a concretização da usucapião, tais como, lapso temporal, *animus* etc. Esses elementos serão, oportunamente, trabalhados por nós quando adentrarmos a análise dos requisitos exigidos para a usucapião.

Assim, à guisa de conclusão pode ser dito que para que a posse seja considerada *ad interdicta* é necessário apenas o elemento essencial (*corpus*) acrescido da legitimidade de sua aquisição, isto é, a posse deverá ser justa. Ao revés, para que a posse seja considerada *ad usucapionem*, dever-se-á agregar outros elementos como decurso de prazo, pacificidade, mansidão, *animus domini* etc. Assim, a posse de um locatário de um apartamento é considerada *ad interdicta*, já a posse de um sujeito que ocupou determinado terreno, residindo ali com sua família há mais de 15 anos, com total *animus domini*, trata-se de posse *ad usucapionem*.

4. DETENÇÃO[20]

É salutar que, desde já, se esclareça que a detenção não pode ser confundida com a posse. A preocupação com a distinção se fundamenta nos efeitos jurídicos que resultarão da posse, o que não ocorrerá em relação à detenção. Senão, vejamos: quando uma pessoa tem a posse de algo, desde que, decorrido determinado lapso temporal e preenchidos certos requisitos, tal situação resultará na aquisição da propriedade do bem, via usucapião. Outrossim, se a pessoa tem a posse de algo e se a sua posse sofre determinada ofensa (esbulho, turbação ou ameaça), essa pessoa poderá se socorrer das ações possessórias já que possui legitimidade para tanto em virtude de ser possuidora da coisa. Em sentido diametralmente oposto, se uma pessoa apenas detém algo (e não a possui!), ainda que preenchidos outros requisitos da usucapião, essa pessoa não conseguirá concretizá-la, tampouco, poderá lançar mão de qualquer interdito possessório, já que é considerado mero detentor, e não possuidor.

O legislador foi quem apontou quais seriam as situações consideradas de mera detenção.[21] Caso o legislador não o fizesse, os casos de detenção, que adiante analisaremos, seriam casos de posse, atribuindo-se, então, os efeitos relatados acima. Entenda por meio de um exemplo: para o Código Civil, em seu art. 1.198, o caseiro de um sítio deve ser considerado como detentor, não podendo, portanto,

---

[20] Os diversos manuais de Direito das Coisas apresentam diversas denominações para a detenção, tais como: quase posse, tença e posse precária. Vale a ressalva feita pelo Professor Adriano Stanley: "Para que interpretação da expressão 'posse precária' não gere dúvidas, vale a pena enfatizar que posse precária não é posse. Apesar do substantivo 'posse', o adjetivo 'precária' retira o significado jurídico do primeiro vocábulo". STANLEY, Adriano. *Direito das coisas*. Belo Horizonte: Del Rey, 2009. p. 27. Quanto ao sinônimo tença, há quem discorde de tal sinonímia. É o caso, por exemplo, de Luciano de Camargo Penteado, que conceitua a tença como sendo "uma mera situação material de apreensão física do bem, sem qualquer consequência jurídica protetiva". PENTEADO, Luciano de Camargo. *Direito das coisas*. São Paulo: RT, 2008. p. 471.

[21] Que fique claro: como o Código Civil adotou a teoria objetiva da posse de Ihering, os casos de detenção serão, realmente, aqueles que o legislador determinar. Todavia, se o referencial for a teoria subjetiva da posse de Savigny, a detenção manifestar-se-á sempre que a pessoa apresentar em relação a coisa o elemento *corpus*, inexistindo, pois, o *animus domini*.

usucapir o sítio e, tampouco, manejar ações possessórias. Se não houvesse o referido artigo no Código Civil, o caseiro do sítio, de acordo com a teoria objetiva da posse de Ihering, apresentaria a visibilidade de proprietário, de modo que seria considerado possuidor e cairíamos no absurdo jurídico de essa pessoa poder se valer de institutos como a usucapião e as ações possessórias. Em conclusão, classicamente se diz que a detenção é uma posse juridicamente desqualificada, não alcançando, assim, os efeitos da posse. Desse modo, não raro, a doutrina denomina a detenção de posse degradada.

Se já estamos convencidos acerca da importância de, em um caso concreto, definir se determinada pessoa é possuidora ou mera detentora, e que a detenção decorre de lei, a seguir extrairemos do Código Civil as hipóteses de detenção.

4.1. Hipóteses de detenção

As hipóteses de detenção estão espalhadas em alguns artigos do CC/2002. A apresentação assistemática do instituto rendeu ao legislador diversas críticas da doutrina, exatamente por ter se perdido excelente oportunidade de sintetizar em um único artigo as hipóteses de detenção.

a) Servidor ou fâmulo da posse (art. 1.198, CC)

Por servidor ou fâmulo da posse deve se entender aquele que pratica atos de posse em nome de terceira pessoa. Essa pessoa não tem nenhum poder de determinação sobre a coisa e está ali cumprindo ordens alheias. É o que se extrai da redação da art. 1.198 do CC: "Considera-se detentor aquele que, achando-se em relação de dependência para com outro, conserva a posse em nome deste e em cumprimento de ordens ou instruções suas". É o caso, por exemplo, do caseiro em relação ao sítio, do motorista particular em relação ao carro do empregador, o militar em relação à arma etc.[22] Não se exige que haja necessariamente o pagamento de remuneração ao detentor por parte do proprietário ou possuidor, tampouco, a formatação de um contrato de trabalho, basta que esteja presente, no caso em tela, um elo de subordinação.

É de se concluir, então que, os servidores da posse não poderão fazer jus à usucapião, tampouco, terão legitimidade para ajuizar ações possessórias. Assim, no multicitado exemplo do caseiro que zela pelo sítio de seu patrão, aquele não poderá ajuizar ação possessória diante de ameaça projetada em desfavor da posse. Todavia, uma ressalva deve ser feita: é deferida ao servidor ou fâmulo da posse a possibilidade de lançar mão da autotutela ou autodefesa da posse insculpida no art. 1.210, § 1º, do CC. Foi exatamente isso que restou consignado no Enunciado nº 493 do CJF, aprovado na V Jornada de Direito Civil: "O detentor (art. 1.198 do CC) pode, no interesse do possuidor, exercer a autodefesa do bem sob seu poder".

---

[22] Para Venosa, "o detentor, ou fâmulo, nesse caso, não usufrui do sentido econômico da posse, que pertence a outrem. Nessa situação, colocam-se os administradores da propriedade imóvel; os empregados em relação às ferramentas e equipamentos de trabalho fornecidos pelo empregador; o bibliotecário em relação aos livros; o almoxarife em relação ao estoque etc.". VENOSA, Sílvio de Salvo. *Código Civil interpretado*. São Paulo: Atlas, 2010. p. 1052.

b) Atos de permissão ou tolerância (art. 1.208, primeira parte, CC)

A permissão se configura quando há autorização prévia e expressa do proprietário ou possuidor para que outrem ocupe ou utilize-se da coisa; já na tolerância, também há uma autorização, porém, de maneira tácita, silenciosa.

Quando há tão somente permissão ou tolerância para que outrem se utilize de determinada coisa, não restará configurada a posse, mas sim mera detenção. É o que preleciona a primeira parte do art. 1.208 do CC. Nas palavras de Flávio Augusto Monteiro de Barros: "A pessoa que tolerou ou consentiu, a qualquer tempo, pode revogar unilateralmente a ordem, pois se trata de mero favor. Por exemplo, tolero por gentileza a passagem do vizinho pelo meu quintal".[23]

Outro reiterado exemplo citado pela doutrina é a pessoa que permite ou simplesmente tolera que seu vizinho ocupe a sua vaga de garagem que estava desocupada. É claro que nessa situação, o vizinho que ocupa a vaga jamais poderá se valer da usucapião para tentar se tornar proprietário dela, já que não apresenta o requisito básico para tanto que é a própria posse. Ademais, jamais poderá tentar manejar qualquer espécie de ação possessória para proteção de sua posse, já que essa não existe.

Problema poderá surgir em se tratando da tolerância diante do instituto da usucapião. É que há uma linha muito tênue que separa a tolerância do proprietário (que induz à mera detenção) de sua real desídia (que induz à posse). Explicamos. É que quando há uma total inércia do proprietário, tal fato não representará mera tolerância, o que poderá acabar induzindo à posse por parte daquele que ocupa o bem e, por conseguinte, resultar em usucapião. Diante disso, Nelson Rosenvald e Cristiano Chaves pontuam:

> A tolerância deverá ser aferida com rigor pelo magistrado no caso concreto e a prova da tolerância incumbe àquele que deseja demonstrar que o usuário do bem não agiu na qualidade de possuidor, mas apenas como detentor. Indubitavelmente, o possuidor que pretende ver reconhecida a usucapião é aquele que atua com a vontade de ser proprietário (*animus domini*), aproveitando-se da inércia do titular da propriedade. Portanto, a sua atuação sob a coisa é autônoma e sem vigilância. Nesse sentido, se A permanece no imóvel de propriedade de B por longos anos, em virtude do abandono do titular, não será possível a B alegar que tolerou a presença de A. Nesta hipótese, B foi desidioso e inerte, e A agiu como possuidor, sendo factível a usucapião sobre o imóvel.[24]

Finalmente, em homenagem à interpretação sistemática de todo o ordenamento jurídico, é importante destacar que, hodiernamente, diante da absorção do princípio da boa-fé objetiva em nosso ordenamento e de suas teorias, especialmente, a *supressio*, poderá haver certa fragilização do previsto na primeira parte do art. 1.208 do CC.

---

[23] BARROS, Flávio Augusto Monteiro de. *Manual de direito civil:* direito das coisas e responsabilidade civil. v. 3. São Paulo: Método, 2005. p. 29.

[24] FARIAS, Cristiano Chaves; ROSENVALD, Nelson. *Curso de direito civil.* Reais. 11. ed. São Paulo: Atlas, 2015. p. 98.

Supressio é a teoria decorrente da boa-fé objetiva que impõe a supressão do direito de determinada pessoa, em virtude de sua longa omissão. A supressão do direito respalda-se exatamente na longa omissão de seu titular que fez gerar na outra parte uma legítima expectativa de que aquele direito não seria exercido mais.

Diante disso, é possível que em determinado caso concreto aquilo que em princípio deveria configurar mera tolerância poderá ceder ao instituto da *supressio* de modo a fazer surgir o direito para aquele que o pleiteia. Assim, nesse sentido, confira-se no AgRg no AREsp 338.273-RS (2013/01363552):

> APELAÇÃO CÍVEL. USUCAPIÃO (BENS IMÓVEIS). AÇÃO DE USUCAPIÃO. MODALIDADE EXTRAORDINÁRIA. DISCUSSÃO SOBRE O *ANIMUS DOMINI*. RECONHECIMENTO DA HIPÓTESE DE DETENÇÃO – ATO DE TOLERÂNCIA – E AFASTAMENTO COM BASE NA *SUPRESSIO*. MANUTENÇÃO DO JULGAMENTO DE PROCEDÊNCIA. HONORÁRIOS ADVOCATÍCIOS MAJORADOS.
>
> I. Reconhecida, no caso concreto, a relação de detenção dos pais da autora/sogros do autor em relação ao todo maior do imóvel de propriedade do réu, por serem servidores da posse.
>
> II. Reconhecida, de outro lado, a relação de detenção dos autores com a área usucapienda, localizada dentro do todo maior do imóvel, por configuração de atos de tolerância por parte do funcionário do proprietário, já que este, desde que adquiriu a gleba, até lá foi uma única vez.
>
> III. A tolerância, todavia, apesar de ser hipótese taxativa de detenção, vai afastada com base na situação fática gerada por longos anos. Aplicação da *supressio – verwirkung –* modalidade de abuso de direito, consequência do exercício de um direito subjetivo (no caso concreto, a contestação à posse *ad usucapionem* alegada pelos autores) após um longo prazo de inatividade e retardamento por parte de seu titular.
>
> IV. Diversamente da detenção prevista no art. 1.198 do Código Civil (fâmulos da posse), a detenção da primeira parte do art. 1.208 daquele Diploma (atos de mera permissão ou tolerância) é uma detenção interessada, tendo em vista que a pessoa procura extrair proveito próprio da coisa, satisfazendo os seus interesses econômicos imediatos. Tanto é assim no caso em exame que, no terreno usucapiendo, os autores construíram sua casa ao lado do galpão já existente e reformado, e, além disso, um salão de beleza onde trabalha a autora.
>
> V. Tais fatores, somados ao preenchimento dos demais requisitos da usucapião extraordinária, e, principalmente, à inércia do proprietário de seu funcionário durante todo o período aquisitivo, inclusive depois dele, indicam um exercício tardio, pois nascido já estava um sentimento de confiança por parte dos autores, que acreditaram no não exercício do direito por parte do proprietário.
>
> VI. Nessa linha, fazendo-se uma análise crítica do art. 1.208 e aplicando-se uma visão sistemática do ordenamento jurídico, principalmente no que diz com a função social da propriedade, a legítima expectativa deverá ser preservada e, nesse passo, concedido o domínio aos demandantes, razão pela qual se mantém a sentença de procedência.

Em conclusão, podemos dizer que, nada obstante o fenômeno da tolerância estar respaldado no Código Civil como manifestação de detenção, de modo a afastar a posse, é possível, todavia, que em um caso concreto, observadas as circunstâncias e analisado o caráter da omissão,[25] seja afastada a incidência do art. 1.208, primeira parte, do CC.

c) Atos de violência ou clandestinidade, enquanto não cessados (art. 1.208, segunda parte, CC)

A ocupação de determinado bem mediante violência ou clandestinidade, de acordo com a segunda parte do art. 1.208 do CC, também não induz à posse, mas sim mera detenção.

Importante notar que, enquanto a ocupação permanecer sob o abuso da força (violência) ou às ocultas (clandestinidade), como tais manifestações são fulcradas na ilicitude, não poderão elas ter qualquer respaldo legal, sendo consideradas meros estados de detenção.

Nas certeiras palavras de Nelson Rosenvald e Cristiano Chaves:

> Perfeita a posição do legislador ao reduzir a situação do esbulhador violento ou clandestino à mera detenção. Se inexistente tal proibição no sistema jurídico, paradoxalmente poderia aquele que obteve ilicitamente a posse manejar os interditos possessórios, assegurando a sua defesa jurídica em face do próprio possuidor esbulhado, subvertendo a paz social ao prevalecer-se do exercício arbitrário das próprias razões, sendo a ilegalidade ratificada pelo Poder Judiciário.[26]

O exemplo também fica por conta dos cultos Professores:

> Imagine-se que A pratique esbulho possessório em face de B. Este praticará atos de autodefesa, na tentativa de retornar ao poder físico sobre a coisa. Em todo o período em que A se mantiver na coisa, prevalecendo-se da violência contra B, será considerado

---

[25] "APELAÇÃO CÍVEL. AÇÃO DECLARATÓRIA – POSSE DE ÁREA COMUM DESTINADA COMO VAGA DE GARAGEM – MERA TOLERÂNCIA DO CONDOMÍNIO – DETENÇÃO – AUSÊNCIA DE DIREITO DE MANUTENÇÃO DO ESPAÇO FÍSICO – DETERMINAÇÃO DE DESOCUPAÇÃO PELA ASSEMBLEIA GERAL – *SUPRESSIO* – INOCORRÊNCIA – RECURSO IMPROVIDO – APELAÇÃO ADESIVA – HONORÁRIOS ADVOCATÍCIOS – FIXAÇÃO EQUITATIVA DO MAGISTRADO – INOBSERVÂNCIA NA SENTENÇA DOS PRECEITOS DO PARÁGRAFO 3º DO ART. 20 DO CPC – RECURSO PARCIALMENTE PROVIDO. Os atos de mera permissão ou tolerância, nos termos do artigo 1.208 do Código Civil, não induzem a tutela jurídica destinada à posse, pois trata-se de detenção. A utilização como garagem de espaço comum do condomínio, por longo período de tempo, não se revela, por si só, suficiente para ensejar o direito de perpetuar a destinação dada ao bem, quando regularmente definido em assembleia geral a necessidade de seu uso desocupação. Para a ocorrência da *supressio*, é indispensável não somente o decurso de considerável lapso temporal, bem como a boa-fé do ocupante e a inaceitável desídia dos coproprietários. Inocorrência na espécie. Recurso de apelação improvido" (TJES, Classe: Apelação Cível, 35090235603, Rel. Telemaco Antunes de Abreu Filho, Quarta Câmara Cível, julgado em 26/3/2012, *DJe* 2/4/2012).

[26] FARIAS, Cristiano Chaves; ROSENVALD, Nelson. *Curso de direito civil*. Reais. 11. ed. São Paulo: Atlas, 2015. p. 100.

como detentor. Assim, impede-se que o esbulhador A possa ajuizar ação possessória em face de B. A apenas terá condição de detentor convertida em possuidor, quando B desistir de retornar à posse do imóvel, cessando, assim, o uso da violência.[27]

Assim, relevante concluir que, enquanto houver a violência ou a clandestinidade, não será caso de posse. Cessados tais vícios, haverá aquilo que se denomina convalescimento da posse. Se o vocábulo convalescimento quer significar exatamente a recuperação da saúde que antes estava debilitada, a ideia é: afastar-se-á a detenção e configurar-se-á a posse. Todavia, ressalte-se que a posse ora constituída, não é de todo benta, mas sim uma posse injusta já que adquirida mediante violência ou clandestinidade.[28]

d) Ocupação de bens públicos de uso comum e de uso especial

Malgrado as espécies de bens públicos estejam presentes no Código Civil (art. 99), foi da cátedra de Direito Administrativo que nos foi ensinado que os bens públicos comportam a seguinte classificação: de uso comum (ex.: as ruas, as praças, os mares etc.); de uso especial (ex.: um edifício que aloque uma escola estadual ou um fórum); dominicais (ex.: uma fazenda de propriedade de um estado).

---

[27] FARIAS, Cristiano Chaves; ROSENVALD, Nelson. *Curso de direito civil.* Reais. 11. ed. São Paulo: Atlas, 2015. p. 100.

[28] O STJ decidiu que é possível a usucapião de bem móvel proveniente de crime após cessada a clandestinidade ou a violência. Confira-se as informações de inteiro teor do processo: "Estatui o art 1.208 do Código Civil que não induzem posse os atos de mera permissão ou tolerância assim como não autorizam a sua aquisição os atos violentos, ou clandestinos, senão depois de cessar a violência ou a clandestinidade. Além disso, pode-se dizer que o furto se equipara ao vício da clandestinidade, enquanto que o roubo se contamina pelo vício da violência. Assim, a princípio, a obtenção da coisa por meio de violência, clandestinidade ou precariedade caracteriza mera apreensão física do bem furtado, não induzindo a posse. Nesse sentido, é indiscutível que o agente do furto, enquanto não cessada a clandestinidade ou escondido o bem subtraído, não estará no exercício da posse, caracterizando-se assim a mera apreensão física do objeto furtado. Daí por que, inexistindo a posse, também não se dará início ao transcurso do prazo de usucapião. É essa *ratio* que sustenta a conclusão de que a res furtiva não é bem hábil à usucapião. Porém, *a contrario sensu* do dispositivo transcrito, uma vez cessada a violência ou a clandestinidade, a apreensão física da coisa induzirá à posse. Portanto, não é suficiente que o bem *sub judice* seja objeto de crime contra o patrimônio para se generalizar o afastamento da usucapião. É imprescindível que se verifique, nos casos concretos, se houve a cessação da clandestinidade, especialmente quando o bem furtado é transferido a terceiros de boa-fé. O exercício ostensivo da posse perante a comunidade, ou seja, a aparência de dono é fato, por si só, apto a provocar o início da contagem do prazo de prescrição, ainda que se possa discutir a impossibilidade de transmudação da posse viciada na sua origem em posse de boa-fé. Frisa-se novamente que apenas a usucapião ordinária depende da boa-fé do possuidor, de forma que ainda que a má-fé decorra da origem viciada da posse e se transmita aos terceiros subsequentes na cadeia possessória, não há como se afastar a caracterização da posse manifestada pela cessação da clandestinidade da apreensão física da coisa móvel. E, uma vez configurada a posse, independentemente da boa-fé estará em curso o prazo da prescrição aquisitiva. Em síntese, a boa-fé será relevante apenas para a determinação do prazo menor ou maior a ser computado" (REsp 1.637.370-RJ, Rel. Min. Marco Aurélio Bellizze, Terceira Turma, por maioria, julgado em 10/9/2019, *DJe* 13/9/2019. Informativo nº 656, STJ).

No que tange aos bens públicos de uso comum e de uso especial, exatamente por serem inalienáveis (art. 100, CC), não admitirão que a ocupação de alguém configure posse, manifestando, pois, somente um estado de detenção. Desse modo, um eventual detentor que ali se encontre jamais poderá manejar uma ação possessória contra a Administração Pública.

É importante realçar que o particular que ocupa imóvel público, perante o poder público, então, exerce mera detenção, sem direito ao manejo de ações possessórias em desfavor do Poder Público, pleito de usucapião, indenização por benfeitorias e retenção. Ao revés, o mesmo particular que ocupe imóvel público em relação a outros particulares (e não em relação ao Estado) deve ser considerado possuidor, podendo, outrossim, manejar ações possessórias contra o outro particular. Nesse sentido, *vide* REsp 1.484.304/DF, Rel. Min. Moura Ribeiro, julgado em 10/3/2016 e também REsp 1.582.176/MG, Rel. Min. Nancy Andrighi, julgado em 20/9/2016.

Diferente solução se aplica quando nos deparamos com os bens dominicais, que são exatamente aqueles bens que constituem o patrimônio das pessoas jurídicas de direito público e as de direito privado prestadoras de serviço público, sem apresentarem destinação pública, admitindo, desse modo, a possibilidade de serem alienados. Nesse caso, a ocupação dessa espécie de bem público induz à posse sim, gerando, por conseguinte, a possibilidade de o possuidor, em caso de necessidade, manejar ações possessórias contra quem viole a sua posse, incluindo-se, aqui, a própria Administração Pública. Registre-se, todavia, que, embora a ocupação de bens públicos dominicais edifique um estado possessório, não há que se cogitar de usucapião por parte do possuidor, em virtude de expressa vedação com dignidade constitucional (arts. 183, § 3º, e 191, parágrafo único, ambos da CF/88).

Em conclusão, podemos dizer que, nesta obra, nos manifestamos no sentido de que a ocupação do bem público de uso comum e de uso especial pelo particular perante o Poder Público não induz à posse, mas sim à mera detenção. Além disso, informamos que, ao revés, a ocupação de bem público dominical, mesmo em relação ao Poder Público, induz à posse, com seus regulares efeitos, sendo afastada, todavia, a possibilidade de usucapião por expressa vedação constitucional.

Nesse mesmo sentido, se manifestam Cristiano Chaves de Farias e Nelson Rosenvald. A justificativa apresentada pelos Professores é a seguinte:

> (...) o critério para aferir se há posse ou detenção não é o estrutural, e sim o funcional. É a afetação do bem a uma finalidade pública que dirá se pode ou não ser objeto de atos possessórios por um particular. A distinção releva, pois nos bens públicos de uso comum do povo e especiais o possuidor não poderá ajuizar ações possessórias, eis que não pode haver posse individualizada de um ou do outro. Já nos bens públicos dominicais, poderá o particular manejar interditos possessórios contra o poder público e terceiros que ameacem ou violem sua posse.[29]

---

[29] FARIAS, Cristiano Chaves de; ROSENVALD, Nelson. *Curso de direito civil*. Reais. 11. ed. São Paulo: Atlas, 2015. p. 101-102.

Por fim, a contrariar a tese apresentada acima, vale lembrar que as decisões do STJ afastam a posse do particular em bem público, seja qual for a natureza desse, isto é, seja bem público de uso comum, especial e, até mesmo dominical.[30]

5. AQUISIÇÃO DA POSSE. O CONSTITUTO POSSESSÓRIO

Quando estudamos a propriedade, devemos nos ater aos modos de aquisição dela. Ao revés, quando do estudo da posse, tal pormenorização se torna despicienda, pois em se aplicando a teoria objetiva da posse de Ihering adquirir-se-á a posse a partir do momento em que se praticar qualquer faculdade destinada ao proprietário. Nesse mote, o art. 1.204 do CC relata: "Adquire-se a posse desde o momento em que se torna possível o exercício, em nome próprio, de qualquer dos poderes inerentes à propriedade". Nota-se que o referido artigo caminha em total sintonia com o art. 1.196 do CC,[31] incorporador esse da teoria de Ihering.

Todavia, há que se acrescentar, nada obstante o silêncio da lei, a possibilidade de se adquirir a posse por meio do constituto possessório. Tal instituto se manifesta quando há uma inversão no título da posse, isto é, a pessoa antes possuía a coisa a um certo título e depois passou a possuí-la sob outro título. É o caso, por exemplo, de pessoa que, inicialmente, era proprietária e possuidora de um apartamento e, posteriormente, vendeu esse imóvel reservando-se o direito de alugá-lo imediatamente, permanecendo assim dentro do imóvel. Nesse caso, antes o possuidor possuía o bem, sob o título de proprietário e depois passou a possuí-lo sob o título de locatário. Além disso, é importante perceber que o comprador, por meio do constituto possessório, acabou de adquirir uma posse, posse essa denominada de indireta.

Malgrado o legislador do CC/2002 apenas mencione o constituto possessório quando disciplina a aquisição da propriedade de coisa móvel,[32] é importante perceber que ele se aplica também aos imóveis. Nesse contexto foi aprovado o Enunciado nº 77 na I Jornada de Direito Civil, com o seguinte teor: "A posse das coisas móveis e imóveis também pode ser transmitida pelo *constituto* possessório".

Quanto aos legitimados à aquisição da posse, o art. 1.205 do CC preleciona:

A posse pode ser adquirida:

I – pela própria pessoa que a pretende ou por seu representante;

II – por terceiro sem mandato, dependendo de ratificação.

---

[30] *Vide* REsp 1.582.176-MG, Rel. Min. Nancy Andrighi, j. 20/9/2016. *Vide* REsp 1.582.176-MG, Rel. Min. Nancy Andrighi, julgado em 20/9/2016.

[31] Art. 1.196, CC: "Considera-se possuidor todo aquele que tem de fato o exercício, pleno ou não, de algum dos poderes inerentes à propriedade".

[32] Art. 1.267, CC: "A propriedade das coisas não se transfere pelos negócios jurídicos antes da tradição. Parágrafo único. Subentende-se a tradição quando o transmitente continua a possuir pelo constituto possessório; quando cede ao adquirente o direito à restituição da coisa, que se encontra em poder de terceiro; ou quando o adquirente já está na posse da coisa, por ocasião do negócio jurídico".

Minudenciando tal artigo, tem-se que a aquisição da posse poderá se dar pela própria pessoa que a pretenda, desde que essa pessoa tenha capacidade plena. É evidente que o adquirente da posse poderá se fazer representar, caso necessite, outorgando poderes para tanto a terceiro, em nítida situação de representação convencional. Aqueles que não apresentam capacidade plena, para a aquisição da posse, deverão necessariamente estar representados, em evidente manifestação de representação legal, como a que a ocorre, por exemplo, em relação aos pais em se tratando de filhos menores.

É possível, também, que um terceiro adquira a posse para outrem, sem que haja instrumento de mandato. Mas é evidente que nesse caso, para que a aquisição da posse produza efeitos é imprescindível que haja a ratificação (a confirmação) de tal fato. É que o terceiro, em princípio, somente age como gestor de negócios e, como bem sabemos, para que os efeitos se produzam em relação ao dono do negócio é necessário que esse ratifique o ato praticado pelo gestor. A base de tudo isso repousa no art. 873 do CC, que estabelece: "A ratificação pura e simples do dono do negócio retroage ao dia do começo da gestão, e produz todos os efeitos do mandato".

6. EFEITOS DA POSSE

Como efeitos da posse podem ser mencionados: o direito aos frutos, a responsabilidade pela perda ou deterioração da coisa, o direito às benfeitorias, o direito à usucapião e o direito às ações possessórias.

6.1. Direito aos frutos

Os frutos se traduzem em bens acessórios que admitem algumas classificações:

a) Dos frutos quanto à sua origem:
- **frutos naturais:** são as utilidades que decorrem da própria natureza (ex.: frutos das árvores);
- **frutos industriais:** são as utilidades decorrentes da intervenção humana (ex.: produção de uma fábrica);
- **frutos civis:** são os rendimentos decorrentes da utilização de um bem por um terceiro (exs.: juros e aluguéis).

b) Dos frutos quanto ao estado:
- **frutos percebidos:** os frutos que já foram colhidos, isto é, já se separaram da coisa que os originou;
- **frutos percipiendos:** os frutos que eram para ter sido colhidos, porém se perderam antes disso;
- **frutos pendentes:** os frutos que ainda estão unidos à coisa que os originou;
- **frutos estantes:** os frutos que embora colhidos, encontram-se armazenados;
- **frutos consumidos:** os frutos que não existem mais.

Em homenagem à boa-fé do possuidor, de acordo com o art. 1.214 do CC, ele terá direito, enquanto a sua boa-fé durar, aos frutos percebidos, isto é, aos frutos que já foram colhidos. Em relação aos frutos pendentes, a lei preceitua que ao tempo em que cessar a boa-fé, estes devem ser restituídos, depois de deduzidas as despesas da produção e custeio. A mesma regra deve ser aplicada aos frutos colhidos com antecipação (art. 1.214, parágrafo único, CC). Vale o exemplo mencionado por Tartuce:

> Ilustrando, um locatário está em um imóvel urbano e, no fundo deste, há uma mangueira. Enquanto vigente o contrato, o locatário, possuidor de boa-fé amparado pelo justo título, terá direito às mangas colhidas, ou seja, percebidas. Se o contrato for extinto quando as mangas ainda estiverem verdes (frutos pendentes), não poderão ser colhidas, pois são do locador proprietário. Se colhidas ainda verdes, devem ser devolvidas ao último, sem prejuízo de eventuais perdas e danos que couberem por este mal colhimento.[33]

A lei ainda estabelece que os frutos naturais e industriais se reputam colhidos e percebidos, logo que são separados; os civis reputam-se percebidos dia por dia (art. 1.215, CC).

No que respeita ao possuidor de má-fé, responde este por todos os frutos colhidos e percebidos, bem como pelos que, por culpa sua, deixou de perceber (os percipiendos), desde o momento em que se constituiu de má-fé. Porém, para que se evite o enriquecimento sem causa da outra parte, o possuidor, mesmo de má-fé terá direito às despesas da produção e custeio (art. 1.216, CC).

6.2. Responsabilidade pela perda ou deterioração da coisa

A responsabilidade pela perda ou deterioração da coisa também apresentará contornos diferenciados a depender da posse ser de boa ou má-fé.

No que respeita ao possuidor de boa-fé, a sua responsabilidade pela perda ou deterioração da coisa deve ser considerada subjetiva já que, de acordo com o art. 1.217 do CC, o possuidor de boa-fé não responde pela perda ou deterioração da coisa, a que não der causa.

Ao revés, o possuidor de má-fé responde pela perda, ou deterioração da coisa, ainda que acidentais, salvo se provar que de igual modo se teriam dado, estando ela na posse do reivindicante (art. 1.218, CC). Disso conclui-se que a responsabilidade do possuidor de má-fé é de ordem objetiva.

6.3. Direito às benfeitorias

Benfeitorias são as obras ou despesas realizadas na coisa com finalidade de conservação, melhoramento ou embelezamento. Com base nas finalidades almejadas, as benfeitorias podem ser: necessárias, úteis e voluptuárias. Eis a classificação que se apresenta.

---

[33] TARTUCE, Flávio. *Manual de direito civil*. Volume único. 2. ed. São Paulo: Método, 2012. p. 815.

Cap. 62 – DA POSSE

a) **Classificação das benfeitorias:**

- **benfeitorias necessárias:** são aquelas que objetivam a conservação do bem (ex.: a reforma do telhado da casa);
- **benfeitorias úteis:** são aquelas que objetivam o melhoramento do bem (ex.: a construção de mais um banheiro na casa);
- **benfeitorias voluptuárias:** são aquelas que objetivam o embelezamento da coisa, para mero deleite das pessoas que ali estão (ex.: a piscina feita para lazer em uma casa).

De acordo com o art. 1.219, CC, o possuidor de boa-fé tem direito à indenização das benfeitorias necessárias e úteis, bem como, quanto às voluptuárias, se não lhe forem pagas, a levantá-las, quando o puder sem detrimento da coisa, e poderá exercer o direito de retenção pelo valor das benfeitorias necessárias e úteis.[34]

Em se tratando de possuidor de má-fé, a este serão ressarcidas somente as benfeitorias necessárias; não lhe assistindo o direito de retenção pela importância destas, nem o de levantar as voluptuárias (art. 1.216, CC).[35]

	Posse de boa-fé	Posse de má-fé
Benfeitoria necessária	Gera direito à indenização.	Gera direito à indenização.
Benfeitoria útil	Gera direito à indenização.	Não.
Benfeitoria voluptuária	Não gera direito à indenização, mas poderá haver o levantamento da benfeitoria.	Não gera direito à indenização, nem poderá haver o levantamento da benfeitoria.
Direito à retenção	Sim, é possível a retenção do bem em se tratando de benfeitorias necessárias e úteis.	Não.

b) **Outras observações importantes acerca das benfeitorias:**

- As benfeitorias compensam-se com os danos. Eis uma hipótese de compensação legal prevista no art. 1.221, CC.

---

[34] Embora benfeitoria não se confunda com acessão, o Enunciado nº 81 do CJF estabelece os mesmos efeitos jurídicos para ambos os institutos, com a seguinte redação: "O direito de retenção previsto no art. 1.219 do Código Civil, decorrente da realização de benfeitorias necessárias e úteis, também se aplica às acessões (construções e plantações) nas mesmas circunstâncias".

[35] "DIREITO ADMINISTRATIVO E CIVIL. INEXISTÊNCIA DE DIREITO A INDENIZAÇÃO PELAS ACESSÕES E DE RETENÇÃO PELAS BENFEITORIAS EM BEM PÚBLICO IRREGULARMENTE OCUPADO. Quando irregularmente ocupado o bem público, não há que se falar em direito de retenção pelas benfeitorias realizadas, tampouco em direito a indenização pelas acessões, ainda que as benfeitorias tenham sido realizadas de boa-fé. Isso porque nesta hipótese não há posse, mas mera detenção, de natureza precária. Dessa forma, configurada a ocupação indevida do bem público, resta afastado o direito de retenção por benfeitorias e o pleito indenizatório à luz da alegada boa-fé. Precedentes citados: AgRg no AREsp 456.758-SP, Segunda Turma, *DJe* 29/4/2014; e REsp 850.970-DF, Primeira Turma, *DJe* 11/3/2011" (STJ, AgRg no REsp 1.470.182-RN, Rel. Min. Mauro Campbell Marques, julgado em 4/11/2014. Informativo nº 551).

- A indenização, quando prevista, somente será devida, por evidente, se as benfeitorias ainda existirem (art. 1.221, *in fine*, CC).

- O reivindicante, obrigado a indenizar as benfeitorias ao possuidor de má-fé, tem o direito de optar entre o seu valor atual e o seu custo; ao possuidor de boa-fé indenizará pelo valor atual (art. 1.222, CC).

No que tange a locação de imóvel urbano existem regras específicas acerca das benfeitorias na Lei nº 8.245/91.[36]

6.4. Direito à usucapião

A posse, desde que revestida por caracteres específicos e associada aos requisitos impostos pela lei, gerará direito à usucapião. As modalidades de usucapião serão abordadas, oportunamente, neste livro.

6.5. Direito à autotutela ou autodefesa

Ao titular da posse defere-se o direito à autotutela ou autodefesa, com limitações, evidentemente.[37] O referido direito está estampado no § 1º do art. 1.210 que apresenta a seguinte redação: "O possuidor turbado, ou esbulhado, poderá manter-se ou restituir-se por sua própria força, contanto que o faça logo; os atos

---

[36] Art. 35, Lei nº 8.245/91: "Salvo expressa disposição contratual em contrário, as benfeitorias necessárias introduzidas pelo locatário, ainda que não autorizadas pelo locador, bem como as úteis, desde que autorizadas, serão indenizáveis e permitem o exercício do direito de retenção".

Art. 36, Lei nº 8.245/91: "As benfeitorias voluptuárias não serão indenizáveis, podendo ser levantadas pelo locatário, finda a locação, desde que sua retirada não afete a estrutura e a substância do imóvel".

Ver também: Súmula nº 335, STJ: "Nos contratos de locação, é válida a cláusula de renúncia à indenização das benfeitorias e ao direito de retenção". Temperando o disposto na súmula retrocitada, vale lembrar que se a renúncia ocorrer em contrato de adesão, tal disposição será considerada nula por força do art. 424 do CC que estabelece: "Nos contratos de adesão, são nulas as cláusulas que estipulem a renúncia antecipada do aderente a direito resultante da natureza do negócio". Nessa senda, o Enunciado nº 433 do CJF apresenta o seguinte teor: "A cláusula de renúncia antecipada ao direito de indenização e retenção por benfeitorias necessárias é nula em contrato de locação de imóvel urbano feito nos moldes do contrato de adesão".

[37] Acerca de tais limitações Daniela Rosário Rodrigues esclarece: "A limitação legal quanto ao exercício da autotutela tem fundamento. Com efeito, a distribuição da justiça cabe ao Estado, por meio d exercício do Poder Judiciário. Aqui, portanto, se encontra a primeira justificativa de limitação. Assim, quando o membro do grupo social se sentir lesado ou ameaçado, nos termos do art. 5º, XXXV, da CF, sempre lhe será garantida a oportunidade de recorrer ao Judiciário. No entanto, circunstâncias concretas existem que impedem o imediato acesso ao Judiciário, exigindo da pessoa uma defesa *incontinenti* à ofensa. Nesse diapasão surge a segunda justificativa de limitação. Somente é admitido o exercício da autodefesa quando não houver tempo hábil de ir ao Poder Judiciário para buscar a solução do conflito. Nessas hipóteses, portanto, o próprio legislador autoriza o exercício de defesa própria, como ocorre, no âmbito penal, nos arts. 23 a 25 da correspondente codificação". RODRIGUES, Daniela Rosário. *Direito civil:* direito das coisas. 3. ed. São Paulo: Rideel, 2010. p. 31.

Cap. 62 – DA POSSE

de defesa, ou de desforço, não podem ir além do indispensável à manutenção, ou restituição da posse".

Ao dissecar o dispositivo legal mencionado encontra-se a legítima defesa da posse e o desforço imediato. A legítima defesa da posse se manifesta no caso de turbação. Para o caso de esbulho, terá cabimento o desforço imediato.

Para que o possuidor se valha de tais medidas é salutar lembrar que a defesa deverá ser imediata[38] e que não exceda ao indispensável para a manutenção ou recuperação de sua posse. O vetor a orientar o exercício do direito de autotutela, evidentemente, serão os limites impostos pelo art. 187 do CC[39] que apresenta a figura do abuso de direito.

Por fim, ressalta-se que, embora o direito a autotutela seja efeito da posse, o detentor também fará jus a ele. Nesse caso, cogita-se, por exemplo, do caseiro da fazenda que, de forma imediata e proporcional, repudie a invasão no terreno de seu empregador. Desse modo, na hipótese de o caseiro exceder os limites mencionados no art. 187 do CC para repudiar a invasão, será responsabilizado objetivamente o seu empregador nos moldes do art. 932, III, c/c art. 933, CC.[40]

6.6. Direito às ações possessórias

Por meio das ações possessórias, busca-se a tutela da posse com base no simples fato da posse. A legitimidade para o manejo de tais ações é deferida ao possuidor.

6.6.1. Das ações possessórias

São consideradas ações possessórias ou interditos possessórios a ação de reintegração de posse, a ação de manutenção de posse e o interdito proibitório.

a) **Reintegração de posse (arts. 560/566, CPC/2015):** terá cabimento em caso de esbulho, que se traduz na privação no uso da coisa.

b) **Manutenção da posse (arts. 560/566, CPC/2015):** terá cabimento em caso de turbação, que se manifesta por meio do incômodo na posse.

---

[38] Restringindo o conteúdo do § 1º do art. 1.210 do CC, o Enunciado nº 495 do CJF dispõe: "No desforço possessório, a expressão "contanto que o faça logo" deve ser entendida restritivamente, apenas como a reação imediata ao fato do esbulho ou da turbação, cabendo ao possuidor recorrer à via jurisdicional nas demais hipóteses".

[39] Art. 187, CC: "Também comete ato ilícito o titular de um direito que, ao exercê-lo, excede manifestamente os limites impostos pelo seu fim econômico ou social, pela boa-fé ou pelos bons costumes".

[40] Art. 932, CC: "São também responsáveis pela reparação civil: (...) III – o empregador ou comitente, por seus empregados, serviçais e prepostos, no exercício do trabalho que lhes competir, ou em razão dele".

Art. 933, CC: "As pessoas indicadas nos incisos I a V do artigo antecedente, ainda que não haja culpa de sua parte, responderão pelos atos praticados pelos terceiros ali referidos".

c) Interdito proibitório (arts. 567/568, CPC/2015): terá cabimento em caso de ameaça de esbulho ou de turbação. O interdito proibitório implicará necessariamente uma liminar com um comando para que se cesse a ameaça e, ainda, a fixação de pena pecuniária (*astreinte*).

As três ações são autorizadas pelo Código Civil no *caput* do art. 1.210 que apresenta a seguinte redação: "O possuidor tem direito a ser mantido na posse em caso de turbação, restituído no de esbulho, e segurado de violência iminente, se tiver justo receio de ser molestado". Aqui constata-se um verdadeiro diálogo entre as fontes: Código Civil e Código de Processo Civil.

No Código de Processo Civil de 2015, as referidas ações se situam nos arts. 554 a 568, com poucas alterações em relação ao que dispunha o Código de Processo Civil de 1973. Por fim, vale lembrar que, em novembro de 2019, o STJ editou a Súmula nº 637, versando sobre as ações possessórias, apresentando o seguinte teor: "O ente público detém legitimidade e interesse para intervir, incidentalmente, na ação possessória entre particulares, podendo deduzir qualquer matéria defensiva, inclusive, se for o caso, o domínio".

6.6.2. Características das ações possessórias

a) Fungibilidade: a propositura de uma ação possessória em vez de outra não obstará a que o juiz conheça do pedido e outorgue a proteção legal correspondente àquela, cujos requisitos estejam provados (art. 554, CPC/2015).

b) Natureza dúplice das ações possessórias: o réu na ação possessória poderá formular pedidos na própria contestação, sem necessidade de reconvir (art. 556, CPC/2015).

c) Cumulação sucessiva de pedidos (art. 555, CPC/2015): é lícito cumular com o pedido possessório os pedidos de condenação em perdas e danos e indenização dos frutos.

d) Proibição da *exceptio proprietatis* (art. 1.210, § 2º, CC): nas ações possessórias o que se discute é a posse. Desse modo, não poderá uma das partes exigir a posse com base em sua propriedade (domínio). A propriedade poderá ser discutida nas ações petitórias.

6.6.3. Classificação das ações possessórias

Em princípio, vale o alerta de que a classificação abaixo proposta somente se aplica em se tratando de ação de reintegração de posse e manutenção de posse.

a) Ação possessória de força nova: é aquela ação em que o seu ajuizamento se deu para dentro de ano e dia do esbulho ou da turbação. Consequências: o procedimento a ser seguido é o especial e caberá liminar.

b) Ação possessória de força velha: é aquela em que o seu ajuizamento se deu para além de ano e dia do esbulho ou da turbação. Consequências: o procedimento a ser seguido é o comum e não caberá liminar.

Interessante é a analogia fornecida por Adriano Stanley: "Podemos dizer que as ações possessórias se assemelham ao homem, que perde as suas forças à medida que envelhece".[41]

Para complementar, vale dizer que o prazo das ações possessórias (ano e dia) somente deve ser considerado a partir do conhecimento do esbulho ou da turbação. Ademais, se o esbulho para se concluir exigir uma série de atos do esbulhador, o prazo será contado a partir do último ato para a concretização do esbulho.

---

[41] STANLEY, Adriano. *Direito das coisas*. Belo Horizonte: Del Rey, 2009. p. 20.

DA PROPRIEDADE. NOÇÕES INTRODUTÓRIAS

1. CONCEITUAÇÃO E ELEMENTOS CONSTITUTIVOS DA AÇÃO REIVINDICATÓRIA

A propriedade não encontra conceito no Código Civil, embora o referido diploma legislativo apresente os seus elementos constitutivos, que são: usar (*jus utendi*), gozar (*jus fruendi*), dispor (*jus abutendi*) e reaver a coisa (art. 1.228, *caput*, CC). Em virtude desses elementos, pode-se logo constatar que a propriedade é o direito real mais amplo e completo que existe.

Nada obstante, o mestre Caio Mário da Silva Pereira já tenha alertado que "a propriedade mais se sente do que se define",[1] respaldada em um posicionamento clássico, a propriedade se traduz na relação jurídica de apropriação de determinado bem, podendo esse ser corpóreo ou incorpóreo.[2] O Código Civil disciplina a propriedade atinente aos bens corpóreos. No que respeita à propriedade de bens incorpóreos, leis especiais são dignas de menção, como, por exemplo, a Lei nº 9.279/96 (Lei de Patentes e Marcas), a Lei nº 9.609/98 (Lei de Programas de Computador) e a Lei nº 9.610/98 (Lei de Direitos Autorais).

Ao se apropriar do bem, a pessoa assume o poder jurídico de fazer uso dela, mas não apenas isso, assume o seu gozo, a possibilidade de sua disposição e de reivindicação.

O uso se manifesta pela possibilidade do titular da coisa de se servir dela; já o gozo se dá por meio da fruição da coisa quando, por exemplo, se aluga algo de que se é proprietário, fruindo, portanto, de seu frutos civis nesse caso; a disposição

---

[1] PEREIRA, Caio Mário da Silva. *Instituições de direito civil*. Direitos reais. Atualizado por Carlos Edison do Rêgo Monteiro Filho. 18. ed. Rio de Janeiro: Forense, 2004. p. 89.

[2] Em uma visão pós-positivista FARIAS e ROSENVALD evadem-se do conceito clássico e conceituam a propriedade como "uma relação jurídica complexa formada entre o titular do bem e a coletividade de pessoas". FARIAS, Cristiano Chaves; ROSENVALD, Nelson. *Curso de direito civil*. Reais. São Paulo: Atlas, 2015. p. 217. Adiante os autores explicam o posicionamento: "criou-se uma concepção formal e asséptica pela qual a propriedade seria o poder de pessoas sobre objetos, diante de uma sociedade indiferente e paralisada. Trata-se de uma perversa aplicação do individualismo burguês, pois os direitos absolutos não podem ser funcionalizados e qualquer conduta ativa dos proprietários perante a sociedade passa a ser qualificada como 'caridade', jamais uma obrigação de fazer". FARIAS, Cristiano Chaves; ROSENVALD, Nelson. *Curso de direito civil*. Reais. São Paulo: Atlas, 2015. p. 219.

se traduz na possibilidade de onerá-la (disposição parcial), ou até mesmo aliená-la (disposição total), sendo que essa alienação poderá ser a título oneroso (compra e venda) ou gratuito (doação).[3] Carlos Roberto Gonçalves enfatiza que: "Não significa, todavia, prerrogativa de abusar da coisa, destruindo-a gratuitamente, pois a própria Constituição Federal prescreve que o uso da propriedade deve ser condicionado ao bem-estar social".[4]

Por fim, o direito de reaver a coisa se manifesta no direito de seu titular de reivindicá-la, o que se materializará por meio da denominada ação reivindicatória. É fácil entender que o proprietário da coisa poderá reivindicá-la, a partir do momento em que se pressupõe a sequela como uma das características dos direitos reais.

A ação reivindicatória deve ser manejada pelo proprietário não possuidor em desfavor do possuidor não proprietário. Quando a parte final do art. 1.228 do CC dispõe que o proprietário poderá reaver a coisa de quem injustamente a possua ou a detenha, refoge o dispositivo legal ao sentido técnico de posse injusta que seria aquela adquirida mediante violência, clandestinidade ou precariedade. Quer dizer que, ainda que a posse tenha sido obtida sem violência, clandestinidade ou precariedade, torna-se possível o manejo da ação reivindicatória. Vale o exemplo fornecido por Cristiano Chaves e Nelson Rosenvald:

> Isto é, se A ingressar em terreno de B, à luz do dia, sem utilização de força ou violação a qualquer relação contratual, não poderá ser sujeito passivo em ação possessória, pois não praticou esbulho. Contudo, poderá o proprietário B manejar a reivindicatória, já que a posse de A falece de um título que a justifique. Enfim, é possível aferir que a finalidade da reivindicatória é a recuperação dos poderes dominiais e não do reconhecimento de propriedade.[5]

Não se pode confundir a ação reivindicatória com a ação de imissão na posse. Ambas apresentam natureza petitória cuja legitimidade atribui-se ao proprietário, todavia, enquanto na ação reivindicatória busca-se uma posse que já se teve um dia e veio a perdê-la, na ação de imissão na posse busca-se uma posse que nunca se teve. Seria, então, o caso de manejar a ação de imissão na posse no caso em que a pessoa compra um imóvel havendo o devido registro; entretanto, a posse não lhe é transferida pelo alienante. Vale notar que é vedado o ajuizamento de ação de imissão na posse de imóvel na pendência de ação possessória envolvendo o mesmo bem.[6]

---

[3] "Exceção ao *ius abutendi* reside ainda na propriedade resolúvel, resultante de cláusula aposta ao título aquisitivo; resolvido que seja o domínio, entendem-se resolvidos também os direitos reais constituídos na sua pendência". PEREIRA, Caio Mário da Silva. *Instituições de direito civil:* direitos reais. Atualizado por Carlos Edison do Rêgo Monteiro Filho. 18. ed. Rio de Janeiro: Forense, 2004. p. 95-96.

[4] GONÇALVES, Carlos Roberto. *Direito civil brasileiro:* direito das coisas. 3. ed. São Paulo: Saraiva, 2008. p. 209.

[5] FARIAS, Cristiano Chaves; ROSENVALD, Nelson. *Curso de direito civil.* Reais. São Paulo: Atlas, 2015. p. 247.

[6] STJ, REsp 1.909.196-SP, Rel. Min. Nancy Andrighi, Terceira Turma, por unanimidade, julgado em 15/6/2021, *DJe* 17/6/2021 (Informativo nº 791).

Cap. 63 – DA PROPRIEDADE. NOÇÕES INTRODUTÓRIAS

2. A INAFASTÁVEL FUNÇÃO SOCIAL

Hodiernamente, impossível é visualizar a propriedade despida de sua finalidade social. É a própria Constituição Federal de 1988 que assegura como direito fundamental o direito de propriedade (art. 5º, XXII), todavia, impõe-se ao seu titular o acatamento à função social (art. 5º, XXIII, e art. 170, III).

Conforme realçam Nelson Nery Júnior e Rosa Maria de Andrade Nery, a função social da propriedade "é princípio de ordem pública, que não pode ser derrogado por vontade das partes".[7]

Sob o formato de cláusula geral, o § 1º do art. 1.228 do CC preceitua:

O direito de propriedade deve ser exercido em consonância com as suas finalidades econômicas e sociais e de modo que sejam preservados, de conformidade com o estabelecido em lei especial, a flora, a fauna, as belezas naturais, o equilíbrio ecológico e o patrimônio histórico e artístico, bem como evitada a poluição do ar e das águas.

Maria Helena Diniz explica que:

Ao lado das restrições voluntárias ao direito de propriedade, como a superfície, as servidões, o usufruto ou as cláusulas de inalienabilidade, impenhorabilidade ou incomunicabilidade, há limitações oriundas da própria natureza do direito de propriedade ou de imposição legal, p. ex., preservação do meio ambiente (CF, art. 225 e parágrafos), do patrimônio histórico, prevendo-se inclusive o tombamento (CF, art. 216 e parágrafos); proteção de áreas indígenas (CF, art. 237); restrição relativa aos direitos de vizinhança etc., com o escopo de coibir abusos e impedir que o exercício do direito de propriedade acarrete prejuízo a bem-estar social, permitindo desse modo o desempenho da função social da propriedade, preconizado pela nossa CF, arts. 5º, XXIII, 184, 185, parágrafo único, 186, 182, § 2º, e 170, III, e pela Lei nº 10.257/2001, arts. 1º a 4º. A socialização do direito está expressa na Carta Magna. A função social da propriedade é imprescindível para que se tenha um mínimo de condições para a convivência social. A Constituição Federal, no art. 5º, XXII, garante o direito de propriedade, mas requer, como vimos, que ele seja exercido atendendo a sua função social. Com isso, a função social da propriedade a vincula não só à produtividade do bem, como também aos reclamos da justiça social, visto que deve ser exercida em prol da coletividade.[8]

É com base na funcionalização do direito de propriedade que alguns doutrinadores distinguem a propriedade do domínio. Enquanto, tradicionalmente, os termos propriedade e domínio sempre foram tratados como sinônimos, é possível,

---

[7] NERY JÚNIOR, Nelson; NERY, Rosa Maria de Andrade. *Código Civil anotado*. 2. ed. São Paulo: Revista dos Tribunais, 2003. p. 591.

[8] DINIZ, Maria Helena. *Curso de direito civil Brasileiro*. Direito das coisas. 24. ed. São Paulo: Saraiva, 2009. p. 107.

todavia, vislumbrar diferença em suas conceituações.[9] Apresentando a diferenciação ora cogitada, Cristiano Chaves e Nelson Rosenvald esclarecem:

> A propriedade consiste na titularidade do bem. Já o domínio se refere ao conteúdo interno da propriedade. Um existe em decorrência do outro. Cuida-se de conceitos complementares e comunicantes que precisam ser apartados, pois apenas no momento em que separamos aquilo que está no mundo da "forma oficial" (propriedade) daquilo que é "substância efetiva" (domínio), visualizamos que em várias situações o proprietário – detentor da titularidade formal – não será aquele que exerce o domínio (*v.g.*, usucapião antes do registro; promessa de compra e venda após a quitação).Veremos adiante que a propriedade recebe função social, não o domínio em si.[10]

Entendida essa questão, por fim, releva notar que não se pode confundir a imposição de atendimento à função social que se impõe à propriedade com a vedação da prática de atos emulativos prevista no § 2º do art. 1.228 do CC. De acordo com o referido parágrafo: "São defesos os atos que não trazem ao proprietário qualquer comodidade, ou utilidade, e sejam animados pela intenção de prejudicar outrem". É necessário entender que deve ser coibido o exercício irregular ou abusivo da propriedade. Nesse mote, Flávio Tartuce salienta que:

> No que tange ao conteúdo do dispositivo, deve ser feita uma ressalva, pois a norma, em sua literalidade, apenas menciona o ato abusivo quando o proprietário emulador não obtiver vantagens ou utilidades. Deve-se entender que também pode estar configurado o ato emulativo se o proprietário tiver vantagens com o prejuízo alheio, mesmo que haja mera satisfação pessoal. Para exemplificar, o proprietário de um apartamento, todas as noites, faz festas em sua unidade, o que causa excesso de barulho, prejudicando os vizinhos. Não interessa se esse proprietário cobra ou não pelas festas, pois o ato emulativo pode sim estar configurado em ambos os casos.[11]

O proprietário, embora faça jus às quatro faculdades mencionadas inicialmente (usar, gozar, dispor e reaver a coisa), além de atender à função social, não poderá fazer uso abusivo da coisa. É o que se depreende da redação do § 2º do art. 1.228 do CC, que veda por parte do proprietário a prática de atos animados sob espírito de emulação.[12]

---

[9] Nessa obra, entretanto, por necessidade didática, nos filiamos ao posicionamento tradicional, utilizando o termo propriedade como sinônimo de domínio.

[10] FARIAS, Cristiano Chaves; ROSENVALD, Nelson. *Curso de direito civil*. Reais. São Paulo: Atlas, 2015. p. 218.

[11] TARTUCE, Flávio. *Manual de direito civil*. Volume único. 2. ed. São Paulo: Método, 2012. p. 846-847.

[12] Farias e Rosenvald mencionam dois casos franceses paradigmáticos: "(a) o proprietário que edifica uma enorme chaminé apenas com a finalidade de emanar gases no terreno vizinho; (b) proprietário que levanta alto muro com hastes de ferro tão somente para causar danos aos dirigíveis que partiam do prédio contíguo. Nas duas hipóteses, as Cortes francesas entenderam que o direito de propriedade não poderia ser utilizado apenas com o propósito de causar danos

Cap. 63 – DA PROPRIEDADE. NOÇÕES INTRODUTÓRIAS

Desse modo, o proprietário não poderá ultrapassar determinados lindes, sob pena de seu comportamento se traduzir em abusivo. A abusividade já se encontra reprimida na Parte Geral do Código Civil no art. 187. Porém, a bem da verdade, o art. 1.228, em seu § 2º do mesmo estatuto legislativo, ao repudiar o comportamento abusivo do proprietário, o faz de forma diferente. Explicamos. É que, enquanto o art. 187 do CC prescinde de especificar se a atuação abusiva deve ser dolosa ou culposa, o § 2º do art. 1.228 do CC exige que o comportamento seja intencional, isto é, doloso. Assim, dúvida pode surgir: é que, conforme já esposado alhures, a responsabilidade decorrente do art. 187 do CC deve ser considerada objetiva; a outro giro, no que o § 2º do art. 1.228 do CC impõe o comportamento intencional do proprietário para que se configure o abuso, tende-se a dizer que o referido parágrafo se pauta na responsabilidade subjetiva. Colocando fim à controvérsia, vale menção ao Enunciado nº 49 do CJF que apresenta a seguinte redação: "A regra do art. 1.228, § 2º, do novo Código Civil interpreta-se restritivamente, em harmonia com o princípio da função social da propriedade e com o disposto no art. 187". Dessarte, diante do referido enunciado o que deve prevalecer é a responsabilidade objetiva decorrente da prática abusiva em qualquer situação, ainda que decorrente de comportamento não culposo do proprietário.

Por fim, embora não diga respeito ao Direito Civil, mas sim ao Direito Administrativo, o § 3º do art. 1.228 do CC apresenta mais uma restrição ao exercício da propriedade com a seguinte redação: "O proprietário pode ser privado da coisa, nos casos de desapropriação, por necessidade ou utilidade pública ou interesse social, bem como no de requisição, em caso de perigo público iminente".

3. A ABRANGÊNCIA DA PROPRIEDADE

Sílvio Rodrigues aponta que "a antiga concepção romana, segunda a qual o domínio do solo se estendia e profundidade *usque ad inferos* e em altura *usque ad sidera*, encontra-se hoje inteiramente superada".[13] A afirmação do magnífico mestre encontra arrimo no art. 1.229 do CC, que preceitua: "A propriedade do solo abrange a do espaço aéreo e subsolo correspondentes, em altura e profundidade úteis ao seu exercício, não podendo o proprietário opor-se a atividades que sejam realizadas, por terceiros, a uma altura ou profundidade tais, que não tenha ele interesse legítimo em impedi-las". Desse modo, o justo interesse do proprietário é que ditará os limites de abrangência da propriedade.[14] Devendo o

---

a terceiros, sem o intuito de produzir qualquer proveito ao seu titular". FARIAS, Cristiano Chaves; ROSENVALD, Nelson. Curso de direito civil. Reais. São Paulo: Atlas, 2015. p. 258.

[13] RODRIGUES, Sílvio. *Direito civil.* Direito das coisas. 24. ed. São Paulo: Saraiva, 1997. p. 80.

[14] "DIREITO CIVIL. DIREITO DE PROPRIEDADE DE SUBSOLO. No caso em que o subsolo de imóvel tenha sido invadido por tirantes (pinos de concreto) provenientes de obra de sustentação do imóvel vizinho, o proprietário do imóvel invadido não terá legítimo interesse para requerer, com base no art. 1.229 do CC, a remoção dos tirantes nem indenização por perdas e danos, desde que fique constatado que a invasão não acarretou prejuízos comprovados a ele, tampouco impossibilitou o perfeito uso, gozo e fruição do seu imóvel. Dispõe o art. 1.229 do CC que a 'propriedade do solo abrange a do espaço aéreo e subsolo correspondentes, em altura e profundidade úteis ao seu exercício, não podendo o proprietário opor-se a atividades

proprietário, inclusive, suportar ingerências em seu domínio, como, por exemplo, a cogitada no subsequente art. 1.230 do CC que estabelece: "A propriedade do solo não abrange as jazidas, minas e demais recursos minerais, os potenciais de energia hidráulica, os monumentos arqueológicos e outros bens referidos por leis especiais". Vale lembrar que o parágrafo único do art. 1.230 apresenta a possibilidade de o proprietário explorar os recursos minerais de emprego imediato na construção civil, desde que não submetidos a transformação industrial, obedecido o disposto em lei especial. Claro que tal possibilidade deve se harmonizar com a funcionalização da propriedade contida na Constituição Federal (art. 5º, XXIII) e no art. 1.228, § 1º, do CC.

4. ESPÉCIES DE PROPRIEDADE

4.1. Propriedade plena ou alodial

É aquela em que as faculdades de usar, gozar, dispor e reaver a propriedade encontram-se concentradas nas mãos de apenas uma pessoa.

4.2. Propriedade limitada ou restrita

Ocorre quando algum ou alguns dos elementos constitutivos da propriedade são transferidos a um terceiro. Por exemplo, é o que ocorre quando da constituição do usufruto em que o uso e o gozo são transferidos ao usufrutuário, ou no caso da constituição de hipoteca, ou quando um bem é gravado com cláusula de inalienabilidade.

4.3. Propriedade perpétua

É aquela que apresenta duração temporal ilimitada, o que ocorre como regra geral.

---

que sejam realizadas, por terceiros, a uma altura ou profundidade tais, que não tenha ele interesse legítimo em impedi-las'. Ou seja, o normativo legal, ao regular o direito de propriedade, ampara-se especificamente no critério de utilidade da coisa por seu titular. Por essa razão, o direito à extensão das faculdades do proprietário é exercido contra terceiro tão somente em face de ocorrência de conduta invasora e lesiva que lhe traga dano ou incômodo ou que lhe proíba de utilizar normalmente o bem imóvel, considerando suas características físicas normais. Como se verifica, a pretensão de retirada dos tirantes não está amparada em possíveis prejuízos devidamente comprovados ou mesmo no fato de os tirantes terem impossibilitado, ou estarem impossibilitando, o perfeito uso, gozo ou fruição do imóvel. Também inexistem possíveis obstáculos a futuras obras que venham a ser idealizadas no local, até porque, caso e quando se queira, referidos tirantes podem ser removidos sem nenhum prejuízo para quaisquer dos imóveis vizinhos. De fato, ao proprietário compete a titularidade do imóvel, abrangendo solo, subsolo e o espaço aéreo correspondentes. Entretanto, referida titularidade não é plena, estando satisfeita e completa apenas em relação ao espaço físico sobre o qual emprega efetivo exercício sobre a coisa. Dessa forma, não tem o proprietário do imóvel o legítimo interesse em impedir a utilização do subsolo onde estão localizados os tirantes que se pretende remover, pois sobre o referido espaço não exerce ou demonstra quaisquer utilidades. Precedente citado: REsp 1.233.852-RS, Terceira Turma, *DJe* de 1º/2/2012" (STJ, REsp 1.256.825-SP, Rel. Min. João Otávio de Noronha, julgado em 5/3/2015, *DJe* 16/3/2015. Informativo nº 557).

4.4. Propriedade resolúvel ou revogável

É aquela que se subordina a um termo ou a uma condição resolutiva. Por exemplo, um caso de doação com cláusula de retorno.

5. PRINCIPAIS ATRIBUTOS OU CARACTERÍSTICAS DO DIREITO DE PROPRIEDADE

Delineando justa e perfeitamente o direito de propriedade, a doutrina apresenta alguns atributos que a seguir serão expostos:

5.1. Absolutismo

Classicamente, o direito de propriedade é considerado absoluto, uma vez que a figura do proprietário tem à sua disposição as quatro faculdades de usar, gozar, dispor e reaver a coisa, podendo exercê-las, em princípio, do modo que bem lhe aprouver. Todavia, é importante notar que, diante da funcionalização da propriedade que impera na contemporaneidade, o referido absolutismo há de ser mitigado, sob pena de se colocar em xeque o necessário comprometimento com as transformações sociais que se fizeram notar ao longo dos séculos.[15]

5.2. Exclusividade

Uma coisa não poderá pertencer a mais de uma pessoa ao mesmo tempo. Mesmo no condomínio não há que se afastar a ideia de exclusividade, já que cada condômino possui fração ideal do bem. A exclusividade da propriedade se faz notar com a presunção relativa prevista no art. 1.231 do CC que apresenta a seguinte redação: "A propriedade presume-se plena e exclusiva, até prova em contrário".

5.3. Perpetuidade ou irrevogabilidade

Classicamente, propõe-se uma propriedade perpétua na medida que essa ostenta duração ilimitada, isto é, o direito de propriedade sobrevive independentemente de seu exercício. Trata-se de mais um atributo que, na pós-modernidade, merece mitigação, já que a finalidade social, repise-se, deve ser atendida para que se legitime a propriedade, além disso, o art. 1.276 do CC[16] cogita da perda da propriedade

---

[15] "Nos primórdios da era liberal, a postura absolutista da propriedade se justificava como uma conquista igualitária, pelo próprio histórico de restrição da monarquia ao acesso da maior parte da população à propriedade – como mero privilégio nobiliárquico. No entanto, com o tempo, tamanho absolutismo se converteu em mero instrumento de exclusão social. É notório que quem possui direito subjetivo absoluto sobre uma propriedade também pode optar por não usá-la, não fruí-la e não dispô-la, submetendo-a ao ócio e à paralisia". FARIAS, Cristiano Chaves; ROSENVALD, Nelson. *Curso de direito civil*. Reais. São Paulo: Atlas, 2015. p. 258.

[16] Art. 1.276, CC: "O imóvel urbano que o proprietário abandonar, com a intenção de não mais o conservar em seu patrimônio, e que se não encontrar na posse de outrem, poderá ser arrecadado,

em virtude de seu abandono. Há que se lembrar, por fim, da propriedade resolúvel ou revogável que esvazia por completo a noção de perpetuidade da propriedade, já que a subordina ao implemento de uma condição ou ao advento de um termo.

5.4. Elasticidade

Como os elementos constitutivos da propriedade podem ser destacados, vislumbra-se a possibilidade de distensão ou retração de tais elementos na figura de uma pessoa. Desse modo, uma pessoa poderá concentrar em si os quatro atributos (usar, gozar, dispor e reaver a coisa) – caso em que se tem a propriedade plena ou alodial –, ou destacá-los de si transferindo-lhes a terceiro.

6. DESAPROPRIAÇÃO JUDICIAL INDIRETA

O Código Civil de 2002, em clara homenagem ao princípio da função social, contempla, com vestes jurídicas bastante específicas, a denominada desapropriação judicial indireta, instituto em que, conforme será explicado adiante, um caso específico deverá ser denominado de aquisição compulsória onerosa.

A novidadeira modalidade de desapropriação extrai-se do § 4º do art. 1.228 do CC, que apresenta a seguinte redação:

> O proprietário também pode ser privado da coisa se o imóvel reivindicado consistir em extensa área, na posse ininterrupta e de boa-fé, por mais de cinco anos, de considerável número de pessoas, e estas nela houverem realizado, em conjunto ou separadamente, obras e serviços considerados pelo juiz de interesse social e econômico relevante.

Em princípio cogitou-se de eventual inconstitucionalidade do referido dispositivo, por pretenso ataque ao direito de propriedade previsto no art. 5º, XXII, da CF/88 e inexistência de dispositivo constitucional que autorizasse a privação de propriedade nesse caso. Todavia, tal ilação encontra-se superada com base em eminente interesse social que deve ser avaliado pelo juiz diante do caso concreto. Além disso, o art. 5º, XXIV, da CF/88[17] deixou uma "porta aberta" para que o legislador infraconstitucional laborasse pela concretização da função social. Nesse mote, de acordo com o Enunciado nº 82, aprovado na I Jornada de Direito Civil:

---

como bem vago, e passar, três anos depois, à propriedade do Município ou à do Distrito Federal, se se achar nas respectivas circunscrições. § 1º O imóvel situado na zona rural, abandonado nas mesmas circunstâncias, poderá ser arrecadado, como bem vago, e passar, três anos depois, à propriedade da União, onde quer que ele se localize. § 2º Presumir-se-á de modo absoluto a intenção a que se refere este artigo, quando, cessados os atos de posse, deixar o proprietário de satisfazer os ônus fiscais". Acerca desse artigo, foi aprovado na VII Jornada de Direito Civil o Enunciado nº 597: "A posse impeditiva da arrecadação, prevista no art. 1.276 do Código Civil, é efetiva e qualificada por sua função social".

[17] Art. 5º, XXIV, da CF/88: "a lei estabelecerá o procedimento para desapropriação por necessidade ou utilidade pública, ou por interesse social, mediante justa e prévia indenização em dinheiro, ressalvados os casos previstos nesta Constituição".

Cap. 63 – DA PROPRIEDADE. NOÇÕES INTRODUTÓRIAS

"É constitucional a modalidade aquisitiva de propriedade imóvel prevista nos §§ 4º e 5º do art. 1.228 do novo Código Civil".

O respaldo da denominação "desapropriação judicial indireta" – hoje consagrada pela doutrina – reside na autoridade para o ato expropriatório que decorre, não do executivo ou legislativo, mas sim do judiciário, subvertendo, ainda, a ordem da clássica desapropriação, isto é, na modalidade de desapropriação prevista no Código Civil de 2002, inicialmente, há a ocupação pelo considerável número de pessoas para depois haver o pagamento da indenização ao proprietário que foi expropriado. Daí ser considerada uma desapropriação "indireta".

A indenização que deve ser paga ao proprietário está prevista no § 5º do art. 1.228 do CC que assim dispõe: "No caso do parágrafo antecedente, o juiz fixará a justa indenização devida ao proprietário; pago o preço, valerá a sentença como título para o registro do imóvel em nome dos possuidores".

A previsão de pagamento de indenização afasta qualquer traço que aproxime o presente instituto de qualquer modalidade de usucapião. Trata-se, sim, de modalidade de desapropriação, e não de usucapião.

Dúvida poderá surgir acerca de quem deverá arcar com a indenização cogitada. Em princípio, o Enunciado nº 84 do CJF estabeleceu: "A defesa fundada no direito de aquisição com base no interesse social deve ser arguida pelos réus da ação reivindicatória, eles próprios responsáveis pelo pagamento da indenização". Em complemento, posteriormente, aprovou-se o Enunciado nº 308 do CJF com o seguinte teor:

> A justa indenização devida ao proprietário em caso de desapropriação judicial (art. 1.228, § 5º) somente deverá ser suportada pela Administração Pública no contexto das políticas urbanas de reforma urbana ou agrária, em se tratando de possuidores de baixa renda e desde que tenha havido intervenção daquela nos termos da lei processual. Não sendo os possuidores de baixa renda, aplica-se a orientação do Enunciado nº 84 da I Jornada de Direito Civil.

É importante notar que se os possuidores possuem condições financeiras de arcar com a indenização, são eles que deverão fazê-lo. É nesse contexto que a denominação de desapropriação judicial indireta se transmuda para aquisição compulsória onerosa.

Acerca de como deverá se operar a indenização, o Enunciado nº 240 do CJF estabelece que: "A justa indenização a que alude o parágrafo 5º do art. 1.228 não tem como critério valorativo, necessariamente, a avaliação técnica lastreada no mercado imobiliário, sendo indevidos os juros compensatórios". Além disso, deve--se ressaltar que o pagamento, seja a cargo dos possuidores ou do Poder Público, deverá ser feito em dinheiro, pois não se trata de desapropriação-sanção,[18] mas sim de desapropriação por interesse social.

Vale lembrar ainda que o Enunciado nº 241 do CJF estabelece que: "O registro da sentença em ação reivindicatória, que opera a transferência da propriedade

---

[18]   Arts. 182 e 184 da CF/88.

para o nome dos possuidores, com fundamento no interesse social (art. 1.228, § 5º), é condicionado ao pagamento da respectiva indenização, cujo prazo será fixado pelo juiz". Desse modo, enquanto não houver o pagamento, não haverá o registro. Em complemento, o Enunciado nº 311 do CJF dispõe que: "Caso não seja pago o preço fixado para a desapropriação judicial e ultrapassado o prazo prescricional para se exigir o crédito correspondente, estará autorizada a expedição de mandado para registro de propriedade em favor dos possuidores".

Um dos requisitos exigidos pela Lei para a configuração do predito instituto é a existência de boa-fé por parte dos possuidores. Porém cumpre lembrar que a boa-fé mencionada no § 4º do art. 1.228 do CC não possui o mesmo sentido previsto no art. 1.201 do CC.[19] Se aplicássemos o sentido do art. 1.201 do CC, o instituto inevitavelmente esvaziar-se-ia, em virtude da dificuldade de se constatar o desconhecimento do vício da aquisição por parte de todos os possuidores. Desse modo, foi aprovado o Enunciado nº 309 do CJF que preceitua: "O conceito de posse de boa-fé de que trata o art. 1.201 do Código Civil não se aplica ao instituto previsto no § 4º do art. 1.228". Assim, o melhor posicionamento é o de que quando o § 4º do art. 1.228 do CC menciona posse de boa-fé deve-se interpretar como posse justa, isto é, aquela que não foi adquirida mediante violência, clandestinidade ou precariedade.

Inicialmente, a desapropriação judicial indireta ou a aquisição compulsória onerosa se manifesta em sede de defesa, por meio do pedido contraposto formulado na contestação, decorrente de ação petitória ou possessória manejada pelo proprietário. Entretanto, não se pode admitir óbice para o ajuizamento de ação que objetive a pretensão expropriatória. Isso porque não se pode deixar à mercê do proprietário a promoção da desapropriação judicial indireta ou da aquisição compulsória onerosa. Nessa senda, aprovou-se na V Jornada de Direito Civil o Enunciado nº 496 com o seguinte teor: "O conteúdo do artigo 1.228, parágrafos 4º e 5º, pode ser objeto de ação autônoma, não se restringindo à defesa em pretensões reivindicatórias". Nesse contexto, por fim, saliente-se que a pretensão expropriatória não poderá se dar de ofício pelo juiz.

Outro ponto importante acerca da desapropriação judicial indireta é o que diz respeito à possibilidade de arguir o instituto nas ações reivindicatórias manejada pelo Poder Público. Em princípio, por receio de se fomentar a usucapião incidente sobre bens públicos, aprovou-se o Enunciado nº 83 do CJF que estabeleceu: "Nas ações reivindicatórias propostas pelo poder público, não são aplicáveis as disposições constantes dos §§ 4º e 5º do art. 1.228 do novo Código Civil". Posteriormente, tal posicionamento foi temperado por meio do entendimento de que o bem público dominical, que não cumpra nenhuma destinação, pode ser expropriado sim. Desse modo, aprovou-se o Enunciado nº 304 do CJF que estabelece: "São aplicáveis as disposições dos §§ 4º e 5º do art. 1.228 do Código Civil às ações reivindicatórias relativas a bens públicos dominicais, mantido parcialmente o Enunciado nº 83 da I Jornada de Direito Civil no que concerne às demais classificações de bens públicos". Importante ainda não confundir a desapropriação

---

[19] Art. 1.201, CC: "É de boa-fé a posse, se o possuidor ignora o vício, ou o obstáculo que impede a aquisição da coisa".

Cap. 63 – DA PROPRIEDADE. NOÇÕES INTRODUTÓRIAS

judicial indireta – instituto estudado neste tópico – com a usucapião coletiva, prevista no art. 10 da Lei nº 10. 257/2001.[20] Enquanto a desapropriação judicial indireta alcança imóveis urbanos ou rurais, residenciais ou não, a usucapião coletiva apenas diz respeito a imóveis urbanos e residenciais; enquanto a desapropriação judicial indireta dispensa o *animus domini*, a usucapião coletiva, o exige; enquanto a desapropriação judicial indireta exige a boa-fé, a usucapião coletiva, a dispensa; enquanto a desapropriação judicial indireta se refere à extensa área ocupada, a usucapião coletiva exige que cada um dos possuidores não possua área individual igual ou superior a 250 metros quadrados; e, por fim, enquanto, a desapropriação judicial indireta impõe o pagamento de indenização ao proprietário, a usucapião, o prescinde.[21]

Por fim, importa notar que o art. 2.030 do CC estabelece que: "O acréscimo de que trata o artigo antecedente, será feito nos casos a que se refere o § 4º do art. 1.228". O art. 2.029 do CC assim estabelece: "Até dois anos após a entrada em vigor deste Código, os prazos estabelecidos no parágrafo único do art. 1.238 e no parágrafo único do art. 1.242 serão acrescidos de dois anos, qualquer que seja o tempo transcorrido na vigência do anterior, Lei nº 3.071, de 1º de janeiro de 1916". Evita-se assim que o novidadeiro instituto surpreenda o proprietário cujos direitos, caso contrário, já estariam fragilizados com a entrada em vigor do Código Civil de 2002.

7. DA DESCOBERTA

A descoberta se traduz no achado da coisa alheia perdida que obriga ao descobridor a devolução do bem ao seu dono ou legítimo possuidor.[22] Caso contrário, poderá se configurar o crime de apropriação indébita prevista no art. 169, II, do Código Penal.[23]

A descoberta está prevista no Código Civil nos arts. 1.233 ao 1.237. O parágrafo único do art. 1.233 do CC preceitua que o descobridor deverá envidar

---

[20] Art. 10, Lei nº 10.257/2001: "Os núcleos urbanos informais existentes sem oposição há mais de cinco anos e cuja área total dividida pelo número de possuidores seja inferior a duzentos e cinquenta metros quadrados por possuidor são suscetíveis de serem usucapidos coletivamente, desde que os possuidores não sejam proprietários de outro imóvel urbano ou rural" (Redação fornecida pela Lei nº 13.465/2017).

[21] Bom de ver o exemplo formulado por Cristiano Chaves e Nelson Rosenvald: "Assim, se 20 colegas de trabalho, vários deles proprietários de casas ou apartamentos, ocupam uma grande área abandonada e iniciam um empreendimento de artesanato que em cinco anos prospera enormemente, poderíamos facilmente afastar a usucapião coletiva. Não há finalidade de moradia, os sócios são proprietários de imóveis, não se encaixam no conceito de 'baixa renda', e inexiste o *animus domini*. Todavia, a aquisição compulsória onerosa poderá ser alegada em defesa no bojo do juízo petitório ou possessório". FARIAS, Cristiano Chaves; ROSENVALD, Nelson. *Curso de direito civil.* Reais. São Paulo: Atlas, 2015. p. 63.

[22] A descoberta no Código Civil de 1916 era denominada de "invenção".

[23] Art. 169, II, CP: "Apropriação de coisa achada – Quem acha coisa alheia perdida e dela se apropria, total ou parcialmente, deixando de restituí-la ao dono ou legítimo possuidor ou de entregá-la à autoridade competente, dentro no prazo de quinze dias".

esforços para encontrar o dono ou o legítimo possuidor, caso não o consiga, deverá entregar a coisa achada à autoridade competente.

Aquele que restituir a coisa achada fará jus a uma recompensa que será denominada de achádego e que não será inferior a cinco por cento do valor da coisa achada. Para se fixar o valor do achádego deverá se considerar o esforço desenvolvido pelo descobridor para encontrar o dono, ou o legítimo possuidor, as possibilidades que teria este de encontrar a coisa e a situação econômica de ambos. Além disso, o descobridor também fará jus à indenização pelas despesas que houver feito com a conservação e transporte da coisa, se o dono não preferir abandoná-la. A outro giro, impondo responsabilidade ao descobridor, o art. 1.235 do CC estabelece que esse responde pelos prejuízos causados ao proprietário ou possuidor legítimo, quando tiver procedido com dolo.

Uma vez entregue a coisa à autoridade competente, essa dará conhecimento da descoberta através da imprensa e outros meios de informação, somente expedindo editais se o seu valor os comportar (art. 1.236, CC).

Por fim, o art. 1.237 do CC preceitua que, decorridos sessenta dias da divulgação da notícia pela imprensa, ou do edital, não se apresentando quem comprove a propriedade sobre a coisa, será esta vendida em hasta pública e, deduzidas do preço as despesas, mais a recompensa do descobridor, pertencerá o remanescente ao Município em cuja circunscrição se deparou o objeto perdido. Vale ressaltar que, entretanto, sendo de diminuto valor, poderá o Município abandonar a coisa em favor de quem a achou.

8. MODOS AQUISITIVOS DA PROPRIEDADE IMÓVEL

O Código Civil de 2002 não apresentou um elenco que ostentasse os modos pelos quais se pode adquirir a propriedade imobiliária. Entretanto, é comum a doutrina apresentar como tais a usucapião, o registro, a acessão e o direito hereditário. Vale, todavia, a ressalva de que outros meios podem promover a aquisição da propriedade dos bens imóveis, tais como a desapropriação, o casamento pela comunhão universal, a adjudicação compulsória, dentre outros.

No que tange ao direito hereditário, trata-se de um modo aquisitivo pelo qual se adquire a propriedade em virtude de *causa mortis*, merecedora de tratamento autônomo no Livro V da Parte Especial do Código Civil.

Nos capítulos seguintes serão estudados cada um dos clássicos modos aquisitivos: usucapião, registro e acessão.

DA USUCAPIÃO

1. ETIMOLOGIA E CONCEITO

A palavra feminina[1] usucapião é formada pela soma dos vocábulos *usu* (pelo uso) e *capio* (aquisição, tomada), pretendendo significar, portanto, o modo aquisitivo da propriedade e até mesmo de outros direitos reais, como o usufruto[2] e a servidão,[3] pela posse e decurso de tempo, observados vários requisitos legais. Trata-se, dessarte, de se transformar uma situação de fato em uma situação de direito. Com notada percuciência, Nelson Rosenvald e Cristiano Chaves prelecionam que:

> Com efeito, a posse é o poder de fato sobre a coisa; já a propriedade é o poder de direito nela incidente. O fato objetivo da posse, unido ao tempo – como força que opera a transformação do fato em direito – e a constatação dos demais requisitos legais, confere juridicidade a uma situação de fato, convertendo-a em propriedade. A usucapião é a ponte que realiza essa travessia, como uma forma jurídica de solução

---

[1] "Em toda a legislação romana, especialmente no *Corpus Iuris Civilis*, a palavra usucapião aparece no feminino, ligando-se à *capio* ou *capionis*, que é feminina e quer dizer tomada, ocupação e aquisição, antecedida de *usu* (através do uso)". GONÇALVES, Carlos Roberto. *Direito civil brasileiro*. Direito das coisas. 3. ed. São Paulo: Saraiva, 2008. p. 237. César Fiuza, todavia, emprega a palavra no masculino e a justificativa é a seguinte: "Emprego a palavra no masculino e justifico. Em latim *usucapio* (*usu+capio*) é do gênero feminino, daí asseverarem os puristas dever-se, também, em português, usá-la no feminino. Esta vem sendo a opção atual, com reflexos, primeiro, no Estatuto da Cidade de 2001, depois, no próprio Código Civil de 2002. O dicionário, todavia, admite-a nos dois gêneros. O uso popular prefere o masculino, desde há bastante tempo; tanto é assim que o Código Civil de 1916, seguindo a voz do povo, adotou o masculino, talvez por entender que a linguagem de um código devesse ser o mais próximo possível da língua corrente. Educado fui no Código Civil de 1916, viciei os meus ouvidos no masculino, soando-me, pois, extremamente pedante e forçado o feminino". FIUZA, César. *O direito civil e o novo CPC*. Belo Horizonte: D'Plácido, 2016. p. 268.

[2] Art. 1.391, CC: "O usufruto de imóveis, quando não resulte de usucapião, constituir-se-á mediante registro no Cartório de Registro de Imóveis".

[3] Art. 1.379, CC: "O exercício incontestado e contínuo de uma servidão aparente, por dez anos, nos termos do art. 1.242, autoriza o interessado a registrá-la em seu nome no Registro de Imóveis, valendo-lhe como título a sentença que julgar consumado a usucapião".

de tensões derivadas do confronto entre a posse e a propriedade, provocando uma mutação objetiva na relação de ingerência entre o titular e o objeto.[4]

O fundamento da usucapião respalda-se em duas bases: a primeira seria a pena incidente sobre o proprietário desidioso que não se importando com a sua propriedade acaba por permitir o estabelecimento de outrem nela com situação fática própria. A segunda seria premiar a pessoa que estabeleceu tal situação fática. Resumindo, pune-se o proprietário desidioso e premia-se o possuidor dedicado.

Como sinônimo de usucapião a doutrina apresenta a expressão prescrição aquisitiva. Não podemos, entretanto, confundir a prescrição aquisitiva (aqui apresentada como sinônimo de usucapião) com a prescrição extintiva. Essa última modalidade de prescrição ocupa lugar na parte geral do Direito Civil e representa a extinção de uma pretensão em virtude do decurso do tempo.[5] No que falamos

---

[4]   FARIAS, Cristiano Chaves; ROSENVALD, Nelson. *Curso de direito civil.* Reais. 11. ed. São Paulo: Atlas, 2015. p. 336.

[5]   "DIREITO CIVIL E PROCESSUAL CIVIL. IMPOSSIBILIDADE DE DECLARAÇÃO DE OFÍCIO DA USUCAPIÃO. O § 5º do art. 219 do CPC ('O juiz pronunciará, de ofício, a prescrição') não autoriza a declaração, de ofício, da usucapião. No ordenamento jurídico brasileiro, existem duas formas de prescrição: (i) a prescrição extintiva e (ii) a prescrição aquisitiva. A prescrição extintiva (i) – a prescrição propriamente dita – conduz à perda do direito de ação por seu titular negligente, ao fim de certo lapso de tempo. Por sua vez, a prescrição aquisitiva (ii) – usucapião – faz com que um determinado direito seja adquirido pela inércia e pelo lapso temporal. Ambas têm em comum os elementos tempo e inércia do titular, mas, enquanto na primeira eles dão lugar à extinção do direito, na segunda produzem a sua aquisição. Realmente, o § 5º do art. 219 do CPC não estabeleceu qualquer distinção em relação à espécie de prescrição. Sendo assim, num primeiro momento, poder-se-ia cogitar ser possível ao julgador declarar de ofício a aquisição mediante usucapião de propriedade. Entretanto, essa assertiva não pode ser aplicada. Primeiro, porque o disposto no § 5º do art. 219 está intimamente ligado às causas extintivas, conforme expressamente dispõe o art. 220 – 'O disposto no artigo anterior aplica-se a todos os prazos extintivos previstos na lei' –, sendo que a simples leitura dos arts. 219 e 220 demonstra a impropriedade de se pretender projetar os ditames do § 5º do art. 219 para as hipóteses de usucapião. Segundo, pois a prescrição extintiva e a usucapião são institutos díspares, sendo inadequada a aplicação da disciplina de um deles frente ao outro, vez que a expressão prescrição aquisitiva tem vínculos mais íntimos com fundamentos fáticos/históricos do que a contornos meramente temporais. Essa diferenciação é imprescindível, sob pena de ocasionar insegurança jurídica, além de violação aos princípios do contraditório e ampla defesa, pois, no processo de usucapião, o direito de defesa assegurado ao confinante é impostergável, eis que lhe propicia oportunidade de questionar os limites oferecidos ao imóvel usucapiendo. Como simples exemplo, se assim fosse, nas ações possessórias, o demandante poderia obter um julgamento de mérito, pela procedência, antes mesmo da citação da outra parte, afinal o magistrado haveria de reconhecer a prescrição (na hipótese, a aquisitiva-usucapião) já com a petição inicial, no primeiro momento. Consequentemente, a outra parte teria eliminada qualquer possibilidade de defesa do seu direito de propriedade constitucionalmente assegurado, sequer para alegar uma eventual suspensão ou interrupção daquele lapso prescricional. Ademais, conforme a doutrina, o juiz, ao sentenciar, não pode fundamentar o decidido em causa não articulada pelo demandante, ainda que por ela seja possível acolher o pedido do autor. Trata-se de decorrência do dever de o juiz decidir a lide 'nos limites em que foi proposta, sendo-lhe defeso conhecer de questões, não suscitadas, a cujo respeito a lei exige a iniciativa da parte' (art. 128 do CPC). Ainda de acordo com a doutrina, essa vedação, em razão do princípio da igualdade das partes no processo, aplica-se não só ao demandado, mas, também, ao réu, de sorte que o juiz não poderia reconhecer

de prescrição aquisitiva, decerto que a sinonímia com a palavra usucapião decorre da inevitável força que o tempo opera para a aquisição da propriedade ou de outro direito real, mas, mais do que isso: o art. 1.244 do CC[6] impõe a extensão das causas impeditivas, suspensivas e interruptivas do prazo prescricional ao possuidor no que tange à usucapião. Desse modo, se por acaso o proprietário de um terreno, ocupado por outrem, vem ao óbito e seu único herdeiro é um menino de 14 anos, o prazo que corre em favor do possuidor para conseguir a usucapião será suspenso, já que agora o proprietário se trata de pessoa absolutamente incapaz e, como bem sabemos, não corre prescrição contra esse (art. 198, I, CC).

Vale lembrar ainda que a Lei nº 14.010/2020 (Lei do RJET) repete a previsão do art. 1.244 do CC em seu art. 10: "Suspendem-se os prazos de aquisição para a propriedade imobiliária ou mobiliária, nas diversas espécies de usucapião, a partir da entrada em vigor desta Lei até 30 de outubro de 2020". Assim, de 12/6/2020 (data da entrada em vigor da Lei nº 14.010/2020) até 30/10/2020 não correram os prazos para a concretização do fenômeno da usucapião.

Todavia, de outro lado, inevitáveis críticas surgem ao se colocar a prescrição aquisitiva e a prescrição extintiva como espécies de um mesmo gênero. Na percepção de Orlando Gomes:

> A confusão entre os dois institutos não se justifica, tais os traços que o separam. É verdade que se aproximam, mantendo ostensivos pontos de semelhança. Têm com efeito como condição o decurso do tempo, em ambos necessário à produção de efeitos específicos. São, por conseguinte, manifestações da influência do tempo nas relações jurídicas. Objetivam dar firmeza a essas relações, eliminando a incerteza dos direitos. Interrompe-se e suspende-se o seu curso pelas mesmas causas. Mas diferenças profundas afastam-nos. A prescrição é um modo de extinguir as pretensões. A usucapião, um modo de adquirir a propriedade e outros direitos reais, conquanto acarrete, por via de consequência, a extinção do direito para o antigo titular. A prescrição opera com base na inércia do sujeito de direito durante certo lapso de tempo. A usucapião supõe a posse continuada. A prescrição extingue as pretensões reais e pessoais, tendo largo campo de aplicação, enquanto a usucapião restringe-se aos direitos reais, dos quais é modo de aquisição. Os direitos pessoais não se adquirem por usucapião.[7]

2. USUCAPIÃO: MODO ORIGINÁRIO DE SE ADQUIRIR A PROPRIEDADE

Se a aquisição da propriedade pode ocorrer de maneira originária (quando não há relação jurídica entre o proprietário anterior e o novo proprietário) ou

---

ex officio de uma exceção material em prol do réu, como por exemplo, a exceção de usucapião" (STJ, REsp 1.106.809-RS, Rel. originário Min. Luis Felipe Salomão, Rel. para acórdão Min. Marco Buzzi, julgado em 3/3/2015, *DJe* 27/4/2015. Informativo nº 560).

6 Art. 1.244 do CC: "Estende-se ao possuidor o disposto quanto ao devedor acerca das causas que obstam, suspendem ou interrompem a prescrição, as quais também se aplicam à usucapião".

7 GOMES, Orlando. *Direitos reais*. Atualizado por Luiz Edson Fachin. 19. ed. Rio de Janeiro: Forense, 2004. p. 185.

derivada (quando há relação jurídica entre o proprietário anterior e novo proprietário), cumpre constatar que a aquisição por meio da usucapião se traduz em modo originário.

A consequência da percepção da usucapião como modo originário de aquisição da propriedade resulta na não incidência do fato gerador do ITBI (que é a transmissão da propriedade), assim, o adquirente não arcará com os altos custos do referido tributo.[8] Ademais disso, é importante notar que a propriedade chega para o novo dono isenta de qualquer pecha ou desvalor, como, por exemplo, um ônus hipotecário ou uma servidão.

O posicionamento majoritário na doutrina e na jurisprudência é exatamente o que foi exposto acima. Desse modo, segue interessante decisão do STJ acerca do tema, publicado no Informativo nº 527:

> DIREITO CIVIL. PREVALÊNCIA DA USUCAPIÃO SOBRE A HIPOTECA JUDICIAL DE IMÓVEL. A decisão que reconhece a aquisição da propriedade de bem imóvel por usucapião prevalece sobre a hipoteca judicial que anteriormente tenha gravado o referido bem. Isso porque, com a declaração de aquisição de domínio por usucapião, deve desaparecer o gravame real constituído sobre o imóvel, antes ou depois do início da posse *ad usucapionem*, seja porque a sentença apenas declara a usucapião com efeitos *ex tunc*, seja porque a usucapião é forma originária de aquisição de propriedade, não decorrente da antiga e não guardando com ela relação de continuidade. Precedentes citados: AgRg no Ag 1.319.516-MG, Terceira Turma, *DJe* 13/10/2010; e REsp 941.464-SC, Quarta Turma, *DJe* 29/6/2012. REsp 620.610-DF, Rel. Min. Raul Araújo, julgado em 3/9/2013.

Na doutrina, em sentido oposto, posiciona-se Caio Mário da Silva Pereira, que retrata a usucapião como modo derivado, já que na concepção desse nobilíssimo estudioso a aquisição originária somente se constataria quando uma pessoa se torna dona de uma coisa que jamais esteve sob o senhorio de outrem.[9]

3. A COISA HÁBIL A SER USUCAPIDA (*RES HABILIS*)

Tratemos neste tópico de atentar para o que poderá ser usucapido. Em regra, qualquer coisa pode ser usucapida, visualizando-se, assim, como insusceptíveis de usucapião apenas os bens fora do comércio.

A usucapião poderá incidir sobre bens móveis ou imóveis, cujos requisitos serão tratados, neste trabalho, em tópico adequado.

---

[8] Mais uma vez, vale a ressalva dos cultos professores Nelson Rosenvald e Cristiano Chaves: "Contudo, deverá o usucapiente arcar com os custos relacionados aos impostos de propriedade urbana ou rural. (...) Excepcionalmente, para fins de usucapião especial rural, o art. 8º da Lei nº 6.969/81, expressamente prevê a imunidade tributária". FARIAS, Cristiano Chaves; ROSENVALD, Nelson. *Curso de direito civil*. Reais. 11. ed. São Paulo: Atlas, 2015. p. 338.

[9] PEREIRA, Caio Mário da Silva. *Instituições de direito civil*. Direito reais. 18. ed. Atualizado por Carlos Edison do Rêgo Monteiro Filho. Rio de Janeiro: Forense, 2004. v. IV. p. 138.

Os bens públicos, seja de uso comum, especial ou dominical, são inusucapíveis, por disposição expressa dos arts. 183, § 3º, e 191, parágrafo único, da CF/88 e art. 102 do CC. Exceção a isso encontramos no art. 68 do Ato das Disposições Constitucionais Transitórias, que estabelece que "aos remanescentes das comunidades dos quilombos que estejam ocupando suas terras é reconhecida a propriedade definitiva, devendo o Estado emitir-lhes os títulos respectivos".

Vale lembrar ainda que um bem gravado com uma cláusula de inalienabilidade, incomunicabilidade ou impenhorabilidade, isto é, um bem gravado com qualquer cláusula restritiva de direito admite a usucapião. Coerente tal afirmação já que entre o novo proprietário e o anterior não há qualquer relação jurídica, desse modo, o imóvel chegará ao novo proprietário isento de qualquer uma das cláusulas. Interessante, todavia, é constatar que não será possível a usucapião na modalidade ordinária se o bem for gravado com cláusula de inalienabilidade. Isso porque, nessa modalidade de usucapião, o usucapiente deverá apresentar um justo título, o que não poderá ser criado diante da cláusula de inalienabilidade.

No que tange ao bem de família, seja o que se manifeste voluntariamente, conforme previsão dos arts. 1.711 ao 1.722 do CC ou até mesmo o bem de família legal previsto na Lei nº 8.009/90, não há que se vislumbrar a impossibilidade de usucapião. Isso porque nas certeiras palavras de Nelson Rosenvald e Cristiano Chaves de Farias:

> Crucial é entender que a posse de um imóvel por alguém que não seja o proprietário, pelo prazo adequado à obtenção da usucapião, indica que o bem nunca chegou a receber a finalidade voluntária ou legalmente desejada a ele de bem de família. Ou seja, ele era formalmente bem de família, mas não era materialmente bem de família, pois ao ser abandonado pelo seu titular, fraudou a sua finalidade constitucional de servir como moradia, ou, ao menos, como fonte de renda desta família (*v.g.* aluguel do bem).[10]

Questão interessante diz respeito à possibilidade de usucapião de um bem imóvel que tenha sido submetido ao Registro Torrens. De acordo com o STJ, a matrícula do imóvel no referido Registro, por si só, não inviabiliza a usucapião.[11]

---

[10] FARIAS, Cristiano Chaves; ROSENVALD, Nelson. *Curso de direito civil.* Reais. 11. ed. São Paulo: Atlas, 2015. p. 348.

[11] "RECURSO ESPECIAL. AÇÃO DE USUCAPIÃO. AQUISIÇÃO DA PROPRIEDADE. MODO ORIGINÁRIO. REGISTRO TORRENS. REQUISITOS. POSSE. ÂNIMO DE DONO. REEXAME DE CLÁUSULAS CONTRATUAIS E DE PROVAS. INVIABILIDADE. SÚMULAS Nº 5 E Nº 7/STJ. 1. A usucapião é modo originário de aquisição da propriedade que independe de verificação acerca da idoneidade do título registrado e não envolve transferência de domínio. 2. A matrícula do imóvel rural no Registro Torrens, por si só, não inviabiliza a ação de usucapião, motivo pelo qual não prospera a alegação de impossibilidade jurídica do pedido. 3. A reforma do julgado – para afastar a posse com ânimo de dono – demandaria interpretação de cláusulas contratuais e reexame do contexto fático-probatório, procedimentos vedados na estreita via do recurso especial, a teor das Súmulas nº 5 e nº 7/STJ. 4. Recurso especial parcialmente conhecido e, nessa parte, não provido" (STJ, REsp 1.542.820, 3ª Turma, Rel. Min. Ricardo Villas Bôas Cuevas, j. 20/2/2018, *DJe* 1/3/2018).

Vale lembrar que é perfeitamente possível a usucapião da *res nullius*. Por *res nullius* tem-se a chamada coisa de ninguém, isto é, aquele bem que não tenha sido registrado ainda como da titularidade de determinada pessoa. Note-se que esse bem não pertence a ninguém, nem a uma pessoa jurídica de direito público interno. Claro fica, entretanto, que ao Poder Público é dado o direito de manejar ação discriminatória almejando qualificar determinado bem como de propriedade pública, afastando, doravante, a pretensão de usucapião.

Dúvida poderá surgir acerca de possibilidade de usucapião em área de loteamento irregular. Isso porque se questiona a dificuldade do registro de eventual sentença declaratória de usucapião nessa situação. A questão é solucionada pela Segunda Seção do STJ:

> Não há, portanto, como negar o direito à usucapião sob o pretexto de que o imóvel está inserido em loteamento irregular, porque o direito de propriedade declarado pela sentença (dimensão jurídica) não se confunde com a certificação e publicidade que emerge do registro (dimensão registrária) ou com a regularidade urbanística da ocupação levada a efeito (dimensão urbanística). O reconhecimento da usucapião não impede a implementação de políticas públicas de desenvolvimento urbano. Muito ao revés, constitui, em várias hipóteses, o primeiro passo para restabelecer a regularidade da urbanização.[12]

4. MODALIDADES DE USUCAPIÃO DE BENS IMÓVEIS

4.1. Usucapião extraordinária

A usucapião extraordinária se conclui com a reunião dos seguintes requisitos:

- posse mansa e pacífica;
- *animus domini*;
- decurso de prazo.

A posse mansa e pacífica é requisito básico para qualquer modalidade de usucapião. Trata-se da posse em que a pessoa que tem o legítimo interesse sobre o imóvel, diante da ocupação alheia, se queda inerte, promovendo a mansidão e pacificidade almejada pelo usucapiente. Há discussão sobre qual reação por parte do legítimo interessado seria capaz de configurar ato contrário à continuidade, mansidão e pacificidade da posse. Tende a prevalecer que meros comunicados, notificações extrajudiciais e, até mesmo, repentina retomada da coisa mediante violência e expulsão do possuidor, não teriam o condão de atingir o requisito ora em análise. Para tanto, seria necessária uma manifestação judicial de oposição, por exemplo, o ajuizamento de uma ação reivindicatória. Vale lembrar ainda que não basta o ajuizamento da ação, é necessário o seu trânsito em julgado reconhecendo o direito do opositor. Se, por acaso, a ação cabível tiver sido ajuizada antes de se

---

[12] STJ, REsp 1.818.564-DF, Rel. Min. Moura Ribeiro, Segunda Seção, por unanimidade, julgado em 9/6/2021.

completar o prazo para a usucapião e, entretanto, o seu trânsito em julgado só venha a se configurar após a concretização do referido prazo, não haverá problemas para o opositor, pois, conforme preleciona o § 1º do art. 240 do CPC/2015, a interrupção da prescrição retroagirá à data da propositura da ação.

Animus domini é a denominação latina que se dá para a intenção de dono daquele que possui a coisa de maneira mansa e pacífica. Nesse ponto, atente-se para a noção possessória fornecida por Savigny que estabelece que a posse se conforma com o poder físico sobre a coisa agregado ao *animus domini*. Desse modo, para que alcance a usucapião, o possuidor deverá agir como se dono fosse e, ainda que saiba que não o é, deseja sê-lo da maneira mais plena possível. É por conta disso que possuidores como um locatário, um usufrutuário, um comodatário, que tem seus vínculos respaldados em ajustes contratuais, não podem intentar a usucapião, pois estão envoltos em relações jurídicas transitórias que chegarão ao fim. Ademais, a posse direta que essas pessoas apresentam não afasta a indireta de quem aquela foi havida (art. 1.197, CC).

Vale notar, entretanto, que, hodiernamente, em virtude da chamada interversão da posse (*interversio possessionis*), admite-se que se opere a usucapião em relação a pessoas que primitivamente ostentavam o estado de possuidores diretos, estado esse que, posteriormente, foi afastado em virtude de não manifestação de oposição daquele que lhe outorgou a posse. Imagine, no exemplo de Flávio Tartuce, um locatário que está no imóvel há cerca de 30 anos, não pagando os aluguéis há cerca de 20 anos, tendo o locador desaparecido.[13]

O decurso de determinado lapso temporal também configura requisito inafastável para que se configure a usucapião, em qualquer uma de suas modalidades. Em se tratando de usucapião extraordinária, o prazo exigido por lei é de 15 anos (art. 1.238, *caput*, CC), caso se apresente a chamada posse simples. Por posse simples tem-se aquela que não flerta com a função social, mas que, por existir há 15 anos, o legislador lhe dá o respaldo da usucapião. Na posse simples, o possuidor não apresenta ali a sua moradia habitual, tampouco desenvolve ali qualquer atividade produtiva, muitas vezes, possuindo a coisa em nome de terceiros, como locatários ou meros detentores que lá estão em seu nome. Diametralmente oposta situa-se um outro tipo de posse que repousa sua legitimidade na função social exercida pelo possuidor que naquele imóvel tenha a sua moradia habitual ou tenha realizado ali obras ou serviços de caráter produtivo. Nesse caso, estimulando a diretriz da socialidade, que orienta o Código Civil de 2002, o prazo exigido por lei para que se conclua a usucapião é reduzido para 10 anos (art. 1.238, parágrafo único, CC.) Se porventura, o usucapiente ajuizar a ação de usucapião e, entretanto, não conseguir provar o prazo de posse exigido em lei, a doutrina se inclina no sentido de que a sentença, se manifestando pela improcedência do pedido, não deverá fazer coisa julgada material, tão somente, formal. Isso porque alcançado futuramente o prazo exigido por lei, tal ação poderá novamente ser ajuizada, já que presente nova causa de pedir. Por fim, ressalte-se o translúcido Enunciado nº 497, aprovado na V Jornada de Direito Civil, que apresenta o seguinte teor:

---

[13] TARTUCE, Flávio. *Manual de direito civil*. Volume único. 2. ed. São Paulo: Método, 2012. p. 869.

"O prazo, na ação de usucapião, pode ser completado no curso do processo, ressalvadas as hipóteses de má-fé processual do autor". Nesse sentido entendeu o STJ, na decisão do REsp 1.361.226-MG, Rel. Min. Ricardo Villas Bôas Cueva, por unanimidade, julgado em 5/6/2018 (Informativo nº 630, STJ):

> Evita-se, com isso, que o autor proponha nova ação para obter o direito que já poderia ter sido reconhecido se o Poder Judiciário apreciasse eventual fato constitutivo superveniente, cuja medida se encontra em harmonia com os princípios da economia processual e da razoável duração do processo. (...) Além disso, incumbe ressaltar que a contestação apresentada pelo réu não impede o transcurso do lapso temporal. Com efeito, a mencionada peça defensiva não tem a capacidade de exprimir a resistência do demandado à posse exercida pelo autor, mas apenas a sua discordância com a aquisição do imóvel pela usucapião. Contestar, no caso, impõe mera oposição à usucapião postulada pelos autores, e não à posse.

4.2. Usucapião ordinária

A usucapião ordinária é composta, em princípio, por cinco elementos:

* posse mansa e pacífica;
* *animus domini;*
* justo título;
* boa-fé;
* decurso de prazo.

Para os requisitos posse mansa e pacífica e *animus domini* valem as mesmas observações já formuladas por ocasião do estudo da usucapião extraordinária. O que releva notar na usucapião ordinária é a exigência de justo título e boa-fé.

O justo título manifestar-se-á por meio de um instrumento que seja formalmente capaz de iludir um homem médio da sociedade gerando em seu espírito a convicção de que é proprietário. Além disso, um instrumento que se não contivesse nenhum vício seria hábil a transferir a propriedade.[14] Complementando essa ideia, vale a leitura do Enunciado nº 86 do CJF: "A expressão 'justo título' contida nos arts. 1.242 e 1.260 do CC abrange todo e qualquer ato jurídico hábil, em tese, a transferir a propriedade, independentemente de registro".

Assim, como exemplos de justo título podemos mencionar: uma escritura pública de compra e venda assinada por um estelionatário, promovendo uma venda a *non domino*; uma escritura de compra e venda assinada por pessoa casada que omite essa qualidade de casada; uma escritura pública de compra e venda assinada

---

[14] Nos dizeres de Adriano Stanley: "Justo título é todo documento potencialmente hábil a transferir a propriedade, ou seja, todo aquele documento que, seguindo o procedimento natural de uma negociação, culminaria em transferir a outrem a propriedade, mas não o faz por defeito (seja desse documento, seja por culpa de uma das partes), é justo título". STANLEY, Adriano. *Direito das coisas*. Belo Horizonte: Del Rey, 2009. p. 93.

por um relativamente incapaz, sem a devida assistência; uma promessa de compra e venda desde que integralmente quitada, não bastando o pagamento de parcelas.

Quanto à escritura pública feita pelo proprietário que seja absolutamente incapaz, sem a devida representação ou o instrumento particular de compra e venda de imóvel, quando, na verdade, o que era exigido por lei era a escritura pública em total desprezo à forma exigida em lei, casos que induzem à nulidade, e não à mera anulabilidade, é forte na doutrina a possibilidade de tais instrumentos serem considerados como justos títulos também. Isso porque, na dicção de Rosenvald e Farias:

> Atualmente, é possível afirmar que o negócio jurídico poderá ser consolidado pelo decurso do tempo, pois nenhum direito poderá sobreviver à inércia de seu titular indefinidamente. Essa situação de indefinição estimularia a quebra da paz social e a ofensa ao princípio da segurança jurídica – considerada como a estabilidade social das relações jurídicas. Pelo art. 205 do Código Civil, o prazo máximo de prescrição será decenário. Assim, mesmo um título originariamente nulo, poderá ser convertido em propriedade, mediante o fator tempo.[15]

Na usucapião ordinária exige-se também, além do justo título, a presença da boa-fé. É importante rememorar aqui a diferença entre boa-fé subjetiva e boa-fé objetiva. Por boa-fé objetiva, tem-se o padrão de comportamento idôneo, o modelo de conduta leal. Já na boa-fé subjetiva, o que há é um estado psicológico de ignorância em relação ao vício que inquina a aquisição do bem. Quando a lei exige para a configuração da usucapião ordinária a boa-fé, é importante notar que se trata de boa-fé subjetiva.[16]

Como aferir a boa-fé subjetiva do usucapiente é algo bastante complexo já que se adentra ao plano anímico da pessoa, o Código Civil facilita a sua visualização à medida em que em seu art. 1.201, parágrafo único, presume-se em favor do portador de justo título uma presunção de boa-fé. Evidentemente, tal presunção se manifesta de maneira relativa (*iuris tantum*), já que admite prova em sentido contrário. Assim, de acordo com o que preleciona o art. 1.202 do CC: "A posse de boa-fé só perde este caráter no caso e desde o momento em que as circunstâncias façam presumir que o possuidor não ignora que possui indevidamente". Ao sentir da jurisprudência nacional, o momento em que a boa-fé subjetiva convola-se em má-fé é quando da citação na ação reivindicatória ou possessória.

---

[15] FARIAS, Cristiano Chaves; ROSENVALD, Nelson. *Curso de direito civil.* Reais. 11. ed. São Paulo: Atlas, 2015. p. 361.

[16] De acordo com Nelson Rosenvald e Cristiano Chaves de Farias: "A boa-fé, portanto, é mais que o *animus domini*. Enquanto a maior parte dos possuidores detém intenção de dono – mas sabem que não o são –, o possuidor com boa-fé incide em estado de erro, que gera nele a falsa percepção de ser o titular da propriedade. A boa-fé também é chamada de *opinio domini*, pois o possuidor literalmente tem a opinião de dono. De forma lúdica, a mesma diferença entre *animus domini* e boa-fé é vista no comportamento do neurótico e do psicótico: o primeiro, busca a coisa para si obsessivamente; já o segundo acredita piamente que ela já lhe pertence". FARIAS, Cristiano Chaves; ROSENVALD, Nelson. *Curso de direito civil.* Reais. 11. ed. São Paulo: Atlas, 2015. p. 363.

Quanto ao prazo exigido para que se configure a usucapião ordinária, urge salientar de início que no CC/2002 não há mais a diferença de prazos que existia no CC/16 quanto à presença do proprietário no município onde situado o imóvel ou não.[17] Com a evolução da tecnologia e dos meios de comunicação, não faz mais sentido essa distinção temporal. Há sim, todavia, distinção no CC/2002, a depender da qualificação da posse, isto é, se posse simples ou posse qualificada pela função social.

Por posse simples, como dito alhures, tem-se a posse em que o seu titular não reside habitualmente ou desenvolve qualquer atividade produtiva. Caso o possuidor ostente esse tipo de posse, o prazo exigido pela lei para que se configure a usucapião é de 10 anos. Todavia, se o possuidor qualifica a sua posse estabelecendo naquele imóvel a sua moradia ou realizando ali investimentos de interesse social e econômico, o prazo será reduzido para cinco anos, exatamente porque essa manifestação de posse se mostra simpática aos olhos de um legislador norteado pela diretriz da socialidade. Importante notar que, a justificar um prazo tão reduzido (cinco anos apenas!), associados à função social desempenhada pelo possuidor deverão estar presentes os seguintes requisitos: que a aquisição da posse tenha sido onerosa, por exemplo, fruto de um contrato de compra e venda, e que o justo título tenha sido registrado e posteriormente cancelado na serventia adequada. Esse cancelamento é cogitado já que, se não o houvesse, o possuidor seria proprietário, prescindindo, portanto, da usucapião.

Para ilustrar a usucapião ordinária com posse qualificada pela função social, imagine uma pessoa que compra um imóvel (aquisição onerosa) de um estelionatário que a enganara se fazendo passar pelo verdadeiro proprietário, promovendo a escritura pública no cartório de notas (justo título) e o registro no Cartório de Registro de Imóveis. Depois disso, o comprador enganado passa a morar no imóvel com a sua família (função social), acreditando piamente ser ele o proprietário (boa-fé). O possuidor reside no imóvel durante cinco anos (moradia habitual), eis que para sua surpresa aborda-lhe o verdadeiro dono e reivindica-lhe o imóvel. Nesse caso, perfeitamente possível ao possuidor alegar a usucapião ordinária com posse qualificada pela função social na defesa da ação reivindicatória, conforme autoriza a Súmula nº 237 do STF.[18]

4.3. Usucapião constitucional ou especial

A Constituição Federal de 1988 traz mais uma manifestação de afeição ao princípio da função social quando em seu texto apresenta as duas modalidades de usucapião especial: a urbana e a rural.

A usucapião especial urbana e a rural apresentam os seguintes requisitos em comum: posse mansa e pacífica, *animus domini*, decurso de prazo de cinco anos e vedação à propriedade de outro imóvel, seja urbano ou rural.

---

[17] Art. 177, CC/16: "As ações pessoais prescrevem, ordinariamente, em vinte anos, as reais em dez, entre presentes e entre ausentes, em quinze, contados da data em que poderiam ter sido propostas".

[18] Súmula 237, STF: "O usucapião pode ser arguido em defesa".

Note-se que o prazo é pequeno (cinco anos), a facilitar em demasia a pretensão do usucapiente. O porquê disso? Respaldar de maneira efetiva o direito fundamental à moradia estampado no art. 6º da CF/88 e a própria dignidade da pessoa humana (art. 1º, III, CF/88).

Aliada ao pequenino prazo, há a vedação de o usucapiente ser proprietário de outro imóvel. A vedação vale desde o primeiro dia de posse até se completar os cinco anos exigidos. Se o usucapiente tiver tido a propriedade de outro imóvel antes de começar a sua posse sobre o imóvel que pretende usucapir ou se adquire a propriedade de outro imóvel após findar os cincos anos exigidos, em nenhum desses casos haverá óbice à usucapião especial. Também não implicará óbice a propriedade apresentada por um dos familiares ali residentes, devendo se considerar apenas que essa pessoa não terá legitimidade para pleitear a usucapião.

A distinguir a usucapião especial urbana da rural, verifica-se a área que será usucapida (se urbana ou rural), sua extensão e, também, a finalidade de ocupação.

a) Peculiaridades da usucapião especial urbana ou *pro moradia*

No que tange à usucapião especial urbana, a área que se pretende usucapir há de ser, necessariamente, urbana, isto é, o imóvel deverá estar localizado em zona urbana, sendo que a extensão de usucapião permitida não poderá ultrapassar a 250 m². Deve-se considerar que tende a prevalecer na doutrina que não importa a extensão da área construída, isto é, se, por exemplo, uma pessoa ocupa um lote de 250 m² e nele constrói bela casa de dois andares com área de 400m², tal fator não representará óbice à usucapião, já que a Constituição Federal ao apresentar o referido instituto no art. 183 não faz tal distinção.[19] Em posição minoritária, há manifestação doutrinária no sentido de que tal usucapião não poderia ocorrer, pois a intenção do legislador é a de proteger apenas o necessitado, e não o abastado.

Se por acaso houver ocupação de área superior a 250 m², preenchidos os demais requisitos, é lícito o pedido de usucapião da área até o limite de 250 m², o que resultará em um desmembramento do imóvel, de modo que o restante da área continuará a pertencer ao dono primitivo. A área usucapida, então, será portadora agora de nova matrícula, e a matrícula antiga continuará a se referir ao imóvel primevo, porém, com a devida averbação a se referir aos novos limites da propriedade.

---

[19] Corroborando esse posicionamento, seguem as palavras de Cristiano Chaves de Farias e Nelson Rosenvald: "O art. 9º do referido diploma (Lei nº 10.257/2001) vai além do exposto no texto constitucional, pois se refere à usucapião sobre 'área ou edificação urbana de até duzentos e cinquenta metros quadrados'. A nosso sentir, a inclusão do termo edificação não objetiva tolher o limite de área de construção, pois o legislador subalterno estaria inovando sobre aquilo que o legislador maior não quis restringir. Em verdade, pretendeu-se apenas observar que o registro da usucapião incidirá sobre o terreno e suas acessões, devendo-se fazer referência a elas na carta de sentença que será levada ao registro imobiliário. Portanto, reiteramos nosso entendimento quanto à inexistência de limites constitucionais à área edificada, se dentro de uma área efetivamente ocupada de 250 m²". FARIAS, Cristiano Chaves. ROSENVALD, Nelson. *Curso de direito civil. Reais.* 11. ed. São Paulo: Atlas, 2015. p. 377.

Perfeitamente possível, também, a usucapião de apartamentos em zona urbana por meio da usucapião especial urbana. Para fins de se respeitar o limite de 250 m², a área a ser considerada será apenas a área privativa do apartamento, excluindo-se para o caso a aplicação da fração ideal do imóvel, já que esta abarca não apenas a área privativa, mas também as áreas comuns. Fácil aceitar dessa maneira, a partir do momento em que nos convencemos de que a moradia é exercida apenas sobre a área privativa. Nessa senda, então, preceitua o Enunciado nº 85 do CJF: "Para efeitos do art. 1.240, *caput*, do novo Código Civil, entende-se por 'área urbana' o imóvel edificado ou não, inclusive unidades autônomas vinculadas a condomínios edilícios".

Já que estamos convictos de que a usucapião especial é instituto que homenageia o direito fundamental de moradia, é importante concluir que, além do preenchimento dos requisitos antecedentes, a ideia central dessa modalidade de usucapião funda-se na moradia, de modo que imprescindível se mostra que o possuidor ocupe aquela área com essa finalidade. Tanto é assim que, como sinonímia de usucapião especial urbana apresenta-se a expressão usucapião *pro moradia*. Assim, dessa ideia surge a noção de pessoalidade exigida na usucapião especial urbana; desse modo, uma pessoa não poderá possuir a área em nome de terceiros ali situados, como possuidores diretos ou detentores. Vale lembrar ainda que, nada obstante o preenchimento dos requisitos retromencionados, se a ocupação se der com finalidade não residencial, por exemplo, estabelecimento de pequeno comércio ou instalação de escritório de advocacia, não poderá se efetivar a usucapião. Nada impedirá, todavia, a usucapião especial urbana se a ocupação for com finalidade simultânea não residencial e residencial, pois moradia há, ainda que aquele imóvel seja utilizado com outra finalidade também.

Esse entendimento de que "a destinação de parte do imóvel para fins comerciais não impede o reconhecimento da usucapião especial urbana sobre a totalidade da área" foi reconhecido pela 3ª Turma do STJ no REsp 1.777.404-TO, Rel. Min. Nancy Andrighi, julgado em 5/5/2020 (Informativo nº 671).

A usucapião especial urbana ou *pro moradia* se encontra no art. 183 do CF/88 e no art. 1.240 do CC. Além disso, o instituto é regulamentado pela Lei n° 10.257/2001, nos arts. 9º ao 14. Em breve síntese, segue o elenco de algumas importantes diretrizes constantes nesses artigos:

- O título de domínio será conferido ao homem ou à mulher, ou a ambos, independentemente do estado civil.

- Para fins de concessão da usucapião especial urbana, o herdeiro legítimo continua, de pleno direito, a posse de seu antecessor, desde que já resida no imóvel por ocasião da abertura da sucessão.

- Na pendência da ação de usucapião especial urbana, ficarão sobrestadas quaisquer outras ações, petitórias ou possessórias, que venham a ser propostas relativamente ao imóvel usucapiendo. Trata-se de hipótese de suspensão processual.

- Na ação de usucapião especial urbana é obrigatória a intervenção do Ministério Público (como em qualquer outra ação de usucapião) e, além disso, o seu autor terá os benefícios da justiça e da assistência judiciária gratuita, inclusive perante o cartório de registro de imóveis.[20]

- A usucapião especial de imóvel urbano poderá ser invocada como matéria de defesa, valendo a sentença que a reconhecer como título para registro no cartório de registro de imóveis. Note-se que não há necessidade de ajuizamento da ação de usucapião para que esta seja declarada e haja o consequente registro. A própria sentença que julgue improcedente o pedido reivindicatório pode ser levada a registro.

- Antes da entrada em vigor do CPC/2015, na ação judicial de usucapião especial de imóvel urbano, o rito processual que era aplicado era o sumário. Com a nova lei processual, não há mais procedimento sumário. Desse modo, com o CPC/2015, o procedimento a ser aplicado será o comum.

- Há a possibilidade de se configurar a chamada usucapião especial urbana coletiva. Os caracteres dessa modalidade de usucapião estão relacionados no tópico a seguir.

b) Usucapião especial urbana coletiva ou usucapião coletiva

A usucapião coletiva urbana encontra previsão no art. 10 da Lei nº 10.257/2001. Note-se que o CC/2002 não apresenta o instituto. A referida omissão apresenta justificativa, e Adriano Stanley esclarece que:

> A usucapião coletiva urbana não foi objeto do Código Civil por duas razões básicas. Em primeiro lugar, porque é instrumento específico do direito administrativo. Constitui parte do Estatuto da Cidade. Portanto, essa modalidade de usucapião fugiria dos fins de aplicação da norma civilista. Em segundo, porque o Código Civil de 2002 já estava pronto para a promulgação quando a Lei nº 10.257/2001 entrou em vigor.[21]

O art. 10 da Lei nº 10.257/2001 que apresenta a usucapião coletiva ostenta o seguinte teor:

> Os núcleos urbanos informais existentes sem oposição há mais de cinco anos e cuja área total dividida pelo número de possuidores seja inferior a duzentos e cinquenta metros quadrados por possuidor são suscetíveis de serem usucapidos coletivamente, desde que os possuidores não sejam proprietários de outro imóvel urbano ou rural.

A redação desse artigo foi fornecida pela Lei nº 13.465/2017.

Ao dissecar o dispositivo mencionado, encontramos os seguintes requisitos:

---

[20] "Em todos os atos do processo deverá intervir o representante do Ministério Público. Embora o Código de processo não mencione especificamente a exigência de intervenção do MP na ação de usucapião, ela deverá ocorrer por cuidar-se de matéria de interesse social relevante, a teor do art. 178, I, do novo Código de Processo Civil". FIUZA, César. *O direito civil e o novo CPC*. Belo Horizonte: D'Plácido, 2016. p. 271.

[21] STANLEY, Adriano. *Direito das coisas*. Belo Horizonte: Del Rey, 2009. p. 91.

- O usucapiente não é determinada pessoa, mas sim uma coletividade, sem a exigência de que sejam pessoas necessariamente de baixa renda.
- A área total usucapida dividida pelo número de possuidores deverá ser inferior a 250 m² por possuidor.
- A ocupação dar-se-á há mais de cinco anos ininterruptamente e sem oposição.
- Os possuidores não podem ser proprietários seja urbano ou rural.

A usucapião coletiva chega em prol da função social da propriedade e, na percuciência de Farias e Rosenvald, essa modalidade de usucapião:

> permite uma alternativa de aquisição de propriedade em prol de possuidores que não tenham acesso a ações individuais de usucapião – porque o imóvel está encravado em loteamento irregular ou porque a área possuída é inferior ao módulo urbano mínimo. Com a opção pela usucapião coletiva, o legislador retirou a injustiça da prevalência da forma sobre o fundo, permitindo-se não só a aquisição da propriedade pela comunidade de possuidores, como a urbanização da área e ampliação da prestação de serviços públicos sobre os imóveis.[22]

Ante o exposto, enxergamos, com a usucapião coletiva um aceno no sentido de regularização das favelas.

Na sentença em que for declarada a usucapião coletiva, o juiz atribuirá igual fração ideal de terreno a cada possuidor, independentemente da dimensão do terreno que cada um ocupe, salvo hipótese de acordo escrito entre os condôminos, estabelecendo frações ideais diferenciadas. Trata-se, então, de um condomínio especial que será constituído, de natureza indivisível, não sendo passível de extinção, salvo deliberação favorável tomada por, no mínimo, dois terços dos condôminos, no caso de execução de urbanização posterior à constituição do condomínio. Por fim, por imposição legislativa, as deliberações relativas à administração do condomínio especial serão tomadas por maioria de votos dos condôminos presentes, obrigando também os demais, discordantes ou ausentes.

c) Peculiaridades da usucapião especial rural ou *pro labore*

A usucapião especial rural apareceu pela primeira vez na Constituição de 1934 e com a necessária didática, Adriano Stanley esclarece:

> a Constituição de 1934 criou a primeira modalidade de usucapião constitucional, a usucapião constitucional rural ou *pro labore*, que tinha por finalidade fixar o homem no campo, conferindo a propriedade de áreas rurais a todo aquele que a utilizasse como seu sustento, por força de seu trabalho (daí o nome *pro labore*), e tivesse nela a sua moradia.[23]

---

[22] FARIAS, Cristiano Chaves; ROSENVALD, Nelson. *Curso de direito civil*. Reais. 11. ed. São Paulo: Atlas, 2015. p. 378.

[23] STANLEY, Adriano. *Direito das coisas*. Belo Horizonte: Del Rey, 2009. p. 88.

A Constituição Federal de 1988 também incorpora o instituto em seu art. 191, com algumas modificações. No CC/2002, a usucapião especial rural repousa no art. 1.239, com os seguintes contornos: posse mansa e pacífica, *animus domini*, decurso de prazo de cinco anos e vedação à propriedade de outro imóvel, seja urbano ou rural. Além desses requisitos, comuns à usucapião especial urbana, a distinção reside na área a ser usucapida, que deverá ser necessariamente rural, com a limitação de 50 hectares, sendo que o usucapiente deverá apresentar ali, além de sua moradia, produtividade. A exigência desse último requisito leva-nos a crer que a função social da posse se encontra presente nesta modalidade de usucapião com muito mais intensidade do que na modalidade urbana.[24]

---

[24] Enunciado nº 594, CJF: "É possível adquirir a propriedade de área menor do que o módulo rural estabelecido para a região, por meio da usucapião especial rural. Parte da legislação: art. 1.239 do Código Civil". Nesse sentido já se manifestou STJ: "DIREITO CIVIL E CONS-TITUCIONAL. POSSIBILIDADE DE USUCAPIÃO DE IMÓVEL RURAL DE ÁREA INFERIOR AO MÓDULO RURAL. Presentes os requisitos exigidos no art. 191 da CF, o imóvel rural cuja área seja inferior ao 'módulo rural' estabelecido para a região (art. 4º, III, da Lei nº 4.504/64) poderá ser adquirido por meio de usucapião especial rural. De fato, o art. 65 da Lei nº 4.504/64 (Estatuto da Terra) estabelece que 'O imóvel rural não é divisível em áreas de dimensão inferior à constitutiva do módulo de propriedade rural'. A Lei nº 4.504/64 (Estatuto da Terra) – mais especificamente, o seu art. 4º, III (que prevê a regra do módulo rural), bem como o art. 65 (que trata da indivisibilidade do imóvel rural em área inferior àquele módulo) –, ainda que anterior à Constituição Federal de 1988, buscou inspiração, sem dúvida alguma, no princípio da função social da propriedade. Nesse contexto, cabe afirmar que a propriedade privada e a função social da propriedade estão previstas na Constituição Federal de 1988 dentre os direitos e garantias individuais (art. 5º, XXIII), sendo pressupostos indispensáveis à promoção da política de desenvolvimento urbano (art. 182, § 2º) e rural (art. 186, I a IV). No caso da propriedade rural, sua função social é cumprida, nos termos do art. 186 da CF, quando seu aproveitamento for racional e apropriado; quando a utilização dos recursos naturais disponíveis for adequada e o meio ambiente preservado, assim como quando as disposições que regulam as relações de trabalho forem observadas. Realmente, o Estatuto da Terra foi pensado a partir da delimitação da área mínima necessária ao aproveitamento econômico do imóvel rural para o sustento familiar, na perspectiva de implementação do princípio constitucional da função social da propriedade, importando sempre e principalmente, que o imóvel sobre o qual se exerce a posse trabalhada possua área capaz de gerar subsistência e progresso social e econômico do agricultor e sua família, mediante exploração direta e pessoal – com a absorção de toda a força de trabalho, eventualmente com a ajuda de terceiros. A Constituição Federal de 1988, em seu art. 191, cujo texto se faz idêntico no art. 1.239 do CC, disciplinou a usucapião especial rural, nos seguintes termos: 'Aquele que, não sendo proprietário de imóvel rural ou urbano, possua como seu, por cinco anos ininterruptos, sem oposição, área de terra, em zona rural, não superior a cinquenta hectares, tornando-a produtiva por seu trabalho ou de sua família, tendo nela sua moradia, adquirir-lhe-á a propriedade'. Como se verifica neste artigo transcrito, há demarcação de área máxima passível de ser usucapida, não de área mínima, o que leva os doutrinadores a concluírem que mais relevante que a área do imóvel é o requisito que precede a ele, ou seja, o trabalho realizado pelo possuidor e sua família, que torna a terra produtiva e lhe confere função social. A usucapião especial rural é caracterizada pelo elemento posse-trabalho. Serve a essa espécie tão somente a posse marcada pela exploração econômica e racional da terra, que é pressuposto à aquisição do domínio do imóvel rural, tendo em vista a intenção clara do legislador em prestigiar o possuidor que confere função social ao imóvel rural. Assim, a partir de uma interpretação teleológica da norma, que assegure a tutela do interesse para a qual foi criada, conclui-se que, assentando o legislador, no ordenamento jurídico, o instituto da usucapião rural, prescrevendo um limite máximo de área a ser usucapida, sem ressalva de um tamanho mínimo,

A usucapião especial rural é regulada pela Lei nº 6.969/81. Lembrando que o art. 1º dessa Lei prevê um limite de área de 25 hectares para que ocorra essa modalidade de usucapião, dispositivo esse que não foi recepcionado pela CF/88, que estabelece limite de 50 hectares. Também não foi recepcionado o art. 2º no que faz menção à possibilidade de usucapião de terras devolutas,[25] já que na CF/88 bens públicos não admitem usucapião.

De acordo com o *caput* do art. 5º da Lei nº 6.969/81, o procedimento a ser aplicado para a usucapião especial rural seria o sumaríssimo. Nada obstante, a redação da lei, sempre foi aplicado para o caso em tese o procedimento sumário. Ocorre que, como o CPC/2015 extinguiu o procedimento sumário, terá cabimento, doravante, o procedimento comum.

QUADRO COMPARATIVO

	Urbana	Rural
Previsão legal	Art. 1.240, CC, e art. 183, CF/88	Art. 1.239, CC, e art. 191, CF/88

4.4. Usucapião familiar ou usucapião por abandono de lar

A Lei nº 12.424, de 16/6/2011, acrescentou ao Código Civil o art. 1.240-A, trazendo uma nova modalidade de usucapião em nosso ordenamento, que tem sido chamada de usucapião familiar,[26] usucapião conjugal, usucapião pró-familiar, usucapião relâmpago, usucapião tabular familiar[27] ou usucapião especial urbana por abandono de lar. Defensor dessa última denominação, Flávio Tartuce destaca que:

---

estando presentes todos os requisitos exigidos pela legislação de regência, não há impedimento à aquisição usucapicional de imóvel que guarde medida inferior ao módulo previsto para a região em que se localize. Ressalte-se que esse entendimento vai ao encontro do que foi decidido pelo Plenário do STF, que, por ocasião do julgamento do RE 422.349-RS (*DJe* 29/4/2015), fixou a seguinte tese: 'Preenchidos os requisitos do art. 183 da CF, o reconhecimento do direito à usucapião especial urbana não pode ser obstado por legislação infraconstitucional que estabeleça módulos urbanos na respectiva área onde situado o imóvel (dimensão do lote)'" (STJ, REsp 1.040.296-ES, Rel. originário Min. Marco Buzzi, Rel. para acórdão Min. Luis Felipe Salomão, julgado em 2/6/2015, *DJe* 14/8/2015. Informativo nº 566).

[25] Terras devolutas são as áreas que pertencem ao patrimônio das pessoas federativas, sem se destinarem a uma finalidade pública predefinida. Constituem, pois, bens públicos dominicais.

[26] Defensor da denominação usucapião familiar, José Fernando Simão explica: "Creio ser adequada a denominação usucapião familiar em razão de sua origem, qual seja, o imóvel pertence aos cônjuges ou companheiros, mas só é utilizado por um deles após o fim do casamento ou da união estável". SIMÃO, José Fernando. *Usucapião familiar:* problema ou solução? Disponível em: <www.professorsimao.com.br/artigos_simao_cf0711.html>. Acesso em: 10 out. 2014.

[27] Quem o denomina como usucapião tabular familiar é o Professor Vítor Frederico Kümpel, primeiro, por ter como objetivo tutelar a tábula registral e, segundo, por se operar somente no seio da família. KÜMPEL, Vítor Frederico. *Usucapião tabular familiar – III*. Disponível em: <www.migalhas.com.br/Registralhas/98,MI194729,41046-Usu-capiao+tabular+familiar+III>. Acesso em: 10 out. 2014.

Apesar da utilização do termo usucapião familiar por alguns juristas, entende-se ser melhor a adoção da expressão destacada, para manter a unidade didática, visando diferenciar a categoria da usucapião especial rural ou agrária – que também tem uma conotação familiar –, da usucapião ordinária, da usucapião extraordinária, da usucapião especial indígena e da usucapião especial urbana coletiva.[28]

A Lei nº 12.424/2011 teve por finalidade regulamentar o programa do governo federal "Minha Casa, Minha Vida" (PMCMV) e a regularização fundiária de assentamentos localizados em áreas urbanas.[29] O art. 9º da referida Lei inseriu no Código Civil de 2002 o art. 1.240–A, que apresenta a seguinte redação:

Aquele que exercer, por 2 (dois) anos ininterruptamente e sem oposição, posse direta, com exclusividade, sobre imóvel urbano de até 250m² (duzentos e cinquenta metros quadrados) cuja propriedade divida com ex-cônjuge ou ex-companheiro que abandonou o lar, utilizando-o para sua moradia ou de sua família, adquirir-lhe-á o domínio integral, desde que não seja proprietário de outro imóvel urbano ou rural.

A primeira observação que deve ser feita em relação a essa nova modalidade de usucapião é que os sujeitos envolvidos nela devem ser necessariamente ex-cônjuges ou ex-companheiros. Aqui se vislumbram pessoas que foram casadas ou que viveram em união estável, ainda que homoafetiva. Nesse mesmo sentido, *vide* Enunciado nº 500 do CJF, aprovado na V Jornada de Direito Civil: "A modalidade de usucapião prevista no art. 1.240-A do Código Civil pressupõe a propriedade comum do casal e compreende todas as formas de família ou entidades familiares, inclusive homoafetivas".

Nesse contexto, oportunas se fazem as palavras do Professor Walsir Edson Rodrigues Júnior:

---

[28] TARTUCE, Flávio. *A usucapião especial urbana por abandono do lar conjugal.* Disponível em: <www.flaviotartuce.adv.br/artigos/201108010921370.Tartuce_novausucapiao.doc>. Acesso em: 21 out. 2014.

[29] Sobre o problema habitacional no Brasil, vale mencionar as palavras de Anderson Schreiber: "Mais recentemente, o país tem experimentado a instituição, em todos os níveis de governo, de políticas públicas destinadas a fomentar o mercado de imóveis e a reduzir os alarmantes efeitos da problemática habitacional. As respostas não serão, contudo, imediatas: as estratégias governamentais de financiamento imobiliário, nascidas como instrumento do populismo, sujeitaram-se, ao longo dos anos, a toda ordem de reorganizações, resultando em estruturas burocráticas quase impenetráveis. As recentes reformas do sistema financeiro de habitação, embora benéficas, não surtiram ainda o efeito desejado. Isso porque o problema é mais complexo do que a simples defasagem no número de construções habitáveis. A caótica ocupação dos centros urbanos está intimamente relacionada à deficiente malha de transportes, às longas distâncias entre o centro e a periferia, à falta de investimentos efetivos na atividade rural, entre outros tantos fatores". SCHREIBER, Anderson. Direito à moradia como fundamento para a impenhorabilidade do imóvel residencial do devedor solteiro. In: *Direito civil e Constituição.* São Paulo: Atlas, 2013. p. 281-282.

Sendo a entidade familiar uma realidade sediada por pessoas que mantém entre si afeto e, por isso, apresentam-se reunidas de forma estável e ostensiva, para que a relação homoafetiva seja família basta que ela assim se mostre. Mostrando-se, não é cabível qualquer resistência ou ressalva: trata-se de uma família. É verdade que consiste numa família peculiar; mas qual não o é? É verdade que não vem elencada na Constituição Federal nem recebe tratamento infraconstitucional pormenorizado. Porém, parece pacífico que o rol constitucional é meramente exemplificativo e que as normas constitucionais – especialmente as que tratam dos direitos fundamentais, dentre os quais o de constituir família – têm aplicação imediata.[30]

O objeto da usucapião trata-se de bem de propriedade comum do casal (e não propriedade exclusiva, de um ou de outro!), seja por condomínio ou comunhão. Condomínio para o caso de o casamento ou a união estável serem orientados pelo regime da separação convencional de bens e os cônjuges ou conviventes tiverem adquirido o bem conjuntamente. Comunhão para o caso de o casamento ou a união estável serem orientados pelo regime da comunhão universal ou parcial de bens, ou, ainda, separação obrigatória de bens, tendo em vista o que relata a Súmula nº 377 do STF, que de acordo com a doutrina majoritária ainda tem aplicabilidade: "No regime de separação legal de bens, comunicam-se os bens adquiridos na constância do casamento".[31]

É importante notar, então, que o ex-cônjuge ou ex-companheiro pretenderá a usucapião da metade do bem pertencente ao outro. Mas com base em que isso ocorrerá? Com base, precisamente, no abandono do lar conjugal ou convivencial perpetrado pelo outro.

É necessário, em princípio, que os cônjuges ou companheiros se situem, pelo menos, na condição de separados de fatos, já que a separação de fato é considerada pela jurisprudência dominante como fator que promove o fim da sociedade conjugal e do regime de bens.[32] Mesmo porque, se assim não o fosse, a usucapião familiar colidiria frontalmente com o art. 197, I, do CC, que impede ou suspende a prescrição entre cônjuges na constância da sociedade conjugal. Assim, enquanto casados ou conviventes é evidente que um não poderá pleitear a usucapião em desfavor do outro.

---

[30] RODRIGUES JÚNIOR, Walsir Edson. *Direito civil*. Famílias. 2. ed. São Paulo: Atlas, 2012. p. 70. Insta lembrar que em 5/5/2011 o STF reconheceu, por meio da ADin nº 4.277-DF, que a união homoafetiva tem natureza familiar.

[31] As pessoas que devem se casar sob o regime da separação obrigatória de bens estão definidas no art. 1.641 do CC e são elas: "I – das pessoas que o contraírem com inobservância das causas suspensivas da celebração do casamento; II – da pessoa maior de 70 (setenta) anos; (Redação dada pela Lei nº 12.344, de 2010.) III – de todos os que dependerem, para casar, de suprimento judicial". O que a Súmula nº 377 do STF faz é estabelecer que os efeitos do regime de bens de separação obrigatória devem se aproximar dos efeitos do regime da comunhão parcial de bens, tendo por base o afastamento do enriquecimento ilícito e a presunção do esforço comum do casal na aquisição dos bens durante o casamento.

[32] Nesse sentido, *vide* Enunciado nº 501 do CJF: "As expressões 'ex-cônjuge' e 'ex-companheiro', contidas no art. 1.240-A do Código Civil, correspondem à situação fática da separação, independentemente de divórcio".

Posto isso, visualize-se a situação em que um dos ex-cônjuges ou ex-companheiros abandona o lar. O alcance da expressão "abandono de lar" cogitada no art. 1.240-A é fonte de discórdia na doutrina e promove séria polêmica, o que abaixo relataremos.

A expressão abandono de lar é utilizada no art. 1.573, IV, do CC[33] como um dos motivos ensejadores da impossibilidade de vida em comum, desde que durante um ano contínuo. Tentando esclarecer o sentido da expressão "abandonou o lar" mencionada no art. 1.240-A, Maria Tedesco Vilardo expõe que:

> Embora tenha sido resgatado o requisito abandono, não se pode utilizar o mesmo conceito do século passado. Para conferir legitimidade à lei devemos entender o abandono do lar como a saída do lar comum de um dos cônjuges e a sequencial despreocupação com o dever de assistência ao cônjuge ou com o cuidado dos filhos.[34]

Há, ainda, quem simplesmente entenda que houve falta de precisão terminológica por parte do legislador, cabendo simplesmente interpretar-se a expressão "abandonou o lar" como sendo sinonímia de separação de fato associada ao abandono patrimonial.

Tentando trazer esclarecimentos acerca da expressão cogitada, aprovou-se na V Jornada de Direito Civil o Enunciado nº 499 com o seguinte teor:

> A aquisição da propriedade na modalidade de usucapião prevista no art. 1.240-A do Código Civil só pode ocorrer em virtude de implemento de seus pressupostos anteriormente ao divórcio. O requisito "abandono do lar" deve ser interpretado de maneira cautelosa, mediante a verificação de que o afastamento do lar conjugal representa descumprimento simultâneo de outros deveres conjugais, tais como assistência material e sustento do lar, onerando desigualmente aquele que se manteve na residência familiar e que se responsabiliza unilateralmente pelas despesas oriundas da manutenção da família e do próprio imóvel, o que justifica a perda da propriedade e a alteração do regime de bens quanto ao imóvel objeto de usucapião.

Ocorre que na VII Jornada de Direito Civil o enunciado retrocitado foi "revogado" pelo Enunciado nº 595, que apresenta o seguinte teor:

> O requisito "abandono do lar" deve ser interpretado na ótica do instituto da usucapião familiar como abandono voluntário da posse do imóvel somado à ausência da tutela da família, não importando em averiguação da culpa pelo fim do casamento ou união estável. Revogado o Enunciado nº 499.

---

[33] Para a doutrina majoritária, o art. 1.573 do CC foi revogado com a EC nº 66/2010.

[34] VILARDO, Maria Aglaé Tedesco. Usucapião especial e abandono de lar: usucapião entre ex-casal. *Revista Brasileira de Direito das Famílias e Sucessões*, nº 27, abr./maio 2012. p. 50.

O prazo exigido por lei para que se concretize a referida usucapião é de apenas dois anos. Trata-se do menor prazo de usucapião estabelecido em lei. Menor ainda que o de usucapião de bens móveis, que, preenchidos determinados requisitos, se perfaz em três anos.[35]

Ainda que saibamos que a tendência na pós-modernidade seja a redução dos prazos legais de uma maneira geral, tendo em vista que o mundo contemporâneo possibilita a tomada de decisões com maior rapidez,[36] é importante destacar que não estamos tratando das demais modalidades de usucapião ou de questões simplesmente afetas à contratualidade, mas sim de pessoas que antes se elegeram as mais importantes para si e se propuseram, um dia, a criar um ambiente de afeto, algo que não se explica e que o Direito não é capaz de dominar. O que queremos ressaltar é que, antes de qualquer manifestação jurídica ou reconhecimento legal, nos casos em que se envolve usucapião especial por abandono de lar, existem sentimentos dos mais diversos matizes (amor, ódio, ressentimento, medo) a se ocupar da alma humana.

Desse modo, os exíguos dois anos exigidos em lei, decerto, em virtude de sua brevidade, causam pasmo na comunidade jurídica que analisa o dispositivo. Nos dizeres do Professor José Fernando Simão, em excelente artigo:

> A lei presume, no meu sentir, de maneira equivocada, que quando o imóvel é familiar deve o prejudicado pela posse exclusiva do outro cônjuge ou companheiro tomar medidas mais rápidas, esquecendo-se que o fim da conjugalidade envolve questões emocionais e afetivas que impedem, muitas vezes, rápida tomada de decisão. É o luto pelo fim do relacionamento.[37]

Vale destacar que, para que as pessoas não sejam surpreendidas com o advento da nova modalidade de usucapião, parece lógico que o prazo deva correr por inteiro após a entrada em vigor do comando legal que o criou. Explicamos. Se a Lei nº 12.424 que criou o instituto é de 16/6/2011, tendo entrado em vigor de imediato, a partir dessa data é que deverá ser considerado o biênio exigido em lei. Isso tudo em clara homenagem ao princípio da segurança jurídica.

Tanto é assim que tal entendimento se encontra sedimentado no Enunciado nº 498 do CJF aprovado na V Jornada de Direito Civil, que apresenta a seguinte redação: "A fluência do prazo de 2 (dois) anos previsto pelo art. 1.240-A para a nova modalidade de usucapião nele contemplada tem início com a entrada em vigor da Lei nº 12.424/2011".

Nessa esteira, têm-se manifestado os Tribunais de forma uníssona:

---

[35] Art. 1.260, CC: "Aquele que possuir coisa móvel como sua, contínua e incontestadamente durante três anos, com justo título e boa-fé, adquirir-lhe-á a propriedade".

[36] TARTUCE, Flávio. *Manual de direito civil*. Volume único. São Paulo: Método, 2012. p. 878.

[37] SIMÃO, José Fernando. *Usucapião familiar:* problema ou solução? Disponível em: <www. professorsimao.com.br/artigos_simao_cf0711.html>. Acesso em: 10 out. 2014.

APELAÇÃO CÍVEL – USUCAPIÃO FAMILIAR – LEI Nº 12.424/2011 – VIGÊNCIA – PRINCÍPIO DA SEGURANÇA JURÍDICA. – O prazo de 02 anos da prescrição aquisitiva, exigido pela Lei nº 12.424/2011, deve ser contado a partir da sua vigência, por questões de segurança jurídica, vez que antes da edição da nova forma de aquisição da propriedade não existia esta espécie de usucapião (TJMG. Apelação Cível 10177110014343001. Rel. Des. Antônio de Pádua. 14ª Câmara Cível. J. 7/3/2013. Pub. 19/3/2013). USUCAPIÃO. Ação de usucapião familiar – Autora separada de fato que pretende usucapir a parte do imóvel que pertencente ao ex-cônjuge – Artigo 1.240-A do Código Civil, inserido pela Lei nº 12.424/2011. Inaplicabilidade. Prazo de 2 anos necessário para aquisição na modalidade de "usucapião familiar" que deve ser contado da data da vigência da lei (16/6/2011) – Ação distribuída em 25/8/2011. Lapso temporal não transcorrido. Sentença de indeferimento da inicial mantida. RECURSO DESPROVIDO (TJSP. Apelação 00406656920118260100. Rel. Des. Alexandre Marcondes. 3ª Câmara de Direito Privado. J. 25/2/2014. Pub. 25/2/2014).

Além da posse mansa e pacífica, e da limitação a 250m²,[38] a lei exige que o usucapiente não seja proprietário de outro imóvel, seja urbano ou rural. Importante notar também que essa nova modalidade de usucapião apenas incidirá em se tratando de imóvel urbano, e não rural, em princípio, prestigiando-se claramente a moradia, e não o trabalho.[39]

Caso o ex-cônjuge ou ex-companheiro que pretenda a usucapião não esteja na posse direta do bem, mas sim na posse indireta, por exemplo, alugando-o a um terceiro, importante esclarecer que tal fato não representará óbice à usucapião, nada obstante o art. 1.240-A utilize a expressão "posse direta" em seu teor. Isso porque quando o art. 1.240-A se refere à posse direta, não se trata do sentido técnico da posse direta decorrente da análise do desdobramento da posse em direta e indireta. Nesse sentido, restou aprovado na V Jornada de Direito Civil o Enunciado nº 502, com a seguinte redação: "O conceito de posse direta referido no art. 1.240-A do Código Civil não coincide com a acepção empregada no art. 1.197 do mesmo Código". Acertadíssima a informação consolidada no enunciado, já que, se considerássemos a menção à expressão "posse direta" com o mesmo significado da "posse direta" resultante do desdobramento da posse, cairíamos em total absurdo jurídico, uma vez que o possuidor direto do art. 1.197 do CC[40] não apresenta *animus domini*, elemento esse imprescindível para que se configure qualquer modalidade de usucapião.

O § 1º do art. 1.240-A estabelece que: "O direito previsto no *caput* não será reconhecido ao mesmo possuidor mais de uma vez". Cogitando de interessante situação, José Fernando Simão exemplifica:

---

[38] Pautando-se na uniformidade legislativa, o legislador mantém a mesma metragem limite da usucapião especial urbana. Todavia, há que se refletir que, a depender do ponto de localização da referida área pretendida, é possível que a usucapião ora estudada represente a apropriação de imóveis valiosíssimos.

[39] Todavia, a não extensão do instituto aos imóveis rurais não passa despercebida pela doutrina que critica o dispositivo legal.

[40] Art. 1.197 do CC: "A posse direta, de pessoa que tem a coisa em seu poder, temporariamente, em virtude de direito pessoal, ou real, não anula a indireta, de quem aquela foi havida, podendo o possuidor direto defender a sua posse contra o indireto".

Determinada mulher casada permanece no imóvel comum, residência da família, enquanto seu marido vai voluntariamente embora de casa e constitui nova família em cidade distante. Passados dois anos do abandono, a esposa reúne os requisitos para a usucapião familiar. Sendo proprietária do bem em razão de sentença que declara a usucapião, a esposa vende o bem. Iniciando agora uma união estável surge a mesma situação. O companheiro abandona o imóvel e a companheira dois anos depois promove a ação de usucapião. De acordo com o dispositivo, como esta mulher já usucapiu imóvel se utilizando da usucapião familiar, só poderá usucapir o bem por outra modalidade, seja ela prevista no Código Civil (usucapião extraordinária do art. 1.238) ou pela Constituição (art. 183).[41]

Além disso, na redação original do projeto de lei que criou a usucapião familiar havia, ainda, um parágrafo segundo que apresentava o seguinte conteúdo:

No registro do título do direito previsto no *caput*, sendo o autor da ação judicialmente considerado hipossuficiente, sobre os emolumentos do registrador não incidirão e nem serão acrescidos a quaisquer títulos taxas, custas e contribuições para o Estado ou Distrito Federal, carteira de previdência, fundo de custeio de atos gratuitos, fundos especiais do Tribunal de Justiça, bem como de associação de classe, criados ou que venham a ser criados sob qualquer título ou denominação.

Porém, tal dispositivo restou vetado pela Presidente da República sob o argumento de que violaria o pacto federativo ao interferir na competência tributária.

4.4.1. Alguns aspectos processuais afetos à ação de usucapião especial por abandono de lar

A primeira dúvida que pode surgir ao pretender o ajuizamento da ação de usucapião especial por abandono de lar é quanto ao juízo competente. Apesar de a matéria ainda ser repleta de dúvidas, mostra-se oportuno indicar que se o tema em questão tem afinidade com outros, como, por exemplo, o reconhecimento de união estável e a própria necessidade probatória da separação de fato e do abandono de lar, logo, por razões óbvias, deve-se apontar como juízo competente aquele indicado na Lei de Organização Judiciária do estado-membro ou do Distrito Federal como competente para conhecer de dissolução de casamento ou união estável e de partilha de bens, mesmo porque, se for reconhecida a usucapião, a partilha de bens será atingida, já que aquele bem será retirado da comunhão, em virtude da usucapião operada. Assim, em princípio, parece não caber à Vara Cível ou à Vara de Registros Públicos assunto tão pertinente ao universo familiar.[42]

---

[41] SIMÃO, José Fernando. *Usucapião familiar:* problema ou solução? Disponível em: <www. professorsimao.com.br/artigos_simao_cf0711.html>. Acesso em: 10 out. 2014.

[42] Em sentido oposto, situa-se Guilherme Calmon da Gama e Thaís Marçal: "Questão interessante diz respeito à possibilidade de cumulação da ação de reconhecimento de união estável com ação de usucapião conjugal. No presente estudo, adota-se orientação em sentido negativo, haja vista que se trata de ações com órgão julgador de competências diversas, pois a ação de reconhecimento

Nada obstante à convincente argumentação apresentada, o TJSP entendeu que a matéria em questão é civil por excelência, nesse contexto colaciona-se:

> Conflito negativo de competência. Varas Cível e de Família e Sucessões da Comarca. Processamento de pedido de "usucapião familiar" (art. 1.240-A do Código Civil). Instituto que visa à legitimação de domínio de imóvel. Ação real. Existência de instituição familiar que é apenas um dos requisitos cumulativos previstos em lei. Questão que não se refere ao estado das pessoas. Efeitos registrários. Arts. 34 e 37 do Código Judiciário de SP. Varas da família e Sucessões que detêm hipóteses de competências restritas. Tutela de caráter exclusivamente patrimonial, afastando a competência do Juízo Especializado. Conflito julgado procedente, para declarar a competência do MM Juízo da Vara Cível (TJSP. Conflito de competência 018027760.2013.8.26.0000, Câmara Especial, Rel. Cláudia Grieco Tabosa Pessoa. Franca. J. 9/12/2013).

Outro aspecto importante é que a ação respeitante a essa nova modalidade de usucapião será orientada pelo procedimento comum. É evidente que na usucapião especial por abandono de lar a única citação que deve haver é em relação ao ex-cônjuge ou ao ex-companheiro, pois somente em relação a esses a ação correrá em desfavor. Impossível, portanto, a ação ferir interesses de terceiros, já que o objeto pretendido é a metade do imóvel do ex-cônjuge ou ex-companheiro, e somente isso.

Na esfera processual, ainda há que se cogitar de uma situação *sui generis*. Imaginemos que o bem a ser disputado pelo ex-casal tenha sido ele próprio adquirido por meio de usucapião em desfavor de um terceiro, sem ter havido, todavia, a sentença de declaração de usucapião.[43] Ou seja, o ex-cônjuge ou ex-companheiro abandonado pretende a usucapião de um bem que foi usucapido.

Nesse caso, é importante respeitar uma ordem: é necessário que a primeira usucapião seja declarada para que a segunda o seja, por conseguinte. É possível a cumulação de pedidos? Evidente que não, por incompatibilidade de juízos. Além

---

de união estável deverá ser proposta e julgada perante o Juízo de Vara de Família; enquanto a ação de usucapião conjugal deve ser ajuizada perante o juízo cível. Contudo, tal como ocorre em relação a outros efeitos decorrentes da união estável, é possível que a questão seja apreciada como questão prejudicial no âmbito da ação de usucapião, tal como ocorre nas ações em que se busca o reconhecimento de benefício previdenciário em razão da união estável existente até a morte do segurado". GAMA, Guilherme Calmon Nogueira da; MARÇAL, Thaís Boia. Aspectos polêmicos da "usucapião conjugal": questões afetas ao art. 1.240-A do Código Civil brasileiro. *Revista de Direito Privado*, vol. 54, abr. 2013. p. 257.

43 A sentença da ação de usucapião apresenta feição eminentemente declaratória, não podendo, assim, ser considerada como requisito para que se configure qualquer modalidade de usucapião. Nesse sentido, relata o art. 1.241 do CC: "Poderá o possuidor requerer ao juiz seja declarada adquirida, mediante usucapião, a propriedade imóvel" (grifamos). Tendo em vista a natureza declaratória da sentença da ação de usucapião, se um proprietário ajuíza ação reivindicatória contra o possuidor, caso esse já apresente os requisitos exigidos em lei para que se configure a usucapião, sem nunca ter ajuizado a própria ação de usucapião, a alegação de usucapião, via defesa, é recurso totalmente hábil ao afastamento da pretensão do proprietário. Tanto é assim que a Súmula nº 237 do STF estabelece: "O usucapião pode ser arguido em defesa".

disso, na primeira usucapião, ambos os cônjuges serão autores da ação de usucapião contra terceiro; na segunda usucapião, um cônjuge demanda contra o outro.[44]

4.4.2. Discussão acerca da constitucionalidade do art. 1.240-A do CC

O problema crucial aventado pela doutrina que preconiza a inconstitucionalidade do art. 1.240-A do CC está na exigência do abandono do lar por parte de um dos cônjuges ou companheiros para que se configure a usucapião. É que, ao impor tal exigência, para parte da doutrina, a lei está a reacender o debate acerca da culpa no desenlace das relações afetivas, questão essa já superada, sobretudo,[45] com a EC nº 66/2010, que deu nova redação ao § 6º do art. 226 da CF/88: "O casamento civil pode ser dissolvido pelo divórcio".[46]

Nas palavras de Cristiano Chaves e Nelson Rosenvald,

> ao inserir dentre os requisitos da usucapião o abandono voluntário e injustificado do lar por parte de um dos cônjuges ou companheiros, a Lei nº 12.424/2011, resgata

---

[44] Nessa senda, vale a explicação de José Fernando Simão, ao analisar o art. 1.240-A do CC: "A posse comum não enseja a aplicação do dispositivo. Não se admite usucapião de imóvel que não seja de propriedade dos cônjuges ou companheiros. Assim, se um casal invadiu um bem imóvel urbano de até 250 m², reunidos todos os requisitos para a aquisição da propriedade (seja por usucapião extraordinária, seja por usucapião constitucional), ainda que haja abandono por um deles do imóvel, por mais de 2 anos, o direito à usucapião será de ambos e não de apenas daquele que ficou com a posse direta do bem". SIMÃO, José Fernando. *Usucapião familiar*: problema ou solução? Disponível em: <www.professorsimao.com.br/artigos_simao_cf0711.html.> Acesso em: 10 out. 2014.

[45] Usamos o advérbio "sobretudo" pois, embora para muitos a discussão da culpa na separação litigiosa tenha sido extirpada somente com o advento da EC nº 66/2010, para outros, o seu fim já teria se dado bem antes e independente dela, como relata Rodrigues Júnior: "é possível afirmar que o abandono da discussão da culpa deve-se mais a uma interpretação constitucional adequada dos preceitos do Código Civil, do que à publicação da Emenda Constitucional nº 66. Por isso, a defesa da permanência da separação judicial no ordenamento jurídico brasileiro não significa, em hipótese alguma, a admissão da discussão de culpa na dissolução da sociedade conjugal". RODRIGUES JÚNIOR, Walsir Edson. *Direito civil*. Famílias. 2. ed. São Paulo: Atlas, 2012. p. 258.

[46] Em outra ocasião, já tivemos a oportunidade de expor nosso ponto de vista acerca da tão arcaica perquirição de culpa quando do fim do casamento. A seguir transcrevemos: "Evidentemente que, quando do desenlace conjugal entre duas pessoas que um dia, diante de testemunhas, elegeram-se reciprocamente como complemento de suas próprias almas, o sentimento de culpa deve ser afastado. É necessário compreender que o amor, mesmo diante de toda solenidade, é atributo ínsito ao ser humano que do ponto de vista lógico e ontológico não se sujeita ao trânsito em julgado. E mais, se o casamento é comunhão plena de vida, quando essa comunhão não for mais plena, outro caminho não resta senão a separação, ainda que um dos sujeitos não esteja de acordo. Mesmo porque a improcedência do pedido de separação por falta de provas de culpa de um dos cônjuges e a consequente imposição judicial de se manterem unidas duas pessoas que não se encontram mais unidas pela via do afeto, é se esquecer que ninguém que é infeliz poderá promover a felicidade do outro". QUEIROZ, Mônica Cristina. *A discussão da culpa na separação litigiosa*: o amor não transita em julgado. 2005. 144f. Dissertação (Mestrado em Direito Privado) – Pontifícia Universidade Católica de Minas Gerais, Belo Horizonte. p. 137.

a discussão da infração aos deveres do casamento ou união estável. Vale dizer, em detrimento da liberdade e da constatação do fim da afetividade, avalia-se a culpa e a causa da separação, temáticas que haviam sido abolidas pela referida EC, cuja eficácia é imediata e direta, não reclamando a edição de qualquer norma infraconstitucional. Se as normas anteriores a EC nº 66/2010 não mais são recepcionadas pelo ordenamento, certamente as posteriores – como a que ora se discute – podem ser reputadas como ineficazes perante a ordem constitucional.[47]

Ainda há quem se manifeste pela inconstitucionalidade do referido dispositivo tendo em vista não apenas o renascimento da discussão de culpa quando do fim da sociedade conjugal, mas, também, por haver clara ofensa ao direito de propriedade, como relatam os Professores Cristiano Chaves, Luciano Figueiredo, Marcos Ehrhardt Júnior e Wagner Ignácio Freitas Dias, em coautoria:

> Advoga-se aqui a inconstitucionalidade desta forma de usucapião, claramente atentatória do direito de propriedade por reduzir extremamente o prazo para aquisição, além de não perquirir os motivos do abandono do lar, que podem ser agressões físicas, insuportabilidade de convívio, dentre outros, tornando a vítima de violência doméstica, por exemplo, sujeito passivo desta forma de usucapião.[48]

Nota-se que os autores acima mencionados fomentam ainda mais o debate, na medida em que invocam justificativas para um eventual abandono do lar, isto é, pode ser que, diante de um caso concreto, o "abandono de lar" seja, em verdade, um afastamento necessário e imprescindível para a salvaguarda do ex-cônjuge ou ex-companheiro que não merecerá, evidentemente, nenhuma sanção, tampouco, à de perda da propriedade em comum.

De lado diametralmente oposto, há quem não vislumbre, na exigência do abandono de lar, o retorno ao debate da culpa, tampouco enxergue na nova modalidade de usucapião o estigma da inconstitucionalidade. É como pensam Guilherme Calmon Nogueira da Gama e Thaís Boia Marçal quando explicam que:

> percebe-se que a arguição de vício de inconstitucionalidade não subsiste ao se adotar orientação no sentido de não encarar o direito à usucapião como uma sanção, mas sim uma concretização do princípio da solidariedade, que deve permear as relações familiares.[49]

Com base nesse argumento, o respaldo constitucional à usucapião especial por abandono de lar seria dado com fincas no art. 3º, I, da CF/88, que constitui

---

[47] FARIAS, Cristiano Chaves de; ROSENVALD, Nelson. *Curso de direito civil*. Reais. 11. ed. São Paulo: Atlas, 2015. p. 395.

[48] FARIAS, Cristiano Chaves; FIGUEIREDO, Luciano; EHRHARDT JÚNIOR, Marcos; DIAS, Wagner Inácio Freitas. *Código Civil para concursos*. Salvador: JusPodivm, 2013. p. 919.

[49] GAMA, Guilherme Calmon Nogueira da; MARÇAL, Thaís Boia. Aspectos polêmicos da "usucapião conjugal": questões afetas ao art. 1.240-A do Código Civil brasileiro. *Revista de Direito Privado*, vol. 54, abr. 2013. p. 257.

como objetivo fundamental da República Federativa do Brasil construir uma sociedade livre, justa e solidária. O Professor Paulo Lôbo, delineando a evolução dos paradigmas, esclarece que:

> O princípio jurídico da solidariedade resulta da superação do individualismo jurídico, que por sua vez é a superação do modo de pensar e viver a sociedade a partir do predomínio dos interesses individuais, que marcou os primeiros séculos da modernidade, com reflexos até a atualidade. Na evolução dos direitos humanos, aos direitos individuais vieram concorrer os direitos sociais, nos quais se enquadra o direito de família, e os direitos econômicos. No mundo antigo, o indivíduo era concebido apenas como parte do todo social; daí ser impensável a ideia de direito subjetivo. No mundo moderno liberal, o indivíduo era o centro de emanação e destinação do direito; daí ter o direito subjetivo assumido a centralidade jurídica. No mundo contemporâneo, busca-se o equilíbrio entre os espaços privados e públicos e a interação necessária entre os sujeitos, despontando a solidariedade como elemento conformador dos direitos subjetivos.[50]

Para consolidar a ideia da solidariedade proposta na sociedade contemporânea deve-se ter em mente que o ser humano somente terá valor na medida em que apresente qualidades contributivas aos outros, isto é, na medida em que pertença a um vínculo de dependência e corresponsabilidade com os seus pares.[51] Nesse contexto, Pablo Stolze sintetiza:

> A solidariedade, portanto, culmina por determinar o amparo, a assistência material e moral recíproca, entre todos os familiares, em respeito ao princípio maior da dignidade da pessoa humana.[52]
>
> Há ainda quem, desmesuradamente, elogie a usucapião especial por abandono de lar, seja pela segurança jurídica que ela fornece ao cônjuge abandonado, seja por concretizar a noção de função socioeconômica da propriedade em total sintonia com o art. 170, II e III, da CF/88.[53]

---

[50] LÔBO, Paulo Luiz Netto. *Direito civil*. Famílias. São Paulo: Saraiva, 2008. p. 40.

[51] Nas fiéis palavras de Perlingieri: *"La persona è inseparabile dalla solidarietà: La cura dell'atro fa parte del concetto di persona"*. PERLINGIERI, Pietro. *Nozione introduttive e principi fondamentali del dirrito civile*. Napoli: Edizione Scientifiche Italiane, 2000. p. 70. O que em tradução livre quer dizer: "A pessoa é inseparável da solidariedade. O cuidado com o outro faz parte do conceito de pessoa".

[52] GAGLIANO, Pablo Stolze; PAMPLONA FILHO, Rodolfo. *Novo curso de direito civil*. Direito de Família. As famílias em perspectiva constitucional. 2. ed. São Paulo: Saraiva, 2012. p. 95.

[53] Nesses termos, tome nota o posicionamento do Professor Vítor Frederico Kümpel ao expor que: "Logo, não é possível alegar que o usucapião familiar se constitui forma de responsabilização pelo término da relação, ele não é causa, mas sim efeito. O requisito do abandono do lar não possui qualquer correlação com a discussão de culpa no divórcio ou na separação, como apontam. A culpa não está sendo ressuscitada e não importa o motivo do cônjuge ou companheiro que deixou o lar. Adotou-se o requisito abandono de lar tendo em vista apenas fins possessórios, o juiz cível ou registral fará uma aferição meramente possessória da questão. Caso, por exemplo, uma mulher sob violência doméstica seja obrigada a 'fugir' do lar conjugal para evitar o agravamento do problema e tal situação seja verificável ainda que incidentalmente

Embora a disparidade dos posicionamentos, dúvida não há, todavia, de que o legislador infraconstitucional faltou com o devido cuidado e necessário desvelo ao tratar de tema tão delicado quanto à usucapião especial por abandono de lar quando da redação do art. 1.240-A do CC/2002. Nesse mote, Tula Wesendonck propugna que:

> As melhores das intenções do legislador nem sempre são suficientes para criar boas leis. Por isso, a intenção do legislador não é parâmetro para interpretação das leis. Esse é o caso da Lei nº 12.424/2011, que embora tivesse por interesse proteger segmento frágil da sociedade, tramitou em caráter de urgência, foi produto de conversão de Medida Provisória em Lei e talvez por isso não contou com debate adequado da comunidade jurídica para evitar os problemas técnicos de sua redação que precisarão ser enfrentados para uma adequada aplicação.[54]

Last but not least, é fato que, a superveniência de texto legislativo admitindo a usucapião especial por abandono de lar pode recrudescer ainda mais o ressentimento entre as partes envolvidas em uma relação já fadada ao sofrimento. Explicamos. É que, diante da separação de fato, momento de inevitável desestruturação psicológica do casal, surge um elemento a fomentar ainda mais a nódoa afetiva e a embotar os sentidos das partes: o fantasma da usucapião conjugal. Com receio de perder a sua metade do imóvel pode ser que o cônjuge que tenha saído do lar tome medidas, anteriormente, jamais imaginadas, como, por exemplo, a solicitação de arbitramento de aluguel referente à sua metade do imóvel, ou até mesmo propor a venda do imóvel antes da configuração da usucapião, o que pode não ser positivo para aquela família. Ou então, o cônjuge ou convivente que pretenda sair de casa deverá manejar a tutela de urgência de separação de corpos em caráter preparatório ou incidental à ação de divórcio. Atenta à realidade fática da questão acima analisada, Maria Berenice Dias, com agudeza, dispõe:

---

não ensejará abandono, dada a ausência do elemento subjetivo da derrelição, o que impedirá o usucapião. Ademais o exercício do direito de propriedade do ex-cônjuge ou companheiro não pode se estender infinitamente, uma vez que o tempo exerce grande influência no direito. Não parece situação normal, apesar de corriqueira, que alguém que tenha o domínio regular de um bem possa, levianamente, 'deixar para lá' a propriedade, em uma verdadeira *supressio*, sem descumprir a função social (art. 5º, XXIII, CF). O cônjuge que teve o seu lar abandonado também não pode aguardar indefinidamente em benefício do direito de propriedade daquele que se retirou, tal situação geraria instabilidade social, ademais o bem ficaria injustificadamente fora do comércio. O cônjuge residente jamais estaria seguro de seus direitos, para, por exemplo, poder negociar seu imóvel, por meio de doação, venda ou troca. A realidade cambiante possui influência efetiva na aquisição e na extinção de direitos. Por isso o decurso do tempo deve ser eficaz na eliminação da relação jurídica cujo direito não foi exercido, dentro da função socioeconômica da propriedade como manda a Constituição Federal (art. 170, II, III, CF)". KÜMPEL, Vítor Frederico. *Usucapião tabular familiar – III*. Disponível em: <www.migalhas.com. br/Registralhas/98,MI194729,41046-Usucapiao+tabular+familiar+III>. Acesso em: 10 out. 2014.

[54] WESENDONCK, Tula. Usucapião Familiar: uma forma de solução de conflitos no Direito de Família ou (re)criação de outros? *Revista do Instituto do Direito Brasileiro (RIDB)*, ano 1 (2012), nº 1, p. 600-601. Disponível em: <http://www.idb-fdul.com/>. Acesso em: 2 dez. 2014.

Quem lida com as questões emergentes do fim dos vínculos afetivos sabe que, havendo disputa sobre o imóvel residencial, a solução é um afastar-se, lá permanecendo o outro, geralmente aquele que fica com os filhos em sua companhia. Essa, muitas vezes, é a única saída até porque, vender o bem e repartir o dinheiro nem sempre permite a aquisição de dois imóveis. Ao menos assim os filhos não ficam sem teto e a cessão da posse adquire natureza alimentar, configurando alimentos in natura. Mas agora esta prática não deve mais ser estimulada, pois pode ensejar a perda da propriedade no curto período de dois anos. Não a favor da prole que o genitor quis beneficiar, mas do ex-cônjuge ou do companheiro.[55]

4.5. Usucapião indígena

O estatuto legal que regula a situação jurídica do índio é a Lei nº 6.001/73. Essa lei, em seu art. 3º, estabelece que índio é "todo indivíduo de origem e ascendência pré-colombiana que se identifica e é identificado como pertencente a um grupo étnico cujas características culturais o distinguem da sociedade nacional".

A referida lei admite a possibilidade de usucapião em favor do índio, em seu art. 33: "O índio, integrado ou não, que ocupe como próprio, por dez anos consecutivos, trecho de terra inferior a cinquenta hectares, adquirir-lhe-á a propriedade plena".

A usucapião cogitada aplica-se ao índio integrado ou não. Tem-se por integrado aquele que "incorporado à comunhão nacional e reconhecido no pleno exercício dos direitos civis, ainda que conserve usos, costumes e tradições característicos da sua cultura" (art. 4º, III, Lei nº 6.001/73). Assim, se o índio possuir tal capacidade, ele mesmo poderá ajuizar diretamente a ação de usucapião, caso contrário, deverá ser representado pela FUNAI.[56]

Quando o art. 33 da multicitada lei apresenta a exigência de ocupação como própria, está a impor o *animus domini*. Além disso, atente-se para o prazo de dez anos consecutivos e limitação do trecho de terra a cinquenta hectares.

Ressalte-se, por fim, que essa modalidade de usucapião somente poderá ter incidência em área rural e particular, haja vista a vedação constitucional à usucapião de bens públicos (art. 191, parágrafo único, CC). Além disso, o parágrafo único do já descrito art. 33 dispõe que: "O disposto neste artigo não se aplica às terras do domínio da União, ocupadas por grupos tribais, às áreas reservadas de que trata esta Lei, nem às terras de propriedade coletiva de grupo tribal".

---

[55] DIAS, Maria Berenice. *Usucapião e abandono do lar: a volta da culpa?* Disponível em: <www.mariaberenice.com.br/uploads/usucapi%E3o_e_abandono_do_lar.pdf>. Acesso em: 25 nov. 2014. O Professor Simão traz interessante digressão: "Seria justa esta usucapião se o cônjuge ou companheiro abandona o imóvel e não a família? Um bom argumento ao cônjuge ou companheiro que não mais utiliza o bem é que se não abandonou a família, apenas tolerou a presença do outro no imóvel (mormente se o que permaneceu tiver a guarda dos filhos), e os atos de mera tolerância não significam posse o que impediria a verificação desta usucapião familiar". SIMÃO, José Fernando. Usucapião familiar: problema ou solução? Disponível em: <www.professorsimao.com.br/artigos_simao_cf0711. html>. Acesso em: 10 out. 2014.

[56] FUNAI é sigla que significa Fundação Nacional do Índio, criada pela Lei nº 5.371/67, que objetiva, precipuamente, tutelar os índios.

Cap. 64 – DA USUCAPIÃO

4.5.1. Observações importantes acerca da usucapião:

a) Direito intertemporal

Se já somos conhecedores dos prazos legais exigidos para se configurar as diversas espécies de usucapião, importante ressaltar que, no que tange à usucapião extraordinária e ordinária, ambas com posse qualificada pela função social, deve-se aplicar dispositivo intertemporal previsto no art. 2.029 do CC que apresenta a seguinte redação: "Até dois anos após a entrada em vigor deste Código, os prazos estabelecidos no parágrafo único do art. 1.238 e no parágrafo único do art. 1.242 serão acrescidos de dois anos, qualquer que seja o tempo transcorrido na vigência do anterior, Lei nº 3.071, de 1º de janeiro de 1916".

Assim, até a data de 11/1/2005, o prazo para a usucapião extraordinária com posse qualificada pela função social (art. 1.238, parágrafo único, CC) não será de 10 anos, mas sim 12 anos. E o prazo para a usucapião ordinária com posse qualificada pela função social (art. 1.242, parágrafo único, CC) não será de cinco anos, mas sim de 12 anos.

Por fim, vale conferir o Enunciado nº 564, CJF: "As normas relativas à usucapião extraordinária (art. 1.238, *caput*, CC) e à usucapião ordinária (art. 1.242, *caput*, CC), por estabelecerem redução de prazo em benefício do possuidor, têm aplicação imediata, não incidindo o disposto no art. 2.028 do Código Civil".

b) O somatório das posses: *accessio possessionis* e *sucessio possessionis*

De uma maneira geral, admite-se a soma das posses para fim de se adquirir a propriedade por meio da usucapião. Desse modo, o art. 1.243 do CC preceitua: "O possuidor pode, para o fim de contar o tempo exigido pelos artigos antecedentes, acrescentar à sua posse a dos seus antecessores (art. 1.207), contanto que todas sejam contínuas, pacíficas e, nos casos do art. 1.242, com justo título e de boa-fé".

A soma das posses poderá ocorrer de duas maneiras: por meio da *accessio possessionis* ou por meio da *sucessio possessionis*.

Na *accessio possessionis*, a transmissão da posse se dá a título singular, por exemplo, por meio de um negócio jurídico, e o sucessor tem a opção de unir a sua posse a do seu antecessor ou não. Por vezes, pode se mostrar interessante ao sucessor a não união de posses.

Já na *sucessio possessionis*, a transmissão da posse se dá a título universal de modo que o herdeiro continua na posse do falecido obrigatoriamente com todas as suas vicissitudes, vícios ou virtudes. Assim, eis a redação do art. 1.207 do CC: "O sucessor universal continua de direito a posse do seu antecessor; e ao sucessor singular é facultado unir sua posse à do antecessor, para os efeitos legais".

Interessante notar, todavia, que prevalece na doutrina a impossibilidade de se aplicar a *accessio possessionis* em se tratando de usucapião constitucional. Isso porque nessa modalidade de usucapião exige-se a pessoalidade, requisito esse totalmente colidente com a união de posses a título singular. Já a *sucessio possessionis* apresenta compatibilidade com tal modalidade de usucapião, pois o fito maior aqui é a proteção à entidade familiar. Nesse contexto, explanam Cristiano Chaves e Nelson Rosenvald:

Parece-nos incompatível com a finalidade social prevista na Constituição que o possuidor pretenda beneficiar-se da *accessio possessionis* para completar os 05 (cinco) anos de posse. Não poderá o candidato à usucapião somar o seu prazo à de quem lhe cedeu a posse, já que os 05 (cinco) anos pedem posse pessoal. Ao inverso, a *sucessio possessionis* é permitida, pois o que se defere é a proteção à entidade familiar, e não a um de seus membros isoladamente. Assim, se ao tempo do óbito o sucessor já residia no local – mesmo que não tenha coabitado desde o início da posse –, não haverá quebra do período possessório de cinco anos. Em síntese, não é qualquer dos herdeiros que continuará a posse do falecido, mas apenas os sucessores que compunham o núcleo familiar que efetivamente possuía o imóvel ao tempo do óbito.[57]

Esse posicionamento encontra-se sedimentado por meio do Enunciado nº 317 do CJF que apresenta o seguinte teor: "A *accessio possessionis*, de que trata o art. 1.243, primeira parte, do Código Civil, não encontra aplicabilidade relativamente aos arts. 1.239 e 1.240 do mesmo diploma legal, em face da normatividade da usucapião constitucional urbana e rural, arts. 183 e 191, respectivamente".

Nessa mesma esteira, no que tange à pessoalidade exigida para a usucapião familiar ou por abandono de lar, isto é, somente poderá se manifestar como usucapiende, nessa modalidade de usucapião, o ex-cônjuge ou ex-companheiro abandonado, cogitar acerca da possibilidade de somatório de posses é algo inviável.

c) A possibilidade de usucapião em condomínio

Tem-se admitido a usucapião consolidada por um condômino em desfavor dos demais em se tratando de situação em que o condômino usucapiende tenha exercido posse exclusiva sobre a coisa, desde que preenchidos os demais requisitos legais. Nesse sentido, confira-se trecho de julgado do STJ abaixo:

AGRAVO REGIMENTAL EM AGRAVO DE INSTRUMENTO. USUCAPIÃO. CONDOMÍNIO. SÚMULA Nº 7/STJ. MANUTENÇÃO DA DECISÃO HOSTILIZADA PELAS SUAS RAZÕES E FUNDAMENTOS. AGRAVO IMPROVIDO. I – Esta Corte firmou entendimento no sentido de ser possível ao condômino usucapir se exercer posse exclusiva sobre o imóvel. Precedentes. II – Não houve qualquer argumento capaz de modificar a conclusão alvitrada, que está em consonância com a jurisprudência consolidada desta Corte, devendo a decisão ser mantida por seus próprios fundamentos. Agravo improvido (STJ, AgRg no Ag 731971 MS 2005/0215038-1. j. 23/9/2008).

Ressalte-se, contudo, que em se tratando de condomínio edilício (em edifícios) não será possível a usucapião cujo objeto seja área comum. Isso porque a ocupação de parte comum por um dos condôminos apenas resulta de tolerância dos demais, isto é, resulta de autorização tácita fornecida pelos demais condôminos a favor daquele que ocupa a área. Atos de mera tolerância não induzem à posse, mas sim à mera detenção, conforme preceitua o art. 1.208 do CC, de modo a inviabilizar a pretensão de usucapião. Além disso, o art. 1.335, II, do CC

---

[57] FARIAS, Cristiano Chaves de; ROSENVALD, Nelson. *Curso de direito civil*. Reais. 11. ed. São Paulo: Atlas, 2015. p. 371.

apresenta como direito do condômino: "usar das partes comuns, conforme a sua destinação, e contanto que não exclua a utilização dos demais compossuidores".

Todavia, em homenagem ao princípio da boa-fé objetiva e prestigiando a teoria da *supressio (verwirkung)*, há julgado do STJ aplicando a referida teoria ao caso de ocupação por alguns dos condôminos de área comum de condomínio edilício por largo lapso temporal. Nesse caso, o STJ reconhece a necessidade de manutenção de ocupação da área comum por esses condôminos em virtude da longa omissão dos demais que se quedaram inertes durante mais de 20 anos, de modo a gerar a expectativa nos condôminos ocupantes de que o direito que tinham de exigir a área comum não mais seria exercido. Confira-se o trecho abaixo:

> CONDOMÍNIO. Área comum. Prescrição. Boa-fé. Área destinada a corredor, que perdeu sua finalidade com a alteração do projeto e veio a ser ocupada com exclusividade por alguns condôminos, com a concordância dos demais. Consolidada a situação há mais de vinte anos sobre área não indispensável à existência do condomínio, é de ser mantido o *statu quo*. Aplicação do princípio da boa-fé (*supressio*). Recurso conhecido e provido (REsp 214.680-SP, Rel. Min. Ruy Rosado de Aguiar).

No caso relatado acima, importante notar que não se trata de configuração de usucapião, mas sim de aplicação da *supressio*, já que não foi dada a propriedade de área comum aos condôminos ocupantes, mas sim apenas afastou-se a possibilidade dos outros condôminos de a retomarem. Eis a manutenção do *statu quo* mencionada na ementa retrotranscrita.

d) A usucapião por pessoa jurídica

Quando se pensa no instituto da usucapião, logo se tem em mente a pessoa natural como legitimada a obter a propriedade via usucapião. Entretanto, vale notar que não há óbice quanto à possibilidade de uma pessoa jurídica, seja de direito público ou privado, desde que preenchidos os requisitos necessários alçar a propriedade de um bem por meio da usucapião. Até mesmo em se tratando de usucapião extraordinária ou ordinária com a posse qualificada pela função social (art. 1.238, parágrafo único, e art. 1.242, parágrafo único, CC), tal fato será possível.

Todavia, importante ressaltar que a usucapião constitucional, seja urbana ou rural, não poderá ocorrer em relação a uma pessoa jurídica, exatamente porque essas modalidades de usucapião exigem a pessoalidade da posse e moradia, o que não se vislumbra em se tratando de uma pessoa jurídica. Com percuciência, Carlo Roberto Gonçalves preleciona ao se referir à usucapião constitucional: "Tem legitimidade para usucapir o possuidor, como pessoa física. A lei exige do prescribente que utilize o imóvel para sua moradia ou de sua família. A pessoa jurídica, tendo sede e não residência, não tem família e, portanto, não está legitimada para arguir prescrição aquisitiva".[58]

---

[58] GONÇALVES, Carlos Roberto. *Direito civil brasileiro*. Direito das coisas. 3. ed. São Paulo: Saraiva, 2008. p. 243.

e) A natureza jurídica da sentença na ação de usucapião

A sentença da ação de usucapião apresenta feição eminentemente declaratória, não podendo, assim, ser considerada como requisito para que se configure qualquer modalidade de usucapião. Nesse sentido, relata o art. 1.241 do CC: "Poderá o possuidor requerer ao juiz seja **declarada** adquirida, mediante usucapião, a propriedade imóvel" (grifamos).

Tendo em vista a natureza declaratória da sentença da ação de usucapião, se um proprietário ajuíza ação reivindicatória contra o possuidor, caso esse já apresente os requisitos exigidos em lei para que se configure a usucapião, sem nunca ter ajuizado a própria ação de usucapião, a alegação de usucapião, via defesa, é recurso totalmente hábil ao afastamento da pretensão do proprietário. Tanto é assim que a Súmula nº 237 do STF estabelece: "O usucapião pode ser arguido em defesa".

É importante perceber, entretanto, que, embora a alegação de usucapião tenha o condão de afastar a pretensão do proprietário, a sentença da ação reivindicatória que julgar o pedido do proprietário improcedente não poderá ser levada ao registro com a finalidade de declarar o domínio do usucapiente. É que será necessário o manejo da ação de usucapião para tanto. Somente a sentença dessa ação de usucapião é que deverá ser registrada. Duas situações excepcionais existem, entretanto, no que tange à usucapião especial urbana e rural, conforme art. 13, da Lei nº 10.257/2011, e art. 7º da Lei nº 6.969/81, respectivamente. É que de acordo com esses dispositivos há a previsão, não só da alegação de usucapião como matéria de defesa especificamente para essas modalidades de usucapião, como também a possibilidade de a sentença que reconhecer a usucapião valer como título para registro no Cartório de Registro de Imóveis. O que há nessas situações é a alegação da usucapião por meio de um pedido contraposto em ação dúplice. Nessa senda e com base na Súmula nº 237 do STF foi aprovado o Enunciado nº 315 do CJF com a seguinte redação:

O art. 1.241 do Código Civil permite que o possuidor que figurar como réu em ação reivindicatória ou possessória formule pedido contraposto e postule ao juiz seja declarada adquirida, mediante usucapião, a propriedade imóvel, valendo a sentença como instrumento para registro imobiliário, ressalvados eventuais interesses de confinantes e terceiros.

Por fim, vale conferir o Enunciado nº 569, CJF:

No caso do art. 1.242, parágrafo único, a usucapião, como matéria de defesa, prescinde do ajuizamento da ação de usucapião, visto que, nessa hipótese, o usucapiente já é o titular do imóvel no registro.

A justificativa para o enunciado foi a seguinte:

A usucapião de que trata o art. 1.242, parágrafo único, constitui matéria de defesa a ser alegada no curso da ação de anulação do registro do título translativo de propriedade, sendo dispensável o posterior ajuizamento da ação de usucapião.

f) A usucapião via administrativa ou extrajudicial

O CPC/2015 contempla a possibilidade de o procedimento da usucapião se manifestar fora dos muros do Poder Judiciário, isto é, pela via administrativa. É evidente que o interesse jurídico no ajuizamento direto de ação de usucapião independe de prévio pedido na via extrajudicial, isto é, a via administrativa não é requisito a ser superado para que se alcance a via judicial.[59]

A novidade na legislação processual de usucapião pela via administrativa como não apresenta restrições, por interpretação literal, se aplica a qualquer modalidade de usucapião e se rende ao espírito de desjudicialização das pretensões.[60] Por assim dizer, Camila Brandão e Thiago Martins esclarecem que: "A previsão administrativa do instituto tem como finalidade desburocratizar procedimentos e dar maior celeridade à prestação jurisdicional, ainda que pelas vias extrajudiciais".[61]

O CPC/2015 em seu art. 1.071 insere o art. 216-A na Lei nº 6.015/73 apresentando o seguinte teor:

> Sem prejuízo da via jurisdicional, é admitido o pedido de reconhecimento extrajudicial de usucapião, que será processado diretamente perante o cartório do registro de imóveis da comarca em que estiver situado o imóvel usucapiendo, a requerimento do interessado, representado por advogado, instruído com:
>
> I – ata notarial lavrada pelo tabelião, atestando o tempo de posse do requerente e de seus antecessores, conforme o caso e suas circunstâncias, aplicando-se o disposto no art. 384 da Lei nº 13.105, de 16 de março de 2015 (Código de Processo Civil); (Redação alterada pela Lei nº 13.465/2017.)
>
> II – planta e memorial descritivo assinado por profissional legalmente habilitado, com prova de anotação de responsabilidade técnica no respectivo conselho de fiscalização profissional, e pelos titulares de direitos registrados ou averbados na matrícula do imóvel usucapiendo ou na matrícula dos imóveis confinantes; (Redação alterada pela Lei nº 13.465/2017.)
>
> III – certidões negativas dos distribuidores da comarca da situação do imóvel e do domicílio do requerente;

---

[59] STJ, REsp 1.824.133. 3ª Turma. Min. Rel. Paulo de Tarso Sanseverino. J. 11/2/2020.

[60] Para Marcelo de Oliveira Milagres: "De sua vez, não se afigura razoável afirmar que toda modalidade de usucapião seja suscetível de reconhecimento extrajudicial. O denominado usucapião familiar ou por meação pressupõe a discussão sobre o que se entende por 'abandono do lar'. (...) A discussão sobre descumprimento de deveres conjugais e a necessária alteração do regime patrimonial do casamento – consequência natural dessa aquisição patrimonial – pressupõe necessariamente tutela jurisdicional". MILAGRES, Marcelo de Oliveira. Código de Processo Civil de 2015: Usucapião e ação de divisão e de demarcação de terras. In: QUEIROZ, Mônica; GUERRA, Carlos Henrique Fernandes; VIEIRA, Marcelo de Mello; SILLMANN, Marina Carneiro Matos (Orgs.). *Direito civil em debate*. Belo Horizonte: D'Plácido, 2016. p. 166.

[61] ANGELIS, Camila Brandão de; MARTINS, Thiago Penido. Usucapião: judicial, administrativa (extrajudicial) e as implicações da Lei nº 13.105/2015 – Novo Código de Processo Civil. In: QUEIROZ, Mônica; GUERRA, Carlos Henrique Fernandes; VIEIRA, Marcelo de Mello; SILLMANN, Marina Carneiro Matos (Orgs.). *Direito civil em debate*. Belo Horizonte: D'Plácido, 2016. p. 182.

IV – justo título ou quaisquer outros documentos que demonstrem a origem, a continuidade, a natureza e o tempo da posse, tais como o pagamento dos impostos e das taxas que incidirem sobre o imóvel.

§ 1º O pedido será autuado pelo registrador, prorrogando-se o prazo da prenotação até o acolhimento ou a rejeição do pedido.

§ 2º Se a planta não contiver a assinatura de qualquer um dos titulares de direitos registrados ou averbados na matrícula do imóvel usucapiendo ou na matrícula dos imóveis confinantes, o titular será notificado pelo registrador competente, pessoalmente ou pelo correio com aviso de recebimento, para manifestar consentimento expresso em quinze dias, interpretado o silêncio como concordância. (Redação alterada pela Lei nº 13.465/2017.)

§ 3º O oficial de registro de imóveis dará ciência à União, ao Estado, ao Distrito Federal e ao Município, pessoalmente, por intermédio do oficial de registro de títulos e documentos, ou pelo correio com aviso de recebimento, para que se manifestem, em 15 (quinze) dias, sobre o pedido.

§ 4º O oficial de registro de imóveis promoverá a publicação de edital em jornal de grande circulação, onde houver, para a ciência de terceiros eventualmente interessados, que poderão se manifestar em 15 (quinze) dias.

§ 5º Para a elucidação de qualquer ponto de dúvida, poderão ser solicitadas ou realizadas diligências pelo oficial de registro de imóveis.

§ 6º Transcorrido o prazo de que trata o § 4º deste artigo, sem pendência de diligências na forma do § 5º deste artigo e achando-se em ordem a documentação, o oficial de registro de imóveis registrará a aquisição do imóvel com as descrições apresentadas, sendo permitida a abertura de matrícula, se for o caso. (Redação alterada pela Lei nº 13.465/2017.)

§ 7º Em qualquer caso, é lícito ao interessado suscitar o procedimento de dúvida, nos termos desta Lei.

§ 8º Ao final das diligências, se a documentação não estiver em ordem, o oficial de registro de imóveis rejeitará o pedido.

§ 9º A rejeição do pedido extrajudicial não impede o ajuizamento de ação de usucapião.

§ 10. Em caso de impugnação do pedido de reconhecimento extrajudicial de usucapião, apresentada por qualquer um dos titulares de direito reais e de outros direitos registrados ou averbados na matrícula do imóvel usucapiendo e na matrícula dos imóveis confinantes, por algum dos entes públicos ou por algum terceiro interessado, o oficial de registro de imóveis remeterá os autos ao juízo competente da comarca da situação do imóvel, cabendo ao requerente emendar a petição inicial para adequá-la ao procedimento comum.

§ 11. No caso de o imóvel usucapiendo ser unidade autônoma de condomínio edilício, fica dispensado consentimento dos titulares de direitos reais e outros direitos registrados ou averbados na matrícula dos imóveis confinantes e bastará a notificação do síndico para se manifestar na forma do § 2º deste artigo. (Parágrafo acrescido pela Lei nº 13.465, de 11/7/2017.)

§ 12. Se o imóvel confinante contiver um condomínio edilício, bastará a notificação do síndico para o efeito do § 2º deste artigo, dispensada a notificação de todos os condôminos. (Parágrafo acrescido pela Lei nº 13.465, de 11/7/2017.)

§ 13. Para efeito do § 2º deste artigo, caso não seja encontrado o notificando ou caso ele esteja em lugar incerto ou não sabido, tal fato será certificado pelo registrador, que deverá promover a sua notificação por edital mediante publicação, por duas vezes, em jornal local de grande circulação, pelo prazo de quinze dias cada um, interpretado o silêncio do notificando como concordância. (Parágrafo acrescido pela Lei nº 13.465, de 11/7/2017.)

§ 14. Regulamento do órgão jurisdicional competente para a correição das serventias poderá autorizar a publicação do edital em meio eletrônico, caso em que ficará dispensada a publicação em jornais de grande circulação. (Parágrafo acrescido pela Lei nº 13.465, de 11/7/2017.)

§ 15. No caso de ausência ou insuficiência dos documentos de que trata o inciso IV do *caput* deste artigo, a posse e os demais dados necessários poderão ser comprovados em procedimento de justificação administrativa perante a serventia extrajudicial, que obedecerá, no que couber, ao disposto no § 5º do art. 381 e ao rito previsto nos arts. 382 e 383 da Lei nº 13.105, de 16 março de 2015 (Código de Processo Civil). (Parágrafo acrescido pela Lei nº 13.465, de 11/7/2017.)

Diante da redação legal que admite a usucapião pela via administrativa, alguns pontos devem ser indagados. O primeiro diz respeito à ausência de menção na lei acerca da intervenção do Ministério Público. Essa lacuna pode resultar na falta de maior segurança destinada ao procedimento, podendo haver inclusive a facilitação de fraudes internamente nos Cartórios.

O segundo ponto é atentar para o fato de que a Lei nº 13.465/2017 melhora a redação primitiva do § 2º do art. 216-A da Lei nº 6.015/73. É que antes, no referido parágrafo, havia a previsão de que o silêncio do titular do direito real deveria ser interpretado como discordância. Com a alteração, o seu silêncio deve ser interpretado como concordância, acelerando a satisfação do usucapiente. A modificação faz com que o procedimento extrajudicial represente, de fato, uma via mais ágil para aquele que pretende a usucapião, sem beneficiar "aqueles que dormem".

Como terceiro ponto relevante, indaga-se acerca da atuação do oficial do cartório que terá que analisar em algumas modalidades de usucapião alguns requisitos específicos, tais como "abandono de lar", "produtividade", "moradia" etc. Além disso, cumprirá ao oficial do cartório ouvir testemunhas que se manifestarão acerca do caso concreto. O desconforto que se apresenta nesse momento é respeitante à aptidão do oficial do cartório em praticar esses atos, quais sejam, analisar requisitos jurídicos específicos e ouvir testemunhas.

Desse modo, nos apraz a conclusão de Marcelo Milagres:

O grande desafio é a efetividade do procedimento extrajudicial, que será realizado perante o cartório de registro de imóveis da comarca em que estiver situado o imóvel usucapiendo. (...) Reitere-se que a desjudicialização não pode desconsiderar a complexidade de algumas demandas, destacando-se as multiplicidades envolvendo o instituto da usucapião.[62]

---

[62] MILAGRES, Marcelo de Oliveira. Código de Processo Civil de 2015: Usucapião e ação de divisão e de demarcação de terras. In: QUEIROZ, Mônica; GUERRA, Carlos Henrique Fer-

Em 14/12/2017, foi editado o Provimento do Conselho Nacional de Justiça nº 65, que estabelece diretrizes para o procedimento da usucapião extrajudicial nos serviços notariais e de registro de imóveis, objetivando concretizar a legislação afeta ao tema. Por fim, comparamos a redação do art. 216-A da Lei nº 6.015/73, antes e depois da superveniência da Lei nº 13.465/2017:

Redação antes das modificações apresentadas pela Lei nº 13.465/2017	Redação após as modificações apresentadas pela Lei nº 13.465/2017
Art. 216-A, Lei nº 6.015/73	**Art. 216-A, Lei nº 6.015/73**
I – ata notarial lavrada pelo tabelião, atestando o tempo de posse do requerente e seus antecessores, conforme o caso e suas circunstâncias;	I – ata notarial lavrada pelo tabelião, atestando o tempo de posse do requerente e de seus antecessores, conforme o caso e suas circunstâncias, aplicando-se o disposto no art. 384 da Lei nº 13.105, de 16 de março de 2015 – Código de Processo Civil;
II – planta e memorial descritivo assinado por profissional legalmente habilitado, com prova de anotação de responsabilidade técnica no respectivo conselho de fiscalização profissional, e pelos titulares de direitos reais e de outros direitos registrados ou averbados na matrícula do imóvel usucapiendo e na matrícula dos imóveis confinantes;	II – planta e memorial descritivo assinado por profissional legalmente habilitado, com prova de anotação de responsabilidade técnica no respectivo conselho de fiscalização profissional, e pelos titulares de direitos registrados ou averbados na matrícula do imóvel usucapiendo **ou** na matrícula dos imóveis confinantes;
§ 2º Se a planta não contiver a assinatura de qualquer um dos titulares de direitos reais e de outros direitos registrados ou averbados na matrícula do imóvel usucapiendo e na matrícula dos imóveis confinantes, esse será notificado pelo registrador competente, pessoalmente ou pelo correio com aviso de recebimento, para manifestar seu consentimento expresso em 15 (quinze) dias, interpretado o seu silêncio como discordância.	§ 2º Se a planta não contiver a assinatura de qualquer um dos titulares de direitos registrados ou averbados na matrícula do imóvel usucapiendo ou na matrícula dos imóveis confinantes, esse será notificado pelo registrador competente, pessoalmente ou pelo correio com aviso de recebimento, para manifestar seu consentimento expresso em 15 (quinze) dias, interpretado o seu silêncio como **concordância**.
§ 6º Transcorrido o prazo de que trata o § 4º deste artigo, sem pendência de diligências na forma do § 5º deste artigo e achando-se em ordem a documentação, com inclusão da concordância expressa dos titulares de direitos reais e de outros direitos registrados ou averbados na matrícula do imóvel usucapiendo e na matrícula dos imóveis confinantes, o oficial de registro de imóveis registrará a aquisição do imóvel com as descrições apresentadas, sendo permitida a abertura de matrícula, se for o caso.	§ 6º Transcorrido o prazo de que trata o § 4º deste artigo, sem pendência de diligências na forma do § 5º deste artigo e achando-se em ordem a documentação, o oficial de registro de imóveis registrará a aquisição do imóvel com as descrições apresentadas, sendo permitida a abertura da matrícula, se for o caso.
	§ 11. No caso de o imóvel usucapiendo ser unidade autônoma de condomínio edilício, fica dispensado consentimento dos titulares de direitos reais e outros direitos registrados ou averbados na matrícula dos imóveis confinantes e bastará a notificação do síndico para se manifestar na forma do § 2º deste artigo.

nandes; VIEIRA, Marcelo de Mello; SILLMANN, Marina Carneiro Matos (Orgs.) *Direito civil em debate*. Belo Horizonte: D'Plácido, 2016. p.167.

Redação antes das modificações apresentadas pela Lei nº 13.465/2017	Redação após as modificações apresentadas pela Lei nº 13.465/2017
	§ 12. Se o imóvel confinante contiver um condomínio edilício, bastará a notificação do síndico para o efeito do § 2º deste artigo, de modo que é dispensada a notificação de todos os condôminos.
	§ 13. Para efeito do § 2º deste artigo, caso não seja encontrado o notificando ou caso ele esteja em lugar incerto e não sabido, tal fato será certificado pelo registrador, que deverá promover a sua notificação por edital mediante publicação, por duas vezes, em jornal local de grande circulação pelo prazo de quinze dias cada um, interpretado o silêncio do notificando como concordância.
	§ 14. Regulamento do órgão jurisdicional competente para a correição das serventias poderá autorizar a publicação do edital em meio eletrônico, caso em que ficará dispensada a publicação em jornais de grande circulação.
	§ 15. No caso de ausência ou insuficiência dos documentos de que trata o inciso IV do *caput* deste artigo, a posse e os demais dados necessários poderão ser comprovados em procedimento de justificação administrativa perante a serventia extrajudicial que obedecerá, no que couber, ao rito previsto nos arts. 381, § 3º, 382 e 383 da Lei nº 13.105, de 16 de março de 2015 – Código de Processo Civil.

DO REGISTRO

1. NOTAS INTRODUTÓRIAS

Todos sabem que os bens móveis se transferem com a tradição (art. 1.226, CC[1]), ao passo que os imóveis, com o registro (art. 1.227, CC[2]). Com o registro[3] percebe-se a passagem do mundo do direito pessoal obrigacional para o mundo do direito real. É que no nosso ordenamento não basta ao interessado ostentar um determinado título (por exemplo, uma escritura pública de compra e venda) para ser considerado como proprietário é necessário que esse título tenha sido registrado no competente Cartório de Registro de Imóveis, conforme a sua localização.

O registro é considerado o modo mais comum de se adquirir a propriedade imóvel em nosso ordenamento. Daí o velho jargão popular: "Só é dono quem registra".

---

[1] Art. 1.226, CC: "Os direitos reais sobre coisas móveis, quando constituídos, ou transmitidos por atos entre vivos, só se adquirem com a tradição".

[2] Art. 1.227, CC: "Os direitos reais sobre imóveis constituídos, ou transmitidos por atos entre vivos, só se adquirem com o registro no Cartório de Registro de Imóveis dos referidos títulos (arts. 1.245 a 1.247), salvo os casos expressos neste Código".

[3] Oportuno o esclarecimento apresentado por Cristiano Chaves e Nelson Rosenvald: "Temos de ser cuidadosos ao utilizarmos o termo registro. Tanto pode significar um modo específico de aquisição de propriedade imobiliária, como também o ato formal que concede publicidade à aquisição pelas vias da sucessão, usucapião e acessão. Quando registramos um título aquisitivos de propriedade (*v.g.* escritura de compra e venda), alcançamos a condição de proprietários em caráter *ex nunc*. Vale dizer, o adquirente recebe os poderes dominiais do bem e se converte em titular do direito subjetivo de propriedade. Todavia, o registro da sentença de usucapião e do formal de partilha não são fatos aquisitivos do domínio, pois este já foi adquirido, respectivamente, ao tempo que se completou a usucapião e no momento da morte (art. 1.784, CC). Assim tratando-se dos modos aquisitivos da sucessão e usucapião o registro possui natureza declaratória de domínio, com a importante função de gerar titularidade e trânsito jurídico em prol do usucapiente e do herdeiro, sem se olvidar da necessária publicidade, capaz de produzir oponibilidade *erga omnes* a respeito da alteração subjetiva o direito de propriedade". FARIAS, Cristiano Chaves de; ROSENVALD, Nelson. *Curso de direito civil.* Reais. 11. ed. São Paulo: Atlas, 2015. p. 303.

2. SISTEMAS AFETOS À AQUISIÇÃO DA PROPRIEDADE IMOBILIÁRIA

2.1. Sistema alemão

Será feito um contrato entre as partes, gerando efeitos apenas no âmbito obrigacional e posteriormente as partes farão uma outra convenção perante o oficial do Cartório de Registro de Imóveis. Esse registro irá produzir uma presunção absoluta de propriedade em prol de seu titular, já que se trata de ato completamente dissociado da convenção inicial.

2.2. Sistema francês

O contrato por si só tem o poder de transferir a propriedade, sendo que o registro se presta apenas a dar publicidade ao ato de transmissão. Nas palavras da Professora Daniela Rosário Rodrigues, "trata-se, em verdade, de um resquício da Revolução Francesa, momento em que surgiu a necessidade de um veículo célere para a circulação de riquezas em busca de aquisição de patrimônio".[4]

2.3. Sistema romano

Situa-se a meio caminho dos dois sistemas anteriormente mencionados e é o sistema que é adotado em nosso País. Por ele, o título por si só não tem o condão de transferir a propriedade, sendo imprescindível que haja o seu registro no Cartório de Registro de Imóveis. Uma vez realizado o registro, ele gerará presunção relativa de propriedade, admitindo, pois, prova em sentido contrário.

3. A PRESUNÇÃO RELATIVA DE PROPRIEDADE GERADA PELO REGISTRO

Compreendido que o nosso Ordenamento se filia ao sistema romano, gerando o registro presunção relativa (*iuris tantum*) de propriedade, é importante perceber então que, se, após haver o registro, for constatado algum vício no negócio que o originou, o negócio será invalidado e, por conseguinte, o registro será cancelado. Desse modo, devemos perceber o título e o registro como irmãos siameses que não se dissociarão nunca.

Veja o exemplo: Antônio assina a escritura em que vende a sua casa a Paulo, apenas porque esse último o coagira dizendo-lhe que, se não assinasse a escritura, seria perpetrado mal contra a sua família. Posteriormente, munido da escritura de compra e venda do referido imóvel, Paulo se dirige à serventia imobiliária competente e promove o necessário registro tornando-se proprietário do imóvel. Todavia, dentro do prazo decadencial previsto em lei, Antônio consegue anular a escritura de compra e venda sob o fundamento da coação por *vis compulsiva*

---

[4] RODRIGUES, Daniela Rosário. *Direito civil*. Direito das coisas. São Paulo: Rideel, 2010. p. 68.

Cap. 65 – DO REGISTRO

que sofrera. Nesse caso, o registro também será atingido, sendo fulminado por seu cancelamento.

Assim, conclui-se que o registro do título gera uma presunção de propriedade, porém tal presunção se manifesta de maneira frágil, relativa, sendo admitido prova em sentido contrário (art. 1.245, § 2º, CC).

Vale notar, todavia, que em se tratando do registro Torrens e do registro da sentença da ação de usucapião, tais registros, diferentemente do que até aqui mencionado, gerarão presunção absoluta (*iure et de iure*). Explicamos. É que os dois registros para acontecer passarão sob o crivo do Poder Judiciário. O registro da sentença da ação de usucapião, por razões óbvias, já que decorreu de uma ação ajuizada. Já o registro Torrens, incidente apenas sobre imóveis rurais e previsto nos arts. 277 e ss. da Lei nº 6.015/77, criado na Austrália por um irlandês chamado Richard Torrens, decorre de um procedimento judicial em que haverá publicação de editais e parecer do Ministério Público. Exatamente por resultar de um minucioso procedimento, tal registro gerará presunção absoluta de propriedade. Desse modo, conclui-se que o registro da sentença da ação de usucapião e o registro Torrens somente poderão ser atacados via ação rescisória dentro das diretrizes apresentadas pela legislação processual civil.[5]

4. PRINCÍPIOS QUE REGEM O ATO REGISTRAL

4.1. Princípio da instância

O Oficial do Cartório somente poderá agir mediante provocação do interessado, eis o princípio da instância. Assim, de acordo com o art. 13 da LRP, excetuados os casos de anotações e as averbações obrigatórias, os atos do registro serão praticados por requerimento dos interessados; do Ministério Público, quando a lei autorizar; ou por ordem judicial.

4.2. Princípio da constitutividade

Pelo princípio da constitutividade é o registro do título que irá constituir o adquirente como proprietário. Tanto é assim que, até o registro, o imóvel continuará a pertencer ao alienante. Somente após a efetivação do registro é que o imóvel passará ao acervo patrimonial do adquirente. Desse modo, o § 1º do art. 1.245 estabelece que: "Enquanto não se registrar o título translativo, o alienante continua a ser havido como dono do imóvel".

Importante notar que, se até o registro o alienante continua a ser considerado o proprietário do bem, é evidente que sobre ele recairá a responsabilidade de pagamento de tributos que incidam sobre o imóvel e demais obrigações *propter rem*. Diante da inércia do adquirente em promover o registro do título já produzido, o alienante, para se proteger contra a perpetuação de suas obrigações, poderá manejar tutela inibitória de obrigação de fazer (que é promover o registro) com a devida incidência de astreintes.

---

[5] *Vide* art. 966 do CPC/2015.

Para finalizar, ressalte-se que, o registro do título constituirá o adquirente como dono, produzindo efeitos *ex nunc*. Ao revés, em caráter excepcional, o registro de uma sentença que julga procedente pedido de usucapião e o registro de um formal de partilha não trazem em seu bojo o viés da constitutividade, uma vez que se prestam apenas a declarar algo já concretizado, produzindo esse registro, portanto, efeito *ex tunc* e se prestando, primordialmente, a apenas alterar a titularidade formal do bem. Eis a explicação para a ressalva mencionada no art. 1.227 do CC: "Os direitos reais sobre imóveis constituídos, ou transmitidos por atos entre vivos, só se adquirem com o registro no Cartório de Registro de Imóveis dos referidos títulos (arts. 1.245 a 1.247), salvo os casos expressos neste Código".

4.3. Princípio da territorialidade

O título deverá ser registrado no Cartório de Registro de Imóveis onde se encontre a sua matrícula, que é o Cartório da circunscrição do bem. A escritura pública, que é um título e é exigida para as negociações de imóveis de valor superior a 30 vezes o salário mínimo (art. 108, CC), poderá ser feita em qualquer Cartório de Notas, diferentemente do registro dessa escritura, que necessariamente deverá ser feito no Cartório de Registro de Imóveis da situação do bem, conforme art. 169 da LRP.

4.4. Princípio da especialidade ou especialização

O imóvel objeto de registro deverá se apresentar perfeitamente individualizado e com todas as caracterizações necessárias e imprescindíveis ao registro. É o que se depreende do art. 225 da LRP. Tais minúcias é que garantirão a segurança inerente ao ato registral. Dessarte, conclui-se que não será possível o registro, por exemplo, de uma universalidade de bens, já que a noção de bens coletivos se opõe à noção de individuação e singularidade.

4.5. Princípio da publicidade

Estandarte máximo da ideia de promoção do registro de um título é a publicidade que de tal ato decorrerá. Assim, o art. 17 da LRP preceitua que qualquer pessoa pode requerer certidão do registro sem informar ao oficial ou ao funcionário o motivo ou interesse do pedido.

Vale lembrar, portanto, que toda a lógica dos direitos reais esbarra na publicidade. Isso porque se os direitos reais são oponíveis *erga omnes*, eles só o poderão ser em virtude da publicidade decorrente do registro. Em conclusão, é a publicidade que fomentará a segurança necessária para a celebração de ajustes negociais.

4.6. Princípio da prioridade ou preferência

A prioridade de registro de um título decorrerá de sua ordem de apresentação ao Tabelionato de Registro de Imóveis. Explicamos. Se vários títulos disserem respeito a um mesmo imóvel, terá prioridade para o registro aquele que foi apresentado previamente obtendo a chancela da chamada prenotação. Por isso, a redação do art. 191 da LRP, com redação fornecida pela Lei nº 6.216/75: "Prevalecerão, para efeito de prioridade de registro, quando apresentados no mesmo dia, os títulos prenotados no Protocolo sob número de ordem mais baixo, protelando-se o registro dos apresentados posteriormente, pelo prazo correspondente a, pelo menos, um dia útil".

Vejamos um exemplo. Imagine que Antônio venda a sua casa para José e com ele faça a necessária escritura pública. Ocorre que, desidiosamente, José não vem a promover o registro desse título. A conclusão é que Antônio continuará proprietário do imóvel. Tanto assim que, posteriormente, Antônio faz novo negócio com Lucas e surge um segundo título que é a escritura pública de compra e venda feita entre Antônio e Lucas, nada obstante, a já existência de uma primeira escritura pública entabulada entre Antônio e José. Lucas, apesar de ser portador de um título mais recente, imediatamente o apresenta para o devido registro imobiliário no afã de se tornar proprietário da casa. Nesse momento de apresentação do título para o Oficial do Cartório de Registro de Imóveis, ocorre a devida prenotação, garantindo-lhe, portanto, a prioridade no registro. Imagine que, posteriormente, José apresente o seu título para o registro imobiliário. Apesar de ser título mais antigo, a sua prenotação foi tardia em relação ao outro título, de modo que a prioridade para o registro continuará a ser do título feito entre Antônio e Lucas. Assim, a única saída para José, que não conseguirá registrar o seu respectivo título, será se voltar contra Antônio, requerendo a indenização devida. Perceba-se que José não tem ao seu favor o mecanismo de sequela, de tal modo a perseguir o bem, pois, como não houve o registro, José não adentrou ao confortável mundo dos Direitos Reais. O que José poderá fazer, como dito, é apenas exigir indenização de Antônio em virtude do ocorrido, já que não saiu da seara do Direito Obrigacional. Além do que, Antônio poderá responder pelo crime de estelionato, conforme art. 171, § 2º, II, do CP.

Em suma, podemos dizer que o título que foi prenotado em primeiro lugar será submetido ao exame de legalidade com prioridade, ainda que outros títulos digam respeito ao mesmo imóvel. Se tudo transcorrer positivamente no exame de legalidade feito pelo Oficial do Cartório, o título será registrado e os efeitos do registro retroagirão à data em que houve a prenotação, conforme preceitua o art. 1.246 do CC: "O registro é eficaz desde o momento em que se apresentar o título ao oficial do registro, e este o prenotar no protocolo".

Sempre de maneira a exaurir o tema, os Professores Rosenvald e Farias esclarecem ainda que:

> Em certas situações especiais, a prioridade e a preferência não excluem títulos diversos, mas apenas compatibilizam uma graduação entre títulos autônomos. Quando há uma dupla alienação, apenas um dos títulos será registrado, face à evidente incompatibilidade entre as duas situações jurídicas. Mas, na presença de duas hipotecas sobre o mesmo imóvel, o registro terá uma função de acomodar uma ordem de preferência, quando do resgate de créditos de diversos credores. Assim, a vantagem do primeiro credor hipotecário sobre os demais será a faculdade de obter preferencialmente o pagamento

do débito após a venda do bem em hasta pública (art. 1.477, do CC). Remanescendo crédito após o pagamento do primeiro credor, os que se seguirem na ordem de graduação serão contemplados.[6]

4.7. Princípio da legalidade

Forte nas lições de Maria Cecília Ladeira Almeida, o registro:

> é válido em razão do negócio jurídico que o antecedeu também o ser. O registro precisa se apoiar em negócio jurídico válido. Compete ao titular do Cartório verificar os elementos extrínsecos e intrínsecos de tal negócio, muito embora não possa exercer nenhum tipo de jurisdição. Analisa os elementos do título e se ele é passível de registro. O oficial pode, entretanto, "suscitar dúvida" que deverá ser dirimida para então ser feito registro, nos termos do art. 198 da lei registral.[7]

O exame da legalidade traduzir-se-á, então, nesse comparativo de dados que o oficial do cartório promove com base nos dados que ele já possui e o negócio jurídico que foi realizado.

4.8. Princípio da força probante

Por esse princípio, o registro do título gerará a presunção de propriedade. Porém, relevantíssimo notar que se trata de presunção relativa (*iuris tantum*), admitindo, portanto, prova em sentido em contrário.

Desse modo, como já mencionado alhures, se, por exemplo, João assina escritura pública vendendo o seu apartamento a Lucas, somente porque esse o coagira, posteriormente, havendo o registro dessa escritura, em princípio, tal registro gerará presunção de propriedade em favor de Lucas. Mas, se algum tempo depois, a escritura pública de compra e venda for anulada em virtude da coação, o registro, evidentemente, deverá ser cancelado, já que em nosso Ordenamento não se impõe presunção absoluta derivada do registro. Ainda que no exemplo mencionado acima, Lucas transfira o imóvel a um terceiro que nada saiba acerca da coação, isto é, que haja a todo tempo de boa-fé, ainda assim, poderá haver o cancelamento do registro.[8] Vale lembrar, nesse contexto, que foi aprovado o Enunciado

---

[6] FARIAS, Cristiano Chaves de; ROSENVALD, Nelson. *Curso de direito civil*. Reais. 11. ed. São Paulo: Atlas, 2015. p. 316.

[7] ALMEIDA, Maria Cecília Ladeira de. *Direitos reais*. São Paulo: Atlas, 2011. p. 31.

[8] "Aliás, o Código Civil não atendeu à diretriz da eticidade, pois poderia ter prestado amparo como regra geral à teoria da aparência, protegendo o terceiro adquirente de boa-fé que teve a sua confiança despertada pelo rigoroso exame de legalidade do registro imobiliário a que é submetido o título translativo de propriedade. A única concessão da norma em favor do titular aparente se deu em recente alteração da Lei de Registros Públicos, proclamando que 'a nulidade não será decretada se atingir terceiro de boa-fé que já tiver preenchido as condições de usucapião

nº 624 na VIII Jornada de Direito Civil: "A anulação do registro, prevista no art. 1.247 do Código Civil, não autoriza a exclusão dos dados invalidados do teor da matrícula". É o que dispõe o parágrafo único do art. 1247 do CC: "Cancelado o registro, poderá o proprietário reivindicar o imóvel, independentemente da boa-fé ou do título do terceiro adquirente". O que o terceiro adquirente poderá fazer é se voltar contra o alienante por meio do instituto da evicção, previsto nos arts. 447 ao 457 do CC.

Uma vez que se trata de presunção relativa de propriedade, poder-se-ia indagar acerca da vantagem de tal presunção, já que tal presunção de apresenta de maneira frágil. É evidente que vantagem repousa na seara processual, já que há a inversão do ônus da prova, beneficiando o proprietário que figura no registro. Assim, caberá ao interessado provar que o registro merece ser cancelado, pois, conforme preceitua o § 2º do art. 1.245 do CC: "Enquanto não se promover, por meio de ação própria, a decretação de invalidade do registro, e o respectivo cancelamento, o adquirente continua a ser havido como dono do imóvel".

---

do imóvel' (art. 214, § 5º, Lei nº 6.015/73, alterado pela Lei nº 10.931/04)". FARIAS, Cristiano Chaves de; ROSENVALD, Nelson. *Curso de direito civil*. Reais. 11. ed. São Paulo: Atlas, 2015. p. 319.

DA ACESSÃO

1. DELIMITANDO A ACESSÃO E SUAS MODALIDADES

O Código Civil apresenta a acessão como mais um modo de se adquirir a propriedade imóvel, em seus arts. 1.248 ao 1.259.[1] Nas lições de Sílvio Rodrigues extrai-se: "Acessão é o aumento do volume ou do valor da coisa principal, em virtude de um elemento externo. Quando uma coisa se une ou se incorpora a outra, aumentando-lhe o volume, temos a acessão".[2] De modo simplista, trata-se do modo aquisitivo da propriedade, de natureza originária, pelo qual a propriedade sofrerá um acréscimo. A acessão, a depender de sua origem, poderá ser natural ou artificial.

2. ACESSÃO NATURAL (ARTS. 1.249/1.252, CC)[3]

A acessão natural decorre de causas naturais e se manifesta por meio da formação de ilhas, da aluvião, da avulsão e do álveo abandonado.

---

[1] "O Código Civil de 2002, seguindo a tradição romana, incluiu a acessão entre os modos de adquirir a propriedade. Aconteceu o mesmo com o Código de Napoleão e o Código Civil alemão. Algumas legislações, no entanto, como a italiana, a consideram uma extensão normal do direito de propriedade, uma resultante do poder intrínseco de expansão desta". GONÇALVES, Carlos Roberto. *Direito civil brasileiro*. Direito das coisas. 3. ed. São Paulo: Saraiva, 2008. p. 290.

[2] RODRIGUES, Sílvio. *Direito civil*. Direito das coisas. 24. ed. São Paulo: Saraiva, 1997. p. 93.

[3] Maria Cecília Ladeira de Almeida promove a seguinte crítica: "O legislador ordinário tratou da matéria no projeto que precedeu a Constituição Federal. Todavia, não houve adequação à nova ordem constitucional, especialmente no tocante à dominialidade pública, quando o Código foi para a aprovação. Nessa ordem, especialmente quanto às acessões naturais, há profundo descompasso entre o disciplinado no Código Civil e na Constituição a merecer interpretação consoante às normas constitucionais e ambientais e também a merecer adoção pelo Código Civil, de novas determinações". ALMEIDA, Maria Cecilia Ladeira de. *Direitos reais*. São Paulo: Atlas, 2011. p. 34-35.

2.1. Formação de ilhas (art. 1.249, CC)[4]

As ilhas formadas no meio do rio pertencerão aos proprietários dos terrenos ribeirinhos fronteiros das margens, sendo divididos em partes iguais. As ilhas formadas entre a linha imaginária e uma das margens consideram-se acréscimos desse mesmo lado. As ilhas que se formarem pelo desdobramento de um novo braço do rio continuam a pertencer aos proprietários dos terrenos à custa dos quais se constituíram.

2.2. Aluvião (art. 1.250, CC)

Subdivide-se em:

- **Própria:** se dá por meio dos acréscimos formados, sucessiva e imperceptivelmente, por depósitos e aterros naturais ao longo das margens das correntes.
- **Imprópria:** decorre do desvio das águas, descobrindo parcialmente o álveo (o leito).

Importante notar que, em qualquer uma dessas manifestações de aluvião – própria ou imprópria – não será devida nenhuma espécie de indenização pelo dono do terreno beneficiado.

2.3. Avulsão (art. 1.251, CC)

Decorre do acréscimo de uma porção de terra que se destacou de um prédio e se juntou a outro por força violenta da natureza. Na avulsão, o dono do terreno pelo qual a porção de terra se agregou adquirirá a sua propriedade mediante indenização ao dono do terreno que perdeu a porção ou em um ano, se ninguém houver reclamado.

2.4. Álveo abandonado (art. 1.252, CC)

Conforme o art. 9º do Código das Águas, por álveo deve se entender como "a superfície que as águas cobrem sem transbordar para o solo natural e ordinariamente enxuto". Trata-se, pois, do leito do rio. Diante do desaparecimento do leito do rio, de acordo com o Código Civil, o acréscimo de propriedade pertencerá aos proprietários das duas margens do rio, sem que seja devida indenização aos

---

[4] De acordo com Carlos Roberto Gonçalves: "O legislador, no art. 1.249 do Código Civil, focaliza o problema da atribuição do domínio das ilhas surgidas em rios particulares, ou seja, em rios não navegáveis. Refoge ao estudo do direito civil acessão de ilhas ou ilhotas formadas no curso de rios navegáveis ou que banhem mais de um Estado, uma vez que tais correntes são públicas (CF, art. 20, nº IV). Consideram-se navegáveis os rios e as lagoas em que a navegação seja possível, por embarcações de qualquer espécie (Dec. nº 21.235, de 2/4/1932)". GONÇALVES, Carlos Roberto. *Direito civil brasileiro*. Direito das coisas. 3. ed. São Paulo: Saraiva, 2008. p. 291.

donos dos terrenos por onde as águas abrirem novo curso.[5] Nesse mote, chamamos atenção para que não haja confusão entre o álveo abandonado e a aluvião imprópria. No primeiro, há total e permanente abandono do antigo leito. No segundo, o abandono é parcial.

3. ACESSÃO ARTIFICIAL (ARTS. 1.253/1.259, CC)

A acessão artificial decorre de ato humano e se manifesta por meio das plantações e construções. Para promovermos o presente estudo, devemos partir de uma regra básica: toda construção ou plantação existente em um terreno presume-se feita pelo proprietário e à sua custa, até que se prove o contrário (art. 1.253, CC). Porém, situações outras poderão ocorrer de modo a afastar a regra cogitada. É o que se analisa a seguir:

Hipóteses:

Aquele que semeia, planta ou edifica em terreno próprio com sementes, plantas ou materiais alheios (art. 1.254, CC):

- se de boa-fé: fica obrigado a pagar as sementes, plantas ou materiais utilizados;
- se de má-fé: fica obrigado a pagar as sementes, plantas ou materiais utilizados, além de indenizar por perdas e danos.

Aquele que semeia, planta ou edifica em terreno alheio (art. 1.255, CC):

- se de boa-fé: perderá o que foi feito para o proprietário e terá direito a ser indenizado;
- se de má-fé: simplesmente perderá o que foi feito, sem direito a indenização.

O Código Civil de 2002 inova em sua redação quando incorpora em seu texto legal, no parágrafo único do art. 1.255, a denominada acessão inversa. Tal modalidade de acessão terá cabimento se a construção ou plantação feita de **boa-fé** exceder consideravelmente o valor do terreno. Nesse caso, aquele que construiu ou plantou adquirirá a propriedade do solo, mediante pagamento de indenização fixada judicialmente, se não houver acordo. Em síntese podemos dizer que os requisitos da acessão inversa são: boa-fé daquele que plantou ou edificou; que o valor da plantação ou edificação tenha excedido consideravelmente o valor do terreno; e que haja pagamento de indenização.

Há que se cogitar ainda de mais uma possibilidade:

- Aquele que semeia, planta ou edifica em terreno alheio com má-fé e diante da má-fé do proprietário do solo (art. 1.256, CC): perderá o que foi feito em favor do proprietário do solo, tendo direito a uma indenização.

---

[5] Vale notar o art. 27 do Código das Águas: "Se a mudança da corrente se fez por utilidade pública, o prédio ocupado pelo novo álveo deve ser indenizado, e o álveo abandonado passa a pertencer ao expropriante para que se compense a despesa feita".

Na hipótese retrocitada, o parágrafo único do art. 1.256 do CC presume a má-fé no proprietário do solo, quando o trabalho de construção, ou lavoura, se fez em sua presença e sem impugnação sua. Aqui encontra-se solução para a famosa questão do "genro que constrói no terreno da sogra" e, posteriormente, sobrevém algum desentendimento.[6]

Em última elucubração, o Código Civil apresenta a seguinte possibilidade:

- Quando não pertencerem as sementes, plantas ou materiais a quem de boa-fé os empregou em solo alheio (art. 1.257, CC): perderá o que foi feito em favor do proprietário do solo. O proprietário das sementes, plantas ou materiais poderá cobrar do proprietário do solo a indenização devida, quando não puder havê-la do plantador ou construtor.

Em caso de a construção não ser feita no terreno alheio, mas apenas invadir o terreno alheio, dois parâmetros devem ser observados:

1º) a extensão de invasão da construção: se superior ou inferior a 5% do terreno;

2º) o *animus* com que construtor agiu: se de boa-fé ou de má-fé.

Desse modo, seguem as regras adiante:

Invasão não superior à vigésima parte do terreno:

- se de boa-fé: adquirirá o construtor a propriedade da parte invadida, se o valor da construção exceder ao valor dessa parte e responderá por indenização que represente o valor da área perdida e a desvalorização da área remanescente (art. 1.258, *caput*, CC);

- se de má-fé: adquirirá o construtor a propriedade da parte invadida, se o valor da construção exceder ao valor dessa parte e responderá por dez vezes o valor da indenização que represente o valor da área perdida e a

---

[6] "Cuidou-se, na Corte de origem, entre outras questões, de debate sobre a possibilidade de proprietário de terreno, não contratante da edificação erguida em seu imóvel, e sem qualquer vínculo obrigacional com o responsável pela obra construída, arcar com pagamento do débito originado da mencionada edificação, de acordo com o parágrafo único do art. 1.257 do CC/2002. Conforme doutrina, 'o art. 1.256 do Código Civil refere-se a certas situações em que é o proprietário, e não apenas o possuidor, que age de má-fé. Seria uma espécie de má-fé bilateral. Nada obstante, manterá o proprietário a titularidade do imóvel. Presume-se tal estado quando as construções e plantações perfazem-se na presença do proprietário, sem que a este fato venha ele se opor. Todavia, como consequência de sua desídia e omissão em relação à vigilância do que lhe pertencer, deverá ser condenado a indenizar o possuidor de má-fé pelas acessões, consoante exposto no parágrafo único do próprio dispositivo'. Por outro lado, o Código Civil, no parágrafo único do art. 1.257, estabeleceu que o direito de pedir a devida indenização ao proprietário do solo igualmente se estende ao proprietário dos materiais empregados na construção, quando não puder havê-la do terceiro que construiu a acessão. Com efeito, é possível extrair das normas em destaque, especialmente do parágrafo único do art. 1.257 do CC/2002, a conclusão no sentido de que o proprietário dos materiais utilizados poderá cobrar do proprietário do solo a indenização devida pela construção, quando não puder recebê-la do construtor da obra" (REsp 963.199-DF, Rel. Min. Raul Araújo, por unanimidade, julgado em 11/10/2016. Informativo nº 593).

desvalorização da área remanescente. Isso se não for possível a demolição da porção invasora sem grave prejuízo para a construção (art. 1.258, parágrafo único, CC).

Invasão for superior à vigésima parte do terreno (art. 1.259, CC):

- se de boa-fé: adquirirá o construtor a propriedade da parte do solo invadido, e responderá por perdas e danos que abrangem o valor que a invasão acrescer à construção, mais o da área perdida e o da desvalorização da área remanescente;
- se de má-fé: o construtor será obrigado a demolir o que foi construído na parte invadida e a pagar as perdas e danos apurados em dobro.

MODOS AQUISITIVOS DA PROPRIEDADE MÓVEL

Pelo Código Civil de 2002, adquire-se a propriedade móvel por meio de: usucapião, ocupação, achado do tesouro, tradição, especificação, confusão, comissão e adjunção.

1. DA USUCAPIÃO DE BENS MÓVEIS

Os fundamentos e requisitos da usucapião de bens móveis são análogos aos da usucapião dos imóveis, apresentando, porém, prazos mais reduzidos. O Código Civil contempla duas modalidades de usucapião de bens móveis, a seguir apresentadas com os respectivos requisitos:

1.1. Usucapião extraordinária (art. 1.261, CC)

- Posse mansa e pacífica.
- *Animus domini*.
- Prazo: cinco anos.

1.2. Usucapião ordinária (art. 1.260, CC)

- Posse mansa e pacífica.
- *Animus domini*.
- Justo título.
- Boa-fé.
- Prazo: três anos.

De acordo com o art. 1.262 do CC, à usucapião de bens móveis deve-se aplicar o disposto nos arts. 1.243 e 1.244 do mesmo Código. Desse modo, admite-se o somatório das posses para fins de usucapião de bens móveis e também a aplicação das causas impeditivas, suspensivas e interruptivas do curso do prazo prescricional.

2. DA OCUPAÇÃO

A ocupação decorre simplesmente do assenhoramento da coisa de ninguém (*res nullius*) ou da coisa abandonada (*res derelicta*). Nessa senda, o art. 1.263 do

CC preceitua: "Quem se assenhorear de coisa sem dono para logo lhe adquire a propriedade, não sendo essa ocupação defesa por lei".

3. DO ACHADO DE TESOURO (ARTS. 1.264/1.266, CC)

O tesouro surge do depósito antigo e oculto de objetos preciosos, cujo dono não haja memória. O tesouro, se encontrado, pertencerá:

- Se encontrado em terreno alheio: ao dono do terreno e quem o encontrou;
- Se encontrado em terreno próprio: ao do dono do terreno.
- Se encontrado em terreno objeto de enfiteuse: o tesouro será dividido por igual entre o descobridor e o enfiteuta, ou será deste por inteiro quando ele mesmo seja o descobridor.

4. TRADIÇÃO (ARTS. 1.267/1.268, CC)

A tradição se traduz na entrega da coisa móvel, podendo ser real, simbólica ou ficta.

a) **real ou efetiva:** se traduz na entrega material da coisa;

b) **simbólica:** decorre de ato representativo da entrega da coisa (ex.: entrega da chave do automóvel);

c) **ficta:** decorre da vontade das partes, sem modificação no mundo dos fatos. Ocorre no constituto possessório e na *traditio brevi manu*. Por constituto possessório deve-se entender pela inversão no título da posse, ou seja, é a hipótese em se possuía sob um título e passa-se a possuir sob outro título (ex.: pessoa que é proprietária do bem, posteriormente, aliena-o e o aluga, permanecendo, em sua posse). Na *traditio brevi manu* acontece o contrário. Aquele que detinha a posse direta adquire a sua propriedade, sem que para tanto ocorra a tradição material da coisa já que esta já se encontra em poder do adquirente.

De acordo com o art. 1.268 do CC, feita a tradição por quem não seja proprietário, essa não aliena a propriedade, exceto se a coisa, oferecida ao público, em leilão ou estabelecimento comercial, for transferida em circunstâncias tais que, ao adquirente de boa-fé, como a qualquer pessoa, o alienante se afigurar dono.

Nesse caso, ocorrendo por parte do alienante a aquisição superveniente da propriedade, de acordo com o § 1º do art. 1.268, em estando o adquirente de boa-fé considera-se realizada a transferência desde o momento em que ocorreu a tradição.

Por fim, a tradição não terá o condão de transferir a propriedade quando o título que lhe subjaz for considerado nulo.

5. ESPECIFICAÇÃO (ARTS. 1.269/1.271, CC)

Decorre da transformação de matéria-prima em espécie nova em razão de um trabalho humano, sendo impossível o retorno ao estado primitivo. Como exemplos podem ser mencionadas a pintura em relação à tela e a estátua em relação à pedra.

Cap. 67 – MODOS AQUISITIVOS DA PROPRIEDADE MÓVEL

Problema surge quando a matéria-prima pertencer parcialmente a outrem. Nesse caso, a nova espécie pertencerá a quem a produziu, se não se puder restituir à forma anterior. Caso toda a matéria-prima seja alheia, não se podendo retornar à forma anterior, e o especificador tenha agido de boa-fé, pertencerá a ele a nova espécie. Todavia, se o especificador tiver agido de má-fé, a nova espécie pertencerá ao dono da matéria-prima.

Importante lembrar, entretanto, que, em qualquer caso, inclusive o da pintura em relação à tela, da escultura, escritura e outro qualquer trabalho gráfico em relação à matéria-prima, a espécie nova será do especificador, se o seu valor exceder consideravelmente o da matéria-prima.

É evidente que, em todas as hipóteses retro mencionadas, a parte prejudica merecerá a devida indenização, exceto em relação ao especificador de má-fé.

6. CONFUSÃO/COMISTÃO/ADJUNÇÃO (ARTS. 1.272/1.274, CC)

A confusão decorre da mistura de líquidos; comistão decorre da mistura de coisas secas e sólidas; e a adjunção decorre da justaposição de uma coisa a outra, por exemplo, um anel de brilhantes.

Não se pode confundir a confusão, a comistão e a adjunção com a especificação, pois nessa surge nova espécie.

De acordo com o Código Civil, se as coisas pertencentes a diversos donos, forem confundidas, misturadas ou adjuntadas sem o consentimento deles, continuarão a pertencer-lhes, sendo possível separá-las sem deterioração. Não sendo possível a separação das coisas, ou exigindo dispêndio excessivo, subsiste indiviso o todo, cabendo a cada um dos donos quinhão proporcional ao valor da coisa com que entrou para a mistura ou agregado. Além disso, se uma das coisas puder considerar-se principal, o dono sê-lo-á do todo, indenizando os outros.

Caso haja o emprego de má-fé, à outra parte caberá escolher entre adquirir a propriedade do todo, pagando o que não for seu, abatida a indenização que lhe for devida, ou renunciar ao que lhe pertencer, caso em que será indenizado.

Ainda que a confusão, a comistão e a adjunção resultem em espécie nova, deverão mesmo assim ser aplicadas as regras anteriormente mencionadas, conforme art. 1.274 do CC.[1]

7. PERDA DA PROPRIEDADE

O art. 1.275 do CC apresenta, exemplificativamente, as hipóteses de perda da propriedade imóvel e móvel. São elas: alienação, renúncia, abandono, perecimento da coisa e desapropriação.

- **Alienação:** ocorre quando o proprietário transfere a propriedade a alguém, por meio de um negócio jurídico que poderá ser gratuito (por exemplo, a

---

[1] Art. 1.274, CC: "Se da união de matérias de natureza diversa se formar espécie nova, à confusão, comissão ou adjunção aplicam-se as normas dos arts. 1.272 e 1.273".

doação) ou oneroso (exs.: compra e venda, dação em pagamento, permuta). Em se tratando de bem imóvel, exige-se o registro.

- **Renúncia:** é ato unilateral pelo qual o proprietário abdica, despoja-se da coisa de forma expressa. Em se tratando de bem imóvel, exige-se o registro.

- **Abandono ou derrelição:** é ato unilateral pelo qual o proprietário abdica da coisa, sem ser expressamente. Para que se configure é imprescindível o *animus dereliquendi*, isto é, a intenção de abandonar a coisa. Isso porque releva notar que o simples não uso da coisa não induz ao abandono e, por conseguinte, a sua perda. O imóvel urbano que o proprietário abandonar, com a intenção de não mais o conservar em seu patrimônio, e que se não encontrar na posse de outrem, poderá ser arrecadado, como bem vago, e passar, três anos depois, à propriedade do Município ou à do Distrito Federal, se se achar nas respectivas circunscrições (art. 1.276, CC). O imóvel situado em zona rural, nas mesmas circunstâncias, passará à propriedade da União.[2]

- **Perecimento da coisa:** decorre da perda involuntária do objeto. Em verdade, há perda de propriedade em virtude da regra de que não há direito sem objeto.

- **Desapropriação:** ocorre quando o proprietário se vê obrigado a transmitir a coisa ao Poder Público expropriante, em razão de ato administrativo formal resultante da intervenção estatal na propriedade privada.

---

[2] A Lei nº 13.465/2017 regulamenta a arrecadação dos imóveis abandonados, em seus arts. 64 e 65.

DOS DIREITOS DE VIZINHANÇA

1. NOTAS INTRODUTÓRIAS

Os direitos de vizinhança surgiram almejando equalizar os diversos interesses de pessoas que são vizinhas no exercício do direito de propriedade.

Os direitos de vizinhança irão abarcar o uso anormal da propriedade, as árvores limítrofes, a passagem forçada, a passagem de cabos e tubulações, as águas, os limites entre prédios, o direito de tapagem e o direito de construir.

Os ditames legais respeitantes aos direitos de vizinhança irão impor restrições que permitirão viabilizar o convívio social.[1] Os direitos de vizinhança são também denominados de servidão legal, opondo-se às servidões propriamente ditas que decorrem da vontade das partes.

A natureza jurídica das obrigações decorrentes dos direitos de vizinhança esquadrinha-se como obrigação *propter rem*, na medida em que existem em razão da coisa, sendo, pois, transmitidas ao adquirente da propriedade.

2. DO USO ANORMAL DA PROPRIEDADE

Quando se fala do uso anormal da propriedade deve-se atentar para o comportamento que atinja a segurança, o sossego e a saúde da vizinhança. Desse modo, o art. 1.277 do CC preceitua: "O proprietário ou o possuidor de um prédio tem o direito de fazer cessar as interferências prejudiciais à segurança, ao sossego e à saúde dos que o habitam, provocadas pela utilização de propriedade vizinha".

---

[1] Cristiano Chaves de Farias e Nelson Rosenvald sinalizam para que não se confunda os direitos de vizinhança com a função social da propriedade, nos seguintes termos: "Em comum, ambos relativizam a propriedade, aliviando a sua carga egoística. Contudo, os direitos de vizinhança são limites externos à propriedade, pois impõem aos proprietários obrigações que acautelam interesses de vizinhos, evitando o uso anormal, abusivo e excessivo da propriedade, segundo a sua destinação e localização. Já a função social implica limites internos à propriedade, pois ingressa em sua própria estrutura e conteúdo, condicionando o exercício do direito subjetivo à satisfação de conduta positivas (obrigações de fazer) calcadas no próprio aproveitamento do bem e na conciliação dos interesses individuais do titular com as expectativas sociais sobre a destinação da propriedade". FARIAS, Cristiano Chaves; ROSENVALD, Nelson. *Curso de direito civil*. Reais. São Paulo: Atlas, 2015. p. 554.

Importante saber que será considerada propriedade vizinha não apenas aquela que faça divisa com o imóvel, mas qualquer propriedade cuja realidade alcance, imiscua ou interfira em outra.

Assim, o uso anormal da propriedade se manifestará quando houver ofensa a segurança, ao sossego ou a saúde da vizinhança. A segurança que se protege é tanto a pessoal quanto a patrimonial. Assim, por exemplo, um imóvel que funcione como depósito de explosivos com a inobservância das normas regulamentares para o referido depósito atinge a segurança dos imóveis vizinhos.

Já o sossego associa-se à ideia de repouso e descanso. Desse modo, imagine--se o funcionamento de botequins, boates ou templos religiosos que em virtude de ruído acima do permitido prejudique a vizinhança.

No que diz respeito a saúde, almeja-se evitar o surgimento de doenças, por exemplo, diante de imóvel que funcione como depósito irregular de lixo ou fábrica que emita poluentes por meio de sua fumaça.

Em todos os casos mencionados anteriormente o proprietário ou o possuidor poderão se valer do Poder Judiciário para resguardo de sua segurança, sossego e saúde. Poderá o prejudicado, a depender do caso, lançar mão da ação de obri-gação de fazer ou não fazer, que fixe multa diária em caso de comportamento insubordinado do vizinho; ação de dano infecto, diante do receio que o vizinho apresenta de ser prejudicado com o prédio vizinho apresentado, pois, nítido caráter preventivo (art. 1.280, CC); a ação de reparação de danos pleiteando-se a devida reparação civil presentes os contornos apresentados pelo art. 187 do CC;[2] ação demolitória que objetiva demolir uma obra já construída; e a ação de nunciação de obra nova, objetivando embargar o prosseguimento de uma obra. Além disso, por evidente, o Código Civil em seu art. 1.281 ainda preceitua que: "O proprietário ou o possuidor de um prédio, em que alguém tenha direito de fazer obras, pode, no caso de dano iminente, exigir do autor delas as necessárias garantias contra o prejuízo eventual".

Vários critérios são considerados pela jurisprudência para se aferir se o uso da propriedade se manifesta de forma anormal. Dentre outros, podem-se citar: o grau de tolerância,[3] a possibilidade de diminuição do dano, a natureza do incômodo, os usos e costumes locais, os interesses sociais envolvidos na questão e a pré-ocupação.

---

[2] "É devido o pagamento de indenização por dano moral pelo responsável por apartamento de que se origina infiltração não reparada por longo tempo por desídia, a qual provocou constante e intenso sofrimento psicológico ao vizinho, configurando mais do que mero transtorno ou abor-recimento. Salientou-se que a casa é, em princípio, lugar de sossego e descanso, não podendo, portanto, considerar de somenos importâncias constrangimentos e aborrecimentos experimentados pelo recorrente em razão do prolongado distúrbio da tranquilidade nesse ambiente – ainda mais quando foi claramente provocado por conduta culposa da recorrida e perpetuado por sua inércia e negligência em adotar providência simples, como a substituição do rejunte do piso de seu apartamento" (STJ, REsp 1.313.641-RJ. Rel. Min. Sidnei Beneti. J. 26/6/2012).

[3] Vale o exemplo de Flávio Tartuce: "em uma área em uma localidade praiana destinada a bares noturnos (conforme normas regulamentares do próprio Município) deve existir uma tolerância maior ao barulho. O raciocínio não é o mesmo se a casa noturna ou o bar se localizar em uma região essencialmente residencial". TARTUCE, Flávio. *Manual de direito civil.* Volume único. 2. ed. São Paulo: Método, 2012. p. 903.

Acerca da teoria de pré-ocupação, Cristiano Vieira Sobral Pinto esclarece:

> Determina essa teoria que quem chega primeiro cria padrões de ocupação da área. Exemplo: os vizinhos de um grande aeroporto pedem o seu fechamento; no entanto, fica provado que quando o aeroporto foi construído não haviam casas por perto, ou seja, elas foram construídas depois. Assim, a pessoa terá que ter um nível de tolerabilidade maior.[4]

Atente-se, ainda, para o Enunciado nº 319, aprovado na IV Jornada de Direito Civil, que apresenta o seguinte teor: "A condução e a solução das causas envolvendo conflitos de vizinhança devem guardar estreita sintonia com os princípios constitucionais da intimidade, da inviolabilidade da vida privada e da proteção ao meio ambiente".

Não se pode esquecer, entretanto, de que, ainda que por decisão judicial devam ser toleradas as interferências, poderá o vizinho exigir a sua redução, ou eliminação, quando estas se tornarem possíveis (art. 1.279, CC).

O Código Civil de 2002, pautado em uma de suas diretrizes – a socialidade –, estampa a possibilidade de afastar o pleito individual em benefício dos interesses sociais que devem ser protegidos em determinado caso concreto. Assim, a título de exemplo, pode ser mencionada a fábrica que cria centenas de empregos e incorre em elevada contribuição tributária e cuja vizinhança requer o cancelamento de suas atividades. Nesse caso, de acordo com o art. 1.278 do CC, uma vez que a interferência se justifica pelo interesse público envolvido, a sua atividade não poderá ser cessada, todavia, resguarda-se ao vizinho prejudicado o pleito de indenização cabal.

Problema surge quando da superveniência de um dano anormal à vizinhança que não encontre respaldo social ou público para a sua ocorrência.

Nesse caso, retorna-se à regra geral do art. 1.277 do CC. Aqui retomam--se os multicitados exemplos dos bares e boates cujo ruído gerado extrapolam ao razoável. Percuciente se mostra o posicionamento apresentado por Cristiano Chaves de Farias e Nelson Rosenvald:

> A título de esclarecimento, a autorização administrativa para o funcionamento de estabelecimento é obtida mediante reserva implícita de não serem lesados direitos de terceiros. Ou seja, a concessão de alvará não importa carta branca ao proprietário para derrogar as regras gerais do art. 1.277 do Código Civil.[5]

De fato, a autorização obtida na seara administrativa não poderá ter o condão de elidir o princípio da inafastabilidade da jurisdição previsto no art. 5º, XXXV, CF/88.[6]

---

[4] PINTO, Cristiano Vieira Sobral. *Direito civil sistematizado*. 2. ed. Rio de Janeiro: Forense, 2011. p. 551.

[5] FARIAS, Cristiano Chaves; ROSENVALD, Nelson. *Curso de direito civil.* Reais. 11. ed. São Paulo: Atlas, 2015. p. 553.

[6] Art. 5º, XXXV, CF/88: "a lei não excluirá da apreciação do Poder Judiciário lesão ou ameaça a direito".

3. ÁRVORES LIMÍTROFES

Por árvores limítrofes deve-se entender como aquelas que nascem sobre a linha divisória entre dois terrenos. Tal árvore, por presunção legal,[7] pertencerá em comum aos donos dos prédios confinantes, ainda que seus galhos tenham se projetado mais para um lado. Impõe-se, portanto, um condomínio legal necessário.

Flávio Augusto Monteiro de Barros esclarece que "a expressão árvore abrange as árvores propriamente ditas, bem como os arbustos, trepadeiras e outras vegetações. Por exemplo: pés de hera".[8]

De acordo com o art. 1.283 do CC, as raízes e os ramos de árvore que ultrapassarem a estrema do prédio poderão ser cortados, até o plano vertical divisório, pelo proprietário do terreno invadido.[9] O referido artigo prescinde de autorização judicial para tanto. Entretanto, vale o alerta formulado por Flávio Tartuce: "De qualquer modo, esse direito não pode comprometer a vida da árvore limítrofe, diante da função socioambiental da propriedade".[10]

No que tange aos frutos caídos, esses pertencerão ao dono do solo onde caíram. Então, se uma árvore se situa em um terreno, porém, em virtude da projeção de seus galhos, seus frutos caírem em outro terreno, tais frutos pertencerão ao dono do terreno onde os frutos caíram.[11] Tal informação está prevista no art. 1.284 do CC. Trata-se, em verdade, de dispositivo que excetua a regra de que o acessório segue o principal.

Entretanto, os frutos pendentes pertencem ao dono da árvore, não podendo o vizinho pretender colhê-los nessa condição.

4. DA PASSAGEM FORÇADA

A passagem forçada se configura em direito atribuído aos proprietários ou possuidores de imóveis encravados. Por encravado deve-se entender aquele que não apresente acesso à via pública, nascente ou porto.

Desse modo, o sujeito privado de tal acesso no uso do imóvel poderá, mediante pagamento de indenização cabal, constranger o vizinho a lhe dar passagem, cujo

---

[7] Art. 1.282, CC: "A árvore, cujo tronco estiver na linha divisória, presume-se pertencer em comum aos donos dos prédios confinantes".

[8] BARROS, Flávio Augusto Monteiro de. *Manual de direito civil.* Direito das coisas e responsabilidade civil. São Paulo: Método, 2005. v. 3. p. 104.

[9] De acordo com Cristiano Vieira Sobral Pinto: "Trata-se de direito não absoluto, mesmo havendo fundamentação legal. Tal direito deve ser utilizado com cautela para que não fique configurado o abuso de direito". PINTO, Cristiano Vieira Sobral. *Direito civil sistematizado.* 2. ed. Rio de Janeiro: Forense, 2011. p. 552.

[10] TARTUCE, Flávio. *Manual de direito civil.* Volume único. 2. ed. São Paulo: Método, 2012. p. 906.

[11] Bezerra de Melo fundamenta o comando legal da seguinte maneira: "O fruto cai, suja, mancha, atrai insetos, apodrece; o dono da árvore não vai limpar o chão, ou o terraço, ou a calçada do vizinho – que justificativa teria para ir buscar ou exigir os frutos bons que caírem?". MELO, Marco Aurélio Bezerra de. *Direito das coisas.* Rio de Janeiro: Lumen Juris, 2007. p. 195.

rumo será judicialmente fixado, se necessário. É importante notar que tal direito somente existirá se o encravamento for natural, isto é, não provocado pelo sujeito que o pleiteia. Há manifestação doutrinária e jurisprudencial no sentido de que o encravamento seja absoluto a justificar a passagem forçada. Todavia, atualmente, outro posicionamento tende a prevalecer. Para que surja o direito de passagem, basta que a opção de passagem existente seja penosa ou perigosa. Nesse sentido, foi aprovado o Enunciado nº 88, na I Jornada de Direito Civil, com o seguinte teor: "O direito de passagem forçada, previsto no CC, art. 1.285, também é garantido nos casos em que o acesso à via pública for insuficiente ou inadequado, consideradas inclusive as necessidades de exploração econômica".[12]

Por evidente, sofrerá o constrangimento o vizinho cujo imóvel mais natural e facilmente se prestar à passagem. Além disso, a lei esclarece que se ocorrer alienação parcial do prédio, de modo que uma das partes perca o acesso a via pública, nascente ou porto, o proprietário da outra deve tolerar a passagem.[13]

Por fim não se pode confundir o direito de passagem com a servidão de passagem. A necessária distinção será feita oportunamente neste livro.

5. PASSAGEM DE CABOS E TUBULAÇÕES

No que diz respeito à passagem de cabos e tubulações, preceitua o Código Civil, em seus arts. 1.286 e 1.287, que o proprietário é obrigado a tolerar a passagem, através de seu imóvel, de cabos, tubulações e outros condutos subterrâneos de serviços de utilidade pública, em proveito de proprietários vizinhos, quando de outro modo for impossível ou excessivamente onerosa. Tudo isso ocorrerá que mediante recebimento de indenização que atenda, também, à desvalorização da área remanescente.

Além disso, se as instalações oferecerem grave risco, será facultado ao proprietário do prédio onerado exigir a realização de obras de segurança.

6. ÁGUAS

Por prédio superior deve-se entender de onde a água vem; por prédio inferior, para onde a água vai. Nesse mote, o art. 1.288 do CC estabelece:

O dono ou o possuidor do prédio inferior é obrigado a receber as águas que correm naturalmente do superior, não podendo realizar obras que embaracem o seu fluxo; porém a condição natural e anterior do prédio inferior não pode ser agravada por obras feitas pelo dono ou possuidor do prédio superior.

A razão que fundamenta o dispositivo é óbvia, já que o que vem de cima deve, por força natural, necessariamente descer. Além disso, com base no princípio

---

[12] Corroborando esse posicionamento, *vide* STJ, REsp 316.336-MS, 3ª T., Min. Ari Pargendler, j. 18/8/2005.

[13] Arts. 1.285, § 1º e § 2º.

da menor onerosidade, a condição do prédio inferior não pode ser agravada. Por tratar-se de imposição legal em desfavor do prédio inferior, o seu proprietário não merecerá nenhum tipo de indenização para tanto.

Em se tratando de escoamento artificial das águas do prédio superior para o inferior, o art. 1.289 do CC estabelece que poderá o dono do prédio inferior reclamar que se desviem, ou se lhe indenize o prejuízo que sofrer. O referido dispositivo sofre críticas doutrinárias e como esclarece Maria Cecília Ladeira de Almeida:

> Tal dispositivo retoma a regra do Código Civil de 1916 que, segundo os doutrinadores, tinha sido revogada em face do art. 92 do Código de Águas. Neste a opção do proprietário do prédio inferior tinha sido vedada. Desta forma, o proprietário do prédio inferior, só podia reclamar a indenização, permitindo a compensação cm eventuais benefícios obtidos.[14]

E mais adiante a mesma autora dispara:

> A maioria das obras compulsadas, apenas parafraseia o art. 1.289, sem tecer maiores comentários, ao que se permite ousar criticar, posto que considerar válida a regra geral do artigo 1.289, em oposição ao disposto no art. 92 do Código das Águas, é romper com o princípio de que a lei geral não derroga a lei especial.[15]

Já o art. 1.290 do CC estabelece que: "O proprietário de nascente, ou do solo onde caem águas pluviais, satisfeitas as necessidades de seu consumo, não pode impedir, ou desviar o curso natural das águas remanescentes pelos prédios inferiores." Como o curso das águas de um prédio para o outro apresenta finalidade social, o proprietário da nascente não poderá impedir o destino das águas para os prédios inferiores. É com esse mesmo sentido que o art. 94 do Código das Águas impõe que: "O proprietário de um nascente não pode desviar-lhe o curso quando da mesma se abasteça uma população".

O art. 1.291 do CC, que recebe duras e necessárias críticas doutrinárias, estabelece que: "O possuidor do imóvel superior não poderá poluir as águas indispensáveis às primeiras necessidades da vida dos possuidores dos imóveis inferiores; **as demais, que poluir, deverá recuperar, ressarcindo os danos que estes sofrerem, se não for possível a recuperação ou o desvio do curso artificial das águas**" (grifamos).

O trecho do dispositivo ao qual grifamos admite expressamente a possibilidade de poluição das águas que não forem indispensáveis às primeiras necessidades da vida dos possuidores. O trecho da lei causa pasmo diante do atual repúdio que prevalece atualmente a água de qualquer natureza, ainda que não essencial, tendo

---

[14] ALMEIDA, Maria Cecilia Ladeira de. *Direitos reais*. São Paulo: Atlas, 2011. p. 55.

[15] ALMEIDA, Maria Cecilia Ladeira de. *Direitos reais*. São Paulo: Atlas, 2011. p. 56.

Cap. 68 – DOS DIREITOS DE VIZINHANÇA

em vista a preocupação constitucional com o meio ambiente (art. 225 da CF/88).[16] Nesse contexto foi aprovado o Enunciado nº 244 do CJF com o seguinte teor: "O CC 1.291 deve ser interpretado conforme a CF, não sendo facultada a poluição das águas, quer sejam essenciais ou não às primeiras necessidades da vida".

Pelo que preleciona o art. 1.292 do CC:

> O proprietário tem direito de construir barragens, açudes, ou outras obras para represamento de água em seu prédio; se as águas represadas invadirem prédio alheio, será o seu proprietário indenizado pelo dano sofrido, deduzido o valor do benefício obtido.

Além disso, o direito à construção de aqueduto[17] é prevista no art. 1.293 do CC, que permite a quem quer que seja, mediante prévia indenização aos proprietários prejudicados, construir canais, através de prédios alheios, para receber as águas a que tenha direito, indispensáveis às primeiras necessidades da vida, e, desde que não cause prejuízo considerável à agricultura e à indústria,[18] bem como para o escoamento de águas supérfluas ou acumuladas, ou a drenagem de terrenos. Quando se fala em água indispensável às primeiras necessidades da vida, deve-se ter em mente as águas necessárias ao consumo próprio como para beber, lavar alimentos e promover a higiene das pessoas. Vale lembrar ainda o Enunciado nº 245 do CJF que estabelece:

> Muito embora omisso acerca da possibilidade de canalização forçada de águas por prédios alheios, para fins de agricultura ou indústria, o art. 1.293 não exclui a possibilidade da canalização forçada pelo vizinho, com prévia indenização aos proprietários prejudicados.

Em proteção ao proprietário eventualmente prejudicado com a construção do aqueduto, são estabelecidas duas regras:

- o proprietário prejudicado terá direito a ressarcimento pelos danos que de futuro lhe advenham da infiltração ou irrupção das águas, bem como da deterioração das obras destinadas a canalizá-las;

---

[16] "A mercantilização do dano ambiental que coroa a interpretação equivocada do princípio do 'poluidor-pagador' pode conduzir a conclusões como as que surgem da literalidade do art. 1.291: somente é proibida a poluição das águas indispensáveis à sobrevivência; quanto às demais, haveria uma pretensa 'faculdade', desde que com posterior reparação do prejuízo. Em uma sociedade na qual tudo teria valor de troca, poder-se-ia 'comprar' o 'direito' de poluir, com a reificação total do próprio meio ambiente. Essa hermenêutica – que pode decorrer da redação pouco elogiável do Código Civil – não é aceitável". FACHIN, Luiz Edson. Direitos de vizinhança e o novo Código Civil brasileiro: uma sucinta apreciação. In: DELGADO, Mário Luiz; ALVES, Jones Figueirêdo (Coords.). *Questões controvertidas no novo Código Civil.* São Paulo: Método, 2004. p. 205.

[17] Aqueduto trata-se de um canal construído cuja destinação é o transporte da água por força da gravidade.

[18] Enunciado nº 598, CJF: "Na redação do art. 1.293, 'agricultura e indústria' não são apenas qualificadores do prejuízo que pode ser causado pelo aqueduto, mas também finalidades que podem justificar sua construção".

- o proprietário prejudicado poderá exigir que seja subterrânea a canalização que atravessa áreas edificadas, pátios, hortas, jardins ou quintais.

Ademais, deve se observar que o aqueduto deverá ser construído da maneira que cause o menor prejuízo aos proprietários dos imóveis vizinhos, e a expensas do seu dono, a quem incumbirá também as despesas de conservação.

Não há óbice ao proprietário do imóvel que suporta o aqueduto de construir sobre ele, podendo usar de suas águas para as primeiras necessidades da vida. É o que preceitua o art. 1.295 do CC.

Por fim, o art. 1.296 do CC admite que, havendo no aqueduto águas supérfluas, outros poderão canalizá-las, para os fins previstos no art. 1.293, mediante pagamento de indenização aos proprietários prejudicados e ao dono do aqueduto, de importância equivalente às despesas que então seriam necessárias para a condução das águas até o ponto de derivação. Problema surge novamente com a adjetivação de supérfluas fornecida às águas. Ao que se depreende que o Código Civil de 2002 insiste em distinguir águas supérfluas (dispensáveis) de águas essenciais. A nosso viso parece complicado formular tal distinção diante do direito ao meio ambiente que é deferido a todos, conforme art. 225 da CF/88. Por fim, é importante conferir posicionamento do STJ acerca do tema:

DIREITO CIVIL. CONSTRUÇÃO EM TERRENO ALHEIO DE AQUEDUTO PARA PASSAGEM DE ÁGUAS. O proprietário de imóvel tem direito de construir aqueduto no terreno do seu vizinho, independentemente do consentimento deste, para receber águas provenientes de outro imóvel, desde que não existam outros meios de passagem de águas para a sua propriedade e haja o pagamento de prévia indenização ao vizinho prejudicado. O que caracteriza um determinado direito como de vizinhança é a sua imprescindibilidade ao exercício do direito de propriedade em sua função social. Ressalte-se, nesse contexto, que a doutrina estrangeira costumava identificar os institutos dos direitos de vizinhança como "servidões legais". Entretanto, há que distinguir os dois institutos, conforme entendimento doutrinário acolhido em julgamento da Terceira Turma do STJ: "Não é rara a confusão entre servidões e direito de vizinhança. Ambas as espécies se identificam enquanto limitam o uso da propriedade plena. Mas, na verdade, desponta uma diferença de origem e finalidade. As primeiras se fixam por ato voluntário de seus titulares e as segundas decorrem de texto expresso de lei. A par disso, o direito de vizinhança está endereçado a evitar um dano (*de damno evitando*), o qual, se verificado, impede o aproveitamento do prédio. Na servidão não se procura atender uma necessidade imperativa. Ela visa à concessão de uma facilidade maior ao prédio dominante" (REsp 223.590-SP, *DJ* 17/9/2001). Por um lado, para um determinado direito ser qualificado como de vizinhança, é necessário que a utilização de parcela da propriedade alheia seja essencial ao aproveitamento do prédio, razão pela qual será exigível, de maneira impositiva, por decorrência da lei, a submissão do direito de propriedade de um vizinho ao do outro. Por outro lado, consoante o disposto no art. 1.378 do CC/2002, "a servidão proporciona utilidade para o prédio dominante, e grava o prédio serviente, que pertence a diverso dono", o que significa dizer que, por meio de uma relação jurídica de direito real, um prédio, dito serviente, submete-se a alguma utilidade em favor de outro prédio, dito dominante, transferindo-lhe certas faculdades de uso e de fruição.

Cap. 68 – DOS DIREITOS DE VIZINHANÇA

As servidões, portanto, possuem a natureza de direito real na coisa alheia; os direitos de vizinhança, diferentemente, caracterizam limitações legais ao próprio exercício do direito de propriedade, com viés notadamente recíproco e comunitário. O direito à água é um direito de vizinhança, um direito ao aproveitamento de uma riqueza natural pelos proprietários de imóveis que sejam ou não abastecidos pelo citado recurso hídrico, haja vista que, de acordo com a previsão do art. 1º, I e IV, da Lei nº 9.433/97, a água é um bem de domínio público, e sua gestão deve sempre proporcionar o uso múltiplo das águas. Nessa conjuntura, ademais, conforme a previsão do art. 1.293 do CC/2002, "é permitido a quem quer que seja, mediante prévia indenização aos proprietários prejudicados, construir canais, através de prédios alheios, para receber as águas a que tenha direito, indispensáveis às primeiras necessidades da vida, e, desde que não cause prejuízo considerável à agricultura e à indústria, bem como para o escoamento de águas supérfluas ou acumuladas, ou a drenagem de terrenos". Na hipótese, como a água é um bem de domínio público de uso múltiplo, tem, portanto, o proprietário do imóvel direito de a ela ter acesso. Todavia, quanto ao dever (do vizinho) de suportar a passagem de aqueduto por sua propriedade, cumpre destacar que a identificação de um direito abstrato à água não conduz, necessariamente, ao reconhecimento do direito de vizinhança de exigir do vizinho a passagem de aqueduto. A exegese da permissão contida no art. 1.293 do CC/2002 deve, assim, partir da averiguação de uma contingência: não deve haver outro meio de acesso às águas. Caso presente essa eventualidade, a leitura de referido dispositivo há de resultar no reconhecimento de que se cuida de verdadeiro direito de vizinhança e, portanto, limite interno inerente ao direito de propriedade. De fato, não havendo caminho público até as águas, a busca e a retirada estão asseguradas por lei, já que a pessoa que a elas não tenha acesso tem para si dois direitos "o de aproveitamento da água e o uso de um caminho para a fonte, ou nascente, ou corrente", de acordo com entendimento doutrinário. Entretanto, se houver outros meios possíveis de acesso à água, não deve ser reconhecido o direito de vizinhança, pois a passagem de aqueduto, na forma assim pretendida, representaria mera utilidade – o que afasta a incidência do art. 1.293, restando ao proprietário a possibilidade de instituição de servidão, nos termos do art. 1.380 do CC/2002 (REsp 1.616.038-RS, Rel. Min. Nancy Andrighi, julgado em 27/9/2016, *DJe* 7/10/2016. Informativo nº 591).

7. DOS LIMITES ENTRE PRÉDIOS E DO DIREITO DE TAPAGEM

Almejando segurança, privacidade ou proteção ao seu interesse pessoal, a lei assegura ao proprietário o direito de extremar o seu imóvel promovendo-lhe a devida individualização fática. Tal direito será exercitado na medida em que o proprietário cerca, mura ou promove de alguma maneira a tapagem de seu prédio, seja ele urbano ou rural. Além disso, o proprietário pode constranger o seu confinante a proceder com ele à demarcação entre os dois prédios, a aviventar rumos apagados e a renovar marcos destruídos ou arruinados, repartindo-se proporcionalmente entre os interessados as respectivas despesas. Caso haja a recusa de seu confinante nesse sentido, deve o proprietário lançar mão da ação demarcatória.

Os tapumes poderão se manifestar de diversas formas, como por meio de muros, cercas, sebes vivas, cercas de arame ou madeira, valas ou banquetas que, em qualquer dessas modalidades, presume-se pertencerem a ambos aos proprietários confinantes sendo estes obrigados, de conformidade com os costumes da localidade, a concorrer, em partes iguais, para as despesas de sua construção e conservação. É evidente que a presunção de condomínio necessário apresentada se manifesta de forma relativa, possibilitando a prova em sentido contrário.

De acordo com a lei, as sebes vivas, as árvores, ou plantas quaisquer, que servem de marco divisório, só podem ser cortadas, ou arrancadas, de comum acordo entre proprietários. Acerca disso, Flávio Tartuce se manifesta: "Apesar desse reconhecimento legislativo, note-se que as sebes, as árvores e as plantas fazem parte da fauna, não sendo tolerável, em regra, a sua destruição, diante da proteção do Bem Ambiental (art. 225 da CF/88)".[19]

Ainda nesse contexto, admite-se a construção de tapumes especiais para impedir a passagem de animais de pequeno porte, ou para outro fim, pode ser exigida de quem provocou a necessidade deles, pelo proprietário, que não está obrigado a concorrer para as despesas.

Por fim, sendo confusos os limites, em falta de outro meio, se determinarão de conformidade com a posse justa; e, não se achando ela provada, o terreno contestado se dividirá por partes iguais entre os prédios, ou, não sendo possível a divisão cômoda, se adjudicará a um deles, mediante indenização ao outro, é o que dispõe o art. 1.297 do CC.

8. DO DIREITO DE CONSTRUIR

O direito de construir é conferido de forma ampla a medida em que o proprietário pode levantar em seu terreno as construções que lhe aprouver, salvo o direito dos vizinhos e os regulamentos administrativos (art. 1.299, CC). Quando se menciona o direito dos vizinhos, atenta-se para o art. 1.277 do CC, que protege a segurança, o sossego e a saúde da vizinhança. Algumas regras e restrição afetas ao direito de construir devem ser elencadas: Quanto às medidas:

- na zona urbana, é defeso abrir janelas, ou fazer eirado, terraço ou varanda, a menos de metro e meio do terreno vizinho (art. 1.301, CC);[20]
- na zona rural, não será permitido levantar edificações a menos de três metros do terreno vizinho (art. 1.301, CC);

A Súmula nº 120 do STF relativiza o dispositivo acima mencionado, com a seguinte redação: "Parede de tijolos de vidro translúcido pode ser levantada menos de metro e meio do prédio vizinho, não importando servidão sobre ele".

A edificação não permitida que tenha sido realizada poderá ser demolida. Para tanto deverá ser ajuizada a ação demolitória no prazo decadencial de um ano e dia, a contar da conclusão da obra, conforme art. 1.302 do CC.

Além disso:

---

[19] TARTUCE, Flavio. *Manual de direito civil*. Volume único. 2. ed. São Paulo: Método, 2012. p. 917.

[20] Súmula nº 120 do STF: "Parede de tijolos de vidro translúcido pode ser levantada a menos de metro e meio do prédio vizinho, não importando a servidão sobre ele".

Cap. 68 – DOS DIREITOS DE VIZINHANÇA

- as janelas cuja visão não incida sobre a linha divisória, bem como as perpendiculares, não poderão ser abertas a menos de setenta e cinco centímetros.

Quanto ao despejo de águas:

- o proprietário construirá de maneira que o seu prédio não despeje águas, diretamente, sobre o prédio vizinho (art. 1.300, CC).

Quanto à possibilidade de madeiramento na parede divisória:

- nas cidades, vilas e povoados cuja edificação estiver adstrita a alinhamento, o dono de um terreno pode nele edificar, madeirando na parede divisória do prédio contíguo, se ela suportar a nova construção; mas terá de embolsar ao vizinho metade do valor da parede e do chão correspondentes (art. 1.304, CC).

Vale conferir a seguinte decisão do STJ: "Cingiu-se a controvérsia – entre outras questões – a definir se a proibição contida no art. 1.301, *caput*, do CC pode ser relativizada no caso em que a abertura de janelas a menos de um metro e meio do terreno vizinho não possibilite a visão do interior do imóvel. Como cediço, as regras atinentes ao 'direito de construir' limitam o uso da propriedade na medida em que visam impedir a invasão do terreno vizinho. Já a restituição da área invadida, o embargo da obra ou o pedido de demolição para a reposição do estado anterior, segundo doutrina, são também decorrência lógica do exercício do direito de propriedade, visto que a lei civil assegura ao seu titular o poder de usar, gozar e dispor de seus bens e de reavê-los 'do poder de quem quer que injustamente os possua ou detenha' (art. 1.228). Logo, as regras e proibições insertas no capítulo relativo ao direito de construir possuem natureza objetiva e cogente, traduzindo verdadeira presunção de devassamento, que não se limita à visão, englobando outras espécies de invasão (auditiva, olfativa e principalmente física, pois também buscam impedir que objetos caiam ou sejam arremessados de uma propriedade a outra), de modo a evitar conflito entre os vizinhos. Desse modo a proibição é objetiva, basta para a sua configuração a presença do elemento objetivo estabelecido pela lei – construção da janela a menos de metro e meio do terreno vizinho –, de modo que independe da aferição de aspectos subjetivos relativos à eventual atenuação do devassamento visual, por exemplo" (REsp 1.531.094-SP, Rel. Min. Ricardo Villas Bôas Cueva, por unanimidade, julgado em 18/10/2016. Informativo nº 592).

Quanto à possibilidade de inserir traves ou vigas:

- o confinante que primeiro construir pode assentar a parede divisória até meia espessura no terreno contíguo, sem perder por isso o direito a haver meio valor dela se o vizinho a travejar, caso em que o primeiro fixará a largura e a profundidade do alicerce (art. 1.305, CC);
- se a parede divisória pertencer a um dos vizinhos, e não tiver capacidade para ser travejada pelo outro, não poderá este fazer-lhe alicerce ao pé sem prestar caução àquele, pelo risco a que expõe a construção anterior (art. 1.305, parágrafo único, CC).

Quanto à parede-meia:

- o condômino da parede-meia pode utilizá-la até ao meio da espessura, não pondo em risco a segurança ou a separação dos dois prédios, e avisando previamente o outro condômino das obras que ali tenciona fazer; não pode sem consentimento do outro, fazer, na parede-meia, armários, ou obras semelhantes, correspondendo a outras, da mesma natureza, já feitas do lado oposto (art. 1.306, CC);
- qualquer dos confinantes pode altear a parede divisória, se necessário reconstruindo-a, para suportar o alteamento; arcará com todas as despesas, inclusive de conservação, ou com metade, se o vizinho adquirir meação também na parte aumentada (art. 1.306, CC);
- não é lícito encostar à parede divisória chaminés, fogões, fornos ou quaisquer aparelhos ou depósitos suscetíveis de produzir infiltrações ou interferências prejudiciais ao vizinho (art. 1.308, CC). Essa disposição não abrange as chaminés ordinárias e os fogões de cozinha.

Quanto às águas:

- são proibidas construções capazes de poluir, ou inutilizar, para uso ordinário, a água do poço, ou nascente alheia, a elas preexistentes (art. 1.309, CC);
- não é permitido fazer escavações ou quaisquer obras que tirem ao poço ou à nascente de outrem a água indispensável às suas necessidades normais (art. 1.310, CC).

Quanto às construções que impliquem risco:

- não é permitida a execução de qualquer obra ou serviço suscetível de provocar desmoronamento ou deslocação de terra, ou que comprometa a segurança do prédio vizinho, senão após haverem sido feitas as obras acautelatórias (art. 1.311, CC). O proprietário do prédio vizinho tem direito a ressarcimento pelos prejuízos que sofrer, não obstante haverem sido realizadas as obras acautelatórias.

Importante lembrar que o Código Civil em seu art. 1.312 estabelece que todo aquele que violar as proibições estabelecidas anteriormente é obrigado a demolir as construções feitas, respondendo por perdas e danos.

Hipóteses em que o proprietário ou ocupante do imóvel é obrigado a tolerar que o vizinho entre no prédio, mediante prévio aviso (art. 1.313, CC):

- para dele temporariamente usar, quando indispensável à reparação, construção, reconstrução ou limpeza de sua casa ou do muro divisório;
- para apoderar-se de coisas suas, inclusive animais que aí se encontrem casualmente. Vale lembrar que, uma vez entregues as coisas buscadas pelo vizinho, poderá ser impedida a sua entrada no imóvel.

Em qualquer uma dessas hipóteses, se do exercício do direito assegurado anteriormente provier dano, terá o prejudicado direito a ressarcimento.

DO CONDOMÍNIO GERAL

É comum visualizar a propriedade pertencendo a uma única pessoa. Excepcionalmente, é possível que a propriedade pertença simultaneamente a mais de uma pessoa, é o caso do condomínio ou compropriedade.

Não se pode confundir a comunhão com o condomínio, nada obstante muitos apresentem os termos como sinonímia. É que comunhão, em verdade, figura como gênero ao qual o condomínio é espécie. Quando se refere à comunhão atenta-se para qualquer relação jurídica que contemple uma pluralidade de sujeitos. Se a pluralidade subjetiva se voltar para a propriedade, dá-se o nome de condomínio.

De acordo com Flávio Tartuce, "o condomínio pode ser enquadrado no inciso I do art. 1.225 pela menção que se faz à propriedade (copropriedade)".[1]

1. CLASSIFICAÇÃO DE CONDOMÍNIO

1.1. Quanto à origem

a) Voluntário ou convencional: é o condomínio que surge de um acordo de vontades entre os sujeitos. Por exemplo, quando vários sujeitos compram um imóvel. O contrato determinará a fração de cada um. Se o contrato for silente, presume-se que as frações são iguais.

b) Eventual, acidental ou incidente: é o condomínio que surge independente da vontade das partes. Por exemplo, em virtude de herança destinada a vários herdeiros.

c) Legal ou necessário: é o condomínio que decorre de imposição legal. Por exemplo: o condomínio de paredes, muros e cercas previsto no art. 1.327, CC.[2]

---

[1] TARTUCE, Flávio. *Manual de direito civil*. Volume único. 2. ed. São Pulo: Método, 2012. p. 923.

[2] Art. 1.327. O condomínio por meação de paredes, cercas, muros e valas regula-se pelo disposto neste Código (arts. 1.297 e 1.298; 1.304 a 1.307).

1.2. Quanto ao seu objeto

a) Universal: quando o condomínio abrange a totalidade de um patrimônio.

b) Particular: quando o condomínio diz respeito a determinada coisa.

1.3. Quanto à forma

a) *Pro diviso*: a propriedade do bem está dividida no plano fático. Por exemplo, o condomínio edilício.

b) *Pro indiviso*: a propriedade do bem não se encontra dividida no plano fático, de modo que, cada proprietário possui apenas uma fração ideal.

1.4. Quanto à transitoriedade

a) Transitório: é o condomínio que pode ser extinto a qualquer momento por vontade de qualquer condômino.

b) Permanente: é o condomínio que se manifesta de maneira perene que perdura enquanto persistir a situação que o originou, por exemplo, o condomínio decorrente de muros divisórios.

2. ESPÉCIES DE CONDOMÍNIO DISCIPLINADAS NO CÓDIGO CIVIL

O Código Civil apresenta as seguintes espécies de condomínio:

- condomínio geral, que regula o condomínio voluntário e o condomínio legal ou necessário;
- condomínio edilício ou em edificações.

3. DIREITOS E DEVERES DOS CONDÔMINOS (ARTS. 1.314 A 1.320, CC)

No que diz respeito aos direitos dos condôminos, cada um dos condôminos pode usar da coisa conforme sua destinação, sobre ela exercer todos os direitos compatíveis com a indivisão, reivindicá-la de terceiro, defender a sua posse e alhear a respectiva parte ideal, ou gravá-la. Nenhum dos condôminos pode alterar a destinação da coisa comum, nem dar posse, uso ou gozo dela a estranhos, sem o consenso dos outros.

> Art. 1.328. O proprietário que tiver direito a estremar um imóvel com paredes, cercas, muros, valas ou valados, tê-lo-á igualmente a adquirir meação na parede, muro, valado ou cerca do vizinho, embolsando-lhe metade do que atualmente valer a obra e o terreno por ela ocupado (art. 1.297).
>
> Art. 1.329. Não convindo os dois no preço da obra, será este arbitrado por peritos, a expensas de ambos os confinantes.

Cap. 69 – DO CONDOMÍNIO GERAL

Art. 1.330. Qualquer que seja o valor da meação, enquanto aquele que pretender a divisão não o pagar ou depositar, nenhum uso poderá fazer na parede, muro, vala, cerca ou qualquer outra obra divisória.

O Código Civil apresenta, ainda, o direito à renúncia da parte ideal do condomínio, situação a qual exime o condômino do pagamento das despesas e dívidas. Se os demais condôminos assumem as despesas e as dívidas, a renúncia lhes aproveita, adquirindo a parte ideal de quem renunciou, na proporção dos pagamentos que fizerem. Se não há condômino que faça os pagamentos, a coisa comum será dividida.

Além disso, a todo tempo será lícito ao condômino exigir a divisão da coisa comum, respondendo o quinhão de cada um pela sua parte nas despesas da divisão. Se não houver acordo entre os condôminos pela divisão, caberá à parte interessada o manejo da ação de divisão. É possível, todavia, que os condôminos acordem que fique indivisa a coisa comum por prazo não maior de cinco anos, suscetível de prorrogação ulterior. Se a indivisão decorrer de doação ou testamento, tal estado não poderá ser superior a cinco anos. Por fim, é importante lembrar que, a requerimento de qualquer interessado e se graves razões o aconselharem, pode o juiz determinar a divisão da coisa comum antes do prazo.

Quanto aos deveres dos condôminos, cada um deles é obrigado, na proporção de sua parte, a concorrer para as despesas de conservação ou divisão da coisa, e a suportar os ônus a que estiver sujeita. As partes ideais dos condôminos são presumidas como iguais.

Quando a dívida houver sido contraída por todos os condôminos, sem se discriminar a parte de cada um na obrigação, nem se estipular solidariedade, entende-se que cada qual se obrigou proporcionalmente ao seu quinhão na coisa comum.

As dívidas contraídas por um dos condôminos em proveito da comunhão, e durante ela, obrigam o contratante; mas terá este ação regressiva contra os demais.

Quanto aos frutos e danos causados, cada condômino responde aos outros pelos frutos que percebeu da coisa e pelo dano que lhe causou.

4. DIVISÃO DO CONDOMÍNIO

O Código Civil estipula em seu art. 1.321 que, quanto à divisão do condomínio, aplicam-se, no que couber, as regras de partilha de herança (arts. 2.013 a 2.022).

Quando a coisa for indivisível e os consortes não quiserem adjudicá-la a um só, indenizando os outros, será vendida e repartido o apurado, preferindo-se, na venda, em condições iguais de oferta, o condômino ao estranho, e entre os condôminos aquele que tiver na coisa benfeitorias mais valiosas, e, não as havendo, o de quinhão maior. Essa regra está em plena sintonia com o direito de preferência do condômino estampada no art. 504, CC. Em suma, não sendo possível a divisão da coisa, terá cabimento a alienação judicial do bem, de modo que o valor recebido será dividido proporcionalmente à fração de cada condômino.

5. ADMINISTRAÇÃO DO CONDOMÍNIO (ARTS. 1.323 A 1.325, CC)

Deliberando a maioria[3] sobre a administração da coisa comum, escolherá o administrador, que poderá ser estranho ao condomínio. Em caso de aluguel, terá preferência, em condições iguais, o condômino ao que não o é. E ainda o condômino que administrar sem oposição dos outros presume-se representante comum.

As deliberações serão obrigatórias, sendo tomadas por maioria absoluta. Não sendo possível alcançar maioria absoluta, decidirá o juiz, a requerimento de qualquer condômino, ouvidos os outros. Havendo dúvida quanto ao valor do quinhão, será este avaliado judicialmente.

---

[3] De acordo com o art. 1.325 do CC, a maioria será calculada pelo valor dos quinhões.

DO CONDOMÍNIO EDILÍCIO

1. INTRODUÇÃO

Como sinônimos de condomínio edilício podemos encontrar as seguintes denominações: condomínio em edifícios, condomínio em edificações ou condomínio horizontal. A razão dessa última denominação explica-se porque as unidades estão horizontalmente uma para as outras.

Quanto à gênese do instituto, Maria Cecília Ladeira de Almeida esclarece:

> A origem do condomínio edilício está ligada às modificações ocorridas na sociedade após o término da Primeira Guerra Mundial, 1914-1918, muito embora o Código Napoleônico já o disciplinasse no art. 664. Havia a necessidade de modificações no modo de vida da população do pós-guerra. Quanto à moradia, era preciso redimensionar os espaços, baratear os custos das edificações, facilitar o acesso à casa própria, dar condições para as cidades absorverem o crescente êxodo rural. Surge, assim, a divisão dos "planos horizontais", que rapidamente são aceitos pela população.[1]

Em princípio, o regramento legal do condomínio edilício situava-se na Lei nº 4.591/64, arts. 1º ao 27. Nos demais artigos, a referida lei disciplinava as incorporações imobiliárias.

Com o advento do CC/2002, que regula inteiramente a matéria relativa aos condomínios edilícios, há a revogação da primeira parte da Lei nº 4.591/64, a qual se referia aos condomínios edilícios, permanecendo em vigor a parte referente às incorporações imobiliárias.[2]

Importante atentar ainda para o fato de que as regras do condomínio edilício deverão ser aplicadas para as categorias similares, conforme Enunciado nº 89 do CJF: "O disposto nos arts. 1.331 a 1.358 do novo Código Civil aplica-se,

---

[1] ALMEIDA, Maria Cecilia Ladeira de. *Direitos reais*. São Paulo: Atlas, 2011. p. 72.
[2] No sentido de que a Lei nº 4.591/64 continua em vigor, *vide* Sílvio Rodrigues, que entende que, como não houve revogação expressa pelo Código Civil de 2002, o referido diploma legal continua em vigor naquilo que não contrarie a nova codificação. RODRIGUES, Sílvio. *Direito civil*. v. 5. São Paulo: Saraiva, 2002. p. 205.

no que couber, aos condomínios assemelhados, tais como loteamentos fechados, multipropriedade imobiliária e clubes de campo".[3]

2. NATUREZA JURÍDICA DO CONDOMÍNIO EDILÍCIO

Existem diversas teorias tentando desvendar a natureza jurídica do condomínio edilício. Prevalece o entendimento de que se trata de um ente despersonalizado,[4] isto é, desprovido de personalidade jurídica, apresentando, todavia, capacidade judiciária a qual lhe permite estar em juízo, ativa ou passivamente, sendo representado pelo síndico. Entretanto, em sentido contrário, se manifesta o Enunciado nº 246, reconhecendo personalidade jurídica ao condomínio com o seguinte teor: "Fica alterado o Enunciado nº 90, com supressão da parte final: 'nas relações jurídicas inerentes às atividades de seu peculiar interesse'. Prevalece o texto: 'Deve ser reconhecida personalidade jurídica ao condomínio edilício'".[5]

---

[3] Nada obstante, o STF já decidiu: "ASSOCIAÇÃO DE MORADORES. MENSALIDADE. AUSÊNCIA DE ADESÃO. Por não se confundir a associação de moradores com o condomínio disciplinado pela Lei nº 4.591/64, descabe, a pretexto de evitar vantagem sem causa, impor mensalidade a morador ou a proprietário de imóvel que a ela não tenha aderido. Considerações sobre o princípio da legalidade e da autonomia da manifestação de vontade – artigo 5º, incisos II e XX, da Constituição Federal" (STF. RE 432106, Rel. Min. Marco Aurélio de Mello, Primeira Turma, J. 20/9/2011).

[4] A 3ª Turma do STJ entendeu que o condomínio deve ser considerado como ente despersonalizado. A consequência disso é que ele não é titular de honra objetiva, não sendo passível de sofrer dano moral. "AGRAVO INTERNO EM RECURSO ESPECIAL. AÇÃO DE OBRIGAÇÃO DE FAZER CUMULADA COM INDENIZAÇÃO POR DANOS MORAIS. NATUREZA JURÍDICA DO CONDOMÍNIO. ENTE DESPERSONALIZADO. VIOLAÇÃO DA HONRA OBJETIVA. DANO MORAL NÃO CONFIGURADO. 1. O propósito recursal consiste em determinar a possibilidade jurídica do pedido de reparação de danos morais formulado por condomínio, antes a publicação de conteúdo potencialmente lesivo em redes sociais por moradores temporários. 2. No âmbito das Turmas que compõem a Segunda Seção do STJ, prevalece a corrente de que os condomínios são entes despersonalizados, pois não são titulares das unidades autônomas, tampouco das partes comuns, além de não haver, entre os condôminos, a *affectio societatis*, tendo em vista a ausência de intenção dos condôminos de estabelecerem, entre si, uma relação jurídica, sendo o vínculo entre eles decorrente do direito exercido sobre a coisa e que é necessário à administração da propriedade comum. 3. Caracterizado o condomínio como uma massa patrimonial, não há como reconhecer que seja ele próprio dotado de honra objetiva. Precedente. 4. Agravo interno não provido" (STJ, Agravo Interno no REsp 1.837.212-RJ, 3ª Turma. Min. Rel. Nancy Andrighi, j. 31/8/2020, *DJe* 3/9/2020).

[5] Flávio Tartuce aponta três vantagens de se reconhecer personalidade jurídica ao condomínio edilício: "1ª vantagem – As reuniões de condomínio são profissionalizadas e facilitadas, delas participando apenas condôminos eleitos, com direito a voto, a exemplo do que ocorre com as associações. 2ª vantagem – Os condomínios edilícios podem prestar serviços diversificados diretamente aos seus condôminos, como atividades de recreação e esportivas, bem como serviços de transporte. Conforme destacou Frederico Viegas em sua palestra, na realidade atual, condomínios das grandes cidades constituem associações para tais fins, o que passa a ser desnecessário com a tese que se propõe. 3ª vantagem – Os condomínios podem adquirir imóveis por adjudicação". TARTUCE, Flávio. *Manual de direito civil*. Volume único. 2. ed. São Paulo: Método, 2012. p. 936.

Cap. 70 – DO CONDOMÍNIO EDILÍCIO

Além disso, a VII Jornada de Direito Civil aprovou o Enunciado nº 596: "O condomínio edilício pode adquirir imóvel por usucapião".

3. CONDOMÍNIO EDILÍCIO. CARACTERIZAÇÃO

O condomínio edilício se caracteriza por apresentar partes que são propriedade exclusiva e partes que são propriedade comum dos condôminos. Para visualizar o condomínio edilício, basta atentar para a exclusividade de propriedade referente à unidade autônoma e a comunhão de propriedade, que se manifesta por meio de frações ideais, em relação às áreas comuns.

As áreas de propriedade exclusiva seriam os apartamentos, escritórios, salas, lojas e sobrelojas. Tais áreas podem ser alienadas e gravadas livremente por seus proprietários. A Lei nº 12.607/2012, alterando o § 1º do art. 1.331 do CC, preceitua que os abrigos de veículos não poderão ser alienados ou alugados a pessoas estranhas ao condomínio, salvo autorização expressa na convenção de condomínio. O que justificou a alteração foi a busca por segurança e efetividade de sua funcionalidade.

No que tange às áreas comuns, podem ser considerados o solo, a estrutura do prédio, o telhado, a rede geral de distribuição de água, esgoto, gás e eletricidade, a calefação e refrigeração centrais, dentre outras partes comuns, inclusive o acesso ao logradouro público. Tais áreas são utilizadas em comum pelos condôminos, não podendo ser alienadas separadamente, ou divididas. Vale lembrar que o terraço da cobertura é considerado área comum, salvo disposição em contrário na escritura de constituição do condomínio.

Menciona-se, ainda, a aprovação do Enunciado nº 247 do CJF, com a seguinte redação: "No condomínio edilício é possível a utilização exclusiva de área 'comum' que, pelas próprias características da edificação, não se preste ao 'uso comum' dos demais condôminos". Por exemplo, as vigas e pilares presentes em apartamentos.

4. INSTITUIÇÃO E CONSTITUIÇÃO DO CONDOMÍNIO

É importante distinguir instituição de constituição do condomínio.

A instituição do condomínio edilício, de acordo com o art. 1.332 do CC, ocorrerá por ato entre vivos ou testamento, registrado no Cartório de Registro de Imóveis, devendo constar daquele ato, além do disposto em lei especial:

I) a discriminação e individualização das unidades de propriedade exclusiva, estremadas uma das outras e das partes comuns;

II) a determinação da fração ideal atribuída a cada unidade, relativamente ao terreno e partes comuns;

III) o fim a que as unidades se destinam.

Já a constituição do condomínio ocorrerá por meio da convenção que deve ser subscrita pelos titulares de, no mínimo, dois terços das frações ideais e tornando-se, desde logo, obrigatória para os titulares de direito sobre as unidades, ou para quantos sobre elas tenham posse ou detenção. Além disso, para ser oponível contra terceiros, a convenção do condomínio deverá ser registrada no Cartório de Registro de Imóveis. De acordo com a Súmula nº 260 do STJ, a convenção de condomínio aprovada, ainda que sem registro, é eficaz para regular as relações entre os condôminos.

Sobre a convenção de condomínio, Carlos Roberto Gonçalves relata que:

A utilização do prédio é por ela regulada. Difere dos contratos em geral porque estes obrigam somente as partes contratantes, enquanto a convenção sujeita todos os titulares de direitos sobre unidades, ou quanto sobre elas tenham posse ou detenção, atuais ou futuros. Por essa razão reconhece a melhor doutrina o seu caráter predominante estatutário ou institucional.[6]

E mais adiante, o mesmo autor resume:

A convenção é, assim, uma autêntica lei interna da comunidade, destinada a regrar o comportamento não só dos condôminos, como foi dito, mas de todas as pessoas que ocupe o edifício, na qualidade de seus sucessores, prepostos, inquilinos, comodatários etc.[7]

Constata-se que a convenção de condomínio é regida pelo princípio da obrigatoriedade contratual (o *pacta sunt servanda*). Com percuciência, Flávio Tartuce ressalta:

Porém, na realidade contemporânea, não se pode esquecer que tal preceito não é absoluto, encontrando fortes limitações nas normas de ordem pública, nos preceitos constitucionais e em princípios sociais, caso da boa-fé objetiva e da função social. Na teoria e na prática, a grande dificuldade está em saber os limites de licitude das estipulações da convenção condominial. Para ilustrar, surge a polêmica referente à presença de animais nas dependências do condomínio. Três situações podem ser apontadas: a) a convenção de condomínio proíbe a estada de animais; b) a convenção de condomínio é omissa sobre o assunto; c) a convenção permite os animais. Nos dois últimos casos, em regra, a permanência dos animais é livre, a não ser que o animal seja perturbador ou incompatível com o bem-estar e boa convivência dos condôminos. Ademais, mesmo nos casos em que há proibição na convenção de condomínio, a boa jurisprudência tem entendido que é permitida a permanência do animal de estimação, desde que ele não perturbe o sossego, a saúde e a segurança dos demais coproprietários.[8]

---

[6] GONÇALVES, Carlos Roberto. *Direito civil brasileiro*. Direito das coisas. 3. ed. São Paulo: Saraiva, 2008. p. 375-376.

[7] GONÇALVES, Carlos Roberto. *Direito civil brasileiro*. Direito das coisas. 3. ed. São Paulo: Saraiva, 2008. p. 376.

[8] TARTUCE, Flávio. *Manual de direito civil*. Volume único. 2. ed. São Paulo: Método, 2012. p. 932.

Ainda sobre a questão dos animais, vale lembrar o Enunciado nº 566, aprovado na VI Jornada de Direito Civil, com o seguinte teor: "A cláusula convencional que restringe a permanência de animais em unidades autônomas residenciais deve ser valorada à luz dos parâmetros legais de sossego, insalubridade e periculosidade".

Nessa linha, o STJ decidiu que é ilegítima a restrição genérica contida em convenção condominial que proíbe a criação e guarda de animais de quaisquer espécies em unidades autônomas.[9]

De acordo com o art. 1.335 do CC: Além das cláusulas referidas no art. 1.332 e das que os interessados houverem por bem estipular, a convenção determinará:

I) a quota proporcional e o modo de pagamento das contribuições dos condôminos para atender às despesas ordinárias e extraordinárias do condomínio;

II) sua forma de administração;

III) a competência das assembleias, forma de sua convocação e quórum exigido para as deliberações;

IV) as sanções a que estão sujeitos os condôminos, ou possuidores;

V) o regimento interno.

O regimento interno complementará a convenção de condomínio apresentando pormenorizadamente regras comportamentais que deverão ser observadas pelos condôminos, possuidores e detentores no condomínio. De acordo com o Enunciado nº 248 do CJF: "O quórum para alteração do regimento interno do condomínio edilício pode ser livremente fixado na convenção".

---

[9] "O art. 19 da Lei nº 4.591/64 assegura aos condôminos o direito de usar e fruir, com exclusividade, de sua unidade autônoma, segundo suas conveniências e interesses, condicionados às normas de boa vizinhança, e poderá usar as partes e coisas comuns de maneira a não causar dano ou incômodo aos demais moradores, nem obstáculo ou embaraço ao bom uso das mesmas partes por todos. Acerca da regulamentação da criação de animais pela convenção condominial, podem surgir três situações: a) a convenção não regula a matéria; b) a convenção veda a permanência de animais causadores de incômodos aos demais condôminos; e c) a convenção proíbe a criação e guarda de animais de quaisquer espécies. Na primeira hipótese, o condômino pode criar animais em sua unidade autônoma, desde que não viole os deveres previstos nos arts. 1.336, IV, do CC/2002 e 19 da Lei nº 4.591/64. Se a convenção veda apenas a permanência de animais causadores de incômodos aos demais moradores, a norma condominial não apresenta, de plano, nenhuma ilegalidade. Contudo, se a convenção proíbe a criação e a guarda de animais de quaisquer espécies, a restrição pode se revelar desarrazoada, haja vista determinados animais não apresentarem risco à incolumidade e à tranquilidade dos demais moradores e dos frequentadores ocasionais do condomínio. O impedimento de criar animais em partes exclusivas se justifica na preservação da segurança, da higiene, da saúde e do sossego. Por isso, a restrição genérica contida em convenção condominial, sem fundamento legítimo, deve ser afastada para assegurar o direito do condômino, desde que sejam protegidos os interesses anteriormente explicitados" (REsp 1.783.076-DF, Rel. Min. Ricardo Villas Bôas Cueva, Terceira Turma, por unanimidade, julgado em 14/5/2019, *DJe* 24/5/2019. Informativo nº 649, STJ).

Para os casos de incorporação imobiliária,[10] oportuniza-se mencionar o Enunciado nº 504 do CJF que apresenta a seguinte redação: "A escritura declaratória de instituição e convenção firmada pelo titular único de edificação composta por unidades autônomas é título hábil para registro da propriedade horizontal no competente registro de imóveis, nos termos dos arts. 1.332 a 1.334 do Código Civil".

Para finalizar, de acordo com o § 1º do art. 1.335 do CC, a convenção poderá ser feita por escritura pública ou por instrumento particular. E o seu § 2º conclui: "São equiparados aos proprietários, para os fins deste artigo, salvo disposição em contrário, os promitentes compradores e os cessionários de direitos relativos às unidades autônomas".

5. DIREITOS E DEVERES DOS CONDÔMINOS

Acerca dos direitos dos condôminos, há previsão expressa no art. 1.335, CC e são eles:

I) usar, fruir e livremente dispor das suas unidades;

II) usar das partes comuns, conforme a sua destinação, e contanto que não exclua a utilização dos demais compossuidores;

III) votar nas deliberações da assembleia e delas participar, estando quite.

Já no que respeita aos deveres dos condôminos, podemos mencionar, conforme art. 1.336, CC:

I) contribuir para as despesas do condomínio na proporção das suas frações ideais, salvo disposição em contrário na convenção.[11] Caso o condômino não cumpra com essa

---

[10] "A incorporação imobiliária é considerada pela lei uma atividade, mas tecnicamente é o negócio jurídico de constituição da propriedade horizontal. Normalmente, os apartamentos ou conjuntos são vendidos na planta. O incorporador compromete-se a construir o edifício e a entregar, apta à habitação, a cada adquirente a unidade que este se comprometeu a comprar. A incorporação é economicamente um empreendimento que consiste em obter o capital necessário à construção do edifício, geralmente mediante a venda, por antecipação, dos apartamentos de que se constituirá". GONÇALVES, Carlos Roberto. *Direito civil brasileiro*. Direito das coisas. 3. ed. São Paulo: Saraiva, 2008. p. 375.

[11] "DIREITO CIVIL. INSUBSISTÊNCIA DE CLÁUSULA DE IRREVOGABILIDADE E DE IRRETRATABILIDADE EM CONVENÇAO DE CONDOMÍNIO. Ainda que, na vigência do CC/1916, tenha sido estipulado, na convenção original de condomínio, ser irrevogável e irretratável cláusula que prevê a divisão das despesas do condomínio em partes iguais, admite-se ulterior alteração da forma de rateio, mediante aprovação de 2/3 dos votos dos condôminos, para que as expensas sejam suportadas na proporção das frações ideais. De fato, não há como obrigar – sem que haja previsão legal – que os atuais condôminos ou os eventuais futuros adquirentes das unidades fiquem eternamente submetidos às regras impostas na convenção original. Basta imaginar a existência de condomínios centenários, cujas unidades imobiliárias já passaram por várias gerações de proprietários sem que remanescesse nenhum proprietário original. Nesse cenário, ao admitir a perpetuação de cláusula pétrea, estar-se-ia

Cap. 70 – DO CONDOMÍNIO EDILÍCIO

obrigação estará sujeito aos juros moratórios convencionados ou, não sendo previstos, os de um por cento ao mês e multa de até dois por cento sobre o débito (§ 1º, art. 1.336, CC). Além disso, as despesas relativas a partes comuns de uso exclusivo de um condômino, ou de alguns deles, incumbem a quem delas se serve (art. 1.340, CC). O STJ decidiu que "as unidades imobiliárias com fração ideal maior pagarão taxa condominial em valor superior às demais unidades com frações menores, salvo previsão contrária na convenção. (...) Não há ilegalidade no pagamento a maior de taxa condominial por apartamentos em cobertura decorrente da fração ideal do imóvel" (STJ, REsp 1.778.522-SP. 3ª Turma. Min. Rel. Ricardo Villas Bôas Cuevas. J. 2/6/2020. DJe 4/6/2020).

II) não realizar obras que comprometam a segurança da edificação;

III) não alterar a forma e a cor da fachada, das partes e esquadrias externas;[12]

---

engessando de maneira desarrazoada a vontade dos condôminos e a soberania das deliberações assembleares, que nem mesmo pela unanimidade de votos poderiam alterar as cláusulas gravadas pela irrevogabilidade e pela irretratabilidade. Na hipótese em análise, reforça a legitimidade da alteração o fato de ser aprovada pela maioria dos condôminos e de obedecer ao quórum legal de 2/3 dos condôminos (art. 1.351 do CC/2002), observando-se a forma de rateio (na proporção da fração ideal) prevista no novo Código Civil (art. 1.336, I), o que afasta qualquer alegação, por parte de eventual condômino que não concorde com a modificação, de ofensa aos princípios da razoabilidade, da proporcionalidade ou da vedação ao enriquecimento ilícito. Além disso, tendo em vista a natureza estatutária da convenção de condomínio, que autoriza a aplicação imediata do regime jurídico previsto no novo Código Civil, não há espaço para falar em violação do direito adquirido e do ato jurídico perfeito (REsp 722.904-RS, Terceira Turma, DJ 1º/7/2005; e REsp 1.169.865-DF, Quarta Turma, DJe 2/9/2013)" (STJ, REsp 1.447.223-RS, Rel. originário Min. Paulo de Tarso Sanseverino, Rel. para acórdão Min. Ricardo Villas Bôas Cueva, julgado em 16/12/2014, DJe 5/2/2015. Informativo nº 554).

[12] "DIREITO CIVIL. ALTERAÇÃO DE FACHADA SEM AUTORIZAÇÃO DA TOTALIDADE DOS CONDÔMINOS. O condômino não pode, sem a anuência de todos os condôminos, alterar a cor das esquadrias externas de seu apartamento para padrão distinto do empregado no restante da fachada do edifício, ainda que a modificação esteja posicionada em recuo, não acarrete prejuízo direto ao valor dos demais imóveis e não possa ser vista do térreo, mas apenas de andares correspondentes de prédios vizinhos. Destaca-se que o legislador, tanto no Código Civil como na Lei nº 4.591/64, faz referência expressa à proibição de se alterar a cor das esquadrias externas ao dispor, respectivamente, que 'São deveres do condômino: [...] não alterar a forma e a cor da fachada, das partes e esquadrias externas' (inc. III do art. 1.336) e que 'É defeso a qualquer condômino: [...] decorar as partes e esquadriais externas com tonalidades ou côres diversas das empregadas no conjunto da edificação' (inc. II do art. 10), ressalvando-se a possibilidade de sua modificação quando autorizada pela unanimidade dos condôminos (art. 10, § 2º, da Lei nº 4.591/46). A consideração de que a alteração seria possível porque pouco visível a partir da vista da rua e por não acarretar prejuízo direto no valor dos demais imóveis do condomínio fere a literalidade da norma, pois é indiscutível que houve alteração na fachada do prédio. Admitir que apenas as alterações visíveis do térreo possam caracterizar alteração da fachada, passível de desfazimento, poderia levar ao entendimento de que, em arranha-céus, os moradores dos andares superiores, quase invisíveis da rua, não estariam sujeitos ao regramento em análise. De igual modo, poderia ensejar a descaracterização do padrão arquitetônico da obra, ainda que a alteração da fachada seja avistável apenas dos prédios vizinhos em andares correspondentes, visto posicionar-se em área recuada. Há de se considerar que recuos são recursos arquitetônicos comuns e que, se localizados na face externa da edificação, não deixam de compor a fachada. De fato, fachada não é somente aquilo que pode ser visualizado do térreo. Assim, isoladamente, a alteração pode não afetar diretamente o preço dos demais imóveis do edifício, mas deve-se ponderar que, se cada proprietário de unidade superior promover sua personali-

IV) dar às suas partes a mesma destinação que tem a edificação, e não as utilizar de maneira prejudicial ao sossego, salubridade e segurança dos possuidores, ou aos bons costumes.[13]

O condômino que não cumprir qualquer dos deveres estabelecidos nos incisos II a IV pagará a multa prevista no ato constitutivo ou na convenção, não podendo ela ser superior a cinco vezes o valor de suas contribuições mensais, independentemente das perdas e danos que se apurarem; não havendo disposição expressa, caberá à assembleia geral, por dois terços no mínimo dos condôminos restantes, deliberar sobre a cobrança da multa (art. 1.336, CC).

Em acréscimo, ainda vale a transcrição do art. 1.337 do CC:

---

zação, empregando cores de esquadrias que entender mais adequadas ao seu gosto pessoal, a quebra da unidade arquitetônica seria drástica, com a inevitável desvalorização do condomínio. Registre-se, por fim, que não se ignoram as discussões doutrinárias e jurisprudenciais a respeito da alteração de fachada, mais especificamente acerca de fechamento de varandas com vidros incolores, instalação de redes de segurança e até substituição de esquadrias com material diverso do original quando este não se encontra mais disponível no mercado. Entretanto, na hipótese em apreço, foi utilizada esquadria de cor diversa do conjunto arquitetônico, alteração jamais admitida e em flagrante violação do texto legal" (STJ, REsp 1.483.733-RJ, Rel. Min. Ricardo Villas Bôas Cueva, julgado em 25/8/2015, *DJe* 1º/9/2015. Informativo nº 568).

[13] Em interessante decisão, a 4ª Turma do STJ reconheceu que é vedado o uso de unidade condominial com destinação residencial para fins de hospedagem remunerada, como ocorre nos casos de *Airbnb* (plataforma de aluguel de hospedagens, que permite que qualquer pessoa disponibilize ou reserve acomodações ao redor do mundo) com múltipla e concomitante locação de aposentos existentes nos apartamentos, a diferentes pessoas, por curta temporada. Bom de ver as informações de inteiro teor da decisão: "No caso, tem-se um contrato atípico de hospedagem, que expressa uma nova modalidade, singela e inovadora de hospedagem de pessoas, sem vínculo entre si, em ambientes físicos de padrão residencial e de precário fracionamento para utilização privativa, de limitado conforto, exercida sem inerente profissionalismo por proprietário ou possuidor do imóvel, sendo a atividade comumente anunciada e contratada por meio de plataformas digitais variadas. Assim, esse contrato atípico de hospedagem configura atividade aparentemente lícita, desde que não contrarie a Lei de regência do contrato de hospedagem típico, regulado pela Lei nº 11.771/2008, como autoriza a norma do art. 425 do Código Civil, ao dizer: 'É lícito às partes estipular contratos atípicos, observadas as normas gerais fixadas neste Código'. No caso específico de unidade condominial, também devem ser observadas as regras dos arts. 1.332 a 1.336 do CC/2002, que, por um lado, reconhecem ao proprietário o direito de usar, fruir e dispor livremente de sua unidade e, de outro, impõem o dever de observar sua destinação e usá-la de maneira não abusiva, com respeito à Convenção Condominial. Ademais, deve harmonizar-se com os direitos relativos à segurança, ao sossego e à saúde das demais múltiplas propriedades abrangidas no Condomínio, de acordo com as razoáveis limitações aprovadas pela maioria de condôminos, que são limitações concernentes à natureza da propriedade privada em regime de condomínio edilício. Portanto, existindo na Convenção de Condomínio regra impondo destinação residencial, mostra-se inviável o uso das unidades particulares que, por sua natureza, implique o desvirtuamento daquela finalidade residencial (CC/2002, arts. 1.332, III, e 1.336, IV). Com isso, fica o condômino obrigado a 'dar às suas partes a mesma destinação que tem a edificação' (CC, art. 1.336, IV), ou seja, destinação residencial, carecendo de expressa autorização para dar destinação diversa, inclusive para a relativa à hospedagem remunerada, por via de contrato atípico" (STJ, REsp 1.819.075-RS, Rel. p/ acórdão Min. Raul Araújo, Quarta Turma, por maioria, julgado em 20/4/2021. Informativo nº 693).

O condômino, ou possuidor, que não cumpre reiteradamente com os seus deveres perante o condomínio poderá, por deliberação de três quartos dos condôminos restantes, ser constrangido a pagar multa correspondente até ao quíntuplo do valor atribuído à contribuição para as despesas condominiais, conforme a gravidade das faltas e a reiteração, independentemente das perdas e danos que se apurem.

Parágrafo único. O condômino ou possuidor que, por seu reiterado comportamento antissocial, gerar incompatibilidade de convivência com os demais condôminos ou possuidores, poderá ser constrangido a pagar multa correspondente ao décuplo do valor atribuído à contribuição para as despesas condominiais, até ulterior deliberação da assembleia.[14]

---

[14] "DIREITO CIVIL. APLICAÇÃO DE MULTAS SANCIONATÓRIA E MORATÓRIA POR INADIMPLÊNCIA CONDOMINIAL CONTUMAZ. No caso de descumprimento reiterado do dever de contribuir para as despesas do condomínio (inciso I do art. 1.336 do CC), pode ser aplicada a multa sancionatória em razão de comportamento 'antissocial' ou 'nocivo' (art. 1.337 do CC), além da aplicação da multa moratória (§ 1º do art. 1.336 do CC). De acordo com o art. 1.336, *caput*, I e § 1°, do CC, o condômino que não cumpra com o dever de contribuir para as despesas do condomínio, adimplindo sua cota-parte dentro do prazo estipulado para o vencimento, ficará obrigado a pagar juros moratórios convencionados ou, caso não ajustados, de 1% ao mês e multa de até 2% sobre o débito. Já o art. 1.337 do CC cria a figura do 'condômino nocivo' ou 'condômino antissocial', utilizando-se de cláusula aberta em relação àquele que não cumpra reiteradamente com os seus deveres com o condomínio. Nessa medida, o *caput* do art. 1.337 do CC inovou ao permitir a aplicação de 'multa' de até o quíntuplo do valor atribuído à contribuição para as despesas condominiais, em face do condômino ou possuidor que não cumpra reiteradamente com os seus deveres com o condomínio, independente das perdas e danos que eventualmente venham a ser apurados. Frise-se que o 'condômino nocivo' ou 'antissocial' não é somente aquele que pratica atividades ilícitas, utiliza o imóvel para atividades de prostituição, promove a comercialização de drogas proibidas ou desrespeita constantemente o dever de silêncio, mas também aquele que deixa de contribuir de forma reiterada com o pagamento das despesas condominiais. A par disso, em leitura detida do caput do art. 1.337 do CC, conclui-se que o CC previu a hipótese genérica para aquele 'que não cumpre reiteradamente com os seus deveres perante o condomínio', sem fazer qualquer restrição ou óbice legal que impeça a aplicação ao devedor contumaz de débitos condominiais. Ademais, observa-se que a multa prevista no § 1º do art. 1.336 do CC tem natureza jurídica moratória, enquanto a penalidade pecuniária regulada pelo art. 1.337 do CC tem caráter sancionatório, uma vez que, se for o caso, o condomínio pode exigir, inclusive, a apuração das perdas e danos. De mais a mais, tal posicionamento intensifica a prevalência da 'solidariedade condominial', a fim de que seja permitida a continuidade e manutenção do próprio condomínio e impedir a ruptura da sua estabilidade econômico-financeira, o que provoca dano considerável aos demais comunheiros. Por fim, a atitude do condômino que reiteradamente deixa de contribuir com o pagamento das despesas condominiais viola os mais comezinhos deveres anexos da boa-fé objetiva, principalmente na vertente da cooperação e lealdade, devendo ser rechaçada veementemente atitudes tais que colocam em risco a continuidade da propriedade condominial" (STJ, REsp 1.247.020-DF, Rel. Min. Luis Felipe Salomão, julgado em 15/10/2015, *DJe* 11/11/2015. Informativo nº 573).

"DIREITO CIVIL. APLICAÇÃO DE MULTA A CONDÔMINO ANTISSOCIAL. A sanção prevista para o comportamento antissocial reiterado de condômino (art. 1.337, parágrafo único, do CC) não pode ser aplicada sem que antes lhe seja conferido o direito de defesa. De fato, o Código Civil – na linha de suas diretrizes da socialidade, cunho de humanização do direito e de vivência social, da eticidade, na busca de solução mais justa e equitativa, e da operabilidade, alcançando o direito em sua concretude – previu, no âmbito da função social da posse e da propriedade, no particular, a proteção da convivência coletiva na propriedade horizontal. Assim, os condôminos podem usar, fruir e livremente dispor das suas unidades habitacionais, assim como das áreas comuns (art. 1.335 do CC), desde que respeitem outros direitos e preceitos da legislação e da convenção condominial. Nesse passo, o art. 1.337 do CC estabelece sancionamento para o condômino que reiteradamente venha a violar seus deveres para com o condomínio, além de instituir, em seu parágrafo único, punição extrema àquele que reitera comportamento antissocial. A doutrina especializada reconhece a necessidade de garantir o contraditório ao condômino infrator, possibilitando, assim, o exercício de seu direito de defesa. A propósito, esta é a conclusão do Enunciado nº 92 da I Jornada de Direito Civil do CJF: 'Art. 1.337: As sanções do art. 1.337 do novo Código Civil não podem ser aplicadas sem que se garanta direito de defesa ao condômino nocivo'. Por se tratar de punição imputada por conduta contrária ao direito, na esteira da visão civil-constitucional do sistema, deve-se reconhecer a aplicação imediata dos princípios que protegem a pessoa humana nas relações entre particulares, a reconhecida eficácia horizontal dos direitos fundamentais, que também deve incidir nas relações condominiais, para assegurar, na medida do possível, a ampla defesa e o contraditório. Ressalte-se que a gravidade da punição do condômino antissocial, sem nenhuma garantia de ampla defesa, contraditório ou devido processo legal, na medida do possível, acaba por onerar consideravelmente o suposto infrator, o qual fica impossibilitado de demonstrar, por qualquer motivo, que seu comportamento não era antijurídico nem afetou a harmonia, a qualidade de vida e o bem-estar geral, sob pena de restringir o seu próprio direito de propriedade. Por fim, convém esclarecer que a prévia notificação não visa conferir uma última chance ao condômino nocivo, facultando-lhe, mais uma vez, a possibilidade de mudança de seu comportamento nocivo. Em verdade, a advertência é para que o condômino faltoso venha prestar esclarecimentos aos demais condôminos e, posteriormente, a assembleia possa decidir sobre o mérito da punição" (STJ, REsp 1.365.279-SP, Rel. Min. Luis Felipe Salomão, julgado em 25/8/2015, *DJe* 29/9/2015. Informativo nº 570). "DIREITO CIVIL. ILICITUDE DA PROIBIÇÃO DE USO DE ÁREAS COMUNS PELO CONDÔMINO INADIMPLENTE. O condomínio, independentemente de previsão em regimento interno, não pode proibir, em razão de inadimplência, condômino e seus familiares de usar áreas comuns, ainda que destinadas apenas a lazer. Isso porque a adoção de tal medida, a um só tempo, desnatura o instituto do condomínio, a comprometer o direito de propriedade afeto à própria unidade imobiliária, refoge das consequências legais especificamente previstas para a hipótese de inadimplemento das despesas condominiais e, em última análise, impõe ilegítimo constrangimento ao condômino (em mora) e aos seus familiares, em manifesto descompasso com o princípio da dignidade da pessoa humana. O direito do condômino ao uso das partes comuns, seja qual for a destinação a elas atribuída, não decorre da situação (circunstancial) de adimplência das despesas condominiais, mas sim do fato de que, por lei, a unidade imobiliária abrange, como inseparável, uma fração ideal no solo (representado pela própria unidade) bem como nas outras partes comuns, que será identificada em forma decimal ou ordinária no instrumento de instituição do condomínio (§ 3º do art. 1.331 do CC). Ou seja, a propriedade da unidade imobiliária abrange a correspondente fração ideal de todas as partes comuns. Efetivamente, para a específica hipótese de descumprimento do dever de contribuição pelas despesas condominiais, o CC (arts. 1.336 e 1.337) impõe ao condômino inadimplente severas sanções de ordem pecuniária, na medida de sua recalcitrância. A partir do detalhamento das aludidas penalidades, verifica-se que a inadimplência das despesas condominiais enseja, num primeiro momento, o pagamento de juros moratórios de 1% ao mês, caso não convencionado outro percentual, e multa de até 2% sobre o débito (art. 1.336, § 1º, do CC). Sem prejuízo desta sanção, em havendo a deliberada reiteração do comportamento faltoso (o que não se confunde o simples inadimplemento involuntário de alguns débitos), instaurando-se permanente situação de inadimplência, o CC estabelece a possibilidade de o condomínio, mediante deliberação de 3⁄4 (três quartos) dos condôminos restantes, impor ao devedor contumaz outras penalidades, também de caráter pecuniário, segundo gradação proporcional à gravidade e à repetição dessa conduta. Assim, segundo dispõe o art. 1.337, *caput* e parágrafo único, do CC, a descrita reiteração do descumprimento do dever de

Cap. 70 – DO CONDOMÍNIO EDILÍCIO

6. OBRAS NO CONDOMÍNIO

A realização de obras no condomínio, em princípio, dependerá de um quórum para a sua aprovação. Esse quórum, por sua vez, variará a depender da natureza da obra que se pretende promover.

Em se tratando de obra necessária, essa pode ser realizada, independentemente de autorização, pelo síndico, ou, em caso de omissão ou impedimento deste, por qualquer condômino. Caso seja urgente e importar em despesa excessiva, determinada sua realização, o síndico ou o condômino que tomou a iniciativa delas dará ciência à assembleia, que deverá ser convocada imediatamente. Ao revés, não sendo urgente, a obra ou reparo necessários, que importarem em despesas excessivas, somente poderão ser efetuadas após autorização da assembleia, especialmente convocada pelo síndico, ou, em caso de omissão ou impedimento deste, por qualquer dos condôminos.

---

contribuição das despesas condominiais, poderá ensejar, primeiro, uma imposição de multa pecuniária correspondente ao quíntuplo do valor da respectiva cota condominial (500%) e, caso o comportamento do devedor contumaz evidencie, de fato, uma postura transgressora das regras impostas àquela coletividade (condômino antissocial), podendo, inclusive, comprometer a própria solvência financeira do condomínio, será possível impor-lhe, segundo o mencionado quórum, a multa pecuniária correspondente de até o décuplo do valor da correlata cota condominial (1.000%). Já o art. 1.334, IV, do CC apenas refere quais matérias devem ser tratadas na convenção condominial, entre as quais as sanções a serem impostas aos condôminos faltosos. E nos artigos subsequentes, estabeleceu-se, para a específica hipótese de descumprimento do dever de contribuição com as despesas condominiais, a imposição de sanções pecuniárias. Inexiste, assim, margem discricionária para outras sanções que não as pecuniárias, nos limites da lei, para o caso de inadimplência das cotas condominiais. Aliás, é de se indagar qual seria o efeito prático da medida imposta (restrição de acesso às áreas comuns), senão o de expor o condômino inadimplente e seus familiares a uma situação vexatória perante o meio social em que residem. Além das penalidades pecuniárias, é de se destacar, também, que a lei adjetiva civil, atenta à essencialidade do cumprimento do dever de contribuir com as despesas condominiais, estabelece a favor do condomínio efetivas condições de obter a satisfação de seu crédito, inclusive por meio de procedimento que privilegia a celeridade. Efetivamente, a Lei nº 8.009/90 confere ao condomínio uma importante garantia à satisfação dos débitos condominiais: a própria unidade condominial pode ser objeto de constrição judicial, não sendo dado ao condômino devedor deduzir, como matéria de defesa, a impenhorabilidade do bem como sendo de família. E, em reconhecimento à premência da satisfação do crédito relativo às despesas condominiais, o CPC/73 estabelecia o rito mais célere, o sumário, para a respectiva ação de cobrança. Na sistemática do novo CPC, as cotas condominiais passaram a ter natureza de título executivo extrajudicial (art. 784, VIII), a viabilizar, por conseguinte, o manejo de ação executiva, tornando ainda mais célere a satisfação do débito por meio da incursão no patrimônio do devedor (possivelmente sobre a própria unidade imobiliária). Ademais, além de refugir dos gravosos instrumentos postos à disposição do condomínio para a específica hipótese de inadimplemento das despesas condominiais, a vedação de acesso e de utilização de qualquer área comum pelo condômino e seus familiares, com o único e ilegítimo propósito de expor ostensivamente a condição de inadimplência perante o meio social em que residem, desborda dos ditames do princípio da dignidade humana" (REsp 1.564.030-MG, Rel. Min. Marco Aurélio Bellizze, julgado em 9/8/2016, *DJe* 19/8/2016. Informativo nº 588). Também nesse sentido, *vide* decisão do REsp 1.699.022-SP, Rel. Min. Luis Felipe Salomão, 4ª Turma, por unanimidade, julgado em 28/5/2019, *DJe* 1/7/2019, publicado no Informativo nº 651.

Já no que respeita às obras úteis, o quórum de aprovação será da maioria dos condôminos; e as obras voluptuárias, o quórum de aprovação será de dois terços dos condôminos (art. 1.341, CC).

7. A LEI Nº 14.309/2022 E A REALIZAÇÃO DE ASSEMBLEIAS VIRTUAIS EM CONDOMÍNIOS EDILÍCIOS E SESSÃO PERMANENTE DE CONDÔMINOS

O Código Civil, nos arts. 1.347 a 1.356, cuida da administração do condomínio, dispondo sobre a escolha do síndico, sua atuação, bem como as assembleias pertinentes e os seus respectivos quóruns.

Com a Lei nº 14.309/2022, permite-se que as assembleias nos condomínios edilícios, sejam elas de instituição, geral ordinária, geral extraordinária ou especial, e, de igual modo, as reuniões de colegiados deliberativos, possam ser realizadas de forma virtual, desde que não haja vedação na convenção do condomínio e que sejam preservados aos condôminos os direitos de voz, de debate e de voto.

Em verdade, a mencionada Lei não trouxe novidade, já que, com a manifestação da pandemia do coronavírus, a realização de assembleias virtuais tornou-se uma realidade inafastável em muitas situações, máxime, porque não havia vedação expressa de sua realização no Código Civil e a própria Lei nº 14.010/2020, que previu um regime jurídico emergencial e transitório para as relações jurídicas de direito privado, admitiu a realização das assembleias virtuais até 30/10/2020.

Afora isso, a Lei nº 13.777/2018 já havia permitido as assembleias condominiais virtuais, com a inclusão do art. 1.358-Q, VIII, no Código Civil, de modo que, quando um condomínio edilício adotasse o regime de multipropriedade, o seu regimento interno deveria prever a realização de assembleias não presenciais, inclusive por meio eletrônico.

A inovação chega a permitir que a convenção condominial vede a realização de assembleias por via eletrônica. A outro giro, não havendo a proibição expressa na convenção condominial, as assembleias virtuais poderão ser realizadas, desde que observados os parâmetros dispostos no art. 1.354-A e seus parágrafos, inseridos no Código Civil por força da Lei nº 14.309/2022, sintetizados a seguir:

a) Que no instrumento de convocação conste que a assembleia será realizada por meio eletrônico, bem como as instruções sobre acesso, manifestação e forma de coleta de votos dos condôminos, cabendo estrita obediência aos preceitos de instalação, de funcionamento e de encerramento previstos no edital de convocação, admitindo-se a possibilidade de sua realização de forma híbrida (física e virtual concomitantemente), sendo ainda possível a existência de normas complementares no regimento interno do condomínio.

b) Que a administração do condomínio não poderá ser responsabilizada por problemas decorrentes dos equipamentos de informática ou da conexão à internet dos condôminos ou de seus representantes nem por quaisquer outras situações que não estejam sob o seu controle.

Cap. 70 – DO CONDOMÍNIO EDILÍCIO

c) Que somente após a somatória de todos os votos e a sua divulgação será lavrada a respectiva ata, também eletrônica, e encerrada a assembleia geral, sendo que os documentos pertinentes à ordem do dia poderão ser disponibilizados de forma física ou eletrônica aos participantes.

Outra inovação apresentada pela Lei nº 14.309/2022 é a possibilidade de realização de sessão permanente quando a deliberação exigir quórum especial previsto em lei ou em convenção e ele não for atingido. Isso ocorre, por exemplo, nos casos das deliberações para alteração das convenções, que dependem da aprovação de dois terços dos votos dos condôminos, ou para a modificação da destinação de áreas comuns, em que se exige a aprovação por unanimidade dos condôminos.

Assim, torna-se possível, por decisão da maioria dos presentes, autorizar o presidente a converter a reunião em sessão permanente, desde que sejam observados os seguintes aspectos, conforme preceitua o § 1º do art. 1.353, inserido no Código Civil por força da multicitada Lei:

a) sejam indicadas a data e a hora da sessão em seguimento, que não poderá ultrapassar 60 (sessenta) dias, e identificadas as deliberações pretendidas, em razão do quórum especial não atingido;

b) fiquem expressamente convocados os presentes e sejam obrigatoriamente convocadas as unidades ausentes, na forma prevista em convenção;

c) seja lavrada ata parcial, relativa ao segmento presencial da reunião da assembleia, da qual deverão constar as transcrições circunstanciadas de todos os argumentos até então apresentados relativos à ordem do dia, que deverá ser remetida aos condôminos ausentes;

d) seja dada continuidade às deliberações no dia e na hora designados, e seja a ata correspondente lavrada em seguimento à que estava parcialmente redigida, com a consolidação de todas as deliberações.

Sobre os votos consignados na primeira sessão, ficarão esses registrados, sem que haja necessidade de comparecimento dos condôminos para sua confirmação, os quais poderão, se estiverem presentes no encontro seguinte, requerer a alteração do seu voto até o desfecho da deliberação pretendida, conforme o § 2º do art. 1.353 do CC.

E, por fim, de acordo com o § 3º do art. 1.353 do CC, a sessão permanente poderá ser prorrogada tantas vezes forem necessárias, desde que a assembleia seja concluída no prazo total de 90 (noventa) dias contados da data de sua abertura inicial. Os lindes temporais são muito importantes para que a sessão não fique em aberto *ad infinitum* e não gere insegurança e intranquilidade aos condôminos.

8. O CONDOMÍNIO DE LOTES

Como espécie de condomínio edilício surge o denominado condomínio de lotes com a Lei nº 13.465/2017. Como exigência de regularização de inafastável realidade fática manifestada por meio do que se denominava de "loteamentos fechados", necessitou a Lei de trazer disciplina própria para colocar fim a inúmeras questões que decorriam do tema. Até a Lei nº 13.465/2017, os tidos por "loteamentos fechados" eram figuras anômalas que não se enquadravam nos contornos de um condomínio, nada obstante, indistinta e atecnicamente, fosse utilizado no dia a dia a expressão "condomínios fechados" para defini-los. Tratava-se, pois, de condomínios de fatos, os quais, por detrás deles, subjaziam associações de moradores.

O que ocorria, então, era que a associação de moradores colocava muros ou cercas ao redor dos terrenos, além de cancela com guarita para controlar a passagem das pessoas. Se existisse um ato administrativo prévio concedendo o uso dos bens públicos (avenidas, ruas, praças etc.) à associação de moradores, o condomínio seria considerado legal, o que na maioria das vezes inexistia. Ademais, como forma de burlar a Lei de Loteamentos (Lei nº 6.766/79), sempre foi comum os "loteadores" tentarem conseguir instalar um "loteamento fechado" invocando a figura do condomínio vertical (o de casas), previsto no art. 8º da Lei nº 4.591/64.[15]

Como a linha que separa o condomínio de casas e o parcelamento do solo é muito tênue, Carlos Eduardo Elias de Oliveira, em excelente artigo a respeito do tema, esclarece que o critério a ser adotado é o da finalidade. Na dicção do autor:

> O entendimento majoritário é no sentido de que, se o rearranjo espacial acarretar um considerável adensamento populacional, esse caso estaria sujeito à Lei de Loteamentos, pois, além de ser necessário o controle prévio do Estado diante dos impactos que haverá nos serviços públicos, está claro que o objetivo aí é criar áreas com total autonomia para construção e administração. Se, porém, o adensamento populacional decorrente desse rearranjo espacial for pequeno, poder-se-ia cogitar no condomínio edilício vertical, caso o objetivo seja manter um convívio comum dos proprietários. O fato é que a linha conceitual divisória entre essas figuras realmente não é clara no texto da legislação, o que fez com que, em diversos casos, a figura do "loteamento fechado" recebesse ares de juridicidade por meio da utilização indevida das regras do condomínio vertical (de casas). Houve até mesmo a edição de leis municipais autorizando esse tipo de solução jurídica precária.[16]

A problemática se incrementou a partir de quando o STJ chegou a se manifestar de forma contrária a obrigatoriedade do pagamento de contribuições a tais associações, com base na garantia constitucional de liberdade de associação, conforme se depreende das decisões do REsp 1.280.871-SP e do REsp 1.439.163-SP, ambos julgados em 11/3/2015. Esse entendimento do STJ, contudo, não

---

[15] OLIVEIRA, Carlos Eduardo Elias de. *Novidades da Lei nº 13.465, de 2017:* o condomínio de lotes, o condomínio urbano simples e o loteamento de acesso controlado. Brasília: Núcleo de Estudos e Pesquisas/CONLEG/Senado, jul. 2017 (Texto para discussão nº 239). Disponível em: <www.leq.br/estudos>. Acesso em: 15 jan. 2018.

[16] OLIVEIRA, Carlos Eduardo Elias de. *Novidades da Lei nº 13.465, de 2017:* o condomínio de lotes, o condomínio urbano simples e o loteamento de acesso controlado. Brasília: Núcleo de Estudos e Pesquisas/CONLEG/ Senado, jul. 2017 (Texto para discussão nº 239). Disponível em: <www.leq.br/estudos>. Acesso em: 15 jan. 2018.

Cap. 70 – DO CONDOMÍNIO EDILÍCIO

alcançou os loteamentos fechados que foram tidos como condomínios de casas, previsto no art. 8º da Lei nº 4.591/64.[17]

Em dezembro de 2020, o STF decidiu que as associações de moradores de loteamentos urbanos não podem cobrar taxa de manutenção e conservação de proprietários não associados antes da Lei federal nº 13.465/2017 ou de anterior lei local que discipline a questão. A decisão, por maioria de votos, foi proferida no julgamento do Recurso Extraordinário 695.911, com repercussão geral (Tema 492), que resultou na seguinte tese:

> É inconstitucional a cobrança por parte de associação de taxa de manutenção e conservação de loteamento imobiliário urbano de proprietário não associado até o advento da Lei nº 13.465/2017, ou de anterior lei municipal que discipline a questão, a partir da qual se torna possível a cotização dos proprietários de imóveis, titulares de direitos ou moradores em loteamentos de acesso controlado, que i) já possuindo lote, adiram ao ato constitutivo das entidades equiparadas a administradoras de imóveis ou (ii) sendo novos adquirentes de lotes, o ato constitutivo da obrigação esteja registrado no competente Registro de Imóveis.[18]

Assim, com a Lei nº 13.465/2017, a concepção do art. 28 da Lei nº 4.591/64 foi de certo modo ampliada, de modo que se admite o instituto também para lotes e o art. 1.358-A e seus parágrafos do CC, com a redação fornecida pela Lei nº 13.465/2017 e pela Medida Provisória nº 1.085, de 27/12/2021, doravante, estabelecem:

> Art. 1.358-A. Pode haver, em terrenos, partes designadas de lotes que são propriedade exclusiva e partes que são propriedade comum dos condôminos.
>
> § 1º A fração ideal de cada condômino poderá ser proporcional à área do solo de cada unidade autônoma, ao respectivo potencial construtivo ou a outros critérios indicados no ato de instituição.

---

[17] Art. 8º, Lei nº 4.591/64: "Quando, em terreno onde não houver edificação, o proprietário, o promitente comprador, o cessionário deste ou o promitente cessionário sobre ele desejar erigir mais de uma edificação, observar-se-á também o seguinte: a) em relação às unidades autônomas que se constituírem em casas térreas ou assobradadas, será discriminada a parte do terreno ocupada pela edificação e também aquela eventualmente reservada como de utilização exclusiva dessas casas, como jardim e quintal, bem assim a fração ideal do todo do terreno e de partes comuns, que corresponderá às unidades; b) em relação às unidades autônomas que constituírem edifícios de dois ou mais pavimentos, será discriminada a parte do terreno ocupada pela edificação, aquela que eventualmente for reservada como de utilização exclusiva, correspondente às unidades do edifício, e ainda a fração ideal do todo do terreno e de partes comuns, que corresponderá a cada uma das unidades; c) serão discriminadas as partes do total do terreno que poderão ser utilizadas em comum pelos titulares de direito sôbre os vários tipos de unidades autônomas; d) serão discriminadas as áreas que se constituírem em passagem comum para as vias públicas ou para as unidades entre si".

[18] STF, Plenário. RE 695.911. Rel. Min. Dias Toffoli. J. 14/12/2020 (Repercussão geral – Tema 492).

§ 2º Aplica-se, no que couber, ao condomínio de lotes: (Redação dada pela Medida Provisória nº 1.085, de 2021.)

I – o disposto sobre condomínio edilício neste Capítulo, respeitada a legislação urbanística; e (Incluído pela Medida Provisória nº 1.085, de 2021.)

II – o regime jurídico das incorporações imobiliárias de que trata o Capítulo I do Título II da Lei nº 4.591, de 16 de dezembro de 1964, equiparando-se o empreendedor ao incorporador quanto aos aspectos civis e registrários. (Incluído pela Medida Provisória nº 1.085, de 2021.)

§ 3º Para fins de incorporação imobiliária, a implantação de toda a infraestrutura ficará a cargo do empreendedor.

Além disso, na Lei nº 6.766/79 foi inserido, por meio da Lei nº 13.465/2017, o § 7º com a seguinte redação: "O lote poderá ser constituído sob a forma de imóvel autônomo ou de unidade imobiliária integrante de condomínio de lotes".

Diante de tudo isso, a conclusão a que se chega é no sentido de que, nos condomínios de lotes, as avenidas, ruas, praças etc., isto é, as áreas de uso comum, não pertencem ao Município, mas sim aos proprietários dos lotes conforme a respectiva fração ideal. Desse modo, assume legitimidade a obrigatoriedade de pagamento ao condomínio que passa a prescindir da existência de uma associação de moradores, havendo apenas a figura do síndico a representá-lo. Assim, fica evidente a disposição do § 3º do art. 1.358-A que estabelece: "A implantação de toda a infraestrutura ficará a cargo do empreendedor". É evidente que caberá ao empreendedor, e não ao Poder Público, já que a titularidade não será desse. Na VIII Jornada de Direito Civil, foi aprovado o Enunciado nº 625, que informa: "A incorporação imobiliária que tenha por objeto o condomínio de lotes poderá ser submetida ao regime do patrimônio de afetação, na forma da lei especial".

Em verdade, tendo-se em vista que a realização do condomínio de lotes cabe ao incorporador imobiliário e considerando que se aplica à espécie a lei de incorporação imobiliária, que permite a constituição de patrimônio de afetação, o enunciado objetiva a maior segurança jurídica para os consumidores e para as instituições financiadoras dos empreendimentos, já que serão apartados do patrimônio do incorporador o terreno e as acessões objeto de incorporação imobiliária do condomínio de lotes, bem como os demais bens e direitos a ela vinculados.

Vale lembrar, então, que o condomínio de lotes se prende à cepa dos condomínios edilícios, nada obstante esses últimos também sejam denominados de condomínios em edificações.[19] É que, na verdade, os condomínios edilícios não precisam ser instituídos em relação a edificações necessariamente, basta que se considerem as unidades autônomas que podem, inclusive, ser os lotes.

A base para a compreensão do condomínio de lotes, então, repousa na compreensão de que nos condomínios edilícios existirão partes que são propriedade

---

[19] Nesse sentido, *vide* KÜMPEL, Vítor Frederico; BORGARELLI, Bruno de Ávila. *A positivação do condomínio de lotes* – Mais uma importante novidade da Lei 13.465/2017. Disponível em: <http://www.migalhas.com.br/Registralhas/98,MI266901,21048-A+positivacao+do+condominio +de+lotes+Mais+uma+importante+novidade+da>. Acesso em: 8 jan. 2018.

exclusiva, e partes que são propriedade comum dos condôminos (art. 1.331, CC). Assim, a cada unidade imobiliária caberá, como parte inseparável, uma fração ideal no solo e nas outras partes comuns.

Além disso, devemos destacar que, como se trata de um condomínio de lotes, haverá um parcelamento do solo, sob a observância dos ditames da Lei nº 6.766/79 (Lei de Loteamentos) e, diante das omissões dessa, devem ser aplicadas as regras da Lei nº 4.591/64 (Lei de Incorporação Imobiliária).

Embora, seja aplicada a Lei nº 6.766/79, vale lembrar que deve ser afastada a aplicação do art. 22 desse tecido normativo que estabelece que: "Desde a data de registro do loteamento, passam a integrar o domínio do Município as vias e praças, os espaços livres e as áreas destinadas a edifícios públicos e outros equipamentos urbanos, constantes do projeto e do memorial descritivo". Isso porque, como visto, esses bens serão particulares. Todavia, nada obstante serem consideradas áreas particulares, a Lei nº 13.465/2017 acrescentou ao art. 4º da Lei nº 6.766/79 o § 4º, com o seguinte teor: "No caso de lotes integrantes de condomínio de lotes, poderão ser instituídas limitações administrativas e direitos reais sobre coisa alheia em benefício do poder público, da população em geral e da proteção da paisagem urbana, tais como servidões de passagem, usufrutos e restrições à construção de muros".

9. O LOTEAMENTO DE ACESSO CONTROLADO

A Lei nº 13.465/2017 insere o § 8º no art. 2º da Lei nº 6.766/79, que estabelece:

> Constitui loteamento de acesso controlado a modalidade de loteamento, definida nos termos do § 1º deste artigo, cujo controle de acesso será regulamentado por ato do poder público Municipal, sendo vedado o impedimento de acesso a pedestres ou a condutores de veículos, não residentes, devidamente identificados ou cadastrados.

Para a devida compreensão do preceito legal é importante perceber que é possível que o loteamento fechado se manifeste por meio de um condomínio de lotes ou não.

Não havendo a caracterização desse condomínio, é possível, todavia, instituir-se o controle do acesso ao loteamento nos termos do dispositivo mencionado. Nesses casos, as vias continuam a pertencer ao Poder Público e os moradores irão requerer, por meio da associação de moradores, que o Município autorize o controle de acesso, devendo ficar claro que, em hipótese alguma, deve-se impedir o acesso a pedestres ou a condutores de veículos devidamente identificados ou cadastrados.

Assim, não se pode confundir o loteamento de acesso controlado com o condomínio de lotes, pois, enquanto no primeiro as vias continuam a ser públicas, no segundo, elas são dos particulares (dos condôminos) que poderão criar qualquer tipo de óbice à entrada de pessoa estranha ao condomínio, salvo qualquer limitação ou direito real estabelecido pelo Poder Público, conforme mencionado alhures.

10. O CONDOMÍNIO URBANO SIMPLES

O condomínio urbano simples também foi criado pela Lei nº 13.465/2017, em seus arts. 61 ao 63, porém, não houve menção desse condomínio no Código Civil. De acordo com o art. 61 da referida Lei,

> quando um mesmo imóvel contiver construções de casas ou cômodos, poderá ser instituído, inclusive para fins de Reurb, condomínio urbano simples, respeitados os parâmetros urbanísticos locais, e serão discriminadas, na matrícula, a parte do terreno ocupada pelas edificações, as partes de utilização exclusiva e as áreas que constituem passagem para as vias públicas ou para as unidades entre si.

Trata-se também de mais uma modalidade de condomínio edilício, porém, de dimensão reduzida. Tanto é assim que sua regulamentação se situa na Lei nº 13.465/2017 e, também, nos arts. 1.331 ao 1.358 do CC, conforme previsão do parágrafo único do art. 61 da Lei nº 13.465/2017.

Vislumbra-se o seu cabimento em imóveis que, por exemplo, apresentem a casa e "nos fundos" uma casa menor ou um barracão ou, até mesmo, um cômodo. Acerca da menção a "cômodos", Carlos Eduardo Elias de Oliveira oferece interesse explicação:

> O texto ficou confuso no tocante ao verbete "cômodos": ele é um complemento nominal de "construções" ou é um dos elementos do objeto direto vinculado ao verbo "conti-ver"? Independentemente da resposta, o fato é que é despropositado admitir que essa referência a cômodo esteja a permitir que, dentro de uma mesma casa, cada um dos quartos se torne uma unidade autônoma. Não faz sentido admitir que uma casa com três quartos se dilua em um condomínio de três cômodos. Daí decorre que, ao tratar de cômodos, a lei quis se referir a situações de construções que possuam cômodos de acesso autônomos, como sói acontecer em prédios com vários quartos de acesso autônomo. Nesses casos, poder-se-ia também instituir o condomínio urbano simples.[20]

Limitando-se, inexplicavelmente, aos perímetros das áreas urbanas, como o referido arranjo se trata de um condomínio, deverá ser aberta uma matrícula para cada unidade autônoma, à qual caberá, como parte inseparável, uma fração ideal do solo e das outras partes comuns, se houver, representada na forma de percentual. Desse modo, as unidades autônomas constituídas em matrícula própria poderão ser alienadas e gravadas livremente por seus titulares. Em virtude de sua simplificação, a gestão das partes comuns será feita de comum acordo entre os condôminos, podendo ser formalizada por meio de instrumento particular.

---

[20] OLIVEIRA, Carlos Eduardo Elias de. *Novidades da Lei nº 13.465, de 2017:* o condomínio de lotes, o condomínio urbano simples e o loteamento de acesso controlado. Brasília: Núcleo de Estudos e Pesquisas/CONLEG/Senado, jul. 2017 (Texto para discussão nº 239). Disponível em: <www.leq.br/estudos>. Acesso em: 15 jan. 2018.

DA MULTIPROPRIEDADE OU *TIME SHARING*

1. A LEI Nº 13.777/2018 E A MULTIPROPRIEDADE IMOBILIÁRIA

A Lei nº 13.777, de 20/12/2018, com período de vacância de 45 dias após a sua publicação,[1] regulamenta instituto que há muito já vinha se manifestando em nosso ordenamento sem, contudo, apresentar contornos jurídicos precisos. Trata-se da multipropriedade ou *time sharing*.

Por multipropriedade do imóvel ou *time sharing* deve-se compreender um parcelamento do imóvel em frações temporais cujos titulares serão proprietários diversos. Esse fatiamento temporal proporciona um melhor aproveitamento do imóvel, considerando-se a escassez desse recurso, o que demonstra a inegável vocação de atendimento à função social desempenhada pelo instituto.

Fácil entender a partir da seguinte ideia: do mesmo modo em que, no plano físico, é possível dividir o solo em lotes, cuja titularidade será de vários proprietários; no plano temporal, a divisão também se torna possível. Eis, então, que surge um condomínio que existirá na perspectiva dinâmica e abstrata do tempo.

A multipropriedade imobiliária resultará, então, em condomínio e terá grande aplicabilidade em imóveis destinados a áreas de veraneio e gozo de férias. Apesar de a multipropriedade já ter sido reconhecida com natureza de direito real em decisão do STJ,[2] após a entrada em vigor da Lei nº 13.777/2018, descortina-se

---

[1] Conforme estabelece o art. 1º da LINDB. No caso em tela, a lei foi publicada em 21/12/2018, entrando em vigor, portanto, em 4/2/2019.

[2] "É inválida a penhora da integralidade de imóvel submetido ao regime de multipropriedade (*time-sharing*) em decorrência de dívida de condomínio de responsabilidade do organizador do compartilhamento. Na espécie, reconhece-se que a natureza jurídica da multipropriedade imobiliária bem mais se compatibiliza com a de um direito real. Isso porque, extremamente acobertada por princípios que encerram os direitos reais, a multipropriedade imobiliária, nada obstante ter feição obrigacional aferida por muitos, detém forte liame com o instituto da propriedade, se não for a sua própria expressão, como já vem proclamando a doutrina contemporânea, inclusive num contexto de não se reprimir a autonomia da vontade nem a liberdade contratual diante da preponderância da tipicidade dos direitos reais e do sistema de *numerus clausus*. Não se vê como admitir, no contexto do CC/2002, óbice a se dotar o instituto da multipropriedade imobiliária de caráter real, especialmente sob a ótica da taxatividade e imutabilidade dos direitos reais inscritos no art. 1.225. Primeiro, porque o vigente diploma, seguindo os ditames do estatuto civil anterior, não traz nenhuma vedação nem faz referência à inviabilidade de consagrar novos direitos reais. Segundo, porque com os atributos dos direitos reais se harmoniza o novel instituto,

MANUAL DE DIREITO CIVIL – MÔNICA QUEIROZ

um cenário bem mais confortável para os interessados, já que põe fim a inúmeras incertezas decorrentes de situações de fato que já existiam. Assim, a referida Lei insere no CC/2002 os arts 1.358-B ao 1.358-U e, também, altera os arts. 176 e 178 da Lei nº 6.015/73.

2. DISCIPLINA LEGAL E DEFINIÇÃO

O art. 1.358-B do CC inicia o tratamento destinado à multipropriedade, definindo que a base legal que será aplicada ao instituto serão os novos dispositivos do Código Civil e, subsidiariamente, outros dispositivos desse tecido normativo que versam sobre o condomínio edilício (arts. 1.331 e ss.), a Lei nº 4.591/64 (que dispõe sobre o condomínio em edificações e as incorporações imobiliárias) e a Lei nº 8.078/91 (Código de Defesa do Consumidor). Evidentemente, a legislação consumerista apenas terá cabimento se houver a constatação de uma relação de consumo, isto é, se for verificado no polo do consumidor os multiproprietários e, no polo do fornecedor, o administrador do condomínio multiproprietário, a empresa operadora do regime de *pool* (art. 1.358-S, II, CC) ou a empresa operadora do regime de intercâmbio (art. 1.358-P, VI, CC).

Em busca de uma definição para o instituto, o art. 1.358-C do CC estabelece que:

> Multipropriedade é o regime de condomínio em que cada um dos proprietários de um mesmo imóvel é titular de uma fração de tempo, à qual corresponde a faculdade de uso e gozo, com exclusividade, da totalidade do imóvel, a ser exercida pelos proprietários de forma alternada.

Gustavo Tepedino, em trabalho de vanguarda, definiu a multipropriedade como sendo a "relação jurídica que traduz o aproveitamento econômico de uma coisa móvel ou imóvel, em unidades fixas de tempo, visando à utilização exclusiva de seu titular, cada qual a seu turno, ao longo das frações temporais que se sucedem.[3]

Assim, impõe-se a ideia de fracionamento, parcelamento ou fatiamento temporal que determinará o período em que cada um dos condôminos exercerá o uso e o gozo do bem, com exclusividade de todo o imóvel. É bom perceber que, na Lei nº 13.777/2018, o instituto apenas foi disciplinado em se tratando de bens imóveis, não havendo disciplina para os móveis, tais como iates, aeronaves etc. Além disso, vale notar que, ainda que todas as frações de tempo se concentrem na pessoa de um mesmo multiproprietário, não haverá a extinção automática do instituto (art. 1.358-C, parágrafo único, CC).

---

que, circunscrito a um vínculo jurídico de aproveitamento econômico e de imediata aderência ao imóvel, detém as faculdades de uso, gozo e disposição sobre fração ideal do bem, ainda que objeto de compartilhamento pelos multiproprietários de espaço e turnos fixos de tempo" (REsp 1.546.165-SP, Rel. Min. Ricardo Villas Bôas Cueva, Rel. para acórdão Min. João Otávio de Noronha, por maioria, julgado em 26/4/2016, *DJe* 6/9/2016).

[3] TEPEDINO, Gustavo. *Multipropriedade imobiliária*. São Paulo: Saraiva, 1993. p. 1.

3. MULTIPROPRIEDADE: DIREITO REAL SOBRE COISA PRÓPRIA

A multipropriedade se manifesta com feição de direito real sobre coisa própria e não sobre coisa alheia.[4] Nessa perspectiva, desdobramentos irão decorrer desse raciocínio, tais como o multiproprietário não terá que arcar com as obrigações *propter rem* dos demais (por exemplo, o IPTU) e, ademais, a unidade periódica pode ser dada em garantia.

No que diz respeito ao IPTU, há uma polêmica interessante. Se consideramos que a multipropriedade se traduz em direito real sobre coisa própria, se houver uma dívida de uma das unidades periódicas, os demais proprietários não poderão ser responsabilizados por essa dívida, é que não há solidariedade entre os multiproprietários. Mas não foi essa a ideia transmitida por meio de veto presidencial. É que o Presidente da República vetou os §§ 3º, 4º e 5º do art. 1.358-J que estabeleciam que cada um dos multiproprietários responderia "na proporção de sua fração de tempo, pelo pagamento dos tributos, contribuições condominiais e outros encargos que incidam sobre o imóvel", e assim a cobrança somente poderia ser realizada "mediante documentos específicos e individualizados para cada multiproprietário", sem "solidariedade entre os diversos multiproprietários".

A justificativa para o veto se pautou na solidariedade tributária existente no art. 124 do CTN. Todavia, vale lembrar que, no âmbito do Código Civil, ao disciplinar as regras do Condomínio Geral, o seu art. 1.315 estabeleceu que "o condômino é obrigado, na proporção de sua parte, a concorrer com as despesas de conservação ou divisão da coisa, e a suportar os ônus a que estiver sujeita".

A conclusão a que chegamos é a de que prevaleceu a sanha a arrecadadora do Estado à técnica de aplicação das regras do condomínio geral à multipropriedade. Por isso, defendemos que, se o Código Civil trata a unidade periódica como imóvel autônomo, evidentemente, o multiproprietário não pode ser compelido a responder pelo IPTU relativo à unidade periódica dos demais. Reforçando essa ideia basta a lembrança de que o art. 176, § 11, da Lei nº 6.015/73 expressa que cada imóvel tenha uma inscrição imobiliária individualizada à luz da lei tributária municipal.

4. DOS DIREITOS E DEVERES DO MULTIPROPRIETÁRIO

Como direitos do multiproprietário, o art. 1.358-I do CC estabelece que, além daqueles previstos no instrumento de instituição e na convenção de condomínio em multipropriedade, o multiproprietário poderá: usar e gozar, durante o período correspondente à sua fração de tempo, do imóvel e de suas instalações, equipamentos e mobiliário; ceder a fração de tempo em locação ou comodato; alienar a fração de tempo, por ato entre vivos ou por causa de morte, a título oneroso ou gratuito, ou onerá-la, devendo a alienação e a qualificação do sucessor, ou a oneração, ser informadas ao administrador; participar e votar, pessoalmente ou por intermédio de representante ou procurador, desde que esteja quite com as obrigações condominiais, em:

---

[4]   No Código Civil Português, a multipropriedade não se prende à cepa de condomínio, mas sim de direito real de habitação periódico. Desse modo, em Portugal, a multipropriedade não é considerada direito real sobre coisa própria, mas sim sobre coisa alheia.

a) assembleia geral do condomínio em multipropriedade, e o voto do multiproprietário corresponderá à quota de sua fração de tempo no imóvel;

b) assembleia geral do condomínio edilício, quando for o caso, e o voto do multiproprietário corresponderá à quota de sua fração de tempo em relação à quota de poder político atribuído à unidade autônoma na respectiva convenção de condomínio edilício.

Como deveres do multiproprietário, o art. 1.358–J estabelece que, além daqueles previstas no instrumento de instituição e na convenção de condomínio em multipropriedade, o multiproprietário deverá: pagar a contribuição condominial do condomínio em multipropriedade e, quando for o caso, do condomínio edilício, ainda que renuncie ao uso e gozo, total ou parcial, do imóvel, das áreas comuns ou das respectivas instalações, equipamentos e mobiliário; responder por danos causados ao imóvel, às instalações, aos equipamentos e ao mobiliário por si, por qualquer de seus acompanhantes, convidados ou prepostos ou por pessoas por ele autorizadas; comunicar imediatamente ao administrador os defeitos, avarias e vícios no imóvel dos quais tiver ciência durante a utilização; não modificar, alterar ou substituir o mobiliário, os equipamentos e as instalações do imóvel; manter o imóvel em estado de conservação e limpeza condizente com os fins a que se destina e com a natureza da respectiva construção; usar o imóvel, bem como suas instalações, equipamentos e mobiliário, conforme seu destino e natureza; usar o imóvel exclusivamente durante o período correspondente à sua fração de tempo; desocupar o imóvel, impreterivelmente, até o dia e hora fixados no instrumento de instituição ou na convenção de condomínio em multipropriedade, sob pena de multa diária, conforme convencionado no instrumento pertinente; permitir a realização de obras ou reparos urgentes.

Assim, conforme previsão que deverá constar da respectiva convenção de condomínio em multipropriedade, o multiproprietário estará sujeito a:

I) multa, no caso de descumprimento de qualquer de seus deveres;

II) multa progressiva e perda temporária do direito de utilização do imóvel no período correspondente à sua fração de tempo, no caso de descumprimento reiterado de deveres.

Além disso, a responsabilidade pelas despesas referentes a reparos no imóvel, bem como suas instalações, equipamentos e mobiliário, será:

I) de todos os multiproprietários, quando decorrentes do uso normal e do desgaste natural do imóvel;

II) exclusivamente do multiproprietário responsável pelo uso anormal, sem prejuízo de multa, quando decorrentes de uso anormal do imóvel.

5. A ALIENAÇÃO DA UNIDADE PERIÓDICA

O titular da unidade periódica poderá aliená-la ou onerá-la, como bem entender. Para tanto, deverá haver a informação ao administrador do condomínio em multipropriedade.

Cap. 71 – DA MULTIPROPRIEDADE OU *TIME SHARING*

É importante notar que a lei não impõe a autorização dos demais multiproprietários para que haja a alienação ou oneração da unidade periódica. Além disso, não haverá direito de preferência dos demais condôminos, salvo disposição expressa no instrumento de instituição da multipropriedade imobiliária ou na convenção do condomínio em multipropriedade em favor dos demais multiproprietários ou do instituidor do condomínio em multipropriedade. É o que dispõe o art. 1.358-L, § 1º, do CC.

6. O OBJETO DA MULTIPROPRIEDADE

Se o sujeito da multipropriedade é o multiproprietário ou o condômino da multipropriedade, o objeto será a unidade periódica que se traduz na coisa física considerada em determinado período de tempo do ano.

Nada obstante a lei se refira aos bens imóveis, deixando à deriva legislativa a possibilidade de multipropriedade em bens móveis, por exemplo, em automóveis, iates, aeronaves etc., com relação aos móveis que guarneçam o bem imóvel objeto da multipropriedade, tendo-se em vista o princípio da gravitação jurídica – o acessório segue o principal –, o imóvel objeto de mutipropriedade incluirá as instalações, os equipamentos e o mobiliário destinados a seu uso e gozo.

Além disso, o imóvel objeto da propriedade é indivisível, não se sujeitando à ação de divisão ou de extinção de condomínio, conforme preceitua o art. 1.358-D do CC.

Por fim, vale lembrar que a lei não distingue se a multipropriedade incidirá sobre o bem imóvel urbano ou rural, não cabendo ao intérprete, evidentemente, fazê-lo.

7. A MULTIPROPRIEDADE EM UNIDADE AUTÔNOMA DE CONDOMÍNIO EDILÍCIO

A Lei nº 13.777/2018 inseriu no CC disposições específicas relativas às unidades autônomas de condomínios edilícios, presentes nos arts. 1.358-O ao 1.358-U.

Em se tratando de unidade autônoma em um condomínio edilício, para que ocorra a multipropriedade, por exemplo, em um de seus apartamentos, será necessária a previsão no instrumento de instituição; ou deliberação da maioria absoluta dos condôminos (art. 1.358-O, CC). Assim, a vontade isolada do proprietário do apartamento não será suficiente para a instituição da multipropriedade do bem. Isso porque a instituição da multipropriedade afetará o condomínio como um todo.

Acerca da previsão de multipropriedade em condomínio edilício, de acordo com o art. 1.358-P do CC, a convenção de condomínio edilício deve prever, além das matérias elencadas nos arts. 1.332, 1.334 e, se for o caso, art. 1.358-G do CC:

I) a identificação das unidades sujeitas ao regime da multipropriedade, no caso de empreendimentos mistos;

II) a indicação da duração das frações de tempo de cada unidade autônoma sujeita ao regime da multipropriedade;

III) a forma de rateio, entre os multiproprietários de uma mesma unidade autônoma, das contribuições condominiais relativas à unidade, que, salvo se disciplinada de forma diversa no instrumento de instituição ou na convenção de condomínio em multipropriedade, será proporcional à fração de tempo de cada multiproprietário;

IV) a especificação das despesas ordinárias, cujo custeio será obrigatório, independentemente do uso e gozo do imóvel e das áreas comuns;

V) os órgãos de administração da multipropriedade;

VI) a indicação, se for o caso, de que o empreendimento conta com sistema de administração de intercâmbio, na forma prevista no § 2º do art. 23 da Lei nº 11.771, de 17/9/2008, seja do período de fruição da fração de tempo, seja do local de fruição, caso em que a responsabilidade e as obrigações da companhia de intercâmbio limitam-se ao contido na documentação de sua contratação;

VII) a competência para a imposição de sanções e o respectivo procedimento, especialmente nos casos de mora no cumprimento das obrigações de custeio e nos casos de descumprimento da obrigação de desocupar o imóvel até o dia e hora previstos;

VIII) o quórum exigido para a deliberação de adjudicação da fração de tempo na hipótese de inadimplemento do respectivo multiproprietário;

IX) o quórum exigido para a deliberação de alienação, pelo condomínio edilício, da fração de tempo adjudicada em virtude do inadimplemento do respectivo multiproprietário.

Ainda em se tratando da multipropriedade no condomínio edilício, o seu regimento interno deverá prever:

I) os direitos dos multiproprietários sobre as partes comuns do condomínio edilício;

II) os direitos e obrigações do administrador, inclusive quanto ao acesso ao imóvel para cumprimento do dever de manutenção, conservação e limpeza;

III) as condições e regras para uso das áreas comuns;

IV) os procedimentos a serem observados para uso e gozo dos imóveis e das instalações, equipamentos e mobiliário destinados ao regime da multipropriedade;

V) o número máximo de pessoas que podem ocupar simultaneamente o imóvel no período correspondente a cada fração de tempo;

VI) as regras de convivência entre os multiproprietários e os ocupantes de unidades autônomas não sujeitas ao regime da multipropriedade, quando se tratar de empreendimentos mistos;

VII) a forma de contribuição, destinação e gestão do fundo de reserva específico para cada imóvel, para reposição e manutenção dos equipamentos, instalações e mobiliário, sem prejuízo do fundo de reserva do condomínio edilício;

VIII) a possibilidade de realização de assembleias não presenciais, inclusive por meio eletrônico;

IX) os mecanismos de participação e representação dos titulares;

X) o funcionamento do sistema de reserva, os meios de confirmação e os requisitos a serem cumpridos pelo multiproprietário quando não exercer diretamente sua faculdade de uso;

XI) a descrição dos serviços adicionais, se existentes, e as regras para seu uso e custeio. Parágrafo único. O regimento interno poderá ser instituído por escritura pública ou por instrumento particular.

Por fim, é importante registrar que o art. 1.358-U do CC estabelece que as convenções dos condomínios edilícios, os memoriais de loteamentos e os instrumentos de venda dos lotes em loteamentos urbanos poderão limitar ou impedir a instituição da multipropriedade nos respectivos imóveis, vedação que somente poderá ser alterada no mínimo pela maioria absoluta dos condôminos.

8. FRAÇÃO DE TEMPO

A fração de tempo destinada a cada multiproprietário deve ser considerada indivisível, sendo que o período mínimo estabelecido pela lei será de sete dias, podendo ser seguidos ou intercalados. Assim, o período de cada fração poderá se manifestar de três formas, conforme a lei:

I) período fixo e determinado, isto é, considerando o mesmo período em cada ano. Por exemplo, o multiproprietário João da Silva terá uso e gozo exclusivo do imóvel no período de 2 a 12 de dezembro;

II) flutuante, caso em que a determinação do período será realizada de forma periódica, mediante procedimento objetivo que respeite, em relação a todos os multiproprietários, o princípio da isonomia, devendo ser previamente divulgado; ou

III) misto, combinando os sistemas fixo e flutuante.

Além disso, de acordo com o § 2º do art. 1.358-E, todos os multiproprietários terão direito a uma mesma quantidade mínima de dias seguidos durante o ano, podendo haver a aquisição de frações maiores que a mínima, com o correspondente direito ao uso por períodos também maiores.

9. A INSTITUIÇÃO E A ADMINISTRAÇÃO DA MULTIPROPRIEDADE

A instituição da multipropriedade poderá ocorrer por ato *inter vivos* ou *causa mortis*, isto é, por meio de um testamento. Deverá haver o registro da multipropriedade no cartório da circunscrição em que o imóvel se situe, sendo que deverá constar do ato a duração dos períodos de cada fração de tempo.

Assim, no que respeita ao subsequente registro, haverá uma matrícula-mãe que será referente ao condomínio em multipropriedade e, além disso, várias matrículas-filhas atinentes às unidades periódicas.

Como a multipropriedade se traduz em genuíno condomínio haverá uma convenção de condomínio que determinará, além das cláusulas que os multiproprietários decidirem estipular:

I) os poderes e deveres dos multiproprietários, especialmente em matéria de instalações, equipamentos e mobiliário do imóvel, de manutenção ordinária e extraordinária, de conservação e limpeza e de pagamento da contribuição condominial;

II) o número máximo de pessoas que podem ocupar simultaneamente o imóvel no período correspondente a cada fração de tempo;

III) as regras de acesso do administrador condominial ao imóvel para cumprimento do dever de manutenção, conservação e limpeza;

IV) a criação de fundo de reserva para reposição e manutenção dos equipamentos, instalações e mobiliário;

V) o regime aplicável em caso de perda ou destruição parcial ou total do imóvel, inclusive para efeitos de participação no risco ou no valor do seguro, da indenização ou da parte restante;

VI) as multas aplicáveis ao multiproprietário nas hipóteses de descumprimento de deveres.

Importante destacar que, de acordo com o art. 1.358-H do CC, o instrumento de instituição da multipropriedade ou a convenção de condomínio em multipropriedade poderá estabelecer o limite máximo de frações de tempo no mesmo imóvel que poderão ser detidas pela mesma pessoa natural ou jurídica. Considerando isso, se houver a pretensão de posterior venda das frações de tempo a terceiros, o limite de frações de tempo estabelecido no instrumento de instituição será obrigatório somente após a venda das frações.

Quando a instituição ocorrer por ato *inter vivos*, deve-se aplicar o art. 108 do CC, de modo que, se o imóvel tiver valor superior a 30 salários mínimos, deve ser adotada a forma de escritura pública, sob pena de invalidade do negócio.[5]

O condomínio em multipropriedade poderá ser considerado parte em processos judiciais, sendo considerado para alguns ente despersonalizado. O referido condomínio será representado pelo administrador (art. 1.358-J, III, e art. 1.358-M, CC), que nada mais é do que a figura do síndico no condomínio edilício.

O administrador do condomínio em multipropriedade será definido no instrumento de instituição do condomínio ou por meio de eleição em assembleia geral dos condôminos. De acordo com o art. 1.358-M do CC, ao administrador, além das tarefas elencadas no próprio instrumento de instituição da multipropriedade, caberá:

a) coordenar a utilização do imóvel;

---

[5] Nesse mesmo sentido, Carlos Eduardo Elias de Oliveira relata que: "Quando o instrumento for um ato entre vivos, à semelhança do que sucede com o condomínio edilício, certamente haverá controvérsias acerca da aplicação ou não do art. 108 do CC. Entendemos que o art. 108 do CC é aplicável por envolver mutação jurídico-real de imóvel, de modo que deve ser exigida a escritura pública se o imóvel for de valor superior a 30 salários-mínimos". OLIVEIRA, Carlos Eduardo Elias de. *Considerações sobre a recente Lei da Multipropriedade ou da Time Sharing* (Lei nº 13.777/2018): principais aspectos de Direito Civil, de Processo Civil e de Registros Públicos. Disponível em: <http://www.irib.org.br/noticias/detalhes/consideracoes-sobre-a-recente-lei-da-multipropriedade-ou-da-time-sharing-lei-no-13-777-2008-por-carlos-eduardo-elias-de-oliveira>. Acesso em: 17 jan. 2018.

Cap. 71 – DA MULTIPROPRIEDADE OU *TIME SHARING*

b) definir nos sistemas de fração temporal variável, o período de uso de cada um dos multiproprietários;

c) manter e conservar o imóvel;

d) trocar ou substituir equipamentos ou mobiliário;

e) elaborar orçamento anual;

f) cobrar as quotas de cada um dos coproprietários, pagando as despesas comuns.

Se o condomínio em multipropriedade estiver presente em condomínio edilício, seja em sua totalidade ou em algumas unidades desse, nada impede que o síndico do condomínio edilício seja o administrador da multipropriedade.

Além disso, o condomínio edilício em que tenha sido instituído o regime de multipropriedade terá necessariamente um administrador profissional, conforme estabelece o art. 1.358-R. Acerca desse administrador a lei estabelece:

- o prazo de duração do contrato de administração será livremente convencionado;

- o administrador do condomínio será também o administrador de todos os condomínios em multipropriedade de suas unidades autônomas;

- o administrador será mandatário legal de todos os multiproprietários, exclusivamente para a realização dos atos de gestão ordinária da multipropriedade, incluindo manutenção, conservação e limpeza do imóvel e de suas instalações, equipamentos e mobiliário;

- o administrador poderá modificar o regimento interno quanto aos aspectos estritamente operacionais da gestão da multipropriedade no condomínio edilício;

- o administrador pode ser ou não um prestador de serviços de hospedagem.

10. A PENHORABILIDADE DA UNIDADE PERIÓDICA E A IMPENHORABILIDADE DOS MÓVEIS QUE A GUARNECEM

Caso um titular de uma unidade periódica apresente dívidas pessoais, será possível que ocorra a penhora de sua unidade periódica, já que essa compõe o patrimônio do devedor. É importante perceber que a penhora não pode incidir sobre o imóvel em si, mas sim sobre a fração temporal a qual o condômino é titular.

Vale destacar ainda que os bens móveis que guarnecem o imóvel não podem ser objeto de penhora, pois o devedor não pode ser considerado proprietário dos bens móveis isoladamente.

11. DO INADIMPLEMENTO DAS OBRIGAÇÕES POR PARTE DO MULTIPROPRIETÁRIO

Caso o multiproprietário não cumpra com o pagamento das despesas ordinárias e extraordinárias da multipropriedade, é cabível, na forma da lei processual civil, a adjudicação ao condomínio edilício de sua fração de tempo correspondente.

Se o imóvel estiver em regime de *pool* hoteleiro, isto é, na hipótese de o imóvel objeto da multipropriedade ser parte integrante de empreendimento em que haja sistema de locação das frações de tempo no qual os titulares possam ou sejam obrigados a locar suas frações de tempo exclusivamente por meio de uma administração única, repartindo entre si as receitas das locações independentemente da efetiva ocupação de cada unidade autônoma, poderá a convenção do condomínio edilício regrar que em caso de inadimplência:

I)   o inadimplente fique proibido de utilizar o imóvel até a integral quitação da dívida;

II) a fração de tempo do inadimplente passe a integrar o pool da administradora;

III) a administradora do sistema de locação fique automaticamente munida de poderes e obrigada a, por conta e ordem do inadimplente, utilizar a integralidade dos valores líquidos a que o inadimplente tiver direito para amortizar suas dívidas condominiais, seja do condomínio edilício, seja do condomínio em multipropriedade, até sua integral quitação, devendo eventual saldo ser imediatamente repassado ao multiproprietário.

12. A PREVISÃO DE RENÚNCIA TRANSLATIVA NA LEI

Quando se aborda a questão da renúncia, é comum encontrar a seguinte classificação na doutrina:

*   Renúncia abdicativa: trata-se da renúncia propriamente dita e ocorre quando o titular de um direito simplesmente abre mão dele. Nesse caso, não há o fato gerador do ITCD, pois a manifestação não envolve transmissão de bem.

*   Renúncia translativa: trata-se de uma falsa renúncia, pois, em verdade, o que ocorre é uma transmissão gratuita de um direito a outrem. Desse modo, isso resultará em fato gerador de ITCD.

Posto isso, o art. 1.358-T do CC estabelece: "O multiproprietário somente poderá renunciar de forma translativa a seu direito de multipropriedade em favor do condomínio edilício".

A redação do dispositivo gera a seguinte questão: está clara a previsão legal acerca da renúncia translativa, porém, não seria possível a renúncia abdicativa da unidade periódica?

A resposta deve caminhar no sentido de que nada impede que ocorra a renúncia abdicativa da unidade periódica, nos termos do art. 1.275, II, do CC. Para tanto, basta que o multiproprietário manifeste sua renúncia e ocorra a inscrição de sua manifestação de vontade[6] na matrícula do imóvel.

---

[6]   Caberá escritura pública se o imóvel tiver valor superior a 30 vezes o salário mínimo, de acordo com o art. 108 do CC.

Assim, a unidade periódica irá se transformar em bem vago e será revertido em favor do município, como sucede no caso de vacância dos bens.[7]

Todavia, o que o art. 1.358-T do CC faz é prever a renúncia translativa. E em virtude do advérbio "somente", tal manifestação apenas poderia ocorrer tendo como beneficiário o próprio condomínio edilício. Além disso, de acordo o parágrafo único do art. 1.358-T, a renúncia prevista no *caput* do referido artigo só é admitida se o multiproprietário estiver em dia com as contribuições condominiais, com os tributos imobiliários e, se houver, com o foro ou a taxa de ocupação.

---

[7] Nesse mesmo sentido, Carlos Eduardo Elias de Oliveira esclarece: "Caso, porém, alguém venha a entender que o dispositivo proíbe a renúncia abdicativa e só admite a renúncia translativa para o condomínio edilício, inevitavelmente o parágrafo único do art. 1.358-T do CC terá de ser declarado inconstitucional por ofensa: (1) ao direito de propriedade, por esvaziar o *ius abutendi*; (2) ao princípio da proporcionalidade, pois esse dispositivo impediria o multiproprietário de estancar a sangria de novas dívidas *propter rem* que viriam a surgir com a permanência forçada de sua condição de multiproprietário; (3) à livre iniciativa, pois esse preceito impede a liberdade do multiproprietário em desvencilhar-se da condição jurídico-real e inflige-lhe uma verdadeira 'sanção política' como meio de coerção indireta de cobrança de dívida". OLIVEIRA, Carlos Eduardo Elias de. *Considerações sobre a recente Lei da Multipropriedade ou da Time Sharing* (Lei nº 13.777/2018): principais aspectos de Direito Civil, de Processo Civil e de Registros Públicos. Disponível em: <http://www.irib.org.br/noticias/detalhes/consideracoes-sobre-a-recente-lei-da-multipropriedade-ou-da-time-sharing-lei-no-13-777-2008-por-carlos-eduardo-elias-de-oliveira>. Acesso em: 17 jan. 2019. No sentido de que a lei veda a renúncia abdicativa, *vide* Anderson Schereiber que defende: "Nesse cenário, parece mais coerente que o dispositivo tenha trazido uma vedação à renúncia abdicativa, que, como regra geral, é admitida nos condomínios (CC, art. 1.316), de modo a interpretar a renúncia abdicativa nesse âmbito como renúncia translativa direcionada necessariamente ao condomínio edilício. Trata-se, ao que tudo indica, de uma proteção à preservação da utilidade econômica privilegiada por meio do regime do condomínio em multipropriedade, impedindo-se que a fração de tempo da multipropriedade fique sem titular ou que venha a ser arrecadada pelo Município. O condomínio edilício mantém-se na propriedade da fração de tempo e poderá garantir a continuidade da utilização do bem imóvel, sem prejuízo aos demais coproprietários, justamente por ser responsável pela gestão do patrimônio comum e por se tratar, em certo sentido, de uma renúncia que afeta apenas parcialmente (no tempo) a propriedade do bem imóvel". SCHEREIBER, Anderson. *Multipropriedade imobiliária e a Lei nº 13.777/18*. Disponível em: <http://www.cartaforense.com.br/conteudo/colunas/multipropriedade-imobiliaria-e-a-lei-1377718/18333>. Acesso em: 18 jan. 2019.

DA INCORPORAÇÃO IMOBILIÁRIA E O DESFAZIMENTO DO CONTRATO PELA LEI Nº 13.786/2018

1. NOÇÕES DE INCORPORAÇÃO IMOBILIÁRIA

A incorporação imobiliária ocorre quando a figura do incorporador, que pode ser uma pessoa natural ou uma pessoa jurídica, objetiva a construção de um condomínio com unidades autônomas promovendo, porém, a alienação dessas unidades, antes de sua construção, para que com o produto da venda promova a construção do imóvel. Assim, é importante notar que o intuito do incorporador é obter recursos para a promoção da edificação com a venda prévia das unidades.

A Lei nº 4.591/64 dispõe sobre o condomínio em edificações e as incorporações imobiliárias. Parte dessa Lei – aquela referente ao condomínio em edificações – foi revogada pelo CC/2002. Entretanto, os dispositivos referentes às incorporações imobiliárias permaneceram em vigor. Ocorre que, a Lei nº 13.786, de 27/12/2018, promoveu alterações na Lei nº 4.591/64, o que será analisado neste capítulo.

O art. 28 da Lei nº 4.591/64 estabelece que: "As incorporações imobiliárias, em todo o território nacional, reger-se-ão pela presente Lei". O seu parágrafo único apresenta o seguinte teor: "Para efeito desta Lei, considera-se incorporação imobiliária a atividade exercida com o intuito de promover e realizar a construção, para alienação total ou parcial, de edificações ou conjunto de edificações compostas de unidades autônomas".

A Lei nº 13.786, de 27/12/2018, acrescentou três novos artigos à Lei nº 4.591/64, que foram: 35-A, 43-A e 67-A, adiante analisados.

2. EXIGÊNCIA DE QUADRO-RESUMO

O art. 35-A da Lei nº 4.591/64, acrescentado pela Lei nº 13.786/2018, impõe que os contratos de compra e venda, promessa de venda, cessão ou promessa de cessão de unidades autônomas integrantes de incorporação imobiliária serão iniciados por um quadro-resumo.

O quadro-resumo conterá as informações essenciais e necessárias acerca do negócio que está sendo entabulado. Assim, o dispositivo mencionado dispõe que o quadro-resumo deverá conter:

I) o preço total a ser pago pelo imóvel;

II) o valor da parcela do preço a ser tratada como entrada, a sua forma de pagamento, com destaque para o valor pago à vista, e os seus percentuais sobre o valor total do contrato;

III) o valor referente à corretagem, suas condições de pagamento e a identificação precisa de seu beneficiário;

IV) a forma de pagamento do preço, com indicação clara dos valores e vencimentos das parcelas;

V) os índices de correção monetária aplicáveis ao contrato e, quando houver pluralidade de índices, o período de aplicação de cada um;

VI) as consequências do desfazimento do contrato, seja por meio de distrato, seja por meio de resolução contratual motivada por inadimplemento de obrigação do adquirente ou do incorporador, com destaque negritado para as penalidades aplicáveis e para os prazos para devolução de valores ao adquirente. Em relação a essas consequências, deverá haver a anuência prévia e específica do adquirente a seu respeito, mediante assinatura junto a essas cláusulas, que deverão ser redigidas com destaque, permitindo sua imediata e fácil compreensão;

VII) as taxas de juros eventualmente aplicadas, se mensais ou anuais, se nominais ou efetivas, o seu período de incidência e o sistema de amortização;

VIII) as informações acerca da possibilidade do exercício, por parte do adquirente do imóvel, do direito de arrependimento previsto no art. 49 da Lei nº 8.078, de 11 de setembro de 1990 (Código de Defesa do Consumidor), em todos os contratos firmados em estandes de vendas e fora da sede do incorporador ou do estabelecimento comercial;

IX) o prazo para quitação das obrigações pelo adquirente após a obtenção do auto de conclusão da obra pelo incorporador;

X) as informações acerca dos ônus que recaiam sobre o imóvel, em especial quando o vinculem como garantia real do financiamento destinado à construção do investimento;

XI) o número do registro do memorial de incorporação, a matrícula do imóvel e a identificação do cartório de registro de imóveis competente;

XII) o termo final para obtenção do auto de conclusão da obra (habite-se) e os efeitos contratuais da intempestividade prevista no art. 43-A desta Lei.

Se ocorrer de faltar qualquer um desses itens no quadro-resumo, será concedido prazo de 30 dias para aditamento do contrato e saneamento da omissão, findo o qual, essa omissão, se não sanada, caracterizará justa causa para rescisão contratual por parte do adquirente.

3. POSSIBILIDADE DE CLÁUSULA DE TOLERÂNCIA

O art. 43-A da Lei nº 4.591/64, também acrescentado pela Lei nº 13.786/2018, admite a possibilidade de previsão nos contratos de compra e venda, promessa de venda, cessão ou promessa de cessão de unidades autônomas integrantes de incorporação imobiliária da denominada cláusula de tolerância.

Por cláusula de tolerância deve-se compreender aquele dispositivo contratual que admita a possibilidade de haver um atraso para a conclusão do empreendimento

Cap. 72 – DA INCORPORAÇÃO IMOBILIÁRIA E O DESFAZIMENTO DO CONTRATO PELA LEI Nº 13.786/2018

que não dará causa à resolução do contrato por parte do adquirente nem ensejará o pagamento de qualquer multa pelo incorporador.

O STJ já se manifestou no sentido de ser válida a cláusula de tolerância, conforme se depreende do trecho da decisão a seguir:

> Não é abusiva a cláusula de tolerância nos contratos de promessa de compra e venda de imóvel em construção que prevê prorrogação do prazo inicial para a entrega da obra pelo lapso máximo de 180 (cento e oitenta) dias (STJ, 3ª Turma, REsp 1.582.318-RJ, Rel. Min. Ricardo Villas Bôas Cueva, julgado em 12/9/2017, *DJe* 21/9/2017. Informativo nº 612).[1]

De certo que a cláusula mencionada leva em consideração uma infinidade de eventos supervenientes que poderão acontecer ao longo da consecução do projeto, tais como greves, falta de insumos, crise do mercado etc., e que poderão conduzir a um atraso na obtenção do resultado final do projeto, sendo que esse atraso pode e deve ser tolerado diante da referida cláusula que, para que produza seus regulares efeitos, deverá se manifestar de forma expressa, clara e destacada. É o que dispõe o art. 43-A da Lei nº 4.591/64:

> A entrega do imóvel em até 180 (cento e oitenta) dias corridos da data estipulada contratualmente como data prevista para conclusão do empreendimento, desde que expressamente pactuado, de forma clara e destacada, não dará causa à resolução do contrato por parte do adquirente nem ensejará o pagamento de qualquer penalidade pelo incorporador.

De acordo com o § 1º do art. 43-A, se a entrega do imóvel ultrapassar o prazo de 180 dias, desde que o adquirente não tenha dado causa ao atraso, poderá ser promovida por este a resolução do contrato, sem prejuízo da devolução da integralidade de todos os valores pagos e da multa estabelecida, em até 60 dias corridos contados da resolução, corrigidos com base no índice contratualmente estabelecido para a correção monetária das parcelas do preço do imóvel.

Se não for caso de resolução do contrato e o atraso for superior ao prazo de 180 dias será devida ao adquirente adimplente, por ocasião da entrega da unidade, indenização de 1% (um por cento) do valor efetivamente pago à incorporadora, para cada mês de atraso, *pro rata die*, corrigido monetariamente conforme índice estipulado em contrato. É o que dispõe o § 2º do art. 43-A da Lei nº 4.591/64.

---

[1] Vale acrescentar que nesta mesma decisão houve a seguinte manifestação do egrégio Tribunal: "Mesmo sendo válida a cláusula de tolerância para o atraso na entrega da unidade habitacional em construção com prazo determinado de até 180 (cento e oitenta) dias, o incorporador deve observar o dever de informar e os demais princípios da legislação consumerista, cientificando claramente o adquirente, inclusive em ofertas, informes e peças publicitárias, do prazo de prorrogação, cujo descumprimento implicará responsabilidade civil. Igualmente, durante a execução do contrato, deverá notificar o consumidor acerca do uso de tal cláusula juntamente com a sua justificação, primando pelo direito de informação" (STJ, 3ª Turma, REsp 1.582.318-RJ, Rel. Min. Ricardo Villas Bôas Cueva, julgado em 12/9/2017, *DJe* 21/9/2017. Informativo nº 612).

Evidentemente, essa multa não poderá ser cumulada com a multa prevista no § 1º do mesmo artigo que se refere à inexecução total da obrigação.

Acerca da questão, vale lembrar que o STJ se inclina no sentido de que não caberá reparação por danos morais quando há simples atraso na entrega do imóvel pela incorporadora, pois se trata de dissabor inerente à expectativa frustrada decorrente de simples inadimplemento contratual que deve se inserir no cotidiano das relações comerciais e não implica lesão à honra ou dignidade da pessoa humana, podendo ser caracterizada excepcionalmente caso existam desdobramentos da inexecução capazes de caracterizar danos extrapatrimoniais indenizáveis (AgInt no REsp 1.693.221-SP, Rel. Min. Nancy Andrighi, 3ª Turma, *DJe* 4/4/2018).

4. DESFAZIMENTO OU EXTINÇÃO DO CONTRATO

Um contrato pode ser extinto por diversas formas. Quando se considera a extinção de um contrato por fatos posteriores à sua celebração, deve-se cogitar das figuras de resilição e de resolução contratual.

A resilição representa o fim do contrato por vontade das partes. Se for vontade de ambas as partes, estar-se-á diante de um caso de resilição bilateral que irá se concretizar por meio da figura de um distrato (art. 472, CC). Todavia, existe a resilição do contrato unilateral (art. 473, CC), que é admitida para alguns contratos, e que irá se traduzir no fim do contrato por vontade de uma das partes apenas. A resilição unilateral não é admitida no contrato de compra e venda, promessa de venda, cessão ou promessa de cessão de unidades autônomas, conforme se constata no art. 32, § 2º, da Lei nº 4.591/64.[2]

Já a resolução do contrato representa a extinção desse por inadimplemento contratual que poderá ser culposo ou não.

O art. 67-A da Lei nº 4.591/64 apresenta regramento para o desfazimento do contrato em caso de resilição bilateral (distrato) ou resolução por inadimplemento absoluto de obrigação do adquirente. Nessas hipóteses, o adquirente fará jus à restituição das quantias que houver pago diretamente ao incorporador, atualizadas com base no índice contratualmente estabelecido para a correção monetária das parcelas do preço do imóvel, delas deduzidas, cumulativamente:

I) a integralidade da comissão de corretagem;

II) a pena convencional, que não poderá exceder a 25% (vinte e cinco por cento) da quantia paga, sendo que para que haja a exigência dessa multa, não será necessário que o incorporador alegue prejuízo.

---

[2] Art. 32, § 2º, Lei nº 4.591/64: "Os contratos de compra e venda, promessa de venda, cessão ou promessa de cessão de unidades autônomas são irretratáveis e, uma vez registrados, conferem direito real oponível a terceiros, atribuindo direito a adjudicação compulsória perante o incorporador ou a quem o suceder, inclusive na hipótese de insolvência posterior ao término da obra".

Cap. 72 – DA INCORPORAÇÃO IMOBILIÁRIA E O DESFAZIMENTO DO CONTRATO PELA LEI Nº 13.786/2018

É importante destacar que não se admite que o adquirente venha a perder todas as prestações que foram pagas, tendo-se em vista que o art. 53 do CDC veda a cláusula de decaimento que se traduz exatamente no dispositivo contratual que admite a perda de todo o valor pago pelo adquirente.[3]

Todavia, o STJ já vinha admitindo em vários precedentes a possibilidade de retenção por parte do promitente-vendedor de um percentual dos valores pagos pelo promitente-comprador em caso de descumprimento imotivado do contrato. O que se constata na decisão a seguir:

> É abusiva a cláusula de distrato, fixada no contrato de promessa de compra e venda imobiliária, que estabeleça a possibilidade de a construtora vendedora promover a retenção integral ou a devolução ínfima do valor das parcelas adimplidas pelo consumidor distratante. Vale ressaltar, no entanto, que a jurisprudência entende que é justo e razoável que o vendedor retenha parte das prestações pagas pelo consumidor como forma de indenizá-lo pelos prejuízos suportados, notadamente as despesas administrativas realizadas com a divulgação, comercialização e corretagem, além do pagamento de tributos e taxas incidentes sobre o imóvel, e a eventual utilização do bem pelo comprador (STJ, 4ª Turma, REsp 1.132.943-PE, Rel. Min. Luis Felipe Salomão, julgado em 27/8/2013. Informativo nº 530).

O STJ chegou a decidir que esse percentual não poderia ultrapassar 25% das quantias pagas pelo promitente comprador (STJ, 2ª Seção, EAg 1.138.183-PE, Rel. Min. Sidnei Beneti, julgado em 27/6/2012).

O que a Lei nº 13.786/2018 faz é consolidar o posicionamento do STJ acerca da questão da retenção pelo incorporador de 25% da quantia paga. A defender esse patamar percentual, a Ministra do STJ, Isabel Gallotti, em análise acerca do tema, preleciona:

> A incorporação imobiliária, como qualquer ramo da atividade econômica, sobretudo aqueles que demandam investimentos e contratos de longa duração, necessita de segurança jurídica para desenvolvimento equilibrado e sustentável da cadeia produtiva.[4]

---

[3] Art. 53 do CDC: "Nos contratos de compra e venda de móveis ou imóveis mediante pagamento em prestações, bem como nas alienações fiduciárias em garantia, consideram-se nulas de pleno direito as cláusulas que estabeleçam a perda total das prestações pagas em benefício do credor que, em razão do inadimplemento, pleitear a resolução do contrato e a retomada do produto alienado".

[4] A Ministra do STJ, na mesma oportunidade, esclareceu: "Vivemos, como é notório, época de seríssima crise econômica. O mercado imobiliário, dada a necessidade de segurança nos investimentos de grande vulto e longo prazo, é particularmente sensível. A retração do mercado imobiliário é revelada no estoque de imóveis vazios, em busca de interessados na compra ou aluguel. A revenda do imóvel, nos dias atuais, em caso de desistência imotivada do comprador pode não ser lucrativa como já foi no passado. Não é difícil imaginar a dificuldade do empreendedor em, no curso da obra, não apenas não mais contar com o fluxo de recursos do comprador desistente, mas ainda ter que devolver todo o valor pago – já presumivelmente investido na obra – imediatamente, com juros e correção. A retenção apenas de 10% dos valores pagos

Além disso, se o desfazimento ocorrer após a entrega do imóvel, a nova lei estabelece que em função do período em que teve disponibilizada a unidade imobiliária, responde ainda o promitente comprador, em caso de resolução ou de distrato, sem prejuízo da multa, pelos seguintes valores:

I) quantias correspondentes aos impostos reais incidentes sobre o imóvel;

II) cotas de condomínio e contribuições devidas a associações de moradores;

III) valor correspondente à fruição do imóvel, equivalente à 0,5% (cinco décimos por cento) sobre o valor atualizado do contrato, *pro rata die*;

IV) demais encargos incidentes sobre o imóvel e despesas previstas no contrato.

Tais débitos do promitente comprador poderão ser pagos mediante compensação com a quantia a ser restituída.

Acerca do prazo para a devolução do remanescente ao promitente comprador, a Lei nº 13.786/2018 estabelece duas possibilidades:

- se a incorporação estiver submetida ao regime do patrimônio de afetação, o incorporador restituirá os valores pagos pelo adquirente no prazo máximo de 30 dias após o habite-se ou documento equivalente expedido pelo órgão público municipal competente (art. 67-A, § 5º, Lei nº 4.591/94);

- se a incorporação não estiver submetida ao regime do patrimônio de afetação: o pagamento será realizado em parcela única, após o prazo de 180 dias, contado da data do desfazimento do contrato (art. 67-A, § 6º, Lei nº 4.591/94).

Tais prazos serão reduzidos se, após o desfazimento do contrato, a revenda do imóvel se der de maneira célere, isto é, antes da concretização dos prazos retromencionados. É o que dispõe o § 7º do art. 67-A, Lei nº 4.591/94.

---

pelo comprador, com a devolução do restante imediatamente, antes da revenda da unidade em construção, se não é um problema em época de mercado aquecido, podendo até mesmo gerar lucros para o fornecedor, se houve valorização, pode conduzir à inviabilidade do empreendimento, em época de crise. A rescisão do contrato não deve ser vista como um investimento financeiro para o adquirente. O desfazimento do contrato não deve se tornar, artificialmente – mercê de mal aplicadas interpretações jurisprudenciais, surgidas em contexto que as justificavam e para finalidades diversas – mais interessante do que o cumprimento do contrato com a finalidade social a que se destinava: aquisição da unidade imobiliária. Penso que o exercício abusivo de direitos deve ser coibido, mediante a correta sistematização dos precedentes jurisprudenciais. Não me parece atender ao interesse coletivo de sustentabilidade do sistema imobiliário possa ser mais compensador ao adquirente, mesmo que justificado por pequena superação do prazo de tolerância, obter a devolução de tudo o que pagou, com correção e juros, somado à cláusula penal moratória invertida e incidente mensalmente sobre o valor total do contrato (e não sobre o valor de uma prestação inadimplida), acrescendo-se, ainda, a título de lucros cessantes, o valor de aluguel mensal (também calculado tendo por base o valor do imóvel) e dano moral, em prejuízo para o interesse coletivo, que tem por pressuposto a solvabilidade do empreendimento". GALLOTTI, Isabel. *A incorporação imobiliária na perspectiva do STJ*: a proteção do consumidor – interesse coletivo x individual. Palestra proferida no STJ, em Seminário sobre Incorporação Imobiliária, em 25/4/2018.

Acerca dos prazos aventados, percebe-se que a Lei nº 13.786/2018, que promoveu as alterações na Lei nº 4.591/64, não se orientou pelo posicionamento do STJ, consolidado na Súmula nº 543, deste Tribunal, que dispõe:

> Na hipótese de resolução de contrato de promessa de compra e venda de imóvel submetido ao Código de Defesa do Consumidor, deve ocorrer a imediata restituição das parcelas pagas pelo promitente comprador – integralmente, em caso de culpa exclusiva do promitente vendedor/construtor, ou parcialmente, caso tenha sido o comprador quem deu causa ao desfazimento.

Vale destacar ainda que quando a incorporação estiver submetida ao regime do patrimônio de afetação, admite-se que a multa chegue ao limite de 50% (cinquenta por cento) da quantia paga.

Quando há o sistema de afetação, o bem que está sendo incorporado será separado do patrimônio do incorporador, o que, por conseguinte, afastará que as dívidas pessoais do incorporador alcancem o bem incorporado, o que faz aumentar a segurança para os adquirentes.

Não incidirá a cláusula penal contratualmente prevista na hipótese de o adquirente que der causa ao desfazimento do contrato encontrar comprador substituto que o sub-rogue nos direitos e obrigações originalmente assumidos, desde que haja a devida anuência do incorporador e a aprovação dos cadastros e da capacidade financeira e econômica do comprador substituto, conforme dispõe o § 9º do art. 67-A da Lei nº 4.591/64.

5. DIREITO DE ARREPENDIMENTO

A Lei nº 13.786/2018 inseriu o art. 67-A na Lei nº 4.591/64, manifestando-se em plena sintonia com o art. 49 do CDC,[5] que admite o direito de arrependimento. Eis a redação do art. 67-A, § 10, da Lei nº 4.591/64:

> Os contratos firmados em estandes de vendas e fora da sede do incorporador permitem ao adquirente o exercício do direito de arrependimento, durante o prazo improrrogável de 7 (sete) dias, com a devolução de todos os valores eventualmente antecipados, inclusive a comissão de corretagem.

Nessa senda, caberá ao adquirente demonstrar o exercício tempestivo do direito de arrependimento por meio de carta registrada, com aviso de recebimento, considerada a data da postagem como data inicial da contagem do prazo de sete dias. Transcorrido o prazo de sete dias sem que tenha sido exercido o direito de

---

[5] Art. 49, CDC: "O consumidor pode desistir do contrato, no prazo de 7 (sete) dias a contar de sua assinatura ou do ato de recebimento do produto ou serviço, sempre que a contratação de fornecimento de produtos e serviços ocorrer fora do estabelecimento comercial, especialmente por telefone ou a domicílio".

arrependimento, será observada a irretratabilidade do contrato de incorporação imobiliária, conforme disposto no § 2º do art. 32 da Lei nº 4.591/64.

6. AFASTAMENTO DAS REGRAS DA LEI Nº 4.591/64

No instrumento do distrato, em respeito à autonomia privada das partes, é possível que as partes definam condições diferenciadas daquelas que dispõe a Lei nº 4.591/64, conforme dispõe o § 13 do art. 67-A. Todavia, tal possibilidade não deve ser considerada de modo ilimitado. É que não se pode admitir o afastamento da referida Lei que resulte em obrigações consideradas iníquas, abusivas, que coloquem o consumidor em desvantagem exagerada, ou sejam incompatíveis com a boa-fé ou a equidade, pois isso violaria o art. 51, IV, do CDC.

Em conclusão, o § 14 do art. 67-A da Lei nº 4.951/64 dispõe que:

> Nas hipóteses de leilão de imóvel objeto de contrato de compra e venda com pagamento parcelado, com ou sem garantia real, de promessa de compra e venda ou de cessão e de compra e venda com pacto adjeto de alienação fiduciária em garantia, realizado o leilão no contexto de execução judicial ou de procedimento extrajudicial de execução ou de resolução, a restituição far-se-á de acordo com os critérios estabelecidos na respectiva lei especial ou com as normas aplicáveis à execução em geral.

7. ALGUMAS NOTAS SOBRE AS ALTERAÇÕES NA LEI Nº 6.766/79 PROMOVIDAS PELA LEI Nº 13.786/2018

A Lei nº 13.786/2018 também promove alterações na Lei nº 6.766/79, que dispõe sobre o parcelamento do solo urbano e prevê os requisitos necessários para que seja estabelecido um loteamento.

Destaque-se que também se impõe um quadro-resumo nos contratos de compra e venda, cessão ou promessa de cessão de loteamento, que deverá apresentar os seguintes elementos:

> I) o preço total a ser pago pelo imóvel; II) o valor referente à corretagem, suas condições de pagamento e a identificação precisa de seu beneficiário; III) a forma de pagamento do preço, com indicação clara dos valores e vencimentos das parcelas; IV) os índices de correção monetária aplicáveis ao contrato e, quando houver pluralidade de índices, o período de aplicação de cada um; V) as consequências do desfazimento do contrato, seja mediante distrato, seja por meio de resolução contratual motivada por inadimplemento de obrigação do adquirente ou do loteador, com destaque negritado para as penalidades aplicáveis e para os prazos para devolução de valores ao adquirente. Para tanto, deverá anuência prévia e específica do adquirente a seu respeito, mediante assinatura junto a essas cláusulas; VI) as taxas de juros eventualmente aplicadas, se mensais ou anuais, se nominais ou efetivas, o seu período de incidência e o sistema de amortização; VII) as informações acerca da possibilidade do exercício, por parte do adquirente do imóvel, do direito de arrependimento previsto no art. 49 da Lei nº 8.078, de 11 de setembro de 1990 (Código de Defesa do Consumidor), em todos os contratos firmados

Cap. 72 – DA INCORPORAÇÃO IMOBILIÁRIA E O DESFAZIMENTO DO CONTRATO PELA LEI Nº 13.786/2018 **931**

em estandes de vendas e fora da sede do loteador ou do estabelecimento comercial; VIII) o prazo para quitação das obrigações pelo adquirente após a obtenção do termo de vistoria de obras; IX) informações acerca dos ônus que recaiam sobre o imóvel; X) o número do registro do loteamento ou do desmembramento, a matrícula do imóvel e a identificação do cartório de registro de imóveis competente; XI) o termo final para a execução do projeto referido no § 1º do art. 12 desta Lei e a data do protocolo do pedido de emissão do termo de vistoria de obras.

Se faltar quaisquer das informações previstas no quadro-resumo, será concedido prazo de 30 dias para aditamento do contrato e saneamento da omissão, findo o qual, essa omissão, se não sanada, caracterizará justa causa para rescisão contratual por parte do adquirente.

De acordo com o art. 32-A da Lei nº 6.766/79, em caso de resolução contratual por fato imputado ao adquirente, deverão ser restituídos os valores pagos por ele, atualizados com base no índice contratualmente estabelecido para a correção monetária das parcelas do preço do imóvel, podendo ser descontados dos valores pagos os seguintes itens:

I) os valores correspondentes à eventual fruição do imóvel, até o equivalente a 0,75% (setenta e cinco centésimos por cento) sobre o valor atualizado do contrato, cujo prazo será contado a partir da data da transmissão da posse do imóvel ao adquirente até sua restituição ao loteador;

II) o montante devido por cláusula penal e despesas administrativas, inclusive arras ou sinal, limitado a um desconto de 10% (dez por cento) do valor atualizado do contrato;

III) os encargos moratórios relativos às prestações pagas em atraso pelo adquirente;

IV) os débitos de impostos sobre a propriedade predial e territorial urbana, contribuições condominiais, associativas ou outras de igual natureza que sejam a estas equiparadas e tarifas vinculadas ao lote, bem como tributos, custas e emolumentos incidentes sobre a restituição e/ou rescisão;

V) a comissão de corretagem, desde que integrada ao preço do lote.

A lei dispõe que o pagamento da restituição ocorrerá em até 12 parcelas mensais, com início após o seguinte prazo de carência:

I) em loteamentos com obras em andamento: no prazo máximo de 180 (cento e oitenta) dias após o prazo previsto em contrato para conclusão das obras;

II) em loteamentos com obras concluídas: no prazo máximo de 12 (doze) meses após a formalização da rescisão contratual.

Vale destacar que somente será efetuado registro do contrato de nova venda se for comprovado o início da restituição do valor pago pelo vendedor ao titular do registro cancelado na forma e condições pactuadas no distrato, dispensada essa comprovação nos casos em que o adquirente não for localizado ou não tiver se manifestado.

DA PROPRIEDADE FIDUCIÁRIA E DA PROPRIEDADE RESOLÚVEL

A propriedade fiduciária está disciplinada nos arts. 1.361 a 1.368-B do Código Civil. Dentro da noção de propriedade fiduciária reside a denominada propriedade resolúvel.

Por propriedade resolúvel deve-se entender aquela que pode alcançar o seu fim em virtude de uma causa prevista no próprio título que a criou (por meio de uma condição ou um termo) ou em virtude de uma causa superveniente. Excetua-se, portanto, o princípio geral do *semel dominus, semper dominus*.[1]

O Código Civil contempla a propriedade em dois artigos a seguir citados:

> Art. 1.359. Resolvida a propriedade pelo implemento da condição ou pelo advento do termo, entendem-se também resolvidos os direitos reais concedidos na sua pendência, e o proprietário, em cujo favor se opera a resolução, pode reivindicar a coisa do poder de quem a possua ou detenha.
>
> Art. 1.360. Se a propriedade se resolver por outra causa superveniente, o possuidor, que a tiver adquirido por título anterior à sua resolução, será considerado proprietário perfeito, restando à pessoa, em cujo benefício houve a resolução, ação contra aquele cuja propriedade se resolveu para haver a própria coisa ou o seu valor.[2]

Ambos os dispositivos sempre sofreram inúmeras críticas, já que a matéria já foi regulada alhures no Código Civil, mostrando-se absolutamente despicienda menção específica no Livro de Direito das Coisas.

---

[1] Em tradução livre: "Uma vez dono, sempre dono".

[2] Em comentário ao art. 1.360 do CC, Sílvio de Salvo Venosa esclarece: "Quando se resolve o domínio por fato alheio ao título, a solução legal é recorrer o favorecido à ação de reivindicação da coisa, se esta ainda estiver em mãos do adquirente, ou à simples indenização, se com terceiros de boa-fé. A hipótese característica a servir de exemplo clássico na espécie é a de revogação de doação por ingratidão do donatário. Essa ingratidão decorre do *numerus clausus* do art. 557. No entanto, na própria disciplina da doação, o art. 563 resguarda o direito adquirido de terceiros. Se a coisa foi alienada a terceiro de boa-fé, a revogação gera apenas o direito à indenização pelo valor da coisa. A revogação da doação com o retorno da coisa doada ao doador somente se faz possível se ainda permanece na titularidade do donatário". VENOSA, Silvio de Salvo. *Código Civil interpretado*. São Paulo: Atlas, 2010. p. 1.225.

Na sequência dos artigos retrocitados acerca da propriedade resolúvel, em capítulo próprio, o legislador disciplina a propriedade fiduciária, decerto porque uma abrange a outra, conforme a seguir se relata.

Ao apontar a evolução legislativa da propriedade fiduciária em nosso ordenamento, Sílvio de Salvo Venosa relata:

> A alienação fiduciária em garantia, introduzida originalmente em nossa legislação para dar substrato aos contratos de financiamento precipuamente de bens móveis duráveis, inseriu em nosso ordenamento mais um direito real de garantia, que se agrega ao rol já existente, com características próprias. De fato, a Lei nº 4.728/65, estruturadora do mercado de capitais, criou o instituto, que ganhou contornos materiais e processuais definitivos com o Decreto-lei nº 911/69, que alterou a redação do art. 66 da referida lei e em seus nove artigos disciplinou a garantia fiduciária cuja experiência demonstrou ser muito útil no mundo negocial. Este Código procurou dar contornos gerais à matéria sob a epígrafe propriedade fiduciária, nos arts. 1.361 a 1.368. Dessa forma, a maioria das disposições de direito material passam a ser reguladas pelo Código de 2002, e não mais pela legislação anterior.[3]

O art. 1.361 do CC inicia o tema dispondo: "Considera-se fiduciária a propriedade resolúvel de coisa móvel infungível que o devedor, com escopo de garantia, transfere ao credor".

Vale lembrar que a Lei nº 9.514/97 trata da alienação fiduciária em garantia de bens imóveis, sendo estabelecido em seu art. 22 que: "A alienação fiduciária regulada por esta Lei é o negócio jurídico pelo qual o devedor, ou fiduciante, com o escopo de garantia, contrata a transferência ao credor, ou fiduciário, da propriedade resolúvel de coisa imóvel".

O art. 1.368-A do CC, incluído pela Lei nº 10.931/2004, estabelece que: "As demais espécies de propriedade fiduciária ou de titularidade fiduciária submetem-se à disciplina específica das respectivas leis especiais, somente se aplicando as disposições deste Código naquilo que não for incompatível com a legislação especial".

Diante do referido dispositivo, conclui-se que o Código Civil apresentará caráter subsidiário no que se refere ao tema.

A alienação fiduciária decorre de um contrato que resulta em um direito real de garantia.[4] Assim, no referido contrato estipula-se que a posse direta do bem ficará com o devedor fiduciante que, a título de garantia, transmite o bem ao credor fiduciário que apresenta em seu favor uma propriedade, porém, resolúvel, já

---

[3] VENOSA, Silvio de Salvo. *Código Civil interpretado*. São Paulo: Atlas, 2010. p. 1.226.

[4] Cristiano Chaves e Nelson Rosenvald esclarecem que: "A propriedade fiduciária adentrou o rol dos direitos reais do art. 1.225 do Código Civil de 2002. Em princípio, da leitura do dispositivo não encontramos referência a ela. Porém, sobeja implícita no inciso I, como uma espécie de propriedade resolúvel. Antes do advento do Código Civil, era tratada como alienação fiduciária, expressão que agora só se reserva ao tipo contratual, mas não ao direito real de garantia que se forma posteriormente pelo registro". FARIAS, Cristiano Chaves; ROSENVALD, Nelson. *Curso de direito civil*. Reais. 11. ed. São Paulo: Atlas, 2015. p. 457.

Cap. 73 – DA PROPRIEDADE FIDUCIÁRIA E DA PROPRIEDADE RESOLÚVEL

que se finda automaticamente com o pagamento da última prestação. Constata-se, portanto, um perfeito desdobramento da posse, já que a posse direta caberá ao devedor fiduciante, enquanto a posse indireta, ao credor fiduciário.[5] É importante notar que é o credor fiduciário que paga o preço diretamente ao alienante primitivo, o que resulta na alienação fiduciária em seu favor.

Como o art. 1.361 do CC se refere ao bem móvel infungível, larga aplicação encontra o instituto em relação ao financiamento de veículos, já que esses são tidos como bens móveis infungíveis em virtude de chassi próprio que os individualizam.

De acordo com o § 1º do art. 1.361 do CC:

> Constitui-se a propriedade fiduciária com o registro do contrato, celebrado por instrumento público ou particular, que lhe serve de título, no Registro de Títulos e Documentos do domicílio do devedor, ou, em se tratando de veículos, na repartição competente para o licenciamento, fazendo-se a anotação no certificado de registro.

O contrato que estabelece a alienação fiduciária deverá apresentar: o total da dívida, ou sua estimativa; o prazo, ou a época do pagamento; a taxa de juros, se houver; a descrição da coisa objeto da transferência, com os elementos indispensáveis à sua identificação, conforme estabelece o art. 1.362 do CC.

Na sequência, a codificação civil preceitua que o devedor, a suas expensas e risco, pode usar a coisa segundo sua destinação, sendo obrigado, como depositário: a empregar na guarda da coisa a diligência exigida por sua natureza; e a entregá-la ao credor, se a dívida não for paga no vencimento.

Além disso, vencida a dívida, e não paga, fica o credor obrigado a vender, judicial ou extrajudicialmente, a coisa a terceiros, a aplicar o preço no pagamento de seu crédito e das despesas de cobrança, e a entregar o saldo, se houver, ao devedor (art. 1.364, CC).

Nesse mote, importa notar que, em virtude do reconhecimento do caráter supralegal da Convenção Interamericana de Direitos Humanos, conhecida com Pacto de São José da Costa Rica, não se admite mais em nosso ordenamento a prisão do depositário infiel. Assim, vale lembrar a edição da Súmula Vinculante nº 25 do STF e a Súmula nº 419 do STJ que abraçam o mesmo propósito.

Consagra-se a vedação do pacto comissório no art. 1.365 que estabelece: "É nula a cláusula que autoriza o proprietário fiduciário a ficar com a coisa alienada

---

[5] De acordo com Cristiano Chaves e Nelson Rosenvald: "A cláusula *constituti* é outro traço característico desse interessante modelo jurídico, aplicável tanto a bens móveis como imóveis. Inserida essa cláusula no contrato de alienação fiduciária, aquele que era proprietário se converte por força do mero consenso em possuidor direto. Em contrapartida, a posse indireta restou adquirida pelo novo proprietário por ficção, eis que não foi preciso qualquer ato material de entrega da coisa por parte do fiduciante ao tempo da alienação. A tradição real (entrega física da coisa) ou simbólica (*v.g.*, entrega das chaves) foi dispensada, sendo substituída pela tradição ficta ou consensual. Subentende-se a tradição pelo fato de o transmitente da propriedade continuar a possuir, sem que se presencie qualquer fato material indicativo da tradição, pois ela se operou por ficção (art. 1.267, parágrafo único, do CC)". FARIAS, Cristiano Chaves; ROSENVALD, Nelson. *Curso de direito civil*. Reais. 11. ed. São Paulo: Atlas, 2015. p. 467.

em garantia, se a dívida não for paga no vencimento". Todavia, admite-se que o bem seja dado em pagamento mediante anuência do credor; é o que estabelece o parágrafo único do art. 1.365.[6]

É evidente que, quando vendida a coisa, o produto não bastar para o pagamento da dívida e das despesas de cobrança, continuará o devedor obrigado pelo restante (art. 1.366, CC).

A Lei nº 13.043/2014 altera a redação do art. 1.367 do CC e insere o art. 1.368-B, a seguir expostos:

> Art. 1.367, CC: A propriedade fiduciária em garantia de bens móveis ou imóveis sujeita-se às disposições do Capítulo I do Título X do Livro III da Parte Especial deste Código e, no que for específico, à legislação especial pertinente, não se equiparando, para quaisquer efeitos, à propriedade plena de que trata o art. 1.231.

> Art. 1.368-B. A alienação fiduciária em garantia de bem móvel ou imóvel confere direito real de aquisição ao fiduciante, seu cessionário ou sucessor. Parágrafo único: O credor fiduciário que se tornar proprietário pleno do bem, por efeito de realização da garantia, mediante consolidação da propriedade, adjudicação, dação ou outra forma pela qual lhe tenha sido transmitida a propriedade plena, passa a responder pelo pagamento dos tributos sobre a propriedade e a posse, taxas, despesas condominiais e quaisquer outros encargos, tributários ou não, incidentes sobre o bem objeto da garantia, a partir da data em que vier a ser imitido na posse direta do bem.

Afeto ao tema, vale lembrar, por fim, o Enunciado nº 325, aprovado na IV Jornada de Direito Civil, com o seguinte teor: "É impenhorável, nos termos da Lei nº 8.009/90, o direito real de aquisição do devedor fiduciante". Além disso, a teoria do adimplemento substancial ou inadimplemento mínimo, analisada no Capítulo 17, item 6, nesta obra, de acordo com a doutrina, teria ampla aplicabilidade aos casos de alienação fiduciária, porém, não foi isso que o STJ entendeu na decisão do REsp 1.622.555-MG. Remetemos o leitor aos comentários formulados no mencionado item.

---

[6] Art. 1.365, parágrafo único, CC: "O devedor pode, com a anuência do credor, dar seu direito eventual à coisa em pagamento da dívida, após o vencimento desta".

DA ENFITEUSE 74

A enfiteuse é considerada direito real de gozo ou fruição. O Código Civil de 2002 não a extinguiu, como dizem alguns. Em verdade, o que o estatuto civil fez foi vedar a possibilidade de se constituir novas enfiteuses e subenfiteuses. Desse modo, as enfiteuses privadas que já tinham sido constituídas continuaram a existir, permanecendo, porém, sob o comando legal do Código Civil de 1916. Nesse mote, o art. 2.038 do CC/2002 estabelece:

> Fica proibida a constituição de enfiteuses e subenfiteuses, subordinando-se as existentes, até à sua extinção, às disposições do Código Civil anterior, Lei nº 3.071, de 1º de janeiro de 1916, e leis posteriores.

Assim, ainda que em breves linhas, faremos um apanhado geral do instituto com as devidas reportações ao Código Civil de 1916.

Para alcançarmos a exata noção da enfiteuse mostra-se importante compreender o fundamento de tal instituto, que seria exatamente a necessidade de se atribuir caráter produtivo ao imóvel. Por meio da enfiteuse, delegar-se-ia o domínio útil do bem ao enfiteuta, afastando-se o proprietário inerte, que em contrapartida receberia um foro anual. Na percepção de Daniela Rosário Rodrigues:

> Na verdade, para o proprietário da terra havia uma imensa vantagem na medida em que ele não produzia, não explorava a sua terra e ainda percebia uma vantagem econômica anual por permitir que outra pessoa o fizesse, denominada foro, *canon* ou pensão.[1]

Na velha codificação, a enfiteuse, também conhecida como aforamento ou aprazamento, encontra-se regulada nos arts. 678 ao 694. As partes envolvidas na relação jurídica de natureza real que ora se relata são: o enfiteuta (ou foreiro) e o senhorio direto. O enfiteuta é aquele a quem se atribui o domínio útil do bem e que possui a obrigação de pagamento de um foro anual. Já o senhorio direto será o receptor do foro anual, constituindo-se, pois, como proprietário do bem e titular do domínio direto.

---

[1] RODRIGUES, Daniela Rosário. *Direito civil.* Direito das coisas. 3. ed. São Paulo: Rideel, 2010. p. 119.

Assim, percebe-se que o enfiteuta – que é o titular do domínio útil – toma para si todas as utilidades do imóvel aforado, quedando-se inerte o senhorio direto que merecerá, para tanto, o recebimento do pagamento de um foro anual. A enfiteuse se traduz, portanto, no direito real de gozo ou fruição mais amplo que existe, pois concede amplos poderes ao enfiteuta. Em sendo assim, o ônus de arcar com os tributos caberá ao enfiteuta, conforme art. 682 do CC/16. Fornece-nos uma visão geral do instituto o art. 678 do CC/16: "Dá-se a enfiteuse, aforamento ou aprazamento, quando por ato *inter vivos* ou de última vontade, o proprietário atribui a outrem o domínio útil do imóvel, pagando a pessoa que o adquire, e assim se constitui enfiteuta, ao senhorio direto uma pensão, ou foro, anual, certo e invariável".

A existência do direito de preferência se faz notar tanto no que diz respeito ao senhorio direto, quanto no que diz respeito ao enfiteuta. O regramento referente ao exercício da preferência se situa nos arts. 683 ao 686 do CC/16. Então, aquele que quiser alienar o seu domínio ou dá-lo em pagamento poderá fazê-lo desde que ofereça ao outro para que esse possa adquirir os poderes que lhe faltam. Até nesse ponto, os direitos do senhorio e do enfiteuta são equivalentes. Todavia, em desarrazoada disparidade, o art. 686 do CC/16 cogita da imposição do pagamento de um laudêmio ao senhorio direto, sempre que se realizar a transferência do domínio útil e o senhorio direto não exercitar o seu direito de preferência. O laudêmio corresponderá a 2,5% sobre o preço da alienação, se outro não tiver sido fixado no título de aforamento.

Realce-se que não se pode confundir o foro com o laudêmio. Ambos são devidos pelo enfiteuta ao senhorio direto, porém, enquanto o foro ou cânon se traduz em pensão anual devida pelo primeiro ao segundo, o laudêmio representa uma compensação ao senhorio direto por esse não ter querido concentrar todos os poderes em suas mãos.

Na hipótese de o enfiteuta não pagar o foro anual, quedar-se-á em situação de comisso, o que implicará a perda de seu domínio útil diante de três anos consecutivos inadimplente. Nada obstante ao regramento legal, o STF editou duas súmulas que merecem menção. A primeira, Súmula nº 122, com a seguinte redação: "O enfiteuta pode purgar a mora enquanto não decretado o comisso por sentença"; a segunda, Súmula nº 169: "Depende de sentença a aplicação da pena de comisso".

A enfiteuse que, em princípio, apresenta caráter perpétuo, poderá chegar ao fim por diversos fatores, tais como a deterioração natural do imóvel aforado; deixando o enfiteuta de pagar o foro por três anos consecutivos; pelo falecimento do enfiteuta, sem deixar herdeiros; pelo resgate, que consolida nas mãos do enfiteuta todos os poderes do proprietário; e pela renúncia do enfiteuta de seu direito sobre o bem.

Em conclusão, podemos dizer que a enfiteuse é instituto que possui os seus dias contados. É que o art. 2.038 do CC/2002, conforme mencionado anteriormente, proíbe a constituição de novas enfiteuses, permanecendo apenas as já existentes e se orientado, pois, pelo Código Civil de 1916 no que lhes pertine. Além disso, é o mesmo art. 2.038 que também proíbe a constituição de subenfiteuses. No § 1º do multicitado art. 2.038 do CC/2002, ao se referir às enfiteuses já existentes, proclama a vedação à cobrança de laudêmio ou prestação análoga nas transmissões de bem aforado, sobre o valor das construções e plantações, limitando, assim, a cobrança do laudêmio; ademais, sobre as enfiteuses já existentes também veda-se a constituição de subenfiteuses. Na percepção de Osni de Souza:

> O propósito do art. 2.038 foi o de abreviar a extinção das enfiteuses existentes. Proibindo a cobrança de laudêmio, retirou do senhorio uma apreciável vantagem econômica, estimulando o resgate do bem enfitêutico. A proibição de instituição de subenfiteuses tem o mesmo objetivo, pois limita o proveito do enfiteuta sobre o bem.[2]

Por fim, vale lembrar que o CC/2002 admite, no § 2º do art. 2.038, a constituição de enfiteuse em relação aos terrenos da marinha, regulando-se, por conseguinte, por lei especial.

---

[2] SOUZA, Osni de. Das disposições finais e transitórias. In: CHINELLATO, Silmara Juny (Coord.); MACHADO, Antônio Cláudio Costa (Org.) *Código Civil interpretado*. 7. ed. São Paulo: Manole, 2014. p. 1.335.

DA SUPERFÍCIE

A superfície é direito real de gozo ou fruição que chega ao Código Civil de 2002, em seus arts. 1.369 a 1.377, com a pretensão de substituir a pretérita enfiteuse. Nada obstante à já previsão legal do instituto na Lei nº 10.257/2001[1] – o Estatuto da Cidade –, o que o Código Civil de 2002 faz é ampliar o seu espectro de aplicação, alcançando, outrossim, os imóveis rurais, e não apenas os urbanos, como faz o Estatuto da Cidade. Além disso, Élcio Nacur Rezende esclarece:

> A existência de duas normas regulando o instituto sendo uma eminentemente de Direito Privado (Código Civil) e outra de Direito Público (Estatuto da Cidade), se justifica na medida em que são compatíveis entre si, mormente porque suas disposições devem ser aplicadas em situações diversas, a primeira (Direito Civil) quando Superficiário e Concedente forem pessoas naturais ou pessoas jurídicas de Direito Privado, isto é, quando a superfície for instituída com escopo de satisfazer interesses particulares. Todavia, no Estatuto da Cidade as normas serão aplicadas na medida em que se constatar a Superfície como instrumento de política urbana, ou seja, com o objetivo de satisfazer o interesse público. Nada obsta, porém, que haja um diálogo das fontes, na medida em que a Função Social do Direito de Superfície se faz presente, permitindo, assim, que o intérprete promova uma harmonização de dispositivo de ambas as normas quando no caso concreto se fizer necessário à melhor persecução dos objetivos vislumbrados pelas partes envolvidas.[2]

Assim, a conclusão é que o Código Civil, ao disciplinar a superfície, não derrogou o Estatuto da Cidade neste ponto. Tanto é assim que na I Jornada de Direito Civil foi aprovado o Enunciado nº 93 com a seguinte redação: "As normas previstas no Código Civil sobre direito de superfície não revogam as relativas a direito de superfície constantes do Estatuto da Cidade (Lei nº 10.257/2001) por ser instrumento de política de desenvolvimento urbano". E, ainda, a reforçar a tese de que uma lei não revogou a outra, vale mencionar o art. 2.043 do CC que preceitua: "Até que por outra forma se disciplinem, continuam em vigor as disposições de natureza processual, administrativa ou penal, constantes de leis cujos preceitos de natureza civil hajam sido incorporados a este Código". Não

---

[1] Arts. 21 a 24 da Lei nº 10.257/2001.
[2] REZENDE, Élcio Nacur. *Direito de superfície*. Belo Horizonte: Del Rey, 2010. p. 192.

há dúvidas da natureza administrativa do Estatuto da Cidade, o que lhe dá autonomia, conforme o preceito legal ora verificado.

Outra proximidade a ser cogitada é a existente entre a enfiteuse e a superfície. Como marcantes traços diferenciadores desses institutos, podemos mencionar: enquanto a enfiteuse apresenta, em princípio, caráter de perpetuidade, a superfície pode ser constituída temporariamente; e enquanto a enfiteuse é sempre onerosa, marcada pela presença do foro, a superfície poderá ser onerosa ou gratuita.

Assim, delineia-se a superfície com a redação do art. 1.369 do CC:

> O proprietário pode conceder a outrem o direito de construir ou de plantar em seu terreno, por tempo determinado, mediante escritura pública devidamente registrada no Cartório de Registro de Imóveis.

Diante do dispositivo legal, encontramos dois sujeitos envolvidos na relação jurídica: o proprietário, fundieiro ou concedente, que é aquele que concede a outrem o direito de construir ou plantar em seu terreno; e o superficiário, que é a pessoa que recebe o direito de construir ou plantar em terreno alheio.

Desse modo, constatamos a partição de um patrimônio em dois, que se tornam autônomos e distintos, com dois titulares que terão para si suas próprias dívidas e obrigações. Nesse sentido é a redação do Enunciado nº 321 do CJF, aprovado na IV Jornada de Direito Civil: "Os direitos e obrigações vinculados ao terreno e, bem assim, aqueles vinculados à construção ou à plantação formam patrimônios distintos e autônomos, respondendo cada um dos seus titulares exclusivamente por suas próprias dívidas e obrigações, ressalvadas as fiscais decorrentes do imóvel".

Embora o § 1º do art. 1.369 do CC preceitue que "o direito de superfície não autoriza obra no subsolo, salvo se for inerente ao objeto da concessão", a doutrina entende que tal dispositivo pode ser afastado via contratual, posicionamento esse que se consolidou no Enunciado nº 568, aprovado na VI Jornada de Direito Civil, com o seguinte teor: "O direito de superfície abrange o direito de utilizar o solo, o subsolo ou o espaço aéreo relativo ao terreno, na forma estabelecida no contrato, admitindo-se o direito de sobrelevação, atendida a legislação urbanística". Justificou-se o enunciado da seguinte maneira: "a norma estabelecida no Código Civil e no Estatuto da Cidade deve ser interpretada de modo a conferir máxima eficácia ao direito de superfície, que constitui importante instrumento de aproveitamento da propriedade imobiliária".

Em referência ao enunciado retrocitado, Flávio Tartuce promove o seguinte comentário:

> Assim, entendeu-se que é possível afastar, por força do contrato, a norma do parágrafo único do art. 1.369 do CC, considerada como preceito de ordem privada. Ademais amparou-se doutrinariamente o direito de sobrelevação, conhecido como direito de laje, situação muito comum em áreas favelizadas. Com isso criou-se a superfície de segundo grau, verdadeiro direito real, que não está tratado no rol do art. 1.225 do CC/2002. A

hipótese parece ser de criação de direito real por exercício da autonomia privada, o que representa um grande avanço quanto ao tema.[3]

Atualmente, o direito real de laje passa a ser reconhecido como direito autônomo por força da Lei nº 13.465/2017. O novo regramento será analisado no Capítulo 82 deste livro.

Como dito alhures, a concessão da superfície poderá ser gratuita ou onerosa. Se for estipulada de forma onerosa, estipularão as partes se o pagamento será feito de uma só vez, ou parceladamente. A retribuição financeira aqui mencionada é denominada de *solarium* ou cânon superficiário. Além disso, o superficiário responderá pelos encargos e tributos que incidirem sobre o imóvel, o que, por vezes, poderá sobrecarregar o superficiário. Diante disso, o Enunciado nº 94, aprovado na I Jornada de Direito Civil, admite a possibilidade de rateio de despesas entre as partes, com a seguinte redação: "As partes têm plena liberdade para deliberar, no contrato respectivo, sobre o rateio dos encargos e tributos que incidirão sobre a área objeto da concessão do direito de superfície".

O Código Civil ainda prevê a transmissibilidade da superfície seja *causa mortis* ou por ato *inter vivos*, e, ao revés, do que ocorria com a enfiteuse por meio da figura do laudêmio, o parágrafo único do art. 1.372 veda a estipulação de qualquer pagamento em virtude da transferência. De acordo com Élcio Nacur Rezende:

> O dispositivo proibitório da referida cobrança tem por escopo evitar que o superficiário encontre-se em situação de hipossuficiência em relação ao concedente caso necessite transferir seus direitos. Vale lembrar que, como já discorremos, a Superfície é instrumento propiciador da função social da propriedade e, nos ditames do Estatuto da Cidade, de Política Urbana.[4]

Para a hipótese de alienação do imóvel ou alienação do direito de superfície, o direito de preferência é resguardado a ambas as partes em expressa igualdade de condições, conforme preceitua o art. 1.373, CC. Crítica merecida é dirigida ao referido artigo, já que, embora apresente a igualdade de condições para o exercício do direito de preferência, não estabelece efeito algum para o seu descumprimento. Tentando solucionar a omissão legal, aprovou-se o Enunciado nº 510, na V Jornada de Direito Civil, com o seguinte teor: "Ao superficiário que não foi previamente notificado pelo proprietário para exercer o direito de preferência previsto no art. 1.373 do CC é assegurado o direito de, no prazo de seis meses, contado do registro da alienação, adjudicar para si o bem mediante depósito do preço". Em verdade, trata-se de disposição análoga ao previsto no art. 504 do CC, que diz respeito ao direito de preferência do condômino no condomínio de coisa indivisível. Decerto que tal solução se deveu à proximidade técnica dos institutos. Há que se ressaltar, porém, que o art. 504 do CC estipula prazo de 180 dias,

---

[3]   TARTUCE, Flávio. *Manual de direito civil.* Volume único. 5. ed. São Paulo: Método, 2015. p. 848.

[4]   REZENDE, Élcio Nacur. *Direito de superfície.* Belo Horizonte: Del Rey, 2010. p. 100.

ao passo que o referido enunciado menciona "seis meses". Sem embargo, outras saídas são apontadas por outros doutrinadores, tais como a aplicação do art. 33 da Lei nº 8.245/91 ou, até mesmo, do art. 518 do CC.

A superfície é concedida para que haja a plantação ou a construção no terreno, todavia, se houver qualquer desvio em tais propósitos, poderá haver a resolução da concessão diante do manifesto inadimplemento. Assim, a superfície chegará ao fim antes de seu termo final. Por conseguinte, extinta a concessão, o proprietário passará a ter a propriedade plena sobre o terreno, construção ou plantação, independentemente de indenização, se as partes não houverem estipulado o contrário (arts. 1.374 e 1.375, CC). Não há que se cogitar da aplicação das regras referentes à indenização ao possuidor de boa-fé, já que os dispositivos mencionados anteriormente se traduzem em normas específicas a serem aplicadas ao caso em tela.

A Lei nº 11.481/2007 inclui no art. 1.473 do CC o inciso X admitindo a possibilidade de a propriedade superficiária ser objeto de hipoteca. E, se o direito de superfície tiver sido constituído por prazo determinado, a hipoteca ficará limitada à duração do direito de superfície (art. 1.473, § 2º, CC).[5]

Duas manifestações doutrinárias devem ser lembradas neste momento que, embora não encontrem respaldo legal, tendem a ser aceitas majoritariamente: a primeira é a de que o direito de superfície pode ser adquirido por usucapião, preenchidos os requisitos legais como ocorre com a servidão que também é direito de real de gozo ou fruição. A segunda é a possibilidade de se constituir o direito de superfície por cisão. Mas o que seria o direito de superfície por cisão?

A regra é a de que a principal obrigação do superficiário é a de construir ou plantar no terreno do proprietário. Todavia, imagine-se que o terreno já tenha sido plantado ou edificado pelo proprietário. Nesse caso, o proprietário poderia promover uma cisão transferindo a terceiro o direito de superfície, reservando-se a propriedade do solo? A doutrina majoritária responde positivamente a essa pergunta, tendo em vista a autonomia privada do contratante. Nesse mote, vale lembrar, ainda, o Enunciado nº 250 do CJF: "Admite-se a constituição do direito de superfície por cisão".[6]

Como dito anteriormente, a doutrina majoritária tende a admitir a usucapião em relação ao direito de superfície. Importa notar, entretanto, que tal possibilidade se torna nítida em se tratando de usucapião ordinária, o que não se pode dizer em relação à usucapião extraordinária. É o que explica Carlos Roberto Gonçalves:

---

[5] Antes da alteração promovida pela Lei nº 11.481/2007, já havia o Enunciado nº 249 do CJF no mesmo sentido: "A propriedade superficiária pode ser autonomamente objeto de direitos reais de gozo e de garantia, cujo prazo não exceda a duração da concessão da superfície, não se lhe aplicando o art. 1.474".

[6] Em sentido contrário, Carlos Roberto Gonçalves pontua: "O direito de superfície tem como objeto, como foi dito, as construções e plantações que se levantam no terreno do concedente. O art. 1.369 retrotranscrito refere-se de modo bem claro a direito de 'construir ou plantar'. Destarte, imóvel edificado não está sujeito ao aludido direito, uma vez que o citado dispositivo não prevê a possibilidade de constituição do direito de superfície por cisão, admitida nos direitos civis italiano e português". GONÇALVES, Carlos Roberto. *Direito civil brasileiro*. Direito das coisas. 3. ed. São Paulo: Saraiva, 2008. p. 416.

Controverte-se na doutrina sobre a possibilidade da constituição da superfície por usucapião. Em tese, tal possibilidade existe, uma vez comprovados os requisitos deste, observando-se que nada impede a modificação do caráter originário da posse, quando, acompanhando a mudança da vontade, sobrevém igualmente uma nova causa *possessionis*, ocorrendo então a inversão do ânimo da posse. (...) A maior dificuldade, que praticamente inviabiliza a sua ocorrência, concerne à usucapião extraordinária, uma vez que, se determinada pessoa exerce a posse de certa edificação com o *animus rem sibi habendi*, desde que satisfeitos os demais requisitos da usucapião adquirirá necessariamente o domínio do trato de terra sobre o qual assenta dita edificação, tornando-se, dessa maneira, proprietário do todo, não se caracterizando logicamente uma propriedade separada, superficiária, mantida sobre o solo de outrem. Pode, no entanto, dar-se a aquisição do aludido direito pela usucapião ordinária, na hipótese, por exemplo, de sua concessão ter sido feita anteriormente a non domino. Nesse caso, o concessionário adquire o direito de superfície contra o senhor do solo, desde que haja conservado a posse na qualidade de superficiário pelo tempo necessário, demonstrando ser portador de boa-fé.[7]

A lei civil, em seu art. 1.376, cogitando da desapropriação do imóvel objeto da superfície, prevê que a indenização cabe ao proprietário e ao superficiário, no valor correspondente ao direito real de cada um. Como a lei foi omissa no que tange à divisão da indenização, aprovou-se na IV Jornada de Direito Civil o Enunciado nº 322 com a seguinte redação: "O momento da desapropriação e as condições da concessão superficiária serão considerados para fins da divisão do montante indenizatório (art. 1.376), constituindo-se litisconsórcio passivo necessário simples entre proprietário e superficiário".

Na sequência, o regramento legal do Código Civil à superfície se encerra com o art. 1.377, pelo qual: "O direito de superfície, constituído por pessoa jurídica de direito público interno, rege-se por este Código, no que não for diversamente disciplinado em lei especial". A lei especial a ser cogitada é Lei nº 10.257/2001 (Estatuto da Cidade).

---

[7] GONÇALVES, Carlos Roberto. *Direito civil brasileiro.* Direito das coisas. 3. ed. São Paulo: Saraiva, 2008. p. 418-419.

DAS SERVIDÕES

1. COMPREENDENDO E DELIMITANDO AS CARACTERÍSTICAS DA SERVIDÃO

A servidão trata-se de um direito real de gozo ou fruição no qual o prédio dominante se vale do prédio serviente a fim de aumentar a utilidade do primeiro, o que implicará inevitáveis restrições ao segundo.

É fundamental perceber que para que se diagrame o referido direito real é necessário que os prédios mencionados pertençam a pessoas diferentes, trazendo em si caráter de perpetuidade, diante de sua duração indefinida. Não há, entretanto, óbice para que se constitua a servidão sobre prazo determinado ou até mesmo sob condição.

O fito pelo qual se constitui a servidão é exatamente atenuar ou corrigir as diferenças ou desigualdades naturais entre prédios vizinhos ou próximos.

Ao substantivo servidão é possível agregar os adjetivos real ou predial. Real exatamente por fazer gerar um vínculo de natureza real, isto é, entre dois prédios, e não entre um prédio e uma pessoa; predial, exatamente por vincular dois prédios.

Uma vez que se trata de direito real, carregará em si a possibilidade de oposição *erga omnes* e o direito de sequela.

A servidão se apresenta de forma indivisível diante do que preceitua o art. 1.386 do CC, desse modo, subsistem, no caso de divisão dos imóveis, em benefício de cada uma das porções do prédio dominante, e continuam a gravar cada uma das do prédio serviente, salvo se, por natureza, ou destino, só se aplicarem a certa parte de um ou de outro.

Atipicidade é outro traço marcante no regime jurídico das servidões, de modo que, a servidão pode ser criada independente de previsão antecedente ou disciplina mínima em lei, bastando a necessidade e a utilidade para o prédio dominante.

Por se traduzir em restrição à propriedade, a interpretação incidente sobre a servidão apresentará caráter restritivo. Nessa senda, a manifestação da servidão sempre deverá ser a menos onerosa possível para o prédio serviente. Ressalte-se, então, que as servidões não podem ser presumidas. Desse modo, meras liberalidades ou cortesias praticadas entre vizinhos não podem ser compreendidas como servidões constituídas.[1]

---

[1] Além disso, *vide* o seguinte dispositivo do Código Civil: "Art. 1.385. Restringir-se-á o exercício da servidão às necessidades do prédio dominante, evitando-se, quanto possível, agravar o

Por fim, constata-se que não é possível que a servidão surja de outra servidão. Trata-se da inalienabilidade da servidão que se percebe, por exemplo, diante da inadmissão de transferência de águas de um prédio dominante para outro vizinho.

2. MODALIDADES DE SERVIDÃO

2.1. Servidão urbana

Para defini-la não há consenso entre os doutrinadores. Enquanto parte da doutrina a define como a servidão incidente sobre prédios edificados, não importando se situados em área urbana ou rural; para outra parte da doutrina, a servidão urbana somente poderia incidir sobre prédios urbanos.

2.2. Servidão rural ou rústica

A falta de consenso doutrinário permanece nessa modalidade de classificação. Para alguns, trata-se da servidão ligada ao solo, por exemplo, a servidão de passagem; a outro giro, a servidão rural somente incide sobre prédios rurais.

2.3. Servidão positiva

É aquela que se manifesta por meio de permissões da prática de atos conferidas ao prédio dominante, por exemplo, a servidão de trânsito ou passagem.

2.4. Servidão negativa

É aquela que impõe uma abstenção do prédio serviente em relação a dominante, como, por exemplo, a servidão de não construir.

2.5. Servidão aparente

É aquela que se manifesta visivelmente por meio de obras exteriores, como, por exemplo, a servidão de passagem, em que o caminho pode ser visto ou a servidão de aqueduto em que se percebem nitidamente os condutos. Importante notar que somente a servidão aparente é passível de usucapião, conforme art. 1.379, do CC. Nesse mote, vale a lembrança da Súmula nº 415 do STF: "Servidão de trânsito não titulada, mas tornada permanente, sobretudo pela natureza das obras realizadas, considera-se aparente, conferindo direito à proteção possessória".

---

encargo ao prédio serviente. § 1º Constituída para certo fim, a servidão não se pode ampliar a outro. § 2º Nas servidões de trânsito, a de maior inclui a de menor ônus, e a menor exclui a mais onerosa. § 3º Se as necessidades da cultura, ou da indústria, do prédio dominante impuserem à servidão maior largueza, o dono do serviente é obrigado a sofrê-la; mas tem direito a ser indenizado pelo excesso".

2.6. Servidão não aparente

É aquela que não se manifesta visivelmente por meio de obras exteriores, como, por exemplo, a de não construir acima de certa altura. Importante realçar que, de acordo com o art. 1.213 do CC, a proteção possessória não se aplica às servidões não aparentes, salvo quando os respectivos títulos provierem do possuidor do prédio serviente, ou daqueles de quem este o houve. Em verdade, o dispositivo legal apresenta coerência com a ideia de que a posse é exteriorização de domínio.

2.7. Servidão contínua

É aquela que ocorre de forma ininterrupta e independente da atuação humana, como, por exemplo, a de servidão de passagem de água, de ventilação, iluminação, energia elétrica etc.

2.8. Servidão descontínua

É aquela cujo exercício depende da atuação humana como a servidão de trânsito e de retirada de água.

3. MODOS DE CONSTITUIÇÃO DA SERVIDÃO

A servidão será constituída mediante declaração expressa dos proprietários ou por testamento. Nesse último caso, o beneficiário já receberá o imóvel com o gravame. Seja constituído por ato *inter vivos* ou *causa mortis* exige-se, pois, o registro no Cartório de Registro de Imóveis.

Nas palavras de Carlos Roberto Gonçalves:

> A servidão predial nasce da vontade dos proprietários, não se confundindo com as servidões legais, que são direitos de vizinhança impostos coativamente. É, assim, um ônus imposto voluntariamente. A voluntariedade é, pois, da essência da servidão.[2]

A servidão também poderá ser constituída via usucapião conforme preceitua o art. 1.379 do CC: "O exercício incontestado e contínuo de uma servidão aparente, por dez anos, nos termos do art. 1.242, autoriza o interessado a registrá-la em seu nome no Registro de Imóveis, valendo-lhe como título a sentença que julgar consumado a usucapião".

Tal manifestação de usucapião apenas poderá se configurar em se tratando de servidão que seja contínua e aparente. Em se tratando de usucapião ordinária, o artigo retrocitado deixa claro que prazo necessário será de dez anos. Problema surge em se tratando de usucapião extraordinária, a qual prescinde de justo título e boa-fé. De acordo com o parágrafo único do art. 1.379, o prazo exigido por

---

[2] GONÇALVES, Carlos Roberto. *Direito civil brasileiro*. Direito das coisas. 3. ed. São Paulo: Saraiva, 2008. p. 424.

lei será de 20 anos. Porém, o prazo cogitado não se harmoniza com o prazo mencionado no art. 1.238 do CC, que é de 15 anos. Diante de tal discrepância legislativa, foi aprovado o Enunciado nº 251 do CJF, na III Jornada de Direito Civil, com a seguinte redação: "O prazo máximo para a usucapião extraordinária de servidões deve ser de 15 anos, em conformidade com o sistema geral de usucapião previsto no Código Civil".

A servidão também poderá ser constituída via sentença em ação de divisão e demarcação, exigindo-se também o registro da sentença no Cartório de Registro de Imóveis (arts. 167, I, 6 e 23, Lei nº 6.015/73).

Além disso, vislumbra-se a constituição da servidão por destinação do proprietário que se traduz em ato unilateral pelo qual o proprietário de dois prédios contíguos constitui serventia de um deles em favor do outro. Posteriormente, um dos imóveis é alienado, fazendo com que a serventia se transforme em servidão, salvo cláusula expressa dispondo o contrário.

4. AÇÕES REFERENTES ÀS SERVIDÕES

Buscando tutelar o direito real da servidão apresentam-se as seguintes ações petitórias: negatória e confessória.

Por meio da ação negatória, o proprietário do prédio serviente almeja que seja declarada a inexistência de determinada servidão. Ao revés, por meio da ação confessória, o proprietário do prédio dominante objetiva que seja declarada a existência de uma servidão.

Ressalte-se, ainda que as ações possessórias também podem ser manejadas em se tratando do direito real de servidão.

5. EXTINÇÃO DA SERVIDÃO

Para que a servidão seja extinta, exige-se que haja o seu cancelamento. Vale notar que, se o prédio dominante estiver hipotecado e o gravame for mencionado na hipoteca, a extinção da servidão dependerá da anuência do credor.

Além disso, diante da resistência do proprietário do prédio dominante, o proprietário do prédio serviente poderá se socorrer das vias judiciais, conforme preceitua o art. 1.388 do CC, em três situações:

I. quando o proprietário do prédio dominante houver renunciado expressamente a sua servidão;

II. quando tiver cessado, para o prédio dominante, a utilidade ou a comodidade, que determinou a constituição da servidão;

III. quando o dono do prédio serviente resgatar a servidão, conforme convencionado.

Ademais, o Código Civil ainda possibilita a extinção da servidão nas hipóteses a seguir relatadas:

I. pela confusão, que se traduz na reunião dos dois prédios no domínio da mesma pessoa;

II. pela supressão das respectivas obras por efeito de contrato, ou de outro título expresso;

III. pelo não uso, durante dez anos contínuos.

6. DISTINÇÕES NECESSÁRIAS: SERVIDÃO DE PASSAGEM X PASSAGEM FORÇADA

Ponto crucial para a distinção dos dois institutos é que, enquanto a servidão de passagem se traduz em direito real, a passagem forçada se manifesta como direito de vizinhança. Desse modo, a passagem forçada é destinada ao proprietário de um prédio encravado, ao passo que a servidão de passagem independe do predito encravamento. Além disso, enquanto a passagem forçada gera sempre direito à indenização, a servidão de passagem pode ser onerosa ou gratuita.

DO USUFRUTO

O usufruto se manifesta como o direito real de gozo ou fruição, pelo qual um sujeito terá o direito de usar e fruir temporariamente da coisa alheia.

As partes envolvidas no usufruto são: o usufrutuário que terá a posse direta da coisa, usando e fruindo dela, e, de outro lado, o nu-proprietário, possuidor indireto, que terá para si os atributos de disposição e reinvindicação da coisa. O termo nu-proprietário se manifesta exatamente porque esse sujeito encontra-se despojado ou despido de alguns atributos da propriedade que foram passados ao usufrutuário.

Acerca da função econômica do instituto, é Orlando Gomes que – em contundente crítica – relata que o fito do usufruto é:

> precipuamente assegurar a certas pessoas meios de subsistência. Tendo finalidade alimentar, razão por que se restringe às relações familiares, é cedido gratuitamente, e, quase sempre, por testamento. Diminuta é sua função econômica, porque constitui entrave à circulação de riqueza.[1]

1. OS CONTORNOS DO INSTITUTO. CARACTERÍSTICAS

É importante fixar que, se o proprietário primevamente apresenta quatro atributos (usar, gozar, dispor e reaver) incidentes sobre a coisa, o instituto do usufruto se apresenta seccionando tais institutos entre dois sujeitos: o usufrutuário e o nu-proprietário.

Diante dessa proposição, digressões são formuladas para que sejam alcançados os contornos do instituto. Nesses termos, se o uso e gozo são próprios do usufrutuário, impende perceber que a utilização e a possibilidade de locação da coisa somente são deferidas ao usufrutuário, não fazendo o nu-proprietário jus a tais comportamentos. Ao revés, no que tange à disposição do bem, tal manifestação atribui-se exclusivamente ao nu-proprietário que detém tal atributo. No que tange ao direito de reaver a coisa, quando se cogita da ação reivindicatória, a sua legitimidade ativa se restringe ao nu-proprietário. Em contraponto, se a

---

[1] GOMES, Orlando. *Direitos reais*. FACHIN, Luiz Edson (Atual.). Rio de Janeiro: Forense, 2004. p. 334.

ação considerada for alguma ação possessória, a legitimidade caberá tanto ao nu-
-proprietário, quanto ao usufrutuário, já que ambos se traduzem em possuidores,
com a diferença de um ser indireto e, o outro, direto, respectivamente.

Caracterizando o instituto, em virtude de sua natureza de direito real, ao
usufruto aplica-se a oponibilidade *erga omnes* e o direito de sequela. Além disso,
vale lembrar que o usufruto não admitirá a possibilidade de alienação, todavia o
seu exercício poderá ser cedido a título gratuito ou oneroso, conforme art. 1.393,
CC. Assim, a regra que se impõe é de intransmissibilidade do usufruto. Já a cessão
de seu exercício, admitida por lei, dar-se-á, por exemplo, quando o usufrutuário
celebra com terceiro um contrato de locação ou de comodato.

No Código Civil de 1916, imposição correlata ao que foi exposto encontrava-se
no art. 717, que se mantinha pela regra da intransmissibilidade do usufruto com
a exceção de admitir a sua alienação apenas ao nu-proprietário. No CC/2002, a
exceção não se apresenta de forma expressa. Diante disso, se manifesta a seguinte
celeuma doutrinária: persistirá a possibilidade de alienação do usufruto ao nu-
-proprietário diante da omissão do CC/2002?

Duas correntes doutrinárias se precipitam tentando responder à indagação
formulada: a primeira no sentido de que se o CC/2002 suprime de sua redação
tal possibilidade, é porque não teve a intenção de admiti-la, realçando o caráter
personalíssimo do usufruto; a outro giro, há segunda corrente que, por interpretação sistemática incidente sobre o art. 1.410, VI, CC, constata que se o Código
em vigência admite a possibilidade de extinção do usufruto por consolidação,
não há óbice quanto à possibilidade de alienação do usufruto pelo usufrutuário
ao nu-proprietário.

Impende saber ainda que o usufruto apresenta nítido caráter temporário,
ainda que o termo final seja certo ou incerto. Se, porventura, o usufruto tiver
sido constituído em favor de uma pessoa jurídica, há limitação de prazo de sua
existência, a 30 anos, conforme art. 1.410, III, CC. No Código Civil de 1916, o
prazo máximo, nesse caso, era de 100 anos. Com a vigência do CC/2002, aplicar-
-se-á a regra de transição prevista no art. 2.028, a qual prescreve: "Serão os da
lei anterior os prazos, quando reduzidos por este Código, e se, na data de sua
entrada em vigor, já houver transcorrido mais da metade do tempo estabelecido
na lei revogada".

2. CONSTITUIÇÃO DO USUFRUTO

O usufruto será constituído por meio de negócio jurídico, usucapião ou por
força de lei. Por meio de negócio jurídico vislumbra-se, por exemplo, o usufruto
decorrente de um contrato de doação ou de um testamento; por usucapião, quando
o usufruto não for adquirido diretamente do proprietário e por força de lei nas
hipóteses em que os pais apresentam o usufruto dos bens dos filhos (art. 1.689,
I, CC) ou do cônjuge que estiver na posse dos bens particulares do outro, no
caso de o rendimento ser comum (art. 1.652, I, CC).

Quando se cogita do usufruto decorrente de um contrato, o usufruto poderá
ser por alienação ou por retenção. Por alienação, quando o proprietário transfere o

Cap. 77 – DO USUFRUTO

usufruto a terceiro, ficando com a nua propriedade; por retenção, quando o proprietário retém o usufruto para si e transfere a nua-propriedade para um terceiro.

No usufruto decorrente de usucapião, serão aplicadas as regras gerais acerca da usucapião de propriedade, isto é, prazo de 15 anos para a usucapião extraordinária e prazo de dez anos para a usucapião ordinária.

O art. 1.391 do CC impõe o registro no Cartório de Registro de Imóveis, ressalvando a constituição do usufruto no caso da usucapião. Também não se exigirá o registro em se tratando de usufruto decorrente de lei.

3. OBJETO DO USUFRUTO

O usufruto incidirá sobre os bens móveis ou imóveis, podendo ser total ou parcial. Salvo disposição em contrário, o usufruto estende-se aos acessórios da coisa e seus acrescidos.

Importante lembrar que é conhecido como usufruto próprio aquele incidente sobre bens infungíveis e inconsumíveis. Ao revés, aponta-se o usufruto impróprio que recai sobre bens fungíveis e consumíveis. Nessa senda o § 1º do art. 1.392 do CC estabelece:

Se, entre os acessórios e os acrescidos, houver coisas consumíveis, terá o usufrutuário o dever de restituir, findo o usufruto, as que ainda houver e, das outras, o equivalente em gênero, qualidade e quantidade, ou, não sendo possível, o seu valor, estimado ao tempo da restituição.

Desse modo, devem ser aplicadas as regras do mútuo.

4. DIREITOS E DEVERES DO USUFRUTUÁRIO

Em capítulo próprio, o Código Civil (arts. 1.394 ao 1.399) traz o elenco de direitos do usufrutuário, nos seguintes termos:

- O usufrutuário tem direito à posse, uso, administração e percepção dos frutos.
- Quando o usufruto recai em títulos de crédito, o usufrutuário tem direito a perceber os frutos e a cobrar as respectivas dívidas.
- Salvo direito adquirido por outrem, o usufrutuário faz seus os frutos naturais, pendentes ao começar o usufruto, sem encargo de pagar as despesas de produção. Os frutos naturais, pendentes ao tempo em que cessa o usufruto, pertencem ao dono, também sem compensação das despesas.
- As crias dos animais pertencem ao usufrutuário, deduzidas quantas bastem para inteirar as cabeças de gado existentes ao começar o usufruto.
- Os frutos civis, vencidos na data inicial do usufruto, pertencem ao proprietário, e ao usufrutuário os vencidos na data em que cessa o usufruto.

- O usufrutuário pode usufruir em pessoa, ou mediante arrendamento, o prédio, mas não mudar-lhe a destinação econômica, sem expressa autorização do proprietário.

Na sequência, em capítulo adiante (arts. 1.400 ao 1.409) o Código Civil estabelece os deveres do usufrutuário. *In verbis:*

- O usufrutuário, antes de assumir o usufruto, inventariará, à sua custa, os bens que receber, determinando o estado em que se acham, e dará caução, fidejussória ou real, se lha exigir o dono, de velar-lhes pela conservação, e entregá-los findo o usufruto. Não é obrigado à caução o doador que se reservar o usufruto da coisa doada.

- O usufrutuário que não quiser ou não puder dar caução suficiente perderá o direito de administrar o usufruto; e, neste caso, os bens serão administrados pelo proprietário, que ficará obrigado, mediante caução, a entregar ao usufrutuário o rendimento deles, deduzidas as despesas de administração, entre as quais se incluirá a quantia fixada pelo juiz como remuneração do administrador.

- O usufrutuário não é obrigado a pagar as deteriorações resultantes do exercício regular do usufruto.

- Incumbem ao usufrutuário: as despesas ordinárias de conservação dos bens no estado em que os recebeu; e as prestações e os tributos devidos pela posse ou rendimento da coisa usufruída.

- Incumbem ao dono as reparações extraordinárias e as que não forem de custo módico; mas o usufrutuário lhe pagará os juros do capital despendido com as que forem necessárias à conservação, ou aumentarem o rendimento da coisa usufruída.

- Se o usufruto recair num patrimônio, ou parte deste, será o usufrutuário obrigado aos juros da dívida que onerar o patrimônio ou a parte dele.

- O usufrutuário é obrigado a dar ciência ao dono de qualquer lesão produzida contra a posse da coisa, ou os direitos deste.

- Se a coisa estiver segurada, incumbe ao usufrutuário pagar, durante o usufruto, as contribuições do seguro.

- Se um edifício sujeito a usufruto for destruído sem culpa do proprietário, não será este obrigado a reconstruí-lo, nem o usufruto se restabelecerá, se o proprietário reconstruir à sua custa o prédio; mas se a indenização do seguro for aplicada à reconstrução do prédio, restabelecer-se-á o usufruto.

- Também fica sub-rogada no ônus do usufruto, em lugar do prédio, a indenização paga, se ele for desapropriado, ou a importância do dano, ressarcido pelo terceiro responsável no caso de danificação ou perda.

5. EXTINÇÃO DO USUFRUTO

Conforme preceitua o art. 1.410 do CC, o usufruto será extinto nas seguintes situações:

Cap. 77 – DO USUFRUTO

- Pela renúncia do usufrutuário. Em se tratando de imóvel cujo valor supere a 30 vezes o salário mínimo, conjugando-se com o art. 108 do CC, terá cabimento a escritura pública para a validade do ato.

- Pela morte do usufrutuário, em se tratando de usufruto vitalício. Em se tratando de usufruto simultâneo, havendo o falecimento de um dos usufrutuários aplicar-se-á disposição do art. 1.411 do CC, que estabelece que extinguir-se-á a parte em relação a cada uma das que falecerem, salvo se, por estipulação expressa, o quinhão desses couber ao sobrevivente. Assim, não há direito de acrescer entre os usufrutuários. Se a morte for do nu-proprietário, tal fato não importará a extinção do usufruto, já que nesse caso a nua-propriedade será transmitida aos herdeiros do falecido.

- Para o usufruto que não seja vitalício, pelo termo de sua duração.

- Pela extinção da pessoa jurídica, em favor de quem o usufruto foi constituído, ou, se ela perdurar, pelo decurso de trinta anos da data em que se começou a exercer.

- Pela cessação do motivo de que se origina. Como exemplo pode-se mencionar a maioridade ou a emancipação de um filho fazendo cessar o usufruto dos pais.

- Pela destruição da coisa, guardadas as disposições dos **arts. 1.407, 1.408, 2ª parte, e 1.409**.

- Pela consolidação, isto é, quando se concentram na mesma pessoa os caracteres de usufrutário e nu-proprietário.

- Por culpa do usufrutuário, quando aliena, deteriora, ou deixa arruinar os bens, não lhes acudindo com os reparos de conservação, ou quando, no usufruto de títulos de crédito, não dá às importâncias recebidas a aplicação prevista no parágrafo único do art. 1.395.

- Pelo não uso, ou não fruição, da coisa em que o usufruto recai (**arts. 1.390 e 1.399**). Para essa hipótese final, foi aprovado o Enunciado nº 252, na III Jornada de Direito Civil, homenageando a função social da posse, com seguinte teor: "A extinção do usufruto pelo não uso, de que trata o art. 1.410, inc. VIII, independe do prazo previsto no art. 1.389, inc. III, operando-se imediatamente. Tem-se por desatendida, nesse caso, a função social do instituto".

DO USO 78

O uso é direito real sobre coisa alheia que, na conceituação de Flávio Augusto Monteiro de Barros, "tal como no usufruto, o usuário tem o *jus utendi* (usar) e o *jus fruendi* (percepção dos frutos). No entanto, o *jus fruendi* é restrito a uma certa porção de frutos, tanto quantos bastem para suas necessidades pessoais e das pessoas de sua família".[1]

As partes envolvidas neste direito real são o proprietário e o usuário. Este último é que terá o direito personalíssimo de uso e percepção de seus frutos, conforme as suas necessidades.

É a própria lei que diz que "avaliar-se-ão as necessidades pessoais do usuário conforme a sua condição social e o lugar onde viver" (art. 1.412, § 1º, CC). Sob outra perspectiva Cristiano Chaves de Farias e Nelson Rosenvald pontificam que:

> A distinção entre usufruto e direito real de uso repousa na impossibilidade de o titular deste gozar do objeto de seu direito.[2]

E mais adiante os autores explicam:

> Fundamental, para compreender o conteúdo do direito real de uso, é perceber que dentro do próprio *jus utendi* se encontra a permissão para a exploração dos frutos naturais da coisa, que atendam às necessidades de subsistência da família do titular do direito real limitado. Aquilo que exceder o necessário pertencerá ao proprietário.[3]

Decerto que, é em face de tudo isso que o uso, por vezes, é denominado de usufruto nanico, anão, reduzido, restrito ou em miniatura.

---

[1] BARROS, Flávio Augusto Monteiro de. *Manual de direito civil.* Direito das coisas e responsabilidade civil. São Paulo: Método, 2005. p. 135.

[2] FARIAS, Cristiano Chaves; ROSENVALD, Nelson. *Curso de direito civil.* Reais. 11. ed. São Paulo: Atlas, 2015. p. 725.

[3] FARIAS, Cristiano Chaves; ROSENVALD, Nelson. *Curso de direito civil.* Reais. 11. ed. São Paulo: Atlas, 2015. p. 725.

O uso deve ser registrado no Cartório de Registro de Imóveis e é reduzida, em nosso ordenamento, a sua aplicabilidade. Exemplo comumente citado pela doutrina de aplicação do direito real de uso é a cessão real de jazigos em cemitérios. Para que fique ainda mais claro, nos valemos do exemplo de Farias e Rosenvald: "em uma frondosa macieira, o beneficiário poderá exercer sobre ela a posse, consumir as maças por ela produzidas, mas não poderá comercializá-las ou industrializá-las, mesmo que a família necessite de rendimentos".

Apesar de pouca aplicação prática, o instituto está em conformidade com a teoria do patrimônio mínimo, a qual, em conformidade com o princípio da dignidade da pessoa humana, resguarda-se um mínimo existencial a quem quer que seja.

O § 2º do art. 1.412 do CC estabelece que: "As necessidades da família do usuário compreendem as de seu cônjuge, dos filhos solteiros e das pessoas de seu serviço doméstico". É evidente que tal preceito encontra-se absolutamente superado em virtude das mais diversas conformações familiares que se constata na contemporaneidade.

O direito real de uso poderá incidir sobre imóveis ou móveis e manifestar--se-á de maneira onerosa ou gratuita. Em virtude de seu eminente caráter personalíssimo, trata-se de direito real que não admite cessão, como alugar ou dar em comodato, conforme pode fazer o usufrutuário. Além disso, considera-se tal instituto intransmissível *post mortem*, não se transferindo, por evidente, aos herdeiros do usuário.

Por fim, saliente-se que, naquilo que não for incompatível com o usufruto, aplicar-se-ão as regras desse direito real ao uso (art. 1.413, CC).

DA HABITAÇÃO

A habitação configura-se como o mais limitado dos direitos reais de gozo ou fruição, uma vez que o habitante apenas fará jus parcialmente ao uso da coisa, na medida em que lhe é passado o direito de habitar o imóvel. Assim, o titular do direito real de habitação não poderá alugar, nem emprestar, mas simplesmente ocupar a casa alheia com sua família.

Apresenta nítido caráter personalíssimo e nas palavras de Orlando Gomes: "O titular o exerce, residindo na casa alheia. Tem, portanto, destinação invariável. A casa não pode ser habitada por outrem, nem ser usada para outro fim".[1]

Trata-se de direito real gratuito, de modo que o seu titular não pode alugar ou emprestar a casa alheia, apenas poderá habitá-la com a sua família.

O direito real de habitação poderá ser convencional ou legal. Convencional será o direito real que se constitua mediante contrato ou testamento, exigindo, pois, o necessário registro no Cartório de Registro de Imóveis. Já o direito real de habitação legal situa-se na esfera sucessória legítima do cônjuge ou do companheiro, conforme art. 1.831 do CC. Tendo em vista o conteúdo e a finalidade do instituto da habitação, é evidente que "os herdeiros não podem exigir remuneração do companheiro sobrevivente pelo uso do imóvel".[2] Ademais, "aos herdeiros não é autorizado exigir a extinção do condomínio e a alienação do bem imóvel comum enquanto perdurar o direito real de habitação".[3]

Havendo direito real de habitação simultâneo, isto é, sendo tal direito conferido a várias pessoas, de acordo com o art. 1.415 do CC, qualquer delas que sozinha habite a casa não terá de pagar aluguel à outra, ou às outras, mas não as pode inibir de exercerem, querendo, o direito, que também lhes compete, de habitá-la.

Por fim, ressalte-se que são aplicáveis à habitação, no que não for contrário à sua natureza, as disposições relativas ao usufruto. Desse modo, por exemplo, as causas extintivas do usufruto previstas no art. 1.410 do CC aplicam-se, no que couber, à habitação.

---

[1] GOMES, Orlando. *Direitos reais*. 19. ed. Rio de Janeiro: Forense, 2004.

[2] "Sendo assim, não podem os herdeiros exigir remuneração da companheira sobrevivente, nem da filha que com ela reside no imóvel" (STJ, REsp 1.846.167-SP, Rel. Min. Nancy Andrighi, Terceira Turma, por unanimidade, julgado em 9/2/2021, *DJe* 11/2/2021. Informativo nº 685).

[3] STJ, REsp 1.846.167-SP, Rel. Min. Nancy Andrighi, Terceira Turma, por unanimidade, julgado em 9/2/2021, *DJe* 11/2/2021 (Informativo nº 685).

DIREITO REAL À AQUISIÇÃO: DO DIREITO DO PROMITENTE COMPRADOR

O direito real à aquisição ocupa lugar ao lado dos direitos reais de gozo ou fruição e dos direitos reais de garantia, todos eles como direitos reais sobre coisa alheia.

O único direito real à aquisição que é reconhecido expressamente pelo Código Civil é o direito real do promitente comprador cujo contrato de promessa de compra e venda tenha sido registrado no Cartório de Registro de Imóveis.

O contrato de promessa, também conhecido como compromisso, pré-contrato, contrato preliminar, é a avença cujo objeto se traduz na realização de futuro contrato que será denominado de contrato definitivo, o que já foi tratado por nós anteriormente. Cogitando de uma promessa de compra e venda de um imóvel que, conforme dito inicialmente, tenha sido registrado no Cartório de Registro de Imóveis, sem haver nele cláusula de arrependimento, desse ato negocial surge um direito real de aquisição. Desse modo, diante do adimplemento do promitente comprador e da recusa do promitente vendedor em celebrar o contrato definitivo por meio da escritura pública de compra e venda, surge para primeiro o direito de exigir que o Juiz atribua definitividade à promessa, tratando-se, pois, da adjudicação do imóvel.

Caso o contrato de promessa de compra e venda de um imóvel não tenha sido registrado no Cartório de Registro de Imóveis, ainda sim o promitente comprador poderá exigir o imóvel por meio da adjudicação compulsória, porém, tal direito se limitará ao mundo do direito obrigacional, não surgindo, portanto, o direito de sequela e não sendo oponível *erga omnes*.

Imaginemos, por exemplo, a situação em que foi celebrado um contrato de promessa de compra e venda de um imóvel e que, embora o promitente comprador tenha cumprido com a sua obrigação de pagar todas as parcelas do contrato, o promitente vendedor tenha se recusado a outorgar a escritura definitiva e, o pior, tendo promovido a venda do mesmo imóvel a um terceiro. Nesse caso duas soluções podem ser constatadas, a depender do registro ou não da promessa de compra e venda. Caso tenha havido o seu registro, o promitente comprador poderá perseguir o imóvel e tomá-lo das mãos de quem quer que seja, pois, titular de um direito real de aquisição. É que nesse caso o contrato preliminar registrado torna a segunda negociação relativamente ineficaz perante o segundo promitente comprador, de modo que a adjudicação compulsória se dá em desfavor do adquirente, desconstituindo-se a sua propriedade. Ao revés, se a promessa não tiver sido registrada, o promitente comprador, diante do registro do título aquisitivo da segunda negociação, não poderá perseguir a coisa e tomá-la das mãos de um terceiro de boa-fé, apenas poderá exigir indenização por perdas e danos do promitente vendedor. Nas palavras de Cristiano Chaves e Nelson Rosenvald: "Enfim, a distinção que reside entre o contrato preliminar registrado e não registrado consiste unicamente na oponibilidade perante terceiros". Assim, vale menção aos artigos do Código Civil de 2002 respeitantes ao tema:

> Art. 1.417. Mediante promessa de compra e venda, em que se não pactuou arrependimento, celebrada por instrumento público ou particular, e registrada no Cartório de Registro de Imóveis, adquire o promitente comprador direito real à aquisição do imóvel.
>
> Art. 1.418. O promitente comprador, titular de direito real, pode exigir do promitente vendedor, ou de terceiros, a quem os direitos deste forem cedidos, a outorga da escritura definitiva de compra e venda, conforme o disposto no instrumento preliminar; e, se houver recusa, requerer ao juiz a adjudicação do imóvel.

Por fim, vale acrescentar a opinião de César Fiuza no sentido de que a retrovenda traduzir-se-ia em uma segunda espécie de direito real de aquisição. Ao se referir à retrovenda, o Professor relata:

> É direito real impróprio, uma vez que como tal não é considerado expressamente pela Lei. Além disso, nenhum autor a ela faz alusão. Tudo isso sem sentido, a nosso ver, visto que a retrovenda tem todas as características de verdadeiro direito real. A retrovenda é cláusula especial que pode figurar no contrato de compra e venda de imóvel, conferindo ao vendedor o direito de readquirir o imóvel, desde que restitua ao comprador o preço mais despesas. Uma vez registrado no Cartório de Imóveis, o contrato com a cláusula de retrovenda gera para o vendedor direito real de aquisição, oponível *erga omnes*.[1]

O posicionamento acima relatado poderá fazer sentido, isto é, a retrovenda poderá ser considerada como mais um direito real à aquisição desde que o art. 1.225 do CC seja considerado como meramente exemplificativo.

---

[1] FIUZA, César. *Direito civil*. Curso completo. 9. ed. Belo Horizonte: Del Rey, 2006. p. 919.

DOS DIREITOS REAIS DE GARANTIA

1. DISTINÇÕES NECESSÁRIAS

São considerados direitos reais de garantia o penhor, a hipoteca, a anticrese e a alienação fiduciária. Porém, de início, é importante perceber que, enquanto o penhor, a hipoteca e a anticrese são considerados direitos reais de garantia sobre coisa alheia, a alienação fiduciária seria um direito real de garantia sobre coisa própria.

Outra distinção relevante é a que existe entre as garantias reais e as garantias fidejussórias, já que em se tratando de garantia real o que se tem é uma coisa garantindo o adimplemento de uma dívida por meio de um vínculo real. Nessa senda, o art. 1.419 do CC estabelece: "Nas dívidas garantidas por penhor, anticrese ou hipoteca, o bem dado em garantia fica sujeito, por vínculo real, ao cumprimento da obrigação". A outro giro, quando se cogita de uma garantia fidejussória, também conhecida como pessoal, o cumprimento da obrigação será garantido por uma pessoa, como é o que ocorre, por exemplo, com a fiança.

2. REGRAS GERAIS

As regras gerais referentes ao penhor, à hipoteca e à anticrese se situam nos arts. 1.419 ao 1.430 do Código Civil. Dentre elas podemos encontrar vários requisitos de caráter subjetivo, objetivo e formal.

Como requisitos subjetivos podem ser citados:

- Só quem é dono poderá dar um bem em garantia. Se a garantia for constituída por quem não é o proprietário (constituição de garantia a *non domino*), haverá causa de nulidade do ato, exceto se houver a chamada convalidação por superveniência de domínio. Desse modo, a propriedade superveniente torna eficaz, desde o registro, as garantias reais estabelecidas por quem não era dono.
- Só aquele que pode alienar poderá empenhar, hipotecar ou dar em anticrese.
- Os absoluta e relativamente incapazes poderão dar em garantia, desde que devidamente representados e assistidos, respectivamente.

- As pessoas casadas, exceto sob o regime de separação de bens, para dar bens em garantia deverão obter a vênia conjugal, conforme art. 1.647, I, CC.

- A coisa comum a dois ou mais proprietários não pode ser dada em garantia real, na sua totalidade, sem o consentimento de todos; mas cada um pode individualmente dar em garantia real a parte que tiver.

- No que tange à possibilidade de um ascendente dar um bem em garantia (especificamente, hipotecar) ao seu descendente, a doutrina se divide acerca da necessidade de obtenção de autorização dos demais descendentes. Parte da doutrina entende que, por aplicação analógica do art. 496 do CC, tal autorização seria imprescindível para se atribuir validade ao ato. De outro lado, há quem propugne pela desnecessidade de tal autorização, já que se trata de norma restritiva da autonomia privada, não admitindo interpretação extensiva, portanto.

Como requisito objetivo, pode ser citado:

- Só os bens que podem ser alienados podem ser dados em garantia, desse modo, os bens fora do comércio não poderão ser empenhados, hipotecados ou dados em anticrese.

Como requisitos formais, há de ser lembrado que:

- Os direitos reais de garantia somente produzirão efeitos em relação a terceiros se presentes a especialização e a publicidade. Por especialização entende-se a descrição pormenorizada do bem, do valor do crédito, do prazo para pagamento e da taxa de juros, conforme art. 1.424 do CC. Já a publicidade dar-se-á mediante o registro do contrato de penhor, hipoteca ou anticrese, no Cartório de Registro de Imóveis ou no Cartório de Registro de Títulos e Documentos, a depender do caso. Importante ressaltar que a falta dos requisitos formais não implicará a nulidade do contrato, tão somente a ineficácia em relação a terceiros. Conforme explica Carlos Roberto Gonçalves, "a ausência dos requisitos apontados impede que se constitua direito real, mas não impede que se produzam efeitos entre as partes".[1]

3. EFEITOS DOS DIREITOS REAIS DE GARANTIA

- Direito de preferência: diante de eventual concurso de credores, aqueles que sejam titulares de garantias reais terão preferência a outros credores no recebimento de seus créditos (art. 1.422, CC).

- Direito de sequela: se traduz no direito que tem o titular do direito real de perseguir a coisa dada em garantia. Nesse contexto, vale lembrar a Súmula nº 308 do STJ, que preceitua que: "A hipoteca firmada entre a construtora

---

[1] GONÇALVES, Carlos Roberto. *Direito civil brasileiro*. Direito das coisas. 3. ed. São Paulo: Saraiva, 2008. p. 501.

Cap. 81 – DOS DIREITOS REAIS DE GARANTIA

e o agente financeiro, anterior ou posterior à celebração da promessa de compra e venda, não tem eficácia perante os adquirentes do imóvel".

Por essa súmula, a sequela restará afastada nesse caso específico.

- Direito de excussão: trata-se do direito que tem o credor de promover a venda judicial do bem empenhado ou hipotecado para a satisfação do crédito garantido. Ressalte-se que o credor anticrético não fará jus ao direito de excussão, tendo apenas a possibilidade de reter o bem em seu poder. Porém, esse direito será extinto se decorridos quinze anos da data de sua constituição.

- Indivisibilidade: o pagamento parcial da dívida não importará a exoneração do bem dado em garantia, salvo disposição expressa no título ou na quitação (art. 1.421, CC). Pelo exemplo de Carlos Roberto Gonçalves, "se devedor paga metade da dívida garantida, por exemplo, por duas casas de igual valor, ambas continuam vinculadas ao pagamento do restante da dívida, porque a garantia é indivisível. Ainda que o devedor efetue o pagamento de 90% da dívida, a coisa inteira continuará garantindo o remanescente do débito, uma vez que o pagamento parcial não altera a garantia".[2]

4. VENCIMENTO ANTECIPADO DA DÍVIDA

O Código Civil em seu art. 1.425 objetiva beneficiar o credor quando admite a possibilidade de se antecipar o vencimento da dívida, nas seguintes situações, *in verbis*:

I) se, deteriorando-se, ou depreciando-se o bem dado em segurança, desfalcar a garantia, e o devedor, intimado, não a reforçar ou substituir;

II) se o devedor cair em insolvência ou falir;

III) se as prestações não forem pontualmente pagas, toda vez que deste modo se achar estipulado o pagamento. Neste caso, o recebimento posterior da prestação atrasada importa renúncia do credor ao seu direito de execução imediata;

IV) se perecer o bem dado em garantia, e não for substituído;

V) se se desapropriar o bem dado em garantia, hipótese na qual se depositará a parte do preço que for necessária para o pagamento integral do credor.

5. VEDAÇÃO AO PACTO COMISSÓRIO REAL

Por pacto comissório ou cláusula comissória entende-se o dispositivo contratual que autoriza ao credor fazer seu o bem dado em garantia diante do inadimplemento do devedor. O Código Civil, em seu art. 1.428, veda expressamente

---

[2] GONÇALVES, Carlos Roberto. *Direito civil brasileiro*. Direito das coisas. 3. ed. São Paulo: Saraiva, 2008. p. 507-508.

a referida cláusula com a seguinte redação: "É nula a cláusula que autoriza o credor pignoratício, anticrético ou hipotecário a ficar com o objeto da garantia, se a dívida não for paga no vencimento".

Restará ao credor a possibilidade de promover a excussão do bem. Em verdade, o preceito legal liga-se ao princípio da execução menos gravosa para o devedor.

Desse modo, a vedação ao pacto comissório funda-se em duas bases: a primeira, no sentido de proteção ao devedor, já que, se o contrário fosse admitido, muitas vezes o credor ao se apropriar do bem dado em garantia acabaria por ficar com um bem de maior valor do que o da dívida, já que na maioria das vezes o valor do bem dado em garantia supera o valor da dívida; a segunda, no sentido de se efetivar o princípio do *par conditium creditorum* que, em breves linhas, objetiva aplicar condições iguais a todos os credores. Isso porque, se fosse admitido o pacto comissório e o credor se apropriasse do bem dado em garantia, o valor que sobejasse à dívida não voltaria ao patrimônio do devedor para satisfação dos demais credores eventualmente existentes, de modo que apenas um credor se beneficiaria.

Não se pode confundir o pacto comissório com o pacto marciano. Esse último apresenta tal denominação em virtude do jurisconsulto Marciano, seu grande defensor. De acordo com Aline Terra e Gisela Guedes, pacto marciano:

> é aquele acordo acessório em que as partes estabelecem que, diante do inadimplemento do devedor, o credor tem a faculdade de se apropriar do bem objeto da garantia, desde que (i) o bem seja previamente submetido a uma avaliação independente, levada a cabo por terceiro, (ii) e seja devolvida ao devedor a quantia que, eventualmente, sobejar o valor da dívida. (...) A distinção entre o pacto marciano e o comissório reside no fato de o credor, no primeiro, poder ficar com o bem, sem prejudicar o devedor nem os demais credores, porque o submete à avaliação de um terceiro independente e imparcial. Assim, é possível superar a objeção de fundo ético que vem à tona na incidência do pacto comissório, quer dizer, a possibilidade de o credor, a seu bel-prazer, quebrar a comutatividade existente entre as prestações originárias, em desfavor não só do devedor, mas também dos demais credores.[3]

Nessa senda, aprovou-se o Enunciado nº 626, na VIII Jornada de Direito Civil, com o seguinte conteúdo:

> Não afronta o art. 1.428 do Código Civil, em relações paritárias, o pacto marciano, cláusula contratual que autoriza que o credor se torne proprietário da coisa objeto da garantia mediante aferição de seu justo valor e restituição do supérfluo (valor do bem em garantia que excede o da dívida).

---

[3] TERRA, Aline de Miranda Valverde; GUEDES, Gisela Sampaio da Cruz. *Pacto comissório versus pacto marciano: estruturas semelhantes com repercussões diversas*. Disponível em: <https://www.researchgate.net/publication/313896282_Pacto_comissorio_versus_pacto_marciano_estruturas_semelhantes_com_repercussoes_diversas>. Acesso em: 11 nov. 2018.

Todavia, é possível que devedor dê a coisa em pagamento da dívida, a título de dação em pagamento, o que diante do aceite do credor resultará na extinção da dívida (art. 1.428, parágrafo único, CC).

6. GARANTIA REAL PRESTADA POR TERCEIRO

De acordo com o art. 1.427 do CC, "salvo cláusula expressa, o terceiro que presta garantia real por dívida alheia não fica obrigado a substituí-la, ou reforçá-la, quando, sem culpa sua, se perca, deteriore ou desvalorize". Por esse dispositivo constata-se a possibilidade de um terceiro alheio a relação jurídica obrigacional primitiva ofereça bem em garantia de dívida alheia. É importante notar que o terceiro que oferece o bem não se transforma automaticamente em devedor, nem fiador. Com base nisso, havendo a perda, a deterioração ou a desvalorização do bem dado pelo terceiro, sem culpa sua, esse não se vê obrigado a substituí-la ou reforçá-la.

A obrigação de o terceiro substituir ou reforçar a garantia surgirá excepcionalmente apenas se houver previsão contratual ou se a depreciação ou perda se der por culpa sua.

Se a depreciação ou perda da garantia se der em relação ao bem dado em garantia pelo próprio devedor, nesse caso, como visto alhures, se o devedor se negar a reforçá-la, tal fato implicará vencimento antecipado da dívida (art. 1.425, I e IV, CC).

7. PENHOR

Penhor é o direito real de garantia ao qual o devedor, em regra, entrega a posse direta de um bem ao seu credor a título de garantir o adimplemento de uma obrigação. Excepcionalmente, em se tratando das modalidades de penhor rural, industrial, mercantil e de veículos, não há a entrega do bem ao credor.

De acordo com César Fiuza[4]:

> O penhor, por sua natureza, é contrato. Contrato gerador de relação jurídica real. Só se aperfeiçoa após a tradição da coisa dada em garantia. Em outras palavras, o contrato de penhor só se considera celebrado quando o devedor entrega a coisa ao credor.

E mais adiante, o mesmo autor conclui: "Por só se considerar celebrado após a *traditio rei*, dizemos ser o penhor contrato real, assim como o mútuo, o comodato e o depósito".

Não se pode confundir o penhor com a penhora. Como visto, o penhor é direito real em garantia, já a penhora trata-se de ato de constrição judicial pelo qual os bens do devedor inadimplente são arrecadados para a satisfação do credor. Da penhora decorre a coisa penhorada; do penhor, a coisa será empenhada ou apenhada.

---

[4] FIUZA, César. *Direito civil.* Curso completo. 9. ed. Belo Horizonte: Del Rey, 2006. p. 925.

7.1. Espécies de penhor

1) Penhor comum ou convencional (art. 1.431, *caput*, CC)
   - decorre da convenção feita entre as partes;
   - haverá a transferência da posse do bem móvel alienável em favor do credor;
   - deverá ser feito por escrito particular ou público;
   - o seu instrumento deverá ser levado a registro no Cartório de Títulos e Documentos.

2) Penhor legal (art. 1.467, CC)
   - decorre de imposição legal, independentemente de convenção estabelecida entre as partes;
   - ocorre em relação:

I) aos hospedeiros, ou fornecedores de pousada ou alimento, sobre as bagagens, móveis, joias ou dinheiro que os seus consumidores ou fregueses tiverem consigo nas respectivas casas ou estabelecimentos, pelas despesas ou consumo que aí tiverem feito;

II) ao dono do prédio rústico ou urbano, sobre os bens móveis que o rendeiro ou inquilino tiver guarnecendo o mesmo prédio, pelos aluguéis ou rendas.

3) Penhores especiais: são considerados penhores especiais o penhor rural que poderá ser agrícola ou pecuário; o penhor industrial e mercantil; penhor de direitos e títulos de crédito e penhor de veículos.

   a) Penhor rural

   De acordo com o art. 1.438 do CC: "Constitui-se o penhor rural mediante instrumento público ou particular, registrado no Cartório de Registro de Imóveis da circunscrição em que estiverem situadas as coisas empenhadas". Vale lembrar que no penhor rural não haverá a transferência da posse do bem para o credor, assim as coisas continuam em poder do devedor que as deve guardar e conservar.

   b) Penhor agrícola

   Objeto de penhor agrícola (art. 1.442, CC):

I) máquinas e instrumentos de agricultura; II) colheitas pendentes, ou em via de formação; III) frutos acondicionados ou armazenados; IV) lenha cortada e carvão vegetal; V) animais do serviço ordinário de estabelecimento agrícola.

   c) Penhor pecuário:

   Objeto do penhor pecuário (art. 1.444, CC):
   - aos animais que integram a atividade pastoril, agrícola ou de lacticínios.

Cap. 81 – DOS DIREITOS REAIS DE GARANTIA

d) Penhor industrial e mercantil:

Objeto do penhor industrial e mercantil (art. 1.447, CC):

- máquinas, aparelhos, materiais, instrumentos, instalados e em funcionamento, com os acessórios ou sem eles; animais, utilizados na indústria; sal e bens destinados à exploração das salinas; produtos de suinocultura, animais destinados à industrialização de carnes e derivados; matérias-primas e produtos industrializados. Não haverá a transferência da posse do bem para o credor; Registro: Cartório de Registro de Imóveis da circunscrição onde estiverem situadas as coisas empenhadas.

e) Penhor de direitos e títulos de crédito:

Objeto do penhor de direitos e títulos de crédito: direitos, suscetíveis de cessão, sobre coisas móveis. Registro: Cartório de Registro de Títulos e Documentos.

f) Penhor de veículos:

Objeto do penhor de veículos (art. 1.461, CC):

- os veículos empregados em qualquer espécie de transporte ou condução. Não haverá a transferência da posse do bem para o credor; Registro: no Cartório de Títulos e Documentos do domicílio do devedor, devendo haver anotação no certificado de propriedade do veículo.

A Lei nº 14.179, de 30/6/2021, que estabeleceu normas para a facilitação de acesso ao crédito e para mitigação dos impactos econômicos decorrentes da pandemia da Covid-19, entrando em vigor na data de sua publicação, revogou expressamente o art. 1.463 do CC. Esse dispositivo, em sua redação originária, estabelecia: "Não se fará o penhor de veículos sem que estejam previamente segurados contra furto, avaria, perecimento e danos causados a terceiros". Logo, após a revogação desse artigo do Código Civil, hoje não se exige mais o seguro, e a justificativa para a necessidade de revogação do art. 1.463 do CC foi a de que a dispensa prévia do seguro iria facilitar o acesso ao crédito dando continuidade às atividades empresariais e consequentemente assegurando o emprego da população e a economia do Brasil. Se o mote da Lei nº 14.179/2021 era o de facilitar o acesso ao crédito até 31/12/2021, todavia, o afastamento da exigência do seguro para a concretização do penhor de veículos se deu em caráter definitivo, mediante a revogação do predito artigo do Código Civil. Dúvida surge se a revogação do art. 1.463 do CC irá representar de fato a facilitação do acesso ao crédito, pois, no penhor de veículos, como o bem empenhado continua na posse de devedor pignoratício, o crédito irá se tornar mais "caro", já que os riscos de furto, avaria, perecimento e danos causados a terceiros não são mais, obrigatoriamente, garantidos pelo seguro. Assim, o crédito irá se tornar mais "caro" diante do enfraquecimento da garantia sem a obrigatoriedade do seguro. A conclusão a que se chega é que é possível que, ao revés da intenção da lei, o afastamento do seguro dificulte o acesso ao crédito decorrente do penhor de veículos, ao invés de facilitá-lo.[5]

7.2. Direitos e deveres do credor pignoratício

São direitos do credor pignoratício, conforme preceitua o art. 1.433 do CC:

I) à posse da coisa empenhada, em regra; II) à retenção dela, até que o indenizem das despesas devidamente justificadas, que tiver feito, não sendo ocasionadas por culpa sua; III) ao ressarcimento do prejuízo que houver sofrido por vício da coisa empenhada; IV) a promover a execução judicial, ou a venda amigável, se lhe permitir expressamente o contrato, ou lhe autorizar o devedor mediante procuração; V) a apropriar-se dos frutos da coisa empenhada que se encontra em seu poder; VI) a promover a venda antecipada, mediante prévia autorização judicial, sempre que haja receio fundado de que a coisa empenhada se perca ou deteriore, devendo o preço ser depositado. O dono da coisa empenhada pode impedir a venda antecipada, substituindo-a, ou oferecendo outra garantia real idônea.

Além disso, o credor não pode ser constrangido a devolver a coisa empenhada, ou uma parte dela, antes de ser integralmente pago, podendo o juiz, a requerimento do proprietário, determinar que seja vendida apenas uma das coisas, ou parte da coisa empenhada, suficiente para o pagamento do credor (art. 1.434, CC).

São obrigações do credor pignoratício, conforme art. 1.435 do CC:

I – a custódia da coisa, como depositário, e a ressarcir ao dono a perda ou deterioração de que for culpado, podendo ser compensada na dívida, até a concorrente quantia, a importância da responsabilidade;

II – a defesa da posse da coisa empenhada e a dar ciência, ao dono dela, das circunstâncias que tornarem necessário o exercício de ação possessória;

III – a imputar o valor dos frutos, de que se apropriar (art. 1.433, inciso V) nas despesas de guarda e conservação, nos juros e no capital da obrigação garantida, sucessivamente;

IV – a restituí-la, com os respectivos frutos e acessões, uma vez paga a dívida;

V – a entregar o que sobeje do preço, quando a dívida for paga, no caso do inciso IV do art. 1.433.

---

[5] "Isso sugere que o agente financiador (em sentido amplíssimo) não vai assumir esses riscos e custos adicionais sem repassá-los aos potenciais tomadores do crédito pignoratício, seja com alíquotas de juros substancialmente maiores, seja com uma seleção de perfis de devedores conforme modelos estatísticos muito mais rigorosos". LIQUIDATO, Alexandre G. N. *Penhor de veículos: Por que o artigo 1.463 do Código Civil foi revogado?* Disponível em: <https://www.conjur.com.br/2021-set-20/direito-civil-atual-porque-artigo-1463-codigo-civil-foi-revogado#author>. Acesso em: 1º dez. 2021.

Cap. 81 – DOS DIREITOS REAIS DE GARANTIA

7.3. Extinção do penhor

São hipóteses de extinção do penhor:

- havendo a extinção da obrigação;
- diante do perecimento da coisa dada em garantia;
- ocorrendo a renúncia do credor à garantia real;
- confundindo-se na mesma pessoa as qualidades de credor e de dono da coisa;
- dando-se a adjudicação judicial, a remissão ou a venda da coisa empenhada, feita pelo credor ou por ele autorizada.

8. HIPOTECA

Hipoteca é o direito real de garantia pelo qual o devedor da relação jurídica obrigacional oferece um bem imóvel, que continua em seu poder, ao credor para garantir-lhe o adimplemento da obrigação.

Como os demais direitos reais de garantia, a hipoteca apresenta o caráter de acessoriedade, indivisibilidade, sequela e preferência.

Ao contrário do que acontece com o penhor comum ou convencional, na hipoteca o bem hipoteca continua sobre a posse do devedor.

As partes envolvidas na hipoteca são: o credor hipotecário e o devedor hipotecante.

8.1. Objeto da hipoteca

Em princípio, a hipoteca incidirá sobre bens imóveis, abrangendo todas as acessões, melhoramentos ou construções do imóvel. Todavia, o art. 1.473 do CC de forma específica alarga a possibilidade de alcance da hipoteca fazendo incidi-la também sobre: o domínio direto; o domínio útil; as estradas de ferro; os recursos naturais a que se refere o art. 1.230, independentemente do solo onde se acham; os navios; as aeronaves; o direito de uso especial para fins de moradia; o direito real de uso; e a propriedade superficiária.

Realce que a hipoteca de navios e aeronaves será regida por lei especial. Além disso, no que diz respeito à hipoteca do direito real de uso e à hipoteca da propriedade fiduciária, essas ficarão limitadas à duração da concessão ou direito de superfície, caso tenham sido transferidos por período determinado.

8.2. Algumas espécies de hipoteca

1) Hipoteca convencional: decorre de convenção realizada entre as partes.
2) Hipoteca legal: decorre de imposição de lei como ocorre com o art. 1.489 do CC.

A lei confere hipoteca: às pessoas de direito público interno (art. 41) sobre os imóveis pertencentes aos encarregados da cobrança, guarda ou administração dos respectivos fundos e rendas; aos filhos, sobre os imóveis do pai ou da mãe que passar a outras núpcias, antes de fazer o inventário do casal anterior; ao ofendido, ou aos seus herdeiros, sobre os imóveis do delinquente, para satisfação do dano causado pelo delito e pagamento das despesas judiciais; ao coerdeiro, para garantia do seu quinhão ou torna da partilha, sobre o imóvel adjudicado ao herdeiro reponente; ao credor sobre o imóvel arrematado, para garantia do pagamento do restante do preço da arrematação.

3) Hipoteca judicial: trata-se da hipoteca imposta pelo Poder Judiciário, figurante do processo civil, sem menção na legislação material.

8.3. Alienação de bem hipotecado

A alienação de um imóvel gravado com o direito real da hipoteca não importará prejuízo para o credor hipotecário, já que, como visto anteriormente, esse tem para si o direito de sequela, isto, a possibilidade de perseguir a coisa. Desse modo, nem há necessidade de interveniência do credor hipotecário quando da alienação.

Em virtude disso, o art. 1.475 do CC estabelece: "É nula a cláusula que proíbe ao proprietário alienar imóvel hipotecado".

Todavia, não há nenhum impedimento para a previsão contratual que estabeleça o vencimento do crédito hipotecário em caso de alienação do imóvel.

8.4. Pluralidade de hipotecas

Um mesmo imóvel poderá ser gravado com mais de uma hipoteca. É o que prevê o art. 1.476 do CC: "O dono do imóvel hipotecado pode constituir outra hipoteca sobre ele, mediante novo título, em favor do mesmo ou de outro credor".

A essa nova constituição de hipoteca denomina-se de sub-hipoteca. Importante notar que a possibilidade de constituição de novas hipotecas se limita ao valor do bem, isto é, a soma das dívidas deverá corresponder ao valor do bem. De acordo com Sílvio de Salvo Venosa, "o que ocorre na prática é que o segundo credor somente aceita a outra hipoteca quando o bem tem valor suficiente".

Quando da constituição de nova hipoteca será feito um novo instrumento hipotecário que será averbado no Cartório de Registro de Imóveis.

O credor da segunda hipoteca, embora vencida, não poderá executar imóvel antes de vencida a primeira, exceto em caso de insolvência do devedor. Sendo que não se considera insolvente o devedor por faltar ao pagamento das obrigações garantidas por hipotecas posteriores à primeira.

Assim, o credor da primeira hipoteca não ficará prejudicado, pois possui preferência sobre a segunda hipoteca. Isso independe da data do vencimento das dívidas. Não se pode confundir a data do vencimento da dívida com a data da constituição da hipoteca.

De acordo com o art. 1.478 do CC:

> Se o devedor da obrigação garantida pela primeira hipoteca não se oferecer, no venci-
> mento, para pagá-la, o credor da segunda pode promover-lhe a extinção, consignando
> a importância e citando o primeiro credor para recebê-la e o devedor para pagá-la; se
> este não pagar, o segundo credor, efetuando o pagamento, se sub-rogará nos direitos
> da hipoteca anterior, sem prejuízo dos que lhe competirem contra o devedor comum.

O referido artigo apresenta a possibilidade de o segundo credor hipotecário promover a remição do bem, se sub-rogando, pois, no lugar do credor da primeira hipoteca constituída. Para tanto, o segundo credor se valerá da consignação em pagamento. Se o primeiro credor já estiver promovendo a execução da hipoteca, o credor da segunda depositará a importância do débito e as despesas judiciais.

A possibilidade de remição da hipoteca concedida ao segundo credor, de acordo com Sílvio Venosa:

> Cuida-se de forma a possibilitar certa vantagem ao segundo credor, que está certamente
> em posição inferiorizada com relação ao primeiro credor hipotecário. Isso será vantajoso
> quando também o segundo credor perceber que, ocorrendo execução pelo credor pri-
> mitivo ou mesmo não ocorrendo esta, nada ou pouco lhe sobejará para satisfazer o seu
> crédito, seja porque o momento é inoportuno para a excussão, seja porque terá melhores
> condições de negociar com o devedor, eliminando o primeiro credor da relação jurídica.

Por fim, vale lembrar que a Medida Provisória nº 1.085, de 27/12/2021, que dispõe sobre o sistema eletrônico de registros públicos, revogou o art. 1.494 do CC, que estabelecia: "Não se registrarão no mesmo dia duas hipotecas, ou uma hipoteca e outro direito real, sobre o mesmo imóvel, em favor de pessoas diversas, salvo se as escrituras, do mesmo dia, indicarem a hora em que foram lavradas". Em verdade, a revogação se apresenta de pouco necessidade e utilidade, já que parte final do dispositivo ao ressalvar a indicação da hora afastaria qualquer abusividade ou confusão acerca da ordem de constituição das duas hipotecas ou uma hipoteca e outro direito real em favor de pessoas diversas.

8.5. Direito de remição

Cumpre em princípio diferenciar a remição da remissão. A remição significa resgate, tema atinente ao Direito Processual Civil, cujo verbo seria remir. Não se confunda, pois, com a remissão que significa perdão, cujo verbo seria remitir.

Para este ponto da matéria, interessa-nos a possibilidade de remição da hipoteca, que se traduz exatamente no ato pelo qual se libera o bem da hipoteca. Em sua origem, o Código Civil de 2002 trouxe três possibilidades de remição da hipoteca:

1ª) operada pelo adquirente do imóvel; 2ª) operado pelo próprio devedor ou seus familiares; 3ª) operada em caso de falência ou insolvência do devedor hipotecário.

Sobre a remição da hipoteca operada pelo adquirente do imóvel, confira-se a redação do art. 1.481 e os seus parágrafos:

> Art. 1.481. Dentro em trinta dias, contados do registro do título aquisitivo, tem o adquirente do imóvel hipotecado o direito de remi-lo, citando os credores hipotecários e propondo importância não inferior ao preço por que o adquiriu.
>
> § 1º Se o credor impugnar o preço da aquisição ou a importância oferecida, realizar-se-á licitação, efetuando-se a venda judicial a quem oferecer maior preço, assegurada preferência ao adquirente do imóvel.
>
> § 2º Não impugnado pelo credor, o preço da aquisição ou o preço proposto pelo adquirente, haver-se-á por definitivamente fixado para a remissão do imóvel, que ficará livre de hipoteca, uma vez pago ou depositado o preço.
>
> § 3º Se o adquirente deixar de remir o imóvel, sujeitando-o a execução, ficará obrigado a ressarcir os credores hipotecários da desvalorização que, por sua culpa, o mesmo vier a sofrer, além das despesas judiciais da execução.
>
> § 4º Disporá de ação regressiva contra o vendedor o adquirente que ficar privado do imóvel em consequência de licitação ou penhora, o que pagar a hipoteca, o que, por causa de adjudicação ou licitação, desembolsar com o pagamento da hipoteca importância excedente à da compra e o que suportar custas e despesas judiciais.

No que respeita a segunda possibilidade de remição, isto é, aquela operada pelo executado ou pelos seus familiares, o art. 1.482 a admitia, sendo revogado, entretanto, pelo CPC/2015. Firme na lição de Flávio Tartuce, a explicação seria:

> Na verdade, já existia polêmica anterior a respeito da persistência da remição efetivada pelos familiares, diante das alterações efetuadas no Código de Processo Civil por força da Lei nº 11.382/2006. Isso porque o art. 787 do CPC/73, que tratava justamente dessa hipótese, foi revogado pela última norma, que visou à reforma anterior do sistema processual brasileiro. Podem ser encontrados julgados que concluíam pela revogação tácita igualmente do art. 1.482 do Código Civil, tendo a remição sido substituída pela adjudicação, com direito de preferência a favor dos parentes (art. 685-A do CPC/73).[6]

A referida adjudicação a favor dos parentes se mantém no CPC/2015 no § 5º do art. 876. E a remição operada pelo próprio executado também se mantém no CPC/2015.

Já no que pertine à terceira possibilidade de remição, aquela operada em caso de falência ou insolvência do devedor – que antes estava prevista no art. 1.483, CC –, passou a ser disciplinada pelo próprio CPC/2015.

---

[6] TARTUCE, Flávio. *Manual de direito civil.* Volume único. 2. ed. São Paulo: Método, 2012.

Cap. 81 – DOS DIREITOS REAIS DE GARANTIA

977

É que o art. 1.483 do CC foi revogado pelo CPC/2015. Em verdade, a matéria foi apenas transposta para os domínios do CPC/2015, agora com previsão no art. 877, § 4º, desse tecido normativo, sem manifesta alteração quanto ao seu conteúdo.

8.6. Extinção da hipoteca

Por fim, as formas pelas quais a hipoteca poderá ser extinta são mencionadas no art. 1.499 do CC e são elas:

I) pela extinção da obrigação principal; II) pelo perecimento da coisa; III) pela resolução da propriedade; IV) pela renúncia do credor; V) pela remição; VI) pela arrematação ou adjudicação.

Além disso, importa notar que, extingue-se ainda a hipoteca com a averbação, no Registro de Imóveis, do cancelamento do registro, à vista da respectiva prova (art. 1.500, CC).

E também não extinguirá a hipoteca, devidamente registrada, a arrematação ou adjudicação, sem que tenham sido notificados judicialmente os respectivos credores hipotecários, que não forem de qualquer modo partes na execução (art. 1.501, CC).

9. ANTICRESE

Anticrese é o direito real de garantia pelo qual o devedor transfere a posse de bem imóvel ao credor para que esse extraia do bem os seus rendimentos como compensação da dívida.

Trata-se de instituto pouco utilizado na prática e cumpre ao credor administrar o bem imóvel buscando extrair dele os frutos que representarão o adimplemento da obrigação.

Desse modo, o credor anticrético pode administrar os bens dados em anticrese e fruir seus frutos e utilidades, mas deverá apresentar anualmente balanço, exato e fiel, de sua administração. Caso o devedor anticrético não concorde com o que se contém no balanço, por ser inexato, ou ruinosa a administração, poderá impugná-lo, e, se o quiser, requerer a transformação em arrendamento, fixando o juiz o valor mensal do aluguel, o qual poderá ser corrigido anualmente. É o que prevê o art. 1.507 e seu § 1º, CC.

A lei ainda admite que o credor anticrético possa, salvo pacto em sentido contrário, arrendar os bens dados em anticrese a terceiro, mantendo, até ser pago, direito de retenção do imóvel, embora o aluguel desse arrendamento não seja vinculativo para o devedor (art. 1.507, § 2º, CC).

No que respeita às deteriorações sofridas pela coisa dada em anticrese, o Código Civil estabelece que o credor anticrético responde pelas deteriorações que, por culpa sua, o imóvel vier a sofrer, e pelos frutos e rendimentos que, por sua negligência, deixar de perceber (art. 1.508, CC).

O art. 1.423 do CC prevê que após o decurso de 15 anos a anticrese se extingue por caducidade, ainda que a dívida não tenha sido integralmente adimplida. Doravante, o credor perde a qualidade de titular de garantia real e passa a ser credor quirografário.

A lei ainda admite que adquirente dos bens dados em anticrese pode remi-los, antes do vencimento da dívida, pagando a sua totalidade à data do pedido de remição e, desse modo, imitir-se, se for o caso, na sua posse (art. 1.510, CC).

DIREITO REAL DE LAJE

1. INTRODUÇÃO

O direito real de laje, atualmente, encontra expressa disposição e disciplina no Código Civil de 2002, por meio da Lei nº 13.465/2017 que, representativa da conversão da Medida Provisória nº 759/2016, consolidou o inciso XIII no art. 1.225 e os arts. 1.510-A ao 1.510-E naquele tecido normativo.

O direito real de laje, também conhecido como direito real à laje, direito de sobrelevação, direito de superfície de segundo grau, ou, na linguagem popular, o "puxadinho", ocorre quando o proprietário de um imóvel permite, a título gratuito ou oneroso, que um terceiro construa ou ocupe construção acima ou abaixo de seu imóvel. Essa construção irá se traduzir em unidade imobiliária autônoma com matrícula própria.[1] É importante notar a necessidade de a projeção imobiliária se manifestar de forma vertical, admitindo a lei não apenas a construção acima (espaço aéreo), mas também abaixo (subsolo) do imóvel.[2] Vejamos a seguinte situação:

> Imaginemos, a título meramente ilustrativo, o sujeito que constrói um segundo andar em sua casa, e, em seguida, transfere o direito sobre o mesmo, mediante pagamento, para um terceiro, que passa a morar, com a sua família, nessa unidade autônoma. Não se tratando, em verdade, de transferência de "propriedade" – que abrangeria, obviamente,

---

[1] Lei nº 6.015/73. Art. 176, § 9º: "A instituição do direito real de laje ocorrerá por meio da abertura de uma matrícula própria no registro de imóveis e por meio da averbação desse fato na matrícula da construção-base e nas matrículas de lajes anteriores, com remissão recíproca".

[2] Daí a crítica em relação à terminologia adotada pelo legislador: "laje". "Em primeiro lugar, o nome 'laje' não foi o mais técnico, pois esse novo direito real retrata um direito real de superfície de graus sucessivos (segundo, terceiro etc.), que também poderia ser chamado de direito real de sobrelevação. Todavia, por força da fama popular granjeada pela expressão, o Parlamento preferiu manter o nome atécnico. Perceba que, apesar de ser nomeado como direito real de laje, esse direito real também pode ser instituído para formalizar a titularidade de um direito real sobre 'andares subterrâneos', de modo que não é apenas a 'laje' que serve de ponto de partida, mas também o solo". OLIVEIRA, Carlos Eduardo Elias de. Disponível em: <https://www.conjur.com.br/2017-set-18/direito-civil-atual-direito-real-laje-luz-lei-134652017-parte>. Acesso em: 12 dez. 2017.

o solo –, este terceiro passa a exercer direito apenas sobre o que se encontra acima da superfície superior da construção original, ou seja, sobre a laje.[3]

Desse modo, o *caput* do art. 1.510-A do CC estabelece: "O proprietário de uma construção-base poderá ceder a superfície superior ou inferior de sua construção a fim de que o titular da laje mantenha unidade distinta daquela originalmente construída sobre o solo".

A inserção dos dispositivos referentes ao direito de laje no Código Civil se deu almejando a devida regularização fundiária, tendo cabimento diante de assentamentos informais ou irregulares.

2. NATUREZA JURÍDICA

Antes da edição da Medida Provisória nº 759/2016 (que foi convertida na Lei nº 13.465/2017), existiam basicamente dois posicionamentos acerca da natureza jurídica do direito real de laje. O primeiro no sentido de que não era possível existir um direito real de laje, já que art. 1.225 do CC deveria ser interpretado taxativamente; o segundo, que reconhecia o direito de laje, porém, como uma manifestação do direito de superfície que já era reconhecido pelo Código Civil, em seu art. 1.369. Inclinando-se para esse segundo posicionamento, inclusive, aprovou-se na VI Jornada de Direito Civil o Enunciado nº 568, com a seguinte redação: "O direito de superfície abrange o direito de utilizar o solo, o subsolo ou o espaço aéreo relativo ao terreno, na forma estabelecida no contrato, admitindo--se o direito de sobrelevação, atendida a legislação urbanística". Justificou-se o enunciado da seguinte maneira: "a norma estabelecida no Código Civil e no Estatuto da Cidade deve ser interpretada de modo a conferir máxima eficácia ao direito de superfície, que constitui importante instrumento de aproveitamento da propriedade imobiliária". Diante disso, conforme já relatado, Flávio Tartuce promoveu o seguinte comentário:

> Assim, entendeu-se que é possível afastar, por força do contrato, a norma do parágra-fo único do art. 1.369 do CC, considerada como preceito de ordem privada. Ademais amparou-se doutrinariamente o direito de sobrelevação, conhecido como direito de laje, situação muito comum em áreas favelizadas. Com isso criou-se a superfície de segundo grau, verdadeiro direito real, que não está tratado no rol do art. 1.225 do CC/2002. A hipótese parece ser de criação de direito real por exercício da autonomia privada, o que representa um grande avanço quanto ao tema.[4]

O que há que se notar é que, atualmente, não é necessário mais o esforço de se fazer inserir o direito à laje como manifestação do direito de superfície, já que

---

[3] STOLZE, Pablo; VIANA, Salomão. Direito real de laje – finalmente, a lei! Disponível em: <http://professorflaviotartuce.blogspot.com.br/2017/07/direito-real-de-laje-finalmente-lei.html>. Acesso em: 11 dez. 2017.

[4] TARTUCE, Flávio. *Manual de Direito Civil*. Volume Único. 5. ed. São Paulo: Método, 2015. p. 848.

ostenta perfil de um direito real autônomo, com menção no rol do art. 1.225 e com disciplina própria nos arts. 1.510-A ao 1.510-E do CC.

A doutrina se divide em relação ao direito real de laje se tratar de direito real sobre coisa própria[5] ou direito real sobre coisa alheia.[6] A depender de qual caminho se oriente, os efeitos serão distintos. É que, se a laje for considerada direito real sobre coisa própria, o seu titular, além de ter à sua disposição as faculdades de usar, gozar e dispor da coisa (essas já reconhecidas no art. 1.510-A, § 3º, CC[7]), poderá, ainda, reivindicá-la de quem quer que a possua ou a detenha. Ao revés, considerar a laje como direito real sobre coisa alheia afastará tal possibilidade, admitindo tão somente o manejo de ações possessórias.

Parece ter mais razão o posicionamento de que a laje deve ser considerada como direito real sobre coisa própria. Valem as palavras de Vítor Frederico Kümpel e Bruno Borgarelli:

> Recorde-se que o direito real sobre coisa própria é aquele em que há uma unidade de poder, toda ela circunscrita a um único titular, que é exatamente o caso da laje. Não há uma divisão de poder, como ocorre nos direitos reais sobre coisa alheia de fruição, garantia ou aquisição. Não há dois titulares; o titular do imóvel-base não guarda vínculo jurídico real com o titular da laje superior ou inferior. O que há entre eles são direitos e deveres, na medida em que existem áreas comuns, tal qual ocorre nos direitos de vizinhança.[8]

---

[5] "O direito de laje é uma nova manifestação do direito de propriedade. Quem discorde dessa asserção, em pleno ano de 2017, provavelmente se refugia no perfil oitocentista de uma propriedade monista, ancorada nos estreitos limites do Código Civil, apenas viabilizada quando o bem imóvel estiver fisicamente ligado ao solo ou a ele se conectar por uma fração ideal. Como evidentemente disso não se trata o modelo jurídico da 'laje', para alguns doutrinadores é mais cômodo perseverar na fórmula artificial das dicotomias e direcionar o direito de laje ao território dos direitos reais em coisa alheia. Nessas horas, indago como um civilista afeito às classificações tradicionais justificaria a titularidade de dados pessoais que se encontrem nas 'clouds' fornecidas pelos provedores (lembre-se de que o direito real de laje contempla o espaço aéreo!)". ROSENVALD, Nelson. *O direito real de laje como nova manifestação de propriedade.* Disponível em: <https://www.nelsonrosenvald.info/single-post/2017/09/14/O-direito-real-de--laje-como-nova-manifesta%C3%A7%C3%A3o-de-propriedade>. Acesso em: 27 set. 2017.

[6] Nesse sentido, *vide* Cristiano Chaves de Farias: "O direito de laje, de todo modo, é acessório ao principal. É direito real sobre a coisa alheia – uma espécie de derivação do direito de superfície, como já antevia o art. 21 do Estatuto da Cidade. Tanto que o art. 1.510-E estabelece, como regra, que 'a ruína da construção-base implica extinção do direito real de laje'". FARIAS, Cristiano Chaves. Disponível em: <http://meusitejuridico.com.br/2017/07/14/o-puxadinho-virou-lei-lei-n-13-46517-e-disciplina-direito-real-laje/>. Acesso em: 27 set. 2017.

[7] Art. 1.510-A, § 3º, CC: "Os titulares da laje, unidade imobiliária autônoma constituída em matrícula própria, poderão dela usar, gozar e dispor".

[8] KUMPEL, Vítor Frederico; BORGARELLI, Bruno de Ávila. *Algumas reflexões sobre o Direito Real de Laje – Parte I.* Disponível em: <http://www.migalhas.com.br/Re-gistralhas/98,MI265141,61044-Algumas+reflexoes+sobre+o+Direito+Real+de+Laje+Parte+I>. Acesso em: 10 dez. 2017. Também considerando o direito real de laje como direito sobre coisa própria, César Fiuza e Marcelo Couto: "A nosso ver, o direito de laje não é um direito real sobre coisa alheia, nos moldes dos demais direitos reais desta natureza previstos na legislação civil. O direito de laje é uma nova

3. CARACTERÍSTICAS E EFEITOS

A Lei nº 13.465/2017 não exige para a configuração do direito real de laje que o acesso seja independente do imóvel primevo, como fazia a Medida Provisória nº 759. Isso porque a realidade demonstrou que é comum o compartilhamento de acessos entre a laje e a construção-base. Nada obstante, não deve ser afastada a necessidade de isolamento funcional que justifica a independência e a matrícula própria da laje.[9]

Vale notar que a constituição do direito real de laje não implicará atribuição de fração ideal de terreno ao beneficiário ou participação proporcional em áreas já edificadas (art. 1.510-A, § 4º, CC).

Efeito de natureza tributária relevante é que o titular do direito real de laje responderá pelos encargos e tributos que incidirem sobre a sua unidade.[10] E, além disso, a unidade autônoma constituída em matrícula própria poderá ser alienada e gravada livremente por seu titular, podendo o adquirente instituir sobrelevações sucessivas. Isso significa que o titular do direito real de laje poderá ceder à possibilidade do surgimento de um subsequente direito real de laje e assim por diante, desde que haja autorização expressa dos titulares da construção-base e das demais lajes, respeitadas as posturas edilícias e urbanísticas vigentes. Nada impede, ainda, que um direito real de laje apresente mais de um pavimento devendo ser observadas as posturas previstas em legislação local.

---

forma de direito de propriedade, que tem a mesma autonomia e perenidade que a propriedade edilícia. Uma vez instituído o regime de direito de propriedade de laje sobre o imóvel, este regime perdurará até a sua extinção, que ocorrerá nas mesmas hipóteses da propriedade edilícia. Não haverá extinção por vontade unilateral de algum titular de laje ou da construção-base, como ocorre no condomínio geral, nem em razão do decurso do tempo, como ocorre na superfície. O titular da propriedade da laje poderá usar, gozar e dispor de sua unidade autônoma, que se transmitirá aos seus descendentes, quando de sua morte. Assim, encarar o direito de laje como uma nova forma de direito de propriedade facilita a interpretação do instituto, tornando-o mais adequado à sua finalidade. Por esse motivo, sugere-se utilizar a terminologia direito de propriedade de laje". FIUZA, César; COUTO, Marcelo de Rezende Campos Marinho. *Ensaio sobre o direito real de laje como previsto na Lei 13.465/2017*. Disponível em: <http://civilistica.com/wp-content/uploads/2017/12/ Fiuza-e-Couto-civilistica.com-a.6.n.2.2017.pdf>. Acesso em: 5 jan. 2018.

9 "Advirta-se, porém, que, em se tratando de construção vinculada ao imóvel originário, como no exemplo do pai que, sobre o imóvel-base, constrói não apenas uma estrutura para o filho que vai casar, mas, também, ali mantém uma área de lazer (churrasqueira) ou serviço (lavanderia), ou constrói um acesso interno pelo próprio imóvel originário, não se tratará de direito real sobre a coisa alheia. Nessa hipótese, tratar-se-á de mera benfeitoria ou acessão em relação ao imóvel-base, a depender da finalidade, submetida à teoria da gravitação (já que o acessório segue o principal e ao seu titular pertence). Não haverá, nesse caso, registro imobiliário autônomo". FARIAS, Cristiano Chaves. Disponível em: <http://meusitejuridico.com.br/2017/07/14/o-puxadinho-virou-lei-lei-n-13-46517-e-disciplina-direito-real-laje/>. Acesso em: 27 set. 2017.

10 Questiona-se a aferição do *quantum* devido em termos tributários, já que não há a constatação de frações ideias, o que induziria à dúvida se o proprietário da construção deverá arcar com um valor de tributo referente ao terreno por completo mais a construção e se ao titular do direito de laje caberia apenas o tributo correspondente à projeção da laje.

Com a redação fornecida pela Lei nº 13.465/2017, a alienação onerosa da laje[11] pressupõe direito de preferência, conforme preceitua o art. 1.510-D do CC:

> Art. 1.510-D. Em caso de alienação de qualquer das unidades sobrepostas, terão direito de preferência, em igualdade de condições com terceiros, os titulares da construção-base e da laje, nessa ordem, que serão cientificados por escrito para que se manifestem no prazo de trinta dias, salvo se o contrato dispuser de modo diverso.
>
> § 1º O titular da construção-base ou da laje a quem não se der conhecimento da alienação poderá, mediante depósito do respectivo preço, haver para si a parte alienada a terceiros, se o requerer no prazo decadencial de cento e oitenta dias, contado da data de alienação.
>
> § 2º Se houver mais de uma laje, terá preferência, sucessivamente, o titular das lajes ascendentes e o titular das lajes descendentes, assegurada a prioridade para a laje mais próxima à unidade sobreposta a ser alienada.

Vale notar que não haverá preferência ao titular do direito de laje, no caso de alienação da construção-base, haja vista que o ordenamento jurídico busca exatamente a cisão da propriedade da laje e do imóvel sobre o qual se assenta. Não visa, pois, à concentração das faculdades da propriedade numa mesma pessoa.[12]

É expressamente vedado ao titular da laje prejudicar com obras novas ou com falta de reparação a segurança, a linha arquitetônica ou o arranjo estético do edifício, observadas as posturas previstas em legislação local. É o que dispõe o art. 1.510-B do CC.

Embora a laje não se confunda com o condomínio, tanto é assim que não implica a atribuição de fração ideal de terreno ao titular da laje ou a participação proporcional em áreas já edificadas, é importante notar que, em caráter excepcional é possível a aplicação de normas afetas ao condomínio à laje. Assim, o art. 1.510-C do CC estabelece:

> Sem prejuízo, no que couber, das normas aplicáveis aos condomínios edilícios, para fins do direito real de laje, as despesas necessárias à conservação e fruição das partes que sirvam a todo o edifício e ao pagamento de serviços de interesse comum serão partilhadas entre o proprietário da construção-base e o titular da laje, na proporção que venha a ser estipulada em contrato.

Sendo que o seu § 1º relata quais são as partes que servem a todo o edifício: I – os alicerces, colunas, pilares, paredes-mestras e todas as partes restantes que

---

[11] O direito de preferência, evidentemente, somente deve se fazer notar em se tratando de alienação onerosa, e não, gratuita. Isso porque essa última pressupõe um ato de mera liberalidade.

[12] FIUZA, César; COUTO, Marcelo de Rezende Campos Marinho. *Ensaio sobre o direito real de laje como previsto na Lei 13.465/2017*. Disponível em: < http://civilistica.com/ wp-content/ uploads/2017/12/Fiuza-e-Couto-civilistica.com-a.6.n.2.2017.pdf>. Acesso em: 5 jan. 2018.

constituam a estrutura do prédio; II – o telhado ou os terraços de cobertura, ainda que destinados ao uso exclusivo do titular da laje; III – as instalações gerais de água, esgoto, eletricidade, aquecimento, ar condicionado, gás, comunicações e semelhantes que sirvam a todo o edifício; IV – em geral, as coisas que sejam afetadas ao uso de todo o edifício.

Além disso, desde que haja urgência, a lei admite a autoexecutoriedade na obrigação de fazer em se tratando de reparações emergenciais a serem feitas na construção tendo em vista o que dispõe o parágrafo único do art. 249 do CC.[13]

4. A AQUISIÇÃO DO DIREITO REAL DE LAJE

A laje poderá ser adquirida mediante negócio jurídico realizado entre as partes, seja oneroso ou gratuito, ou até mesmo via usucapião, desde que preenchidos os requisitos legais do referido instituto. Mesmo porque a usucapião se traduz em modo aquisitivo da propriedade e, também, de outros direitos reais. Nesse sentido, aprovou-se o Enunciado nº 627 na VIII Jornada de Direito Civil, com o seguinte conteúdo: "O direito real de laje é passível de usucapião".

Vale notar que a Lei nº 13.465/2017 que consolidou a laje como direito real na codificação civil também promoveu relevante modificação afeta à possibilidade de usucapião pela via extrajudicial, alterando o art. 216-A, § 2º, da Lei nº 6.015/73, interpretando o "silêncio do notificando como concordância". Questão essa que foi analisada no Capítulo 64 deste livro.

Importante ainda perceber a omissão da lei acerca da forma de constituição do direito real de laje, cabendo, desse modo, a aplicação do art. 108 do CC, que estabelece: "Não dispondo a lei em contrário, a escritura pública é essencial à validade dos negócios jurídicos que visem à constituição, transferência, modificação ou renúncia de direitos reais sobre imóveis de valor superior a trinta vezes o maior salário mínimo vigente no País".

5. A EXTINÇÃO DA LAJE EM VIRTUDE DA RUÍNA DA CONSTRUÇÃO-BASE

Embora o direito real de laje não comporte sua extinção com o advento de termo, tendo, em princípio, natureza perpétua, será possível a extinção da laje em virtude da ruína da construção-base.

De acordo com o art. 1.510-E do CC, a ruína da construção-base implica extinção do direito real de laje, salvo se este tiver sido instituído sobre o subsolo; ou se a construção-base não for reconstruída no prazo de cinco anos.

Evidentemente que o disposto neste artigo não afasta o direito a eventual reparação civil contra o culpado pela ruína.

---

[13] Art. 1.510 – D: § 2º "É assegurado, em qualquer caso, o direito de qualquer interessado em promover reparações urgentes na construção na forma do parágrafo único do art. 249 deste Código".

Cap. 82 – DIREITO REAL DE LAJE

6. REFLEXO NO ÂMBITO PROCESSUAL

A multicitada Lei nº 13.465/2017 ainda promove alterações no CPC/2015, quando esse tecido normativo disciplina a execução, especificamente em seu art. 799, que estipula como incumbência do exequente:

X – requerer a intimação do titular da construção-base, bem como, se for o caso, do titular de lajes anteriores, quando a penhora recair sobre o direito real de laje;

XI – requerer a intimação do titular das lajes, quando a penhora recair sobre a construção-base.

Nada obstante a menção do legislador, poderia a Lei nº 13.465/2017 ainda ter promovido inserções nos arts. 804 e 899 do CPC/2015, já que esses artigos integram uma estrutura lógica que objetiva a proteção de interesses de terceiros.

7. DISTINÇÕES NECESSÁRIAS

Não se pode confundir o direito real de laje com o direito real de superfície. É bom lembrar que esse último direito, como dito alhures, manifestar-se-á quando o proprietário ou fundieiro concede a outrem o direito de construir ou plantar em seu terreno. Porém deve ser destacado que o direito real de superfície é temporário, devendo apresentar um prazo de duração e, além disso, não se admite que a superfície se manifeste abaixo da construção, sob a construção do proprietário. Ao revés, o direito real de laje, além de não comportar a imposição de prazo, pode ocorrer em relação ao espaço aéreo e, também, em relação ao subsolo. Importante perceber também que, enquanto a laje adquire uma matrícula própria, o direito de superfície não resulta em tal conclusão. Ademais disso, enquanto o direito de superfície não apresenta limitações legais no que tange à sua constituição, o direito real de laje se limita aos assentamentos informais e irregulares, como medida de estrita regularização fundiária.

O direito real de laje também não pode ser confundido com a enfiteuse. Nesse último direito real, constatam-se obrigações pecuniárias que se traduzem no foro e no laudêmio devidos pelo enfiteuta ao senhorio direto, o que não ocorre em relação à laje. Soma-se também a matrícula única existente em relação ao domínio direto e ao domínio útil, ao passo que, na laje, como visto, impõe-se a matrícula própria.

Por fim, não há que se confundir o direito real de laje com o condomínio edilício, já que nesse existem unidades imobiliárias constituídas de área de uso privativo e áreas de uso comum, sendo atribuída uma fração ideal a cada unidade, de parte correspondente ao solo e às áreas comuns, de modo que a somatório das frações ideais das unidades autônomas alcança a totalidade do solo sobre o qual foi edificada a construção.

Assim, percebemos a laje como direito real que preenche o vazio existente entre os institutos retromencionados, considerando ainda, nas palavras de Nelson Rosenvald, que:

há um "pecado original" no raciocínio dos que creem como supérflua a instituição da laje como direito real pelo legislador brasileiro (...) o direito de laje guarda ambições diversas no plano finalístico, consistindo em elogiável forma de democratização do direito de propriedade (não dispensando eficazes políticas públicas), que cada vez mais se distancia do perfil liberal de uma instituição excludente de muitos (os *erga omnes*), e, paulatinamente, agrega mais uma camada: a de instrumento de acesso à vida digna para muitos brasileiros, os futuros lajeários![14]

---

[14] ROSENVALD, Nelson. *O direito real de laje como nova manifestação de propriedade.* Disponível em: <https://www.nelsonrosenvald.info/single-post/2017/09/14/O-direito-real-de-laje-como--nova-manifesta%C3%A7%C3%A3o-de-propriedade>. Acesso em: 27 set. 2017.

DIREITO
DE FAMÍLIA

INTRODUÇÃO SOBRE O NOVIDADEIRO CONCEITO DE DIREITO DAS FAMÍLIAS E A FAMÍLIA CONSTITUCIONALIZADA

Na contemporaneidade, é possível vislumbrar a família sob a perspectiva de infinitas formatações. Refoge-se, portanto, ao conceito fechado de família que seria constituída apenas pela via do casamento e estaria estritamente sob a previsão indelével da lei.

Foi grande o avanço nesse campo. Hoje é possível visualizar as mais diversas conformações familiares, o que resultou na adoção do vocábulo **"Direito das Famílias"**. Assim, as entidades familiares assumem os mais diversos matizes e a proteção a todas elas residirá na própria Constituição Federal de 1988 que produziu o reconhecimento daquilo que hoje sói denominar de **"família constitucionalizada"**.

Nessa senda, a Lei Maior declara, em seu art. 226, que a família, base da sociedade, tem especial proteção do Estado. Além disso, como vetores da nova percepção do Direito de Família, inaugurado com a Constituição Federal de 1988, aponta-se:

- **a igualdade de gêneros**, afastando-se, pois, da pretensa superioridade masculina que se respaldava, sobretudo, no pátrio poder que após a sua morte, com o Código Civil de 2002 fora definitivamente enterrado, nascendo, doravante o conceito de poder familiar a substitui-lo;
- **a igualdade entre os filhos**, repudiando a odiosa diferenciação até então existente que separava em classes diferentes – legítimos e ilegítimos – os filhos havidos no casamento e os filhos havidos fora dele, respectivamente.

Assim, hoje se estuda um Direito de Família, respaldado em uma base principiológica que lhe sustenta. Nesse mote, o Direito de Família compõe-se pelo conjunto de normas que disciplina os meios de constituição familiar, as relações de parentesco, a filiação, os alimentos, o bem de família e os institutos protetivos da família. Essas manifestações, então, promoverão a subdivisão do estudo do Direito de Família em seus aspectos existenciais e em seus aspectos patrimoniais. Para tanto, comecemos pelos princípios que fornecerão o *background* necessário para a perquirição dos diversos temas familiares.

PRINCÍPIOS DO DIREITO DE FAMÍLIA

1. PRINCÍPIO DA DIGNIDADE DA PESSOA HUMANA

A dignidade da pessoa humana se apresenta como fundamento da República no inciso III, art. 1º, da CF/88. Uadi Lamego Bulos refere-se como "o carro-chefe dos direitos fundamentais na Constituição de 1988" e, ainda, acrescenta "esse princípio conferiu ao Texto uma tônica especial, porque impregnou-lhe com a intensidade de sua força. Nesse passo, condicionou a atividade do intérprete".[1]

Bernardo Gonçalves Fernandes, didaticamente, minudencia os parâmetros mínimos de aferição, vetores ou dimensões que devem ser defendidos para a consecução normativa da dignidade da pessoa humana, que são: a não instrumentalização, já que, conforme premissa kantiana, o ser humano não pode ser tratado como um meio para a obtenção de determinado fim; a autonomia existencial, uma vez que cada pessoa deve ter o direito de fazer suas escolhas essenciais de vida; o direito ao mínimo existencial, que, derivando do constitucionalismo social, se traduz na existência de condições materiais básicas para a vida; e o direito ao reconhecimento, que se manifesta na concepção de que as injustiças podem se dar não apenas no campo da redistribuição de bens, mas também no campo do reconhecimento, assim é relevante atentar para o olhar que as pessoas lançam sobre as outras pessoas que podem diminui-las em sua dignidade.[2]

O referido princípio se faz notar de forma muito nítida no Direito de Família e respalda a ideia de despatrimonialização, de despatriarcalização e de personalização do Direito Civil, podendo ser constatado, por exemplo, com a superveniência da Súmula nº 364 do STJ, que estabelece: "O conceito de impenhorabilidade de bem de família abrange também o imóvel pertencente a pessoas solteiras, separadas e viúvas".

2. PRINCÍPIO DA SOLIDARIEDADE

Como objetivo fundamental da República Federativa do Brasil o art. 3º, I, da CF/88 aponta no sentido de se construir uma sociedade livre, justa e solidária. Decorrência disso, nas palavras de Paulo Lôbo:

---

[1] BULOS, Uadi Lamego. *Constituição Federal Anotada*. São Paulo: Saraiva, 2000. p. 49.
[2] FERNANDES, Bernardo Gonçalves. *Curso de Direito Constitucional*. 9. ed. Salvador: JusPodivm, 2017. p. 312-313.

O princípio jurídico da solidariedade resulta da superação do individualismo jurídico, que por sua vez é a superação do modo de pensar e viver a sociedade a partir do predomínio dos interesses individuais, que marcou os primeiros séculos da modernidade, com reflexos até a atualidade.[3]

Pensar no outro ou, mais do que isso, preocupar-se com o outro, representa a solidariedade no seio familiar, que poderá se manifestar na necessidade de cooperação entre os membros de uma família, no fenômeno da adoção que se espelha no sentimento de solidariedade, na assistência moral e material que deve existir entre os cônjuges e companheiros, no dever de prestar alimentos, dentre outras manifestações espraiadas no CC/2002.

3. PRINCÍPIO DA PLURALIDADE DAS ENTIDADES FAMILIARES

O art. 226 da CF/88 estabelece que:

§ 3º Para efeito da proteção do Estado, é reconhecida a união estável entre o homem e a mulher como entidade familiar, devendo a lei facilitar sua conversão em casamento.

§ 4º Entende-se, também, como entidade familiar a comunidade formada por qualquer dos pais e seus descendentes.

A literalidade dos dispositivos, em princípio, reconhece como entidades familiares, além do casamento, a união estável e a família monoparental (a comunidade formada por qualquer dos pais e seus descendentes).

Todavia, com base nesse artigo já se discutiu, um dia, se o rol relativo às entidades familiares previsto no referido dispositivo deveria ser considerado taxativo ou exemplificativo, isto é, indagou-se se as entidades familiares estariam restritas ao casamento, à união estável e à família monoparental.

Nada obstante a literalidade apresentada, a lógica interpretativa não poderia se afastar do reconhecimento de que "a família é um fato natural e o casamento, uma solenidade, uma convenção social".[4]

É inevitável, portanto, o reconhecimento de múltiplos arranjos familiares no momento que a sociedade vivencia. Fácil entender assim, a partir do momento em que se percebe a dignidade da pessoa humana, a igualdade e a liberdade como vetores máximos do texto constitucional.

Dessarte, os arranjos familiares são inúmeros e merecem todas eles a especial proteção do Estado. Assim, pode-se aventar, por exemplo: a família homoafetiva (oriunda da união de pessoas do mesmo sexo), a família eudemonista (aquela que busca a felicidade de seus membros), família anaparental (aquela em que não há

---

[3] LÔBO, Paulo. *Direito Civil*: Famílias. São Paulo: Saraiva, 2008. p. 40.

[4] FARIAS, Cristiano Chaves de. ROSENVALD, Nelson. *Curso de Direito Civil*. Famílias. 7. ed. São Paulo: Atlas, 2015. p. 61.

a presença dos pais), família mosaico, também conhecida como recomposta ou pluriparental (que decorre de diversas conjunturas relacionadas subsequentemente, como casamentos desfeitos em que cada um de seus membros criam novas famílias, em uniões estáveis ou novos casamentos, ou mesmo de simples relações afetivas que emergem em sequência, de modo que a cada adição de novas pessoas deixa-se transparecer a sua complexidade).

4. PRINCÍPIO DA IGUALDADE ENTRE CÔNJUGES E COMPANHEIROS

Em verdade, esse princípio decorre do reconhecimento da igualdade de gêneros, afastando-se, pois, da pretensa superioridade masculina que se respaldava, sobretudo, no **pátrio poder** que após a sua morte, com o Código Civil de 2002, fora definitivamente enterrado, nascendo, doravante, o conceito de **poder familiar** a substituí-lo. Assim efetiva-se o disposto no § 5º do art. 226 da CF/88: "Os direitos e deveres referentes à sociedade conjugal são exercidos igualmente pelo homem e pela mulher".

Além disso, vale conferir o art. 1.511 do CC, que estabelece: "O casamento estabelece comunhão plena de vida, com base na igualdade de direitos e deveres dos cônjuges".

5. PRINCÍPIO DA IGUALDADE ENTRE OS FILHOS

Pelo princípio da igualdade entre os filhos repudia-se a odiosa diferenciação que separava em classes diferentes – legítimos e ilegítimos – os filhos havidos no casamento e os filhos havidos fora dele, respectivamente.

6. PRINCÍPIO DO MELHOR INTERESSE DA CRIANÇA OU ADOLESCENTE

Considerando o princípio do melhor interesse da criança ou do adolescente, o que deve prevalecer é o interesse dos filhos, e não dos pais. Tudo isso se respalda na novidadeira ótica protetiva destinada às crianças e aos adolescentes com a CF/88, que, inclusive, desaguou na promulgação do Estatuto da Criança e do Adolescente (Lei nº 8.069/90). É comum mencionar como exemplo de aplicação deste princípio a possibilidade de guarda compartilhada reconhecida no art. 1.583 do CC/2002.

7. PRINCÍPIO DA NÃO INTERVENÇÃO OU PROIBIÇÃO DE INTERFERÊNCIA

Festeja-se a autonomia privada sob as diversas perspectivas da existência humana. Não seria diferente no seio familiar. Assim, o art. 226, § 7º, estabelece: "Fundado nos princípios da dignidade da pessoa humana e da paternidade responsável, o planejamento familiar é livre decisão do casal, competindo ao Estado propiciar recursos educacionais e científicos para o exercício desse direito, vedada qualquer forma coercitiva por parte de instituições oficiais ou privadas". O que foi repetido no § 2º do art. 1.565 do CC. E, nessa senda, o Código Civil ainda pontifica em seu art. 1.513: "É defeso a qualquer pessoa, de direito público ou privado, interferir na comunhão de vida instituída pela família".

8. PRINCÍPIO DA MONOGAMIA

A monogamia, que se traduz na exclusividade de relações afetivas e sexuais entre duas pessoas, apresenta inegável raiz religiosa. Inclusive, no Novo Testamento, encontra-se: "Mas, por causa da fornicação, cada um tenha a sua própria mulher, e cada uma tenha o seu próprio marido".[5]

Ademais, a monogamia sempre se apresentou como nítido instrumento para a concentração patrimonial, bastante concernente aos interesses de uma época. Na contemporaneidade, com o Estado laico e a despatrimonialização, põe-se em dúvida a natureza principiológica da monogania.

É que o ideal monogâmico se inclina muito mais para aquilo que é tido como bom, do que aquilo que deve ser. Nesse contexto, releva diferenciar os princípios dos valores. Tais termos não podem ser aplicados como sinonímia ou substitutivos entre si. Enquanto os princípios se situam no plano deôntico, remetendo consectariamente ao dever-ser, os valores residem no âmbito axiológico. Os princípios enveredam por aquilo que é lícito ou ilícito; já os valores se impõem na medida do que valem, isto é, refletem noções do bom ou mau, melhor ou pior, sofrendo influxos históricos, geográficos, pessoais e sociais.

Assim, a monogamia apresenta forte viés valorativo, pois, embora considerada o ideal para alguns, não o é para todos, afastando-se, pois, dos contornos imprescindíveis para se caracterizar a monogamia como princípio.

É dentro dessa perspectiva que surge a questão do poliamor ou poliamorismo, que se traduz na assunção de diversos relacionamentos afetivos e sexuais concomitantemente, sendo imprescindível para a sua caracterização a anuência de todos os envolvidos. Nada obstante a aceitação do poliamor se funde exatamente na ideia de que a monogamia não deve ser considerada princípio jurídico e já tenha havido a lavratura de três escrituras públicas reconhecendo o poliamorismo entre os envolvidos no território brasileiro,[6] em junho de 2018 o CNJ proibiu os cartórios de registrar união estável poliafetiva, sob o argumento de que o conceito constitucional, histórico e sociológico da família sempre se deu com base na monogamia.

Em dezembro de 2020, por maioria de votos, o STF considerou ilegítima a existência paralela de duas uniões estáveis, ou de um casamento e uma união estável,

---

[5] Bíblia. Novo Testamento. 1 Coríntio 7:2.

[6] Foi formalizada a união entre três pessoas em Tupã, SP (2012), no Rio de Janeiro (2015) e em São Vicente, SP (2016). Depois da decisão do CNJ, essas escrituras públicas perderam a validade.

inclusive para efeitos previdenciários. O plenário negou provimento ao Recurso Extraordinário nº 1.045.273, com repercussão geral reconhecida, que envolve a divisão da pensão por morte de um homem que tinha união estável reconhecida judicialmente com uma mulher, com a qual tinha um filho e, simultaneamente, por 12 anos manteve uma relação homoafetiva.[7]

Assim, prevaleceu o posicionamento capitaneado pelo Ministro Relator Alexandre de Moraes de que o rateio de pensão por morte acabaria caracterizando a existência de bigamia, o que é vedado no ordenamento jurídico brasileiro, consoante art. 1.723 do CC. A tese de repercussão geral estabelecida foi:

> A preexistência de casamento ou de união estável de um dos conviventes, ressalvada a exceção do art. 1.723, parágrafo 1º, do Código Civil impede o reconhecimento de novo vínculo referente ao mesmo período, inclusive para fins previdenciários, em virtude da consagração do dever de fidelidade e da monogamia pelo ordenamento jurídico-constitucional brasileiro.

9. PRINCÍPIO DA AFETIVIDADE

Nada obstante a afetividade seja enquadrada pela doutrina prevalecente como pertencente à cepa dos princípios, dúvidas pairam acerca desse posicionamento. Para explicar isso, inicialmente, é importante visualizar a importância da afetividade, ou do afeto propriamente dito, nas relações familiares.

O afeto decorre da autonomia privada de cada um e se traduz na terna benquerença que une uma pessoa a outra. Desse modo, ínsita ao afeto está a espontaneidade.[8] O verdadeiro devotamento afetivo que emerge entre duas pessoas deve ser necessariamente franco, despretensioso e sincero, sob pena de se subverter a pureza conceitual desse sentimento.

A afetividade admite relevante conteúdo nas relações familiares, sendo, inclusive, considerado o seu maior e melhor fundamento.[9] Desse modo, a afetividade, inclusive, representa o motor que justifica novidadeiras e constantes manifestações

---

[7] STF, Plenário, RE 1.045.273, Rel. Min. Alexandre de Moraes, j. 18.12.2020 (Repercussão Geral – Tema 529)

[8] "Não há dúvida de que o amor ou afeto, como sentimento que é, surge naturalmente, sem que se possa obrigar quem quer que seja a manifestá-los quanto a outra pessoa, ou mantê-lo com igual e duradoura intensidade, até por tratar-se de circunstâncias de ordem pessoal e decorrentes de comandos psíquicos, cujo controle, inclusive por questões até patológicas, muitas vezes não é possível coordenar ou enfrentar". COLTRO, Antônio Carlos Mathias. Responsabilidade Civil no Direito de Família. In: RODRIGUES JÚNIOR, Luiz Otávio. MAMEDE, Gladston. ROCHA, Maria Vital da. (Coords.). *Responsabilidade civil contemporânea*. São Paulo: Atlas, 2011. p. 489.

[9] De acordo com Renata Barbosa de Almeida e Walsir Edson Rodrigues Júnior: "A afetividade se apresenta como a grande justificativa dos ambientes familiares espontaneamente instaurados, principalmente os que não contam com a concorrência de recursos jurídicos constitutivos – a dizer situações não matrimoniais". ALMEIDA, Renata Barbosa; RODRIGUES JÚNIOR, Walsir Edson. *Direito Civil*. Famílias. 2. ed. São Paulo: Atlas, 2012. p. 42.

doutrinárias, jurisprudenciais e legislativas. Podemos mencionar, exemplificativamente, a possibilidade de inclusão do sobrenome do padrasto ou da madrasta[10] ou o reconhecimento da paternidade socioafetiva como mais uma modalidade de filiação.

Todavia, é importante destacar que o afeto não pode ser imposto, senão, não será afeto. Nesse mote, valem as palavras de Cristiano Chaves de Farias e Nelson Rosenvald, "não se imagine, porém, que o afeto seja exigível juridicamente, uma vez que o seu caráter espontâneo impedirá qualquer provocação judicial para impor a alguém dedicar afeto (amor) a outra pessoa".[11]

Corroborando esse pensamento, ante a certeza de que um princípio traz em si verdadeira qualidade normativa, é que o afeto não pode se traduzir em princípio, já que se afasta do conceito principal do plano deôntico que é o dever-ser. Nesse mote, Renata Barbosa Almeida e Walsir Rodrigues Júnior concluem:

> A afetividade, embora merecedora de atenção jurídica, o é porque pode se tornar elemento constitutivo e integrante das relações familiares, fruto da espontaneidade e da autônoma privada e, assim, geradora de certos efeitos na órbita do Direito. A sua existência nas entidades familiares é elemento fático; porém, não jurídico. O caráter de juridicidade, o cunho normativo-imperativo, está relacionado às consequências que a presença do afeto, na construção das relações, pode gerar.[12]

O afeto não admite postulação, por isso não pode ser considerado um princípio, mas sim um valor. Conclusão contrária implicaria atribuir imperatividade a tal sentimento, o que não se mostra possível, já que o afeto deve existir *de per si*, independentemente de qualquer imposição legal.[13]

10. PRINCÍPIO DA FUNÇÃO SOCIAL

A função social cuja sede se encontrava na propriedade, no contrato e na empresa hoje alcança os institutos do direito de família, de modo que enxergar cada um deles despido de suas finalidades sociais pode implicar verdadeiro desvio da proposição constitucional.

---

[10] *Vide* Lei nº 11.924/2009.

[11] FARIAS, Cristiano Chaves; ROSENVALD, Nelson. *Curso de Direito Civil*. Famílias. 7. ed. São Paulo: Atlas, 2015. p. 121.

[12] ALMEIDA, Renata Barbosa de; RODRIGUES JÚNIOR, Walsir Edson. *Direito Civil*. Famílias. 2. ed. São Paulo: Atlas, 2012. p. 43.

[13] Em sentido contrário, Paulo Lobo reconhecendo a afetividade como princípio e com notado preciosismo relata: "A afetividade, como princípio jurídico, não se confunde com o afeto, como fato psicológico ou anímico, porquanto pode ser presumida quando este faltar na realidade das relações; assim, a afetividade é dever imposto aos pais em relação aos filhos e destes em relação àqueles, ainda que haja desamor ou desafeição entre eles". LÔBO, Paulo. *Direito Civil*. Famílias. São Paulo: Saraiva, 2008. p. 48.

Assim, na contemporaneidade, tem-se a família não mais como um fim em si mesma, de modo que "é lícito asseverar que a família é espaço de integração social, afastando uma compreensão egoística e individualista das entidades familiares, para se tornarem um ambiente seguro para a boa convivência e dignificação de seus membros".[14]

Nesse mote, seguindo as pegadas da inafastável função social destinada aos institutos do Direito de Família, reconheceu-se a possibilidade do direito de visitação aos diferentes membros das entidades familiares, tais como tios, avós etc.; a própria possibilidade de condenação ao pagamento de pensão alimentícia para manutenção dos membros da família; e o reconhecimento de união estável à pessoa que, embora casada, esteja separada de fato.[15]

11. PRINCÍPIO DA BOA-FÉ OBJETIVA

Nesta obra, já tivemos a oportunidade de distinguir a boa-fé objetiva da boa-fé subjetiva. Enquanto a primeira se traduz em um modelo de conduta honesto, probo e leal, a segunda se limita ao aspecto psicológico do agente que atua animado sob o espírito da ignorância do vício que inquina a relação.

Não se desconhece a boa-fé subjetiva na Direito de Família. Ela está presente, por exemplo, no casamento putativo, quando o art. 1.561 do CC menciona a possibilidade de boa-fé de um dos cônjuges. Essa boa-fé é a boa-fé subjetiva.[16]

O que se quer pontuar neste tópico, entretanto, é exatamente a necessidade de a boa-fé objetiva estar presentes nas relações familiares. A boa-fé objetiva com seus desdobramentos teóricos, tais como o *venire contra factum proprium*, a *supressio* e a *surrectio*, são manifestações que precisam estar presentes nas relações familiares, sob pena de se subverter o propósito dos institutos familiares.

Assim, não raro se fala em impossibilidade de ação negatória de paternidade diante de um caso de "adoção à brasileira", não apenas por se impor o melhor interesse da criança, mas também por haver notada contradição no comportamento do agente. Contradição que também se constata quando uma das partes renuncia aos alimentos para muitos anos depois vir a exigi-los, nada obstante o art. 1.707 do CC se manifeste pela irrenunciabilidade dos alimentos. Nessa mesma toada, constata-se inadmissível contradição quando o devedor oferece

---

[14] FARIAS, Cristiano Chaves; ROSENVALD, Nelson. *Curso de Direito Civil*. Famílias. 7. ed. São Paulo: Atlas, 2015. p. 122.

[15] Esses exemplos são fornecidos em: FARIAS, Cristiano Chaves; ROSENVALD, Nelson. *Curso de Direito Civil*. Famílias. 7. ed. São Paulo: Atlas, 2015. p. 122.

[16] Anderson Schreiber se recorda também que há boa-fé subjetiva nas "decisões que tratam da presunção de boa-fé da mãe com relação à motivação da viagem com o filho ao exterior". SCHREIBER, Anderson. O princípio da boa-fé objetiva no Direito de Família. In: SCHREIBER, Anderson. *Direito Civil e Constituição*. São Paulo: Atlas, 2013. p. 325.

um bem à penhora e, posteriormente, vem a reconhecer nele os caracteres de um bem de família.[17]

---

[17] Cristiano Chaves de Farias e Nelson Rosenvald, defensores da aplicação da boa-fé objetiva no seio familiarista, fazem uma advertência: "a simples ausência de afeto ou mesmo a cessação de um afeto longamente nutrido, fio condutor de uma estrutura familiar que sem ele ameaça desmoronar, jamais poderá resvalar e comportamento contraditório reprimido pelo direito. Do mesmo modo, pode-se dizer que o desamor, de per si, por mais doloroso que possa ser, inadmite enquadramento como abuso de direito nas modalidades de *supressio* e *surrectio*. O ponto fulcral desse entendimento é o fato de que, na seara do dar e do receber afeto − cujo lócus situa-se na psique humana −, a inconstância do sentimento e a influência de que o tempo e que fatores cotidianos podem ter no abalo das relações afetivas são elementos que impedem (ou que deveriam impedir) a cristalização de expectativas mais robustas de permanência. É da índole das vivências amorosas a possibilidade da ruptura, do abandono, da partida". FARIAS, Cristiano Chaves; ROSENVALD, Nelson. *Curso de Direito Civil*. Famílias. 7. ed. São Paulo: Atlas, 2015. p. 119.

DO CASAMENTO

1. INTRODUÇÃO

O casamento é a forma mais tradicional de se constituir a família e se traduz na união de duas pessoas que reúnem esforços para a comunhão plena de vida. Não se vislumbra mais a superioridade da instituição do casamento se sobrepondo a cada um de seus membros, ao revés, a ideia que deve prevalecer é a do casamento buscando a promoção de cada um deles, tendo em vista a autonomia privada respeitante a cada um.

2. A NATUREZA JURÍDICA DO CASAMENTO

Três teorias se apresentam na busca da natureza jurídica do casamento. São elas:

a) **Teoria contratualista:** a natureza jurídica do casamento é contratual, já que o casamento nasce de um acordo de vontades, sendo o casamento, portanto, um contrato especial que gera para os cônjuges direitos e deveres recíprocos. A possibilidade de separação ou divórcio ser realizado extrajudicialmente fornecida pela Lei nº 11.441/2007 fortalece o posicionamento de que o casamento apresenta, realmente, contornos de um contrato.

b) **Teoria institucionalista:** a natureza jurídica do casamento é de instituição, de modo que a manifestação de vontade das partes se resume a aceitar as normas já preestabelecidas pelo Estado para a sua conformação. A corroborar essa perspectiva, argumenta-se no sentido de, depois de a parte engendrar-se no mundo matrimonial, ser impossível o afastamento de regras afetas ao casamento que apresentam natureza de ordem pública. A teoria institucionalista se enfraquece nitidamente quando se constata a autonomia privada de cada um dos membros envolvidos no casamento.

c) **Teoria mista, híbrida ou eclética:** essa teoria reúne as duas teorias anteriores em busca de se aferir a natureza jurídica do casamento, ao estabelecer que o casamento deve ser considerado contrato quando de sua formação, pois há manifestação de vontade das partes envolvidas; todavia, após a sua constituição, evidencia-se a sua feição institucional, já que emergem regras preestabelecidas pelo Estado que inadmite o seu afastamento.

3. CAUSAS IMPEDITIVAS DO CASAMENTO

O casamento será considerado **nulo** se for contraído presente qualquer um dos impedimentos matrimoniais. Essas causas inviabilizadoras do casamento estão presentes no art. 1.521 do CC, não podendo ser confundidas com a falta de capacidade para o casamento que irá se manifestar em virtude de o pretendente não ter alcançado a idade núbil que se dá aos 16 anos.

Portanto, é fácil entender que, por vezes, a pessoa embora tenha a capacidade para se casar, é possível que ela não tenha legitimação para se casar com determinada pessoa em virtude da existência de uma causa impeditiva. Assim, a existência de um impedimento irá se traduzir na **falta de legitimação** que a pessoa apresenta em um caso concreto que a impede de se casar com determinada pessoa.

Fundadas em motivos morais ou biológicos, as causas impeditivas do casamento devem ser consideradas *numerus clausus*, isto é, taxativamente. Desse modo, já que as causas mencionadas no art. 1.521 do CC restringem direitos, devem elas ser interpretadas restritivamente.

O art. 1.521 do CC estabelece que **não podem casar**:

I)   **Os ascendentes com os descendentes, seja o parentesco natural ou civil.** As razões que motivaram o legislador aqui são de ordem moral, em virtude do repúdio ao incesto, e de ordem biológica por recear a possiblidade de problemas genéticos em virtude da proximidade de parentesco.

II) **Os afins em linha reta.** Com comicidade, é comum dizer que "existe ex-cônjuge, mas não existe ex-sogra (o)". A reprovação jurídica para o casamento de afins em linha reta se dá por força moral. É que, mesmo com o casamento ou a união estável tendo chegado ao fim, o vínculo de afinidade em linha reta não se extingue. O que não ocorre com a afinidade na linha colateral, que será extinta com o fim do casamento ou da união estável. Desse modo, não se pode visualizar o genro casando com a sogra, o padrasto com a enteada etc.

III) **O adotante com quem foi cônjuge do adotado e o adotado com quem o foi do adotante.** Essa hipótese se torna desnecessária na lei, já que se subsume ao inciso anterior, pois, em verdade, se refere à impossibilidade do casamento entre afins na linha reta.

IV) **Os irmãos, unilaterais ou bilaterais, e demais colaterais, até o terceiro grau inclusive.** Mais uma vez, o receio relativo à propensão de problemas genéticos se faz notar na letra da lei. Irmãos não podem se casar entre si, sejam unilaterais (aqueles com apenas o pai ou a mãe em comum) ou bilaterais, também conhecidos como germanos (aqueles que são filhos do mesmo pai e da mesma mãe). Também não podem se casar os tios com os sobrinhos (que são os parentes colaterais de 3º grau). Excepcionalmente, será admitido esse casamento em virtude do Decreto-lei nº 3.200/41. O referido Decreto permanece em vigor, mesmo após a entrada em vigor do CC/2002. Isso porque lei geral não tem o condão de revogar lei especial. Tanto é assim que o Enunciado nº 98 do CJF estabelece: "O inciso IV do art. 1.521 do novo Código Civil deve ser interpretado à luz do Decreto-lei nº 3.200/41, no que se refere à possibilidade do casamento entre colaterais de 3º grau". Isso posto, o Decreto-lei cogita de os colaterais de 3º grau – ou em se tratando de menores, os seus representantes legais – poderem requerer ao juiz competente que indique dois médicos para examiná-los e se manifestar pela ausência de inconveniência do casamento. Trata-se, pois, do chamado **casamento avuncular.**[1]

V) **O adotado com o filho do adotante.** Trata-se de mais uma menção desnecessária feita pela lei, já que, em verdade, o adotado e o filho do adotante são irmãos e o inciso anterior já vedaria tal possibilidade.

VI) **As pessoas casadas.** Esse impedimento transcende à vedação na esfera cível, alcançando a esfera criminal já que se houver um novo casamento além do preexistente tal ato configurará crime de bigamia previsto no art. 235 do Código Penal.

VII) **O cônjuge sobrevivente com o condenado por homicídio ou tentativa de homicídio contra o seu consorte.** O impedimento decorre de razão moral e, para que se considere a causa impeditiva, o homicídio deverá ser doloso, e não culposo. Isto é, o homicídio culposo não se traduz em causa idônea a impedir o casamento. Além disso, impõe-se o trânsito em julgado da sentença penal condenatória para que o impedimento se verifique.

Por fim, vale notar que o Código Penal em seu art. 237 considera como crime o ato de contrair casamento, conhecendo a existência de impedimento que lhe cause a nulidade absoluta, impondo pena de detenção de três meses a um ano.

Os impedimentos podem ser opostos, até o momento da celebração do casamento, por qualquer pessoa capaz, sendo que, se o juiz, ou o oficial de registro, tiver conhecimento da existência de algum impedimento, será obrigado a declará-lo de ofício. Tudo isso, em virtude de a violação a qualquer impedimento representar ofensa ao interesse público.

4. CAUSAS SUSPENSIVAS DO CASAMENTO

As causas suspensivas do casamento transitam por preocupações patrimoniais e se traduzem em **recomendações** para que o casamento não ocorra nas situações descritas no art. 1.523 do CC. Assim, não devem casar:

---

[1] Acerca do tema, Jose Fernando Simão questiona: "Resta então uma indagação: na hipótese de casamento avuncular entre pessoas do mesmo sexo, o Decreto-lei nº 3.200 de 1941 tem aplicação? A resposta é negativa, pois os casais de pessoas do mesmo sexo terão filhos por adoção (hipótese em que o filho não terá material genético de nenhum de seus pais ou suas mães) ou utilizando-se as técnicas de reprodução humana assistida. Nesta hipótese, o material genético será de apenas um deles (um dos cônjuges doa esperma ou óvulo e recebem o outro gameta de um terceiro) ou de nenhum dos dois (recebem em doação óvulo e esperma). Sendo impossível que o casamento gere problemas à prole, o casamento avuncular homoafetivo pode ser admitido sem a necessidade de qualquer autorização judicial ou exame médico". SIMÃO, José Fernando. *Casamento avuncular homoafetivo?* Casamentos entre tios e sobrinhos. Disponível em: <http://www.cartaforense.com.br/conteudo/colunas/casamento-avuncular-homoafetivo-casamentos-entre-tios-e-sobrinhos/12387>. Acesso em: 20 nov. 2017.

I) **O viúvo ou a viúva que tiver filho do cônjuge falecido, enquanto não fizer inventário dos bens do casal e der partilha aos herdeiros.** Importante notar que, para essa primeira causa suspensiva, aplica-se como efeito o regime de separação obrigatória dos bens ao novo casamento e, além disso, os filhos passarão a ter direito à hipoteca sobre os imóveis do pai ou da mãe sobrevivo (art. 1.489, II, CC);

II) **A viúva, ou a mulher cujo casamento se desfez por ser nulo ou ter sido anulado, até dez meses depois do começo da viuvez, ou da dissolução da sociedade conjugal.** Nesse caso, o objetivo da lei é o de afastar qualquer receio ou dúvida quanto à paternidade de nova prole.

III) **O divorciado, enquanto não houver sido homologada ou decidida a partilha dos bens do casal.** Como o divórcio pode ser concedido sem que haja prévia partilha de bens do casal (art. 1.581, CC), a restrição busca evitar qualquer eventual confusão patrimonial

IV) **O tutor ou o curador e os seus descendentes, ascendentes, irmãos, cunhados ou sobrinhos, com a pessoa tutelada ou curatelada, enquanto não cessar a tutela ou curatela, e não estiverem saldadas as respectivas contas.** Receia-se a influência que o tutor ou o curador (e pessoas que lhe sejam próximas) possam exercer sobre o tutelado e o curatelado de modo a promover a disposição de seus bens.

Para a hipótese de pretensa dúvida quanto à paternidade de eventual prole prevista no art. 1.523, II, CC, os nubentes podem solicitar ao juiz que não lhes sejam aplicadas as causas suspensivas desde que a nubente prove o nascimento de filho, ou inexistência de gravidez, na fluência do prazo. Para as demais hipóteses (art. 1.523, I, III e IV, CC), os nubentes podem solicitar afastamento da respectiva causa suspensiva desde que se prove a inexistência de prejuízo, respectivamente, para o herdeiro, para o ex-cônjuge e para a pessoa tutelada ou curatelada.

De acordo com o art. 1.524 do CC, as causas suspensivas da celebração do casamento podem ser arguidas pelos parentes em linha reta de um dos nubentes, sejam consanguíneos ou afins, e pelos colaterais em segundo grau, sejam também consanguíneos ou afins. A interpretação mais adequada indica que a enumeração do referido art. 1.524 do CC é meramente exemplificativa, e não taxativa. Assim, deve ser considerada como legitimada qualquer pessoa que tenha interesse nos objetivos resguardados pela lei. Por exemplo, a pessoa divorciada, enquanto não partilhados os bens do casal, embora não seja mencionada no referido rol do art. 1.524 do CC, tem interesse em evitar a promiscuidade patrimonial de seu ex-cônjuge que contrai novas núpcias. Vale considerar que as causas suspensivas, ao revés das causas impeditivas, não podem ser declaradas de ofício pelo juiz ou pelo oficial do registro civil.

Por fim, de acordo com o art. 1.529 do CC, tanto os impedimentos quanto as causas suspensivas serão opostos em declaração escrita e assinada, instruída com as provas do fato alegado, ou com a indicação do lugar onde possam ser obtidas. O oficial do registro dará aos nubentes ou a seus representantes nota da oposição, indicando os fundamentos, as provas e o nome de quem a ofereceu. Podem os nubentes requerer prazo razoável para fazer prova contrária aos fatos alegados e

Cap. 85 – DO CASAMENTO

é evidente que a oposição irresponsável e de má-fé implicará as sanções cíveis e criminais cabíveis (art. 1.530, CC).

5. PRESSUPOSTOS DO CASAMENTO

Os pressupostos do casamento se dividem em duas classes: os de existência e os de validade.

Classicamente, como **pressupostos de existência** considera-se: **a diversidade de sexos**, a **vontade** e a **celebração por autoridade competente**.

A **diversidade de sexos** é pressuposto expressamente apresentado pelo Código Civil (art. 1.516), já que, primeiramente, o objetivo do casamento era a perpetuação da espécie. Todavia, na contemporaneidade, constata-se que o casamento não é imprescindível para a procriação e, mesmo o sexo, também não o é, já que hoje é possível se alcançar tal desiderato por meio da reprodução assistida. Assim, começa-se a constatar que a heterossexualidade não pode ser considerada mais requisito essencial para o casamento. A base para essa guinada estrutural afeta ao clássico pressuposto da diversidade de sexos que se apresenta substituível pela identidade de sexos, em verdade, reside na liberdade e na igualdade, princípios esses ostentados pela CF/88.

Em 5/5/2011, o STF decidiu na **ADIn nº 4277** e na **ADPF nº 132** pelo reconhecimento da união estável entre pessoas do mesmo sexo. Em decorrência dessas manifestações, decisões outras se fizeram notar no sentido de se converter uniões estáveis homoafetivas preexistentes em casamentos, o fundamento foi exatamente a necessidade de se aplicar à união estável homoafetiva os mesmos efeitos da união estável heteroafetiva. Nesse mote, o STJ decidiu, no **REsp 1.183.378-RS**, a possibilidade de habilitação de pessoas do mesmo sexo para o casamento civil. Essa decisão produziu efeitos *inter partes*, todavia, nada obstante a inexistência de modificação legislativa referente ao tema, a referida manifestação do STJ representa a forte tendência em se admitir a união, via casamento, de pessoas do mesmo sexo no ordenamento jurídico brasileiro.

Além disso, o Conselho Nacional de Justiça (CNJ), através da **Resolução nº 175**, de 5 de maio de 2013, estabeleceu que: "É vedada às autoridades competentes a recusa de habilitação, celebração de casamento civil ou de conversão de união estável em casamento entre pessoas de mesmo sexo". As autoridades competentes mencionadas na referida Resolução são os responsáveis pelos Cartórios de Registro Civil das Pessoas Naturais.

Chegamos à conclusão de que a diversidade de sexos não deve mais ser considerada pressuposto de existência do casamento, tendo em vista os princípios constitucionais, máximes a liberdade e a igualdade.

No que tange ao **transexual** submetido à cirurgia de transgenitalização, não se pode vislumbrar nenhum óbice quanto ao seu casamento, já que a alteração de seu prenome e de seu designativo sexual no registro civil também já foi plenamente reconhecida pelo STJ (REsp 1.008.398-SP e REsp 737.993-MG). Entretanto, é evidente que, se o transexual ocultou a realidade acerca de seu sexo anterior, o seu cônjuge poderá pleitear a anulação do casamento por erro essencial quanto à pessoa do cônjuge, conforme preceitua o art. 1.556 c/c art. 1.557, I, CC.

A **ausência de vontade** também resultaria na inexistência do casamento. Seria o caso do nubente que anui pelo casamento sob coação por *vis absoluta*, isto é, por coação física. Por exemplo, o casamento de uma pessoa sob hipnose. O consentimento exigido extrai-se da redação do art. 1.516 do CC, que preceitua: "O casamento se realiza no momento em que o homem e a mulher manifestam, perante o juiz, a sua vontade de estabelecer vínculo conjugal, e o juiz os declara casados". Inclusive, de acordo com o art. 1.538 do CC, a celebração do casamento será imediatamente suspensa se algum dos contraentes: recusar a solene afirmação da sua vontade; declarar que esta não é livre e espontânea; manifestar-se arrependido. Vale notar que, diante de qualquer uma dessas possibilidades, o nubente que der causa à suspensão do ato não será admitido a retratar-se no mesmo dia. Visualiza-se aqui a presença da autonomia privada nas relações existenciais. Desse modo, até mesmo naqueles casamentos em que se exige o consentimento dos representantes legais ou da autorização judicial, a manifestação de vontade se mostra como elemento fundamental para a conformação matrimonial.

Embora a doutrina clássica informe que o consentimento externalizado pelos nubentes se traduz em ato pessoal e intransmissível, não é isso que se verifica quando se cogita do casamento de pessoa menor de idade e do casamento por procuração. Considerando que a idade núbil é de 16 anos, tanto para o homem quanto para a mulher, percebe-se que é possível que uma pessoa que não tenha ainda a capacidade de fato venha a contrair o casamento, desde que obtenha a autorização de seus pais ou de seu tutor. Além disso, é o caso do nubente que, no ato do casamento, não possa se fazer presente no ato da celebração. É possível que ele se faça representar por um terceiro. Diante dessas elucubrações percebe-se que o que é de fato personalíssima é a relação matrimonial, a condição pessoal de cônjuge com seus respectivos atributos e caracteres, e não o ato constitutivo do casamento.

No que diz respeito à **celebração**, devem ser observadas as premissas técnicas ostentadas nos arts. 1.533 ao 1.542 do CC, oportunamente aqui relacionadas. O casamento se traduz em ato formal e solene, atributos esses que fazem diferenciar essa entidade familiar dos demais arranjos familiares possíveis na contemporaneidade. A ausência da solenidade do casamento resulta em sua inexistência, diferentemente da ausência da solenidade nos demais negócios jurídicos que, de acordo com o art. 166, V, do CC resulta em sua invalidade, na matiz de nulidade.

Esmiuçando mais a questão, considera-se, ainda, inexistente o casamento quando celebrado por **autoridade incompetente**, considerando-se a incompetência em relação à matéria (*ratione materiae*), por exemplo, um casamento celebrado por um delegado de polícia, quando a autoridade competente seria um juiz de paz.

Como o ato inexistente é um nada jurídico, como sói dizer, não há regramento para seus efeitos. Todavia, devemos aplicar as mesmas regras atinentes à nulidade absoluta.

No que diz respeito aos **pressupostos de validade**, estando ausente qualquer um deles, poder-se-á considerar o casamento nulo ou anulável, a depender do caso. Nesse ponto, a teoria das nulidades no âmbito do casamento se afasta da teoria das nulidades dos negócios jurídicos em geral. Assim, embora na parte geral do Direito Civil se apregoe que o negócio nulo não produzirá efeitos, no âmbito do casamento, é possível a produção de efeitos para o cônjuge de boa-fé, desde que o casamento seja considerado putativo (art. 1.561, CC). Além disso, embora a nulidade deva ser declarada de ofício, no que respeita ao casamento, será necessário o manejo de uma ação ordinária (arts. 1.549 e 1.563, CC), não havendo declaração de ofício.

5.1. Do casamento nulo

Originalmente, o art. 1.548 do CC apresentava dois incisos que representavam as hipóteses de nulidade absoluta do casamento. Assim, seria considerado nulo o casamento contraído:

I – pelo enfermo mental sem o necessário discernimento para os atos da vida civil;

II – por infringência de impedimento.

Entretanto, a **Lei nº 13.146/2015 (Estatuto da Pessoa com Deficiência)** promoveu expressamente a **revogação do inciso I**. Dentro da perspectiva de inclusão do deficiente apresentada por esse tecido normativo, atribui-se capacidade civil plena ao deficiente, e seu art. 6º proclama:

A deficiência não afeta a plena capacidade civil da pessoa, inclusive para:

I – casar-se e constituir união estável;

II – exercer direitos sexuais e reprodutivos;

III – exercer o direito de decidir sobre o número de filhos e de ter acesso a informações adequadas sobre reprodução e planejamento familiar;

IV – conservar sua fertilidade, sendo vedada a esterilização compulsória;

V – exercer o direito à família e à convivência familiar e comunitária; e

VI – exercer o direito à guarda, à tutela, à curatela e à adoção, como adotante ou adotando, em igualdade de oportunidades com as demais pessoas.

Desse modo, atualmente, considera-se nulo o casamento apenas quando contraído por infringência aos impedimentos previstos no art. 1.521 do CC, analisados anteriormente.

A ação cabível nesses casos será a ação declaratória de nulidade e os efeitos de sua sentença serão *ex tunc*, retroagindo, assim, à data do casamento.[2] A decre-

---

[2] Art. 1.563, CC: "A sentença que decretar a nulidade do casamento retroagirá à data da sua celebração, sem prejudicar a aquisição de direitos, a título oneroso, por terceiros de boa-fé, nem a resultante de sentença transitada em julgado". Este dispositivo enaltece a boa-fé objetiva e a coisa julgada. Vale conferir o exemplo de Flávio Tartuce: "A e B, marido e mulher, vendem um imóvel a C, que o adquire de boa-fé. O casamento dos primeiros é declarado nulo por sentença judicial, pois A já era casado. Mesmo havendo essa nulidade, o que geraria eventual partilha do bem, a venda é válida, pois celebrada com boa-fé por C, que funciona como um

tação de nulidade de casamento pode ser promovida mediante ação direta, por qualquer interessado, ou pelo Ministério Público (art. 1.549, CC).

Os impedimentos deverão ser reconhecidos de ofício pelo juiz, conforme preceitua o art. 1.522 do CC, todavia, ao revés, a declaração de nulidade não poderá ocorrer de ofício.

5.2. Do casamento anulável

O casamento será considerado anulável diante de qualquer das causas previstas no art. 1.550 do CC. Nesses casos, caberá o manejo de ação anulatória, em que o prazo variará a depender da manifestação ensejadora de anulabilidade e cuja sentença apresentará efeito *ex nunc*, conforme a doutrina clássica.[3]

Vamos às hipóteses do art. 1.550 do CC, é anulável o casamento:

I) de quem não completou a idade mínima para casar

A idade mínima para o casamento, tanto para o homem quanto para a mulher, é de 16 anos. A Lei nº 13.811, de 12/3/2019, que entrou em vigor na data de sua publicação, ocorrida em 13/3/2019, alterou a redação do art. 1.520 do CC para "suprimir as exceções legais permissivas do casamento infantil", conforme estabeleceu em sua ementa. Assim, vale a comparação da redação anterior do art. 1.520 do CC e sua nova redação:

Art. 1.520, CC, antes da Lei nº 13.811/2019	Art. 1.520, CC, depois da Lei nº 13.811/2019
"Excepcionalmente, será permitido o casamento de quem ainda não alcançou a idade núbil (art. 1.517), para evitar imposição ou cumprimento de pena criminal ou em caso de gravidez".	"Não será permitido, em qualquer caso, o casamento de quem não atingiu a idade núbil, observado o disposto no art. 1.517 deste Código".

Algumas observações devem ser formuladas em virtude da nova redação fornecida ao art. 1520 do CC:

1ª) O art. 1.520 do CC em sua redação original admitia duas exceções em relação à vedação ao casamento antes dos 16 anos: a) para evitar imposição ou cumprimento de pena criminal; b) em caso de gravidez. A primeira exceção, isto é, para evitar imposição ou cumprimento de pena criminal já era considerada pela doutrina como tacitamente revogada por força da Lei nº 11.106/2005, que, por sua vez, havia revogado expressamente os incisos VII e VIII do art. 107 do Código Penal. É que esses artigos estabeleciam a extinção da punibilidade na hipótese de casamento da vítima dos crimes contra os costumes (hoje, leia-se crimes contra a dignidade

---

escudo contra a nulidade". TARTUCE, Flávio. *Manual de Direito Civil*: volume único. 5. ed. São Paulo: Método, 2015. p. 951.

[3] Há manifestação doutrinária mais moderna no sentido de que os efeitos da sentença anulatória também deverão ser considerados *ex tunc*, por aplicação do art. 182 do CC.

sexual) com o agente ou o terceiro. Porém, com a Lei nº 11.106/2005, o casamento da vítima do crime sexual não interferiria em nada no delito ou na pena aplicada. Diante disso, a doutrina passou a entender como tacitamente revogada a hipótese de se admitir o casamento antes dos 16 anos de idade para se evitar a imposição ou o cumprimento de pena criminal. A outra exceção em que se admitia o casamento antes dos 16 anos de idade era em caso de gravidez. É essa a hipótese alcançada com a entrada em vigor da Lei nº 13.811/2019. De modo que, com a nova Lei, não há mais nenhuma hipótese em que se admita o casamento antes dos 16 anos.

2ª) A ementa da Lei nº 13.811/2019 estabelece que é fornecida nova redação ao art. 1.520 do CC com o objetivo de se impedir o "casamento infantil". A doutrina brasileira não se vale da expressão "casamento infantil" ou "*child marriage*", que conforme definição da UNICEF significa o casamento antes dos 18 anos.[4] Desse modo, ao que parece, o legislador ao mencionar "casamento infantil" se refere ao casamento da pessoa que tenha menos de 16 anos de idade.

3ª) Caso ocorra o casamento da pessoa menor de 16 anos, depois da entrada em vigor da Lei nº 13.811/2019, esse casamento deverá ser considerado anulável, devendo ser aplicado o art. 1.550, I, do CC. Evidentemente, será dificílimo o implemento de tal possibilidade, pois na fase de habilitação será constatado o óbice. Todavia, caso ocorra esse casamento ao "arrepio da lei", conforme dito, tal casamento será anulável. Vale lembrar que continuam a valer as hipóteses excepcionais em que o casamento antes dos 16 anos não será anulável: a) quando o cônjuge que tenha menos de 16 anos, depois de atingir a idade núbil, confirmar seu casamento (art. 1.553, CC); b) se resultar gravidez do casamento, isto é, o que se deve considerar aqui é a gravidez superveniente ao casamento (art. 1.551, CC).

A anulação do casamento dos menores de 16 anos será requerida: pelo próprio cônjuge menor; por seus representantes legais; ou por seus ascendentes. O prazo decadencial para se requerer a anulação será de **180 dias**, contado para o menor do dia em que completar 16 anos; e da data do casamento, para seus representantes legais ou ascendentes, conforme o § 1º do art. 1.560, CC.

A outro giro, é possível que o menor que não atingiu a idade núbil possa, depois de completá-la, confirmar seu casamento, com a autorização de seus representantes legais, se necessária, ou com suprimento judicial (art. 1.553, CC).

II) do menor em idade núbil, quando não autorizado por seu representante legal

Nessa hipótese, encontramos uma pessoa que tenha entre 16 e 18 anos e que, portanto, necessitava de autorização de seu representante legal para que ocorresse o casamento, porém, não a obteve.

---

4 Conforme "*Child Marriage*", disponível em: <https://www.unicef.org/protection/child-marriage>. Acesso em: 30 dez. 2019.

A ação anulatória, nesse caso, deverá ser ajuizada no prazo decadencial de **180 dias**. Se ajuizada pelo próprio menor, o prazo será contado a partir de quando completar 18 anos. Ser for ajuizada pelos representantes legais, o prazo será contado a partir do casamento. E, por fim, se for ajuizada pelos herdeiros necessários do incapaz, da morte desse.

Se o casamento tiver sido presenciado pelos representares legais do incapaz, não haverá a sua anulação. Trata-se de uma forma de convalidação, que também poderá ocorrer se os representantes, por qualquer modo, tiverem manifestado a sua aprovação. É o que dispõe o § 2º do art. 1.555, CC. O dispositivo homenageia a boa-fé objetiva, na medida em que veda o comportamento contraditório em clara aplicação da teoria do *venire contra factum proprium*.

III) por vício da vontade, nos termos dos arts. 1.556 a 1.558

Os referidos artigos versam sobre o casamento realizado sob **erro essencial quanto à pessoa do outro cônjuge** (art. 1.556 c/c art. 1.557, CC) e sob **coação** (art. 1.558, CC). As hipóteses de erro essencial serão analisadas adiante. Por enquanto, imaginemos o casamento realizado sob coação. Deve ficar claro que se trata de **coação moral (coação por *vis compulsiva*)**.[5] Trata-se da situação em que uma pessoa se casa com a outra por fundado temor de dano considerável e iminente à sua pessoa ou à sua família.[6] A coação moral relatada como capaz de anular o casamento é um pouco mais restrita do que a coação moral prevista na parte geral do Código Civil, pois essa última induzirá à anulação também em caso de ameaça de ofensa dirigida aos bens do coagido ou a terceiro.[7] O prazo para se anular o casamento em caso de coação será de **quatro anos**, a contar da data da celebração (art. 1.560, IV, CC).

IV) do incapaz de consentir ou manifestar, de modo inequívoco, o consentimento

A hipótese é afeta aos ébrios habituais, aos viciados em tóxicos e àqueles que por causa transitória ou permanente não puderem exprimir a sua vontade. Nessa hipótese, o prazo para ser intentada a ação de anulação do casamento, a contar da data da celebração, é de **180 dias** (art. 1.560, I, CC). Por fim, é importante destacar que o casamento do pródigo é considerado válido, tendo em vista a previsão do art. 1.782 do CC.[8] Assim, o pródigo não necessitará de assistência para o casamento e o regime de bens, se não for realizado pacto antenupcial, será, naturalmente, o regime da comunhão parcial de bens. Importante notar,

---

[5] Em se tratando de coação física (coação por *vis absoluta*), o casamento será considerado inexistente por ausência de consentimento.

[6] Art. 1.558, CC: "É anulável o casamento em virtude de coação, quando o consentimento de um ou de ambos os cônjuges houver sido captado mediante fundado temor de mal considerável e iminente para a vida, a saúde e a honra, sua ou de seus familiares".

[7] *Vide* arts. 151 e ss, CC.

[8] Art. 1.782, CC: "A interdição do pródigo só o privará de, sem curador, emprestar, transigir, dar quitação, alienar, hipotecar, demandar ou ser demandado, e praticar, em geral, os atos que não sejam de mera administração".

entretanto, que para a realização do pacto antenupcial, o pródigo necessitará de assistência, pois trata-se de ato afeto ao âmbito patrimonial.

V) realizado pelo mandatário, sem que ele ou o outro contraente soubesse da revogação do mandato, e não sobrevindo coabitação entre os cônjuges

Tem-se aqui a hipótese em que o mandante revoga o mandato antes do casamento e, nada obstante, o casamento é celebrado sem que o mandatário ou o outro cônjuge soubesse da revogação. Deve-se acrescentar a isso a inexistência de coabitação entre os cônjuges. De acordo com o art. 1.560, § 2º, do CC, nesse caso, o prazo para anulação do casamento é de **180 dias**, a partir da data em que o mandante tiver conhecimento da celebração. Vale notar que, de acordo com o § 1º do art. 1.550 do CC, "equipara-se à revogação a invalidade do mandato judicialmente decretada". Por fim, é importante destacar que se a revogação for superveniente ao casamento, não é caso de se cogitar da invalidade do casamento.

VI) por incompetência da autoridade celebrante

Essa hipótese é restrita ao caso de incompetência relativa em razão do lugar (*ratione loci*). Imaginemos, por exemplo, um juiz de paz que celebre o casamento em lugar em que não tenha competência para tanto. O prazo decadencial para o ajuizamento da ação anulatória é de **dois anos** a contar da data da celebração (art. 1.560, II, CC). O art. 1.554 do CC dispõe que "subsiste o casamento celebrado por aquele que, sem possuir a competência exigida na lei, exercer publicamente as funções de juiz de casamentos e, nessa qualidade, tiver registrado o ato no Registro Civil".

5.2.1. Da anulação por erro essencial quanto à pessoa do outro cônjuge

De acordo com o art. 1.550, III, do CC, é anulável o casamento por vício da vontade, nos termos do art. 1.556, CC. Esse artigo, por sua vez, preceitua que "o casamento pode ser anulado por vício da vontade, se houve por parte de um dos nubentes, ao consentir, erro essencial quanto à pessoa do outro".

As manifestações do que é considerado erro essencial sobre a pessoa do outro cônjuge estão no art. 1.557 e são:

I) o que diz respeito à sua identidade, sua honra e boa fama, sendo esse erro tal que o seu conhecimento ulterior torne insuportável a vida em comum ao cônjuge enganado

Alguns exemplos são citados na obra de Sílvio Venosa: cônjuge homossexual ou transexual, coitofobia, perversão do instinto sexual, atividade de meretriz da mulher não conhecida pelo marido antes do casamento, cônjuge que agride a mulher na noite do casamento etc.[9]

---

[9] VENOSA, Sílvio de Salvo. *Código Civil Interpretado*. São Paulo: Atlas, 2010. p. 1406.

É importante notar que o erro essencial diz respeito exclusivamente a pessoa do outro cônjuge, não alcançando a sua família. Além disso, para que induza à anulação é necessário que o conhecimento do fato torne insuportável a vida em comum.

II) a ignorância de crime, anterior ao casamento, que, por sua natureza, torne insuportável a vida conjugal

Para que se configure essa hipótese é necessário que o crime tenha sido praticado antes do casamento, sem exigência que haja sentença condenatória com trânsito em julgado, agregado à insuportabilidade da vida em comum.

O exemplo clássico mencionado pela doutrina é a pessoa que descobre que o cônjuge praticava tráfico de drogas ou que matou alguém.

Se a conduta ocorreu quando o agente tinha menos de 18 anos, sendo, pois, inimputável criminalmente, não se aperfeiçoa essa hipótese legal, entretanto, a anulação poderá ser pleiteada com base no erro quanto à honra e boa fama.[10]

III) a ignorância, anterior ao casamento, de defeito físico irremediável que não caracterize deficiência ou de moléstia grave e transmissível, por contágio ou por herança, capaz de pôr em risco a saúde do outro cônjuge ou de sua descendência

No referido inciso, foi acrescentada a expressão "que não caracterize deficiência" por meio da Lei nº 13.146/2015 (Estatuto da Pessoa com Deficiência).

O defeito físico irremediável a que se refere o inciso seria, por exemplo, uma manifestação de hermafroditismo ou de má-formação dos genitais, impedindo à prática sexual. A impotência *coeundi* ou instrumental (para a prática do ato sexual) também é considerada aqui para fins de anulação, afastando-se a impotência *generandi* (para gerar, em relação ao homem) ou *concipiendi* (para conceber, em relação à mulher).

Ademais, a moléstia grave considerada pelo inciso deverá ser transmissível, tais como a AIDS, hepatite, sífilis etc. Nesses casos, há presunção absoluta ou *iure et de iure* de insuportabilidade da vida em comum.[11]

A hipótese analisada se refere, portanto, a defeito físico que não se traduza em deficiência. No que respeita à doença mental, havia previsão de anulabilidade também que, porém, foi revogada pela Lei nº 13.146/2015 (Estatuto da Pessoa com Deficiência). Registramos, ainda, que há muito não existe a hipótese de erro quanto à pessoa em virtude do defloramento da mulher ignorado pelo marido, que constava do CC/16.[12]

A ação anulatória é personalíssima na hipótese de erro essencial quanto à pessoa do cônjuge, sendo que deverá ser manejada apenas pelo cônjuge que incidiu em erro no prazo decadencial de **três anos** a contar da celebração do casamento

---

[10] VENOSA, Sílvio de Salvo. *Código Civil Interpretado*. São Paulo: Atlas, 2010. p. 1407.

[11] TARTUCE, Flávio. *Manual de Direito Civil*: volume único. 5. ed. São Paulo: Método, 2015. p. 953.

[12] Art. 219, IV, CC/16.

(art. 1.559 c/c art. 1.560, III, CC). Todavia, será caso de convalidação do casamento a coabitação posterior ao casamento, exceto no caso do defeito físico irremediável que não caracterize deficiência ou de moléstia grave e transmissível (art. 1.559, 2ª parte, CC).

5.3. O casamento do deficiente após a entrada em vigor do Estatuto da Pessoa com Deficiência

A Lei nº 13.146/2015 (Estatuto da Pessoa com Deficiência) promoveu profundas alterações no que respeita à possibilidade do casamento da pessoa com deficiência.

Com vistas à plena inclusão da pessoa deficiente na sociedade, o art. 6º do mencionado tecido normativo dispõe:

A deficiência não afeta a plena capacidade civil da pessoa, inclusive para:

I – casar-se e constituir união estável;

II – exercer direitos sexuais e reprodutivos;

III – exercer o direito de decidir sobre o número de filhos e de ter acesso a informações adequadas sobre reprodução e planejamento familiar;

IV – conservar sua fertilidade, sendo vedada a esterilização compulsória;

V – exercer o direito à família e à convivência familiar e comunitária; e

VI – exercer o direito à guarda, à tutela, à curatela e à adoção, como adotante ou adotando, em igualdade de oportunidades com as demais pessoas.

Além disso, o art. 114 da mesma Lei revoga expressamente o art. 1.548, I, CC, que estabelecia como nulo o casamento realizado por enfermo mental sem o necessário discernimento para os atos da vida civil. A conclusão a que se chega é a de que desde a entrada em vigor do Estatuto da Pessoa com Deficiência, em 3/1/2016, a pessoa com deficiência pode perfeitamente se casar ou constituir família como bem entender.

A ideia legislativa merece aplausos. De fato, a enfermidade ou deficiência mental não pode, peremptoriamente, isto é, sem a análise das circunstâncias do caso concreto, impedir a constituição de uma família. Mesmo porque, estudos interdisciplinares demonstram que a família representa um "porto seguro" para o deficiente ou enfermo mental, o qual pode nela, inclusive, se desenvolver, construir e reconstruir as suas emoções e afetos.

Todavia, a questão merece ser aprofundada. Reflexões outras devem ser feitas. A primeira de que o art. 1.550, IV, CC não foi revogado pelo Estatuto da Pessoa com Deficiência. O referido inciso preceitua que será anulável: o casamento "do incapaz de consentir ou manifestar, de modo inequívoco, o consentimento". Desse modo, em princípio, após a entrada em vigor do Estatuto da Pessoa com Deficiência, a pessoa com alguma enfermidade ou deficiência mental pode se casar sim, porém, o casamento poderá ser anulável caso essa pessoa seja incapaz de consentir. Seria o caso da pessoa que com deficiência mental adentre aos perímetros do art. 4º, III, do CC que estabelece como relativamente incapaz aquele que por causa transitória ou permanente não puder exprimir livremente a sua vontade.

Caso o deficiente não se enquadre nessa situação, logo, ele poderá contrair núpcias ou constituir família do modo que achar adequado. Todavia, o Estatuto da Pessoa com Deficiência acrescenta o § 2º no art. 1.550 do CC, que apresenta o seguinte teor: "A pessoa com deficiência mental ou intelectual em idade núbia (*sic*) poderá contrair matrimônio, expressando sua vontade diretamente ou por meio de seu responsável ou curador".

Dois aspectos intrigantes destacam-se na redação ofertada pelo legislador. O primeiro diz respeito à menção "idade núbia", quando o correto teria sido "idade núbil".[13] O segundo é a possibilidade de se contrair o casamento por meio de seu responsável ou curador. Estranheza surge nesse ponto já que o casamento é ato eminentemente pessoal. Outro registro que deve ser feito – na tentativa de elucidar o inusitado texto legal – é a possibilidade de um deficiente mental ou intelectual ter um curador. De início uma dúvida pode surgir: mas se o deficiente é plenamente capaz, por que a menção ao curador? É que o próprio Estatuto apresenta possibilidade de se nomear curador para o deficiente. Seria, então, a nomeação de curador para uma pessoa capaz! Assim, atualmente, tem-se pessoas capazes sob curatela. Estranho. Muito estranho. Conforme relata Pablo Stolze:

> temos, portanto, um novo sistema que, vale salientar, fará com que se configure como "imprecisão técnica" considerar-se a pessoa com deficiência incapaz. Ela é dotada de capacidade legal, ainda que se valha de institutos assistenciais para a condução de sua própria vida.[14]

Assim, se sabemos que é possível, atualmente, que uma pessoa capaz esteja sob curatela, o que não se sabe ainda é qual será a função do curador. Só o tempo poderá responder a essa pergunta. O que se sabe acerca do curador no Estatuto da Pessoa com Deficiência é o seguinte:

> Art. 84, § 1º Quando necessário, a pessoa com deficiência será submetida à curatela, conforme à lei.
>
> Art. 85. A curatela afetará tão somente os atos relacionados aos direitos de natureza patrimonial e negocial.
>
> § 1º A definição da curatela não alcança o direito ao próprio corpo, à sexualidade, ao matrimônio, à privacidade, à educação, à saúde, ao trabalho e ao voto.
>
> § 2º A curatela constitui medida extraordinária, devendo constar da sentença as razões e motivações de sua definição, preservados os interesses do curatelado.

---

[13] Ao que nos parece "Núbia", consoante a língua portuguesa, é nome próprio feminino ou, então, uma região da África, hoje, absorvida pelo Egito e Sudão.

[14] STOLZE, Pablo. *O estatuto da pessoa com deficiência e o sistema jurídico brasileiro de incapacidade civil*. Disponível em: <https://www.jus.com.br/artigos/41381>. Acesso em: 23 nov. 2017.

Uma certeza fornecida por essa lei é a de que a curatela se limita, então, ao âmbito patrimonial. Então, aqui, encontramos uma grande contradição, pois se a curatela deve ser afeta às questões patrimoniais, como o art. 1.550, § 3º, do CC admite o casamento do deficiente expressando a sua vontade por meio de um curador? Além disso, dentro do âmbito patrimonial, a função do curador será a de representar ou a de assistir o deficiente? Mas o deficiente é capaz pela mesma lei! Bom, estamos feito um cachorro que corre atrás do próprio rabo ao formular essas perguntas. Melhor aguardar... Deus há de olhar por esses tantos deficientes, cujo legislador – sob a melhor das intenções – parece ter deixado à deriva.

O STJ parece fornecer alguma sinalização – acertada ou não – em decisão proferida por sua 3ª Turma, ao se manifestar sobre a curatela de um idoso. Em princípio, a decisão deixa claro que, após a Lei nº 13.146/2015, é considerado absolutamente incapaz, em nosso ordenamento jurídico, apenas o menor de 16 anos. Assim, em caso de enfermidade permanente, o adulto que se encontra inapto para gerir sua pessoa e administrar os seus bens de modo voluntário e consciente poderá ser considerado relativamente incapaz cabendo nomeação de curador, sendo a curatela proporcional às circunstâncias e necessidades do caso concreto.[15]

6. DO CASAMENTO PUTATIVO

Será considerado casamento putativo aquele que, embora nulo ou anulável, foi contraído de boa-fé por um ou ambos os cônjuges. De acordo com o art. 1.561 do CC, nesse caso em relação ao cônjuge de boa-fé e em relação aos filhos, o casamento produzirá todos os efeitos até o dia da sentença anulatória ou declaratória de nulidade. Assim, se ambos os cônjuges estavam de má-fé ao celebrar o casamento, os seus efeitos civis só aos filhos aproveitarão.

Com didática, César Fiuza esclarece acerca da putatividade do casamento:

> Mas que significa isso? Significa que, em relação ao cônjuge de má-fé, o casamento será simplesmente anulado. Todavia, para o cônjuge de boa-fé, a anulação será tratada como se fosse um divórcio. Assim, todos os efeitos que porventura tenham sido gerados serão mantidos. Se o cônjuge de boa-fé, por exemplo, se emancipara pelo casamento, a emancipação prevalecerá. (...) O cônjuge sobrevivo herda do morto, se este morrer antes da sentença anulatória. O pacto antenupcial será observado. As doações *propter nuptias* subsistirão etc.[16]

Carlos Roberto Gonçalves complementa, "se somente um dos cônjuges estava de boa-fé, adquirirá meação nos bens levados ao casamento pelo outro".[17]

---

[15] STJ, REsp 1.927. 423- SP. Terceira Turma. Min. Rel. Marco Aurélio Bellize. j. 27/4/2021. p. 4/5/2021.

[16] FIUZA, César. *Direito Civil*. Curso Completo. 18. ed. São Paulo: Revista dos Tribunais, 2015. p. 1223.

[17] GONÇALVES, Carlos Roberto. *Direito de Família*. 20. ed. São Paulo: Saraiva, 2017. p. 43.

A boa-fé cogitada em lei é exatamente a boa-fé subjetiva, isto é, a ignorância do cônjuge acerca de qualquer fator que lhe impedia o casamento, por exemplo, um irmão que se casa com sua irmã sem saber disso. Desse modo, a ignorância poderá tanto ser de fato, como no exemplo citado, quanto de direito, como no caso de um tio que se casa com sua sobrinha sem saber da necessidade de realização de exame específico. Embora o erro de direito seja inescusável, em geral, por força do art. 3º da Lei de Introdução às Normas do Direito Brasileiro, pode ser invocado para justificar a boa-fé, sem que com isso se pretenda o descumprimento da lei, pois o casamento será, de qualquer modo, declarado nulo.[18]

O art. 1.564 do CC estabelece:

> Quando o casamento for anulado por culpa de um dos cônjuges, este incorrerá: I – na perda de todas as vantagens havidas do cônjuge inocente; II – na obrigação de cumprir as promessas que lhe fez no contrato antenupcial.

Acerca do dispositivo transcrito, Sílvio de Salvo Venosa apresenta a proveitosa explicação:

> Desse modo, o cônjuge de má-fé perde as vantagens econômicas advindas com o casamento: não pode pretender meação do outro cônjuge, se casaram sob regime da comunhão de bens. O cônjuge inocente, porém, terá direito à meação do patrimônio trazido pelo culpado. O cônjuge culpado também não poderá ser considerado herdeiro do outro.[19]

No que diz respeito à pensão alimentícia, existem dois posicionamentos:

1º) as pensões alimentícias serão devidas até a data da sentença;[20]

2º) as pensões alimentícias perdurarão mesmo após a sentença,[21] bem como o direito ao nome e a emancipação.

7. DO PROCESSO DE HABILITAÇÃO PARA O CASAMENTO

O processo de habilitação para o casamento terá início, de acordo com o art. 1.525 do CC, com o requerimento de habilitação para o casamento que será firmado por ambos os nubentes, de próprio punho, ou, a seu pedido, por procurador, devendo ser instruído com os seguintes documentos:

---

[18] GONÇALVES, Carlos Roberto. *Direito de Família*. 20. Ed. São Paulo: Saraiva, 2017. p. 42-43.

[19] VENOSA, Sílvio de Salvo. *Código Civil Interpretado*. São Paulo: Atlas, 2010. p. 1414.

[20] Nesse sentido, VENOSA, Sílvio de Salvo. *Código Civil Interpretado*. São Paulo: Atlas, 2010. p. 1415.

[21] Nesse sentido, TARTUCE, Flávio. *Manual de Direito Civil:* volume único. 5. ed. São Paulo: Método, 2015. p. 956; BARROS, Flávio Augusto Monteiro de. *Manual de Direito Civil*. Família e Sucessões. São Paulo: Método, 2004. p. 51. CAHALI, Francisco José. *O casamento putativo*. 2. ed. São Paulo: Saraiva, 1979. p. 124.

Cap. 85 – DO CASAMENTO

- certidão de nascimento ou documento equivalente;
- autorização por escrito das pessoas sob cuja dependência legal estiverem, ou ato judicial que a supra;
- declaração de duas testemunhas maiores, parentes ou não, que atestem conhecê-los e afirmem não existir impedimento que os iniba de casar;
- declaração do estado civil, do domicílio e da residência atual dos contraentes e de seus pais, se forem conhecidos;
- certidão de óbito do cônjuge falecido, de sentença declaratória de nulidade ou de anulação de casamento, transitada em julgado, ou do registro da sentença de divórcio.

O referido requerimento para a habilitação será feito perante o Oficial do Registro Civil das Pessoas Naturais da residência dos nubentes. E, pela redação original do art. 1.526 do CC, após a audiência do Ministério Público, seria homologada pelo juiz. Todavia, nítido se apresentava o caráter burocrático da mencionada regra, de modo que, a Lei nº 12.133/2009 deu nova redação ao art. 1.526 do CC dispensando a homologação judicial do casamento que somente teria cabimento caso houvesse a impugnação do oficial, do Ministério Público ou de terceiro.

Na sequência, estando em ordem a documentação, o oficial extrairá o edital, que se afixará durante 15 dias nas circunscrições do Registro Civil de ambos os nubentes, e, obrigatoriamente, se publicará na imprensa local, se houver. Vale lembrar que a autoridade competente, havendo urgência, poderá dispensar a publicação.

Além disso, é dever do oficial do registro esclarecer os nubentes a respeito dos fatos que podem ocasionar a invalidade do casamento, bem como sobre os diversos regimes de bens, conforme impõe o art. 1.528 do CC.

Cumpridas as formalidades mencionadas e verificada a inexistência de fato obstativo, o oficial do registro extrairá o **certificado de habilitação**, que é personalíssimo para aqueles nubentes em questão, não se tratado, pois, de um "título ao portador". A contar da data em que foi extraído o certificado, a eficácia da habilitação será de **90 dias** (arts. 1.531 e 1.532, CC).

8. DA CELEBRAÇÃO DO CASAMENTO

O casamento será celebrado no dia, hora e lugar previamente designados pela autoridade que houver de presidir o ato, que será o juiz de paz, mediante petição dos contraentes, que se mostrem habilitados com a certidão específica. Sendo que a solenidade será realizada na sede do cartório, com toda publicidade, a portas abertas, presentes pelo menos duas testemunhas, parentes ou não dos contraentes, ou, querendo as partes e consentindo a autoridade celebrante, noutro edifício público ou particular. Caso o casamento ocorra em edifício particular, ficará este de portas abertas durante o ato, cabendo nesse caso quatro testemunhas e se algum dos contraentes não souber ou não puder escrever.

De acordo com o art. 1.535 do CC, presentes os contraentes, em pessoa ou por procurador especial, juntamente com as testemunhas e o oficial do registro, o presidente do ato, ouvida aos nubentes a afirmação de que pretendem casar por livre e espontânea vontade, declarará efetuado o casamento, nos seguintes termos: "De acordo com a vontade que ambos acabais de afirmar perante mim, de vos receberdes por marido e mulher, eu, em nome da lei, vos declaro casados".

Partindo do posicionamento de que o casamento se traduz em negócio jurídico *sui generis*, nada obstante o art. 1.514 do CC informar que o casamento será considerado realizado apenas após a manifestação do juiz de paz, o mais adequado é concluir que a predita exaração sacramental por parte do juiz de paz apresenta apenas natureza declaratória, isto é, caso os nubentes anuam pelo casamento se, antes da manifestação do juiz de paz, um deles sofrer um mal súbito vindo ao óbito, o casamento deverá ser considerado realizado.[22]

Do casamento, logo depois de celebrado, lavrar-se-á o assento no livro de registro, que não se confunde com a certidão de casamento. Essa será extraída do assento.

9. DA POSSIBILIDADE DE SUSPENSÃO DA CELEBRAÇÃO DO CASAMENTO

A celebração do casamento será imediatamente suspensa se algum dos contraentes, de acordo com o art. 1.538 do CC:

- recusar a solene afirmação da sua vontade;
- declarar que esta não é livre e espontânea;
- manifestar-se arrependido.

Vale notar que o nubente que, por algum dos fatos mencionados neste artigo, der causa à suspensão do ato não será admitido a retratar-se no mesmo dia.

10. FORMAS ESPECIAIS DE REALIZAR O CASAMENTO

Em duas situações específicas, a lei admite formas especiais de se realizar o casamento. Desse modo, existem: o casamento celebrado em caso de moléstia grave e o casamento nuncupativo.

10.1. O casamento celebrado em caso de moléstia grave

Em caso de moléstia grave de um dos nubentes, a lei dispensa a publicação de editais e a presença do oficial do registro civil, não dispensando, entretanto, a presença do presidente do ato (o juiz de paz), que irá celebrá-lo onde se encontrar

---

[22] Em sentido contrário, Maria Helena Diniz relata: "Daí se infere ser essencial à celebração da cerimônia nupcial a coparticipação da autoridade competente, pois é ela que declara os contraentes casados, concorrendo para a constituição do vínculo matrimonial, ao pronunciar a fórmula sacramental acima indicada". DINIZ, Maria Helena. *Curso de Direito Civil Brasileiro*. Direito de Família. 24. ed. São Paulo: Saraiva, 2009. p. 105.

Cap. 85 – DO CASAMENTO

o impedido, sendo urgente, ainda que à noite, perante duas testemunhas que saibam ler e escrever.

De acordo com o § 1º do art. 1.539 do CC, a falta ou impedimento da autoridade competente para presidir o casamento suprir-se-á por qualquer dos seus substitutos legais, e a do oficial do Registro Civil por outro *ad hoc*, nomeado pelo presidente do ato. E, consoante o § 2º, o termo avulso, lavrado pelo oficial *ad hoc*, será registrado no respectivo registro dentro de cinco dias, perante duas testemunhas, ficando arquivado. O termo avulso se justifica uma vez que o oficial *ad hoc* não poderá trazer consigo os livros do registro.

10.2. O casamento nuncupativo

O casamento nuncupativo, também conhecido como *in extremis vitae momentis*, se faz necessário quando algum dos contraentes estiver em **iminente risco de vida**, não obtendo a presença da autoridade à qual incumba presidir o ato, nem a de seu substituto. Assim, o casamento poderá ser celebrado na presença de seis testemunhas, que com os nubentes não tenham parentesco em linha reta, ou, na colateral, até segundo grau. É o que dispõe o art. 1.540 do CC.

Após a realização do casamento, devem as testemunhas comparecer perante a autoridade judicial mais próxima, dentro em dez dias, pedindo que lhes tome por termo a declaração de:

- que foram convocadas por parte do enfermo;
- que este parecia em perigo de vida, mas em seu juízo;
- que, em sua presença, declararam os contraentes, livre e espontaneamente, receber-se por marido e mulher.

Autuado o pedido e tomadas as declarações, o juiz procederá às diligências necessárias para verificar se os contraentes podiam ter-se habilitado, na forma ordinária, ouvidos os interessados que o requererem, dentro de 15 dias. Além disso, verificada a idoneidade dos cônjuges para o casamento, assim o decidirá a autoridade competente, com recurso voluntário às partes. Se da decisão não se tiver recorrido, ou se ela passar em julgado, apesar dos recursos interpostos, o juiz mandará registrá-la no livro do Registro dos Casamentos. O assento assim **lavrado retrotrairá os efeitos do casamento**, quanto ao estado dos cônjuges, à data da celebração.

Todas as formalidades mencionadas serão dispensadas **se o enfermo convalescer** e puder ratificar o casamento na presença da autoridade competente e do oficial do registro. É evidente, todavia, que a ratificação não é obrigatória, mostrando-se cabível apenas com o intuito de se afastar as formalidades exigidas.

Não se pode confundir o casamento em caso de moléstia grave com o casamento nuncupativo. Para tanto, basta compreender que a moléstia grave não implica necessariamente risco de morte, que é imanente ao casamento nuncupativo. Assim, enquanto no casamento em caso de moléstia grave os nubentes já foram habilitados (sendo possível inclusive a dispensa de editais em caso de urgência, conforme dispõe o parágrafo único do art. 1.527, CC), dispensa-se apenas a presença do Oficial do Registro, não dispensando, entretanto, a presença do Juiz de Paz. Já para o casamento nuncupativo, não se exige a habilitação dos nubentes, nem a presença do Juiz de Paz para a celebração do casamento, que ocorrerá independentemente de tudo isso, sendo observadas apenas as outras formalidades legais após a celebração do casamento perante a autoridade judicial, isto é, o Juiz de Direito.

10.3. O casamento por procuração

Como já dito a habilitação para o casamento poderá ocorrer por meio de procuração. Cumpre registrar que, além disso, o Código Civil, em seu art. 1.542, admite que o próprio casamento seja celebrado mediante procuração, **por instrumento público**, com poderes especiais, sendo que a eficácia do mandato não poderá ultrapassar a 90 dias. É irrelevante se o mandatário apresenta o mesmo sexo do mandante ou não. Não havendo problemas também caso ambos os nubentes necessitem de representação.[23] Não há vedação legal quanto a isso.

Questão mais intricada surge em relação à mesma pessoa representar a ambos os nubentes. Embora não haja vedação legal nesse sentido, é possível se vislumbrar algum conflito de interesses entre os nubentes desaconselhando que o mesmo mandatário represente a ambos. O que se depreende das palavras de Renata Barbosa de Almeida e Walsir Edson Rodrigues Júnior:

> De fato, o procurador é investido na condição de mandatário e, como tal, tem o dever de zelar pelos interesses do mandante, interpretando a sua vontade. Assim, se o mandatário descobre um fato ignorado pelo mandante, deve recusar a celebração do casamento desde que seja possível deduzir que o mandante, se tivesse conhecimento da realidade, também não se casaria. Evidencia-se, diante dessa possibilidade de conflito de interesses, a inconveniência de um mandatário representar os dois noivos ao mesmo tempo.[24]

Vale lembrar que é possível a revogação do mandato que não necessita chegar ao conhecimento do mandatário para produzir efeitos; mas, celebrado o casamento sem que o mandatário ou o outro contraente tivessem ciência da revogação, responderá o mandante por perdas e danos, é o que preleciona o § 1º do art. 1.542, CC.

Do mesmo modo que a procuração deverá ser feita por instrumento público, a sua eventual revogação deverá ostentar a mesma forma (art. 1.542, § 4º, CC)

Sabe-se que a morte do mandante extingue o mandato. Todavia, questão complexa surge quando se cogita da morte do mandante, antes da realização do casamento, sem que o mandatário tome conhecimento dela e, por conseguinte ocorra o casamento mediante a boa-fé do mandatário e do outro nubente que

---

[23] Nesse sentido, FIUZA, César. *Direito Civil*: curso completo. 18. ed. São Paulo: Revista dos Tribunais, 2015. p. 1204.

[24] ALMEIDA, Renata Barbosa de; RODRIGUES JÚNIOR, Walsir Edson. *Direito Civil*. Famílias. 2. ed. São Paulo: Atlas, 2012. p. 127.

Cap. 85 – DO CASAMENTO

não ficaram sabendo do ocorrido. Diante do silêncio da lei, a melhor solução caminha no sentido de que o casamento deverá ser considerado inexistente por ausência de consentimento. Essa hipótese não se confunde com a prevista no art. 1.550, V, CC,[25] em que o efeito será a anulabilidade do casamento.

No que tange ao casamento nuncupativo, a representação se mostra possível, conforme admite o art. 1.542, § 2º, do CC, desde que o nubente não esteja em iminente risco de vida.

11. DAS PROVAS DO CASAMENTO

Em regra, o casamento celebrado no Brasil prova-se pela certidão do registro, conforme preceitua o art. 1.543 do CC. Há aqui uma presunção relativa de existência do casamento. Todavia, caso ocorra a perda do registro civil admite-se a chamada prova supletória.

Assim, a prova supletória mostrar-se-á necessária diante da perda do registro civil que poderá ocorrer, por exemplo, em um caso de incêndio do cartório onde fora registrado o casamento, destruindo todos os seus livros.[26]

A prova supletória, por sua vez, poderá ocorrer de forma direta ou indireta. Considera-se a prova supletória direta mediante justificação requerida ao juiz competente, valendo-se o requerente de qualquer outra espécie de prova, como, por exemplo, outro documento público que informe o estado civil do requerente, tal como um passaporte. Já a prova supletória indireta se manifesta por meio da ostentação da posse do estado de casado que ocorrerá por meio dos elementos *nomen* (um possui o nome do outro); *tractatus* (um deve tratar o outro como seu cônjuge); e *fama* (reconhecimento social daquele estado).

De acordo com o art. 1.545 do CC: "O casamento de pessoas que, na posse do estado de casadas, não possam manifestar vontade, ou tenham falecido, não se pode contestar em prejuízo da prole comum, salvo mediante certidão do Registro Civil que prove que já era casada alguma delas, quando contraiu o casamento impugnado". Diante da igualdade entre os filhos imposta pela CF/88 a referida norma perde por completo a sua importância.

O art. 1.546 do CC estabelece que: "Quando a prova da celebração legal do casamento resultar de processo judicial, o registro da sentença no livro do Registro Civil produzirá, tanto no que toca aos cônjuges como no que respeita aos filhos, todos os efeitos civis desde a data do casamento". Assim, os efeitos da sentença da ação declaratória de existência do casamento produzirão efeitos *ex tunc*, retroagindo, assim, os efeitos à data do casamento.

---

[25] Art. 1.550: "É anulável o casamento: V – realizado pelo mandatário, sem que ele ou o outro contraente soubesse da revogação do mandato, e não sobrevindo coabitação entre os cônjuges".

[26] Renata Barbosa de Almeida e Walsir Edson Rodrigues Júnior chama a atenção para o seguinte: "Importante é não confundir a perda da certidão do registro civil (certidão de casamento) com a perda do registro. Na primeira hipótese, basta solicitar no registro civil a segunda via da respectiva certidão. Já na segunda hipótese, impossível torna-se qualquer segunda via, pois foi o próprio registro que se perdeu". ALMEIDA, Renata Barbosa de; RODRIGUES JÚNIOR, Walsir Edson. *Direito Civil*. Famílias. 2. ed. São Paulo: Atlas, 2012. p. 129.

Vale lembrar que, na dúvida entre as provas favoráveis e contrárias, julgar-se-á pelo casamento, se os cônjuges, cujo casamento se impugna, viverem ou tiverem vivido na posse do estado de casados (art. 1.547, CC). Essa é a vetusta premissa *in dubio pro matrimonio*.

Acerca do casamento no exterior, o art. 1.544 preceitua que:

O casamento de brasileiro, celebrado no estrangeiro, perante as respectivas autoridades ou os cônsules brasileiros, deverá ser registrado em cento e oitenta dias, a contar da volta de um ou de ambos os cônjuges ao Brasil, no cartório do respectivo domicílio, ou, em sua falta, no 1º Ofício da Capital do Estado em que passarem a residir.

12. DOS EFEITOS DO CASAMENTO

Os efeitos do casamento se dividem em sociais, pessoais e patrimoniais.

a) **Efeitos sociais:**
- constituição de uma família;
- emancipação (art. 5º, parágrafo único, II, CC);
- presunção legal de paternidade (art. 1.597, CC);
- constituição do estado civil de casado.

b) **Efeitos pessoais:**
- estabelecimento de igualdade de direitos e deveres entre os cônjuges. Aqui vale notar que o art. 1.565 do CC estabelece: "Pelo casamento, homem e mulher assumem mutuamente a condição de consortes, companheiros e responsáveis pelos encargos da família". Além disso, o § 1º preceitua: "Qualquer dos nubentes, querendo, poderá acrescer ao seu o sobrenome do outro". Outros artigos do Código Civil incorporam essa igualdade:

Art. 1.567. A direção da sociedade conjugal será exercida, em colaboração, pelo marido e pela mulher, sempre no interesse do casal e dos filhos.

Art. 1.568. Os cônjuges são obrigados a concorrer, na proporção de seus bens e dos rendimentos do trabalho, para o sustento da família e a educação dos filhos, qualquer que seja o regime patrimonial.

Art. 1.569. O domicílio do casal será escolhido por ambos os cônjuges, mas um e outro podem ausentar-se do domicílio conjugal para atender a encargos públicos, ao exercício de sua profissão, ou a interesses particulares relevantes.

Art. 1.570. Se qualquer dos cônjuges estiver em lugar remoto ou não sabido, encarcerado por mais de cento e oitenta dias, interditado judicialmente ou privado, episodicamente, de consciência, em virtude de enfermidade ou de acidente, o outro exercerá com exclusividade a direção da família, cabendo-lhe a administração dos bens.

- estabelecimento de deveres conjugais. Esses deveres serão aprofundados no item seguinte.

c) Efeitos patrimoniais

- o regime de bens regulará a propriedade, a administração e a disposição do patrimônio daquele casal. O regime de bens será estudado em capítulo próprio.

12.1. Os deveres conjugais

Os deveres conjugais estão previstos no art. 1.566 do CC e trata-se de matéria de ordem pública, o que significa dizer que é defesa a modificação ou exclusão dos deveres por pacto antenupcial. São eles: I) fidelidade recíproca; II) vida em comum, no domicílio conjugal; III) mútua assistência; IV) sustento, guarda e educação dos filhos; V) respeito e consideração mútuos.

Passemos em revista cada um dos deveres para uma melhor compreensão do tema.

I) Fidelidade recíproca

Na definição de Clóvis Beviláqua, "a fidelidade é expressão natural do caráter monogâmico do casamento".[27] Ou seja, da própria monogamia[28] decorre a exigência de exclusiva e recíproca dedicação afetiva dos cônjuges. Quando isso não ocorre, está-se diante da infidelidade que se divide em duas modalidades: material e moral. A primeira se configura quando há congresso carnal, recebendo assim, o nome de adultério. Não podemos nos esquecer de que tão grave é a exigência, que até bem pouco tempo havia previsão na lei penal do adultério como delito.[29]

Já a infidelidade moral é conceito amplo criado pela doutrina e importa qualquer ato que ofenda o patrimônio interno do outro cônjuge, que pode se manifestar por afeição ou intimidade excessiva com uma terceira pessoa,[30] constituindo assim, a injúria grave. Dessarte, não é apenas por meio da conjunção

---

[27] BEVILÁQUA, Clóvis. *Código Civil dos Estados Unidos do Brasil Comentado*. Vol. II. Atual. por Achilles Beviláqua. 12. ed. Rio de Janeiro: Editora Paulo de Azevedo, 1960. p. 87.

[28] Maria Berenice Dias explica a origem da monogamia: "A monogamia [...] não foi instituída como um fruto do amor sexual individual, mas mera convenção decorrente do triunfo da propriedade privada sobre o condomínio espontâneo primitivo. A constituição da família pelo casamento tem por finalidade a procriação de filhos, que necessitam ser filhos do patriarca, pois estão destinados a se tornar os herdeiros da sua fortuna". DIAS, Maria Berenice. Casamento: nem direitos, nem deveres: só afeto. In: DIAS, Maria Berenice. *Conversando sobre o Direito das Famílias*. Porto Alegre: Livraria do Advogado, 2004. p. 33.

[29] O art. 240 do Código Penal estabelecia: "Cometer adultério: Pena – detenção, de 15 (quinze) dias a 6 (seis) meses". Esse artigo foi revogado pela Lei nº 11.106, de 28 de março de 2005.

[30] O peruano Cornejo Chavez comenta que *"en ninguna parte como en algunos estados de la Unión Norteamericana se ha expresado más claramente, aunque no siempre con el solo fin ético, esta tendencia a ampliar el ámbito del deber de fidelidad tanto para la mujer cuanto para el marido. Las figuras de la alienation of affections o interferencia de una tercera persona en la relación marital para privar a uno de los cónyuges del afecto del otro, y la crueldad mental que parece constituir la más cómoda de las causales de divorcio en ciertos estados, son prueba de ello".* CHAVEZ, Cornejo. *Derecho Familiar peruano.* v. I. n. 136, nota 159, 1950. p. 174.

carnal que se ofende o dever de fidelidade, mas também através de atos que ofendam a dignidade do consorte.

II) Vida em comum no domicílio conjugal

O marido e a mulher devem possuir o mesmo domicílio. Exige-se assim, a coabitação que se traduz na imposição aos cônjuges de dividirem o mesmo teto.[31] Porém, é evidente que a vida em comum não se resume a residir sob o mesmo teto.[32] Embora a previsão, é oportuna a observação de Rodrigo da Cunha Pereira ao dizer que "a vida em comum no mesmo domicílio conjugal comporta exceções. Muitos casais encontraram como[33] 'fórmula de felicidade' viverem em casas separadas".

Para muitos a vida em comum se manifesta pelo *debitum conjugale*, que implica o direito que possui um cônjuge de dispor do corpo do outro ou em outras palavras da satisfação das necessidades sexuais recíprocas. Entretanto, não se pode acatar à imposição absoluta desta regra, sob pena de violar a liberdade individual de cada um.

Não é verdade que a consumação do casamento se dá com o exercício da sexualidade,[34] posto que o casamento não se resume ao sexo, embora se vislumbre nele, elemento importante para satisfação pessoal e para fins de procriação. E é por isso mesmo que não se pode dar caráter de obrigatoriedade à atividade sexual e, por conseguinte, à reprodução. Tanto é assim que, se entendêssemos o contrário, o estupro em relação ao cônjuge deveria ser descriminalizado, o casamento sem filhos não seria casamento e a senilidade que resultasse em decadência da vida sexual implicaria o fim do casamento.

III) Mútua assistência

O dever de mútua assistência deve ser compreendido em sentido amplo. Desse modo, impõe-se aos cônjuges não só a assistência material, mas também

---

[31] No art. 1.569 do CC encontramos exceções a esse dever nos seguintes termos: "O domicílio do casal será escolhido por ambos os cônjuges, mas um e outro podem ausentar-se do domicílio conjugal para atender a encargos públicos, ao exercício de sua profissão, ou a interesses particulares relevantes".

[32] Em razão disso, o legislador alemão preferiu expressar o sentido amplo da vida em comum, por meio de outra fórmula no art. 1.353 do BGB: *"Die Ehegatten sind einander zur ehelichen Lebensgemeinschaft verpflichtet"*. Em tradução livre: "Os esposos são reciprocamente obrigados à comunhão de vida conjugal".

[33] PEREIRA, Rodrigo da Cunha. Do Direito de Família. In: PEREIRA, Rodrigo da Cunha (Coord.). *Código Civil Anotado*. Porto Alegre: Síntese, 2004. p. 1107.

[34] Maria Berenice Dias lembra que "na expressão 'vida em comum'[...] não está inserido o nominado *debitum conjugale*, infeliz locução que nada mais significa do que a exigência de uma vida sexual ativa. Não ocorre qualquer desdobramento temporal na solenização do matrimônio. O casamento constitui-se no momento do 'sim', perante o Juiz de Paz, e não depois, no leito nupcial. Não dá mais para continuar repetindo o que popularmente se afirma: que o casamento 'se consuma' quando do exercício da sexualidade". DIAS, Maria Berenice. Casamento: nem direitos, nem deveres: só afeto. In: DIAS, Maria Berenice. *Conversando sobre o Direito das Famílias*. Porto Alegre: Livraria do Advogado, 2004. p. 35.

moral, afetiva e psíquica. Exige-se, pois, uma cumplicidade *in totum*. A postura comportamental de cada um dos cônjuges deve significar a todo o tempo um "porto-seguro" para o outro, demonstrando, sem titubeios e sem escusas, amparo, socorro e auxílio recíprocos dentro da vida conjugal. Nas palavras de Sílvio de Salvo Venosa: "O casamento não transige em matéria do pão do corpo e do pão da alma. A falta de qualquer um deles implica transgressão do dever conjugal. Consubstancia-se na mútua assistência a comunidade de vidas nas alegrias e nas adversidades".[35]

IV) Guarda, sustento e educação dos filhos

Para sermos precisos, o dever de guarda, sustento e educação dos filhos não decorre propriamente da vida conjugal, mas sim do poder familiar, e são o próprio conteúdo deste, de acordo com o art. 22 da Lei nº 8.069/90 (Estatuto da Criança e do Adolescente).[36] Releva notar que, tal encargo deve ser compartilhado por ambos os cônjuges, sem restar, assim, qualquer dúvida de que a obrigação se impõe tanto ao marido quanto à mulher. Havendo omissão ao cumprimento desse dever, as implicações reverberam não apenas no âmbito civil, mas também no âmbito criminal, podendo caracterizar os crimes de abandono material e intelectual.[37]

V) Respeito e consideração mútuos

No Código Civil de 1916 não havia a previsão expressa desse dever, como no atual Código existe. Entretanto, decerto é que esse dever sempre existiu, posto que subsumido ao dever de fidelidade. Assim, em caso de infração a esse dever, o cônjuge faltoso incidirá sim em infidelidade moral, como já tratado acima.

---

[35] VENOSA, Sílvio de Salvo. *Direito Civil*. Direito de Família. São Paulo: Atlas, 2004. p. 163.

[36] Art. 22, Lei nº 8.069/90: "Aos pais incumbe o dever de sustento, guarda e educação dos filhos menores, cabendo-lhes ainda, no interesse destes, a obrigação de cumprir e fazer cumprir as determinações judiciais".

[37] Art. 244, CP: "Deixar, sem justa causa, de prover à subsistência do cônjuge, ou de filho menor de 18 (dezoito) anos ou inapto para o trabalho, ou ascendente inválido ou valetudinário, não lhes proporcionando os recursos necessários ou faltando ao pagamento de pensão alimentícia judicialmente acordada, fixada ou majorada; deixar, sem justa causa, de socorrer descendente ou ascendente, gravemente enfermo: Pena – detenção, de 1(um) a 4 (quatro) anos, e multa, de uma a dez vezes o maior salário mínimo vigente no País". Art. 246, CP: "Deixar, sem justa causa, de prover à instrução primária de filho em idade escolar: Pena – detenção, de 15(quinze) dias a 1(um) mês, ou multa".

DA DISSOLUÇÃO DA SOCIEDADE E DO VÍNCULO CONJUGAL

1. GENERALIDADES SOBRE A MANUTENÇÃO DE UM SISTEMA DUALISTA

A Emenda Constitucional nº 66, que foi promulgada em 13/7/2010, fez ebulir uma série de questões e debates acerca do fim ou não do instituto da separação de direito ou jurídica. Importante notar que o conceito de separação de direito ou jurídica deve abranger a separação judicial e a separação extrajudicial, essa última introduzida em nosso ordenamento jurídico por meio da Lei nº 11.441/2007.[1]

Antes da multicitada EC nº 66/2010, a redação do art. 226, § 6º, da CF/88 apresentava a seguinte redação: "O casamento civil pode ser dissolvido pelo divórcio, após prévia separação judicial por mais de um ano nos casos expressos em lei, ou comprovada separação de fato por mais de dois anos".

Após a entrada em vigor da referida Emenda ao Texto Maior, exsurge a nova redação dada ao § 6º, do art. 226, da CF, com o seguinte teor: "O casamento civil pode ser dissolvido pelo divórcio".

Com a novidadeira redação do artigo da CF/88 aqui apresentada, respeitadas vozes não hesitaram em bradar a extinção sumária da separação de direito ou jurídica do ordenamento jurídico brasileiro. Doutrinadores que há décadas já apontavam o instituto como um retrocesso, sentiram-se autorizados pela referida Emenda Constitucional a se manifestar no sentido de que a separação não existiria mais, havendo a revogação tácita ou a não recepção de vários dispositivos infraconstitucionais que delimitavam os contornos da separação de direito.

---

[1] A possibilidade de separação e divórcio por meio de escritura pública se mantém com o CPC/2015. Na nova codificação processual: "Art. 733. O divórcio consensual, a separação consensual e a extinção consensual de união estável, não havendo nascituro ou filhos incapazes e observados os requisitos legais, poderão ser realizados por escritura pública, da qual constarão as disposições de que trata o art. 731. § 1º A escritura não depende de homologação judicial e constitui título hábil para qualquer ato de registro, bem como para levantamento de importância depositada em instituições financeiras. § 2º O tabelião somente lavrará a escritura se os interessados estiverem assistidos por advogado ou por defensor público, cuja qualificação e assinatura constarão do ato notarial".

Nesse sentido, foi a manifestação de Zeno Veloso,[2] Maria Berenice Dias,[3] Nelson Rosenvald e Cristiano Chaves de Farias,[4] Paulo Lôbo,[5] Pablo Stolze Gagliano e Rodolfo Pamplona Filho[6] e Flávio Tartuce.[7] Esse posicionamento, inclusive, foi corroborado por diversas decisões em vários Tribunais estaduais pátrios.

Acontece que a questão não foi tão simples assim. De outra banda, outros grandes nomes se manifestaram pela manutenção da separação de direito ou jurídica. Dignos de menção encontram-se: Yussef Said Cahali,[8] Walsir Edson Rodrigues Júnior e Renata Barbosa de Almeida,[9] Mário Luiz Delgado,[10] Regina Beatriz Tavares da Silva,[11] Vitor Kumpel e Bruno de Ávila Borgarelli.[12]

Além disso, o Conselho Nacional de Justiça se manifestou no Pedido de Providências nº 0005060-32.2010.2.00.0000, formulado pelo IBDFAM (Instituto Brasileiro de Direito de Família),[13] pela manutenção do instituto da separação

---

2   VELOSO, Zeno. *O novo divórcio e o que restou do passado*. Disponível em: <http:// www.anoregrn. org.br/artigo/artigo-o-novo-divorcio-e-o-que-restou-do-passado-por-zeno-veloso/4554> Acesso em: 20 set. 2017.

3   DIAS, Maria Berenice. *Manual de Direito das Famílias*. 6. ed. São Paulo: Revista dos Tribunais, 2010. p. 300-301.

4   FARIAS, Cristiano Chaves de; ROSENVALD, Nelson. *Curso de Direito Civil*. Famílias. 7. ed. São Paulo: Atlas, 2015. p. 352.

5   LÔBO, Paulo Luiz Netto. *Divórcio:* alteração constitucional e suas consequências. Disponível em: <http://www.ibdfam.org.br/?artigo&629>. Acesso em: 20 set. 2017.

6   GAGLIANO, Pablo Stolze; PAMPLONA FILHO, Rodolfo. *Novo Curso de Direito Civil*. Direito de Família. São Paulo: Saraiva, 2011. p. 547.

7   TARTUCE, Flávio. *Manual de Direito Civil*: volume único. 5. ed. São Paulo: Método, 2015. p. 979.

8   CAHALI, Yussef Said. *Separações conjugais e divórcio*. 12. ed. São Paulo: Revista dos Tribunais, 2011. p. 73.

9   ALMEIDA, Renata Barbosa; RODRIGUES JÚNIOR, Walsir Edson. *Direito Civil*. Famílias. 2. ed. São Paulo: Atlas, 2012. p. 248-249.

10 DELGADO, Mário Luiz. A nova redação do § 6º do art. 226 da CF/88: por que a separação de direito continua a vigorar no ordenamento jurídico brasileiro. In: COLTRO, Antônio Carlos Mathias; DELGADO, Mário Luiz. (Coords.) *Separação, divórcio, partilha e inventários extrajudiciais*. Questionamentos sobre a Lei 11.441/2007. 2. ed. São Paulo: Método, 2010. p. 25-48.

11 SILVA, Regina Beatriz Tavares da. *A Emenda Constitucional do Divórcio*. São Paulo: Saraiva, 2011.

12 "(...) mesmo que se admitisse que a separação fica 'esvaziada', isso não pode ser usado como argumento em prol de sua extinção. Se remanesce como alternativa de pouco uso, nem por isso se extingue. A observação do que se passa na realidade social pode – deve – inspirar a construção legislativa, mas a realidade da maioria não pode servir como medida da sobrevivência de um direito, mesmo que seja direito acionado por poucos. Esse não é um parâmetro para decidir o que há no ordenamento". KUMPEL, Vítor Frederico; BORGARELLI, Bruno de Ávila. *A decisão do STJ sobre a manutenção do instituto da separação no Direito brasileiro*. Disponível em: <http://www.migalhas.com.br/Registralhas/98,MI256795,101048-A+decisao+do+STJ+sobre+a+ manutencao+do+instituto+da+separacao+no>. Acesso em: 3 nov. 2017.

13 O IBDFAM requereu alterações na Resolução nº 35 do CNJ. Essa Resolução, de 24 de abril de 2007, disciplina a aplicação da Lei nº 11.441/2007 pelos serviços notariais e de registro. A alterações solicitadas pelo IBDFAM diziam respeito à supressão de todas as referências existentes nessa Resolução acerca da separação consensual e da dissolução da sociedade conjugal.

Cap. 86 – DA DISSOLUÇÃO DA SOCIEDADE E DO VÍNCULO CONJUGAL **1027**

no ordenamento jurídico brasileiro informando que "nem todas as questões encontram-se pacificadas na doutrina e sequer foram versadas na jurisprudência pátria. Tem-se que, mesmo com o advento da Emenda nº 66, persistem diferenças entre o divórcio e a separação. No divórcio há maior amplitude de efeitos e consequências jurídicas".[14]

Nessa esteira, na V Jornada de Direito Civil foi aprovado o Enunciado nº 514 com o seguinte teor: "A Emenda Constitucional nº 66/2010 não extinguiu o instituto da separação judicial e extrajudicial".

No STJ, em 2017, duas decisões se destacaram pela manutenção da separação jurídica em nosso ordenamento jurídico.[15] Transcrevemos aqui a ementa da decisão do REsp 1.431.370-SP:

RECURSO ESPECIAL. DIREITO CIVIL. DIREITO DE FAMÍLIA. EMENDA CONSTITUCIONAL Nº 66/2010. DIVÓRCIO DIRETO. REQUISITO TEMPORAL. EXTINÇÃO. SEPARAÇÃO JUDICIAL OU EXTRAJUDICIAL. COEXISTÊNCIA. INSTITUTOS DISTINTOS. PRINCÍPIO DA AUTONOMIA DA VONTADE. PRESERVAÇÃO. LEGISLAÇÃO INFRACONSTITUCIONAL. OBSERVÂNCIA. 1. A dissolução da sociedade conjugal pela separação não se confunde com a dissolução definitiva do casamento pelo divórcio, pois versam acerca de institutos autônomos e distintos. 2. A Emenda à Constituição nº 66/2010 apenas excluiu os requisitos temporais para facilitar o divórcio. 3. O constituinte derivado reformador não revogou, expressa ou tacitamente, a legislação ordinária que cuida da separação judicial, que remanesce incólume no ordenamento pátrio, conforme previsto pelo Código de Processo Civil de 2015 (arts. 693, 731, 732 e 733 da Lei nº 13.105/2015). 4. A opção pela separação faculta às partes uma futura reconciliação e permite discussões subjacentes e laterais ao rompimento da relação. 5. A possibilidade de eventual arrependimento durante o período de separação preserva, indubitavelmente, a autonomia da vontade das partes, princípio basilar do direito privado. 6. O atual sistema brasileiro se amolda ao sistema dualista opcional que não condiciona o divórcio à prévia separação judicial ou de fato. 7. Recurso especial não provido.

Por fim, vale lembrar que o STF, em 2019, reconheceu repercussão geral, nos autos do RE 1.167.478-RJ (Tema 1053), respeitante à manutenção ou não da separação judicial em nosso ordenamento jurídico como requisito para o divórcio e sua subsistência como figura autônoma no ordenamento jurídico brasileiro após a promulgação da EC nº 66/2010, o que, espera-se, seja decidido em breve.

2. NECESSÁRIAS CONCLUSÕES ADVINDAS COM A EC Nº 66/2010

Nada obstante o inconformismo de autorizada parcela da doutrina, é importante que sejam apresentadas algumas conclusões tendo em vista a análise científica – e não apaixonada ou caprichosa – dos efeitos da EC nº 66/2010.

---

[14] BRASIL. Conselho Nacional de Justiça. Pedido de Providências nº 000506032.2010.2.00.0000. Rel. Conselheiro Jefferson Kravchychyn. J. 14/9/2010.

[15] REsp 1.247.098-MS, Rel. Min. Maria Isabel Gallotti, 4ª T., j. 14/3/2017 (Informativo nº 604). REsp 1.431.370-SP, Rel. Min. Ricardo Villas Bôas Cueva, 3ª T., j. 15/8/2017 (Informativo nº 610).

Com a referida Emenda ao Texto Maior, alcançamos as seguintes conclusões:

1ª) Não existe mais prazo algum para requerimento do divórcio.

2ª) A separação de direito ou jurídica não pode ser considerada requisito para manejo da ação de divórcio.

2ª) Tendo-se em vista a atual redação do art. 226, § 6º, CF/88, a separação de direito ou jurídica (judicial ou extrajudicial) continua a existir em nosso ordenamento jurídico, ficando ao alvedrio das partes interessadas fazer uso dessa via, seja judicial ou extrajudicialmente, tudo isso tendo por base o exercício pleno da autonomia privada dos interessados.

3ª) Pode ser interessante para as partes o manejo da separação de direito ou jurídica, tendo em vista questões de ordem religiosa ou a incerteza quanto ao fim vínculo conjugal, já que a separação admite o restabelecimento da sociedade conjugal.

4ª) Há, portanto, possibilidade jurídica do pedido quando do manejo da ação de separação judicial.

5ª) Nada obstante as diversas manifestações dos Tribunais estaduais no sentido de que a separação de direito foi extinta do ordenamento jurídico brasileiro, o Superior Tribunal de Justiça nos julgamentos do REsp 1.247.098-MS e do REsp 1.431.370-SP se manifestou pela manutenção do instituto no ordenamento jurídico brasileiro.

6ª) Pela manutenção da separação de direito, também se manifestou a doutrina quando da aprovação do Enunciado nº 514, na V Jornada de Direito Civil promovida pelo Centro de Estudos Judiciários do Conselho da Justiça Federal, cujo conteúdo é: "A Emenda Constitucional nº 66/2010 não extinguiu o instituto da separação judicial e extrajudicial".

7ª) Também se manifestou pela manutenção da separação, o Conselho Nacional de Justiça no Pedido de Providências nº 0005060-32.2010.2.00.0000, o qual o IBDFAM requereu alterações na Resolução nº 35 do CNJ que disciplina a aplicação da Lei nº 11.441/2007 pelos serviços notariais e de registro.

8ª) A EC nº 66/2010 sepultou em definitivo a discussão da culpa no ordenamento jurídico brasileiro. A inevitável facilitação do divórcio deve se sobrepor à exigência de comprovação de culpa. Em verdade, a discussão da culpa, antes mesmo da EC nº 66/2010, já era enfaticamente criticada por grande parte da doutrina tendo-se em vista a teoria do desamor. Assim, a manutenção da separação de direito no ordenamento jurídico brasileiro não implica a manutenção da discussão da culpa quando do desenlace conjugal.

9º) A EC nº 66/2010 não produziu efeitos no âmbito das causas de nulidade e anulabilidade do casamento, já que nessas hipóteses o que ocorre é o fim do casamento por um fato anterior a ele. Tudo isso se explica a partir do momento em que se compreende que as causas de nulidade e de anulabilidade do casamento afetam:

Cap. 86 – DA DISSOLUÇÃO DA SOCIEDADE E DO VÍNCULO CONJUGAL **1029**

- o plano da validade do casamento, ao passo que a separação e o divórcio ocupam;

- o plano da eficácia.

10º) A separação de corpos, indubitavelmente, continua a existir no ordenamento jurídico brasileiro, não sendo em nada atingida pela EC nº 66/2010.

3. COMPARAÇÃO ENTRE A SEPARAÇÃO E O DIVÓRCIO

Começamos com uma distinção necessária: a **separação de direito ou jurídica (judicial ou extrajudicial)** põe fim à **sociedade conjugal**, mas não dissolve o vínculo conjugal.

Além da separação de direito, o que colocará fim à sociedade conjugal será a morte,[16] a sentença anulatória do casamento[17] e o divórcio. Essas hipóteses estão previstas no art. 1.571 do CC. Porém, ressalte-se que o vínculo conjugal só será extinto pela morte ou pelo divórcio.

Assim, por meio da separação judicial ou extrajudicial, coloca-se fim à **sociedade conjugal** de tal modo que o **vínculo conjugal** permanece intacto. A separação se presta, portanto, a pôr fim aos deveres de coabitação, de fidelidade recíproca e ao regime de bens. Entretanto, embora tudo isso, inviável é a contração de novas núpcias, ou seja, não obstante, separados judicialmente, não podem se casar novamente, enquanto pendente tal situação. Somente com a extinção do vínculo conjugal através do divórcio ou da morte, é que se permite novo casamento, uma vez que o vínculo conjugal que se constituía como óbice, já não mais existe.

O CC/2002 mantém, equiparando-se ao direito francês, o sistema dualista para a dissolução do casamento, através de dois institutos: a separação e o divórcio.[18]

---

[16] A antiguidade dizia *mors omnia solvit*, no sentido de que a morte colocava fim as todas as relações jurídicas. O vetusto adágio é parcialmente verdadeiro, já que, por vezes, os sucessores do falecido continuam com as obrigações, claro que dentro das forças da herança.

[17] Caio Mário da Silva Pereira nos ensina que "na hipótese de nulidade e anulação tem-se presente um vício na constituição do liame matrimonial que vai comprometer a existência do próprio vínculo. Com exceção do casamento putativo que reconhece direitos a um ou ambos os cônjuges se contraíram de boa-fé, não se pode afirmar que exista o rompimento do vínculo". PEREIRA, Caio Mário da Silva. *Instituições de Direito Civil* – Direito de Família. Rio de Janeiro: Forense, 2005. p. 249. E de acordo com Maria Berenice Dias: "Portanto, ao contrário do que está posto, a nulidade do casamento não termina com a sociedade conjugal e, apesar da omissão da lei, a anulação do casamento dissolve o vínculo matrimonial". DIAS, Maria Berenice. Da separação e do divórcio. In: DIAS, Maria Berenice; PEREIRA, Rodrigo da Cunha (Coords.). *Direito de Família e o Novo Código Civil*. Belo Horizonte: Del Rey, 2003. p. 74.

[18] Sérgio Gischkow Pereira se manifesta a favor da manutenção deste sistema dual para fim do casamento: "Não considero retrocesso a permanência da separação judicial no Código Civil. Sinto-me à vontade para pensar assim, pois sempre fui divorcista. Acontece que, independentemente de ser ou não religioso, crer ou não em Deus, devem-se respeitar as religiões dos outros; ora a separação judicial – à qual ninguém é obrigado a recorrer – fica para todos aqueles que, por interdito religioso, não se possam divorciar". PEREIRA, Sérgio Gischkow. *Estudos de Direito de Família*. Porto Alegre: Livraria do Advogado, 2004. p. 76.

E como visto alhures, a EC nº 66/2010, de acordo com o Enunciado nº 514 do CJF, manifestação do CNJ e decisão do STJ, a separação continua a existir.

Na realidade, tanto a separação quanto o divórcio, de uma maneira ou de outra, simplesmente chancelam o fim de um relacionamento. O desiderato a ser alcançado por ambos é de regularizar uma situação de término de afetividade entre duas pessoas. O que os difere, evidentemente, são as consequências geradas, sendo que, no estado de separados judicial ou extrajudicialmente, não estão aptos a se casar novamente.[19] Para tanto, torna-se necessário um segundo procedimento judicial ou extrajudicial, que é o divórcio. Registre-se, é evidente, que com a EC nº 66/2010, a separação de direito torna-se opcional. É evidente que os cônjuges podem partir direto para o divórcio, sem ter que passar pela *via crucis* da separação de direito.

A exigência do divórcio para sepultar de uma vez por todas as querelas do casal, para alguns doutrinadores,[20] demonstra um atraso que se esparge tanto no âmbito pessoal, quanto no âmbito social, com base no fundamento de que obrigar a duplicidade de vias para se alcançar o mesmo fim, significa trazer um desgaste econômico, emocional e temporal para as partes, e não só para as partes, para o Estado também, uma vez que se ocupa o Poder Judiciário duas vezes com a mesma questão. Ademais, a **separação de corpos**, por si só, teria o condão de produzir os mesmos efeitos da separação de direito, isto é, colocaria fim ao regime de bens e aos deveres de coabitação e fidelidade recíprocos.

Explica-se a existência dos dois institutos porque, originariamente, a nossa legislação previa apenas a separação – com o nome de desquite –, que era o meio apto a desobrigar os cônjuges dos deveres conjugais, sem colocar fim aos sagrados laços do matrimônio. Assim, o Código Civil de 1916 trouxe regras para o desquite e, evidentemente, nada dispôs sobre o divórcio que era proibido em nosso ordenamento jurídico, como em inúmeros outros ordenamentos, vez que tal instituto representava uma ameaça à família. Ocorre que, como veremos adiante, após intensos debates e longo período de turbulência social, política, filosófica e religiosa, o nosso ordenamento jurídico passou a admitir o divórcio. Entretanto, para dar esse passo, concessões tiveram de ser feitas aos fervorosos opositores ao divórcio, uma delas foi justamente essa gradual finalização do enlace matrimonial, através da existência de dois institutos.[21]

---

[19] Entretanto, nada impede o estabelecimento de uma união estável uma vez preenchidos os requisitos do art. 1.723 do CC.

[20] Por todos, *vide* Maria Berenice Dias que justifica: "imperioso reconhecer que é de todo inútil, desgastante e oneroso, não só para o casal, mas também para o Poder Judiciário, impor uma duplicidade de procedimentos para simplesmente manter, durante o breve período de um ano, uma união 'finda', mas não 'extinta'". DIAS, Maria Berenice. Da separação e do divórcio. In: DIAS, Maria Berenice; PEREIRA, Rodrigo da Cunha (Coords.). *Direito de Família e o Novo Código Civil*. Belo Horizonte: Del Rey, 2003. p. 77.

[21] "Se, em um primeiro momento, para facilitar a aprovação da lei do divórcio, foi útil e quiçá necessária a transformação do desquite em separação judicial, como uma figura intercalar, hoje não há mais razão para a sua mantença. Sua dispensabilidade é evidente. De há muito está superado o temor de que o divórcio iria levar à degeneração da sociedade, nada justificando dupla forma para pôr fim à vida em comum". DIAS, Maria Berenice. Da separação e do divórcio. In:

O que enseja o fim da sociedade conjugal	O que enseja o fim do vínculo conjugal
• Morte • Sentença anulatória do casamento • Separação judicial ou extrajudicial • Divórcio	• Morte • Divórcio
Efeitos do fim da sociedade conjugal	**Efeitos do fim do vínculo conjugal**
• Coloca fim aos deveres de coabitação e fidelidade recíproca. • Coloca fim ao regime de bens. • Não poderá haver novas núpcias com outrem. Nada impede, entretanto, a configuração de união estável com outrem. • É possível o restabelecimento da sociedade conjugal.	• Coloca fim aos deveres de coabitação e fidelidade recíproca. • Coloca fim ao regime de bens. • É possível haver novas núpcias com outrem. Não se admite o restabelecimento da sociedade conjugal. Se o ex-casal pretende se unir novamente, via matrimônio, deverá haver um novo casamento.

3.1. Modalidades de separação

3.1.1. Da separação por mútuo consentimento

O Código Civil, em seu art. 1.574,[22] prevê a possibilidade de ambos os cônjuges, por mútuo consentimento, se separarem. Ou seja, ambos os cônjuges chegam à conclusão de que o relacionamento deve ter um fim e o Estado chancela tal decisão. Antes da EC nº 66/2010 não bastava que os cônjuges simplesmente deliberassem pela separação, pois a Lei exigia um período mínimo de um ano de casamento.[23] Com a multicitada Emenda Constitucional, como dito alhures, ainda se torna possível a separação por mútuo consentimento, porém, não há que se exigir prazo mínimo para seu manejo. Isso porque se o divórcio pode ser exigido

---

DIAS, Maria Berenice; PEREIRA, Rodrigo da Cunha (Coords.). *Direito de Família e o Novo Código Civil.* Belo Horizonte: Del Rey, 2003. p. 77.

[22] Art. 1.574: "Dar-se-á a separação judicial por mútuo consentimento dos cônjuges se forem casados por mais de um ano e o manifestarem perante o juiz, sendo por ele devidamente homologada a convenção".

[23] Esse prazo, pelo art. 42 da Lei de Divórcio, era de dois anos. Foi, portanto, reduzido no Código Civil/2002. A redução operou-se por atendimento aos reclames da jurisprudência e da doutrina que expunham que a partir do momento em que a lei autorizou a concessão da separação após o transcurso de um ano de ruptura da vida em comum (art. 5º, § 1º, da Lei nº 6.515/77 com a redação da Lei nº 8.408/92), não mais fazia sentido exigir para requerimento da separação consensual, o dobro desse prazo. A existência de um prazo mínimo de casamento para que o casal pudesse requerer a separação consensual tinha por justificativa a necessidade de imposição de reflexão, meditação por parte do casal, para que de certa forma inibisse o rompante de pôr fim ao casamento, logo no início, uma vez que o período de adaptação de ambos os cônjuges à nova vida é deveras complicado. Ocorre que, seria realmente necessária a imposição de um prazo mínimo para se proceder à separação consensual? Será que neste ponto, faz-se necessária a tutela do legislador? E será que essa tutela, na verdade, não seria apenas um eufemismo para a ingerência do Estado na vida das partes? Com a EC nº 66/2010 deve prevalecer, como já informado, que não há exigência de prazo algum para que ocorra a separação por mútuo consentimento.

de forma imediata com a EC nº 66/2010, não faz mais sentido se dificultar a separação, máxime, quando há consenso das partes.

Do parágrafo único do art. 1.574[24] do CC depreende-se a possibilidade de o juiz não homologar a separação consensual por conter cláusula que prejudique interesse de uma das partes ou dos filhos. Talvez tenha faltado à lei precisão neste ponto, uma vez que, diante da situação desabonadora a uma das partes ou aos filhos, o juiz não deve deixar de homologar a separação, que se mostra deveras necessária, mas sim deverá deixar de homologar a partilha. Isso porque, caso contrário, prejuízo maior quem trará aos filhos e aos próprios cônjuges é o Estado, na medida que obriga a duas pessoas que não mais se amam, a se manterem casadas.

3.1.2. Da separação litigiosa

3.1.2.1. Da separação por ruptura da vida em comum

O § 1º do art. 1572[25] do CC estabelece a separação por ruptura da vida em comum, conhecida também por separação-falência. Assim, basta a comprovação de que já não há mais nexo afetivo entre os cônjuges e a impossibilidade de se reconstituir o casamento. Não se mostra necessário declinar as causas do rompimento da vida em comum, bastava a comprovação do lapso temporal maior que um ano. Essa modalidade de separação não é exclusividade do ordenamento jurídico brasileiro, sendo que outros ordenamentos a admitem também, com diferença apenas nos prazos exigidos. Depois da EC nº 66/2010, não há que se falar em exigência de prazo algum.

O rompimento da vida em comum se manifesta tanto pelo distanciamento físico, quando cada um reside em casas separadas, ou então, embora, residentes no mesmo local, não haja mais nexo afetivo entre o casal.

3.1.2.2. Da separação por grave doença mental

O CC/2002, no § 2º do art. 1.572,[26] estabelecia a separação por grave doença mental, também conhecida como separação-remédio, uma vez que a separação se apresentava como cura para a situação insustentável que se estabeleceu entre o casal. Considerava-se que tal modalidade de separação foi praticamente ressuscitada pelo legislador do CC/2002. Isso porque, em sua redação original, o

---

[24] Art. 1574. Parágrafo único: "O juiz pode recusar a homologação e não decretar a separação judicial se apurar que a convenção não preserva suficientemente os interesses dos filhos ou de um dos cônjuges".

[25] Art. 1.572, §1º: "A separação judicial pode também ser pedida se um dos cônjuges provar ruptura da vida em comum há mais de um ano e a impossibilidade de sua reconstituição".

[26] Art. 1.572, § 2º, CC: "O cônjuge pode ainda pedir a separação judicial quando o outro estiver acometido de doença mental grave, manifestada após o casamento, que torne impossível a continuação da vida em comum, desde que, após uma duração de dois anos, a enfermidade tenha sido reconhecida de cura improvável".

Cap. 86 – DA DISSOLUÇÃO DA SOCIEDADE E DO VÍNCULO CONJUGAL

art. 5º, § 2º, da Lei nº 6.515/77 previu a separação-remédio com prazo de no mínimo cinco anos. Com a CF/88 e a subsequente Lei nº 7.841/89 que alterou a redação do art. 40 da Lei nº 6.515/77, ambos que facilitaram o divórcio, houve um esvaziamento da norma prevista no art. 5º, § 2º, da Lei nº 6.515/77. Quem haveria de esperar um prazo tão extenso de cinco anos, se já se podia lançar mão de um recurso muito mais viril a pôr fim àquela situação, que era o divórcio direto. Porém, o que vemos é que o CC/2002 ressuscitou o instituto, reduzindo o prazo exigido para dois anos. Com a EC nº 66/2010, repise-se, não há que se falar em qualquer prazo como requisito.

O § 3º do art. 1.572[27] do CC/2002 nos chama atenção por tratar-se, de acordo com Maria Berenice Dias, de um "dispositivo sempre recebido com muitas reservas, por gerar anômala possibilidade de alteração do regime de bens".[28]

Esse dispositivo é a reprodução do art. 5º, § 3º, da Lei nº 6.515/77 com a supressão da injustificável possibilidade de aplicação à hipótese de separação por ruptura da vida em comum. Assim, com o CC/2002, tal consequência só se aplicaria à separação por grave doença mental.

O legislador introduziu o § 3º do art. 1.572 no novo Código Civil movido por duplo escopo. Com a imposição de consequência desfavorável a aquele que pediu a separação, tinha-se um meio de se desencorajar o pedido de separação e, a outro giro, procurava-se proteger aquele que não pediu a separação.

Vislumbra-se, é verdade, claro intuito punitivo do legislador tendo em vista a "crueldade" do cônjuge hígido mentalmente que requer a separação. Sílvio de Salvo Venosa explica que "a noção é que, em tese, quem pede a separação porque o outro está acometido de moléstia mental, procura fugir ao dever de assistência moral do casamento. No entanto, a realidade na maioria das vezes é bem outra e dispensa maiores digressões".[29] Assim, o autor da ação perderia a meação dos bens remanescentes que o cônjuge doente levou para o casamento. Obviamente, essa disposição legal só teria aplicabilidade quando o regime de bens fosse o da comunhão universal de bens.

3.1.2.3. Da separação-sanção

A separação por conduta desonrosa ou grave violação dos deveres do casamento, também conhecida por separação-sanção, estaria prevista no *caput* do art. 1.572 do CC/2002.[30]

---

[27] Art. 1.572, § 3º, CC: "No caso do parágrafo 2º, reverterão ao cônjuge enfermo, que não houver pedido a separação judicial, os remanescentes dos bens que levou para o casamento, e se o regime dos bens adotado o permitir, a meação dos adquiridos na constância da sociedade conjugal".

[28] DIAS, Maria Berenice. Da separação e do divórcio. In: DIAS, Maria Berenice; PEREIRA, Rodrigo da Cunha (Coords.). *Direito de Família e o Novo Código Civil*. Belo Horizonte: Del Rey, 2003. p. 84.

[29] VENOSA, Sílvio de Salvo. *Direito Civil*. Direito de Família. São Paulo: Atlas, 2004. p. 248.

[30] Art. 1.572 do CC: "Qualquer dos cônjuges poderá propor a ação de separação judicial, imputando ao outro qualquer ato que importe grave violação dos deveres do casamento e torne insuportável a vida em comum".

Como dito anteriormente, o Código Civil de 1916 já trazia a figura da separação, sob o nome de "desquite". O velho código trazia em seu art. 317 um rol de situações que autorizariam o pedido do desquite litigioso, como o adultério, a tentativa de morte, a prática de sevícias ou injúria grave, e o abandono conjugal do lar por mais de dois anos. A jurisprudência da época entendia como situação de injúria grave, o abandono do lar por menos de dois anos, demonstrando a clara tendência de se alargar as hipóteses previstas em lei.

Com a Lei nº 6.515/77 houve a revogação do art. 317 do Código Civil de 1916. A Lei do Divórcio, no *caput* do art. 5º, substituiu o estilo casuístico de apontar as causas motivadoras da separação-sanção, aderindo a moderna tendência internacional de adoção de uma fórmula genérica.[31] Assim, com a seguinte redação apresentou-se a separação-sanção na Lei do divórcio: "A separação judicial pode ser pedida por um só dos cônjuges quando imputar ao outro conduta desonrosa ou qualquer ato que importe grave violação dos deveres do casamento e torne insuportável a vida em comum".

O Código Civil de 2002 em seu art. 1.572, que vale a pena ser transcrito por nós para as devidas comparações, com pequenas alterações na anterior redação do art. 5º da Lei nº 6.515/77, manteve a separação-sanção: "Qualquer dos cônjuges poderá propor a ação de separação judicial, imputando ao outro qualquer ato que importe grave violação dos deveres do casamento e torne insuportável a vida em comum".

Mas não parou por aí o legislador do Código Civil de 2002. Em seu artigo subsequente, ressuscitou o já revogado art. 317 do Código Civil de 1916 trazendo as causas que justificariam o pedido da separação. Com o art. 1.573, o CC/2002 apontou:

Podem caracterizar a impossibilidade da comunhão de vida a ocorrência de algum dos seguintes motivos:

I – adultério;

II – tentativa de morte;

III – sevícia ou injúria grave;

IV – abandono voluntário do lar conjugal, durante um ano contínuo;

V – condenação por crime infamante;

VI – conduta desonrosa.

Parágrafo único. O juiz poderá considerar outros fatos que tornem evidente a impossibilidade da vida em comum.

Notamos que o *caput* do art. 1.572 do CC suprimiu a expressão "conduta desonrosa" transmudando-a para os motivos do art. 1.573 do CC/2002.[32] Assim,

---

[31] *Verbi gratia*, a Lei Francesa nº 75.617, de 11/7/1975, que alterou o art. 242 do Código Civil Francês, adotando referência genérica em lugar de elenco de motivos casuísticos.

[32] A título de pesquisa, nesta nota de rodapé, esclarecemos acerca das causas expressivas da culpa aos olhos do legislador.

Cap. 86 – DA DISSOLUÇÃO DA SOCIEDADE E DO VÍNCULO CONJUGAL

a. Adultério. O adultério sempre foi tido como o mais grave dos motivos a ensejar a separação, representado pela quebra de fidelidade que se configura com a cópula carnal propriamente dita. Não se configuraria, porém, o adultério, quando a relação sexual se der por erro comprovado, sob estado de coação ou inconsciência. Não se exigia a reiteração de atos para sua configuração, bastando apenas um. Isso porque se tratava de falta que ofendia o regime monogâmico. A jurisprudência consolidou o conceito de infidelidade moral que não se traduz em adultério, uma vez que esse exige o congresso carnal. Assim, a infidelidade moral se subsumiria à injúria grave.

b. Tentativa de morte. Embora a hipótese de tentativa de morte esteja assentada no Direito Penal, a lei civil não exigia a condenação criminal para motivar a separação. Entretanto, em caso de absolvição no juízo criminal baseada em negativa de autoria ou excludente de ilicitude, não haveria razão apta à procedência do pedido de separação.

c. Sevícias e injúria grave. Ocorria a sevícia quando se ofendia a integridade corporal do outro cônjuge. Embora, a lei utilize o plural, basta um só ato para justificar o pedido de separação. Para comprovação, admite-se qualquer dos meios ordinários de prova, desde perícia até testemunhas. Por injúria grave tem-se a ofensa que atinge o patrimônio moral do cônjuge, não coincidindo sua conceituação com a figura criminal. A jurisprudência já admitiu como injúria grave palavras ou gestos ultrajantes, a transmissão de doença venérea, a imputação caluniosa de adultério, as práticas homossexuais, o ciúme doentio e exacerbado, entre outras causas. Sendo pacífico que devem ser aferidas todas as circunstâncias pessoais do requerente, ambiente, sexo, classe social no caso in concreto, para verificar se houve realmente injúria grave.

d. Abandono do lar conjugal. O abandono deveria ser antes de tudo voluntário, ou seja, um cônjuge abandonou o lar por livre e espontânea vontade. Caso tenha abandonado o lar compelido por motivos justos, como medo, ameaças, maus-tratos ou na busca de melhores condições econômicas, não se configuraria abandono apto a ensejar o pedido de separação. Ademais, exigir-se-ia o prazo de um ano contínuo de abandono a contar de quando o cônjuge deixou o domicílio do casal. A redação original, prevista no art. 317 do Código Civil de 1916 exigia prazo de dois anos, que foi reduzido no CC/2002 para um ano. Deveria ser contínuo o prazo, não se admitido a soma de prazos intermitentes de abandono para se justificar o pedido. Caio Mário da Silva Pereira atenta para não confundirmos o instituto da ausência com o abandono de lar, ao esclarecer que "reversamente, não é de se confundir o abandono com a ausência. Esta, em sentido técnico, pressupõe o desconhecimento do local onde se encontre a pessoa, aliado à falta de notícias, e pode ser causada até por determinantes incoercíveis, como a guerra, o desaparecimento acidental etc. Ao passo que o abandono, justificativo do antigo 'desquite' e, agora, para a 'separação judicial', requer o elemento anímico da voluntariedade, e pode caracterizar-se mesmo que se soubesse onde se encontrava o que o pratica, e ainda que residisse na mesma localidade". Condenação por crime infamante. O crime infamante coloca em xeque a personalidade de quem o pratica, causando tamanha repulsa e desconfiança naqueles que o rodeiam que inviabilizaria qualquer convivência mais estreita com os demais. São tidos como crimes infamantes o tráfico de entorpecentes, a extorsão mediante sequestro, o latrocínio, dentre outros. f. Conduta desonrosa. De acordo com Yussed Said Cahali "configura-se a conduta desonrosa no ato ou comportamento imoral, ilícito ou anti-social de um dos cônjuges que, infringindo os deveres implícitos do matrimônio, provoca no outro cônjuge um estado ou situação de constrangimento, humilhação, desprestígio moral ou social, desconsideração no âmbito da família, do grupo ou da sociedade". E para Caio Mário da Silva Pereira "é de se considerar todo comportamento de um dos cônjuges, que implique granjear menosprezo no ambiente familiar ou no meio social em que vive o casal. Assim se deve entender os atos degradantes como o lenocínio, o vício do jogo, o uso de tóxicos, a conduta homossexual, condenação por crime doloso, especialmente que impliquem a prática de atos contra a natureza, os delitos sexuais, o vício da embriaguez. Esta referência é meramente exemplificativa. Não é possível arrolar todos os atos que possam cons-

manteve-se a ideia básica de que caso haja violação por parte de um dos cônjuges dos deveres conjugais e que, necessariamente, essa violação tenha conduzido à insuportabilidade da vida em comum, o cônjuge "inocente" estaria devidamente municiado para dar início a uma sucessão de atos que representaria um desgaste indelével para ambas as partes e, mais ainda, para os filhos.

Nada justificava que a novel codificação fizesse renascer os motivos casuísticos que suscitavam o pedido de separação, uma vez que a fórmula genérica já consagrada na Lei de Divórcio não representava qualquer dificuldade de aplicação, uma vez que o conceito de conduta desonrosa era algo intuitivo e de absoluto senso comum. Assim, desabafou Sílvio de Salvo Venosa, insurgindo-se contra a postura retrógrada do legislador do CC/2002:

> Pois, o Código de 2002 representou, nesse aspecto, um injustificável e odioso retrocesso. Parece que o legislador do país não contenta em dar passos à frente, pois lhe apraz também voltar ao passado. De há muito estão de acordo os juristas que as causas da separação, sob a forma de sanção, devem ser genéricas e representar o mínimo possível uma tipificação estrita.[33]

A verdade é que com a EC nº 66/2010 a separação-sanção perdeu o seu sentido. Como dito alhures, a referida Emenda não colocou fim ao instituto da separação de direito, apenas prescindiu dela como requisito indispensável para o requerimento do divórcio. A outro giro, não se olvide que além disso, a Emenda Constitucional coloca sim fim à discussão de culpa que já não se justificava mesmo antes da referida Emenda tendo-se em vista uma adequada interpretação constitucional. Desse modo, a separação-sanção se esvazia e perde a sua razão de ser, levando-se em consideração tudo o que fora dito anteriormente.

4. A ACEITAÇÃO DO DIVÓRCIO: EVOLUÇÃO HISTÓRICA E SOCIAL

Fortes foram a barreiras de resistência a serem vencidas para que chegássemos ao estágio atual de aceitação, por parte dos diversos segmentos da sociedade, do fim do matrimônio de forma definitiva.

Na antiguidade o casamento tinha conteúdo eminentemente econômico, assim, o casamento deveria existir, para a própria subsistência de seus partícipes. As noções morais e religiosas vieram depois, inclusive, a justificar a indissolubilidade do casamento.

Foi com o cristianismo que aconteceram mudanças patentes na estrutura matrimonial. Houve, primeiramente, a imposição de dificuldades ao fim do vínculo matrimonial e, no século XII, se introduziu o dogma da indissolubilidade

---

tituir conduta desonrosa de um cônjuge". A avaliação da conduta desonrosa, a bem da verdade, deveria ser feita caso a caso, levando-se em consideração a sensibilidade e caracteres pessoais do cônjuge ofendido, o que demonstraria um certo grau de subjetivismo em cada análise.

[33] VENOSA, Sílvio de Salvo. *Direito Civil*. Direito de Família. São Paulo: Atlas, 2004. p. 241.

Cap. 86 – DA DISSOLUÇÃO DA SOCIEDADE E DO VÍNCULO CONJUGAL

do casamento efetivamente.[34] O referencial adotado pela Igreja Católica foi a parábola de Cristo: "Não separe o homem o que Deus uniu".[35]

Concomitante a isso, surge a teoria da separação de corpos como um paliativo para os casamentos desgastados e consumidos por diversos fatores, aos quais, o único recurso que se tinha era o apartamento físico dos cônjuges, mantendo-se íntegro o anelo conjugal entre eles, o que os impediriam de proceder a novo casamento.

Com o Concílio de Trento (1545/1563) o matrimônio e sua indissolubilidade foram erigidos a categoria de dogmas. Decorridos os anos, no século XVIII, o Estado intervém e se coloca na condição exclusiva de ente apto a realizar o casamento, surge, assim, o casamento civil implantado nas diversas legislações.

Em nosso país, desde o início da colonização, a Igreja Católica praticamente foi a responsável por ditar todas as regras acerca do matrimônio, o que demonstra a incidência fortíssima do Direito Canônico sobre o Direito Positivo. Essa realidade permaneceu ao longo de todo o império. Dentro dessa diretriz religiosa, admitia-se somente a separação de corpos dos cônjuges,[36] porém, mantinha-se o casamento.

O Código Civil de 1916, orientado pela tradição cristã, não admitiu o divórcio, fazendo constar em seu texto apenas a figura do desquite, em seus arts. 315 a 328, que poderia ser amigável ou judicial. Por esse instituto, rompia-se apenas a sociedade conjugal, mantendo-se os cônjuges ligados matrimonialmente pelo resto de suas vidas.

A partir de 1934, elevou-se à estatura constitucional o dogma da indissolubilidade do casamento.[37] Então, a Constituição de 1934, em seu art. 144, consolidou

---

[34] Evidentemente que dissensões surgiram entre os próprios evangelistas que, posteriormente, foram superadas. E nas palavras de Yussef Said Cahali: "Superou-as (as dissensões), finalmente o Concílio Tridentino (1545-1563), convocado para dar resposta oficial à Reforma, quando então, elevada a definição dogmática a natureza sacramental do casamento, condenou-se a dissolubilidade do vínculo, cortando-se a controvérsia com a doutrina que se firmou em torno do cânon VII, da sessão 24, e permitindo apenas a separação *'quoad thorum et habitationem'*. Leão XII, na encíclica *Arcanum divine*, condenou o divórcio, em nome da unidade e da indissolubilidade do matrimônio, como características essenciais do casamento, permitindo, porém, a separação de corpos, em virtude de causas diversas. Esses mesmos princípios forma proclamados pelo Papa Pio X, na encíclica *Syllabus*". CAHALI, Yussef Said. *Divórcio e Separação*. São Paulo: Revista dos Tribunais, 2002. p. 27.

[35] "Ele, porém, respondendo-lhe, disse-lhes: Não tendes lido que aquele que os fez no princípio macho e fêmea os fez, e disse: Portanto, deixará o homem pai e mãe, e se unirá a sua mulher, e serão dois numa só carne? Assim, não são mais dois, mas uma só carne. Portanto, o que Deus ajuntou não o separe o homem". (BÍBLIA, Mt. 19, 4-6).

[36] A separação de corpos também era designada por "divórcio *quoad thorum et mensam*" pelo Direito Canônico. Nesse ponto, releva atentar para uma questão terminológica: a palavra divórcio comporta duas acepções distintas. Pode-se encontrar na doutrina e na legislação alienígena a separação de corpos que não rompe o vínculo matrimonial, não admitindo novo casamento, com a denominação de "divórcio" simplesmente ou *"divortium quoad thorum et mensam"*. A outro giro, tem-se o "divórcio vincular" como o instituto que dissolve realmente o casamento e permite novas núpcias. No Brasil, utiliza-se a terminologia "separação judicial" (antigo "desquite") e "divórcio", sendo que, somente este último designa o absoluto rompimento do vínculo do casamento.

[37] O Brasil, doravante, adotou uma postura excepcional, uma vez que os demais ordenamentos jurídicos contemplavam a indissolubilidade do casamento no âmbito da legislação ordinária.

uma acepção, que somente depois de anos de debates e discussões foi modificada: o casamento é indissolúvel.[38] As Constituições subsequentes seguiram a mesma diretriz. A Constituição de 1937, em seu art. 124; a Constituição de 1946, em seu art. 163; e a Constituição de 1967, em seu art. 175, § 1º (que neste ponto não sofreu modificação alguma com a EC nº 1/69), demonstraram a proporção a que se chegou a postura estatal acerca da intangibilidade do matrimônio.[39]

Isso tudo significava que a mudança de tal estrutura só poderia se dar através de uma emenda constitucional, que somente poderia ser aprovada por dois terços de senadores e de deputados. Tentou-se, então, através da EC nº 05, de 12/3/1975, alterar o art. 175, § 1º, da Constituição Federal de 1967, no sentido de se excluir a indissolubilidade do casamento. Entretanto, tal posicionamento quedou-se vencido por não se alcançar o *quorum* de aprovação necessário. A solução indireta que se teve foi a modificação do *quorum*, que se deu através da EC nº 8, de 14/4/1975, que reduziu o *quorum* antes exigido de dois terços para a maioria absoluta dos votos do total de membros do Congresso Nacional.

A redução do *quorum* foi o grande instrumento viabilizador das pretensões divorcistas. Assim, deu-se a aprovação da EC nº 9,[40] promulgada em 28/6/1977. A EC nº 9 promoveu a alteração da Constituição Federal de 1967, ao admitir o divórcio para as situações de separação judicial que tenham ocorrido há mais de três anos. Assim, o ordenamento jurídico brasileiro começou a acolher o divórcio desde que em caráter sucessivo à separação judicial. Tratava-se do chamado divórcio por conversão. Já o divórcio direto foi reconhecido apenas em caráter excepcional, para as separações de fato que tivessem duração de cinco anos completados até a data da promulgação da EC nº 9.

Após a alteração constitucional, regulamentou o divórcio a Lei nº 6.515, de 26/12/1977. Esta lei revogou os arts. 315 a 328 do Código Civil de 1916 e alterou a terminologia de desquite para separação judicial.

Assim, a Lei do Divórcio estabeleceu as seguintes modalidades de separação: por mútuo consentimento e por requerimento de um só dos cônjuges

---

[38] Em razão disso, muitos divorcistas, ironicamente, equiparavam o casamento a uma prisão perpétua.

[39] Yussed Said Cahali aponta que "entrementes, ainda na vigência da Constituição de 1946, várias tentativas foram feitas no sentido de introdução do divórcio no Brasil, fosse de modo indireto, através do 'divórcio disfarçado' representado pelo acréscimo de uma quinta causa de anulação do casamento por erro essencial (art. 219, CC), consistente na incompatibilidade invencível entre os cônjuges, com prova de que, após decorridos cinco anos da decretação da homologação do desquite, o casal não restabelecera a vida conjugal; fosse por via de emenda constitucional visando a suprimir do art. 163 daquela Constituição as expressões 'de vínculo indissolúvel', adicionadas ao casamento civil". CAHALI, Yussef Said. *Divórcio e Separação*. São Paulo: Revista dos Tribunais, 2002. p. 41.

[40] Redação da EC nº 9/77: "Art. 1º. O § 1º do art.175 da Constituição Federal passa a vigorar com a seguinte redação: Art. 175. (...) §1º. O casamento somente poderá ser dissolvido nos casos expressos em lei, desde que haja prévia separação judicial por mais de três anos. Art. 2º. A separação, de que trata o § 1º do art. 175, poderá ser de fato, devidamente comprovada em Juízo, e pelo prazo de cinco anos, se for anterior à data desta emenda".

Cap. 86 – DA DISSOLUÇÃO DA SOCIEDADE E DO VÍNCULO CONJUGAL

(separação-sanção; separação-falência; separação-remédio). E as modalidades de divórcio (divórcio por conversão e divórcio direto).

A disposição de modalidades de separação e divórcio acima expostas não foi simplesmente fruto de sucessivos trabalhos legislativos. Para que o ordenamento jurídico brasileiro alcançasse esse estágio, longos foram os debates acerca do tema. Admitir o divórcio era mexer na estrutura do casamento, e mexer na estrutura do casamento era atingir diretamente a sociedade.

O divórcio sempre se mostrou, em todo o mundo, como uma questão extremamente tormentosa, posto que toca em ponto que transcende em muito a seara jurídica, alcançando convicções religiosas e filosóficas, além de gerar implicações sociais e políticas. Assim, superar a postura sectária adotada pelos antidivorcistas não foi tarefa fácil. Maria Berenice Dias encontra as palavras certas para expressar, de uma maneira geral, o receio da mudança:

> Toda mudança traz a sensação de afronta ao que é certo, havendo uma tendência de rejeitar o novo por considerá-lo uma quebra do que sempre foi tido como correto. Assim, tudo o que se opõe ao que está posto parece contrariar o que é verdadeiro e bom. A tendência de repetir o estabelecido decorre não só do medo do desconhecido, mas também da dificuldade de se lidar com o diferente, o incomum. Isso se dá em relação a tudo, mas, nas relações familiares é mais acentuada a resistência ao que desponta como novidade. O primeiro impulso é de rechaço, de reprovação.[41]

Em relação à aceitação do divórcio, o problema não residia apenas no receio ou na dificuldade de se lidar com o novo, mas também no medo de atingir a família, célula-base da sociedade. Aceitar o divórcio significava o fim da família para muitos. Ademais, a oposição ferrenha da Igreja Católica incutia nos fiéis o medo da heresia.[42] E, além de tudo, a indissolubilidade do casamento era regra constitucional que só poderia ser afastada por meio de emenda constitucional. Superar todas essas barreiras, que transitavam desde o imponderável até a óbices legislativos aparentemente inarredáveis, representou a evolução de uma sociedade e a pertinaz vontade de muitos de adequar o Direito à realidade social. Isso porque, até se admitir o divórcio, o que se tinha eram milhares de casais que haviam se separado e, mesmo mantendo o vínculo matrimonial anteriormente estabelecido por força de lei, firmavam novos relacionamentos que se quedavam irregulares e a margem da sociedade.

Felizmente, o divórcio alcançou o nosso ordenamento jurídico quando a sociedade, as famílias e a opinião pública já estavam plenamente prontas para a sua introdução. Evidentemente que, a adaptação mostrou-se paulatina e com base

---

[41] DIAS, Maria Berenice. In: A Ética do Afeto. *Jus Navigandi*, Teresina, a. 9, n. 668, 4 maio 2005. Disponível em: <http://jus2.uol.com.br/doutrina/texto.asp?id=6668>. Acesso em: 2 ago. 2017.

[42] Inteligente é a argumentação divorcista de Yussef Said Cahali neste ponto: "A invocação do argumento fundado na tradição cristã do nosso povo já não basta por si para determinar a inadmissibilidade do divórcio vincular, depois que o casamento passou a ser uma instituição de direito civil". CAHALI, Yussef Said. *Divórcio e Separação*. São Paulo: Revista dos Tribunais, 2002. p. 22.

em posturas mais flexíveis e concessões favoráveis a quem era de todo contra a mudança. Exemplo disso era a regra que previa que o divórcio só poderia ser formulado uma única vez. O art. 38 da Lei nº 6.515/77 que assim estabelecia, posteriormente, foi revogado pela Lei nº 7.841/89. A propósito do tema, Gustavo Tepedino formula crítica precisa em relação ao referido artigo:

> O art. 38 da Lei de Divórcio, em sua redação originária foi veementemente censurado por prescrever que o pedido de divórcio, em qualquer dos seus casos, somente poderia ser formulado uma única vez. O dispositivo, de compreensão obscura – por referir ao pedido de divórcio, fazendo supor que a proibição seria apenas da iniciativa do novo divórcio, não excluindo divórcios sucessivos desde que mediante requerimento do cônjuge não antes divorciado – teve o propósito de coibir o que os antidivorcistas chamavam de poligamia sucessiva, oferecendo tratamento flagrantemente desigual às pessoas casadas, "permitindo que algumas se divorciem e que outras permaneçam simplesmente separadas por toda a vida".[43]

4.1. Com a chegada da Constituição de 1988 e a EC nº 66/2010

A Constituição Federal de 1988 manteve a postura divorcista e, não só isso, facilitou a concessão do divórcio em seu art.226, § 6º,[44] reduzindo o prazo anterior de três anos de separação judicial para a conversão em divórcio para um ano e admitindo o divórcio direto para as hipóteses de separação de fato por mais de dois anos. Assim, o divórcio direto que foi introduzido pela Lei nº 6.515/77, em seu art. 40, em caráter excepcional – ou mesmo emergencial – submetido a várias condições, perdeu esse caráter com a Constituição Federal de 1988.

Isso foi necessário porque o art. 40 da Lei nº 6.515/77 estabelecia três requisitos, quais sejam: as partes estarem separadas de fato há mais de cinco anos; que esse prazo tivesse se implementado antes de 28/6/1977; e a causa da separação fosse comprovada. Esses três requisitos restringiam em muito a aplicação do divórcio direto, daí que a jurisprudência começou a dar interpretação mais extensiva a esse artigo, passando a conceder o divórcio quando a separação de fato houvesse ocorrido antes de 28/6/1977, mesmo que o prazo de cinco anos se implementasse posteriormente.

Então, o que a Constituição Federal de 1988 fez foi atentar para as reais necessidades da sociedade. Posteriormente, a Lei nº 7.841/92 – ainda que um pouco tarde – adequou a Lei do Divórcio à Constituição Federal de 1988, alterando o art. 40 e revogando o seu § 1º, o que fez suprimir a necessidade de se indicar uma causa para o divórcio. Parece-nos que, na realidade, tudo isso aconteceu porque se percebeu que o divórcio não destruiu o casamento e, tampouco,

---

[43] TEPEDINO, Gustavo. O papel da culpa na separação e no divórcio. In: PEREIRA, Rodrigo da Cunha (Coord.). *Anais do I Congresso Brasileiro de Direito de Família*. Belo Horizonte: OAB/MG, 1998. p. 195.

[44] Art. 226, § 6º, CF/88: "O casamento civil pode ser dissolvido pelo divórcio, após prévia separação judicial por mais de um ano nos casos expressos em lei, ou comprovada separação de fato por mais de dois anos".

Cap. 86 – DA DISSOLUÇÃO DA SOCIEDADE E DO VÍNCULO CONJUGAL **1041**

a instituição da família que, como vimos, pela Constituição Federal de 1988 não mais se reduz ao casamento.

Em 13/7/2010 foi promulgada a EC nº 66, que alterou a redação do art. 226, § 6º, que a partir de então apresenta a seguinte redação: "O casamento civil pode ser dissolvido pelo divórcio". Uma primeira conclusão é clara: a separação deixa de ser requisito para o divórcio e, além disso, não há mais prazo para se requerer o divórcio em nosso ordenamento jurídico. A EC nº 66/2010, sem dúvida, facilita a concessão do divórcio, nada obstante, ainda permaneça a discussão doutrinária acerca da existência ou não da separação no ordenamento jurídico brasileiro.

4.2. O divórcio diante do Código Civil de 2002

O projeto do Código Civil nasceu em 1975, ou seja, antes da Lei do Divórcio. Assim, é evidente, que o texto inicial do projeto careceu do divórcio. Com a superveniência do divórcio em nosso ordenamento jurídico, procedeu-se a um verdadeiro "enxerto legislativo" para inserir a disciplina do divórcio no projeto do Código Civil. Por isso, o Código Civil de 2002 se apresentou tímido diante do instituto, tratando do assunto em apenas três de seus artigos (arts. 1.580, 1.581, 1.582). Já o divórcio direto mereceu apenas um parágrafo do art. 1.580.[45]

O CC/2002 não trouxe grandes novidades em relação ao que já previa a Lei do divórcio. O que chama a atenção é o art. 1.581,[46] que permitiu a concessão do divórcio sem prévia partilha de bens. Esse artigo acompanhou a jurisprudência que, diante da Constituição Federal de 1988, para concessão do divórcio direto exigia apenas o adimplemento do prazo de dois anos de separação de fato e nada mais, tampouco partilha de bens. Assim, a jurisprudência afastou a aplicação do art. 31 da Lei nº 6.515/77,[47] e o que o CC/2002 fez foi apenas seguir essa linha de intelecção.

O desafio após a EC nº 66/2010 foi adequar os referidos dispositivos ao propósito da Emenda ao Texto Maior. Assim, repisa-se: a separação não é mais requisito para a concessão do divórcio e não há que se falar em prazo para o requerimento do divórcio.

---

[45] Art. 1.580, CC/2002: "Decorrido um ano do trânsito em julgado da sentença que houver decretado a separação judicial, ou da decisão concessiva na medida cautelar de separação de corpos, qualquer das partes poderá requerer a sua conversão em divórcio. § 1º A conversão em divórcio da separação judicial dos cônjuges será decretada por sentença, da qual não constará referência à causa que a determinou. § 2º O divórcio poderá ser requerido, por um ou por ambos os cônjuges no caso de comprovada separação de fato por mais de dois anos".

[46] Art. 1.581: "O divórcio pode ser concedido sem que haja prévia partilha de bens".

[47] Art. 31 da Lei nº 6.515/77: "Não se decretará o divórcio se ainda não houver sentença definitiva de separação judicial, ou se esta não tiver decidido sobre a partilha de bens". Depois, sobreveio a Súmula nº 197 do STJ: "O divórcio direto pode ser concedido sem que haja prévia partilha de bens".

REGIME DE BENS

1. VISÃO TOPOGRÁFICA E RELEVANTES PREMISSAS ACERCA DO TEMA

A união entre duas pessoas, via casamento ou união estável, em primeiro plano, não deve almejar conteúdo econômico. Todavia, é inevitável a produção de reflexos patrimoniais, máxime, diante do fim dessas entidades familiares. O que regulará essas relações patrimoniais será o regime de bens. Desse modo, podemos conceituar o regime de bens[1] como sendo o complexo de normas que regula as relações patrimoniais entre os cônjuges durante o casamento e entre os companheiros na constância da união estável, produzindo efeitos, inclusive, em relação a terceiros. Embora atinente também a essa última entidade familiar, neste capítulo será tratado especificamente o regime de bens referente ao casamento. Acerca do regime de bens da união estável, remetemos o leitor ao capítulo próprio referente à união estável.

O **pacto antenupcial** ou a **imposição legal** apresentará o regime de bens cabível ao casamento. O regime de bens alinhará questões afetas ao patrimônio, à propriedade, a disponibilidade e administração de bens do casal.

O CC/2002 apresenta quatro regimes de bens:

1. comunhão universal de bens;
2. comunhão parcial de bens;
3. separação de bens;
4. participação final nos aquestos (este último substituiu o antigo regime dotal previsto no CC/16[2]).

É possível, ainda, a combinação de tais regimes entre si, como, por exemplo, na hipótese em que os cônjuges acordam que o regime será o da comunhão universal de bens, excetuando-se, todavia, determinado bem da comunhão. Ou

---

[1] Sílvio de Salvo Venosa critica a terminologia: "Tecnicamente, a denominação regime de bens não é a melhor, porque mais exato seria referir-se a regimes patrimoniais do casamento. No entanto, a expressão é consagrada, sintética e com significado perfeitamente conhecido". VENOSA, Sílvio de Salvo. *Direito Civil*. Direito de Família. 14. ed. São Paulo: Atlas, 2014. p. 343.

[2] No regime dotal, os bens da mulher eram administrados pelo marido e os seus rendimentos destinados à manutenção do lar.

então, na hipótese que os cônjuges delimitam percentual diferenciado cabível a cada um deles.[3]

Além da combinação de regimes, admite-se, inclusive, a criação de um novo regime de bens não disciplinado em lei. A conclusão é: o rol mencionado acima acerca dos regimes de bens não é taxativo! Por isso, o art. 1.639 do CC apresenta a seguinte redação: "É lícito aos nubentes, antes de celebrado o casamento, estipular, quanto aos seus bens, o que lhes aprouver".

O que não se pode admitir é que a liberdade das partes contrarie norma cogente. Nesse sentido, o art. 1.655 do CC advertiu: "É nula a convenção ou cláusula dela que contravenha disposição absoluta de lei". A título de exemplo de violação de norma cogente imaginemos, no pacto antenupcial, os cônjuges afastarem a necessidade de vênia conjugal, sendo caso de exigência do art. 1.647, CC. Outra violação ocorreria por meio do pacto antenupcial que tentasse subverter a ordem de vocação hereditária prevista em lei.

Embora o pacto antenupcial verse eminentemente sobre questões patrimoniais, tem-se admitido que questões existenciais também se afigurem no acordo. Essa é a manifestação do Enunciado nº 635, aprovado na VIII Jornada de Direito Civil: "O pacto antenupcial e o contrato de convivência podem conter cláusulas existenciais, desde que estas não violem os princípios da dignidade da pessoa humana, da igualdade entre os cônjuges e da solidariedade familiar". Vale conferir a justificativa apresentada para o enunciado mencionado:

> Não há, no ordenamento jurídico, óbice para que o pacto antenupcial trate de questões extrapatrimoniais. Pelo contrário: a lei assegura às partes o livre planejamento familiar (art. 226, § 7º, Constituição Federal e art. 1.565, § 2º, Código Civil) e veda que qualquer pessoa, de direito público ou privado, interfira na comunhão de vida instituída pela família (art. 1.513, Código Civil). Os pactos antenupciais também podem dispor acerca de questões existenciais, contudo, apenas diante de um juízo de merecimento de tutela, tendo como limite a principiologia constitucional. Nesse sentido, os pactos não podem ser utilizados para colocar uma das partes em situação de desigualdade ou dependência, restringir sua liberdade, violar a dignidade humana ou a solidariedade familiar; sendo esses limites que se impõem a qualquer pacto realizado na seara do direito de família. Embora seja papel do Estado intervir para continuar a garantir a supressão, tanto quanto for possível, de vulnerabilidades no âmbito da família, é preciso também que alguns assuntos sejam regulados pelos próprios partícipes da relação, levando-se em conta a necessidade de tutelar a pessoa de cada membro da família.

---

[3] Maria Berenice Dias aventa ainda a possibilidade de também se determinar um regime de bens durante um lapso temporal, modificando-o depois da superveniência de um termo ou uma condição. DIAS, Maria Berenice. *Manual de Direito das Famílias*. 10. ed. São Paulo: Revista dos Tribunais, 2015. p. 300. Entendemos que essa possibilidade, na verdade, traduzir-se-ia em hipótese de alteração de regime de bens, o que exigiria requerimento judicial mediante motivação. Nesse mesmo sentido, *vide* ALMEIDA, Renata Barbosa de; RODRIGUES JÚNIOR, Walsir Edson. *Direito Civil*. Famílias. 2. ed. São Paulo: Atlas, 2012. p. 161.

No que respeita à possibilidade de se fixar multa no pacto antenupcial por determinado comportamento do cônjuge ou, ao revés, fixar prêmio por outro comportamento, concordamos com Renata Almeida e Walsir Rodrigues Júnior que esclarecem: "Diante do art. 1.511 do Código Civil e das características da família atual – baseada na afetividade e na liberdade –, deve-se entender que tais cláusulas contrariam a finalidade do casamento, ou seja, não se coadunam com a comunhão plena de vida".[4]

Em suma, o vetor que orienta o regime de bens é **a liberdade dos nubentes**, expressão máxima da **autonomia privada** de cada um, desde que não contrarie norma de interesse público. Desse modo, os nubentes poderão escolher o regime de bens que lhes interessa, de modo que deitarão a sua vontade no denominado **pacto antenupcial** que será feito por meio de uma **escritura pública**. A inobservância dessa forma resultará em invalidade do pacto, na matiz da nulidade. Além disso, a produção de efeitos do pacto antenupcial ocorrerá apenas com a superveniência do casamento. Assim dispõe o art. 1.653 do CC: "É nulo o pacto antenupcial se não for feito por escritura pública, e ineficaz se não lhe seguir o casamento". No que respeita ao casamento do menor, o art. 1.654, CC, estabelece que: "A eficácia do pacto antenupcial, realizado por menor, fica condicionada à aprovação de seu representante legal, salvo as hipóteses de regime obrigatório de separação de bens".

Caso não se defina o regime de bens em escritura pública, será aplicado ao casamento o **regime da comunhão parcial de bens**, que se trata de **regime legal supletivo** (art. 1.640, CC/2002[5]). A opção do legislador por esse regime veio, inicialmente, com a Lei nº 6.515/77 (Lei do Divórcio). Antes dessa lei, se os nubentes não escolhessem o regime, teria cabimento o regime da comunhão universal de bens, fazendo surgir a denominada mancomunhão, isto é, "a propriedade a duas mãos" de todos os bens do casal.

É importante notar que prevalece a **indivisibilidade do regime de bens**, isto é, o regime escolhido pelos nubentes ou imposto por lei terá cabimento para ambos os cônjuges, não se admitindo que para um se aplique um regime, enquanto para o outro se aplique regime diverso. Com fincas na igualdade estabelecida pela CF/88, caberá ao marido e à mulher um regime único.

Escolhido o regime de bens pelo casal ou imposto por lei, o regime começa a vigorar desde a data do casamento, conforme dispõe o art. 1.639, § 1º, CC.

O Código Civil de 2002 adotou o **princípio da mutabilidade justificada** no que diz respeito ao regime e bens.[6] Isso significa que estando o casamento em

---

4   ALMEIDA, Renata Barbosa de; RODRIGUES JÚNIOR, Walsir Edson. *Direito Civil.* Famílias. 2. ed. São Paulo: Atlas, 2012. p. 160.

5   Art. 1.640, CC: "Não havendo convenção, ou sendo ela nula ou ineficaz, vigorará, quanto aos bens entre os cônjuges, o regime da comunhão parcial".

6   O Código Civil de 1916 adotava o regime da imutabilidade do regime de bens, de modo que era impossível a pretensão dos cônjuges de alterar o regime de bens que orientava o casamento.

curso, será possível a **alteração do regime de bens**[7] – até mais de uma vez –, desde que sejam observados os seguintes requisitos, extraídos do art. 1.639, § 2º, CC[8]:

Que haja pedido judicial de ambos os cônjuges, por meio de uma ação de alteração de regime de bens, pertinente à Vara de Família. Assim, não é possível a modificação litigiosa do regime de bens, não cabendo ao juiz a possibilidade de suprimento da manifestação de vontade do cônjuge que se recuse a modificar o regime.

Que haja um justo motivo, devendo ser apuradas as procedências das razões invocadas. Trata-se de cláusula geral, devendo ser avaliado o motivo pelo juiz do caso concreto.

Que não prejudique a terceiros, em clara reverência ao princípio da boa-fé objetiva.

Ocorrida a modificação do regime de bens, a decisão judicial poderá ter alcance *ex tunc* ou *ex nunc*, a depender de para qual regime os cônjuges optaram por migrar. Assim, se se casaram anteriormente sob o regime da separação de bens e o modificaram para o regime da comunhão universal de bens, a decisão, evidentemente, retroagirá; se ao contrário, o regime primevo era o da comunhão universal e o novidadeiro regime é o da separação, os efeitos manifestar-se-ão a partir da decisão.

Quando do requerimento para a alteração de regime de bens, questionou-se a necessidade de apresentação de relação pormenorizada do acervo patrimonial do casal. A 3ª Turma do STJ decidiu que a mencionada apresentação não é requisito essencial para deferimento do pedido de alteração do regime de bens. Confira-se as informações de inteiro teor da decisão:

Destarte, no particular, considerando a presunção de boa-fé que beneficia os consortes e a proteção dos direitos de terceiros conferida pelo dispositivo legal em questão, bem como que os recorrentes apresentaram justificativa plausível à pretensão de mudança de regime de bens e acostaram aos autos farta documentação (certidões negativas das Justiças Estadual e Federal, certidões negativas de débitos tributários, certidões negativas da Justiça do Trabalho, certidões negativas de débitos trabalhistas, certidões negativas de protesto e certidões negativas de órgãos de proteção ao crédito), revela-se despicienda a juntada da relação pormenorizada de seus bens.[9]

---

[7] De acordo com Renata Barbosa de Almeida e Walsir Edson Rodrigues Júnior: "A possibilidade de mudança do regime de bens na constância do casamento torna-se ainda mais relevante diante da constatação de que, geralmente, por vergonha ou até mesmo pela pouca intimidade com o outro cônjuge, as questões patrimoniais não são discutidas antes do casamento. Por isso, nada mais razoável que admitir a mudança do regime de bens no curso da sociedade conjugal quando, então, os cônjuges já terão mais liberdade e segurança para discutir qual é o melhor estatuto patrimonial para aquela família". ALMEIDA, Renata Barbosa de; RODRIGUES JÚNIOR, Walsir Edson. *Direito Civil*. Famílias. 2. ed. São Paulo: Atlas, 2012. p. 165.

[8] Art. 1.639, § 2º, CC: "É admissível alteração do regime de bens, mediante autorização judicial em pedido motivado de ambos os cônjuges, apurada a procedência das razões invocadas e ressalvados os direitos de terceiros".

[9] STJ, REsp 1.904.498-SP, Rel. Min. Nancy Andrighi, Terceira Turma, julgado em 4/5/2021, *DJe* 6/5/2021. Informativo nº 695.

Questionamento surge acerca da possibilidade de alteração do regime de bens das pessoas que se casaram sob a égide do Código Civil de 1916, já que esse tecido normativo não admitia essa possibilidade.

Buscando solucionar o problema, em um primeiro momento, devemos atentar para a regra do art. 2.039 do CC/2002: "O regime de bens nos casamentos celebrados na vigência do Código Civil anterior, Lei nº 3.071, de 1º de janeiro de 1916, é o por ele estabelecido".

Em interpretação açodada podemos até concluir que não seria possível a alteração do regime de bens daqueles que se casaram sob a vigência do velho Código. Entretanto, não é essa a interpretação que deve prevalecer. Em verdade, o referido dispositivo atinente ao direito intertemporal não veda a possibilidade de mutação do regime de bens, apenas quer dizer que as regras específicas dos regimes previstas no Código Civil de 1916 é que serão aplicadas aos casamentos ocorridos antes do Código Civil de 2002. Portanto, a possibilidade de modificação do regime de bens não deve ser afastada nesse caso, pois se trata de uma regra geral, e não de uma regra específica.

Outro fundamento que subsidia o posicionamento apresentado acima é o próprio art. 2.035 do CC/2002 que apresenta a seguinte redação:

A validade dos negócios e demais atos jurídicos, constituídos antes da entrada em vigor deste Código, obedece ao disposto nas leis anteriores, referidas no art. 2.045, mas os seus efeitos, produzidos após a vigência deste Código, aos preceitos dele se subordinam, salvo se houver sido prevista pelas partes determinada forma de execução.

Assim, em explicação ao referido dispositivo legal, temos que questões afetas ao plano da validade do negócio jurídico devem ser reguladas pelo CC/16. Todavia, questões afetas ao plano da eficácia – tal como o regime de bens – devem ser reguladas pelo CC/2002.[10]

Por fim, registramos o Enunciado nº 260 do CJF que relata: "A alteração do regime de bens prevista no § 2º do art. 1.639 do Código Civil também é permitida nos casamentos realizados na vigência da legislação anterior".

2. O REGIME DE SEPARAÇÃO OBRIGATÓRIA DE BENS (REGIME DA SEPARAÇÃO DE BENS LEGAL OU COGENTE)

O art. 1.641 do CC estabelece:

---

[10] O STJ decidiu nesse sentido no REsp 730.546-MG, Rel. Min. Jorge Scartezzini, 4ª. T., j. 23/8/2005. Em 2021, a 3ª Turma do STJ decidiu que a cessação da incapacidade civil de um dos cônjuges, que impunha a adoção do regime da separação obrigatória de bens sob a égide do Código Civil de 1916, autoriza a modificação do regime de bens do casamento, considerando a previsão legal e a presunção de boa-fé que favorece os autores, desde que resguardado direitos de terceiros, prestigiando a autonomia privada (STJ, REsp 1.947.749-SP, Rel. Min. Nancy Andrighi, Terceira Turma, por unanimidade, julgado em 14/9/2021, *DJe* 16/9/2021. Informativo nº 709).

É obrigatório o regime da separação de bens no casamento:

I – das pessoas que o contraírem com inobservância das causas suspensivas da celebração do casamento;

Como é sabido, o propósito inicial ostentado pelo regime da separação de bens é a incomunicabilidade dos bens pelo casal. Quando se cogita de um regime de separação de bens que seja obrigatório, deparamos com situações que, por imposição legislativa, e não por vontade das partes, os bens dos cônjuges não se comunicarão. Isso ocorrerá nas hipóteses do art. 1.641 do CC retromencionadas. Nota-se que nessas hipóteses afasta-se a liberdade das partes em escolher o estatuto patrimonial que regerá o casamento. São hipóteses *numerus clausus* ou taxativas, já que se trata de norma restritiva de direito que implicará, portanto, em interpretação restritiva. Vamos às hipóteses legais:

- **A separação obrigatória de bens para as pessoas que se casaram com a inobservância das causas suspensivas da celebração do casamento.** As causas suspensivas da celebração do casamento estão no art. 1.523 do CC.[11] A presença de qualquer uma delas não induzirá à invalidade do casamento, mas sim a uma sanção mais tênue que seria simplesmente a aplicação do regime da separação obrigatória de bens.

- **A separação obrigatória de bens da pessoa maior de 70 anos.** Trata-se de um dos dispositivos mais questionados na Codificação de 2002. Em princípio, o que o CC/02 tenta evitar é um pretenso "golpe do baú" em relação à pessoa que se case em idade superior a setenta anos.[12] Importante notar que na redação originária do CC/2002, a restrição incidia em relação ao casamento da pessoa maior de 60 anos. Com a Lei nº 12.344/2010, o limite etário foi aumentado para 70 anos. A doutrina prevalecente se manifesta pela inconstitucionalidade da regra tendo em vista a presunção de incapacidade da pessoa maior de 70 anos e consequente ofensa à dignidade da pessoa humana, à liberdade, à igualdade e à autonomia privada. Como é assente dizer, em nosso ordenamento, uma pessoa com mais de 70 anos pode ser Presidente da República ou Presidente do Congresso Nacional, gerenciando os interesses da nação,

---

[11] Art. 1.523, CC: "Não devem casar: I – o viúvo ou a viúva que tiver filho do cônjuge falecido, enquanto não fizer inventário dos bens do casal e der partilha aos herdeiros; II – a viúva, ou a mulher cujo casamento se desfez por ser nulo ou ter sido anulado, até dez meses depois do começo da viuvez, ou da dissolução da sociedade conjugal; III – o divorciado, enquanto não houver sido homologada ou decidida a partilha dos bens do casal; IV – o tutor ou o curador e os seus descendentes, ascendentes, irmãos, cunhados ou sobrinhos, com a pessoa tutelada ou curatelada, enquanto não cessar a tutela ou curatela, e não estiverem saldadas as respectivas contas".

[12] Um dos maiores defensores da regra é Zeno Veloso que assim aduz: "Os amores crepusculares tornam as pessoas presas fáceis de gente esperta e velhaca, que quer enriquecer por via de um casamento de conveniência, o que na linguagem popular se conhece por 'golpe do baú'". VELOSO, Zeno. Regime matrimonial de bens. In: PEREIRA, Rodrigo da Cunha (Coord.). *Direito de família contemporâneo.* Belo Horizonte: Del Rey, 1997. p. 120.

todavia, essa mesma pessoa não teria a possibilidade de escolher o regime de bens de seu casamento.

- **A separação obrigatória de bens de todos os que dependerem, para casar, de suprimento judicial.** Necessitará de suprimento judicial para se casar a pessoa que tenha entre 16 e 18 anos e não tenha obtido a autorização de seus responsáveis para contrair núpcias. Assim, essa pessoa obtendo o suprimento judicial para que ocorra o casamento terá as regras patrimoniais desse enlace conjugal sob a égide da separação obrigatória de bens.

Apresentadas as hipóteses em que se impõe que o casamento seja celebrado sob o regime da separação obrigatória de bens, é importante destacar, entretanto, que é possível a futura modificação do referido regime para outro que os cônjuges pretendam, desde que preenchidos os requisitos do art. 1.639, § 2º, do CC (pedido judicial de ambos os cônjuges, justo motivo e não prejuízo a terceiros) agregados ao fim da causa que motivou inicialmente o regime da separação obrigatória de bens. Vejamos os exemplos a seguir.

Uma pessoa se casa com outra sem que tenha havido a partilha de bens de seu casamento anterior. O regime do segundo casamento, por evidente, será o da separação obrigatória de bens. Todavia, com a superveniência da devida partilha de bens, a causa motivadora do regime de separação obrigatória terá cessado, fazendo autorizar a possibilidade de mutação do regime de bens para aquele pretendido pelos cônjuges.

Outra situação seria a dos jovens que se casam mediante suprimento judicial. Alcançada a idade para o casamento independentemente desse suprimento, o casal poderá requerer a modificação do regime de bens do casamento.

Concluímos que a possibilidade de alteração do regime de bens, então, somente poderá ocorrer em se tratando das hipóteses previstas no art. 1.641, I e III, do CC. Nessa senda, foi aprovado o Enunciado nº 262, CJF: "A obrigatoriedade da separação de bens nas hipóteses previstas nos incs. I e III do art. 1.641 do Código Civil não impede a alteração do regime, desde que superada a causa que o impôs".

Interessante questão é suscitada quando pessoa idosa ao contrair o casamento, em verdade, já vivia em união estável com a sua noiva. O que pode ser indagado é se nesse caso, o regime será o da separação obrigatória de bens. Enfrentando o tema, o STJ entendeu que não. Eis as informações do inteiro teor do caso:

Cingiu-se a discussão em definir a obrigatoriedade do regime de separação de bens dispensada ao noivo varão que, ao contrair matrimônio, não obstante contar com mais de 60 anos de idade, era parte de união estável consensual e duradoura há mais de 15 anos. O art. 258, parágrafo único, II, do 167 CC/16 – vigente à época dos fatos – previa como sendo obrigatório o regime de separação total de bens quando o casamento envolvesse noivo maior de sessenta ou noiva maior de cinquenta anos e tinha por objetivo a proteção do idoso e seus herdeiros necessários dos casamentos realizados por interesse estritamente econômico. Com o advento do CC/2002, a restrição foi também estabelecida para nubentes de ambos os sexos maiores de sessenta anos, posteriormente alterada pela Lei nº 12.334/2010 para alcançar apenas os maiores de setenta anos. Não obstante argumentações existentes a respeito da constitucionalidade do regramento em debate, tem-se por suficiente a interpretação teleológica da norma para a solução do caso concreto. Sendo assim, se a convivência entre os nubentes se fazia sólida, em união estável, duradoura e consensual, não há que se falar na necessidade de proteção do idoso para obstar vínculo conjugal por interesse exclusivamente econômico. Destaca-se, ainda, que acatar fundamentação contrária, além de ir de encontro à teleologia do instituto, acarretaria incoerência jurídica e lógica, visto que, durante o período de união estável, o regime vigente era o de comunhão parcial, de modo que, ao optar pela contração do matrimônio, não faria sentido impor regime mais gravoso, qual seja, o da separação, sob pena de estimular a permanência na relação informal e penalizar aqueles que buscassem maior reconhecimento e proteção por parte do Estado, impossibilitando a oficialização do matrimônio (STJ, REsp 1.318.281-PE, Rel. Min. Maria Isabel Gallotti, por unanimidade, julgado em 1/12/2016. Informativo nº 595).

Nessa toada, aprovou-se o Enunciado nº 261, na III Jornada de Direito Civil, com a seguinte redação: "A obrigatoriedade do regime da separação de bens não se aplica a pessoa maior de sessenta anos, quando o casamento for precedido de união estável iniciada antes dessa idade".

2.1. A Súmula nº 377 do STF

Em 1964, foi editada a Súmula nº 377 pelo Supremo Tribunal Federal, com o seguinte teor: "No regime de separação legal de bens, comunicam-se os adquiridos na constância do casamento".

Diante dessa súmula, ainda que o casal se casasse sob regime da separação obrigatória de bens, havendo o esforço comum do casal, os bens adquiridos na constância do casamento deveriam se comunicar entre ambos os cônjuges, fazendo com que o regime da separação obrigatória se aproximasse do regime da comunhão parcial de bens.

Logo sobreveio a dúvida acerca do "esforço comum do casal" e se esse deveria ser comprovado ou tão somente presumido.[13] O que importa é que em um ou

---

[13] O STJ, no EREsp 1.623.858-MG, Rel. Min. Lázaro Guimarães (Desembargador Convocado do TRF 5ª Região), por unanimidade, julgado em 23/5/2018, se manifestou no sentido de que tendo-se em vista uma "moderna compreensão da Súmula nº 377/ STF", é imprescindível a comprovação do esforço comum para a sua aplicação. *Vide* as informações do inteiro teor da decisão: "A Segunda Seção do Superior Tribunal de Justiça uniformizou o entendimento que encontrava dissonância no âmbito da Terceira e da Quarta Turma. De início, cumpre informar que a Súmula nº 377/STF dispõe que 'no regime de separação legal de bens, comunicam-se os adquiridos na constância do casamento'. Esse enunciado pode ser interpretado de duas formas: 1) no regime de separação legal de bens, comunicam-se os adquiridos na constância do casamento, sendo presumido o esforço comum na aquisição do acervo; e 2) no regime de separação legal de bens, comunicam-se os adquiridos na constância do casamento, desde que comprovado o esforço comum para sua aquisição. No entanto, a adoção da compreensão de que o esforço comum deve ser presumido (por ser a regra) conduz à ineficácia do regime da separação obrigatória (ou legal) de bens, pois, para afastar a presunção, deverá o interessado fazer prova negativa, comprovar que o ex-cônjuge ou ex-companheiro em nada contribuiu para a aquisição onerosa de determinado bem, conquanto tenha sido a coisa adquirida na constância da união. Torna,

Cap. 87 – REGIME DE BENS

outro caso a aplicação da súmula faz desnaturar o regime da separação obrigatória em sua essência atribuindo-lhe feições do regime da comunhão parcial de bens. Porém, a edição da Súmula nº 377 do STF apresentava um supedâneo respeitável, qual seja, evitar o enriquecimento indevido de um cônjuge em desfavor do outro.

Ocorre que, com a entrada em vigor do Código Civil de 2002, muito se discute ainda se a Súmula nº 377 do STF continua a ser aplicada ou se caiu em desuso depois da nova Codificação.

Dois posicionamentos são constatados:

1º) a Súmula nº 377 do STF caiu em desuso, pois se fosse a intenção do legislador do CC/2002 em mantê-la, ele o teria feito de forma expressa na nova Codificação. De modo que, no regime da separação obrigatória de bens não se pode vislumbrar a comunicação dos bens;

2º) a Súmula nº 377 do STF, mesmo após a entrada em vigor do CC/2002, continua a ser aplicada, pois o fundamento de sua existência continua a existir, isto é, a vedação ao enriquecimento indevido.

2.2. Diferenciando a separação obrigatória da separação convencional de bens

A separação de bens pode se manifestar de duas formas: convencional e legal. Pela primeira forma, os nubentes decidem livremente que os bens serão incomunicáveis. Todavia, como vimos acima, para algumas pessoas, é o legislador que impõe essa separação de bens, eis que surge a separação de bens legal, obrigatória ou cogente.

Embora, em princípio, ambas as manifestações do regime da separação de bens ostentem traços similares, existem fortes caracteres que a distinguem.

Podemos mencionar, inicialmente, a própria incidência da Súmula nº 377 do STF que se aplica ao regime da separação obrigatória de bens e não se aplica ao regime da separação convencional de bens, fazendo com que o primeiro regime assuma as feições do regime da comunhão parcial de bens. Outro traço distintivo importante diz respeito à questão sucessória. De acordo com o art. 1.829, I, do CC, os descendentes concorrerão com o cônjuge em se tratando do regime da separação convencional de bens, o que não ocorre se o regime for o da separação obrigatória de bens.

Diante das distinções apresentadas, há quem se manifeste pela impossibilidade de aqueles que estão obrigados ao regime da separação legal de bens optar pelo regime da separação convencional de bens. Todavia, em sentido oposto, é bastante

---

portanto, praticamente impossível a separação dos aquestos. Por sua vez, o entendimento de que a comunhão dos bens adquiridos pode ocorrer, desde que comprovado o esforço comum, parece mais consentânea com o sistema legal de regime de bens do casamento, recentemente adotado no Código Civil de 2002, pois prestigia a eficácia do regime de separação legal de bens. Caberá ao interessado comprovar que teve efetiva e relevante (ainda que não financeira) participação no esforço para aquisição onerosa de determinado bem a ser partilhado com a dissolução da união (prova positiva)" (Informativo nº 628, STJ).

interessante o posicionamento que admite a opção por parte dos nubentes em clara reverência ao restabelecimento da vontade das partes. Nesse sentido, opinam Renata Barbosa de Almeida e Walsir Edson Rodrigues Júnior:

> De fato, com a aplicação da Súmula nº 377 do STF, o regime de separação legal aca-bou se tornando um regime de comunhão parcial, por isso as pessoas que, por força de lei, são obrigadas a realizar o casamento sob o regime de separação de bens (art. 1.641 do CC) não devem ser impedidas de, por meio de pacto antenupcial, adotar o regime de separação convencional, já que, quanto à incomunicabilidade dos bens, será mais rigoroso do que o regime imposto por lei. Essa é, ademais, uma lícita alternativa ao restabelecimento da autonomia dos cônjuges, ofendida pela imposição legal do regime de bens. Quanto aos efeitos sucessórios, há que se admitir a concorrência com os descendentes do cônjuge falecido porque o regime será o convencional e, conse-quentemente, não haverá meação.[14]

Nesse sentido, na VIII Jornada de Direito Civil, aprovou-se o Enunciado nº 634, com o seguinte teor:

> É lícito aos que se enquadrem no rol de pessoas sujeitas ao regime da separação obri-gatória de bens (art. 1.641 do Código Civil) estipular, por pacto antenupcial ou contrato de convivência, o regime da separação de bens, a fim de assegurar os efeitos de tal regime e afastar a incidência da Súmula nº 377 do STF.

2.3. A doação entre cônjuges casados sob o regime de separação obrigatória de bens

Mais uma questão palpitante afeta ao regime de bens da separação imposto pela lei é acerca da possibilidade ou não de um cônjuge fazer doações ao outro cônjuge na constância do casamento. Almejando sanar a dúvida, surgem dois posicionamentos:

1º) O art. 544 do CC que versa sobre a doação entre cônjuges não apresen-ta nenhum óbice quanto à possibilidade de um promover doações que favoreçam ao outro. Portanto, é perfeitamente possível a doação entre cônjuges casados sobre o regime da separação obrigatória de bens, em clara homenagem a autonomia privada.

2º) Não se pode admitir a doação entre cônjuges quando casados sob o regime da separação obrigatória de bens, pois seria, por vias transversas, violar a intenção da lei, resultando em fraudes e esvaziando o sentido da separação de bens obrigatória.

---

[14] ALMEIDA, Renata Barbosa de; RODRIGUES JÚNIOR, Walsir Edson. *Direito Civil*. Famílias. 2. ed. São Paulo: Atlas, 2012. p. 178.

3. O REGIME DA SEPARAÇÃO CONVENCIONAL DE BENS

No regime da separação convencional de bens, os nubentes simplesmente decidem pela incomunicabilidade dos bens, isto é, os bens permanecerão sob a administração exclusiva de cada um dos cônjuges, que os poderá livremente alienar ou gravar de ônus real, por vontade dos nubentes, e não por imposição de lei.

Além disso, ambos os cônjuges são obrigados a contribuir para as despesas do casal na proporção dos rendimentos de seu trabalho e de seus bens, salvo estipulação em contrário no pacto antenupcial, conforme preceitua o art. 1.688 do CC.

É importante notar que a opção pelo regime da separação de bens em nada atinge futura pretensão de alimentos de um cônjuge em face do outro, cujo norte será o binômio necessidade/possibilidade.

4. O REGIME DE COMUNHÃO PARCIAL DE BENS

O regime da comunhão parcial de bens será aplicado se os nubentes não fizerem pacto antenupcial ou se esse for considerado inválido, é o que dispõe o art. 1.640 do CC. Desse modo, trata-se de regime de bens considerado legal e supletivo. A sua aplicação independerá de qualquer ato solene, e quanto à forma, no processo de habilitação para o casamento, apenas reduzir-se-á a termo a opção pela comunhão parcial.

De acordo com o art. 1.658 do CC, no regime de comunhão parcial, comunicam-se os bens que sobrevierem ao casal, na constância do casamento, com algumas exceções mencionadas em lei.

Assim, os bens que cada um dos nubentes possuir antes do casamento continuam próprios, já os bens adquiridos onerosamente, após o casamento, serão comunicáveis. Constata-se neste regime de bens, portanto, a possibilidade de superveniência de três massas de bens: os bens comuns do casal, os bens particulares do marido e os bens particulares da mulher.

4.1. Bens e obrigações que serão excluídos do regime de comunhão parcial

O art. 1.659 do CC exclui expressamente da comunhão parcial de bens:

I) os bens que cada cônjuge possuir ao casar, e os que lhe sobrevierem, na constância do casamento, por doação ou sucessão, e os sub-rogados em seu lugar;

Trata-se de corolário lógico do regime da comunhão parcial de bens. Aqui os bens que se comunicam serão aqueles adquiridos a título oneroso após o casamento, conhecidos como aquestos. Desse modo, os bens que cada cônjuge possuía antes de casar e aqueles adquiridos a título gratuito, após o casamento, seja por doação ou sucessão *causa mortis*, não serão comunicáveis.[15] Para que

---

[15] Vejamos interessante decisão do STJ afeta ao tema: "A discussão devolvida ao STJ está circunscrita à possibilidade ou não da comunhão de bem imóvel, adquirido a título oneroso na constância da união estável, mas recebido por um dos companheiros, mediante doação pura e

sejam comunicáveis, é necessário que o doador ou o sucessor contemple a ambos os cônjuges. Destaque-se que até mesmo os bens sub-rogados no lugar daqueles recebidos a título gratuito continuarão a ser considerados particulares.

II) os bens adquiridos com valores exclusivamente pertencentes a um dos cônjuges em sub-rogação dos bens particulares;

Nessa hipótese o bem é adquirido após o casamento, porém, com recurso exclusivo de um dos cônjuges decorrentes de bens particulares. Desse modo, tem-se que o bem particular de um dos cônjuges foi substituído por outro bem após o casamento, com recursos estritamente decorrentes do primeiro bem. Trata-se de nítida hipótese de sub-rogação, perdendo o predito inciso a sua utilidade, já que subsumido ao inciso antecedente.

III) as obrigações anteriores ao casamento;

É de se destacar que as dívidas contraídas antes do casamento, e desde que não digam respeito a ele, pertencerá ao cônjuge que a contraiu. Para que a dívida se comunique com o cônjuge é necessária a produção probatória no sentido de que ambos os cônjuges se beneficiaram com a dívida.

IV) as obrigações provenientes de atos ilícitos, salvo reversão em proveito do casal;

Da prática do ato ilícito decorre o dever de indenizar. Não importa se o ato ilícito foi praticado antes ou depois do casamento. Como, em regra, a obrigação é pessoal, apenas o cônjuge que deu ensejo ao ato ilícito é que responderá por ele. O referido inciso traz expressa exceção quando menciona a possibilidade de comunicação da obrigação em caso de reversão em proveito do casal. Assim, nessa senda, editou-se a Súmula nº 251 do STJ com o seguinte teor: "a meação só responde pelo ato ilícito quando o credor, na execução fiscal, provar que o enriquecimento dele resultante aproveitou ao casal".

---

simples realizada pelo outro. Inicialmente, é cediço que a extinção da sociedade conjugal de fato resulta na necessidade, por parte do ex-casal, de realizar a partilha dos bens comuns existentes, com base no regime adotado. Vale ressaltar que, não existindo contrato de convivência firmado entre os companheiros no intuito de regulamentar questões patrimoniais, aplica-se o regime supletivo da comunhão parcial de bens, nos exatos termos do art. 1.725 do Código Civil. Desse modo, reconhecido como aplicável o regime da comunhão parcial de bens, também chamada de comunhão dos aquestos, comunicam-se todos os bens que sobrevierem ao casal, na constância da união (CC/2002, art. 1.658), excetuando-se, por outro lado, os adquiridos individualmente, como, por exemplo, através de doação (CC/2002, art. 1.659, I). No caso analisado, o bem imóvel que se pretende ver partilhado, embora adquirido pelo esforço comum do casal, na constância da união estável, foi doado por um dos companheiros, de forma graciosa, ao outro, de modo que essa doação, por força do disposto no artigo acima citado, afasta o bem do monte partilhável, pois o que doou naquela ocasião, é de se compreender, foi justamente a sua metade naquele bem de ambos. Outrossim, é importante esclarecer que, a princípio, não há falar na impossibilidade de doação entre integrantes da mesma sociedade marital informada pelo regime da comunhão parcial de bens, especialmente em razão da inexistência de norma jurídica proibitiva, desde que não implique a redução do patrimônio do doador ao ponto de comprometer sua subsistência, tampouco possua caráter inoficioso, contrariando interesses de herdeiros necessários, conforme preceituado pelos arts. 548 e 549 do CC/2002. Aliás, a própria legislação civil, no art. 544, prevê a possibilidade de doação entre cônjuges, quando regulamenta os efeitos sucessórios da referida doação, determinando que esta importará em adiantamento de herança" (REsp 1.171.488-RS, Rel. Min. Raul Araújo, por unanimidade, julgado em 4/4/2017, *DJe* 11/5/2017. Informativo nº 603).

V) os bens de uso pessoal, os livros e instrumentos de profissão;

Conforme Rizzardo, "os princípios da comunhão não podem despersonalizar o ser humano, ou descaracterizar as individualidades".[16] Assim, apetrechos pessoais, tais como objetos, roupas, sapatos, livros, instrumentos de profissão (p. ex.: celulares, computadores, pincéis etc.), não devem extravasar a individualidade de cada um dos cônjuges de modo a tocar o outro. É evidente, todavia, que o valor econômico de tais bens devem ser levados em consideração. Assim, as 20 cadeiras de dentista e o andar inteiro de um prédio adquiridos por um dos cônjuges na constância da sociedade conjugal para a montagem de uma clínica odontológica não se consideram meros instrumentos de profissão.[17] Há quem defenda a possibilidade de um dos cônjuges provar que, efetivamente, contribuiu para a aquisição do bem, cabendo, portanto, a comunhão.[18] Ao revés, há quem se posicione pela presunção absoluta de que os instrumentos profissionais foram adquiridos com recursos exclusivos de apenas um dos cônjuges, não admitindo, pois, prova em sentido contrário.[19]

VI) os proventos do trabalho pessoal de cada cônjuge;

Os proventos[20] do trabalho pessoal de cada cônjuge se manifestam por meio dos rendimentos, salários, vencimentos, honorários ou qualquer remuneração a que o cônjuge tenha direito. Esses proventos, portanto, são incomunicáveis. Não podemos, contudo, confundir o direito aos proventos do trabalho pessoal (que não se comunicam) com os proventos em si e os produtos adquiridos com esses proventos (que irão se comunicar). Como consequência lógica, os créditos trabalhistas adquiridos na constância do casamento, ainda que venham a ser reconhecidos e pagos depois de findo o casamento, deverão ser partilhados entre os cônjuges.

VII) as pensões, meios-soldos, montepios e outras rendas semelhantes.

O legislador perdeu a oportunidade de ter suprimido os vocábulos "meios--soldos" e "montepios" que se encontram ultrapassados, pois absorvidos pelas expressões "aposentadoria por invalidez" e "pensão por morte". Em verdade, a lógica do presente inciso reproduz a lógica do inciso anterior, isto é, aqueles bens

---

16 RIZZARDO, Arnaldo. *Direito de Família.* 4. ed. Rio de Janeiro: Forense, 2006. p. 636.

17 Exemplo fornecido por ALMEIDA, Renata Barbosa de; RODRIGUES JÚNIOR, Walsir Edson. *Direito Civil.* Famílias. 2. ed. São Paulo: Atlas, 2012. p. 186-187.

18 Nesse sentido, ALMEIDA, Renata Barbosa de; RODRIGUES JÚNIOR, Walsir Edson. *Direito Civil.* Famílias. 2. ed. São Paulo: Atlas, 2012. p. 187.

19 Manifestando-se assim: LÔBO, Paulo. *Direito Civil.* Famílias. São Paulo: Saraiva, 2008. p. 318.

20 "Utilizou a expressão proventos, que, apesar de ter, atualmente, sentido técnico-jurídico de rendimentos decorrentes de aposentadoria do empregado ou do servidor público, quer exprimir, num sentido mais amplo e comum, salário, vencimentos, subsídio ou qualquer rendimento, seja de trabalho assalariado ou não, e ainda os rendimentos decorrentes de aposentadoria. Assim, entende-se que qualquer verba percebida como ganhos decorrentes de atividade laborativa do cônjuge esteja excluída da comunhão, compondo apenas o seu patrimônio particular". STAVRIDIS, Virgílio Panagiotis. Do regime da comunhão parcial. In: LEITE, Heloísa Maria Daltro (Coord.). *O Novo Código Civil.* Do Direito de Família. Rio de Janeiro: Freitas Bastos, 2004. p. 341-342.

adquiridos com a aposentadoria ou com a pensão deverão ser considerados bens comunicáveis.[21]

Além dos bens e obrigações mencionados nos incisos do art. 1.659 do CC que foram analisados, o art. 1.661 do CC acrescenta que "são incomunicáveis os bens cuja aquisição tiver por título uma causa anterior ao casamento". É de se imaginar aqui a comum hipótese em que o nubente faz promessa de compra e venda antes do casamento, paga as parcelas também antes do casamento e apenas depois dele obtém a escritura pública de compra e venda com o subsequente registro no Cartório de Registro de Imóveis. Nesse caso, a aquisição tem por título uma causa anterior. Diante disso, o bem pertencerá ao cônjuge que, de fato, pagou por ele antes do casamento, nada obstante, a transferência de titularidade tenha ocorrido depois do casamento. Tudo isso tendo-se em vista o princípio da vedação ao enriquecimento sem causa.[22] Ainda dentro dessa perspectiva, se tiver ocorrido o contrário, isto é, se a promessa de compra e venda de um imóvel tiver sido feita antes do casamento por um dos cônjuges e, nada obstante, parte do pagamento das parcelas tiver ocorrido depois do casamento, deverá ser apurado o que foi pago antes e o que foi pago depois do casamento para que seja feita a devida partilha de bens.

Foi visto no inciso IV do art. 1.659 do CC que "as obrigações provenientes de atos ilícitos, salvo reversão em proveito do casal" não se comunicam. Cumpre lembrar que as indenizações pessoais, tais como a reparação por um dano moral ou a indenização decorrente de seguro em virtude de acidente de trabalho também são incomunicáveis dado o caráter personalíssimo de tais indenizações. É possível admitir a comunicabilidade apenas da indenização referente aos lucros cessantes, diante da ideia de que os lucros cessantes representam aquilo que a vítima deixou de ganhar e que, em princípio, seria dividido com o ex-cônjuge.

No que diz respeito ao Fundo de Garantia por Tempo de Serviço (FGTS), a questão não é pacífica. Tudo depende da aferição de sua natureza jurídica. Se o FGTS for compreendido como uma parcela do salário, caberá a inclinação por sua comunicabilidade. Todavia, se ao revés, o FGTS for compreendido como manifestação de indenização pessoal, o seu crédito será considerado incomunicável.

Dentro desse último quadrante, surgem ainda duas correntes: i) uma defendendo que deixa de ser incomunicável quando utilizado em benefício da família; ii) e outra com o entendimento de que é incomunicável mesmo quando utilizado em benefício da família, pois haveria sub-rogação de bem particular.[23]

---

[21] Ainda a respeito desse inciso, o STJ decidiu que o benefício de previdência privada fechada é excluído da partilha em dissolução de união estável regida pela comunhão parcial de bens (STJ, REsp 1.477.937-MG, Rel. Min. Ricardo Villas Bôas Cueva, por unanimidade, julgado em 27/4/2017. Informativo nº 606).

[22] O mesmo raciocínio se aplica no caso de usucapião cujos requisitos tenham sido concretizados antes do casamento e a sentença declaratória da usucapião tenha sido exarada apenas depois do casamento. O bem usucapido, por óbvio, não será comunicável.

[23] *Vide* PIRES, Andrea Lucena de Souza; RODRIGUES JÚNIOR, Walsir Edson. (In) Comunicabilidade do FGTS no regime de comunhão parcial de bens. In: RODRIGUES JÚNIOR,

4.2. O que se comunica no regime de comunhão parcial de bens

Independentemente de o bem ter sido adquirido por esforço pessoal de um dos cônjuges ou, em se tratando de imóveis, estar registrado no nome de apenas um dos cônjuges, de acordo com o art. 1.660 do CC, entram na comunhão:

I) os bens adquiridos na constância do casamento por título oneroso, ainda que só em nome de um dos cônjuges;

Independentemente de o bem ter sido adquirido em virtude do ganho pessoal de um dos cônjuges, há presunção absoluta de que o outro colaborou, ainda que indiretamente, para a aquisição do bem.

II) os bens adquiridos por fato eventual, com ou sem o concurso de trabalho ou despesa anterior;

Cogita-se aqui, por exemplo, de valores recebidos em loterias, apostas e jogos, ou então, em virtude de manifestação natural, como no caso aquisição de propriedade por meio de acessão natural.

III) os bens adquiridos por doação, herança ou legado, em favor de ambos os cônjuges;

Já que o bem foi destinado a ambos os cônjuges, será evidente a sua comunicabilidade.

IV) as benfeitorias em bens particulares de cada cônjuge;

Não importa se se trata de benfeitoria necessária, útil ou voluptuária, há presunção do esforço comum para a sua concretização, daí a conclusão de sua comunicabilidade. O dispositivo é estendido às acessões também. Daí que, uma casa construída em um terreno presume-se resultado do esforço comum do casal.

V) os frutos dos bens comuns, ou dos particulares de cada cônjuge, percebidos na constância do casamento, ou pendentes ao tempo de cessar a comunhão.

Seria o caso, por exemplo, dos aluguéis oriundos de um imóvel que pertença ao patrimônio particular de um dos cônjuges. É de se notar que, nada obstante, o imóvel seja um bem particular, os seus frutos pertencerão a ambos os cônjuges. O mesmo raciocínio deve ser aplicado em se tratando de produtos.

Além disso, o art. 1.662 do CC presume adquiridos na constância do casamento os bens móveis, quando não se provar que o foram em data anterior, isto é, trata-se de presunção relativa que admite, portanto, prova em sentido contrário, afastando a comunicabilidade.

4.3. Quanto à administração dos bens no regime de comunhão parcial

De acordo com o art. 1.663 do CC, a administração do patrimônio comum compete a qualquer dos cônjuges. O dispositivo é resultado da isonomia imposta pela própria CF/88 e exsurge como timbre próprio do regime da comunhão parcial que impõe aos cônjuges a colaboração recíproca.

Walsir Edson (Org.). *Direito das Famílias:* novas tendências. Belo Horizonte: D'Plácido, 2015. p. 21.

Ademais, as dívidas contraídas no exercício da administração obrigam os bens comuns e particulares do cônjuge que os administra, e os do outro na razão do proveito que houver auferido. E, no que tange aos atos, a título gratuito, que impliquem cessão do uso ou gozo dos bens comuns, a anuência de ambos os cônjuges é necessária. E, ainda, em caso de malversação dos bens, o juiz poderá atribuir a administração a apenas um dos cônjuges.

Os bens da comunhão respondem pelas obrigações contraídas pelo marido ou pela mulher para atender aos encargos da família, às despesas de administração e às decorrentes de imposição legal (art. 1.664, CC).

Obviamente que a administração e a disposição dos bens constitutivos do patrimônio particular competem ao cônjuge proprietário, salvo convenção diversa em pacto antenupcial. E, também, as dívidas, contraídas por qualquer dos cônjuges na administração de seus bens particulares e em benefício destes, não obrigam os bens comuns (arts. 1.665 e 1.666, CC).

5. O REGIME DE COMUNHÃO UNIVERSAL DE BENS

No regime de comunhão universal de bens, tudo se comunica. Os bens presentes e os bens futuros dos cônjuges, incluindo as suas dívidas.

Diante disso, surge apenas uma massa patrimonial. Todavia, o art. 1.668 do CC exclui da comunhão:

I) os bens doados ou herdados com a cláusula de incomunicabilidade e os sub--rogados em seu lugar;

Trata-se de hipótese em que o bem recebido a título de doação ou sucessão por um dos cônjuges já carrega em si o fardo da incomunicabilidade imposto pelo proprietário pretérito. Importante registrar que de acordo com a Súmula nº 49 do STF: "A cláusula de inalienabilidade inclui a incomunicabilidade dos bens". Assim, nota-se que o espectro da inalienabilidade é mais amplo do que o da incomunicabilidade. Desse modo, significa dizer que quando há a incomunicabilidade não necessariamente haverá a inalienabilidade.

II) os bens gravados de fideicomisso e o direito do herdeiro fideicomissário, antes de realizada a condição suspensiva;

No fideicomisso existem três sujeitos: o fideicomitente, o fiduciário e o fideicomissário. O primeiro delibera em testamento que o segundo ficará com a propriedade resolúvel até que se implemente o termo ou a condição que autorizará a passagem do bem para o terceiro. Como o objetivo do instituto é a transmissão do bem para o fideicomissário, o bem que está sob a guarda e propriedade resolúvel do fiduciário não se comunica com o cônjuge desse, sob pena de frustrar o instituto do fideicomisso. Evidentemente que o direito do fideicomissário também não se comunica com o seu cônjuge, pois enquanto não há o implemento da condição ou seu direito é meramente eventual não sendo possível a comunicação. A outro giro, implementada a condição, é claro que o bem já estará apto à comunhão. Por fim, se o fideicomissário morrer ou renunciar ao seu direito, a propriedade irá se consolidar na pessoa do fiduciário e, sendo este casado, operar-se-á a comunhão com o seu cônjuge.

III) as dívidas anteriores ao casamento, salvo se provierem de despesas com seus aprestos, ou reverterem em proveito comum;

As dívidas pessoais de cada cônjuge contraídas antes do casamento não se comunicam. Todavia, se essas dívidas forem contraídas para, por exemplo, promover a festa do casamento ou promover a aquisição do imóvel do casal ou seu enxoval haverá a devida comunicação.

IV) as doações antenupciais feitas por um dos cônjuges ao outro com a cláusula de incomunicabilidade;

No regime de comunhão universal de bens só se faz sentido cogitar da doação de um cônjuge ao outro, se essa doação trouxer em seu bojo uma cláusula de incomunicabilidade, senão a doação não produziria efeito nenhum, já que o bem continuaria a pertencer a ambos os cônjuges.

V) Os bens referidos nos incisos V a VII do art. 1.659.

Trata-se da incomunicabilidade dos bens de uso pessoal, dos livros e instrumentos de profissão; dos proventos do trabalho pessoal de cada cônjuge; das pensões, meios-soldos, montepios e outras rendas semelhantes.

Apontados os bens excluídos da comunhão, devemos destacar que os frutos oriundos dos bens incomunicáveis extraídos durante o casamento são, ao revés, comunicáveis a ambos os cônjuges, conforme impõe o art. 1.669 do CC.[24]

As regras atinentes à administração dos bens no regime de comunhão parcial, previstas nos arts. 1.663 ao 1.666 do CC, também se aplicam ao regime da comunhão universal.

Por fim, há de se concluir que extinta a comunhão, e efetuada a divisão do ativo e do passivo, cessará a responsabilidade de cada um dos cônjuges para com os credores do outro.

6. O REGIME DE PARTICIPAÇÃO FINAL NOS AQUESTOS

O regime de participação final nos aquestos, nada obstante seja extremamente criticado pela doutrina,[25] tem por objetivo absorver as virtudes dos regimes da comunhão parcial de bens e da separação de bens, isto é, almeja-se o respaldo protetivo a ambos os cônjuges da comunhão parcial de bens agregada à ínsita liberdade do regime da separação de bens.

Aquestos são os bens adquiridos a título oneroso na constância do casamento. Desse modo, no regime da participação final nos aquestos, ao longo do

---

[24] Art. 1.669, CC: "A incomunicabilidade dos bens enumerados no artigo antecedente não se estende aos frutos, quando se percebam ou vençam durante o casamento".

[25] As críticas transitam pela oportunidade de fraude que o regime pode ensejar; pelo excessivo e complexo rol de normas aplicáveis ao tema; pela inaplicabilidade cultura do regime em solo brasileiro; pela dificuldade de aferição contábil relativa aos bens, muitas vezes, necessitando de perícia; pelo desejo de o cônjuge colocar fim ao casamento única e exclusivamente em virtude de interesses econômicos; dentre outras críticas.

casamento os cônjuges terão a liberdade de administrar e alienar o patrimônio próprio de cada um, porém, se o casamento chegar ao fim, os bens adquiridos a título oneroso na constância do casamento (os aquestos) deverão ser divididos em duas metades. Daí o nome: participação final nos aquestos. Trata-se, portanto, de regime misto ou híbrido.

Nota-se que nesse regime não há uma massa patrimonial comum, como ocorre no regime da comunhão parcial de bens. Na dicção de Zeno Veloso, "o que ocorre é um crédito em favor de um dos cônjuges, contra o outro, para igualar os acréscimos, os ganhos obtidos durante o casamento".[26] Assim, se não há patrimônio comum, o que há é uma expectativa de direito à meação, que apenas tomará corpo e se concretizará se o casamento for dissolvido.

Embora o Código Civil ao disciplinar o regime da comunhão final nos aquestos mencione a todo tempo o termo "meação", o ideal seria "participação". Na dicção de Flávio Tartuce, "deve ficar claro que os bens de participação não se confundem com a meação, pois a última independe da prova de esforço comum para a comunicação. (...) Diante disso onde se lê meação, deve-se entender participação".[27]

Não se pode confundir o patrimônio particular de cada cônjuge com o patrimônio próprio de cada um deles.

O patrimônio próprio de cada um será formado pelos bens que cada cônjuge possuía ao casar e os por ele adquiridos, a qualquer título, na constância do casamento. A administração desses bens é exclusiva de cada cônjuge, que os poderá livremente alienar, se forem móveis.

No que respeita ao patrimônio particular tem-se os bens que não serão considerados para a conformação dos aquestos quando do fim do casamento. O art. 1.674 do CC apresenta o rol que compõe o patrimônio particular:

I) os bens anteriores ao casamento e os que em seu lugar se sub-rogaram; II) os que sobrevieram a cada cônjuge por sucessão ou liberalidade; III) as dívidas relativas a esses bens.

Como o art. 1.674 menciona em seu *caput* "patrimônio próprio", percebe-se que a noção de patrimônio particular pertence à cepa do patrimônio próprio, mas é importante destacar que nem todo patrimônio próprio é patrimônio particular. Para elucidar imagine um apartamento adquirido pelo cônjuge antes do casamento, e, mais, imagine que posteriormente ao casamento o mesmo cônjuge adquira um iate. Ambos são bens próprios, mas apenas o apartamento é bem particular e, por isso, não fará parte do cálculo para divisão dos aquestos quando da dissolução do casamento.

---

[26] VELOSO, Zeno. Regimes matrimoniais de bens. In: PEREIRA, Rodrigo da Cunha (Coord.). *Direito de família contemporâneo*. Belo Horizonte: Del Rey, 1997. P. 205.

[27] TARTUCE, Flávio. *Manual de Direito Civil*: volume único. 5. Ed. São Paulo: Método, 2015. p. 976.

Em comum com o regime da comunhão parcial de bens, no regime da participação final nos aquestos, salvo prova em contrário, presumem-se adquiridos durante o casamento os bens móveis. Trata-se de uma presunção relativa apresentada no parágrafo único do art. 1.674 do CC.

De acordo com o art. 1.675 do CC:

> Ao determinar-se o montante dos aquestos, computar-se-á o valor das doações feitas por um dos cônjuges, sem a necessária autorização do outro; nesse caso, o bem poderá ser reivindicado pelo cônjuge prejudicado ou por seus herdeiros, ou declarado no monte partilhável, por valor equivalente ao da época da dissolução.

Embora, o referido dispositivo mencione a possibilidade de reivindicação, em verdade, tratar-se-ia de anulação, pois tem-se em tela a doação feita por um cônjuge sem a autorização do outro, o que conforme estabelece o Código Civil implica a anulação do negócio no prazo decadencial de dois anos (art. 1.647 c/c art. 1.649, ambos do CC).

Em relação dos bens alienados por um dos cônjuges, em detrimento da meação/participação, esses bens terão os seus valores incorporados ao monte, se não houver preferência do cônjuge lesado, ou de seus herdeiros, de os reivindicar (art. 1.676, CC).

As dívidas contraídas por um dos cônjuges na constância do casamento serão de responsabilidade apenas do cônjuge que a contraiu, salvo prova de terem revertido, parcial ou totalmente, em benefício do outro. Se um dos cônjuges solveu uma dívida do outro com bens do seu patrimônio, o valor do pagamento deve ser atualizado e imputado, na data da dissolução, à meação do outro cônjuge (arts. 1.677 e 1.678, do CC).

Em relação a terceiros, as coisas móveis, por exemplo um carro adquirido que esteja sob um financiamento, devem ser presumidas de propriedade do cônjuge que seja o devedor. Claro que a presunção é relativa, admitindo prova em contrário caso o bem seja de uso pessoal do outro. No que respeita aos imóveis, esses são considerados da propriedade daquele que figura no registro do imóvel. Se houver a impugnação dessa titularidade, não será o cônjuge impugnante que deverá provar que o bem lhe pertence, mas sim o cônjuge proprietário é que deverá provar que adquiriu o bem e promoveu-lhe o pagamento. Há, portanto, uma inversão no ônus da prova.

Além disso, o direito à meação/participação não admite renúncia, nem cessão, tampouco se sujeita a qualquer tipo de constrição judicial durante a vigência do regime de bens (art. 1.682, CC).

Quando do fim do casamento, o montante dos aquestos será verificado à data em que cessou a convivência. No que tange à partilha dos bens, se não for possível, nem conveniente, a divisão de todos os bens em virtude de sua natureza, calcular-se-á o valor de alguns ou de todos para reposição em dinheiro ao cônjuge não proprietário. Caso não se possa realizar a reposição em dinheiro, os bens serão avaliados e, mediante autorização judicial, alienados tantos bens quantos bastarem.

Se um dos cônjuges falecer, verificar-se-á a meação/participação do cônjuge sobrevivente, conforme as regras mencionadas anteriormente, deferindo-se a herança aos herdeiros na forma da lei.

Por fim, as dívidas de um dos cônjuges, quando superiores à sua meação, não obrigam ao outro, ou a seus herdeiros (art. 1.686, CC).

Embora, o regime da participação final nos aquestos busque relativa justiça aplicável ao caso concreto, tem-se que, na prática, o dito regime é de difícil aplicabilidade em virtude toda a complexidade contábil que o envolve.

7. REGRAS FINAIS ACERCA DOS REGIMES DE BENS

Analisados os diversos regimes de bens constantes no Código Civil de 2002, é oportuno que se finalize o tema com algumas regras finais e gerais acerca do tema.

Os arts. 1.642 e 1.643 do CC apresentam os atos que, um ou outro cônjuge, independentemente do regime de bens aplicado ao casamento, poderão ser praticados sem se exigir a autorização do outro cônjuge. São eles:

- Praticar todos os atos de disposição e de administração necessários ao desempenho de sua profissão, com as limitações estabelecida no inciso I do art. 1.647.

- Administrar os bens próprios.

- Desobrigar ou reivindicar os imóveis que tenham sido gravados ou alienados sem o seu consentimento ou sem suprimento judicial. As ações aqui competem ao cônjuge prejudicado e a seus herdeiros. Além disso, o terceiro, prejudicado com a sentença favorável ao autor, terá direito regressivo contra o cônjuge, que realizou o negócio jurídico, ou seus herdeiros.

- Demandar a rescisão dos contratos de fiança e doação, ou a invalidação do aval, realizados pelo outro cônjuge com infração do disposto nos incisos III e IV do art. 1.647. As ações aqui também competem ao cônjuge prejudicado e a seus herdeiros. O terceiro, prejudicado com a sentença favorável ao autor, terá direito regressivo contra o cônjuge, que realizou o negócio jurídico, ou seus herdeiros.

- Reivindicar os bens comuns, móveis ou imóveis, doados ou transferidos pelo outro cônjuge ao concubino, desde que provado que os bens não foram adquiridos pelo esforço comum destes, se o casal estiver separado de fato por mais de cinco anos. As ações aqui, de igual modo, também competem ao cônjuge prejudicado e a seus herdeiros.

- Praticar todos os atos que não lhes forem vedados expressamente.

- Comprar, ainda a crédito, as coisas necessárias à economia doméstica;

- Obter, por empréstimo, as quantias que a aquisição dessas coisas possa exigir.

Nas duas últimas hipóteses, as dívidas contraídas para os fins do artigo antecedente obrigam solidariamente ambos os cônjuges. Trata-se de clara imposição de solidariedade por força de lei.

8. A VÊNIA CONJUGAL

Para a prática de alguns negócios, a lei exigirá mais do que a capacidade de fato da parte. Trata-se dos casos em que a lei exige a vênia conjugal. Essa manifestação de **legitimação** ocorre quando a lei exige a autorização do outro cônjuge para a realização do negócio, que poderá se manifestar por meio de outorga marital (quando se exige a autorização do marido) ou por meio da outorga uxória (quando se exige a autorização da mulher).

O art. 1.647 do CC apresenta as hipóteses em que se exige a vênia conjugal, excetuando a necessidade em caso de regime de separação absoluta. São elas:

> I) alienar ou gravar de ônus real os bens imóveis. Tem-se aqui, por exemplo, a compra e venda ou a celebração de uma promessa de compra e venda de um apartamento, a hipoteca de uma fazenda etc.
>
> II) pleitear, como autor ou réu, acerca desses bens ou direitos. Essa hipótese, embora prevista no Código Civil, apresenta natureza processual.
>
> III) prestar fiança ou aval.
>
> IV) fazer doação, não sendo remuneratória, de bens comuns, ou dos que possam integrar futura meação. Ainda no que respeita à doação, são consideradas válidas as doações nupciais feitas aos filhos quando casarem ou estabelecerem economia separada, conforme preceitua o parágrafo único do art. 1.647 do CC.

De acordo com o art. 1.648 do CC, é possível o suprimento judicial da manifestação de vontade do cônjuge que se recuse a fornecer o consentimento sem motivo justo, ou lhe seja impossível conceder a vênia.

A falta de autorização, não suprida pelo juiz, nas hipóteses do art. 1.647 do CC, tornará anulável o ato praticado, podendo o outro cônjuge pleitear-lhe a anulação, até dois anos depois de terminada a sociedade conjugal. Sendo que a decretação de invalidade dos atos praticados sem outorga, sem consentimento, ou sem suprimento do juiz, só poderá ser demandada pelo cônjuge a quem cabia concedê-la, ou por seus herdeiros.

A previsão de anulabilidade decorre de lei (art. 1.649, CC). Todavia, no que tange ao aval concedido sem a autorização do cônjuge, há posicionamento no sentido de que a consequência não deve ser a anulabilidade do ato, mas sim a sua ineficácia em relação ao cônjuge que não manifestou o consentimento. Esse posicionamento se respalda no princípio da plena circulação dos títulos de crédito. Assim, o Enunciado nº 114 do CJF expõe: "o aval não pode ser anulado por falta de vênia conjugal, de modo que o inc. III do art. 1.647 apenas caracteriza a inoponibilidade do título ao cônjuge que não assentiu".[28]

---

[28] Acerca dessa questão o STJ se manifestou da seguinte maneira: "A discussão se situa em torno da interpretação do art. 1.647, inciso III, do CC/2002, a estabelecer o consentimento conjugal como requisito de validade do aval, quando o avalista for casado em outros regimes que não o da separação absoluta. Não obstante a literalidade dos artigos 1.647, inciso II, e 1.649 do Código Civil levar ao entendimento no sentido da nulidade do aval prestado sem a devida outorga conjugal, recentemente a Quarta Turma desta Corte Superior, no julgamento do Resp

O CC/16, ao apresentar as hipóteses de necessidade de vênia conjugal, apresentava a nulidade absoluta como sanção para a falta do consentimento. O CC/2002, como vimos, atenua a questão impondo a sanção de anulabilidade (ou nulidade relativa). Com isso, nos deparamos com interessante questão de direito intertemporal a ser resolvida pelo art. 2.035 do CC/2002, que ostenta a seguinte redação:

> A validade dos negócios e demais atos jurídicos, constituídos antes da entrada em vigor deste Código, obedece ao disposto nas leis anteriores, referidas no art. 2.045, mas os seus efeitos, produzidos após a vigência deste Código, aos preceitos dele se subordinam, salvo se houver sido prevista pelas partes determinada forma de execução.

Assim, questões afetas ao plano da validade se subordinam à legislação pretérita, ao passo que questões afetas ao plano da eficácia se subordinam aos preceitos do CC/2002.

Dessarte, o negócio que exigia a vênia conjugal e que foi celebrado sem o consentimento do cônjuge sob a égide do CC/16 será considerado nulo, ainda que a ação tenha sido proposta depois da entrada em vigor do CC/2002. Ao revés, como sabemos, se o negócio tiver sido celebrado sob os auspícios do CC/2002, caberá a anulabilidade.

1.633.399-SP, sob a relatoria do Min. Luis Felipe Salomão, propôs interpretação diferenciada desses enunciados normativos em relação àquela que vinha se desenvolvendo. Sobrelevaram-se, especialmente, as características imanentes dos institutos do direito cambiário, dentre os quais se insere o aval, fazendo-se, ainda, predominar a norma do art. 903 do CC/2002, com a aplicação subsidiária das normas do Código Civil aos títulos de crédito regulados por leis especiais. Com efeito, no sistema cambiário, voltado à segurança das negociações, o título, em regra, está fadado à circulação, podendo colocar, frente a frente, credor e devedor (portador e emitente/sacador) que, no mais das vezes, não se ligam por atos negociais, senão eminentemente cambiários, o que impossibilita, sobremaneira, qualquer investigação acerca das particularidades dos negócios anteriores, razão, aliás, da vedação legal da possibilidade de os devedores suscitarem defesa que pertina a terceiros contra portadores de boa-fé, ou seja, defesa alheia àqueles com quem estão diretamente ligados, incluindo-se, aqui, também os garantes, avalistas da cadeia de endossos que se poderá estabelecer, característica que decorre da abstração e autonomia. Bem se vê que o aval mais ainda se distancia das peculiaridades do negócio que subjaz, pois ele próprio é autônomo em relação ao crédito consubstanciado no título que, por sua vez, é autônomo em face da relação jurídica subjacente. Nesse sentido, a submissão da validade do aval à outorga do cônjuge do avalista compromete, sobremaneira, a garantia que decorre do instituto, enfraquecendo os próprios títulos de crédito, tão aptos à circulação em face de sua tranquila aceitação no mercado, tranquilidade essa a decorrer das garantias que dimanam de suas características e dos institutos cambiários que os coadjuvam, como o aval. Assim, a interpretação do art. 1.647, inciso III, do CCB que mais se concilia com o instituto cambiário do aval e, pois, às peculiaridades dos títulos de crédito é aquela em que as disposições contidas no referido dispositivo hão de se aplicar aos avais prestados nos títulos de crédito regidos pelo próprio Código Civil (atípicos), não se aplicando aos títulos de crédito nominados (típicos) regrados pelas leis especiais, que, atentas às características do direito cambiário, não preveem semelhante disposição, pelo contrário, estabelecem a sua independência e autonomia em relação aos negócios subjacentes. Por fim, salienta-se que a presente modificação de entendimento resulta na pacificação do tema perante a Terceira e Quarta Turmas do Superior Tribunal de Justiça" (Resp 1.526.560-MG, Rel. Min. Paulo de Tarso Sanseverino, por unanimidade, julgado em 16/3/2017. Informativo nº 604).

A **Súmula nº 332 do STJ** pontifica que: "A fiança prestada sem autorização de um dos cônjuges implica a ineficácia total da garantia". A disposição da referida súmula não contraria a ideia de que o negócio celebrado sem a vênia conjugal seja anulável (pelo CC/2002) ou nulo (pelo CC/16). É que as sanções de anulabilidade e de nulidade residem no plano da validade do negócio jurídico. Desse modo, o que se constata, em regra, é que o negócio inválido (seja por nulidade ou anulabilidade) não produzirá seus regulares efeitos, isto é, será ineficaz. Daí o verbete sumular se referir à "ineficácia total da garantia".

Pertinente ao tema, exsurge a seguinte indagação: as hipóteses previstas no art. 1.647 do CC que exigem a vênia conjugal também se aplicam à outorga convivencial. Em outras palavras, se a pessoa que não seja casada, mas que viva em união estável, pretender praticar qualquer um daqueles atos previstos no art. 1.647 do CC também deverá obter a autorização de seu companheiro(a)?

A resposta deve ser negativa. As hipóteses previstas no art. 1.647 do CC se limitam à pessoa que seja casada. Esse foi o entendimento do STJ na decisão do REsp 1.299.894-DF, de Relatoria do Ministro Luis Felipe Salomão, julgado em 25/2/2014.[29]

Na referida decisão, entendeu-se que, nada obstante o casamento e a união estável sejam entidades familiares equiparadas constitucionalmente, nada impede que apresentem caracteres próprios. Assim, no caso da união estável, não é possível

---

[29] "DIREITO CIVIL. INAPLICABILIDADE DA SÚMULA Nº 332 DO STJ À UNIÃO ESTÁVEL. Ainda que a união estável esteja formalizada por meio de escritura pública, é válida a fiança prestada por um dos conviventes sem a autorização do outro. Isso porque o entendimento de que a 'fiança prestada sem autorização de um dos cônjuges implica a ineficácia total da garantia' (Súmula nº 332 do STJ), conquanto seja aplicável ao casamento, não tem aplicabilidade em relação à união estável. De fato, o casamento representa, por um lado, uma entidade familiar protegida pela CF e, por outro lado, um ato jurídico formal e solene do qual decorre uma relação jurídica com efeitos tipificados pelo ordenamento jurídico. A união estável, por sua vez, embora também represente uma entidade familiar amparada pela CF – uma vez que não há, sob o atual regime constitucional, famílias estigmatizadas como de 'segunda classe' –, difere-se do casamento no tocante à concepção deste como um ato jurídico formal e solene. Aliás, nunca se afirmou a completa e inexorável coincidência entre os institutos da união estável e do casamento, mas apenas a inexistência de predileção constitucional ou de superioridade familiar do casamento em relação a outra espécie de entidade familiar. Sendo assim, apenas o casamento (e não a união estável) representa ato jurídico cartorário e solene que gera presunção de publicidade do estado civil dos contratantes, atributo que parece ser a forma de assegurar a terceiros interessados ciência quanto a regime de bens, estatuto pessoa, patrimônio sucessório etc. Nesse contexto, como a outorga uxória para a prestação de fiança demanda absoluta certeza por parte dos interessados quanto à disciplina dos bens vigente, e como essa segurança só é obtida por meio de ato solene e público (como no caso do casamento), deve-se concluir que o entendimento presente na Súmula nº 332 do STJ – segundo a qual a 'fiança prestada sem autorização de um dos cônjuges implica a ineficácia total da garantia' –, conquanto seja aplicável ao casamento, não tem aplicabilidade em relação à união estável. Além disso, essa conclusão não é afastada diante da celebração de escritura pública entre os consortes, haja vista que a escritura pública serve apenas como prova relativa de uma união fática, que não se sabe ao certo quando começa nem quando termina, não sendo ela própria o ato constitutivo da união estável. Ademais, por não alterar o estado civil dos conviventes, para que dela o contratante tivesse conhecimento, ele teria que percorrer todos os cartórios de notas do Brasil, o que seria inviável e inexigível" (Resp 1.299.866-DF, Rel. Min. Luis Felipe Salomão, julgado em 25/2/2014. Informativo nº 535, STJ).

que o credor saiba que a outra parte viva em união estável com alguém, ainda que tenha havido a sua formalização por escritura pública, já que o credor para tomar conhecimento desse fato deveria percorrer todos os cartórios de notas do país, o que se mostraria totalmente desarrazoado. Nessa senda, a fiança prestada sem a autorização do companheiro(a) é válida, pois é impossível ao credor saber se o fiador vive ou não em união estável com outra pessoa.

Outra questão importante é a dispensa de vênia conjugal para os negócios mencionados no art. 1.647 do CC quando o regime do casamento for o da "**separação absoluta**". Dúvida surge acerca do alcance da expressão legal.

Sabemos que o CC/2002 apresenta o regime da separação convencional de bens e o regime da separação obrigatória, legal ou cogente. Em relação ao primeiro, não há dúvida de que há uma separação absoluta dos bens, já nenhum dos bens se comunica. Todavia, no que respeita ao regime de separação obrigatória de bens, a resposta variará a depender da aplicação da Súmula nº 377 do STF[30] ou não.

Como visto alhures, acerca da referida súmula, projetada na década de 1960 pelo STF, depois da entrada em vigor do CC/2002, paira dúvidas sobre a sua manutenção em nosso ordenamento.

É que para parte da doutrina, a Súmula nº 377 do STF teria caído em desuso, sendo, pois, cancelada. Já, a outro giro, há quem se manifeste pela manutenção da súmula. Para aqueles que entendem que a súmula 377 do STF não tem cabimento depois da entrada em vigor do CC/2002, o art. 1.647 do CC estaria abrangendo o regime da separação convencional de bens e, também, o regime da separação obrigatória de bens, pois em ambos não haveria nenhuma comunicação dos bens. Para aqueles que entendem que a Súmula nº 377 do STF continua a existir, o art. 1.647 do CC, ao mencionar "separação absoluta" estaria se referindo apenas à separação convencional.

9. A ADMINISTRAÇÃO DOS BENS DIANTE DA IMPOSSIBILIDADE DE EXERCÍCIO POR UM DOS CÔNJUGES

Como derradeira regra acerca do regime de bens, de acordo com o art. 1.651 do CC, quando um dos cônjuges não puder exercer a administração dos bens que lhe incumbe, segundo o regime de bens, caberá ao outro:

I) gerir os bens comuns e os do consorte; II) alienar os bens móveis comuns; III) alienar os imóveis comuns e os móveis ou imóveis do consorte, mediante autorização judicial.

Além disso, o cônjuge que estiver na posse dos bens particulares do outro será para com este e seus herdeiros responsável:

I) como usufrutuário, se o rendimento for comum; II) como procurador, se tiver mandato expresso ou tácito para os administrar; III) como depositário, se não for usufrutuário, nem administrador.

---

[30] Súmula nº 377, STF: "No regime de separação legal de bens, comunicam-se os adquiridos na constância do casamento".

DA UNIÃO ESTÁVEL

1. A UNIÃO ESTÁVEL E O ABANDONO DE DESIGNAÇÕES DISCRIMINATÓRIAS

Finalmente, percebeu-se que a família não surgia de uma "penada" do legislador, mas sim que preexistia a ela. O reconhecimento da união estável como entidade familiar ao lado do casamento representou como a Constituição Federal de 1988 absorveu as transformações e realidades sociais. Assim a Lei Maior estabeleceu em seu art. 226, § 3º: "Para efeito da proteção do Estado, é reconhecida a união estável entre o homem e a mulher como entidade familiar, devendo a lei facilitar a sua conversão em casamento".

A união entre o homem e a mulher, ainda que não sacralizada pelo casamento – a chamada união estável –, começou a ser digna de respeito pela sociedade e pelo legislador. Até então eram uniões espúrias, que se de fato constituíam uma família, de direito não constituíam nada e, por isso, continuavam a ser espúrias.

Acerca da união estável, Rodrigo da Cunha Pereira pondera:

> Definir união estável começa e termina por entender o que é família. A partir do momento em que a família deixou de ser o núcleo econômico e de reprodução para ser o espaço do afeto e do amor, surgiram novas e várias representações para ela.[1]

Após a Constituição Federal de 1988, as designações discriminatórias como família ilegítima começaram a ser abandonadas. Percebeu-se que o casamento era pequeno demais para comportar todas as manifestações de afeto existentes. Era necessário regulamentar a situação de milhares de famílias que viviam à margem do casamento, sofrendo inúmeras discriminações. O Estado não poderia continuar de olhos fechados para essa realidade. Assim o texto constitucional admitiu a união entre homem e mulher e, ainda, impôs que a lei deveria facilitar a sua conversão em casamento.

---

[1] PEREIRA, Rodrigo da Cunha. Da União Estável. In: DIAS, Maria Berenice; PEREIRA, Rodrigo da Cunha (Coords.). *Direito de Família e o Novo Código Civil*. Belo Horizonte: Del Rey, 2003. p. 259.

Importante notar que, de início, quando da divisão do patrimônio entre os companheiros,[2] os Tribunais atribuíam à companheira, que por vários anos tivesse prestado serviços domésticos ao companheiro, o direito a salários. Depois, com a Súmula nº 380 do STF[3] adotou-se a teoria da sociedade de fato entre os companheiros que permitia a divisão do patrimônio em comum. Rodrigo da Cunha Pereira noticia que

> foi na França, no final do séc. XIX, o primeiro julgado em que uma mulher reivindicou partilha dos bens adquiridos na constância da relação, com base na teoria do enriquecimento ilícito. Daí em diante toma corpo a teoria da sociedade de fato, cuja doutrina se espalhou pelo Ocidente. No Brasil, os primeiros julgados, que impulsionaram a construção de uma "doutrina concubinária", são da década de 60.[4]

Após o reconhecimento da união estável na CF/88, foram as Leis nºs 8.971/94 e 9.278/96 que efetivaram a possibilidade de concessão de alimentos, o direito à herança, o direito de usufruto e habitação às pessoas que se uniram informalmente. É o que analisaremos a seguir.

2. AS LEIS Nº 8.971/94 E Nº 9.278/96: UM DIFÍCIL COMEÇO

Primeiro veio a Lei nº 8.971, de 29/12/1994, que trouxe um prazo mínimo de cinco anos para que se configurasse a união entre homem e mulher passível de proteção pelo Estado ou, senão, a existência de prole para tanto. Essa Lei reconheceu o direito a alimentos e à sucessão hereditária aos companheiros.

Depois foi publicada a Lei nº 9.278, de 10/5/1996, que exigiu apenas a convivência duradoura (abandonando o prazo de cinco anteriormente exigido),

---

[2] De acordo com Rodrigo da Cunha Pereira: "A expressão mais usada nos textos normativos sobre união estável é 'companheiro', 'companheira'. Essa expressão aparece pela primeira vez em um texto legislativo em 1973, Lei de Registro Público (Lei nº 6.015/73). Daí em diante, tornou-se a palavra que substitui o termo 'concubina', inclusive na Lei nº 8.971/94. Entretanto, a Lei nº 9.278/96 passou a dotar o vocábulo 'convivente' para designar os sujeitos da união estável. O novo Código Civil brasileiro, na redação aprovada em 15/8/2001, não definiu qual a melhor expressão. Utilizou-se no art. 1.724, da palavra 'companheiro'; a parte relativa a alimentos usou 'convivente' (art. 1.694), no direito sucessório falou em 'companheiro' (art. 1.790) e também 'concubino' (art. 1.801). Provavelmente essa última expressão quis traduzir o pretendido no disposto do art. 1.727. No período entre a aprovação do NCCB pela Câmara dos Deputados e a sanção presidencial, a Comissão de redação, atendendo a sugestões do Instituto Brasileiro de Direito de Família – IBDFAM –, acabou com essa contradição, adotando, afinal a expressão 'companheiro'". PEREIRA, Rodrigo da Cunha. Da União Estável. In: DIAS, Maria Berenice; PEREIRA, Rodrigo da Cunha (Coords.). *Direito de Família e o Novo Código Civil*. Belo Horizonte: Del Rey, 2003. p. 266-267.

[3] Súmula nº 380, STF: "Comprovada a existência de sociedade de fato entre os concubinos, é cabível a sua dissolução judicial, com a partilha do patrimônio adquirido pelo esforço comum".

[4] PEREIRA, Rodrigo da Cunha. Da União Estável. In: DIAS, Maria Berenice; PEREIRA, Rodrigo da Cunha (Coords.). *Direito de Família e o Novo Código Civil*. Belo Horizonte: Del Rey, 2003. p. 263.

convivência pública, contínua, ininterrupta e "com o objetivo de constituição de família" – esse último se traduziu em requisito subjetivo fundamental para a configuração da união estável.

Importante atentarmos para a distinção entre concubinato e união estável, uma vez que a CF/88, em seu art. 226, § 3º, optou pela expressão união estável.

A terminologia pretérita de uso corrente pela doutrina e pela jurisprudência era concubinato. Esse, por sua vez, se divide em concubinato adulterino ou incestuoso (concubinato impuro) e não adulterino (concubinato puro). A união estável prevista na CF/88 é exatamente o concubinato não adulterino. Assim, o concubinato adulterino perdura como o concubinato propriamente dito.[5] A importância de tal distinção não importa em qualquer discriminação, mas sim atende a fins didáticos. É o que se constata com o esquema a seguir.

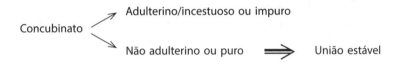

3. PARÂMETROS PARA A CONFIGURAÇÃO DA UNIÃO ESTÁVEL

A doutrina sempre apontou que o excesso de regras acerca da união estável acaba por desnaturar a própria estrutura do instituto que é a união das pessoas livremente.[6] Na medida em que se impõem regras, efeitos, consequências, o que, de

---

[5] O Código Civil de 2002 leva em consideração a distinção terminológica em seu art. 1.727: "As relações não eventuais entre o homem e a mulher, impedidos de casar, constituem concubinato". Esse artigo, embora atento para a importante distinção entre união estável e concubinato, acaba por pecar ao fazer constar "impedidos de casar" que, na verdade, quer fazer referência não às situações do art. 1521, mas sim, às situações adulterinas.

[6] "Na verdade, o casamento e qualquer outra forma de associação íntima entre pessoas só interessa ao Estado sob dois estritos aspectos: a proteção dos filhos e a adequada liquidação de um eventual patrimônio promíscuo que se tenha formado. E quanto a isso, seja dito de passagem em favor de nossos tribunais, as questões suscitadas pelo concubinato vinham encontrando soluções armadas com habilidade, imaginação e arte. Tudo o mais, isto é, fora as questões de menores, de divisão de patrimônio, depende antes das pessoas em cada caso envolvidas. Mais precisamente, de seus sonhos, de seus gostos, de suas inclinações e até mesmo de seus caprichos e idiossincrasias. Para resumir: o par que opta por não se casar (podendo fazê-lo gratuitamente quantas vezes queira) e escolhe outra forma de união, o faz porque, definitivamente, não se quer pôr sob o regime que a lei estabelece. Portanto, haveria que deixá-lo em paz, vivendo seu próprio e personalíssimo projeto de vida amorosa. Mas nas estruturas autoritárias de poder isso é impensável: há que regulamentar, regulamentar, regulamentar. Na hipótese concreta, o delírio normativista do Estado traduz-se, por assim dizer, em casar *ex officio* quem não quis casar *motu proprio*. Ou seja, submeter compulsoriamente ao regime legal do casamento, tanto quanto possível, aqueles que deliberadamente fizeram a opção pelo não-casamento". VILLELA, João Batista. Repensando o Direito de Família. In: *Anais do I Congresso Brasileiro de Direito de Família*. PEREIRA, Rodrigo da Cunha (Coord.). Belo Horizonte: Del Rey, 1999. P. 24.

início, por vontade espontânea das partes representava a "fuga" de um casamento, por imposições legais, acabava se tornando um "pseudocasamento".[7]

O CC/2002, em seus arts. 1.723 a 1.727, incorporou várias regras contidas nas Leis nº 8.971/94 e nº 9.278/96. Os referidos artigos do CC/2002 não se referem à Vara de Família como competente para apreciar os aspectos afetos à união estável e, ainda, se omitem em relação ao direito real de habitação do companheiro. Essas questões foram relacionadas nos arts. 9º e 7º da Lei nº 9.278/96, respectivamente, que para a doutrina majoritária continuam em vigor, em virtude do silêncio do CC/2002.

Além disso, vale lembrar os arts. 1.694 e ss. do CC que regulam os alimentos também entre os companheiros. E, ainda, o sempre polêmico art. 1.790 do CC/2002, finalmente, declarado inconstitucional pelo STF, em 10/5/2017, nas decisões do RE 878.694/MG e RE 646.721/RS.

O art. 1.723 do CC apresenta, em formato de cláusula geral, os contornos da união estável com os seguintes dizeres: "É reconhecida como entidade familiar a união estável entre o homem e a mulher, configurada na convivência pública, continua e duradoura e estabelecida com o objetivo de constituição de família".

Em análise ao artigo retro mencionado e a outros dispositivos legais, oportunas são as seguintes conclusões:

1ª) A literalidade do art. 1.723 do CC exige a diversidade de sexos para a configuração da união estável. Todavia, a premissa legal deixou de ser considerada em 5/5/2011, quando o STF decidiu na ADIn nº 4277 e na ADPF nº 132, pelo reconhecimento da **união estável entre pessoas do mesmo sexo.** Em decorrência dessas manifestações, decisões outras se fizeram notar no sentido de se converter uniões estáveis homoafetivas preexistentes em casamentos, o fundamento foi exatamente a necessidade de se aplicar à união estável homoafetiva os mesmos efeitos da união estável heteroafetiva. Nessa senda, vale menção a dois enunciados do CJF, aprovados na V Jornada de Direito Civil. São eles:

Enunciado nº 524, CJF: As demandas envolvendo união estável entre pessoas do mesmo sexo constituem matéria de Direito de Família.

Enunciado nº 526, CJF: É possível a conversão da união estável entre pessoas do mesmo sexo em casamento, observados os requisitos exigidos para a respectiva habilitação.

---

[7] Rodrigo da Cunha Pereira, sobre o assunto, diz que "por mais que a união seja o espaço do 'não instituído', à medida que é regulamentada, vai ganhando contornos de casamento. Com isso, aos poucos, vai deixando de ser uma 'união livre', como, aliás, muitas vezes denominada, para ser uma união 'amarrada' às regras impostas pelo Estado. Este é paradoxo com o qual teremos que aprender a conviver: ao mesmo tempo em que não queremos a intervenção do Estado em nossas relações mais íntimas, buscamos sua interferência para lhe dar legitimidade e proteger a parte economicamente mais fraca. Com isso, aqueles que não querem se adequar às formalidades e regras do casamento civil ficam sem alternativa, pois a regulamentação da união estável está cada vez mais próxima à de um casamento formal". PEREIRA, Rodrigo da Cunha. Da União Estável. In: DIAS, Maria Berenice; PEREIRA, Rodrigo da Cunha (Coords.). *Direito de Família e o Novo Código Civil*. Belo Horizonte: Del Rey, 2003. p. 270.

Cap. 88 – DA UNIÃO ESTÁVEL

2ª) Inexistência de lapso temporal mínimo para a configuração da união estável. A Lei nº 8.971/94 que exigia o prazo mínimo de cinco anos de convivência já havia sido revogada pela Lei nº 9.278/96. A ausência de prazo se manteve no art. 1.723 do CC.

3ª) Inexistência de impedimentos matrimoniais. O que se quer dizer é que os pretensos companheiros, para serem considerados assim, deveriam poder se casar entre si. Assim dispõe o § 1º do art. 1.723 do CC: "A união estável não se constituirá se ocorrerem os impedimentos do art. 1.521; não se aplicando a incidência do inciso VI no caso de a pessoa casada se achar separada de fato ou judicialmente". Notamos que o legislador peca ao impor que o casamento é que deve apresentar as balizas norteadoras para a configuração da união estável.[8] Enfim, os impedimentos do casamento previstos no art. 1.521 do CC também se apresentam obstativos da união estável. Caso se constate a união de duas pessoas a violar os impedimentos mencionados, constatar-se-á a configuração do que se denomina de concubinato, conforme dispõe o art. 1.727 do CC.[9] Vale notar que o já mencionado § 1º do art. 1.723 do CC admite, excepcionalmente, a configuração da união estável se o impedimento matrimonial violado for aquele previsto no inc. VI do art. 1.521 do CC, isto é, se a pessoa casada se encontrar separada de fato ou judicialmente. Devemos, todavia, ampliar a interpretação do dispositivo, acrescentado, ainda, a pessoa separada extrajudicialmente, em conformidade com a Lei nº 11.441/2007.

4ª) A existência de qualquer causa suspensiva do casamento (art. 1.523, CC) não impede a configuração da união estável. Sabemos que o casamento contraído diante de qualquer causa que o suspenda implica a incidência do regime de separação obrigatória de bens, conforme se depreende do art. 1.641, I, CC. Todavia, essa mesma sanção não pode ser aplicada quando da concretização da união estável. Isso porque o art. 1.641, do CC se refere apenas ao casamento e se traduz em norma restritiva de direito que exigirá, por conseguinte, interpretação restritiva.[10] Nada obstante, o STJ na decisão do REsp 646. 259-RS entendeu que o regime a ser aplicado à união estável entre septuagenários é o da separação obrigatória sob o fundamento da necessidade de equiparação da união estável com o casamento. Questão interessante se extrai da situação em que a união estável se iniciou antes de o convivente completar 70 anos e, posteriormente, essa

---

8   De acordo com Renata Barbosa de Almeida e Walsir Rodrigues Júnior: "Mais uma vez, portanto, está-se diante de um pressuposto decorrente da ideia – compreensível, mas infeliz – historicamente constante de tratar a união estável sob os moldes do casamento". BARBOSA, Renata de Almeida; RODRIGUES JÚNIOR, Walsir Edson. *Direito Civil:* Famílias. 2. ed. São Paulo: Atlas, 2012. p. 286.

9   Art. 1.727, CC: "As relações não eventuais entre o homem e a mulher, impedidos de casar, constituem concubinato".

10 Nesse sentido, *vide* DELGADO, Mário Luiz. A união estável septuagenária e o regime da separação obrigatória de bens. Disponível em: <http://m.migalhas.com.br/depeso/215999/a-inião-estavel-septuagenaria-e-o-regime-da-separacao-obrigatoria>. Acesso em: 21 nov. 2017.

união se converte em casamento quando o cônjuge já havia alcançado o limite etário para a imposição do regime da separação obrigatória de bens, prevista no art. 1.641, II, CC. No julgamento do REsp 918.643-RS, em 2011, o STJ se manifestou, por maioria dos votos, no sentido de que o reconhecimento da união estável anterior ao casamento é suficiente para afastar a norma restritiva do regime da separação obrigatória de bens. Posteriormente, em 2014, o STJ, por unanimidade da 3ª Turma, consolidou o posicionamento de que o regime da separação obrigatória de bens deve ser afastado, pois, se o casamento tivesse sido celebrado desde o início do relacionamento, ainda não haveria a obrigatoriedade da separação de bens. Esse posicionamento foi mantido, em decisão unânime, pela 4ª Turma do STJ, em dezembro de 2016, oportunidade em que a Relatora do caso, a Ministra Isabel Gallotti expôs: "Como sabido, a intenção do legislador foi proteger o idoso e seus herdeiros necessários dos casamentos realizados por interesse estritamente econômico. Em que pese a existência de controvérsia doutrinária e jurisprudencial acerca da constitucionalidade do artigo ora em comento, mencionada no voto condutor do acórdão recorrido, tema de competência do Supremo Tribunal Federal, penso que o caso em análise demanda apenas a sua interpretação teleológica, de modo a compatibilizar o sentido da lei com os princípios dispostos no ordenamento jurídico, à luz do caso concreto" (STJ, REsp 1.318.281-PE, j. 1/12/2016).

5ª) **Não se exige a coabitação dos companheiros sob mesmo teto para que se configure a união estável.** A Súmula nº 382 do STF[11] já se manifestava nesse sentido e a jurisprudência do STJ a corrobora.[12]

---

[11] Súmula nº 382, STF: "A vida em comum sob o mesmo teto, *more uxorio*, não é indispensável à caracterização do concubinato". Auxiliando na interpretação da referida súmula, Renata Barbosa de Almeida e Walsir Rodrigues Júnior fornecem as seguintes informações: "De início, sublinhe--se que esse posicionamento do STF data de 1964. Trata-se de uma época em que a união estável não era juridicamente tida por uma espécie familiar. A própria denominação utilizada foi concubinato a significar mera companhia de cama. Dessa forma, justifica-se que à situação se tenham negado características inerentes à família, como sinais de consistência, de estabilidade. Como se pressupunha ser o concubinato uma típica hipótese de descompromisso, a vida em comum sob o mesmo teto foi crida por um evento incompatível. É perceptível que a coabitação, no enunciado, é indicada como símbolo de comprometimento. Isso porque, inclusive, vem seguida da expressão *more uxório* que denota viver maritalmente ou, dito de outra forma, conviver em estado de casado ou em estado de família conjugal. De fato, viver sob o mesmo teto é tomado como representante do ânimo de constituição familiar e, sendo assim, dispensá-lo no concubinato era negar que os concubinos tivessem essa pretensão e, por consequência, negar que formavam família entre si. Naquele contexto, era nisso que se cria. Por outro lado, é relevante salientar que todos os precedentes jurisprudenciais embasadores do enunciado se referem à ação de investigação de paternidade (...). Isso quer dizer que as discussões geradoras do posicionamento do STF se resumiram na busca de indicadores de um mero estado fático de relações íntimas entre o casal. Também por isso, então, creu-se dispensável a coabitação e a pretensão de constituição familiar que ela pudesse representar. Tendo-se por objetivo apenas confirmar que o concubino era pai do filho da concubina, era realmente bastante notar que o casal matinha relacionamento que implicasse relações sexuais". BARBOSA, Renata de Almeida; RODRIGUES JÚNIOR, Walsir Edson. *Direito Civil*: Famílias. 2. ed. São Paulo: Atlas, 2011. p. 299-300.

[12] AgRg no AREsp 649.786-GO, Rel. Ministro Marco Aurélio Bellizze, Terceira Turma, julgado em 4/8/2015, *DJe* 18/8/2015; AgRg no AREsp 223.319-RS, Rel. Ministro Sidnei Beneti, Ter-

Cap. 88 – DA UNIÃO ESTÁVEL

6ª) Objetivo de constituir família. O *intuitu familiae*, elemento esse de natureza subjetiva, é fator crucial para distinguir a união estável de um namoro. Todavia, ressalte-se que não basta a intenção das pessoas envolvidas no relacionamento. De acordo com Renata Barbosa de Almeida e Walsir Rodrigues Júnior:

Do contrário, vários namorados, ou mesmo noivos, apaixonados, poderiam alegar que vivem em união estável. Ao lado desse ânimo de comprometimento é preciso que uma compatível situação fática já seja concreta, não bastando apenas ser projetada, ainda pendente de efetivação. (...) O ânimo é subjetivo, mas se exterioriza objetivamente, vinculando o agente ao seu próprio comportamento. Logo, quando sua postura demonstrar, de maneira inequívoca, o objetivo de estabelecer uma entidade familiar, não pode servir para contrariá-la sua mera alegação negativa.[13]

7ª) Estabilidade. Para que se configure a união estável, a convivência entre os companheiros deverá ser contínua e duradoura, como se depreende do próprio art. 1.723, CC. Em verdade, essa estabilidade exigida para a concretização de uma união estável é requisito conformador de qualquer entidade familiar. Apenas aquilo que é perene terá o condão de formar e moldar as personalidades e as identidades das pessoas envolvidas naquela entidade familiar. O legislador logo demonstrou a sua preocupação com requisito da estabilidade na Lei nº 8.971/94, ao exigir o lapso temporal de convivência de no mínimo cinco anos ou a exigência de prole em comum para a configuração da união estável. Posteriormente, a Lei nº 9.278/96 revogou o parâmetro objetivo que se destinava a apresentar o que seria a estabilidade para adotar um parâmetro mais flexível, o que foi mantido no art. 1.723, CC.

8ª) Publicidade ou Ostensibilidade. A união convivencial deverá se manifestar de forma pública. Para se alcançar os contornos exatos de tal proposição, basta se promover uma análise às avessas, isto é, a união cogitada não pode ocorrer de todo às ocultas ou clandestinamente. É claro que quando o art. 1.723 do CC exige que a convivência deverá ser pública para que se configure a união estável não se trata de "um requisito mortal, excessivamente rigoroso".[14] Em verdade, a publicidade é filhote que decorre da própria estabilidade. Assim, ainda que a publicidade não seja elementarmente constatada em alguns grupos com os quais os conviventes

---

ceira Turma, julgado em 18/12/2012, *DJe* 4/2/2013; AgRg no AREsp 59.256-SP, Rel. Ministro Massami Uyeda, Terceira Turma, julgado em 18/9/2012, *DJe* 4/10/2012; AgRg nos Edcl no REsp 805.265-AL, Rel. Ministro Vasco Della Giustina (Desembargador convocado do TJ/RS), Terceira Turma, julgado em 14/9/2010, *DJe* 21/9/2010.

[13] BARBOSA, Renata de Almeida; RODRIGUES JÚNIOR, Walsir Edson. *Direito Civil:* Famílias. 2. ed. São Paulo: Atlas, 2011. p. 295-296.

[14] FARIAS, Cristiano Chaves de; ROSENVALD, Nelson. *Curso de Direito Civil.* Famílias. 7. ed. São Paulo: Atlas, 2015. p. 457.

se apresentam, como, por exemplo, no âmbito profissional, ela poderá se fazer notar em grupos sociais mais íntimos.

4. OS EFEITOS DA UNIÃO ESTÁVEL

No que se refere aos **efeitos pessoais da união estável**, o art. 1.724 do CC apresenta os **deveres dos companheiros**. Socorrendo-nos de um quadro comparativo entre os deveres decorrentes da união estável e os deveres do casamento, visualizamos o seguinte:

Deveres dos companheiros (art. 1.724, CC)	Deveres dos cônjuges (art. 1.566, CC)
As relações pessoais entre os companheiros obedecerão aos deveres de lealdade, respeito e assistência, e de guarda, sustento e educação dos filhos.	São deveres de ambos os cônjuges: I – fidelidade recíproca; II – vida em comum, no domicílio conjugal; III – mútua assistência; IV – sustento, guarda e educação dos filhos; V – respeito e consideração mútuos.

Diante da comparação projetada, percebemos que a união estável deve se pautar na lealdade, ao passo que, em relação ao casamento, o vetor é a fidelidade. É certo que a lealdade é termo mais amplo do que a fidelidade, sendo essa última mais restrita ou rigorosa a delimitar os perímetros do relacionamento afetivo. Desse modo, é como se na união estável houvesse uma "maior liberdade" a nortear a relação dos companheiros.

Além disso, enquanto o casamento exige a "vida em comum, no domicílio conjugal", há muito já se sabe que o referido requisito não se faz presente para a configuração da união estável. Para tanto, basta conferir a Súmula nº 382 do STF que dispõe: "A vida em comum sob o mesmo teto, *more uxorio*, não é indispensável à caracterização do concubinato".

Já a assistência, o respeito, a consideração e o dever de sustento, guarda e educação dos filhos são parâmetros projetados para as duas entidades familiares, quais sejam, a união estável e o casamento, não se podendo, pois, prescindir de qualquer um deles.

No **seio patrimonial**, o art. 1.725 do CC dispõe: "Na união estável, salvo contrato escrito entre os companheiros, aplica-se às relações patrimoniais, no que couber, o regime da comunhão parcial de bens".

O contrato mencionado é comumente denominado de **"contrato de convivência"**. Acerca desse ato negocial e do dispositivo legal citado, valem as seguintes ponderações:

- Não se pode admitir que um pretenso "contrato de namoro" pretenda o afastamento da união estável quando presentes os necessários elementos fáticos a estabelecer o contrário. Desse modo, prevalece a premissa *in dubio pro familia*.

Cap. 88 – DA UNIÃO ESTÁVEL

- Além do reconhecimento da união estável, o regime de bens a reger essa entidade familiar poderá ser escolhido pelos conviventes no contrato de convivência. Caso não seja eleito nenhum regime, aplicar-se-á o regime da **comunhão parcial de bens**. Esse é o regime legal da união estável.[15]
- O art. 1.725 do CC, ao estabelecer que se aplica "no que couber" o regime da comunhão parcial de bens, se refere, por exemplo, à desnecessidade de outorga convivencial referenciada no art. 1647, CC.[16]

O contrato de convivência poderá ser feito por instrumento particular ou público. Caso seja feito por instrumento particular, é possível o seu registro no Cartório de Títulos e Documentos. Ao revés, poderá ser feito por instrumento público no Cartório de Notas. O STJ, na decisão do REsp 1.459.597-SC, Rel. Min. Nancy Andrigui, j. 1/12/2016, se manifestou pela validade, desde que escrito, do pacto de convivência formulado pelo casal, no qual se opta pela adoção da regulação patrimonial da futura relação como símil (igual) ao regime de comunhão universal, ainda que não tenha sido feito por meio de escritura pública.

5. A CONVERSÃO DA UNIÃO ESTÁVEL EM CASAMENTO

A norma constitucional prevê a facilitação conversão da união estável em casamento e o CC/2002 em seu art. 1.726 dispõe sobre a questão com os seguintes dizeres: "A união estável poderá converter-se em casamento, mediante pedido dos companheiros ao juiz e assento no Registro Civil".[17]

A facilitação da conversão prevista na CF/88, de fato, só ocorreria se isentasse os companheiros das formalidades que são próprias do casamento. Na verdade, estamos diante de um grande paradoxo, porque ínsita é ao casamento a formalidade de sua celebração. Daí se indaga acerca da necessidade de habilitação para

---

[15] Afasta-se, portanto, a prova de eventual esforço comum para a comunicação de bens. Nesse sentido, *vide* Enunciado nº 115, aprovado na I Jornada de Direito Civil, com o seguinte teor: "Há presunção de comunhão dos aquestos na constância da união extramatrimonial mantida entre os companheiros, sendo desnecessária a prova do esforço comum para se verificar a comunhão dos bens". Inclusive na decisão do REsp 1.689.152-SC, Rel. Min. Luis Felipe Salomão, por unanimidade, julgado em 24/10/2017, o STJ se manifestou no sentido de que o prêmio de loteria, recebido por ex-companheiro sexagenário, durante a relação de união estável, deve ser objeto de meação entre o casal (Informativo nº 616, STJ).

[16] Assim, a Súmula nº 332 do STJ que estabelece que a "fiança prestada sem autorização de um dos cônjuges implica a ineficácia total da garantia" aplica-se apenas ao casamento e não à união estável. Assim decidiu o STJ, no REsp 1.299.866-DF, Relator Min. Luis Felipe Salomão, j. 25/2/2014.

[17] Tece interessante crítica a esse assunto Rodrigo da Cunha Pereira quando trata do tema: "devemos refletir sobre o aspecto 'moralista' dessa norma (...). Está muito mais ligada a um valor moral que propriamente a um meio facilitador e prático para 'regularizar' uma relação sem vínculo formal. Converter em casamento tais uniões soa como uma 'salvação', que tiraria as pessoas de uma relação inferior, de segunda classe, para resgatar-lhes a dignidade com o casamento". PEREIRA, Rodrigo da Cunha. Da União Estável. In: DIAS, Maria Berenice; PEREIRA, Rodrigo da Cunha (Coords.) *Direito de Família e o Novo Código Civil*. Belo Horizonte: Del Rey, 2003. p. 268-269.

que ocorra a predita conversão. Diante da omissão do legislador, a doutrina se divide, com alguns autores se manifestando pela necessidade do procedimento administrativo (a habilitação), ao passo que outros, o dispensam.

Em verdade, a exigência do art. 1.726 do CC de procedimento judicial para que ocorra a conversão da união estável em casamento acaba por fornecer ares de inconstitucionalidade ao referido dispositivo, já que o que a CF/88 impõe é a "facilitação" da conversão da união estável em casamento, e não a sua "dificultação".[18] Os interessados na conversão, diante disso, acabam abandonando a ideia inicial e se mantêm em união estável ou simplesmente se casam diretamente, sem passar pelas formalidades da conversão que só dificultam o processo ao invés de facilitar como ordena a Constituição Federal.

A outro giro, poder-se-ia indagar acerca de a via administrativa ser o único caminho adequado à conversão pretendida. Acerca dessa possibilidade, vejamos as informações de inteiro teor de caso decidido pelo STJ:

> Cinge-se a controvérsia a reconhecer a existência de interesse de agir para a propositura de ação de conversão de união estável em casamento, considerando a possibilidade do procedimento ser efetuado extrajudicialmente. No que se refere ao art. 8º da Lei nº 9.278/96, de fato, uma interpretação literal do dispositivo supracitado levaria à conclusão de que a via adequada para a conversão de união estável em casamento é a administrativa. Consequentemente, seria possível afirmar que a via judicial só seria acessível aos contratantes quando for negado pedido extrajudicial, configurando verdadeiro pressuposto de admissibilidade. Ocorre, entretanto, que a norma prevista no referido artigo não se encontra isolada no sistema jurídico. Conforme se depreende da literalidade do seu art. 226, § 3º, a Constituição Federal optou por estabelecer que, de forma a oferecer proteção adequada à família, a lei deve facilitar a conversão de união estável em casamento. Assim, em vista da hierarquia do texto constitucional, a interpretação dos arts. 1.726, do CC e 8º da Lei nº 9.278/96 deve se dar em observância ao objetivo delineado constitucionalmente, qual seja, a facilitação da conversão de modalidade familiar. Observa-se quanto aos artigos ora em análise que não há, em nenhum deles, uma redação restritiva ou o estabelecimento de uma via obrigatória ou exclusiva, mas, tão somente, o oferecimento de opções: o art. 8º da Lei nº 9.278/96 prevê a opção de se obter a conversão pela via extrajudicial, enquanto o art. 1.726, do CC/2002 prevê a possibilidade de se obter a conversão pela via judicial. Ainda, considerando que a Lei nº 9.278/96 é anterior ao Código Civil de 2002, a única interpretação que permite a coexistência entre as duas normas no sistema jurídico é a de que nenhuma delas impõe procedimento obrigatório. Entendimento contrário levaria à exclusão do art. 8º da referida lei do sistema jurídico, vez que a norma posterior revoga a anterior (REsp 1.685.937-RJ, Rel. Min. Nancy Andrighi, por unanimidade, julgado em 17/8/2017. Informativo nº 609).

---

[18] Diante disso, há quem entenda pela inconstitucionalidade de tal dispositivo. Ver GAMA, Guilherme Calmon Nogueira da. *O companheirismo*: uma espécie de família. 2. ed. São Paulo: Revista dos Tribunais, 2001. p. 538.

DAS RELAÇÕES DE PARENTESCO

1. O QUE É O PARENTESCO E COMO ELE SE MANIFESTA

O parentesco se traduz no vínculo jurídico que existe entre as pessoas em virtude de ostentarem a mesma origem genética (parentesco biológico); que existe entre o cônjuge ou companheiro e os parentes do outro (parentesco por afinidade[1]); e que existe em virtude de um liame civil.

O parentesco por mesma origem genética existe entre pessoas que guardem entre si um elo biológico, originando-se, pois, de um mesmo tronco familiar, sendo ilimitado na linha reta (ascendentes e descendentes) e na linha colateral ou transversal limitado até o quarto grau. Já o parentesco por afinidade, isto é, aquele existe entre o cônjuge ou companheiro e os parentes do outro, encontra seus perímetros nos ascendentes, nos descendentes e nos irmãos do cônjuge ou companheiro. Por fim, o parentesco civil decorrerá de outras origens tais como a adoção, a reprodução heteróloga (considerando o material genético de terceiro) e a socioafetividade. Nesse mote, vale conferir o Enunciado nº 103 do CJF:

> O Código Civil reconhece no art. 1.593, outras espécies de parentesco civil além daquele decorrente da adoção, acolhendo, assim, a noção de que há também parentesco civil no vínculo parental proveniente quer das técnicas de reprodução assistida heteróloga relativamente ao pai (ou mãe) que não contribuiu com seu material fecundante, quer dar socioafetividade, fundada na posse do estado de filho.

Além disso, o Enunciado nº 256 do CJF dispõe: "A posse do estado de filho (parentalidade socioafetiva) constitui modalidade de parentesco civil". E por fim, o Enunciado nº 519 do CJF: "O reconhecimento judicial do vínculo de parentesco em virtude de socioafetividade deve ocorrer a partir da relação entre

---

[1] Para Renata Barbosa de Almeida e Walsir Edson Rodrigues Júnior, não é correto dizer "parentesco por afinidade". Eis a explicação dos autores: "Em atenção às regras hermenêuticas, os parágrafos de um artigo de lei é que devem se submeter ao *caput*; não o contrário. Assim, como o *caput* do art. 1.595 usa o termo afinidade como substantivo e não como adjetivo de parentesco, parece adequado entender tratar-se de uma relação familiar autônoma em face desta última". ALMEIDA, Renata Barbosa de; RODRIGUES JÚNIOR, Walsir Edson. *Direito Civil. Famílias*. 2. ed. São Paulo: Atlas, 2012. p. 88.

pai (s) e filho(s), com base na posse do estado de filho, para que produza efeitos pessoais e patrimoniais".

Devemos registrar que não há parentesco entre marido/mulher e entre companheiros.

Assim podemos esquematizar:

Além disso, é importante notar que o parentesco poderá ocorrer na linha reta ou na linha colateral (também conhecida por linha transversal).

> Art. 1.591, CC: São parentes em linha reta as pessoas que estão umas para com as outras na relação de ascendentes e descendentes.
>
> Art. 1.592, CC: São parentes em linha colateral ou transversal, até o quarto grau, as pessoas provenientes de um só tronco, sem descenderem uma da outra.

Conclusão: o parentesco na linha reta é ilimitado, por exemplo, pai, avô, bisavô etc. Já o parentesco na linha colateral (ou transversal) é limitado ao quarto grau, por exemplo, irmão (2º grau), sobrinho (3º grau), tio (3º grau) etc.

Para contar os graus de parentesco na linha reta, consideram-se os graus de parentesco pelo número de gerações, e, na colateral, também pelo número delas, subindo de um dos parentes até ao ascendente comum, e descendo até encontrar o outro parente. Desse modo, não existe parente na linha colateral de 1º grau, pois será sempre necessário subir ao ascendente em comum.

Por exemplo, uma pessoa é parente de sua mãe na linha reta e esse parentesco será de 1º grau. Essa mesma pessoa é parente na linha colateral de seu irmão de 2º grau. Isso porque, nesse caso, para a contagem de graus, sobe-se ao ascendente em comum, por exemplo, a mãe (1º grau) e desce-se ao irmão (2º grau) e, assim, sucessivamente. A pessoa cogitada é parente de seu tio na linha colateral de 3º grau. Isso porque sobe-se ao grau da mãe (1º grau), depois ao do avô (que é o ascendente em comum), e, posteriormente, alcança-se o tio (3º grau).

No que diz respeito ao parentesco por afinidade, a lei limita o vínculo aos ascendentes, aos descendentes e aos irmãos do cônjuge ou companheiro (art. 1.595, § 1º, CC). Quando findo o casamento ou a união estável, findo será o cunhadio, isto é, a ligação afim colateral. Todavia, na linha reta, a afinidade não se extingue com a dissolução do casamento ou da união estável (art. 1.595, § 2º,

CC). O principal efeito disso é que essas pessoas não podem se casar,[2] nem constituir união estável.[3]

Ante tudo o que foi exposto, agora compreende-se o conteúdo da Súmula Vinculante nº 13:

> A nomeação de cônjuge, companheiro ou parente em linha reta, colateral ou por afinidade, até o terceiro grau, inclusive, da autoridade nomeante ou de servidor da mesma pessoa jurídica investido em cargo de direção, chefia ou assessoramento, para exercício de cargo em comissão ou de confiança ou, ainda, de função gratificada na administração pública direta e indireta em qualquer dos Poderes da União, dos Estados, do Distrito Federal e dos Municípios, compreendido o ajuste mediante designações recíprocas, viola a Constituição Federal.

2. DA FILIAÇÃO

A filiação é o vínculo jurídico específico entre ascendente e descendente que seja de 1º grau, isto é, entre pai e filho(a) ou entre mãe e filho(a). Atualmente, não se admite qualquer adjetivo (legítimo, ilegítimo, adulterino, bastardo, incestuoso etc.) acrescentado ao substantivo "filho". Assim, a CF/88 em seu art. 227, § 6º, estabelece: "Os filhos, havidos ou não da relação do casamento, ou por adoção, terão os mesmos direitos e qualificações, proibidas quaisquer designações discriminatórias relativas à filiação". Além disso, o art. 1.596 do CC dispõe: "Os filhos, havidos ou não da relação de casamento, ou por adoção, terão os mesmos direitos e qualificações, proibidas quaisquer designações discriminatórias relativas à filiação". Prevalece, então, a igualdade entre os filhos. Esse é um dos pilares do Direito de Família analisado na contemporaneidade.

Atualmente existem três critérios para aferir a filiação: o biológico, o jurídico e o socioafetivo.[4]

---

[2] *Vide* art. 1.521, II, CC.

[3] *Vide* art. 1.723, § 1º, CC.

[4] De acordo com Carlos Henrique Fernandes Guerra e César Fiuza, "pode-se concluir que nos últimos 100 (cem) anos, o tema paternidade/filiação variou excessivamente. A cada momento prevaleceu um sistema. Primeiramente, a presunção, em segundo a biologia e, por último, o afeto. Todas estas verdades existem no ordenamento jurídico atual e suas atuações irão depender do caso concreto". Os mesmos autores, mais adiante, relatam: "O ordenamento brasileiro atual recepciona os três critérios de determinação do vínculo paterno-filial. Cabe destacar que, em um primeiro momento, não há que se falar em choque entre esses critérios, visto que eles são coincidentes em inúmeros casos. O problema surge quando há divergências sobre qual dos critérios deve prevalecer. A conclusão possível é a de que não há uma regra geral para determinar qual verdade irá predominar. Deve-se observar o caso concreto e, somente após esta análise, será possível buscar o critério que melhor se encaixe ao caso proposto". FIUZA, César; GUERRA, Carlos Henrique Fernandes. Os conflitos entre os critérios de fixação do vínculo paterno-filial. In: QUEIROZ, Mônica; GUERRA, Carlos Henrique Fernandes; VIEIRA, Marcelo de Mello; SILLMANN, Marina Carneiro Matos (Orgs.) *Direito Civil em debate*: reflexões críticas sobre temas atuais. Belo Horizonte: Editora D´Plácido, 2016. p. 273.

O **critério biológico** se manifesta tendo em vista o elo genético constatado entre duas pessoas. Hoje o exame de DNA ostenta uma margem de segurança de 99,99% na definição deste elo genético.

O **critério jurídico** se manifesta por meio das presunções de paternidade estabelecidas no art. 1.597 do CC que serão analisadas adiante. Em princípio, importa notar que tem cabimento o adágio *pater is est quem justae nuptiae demonstrant* que quer significar que é presumida a paternidade do marido em relação ao filho gerado pela mulher casada. É comum denominar a regra abreviando-a para presunção *pater is est.*

Já o **critério socioafetivo** vislumbra a possibilidade de a paternidade decorrer de um vínculo social e afetivo apresentado por duas pessoas que ostentem os caracteres de pai e filho.[5]

A divergência entre a paternidade biológica e a declarada no registro de nascimento não é apta, por si só, para anular o ato registral, dada a proteção conferida a paternidade socioafetiva, de acordo com a 3ª Turma do STJ. Nessa decisão, o Tribunal da Cidadania se manifestou:

> Assim, esta Corte consolidou orientação no sentido de que para ser possível a anulação do registro de nascimento, é imprescindível a presença de dois requisitos, a saber: (i) prova robusta no sentido de que o pai foi de fato induzido a erro, ou ainda, que tenha sido coagido a tanto e (ii) inexistência de relação socioafetiva entre pai e filho. Acerca do primeiro pressuposto, "para que fique caracterizado o erro, é necessária a prova do engano não intencional na manifestação da vontade de registrar" (REsp 1.383.408-RS, Terceira Turma, *DJe* 30/5/2014). Nesse mesmo julgado, consignou-se que "não há erro no ato daquele que registra como próprio filho que sabe ser de outrem, ou ao menos tem sérias dúvidas sobre se é seu filho". Portanto, é preciso que, no momento do registro, o indivíduo acreditasse ser o verdadeiro pai biológico da criança. Já no que concerne ao segundo requisito, ressalte-se que a constante instabilidade e volatilidade das relações conjugais em nossa sociedade atual não podem e não devem impactar as relações de natureza filial que se constroem ao longo do tempo e independem do vínculo de índole biológica, pois "o assentamento no registro civil a expressar o vínculo de filiação

---

[5] A doutrina de uma maneira geral reconhece que a filiação socioafetiva se entrelaça com a noção de posse de estado de filho. Todavia, Renata Barbosa de Almeida e Walsir Edson Rodrigues Júnior reconhecem uma sutil diferença entre as duas expressões. Nas palavras dos autores: "A posse do estado materno ou paterno-filial se funda em três elementos principais, quais sejam, *tractatus, nomen* e *fama.* O primeiro envolve o comportamento dos sujeitos entre si. A forma de se tratarem deve ser suficiente a demonstrar que o pai ou a mãe tem por filho o outro e vice-versa. A provisão de assistência material e psíquica, sobretudo, representa valioso aspecto para tal revelação. O segundo elemento atine à utilização, pelo filho, do patronímico do pai ou da mãe. O nome de família é um significativo indício da existência do vínculo de filiação. O último elemento, enfim, refere-se ao conhecimento público sobre a relação paterno-filial. (...) Para além da posse de estado, porém, entende-se que a filiação socioafetiva requer um outro pressuposto principal: a unívoca intenção daquele que age como se genitor(a) fosse de se ver juridicamente instituído pai ou mãe. Assim porque nem todo aquele que trata alguém como se filho fosse quer torná-lo juridicamente seu filho". ALMEIDA, Renata Barbosa de; RODRIGUES JÚNIOR, Walsir Edson. *Direito Civil.* Famílias. 2. ed. São Paulo: Atlas, 2012. p. 364-365.

em sociedade nunca foi colocado tão à prova como no momento atual, em que, por meio de um preciso e implacável exame de laboratório, pode-se destruir verdades construídas e conquistadas com afeto" (REsp 1.003.628-DF, 3ª Turma, *DJe* 10/12/2008). A filiação socioafetiva representa um fenômeno social que, a despeito da falta de previsão legal, foi acolhido pela doutrina e jurisprudência, a fim de albergar os vínculos afetivos fundados em amor, carinho, atenção, dedicação, preocupações, responsabilidades etc.[6]

Retomando o **critério jurídico de filiação,** as presunções de paternidade estão no Código Civil, quando o art. 1.597 estabelece que se presumem concebidos na constância do casamento os filhos:

I) Nascidos 180 dias, pelo menos, depois de estabelecida a convivência conjugal. Trata-se de presunção relativa, que admite prova em sentido contrário, máxime por meio do exame de DNA.

II) Nascidos nos 300 dias subsequentes à dissolução da sociedade conjugal, por morte, separação judicial, nulidade e anulação do casamento. Trata--se de outra presunção relativa, que admite prova em contrário, tendo cabimento também o exame de DNA para afastá-la. Em complemento o art. 1.598 do CC: "Salvo prova em contrário, se, antes de decorrido o prazo previsto no inciso II do art. 1.523, a mulher contrair novas núpcias e lhe nascer algum filho, este se presume do primeiro marido, se nascido dentro dos trezentos dias a contar da data do falecimento deste e, do segundo, se o nascimento ocorrer após esse período e já decorrido o prazo a que se refere o inciso I do art. 1.597".

III) Havidos por fecundação[7] artificial homóloga, mesmo que falecido o marido. A fecundação artificial homóloga ocorre com o material genético dos próprios cônjuges. Problema surge diante da proposição do referido inciso que admite tal possibilidade ainda que o marido já tenha falecido. Há quem se manifeste pela violação ao princípio da paternidade responsável de linhagem constitucional. Assim, o Enunciado nº 106 do CJF estabelece que: "Para que seja presumida a paternidade do marido falecido, será obrigatório que a mulher, a se submeter a uma das técnicas de reprodução assistida com o material genético do falecido, esteja na condição de viúva, sendo obrigatório, ainda, que haja autorização escrita do marido para que utilize seu material genético após sua morte". A Resolução nº 2.013/2013 do Conselho Federal de Medicina exige também a autorização do marido falecido. Indaga-se acerca de a pessoa falecida ser a esposa e o marido ou companheiro viúvo pretender se valer da fecundação artificial homóloga por meio da maternidade por substituição. Acerca dessa questão, foi aprovado na VIII Jornada

---

6 STJ, REsp 1.829.093-PR, Rel. Min. Nancy Andrighi, Terceira Turma, por unanimidade, julgado em 1/6/2021 (Informativo nº 699).

7 Ana Cláudia Silva Scalquette apresenta a diferenciação entre inseminação e fecundação: *"Inseminar* vem de *inseminare* – que significa colocação do sêmen dentro da mulher. Fecundar, por sua vez tem origem no verbo fecundare, traduzindo a fase de fertilização do óvulo pelo espermatozoide". SCALQUETTE, Ana Cláudia Silva. *Família e Sucessões.* 7. ed. São Paulo: Atlas, 2014. p. 88.

de Direito Civil, o Enunciado nº 633, que estabeleceu: "É possível ao viúvo ou ao companheiro sobrevivente, o acesso à técnica de reprodução assistida póstuma – por meio da maternidade de substituição, desde que haja expresso consentimento manifestado em vida pela sua esposa ou companheira". Sendo que a justificativa apresentada para o enunciado foi: "Nos casos de reprodução assistida homóloga – inclusive após o falecimento de um dos dois –, apesar do silêncio da norma codificada (CC, art. 1.597, III), deve haver manifestação de consentimento expresso do casal de modo a conferir segurança ao procedimento de reprodução assistida que poderá ser realizado mesmo após o falecimento do marido. Da mesma forma, ainda que a pessoa falecida seja a esposa, será possível que o viúvo venha a ter acesso à reprodução assistida póstuma desde que obviamente através da maternidade de substituição com outra mulher emprestando gratuitamente seu corpo para a gestação. Com base no princípio da igualdade entre os cônjuges (marido e esposa) em direitos e deveres (CF, art. 226, § 5º) – o que também se aplica aos companheiros –, a mulher pode expressamente autorizar que seu material fecundante congelado possa ser utilizado mesmo após a sua morte, permitindo que seu marido (ou companheiro) venha a concretizar o projeto parental do casal. Conclui-se, portanto, que também nos casos de reprodução assistida homóloga é indispensável o consentimento do casal, o que se reforça em matéria de reprodução póstuma quanto ao uso do material fecundante congelado".

IV) Havidos, a qualquer tempo, quando se tratar de embriões excedentários, decorrentes de concepção artificial homóloga. Nessa hipótese, mencionam-se os embriões que remanesceram e foram criopreservados, de modo que a concepção ocorrerá in vitro (na proveta), fora do corpo da mulher.[8]

V) Havidos por inseminação artificial heteróloga, desde que tenha prévia autorização do marido. A inseminação cogitada neste inciso é aquela que decorre de material genético de terceiro. Menciona-se como exemplo o caso de doação de sêmen. Nessa hipótese, inclusive, vale lembrar que de acordo com o Enunciado nº 111 do CJF não poderá haver a quebra do sigilo do doador, não cabendo, por conseguinte, ação de investigação de paternidade e ação de alimentos. No âmbito médico, esse posicionamento também prevalece, tendo sido consignado na Resolução nº 2.013/2013.

---

[8] "A propósito, a 4º Turma do STJ entendeu que a declaração posta em contrato padrão de prestação de serviços de reprodução humana é instrumento absolutamente inadequado para legitimar a implantação *post mortem* de embriões excedentários, cuja autorização, expressa e específica, deve ser efetivada por testamento ou por documento análogo, de modo que, os contratos de prestação de serviço de reprodução assistida firmados são instrumentos absolutamente inadequados para legitimar a implantação *post mortem* de embriões excedentários, cuja autorização, expressa e específica, deveria ter sido efetivada por testamento, ou por documento análogo, por tratar de disposição de cunho existencial, sendo um de seus efeitos a geração de vida humana" (REsp 1.918.421-SP, Rel. Min. Marco Buzzi, Rel. Acd. Min. Luis Felipe Salomão, Quarta Turma, por maioria, julgado em 8/6/2021, *DJe* 26/8/2021. Informativo nº 706).

Os incisos III, IV e V previstos no art. 1.597 do CC retromencionados devem ser estendidos à união estável. Nesse sentido, foi aprovado o Enunciado n° 570, na VI Jornada de Direito Civil, que apresenta o seguinte teor:

O reconhecimento de filho havido em união estável fruto de técnica de reprodução assistida heteróloga *a patre* consentida expressamente pelo companheiro representa a formalização do vínculo jurídico de paternidade-filiação, cuja constituição se deu no momento do início da gravidez da companheira.

O STJ já se manifestou nesse mesmo sentido na decisão do REsp 1.194.059-SP, Rel. Min. Massami Uyeda, julgado em 6/11/2012.

Para os casos em que se exija a autorização do marido, pretensa revogação superveniente não terá valor. Vários argumentos fundamentam esse posicionamento, tais como a vedação de comportamento contraditório, a igualdade entre os filhos, o princípio do melhor interesse da criança e a presunção absoluta de paternidade, conforme Enunciado n° 258 do CJF, que dispõe o seguinte: "Não cabe a ação prevista no art. 1.601 do Código Civil se a filiação tiver origem em procriação assistida heteróloga, autorizada pelo marido nos termos do inciso V do art. 1.597, cuja paternidade configura presunção absoluta".

Além disso, as técnicas de reprodução assistida devem ser estendidas aos casais homoafetivos. Essa questão já havia sido pacificada, no âmbito médico, na Resolução n° 2.013/2013 do Conselho Federal de Medicina (e também na Resolução n° 1.957/2010, que lhe antecedeu). No âmbito jurídico, a questão também parece estar solucionada desde que o STF reconheceu a união homoafetiva como mais uma entidade familiar.

Por fim, devemos lembrar que as presunções constantes do art. 1.597, III, IV e V, do CC devem ser interpretadas restritivamente, não abrangendo a utilização de óvulos doados e a gestação de substituição, essa última conhecida como "barriga de aluguel", conforme Enunciado n° 257 do CJF.

Nada obstante a denominação comumente divulgada, não se admite que a gestação por substituição ocorra onerosamente, conforme Resolução n° 2.013/2013 do CFM, sendo que a prática apenas poderá ocorrer no âmbito familiar, considerando parentesco de até o quarto grau e a limitação de idade de até 50 anos. De acordo com o Enunciado n° 129 do CJF será considerada mãe a mulher que forneceu o material genético, e não a mulher que gerou o bebê. Hoje admite-se que um casal homoafetivo de mulheres faça uso da prática de gestação por substituição associada à fecundação artificial heteróloga. Inclusive, isso é o que reconhece expressamente a Resolução n° 2.013/2013.

Visto tudo isso, caso o pretenso pai consiga provar a sua impotência *generandi* quando da concepção, será afastada a presunção de paternidade, conforme preceitua o art. 1.599 do CC.[9]

---

[9] De acordo com Carlos Roberto Gonçalves, "só a impotência *generandi* (não a *coeundi* ou instrumental) pode ser arguida pelo marido, provando a ausência total de espermatozoides em seu líquido seminal (azoospermia). A mutilação, que poderia ser uma espécie de impotência

A extensão da presunção de paternidade ofertada pela lei é tão grande que não basta o adultério da mulher, ainda que confessado, para ilidir a presunção legal da paternidade e, tampouco, basta a confissão materna para excluir a paternidade, conforme arts. 1.600 e 1.602 do CC.

Sabido que existe a paternidade socioafetiva oriunda do vínculo social e afetivo ostentado por duas pessoas que se tratam mutuamente de pai e filho, causa estranheza a previsão do art. 1.601 do CC que assim relata: "Cabe ao marido o direito de contestar a paternidade dos filhos nascidos de sua mulher, sendo tal ação imprescritível". Além disso, o parágrafo único do referido artigo dispõe: "Contestada a filiação, os herdeiros do impugnante têm direito de prosseguir na ação".

A perpetuidade do pleito da negatória de paternidade prevista no art. 1.601 do CC acaba por se esquecer da paternidade sociofetiva, modalidade essa de filiação tão festejada na contemporaneidade. Não é sem motivo, então, que o Enunciado nº 339 do CJF se manifesta pela impossibilidade de se romper a paternidade socioafetiva tendo-se em vista o melhor interesse do filho. E nesse mesmo sentido o Enunciado nº 520 do CJF dispõe: "O conhecimento da ausência de vínculo biológico e a posse de estado de filho obstam a contestação da paternidade presumida". Nesse mote, constata-se situação relativamente corriqueira que é aquela em que um homem reconhece a paternidade do filho de sua mulher sabedor de que não é o seu pai consanguíneo, dando ensejo ao que se denomina de "adoção à brasileira", relação essa que se perpetua por vários anos até o relacionamento com a mãe da criança chegar ao fim, e esse homem que até então se portava como pai nesse momento recua querendo desfazer o liame de filiação que ele mesmo um dia quis estabelecer. Nesse caso, a ação negatória de paternidade ajuizada por esse homem deve ser julgada parcialmente procedente, na medida em que, nada obstante reconheça que não há vinculo biológico entre o pai e o filho, decida pela impossibilidade de ser desfeito o elo socioafetivo ostentado pelos dois.

Diante dessa questão, surge a seguinte questão: qual filiação deverá prevalecer? A biológica ou a socioafetiva?

Estamos alinhados à doutrina que se manifesta pela possibilidade de **multiparentalidade**. Pelo termo "multiparentalidade" reconhece-se que não há problemas em a pessoa apresentar mais de um pai ou mais de uma mãe em seu registro civil. Fácil entender isso, a partir do momento em que se admite uma sociedade plural e, como corolário lógico dessa, também se deve reconhecer a família plural. Nesse mote, a pluralidade paterna ou materna reverberará no âmbito alimentar e sucessório da melhor maneira possível para o filho, velando pelo seu melhor interesse.[10]

Nesse sentido, foi aprovado o Enunciado nº 632, na VIII Jornada de Direito Civil, com o seguinte teor: "Nos casos de reconhecimento de multiparentalidade

---

instrumental, inviabiliza a fecundação natural pela impossibilidade de ejaculação, mas não a inseminação artificial". GONÇALVES, Carlos Roberto. *Direito de Família*. 20. ed. São Paulo: Saraiva, 2017. p. 108.

[10] Admite-se aqui a projeção no âmbito jurídico de velha epígrafe machadiana: "Antes pecar pelo excesso, do que pela falta".

paterna ou materna, o filho terá direito à participação na herança de todos os ascendentes reconhecidos". Esse posicionamento foi reconhecido também no RE 898.060, com repercussão geral reconhecida, e no REsp 1.618.230-RS. Nessa toada, a 4ª Turma do STJ se manifestou no sentido de que "na multiparentalidade deve ser reconhecida a equivalência de tratamento e de efeitos jurídicos entre as paternidades biológica e socioafetiva".[11]

Anteriormente, o STJ já havia reconhecido no REsp 1.608.005-SC que é possível a inclusão de dupla paternidade em assento de nascimento de criança concebida mediante as técnicas de reprodução assistida heteróloga e com gestação por substituição, não configurando violação ao instituto da adoção unilateral.[12]

Já existia o Provimento 63 do CNJ, de 14/11/2017, que dispunha, dentre outros assuntos do reconhecimento voluntário e da averbação da paternidade e maternidade socioafetiva. Posteriormente, foi editado o Provimento nº 83, que promoveu alterações consideráveis no Provimento anterior, versando sobre a parternidade socioafetiva e a multiparentalidade no Cartório de Registro Civil. As alterações do último Provimento podem ser resumidas a:

- limitação do reconhecimento aos maiores de 12 anos;
- se o filho for menor de 18 anos, para que ocorra reconhecimento da filiação socioafetiva, deverá haver o seu consentimento (antes do novo provimento, esse consentimento era para o filho maior de 12 anos);

---

[11] STJ, REsp 1.487.596-MG, Rel. Min. Antonio Carlos Ferreira, Quarta Turma, por unanimidade, julgado em 28/9/2021, *DJe* 1/10/2021. Informativo nº 792.

[12] "Segundo o Tribunal de origem, trata-se de reprodução assistida entre irmã, doadora, e pai biológico, com companheiro estável em união homoafetiva. O companheiro pretendeu a declaração da paternidade socioafetiva da recém-nascida, reconhecendo-se, assim, a dupla paternidade da menina. No caso, a pretensão era de inclusão de dupla paternidade em assento de nascimento de filho havido por técnicas de reprodução assistida, e não destituição de um poder familiar reconhecido pelo pai biológico. Na Primeira Jornada de Direito Civil, a questão foi debatida, conforme Enunciado nº 111, destacando-se que o instituto da adoção e da reprodução assistida heteróloga atribuem a condição de filho ao adotado e à criança resultante de técnica conceptiva. Na oportunidade, foi feita uma diferenciação, no sentido de que, enquanto na adoção, haverá o desligamento dos vínculos, na reprodução assistida heteróloga sequer será estabelecido o vínculo de parentesco entre a criança e o doador do material fecundante. Assim, em não havendo vínculo de parentesco com a doadora genitora, há tão somente a paternidade biológica da criança, registrada em seus assentos cartorários, e a pretensão declaratória da paternidade socioafetiva pelo companheiro. O conceito legal de parentesco e filiação tem sido objeto de grandes transformações diante da nova realidade fática, em especial, das técnicas de reprodução assistida e da parentalidade socioafetiva, impondo, assim, ao intérprete da lei uma nova leitura do preceito legal contido no artigo 1.593 do Código Civil de 2002, especialmente da parte final do seu enunciado normativo, *verbis*: o parentesco é natural ou civil, conforme resulte de consanguinidade ou outra origem. Dessa forma, a reprodução assistida e a paternidade socioafetiva constituem nova base fática para incidência do preceito 'ou outra origem'. Ademais, o Supremo Tribunal Federal, no julgamento RE 898.060/SC, enfrentou, em sede de repercussão geral, os efeitos da paternidade socioafetiva, declarada ou não em registro, permitindo implicitamente o reconhecimento do vínculo de filiação concomitante baseada na origem biológica" (REsp 1.608.005-SC, Rel. Min. Paulo de Tarso Sanseverino, Terceira Turma, por unanimidade, julgado em 14/5/2019, *DJe* 21/5/2019).

- inclusão de critérios objetivos para a caracterização do vínculo socioafetivo;
- necessidade de atuação do Ministério Público que deverá apresentar um parecer. Se o parecer for favorável, o registro será realizado. Caso contrário, o registrador comunicará o ocorrido ao requerente e arquivará o requerimento;
- somente é permitida a inclusão de um ascendente socioafetivo, seja do lado paterno ou do materno. Desse modo, a inclusão de mais de um ascendente socioafetivo deverá tramitar pela via judicial.

Como regras finais acerca da filiação tem-se o art. 1.603 do CC que estabelece: "A filiação prova-se pela certidão do termo de nascimento registrada no Registro Civil". Complementando a ideia, vale a lembrança do Enunciado nº 108 do CJF: "No fato jurídico do nascimento, mencionado no art. 1.603, compreende-se à luz do disposto no art. 1.593, a filiação consanguínea e também a socioafetiva".

Já o art. 1.604 do CC reconhece a denominada ação vindicatória de filho por terceiro, com a seguinte redação: "Ninguém pode vindicar estado contrário ao que resulta do registro de nascimento, salvo provando-se erro ou falsidade do registro". Aqui se vislumbra a possibilidade de um pai biológico requerer estado contrário ao que consta do registro de seu filho, que fora realizado por um terceiro. É evidente que não se pode, nesse contexto, afastar a paternidade socioafetiva com base no erro ou falsidade do registro.

O art. 1.605 do CC estabelece que:

Na falta, ou defeito, do termo de nascimento, poderá provar-se a filiação por qualquer modo admissível em direito:

I – quando houver começo de prova por escrito, proveniente dos pais, conjunta ou separadamente;

II – quando existirem veementes presunções resultantes de fatos já certos.

O disposto no inciso II retrocitado apresenta um tímido, mas existente, reconhecimento da filiação socioafetiva e dá sinais da força que lhe subjaz.

Por fim, o art. 1.606 do CC dispõe que: "A ação de prova de filiação compete ao filho, enquanto viver, passando aos herdeiros, se ele morrer menor ou incapaz". Além disso, o seu parágrafo único estabelece: "Se iniciada a ação pelo filho, os herdeiros poderão continuá-la, salvo se julgado extinto o processo". Ampliando essa perspectiva, o Enunciado nº 521 do CJF, admitindo a ação avoenga, isto é, do(a) neto(a) contra o avô ou avó, apresenta o seguinte teor: "Qualquer descendente possui legitimidade, por direito próprio, para propor o reconhecimento do vínculo de parentesco em face dos avós ou de qualquer ascendente de grau superior, ainda que o seu pai não tenha iniciado a ação de prova de filiação em vida".

A 3ª Turma do STJ, por maioria, entendeu que, nada obstante, as regras jurídicas contidas no art. 1.606, *caput* e parágrafo único, do CC/2002 demonstrem a possibilidade de uma ação de estado, de natureza personalíssima, ser transmissível

Cap. 89 – DAS RELAÇÕES DE PARENTESCO

aos herdeiros, não será o caso de as ações iniciadas pelos netos ou outros descendentes em linha reta sejam igualmente transmissíveis aos herdeiros.[13]

3. DO RECONHECIMENTO DOS FILHOS

Em relação ao filho havido na constância do casamento, incide a presunção de que o pai será considerado o marido (presunção *pater is est*). Não será aplicada a referida presunção se filho for havido fora do casamento. Desse modo, conforme o art. 1.607 do CC, o filho havido fora do casamento pode ser reconhecido pelos pais, conjunta ou separadamente. Isso se torna necessário pois, embora exista o vínculo biológico, falta o vínculo jurídico de parentesco que só surge com o reconhecimento.[14]

O reconhecimento de filhos já era disciplinado pela Lei nº 8.560/92 (Lei da Investigação de Paternidade). No Código Civil de 2002, o tema é tratado nos arts. 1.607 ao 1.617.

É evidente que o assunto toma mais importância em relação à paternidade. Isso diante da parêmia de que *mater semper certa est*, isto é, a maternidade é sempre certa. Assim, "quando a maternidade constar do termo do nascimento do filho, a mãe só poderá contestá-la, provando a falsidade do termo, ou das declarações nele contidas" (art. 1.608, CC).[15]

---

[13] Confira-se o inteiro teor da decisão: "De início, não é correto afirmar que a ação de estado, em que se veicula pretensão personalíssima, seja, sempre e obrigatoriamente, processualmente intransmissível aos herdeiros do falecido. Com efeito, a doutrina bem diferencia as intransmissibilidades absolutas das relativas, sendo que, nessas últimas, os direitos personalíssimos (ou apenas as suas repercussões econômicas ou patrimoniais) são, mediante autorização legal, suscetíveis de transmissão e de defesa pelos herdeiros. As regras jurídicas contidas no art. 1.606, *caput* e parágrafo único, do CC/2002, bem demonstram, pois, a possibilidade de uma ação de estado, de natureza personalíssima, ser transmissível aos herdeiros. A despeito de a transmissibilidade das ações lato sensu ser a regra no sistema jurídico brasileiro (não por acaso, aliás, o art. 485, IX, do CPC/2015, afirma que ela não se dará apenas 'por disposição legal'), não se pode olvidar que a transmissibilidade das ações de estado, especificamente, deve ser orientada por regra distinta, mais restritiva e excepcional, quer seja diante da veiculação de pretensões personalíssimas e que somente interessem ao sujeito que as intentou, quer seja para evitar a contínua judicialização das relações familiares, por infindáveis gerações. Por esse motivo é que, respeitadas as posições em sentido contrário, não é admissível a interpretação extensiva do art. 1.606, parágrafo único, do CC/2002, segundo o qual 'se iniciada a ação pelo filho, os herdeiros poderão continuá-la...', a fim de que também às ações iniciadas pelos netos ou para outros descendentes em linha reta sejam igualmente transmissíveis aos herdeiros. Diante desse cenário, o pedido de declaração da existência de relação avoenga efetivamente perdeu seu objeto pela superveniente ilegitimidade a*d causam* que decorre da intransmissibilidade legal da referida pretensão ao cônjuge sobrevivente da autora, devendo, quanto ao ponto, ser aplicada a regra do art. 485, IX, do CPC/2015" (REsp 1.868.188-GO, Rel. Min. Ricardo Villas Bôas Cueva, Rel. Acd. Min. Nancy Andrighi, Terceira Turma, por maioria, julgado em 28/9/2021. Informativo nº 713).

[14] GONÇALVES, Carlos Roberto. *Direito de Família*. 20. ed. São Paulo: Saraiva, 2017. p. 111.

[15] A regra tem pouca aplicabilidade, apresentando mais utilidade nos casos de troca de bebês em maternidade.

O reconhecimento de filhos poderá se manifestar de duas formas: voluntariamente ou judicialmente.

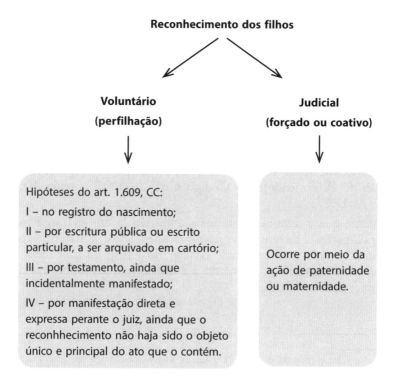

Algumas observações importantes acerca do reconhecimento voluntário:
- O reconhecimento do filho será irrevogável. Ainda que o reconhecimento tenha ocorrido por meio de um testamento. Nada obstante o testamento ser considerado negócio jurídico unilateral revogável, a disposição acerca do reconhecimento da paternidade não o será.
- É possível o reconhecimento que preceda ao nascimento, isto é, em relação ao nascituro. Essa possibilidade prevista no parágrafo único do art. 1.609 do CC reforça a teoria concepcionista, cujo grande mote é reconhecer que a personalidade jurídica da pessoa natural se inicia da concepção.
- É possível o reconhecimento posterior ao falecimento do filho apenas se esse deixar descendente. Essa exigência se faz necessária para evitar reconhecimento por interesse financeiro. Seria o caso, por exemplo, de um pai reconhecer a paternidade de seu filho já morto, apenas por almejar a herança desse. Veja que se não fosse imposto o requisito "deixar descendentes", o pai "interesseiro" é que herdaria o patrimônio do filho.
- O reconhecimento do filho se traduz em ato jurídico em sentido estrito, já que se subsume aos efeitos predeterminados pela lei. Considerando assim, aplica-se o art. 185 do CC que estabelece: "Aos atos jurídicos lícitos, que não sejam negócios jurídicos, aplicam-se, no que couber, as disposições

do Título anterior". O título anterior da codificação civil apresenta as regras atinentes aos negócios jurídicos. Importante notar que o art. 185 do CC acrescenta ressalva "no que couber". A referida ressalva atenta para a impossibilidade de se aplicar os elementos acidentais do negócio jurídico ao ato jurídico em sentido estrito. Desse modo, não serão eficazes os elementos acidentais apostos ao ato de reconhecimento.[16]

- O filho maior não pode ser reconhecido sem o seu consentimento.[17]
- O filho menor pode impugnar o reconhecimento, nos quatro anos que se seguirem à maioridade, ou à emancipação. Considerando que se trata de questão afeta ao estado civil e à verdade biológica, a jurisprudência tem se manifestado pela perpetuidade do direito de se promover a impugnação.
- De acordo com o art. 1.611 do CC, "o filho havido fora do casamento, reconhecido por um dos cônjuges, não poderá residir no lar conjugal sem o consentimento do outro". O dispositivo apresenta ares de inconstitucionalidade, já que prioriza o casamento sem atentar para a igualdade dos filhos. Uma saída para "neutralizar" o art. 1.611 do CC seria interpretá-lo conforme o subsequente art. 1.612 do CC, que preceitua: "O filho reconhecido, enquanto menor, ficará sob a guarda do genitor que o reconheceu, e, se ambos o reconheceram e não houver acordo, sob a de quem melhor atender aos interesses do menor".
- Por fim, o art. 1.617 do CC estabelece que: "A filiação materna ou paterna pode resultar de casamento declarado nulo, ainda mesmo sem as condições do putativo". Em verdade o dispositivo se pauta na ideia de igualdade que deve existir entre os filhos, independentemente de sua origem. Assim, a invalidade do casamento nada tem a ver com a paternidade ou maternidade que dele resulta.

Algumas observações importantes acerca da ação de investigação de paternidade:

- Trata-se de ação perpétua, não apresentando prazo para o seu ajuizamento. Nesse sentido deve-se considerar o art. 27 do ECA: "O reconhecimento do estado de filiação é direito personalíssimo, indisponível e imprescritível,

---

[16] Art. 1.613, CC: "São ineficazes a condição e o termo apostos ao ato de reconhecimento do filho".

[17] "Em princípio, basta que haja o reconhecimento voluntário e desprovido de vícios acerca da relação construída pelo afeto, amor e companheirismo entre as pessoas envolvidas para que exista, por consequência, o reconhecimento da relação familiar fundada na socioafetividade. Nesse contexto, se é verdade que, para a doutrina, o ato de reconhecimento é, em regra, unilateral, não é menos verdade que a doutrina igualmente aponta que o art. 1.614 do CC/2002 excepciona essa regra geral, exigindo o consentimento na hipótese em que se pretenda reconhecer o filho maior. Assim, não se pode reconhecer a existência de maternidade socioafetiva post mortem sem o consentimento do filho maior, o que é impossível, uma vez que este é falecido, devendo ser respeitadas a memória e a imagem póstumas de modo a preservar sua história. Sob qualquer fundamento ou pretexto, seria demasiadamente invasivo determinar a retificação do registro civil de alguém, após a sua própria morte, para substituir o nome de sua mãe biológica pela mãe socioafetiva ou, ainda, para colocá-la em posição de igualdade com a sua genitora" (REsp 1.688.470-RJ, Rel. Min. Nancy Andrighi, por unanimidade, julgado em 10/4/2018. Informativo nº 623, STJ).

podendo ser exercitado contra os pais ou seus herdeiros, sem qualquer restrição, observado o segredo de Justiça". E, ainda, a Súmula nº 149 do STF: "É imprescritível a ação de investigação de paternidade, mas não o é a de petição de herança".

- Trata-se de ação de estado e de natureza declaratória, desse modo, os seus efeitos são *ex tunc*, retroagindo à data do nascimento do filho.
- A legitimidade ativa é do pretenso filho que, se for menor, deverá ser devidamente representado ou assistido pela mãe ou pelo tutor.
- A legitimidade passiva é do suposto pai, se esse já for falecido, a ação poderá ser movida contra os seus herdeiros.
- Qualquer pessoa que tenha justo interesse poderá contestar a ação de investigação de paternidade (art. 1.615, CC), por exemplo, cônjuge, companheiros, filhos etc.
- A principal prova será o exame de DNA, que fornecerá 99,99% de certeza acerca da paternidade. Quanto à possibilidade de condução coercitiva do suposto pai para a realização do exame de DNA, o STF decidiu por sua não obrigatoriedade, fazendo prevalecer a dignidade da pessoa humana, a intimidade e a inviolabilidade do corpo humano em detrimento da verdade biológica.[18] Todavia, o STF entendeu que a negativa do suposto pai em realizar o exame resulta em presunção relativa de paternidade. Posteriormente a essa decisão do STF, os arts. 231 e 232 do CC/2002[19] caminharam no mesmo sentido. Além disso, a Súmula nº 301 do STJ, de 2004, dispôs: "Em ação investigatória, a recusa do suposto pai a submeter-se ao exame de DNA induz presunção *juris tantum* de paternidade ". Por fim, aprovou-se a Lei nº 12.004/2009 que inseriu na Lei nº 8.560/92 o art. 2º-A com o seguinte teor: "Na ação de investigação de paternidade, todos os meios legais, bem como os moralmente legítimos, serão hábeis para provar a verdade dos fatos". Parágrafo único. "A recusa do réu em se submeter ao exame de código genético – DNA gerará a presunção da paternidade, a ser apreciada em conjunto com o contexto probatório".
- Embora o mais comum seja a ação de investigação de paternidade, nada impede que se trate de uma ação de investigação de maternidade, cuja legitimidade passiva, evidentemente, será da suposta mãe.

4. DA ADOÇÃO

4.1. Classificação

Classicamente, existiam duas espécies de adoção:

---

[18] STF, HC 71.373-RS, Rel. Min Francisco Rezek, j. 10/11/1994.

[19] Art. 231, CC: "Aquele que se nega a submeter-se a exame médico necessário não poderá aproveitar-se de sua recusa".

Art. 232, CC: "A recusa à perícia médica ordenada pelo juiz poderá suprir a prova que se pretendia obter com o exame".

Cap. 89 – DAS RELAÇÕES DE PARENTESCO

1091

a) **Adoção civil ou restrita:** era a disciplinada pelo CC/16 e não ensejava total integração do menor à família do adotante. Com entrada em vigor do Estatuto da Criança e do Adolescente (Lei nº 8.069/90), essa espécie de adoção se restringiu aos maiores de idade.

b) **Adoção estatutária ou plena:** era a disciplinada pelo Estatuto da Criança e do Adolescente (Lei nº 8.069/90), sendo aplicada aos menores de idade, almejando a total integração do menor à família do adotante, desligando o adotado dos laços anteriores com a família pretérita, exceto em relação aos impedimentos matrimoniais.

Como fruto da jurisprudência, existia, ainda, a denominada **adoção à brasileira ou simulada,** que se traduzia no ato informal de uma pessoa, em comum acordo com a mãe, registrar como seu filho alheio com o fito exclusivo de lhe ofertar uma família. Embora, em tese, essa manifestação se situe nos perímetros do crime de falsidade ideológica, os casais acabavam não sendo punidos em virtude da ausência de dolo específico e do conteúdo afetivo que movia o ato.

Com a entrada em vigor da Lei nº 12.010/2009 (Lei da Adoção), o panorama que se tem atualmente é:

A adoção à brasileira ou simulada continuará a existir, muito em virtude das dificuldades do pretendente à adoção de promover o ato formalmente e, inclusive, do receio de se frustrar judicialmente com o pedido. Em princípio, essa manifestação de adoção deverá se traduzir em ato revogável, pois, em verdade, se trata da prática de um ato ilícito. Porém, com fincas no princípio da boa-fé objetiva, na vedação do comportamento contraditório (*venire contra factum proprium*) e no melhor interesse da criança não se deve admitir a revogação do ato, pois feito de forma espontânea pelo "adotante".

Muito comum se constatar o pleito de revogação ou de anulação do registro civil em casos como o de um homem que ao se relacionar afetivamente com uma mulher – que já tinha um filho de outro relacionamento, mas que não foi reconhecido pelo pai biológico – registra esse filho como próprio e, posteriormente, com o fim do relacionamento afetivo com a mãe da criança, pretende a desconstituição da filiação. Decerto que a desconstituição do ato não deve ser admitida por violar os princípios retrocitados. É o que tem entendido os Tribunais brasileiros, em clara afeição à paternidade socioafetiva.

Já as classificações de adoção civil e de adoção estatutária não encontram mais respaldo em nosso ordenamento, posto que qualquer modalidade de adoção, inclusive a adoção de pessoa maior, será tratada pelo regras do Estatuto da Criança e do Adolescente (Lei nº 8.069/90) com as alterações promovidas pela Lei nº 12.010/2009 (Lei Nacional de Adoção). Essa última Lei, ainda, revogou no CC/2002 dez artigos (arts. 1.620 a 1.629), remanescendo nesse tecido normativo apenas dois artigos, ambos com novidadeiro conteúdo, a seguir dispostos:

Art. 1.618, CC: A adoção de crianças e adolescentes será deferida na forma prevista pela Lei nº 8.069, de 13 de julho de 1990 – Estatuto da Criança e do Adolescente.

Art. 1.619, CC: A adoção de maiores de 18 (dezoito) anos dependerá da assistência efetiva do poder público e de sentença constitutiva, aplicando-se, no que couber, as regras gerais da Lei nº 8.069, de 13 de julho de 1990 – Estatuto da Criança e do Adolescente.

4.2. O que é a adoção?

A adoção é um ato jurídico em sentido estrito praticado de forma solene e sob as chancelas do Poder Judiciário, de natureza complexa, já que se traduz em um ato de vontade agregado ao seu caráter institucional, cujo objetivo é a criação de um novo parentesco, que será denominado de civil, e que apresentará as mesmas feições de um parentesco biológico.

Importante perceber que a adoção é medida excepcional e irrevogável, à qual se deve recorrer apenas quando esgotados os recursos de manutenção da criança ou adolescente na família natural ou extensa. De acordo com o art. 25 do ECA, entende-se por família natural a comunidade formada pelos pais ou qualquer deles e seus descendentes. Já por família extensa ou ampliada aquela que se estende para além da unidade pais e filhos ou da unidade do casal, formada por parentes próximos com os quais a criança ou adolescente convive e mantém vínculos de afinidade e afetividade. Inclusive, a Lei nº 13.509/2017 inseriu o § 3º no art. 39 do ECA que apresenta seguinte redação: "Em caso de conflito entre direitos e interesses do adotando e de outras pessoas, inclusive seus pais biológicos, devem prevalecer os direitos e os interesses do adotando".

4.3. Requisitos para que ocorra a adoção

A adoção será feita mediante **sentença judicial,** que será inscrita no registro civil mediante mandado do qual não se fornecerá certidão (art. 47, ECA). Não se admite procuração para a prática do ato (art. 39, § 2º, ECA), exatamente em virtude de seu caráter personalíssimo. A Lei nº 13.509/2017 incluiu o § 10 do art. 47 do ECA: "O prazo máximo para conclusão da ação de adoção será de 120 (cento e vinte) dias, prorrogável uma única vez por igual período, mediante decisão fundamentada da autoridade judiciária". Além disso, a Lei nº 12.955/2014 inseriu o § 9º no art. 47 do ECA que impõe de forma louvável que terão prioridade de tramitação os processos de adoção em que o adotando for criança ou adolescente com deficiência ou com doença crônica.

Em relação a menores, o processo corre na Vara da Infância e da Juventude; em se tratando de maiores, na Vara de Família.

- A adoção deverá apresentar **reais vantagens** para o adotando e fundar-se em motivos legítimos (art. 43, ECA).

- A adoção dependerá do **consentimento dos pais ou do representante legal** do adotando (art. 45, ECA). O consentimento será dispensado em relação à criança ou adolescente cujos pais sejam desconhecidos ou tenham sido destituídos do poder familiar.

- Em se tratando de **adotando maior de doze anos de idade**, será também necessário o seu consentimento (art. 45, § 2º, ECA).

- O adotante deverá apresentar **idade mínima de 18 anos**, independentemente do estado civil (art. 42, *caput*, ECA).

- O adotante **não poderá ser ascendente ou irmão do adotando** (art. 42, § 1º, ECA)

Cap. 89 – DAS RELAÇÕES DE PARENTESCO

- Deverá existir uma **diferença de idade** entre o adotante e o adotado de **no mínimo 16 anos** (art. 42, § 3º, ECA). Em decisão no REsp nº 1.785.754-RS, o STJ flexibilizou esse parâmetro legal à luz do princípio da socioafetividade. Assim, o mencionado Tribunal admitiu a possibilidade de adoção mesmo faltando três meses para se alcançar o parâmetro legal de 16 anos de diferença entre adotante e adotado.[20]

- O **tutor ou curador** poderá adotar o pupilo ou curatelado apenas após prestar contas de sua administração (art. 44, ECA).

- Em caso de **adoção conjunta** (antes conhecida como adoção bilateral), isto é, aquela feita por duas pessoas, é indispensável que os adotantes sejam casados civilmente ou mantenham união estável, comprovada a estabilidade da família (art. 42, § 2º, ECA).

- Os divorciados, os judicialmente separados e os ex-companheiros podem adotar conjuntamente, contanto que acordem sobre a guarda e o regime de visitas e desde que o estágio de convivência tenha sido iniciado na constância do período de convivência e que seja comprovada a existência de vínculos de afinidade e afetividade com aquele não detentor da guarda, que justifiquem a excepcionalidade da concessão (art. 42, § 4º, ECA). Nesses casos, demonstrado efetivo benefício ao adotando, será assegurada a guarda compartilhada, conforme previsto no art. 1.584 do CC (art. 42, § 5º, ECA).

- Depois da decisão do STF que reconheceu a união estável homoafetiva, deve-se admitir a **adoção homoparental**, sobretudo, porque estudos interdisciplinares indicam que tratar-se de casal heterossexual ou homoafetivo é questão indiferente ao plano da adoção, já que o primevo objetivo do instituto é o fornecimento de um ambiente familiar adequado ao desenvolvimento da personalidade do ser humano adotado.

4.4. Estágio de convivência

A adoção será precedida de estágio de convivência com a criança ou adolescente, pelo prazo máximo de 90 dias, observadas a idade da criança ou adolescente e as peculiaridades do caso. Esse prazo máximo poderá ser prorrogado por até igual período, mediante decisão fundamentada da autoridade judiciária. Essa previsão se encontra no art. 46 do ECA, que apresenta nova redação oferecida pela Lei

---

[20] "RECURSO ESPECIAL. DIREITO DE FAMÍLIA. PROCESSUAL CIVIL E CIVIL. ADOÇÃO. MAIOR. ART. 42, § 3º, DO ECA (LEI Nº 8.069/90). IDADE. DIFERENÇA MÍNIMA. FLEXIBILIZAÇÃO. POSSIBILIDADE. SOCIOAFETIVIDADE. INSTRUÇÃO PROBATÓRIA. IMPRESCINDIBILIDADE. 1. Recurso especial interposto contra acórdão publicado na vigência do Código de Processo Civil de 2015 (Enunciados Administrativos nºs 2 e 3/STJ). 2. A diferença etária mínima de 16 (dezesseis) anos entre adotante e adotado é requisito legal para a adoção (art. 42, § 3º, do ECA), parâmetro legal que pode ser flexibilizado à luz do princípio da socioafetividade. 3. O reconhecimento de relação filial por meio da adoção pressupõe a maturidade emocional para a assunção do poder familiar, a ser avaliada no caso concreto. 4. Recurso especial provido" (STJ, REsp 1.785.754-RS, Rel. Min. Ricardo Villas Bôas Cueva, j. 8/10/2019).

nº 13.509/2017, que impõe o referido prazo para o estágio de convivência. Vale notar que estágio de convivência poderá ser dispensado se o adotando já estiver sob a tutela ou guarda legal do adotante durante tempo suficiente para que seja possível avaliar a conveniência da constituição do vínculo, sendo que a simples guarda de fato não autoriza, por si só, a dispensa da realização do estágio de convivência.

Em caso de adoção por pessoa ou casal residente ou domiciliado fora do País, o estágio de convivência será de, no mínimo, 30 dias e, no máximo, 45 dias, prorrogável por até igual período, uma única vez, mediante decisão fundamentada da autoridade judiciária. Também foi a Lei nº 13.509/2017 que trouxe o prazo máximo mencionado.

O estágio de convivência será acompanhado por equipe interprofissional a serviço da Justiça da Infância e da Juventude, preferencialmente com apoio dos técnicos responsáveis pela execução da política de garantia do direito à convivência familiar, que apresentarão relatório minucioso acerca da conveniência do deferimento da medida.

A Lei nº 13.509/2017 também inseriu o § 5º no art. 46 do ECA, com o seguinte teor:

> O estágio de convivência será cumprido no território nacional, preferencialmente na comarca de residência da criança ou adolescente, ou, a critério do juiz, em cidade limítrofe, respeitada, em qualquer hipótese, a competência do juízo da comarca de residência da criança.

4.5. Efeitos da adoção

Os efeitos da adoção se subdividem em efeitos pessoais e efeitos patrimoniais. Como efeitos pessoais, podem ser mencionados:

- Constituição de parentesco entre o adotante e o adotado que será denominado de civil. Desse modo, o adotado se desliga da família primitiva, permanecendo apenas os óbices matrimonias com essa (art. 41, ECA). Se um dos cônjuges ou companheiros adota o filho do outro, mantêm-se os vínculos de filiação entre o adotado e o cônjuge ou companheiro do adotante e os respectivos parentes.

- Transferência do poder familiar dos pais consanguíneos ao adotante. Inclusive, a morte dos adotantes não restabelece o poder familiar dos pais naturais. O sobrenome do adotante é conferido ao adotado, podendo haver, outrossim, a modificação do prenome desse. Caso a modificação de prenome seja requerida pelo adotante, é obrigatória a oitiva do adotando, tudo isso, é claro, em virtude de o nome ser considerado direito da personalidade.

Como efeitos patrimoniais, citamos:

- O direito a alimentos. Como adotante e adotado se tornam parentes, passam a dever alimentos reciprocamente (art. 1.694, CC).

Cap. 89 – DAS RELAÇÕES DE PARENTESCO

• O direito sucessório. É recíproco o direito sucessório entre o adotado, seus descendentes, o adotante, seus ascendentes, descendentes e colaterais até o 4º grau, observada a ordem de vocação hereditária, conforme preceitua o art. 41, § 2º, ECA.

A adoção produz seus efeitos a partir do trânsito em julgado da sentença constitutiva, exceto na hipótese de falecimento do adotante no curso do procedimento, antes de prolatada a sentença, caso em que terá força retroativa à data do óbito (art. 47, § 7º, ECA).

Por fim, é garantido ao adotado o direito de conhecer sua origem biológica – já que esse se trata de direito fundamental –, bem como de obter acesso irrestrito ao processo no qual a medida foi aplicada e seus eventuais incidentes, após completar 18 anos. No caso de menor de 18 anos, o acesso ao processo de adoção poderá ser também deferido a seu pedido, sendo assegurada orientação e assistência jurídica e psicológica.

4.6. As listas de adoção

De acordo com o art. 50 do ECA, "a autoridade judiciária manterá, em cada comarca ou foro regional, um registro de crianças e adolescentes em condições de serem adotados e outro de pessoas interessadas na adoção". Trata-se das chamadas listas de adoção. A Lei nº 13.509/2017 forneceu nova redação ao § 10 do mencionado artigo que agora conta com o seguinte teor: "Consultados os cadastros e verificada a ausência de pretendentes habilitados residentes no País com perfil compatível e interesse manifesto pela adoção de criança ou adolescente inscrito nos cadastros existentes, será realizado o encaminhamento da criança ou adolescente à adoção internacional".

Por fim, a Lei nº 13.509/2017 acrescentou o § 15 no art. 50 do ECA: "Será assegurada prioridade no cadastro a pessoas interessadas em adotar criança ou adolescente com deficiência, com doença crônica ou com necessidades específicas de saúde, além de grupo de irmãos". Trata-se, evidentemente, de regra com notável conteúdo humano.

DO PODER FAMILIAR

1. NOTAS INTRODUTÓRIAS

Poder Familiar é o conjunto de direitos e deveres que os pais apresentam em relação à pessoa e aos bens dos filhos menores, decorrente da filiação. A denominação de poder familiar chega em substituição à antiga e superada expressão "pátrio poder". Essa última expressão se mostra sepultada tendo em vista a despatriarcalização do Direito Civil, corolário lógico da igualdade projetada pela CF/88.

Nada obstante a evolução terminológica, há quem ainda entenda que a expressão "poder familiar" ainda não é a mais adequada, sendo mais pertinente a expressão "autoridade parental", conforme adotado pela legislação francesa, já que o termo "autoridade" representa com maior fidelidade o conteúdo do instituto em apreço, sendo o termo "poder" carregado de conteúdo impositivo e tirano.

Superada a questão terminológica, a disciplina legal do poder familiar se encontra no Código Civil, nos arts. 1.630 ao 1.638, além de outros dispositivos que alinham o tema no Estatuto da Criança e do Adolescente.

O art. 1.630 do CC inicia o tratamento estabelecendo que "os filhos estão sujeitos ao poder familiar, enquanto menores". O dispositivo deve ser interpretado considerando a incidência do poder familiar sobre os filhos menores, desde que eles não tenham sido emancipados, pois a emancipação é considerada causa extintiva do poder familiar, conforme art. 1.635, II, do CC.

O poder familiar existe independentemente da origem do filho, se havido ou não na constância de um casamento, ou se o filho foi adotado. Nesse último caso, rompe-se o poder familiar dos pais consanguíneos e se estabelece novo poder familiar em relação ao(s) adotante(s).

O poder familiar compete ao pai e a mãe, todavia, caso um deles seja impedido de exercitá-lo ou venha a faltar, o poder familiar caberá ao outro com exclusividade. Caso os pais venham a divergir quanto ao exercício do poder familiar, é assegurado a qualquer um deles recorrer ao juiz para solução do desacordo.

Outrossim, a separação judicial, o divórcio e a dissolução da união estável não alteram as relações entre pais e filhos senão quanto ao direito, que aos primeiros cabe, de terem em sua companhia os segundos. É o que dispõe o art. 1.632 do CC.

Por fim, o art. 1.633 do CC estabelece que "o filho, não reconhecido pelo pai, fica sob poder familiar exclusivo da mãe; se a mãe não for conhecida ou capaz de exercê-lo, dar-se-á tutor ao menor". Conclui-se que pai e mãe nunca serão tutores, já que ambos apresentam o denominado poder familiar. O tutor se impõe na falta do pai e da mãe.

2. O CONTEÚDO DO PODER FAMILIAR E A LEI DA PALMADA

Quanto ao conteúdo do poder familiar, podemos subdividi-lo em quanto à pessoa dos filhos e quanto aos bens do filho.

Quanto à pessoa do filho, o art. 1.634 do CC, com redação alterada pela Lei nº 13.058/2014, relata que compete a ambos os pais, qualquer que seja a sua situação conjugal, o pleno exercício do poder familiar, que consiste em:

I) dirigir-lhes a criação e a educação;

II) exercer a guarda unilateral ou compartilhada nos termos do art. 1.584;

III) conceder-lhes ou negar-lhes consentimento para casarem;

IV) conceder-lhes ou negar-lhes consentimento para viajarem ao exterior;

 V) conceder-lhes ou negar-lhes consentimento para mudarem sua residência permanente para outro Município;

VI) nomear-lhes tutor por testamento ou documento autêntico, se o outro dos pais não lhe sobreviver, ou o sobrevivo não puder exercer o poder familiar;

VII) representá-los judicial e extrajudicialmente até os 16 (dezesseis) anos, nos atos da vida civil, e assisti-los, após essa idade, nos atos em que forem partes, suprindo-lhes o consentimento;

VIII) reclamá-los de quem ilegalmente os detenha; IX) exigir que lhes prestem obediência, respeito e os serviços próprios de sua idade e condição.

No que respeita à possibilidade de os pais exigirem que os filhos lhe prestem obediência, respeito e os serviços próprios de sua idade e condição, tudo deve ser interpretado dentro da perspectiva da proteção integral da criança e do adolescente e, em caso de excessos na imposição de obediência e respeito pelos pais, a questão adentrará à imposição de responsabilidade civil por abuso de direito, conjugando-se os arts. 927 e 187 do CC, já que terá havido o exercício de um direito extrapolando a determinados limites.

Nessa toada, impende lembrar que a Lei nº 13.010 entrou em vigor no Brasil em 2014 e ficou conhecida como **Lei da Palmada ou Lei do Menino Bernardo**.[1]

---

[1] "A Lei da Palmada (Lei nº 13.010/2014) foi promulgada dois meses após a morte do menino Bernardo Uglione Boldrini, em 4 de abril de 2014, em Três Passos/RS. O garoto sofria maus-tratos físicos e psicológicos perpetrados pelo pai e pela madrasta, o que o levou a buscar ajuda junto ao fórum de sua cidade em janeiro do mesmo ano, dizendo querer uma 'nova família'. Ouvida informalmente em juízo, a criança foi mantida com o genitor sem qualquer espécie de fiscalização. A forte possibilidade de que Bernardo tenha sido assassinado pela madrasta, mesmo após buscar, aos 11 anos, ajuda do Poder Judiciário, causou comoção nacional que reacendeu a discussão sobre os maus-tratos infantojuvenis no âmbito doméstico, a ponto de culminar na

Cap. 90 – DO PODER FAMILIAR

A referida lei teve por objetivo – dentro das melhores intenções do legislador – coibir qualquer castigo físico ou tratamento cruel ou degradante perpetrados pelos pais, pelos integrantes da família ampliada, pelos responsáveis, pelos agentes públicos ou qualquer outra pessoa, em relação às crianças ou adolescentes sob o pretexto de cuidado, educação ou proteção. A Lei da Palmada então promove significativas alterações no Estatuto da Criança e do Adolescente, incluindo os arts. 18-A, 18-B e 70-A, além de outras modificações.

É evidente que a imposição de tratamento cruel ou degradante a uma criança ou adolescente deve ser energicamente repudiado, tendo-se em vista a dignidade da pessoa humana. Problema surge no que tange à novidadeira lei é em relação à imposição de castigo moderado de natureza eminentemente educativa e, estritamente, disciplinar que não se traduza em excesso ou abuso. Imaginemos aqui a "palmadinha", o "puxão de orelhas", o "cantinho do pensamento"... Em relação a comportamentos gravosos, excessivos, desmedidos, violentos, não há dúvidas de que já havia toda uma estrutura normativa necessária em nosso ordenamento jurídico para sancioná-lo e repudiá-lo, tais como as sanções impostas pelo Código Penal e pelo próprio Estatuto da Criança e do Adolescente. Para alguns doutrinadores, a Lei da Palmada, portanto, parece adentrar ao "espaço da autonomia existencial deferida aos pais de família normais".[2]

Interessante manifestação ostentam Ana Carolina Brochado Teixeira, Anna Cristina Rettore e Beatriz Silva:

> Não há, registre-se, incompatibilidade em afirmar que a relação paterno/materno-filial atualmente se desenvolve de forma dialógica – na medida em que a criança e o adolescente são alçados à condição de sujeitos ativos de seu processo educacional – e a possibilidade de haver pequena palmada ou castigo, desde que não ofendam sua dignidade. Como já dito: a uma, porque relações democráticas não pressupõem ausência de hierarquia e, a duas, porque deixar de identificar a autoridade dos pais porque a relação é dialógica é um desvirtuamento do papel desempenhado pelo diálogo no contexto paterno-filial.[3]

---

promulgação da lei que, não obstante seja popularmente conhecida como 'Lei da Palmada', também foi batizada de 'Lei Menino Bernardo'". TEIXEIRA, Ana Carolina Brochado; RETTORE, Anna Cristina de Carvalho; SILVA, Beatriz de Almeida Borges e. A Lei da Palmada à luz da autoridade parental: entre os limites da educação e da violência. In: QUEIROZ, Mônica; GUERRA, Carlos Henrique Fernandes; VIEIRA, Marcelo de Mello; SILLMANN, Marina Carneiro Matos (Orgs.). *Direito Civil em debate*: reflexões críticas sobre temas atuais. Belo Horizonte: Editora D´Plácido, 2016. p. 277 (277-299).

[2] ROSENVALD, Nelson. *A Lei da Palmada* – Aonde vamos com isto? Disponível em: <http://crtaforense.com.br/conteudo/artigos/a-lei-da-palmada-aonde-vamos-com-isto/14516>. Acesso em: 30 nov. 2017. Bom de ver, também, ROSENVALD, Nelson. O Big Brother na autoridade parental. In: *O Direito Civil em movimento*. Desafios contemporâneos. Salvador: JusPodivm, 2017. p. 258-261.

[3] TEIXEIRA, Ana Carolina Brochado; RETTORE, Anna Cristina de Carvalho; SILVA, Beatriz de Almeida Borges e. A Lei da Palmada à luz da autoridade parental: entre os limites da educação e da violência. In: QUEIROZ, Mônica; GUERRA, Carlos Henrique Fernandes;

Superado esse ponto, seguimos então rumo ao conteúdo do poder familiar em relação aos bens dos filhos. Nada obstante a matéria se situe no seio do direito patrimonial, aqui fazemos menção a ela. Eis os arts. 1.689 a 1.693 do CC.

De acordo com o art. 1.689 do CC, o pai e a mãe, enquanto no exercício do poder familiar:

* são usufrutuários dos bens dos filhos (trata-se de usufruto legal);
* têm a administração dos bens dos filhos menores sob sua autoridade.

Além disso, compete aos pais, e na falta de um deles ao outro, com exclusividade, representar os filhos menores de 16 anos, bem como assisti-los até completarem a maioridade ou serem emancipados. Os pais devem decidir em comum as questões relativas aos filhos e a seus bens; havendo divergência, poderá qualquer deles recorrer ao juiz para a solução necessária (art. 1.690, *caput* e parágrafo único, CC).

Os pais não podem alienar ou gravar de ônus real os imóveis dos filhos, nem contrair, em nome deles, obrigações que ultrapassem os limites da simples administração, salvo por necessidade ou evidente interesse da prole, mediante prévia autorização do juiz, conforme dispõe o art. 1.691 do CC, sendo que o seu parágrafo único apresenta o rol daqueles que podem pleitear a declaração de nulidade dos atos previstos neste artigo: os filhos; os herdeiros; o representante legal.

Caso haja colisão entre o interesse dos pais, no exercício do poder familiar, com o interesse do filho, a requerimento deste ou do Ministério Público o juiz lhe dará curador especial (art. 1.692, CC).

Por fim, o art. 1.693 do CC apresenta os bens e valores que são excluídos do usufruto e da administração dos pais:

* os bens adquiridos pelo filho havido fora do casamento, antes do reconhecimento;
* os valores auferidos pelo filho maior de 16 anos, no exercício de atividade profissional e os bens com tais recursos adquiridos;
* os bens deixados ou doados ao filho, sob a condição de não serem usufruídos, ou administrados, pelos pais;
* os bens que aos filhos couberem na herança, quando os pais forem excluídos da sucessão.

3. DA EXTINÇÃO, SUSPENSÃO E PERDA DO PODER FAMILIAR

O poder familiar será **extinto** nas hipóteses apresentadas pelo art. 1.635 do CC:

* pela morte dos pais ou do filho;
* pela emancipação, nos termos do art. 5º, parágrafo único;
* pela maioridade;

VIEIRA, Marcelo de Mello; SILLMANN, Marina Carneiro Matos (Orgs.). *Direito Civil em debate*: reflexões críticas sobre temas atuais. Belo Horizonte: D´Plácido, 2016. p. 292 (277- 299).

- pela adoção;
- por decisão judicial, em caráter sancionatório, nas hipóteses do art. 1.638 do CC, analisadas adiante.

É evidente que o pai ou a mãe que contrai novas núpcias, ou estabelece união estável, não perde, quanto aos filhos do relacionamento anterior, os direitos ao poder familiar, exercendo-os sem qualquer interferência do novo cônjuge ou companheiro. Essa mesma solução se aplica ao pai ou à mãe solteiros que casarem ou estabelecerem união estável (art. 1.636, *caput* e parágrafo único, CC).

A **suspensão do poder familiar** é sanção de menor intensidade, temporária, tendo cabimento em caso de violação aos deveres resultantes do poder familiar de forma mais tênue. Vejamos o que dispõe o art. 1.637 do CC: "Se o pai, ou a mãe, abusar de sua autoridade, faltando aos deveres a eles inerentes ou arruinando os bens dos filhos, cabe ao juiz, requerendo algum parente, ou o Ministério Público, adotar a medida que lhe pareça reclamada pela segurança do menor e seus haveres, até suspendendo o poder familiar, quando convenha". E, ainda, o seu parágrafo único: "Suspende-se igualmente o exercício do poder familiar ao pai ou à mãe condenados por sentença irrecorrível, em virtude de crime cuja pena exceda a dois anos de prisão".

Já a **perda do poder familiar**, decorrente de ato judicial, apresenta viés sancionatório permanente e definitivo,[4] que terá cabimento nas hipóteses previstas no art. 1.638 do CC, com redação alterada pelas Leis nºs 13.509/2017 e 13.715/2018: I) castigar imoderadamente o filho; II) deixar o filho em abandono; III) praticar atos contrários à moral e aos bons costumes; IV) incidir, reiteradamente, nas faltas previstas no artigo antecedente; V) entregar de forma irregular o filho a terceiros para fins de adoção. Essa hipótese foi incluída pela Lei nº 13.509/2017.

Além disso, a Lei nº 13.715/2018 estabelece, neste art. 1.638 do CC, em seu parágrafo único, que perderá também por ato judicial o poder familiar aquele que:

I) praticar contra outrem igualmente titular do mesmo poder familiar (isto é, contra o pai ou a mãe de seu filho):

---

[4] Em sentido contrário, *vide* Carlos Roberto Gonçalves: "A perda do poder familiar é permanente, mas não se pode dizer que seja definitiva, pois os pais podem recuperá-lo em procedimento judicial, de caráter contencioso, desde que comprovem a cessação das causas que a determinaram". GONÇALVES, Carlos Roberto. *Direito de Família*. 20. ed. São Paulo: Saraiva, 2017. p. 135. Nesse contexto, valem as palavras de Marcelo de Mello Vieira, em obra específica acerca do tema: "Sérgio Kreuz (2012) e Kátia Maciel (2010d) defendem a possibilidade de restabelecimento do poder familiar via ação judicial. Tal entendimento contraria toda a lógica do sistema protetivo e remonta às práticas do Direito do Menor, no qual as medidas eram tomadas sem muito cuidado com as repercussões que teriam na vida das crianças e dos adolescentes, como se fossem baseadas em uma estratégia de tentativa e erro. A destituição pressupõe a prática de um ato grave contra a criança ou adolescente que inviabilize o convívio entre pai e/ou mãe e filho e que a medida represente para aquele que não está mais sob o poder familiar o melhor para o seu presente e para seu futuro". VIEIRA, Marcelo de Mello. *Direito de Crianças e Adolescentes à convivência familiar*. Belo Horizonte: D´Plácido, 2016. p. 143-144.

a) homicídio, feminicídio ou lesão corporal de natureza grave ou seguida de morte, quando se tratar de crime doloso envolvendo violência doméstica e familiar ou menosprezo ou discriminação à condição de mulher;

b) estupro ou outro crime contra a dignidade sexual sujeito à pena de reclusão;

II) praticar contra filho, filha ou outro descendente:

a) homicídio, feminicídio ou lesão corporal de natureza grave ou seguida de morte, quando se tratar de crime doloso envolvendo violência doméstica e familiar ou menosprezo ou discriminação à condição de mulher;

b) estupro, estupro de vulnerável ou outro crime contra a dignidade sexual sujeito à pena de reclusão.

A Lei nº 13.715/2018 também altera o art. 92, II, do CP que, agora, apresenta a seguinte redação:

Art. 92. São também efeitos da condenação: (...) II – a incapacidade para o exercício do poder familiar, da tutela ou da curatela nos crimes dolosos sujeitos à pena de reclusão cometidos contra outrem igualmente titular do mesmo poder familiar, contra filho, filha ou outro descendente ou contra tutelado ou curatelado;

Além disso, a novidadeira Lei nº 13.715/2018 também promove alteração no art. 23 do ECA que agora ostenta a seguinte redação:

Art. 23, § 2º A condenação criminal do pai ou da mãe não implicará a destituição do poder familiar, exceto na hipótese de condenação por crime doloso sujeito à pena de reclusão contra outrem igualmente titular do mesmo poder familiar ou contra filho, filha ou outro descendente.

Os artigos mencionados do Código Civil, do Código Penal e do Estatuto da Criança e do Adolescente estão em sintonia e o que deve ser destacado em todos eles é:

Com a nova Lei, também perderá o poder familiar aquele que praticar homicídio, feminicídio ou lesão corporal de natureza grave ou seguinte de morte, quando se tratar de crime doloso envolvendo violência doméstica e familiar ou menosprezo ou discriminação à condição de mulher; ou estupro, estupro de vulnerável ou outro crime contra a dignidade sexual sujeito à pena de reclusão.

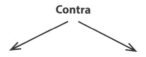

Contra

outrem igualmente titular do mesmo poder familiar (isto é, contra o pai ou a mãe do seu filho)

filho, filha ou outro descendente

Essas hipóteses previstas no Código Civil indicam que a perda do poder familiar poderá ocorrer independentemente de eventual sentença penal condenatória, tratando-se, pois, de hipóteses autônomas.[5]

Por fim, vale destacar que a perda do poder familiar não alcançará apenas o filho ofendido, mas todos os filhos que o ofensor tenha. Nesse sentido, vale concluir com as palavras de Cleber Masson:

> Essa incapacidade pode ser estendida para alcançar outros filhos, pupilos ou curatelados, além da vítima do crime. Não seria razoável, exemplificativamente, decretar a perda do poder familiar somente em relação à filha de dez anos de idade estuprada pelo pai, aguardando fosse igual delito praticado contra as outras filhas mais jovens, para que só então se privasse o genitor desse direito.[6]

4. DA ALIENAÇÃO PARENTAL

Em busca da proteção de direitos fundamentais das crianças e dos adolescentes, em 26/8/2010, foi promulgada a Lei nº 12.318, que considerou como alienação parental a interferência na formação psicológica da criança ou do adolescente promovida ou induzida por um dos genitores, pelos avós ou pelos que tenham a criança ou adolescente sob a sua autoridade, guarda ou vigilância para que repudie genitor ou que cause prejuízo ao estabelecimento ou à manutenção de vínculos com este (art. 2º).

Na sequência, a referida lei exemplificou as formas de alienação parental, sem afastar outros atos declarados pelo juiz ou constatados por perícia:

> I) realizar campanha de desqualificação da conduta do genitor no exercício da paternidade ou maternidade;
>
> II) dificultar o exercício da autoridade parental;
>
> III) dificultar contato de criança ou adolescente com genitor;
>
> IV) dificultar o exercício do direito regulamentado de convivência familiar;
>
> V) omitir deliberadamente a genitor informações pessoais relevantes sobre a criança ou adolescente, inclusive escolares, médicas e alterações de endereço;
>
> VI) apresentar falsa denúncia contra genitor, contra familiares deste ou contra avós, para obstar ou dificultar a convivência deles com a criança ou adolescente;
>
> VII) mudar o domicílio para local distante, sem justificativa, visando a dificultar a convivência da criança ou adolescente com o outro genitor, com familiares deste ou com avós.

---

[5] Nesse sentido SANCHES, Rogério. *Lei 13.715/18*: Altera dispositivos do Código Penal, do Código Civil e do ECA sobre perda do poder familiar. Disponível em: <http:// meusitejuridico. com.br/2018/09/25/lei-13-71518-altera-dispositivos-codigo-penal-codigo-civil-e-eca-sobre- -perda-poder-familiar/>. Acesso em: 31 out. 2018. Além disso, o autor realça que o art. 1.638, parágrafo único, do CC menciona apenas o verbo "praticar" sem fazer referência à necessária condenação.

[6] MASSON, Cleber. *Direito Penal*. São Paulo: Método, 2018.

A base inspiradora para coibir os atos de alienação parental possuem como alicerce o direito fundamental da criança ou do adolescente de convivência familiar saudável, a realização de afeto no seio familiar, a vedação ao abuso moral contra a criança e o adolescente e o descumprimento dos deveres inerentes à autoridade parental ou decorrentes de tutela ou guarda.

Dispõe a Lei, em seu art. 4º, que, declarado indício de ato de alienação parental, a requerimento ou de ofício, em qualquer momento processual, em ação autônoma ou incidentalmente, o processo terá tramitação prioritária, e o juiz determinará, com urgência, ouvido o Ministério Público, as medidas provisórias necessárias para preservação da integridade psicológica da criança ou do adolescente, inclusive para assegurar sua convivência com genitor ou viabilizar a efetiva reaproximação entre ambos, se for o caso. Assegurando, ainda à criança ou adolescente e ao genitor garantia mínima de visitação assistida. De acordo com o STJ impõe-se as regras do CPC, diante do silêncio da lei acerca do recurso cabível no caso concreto, conforme decisão do REsp 1.330.172-MS, Rel. Min. Nancy Andrigui, j. 11/3/2014.

Nesse contexto, se houver necessidade, o juiz determinará perícia psicológica ou biopsicossocial. A Lei ainda relata que o laudo pericial terá base em ampla avaliação psicológica ou biopsicossocial, conforme o caso, compreendendo, inclusive, entrevista pessoal com as partes, exame de documentos dos autos, histórico do relacionamento do casal e da separação, cronologia de incidentes, avaliação da personalidade dos envolvidos e exame da forma como a criança ou adolescente se manifesta acerca de eventual acusação contra genitor. Sendo que a perícia será realizada por profissional ou equipe multidisciplinar habilitados, exigido, em qualquer caso, aptidão comprovada por histórico profissional ou acadêmico para diagnosticar atos de alienação parental. O perito ou equipe multidisciplinar designada para verificar a ocorrência de alienação parental terá prazo de 90 dias para apresentação do laudo, prorrogável exclusivamente por autorização judicial baseada em justificativa circunstanciada (art. 5º).

Uma vez caracterizados os atos de alienação parental, o art. 6º da referida Lei impõe as seguintes sanções, sem prejuízo de outras de natureza cível e criminal:

- declaração da ocorrência de alienação parental e advertência ao alienador;
- ampliação do regime de convivência familiar em favor do genitor alienado;
- estipulação de multa ao alienador;
- determinação de acompanhamento psicológico e/ou biopsicossocial;
- determinação de alteração da guarda para guarda compartilhada ou sua inversão. Nesse caso, a atribuição ou alteração da guarda dar-se-á por preferência ao genitor que viabiliza a efetiva convivência da criança ou adolescente com o outro genitor nas hipóteses em que seja inviável a guarda compartilhada;
- determinação da fixação cautelar do domicílio da criança ou adolescente;
- declaração de suspensão da autoridade parental. Notamos que não há imposição de perda total do poder familiar, tão somente a sua suspensão;

Cap. 90 – DO PODER FAMILIAR

- e, ainda, caracterizado mudança abusiva de endereço, inviabilização ou obstrução à convivência familiar, o juiz também poderá inverter a obrigação de levar para ou retirar a criança ou adolescente da residência do genitor, por ocasião das alternâncias dos períodos de convivência familiar.

A Lei nº 12.318/2010 encerra a sua disciplina estabelecendo que a alteração de domicílio da criança ou adolescente é irrelevante para a determinação da competência relacionada às ações fundadas em direito de convivência familiar, salvo se decorrente de consenso entre os genitores ou de decisão judicial (art. 8º). Todavia, vale lembrar a Súmula nº 383 do STJ que estabelece que a competência para processar e julgar as ações conexas de interesse do menor é, em princípio, do foro do domicílio do detentor de sua guarda.

DOS ALIMENTOS

1. NOTAS INTRODUTÓRIAS

O termo "alimentos" abrange todas as necessidades vitais do ser humano para se viver com dignidade e não se reduz à noção daquilo que é comestível apenas. Desse modo, a noção de alimentos deve abranger desde aquilo que o ser humano necessita para se alimentar, passando pela moradia, vestuário, saúde, educação e, findando, inclusive, no lazer.

É evidente que a obrigação de alimentos que se impõe a determinadas pessoas deve ser pautar na **teoria do patrimônio mínimo**, isto é, a ideia de que não é possível viver sem um mínimo de recursos materiais e, em compatibilidade com isso, afastar-se do incentivo à ociosidade e parasitismo, comportamentos esses **tão repudiados pela sociedade contemporânea**.

No Direito de Família, se situa o estudo dos alimentos decorrentes do **casamento ou da união estável** e aqueles decorrentes do **parentesco**. Ambos se pautam na **solidariedade familiar** que deve existir entre os membros de uma família. Assim, basicamente:

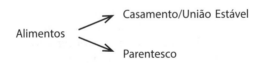

A imposição por lei desses alimentos está prevista no art. 1.694 do CC, que ostenta a seguinte redação: "Podem os parentes, os cônjuges ou companheiros pedir uns aos outros os alimentos de que necessitem para viver de modo compatível com a sua condição social, inclusive para atender às necessidades de sua educação".

Esses seriam os **alimentos impostos por lei**, também chamados de **alimentos legítimos**. Todavia, é possível que os **alimentos decorram da vontade** ou, até mesmo, da **imposição de responsabilidade civil**, cujo estudo deve ser feito em outra perspectiva.

2. A FIXAÇÃO DOS ALIMENTOS E AS PARTES ENVOLVIDAS

As partes envolvidas na obrigação de alimentos são designadas de **alimentante**, aquele que deve os alimentos, e **alimentário** ou **alimentando**, o destinatário dos alimentos. A designação "alimentado" é criticável, pois passaria a ideia de que a pessoa já foi alimentada e que, portanto, de mais nada necessitaria.

Os alimentos serão fixados com base no binômio **necessidade** x **possibilidade**, isto é, no caso concreto deve-se avaliar a necessidade do alimentando e a possibilidade daquele que deve arcar com as despesas. Para se aferir a possibilidade do alimentante deve-se levar em consideração os sinais exteriores de riqueza ostentados por ele, é o que dispõe o Enunciado nº 573 do CJF.[1] Assim, o § 1º do art. 1.694 do CC dispõe: "Os alimentos devem ser fixados na proporção das necessidades do reclamante e dos recursos da pessoa obrigada".

Há autores como Maria Berenice Dias,[2] Paulo Lôbo[3] e Flávio Tartuce[4] que agregam aos dois elementos retromencionados um terceiro elemento, que seria a proporcionalidade ou a razoabilidade. De acordo com Paulo Lôbo:

> O requisito da razoabilidade está presente no texto legal, quando alude a "na proporção das necessidades". A proporção não é mera operação matemática, pois tanto o credor quanto o devedor de alimentos devem ter assegurada a possibilidade de "viver de modo compatível com a sua condição social" (art. 1.694). A razoabilidade está na fundamentação, por exemplo, da natureza complementar da obrigação alimentar dos avós, a saber, é razoável que estes apenas complementem os alimentos devidos pelos pais, quando estes não puderem provê-los integralmente, sem sacrifício da sua própria subsistência.[5]

É com base na proporcionalidade/razoabilidade que o Superior Tribunal Justiça entende que o ex-cônjuge merecerá receber pensão alimentícia apenas se não tiver condições para o trabalho, isto é, se apenas constatada a dependência do outro e a ausência de assistência alheia. Assim, a Terceira Turma do STJ consolidou, em 2008,[6] o posicionamento de que os **alimentos entre os ex-cônjuges** representariam uma exceção à regra. Além disso, o referido Tribunal destacou que a necessidade de o ex-cônjuge pagar alimentos ao outro apresentará uma limitação temporal, de modo que, havendo a sua reinserção no mercado de trabalho, tal obrigação deveria deixar de existir. Nesse contexto, vale atentar para a expressão "alimentos transitórios" exatamente considerando-se que a obrigação dos alimentos existirá apenas durante um lapso temporal.[7] Por uma interpretação às avessas, o STJ se manifestou no sentido de que se a impossibilidade de reinserção no mercado

---

[1] Enunciado nº 573, CJF: "Na apuração da possibilidade do alimentante, observar-se-ão os sinais exteriores de riqueza".

[2] DIAS, Maria Berenice. *Manual de Direito das Famílias*. 5. ed. São Paulo: Revista dos Tribunais, 2009. p. 69-71

[3] LÔBO, Paulo. *Direito Civil*. Famílias. São Paulo: Saraiva, 2008. p. 351.

[4] TARTUCE, Flávio. *Manual de Direito Civil:* volume único. 5. ed. São Paulo: Método, 2015. p. 1073.

[5] LÔBO, Paulo. *Direito Civil*. Famílias. São Paulo: Saraiva, 2008. p. 351.

[6] REsp 933.355-SP, Rel. Min. Nancy Andrigui, 3ª T., j. 25/3/2008.

[7] Acerca do tema vale conferir a seguinte referência bibliográfica: BUZZI, Marco Aurélio Gastaldi. *Alimentos transitórios:* uma obrigação por tempo certo. Curitiba: Juruá, 2003.

Cap. 91 – DOS ALIMENTOS

de trabalho do ex-cônjuge for permanente a obrigação de alimentos deverá ser considerada perene.[8]

> Vale destacar ainda que a sanção da prisão civil não deve ser aplicada diante do inadimplemento de pensão alimentícia a ex-cônjuge. Foi nesse sentido que se manifestou a Terceira Turma do STJ, na decisão do HC 392.521-SP, em unanimidade. A relatora do caso, Ministra Nancy Andrighi, em sua decisão esclareceu: "Os alimentos devidos aos filhos menores ou incapazes ostentam nível máximo de exigibilidade, sendo o cuidado com a prole, enquanto menor ou incapaz, fruto do amálgama de obrigações biológicas oriundas da reconhecida incapacidade de autossustento". A Ministra ainda disse que no caso de o alimentário ser "maior de idade e capaz, a dívida se prolongar no tempo, atingindo altos valores, exigir o pagamento de todo o montante, sob pena de prisão civil, é excesso gravoso que refoge aos estreitos e justificados objetivos da prisão civil por dívida alimentar". E ainda "a distinção, por óbvio, reside na capacidade potencial que tem um adulto de garantir sua sobrevida, com o fruto do seu trabalho, circunstância não reproduzida quando se fala de crianças, adolescentes ou incapazes, sendo assim, intuitivo, que a falha na prestação alimentar impacte esses grupos de alimentados, de modo diverso".

Ademais, o art. 1.695, CC, impõe: "São devidos os alimentos quando quem os pretende não tem bens suficientes, nem pode prover, pelo seu trabalho, à própria mantença, e aquele, de quem se reclamam, pode fornecê-los, sem desfalque do necessário ao seu sustento".

Assim, a propalada regra de que a fixação deve se dar com base em pretenso percentual de 30% ou a famosa regra de "um terço" é equivocada, pois pode conduzir a erros de resultado, devendo, pois, ser aplicada a avaliação da necessidade de cada um, devidamente sopesada com a possibilidade do outro.

Além disso, é importante notar que a fixação de valores em relação um filho diferente da de outro não induz à ideia de violação ao princípio da isonomia. Isso porque é perfeitamente possível que um filho necessite mais do que o outro. Imaginemos, por exemplo, um pai que tenha dois filhos, sendo que um deles é autista e necessita, portanto, de cuidados especiais, tais como acompanhamento de médico especializado, psicólogos e terapeuta ocupacional. É evidente que a pensão referente a esse filho será fixada em valor maior do que a do outro.

O direito à prestação de alimentos é **recíproco entre pais e filhos**, e extensivo a todos os ascendentes, recaindo a obrigação nos mais próximos em grau. É o que dispõe o art. 1.696, CC. Assim, na linha reta não há limitação de grau a ser considerado. Sendo que a pessoa que necessita dos alimentos deverá, em princípio, tentar obtê-los dos ascendentes e, na falta desses, deverá se socorrer dos **descendentes**. Além disso, na falta desses, o alimentando poderá tentar obtê-los dos seus irmãos, sejam bilaterais ou unilaterais. Na **linha colateral**, portanto, a obrigação alimentar alcança apenas o **segundo grau**, conforme dispõe o art. 1.697, CC. Disso se conclui que não há obrigação alimentar entre tios e sobrinhos ou

---

[8] STJ, REsp 1.205.408-RJ, Rel. Min. Nancy Andrighi, 3ª T. j. 21/6/2011.

entre primos. Desse modo, a lei apresenta uma ordem: 1º) Ascendentes; 2º) Descendentes; 3º) Colaterais de segundo grau (irmãos bilaterais ou unilaterais).

Em sentido contrário, representando a doutrina minoritária, Maria Berenice Dias defende que do mesmo modo que a herança de uma pessoa pode ser deferida ao seu colateral até o quarto grau, o dever de alimentos também deveria se estender, isto é, se são considerados para o bônus (a herança), também deveriam ser considerados para o ônus (os alimentos). A mesma doutrinadora defende o cabimento de obrigação alimentar entre os afins,[9] o que pela lei não é admitido.

Assim, pela lei não cabe a cobrança de alimentos entre nora e sogro, genro e sogro, padrasto e enteado, madrasta e enteado ou entre cunhados. Entretanto, é importante notar que a depender das circunstâncias do caso concreto é possível que se estabeleça entre os afins, por exemplo, enteado e padrasto, um vínculo filial de socioafetividade que resultará na possibilidade de cobrança de alimentos. Nesse sentido, foi aprovado o Enunciado nº 341, na IV Jornada de Direito Civil, com o seguinte teor: "Para fins do art. 1.696, a relação socioafetividade pode ser elemento gerador de obrigação alimentar". Então, é importante destacar que a obrigação alimentar nesse caso, resulta não do vínculo de afinidade, mas sim do parentesco socioafetivo estabelecido.

A 3ª Turma do STJ decidiu que o valor recebido a título de horas extras integra a base de cálculo da pensão alimentícia fixada em percentual sobre os rendimentos líquidos do alimentante. De modo a concluir que o valor recebido pelo alimentante a título de horas extras, por possuir natureza remuneratória, integra a base de cálculo dos alimentos fixados em percentual sobre os rendimentos líquidos do devedor.[10]

Por fim, é bom lembrar que há também entendimento jurisprudencial no âmbito do STJ, no sentido de que o desemprego, a constituição de nova família e a existência de outros filhos não são suficientes para justificar o inadimplemento da obrigação alimentar.[11] Desse modo, cada uma dessas causas não pode ser considerada isoladamente como causas peremptórias a afastar a obrigatoriedade do pagamento dos alimentos. Tais circunstâncias devem ser examinadas, caso a caso, em ação revisional ou exoneratória de alimentos.

3. CARACTERÍSTICAS DOS ALIMENTOS

a) Direito personalíssimo

A delimitar os contornos dos alimentos oriundos da lei, tem-se, inicialmente, que os alimentos se traduzem em **direito personalíssimo**. Isso porque a obrigação

---

[9]   DIAS, Maria Berenice. *Manual de Direito das Famílias*. 5. ed. São Paulo: Revista dos Tribunais, 2009. p. 485 e 486.

[10] STJ, REsp 1.741.716-SP, Rel. Min. Paulo de Tarso Sanseverino, Terceira Turma, por maioria, julgado em 25/5/2021 (Informativo nº 698).

[11] STJ, RHC 151.180-ES, Terceira Turma. Rel. Min. Moura Ribeiro, j. 28/9/2021, *DJe* 4/10/2021. STJ, RHC 150.592-PR, Terceira Turma, Rel. Min. Moura Ribeiro, j. 19/10/2021, *DJe* 26/10/2021. RHC 144.872-SP, Terceira Turma, Rel. Min. Paulo de Tarso Sanseverino, j. 11/5/2021, *DJe* 14/5/2021.

de alimentos resulta exatamente do liame *intuitu personae* existente entre o alimentante e o alimentando. Em virtude disso, fica fácil entender que o crédito alimentar não admite cessão, não pode ser transmitido com o falecimento do alimentando,[12] nem pode ser penhorado.

b) Impenhorabilidade

A **impossibilidade de penhora** existe porque os alimentos se destinam à mantença do alimentando. Entretanto, os bens adquiridos com o crédito alimentar e, até mesmo, o crédito decorrente de prestações vencidas e não pagas podem ser penhorados sim, pois perderam o caráter de manutenção da sobrevivência do alimentando. Acrescentamos, também que, de acordo com Farias e Rosenvald, "admite-se a penhora dos alimentos para pagamento de outra obrigação de mesma natureza (alimentícia). Assim, já se percebe a possibilidade de penhorar pensão previdenciária para o pagamento de verba alimentar".[13]

c) Transmissibilidade

Mencionamos que o falecimento do alimentando coloca fim à obrigação alimentar. Eis a ideia de o direito a alimentos ser personalíssimo. Caso o falecimento seja do alimentante, o alimentando somente poderá exigir alimentos se o falecido tiver deixado bens para tanto. Desse modo, a obrigação alimentar poderá ser transmitida, desde que dentro das forças da herança. Essa é a interpretação adequada aplicável ao art. 1.700 do CC, que apresenta a seguinte redação: "A obrigação de prestar alimentos transmite-se aos herdeiros do devedor, na forma do art. 1.694".[14] Nesse sentido, vale conferir o Enunciado nº 343, aprovado na IV Jornada de Direito Civil: "A transmissibilidade da obrigação alimentar é limitada às forças da herança".

De acordo com Farias e Rosenvald, para que ocorra a transmissão *post mortem* da obrigação alimentícia, não é preciso que o direito cobrado tenha sido reconhecido judicialmente antes, uma vez que o espólio pode ser acionado depois da abertura da sucessão.[15] Nesse mesmo sentido se situa Maria Berenice Dias,[16] Walsir Edson Rodrigues Júnior e Renata Barbosa de Almeida.[17] Em sentido contrário, entendendo pela necessidade de já existir uma decisão judicial para que ocorra a

---

[12] Vale notar que créditos alimentares vencidos e não pagos em vida do alimentando, com a morte desse passa a constituir a herança do falecido, de modo que os herdeiros poderão exigi-lo.

[13] FARIAS, Cristiano Chaves de; ROSENVALD, Nelson. *Curso de Direito Civil*. Famílias. 7. ed. São Paulo: Atlas, 2015. p. 694.

[14] *Vide* art. 1.792, CC: "O herdeiro não responde por encargos superiores às forças da herança; incumbe-lhe, porém, a prova do excesso, salvo se houver inventário que a escuse, demostrando o valor dos bens herdados".

[15] FARIAS, Cristiano Chaves de; ROSENVALD, Nelson. *Curso de Direito Civil*. Famílias. 7. ed. São Paulo: Atlas, 2015. p. 681.

[16] DIAS, Maria Berenice. *Manual de Direito das Famílias*. 5. ed. São Paulo: Revista dos Tribunais, 2009. p. 456.

[17] ALMEIDA, Renata Barbosa de; RODRIGUES JÚNIOR, Walsir Edson. *Direito Civil*. Famílias. 2. ed. São Paulo: Atlas, 2012. p. 400.

cobrança, encontramos Zeno Veloso[18] e Sérgio Gischkow Pereira.[19] O STJ segue esse toada, como se constata no julgado a seguir transcrito:

> Direito Civil. Ação de alimentos. Espólio. Transmissão do dever jurídico de alimentar. Impossibilidade. 1. Inexistindo condenação prévia do autor da herança, não há por que falar em transmissão do dever jurídico de prestar alimentos, em razão do seu caráter personalíssimo e, portanto, intransmissível. 2. Recursoespecial provido (STJ, REsp 775.180-MT. Rel. Min. João Otávio de Noronha. 4ª T. j. 15/12/2009).

Ainda acerca da transmissibilidade, questionamento surge acerca de o herdeiro cobrar os alimentos do espólio. Estamos concordes com Farias e Rosenvald que se manifestam no sentido de que admitir que o herdeiro cobre alimentos do espólio resultaria em um herdeiro fazer jus a um quinhão superior aos dos demais herdeiros, o que atentaria à regra constitucional de igualdade substancial.[20]

d) *Incompensabilidade*

Como corolário lógico da noção personalíssima do direito alimentar, **não se admite também a sua compensação**. Significa dizer que, se o alimentante apresentar algum crédito em relação ao alimentando, não terá cabimento a proposição de compensação com o intuito de cumprir indiretamente a obrigação alimentar.[21]

Entretanto, vale lembrar que o STJ decidiu que a incompensabilidade não é absoluta, tendo-se em vista o princípio da vedação do enriquecimento ilícito.[22]

---

[18] VELOSO, Zeno. *Código Civil Comentado*. v. XVII. São Paulo: Atlas, 2002. p. 40.

[19] PEREIRA, Sérgio Gischkow. *Estudos de Direito de Família*. Porto Alegre: Livraria do Advogado, 2004. p. 152.

[20] FARIAS, Cristiano Chaves de; ROSENVALD, Nelson. *Curso de Direito Civil*. Famílias. 7. ed. São Paulo: Atlas, 2015. p. 682. Os mesmos autores esclarecem: "Em verdade, admitida a transmissibilidade dos alimentos, por força do texto legal, a melhor solução é afirmar que somente poderá receber alimentos do espólio aquele que não tiver direito à herança. Se o alimentando é herdeiro, todo e qualquer valor que venha a receber do espólio deverá ser reputado antecipação de tutela jurisdicional e, por conseguinte, abatido do seu quinhão quando da partilha". FARIAS, Cristiano Chaves de; ROSENVALD, Nelson. *Curso de Direito Civil*. Famílias. 7. ed. São Paulo: Atlas, 2015. p. 683.

[21] Cristiano Chaves de Farias e Nelson Rosenvald relatam: "Aliás, mesmo que o devedor tenha, voluntariamente, prestado outros valores ao alimentário (constituindo mera liberalidade) – o que, não raro, ocorre, quando o pai, e. g., paga viagens ou gastos supérfluos ao filho –, não poderá compensar com o valor que deve pagar a título de alimentos". FARIAS, Cristiano Chaves de; ROSENVALD, Nelson. *Curso de Direito Civil*. Famílias. 7. ed. São Paulo: Atlas, 2015. p. 693.

[22] "Cinge-se a controvérsia a verificar se, em execução de alimentos, a dedução de despesas pagas in natura da pensão alimentícia fixada exclusivamente em pecúnia contraria o disposto no art. 1.707 do Código Civil, que veda a compensação do crédito alimentar. Em regra, não se admite a compensação de alimentos fixados em pecúnia com aqueles pagos *in natura*, devendo ser considerado como mera liberalidade eventual despesa paga de forma diferente da estipulada pelo juízo. Por outro lado, deve-se ponderar que o princípio da não compensação do crédito alimentar não é absoluto e, conforme alerta a doutrina, 'deve ser aplicado ponderadamente, para que dele não resulte enriquecimento sem causa da parte do beneficiário'. Sob o prisma da vedação ao enriquecimento sem causa, positivado no art. 884 do Código Civil, esta Corte Superior de Justiça vem admitindo, excepcionalmente, a mitigação do princípio da incompensabilidade

Cap. 91 – DOS ALIMENTOS

e) Irrepetibilidade

Os alimentos são **irrepetíveis**, o que significa dizer que se, posteriormente, for desconstituída a causa geradora da obrigação alimentar, por exemplo, havendo a superveniência de um exame negativo de paternidade, isso impedirá que o pretenso alimentante peça de volta o que pagou a título de alimentos.

Há posicionamento doutrinário e jurisprudencial no sentido de que a irrepetibilidade deve ser considerada de forma relativa, e não absoluta. Assim, excepcionalmente, tem se entendido que em caso de violação ao princípio da vedação ao enriquecimento sem causa e do princípio da boa-fé objetiva seria possível a repetição daquilo que foi pago a título de alimentos.

Por fim, o STJ, com edição da Súmula nº 621, em 2018, mantém o seu posicionamento de impossibilidade de repetição e compensação de alimentos, com a seguinte redação: "Os efeitos da sentença que reduz, majora ou exonera o alimentante do pagamento retroagem à data da citação, vedadas a compensação e a repetibilidade".[23]

f) Imprescritibilidade

O direito a alimentos deve ser considerado imprescritível ou, em linguagem mais precisa, perpétuo. Tudo isso por se tratar de um direito que envolve aspectos afetos à dignidade da pessoa humana.

Não se pode, todavia, confundir a perpetuidade do direito a alimentos com a prescritibilidade para se cobrar alimentos já fixados em sentença ou assumidos por ato voluntário. Explicamos. É que se, por exemplo, o pai deve alimentos ao seu filho fixados via sentença, caso haja o inadimplemento dessa obrigação, haverá um prazo de dois anos para se cobrar a dívida, conforme preceitua o § 2º do art. 206 do CC. Assim, o prazo prescricional para haver prestações alimentares é de dois anos. Em regra, esse prazo conta-se da data do vencimento. Todavia, é possível que no caso concreto incida alguma causa que segure o referido prazo de correr.

No exemplo dado acima, a causa impeditiva do prazo prescricional a ser considerada é a impossibilidade de o prazo correr entre ascendente e descendente durante o poder familiar (art. 197, II, CC). De modo que, no caso mencionado,

---

dos alimentos. Nesta exceção incluem-se as situações de custeio direto de despesas de natureza alimentar, comprovadamente feitas em prol do beneficiário, tais como educação, habitação e saúde. Nessas hipóteses, não há falar em mera liberalidade do alimentante, mas de cumprimento efetivo, ainda que parcial, da obrigação alimentar, com o atendimento de necessidades essenciais do alimentado, que certamente teriam de ser suportadas pela pensão mensal fixada em pecúnia. *In casu*, reconheceu-se nas instâncias ordinárias que, inobstante o recorrido não estivesse obrigado a custear diretamente as despesas de moradia do alimentado, mas, tão somente, a alcançar um valor determinado em pecúnia, arcou com o valor do aluguel, taxa de condomínio e IPTU do imóvel onde residiam o exequente e sua genitora, com o consentimento desta. Neste cenário, cabível a relativização da regra da incompensabilidade da verba alimentar para reconhecer a quitação parcial do débito exequendo. Ainda que não adimplida integralmente a parcela mensal fixada em pecúnia, o pagamento in natura efetivamente foi destinado à subsistência do alimentado, mostrando-se razoável o seu abatimento no cálculo da dívida, sob pena de obrigar o executado ao duplo pagamento da pensão, gerando enriquecimento ilícito do credor" (REsp 1.501.992-RJ, Rel. Min. Paulo de Tarso Sanseverino, por unanimidade, julgado em 20/3/2018).

23 *Vide*, também, STJ. AgInt no REsp 1.911.598-SP. Quarta Turma. Min. Rel. Antônio Carlos Ferreira. J. 9/8/2021. *DJe* 13/8/2021.

o prazo de dois anos começará a correr do término do poder familiar que, comumente, ocorre quando se alcança a maioridade civil. Vale destacar que se o devedor de alimentos não for ascendente do credor e esse, por sua vez, for absolutamente incapaz, o prazo começará a correr quando o credor alcançar os 16 anos e, portanto, se tornar relativamente incapaz. Isso porque não corre prescrição contra o absolutamente incapaz (art. 198, I, CC); contra relativamente incapaz corre.

g) Irrenunciabilidade

Sempre se mostrou problemática, em nosso ordenamento, a possibilidade de renúncia aos alimentos. O art. 404 do CC/16 dispunha: "Pode-se deixar de exercer, mas não se pode renunciar o direito a alimentos". Na oportunidade, o STF tinha competência para decidir matérias infraconstitucionais e editou a Súmula nº 379, com o seguinte teor: "No acordo de desquite não se admite renúncia aos alimentos, que poderão ser pleiteados ulteriormente, verificados os pressupostos legais".

Posteriormente, o STJ – que passou a ter competência para julgar essas questões – entendeu diferente. O Tribunal da Cidadania começou a se manifestar no sentido de que a irrenunciabilidade teria cabimento apenas em se tratando de pessoas incapazes, admitindo, pois, a renúncia promovida em acordo que findava o casamento ou a união estável.

Com o CC/2002, ressuscitou-se o velho entendimento do STF por meio do art. 1.707, que apresentou o seguinte teor: "Pode o credor não exercer, porém lhe é vedado renunciar o direito a alimentos, sendo o respectivo crédito insuscetível de cessão, compensação ou penhora".

Nada obstante à tentativa de retorno ao velho posicionamento do STF, previsto na Súmula nº 379, o STJ se manteve como antes, isto é, se manteve dentro da perspectiva que de que é perfeitamente válida e eficaz a renúncia promovida por ocasião do fim do casamento ou da união estável. Assim, esse é o entendimento que prevalece atualmente.

Nessa senda, aprovou-se o Enunciado nº 263 do CJF com o seguinte conteúdo:

> O art. 1.707 do Código Civil não impede seja reconhecida válida e eficaz a renúncia manifestada por ocasião do divórcio (direto ou indireto) ou da dissolução da 'união estável'. A irrenunciabilidade do direito a alimentos somente é admitida enquanto subsista vínculo de Direito de Família.

O referido enunciado se coaduna com a perspectiva ofertada pela boa-fé objetiva e pela teoria do *venire contra factum proprium*. Isso porque representaria violação ao multicitado princípio o comportamento do ex-cônjuge ou ex-companheiro que renunciasse aos alimentos em acordo que findasse o casamento ou a união estável e, posteriormente, pretendesse os exigir de modo a violar a expectativa gerada no outro.[24]

---

[24] Em sentido contrário, situam-se Flávio Tartuce e José Fernando Simão. Defendem esses autores que como o direito a alimentos se traduz em verdadeiro direito da personalidade, deve ser aplicado o art. 11 do CC que preleciona a irrenunciabilidade dos direitos da personalidade.

Posto tudo isso, há que se concluir que apenas em relação aos incapazes pode-se admitir eventual dispensa aos alimentos, de modo que essa manifestação em nada impediria futuro exercício desse direito.

Registramos, por fim, que a Súmula nº 336 do STJ admite que a mulher que renunciou a alimentos na separação judicial tem direito à pensão previdenciária por morte do ex-marido, comprovada a necessidade econômica superveniente. Esclarecemos que a referida súmula apenas alcança a possibilidade de o ex-cônjuge cobrar a pensão previdenciária que é devida pela Previdência Social após a morte do segurado, que em nada se confunde com a pensão alimentícia objeto de estudo neste tópico.

h) Divisibilidade

Não se pode considerar a obrigação alimentar como solidária em relação aos seus devedores, já que a solidariedade não se presume, decorrendo apenas da lei ou da vontade das partes, conforme preceitua o art. 265, CC.

Assim, não sendo solidária, por conseguinte, a obrigação será fracionária, ou como se costuma mencionar, divisível. Nesse mote, vale conferir a redação do art. 1.698 do CC:

> Se o parente, que deve alimentos em primeiro lugar, não estiver em condições de suportar totalmente o encargo, serão chamados a concorrer os de grau imediato; sendo várias as pessoas obrigadas a prestar alimentos, todas devem concorrer na proporção dos respectivos recursos, e, intentada ação contra uma delas, poderão as demais ser chamadas a integrar a lide.

Dentro dessa perspectiva, se, por exemplo, o credor não tiver pais vivos ou em condições de prestar os alimentos, o credor poderá se socorrer dos avós que, não necessariamente, serão responsáveis pelo débito em partes iguais, mas antes coobrigados proporcionalmente de acordo com as suas respectivas possibilidades. Observada a ordem de cobrança, isto é, primeiro se socorre dos ascendentes, diante da impossibilidade desses, dos descendentes, para, finalmente, se cobrar dos colaterais de segundo grau, que são os irmãos.

O Enunciado nº 342 do CJF preceitua que:

> Observadas as suas condições pessoais e sociais, os avós somente serão obrigados a prestar aos netos em caráter exclusivo, sucessivo, complementar e não solidário, quando os pais destes estiverem impossibilitados de fazê-lo, caso em que as necessidades básicas dos alimentandos serão aferidas, prioritariamente, segundo o nível econômico-financeiro dos seus genitores.

Ao explicar o referido enunciado, Renata Barbosa de Almeida e Walsir Edson Rodrigues Júnior,

---

TARTUCE, Flávio; SIMÃO, José Fernando. *Direito Civil*. Direito de Família. 4. ed. São Paulo: Método, 2010. v. 5. p. 418-419.

quanto ao critério de aferição das necessidades do alimentário, é importante deixar claro que, em princípio, a referência deve ser a situação socioeconômica dos seus genitores. Assim, se os pais de um menor têm um padrão de vida de classe média e os avós daquele menor são milionários, a sua necessidade será estabelecida de acordo com as necessidades de um menor de classe média e não de acordo com as necessidades de um menor de classe alta.[25]

Acerca da obrigação alimentar avoenga, em 2017, o STJ editou a Súmula nº 596, com o seguinte teor: "A obrigação alimentar dos avós tem natureza complementar e subsidiária, somente se configurando no caso de impossibilidade total ou parcial de seu cumprimento pelos pais".

Por fim, realce que o Estatuto do Idoso (Lei nº 10.741/2003), em seu art. 12, contraria a lógica da divisibilidade da obrigação alimentar ao estabelecer que: "a obrigação alimentar é solidária, podendo o idoso optar entre os prestadores". Trata-se, evidentemente, de um caso de obrigação alimentar solidária por força de lei. A conclusão é a de que: em regra, a obrigação alimentar é divisível, exceto em se tratando de obrigação relativa à pessoa idosa, cujos coobrigados serão considerados solidários.

O dispositivo mencionado no Estatuto do Idoso decerto enfrenta críticas consideráveis. Duas se destacam: a primeira de que o dispositivo fragiliza o princípio da reciprocidade. Isso porque quando uma criança ou adolescente pleiteia alimentos em face de uma pessoa idosa, para essa situação não há previsão de solidariedade. A segunda e mais contundente crítica põe em xeque a própria constitucionalidade do dispositivo, já que esse acaba atacando a prioridade de proteção integral conferida à criança e ao adolescente prevista no art. 227 da CF/88.

i) Variabilidade

De acordo com Paulo Lôbo, "os alimentos não são dívidas de dinheiro, imodificáveis apesar das vicissitudes do tempo, mas dívidas de valor, que não levam em conta o valor nominal da moeda, e sim o valor atual da coisa ou situação que exprime; daí a necessidade de permanente atualização".[26]

Quando se aponta a variabilidade da obrigação alimentar, baseia-se na ideia de que o binômio necessidade-possibilidade poderá se alterar ao longo dos anos, nada obstante perdure o fundamento da obrigação alimentar. Desse modo, o art. 1.699 do CC estabelece: "Se, fixados os alimentos, sobrevier mudança na situação financeira de quem os supre, ou na de quem os recebe, poderá o interessado reclamar ao juiz, conforme as circunstâncias, exoneração, redução ou majoração do encargo".

A sentença decorrente de uma ação de alimentos produz coisa julgada material, pois se não houver nenhuma modificação no âmbito da possibilidade ou

---

[25] ALMEIDA, Renata Barbosa de; RODRIGUES JÚNIOR, Walsir Edson. *Direito Civil.* Famílias. 2. ed. São Paulo: Atlas, 2012. p. 396-397.

[26] ALMEIDA, Renata Barbosa de; RODRIGUES JÚNIOR, Walsir Edson. *Direito Civil.* Famílias. 2. ed. São Paulo: Atlas, 2012. p. 396-397.

no âmbito da necessidade, a decisão que estabeleceu os alimentos não pode ser modificada, constatando-se, pois, a coisa julgada material.

Nesse sentido, conferimos a crítica de Renata Barbosa de Almeida e Walsir Edson Rodrigues Júnior:

> Não obstante a variabilidade prevista no art. 1.699 do Código Civil e a redação equivocada do art. 15 da Lei nº 5.478/68 (Lei de Alimentos), a sentença proferida em ação de alimentos produz coisa julgada material. Por ser uma relação continuativa a estabelecida entre alimentante e alimentário, a alteração só é possível diante de uma nova situação capaz de afetar o binômio necessidade/possibilidade.[27]

Conforme preceitua o art. 1.710 do CC, "as prestações alimentícias, de qualquer natureza, serão atualizadas segundo índice oficial regularmente estabelecido".[28]

---

[27] ALMEIDA, Renata Barbosa de; RODRIGUES JÚNIOR, Walsir Edson. *Direito Civil*. Famílias. 2. ed. São Paulo: Atlas, 2012. p. 392.

[28] O STJ entendeu que em caso de alimentos acordados voluntariamente entre ex-cônjuges, a incidência de correção monetária para atualização da obrigação ao longo do tempo deve estar expressamente prevista no contrato. Assim, o STJ se manifestou: "Nos termos do art. 1.710 do CC/2002, as obrigações alimentares estão sujeitas à atualização monetária por 'índice oficial regularmente estabelecido'. A partir da interpretação dessa regra, o Superior Tribunal de Justiça já teve oportunidade de se manifestar quanto à exigência de previsão do índice a ser aplicado na sentença que fixa obrigação alimentícia. Contudo, esses julgamentos não se pronunciaram quanto às hipóteses em que a obrigação é fixada em acordo, situação ora enfrentada. Assim, o cerne da presente controvérsia repousa na necessidade de definir se é possível a ampliação dessa interpretação para alcançar os alimentos fixados por acordo, mormente quando esses alimentos são fixados em prol de ex-cônjuge. Nesse mister, importa ter em mente que, no que tange à incidência de correção monetária sobre obrigações contratuais, a Lei nº 10.192/2001 foi expressa em romper com a atualização automática de obrigações oriundas de contratos de prestação continuada, restringindo até mesmo a possibilidade de expressa contratação, que somente se admite em contratos com duração superior a 1 (um) ano. Nota-se, portanto, que o ambiente regulatório dos contratos é notoriamente distinto daquele estabelecido para as obrigações judicialmente fixadas. Também não se pode perder de vista que a Lei nº 6.899/81 ainda se encontra em vigência, determinando a correção monetária sobre todos os débitos decorrentes de decisão judicial, conforme prevê expressamente seu art. 1º. Portanto, reconhecendo-se a natureza consensual do acordo que estabelece a obrigação alimentar entre ex-cônjuges, a incidência de correção monetária para atualização da obrigação ao longo do tempo deve estar expressamente prevista no contrato. Isso porque a imposição de aplicação de índice regularmente estabelecido abarca todas as obrigações alimentícias, não se fazendo distinção segundo se trate de obrigação fixada em sentença ou em contrato. Contudo, na hipótese de omissão quanto a essa exigência de prévia e expressa deliberação, a solução não poderá ser idêntica para os casos de obrigações contratuais e judiciais, uma vez que a regra específica para cada uma delas, extraída da legislação nacional, é diametralmente oposta. Assim é que, uma vez silente o contrato quanto à incidência de correção monetária para a apuração do quantum devido, o valor da obrigação se mantém pelo valor histórico. Por outro lado, silente a decisão judicial quanto ao índice aplicável, deverá a prestação ser corrigida, mantendo-se atualizado o valor historicamente fixado. Por fim, é ainda relevante esclarecer que o caso ora em questão não se confunde com o debate acerca da necessidade de pedido expresso de correção monetária dos valores sub judice. Nessas hipóteses, a jurisprudência desta Corte Superior é pacífica em admitir a correção monetária como pedido implícito, mesmo porque decorre de expressa determinação legal a imposição de atualização dos

Resta saber que índice seria esse, já que, em verdade, existem vários índices oficiais. Além disso, a aplicação de índice oficial deve ser subsidiária, nas hipóteses em que o devedor não tenha rendimento fixo mensal conhecido. E, quando se tratar de devedor assalariado ou servidor público, o conceito de índice oficial deve ser o que for aplicado para atualização de seus rendimentos, majorando-se proporcionalmente os seus rendimentos.[29]

j) A natureza alternativa da obrigação alimentar

Conforme o art. 1.701 do CC estabelece, "a pessoa obrigada a suprir alimentos poderá pensionar o alimentando, ou dar-lhe hospedagem e sustento, sem prejuízo do dever de prestar o necessário à sua educação, quando menor".

A partícula alternativa "ou" prevista no referido dispositivo faz concluir pela possibilidade de alternatividade do conteúdo das prestações alimentares. Todavia, há que se de destacar que a possibilidade de escolha por parte do alimentante não há de prevalecer de forma absoluta, de modo que, muitas vezes, a depender do caso concreto a alternatividade, na verdade, inexiste, cabendo ao juiz decidir conforme as circunstâncias do caso concreto (art. 1.701, parágrafo único, CC).

A proposta contida na lei é a de que, em princípio, são várias as possibilidades de adimplemento da obrigação alimentar. Possibilidades que irão perpassar desde a opção de fornecimento de hospedagem, passando pelo aporte de valores em conta bancária, descontos na folha de pagamento, pagamentos *in natura*, fornecimento de cesta básica, vestuário, pagamento de mensalidades escolares etc.

4. A POSSIBILIDADE DE LEVANTAMENTO DE SALDO DE CONTA VINCULADA AO FGTS E A POSSIBILIDADE DE INCIDÊNCIA DE PENSÃO ALIMENTÍCIA SOBRE O 13º SALÁRIO E O TERÇO DE FÉRIAS

O Enunciado nº 572 do CJF, aprovado na VI Jornada de Direito Civil, estabelece que: "Mediante ordem judicial, é admissível, para a satisfação do crédito alimentar atual, o levantamento do saldo de conta vinculada ao FGTS".

A solução apresentada pelo enunciado respalda-se no parâmetro de cumprimento das obrigações em que se almeje a maior satisfação para o credor com a menor onerosidade para o devedor. Nesse mote, justifica-se a possibilidade de levantamento de valores na conta vinculada ao FGTS na proteção à dignidade de ambas as partes envolvidas, já que o alimentando receberá o pagamento e o alimentante se livrará do risco da prisão civil. Assim, várias decisões do STJ já admitiam essa possibilidade.[30]

Bem como o STJ admite a possibilidade de a pensão alimentícia incidir sobre o 13º salário e o terço constitucional de férias, pois tais verbas estariam

---

débitos decorrentes de sentenças" (REsp 1.705.669-SP, Rel. Min. Marco Aurélio Bellizze, por unanimidade, julgado em 12/2/2019, *DJe* 15/2/2019. Informativo nº 642, STJ).

[29] LÔBO, Paulo. *Direito Civil*. Famílias. São Paulo: Saraiva, 2008. p. 363.

[30] AgRg no RMS 34.708-SP; AgRg no RMS 35.010-SP; AgRg no RMS 34.440-SP.

compreendidas nas expressões "vencimento", "salários" ou "proventos" que consubstanciam a totalidade dos rendimentos conferidos pelo alimentante.[31]

5. ALIMENTOS GRAVÍDICOS

Sempre se receou o pagamento de alimentos ao nascituro, em virtude do caráter de irrepetibilidade que os alimentos carregam consigo. Desse modo, se o suposto pai fosse obrigado a pagar alimentos ao ser concebido, mas que ainda não tivesse nascido se, com o seu nascimento, constatasse que não era verdadeira a pretensa paternidade apontada, aquele que pagou os alimentos não poderia havê-los de volta, tendo em vista a impossibilidade de se pedir de volta os alimentos já pagos.

Todavia, mesmo diante disso, em 2008 foi aprovada a Lei nº 11.408 que disciplinou o direito de alimentos da mulher gestante, que ficou conhecida como Lei de Alimentos Gravídicos.

De acordo com o art. 1º da referida Lei, a mulher gestante, e não o nascituro, poderá cobrar os alimentos do suposto pai de seu filho. Esses alimentos, em conformidade com o que dispõe o art. 2º, compreenderiam os valores suficientes para cobrir as despesas adicionais do período de gravidez e que sejam dela decorrentes, da concepção ao parto, inclusive as referentes a alimentação especial, assistência médica e psicológica, exames complementares, internações, parto, medicamentos e demais prescrições preventivas e terapêuticas indispensáveis, a juízo do médico, além de outras que o juiz considere pertinentes. Além disso, os alimentos referir-se-iam à parte das despesas que deverá ser custeada pelo futuro pai, considerando-se a contribuição que também deverá ser dada pela mulher grávida, na proporção dos recursos de ambos.

Diante disso, o juiz, convencido da existência de indícios da paternidade, fixará alimentos gravídicos que perdurarão até o nascimento da criança, sopesando as necessidades da parte autora e as possibilidades da parte ré. Os indícios de paternidade podem se manifestar de diversas formas, tais como cartas, fotos, mensagens etc., cabendo ao autor a produção probatória.[32]

Após o nascimento com vida, os alimentos gravídicos ficam convertidos em pensão alimentícia em favor do menor até que uma das partes solicite a sua revisão. Inclusive, o STJ reiterou esse posicionamento, conforme decisão publicada no Informativo nº 606 desse Tribunal:

---

[31] STJ, AgInt no AREsp 1027630/RJ. Quarta Turma. Rel. Min. Marco Buzzi. J. 20/3/2018. *DJe* 27/3/2018.

[32] De acordo com Renata Barbosa de Almeida e Walsir Edson Rodrigues Júnior, "registra-se que a comprovação definitiva poderia ser feita com o exame de DNA utilizando-se o líquido amniótico, entretanto, com a tecnologia atualmente disponível no mercado não seria possível realizar tal exame sem que com isso se colocasse em risco a gestação. Considerando a irrepetibilidade dos alimentos, eis, então, o maior problema para a concessão dos alimentos gravídicos". ALMEIDA, Renata Barbosa de; RODRIGUES JÚNIOR, Walsir Edson. *Direito Civil*. Famílias. 2. ed. São Paulo: Atlas, 2012. p. 422.

os alimentos gravídicos ficam convertidos em pensão alimentícia até eventual ação revisional em que se solicite a exoneração, redução ou majoração do valor dos alimentos ou até mesmo eventual resultado em ação de investigação ou negatória de paternidade. Tal conversão automática não enseja violação à disposição normativa que exige indícios mínimos de paternidade para a concessão de pensão alimentícia provisória ao menor durante o trâmite da ação de investigação de paternidade. Isso porque, nos termos do caput do art. 6º da Lei nº 11.804/2008, para a concessão dos alimentos gravídicos já é exigida antes a comprovação desses mesmos indícios da paternidade. O intuito da lei foi garantir a preservação do melhor interesse do menor em ter mantido os alimentos, já concedidos na gestação, enquanto se discute a paternidade na ação investigatória. A conversão automática da obrigação e a transferência da titularidade dos alimentos, sem a necessidade de pronunciamento judicial ou de pedido expresso da parte, garantem maior celeridade na prestação jurisdicional, além de facilitar o acesso à Justiça e favorecer de logo a solução de mérito da demanda, buscada pelo novo Código de Processo Civil que, em seu art. 4º, dispõe que "as partes têm o direito de obter em prazo razoável a solução integral do mérito, incluída a atividade satisfativa" (REsp 1.629.423-SP, Rel. Min. Marco Aurélio Bellizze, por unanimidade, julgado em 6/6/2017. Informativo nº 606).

6. CLASSIFICAÇÕES DOS ALIMENTOS

6.1. Quanto à causa jurídica ou fonte

a) **Alimentos legítimos ou legais:** são aqueles que decorrem de imposição de lei. Aqui encontram-se os alimentos oriundos do parentesco e do casamento/união estável. Esses alimentos são estudados no Direito de Família e em caso de descumprimento há possibilidade da sanção da prisão civil, conforme art. 5º, LXVII, CF/88.

b) **Alimentos voluntários ou convencionais:** são expressões da autonomia privada do devedor, uma vez que são definidos por força de contrato ou de testamento. Quando previstos em contrato, o estudo atine ao Direito dos Contratos, ao passo que, quando decorrentes de testamento, o estudo se situa no Direito das Sucessões. Vale destacar que o seu descumprimento não implica prisão do devedor de alimentos.

c) **Alimentos indenizatórios ou ressarcitórios:** são aqueles decorrentes da responsabilidade civil. Estão previstos no Código Civil nos arts. 948, II, e 950. Conforme já se manifestou o STJ, o seu inadimplemento não implica prisão civil do devedor.

6.2. Quanto à natureza ou extensão

a) **Alimentos naturais ou necessários:** são aqueles que se limitam a atender as necessidades essenciais ou primárias da vida. Não abrange apenas os alimentos, mas também a moradia, o vestuário, a saúde, tendo-se em vista o estritamente necessário ou o *necessarium vitae*. Esses alimentos podem ser encontrados no art. 1.694, § 2º, do CC que preceitua: "Os

Cap. 91 – DOS ALIMENTOS

alimentos serão apenas os indispensáveis à subsistência, quando a situação de necessidade resultar de culpa de quem os pleiteia". Na mesma toada, o parágrafo único do art. 1.704 do CC estabelece: "Se o cônjuge declarado culpado vier a necessitar de alimentos, e não tiver parentes em condições de prestá-los, nem aptidão para o trabalho, o outro cônjuge será obrigado a assegurá-los, fixando o juiz o valor indispensável à sobrevivência". É evidente que tais dispositivos são polêmicos já que repisam a discussão da culpa na separação litigiosa, questão que deve ser definitivamente sepultada tendo-se em vista a teoria do desamor.

b) **Alimentos civis ou côngruos:** são aqueles cujo objetivo é a manutenção do estado social anterior do alimentando, apresentando, portanto, uma extensão maior. Esses alimentos é que devem ser considerados em regra, observando, pois, o disposto no art. 1.694 do CC: "Podem os parentes, os cônjuges ou companheiros pedir uns aos outros os alimentos de que necessitem para viver de modo compatível com a sua condição social, inclusive para atender às necessidades de sua educação".

6.3. Quanto à finalidade

a) **Alimentos definitivos ou regulares:** são aqueles que apresentam conotação definitiva derivando de sentença judicial ou de acordo entre as partes. A ideia de definitividade, contudo, não afasta a possibilidade de revisão desses alimentos, conforme estabelece o art. 1.699, do CC: "Se, fixados os alimentos, sobrevier mudança na situação financeira de quem os supre, ou na de quem os recebe, poderá o interessado reclamar ao juiz, conforme as circunstâncias, exoneração, redução ou majoração do encargo".

b) **Alimentos provisórios:** são aqueles fixados liminarmente em despacho inicial proferido em ação de alimentos, ou seja, antes da sentença na ação de alimentos da Lei nº 5.478/68 (Lei de Alimentos). Isso se torna possível pois existe prova pré-constituída do parentesco ou do casamento ou companheirismo, como uma certidão de nascimento ou uma certidão de casamento, respectivamente.

c) **Alimentos provisionais ou *ad litem*:** são aqueles estipulados em virtude da inexistência de prova pré-constituída em ações que não seguem o rito especial da Lei de Alimentos, tais como ação de investigação de pater-nidade ou ação de reconhecimento de união estável. Tem por finalidade a manutenção existencial do pretenso alimentante durante a tramitação da lide principal. Acerca desses alimentos, o art. 1.706 do CC dispõe: "Os alimentos provisionais serão fixados pelo juiz, nos termos da lei processual".

6.4. Quanto ao momento em que são reclamados

a) **Alimentos pretéritos:** são aqueles que precedem ao pedido de alimen-tos, isto é, dizem respeito ao período anterior ao ajuizamento da ação. Esses alimentos não são admitidos em nosso ordenamento jurídico já que prevalece o princípio da atualidade em se tratando de alimentos. Ainda que o necessitado tenha contraído dívidas para sobreviver, não é permitido que retroaja o período a determinada época.[33] Assim, se o postulante sobreviveu até o pleito formal dos alimentos, não faz sentido exigir o que se passou. Admite-se apenas a cobrança de alimentos atuais ou futuros, a seguir expostos.

b) **Alimentos atuais:** são aqueles alimentos referentes ao momento do ajuizamento da ação.

c) **Alimentos futuros:** são aqueles alimentos devidos a partir da sentença.

6.5. Quanto à forma do pagamento:

a) **Alimentos próprios ou *in natura*:** são aqueles alimentos cuja prestação alimentar se traduz no próprio pagamento direto das despesas do alimentando, havendo o fornecimento de alimentação e arcando com a hospedagem e sustento, sem prejuízo do dever de prestar o necessário à sua educação, quando menor (art. 1.701, *caput*, CC).

b) **Alimentos impróprios:** são aqueles alimentos que são pagos por meio de pensão alimentícia, o que ocorre geralmente.

7. A POSSIBILIDADE DE PRISÃO CIVIL DO DEVEDOR DE ALIMENTOS E A SÚMULA Nº 309 DO STJ. A POSSIBILIDADE DE INSCRIÇÃO DO NOME DO DEVEDOR DE ALIMENTOS EM CADASTRO DE PROTEÇÃO AO CRÉDITO

A Constituição Federal de 1988, em seu art. 5º, LXVII, admite a prisão civil do responsável pelo inadimplemento voluntário e inescusável de obrigação alimentícia. A referida sanção apresenta caráter eminentemente coercitivo, não se traduzindo em medida penal. Assim, o objetivo da prisão é reforçar a imposição do adimplemento da obrigação alimentar. De acordo com o Enunciado nº 522 do CJF, a prisão civil também teria cabimento diante do inadimplemento dos alimentos gravídicos.[34]

É necessário destacar que se o inadimplemento for involuntário ou houver causa escusável que o justifique não terá cabimento a prisão. Além disso, como a obrigação alimentar carrega consigo a noção de atualidade, a prisão civil que decorre de seu inadimplemento objetiva compelir o alimentante a suprir as necessidades atuais do alimentando, expressas pelas últimas três prestações. Desse modo, as prestações vencidas que precedem as três prestações citadas deverão ser cobradas em procedimento próprio. Assim, esse posicionamento resultou na edição

---

[33] Nesse sentido *vide* RIZZARDO, Arnaldo. *Direito de Família*. Rio de Janeiro: Forense, 2006. p. 728.

[34] Enunciado nº 522, CJF: "Cabe prisão civil do devedor nos casos de não prestação de alimentos gravídicos estabelecidos com base na Lei nº 11.804/2008, inclusive deferidos em qualquer caso de tutela de urgência".

da Súmula nº 309 do STJ, que apresenta a seguinte redação: "O débito alimentar que autoriza a prisão civil do alimentante é o que compreende as três prestações anteriores à citação e as que se vencerem no curso do processo".

Por fim, vale lembrar que, acerca da prisão do devedor de alimentos, a Lei nº 14.010/2020 (Lei que dispôs sobre o regime jurídico emergencial e transitório das relações jurídicas de direito privado no período da pandemia do coronavírus – Lei do RJET) estabeleceu em seu art. 15 que "até 30 de outubro de 2020, a prisão civil por dívida alimentícia, prevista no art. 528, § 3º e seguintes da Lei nº 13.105, de 16 de março de 2015 (Código de Processo Civil), deverá ser cumprida exclusivamente sob a modalidade domiciliar, sem prejuízo da exigibilidade das respectivas obrigações".[35]

Sobre a inscrição do nome do devedor de alimentos em cadastro de proteção ao crédito, o STJ vem se manifestando no sentido de sua possibilidade à luz do princípio do melhor interesse do alimentando.[36]

8. A LEGITIMIDADE DO MINISTÉRIO PÚBLICO PARA AJUIZAR A AÇÃO DE ALIMENTOS

O STJ reconhece a legitimidade do Ministério Público para ajuizar a ação de alimentos, tanto é assim que, em 2017, foi editada a Súmula nº 594, que apresenta a seguinte redação:

---

[35] Acerca do tema confira-se também a seguinte decisão do STJ: "As Turmas de Direito Privado do STJ são uníssonas em reconhecer a indiscutível ilegalidade/teratologia da prisão civil, sob o regime fechado, no período de pandemia, anterior ou posterior à Lei nº 14.010/2020. A divergência subsistente no âmbito das Turmas de Direito Privado refere-se apenas ao período anterior à edição da Lei nº 14.010/2020, tendo esta Terceira Turma, no tocante a esse inter-regno, compreendido ser possível o diferimento da prisão civil para momento posterior ao fim da pandemia; enquanto a Quarta Turma do STJ tem reconhecido a necessidade de aplicar o regime domiciliar" (HC 569.014-RN, Rel. Min. Marco Aurélio Bellizze, Terceira Turma, por unanimidade, julgado em 6/10/2020, *DJe* 14/10/2020).

[36] "RECURSO ESPECIAL. DIREITO DE FAMÍLIA. PROCESSUAL CIVIL. ALIMENTOS. EXECUÇÃO. DEVEDOR. INSCRIÇÃO EM CADASTROS DE RESTRIÇÃO AO CRÉDITO. INSCRIÇÃO. POSSIBILIDADE. DIREITO À VIDA DIGNA. AUSÊNCIA DE IMPEDIMENTO LEGAL. COERÇÃO INDIRETA. MELHOR INTERESSE DO ALIMENTANDO. INOVAÇÃO LEGISLATIVA. ARTIGOS 528 E 782 DO NOVO CÓDIGO DE PROCESSO CIVIL. 1. É possível, à luz do melhor interesse do **alimentando,** na execução de **alimentos** de filho menor, o protesto e a **inscrição** do nome do **devedor** de **alimentos** nos **cadastros** de proteção ao crédito. 2. Não há impedimento legal para que se determine a negativação do nome de contumaz devedor de alimentos no ordenamento pátrio. 3. O mecanismo de proteção que visa salvaguardar interesses bancários e empresariais em geral (art. 43 da Lei nº 8.078/90) pode garantir direito ainda mais essencial relacionado ao risco de vida, que violenta a própria dignidade da pessoa humana e compromete valores superiores a mera higidez das atividades comerciais. 4. O legislador ordinário incluiu a previsão de tal mecanismo no Novo Código de Processo Civil, como se afere da literalidade dos artigos 528 e 782. 5. Recurso especial provido" (STJ, REsp 1469102 - SP. Terceira Turma. Rel. Min. Ricardo Villas Bôas Cueva. J. 8/6/2016. *DJe* 15/3/2016).

O Ministério Público tem legitimidade ativa para ajuizar ação de alimentos em proveito de criança ou adolescente independentemente do exercício do poder familiar dos pais, ou do fato de o menor se encontrar nas situações de risco descritas no art. 98 do Estatuto da Criança e do Adolescente, ou de quaisquer outros questionamentos acerca da existência ou eficiência da Defensoria Pública na comarca.

9. EXTINÇÃO DA OBRIGAÇÃO DE ALIMENTOS

A obrigação alimentar será extinta diante das seguintes situações:

- **O alimentando alcançar a maioridade civil**, isto é, alcançar os 18 anos de idade. Todavia, devemos registrar que é possível que maioridade seja alcançada e a necessidade do alimentando não seja extinta.[37] Nesse mote, o STJ editou a Súmula nº 358 com o seguinte teor: "O cancelamento da pensão alimentícia de filho que atingiu a maioridade está sujeito à decisão judicial, mediante contraditório, ainda que nos próprios autos". Nesse mesmo sentido, vide o Enunciado nº 344 do CJF: "A obrigação alimentar originada do poder familiar, especialmente para atender as necessidades educacionais, pode não cessar com a maioridade". Todavia, a perpetuação da obrigação não alcança os cursos de pós-graduação, tais como especialização, mestrado e doutorado, tendo em vista a aplicação do princípio da razoabilidade. Foi o que entendeu o STJ na decisão do REsp 1.218.510-SP, de relatoria de Min. Nancy Andrighi, julgado em 27/9/2011.

- **A morte do credor.** Essa possibilidade surge como corolário lógico do caráter personalíssimo da obrigação de alimentos.

- **Havendo o casamento, a união estável ou o concubinato do credor.** Os novos rumos de vida seguidos pelo credor de alimentos que resultem em seu casamento, união estável ou concubinato indicam que o credor não mais necessita da prestação alimentícia, por isso art. 1.708, *caput*, CC, admite expressamente a cessação da prestação de alimentos. De acordo com Paulo Lôbo, como o concubinato não constitui entidade familiar, a constitucionalidade do dispositivo se torna duvidosa, "pois colide com a liberdade sexual que a Constituição protege". Sob essa perspectiva, aprovou-se o Enunciado nº 265, do CJF, com o seguinte teor: "na hipótese de concubinato, haverá necessidade de demonstração da assistência material prestada pelo concubino a quem o credor de alimentos se uniu".

- **Se o credor tiver procedimento indigno em relação ao devedor (art. 1.708, parágrafo único, CC).** Buscando definir o que seja "procedimento indigno", vale mencionar o Enunciado nº 264 do CJF que apresenta a seguinte redação: "Na interpretação do que seja procedimento indigno do

---

[37] Inclusive, o STJ decidiu que "é presumida a necessidade de percepção de alimentos do portador de doença mental incapacitante, devendo ser suprida nos mesmos moldes dos alimentos prestados em razão do poder familiar, independentemente da maioridade civil do alimentado" (STJ, 3ª Turma. REsp 1.642.323-MG, Rel. Min. Nancy Andrighi, julgado em 28/3/2017. Informativo nº 601).

credor, apto a fazer cessar o direito a alimentos, aplicam-se, por analogia, as hipóteses dos incisos I e II do art. 1.814 do Código Civil". Trazendo também a possibilidade de que o procedimento indigno do credor possa resultar não na extinção da obrigação, mas em sua redução, foi aprovado o Enunciado nº 345 do CJF com o seguinte teor: "O 'procedimento indigno' do credor em relação ao devedor, previsto no parágrafo único do art. 1.708 do Código Civil, pode ensejar a exoneração ou apenas a redução do valor da pensão alimentícia para quantia indispensável à sobrevivência do credor". Há que se destacar que a mera liberdade afetiva do credor não pode ser considerada como procedimento indigno.[38]

- Nada obstante o novo casamento do cônjuge devedor não extinga a obrigação constante da sentença de divórcio (art. 1.709, CC), é possível, **todavia, que ocorra uma alteração na possibilidade do devedor** de prestar os alimentos.

Por fim, é bom destacar que o fato de o alimentante se encontrar preso pela prática de um crime, por si só, não é suficiente para afastar a sua obrigação de prestar alimentos, tendo em vista a possibilidade de desempenho de atividade remunerada na prisão ou fora dela a depender do regime prisional do cumprimento da pena. Isso porque existe a possibilidade de desempenho de atividade remunerada na prisão ou fora dela, a depender do regime prisional de cumprimento de pena, tendo em vista que o trabalho – interno ou externo – do condenado é incentivado pela Lei de Execução Penal.

Nessa toada, a 3ª Turma do STF decidiu, por unanimidade, que, embora o Tribunal de origem tenha afastado de plano a obrigação alimentar da parte, por se encontrar custodiado, a mera condição de presidiário não é um alvará para exonerar o devedor da obrigação alimentar, especialmente em virtude da independência das instâncias cível e criminal. Esclarecendo que é indispensável identificar se o preso possui bens, valores em conta bancária ou se é beneficiário do auxílio-reclusão, o que pode ser aferido com o encaminhamento de ofícios a cartórios, à unidade prisional e ao INSS, incumbindo ao Estado informar qual a condição carcerária do recorrido, a pena fixada, o regime prisional a que se sujeita, se aufere renda com trabalho ou se o utiliza para remição de pena, e, ainda, se percebe auxílio-reclusão, não incumbindo ao alimentando tal ônus probatório, por versarem informações oficiais.[39]

---

[38] Nesse sentido, CAHALI, Francisco José. Dos Alimentos. In: *Direito de Família e o Novo Código Civil.* Belo Horizonte: Del Rey/IBDFAM, 2001. p. 190. E, também, DIAS, Maria Berenice. *Manual de Direito das Famílias.* 5. ed. São Paulo: Revista dos Tribunais, 2009. p. 509.

[39] REsp 1.882.798-DF, Rel. Min. Ricardo Villas Bôas Cueva, Terceira Turma, por unanimidade, julgado em 10/8/2021 (Informativo nº 704, STJ).

DA TUTELA, DA CURATELA, DA TOMADA DE DECISÃO APOIADA E DA GUARDA

1. DA TUTELA

De acordo com Carlos Roberto Gonçalves, "a tutela é o encargo conferido por lei a uma pessoa capaz, para cuidar da pessoa do menor e administrar os seus bens. Destina-se a suprir a falta do poder familiar e tem nítido caráter assistencial".[1]

A Lei dispõe que os filhos menores são postos em tutela nas seguintes situações:[2]

- com o falecimento dos pais, ou sendo estes julgados ausentes;
- em caso de os pais decaírem do poder familiar.

É comum a confusão entre os institutos do poder familiar, da tutela, da representação e da assistência. Inicialmente, é importante entender que a tutela e o poder familiar são institutos que não podem coexistir. A tutela chega em substituição ao poder familiar. Além disso, diante do vínculo surgido com o poder familiar (pais e filho) ou diante do vínculo surgido com a tutela (tutor e tutelado/pupilo), em um outro caso, poderá haver a representação ou a assistência. Tudo dependerá da idade do filho ou do tutelado/pupilo. Se o filho ou o tutelado tiverem menos de 16 anos, os pais ou o tutor, respectivamente, deverão representá-los para a prática dos atos da vida civil. Se ao revés, se o filho ou o tutelado tiverem entre 16 e 18 anos, os pais ou o tutor, respectivamente, deverão assisti-los para a prática dos atos da vida civil.

Como última nota introdutória acerca do tema, informamos que a tutela é um múnus público e que, em caso de irmãos órfãos, em virtude do princípio da unicidade da tutela, a sugestão da lei é pela nomeação de um só tutor para facilitação dos atos e para que sejam conservados os laços de afetividade entre os irmãos, conforme dispõe o *caput* do art. 1.733 do CC. A regra, porém, não é absoluta, sendo possível, a depender do caso concreto, o desmembramento da tutela.

---

[1] GONÇALVES, Carlos Roberto. *Direito de Família*. 20. ed. São Paulo: Saraiva, 2017. p. 186.
[2] Arts. 1.728, I e II, CC/2002.

1.1. Formas ordinárias de tutela

Ordinariamente, existem três espécies de tutela: a testamentária, a legítima e a dativa.

Na tutela testamentária, o direito de nomear tutor compete aos pais, em conjunto, conforme art. 1.729, CC. A regra é óbvia, tendo-se em vista a igualdade constitucional imposta. Além disso, a nomeação deve constar de testamento ou de qualquer outro documento autêntico (art.1.729, parágrafo único, CC). Por documento autêntico entende-se o documento público ou particular cujas firmas dos pais tenham sido reconhecidas por Tabelião.[3]

Nesse caso, o pai ou a mãe somente terá a prerrogativa de nomear o tutor se no momento de sua morte eram detentores do poder familiar. Atente-se para o fato de que o que se considera é o momento da morte, e não da elaboração do testamento. Assim, o art. 1.730 dispõe: "É nula a nomeação de tutor pelo pai ou pela mãe que, ao tempo de sua morte, não tinha o poder familiar".

No caso de ser nomeado mais de um tutor por disposição testamentária sem indicação de precedência, entende-se que a tutela foi cometida ao primeiro, e que os outros lhe sucederão pela ordem de nomeação, se ocorrer morte, incapacidade, escusa ou qualquer outro impedimento, conforme dispõe o § 1º do art. 1.733 do CC.

Já a **tutela legítima** é aquela que caberá aos parentes consanguíneos do menor, na falta de nomeação pelos pais em testamento ou outro documento autêntico e está prevista no art. 1.731 do CC. A ordem sugerida pela lei[4] para a assunção do múnus público da tutela é: os ascendentes, preferindo:

- o de grau mais próximo ao mais remoto; os colaterais até o terceiro grau, preferindo os mais próximos aos mais remotos, e, no mesmo grau, os mais velhos aos mais moços; em qualquer dos casos, o juiz escolherá entre eles;
- o mais apto a exercer a tutela em benefício do menor.

A **tutela dativa** é aquela que apresenta caráter subsidiário, isto é, deve ser aplicada na falta de nomeação pelos pais (tutela testamentária) ou por impossibilidade de tutela legítima, conforme estabelece o art. 1.732 do CC: O juiz nomeará tutor idôneo e residente no domicílio do menor: I – na falta de tutor testamentário ou legítimo; II – quando estes forem excluídos ou escusados da tutela; III – quando removidos por não idôneos o tutor legítimo e o testamentário.

---

[3] É importante perceber que, na tutela testamentária, ainda que a nomeação tenha sido feita por outro documento que não seja um testamento – desde que autêntico, é claro –, os efeitos da nomeação do tutor somente serão produzidos após a morte dos pais. Por isso, que ainda assim são hipóteses de tutela "testamentária", nada obstante a nomeação não tenha sido feita em um testamento.

[4] Falamos em "ordem sugerida pela lei", pois a referida ordem não deve ser considerada absoluta. A bem do menor, o juiz do caso concreto deve ter a liberdade de alterar a ordem da lei, ou até mesmo, invocar pessoa que lá não está. O que importa é que se trate de pessoa apta e idônea a desempenhar tal desiderato.

Cap. 92 – DA TUTELA, DA CURATELA, DA TOMADA DE DECISÃO APOIADA E DA GUARDA **1129**

1.2. Formas especiais de tutela

- **Tutela de crianças ou adolescentes cujos pais forem desconhecidos, suspensos ou destituídos do poder familiar (antiga tutela do menor abandonado):** essas crianças ou adolescentes terão tutores nomeados pelo Juiz ou serão incluídos em programa de colocação familiar, na forma prevista pelo Estatuto da Criança e do Adolescente (art. 1.734, CC).

- **Tutela do indígena:** de acordo com o art. 4º, parágrafo único, do CC, a capacidade do indígena será regulada por lei especial. O Código Civil se refere à normatização já existente, a Lei nº 6.001/73, conhecida como Estatuto do Índio. De acordo com essa lei o indígena não civilizado será tutelado pela FUNAI (Fundação Nacional do Índio).

- **Tutela *ad hoc*:** terá cabimento quando os interesses do menor colidir com os interesses do tutor já formalmente designado. Nesse caso, nomeia-se um "curador especial" que, nada obstante a denominação de "curador", trata-se, em verdade, de um "tutor".

- **Tutela de fato ou irregular:** é a manifestação informal de tutela que é exercida por pessoa que se desvela pelo menor sem, todavia, ter sido nomeada como tutora. Os atos praticados por essa pessoa devem ser considerados mera gestão de negócios.

1.3. Daqueles que não podem ser tutores

De acordo com o art. 1.735 do CC, não podem ser tutores e serão exonerados da tutela, caso a exerçam:

I) aqueles que não tiverem a livre administração de seus bens;

II) aqueles que, no momento de lhes ser deferida a tutela, se acharem constituídos em obrigação para com o menor, ou tiverem que fazer valer direitos contra este, e aqueles cujos pais, filhos ou cônjuges tiverem demanda contra o menor;

III) os inimigos do menor, ou de seus pais, ou que tiverem sido por estes expressamente excluídos da tutela;

IV) os condenados por crime de furto, roubo, estelionato, falsidade, contra a família ou os costumes, tenham ou não cumprido pena; na VIII Jornada de Direito Civil, acerca desse dispositivo, foi aprovado o Enunciado nº 636, com o seguinte teor: "O impedimento para o exercício da tutela do inc. IV do art. 1.735 do Código Civil pode ser mitigado para atender ao princípio do melhor interesse da criança". A justificativa apresentada para o enunciado foi: "A intenção do legislador de proteger criança e adolescente de um eventual tutor inepto para o cuidado de sua pessoa e dos seus bens gerou um texto de lei que flagrantemente ultrapassa a razoabilidade no sistema jurídico brasileiro, em choque com normas constitucionais e infraconstitucionais. Nota-se no texto a desconsideração do direito ao esquecimento daquele que, em débito com a lei criminal, tenha cumprido sua pena. Ao mesmo tempo, o texto não deixa claro que a aplicação deve se fazer conforme à verificação da gravidade do crime cometido".

V) as pessoas de mau procedimento, ou falhas em probidade, e as culpadas de abuso em tutorias anteriores;

VI) aqueles que exercerem função pública incompatível com a boa administração da tutela.

É importante destacar que, na toada proposta pelo Estatuto da Pessoa com Deficiência (Lei nº 13.146/2015), de acordo com o seu art. 6º, VI, a deficiência não afeta a plena capacidade civil da pessoa para exercer o direito à guarda, à tutela, à curatela e à adoção, como adotante ou adotando, em igualdade de oportunidades com as demais pessoas.

1.4. Das pessoas dispensadas de prestar tutela

Nada obstante o caráter de múnus público apresentado pela tutela, existem algumas pessoas que estão dispensadas de ser tutoras pela lei. Trata-se, em verdade, de escusas legais ofertadas pela lei. Assim, de acordo com o art. 1.736 do CC, podem escusar-se da tutela:

I) mulheres casadas;[5]

II) maiores de 60 anos;[6]

III) aqueles que tiverem sob sua autoridade mais de três filhos;

IV) os impossibilitados por enfermidade;

V) aqueles que habitarem longe do lugar onde se haja de exercer a tutela;

VI) aqueles que já exercerem tutela ou curatela;

VII) militares em serviço.

Além disso, vale notar que quem não for parente do menor não poderá ser obrigado a aceitar a tutela, se houver no lugar parente idôneo, consanguíneo ou afim, em condições de exercê-la (art. 1.737, CC).

Acerca da apresentação da escusa pelo interessado, o art. 1.738 do CC dispõe que ela deverá ocorrer nos dez dias subsequentes à designação, sob pena de entender-se renunciado o direito de alegá-la; se o motivo escusatório ocorrer depois de aceita a tutela, os dez dias contar-se-ão do em que ele sobrevier.

Caso o juiz não admita a escusa, exercerá o nomeado a tutela, enquanto o recurso interposto não tiver provimento, e responderá desde logo pelas perdas e danos que o menor venha a sofrer (art. 1.738, CC).

1.5. Do exercício da tutela

O art. 1.740 do CC preceitua que incumbe ao tutor, quanto à pessoa do menor:

---

[5] Não há um fundamento jurídico para se considerar a mulher que seja casada incapaz de ser tutor de alguém.

[6] Aqui também não há fundamento jurídico para se considerar que uma pessoa maior de sessenta anos não possa ser tutora de alguém.

Cap. 92 – DA TUTELA, DA CURATELA, DA TOMADA DE DECISÃO APOIADA E DA GUARDA

I) dirigir-lhe a educação, defendê-lo e prestar-lhe alimentos, conforme os seus haveres e condição;

II) reclamar do juiz que providencie, como houver por bem, quando o menor haja mister correção;

III) adimplir os demais deveres que normalmente cabem aos pais, ouvida a opinião do menor, se este já contar doze anos de idade.

Em relação aos bens do menor, o art. 1.741 do CC estabelece que incumbe ao tutor, sob a inspeção do juiz, administrá-los, em proveito do menor, cumprindo seus deveres com zelo e boa-fé.

Trazendo ainda mais segurança, a lei possibilita a nomeação de um protutor que será a pessoa responsável pela fiscalização dos atos do tutor (art. 1.742, CC).

Além disso, se os bens e interesses administrativos exigirem conhecimentos técnicos, forem complexos, ou realizados em lugares distantes do domicílio do tutor, poderá este, mediante aprovação judicial, delegar a outras pessoas físicas ou jurídicas o exercício parcial da tutela, conforme estabelece o art. 1.743 do CC.

De acordo com o art. 1.744 do CC, é possível a responsabilização do juiz, que será direta e pessoal, quando não tiver nomeado o tutor, ou não o houver feito oportunamente; ou será subsidiária, quando não tiver exigido garantia legal do tutor, nem o removido, tanto que se tornou suspeito.

O art. 1.745 do CC estabelece que "os bens do menor serão entregues ao tutor mediante termo especificado deles e seus valores, ainda que os pais o tenham dispensado". Trata-se, em verdade, da consecução de um inventário dos bens do menor. Além disso, "se o patrimônio do menor for de valor considerável, poderá o juiz condicionar o exercício da tutela à prestação de caução bastante, podendo dispensá-la se o tutor for de reconhecida idoneidade", conforme dispõe o parágrafo único do referido dispositivo.

Outrossim, se o menor possuir bens, será sustentado e educado às expensas deles, arbitrando o juiz para tal fim as quantias que lhe pareçam necessárias, considerado o rendimento da fortuna do pupilo quando o pai ou a mãe não as houver fixado (art. 1.746, CC).

Às incumbências previstas no art. 1.740 retromencionadas, o Código Civil em seu art. 1.747 apresenta outras tantas que terão cabimento, sem que haja autorização judicial:

I) representar o menor, até os 16 anos, nos atos da vida civil, e assisti-lo, após essa idade, nos atos em que for parte;

II) receber as rendas e pensões do menor, e as quantias a ele devidas;

III) fazer-lhe as despesas de subsistência e educação, bem como as de administração, conservação e melhoramentos de seus bens;

IV) alienar os bens do menor destinados a venda;

V) promover-lhe, mediante preço conveniente, o arrendamento de bens de raiz.

A outro giro, o art. 1.748 do CC apresenta outras atribuições do tutor, porém a exigir a autorização do juiz. São elas:

I) pagar as dívidas do menor;

II) aceitar por ele heranças, legados ou doações, ainda que com encargos;

III) transigir;

IV) vender-lhe os bens móveis, cuja conservação não convier, e os imóveis nos casos em que for permitido;

V) propor em juízo as ações, ou nelas assistir o menor, e promover todas as diligências a bem deste, assim como defendê-lo nos pleitos contra ele movidos.

De acordo com o parágrafo único do art. 1.748 do CC, se faltar a autorização do juiz, a eficácia de ato do tutor depende da aprovação ulterior do juiz. Assim, inocorrendo a autorização superveniente do juiz, o ato praticado será ineficaz.[7]

Ainda existem atos que, mesmo com autorização judicial, não poderão ser praticados pelo tutor, sob pena de nulidade. Esses atos estão previstos no art. 1.749 do CC e são eles:

I) adquirir por si, ou por interposta pessoa, mediante contrato particular, bens móveis ou imóveis pertencentes ao menor;

II) dispor dos bens do menor a título gratuito;

III) constituir-se cessionário de crédito ou de direito, contra o menor.

Os imóveis pertencentes aos menores sob tutela somente podem ser vendidos quando houver manifesta vantagem, mediante prévia avaliação judicial e aprovação do juiz (art. 1.750, CC). Evidentemente, em caso de violação a essas imposições o ato será considerado nulo, conforme a parte final do art. 166, VII, CC, considerando-se, pois, um caso de nulidade virtual.

Antes de assumir a tutela, o tutor declarará tudo o que o menor lhe deva, sob pena de não lhe poder cobrar, enquanto exerça a tutoria, salvo provando que não conhecia o débito quando a assumiu. É o que dispõe o art. 1.751 do CC em clara afeição ao princípio da boa-fé objetiva. Desse modo, o referido dispositivo apresenta, em verdade, uma hipótese de aplicação da teoria da *supressio* que decorre do próprio princípio da boa-fé objetiva.

De acordo com o art. 1.752 do CC, o tutor responde pelos prejuízos que, por culpa, ou dolo, causar ao tutelado. Trata-se, portanto, de responsabilidade de natureza subjetiva, que não se confunde com a responsabilidade que o tutor

---

[7] O art. 1.748 do CC impõe situações em que a lei exige a outorga judicial e a sua falta resulta em ineficácia do ato. Consequência diferente o legislador trouxe diante da ausência de vênia conjugal em que o efeito não foi tão somente a ineficácia do ato, mas sim, a invalidade dele, conforme art. 1.647 c/c 1.649 do CC.

Cap. 92 – DA TUTELA, DA CURATELA, DA TOMADA DE DECISÃO APOIADA E DA GUARDA   **1133**

ostenta em caso de dano causado pelo tutelado, sendo essa considerada de natureza objetiva, conforme dispõe o art. 932, II c/c o art. 933 do CC.

Em vedação ao enriquecimento sem causa, a outro giro, o tutor terá direito a ser pago pelo que realmente despender no exercício da tutela, exceto em caso de tutela de crianças ou adolescentes cujos pais forem desconhecidos, suspensos ou destituídos do poder familiar. Além disso, o tutor terá direito a perceber remuneração proporcional à importância dos bens administrados.

Ao protutor será arbitrada uma gratificação módica pela fiscalização efetuada (art. 1.752, § 1º, CC).

O art. 1.752, § 2º, do CC impõe responsabilidade solidária as pessoas às quais competia fiscalizar a atividade do tutor, e as que concorreram para o dano. Trata-se, portanto, de um caso de solidariedade legal que seria aplicada ao protutor, ao juiz etc.

Seguindo a linha de pormenorização de regras reguladoras da tutela, o Código Civil cuida, ainda dos bens do tutelado e da prestação de contas do tutor. Acerca dos bens do tutelado, a disciplina correspondente consta dos arts. 1.753 e 1.754 do CC. Sendo que o primeiro dispositivo estabelece que os tutores não podem conservar em seu poder dinheiro dos tutelados, além do necessário para as despesas ordinárias com o seu sustento, a sua educação e a administração de seus bens. Se houver necessidade, os objetos de ouro e prata, pedras preciosas e móveis serão avaliados por pessoa idônea e, após autorização judicial, alienados, e o seu produto convertido em títulos, obrigações e letras de responsabilidade direta ou indireta da União ou dos Estados, atendendo-se preferentemente à rentabilidade, e recolhidos ao estabelecimento bancário oficial ou aplicado na aquisição de imóveis, conforme for determinado pelo juiz. O mesmo destino terá o dinheiro proveniente de qualquer outra procedência. E, ainda, os tutores responderão pela demora na aplicação dos valores acima referidos, pagando os juros legais desde o dia em que deveriam dar esse destino, o que não os exime da obrigação, que o juiz fará efetiva, da referida aplicação.

Além disso, art. 1.754 do CC dispõe que os valores que existirem em estabelecimento bancário oficial, na forma do art. 1.753, não se poderão retirar, senão mediante ordem do juiz, e somente: I – para as despesas com o sustento e educação do tutelado, ou a administração de seus bens; II – para se comprarem bens imóveis e títulos, obrigações ou letras, nas condições previstas no § 1º do art. 1.753, CC; III – para se empregarem em conformidade com o disposto por quem os houver doado, ou deixado; IV – para se entregarem aos órfãos, quando emancipados, ou maiores, ou, mortos eles, aos seus herdeiros.

Acerca das contas, ainda que os pais do tutelado tenham dispensado o tutor, esse deverá prestá-las, conforme dispõe o art. 1.755 do CC. Desse modo, no fim de cada ano de administração, os tutores submeterão ao juiz o balanço respectivo, que, depois de aprovado, se anexará aos autos do inventário. Além disso, os tutores prestarão contas de dois em dois anos, e também quando, por qualquer motivo, deixarem o exercício da tutela ou toda vez que o juiz achar conveniente.

Dispõe o art. 1.758 do CC que finda a tutela pela emancipação ou maioridade, a quitação do menor não produzirá efeito antes de aprovadas as contas pelo juiz, subsistindo inteira, até então, a responsabilidade do tutor. E nos casos de morte, ausência, ou interdição do tutor, as contas serão prestadas por seus herdeiros ou representantes (art. 1.759, CC). Sendo que as despesas com a prestação das contas serão pagas pelo tutelado (art. 1.761, CC).

Por "alcance do tutor" – expressão utilizada pela lei – deve-se compreender como o valor faltante para se completar a prestação de contas adequadamente por parte do tutor. Esse "alcance do tutor" é considerado dívida de valor e vencem juros desde o julgamento definitivo das contas. É possível, ainda, que o tutor tenha algum crédito referente a todas as despesas justificadas e reconhecidas proveitosas pelo menor (art. 1.760, CC). A esse crédito do tutor se aplicam os mesmos efeitos do "alcance do tutor", conforme dispõe o art. 1.762 do CC.

1.6. Da cessação da tutela

O fim da tutela está disciplinado nos arts. 1.763 ao 1.766. A tutela cessará:

- com a maioridade ou a emancipação do menor;
- ao cair o menor sob o poder familiar, no caso de reconhecimento ou adoção.

As funções do tutor cessarão, sem cessar, entretanto, a tutela:

- ao expirar o termo, em que era obrigado a servir;
- ao sobrevir escusa legítima;
- ao ser removido.

Como regra geral, a lei dispõe que o tutor é obrigado a servir por período de dois anos, podendo o tutor continuar no exercício da tutela, além desse prazo, se o quiser e o juiz julgar conveniente ao menor (art. 1.766, CC).

A remoção do tutor ocorrerá em casos de sua destituição. Assim, será destituído o tutor, quando negligente, prevaricador ou incurso em incapacidade (art. 1.767, CC).[8]

2. DA CURATELA

A curatela se aproxima da tutela, na medida em que se trata também de instituto de natureza assistencial. Todavia, a curatela terá incidência em relação a pessoas maiores que sejam incapazes. Desse modo, será nomeado um curador para cuidar da pessoa, dos interesses e dos bens do maior incapaz, que será denominado de curatelado.

Como se trata de instituto próximo da tutela, à curatela serão aplicadas quase todas as regras atinentes à tutela, tais como a necessidade de caução e prestação de contas, bem como as escusas voluntárias e as incapacidades para assunção do múnus, dentre outras (art. 1.774, CC).

---

[8] *Vide* art. 761, CPC/2015.

Cap. 92 – DA TUTELA, DA CURATELA, DA TOMADA DE DECISÃO APOIADA E DA GUARDA

Entretanto, evidentemente, existem causas distintivas dos dois institutos de natureza assistencial.

Vejamos o quadro abaixo:

Tutela	Curatela
Aplica-se aos menores de 18 anos.	Aplica-se aos maiores incapazes.
Poderá haver nomeação do tutor pelos pais do menor (tutela testamentária).	A nomeação é sempre feita pelo juiz.
Sempre alcança a pessoa e os bens do menor de 18 anos.	Pode alcançar a pessoa e os bens ou somente os bens do maior incapaz (essa última ocorre em relação aos pródigos).
Poderes mais amplos.	Poderes mais restritos.

Voltado para a curatela, o art. 1.767 do CC, após as alterações promovidas pela Lei nº 13.146/2015 (Estatuto da Pessoa com Deficiência), informa que estão sujeitos à curatela:

- aqueles que, por causa transitória ou permanente, não puderem exprimir sua vontade;
- os ébrios habituais e os viciados em tóxico;
- os pródigos. Em referência específica ao pródigo, o art. 1.782 dispõe: "A interdição do pródigo só o privará de, sem curador, emprestar, transigir, dar quitação, alienar, hipotecar, demandar ou ser demandado, e praticar, em geral, os atos que não sejam de mera administração".

O art. 1.767 do CC está em sintonia com os art. 4º do CC que apresenta o rol dos relativamente incapazes. Todavia, o art. 1.767 do CC não está em harmonia com o art. 85 da Lei nº 13.146/2015 (Estatuto da Pessoa com Deficiência) que admite a curatela das pessoas com deficiência que significa, basicamente, a curatela de pessoas capazes. Essa possibilidade não foi mencionada no art. 1.767 do CC, tampouco, qual seria atuação do curador nesses casos.

Assim, foi aprovado o Enunciado nº 637, na VIII Jornada de Direito Civil, com o seguinte teor:

Admite-se a possibilidade de outorga ao curador de poderes de representação para alguns atos da vida civil, inclusive de natureza existencial, a serem especificados na sentença, desde que comprovadamente necessários para proteção do curatelado em sua dignidade.

A justificativa para a aprovação do enunciado foi a seguinte:

O artigo art. 4º, III, do Código Civil, é norma geral a ser aplicada a todas as pessoas que não podem exprimir sua vontade (tenham ou não deficiência). Os arts. 84 e 85 e § 1º da Lei nº 13.146, de 6/7/2015 (Estatuto da Pessoa com Deficiência – EPD) têm natureza especial, destinada às pessoas com deficiência. A se considerar que a curatela de todas as pessoas deve observar o art. 1.767, I, do CC, e que a restrição estabelecida no art. 85 e § 1º do EPD se aplica apenas às que têm deficiência, chega-se à conclusão de que essas últimas, mesmo em caso de impedimentos severos, estariam excluídas da proteção integral que a curatela pode propiciar, e que pode abranger sua representação e direitos existenciais. Observe-se que o CC e o CPC não estabelecem a restrição existente no EPD.A proteção da pessoa com deficiência é exigência constitucional. A aplicação das normas da Convenção Internacional sobre Direitos das Pessoas com Deficiência (CDPD), em especial nas situações excepcionais de severo impedimento ao exercício pessoal de direitos, deve ser feita à luz do princípio da norma mais favorável, como prevê o art. 4, nº 4, da CDPD, o qual já foi adotado pelo STF como critério hermenêutico na aplicação da CDPD, como se vê do acórdão proferido no RMS 32.732 AgR-DF. O CPC é, no caso, a norma mais favorável para atender a essa exigência da Lei Maior.

A incapacidade é verificada por meio do processo de interdição, que se manifesta por meio de um procedimento especial de jurisdição voluntária, previsto nos art. 747 e ss. do CPC/2015. A sentença da ação de interdição nomeará curador que prestará compromisso e exercerá a curatela.

Nada obstante a aprovação do enunciado do CJF mencionado acima, para parte da doutrina, a preocupação ainda é no sentido de que a sentença de interdição não deve ter a função de tornar o sujeito de direitos mero objeto da relação, repudiando, assim, qualquer discurso excludente. Nesse sentido, vale mencionar as palavras de Marina Carneiro Matos Sillmann que em artigo específico aduz:

> Conforme apontado acima, o exercício do múnus da curatela agora alcança apenas os aspectos patrimoniais da vida do curatelado. Os aspectos existenciais devem ser objeto de escolha do curatelado quando sua limitação permitir os exercícios dos direitos da personalidade. Quando a limitação for de tal monta que este exercício pessoal não seja possível, deve-se recorrer ao suprimento judicial de consentimento.[9]

Acerca da natureza jurídica da sentença da ação de interdição, a questão é controversa e remetemos o leitor ao Capítulo 3, item 10.2.7.1, desta obra. Aliás, como o tema deste capítulo é totalmente afim à teoria das incapacidades, remetemos o leitor à leitura deste tópico nesta mesma obra.

Com a entrada em vigor do CPC/2015, vários artigos do Código Civil e do CPC/73 referentes à curatela foram revogados, de modo que a matéria agora encontra disciplina no CPC/2015, arts. 747 e seguintes.[10]

A nova disciplina merece alguns destaques.

---

[9] SILLMANN, Marina Carneiro Matos. Curatela e a capacidade dos incapazes: uma leitura para além do patrimonialismo. In: RODRIGUES JÚNIOR, Walsir Edson. *Direito das famílias*: novas tendências. Belo Horizonte: D'Plácido, 2015. p. 144 (131-146).

[10] Código de Processo Civil de 2015: "Art. 747. A interdição pode ser promovida: I – pelo cônjuge ou companheiro; II – pelos parentes ou tutores; III – pelo representante da entidade em que se encontra abrigado o interditando; IV – pelo Ministério Público. Parágrafo único. A legitimidade deverá ser comprovada por documentação que acompanhe a petição inicial.

Cap. 92 – DA TUTELA, DA CURATELA, DA TOMADA DE DECISÃO APOIADA E DA GUARDA **1137**

Art. 748. O Ministério Público só promoverá interdição em caso de doença mental grave: I – se as pessoas designadas nos incisos I, II e III do art. 747 não existirem ou não promoverem a interdição; II – se, existindo, forem incapazes as pessoas mencionadas nos incisos I e II do art. 747.

Art. 749. Incumbe ao autor, na petição inicial, especificar os fatos que demonstram a incapacidade do interditando para administrar seus bens e, se for o caso, para praticar atos da vida civil, bem como o momento em que a incapacidade se revelou. Parágrafo único. Justificada a urgência, o juiz pode nomear curador provisório ao interditando para a prática de determinados atos.

Art. 750. O requerente deverá juntar laudo médico para fazer prova de suas alegações ou informar a impossibilidade de fazê-lo.

Art. 751. O interditando será citado para, em dia designado, comparecer perante o juiz, que o entrevistará minuciosamente acerca de sua vida, negócios, bens, vontades, preferências e laços familiares e afetivos e sobre o que mais lhe parecer necessário para convencimento quanto à sua capacidade para praticar atos da vida civil, devendo ser reduzidas a termo as perguntas e respostas. § 1º Não podendo o interditando deslocar-se, o juiz o ouvirá no local onde estiver. § 2º A entrevista poderá ser acompanhada por especialista. § 3º Durante a entrevista, é assegurado o emprego de recursos tecnológicos capazes de permitir ou de auxiliar o interditando a expressar suas vontades e preferências e a responder às perguntas formuladas. § 4º A critério do juiz, poderá ser requisitada a oitiva de parentes e de pessoas próximas.

Art. 752. Dentro do prazo de 15 (quinze) dias contado da entrevista, o interditando poderá impugnar o pedido. § 1º O Ministério Público intervirá como fiscal da ordem jurídica. § 2º O interditando poderá constituir advogado, e, caso não o faça, deverá ser nomeado curador especial. § 3º Caso o interditando não constitua advogado, o seu cônjuge, companheiro ou qualquer parente sucessível poderá intervir como assistente.

Art. 753. Decorrido o prazo previsto no art. 752, o juiz determinará a produção de prova pericial para avaliação da capacidade do interditando para praticar atos da vida civil. § 1º A perícia pode ser realizada por equipe composta por expertos com formação multidisciplinar. § 2º O laudo pericial indicará especificadamente, se for o caso, os atos para os quais haverá necessidade de curatela.

Art. 754. Apresentado o laudo, produzidas as demais provas e ouvidos os interessados, o juiz proferirá sentença.

Art. 755. Na sentença que decretar a interdição, o juiz: I – nomeará curador, que poderá ser o requerente da interdição, e fixará os limites da curatela, segundo o estado e o desenvolvimento mental do interdito; II – considerará as características pessoais do interdito, observando suas potencialidades, habilidades, vontades e preferências. § 1º A curatela deve ser atribuída a quem melhor possa atender aos interesses do curatelado. § 2º Havendo, ao tempo da interdição, pessoa incapaz sob a guarda e a responsabilidade do interdito, o juiz atribuirá a curatela a quem melhor puder atender aos interesses do interdito e do incapaz. § 3º A sentença de interdição será inscrita no registro de pessoas naturais e imediatamente publicada na rede mundial de computadores, no sítio do tribunal a que estiver vinculado o juízo e na plataforma de editais do Conselho Nacional de Justiça, onde permanecerá por 6 (seis) meses, na imprensa local, 1 (uma) vez, e no órgão oficial, por 3 (três) vezes, com intervalo de 10 (dez) dias, constando do edital os nomes do interdito e do curador, a causa da interdição, os limites da curatela e, não sendo total a interdição, os atos que o interdito poderá praticar autonomamente.

Art. 756. Levantar-se-á a curatela quando cessar a causa que a determinou. § 1º O pedido de levantamento da curatela poderá ser feito pelo interdito, pelo curador ou pelo Ministério Público e será apensado aos autos da interdição. § 2º O juiz nomeará perito ou equipe multidisciplinar para proceder ao exame do interdito e designará audiência de instrução e julgamento após a apresentação do laudo. § 3º Acolhido o pedido, o juiz decretará o levantamento da interdição e determinará a publicação da sentença, após o trânsito em julgado, na forma do art. 755, § 3º,

Ao rol dos legitimados previstos no CPC/73, tendo em vista o CPC/2015, foram acrescentados os "parentes" ao invés de "parentes próximos" e o "representante da entidade em que se encontra abrigado o interditando". No que respeita ao Ministério Público, sua atuação foi restringida ao caso de doença mental grave, se as pessoas designadas nos incisos I, II e III do art. 747 não existirem ou não promoverem a interdição; ou se, existindo, forem incapazes as pessoas mencionadas nos incisos I e II do art. 747.

De acordo com os arts. 749 e 750 do CPC/2015, incumbe ao autor, na petição inicial, especificar os fatos que demonstram a incapacidade do interditando para administrar seus bens e, se for o caso, para praticar atos da vida civil, bem como o momento em que a incapacidade se revelou e, além disso, o requerente deverá juntar laudo médico para fazer prova de suas alegações ou informar a impossibilidade de fazê-lo, o que não era exigido pelo CPC/73.

No que tange à impugnação, as novidades no CPC/2015 são: o próprio interditando poderá promovê-la, sendo que o prazo para tanto foi ampliado para 15 dias e o Ministério Público não será mais representante do interditando, tendo apenas a função de fiscal da ordem jurídica.

No que diz respeito à sentença que decretar a interdição, o juiz nomeará curador, que poderá ser o requerente da interdição, e fixará os limites da curatela, segundo o estado e o desenvolvimento mental do interdito. É importante notar que a classificação de curatela total e curatela parcial perde seu sentido com a superveniência do Estatuto da Pessoa com Deficiência (Lei nº 13.146/2015), já que a curatela total teria cabimento apenas para o absolutamente incapaz e, após a entrada em vigor dessa lei, será considerado absolutamente incapaz apenas o menor de 16 anos, o qual se submeterá ao poder familiar ou, na falta desse, à tutela. Além disso, na sentença mencionada o juiz considerará as características pessoais do interdito, observando suas potencialidades, habilidades, vontades e preferências. E o mais importante: a curatela deve ser atribuída a quem melhor possa atender aos interesses do curatelado, conforme o § 1º do art. 755 do CPC/2015 preceitua. Assim, não mais rol de pessoas indicado por lei para desempenhar o referido múnus.

No que diz respeito à publicidade e atento às novas tecnologias, o § 3º do art. 755 do CPC/2015 estabelece que a sentença de interdição será inscrita no registro de pessoas naturais e imediatamente publicada na rede mundial de computadores, no sítio do tribunal a que estiver vinculado o juízo e na plataforma de editais do Conselho Nacional de Justiça, onde permanecerá por seis meses, na

---

ou, não sendo possível, na imprensa local e no órgão oficial, por 3 (três) vezes, com intervalo de 10 (dez) dias, seguindo-se a averbação no registro de pessoas naturais. § 4º A interdição poderá ser levantada parcialmente quando demonstrada a capacidade do interdito para praticar alguns atos da vida civil.

Art. 757. A autoridade do curador estende-se à pessoa e aos bens do incapaz que se encontrar sob a guarda e a responsabilidade do curatelado ao tempo da interdição, salvo se o juiz considerar outra solução como mais conveniente aos interesses do incapaz.

Art. 758. O curador deverá buscar tratamento e apoio apropriados à conquista da autonomia pelo interdito".

Cap. 92 – DA TUTELA, DA CURATELA, DA TOMADA DE DECISÃO APOIADA E DA GUARDA

imprensa local, uma vez, e no órgão oficial, por três vezes, com intervalo de 10 dias, constando do edital os nomes do interdito e do curador, a causa da interdição e os limites da curatela. A publicidade cogitada pelo novo estatuto processual aumenta a segurança jurídica para a realização dos negócios jurídicos em geral.

Retomando à disciplina da curatela no CC/2002, poucos artigos sobreviveram após a entrada em vigor do CPC/2015. Um deles foi o art. 1.775 do CC, que estabelece que o cônjuge ou companheiro, não separado judicialmente ou de fato, é, de direito, curador do outro, quando interdito. Na falta do cônjuge ou companheiro, é curador legítimo o pai ou a mãe; na falta destes, o descendente que se demonstrar mais apto. Entre os descendentes, os mais próximos precedem aos mais remotos. Na falta de qualquer uma dessas pessoas, compete ao juiz a escolha do curador.

A ordem mencionada não é absoluta, o juiz no caso concreto poderá invertê--la se bem entender. Nesse mote, foi aprovado o Enunciado nº 638, na VIII Jornada de Direito Civil, que estabeleceu: "A ordem de preferência de nomeação do curador do art. 1.775 do Código Civil deve ser observada quando atender ao melhor interesse do curatelado, considerando suas vontades e preferências, nos termos do art. 755, II, e § 1º, do CPC".[11]

Além disso, se o curador for o cônjuge e o regime de bens do casamento for de comunhão universal, não será obrigado à prestação de contas, salvo determinação judicial (art. 1.783, CC).

Tendo em vista o melhor interesse do incapaz admite-se a curatela compartilhada. Inclusive, essa possibilidade encontra-se expressa no Código Civil no art. 1.775-A que foi incluído pela Lei nº 13.146/2015.[12]

Acerca disso Marina Carneiro Matos Sillmann relata que:

> Já houve a discussão acerca da possibilidade de uma curatela compartilhada. Ao invés de se nomear apenas um curador, outra pessoa também aceitaria o múnus, dividindo o exercício da função. À primeira vista, não poderia se dividir a função em razão da leitura do art. 1.733 combinado com o art. 1.781, ambos do Código Civil, que estabelece que em caso de nomeação de mais de um tutor, o primeiro nomeado exerce a função. O

---

[11] Em justificativa ao enunciado aprovado foi mencionado que: "O EPD incluiu o parágrafo único ao art. 1.772 do CC, que determina que 'para a escolha do curador, o juiz levará em conta a vontade e as preferências do interditando, a ausência de conflito de interesses e de influência indevida, a proporcionalidade e a adequação às circunstâncias da pessoa'. Esta regra, embora tenha sido revogada pelo CPC, era compatível com a CDPD. Por conseguinte, os critérios apontados na norma revogada permanecem como úteis para concretizar o parâmetro geral definido no art. 755, § 1º do CPC. O art. 1.775 do CC, no entanto, foi preservado, conservando a anacrônica ordem de preferência de nomeação do curador, com prioridade para o cônjuge ou o companheiro, e sucessivamente aos ascendentes e descendentes do curatelado. A ordem de preferência estampada no CC somente será observada se atender o parâmetro do melhor interesse do curatelado. O dispositivo, portanto, se torna desnecessário diante do parâmetro constante no art. 755, § 1º do CPC".

[12] Art. 1.775-A, CC: "Na nomeação de curador para a pessoa com deficiência, o juiz poderá estabelecer curatela compartilhada a mais de uma pessoa".

Estatuto da Pessoa com Deficiência rompe com essa controvérsia. A redação dada ao art. 1.775-A do Código Civil traz permissão expressa para nomeação de mais de um curador. Entende-se que o compartilhamento do múnus é compatível com a dignidade da pessoa humana e com o melhor interesse do curatelado, por isso deve ser permitida.[13]

Acerca daqueles que, por causa transitória ou permanente, não puderem exprimir sua vontade (art. 1.767, I, CC), o art. 1.777 impõe que essas pessoas receberão todo o apoio necessário para ter preservado o direito à convivência familiar e comunitária, sendo evitado o seu recolhimento em estabelecimento que os afaste desse convívio.

Concluindo este ponto, o art. 1.778 do CC dispõe que: "A autoridade do curador estende-se à pessoa e aos bens dos filhos do curatelado, observado o art. 5º". A menção ao art. 5º do CC é referente à possibilidade de o filho do curatelado já ter sido emancipado por uma de suas causas, o que afastará a necessidade de a autoridade do curador incidir sobre esse filho, já plenamente capaz.

O Código Civil, em seu art. 1.779, admite a curatela do nascituro se o pai falecer estando grávida a mulher, e não tendo essa o poder familiar. Assim, se a mulher estiver interdita, seu curador será o do nascituro. O dispositivo é controverso, já que, para o caso, o instituto da curatela parece não ser o mais adequado, sendo caso de tutela ou de mera representação processual.

3. DA TOMADA DE DECISÃO APOIADA

Há mais de uma década já existia no Direito Italiano o instituto da "*Amministrazione di Sostegno*", quando entrou em vigor um instituto similar no ordenamento jurídico brasileiro denominado de "Tomada de Decisão Apoiada". Tanto na Itália quanto aqui, o propósito do instituto seria oferecer uma terceira via, ao lado dos clássicos institutos protetivos, que pudesse proteger a pessoa fragilizada, sem, contudo, considerá-la inábil para os atos da vida civil.

Dessarte, o Estatuto da Pessoa com Deficiência (Lei nº 13.146/2015) insere no CC/2002, no art. 1.783-A,[14] a tomada de decisão apoiada. Esse instituto se

---

[13] SILLMANN, Marina Carneiro Matos. Curatela e a capacidade dos incapazes: uma leitura para além do patrimonialismo. In: RODRIGUES JÚNIOR, Walsir Edson. *Direito das famílias*: novas tendências. Belo Horizonte: D'Plácido, 2015. p. 140 (131-146).

[14] Art. 1.783-A, CC: "A tomada de decisão apoiada é o processo pelo qual a pessoa com deficiência elege pelo menos 2 (duas) pessoas idôneas, com as quais mantenha vínculos e que gozem de sua confiança, para prestar-lhe apoio na tomada de decisão sobre atos da vida civil, fornecendo-lhes os elementos e informações necessários para que possa exercer sua capacidade. § 1º Para formular pedido de tomada de decisão apoiada, a pessoa com deficiência e os apoiadores devem apresentar termo em que constem os limites do apoio a ser oferecido e os compromissos dos apoiadores, inclusive o prazo de vigência do acordo e o respeito à vontade, aos direitos e aos interesses da pessoa que devem apoiar. § 2º O pedido de tomada de decisão apoiada será requerido pela pessoa a ser apoiada, com indicação expressa das pessoas aptas a prestarem o apoio previsto no caput deste artigo. § 3º Antes de se pronunciar sobre o pedido de tomada de decisão apoiada, o juiz, assistido por equipe multidisciplinar, após oitiva do Ministério Público, ouvirá pessoalmente o requerente e as pessoas que lhe prestarão apoio. § 4º A decisão tomada

Cap. 92 – DA TUTELA, DA CURATELA, DA TOMADA DE DECISÃO APOIADA E DA GUARDA

traduz em procedimento em que a pessoa com deficiência elege pelo menos duas pessoas idôneas, com as quais mantenha vínculos e que gozem de sua confiança, para prestar-lhe apoio na tomada de decisão sobre atos da vida civil, fornecendo-lhes os elementos e informações necessários para que possa exercer sua capacidade. Vale lembrar ainda que o Enunciado nº 639, aprovado na VIII Jornada de Direito Civil, impõe duas diretrizes acerca do tema: a primeira de que "a opção pela tomada de decisão apoiada é de legitimidade exclusiva da pessoa com deficiência"; a segunda de que "a pessoa que requer o apoio pode manifestar, antecipadamente, sua vontade de que um ou ambos os apoiadores se tornem, em caso de curatela, seus curadores".

Como dito alhures, em virtude de se tratar de medida menos invasiva, a tomada de decisão apoiada terá prioridade em relação à interdição com a devida nomeação de um curador. Exatamente porque a tomada de decisão apoiada resguarda mais a autonomia privada (ou existencial) do deficiente, esse procedimento terá prioridade sobre a ação de interdição, sendo considerada a interdição medida de natureza extraordinária.

Constatamos, então, que o instituto é interessante, mostrando-se como um terceiro gênero ao lado da tutela e da curatela, sendo útil a pessoas capazes que, entretanto, necessitam de apoio para a prática de alguns atos isolados. O instituto se mostra interessante, por exemplo, para pessoas que tenham sofrido sequela de AVC ou acidentes de veículos, obesos mórbidos, tetraplégicos etc., ou seja, pessoas que, em princípio, terão a sua capacidade de fato preservada. Vale notar, entretanto, que "a tomada de decisão apoiada não é cabível, se a condição da pessoa exigir aplicação da curatela". Esse é o conteúdo do Enunciado nº 640, aprovado na VIII Jornada de Direito Civil, de modo que a Tomada de Decisão Apoiada não pode ser aplicada naquelas hipóteses de falta de autodeterminação e inabilidade para a emissão de vontade, hipótese em que terá cabimento a curatela. Outro ponto alto da tomada de decisão apoiada são os seus sólidos alicerces que se traduzem na voluntariedade e na confiança. Todavia, parece-nos que o legislador brasileiro ao estabelecer as diretrizes para a tomada de decisão apoiada cede, em certa medida, ao seu espírito "judicializador", impondo o cumprimento de vários requisitos e a inafastável via judicial para concretização do instituto. Talvez a via

---

por pessoa apoiada terá validade e efeitos sobre terceiros, sem restrições, desde que esteja inserida nos limites do apoio acordado. § 5º Terceiro com quem a pessoa apoiada mantenha relação negocial pode solicitar que os apoiadores contra-assinem o contrato ou acordo, especificando, por escrito, sua função em relação ao apoiado. § 6º Em caso de negócio jurídico que possa trazer risco ou prejuízo relevante, havendo divergência de opiniões entre a pessoa apoiada e um dos apoiadores, deverá o juiz, ouvido o Ministério Público, decidir sobre a questão. § 7º Se o apoiador agir com negligência, exercer pressão indevida ou não adimplir as obrigações assumidas, poderá a pessoa apoiada ou qualquer pessoa apresentar denúncia ao Ministério Público ou ao juiz. § 8º Se procedente a denúncia, o juiz destituirá o apoiador e nomeará, ouvida a pessoa apoiada e se for de seu interesse, outra pessoa para prestação de apoio. § 9º A pessoa apoiada pode, a qualquer tempo, solicitar o término de acordo firmado em processo de tomada de decisão apoiada. § 10. O apoiador pode solicitar ao juiz a exclusão de sua participação do processo de tomada de decisão apoiada, sendo seu desligamento condicionado à manifestação do juiz sobre a matéria. § 11. Aplicam-se à tomada de decisão apoiada, no que couber, as disposições referentes à prestação de contas na curatela".

administrativa incentivasse mais a promoção dessa terceira via. Afora isso, seguem outras observações.

Conforme relatado, é necessária a escolha de pelo menos duas pessoas idôneas por parte do interessado. Aqui já se encontra alguma dificuldade. Notamos que não há a possibilidade de se configurar a tomada de decisão apoiada se o interessado tiver apenas uma pessoa na qual confie.

Outro problema apresentado pela lei no que se refere ao instituto da tomada de decisão apoiada é que a sua disciplina, diante da pormenorização apresentada pela própria lei, pode representar procedimento longo que implicará desânimo para o interessado. Assim, o § 3º do art. 1.783-A do CC estabelece: "Antes de se pronunciar sobre o pedido de tomada de decisão apoiada, o juiz, assistido por equipe multidisciplinar, após oitiva do Ministério Público, ouvirá pessoalmente o requerente e as pessoas que lhe prestarão apoio". Impõe a lei, então, a manifestação de uma equipe multidisciplinar e a oitiva do Ministério Público. Nesse ponto, é intrigante a manifestação do Ministério Público já que o interessado em eleger as outras duas para com ele tomar as suas decisões é pessoa capaz.

Há ainda certo desestimulo ao múnus de apoiador, já que sobre ele incidirá ampla responsabilização, conforme dispõe o § 7º do art. 1.783 do CC: "Se o apoiador agir com negligência, exercer pressão indevida ou não adimplir as obrigações assumidas, poderá a pessoa apoiada ou qualquer pessoa apresentar denúncia ao Ministério Público ou ao juiz". A menção no dispositivo à "pressão indevida", em virtude da amplitude que carrega consigo, pode deixar o apoiador em constante estado de dúvida acerca de sua manifestação e, além disso, o § 5º do art. 1.783 do CC estabelece que o "terceiro com quem a pessoa apoiada mantenha relação negocial pode solicitar que os apoiadores contra-assinem o contrato ou acordo, especificando, por escrito, sua função em relação ao apoiado". É evidente que a outra parte na relação negocial pretenderá a assinatura dos apoiadores, aumentando a sua segurança e, mais uma vez, desestimulando a assunção do múnus por parte do apoiador que, em verdade, estaria a praticar um ato de assistência, e não de apoio.

Por fim, adequadamente, o § 9º do art. 1.783-A do CC admite que a pessoa apoiada, a qualquer tempo, pode solicitar o término do acordo firmado em processo de tomada de decisão apoiada.

4. DA GUARDA

Sob o título "Da proteção da pessoa dos filhos" o Código Civil de 2002 regula o instituto da guarda, que, em verdade, apresentará disciplina nesse tecido normativo e também no Estatuto da Criança e do Adolescente (Lei nº 8.069/90, arts. 33/35).

A guarda poderá ocorrer na família natural, como desdobramento do próprio poder familiar (art. 1.634, II, CC) ou em família substituta, de modo que a primeira terá prioridade em relação à segunda.

Quando se cogita da guarda, em princípio, é importante notar que o poder familiar dos pais perdura e, aliás, a guarda decorre exatamente dele. Marcelo de Mello Vieira conceitua a guarda como sendo

Cap. 92 – DA TUTELA, DA CURATELA, DA TOMADA DE DECISÃO APOIADA E DA GUARDA

uma situação jurídica de poder na qual uma pessoa ou casal assume a responsabilidade de assistir educacional, material e moralmente uma criança ou um adolescente, devendo zelar pelo desenvolvimento de todas suas potencialidades e pela preservação de todos os vínculos saudáveis existentes entre eles e qualquer outra pessoa.[15]

É importante perceber que o critério econômico não é decisivo para se definir o guardião, que apenas toma relevância se uma das partes não tiver meios de suportar as necessidades mais elementares da criança ou do adolescente. Além disso, a noção de guarda traz em si subordinação à cláusula *rebus sic stantibus*, de modo que a definição judicial poderá ser modificada, não fazendo a decisão coisa julgada material.

A guarda comportará manifestações distintas, a saber:

- **Guarda unilateral:** é aquela que é deferida a apenas uma pessoa, sendo destinado à outra apenas o direito de visitas. Nas palavras de Renata Barbosa de Almeida e Walsir Edson Rodrigues Júnior, essa modalidade de guarda corresponde a um quadro de "sobrecarga de um lado, e inação, do outro".[16]

- **Guarda alternada:** a criança ou o adolescente passa alguns dias com o pai e alguns dias com a mãe, sendo tal modalidade de guarda criticada em virtude da possibilidade de o filho perder o seu referencial. Ter--se-ia, então, uma constante subdivisão que submeteria o filho durante lapso temporal à exclusiva convivência com um dos pais, para adiante, ter-lhe a rotina alterada, para se adequar ao outro, num vai-e-vem sem fim. Todavia, sob a lente de parcela da doutrina, a depender do melhor interesse da criança, não há impedimento quanto a sua aplicação. Esse entendimento resultou na aprovação do Enunciado nº 518 do CJF: "A Lei nº 11.698/2008, que deu nova redação aos arts. 1.583 e 1.584 do Código Civil, não se restringe à guarda unilateral e à guarda compartilhada, podendo ser adotada aquela mais adequada à situação do filho, em atendimento ao princípio do melhor interesse da criança e do adolescente. A regra aplica-se a qualquer modelo de família".

- **Guarda compartilhada ou conjunta:** o filho passa a conviver com ambos os pais, em regime de plena cooperação entres esses, almejando um equilíbrio referente a presença do pai e da mãe na vida da criança ou do adolescente.

O art. 1.583 do CC, com redação definida pela Lei nº 11.698/2008, estabeleceu que a guarda poderia se unilateral ou compartilhada. O § 1º do referido artigo, então, buscou delimitar os contornos de cada uma dessas modalidades de guarda estabelecendo:

---

[15] VIEIRA, Marcelo de Mello. *Direito de Crianças e Adolescentes à Convivência Familiar.* Belo Horizonte: D'Plácido: Belo Horizonte, 2016. p. 147.

[16] ALMEIDA, Renata Barbosa de; RODRIGUES JÚNIOR, Walsir Edson. *Direito Civil.* Famílias. 2. ed. São Paulo: Atlas, 2012. p. 466.

Compreende-se por guarda unilateral a atribuída a um só dos genitores ou a alguém que o substitua (art. 1.584, § 5º) e, por guarda compartilhada a responsabilização conjunta e o exercício de direitos e deveres do pai e da mãe que não vivam sob o mesmo teto, concernentes ao poder familiar dos filhos comuns.

Posteriormente, com a Lei nº 13.058/2014 – a segunda Lei disciplinadora da guarda compartilhada em nosso ordenamento – alterou a redação do § 3º do art. 1.583 do CC dispondo: "Na guarda compartilhada, a cidade considerada base de moradia dos filhos será aquela que melhor atender aos interesses dos filhos".[17] E, ainda, acrescentou o § 5º do mesmo artigo, com a seguinte redação:

A guarda unilateral obriga o pai ou a mãe que não a detenha a supervisionar os interesses dos filhos, e, para possibilitar tal supervisão, qualquer dos genitores sempre será parte legítima para solicitar informações e/ou prestação de contas, objetivas ou subjetivas, em assuntos ou situações que direta ou indiretamente afetem a saúde física e psicológica e a educação de seus filhos.

O STJ, então, por sua 4ª Turma, reconheceu que a Lei nº 13.058/2014, que incluiu o § 5º ao art. 1.583 do CC/2002, positivou a viabilidade da propositura da ação de prestação de contas pelo alimentante com o intuito de supervisionar a aplicação dos valores da pensão alimentícia em prol das necessidades dos filhos. E que o objetivo precípuo da prestação de contas é o exercício do direito-dever de fiscalização com vistas a – havendo sinais do mau uso dos recursos pagos a título de alimentos ao filho menor – apurar a sua efetiva ocorrência, o que, se demonstrado, pode dar azo a um futuro processo para suspensão ou extinção do poder familiar do ascendente guardião (art. 1.637 combinado com o art. 1.638 do CC/2002).[18]

A Lei da guarda compartilhada de 2014 ainda deixa claro a sua preferência por essa manifestação de guarda ao dispor que quando não houver acordo entre a mãe e o pai quanto à guarda do filho, encontrando-se ambos os genitores aptos a exercer o poder familiar, será aplicada a guarda compartilhada, salvo se um dos genitores declarar ao magistrado que não deseja a guarda do menor (art. 1.584, § 2º, CC).[19] E, além disso, para estabelecer as atribuições do pai e da mãe e os

---

[17] Nessa toada, a 3ª Turma do STJ entendeu que o fato de os genitores possuírem domicílio em cidades distintas não representa óbice à fixação da guarda compartilhada (STJ, REsp 1.878.041-SP, Rel. Min. Nancy Andrighi, Terceira Turma, por unanimidade, julgado em 25/5/2021, *DJe* 31/5/2021. Informativo nº 698, STJ).

[18] STJ, REsp 1.911.030-PR, Rel. Min. Luis Felipe Salomão, Quarta Turma, por unanimidade, julgado em 1/6/2021 (Informativo nº 699).

[19] Acerca do assunto, vale conferir a seguinte decisão do STJ: "Consiste a controvérsia em dizer se, à luz da atual redação do art. 1.584, II, § 2º, do Código Civil, é possível ao julgador indeferir pedido de guarda compartilhada sem a demonstração cabal de que um dos ex-cônjuges não está apto a exercer o poder familiar. Inicialmente, importa declinar que a questão relativa à imposição da guarda compartilhada, a partir do advento da nova redação do art. 1.584, II, § 2º, do CC, deixou de ser facultativa para ser regra impositiva. No que toca às possibilidades legais de não se fixar a guarda compartilhada, apenas duas condições podem impedir-lhe a

Cap. 92 – DA TUTELA, DA CURATELA, DA TOMADA DE DECISÃO APOIADA E DA GUARDA

períodos de convivência sob guarda compartilhada, o juiz, de ofício ou a requerimento do Ministério Público, poderá basear-se em orientação técnico-profissional ou de equipe interdisciplinar, que deverá visar à divisão equilibrada do tempo com o pai e com a mãe (art. 1.584, § 3º, CC).

O pai ou a mãe que contrair novas núpcias não perde o direito de ter consigo os filhos, que só lhe poderão ser retirados por mandado judicial, provado que não são tratados convenientemente (art. 1.588, CC). A Lei ainda assegura ao pai ou a mãe, em cuja guarda não estejam os filhos, o direito de visitá-los, tê-los em sua companhia segundo o que acordar com o outro cônjuge, ou for fixado pelo juiz, bem como fiscalizar sua manutenção e educação (art. 1.589, CC). Sendo que o direito de visita estende-se a qualquer dos avós, a critério do juiz, observados os interesses da criança ou do adolescente, conforme preceitua o parágrafo único do art. 1.589 do CC, incluído pela Lei nº 12.398/2011.

É possível, ainda, que a guarda seja atribuída a terceiros. Nessa toada, o § 5º do art. 1.584 do CC estabelece que "se o juiz verificar que o filho não deve permanecer sob a guarda do pai ou da mãe, deferirá a guarda a pessoa que revele compatibilidade com a natureza da medida, considerados, de preferência, o grau de parentesco e as relações de afinidade e afetividade". Trata-se, evidentemente de medida extraordinária e, nesse quadrante, a guarda se traduz em manifestação de inserção da criança ou do adolescente em família substituta, conforme dispõe o art. 28, *caput*, da Lei nº 8.069/90 e que, ao revés da tutela e da adoção, coexistirá com o poder familiar.

---

aplicação obrigatória: a) a inexistência de interesse de um dos cônjuges; b) a incapacidade de um dos genitores de exercer o poder familiar. A primeira assertiva legal labora na linha do que é ululante, pois não se pode obrigar, sob vara, um genitor, a cuidar de sua prole. Contudo, do mesmo vício – obviedade – não padece a segunda condição, extraída, contrario sensu, do quanto disposto no art. 1.584, § 2º, do CC. O texto de lei, feito com a melhor técnica redacional, por trazer um elemento positivo: a condição necessária para a guarda compartilhada, aponta, em via contrária, para a circunstância que impedirá a imposição dessa mesma guarda compartilhada: a inaptidão para o exercício do poder familiar. E aqui reside uma outra inovação neste texto legal, de quilate comparável à própria imposição da guarda compartilhada, que consiste na evidenciação dos únicos mecanismos admitidos em lei para se afastar a imposição da guarda compartilhada: a suspensão ou a perda do poder familiar. A suspensão por gerar uma inaptidão temporária para o exercício do poder familiar (art. 1637 do CC); a perda por fixar o término do Poder Familiar. Ocorre, porém, que ambas as situações exigem, pela relevância do direito atingido, que haja uma prévia decretação judicial do fato, circunstância que, pela íntima correlação com a espécie, também deverá ser reproduzida nas tentativas de oposição à guarda compartilhada. É dizer, um ascendente só poderá perder ou ter suspenso o seu poder/dever consubstanciado no poder familiar por meio de uma decisão judicial e, só a partir dessa decisão, perderá a condição essencial para lutar pela guarda compartilhada da prole, pois deixará de ter aptidão para exercer o poder familiar. Essa interpretação, que se extrai do texto legal, embora não crie uma exceção objetiva à regra da peremptoriedade da guarda compartilhada, tem o mérito de secundar o comando principal, pois se passa a exigir, para a não aplicação da guarda compartilhada, um prévio ou incidental procedimento judicial declarando a suspensão ou perda do poder familiar, com decisão judicial no sentido da suspensão ou da perda" (REsp 1.629.994-RJ, Rel. Min. Nancy Andrighi, por unanimidade, julgado em 6/12/2016. Informativo nº 595).

DO BEM DE FAMÍLIA

Neste momento, remetemos o leitor ao Capítulo 6 deste livro, oportunidade em que analisamos o regime jurídico do bem de família convencional (arts. 1.711 ao 1.722, CC) e do bem de família legal (Lei nº 8.009/90).

DA RESONSABILIDADE CIVIL POR ABANDONO AFETIVO[1]

1. INTRODUÇÃO

É na seara da responsabilização por abandono afetivo paterno-filial que as maiores disparidades acontecem. Muitas vezes, norteados pela patrimonialização ou, simplesmente, indignados pela constatação do abjeto e cruel desamparo de pais em relação aos seus filhos, há aqueles que açodadamente se manifestam pela premente necessidade de se atribuir responsabilidade civil ao genitor que abandonou afetivamente seu filho. Ocorre que, muitas vezes, a assunção de tal posicionamento fere preceitos estruturais da responsabilidade civil e, não apenas isso, atinge a perspectiva proposta pelo pós-positivismo: a de atribuir genuína qualidade normativa aos princípios.

2. A QUESTÃO DOS PRINCÍPIOS NO PÓS-POSITIVISMO: A ATRIBUIÇÃO DE QUALIDADE NORMATIVA

No pós-positivismo jurídico, os princípios assumem o seu verdadeiro papel no ordenamento jurídico brasileiro com o reconhecimento de inequívoca força normativa. Desse modo, a normatividade alcança não apenas as regras, mas também os princípios, impondo-se-lhes a imperatividade necessária. Assim, Edilsom Pereira Farias conclui que "a análise da estrutura das normas jurídicas que compõem o ordenamento positivo revela que as **normas jurídicas** (gênero) são de duas espécies: **princípios** e **regras jurídicas**" (grifamos).[2]

Nesse contexto, releva diferenciar os princípios dos valores. Tais termos não podem ser aplicados como sinonímia ou substitutivos entre si. Enquanto os princípios se situam no plano deôntico, remetendo consectariamente ao dever-ser, os valores residem no âmbito axiológico. Os princípios enveredam por aquilo que é lícito ou ilícito; já os valores se impõem na medida do que valem, isto é, refletem

---

[1] Esse capítulo foi redigido com base em artigo publicado por esta autora: QUEIROZ, Mônica. Uma análise pós-positivista da responsabilidade civil por abandono afetivo paterno-filial. In: RODRIGUES JÚNIOR, Walsir Edson (Org.). *Direito das Famílias*: novas tendências. 1. ed. Belo Horizonte: D'Plácido, 2015. p. 163-183.

[2] FARIAS, Edilsom Pereira. *Colisão de Direitos*. Porto Alegre: Fabris, 2000. p. 25.

noções do bom ou mau, melhor ou pior, sofrendo influxos históricos, geográficos, pessoais e sociais.[3]

3. AFETO: PRINCÍPIO OU VALOR? EIS A QUESTÃO...

A indagação proposta, se o afeto deve ser considerado um princípio ou um valor, reside no âmago do problema aventado acerca da responsabilização por abandono afetivo paterno-filial.

A ideia que se apresenta tangencia a própria noção do que seja afeto. Nessa obra, ousamos dizer que tal sentimento decorre da autonomia privada de cada um e se traduz na terna benquerença que une uma pessoa a outra. Desse modo, ínsita ao afeto está a espontaneidade.[4] O verdadeiro devotamento afetivo que emerge entre duas pessoas deve ser necessariamente franco, despretensioso e sincero, sob pena de se subverter a pureza conceitual desse sentimento. Se assim o é, o afeto não pode ser imposto, senão, não será afeto. É evidente que não se pretende negar que um viés malfazejo pode ser vislumbrado na complexa relação afetiva existente entre familiares. Tanto é assim que Maria Berenice Dias e Rodrigo da Cunha Pereira se manifestam:

> As relações sociais mais íntimas são justamente as que estão mais sujeitas à eclosão de conflitos. Por isso, as questões familiares são intricadas e complexas. Há uma constante polaridade: amor e ódio nem sempre são excludentes. Mas assim é o ser humano. Assim são os vínculos familiares.[5]

Corolário lógico que se impõe, ante a certeza de que um princípio traz em si verdadeira qualidade normativa, é que o afeto não pode se traduzir em princípio, já que se afasta do conceito principal do plano deôntico que é o dever-ser. Nesse mote, Renata Barbosa Almeida e Walsir Rodrigues Júnior concluem:

---

[3] Para Robert Alexy: *"La diferencia entre principios y valores se reduce así a um punto. Lo que enel modelo de los valores es* prima facie *lo mejor es, en modelo de los principios,* prima facie *debido; y lo que enel modelo de los valores es definitivamente lo mejor es, enel modelo de los principios, definitivamente debido. Asípues, los principios y los valores se diferencian sólo en virtude de su carácter deontológico e axiologicamente respectivamente".* ALEXY, Robert. *Teoria de los Derechos Fundamentales.* Madrid: Centro de Estudios Constitucionales, 1993. p. 147.

[4] "Não há dúvida de que o amor ou afeto, como sentimento que é, surge naturalmente, sem que se possa obrigar quem quer que seja a manifestá-los quanto a outra pessoa, ou mantê-lo com igual e duradoura intensidade, até por tratar-se de circunstâncias de ordem pessoal e decorrentes de comandos psíquicos, cujo controle, inclusive por questões até patológicas, muitas vezes não é possível coordenar ou enfrentar". COLTRO, Antônio Carlos Mathias. Responsabilidade Civil no Direito de Família. In: RODRIGUES JÚNIOR, Luiz Otávio; MAMEDE, Gladston; ROCHA, Maria Vital da (Coords.). *Responsabilidade Civil Contemporânea.* São Paulo: Atlas, 2011. p. 489.

[5] DIAS, Maria Berenice; PEREIRA, Rodrigo da Cunha. Prefácio à Primeira Edição. In: DIAS, Maria Berenice; PEREIRA, Rodrigo da Cunha (Coords.). *Direito de Família e o Novo Código Civil.* Belo Horizonte: Del Rey, 2003. p. XV.

Cap. 94 – DA RESONSABILIDADE CIVIL POR ABANDONO AFETIVO

A afetividade, embora merecedora de atenção jurídica, o é porque pode se tornar elemento constitutivo e integrante das relações familiares, fruto da espontaneidade e da autônoma privada e, assim, geradora de certos efeitos na órbita do Direito. A sua existência nas entidades familiares é elemento fático; porém, não jurídico. O caráter de juridicidade, o cunho normativo-imperativo, está relacionado às consequências que a presença do afeto, na construção das relações, pode gerar.[6]

O afeto não admite postulação, por isso não pode ser considerado um princípio, mas sim um valor. Conclusão contrária implicaria atribuir imperatividade a tal sentimento, o que não se mostra possível, já que o afeto deve existir *de per si*, independentemente de qualquer imposição legal.[7]

4. A PRETENSA ADEQUAÇÃO DOS ELEMENTOS DA RESPONSABILIDADE CIVIL A UM CASO CONCRETO DE ABANDONO AFETIVO PATERNO-FILIAL

Já foram analisados, nesta obra, os elementos da responsabilidade civil subjetiva. Urge neste momento tentar adequá-los a um caso concreto de abandono paterno-filial, o que faremos, na maioria das vezes, por meio do critério perguntas e respostas.

Se a conduta humana antijurídica se dá por meio da violação a um dever jurídico, a manifestação de afeto por uma pessoa pode ser considerada um dever jurídico? Diante do que fora exposto alhures e da constatação de que o afeto é um valor jurídico, e não um princípio, não se torna possível a visualização de seu caráter normativo e imperativo. É elementar a conclusão de que o afeto é sentimento necessariamente espontâneo que não comporta imposição estatal, caso contrário, se houvesse a imposição de devotamento afetivo em relação a determinada pessoa, o efeito poderia ser reverso, isto é, a repulsa, a discórdia poderia ser fomentada tacitamente nesse caso.

No que tange ao dano, a ausência afetiva de um dos pais induziria necessariamente à superveniência de um dano? Em análise superficial do problema, poder-se-ia concluir que a falta de um dos pais necessariamente induziria a dano irreparável ao filho. Todavia, em análise mais detida acerca do problema, percebe-se que tal interpretação contrariaria a nova proposta do Direito de Família na pós-modernidade – que, inclusive, o levou à modificação de seu próprio nome para Direito das Famílias – que admite a pluralidade de conformações familiares, objetivando primevamente o pleno desenvolvimento da personalidade de

---

6 ALMEIDA, Renata Barbosa; RODRIGUES JÚNIOR, Walsir Edson. *Direito Civil.* Famílias. 2. ed. São Paulo: Atlas, 2012.

7 Paulo Lobo reconhecendo a afetividade como princípio e com notado preciosismo relata: "A afetividade, como princípio jurídico, não se confunde com o afeto, como fato psicológico ou anímico, porquanto pode ser presumida quando este faltar na realidade das relações; assim, a afetividade é dever imposto aos pais em relação aos filhos e destes em relação àqueles, ainda que haja desamor ou desafeição entre eles". LOBO, Paulo. *Famílias.* São Paulo: Saraiva, 2008. p. 48.

seus membros, independentemente da presença de determinados personagens no enredo familiar.

Posto tudo isso, o maior problema ainda reside no elemento denominado de nexo causal. Se por nexo causal tem-se a relação de causa e efeito entre a conduta e o resultado, pode-se atribuir ao pai relapso ou incompetente para amar eventual dano ou desvio comportamental ostentado pelo filho? Não se defende aqui que a ausência de um pai ou de uma mãe não seja grave ou que isso não cause dano ao filho. Ao contrário, repudia-se o deliberado desamparo afetivo a contrariar toda a lógica "divina". Todavia, o que se pretende constatar é a extrema dificuldade de se dizer que determinado problema de uma pessoa, ou desvios comportamentais dessa decorram adequada ou diretamente da ausência afetiva de determinada pessoa em sua vida, em respeito, respectivamente, à teoria da causalidade adequada e à teoria dos danos diretos e imediatos adotados em nosso ordenamento.

Além disso, ainda que se considere o abandono afetivo um dever jurídico e detecte-se a superveniência de comportamento diverso da normalidade externado pelo filho, o liame (o nexo causal) necessariamente estaria presente? Caso a resposta seja positiva, as excludentes do nexo causal poder-se-iam aplicar? Por exemplo, em um caso concreto no qual o filho pleiteia a reparação civil em virtude da falta de afeto apresentada por seu pai, este por sua vez poderá tentar afastar o pleito reparatório sob argumento da presença de excludente do nexo causal – a culpa exclusiva da vítima – com base em comportamento irascível do filho? Ou então, imagine-se o caso de um pai que se afastou de seu filho em virtude da resistência afetiva externada por este que, em verdade, fora vítima de alienação parental praticada pela pessoa que lhe tinha a guarda. O pai, nesse caso, acusado de abandono afetivo em relação ao filho poderia alegar como excludente do nexo causal a culpa de terceiro, isto é, a culpa da pessoa que praticara a alienação parental?

Com as indagações formuladas acima, percebe-se que a imposição de responsabilidade civil por abandono afetivo não se sustenta por muito tempo, já que difícil se mostra a adequação de seus elementos a um caso concreto.[8] Nessa

---

[8]   Acerca da possibilidade de responsabilização dos pais por abandono afetivo, a doutrina brasileira não é uníssona. Contrários à possibilidade de reparação civil encontramos RODRIGUES JÚNIOR, Walsir; ALMEIDA, Renata Barbosa de. *Direito civil*. Famílias. São Paulo: Atlas, 2012. p. 549; SILVA, Regina Beatriz Tavares da. Responsabilidade civil nas relações entre pais e filhos. In: ALVES, Jones Figueiredo; DELGADO, Mário Luiz (Coord.). Questões controvertidas no novo Código Civil. São Paulo: Método, 2006. p. 463-475. Na mesma senda, Judith Martins-Costa aduz que "a tese do abandono afetivo representa um pan-psicologismo infantilizado que, por vezes, parece ignorar a própria contingência humana". MARTINS-COSTA, Judith. Apresentação. In: SILVA, Rafael Peteffi da. *Responsabilidade civil pela perda de uma chance*. São Paulo: Atlas, 2007. p. XVI. Também repudiando a reparação civil por abandono afetivo: FARIAS, Cristiano Chaves de; ROSENVALD, Nelson. *Curso de Direito Civil*. Famílias. 7. ed. São Paulo: Atlas, 2015. p. 130. Em sentido contrário, isto é, favoráveis à responsabilização civil dos pais por abandono afetivo estão: HIRONAKA, Giselda. Os contornos jurídicos da responsabilidade afetiva na relação entre pais e filhos – Além da obrigação legal de caráter material. In: *A outra face do Poder Judiciário*: decisões inovadoras e mudanças de paradigmas. Belo Horizonte: Del Rey, 2005. LOBO, Paulo. *Famílias*. São Paulo: Saraiva, 2008. p. 284. E, ainda, Flávio Tartuce, no artigo Princípio da Solidariedade e algumas de suas aplicações ao Direito de Família – abandono afetivo e a alimentos. In: NEVES, Thiago Ferreira Cardoso (Coord.). *Direito e Justiça*

Cap. 94 – DA RESONSABILIDADE CIVIL POR ABANDONO AFETIVO

linha de intelecção, se mostram oportunas as palavras de Patrícia Rocha Moura, em obra específica acerca do tema:

> À vista disso, a indenização punitiva por abandono afetivo ostenta índole de sanção não institucionalizada, o que lhe retira a qualidade de sanção jurídica. Nesse espeque, a sanção jurídica aplicável a essa conduta (o abandono), como visto, circunscreve-se, no âmbito civil, à perda do poder familiar, não havendo de se falar em indenização compensatória e, muito menos, em indenização punitiva.[9]

5. PRINCÍPIO DA IGUALDADE: UMA PROPOSIÇÃO ACERCA DA EFICÁCIA HORIZONTAL DOS DIREITOS FUNDAMENTAIS NAS RELAÇÕES FAMILIARES

Hodiernamente, viceja no ordenamento jurídico brasileiro a tese da eficácia horizontal dos direitos fundamentais.

É clara a noção de que os direitos fundamentais chegam a um ordenamento jurídico para se evitar excessos do Poder Público em relação aos particulares. Isso seria a eficácia vertical dos direitos fundamentais, de tal modo a proteger os governados por abusos praticados pelos seus governantes.

Todavia, no pós-positivismo jurídico, essa questão se alarga. Diante do silêncio constitucional acerca de em face de quem os direitos fundamentais podem ser opostos, amplia-se a ideia de que tais direitos somente existiriam para proteger as liberdades individuais e proteger os particulares contra as ingerências estatais na vida privada. Atualmente, a ideia que prevalece é a de que os direitos fundamentais também poderão ser opostos aos próprios particulares, sejam pessoas naturais ou jurídicas, isto é, os direitos fundamentais devem ser aplicados às relações privadas.

O reconhecimento da eficácia horizontal dos direitos fundamentais se deu, inclusive, pelo STF e dignas de menção são as decisões do RE 160.222-8, em que se concluiu como constrangimento ilegal a revista íntima de mulheres em uma fábrica de lingerie; do RE 158.215-4, que aborda a exclusão de associado sem direito de defesa; e do RE 161.243-6, que tratou da discriminação experimentada por empregado brasileiro em face de empregado francês na empresa aérea *Air France*, considerando que realizavam tarefas idênticas.

Questão intrincada se manifesta no que tange, especificamente, à aplicação do direito fundamental da igualdade às relações privadas. Por meio de uma proposição, sintetizamos a ideia: seria possível exigir a igualdade, por exemplo, nas manifestações afetivas demonstradas por um pai em relação aos seus filhos?

O problema aqui é que admitir irrestritamente a tese da eficácia horizontal dos direitos fundamentais, especificamente a igualdade nas relações familiares, poderia inequivocamente conflitar com outros direitos fundamentais tais como a

---

Social – por uma sociedade mais justa, livre e solidária. Estudos em homenagem ao Professor Sylvio Capanema de Souza. São Paulo: Atlas, 2013. p. 616-644.

[9] ROCHA, Patrícia de Moura. *A natureza punitiva da indenização por abandono afetivo*. Rio de Janeiro: Lumen Juris, 2017. p. 176.

liberdade e a autonomia privada, pelo que se conclui que não há como se impor a igualdade nas relações afetivas, que são eminentemente íntimas. Assim, não se pode exigir que um pai ou uma mãe goste igualmente de todos os seus filhos, sob pena de se extirpar do seio familiar seculares princípios como a autonomia privada e a liberdade nas relações privadas.

Nesse contexto, Martins e Fiuza se manifestam:

> Infelizmente, as preferências dos pais por um ou outro filho ocorrem mesmo. Fazem parte da humanidade. Não é o dinheiro que resolverá os traumas causados ao preterido e ao predileto, que, por vezes, sofre danos maiores que o preterido. O Código Civil, aliás, permite o tratamento hereditário desigual, na medida em que os pais possam atribuir a parte disponível da herança a apenas um dos filhos. Nada há de ilegítimo nisso, nem nada que os demais possam fazer. Se há relações desiguais por excelência, são elas as filiais. E aí está o risco de tornar jurídicas obrigações que são essencialmente morais. E aí reside o risco de tornar as relações familiares irreais ou inautênticas, relações que passariam a estar alicerçadas em falsos sentimentos de carinho e amor decorrentes muito mais do temor de um pai de ser futuramente condenado por ter deixado de amar seu filho, ou seja, tê-lo abandonado afetivamente, do que baseado em sentimentos reais e autênticos de amor, frutos da própria natureza e convivência humana.[10]

É necessário constatar que, quando a CF/88 impõe a igualdade entre os filhos, decerto que não é no sentido afetivo equivalente a todos os filhos, mas sim com o propósito de que os filhos havidos fora do casamento não podem ser discriminados.

Todavia, há que se ressaltar que, quando se admite a possibilidade de tratamento desigual entre os filhos, não se quer dizer que se possa admitir tal diferenciação em relação ao dever de amparo ou de cuidado. É verdadeiramente abjeta a possibilidade de um genitor tudo dar a um filho e ao outro tudo sonegar. Se o afeto é espontâneo, não é isso que se discute, mas sim a necessidade de provisão material igualitária a cada um dos filhos a se garantir o mínimo existencial já consagrado no pós-positivismo.

6. ANÁLISE DA DECISÃO PROFERIDA NO JULGAMENTO DO RECURSO ESPECIAL Nº 1.159.242/SP: NOTADA CONFUSÃO SEMÂNTICA

Em 24/4/2012, a Terceira Turma do STJ, após outras manifestações desse Egrégio Tribunal acerca da responsabilidade civil por abandono afetivo paterno-filial[11]

---

[10] FIUZA, César; MARTINS, Thiago Penido. A eficácia do direito fundamental à igualdade nas relações familiares: uma análise crítica da decisão proferida no julgamento do recurso especial nº 1.159.242 – SP. In: OLIVEIRA, José Sebastião de; SANTIAGO, Mariana Ribeiro (Orgs.). *Direito de Família*. Florianópolis: Fundação José Arthur Boiteux, 2012. p. 45.

[11] O anterior entendimento do STJ, respaldava-se na manifestação decisória do REsp 757.411-MG, de relatoria do Ministro Fernando Gonçalves, que expunha: "Não cabe ao Judiciário condenar alguém ao pagamento de indenização por desamor".

teve a oportunidade de se manifestar sobre o tema, produzindo a seguinte ementa no acórdão decorrente do julgamento do REsp nº 1.159.24-SP:

CIVIL E PROCESSUAL CIVIL. FAMÍLIA. ABANDONO AFETIVO. COMPENSAÇÃO POR DANO MORAL. POSSIBILIDADE.

1. Inexistem restrições legais à aplicação das regras concernentes à responsabilidade civil e o consequente dever de indenizar/compensar no Direito de Família.

2. O cuidado como valor jurídico objetivo está incorporado no ordenamento jurídico brasileiro não com essa expressão, mas com locuções e termos que manifestam suas diversas desinências, como se observa do art. 227 da CF/88.

3. Comprovar que a imposição legal de cuidar da prole foi descumprida implica em se reconhecer a ocorrência de ilicitude civil, sob a forma de omissão. Isso porque o *non facere*, que atinge um bem juridicamente tutelado, leia-se, o necessário dever de criação, educação e companhia – de cuidado – importa em vulneração da imposição legal, exsurgindo, daí, a possibilidade de se pleitear compensação por danos morais por abandono psicológico.

4. Apesar das inúmeras hipóteses que minimizam a possibilidade de pleno cuidado de um dos genitores em relação à sua prole, existe um núcleo mínimo de cuidados parentais que, para além do mero cumprimento da lei, garantam aos filhos, ao menos quanto à afetividade, condições para uma adequada formação psicológica e inserção social.

5. A caracterização do abandono afetivo, a existência de excludentes ou, ainda, fatores atenuantes – por demandarem revolvimento de matéria fática – não podem ser objeto de reavaliação na estreita via do recurso especial.

6. A alteração do valor fixado a título de compensação por danos morais é possível, em recurso especial, nas hipóteses em que a quantia estipulada pelo Tribunal de origem revela-se irrisória ou exagerada.

7. Recurso especial parcialmente provido (REsp 1.159.24-SP, Rel. Ministra Nancy Andrighi, Terceira Turma, julgado em 24/4/2012, *DJe* 10/5/2012).

Tratava-se, na origem, de ação que filha ajuizou contra o pai alegando suposto abandono material e afetivo. No juízo *a quo*, o pedido foi julgado improcedente fundamentado na ideia de que o distanciamento entre pai e filha se deveu em virtude de comportamento agressivo da mãe em relação ao pai, após a ruptura do relacionamento afetivo. Além disso, importa notar, que o pai regularmente pagava pensão alimentícia a filha.

Diante de recurso interposto pela filha perante o TJSP, a decisão prolatada na origem foi reformada, impondo a condenação por abandono afetivo praticada pelo pai em relação a filha.

Com o alcance do processo ao STJ, manteve-se a condenação do pai, sendo reformado apenas o valor devido. Os argumentos apresentados no voto da Relatora Ministra Nancy Andrighi, chamam a atenção em virtude de contradições que são constatadas facilmente.

Logo no início do voto, a Relatora expõe:

É das mais comezinhas lições de Direito, a tríade que configura a responsabilidade civil subjetiva: o dano, a culpa do autor e o nexo causal. Porém, a simples lição ganha contornos extremamente complexos quando se focam as relações familiares, porquanto nessas se entremeiam fatores de alto grau de subjetividade, como afetividade, amor, mágoa, entre outros, os quais dificultam, sobremaneira, definir, ou perfeitamente identificar e/ou constatar, os elementos configuradores do dano moral.

De fato, a tríade relatada é imprescindível para a configuração da responsabilidade civil subjetiva, bem como a análise de fatores com "alto grau de subjetividade" (afetividade, amor, mágoa) dificulta em demasia a aplicação de tais elementos conformadores da responsabilização. Dificuldade essa que parece ter sido plenamente superada no voto da douta Julgadora.

Além disso, no trecho abaixo transcrito, reconhece a decisão que o cuidado se traduz em valor jurídico, como se constata a seguir:

> Sob esse aspecto, calha lançar luz sobre a crescente percepção do cuidado como valor jurídico apreciável e sua repercussão no âmbito da responsabilidade civil, pois, constituindo-se o cuidado fator curial à formação da personalidade do infante, deve ele ser alçado a um patamar de relevância que mostre o impacto que tem na higidez psicológica do futuro adulto.

Não há dúvida de que o cuidado é algo de natureza impositiva que deve ser cumprido sem caprichosas escusas paternas. Todavia, se o cuidado apresenta caráter normativo, ele não se traduz, portanto, em valor jurídico, mas sim em princípio jurídico. Deve-se considerar também que, ao que parece no relatório do julgado ora analisado, o pai pagava à filha a pensão alimentícia devida, o que, em princípio afastaria a possibilidade de condenação por abandono material.

O voto da Relatora reconhece ainda que, em um caso concreto, podem se apresentar fatores que afastem a responsabilização do pai, como se extrai do trecho abaixo:

> Eclipsa, então, a existência de ilicitude, situações que, não obstante possam gerar algum tipo de distanciamento entre pais e filhos, como o divórcio, separações temporárias, alteração de domicílio, constituição de novas famílias, reconhecimento de orientação sexual, entre outras, são decorrências das mutações sociais e orbitam o universo dos direitos potestativos dos pais – sendo certo que quem usa de um direito seu não causa dano a ninguém (*qui iure suo utitur neminem laedit*). De igual forma, não caracteriza a vulneração do dever do cuidado a impossibilidade prática de sua prestação e, aqui, merece serena reflexão por parte dos julgadores, as inúmeras hipóteses em que essa circunstância é verificada, abarcando desde a alienação parental, em seus diversos graus – que pode e deve ser arguida como excludente de ilicitude pelo genitor/adotante que a sofra –, como também outras, mais costumeiras, como limitações financeiras, distâncias geográficas etc. Todas essas circunstâncias e várias outras que se possam imaginar podem e devem ser consideradas na avaliação dos cuidados dispensados por um dos pais à sua prole, frisando-se, no entanto, que o torvelinho de situações práticas da vida moderna

não [tolda] plenamente a responsabilidade dos pais naturais ou adotivos, em relação a seus filhos, pois, com a decisão de procriar ou adotar, nasce igualmente o indelegável ônus constitucional de cuidar.

De fato, tais fatores podem se fazer presente, afastando-se, *data maxima venia*, não a ilicitude do comportamento do pai (conforme relatado no voto), mas sim o nexo de causalidade necessário.

Mais um trecho do voto da Relatora, se mostra oportuno apresentar:

> **Aqui não se fala ou se discute o amar e, sim, a imposição biológica e legal de cuidar, que é dever jurídico, corolário da liberdade das pessoas de gerarem ou adotarem filhos.** O amor diz respeito à motivação, questão que refoge os lindes legais, situando-se, pela sua subjetividade e impossibilidade de precisa materialização, no universo meta-jurídico da filosofia, da psicologia ou da religião. O cuidado, distintamente, é tisnado por elementos objetivos, distinguindo-se do amar pela possibilidade de verificação e comprovação de seu cumprimento, que exsurge da avaliação de ações concretas: presença; contatos, mesmo que não presenciais; ações voluntárias em favor da prole; comparações entre o tratamento dado aos demais filhos – quando existirem –, entre outras fórmulas possíveis que serão trazidas à apreciação do julgador, pelas partes. **Em suma, amar é faculdade, cuidar é dever.** A comprovação que essa imposição legal foi descumprida implica, por certo, a ocorrência de ilicitude civil, sob a forma de omissão, pois na hipótese o *non facere* que atinge um bem juridicamente tutelado, leia-se, o necessário dever de criação, educação e companhia – de cuidado – importa em vulneração da imposição legal. (Destaques do texto original.)

Meritória é a conclusão do referido REsp na tentativa de introjetar na sociedade que o tratamento material desigualmente fornecido aos filhos pode induzir à responsabilidade civil. Todavia, com as vênias de estilo, constata-se que há uma série de enganos semânticos apresentados na decisão.

Apesar de a decisão se referir a um abandono afetivo, o que se pune, em verdade, é o controverso abandono material, já que restou constatado que pai destinava mensalmente a filha o que era devido a título de pensão alimentícia.

É a própria decisão que esclarece: "Amar é faculdade, cuidar é dever". Por trás dessa frase que, após a publicação da decisão, quase se tornou um adágio popular, há cientificidade que não pode ser desprezada. Amar é faculdade sim, exatamente porque o afeto se configura como valor jurídico, e não como princípio, prescindindo assim, de qualquer carga normativo-imperativa. Além disso, o verbete mencionado reconhece que o dever jurídico repousa na necessidade de se cuidar da prole como corolário inafastável da paternidade responsável. Portanto, corrobore-se: o STJ, ao impor a necessidade de um pai ressarcir sua filha, na verdade, o faz em relação à inexistência de cuidado em relação a esta e não porque houve um abandono afetivo, já que o afeto não pode ser imposto, quantificado ou monetarizado.[12]

---

[12] Importando-se com a falta de amparo material, em 2017, o STJ decidiu da seguinte maneira, no REsp 1.087.561-RS, Rel. Min. Raul Araújo, por unanimidade, julgado em 13/6/2017: "A

Em 21/9/2021, a 3ª Turma do STJ deu provimento ao recurso especial interposto por uma filha para condenar o pai ao pagamento de indenização por danos morais decorrentes do abandono afetivo sofrido desde a infância. A decisão é de que o pagamento de pensão alimentícia não impede o reconhecimento dos traumas psicológicos causados e que o dever jurídico de exercer a parentalidade de modo responsável compreende a obrigação de conferir ao filho uma firme referência parental, de modo a propiciar o seu adequado desenvolvimento mental, psíquico e de personalidade.

Assim, a Min. Relatora Nancy Andrighi classificou que o pagamento de pensão não é suficiente para que os pais se sintam livres de outras obrigações, e a paternidade exercida de forma "irresponsável, desidiosa e negligente" resulta em danos morais. Em voto-vista, o ministro Ricardo Villas Bôas Cueva destacou que, apesar de não haver o dever de amar no ordenamento pátrio, o pedido encontra justificativa nas disposições do Estatuto da Criança e do Adolescente – ECA (Lei nº 8.069/90).[13]

---

omissão voluntária e injustificada do pai quanto ao amparo material do filho gera danos morais, passíveis de compensação pecuniária. Cinge-se a controvérsia a definir se é possível a condenação em danos morais do pai que deixa de prestar assistência material ao filho. Inicialmente, cabe frisar que o dever de convivência familiar, compreendendo a obrigação dos pais de prestar auxílio afetivo, moral e psíquico aos filhos, além de assistência material, é direito fundamental da criança e do adolescente, consoante se extrai da legislação civil, de matriz constitucional (Constituição Federal, art. 227). Da análise dos artigos 186, 1.566, 1.568, 1.579 do CC/2002 e 4º, 18-A e 18B, 19 e 22 do ECA, extrai-se os pressupostos legais inerentes à responsabilidade civil e ao dever de cuidado para com o menor, necessários à caracterização da conduta comissiva ou omissiva ensejadora do ato ilícito indenizável. Com efeito, o descumprimento voluntário do dever de prestar assistência material, direito fundamental da criança e do adolescente, afeta a integridade física, moral, intelectual e psicológica do filho, em prejuízo do desenvolvimento sadio de sua personalidade e atenta contra a sua dignidade, configurando ilícito civil e, portanto, os danos morais e materiais causados são passíveis de compensação pecuniária. Ressalta-se que – diferentemente da linha adotada pela Terceira Turma desta Corte, por ocasião do julgamento do REsp 1.159.242-SP, Rel. Min. Nancy Andrighi – a falta de afeto, por si só, não constitui ato ilícito, mas este fica configurado diante do descumprimento do dever jurídico de adequado amparo material. Desse modo, estabelecida a correlação entre a omissão voluntária e injustificada do pai quanto ao amparo material e os danos morais ao filho dali decorrentes, é possível a condenação ao pagamento de reparação por danos morais, com fulcro também no princípio da dignidade da pessoa humana (art. 1º, III, da Constituição Federal)" (Informativo nº 609).

[13] STJ, REsp 18.877.697-RJ. Terceira Turma. Rel. Min. Nancy Andrighi. j. 21/9/2021. p. 23/9/2021.

DIREITO DAS SUCESSÕES

VISÃO GERAL DO DIREITO SUCESSÓRIO

1. INTRODUÇÃO

O Direito das Sucessões ocupa o Livro V da Parte Especial do Código Civil de 2002 e trata-se de ramo do Direito Civil que cuida das normas que regem a transferência do conjunto de direitos e obrigações de uma pessoa em virtude de sua morte.

Suceder significa ocupar a posição jurídica de pessoa antecedente. A sucessão poderá ocorrer por ato *inter vivos* (p. ex.: quando ocorre uma cessão de crédito, uma assunção de dívida, um contrato de compra e venda) ou *causa mortis*, exatamente em virtude do falecimento de uma pessoa. Evidentemente, a esfera do direito sucessório se ocupa de disciplinar as regras e princípios que irão reger essa sucessão, sendo, pois, a sucessão hereditária considerada forma derivada de aquisição de propriedade, já que o sucessor passa a ocupar o lugar do falecido dentro da mesma perspectiva desse último.

Em virtude da vetusta expressão latina *de cuis successione agitur*, que, em tradução livre, significa de cuja sucessão se trata, é comum se denominar a pessoa falecida de *de cujus*. Desse modo, o patrimônio do *de cujus* – que abrange o seu ativo e passivo – passará para a pessoa de seu sucessor.

Assim, surge o direito de herança que ostenta dignidade constitucional, tendo previsão no art. 5º, XXX, da CF/88. Além disso, fundamenta-se o direito de herança no próprio direito de propriedade que também se traduz em direito fundamental (art. 5º, XXII, CF/88). Nessa toada, é pertinente concluir que, do mesmo modo em que se protege a propriedade, deve-se proteger a sua transmissão também em virtude da morte de seu titular. Agregado a tudo isso, com o direito de herança fomenta-se a acumulação de riquezas para futura transmissão aos herdeiros do *de cujus*, o que, em certa medida, não ocorreria se o patrimônio do falecido fosse necessariamente transmitido ao Estado quando de sua morte. Estreitando a perspectiva, ainda se vislumbra como corolário de tudo o que fora dito a proteção à própria família do *de cujus* e de seus credores, já que com o com o falecimento do titular do patrimônio suas obrigações deverão ser honradas.

2. CLASSIFICAÇÕES DE SUCESSÃO

2.1. Quanto à fonte do direito sucessório

a) *A Sucessão testamentária*

A sucessão testamentária, também conhecida como sucessão voluntária *causa mortis*, ocorre quando o próprio titular do patrimônio por disposição de última vontade indica a quem deverá ser destinado o seu patrimônio quando de sua morte, isto é, o próprio titular do patrimônio por meio de testamento, legado ou codicilo destina os seus bens a quem lhe aprouver, ato que ostenta exercício máximo de sua autonomia privada.

É importante notar que o ato de disposição, via testamento, encontra limites, de modo que, se o titular da herança apresentar herdeiros necessários (ascendentes, descendentes e cônjuge), a esses caberá o que se denomina de legítima, isto é, metade da herança do *de cujus*. Em verdade, então, o que o testador poderá dispor por ato de última vontade será apenas a metade de seu patrimônio. O objetivo da limitação apresentada, então, é a proteção aos herdeiros necessários.

Nessa esteira, o art. 1.789 do CC estabelece que "havendo herdeiros necessários, o testador só poderá dispor da metade da herança". Trata-se, pois, do que se denominada de sistema de divisão necessária. Afastando esse regime do sistema de absoluta liberdade testamentária, o qual o testador poderia, ainda que apresentasse herdeiros necessários, dispor de seus bens em sua integralidade da maneira que quisesse. Repudiando, também, o sistema de concentração obrigatória, pelo qual, com o falecimento do titular da herança, os seus bens serão destinados a uma única pessoa predeterminada.

b) Sucessão legítima

A sucessão legítima, também conhecida como legal ou *ab intestato*, se traduz na sucessão regulada pela lei, sendo aplicada quando o titular da herança tiver falecido sem deixar testamento, ou se esse for parcial, ou considerado nulo ou tiver se tornado ineficaz (caducado). Conforme preceitua o art. 1.788 do CC: "Morrendo a pessoa sem testamento, transmite a herança aos herdeiros legítimos; o mesmo ocorrerá quanto aos bens que não forem compreendidos no testamento; e subsiste a sucessão legítima se o testamento caducar, ou for julgado nulo". Nessas situações, a lei presume a vontade do *de cujus* acerca do destino de seus bens.

Assim, na sucessão legítima existe uma ordem de vocação hereditária prevista no art. 1.829 do CC. Nada impede, todavia, situações excepcionais em que se aplica uma vocação hereditária anômala ou irregular como ocorre, por exemplo, com o art. 551 do CC que cuida da doação feita a mais de uma pessoa (doação conjuntiva) e, em se tratando de donatários que sejam marido e mulher, se houver o falecimento de um, a doação em sua totalidade será transferida ao cônjuge sobrevivo. Outro exemplo seria a previsão do art. 5º, XXXI, da CF/88: "a sucessão de bens de estrangeiros situados no País será regulada pela lei brasileira em benefício do cônjuge ou dos filhos brasileiros, sempre que não lhes seja mais favorável a lei pessoal do *de cujus*". Previsão essa também constante do art. 10, § 1º, da LINDB.

c) A Sucessão pactícia

A sucessão pactícia, também conhecida como contratual ou voluntária *inter vivos*, se traduz na sucessão que será regulada por regras oriundas de um contrato que se destina a reger uma sucessão que sequer foi aberta, isto é, a herança de pessoa viva já teria fins determinados por força de um contrato. Tal manifestação

Cap. 95 – VISÃO GERAL DO DIREITO SUCESSÓRIO

é, peremptoriamente, afastada em nosso ordenamento com repulsa expressa no art. 426 do CC que preleciona: "Não pode ser objeto de contrato a herança de pessoa viva". Desse modo, o pacto sucessório ou *pacta corvina* é proibido pela lei no artigo retrocitado e como se trata de uma proibição sem expressa cominação de sanção, caso seja realizado o mencionado pacto, será aplicada a sanção de nulidade (nulidade absoluta), prevista no art. 166, VII, segunda parte, do CC.

Não se pode confundir o que fora dito com a previsão do art. 2018 do CC que estabelece: "É válida a partilha feita por ascendente, por ato entre vivos ou de última vontade, contanto que não prejudique a legítima dos herdeiros necessários". Nesse caso o que se tem é uma doação que gera efeitos imediatos, não estando condicionada à morte do doador e por essa razão não há problema em tal disposição.

2.2. Quanto aos efeitos da sucessão

a) Sucessão a título universal

A sucessão a título universal ocorre quando o sucessor recebe todo o patrimônio deixado pelo *de cujus* ou uma fração dele. Aqui o sucessor será denominado de herdeiro sendo titular da herança ou de parte dela. Nessa perspectiva, é importante perceber que ao herdeiro são destinados os direitos, os créditos e as obrigações do *de cujus*. Evidentemente, as obrigações são transmitidas dentro das forças da herança, isto é, *intra vires hereditatis*.

b) Sucessão a título singular

A sucessão a título singular ocorre quando ao sucessor é destinado um bem certo e individualizado, ou então, vários bens determinados. Aqui o sucessor será denominado de legatário, sendo, pois, titular de um legado. Seria o caso de visualizar uma "doação" feita por meio de um testamento, por exemplo, quando em um testamento é destinado a determinada pessoa uma determinada casa. Assim, constata-se que a constituição de um legado apenas poderá ocorrer via testamento. Nunca há de se encontrar um legatário na sucessão a título universal, pois nessa o que o herdeiro herda é todo o patrimônio ou uma fração dele, nunca um bem determinado.

Em conclusão, não se pode confundir o herdeiro com o legatário. O quadro abaixo destaca as diferenças:

Herdeiro	Legatário
Encontra-se na sucessão a título universal.	Encontra-se na sucessão a título singular.
Objeto de seu direito: a herança.	Objeto de seu direito: o legado.
Com a abertura da sucessão, recebe a propriedade e a posse dos bens da herança.	Somente adquire a propriedade do bem legado na abertura da sucessão se a coisa destinada a ele for infungível: já a posse, somente com a partilha. Em se tratando de coisa fungível, tanto a propriedade quando a posse serão transmitidas somente com a partilha.
Responsabilidade pelas obrigações do *de cujus* dentro dos limites da herança.	Não há responsabilidade.

3. SUCESSORES

Os sucessores são aquelas pessoas que assumem a posição jurídica do *de cujus*. Como visto anteriormente, os sucessores se subdividem em herdeiros e legatários.

Os herdeiros, por sua vez, a depender da espécie de sucessão de que se trate poderão ser testamentários ou legítimos. Já os herdeiros legítimos poderão ser necessários ou facultativos. Confira-se o esquema a seguir:

3.1. Herdeiros testamentários ou instituídos

São aqueles designados via testamento, decorrendo, pois, de indicação derivada de ato de última vontade do falecido.

3.2. Herdeiros legítimos

São aqueles designados por lei, tendo em vista a vontade presumida do falecido. Os herdeiros legítimos, por sua vez, poderão ser necessários ou facultativos. Por herdeiros necessários, também conhecidos como obrigatórios, legitimários ou reservatários, compreende-se os ascendentes e descendentes (ambos sem limitação de grau), além do cônjuge, conforme dispõe o art. 1.845 do CC. A esses herdeiros, necessariamente, se destina metade da herança do falecido, parte essa da herança denominada de legítima.

Já os herdeiros facultativos, embora pertençam à cepa dos herdeiros indicados pela lei, podem ser afastados da sucessão em virtude de testamento. Para tanto, basta que o autor da herança faça testamento destinando a totalidade de sua herança, sem fazer menção a eles. São considerados herdeiros facultativos os colaterais.

3.3. Legatários

Os legatários são aqueles sucedem a título singular, assim sendo considerados via testamento. Desse modo, todo sucessor legatário é considerado testamentário, inexistindo qualquer subclassificação do sucessor que seja legatário.

Vale lembrar que uma pessoa poderá suceder a mais de um título, por exemplo, um filho do *de cujus* será considerado um herdeiro legítimo necessário, ao mesmo tempo em que é possível que seja destinado um determinado bem da herança a ele via testamento, o que o fará assumir a posição de herdeiro legítimo necessário, e ao mesmo tempo, legatário. Assim, esse sucessor merecerá a herança e, além disso, o legado. A esse legado, nesse caso, dá-se o nome de prelegado.

4. A HERANÇA E SEUS LIMITES

A herança se traduz no objeto da sucessão e é exatamente ela que será transmitida aos sucessores em virtude da morte de alguém. Assim, considera-se herança o patrimônio deixado pelo falecido que abrangerá uma parcela de ativos (bens, créditos) e de passivos (dívidas). Não se pode confundir a herança em si com o que se denomina de acervo hereditário. Por essa última expressão deve-se entender os bens deixados pelo falecido. Sob a perspectiva processual, à herança dá-se o nome de espólio que se traduz em ente despersonalizado. O CPC/2015 reconhece legitimidade ativa e passiva ao espólio, devidamente representando pelo inventariante, em seu art. 75, VII.

Quando se aduz que a herança é composta de ativo e passivo, é bom perceber que direitos e deveres esvaziados de conteúdo patrimonial não podem ser transmitido aos herdeiros do *de cujus*, tais como os direitos da personalidade, os direitos familiares do falecido (por exemplo, o poder familiar), a tutela, a curatela etc.

No que respeita especificamente aos direitos da personalidade do falecido, esses não serão transmitidos com a herança, nada obstante, mereçam uma proteção *post mortem*.

Além disso, alguns direitos e obrigações patrimoniais serão extintos com o falecimento do autor da herança, menciona-se, por exemplo, as obrigações de fazer infungíveis que, em virtude de serem personalíssimas não podem ser transmitidas com a herança. Também a posição ocupada pelo fiador que vem a falecer. Quando esse falece, o contrato será extinto. Evidentemente, alguma obrigação já vencida atribuível ao fiador falecido enquanto esse era vivo será transmitida aos herdeiros, dentro das forças da herança. Assim deve ser compreendido o art. 836 do CC que preceitua: "A obrigação do fiador passa aos herdeiros, mas a responsabilidade da fiança se limita ao tempo decorrido até a morte do fiador, e não pode ultrapassar as forças da herança".

O direito a alimentos que o falecido tinha antes de sua morte também será extinto com a sua morte. Além disso, os direitos reais de usufruto, uso e habitação também serão extintos com a morte.

4.1. Características da herança

Como exposto no item anterior, a herança é considerada como **universalidade de direito**, já que se traduz em um complexo de relações jurídicas dotado de valor econômico (art. 91, CC). Além disso, o **direito à sucessão aberta** e a própria **herança** são considerados **bens imóveis** para os efeitos legais, por força do art. 80, II, CC. Sendo assim, serão aplicáveis à sucessão aberta todos os caracteres e formalidades afetas aos imóveis, máxime, a observância de escritura pública (art. 1.793, CC) e autorização do cônjuge, exceto se o regime de bens for o da separação absoluta (art. 1.647, I, CC), para a realização de cessão de direito hereditário. Não interessa o conteúdo da herança. Ainda que o falecido tenha deixado como herança, por exemplo, apenas dois automóveis, ainda assim, a herança será considerada como bem imóvel.

A herança também é considerada indivisível. No exemplo, acima em que o sucedido deixou como herança dois automóveis, se ele tiver deixado dois herdeiros, a cada um deles caberá a metade de cada um dos veículos. Vale conferir o art. 1.791 do CC: "A herança defere-se como um todo unitário, ainda que vários sejam os herdeiros". O parágrafo único do mesmo artigo preceitua: "Até a partilha, o direito dos coerdeiros, quanto à propriedade e posse da herança, será indivisível, e regular-se-á pelas normas relativas ao condomínio". O que o dispositivo legal pretende relatar é que, até que ocorra a partilha, cada um dos herdeiros terá uma fração ideal da herança, havendo assim a existência de um condomínio forçado (por imposição de lei) e *pro indiviso* (sem divisão no plano fático), aplicando-se, então, as regras desse instituto jurídico. Dessarte, não é de se estranhar que um dos herdeiros tenha legitimidade para lançar mão de medidas judiciais que protejam a herança como um todo, tendo em vista a redação do art. 1.314 do CC que estabelece: "Cada condômino pode usar da coisa conforme sua destinação, sobre ela exercer todos os direitos compatíveis com a indivisão, reivindicá-la de terceiro, defender a sua posse e alhear a respectiva parte ideal, ou gravá-la". Além disso, de acordo com o § 2º do art. 1.793 do CC, será considerada ineficaz a cessão de um direito hereditário referente a um bem especificamente da herança. Isso se justifica porque nada garante que aquele bem seja necessariamente destinado a aquele determinado herdeiro, aliás, o referido bem pode não ser destinado a nenhum herdeiro em virtude da possibilidade de até mesmo ser consumido pelas dívidas da herança. O que poderá ser cedido é a fração ideal da herança e não um bem isoladamente. Para que ocorra a alienação de um bem especificamente que componha o acervo hereditário será necessária uma autorização judicial (art. 1.793, § 3º, CC).

É em decorrência de se constituir um condomínio que, caso o herdeiro pretenda a cessão onerosa de sua parte, ele deverá, em primeiro lugar, oferecer aos demais condôminos, tanto por tanto, a referida parte. A isso dá-se o nome de **direito de preferência, prelação ou preempção** dos demais coerdeiros. Atente-se que o referido direito surge apenas se a **cessão for onerosa**. Em se tratando de cessão gratuita, não há a sua imposição. Nesse contexto, vale conferir o art. 1.794 do CC que estabelece: "O coerdeiro não poderá ceder a sua quota hereditária a pessoa estranha à sucessão, se outro coerdeiro a quiser, tanto por tanto". E também o art. 1.795 do CC que apresenta as consequências da inobservância da preferência: "O coerdeiro, a quem não se der conhecimento da cessão, poderá, depositado o preço, haver para si a quota cedida a estranho, se o requerer até cento e oitenta dias após a transmissão".

O prazo decadencial de 180 dias, conforme disposição expressa da lei, conta-se da transmissão, porém, a tendência doutrinária que deve prevalecer é no sentido de que o prazo deverá ser contado da data do conhecimento do prejudicado, tendo em vista o arcabouço principiológico que subjaz o nosso sistema jurídico.

4.2. As forças da herança

Na sucessão a título universal, o herdeiro sucede o de cujus amplamente, isto é, o herdeiro toma para si os direitos e as obrigações atinentes ao sucedido.

Entretanto, é importante que fique claro que a transmissão das obrigações se dá dentro das forças da herança (*intra vires hereditatis*). Assim, o art. 1.792 do CC estabelece que: "O herdeiro não responde por encargos superiores às forças da herança; incumbe-lhe, porém, a prova do excesso, salvo se houver inventário que a escuse, demostrando o valor dos bens herdados".

4.3. Administração da herança

No prazo de 30 dias, a contar da abertura da sucessão, instaurar-se-á inventário do patrimônio hereditário, perante o juízo competente no lugar da sucessão, para fins de liquidação e, quando for o caso, de partilha da herança (art. 1.796, CC).

Até o compromisso do inventariante, a administração da herança será feita por um administrador provisório ou ad hoc, que de acordo com o art. 1.797 do CC caberá, sucessivamente:

I) ao cônjuge ou companheiro, se com o outro convivia ao tempo da abertura da sucessão;

II) ao herdeiro que estiver na posse e administração dos bens, e, se houver mais de um nessas condições, ao mais velho;

III) ao testamenteiro;

IV) a pessoa de confiança do juiz, na falta ou escusa das indicadas nos incisos antecedentes, ou quando tiverem de ser afastadas por motivo grave levado ao conhecimento do juiz.

O rol mencionado acima deve ser tido como meramente exemplificativo, já que nada impede a nomeação de pessoa não elencada no artigo.

5. ABERTURA DA SUCESSÃO

5.1. O *Droit de Saisine*

A sucessão é considerada aberta no exato momento do **falecimento** do autor da herança. Pelo ***Droit de Saisine*** a herança transmite-se aos sucessores imediatamente com a abertura da sucessão, independentemente de qualquer manifestação dos herdeiros. Assim, com a morte do autor da herança, de pronto, os seus sucessores se tornam titulares de seu patrimônio. A superveniente aceitação da herança se traduz, então, em mero ato confirmatório de algo que já ocorreu. Assim, o art. 1.784 dispõe: "Aberta a sucessão, a herança transmite-se, desde logo, aos herdeiros legítimos e testamentários". Desse modo, não se exige qualquer requisito para que o herdeiro adquira a propriedade e a posse dos bens deixados pelo sucedido. Não se exige sequer que o herdeiro tenho tomado conhecimento do falecimento do autor da herança, basta apenas que tenha sobrevivido ao falecido, ainda que por tempo exíguo. A aplicação do Direito de Saisine procura evitar a ausência de titularidade acerca de um patrimônio quando da morte de seu titular primitivo. O que ocorre, então, é uma ficção legal cujo escopo máximo é evitar que o patrimônio deixado se quede acéfalo, isto é, sem um titular.

A posse adquirida pelo herdeiro será considerada indireta, já que a posse direta será do administrador provisório ou do inventariante.

Como os herdeiros adquirem a propriedade e a posse do bem quando da abertura da sucessão, a lei impõe que

os herdeiros em posse dos bens da herança, o cônjuge sobrevivente e o inventariante são obrigados a trazer ao acervo os frutos que perceberam, desde a abertura da sucessão; têm direito ao reembolso das despesas necessárias e úteis que fizeram, e respondem pelo dano a que, por dolo ou culpa, deram causa.

Conforme preceito do art. 2020 do CC.

Exceções ao **Droit de Saisine** são constatadas nas seguintes situações:

1ª) quando há constituição de fideicomisso. Nesse caso, o herdeiro fideicomissário adquirirá a propriedade da herança com o implemento do termo ou da condição prevista no testamento, e não quando da abertura da sucessão;

2ª) quando há nomeação de herdeiro a depender do implemento de uma condição suspensiva (art. 1.897, CC);

3ª) quando há indicação de prole eventual no testamento. É necessário que haja o nascimento com vida para que haja a transmissão da herança (art. 1.799, I, CC).

É importante destacar que **Droit de Saisine** apenas se aplica à herança e não ao legado. Em se tratando de bem infungível, o legatário adquirirá a propriedade do bem legado quando da abertura da sucessão, porém, a sua posse somente será adquirida com a partilha. Em se tratando de bem fungível, tanto a propriedade, quanto à posse do referido bem será deferida ao legatário apenas quando da partilha (art. 1.923, § 1º, CC).

5.2. Local da abertura da sucessão

Será considerado o local da abertura da sucessão, o local do último domicílio do falecido (art. 1.785, CC). Caso o falecido tenha vários domicílios no momento de sua morte, será considerado qualquer um deles. Se não tiver domicílio certo, será considerado o lugar da situação dos bens e se não tinha domicílio certo e possuía bens em lugares diferentes, será o lugar em que ocorreu o óbito.

5.3. A lei que rege a sucessão aberta

Com a abertura da sucessão, questão de extrema importância que se evidencia é acerca de qual legislação deve ser considerada para reger a sucessão. De acordo com o art. 1.787 do CC, "regula a sucessão e a legitimação para suceder a lei vigente ao tempo da abertura daquela". Desse modo, se a pessoa tiver falecido

Cap. 95 - VISÃO GERAL DO DIREITO SUCESSÓRIO

antes da entrada em vigor do Código Civil de 2002 – que se deu em 11/1/2003 –, a sua sucessão será regida pelo Código Civil de 1916. Se o falecimento, entretanto, tiver ocorrido após a entrada em vigor do Código Civil de 2002, a sucessão reger-se-á por esse tecido normativo, com todas as suas peculiaridades.

Para a sucessão testamentária, o raciocínio será diferente. É que quando se cogita da existência de um testamento, dois momentos distintos são considerados. É que não se pode confundir o momento da elaboração do testamento e o momento do falecimento do autor da herança (quando se abre a sucessão).

A lei em vigor no momento da elaboração do testamento será aplicada para regular a capacidade para testar e as questões formais acerca do testamento. Ao passo que, a lei em vigor no momento da abertura da sucessão irá regular as questões afetas à eficácia do testamento.

6. VOCAÇÃO HEREDITÁRIA

A vocação hereditária também denominada de capacidade sucessória e capacidade para suceder é a aptidão inerente a determinada pessoa para ser chamada a suceder na qualidade de herdeiro ou de legatário. Em princípio, essa capacidade para suceder é equivalente à capacidade de direito, de modo que todas as pessoas, sejam elas naturais ou jurídicas, apresentam a referida capacidade.

Na dicção do art. 1.798 do CC: "Legitimam-se a suceder as pessoas nascidas ou já concebidas no momento da abertura da sucessão". Depreende-se do dispositivo que só pode suceder quem estava vivo quando da abertura da sucessão, de modo que os pré-mortos e os comorientes não considerados herdeiros.

Excepcionando a ideia de que a capacidade sucessória corresponde à capacidade de direito, o mencionado dispositivo atribui a vocação hereditário ao nascituro, que é o ser que foi concebido, mas que ainda não nasceu. Evidentemente que o seu direito de suceder consolidar-se-á quando vier a nascer com vida.

E, ainda, de acordo com o art. 1.799 do CC: "Na sucessão testamentária podem ainda ser chamados a suceder: I – os filhos, ainda não concebidos, de pessoas indicadas pelo testador, desde que vivas estas ao abrir-se a sucessão". Trata-se da denominada prole eventual.

Nesse caso, no período considerado entre a morte do autor da herança e o nascimento com vida do beneficiário, os bens a esse destinados serão administrados por um curador, sendo que, nascendo com vida o herdeiro esperado, ser-lhe-á deferida a sucessão, com os frutos e rendimentos relativos à deixa, a partir da morte do testador (art. 1.800, CC).

De acordo com o § 4º do art. 1.800 do CC, "se, decorridos dois anos após a abertura da sucessão, não for concebido o herdeiro esperado, os bens reservados, salvo disposição em contrário do testador, caberão aos herdeiros legítimos". A expressão contida no referido parágrafo "salvo disposição em contrário do testador" deve ser interpretada no sentido relativo à destinação dos bens, e não no sentido de possibilidade de alteração de prazo para que ocorra a concepção.

Indaga-se acerca da possibilidade de a noção de prole eventual abranger o filho adotivo. Em resposta ao questionamento foi aprovado o Enunciado nº 268 do CJF, que apresenta a seguinte redação: "Nos termos do inc. I do art. 1.799, pode o testador beneficiar filhos de determinada origem, não devendo ser interpretada extensivamente a cláusula testamentária respectiva". De acordo com esse enunciado, a questão dependerá do que o testador dispuser no testamento. Caso o testador mencione filhos naturais no testamento, não caberá interpretação ampliativa para alcance de filhos adotivos.

6.1. Hipóteses de falta de legitimidade para a sucessão testamentária

O art. 1.801 do CC apresenta as hipóteses que falta legitimidade para a sucessão testamentária. Desse modo, não podem ser nomeados herdeiros, nem legatários:

- a pessoa que, a rogo, escreveu o testamento, nem o seu cônjuge ou companheiro, ou os seus ascendentes e irmãos;
- as testemunhas do testamento;
- o concubino do testador casado, salvo se este, sem culpa sua, estiver separado de fato do cônjuge há mais de cinco anos. Acerca desse inciso, o Enunciado nº 269 do CJF estabelece: "A vedação do art. 1.801, inc. III, do Código Civil não se aplica à união estável, independentemente do período de separação de fato (art. 1.723, § 1º)";
- o tabelião, civil ou militar, ou o comandante ou escrivão, perante quem se fizer, assim como o que fizer ou aprovar o testamento.

São nulas as disposições testamentárias em favor de pessoas não legitimadas a suceder, ainda quando simuladas sob a forma de contrato oneroso, ou feitas mediante interposta pessoa, é o que impõe o art. 1.802 do CC. Sendo que são consideradas pessoas interpostas os ascendentes, os descendentes, os irmãos e o cônjuge ou companheiro do não legitimado a suceder.

Por fim, o art. 1.803 do CC estabelece que "é lícita a deixa ao filho do concubino, quando também o for do testador".

7. ACEITAÇÃO DA HERANÇA

A aceitação da herança, também conhecida como adição da herança, é considerada apenas como um ato confirmatório da transferência já ocorrida no momento da abertura da sucessão. Desse modo, a aceitação é ato pelo qual o herdeiro anui à transmissão dos bens do falecido com a abertura da sucessão. Assim, aceita a herança, torna-se definitiva a sua transmissão ao herdeiro, desde a abertura da sucessão (art. 1.804, CC).

7.1. Características da aceitação

A aceitação se traduz em **ato unilateral**, já que depende apenas de uma das partes; é **ato indivisível**, uma vez que não se pode aceitar em parte a herança. Importa notar que é possível aceitar a herança em determinada qualidade,

Cap. 95 – VISÃO GERAL DO DIREITO SUCESSÓRIO

renunciando a outra. É o caso, por exemplo, do filho do falecido que é chamado a suceder como herdeiro legítimo e simultaneamente como legatário. Como é portador de dupla qualidade, pode esse sucessor, aceitar a herança e renunciar ao legado, e vice-versa.

Além disso, a aceitação é **ato incondicional**, já que não pode se submeter a nenhuma condição, sendo considerada sempre ato puro e simples (art. 1.808, CC). Por fim, a aceitação é **ato irrevogável**, já que não admite a sua retratação (art. 1.812, CC).

7.2. Espécies de aceitação

1. **Quanto ao modo de exercício:**

   a) **Expressa (art. 1.805, 1ª parte, CC):** é aquela que é feita por declaração escrita do herdeiro.

   b) **Tácita (art. 1.805, 2ª parte, CC):** é aquela que decorre da prática de atos próprios do herdeiro como, por exemplo, quando o herdeiro ajuíza o inventario ou se habilita no inventário ajuizado por outro herdeiro. De acordo com o § 1º do art. 1.805 do CC, "não exprimem aceitação de herança os atos oficiosos, como o funeral do finado, os meramente conservatórios, ou os de administração e guarda provisória". E também vale lembrar que, de acordo com o § 2º do art. 1.805 do CC, não importa igualmente aceitação a cessão gratuita, pura e simples, da herança, aos demais coerdeiros. Isso porque a cessão gratuita deve ser considerada verdadeira renúncia.

   c) **Presumida ou provocada:** é aquela que decorre do silêncio do herdeiro quando provocado por qualquer interessado como, por exemplo, o coerdeiro, algum credor do herdeiro etc. (art. 1.807, CC).

2. **Quanto à titularidade do direito de manifestação:**

   a) **Direta:** o direito de aceitar pertence ao próprio herdeiro. Ocorre na maior parte dos casos.

   b) **Indireta:** a legitimidade para manifestar a aceitação pertence a outra pessoa que não o próprio herdeiro. Essa modalidade de aceitação, ocorre em três casos:

   • art. 1.809, CC: "Falecendo o herdeiro antes de declarar se aceita a herança, o poder de aceitar passa-lhe aos herdeiros, a menos que se trate de vocação adstrita a uma condição suspensiva, ainda não verificada";

   • art. 1.813, CC: "Quando o herdeiro prejudicar os seus credores, renunciando à herança, poderão eles, com autorização do juiz, aceitá-la em nome do renunciante";

   • art. 1.748, II, CC. "Compete também ao tutor, com autorização do juiz: aceitar por ele heranças, legados ou doações, ainda que com encargos".

8. RENUNCIA À HERANÇA

A renúncia à herança se traduz no ato pelo qual o sucessor repudia o direito hereditário. Trata-se de ato unilateral, indivisível, irrevogável e formal. Essa última característica se depreende do art. 1.806 do CC que dispõe: "A renúncia da herança deve constar expressamente de instrumento público ou termo judicial". Essa é a regra. Excepcionalmente, admite-se a renúncia tácita ou presumida diante do que dispõe o art. 1.913 do CC: "Se o testador ordenar que o herdeiro ou legatário entregue coisa de sua propriedade a outrem, não o cumprindo ele, entender-se-á que renunciou à herança ou ao legado".

8.1. Modalidades de renúncia

a) **Renúncia própria ou abdicativa:** ocorre quando o sucessor simplesmente repudia ao direito hereditário. Trata-se da renúncia propriamente dita. Havendo essa modalidade de renúncia, o quinhão seguirá o destino da lei.

b) **Renúncia imprópria ou translativa:** ocorre quando uma pessoa renuncia à herança em benefício de outra. Na verdade, não se trata de uma renúncia, mas sim de uma aceitação seguida de cessão.

8.2. Efeitos da renúncia

Como a renúncia retroage à data da abertura da sucessão, considera-se que o renunciante nunca pertenceu ao rol dos herdeiros. Isso significa que os herdeiros do renunciante não terão direito à nada, conforme dispõe o art. 1.811, 1ª parte, CC: "Ninguém pode suceder, representando herdeiro renunciante". Assim, vale destacar que o renunciante não será tratado como se morto fosse, mas sim como se nunca tivesse sido herdeiro. A conclusão é a de que quando há renúncia não há direito de representação! Entretanto, vale notar que se o renunciante for o único legítimo de sua classe, ou se todos os outros da mesma classe renunciarem à herança, poderão os filhos vir à sucessão, por direito próprio, e por cabeça (art. 1.811, 2ª parte, CC).

De acordo com o art. 1.810 do CC: "Na sucessão legítima, a parte do renunciante acresce à dos outros herdeiros da mesma classe e, sendo ele o único desta, devolve-se aos da subsequente". Isso significa que se, por exemplo, o pai falecido tiver deixado quatro filhos como herdeiros, se um deles renunciou à herança, essa será dividida em três partes, isto é, em benefício dos filhos que não renunciaram. Se todos os filhos renunciarem, tendo um neto como herdeiro, esse herdará a totalidade da herança não por representação, mas sim por direito próprio.

Em se tratando de sucessão testamentária, os efeitos da renúncia dependerão da indicação de substituto no testamento. Se houver indicação de substituto, tratar-se-á da chamada substituição vulgar. Se não houver indicação de substituto e o renunciante for o único herdeiro testamentário, a herança será transmitida aos herdeiros legítimos do testador. O mesmo ocorrerá se houver vários herdeiros testamentários e a cota de cada um for predefinida. Ao revés, diante da previsão

Cap. 95 – VISÃO GERAL DO DIREITO SUCESSÓRIO

de vários herdeiros testamentários, sem cotas determinadas, a parte do renunciante será destinada aos outros herdeiros testamentários (art. 1.941, CC).

9. A POSSIBILIDADE DE INSERÇÃO DE CLÁUSULAS RESTRITIVAS DE DIREITO EM RELAÇÃO AOS BENS QUE COMPÕEM A LEGÍTIMA

Antes da entrada em vigor do Código Civil de 2002, o autor da herança poderia inserir no testamento cláusulas restritivas de direito (cláusula de inalienabilidade, impenhorabilidade e incomunicabilidade), que poderiam incidir tanto sobre os bens que compunham a parte legítima, quanto sobre os bens da parte disponível da herança.

Com o Código Civil de 2002, o autor da herança, em relação à parte disponível, poderá continuar a clausular da forma que quiser. A novidade se manifestou, todavia, em relação aos bens da legítima. É que, de acordo com o seu art. 1.848,[1] o testador apenas poderá inserir tais cláusulas restritivas de direito se houver uma justa causa que as justifique. O legislador, entretanto, não apresenta o significado ou o alcance da expressão "justa causa".[2] Não sem razão é que Nelson Rosenvald e Felipe Braga Netto esclarecem:

> Exige-se em relação à justa causa, que seja específica, não genérica. Outro ponto relevante é que a análise da razoabilidade da causa deverá ser dinâmica, não estática. Com isso queremos dizer que ela levará em conta, não uma fotografia do momento em que o testamento foi feito, mas também dos fatos que a ele sobrevieram. [...] A discussão acerca da razoabilidade da causa invocada pelo testador só ocorrerá após a abertura da sucessão e em ação própria, pelo menos em regra – e não nos autos do inventário, por lidar com questão de alta indagação.[3]

---

[1] Art. 1.848, CC: "Salvo se houver justa causa, declarada no testamento, não pode o testador estabelecer cláusula de inalienabilidade, impenhorabilidade, e de incomunicabilidade, sobre os bens da legítima".

[2] O STJ interpretou o alcance da expressão "justa causa" em sintonia com o princípio da função social da propriedade na decisão do REsp 1.631.278-PR. A seguir a ementa: "RECURSO ESPECIAL. DIREITO CIVIL. DOAÇÃO. HERDEIROS NECESSÁRIOS. ANTECIPAÇÃO DE LEGÍTIMA.CLÁUSULA DE INALIENABILIDADE E USUFRUTO. MORTE DOS DOADORES. 1. Controvérsia acerca da possibilidade de cancelamento de cláusula de inalienabilidade instituída pelos pais em relação ao imóvel doado aos filhos. 2. A doação do genitor para os filhos e a instituição de cláusula de inalienabilidade, por representar adiantamento de legítima, deve ser interpretada na linha do que prescreve o art. 1.848 do CCB, exigindo-se justa causa notadamente para a instituição da restrição ao direito de propriedade. 3. Possibilidade de cancelamento da cláusula de inalienabilidade após a morte dos doadores, passadas quase duas décadas do ato de liberalidade, em face da ausência de justa causa para a sua manutenção. 4. Interpretação do art. 1.848 do Código Civil à luz do princípio da função social da propriedade. 5. RECURSO ESPECIAL PROVIDO" (STJ, REsp 1.631.278/PR, Rel. Ministro Paulo De Tarso Sanseverino, Terceira Turma, julgado em 19/3/2019, DJe 29/3/2019).

[3] ROSENVALD, Nelson; NETTO, Felipe Peixoto. Código Civil Comentado: artigo por artigo. Salvador: JusPodivm, 2020. p. 1862.

Para os testamentos feitos antes do CC/2002, a novel codificação trouxe regra de direito intertemporal em seu art. 2.042, estabelecendo que o *caput* do art. 1.848 deve ser aplicado quando aberta a sucessão no prazo de um ano após a entrada em vigor deste Código, ainda que o testamento tenha sido feito na vigência do CC/16 e se, no referido prazo, o testador não aditar o testamento para declarar a justa causa de cláusula aposta à legítima, não subsistirá a restrição.

De acordo com o § 1º do art. 1.848 do CC, não é permitido ao testador estabelecer a conversão dos bens da legítima em outros de espécie diversa.

As cláusulas restritivas de direito, geralmente, são acompanhadas de um prazo ou de uma condição. Se não houver nenhum prazo ou condição, significa que essas cláusulas são vitalícias e a disposição restritiva só valerá por uma geração. Isso significa que não se admite o gravame perpétuo, transmitido de geração a geração.[4]

A imposição de uma cláusula restritiva de direito produzirá seus efeitos no regime de bens adotado pelo casal para o casamento. O que isso significa? Para entender, imagine que João e Maria são casados pelo regime da comunhão universal de bens. Por esse regime, os bens herdados por qualquer um dos cônjuges se comunica com o outro, em regra. Porém, imagine que o pai de Maria faleça e que deixe para a sua filha um apartamento gravado com cláusula de incomunicabilidade. Nesse caso, esse apartamento pertencerá exclusivamente à Maria. E se a cláusula não fosse de incomunicabilidade, mas sim de inalienabilidade? A resposta seria a mesma, pois de acordo com o art. 1.911 do CC: "A cláusula de inalienabilidade, imposta aos bens por ato de liberalidade, implica impenhorabilidade e incomunicabilidade". Em verdade, antes do CC/2002, a jurisprudência do STF já se manifestava nesse sentido, tendo o posicionamento sido sumulado por este Tribunal no verbete de nº 49, com a seguinte dicção: "A cláusula de inalienabilidade inclui a incomunicabilidade dos bens".

Finalmente, é importante perceber que é possível a alienação de um bem gravado com cláusula de inalienabilidade. Tudo isso com base no § 2º do art. 1.848 c/c art. 1.911, parágrafo único, ambos do CC/2002. Será possível a alienação, desde que haja autorização judicial e que o produto da alienação se destine à aquisição de outro bem que continue gravado com a cláusula restritiva.

---

[4]   Esse foi o entendimento do STJ, na decisão do REsp 1.641.549-RJ: "Recurso Especial – Civil – Ação anulatória de testamento – Negativa de prestação jurisdicional – Não ocorrência – Cláusula de inalienabilidade, incomunicabilidade e impenhorabilidade – Vigência da restrição – Vida do beneficiário – Ato de disposição de última vontade – Validade – Recurso provido – 1. Inexiste afronta ao art. 535 do CPC/73 quando a Corte local pronuncia, de forma clara e suficiente, sobre as questões deduzidas nos autos, manifestando-se sobre todos os argumentos que, em tese, poderiam infirmar a conclusão adotada pelo Juízo – 2. Conforme a doutrina e a jurisprudência do STJ, a cláusula de inalienabilidade vitalícia tem duração limitada à vida do beneficiário – herdeiro, legatário ou donatário –, não se admitindo o gravame perpétuo, transmitido sucessivamente por direito hereditário – 3. Assim, as cláusulas de inalienabilidade, incomunicabilidade e impenhorabilidade não tornam nulo o testamento que dispõe sobre transmissão causa mortis de bem gravado, haja vista que o ato de disposição somente produz efeitos após a morte do testador, quando então ocorrerá a transmissão da propriedade – 4. Recurso especial provido para julgar improcedente a ação de nulidade de testamento" (STJ, REsp 1.641.549-RJ, Rel. Ministro Antonio Carlos Ferreira, Quarta Turma, julgado em 13/8/2019, *DJe* 20/8/2019).

DA EXCLUSÃO POR INDIGNIDADE E DA DESERDAÇÃO

1. DA EXCLUSÃO POR INDIGNIDADE

A exclusão por indignidade se traduz em uma sanção civil ao herdeiro ou legatário que tenha praticado determinado ato contra o falecido ou alguém de sua família. Assim, de acordo com o art. 1.814 do CC, são excluídos da sucessão os herdeiros ou legatários:

> I) que houverem sido autores, coautores ou partícipes de homicídio doloso, ou tentativa deste, contra a pessoa de cuja sucessão se tratar, seu cônjuge, companheiro, ascendente ou descendente;
>
> II) que houverem acusado caluniosamente em juízo o autor da herança ou incorrerem em crime contra a sua honra, ou de seu cônjuge ou companheiro;
>
> III) que, por violência ou meios fraudulentos, inibirem ou obstarem o autor da herança de dispor livremente de seus bens por ato de última vontade.

A exclusão não será automática, devendo ser declarada por sentença. O prazo para se demandar a exclusão do herdeiro ou do legatário será de quatro anos, contados da abertura da sucessão.

Vale lembrar que, de acordo com a **Lei nº 13.532/2017**, na hipótese do inciso I do art. 1.814, do CC, o **Ministério Público** tem legitimidade para demandar a exclusão do herdeiro ou legatário (art. 1.815, § 2º, CC).

Quando o herdeiro é excluído da sucessão, ele é considerado como se **morto fosse**, de modo que os seus descendentes o sucederão na herança. É importante perceber que o excluído da sucessão não terá direito ao usufruto ou à administração dos bens que a seus sucessores couberem na herança, nem à sucessão eventual desses bens.

De acordo com o art. 1.817 do CC, "são válidas as alienações onerosas de bens hereditários a terceiros de boa-fé, e os atos de administração legalmente praticados pelo herdeiro, antes da sentença de exclusão; mas aos herdeiros subsiste, quando prejudicados, o direito de demandar-lhe perdas e danos".

Por fim, vale lembrar que é possível a **reabilitação** do excluído que deverá ser feita pelo autor da herança em testamento ou em outro ato autêntico. Também se admite a reabilitação que não tenha sido expressa, quando o testador, ao testar, já tendo conhecimento da indignidade, contemple o indigno.

2. DA DESERDAÇÃO

Não se pode confundir a exclusão por indignidade com a deserdação. Ambas se traduzem em **pena civil**, porém, na deserdação o autor da herança, por meio de um **testamento** e com a **indicação da causa**, objetiva privar o **herdeiro necessário** da herança. As **causas da deserdação** estão nos arts. 1.814, 1.962 e 1.963 do CC. A **ação de deserdação** será manejada pelo herdeiro instituído ou por aquele a quem aproveite a deserdação, incumbindo provar a veracidade da causa alegada pelo testador. O direito de provar a causa da deserdação extingue--se no **prazo de quatro anos**, a contar da **data da abertura do testamento**. É importante destacar que o prazo será contado a partir da abertura do testamento, e não da abertura da sucessão.

Efetivada a deserdação, aquele que foi deserdado será considerado como se morto fosse, de modo que os seus herdeiros receberão o que lhe caberia por direito de representação. Ademais, aquele que foi deserdado não terá direito ao usufruto ou à administração dos bens que a seus sucessores couberem na herança, nem à sucessão eventual desses bens.

Exclusão por indignidade	Deserdação
• pode acarretar a exclusão de qualquer sucessor (herdeiro necessário, herdeiro facultativo e legatário); • não é necessária a manifestação do autor da herança; • causas: art. 1.814, CC; • a causa excludente por indignidade poderá ocorrer antes ou depois da morte do autor da herança; • caberá ação de indignidade; • prazo: 4 anos. Conta-se da abertura da sucessão.	• só diz respeito aos herdeiros necessários; • é imprescindível a manifestação expressa do autor da herança em testamento; • causas: além das causas do art. 1.814, CC, as causas dos arts. 1.962 e 1.963, CC; • a causa ensejadora da deserdação necessariamente será anterior à morte do autor da herança; • caberá ação de deserdação; • prazo: 4 anos. Conta-se da abertura do testamento.

DA HERANÇA JACENTE E DA PETIÇÃO DE HERANÇA

1. DA HERANÇA JACENTE

É possível que a herança não seja transmitida a ninguém, em virtude de não haver herdeiro legítimo notoriamente conhecido ou por não haver testamento. Nesse caso, os bens da herança, depois de arrecadados, ficarão sob a guarda e administração de um curador, até a sua entrega ao sucessor devidamente habilitado ou a declaração de sua vacância. Eis a chamada herança jacente, isto é, aquela que jaz aguardando algum herdeiro até que seja transmitida ao Poder Público.

Pode-se dizer que a **herança jacente** ocorrerá em três situações:

- quando não há herdeiros testamentários ou legítimos notoriamente conhecidos;
- quando existir nascituro ou prole eventual;
- quando houver disposição testamentária subordinada à condição suspensiva.

A **jacência** será considerada **transitória**, de modo que, praticadas as diligências de arrecadação e ultimado o inventário, serão expedidos editais na forma da lei processual, e, decorrido um ano de sua primeira publicação, sem que haja herdeiro habilitado, ou penda habilitação, será a herança declarada **vacante**.

Vale lembrar que é assegurado aos credores o direito de pedir o pagamento das dívidas reconhecidas, nos limites das forças da herança. Além disso, a declaração de vacância da herança não prejudicará os herdeiros que legalmente se habilitarem. Entretanto, em relação aos herdeiros colaterais, se esses não se habilitarem até a declaração de vacância, eles serão excluídos da sucessão.

Depois de decorridos cinco anos da abertura da sucessão, os bens arrecadados passarão ao domínio do Município ou do Distrito Federal, se localizados nas respectivas circunscrições, e serão passados ao domínio da União quando situados em território federal.

Por fim, vale lembrar que quando todos os herdeiros renunciam à herança, isto é, quando há a chamada **renúncia "em bloco"**, a herança será desde logo declarada vacante, conforme preceitua o art. 1.823, CC.

2. DA PETIÇÃO DE HERANÇA

A ação de petição de herança apresentará o objetivo de reconhecer a qualidade de herdeiro do autor da herança com a necessária entrega dos bens que caibam a ele.

Na hipótese de o bem já ter sido alienado pelo herdeiro, a alienação será mantida, cabendo ao herdeiro exigir em dinheiro o valor do bem alienado (art. 1.827, parágrafo único, CC).

Com a procedência do pedido na ação de petição de herança, haverá a devolução dos bens ao herdeiro, sendo aplicadas as regras de posse de boa ou ma-fé. A má-fé, de acordo com o art. 1.826, parágrafo único, do CC estabelecer-se-á a partir da citação.

De acordo com a Súmula nº 149 do STF, "é imprescritível a ação de investigação de paternidade, mas não o é a de petição de herança". Assim, o prazo para o ajuizamento da ação de petição de herança será de 10 anos (art. 205, CC), contados da abertura da sucessão.

A SUCESSÃO LEGÍTIMA

1. INTRODUÇÃO

Como dito alhures, a **sucessão legítima, legal ou *ab intestato*** ocorre quando a sucessão é regulada por lei, apresentando **aplicação supletiva**, isto é, somente terá cabimento se o autor da herança tiver morrido sem ter feito testamento, ou tendo o feito, esse se apresentar parcial, nulo ou caducar (tornar-se ineficaz), conforme dispõe o art. 1.788, do CC.

O Código Civil apresenta uma ordem de vocação hereditária em seu art. 1.829, segundo a vontade presumida do falecido. Desse modo, a sucessão legítima defere-se na seguinte ordem:

> I) aos descendentes, em concorrência com o cônjuge sobrevivente, salvo se casado este com o falecido no regime da comunhão universal, ou no da separação obrigatória de bens; ou se, no regime da comunhão parcial, o autor da herança não houver deixado bens particulares;
>
> II) aos ascendentes, em concorrência com o cônjuge;
>
> III) ao cônjuge sobrevivente;
>
> IV) aos colaterais.

2. A SUCESSÃO DOS DESCENDENTES

A **sucessão dos descendentes** poderá ocorrer por **direito próprio** ou **por representação**.

Sucessão por direito próprio ocorre quando o sujeito que faz jus à herança é o próprio sucessor. Desse modo, o herdeiro que herda por direito próprio herdará **por cabeça**, isto é, receberá uma fração proporcional relacionada ao número de sucessores.

Já a **sucessão por representação** ocorre quando a lei chama certos parentes do falecido a suceder em todos os direitos, em que ele sucederia, se vivo fosse (art. 1.851, CC). O direito de representação dá-se na linha reta descendente, mas nunca na ascendente. A sucessão por representação ocorrerá **por estirpe**, isto é, aqueles que sucedem por representação dividirão o quinhão que caberia ao pré-morto.

Vejamos o seguinte exemplo: se o pai falece deixando de patrimônio R$ 1.200.000,00 e três filhos, cada um de seus filhos herdará R$ 400.000,00.

Cada filho receberá por direito próprio e por cabeça. Entretanto, se um desses filhos for pré-morto e tiver outros dois filhos, cada um dos filhos do falecido receberá R$ 400.000,00, por direito próprio e por cabeça, e os filhos do herdeiro pré-morto receberão cada um R$ 200.000,00, por representação e por estirpe.

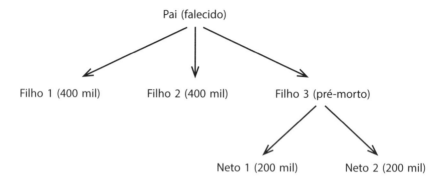

Se no exemplo acima, todos os filhos fossem pré-mortos e, além dos dois netos do filho 3, existissem mais dois netos do filho 1, a solução seria diferente. Cada neto receberia R$ 300 mil, por direito próprio, e não por representação, pois estariam todos no mesmo grau.

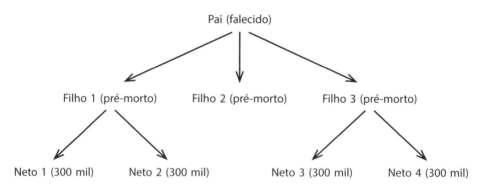

A regra é que os descendentes herdarão em **concorrência com o cônjuge**. De acordo com o art. 1.830 do CC: "Somente é reconhecido direito sucessório ao cônjuge sobrevivente se, ao tempo da morte do outro, não estavam separados judicialmente, nem separados de fato há mais de dois anos, salvo prova, neste caso, de que essa convivência se tornara impossível sem culpa do sobrevivente".

O cônjuge também não herdará se o regime de bens do casamento for:

- comunhão universal de bens (pois nesse caso o cônjuge será considerado apenas meeiro);
- separação obrigatória de bens (pois nesse caso a intenção do legislador é que nada se comunique em vida, o que também deverá ocorrer depois da morte);
- comunhão parcial de bens, se o falecido não tiver deixado bens particulares (pois nesse caso, o cônjuge será apenas meeiro e como o que seria

herdado seriam os bens particulares, como esses não existem, o cônjuge nada herdará).

Vale lembrar que se o casamento tiver como regime o da **separação convencional de bens**, o cônjuge será considerado herdeiro sim. Nesse mote, vale lembrar o Enunciado nº 270, CJF:

> O art. 1.829, inc. I, só assegura ao cônjuge sobrevivente o direito de concorrência com os descendentes do autor da herança quando casados no regime da separação convencional de bens ou, se casados nos regimes da comunhão parcial ou participação final nos aquestos, o falecido possuísse bens particulares, hipóteses em que a concorrência se restringe a tais bens, devendo os bens comuns (meação) ser partilhados exclusivamente entre os descendentes.

O cônjuge herdará em concorrência com os descendentes quinhão equivalente ao desses, sendo que o quinhão não poderá ser inferior à quarta parte da herança, se for ascendente dos herdeiros com que concorrer (art. 1.832, CC).

Vejamos os exemplos a seguir:

1) Um sujeito falece deixando um patrimônio de R$ 1.200.000,00. O falecido era casado sob o regime da comunhão universal de bens e havia tido com a sua esposa três filhos. Nesse caso, a mulher do falecido receberá R$ 600.000,00 a título de meação. Os outros R$ 600.000,00 serão partilhados entre os três filhos que receberão partes iguais.

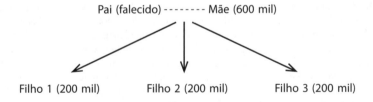

2) Um sujeito falece deixando R$ 1.200.000,00 que foi adquirido onerosamente após o casamento e, além disso, uma casa no valor de R$ 400.000,00 que fora adquirida antes de se casar. O falecido era casado sob o regime da comunhão parcial de bens e havia tido com a sua esposa três filhos. Nesse caso, a mulher do falecido receberá R$ 600.000,00 a título de meação. Os outros R$ 600.000,00 serão partilhados entre os três filhos que receberão partes iguais. A casa (que se trata de bem particular do falecido) terá seu valor dividido por 4, cabendo, desse modo, ¼ do valor da casa a cada um dos filhos e ao cônjuge a título de herança.

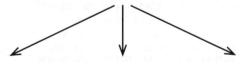

Nesse último caso, se o falecido tivesse deixado 4 filhos, ao invés de 3, a divisão seria diferente, sendo que deveria ser resguardado à viúva ¼ da herança. Assim, a viúva, além de receber R$ 600.000,00 (meação), faria jus a R$ 100 mil (herança) e a cada um dos filhos caberia R$ 200 mil + R$ 75 mil (herança). A reserva de ¼ ao cônjuge supérstite somente ocorre quando todos os descendentes forem comuns. Ao revés, se houver filiação híbrida, isto é, filhos que não sejam comuns do casal, o quinhão do cônjuge e dos filhos será o mesmo.[1]

Vale lembrar o Código Civil resguarda o direito real de habitação em favor do cônjuge supérstite, independentemente do regime de bens que orientava o casamento, sem prejuízo da participação que lhe caiba na herança. Nesse sentido, vale conferir o art. 1.831 do CC que estabelece: "Ao cônjuge sobrevivente, qualquer

---

[1] Nesse mesmo sentido manifestou-se o STJ no REsp 1.617.50-RS que apresentou a seguinte ementa: "RECURSO ESPECIAL. DIREITO CIVIL. SUCESSÃO. INVENTÁRIO. UNIÃO ESTÁVEL. CONCORRÊNCIA HÍBRIDA. FILHOS COMUNS E EXCLUSIVOS. ART. 1790, INCISOS I E II, DO CC/2002. INCONSTITUCIONALIDADE DECLARADA PELO STF. APLICAÇÃO AO CÔNJUGE OU CONVIVENTE SUPÉRSTITE DO ART. 1.829, INCISO I, DO CC/2002. DOAÇÃO. AUSÊNCIA DE PREQUESTIONAMENTO. INEXISTÊNCIA DE RECONHECIMENTO DA VIOLAÇÃO DA METADE DISPONÍVEL. SÚMULAS Nº 282/STF E Nº 7/STJ. 1. Controvérsia em torno da fixação do quinhão hereditário a que faz jus a companheira, quando concorre com um filho comum e, ainda, outros seis filhos exclusivos do autor da herança. 2. O Supremo Tribunal Federal, sob a relatoria do e. Min. Luís Roberto Barroso, quando do julgamento do RE 878.69-MG, reconheceu a inconstitucionalidade do art. 1.790 do CCB tendo em vista a marcante e inconstitucional diferenciação entre os regimes sucessórios do casamento e da união estável. 3. Insubsistência da discussão do quanto disposto nos incisos I e II do art. 1.790, do CCB, acerca do quinhão da convivente - se o mesmo que o dos filhos (desimportando se comuns ou exclusivos do falecido) –, pois declarado inconstitucional, reconhecendo-se a incidência do art. 1.829 do CCB. 4. 'Nos termos do art. 1.829, I, do Código Civil de 2002, o cônjuge sobrevivente, casado no regime de comunhão parcial de bens, concorrerá com os descendentes do cônjuge falecido somente quando este tiver deixado bens particulares. A referida concorrência dar-se-á exclusivamente quanto aos bens particulares constantes do acervo hereditário do de cujus' (REsp 1368123-SP, Rel. Ministro Sidnei Beneti, Rel. p/ Acórdão Ministro Raul Araújo, Segunda Seção, julgado em 22/4/2015, DJe 8/6/2015) 5. Necessária aplicação do direito à espécie, pois, reconhecida a incidência do art. 1.829, I, do CCB e em face da aplicação das normas sucessórias relativas ao casamento, aplicável o art. 1.832 do CCB, cuja análise deve ser, de pronto, realizada por esta Corte Superior, notadamente em face da quota mínima estabelecida ao final do referido dispositivo em favor do cônjuge (e agora companheiro), de 1/4 da herança, quando concorre com seus descendentes. 6. A interpretação mais razoável do enunciado normativo do art. 1.832 do Código Civil é a de que a reserva de 1/4 da herança restringe-se à hipótese em que o cônjuge ou companheiro concorrem com os descendentes comuns. Enunciado nº 527 da Jornada de Direito Civil. 7.A interpretação restritiva dessa disposição legal assegura a igualdade entre os filhos, que dimana do Código Civil (art. 1.834 do CCB) e da própria Constituição Federal (art. 227, § 6º, da CF), bem como o direito dos descendentes exclusivos não verem seu patrimônio injustificadamente reduzido mediante interpretação extensiva de norma. 8. Não haverá falar em reserva quando a concorrência se estabelece entre o cônjuge/companheiro e os descendentes apenas do autor da herança ou, ainda, na hipótese de concorrência híbrida, ou seja, quando concorrem descendentes comuns e exclusivos do falecido. 9. Especificamente na hipótese de concorrência híbrida o quinhão hereditário do consorte há de ser igual ao dos descendentes. 10. RECURSO ESPECIAL PARCIALMENTE PROVIDO" (STJ, REsp 1.617.50-RS, 3ª Turma. Rel. Min. Paulo de Tarso Sanseverino, J. 11/6/2019, DJe 1/7/2019).

que seja o regime de bens, será assegurado, sem prejuízo da participação que lhe caiba na herança, o direito real de habitação relativamente ao imóvel destinado à residência da família, desde que seja o único daquela natureza a inventariar".

Saliente-se que, tendo em vista o conteúdo e a finalidade do instituto da habitação, é evidente que "os herdeiros não podem exigir remuneração do companheiro sobrevivente pelo uso do imóvel".[2] Além disso, "aos herdeiros não é autorizado exigir a extinção do condomínio e a alienação do bem imóvel comum enquanto perdurar o direito real de habitação".[3]

3. A SUCESSÃO DOS ASCENDENTES

Na falta de descendentes, são chamados à sucessão os ascendentes, em concorrência com o cônjuge sobrevivente (art. 1.836, CC). Sendo que, na classe dos ascendentes, o grau mais próximo exclui o mais remoto, sem distinção de linhas. Além disso, havendo igualdade em grau e diversidade em linha, os ascendentes da linha paterna herdam a metade, cabendo a outra aos da linha materna.

Vejamos o seguinte exemplo: Um sujeito morre e não deixa descendente, deixando, entretanto, pai e mãe, além de um avô materno. A herança será dividida entre o pai e mãe, e ao avô, nada caberá. Assim, se o patrimônio do sujeito era de R$ 1.000.000,00, caberá R$ 500.000,00 ao pai e R$ 500.000,00 à mãe, sendo que o avô materno nada receberá.

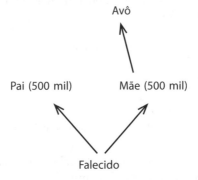

É importante destacar que não existe direito de representação em relação aos ascendentes (art. 1.852, CC). Desse modo, no exemplo acima, se o falecido tivesse apenas pai e avô materno vivos, sendo sua mãe pré-morta, o seu pai receberia a herança em sua integralidade, nada cabendo ao avô materno, pois ele não representará a mãe do falecido.

---

[2] "Sendo assim, não podem os herdeiros exigir remuneração da companheira sobrevivente, nem da filha que com ela reside no imóvel" (STJ, REsp 1.846.167-SP, Rel. Min. Nancy Andrighi, Terceira Turma, por unanimidade, julgado em 9/2/2021, *DJe* 11/2/2021. Informativo nº 685).

[3] STJ, REsp 1.846.167-SP, Rel. Min. Nancy Andrighi, Terceira Turma, por unanimidade, julgado em 9/2/2021, *DJe* 11/2/2021 (Informativo nº 685).

Se o pai e mãe já tiverem falecido, herdarão os avós da linha paterna e materna. Se concorrerem na herança avós de linhas diversa (paterna e materna), sendo quatro os avós, a herança será dividida em partes iguais para as duas linhas, de modo que, cada um dos avós receberá ¼ da herança. Se estivessem vivos, três avós (dois paternos e 1 materno), a herança será repartida em duas metades, cabendo uma metade ao avô e avó paternos e a outra metade ao avô materno.

Vejamos o exemplo a seguir. Um sujeito falece e não deixa descendentes. Ele apresentava, quando de sua morte, dois avós paternos e um avô materno. Considerando que patrimônio deixado pelo falecido era de R$ 900.000, 00, a divisão da herança será feita da seguinte forma: o avô paterno receberá R$ 225.000,00, a avó paterna receberá R$ 225.000,00 e o avô materno receberá R$ 450.000,00.

Se o falecido não tiver deixado descendente, deixando apenas ascendentes e cônjuge, releva notar que haverá concorrência entre eles. Assim, concorrendo com ascendente em primeiro grau, ao cônjuge tocará um terço da herança; caber-lhe-á a metade desta se houver um só ascendente, ou se maior for aquele grau (art. 1.837, CC).

Vejamos o exemplo a seguir. Um sujeito falece deixando pai e mãe, além de cônjuge com o qual era casado sob o regime da comunhão universal de bens. Considerando que o patrimônio deixado era de R$ 1.200.00,00, a divisão dos bens ocorrerá da seguinte forma: ao cônjuge caberá R$ 600 mil a título de meação. A herança, logo, se circunscreverá ao valor de R$ 600 mil. Além de R$ 600 mil (meação), o cônjuge receberá mais R$ 200 mil (herança). O pai receberá R$ 200 mil e a mãe receberá R$ 200 mil.

No exemplo acima, se apenas o pai do falecido fosse vivo, à esposa caberia R$ 300 mil e ao pai do falecido R$ 300 mil.

Ou então, imaginemos que o pai e mãe do falecido fossem pré-mortos, tendo esse deixado os avós paternos e a avó materna. Ao cônjuge caberá a metade do patrimônio a título de meação mais a outra metade da herança. À avó materna caberá a metade da herança destinada aos avós e ao avô paterno e à avó paterna dividir-se-á em dois o restante.

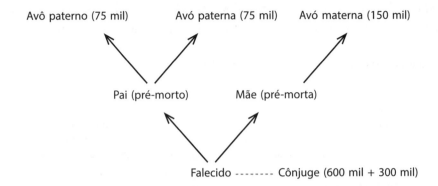

4. A SUCESSÃO DO CÔNJUGE E DO COMPANHEIRO

Em falta de descendentes e ascendentes, será deferida a sucessão por inteiro ao cônjuge sobrevivente (art. 1.838, CC). Vale notar que o cônjuge é considerado herdeiro necessário (art. 1.845, CC).

No que diz respeito ao companheiro, o art. 1.790 do CC apresentou tratamento diferenciado no que tange à sucessão hereditária.

Ocorre que o STF, em maio de 2017, nas decisões dos Recursos Extraordinários nºs 646.721 e 878.694 (em apreciação ao Tema 809 da Repercussão Geral), declarou a inconstitucionalidade do art. 1.790 do CC, de modo que, a sucessão do companheiro, seja heteroafetivo ou homoafetivo, será regulada pelas regras do art. 1.829 do CC. A inconstitucionalidade constatada se deu com base na violação dos princípios da igualdade, da dignidade da pessoa humana, da proporcionalidade e da vedação ao retrocesso.[4] Por segurança jurídica, o entendimento sobre a inconstitucionalidade do art. 1.790 do Código Civil deve

---

[4] "Inicialmente, é importante ressaltar que no sistema constitucional vigente, é inconstitucional a distinção de regimes sucessórios entre cônjuges e companheiros, devendo ser aplicado em ambos os casos o regime do artigo 1.829 do CC/2002, conforme tese estabelecida pelo Supremo Tribunal Federal em julgamento sob o rito da repercussão geral (RE 646.721 e 878.694), entendimento esse perfilhado também pela Terceira Turma desta Corte Superior (REsp 1.332.773-MS, rel. Min. Ricardo Villas Bôas Cueva, DJe 1/8/2017 – Informativo nº 609). Além disso, a Quarta Turma, por meio do REsp 1.337.420-RS, rel. Min. Luis Felipe Salomão, DJe 21/9/2017 (Informativo nº 611), utilizou como um de seus fundamentos para declarar a ilegitimidade dos parentes colaterais que pretendiam anular a adoção de uma das herdeiras que, na falta de descendentes e de ascendentes, o companheiro receberá a herança sozinho, exatamente como previsto para o cônjuge, excluindo os colaterais até o quarto grau (irmãos, tios, sobrinhos, primos, tios-avôs e sobrinhos-netos). Nesse sentido, os parentes até o quarto grau não mais herdam antes do companheiro sobrevivente, tendo em vista a flagrante inconstitucionalidade da discriminação com a situação do cônjuge, reconhecida pelo STF. Logo, é possível concluir, com base no artigo 1.838 e 1.839, do CC/2002, que o companheiro, assim como o cônjuge, não partilhará herança legítima, com os parentes colaterais do autor da herança, salvo se houver disposição de última vontade, como, por exemplo, um testamento" (REsp 1.357.117-MG, Rel. Min. Ricardo Villas Bôas Cueva, por unanimidade, julgado em 13/3/2018. Informativo nº 622, STJ).

ser aplicado apenas aos inventários judiciais em que a sentença de partilha não tenha transitado em julgado e às partilhas extrajudiciais em que ainda não haja escritura pública.

Acerca dos efeitos da decisão do STF, em 2021, o STJ se manifestou da seguinte forma:

> A tese fixada pelo Supremo Tribunal Federal por ocasião do julgamento do tema nº 809/STF, segundo a qual "é inconstitucional a distinção de regimes sucessórios entre cônjuges e companheiros prevista no art. 1.790 do CC/2002, devendo ser aplicado, tanto nas hipóteses de casamento quanto nas de união estável, o regime do art. 1.829 do CC/2002", deve ser aplicada ao inventário em que a exclusão da concorrência entre herdeiros ocorreu em decisão anterior à tese.[5]

Nessa decisão, a 3ª Turma do STJ, por unanimidade, reconheceu que o STF ao

> declarar a inconstitucionalidade do art. 1.790 do CC/2002 (tema 809), modulou temporalmente a aplicação da tese para apenas "os processos judiciais em que ainda não tenha havido trânsito em julgado da sentença de partilha", de modo a tutelar a confiança e a conferir previsibilidade às relações finalizadas sob as regras antigas (ou seja, às ações de inventário concluídas nas quais foi aplicado o art. 1.790 do CC/2002). Dessa forma, aplica-se a tese fixada no tema 809/STF às ações de inventário em que ainda não foi proferida a sentença de partilha, ainda que tenha havido, no curso do processo, a prolação de decisão que, aplicando o art. 1.790 do CC/2002, excluiu herdeiro da sucessão e que a ela deverá retornar após a declaração de inconstitucionalidade e a consequente aplicação do art. 1.829 do CC/2002. Isso porque, desde a reforma promovida pela Lei nº 11.232/2005, a declaração superveniente de inconstitucionalidade de lei pelo Supremo Tribunal Federal torna inexigível o título que nela se funda, tratando-se de matéria suscetível de arguição em impugnação ao cumprimento de sentença – ou seja, após o trânsito em julgado da sentença (art. 475, II e § 1º, do CPC/73) –, motivo pelo qual, com muito mais razão, deverá o juiz deixar de aplicar a lei inconstitucional antes da sentença de partilha, marco temporal eleito pelo Supremo Tribunal Federal para modular os efeitos da tese fixada no julgamento do tema 809/STF.[6]

Questão intricada se mostra afeta à ideia de o companheiro ser considerado herdeiro necessário, tendo em vista as decisões retrocitadas. Em verdade, essas manifestações decisórias não deixaram claro se o companheiro passaria a ser considerado herdeiro necessário. Tende a prevalecer na doutrina que sim. Em decorrência disso, devem ser aplicadas as regras previstas nos arts. 1.845 e 1.849 do CC ao companheiro, além da previsão do rompimento do testamento do art.

---

[5] STJ, REsp 1.904.374-DF, Rel. Min. Nancy Andrighi, Terceira Turma, por unanimidade, julgado em 13/4/2021 (Informativo nº 692).

[6] STJ, REsp 1.904.374-DF, Rel. Min. Nancy Andrighi, Terceira Turma, por unanimidade, julgado em 13/4/2021 (Informativo nº 692).

Cap. 98 – A SUCESSÃO LEGÍTIMA

1.974 do CC e do dever que tem o companheiro de colacionar os bens recebidos em antecipação (arts. 2.002 a 2.012, CC), sob pena de sonegados (arts. 1.992 a 1.996, CC).

Vale lembrar que o **direito real de habitação** também se estende ao companheiro seja pela manutenção do art. 7º, parágrafo único, da Lei nº 9.278/96 ou por aplicação do art. 1.831 do CC. Além disso, o STJ entendeu que o reconhecimento do direito real de habitação, a que se refere o art. 1.831 do Código Civil, não pressupõe a inexistência de outros bens no patrimônio do cônjuge/companheiro sobrevivente.[7]

5. A SUCESSÃO DOS COLATERAIS

Os colaterais chegam em quarto lugar na ordem de vocação hereditária e não são eles considerados herdeiros necessários, mas sim facultativos.

Desse modo, na falta de descendentes, ascendentes e cônjuge/companheiro, serão chamados a suceder os colaterais até o quarto grau, sendo que os mais próximos excluem os mais remotos, salvo o direito de representação concedido aos filhos de irmãos.

Vejamos o exemplo a seguir. Se um sujeito falece deixando um irmão e dois sobrinhos filhos de um outro irmão pré-morto, além de três sobrinhos de um terceiro irmão também pré-morto, a herança será dividida em três partes iguais. Considerando um patrimônio de R$ 1.200.000,00, a divisão ocorrerá da seguinte forma: ao irmão vivo caberá R$ 400 mil (por direito próprio), a cada um dos dois sobrinhos, filhos de seu primeiro irmão pré-morto caberá R$ 200 mil (por representação) e a cada um dos três sobrinhos, filhos do outro irmão pré-morto, caberá R$ 133 mil (por representação).

---

[7] Registre-se inicialmente que o art. 1.831 do Código Civil e o art. 7º da Lei nº 9.278/96 impôs como a única condição para garantia do cônjuge sobrevivente ao direito real de habitação é que o imóvel destinado à residência do casal fosse o único daquela natureza a inventariar, ou seja, que dentro do acervo hereditário deixado pelo falecido não existam múltiplos imóveis destinados a fins residenciais. Nenhum dos mencionados dispositivos legais impõe como requisito para o reconhecimento do direito real de habitação a inexistência de outros bens, seja de que natureza for, no patrimônio próprio do cônjuge sobrevivente. Não é por outro motivo que a Quarta Turma, debruçando-se sobre controvérsia semelhante, entendeu que o direito real de habitação é conferido por lei, independentemente de o cônjuge ou companheiro sobrevivente ser proprietário de outros imóveis (REsp 1.249.227-SC, Rel. Min. Luis Felipe Salomão, julgado em 17/12/2013, *DJe* 25/3/2014). Com efeito, o objetivo da lei é permitir que o cônjuge sobrevivente permaneça no mesmo imóvel familiar que residia ao tempo da abertura da sucessão como forma, não apenas de concretizar o direito constitucional à moradia, mas também por razões de ordem humanitária e social, já que não se pode negar a existência de vínculo afetivo e psicológico estabelecido pelos cônjuges com o imóvel em que, no transcurso de sua convivência, constituíram não somente residência, mas um lar. Além disso, a norma protetiva é corolário dos princípios da dignidade da pessoa humana e da solidariedade familiar que tutela o interesse mínimo de pessoa que, em regra, já se encontra em idade avançada e vive momento de inconteste abalo resultante da perda do consorte (REsp 1.582.178-RJ, Rel. Min. Ricardo Villas Bôas Cueva, por maioria, julgado em 11/9/2018. Informativo nº 633, STJ).

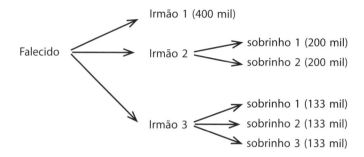

No exemplo acima, se um dos sobrinhos fosse falecido deixando sobrinhos-netos do autor da herança, esses nada receberiam, pois a representação admitida é apenas em relação aos filhos do irmão, e não em relação aos netos desse.

No que respeita à sucessão em relação aos irmãos do autor da herança, deve-se considerar que, se houver concorrência entre irmãos bilaterais ou germanos (filhos do mesmo pai e da mesma mãe) e irmãos unilaterais (filhos só do mesmo pai ou só da mesma mãe), cada um destes herdará metade do que cada um daqueles herdar (art. 1.841, CC).

Todavia, se todos os herdeiros forem irmãos unilaterais, esses herdarão em partes iguais, conforme preceitua o art. 1.842, CC.

Por fim, se o autor da herança deixar sobrinhos e tios, a preferência será dos sobrinhos, nada obstante ambos sejam parentes colaterais de 3º grau. Nesse mote, em conclusão, as regras finais são: se concorrerem à herança somente filhos de irmãos falecidos, herdarão por cabeça; se concorrem filhos de irmãos bilaterais com filhos de irmãos unilaterais, cada um destes herdará a metade do que herdar cada um daqueles; se todos forem filhos de irmãos bilaterais, ou todos de irmãos unilaterais, herdarão por igual.

DA SUCESSÃO TESTAMENTÁRIA

1. INTRODUÇÃO

Toda pessoa capaz pode dispor, por testamento. A disposição poderá dizer respeito à totalidade dos bens, ou de parte deles, caso o autor da herança possua herdeiros necessários. É que a esses é resguardada a legítima e essa não poderá ser incluída no testamento.

O testamento poderá apresentar disposições de conteúdo não patrimonial, mesmo que o testador tenha se limitado a elas. Além disso, o testamento é ato personalíssimo e pode ser mudado a qualquer momento.

Poderá fazer um testamento a pessoa plenamente capaz e que tenha pleno discernimento de seu ato. Excepcionalmente, a lei admite que a pessoa maior de 16 anos possa testar. Ademais, é importante destacar que incapacidade superveniente do testador não invalida o testamento, nem o testamento do incapaz se valida com a superveniência da capacidade.

Testamento conjuntivo é aquele em que há a manifestação de vontade de mais de uma pessoa. Como o testamento é um **negócio jurídico unilateral**, é proibida por lei a elaboração de testamento conjuntivo. São espécies de testamento conjuntivo: o **simultâneo** (aquele que apresenta disposições conjuntas em favor de terceiros); o **recíproco** (aquele em que um testador é beneficiário do outro e vice-versa); e o **correspectivo** (aquele em que, além de haver a reciprocidade, um testador beneficia pessoas indicadas pelo outro).

2. MODALIDADES DE TESTAMENTOS

Os testamentos se dividem em **ordinários** e **extraordinários**. Os testamentos ordinários são aqueles que poderão ser feitos por qualquer pessoa que tenha capacidade para testar. Já os extraordinários são aqueles testamentos que só podem ser elaborados por determinadas pessoas.

2.1. Das formas ordinárias de testamento

Os tipos de testamentos ordinários são: o público, o cerrado e o particular.

a) Do testamento público

O testamento público será escrito por tabelião ou por seu substituto legal em seu livro de notas, de acordo com as declarações do testador, podendo este servir-se de minuta, notas ou apontamentos; posteriormente, o testamento será lido em voz alta pelo tabelião ao testador e a **duas testemunhas**, a um só tempo; ou pelo testador, se o quiser, na presença destas e do oficial; após a leitura, o instrumento será assinado pelo testador, pelas testemunhas e pelo tabelião.

Se o testador não souber, ou não puder assinar, o tabelião ou seu substituto legal assim o declarará, assinando, neste caso, pelo testador, e, a seu rogo, uma das testemunhas instrumentárias.

Vale lembrar que ao **cego** só se permite o **testamento público**.

b) Do testamento cerrado

O testamento cerrado será lavrado sigilosamente pelo testador ou pelo testamenteiro. Esse instrumento será entregue ao tabelião na presença de duas testemunhas para que seja aprovado. O auto de aprovação será assinado pelo tabelião, pelas testemunhas e pelo testador. Se o tabelião tiver escrito o testamento a rogo do testador, poderá, não obstante, aprová-lo. Quem não saiba ou não posso ler não poderá dispor de seus bens por testamento cerrado.

Pode fazer testamento cerrado o surdo-mudo, contanto que o escreva todo, e o assine de sua mão, e que, ao entregá-lo ao oficial público, ante a duas testemunhas, escreva, na face externa do papel ou do envoltório, que aquele é o seu testamento, cuja aprovação lhe pede.

Depois de aprovado e cerrado, será o testamento entregue ao testador, e o tabelião lançará, no seu livro, nota do lugar, dia, mês e ano em que o testamento foi aprovado e entregue. Falecido o testador, o testamento será apresentado ao juiz, que o abrirá e o fará registrar, ordenando seja cumprido, se não achar vício externo que o torne eivado de nulidade ou suspeito de falsidade.

c) Do testamento particular

O testamento particular será escrito e assinado pelo testador,[1] na presença de pelos menos três testemunhas. Morto o testador, publicar-se-á em juízo o testamento, com a citação dos herdeiros legítimos.

---

[1] Em interessante decisão acerca do tema, o STJ se manifestou: "Em se tratando de sucessão testamentária, o objetivo a ser alcançado é a preservação da manifestação de última vontade do falecido, devendo as formalidades previstas em lei serem examinadas à luz dessa diretriz máxima, sopesando-se, sempre casuisticamente, se a ausência de uma delas é suficiente para comprometer a validade do testamento em confronto com os demais elementos de prova produzidos, sob pena de ser frustrado o real desejo do testador. Conquanto a jurisprudência do Superior Tribunal de Justiça permita, sempre excepcionalmente, a relativização de apenas algumas das formalidades exigidas pelo Código Civil e somente em determinadas hipóteses, o critério segundo o qual se estipulam, previamente, quais vícios são sanáveis e quais são insanáveis é nitidamente insuficiente, devendo a questão ser verificada sob diferente prisma, examinando-se se da ausência da formalidade exigida em lei efetivamente resulta alguma dúvida quanto à vontade do testador. Em uma sociedade que é comprovadamente menos formalista, na qual as pessoas não mais se individualizam por sua assinatura de próprio punho, mas, sim, por seus tokens, chaves, logins e senhas, ID's, certificações digitais, reconhecimentos faciais, digitais, oculares e, até mesmo,

Se as testemunhas forem contestes, isto é, estiverem de acordo sobre o fato da disposição, ou, ao menos, sobre a sua leitura perante elas, e se reconhecerem as próprias assinaturas, assim como a do testador, o testamento será confirmado. Sendo que, se faltarem testemunhas, por morte ou ausência, e se pelo menos uma delas o reconhecer, o testamento poderá ser confirmado, se, a critério do juiz, houver prova suficiente de sua veracidade. Excepcionalmente, o testamento particular de próprio punho e assinado pelo testador, sem testemunhas, poderá ser confirmado, a critério do juiz.

2.2. Dos testamentos especiais

São considerados testamentos especiais o marítimo, o aeronáutico e o militar.

O **testamento marítimo** terá cabimento em relação a quem estiver em viagem, a bordo de navio nacional, de guerra ou mercante. O testamento será feito perante o comandante, em presença de duas testemunhas, por forma que corresponda ao testamento público ou ao cerrado, de modo que, o registro do testamento será feito no diário de bordo. Não valerá o testamento marítimo, ainda que feito no curso de uma viagem, se, ao tempo em que se fez, o navio estava em porto onde o testador pudesse desembarcar e testar na forma ordinária.

Já o **testamento aeronáutico** será feito por quem estiver em viagem, a bordo de aeronave militar ou comercial, sendo feito o testamento perante o comandante, também na presença de duas testemunhas.

Tanto o testamento marítimo, quanto o testamento aeronáutico ficará sob a guarda do comandante, que o entregará às autoridades administrativas do primeiro porto ou aeroporto nacional, contra recibo averbado no diário de bordo.

Além disso, ambos testamentos caducarão se o testador não morrer na viagem, nem nos 90 dias subsequentes ao seu desembarque em terra, onde possa fazer, na forma ordinária, outro testamento.

---

pelos seus hábitos profissionais, de consumo e de vida, captados a partir da reiterada e diária coleta de seus dados pessoais, e na qual se admite a celebração de negócios jurídicos complexos e vultosos até mesmo por redes sociais ou por meros cliques, o papel e a caneta esferográfica perdem diariamente o seu valor e a sua relevância, devendo ser examinados em conjunto com os demais elementos que permitam aferir ser aquela a real vontade do contratante. A regra segundo a qual a assinatura de próprio punho é requisito de validade do testamento particular, pois, traz consigo a presunção de que aquela é a real vontade do testador, tratando-se, todavia, de uma presunção juris tantum, admitindo-se, ainda que excepcionalmente, a prova de que, se porventura ausente a assinatura nos moldes exigidos pela lei, ainda assim era aquela a real vontade do testador. É preciso, pois, repensar o direito civil codificado à luz da nossa atual realidade social, sob pena de se conferirem soluções jurídicas inexequíveis, inviáveis ou simplesmente ultrapassadas pelos problemas trazidos pela sociedade contemporânea. No caso, a despeito da ausência de assinatura de próprio punho do testador e de o testamento ter sido lavrado a rogo e apenas com a aposição de sua impressão digital, não havia dúvida acerca da manifestação de última vontade da testadora que, embora sofrendo com limitações físicas, não possuía nenhuma restrição cognitiva" (STJ, REsp 1.633.254-MG, 3ª Turma. Min. Rel. Nancy Andrighi. j. 11/3/2020).

O **testamento militar** caberá aos militares e as demais pessoas a serviço das Forças Armadas em campanha, dentro do País ou fora dele. Poderá fazer-se, não havendo tabelião ou seu substituto legal, ante duas, ou três testemunhas, se o testador não puder, ou não souber assinar, caso em que assinará por ele uma delas. Se o testador pertencer a corpo ou seção de corpo destacado, o testamento será escrito pelo respectivo comandante, ainda que de graduação ou posto inferior. Se o testador estiver em tratamento em hospital, o testamento será escrito pelo respectivo oficial de saúde, ou pelo diretor do estabelecimento. Se o testador for o oficial mais graduado, o testamento será escrito por aquele que o substituir.

Caducará o testamento militar, desde que, depois dele, o testador esteja, 90 dias seguidos, em lugar onde possa testar na forma ordinária, salvo se esse testamento apresentar as solenidades previstas no Código Civil.

3. CODICILO

O codicilo, disciplinado nos arts. 1.881 ao 1.885 do CC, é o escrito particular em que a pessoa capaz de testar dispõe acerca de seu enterro, esmolas de pouca monta a certas e determinadas pessoas, ou, indeterminadamente, aos pobres de certo lugar, assim como legar móveis, roupas ou joias, de pouco valor, de seu uso pessoal. Essas manifestações revogam-se por atos iguais, e consideram-se revogados, se, havendo testamento posterior, de qualquer natureza, este os não confirmar ou modificar. Se estiver fechado o codicilo, abrir-se-á do mesmo modo que o testamento cerrado.

4. DA REVOGAÇÃO DO TESTAMENTO

De acordo com Sílvio Rodrigues, a revogação do testamento se traduz "no ato consciente do testador que revela o seu propósito de tornar ineficaz a manifestação de sua vontade, constante de testamento anterior".[2]

O testamento, de acordo com o art. 1.969 do CC, pode ser revogado pelo mesmo modo e forma como pode ser feito, sendo que a revogação do testamento pode ser total ou parcial. O testamento cerrado que o testador abrir ou dilacerar, ou for aberto ou dilacerado com seu consentimento, haver-se-á como revogado.

5. DO ROMPIMENTO DO TESTAMENTO

O rompimento do testamento se traduz na revogação legal do testamento e ocorrerá sobrevindo descendente sucessível ao testador, que não o tinha ou não o conhecia quando testou e se o testamento for feito na ignorância de existirem outros herdeiros necessários (art. 1.973, CC). Imaginemos, por exemplo, uma pessoa solteira e sem nenhum ascendente vivo, que não sabe da existência de um

---

[2] RODRIGUES, Sílvio. *Direito Civil*. Direito das Sucessões. 26. ed. São Paulo: Saraiva, 2003. p. 264.

filho que possui e resolve fazer um testamento deixando todos os seus bens para um amigo de infância. Ocorre que, posteriormente, vem a descobrir um filho que não tinha conhecimento. Nesse caso, haverá o rompimento do testamento e todo o patrimônio será destinado ao filho. Tudo isso se baseia na vontade presumível do testador que, se soubesse que tinha um filho, não teria feito o testamento.

Vale lembrar que não se rompe o testamento se o testador dispuser da sua metade, não contemplando os herdeiros necessários de cuja existência saiba, ou quando os exclua dessa parte.

REFERÊNCIAS

AGUIAR DIAS, José de. *Da responsabilidade civil*. XI. ed. DIAS, Rui Berford (Atual.) Rio de Janeiro: Renovar, 2006.

ALEXY, Robert. *Teoria de los derechos fundamentales*. Centro de Estudios Constitucionales: Madrid, 1993.

ALMEIDA, Maria Cecilia Ladeira de. *Direitos reais*. São Paulo: Atlas, 2011.

ALMEIDA, Renata Barbosa; RODRIGUES JÚNIOR, Walsir Edson. *Direito civil*. Famílias. 2. ed. São Paulo: Atlas, 2012.

ALVES, Leonardo Barreto Moreira. *Direito de família mínimo*. Rio de Janeiro: Lumen Juris, 2010.

ALVES, Jones Figueiredo. *Novo Código Civil comentado*. FIUZA, Ricardo (Coord.). 4. ed. Saraiva: São Paulo, 2005.

ALVIM, Agostinho. *Da inexecução das obrigações e suas consequências*. 5. ed. São Paulo: Saraiva, 1980.

AMARAL, Francisco. *Direito civil*. Introdução. 5. ed. Rio de Janeiro: Renovar, 2003.

AMORIM FILHO, Agnelo. Critério científico para distinguir a prescrição da decadência e para identificar as ações imprescritíveis. In: *RT* 300/7.

ANGELIS, Camila Brandão de; MARTINS, Thiago Penido. Usucapião: judicial, administrativa (extrajudicial) e as implicações da Lei nº 13.105/15 – Novo Código de Processo Civil. In: QUEIROZ, Mônica; GUERRA, Carlos Henrique Fernandes; VIEIRA, Marcelo de Mello; SILLMANN, Marina Carneiro Matos (Orgs.). *Direito civil em debate*. Belo Horizonte: D'Plácido, 2016.

ASSIS, Araken de. *Contratos nominados*. REALE, Miguel; COSTA, Judith Martins (Coords.). 2. ed. São Paulo: Revista dos Tribunais, 2009.

AZEVEDO, Álvaro Villaça. *Bem de família*. 6. ed. São Paulo: Atlas, 2010.

AZEVEDO, Álvaro Villaça. *Teoria geral das obrigações*. Responsabilidade Civil. 10. ed. São Paulo: Atlas, 2004.

AZEVEDO, Antônio Junqueira de. *Negócio jurídico* – Existência, validade e eficácia. 4. ed. São Paulo: Saraiva, 2002.

AZEVEDO, Antônio Junqueira de. Princípios do novo direito contratual e desregulamentação do mercado, direito de exclusividade nas relações contratuais de fornecimento, função social do contrato e responsabilidade aquiliana do terceiro que contribui para inadimplemento do contratual. In: *Revista dos Tribunais*, n. 750. São Paulo: Revista dos Tribunais, abr. 1998, p. 113-120.

AZEVEDO, Antônio Junqueira de. Por uma nova categoria de dano na responsabilidade civil: o dano social. In: AZEVEDO, Antônio Junqueira de. *Novos estudos e pareceres de direito privado.* São Paulo: Saraiva, 2009.

BARBOZA, Heloísa Helena. *Código Civil anotado.* Porto Alegre: Síntese, 2004.

BARRETO, Helena Guimarães. A desconsideração da personalidade jurídica no novo CPC: aspectos procedimentais e o devido processo legal. In: QUEIROZ, Mônica; GUERRA, Carlos Henrique Fernandes; VIEIRA, Marcelo de Mello; SILLMANN, Marina Carneiro Matos (Orgs.). *Direito civil em debate:* reflexões críticas sobre temas atuais. Belo Horizonte: D´Plácido, 2016.

BARROS, Flávio Augusto Monteiro. *Manual de direito civil.* Direito das obrigações e contratos. v. 2. São Paulo: Método, 2005.

BARROS, Flávio Augusto Monteiro. *Manual de direito civil.* Direito das coisas e responsabilidade civil. São Paulo: Método, 2005.

BARROS, Flávio Augusto Monteiro. *Manual de direito civil.* Família e sucessões. São Paulo: Método, 2004.

BARROS, Flávio Augusto Monteiro. *Manual de direito civil.* Lei de Introdução e Parte Geral. v. 1. São Paulo: Método, 2005.

BENJAMIN, Antônio Herman de Vasconcellos e. *Comentários ao Código de Proteção do Consumidor.* São Paulo: Saraiva, 1991.

BEVILÁQUA, Clóvis. *Código Civil dos Estados Unidos do Brasil comentado.* v. II. Atual. por Achilles Beviláqua. 12. ed. Rio de Janeiro: Paulo de Azevedo, 1960.

BEVILÁQUA, Clóvis. *Direito das coisas.* 5. ed. Rio de Janeiro: Forense, 1956. p. 11.

BIERWAGEN, Mônica Yoshizato. *Princípios e regras de interpretação dos contratos no novo Código Civil.* 3. ed. São Paulo: Saraiva, 2007.

BITENCOURT, Cezar Roberto. *Manual de direito penal.* Parte Geral. São Paulo: Saraiva, 2002.

BITENCOURT, Cezar Roberto. *Manual de direito penal.* Parte Especial. v. 2. São Paulo: Saraiva, 2002.

BORGES, Roxana Carlos Brasileiro. Dos direitos da personalidade. In: LOTUFO, Renan; NANNI, Giovanni Ettore (Coords.). *Teoria geral do direito civil.* São Paulo: Atlas, 2009.

BULOS, Uadi Lamego. *Constituição Federal anotada.* São Paulo: Saraiva, 2000.

BUZZI, Marco Aurélio Gastaldi. *Alimentos transitórios:* uma obrigação por tempo certo. Curitiba: Juruá, 2003.

CAHALI, Francisco José. *O casamento putativo.* 2. ed. São Paulo: Saraiva, 1979.

CAHALI, Yussef Said. *Divórcio e separação.* São Paulo: Revista dos Tribunais, 2002.

CAHALI, Yussef Said. *Separações conjugais e divórcio.* 12. ed. São Paulo: Revista dos Tribunais, 2011.

CAIRO JÚNIOR, José. *O acidente do trabalho e a responsabilidade civil do empregador.* 2. ed. São Paulo: LTR, 2004.

CÂMARA, Alexandre Freitas. *Evicção do bem arrematado em hasta pública.* Disponível em: <www.flaviotartuce.adv.br/secoes/artigosf/CAMARA_ arrematacao. doc>. Acesso em: 28 set. 2008.

CÂMARA, Alexandre Freitas. *O novo Processo Civil brasileiro.* 6. ed. São Paulo: Atlas, 2020.

CAMILLO, Carlos Eduardo Nicoletti. Da personalidade e da capacidade. In: SCAVONE JR., Luiz Antônio; CAMILLO, Carlos Eduardo Nicolleti; TALAVERA, Glauber Moreno; FUJITA, Jorge Shiguemitsu. *Comentários ao Código Civil.* 2. ed. São Paulo: Revista dos Tribunais, 2009.

CAMPOS, Aline França; BRITO, Beatriz Gontijo de; QUINTELLA, Felipe. Condomínio de lotes: solução para problemas antigos? In: CAMPOS, Aline França; BRITO, Beatriz Gontijo de; QUINTELLA, Felipe (Orgs.). *Desafios e perspectivas do direito imobiliário contemporâneo.* Belo Horizonte: Editora D'Plácido, 2018. p. 11-33.

CASSETARI, Christiano. *Elementos de direito civil.* São Paulo: Saraiva, 2011.

CAVALIERI FILHO, Sérgio. *Programa de responsabilidade civil.* São Paulo: Malheiros, 2000.

CAVALIERI FILHO, Sérgio. *Programa de responsabilidade civil.* 7. ed. São Paulo: Atlas, 2007.

CAVALIERI FILHO, Sérgio. *Programa de direito do consumidor.* São Paulo: Atlas, 2008.

CHAVEZ, Cornejo. *Derecho familiar peruano.* v. I. n. 136, nota 159, 1950.

CHINELLATO, Silmara Juny. *Código Civil interpretado.* MACHADO, Costa (Org.). 3. ed. São Paulo: Manole, 2010.

COELHO, Fábio Ulhôa. *Curso de direito civil.* v. 1. São Paulo: Saraiva, 2003.

COLTRO, Antônio Carlos Mathias. Responsabilidade Civil no Direito de Família. In: RODRIGUES JÚNIOR, Luiz Otávio; MAMEDE, Gladston; ROCHA, Maria Vital da (Coords.). *Responsabilidade civil contemporânea.* São Paulo: Atlas, 2011.

CORRÊA, Rogério. *Você sabe o que é Sham Litigation?* Disponível em: <https:// sollicita.com.br/Noticia/?p_idNoticia=13665>. Acesso em: 22 dez. 2019.

COSTA, Dilvanir José da. *Sistema de direito civil à luz do novo Código Civil.* Rio de Janeiro: Forense, 2003.

DADALTO, Luciana. *Testamento vital.* Rio de Janeiro: Lumen Juris, 2010.

DELGADO, José. A Ética e a Boa-Fé no Novo Código Civil. In: *Questões controvertidas do novo Código Civil.* São Paulo: Método, 2003.

DELGADO, Mário Luiz. A nova redação do § 6º do art. 226 da CF/88: por que a separação de direito continua a vigorar no ordenamento jurídico brasileiro. In: COLTRO, Antônio Carlos Mathias; DELGADO, Mário Luiz (Coords.). *Separação, divórcio, partilha e inventários extrajudiciais.* Questionamentos sobre a Lei 11.441/2007. 2. ed. São Paulo: Método, 2010.

DELGADO, Mário Luiz; ALVES, Jones Figueiredo. *Código Civil anotado.* São Paulo: Método, 2005.

DE PLÁCIDO E SILVA. *Vocabulário jurídico*. Atual. Nagib Slaibi Filho e Geraldo Magela Alves. 15. ed. Rio de Janeiro: Forense, 1999.

DESSAUNE, Marcus. *Desvio produtivo do consumidor*. São Paulo: Revista dos Tribunais, 2011.

DESSAUNE, Marcos. *Teoria aprofundada do desvio produtivo do consumidor:* o prejuízo do tempo desperdiçado e da vida alterada. 2. ed. Vitória: Edição Especial do Autor, 2017.

DESSAUNE, Marcos. *Manual de direito das famílias*. 10. ed. São Paulo: Revista dos Tribunais, 2015.

DESSAUNE, Marcos. *Usucapião e abandono do lar:* a volta da culpa? Disponível em: <www.mariaberenice.com.br/uploads/usucapi%E3o_e_ abandono_do_lar. pdf>. Acesso em: 25 nov. 2014.

DIAS, Maria Berenice. A Ética do afeto. *Jus Navigandi*, Teresina, ano 9, n. 668, 4 maio 2005. Disponível em: <http://jus2.uol.com.br/doutrina/texto. asp?id=6668>. Acesso em: 2/8/2017.

DIAS, Maria Berenice. Da separação e do divórcio. In: DIAS, Maria Berenice; PEREIRA, Rodrigo da Cunha (Coords.). *Direito de família e o novo Código Civil*. Belo Horizonte: Del Rey, 2003.

DIAS, Maria Berenice. *Manual de direito das famílias*. 4. ed. São Paulo: Revista dos Tribunais, 2007.

DIAS, Maria Berenice. *Manual de direito das famílias*. 5. ed. São Paulo: Revista dos Tribunais, 2009.

DIAS, Maria Berenice. *Manual de direito das famílias*. 6. ed. São Paulo: Revista dos Tribunais, 2010.

DIAS, Maria Berenice; PEREIRA, Rodrigo da Cunha. Prefácio à primeira edição. In: DIAS, Maria Berenice; PEREIRA, Rodrigo da Cunha (Coords.). *Direito de família e o novo Código Civil*. Belo Horizonte: Del Rey, 2003.

DIAS, Maria Berenice; PEREIRA, Rodrigo da Cunha (Coords.). Casamento: nem direitos, nem deveres: só afeto. In: Maria Berenice; PEREIRA, Rodrigo da Cunha (Coords.). *Conversando sobre o direito das famílias*. Porto Alegre: Livraria do Advogado, 2004.

DINIZ, Maria Helena. *Curso de direito civil brasileiro*. Teoria geral das obrigações. 24. ed. São Paulo: Saraiva, 2009.

DINIZ, Maria Helena. *Curso de direito civil brasileiro*. Responsabilidade civil. 22. ed. São Paulo: Saraiva, 2008.

DINIZ, Maria Helena. *Curso de direito civil brasileiro*. Teoria geral do direito civil. 18. ed. São Paulo: Saraiva, 2002.

DINIZ, Maria Helena. *Curso de direito civil brasileiro*. Teoria geral do direito civil. 26. ed. São Paulo: Saraiva, 2009.

DINIZ, Maria Helena. *Curso de direito civil brasileiro*. Direito de família. 24. ed. São Paulo: Saraiva, 2009.

DINIZ, Maria Helena. *Curso de direito civil brasileiro*. Direito das coisas. 24. ed. São Paulo: Saraiva, 2009.

DINIZ, Maria Helena. Parte Geral. In: FIÚZA, Ricardo (Coord.). *Novo Código Civil comentado*. 4. ed. São Paulo: Saraiva, 2005.

DINIZ, Maria Helena. *Dicionário jurídico*. t. I. São Paulo: Saraiva, 2005.

DIREITO, Carlos Alberto Gomes; CAVALIERI FILHO, Sérgio. *Comentários ao novo Código Civil*. v. XIII. TEIXEIRA, Sálvio de Figueiredo (Coord.). Rio de Janeiro: Forense, 2004.

DONEDA, Danilo. Os direitos da personalidade no Código Civil. In: TEPEDINO, Gustavo (Coord.). *A parte geral do novo Código Civil* – Estudos na perspectiva civil-constitucional. Rio de Janeiro: Renovar, 2003.

DONIZETTI, Leila. *Filiação socioafetiva e direito à identidade genética*. Rio de Janeiro: Lumen Juris, 2007.

FACHIN, Luiz Edson. *Estatuto Jurídico do Patrimônio Mínimo*. Rio de Janeiro: Renovar, 2001.

FACHIN, Luiz Edson. *Estatuto Jurídico do Patrimônio Mínimo*. 2. ed. Rio de Janeiro: Renovar, 2006.

FARIAS, Cristiano Chaves; FIGUEIREDO, Luciano; EHRHARDT JÚNIOR, Marcos; DIAS, Wagner Inácio Freitas. *Código Civil para concursos*. Salvador: Editora JusPodivm, 2013.

FARIAS, Cristiano Chaves; FIGUEIREDO, Luciano; EHRHARDT JÚNIOR, Marcos; DIAS, Wagner Inácio Freitas; ROSENVALD, Nelson. *Curso de Direito civil*. Famílias. 7. ed. São Paulo: Atlas, 2015.

FARIAS, Cristiano Chaves; FIGUEIREDO, Luciano; EHRHARDT JÚNIOR, Marcos; DIAS, Wagner Inácio Freitas; ROSENVALD, Nelson. *Curso de direito civil*. Reais. 11. ed. São Paulo: Atlas, 2015.

FARIAS, Cristiano Chaves; FIGUEIREDO, Luciano; EHRHARDT JÚNIOR, Marcos; DIAS, Wagner Inácio Freitas; ROSENVALD, Nelson. *Direitos reais*. 2. ed. Rio de Janeiro: Lumen Juris, 2006.

FARIAS, Cristiano Chaves; FIGUEIREDO, Luciano; EHRHARDT JÚNIOR, Marcos; DIAS, Wagner Inácio Freitas; ROSENVALD, Nelson. *Direito das obrigações*. Rio de Janeiro: Lumen Juris, 2006.

FARIAS, Cristiano Chaves; FIGUEIREDO, Luciano; EHRHARDT JÚNIOR, Marcos; DIAS, Wagner Inácio Freitas; ROSENVALD, Nelson. *Direito civil*. Teoria geral. 4. ed. Rio de Janeiro: Lumen Juris, 2006.

FARIAS, Cristiano Chaves; FIGUEIREDO, Luciano; EHRHARDT JÚNIOR, Marcos; DIAS, Wagner Inácio Freitas; ROSENVALD, Nelson. *Direito dos contratos*. Rio de Janeiro: Lumen Juris, 2011.

FARIAS, Cristiano Chaves; FIGUEIREDO, Luciano; EHRHARDT JÚNIOR, Marcos; DIAS, Wagner Inácio Freitas; ROSENVALD, Nelson. *Curso de direito civil*. Parte geral e LINDB. 13. ed. São Paulo: Atlas, 2015.

FARIAS, Cristiano Chaves; FIGUEIREDO, Luciano; EHRHARDT JÚNIOR, Marcos; DIAS, Wagner Inácio Freitas; ROSENVALD, Nelson. *Curso de direito civil*. Contratos. 5. ed. São Paulo: Atlas, 2015.

FARIAS, Edilsom Pereira. *Colisão de direitos*. Porto Alegre: Fabris, 2000.

FERNANDES, Bernardo Gonçalves. *Curso de direito constitucional*. 6. ed. Salvador: JusPodivm, 2014.

FERNANDES, Bernardo Gonçalves. *Curso de direito constitucional*. 9. ed. Salvador: JusPodivm, 2017.

FIUZA, César. *Direito civil*. Curso completo. 8. ed. Belo Horizonte: Del Rey, 2004.

FIUZA, César. *Direito civil*. Curso completo. 9. ed. Belo Horizonte: Del Rey, 2006.

FIUZA, César. *Contribuição para uma nova hermenêutica civil-constitucional*. Disponível em: <http://www.ambito-juridico.com.br/site/index.php?n_link=revista_artigos_leitura&artigo_id=5894>. Acesso em: 10 jun. 2016.

FIUZA, César; MARTINS, Thiago Penido. A eficácia do direito fundamental à igualdade nas relações familiares: uma análise crítica da decisão proferida no julgamento do recurso especial nº 1.159.242 – SP. In: OLIVEIRA, José Sebastião de; SANTIAGO, Mariana Ribeiro (Orgs.). *Direito de família*. Florianópolis: Fundação José Arthur Boiteux, 2012.

FIUZA, César. Por uma redefinição da contratualidade. In: FIUZA, César; SÁ, Maria de Fátima Freire de; NAVES, Bruno Torquato de Oliveira Naves (Coords.). *Direito civil:* da autonomia privada nas situações jurídicas patrimoniais e existenciais. Atualidades II. Belo Horizonte: Del Rey, 2007.

FIUZA, César. *O direito civil e o novo CPC*. Belo Horizonte: D'Plácido, 2016.

FIUZA, César. *Direito civil*. Curso completo. 18. ed. São Paulo: Revista dos Tribunais, 2015.

FIUZA, César; GUERRA, Carlos Henrique Fernandes. Os conflitos entre os critérios de fixação do vínculo paterno-filial. In: QUEIROZ, Mônica; GUERRA, Carlos Henrique Fernandes; VIEIRA, Marcelo de Mello; SILLMANN, Marina Carneiro Matos (Orgs.). *Direito civil em debate:* reflexões críticas sobre temas atuais. Belo Horizonte: D'Plácido, 2016. p. 243-276.

FIUZA, César; MARTINS, Thiago Penido. A eficácia do direito fundamental à igualdade nas relações familiares: uma análise crítica da decisão proferida no julgamento do recurso especial nº 1.159.242 – SP. In: OLIVEIRA, José Sebastião de; SANTIAGO, Mariana Ribeiro (Orgs.). *Direito de família*. Florianópolis: Fundação José Arthur Boiteux, 2012.

FONSECA, Antônio César Lima da. *O Código Civil e o novo direito de família*. Porto Alegre: Livraria do Advogado, 2004.

FRANÇA, Rubens Limongi. *A posse no Código Civil*. São Paulo: Bushatsky, 1964.

FRITZ, Karina Nunes. *Alemanha aprova pacote de mudanças legislativas contra a crise do coronavírus*. Disponível em: <https://www.migalhas.com.br/ depeso/322781/alemanha-aprova-pacote-de-mudancas-legislativas-contraa-crise-do-coronavirus>. Acesso em: 14 jun. 2020.

GAGLIANO, Pablo Stolze; PAMPLONA FILHO, Rodolfo. *Novo curso de direito civil*. Parte geral. v. 1. 10. ed. São Paulo: Saraiva, 2008.

REFERÊNCIAS

GAGLIANO, Pablo Stolze; PAMPLONA FILHO, Rodolfo. *Estatuto da Pessoa com Deficiência e o sistema jurídico brasileiro de incapacidade civil*. Disponível em: <https://jus.com.br/ artigos/41381/o-estatuto-da-pessoa-com-deficiencia-e-o-sistema-juridicobrasileiro-de-incapacidade-civil>. Acesso em: 16 jun. 2016.

GAGLIANO, Pablo Stolze; PAMPLONA FILHO, Rodolfo. *Novo curso de direito civil*. Responsabilidade civil. 6. ed. São Paulo: Saraiva, 2008.

GAGLIANO, Pablo Stolze; PAMPLONA FILHO, Rodolfo. *Novo curso de direito civil*. Contratos. t. I. v. IV. São Paulo: Saraiva, 2008.

GAGLIANO, Pablo Stolze. *O contrato de doação*. 3. ed. São Paulo: Saraiva, 2010.

GAGLIANO, Pablo Stolze; PAMPLONA FILHO, Rodolfo. *Novo curso de direito civil*. Direito de família. São Paulo: Saraiva, 2011.

GAGLIANO, Pablo Stolze; PAMPLONA FILHO, Rodolfo. *Novo curso de direito civil*. Obrigações. 13. ed. São Paulo: Saraiva, 2012.

GAGLIANO, Pablo Stolze; PAMPLONA FILHO, Rodolfo. *Novo curso de direito civil*. Direito de família. As famílias em perspectiva constitucional. 2. ed. São Paulo: Saraiva, 2012.

GAINO, Itamar. Invalidade do negócio jurídico. In: LOTUFO, Renan; NANNI, Giovanni Ettore (Coords.). *Teoria geral do direito civil*. São Paulo: Atlas, 2008.

GALLOTTI, Isabel. *A incorporação imobiliária na perspectiva do STJ:* a proteção do consumidor – interesse coletivo x individual. Palestra proferida no STJ, em Seminário sobre Incorporação Imobiliária, em 25/4/2018.

GAMA, Guilherme Calmon Nogueira da. *Direito civil*. Obrigações. São Paulo: Atlas, 2008.

GAMA, Guilherme Calmon Nogueira da; MARÇAL, Thaís Boia. Aspectos polêmicos da "usucapião conjugal": questões afetas ao art. 1.240-A do Código Civil brasileiro. *Revista de Direito Privado*, v. 54, abr. 2013.

GAMA, Guilherme Calmon Nogueira da. *O companheirismo:* uma espécie de família. 2. ed. São Paulo: Revista dos Tribunais, 2001.

GAMA, Guilherme Calmon Nogueira da.; NEVES, Thiago Ferreira Cardoso. *A correção dos equívocos dos vetos na Lei da Pandemia nas relações privadas*. Disponível em: <http://genjuridico.com.br/2020/08/21/lei-da-pandemiaequivocos-vetos/>. Acesso em: 29 ago. 2020.

GOMES, José Jairo. *Direito civil*. Introdução e parte geral. Belo Horizonte: Del Rey, 2006.

GOMES, José Jairo. *Teoria geral do direito civil*. Belo Horizonte: Del Rey, 2009.

GOMES, Orlando. *Contratos*. 26. ed. Rio de Janeiro: Forense, 2009.

GOMES, Orlando. *Direitos reais*. 19. ed. Rio de Janeiro: Forense, 2004.

GONÇALVES, Carlos Roberto. *Direito civil brasileiro:* parte geral. São Paulo: Saraiva, 2012.

GONÇALVES, Carlos Roberto. *Principais inovações no Código Civil de 2002*. São Paulo: Saraiva, 2002.

GONÇALVES, Carlos Roberto. *Direito civil esquematizado*. LENZA, Pedro (Coord.). São Paulo: Saraiva, 2011.

GONÇALVES, Carlos Roberto. *Direito civil brasileiro*. Parte geral. v. I. 6. ed. São Paulo: Saraiva, 2008.

GONÇALVES, Carlos Roberto. *Direito de família*. 20. ed. São Paulo: Saraiva, 2017.

GONÇALVES, Carlos Roberto. *Direito civil*. Parte geral. São Paulo: Saraiva, 2005.

GONÇALVES, Carlos Roberto. *Responsabilidade civil*. 8. ed. São Paulo: Saraiva, 2003.

GONÇALVES, Carlos Roberto. *Direito das obrigações*. Responsabilidade civil. 3. ed. São Paulo: Saraiva, 2006.

GONÇALVES, Carlos Roberto. *Direito civil brasileiro*. Contratos e atos unilaterais. v. III. 5. ed. São Paulo: Saraiva, 2008.

GONÇALVES, Carlos Roberto. *Direito civil brasileiro*. Direito das coisas. 3. ed. São Paulo: Saraiva, 2008.

GOMES, Luiz Flávio. Decisão histórica do STF: fim da prisão civil do depositário infiel. *Jus Navigandi*, Teresina, ano 13, nº 1993, 15 dez. 2008. Disponível em: <http://jus2.uol.com.br/doutrina/texto.asp?id=12081>. Acesso em: 1 set. 2009.

GOMES, Orlando. *Obrigações*. 16. ed. atual. por Edvaldo Brito. Rio de Janeiro: Forense, 2004.

GOMES, Luiz Flávio. *Direitos reais*. Atualizado por Luiz Edson Fachin. 19. Ed. Rio de Janeiro: Forense, 2004.

GRINOVER, Ada Pelegrini et al. *Código Brasileiro de Defesa do Consumidor comentado pelos autores do anteprojeto*. 6. ed. Rio de Janeiro: Forense, 2000.

GROENINGA, Giselle Câmara. Família: um caleidoscópio de relações. In: GROENINGA, Giselle Câmara; PEREIRA, Rodrigo da Cunha (Coords.). *Direito de família e psicanálise* – rumo a uma nova epistemologia. Rio de Janeiro: Imago, 2003.

GUERRA, Carlos Henrique Fernandes. Famílias Simultâneas: Um Reconhecimento Possível? In: SÃO JOSÉ, Fernanda; POLI, Leonardo Macedo (Orgs.). *Direito de família na contemporaneidade*. Belo Horizonte: D'Plácido, 2016. p. 173-190.

HIRONAKA, Giselda Maria Fernandes Novaes. *Responsabilidade Pressuposta*. Belo Horizonte: Del Rey, 2005.

HIRONAKA, Giselda Maria Fernandes Novaes. Do direito das obrigações. In: PEREIRA, Rodrigo da Cunha. *Código Civil anotado*. Porto Alegre: Síntese, 2004.

HIRONAKA, Giselda Maria Fernandes Novaes; MORAES, Renato Duarte Franco de. *Direito civil:* direito das obrigações. v. 2. São Paulo: Revista dos Tribunais, 2008.

IHERING, Rudolf Von. *Teoria simplificada da posse*. Tradução de Pinto Aguiar. Bauru: Edipro, 1998.

KONDER, Carlos Nelson. Enriquecimento sem causa e pagamento indevido. In: TEPEDINO, Gustavo (Coord.). *Obrigações*. Estudos na perspectiva civil--constitucional. Rio de Janeiro: Renovar, 2005.

KRUCHEWSKY, Eugênio. *Teoria geral dos contratos civis*. Salvador: JusPodivm, 2006.

KUMPEL, Vítor Frederico. *Direito dos contratos.* São Paulo: Saraiva, 2005.

KUMPEL, Vítor Frederico. *Direito civil.* Direito das coisas. São Paulo: Saraiva, 2005.

KUMPEL, Vítor Frederico; BORGARELLI, Bruno de Ávila. *As aberrações da lei 13.146/2015.* Disponível em: <http://www.migalhas.com.br/dePeso/16,MI224905,61044-As+aberracoes+da+lei+131462015>. Acesso em: 16 jun. 2016.

KUMPEL, Vítor Frederico; BORGARELLI, Bruno de Ávila. *A decisão do STJ sobre a manutenção do instituto da separação no Direito brasileiro.* Disponível em: <http://www.migalhas.com.br/Registralhas/98,MI256795,101048A+decisao+do+STJ+sobre+a+manutencao+do+instituto+da+separacao+ no>. Acesso em: 3 nov. 2017.

KÜMPEL Vítor Frederico; BORGARELLI, Bruno de Ávila. *A positivação do condomínio de lotes* – Mais uma importante novidade da lei 13.465/2017. Disponível em: <http://www.migalhas.com.br/Registralhas/98,MI266901,21048-A+positivacao+do+condominio+de+lotes+Mais+uma+importante+novidad e+da>. Acesso em: 8 jan. 2018.

KUMPEL, Vítor Frederico. *Usucapião Tabular Familiar – III.* Disponível em: <www.migalhas.com.br/Registralhas/98,MI194729,41046Usucapiao+tabular +familiar+III>. Acesso em: 10 out. 2014.

LARENZ, Karl. *Derecho civil:* parte general. Madrid: Editoriales de Derecho Reunidas, 1978.

LIMA, Taísa Maria Macena de; SÁ, Maria de Fátima Freire de. *Ensaios sobre a infância e adolescência.* Belo Horizonte: Arraes, 2016.

LISBOA, Roberto Senise. *Manual elementar de direito civil.* Teoria Geral do Direito. São Paulo: Revista dos Tribunais, 2002.

LISBOA, Roberto Senise. Dos contratos em geral. In: SCAVONE JR., Luiz Antônio; CAMILLO, Carlos Eduardo Nicoletti; TALAVERA, Glauber Moreno; FUJITA, Jorge Shiguemitsu. *Comentários ao Código Civil.* São Paulo: Revista dos Tribunais, 2009.

LISBOA, Roberto Senise. *Manual de direito civil.* Obrigações e responsabilidade civil. 3. ed. São Paulo: Revista dos Tribunais, 2004.

LEITE, Gisele. *Roteiro sobre o princípio da boa-fé objetiva.* Disponível em: <www.boletimjuridico.com.br/doutrina/texto.asp?id=1530>. Acesso em: 28 nov. 2008.

LOBO, Paulo Luiz Netto. Das várias espécies de contratos. In: PEREIRA, Rodrigo da Cunha (Coord.). *Código Civil anotado.* Porto Alegre: Síntese, 2004.

LOBO, Paulo Luiz Netto. *Com avanços legais, pessoas com deficiência mental não são mais incapazes.* Disponível em: <http://www.conjur.com.br/2015ago-16/processo-familiar-avancos-pessoas-deficiencia-mental-nao-saoincapazes>. Acesso em: 16 jun. 2016.

LOBO, Paulo Luiz Netto. Princípios sociais dos contratos no CDC e no novo Código Civil. *Jus Navigandi,* Teresina, ano 6, n. 55, mar. 2002. Disponível em: <http://jus2.uol.com.br/doutrina/texto.asp?id=2796>. Acesso em: 7 mar. 2009.

LÔBO, Paulo. *Direito Civil:* Famílias. São Paulo: Saraiva, 2008.

LÔBO, Paulo Luiz Netto. *Divórcio*: Alteração constitucional e suas consequências. Disponível em: <http://www.ibdfam.org.br/?artigo&629>. Acesso em: 20 set. 2017.

LOPEZ, Tereza Ancona. *Nexo causal e produtos potencialmente nocivos:* a experiência brasileira do tabaco. São Paulo: Quartier Latin, 2008.

LÓS, João Maria. *Jornada de direito civil.* AGUIAR JR., Ruy Rosado (Org.). Brasília: CJF, 2003.

LOTUFO, Maria Alice Zaratin. Das pessoas naturais. In: LOTUFO, Renan; NANNI, Giovanni Ettore (Coords.). *Teoria geral do direito civil.* São Paulo: Atlas, 2008.

LOUREIRO FILHO, Lair S.; LOUREIRO, Cláudia R. O. M. S. *Código do Consumidor interpretado pelos tribunais.* São Paulo: Juarez de Oliveira, 2000.

LUCCA, Newton. *Direito do consumidor:* teoria geral das relações de consumo. São Paulo: Quartier Latins, 2003.

LUZ, Aramy Dornelles da. *Código do Consumidor anotado.* São Paulo: Juarez de Oliveira, 1999.

MASSON, Cleber. *Direito penal.* São Paulo: Método, 2018.

MAGALHÃES, Rodrigo Almeida. A autonomia privada e a função social da empresa. In: FIUZA, César; SÁ, Maria de Fátima Freire de; NAVES, Bruno Torquato de Oliveira. *Direito civil.* Da autonomia privada nas situações jurídicas patrimoniais e existenciais. Atualidades II. Belo Horizonte: Del Rey, 2007.

MAGALHÃES, Rodrigo Almeida. Bem de família e direito de empresa. In: COELHO, Fábio Ulhoa; FÉRES, Marcelo Andrade (Orgs.). *Empresa familiar:* estudos jurídicos. São Paulo: Saraiva, 2014, v. 1, p. 100 (p. 85-102).

MARQUES, Cláudia Lima. *Contratos no Código de Defesa do Consumidor:* o novo regime das relações contratuais. 4. ed. São Paulo: Revista dos Tribunais, 2002.

MARQUES, Cláudia Lima. *Comentários ao Código de Defesa do Consumidor.* São Paulo: Revista dos Tribunais, 2004.

MARTINS-COSTA, Judith; FERNANDES, Márcia; GOLDIM, José Roberto. *Lei de Biossegurança – Medusa legislativa?* Texto disponível em: <www.ufrgs. br/bioetica/ibiosseg.htm>. Acesso em: 30 dez. 2006.

MARTINS-COSTA, Judith. *Diretrizes teóricas do novo Código Civil brasileiro.* São Paulo: Saraiva, 2002.

MARTINS-COSTA, Judith. Apresentação. In: SILVA, Rafael Peteffi da. *Responsabilidade civil pela perda de uma chance.* São Paulo: Atlas, 2007.

MATTIETTO, Leonardo de Andrade. Invalidade dos atos e negócios jurídicos. In: TEPEDINO, Gustavo (Coord.). *A parte geral no novo Código Civil.* 2. ed. Rio de Janeiro: Renovar, 2003.

MELO, Marco Aurélio Bezerra de. *Direito das coisas.* Rio de Janeiro: Lumen Juris, 2007.

MENDONÇA, Manuel Inácio Carvalho de. *Contratos no direito civil brasileiro.* t. II. 4. ed. Rio de Janeiro: Forense, 1957.

MILAGRES, Marcelo de Oliveira. Código de Processo Civil de 2015: Usucapião e ação de divisão e de demarcação de terras. In: QUEIROZ, Mônica; GUERRA, Carlos Henrique Fernandes; VIEIRA, Marcelo de Mello; SILLMANN, Marina Carneiro Matos (Orgs.). *Direito civil em debate.* Belo Horizonte: D'Plácido, 2016.

MILAGRES, Marcelo. *Manual de direito das coisas.* Belo Horizonte: D´Plácida, 2020.

MONTEIRO, Washington de Barros. *Curso de direito civil.* Direito das obrigações. 32. ed. atual. Carlos Alberto Dabus Maluf. São Paulo: Saraiva, 2003.

MONTEIRO, Washington de Barros. *Curso de direito civil.* 37. ed. v. 3. atual. Carlos Alberto Dabus Maluf. São Paulo: Saraiva, 2003.

MOREIRA, José Carlos Barbosa. Eficácia da sentença de interdição por alienação mental. *Revista de Processo,* ano 11. n. 43, p. 14-18, jul./set. 1986.

MOTA, Maurício Jorge. *Problemas de direito civil-constitucional.* TEPEDINO, Gustavo. (Coord.) Rio de Janeiro: Renovar, 2001.

NEGREIROS, Teresa. *Teoria do contrato.* Novos paradigmas. Rio de Janeiro: Renovar, 2002.

NERY JÚNIOR, Nelson; NERY, Rosa Maria Andrade. *Código Civil anotado.* 2. ed. São Paulo: Revista dos Tribunais, 2003.

NERY JÚNIOR, Nelson; NERY, Rosa Maria Andrade. *Código Civil comentado.* 7. ed. São Paulo: Revista dos Tribunais, 2009.

NEVES, Kelli Priscila Angelini; DOMINGUES, Diego Sígoli. *Direito ao esquecimento* – possibilidades e limites na internet. Disponível em: <https:// politics. org.br/edicoes/direito-ao-esquecimento-possibilidades-e-limitesna-internet>. Acesso em: 26 jun. 2016.

NORONHA, Fernando. *Direito das obrigações.* São Paulo: Saraiva, 2003.

NORONHA, Fernando. *O direito dos contratos e seus princípios fundamentais*: autonomia privada, boa-fé, justiça contratual. São Paulo: Saraiva, 1994.

NUNES, Rizzatto. *Curso de direito do consumidor.* São Paulo: Saraiva, 2004.

NUNES, Rizzatto. *O princípio constitucional da dignidade da pessoa humana.* São Paulo: Saraiva, 2002.

OLIVEIRA, Carlos Eduardo Elias de. *Novidades da Lei nº 13.465, de 2017:* o condomínio de lotes, o condomínio urbano simples e o loteamento de acesso controlado. Brasília: Núcleo de Estudos e Pesquisas/CONLEG/Senado, jul. 2017 (Texto para discussão nº 239). Disponível em: <www. leq.br/estudos>. Acesso em: 15 jan. 2018.

OLIVEIRA, Carlos Eduardo Elias de. *Considerações sobre a recente Lei da Multipropriedade ou da Time Sharing (Lei nº 13.777/2018)*: principais aspectos de direito civil, de processo civil e de registros públicos. Disponível em: <http://www.irib.org.br/noticias/detalhes/consideracoessobre-a-recente-lei-da-multipropriedade-ou-da-time-sharing-lei-no-13777-2008-por-carlos-eduardo-elias-de-oliveira>. Acesso em: 17 jan. 2018.

OST, François. *O tempo do direito*. Trad. Élcio Fernandes. Bauru: Edusc, 2005.

PAMPLONA FILHO, Rodolfo. Responsabilidade civil nas relações de trabalho e o novo Código Civil brasileiro. *Jus Navigandi*, Teresina, ano 9, n. 677, 13 maio 2005. Disponível em: <http://jus2.uol.com.br/doutrina/ texto.asp?id=6723>. Acesso em: 23 dez. 2008.

PASQUALOTTO, Adalberto. Conceitos fundamentais do Código de Defesa do Consumidor. *RT* 666/48, abr. 1991.

PASQUALOTTO, Adalberto. *Os efeitos obrigacionais da publicidade no Código de Defesa do Consumidor.* São Paulo: Revista dos Tribunais, 1997.

PAULILO, Antônio José Silveira. *Jornada de direito civil.* AGUIAR JR., Ruy Rosado. (Org.) Brasília: CJF, 2003.

PENTEADO, Luciano de Camargo. *Direito das coisas.* São Paulo: Revista dos Tribunais, 2008.

PEREIRA, Caio Mário da Silva. *Instituições de direito civil.* Teoria geral das obrigações. v. II. 20. ed. atual. Luiz Roldão de Freitas Gomes. Rio de Janeiro: Forense, 2004.

PEREIRA, Caio Mário da Silva. *Instituições de direito civil.* Contratos. v. III. 11. ed. atual. Regis Fichtner. Rio de Janeiro: Forense, 2004.

PEREIRA, Caio Mário da Silva. *Instituições de direito civil* .v. 1. atual. Maria Celina Bodin de Moraes. Rio de Janeiro: Forense, 2005.

PEREIRA, Caio Mário da Silva. *Instituições de direito civil.* Direito de família. 14. ed. Rio de Janeiro: Forense, 2004.

PEREIRA, Caio Mário da Silva. *Instituições de direito civil.* Direito reais. v. IV atualizado por Carlos Edison do Rêgo Monteiro Filho. 18. ed. Rio de Janeiro: Forense, 2004.

PEREIRA, Rodrigo da Cunha. *Ampliação da capacidade civil.* Disponível em: <http://www.rodrigodacunha.adv.br/ampliacao-da-capacidade-civil/>. Acesso em: 16 jun. 2016.

PEREIRA, Rodrigo da Cunha. Da união estável. In: DIAS, Maria Berenice; PEREIRA, Rodrigo da Cunha (Coords.). *Direito de família e o novo Código Civil.* Belo Horizonte: Del Rey, 2003.

PEREIRA, Rodrigo da Cunha. Do Direito de Família. In: DIAS, Maria Berenice; PEREIRA, Rodrigo da Cunha (Coord.). *Código Civil anotado.* Porto Alegre: Síntese, 2004.

PEREIRA, Sérgio Gischkow. *Estudos de direito de família.* Porto Alegre: Livraria do Advogado, 2004.

PIRES, Andrea Lucena de Souza; RODRIGUES JÚNIOR, Walsir Edson. (In) Comunicabilidade do FGTS no regime de comunhão parcial de bens. In: RODRIGUES JÚNIOR, Walsir Edson (Org.). *Direito das famílias:* novas tendências. Belo Horizonte: D'Plácido, 2015. p. 11- 30.

PERLINGIERI, Pietro. *Nozione introduttive e principi fondamentali del dirrito civile.* Napoli: Edizione Scientifiche Italiane, 2000.

PINTO, Cristiano Vieira Sobral. *Direito civil sistematizado*. 2. ed. Rio de Janeiro: Forense, 2011.

PIZARRO, Ramón Daniel. *Daño moral*. Buenos Aires: Hamurabi, 2000.

POPP, Carlyle. *Responsabilidade civil pré-negocial*: o rompimento das tratativas. Curitiba: Juruá, 2002.

QUEIROZ, Mônica. *Parte geral do direito civil e teoria geral dos contratos*. São Paulo: Atlas, 2010.

QUEIROZ, Mônica. *Direito das obrigações e responsabilidade civil*. São Paulo: Atlas, 2010.

QUEIROZ, Mônica. A discussão da culpa na separação litigiosa: o amor não transita em julgado. 2005. 144f. Dissertação (Mestrado em Direito Privado) – Pontifícia Universidade Católica de Minas Gerais, Belo Horizonte.

QUEIROZ, Mônica. Uma análise pós-positivista da responsabilidade civil por abandono afetivo paterno-filial. In: RODRIGUES JÚNIOR, Walsir Edson (Org.). *Direito das famílias*: novas tendências. Belo Horizonte: D'Plácido, 2015. p. 163-183.

REALE, Miguel. Visão geral do novo Código Civil. In: TAPAI, Giselle de Melo Braga (Coord.). *Novo Código Civil brasileiro:* estudo comparativo com o Código Civil de 1916. São Paulo: Revista dos Tribunais, 2002.

REBELO, Darci Norte. O não-dito e o encoberto na Súmula nº 382 do STJ. *Jus Navigandi*, Teresina, ano 13, n. 2190, 30 jun. 2009. Disponível em: <http://jus2.uol.com.br/doutrina/texto.asp?id=13069>. Acesso em: 13 dez. 2009.

RÉGIS, Mário Luiz Delgado. Do direito das obrigações. In: FIUZA, Ricardo (Coord.). *Novo Código Civil comentado*. 4. ed. São Paulo, Saraiva, 2005.

RÊGO, Werson. *O Código de Defesa do Consumidor, a nova concepção contratual e os negócios jurídicos imobiliários:* aspectos doutrinários e jurisprudenciais. Rio de Janeiro: Forense, 2002.

RESENDE, Ana Paula Crosara; VITAL, Flávia Maria de Paiva. *A Convenção sobre Direitos das Pessoas com Deficiência comentada*. Brasília: Secretaria Especial dos Direitos Humanos. Coordenadoria Nacional para Integração da Pessoa Portadora de Deficiência, 2008.

REZENDE, Élcio Nacur. *Direito de superfície*. Belo Horizonte: Del Rey, 2010.

REZENDE, Élcio Nacur. *Condomínio em edifícios*. Belo Horizonte: Del Rey, 2005.

RIZZARDO, Arnaldo. *Direito de família*. 4. ed. Rio de Janeiro: Editora Forense, 2006.

RIBEIRO, Diaulas Costa. *Eutanásia:* viver bem não é viver muito. Disponível em: <www.diaulas.com.br/artigos.asp?id=209&p_ch=>. Acesso em: 15 jun. 2016.

ROCHA, Patrícia de Moura. *A natureza punitiva da indenização por abandono afetivo*. Rio de Janeiro: Lumen Juris, 2017.

RODRIGUES, Daniela Rosário. *Direito civil:* direito das coisas. São Paulo: Rideel, 2010.

RODRIGUES, Maria Isabel Diniz Gallotti. *Jornada de direito civil*. AGUIAR JR., Ruy Rosado. (Org.) Brasília: CJF, 2003.

RODRIGUES, Sílvio. *Direito civil.* Parte geral das obrigações. v. 2. 25. ed. São Paulo: Saraiva, 1997.

RODRIGUES, Sílvio. *Direito civil.* Dos contratos e das declarações unilaterais da vontade. v. 3. 25. ed. São Paulo: Saraiva, 1997.

RODRIGUES, Sílvio. *Direito civil.* Responsabilidade civil. 19. ed. São Paulo: Saraiva, 2002.

RODRIGUES, Sílvio. *Direito civil.* Dos contratos e das declarações unilaterais da vontade. v. 3. 28. ed. São Paulo: Saraiva 2002.

RODRIGUES, Sílvio. *Direito civil.* Direito das coisas. 24. ed. São Paulo: Saraiva, 1997.

RODRIGUES, Sílvio. *Direito civil.* Parte geral. 26. ed. São Paulo: Saraiva, 1996.

RODRIGUES, Sílvio. *Direito civil.* Direito das sucessões. 26. ed. São Paulo: Saraiva, 2003.

ROSENVALD, Nelson. *Dignidade humana e boa-fé no Código Civil.* São Paulo: Saraiva, 2005.

ROSENVALD, Nelson. A tomada de decisão apoiada: primeiras linhas sobre um novo modelo jurídico promocional da pessoa com deficiência. In: QUEIROZ, Mônica; GUERRA, Carlos Henrique Fernandes; VIEIRA, Marcelo de Mello; SILLMANN, Marina Carneiro Matos. (Orgs.). *Direito civil em debate:* reflexões críticas sobre temas atuais. Belo Horizonte: D´Plácido, 2016.

ROSENVALD, Nelson. Da interpretação do negócio jurídico. In: LOTUFO, Renan; NANNI, Giovanni Ettore (Coords.). *Teoria geral do direito civil.* São Paulo: Atlas, 2008.

ROSENVALD, Nelson. A Lei da Palmada – Aonde vamos com isto? Disponível em: <http://crtaforense.com.br/conteudo/artigos/a-lei-dapalmada-aonde-vamos-com-isto/14516>. Acesso em: 30 nov. 2017.

ROSENVALD, Nelson. O Big Brother na autoridade parental. In: *O Direito Civil em movimento.* Desafios contemporâneos. Salvador: JusPodivm, 2017. p. 258-261.

ROSENVALD, Nelson; NETTO, Felipe Peixoto. *Código Civil comentado:* artigo por artigo. Salvador: JusPodivm, 2020.

SÁ, Maria de Fátima Freire; MOUREIRA, Diogo Luna. *Autonomia para morrer:* eutanásia, suicídio assistido e diretivas antecipadas de vontade. Belo Horizonte: Del Rey, 2012.

SALLES JR., Romeu de Almeida. *Código Penal interpretado.* São Paulo: Saraiva, 1996.

SAMPAIO, Rogério Marrone de Castro. *Direito civil.* Responsabilidade civil. 3. ed. São Paulo: Atlas, 2003.

SANCHES, Rogério. *Lei 13.715/18:* Altera dispositivos do Código Penal, do Código Civil e do ECA sobre perda do poder familiar. Disponível em: <http://meusitejuridico.com.br/2018/09/25/lei-13-71518-alteradispositivos-codigo-penal-codigo-civil-e-eca-sobre-perda-poder-familiar/>. Acesso em: 31 out. 2018.

SANTOS, Adrianna de Alencar Setubal. Do Seguro. SCAVONE JR., Luiz Antônio; CAMILLO, Carlos Eduardo Nicoletti; TALAVERA, Glauber Moreno; FUJITA, Jorge Shiguemitsu (Coords.). *Comentários ao Código Civil:* artigo por artigo. 2. ed. São Paulo: Revista dos Tribunais, 2009.

SANSEVERINO, Paulo de Tarso Vieira. In: AGUIAR JR., Rui Rosado de (Org.), *III Jornada de direito civil.* Brasília: CJF, 2005.

SAVI, Sérgio. *Responsabilidade civil por perda de uma chance.* São Paulo: Atlas, 2006.

SCALQUETTE, Ana Cláudia Silva. *Família e sucessões.* 7. ed. São Paulo: Atlas, 2014.

SCAVONE JR., Luiz Antônio. Do inadimplemento das obrigações. In: SCAVONE JR., Luiz Antônio; CAMILLO, Carlos Eduardo Nicoletti; TALAVERA, Glauber Moreno; FUJITA, Jorge Shiguemitsu (Coords.). *Comentários ao Código Civil:* artigo por artigo. 2. ed. São Paulo: Revista dos Tribunais, 2009.

SCAVONE JR., Luiz Antônio. Juros no direito brasileiro. 2. ed. São Paulo: Revista dos Tribunais, 2007.

SCHREIBER, Anderson. *A proibição do comportamento contraditório.* Tutela da confiança e venire contra factum proprium. 2. ed. Rio de Janeiro: Renovar, 2007.

SCHREIBER, Anderson. *Código Civil comentado:* doutrina e jurisprudência. Rio de Janeiro: Forense, 2019.

SCHREIBER, Anderson. *Direito Civil e Constituição.* São Paulo: Atlas, 2013.

SCHREIBER, Anderson. Direito à moradia como fundamento para a impenhorabilidade do imóvel residencial do devedor solteiro. In: *Direito Civil e Constituição.* São Paulo: Atlas, 2013.

SCHREIBER, Anderson. O princípio da boa-fé objetiva no direito de família. In: *Direito Civil e Constituição.* São Paulo: Atlas, 2013. p. 315-330.

SCHREIBER, Anderson. *Multipropriedade imobiliária e a Lei nº 13.777/18.* Disponível em: <http://www.cartaforense.com.br/conteudo/colunas/ multipropriedade-imobiliaria-e-a-lei-1377718/18333>. Acesso em: 18 jan. 2019.

SILLMANN, Marina Carneiro Matos. *Competência e recusa de tratamento médico por crianças e adolescentes.* Belo Horizonte: D´Plácido, 2019.

SILLMANN, Marina Carneiro Matos. *Direito de morrer:* Diretivas antecipadas da vontade e o ordenamento jurídico brasileiro. Disponível em: <http://www.conpedi.org.br/publicacoes/66fsl345/xxfq3q05/ Pm611gDdQRv5syxn.pdf>. Acesso em: 15 jun. 2015.

SILLMANN, Marina Carneiro Matos. Curatela e a capacidade dos incapazes: uma leitura para além do patrimonialismo. In: RODRIGUES JÚNIOR, Walsir Edson. *Direito das famílias:* novas tendências. Belo Horizonte: D'Plácido, 2015.

SILVA, Clóvis V. do Couto e. *A obrigação como processo.* Rio de Janeiro: Editora FGV, 2007.

SILVA, Fábio Rocha Pinto e. *Medida provisória sobre direito real de laje criou título desordenado.* Disponível em: <http://www.conjur.com. br/2017-jan-21/ mp-direito-real-laje-criou-titulo-desordenado>. Acesso em: 19 fev. 2017.

SILVA, Marco Antônio Gomes da. *Da inconstitucionalidade do salário mínimo como indexador de pensões, inclusive as decorrentes de indenização por ato ilícito*. Disponível em: <www.advogado.adv.br/artigos/2006/marcoantoniogomesdasilva/inconstitucionalidade.htm>. Acesso em: 21 out. 2008.

SILVA, Regina Beatriz Tavares da. Da responsabilidade civil. In: FIUZA, Ricardo (Coord.). *Novo Código Civil comentado*. São Paulo: Saraiva, 2005.

SILVA, Regina Beatriz Tavares da. *A emenda constitucional do divórcio*. São Paulo: Saraiva, 2011.

SILVA, Regina Beatriz Tavares da. Responsabilidade civil nas relações entre pais e filhos. In: ALVES, Jones Figueiredo; DELGADO, Mário Luiz (Coord.). *Questões controvertidas no novo Código Civil*. São Paulo: Método, 2006. p. 463-475.

SIMÃO FILHO, Adalberto. Da agência e distribuição. In: SCAVONE JR., Luiz Antônio; CAMILLO, Carlos Eduardo Nicoletti; TALAVERA, Glauber Moreno; FUJITA, Jorge Shiguemitsu (Coords.). *Comentários ao Código Civil: artigo por artigo*. 2. ed. São Paulo: Revista dos Tribunais, 2009.

SIMÃO, José Fernando. *Estatuto da Pessoa com Deficiência causa perplexidade (Parte I)*. Disponível em: <http://www.conjur.com.br/2015ago-06/jose-simao-estatuto--pessoa-deficiencia-causa-perplexidade>. Acesso em: 16 jun. 2016.

SIMÃO, José Fernando. *Casamento avuncular homoafetivo?* Casamentos entre tios e sobrinhos. Disponível em: <http://www.cartaforense.com.br/conteudo/colunas/casamento-avuncular-homoafetivo-casamentos-entretios-e-sobrinhos/12387>. Acesso em: 20 nov. 2017.

SIMÃO, José Fernando. *Duas importantes alterações a respeito do bem de família legal*. Disponível em: <http://www.cartaforense.com.br/conteudo/colunas/duas-importantes-alteracoes-a-respeito-do-bem-de-familialegal/15641>. Acesso em: 23 dez. 2015.

SIMÃO, José Fernando. *Usucapião familiar:* problema ou solução? Disponível em: <www.professorsimao.com.br/artigos_simao_cf0711.html>. Acesso em: 10 out. 2014.

SIMÃO, José Fernando. *Vícios do produto no novo Código Civil e no Código de Defesa do Consumidor*. São Paulo: Atlas, 2003.

SOUZA, Osni de. Das disposições finais e transitórias. In: CHINELLATO, Silmara Juny (Coord.); MACHADO, Antônio Cláudio Costa (Org.). *Código Civil interpretado*. 7. ed. São Paulo: Manole, 2014.

SOUZA NETO, João Baptista de Mello. *Direito civil*. Parte geral. 5. ed. São Paulo: Atlas, 2004.

STANLEY, Adriano. *Direito das coisas*. Belo Horizonte: Del Rey, 2009.

STAVRIDIS, Virgílio Panagiotis. Do regime da comunhão parcial. In: LEITE, Heloísa Maria Daltro (Coord.) *O novo Código Civil*. Do Direito de Família. Rio de Janeiro: Freitas Bastos, 2004. p. 339-347.

STOCO, Rui. *Abuso de Direito e má-fé processual*. São Paulo: Revista dos Tribunais, 2002.

STOCO, Rui. A responsabilidade civil. In: DOMINGOS NETO, Franciulli Neto; MENDES, Gilmar Ferreira; MARTINS FILHO, Ives Gandra da Silva (Coords.). *O novo Código Civil*. Estudos em Homenagem ao Prof. Miguel Reale. São Paulo: LTR, 2003.

STOLZE, Pablo. *O estatuto da pessoa com deficiência e o sistema jurídico brasileiro de incapacidade civil*. Disponível em: <https://www.jus.com.br/ artigos/41381>. Acesso em: 23 nov. 2017.

STOLZE, Pablo; OLIVEIRA, Carlos Eduardo Elias de. *Comentários à Lei da Pandemia (Lei nº 14.010, de 10 de junho de 2020 – RJET)*. Disponível em: <https://jus.com.br/artigos/46412/comentarios-a-lei-da-pandemia-lei-n14-010-de-10-de-junho-de-2020-rjet/1>. Acesso em: 16 jun. 2020.

TABET, Gabriela. Obrigações pecuniárias e revisão obrigacional. In: TEPEDINO, Gustavo (Coord.). *Obrigações*. Estudos na perspectiva civil-constitucional. Rio de Janeiro: Renovar, 2005.

TALAVERA, Glauber Moreno. Da constituição de renda. Da fiança. Da transação. In: SCAVONE JR., Luiz Antônio; CAMILLO, Carlos Eduardo Nicoletti; TALAVERA, Glauber Moreno; FUJITA, Jorge Shiguemitsu (Coords.). *Comentários ao Código Civil*: artigo por artigo. 2. ed. São Paulo: Revista dos Tribunais, 2009.

TARTUCE, Flávio. *A usucapião especial urbana por abandono do lar conjugal*. Disponível em: <www.flaviotartuce.adv.br/artigos/201108010921370.Tartuce_novausucapiao.doc>. Acesso em: 21 out. 2014.

TARTUCE, Flávio. *Alterações do Código Civil pela Lei 13.146/2015 (Estatuto da Pessoa com Deficiência)*. Repercussões para o direito de família e confrontações com o novo CPC. Parte I. Disponível em: <goo.gl/ JKMsVP>. Acesso em: 16 jun. 2016.

TARTUCE, Flávio. *Direito civil*. Lei de Introdução e parte geral. v. 1. São Paulo: Método, 2006.

TARTUCE, Flávio. *Direito das obrigações e responsabilidade civil*. São Paulo: Método, 2006.

TARTUCE, Flávio. Direito Civil. *Teoria geral dos contratos e contratos em espécie*. São Paulo: Método, 2006.

TARTUCE, Flávio. *Manual de Direito civil*: volume único. 2. ed. São Paulo: Método, 2012.

TARTUCE, Flávio. *Manual de Direito civil*: volume único. 5. ed. São Paulo: Método, 2015.

TARTUCE, Flávio. *Manual de Direito civil*: volume Único. 10. ed. São Paulo: Método, 2020.

TARTUCE, Flávio. *O novo CPC e o Direito civil*. Impactos, diálogos e interações. São Paulo: Método, 2015.

TARTUCE, Flávio. Princípio da solidariedade e algumas de suas aplicações ao direito de família – abandono afetivo e a alimentos. In: NEVES, Thiago Ferreira Cardoso (Coord.). *Direito e justiça social – por uma sociedade mais* justa, livre e solidária. Estudos em homenagem ao Professor Sylvio Capanema de Souza. São Paulo: Atlas, 2013. p. 616-644.

TARTUCE, Flávio.; SIMÃO, José Fernando. *Direito civil.* Direito de família. 4. ed. São Paulo: Método, 2010.

TARTUCE, Flávio. *A "Lei da Liberdade Econômica" (Lei 13.874/19) e os seus principais impactos para o direito civil.* Segunda parte. Disponível em: <https://www.migalhas.com.br/dePeso/16,MI313017,21048-A+lei+da+liberdade+econ omica+lei+1387419+e+os+seus+principais>. Acesso em: 12 jan. 2020.

TEIXEIRA, Ana Carolina Brochado; RETTORE, Anna Cristina de Carvalho; SILVA, Beatriz de Almeida Borges e. A Lei da Palmada à luz da autoridade parental: entre os limites da educação e da violência. In: QUEIROZ, Mônica; GUERRA, Carlos Henrique Fernandes; VIEIRA, Marcelo de Mello; SILLMANN, Marina Carneiro Matos (Orgs.). *Direito Civil em debate*: reflexões críticas sobre temas atuais. Belo Horizonte: Editora D´Plácido, 2016. p. 277-299.

TEPEDINO, Gustavo; NEGREIROS, Teresa. *Jornada de direito civil.* AGUIAR JR., Ruy Rosado de (Org.). Brasília: CJF, 2003.

TEPEDINO, Gustavo; SCHREIBER, Anderson. *Jornada de direito civil.* AGUIAR JR., Ruy Rosado (Org.). Brasília: CJF, 2003.

TEPEDINO, Gustavo. A pessoa jurídica e os direitos da personalidade. In: *Temas de direito civil.* Rio de Janeiro: Renovar, 1999.

TEPEDINO, Gustavo. Constitucionalização do direito civil: perspectivas interpretativas diante do novo código. In: FIUZA, César; SÁ, Maria de Fátima Freire; NAVES, Bruno Torquato de Oliveira (Coords.). *Direito civil* – Atualidades. Belo Horizonte: Del Rey, 2003.

TEPEDINO, Gustavo. O papel da culpa na separação e no divórcio. In: PEREIRA, Rodrigo da Cunha (Coord.). *Anais do I Congresso Brasileiro de Direito de Família.* Belo Horizonte: OAB/MG, 1998.

TEPEDINO, Gustavo. *Multipropriedade imobiliária.* São Paulo: Saraiva, 1993.

UBILLOS, Juan Maria Bilbao. Eficacia horizontal de los derechos fundamentales: las teorias y la practica. In: TEPEDINO, Gustavo (Org.). *Direito civil contemporâneo.* Novos Problemas à luz da Legalidade Constitucional. São Paulo: Atlas, 2008.

VELOSO, Zeno. *Invalidade do negócio jurídico.* 2. ed. Belo Horizonte: Del Rey, 2005.

VELOSO, Zeno. *Estatuto da pessoa com deficiência.* Uma nota crítica. Disponível em: <goo.gl/0rNbi7content_copyCopy short URL>. Acesso em: 16 jun. 2016.

VELOSO, Zeno. Regime matrimonial de bens. In: PEREIRA, Rodrigo da Cunha (Coord.). *Direito de família contemporâneo.* Belo Horizonte: Del Rey, 1997.

VELOSO, Zeno. *Código Civil comentado.* v. XVII. São Paulo: Atlas, 2002.

VELOSO, Zeno. *O novo divórcio e o que restou do passado.* Disponível em: <http://www.anoregrn.org.br/artigo/artigo-o-novo-divorcio-e-o-querestou-do-passado-por-zeno-veloso/4554>. Acesso em: 20 set. 2017.

VENOSA, Sílvio de Salvo. *Código Civil interpretado*. São Paulo: Atlas, 2010.

VENOSA, Sílvio de Salvo. *Teoria geral do direito civil*. 4. ed. São Paulo: Atlas, 2004.

VENOSA, Sílvio de Salvo. *Direito civil*. Responsabilidade civil. 4. ed. São Paulo: Atlas, 2004.

VENOSA, Sílvio de Salvo. *Teoria geral das obrigações e teoria geral dos contratos*. 4. ed. São Paulo: Atlas, 2004.

VENOSA, Sílvio de Salvo. *Direito civil*. Responsabilidade civil. 4. ed. São Paulo: Atlas, 2004.

VENOSA, Sílvio de Salvo. *Código civil interpretado*. São Paulo: Atlas, 2010.

VENOSA, Sílvio de Salvo. *Direito civil*. Direito de família. São Paulo: Atlas, 2004.

VENOSA, Sílvio de Salvo. *Direito civil*. Direito de família. 14. ed. São Paulo: Atlas, 2014.

VIEIRA, Marcelo de Mello; ASSIS, Bráulio Lopes. *Autonomia privada e disposição do próprio corpo*: apotemnofilia em debate. Disponível em: https://www.indexlaw.org/index.php/revistagsd/article/view/982. Acesso em: 18 jun. 2016.

VIEIRA, Marcelo de Mello. A posse e sua interpretação no atual direito civil brasileiro. In: POLI, Leonardo Macedo; SÃO JOSÉ, Fernanda (Orgs.). *Direito civil na contemporaneidade*. Belo Horizonte: D'Plácido, 2016.

VIEIRA, Marcelo de Mello. *Direito de crianças e adolescentes à convivência familiar*. Belo Horizonte: D´Plácido, 2016.

VILARDO, Maria Aglaé Tedesco. Usucapião especial e abandono de lar – Usucapião entre ex-casal. *Revista Brasileira de Direito das Famílias e Sucessões*, nº 27, abr./maio 2012.

VILLELA, João Batista. Repensando o direito de família. In: PEREIRA, Rodrigo da Cunha (Coord.). *Anais do I Congresso Brasileiro de Direito de Família*. Belo Horizonte: Del Rey, 1999.

VIOLANTE, Carlos Alberto M. S. M. *Lei de Introdução ao Código Civil*. São Paulo: Copola, 2000.

WALD, Arnoldo. *Curso de direito civil brasileiro*. Introdução e parte geral. 8. ed. São Paulo: Revista dos Tribunais, 1995.

WALD, Arnoldo. *Direito civil:* introdução e parte geral. 9. ed. São Paulo: Saraiva, 2002.

WALD, Arnoldo. O direito do consumidor e suas repercussões em relação às instituições financeiras. *RT* 666, 7 abr. 1991.

WESENDONCK, Tula. Usucapião familiar: uma forma de solução de conflitos no Direito de Família ou (re)criação de outros? *Revista do Instituto do Direito Brasileiro (RIDB)*, ano 1 (2012), nº 1, p. 600-601. Disponível em: <http://www.idb-fdul.com/>. Acesso em: 2 dez. 2014.

ZENUN, Augusto. *Comentários ao Código do Consumidor*. 4. ed. Rio de Janeiro: Forense, 1999.